W0047937

SPORT
VERLAG

WERNER LIND

OSTASIATISCHE KAMPFKÜNSTE

DAS LEXIKON

Unter Mitarbeit von
Ursel Arnold, Gabi Lind, Dominik Veit
Monika Lind, Budo Studien Kreis

SPORTVERLAG BERLIN

Die Deutsche Bibliothek – CIP-Einheitsaufnahme
Ostasiatische Kampfkünste : das Lexikon / Werner Lind.
Unter Mitarb. von Ursel Arnold ... - Berlin : Sportverl., 1996
ISBN 3-328-00699-0
NE: Lind, Werner

ISBN 4-328-00699-0

Umschlaggestaltung: Theodor Bayer-Eynck
Zeichnungen: U. Arnold, H. Böhm, G. Lind, M. Lind, W. Lind
Satz und Repros: LVD GmbH, Berlin
Druck und Binden: Paderborner Druckzentrum
Printed in Germany 1996

Gedruckt auf alterungsbeständigem Papier
mit chlorfrei gebleichtem Zellstoff

Budo Studien Kreis

Der **Budo Studien Kreis** (BSK) entstand Anfang des Jahres 1990 in der Budo-Schule W. Lind *(Budôkan)*. Er hat sich die Erforschung und Verbreitung des traditionellen *Budô* zum Ziel gesetzt. Die Lehrer des BSK befassen sich hauptsächlich mit *Karate*, aber auch mit Themen aus der ganzen Vielfalt des traditionellen *Budô* und mit angrenzenden Bereichen wie *Quan-fa, Tai-ji-quan, Qi-gong*, Philosophie, Gesundheitslehre, Vitalsysteme, Kunst, Musik und Literatur.
Hauptanliegen des BSK ist es, die Kampfkünste zu ihrem ursprünglichen Sinn zurückzuführen und Wege des Übens aufzuzeigen, die jenseits des Wettbewerbs liegen. Wettkampf wird daher im BSK nicht betrieben. Alle Lehrer des BSK unterrichten die Kampfkünste ausschließlich im Zeichen der Selbstverteidigung, der Gesundheit und der Selbsterfahrung.
Ein wichtiger Schwerpunkt dieser Studien besteht darin, auch anderen interessierten Kampfkunstanhängern die Möglichkeit zu geben, sich über traditionelle Wege der Übung zu informieren. In diesem Zusammenhang werden Bücher über Geschichte, Hintergründe, Inhalte und Ziele des traditionellen *Budô* veröffentlicht. In der hiermit vorgelegten Enzyklopädie der ostasiatischen Kampfkünste sind die Ergebnisse der langjährigen Studien zusammengefaßt.
In ähnlichem Zusammenhang organisiert der BSK den regelmäßigen Erfahrungsaustausch (in Form von Mitgliedschaften im BSK, Wochenendseminaren im BSK-Hombu-Dôjô und externen Seminaren) mit anderen traditionell orientierten Kampfkunstübenden, durch den eine Erweiterung der Einzelstudien ermöglicht wird. **Interessenten können sich in diesem Sinn an den BSK wenden und Info-Material anfordern**.

BSK-Hombu-Dojo Budokan
Werner Lind
Weschnitzstraße 8
64625 Bensheim
Tel. 06251/2056

Dank des Autors

Die vielen Leute, denen ich für ihre Hilfe bei der Erarbeitung dieser Enzyklopädie verpflichtet bin, kann ich nicht alle beim Namen nennen. Mein besonderer Dank aber gilt **Ursel Arnold** (5. Dan BSK) für ihre langjährige Bemühung und ihre Geduld während der Arbeiten an diesem Buch, für die vielen von ihr angefertigten Übersetzungen – es handelt sich um etwa 30 Bücher – und für die zahlreichen von ihr verfaßten Beiträge. Ebenso in Dank verbunden bin ich dem BSK-Lehrer **Peter Schömbs** (5. Dan BSK) für seine Arbeiten im Bereich Ninjutsu, auch wenn er jedem gesprochenen und geschriebenen Wort mit äußerster Skepsis gegenübersteht.

Mein Dank gilt des weiteren den Tai-ji-quan-Lehrerinnen des BSK **Gabi Lind** und **Monika Lind** (Sinologie und Heilpraktik), ohne die die weichen Kampfkünste Chinas sicherlich nicht so umfassend dargestellt worden wären.

Für die vielen Anregungen und Zuschriften, die uns von außerhalb erreichten, möchte ich mich bei allen europäischen Budô-Organisationen und persönlich bei **Albrecht Pflüger** (6. Dan, DKV-Sensei), **Bernd Milner** (5. Dan, DKV-Sensei), **Rolf Brand** (7. Dan, Präsident des Deutschen Aikido Bundes), **Jamal Measara** (6. Dan Seibukan), **Keith Kernspecht** (9. Grad EWTO), **Roland Habersetzer** (8. Dan, Centre de Recherche Budo) bedanken, die mit unzähligen Details Licht in unsere Forschung brachten.

Maßgeblich für unsere intellektuellen Studien waren Don Draeger (9. Dan), Richard Kim (9. Dan), Mark Bishop (6. Dan), Patrick Lombardo (6. Dan), Louis Frederic, George Alexander (8. Dan), Pierre Portocarrero, Francis Didier, Kenji Tokitsu, Pat McCarthy und viele asiatische Großmeister, die durch Anleitungen und Korrekturen geholfen haben.

Nicht zuletzt gilt mein Dank den vielen Lehrern des BSK (**Christian Lind, Marcus Neudert, Dominik Veit** u. a.), die in mühevoller Kleinarbeit seit 15 Jahren zu dieser Enzyklopädie in bestimmten Bereichen beigetragen haben. Darunter dürfen auch **Bernd Schäfer** und **Michael Keller** für ihre Arbeit zur Instandhaltung unseres Hauptcomputers nicht unerwähnt bleiben. Ohne sie wären wir nie in der Lage gewesen, ein solches Werk zu veröffentlichen.

Werner Lind (BSK-Sensei)

Inhalt

Vorwort des Verfassers

Nach 15 Jahren täglicher Arbeit möchte ich diese Enzyklopädie allen Kampfkunst-Begeisterten zur Verfügung stellen. Sie ist weder fertig noch endgültig, doch ich denke, daß sich ihr Inhalt inzwischen für jeden *Budô*-Übenden als wertvoll erweisen wird.
Durch die vielen Verweise geht dieses Buch über ein reines Nachschlagewerk hinaus und ermöglicht die gezielte Forschung in bezug auf zusammenhängende Punkte. Im Laufe der Zeit ist es von einem ursprünglich beabsichtigten Informationswerk für meine Schüler zu einem echten Lehrbuch gereift, das nicht nur die Bedürfnisse der Kampfkunstübenden, sondern auch diejenigen der Kampfkunstforscher in allen Einzelheiten befriedigen dürfte.
Das Buch umfaßt inhaltlich alle bekannten Kampfkünste und führt den Leser in ausführlichen Beschreibungen an ihre Wurzeln zurück. Geschichte, Tradition und Hintergründe der jeweiligen Stile wurden so genau wie möglich erforscht, ebenso wie die Verbindungen der Kampfkünste zu Kultur und Philosophie der jeweiligen Völker deutlich wird. Wir haben uns in umfassenden Erläuterungen darum bemüht, die Kampfkünste nicht nur von ihrer technischen Seite, sondern als Gesamtaspekt östlicher Denk- und Lebensweise darzustellen.
Der Budo Studien Kreis und ich haben dieses Werk im Laufe der Zeit eher als Lehrbuch über die Kampfkünste denn als ein »Who's Who« in den *Budô*-Disziplinen gestaltet. Es gibt nur wenige renommierte Kampfkunstexperten in der Welt, die uns nicht mit Informationen und Hilfen zur Seite gestanden haben. Der entscheidende Teil jedoch geht auf die Hilfe der Lehrer des Budo Studien Kreises (BSK) zurück, denen es in der Hauptsache zu verdanken ist, daß diese Werk überhaupt zustande kam. Trotz alledem sind wir für jeden Hinweis, für jede Kritik und für jede weiterführende Information dankbar, denn wir sind uns darüber im klaren, daß ein solches Werk nie abgeschlossen werden kann. Wir werden Interessenten selbstverständlich alle weiterführenden Informationen im Rahmen unserer Möglichkeiten zur Verfügung stellen.
Dem Sportverlag Berlin und ganz besonders seinem Lektor Bernd Ludwig sind wir alle, die die Kampfkünste lieben, zum Dank verpflichtet, da ohne seine Hilfe und die des Verlages ein solches Buch nie verwirklicht worden wäre.

Werner Lind (Hauptlehrer des BSK)

Vorwort des Budo Studien Kreises

Die hier vorliegende Enzyklopädie der Kampfkünste ist das Ergebnis einer fünfzehnjährigen Arbeit über die Kampfkünste. Sie umfaßt die gesamte Erfahrung von Sensei **Werner Lind**, der vor über dreißig Jahren mit der Übung des *Shotokan-Karate* begann und hieraus das ***Shotokan-ryû-Kempo-Karate*** entwickelt hat. Seiner unermüdlichen Hingabe und Begeisterung an der Sache ist es zu verdanken, daß dieses Werk realisiert werden konnte. Der Wert dieser Arbeit ist nicht zu ermessen.

Viele seiner Schüler, die inzwischen selbst unterrichten, haben nach besten Kräften bei der Erarbeitung verschiedener Themen mitgeholfen. Es wurden stapelweise fremdsprachige Bücher aus der ganzen Welt zusammengetragen und komplett oder auszugsweise übersetzt, um an Informationen aus den verschiedensten Bereichen zu gelangen. Auch ein eingehendes Studium der asiatischen Geschichte, Philosophie und Denkweise war erforderlich, um die Hintergründe und die Entwicklung der Kampfkünste nachvollziehen zu können. All dies wurde stichwortartig in die Enzyklopädie aufgenommen, Querverbindungen wurden hergestellt, Zusammenhänge erforscht und neue Informationen hinzugefügt. Durch diese Querverbindungen tat sich oft nach vielen Jahren ein neues Bild auf, das überraschende Einsichten gewährte.

»Ostasiatische Kampfkünste« ist kein herkömmliches Sportlexikon, sondern ein Lehrbuch. Es befaßt sich mit den Wurzeln der Kampfkünste auf der ganzen Welt, mit ihrer Tradition, Geschichte und Philosophie. Dazu gehören auch die Waffensysteme, die Gesundheitslehren, die Atemtechniken, die Ansichten der Meister, die Lehre von den verletzlichen oder tödlichen Punkten und vieles mehr.

Inspiriert durch das breite Studium der klassischen Kampfkünste und der unzähligen Nachfragen über seine Arbeiten, hat Sensei Lind im Jahre 1990 den **Budo Studien Kreis** (BSK) ins Leben gerufen, der inzwischen vielen Kampfkunstanhängern in der ganzen Welt ein Begriff geworden ist. Der BSK bemüht sich, allen Anfragen über die Kampfkünste nach Möglichkeit zu entsprechen. In diesem Rahmen wird an der Enzyklopädie beständig weitergearbeitet, neue Informationen werden eingefügt und Lücken geschlossen. Wir bitten daher um weiterführende Informationen.

Ursel Arnold (BSK-Sensei, 5. Dan)

Vorwort von Rolf Brand

Die in unserer Gesellschaft feststellbare und zunehmende Gewaltbereitschaft hat bei vielen Menschen das Grundbedürfnis nach Sicherheit, vorrangig im Sinne eines Schutzes von Leib und Leben, verstärkt. Auf der Suche nach einer geeigneten Methode zur Selbstverteidigung erkennt man schnell, daß sich gerade die fernöstlichen Kampf- und Verteidigungssysteme durch effektive Techniken auszeichnen, die von erfahrenen Meistern seit vielen Jahrhunderten erprobt und systematisch fortentwickelt wurden. Der bei allen Budô-Disziplinen feststellbare »Boom« hat also zunächst praktische Gründe. Es ist folglich nur natürlich, daß sich der junge *Budôka* (Ausübende) am Anfang seines Weges auf die technischen Aspekte konzentriert.

Beim ausdauernden Training der »handwerklichen« Inhalte unter Anleitung eines qualifizierten Lehrers sowie in der Gemeinschaft mit anderen Schülern werden in »kodierter Körpersprache« jedoch auch moralische, geistige, philosophische und soziale Inhalte vermittelt. Sie dringen in das Unterbewußtsein des bemühten Schülers ein, prägen seine innere Haltung und wirken fortan auf alle Lebensbereiche und Spannungsfelder. Das Training technischer Kunstgriffe *(Jutsu)* wandelt sich zum Studium eines wertvollen Weges *(Dô)*. Der *Budôka* gewinnt zunehmend an innerer Sicherheit und Freiheit. Das ist die wesentliche Voraussetzung für den optimalen Einsatz aller geistig-seelischen und körperlichen Kräfte. Bei weiterem Engagement entwickelt sich der Schüler zum Meister des Weges, der sein Leben zunehmend erfolgreicher gestalten kann.

Leider ist festzustellen, daß das exemplarisch aufgezeigte Ziel aller *Budô*-Systeme in vielen (wett-) kampforientierten Disziplinen vergessen oder gar verdrängt wurde. Dem Erreichen von Kampferfolgen, Medaillen und Gürtelgraden wird mehr Bedeutung zugemessen als dem Weg, nämlich der Entwicklung einer moralisch integren, starken und friedvollen Persönlichkeit. Die Trainer sind oft nicht mehr gewillt oder in der Lage, die Fragen der suchenden Schüler nach den wertprägenden Inhalten ihrer *Budô*-Disziplin zu beantworten.

Als *Budôka*, der sich seit über 40 Jahren auf der »Wanderschaft« befindet, bedaure ich die kurz angerissene Entwicklung seit langem. Die Entscheidung des *Budo Studien Kreises*, ihre in vieljähriger Arbeit und nach intensiven Recherchen entwickeltes Lexikon der ostasiatischen Kampfkünste nun im renommierten Sportverlag zu veröffentlichen, ist daher sehr zu begrüßen.

Beim Studium dieses ungewöhnlich umfassenden, überaus qualifiziert verfaßten und in der *Budô*-Fachliteratur bisher einmaligen Werkes habe ich feststellen können, daß alle Aspekte der fernöstlichen Kampf- und Verteidigungsdisziplinen sowie der sie ergänzenden Verfahren und Systeme behandelt wurden. In diesem Buch bleibt wirklich keine Frage offen!

»Ostasiatische Kampfkünste – das Lexikon« zeigt aber auch die gemeinsamen Wurzeln sowie die gleichen Zielsetzungen der »Wege« auf. Dadurch wird deutlich, daß die zur Abgrenzung oder zum Vergleich manchmal betonten und meist technischen »Unterschiede« der *Budô*-Disziplinen und ihrer Stilrichtungen meist nur ein Streit um Worte sind.

Nach meiner Erfahrung ist das »beste System« jenes, das ich unter Anleitung eines guten Meisters sowie in der Gemeinschaft gleichgesinnter Menschen in der Nähe des Wohnortes möglichst oft und intensiv studieren kann.

Ich bin davon überzeugt, daß »Ostasiatische Kampfkünste – das Lexikon« schnell eine weite Verbreitung finden und eine wertvolle Orientierungshilfe im deutschen *Budô* sein wird, die vielen Menschen bei ihrer Suche nach den verborgenen Inhalten des *Budô* hilft. Ihr ist daher ein recht breites Publikum zu wünschen.

Lübeck, im Mai 1996

Rolf Brand (7. Dan)
Präsident und Bundestrainer
des Deutschen Aikido-Bundes e.V.

Hinweise zur Benutzung des Lexikons

Mancher Leser wird wohl diese Enzyklopädie aufschlagen, weil er nach der Erklärung eines ihm unbekannten Begriffes sucht. Was ihn erwartet, ist jedoch keine knappe Aussage, wie sie in den bekannten Lexika europäischen Zuschnitts enthalten wäre, sondern es öffnet sich ein kleiner Ausschnitt des großen vielfarbigen Bildes der asiatischen Denk- und Lebensweise, mit der auch die Kampfkünste untrennbar verbunden sind.

In diesem Ausschnitt sind zahlreiche weiterführende Hinweise (→) vorhanden, die den Leser an den Ursprung führen, von dem sich sein Ausgangsbegriff herleitet. Der westlich geschulte Verstand erwartet nun in der Regel ein in sich geschlossenes klares System, das abgegrenzt und logisch nachvollziehbar ist. Die östlichen Künste entziehen sich jedoch einer solchen Systematik. Techniken, psychologische Prinzipien, geschichtliche Abläufe, ja sogar Lebensberichte von Meistern bilden ein in sich verwobenes Ganzes, bei dem eines ohne das andere nicht verständlich und vielleicht auch gar nicht existent wäre.

Man kann also beruhigt allen interessanten Verweisen nachgehen und vielleicht auch an ganz andere Themen gelangen, die mit dem ursprünglich Gesuchten scheinbar gar nichts gemein haben. Ganz unerwartet werden sich neue Zusammenhänge und neue Horizonte eröffnen, und fast unbemerkt ist man dem Geist der Kampfkünste, dem diese Enzyklopädie gewidmet ist, ein Stückchen nähergekommen.

Wenn man in diesem Buch erstmals einen Begriff nachschlägt und gegebenfalls den weiteren Verweisen folgt, wird man oft vor einer verwirrenden Vielzahl von Informationen stehen, die scheinbar in keinerlei logische Verbindung zu bringen sind. Ich selbst habe dieses Gefühl immer wieder gehabt und habe versucht, diesem Problem mit den verschiedensten Systemen zu Leibe zu rücken. Man sollte jedoch diesem typisch westlichen Bedürfnis zu einer logischen Sicht der Dinge nicht nachgeben. Sie läßt sich auf das vorliegende Werk nur in dem Maße anwenden, in dem es um eine äußerliche Sichtweise geht. Allen Begriffen zugrunde liegt jedoch die asiatische Weltanschauung, die nicht zielt, sondern verbindet und in Zusammenhängen denkt. Will man die wirkliche Bedeutung der Begriffe verstehen, muß man sich immer wieder mit all dem befassen, was Grundlage dieser Weltanschauung ist. Jede Systematik wäre hier fehl am Platz, denn man würde damit diese Grundlage umgehen und so auf jeden Fall zu einer falschen Sicht gelangen. Für den Asiaten kann ein Begriff vieles bedeuten, dadurch kann jede Systematik durchaus auch ins Gegenteil verkehrt werden und dabei noch immer richtig sein.

Man sollte daher dieses Buch nicht lesen wie ein Lexikon westeuropäischen Zuschnitts und gebündelte Informationen erwarten. Vielmehr sollte man es verstehen wie das gesamte Netz des asiatischen Denkens, in dem man durch hingebungsvolles Suchen immer nur den einen oder anderen Knoten entdecken kann.

Ursel Arnold
(BSK-Sensei, 5. Dan)

Arbeitshilfen in der Enzyklopädie

(Ausgangspunkte für Studien)

Um eine gezielte Arbeit mit dem Lexikon zu ermöglichen, seien hier einige Stichworte hervorgehoben, von denen aus man in die gewünschten Abschnitte der Kampfkünste eindringen kann. Die Verweise (→) in den jeweiligen Texten leiten den Interessenten auf dem entsprechenden Gebiet weiter.
Geschichte: Burma, China, Indien, Indonesien, Japan, Kambodscha, Korea, Laos, Mandschurei, Mongolei, Okinawa, Philippinen, Vietnam.
Chinesische Kampfkünste: *Bei-tui, Bing-qi, Nan-quan, Nei-jia, Qi-gong, Qin-na, Quan-fa, Shaolin*-Kloster, *Wai-jia.*
Chinesische Kultur: Daoismus, Konfuzianismus, *Qi, Qi-gong.*
Japanische Kampfkünste: *Aikidô, Bujutsu, Iaidô, Jutsu, Jûjutsu, Jûdô, Karate, Kempô, Kendô, Kobudô, Kumi-uchi, Okinawa-te, Sumô, Tôde.*
Japanische Kultur: *Budô, Bushidô, Zen.*
Geisteserziehung: *Dô, Dôjôkun, Kaisetsu, Shin, Shisei.*
Übungsprinzipien: *Hara, Shitai-undô, Undô/Unsôku, Waza.*
Lernwege: *Geiko, Shitei, Shu Ha Ri.*
Philosophie: Buddha, Buddhismus, Daoismus, Hinduismus, Konfuzianismus, Philosophie, Shintôismus.
Gesundheitslehre: Akupressur, Akupunktur, Anmo, Chinesische Gesundheitslehre, *Shiatsu.*
Asiatische Kampfkünste: siehe »Die Kampfsysteme der Welt«. Alle mit »→« versehenen Bezeichnungen sind in der Enzyklopädie weiterführend erläutert.
Waffen: *Bing-qi, Buki, Co-Vo-Dao, Jutsu, Ninjutsu.*

Abkürzungen wichtiger Organisationen

Näheres zu den Organisationen siehe im Text und im Anhang. Im Text sind die Organisationen unter ihren Abkürzungen (DJB, DKV, BSK usw.) zu finden und werden unter weiteren Hinweisen näher erläutert. Die Organisationen stellen sich durch ihre Pressesprecher selbst vor. Nicht erwähnte Organisationen haben keine Bedeutung oder lehnten die Zusammenarbeit ab.

BAE – Budo Akademie Europa
BSK – Budo Studien Kreis
DAB – Deutscher Aikido Bund
DAKO – Deutsch-Asiatische Kampfkunst Organisation
DAV – Deutscher Arnis Verband
DBO – Deutsche Budo Organisation
DHB – Deutscher Hapkido Bund
DIV – Deutscher Iaido Verband
DJB – Deutscher Judo-Bund
DJKB – Deutscher JKA Karate Bund
DKO – Deutsche Kyokushinkai Organisation
DKV – Deutscher Karate Verband
DTB – Deutscher Taekwondo Bund
DTU – Deutsche Taekwondo Union
EAF – European Aikido Federation
EAKF – European Amateur Karate Federation
EAU – European Aikido Union
EJU – European Judo Union
EKF – European Kendo Federation
EKU – European Karate Union
EWTO – Europäische WingTsun Organisation
FAJKO – Federation of All-Japan Karate Organisation
IAF – International Aikido Federation
IAKF – International Amateur Karate Federation
IBF – International Budo Federation
IJF – International Judo Federation
INAG – Incorporated Ninjutsu Association Germany
ITCCA – International Taichi-Chuan Association
ITF – International Taekwondo Federation
ITS – International Taoist Society
JKA – Japan Karate Association
NKBB – Nederlandse Kick-Boxing Bound
PKA – Professional Karate Association
SKI – Shotokan Karate International
SKVD – Shotokan Karate Verband Deutschland
WAKO – World All-Style Karate Organisation
WCTA – World Chen-Taiji Association
WKA – World Karate Association
WUKO – World Union of Karate-do Organisation

Chinesische Schrift und Sprache

Entwicklung

1953 wurde das jungsteinzeitliche Dorf Banpo bei Xi'an entdeckt. Die dort vorgefundenen Hölzer, Steine und Knochen, die ca. 6000 Jahre alt sind, tragen die wahrscheinlich ältesten Schriftzeichen Chinas. Die Schrift war damals ein Privileg von Astrologen und Deutern und wurde zum Festhalten von Kalendern und Orakeln benutzt. Orakelknochen waren weit verbreitet. Die Deuter warfen platte Knochen oder Brustpanzer von Schildkröten in heißes Öl oder ins Feuer und sagten aus den entstandenen Rissen die Zukunft voraus, wobei sie die Frage und das Ergebnis in die Knochen ritzten.

Die Schriftzeichen wurden immer weiter entwickelt. Vor allem hatten die Schreibgeräte großen Einfluß darauf. Über Tierhäute, Bambusgeflecht und Seide bis zum Papier wurden Technik und Kunstfertigkeit ständig verbessert. Vor allem die Tuschestäbchen aus Ruß, Leim und Parfüm, die auf Tuscheplatten zerrieben wurden, zählten zu den »vier Schätzen der Gelehrten«. Nur damit ist es möglich, die fünf klassischen Schattierungen herzustellen, die für Kalligraphie und Malerei unentbehrlich sind.

Die Schriftzeichen wurden im Laufe der Zeit mehrmals vereinheitlicht und in Wörterbüchern zusammengestellt. Allerdings ist es fast unmöglich, alle zu erfassen. War ein neuer Begriff entstanden, oder hatte der Schreiber nicht die nötige Bildung, so wurde einfach ein neues Schriftzeichen erfunden, was natürlich allen Lesern und Übersetzern große Schwierigkeiten bereitete und noch heute bereitet.

Nach der Gründung der Volksrepublik China wurden einige Vereinfachungen der Schrift vorgenommen, um es allen Chinesen zu ermöglichen, lesen und schreiben zu lernen. Aus den komplexen »Lang-Zeichen« entstanden »Kurz-Zeichen«, indem man die Strichzahl der meisten Zeichen herabsetzte, was größtenteils den Kürzungen entspricht, die schon die Buddhisten viel früher vorgenommen hatten. Die Sprache wurde auf nationaler Ebene vereinheitlicht und *Putonghua* (gemeinsame Sprache) genannt, was bedeutet, daß die »gebildeten« Wörter entfernt wurden. Es werden in China aber viele verschiedene Dialekte gesprochen – ein Nordchinese versteht kaum einen Südchinesen und umgekehrt. Daher wurde das Peking-Chinesisch (Mandarin), die ehemalige Beamtensprache, zur Hochsprache erklärt. Trotz der unterschiedlichen Aussprachen sind die Schriftzeichen die gleichen und können von allen gelesen werden.

Das Erlernen der chinesischen Schriftsprache erfordert eine hohe Gedächtnisleistung und Kombinationsgabe. So ist es nicht verwunderlich, daß die Anzahl der Analphabeten recht groß und der allgemeine Bildungsstand nicht besonders hoch ist. Man muß z. B., um eine Zeitung lesen zu können, ca. 2500 Zeichen kennen, ein Student beherrscht bis zu 12 000 Zeichen.

Ein Chinese hat meist einen einsilbigen Familiennamen, der zuerst genannt wird, und einen zweisilbigen persönlichen Namen, der jenem folgt. Diesen »Erwachsenen-Namen« verwendet man meist erst später. Vorher hat man je nach Alter und Charakter verschiedene »Milchnamen«, also Kose- oder Spitznamen.

Mythologie der Schrift

In einem der ältesten Weisheitsbücher, dem »Buch der Wandlungen« *(Yijing)*, wird Fu Xi als Erfinder der Schrift genannt (vor ca. 5000 Jahren). »Wenn er in die Höhe schaute, bewunderte er das herrliche Himmelszelt; blickte er nach unten, untersuchte er den Aufbau der Erde. Er bemerkte die Eleganz der Vögel- und Tierkörper und die ausgewogene Verschiedenheit ihrer Wohnstätten. Er untersuchte seinen eigenen Körper, aber auch Welten, die von der seinen weit entfernt waren.« Danach erfand er die acht Trigramme *(Bagua)*, um die Wandlung der Natur zu ergründen und das Wesen der Dinge zu begreifen. Auf diese Weise sind die Schriftzeichen entstanden.

Auch HUANGDI, der legendäre »Gelbe Kaiser« (vor etwa 4700 Jahren), gilt als Urheber der Schrift. Er soll die Zeichen von einem Drachen erhalten haben, der aus dem Huanghe (Gelben Fluß) stieg.
Eine andere Überlieferung schreibt die Erfindung CANG JIE zu, dem gelehrten Minister des Gelben Kaisers. Er sei durch Tier- und besonders Vogelspuren auf der Erde inspiriert worden. Und zum Schluß sei noch YU, der Gründer der Xia-Dynastie (21.–16. Jh. v. Chr.) genannt, der sie als Geschenk von einer Schildkröte erhalten haben will, die er einst vor einer Überschwemmung gerettet hatte.

Radikale

Die Radikale sind der eigentliche Schlüssel zum Lesen und werden auch »Klassenhäupter« genannt. Sie sind zusammen mit anderen Formen meist Teil eines Schriftzeichens und erleichtern so das Auffinden im Wörterbuch. Früher waren bis zu 600 bekannt, heute verwendet man 227.

1 2 3 4 5 6 7 8

Entwicklung einzelner Schriftzeichen (von oben nach unten)

Zeichen

Jedes Zeichen hat eine einsilbige Aussprache. Es gibt nur 278 Silben in der chinesischen Sprache, jedoch zwischen 40 000 und 60 000 Zeichen. So haben viele unterschiedliche Zeichen mit unterschiedlicher Bedeutung eine identische Aussprache, nur der Kontext weist im Gespräch auf die Bedeutung hin. Deshalb kann eine Umschrift die Zeichen nicht ersetzen, da die Vieldeutigkeit zu Mißverständnissen führen würde. Ein Zeichen besteht aus einer Kombination von Strichen (sehr selten auch aus einem Strich allein), die alle in festgelegter Reihenfolge und der richtigen Strichrichtung aufgemalt werden müssen. Dabei muß man sehr genau vorgehen, da ein einziger Punkt zuviel oder zuwenig die Bedeutung des Zeichens ändern könnte. Die einzelnen Teile des Zeichens müssen je nach Schreibstil bestimmte Proportionen einhalten. Ein Wort kann aus einer Silbe, mehreren und sogar vielen Silben und damit Zeichen bestehen, und da man traditionell keine Satzzeichen kennt und alle Zeichen den gleichen Abstand zueinander haben, ist der Sinn eines Zeichens aus dem Kontext zu erkennen. Das wird noch dadurch erschwert, daß nicht zwischen verschiedenen Wortarten, wie Substantiv und Verb, unterschieden wird und ohnehin viele Zeichen mehrere Bedeutungen haben. Heute benutzt man in modernen Texten aber auch die westlichen Satzzeichen.
Je nach ihrer Entstehung werden die Zeichen in verschiedene Gruppen unterteilt:
1. **Piktogramme** Abbildungen von Gegenständen.
2. **Indikatoren**: Übertragen abstrakte Gedanken in Zeichen. Einem Piktogramm werden ein oder mehrere Zeichen hinzugefügt (z. B. Zahlen).
3. **Ideogramme**: Assoziationen. Aus zwei oder mehr Zeichen gebildet, die zusammen eine neue Bedeutung erhalten (z. B. Sonne + Mond = Helligkeit, strahlen).
4. **Phonogramme**: Schriftzeichen aus zwei Teilen: ein Teil trägt die Bedeutung, der andere die Aussprache.
5. **Ableitungen**: Zeichen ähnlichen Aussehens, zusammenhängend in der Bedeutung, aber verschieden in der Aussprache.
6. **Leihwörter**: ungeklärter Herkunft.

Kalligraphie

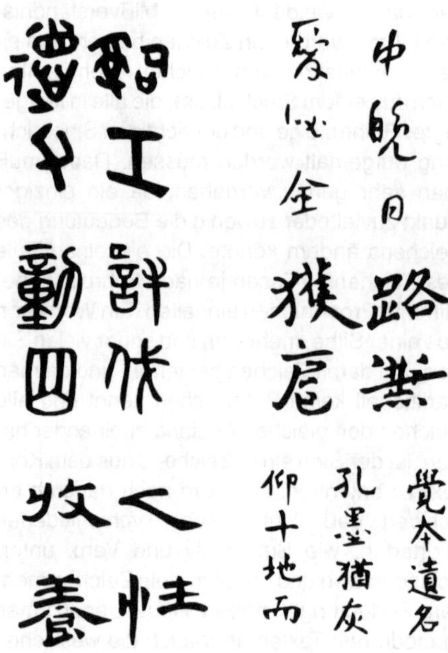

Die 6 chinesischen kalligraphischen Stile

Auch wenn die Grundeigenschaft eines Zeichens immer gewahrt bleibt, gibt es doch viele Arten, es zu schreiben. Die Kalligraphie ist für die Chinesen der Schlüssel der Bildung; sie hat bis heute eine große Bedeutung in der chinesischen Kultur. Ein Schriftzeichen verrät nicht nur den Stil seines Schreibers, sondern auch seinen Bildungsstand, seinen Kunstsinn, Seele und Gefühl. Gerade weil die verschiedenen Stile an die Persönlichkeit gebunden sind, haben sie sich im Laufe der Zeit weiterentwickelt und verändert. Jeder chinesische Kalligraph sollte die 6 verschiedenen klassischen Stile beherrschen, um sich dann in dem Stil zu vervollkommnen, der seinen Mitteln und seiner Geschicklichkeit am besten entspricht.

Umschrift

Um die Aussprache der chinesischen Schriftzeichen für Europäer festzuhalten, wurden viele verschiedene Systeme entwickelt. Früher schrieb einfach jeder die Wörter so auf, wie er sie hörte, was zu großen Differenzen führte, da sich die chinesischen Laute nicht immer eindeutig durch lateinische Konsonanten und Vokale wiedergeben lassen. So kann man bei verschiedenen Verfassern auf unterschiedliche Transkriptionen stoßen. Die beiden wichtigsten sind die *Wade-Giles-* und die *Pinyin*-Umschrift. *Wade-Giles* ist eine der häufigsten Umschriften. Die *Pinyin*-Umschrift ist die offizielle Umschrift der Volksrepublik China, wird aber nicht immer im Ausland benutzt. Vor allem ältere Texte sind meist in *Wade-Giles* wiedergegeben. Außer diesen beiden gibt es noch viele weitere Umschriften, was oft zu großer Verwirrung führt. In diesem Lexikon wird die *Pinyin*-Umschrift verwendet, aber immer auf *Wade-Giles* verwiesen, da viele Begriffe sich in dieser Umschrift eingebürgert haben.

Die Bedeutung eines Wortes wird zusätzlich vom Tonfall der Aussprache bestimmt. Die Töne werden hier der Vollständigkeit halber aufgeführt, aber im Text nicht angegeben.

1. Ton	–	gleichbleibend hoch
2. Ton	/	aufsteigend
3. Ton	v	abfallend und wieder aufsteigend
4. Ton	\	kurz fallend

Zur Aussprache

ao	wie deutsches »au«
c	wie deutsches »ts«
ch	wie deutsches »tsch«
chi	ähnlich englischem »tche« in »bu**tche**r«
ei	ähnlich englischem »ay« in »d**ay**«
h	ähnlich deutschem »ch« in »Bu**ch**e«
iu	wie »i-u«
j	wie »dj«
jian	am Schluß mit ä-Laut wie »Dalmat**ien**«
ong	wie »ung«
q	wie deutsch »tch« (mit weichem »ch«)
r	wie englisches »r« in »**r**ight«
sh	ähnlich deutschem »sch«
un	wie »uen«
t	wie »th« (behauchtes »t«)
w	wie »u« bzw. englisches »w« in »**w**indow«
x	ähnlich deutschem »ch« in »**ich**«
y	wie »i«

yuan nach j, q, x und y wird »–uan« wie »üän« ausgesprochen
z ähnlich deutschem »ds« mit stimmlosem »s«
zh ähnlich deutschem »dsch«

Gabi Lind
Taijiquan-Lehrerin

Bildnis von Lao-zi

Vergleich der Pinyin- und Wade-Giles-Umschrift

Pinyin	Wade Giles	Pinyin	Wade Giles
ba	pa	ca	ts'a
bai	pai	cai	ts'ai
ban	pan	can	ts'an
bang	pang	cao	ts'ao
bao	pao	ce	ts'e
bei	pei	cen	ts'en
ben	pen	ceng	ts'eng
beng	peng	cha	ch'a
bi	pi	chai	ch'ai
bian	pien	chan	ch'an
biao	piao	chao	ch'ao
bie	pieh	che	ch'e
bin	pin	chen	ch'en
bing	ping	cheng	ch'eng
bo	po	chi	ch'ih
bu	pu	chong	ch'ung

Pinyin	Wade Giles	Pinyin	Wade Giles
chou	ch'ou	ge	ko
chu	ch'u	gei	kei
chuai	ch'uai	gen	ken
chuan	ch'uan	geng	kang
chuang	ch'uang	gong	kung
chui	ch'ui	gou	kou
chun	ch'un	gu	ku
chuo	ch'o	gua	kua
ci	tz'u (ts'u)	guan	kuan
cong	ts'ung	guang	kuang
cou	ts'ou	gui	kuei
cu	ts'u	gun	kun
cuan	ts'uan	guo	kuo
cui	ts'ui		
cun	ts'un	he	ho
cuo	ts'o	hei	hei (heh)
		hong	hung
da	ta		
dai	tai	ji	chi
dan	tan	jia	chia
dang	tang	jian	chien
dao	tao	jiang	chiang
de	te	jiao	chiao
dei	tei	jie	chieh
den	ten	jin	chin
deng	teng	jin	ching
di	ti	jiong	chiung
dian	tien	jiu	chiu
die	tieh	ju	chü
ding	ting	juan	chüan
diu	tiu	jue	chueh
dong	tung	jun	chün
dou	tou	ka	k'a
du	tu	kai	k'ai
duan	tuan	kan	k'an
dui	tui	kang	k'ang
dun	tun	kao	k'ao
duo	to	ke	k'o
		ken	k'en
e	e (o)	keng	k'eng
er	erh	kong	k'ung
		kou	k'ou
ga	ka	ku	k'u
gai	kai	kua	k'ua
gan	kan	kuang	k'uang
gang	kang	kui	k'uei
gao	kao	kun	k'un

Pinyin	Wade Giles	Pinyin	Wade Giles	Pinyin	Wade Giles	Pinyin	Wade Giles
kuo	k'uo	qian	ch'ien	te	t'e	yun	yün
		qiang	ch'iang	teng	t'eng		
lian	lien	qiao	ch'iao	ti	t'i	za	tsa
lie	lieh	qie	ch'ieh	tian	t'ien	zai	tsai
long	lung	qin	ch'in	tiao	t'iao	zan	tsan
lüe	lüeh	qing	ch'ing	tie	t'ieh	zang	tsang
luo	lo	qiong	ch'iung	ting	t'ing	zao	tsao
		qiu	ch'iu	tong	t'ung	ze	tse
mian	mien	qu	ch'ü	tou	t'ou	zei	tsei
mie	mieh	quan	ch'üan	tu	t'u	zen	tsen
		que	ch'ueh	tuan	t'uan	zha	cha
ne	na (no)	qun	ch'un	tui	t'ui	zhai	chai
nen	nen (nun)			tun	t'un	zhan	chan
nian	nien	ran	jan	tuo	t'o	zhang	chang
nie	nieh	rang	jang			zhao	chao
nong	nung	rao	jao	xi	hsi	zhe	che
nüe	nüeh	re	je	xia	hsia	zhei	chei
nuo	no	ren	jen	xian	hsien	zhen	chen
		reng	jeng	xiang	hsiang	zheng	cheng
pa	p'a	ri	jih	xiao	hsiao	zhi	chih
pai	p'ai	rong	jung	xie	hsieh	zhong	chung
pan	p'an	rou	jou	xin	hsin	zhou	chou
pang	p'ang	ru	ju	xiong	hsiung	zhu	chu
pao	p'ao	rua	jua	xiu	hsiu	zhua	chua
pei	p'ei	ruan	juan	xu	hsü	zhuai	chuai
pen	p'en	rui	jui	xuan	hsüan	zhuan	chuan
peng	p'eng	run	jun	xue	hsüe	zhuang	chuang
pi	p'i	ruo	jo	xun	hsün	zhui	chui
pian	p'ien					zhun	chun
piao	p'iao	shi	shih	ya	ya (yai)	zhuo	cho
pie	p'ieh	si	ssu	yan	yen	zi	tzu
pin	p'in	song	sung	ye	yeh	zong	tsung
ping	p'ing	suo	so	yi	i (yi)	zou	tsou
po	p'o			yong	yung	zu	tsu
pou	p'ou	ta	t'a	you	yu	zuan	tsuan
pu	p'u	tai	t'ai	yu	yü	zui	tsui
		tan	t'an	yuan	yüan	zun	tsun
qi	ch'i	tang	t'ang	yue	yüeh	zuo	tso
qia	ch'ia	tao	t'ao				

Die vielen gleich geschriebenen Silben werden nicht aufgeführt, sondern nur die, bei denen Unterschiede bestehen.

Japanische Schrift und Sprache

Schrift

Japan hatte nie eine eigenständige Schrift. Im 7. Jahrhundert begann man die japanische Sprache mit Hilfe der chinesischen Zeichen zu fixieren. Die chinesische Schrift wurde vollkommen übernommen, die Schriftzeichen behielten ihren Sinn, wurden aber japanisch ausgesprochen. Dieser chinesische Schriftzeichensatz wird *Kanji* genannt und ist noch heute mit den chinesischen Zeichen vollkommen identisch.

Durch das *Kanji* gelang jedoch nur eine grobe Darstellung der japanischen Substantive, Verben und Adjektive – die Umsetzung der grammatischen Besonderheiten der japanischen Sprache in die Schrift war nicht möglich. Im 9. Jahrhundert entwickelten die Japaner daher die einfachen Kana-Silbenzeichen, *Hiragana* und *Katagana*, als Zusatz zu den *Kanji. Hiragana* und *Katagana* wurden auch aus den chinesischen Zeichen abgeleitet, sehen aber einfacher aus. Sie stellen zwei Systeme von Silbenalphabeten dar, mit denen die Besonderheiten der japanischen Grammatik und auch andere Begriffe ausgedrückt werden können. Jede der beiden Silbenschriften umfaßt den gesamten Lautbestand der japanischen Sprache, so daß auch jede für sich allein als Schriftsystem benutzt werden könnte. Allerdings würden die vielen gleichlautenden Begriffe schnell zu Verwirrung führen. Die modernen Texte bestehen daher meist aus einer Mischung von *Kanji, Hiragana* und *Katagana*. Neben den traditionellen Schriftsystemen werden heute auch lateinische Buchstaben und arabische Ziffern in die Texte eingebunden.

1. ***Kanji:*** Das sind die ursprünglich chinesischen Schriftzeichen. Sie werden verwendet für Substantive, Verben und Adjektive. Sie können aber viele Besonderheiten der japanischen Sprache nicht wiedergeben.
2. ***Hiragana:*** Mit diesem System werden alle Wortarten außer Verben, Substantiven und Adjektiven verschriftet. Darunter fallen Wörter wie *tabun* (vielleicht), *asoko* (dort), *dake* (nur), *mada* (noch nicht). In manchen Fällen werden auch Substantive, Verben und Adjektive mit *Hiragana*-Zeichen geschrieben, wenn das dafür verwendete *Kanji* ungebräuchlich geworden ist. Zusätzlich verwendet man es, um die flektierten Endungen an die mit Kanji geschriebenen Wörter anzuhängen.
3. ***Katakana:*** Mit diesem Zeichensatz schreibt man Fremdwörter, ausländische Wörter und Namen (außer den chinesischen und koreanischen Namen, die mit *Kanji* geschrieben werden), Tier- und Pflanzennamen, Geräusche, Tierlaute, Ausrufe, Wörter aus der Umgangssprache sowie Wörter, die in einem Text besonders hervorgehoben werden sollen. Auch für Telegramme verwendet man *Katagana.*

In modernen wissenschaftlichen Texten schreibt man in waagerechten Zeilen von links nach rechts. Der traditionellen senkrechten Schreibweise von rechts nach links begegnet man vor allem in der schönen Literatur. In den Tageszeitungen und im allgemeinen Gebrauch kommen beide Formen auch nebeneinander vor. Jedes Schriftzeichen nimmt ein Kästchen ein, alle Zeichen werden im gleichen Abstand geschrieben, so daß man nur aus dem Sinn und aus den festgelegten Verwendungen von *Kanji* und *Kana* erkennen kann, wo ein Wort endet und das nächste beginnt. Außer der Druckschrift unterscheidet man noch drei Arten von Handschriften (ähnlich den chinesischen Stilen der Kalligraphie):

1. **Standardform** *(Kaisho)*: ist mit der Druckschrift fast identisch, wird in den Schulen gelehrt.
2. **Kursivschrift** *(Gyôsho)*: Vereinfachung der Kaisho, ermöglicht ein schnelleres Schreiben.
3. **Eilschrift** *(Sôsho)*: äußerste Vereinfachung der Zeichen und eine kalligraphische Kurzschrift.

Umschrift

Wie auch für die chinesische Sprache mußte für das Japanische ein System entwickelt werden, das die Wiedergabe der Sprache auch mit lateinischen Buchstaben ermöglicht. Da Japanisch von der Aussprache recht einfach ist, reichen dafür 22 Buchstaben und zwei Hilfszeichen aus. Obwohl die Wiedergabe so einfach scheint, ist eine Umstellung auf dieses System für die Japaner nicht möglich. Da es im Japanischen viele gleichlautende Wörter (Homophone) gibt, braucht man die Schriftzeichen, um den wirklichen Sinn von Wörtern und Sätzen zu erkennen. Heute sind zwei Umschriftsysteme gebräuchlich:

1. ***Hebonshiki romanji*** (kurz *Hebon*): wurde 1885 von einer Kommission ausgearbeitet und von dem englischen Missionar und Sprachforscher James Curtis Hepburn (jap. *Hebon*; 1815 bis 1911) weit verbreitet. Die Schreibweise ermöglicht den Ausländern eine gute Aussprache und ist deshalb im Ausland auch die am meisten verwendete Umschrift.
2. ***Kunreishiki romanji*** (kurz *Kunrei*): wurde von der Regierung erstmals 1937 für den Amtsgebrauch eingeführt.

Der Unterschied der Umschriften wird anhand eines Beispiels deutlich: Der heilige Berg Japans wird im Deutschen oft mit »Fudschi« wiedergegeben. Nach dem *Kunrei*-System wird er »Huzi« geschrieben und nach dem *Hebon*-System »Fuji«.

Die Umschriften verwenden außer den lateinischen Buchstaben noch zwei zusätzliche Zeichen, die die Aussprache unterstützen. Am häufigsten ist der gerade Strich oder auch das Dach (Zirkumflex). Es steht über den langen Vokalen. Gleichbedeutend ist die Verdopplung des Vokals.

Kurze, plötzlich abbrechende Vokale am Ende eines Wortes oder einer Silbe werden manchmal mit einem Apostroph gekennzeichnet.

Zur Aussprache

Vokale

a kurzes »a«, wie in **L**a**nd**
e kurzes »e«, wie in **h**e**lfen**
i kurzes »i«, wie in **L**i**st**
o kurzes »o«, wie in **L**o**tte**
u kurzes »u«, wie in **L**u**st**
â langes »a« wie in Spr**a**che
ô langes »o«, wie in M**o**de
û langes »u«, wie in M**u**t
y (nach Konsonant) wie »i« in Rio

Doppelvokale

werden immer getrennt ausgesprochen:

ae »a-e«, wie in **Mae**stro
ao »a-o«, wie in P**ao**la
au »a-u«, wie in Chin**aur**laub
ie »i-e«, wie in V**ie**tnam
oe »o-e«, wie in P**oe**t
ue »u-e«, wie in **UE**FA

Konsonanten

ch wie »tsch« in **Tsch**echien
j »dsch« (stimmhaft), wie in **Dsch**ungel
s ausgesprochen »ss«, wie in Wa**ss**er
sh ausgesprochen »sch«, wie in **Sch**ule
y (im Anlaut und nach Vokal) »j«, wie in **J**o**j**o
z ausgesprochen »s«, wie in **S**onne

Bei Personennamen, wenn sie vollständig genannt werden, steht immer der Familienname vor dem persönlichen Namen. Nur moderne Japaner gebrauchen gelegentlich die in Europa übliche Reihenfolge.

Gabi Lind
Tai-ji-quan-Lehrerin

DIE KAMPFSYSTEME DER WELT

Seit es Menschen gibt, bemühen sie sich um Methoden, mit denen sie sich gegen ihre Feinde verteidigen können. Für den einzelnen Menschen war es stets von höchster Bedeutung, wie er sich selbst, seine Familie, seine Sippe und sein persönliches Eigentum vor den Übergriffen Fremder schützen konnte. Bis in unsere hochzivilisierte Zeit hat sich daran nichts geändert.
So ersann der Mensch schon sehr früh Techniken und Taktiken zu seiner Verteidigung. Systeme, die im späten Mittelalter in verschiedenen Teilen der Welt entstanden, haben sich bis heute erhalten und werden in neuerer Zeit oft als Sport oder zur Selbstverteidigung geübt. Diese alten Kampfsysteme finden heute weltweit einen enormen Zulauf und haben wahrscheinlich den Höhepunkt ihrer Entwicklung noch vor sich.

Europäische Ringer

EUROPA

Die frühesten belegbare Hinweise auf europäische Kampfsysteme finden sich in der Geschichte des antiken Griechenland. Bereits damals wurden Kampftechniken im Rahmen der Olympischen Spiele als Sport angewandt. Die Wettbewerbe hatten noch einen starken Bezug zur militärischen Realität, denn man bestritt sie mit den damals gebräuchlichen Kriegswaffen: Speer, Lanze und Schwert. Es wurden jedoch auch verschiedene Arten des Boxens und des Ringens praktiziert. Das bekannteste System aus dieser Zeit wird heute als →*Pankration* bezeichnet, eine harte Form des Zweikampfes, der früher nicht selten mit dem Tod des Unterlegenen endete.
Erst das europäische Mittelalter brachte mit dem Rittertum eine Klasse hervor, für die die Kampfkünste nicht nur einen kriegerischen Anwendungswert besaßen, sondern auch eine persönliche Verpflichtung zu angemessenem Verhalten bedeuteten. Ähnlich wie bei den japanischen Samurai war der Ritterstand einem eigenen Kodex verpflichtet, in dem die Waffen eine zentrale Rolle spielten. Über die damaligen Techniken ist heute nur wenig bekannt, man weiß jedoch, daß die jungen Ritter sehr streng erzogen wurden. Hierzu gehörten neben einem körperlich harten Training mit der Waffe das Reiten, die Falkenjagd und das Ringen, aber auch Gesang, Tanz und Formen des gesellschaftlichen Umgangs. Die Fortschritte in ihren Künsten konnten die Ritter auf Turnieren erproben, welche allerdings auch immer wieder dazu benutzt wurden, persönliche Rivalitäten auszutragen. So kam es anfangs oft zu schweren Verletzungen und Todesfällen, was zur Aufstellung strenger Turnierregeln führte.
Die mittelalterlichen Kampfkünste waren ausschließlich Adeligen vorbehalten. Im Laufe der Zeit versuchten die führenden Meister unter ihnen, einen Ehrenkodex aufzustellen, der ihre Lebensweise rechtfertigen und ihr Maß und Ziel verleihen sollte. Da diese Lebensweise das

Töten von Menschen mit einschloß, stand sie im Widerspruch zur christlichen Lehre, was zu verschiedenen Spekulationen über die geschichtliche Herkunft der Ritterethik geführt hat. In jedem Fall fand der Ritterkodex in Europa nicht jenen Rückhalt in Religion und Philosophie, wie dies in Asien geschah. So wandten sich viele Ritter einem mystisch-asketischen Leben zu und widmeten sich pseudochristlichen Zielen. In der Folge entstanden Ritterbünde, deren Mitgliedschaft streng geheim und oft sehr exklusiv war. Diese Bünde bestehen zum Teil auch heute noch (z. B. Templer und Malteser).

Außerhalb der Rittergemeinschaften wurden die Kampfkünste nicht geübt. Erste Hinweise auf andere Kampfsysteme finden sich erstmals im 15. Jh. in England, wo sogenannte »Meister der edlen Künste der Selbstverteidigung« Schüler annahmen und diese im Gebrauch des Kurzstabs, des Schwertes und des Schildes sowie in der Technik des unbewaffneten Faustkampfes unterrichteten. Über ihre Systeme ist wenig bekannt, doch weiß man, daß diese Meister hoch angesehen waren und von HEINRICH VIII. königliche Privilegien erhielten.

Im Jahre 1719 ließ sich ein Mann namens JAMES FIGG in London nieder und bezeichnete sich selbst als »Meister aller Klassen« in den Systemen der Selbstverteidigung. Er hatte viele Schüler, wurde aber auch oft von anderen Kämpfern herausgefordert. Es heißt, daß er bis zum Jahr 1733 keinen Kampf verlor, was ihm große Bekanntheit einbrachte. Aus seinem System entwickelte sich im Laufe der Zeit ein neuer Kampfstil: das →*Boxen*.

Nach der Einführung der Feuerwaffen um 1600 fand das Schwert, wie in anderen Ländern auch, keine Verwendung mehr im Kampf. Es kam erst im 18. Jh. wieder zur Geltung, als es in sportlichen Wettkämpfen eingesetzt wurde und allmählich ein Stil des *Sportfechtens* entstand.

In Frankreich wurde seit vielen Jahrhunderten das →*Savate* oder *Chausson* geübt, ein den asiatischen Kampfkünsten sehr ähnliches System, aus dem sich später das französische Boxen entwickelte. Diese Methode wird in Frankreich heute noch hauptsächlich als →*Full-contact* geübt und ist in verschiedenen entsprechenden Föderationen organisiert.

Außer im Rittertum fand keines der europäischen Kampfsysteme Wurzeln in der Philosophie und Lebensanschauung einer Gesellschaftsgruppe. Stets wurden diese Systeme zu Zwecken der Selbstverteidigung, der Körperertüchtigung oder zum sportlichen Kräftemessen geübt. So konnte keines von ihnen die Tiefe der technischen und psychischen Kapazität erlangen, die den asiatischen Kampfkünsten zu eigen ist.

Erst zu Beginn des 20. Jhs. hielten verschiedene asiatische (hauptsächlich japanische) Kampfsysteme ihren Einzug in Europa und erfreuen sich heute zunehmender Beliebtheit. Folgende kurz gefaßten Daten sind repräsentativ für die Entwicklung der Kampfkünste in einigen maßgeblichen europäischen Ländern.

Die wichtigsten Kampfkünste Europas

Savate	Frankreich
Boxen	England
Pankration	Griechenland
Ringen griechisch/römisch	Rom
Corno-breton	England
Fechten	Europa
Glimae (Ringen)	Island
Schwingen	Schweiz
Sambo	Rußland

Europäische Ringtechnik

1764: Erster Kontakt der spanischen Eroberer mit dem philippinischen Kali.
1830: In Genua wird der erste europäische Savate-Club gegründet.
1882: Charles Lecour gründet in Paris eine Schule für französisches Boxen als Synthese zwischen Savate und englischem Boxen.
1905: Guy de Montgaillard führt Jiu-Jitsu in Frankreich ein.
1906: Gunji Koizumi bringt Jûdô nach England. Agitaro Ono unterrichtet Jiu-Jitsu an der Militärakademie Berlin-Lichterfelde. Erich Rahn unterrichtet Jûdô/Jiu-Jitsu in Deutschland.
1912: E. J. Harrison veröffentlicht das erste europäische Buch über die asiatischen Kampfkünste, »The Fighting Spirit of Japan«.
1914: Maurice Minne unterrichtet Jûdô in Brüssel.
1918: Gunji Koizumi gründet den Budôkwai in London.
1920: Carolo Oletti unterrichtet Jûdô in Rom.
1922: Erich Rahn besiegt Hans Reuter aus München und wird als erster deutscher Jiu-Jitsu-Meister.
1924: Der *Deutsche Jiu-Jitsu Club* des Reichsverbandes wird gegründet.
1925: Die erste Jiu-Jitsu-Zeitschrift Europas erscheint in Deutschland.
1929: In London findet der erste europäische Jûdô-Wettkampf zwischen dem Budôkwai und dem Jiu-Jitsu Club Frankfurt statt.
1930: Tibor Vincze bringt Jûdô nach Ungarn.
1932: Gründung der *European Jûdô Federation.* Alfred Rhode veranstaltet das erste internationale Jûdô-Sommerlager in Frankfurt.
1933: Jigorô Kanô besucht Europa. Jûdô beginnt das Jiu-Jitsu zu verdrängen.
1934: Maurice van Nieuwenhuizen bringt Jûdô nach Holland.
1935: Mikinosuke Kawaishi gründet in Paris den ersten französisch-japanischen Jûdô-Club.
1936: Französischer Jiu-Jitsu Club, gegründet von M. Feldenkreis, mit M. Kawaishi als Hauptinstruktor.
1940: Paul Maury-Bonet gründet die Französische Jiu-Jitsu-Föderation.
1943: Erste französische Jûdô-Meisterschaft.
1945: Gründung der *European Jûdô Union.*
1950: In Italien wird die *International Jûdô Federation* gegründet.
1951: Bruno Adler führt Jûdô in Schweden ein. In Paris findet die erste europäische Jûdô-Meisterschaft statt. In Jugoslawien wird das erste Jûdô-Dôjô gegründet.
1952: Risei Kanô wird Präsident der *International Jûdô Federation.* Ungarn gründet seine nationale Jûdô-Föderation. Jûdô wird in Irland eingeführt.
1953: Dr. Aldo Torti wird Präsident der *European Jûdô Union.* In Hamburg wird der *Deutsche Jûdô-Bund* gegründet.
1954: Henry D. Plee gründet in Paris die Französische Akademie für asiatische Kampfkünste und unterrichtet Karate.
1957: Tetsuji Murakami gründet in Paris ein Shôtôkan-Dôjô. Jürgen Seydes bringt Karate nach Deutschland. Gerhard Gosen unterrichtet in Schweden Aikidô, Karate und Tai-jiquan.
1960: Karate wird von Trin Tam Tam nach Jugoslawien (Zagreb) gebracht.
1961: Jürgen Seydel gründet die erste deutsche Karate-Föderation. Anton Geesink wird in Paris Jûdô-Weltmeister.
1962: Jûdô wird in Finnland eingeführt. Ôyama bringt Kyokushin-Karate nach Europa.
1963: Irland gründet seine nationale Jûdô-Föderation. Robert von Sandor und Ronald Knutsen bringen Kendô nach Schweden. Frankreich, Belgien und England organisieren den ersten europäischen Karate-Wettbewerb.
1964: Attila Mezsaros bringt Karate nach Schweden. Tetsuji Murakami unterrichtet Karate in Jugoslawien.
1965: Charles Palmer wird Präsident der *International Jûdô Federation.* Pierre Baruzy gründet die französische Föderation für Savate.
1966: Die *European Karate Union,* mit Jacques Delcourt als Präsident, wird gegründet. In Paris findet das erste europäische Karate-Turnier statt. Gerd Wischnewski bringt Aikidô nach Deutschland. In England wird die *Karate Union of Great Britain* gegründet. Jürgen Seydel und Mike Anderson gründen die *Deutsche Karate Union.* In Holland wird die Taekwondo Organisation gegründet. Dominique Valera wird Karate-Europameister.
1967: In Finnland wird Wadô-ryû-Karate eingeführt.

1968: Die All European Karate Federation wird gegründet.
1969: Die jugoslawische Karate-Föderation wird gegründet. In Deutschland wird Kyudo eingeführt. In Schweden wird die nationale Kendô-Föderation gegründet.
1972: Die *All-European Karate Federation* wird in die *European Amateur Karate Federation* umgewandelt. Jûdô wird in München zur olympischen Disziplin.
1973: Die *British Kendô Renmei* wird gegründet. TERRY O'NEILL bringt das »Fighting Arts Magazine« auf den Markt.
1974: LEE JOO-SUH bringt Taekwondo nach Schweden.
1975: ZARKO MODRIC führt Full-Contact-Karate in Zagreb ein. GEORGE BRUCKNER und MIKE ANDERSON gründen in Berlin die *World All-Style Karate Organization* (WAKO).
1976: In Barcelona wird die *European Taekwondo Union* gegründet.
1977: Gründung der *European Jûjutsu Federation* (EJJF) in Rom, Präsident RINALDO ORLANDI.
1978: In Schweden wird die *Wushu Federation* gegründet.
1979: GEORGE BRUCKNER organisiert die erste Full-contact-Meisterschaft der WAKO in Berlin.
1980: In Paris wird die *European Kung-fu Union* gegründet.

Alte Darstellung des Pankration

Griechenland

Die Kampfkunstgeschichte Griechenlands liegt weitgehend im dunkeln, zeugt jedoch gleichzeitig von den ältesten Bemühungen in dieser Richtung. 1500 v. Chr wurden bereits auf Kreta Fresken gefunden, die Kampfszenen jeder Art dokumentieren. Die erste nachweisbare Erwähnung finden der Waffentanz *Pyrrhiche* und verschiedene Formen des Ringens. Bereits in der Frühgeschichte Griechenlands wurden →*Ringen*, →*Boxen* und →*Pankration* als Wettkampf betrieben.
Bereits 700 v. Chr wurde das Ringen olympische Disziplin und als Teil des *Pentathlon* (Fünfkampf) ausgeübt. Es entstanden viele Ringkampf- und Boxschulen. Die Boxer bandagierten ihre Hände und Unterarme mit Leder, und häufig wurden metallische Gewichte in diese Handschuhe (lat. Sing. *caestus,* Pl. *caesti*) eingelegt. Der Boxkampf (griech. *pygmê)* endete oft mit schweren Verletzungen.
650 v. Chr. wurde das *Pankration* in die olympischen Disziplinen aufgenommen. Dies war eine Kombination aus allen bisher bekannten Kampfmethoden, und nicht selten war der Ausgang solcher Kämpfe tödlich.

Italien

Die Träger der römischen und später italienischen Kampfmethoden waren die Gladiatoren des Römischen Reiches. Sie fochten anfangs mit dem *gladius* (Kurzschwert), das auch auf dem Schlachtfeld verwendet wurde. Von den Griechen übernahmen die Römer das *Ringen* (griechisch-römisches Ringen) und später das →*Pankration*, das mit dem *caestus* (metallbeschwerter Handschuh) ausgeführt wurde. Offene Wettkämpfe fanden in groß angelegten Arenen (z. B. dem Kolosseum in Rom) auf Leben und Tod statt.
Im 12. Jh. erfuhr das *Fechten* einen großen Aufschwung und etablierte sich als die wichtigste Kampfkunst Italiens. Allmählich lösten Florett und Degen das Schwert ab. Die italienischen Fechtschulen galten jahrhundertelang als die besten in Europa.

Frankreich

Wie überall in der Welt war auch in Frankreich das Ringen die erste dokumentierte Kampfmethode. Im Mittelalter aber war die Fechtkunst die bekannteste Kampfform. Schon im Jahre 1630 setzten sich die französischen Fechtmethoden gegenüber den italienischen Schulen durch, die als die höchsten in Europa galten. Die beliebteste Waffe war das Florett.

1820 wurde von MICHEL das →*Savate* entwickelt. Später vermischte LECOUR diese Methode mit dem Chausson, das in Bordeaux geübt wurde, und nannte dieses System »Boxe Francaise« oder vereinfacht »Savate«. 1877 veröffentlichte CHARLEMONT das erste Fachbuch über diese Kunst, nachdem er Elemente des englischen Boxens zugefügt hatte. Um dieselbe Zeit entwickelte sich innerhalb des Savate auch die Verwendung bretonischer Stocktechniken zur Selbstverteidigung, die man als »La Canne« bezeichnet. Heute ist das französische Boxen vom Erziehungsministerium als Schulsport anerkannt. Frankreich gilt als das erste europäische Land, das die asiatischen Kampfkünste importierte. Heute ist es eines der europäischen Länder mit der am höchsten entwickelten Kampfkunstkultur, mit einem breiten und offenen Spektrum für verschiedene klassische und sportliche Stile, mit vielen hochgraduierten Lehrern und einer ausgesprochen guten Kampfkunstliteratur. Die Kampfkunstgeschichte Frankreichs ist lang und umfangreich, daher hier nur die wichtigsten Daten:

1889: Sensei JIGORÔ KANÔ gibt in Marseille eine Jûdô-Demonstration. Im gleichen Jahr werden die ersten Jûdô-Dôjô in Frankreich gegründet, vor allem in Paris unter der Leitung von JEAN-JOSEPH RENAUD und GUY DE MONTGAILLARD.

1924: ISHIGURO KEISHICHI, 5. Dan Kôdôkan-Jûdô, eröffnet ein Dôjô in Paris.

1935: KAWAISHI MIKONOSUKE gründet einen französisch-japanischen Jûdô-Club und unterrichtet Jûjutsu und Jûdô.

1936: Der Club von Mikonosuke fusioniert mit dem »Jûjutsu Club Frankreich«.

1939: Verleihung des ersten Jûdô-Dan-Grades an M. COTTREAU.

1946: Gründung der *Fédération Française de Jûdô et Jûjutsu.*

1951: Frankreich gewinnt die erste europäische Jûdômeisterschaft. Sensei AWASE und ABE ICHIRO kommen nach Frankreich und unterrichten Jûdô.

1953: MOCHIZUKI MINORU bringt Yoseikan-Aikidô nach Frankreich und etabliert seinen Schüler JIM ALCHEIK. Daraufhin schickt der Aikikai ABE TADASHI als Übungsleiter nach Frankreich.

1954: HENRI PLÉE gründet die *Fédération Française de Karate et Boxe Libre* (FFKBL). Er lädt MOCHIZUKI HIROO nach Paris ein.

1957: MURAKAMI TETSUJI führt das Shotokai-ryû in Frankreich ein. Später kommen OSHIMA TSUTOMU und HARADA MITSUSUKE (Shotokai-ryû), NANBU YOSHINAO (Shukokai-ryû) und KASE TAIJI (Shôtôkan-ryû).

1960: In der *Fédération Française de Jûdô, Jûjutsu et Disciplines Assimilées (FFJDA)* wird eine Sektion Karate aufgenommen. Gründung der *Fédération Française d'Aikidô* als Abteilung der *Fédération Française de Jûdô, Jûjutsu et Disciplines Assimilées.*

1961: ABE TADASHI kehrt nach Japan zurück und überträgt die Verantwortung im Aikidô auf ANDRÉ NOCQUET, einen direkten Schüler von MORIHEI UESHIBA.

1962: Schüler von ABE TADASHI, die mit NOCQUET nicht einverstanden sind, gründen die *Association Culturelle Française d'Aikidô* und holen drei Instruktoren des Aikikai nach Frankreich: NORO MASAMICHI, NAKAZONO MUTSURO sowie

1964: TAMURA NOBUYOSHI.

1970: Die Karate-Sektion der FFJDA nennt sich *Union Française de Karate* (UFK).

1971: Unabhängig von der FFJDA und der UFK wird die *Fédération Française de Karate et Disciplines Associées* (FFKDA) gegründet. Gründung der *Union National d'Aikidô* (UNA).

1974: Gründung eines nationalen Aikidô-Stils als Synthese aus den Methoden von TAMURA (Aikikai), NOCQUET und MOCHIZUKI (Yoseikan). Danach wird das französische Aikidô hauptsächlich von zwei Föderationen vertreten: *Fédération Française Libre d'Aikidô et de Budô* (FFLAB) und *Fédération Française d'Aikidô, Aiki-Budô et Affinitaires* (FFAAA).

1975: Die UFK verläßt die FFJDA.

1977: Gründung der *Fédération Française de Karate et Arts Martiaux Affinitaires (FFKAMA), aus der später die Fédération Française de Karate, Taekwondo et Arts Martiaux Affinitaires* (FFKTAMA) wird.
1989: Shidokan-Karate kommt nach Frankreich.
1990: Der Shidokan-Meister SOENO YOSHIJI kommt nach Nizza. Im selben Jahr führt PATRICK LOMBARDO das Kenpôkan-ryû in Frankreich ein.

England

In den ältesten Überlieferungen der Kampfkünste aus England sind mehrere Formen des Ringens beschrieben, von denen das »Cornwall-Ringen« (→*Corno-breton*) eine der beliebtesten Formen war. In Schottland benutzte man den Hammer als Wurfwaffe in Duellen oder Wettkämpfen.
Im Mittelalter wurden, wie überall in Europa, die Kriegsmethoden der Ritter intensiviert. 1540 gründete HEINRICH VIII. die »Gilde der Londoner Fechtlehrer«, doch die europaweit bekannte italienische Fechtschule war auch in England maßgebend und wurde den einheimischen Künsten jahrhundertelang vorgezogen. Im 16. Jh. entstanden aber mehrere Formen des englischen →Boxens, die 1720 in der Boxschule von JAMES FIGG zu einem System entwickelt wurden. JACK BROUGHTON erfand 1740 den Boxhandschuh und stellte die ersten Kampfregeln auf. 1747 erschien das erste Lehrbuch über das Boxen.
England hat, ähnlich wie Deutschland, eine lange Kampfkunstgeschichte, die sich aber heute hauptsächlich an sportlichen Wettkämpfen orientiert. Klassische, wettbewerbsfreie Richtungen sind weniger vertreten. Die aus Asien kommenden Kampfsysteme sind neben dem Boxen heute am weitesten verbreitet. Untenstehend eine kurze Chronologie:

1906: GUNJI KOIZUMI bringt Jûdô nach England.
1918: GUNJI KOIZUMI gründet den Budôkwai in London.
1929: In London findet der erste europäische Jûdô-Wettkampf zwischen dem Budôkwai und dem Jûjutsu-Club Frankfurt statt.
1966: KANAZAWA HIROKAZU gründet die *Karate Union of Great Britain* und wird ihr Hauptlehrer.
1968: Gründung der *British Aikidô Association* (BAA). SUZUKI TATSUO gründet die *United Kingdom Karate-do Wadokai* (UKKB).
1971: ENOEDA KEINOSUKE kommt nach England und übernimmt die Leitung der *Karate Union of Great Britain.*
1973: Die *British Kendô Renmei* wird gegründet. TERRY O'NEILL bringt das »Fighting Arts Magazine« auf den Markt.

Deutschland

Deutschland hat eine alte Kriegertradition. Schon die Germanen übten sich im Speerfechten (Ger), Schwertfechten (Kurz- und Langschwert), Ringen und Bogenschießen. Über Jahrhunderte hinweg fanden Turniere und Wettkämpfe im Stechen und Fechten statt. Schließlich wurden um 1500 die »Fechter-Genossenschaften« gegründet, in denen der Umgang mit verschiedenen Kriegswaffen gelehrt wurde.

Die älteste Dokumentation über mittelalterliche Kampfkünste in Deutschland findet sich in TALHOFFERS »Fechtbuch« aus dem Jahr 1443 und in dem »Ringkampf-Lehrbuch« von MEISTER OTT. 1512 erschien ein »Fechtbuch« mit Zeichnungen von ALBRECHT DÜRER und 1537 »Ringkunst« von FABIAN VON AUERSWALD. Kurz darauf veröffentlichte JOACHIM MEYER sein Buch »Freyfechter und Burger zu Strassburg«, durch das die deutsche Fechtkunst vollkommen reformiert wurde. Professionelle Fechtlehrer zogen von Stadt zu Stadt und unterrichteten den Umgang mit Dolch, Schwert, Lanze, Säbel, Degen und Rapier. Einer der bekanntesten Fechtlehrer jener Zeit war WILHELM KREUSSLER.

Die Einführung der Schußwaffen verdrängte danach zunächst die klassischen mittelalterlichen Kampfkünste und etablierte eine landesweit organisierte Gilde der Sportschützen, die bis heute existiert. Doch wenig später wurden die mittelalterlichen Künste als Sport wiederentdeckt und überlebten bis in die heutige Zeit, hauptsächlich als Fechten und Ringen.

Zu Anfang unseres Jahrhunderts feierten die japanischen Kampfkünste ihren Siegeszug über herkömmliche Selbstverteidigungsmethoden in Deutschland. Zunächst wurden sie als reine Selbstverteidigung unterrichtet, jedoch bald vom ausgeprägten deutschen Vereinsleben in reine Sportarten umfunktioniert. Durch die jahrzehntelange Tendenz, sie zentralistisch unter dem Deutschen Sport-Bund (DSB) zu organisieren, entstand in den meisten Stilen eine sportliche Schmalspur, durch die viele traditionelle Werte isoliert wurden. Erst in neuerer Zeit gibt es Tendenzen, sie in ihrer gesamten Vielfalt wiederzuentdecken.

Im folgenden eine kurze Darstellung ihrer Entwicklung in Deutschland:

1905: DR. ERICH BÄLZ kehrt aus Japan zurück und wirbt für Jiu-Jitsu.

1906: Japanische Jiu-Jitsu Meister führen in Kiel Jiu-Jitsu vor. KAISER WILHELM II. gibt Anweisung, einen solchen Lehrer zu engagieren. Daraufhin geben AGITARO ONO und weitere vier Japaner die ersten Jiu-Jitsu-Seminare. ERICH RAHN, ihr bester Schüler, gründet noch im selben Jahr die erste deutsche Jiu-Jitsu-Schule.

1910: ERICH RAHN unterichtet Jiu-Jitsu bei der Kriminalpolizei.

1919: Jiu-Jitsu wird bei der Polizei eingeführt.

1920: ERICH RAHN gibt Jiu-Jitsu-Demonstrationen in ganz Deutschland. Er macht die Kampfkunst zu seinem Beruf, kämpft gegen Herausforderer und gibt Unterricht.

1921: Jiu-Jitsu wird Selbstverteidigungskunst der Justizbeamten in Gefängnissen.

1922: Gründung des *Zentralverbandes Deutscher Jiu-Jitsu Kämpfer.* Erste Jiu-Jitsu-Meisterschaft im Berliner Sportpalast. Gründung des *Ersten Berliner Jiu-Jitsu Clubs* durch ERICH RAHN, des *Ersten Deutschen Jiu-Jitsu Clubs Frankfurt* durch ALFRED RHODE und des *Jiu-Jitsu Clubs Wiesbaden* durch OTTO SCHMELZEISEN.

1924: Gründung des Reichsverbandes für Jiu-Jitsu.

1925: Das inzwischen gespaltene Lager der Jiu-Jitsu-Berufskämpfer und der Jiu-Jitsu-Amateure (→*Jûjutsu* und *Jiu-Jitsu*) geht in einen offenen Konflikt. Die Amateure schließen alle Profis und selbständigen Sportlehrer durch Mehrheitsabstimmung aus dem Verband aus und verweigern ihnen die Anerkennung.

1932: ALFRED RHODE nimmt internationalen Kontakt auf. Die erste internationale Jûdô-Sommerschule, die bis 1939 jährlich abgehalten wird, findet in Frankfurt unter der Leitung von ALFRED RHODE statt. Bei dieser Gelegenheit wird der *Deutsche Jûdô Ring* mit ALFRED RHODE als Präsident gegründet. Die Vertreter der anwesenden Nationen gründen die *Europäische Jûdô Union* (EJU), deren Leitung dem *Budokwai* in London übertragen wird.

1933: JIGORÔ KANÔ besucht Deutschland. Die Bezeichnung *Jûdô* wird amtlich eingeführt und verdrängt vorerst das Jiu-Jitsu.

1938: Die letzte internationale Jûdô-Sommerschule findet in Frankfurt statt, danach werden die Jûdô-Aktivitäten für die Dauer des Krieges unterbrochen.

1945: Jûdô wird durch die Besatzungsmächte verboten.

1949: Jûdô wird wieder erlaubt und zunächst im *Deutschen Athletenbund* (DAB) ausgeübt.

1952: Gründung des *Deutschen Dan Kollegiums* durch ALFRED RHODE.

1953: Gründung des *Deutschen Jûdô Bundes* (DJB) in Hamburg, Vorsitzender wird HEINRICH FRANTZEN.

1954: ERICH RAHN wird Ehrenpräsident der *Internationalen Jûdô Föderation* (IWJF).

1956: Der *Deutsche Judô Bund* (DJB) wird vom *Deutschen Sport Bund* (DSB) anerkannt.

1957: JÜRGEN SEYDEL, ein Schüler von HIRO MOCHIZUKI, führt Karate in Deutschland ein.

1958: TETSUJI MURAKAMI hält in Deutschland (Bad Homburg) das erste Karate-Seminar ab.

1961: Gründung des *Deutschen Karate Bundes* (DKB).

1963: Gründung der *Europäischen Karate Union* (EKU) in Paris.

1964: Jûdô wird in die olympischen Disziplinen aufgenommen.

1965: Der *Deutsche Jûdô Bund* (DJB) gründet eine eigene Karate-Sektion. KASE, KANAZAWA, ENOEDA und SHIRAI bilden auf einem Lehrgang die Lehrer des DJB aus und vergeben vier Schwarzgurte. GERT WISCHNEWSKI (Bundestrainer) bringt Aikidô nach Deutschland und gründet mit ROLF BRAND (Präsident) im DJB eine Aikidô-Sektion. KATSUAKI ASAI kommt als Vertreter des Aikikai nach Deutschland und gründet den *Aikikai Deutschland.*

1966: YUTAKA TOYAMA wird Karate-Trainer des DJB.

1967: KEITH KERNSPECHT gründet den Budô Zirkel Kiel und legt den Grundstein zur späteren Gründung der *Europäischen WingTsun Organisation* (EWTO).

1969: HIDEO OCHI löst HIROKAZU KANAZAWA als Cheftrainer des DKB ab. Gründung der Kendô-Sektion innerhalb des DJB.

1971: Gründung der *Union Européenne d'Aikidô* in Köln, unter der Leitung von ANDRÉ NOCQUET (Präsident) und ROLF BRAND (Generalsekretär).

1972: KWON JAE-HWA wird Bundestrainer der Sektion Taekwondo im DJB.

1973: Gründung der *World Taekwondo Federation* (WTF). Yasumasa Kaneda wird Bundestrainer der Kendô-Abteilung des DJB.

1975: KEITH KERNSPECHT lädt LEUNG TING ein und autorisiert das europäische Wing Tsun.

1976: Gründung des *Deutschen Karate Verbandes* (DKV) aus dem Zusammenschluß des DKB (Deutscher Karate Bund), DJKB (Deutsch-Japanischer Karate Verband) und des GKD (Gôjûkai Deutschland). Später schließen sich der DJB (Deutscher Jûdô Bund), die DKU (Deutsche Karate Union) und der WKD (Wadôkai Deutschland) an.

1977: Gründung der *Deutschen Karate Union* (DKU). Der DKV wird Mitglied im Deutschen Sport Bund (DSB). ROLF BRAND löst sich vom DJB und gründet den *Deutschen Aikidô Bund* (DAB). Gründung der *Europäischen Jûjutsu Federation* (EJJF) in Rom.

1982: Professor KOZO ANDO wird Bundestrainer für Kendô in Deutschland.

1983: Ninjutsu wird von WOLFGANG ETTIG und STEFFEN FRÖHLICH eingeführt. Gründung der *Europäischen Ninpô Organisation* durch ETTIG und der *Bujinkan I.N.A.G.* durch FRÖHLICH.

1987: Auflösung der Mitgliedsverbände (DKB, DJKB, GKD, DJB, DKU und WKD) und Integration in den DKV. Der DKV besteht nun aus mehreren Landesverbänden und hat etwa 70 000 Mitglieder.

1990: WERNER LIND gründet als Alternative zu den Karate-Wettkampforganisationen den *Budô Studien Kreis* und initiiert durch Buchveröffentlichungen und Seminare in verschiedenen Verbänden eine intensive klassische Karate-Bewegung in Deutschland.

1993: HIDEO OCHI verläßt mit einer größeren Anzahl von Mitgliedern den DKV und gründet den *Deutschen JKA Karate Bund* (DJKB). Die technische Leitung des DKV übernehmen GÜNTHER MOHR, TONI DIETL und EFTHIMIOS KARAMITSOS.

Jugoslawien

Die jugoslawischen Kampfkünste etablierten sich in zwei Gebieten: Belgrad und Zagreb. Die hauptsächliche Kampfkunst ist Karate, in dem die Jugoslawen zu den führenden europäischen Nationen gehören. Im östlichen Teil Jugoslawiens dominiert Shôtôkan-ryû unter JORGA (angeschlossen an die IAKF), während im westlichen Teil das Budôkai von TOPIC (angeschlossen an die WAKO) mit einigen Shôtôkan- und Shukokai-Einflüssen am populärsten ist. Diesen Organisationen gehören 70 Prozent der Karateka an. Taekwondo kam nur in Kroatien zu einer gewissen Popularität, während *Kempô* nur in vereinzelten Gruppen geübt wird.

1951: Gründung des ersten jugoslawischen Jûdô-Dôjô in Zagreb.
1952: In Belgrad und Lubljana werden weiter Jûdô-Dôjô gegründet.
1960: Der Vietnamese TRIN TAM TAM führt Karate in Zagreb ein. ZARKO MODRIC unterrichten Karate nach TRINS Abreise weiter.
1961: DORDE DURICIC kehrt aus der Schweiz zurück und unterrichtet Karate in Belgrad.
1964: Vereinigung der Karate-Strömungen Zagreb und Belgrad. TETSUJI MURAKAMI wird als Instruktor engagiert. Es etablieren sich Lehrer wie MODRIC, DR. EMIN TOPIC, ZELJKO ILJADICA und NIKOLA PECKO aus Zagreb sowie DURICIC, VOJISLAV BILBIJA, ILIJA JORGA und VLADIMIR JORGA aus Belgrad. Durch ihren Unterricht entstehen folgende Richtungen:

Karate in Jugoslawien	
Jorga	– Shôtôkan-ryû
Topic	– Budôkai
Iljadica	– Kempô
Pecko	– Taekwon-do
Modric	– Full-contact

1967: Gründung der ersten offiziellen Karateabteilung innerhalb der jugoslawischen Jûdô-Föderation.
1969: Absplitterung und Gründung einer eigenen jugoslawischen Karate-Föderation (JKF) für traditionelles Karate. Diese schloß sich später der *Europäischen Karate Union* (EKU) an und nahm an internationalen Wettbewerben teil.
Später wurde die JKF von der EKU gekündigt, woraufhin sie sich zunächst der JKA und später der IAKF anschloß. Die Budôkai-Gruppe, die auch Full-contact-Karate betreibt, ist in der WAKO organisiert.

Rußland

Der beliebteste Kampfsport bei den zahlreichen Völkern Rußlands und der ehemaligen Sowjetunion ist das *Ringen*. Man kennt dort mehr als 20 verschiedene Arten von Ringkämpfen. Aus ihnen entwickelte sich in den 30er Jahren das →*Sambo*. Die bekanntesten Formen des Ringkampfes sind folgende:

Russische Ringkampfarten	
Kurjasch	– Tataren
Tuwiner Kuresch	– Burjaten
Tschidaoba	– Georgier
Koch	– Armenier
Kurasch	– Usbeken
Kuresch	– Kasachen
Goresch	– Turkmenen
Gushtingeri	– Tadschiken
Trynta	– Moldawier

AFRIKA

Die asiatischen Kampfkünste werden in Afrika nur selten ausgeübt. Am meisten verbreitet sind sie im europäisch beeinflußten Südafrika. Die jahrzehntelang praktizierte Apartheid war für die Verbreitung der Kampfkünste hinderlich.

Südafrika

Südafrika hat viele Karate-Größen hervorgebracht. In der einzigen offiziellen Organisation (NAKA) unterrichten nur hochgraduierte Lehrer, die in Japan studiert haben. Alle Stile haben getrennte Meisterschaften, einmal im Jahr wird eine gemeinsame Meisterschaft durchgeführt.

1963: STAN SCHMIDT beginnt Karate zu unterrichten und gründet in Johannesburg ein Shôtôkan-Hauptquartier.
1964: TAIJI KASE besucht Südafrika.
1965: KASE, KANAZAWA, ENOEDA und SHIRAI unterrichten in Südafrika.
1974: NAKAYAMA veranstaltet ein Instruktoren-Seminar.
1976: Es etablieren sich mehrere Hauptstile wie Shôtôkan (Johannesburg), Shukokai und Wadô-ryû (Durban) sowie Kyokushinkai (Kapstadt). Sie organisieren sich in der *National Amateur Karate Association* (NAKA).

AMERIKA

USA

Die USA sind eine Hochburg des Boxsportes. Den stärksten Einfluß auf die früh aus Asien importierten Kampfkünste hatten Japan, Okinawa und Hawaii. Von dort aus wurden viele Stile ins Land gebracht, die heute als →*Full-contact* große Popularität haben. Durch die Besetzung Japans, Okinawas und Koreas erfuhren die USA den nächsten starken Kampfkunsteinfluß. Rein chinesische Systeme kamen durch Emigranten ins Land, blieben zunächst ein Privileg der Chinesen und wurden später durch die Kung-fu-Filme populär.

1902: YOSHIAKI YAMASHITA bringt Jûdô in die USA.
1903: SUMESHIRO TOMITA unterrichtet Jûdô in den USA.
1907: TAKUGORO ITO gründet das erste amerikanische Jûdô-Dôjô in Washington.
1909: JACK SANTOS bringt Kali in die USA.
1930: Erste Kung-fu-Schule Amerikas in Los Angeles.
1936: TOARO MORI unterrichtet Kendô in den USA.
1946: ROBERT TRIAS bringt Karate in die USA.
1948: ROBERT TRIAS gründet die *United States Karate Association.*
1949: Jûdô wird in der *Amateur Athletic Union* organisiert.
1952: ÔYAMA bereist 32 Staaten der USA und demonstriert Karate. Die *Amateur Jûdô Association* wird gegründet.
1953: Erste nationale Jûdô-Meisterschaft wird organisiert.
1954: EDWARD KALOUDIS bringt Karate nach New York. WILLIAM DOMETRICH führt Chitô-ryû Karate in Kentucky ein. ED PARKER bringt Kempô-Karate nach Utah.
1955: ROBERT TRIAS organisiert das erste Karate-Turnier in Amerika.
1956: OSHIMA TSUTOMU bringt Shôtôkan-Karate nach Amerika. JHOON RHEE unterrichtet Taekwon-do in San Marcos/Texas.
1957: CECIL PATTERSON bringt Wadô-ryû Karate nach Tennessee. GORDON DOVERSOLA unterrichtet Okinawa-te in Los Angeles. In Jacksonville/ Florida unterrichtet DON NAGLE Isshin-ryû Karate.
1958: GEORGE MATTSON bringt Uechi-ryû Karate nach Amerika.
1959: DON NAGLE gründet das amerikanische Hombu-Dôjô für Isshin-ryû in Jersey City/ New Jersey. HIROSHI ORITA bringt Renbukai-Karate in die USA. PETER URBAN führt japanisches Gôjû-ryû Karate ein. An der Ostküste beginnt ALAN LEE Shaolin Kung-fu zu unterrichten.
1960: Die *United States Jûdô Federation* verändert sich zur *Jûdô Black Belt Federation.* YOSHIAKI AJARI unterrichtet Wadô-ryû Karate in Hayward/Kalifornien. DR. MAUNG GYI bringt Bando nach Amerika. ANTHONY MIRAKIAN führt Okinawa Gôjû-ryû in Watertown/Massachusetts ein. HENRY CHO gründet die erste Taekwon-do-Schule der Ostküste. ELVIS PRESLEY graduiert zum 1. Dan im Chitô-ryû.
1961: RICHARD KIM bringt Shorinji-ryû Karate nach San Francisco. TERUYUKI OKAZAKI beginnt in Philadelphia JKA-Karate zu unterrichten. HIDETAKA NISHIYAMA gründet die *All American Karate Federation.*
1962: Ein North American Karate Champion-

ship in New York wird organisiert. Teruyuki Okazaki gründet die *East Coast Karate Association.*

1963: Chuck Norris eröffnet in Torrance/Kalifornien die erste Tang-Soo-Do-Schule.

1964: Sea Oh-Choi bringt Hapkido in die USA. Gosei Yamaguchi beginnt in San Francisco Gôjû-ryû zu unterrichten.

1965: Fumio Demura bringt Shitô-ryû Karate nach Santa Ana/Kalifornien.

1966: Peter Urban gründet das amerikanische Gôjû-ryû.

1967: Bruce Lee gründet das Jeet-kune-do. Hirokazu Yamamori bringt Shorinji-Kempô in die USA. William Dometrich gründet die *U.S. Chitôkai.*

1968: Dr. Maung Gyi gründet die *American Bando Association* in Ohio. Al Dacascos gründet das Won Hop Kuen Do.

1969: Haeng Ung-Lee gründet die *American Taekwondo Association.* Die *U.S. Jûdô Association* wird gegründet.

1972: Jhoon Rhee erfindet die Safe-T-Ausrüstung und revolutioniert mit einem neuen System das Sport-Karate. Tsutomu Oshima übersetzt Funakoshis »Karate-do Kyohan«.

1973: Mike Anderson gründet das Konzept der Semi-contact-Wettkämpfe.

1974: Die chinesische Wu-shu-Gruppe demonstriert in den USA. Hidetaka Nishiyama gründet die *International Amateur Karate Federation.* Mike Anderson gründet die *Professional Karate Association* und organisiert das World Professional Karate Championship. Harold Long gründet die *Isshin-ryû Karate Association.*

1976: Howard Hanson gründet die *World Karate Association.*

1977: Teruyuki Okazaki gründet die *International Shôtôkan Karate Federation.* In Berkeley/Kalifornien wird die *North American Taekwondo Union* und in Chicago die *Pan-American Taekwondo Union* gegründet.

1978: In Los Angeles wird die All American Karate Federation zur American Amateur Karate Federation verändert.

PAZIFIK/AUSTRALIEN

Hawaii

Die hawaiianischen Kampfkünste wurden durch China, Japan und Okinawa gleichermaßen beeinflußt. Aus diesen Ländern kamen mehrere namhafte Instruktoren und unterrichteten zeitweise in Honolulu. Zu Ende der 50er Jahre begannen die hawaiianischen Meister ihre eigenen Systeme zu gründen, die die Kampfkünste der USA wesentlich beeinflußten.

1909: Shingen Tashima und Naomatsu Kaneshiga gründen die erste Jûdô-Schule in Honolulu.

1920: Kentsu Yabu demonstriert Okinawa-Karate in Hawaii.

1922: Kung-fu wird in Honolulu eingeführt.

1927: Kentsu Yabu demonstriert und unterrichtet öffentlich okinawisches Shuri-te Karate in Hawaii.

1932: Shuji Mikami gründet die erste Kendô-Schule in Hawaii.

1933: Choki Motobu unterrichtet Karate in Hawaii. Zuiho Mutsu und Kamesuke Higaonna gründen die *Hawaii Karate Seininkai.* Miyagi Chôjun unterrichtet Gôjû-ryû in Hawaii.

1942: James Mitose gründet den *Official Self-Defense Club.*

1946: William K. S. Chow beginnt Kempô in seiner neu gegründeten Schule zu unterrichten.

1950: Adriano Emperado gründet seine hawaiianische Kempô-Karate-Auffassung.

1953: Koichi Tohei bringt Aikidô nach Hawaii.

1954: Ôyama besucht Hawaii. Bobby Lowe gründet die hawaiianische Kyokushin-Richtung.

1957: Tinn Chann Lee bringt Tai-ji-quan nach Hawaii.

Australien

Die australischen Kampfkünste wurden anfangs von den zahlreichen Soldaten beeinflußt, die nach Australien emigrierten. Die meisten hatten Erfahrung in verschiedenen Kampfkünsten, die in der Armee verwendet wurden, vor allem im Jûjutsu.

1800–1850: Von chinesischen Minenarbeitern wird Kung-fu nach Australien gebracht, das aber bis 1955 nur von Chinesen ausgeübt wird.
1905: Jûjutsu wird von CECIL ELLIOT eingeführt. Zwei japanische Instruktoren, FUSHISHIMA und OKURA, kommen mit ihm nach Australien.
1928: Dr. A. J. ROSS führt Jûdô ein. Der *Australian Council of Jûdô* wird gegründet.
1950: Die erste öffentliche Choy-li-fut-Schule wird von SIFU DAVE und VINCE LACEY eröffnet.
1951: MERV OAKLEY bringt Gôjû-ryû nach Australien.
1952: JAN DE JONG gründet in West-Australien die erste Kampfkunstschule im Jûjutsu. Gründung der *Jûdô Federation of Australia.*
1953: Gründung der ersten Shôtôkan Karate-Schule durch WALLY SLAGOWSKI.
1955: IVAN ZAVETCHANOS bringt Kyokushinkai nach Australien.
1961: WILLIAM CHEUNG und GREG CHOI führen Wing-chun, CHAN HAK-FU Bai-hao-quan, LEE YITMAN Tai-ji-quan, Choy-li-fut und Wing-chun und LAWRENCE LEE Tong-kune-do in Australien ein.
1965: SUGARNO führt Aikidô in Australien ein.
1971: SERGE MATRICH OSTERMANN führt Shaolin-Kempô, WAL MISSINGHAM Mizungyi und DAVID CROOK Bac-fu-do in Australien ein.

Neuseeland

Neuseelands Kampfkünste kamen fast ausschließlich durch Einwanderer und Soldaten ins Land. Erst in den 50er Jahren kamen qualifizierte Instruktoren aus Japan und leiteten mit Hilfe der neuseeländischen Instruktoren die Gründung der Kampfkunst-Organisationen ein.

1948: GEORGE GRUNDY und KEITH GRUNDY vom Budôkwai in London übersiedeln nach Neu-Seeland und gründen in Auckland den *Jûdôkai NZ Jûdô Club.* Immigranten aus vielen Ländern, die im Jûdô graduiert waren, fanden sich in diesem Club zusammen.
1950: LAWRIE HARGRAVE, ein Schüler des Kodokan-Sensei OGATA, kommt nach Neuseeland.
1956: Gründung der *New Zealand Jûdô Federation* (NZJF) in Lower Hutt, Wellington. 9 Clubs treten ihr bei.
1957: Erste Neuseeland-Meisterschaften im Jûdô.
1958: Jûdô-Freundschaftsturnier in Japan.

ASIEN

Die Zahl der asiatischen Kampfsysteme ist unüberschaubar groß. Man kann jedoch sagen, daß sich die asiatischen Kampfsysteme in drei großen Kulturkreisen entwickelten: im süd- und südostasiatischen Raum, in China und in Japan. Innerhalb dieser Kulturkreise sind die Kampfkünste meist miteinander verwandt. Außerhalb dieser Bereiche liegt als einzige Ausnahme das okinawische →*Karate* und →*Kobudô.*

Die Länder und Kampfkünste Asiens

Afghanistan	– Goshti-Tshapan
Armenien	– Koch
Aserbaidschan	– Pechlawans
Birma (Myanmar)	– Thaing
China	– Quan-fa
Georgien	– Ringen
Indien	– Kalaripayat
Indonesien	– Pentjak-Silat
Israel	– Krav-Maga
Japan	– Bujutsu
Kambodscha	– Bando
Kasachstan	– Kuresch
Kirgisien	– Ringen
Korea	– Hwarang-Do
Laos	– Thai-Boxen
Malaysia	– Bersilat
Mongolei	– Bogenschießen
Pakistan	– Ringen
Philippinen	– Kali
Rußland	– Sambo
Singapur	– Bersilat
Tadschikistan	– Gushtingeri
Taiwan	– Ch'uan-fa
Thailand	– Thai-Boxen
Türkei	– Kirpinar
Turkmenistan	– Goresch
Usbekistan	– Kurasch
Vietnam	– Viet-Vo-Dao

SÜD- UND SÜDOSTOSTASIEN

Indien

Eine der ältesten Kampftechniken Indiens war das →*Vajramushti*, eine grausame Form des Kämpfens, bei der handkrallenähnliche Schlagringe verwendet wurden. Es gibt Berichte über gladiatorenähnliche Kampfspiele der indischen Frühzeit, wo die Kämpfer mit eisernen Klauen ausgestattet waren, die man *Vajra* nannte. Alles deutet darauf hin, daß dies die erste indische Kampfkunst überhaupt war, die von den Kshatriya ausgeübt wurde. Durch die Zeiten wurden auch Legenden und Sagen über das →*Binot* überliefert, eine frühe indische Kampfmethode mit bloßen Händen, deren Meister selbst gegen einen bengalischen Tiger bestehen konnten.

All diese Schulen der indischen Kampfkünste sind heute nicht mehr existent. Nach der Niederschlagung des »Großen Volksaufstandes« in der zweiten Hälfte des 19. Jh. wurden die wenigen Kampfschulen, die es noch gab, verboten und ihre Meister strengen Verfolgungen ausgesetzt. Doch in den entlegenen Teilen des Landes erhielt und entwickelte sich die alte Lehre der Kshatriya weiter und trat im 20. Jh. mit einer erstaunlichen Kampfkunst in die Öffentlichkeit: dem →*Kalaripayat*. Die Wurzeln dieses modernen indischen Kampfsystems werden in einer alten Kampfkunst aus dem südindischen Kerala vermutet, das zum Reich der Kalinga gehörte.

Nationalsport in Indien ist seit Jahrhunderten das Ringen. Es wurde wechselweise als *Malla-Krida, Malla-Yuddha* und *Niyuddha-Krida* bezeichnet. Die erste detaillierte Erwähnung taucht in einer indischen Schrift (1124–1138) auf. Danach wird das Ringen in vier Typen aufgeteilt: *Dharanipata* (den Gegner zu Boden werfen), *Asura* (Faustkampf), *Nara* (Faustkampf und Würfe) und *Yudda* (Kampf auf Leben und Tod).

Eine weitere Kampfkunst, die in Indien heute ausgeübt wird, nennt sich →*Bandesh*. Damit wird die Verteidigung gegen bewaffnete Gegner geübt. Ähnlich dieser Kampfkunst ist das alte *Binot*, das heute aber selten ist.

Eine weitere alte Kampfkunst, hauptsächlich aus Benares, nennt sich *Muki-Boxen* oder →*Mushti-Yuddha*, eine dem westlichen Boxen ähnliche Methode. Es handelt sich um eine gefährliche Form des Kämpfens, bei der es zu vielen ernsthaften Verletzungen kommt. Der Kampf beschränkt sich auf die Techniken der Fäuste. Diese werden jedoch durch Abhärtungsmethoden sehr hart und effektiv geschult. Nach *Vajramushi* ist *Mushti-yuddha* die härteste Boxform.

Pakistan

In Pakistan hat das Ringen eine alte Tradition und wurde wahrscheinlich bereits in frühen Zeiten aus Indien importiert. Doch in neuerer Zeit hat man die Ausübung aller Kampfkünste verboten, bis sich 1971 SALEEM JEHANGIR für die Aufhebung dieses Verbotes einsetzte. 1972 begann die pakistanische Polizei mit dem Studium des Karate. 1974 wurde der erste pakistanische Wettkampf organisiert.

Burma (Myanmar)

Die burmesischen Kampfkünste werden unter dem Begriff →*Thaing* zusammengefaßt. Sie wurden im Altertum von Indien her beeinflußt. Das System gliedert sich in einen waffenlosen Zweig, dessen Hauptform als →*Bando* bezeichnet wird, und in ein Waffensystem, das als →*Banshay* bekannt ist. Das *Bando* (karateähnliche Selbstverteidigung) enthält zwei weitere Systeme: →*Lethwei* (Boxen) und →*Naban* (Ringen).

Thailand

Thailand hat eine Kampfkunstgeschichte, die bis zur Zeitenwende zurückgeht. Die sportliche Szenerie wird heute vor allem durch das → *Thai-Boxen* geprägt. Es gibt in Thailand einige hundert professionelle Thai-Boxer, deren Wettkämpfe große Menschenmengen anlocken. Thai-Boxen kennt Fausttechniken sowie hohe und schnelle Fußtritte.

Die Tänze der Thai geben heute noch ein deutliches Bild ihrer Kampfkunsttradition. Sie umfassen den Gebrauch von Rapieren, →*Kris*, Lanzen, langen und kurzen Schwertern, Stökken und Schildern. Jeder Tanz ist auf einer Waffe aufgebaut.

In den klassischen Schriften wurden die Thai-Krieger angewiesen, ihre Kampfkunstfähigkeit so zu zeigen, daß man den Anblick genießen kann. Die Dokumentationen über diese Kämpfe gingen während der burmesischen Invasion 1767 durch Brände verloren. Zu den populärsten Methoden Thailands gehören außer dem *Thai-Boxen* →*Jûdô* und →*Krabi-Krabong.*

Kambodscha/Laos

In Kambodscha und Laos, zum ehemaligen Indochina gehörig, gibt es mehrere Systeme, über die jedoch wegen der unruhigen Geschichte dieser Länder im 20. Jh. wenig bekannt ist.

Vietnam

In Vietnam wußte man viele Jahre hindurch nichts über die einheimischen Kampfkünste, die von den Buddhisten streng geheimgehalten wurden. Allmählich gewann man jedoch Erkenntnisse über die Kampfkünste Vietnams, die sich im wesentlichen in →*Co-Vo-Dao* (Waffenkünste) und →*Viet-Vo-Dao* (waffenlose Künste) unterteilen.

Heute weiß man, daß die Kampfkunstgeschichte Vietnams auf zwei Mönche zurückgeführt werden kann, die in China den Zen-Buddhismus studiert hatten und 713 nach Hause zurückkehrten. Sie waren im Shaolin-Kloster ausgebildet worden und brachten die →*Shi-ba-lou-han-shou* nach Vietnam. Diese erweiterten sie, indem sie aus jeder der elementaren Haltungen eine Kombination von Verfahren ableiteten. Doch über 1000 Jahre hinweg hielten die Buddhisten ihre Lehre geheim. Erst allmählich drang sie in die Öffentlichkeit, und es entstanden weltliche Kampfkunstschulen *(Vo)*, in denen heute Systeme wie →*Tay-Son,* →*Viet-Vo-Dao,* →*Co-Vo-Dao,* →*Vat,* →*Tam-The* oder →*Qwan-Ki-Do* unterrichtet werden.

Malaysia

In Malaysia übt man sich in einer Form des →*Pentjak-Silat,* die →*Bersilat* genannt wird. Davon gibt es zwei Formen: Das →*Silat-pulat* besteht aus Bewegungen ähnlich den →*Kata*

und wird meist bei Festlichkeiten vorgeführt. Es ist ein anmutige Vorführungsform, die für die Öffentlichkeit gedacht ist. Das →*Silat-buah* (Kampf) ist eine kämpferische Form, die in absoluter Abgeschlossenheit gelehrt wird.
Nationale Waffe ist wie in Indonesien der →*Kris*, der eine weitreichende Bedeutung im sozialen und kulturellen Leben der Malaysier hat. Abwandlungen des *Kris* gibt es in Form mehrerer einschneidiger Dolche wie →*Mandau*, →*Parang*, →*Kelawang* und die kleineren Formen →*Bandik* und →*Pisau*. Weitere Waffen sind der Speer, Blasrohre mit vergifteten Pfeilen, Pfeil und Bogen und verschiedene Stockwaffen.
Eine weitere Kampfkunstform in Malaysia ist das →*Kuntao*, welches innerhalb des chinesischen Bevölkerungsteils von Malaysia ausgeübt wird.

Indonesien

Indonesien und Malaysia verfügen über eine vielfach verflochtene Kampfkunstgeschichte, da beide Länder im Laufe der Jahrhunderte von gegenseitigen Eroberungszügen geprägt waren. In Indonesien mit den Inseln Sumatra, Java, Borneo und Bali ist die Hauptkampfkunst als →*Pentjak-Silat* in Malaysia als →*Bersilat* bekannt. Daneben gibt es in beiden Ländern mehrere Waffensysteme mit dem →*Kris* (Dolch) als bevorzugter Klingenwaffe.
Man weiß nicht genau, ob die ersten Einflüsse der Kampfkünste aus Indien oder aus China kamen. Im heutigen Indonesien gibt es allgemein vier Begriffe für den unbewaffneten Kampf: →*Pukulan*, →*Pentjak*, →*Silat* und →*Kuntao*. Die Stile sind auf der Insel sehr gebietsgebunden und befinden sich untereinander in starker Rivalität.

Philippinen

Auf den philippinischen Inseln gibt es eine alte Kampfkunst, die sich →*Kali* nennt und aus der sich das heute bekannte →*Arnis de mano* (→*Escrima*) entwickelt hat. Letzteres kennt je nach Volksstamm zahlreiche Ausprägungen und ist unter den verschiedensten Namen bekannt.
Die Kampfkünste waren immer ein fester Bestandteil der Kultur auf den Philippinen. Hierzu gehören Techniken der leeren Hand sowie Kampfformen mit Stock-, Wurf- und Klingenwaffen, von denen einige durch frühe Einwanderer auf die Philippinen gebracht wurden. Die wichtigste Waffe ist der →*Kris*, ein wellenförmige Klingenwaffe ähnlich denen, die man in Malaysia und Indonesien findet. Auf Sulu wird →*Kuntao* geübt. Im nördlichen Teil der Inseln entwickelte sich eine Art Ringen mit der Bezeichnung →*Dumog*.

Ostasien

China

Der Ursprung der chinesischen Kampfkünste liegt in grauer Vorzeit und geht bis ins 12. und 13. Jh. vor Christus zurück. Legendär wurde jedoch viel später der indische Mönch →Bodhidharma, der im 6. Jh. im chinesischen Kloster Shaolin den dortigen Mönchen zunächst zu Zwecken der Körperertüchtigung bestimmte Übungen zeigte. Hieraus entwickelte sich die Kampfkunst des *Shaolin-Quan-fa*, das mit verschiedenen Waffensystemen (→*Bing-qi*) verbunden wurde. Diese Kampfkunst bildete später mit ihren vielen Verzweigungen das System der »harten« oder »äußeren Schulen« (→*Wai-jia*) Chinas. Es teilt sich noch einmal in zwei große Systeme: die nördliche Schule (Bein des Nordens, Pferd des Nordens), die schnelle Bewegungen und Fußtechniken betont, und die südliche Schule (Faust des Südens, Boot des Südens), welche stärkeren Akzent auf Fausttechniken und Stände legt. Die Shaolin-Schulen, die Hunderte von Systemen entwickelt haben, sind durch ihren Ursprung stark vom Zen-Buddhismus beeinflußt.
Daneben entwickelte sich auf der Basis der bereits bestehenden chinesischen Kampfkünste das andere große chinesische System der »weichen« oder »inneren Schule« (→*Nei-jia*). Im Gegensatz zur »äußeren Schule« beruht sie hauptsächlich auf der in China verbreiteten Philosophie des →*Daoismus*. Sie legt Schwerpunkte auf Nachgiebigkeit, fließende Bewegun-

gen und Kontrolle des Geistes. Diese Systeme sind eng mit den daoistischen Einsiedlern im Wudang-Gebirge (Provinz Hopei) verbunden. In den inneren Systemen gibt es drei Hauptschulen: →*Xing-yi*, das auf den Bewegungen von Tieren aufgebaut ist, →*Ba-gua*, das auf dem →Yi-jing beruht, und →*Tai-ji-quan*, das aus weichen harmonischen Bewegungen besteht. Diese Einteilung der Kampfkünste Chinas in die großen Systeme ist sehr weit verbreitet, jedoch nicht ganz unumstritten. Man muß sich hierbei vergegenwärtigen, daß die Klassifizierung keineswegs von Anfang an bestand, sondern erst später den Systemen wie ein Stempel aufgedrückt wurde. Die ersten Unterscheidungen dieser Art finden sich in den Schriften des berühmten chinesischen Schriftstellers und Philosophen HUANG LI-CHU (1645), der zugleich Führer einer Untergrundarmee gegen die regierenden Mandschu war. Darin maß er den inneren Schulen weit mehr Wert und Bedeutung zu als den äußeren. Nach der Einführung der Feuerwaffen waren die Kampfkünste auf dem Schlachtfeld überflüssig geworden, wodurch die moralischen und philosophischen Hintergründe dieser Künste einen neuen Wert erhielten. So kam es auch zunehmend vor, daß gebildete Menschen ihre Philosophie einsetzten, um ihren Mangel an Technik auszugleichen. In dieser Zeit wurde HUANGS Artikel über inneres und äußeres *Quan-fa* veröffentlicht und wegen seiner hochrespektierten Schriften gegen die Ming-Dynastie bereitwillig akzeptiert. →*Tai-ji-quan*, →*Ba-gua-quan* und →*Xing-yi-quan* wurden als Stile der inneren Schulen bezeichnet. Es ist an dieser Stelle noch festzuhalten, daß die asiatische Mentalität mit dem Begriff »außen« und seinen Verbindungen stets unerwünschte Dinge bezeichnet, wie z. B. Oberflächlichkeit, Unfähigkeit, Außenseitertum. So wird sich die chinesische Entwicklung und Wunschvorstellung stets nach innen richten.

Hierdurch wurde es vielen »Meistern« ermöglicht, ihren Stil mit Philosophie aufzupolstern, ihn zu einem inneren System zu erklären und den Leuten vorzumachen, man müsse sich nicht anstrengen, um unbesiegbar zu werden. Die sogenannten inneren Stile arbeiten oft mit der Behauptung, man könne ohne jegliche Anstrengung die Kraft des Gegners gegen ihn selbst richten und müsse dazu nur entsprechend viel innere Kraft ansammeln. Manche gehen sogar soweit, zu behaupten, nach entsprechender Übung sei überhaupt keine Berührung mehr notwendig, um seinen Gegner zu besiegen. Sicherlich gibt es in jedem System große Meister, die einen Gegner nahezu mühelos zu besiegen scheinen, und einige wenige können sogar ohne Kampf siegen. Doch lassen diese Behauptungen starke Zweifel daran aufkommen, inwieweit die Differenzierung in innere und äußere Stile gerechtfertigt ist und aus welchen Gründen sie einstmals vorgenommen wurde.

In jedem Fall ist davon auszugehen, daß jeder Stil Elemente beider Formen in sich trägt, die jeweils unterschiedlich gewichtet werden.

Durch die politischen Veränderungen in China in den letzten Jahrzehnten, insbesondere im Zuge der Kulturrevolution, sind viele Meister der Kampfkünste nach Taiwan und Hong Kong geflohen. Daher gibt es dort heute ein Zusammentreffen von namhaften Kampfkunstexperten, wie es sonst nirgends auf der Welt zu finden ist. Im kommunistischen China veranlaßte die Regierung eine Ausrichtung der Kampfkünste auf Unterhaltungs- und Propagandazwecke (→*Wu-shu*), weil die Tradition der Kampfkünste, die ja die Heranbildung eines individuell

Shuri no Mon – Schrein aus Shuri

handelnden und unabhängig denkenden Menschen zum Ziel hat, mit der politischen Ideologie kollidiert.

Japan

Das Kaiserreich auf den japanischen Inseln verfügt über eine lange und hochentwickelte Kampfkunstgeschichte. Bereits von frühester Zeit an wurde das Land von mächtigen Kriegerfamilien (→*Daimyô*) beherrscht, von denen die Entwicklung der Kampfkünste ihren Ausgangspunkt nahm (→*Bujutsu*). Die japanischen Kampfkünste sind sehr stark chinesisch beeinflußt, haben jedoch völlig eigenständige Systeme entwickelt. Als nach der Einigung des Landes im 16. Jh. die ständigen Bürgerkriege ein Ende fanden, entstanden Tendenzen philosophischen Inhalts in den Kampfsystemen. Dies führte zur Gründung neuer Methoden, die die kämpferischen Fähigkeiten mit der psychologischen Entwicklung der Übenden verbanden (→*Budô*). Die Entwicklung der vormals ausschließlich kriegerisch orientierten Kampfkünste zu einem »Weg« (→*Dô*) prägte das Land bis ins heutige Industriezeitalter und besitzt nach wie vor große Popularität. Der »Weg« kann in jeder Form der Kunst geübt werden, ist jedoch in den Kampfkünsten wie →*Jûdô*, →*Aikidô*, →*Kyudô*, →*Iaidô*, →*Naginatadô*, →*Jukendô*, →*Shorinji-Kempô*, →*Jûjutsu* und →*Karate-dô* am weitesten verbreitet.

Okinawa

Die Kampfkünste auf Okinawa sind durch die jahrhundertelangen Beziehungen der Insel zu China und Japan gekennzeichnet. Die dort ausgebildeten nationalen Kampfkünste sind daher sowohl chinesisch als auch japanisch beeinflußt.
Gleichwohl hat die kleine Insel Okinawa durch ihre wechselvolle Geschichte einzigartige Formen des bewaffneten (→*Kobujutsu*) und unbewaffneten Kampfes (→*Okinawa-te/Karate*) hervorgebracht. Während sich das *Kobujutsu* weitgehend eigenständig entwickelt hat, kann man in den Stilen des →*Karate* sowohl die geschmeidigen, manchmal akrobatischen Techniken der chinesischen Kampfkünste als auch die kraftvollen, entschlossenen Bewegungen der japanischen Systeme wiederfinden.

Korea

Korea besitzt eine Vielzahl von Kampfkünsten, die durch die frühen Einwanderer ins Land gebracht und beeinflußt wurden. Durch ihre gesamte Geschichte hindurch haben die Koreaner die handgetriebenen Wurf- und Schußwaffen und die waffenlosen Techniken bevorzugt. Klingenwaffen erreichten nie einen hohen Standard. 108 v. Chr. wurden die Koreaner von den Chinesen besiegt. Dadurch gelangten hochentwickelte Kampfkünste nach Korea, und es etablierten sich zwei Hauptformen des Kämpfens: →*Subak* (Griffe und Würfe) und →*Kwonbop* (Schläge und Blöcke). Im 4. Jh. entwickelte das Königreich Sila eine starke Armee, in der Mitglieder des Adels Kampfkunsttraining erhielten. Diese wurden als →*Hwarang* bekannt und entwickelten eine effektive Kampfkunst, die heute als →*Hwarang-do* bekannt ist.
935 besiegte Paekche den Nachbarstaat Sila, und im selben Jahr wurde Korea vereinigt, was bis 1392 hielt. In dieser Zeit entwickelten sich zwei Hauptrichtungen des *Kwonbop*: *Sorim*

(koreanische Bezeichnung für *Shaolin*) und *Songe* (defensives Verteidigungssystem).

Unter den Fürsten INDSCHONG und SUKTSCHONG wurden die Kampfkünste zunächst sehr gefördert, und das *Kwonbop* gelangte zu großer Beliebtheit im Volk. In schriftlichen Quellen werden hier *Kwonbop*-Varianten wie *Pigaksul, Subjok, Kwonjok, Rjon* und *Taejok* erwähnt. Um 1300 tauchte die Bezeichnung *Sorim-Kwon* auf, eine shaolinische Methode, die nur auf die Tempelanlagen beschränkt war. Einfache Menschen übten sich im →*Taekyon*, einer kriegerischen Methode, die den Mangel an Philosophie durch körperlichen Einsatz ausglich.

Während des 30jährigen Krieges gegen die Mongolen (1231 bis ca. 1260) entstand das *Silnyom,* ein Nahkampf mit Gürtel ähnlich dem japanischen →*Sûmo,* das von den nördlichen Nomaden eingeführt wurde. Eine Abart davon war das →*Cireum*, das heute noch als Sport ausgeübt wird. In derselben Zeit entstand auch das →*Pakchigi*.

Im 12.–14. Jh. entstand noch eine andere Richtung des Kämpfens, die ihren Ursprung im daoistischen →*Yoga* und in den →*Tantras* hatte. Sie diente als System körperlicher und geistiger Selbstvervollkommnung und hieß →*Charyûk* (Entlehnen der Kräfte), dessen kämpferische Aspekte unter der Bezeichnung →*Yusul* bekannt wurden.

1592 wurde Korea von 200 000 japanischen Samurai angegriffen. Die Überlieferung spricht von 700 Taekyon-Meistern in Partisaneneinheiten, die nur mit Stöcken gegen die Samurai antraten. Mit Hilfe der Chinesen wurde Japan in einem sechsjährigen Krieg besiegt, wonach die Kampfkünste einen neuen Aufschwung erfuhren. Schulen entstanden, die sich zu 9 Hauptrichtungen des *Taekyon* zusammenschlossen. Erst im 20. Jh. kamen mit der japanischen Kolonialherrschaft auch →*Jûjutsu,* →*Jûdô,* →*Karate* und →*Bujutsu* nach Korea. Aus der Kombination der japanischen Künste und der 9 Richtungen des koreanischen Taekyon entstand das heutige →*Taekwondo*.

Ursel Arnold

Große Karate-Meister

(Kohlezeichnungen von Harald Böhm)

Matsumura Sôkon

Kyan Chôtoku

Itosu Ankô

Aragaki Ankichi

Higashionna Kanryô

Chibana Chôshin

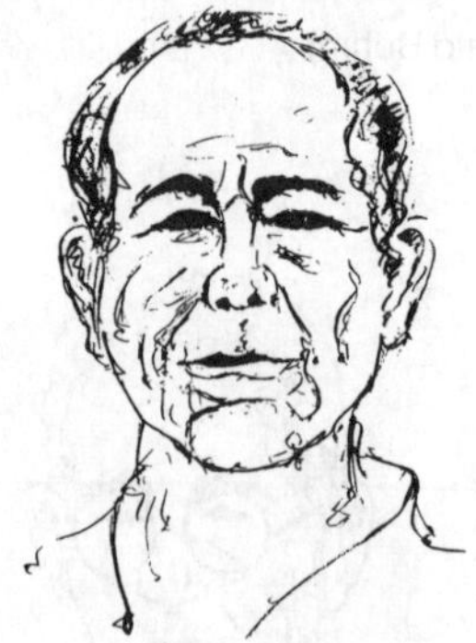

Nagamine Shôshin

Ôtsuka Hironori

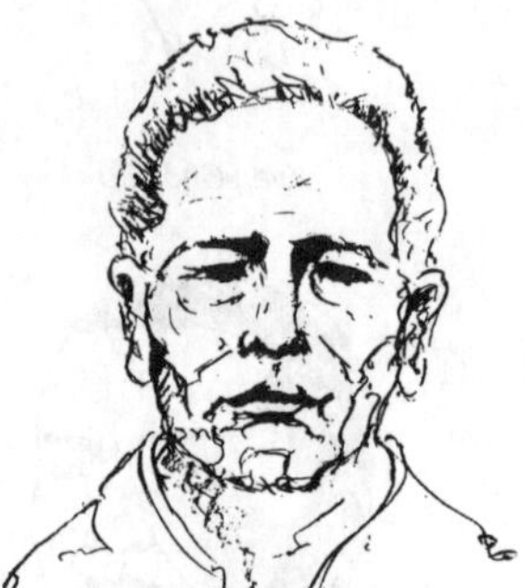

Miyagi Chôjun

Mabuni Kenwa

Yamaguchi Gôgen

Funakoshi Gichin

Egami Shigeru

Kanazawa Hirokazu

Nakayama Masatoshi

Auf die Insel in den südlichen Meeren
gelangte eine wunderbare Kunst.
Sie heißt Karate.
Zu meinem großen Bedauern
verfiel diese Kunst,
und ihre Weitergabe ist zweifelhaft.
Wer wird die große Aufgabe übernehmen,
damit sie wieder aufgebaut wird
und überlebt?
Diese Aufgabe will ich übernehmen.
Wer wird es tun, wenn ich es nicht tue?
Ich blicke in den blauen Himmel …

Funakoshi Gichin

Enzyklopädie von A bis Z

Ausführliche Darstellung aller asiatischen Kampfkünste

A

A (jap.): untergeordnet, Unter-, Neben-.

Abaniko (phil.): Bezeichnung für einen Fächer, der in der philippinischen Kunst des →*Arnis de mano* als Waffe verwendet wird. Zu Übungszwecken wird statt des Fächers manchmal auch ein kurzer Stock gebraucht, mit dem die Bewegungen nachgeahmt werden.

Abe, Hidetaka:: Lehrer des →*Wadô-ryû*, einer der drei ältesten Schüler von ÔTSUKA HIRONORI.

Abe, Ichiro: japanischer Jûdô-Meister des →*Kôdôkan*, der lange Zeit in Frankreich unterrichtete und die Methode des Kôdôkan dort einführte. Sein stärkster Konkurrent war dabei →KAWAISHI MIKINOSOKE, ein Vertreter des →*Butokukai*.

Abe, Keigo: →JKA-Instruktor der älteren Generation (→NAKAYAMA MASATOSHI). Abe Keigo trat jedoch zusammen mit einigen anderen JKA-Instruktoren (ASAI, YAHARA) aus der →JKA aus und prozessierte anschließend darum, den Namen JKA verwenden zu dürfen. Dies wurde ihm von den Gerichten zugestanden.

Abe, Kenshiro (*1916): japanischer Jûdô-Lehrer. Abe begann mit dem Training des *Aikidô*, *Kendô* und *Jukendô*, bevor er am Butokukai *Jûdô* studierte.

1955 zog er nach England und gründete dort seine eigene Schule. 1970 erlitt er bei einem Autounfall schwere Verletzungen mit Folgeschäden, die ihn veranlaßten, das Training aufzugeben und nach Japan zurückzukehren.

Abe-ryû (jap.): alte japanische Schule des →*Kenjutsu* aus dem 17. Jh.

Die Kampfkunst wurde von der Daimyô-Familie Abe entwickelt und nennt sich auch noch *Abe Tate-ryû*. Die Schule benutzte als erste die Bezeichnung →*Kendô*.

Abe, Tadashi (1920–1984): japanischer Aikidô-Meister, einer der ersten, die *Aikidô* nach Europa brachten. Der Meister lebte und unterrichtete 1952–1960 in Frankreich.

Abe Tate-ryû (jap.): →*Abe-ryû*.

Aburaya, Yamaki: Okinawanischer Tôde- und →*Kobudô*-Meister des 17. Jhs.

Agaru (jap.): steigen. *Jô/Shô/Ue* – oben, *Kami/ Uwa* – der obere Teil, *Ageru* – erheben, emporheben, erhöhen; *Agaru/Noboru* – steigen; *Jôge* – oben und unten, schwanken.

Age (jap.): nach oben, heben, anheben.

Age empi-uchi (jap.): Schlagtechnik mit dem Ellenbogen nach oben (hebend). Auch →*Tate empi-uchi*. Zuordnung s. →*Empi-uchi*.

Age hiji-ate (jap.): wie →*Age empi-uchi*.

Agena Shokuho, alias TAIRAGUWA GUSHIKAWA (1870–1924): okinawanischer Karate- und *Kobudô*-Meister des →*Shôrin-ryû*.

Agena wurde im Jahre 1870 in der Ortschaft Gushikawa auf Okinawa geboren und begann sein Kampfkunststudium in frühen Jahren unter dem *Shuri-te*-Meister →MATSUMURA SÔKON. Er war einer der ersten Nichtadeligen, die mit *Karate-dô* begannen. Wegen seines außergewöhnlichen Könnens wurde er von den Leuten als *»Bushi«* (Samurai-Krieger) bezeichnet.

Man nannte ihn den »Mann mit der stählernen Faust«. Dies kam daher, daß er mit eisernem Willen das Ziel verfolgte, durch Übung stahlharte Finger zu entwickeln. Es gibt viele Berichte darüber, wie er dies unter Beweis stellte. So schälte er auf eine Wette hin mit bloßen Händen die Rinde eines Baumes schneller ab als ein Zimmermann mit seinen Werkzeugen. Es wird behauptet, daß Agena trotzdem nie einen anderen Menschen im Kampf verletzte. Er starb im Jahre 1924 im Alter von 54 Jahren, angeblich in einem Kampf mit →KYAN CHOTÔKU.

Agena hatte niemals ein eigene Schule, aber er gab seine Kata, darunter im besonderen eine Kata mit →*Kusarigama*, an IREMATSU TARO (MATSUTARO IRE) weiter. Heute werden diese Kata auf Okinawa von →INAMINE SEIJIN, einem Schüler Irematsus, bewahrt.

Age-zuki (jap.): aufsteigender Stoß zur oberen *(Jôdan)* Stufe. Weiterentwicklung aus dem →*Kakushi-zuki* (versteckter Faustschlag), der in der Kata →*Empi* gelehrt wird. Klassifizierung s. unter →*Tsuki-waza*.

Als Auftrefffläche benutzt man den oberen Teil des Zeige- und Mittelfingerknöchels. Die Faust beschreibt einen Halbkreis nach oben um das Ellbogengelenk herum. Die Technik kann in der *Gyaku-* und in der *Jun (Oi)*-Form ausgeführt werden.

Age-uchi (jap.): aufsteigender Schlag nach oben (→*Uchi*).

Age-uke (jap.): aufsteigende Abwehr zur oberen Stufe, auch *Jôdan age-uke* genannt (Zuordnung s. →*Uke*). *Age-uke* ist eine der Grundabwehrtechniken zur oberen Stufe im Karate. Die Auftrefffläche ist der Teil des Unterarms nahe der Kleinfingerseite des Handgelenks.

• Man führt die eine Faust diagonal nach vorn vor den Körper und nach oben. Der Unterarm beschreibt eine Aufwärtskurve, die eng am Körper entlang geht.

• Vor dem Gesicht kreuzen sich die Arme. In der Endphase der Abwehr dreht man die Faust des abwehrenden Arms mit der Faustinnenseite nach vorn.

• Wenn der abwehrende Unterarm den gegnerischen Angriff erreicht, wird dieser nach oben gedrückt. Im Moment des Kontaktes wird der Arm gespannt. Die Schultern werden nicht gehoben, der Körper bleibt aufrecht. Der abwehrende Arm soll ungefähr eine Faustbreit vor der Stirn stehen.

• Die Abwehrbewegung muß entspannt und schnell ausgeführt werden. Während der Bewegung wird der gegenseitige Arm energisch an die Hüfte gezogen. Man verwendet die Reaktion dieses Rückzugs, um die Geschwindigkeit der Abwehr zu erhöhen.

Age-uke – steigende Abwehr

Ago (jap.): Kinn, Kiefer (→*Karada*).

Ago hiji-ate (jap.): Angriff mit dem Ellbogen gegen das Kinn (→*Tate empi-uchi*).

Ago oshi (jap.): gegen das Kinn drücken. Selbstverteidigungstechnik aus der →*Jû no Kata* des *Jûdô*.

Ago uchi (jap.): Schlag gegen das Kinn. Aufwärtskinnhaken, Begriff aus dem *Jûdô*.

Agura (jap.): Form des Sitzens (Zuordnung s. →*Zahô*) im *Zazen*. Agura ist die burmesische Meditationshaltung. Die Sitzmethode ähnelt dem europäischen Schneidersitz. Man sitzt mit aufrechtem Körper, die Füße sind in einer normalen Position angewinkelt vor dem Körper. Die Hände ruhen entspannt auf den Knien.

Diese Position eignet sich auch für Anfänger der Kampfkünste, die in der schwierigeren *Seiza*-Haltung nicht lange genug sitzen können. Anfangs ist die Haltung sehr bequem. Sie hat einen geringeren Druck auf die Knie als *Seiza*, →*Kekka-fuza* oder →*Hanka-fuza* und kann noch dadurch verbessert werden, daß ein →*Zafu* benutzt wird. Bei längerem Sitzen ermüden jedoch die Lendenwirbel.

Agura – die burmesische Meditationshaltung

Agura wo kake (jap.): formloses Sitzen. Diese Position wird oft in den japanischen Kampfkünsten verwendet. Man nimmt sie mit übergeschlagenen Beinen im Schneidersitz ein.

Agyô (jap.): Begriff aus dem *Zen*, wörtlich: »bewährte Worte«. Bezeichnung für die Unterweisungen eines *Zen*-Meisters an seine Schüler oder auch für die Kommentare eines *Zen*-Meisters (mündlich und schriftlich) zu einem →*Kôan*.

Ahimsâ (jap.): das Gesetz des Nichtverletzens, die grundlegende Achtung vor dem Leben, aus dem indischen Buddhismus in die Kampfkünste übertragen (Grundphilosophie s. unter →*Budô* und →*Dô*[4], Erläuterungen zu diesem Thema s. →*Mosshôseki*).

Auch im Hinduismus kennt man das Gebot des Nichtverletzens lebender Wesen, sei es durch Gedanken, Worte oder Taten. Es wurde später im *Râya-Yoga* (→*Yoga*) als eine der fünf Tugenden (neben Aufrichtigkeit, Nicht-Stehlen, Enthaltsamkeit und Besitzlosigkeit) gelehrt. MAHATMA GANDHIS Demonstration von Gewaltlosigkeit, mit der er die englische Kolonialherrschaft bekämpfte, ist ein Ausdruck dieses Prinzips.

Ai[1] (jap.): Mitleid (auch *Aware*). *Aishû* – Trauer; *Hiai* – Schmerz.

Ai[2] (jap.): Liebe, Prinzip der Harmonie und Anpassung (→*Aiki*). *Ren'ai* – Liebe; *Aijô* – Liebe; *Aisô* – Liebenswürdigkeit.

Ai ist ein Grundkonzept in allen asiatischen Kampfkünsten. Im philosophischen Sinn bezeichnet Ai das friedliche Zusammenleben aller Lebewesen miteinander in Frieden und Harmonie mit der Natur. Es ist Teil jener Kraft, die das Universum lenkt, und als solche untrennbar verbunden mit dem Begriff →*Ki* (s. auch →*Aiki*).

Ai[3] (jap.): gegenseitig, zusammen. *Ai-au* – zusammentreffen.

Aibiki (jap.): wörtlich »Stelldichein«, Bezeichnung für eine japanische mittelalterliche Taktik der Kriegsführung, bei der sich die gegnerischen Parteien gegenseitig beschießen.

Aida (jap.): Distanz, Abstand, Zwischenraum (→*Ma-ai*).

Ai-gamae (jap.): *Aikidô*-Bezeichnung für die Ausgangshaltung zweier Gegner, die sich symmetrisch gegenüberstehen (beide links vor oder beide rechts vor).

Ai-hanmi (jap.): *Aikidô*-Position, in der sich beide Gegner symmetrisch gegenüberstehen (beide mit demselben Fuß vorne). Gegenteil von →*Gyaku-hanmi*.

Aijô (jap.): Liebe, Abhängigkeit (→*Ai*).

Aiki (jap.): sinngemäß »die Suche nach dem Ki«. Darin bezeichnet →*Ki* die Energie und →*Ai*[2] die Liebe, die Harmonie und Anpassung, eines der Grundkonzepte in den asiatischen *Budô*-Künsten, das daraufhin verweist, daß die Wirkung (→*Kime*) nicht allein durch Aktivität zu erreichen ist, sondern einer inneren Übung der Anpassung und Harmonie bedarf.

Im philosophischen Sinn bedeutet *Ai* die grundlegende Achtung vor dem Leben, die das Zusammenleben aller Lebewesen miteinander gewährt.

Aiki steht für die durch Übung verwirklichte Harmonie in der inneren Verfassung. Trotz der in den Kampfkünsten erworbenen Fähigkeiten ermöglicht *Aiki* ein Dasein ohne die Absicht des Tötens oder Vernichtens und die Erkenntnis der rechten Haltung (→*Shisei*) gegenüber der Welt. *Aiki* ist die durch Selbsterkenntnis erreichte Kontrolle des inneren *Ki*, ohne die eine Projektion nach außen *(Kime)* in der Technik nicht möglich ist. Die Wirkung der Technik hat daher ihren Ursprung in der Verwirklichung der psychischen und physischen Gleichgewichtsmitte (→*Hara*), also im »Zulassen«, nicht im »Machen«.

Letztendlich bedeutet *Aiki* die höchste Harmonie des bewußten Daseins überhaupt, die aus der Verbindung zwischen den Prinzipien Liebe (Bewahren, Achten, Vertrauen) und Energie (Streben, Erreichen, Wirken) besteht. Das rechte Verhältnis zwischen *Ai* und *Ki* ermöglicht bewußtem Leben, sich in seiner von der Natur auferlegten Doppelbestimmung (→*Mosshôseki*) sinngerecht zu entfalten. Die Verwirklichung von *Aiki* erstrebt das sich im Gleichgewicht befindende Leben mit der Kontrolle all seiner art- und lebensfeindlichen Tendenzen.

Aikibudô (jap.): frühere Bezeichnung für →*Aikidô*. →UESHIBA MORIHEI führte den Begriff ein und bezeichnete damit zwischen 1935 und 1942 den Vorläufer seines späteren eigenen Systems.

Der Begriff wurde zum ersten Mal von Meister Ueshiba 1930 verwendet, um seine Lehre von der bestehenden *Daitô*-Schule zu unterscheiden. Manche der heutigen Experten verwenden den Begriff jedoch auch für Schulen des →*Daitô-ryû*. Daher wird er in zahlreichen Schulen des *Aikijutsu* und des *Aiki-Jûjutsu* verwendet, und manche Meister beharren darauf, ihn als Oberbegriff für alle Schulen des *Aikijutsu* anzusehen. Dies betrifft besonders das *Daitô-ryû Aikibudô* von TAKEDA TOKIMUNE, der sich dadurch vom Aikidô unterscheiden will.

In Europa etablierte sich der Begriff als eine Synthese der traditionellen *Aiki*-Systeme und wurde vor allem über →MOCHIZUKI MINORU aus dem *Yôseikan*, TAKEDA TOKIMUNE *(Daitô-ryû)* und SUGINO YOSHIO *(Tenshin Shôden Katori Shintô-ryû)* überliefert.

Aiki-Bujutsu (jap.): Begriff für eine im →*Aikidô* praktizierte Selbstverteidigung gegen Waffen (*Bô, Tantô* und *Katana*).

Aikidô (jap.): »Weg der göttlichen Harmonie«. Defensive moderne japanische Kampfkunst, zwischen 1931 und 1940 von Meister →UESHIBA MORIHEI in seinem *Dôjô*, dem *Kobukan* in Tôkyô, aus dem klassischen →*Aikijutsu*, zuerst als *Kobujutsu*, dann *Aiki-Bujutsu* und *Aikibudô* zu einer Methode des *Budô* entwickelt und später als *Aikidô* bezeichnet. Die innere Übertragungslinie verläuft vom Gründer direkt zum *Aikikai* (→*Aikido-Association*), dem heute Ueshiba Moriheis Sohn, UESHIBA KISSHÔMARU, vorsteht.

ABLEITUNGEN

In der zweiten Hälfte des 19. Jh. eröffnete →TAKEDA SÔGAKU auf Hokkaidô eine Schule, in der er das →*Daitô-ryû*, eine Kampfkunst des alten *Aikijutsu*, unterrichtete. *Daitô-ryû* und *Aikijutsu* lassen sich auf die alte Kampfkunst der →MINAMOTO zurückführen. Diese Schule besuchte auch Ueshiba Morihei. Er hatte bereits als Kind Unterricht im *Jûjutsu*, *Kenjutsu* und *Sôjutsu* und 1908 in mehreren Kampfkünsten das *Menkyo-kaiden* erlangt.

UESHIBAS KONZEPT

Was Ueshiba in den Kampfkünsten jener Zeit am meisten vermißte, war die Entwicklung von Energie durch Sanftheit und Harmonie (*Aiki*). Er suchte viele Jahre vergeblich und konnte das Mittel zur Verwirklichung seiner Vorstellungen nicht finden. Nach einiger Zeit begegnete er dem Oberhaupt einer daoistisch-shintoistischen Sekte, dem Mönch →DEGUCHI TAISABURO. Die philosophischen Vorstellungen dieses Priesters (Einheit zwischen Geist und Körper, Lebensenergie und kosmische Vitalität u. a.) faszinierten ihn so sehr, daß er sich in Ayabe (Kyôto) niederließ und jahrelang das →*Omoto-kyô* unter DEGUCHI studierte. Dieses Studium bestand hauptsächlich aus den Praktiken des →*Koto-tama*, Meditation und philosophischen Gesprächen.

Durch diese Studien, vor allem durch *Koto-tama* (er erreichte 1925 *Satori*) veränderten sich seine Gedanken über die Kampfkunst grundlegend. Den Begriff »Kampf« soll es bereits zu jenem Zeitpunkt in seinem Bewußtsein nicht mehr gegeben haben, und durch tiefgreifende philosophische Überlegungen veränderte er die bisherigen Prinzipien des *Daitô-ryû* und nannte seine Kunst *Aiki-Bujutsu* – »Kampfkunst der Harmonie«. Darin lehrte er eine besondere Art der Verteidigung, eine »Kunst des Lebens«, die auf dem Prinzip des →*Aiki* beruht.

Diese Methode verbindet den Geist der Entscheidung, das Wissen um die Anatomie und die Schnelligkeit der Reflexe in der Ausführung von Verteidigungsbewegungen gegen einen oder mehrere Gegner. Im Gegensatz zum *Jûjutsu* lehnt das *Aikidô* den direkten Griffkontakt am Gegner und den kraftvollen Körpereinsatz *(Kime)* ab und lehrt wirkungsvolle Verteidigungstechniken durch Würfe *(Nage)*, indem die Kraft des Gegners geschickt aufgelöst oder gegen ihn selbst verwendet wird. Dies wird durch ein subtiles Spiel von Ausweichbewegungen, von →*Tai-sabaki* und Gegengriffen, mit denen die Kraft des Gegners gegen ihn selbst gerichtet werden kann, ermöglicht.Da Ueshiba in einer Zeit des japanischen Nationalismus, in der alles Fremde abgelehnt wurde, eine typisch japanische Selbstverteidigungskunst begründen wollte, lehnte er auch alle chinesischen Techniken *(Kempô)* in seiner Kunst ab.

Er war ein zutiefst religiöser Mensch und wollte, daß seine Techniken zur Harmonie zwischen allen Menschen beitrugen. So definierte er seine Kunst selbst als »Weg der Liebe zwischen den Menschen«. Auf diese Weise verwirklichte er auch einen alten japanischen Leitsatz aus dem Schwertkampf, *Kuatsujin-ken*, was soviel bedeutet wie »den Menschen durch das Schwert zum Leben erwecken« (die Essenz der wahren Natur des Menschen verständlich machen, indem alles abgetrennt wird, was schlecht in ihm ist). Nach Ueshiba war alles schlecht in einem Menschen, was gegen das Konzept des *Aiki* verstieß.

Ueshiba legte in seiner Kunst eine besondere Betonung auf die Verwirklichung einer harmonischen Verbindung zwischen der Lebenskraft *(Ki)* und dem Körper *(Tai)* mit der Natur, aber gleichermaßen auch die Harmonie zwischen Geist *(Shin)* und Moral *(Ri)*, die durch den Weg *(Dô)* symbolisiert werden. Wenn die Menschen untereinander das intuitive Verständnis der Harmonie aller Dinge erkannt haben und von der Liebe zwischen allen Wesen durchdrungen sind, können sie einen höheren Daseinszustand finden, in dem sie sich schützen können vor der eigenen Furcht, vor der Feigheit, vor der Trägheit und vor dem Hochmut. Auf diese Weise können sie wahre Freiheit erreichen. Ueshiba wollte, daß das *Aikidô* eine Schule der Selbstperfektion wird, eine neue Religion, beruhend auf dem Wissen um Körper und Geist und auf dem Gedankengut der *Omotokyô*. Nur ein Geist, der befreit ist von allen Wünschen und materiellem Streben und der einen perfekten Gleichmut erreicht hat, ist in der Lage, die Bewegungen eines Gegners vorauszusehen und einen Zustand beständiger wachsamer Intuition (*Sen no Sen*) zu erreichen.

DAS TECHNIKSYSTEM

Alle Bewegungen im *Aikidô* sind dazu gedacht, bei dem Übenden die körperlichen und seelischen Blockaden aufzulösen (entsprechend den alten chinesischen Lehren des →*Qi-gong*) und ihm zu einer richtigen Atmung *(Kokyû)* in Übereinstimmung mit seinen Bewegungen zu verhelfen, damit er lernen kann, sich in dauernder Harmonie mit seiner Umgebung zu befinden. Wenn er richtig atmet und seine Haltung natürlich und ohne Verspannung ist, ist der Blutkreislauf intakt, und er erreicht ein perfektes körperliches und seelisches Gleichgewicht, das im Zentrum seines existentiellen Schwerpunktes (→*Hara* oder →*Tanden*) ruht. Dann kann er, ohne betont Kraft aufzuwenden, auch die Angriffe eines Gegners voraussehen, sie abwehren oder parieren und ihn nach dem Prinzip des *Aikidô* mit großer Schnelligkeit werfen, immer in einem Kreis, dessen Zentrum sein eigener *Hara* ist. Das *Aikidô* ist daher in seiner Essenz die Vorbereitung zu einer inneren Verfassung im Menschen, durch die die Verbindung zwischen dem Selbst und der kosmischen Welt in den körperlichen Bewegungen sichtbar wird und sich dort nicht als Gegensatz, sondern als Zustand der Einheit und der Harmonie mit dem Partner ausdrückt. Daraus folgt, daß die Bewegungen weich ausgeführt werden müssen und entweder einer kreisförmigen Kontinuität (→*Tenkan*) oder einer geradlinigen Kraftumlenkung (→*Irimi*) folgen, ohne irgendwelche Unterbrechungen. Im *Aikidô* gibt es grundsätzlich zwei Kategorien von Techniken: *Katame-waza* (Kontrolle des Gegners durch Haltegriffe) und *Nage-waza* (Werfen des Gegners).

WICHTIGE VERTRETER DES AIKIKAI

Abe Tadashi	– Europa
Arikawa Sadaki	– Tôkiô
Asai Katsuaki (7. Dan)	– Aikikai Deutschland
Fujimoto Tada (9. Dan)	– Italien
Ikeda	– Schweiz
Kanetsuke	– England
Kitaura	– Spanien
Kobayashi	– Tôkiô
Shimizu Kenji (8. Dan)	– Tendoryû Deutschland
Tamura (8. Dan)	– Frankreich
Tomita Ichimura	– Schweden
Yamada Yoshimitsu	– USA
Yamaguchi Seigo (9. Dan)	– Hombu-Dôjô

Im *Aikidô* gibt es mehr als 700 Techniken dieser beiden Kategorien, die alle mehr oder weniger aus den alten Kata abgeleitet sind. Sie bestehen aus der Befreiung von einem gegnerischen Haltegriff *(Te-hodoki)*, aus dem Werfen des Gegners *(Rofuse)* und schließlich aus dem Immobilisieren durch Gelenkhebel *(Kansetsu-gaeshi)*. Diese drei Kategorien bilden im *Aikidô* die Basis aller Bewegungen.

Nach verschiedenen Kampfkunsthistorikern hat das *Aikidô* seinen Ursprung in der Lehre der Minamoto-Samurai aus der Kamakura-Zeit (1185 bis 1333), deren Grundtechniken von mehreren Mitgliedern der →MINAMOTO-Familie gegründet wurden. Später hatten Mitglieder der TAKEDA aus dem AIZU-Clan (Takeda ist ein Zweig der Minamoto) die Kampfmethoden *(Aikijutsu)* perfektioniert und die verletzlichen Punkte des menschlichen Körpers *(Kyûsho)* definiert, die man treffen mußte *(Atemi)*, um einen Gegner zu töten. Das *Aikidô* wird daher durch die →*Atemi-waza* vervollständigt, in denen meist *Te-gatana* (Schwerthand) verwendet wird. Auch wurden im direkten Kampf damit Gelenkhebel *(Kansetsu-waza)*, Immobilisationstechniken *(Osae-waza)* und Würgetechniken *(Shime-waza)* verbunden. Das vollständige Training des *Aikidô* umfaßt auch die Übung mit dem →*Katana*, →*Jô*, →*Tanbô* und →*Bô*.

DIE GRÜNDUNG DES AIKIDÔ

Bereits 1927 eröffnete Ueshiba in Tôkyô seine eigene Schule und 1931 das *Kobukan*, in dem er in den folgenden Jahren dem *Aikidô* eine ähnliche Bedeutung gab wie KANÔ dem *Jûdô*. Die Entwicklung der beiden *Budô*-Systeme war ab diesem Zeitpunkt eng miteinander verbunden, denn viele Schüler UESHIBA's waren bereits Meister des *Kôdôkan*. Zwischen 1930 und 1940 entstanden in Tôkyô mehrere *Dôjô*, in denen *Ueshiba-ryû Aikijutsu* gelehrt wurde. 1941 wurde die Kampfkunst vom Butokukai anerkannt.

Im selben Jahr gründete UESHIBA in der Präfektur Ibaragi ein neues *Dôjô* und übertrug die Leitung des *Kobukan* auf seinen Sohn. Als UESHIBA 1942 das System endgültig in *Aikidô* umbenannte, war das *Kobukan*, das spätere *Kobukai*, das erste öffentliche *Aikidô-Dôjô*. Dort nannte man die Kunst *Tenshin-Aikidô* (1944) und später *Busan-Aikidô* (1948).

Der Name *Aikidô* wurde zuerst von MINORU HIRAI, einem Schüler Ueshibas, für seine eigene Version verwendet (Hirai verließ seinen Meister und lehrte eine eigene Variante), setzte sich jedoch letztlich als Begriff für das *Ueshiba-Aikidô* durch. 1948 wurde mit Hilfe des Altmeisters der *Aikidô*-Verband *(Aikikai)* gegründet und die Kampfkunst durch einige Meisterschüler weltweit verbreitet. Das größte Interesse in seiner Geschichte zog das *Aikidô* auf sich, als im Jahre 1954 eine *Aikidô*-Demonstration in Tôkyô stattfand. Danach wurden im ganzen Land *Aikidô*-Clubs eröffnet.

Ein Jahr darauf bauten mehrere Geschäftsleute in Tôkyô das *Aikidô*-Zentrum →*Yôshinkai*. Der Haupttrainer des *Yôshinkai* wurde SHIODA GÔZÔ, einer der ersten Schüler Ueshibas. Shioda Gôzô über die damalige Zeit:

»Kurze Zeit bevor ich meinen Meister verlassen habe, teilte uns dieser seine Absicht mit, uns einem metaphysischen Experiment zu unterziehen. Er hielt den Schülern meiner Generation vor, eigene Aikidô-Auffassungen zu entwickeln und sich dadurch von der originalen Aikidô-Lehre, wie sie von den jüngeren Schülern (den heutigen Lehrern des Aikikai) vertreten wurde, zu entfernen. Persönlich glaube ich nicht, daß wir uns vom Aikidô entfernt hatten, denn zu jener Zeit gab es nichts, wovon man sich hätte entfernen können. Der Meister erklärte damals Aikidô durch seine tiefe religiöse Sicht, während meiner Meinung nach das Aikidô in der Lage ist, sich selbst zu erklären ... Mein Aikidô ist rein und identisch mit jenem, das der Ô-Sensei lehrte.«

AIKIDÔ IN DEUTSCHLAND

In Deutschland wurde das *Aikidô* von GERD →WISCHNEWSKI eingeführt, der zusammen mit ROLF →BRAND im November 1965 innerhalb des Deutschen Jûdô-Bundes (→DJB) die erste *Aikidô*-Abteilung des Landes gründete. Rolf Brand stand dieser Organisation bis 1975 als Bundesvorsitzender vor, löste sich jedoch 1976 nach mehrheitlicher Mitgliederabstimmung und Prozeßführung vom DJB und gründete seinen eigenen Verband, den Deutschen Aikido Bund (→DAB). Nach einem gescheiterten Versuch, einen Dachverband deutscher Aikido-Verbände (DDAV) zu gründen, in dem alle Gruppierungen vertreten sein sollten, wurde der DAB schließlich als Nachfolgeorganisation der *Aikido*-Abteilung des DJB und einzige deutsche *Aikido*-Organisation vom Deutschen Sportbund (DSB) anerkannt.

Nach dem Weggang Brands lehnte sich die auf ein Minimum reduzierte Abteilung Aikidô des DJB ab 1978 an SHIMIZU KENJI (8. Dan) an, der regelmäßig in Deutschland Lehrgänge veranstaltet. Doch 1993 trennten sich auch diese Aikidoka vom DJB und gründeten den Tendoryu Aikido Verband Deutschland, dem Shimizu Kenji als Bundestrainer vorsteht.

Ebenfalls 1965 kam →ASAI KATSUAKI nach Deutschland (Münster), um im Auftrag des *Aikikai* Tokyo *Aikidô* zu verbreiten. Nach einem gescheiterten Versuch, mit dem DJB zusammenzuarbeiten, begann er in seinem *Dôjô* in Düsseldorf *Aikidô* eigenständig zu unterrichten. Durch diese

Initiative entstand der Aikikai Deutschland (s. Anhang), dem K. F. LEISINGER als Präsident vorsteht. Vom Aikikai Deutschland spalteten sich 1984 EGINHARD KÖHLER und VOLKER RIEMANN ab und gründeten die Freie Deutsche Aikido Vereinigung (FDAV, s. Anhang), die sich an NOBUYOSHI TAMURA (8. Dan) orientiert.

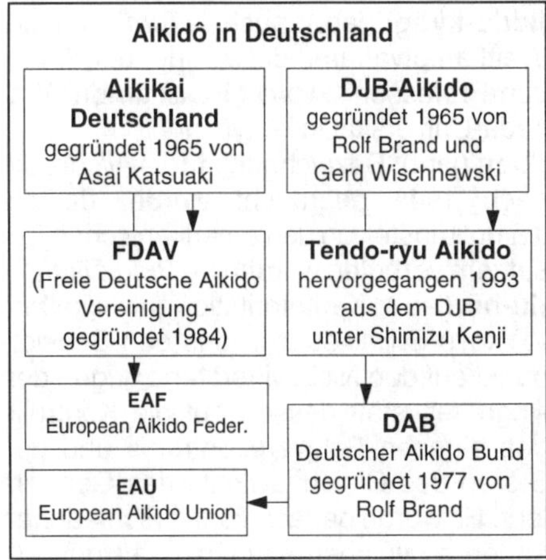

Die größte europäische *Aikidô*-Föderation ist die *Association Culturelle Européenne d'Aikidô*, die 1975 in *European Aikido Federation* umbenannt wurde. 1976 wurde die *International Aikido Federation* (IAF) in Tôkyô gegründet.

AIKIDÔ-SYSTEME HEUTE

Weltweit gibt es heute etwa 14 Hauptrichtungen des *Aikidô*, die sich untereinander deutlich unterscheiden:

- →***Daitô-ryû Aikijutsu*** ist das Ursprungssystem, das auch heute noch in seiner traditionellen Form in mehreren Organisationen (Tafeln → *Aikido* und →*Aikijutsu*) geübt wird. Wichtige Vertreter dieser Richtung sind TAKEDA TOKIMUNE, HORIKAWA KOTARO, AGAWA YUKIYOSHI, HIZA TAKUMA, MATSUDA HOSAKU, YAMAMOTO TOMEKICHI, TURUYAMA AKIRAKU, RICHARD KIM u. a. MATSUDA HOSAKU war der Lehrer von zwei wichtigen Schülern: OKUJAMA YOSHIJI (Gründer des *Hakko-ryû Jûjutsu*) und OBA SACHIYUKI.
- →***Aikikai*** ist die ursprüngliche *Aikidô*-Auffassung von UESHIBA MORIHEI, dem heute UESHIBA KISSHÔMARU und sein Sohn UESHIBA MORITERU vorstehen. Wettkämpfe sind verboten, da der Altmeister eine Überwindung der Begriffe »Sieg« und »Niederlage« für notwendig hielt. Doch im Laufe der Jahre entwickelten verschiedene Schüler des *Aikikai* eigene Auffassungen, von denen die folgenden die wichtigsten sind:

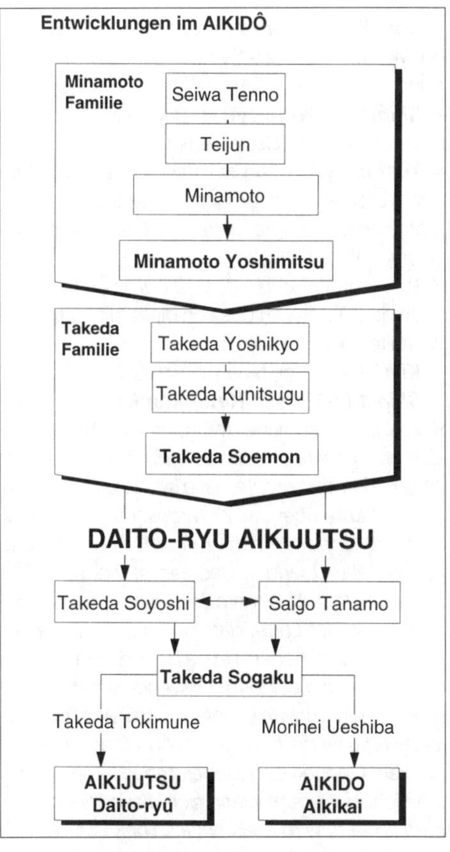

- →***Tomiki-Aikidô*** wurde von →TOMIKI KENJI entwickelt, der 1930 *Aikidô* unter Ueshiba studierte und auch den 5. Dan im *Jûdô* besitzt. Er gründete seine Kampfkunst an der Waseda-Universität und vereinigte in ihr Wettkämpfe, Selbstverteidigung und Körpererziehung.
- →***Yôseikan-Aikidô*** wurde von MOCHIZUKI MINORU in seiner Schule gegründet.
- →***Korindô*** ist das *Aikidô*-System von HIRAI MINORU, in dem vor allem die Selbstverteidigung betont wird, ebenso wie
- ***Kobujutsu-Aikidô,*** das von HOSHI TETSUOMI entwickelt wurde.
- ***Otsuki-ryû Aikidô*** von OTSUKI YUTAKA ist ein Selbstverteidigungssystem.
- ***Shinwa-Taidô*** von INOUE YOICHIRÔ sucht eine Verbindung zwischen Selbstverteidigung und Sport.

- ***Shin Ryaku Heiho*** wurde von TANAKA SETARO entwickelt und ist ein System der Selbstverteidigung.
- ***Shindô Rokugo-ryû*** von NOGUCHI SENRYUKEN lehrt ebenfalls die Selbstverteidigung.
- ***Yoshin-ryû*** ist ein sehr verbreitetes System und wurde von SHIODA GÔZÔ entwickelt. Das System ist sehr kampforientiert und nahe dem klassischen *Aikijutsu*.

Zwei wichtige Lehrer des *Aikikai* spalteten sich nach dem Tod Ueshibas von diesem ab und entwickelten eigene Stile:

- ***Ki no Michi*** von NORO MASAMICHI.
- ***Shinshin-Toitsu (Kinotoitsukai)*** von TOHEI KOICHI. Dieser zu seiner Trennung vom *Aikikai*:

»Ich war geschockt über die Entwicklungen der letzten Zeit. Der größte Teil aller Aikikai-Mitglieder hat die Lehre über das Ki vergessen. Als Ô-Sensei noch lehrte, sprach er ununterbrochen über Ki, und alle Übenden dachten ständig darüber nach. Doch nach seinem Tod waren seine Schüler nicht in der Lage, das Konzept Ki zu verstehen, und so strichen sie selbst den Begriff aus ihrem Bewußtsein und verwendeten ihn nicht mehr. Dadurch wurden die Techniken falsch gelehrt, und wenn heutige Aikidô-Übende einem starken Gegner gegenüberstehen, können sie ihn nicht besiegen. Wenn sich diese Dinge nicht bald ändern, wird Meister Ueshibas Lehre zu einer simplen äußeren Übung verkommen.«

AIKIDÔ-RICHTUNGEN UND IHRE GRÜNDER

Aikijinja	– Saito Morihiro
Aikikai (Hombu-Dôjô)	– Ueshiba Kisshômaru
Banseikan	– Sunadomari-Kanemoto
Dainihon-Korindo	– Hirai Minoru
Ki no Michi	– Noro Masamichi
Kobujutsu-Aikidô	– Hoshi Tetsuomi
Otsuki-ryû Aikidô	– Otsuki Yutaka
Shin Ryaku Heiho	– Tanaka Setaro
Shindo Rokugo-ryu	– Noguchi Senryoken
Shinshin-Toitsu	– Tohei Koichi
Shinwa-Taidô	– Inoue Yoichirô
Tendo-ryû	– Shimizu Kenji
Tomiki-Aikidô	– Tomiki Kenji
Yoseikan	– Minoru Mochizuki
Yoshinkan	– Shioda Gozo

DAITÔ-RICHTUNGEN UND IHRE GRÜNDER

Daitôkan	– Tokimune Takeda
Nihonden-Aikijutsu	– Akiraku Turuyama

Aikidôgi (jap.): Trainingskleidung im *Aikidô*. Die Übenden sind in sechs Grade (→*Kyû*) eingeteilt und tragen einen →*Keikogi*. Die Schwarzgurte tragen einen schwarzen →*Hakama* und eine weiße Weste. Der Lehrer trägt einen schwarzen Hakama und eine schwarze Weste.

Aikidôka (jap.): Ausübender des →*Aikidô*

Aikidô-kyôgi (jap.): auch →*Tomiki-Aikidô*, Wettkampfvariante des Aikidô, gegründet von Professor →TOMIKI KENJI an der Waseda-Universität in Tôkyô.

Aikien (jap.): Bezeichnung für →*Aikidô*, die nach 1945 gebraucht wurde, da die Kampfkünste von den amerikanischen Besatzern verboten wurden (→*Butokukai*).

Aiki-hô (jap.): Kampfprinzip, entwickelt im →YAGYÛ SHINKAGE-RYÛ, das den Schwerpunkt auf den Nichtwiderstand gegen den Angreifer, statt dessen auf die Kontrolle des eigenen Schwerezentrums und das Stören des Gleichgewichts des Gegners legt. Es wurde danach von verschiedenen anderen Ryû übernommen (→*Aikidô*).

Aiki-in Seibu Enyu Daidoshi: buddhistischer Name für →UESHIBA MORIHEI.

Aiki Inyô-hô (jap.): Lehre von der Harmonie des Geistes, beruhend auf dem daoistischen Konzept von *Yin/Yang* (jap. *In/Yo*). Sie wurde von dem neukonfuzianistischen Gelehrten TAKEDA TAKUMI NO KAMI SÔEMON (1758–1853, Tafel →*Aikidô*) aus dem AIZU-Clan entwickelt und in den Kampfkünsten unterrichtet.

Aiki-Jinja: Bezeichnung für ein Tempel-*Dôjô*, gegründet von →UESHIBA MORIHEI in Iwama (Präfektur Ibaragi, Japan). Der Meister widmete den Schrein dem →*Aiki* und dem →*Koto-tama*.

Aiki-Jôjutsu (jap.): Variante des →*Jôjutsu* in Verbindung zu den Prinzipien des *Ki*. Die Kampfkunst gilt zusammen mit dem *Aiki-Kenjutsu* als eine bewaffnete Variante des →*Aikijutsu*.

Aikijutsu (jap.): japanische Methode der Kriegskunst (→*Bujutsu*), Sammelbegriff für mehrere klassische Schulen des *Aiki*.

AIKIJUTSU IM MINAMOTO-CLAN

Vom 8. bis zum 10. Jh. war *Aikijutsu* eine japanische Methode des Kampfes, in der Schläge mit der Hand (*Te-gatana*) auf Öffnungen und An-

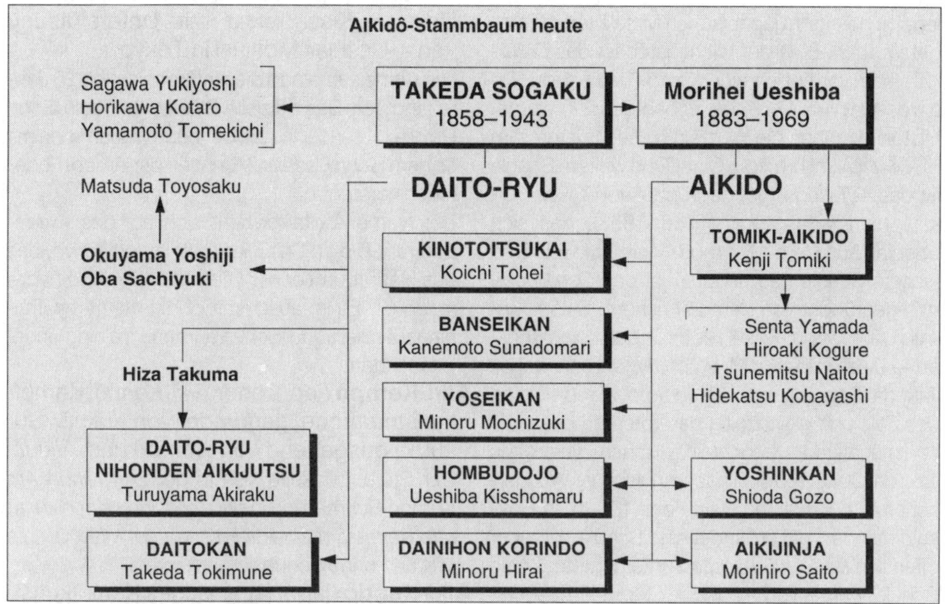

schlußstücke der Rüstung verwendet wurden. Die meisten Geschichtsforscher vermuten die Entstehung des ursprünglichen *Aikijutsu* im →MINAMOTO-Clan. General MINAMOTO YOSHIMITSU (zur Vervollständigung der Geschichte →Minamoto und Tafel »Entwicklungen im →*Aikidô*«) veränderte das System, indem er Abstand von den bisher verwendeten Schlägen nahm und sie durch schwungvolle Verdrehungen der Gelenke

Siegelinschrift »Aiki...« (von oben nach unten) »...jutsu« (von rechts nach links), die Morihei Ueshiba 1932 verwendete, um Urkunden abzustempeln

und Hebel ersetzte. Außerdem wurden Verteidigungstechniken gegen alle Arten des Angriffes mit Waffen gelehrt. Das System wurde von einem Sohn Yoshimitsus – MINAMOTO YOSHIKIYO – übernom- men, der es erneut verbesserte. Im 12. Jh. wurde diese Kampfmethode entscheidend von chinesischen Techniken (→*Quan-fa*) beeinflußt, deren Prägung sich in den später entstandenen Stilen fortsetzte.

Minamoto Yoshikyo erbte in der Provinz Kai ein großes Lehen und erhielt den Namen Takeda. Über diese Linie vererbte sich auch das *Aikijutsu* (zu jener Zeit →*Takeda-ryû Aikijutsu*) über mehrere Generationen weiter, bis im Jahre 1574 TAKEDA KUNITSUGU (Sohn von TAKEDA SHINGEN) gezwungen war, das Gebiet zu verlassen. Er siedelte nach Aizu um, wo eine Schule des *Aikijutsu* mit der Bezeichnung *Ajiutodome* zu einer hohen Blütezeit gelangte. Die Reihenfolge der Stilvorstände im *Aikijutsu* über die Minamoto-Linie ist seit alters her folgende: SEIWA TENNÔ – TEIJUN – MINAMOTO TSUNAMOTO – MINAMOTO YOSHIMITSU (Gründer des *Daitô-ryû*) – TAKEDA YOSHIKIYO – TAKEDA SHINGEN – TAKEDA KUNITSUGU – TAKEDA SÔEMON – TAKEDA SOYOSHI und SAIGÔ TANOMO (→*Oshiki-ryû*).

GRÜNDUNG MEHRERER SCHULEN

Das *Aikijutsu* umfaßt heute mehrere wichtige Schulen, die bereits im japanischen Mittelalter gegründet wurden. Eine der wichtigsten ist das *Daitô-ryû*, das vermutlich von GOTO TAMANEMON TADAYOSHI (1644–1736) ins Leben gerufen wurde. Historiker sehen die Wurzeln dieses Systems im MINAMOTO- und im AIZU-Clan. Eine weitere Schule ist das →*Takeda-ryû*, gegründet von TAKEDA TAKUMI NO KAMI ZOEMON (1758–1853), das sich ebenfall aus dem Minamoto-Clan ableitet. Eine weitere Schule des *Aikijutsu* ist das *Oshikiuchi-ryû*, gegründet von dem Lehnsherrn SAIGÔ TANOMO CHIKAMASU (1829–1905). Er gab seine Kunst an →TAKEDA SÔGAKU MINAMOTO MASAYOSHI weiter. Takeda Sôgaku, der 32. *Iemoto* (Großmeister) des Stils und gleichzeitig der Vorstand des einst so mächtigen, jedoch inzwischen verarmten Takeda-Clans, ließ sich nach langjähriger Wanderschaft in der zweiten Hälfte des 19. Jh. in Hokkaido nieder und eröffnete eine Schule, in der er öffentlich *Daitô-ryû Aikijutsu* unterrichtete. Diese Schule wurde von →UESHIBA MORIHEI besucht, der später das →*Aikidô* gründete.

VERÄNDERUNG DES JUTSU ZUM DÔ

Ab Takeda Sôgaku begannen sich mehrere Systeme zu entwickeln (Tafel →*Aikidô*), von denen Ueshiba Moriheis *Aikidô* neben dem von TAKEDA TOKIMUNE (des Meisters Sohn) weitergeführten *Aikijutsu* als *Daitô-ryû* die wichtigsten waren. Takeda Tokimune eröffnete schließlich in Abashiri die Schule *Daitôkan*.

Das Aikijutsu entwickelte sich über die Jahrhunderte parallel zum →*Jûjutsu* nach den Prinzipien des *Aiki* in mehreren Schulen. Es unterschied sich vom *Jûjutsu* dahingehend, daß es eine rein japanische Kampfkunst war und unter anderem auch die Meisterschaft des Ich anstrebte. Immer waren die Schulen des *Aikijutsu* auch mit den traditionellen Samurai-Waffen, vor allem mit dem Schwert verbunden.

Techniken des Aikijutsu

Aikikai (jap.): →*Aikidô*-Gesellschaft, gegründet am 9. Februar 1948 von Meister → UESHIBA KISSHÔMARU mit Unterstützung von →UESHIBA MORIHEI in Tôkyô.

Der Altmeister stand dieser Organisation 20 Jahre lang vor. Das offizielle Stilerbe trat sein Sohn UESHIBA KISSHÔMARU an, der heute zusammen mit seinem Sohn UESHIBA MORITERU der *Aikidô*-Föderation vorsteht.

Der Name *Aikikai* bezieht sich auf das *Aikidô*-Zentral-*Dôjô* im Shinjuku-Distrikt von Tokyo, das das Hauptquartier der *International Aikidô Federation* ist. Es ist ausgestattet mit mehreren Trainingsräumen und Schlafräumen, Training findet täglich statt.

Aiki-Kempô (jap.): oder *Aiki-Kenpô*, Kampfkunstmethode, gegründet von FUKUDA SUSUMU, ausgehend von *Kempô* und *Aikidô*.

Der Stil entwickelte sich in der *Zen Nihon Aiki Kempô Renmei* und in der *Zen Nihon Koshiki Karate Renmei*, die beide *Full-contact*-Wettkämpfe (mit und ohne Schutz) organisieren.

Aiki-Kendô (jap.): japanisches Kampfkunstsystem, gegründet von SUDO MOMOJI als Synthese von *Aikidô, Jûdô* und *Karate*, heute hauptsächlich im →*Shudôkan* von Osaka vertreten.

Sudo entwickelte *Aiki-Kendô*, weil es seiner Ansicht nach zu lange dauert, klassisches *Aikidô* zu lernen, und weil er das Element des Wettkampfes einführen wollte.

Aiki-Kenjutsu (jap.): System des →*Kenjutsu*, aufgebaut auf den Prinzipien des →*Aiki*. Zusammen mit dem →*Aiki-Jôjutsu* repräsentiert diese Schwertform die hauptsächlichen Waffensysteme des →*Aikijutsu*.

Aiki-taisô (jap.): *Aikidô*-Übungsform (auch *Aiki-undô*), die aus einer spezifischen Gymnastik und Atemübung (→*Kokyû*) besteht. Sie dient der Atemkontrolle, der mentalen Konzentration und der Harmonisierung der körperlichen und geistigen Energie.

Aiki-undô (jap.): →*Aiki-taisô*.

Aikuchi (jap.): kleiner japanischer Dolch (→*Tantô*), der im Gürtel getragen wurde.

Ai-ma (jap.): Pause, Zwischenzeit (→*Ma-ai*).

Ainu (jap.): Ureinwohner Japans. Heute ein rassisch und sprachlich von Japan isoliertes Volk, hauptsächlich Jäger, Fischer und Sammler, im Norden Japans, das ursprünglich nicht nur ganz Japan, sondern weite Teile des asiatischen Festlandes besiedelte. Inzwischen sind die Ainu jedoch von anderen Zivilisationen dermaßen dezimiert worden, daß ihr Volk nur noch etwa 15 000 Angehörige zählt, von denen die große Mehrheit nicht mehr reinrassig ist.

Bei den Ainu handelt es sich um eine europide Rasse, wie die helle Hautfarbe, der langschädlige Kopf, der untersetzte und kräftige Körperbau und die dichte Körperbehaarung zeigen. Es besteht keine Verwandtschaft zu den asiatischen Völkern. Die Ainu hatten eine primitive Kultur. Der japanische Einfluß veranlaßte sie jedoch zu einfachen Formen der Landwirtschaft, wodurch sie seßhaft wurden und sich an die Japaner, anfangs als Arbeiter, Fährleute oder Pferdeknechte, verdingten.

Zu Anfang des 8. Jh. wurden sie von den Japanern nach Norden abgedrängt, und im 13. Jh. mußten sie Feldsteuern bezahlen. Erst in neuester Zeit begannen sie sich mit den Japanern zu vermischen. Heute leben sie auf Hokkaido, Sachalin und auf den russischen Kurilen.

Die Ainu, von den Japanern *Emishi* (*Yemishi*), *Ebisu* (*Yebisu*) und seit dem Mittelalter *Yezo* genannt, haben bis heute eine primitive Kultur, die auf eine Verbindung zu arktischen Völkern hindeutet: Sie glauben an ein höchstes Schöpferwesen, betreiben Vielweiberei, huldigen dem Schamanismus und dem Bärenkult. Ihre Sprache weist keine Verwandtschaft mit irgendeiner anderen Sprache auf. Sie leben in Wohnhütten mit Strohverkleidung in von der japani- schen Zivilisation abgelegenen Dörfern, sind gastfreundliche und gutmütige Menschen.

Ai-nuke (jap.): eine Kampfsituation, in der zwei gleichwertige Gegner zur selben Zeit einen →*Kiai* ausführen, der so stark ist, daß es zu keinem Kampf mehr kommt.

Beide Gegner kommen zu einer wortlosen Verständigung miteinander, die aus einer psychischen Konfrontation ihres →*Ki* besteht und danach in die Phase des →*Aiki* übergeht. Ohne sich abgesprochen zu haben, sehen beide von einem Kampf ab. Zwischen ihnen entsteht ein Geist, der der perfekten Harmonie des Universums *(Aiki)* gleichkommt.

Aite (jap.): Partner, Gefährte, Gegner. *Kendô*-Bezeichnung für zwei Gegner, die sich gegenüberstehen und die gleiche Haltung eingenommen haben. Similarbegriff zu →*Ai-gamae* aus dem *Aikidô*.

Aite no Tsukuri (jap.): den Gegner »öffnen« (→*Suki*), um dann seinen eigenen Angriff durchzubringen. Vorbereitende Aktion (→*Tsukuri*, →*Jibun no Tsukuri*).

Ai-uchi (jap.): »gleichzeitiges Schlagen«, gleichzeitige Angriffe zweier Gegner im →*Karate* oder *Kendô*, die ihr Ziel treffen. Im *Karate*-Wettkampf wird dies als unentschieden gewertet und führt zu keiner Punktvergabe.

Ai-uchi – Gyaku kizami-zuki gegen Mawashi-geri

Ai-uchi ist im *Karate* ein hohes Prinzip des Kämpfens und ist nach →Ôyama zusammen mit →*Dôji-waza*, →*Kawashi-waza* und →*Kuzushi-waza* unter dem Begriff →*Kosahô* zusammengefaßt. Die Idee besteht darin, in den gegnerischen Angriff hinein anzugreifen und den Körper des Gegners Sekundenbruchteile früher entscheidend zu treffen. Dabei wird berücksichtigt, daß der eigene Körper soweit trainiert ist, daß er in der Lage ist, den gegnerischen Angriff unbeschadet zu überstehen.

Aizu Ikko (1452–1538): bedeutender japanischer Schwertmeister, Gründer des →*Kage-ryû*. Während seines zurückgezogenen Lebens in einer Höhle in der Gegend des

Udo-Schreins in der Präfektur Miyazaki wurde er dazu inspiriert, eine neue Schwerttechnik zu entwickeln.

1488 kehrte Aizu Ikko ins öffentliche Leben zurück und gründete das *Aizu Kage-ryû*. Sein Stil wurde an den Vater von HIDETSUNA KAMIIZUMI weitergegeben und beeinflußte die Gründung des →*Shinkage-ryû* und des →*Yagyû Shinkage-ryû*.

Aizu Kage-ryû (jap.): →*Kage-ryû*.

Ajari (jap.): Bezeichnung für höhergestellte Mönche der →*Shingon*- und →*Tendai*-Sekten.

Ursprünglich stammt der Begriff aus dem Sanskrit *(Achâryâ)*, wo er mit »Meister« übersetzt wird. Im →*Zen* wird er als *Chârya* ausgesprochen, jedoch nicht auf den Meister angewandt (den man dort *Rôshi* nennt), sondern nur als höfliche Anrede für einen Mönch gebraucht.

Ajari Yoshiaki (*1933): japanischer *Karate*-Lehrer des *Wadô-ryû*, einer der ältesten Schüler des Stilgründers →ÔTSUKA HIRONORI. Ajari unterrichtet heute in den USA.

Ajari begann im Alter von 14 Jahren unter YAMAGUCHI GÔGEN und UCHITA SHOZO *Gôjû-ryû* zu lernen, bevor er an der Meiji-Universität der Schüler von Ôtsuka Hironori wurde. 1957 erhielt er in beiden Stilen seinen Schwarzgurt und ging darauf in die USA, wo er in Kalifornien ein *Dôjô* eröffnete. Er war der erste Instruktor des *Wadô-ryû* in den USA und ist heute der höchstgraduierte *Wadô*-Lehrer der USA. 1964 gründete er die *US Wadokai Karate-do Federation* in Tôkyô.

Aji (jap.): Fürst.

AJKBA: *All Japan Kickboxing Association* (→*Full-contact*).

Ajukate (jap.): modernes Kampfsystem, entwickelt von HORST WEILAND (*Budô Akademie Deutschland*) als Synthese aus **A***ikidô*, **Jû***dô*/ **Jû***jutsu*, **Ka***rate* und *Anti-***Te***rrorkampf*.

Ajutodome (jap.): →*Aikijutsu*.

Aka (jap.): rot (auch *Seki, Shaku, Akai*, s. →*Iro*).

Akahachi no Gyakubô (jap.): Bezeichnung für eine okinawische *Bô-Kata* (*Bô* und *Eiku*), gegründet von Meister →AKAHACHI OYAKEI, die hauptsächlich auf der Insel →Yaeyama geübt wurde. Die *Kata* wurde nach 1600 von →TOKUMINE PEICHIN in einem hohen Maß gemeistert und von ihm auf Okinawa verbreitet.

Akahachi Oyakei: okinawischer →*Kobudô*-Experte der Frühzeit (vor 1600), geboren auf der Insel →Yaeyama. Auf einer der Yaeyama-Inseln war Akahachi ein Stammeshäuptling, ihm schreibt man die erste systematisierte *Kobudô-Kata* Okinawas (*Bô* und *Eiku*) zu.

Nicht alle okinawischen *Kata* stammen von der Hauptinsel selbst. Yaeyama ist eine Inselgruppe im Süden Okinawas, von der die ersten Berichte über eine *Kobudô-Kata* kamen. Akahachi übernahm Kampftechniken, die er aus den Kämpfen zwischen den Inseln kannte, und gründete daraus einen ritualisierten Tanz (→*Odori*). Die auf Okinawa seltene Kombination aus den Kampfmethoden Bô und Eiku wurde als *Akahachi no Bô (Akahachi no Gyakubô)* bekannt. Vielen Geschichten und Legenden zufolge war Meister Akahachi der stärkste *Bô*-Experte seiner Zeit.

Akamine Eiko (*1. Mai 1925): okinawischer *Kobudô*-Meister, aktueller Vorstand der *Ryûkyû Kobudô Hozon Shinkôkai* (*Ryukyu Ancient Budo Preservation Development Association*, s. Anhang). Akamine ist der letzte Erbe einer langen Reihe von *Tôde*-Experten, die bis zu KÛSHANKÛ zurückreicht (s. Tafel →YABIKU MODEN).

Die Reihenfolge der Akamine-Familientradition ist wie folgt: KÛSHANKÛ, SAKUGAWA, CHINEN-SHINUJO SANRYO (ANDAYA YAMAGUSUKU), CHINEN SHITAHAKU und CHINEN YAMANE. Der nächste Meister, →YABIKU MODEN (YAGABI KODEN), war der Schüler von TAWADA PEICHIN und HIROSHI KINJO (KANI USUME). Der letzte Lehrer von Akamine war 1959 →TAIRA SHINKEN, der von Yabiku Moden, FUNAKOSHI GICHIN und MABUNI KENWA unterrichtet wurde. Akamine selbst war Schüler bei Taira Shinken und HIGA SEIICHIRO, der bei Chinen Yamane lernte. 1965 erhielt er die Erlaubnis zum Unterricht.

Bereits im vorigen Jahrhundert gründete Yabiku Moden eine Organisation, die er *Ryukyu Ancient Budo Research Group* (*Ryukyu Kobujutsu Kenkyu-kai*) nannte. Die heutige Organisation, die nach dem Krieg von Taira Shinken gegründet wurde, ging aus dieser Gruppe hervor.

Aka no Kachi (jap.): Wettkampfbegriff: Sieg für Rot. Gegenteil: *Shiro no Kachi* – Sieg für Weiß.

Aka obi (jap.): roter Gürtel. Hohe Dan-Graduierung (9. und 10. Dan) im *Budô* (→*Kodansha*).

Aka waza-ari (jap.): Wettkampfbegriff: halber Punkt für Rot.

Ake (jap.): aufmachen, öffnen. Gegenteil von *Shime* (schließen).

Akiba-ryû (jap.): Stil des →*Ninjutsu* aus der Präfektur Aichi. Der bekannteste Vertreter des Stils war HACHISUKE KOROKU MASAKATSU.

Akindô (jap.): Kaufmann. *Akina* – Handel treiben.

Akiresuken (jap.): Achillessehne.

Akiyama Shirobei Yoshitoki: Mitbegründer des →*Jûjutsu* (s. auch →*Yoshin-ryû*).

Akô Gishi (jap.): »Geschichte der Tapferen von Akô«, geschichtliche Tatsache, auch als Theaterstück mit dem Titel »Chûshingura« (→*Kabuki*) seit dem 18. Jh. in Japan aufgeführt.

Die Begebenheit handelt von den 47 Samurai, die im Dienste von ASANO NAGANORI, dem Herrscher von Akô (Teil der Provinz Harima auf der Insel Honshu), standen. 1701 wurde Asano im Palast des Shôgun von einem anderen Herrscher namens KIRA KOSHINAKA beleidigt, woraufhin Asano die Kontrolle über sich selbst verlor und ihn verletzte. Diesen Verstoß gegen die Etikette bestrafte der Shôgun TOKUGAWA TSUNEYOSHI, indem er Asano befahl, *Seppuku* zu begehen. Die 47 Vasallen von Asano beschlossen, die Ehre ihres Herrn zu rächen und Kira zu töten. Nach zweijähriger Vorbereitung überfielen sie am 14. Dezember 1702 Kiras Schloß und töteten ihn. Danach ergaben sie sich freiwillig als Gefangene. Der Shôgun befahl auch ihnen, *Seppuku* zu begehen, worauf sie sich am 4. Februar 1703 auf dem Grab ihres Herrn gemeinsam das Leben nahmen. Ihr Tod ging als Beispiel für Treue und Loyalität in die Geschichte der Samurai ein. Noch heute werden ihre Gräber, die sich im Tempelgarten des *Senkakuji* in Tôkyô befinden, alljährlich von Japanern geschmückt, die ihre Tat bewundern.

Akuma (jap.): Teufel. *Aku* – schlecht, schlimm, böse.

Akunin (jap.): Bösewicht.

Akupressur: altes chinesisches Heilverfahren (jap. *Shiatsu*), bestehend aus dem Druck der Finger, Handflächen, Handballen, Handkanten und Fäuste auf verschiedene Punkte des menschlichen Körpers.

Der Ursprung der Akupressur liegt in der im Norden Chinas entstandenen *Anmo*-Massage. Zur Geschichte und Entwicklung s. →chinesische Gesundheitslehre, →Akupunktur und →*Anmo*.

Akupunktur: chinesische Heilmethode (*Zhenci-liaofa*), bestehend aus Nadelstichen auf verschiedene Punkte des menschlichen Körpers. Die Akupunktur ist Teil der chinesischen klassischen Medizin (→chinesische Gesundheitslehre).

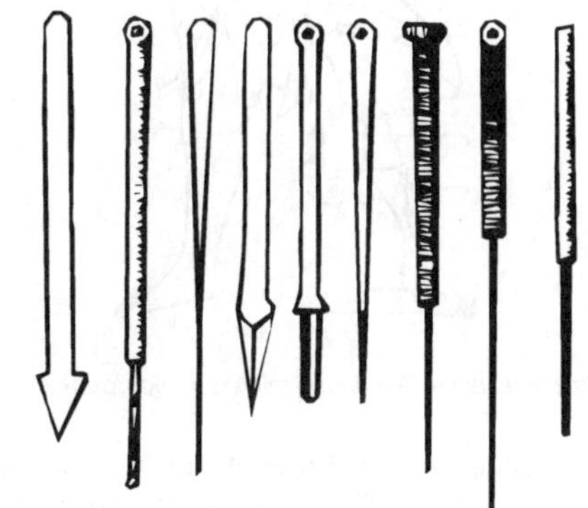

Verschiedene klassische Akupunkturnadeln

ALLGEMEIN

Die Heilmethode der Akupunktur ist vermutlich in der chinesischen Steinzeit entstanden. Sie entwickelte sich im Norden Chinas in dem Gebiet um den Gelben Fluß, mit dessen Landschaft ihre Entstehung eng verbunden ist. Es gab dort in erster Linie Geröll und niedere Pflanzen. Die frühen Bewohner dieser Gebiete nahmen die Gewohnheit an, eiternde Verletzungen mit Steinsplittern zu öffnen, um den Eiter abfließen zu lassen. Diese Form der Behandlung wird heute als die Urform der Akupunktur angesehen.

Gleichzeitig entwickelte sich die Gewohnheit, bei Beschwerden und Schmerzen etwas getrockneten Beifuß auf die betreffende Stelle zu legen, der dann angezündet wurde. Die gezielt einwirkende Wärme schaffte Erleichterung. Diese Kunst wurde später →*Moxa* genannt.

Aus der einfachen Gewohnheit, kalte oder gefühllose Hände mit den Fingern oder den Handflächen zu drücken, entstand eine Heilkunst der Massage, die sogenannte →*Anmo*-Massage. Daraus entwickelten sich später zahlreiche Ab-

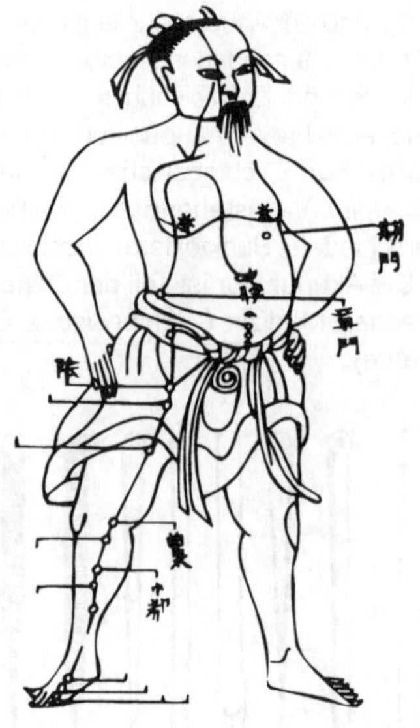

Alte chinesische Zeichnung mit Akupunkturpunkten

zweigungen, deren bekannteste in Japan als →*Shiatsu* und in Europa als →*Akupressur* bezeichnet werden.

All diese Formen kennen verschiedene Körperpunkte (Erläuterungen dazu s. →*Jing-luo*), die gezielt beeinflußt werden, um auf die inneren Organe einzuwirken. Durch praktische Erfahrung lernten die Chinesen in Jahrhunderten, an welchen Punkten der Körperoberfläche die äußere Einwirkung die größte Wirkung auf die Organe erzielt und wie sie miteinander in Verbindung stehen.

INHALT

Die Chinesen betrachten die Akupunktur als das Erbe der »Söhne des reflektierenden Lichtes« (Sagengestalten). Die erste schriftliche Überlieferung stammt von HUANG FU-MI († 282 n. Chr.) und heißt *Zhen-jiu jia-yi jing* (Abhandlung über Akupunktur und Moxibustion).

Die Akupunktur bezieht sich auf das System der →*Jing-luo*, der Meridiane bzw. der Leitungsbahnen des Körpers. Auf diesen Leitungsbahnen fließt das →*Qi*, das bei vielen Krankheiten ins Stocken gerät oder stillsteht. Durch Akupunktur können die Knoten im Energiefluß wieder aufgelöst werden.

Um eine Energiestörung festzustellen, bedient sich der Therapeut der »4 Untersuchungsmethoden« (→*Si-jian)* und teilt seine Ergebnisse mit Hilfe der »8 diagnostischen Methoden« (→*Ba-gang*) ein. Erst danach wählt er eines der »8 therapeutischen Verfahren« (→*Ba-fa*) aus, z. B. die Akupunktur.

Die Akupunktur baut wie alle chinesischen Heilverfahren und Kampfkünste auf das System von *Yin/Yang* und auf die sogenannten 5 Wandlungsphasen (→*Wu-xing*) auf. Man darf die Akupunktur aber nicht als eigenständige Therapieform verstehen. Sie wird traditionell nur in Kombination mit Massage (→*Tuina,* →*Anmo*), Bewegungsübungen wie →*Dao-yin*, Ernährungstherapie (→*Chang-ming*) sowie Kräuterheilkunde (→*Cao-yao*) angewandt.

TECHNIK

Heute werden in der Akupunktur drei Nadeltypen verwendet:

1. Einfache gerade Nadeln in verschiedenen Längen.
2. Dreischneidige Nadeln zum kleinen Ader-laß.
3. Hautnadeln, mehrere nebeneinanderstehende, mit einem Griff verbundene Nadeln, die hauptsächlich bei Kindern benutzt werden.

Wichtig zur Behandlung sind auch Richtung, Tiefe und Technik des Stichs. Bei fast allen Punkten ist eine bestimmte Richtung erforderlich, nur bei wenigen kann man frei wählen. Die Stichtiefe geht von 0,3 bis zu 12 cm, je nach der Lokalisation des Punktes. Man unterscheidet zwischen

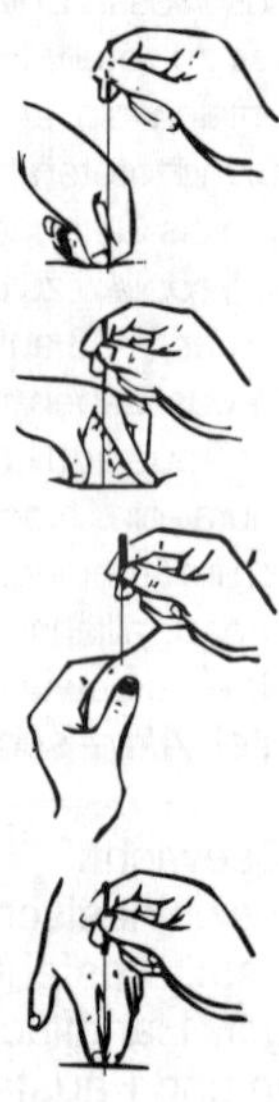

Verschiedene Techniken der Akupunktur

schnellem und langsamem Einstich, dem »Drehen« der Nadel in das Fleisch und dem »Vogelpicken«, einer Hebe- und Senkbewegung der Nadel im Rhythmus der Atmung des Patienten. Die Auffindung des jeweiligen Punktes erfolgt nach dem →*Cun*-Maß. Nach dem »Nadelpflükken« (Entfernen der Nadeln) sollte eine kurze Massage der Einstichstellen erfolgen.

Altenbrandt, Erhard (*1939): deutscher Aikidô-Lehrer und -Pionier, heute 6. Dan Aikidô und 2. Dan Jûdô, amtierender Vizepräsident des →DAB.

Ama[1] (jap.): Nonne (auch *Ni*).

Ama[2] (jap.): Himmel (auch *Ten, Ame*).

Amakumi (jap.): japanischer Schwertschmied (→*Kaji*) aus dem 8. Jh., der als Vater des japanischen Schwertschmiedens bezeichnet wird.

Amakumi lebte in der Provinz Yamato und unterrichtete den später bekannt gewordenen Schwertschmied AMAKURA. Eines von Amakuras Schwertern, *Kogarasu-maru* (Schwert der kleinen schwarzen Krähe), gehörte zum Familienschatz des Taira-Clans. Es vererbte sich über viele Generationen und ist heute Teil des japanischen Staatsschatzes.

Amaterasu: japanische Sonnengöttin, auch *Omikami* genannt. Zentrale Figur aus dem →Shintôismus. Sie war laut der Shintô-Religion die Stammutter des japanischen Kaiserhauses (→*Jimmu Tennô*, →*Tennô*), das aus diesem Grund bis zu Japans Kapitulation nach dem Zweiten Weltkrieg selbst als göttlich verehrt wurde.

Der Sage nach betrat die Göttin am 11. Februar 660 v. Chr. bei Osaka japanischen Boden. Dieser Zeitpunkt wird seit 1873 als Beginn der japanischen Zeitrechnung festgelegt. Nähere Erläuterungen s. →*Kami*.

Amida-Buddhismus (Amidismus): Überbegriff für alle japanischen und chinesischen Schulen des →Buddhismus, die den Buddha-Amida *(Amitâbha)* verehren.

Dieser dem authentischen Buddhismus unbekannte →Buddha entstand im →Mahayâna und wurde zu einem der volkstümlichsten Buddhas überhaupt. Sein Reich (→»Reines Land« oder »Westliches Paradies«) ist das erstrebte Ziel aller Gläubigen. Durch die Gnade Amidas werden alle, die sich in gläubigem Vertrauen an diesen Buddha wenden, im Reinen Land wiedergeboren.

In Japan verbreiteten sich mehrere Sekten (die wichtigsten: *Jôdo-shû* und *Jôdo-shinshû*, s. →*Jôdo*), die sich immer mehr zu einer Religion des niederen Volkes entwickelten. Sie lehrten, daß die Erlösung durch die Gnade und Barmherzigkeit des Amida-Buddha zu erreichen ist (→*Tariki*). Dadurch standen sie in beständigem Konflikt mit den dem Kaiserhaus, dem Adel und den Samurai vorbehaltenen Lehren (*Tendai*, *Shingon* und *Zen*), die den Götterglauben ablehnten und an die Hilfe aus dem Selbst (→*Jiriki*) appellierten.

Amigasa (jap.): konischer, breitrandiger Hut, den die *Ninja* am Tage trugen. In der Verkleidung als Wandermönch, Bauer, Priester oder Zirkuskünstler eignete sich der Hut sehr gut zur Tarnung, denn er bedeckte fast vollständig das Gesicht.

Gleichzeitig konnte der Hut als Waffe verwendet werden. Unter dem breiten Hutband befand sich eine entsprechend gebogene Klinge, durch die sich der gesamte Hut, wenn er geschickt geworfen wurde, in einen großen *Shuriken* verwandeln konnte.

Am-khi (viet.): Wurfwaffen der vietnamesischen Kampfkünste (s. →*Cô-Vo-Dao*, →*Tay-Son*), die zusammen mit den *Vu-khi* (Handwaffen) das Waffenarsenal der vietnamesischen Kampfkünste ausmachen.

Am-khi waren zugespitzte Metallstäbe, brennende Fackeln, Wurfmesser, Steine, Wurfdreizacke, Handpfeile, Wurfmesser oder Geschosse für Bogen und Armbrust.

An[1] (jap.): Friede, Ruhe. *Heian* – Frieden und Ruhe.

An[2] (jap.): innen, von innen, die Innenseite.

Ana (jap.): Loch, Höhle, Öffnung. In den Kampfkünsten Bezeichnung für die Befestigungsvorrichtung der Schnüre zwischen beiden *Nunchaku*-Teilen.

Anahana (jap.): Bezeichnung für den Atemvorgang während der *Zazen*-Übung (→*Zen-Atmung*). Im *Zen* geschieht das Atmen nicht auf künstliche Weise, der Übende beschränkt sich lediglich darauf, seines Atems gewahr zu werden.

Entgegen den vielen Atemtechniken östlicher Meditationsübungen, die über die Kontrolle verschiedener Atemmethoden eine Beruhigung des Geistes anstreben, geht das *Zen* davon aus, daß sich durch die Sammlung des Geistes während der *Zazen*-Übung der Atemfluß von selbst regelt. Deshalb gibt es im *Zen* und in allen von diesem beeinflußten Übungspraktiken keine bestimmte Atemtechnik, sondern der Atem wird in vollkommener Ruhe beobachtet. Diese Art der Atmung wird auch in den *Shôrin*-Stilen des *Karate* verwendet. Anders ist es in den *Shôrei*-Stilen, die mehr von den daoistischen Praktiken des →*Qigong* beeinflußt wurden.

Ânanda: bedeutender Jünger →Buddhas. Ânanda war bekannt als der Schüler mit dem besten Gehör und Gedächtnis. Er war 25 Jahre lang der Diener von SHAKYAMUNI BUDDHA und wurde später einer seiner Nachfolger.

Ananku (jap.): okinawische *Kata* des *Tomari-te*, die von Meister KYAN CHÔTOKU aus Taiwan mitgebracht wurde. Der Name bedeutet »Frieden aus dem Süden«.

Die *Kata* wird heute im okinawischen *Shôrin Matsubayashi-ryû* und im *Shitô-ryû* (als *Hanenko*) geübt.

Anata (jap.): du, Sie (Anrede).

Anazawa-ryû (jap.): alter japanischer →*Naginata*-Stil, im 17. Jh. zum Schutz der Samurai-Frauen gegründet.

Die Samurai-Frauen übten sich in dieser Kunst, um im Notfall sich selbst oder die Ehre ihrer Familie verteidigen zu können.

Anderson, Mike (*1942): amerikanischer *Karate*-Pionier, bekannter Promoter des →*Full-contact Karate* in den USA und in Europa.

Anderson lernte *Taekwondo* unter ALLEN STEEN und unterrichtete zwischen 1962 und 1968 in Europa, unter anderen auch in Deutschland. 1969 kehrte er in die USA zurück, wo er viele Titel gewann und viele international bekannte Kämpfer ausbildete. 1973 führte er als erster die von Jhoon Rhee eingeführten Schützer in einem Wettkampf vor und begründete damit die Richtung des *Semi-contact Karate*. Am 14. September 1974 veranstaltete er zusammen mit DAN und JUDY QUINE die *World Professional Karate Championships* in Los Angeles und begründete damit das →*Full-contact*.

Angkor: im 19. Jh. von französischen Forschern entdeckte Ruine im Dschungel des heutigen Kambodschas, die weltweit durch ihre feine Kunst und ihre riesigen Ausmaße Aufsehen erregte. Nach intensiver Forschung wurde festgestellt, daß es sich um die alte Hauptstadt des →Khmer-Königreiches handelt.

Die Tempelstadt wurde um 900 n. Chr. gegründet und bereits im Jahre 928 wieder aufgegeben. 950 wurde sie wieder aufgebaut und 1177 durch die Vietnamesen erneut zerstört. Der buddhistische Herrscher DSCHAJAVARMA VII. (1181–1215) ließ die Stadt erneut anlegen und nannte sie Ankor Thom. Im Jahre 1431 wurde die Khmer-Hauptstadt durch die Thai endgültig zerstört. Neue Hauptstadt wurde Phnom-Penh. Der Stadtkern erstreckt sich über 45 Quadratkilometer. Der sich darin befindende Grabtempel *Ankor Wat* ist das mächtigste Bauwerk ganz Südostasiens.

Anmo (chin.): [*an* = pressen, drücken; *mo* = reiben, massieren] Massage. Begriff aus der chinesischen Heilkunst (jap. *Anma*), Vorläufer der europäischen →Akupressur und des japanischen →*Shiatsu*.

ALLGEMEIN

Ursprünglich entstanden im nördlichen China im Bereich des gelben Flusses (→Chinesische Gesundheitslehre, →Akupunktur) drei Arten von Heilverfahren. Diese waren die *Anmo*-Massage (heute Akupressur, jap. *Shiatsu*), →*Moxa* (Kräuterverbrennung auf der Haut) und die →Akupunktur (Stechen mit Nadeln).

INHALT

Anmo-Massage wird eingesetzt bei Verspannungen, Zerrungen und Verletzungen aller Art. Sie wirkt auch auf die inneren Organe und auf das Blut- und Nervensystem. Nicht nur der Patient, sondern auch der Anwender wird durch Massage positiv beeinflußt.

TECHNIK

An: das Drücken mit einem Finger oder dem Daumen, aber auch der gleichmäßige großflächige Druck mit der Handfläche.

Qia: verstärkter Druck mit der Fingerkuppe, dem Fingernagel und dem Ellbogen. Diese Technik erreicht die tiefen Schichten des Körpers.
Rou: kreisendes Massieren. Man legt dazu den Finger oder den Handballen fest auf und massiert die Fläche mit kleinen Kreisbewegungen.

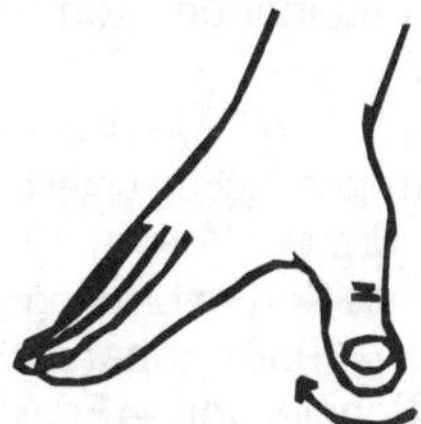

Mo: Mit dem Daumen oder der Handfläche massiert man kreisend größere Körperflächen, wobei der Daumen größere Bewegungen ausführt.

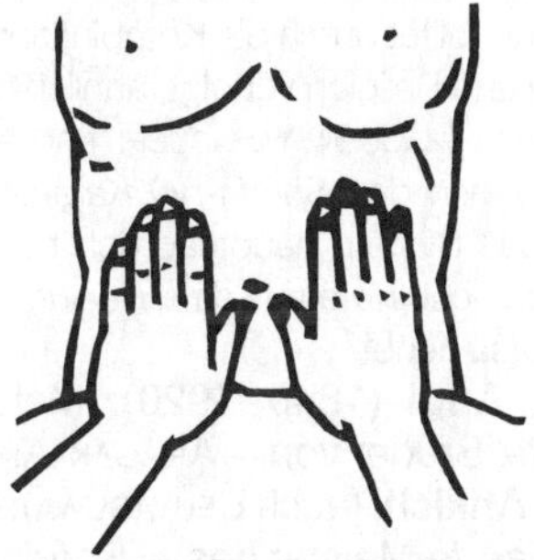

Tui: Mit dem Daumen, der Handfläche, dem Handballen oder der Faust schiebt man an größeren Flächen entlang. So können die Meridiane als Gesamtheit massiert werden. Eine Variante des *Tui* ist das sanfte Ausstreichen von Hautflächen.

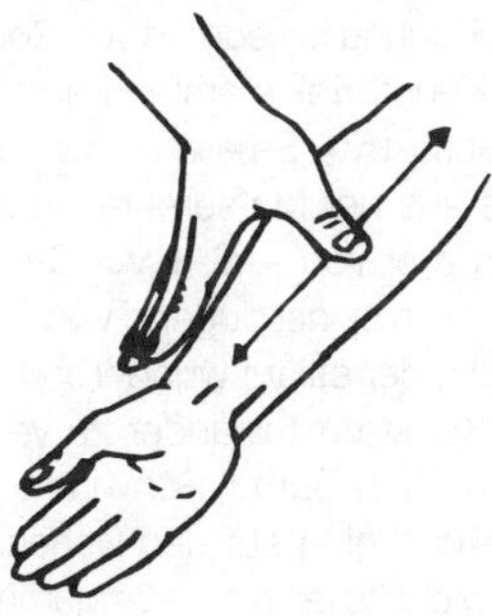

Na: Man greift die Muskel- und Hautpartien zwischen Daumen und Finger und kneift sie.

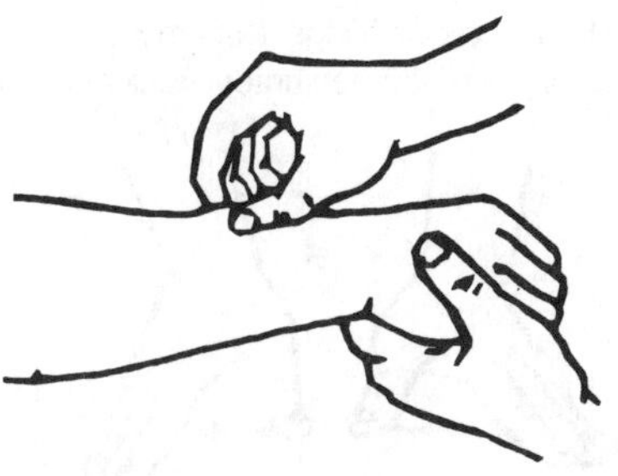

Nie: Mit dem Daumen oder mit der Handfläche wird ein Körperteil geknetet.

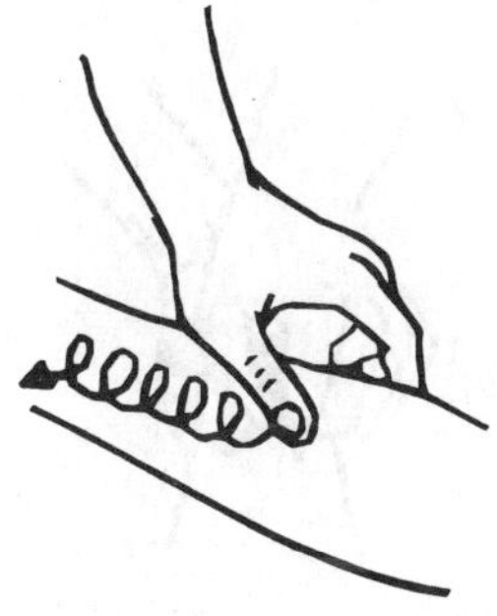

Chui: Beklopfen mit den Fäusten.

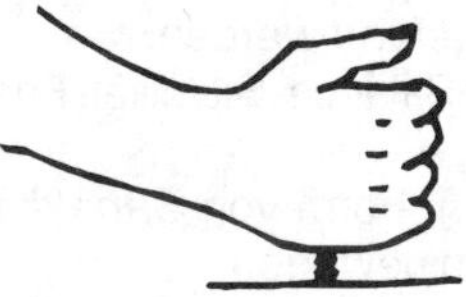

Ca: Reiben mit der Handkante.
Gun: Die Handkante wird auf dem Körper fixiert und wird dann locker bewegt. Man nennt diese Technik auch »Rollen«.
Zhen: die Fingerkuppe oder die Handfläche wird fest auf den Körper gelegt und dann gerüttelt. Man nennt das auch »Vibrieren«.

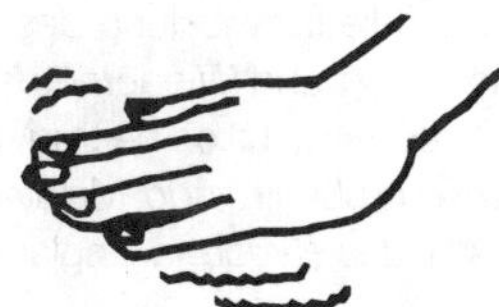

Ma: Man legt die vier Finger fest am Körper an und wischt mit dem Daumen unter Druck hin und her.

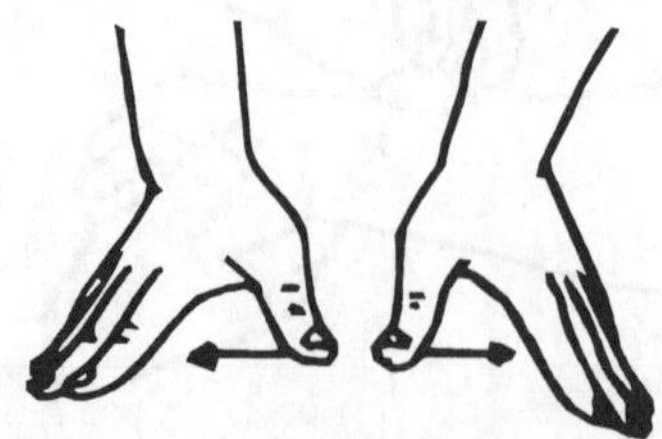

Nien: Man hebt die Haut zwischen zwei Fingern hoch und dreht sie. Diese Technik nennt man auch »Zwiebeln«.

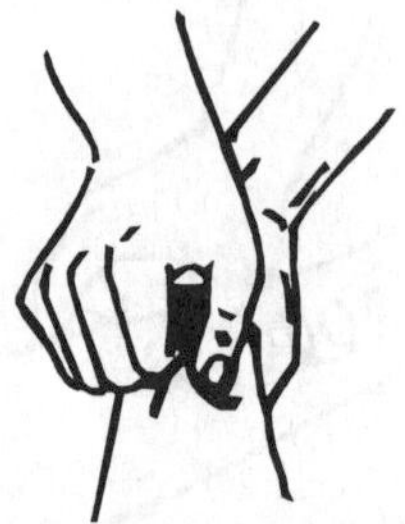

Ansha (jap.): Großmut (→*Bushidô*).

Antachi-waza (jap.): *Karate*-Techniken gegen einen angreifenden Gegner, die aus der Bodenlage oder auf den Knien (→*Suwari*) ausgeführt werden.

Antei (jap.): Balance, Stabilität, Frieden, Ruhe (→*Heian*).

Anuro (jap.): Form von *Sabaki*: sich selbst nach innen bewegen.

Anza (jap.): Lotos-Sitz (→*Zahô*). Auch →*Kekka-fuza*.

Anzawa Heijirô: japanischer →*Kyûdô*-Meister (1887–1970), Schüler von Meister →Awa Kenzô. Er war der erste *Kyûdô*-Meister, der außerhalb Japans Demonstrationen über die Kunst des Bogenschießens gab.

In Japan hatte Anzawa Heijirô einen beträchtlichen Einfluß auf die Entwicklung des *Kyûdô*, zu dessen Erneuerung und Wiederentdeckung als Kunst des *Dô* er beträchtlich beitrug. Er wird als einer der letzten großen *Kyûdô*-Meister (10. *Dan*) und Begründer des *Kyûdô* in England angesehen.

Ao (jap.): blau, grün, unreif (auch *Sei, Shô, Aoi*; s. →*Iro*). *Aozora* – blauer Himmel.

Ao iro obi (jap.): Schülergraduierung im →*Budô*: blauer Gürtel (→*Kyû*).

Aoi-ryû (jap.): alte japanische Kampfmethode, in der die Techniken des Speers (→*Yari*, →*Sôjutsu*) und des Schwertes (→*Kenjutsu*) miteinander kombiniert wurden.

Der Gründer des *Aikidô*, Ueshiba Morihei, studierte Techniken dieser Schule unter der Anleitung seines Vaters, Ueshiba Yoroku. Diese Schule wird mit der Familie Kii in Verbindung gebracht.

Aoki Hiroyuki (*1936): japanischer →*Karate*-Meister, Schüler von →Egami Shigeru. Aoki siedelte 1966 nach Kalifornien um und gründete dort eine *Karate*-Auffassung, die er *Shintai-dô* nennt.

Shintai-dô ist ein am *Shintôismus* orientiertes religiöses Kampfkunstsystem, das die Entwicklung der Individualität durch die Kombination von Bewegung und Religion verfolgt, ähnlich dem Konzept, das →Gogen Yamaguchi im →*Gôjû-ryû* lehrte. Neben den *Shôrin-ryû Karate-Kata*, auf denen das System hauptsächlich beruht, werden auch noch *Kata* aus dem *Kenjutsu, Bôjutsu* und *Jôjutsu* geübt.

Aragaki Angi (1840–1920): Meister des *Naha-te*, Bruder von →Aragaki Ankichi.

Aragaki Ankichi (auch Ufuyaguwa): bekannter →*Karate*-Meister des →*Shôrin-ryû* aus Okinawa. Aragaki war der älteste Sohn von elf Kindern in der Familie eines wohlhabenden Reisweinbrauers. Er wurde im November 1899 in Shuri auf Okinawa geboren.

Bereits in seiner frühen Kindheit zeigte er eine besondere Eignung für jede Art von Sport, Körperkultur und Kunst. Seine ersten Lehrer im Karate waren →Gusukuma Shiroma und →Hanashiro Chômo, die aus der Matsumura-Schule kamen. Später wurde er von →Chibana Chôshin unterrichtet. Schon in seiner Jugend war er ein vielseitiger Künstler, der es auf wunderbare Weise verstand, die Künste miteinander zu verbinden. Er übte sich im *Jûdô, Sumô*, Schwimmen, kletterte auf Bäume und ging auf den Zehenspitzen. Im *Karate* entwickelte er eine einzigartige Technik: →*Tsumasaki-geri*.

Als Aragaki 20 Jahre alt war, fiel er der Öffentlichkeit Okinawas durch verschiedene Demonstrationen von Kraft und Mut auf. Er wurde in den Militärdienst eingezogen, wo er es bis zum Mitglied der Ehrengarde brachte. 1921 wurde er entlassen und zog nach Kadena, wo er den großartigen Kampfkunstexperten →KYAN CHÔTOKU traf. Aus diesem Zusammentreffen entwickelte sich eine hochkarätige Kampfkunst, die im nachhinein viele berühmte Namen hervorbringen sollte (s. Tafel).

Aragaki Ankichi

Aragaki wurde bekannt durch sein breites Wissen über *Karate*, durch seine wissenschaftliche Haltung den Kampfkünsten gegenüber und durch deren Verbindung zur Kunst. Er hatte eine klare Einsicht in die Kultur Okinawas und besaß ein profundes Wissen über die klassische Kunst und über ihre Bedeutung für das menschliche Leben. Er befaßte sich insbesondere mit den klassischen okinawanischen Tänzen (→*Odori*) und ihrer heute erwiesenen Verbindung zu den okinawanischen Kampfkünsten. Allerdings erklärte er einmal seinen Schülern, daß beide aus völlig verschiedenen Ansatzpunkten heraus entstanden seien – das *Karate* aus dem Instinkt zu überleben, das Tanzen hingegen aus dem Wunsch nach einer Ausdrucksform der Gefühle. Obwohl ihr Ursprung verschieden ist, gibt es dennoch in beiden grundlegende Gemeinsamkeiten. Er sagte: »Ästhetische Schönheit, verbunden mit menschlichem

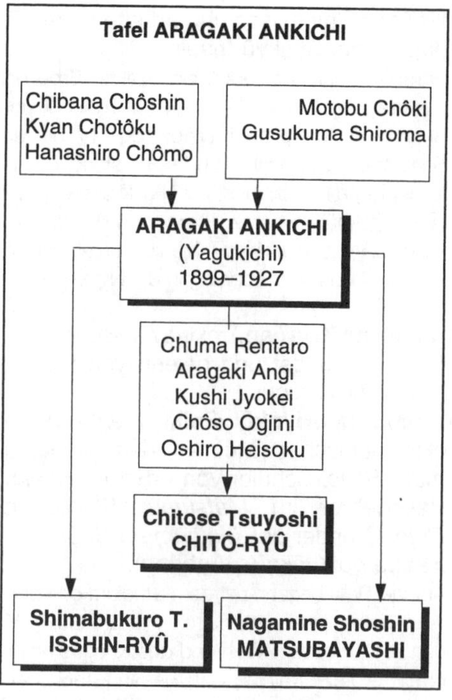

Wert, ist Kunst. *Karate-dô* und Kunst haben denselben Ursprung und dasselbe Ziel: Sie erheben den Menschen auf jene Stufe des Seins, auf der er sich erst wirklich vom Tier unterscheidet. Der Intellekt allein vermag dies nicht.« Aragaki konnte auch selbst sehr gut tanzen. So führte er bei manchen Gelegenheiten den *Saru-mai* (Affentanz) vor, einen der schwierigsten klassischen Tänze Okinawas.

Aragakis Lehrer waren: Shimpan →GUSUKUMA, CHIBANA CHÔSHIN, KYAN CHÔTOKU, MOTOBU CHÔKI und HANASHIRO CHÔMO. Seine direkten Schüler waren: RENTARO CHUMA, KUSHI JYOKEI, CHOSO OGIMI, OSHIRO HEISUKE, SHIMABUKURO TARO, CHITOSE TSUYOSHI, NAGAMINE SHÔSHIN UND ARAGAKI ANGI (s. auch Tafel →*Shôrin-ryû*). Aragaki Ankichi starb in frühen Jahren im Dezember 1927 an einem Magengeschwür.

Aragaki Kamadeunchu, alias NIIGAKI oder TSUJI PEICHIN SEISHO (1840–1920): okinawanischer Meister aus Naha, der unter WAICHINZAN auf Okinawa und später in China studierte. Er war der erste Lehrer von →HIGASHIONNA KANRYÔ. Aragaki sprach fließend Chinesisch und arbeitete am Königshof der Ryûkyû-Inseln.

Meister Niigaki war auch ein direkter Erbe der Übertragungslinien YARA CHATAN, TÔGUCHI und SHIONJA. Er lernte bei Meister Tôguchi, der ein Schüler der beiden war und seine stark *Tomarite*-geprägte Kampfkunst auf Niigaki übertrug. Die Linie Niigaki führt weiter zu HIGASHIONNA, KYAN, FUNAKOSHI, CHITOSE und MABUNI. Man vermutet, daß die *Kata* →*Unsu* ihren Ursprung in der Niigaki-Schule hat.

Aragaki no Kon (jap.): okinawanische →*Bô-Kata*, gegründet und gelehrt von Meister →ARAGAKI ANKICHI.

Aragaki (Moriyoki) Seiki (1923–1986): okinawanischer Meister des →*Matsumura-Seito*, Schüler von →SOKEN HÔHAN, Hauptlehrer im *Matsumura-Shinbukan-Dojo*, Gründer der *Matsumura Shôrin-ryû Karate-dô Kyôkai* (s. Anhang).

Aragaki Seiki begann mit dem Studium des *Shôrin-ryû* erst, als er unter SEIKO HIGA (→*Gôjû-ryû*) den 5. Dan besaß. Während des Krieges unterbrach er sein Training und begann nach dem Krieg unter →SOKEN HÔHAN ein Studium des *Matsumura-Seito* und *Kobudô*. Später gründete er sein eigenes *Dôjô*, das *Shinbukan*, und im Januar 1971 eine Organisation, die *Matsumura Shorin-ryu Karate-do Kyokai*.

Araki Mujinsai Mataemon (1584–1637): ARAKI MUJINSAI MATAEMON MINAMOTO NO HIDETSUNA war ein berühmter Schwertmeister und Begründer des →*Araki-ryû*. Er war der Hauptlehrer des *Honda Kai no Kami*, des *Daimyô* von Koriyama in der Provinz Yamato (heute Präfektur Nara).

Araki heiratete die ältere Schwester von KAZUMA WATANABE, einem Gefolgsmann des Herrn IKEDA aus der Provinz Bizen (Präfektur Okuyama). Als Kazumas Bruder GENDAYU in einem Duell von MATAGORO KAWAI getötet wurde, rächte ihn Mataemon. Danach trat er zusammen mit Kazuma in den Dienst des Ikeda-Clans.

Araki-ryû (jap.): Kampfkunstschule, die von ARAKI (MUJINSAI) MATAEMON MINAMOTO HIDETSUNA (1584–1637) gegründet wurde. Er stammte aus der Familie MATSUDAIRA aus der ehemaligen Provinz Echizen. Diese Schule gebrauchte Schwerter aus rundem Holz, die mit weißem Stoff umwickelt waren und *Shirobô* (weißer Stock) genannt wurden.

Das *Araki-ryû* war eine der letzten Schulen, die diese Waffe für das Training benutzten, bis sie durch das →*Shinai* ersetzt wurde. Araki Mataemon hatte die Techniken des *Yagyû Shinkage-ryû* und des *Musô Jikiden-ryû* studiert, ehe er seine eigene Schule gründete. Sie wurde zuerst *Araki-ryû Torite-kogusoku* und dann *Moro Budô Araki-ryû Kempô* genannt. Er unterrichtete dort auch verschiedene andere Kampfkünste wie den Kampf mit der leeren Hand (→*Jûjutsu*) und den Gebrauch der →*Kusarigama*. Die Hauptvertreter des Stils sind heute KIKUCHI KANIMITSU, SUZUKI SEICHIRÔ, ISEKI ISAMU und NAGATA HITOSHI.

Arashi (jap.): Sturm (→*Yama-arashi*).

Arbir (indo.): hellebardenähnliche Waffe im →*Pentjak-Silat*, ca. 1,50 m lang.

Ariake (jap.): spezielle Weise, im →*Kyûdô* das Ziel anzuvisieren, indem zuerst vom Bogen anvisiert *(Monomi)*, der Pfeil aufs Ziel gerichtet *(Mikomi)* und abgeschossen *(Hanare)* wird (→*Yami*).

Arigatô (jap.): danke.

Arigatô gozaimashita (jap.): »Ich danke Euch vielmals«, oder →*Shitsurei shimasu* wird in manchen traditionellen →*Dôjô* von den Übenden beim Verlassen des *Dôjô* gesagt.

Arima Sumito (jap.): japanischer *Jûdô*-Meister.

Arit (indo.): Sichelwaffe mit kurzem Griff im →*Pentjak-Silat*.

Arkebuse (franz.): ins Japanische übernommene Bezeichnung für eine aus der europäischen Muskete entwickelte Feuerwaffe. Die japanische Arkebuse war jedoch leichter und kürzer als die Muskete.

Arku-Taipa (phil.): auch *Arkujutsu*, philippinische Kampfkunst, gegründet von MATAGAY JUN I, ausgehend von *Arnis de mano* (Stil *Sinawali*), von *Nunchakujutsu, Quanfa* und *Karate*. MATAGAY entwickelte den Stil in Italien, wo er als Schauspieler und Stuntman arbeitete.

Armstrong, Steve (*1931): *Karate*-Lehrer des →*Isshin-ryû* (s. auch →*Shimabukuro Tatsuo*) in den USA.

Armstrong begann in Texas als Amateurboxer Kampfsport zu üben, bevor er als Soldat in Japan mit dem Studium des *Karate* begann. Unter → SHIMABUKURO TATSUO studierte er anschließend auf Okinawa das *Isshin-ryû*. 1964 kehrte er in die USA zurück und gründete in Tacoma ein *Dôjô* des *Isshin-ryû*. Armstrong ist Autor mehrerer Bücher wie »Seisan Kata of Isshin-ryû Karate« (1973), »An Introduction to Karate« und »Seiunchin Kata of Isshin-ryû Karate«.

Arnis (phil.): Kampfsystem auf den →Philippinen, vollständige Bezeichnung *Arnis de mano*, entwickelt aus dem einheimischen →*Kali*. Gebietsgebunden gibt es für das System heute mehrere Bezeichnungen. Die spanischen Beeinflussungen brachten die Bezeichnungen *Armas de mano*, *Estocado, Escrima, Estoque* oder *Fraile* hervor. Auch *Arnis (Arnes) de mano* ist eine spanische Bezeichnung und bedeutet »Harnisch der Hand«.

Der Begriff soll von dem spanischen Wort *Arnes* abstammen, mit dem die dekorativen Handschützer der einheimischen *Moro-moro*-Schauspieler bezeichnet wurden. Die Handbewegungen der Schauspieler, wenn sie die Harnische bewegten, beeindruckten die spanischen Herrscher, die sich durch diese Tänze unterhalten ließen. In Wirklichkeit zeigten diese Bewegungen aber Techniken des *Kali*, was von den spanischen Eroberern nicht bemerkt wurde. Das Wort *Arnes* wurde schließlich zu *Arnis* verfälscht. Da alle Begriffe in dieser Kunst mit spanischen Wörtern bezeichnet werden, entstand selbst bei den Filipinos das Mißverständnis, daß es sich hierbei um eine spanische Kunst handelte, die von den Invasoren mitgebracht worden war. Es gibt heute drei Hauptformen des *Arnis*:

1. Espada y Daga (Schwert und Dolch) ist die Bezeichnung für die spanische Fechtschule, die in die philippinischen Künste integriert wurde. Man verwendet zum Fechten zwei nachgebildete Waffen, ein langes Holzschwert und einen kurzen Holzdolch.

2. Solo baston (Stock allein), wobei ein einzelner Stock (*Muton*) aus Holz oder Rattan verwendet wird; wurde aus dem *Espada y Daga* entwickelt. Am populärsten ist dieses System bei den Pangasinense, den Ilocanos und den Vaijeros.

3. Sinawali, eine alte Bezeichnung für das populärste *Arnis*-System, das sich auf den Umgang mit zwei *Muton* (Stöcken) bezieht. Es ist das weltweit verbreitetste philippinische Stocksystem.

In neuerer Zeit kennt man noch das *Arnis-kawayan*, das den Umgang mit einem langen (Bambus-)Stock bezeichnet. Die normalen *Arnis*-Stöcke sind 75 cm lang und etwa 2,5 cm dick. Schutzkleidung wird nicht verwendet. Die Techniken sind ähnlich denen, die zu *Kali*-Zeiten entwickelt wurden. Das moderne *Arnis* beruht jedoch mehr auf Stock- und Armbewegungen als auf den komplexen Körperbewegungen des alten *Kali*. Einige Teile der alten *Kali*-Konzepte werden aber auch im modernen *Arnis* verwendet und in drei traditionellen Trainingsmethoden bewahrt:

Muestrasion *(Pandalag)*	– Grundübungen
Sangga at patama *(Sombra-tabak)*	– halbfreier Kampf
Larga muton *(Labunang-totohanan)*	– Freikampf

Die *Kali*- und späteren *Arnis*-Techniken waren ursprünglich geheim. Das Training war nur Eingeweihten zugänglich und wurde an abgelegenen Plätzen abgehalten. Die Schüler mußten unter Androhung des Todes schwören, ihre Techniken nicht preiszugeben.

Das traditionelle *Arnis* wurde nach dem Zweiten Weltkrieg hauptsächlich von den Brüdern ERNESTO und REMY PRESAS modernisiert *(Modern-Arnis)*. Mittlerweile ist es zum Sport geworden, seit 1947 gibt es Wettkämpfe in verschiedenen Provinzen. Die modernen Versionen des *Arnis* werden heute von CACOY →CANETE aus Cebu, DAN →INOSANTO (USA) und REMY AMADOR →PRESAS dominiert.

Heute wird *Arnis de mano* immer noch am häufigsten auf der Insel Cebu geübt und dort durch zwei Organisationen vertreten: *National Arnis Association of the Philippines* (NARA PHIL) und *S.O.S. Dare Devils*. Die NARA-PHIL wird von ALFREDO BANDALAN geleitet, der einen hawaiianischen *Kempô*-Stil unter MARINO TIWANEK studierte und später den Stil *Serrada* unter ANGEL CABALES sowie den Stil *Doce-Pares* unter CANETE DIONISO. In der Nähe von Manila gibt es eine besondere Gruppierung, die *Samahang-Sta-Ursula*, die sich um die Überlieferung der klassischen Formen bemüht. Die Techniken des *Arnis de mano* sind im *Kempô-Karate* als *Nitenbô-jutsu* enthalten.

In Deutschland wird das moderne *Arnis* von DIETER KNÜTTEL vertreten, einem Schüler von CANETE

Filemon, Ernesto Presas und Rodel Dagoog. In der →EWTO (→*WingTsun*) wird die →*Escrima*-Methode des Meisters Latosa gelehrt.

Arnold, Ursel: deutsche Lehrerin des →*Karate* und *Kobudô*, Mitinitiatorin des →*Budo Studien Kreises*, 5. Dan *Kempô-Karate* (BSK), 3. Dan *Kobudô* (BSK).

Arnold, von Beruf Juristin, begann unter Werner Lind 1980 *Karate* und *Kobudô* zu studieren und graduierte 1986 zum 1. Dan. Durch anhaltende und konsequente Arbeit in der Erforschung der Geschichte und Tradition der asiatischen Kampfkünste trug sie entscheidend zur Perfektionierung der BSK-Systeme und zu allen BSK-Veröffentlichungen bei. An der vorliegenden Enzyklopädie hat sie wesentlichen Anteil. Durch die Übersetzung von mehr als 20 *Budô*-Büchern, durch ihre Unterstützung bei allen BSK-Veröffentlichungen und durch das Buch »Karate-Kumite« hat sie der *Budô*-Szene in Deutschland wichtige Impulse gegeben. Heute unterrichtet sie im Budo Studien Kreis *Kempô-Karate* und *Kobudô* (*Bô* und *Nunchaku*) und gibt Seminare auf nationaler Ebene.

Arvanitis, James (*1948): griechisch-amerikanischer Kampfstilist des →*Pankration*, Begründer des Stils →*Mu-Tau*, einer Synthese aus *Pankration* und verschiedenen asiatischen Kampfkünsten.

Mu-Tau, das moderne griechische *Karate*, wurde 1971 gegründet und in New Hampshire unterrichtet. Es gibt außer dem Begründer nur zwei autorisierte Lehrer, Doug Terry und Nick Hines.

Aruku (jap.): zu Fuß gehen (auch *Ayumu, Ho, Bu*; s. →*Ashi*). *Hodô* – Fußweg, *Ippo* – ein Schritt, *Hochô* – Tritt, Schritt.

Asa-geiko (jap.): Morgentraining. Trainingsform, die überall in Asien sehr beliebt ist.

Asai Katsuaki: japanischer →*Aikidô*-Lehrer des →*Aikikai*, seit 1965 Bundestrainer des Aikikai-Deutschland (s. Anhang).

Katsuaki Asai wurde 1942 in Tôkyô geboren und begann schon als Kind bei Ueshiba Morihei *Aikidô* zu üben. 1965 kam er auf die Einladung der *Jûdô*-Abteilung des Polizeisportvereins Münster nach Deutschland, um *Aikidô* zu verbreiten. Nachdem die Verhandlungen mit dem DJB scheiterten, verließen viele *Jûdô*-Lehrer den DJB und nahmen Unterricht bei Asai. 1972 eröffnete er in Düsseldorf seine eigenes *Aikidô-Dôjô* mit nur 100 Mitgliedern. Heute steht Asai 5 000 *Aikidô*-Übenden vor, die sich im Aikikai-Deutschland zusammengeschlossen haben.

Asai Tetsuhiko: JKA-Instruktor der älteren Generation. Asai hat zusammen mit →Abe und Yahara die JKA verlassen und eine Parallelorganisation gegründet, die ebenfalls den Namen JKA beansprucht.

Asahi (jap.): Morgensonne. Auch Bezeichnung für Japan (die Japaner bezeichnen ihr Land als »Land der aufgehenden Sonne«).

Asayama Ichiden-ryû (jap.): →*Ichiden-ryû*.

Ashi (jap.): Bein (auch *Kyaku, Kya*).

Ashi (jap.): Fuß, Bein (auch *Soku*). *Issoku* – ein Paar, *Hitoashi* – ein Schritt, *Teashi* – Hände und Füße, Glieder. *Ko-ashi* – kleiner Schritt, *O-ashi* – großer Schritt, *Suri-ashi* – gleitender Schritt, *Yoko-aruki* – seitliches Gehen, *Nuki-ashi* – lautloser Schritt, *Wari-ashi* – sich anpassender Schritt, *Ayumi-ashi* – normales Gehen, *Fumi-ashi* – Stampftritt, *Fumi-dashi* – abdrükkender Schritt, *Nami-ashi* – einen Schritt tun, *Nashiru* – laufen, rennen.

Ashi-ate (jap.): Angriff mit dem Fuß. Bezeichnung aus den japanischen Kampfkünsten (z.B. *Jûdô* oder *Taijutsu*). Identisch mit →*Keri* aus dem okinawanischen *Karate*.

Ashi-ate-waza (jap.): Gruppe der Fußangriffstechniken in den japanischen Kampfkünsten (Klassifizierung s. →*Jûdô*, im *Karate* s. →*Keri-waza*).

Ashi-barai (jap.): Fegen mit dem Fuß (Wurftechnik, Zuordnung für *Jûdô* s. →*Nage-waza*). Im *Karate* gibt es mehrere Formen des Fegens (Erläuterungen s. unter der jeweiligen Bezeichnung):

Ashi-barai mit anschließendem Otoshi-zuki als Konter

FORMEN DES ASHI-BARAI

Uchi ashi-barai	– von innen nach außen
Soto ashi-barai	– von außen nach innen
Ushiro ashi-barai	– Fußfeger rückwärts
Moro ashi-barai	– beidbeiniger Fußfeger

Ashi-barai waza (jap.): Gruppe der Fußfegetechniken (→*Ashi-barai*).

Ashibô-kake-uke (jap.): Beinhakenabwehr im *Karate* (→*Keri-uke*). Ein gegnerischer Fußangriff wird mit dem Schienbein (*Ashibô* – Fußstock) zur Seite gelenkt, während der gegnerische Fuß im Knöchelgelenk (*Kake* – Haken) hängenbleibt.

Ashibumi (jap.): Begriff aus dem →*Kyûdô*. Erste Position beim Bogenschießen. Die Füße stehen auf einer Linie eine Pfeillänge auseinander, wobei die Zehen nach außen zeigen.

Der Bogen wird in der linken Hand gehalten, wobei die Bogensehne nach außen gerichtet ist und die Bogenspitze etwa 10 cm über dem Boden steht. Dabei ist der Bogen mit seinem unteren Ende auf die Mitte der Standfläche gerichtet. Der Pfeil wird mit der rechten Hand an der Spitze gefaßt und zeigt ebenfalls zur Mitte der Standfläche. Beide Hände sind an der Hüfte.

Ashi-dori (jap.): Ergreifen des gegnerischen Angriffsbeines.

Ashi-dori-garami (jap.): eingerollter Beinhebel aus dem *Jûdô*.

Ashi-fumikae (jap.): Beinwechsel. Form von →*Ashi-sabaki*. Aus dem Stand gleitet zur gleichen Zeit der vordere Fuß nach hinten und der hintere Fuß nach vorn. Die Bewegung kann mit einer Kontertechnik verbunden werden, oder sie wird verwendet, um einem gegnerischen Angriff auszuweichen. Verbunden mit der Technik →*Shutô-uke* kommt sie in der *Karate-Kata* →*Empi* vor.

Ashi-fumikomi (jap.): Stampfen mit dem Fuß (→*Fumikomi*).

Ashi-garami (jap.): Beinhebel aus dem *Jûdô*.

Ashi-gari (jap.): Sicheltechniken mit dem Fuß (Wurftechniken, Zuordnung und Einteilung s. →*Nage-waza*). Im *Karate* verwendet man → *O-uchi-gari* (große Innensichel) und →*O-soto-gari* (große Außensichel).

Ashigaru (jap.): Fußsoldaten. In der Tokugawa-Periode bildeten die Ashigaru zusammen mit den →*Baishin* und den →*Goshi* die untere Schicht der Kriegerkaste (Erläuterungen s. →Tokugawa-Periode und →*Ji-Samurai*). Die Ashigaru waren in Friedenszeiten nur Bauern und gehörten nicht zu den professionellen *Bushi* (Kriegern).

Ashigaru – Fußsoldaten mit Yumi und Arkebusen

Ashi-gatame (jap.): Beinstreckhebel aus dem *Jûdô*.

Ashi-gatana (jap.): Fußsäbel, Schwertfuß. Die Bezeichnung wird in den japanischen Kampfkünsten *(Taijutsu)* für die Techniken mit der Fußkante gebraucht. Sie sind identisch mit →*Sokutô* im *Karate*.

Ashi-geri (jap.): Gruppe der Fußtritte. Erläuterungen s. →*Keri-waza*.

Ashi-guruma (jap.): Beinrad. Wurftechnik aus dem *Jûdô*.

Ashihara Hideyuki (*1944 in der Präfektur Hiroshima): japanischer *Karate*-Meister der Neuzeit.

1980 gründete Ashihara die *Internationale Karate Organisation* (Ashihara-Schule), die heute mit 120 Mitglieds-*Dôjô* weltweit verbreitet ist. Ashihara betreibt ein sehr praxisbezogenes *Karate*, das in Japan auch an der Polizeiakademie unterrichtet wird.

Ashihara-ryû: japanischer *Karate*-Stil, gegründet 1980 von →ASHIHARA HIDEYUKI, abgeleitet aus dem *Kyokushinkai* von Meister ÔYAMA.

Der Stil versucht eine wissenschaftliche Annäherung an den Freikampf und orientiert sich an Wettkampf und Selbstverteidigung. Er entwickelt seine eigenen *Kata* und betreibt eine Form des Wettkampfes ähnlich dem *Kyokushin-Karate*. *Ashihara-ryû* ist vor allem in Japan und in den USA verbreitet.

Ashi-hishigi (jap.): Beinhebelgriff aus dem *Jûdô*.

Ashikaga (jap.): Bezeichnung für die →*Shôgune* der Muromachi-Zeit (1336 bis 1568), die von der →MINAMOTO-Familie abstammten.

ENTSTEHUNG DES ASHIKAGA-CLANS

Mit zunehmendem Machtgewinn der Minamoto sagten sich im Laufe der Zeit mehrere verwandte Clans von dieser Familie los und ließen sich mit dem Namen der Ortschaften bezeichnen, in denen sie sich niederließen. So entstanden die ASHIKAGA, TOKUGAWA, MATSUDAIRA, NITTA, TAKEDA, SASAKI, AKAMATSU, KITABATAKE und andere berühmte Familien des japanischen Schwertadels (*Buke*). Die meisten von ihnen lassen sich auf die Minamoto-Familie zurückführen (s. dazu →TAKEDA und →*Aikidô*). Die Ashikaga entstanden, als YOSHIKUNI sich 1150 in dem Dorf Ashikaga niederließ. Der erste berühmte Führer des Clans war ASHIKAGA TAKAUJI (1305–1358), der zwischen 1338 und 1358 die Würde des →*Shôgun* bekleidete.

ASHIKAGA TAKAUJI

Die gesamte Regierungszeit Takaujis war gekennzeichnet durch Machtkämpfe. Kaiser GÔ-DAIGO versuchte die politische Macht wieder zurückzugewinnen, was zu komplizierten strategischen Verwicklungen im Reich führte. 1336 zog Ashikaga Takauji in Kyôtô ein und ernannte sich selbst zum *Shôgun*. Er setzte Kaiser Gô-Daigo ab und erhob KOMYÔ (Regierungszeit 1336 bis 1348) auf den Thron. Damit spaltete sich Japan in die Süddynastie unter dem entmachteten Kaiser Gô-Daigo und in die Norddynastie, die von Takauji unterstützt wurde. Während des jahrelangen Machtkampfes der Dynastien starb auch Ashikaga Takauji. 1392 mußte Gô-Daigo abdanken, und das Reich wurde wieder geeinigt.

ASHIKAGA YOSHIMITSU

Der nächste Ashikaga-*Shôgun* von Bedeutung war der Enkel Takaujis, ASHIKAGA YOSHIMITSU (1358–1408), der zwischen 1367 und 1395 das Amt des *Shôgun* innehatte und aus dem *Ashikaga-Bakufu* in Muromachi (Kyôtô) regierte. Er einigte das Reich wieder und brachte es zu neuem Aufschwung, besonders durch seine persönliche Neigung zu Kunst und Religion. 1395 jedoch dankte er ab und zog sich aus dem öffentlichen Leben zurück.

ASHIKAGA YOSHIMASA

1449 kam ein anderer Ashikaga-*Shôgun*, ASHIKAGA YOSHIMASA (1435–1490) an die Macht, unter dem einer der kuriosesten und blutig-sten Kriege der japanischen Geschichte stattfand. Yoshimasa, ein Bewunderer der Kunst, bat 1464 seinen Bruder, den Mönch GIJIN, statt seiner zu regieren. Dieser gab sein Mönchsleben auf und übernahm die Würde des *Shôgun*.Als jedoch Yoshimasa ein Jahr später ein Sohn geboren wurde, verlangte er den Titel des *Shôgun* von Gijin zurück. Daraufhin entzündete sich ein mörderischer Bürgerkrieg, der zehn Jahre andauerte und in den alle mächtigen Familien Japans verwickelt waren (→Onin-Krieg). Nur Yoshimasa, der eigentliche Initiator des Krieges, wandte dem Geschehen teilnahmslos den Rücken zu und ließ sich am Fuße des Berges Higashiyama einen Silberpavillon bauen, in dem er sich freudigeren Dingen widmete. Als jedoch im Jahre 1489 sein Sohn starb, widerrief er seinen Anspruch auf die Würde des *Shôgun* erneut und versöhnte sich mit seinem Bruder, worauf wieder Frieden einkehrte.

Das Ashikaga-(Muromachi-)Shôgunat bestand bis 1573. Dann wurde der letzte Ashikaga-*Shôgun* (YOSHIAKI) von →ODA NOBUNAGA entmachtet und das Land anschließend von Nobunaga, danach →HIDEYOSHI und schließlich von →TOKUGAWA regiert. Die Ashikaga verloren endgültig die politische Macht. Die Linie der Ashikaga zählte insgesamt 15 *Shôgune*.

Ashikô (jap.): Kletterfußkrallen der →*Ninja* (s. auch →*Tekagi*). Sie wurden benutzt, um an steilen Wänden hochzusteigen.

Ashi-kubi (jap.): Fußknöchel.

Ashikubi-kake-uke (jap.): Hakenabwehr mit dem Fußgelenk im →*Karate* (Zuordnung s. →*Keri-uke,* Einteilung s. →*Uke*). Ein gegnerischer Fußangriff wird mit der Beuge des Fußgelenkes abgewehrt.

Ashi-makikomi (jap.): Beinklemmhebel im Sitzen aus dem *Jûdô*.

Ashi-nage (jap.): Gruppe der Fußwürfe. Erläuterungen s. →*Nage-waza*.

Ashi-nami (jap.): einen Schritt tun.

Ashi no Hira-uke (jap.): Abwehr mit der Fußsohle (→*Sokutei-uke*).

Ashi no Ko (jap.): Begriff aus dem *Jûdô*: das Hineingehen mit einer Kampftechnik in die Stellung des Gegners, um ihn anschließend zu werfen.

Ashi no Ko (jap.): Fußspann, -rist.

Ashi no Tachi (jap.): Grundstellung der Füße in den japanischen Kampfkünsten (*Jûdô, Jûjutsu, Aikidô* usw.). Für *Karate* s. →*Tachi-waza* und →*Dachi*.

Ashi no Tachikata (jap.): verschiedene Formen der Fußstellungen auf dem Boden in den japanischen Kampfkünsten. Für *Karate* s. → *Tachi-waza*.

Ashi no Ura (jap.): japanische Bezeichnung für die Fußsohle (auch *Ashi-oko*). Identisch mit *Sokutei* im *Karate*.

Ashi no Yubi (jap.): Fußzehen. Identisch mit →*Tsumasaki* im *Karate*.

Ashi-oko (jap.): Fußsohle (auch *Ashi no ura*).

Ashi-orishiku (jap.): mit dem Fuß abknien. Im *Karate* verwendet man die Bezeichnungen →*Tachi-hiza* (Kniestand) und →*Hiza-kussu* (das Knie beugen).

Ashi-sabaki (jap.): Bewegung der Füße, auch →*Unsôku*. Teil von →*Tai-sabaki* (Körperbewegung). Erläuterungen s. →*Tai-sabaki*, → *Sabaki*, →*Unsôku* und →*Undô*. In den Kampfkünsten gibt es folgende wichtige Fußbewegungen:

FORMEN VON ASHI-SABAKI

Ayumi-ashi	– normales Gehen
Nami-ashi	– einen Schritt tun
-mae	– nach vorn
-yoko	– zur Seite
-ushiro	– nach hinten
-naname	– schräg
Hiraki-ashi	– seitliches Gleiten
Okuri-ashi	– nachsetzender Schritt
-suri	– gleitender Schritt
-yori	– gleichzeitiges Gleiten
Tsugi-ashi	– Nachziehen des hinteren Beins
Tobi-ashi	– fliegender Schritt (Sprung)
Sashi-ashi	– Überkreuzschritt
Ashi-fumikae	– Beinwechsel
Chakuchi	– Ausfallschritt

Ashi-uchi-mata (jap.): traditionelle Form des →*Uchi-mata*.

Ashi-uke (jap.): Abwehr mit dem Fuß oder Bein (auch *Keri-uke*). Erläuterungen und Einteilung für *Karate* s. →*Keri-uke*.

Ashi-uke-waza (jap.): Gruppe der Abwehrtechniken mit dem Fuß (Erläuterungen und Einteilung s. →*Keri-uke*).

Ashi-uri (jap.): japanische Bezeichnung für Fußballen (auch *Chûsoku*). Im Karate verwendet man den Begriff →*Koshi*[2].

Ashi-waza (jap.): Bezeichnung für die Gruppe der Fußtechniken in den japanischen Kampfkünsten. Man kann *Ashi-waza* folgendermaßen unterteilen (s. jeweils dort):

ASHI WAZA

Ashi-sabaki	– Fußbewegungen
Ashi-nage	– Fußwürfe
Ashi-geri	– Fußtritte
Ashi-uke	– Fußabwehrtechniken

Im Karate gebraucht man den Begriff →*Keri-waza* für die Technik der Füße und →*Unsôku* (s. auch →*Ashi-sabaki*) für die Bewegungen der Füße.

Askese: die älteste und bekannteste Übungsform der rechten inneren Haltung (→*Shisei*) ist die Askese, das selbsterbrachte Opfer. Sie bewirkt die Überwindung des egozentrischen → Ich und führt zu einem Ausgleich zwischen Selbst und Welt. Es gibt keine Kultur und kein höheres Bewußtsein (→Transzendenz), das nicht auf der Grundlage des Ichopfers aufgebaut ist. Die Askese ist die stärkste Kraft zur Kultivierung des menschlichen Geistes, da sie die Selbstdisziplin lehrt. Sie wurde von allen geistigen Vorbildern der Menschheit in der Übung praktiziert und in der Praxis vorgelebt (→*Dô*).

<u>Askese im Buddhismus</u>

In den buddhistischen Richtungen ist die Grundlage für die Verwirklichung eines höheren Bewußtseins die Lehre →Buddha's (s. auch → Buddhismus) über den »mittleren Weg«. Die Askese spielt darin eine bedeutende Rolle. Buddha war zwar ein Gegner aller Bemühungen seiner Zeit, die durch extreme Formen der Askese (→ Brahmanismus, →Hinduismus) die Erleuchtung erzwingen wollten und daher das natürliche Leben ebenso verfehlten wie jene, die haltlos der Gier verfallen waren, doch auch er übte die Askese zum Zwecke der Läuterung vom Ich.

In der Entstehungszeit des Buddhismus wurden die auf dem »mittleren Weg« notwendigen Formen der Askese von Buddha selbst aufgestellt und zur Entwicklung der Bedürf- nislosigkeit, der Willenskraft und zum »Abschütteln« *(»Dhuta«)* der Wünsche für gewisse Zeiträume geübt. Zu jener Zeit kannte man 12 Formen der Askese, die auf die Umstände jener Zeit abgestimmt waren: 1. Fertigung der Kleider aus Lumpen; 2. Tragen des dreiteiligen Gewandes; 3. Leben von erbettelter Nahrung; 4. nur einmal am Tag essen; 5. keine Zwischenmahlzeiten einnehmen; 6. nur eine Portion essen; 7. längere Zeit in der Einsamkeit verweilen; 8. sich auf Grabstätten aufhalten; 9. unter einem Baum meditieren; 10. unter freiem Himmel leben; 11. jeden beliebigen Ort als Zuhause ansehen; 12. nur im Sitzen schlafen. Diese Formen wurden für gewisse Zeiten geübt, um die inneren Wünsche zu zügeln. Sie dienten dazu, die Gier zu besiegen, die Buddha als das größte Hindernis zur rechten Haltung bezeichnete.

ASKESE IM CHRISTENTUM

Die Formen der Askese waren durch Zeit und Raum verschieden, doch ihre Notwendigkeit wurde von der Geistigkeit in allen Kulturen anerkannt. In der buddhistischen Weltanschauung sowie auch im europäischen Mittelalter sah man in ihr einen Weg der Übung menschlicher Vollkommenheit. Diese Übung bestand vor allem im Zügeln der Wünsche und Ansprüche aus dem Ich. Daher ist Askese alles, was den unkontrollierten Forderungen aus dem Ich Einhalt gebietet und zur Besinnung auf ideelle Werte auffordert.

Im Mittelalter entwickelten die meisten Religionen strenge Regeln der Askese, die die Gläubigen dazu anleiten sollten, die weltlichen Leidenschaften zu überwinden, und ihnen halfen, den Weg zu Gott zu finden. Die christlich-religiöse Neuzeit jedoch begann alle Formen der Askese drastisch einzuengen und beschränkte sich schließlich nur noch auf die Enthaltsamkeit von Speise, Schlaf und Geschlechtsverkehr. Die Institution Kirche lehrte die Askese schließlich nur noch als Zeugnis der Glaubenstreue und kehrte damit ihren Sinn in Götter- und Institutionsverehrung um. Dies hat bewirkt, daß die Menschen die Bedeutung der Selbstläuterung nicht mehr erkennen und statt dessen Freiheit ohne Verantwortung fordern. Jede Form der Askese steht heute leider im Verruf, eine Einschränkung in der Selbstbestimmung zu sein.

Heute versteht man im europäischen Alltag unter Askese nur noch einen sinnlosen Akt, durch den ohne ersichtlichen Grund ein Opfer gebracht werden soll. Weil die Kirche es versäumt hat, die wahre Bedeutung der Bedürfnislosigkeit, der Enthaltsamkeit und der Buße als Übung angemessen zu erklären, ist die fruchtbarste Grundlage der Geistigkeit verödet, statt dessen wird egoistische Selbstbezogenheit genährt. Das eigentliche Ziel der im Urchristentum gelehrten Askese ist die vollkommene Einigung des Menschen mit Gott, sie ist daher keine sinnlose Selbstpeinigung, sondern eine Übung zur Überwindung des Ich. Jesu beispielhafter asketischer Weg sollte den Menschen helfen, die dem Leben entgegenstehenden Tendenzen wie hauptsächlich Begierde und Selbstsucht unter die Kontrolle des Willens zu bringen. Der Weg des Christen ist ein Weg zu Gott und als solcher ein Weg der Läuterung vom Ich. Wie alle Wege zum Ideal ist auch dieser ein asketischer Weg und verliert jede Bedeutung, wenn er diese Grundlage aufgibt.

GENERELLE BEDEUTUNG

Jede Kultur beruht letztlich auf der Askese. Schon mit der Bewußtwerdung des Menschen entstand die Notwendigkeit der asketischen Übung als Grundbedingung zum Leben. Auch heute sind alle sozialen Verhaltensgesetze Formen der Askese. Undisziplinierte Menschen können dies nicht verstehen und fordern die Befreiung der Ichwünsche. Doch diese Freiheit bedeutet Unfrieden. Die einzige Möglichkeit zum Frieden ist die Überwindung des Ich.

Formen der Askese sind in allen Wegübungen bereits für Anfänger eingeschlossen. Allerdings beziehen sie sich hier nicht auf religiöse Vorschriften, sondern auf die Grundregeln des *Budô*-Lernens (→*Dôjôkun*). Diese fordern Hingabe, Selbstdisziplin und die Überwindung vieler innerer Haltungen wie Habgier, Selbstsucht, Egoismus, Unzufriedenheit, Überheblichkeit und vieles mehr. Die Art und Weise, wie Askese in den Kampfkünsten zum Tragen kommt, wird durch das Regelsystem der traditionellen Richtungen selbst koordiniert.

Ason: **auch BUKAN, früher chinesischer Experte des *Quan-fa* auf Okinawa (18. Jh.), von dem heute nur wenig bekannt ist. Man weiß, daß er als erster in Naha (→Kumemura) unterrichtete und seinen Stil auf die →*Naihanchi-Kata* aufbaute.**

Ason gab seinen Stil über →SAKIYAMA an→ TOMI-

GUSUKU weiter, der aber als letzter Meister die Erbfolge des Stils unterbrach. Weitere Schüler von Meister Ason waren GUSHI, NAGAHAMA und →TOMOYOSE. Letzterer wurde in den Kampfkünsten vor allem dadurch bekannt, daß er eine Herausforderung von Meister → ITOSU aus Shuri annahm und den Kampf gegen diesen verlor. Bis dahin glaubte man, daß niemand die *Karateka* aus Naha bezwingen könnte. Die *Naihanchi-Kata*, auf der das ursprüngliche *Naha-te* aufgebaut war, überlieferte sich später ins *Shôrin-ryû*, wo sie zu den heute bekannten Formen verändert wurde.

Astrologie: Astrologie und Kalender haben in China eine große Tradition. Kalender anzufertigen war schon in der Shang-Dynastie (1523 bis 1028 v. Chr.) üblich.

Aber auch später war die Kalenderherstellung ein fester Bestandteil der Regierungsgeschäfte. Der Kaiser beauftragte ein spezielles Amt damit und verteilte die Kalender dann an die hohen Beamten, die alle Tätigkeiten danach planten und ihn dem Volk mitteilten. Ein Kalender durfte nur mit Erlaubnis des Kaisers veröffentlicht werden, was seine wichtige Rolle als Vermittler zwischen Himmel und Menschen betonen sollte. Ein falscher Kalender oder das Versäumnis, einen Kalender herzustellen, galt als Zeichen dafür, daß der Kaiser seine Vermittlerfunktion nicht mehr erfüllen konnte, und war ein Grund für den Sturz einer Dynastie. Der Kalender basiert auf der daoistischen Tradition, die Gesetzmäßigkeiten der Natur und des *Dao* zu erkennen und das eigene Leben damit zu harmonisieren. Der Kalender ermöglicht es den Menschen, ihr Verhalten und ihre Handlungen an die natürlichen Gesetze des *Dao* anzugleichen.

Asuka-Periode (jap.): geschichtliche Periode aus der Frühzeit Japans. In dieser Zeit wurden die ersten Sektenformen des → Buddhismus in Japan eingeführt. Die Asuka-Periode dauerte von 552 bis 710 n. Chr. Auf sie folgte die Heian-Zeit (Erläuterungen s. →Japan).

Atama (jap.): Kopf, Haupt; Meister (auch *Tô, Zu, Kashira*). *Kôtôbu* – Hinterkopf, *Zujô* – über dem Kopf, *Sentô* – Spitze, Front.

Atama-zuki (jap.): Stoß zum Kopf (auch *Tsuate*).

Atata (jap.): *Atatakai* – warm, *Atatakami* – Wärme, *Atatamaru* – sich erwärmen, Bezeichnung für die körperlichen Aufwärmübungen vor einem Training (→*Junbi-undô*).

Ateji (jap.): alte japanische Methode, westliche Begriffe oder Namen mit der Hilfe von chinesischen Zeichen (→*Kanji*-Ideogrammen) auszudrücken.

Nach dem Zerlegen der einzelnen Silben in japanische Laute wird jeder Silbe ein Ideogramm zugewiesen, das dem phonetischen Klang dieser Silben entspricht. Da jedes Begriffszeichen außerdem noch eine andere Bedeutung hat, entstehen aus den *Ateji*-Zeichen (*Kanji*) neue, oft klangvolle Wortverbindungen.

Atemi (jap.): Schlag auf den Körper [aus *Ate* = Schlag, *Mi* = Körper]. In den meisten Fällen sind die *Atemi* Schläge, Stöße oder Tritte auf die Vitalpunkte (→*Kwappô*, →*Kuatsu*, →*Jintai-kyûsho*) des menschlichen Körpers mit dem Zweck, ihn zu lähmen, ihm starke Schmerzen zuzufügen oder ihn zu töten (→*Atemi-waza*, →*Dian-xue*).

Atemi-Kidô-Ninjutsu (jap.): oder *Soto-ryû Ninjutsu*, Kampfkunst, gegründet in den USA von IRVING SOTO. Der Gründer studierte *Karate* und *Aikijutsu*, aber vor allem *Atemi-Ninjutsu* während eines zehnjährigen Aufenthaltes in Japan unter der Leitung von Meister YAMAMOTO.

Der Stil beruht vor allem auf starken Schlagtechniken *(Atemi-waza)*, die mit Hebeln und Würfen verbunden werden. Ein besonderes Augenmerk wird der Lokalisation und Stimulation von Vitalpunkten gewidmet. Der Stil beruht auf Selbstverteidigung, Psychologie und der Arbeit mit der vitalen Energie. Außerdem enthält er eine große Anzahl von Waffen verschiedenen Ursprungs. Die Kampfkunst ist in der *Atemi Kidô Ninjutsu Federation* organisiert, die regelmäßig Wettkämpfe veranstaltet.

Atemi-te (jap.): den Körper treffen. Die Kunst, den Gegner mit einem Schlag oder Stoß auf einen lebenswichtigen Nervenpunkt zu lähmen oder kampfunfähig zu machen. Bezeichnung aus den japanischen Kampfkünsten.

Atemi-waza (jap.): Gruppe sämtlicher gefährlicher Techniken (*Ude-ate* und *Ashi-ate*) auf die vitalen Nervenpunkte *(Kyûsho)* des menschlichen Körpers, die starke Schmerzen, Lähmungen, Bewußtlosigkeit oder den

Tod hervorrufen können (Erläuterungen über die Vitalsysteme s. →*Dian-xue,* →*Kyû-shojutsu*, →*Jintai-kyûsho*).

In den Kampfkünsten kennt man eine große Anzahl von Punkten am menschlichen Körper, deren sensible Reaktion auf Schlag oder Druck verheerende Folgen auf die Gesundheit haben kann. Dies sind Punkte des Nervensystems, bei denen man durch Gewalteinwirkung von außen Störungen innerer Organfunktionen bewirkt. Techniken, die solche Punkte anzielen, deren Form, Auftrefffläche und Kraft speziell für das Einwirken auf solche Punkte vorbereitet wird, gehören zu *Atemi-waza*. Dazu gehört, daß der Übende diese Punkte kennt, daß er die Kraft in der Technik der Anwendung dosieren kann und daß er den entsprechenden Punkt sehr genau treffen lernt.

Atemtherapie: eine der klassischen chinesischen Heilmethoden, die auf der asiatischen Vorstellung von Natur und Welt (→*Dao*, chinesische Atemmethoden, Atmung und *Yin/Yang*) beruht.

ALLGEMEIN

Die Atemtherapie wird dem →*Qi-gong* zugerechnet, da der Begriff Qi-gong (Übung des *Qi*) alle möglichen Arten von inneren *(nei)* und äußeren *(wai)* Bewegungen beschreibt. Allerdings besteht die klassische Atemtherapie aus Übungen, die ohne Körperbewegung ausgeführt werden. Diese werden oft als »stilles Qi-gong« (→ *Jing-gong*) bezeichnet, während die *Qi-gong*-Übungen mit Bewegung →*Dong-gong* genannt werden. Doch auch viele Bewegungsübungen des *Qi-gong* enthalten therapeutische Atmungsmethoden.

Nach alter Auffassung zirkuliert im Körper die Lebensenergie (→*Qi*), die die inneren Organe zur Tätigkeit anregt. Daraus folgt, daß jede Krankheit (also die Störung des organischen Gleichgewichts) auf einen mangelnden Fluß des *Qi* zurückgeführt werden kann. In China wurde daher eine Gruppe von Übungen *(Qi-gong)* entwickelt, durch die man sein *Qi* beeinflussen kann. Sie gliedern sich in innere Übungen (*Jing-gong* oder *Nei-gong*), die weitgehend im Ruhezustand des Körpers ausgeführt werden und durch innere Einwirkung auf die Organe die Zirkulation fördern und den Fluß des *Qi* verbessern sollen. In Ergänzung dazu gibt es äußere Übungen (*Dong-gong* oder *Wai-gong*), die durch Bewegung und Muskeleinsatz Einfluß auf das *Qi* nehmen. Die Übungen werden oft miteinander kombiniert. Sie dienen sowohl der Erhaltung des gesundheitlichen Gleichgewichts wie auch der Beseitigung von Krankheiten, die dieses Gleichgewicht stören.

Die Atemübungen werden in den verschiedensten Positionen ausgeführt. Gebräuchlich ist das Liegen auf der Seite oder auf dem Rücken, das aufrechte Sitzen wie in den Meditationsübungen, das aufrechte Stehen (→*Li-zheng*) oder Gehen.

METHODEN

Die Atemtherapie wird analog zum *Qi-gong* in zwei große Bereiche eingeteilt:

1. ***Jing-gong*** (stille Übung): Übungen, die ohne oder mit nur wenig körperlicher Bewegung ausgeführt werden. Man unterteilt das Jing-gong in das →*Nei-yang-gong*, die »inneren erhaltenden Übungen«, und in das →*Qiang-zhuang-gong*, die »inneren stärkenden Übungen«.
2. ***Dong-gong*** (Übung in Bewegung): diese Übungen werden auch →*Bao-jian-gong* (äußere Kräftigungsübungen) genannt und enthalten alle Arten von Gymnastik, auch die Kampfkünste.

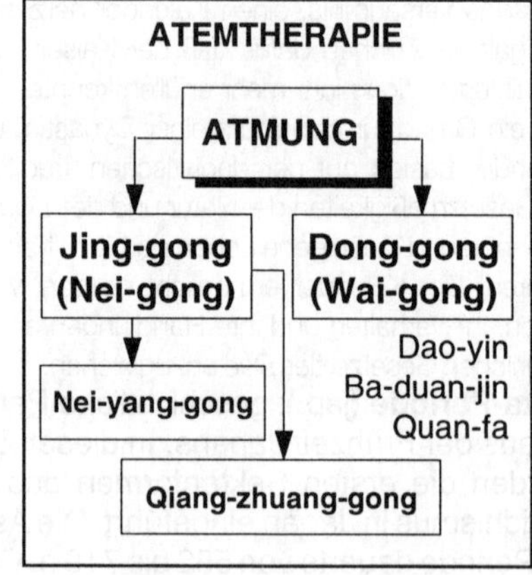

Die Atemtherapie ist keine Übung, die allein die Lungen übt. Ganz im Gegenteil ist man der Auffassung, daß eine natürliche vertiefte Atmung und Entspannung allein aus der Ruhigstellung des Gehirns hervorgeht. So sind Verspannungen und Fehlhaltungen keineswegs nur durch Bewegungs- oder Atemübungen auszugleichen, sondern erfordern auch die Übung des Geistes und das Loslassen der Gedanken. Daher sind folgende Prinzipien in die Atemübungen mit eingeschlossen:

• **Entspannen und Stillwerden *(Song-jing-wei-zhu)*:** Entspannung bezieht sich auf das Erschlaffen des gesamten Körpers, Stillwerden meint die Beruhigung des Geistes. Voraussetzung für die Übung ist daher äußere und innere Ruhe, wobei jeweils das eine das andere beeinflussen kann. Die Muskeln werden nacheinander entspannt, wobei man immer von oben (Kopf) beginnt und unten (Zehen) endet.

• **Verknüpfung der Atmung mit der Aufmerksamkeit *(Yi-ji-yi-he-yi)*:** Die Aufmerksamkeit soll durch die Atmung gelenkt werden und nicht umgekehrt. Das heißt, man soll nicht versuchen, bewußt die Atmung zu lenken, etwa das Luftholen zu verzögern. Der Übende atmet zunächst in seiner eigenen Weise durch die Nase und vertieft dann die Atmung stufenweise bis zur Bauchatmung. Die Aufmerksamkeit wird auf das *Dan-tian* oder auf einen anderen Punkt des Körpers gerichtet.

• **Wechseln zwischen Üben und Verweilen *(Lian-yang-xiang-jian)*:** Man soll Einseitigkeit in der Übung vermeiden, d. h. Art und Maß der Übungen sollen dem Organismus entsprechend unterbrochen oder beendet werden. Verweilen *(Yang)* besagt, daß der Übende nicht nur ungehemmt und möglichst lange üben soll, sondern auch die Fähigkeit zur Entspannung benötigt. Eine Form des Verweilens besteht darin, daß der Übende in der Mitte der Übung eine kurze Zeit jede bewußte Tätigkeit unterläßt und nur die Aufmerksamkeit auf einem Punkt ruhen läßt. Dies wird auch als Sammlung *(Shou)* bezeichnet.

Bambus

Ateru (jap.): zielen, treffen, schlagen (auch *Tô, Ataru*). *Ate* – Schlag.

Ate-waza (jap.): Gruppe der Schlagtechniken (z. B. →*Hiji-ate*) in den japanischen Kampfkünsten.

Atjeh-Silat (indo.): Stil des →*Pentjak-Silat* mit Ursprung auf Sumatra (→Indonesien).

WAFFEN DES ATJEH-SILAT

Gadubong	– Machete
Halasan	– Art von Gartenmesser
Kelawang	– langer Säbel
Kris	– Dolch mit welliger Klinge
Luris pedang	– Schwert
Pisau-engkat	– Messer mit dünner Klinge
Rentjong	– langer, schmaler Dolch
Sikim-gala	– langer Säbel

Atmung: die östliche Vorstellung von Atmung geht in ihrer Gesamtheit über den rein physiologischen Vorgang der Sauerstoffaufnahme, wie er im Westen verbreitet ist, hinaus. Dies ist in der asiatischen Denkweise begründet, die die Welt nicht linear, sondern in Zusammenhängen versteht (s. dazu →*Dao* und →*Yin/Yang*). Nach der östlichen Auffassung von Mensch und Natur (→chinesische Gesundheitslehre und →chinesische Atemmethoden) ist auch der Körper eine kleine Welt, in der sich die beiden gegensätzlichen Kräfte des Lebens, *Yin* und *Yang*, in einem beständigen dynamischen Gleichgewicht befinden. Die Lebensenergie (→*Qi*) zirkuliert auf gedachten Bahnen (→*Jing*) im Körper und wird durch das Atmen im Fluß gehalten. So kann durch die Atmung Einfluß auf die Stärke der Lebensenergie genommen werden. Diese Vorstellung führte in Asien im Laufe der Geschichte zur Entwicklung zahlreicher Atemmethoden, zunächst mit dem Ziel, die Unsterblichkeit zu erreichen, und später zur Einflußnahme auf Körper und Geist. Sowohl die religiösen Gruppierungen des →Daoismus und des →Buddhismus als auch der östlichen Medizin bedienten sich der verschiedensten Atemmethoden.

• **Indien** entwickelte seine eigenen Atemmethoden (→*Prâna*, →*Prânayama*), die heute noch vor allem in der *Yoga*-Meditation und -Gymnastik verwendet werden.

• **China** kann auf eine umfangreiche Geschichte der Atemübungen (→*Qi-gong*, →chinesische Atemmethoden) zurückblicken, die uns durch zahlreiche Überlieferungen weitgehend bekannt ist. Die Atemübungen, die zunächst der körperlichen Gesundheit dienten, nahmen dort im Laufe ihrer Entwicklung auch Einfluß auf die Kampfkünste. In der chinesischen Medizin wird heute die →Atemtherapie als eine der klassischen Heilmethoden praktiziert.

• **Japan** hat durch die Überlieferung des Zen-Buddhismus die →*Zen*-Atmung aus China übernommen. Sie wird als Atemmethode vor allem in den verschiedenen Meditationsformen des Zen gelehrt, findet aber auch in den Kampfkünsten Anwendung. Die Atmung in den Kampfkünsten (→*Kokyû*, →*Kokyû-hô*) wurde in Japan verfeinert und für das Erzeugen von verschiedenen Formen der Kraft (→*Kime*) verwendet.

Ato[1] (jap.): später, hinter, nach, zurück.

Ato[2] (jap.): Verteidigung.

Ato no Sen (jap.): Initiative in der Verteidigung (→*Sen*).

Ato-shibaraku (jap.): Wettkampfbegriff: noch 30 Sekunden bis Kampfende.

Ato-uchi (jap.): *Kendô*-Begriff, vorgeäuschter, verzögerter Schlag. Einleitende Technik, um danach einen wirklichen Angriff durchzubringen.

Atsu (jap.): Druck. *Shiatsu* – Fingerdrucktherapie.

Au (jap.): treffen, stoßen auf (auch *Sô*). *Sônan* – Unglück, *Sôgû* – Zusammenstoß.

Aun (jap.): japanische Atemmethode »Himmel und Erde« (→*Kokyû-hô*), abgeleitet aus den Formen der daoistischen →Atmung. In den Kampfkünsten zusätzliche Atemübung zu den Atemweisen der Techniken, um den Menschen in Harmonie mit »Himmel und Erde« zu bringen.

Aun ist ein im *Yoga*, Daoismus und Buddhismus bekanntes Wort und steht als Begriff für →*Yin/Yang*. Es gibt auch den Begriff *Aun-gattai* (Einheit von *Yin/Yang*), was bedeutet, daß alles durch *Aun* geschaffen wurde – die ganze Welt, das Universum und die Lebewesen. Die im folgenden beschriebene Übung heißt *Aun-nogyô*, und man sollte sie mit reinem Geist und völliger Selbstvergessenheit ausführen. In ihr sucht man die Verbindung zu den Grundlagen des Universums und des menschlichen Wesens. In dem Wort AUN steht »A« für die Ausatmung (mit offenem Mund) und bezeichnet den »Himmel«, »UN« steht für die Einatmung (durch die Nase) und bezeichnet die »Erde«. Die Übung wird folgendermaßen ausgeführt:

• **Einatmung**: In der natürlichen Stellung *(Shizentai)* atmet man tief ein, verschränkt dabei die Finger, beugt die Knie und geht in die Hocke. Dies ist die Position »UN«.

• **Ausatmung:** Beginnend mit der Ausatmung, hebt man sich hoch, geht auf die Zehenspitzen, streckt den Körper und die Arme nach oben. Dabei spreizt man die Finger, beugt die Handgelenke nach außen (Handinnenseiten nach oben), öffnet die Augen und schaut nach oben (Kopf nach hinten), öffnet den Mund und sagt: »A-hhh«. Das ist die Position des »A«.

Autosuggestion: die Autosuggestion ist eine Form der Suggestion (Einreden, Beeinflussen). Man suggeriert sich selbst bestimmte Reize, Einstellungen, Vorstellungen usw., wodurch eine unkritische und oft unkontrollierte Reaktion des Bewußten auf die Realität entsteht.

Diese Reaktionen können im Positiven als Antrieb zur Verwirklichung verschiedener eigener Vorhaben verwendet werden, zu denen z. B. die rechte Einstellung fehlt. So veranlassen zahlreiche alltägliche Situationen die Menschen dazu, sich unbewußt selbst etwas zu suggerieren: Muteinreden, Bekenntnisbezeugungen, aber auch verschiedene negative Aspekte wie z. B. Weltschmerz oder andere destruktive Haltungen. Der Erfahrene in der Suggestion kann sich beliebige Haltungen suggerieren oder sich selbst in innere Verfassungen versetzen, durch die er in der Lage ist, vom Bewußten als kritisch eingeschätzte Situationen besser zu meistern.

Durch kontrollierte Suggestionen können auch Körperfehlfunktionen oder psychische Haltungen korrigiert werden, wie dies z. B. im autogenen Training von Johannes Heinrich Schulz praktiziert wird. Der esoterische Bereich der *Karate-Kata* basiert ebenfalls auf Autosuggestionen (→*Kamaekata*, →*Mudrâ*).

Awa Kenzô: bekannter japanischer *Kyûdô*-Meister (1880–1939), der zwischen 1923 und 1929 →EUGEN HERRIGEL unterrichtete und ihm den 5. Dan verlieh. Einer seiner berühmtesten Schüler war →ANZAWA HEIJIRÔ.

Aware (jap.): Mitleid (auch *Ai*).

Awaseru (jap.): verbinden, vereinen, annektieren (auch *Hei*).

Awasete (jap.): insgesamt, zusammengefaßt.

Awasete-ippon (jap.): Wettkampfbegriff: Sieger durch zwei *Waza-ari*. Zwei *Waza-ari* ergeben insgesamt einen Punkt (*Ippon*).

Awase-uke (jap.): kombinierte Abwehrtechniken im *Karate*. Es gibt zwei wichtige Formen von *Awase-uke*: →*Sokumen-awase-uke (Kata Gankaku)* und →*Teisho-awase-uke (Kata Hangetsu)*.

Awase-uke gegen einen Faustangriff

Awase-waza (jap.): kombinierte Techniken im *Karate*, in denen sich beide Arme in der Bewegung gegenseitig unterstützen. *Awase-waza* wird als →*Awase-zuki* oder als →*Awase-uke* verwendet, von denen es mehrere Ausübungsarten gibt.

Awase-zuki (jap.): Stoßtechnik mit beiden Fäusten im *Karate* (Einteilung s. →*Tsuki-waza*), unter →*Morote-zuki* klassifiziert. Im *Awase-zuki* führt man gleichzeitig →*Seiken-zuki* und →*Ura-zuki* aus. Bei beiden Fausttechniken wird gleichzeitig und direkt nach vorn gestoßen. Die Technik wird meist im Nahkampf verwendet.

Awashite (jap.): zusätzlich.

Ayumi-ashi (jap.): normaler Gehschritt. Im *Aikidô* geradliniger Eingang in den Gegner (→*Ashi*, →*Tsugi-ashi*).

Ayumu (jap.): zu Fuß gehen (auch *Ho, Bu, Aruku*). *Ippo* – ein Schritt, *Hôcho* – Schritt, Tritt.

Awase-zuki – Stoßtechnik mit beiden Fäusten

Azato Ankô Peichin (Yasuzato): okinawanischer *Karate*-Experte (1827–1906) des →*Shôrin-ryû*, aus einem der berühmtesten Samurai-Geschlechter Okinawas Schüler von Meister →MATSUMURA SÔKON. Lehrer von Meister FUNAKOSHI GICHIN und OGOSOKU CHOGO.

Neben ANKÔ ITOSU war Azato Ankô die schillernde Persönlichkeit der MATSUMURA-Schule. Itosu war der Privatsekretär des Ryûkyû-Königs, hatte aber in Shuri eine eigene Schule, in der die Kampfkünste einer großen Anzahl von Schülern gelehrt wurden. In dieser Schule wurde das →*Shuri-te* perfektioniert und zu jener Form gebracht, wie wir es heute aus den okinawanischen Schulen kennen. Diesen Stil lehrte Meister Funakoshi auch, als er nach Japan kam. Heute ist er in Japan im →*Shitô-ryû* vertreten.

Meister Azato war ein *Tonochi* (Gutsherr) mit hohen Ämtern am königlichen Schloß und im Gegensatz zu Itosu ein reicher Mann. Auf Okinawa war er fast ein kleiner *Shôgun* und hatte es nicht nötig, die Kampfkünste für Geld zu unterrichten. Er hatte keine Schule, sondern nahm nur Privatschüler an, und da er nur wenige Schüler hatte (außer Funakoshi Gichin nur noch Ogusuku Chogo), spielt er in der okinawanischen Kampfkunstgeschichte heute beinahe eine untergeordnete Rolle. Doch Meister Azato war einer der Erben des vom Shaolin geprägten *Matsumura-ryû* (→*Shôrin-ryû Gokoku-an Karate*), das sich außerdem noch über MATSUMURA NABE und SOKEN HOHAN übertrug.

Zweifellos war Ankô Azato der große »Meister im Schatten« in der Generation nach Matsumura, denn er war einer der Nachfolger von Matsumuras *Shôrin-ryû Gokoku-an Karate*. Dieser Stil unterschied sich grundlegend vom Stil der Itosu-Schule, die viele okinawanische Meister der nächsten Generation beeinflußte. Ankô Azato hingegen unterrichtete nie öffentlich. Doch es gilt als erwiesen, daß die Itosu-Schule im Gegensatz zu Azatos Lehre vom Matsumura-Stil abwich und auf den Grundlagen von GUSUKUMAS Lehre ein Konzept entwickelte, das viele nachfolgenden *Shuri-te*-Stile prägte. Das moderne →*Shôtôkan-ryû*, wie es zwischen 1938 und 1943 von →FUNAKOSHI YOSHITAKA, des Meisters Sohn, entwickelt wurde, dürfte eine Anlehnung an Azatos Stil sein. Meister Funakoshi lernte hauptsächlich bei Azato und war bei Itosu nur Gastschüler. Als er nach Japan ging, vertrat er aber fast fünfzehn Jahre lang uneingeschränkt Itosus *Shuri-te*. Warum er dies tat, wird wohl nie endgültig zu klären sein. Manche glauben, daß das heutige *Shôtôkan-ryû*, von dem man sagt, Funakoshi Yoshitaka hätte es gegründet, bereits in der Matsumura-Schule entstand und von Azato Ankô perfektioniert wurde. Meister →KASE TAIJI denkt, daß es auf Okinawa ein *Kagemusha* (doppeltes Angebot) gab, durch das die *Shôrin*-Hauptlinie gewahrt werden sollte.

Man weiß, daß Ankô Azato ebenso wie Matsumura das →*Jigen-ryû* übte. Dieser Schwertstil, der in Japan heute noch existiert, ist ein äußerst dynamischer und kampfbetonter Stil, der der Grundauffassung des modernen →*Shôtôkan-ryû* sehr ähnlich ist. Im Bewegungskonzept der Itosu-Schule ist dieses Prinzip nicht enthalten.

Das letzte bekannte Mitglied der Azato-Familie war Yasuzatos Enkel, AZATO YORIYUKI (1905 bis 1976). Im Jahre 1933 zog er nach Japan und gründete dort den →*Shobukan*.

B

Ba[1] (jap.): Pferd (auch *Uma*). *Bajutsu* – Reitkunst.

Ba[2] (jap.): Platz, Ort (auch *Jô*).

Badik (mal.): berühmte einschneidige Kurzklingenwaffe, verbreitet in →Malaysia und →Indonesien. Früher eine hochgeschätzte Nahkampfwaffe, die in der Kleidung versteckt wurde. Noch heute sind einige Volksstämme Malaysias nie ohne Badik anzutreffen.

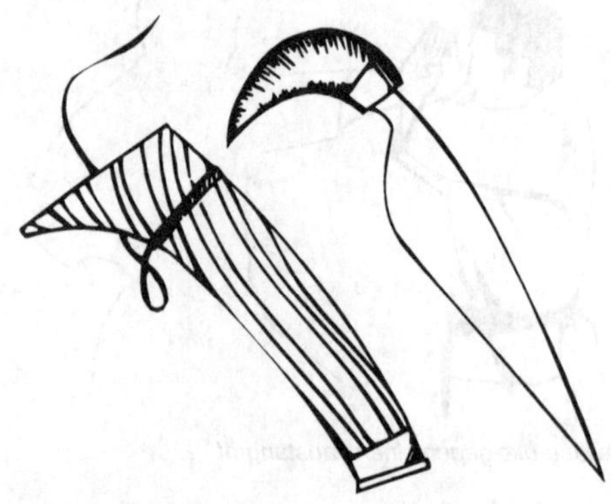

Malaiischer Badik

Ba-duan-jin (chin.): die »acht Brokatübungen«, auch *Pa-tuan-chin*, eine achtfache Übungsreihe in den Praktiken des →*Qigong*, die heute sehr häufig zur Einführung ins *Tai-ji-quan* verwendet wird. *Ba-duan-jin* [aus *Ba* = acht, *Duan* = Bewegung treiben, *Jin* = besticktes Seidentuch, Brokat] ist ein typisches inneres Bewegungssystem und beachtet sehr genau die Prinzipien von *Yin* und *Yang*. Alle Bewegungen sind mit der Atem-, Geistes- und *Qi*-Kontrolle koordiniert und befolgen die chinesischen heilgymnastischen Prinzipien.

GESCHICHTE UND INHALT

Die Wurzeln der *Ba-duan-jin* reichen in die →*Dao-yin* zurück. Sie wurden im 12. Jh. von dem chinesischen General →YUE FEI für seine Soldaten entwickelt. Yue Fei, ein bekannter Meister des *Shaolin Quan-fa*, hat die *Ba-duan-jin* aus gesundheitsfördernden daoistischen Übungen sowie aus aufwärmenden Techniken zusammengestellt. Auch heute noch werden die *Ba-duan-jin* zur Aufwärmung geübt, so vermeidet man Zerrungen und ähnliche Beschwerden. Später teilten sich die *Ba-duan-jin* in mehrere Stile, z. B. den schwierigeren nördlichen Stil von Yue Fei und den leichteren südlichen, den man LIANG SHI-CHANG zuschreibt. Heute gibt es viele *Ba-duan-jin*-Formen, die modernisiert und vereinfacht worden sind. Es wurde auch eine Form im Sitzen hinzugefügt, die auch von schwachen und kranken Menschen ausgeführt werden kann.

Bildnis von Yue Fei, einem der antiken Helden Chinas und Begründer der Ba-duan-jin

<u>ALTER BA-DUAN-JIN-ABLAUF</u>

1. ***Shuang-shou-tuo-tian*** (den Himmel mit beiden Händen halten). Diese Übung macht die Gelenke von Fingern und Händen, Ellbogen, Schultern und Hals gelenkig und geschmei-dig.
2. ***Zuo-you-kai-gong*** (mit dem Bogen nach links und nach rechts schießen). Diese Technik ist aus einer Kampfbewegung abgeleitet, die in →*Ma-bu* ausgeführt wird. Ein Arm führt einen hohen Block aus, während der andere einen Konter mit zwei Fingern ausführt. Die Beine werden gekräftigt, und die Hals- und Ellbogengelenke werden gelöst.

3. ***Ju-bei-du-li*** (im Gleichgewicht auf einem Bein einen Arm heben). Diese Bewegung entwickelt Gleichgewicht. Die Schultern werden gesenkt, und die Brust wird gedehnt.
4. ***Zuo-you-hou-qiao*** (nach rechts und nach links rückwärts schauen). Hier werden die Schulter- und Hüftgelenke gestärkt.
5. ***Yao-tou-bai-wei*** (den Kopf schwenken und den Schwanz schaukeln). Diese Bewegung ist für Taille und Hüften geeignet und dehnt die Beinmuskulatur.
6. ***Qian-hou-wan-yao*** (die Taille nach vorne und nach hinten biegen). Hier wird die Wirbelsäule beweglich gemacht.
7. ***Zuo-you-fang-da*** (nach links und nach rechts einen Block ausführen). Diese Bewegung trainiert die Hüftdrehung und dehnt Arme und Beine.
8. ***Yu-zhu-qi-dian*** (mit geradem Rücken sieben Mal aufstampfen). *Yu-zhu* bedeutet »Jadesäule« und verweist auf den gerade zu haltenden Rücken. Die Übung kräftigt die Beine und hält Zehen und Knöchel beweglich.

<u>MODERNER BA-DUAN-JIN-ABLAUF</u>

1. **Mit beiden Händen den Himmel tragen**: stimuliert die Verdauungsfunktionen, stärkt Magen und Darm und hilft bei Verstopfung.
2. **Mit dem Bogen auf den großen Vogel schießen**: aktiviert den Kreislauf, stärkt Arm- und Brustmuskulatur, »entfernt« das Fett von den Schultern, hilft bei Schlaflosigkeit und erfrischt die geistige Energie.
3. **Den Himmel stützen, die Erde stemmen**: befreit von Streß, da sie Magen und Milz stärkt (die Milz ist für das Immunsystem sehr wichtig).
4. **Auf die fünf Kümmernisse und sieben Betrübnisse zurückblicken**: dient der Stärkung der fünf inneren Organe (Leber, Lunge, Herz, Nieren und Milz). Die Übung erinnert an die sieben Krankheiten, die durch den Verlust an Vitalität entstehen können.
5. **Den Kopf wiegen, mit dem Schwanz wedeln**: die Übung reduziert den psychischen Streß und dient der allgemeinen Kräftigung. Außerdem stärkt sie den Unterbauch und beeinflußt positiv das Nervensystem und die Hormonausschüttung.
6. **Mit den Händen die Füße umfassen:** die Übung stärkt die Nieren und entspannt den Oberkörper.
7. **Durch das Ausstrecken der Faust die Kraft des *Qi* vermehren:** dies ist eine ursprüng-

Tai-ji-quan Fächerform

liche Kampfkunsttechnik, die Stärke und Vitalität entwickelt.

8. **Die sieben Betrübnisse und hundert Krankheiten vernichten:** diese Übung stimuliert den Blutkreislauf, die Vibrationen beeinflussen die Organfunktionen positiv.

Baelz, Erwin von (*13. Januar 1849, †31. August 1913): Dr. med., deutscher Mediziner und Anthropologe. Zwischen 1876 und 1905 arbeitete er als Professor an der kaiserlichen Universität von Tôkyô und war gleichzeitig einer der kaiserlichen Leibärzte. Einer seiner Schüler war →KANÔ JIGORÔ, den er dazu anregte, das →*Jûdô* zu gründen.

Ba-fa (chin.): die acht therapeutischen Verfahren der traditionellen chinesischen Medizin (→chinesische Gesundheitslehre, →Akupunktur). Die *Ba-fa* sind vorgegebene Behandlungsstrategien, die die Grundlage der Therapie darstellen. Sie werden in verschiedenen Methoden angewendet, wie Meditation, Körperübungen, (→*Dao-yin* und →*Qi-gong*), Ernährung (→ *Chang-ming*), Astrologie, Massage (→*Anmo*), Kräuterheilkunde (→*Cao-yao*) und Akupunktur/Moxibustion (→*Moxa*).

1. ***Han*** (**Erzielung von Schweiß**): Diese Therapie wird angewendet, wenn die Krankheit noch in der Körperoberfläche ist und sich noch im Anfangsstadium befindet.

2. ***Tu*** (**Auswerfen durch den Mund**): *Tu* bedeutet »ausspucken«, »ausspeien« und meint das Erbrechen von Mageninhalt und das Auswerfen von Schleim aus den Lungen. Dieses Verfahren macht die Energiebahnen durchgängig.

3. ***Xia*** (**Abführen**): Die Entleerung des Darms wird ähnlich angewendet wie in der westlichen Medizin.

4. ***He*** (**Harmonisierung widerstreitender Funktionen**): Dieses Verfahren wird angewendet, wenn das normale Zusammenspiel zwischen den Organen (→*Zangfu*) gestört ist.

5. ***Wen*** (**Vorsichtiges Erwärmen**): Dieses Verfahren wird zur Anregung und Energiezuführung angewendet.

6. ***Qing*** (**Kühlung**): *Qing* bedeutet »klar«, wird aber in der Medizin wie »kühlen« verwendet. Dieses Verfahren hilft, wenn die Krankheit schon tief in den Körper eingedrungen ist.

7. ***Bu*** (**Tonisieren**): *Bu* bedeutet »ausfüllen«, »zustopfen« und meint eine Energiezuführung bei allen Arten von Erschöpfung. Es ist eine Mobilisierung und Verfügbarmachung von Reserven.

8. ***Xie*** (**Sedierung**): auch *Xiao* oder *San,* bezeichnet die Ableitung bzw. Zerstreuung von Energie bei Hemmungen, Blockaden, Stauungen in den Leitbahnen (→*Jingluo*).

Ba-gang (chin.): »acht diagnostische Kategorien«, die aus 4 Gegensatzpaaren bestehen und die man benutzt, um Symptome und Krankheitsbefunde einzuordnen (→ Akupunktur, →chinesische Gesundheitslehre). Der chinesische Arzt beurteilt die individuellen Symptome in Kategorien einer Disharmonie von *Yin* und *Yang* (→*Yin/Yang*) in den Organen bzw. Leitungsbahnen (→*Jing-luo*). Er beurteilt nicht nur die Summe der Symptome, sondern auch ihre Ursache und interpretiert sie nach den traditionellen Vorstellungen. Alle Aspekte sind wiederum in *Yin* und *Yang* unterscheidbar, was das System für Außenstehende äußerst kompliziert macht.

1. ***Yin/Yang**:* *Yin* und *Yang* sind allgemeingültige Kategorien und auf alle Phänomene anwendbar. Als Krankheitsursache wird immer ein Ungleichgewicht von *Yin/Yang* angesehen. Entweder ist ein Prinzip im Körper zu stark und unterdrückt das andere, oder die Umwelteinflüsse stärken oder schwächen eines der beiden.

2. ***Xu/Shi**:* *Xu* bedeutet eine Schwäche des Kör-

pers wie Müdigkeit, Depression, Abgeschlagenheit, verlangsamte Bewegungen, Kollapsneigung usw. *Shi* hingegen steht für eine Fülle an Körperenergie, die sich wie folgt äußert: akute Schmerzen, Krämpfe, rotes Gesicht, Nervosität usw.

3. ***Li/Biao***: *Li* bedeutet eine innere Störung der Organe mit Schmerzen in Brust, Bauch, mit Brechreiz, Durchfall, Fieber usw. *Biao* ist eine äußere Störung und äußert sich in Schmerzen der Gelenke und des Kopfes. Sie ist meist von klimatischen Faktoren verursacht worden, wogegen *Li*-Störungen psychische und ernährungsbedingte Ursachen haben.

4. ***Han/Re***: *Han* ist eine Kältestörung, die entsteht, wenn das *Qi* geschwächt ist. Es handelt sich vorwiegend um Erkältungskrankheiten. *Re* ist eine Hitzestörung und ist von einer Überaktivität des *Qi* bedingt, was alle *Yin*-Komponenten des Körpers schwächt.

Ba-gua (chin.): auch *Pa-kua*, die 8 Trigramme sind die Grundlage des »Buches der Wandlungen« (→*Yi-jing*). Die Trigramme bestehen aus 3 Strichen, die *Yin* (—-) oder *Yang* (—) darstellen (→*Yin/Yang*). Die Herkunft der *Ba-gua* ist nicht geklärt, aber mit vielen Legenden bestückt. Sie spielten in den daoistischen Lehren des →*Neidan* eine große Rolle.

Nach einer Legende soll Fu Xi, eine Sagengestalt aus dem chinesischen Altertum, 8 wesentliche Prinzipien in der Natur gefunden und sie später in Form der Linien aufgezeichet haben. Jedes dieser Prinzipien basiert auf einem anderen Verhältnis zwischen *Yin* und *Yang* und hat besonderen Charakter. Aus dem *Ba-gua* wurden später die 64 Hexagramme, die noch heute ein wesentlicher Teil des *Yi-jing* sind. Die *Ba-gua* nahmen auch großen Einfluß auf die Kampfkünste (→*Ba-gua-quan* und →*Shi-san-shi*).

☰ ***Qian:*** absolutes *Yang*, Schöpferkraft, Stärke; wird durch den Himmel und den Vater (Kopf) symbolisiert.

☷ ***Kun:*** absolutes *Yin*, empfangend, hingebend, verkörpert durch die Mutter (Unterbauch).

☳ ***Zhen:*** Erregung, Bewegung, dargestellt durch Donner oder Holz und den ältesten Sohn (Füße).

☵ ***Kan:*** das Abgründige, die Gefahr, symbolisiert durch Wasser oder Wolken und den mittleren Sohn (Ohren).

☶ ***Gen:*** das Stillhalten, das Innehalten, symbolisiert durch den Berg und den jüngsten Sohn (Hände).

☴ ***Sun:*** das Sanfte, dargestellt durch den Wind oder das Holz und die älteste Tochter (Beine).

☲ ***Li:*** das Haftende und Leuchtende, symbolisiert durch die Sonne oder den Blitz und die mittlere Tochter (Augen).

☱ ***Dui:*** das Heitere, die Freude, verkörpert durch den See und die jüngste Tochter (Mund).

Schriftzeichen für Ba-gua

Ba-gua-quan (chin.): oder *Pa-kua-ch'uan*, manchmal auch *Ba-gua-zhang*, eines der größten Systeme des daoistischen chinesischen Boxens, mit direkter Verbindung zum →*Qi-gong* (s. auch →*Nei-jia*). *Ba-gua* wurde erst um 1790 als Kampfkunst der inneren Richtung entwickelt, obwohl seine Prinzipien schon sehr alt sind. Im philosophischen Sinn ist es verwandt mit dem →*Xing-yi*. Es enthält sehr schnelle Kreis-

und Drehbewegungen und ebenso schnelle Fußtechniken. Bevorzugt wird die offene Hand.

Kampfhaltung aus dem Ba-gua

Geschichte und Philosophie

In der Geschichte heißt es, daß der berühmte *Xingyi*-Meister →Guo Yun-shen den besten *Ba-gua*-Experten, →Dong Hai-quan, gegen Ende des 18. Jh. zu einem Zweikampf herausforderte. Nach einem dreitägigen Kampf wurde Guo besiegt. Danach wurden sie Freunde fürs Leben und unterrichteten ihre Kunst gemeinsam.

Die Philosophie des *Ba-gua* wurzelt im Daoismus, unterscheidet sich jedoch von der des *Xing-yi*. *Ba-gua* bedeutet »acht Diagramme«, und dieser Name bezieht sich auf die acht Trigramme des →*Yi-jing*.

Die Hexagramme des *Yi-jing* beruhen auf einer Anordnung der fünf kosmologischen Prinzipien (→*Wu-xing*): Feuer, Wasser, Holz, Erde und Metall. Diese sind auch die Grundlagen des *Xing-yi*. Erst zu einem späteren Zeitpunkt jedoch entdeckten die Chinesen, daß diese Elemente auch in einem Kreis angeordnet werden konnten (wahrscheinlich zur Zeit der Sun-Dynastie, 960 bis 1279), wodurch die Grundlage für das *Ba-gua* gegeben war. In dieser Kampfkunst beschreiben die Übenden ständig einen Kreis. Hiermit wird symbolisiert, daß alle Dinge der Natur einem ewigen und ununterbrochenen Wandel unterliegen, eine daoistische Philosophie, die die Grundlage für das *Ba-gua* bildet.

Ba-gua-Symbol

Inhalte

Der Schwerpunkt liegt beim *Ba-gua* auf den Ausweichaktionen und der Ausnutzung der gegnerischen Kraft zum eigenen Vorteil. Das Kampfkunstelement ist im *Ba-gua* jedoch nicht offensichtlich und bleibt stets im Hintergrund verborgen. Der philosophische Inhalt des Stils beruht auf der Philosophie des →*Yin/Yang* und der ewigen Veränderung. Am Beispiel des Daseins selbst lernt der Schüler des *Ba-gua*, sich im ewigen Fluß der Veränderung zu bewegen und mit dem Strom der Dinge mitzugehen (→*Dao*).

Das angestrebte Ziel beim *Ba-gua* ist die Überwindung der Form, obwohl sie beim Lernenden im Mittelpunkt steht. Die kämpferische Philosophie des *Ba-gua* besagt, daß ein Mensch, der festgelegte Bewegungen ausführt, durch einen Gegner gefährdet werden kann, der diese Bewegungen kennt. Deshalb lernt der Schüler die Formen, während der Meister dieselben Formen spontan und zufällig ausführt. Sein Handeln ist immer unberechenbar, denn er paßt sich der sich ewig verändernden Situation an. Auf diese Weise wird es auch möglich, die ewigen Wandlungen der Natur im eigenen Selbst zu verstehen.

Das *Ba-gua* ergänzt sich sehr gut mit dem *Xing-yi* und dem *Tai-ji-quan*, weswegen es in vielen chinesischen Schulen zusammen mit ihnen gelehrt wird. *Xing-yi* wirkt direkt und linear, *Ba-gua* indirekt und kreisförmig, *Tai-ji-quan* in alle Richtungen.

Ba-gua Tai-ji-gong (chin.): System des →*Qi-gong*, das auf verschiedenen Bewegungen des *Tai-ji-quan* und *Ba-gua-quan* beruht.

Ba-gua-zhang (chin.): *Ba-gua*-Hand, →*Ba-gua-quan.*

Bai-hao-quan (chin.). identisch mit →*Bai-he-quan.*

Bai-he-quan (chin.): auch *Bai-hao-pai, Bai-hao-quan, Bai-he-pai* oder *Yonchun-he-quan,* kantonesisch *Pak-hok*, »Weiße Kranich-Faust«, oder »Weißer Kranich-Stil«, südlicher Stil des →*Quan-fa* (→*He* und → *Nan- quan*), verwandt, aber nicht identisch mit dem tibetanischen Kranichstil (→*He-quan*), der heute im südlichen China ebenfalls bekannt ist. Die Grundlage des *Bai-he-quan* ist das berühmte Werk →*Bubishi*, das gleichzeitig auch als Ursprung aller okinawanischen Karate-Stile angesehen wird. Bekannte chinesische Meister des *Bai-he-quan* in Okinawa waren →Ryû Ryûko und →Go Kenki.

Schriftzeichen für Bai-he-quan.

GESCHICHTE
(ZUSAMMENFASSUNG AUS DEM BUBISHI)

In einer Studie über diese Kampfkunst von Liu Yin-shan im Jahre 1983 beginnt der Autor mit der Zerstörung des Shaolin-Klosters im Jahre 1674, als sich unter den flüchtigen Mönchen Fang Zhonggong (Fang Shi-yu, Fang Hou- shu), ein Experte im *Shi-ba-luo-han-quan*, befunden haben soll. Nach der Zerstörung des Klosters im Jahr 1644 und der folgenden Zerstreuung der überlebenden Mönche fand Fang Shi-yu Zuflucht in einem Kloster im Süden der Provinz Fukien, das, wie zahlreiche andere Klöster auch, den Namen Shaolin trug. Er hatte eine Tochter (im →*Bubishi* als die siebte Tochter bezeichnet) im Nachbardorf Yongchun (jap. Eishun) mit dem Namen Fang Qi-niang (Fang Fai-shi, Fang Jin-jang), an die er seine Techniken weitergab. Erst nach dem Tod ihres Vaters gründete Fang Fai-shi die Basis zu dem, was später als »Stil der weißen Kranichs« bezeichnet wurde.

Die Archive dieser Schule berichten, daß sie eines Tages die Gelegenheit hatte, den Kampf zweier Kraniche zu beobachten, wobei sie die Präzision ihrer Stöße, ihrer Ausweichmanöver, ihrer Flügelschläge usw. bemerkte. Sie versuchte die beiden Vögel zu trennen und nahm einen langen Bambusstock, um ihnen Furcht einzujagen. Doch zu ihrer Überraschung konnte der Vogel, jedesmal wenn sie ihn zu berühren versuchte, ausweichen. Daraufhin verstand sie das Prinzip der Härte und der Weichheit und stellte eine persönliche Synthese zwischen ihren Beobachtungen und dem Unterricht ihres Vaters her. Dieser Stil wurde schnell bekannt und unter dem Namen *Yong-chun-he-quan* verbreitet. Die Tradition dieser Schule berichtet noch, daß Fang Fai-shi die Technik mit besonderer Atmung und moralischen Prinzipien verband, mit dem Ziel, dem Übenden eine innere Harmonie zu ermöglichen (→*Densho*).

Der neue Stil wurde in vielen Herausforderungen getestet. Einer der Herausforderer, Zeng Chi-shu (jap. Shoshiku), war so beeindruckt, daß er Fang Fai-shis Schüler wurde und später die Nachfolge des Stils antrat. Er war es, der die *Kata* →*Happoren* entwickelte, um eine innere Energie zu erüben, mit der der *Ki*-Fluß zu den wichtigen 72 Vitalpunkten gerichtet werden konnte. Zeng machte aus der *Happoren* eine sehr bekannte *Kata*. *Happoren* ist der Fukien-Dialekt, im Mandarin heißt die Kata *Baiburen* und im Japanischen *Paipuren*, so benannt von Mabuni Kenwa, nachdem er sie von Go Kenki gelernt hatte.

Liu Yin-shan schreibt, daß der »Weiße Kranich« 1932 von Lin Guo-zhong (Lin De-shun) und Gin Shao-fon, zwei Schülern der 5. Generation seit Fang Fai-shi und Schüler von Chen Shayue-shen, nach Taiwan gebracht wurde. Der »Weiße Kranich«, der auch ein sehr ausgeklügeltes →*Qinna*-System enthält, beeinflußte alle okinawanischen *Karate*-Stile (→*Hakutsuru-ken*) und lieferte darin die hauptsächlichen Vitalpunkttechniken (→*Kyûshojutsu*) des Greifens und Drückens (→*Tuite*). Lin Guo-zhong soll in seinem Gepäck auch ein Exemplar des *Bubishi* gehabt haben. Einer der heute bekanntesten Experten des *Bai-he-quan* ist Yang Jwing-ming, der ein Buch über die *Qinna*-Systeme des *Bai-he-quan* veröffentlichte, die für das okinawanische *Karate* gleichermaßen gültig sind.

Klassische Kranichwappen

Überlieferung und Technik

Das *Bubishi* gilt als das Schlüsselwerk des *Bai-he-quan* und ist eines der bedeutendsten Standardwerke über die Kampfkünste in ganz China. Es beschreibt in seinen 48 Bildern den Stil des Leoparden und des Tigers, das *Luo-han-quan* und das *Bai-he-quan*.

Viele Geschichtsforscher betrachten das Werk auch als die Grundlage sämtlicher okinawanischer *Karate*-Stile und führen deren innere Essenz ausschließlich auf das *Bubishi* zurück. Erst in neuerer Zeit gibt es Tendenzen, das *Bubishi* zu verbreiten und zu deuten.

Die wichtigsten Formen des *Bai-he-quan* sind →*Happoren,* →*Neipai* und →*Hakufa*, die sich auf je eine Bewegung des Kranichs beziehen: *Asobu-tsuru* (der spielende Kranich), *Tatakate-iru-tsuru* (der kämpfende Kranich) und *Tonde-iru-tsuru* (der fliegende Kranich). Heute übt der Stil des »Weißen Kranichs« auf Fukien vier Arten der Techniken: *Naitte-iru-tsuru* (weinender Kranich), *Yadotte-iru-tsuru* (ruhender Kranich), *Mono-tabette-iru-tsuru* (fressender Kranich) und *Tonde-iru-tsuru* (fliegender Kranich).

SCHLÜSSELWORTE DES BAI-HE-QUAN

Chai	– springen
Fei	– fliegen
Zou	– Schnabel
Gai	– bedecken
Por	– zerstreuen
Shuenn	– folgen
Nian	– haften
Kou	– greifen
Chei	– zerreißen
Jan	– schütteln
Shan	– abtauchen
Da	– schlagen
Dun	– entkommen
Neu	– winden

Bai-hui (chin.): auch *Ni-wan*. Der 20. Punkt (→*Xue und* →*Dian-xue*) des *Du-mai* (→*Jing-luo*). Er liegt am Scheitel des Kopfes auf der direkten Verlängerung der Ohren.

Wenn es gelingt, den Kopf immer so zu halten, daß *Bai-hui* der höchste Punkt des Körpers ist, dann sind der Nacken, der Rücken und die Hüfte in der richtigen Stellung. Die Haltung ist dann entspannt, und die Atmung kann ungehindert fließen. In allen Kampfkünsten wird diese Haltung angestrebt.

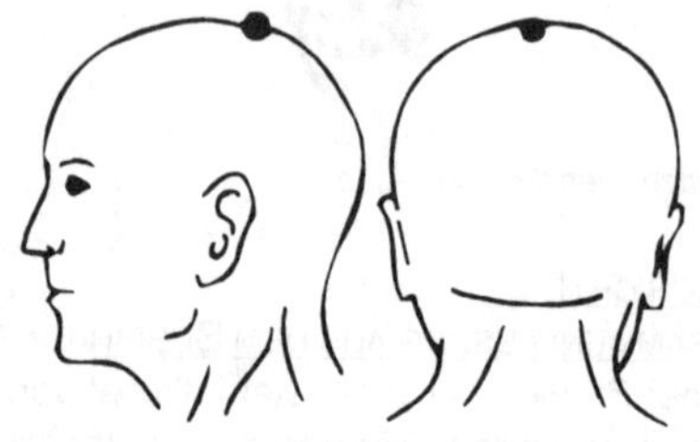

Lokalisation des Bai-hui

Baishin (jap.): die sogenannten »hinteren Vasallen«, die zusammen mit den →*Ashi-*

garu und den →*Goshi* den niedrigsten Stand der japanischen Kriegerkaste während der Tokugawa-Periode bildeten (Erläuterungen s. dort).

Bai Yu-Feng: chinesischer Kampfkunstexperte des →*Shaolin-Quan-fa*, der im 16. Jh. zusammen mit →JUE YUAN und LI CHENG die →*Shaolin*-Tierstile gründete (→*Wu-xing-quan*).

Ba-ji-quan (chin.): auch *Pa-chi-ch'uan*, altes chinesisches *Quan-fa*-System (um 1400), »Boxen der acht Richtungen«, das noch heute im Norden Chinas praktiziert wird. Der Stil ist sehr wirksam und besteht aus rechtwinkligen Angriffen und Positionsveränderungen.

Bajutsu (jap.): Reitkunst. Besonders während der Kamakura-Zeit geübte, mit dem *Bujutsu* untrennbar verbundene Kunst (→*Jutsu*). Auf dem Pferd konnte der Krieger seine Hauptwaffen (Schwert, Pfeil und Bogen, Speer und Hellebarde) effektiver einsetzen.

Reiter mit Speer

Da der Samurai oft Flüsse überqueren mußte, entwickelte sich innerhalb des *Bajutsu* das *Suibajutsu* (Reitkunst im Wasser) zu einem besonderen Teil der Reitkunst. Die Krieger mußten sich vor allem darin üben, stundenlang ohne Pause im Sattel zu bleiben und das Pferd auch ohne Zügel zu reiten, damit die Hände zum Kampf frei blieben. Allgemein gesehen, ist die Reitkunst verbunden mit den Hauptwaffen des Kriegers, vor allem mit *Kenjutsu*, *Yarijutsu* und *Kyûjutsu*. Heute nimmt man an, daß das *Bajutsu* zum ersten Mal im 15. Jh. im *Otsubo-ryû* systematisch gelehrt wurde. Später entwickelten sich mehr als 50 Reitstile.

Bakahatsu-gama (jap.): *Ninja*-Waffe, bestehend aus einer großen Sichel (*Kama*), die an einer etwa zwei Meter langen Kette befestigt ist und als Wurfgeschoß dient. Die Kette wird am Ende mit einem Metallgewicht beschwert.

Ninja mit Bakahatsu-gama

Bak-hok (chin.): kantonesische Bezeichnung für den Stil des »Weißen Kranichs« (→*Bai-he-quan*, →*He-quan*).

Bak-sing, Choy-li-fut (chin.): chinesische Kampfkunst, die das System →*Choy-li-fut* mit dem nördlichen *Shaolin*-System kombiniert. Es ist hauptsächlich ein Stil mit weitreichenden Bewegungen, der eine starke Reiterstellung verwendet.

Das System wurde während der Qing-Dynastie von TAM SAM gegründet. Dieser war ein Schüler von HUNG SING, der wiederum ein direkter Schüler von CHAN HEUNG, der die drei Familiensysteme *Choy*, *Li* und *Fut* zum *Choy-li-fut* kombinierte.

Tam Sam hatte eine Auseinandersetzung mit dem *Shaolin*-Kämpfer KU, der den Beinamen »eiserne Hand« trug. Keiner war fähig, den anderen zu besiegen, und daraufhin wurden sie gute Freunde. Aus der Kombination ihrer Stile entstand das *Bak-sing, Choy-li-fut*.

Bakti-Negara-Silat (indo.): Stil des →*Pentjak-Silat* (s. auch →Indonesien), gegrün-

det 1955 auf Bali von IDA BAGUS OKA DINWANGKARA. Die Kampfkunst wird zusammen mit *Tridharma-Silat* und *Essti-Silat* als ein rein balinesischer Stil des *Silat* angesehen.
Nach Aussagen seines Gründers hat der Stil jedoch Einflüsse von dem jawanesischen *Pentjak-Silat*, dem *Jûdô*, *Aikidô* und *Karate* erfahren. Parallel zur Übung mit der leeren Hand werden auch verschiedene Waffen verwendet. Der Stil wird auch in Wettkämpfen angewendet.

WAFFEN DES BAKTI-NEGARA-SILAT

Kris	– Dolch mit gewellter Klinge
Pedang	– kurzes Schwert
Pentjong	– kurzer Stock
Pisau	– Messer
Tjabang	– Dolch
Tombak-jago	– Lanze
Toya	– langer Stock
Toyak	– Hellebarde

Baku (jap.): Shôgunat (→*Bakufu*).

Bakufu (jap.): Bezeichnung für die Residenzen der *Shôgune* (Militärbefehlshaber), die Gegenhauptstädte zur kaiserlichen Regierung Japans, die beginnend mit der Kamakura-Periode entstanden.
Bakafu waren die Burgen, von denen aus die *Shôgune* das Land regierten. Sie waren die eigentlichen Machtzentren Japans, während die Residenz des Kaisers nur ein Machtsymbol war. In Japan gab es drei *Bakufu* →*Kamakura-Bakufu* (→MINAMOTO-Shôgune, 1192–1333), *Muromachi-(Ashikaga-)Bakufu* (→ ASHIKAGA -Shôgune, 1336 bis 1568) und das *Edo-* oder *To- kugawa-Bakufu* (→TOKUGAWA-Shôgune, 1603 bis 1868).

Balisong (phil.): philippinisches Fächermesser (→Philippinen).

Ba-men (chin.): wörtlich: »acht Pforten«, bezeichnet die acht Handbewegungen der 13 grundlegenden Bewegungsarten (→*Shi-san-shi*) des *Tai-ji-quan*.
Man unterscheidet die vier geraden Handbewegungen (→*Si-zheng*) und die vier in die Ecken gerichteten Handbewegungen (→*Si-yu*). →*Peng*, →*Lü*, →*Ji* und →*An* sind die vier geraden, →*Cai*, →*Lie*, →*Zhou* und →*Kao* die vier schrägen Handbewegungen. Jeder Handbewegung wird ein Trigramm (→*Ba-gua*) und eine Himmelsrichtung zugeordnet.

	BA-MEN	TRIGRAMM	HIMMELS-RICHTUNG
1	Peng	Qian	Süd
2	Lü	Kun	West
3	Ji	Kan	Ost
4	An	Zhen	Nord
5	Cai	Gen	Nordwest
6	Lie	Dui	Südost
7	Zhou	Li	Nordost
8	Kao	Sun	Südwest

Ba-men-wu-bu: »acht Pforten und fünf Schrittarten« der 13 grundlegenden Bewegungsarten (→*Shi-san-shi*). Sie werden den acht Trigrammen (→*Ba-gua*) und den fünf Wandlungsphasen (→*Wu-xing*) zugeordnet und sind die Basis der *Tai-ji-quan*-Bewegung.

Bandesh (ind.): alte indische Kampfkunst (→Indien), bei der verschiedene Waffen als Angriff eingesetzt werden. Das Hauptziel besteht darin, einen bewaffneten Gegner mit leeren Händen zu besiegen, ohne ihn zu töten.
Diese Kunst wird zusätzlich zu verschiedenen Kampfkünsten Indiens, vor allem dem →*Binot* gelehrt. Ziel ist es, den Gegner mit Gelenkhebel oder Immobilisationstechniken zu besiegen und ihm die Waffe zu entreißen. Es gibt heute Wettkämpfe, in denen der Sieger danach ermittelt wird, wie schnell er seinen Gegner entwaffnen kann.

Bando (burm.): »Weg der Disziplin« oder »Systeme der Verteidigung«, waffenlose burmesische Selbstverteidigung (→*Thaing*, →Burma). Weitere Zweige der burmesischen Selbstverteidigung sind →*Lethwei* (Boxen) und →*Naban* (Ringen). *Bando* besteht aus *Karate*-ähnlichen Schlägen und Tritten, *Jûdô*-Würfen, Stockkämpfen und Schwertübungen sowie Messer- und Speerkampf.
Bando betont zunächst den Rückzug, Angriffe im Ausweichen und offene Handtechniken. Dem ersten Schlag folgen gewöhnlich Griff- und Hebeltechniken. Die Charakteristik des Stils ist eher weich und defensiv, im Gegensatz zu *Lethwei*, das zu den härtesten und aggressivsten Kampfmethoden der Welt gehört. Die Techniken wer-

den durch Formen weitergegeben, mit Partnern geübt und in Wettkämpfen eingesetzt. *Bando* kennt 12 Offensivtechniken, die alle abgeleitete Tierbewegungen sind:

BANDO-TECHNIKEN

Eber	– Mut, laufen, Ellbogen, Knie, Kauern
Bulle	– herausfordern, Schläge mit Kraft
Kobra	– Angriffe zu den oberen Vitalpunkten
Hirsch	– Wachsamkeit
Adler	– doppelte Handtechniken
Affe	– Agilität, Selbstvertrauen
Vogel	– schneller Flug
Panther	– umkreisen, springen, zerreißen
Python	– zerschmettern, würgen, greifen
Skorpion	– Techniken zu den Nervenzentren
Tiger	– Klauen- und Reißtechniken
Viper	– Angriffe zu den unteren Vitalpunkten

Heute gibt es für *Bando* die *All Burma Thaing Federation* und die *International Bando Association*, gegründet von U BA THAN. Weitere Meister sind U PYE THEIN, AYA PWA, KHIN MAUNG, KHIN MYINT, U THAUNG NYUNT und GYI MAUNG. *Bando* enthält drei Hauptzweige:

• **Harter Stil**, den man auch als burmesisches Boxen (*Bando*-Boxen) bezeichnet. Ähnlich dem Thai-Boxen wird der Kampf in einem Ring auf drei bis vier Runden zu je drei Minuten angesetzt. Gekämpft wird mit bloßen Fäusten, wobei nur Fingerstiche zu den Augen, zur Kehle und zu den Hoden untersagt sind.

• **Mittlerer Stil**, den man auch als *Bando*-Verteidigungssystem bezeichnet. Er gleicht dem Leichtkontakt-*Karate* und wird sowohl gegen einen als auch gegen mehrere Gegner geübt.

• **Hohe Form** ist die höchste Form des *Bando*, die geistiges Training mit den Techniken kombiniert. Sie ähnelt einigen inneren Systemen Chinas und dem japanischen →*Aikidô*.

Bang (chin.): kurzer Stock. Er hat eine Länge vom Bauchnabel bis zum Boden (etwa 120 cm) und wird zum Teil als Schwertersatz benutzt (→*Dan-jian*).

Bangau-Putih (indo.): »Weißer Kranich«, Stil des →*Kuntao*, Kampfkunstsystem, gegründet von Chinesen aus Java (→Indonesien). Die Schule ist eine Mischform zwischen dem chinesischen →*Quan-fa* und dem indonesischen →*Pentjak-Silat*.

Banjang (indo.): Stil des →*Gulat* aus dem Westen Javas.

Bankoku-chôki (jap.): alte japanische Faustwaffe (s. auch okinawanische Faustwaffen, beginnend mit →*Chizekun-bô* und →*Tekko*), auch *Tekkan-zu* genannt, bestehend aus einem Metallring, der dazu verwendet wurde, die Faust während des Schlagens zu schützen. Auch konnte man mit ihm die →*Atemi* tödlich treffen.

Der Schlagring war leicht zu transportieren, da er in den Kleidern versteckt werden konnte. Wahrscheinlich wurde die Waffe vom asiatischen Festland nach Japan gebracht, denn man findet bereits in der indischen Kampfkunst *Vajramushti* Texte, die ihren Gebrauch beschreiben. In Japan wurde sie oft von Seeleuten, *Ninja* und Bauern benutzt. Zwischen 1603 und 1868 (Edo-Zeit) existierte in Japan eine Schule (→*Nagao-ryû*), die den Gebrauch dieser Waffe systematisch lehrte.

Banks, Aaron (*1928): amerikanischer *Karate*-Lehrer, 10. *Dan Gôjû-ryû*, Schüler von PETER URBAN und YAMAGUCHI GÔGEN.

Banks begann sein *Karate*-Studium 1960 unter dem *Shôtôkan*-Stilisten JOHN SLOCUM. 1964 wurde er von Peter Urban und RAMÓN DURÁN zum 1. Dan graduiert. Als Gründer der *World Professional Karate Championships* (Wettkampf für professionelles *Karate*), an dem Größen wie CHUCK NORRIS, MIKE STONE, SKIPPER MULLINS und JOE LEWIS teilnahmen, machte er sich einen Namen als *Karate*-Promoter.

Bansenshûkai (jap.): »zehntausend Flüsse münden ins Meer«, Zusammenfassung der theoretischen und praktischen Wissensgebiete Dutzender von *Ninja*-Clans aus der Iga- und Kôga-Gegend in Südjapan. Im Jahre 1676 sammelte FUJIBAYASHI YASUYOSHI, ein Mitglied eines bekannten *Ninja*-Clans der Iga-Gegend, die Einzelheiten zu einem zehnbändigen Werk, das jedoch an vielen Stellen verschlüsselt ist und deshalb heute nur unzulänglich gedeutet werden kann.

• Der erste Band trägt den Titel »*Yo*« und enthält eine Einleitung, einige historische Beispiele, ein Inhaltsverzeichnis und einen Frage- und Antwortteil.

• Der zweite Band, »*Shoshin*«, handelt von Ehrlichkeit, Motivation und moralischer Willensstärke des *Ninja*.

• Der dritte Band, »*Shochi*«, beschreibt, wie man

eine *Ninja*-Organisation leitet und sie wirkungsvoll einsetzt. Gleichzeitig werden Vorsichtsmaßnahmen empfohlen, durch die man sich gegen feindliche Agenten in der Organisation schützen kann.

• Der vierte Band, *»Yo-nin«*, behandelt die *Yo*-Aspekte (*Yang*-Aspekte, hellen Aspekte) der Ninja-Kunst.

• Der fünfte, sechste und siebte Band werden *»In-nin«* (*Yin*-Aspekte, dunkle Aspekte) genannt. Diese Bände handeln von List, Betrug, Verwirrungstaktik und Überraschungsangriffen der *Ninja*. Die Techniken darin sind mit Codewörtern verschlüsselt oder poetisch umschrieben, so daß ihre Deutung nicht möglich ist. Dies bezieht sich gleichermaßen auf Kriegstaktiken wie auch auf Techniken.

• Im achten Band *»Tenji«*, werden Methoden erklärt, durch die der Übende lernt, seine Umgebung richtig einzuschätzen. Dort gibt es Wetter-, Gezeiten- und Mondphasentabellen sowie verschiedene Orientierungs- und Navigationsmethoden.

• Der neunte Band *»Ninki«* beschreibt die *Ninja*-Ausrüstung und setzt sich mit demselben Thema im zehnten Band fort.

Die Bände des Bansenshukai

Banshay (burm.): bewaffneter Teil der burmesischen Selbstverteidigung (→*Thaing*). Waffenkunst, die sowohl von China als auch von Indien beeinflußt wurde und den Gebrauch von Schwert, Stock und Speer beinhaltet.

Das burmesische Schwert ist nicht so lang und nicht so leicht wie das europäische Rapier oder der Säbel und kann nicht mit dem Handgelenk allein geführt werden. Andererseits ist es aber nicht so schwer wie das europäische oder japanische Schwert. Traditionell gibt es 37 Schwertformen. Dem Schüler wird beigebracht, das Schwert niemals ohne ernsthafte Provokation aus der Scheide zu ziehen. Daher kämpft man zuerst, indem man das Schwert in der Scheide beläßt, und erst unter starkem Druck wird die Scheide zerbrochen, indem man sie gegen einen Stein schmettert.

Banzai (jap.): japanischer Ausruf der Begeisterung. Ähnlich wie »Hurra« oder »Bravo«.

Banzuke (jap.): Rangliste oder Mannschaftsaufstellung im →*Sumô*.

Bao (chin.): auch *Pao*, Leopard, *Bao-quan* – *Shaolin*-Leopardenform (→*Wu-xing-quan*).

Leopard und Leopardenfaust

Bao-jian-gong (chin.): »äußere Kräftigungsübungen« des →*Qi-gong*, Teil des →*Dong-gong* (Übungen des *Qi-gong* in Bewegung).

Bao-jian-gong ist auch ein Teilgebiet der chinesischen Atemtherapie und bezeichnet dort Atemübungen, die zusammen mit körperlichen Kräftigungsübungen ausgeführt werden.

Bao-jing (chin.): Bezeichnung für die →*Qi-gong*-Kugeln, die es in verschiedener Größe und Ausstattung gibt.

Die Kugeln werden in einer Hand im Kreis bewegt, ohne daß sie sich berühren. Es gibt auch noch andere Techniken. Diese Übung ist ein Teilbereich des →*Qi-gong* und ist heute sehr beliebt. Die Übung wirkt über die Handreflexzonen auf die inneren Organe, hilft bei inneren Erkrankungen, aber auch bei psychischen, motorischen Störungen, bei Depression und Nervosität, und sie fördert Geschicklichkeit und Reflexe der Hände.

Bao-quan (chin.): Leopardenfaust, eine typisch chinesische Handhaltung des →*Quan-fa*, jap. →*Hiraken*, Hauptwaffe des gleichnamigen *Quan-fa*-Stils.

Alle Fingerknöchel werden vorgestreckt, so daß sie eine Gerade zum Handrücken bilden. Die Finger werden in den mittleren Gelenken so weit gebeugt, daß die Fingerspitzen die Handfläche berühren. Mit den Knöcheln wird zum Kehlkopf, zu den Seiten, zum Kreuz, zur Nasenwurzel, zum Ober- und Unterkiefer angegriffen. Die Handhaltung soll die Tatzen des Leoparden (→*Bao*) imitieren.

Barai (jap.): kehren, fegen, wegfegen (auch *Harai*). Im *Karate* gibt es →*Ashi-barai* (Fußfeger) und →*Ude-barai* (Armfeger), innerhalb deren sich mehrere Techniken klassifizieren lassen.

Baru-Silat (indo.): »Neuer Ort«, indonesische Kampfkunst, Form des sumatraischen →*Pentjak-Silat*, die auf dem *Sterlak-Silat* aufbaut, aber Elemente des *Karate* und *Jûjutsu* mitverwendet.

Basami (jap.): auch *Hasami*, Schere (→*Kani-basami*).

Bashigo (jap.): Leiter. Im alten Japan verwendete man Leitern, die aus Schilfrohr hergestellt waren (*Kuda-bashigo*) oder die sogenannte »Wolkenleiter« (*Kumo-bashigo*), die aus zusammengeknüpften Seilen bestand und einem Spinnennetz ähnlich sah.

Die *Ninja* benutzten eine Leiter, die aus einem Seil mit Knoten bestand, an dessen Ende ein Wurfanker *(Musubi-bashigo)* befestigt war. Außerdem kannte man noch die Trittleiter *(Taka-bashigo)*, eine Stange mit Schleifen für die Füße an beiden Seiten. Die *Tsuri-bashigo* (Hängeleiter) hatte an den Enden Haken zur Befestigung und bestand aus Seilen.

Bashô (jap.): Platz, Ort. Bezeichnung für ein *Sumô*-Turnier, das sechsmal pro Jahr in Japan durchgeführt wird. Jedes Turnier dauert 15 Tage und endet mit dem *»Emperor's Cup«*.

Bassai (jap.): *Karate-Kata* (→*Kata*) des *Shôtôkan-ryû*. Diese *Kata* leitet sich aus der

Bassai – der Sturm auf die Festung

→*Itosu no Passai* ab und wurde in Japan zu jener Form entwickelt, die wir heute kennen. Zur Geschichte und Entwicklung s. →*Passai*. Im *Shô-tôkan* wird heute *Bassai-dai* und *Bassai-shô* geübt. Beide *Kata* zeichnen sich durch einen entschlossenen Kampfgeist und durch kraftvolle Vitalität aus. Man soll sie mit Würde vortragen. In ihnen ist das Beherrschen der Ruhe in der Bewegung und im Wechsel zum plötzlichen entschlossenen Handeln von großer Bedeutung.

Karateka, die diese *Kata* üben, müssen ihren entschlossenen Geist nachvollziehen und ihn in sich selbst wecken. Ihre Ausführung soll von der Vorstellung begleitet werden, daß es ein schweres Hindernis zu überwinden gilt. Wenn ein Übender sich beharrlich um diese innere Haltung bemüht, wird er die *Kata* verstehen lernen und ihren Geist auf sich übertragen können. In der Übung muß er nachvollziehen, daß die schwierigsten Probleme mit konzentrierter Kraft und starkem Willen zu lösen sind. Diese Kraft muß in der *Bassai* geweckt werden.

Wegen ihrer entschlossenen Kraft, dem unwiderstehlichen Kampfgeist und dem eisernen Willen, die in der Vorführung eines Meisters sichtbar werden, wurde diese Form in Japan *Bassai*, d. h. »Sturm auf die Festung«, genannt.

Bassai-dai (jap.): →*Bassai* und →*Passai.*

Wurftechnik aus der Bassai-dai

Bassai-shô (jap.): →*Bassai* und →*Passai.*

Baston (phil.): philippinischer Stock aus Holz oder Rattan, der im →*Arnis* und → *Escrima* verwendet wird.

Battôjutsu (jap.): japanische Schule des Schwertziehens (→*Iaijutsu*), gegründet im 17. Jh. von HAYASHIZAKI SHIGENOBU. Das *Battôjutsu* wurde in neuerer Zeit reformiert (→*Toyama-ryû*) und von Offizieren der kaiserlichen Armee als Schwerttechnik für das Schlachtfeld geübt.

Der aktuelle Großmeister des Stils ist NAKAMURA TAISABURÔ (*1911). Er studierte das *Kenjutsu* und *Iaijutsu* des *Toyama-ryû* und gründete daraufhin das →*Nakamura-ryû*.

Batumerah-Silat (indo.): Stil des →*Pentjak-Silat,* gegründet von ACHMED SHAHIB aus dem Ort Batumerah auf den Molukken. Der Stil enthält die Waffen *Tjabang* (Dolch), *Pisau* (Messer), *Gala* (Stock) und *Pedang* (Schwert).

Ba-xian (chin.): die »Acht Unsterblichen«, eine Gruppe der bekanntesten und beliebtesten Heiligen Chinas.

Die *Ba-xian* gehörten ursprünglich zu den daoistischen Heiligen, da aber in China kein eindeutiges Bekenntnis üblich ist, werden sie heute von fast jedem verehrt. Sie sind besonders beliebt, da sie allen Menschen in Not beistehen und gegen Ungerechtigkeit und Unterdrückung kämpfen. Sie verkörpern die acht grundlegenden Lebensbedingungen: Jugend, Alter, Armut, Reichtum, Adel, Volk, Weibliches und Männliches.

1. LU TUNG-PIN steht in alchimistischer Tradition. WANG CHUNG-YANG, der Gründer der →*Ch'uan Ch'en*-Schule, führte seine Lehre auf ihn zurück. Lu war ein großer Heiler und Magier. Er besaß ein Schwert, mit dem er Dämonen vertreiben konnte. Noch heute tragen viele Arzneien seinen Namen, und sein Name ist auf viele Amulette geprägt.

2. TI KUAI-LI war ein gutaussehender Mann, der seinen Körper verlassen und auf Seelenreisen gehen konnte. Eines Tages befahl er seinem Jünger, während einer solchen Reise seinen Körper zu bewachen und ihn nach sieben Tagen zu verbrennen, falls er bis dahin nicht zurück sei. Am letzten Tag wurde der Schüler zu seiner sterbenden Mutter gerufen, und er verbrannte den leeren Körper kurz vor Ablauf der Frist. Ti kam zurück und fand seinen Körper verbrannt vor. Er mußte sich schnell einen neuen Körper suchen, um nicht zu sterben. Da fand er den Körper eines verkrüppelten toten Bettlers. So ist er seitdem in diesem Körper zu finden, weshalb er oft schlecht gelaunt ist.

3. CHANG KUO-LAU wird immer umgekehrt auf einem Esel sitzend dargestellt. Er war als Bauer auf dem Weg zum Markt, da roch er in einem Tempel am Wegesrand eine angenehm duftende Mahlzeit. Er ging hinein und aß zusammen mit seinem Esel die Kräutermahlzeit auf. Da kam ein Alchimist herein und beschimpfte ihn aufs fürchterlichste, weil er alles allein aufgegessen hatte. Vor Schreck sprang Chang verkehrt auf den Esel und ritt schnell davon. Da es eine verzauberte Mahlzeit gewesen war, wurden er und sein Esel unsterblich. Er bringt Kindersegen.

4. TS'AO KUO-CHIU: ein Aristokrat, der, nachdem er einen Mord begangen hatte, aus unerklärlichen Gründen zu einem Unsterblichen wurde.

5. HAN HSIANG-TZU war Musiker und Eremit. Er erlangte durch Meditation Unsterblichkeit und wird immer mit einer Flöte dargestellt.

6. HAN CHUNG-LI war Alchimist und General während der Han-Dynastie. Er hält den Pfirsich des ewigen Lebens in der Hand.

7. LAN TS'AI-HO war vermutlich ein Transvestit, denn er wird manchmal als Frau und manchmal als Mann dargestellt. Er verkörpert die Ausgestoßenen und Verrückten.

8. HO HSIEN-KU: die einzige Frau unter den *Baxian*. Sie wurde unsterblich wegen ihrer Freigiebigkeit und ihrer strengen Askese.

Bayan-Silat (mal.): Form des malaiischen →*Bersilat* (s. auch →Malaysia).

Bei-tui (chin.): »Bein des Nordens«, Bezeichnung für die nördlichen Stile des →*Shaolin Quan-fa* (s. auch →*Wai-jia*) im Gegensatz zu →*Nan-quan* (südliche Stile).

Das *Quan-fa* Nordchinas verläßt sich traditionell auf eine aktive Fußarbeit und das Durchbrechen der gegnerischen Abwehr. In den nördlichen Systemen werden zuerst die weichen Bewegungen und die weiche Kraft gelehrt, dann geht man langsam über zu härteren, mehr äußeren Techniken und endet mit einer Mischung von hart und weich. Die bekanntesten nördlichen Stile sind *Chang-quan, Tang-lang-quan* und *Da-sheng-quan* aus der *Wai-jia* (äußere Schule) und *Xing-yi-quan, Ba-gua quan* und *Tai-ji-quan* aus der *Nei-jia* (innere Schule). Weitere Erläuterungen zu *Bei-tui* s. Einleitung.

BEI-TUI – NÖRDLICHES QUAN-FA

Chang-quan (Chang-ch'uan)
Cha-quan (Cha-kuen-p'ai)
Da-sheng-quan (Hou-ch'uan/Tasheng-chúan)
Emei-quan (Emei-ch'uan)
Fo-jia (Fo-chia)
He-quan (Ho-ch'uan)
Hong-quan (Hung-gar)
Lau-hon-kuen-p'ai
Lou-han (Lohan-ch'uan)
Mi-zon-yi-pai (Mitsung-I-p'ai)
Siumui-fa-kuen
Sup-bart-lau-hon-kuen
Tang-lang-quan (Tang-lang-p'ai)
Tegin-cheung-kuen
Wu-qing-quan (Wu-hsing-ch'uan)
Xiao-ba-gua122-quan (Siu-pakua-kuen)
Xiao-shi-zi-quan (Siusup-chi-kuen)
Zui-ba-xian-quan (Ts'ui-pa-hsien-ch'uan)
Zui-quan (Ts'ui-ch'uan)

Beladao (indo.): kurzer Dolch mit nach außen gebogener Schneide, der auf Sumatra verwendet wird (→Indonesien).

Ben (chin.): Wurzel, Basis, Ursprung; eigentlich, ursprünglich.

Benkei (jap.): Innenseite des Schienbeins.

Bensoku-dachi (jap.): andere Bezeichnung für →*Kôsa-dachi*. Sie wird häufig in den okinawanischen *Shôrei*-Stilen verwendet.

Bersilat (mal.): [aus *ber* = tun, *silat* = kämpfen] auf →Malaysia geübte Form des →*Pentjak-Silat*, gegründet von Huang Tuah aus Malakka im 15. Jh. als Synthese zwischen dem indonesischen *Pentjak-Silat* und dem indo-malaischen →*Kuntao*. Später gab es auch Einflüsse aus dem chinesischen →*Quan-fa*. Ursprünglich war das *Bersilat* eine realistische Kampfmethode, doch neuerdings wurde es in zwei Kategorien geteilt: *Bersilat-Pulat* (Tanz), ein reines Vorführungssystem aus Tanz und leichten Bewegungen, und *Bersilat-Buah* (Kampf), eine kämpferische Methode der Selbstverteidigung.

• ***Pulat:*** eine tanzähnliche Methode für die öffentliche Vorführung, weit verbreitet, von graziösen Erscheinungen, der jeder Kampfrealismus fehlt. Es ist die Form, die die Öffentlichkeit kennt; sie wird oft mit rhythmischem Hintergrund aufgeführt.

• ***Buah:*** eine realistische Kampfmethode, die niemals öffentlich gezeigt wird. Ein Schüler des *Buah* muß schwören, nichts von dem Gelernten weiterzugeben. Jeder Staat in Malaysia hat seine eigene *Bersilat*-Form, am berühmtesten sind die Meister der Ostküste.

Es gibt mehrere Stile des malaiischen *Bersilat*, in denen sowohl der waffenlose als auch der bewaffnete Kampf enthalten ist. Es werden Techniken mit dem kurzen Stock, dem langen Stock, dem Messer, dem Säbel und dem malaiischen *Kris* (Krummschwert) gelehrt. Die wichtigsten malaiischen *Silat*-Stile sind folgende:

1. ***Chekak***, das den Akzent mehr auf die Atmung als auf die Kraft legt.
2. ***Kelantan***, ein System der Griffe und Hebel.
3. ***Lintan***, der Kampf zwei gegen zwei mit bloßen Händen.
4. ***Medan***, ein Waffensystem.
5. ***Peninguan***, Kampf auf große Distanz.
6 ***Terelak***, Kombination zwischen Atmung und Kraft.
7. ***Bayan***, malaiisches *Bersilat*.

Bhagawad-Gita (skrt.): philosophisches Gedicht aus dem →*Yoga*, entstanden ca. 300 n. Chr.

Bian Que: berühmter chinesischer Arzt (407 bis 310 v. Chr.), der die vier traditionellen Untersuchungsmethoden, die →*Si-jian* erfand. Sie bestehen aus Betrachten, Erfragen, Tasten und Abhören. Sein berühmtes Werk, das *Nan-jing*, war das erste Buch über die Pulsdiagnose.

Bi-gu (chin.): auch *Pi-ku*, »Vermeiden des Genusses von Körnerfrüchten«, daoistische Praktik zur Erlangung der Unsterblichkeit (→*Chang-sheng-bu-si*).

Man stellte sich vor, daß die Getreidearten auch die Nahrung der →»Drei Würmer« sind. Außerdem verkörpern die Körner die Essenz der Erde, die ebenfalls den Körper schädigt. Man dachte, daß diese Schädigung sogar erblich sei (→*Chang-ming*, →*Dao-jiao*, →chinesische Gesundheitsleh-re).

Bi-gua (chin.): nördlicher Stil des *Quan-fa*, der die Schlagtechniken der offenen Hand betont.

Ein Großteil der Übungen konzentriert sich darauf, Schläge sowohl auszuteilen als auch einzufangen. Die wichtigsten Waffen sind das Messer und das Doppelmesser. Wichtige Meister sind JIANG ZE, der *Jiang Zi* unterrichtete, und JIANG XIAODANG, der *Meng Cao-Shuan* (heute in Taiwan) unterrichtete.

Bikon (jap.): *Atemi*-Angriffspunkt: Nasenwurzel.

Bikotsutan (jap.): Atemi-Angriffspunkt: Nasenbeinende.

Bima-Silat (indo.): auch *Budoja Indonesia Matarm Silat* genannt, Stil des →*Pentjak-Silat* mit Ursprung auf der Insel Java.

Bing (chin.): Waffe, Soldat, →*Bing-qi*.

Bing-qi (chin.): auch *Gong-fu Wu-qi* und *Ping-chi*, wörtlich »Kampfgeräte«. Bezeichnung für die im alten China verwendeten Waffen. Auch heute wird in den chinesischen Kampfkünsten eine mehr oder weniger große Anzahl von Waffen unterrichtet. Die Zahl der Waffen ist von System zu System verschieden. Es gibt Stile mit nur 2 Waffen (z. B. *Wing-chun*), in anderen Stile werden mehr als 50 Waffen unterrichtet.

Schriftzeichen für Bing-qi

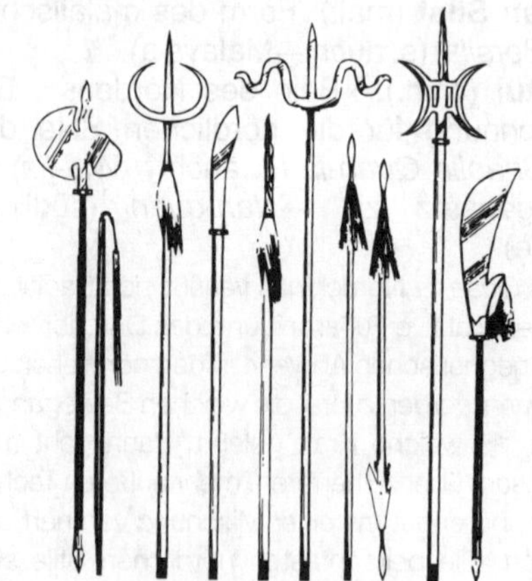

Chinesische Langwaffen von links nach rechts: 1. Ji; 2. Shao-gun; 3. Niu-duo-cha; 4. Tai-yang-dao; 5. Qiang; 6. Yin-yee-don; 7. Qiang; 8. Shuang-tou-qiang; 9. Shuang-ji; 10. Tai-dao

WAFFENARTEN

Wie in Japan und in Okinawa waren auch hier die waffenlosen Künste nie von den Waffenkünsten getrennt. Bereits im *Shaolin*-Kloster übten sich die Mönche in Waffentechniken, auch heute enthält das *Shaolin Quan-fa* 18 traditionelle Waffen (die 18 Waffen der *Luo-han*). Im Laufe der Jahrhunderte entwickelten die chinesischen Meister der Kampfkünste eine unüberschaubar große Anzahl von Waffen (etwa 150). Die meisten japanischen und okinawanischen Waffen wurden von China beeinflußt.

Die Anzahl der in den chinesischen Künsten ge-

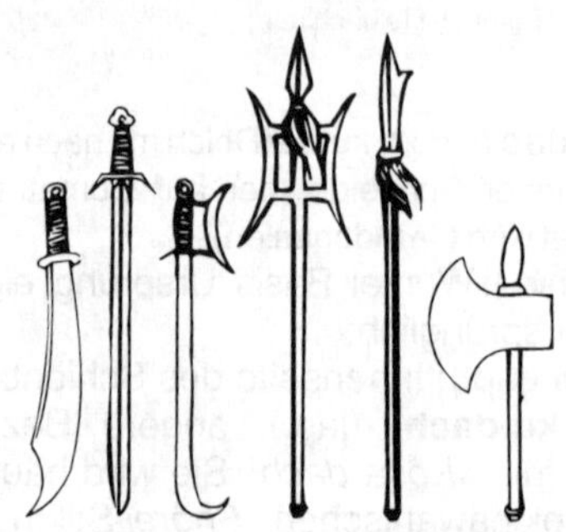

Chinesische Kurzwaffen von links nach rechts: Dan-dao; Dan-jian; Shuang-gao; Shuang-ji; Guo-qiang; Fu

CHINESISCHE WAFFEN IM HEUTIGEN GEBRAUCH

Bang (Pang)	– Kurzstock (Jo)
Biao	– Wurfstern
Bi-shou	– Dolch
Cha	– Gabel
Chan	– Halbmondhellebarde
Chang-gun (Chang Kun)	– 3 m langer Stock
Chui	– Keule mit Metallkugel
Da-dao	– lange Hellebarde
Dan-dao (Tao)	– Säbel
Dan-jian (Chien)	– Schwert
E-mei-ci	– Emei-Spitzen
Fu	– Axt
Gang-bian	– Kette
Gong	– Bogen
Guai (Kuai)	– Stock mit Griff (Tonfa)
Gui-tou-dao	– Teufelskopf-Säbel
Gun (Kun)	– 1,80 m Stock (Bo)
Ji	– Hellebarde/Dreizack
Jiu-goa-dao	– neunzähniger Säbel
Jiu-jie-bian	– neunschwänzige Peitsche
Kan-dao	– Henkersäbel
Liang-jie-gun	– Nunchaku
Liu-shin	– Band mit Gewichten
Ma-dao	– Lanze gegen Pferd
Niu-er-jian-dao	– Schmetterlingsmesser
Pu-dao	– kurze Hellebarde
Qiang (Chi'ang)	– Speer, Lanze
San-jian-liang-ren-dao	– Heugabel
San-jie-gun	– dreiteiliger Nunchaku
Shan	– Fächer
Shao-gun (Shao-kun)	– kurzer (langer) Stock
She-mao	– Schlangenspeer
Sheng-biao	– Band mit Metallspitze
Shuang-gou	– 2 Hakenschwerter
Shuang-tou-qiang	– Doppelkopfspeer
Si-jie-dang	– vierteilige Lanze
Tai-dao	– Schwert mit Schaft
Tie-ji (T'ieh-ch'ih)	– Eisenspieß (Sai)
Um-jiao-dao	– Einhorn-Säbel
Zhua	– Band mit Haken
Zi-wu-yuan-yang-yue	– Doppel-Enterhaken

brauchten Waffen ist nicht nur unüberschaubar groß, sondern sie werden auch in verschiedenen Dialekten bezeichnet, so daß der Uneingeweihte kaum eine Chance hat, den Überblick zu bewahren. Außerdem entwickelte jede Hauptwaffe (z. B. Speer oder Schwert) unverhältnismäßig mehr Ableitungen als in den japanischen Systemen. Untenstehend sind die wichtigsten chinesischen Waffen in Hochchinesisch aufgeführt.

HAUPTGRUPPEN DER WAFFEN

Die chinesischen Waffen unterteilt man in sieben Hauptgruppen. Näheres s. unter der jeweiligen Bezeichnung:

DIE WICHTIGSTEN WAFFENGRUPPEN

Gu-dai-bing	– altertümliche, antike Waffen
Gun	– Stöcke
Jian	– Schwerter
Dao	– Säbel
Ji	– Hellebarden
Qiang	– Lanzen
Gong	– Bogen

Zusätzlich kennt man auch unterschiedliche andere Gruppen, wie z. B. landwirtschaftliche Geräte, alltägliche Gebrauchsgegenstände und ungewöhnliche Waffen. Die Zuordnung der Waffen ist oft unterschiedlich und kann von Stil zu Stil variieren.

• Waffen aus Gebrauchsgegenständen

In dieser Gruppe unterscheidet man landwirtschaftliche Geräte und Alltagsgegenstände. Sie wurden meist von der einfachen Bevölkerung benutzt und waren stark verbreitet. Deshalb bezeichnete man sie auch oft als Volkswaffen.

Landwirtschaftliche Geräte: Zu den wichtigsten bäuerlichen Waffen gehörten die Geräte, die auf dem Reisfeld benutzt wurden. Sie sind denen aus dem →*Kobudô* auf Okinawa ähnlich. Da in Südchina mehrere Reisernten im Jahr möglich sind, wurden die Geräte ständig benutzt. Der Reisanbau unterscheidet verschiedene Etappen, denen jeweils spezielle Geräte zugeordnet werden: Zur Vorbereitung des Reisfelds bewegte man sich auf einem flachen Boot vorwärts, das den Gebrauch von Stäben *(Kao)* und Rudern *(Chi)* erforderte. In der Bodenbearbeitung wurden Schaufeln *(Chan)* und Hacken *(Chu)* eingesetzt. Ähnliche Geräte findet man auch auf Okinawa als →*Bô* und →*Eiku*.

Beim Pflanzen und Versetzen benutzte man zum Umhertragen der Pflanzen Körbe und Schalen, die manchmal aus Schildkrötenpanzern gemacht waren. Sie dienten als Schild *(Tun)* und wurden oft zusammen mit einem kurzen Dreizack *(Tiegen)* verwendet. Man brauchte ihn, um den Boden für die Pflanzen vorzubereiten. Als Waffe ist dieses Gerät in Okinawa als →*Sai* und in Indonesien als →*Tjabang* bekannt.

Beim Einbringen, Dreschen und Entspelzen der

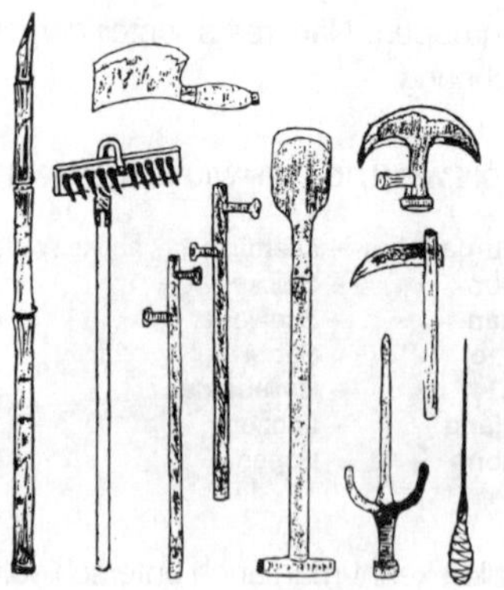

Arbeitsgeräte als Waffen

Ernte wurde eine Sichel verwendet *(Chao)*, die manchmal auch mit einer Kette angebunden war *(Tie-chao)*. Das okinawanische Äquivalent ist die →*Kama* oder →*Kusarigama*. Beim Dreschen wurden verschiedene Dreschflegel verwendet *(Jie-lian-cha-bang)*, die groß, klein und auch mehrteilig sein konnten. Verbunden wurden sie meist mit Pferdehaar oder Seide, seltener mit Ketten. Die Ketten wurden vorwiegend im Kampfkunstbereich verwendet.

In der Reisbereitung wurde, um Reismehl zu erhalten, der Reis zwischen Steinen gemahlen, die mit Krücken *(Kuai)* gedreht wurden. Auf Okinawa war dieses Gerät als →*Tonfa* bekannt und meist etwas kürzer als die chinesische Variante.

Alltagsgegenstände: Die meisten anderen alltäglichen Geräte stammen ebenfalls aus der Landwirtschaft oder aus dem Haushalt. Sehr bekannt ist die Gabel *(Cha)*. Man kennt eine Form mit nach innen gerichteten Spitzen *(Nei-cha)* und eine Form mit nach außen gerichteten Spitzen (*Wai-cha*), die zur Tigerjagd verwendet wurde. Sie wird auch *Nan-ba-tai-cha* (Gabel des Südens) oder *Hu-cha* (Tigergabel) genannt. Aus einem Bündel stacheliger Zweige bestand der Besen *(Chou)*. Manchmal wurde er auch aus Eisen hergestellt *(Tie-chou)*. Die Säge *(Chu)* ist eine sehr seltene Form, die bekannteste ist die aus Südchina stammende Säge mit vergifteten Zähnen *(Chu-zhi)*. Die Harke *(Pa)* wurde oft auch als Kriegswaffe verwendet, um Reiter aus dem Sattel zu holen. Der Hocker *(Deng)* war die Lieblingswaffe der Restaurantbesitzer. Die Stäbchen und das Messer, das chinesische Eßbesteck *(Tiao)*, wurden oft als Wurfwaffe verwendet.

Bian	– Peitsche
Chan	– Schaufel
Chao	– Hackmesser
Chao	– Sichel
Chu	– Hacke
Chui	– große Nadel
Dao-kuai	– Eßbesteck
Deng	– Hocker
Fu	– Axt
Kao	– Bambusstange
Kuai	– Krücken
Liang-jie-gun	– zweiteiliger Dreschflegel
Pa	– Harke
San-jie-gun	– dreiteiliger Dreschflegel
Shan	– Fächer
Si-jie-gun	– vierteiliger Dreschflegel
Tie-gen	– kurzer Dreizack
Tie-lian-chia-bang	– Dreschflegel für Reis
Yan-dai	– Bronzepfeife

• Ungewöhnliche Waffen

Die ungewöhnlichen Waffen wurden oft von alltäglichen Gegenständen abgeleitet, aber auch stark umgestaltet. Sie wurden nicht nur von Bauern benutzt, sondern gehören auch zu den »kuriosen« Waffen der Kampfkünste.

Biao	– fliegender Stachel
Chui	– Kriegskeule
De-liang	– Wurfgewichte
Di-sha-shou	– Dämonhand
Fei-shou-shao-sha	– Wurfkralle
Jian	– Kampfdreschflegel
Jiu-lian-lang	– neungliedrige Kampfkette
Shen-jing-bian	– mehrschwänzige Peitsche
Wan	– fliegendes Projektil
Wu-jian-chui	– Keule mit achteckigem Kopf
Wu-tie-bian	– Eisenkriegspeitsche
Wu-tie-gen	– Eisenlineal mit Klinge
Wu-tie-jian	– Dreschflegel aus Bronze
Xian	– Kreuzhacke
Xing-xing-chui	– Meteormaterial

• Shi-ba-ban-wu-qi

Dies ist die Bezeichnung für die 18 klassischen Waffen des *Shaolin*-Klosters. In Wirklichkeit wurde im alten *Shaolin*-Kloster eine weit größere Anzahl von Waffen verwendet, doch die Zahl 18 gilt als heilige Zahl, und daher wurden (entsprechend den »18 Händen der Buddha-Schüler«, →*Shi-ba-luo-han-shou*) 18 Hauptwaffen festgelegt. Folgende sind die Standardwaffen des *Shaolin*:

1.	Bang	– kurzer Stock
2.	Chui	– Keule
3.	Dao	– Säbel
4.	Fu	– Axt
5.	Ge	– gekreuzte Hellebarde
6.	Gong	– Bogen
7.	Ji	– Lanze mit zwei Spitzen
8.	Jian	– Schwert
9.	Lian	– Kette mit Gewichten
10.	Mao-qiang	– weiche Lanze
11.	Nu	– Armbrust
12.	Pa	– Harke
13.	Pai	– Schild
14.	Pien	– Dreschflegel
15.	Qiang	– Speer
16.	Tcheu	– Spieß mit gebrochener Klinge
17.	Wo	– Wurfhaken
18.	Yue	– großes Kriegsbeil

• Die 18 Waffen des modernen Wu-shu

Entsprechend der *Shaolin*-Tradition hat das moderne →*Wu-shu* ebenfalls 18 Waffen ausgewählt, mit denen die *Wu-shu*-Artisten ihre spektakulären Vorführungen demonstrieren. Doch die *Wu-shu*-Waffen sind keine wirklichen Waffen, sondern leichte Imitationen der alten chinesischen Waffen. Auch die *Wu-shu*-Waffentechniken sind nicht realistisch, sondern Show-Vorführungen, die von den Artisten selbst gegründet werden. Folgende Waffen werden heute im *Wu-shu* verwendet:

1.	Bian	– Peitsche
2.	Biao	– Wurfpfeil
3.	Cha	– Gabel
4.	Chan	– Schaufel
5.	Chang	– besonders lange Rute
6.	Chui	– Keule
7.	Dao	– Säbel
8.	Fu	– Axt
9.	Ge	– Dreizack
10.	Gou	– Hakenschwert
11.	Guan-dao	– Hellebarde
12.	Gun	– Stock
13.	Jian	– Kampfdreschflegel
14.	Jian	– Schwert
15.	Qia	– Dolchpaar
16.	Qiang	– Lanze
17.	Shan	– Fächer
18.	Tie	– Kette

TRAINING MIT WAFFEN

Man kennt drei Phasen des Trainings, die nacheinander durchlaufen werden:

1. Der Mensch bewegt die Waffe.
2. Mensch und Waffe werden eins.
3. Die Waffe wird beseelt und bewegt den Körper.

Weiterhin teilt man die Waffen in drei Gruppen:

1. Edle Waffen, die von der Aristokratie verwendet wurden, wie das Schwert *(Dan-jian)*, der Säbel *(Dan-dao)* und die Lanze *(Qiang)*.
2. Objekte des täglichen Gebrauchs, die als Waffen verwendet werden konnten, wie der Dreschflegel *(Liang-jie-gun)*. Diese Waffen wurden von Bauern und anderen einfachen Menschen genutzt.
3. Außergewöhnliche Waffen, wie sie zumeist von den Kampfkunstexperten der buddhistischen und daoistischen Tempel verwendet wurden.

Binot (ind.) [aus *bin* = nicht, *ot* = schützen]: alte indische Kampfkunst (→Indien), bestehend aus unbewaffneten Verteidigungstechniken gegen jede Art von Waffe (meist Ringtechniken). *Binot* ist eine der ältesten indischen Kampfmethoden und wird heute nur noch selten geübt.

Bisen (jap.): *Atemi*-Angriffspunkt: Nasenspitze.

Bisentô (jap.): Variante der japanischen →*Naginata* mit einer kurzen, aber breiten Klinge. Sie ähnelt dem chinesischen Breitschwert mit langem Schaft (→*Kwan-dao*) und wurde hauptsächlich von den Bauern und den →*Ninja* verwendet.

Japanischer No-Spieler mit Bisentô

Bi-shou (chin.): Dolch, →*Bing-qi*.

Bito (jap.): *Atemi*-Angriffspunkt: Nasenrücken.

Bi-xi (chin.): »Anhalten des Atems«, auch *Pi-ch'i*, daoistische Atemmethode (→chinesische Atemmethoden). Bei dieser Übung wird der Atem zuerst harmonisiert (→*Tiao-qi*), dann geschluckt (→*Yan-xi*) und schließlich so lange wie möglich angehalten.

Der Anfänger hält den Atem etwa 3–9 Herzschläge an. Das ist die sogenannte »kleine Runde«. Die den Fortgeschrittenen vorbehaltene »große Runde« dauert 120 Herzschläge. Hat man diese Stufe erreicht, kann man kleine Krankheiten heilen. Laut der daoistischen Mythologie erlangte man Unsterblichkeit, wenn man es vermochte, den Atem 1000 Herzschläge lang anzuhalten.

Diese Atemmethode verwendet man dazu, um Krankheiten zu heilen. Zuerst wird die Krankheit lokalisiert, dann schickt man den Atem dorthin. Der konzentrierte Atem dient dazu, die Blockaden, die die Krankheit bewirken, aufzulösen. Den Vorgang wiederholt man etwa 20- bis 50mal, und dabei muß an der erkrankten Stelle Schweiß austreten.

Heute gibt es auch gemäßigtere Methoden. Zwischen Ein- und Ausatmung wird die Luft für kurze Zeit angehalten, wobei man versucht, sich auf die erkrankte Stelle zu konzentrieren und das *Qi* der Luft dorthin zu lenken.

Bô[1] (jap.): hoffen, wünschen, überblicken (auch *Mo, Nozomu*). *Shibô* – Wunsch, *Yobô* – Begehren, Verlangen, *Bonnô* – Leidenschaft, Begierde.

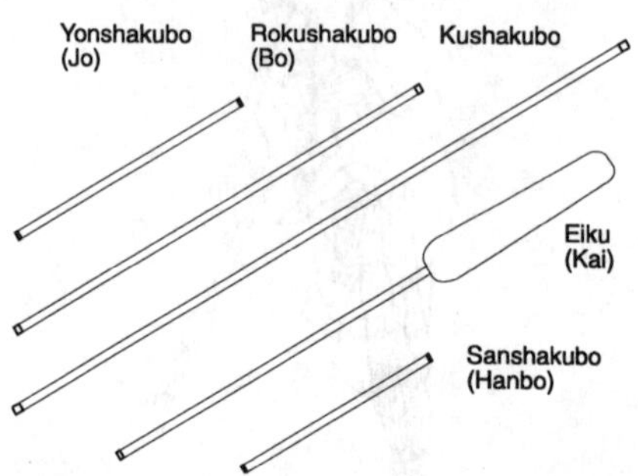

Mehrere Bô-Typen

Bô[2] (jap.): Stock, Stange. *Tetsubô* – Eisenstange, *Shinbô* – Achse, *Aibô* – Partner, Komplize.

DER JAPANISCHE STOCK (BÔ)

In den japanischen Kampfkünsten verwendet man den Begriff *Bô* für den Stock als Waffe (identisch mit dem okinawanischen *Kon*). *Bô* ist eine übergeordnete Bezeichnung für alle japanischen Stockwaffen, hat sich jedoch in neuerer Zeit als Begriff für den langen Stock (1,80 m) durchgesetzt. Das System, das den Gebrauch des Stockes als Waffe lehrt, nennt man →*Bôjutsu*. Doch auch dieser Begriff bezieht sich mehr auf die Anwendung des 1,80–2,00 m langen Stokkes, der einen Durchmesser von etwa 3 cm hat (okinaw. →*Rokushaku-bô*), während man für die anderen Stockvarianten eigene Namen gebraucht.

Der Stock wurde seit jeher überall in Asien als Waffe verwendet. Manche Systeme haben sich voneinander unabhängig entwickelt, so daß heute zwischen den japanischen Stockkünsten und den okinawanischen Methoden erhebliche Unterschiede bestehen. Im heutigen →*Kobudô* dominieren zumeist die okinawanischen Richtungen. Dennoch gebraucht man darin häufig die japanischen Bezeichnungen (*Bô, Jô, Hanbô, Koshinobô, Yubibô, Kongo* und *Tessen*).

DER OKINAWANISCHE STOCK (KON)

Bô und *Jô* sind die ältesten Waffen Okinawas. Nach der Ankunft der »36 Familien« auf den Ryukyu entwickelte sich der Umgang mit dem *Bô* zu einer eigenständigen Waffenkunst, genannt *Bôhô*. Den Stock, der in Tanzvorführungen gebraucht wurde, nannte man *Meikatobô*, den Kampfstock *Oisangu*.

Die Entwicklung des Stockes *(Kon)* zur Waffe auf Okinawa hängt eng mit der Geschichte des Landes zusammen und wurde insbesondere im Verlauf der Besetzung durch die *Satsuma-Samurai* (→Okinawa) gefördert. Während in Japan der Gebrauch des Stockes als Waffe von den *Samurai* entwickelt wurde (→*Tetsubô*) und den typischen Ausdruck ihres Kampfstils trägt (z. B. →*Jô*), gebrauchte man ihn auf Okinawa ausschließlich zu Zwecken der Selbstverteidigung gegen die *Samurai*. Unter den jeweiligen Stockbezeichnungen im Lexikon wird auf die geschichtliche Entwicklung ausführlich eingegangen, wobei dort auch Hinweise zu finden sind, ob sich das jeweilige System in Japan oder in Okinawa entwickelt hat. Der Gebrauch der Stöcke als Waffen innerhalb des *Kobudô* wird unter dem Begriff *Jutsu* (Kunst, Technik) mit vorangestellter japanischen

Bezeichnung der Waffe beschrieben (*Bôjutsu, Jôjutsu, Hanbôjutsu* usw.). Auf Okinawa kennt man folgende Stockwaffen (Näheres dazu unter den jeweiligen Bezeichnungen):

VARIANTEN DES OKINAWANISCHEN BÔ

Kushaku-bô	– 2,70 m langer Stock
Sunakake-bô (Kai)	– Ruder
Rokushaku-bô (Bô)	– 1,80 m, in Japan Bô
Yonshaku-bô (Jô)	– 1,20 m, in Japan Jô
Sanshaku-bô (Hanbô)	– 0,90 m, in Japan Hanbô
Tanbô	– 0,50 m
Shoshaku-bô	– 0,40 m
Teko, Tekko, Tek-chu	– Kurzstäbe, Faustwaffen

Bô-chaku (jap.): *Nunchaku*-Variante mit einem kurzen und einem langen Knüppel. Früher in Asien als Dreschflegel verwendet, wurde er mit der Zeit zur Waffe (→*Sosetsukon*) umfunktioniert.

Die Waffe kam in dieser Form ursprünglich aus China (*Sau-tsa-kuen*), fand jedoch auch in Okinawa Verbreitung und war dort wahrscheinlich die erste Form des *Nunchaku*.

Bodai-Daruma: jap. Bezeichnung für den indischen Mönch →*Bodhidharma*.

Bodaishin (jap.): »Der Geist der Erleuchtung« im *Zen*. Bezeichnung für das Streben nach →*Satori*.

Bodhi (skrt.): Im Buddhismus wird der Begriff als die »wahre Weisheit der Erleuchtung« (→*Satori*) interpretiert, die Buddha auf der höchsten Stufe erlangt hat. Der Name »Buddha« leitete sich daraus ab. Im *Zen* bezeichnet man mit *Bodhi* die tatsächliche Erleuchtungserfahrung (→*Satori*), gleich auf welchem Niveau, die ein Übender macht.

Bodhidharma: indischer Mönch (chin. *Puti Damo*, jap. *Bodai-Daruma* oder *Daruma*), 28. Nachfolger Buddhas (→*Soshigata*), der 3. Sohn von König SUGHANDA. Mitglied der *Kshatriya*-Kaste, ausgebildet in allen höfischen Sitten und in *Vajramushti*.

BODHIDHARMAS REISE

Im Jahre 480 verließ er seine Heimat (südlich von Madras), fuhr mit dem Schiff nach China und wanderte über den Himalaja in die nördlichen Provinzen. Nach mehreren Aufenthalten an verschiedenen Orten (zuerst Südchina, dann am Kaiserhof der Liang-Dynastie) ließ er sich im Jahre 523 in der Provinz Henan (im Norden Chinas) im Kloster →Shaolin nieder und lehrte eine aus dem Buddhismus abgeleitete Philosophie der Selbstbetrachtung: das →*Chan*[2] (jap. →*Zen*). Bodhidharma war der 28. Patriarch des indischen Buddhismus und der erste Patriarch des chinesischen *Chan*. Er war der Schüler und *Dharma*-Nachfolger (→*Hassu*) des 27. Patriarchen PRAJNADHARA (jap. *Hannyatara*) und der Lehrer von →HUI-K'O, dem zweiten chinesischen Patriarchen des *Chan*.

BODHIDHARMA UND DAS SHAOLIN-KLOSTER

Im zu jener Zeit noch daoistischen Shaolin verband er die Meditationspraktiken des Zen mit verschiedenen körperertüchtigenden Bewegungen. Man geht davon aus, daß diese Bewegungen das spätere *Quan-fa* beeinflußten. Doch im Gegensatz zu seinen späteren Nachfolgern im Shaolin-Kloster lehrte er den Kampf nur als eine ergänzende Disziplin zum Erreichen der Erleuchtung (chin. *Wu*, jap. *Satori*). Zu den geistigen Grundlagen des Shaolin-*Quan-fa* s. →*Wai-jia*.

Man schreibt Bodhidharma die Entstehung der →*Shi-ba-luo-han-shou* (auch *Shi-pa-lo-han-sho* – »18 Hände der Buddha-Schüler«) zu, eine Form gymnastischer und im Kampf anwendbarer Übungen, die zusammen mit HUA TUOS →*Wu-qin-xi* die Entwicklung des *Shaolin Quan-fa* einleiteten. Außerdem gründete er zwei *Sûtra*: die →*Yi-jin-jing* (*I-chin-ching*, jap. *Ekkinkyô*) stellt eine Reihe von Übungen und Atemtechniken dar (→*Shaolin*-Übungen), durch die der Körper zum Durchhaltevermögen und zur Widerstandskraft erzogen werden kann. Die →*Xi-sui-jing* (*Hsien-sui-ching*, jap. *Senzuikyô*) erläutert, wie man geistige Stärke (→*Qi*) entwickelt. Man glaubt, daß diese Lehren Bodhidharmas die Entstehung der chinesischen Kampfkünste eingeleitet haben. Ungeachtet dessen, daß der Einfluß Bodhidharmas heute nicht nachgewiesen ist, haben die Mönche der damaligen Zeit die Wichtigkeit der körperlichen Übungen als Teil ihrer täglichen Routine erkannt und angewendet.

LEGENDE ODER WAHRHEIT?

Bodhidharmas Existenz wird von den heutigen Geschichtsforschern nicht mehr als gesichert angesehen. Laut einer alten chinesischen Erzählung kamen in demselben Jahr mehr als 30 gleichnamige Mönche (registriert) nach China. In diesem Jahr wurde China regelrecht von indischen Mönchen überflutet, die als Glücksritter und Missionare durch das Land streiften. Von ihnen trugen viele den Namen *Bodhidharma*, was übersetzt »Gesetze Buddhas« bedeutet. Audienzen beim Kaiser verliefen regelmäßig ohne Erfolg, da der Kaiser zu jener Zeit buddhistische Ideen ablehnte und dieser Strömung keine Unterstützung angedeihen ließ.

Bodhidharma

Bodhisattva (skrt.): Im traditionellen Buddhismus ist der *Bodhisattva* ein Wesen, das eine Stufe unter →BUDDHA steht. Er ist als zukünftiger Buddha jemand, der aus Mitleid zu allen lebenden Wesen freiwillig auf sein Eingehen ins →*Nirwana* verzichtet, um Zeit seines Lebens als erleuchteter Mensch seine Erleuchtung (→*Satori*) auch auf andere Menschen zu übertragen.

Im Buddhismus wird deshalb ein Übender, der gemäß der Lehre Buddhas lebt, manchmal als *Bodhisattva* bezeichnet. Im *Zen* verwendet man den Begriff als Ehrentitel für jemand, der *Satori* erlangt hat.

Bô-furi-kyô (jap.): Überbegriff für alle Schwingtechniken mit dem Stock. Diese sind je nach Art der Stockwaffe (*Bô, Hanbô* oder *Jô*) verschieden (Einteilung s. unter den jeweiligen Waffen).

BÔ-FURI-KYÔ - SCHWINGTECHNIKEN

Ichimonji-mawashi-furi	– Ura-uchi seitlich
Mae-mawashi-furi	– Ura-uchi vorn
Hachiji-mawashi-furi	– Achterschwung
Daisho-mawashi-furi	– Achter um den Körper
Kata-sukashi	– Schulter und Arm
Ushiro-dori	– über den Rücken

Bôgu (jap.): Schutzausrüstung, ursprünglich aus der im →*Kenjutsu* gebräuchlichen Rüstung (→*Yoroi*) abgeleitet und heute in abgewandelter Form hauptsächlich im *Kendô* verwendet. Die aktuelle *Kendô*-Rüstung besteht aus vier Teilen: *Men* (Kopfschutz), *Dô* (Rumpfschutz), *Tare* (Hüftschutz) und *Kote* (Handschutz).

Bôgu – die Schutzausrüstung im Kendô

Die *Bôgu* wurden etwa 1750 von ONO TADAAKI aus dem →*Ono-ha Ittô-ryû* zum ersten Mal in Gebrauch genommen, nachdem er in der Schwertübung das →*Bôken* durch das →*Shinai* ersetzte. Danach wurde sie von seinem Schüler →NAKANISHI CHÛTA perfektioniert. Die Teile waren aus der schweren Samurai-Rüstung (→*Yôroi*) abgeleitet und meist aus Holz nachkonstruiert.

Sie diente dem Zweck, die Schläge mit dem *Shinai* aufzufangen und ihre Wirkung zu mildern. Diese Rüstung gewährte eine bessere Beweglichkeit als die Kriegsrüstung.
Heute versteht man unter *Bôgu* eine leichte Sportausrüstung (Kopfschutz, Brustpanzer und Armschutz). In neuerer Zeit wird sie in abgeänderten Varianten auch in anderen Kampfkünsten zu Trainings- oder Wettkampfzwekken verwendet (z. B. im *Full-contact Karate*).

Bôgu-kumite (jap.): Übungskampf mit Schutzausrüstung (→*Bôgu*). Zuordnung und Erläuterung s. u. →*Jissen-kumite.*

Bôgyo (jap.): Verteidigung (s. auch →*Jigo*).

Bôgyo-suru (jap.): sich bzw. etwas verteidigen.

Bo-ji (jap.): oder *Po-chi,* Bezeichnung für die Kampfübungen der chinesischen Kampfkünste.
Zuerst werden Techniken ohne Partner eingeübt, dann kann man diese Techniken zu zweit in festgelegter Reihenfolge üben. Diese Kampfabschnitte sind so ausgelegt, daß keiner gewinnt oder verliert. Sinn der Übung ist es, auf jede Reaktion des Partners eine geeignete Gegenaktion, die vorher festgelegt wurde, auszuführen. Diese Übungen können sehr kurz sein oder sich auf eine Kette von mehr als 100 Aktionen erstrecken, die in scheinbar unendlichen und schnellen Bewegungen aufeinanderfolgen. Diese Form zu zweit nennt man *Bo-ji-lu* oder *Bo-ji-dao*.

Bôjutsu (jap.): die Kunst des Kämpfens mit dem Stock. Der →*Bô* ist im heutigen Sprachgebrauch der Kampfkünste der 1,80 m lange Stab, der auf Okinawa als →*Rokushaku-bô* bezeichnet wird. Doch der Begriff umfaßt sämtliche Stockvarianten.
OKINAWA
Das erste System im Umgang mit dem Stock (→*Rokushaku-bô*) entstand vermutlich in China, von wo aus es in erheblichem Maß die Meister Okinawas (→*Kobujutsu,* →*Kobudô*) beeinflußte, die eigene Stocksysteme (→*Bô- Kata*) zu gründen begannen. Die ersten großen Meister Okinawas waren →AKAHACHI OYAKEI, →MATSU HIGA und →ABURAYA. Es folgten →YARA[1], →SAKUGAWA, →MATSUMURA u. a. Diese Systeme werden heute im *Kobudô* als okinawanisches *Bôjutsu* geübt.
JAPAN
In Japan gab es bereits früh die erste Schule, die den Umgang mit den Stockwaffen lehrte. IIZASA CHÔISAI IENAO (1387–1488) gründete das →*Tenshin Shôden Katori Shintô-ryû* und lehrte unter anderem den Einsatz des Stockes (*Bô, Jô* und *Hanbô*) auch als Samurai-Waffe. Weitere japanische Waffen waren *Konsaibô, Tetsubô, Hakkakubô, Kiribô* und *Yoribô*. Ein weiterer bekannter Meister des japanischen *Bô* war MUSÔ GONNOSUKE, der die Variante des *Jô* (mittellanger Stock) erfand und daraufhin seine eigene Schule gründete, die er →*Shindô Musô-ryû* nannte.

Bô-kaiten-kyô (jap.): Überbegriff für alle Drehtechniken mit dem Stock. Diese können mit allen Stockwaffen ausgeführt werden (s. dazu →*Bôjutsu*).

BÔ KAITEN-KYÔ – DREHTECHNIKEN

Yubi-kaiten	– Fingerschwung
Te-kaiten	– Handschwung
Katate-kaiten	– um eine Hand
Ryôte-kaiten	– mit beiden Händen
Kansetsu-kaiten	– Gelenkschwung
Ude-kaiten	– Armschwung
Tai-kaiten	– Körperschwung
Jôdan-kaiten	– um den Kopf
Chûdan-kaiten	– um die Körpermitte
Gedan-kaiten	– um die Beine

Bô-kamae-kyô (jap.): Überbegriff für alle Abwehrhaltungen und Deckungen mit dem Stock. (s. dazu →*Bôjutsu*).

Obere Reihe: Jôdan-gamae; Waki-gamae; Chûdan-gamae. Untere Reihe: Formen von Hasso-gamae

BÔ-KAMAE-KYÔ – HALTUNGEN	
Chûdan-gamae	– Haltung mittlere Stufe
Gedan-gamae	– Haltung untere Stufe
Jôdan-gamae	– Haltung obere Stufe
Waki-gamae	– Haltung seitlich vom Körper
Hasso-gamae	– senkrecht vor dem Körper

Bô-Kata (jap.): die okinawanischen *Tôde-* und *Kobudô*-Meister, die sich mit der Kunst des →*Bô* (s. auch →*Rokushaku-bô*) befaßten, hielten ihre Kampferfahrungen in Bewegungsabläufen fest, die man →*Kata* nennt. Jeder Meister hatte seine eigene Vorstellung vom Kämpfen mit dem *Bô*, und diese vertiefte er, indem er beständig seine *Kata* übte, die er entweder selbst gegründet oder von einem anderen Meister übernommen hatte. Die von früher überlieferten und heute bekannten *Bô-Kata* tragen die Namen ihrer Gründer.

Auch heute noch üben alle traditionellen okinawanischen *Karate-Dôjô* den Gebrauch des *Bô* (*Rokushaku-bô*) als Grundwaffe. In jedem *Dôjô* gibt es eine geringe Anzahl von *Bô-Kata* (2–5), die spezifisch für das *Dôjô* geübt werden. Die wahrscheinlich älteste okinawanische *Bô-Kata* ist die →*Akahachi no Gyakubô* von Meister AKAHACHI OYAKEI. Insgesamt wur-den folgende okinawanische *Bô-Kata* überliefert (nur *Kata* mit dem *Rokushaku-bô*; Erläuterungen s. unter den jeweiligen Bezeichnungen):

OKINAWANISCHE BÔ-KATA	
Akahachi no Gyakubô	Shirotaru no Kon shô
Aragaki no Kon	Shitanaka no Kon
Chatanyara no Kon	Shoun no Kon
Chibana no Kon	Shuji no Kon dai
Chinen Shitahaku no Kon	Shuji no Kon shô
Ginowan no Kon	Shuji no Koshigi
Hakuson no Kon	Soeshi no Kon dai
Kaiten-bô	Soeshi no Kon shô
Kongo no Kon	Sueyoshi no Kon
Kyushaku no Kon	Suezoko no Kon
Matsu Higa no Kon	Sunakake no Kon
Miyazato Bô	Tenryu no Kon
Oshiro no Kon	Teruya no Kon
Sakugawa no chû	Toyama no Kon
Sakugawa no Kon dai	Tsuken Bô
Sakugawa no Kon shô	Tsuken-sunakake no Kon
Sesoku no Kon	Urasue no Kon
Shirotaru no Kon dai	Yonegawa no Kon

Bô-Katame-kyô (jap.): Überbegriff für alle Immobilisationstechniken mit dem Stock. Sie wurden meist mit den okinawanischen Varianten →*Yonshaku-bô* und *Sanshaku-bô* (→*Hanbô*) ausgeführt.

Bôkatsu (jap.): [aus *Bô* = Stock, *Katsu* = Schrei] Hilfspraktik für die Konzentration der Schüler während der →*Zazen*-Übung, die ein *Zen*-Meister (→*Rôshi*) verwendet. Sie besteht aus dem Einsatz von Schreien (→*Katsu*) und Stockschlägen (→*Kyôsaku*).

Bôken (jap.): auch *Bokken*, aus schwerem Holz nachgebildetes Samurai-Schwert. Es wurde im *Kenjutsu* zu Übungszwecken (*Suburi-bô*), jedoch auch in Duellen verwendet. Das *Bôken* (auch *Bokutô* [aus *Boku* = Holz, *Tô* = Schwert]) war durchaus eine tödliche Waffe.

Der Name wird mit »Stockschwert« [*Bô* = Stock, *Ken* = Schwert] übersetzt. Die Waffe ist meist 1,05 m lang und eine Nachbildung des traditionellen →*Katana* aus hartem Holz, entweder aus roter Eiche *(Akagi)*, aus weißer Eiche *(Shiragashi)*, aus Mispel *(Biwa)* oder aus Ebenholz *(Kokutan)*.

Nachdem die tödlichen Duelle zwischen den Samurai offiziell verboten worden waren, wurde das *Bôken* etwa um 1750 von dem viel leichteren und ungefährlicheren →*Shinai* abgelöst. Zusammenhänge s. unter →*Kenjutsu*.

Bokken (jap.): [aus *Boku* = Holz, *Ken* = Schwert] Holzschwert, →*Bôken*.

Bok Mei: →*Pat-mei-pai*.

Boko (jap.): *Atemi*-Angriffspunkt: Harnblase.

Boku[1] (jap.): Baum, Holz (auch *Moku*).

Boku[2] (jap.): einfach, schlicht; auch *Shitsuboku*.

Bokuden-ryû (jap.): traditionelle japanische Schwertschule, gegründet von →BOKUDEN TSUKAHARA, einem der größten japanischen Schwertmeister.

Bokuden Tsukahara (1490–1572): berühmter japanischer Schwertmeister, nach seinem Vater URABE KAKUKEN auch URABE TOMOTAKA genannt. Urabe Kakuken war ein *Shintô*-Priester aus dem Kashima-Schrein und unterrichtete den jungen Bokuden im *Kashima Ko-ryû*. Später wurde er von seinem Onkel TSUKAHARA TOSANOKAMI YASUMOTO adoptiert und in weiteren

Schwertstilen unterrichtet. Ein anderer Lehrer war KAMIIZUMI ISE NO KAMI (*Shinkage-ryû*), der eine besondere Technik für den Gebrauch der langen Klinge entwickelte.

BOKUDENS LEBEN

Während seiner Dienstzeit bei den Fürsten der Provinz Awa hatte Bokuden Takamaki Tsukagara 37 Kriegseinsätze und besiegte auf dem Schlachtfeld mehr als 215 Schwertkämpfer. Er lebte zu einer Zeit, als Japan in endlose Bürgerkriege verwickelt war. Die Menschen befanden sich in ständiger Alarmbereitschaft und Lebensgefahr. Fähige Schwertmeister waren sehr gesucht, und die Feudalherren überboten sich gegenseitig, um sie in ihrem Gefolge zu haben.

Er wandte das Konzept des *Ken no Shinzui* (→*Mutekatsu*) in seiner Kampfkunst an und lehrte einen unerschütterlichen Geist (*Fudô no Seishin*) im Kampf. Er ist der Begründer des →*Kashima Shintô-ryû*.

Bokuden Tsukahara war einer der größten Schwertkämpfer Japans. Sein Leitsatz war: »Ein wachsames Bewußtsein macht alle Dinge möglich. Nichts ist unmöglich.« Im Alter rief er seine drei Söhne zu sich, um zu testen, welcher von ihnen sein würdiger Nachfolger sein sollte. Diese Geschichte ist eine bekannte japanische Erzählung:

BOKUDENS ÜBERLIEFERUNG

Der Meister befahl, daß seine drei Söhne ihn nacheinander in seinem Raum aufsuchen sollten. Er ließ ihnen ausrichten, daß er seinen Nachfolger bestimmen würde. Vorher jedoch legte er einen hölzernen Schemel über die Eingangstür zu seinem Raum und befestigte ihn so, daß er bei der leisesten Berührung der Tür herunterfallen mußte.

Sein ältester Sohn wurde zuerst gerufen. Er näherte sich der Tür, hielt an, stand einen Augenblick still, griff vorsichtig über die Tür, nahm den Schemel herunter, trat in den Raum und stellte ihn an seinen Platz.

Dann kam der zweite Sohn. Er öffnete die Tür, sah den Schemel fallen, fing ihn mit den Händen auf, betrat ebenfalls den Raum und stellte den Schemel an seinen Platz.

Nun war der dritte Sohn, der gewandteste von den dreien, an der Reihe. Er stürmte in den Raum und riß die Tür auf. Der Schemel fiel ihm auf den Kopf, und voller Zorn zog er sein Schwert und zerschnitt ihn, noch ehe er zu Boden fallen konnte. Seine perfekte Technik mit dem Schwert war beeindruckend, und voller Selbstgefälligkeit lächelte er.

Sein Vater jedoch sah ihn an und sprach: »Du bist ein Unglück für die Kunst des Schwertes und eine Schande für die ganze Familie. Die Intuition ist wichtiger als die Technik (→*Gijutsu yoi Shinjutsu*). Verlaß mein Haus und komme nicht eher zurück, als bis du das verstanden hast.«

Zu seinem zweiten Sohn sprach er: »Du mußt weiter trainieren und üben, so als wäre jeder Tag dein letzter.«

Zu seinem ältesten Sohn sprach er: »Nun kann ich in Frieden zurücktreten, denn du hast verstanden, was in den Kampfkünsten von Bedeutung ist.« Und dem ältesten Sohn gab er sein Schwert.

Bô-kumite (jap.): Kampf mit dem Stock (→*Bô renshu-kumite*)

Bokuseki (jap.): wörtlich »Tuschespur« [*Boku* = Tusche, schwarze Tinte], Zen-Kunst der Kalligraphie (→*Shôdô*). **Sie wird als eine der sieben traditionellen Künste Japans betrachtet, weil sie eine absolute Konzentration und Präzision, verbunden mit großer Schnelligkeit voraussetzt.**

In allen Ländern, in denen man diese Tradition kennt (Japan, China, Korea und Vietnam), üben sich auch die Anhänger des *Budô* in ihr, um gleichzeitig den Geist, den Fluß des *Ki* und die Beherrschung der Muskeln zu stabilisieren. Ein Experte in den Kampfkünsten muß gleichermaßen ein Meister der Dichtkunst und der Kalligraphie sein. Im →*Buke shohatto* steht: »Die literarischen Künste *(Bun)*, die Waffenkünste *(Buki)*, das Bogenschießen *(Kyûjutsu)* und das Reiten *(Bajutsu)* müssen die Hauptbeschäftigung des Kriegers sein.« Erläuterungen s. →*Furyû*.

Meist ist der Inhalt eines *Bokuseki* ein →*Dharma*-Wort der alten Zen-Meister oder Patriarchen. Es wird jedoch nie gefertigt, um ein Kunstwerk zu sein, sondern bringt die lebendige Zen-Erfahrung des Meisters zum Ausdruck. Oft besteht es nur aus einem einzigen Schriftzug.

Die Zen-Meister fertigten oft ein *Bokuseki* an, wenn sie einem Besucher ein Geschenk machen oder Schüler inspirieren wollten. Durch ein *Bokuseki* überlieferte der Meister nie einen philosophischen Inhalt, sondern teilte dem Gegenüber seinen »Herz-Geist« (→*Ishin-denshin*) mit. Die Handlung selbst ist die Lehre, nicht das Werk.

Bokutô (jap.): Holzschwert (→*Bôken*).

Bork, Franz (*1940): deutscher *Karate*-Lehrer des →DKV (s. auch Anhang), einer der Initiatoren des *Karate* in Deutschland, heute 6. Dan und einer der wichtigsten Lehrer des deutschen (DKV-)*Karate*.

Bork begann mit dem Studium des Karate 1962 unter KANAZAWA HIROKAZU und graduierte 1968 zum 1. Dan. In seiner darauffolgenden Wettkampfzeit hatte er nationale und internationale Erfolge in *Kumite* und *Kata* (mehrmaliger Deutscher Meister und Europameister, 4. Platz *Kata-Shiai* bei der Weltmeisterschaft in Tokyo). In den deutschen Verbänden bekleidete er über viele Jahre hinweg wichtige Ämter (Sportwart und Kampfrichterreferent des DKB), zwischen 1977 und 1983 war er technischer Direktor der →EAKF und als einziger Nicht-Japaner Mitglied der technischen Kommission der →IAKF. Heute ist er Prüferreferent und Stilrichtungswart des DKV, mitverantwortlich für die Prüfungs- und Verfahrensordnung desselben.

Bombu-Zen (jap.): die erste der im →*Zen* klassifizierten Arten. *Bombu-Zen* bezeichnet man auch noch als »gewöhnliches Zen«, da es frei ist von jedem religiösen oder philosophischen Inhalt. Im *Bombu-Zen* übt man →*Zazen*, um seine körperliche und geistige Gesundheit zu verbessern. Das ruhige Sitzen bewirkt die Harmonie zwischen Intellekt, Gefühl und Wille und erhöht die geistige Konzentration. Daher kann es von jedem Menschen geübt werden und ist weltweit unter verschiedenen Begriffen verbreitet (z. B. Formen des autogenen Trainings fallen in diesen Bereich).

Das *Bombu-Zen* ist eigentlich nur eine Vorstufe zum richtigen *Zen*, denn durch seinen Abstand zu den tieferen Betrachtungen des eigenen Wesens und vor allem zu jeder Form der philosophischen Askese kann es die Beziehung des Menschen zum Weltganzen nicht beeinflussen, weil es die Illusion nicht zur Auflösung bringt: es führt nicht zum Sehen der Welt, wie sie ist, sondern beläßt sie so, wie der eigene Geist sie widerspiegelt (weiter →*Gedo-Zen*).

Bon (jap.): Sorgen, besorgt sein.

Bong (viet.): langer Stock aus Holz, auch *Tien Bong* (→Vietnam, →*Co-Vo-Dao*).

Bongossi (afrik.): Bezeichnung für das in Westafrika am Äquator wachsende Eisenholz *(Lophira alata)*, von brauner Farbe und außergewöhnlicher Härte.

Das Holz wird von der Industrie für schwere und stabile Konstruktionen genutzt und eignet sich auch besonders gut für die Herstellung von *Nunchaku* und alle Arten des *Bô*. Eine andere afrikanische Holzart, die sich ebenfalls zur Herstellung von →*Kobudô*-Waffen eignet, ist Wengé [sprich *wã-zhé*] *(Millettia laurentii)*. Die europäischen Hölzer sind meist weicher als die Tropenhölzer. Von ihnen kann man am besten Akazie und Esche verwenden. Von den asiatischen Hölzern eignen sich am besten die chinesische weiße Eiche, die japanische rote Eiche und der japanische Ahorn.

Bonnô (jap.): wörtlich »weltliche Sorgen«, im Sinne von sinnlichen Begierden, unkontrollierten Leidenschaften und Wünschen. Ein häufiger Zustand des im Selbstumgang ungeübten Menschen, in dem er von inneren Gefühlen (Selbstmitleid, Vorurteil, Resignation, Selbstsucht usw.) beherrscht wird und seine Ruhe und Spontaneität verliert. Bonnô entsteht, wenn der Mensch sich aus der Verblendung, aus den eigenen Vorstellungen, Wünschen und Vorurteilen nicht befreien kann und ihnen zum Opfer fällt.

Im Zen legt der Anfänger ein Gelübde ab (→*Shôken*), an das er zeit seines Schülerseins gebunden ist, solche Haltungen zu bekämpfen. *Bonnô* sind falsche innere Haltungen, die dann, wenn sie auftreten, jedes Fortschreiten auf dem Weg *(Dô)* unmöglich machen. Übende, die es versäumen, sich in diesem Sinne zu kontrollieren, nehmen sich die Chance zu ihrer Eigenverwirklichung. Aus diesem Grund zählt *Bonnô* zu den gravierendsten Hindernissen auf allen Wegen des *Dô*.

Bool-Moo-Do (kor.): [aus *Bool* = Buddha, *Moo* = militärisch, *Do* = Weg] Tempelkampfkunst in Korea. Seltene, fast unbekannte Kampfkunst, die in Korea von buddhistischen Mönchen in einigen Tempelanlagen geübt wird. *Bool-Moo-Do* wird als direkter Abkömmling der *Shaolin*-Methode aus China bezeichnet.

Eines der wenigen Kampfkunstzentren des *Bool-Moo-Do* ist heute der Chung Nyun Ahm, eine Tempelanlage im Süden Koreas, die im Jahre 678 n. Chr. gegründet wurde. Die Anlage ist nur nach einer beschwerlichen Wanderung zu erreichen, die Mönche darin leben abgesondert und sind an der Öffentlichkeit nicht interessiert. Der Tempelvorsteher ist sehr zurückhaltend mit Informationen über seine Kampfkunst.

Bool-Moo-Do kam vermutlich während der Zeit der drei Königreiche (372 n. Chr.) nach Korea und wurde innerhalb der buddhistischen Gemeinde sehr sorgfältig bewahrt. Heute steht es den Mönchen frei, ob sie am täglichen Training teilnehmen. Jede Trainingseinheit dauert 3 Stunden und beginnt um 8 Uhr vormittags. Es gibt keine Graduierungen, trainiert wird in der Mönchskleidung. Nach der Einwärmung folgen Atem- und Meditationsübungen. Danach werden Grundtechniken und das Kämpfen geübt. Die Techniken ähneln dem System der Gottesanbeterin und dem Kranichstil. Das System enthält keine Waffen.

Bô-renshû-kumite (jap.): grundlegende Übungsformen der *Bô*-Techniken mit einem Partner. Sie sind in der Ausführung und in den Bewegungsfolgen festgelegt und üben die Techniken des *Bô* in der Anwendung von einfach zu schwierig. Untenstehend ein Beispiel aus dem BSK-*Bôjutsu*:

***Tori**: Migi jodan otoshi-uchi.*

***Uke**: Migi sukui-uke*, 45° nach links zu Nk., *Migi gedan ura-uchi.*

***Tori**: Migi jodan otoshi-uchi.*

***Uke**: Hidari nagashi-uke*, linker Fuß 90° nach links, *Migi chudan otoshi-uchi* auf die Hand.

***Tori**: Migi jodan oi-zuki.*

***Uke**: Migi soto-uke*, linker Fuß leicht nach rechts, *Chudan jun-zuki* zum Kehlkopf.

***Tori**: Migi Jodan oi-zuki.*

***Uke**: Migi uchi-uke*, linker Fuß 45° nach links, *Hidari jodan gyaku yoko-uchi* zum Kopf.

***Tori**: Migi chudan yoko-uchi.*

***Uke**: Tate-uke*, vorgehen zu Ks., *Jodan morote tsuki.*

***Tori**: Migi chudan gyaku ura-zuki.*

***Uke**: Tate-uke*, vorgehen zu Ks. seitlich rechts, *Tate mawashi harai-uchi*, während der Bewegung unter dem *Bô* durch zu *Moto-dachi, Hidari gyaku gedan age-uchi.*

***Tori**: Chudan oi-zuki.*

***Uke**: Otoshi-uke*, linker Fuß 45° nach rechts zu Kb., *Jun-zuki, Jodan otoshi-uchi.*

***Tori**: Gedan yoko-uchi.*

***Uke**: Migi harai-uke*, seitlich zu Ks., *Hidari gedan barai-uchi, Migi jodan yoko-uchi.*

***Tori**: Gedan ura-uchi.*

***Uke**: Migi gedan furi barai*, links 45° zu *Sagiashi-dachi, Migi chudan yoko-uchi* zur Schulter.

***Tori**: Gedan gyaku nuki-zuki.*

***Uke**: Migi gedan-barai*, Drehung zu *Ushiro* Zk., *Gedan nuki-zuki* (Kb).

Bôshiken (jap.): Daumenfaust. Form der Fausthaltung. Man formt die Faust wie bei →*Seiken*, mit Ausnahme des Daumens. Der Daumen wird auf die Seite des Zeigefingers gepreßt und dabei nach vorn ausgestreckt. Die Spitze des ausgestreckten Daumens wird für Angriffe zu den Augen, zum Gesicht, zum Kinn, zur Bauchseite und zum Solarplexus verwendet.

Bô-shuriken (jap.): von den *Ninja* verwendete längliche pfeilförmige Wurfgeschosse. Dies konnten auch Nägel, Brieföffner, Haarnadeln oder Eßstäbchen sein.

Bô-tsuki-kyô (jap.): Überbegriff für alle Stoßtechniken mit dem Stock. Bei allen Stoßtechniken mit den Stockwaffen unterscheidet man zwei Hauptgruppen, in denen dann die einzelnen Techniken der jeweiligen Waffen klassifiziert sind (s. auch →*Bôjutsu*): *Nagai-zuki* (Stöße mit den Stockenden) und *Naname-zuki* (Stöße mit der Breitseite des Stockes).

Obere Reihe: Tsuki-komi (Stoßen). Untere Reihe: Nuki-zuki (Gleiten)

BÔ-TSUKI-KYÔ-STOSSTECHNIKEN	
Tsuki-komi	**– beidhändiger Stoß**
Jun	– gleichseitig
Gyaku	– seitenverkehrt
Ushiro	– nach hinten
Nuki-zuki	**– durch die Hand gleiten**
Jun	– gleichseitig
Gyaku	– seitenverkehrt
Ushiro	– nach hinten

Bô-uchi (jap.): Schlag mit dem Stock.

Bô-uchi-kyô (jap.): Überbegriff für alle Stockschläge (→*Bôjutsu*).

BÔ-UCHI-KYÔ - SCHLAGTECHNIKEN	
Otoshi-uchi	**– von oben nach unten**
Tate	– senkrecht
Jun	– gleichseitig
Gyaku	– seitenverkehrt
Osae	– gedrückt
Yose-nigiri	– großer Schwung
Naname	– schräg
Jun	– gleichseitig
Gyaku	– seitenverkehrt
Osae	– gedrückt
Yose-nigiri	– großer Schwung
Joho(age)-uchi	**– von unten nach oben**
Furiage	– nach oben schwingen
Tate	– senkrecht
Naname	– schräg
Age	– nach oben schlagen
Tate	– senkrecht
Naname	– schräg
Naiho(soto)-uchi	**– von außen nach innen**
Yoko-uchi	– seitlicher Schlag
Gyaku-yoko	– seitenverkehrter Schlag
Yose-nigiri	– großer Schwung
Gaiho(uchi)-uchi	**– von innen nach außen**
Ura-uchi	– unter dem Arm nach außen
Gyaku-ura	– seitenverkehrte Griffhaltung
Yose-nigiri	– großer Schwung

Bô-uke (jap.): Abwehr gegen einen Stock, Abwehr mit einem Stock (→*Bôjutsu*).

Bô-uke-kyô (jap.): Überbegriff für alle Abwehrtechniken mit dem Stock (→*Bôjutsu*).

Boxen, burmesisch: →*Lethwei.*

Boxen, chinesisch: →*Wu-shu,* →*Quan-fa.*

Boxen, englisch: s. Einleitung.

Boxen, französisch: →*Savate.*

Boxen, griechisch: Seit Homer gibt es in Griechenland das Boxen (*Pygmē*), das in

BÔ-UKE-KYÔ - ABWEHRTECHNIKEN	
Uchi-uke	– von innen nach außen
Jun	– gleichseitig
Gyaku	– seitenverkehrt
Soto-uke	– von außen nach innen
Jun	– gleichseitig
Gyaku	– seitenverkehrt
Harai-uke	– Fegeabwehr
Harai-uke	– fegen (vor dem Körper)
Gedan-uke	– Abwehr unten
Gedan ura-uke	– unter dem Arm durch
Sukui-uke	– Schaufelabwehr
Jun	– gleichseitig
Gyaku	– seitenverkehrt
Morote-uke	– beidhändige Abwehr
Tate morote	– beidhändig, senkrecht
Naname morote	– beidhändig, schräg
Age morote	– waagrecht nach oben
Otoshi morote	– waagrecht nach unten
Age-uke	– Abwehr nach oben

seiner klassischen Ära (5.–6. Jahrhundert v. Chr) anfangs als Sport mit weichen Handschuhen ausgeführt wurde. In dieser Zeit war das griechische Boxen Teil der Olympischen Spiele.

Die Boxer trugen Helme und Ohrenschützer. Sie bandagierten ihre Hände und Unterarme mit Riemen aus Ochsenhaut. Später begann man darüber Metallgewichte mit Riemen zu binden, und die Kämpfe wurden durch diese Handschuhe (*caesti,* Sing. *caestus*) mit Gewichten und Stacheln brutaler. Gekämpft wurde im Freien (ohne Ring), bis einer der Kontrahenten seine Niederlage durch Handheben eingestand. Es gab keine Regeln und keine Gewichtsklassen. Die Kämpfe mit den *caesti* waren hart und grausam, worunter die technischen Feinheiten des Boxsportes sehr litten. Aus dem Caestus-Boxkampf entwickelte sich um 650 v. Chr. das →*Pankration*.

Boxen, Karate: →Kick-Boxen, →*Full-contact.*

Boxen, thailändisch: →Thai-Boxen, →Muay-Thai, →Kick-Boxen.

Boxeraufstand: Aufstand der chinesischen Faustkämpfer im Jahre 1900 (chin. *Yi-he-tuan* oder *I-ho-t'uan* – Schutzverband für Gerechtigkeit und Eintracht). Die Mitglieder dieser Vereinigung waren ursprünglich Angehörige der geheimen Sekte »Weißer Lotus« *(Bai-lian-jian)*, die sich hauptsächlich aus Sicherheitsbeamten des chinesischen Staates zusammensetzte.

Im Jahre 1887 ließen zwei deutsche Missionare

buddhistische Tempel in der Provinz Schandong (Schantung) in Kirchen umbauen, was einen erheblichen Volkswiderstand hervorrief. Von jenem Zeitpunkt an verwandelten sich die »Boxer« aus einer relativ unpolitischen Vereinigung in eine christenfeindliche Organisation. Sie wurden immer mächtiger und verbreiteten die Parole »Tod allen Ausländern und Unterstützung der Mandschus«. Von den staatlichen Behörden wurden sie insgeheim unterstützt, und so begannen sie im Mai 1900 christliche Einrichtungen niederzubrennen und zum Christentum bekehrte Chinesen zu ermorden. Durch die Ermordung des deutschen Gesandten KLEMENS FREIHERR VON KETTELER am 19. Juni 1900, die durch dessen rüdes Verhalten provoziert worden war – er hatte ein Kind getötet, das er für ein Mitglied der »Boxer« hielt – und die anschließende Besetzung des Gesandtschaftsviertels (Belagerung vom 20. Juni bis 14. August 1900) wurde der Boxeraufstand ausgelöst. Daraufhin ließ die chinesische Kaiserin CIXI (TZ-SHI) im blinden Vertrauen in die Macht der Boxer allen ausländischen Staaten, die in China Niederlassungen unterhielten, den Krieg erklären.

Kaiser Wilhelm II. setzte Deutschland an die Spitze einer bewaffneten Invasion Chinas, die einen blutigen Krieg auslöste. Die Alliierten (Deutschland, Rußland, Großbritannien, Frankreich, die USA, Italien, Österreich-Ungarn und Japan), angeführt von dem deutschen Oberkommandierenden ALFRED GRAF VON WALDERSEE, unterwarfen die »Boxer« und zwangen China zur Unterzeichnung des »Boxer-Protokolls« vom 7. September 1901. Die schmachvolle Niederlage Chinas, in der die meisten Boxer getötet wurden, löste im Jahre 1911 die chinesische Revolution aus (→Mandschurei).

Bozu (jap.): Bezeichnung für einen buddhistischen Mönch.

Brahmanas (skrt.): religiöse Schriften mehrerer indischer Priestergenerationen, die etwa um das Jahr 1000 v. Chr. entstanden. Sie sind in →*Sanskrit* geschrieben und enthalten Erläuterungen über die →*Veden*, Vorschriften über Kulthandlungen, insbesondere Opferriten.

Brahmane (skrt.): indischer Priester (→ Brahmanismus).

Brahmanismus (skrt.): indische Religion. Dem Brahmanismus zugrunde liegt *Brahman*, das höchste Prinzip der Welt, ewige Urkraft, aus der die sichtbaren Dinge entstehen, ähnlich dem chinesischen →*Dao*. Bereits in der Vorgeschichte des Brahmanismus und des →Hinduismus, in den →*Upanischaden*, wurde dieses Prinzip begründet, über das sich die Inder den gesamten Verlauf der Welt zu erklären suchten. Der später entstehende Brahmanismus ist nicht nur eine Götterreligion, sondern vor allem das Beispiel einer anzustrebenden Lebenshaltung mit sozialer, sittlicher und ritueller Ordnung.

Der Brahmanismus duldet seit jeher alle möglichen Weltanschauungen, Lehrsysteme und selbst widersprüchliche theologische Konzepte unter seinem Dach, was im Laufe der Zeit zu großen theologischen und weltanschaulichen Debatten führte, aber er hat streng abgegrenzte Sitten und Kulthandlungen.

Der Brahmanismus, der in Indien die Schaffung von Kasten zur Folge hatte (*Brahmanen* – Priester, *Kshatriya* – Krieger, *Vaushia* – Bauern und *Shudra* – Kaufleute und Handwerker), die sich bis in die heutige Zeit strikt voneinander trennen (zusätzlich haben sich viele Unterkasten gebildet), brachte die längste, stärkste und bis heute ungebrochene Priesterherrschaft aller Religionen hervor. Er überstand nicht nur die missionarischen Aktivitäten des Buddhismus, sondern drang später auch in den Hinduismus ein und drückte ihm so gewaltig seinen Stempel auf, daß heute die Frage diskutiert wird, ob der Hinduismus nicht ein Abzweig des Brahmanismus sei. Die Brahmanen haben bis heute das Monopol in allen kulturellen, theologischen, geistigen, sittlichen und erzieherischen Fragen Indiens.

Brand, Rolf (*1932): deutscher →*Aikidô*-Lehrer und –Pionier, heute 7. Dan *Aikidô*, 3. Dan *Jûdô* und 3. Ehrendan *Taekwondo*.

Brand studierte *Aikidô* unter YOSHIMASA KIMURA (Japan), GERD WISCHNEWSKI (Deutschland), YVES CAUHEPE (Schweiz) und ANDRÉ NOCQUET (Frankreich). Er gründete als Referent für *Budo*-Sportarten 1966 die Sektion *Aikidô* im Deutschen Judo-Bund (→DJB) und leitete sie 11 Jahre als Vorsitzender. 1971 initiierte er die Gründung der *Union Européene d'Aikidô*, war ihr langjähriger Generalsekretär und ist ihr amtierender Vizepräsident. 1977 organisierte und leitete er die Gründung des Deutschen Aikidô Bundes (→DAB) und führt ihn seither als Präsident. Er ist Autor mehrerer Bücher über das *Aikidô*, und wurde für seine besonderen Leistungen in dieser Kunst mehrfach ausgezeichnet und geehrt.

Bruckner, Georg: →WAKO.

BSK: →*Budo Studien Kreis.*

Bu (jap.): Kriegertum, Militär (auch *Mu*). *Buki* – Waffe, *Buryoku* – Waffengewalt, *Budô* – Kampfkunstweg, *Bushi* – Krieger, *Musha* – Krieger. *Bu* bezeichnet jedoch sowohl die Konfrontation als auch die Kunst des Vermeidens von Konfrontationen. Deshalb ist es auch ein Synonym für Harmonie (→*Ai*, →*Wa*), für die Vereinigung des Menschen mit dem Universum. Dieser Begriff ist Teil einer großen Anzahl von Bezeichnungen in den Kampfkünsten (*Budô, Bujutsu, Bugei, Bushidô, Bushi* usw.).

Bubishi (jap.): [aus *Bu* = Krieger, *Bi* = Wissen und *Shi* = Geist] altes chinesisches Dokument (→*Densho*) unbekannten Ursprungs (chin. *Wu-bei-chi* oder *Wu-bei-zhi*), das mehrere chinesischen Stile (→*Bai-he-quan,* →*He-quan,* →*Luo-han-quan,* →*Shaolin-quan* usw.) behandelt. Die Geschichtsforscher betrachten dieses lange Zeit geheimgehaltene Dokument als die erste dokumentierte Beeinflussung des okinawanischen →*Tôde* durch das chinesische →*Quan-fa.* Alle okinawanischen Kampfkunststile lassen sich auf das *Bubishi* zurückführen.

DIE BIBEL DER KÜNSTE DER LEEREN HAND

Die Erforschung des okinawanischen *Karate* lenkt die Bemühungen schnell nach Fukien (China), wo die eigentlichen Wurzeln liegen. Die ursprüngliche Quelle kann man kaum feststellen, da Fukien selbst über Jahrhunderte verschiedenen Einflüssen aus dem nordchinesischen Quan-fa ausgesetzt war. Man weiß, daß im Gebiet von Fukien, genauer um die Stadt Fuzhou, viele Stile aus ganz China konzentriert wurden. So entstand dort auch der Stil des Weißen Kranichs (*Bai-he-quan*, jap. *Hakutsuru-ken*), der die Stile des okinawanischen *Karate* hauptsächlich beeinflußte.

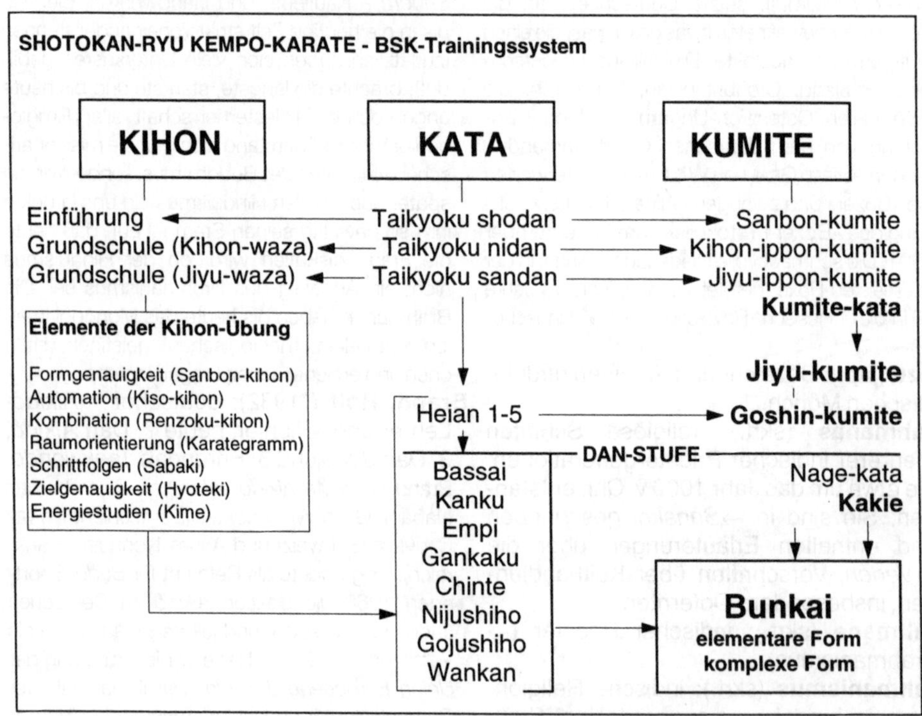

Das *Bubishi* ist ein kleines Buch, dessen Autor unbekannt ist. Es ist in alter chinesischer Sprache verfaßt, manchmal sehr schwer zu übersetzen, bebildert mit Zeichnungen naiver Art, stellt aber tatsächlich das Resultat der Erfahrungen verschiedener Experten der leeren Hand dar. Auch wenn es nicht die einzige Quelle der waffenlosen Künste ist, repräsentiert es doch eine essentielle Annäherung an die wesentlichen Techniken des späteren okinawanischen *Karate*. *Bubishi* ist der chinesische Titel und wird auf Okinawa ebenfalls chinesisch ausgesprochen. Tatsächlich aber ist es ein zusammengesetztes Wort, das sich auf Japanisch wie folgt liest: *»Goshin«* (Selbstschutz), *»Sonaeru«* (Vorbereiten) und *»Hakitome Teoku«* (Anmerkungen). Das Buch besteht aus drei Teilen, die später erläutert werden:

1. Die Geschichte des Weißen-Kranich-Stils und weiterführend 48 groß gezeichnete Bilder von wesentlichen Kampftechniken mehrerer Stile.
2. Anmerkungen über die Kunst des Kämpfens und die korrekte Anwendung der 6 Handformen (→*Rokkishu*) des Shaolin in Verbindung mit den Vitalpunktstimulationen.
3. Behandlungen im Falle von Verletzungen.

Es scheint, daß die wichtigsten Seiten des originalen *Bubishi* durch →Higashionna Kanryô nach Okinawa gelangten, obwohl dieser sicher nicht der einzige Okinawaner war, der Zugang zu diesem geheimen Dokument hatte. Er lehrte seine aus dem *Bubishi* stammenden Methoden der offenen Hand nur →*Kyôda Kohatsu*, während er in der Öffentlichkeit die geschlossene Faust unterrichtete. Später gab es jedenfalls weitere Spuren, die die Präsenz des *Bubishi* in okinawanischen Stilen dokumentieren. Man weiß, daß Matsumura, Itosu, Azato, Uechi, Kojo und andere Okinawaner Kopien besaßen. Später zitierten auch Miyagi, Mabuni und Funakoshi aus dem *Bubishi*. Eine weitere Kopie befindet sich bei →Ôtsuka Tadahiko, eine andere neuere Version wurde von Patrick →McCarthy verbreitet.

Die Anfänge

Das okinawanische Dokument ist zwischen 100 und 300 Jahre alt und nach dem Original kopiert. Es gibt mehrere Kopien, die meisten Auslegungen wurden mit Sorgfalt aufbewahrt. Außer dem *Bubishi* gibt es nur noch zwei ähnlich wichtige Kampfkunstdokumente: »Die Kunst des Krieges« von →Shun-zi und »Die fünf Ringe« von →Musashi. Lange Zeit war das Bubishi in der internationalen Kampfkunstwelt unbekannt, denn die okinawanischen Meister studierten es im geheimen und gründeten darauf ihre Stile. Erst in neuerer Zeit tauchen vereinzelte Kommentare auf. Ôtsuka Tadahiko, der Gründer des *Gôjûkensha* von Tokyo, hat zusammen mit Yang Ming-Shi und den okinawanischen Meistern Tokashiki Iken und Shimizu Mie, die erste Übersetzung des *Bubishi* ins Japanische realisiert. Nach Europa gelangten diese Interpretationen über Roland Habersetzer. Es ist jedoch sicher, daß noch andere Kopien des Originalmanuskriptes in den Archiven der alten Meister auf Okinawa, in China und Taiwan existieren. Ôtsuka Tadahiko hat auch eine bemerkenswerte Studie über die Überlieferung der →*Happoren no Kata*, die eine der Grundlagen des →*Bai-he-quan* und Vorfahre der okinawanischen →*Sanchin* ist, veröffentlicht.

Ein geheimes Dokument

Das *Bubishi* scheint die Quelle der Hauptstile, wenn nicht aller okinawanischen Stile zu sein. Man weiß, daß vor allem Higashionna Kanryô und Itosu Yasutsune je ein Exemplar besaßen und ihre Stile danach ausrichteten. Der erste bekannte Meister, der das *Bubishi* teilweise veröffentlichte, war Mabuni Kenwa in seinem Buch »Studie der Seipa«, das 1934 in Tokyo veröffentlicht wurde. Dort zitiert er einige Teile des *Bubishi*, die er von Itosu erhalten hatte und später als Original an Konishi Yasuhiro weitergab.

Das Buch besteht aus 32 Kapiteln über das *Quan-fa* aus Fukien, Übungen des *Qi-gong*, geheimen Prinzipien der *Dian-xue* (*Tuite* oder *Atemi*), Formen des Angriffs auf vitale Punkte des Körpers, *Bunkai* der Kata *Happoren*, Wissen über medizinische Kräuter und ihre Anwendung bei Kampfverletzungen und moralische Vorschriften für diejenigen, die das Wissen über diese Geheimnisse haben.Trotzdem sind die heutigen Interpretationen nicht fehlerlos. Das Dokument wurde so oft übersetzt, daß Fehler unvermeidbar waren. Doch ähnlich den Praktiken aus den *Kata* blieb das *Bubishi* durch eine Form der Kodierung geschützt, so daß immer nur diejenigen es verstehen konnten, die den Grad der Reife erreicht hatten.

Zwei Formen des Bubishi

In Wirklichkeit gibt es zwei Originale des *Bubishi*

auf Fukien, die in verschiedenen Epochen und verschiedenem Umfang nach Okinawa gelangten. Die heutigen Studien des *Bubishi* beziehen sich auf das zweite Dokument.
Das erste Dokument ist ein wahres Monument, das 1621, während der Ming-Dynastie, von MAO YUAN-YI veröffentlicht wurde. Eine Theorie besagt, daß dieses Werk im 14. Jahrhundert mit einer der 36 Familien von China nach Okinawa gekommen ist und seither als eine okinawanische Fassung desselben in einem Tempel in Naha aufbewahrt wird.
Nach einem 15jährigen Studium realisierte der Autor dieses Dokumentes eine Synthese seiner Erfahrungen, die die Kunst des Krieges beschreiben. Die Studie bezieht sich sowohl auf Taktiken der Armee als auch auf den Einzelkampf. Das Buch enthält in 240 Kapiteln Strategien, Manöver, Karten, Techniken des Einzelkampfes mit und ohne Waffen. In bezug auf den Kampf mit und ohne Waffen enthält es die 32 Kampfpositionen, von denen 16 mit Partner dargestellt werden. Sie ähneln jenen, die bereits 1561 im *Ji-xiao-xin-shu* (jap. *Kiko Shin Sho*) von dem chinesischen General JI JI-GUAN (1522–1587) beschrieben wurden. Dieselben Techniken erscheinen, wenn auch viel zahlreicher, im zweiten *Bubishi*, was auf eine Verwandtschaft hinweist. Das erste Dokument ist bis heute geheim, nur Militärs von hohem Rang und Mitglieder der Regierung haben Zugang dazu. Unter der Qing-Dynastie wurde es verboten, weil man befürchtete, daß sein Inhalt die Widerstandsbewegung unterstützen könnte. Eine Kopie dieses Dokumentes befindet sich in den Archiven der Harvard-Universität.
Das zweite *Bubishi* bezieht sich hauptsächlich auf den Stil des Weißen Kranichs aus dem Dorf Yong-chun (jap. Eishin) in der Provinz Fukien. Es scheint ein örtliches Produkt zu sein, versehen mit Wissen aus verschiedenen weit wegliegenden Quellen. Die teilweise ungenauen Zeichnungen und einige darauffolgende zweifelhafte Übersetzungen des Originals verlangen vom Leser ein fundiertes eigenes Wissen über die Kampfkünste. So ist die beschriebene Kräuterbehandlung dermaßen verschlüsselt, daß man selbst von Kräuteranwendung Ahnung haben muß, um keine negativen Wirkungen zu erzielen. Das gleiche gilt für die Erläuterungen der Angriffe auf Vitalpunkte. Daher kann das *Bubishi* nur von Experten gelesen und verstanden werden.
Die drei Kapitel des Okinawa-den Bubishi
1. Kapitel
- Geschichte des Kranichstils (→*Bai-he-quan*).
- *Happoren*, der spielende Kranich (→*Happoren*).
- Techniken des Kranichstils im *Bubishi*.

2. Kapitel
- Anleitungen zur Kunst des Kämpfens (→*Densho*).
- Anleitungen von SUNZI (→*Densho*).
- *Gedatsu-hô*-Befreiungsmethoden (→*Densho*).
- Rokkishu – die sechs Handformen (→*Rokkishu*).

3. Kapitel
- Kräuterbehandlung (es besteht keine Übersetzung).

DIE 48 TECHNIKEN DES BUBISHI
Untenstehend werden die 48 Kampftechniken des *Bubishi* vorgestellt, die in Fortsetzung des geschichtlichen Teils des *Bai-he-quan* mit Zeichnungen und Kommentaren im Original enthalten sind. Die Zeichnungen hier stammen von ÔTSUKA TADAHIKO, weil die Zeichnungen des alten Dokuments mit rudimentären Techniken dargestellt sind, denen es an Präzision mangelt und die nicht alle mit den Erläuterungen des Textes übereinstimmen.
1. **»Glocke und Trommel klingen zusammen – 100 Pfund fallen zu Boden«.** Um sich gegen jemand zu verteidigen, der eine Bärenumklammerung versucht (links), entkommt man, indem man sich in die Stellung fallen läßt.

2. **»Der weiße Affe stiehlt die Frucht – der schwarze Tiger stürzt aus dem Käfig«.** Wenn der Angreifer vorzustoßen versucht, um seinen Gegner zu treffen (links), stoppt man ihn im Vorgehen und beendet seinen Angriff in der Mitte.
3. **»Zu Boden fallen – Beine umfassen wie Scheren«.** Der Kämpfer links versucht seinen Gegner mit beiden Händen zu greifen. Sein Geg-

ner wirft sich plötzlich zu Boden, stützt seinen Körper auf die Hände und führt eine Beinschere aus.

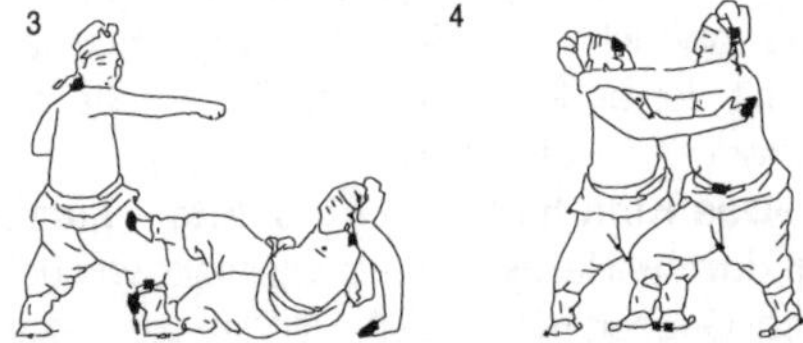

4. **»Das Kind hält eine Lotosblüte – der General hält ein Siegel«.** Der Kämpfer links ergreift seinen Gegner. Dieser kontert, indem er den Kopf des Angreifers hinten ergreift und mit der anderen Hand das Kinn hebt und den Kopf dreht.

5. **»Den Berg ersteigen, um den Tiger zu jagen – den Körper abducken, um Zwiebeln zu schneiden«.** Der Angreifer links führt einen Fußtritt aus. Man ergreift den Fuß und setzt einen Kniehebel an.

6. **»Um ein Feuer versammeln – Bambus brechen«.** Der Kämpfer rechts greift mit einem sehr starken Fauststoß an. Weil es aber nur ein einziger Angriff ist, dem keine weiteren folgen, wird er leicht pariert. Wenn der Kämpfer links die richtige Distanz findet und die Hände hebt, hat der Kämpfer rechts Schwierigkeiten, adäquat auf den Konter seines Gegners zu reagieren.

7. **»Der Arhat öffnet die Tür – der kleine Dämon versucht den Türbalken zu entfernen«.** Der Kämpfer rechts ist groß und kräftig. Er geht mit raumgreifenden Bewegungen und mehreren Fauststößen vor. Sein Gegner links ist klein und agil, er pariert geschickt mit beiden Händen und gewinnt.

8. **»Eine Hand hält den goldenen Löwen hoch – die Zwillingsdrachen spielen im Wasser«.** Der Angreifer rechts versucht zu fassen und den Kopf zu treffen. Der Kämpfer links blockt den Schlag, faßt den Arm und wendet einen Ellenbogenhebel an, um seinen Gegner zu besiegen.

9. **»Schere auf dem Boden, vorgeben hinzufallen – die Harfe spielen«.** Der Kämpfer zur Linken greift mit beiden Händen gleichzeitig an, als würde er einen Gong schlagen. Der Kämpfer rechts besiegt ihn, indem er sich zu Boden wirft und das Bein seines Gegners in die Schere nimmt.

10. **»Der weiße Affe bricht Bambus – die Zwillingsdrachen spielen mit der Perle«.** Der Kämpfer rechts versucht das Bein seines Gegners zu greifen, um ihn zu werfen. Der Gegner links besiegt ihn, indem er ihm mit beiden Händen auf die Ohren schlägt.

11. **»Vier durchgehende Pferde – der Tiger zieht einen Bär nach unten«.** In der Hitze des Ringens kann man gewinnen, indem man dem Gegner die Beine wegzieht.

12. **»Flatternder Schmetterling – einen Oberschenkel bewegen«.** Der Kämpfer links greift mit einer Vielzahl von Fauststößen an. Man besiegt ihn, indem man sich duckt, sein Bein ergreift und die Innenseite seines Oberschenkels angreift.

13 **»Der Phönix blickt in die Sonne – der blaue Drache geht hinaus und greift zu«.** Wenn der Gegner zur Linken einen Stoß antäuscht, um mit der anderen Hand zu treffen, muß man in ihn hineingehen und seinen Kehlkopf fassen.

14. **»Vorgehende einzelne Ji-Hand – einseitig dreieckiger Reiterschritt«.** Der Kämpfer links führt einen Angriff mit der Faust durch, indem er einige Schritte vorgeht. Er wird daher von seinem Gegner rechts besiegt, der das Armgelenk hebelt.

15. **»Das Haar fassen, um zu stoßen – Kehlkopf und Hoden fassen«.** Der Kämpfer links will die Kopfspitze seines Gegners treffen, indem er ihm mit der anderen Hand in die Haare faßt. Er verliert jedoch, weil sein Gegner ihn an der Kehle packt und ihm gleichzeitig mit der anderen Hand in die Hoden schlägt.

16. **»Der betrunkene Arhat – die einzelne Ji-Hand«.** In der Kampfkunst des betrunkenen Mannes verwendet man Taktiken der Überraschung. Der Kämpfer links scheint betrunken und daher schwach zu sein. Wenn sein Gegner leichtfertig angreift, indem er ihn unterschätzt, antwortet er unmittelbar mit wirksamem Kontern.

17. **»Der goldene Karpfen blickt in den Himmel – die schöne Frau schminkt sich«.** Zwei Gegner ringen miteinander. Der Angreifer macht eine Hand frei, um zu schlagen (links). Nun muß man sofort vorgehen, Kehlkopf und Haar des Gegners ergreifen und seinen Kopf verdrehen.

18. **»Der Löwe spielt mit einem Ball – der Tiger schlägt die Erde«.** Der Kämpfer zur Linken greift an. Der Kämpfer rechts dominiert ihn, indem er sich abduckt, das Bein des Gegners erfaßt und mit der anderen Hand zur Innenseite des Knies oder zur Hüfte stößt.

19. **»Das Kind hält die Lotosblüte – kurzer Stoß durchs Herz«.** Der Kämpfer links versucht seinen Gegner mit beiden Händen zu halten, während dieser mit einem kleinen Stoß zu einem Vitalpunkt durchdringt und ihn besiegt.

20. **»Den Ochsen fassen, Bein fegen – zwei Tiger«.** Der Kämpfer links startet einen starken Angriff, doch wenn seine Hände starr sind, werden sie von seinem Gegner verdreht. Dieses Fangen führt zu einem Kreuzhebel der Arme und kann mit einem Fußfeger fortgesetzt werden.

21. **»Mit einer Seite durch ein kleines Tor gehen – dann treffen«.** Der Kämpfer rechts duckt sich ab und ergreift das Bein des Gegners. Nun kann das andere Bein weggeschlagen werden.

22. **»Die kleinen Dämonen ziehen ihre Stiefel aus und knien nieder – großer Schritt, innehalten«.** Der Kämpfer rechts greift mit einem Fußtritt an. Der Kämpfer links weicht leicht und schnell aus und ergreift das Bein seines Gegners. Wenn er das Bein hochzieht, wird der Gegner kopfüber zu Boden geworfen.

23. **»Der einsame Ochse trifft den Stein – Rippen fassen, wie ein Karpfen, der aus dem Wasser springt«.** Die Kunst der Täuschung ist ein machtvolles Werkzeug. Wenn man den Gegner denken läßt, bestimmte Angriffsziele seien ungeschützt, kann man dessen Angriff leicht vorhersehen.

24. **»Die goldene Zikade schlüpft aus ihrem Panzer – der Karpfen springt in eine Welle«.** Der Angreifer links kommt vor und packt seinen Gegner. Dieser läßt sich fallen und wendet einen Überkopfwurf an.

25. **»Kurzer stechender Angriff – die Harfe spielen«.** Der Kämpfer links stößt, schiebt oder versucht in die Augen zu stechen. Der Kämpfer rechts weicht aus und schlägt den Gegner gleichzeitig hinter das Ohr und in die kurzen Rippen.

26. **»Der Arhat dreht seinen Körper – Hände und Füße agieren gleichzeitig«.** Der Kämpfer links greift gleichzeitig mit einem Faust- und einem Fußstoß an. Der Kämpfer rechts verwendet die Ausweichprinzipien des Arhat-Boxens, indem er außen am Angriff vorbeigleitet.

27. **»Die Hoden hinten fassen – der Tiger krümmt sich hinten«.** Der Kämpfer rechts versucht mit Händen den Körper von hinten zu umfassen. Doch der Kämpfer links macht einen Schritt nach vorne, streckt die Hand aus und faßt mit der anderen die Hoden des Gegners.

28. **»Der Karpfen dreht seinen Körper – der Berg Tai stößt ein Ei hinunter«.** Der Kämpfer links führt einen Angriff von oben nach unten aus. Doch sein Gegner besiegt ihn mit einem X-Block und einem Gelenkhebelwurf.

29. **»Das Kind hebt einen Lotos auf – die goldene Schildkröte liegt auf dem Boden«.** Man kann einen Gegner besiegen, indem man sein Bein fegt und ihn über den Rücken kippt.

30. **»Der Tiger stürzt sich auf seine Beute – der Affe sticht mit einer Nadel«.** Der Kämpfer links wendet eine wilde Technik an. Er wird von seinem Gegner zur Rechten besiegt, der gleichzeitig abwehrt und einen Vitalpunkt angreift.

31. **»Mit einem Messer kämpfen – allein am Tor einer offiziellen Residenz kämpfen«.** Der Kämpfer rechts macht einen starren Fauststoß, wie ein Stock. Der Schlag wird pariert, indem der andere zur Außenseite gleitet, die Führhand mit einem Armzug ergreift und das Bein fegt.

32. **»Der Phönix breitet seine Schwingen aus – der Drache speit Perlen«.** Der Kämpfer rechts führt einen kurzen Angriff aus. Sein Gegner pariert und sticht ihm in die Augen.

33. **»Das Einhorn öffnet sein Maul zum Fressen – der goldene Löwe schüttelt seine Mähne«.** Der Kämpfer links versucht seinen Gegner aus dem Gleichgewicht zu drücken. Dieser ergreift sein Haar, sticht ihm in die Augen, greift seine Hoden und zieht, so daß er zu Boden fällt.

34. **»Der Phönix pickt an einer Perle – der weiße Kranich faltet seine Schwingen«.** Die beiden Hände des Kämpfers zur Linken greifen den Brustkorb seines Gegners an. Der Kämpfer rechts besiegt ihn, indem er beidhändig abwehrt und anschließend mit der Phönixfaust kontert.

35. **»Regentropfen auf Blütenblättern – der Donner trifft einen Baum«.** Der Kämpfer links versucht seinen Gegner mit den Händen zu ergreifen. Der Kämpfer rechts läßt sich nachgiebig ziehen und sticht ihm in die Augen.

35

36

36. **»Buddha sitzt auf einem Lotos – der Tiger stiehlt das Herz«.** Der Kämpfer links greift an und unterschätzt die Fähigkeit seines Gegners. Er wird durch einen Überraschungsschlag seines Gegners (rechts) besiegt, der sich fallen läßt und seine Hoden angreift.

37. **»Ochse mit einem Horn – eine Blume behalten«.** Der Kämpfer links führt einen einzigen kraftvollen Fauststoß aus. Der Kämpfer rechts bleibt auf Distanz, was es ihm ermöglicht, die Faust seines Gegners zu ergreifen. Er kann von außen parieren und besiegt den Gegner mit einem Fauststoß.

37

38

38. **»Zwei Hände verehren Buddha – Regen dringt zum Körper durch«.** Der Kämpfer zur Rechten greift mit beiden Händen zu, um seinen Gegner zu werfen. Dieser tritt ein wenig zurück, um ihn aus dem Gleichgewicht zu bringen, schlägt auf seine Arme, um den Griff zu lockern, geht nach außen und unter dem Arm seines Gegners nach oben und hebelt dessen Ellenbogengelenke.

39. **»Ziehen und dann nach hinten schlagen – den Kopf drehen«.** Der Kämpfer links fängt die Faust seines Gegners ab, zieht sie zu sich und hebelt sie über die Schulter, während er gleichzeitig einen Ellenbogenstoß führt.

39

40

40. **»Allein kämpfen - die Hände zum Gebet schließen«.** Der Kämpfer links führt einen Angriff zur ober Stufe aus. Er wird besiegt von dem Kämpfer rechts der sich mit der Speerhand auf einen Vitalpunkt absenkt.

41. **»Sonne-und-Mond-Hand – Wind-Wolken-Boxen«.** Der Kämpfer rechts greift an. Der Kämpfer links nimmt eine gute Distanz ein, bevor er kontert.

41 42

42. **»Die Blüten nach unten pressen – gerader Pflaumenblütenschlag«.** Der Kämpfer rechts führt einen direkten Fauststoß aus. Der Kämpfer links nimmt eine Rückwärtsstellung ein und siegt durch gute Distanzbeherrschung.

43. **»Flagge-und-Trommel-Geste – Schwert-und-Schild-Haltung«.** Der Kämpfer rechts nimmt eine *Kamae* ein, als würde er einen Schild tragen, und ist bereit, einen Angriff wie mit einem Schwert zu führen. Doch die Haltung ist zu starr, und er wird von seinem Gegner besiegt, der weiß, wie man eine starre Haltung aus dem Gleichgewicht bringt, und mit Kraft einen Angriff führt.

43

44

44. **»Der Tiger trifft die Hüfte – Der Leopard zeigt seine Fänge«.** Der Kämpfer links greift mit der Tigerhand an, aber weil die Bewegung seiner Hüften schwach ist, pariert der Gegner rechts seine Angriffe mit den reißenden Gesten eines Panthers und beherrscht ihn.
45. **»Linken und rechten Flügel – nach vorn und nach hinten drehen«.** Der Kämpfer rechts versucht anzugreifen, indem er aus geringer Distanz einen Haken ausführt. Der Kämpfer links fängt den Angriff auf und stößt seine Finger in die Kehle des Angreifers.

46. **»Der Affe streckt die Arme – die Ji-Hand bekämpfen«.** Der Kämpfer rechts führt einen Angriff, doch es fehlt der rechte Schwung. Der Kämpfer links kommt daher leicht davon und hat eine gute Gelegenheit, mit der Affenhand einen Überraschungsangriff zu führen.
47. **»Der eiserne Bulle – Stärke bewahren«.** Wenn der Kämpfer rechts mit seinem Angriff zögert, kann sein Gegner sich im Stand drehen und mit der Hand nach unten angreifen.

48. **»Kreuzhaltung – eine Hand hält ein Gefäß hoch«.** Der Kämpfer links versucht sich in die Kampfdistanz seines Gegners zu schleichen. Dieser täuscht einen horizontalen Angriff mit der Hand an und schlägt mit der anderen unmittelbar zum Kopf.

Buddha: Begründer der buddhistischen Weltreligion.

Der historische Buddha

Der »Erleuchtete« wurde 563 v. Chr. in Kapilavastu (heute Terai) im südlichen Nepal geboren und starb 483 v. Chr. in Kusinara (Nepal). Sein eigentlicher Name lautete Siddhârtha Gautama. Die Heimat des historischen Buddha, das nepalesische Vorgebirge des Himalaja im nördlichen Grenzgebiet Indiens, wurde damals von halbzivilisierten Stämmen bewohnt. Aus den Niederungen der Ganges-Ebene drang brahmanische Kultur in die Hochebene ein. In diese Zeit hinein wurde der spätere Buddha geboren.

Bis zu seinem 29. Lebensjahr führte er das üppige Leben eines reichen Feudalherrn. Er stammte aus einer herrschenden Klasse, den *Schakayas*, die den Beinamen »Gautama« trugen. Wenn Buddha in Texten als Königssohn bezeichnet wird, dann ist damit seine Zugehörigkeit zu einer Kaste gemeint, die in Indien eine hohe Stellung einnahm. Buddha, der später eine Bewegung gegen die höchste Kaste, die der Brahmanen, ins Leben rief, gehörte jedoch nur der zweiten herrschenden Kaste (Fürsten und Könige) an, die derjenigen der Brahmanen untergeordnet war.

Angewidert von dem ewigen Müßiggang seines reichen Lebens, verließ er Frau und Kind, nachdem er von seinem väterlichen Schloß aus zahlreiche Ausfahrten unternommen hatte, und nahm freiwillig das erbärmliche Leben eines Bettelasketen auf sich. Nach gut bezeugten Überlieferungen stand er damals in seinem 29. Lebensjahr. In diesem Dasein versuchte er sechs Jahre lang unter der Anleitung verschiedener brahmanischer Lehrer mittels →*Yoga* und →*Askese* den Sinn des Lebens zu ergründen. Nachdem er jedoch gegen die asketischen Regeln vorstoßen und Nahrung zu sich genommen hatte, bezeichneten seine Lehrer ihn als Abtrünnigen und verstießen ihn aus ihrer Gemeinschaft. Nun versuchte Buddha es mit der →Meditation. Unter einem Feigenbaum in Magahda (heute Bihar) in Isipatana kam ihm nach neunundvierzigtägiger Meditation die Erleuchtung (→*Satori*), d. h. die Erkenntnis über die »vier Grundwahrheiten«, die zum »Achtfältigen Pfad«, den Grundgesetzen des Buddhismus, hinführt. Nach der Legende erschien ihm in einer Vision der Versucher Mara und bot ihm alle Reichtümer der Welt an, wenn er die Suche nach dem Heil aufgebe. Gautama blieb standhaft gegen diese Versuchung, was ihm jene Erleuchtung (*Bodhi* oder *Satori*) brachte, die ihn zum Buddha werden ließ.

Buddha hat gleich Christus nie ein Wort niedergeschrieben. Seine Jünger und Nachfolger (→*Soshigata*) gestalteten die Lehre zur Weltreligion, der heute etwa 400 Millionen Gläubige angehören.

Buddhas Lehre und die heutigen Formen des →Buddhismus gehen weit auseinander. Die Essenz seiner Lehre hat er erstmals in seiner berühmten Predigt von Benares zusammengefaßt, die noch heute in der buddhistischen Religion als »das Fahrzeug der reinen Lehre« bezeichnet wird. Er verheißt darin den Menschen die Erlösung, wenn sie sich gegen die beiden extremen Lebensweisen dieser Welt (die völlige Hingabe in die Sucht des Lebens und die extreme Selbstpeinigung) wehren, was er Mittelweg nennt. In dieser Rede verkündet er auch die Grundlagen seiner Erkenntnisse: Jedes Lebewesen auf der Erde ist einem beständigen und unendlichen Kreislauf von Werden und Vergehen ausgesetzt. Diesen Prozeß des ewigen Sichveränderns nennt er →*Karma*, d. h. Weltgesetz, das in jeden künftigen Lebensformen den Lohn oder die Strafe für unser Verhalten im gegenwärtigen Dasein bereithält. Also haben alle Menschen in ihrem Leben so zu handeln, daß sie es vor einer höheren Instanz jederzeit verantworten können (→*Mosshoseki*). Der Buddha verkündet weiter: »Die Erde ist ein Jammertal, ein Kerker des Elends und des Unvermögens. Weder üppiges Leben noch fanatische Askese führen zur Glückseligkeit, sondern nur der maßvolle Mittelweg. Das gilt für alle Menschen, denn sie sind von geistiger Gleichwertigkeit, haben also gleiche Rechte und gleiche Verpflichtungen.«

Dann kommt Buddha zu seinem eigentlichen religiösen Programm, dem »Inwegsetzen des Rades des Gesetzes« oder des »Fahrzeugs«, wie es im späteren *Hinayâna*-Buddhismus genannt wird:

»Was ich euch zu verkünden habe, sind die vier edlen Wahrheiten:

1. Das Leid ist die gegebene Daseinsform auf der Erde.
2. Es findet einzig und allein seine Ursache in der Unzufriedenheit und dem maßlosen Streben, bedingt durch die Lebensgier des Menschen und seinen Drang nach materiellem Besitz.
3. Dieses egoistische Streben müssen wir in uns ausmerzen.
4. Man merzt diesen Egoismus weder durch Sichgehenlassen im Genuß noch durch Askese aus, sondern allein dadurch, daß man immer den mittleren Weg einschlägt.«

Buddha nennt den »mittleren Weg« den »echten achtfältigen Weg«. Als achtspeichiges Rad ist er bis heute das Wahrzeichen der buddhistischen Lehre. Er besteht aus acht Regeln oder Geboten, die der Erleuchtete zur Übung empfiehlt:

1. Die lautere und reine Anschauung aller Dinge.
2. Die aufrichtige und ehrliche Gesinnung.
3. Führe nur wohlerwogene und überlegte Reden.
4. Bewahre rechte Lebensführung.
5. Wisse, daß Leben nur durch sich und aus sich selbst besteht.
6. Redliches Bemühen, das Gute zu tun und das Böse zu meiden.
7. Ständiges aufrichtiges Überdenken des eigenen Tun und Lassens.
8. Ständige Konzentration bei all unserem Tun und Handeln.

Außerdem sind die fünf folgenden Verbote unbedingt einzuhalten:

1. Das Auslöschen menschlichen und tierischen Lebens.
2. Das Stehlen.
3. Der Ehebruch.
4. Das Lügen.
5. Der Genuß von Rauschgift.

Oberstes erreichbares und erstrebbares Ziel des Buddha ist das →*Nirwana*, der Endzustand des Seins. Darin werden die Lebensbegierde, der Haß und der Wahn, der darin besteht, in diesem Dasein eine Realität erkennen zu wollen, endgültig überwunden. Der ewige Kreislauf von Geburt und Tod und Wiedergeburt wird endlich in anderer Gestaltungsform unterbrochen und endet schließlich in der immerwährenden Seelenruhe. Hier teilt Buddha seine Lehre mit der ihr vorausgehenden indischen Religion.

45 Jahre lang durchzog Buddha zusammen mit seinen Jüngern wandernd und predigend den Norden Indiens. Den Zeitpunkt seines Todes sah er voraus. Er starb als achtzigjähriger Greis in Kusinara.

DAS BUDDHA-PRINZIP

In den später entstandenen Richtungen des Buddhismus veränderte sich die Vorstellung von der Existenz Buddhas grundlegend. Nur das →*Hinayâna* blieb bei der Vorstellung, daß es in jedem Zeitalter nur einen Buddha gibt, der als Lehrer und Erlöser der Menschen auftritt. Das →*Mahâyâna* hingegen kennt viele transzendente Buddhas. Dort manifestiert sich das Buddha-Prinzip in den »Drei Körpern« (→*Trikaya*), in dem die transzendenten Buddhas Verkörperungen verschiedener Aspekte des Buddha-Prinzips darstellen.

Die transzendenten Buddhas der *Mahâyâna*-Richtungen sind überweltlich und werden als die Lehrer der irdischen →*Bodhisattvas* angesehen. Die wichtigsten sind AMITHABA (→Amida), AKSHOBHYA, VAIROCHANA, VAJRASATTVA, RATNASAMBHAVA und AMOGHASIDDHI. Sie haben ewiges Leben und unendliche Macht.

Der →*Vajrayâna*-Buddhismus gründete um 750 n. Chr. das Prinzip, das jedem transzendenten Buddha einen irdischen Buddha und einen *Bodhisattva* zuordnet. Dies hat sich danach in alle Richtungen des *Mahâyâna*-Buddhismus übertragen. So wird dem transzendenten Buddha VAIROCHANA der irdische Buddha KRAKUCHCHANDA und der *Bodhisattva* SAMANTABHADRA zugeordnet, dem transzendenten Buddha AKSHOBYA der irdische Buddha KANAKAMUNI und der *Bodhisattva* VAJRAPANI, dem transzendenten Buddha RATNASAMBHAVA der irdische Buddha KASHYAPA und der *Bodhisattva* RATNAPANI, und dem transzendenten Buddha AMOGHASIDDHI der irdische Buddha MAITREYA und der *Bodhisattva* VISHVAPANI.

DIE BUDDHA-NATUR

Die Buddha-Natur oder das Buddha-Wesen (→*Busshô*) gilt im Buddhismus als Synonym für das Absolute, für das Verständnis der letzten Wirklichkeit. Es ist die wahre Natur aller Wesen, mit der sie ursprünglich geboren wurden, und daher die absolute Wahrheit, die jeder besitzt, ohne Rücksicht darauf, ob er erleuchtet ist oder nicht. Diese Natur transzendiert alle Formen des Dualismus. Die Erfahrung des Aufwachens zur Buddha-Natur wird im *Zen* →*Satori* genannt.

BUDDHA ALS ERSCHEINUNGSFORM

In erster Linie deutet der Begriff *Buddha* auf einen Menschen hin, der durch Übung aus dem Kreislauf der Existenzen (→*Karma*) ausbricht und durch die Befreiung von allem irdisch Gebundenen (→*Nirwana*) zur vollkommenen Erleuchtung (→*Satori*) durchdringt. Daher hat ein Buddha jede Art von Gier (die Grundwurzel des Übels), auch die Lebensgier, überwunden. Nach dem Ablauf seines irdischen Lebens kehrt er ins *Nirwana* ein und wird nicht mehr wiedergeboren.

In jedem Zeitalter wird ein Buddha (als irdischer Mensch) geboren, der die grundlegende Lehre (die »Vier edlen Wahrheiten«) in sich selbst entdeckt und in Form der absoluten Erleuchtung verwirklicht. Shakyamuni Buddha, der historische Buddha, ist der Buddha unseres Zeitalters, jedoch nicht der einzige. Vor ihm gab es bereits sechs Buddhas (VIPASHYIN, SHIKIN, VISHVABHU, KRAKUCHCHANDA, KONAGAMANA und KASHYAPA), und auf ihn folgt im nächsten Zeitalter der Buddha MAITREYA.

Die Laufbahn eines Buddha über die Zeitalter beginnt damit, daß er in einem früheren Leben vor einem anderen Buddha als *Bodhisattva* das Gelöbnis ablegt, ein Erwachter zu werden. Während vieler nachfolgender Wiedergeburten praktiziert er in transzendentalen Übungen die »Übung der Vollkommenheit«. In seinem letzten Leben wird er zum irdischen Buddha, geht in die Hauslosigkeit und gründet einen Orden. Nach seinem irdischen Tod geht er ins *Nirwana* (die Erlösung von den Wiedergeburten) ein.

Buddha-Dharma (jap.): im →*Mahâyâna* Bezeichnung für die Lehre des historischen Buddha, d. h. für das theoretisch begriffliche System in Buddhas Lehre.

Das →*Zen* entwickelte jedoch eine ablehnende Haltung gegenüber dem begrifflichen Lernen und versucht die transzendentale Erfahrung aufgrund des Sichtbarmachens der begrifflichen Widersprüchlichkeit (→*Kôan*) zu unterstützen. Das *Buddha-Dharma (Buppô)* wird deshalb dort nicht als rationales Begriffssystem verstanden, das aus Schriften oder mündlichen Erklärungen gelernt werden kann, sondern als unmittelbare Erleuchtungserfahrung, die aus dem eigenen Wesen entsteht. Die Lehre Buddhas wird nicht durch Unterweisungen vermittelt, sondern durch die Haltung übertragen (→*Ishin-denshin*).

Buddha-Natur (jap.): die ewige und eigene Natur aller Dinge (→Buddha). Sie zu erlangen und zur Erleuchtungserfahrung durchzudringen ist daher jedem Wesen möglich, gleich seiner existentiellen Ebene.

Buddhismus (jap.): die vom historischen →Buddha gestiftete Weltreligion, zunächst

als reine Erleuchtungslehre, danach als Religion gegründet. Sie bestand ursprünglich aus einer Ordensgemeinschaft buddhistischer Mönche, mit der auch Laien lose verbunden waren.

BUDDHISMUS IN INDIEN

Nach der Predigt von Benares baten fünf Mönche den Buddha um die Mönchsweihe, die dieser ihnen erteilte. Dies war die Keimzelle für die entstehende Mönchsgemeinschaft, die danach mit Buddha das Land durchwanderte und nur die Regenzeit an festen Aufenthaltsorten verbrachte. Erst später wurden sie in Klöstern seßhaft. In die Gemeinschaft wurden zunächst keine Frauen aufgenommen. Schließlich konnte der Lieblingsschüler Buddhas, →ÂNANDA, den Meister, der entschieden gegen die Aufnahme von Frauen in den Orden war, bekehren, auch einen buddhistischen Nonnenorden zu gründen. So bestand der ursprüngliche Orden aus Mönchen, Nonnen und Laienanhängern, die jedoch nicht den Geboten des buddhistischen Mönchtums unterworfen waren.

Der historische Buddha (sein bürgerlicher Name: Siddhârtha Gautama) gründete durch seine authentische Lehre zunächst nur einen beispielgebenden Lebensweg der Selbstfindung, auf den sich zuerst der →*Hinayâna*-(*Teravada*-) Buddhismus berief, eine Religion für Auserlesene (kein Götterglaube), deren Inhalt die Selbstbetrachtung und Selbsterkenntnis ist. Hinayâna beruht auf der Grundlage der »vier heiligen Wahrheiten vom Leiden« (→Buddha). Das höchste Ziel ist das Eingehen des einzelnen in das absolute und bewußtlose Ruhesein, →*Nirwana*, aus dem es keine Rückkehr in das irdische Dasein gibt. Dieser ausgesprochene Mönchsbuddhismus hat in Indien etwa ein Jahrtausend lang vorgeherrscht. Im 13. Jh. begannen verstärkte brahmanische Angriffe auf die Lehre Buddhas und lösten ihre Vorherrschaft ab, nachdem sie sich mit verschiedenen Volkskulten verbunden und durch diese Synthese den Hinduismus hervorgebracht hatten. Das endgültige Ende des Buddhismus in Indien kam, als der Islam seine Eroberungszüge begann und dabei die buddhistischen Klöster und Bibliotheken zerstörte.

Doch bereits um die Zeitwende begann sich im Norden Indiens eine neue Form des Buddhismus zu entwickeln, die den Bedürfnissen der Massen mehr entsprach als das philosophische *Hinayâna*: das →*Mahâyâna* oder »große Fahrzeug«, das hauptsächlich von den Laienanhängern Buddhas beeinflußt war. Buddha selbst wurde in dieser Volksreligion neben zahlreichen →*Bodhisattvas* zur Gottheit. Das *Mahâyâna* lehrt, daß der einzelne Mensch sich nicht nur um sein eigenes Seelenheil zu sorgen hat, sondern auch um das vieler anderer Menschen. Etwa um die Mitte des 1. Jh. n. Chr. begann sich diese Form des Buddhismus mit dem Hinduismus und dem Brahmanismus zu vermischen, und die Lehrinhalte wurden mehr und mehr von Ritualen überwuchert. Bis zum Jahre 1000 verlor jedoch auch diese Form des Buddhismus in Indien nahezu alle Anhänger an den Islam und den Hinduismus. Er entwickelte sich indes zur Hochblüte in Ceylon und Hinterindien, Indonesien und Java. Dort entstanden mächtige buddhistische Kulturzentren (so nach 800 in Angkor im alten Khmer-Reich, dem heutigen Kambodscha).

Der *Mahâyâna*-Buddhismus veränderte mehr und mehr seinen Inhalt, um sich den Mentalitäten der umgebenden Länder anzupassen. Die Einmaligkeit der geschichtlichen Gestalt Buddhas wurde darin aufgegeben zugunsten vieler früherer und zukünftiger Buddhas und einer ganzen Schar von Buddha-Anwärtern, den sogenannten →*Bodhisattvas*.

Das förderte die Anpassungsfähigkeit des Buddhismus an die mythologischen Vorstellungen der inzwischen missionierten Länder und trug gleichzeitig dazu bei, daß sich der Buddhismus in viele Sonderformen spaltete.

Im Tibet entstand zunächst eine Form des Buddhismus, die von den dortigen Glaubensrichtungen durchsetzt wurde und schließlich zum →Lamaismus führte. Von dort aus drang die Religion in die Mongolei ein und brachte ihre tibetanischen Eigenheiten mit.

Heute ist der *Hinayâna*-Buddhismus in Sri Lanka, Burma, Thailand, Laos und Kambodscha verbreitet, der *Mahâyâna*-Buddhismus in Nepal, Vietnam, China, Korea und Japan. Der Lamaismus beherrscht die Gebiete Tibet, Sikkim, Bhutan und die Mongolei. Heute zählt der Buddhismus ungefähr 400 Millionen Anhänger und ist damit eine der größten Weltreligionen.

BUDDHISMUS IN CHINA

Nach China gelangte der Buddhismus im Jahre

67 n. Chr., wurde jedoch zunächst hart verfolgt und erlangte erst 355 öffentliche Anerkennung, als den Chinesen erstmals erlaubt wurde, buddhistische Klöster zu besuchen. Im Laufe der Zeit paßte er sich jedoch ausgezeichnet dem dort bestehenden Volkskult und ganz besonders dem →Daoismus an und wurde (neben dem vorherrschenden Konfuzianismus) zum bestimmenden Kulturfaktor. Der →Konfuzianismus mit seinem patriarchalischen Leben in der Familie und in der Sippe blieb jedoch ein unerbittlicher Gegner und konnte sich mit dem zölibatären Leben der buddhistischen Mönche nie einverstanden erklären. Etwa im Jahre 520 führte der indische Mönch →Bodhidharma, der 28. Nachfolger Buddhas (→*Soshigata*), den Buddhismus als *Chan* (→*Zen*) in China ein und wurde der erste Patriarch dieser Sonderform.

Zwischen dem 6. und 10. Jh. erreichte der Buddhismus in China seine Hochblüte. Es etablierten sich die großen Schulen des chinesischen Buddhismus, von denen *Huayan* (oder *Hua-yen*, Ornamentikschule, jap. *Kegon*), *Tiantai* (oder *T'ien-t'ai*, Name eines Berges im Nordwesten von Zhejiang, jap. *Tendai*), *Chan* (jap. *Zen*), *Jingtu* (Sekte des Reinen Landes, jap. *Jôdo*) und *Faxiang* (*Fa-hsiang*, jap. *Hossô*) die bedeutendsten waren. Die Klöster wurden so mächtig, daß sie eine Bedrohung für den Staat darstellten. 845 kam es daher zu einer Verfolgung des Buddhismus, und viele Klöster wurden aufgelöst. Der chinesische Buddhismus hat sich von diesem Schlag nie mehr vollständig erholen können.

Zwischen dem 10. und 13. Jh. kam es zu einer Verschmelzung von buddhistischen, daoistischen und konfuzianistischen Elementen, deren philosophische Strömungen sich bis in die heutige Zeit überliefert haben. Davon ausgenommen blieben nur das *Chan* und der »Reines Land«-Buddhismus. Ab dem 14. Jh. begannen sich jedoch auch diese zu vermischen und bewirkten eine starke buddhistische Laienbewegung in China. Die Tradition des chinesischen *Chan* brach ab (→*E'nô*) und setze sich verstärkt in Japan fort.

Buddhismus in Japan

Neben dem tibetanischen entwickelte der japanische Buddhismus die meisten Eigenformen. Er gelangte im Jahre 538 n. Chr. über Korea nach Japan und begann dort den →Shintôismus mit seinem Götter- und Ahnenkult zu verdrängen. Als er durch das Kaiserhaus zunehmende Unterstützung erfuhr, etablierte er sich um das Jahr 600 zur Staatsreligion.

In der Nara-Zeit (710–794) festigten sich in Japan sechs aus China überlieferte buddhistische Schulen (*Kosha, Hossô, Sanron, Jojitsu, Ritsu* und *Kegon*), die im darauffolgenden Jahrhundert vom Kaiserhaus als offiziell anerkannt wurden. Die *Kegon*-Lehre wurde zur Grundlage der Regierung erklärt, und es entstanden einflußreiche Klöster um Nara. In der Heian-Zeit (794 –1184) gewannen das →*Tendai* und das →*Shingon* die Oberhand. Das *Tendai* löste die *Kegon*-Schule im Kaiserhaus ab, während das *Shingon* zumeist in den Reihen der Adeligen praktiziert wurde.

Zu Anfang der Kamakura-Zeit (1185–1333) begann sich ein im niederen Volk verbreiteter Buddhismus zu etablieren, der die zahlenmäßig größte Anhängerschaft hatte: der →*Amida*-Buddhismus, eine reine Götterlehre, die sich danach in die *Jodô-shû* und *Jodô-shinshû* (→*Jodô*) aufspaltete. 1191 kam das →*Zen* nach Japan und fand seine größte Anhängerschaft unter den Samurai. →Nichiren (1222–1282), ein buddhistischer Mönch, war der schärfste Gegner des *Amida*-Buddhismus. Er gründete eine nach ihm benannte buddhistische Sekte und verband seine Lehre intensiv mit politischen Zielen.

Den stärksten Einfluß hatte der Buddhismus in Japan in seiner Sonderform *Zen*. Diese Form entwickelte sich zu ihrem heute eigenständigen japanischen Charakter. Im 16. Jh. zeigte das *Zen* eine intensive Affinität zu den disziplinären Zielen der Samurai (→*Budô,* →*Bushidô,* →*Takuan,* →*Taiaki*). Als *Zen* hatte der Buddhismus den größten Einfuß auf die Kultur und den Geist des Landes und beeinflußte nachhaltig die gesamte Entwicklung Japans in den kommenden Jahrhunderten.

Das *Zen* ist auch diejenige der buddhistischen Schulen, die heute in Europa und den USA am meisten Aufmerksamkeit erweckt. Doch die Verbreitungstendenz des modernen Buddhismus ist nicht nur auf das *Zen* beschränkt. Sein hauptsächliches Ziel ist die Rückgewinnung des indischen Mutterlandes, die besonders in der letzten Zeit intensiv verfolgt wird.

Budô (jap): Überbegriff für die japanischen Kampfkunstmethoden, die sich unter dem

Aspekt des Weges (→*Dô*[4]) aus dem →*Bujutsu* (Technik des Kriegers) entwickelten. Als tödliche Kampfmethoden haben sich die Techniken des *Bujutsu* über Jahrhunderte hinweg geformt, doch erst durch ihre Verbindung zum *Zen* (Anfang des 17. Jh., →*Takuan*) erhielten sie einen ethischen Inhalt und konnten sich zum *Budô* (Weg des Kriegers) entwickeln.

Die Übung des Weges, gleich ihrem formellen Aspekt, bringt zwei dem menschlichen Leben innewohnende Tendenzen in den Mittelpunkt der bewußten Erfahrung, in deren gegenseitigem Kampf um Harmonie und Ausgleich sich Persönlichkeit und Reife bilden:

- den aus dem Bewußten kommenden Drang zur Verwirklichung persönlichen Lebens und Wachsens und
- die Anpassung und Unterordnung in die natürlichen Umstände als Urbedingung des Lebens.

In der Disharmonie dieser Extreme ist die menschliche Existenz wie jede andere bewußte Form des Lebens gefährdet. Die Übung des Weges bildet die innere Voraussetzung zum Wachsen und Reifen. Sie verdeutlicht und löst die in den Mittelpunkt des gesellschaftlichen Lebens rückenden Probleme des modernen Menschen, die zu einer akuten Gefahr in den Gesellschaften geworden sind. Sie läßt den Menschen durch Selbsterkenntnis die beiden Extreme seiner naturgebundenen Bestimmung erkennen, in denen sich die Möglichkeiten seiner Existenz abspielen: Streben und Achten.

Die Erkenntnis der Existenz dieser Gegenpole im Menschen entstand aus der tiefgehenden Überlegung der alten Meister, deren Ziel es war, sich durch die Übung der Kampfkünste von der grundlegenden Angst vor dem Tod (→Budôpsychologie) zu befreien. Sie erkannten, daß das Töten, wie es im alten *Bujutsu* gelehrt wurde, dieses Problem nicht zu lösen vermochte, und so fanden sie in der angewendeten Philosophie des *Zen* das Mittel, ihr Ziel zu erreichen. Sie beendeten den Kampf gegen ihre Gegner und richteten ihn gegen das eigene Ich (→*Shin-budô*). Darin besteht auch heute noch der große Wert des Budô für seine Übenden.

Indem die Meister dieselben Methoden, die sie gegen ihre Gegner anwendeten, gegen sich selbst richteten, entstand aus einer tödlichen Kampfkunst eine Kunst des Lebens. Die harte Übung wurde zum Mittel, die körperlichen und geistigen Grenzen herauszufordern und den Menschen dadurch von seiner Gefangenheit im eigenen →Ich zu befreien, die dem Ungeübten die klare Sicht des Lebens verwehrt und ihn im Vorurteil des Rechtbehaltens grundlegende Fehler machen läßt. Die Übung des *Budô* kann unter der Aufsicht eines Meisters (→*Sensei*) und unter Beachtung der Gesetzmäßigkeiten der *Budô*-Lehre (→*Oshi*) den Menschen ins Gleichgewicht zu sich selbst und seiner Umwelt setzen. Durch Selbstdisziplin, Treue und Hingabe (→*Dôjôkun*) in die Tiefen der Erfahrung, die als die wichtigsten Voraussetzungen zur Übung des Weges (→*Dô*[4]) gelten, kann er in der Übung lernen, sich selbst zu erkennen und zu kontrollieren. Lehnt er diese Lernvoraussetzungen, die für das objektive Bewußtsein unwahrnehmbar im Hintergrund jeder *Budô*-Beziehung (→*Shitei*) existieren müssen, jedoch ab und sucht in der Übung des *Budô* statt dessen die Befriedigung des Ich, wird er nie etwas finden. Die Entwicklung wirkungsvoller Techniken in der Übung führt nur dann zum Fortschritt, wenn die Konfrontation mit dem eigenen Ego unter Beachtung der grundsätzlichen Verhaltensregeln (→*Sahô*) stattfindet. Durch disziplinierte Strenge gegen sich selbst und durch die wiederholte Herausforderung seiner eigentlichen Schwächen kann man lernen, seine elementare Angst zu überwinden und seine Persönlichkeit zu formen. Dazu braucht man hauptsächlich eine innere Haltung der Selbsterkenntnis. In der körperlichen Übung allein *(Shôsa)*, ohne die strikte Beachtung der Regeln, verliert die Übung des *Budô* ihren Wert.

Disziplinierte Arbeit an sich selbst muß von einem Lehrer gelenkt werden und darf nicht der Beurteilung des Übenden selbst ausgesetzt sein, weil der Schüler (→*Deshi*) durch sein Ich urteilt. In einer solchen Verbindung kann der Übende wachsen und im Laufe der Zeit Qualitäten entwickeln, die ihm im Alltag von Nutzen sein werden.

Der *Budô*-Wege gibt es viele in Asien, doch sie haben alle das gleiche Ziel: Sie lehren den Menschen, seine eigenen inneren Zusammenhänge zu verstehen und sich durch Übung zu vervollkommnen. Jeder einzelne dieser Wege hat seine eigene Technik (→*Waza*) entwickelt und hält den Menschen dazu an, seinen Geist (→*Shin*) und seine vitale Kraft (→*Ki*) zu entdecken. Das Ziel jeder Wegübung ist immer der ganze Mensch. Auf dem Weg zu einem solchen Ziel gibt es drei wichtige Übungskomponenten, die nur im Gleichgewicht zueinander Fortschritt gewähren: *Waza*, die Übung der Form, *Shin*, die Übung der geistigen Haltung, und *Ki*, die Übung der vitalen Kraft. Aus den Kampfmethoden des →*Bujutsu* (s. auch →*Buki* und →*Jitsu*) wurden neben anderen unter dem Aspekt des Weges folgende wichtigen Kampfkünste entwickelt (Beschreibung und Definition siehe unter den einzelnen Bezeichnungen):

DIE WICHTIGSTEN FORMEN DES BUDO

• Aikijutsu	• Aikidô/Aikibudô
• Iaijutsu	• Iaidô
• Jûjutsu (Yawara)	• Jûdô
• Kenjutsu	• Kendô
• Kyûjutsu und Yabusame	• Kyûdô

Aus Okinawa kamen folgende Kampfmethoden, entwickelt aus der niederen Schicht der Bevölkerung (Nicht-Kriegerkaste, →*Kikotsu*), im 20. Jh. nach Japan:

• Tôde (Okinawa-te)	• Karate-dô
• Buki-hô	• Kobudô

Budôgi (jap): Budô-Anzug, bestehend aus Hose, Jacke und Gürtel (→*Gi*, →*Karategi*).

Budôka (jap): Ausübender des →*Budô*.

Budôkai (jap): auch *Budôkwai*, Schule des *Jûdô*, gegründet von →Koizumi Gingyô Gunji im Jahre 1913 in London.

Budôkan (jap): japanische Trainings- und Demonstrationstätte für alle martialischen Kriegskünste; gelegen in Tôkyô, im Nordwesten des Chiyôda-Parkes, zwischen dem Kaiserpalast im Süden und dem Yasukuni-Schrein im Nordwesten.

Der *Budôkan (Nippon Budôkan)*, der den →*Butokuden* (s. auch →*Butokukai*) ersetzen sollte, liegt auf einem riesigen Gelände, hat eine Innengröße von 10 345 m^2 und faßt 15 000 Zuschauer. Das Zentrum wurde 1964 anläßlich der Olympischen Spiele in Tôkyô errichtet, kostete umgerechnet 22 Millionen DM und ersetzte den alten →*Kôdô-kan*.

Budôkukai (jap.): identisch mit →*Butokukai*.

Budôkwai (jap.): identisch mit →*Budôkai*.

Budô-Psychologie: die Budô-Psychologie (→*Budô*) zielt, nachdem vorher mehrere Bewußtseinsebenen (→*Shu Ha Ri*) durchschritten wurden, letztlich auf ihre höchste Herausforderung: auf das Akzeptieren der Unvermeidbarkeit des eigenen Todes. Die jahrelange praktische Auseinandersetzung mit dem Tod und den damit zusammenhängenden Themen bewirkt im Übenden einen ausgeprägten Sinn für Realitäten im gegenwärtigen alltäglichen Leben und verändert seine Haltung in bezug auf sich selbst, auf den anderen und das Leben.

Die Illusion von der totalen Unabhängigkeit, die den modernen Menschen immer mehr beherrscht, kommt weitgehend aus der peinlich vermiedenen Auseinandersetzung mit diesem Thema. Auch die Übung der modernen Kampfkünste umgeht diesen wichtigen Aspekt und erschöpft sich daher in bindungslosen Formwerten. Die unzähligen Mißverständnisse, die in den heutigen *Dôjô* immer mehr zunehmen, haben darin ihren Ursprung. Die Übung der Kampfkünste erfordert sowohl auf emotionaler wie auch auf philosophischer Ebene die Auseinandersetzung mit dem Tod, um über sein Verständnis ein höheres

Bewußtsein zu erreichen. Da die meisten Schüler jedoch eine tiefergreifende Psychologie ablehnen und sie durch theoretische Philosophien ersetzen, können sie der Kampfkunstübung kaum einen ins Leben übertragbaren Wert abgewinnen. In allen traditionellen Kampfkünsten stand eine innere Haltung (→*Shisei*), die in der Lage war, den Tod zu akzeptieren, ganz vorne an. Es ist eine große Illusion, zu glauben, daß der Wettkampf irgend etwas mit dieser Fähigkeit zu tun hätte. KENTSU YABU, ein okinawanischer Karatelehrer der alten Garde, sagte einmal: »Karate ist ein Weg zu leben. Als solches bildet es einen Charakter, der ein vollkommen anderer ist als der, der im Sport entsteht. Karate übt man weder zum Spaß noch für einen Preis.«

DER WAHN VOM SIEGEN

Zu einer Zeit, als das Beherrschen einer Kampfkunst für die Krieger eine Notwendigkeit zum Überleben war, lag jeder Übung die Auseinandersetzung mit dem Tod zugrunde. Sie zwang zur Realität und entwickelte in allen Situationen ein realitätsnahes Bewußtsein. Darin lag eine große Bedeutung. In unserer Zeit jedoch leben viele Menschen außerhalb der Wirklichkeit. Mit intellektueller Spitzfindigkeit konstruieren sie eigene Realitäten, die der Wirklichkeit nicht entsprechen. Da sie sich darin zurechtfinden, halten sie ihr Sehen auf die eine oder andere Weise für ausreichend vollendet.

Oberflächlich betrachtet, sind die Kampfkünste ein Mittel, andere zu besiegen, doch dahinter steht ein viel größeres Ziel. Durch das Beherrschen der Angst kann der Geübte den Kampf überwinden und einen Zustand erreichen, in dem es kein Kämpfen mehr geben muß (→*Budô*). Unterhalb dieser Grenze (im Spiel des Ich ums Gewinnen) werden die Menschen immer miteinander kämpfen, weil sie die Illusion vom Sieg nicht aufgeben können. Es gibt keinen anderen Weg, die menschliche Bereitschaft zum Kämpfen abzuschalten, als den der vollkommenen Bewußtheit der Vergänglichkeit aller Dinge.

Die Unfähigkeit der Menschen zu diesem Denken führte in allen Kulturen der Welt zu einer Psychologie des bedingungslosen Siegens. Dies ließ den Wahn vom beständigen Wachstum entstehen, erzeugte die Meinung, daß der Zweck die Mittel heilige, und führte zu der Vorstellung, daß das Leben wichtiger sei als der Tod. Das daraus entstehende Lebensbewußtsein wird immer anspruchsvoller, reagiert allergisch auf jedes Dulden und Leiden und lehnt die Realität des Todes ab. In diesem Denken werden die Siege des Ich überbewertet. Doch sie verderben den Menschen und formen eine realitätsentwurzelte Persönlichkeit, der jedes Mittel recht ist, um das beständig bedrohte Ich zu schützen.

In der Illusion der Ich-Siege wurde im Unterbewußtsein der Tod vom Leben isoliert und als unerträglich angesehen. Die Angst vor dem Tod treibt den darin gefangenen Menschen gegen alles auf die Barrikaden, was seinen Vorstellungen von Leben entgegensteht. Die im Unterbewußten existierende Todesangst erzeugt jedoch eine Vielzahl von anderen Ängsten wie Existenzsorgen, Furcht vor Prestigeverlust, Angst vor dem Altwerden, vor Krankheit, Verlust usw. Sie bewirkt eine ewige Spannung in der Lebensbewältigung, durch die sich der Mensch in einem beständigen Kriegszustand befindet. Trotz allen Wohlergehens verdirbt das Leben, und es entsteht ein Zustand ewiger Halbkrankheit.

Auf der Grundlage des Ich gibt es keine Angstüberwindung. Der mit dem Ich verbundene Intellekt schafft die angstfreie Lebensbewältigung nur dort, wo im voraus erkennbare Sicherheiten existieren. Doch diese sind im Vergleich zum Unbekannten verschwindend gering. Versicherungsgesellschaften aller Art leben gut vom Spiel mit der Angst. Sie können das Sicherheitsdenken ihrer Kunden beruhigen, doch nicht ihre unterschwellige Angst beseitigen. Das Mittel dazu liegt in jedem selbst. Dort, wo ein Mensch durch Übung lernt, sich voll Vertrauen dem tragenden Grund des Lebens hinzugeben, entsteht ein natürlicher Zustand, und die Angst verfliegt. Doch sowie er sich daraus entfernt und voller Selbstbesorgnis sein Schicksal zu programmieren versucht, entsteht die Angst aufs neue.

ANGST UND VERNUNFT

Nur in der Seele liegt das Mittel zur Angstüberwindung. In einem Kampf auf Leben und Tod, in dem es keine Sicherheiten gibt, steigert sich die Angst durch ihre Bewußtwerdung und verringert die Überlebenschancen. Das gleiche gilt für die intellektuelle Betrachtung der Lebenszukunft. Erst der Glaube an die Tragfähigkeit des Lebens befreit von der Angst und ermöglicht es, unbeeinflußt von inneren Zuständen zu handeln. Die

Möglichkeit, den Tod mit Vernunft zu betrachten und dennoch unbeeinflußt von der Angst zu reagieren, gibt es nicht. Der Tod muß als Teil des Lebens durch eine Glaubensübung angenommen werden, wenn er dem gegenwärtigen Leben nicht im Wege stehen soll. Wenn dies nicht geschieht, bleibt der Mensch unkontrollierbaren Emotionen unterworfen und außerhalb der gegebenen Sicherheiten handlungsunfähig.

Das uneingeschränkte Bekenntnis zum Denken kann die Realität des Todes nicht akzeptieren und erzeugt jene Angst, die dem modernen Menschen unter unzähligen Aspekten bekannt ist. Die Psychologen unternehmen viele Versuche, um ihre Patienten davon zu befreien. Doch das grundlegende Problem bleibt zumeist unangetastet. In der Theorie oder in gespielten Realitäten sind viele Selbsttäuschungen möglich, doch in der Wirklichkeit des Lebens, in der jeder Mensch mit sich allein ist, gelten sie nicht. Wenn er die Bühne verläßt, auf der er sein tägliches Schauspiel spielt, bleibt die Angst.

Wie weit die Selbsttäuschung führt, wird besonders in den Kampfkünsten deutlich. Kein alter Krieger übte die Kampfkünste, ohne sich bewußt zu sein, daß ihre Anwendung ein Spiel mit dem Tod ist. Heute sind sie ein Spiel mit dem Ich in einer improvisierten Wirklichkeit. In dieser Scheinrealität, in der es keine Feinde gibt, möchte man als Sieger gelten. Das übersteigerte Selbstgefühl jedoch schwächt den Geist und verdirbt die Kraft. Diese Haltung gefährdet den Frieden unter den Menschen, da die eigentliche Wirklichkeit zum Spiel des Ich wird. Die einzige Wirklichkeit ist jedoch die Realität des Todes. Wenn sie verstanden wird, entsteht der Frieden in der Seele – die Vorbedingung zum Frieden unter den Menschen. Im *Zen* heißt es: »Man muß in seinen Sarg steigen können.«

Die Kraft der Intuition

Die Samurai wußten, daß es unmöglich war, den Tod durch das Ich anzunehmen. Daher umgingen sie das Bewußte und appellierten an die →Intuition. Der von ihnen vollzogene Vorgang ist ähnlich, wie wenn ein Mensch versuchen würde, durch seinen Willen Wasser im Mund zu sammeln. Er wird es nicht schaffen. Stellt er sich jedoch vor, daß er gerade in eine Zitrone beißt, geschieht alles von selbst. Die Intuition ist stärker als der Intellekt, da sie ihre Kraft aus den Zusammenhängen unbewußter vergangener Erfahrungen bezieht.

Durch das Beherrschen dieser inneren Verlagerung kann der Geist neu strukturiert werden. Er kann dort, wo er frei sein muß, dem Einfluß des Denkens entzogen und der Intuition unterstellt werden. Die wichtigste Übung dazu ist die →Meditation. Der durch sie erzeugte Geist ist in der Lage, die Angst in die rechte Perspektive zu setzen, indem er sie vom Ich trennt und als etwas Nützliches betrachtet. Dadurch kann eine innere Haltung entstehen, in der ein Mensch Ungeheures ertragen und dennoch frei sein kann. Bleibt die Angst dem Ich überlassen, wird sie unkontrollierbar groß.

Kämpfe auf Leben und Tod, ebenso wie die Selbstverteidigung im Ernstfall, sind Spiele mit der Angst. Der wahre Kampfkunstexperte weiß um diese Dinge und hat durch Übung gelernt, seine Angst zu kontrollieren, bis der Gegner von ihr befallen wird. Unkontrollierte Angst lähmt das Erkennen, das Entscheiden und das Reagieren und macht jede noch so gute Technik wirkungslos. Doch nicht nur im Kampf, sondern in allen alltäglichen Situationen gibt es die Auseinandersetzung mit inneren Ängsten. In jeder Lebenslage, in der ein Mensch den Rahmen seiner Gewohnheiten verläßt und in unberechenbaren Situationen steht, wird im kleinen wie im großen dieses Spiel gespielt. Um es beherrschen zu lernen, reicht es nicht, nur Fertigkeiten (→*Waza*) zu üben.

Die Überwindung des Ich

Die Psychologie der Kampfkünste dient der Beherrschung der Angst. Doch die meisten Schüler geben bereits auf, wenn der Meister zur elementaren Ichüberwindung auffordert. Gleich, was sie dabei denken, sie bleiben schwach und unvermögend. Die Selbsttäuschung steht überall im Wege, und es ist einfacher, sich im Gefühl des Rechthabens zu bewahren, als sich zu überwinden. Doch in dieser Haltung kann man die Angst nicht besiegen und keinen wirklichen Kampf gewinnen. Überall im täglichen Leben spielen sich solche Situationen ab. In der Wirklichkeitssicht des Ich ist es leicht, recht zu haben, einander zu beleidigen oder jemandem die Meinung zu sagen. Doch wenn man einen Schritt in die Realitäten des Lebens tut, kann man leicht erkennen, wie lächerlich diese Haltungen sind.

Die *Budô*-Übungen zur Angstüberwindung sind für das in der Gegenwart empfindende Ich nicht angenehm. Die zuerst entstehende Emotion wird am stärksten empfunden und hat immer den Vorrang vor der unterschwelligen Angst. Da das heutige Leben von direkten Gefahren befreit ist, tritt das ewig beleidigte und um sich selbst besorgte Ich in den Vordergrund. Wenn es nicht kontrolliert wird, treibt es den Menschen in eine große Vielfalt von Emotionen und stört beständig sein Lebensgleichgewicht. Doch die tief in der Seele empfundene Wirklichkeit des Lebens ist jenseits von diesem Schauspiel und holt den Menschen überall ein.

Denn die letztlich stärkste Emotion ist die Angst vor dem Tod. Doch der Mensch verdrängt sie hinter die Kulissen und setzt Hoffnung und Vertrauen in das kleine Ich. Dieses jedoch fürchtet sich nach wie vor vor dem Tod, denn er bedroht die Identität, den Besitz, den Körper usw. Ohne Vertrauen ins Leben wächst das Ich immer mehr und splittert die nie überwundene Todesangst zu einer großen Anzahl von unbewußten Lebensängsten auf. Dort, wo die Wirklichkeit des Lebens den Menschen wieder einholt (z. B. kurz vor dem Tod), versagt das Ich, und die nie überwundene Todesangst wird bewußt. Menschen, die im Ichstand alt werden, tragen sie sichtbar mit sich herum. Deshalb gilt die Überwindung des Ich als grundlegende Voraussetzung zur Lebensreife überhaupt und ist eine Vorbedingung zur Psychologie der Kampfkünste.

Die Ichüberwindung ermöglicht einen Geisteszustand, den man in den Kampfkünsten →*Kufu* nennt. Doch erst auf den nachfolgenden, durch Übung zu erreichenden Niveaus kann die Todesangst zum Angriffsziel werden. Zunächst bezeichnet *Kufu* eine in der Haltung zu realisierende konzentrierte Aufmerksamkeit gegenüber allen Dingen und enthält auch jene inneren Zustände, die im *Budô* →*Zanshin* und →*Yomi* genannt werden. In der Praxis des *Budô* besteht *Kufu* aus der Fähigkeit, die Aufmerksamkeit intuitiv und spontan auf jene Sinnesreize zu konzentrieren, die »hier und jetzt« von Bedeutung sind. »Erkennen mit einem Schlag« nennt man dies in den Kampfkünsten. In diesem Geschehen gibt es keine Trübung durch Emotionen, keine Ablenkung durch das Ich und daher keinen Irrtum. Durch die Spontaneität werden der Geist und der Körper zur Einheit, das heißt, zwischen Erkennen und Handeln gibt es keinen Zeitunterschied mehr. Die zur Übung werdende Psychologie der Kampfkünste entwickelt in dieser Hinsicht Niveaus ohne Ende.

Das Bewußtsein der Kampfkünste

Kampfkunstübende, die ihr Potential nicht über die Ichüberwindung hinaus steigern können, kommen über die intellektuelle Barriere der Todesbetrachtung nicht hinaus und verbleiben in der Mittelmäßigkeit. Das, was das Ichbewußtsein im Leben als wichtig ansieht, ist für die Meisterschaft der Kampfkünste bedeutungslos. Deshalb ist es besser, es aus den Kampfkünsten herauszuhalten und für jene Dinge zu verwenden, für die es geeignet ist. Dem Geist des Budô wirkt es entgegen, da es an dem festhält, was der Mensch ist, statt an dem, was er werden kann. Da es sich beständig davor fürchtet, Gegenwärtiges zu verlieren und in die Nicht-Identität abzugleiten, sind seine Grenzen zu eng, um den Tod zu verstehen, die Angst zu überwinden oder die Gefühle zu beherrschen. Erst die Übersteigung des Ich formt den Geist, den man in den Kampfkünsten →*Mushin* nennt. Um ihn zu erreichen, muß das Ich zurücktreten und Demut, Vertrauen und Liebe entwickeln. In demselben Maß, in dem diese wachsen, verringert sich die Angst.

In den Kampfkünsten werden deshalb Wege gegangen, die mit dem Intellekt nicht zu verstehen sind und ähnlich wie in den Religionen nur durch den Glauben wirken können. Grundsätzlich appellieren diese Methoden an dasselbe innere Potential, aus dem in den Religionen Frömmigkeit und Bekenntnis entstehen. »Du sollst dir kein Bild von Gott machen«, heißt es im Christentum. Doch weil ähnliche Aufforderungen in den Kampfkünsten auf solch starke Gegenwehr im Denken stoßen, dauert der Weg zur Meisterschaft so lange. Selbst wenn die Psychologie der Kampfkünste intellektuell verstanden ist, ist es dennoch unmöglich, sie ohne Glauben zuzulassen. Sind die Erfahrungen nicht in der inneren Haltung gereift, greift der analytische Verstand jedesmal ein und erzeugt dort, wo seine Grenzen sind, eine kritische Gegenreaktion. Die nur vom Intellekt verstandene *Budô*-Psychologie kreist beständig um das kleine Ich. Manche Schüler üben ihr ganzes Leben und können dieses Hindernis nicht überspringen. Nicht mit dem Anspruch, sondern mit der Demut muß man ihm begegnen.

Erst die Demut ist in der Lage, den Kreis um das

Ich zu öffnen und ein wahres Lebensbewußtsein zuzulassen. Dieses ermöglicht den Blick in den Ursprung der inneren Ängste. Doch nicht die Demut, die der Intellekt versteht, sondern die Demut als innerer Zustand ist hier gemeint. Nicht die Demut, die als Folge eines intellektuellen Denkprozesses als richtig empfunden und je nach Situation entwickelt wird, ist erforderlich, sondern die Demut, die aus einer Glaubensübung entsteht und keine Bedingungen stellt. Alles was der Intellekt entscheidet, ist keine Demut. Die wahre Demut ist ein grundlegender verinnerlichter Zustand ohne Bedingungen. Deshalb steht in den Kampfkünsten das rechte Verhalten vor der Entscheidung um Richtig oder Falsch. Das →*Rei* kommt vor dem Anspruch.

Erst wenn das verstanden und als Zustand verwirklicht wurde, gibt es den Zugang zur Angstüberwindung. Davor gibt es die Möglichkeit nicht, da der Anspruch des Intellektes auf Verstehen als unüberbrückbares Hindernis im Wege steht. Doch jedesmal wenn der Intellekt in diesen Bereich vorstößt, werden die Gefahren für das Ich sichtbar und erzeugen überdimensionale Angst. Erst dann, wenn es für das Ich nichts mehr zu verlieren gibt, kommt das natürliche Vertrauen und trägt den Menschen von selbst. In diesem Zustand kann er seine Angst betrachten. In keinem anderen Zustand ist dies möglich.

LEBEN UND TOD

Die Angst vor dem Sterben ist für Mensch und Tier gleichermaßen existent. Doch der Mensch ist durch seinen Intellekt imstande, ein bewußtes Wissen um die Angst zu erzeugen, was ihn zur Flucht vor dem Unbekannten treibt und auf diese Weise die Qualität seiner Handlungen verringert. Zwischen der instinktiven Angst und der im Ichbewußtsein existierenden Angst besteht ein wesentlicher Unterschied. Die uns Menschen bewußt werdende Angst vor dem Tod ist es, die uns stört, und nicht der Tod selbst.

Die Methoden des *Budô* rekonstruieren einfach nur die Art und Weise, die Angst zu betrachten – sie verändern die innere Position, aus der heraus ein Mensch dem Unglück begegnet. Sie öffnen die Seele zum Vertrauen und nehmen alles Negative an, selbst wenn der Tod mitspielt. Dadurch kann der Mensch das Wissen um die Angst von der instinktiven Angst trennen und wird unabhängig und frei. Er vertraut dem Leben und begegnet einer Situation neutral, ohne die ewige Besorgtheit des kleinen Ich. Die Vielzahl der aus dem Wissen um den Tod entstehenden Lebensängste beeinträchtigt die Handlung im Hier und Jetzt. Den meisten Menschen ist es nicht bewußt, daß der große Umfang an lebendigen Ängsten und Nöten auf ihr überbetontes Sicherheitsdenken zurückzuführen ist.

Auf der Grundlage der Ichüberwindung, des Vertrauens und der Liebe basiert die Psychologie der Kampfkünste. In ihr ist die Glaubensfähigkeit die Quelle der wahren Kraft, während der Verstand, auf dem der Schüler seine Ichhaltung aufbaut, eine Nebensache ist. Den Intellekt braucht er, um das Formsystem zu verstehen, doch die Überwindung des Ich ist notwendig, um das Potential zu entwickeln, das ihn über alle Abhängigkeiten hinaus zur Meisterschaft führt.

Budô-seishin (jap.): *Budô*-Geist (→*Bushidô*, →*Seishin*).

Budô Shoshin-shû (jap.): **»Die Anfangsgründe der Budô-Künste«, von DAIDÔJI YÛZAN (1639–1730), einem Schüler des berühmten konfuzianischen Gelehrten → YAMAGA SOKÔ, geschriebene Abhandlung über die japanischen Kampfkünste und über das →*Bushidô*. Sie galt als eine der Grundlektüren auf diesem Gebiet, besonders in der Tokugawa-Zeit. Der Verfasser behandelt in 44 Kapiteln die Erziehung, die allumfassende Liebe, den Respekt, die Demut, die Moral und den Tod. Hier ein Auszug aus Daidôjis Werk:**

1. Die wahre Tapferkeit besteht darin, dann zu leben, wenn es Zeit ist zu leben, und dann zu sterben, wenn es Zeit ist zu sterben.

2. Dem Tod mußt du mit jenem Bewußtsein entgegentreten, das in der Lage ist, zu unterscheiden, was ein Samurai zu tun hat, um seine Ehre zu erhalten.
3. Jedes Wort mußt du abwägen und dir ständig die Frage stellen, ob es die Wahrheit ist, die du zu sagen beabsichtigst.
4. Sei mäßig im Essen und vermeide jede Hemmungslosigkeit.
5. Denke in allen alltäglichen Handlungen an den Tod und hüte dieses Wort im Herzen.
6. Achte das Recht des »Stammes und der Zweige«. Es zu vergessen bedeutet, niemals Tugend zu erlangen. Ein Mensch, der die Tugend der Sohnespflicht vernachlässigt, ist kein Samurai. Die Eltern sind der Stamm des Baumes, die Kinder sind die Zweige.
7. Der Samurai muß nicht nur ein vorbildlicher, sondern auch ein treuer Sohn sein. Er verläßt seinen Herrn auch dann nicht, wenn die Zahl seiner Vasallen von hundert auf zehn und von zehn auf einen gekürzt wird.
8. Im Kriege zeigt sich die Samurai-Treue darin, daß er furchtlos gegen die feindlichen Pfeile und Speere vorgeht und sein Leben opfert, wenn es erforderlich ist.
9. Treue, Gerechtigkeit und Tapferkeit – das sind die drei natürlichen Tugenden eines Samurai.
10. Der Falke liest keine herabgefallenen Körner auf, auch wenn er vor Hunger stirbt. So muß auch der Samurai, indem er den Zahnstocher benutzt, zeigen, daß er satt ist, auch wenn er nichts gegessen hat. Wenn der Samurai im Krieg den Kampf verliert und er sein Leben lassen muß, dann hat er stolz seinen Namen zu nennen und mit einem Lächeln ohne erniedrigende Erregung zu sterben.
11. Ist der Samurai tödlich verwundet, soll er sich ehrerbietig mit den Worten des Abschieds an einen Älteren wenden und seinen Geist in Ruhe aufgeben, indem er sich dem Unabwendbaren beugt.
12. Wer nur über rohe Kraft verfügt, verdient nicht den Namen Samurai. Ein Samurai muß auch die Wissenschaften studieren, er muß seine Mußestunden nutzen, um sich in der Poesie zu üben, und die Teezeremonie studieren.
13. Neben seinem Haus kann der Samurai einen bescheidenen Teepavillon errichten, in dem er neue Kakemono-Bilder, moderne bescheidene Tassen und keine lackierten Keramikkannen verwenden soll.

Budô Studien Kreis: abgekürzt BSK, deutsche Gemeinschaft für klassische Kampfkünste, gegründet 1990 von WERNER →LIND zum Zwecke des Studiums und der Erforschung des traditionellen *Budô*. Das *Honbu-Dôjô* des BSK *(Budôkan)* befindet sich in Bensheim (Bergstraße). Ihm angeschlossen sind viele weitere traditionelle *Karate*-Schulen.

Emblem des Budô Studien Kreises

DEFINITION UND ARBEIT DES BSK
Der Budô Studien Kreis (s. Anhang) arbeitet föderationsneutral und befaßt sich mit der Erforschung alter Traditionen und Kampfkonzepte aus verschiedenen asiatischen Stilen. Ausgehend von *Shôtôkan-ryû Karate* wurden diese Konzepte nach Okinawa und China zurückverfolgt und in die *Kata-Bunkai* übersetzt. Der Budo Studien Kreis lehrt ein eigenes System (→*Shôtôkan-ryû Kempô-Karate*), das nur auf der Basis der klassischen Weg-Systeme *(Karate-dô)* aufgebaut ist und keinen Wettkampf beinhaltet.

DIE KAMPFKÜNSTE DES BSK
Die Lehrer des Budo Studien Kreises beschäftigen sich mit mehreren asiatischen Kampfkünsten, in der Hauptsache jedoch mit japanischem und okinawanischem *Karate* und *Kobudô, Ninpô,* chinesischem *Kempô* und *Tai-ji-quan*. All ihre Erfahrungen wurden in drei eigenen Systemen zusammengeschlossen, die die Grundlage aller Kampfkunstausbildungen im Budo Studien Kreis

bilden. Darin nimmt der BSK Schüler stilunabhängig an, veranstaltet Seminare, Prüfungen und Lehrerausbildungen.

1. *Shôtôkan-ryû Kempô-Karate* und *Kobudô*. →*Kempô-Karate* ist die *Karate*-Auffassung des Budo Studien Kreises, gegründet von Werner Lind auf der Basis des *Shôtôkan-Karate*, erweitert um die chinesischen Ursprungssysteme der Selbstverteidigung (→*Quan-fa*) und Gesundheitslehren (→*Qi-gong*). Technisch unterscheidet sich dieser Stil nicht vom *Shôtôkan-Karate*, erweitert dieses jedoch um Gesundheitslehren, Vitalpunktsysteme und Selbstverteidigung (s. unter den jeweiligen Bezeichnungen):

WAFFENLOSE KATA DES KEMPO-KARATE IM BSK

Mudansha (9.–1. Kyu)	
Taikyoku shodan	Heian godan
Taikyoku nidan (BSK)	Tekki shodan
Taikyoku sandan (BSK)	Bassai dai
Heian shodan	Kanku dai
Heian nidan	Empi
Heian sandan	Jion
Heian yondan	Hangetsu
Yudansha (1.–4. Dan)	
Tekki nidan	Tekki sandan
Jitte	Chinte
Gankaku	Nijushiho
Meikyo	Wankan
Sochin	Gojushiho
Itosu no Chinto	Seienchin
Bassai sho	Kanku sho

Im *Shôtôkan-ryû Kempô-Karate* des BSK werden folgende Waffen-Kata (→*Kobudô*) geübt:

BSK-Formsystem (Kumite)

Kihon ippon-kumite (BSK)	**Kakie** (klebende Hände)
Jiyu ippon kumite (BSK)	Kakie-Kata (BSK)
Goshin-kumite (BSK)	Kakie-ippon-kumite
Goshin shodan	Kumi-Kata (BSK)
Goshin nidan	Jiyu-kakie (BSK)
Goshin sandan	**Kata**-bunkai (BSK)
Kumite-Kata (BSK)	(alle Rentan-Kata als
Nage-Kata (BSK)	Kihon- und Jiyu-Form)

2. BSK-*Ninpô*. *Ninjutsu-ryû* des Budo Studien Kreises, gegründet von PETER →SCHÖMBS auf der Grundlage von *Ninjutsu, Karate* und *Qi-gong*.

WAFFEN-KATA DES KEMPÔ-KARATE IM BSK

Bô-Kata	**Nunchaku-Kata**
Renshuho shodan (BSK)	Renshuho shodan
Okinawa-bo (BSK)	Renshuho nidan
Shoun no Kon	Taira no Nunchaku
Kaiten (BSK)	Juho no Nunchaku
	Nicho-Nunchaku (BSK)
Sai-Kata	**Hanbô-Kata**
Renshuho shodan	Renshuho shodan
Chatanyara no Sai	Renshuho nidan
	Renshuho sandan
Tonfa-Kata	**Renshuho yondan**
Matsuhiga no Tonfa	Hanbo kaiten
Kama-Kata	**Guandao-Kata**
Renshuho shodan (BSK)	Kwando shodan
Renshuho nidan (BSK)	
Bassai-kama (BSK)	**Iaidô-Kata**

3. BSK-*Tai-ji-quan/Qi-gong*. Das System des *Tai-ji-quan* im Budo Studien Kreis beruht auf *Yang Tai-ji-quan* und mehreren Waffenformen. Das →*Qi-gong* basiert auf *Ba-duan-jin, Yi-jin-jing* und *Wildgans Qi-gong*. Beide Systeme werden durch MONIKA LIND und GABI LIND vertreten.

DAS GRADUIERUNGSSYSTEM DES BSK

Das Graduierungssystem im Budo Studien Kreis entspricht weitgehend den alten klassischen Rangordnungen (→*Menkyo*) aus dem traditionellen *Bujutsu* und unterscheidet sich von den Graduierungen der Wettkampf-Organisationen des *Karate*:

GRADUIERUNGSSYSTEM des Budo Studien Kreises

Kodansha (5.–10. Dan)	
1. Menkyo-kaiden (Lehrer)	**Sensei**
10. Dan (Judan)	Hanshi
9. Dan (Kudan)	Hanshi
8. Dan (Hachidan)	Kyoshi
7. Dan (Shichidan)	Kyoshi
6. Dan (Rokkudan)	Renshi
5. Dan (Godan)	Renshi
Yudansha (1.–4. Dan)	
2. Kaiden (Initiierung)	**Sempai**
4. Dan (Yondan)	Techniker
3. Okuden (Hintergründe)	**Sempai**
3. Dan (Sandan)	Wegschüler
4. Omote (Formstufe)	**Kohai**
2. Dan (Nidan)	Formschüler
1. Dan (Shodan)	Formschüler

Mudansha (9.–4. Kyu)

5. Oberstufe (Anfänger)	**Deshi**
1. Kyu (Ikkyu)	Braungurt
2. Kyu (NIkyu)	Blaugurt
3. Kyu (Sankyu)	Grüngurt
6. Unterstufe (Anfänger)	**Deshi**
4. Kyu (Yonkyu)	Orangegurt
5. Kyu (Gokyu)	Orangegurt
6. Kyu (Rokukyu)	Gelbgurt
7. Kyu (Shishikyu)	Gelbgurt
8. Kyu (Hachikyu)	Weißgurt
9. Kyu (Kukyu)	Weißgurt

Bedeutung der Graduierungen im BSK:

KODANSHA (Lehrer)

- ***Menkyo-kaiden* (Lehrer)** – Selbständige Lehrer ***(Sensei)*** ihrer eigenen Kampfkunstauffassung mit den Bezeichnungen ***Renshi, Kyoshi*** und ***Hanshi***.

YUDANSHA (Übungsleiter)

- ***Kaiden* (4. Dan)** – höchster Übungsleitergrad ***(Sempai)***, Stufe des **Experten** in der Technik, Grad der **Initiierung** zum *Sensei*.
- ***Okuden* (3. Dan)** – Übungsleitergrad ***(Sempai)***, vom *Sensei* **anerkannter Wegschüler** mit **abgeschlossener Formlehre**, Beginn der Lehre über die **Hintergründe**.
- ***Omote* (2. Dan)** – Grad des **Weganfangs**, Stufe der **verfeinerten Formlehre**.
- ***Omote* (1. Dan)** – Grad des **Wegsuchenden**, Stufe der **intensivierten Formlehre**.

MUDANSHA (Schüler)

- **Oberstufe (Anfänger)** – Grad des **anerkannten Formschülers**, Stufe der **elementaren Formlehre**.
- **Unterstufe (Anfänger)** – Vor- und Teststufe zum Schüler, **vorbereitende Formlehre**.

VERÖFFENTLICHUNGEN DES BSK

Die zahlreichen Veröffentlichungen der Lehrer des BSK haben das *Budô* in Deutschland entscheidend beeinflußt. Hier nur einige der Veröffentlichungen, weitere Informationen sind direkt beim BSK erhältlich:

1. Werner Lind, **Die Tradition des Karate**, Kristkeitz-Verlag 1991, ISBN 3-921508-40-1.
2. Werner Lind/O. W. Barth, **Budo**. Scherz-Verlag, 1991, ISBN 3-502-64401-2.
3. Werner Lind, **Die großen japanischen Meister des Karate und Kobudo**. Velte-Verlag, 1992, ISBN 3-923473-42-7.
4. Werner Lind / O. W. Barth, **Die klassische Kata**. Scherz-Verlag, 1995, ISBN 3-502-64403-9.
5. Werner Lind/Ursel Arnold/Peter Schömbs, **Karate-Kumite**. Velte-Verlag, 1995, ISBN 3-923473-53-2.
6. Gabi Lind/Monika Lind, **Taijiquan & Qigong Lexikon**. Kolibri-Verlag, 1995, ISBN 3-928288-14-8.
7. Ursel Arnold, **Kata 1** – *Heian 1–5, Tekki 1*.
8. Ursel Arnold, **Kata 2** – *Bassai, Kanku, Empi, Jion*.
9. Werner Lind, **Klassisches Karate-do** – *klassische Systeme des Budo Studien Kreises für die Karate-Übung*, BSK-interne Veröffentlichung.
10. Gabi Lind, **Taijiquan Hintergründe,** BSK-interne Veröffentlichung.
11. **Koshiki-Kata** (alte Kata) – Gegenüberstellung mehrerer Versionen ein und derselben Kata, ihre Veränderungen im Laufe der Jahrhunderte auf Okinawa und ihre Bunkai-Interpretationen:
    Band 1 – *Bassai* (5 Versionen)
    Band 2 – *Kanku* (5 Versionen)
    Band 3 – *Gankaku* (5 Versionen)

Bu-fa (chin.): auch Pu-fa, die Stellungen der chinesischen Kampfkünste. Am Anfang des Kampfkunsttrainings steht das Erlernen der grundlegenden Stellungen. Man meint damit immer die Haltung der Füße und Beine. Man unterscheidet:

Eine gute Stellung gibt einen festen Halt und macht die Technik effektiv. Die Technik wird erst dann schnell, kraftvoll und korrekt, wenn der Körper im Gleichgewicht ist und eine sichere Basis hat. Der Oberkörper ruht auf der Stellung und steht fast immer absolut senkrecht zum Boden. Zum Training der

Schriftzeichen für Bu-fa

Stellungen gehört *Zhang-zhuan* (auch *Chang-chuan*), »der unbewegliche Stock«. Man steht dazu unbeweglich in einer beliebigen Stellung.

BU-FA – DIE STELLUNGEN

1.	**Zhi-li**	– aufrechter, natürlicher Stand
2.	**Li-zheng**	– Konzentrationsstellung
3.	**He-jiao**	– geschlossene Füße
4.	**Ma-bu**	– Reiterstellung
5.	**Ban-ma-bu**	– halbe Reiterstellung
6.	**Gong-jian-bu**	– Bogenstellung
7.	**Pu-tui**	– tiefe Stellung
8.	**Zuo-bu**	– Sitzstellung
9.	**Du-li**	– Stellung auf einem Bein
10.	**San-qi-bu**	– Drei-sieben-Stellung

Bugei (jap.): Bezeichnung für die anfängliche Kriegskunst der *Samurai* in der → Heian-Zeit. *Bugei* wurde die praktische Kriegskunst der →*Samurai* oder →*Bushi* genannt, die Kampfstrategie, taktische Kriegsführung und Verteidigung beinhaltete. Die einzelnen Kampfmethoden innerhalb des *Bugei* waren die Vorläufer der danach entstehenden Richtungen des →*Bujutsu*.

Bugeikan (jap): auch *Geibukan*, Name eines *Dôjô* in Gibo (Shuri), in dem →HIGA SEITOKU, der Präsident der *Zen Okinawa Karate Kobudô Rengokai* (Gesamtokinawanische Karate- und Kobudo-Vereinigung), seinen Hauptsitz hat. Er unterrichtet dort okinawanisches *Te, Karate, Kobudo* und *Aikidô*, während seine Organisation für alle Stile offen ist. Sie hat ein eigenes Rangsystem und vergibt auch *Shihan*-Grade. Die Rangordnungen ähneln denen des japanischen *Butokukai*: Es gibt 10 Dangrade, von denen der 4. und 5. Dan dem Meistergrad *(Shihan)* entsprechen. Der 6. Dan *(Renshi)*, 7. Dan *(Kyoshi)*, 8. Dan *(Tasshi)*, 9. und 10. Dan *(Hanshi)* werden entsprechend den Verdiensten vergeben. Anfänger *(Kyu)* werden in 9 Rangstufen eingeteilt, denen farbige Gürtel zugeordnet sind.

Bugei Ryû-ha Daijiten (jap.): »Katalog der Kampfkünste«, Sammelband der japanischen *Bujutsu-ryû*, mit Übersicht und Klassifizierung, aufgelistet von YAMADA und WATATANI.

Bugei-sha (jap.): oder *Bujin* nannte man einen Ausübenden des →*Bugei*. Bezeichnung für einen japanischen Krieger (→*Samurai*) in der Entstehungszeit der Kriegerkaste.

Buhô no (jap.): →*Nunchaku-Kata*, gegründet von Meister KANAZAWA HIROKAZU.

Bujin (jap.): →*Bugeisha*.

Bujinkan Deutschland: deutsche Organisation für *Togakure*-→*Ninjutsu*, angeschlossen an das japanische →*Bujinkan-Dôjô* von →HATSUMI MASAAKI. Die Organisation wird von STEFFEN FRÖHLICH, WOLFGANG ETTIG und ARMIN DÖRFLER geleitet.

Bujinkan-Dôjô (jap.): »Trainingsstätte des Kriegsgottes«. Zentral-*Dôjô* für →*Togakure-ryû* und →*Kukishin-ryû*, gegründet von →HATSUMI MASAAKI in Nôda, Japan. Gleichzeitig Bezeichnung für alle weltweit verbreiteten *Dôjô*, die dem *Bujinkan-Dôjô* in Noda zugeordnet sind.

Für die Kampfkunstauffassung des *Bujinkan Hombu Dôjô* entstand ein weltweites Netz, bestehend aus vielen nationalen *Dôjô* und Organisationen, die den gleichen Namen *(Bujinkan)* tragen und dem Haupt-*Dôjô* in Japan angeschlossen sind. Weitere Erläuterungen s. u. →*Ninjutsu*, →TOSHITSUGU TAKAMATSU, *Togakure- ryû* und im Anhang.

WELTWEITE VERTRETUNGEN DER BUJINKAN-DOJO

Argentinien	– Daniel Hernández
Australien	– Ed Lomax
Belgien	– Benedikt Sas
Deutschland	– Steffen G. Fröhlich
England	– Peter King
Frankreich	– Arnaud Consergue
Holland	– Mariette van der Vliet
Irland	– Steve Byrne
Israel	– Doron Navon
Italien	– Enzo Rossi
Japan	– Masaaki Hatsumi
Norwegen	– Elias Krzywacki
Portugal	– Ernani Pinto Bastos
Schweden	– Sven Eric Bogsäter
Spanien	– Pedro Fleitas Gonzales

Bujinkan-Ninpô (jap.): mit vollständigem Namen *Bujinkan Ninpô Togakure-ryû Ninjutsu*, Stil des →*Ninjutsu*, gelehrt von →HATSUMI MASAAKI in den weltweit verbreiteten →*Bujinkan-Dôjô*.

Buji-Zen (jap.): eine überhebliche oder leichtfertige Haltung gegenüber den Weglehren. Eine solche Haltung entsteht, wenn ein Mensch mit rationalem Verstand intuitive Erfahrungswerte ersetzen will und glaubt, diese Inhalte verstanden zu haben. Die Überbetonung des Rationalen und die Vernachlässigung der tatsächlichen Übungserfahrung führt in allen Wegkünsten zum Mißverständnis.

Bujutsu (jap.): Überbegriff für alle Kampfmethoden der →*Samurai* (s. auch →*Bushi*). *Bujutsu* ist eine Weiterentwicklung des →*Bugei*. Es umfaßt sowohl die Methoden des Einzelkampfes wie auch die Methoden der taktischen Kriegsführung.

Anfang des 17. Jh. begannen sich die Kriegskünste unter dem Einfluß des *Zen* mit ethischen Inhalten zu füllen und ihre ursprünglichen Ziele des Tötens zugunsten selbsterzieherischer Methoden zu verändern (→*Dô*[4], →*Bushidô*, →*Takuan* und →*Taiaki*). Aus dem tödlichen Handwerk der Samurai entwickelte sich das →*Budô* – Weg des Kriegers. So wurde aus *Kenjutsu* (Technik des Schwertes) *Kendô* (Weg des Schwertes), aus *Jûjutsu* (weiche Technik) *Jûdô* (der weiche Weg) usw.

DIE BUJUTSU-RYÛ

Die verschiedenen Kampfmethoden des *Bujutsu* wurden im Rahmen der traditionellen Schulen (→*Ryû* und →*Ryûha*) gelehrt. *Ryûha* besteht aus den Schriftzeichen »Ryû« (Strom, System) und »Ha« (Zweig, Schule). Die Ryû wurden historisch unter zwei Aspekten betrachtet: nach dem Prinzip der Blutsverwandtschaft *(Sei)* und nach dem Prinzip der Berufsgemeinschaft *(Dai)*. Im späteren Mittelalter gehörten die *Ryû* fast ausschließlich einem Samurai-Clan an, die es als ihr Eigentum betrachteten.

Fast alle *Ryû* führen ihre Herkunft auf einen Gründungsvater zurück, der als Ideal in der Vergangenheit liegt und als solches im gegenwärtigen →*Sensei* verehrt wird. Meist wird das technische System eines *Ryû* von einem esoterischen Kult begleitet, der entweder aus dem Tantra-Buddhismus, aus dem Shintôismus oder aus dem *Zen* stammt. So existierten die *Ryû* immer mit Sitz in einem Tempel oder zumindest in einer Halle, die für die Meditation hergerichtet war. Das heutige →*Dôjô* ist eine Ableitung aus dieser Tradition.

Alle japanischen *Ryû* entwickelten sich im Strom esoterischer Traditionen. Selbst innerhalb eines Clans hatte nicht jeder Zutritt zu den Geheimnissen (→*Hiden*, →*Gokuhi*) eines *Ryû*. Die Lehre des Gründers wurde in den meisten Familien auf Schriftrollen aufbewahrt (→*Denshô*, →*Makimono*), doch diese Anleitungen waren verschlüsselt, um sie vor Mißbrauch zu schützen. Die Geheimnisse des *Ryû* wurden nur von »Herz zu Herz« (→*Ishin-denshin*) weitergegeben. Der offizielle lebende Vorstand eines *Ryû* wurde →*Iemoto* genannt. Doch das System, für das ein *Iemoto* verantwortlich war, ging weit über die bloßen Kampfkünste hinaus. Die hauptsächliche Absicht seiner Lehre war es, den Weg (→*Dô*[4]) zu lehren und einem eingeengten Kreis von Schülern das »perfekte Verhalten« in allen Lebenssituationen zu ermöglichen. Der Wert eines *Ryû* wurde nicht selten an diesem Unternehmen gemessen. Daher bildeten sich zwischen Lehrer und Schüler besondere Beziehungen (→*Shitei*), da der Weg *(Dô)* nur innerhalb solcher Beziehungen lehrbar war. Eine alte Regel aus jener Zeit sagt: »Die Schuldigkeit des Schülers gegenüber dem Lehrer ist größer als die Berge und tiefer als das Meer.« Der Schüler, der in den Kreis des Lehrers aufgenommen wurde, mußte von Anfang an eine strenge geistige →Askese in Kauf nehmen, durch die er sich im Sinne des *Budô* geistig entwickeln konnte (→*Budô*-Psychologie).

Bedingt durch die Verbreitungsstrategie der *Ryû* setzten die *Iemoto* auch ihre besten Schüler *(Shihan)* als Erzieher und Kampfkunstlehrer ein. So bildete sich eine strenge Erziehungspyramide (→*Kyûdan*), die es möglich machte, daß manche *Ryû* Tausende von Schüler hatten. Doch das →*Jutsu* blieb immer im engen Kreis einer Eliteschicht der Schule (→*Okuden*) und wurde in der unteren Pyramidenschicht nur zaghaft gelehrt.

Die Aufnahme eines Neulings (→*Deshi*) erfolgte unter schweren Bedingungen. Wenn der Neuling den Lehrer nicht persönlich kannte, mußte er von einem →*Sempai* empfohlen werden, der persönlich für ihn bürgte. Den Beweis, daß er einem Samurai-Geschlecht *(Buke)* oder einem Adelsgeschlecht *(Kuge)* entstammte, mußte er selbstverständlich erbringen. Dann wurde in einem Gespräch mit dem Meister geklärt, in welcher geistigen und körperlichen Stufe er einzuordnen war. War das Ergebnis zufriedenstellend, mußte er mit seinem Blut die Lehrer-Schüler-Regeln (→*Shitei*) unterschreiben.

Als höchstes Gebot für jeden Schüler aber stand die Geheimhaltung dessen, was man ihm beibrachte. Eine Verletzung dieses Gebotes wurde häufig mit dem Tod bestraft. Eine Kampfkunstschule funktionierte als eine von der Gesellschaft unabhängige Vereinigung mit eigenen Gesetzen. Selbst wenn der Schüler alle Hierarchien des *Ryû* durchlaufen hatte und vom Lehrer die höchste Reifebescheinigung (→*Menkyo-kaiden*) erhielt, durfte er nicht gegen den abgeschlossenen Vertrag verstoßen. Solange der Lehrer lebte, war der Schüler der Schule unterworfen. Vorstand einer eigenen Schule konnte er nur mit Erlaubnis des Lehrers werden. Darauf begründet sich die unverfälschte Überlieferung der japanischen *Ryû*.

Die Unterrichtsmethoden in den japanischen *Ryû* stammen aus der chinesischen Tradition (→*Guan*). Der Anfänger mußte in langjährigen Übungen das technische Grundkonzept des *Ryû* lernen, in dem das Gebot des Nachahmens (→*Manabu*) im Vordergrund stand. Dieses war in einer Regel der Lehrer-Schüler-Beziehung festgelegt, die man →*Jitoku* nennt. Für die Übung verwendete man den Begriff →*Geiko* (Wiederholen oder Festigen des Alten). Wenn der Schüler sich vor dem Lehrer in seiner inneren Haltung bewährte und der Lehrer es für richtig erachtete, wurde er in die Geheimnisse des *Ryû* (→*Okuden*, →*Hiden*) eingeweiht und trat somit in den Elitekreis des *Ryû*. Dort standen ihm unbegrenzte Möglichkeiten zum Selbststudium offen. Doch seine menschlichen Fähigkeiten mußte er täglich beweisen, Verletzungen wurden hart bestraft.

Die größte Aufmerksamkeit wurde dem bewaffneten Kampf mit Schwert (→*Kenjutsu*), Speer (→*Sojutsu*), Hellebarde (→*Naginatajutsu*) und Bogen (→*Kyûjutsu*) geschenkt. Die waffenlosen Kampfkünste wurden nur als Zusatz geübt. Bestandteile der verschiedenen Richtungen s. →*Jutsu*.

Buke (jap.): japanische Ritter- und Kriegerfamilien (Erläuterungen s. →*Samurai*). *Buke* war ein militärisches Adelsgeschlecht, aus dem die →*Daimyô* und danach die →*Shôgune* hervorgingen.

Beginnend mit der Kamakura-Periode (1182 bis 1333), gewannen die *Buke* immer mehr an Macht, und schließlich wurden ihre Titel erblich (nach dem Tod von Tokugawa Ieyasu, 1616, war auch der Titel des *Shôgun* erblich). Die *Buke* verstanden sich als Gegensatz zu den →*Kûge* (Hofadelsfamilien). Ursprung der *Buke* s. u. →*Kondei*, Fortsetzung s. u. →Minamoto, →Gempei-Krieg, →Kamakura-Periode, →Ashikaga-Periode und → Tokugawa-Periode.

Buke-jiki (jap.): →Yamaga Sokô.

Buke no Toryô (jap.): Oberhaupt eines kriegerischen japanischen Rittergeschlechtes.

Buke Sho-hatto (jap.): konfuzianischer Text aus dem Jahre 1615, zu Beginn der Tokugawa-Periode auf Veranlassung von Tokugawa Ieyasu als »Gesetzessammlung für die Samurai« geschrieben.

In dieser Schrift werden in 13 Artikeln die Regeln der Erziehung und des Verhaltens der Samurai-Klasse behandelt, die sich im nachhinein als feste Gesetze des →*Bushidô* etablierten. In der Schrift wurde auch der Spruch →*Bunbu-ichi* geprägt, der die Samurai dazu aufrief, sich neben den Kriegskünsten auch anderen edlen Künsten zu widmen. Das *Buke Sho-hatto* hat die Kultur des feudalen Japans in einem entscheidenden Maß geprägt. Heute ist es eine der bekanntesten Forschungsquellen für Historiker.

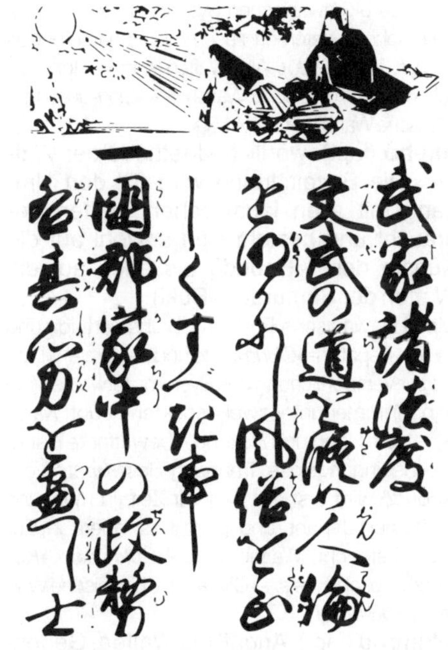

Die erste Seite des Buke Sho-hatto

Buki (jap.): Waffe. In den alten Kampfsystemen Japans (→*Bujutsu*, →*Ryû*) unterschied man zwischen den Waffen der Samurai (edle Waffen) und den Waffen des Volkes (niedere Waffen). Nur sehr selten gebrauchte ein Samurai auch Waffen aus der anderen Gruppe, obwohl auch dies gelegentlich geschah (das →*Katori Shintô-ryû* lehrte z. B. auch den Gebrauch der Stockwaffen für die Samurai).

Die Kampfsysteme Japans *(Bujutsu)* unterschieden Waffensysteme *(Buki-ho)* und Kampfsysteme der leeren Hand *(Taijutsu)*. Die Waffensysteme wiederum wurden nach Samurai-Waffen und Waffen der Bevölkerung unterteilt. Die Waffen der niederen Bevölkerung sind diejenigen, die man heute als *Kobudô* (kleines *Budô*) bezeichnet. Die im heutigen *Kobudô*-System benutzten Waffen kommen jedoch zum größten Teil aus Okinawa. Manchmal verwendete man jedoch in beiden Ländern die gleichen Waffen (z. B. *Kama, Bô*) oder Waffen, die einander ähnelten (z. B. die okinawanische *Sai* und die japanische *Jitte*). In den meisten Fällen jedoch sind die Systeme verschieden. Das sportliche *Kobudô* setzt sich sowohl aus okinawanischen Systemen als auch aus japanischen Systemen zusammen (Erläuterungen dazu s. →*Kobudô*). Alle Waffen sind im Text beschrieben. Chinesische Waffen s. →*Bing-qi*, vietnamesische Waffen →*Co-Vo-Dao*.

BAUERNWAFFEN

Okinawa	Japan
Sunakake-bô (Eiku)	Bô
Kushaku-bô	Jô
Rokushaku-bô (Bô)	Hanbô
Yonshaku-bô (Jô)	Jitte (Sai)
Sanshaku-bô (Hanbô)	Kama
Chizekun-bô	Chikiriki
Teko	Tessen
Tek-chu	Shuriken
Tekko	Bisen-tô
Nunchaku	Kusari-gama
Sansetsu-kon	Manriki-gusari
Yonsetsu-kon	Yawara-Stock
Kama	Surujin
Nicho-kama	
Kama-kusari	
Tonfa	
Sai	
Manji-sai	
Surujin	
Nuntebô	
Kuwa	
Timbe	
Chinte	

SAMURAIWAFFEN

Ken	Yari
Yubi/Ya	Naginata
Tantô	Kusarigama
Hoko	Ono
Jitte	Otsuchi

NINJAWAFFEN

Ninja-tô (Shinobi-gatana)	Nichokama
Kusarigama	Sho-shinobu
Kyoketsu-shoge	Shuko (Tekagi)
Kaginawa	Tantô
Bô	Yari
Naginata	Manriki-gusari
Torinawa	Shuriken
Shaken	Tekko
Ashiko	Yumi/Ya
Bisen-tô	Shinbô
Onogama	Shinobi-zue
Bakahatsu-gama	

Buki-hô (jap.): wörtlich »Methode der Waffe«. Die Bezeichnung wird für den Umgang mit allen japanischen Waffen gebraucht und bezieht sich sowohl auf die Künste des →Kobudô als auch auf die Waffen der Samurai (→Buki).

Die okinawanische Form der Selbstverteidigung →*Tôde* (später →*Okinawa-te* und →*Karate*) wurde bis zur Versportlichung des Systems (etwa 1955 in Japan) immer unter zwei Aspekten geübt: *Kara-hô* – leere Hand und *Buki-hô* – bewaffnete Hand. Die bedingungslose Trennung des *Karate* vom *Kobudô* wird erst seit neuerer Zeit (in manchen Systemen Japans und ganz besonders in Europa) gemacht. Waffen s. u. →*Buki* und →*Kobudô*; Geschichte s. →Okinawa; Chinesische Waffen s. →*Bing-qi*.

Bukinobu (jap.): Angriff mit Waffen. Gegensatz zu →*Toshunobu*, dem Angriff mit der bloßen Hand. Begriff aus dem *Goshinjutsu*.

Bukyô (jap.): andere Bezeichnung für den Krieger-Kodex (→*Bushidô*).

Bukyô-ryû (jap.): alter japanischer →*Naginata*-Stil.

Die Schule, die oft von Frauen besucht wird, besteht auf ihrem herkömmlich kriegerischen Aspekt und befindet sich damit im Widerspruch zu dem modernen *Naginata-dô*.

Bun[1] (jap.): Teil.

Bun[2] (jap.): Literatur, literarische Fähigkeiten, Text, Satz (auch *Mon*). *Monji* – Buchstabe, *Bungaku* – Literatur, *Bungo* – Schriftsprache, *Bunmei* – Zivilisation.

Zu Anfang der Tokugawa-Zeit wurde der Spruch →*Bunbu-ichi* (s. auch →*Bokuseki*) geprägt. Im →*Buke Sho-hatto* steht geschrieben, daß der Weg des Kriegers aus *Bun* (Kultur) und aus *Bu* (Kriegskunst) bestehen soll. Bun wird in diesem Sinne interpretiert und ist durch die konfuzianistischen Schulen (→Konfuzianismus, →*Ju-jia*) fester Bestandteil der *Bushidô*-Erziehung geworden.

Bunbu-ichi (jap.): wörtlich »Literatur und Kriegskunst in einem«. Während der → Tokugawa-Periode wurde die Samurai-Jugend mit Nachdruck zum Schreiben der chinesischen Klassiker (→Konfuzianismus) und zum Schwertkampf angehalten.

Pinsel und Schwert waren im Leben der konfuzianistisch erzogenen Jugend die wichtigsten Werkzeuge (→*Furyû*). In jener Zeit prägte sich dieser Spruch, der häufig geschrieben wurde. Er besteht aus vier Schriftzeichen, die meist in Tuschekalligraphie dargestellt sind, und stammt ursprünglich aus dem →*Buke Sho-hatto*.

Bundi-Dolch (ind.): Hauptwaffe des indischen Staates Bundi, daher auch der Name *Bundi-Dolch* (→Indien). Er hatte eine spitz zulaufende zweischneidige Klinge mit einem einzigartigen Schutzgriff, der ihn zu einer sehr starken Nahkampfwaffe machte. Einst als Militär-, heute als Sportwaffe

Bundi-Dolch

wird er mit den Techniken des indischen Ringens zusammen verwendet. Die Techniken lehren den Kampf gegen bewaffnete und unbewaffnete Gegner.

Bunkai (jap.): Aufgliederung, Analyse und Studium der Kampfkunstsysteme. Das geschlossene System eines *Karate*-Kampfstils ist in seinen →*Kata* festgehalten. Gelehrt wird es, indem die *Kata* in ihre Bestandteile auseinandergenommen und zum besseren Verständnis in ihren Einzelteilen geübt wird. Ein solches Studium ermöglicht das Erforschen der Systeme in ihrer Tiefe und die Ergründung ihrer hintergründigen Inhalte (→*Gokuhi*).

Die richtige Übung einer *Karate-Kata* enthält, vom traditionellen Standpunkt aus gesehen, drei Aspekte:

1. Entschlüsselung der Kampfmethode (→*Kata-kumite*).
2. Lenkung der vitalen Energie (→*Qi* und →*Ki*)
3. gesundheitliche Wirkungen (→*Dao* und →*Dian-xue*)

Die Grafik auf Seite 130 stellt ein System für die Entschlüsselung der Kampfmethode einer *Kata* im →Budô Studien Kreis dar (s. dazu die Erläuterungen unter →*Kata-kumite* und weiter unter den in der Übersicht aufgeführten Begriffen).

Als Vorbedingung zum Verständnis dieser hohen Kampfkunstniveaus (→*Kata-geiko*), wird die *Kata* in ihre Bestandteile (*Kihon* und *Kumite*) zerlegt, um auf diese Weise wichtige Voraussetzungen, wie korrekte Form, Entwicklung von Kraft, Timing, Distanz usw., zu schulen. Aus diesen Überlegungen entstand die Übung der Grundtechnik (→*Kihon*) und die Übung mit dem Partner (→*Kumite*). Diese werden nach eigenen Maßstäben erneut unterteilt, doch ihr Ursprung ist die *Kata*. Die höchste Form des *Kihon* ist daher die *Kata* selbst und die höchste Form des *Kumite* ihre Anwendung.

Bureguma (jap.): Atemi-Angriffspunkt: Stirnknochen *(Bregma)*. Der Punkt am Schädel des Menschen, an dem die Pfeilnaht auf die Kranznaht trifft.

Burma: (engl.; dt.: Birma, heute offiziell Myanmar), südostasiatisches Land zwischen Indien und China. Die beiden großen Nachbarn übten lange Zeit einen großen Einfluß auf das kleine Burma aus, im Hinblick auf die Kampfkünste jedoch war bis zum Jahre 1000 nur der indische Einfluß von Bedeutung. Danach verstärkte sich der Kontakt zu China, und der chinesische Einfluß wurde größer.

Der bedeutendste Beitrag Indiens war der Buddhismus. Mit ihm kamen auch die Kampfkünste, und manche Mönche unterrichteten Kampf- und Waffenkünste unter äußerster Geheimhaltung, bei denen Atmungs- und Meditationsübungen betont wurden.

Seit 849 bildete sich ein erstes burmanisches Reich mit der Hauptstadt Pagan, das nach der Unterwerfung der Mon im Jahre 1044 zur vollen Blüte gelangte, jedoch 1287 von den Mongolen unter Kublai Khan zerschlagen wurde. Es folgte die Teilung des Landes in Reiche der Shan, Mon und wiederum der Burmaner um die Stadt Toungoo am Sittang (1347). Unter König TABINSHWETI (1531–1551) und seinem Nachfolger BAYINNAUNG entstand das zweite burmanische Reich, das jedoch nach dessen Tod wieder zerfiel. Bayinnaungs Enkel ANAUKPETLUN stellte jedoch das Reich wieder her und machte Ava zur Hauptstadt. Burma konnte seine Souveränität aufrech-

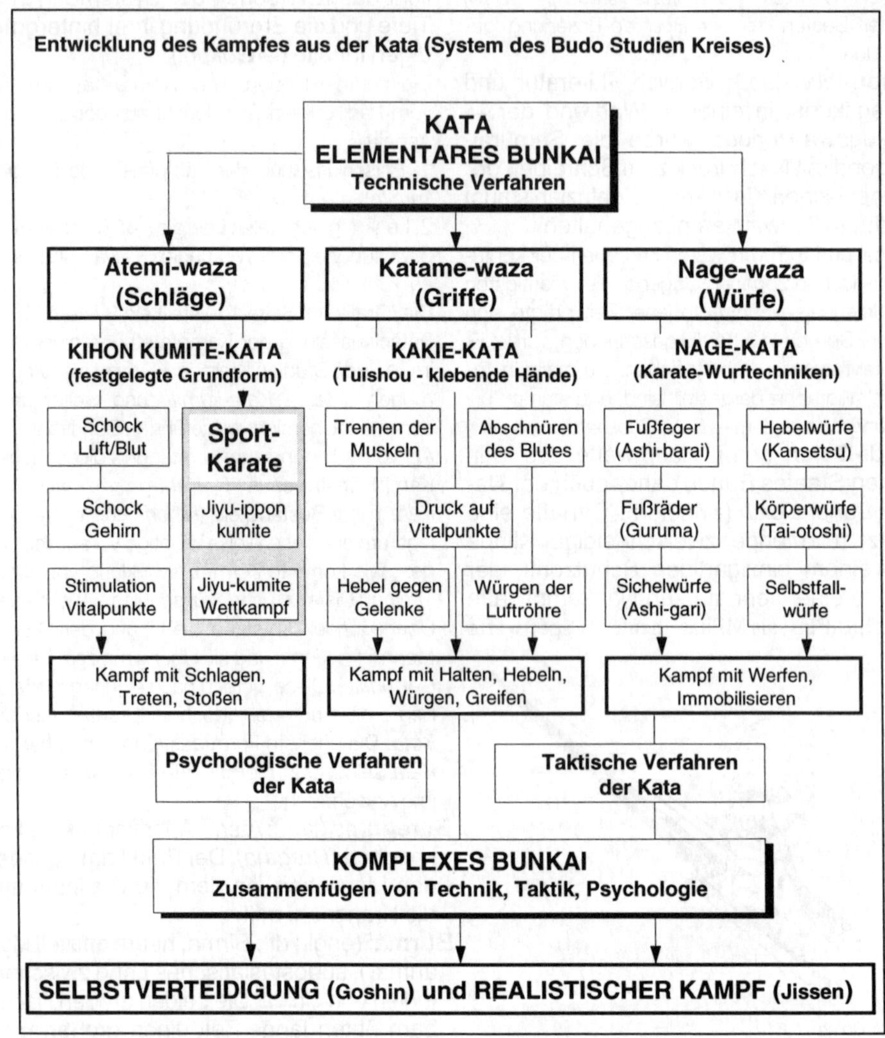

terhalten und dehnte seinen Machtbereich nach Thailand im Osten und Assam im Westen aus, wo es mit der britischen Kolonialmacht konfrontiert wurde. Seit 1824 wurde Burma allmählich von den Briten erobert und schließlich 1886 als Provinz mit Britisch-Indien vereinigt. 1948 erreichte Burma erneut seine Unabhängigkeit.
In Burma verwendet man den Begriff → *Thaing* (Selbstverteidigung), um die Kampfkünste zu bezeichnen. Die bewaffnete Selbstverteidigung nennt man →*Banshay*, die unbewaffnete Selbstverteidigung besteht aus drei großen Systemen: → *Bando*, →*Lethwei* und →*Naban*.

Busankaidô (jap.): japanische Kampfkunst, Sythese zwischen *Aikijutsu* und · *Karate*, gegründet von TANAKA KOJI.

Busen (jap.): militärische Hochschule innerhalb des →*Butokukai*.

Bushi (jap.): Krieger, Ritter, chinesische Leseweise des Schriftzeichens →*Samurai*. Bezeichnung für alle Krieger, die zu den Familien mit kriegerischer Tradition (→*Buke*) gehörten, im Gegensatz zu den adeligen Familien (→*Kuge* oder →*Honke*).
Die Klasse der *Bushi* entwickelte sich vor allem in den nördlichen Provinzen Japans, wo die Ländereien sich gegen Angriffe der →*Ainu* verteidigen mußten. Dort begannen sich mächtige Kriegerclans (→TAIRA und →MINAMOTO) zu bilden, die sich im 12. Jh. gegen die Adeligen (→FUJIWARA und →*Samurai*) auflehnten. Die *Bushi* bekämpften sich auch untereinander (→*Gempei*-Krieg). Der letztlich siegreiche Minamoto-Clan gründete 1185 das →*Kamakura-Bâkufu* und stellte den ersten →Shôgun.

Bushidan (jap.): Kriegerschar, ursprünglich nur ein Familienclan mit Anführer, später jedoch vergrößert, auch Freunde wurden aufgenommen. Diese wurden *Kenin* (Leute, die im Haus leben) genannt.

Bushidô (jap.): wörtlich: »Weg des Kriegers«. Ehrenkodex und Verhaltensgesetze der →Samurai (s. auch →*Bushi* und →*Bujutsu*). Die Samurai waren Krieger und übten das Kriegerhandwerk *(Bujutsu)* in verschiedenen Schulen (→*Ryû*). Dort gingen sie neben der technischen Ausbildung durch eine Art Lebensschule, die das Verhalten des *Samurai*-Standes formte und durch harte Methoden der geistigen Askese ein unvorstellbares Niveau an Selbstdisziplin,

Schriftzeichen für Bushidô

Selbstbeherrschung und Selbstaufgabe erreichte.

ETAPPEN DES BUSHIDÔ

Die historische Entwicklung des *Bushidô*, die immer Hand in Hand mit dem Kriegerhandwerk *(Bujutsu)* ging, läßt sich in drei geschichtliche Etappen untergliedern:

1. Die Anfänge des *Bushidô*, die zur Zeit des →*Gempei*-Krieges im 12. Jh. entstanden und hauptsächlich vom →*Shintô* beeinflußt waren. Zu jener Zeit gebrauchte man dafür die Bezeichnung *Kyûba no Michi* – »Weg des Bogens und des Pferdes«.
2. Zu Beginn des Tokugawa-Shôgunats (1603) begann sich das *Bushidô* unter einem starken Einfluß des →*Zen* und des →Konfuzianismus zu reformieren. Es beeinflußte durch diese Strömungen auch die Kampfkünste und entwickelte eine immer ausgeprägtere Tendenz zum →*Budô*.
3. Nach der Meiji-Restauration (1867) veränderte sich das *Bushidô* erneut. Einige archaische Elemente der früheren Formen wurden ausgeklammert. Das *Bushidô*, das anfangs nur die Garde des *Shôgun* betraf, sich danach auf die Vertrauensleute der Fürsten *(Hatamoto)* und schließlich auf alle Samurai ausdehnte, wurde durch die Meiji-Restauration zur allgemeinen Lebensauffassung aller Bevölkerungsschichten Japans.

DAS BUSHIDÔ DER TOKUGAWA-PERIODE

Bushidô begann sich als verbindlicher Ehrenkodex für die Samurai erst zu Beginn des 17. Jh. zu profilieren und entstand aus einem nie aufgeschriebenen älteren Kriegerkodex, dem →*Kyûba no Michi* (Weg des Bogens und des Pferdes), das bereits aus dem 12. Jh. stammt. Der Begriff *Bushidô* wurde erst verwendet, als die Schriften von YAMAGA SOKÔ (1622 bis 1685), einem konfuzianistischen Gelehrten, verbreitet wurden. Die erste niedergeschriebene Abhandlung über das *Bushidô* war das →*»Buke Sho-hatto«*, das auf Befehl des Tokugawa-Shôgun IEYASU (1542 bis 1616) geschrieben wurde und in der Übersetzung »Gesetzessammlung für die Samurai« lautet. Weitere bedeutende Werke der Samurai-Literatur sind das →*»Kôyô Gunkan«*, das →*»Budô Shoshin-shû«* und das →*»Hagakure«*.

Zu Beginn der Tokugawa-Periode (1600) gab es in Japan ungefähr 500 000 Samurai. Ihr Verhaltenskodex wurde von den Vorständen (→*Iemoto*) der verschiedenen Samurai-Schulen (→*Bujutsu* und →*Ryû*) geformt und schöpfte gleichzeitig aus den geistigen Strömungen, von denen hauptsächlich jedoch der *Shintô*, das *Zen* und der Konfuzianismus zu nennen sind. Der *Shintô* beeinflußte das extrem kriegerische Element (→*Yamato-damashi*, →*Yamato-kokoro* und →*Heijô-shin kore michi*), der Konfuzianismus überlieferte die Moralvorstellungen (*Gojô* – die fünf Tugenden und *Gorin* – die fünf ethischen Prinzipien), beeinflußte die Sitten und die Treue gegenüber dem Herrn (→*Chûgi*), während das *Zen* den Weg zur Meisterung des Ich und zum Erlangen einer unerschütterlichen Ruhe zeigte. Daher kann man sagen, daß der *Shintô*, der Konfuzianismus und das *Zen* die drei Säulen der Samurai-Ideologie waren. Aus diesen drei geistigen Quellen entstand eine eigenständige Ideologie, die bis zuletzt das gesamte japanische Volk beherrschte. Sie lehrte die Grundtugenden der Samurai, den Sinn für Gerechtigkeit (→*Giri*) und Ehrenhaftigkeit (→*Bushi no Ichi-gon*), den Mut (→*Yû*) und die Verachtung des Todes (→*Enryo*), das Mitleid mit allen Wesen (→*Bushi no Nasake*), die Menschlichkeit (→*Jin*), die Höflichkeit und den Respekt vor der Etikette (→*Reigi*), die Aufrichtigkeit (→*Makoto*), die absolute Loyalität vor den Vorgesetzten (→*Chûgi*) und schließlich die Verteidigung der Ehre des eigenen Namens und des Clans. Später wurden diese Tugenden *(Gishi)* zu *Giri* (Pflichtbewußtsein), *Shiki* (Entschlossenheit), *Ansha* (Großmut), *Fudô* (Standhaftigkeit), *Doryô* (Edelmut) und *Ninyô* (Menschlichkeit) vereinfacht.

Das *Bushidô* erhob nie den Anspruch, eine Religion zu sein, es wurde nie als ethisches Gesetz niedergeschrieben oder als System gelehrt; dennoch hatte es den gewaltigsten Einfluß auf die kulturelle, gesellschaftliche und politische Entwicklung Japans. Obwohl es von allem Anfang an in einer starken Konfrontation mit dem Kaiserhaus (→*Tennô*) stand, da es die absolute Treue gegenüber dem direkten Lehnsherrn (→*Daimyô*) vorsah, konnte es die Macht der Kriegerkaste (→*Samurai*) stärken und zwang schließlich den Kaiser in die politischen Ohnmacht. Die Krieger gewannen an Ansehen und Macht und diktierten über ihre oberste Instanz (→*Shôgunat*) jahrhundertelang die Geschichte Japans. Erst in der Meiji-Ära kam es zu einer friedlichen Koexistenz zwischen Kaiser und *Shôgun*.

Aus den drei großen Geistesrichtungen Japans schöpfte das *Bushidô* folgende Ideen, aus denen sich seine Ideologie zusammensetzte:

• ***Shintô.*** Der Shintôismus beeinflußte die Samurai zur Reinheit des Geistes *(Makoto)*, zum Pflichtbewußtsein *(Giri)* und zur Treue *(Chûgi)* gegenüber dem Kaiser und den *Daimyô*, obwohl im Falle von Auseinandersetzungen immer die Treue gegenüber dem Lehnsherrn den Ausschlag gab. Auch die Ahnenverehrung *(Yamato-damashi)* und der Patriotismus *(Yamato-kokoro)* sind überlieferte Geisteshaltungen aus dem *Shintô*, die bis in die Neuzeit Japans oft in Nationalismus ausarteten.

• ***Zen.*** Das Erdulden des Unvermeidlichen, die Fähigkeit zur kraftvollen Konzentration in allen Handlungen sowie die ausgesprochene Ruhe in gefährlichen Situationen, auch angesichts des Todes, kommen aus dem *Zen*. Die Lehre des *Zen* und das Kriegertum waren wie füreinander geschaffen. Auch die Überwindung der Angst, das »Jenseits-von-Leben-und-Tod-gehen« und die Bereitschaft, im Kampf zu sterben, sind auf die geistigen Philosophien des *Zen* zurückzuführen. Dies bedeutete jedoch nicht, daß die Samurai das Leben verachteten. Die *Zen*-Philosophie lehrt im Gegensatz zur hinduistischen Religion eine sehr intensiv lebensbejahende Haltung. Die Todesverachtung der Samurai beruht auf der Philosophie des *Zen*, der zufolge der Tod keinen Gegensatz zum Leben bildet.

• ***Konfuzianismus.*** Aus dem konfuzianistischen Gedankengut übernahm der Samurai die Loyalität *(Chû)* gegenüber den Vorgesetzten, dem Clan und der Familie, das strikte Beachten der Sitten und Normen zur Verwirklichung einer rechtschaffenen Haltung *(Gi)* und das Bekenntnis zu den Tugenden Empfindsamkeit *(Yin)*, Höflichkeit *(Rei)*, Aufrichtigkeit *(Shin)*, Weisheit *(Chi)* und Gerechtigkeit *(Gi)*. Beeinflußt von den Ideen des Konfuzianismus, lebte der Samurai in ständiger Angst vor Entehrung, worauf *Seppuku* zurückzuführen ist.

INAZÔ NITOBE versuchte als erster, diese besondere Geisteshaltung Japans dem Westen zugänglich zu machen, und faßte die alten Tugenden der Samurai unter drei Hauptbegriffen zusammen: *Chi* (Weisheit), *Jin* (universelle Liebe) und *Yû* (Mut). Andere Autoren bezeichnen *Giri* (Pflichtbewußtsein), *Chûgi* (Loyalität), *Shiki* (Entschlossenheit), *Ansha* (Großzügigkeit), *Fudô* (Standhaftigkeit), *Doryô* (Edelmut), *Ninyô* (Menschlichkeit) und *Yû* (Mut) als wichtige Tugenden des *Bushidô*. Die einzelnen →*Ryû* (s. auch → *Bujutsu*) hatten ihren Schwerpunkt in verschiedenen Geistesrichtungen (*Shintô*, Konfuzianismus oder *Zen*) und unterschieden sich in manchen Auffassungen voneinander. Was sich jedoch durch alle Schulen hindurchzog, waren →*Giri*, ein ehernes Pflichtbewußtsein, →*Chûgi*, eine unbegrenzte Treue gegenüber dem Lehnsherrn, und →*Enryo*, die Todesverachtung.

Eine andere wichtige Seite des *Bushidô* war die Ausbildung der Geistigkeit, die in den konfuzianistischen Schulen als →*Bunbu-ichi*, in den *Zen*-Schulen als →*Furyû* und im *Shintô* als *Mono no Aware* bezeichnet wurde. »Bun (Geistigkeit) ist die Kraft, die die Bu-Seite (Kriegskunst) ausgleicht«, wurde von den konfuzianischen Weisen *(Seijin)* gelehrt. Doch hauptsächlich die Meister des *Zen (Rôshi)* bewirkten durch ihre Lehren die Umwandlung des *Bujutsu* (Kriegstechnik) in *Budô* (Weg des Kriegers). Im »Budô Shoshin-shû« steht geschrieben: »Wer nur über rohe Kraft verfügt, verdient nicht den Namen Samurai. Ein Samurai muß auch die Wissenschaften studieren, er muß seine Mußestunden nutzen, um sich in der Poesie zu üben, und die Teezeremonie verstehen.«

DAS BUSHIDÔ DER NEUZEIT

Heute ist es für uns schwierig, die wahren Inhalte des *Bushidô* zu verstehen, zumal sie von *Ryû* zu *Ryû* verschieden waren. Ein mittelalterlicher Kriegerstand (Samurai) wurde zum lebenden Ideal eines ganzen Volkes und hat durch seinen Ehrbegriff, durch die Rücksichtslosigkeit gegenüber sich selbst und durch eine unglaubliche Selbstdisziplin die gesamte gesellschaftliche, kulturelle und politische Haltung des heutigen Japans beeinflußt. Der Geist des *Bushidô* lebt noch heute in Japan fort, und manche sagen, er ist stärker denn je.

Das *Bushidô* war ein Jahrtausend lang das Zentrum jeder Samurai-Erziehung. Doch die Samurai waren Krieger *(Bushi)*, und daher verbanden sie diese Ideologie sehr eng mit dem Üben von Kampftechniken (*Bugei*, später *Bujutsu*). Auf diese Weise entwickelten sich im Laufe der Zeit mehrere Formen des bewaffneten und unbewaffneten Kampfes, die von den Samurai zu einer außergewöhnlichen Perfektion gebracht wurden. Diese Kampfmethoden waren von tödlicher Wirkung, denn ihr Sinn war das Töten. Erst im Laufe der Jahrhunderte, als die Philosophie des *Zen* das *Bushidô* mehr und mehr beeinflußte, veränderten sich ihre Ziele, und die Kampfmethoden der Samurai füllten sich mit philosophischen Inhalten. Aus den tödlichen Kriegskünsten *(Bujutsu)* entwickelte sich allmählich der Weg des Kriegers *(Budô)* als lebenserhaltende Kunst.

In einem neuzeitlichen Versuch, das *Bushidô* in seiner ungeheuren Vielfalt zu einem verständlichen System zusammenzufügen, gipfelt der *Bushidô*-Kodex in fünf Hauptforderungen, in denen mehrere Moralbegriffe enthalten sind:

• **Treue** *(Chûgi)*, worin drei Hauptinhalte existieren: 1. Treue gegenüber dem Herrscher und Liebe zur Heimat, 2. Achtung vor den Eltern und Brüdern und 3. Fleiß.

• **Höflichkeit** *(Reigi)*, der sich drei Inhalte zuordnen: 1. Ehrerbietung und Liebe, 2. Bescheidenheit und 3. korrekte Etikette.

• **Mannhaftigkeit**, die vier Inhalte umfaßt: 1. Tapferkeit, 2. Härte und Kaltblütigkeit, 3. Geduld und Ausdauer und 4. Schlagfertigkeit.

• **Wahrheitsliebe** *(Makoto)* mit drei Inhalten: 1. Offenheit und Aufrichtigkeit, 2. Ehrgefühl und 3. Gerechtigkeit.

• **Einfachheit**, mit zwei Inhalten: 1. Einfachheit und 2. Reinheit.

Bushi no Ichi-gon (jap.): das »Wort eines

Samurai«. Das wichtigste, was ein Samurai besaß, war seine Ehre. Zu keinem Preis, selbst nicht zum Preis des Lebens, war er bereit, sie preiszugeben oder sie zu verlieren. Geschah es dennoch, mußte er sterben. Darauf beruhte das →*Seppuku*.

Bushi no Ichi-gon war die Bezeichnung für das Versprechen eines Samurai. Dieses gegebene Wort war eine hundertprozentige Versicherung, daß es nie gebrochen werden konnte und daß es immer bestand. Ein Samurai, der dazu gezwungen wurde, ein gegebenes Versprechen zu brechen, mußte *Seppuku* begehen, denn er hatte seine Ehre verloren und war nicht mehr würdig zu leben. Aus diesem Grund wurde das Wort eines Samurai als höchste Versicherung für jedes Abkommen, für jedes Versprechen und für jede Form der Loyalität angesehen. Gleich, in welchen zwischenmenschlichen Beziehungen es um ein Abkommen ging, von einem Samurai genügte immer sein Wort. Sein ganzer Wert hing ausschließlich davon ab, inwieweit er in der Lage war, sein gegebenes Wort zu halten und damit ehrenvoll zu sein. Konnte er es nicht, mußte er sterben.

Die Ehre des Samurai kennzeichnete sich im wesentlichen in drei Punkten, deren Bedeutung ihm bereits in seiner kindlichen Erziehung eingeflößt wurde und die in seiner späteren Ausbildung zum Krieger einen absoluten Sonderstatus in seinem Denken und Handeln erreichten. Wenn in japanischen Texten häufig davon gesprochen wird, daß jemand die Erziehung eines Samurai genoß, dann ist damit gemeint, daß diese Erziehung sich im Rahmen dieser Auffassung von Ehre abspielte. Im Grunde genommen beinhaltete sie folgendes:

• ***Mon*** (Name, Familienwappen). Ein besonderes Privileg des Samurai, seinen Namen zu tragen, durch ihn die traditionelle Verpflichtung zur Ehre zu empfinden und ihn durch keinen Umstand unehrenhaft zu belasten. Nicht selten bekannten sich Verwandte wegen der Unehre, die jemand über ihren Namen oder ihren Status brachte, zum freiwilligen Tod.

• ***Guai-bun*** (äußerstes Ertragen). Nie konnte ein Samurai in Ehren leben, wenn er nicht in der Lage war, in allen Situationen bis zum Ende zu gehen, selbst wenn er sicher war, daß dies den Tod bedeutete. Dies galt sowohl für jede Entscheidung zum Rechten innerhalb menschlicher Beziehungen als auch für das Ertragen äußerster Grenzen persönlichen Leidens.

• ***Ren chi shin*** (Scham). Der Sinn dieser Scham wurde dem Krieger von Anfang an als Grundlage jedes moralischen Bewußtseins eingeprägt. Darin war besonders gravierend der Ungehorsam gegenüber der Autorität und die Verletzung des Kodex innerhalb des *Bushidô*. Schamgefühle, die durch Fehltritte vom Weg der Samurai-Ehre hervorgerufen wurden, führten unweigerlich zum *Seppuku*.

Bushi no Michi (jap.): Weg des Kriegers (identisch mit →*Bushidô*).

Bushi no Nasake (jap.): »Mitgefühl des Kriegers«. Ausdruck aus dem *Bushidô*, der bezeugt, daß die stärksten und tapfersten Männer auch besonders zugänglich für Gefühle sein mußten, wie z. B. Mitgefühl, Sanftmut, Freundlichkeit, Gerechtigkeit, nicht nur gegen Gleichgestellte, sondern allen Wesen gegenüber (→*Jin*). Nach dem *Bushidô* konnten Wissen und Macht (Künste des Krieges) in Zeiten des Friedens nur nutzen, um die Schwachen zu schützen und die Unwissenden zu bilden.

Bushi no Te (jap.): wörtlich »Hand des Kriegers«, japanische Bezeichnung für die Kampfkünste Okinawas zu Beginn des 20. Jh. Der Begriff →*Bushi* bezeichnet in Japan ein Mitglied der Kriegerklasse (→Samurai), auf Okinawa einen Meister der Kampfkünste, der ein gewisses geistiges Niveau erreicht hat.

Japanischer Samurai mit Schwert

Bussey, Robert: amerikanischer Lehrer des *Ninjutsu*, direkter Schüler von →HATSUMI MASAAKI, Reformer des amerikanischen *Ninjutsu*. Robert Bussey, in Amerika »The King of combat« genannt, ist einer der bekanntesten *Ninja*-Lehrer der Welt. Er löste sich jedoch von den vielen authentischen *Ninjutsu*-Richtungen und ging einen eigenen Weg, indem er das *Ninjutsu* nach modernen Gesichtspunkten reformierte und heute weltweit verbreitet.

Busshô (jap.): Buddhawesen, Buddhanatur. Ausdruck der Vollendung des eigenen inneren Wesens, Transparenz des eigenen Wesens. Nach der Lehre des *Zen* ist das Buddhawesen sowohl in Lebewesen als auch in Dingen existent, muß jedoch durch Übung in allen Handlungen transparent werden (s. →Transzendenz und → Buddha).

Butchu (viet.): zugespitzte Metallplatten, Wurfwaffen *(Am-kih)* aus dem Nordosten Vietnams, s. →*Co-Vo-Dao*, → *Tay-Son* und →Vietnam.

Butokuden (jap.): »Halle der Kriegstugenden«. Älteste Übungsstätte der Kriegskünste in Japan. Nachdem Kaiser KAMMU im Jahre 792 seine Residenz nach Kyôto verlegt hatte, ließ er dort eine Trainingshalle für die →*Kondei* (damalige Bezeichnung für die neu aufkommende Kriegerkaste – später →*Samurai*) errichten, die er *Butokuden* (Halle der Kriegstugenden) nannte. Im Jahre 1899 wurde vom →*Butokukai* ein neuer *Butokuden* gebaut, der diesem lange Zeit als Trainingszentrum diente.

Butokukai (jap.): Der *Dai Nippon Butokukai*, wie der vollständige Name lautet, wurde im April 1895 gegründet und von der Regierung beauftragt, die verschiedenen →*Ryû* (s. auch →*Bujutsu*) zu kontrollieren und zu standardisieren. Dazu wurde ein Komitee gebildet, das die *Budô-menjo* (*Bujutsu-menjo* – Rangbescheinigungen der Kampfkunstmeister) und die *Shihan-menjo* (Lehrerlizenzen) ausgab und bestätigte. Dadurch standen alle *Ryû*, die sich dem *Butokukai* nicht anschlossen, außerhalb des offiziellen Rahmens.

DIE ENTSTEHUNG DES BUTOKUKAI

Respekt, Hingabe, Dankbarkeit, Integrität und Ehre waren die Tugenden dieses jahrhundertealten Instituts, das seinen Ursprung auf Kaiser →KAMMU (781–805) zurückführt. Am 5. September 1896 ernannte Kaiser AKIHITO den Meister KOMATSUMIYA zum *Sosai* (Hauptgeschäftsführer) der Assoziation. Im Folgejahr erhielt er kaiserliche Unterstützung in Form von Regierungsgeldern. Der *Butokukai* sollte als eine politische Organisation den japanischen *Ryû* übergeordnet sein und deren Kampfkraft dem Militär zugänglich machen.

1899 wurde der Bau des →*Butokuden* beendet und die Halle eröffnet. Sie steht in direkter Nachbarschaft zum Heian-Schrein in Kyoto, nahe am Kaiserlichen Palast. Der *Butokuden* diente dem *Butokukai* als physisches und kulturelles Hauptquartier und zog bald führende Kampfkunstexperten verschiedener *Ryû* an.

Im Jahre 1906 erhielt der *Butokukai* erneut erhebliche Gelder vom japanischen Kaiser. Damit wurde eine militärische Schule errichtet, die *Budô Semmon Gakko*. Die Organisation betonte den Wert des *Budô*-Trainings für die Erziehung der Jugendlichen. Das Training reichte von *Kendô* über *Kyûdô* bis zu *Naginata-dô* und beinhaltete auch die Philosophie des *Bushidô*. Sie trug auch dazu bei, daß *Judô* und *Kendô* als Schulsportart eingeführt wurden.

1911 wurde die Technische Schule für Kampfkünste eröffnet, die später durch ihre Absolventen als *Busen* bekannt wurde. Dort unterrichteten einige der größten Kampfkunstlehrer des Jahrhunderts. Die Studenten lernten Kampfkunst und Philosophie, militärische Strategie und damit verbundene akademische Fächer in einem Zweijahres- und einem Vierjahresprogramm. Die Absolventen dieser Elitebruderschaft wurden zu den besten und angesehensten Kampfkunstexperten ihrer Zeit gerechnet. Zu dieser Zeit überwachte die mächtige Organisation fast das gesamte Kampfkunstgeschehen in Japan. Sie gründete auch die ersten Unterscheidungen betreffend der Titel (*Hanshi, Kyoshi* und *Renshi*) für moderne Kampfkunstexperten, die in ihren jeweiligen Stilen Herausragendes leisteten.

Zur gleichen Zeit kam allmählich die Kampfkunsttradition der kleinen Insel →Okinawa nach Japan, und zwar als →*Kobujutsu*, *Chugoku-Kempô* (chinesische Kampfkunst auf Basis des *Shuri-te*), →*Naha-te* und *Tejutsu* (okinawanische Selbstverteidigung, s. →*Te*). Bald darauf kam Meister →FUNAKOSHI, der erste Experte dieser Kunst, von Okinawa nach Japan und versuchte die Anerkennung des *Butokukai* für die okinawanischen Künste (*Ryûkyû Tôde Jutsu*) zu erreichen.

KAMPFKUNST UND POLITIK

In Japan waren die Kampfkünste fest in den Händen der Politik und des Militärs, und es war abzusehen, daß der *Butokukai* keine okinawanisch/chinesische Kunst akzeptieren würde. Die Organisation, die an der Japanisierung des *Karate* sehr interessiert war, machte strenge Auflagen, die schließlich zu den vielen Veränderungen des *Karate* in Japan führten, darunter die Veränderung des Schriftzeichens, die Übernahme des Gürtelrangsystems, die Gründung einer Prüfungsordnung, das Üben im *Karategi* und vor allem die Veränderung des *Karate* in einen Wettbewerbssport. Nachdem diese Auflagen (manchmal ohne Zustimmung der okinawanischen Lehrer) erfüllt waren, wurde *Karate* in den *Butokukai* aufgenommen. *Karate* wurde zur japanischen Kampfkunst erklärt, und der *Butokukai* errichtete sogar auf Okinawa eine Zweigstelle, durch die neben *Judô* und *Kendô* auch das *Karate* als japanische Kunst in sein Mutterland zurückimportiert wurde. Natürlich waren die traditionellen *Karate*-Schulen wie auch viele japanische *Ryû* in anderen Disziplinen mit den Bestimmungen des *Butokukai* überhaupt nicht einverstanden und ignorierten diese. Doch die politische Macht lag beim *Butokukai*, und offiziell wurden in Japan die Stile →*Shôtokan-ryû*, →*Shitô-ryû*, →*Gôjû-ryû* und →*Wadô-ryû* zu den Hauptstilen des *Karate* erklärt. Im Dezember 1941 wurde eine Statistik über die Wirksamkeit der einzelnen *Budô*-Disziplinen erstellt, und im folgenden Jahr wurden sie direkt den Regierungsministerien unterstellt (Erziehung, Krieg, Marine, Wohlfahrt und nationale Angelegenheiten). Doch im Jahre 1945 wurde die Organisation von den Alliierten verboten, da sie auf der Liste für subversive Tätigkeiten obenan stand.

1946 durfte im Rahmen des Erziehungsministeriums im kleinen Maß das *Budô* wieder betrieben werden. Daraufhin beantragte der aufgelöste *Butokukai*, eine private Organisation gründen zu dürfen, was ihm überraschenderweise gewährt, jedoch kurz darauf wieder verboten wurde. Der *Butokuden* wurde inzwischen von der Kyotoer Polizei als Trainingsraum genutzt und 1970 zum Nationaldenkmal erklärt.

NEUGRÜNDUNG DES BUTOKUKAI

1953 wurde der *Butokukai* unter schwierigen Bedingungen wieder gegründet, hatte jedoch nur wenige Mitglieder. Hauptinstruktor war ONO KUMAO. 1964 fanden die Olympischen Spiele in Tôkyô statt, und die Kampfkünste wurden dort von dem neugegründeten →*Budôkan* vertreten. Der *Butokukai* ist jedoch heute wieder im Begriff zu wachsen, seine Mitgliederzahlen steigen ständig, und er eröffnet Vertretungen in vielen Ländern. In den USA wird er von →RICHARD KIM vertreten, der 1960 von Yokohama nach San Francisco zog. Er beabsichtigt, dort eine Kampfkunsthochschule zu gründen, in der die 18 Kampfkünste *(Budô ju hapin)* sowie Philosophie und Geschichte des *Budô*, Biomechanik und andere verwandte Künste unterrichtet werden sollen.

Butokukan-ryû (jap.): japanischer *Karate*-Stil, gegründet 1961 von KEICHI REICHI, mit weiten und kreisförmigen Bewegungen.

Butsu (jap.): Buddha (auch *Hotoke*). *Bukkyô* – Buddhismus, *Nenbutsu* – buddhistisches Gebet, *Sekibutsu* – Buddhastatue.

Butsu-dô (jap.): der Weg (die Lehre) des →Buddha. Bezeichnung für alle Formen des →Buddhismus in Japan.

Butsukari (jap.): Begriff aus dem *Jûdô* und dem *Aikidô*. Bewegungsübung und Studium der Technik mit einem Partner, der eigentlich nur passiven Widerstand leistet. Sie dient der Übung der einzelnen Technik, die dabei sehr oft wiederholt wird. Diese Übung wird auch →*Uchikomi* genannt.

Bwang: Überbegriff für die Kampfkünste auf Mikronesien. Der Begriff *Bwang* (auf Yap und Palau) existiert in verschiedenen Dialekten und lautet ortsgebunden *Pwaan* (Truk und Carolinen), *Pwang* und *Pwangy* (Puluwat, Namuluk, Pulusuk), *Pwen*, *Usulap* und *Hapilifachailap* (Faraluep).

Durch die japanische Besetzung (1919–1946) wurde die ursprünglich einheimische Kampfkunst vom *Jûjutsu*, *Jûdô* und *Bôjutsu* beeinflußt. Die waffenlose Version verwendet Hebel, Würfe und Schläge mit Händen und Füßen. Die Waffen des Systems sind *Oppong* (Lanze), *Wook* (Stock), *Najif* (Messer), *Ewunun* (Schleuder) und *Nikkumwuch* (Schlagring).

Byôbudaoshi (jap.): Wurftechnik aus dem okinawanischen *Karate*. Identisch mit *O-soto-gari*.

C

Cai (chin.): »ziehen, entwurzeln«, eine Handbewegung (→*Ba-men*) der 13 grundlegenden Bewegungsarten (→*Shi-san-shi*). Das Schriftzeichen *Cai* bedeutet »Auswählen und Herausgreifen«, was das Erkennen des richtigen Augenblicks und das Finden des richtigen Punktes symbolisiert.

Der Bewegung *Cai* wird das Trigramm *Gen* (→*Ba-gua*) zugeordnet. Bei einem Angriff wird mit einer Hand das Handgelenk und mit der anderen Hand die Schulter oder der Ellbogen des Gegners gepackt und nach unten gezogen. Das wirft den Gegner zu Boden oder bringt ihn zumindest aus dem Gleichgewicht.

Cai-jia (chin.): chinesische Schlangenschule des →*Quan-fa* der äußeren Richtungen (→*Wai-jia*).

Cai-jia-quan (chin.): auch *Ts'ai-chia-ch'uan*, »Boxen der Familie Cai (Ts'ai)«, südlicher Stil des *Quan-fa* (→*Nan-quan*) der →*Wai-jia*, einer der maßgebenden Stile der außershaolinischen Systeme (→*Shaolin Quan-fa*).

Cai-li-fo-quan (chin.): →*Choy-li-fut*.

Campbell, Sid (*1944): amerikanischer *Karate*-Lehrer, Schüler von →Nakazato Shugoro, Gründer der ersten Schule des *Shôrin-ryû* in den USA (Kalifornien, 1964).

Sid Campbell leitet heute 28 *Karate*-Schulen, wirkte als Schauspieler in mehreren Filmen mit und ist Autor mehrerer Kampfkunstbücher, unter anderen von »Weapons of Okinawa«, einer ausgezeichneten Darstellung der okinawanischen *Kobudô*-Waffen.

Canete, Cacoy: philippinischer Spezialist des →*Arnis de mano*. Auf der Basis seines Familienstils →*Doce-pares* gründete er den Stil →*Eskrido*. Einer seiner Brüder, Felimon Canete, ist der aktuelle Großmeister des Stils →*Espada y Daga*.

Cao-yao (chin.) [aus *Cao* = Kräuter, *Yao* = Medizin]: Kräuterheilkunde. →Huangdi hat als erster die nützlichen und gefährlichen Eigenschaften Hunderter von Pflanzen tabellarisch aufgelistet (→*Huang-di Nei-jing*). Aber wahrscheinlich wurden schon vorher viele Heilpflanzen aus China in die umliegenden Länder exportiert (→*Ginseng*). In der chinesischen Medizin werden über 30 000 Heilpflanzen verwendet. Im 16. Jh. wurde eines der wichtigsten Werke von Li Shi-Chen veröffentlicht. Es umfaßt Dokumentationen von über 1200 Heilpflanzen sowie Rezepte.

In der chinesischen Kräuterheilkunde wird zwischen äußerlicher und innerlicher Anwendung unterschieden. Die innerliche Anwendung unterteilt man wiederum in folgende Gruppen:

- Nahrhafte und eßbare Pflanzen.
- Ungiftige Kräuter.
- Giftige Kräuter, in kleinen Mengen verwendet.
- Kräuter, nur über kurze Zeit verwendet.
- Kräuter, über lange Zeit verwendet.

Lu Yü – chinesischer Schutzpatron des Tees

Capoeira: brasilianisches Selbstverteidigungssystem. Die Techniken wurden 1530 von Sklaven aus Angola nach Brasilien gebracht. Immer wieder entkamen Sklaven in den Dschungel und richteten dort freie Gemeinschaften (*Quilombos* – versteckte Orte) ein. Sie überfielen Plantagen und Dörfer, was die Kolonialherren veranlaßte, militärische Expeditionen zu entsenden. Dies war der Anlaß zur Gründung des Capoeira.

Das bekannteste dieser Quilombos war in Palmares, um das es einen 100jährigen Kampf gab, ehe es 1707 fiel. Danach wurde Capoeira verboten. Doch die Sklaven übten es trotzdem weiter, und um unentdeckt zu bleiben, verschlüsselten sie seine Techniken in einem rituellen Tanz. Es dauerte erneut 100 Jahre, ehe die herrschende Klasse die Parallelen entdeckte und 1808 Capoeira sowohl als Kampfkunst wie auch als Tanz verbot. In den darauffolgenden Jahren schwerer Repressalien gegenüber den Afrikanern organisierten diese sich zum Widerstand, und das Capoeira erreichte eine neue Blüte. Im Kampf gegen die Polizei wurde ab 1825 das gerade Rasiermesser eingesetzt, das heute noch die Hauptwaffe des Capoeira ist. 1932 wurde Capoeira zum ersten Mal von Meister Bimba im Regionalzentrum für Körperkultur in Bahia unterrichtet. 1937 wurde es offiziell anerkannt.

Dies ist den Bemühungen zweier Männer zu verdanken: Vincente Ferreira Pastinha, der das System *Capoeira Angola* gründete, und Manuel Dos Reis Machado, der aus der Angola-Version ein *Capoeira regional* gründete.

Cau liem (viet.): Sichel im vietnamesischen Waffensystem →*Co-Vo-Dao* (s. auch → Vietnam).

Cerio, Nick: führender *Karate*-Lehrer in Rhode Island, Schüler von →CHOW WILLIAM und GAN FONG-CHIN *(Quan-fa)*.

Cha[1] (chin.): Tee, das Nationalgetränk der Chinesen. Über die Entstehung des Tees gibt es verschiedene Legenden. Eine japanische Legende erzählt, daß BODHIDARMA sich die Augenlider abtrennte, um bei der Meditation nicht einzuschlafen. Die Augenlieder fielen zur Erde und wurden zu Teepflanzen. Der Tee wurde später von den Mönchen dazu verwendet, die Meditierenden wach zu halten.

Allerdings war der Tee schon lange vor dieser Zeit bekannt. Es gab ihn in »Kuchen-Form«, als Ziegel (gepreßter Tee), als lose Blätter und als Pulver. Mit der Zeit wurde der Tee auch in den umliegenden Ländern bekannt, aber er kam erst vor ca. 200 Jahren nach Europa (1610 nach Holland, 1650 nach England, 1657 nach Deutschland). Lange Zeit war die Ausfuhr von Teepflanzen aus China verboten, was zu vielen Legenden darüber führte, wem der Teeschmuggel über die Grenzen zuerst gelang.

Das Wort für »Tee« leitet sich in den östlichen Ländern vom chinesischen »Cha« ab, und unser Wort »Tee« sowie das englische »tea« stammen von dem Wort »Tei« aus einem chinesischen Dialekt an der Küste. In China ist eine große Anzahl verschiedener Teesorten bekannt, deren Qualität von verschiedenen Faktoren abhängt. Die Chinesen trinken den Tee ohne weitere Zutaten. Tee war früher so kostbar, daß er von den Chinesen oft als Druckmittel gegen die Mongolen und andere Völker eingesetzt wurde, da diese sich sonst nur von tierischen Produkten ernährten. Zum Beispiel tauschten die Mongolen Pferde gegen Tee ein, um in den Genuß der Vitamine und Mineralien zu gelangen. Sie trinken ihn bis heute noch mit Salz und Butter, genauso wie die Mandschus der Qing-Dynastie. Aus dem einfachen Tee-Genuß entwickelte sich →*Cha-shu*, die chinesische Teezeremonie.

Cha[2] (jap.): Tee (auch *Sa*). *Chairo* – braune Farbe, *Chadô/Sadô/Cha no Yu* – Teezeremonie.

Cha[3] (chin.): »Gabel«, »Dreizack«, besonderer Typ einer chinesischen Waffe (→ *Bing-qi*). Cha bezeichnet zwei langstielige Waffen mit mehreren Klingen: *Niu-duo-cha* (Rinderkopfgabel) und *Liang-jian-cha* (Doppelspitzengabel).

Chabara (jap.): Blumenarrangement zur Teezeremonie (→*Chadô* und →*Ikebana*).

Chadô (jap.): der »Teeweg«, auch *Cha no Yû* (heißes Teewasser). Im 12. Jh. wurde der Brauch, pulverisierten Tee zu trinken, von Mönchen, die von ihren Studienreisen aus den chinesischen Klöstern zurückkehrten, nach Japan gebracht. Er diente dort als Hilfsmittel zur Meditation und als Weg, das *Zen* zu verbreiten. In den darauffolgenden 200 Jahren gab es in Japan Wettkämpfe im Teeprobieren, die stets im Rahmen von verschwenderisch ausgestatteten Banketts stattfanden. Man stellte sich zur Schau und setzte Wetten mit hohem Einsatz.

Gegen Ende des 15. Jh. lernte der *Zen*-Priester Murata Shuko (1422–1502), ein Schüler des *Zen*- Priesters Ikkyû Sojun (1394–1481), die Praxis der Teezubereitung. Er brachte seine *Zen*-Vorbildung in das Teetrinken ein, vermied die damals üblichen ausgedehnten Räumlichkeiten und eleganten chinesischen Teegeräte und zog die Einfachheit vor. Auch in der Klasse der Handelsleute gab es eine eigene Form des Teetrinkens, und viele Teemeister aus diesen Reihen waren auch eng mit dem *Zen* verbunden. Einer der wichtigsten war Takeno Jo-o (1502–1555). Er begann im Verlauf seines Lebens einen neuen Stil der Teezeremonie (→*Cha no Yû*) zu entwickeln, den »*Wabi*-Tee« (→*Wabi*), ausgeübt in einer kleinen rustikalen Hütte mit ganz einfachen Teegeräten. Dieser bescheidene, schlichte und dabei ästhetische Stil wurde später von seinem Schüler Sen Rikyû bis zur Vollkommenheit entwickelt.

Sen Rikyû (1522–1591) war 19 Jahre alt, als er Jo-os Schüler wurde. Er stammte aus einer Kaufmannsfamilie aus der Hafenstadt Sakai bei Osaka. Er vereinte die verschiedenen Formen der damaligen Teezeremonien und bildete daraus das, was heute als »Teeweg«, *Chadô*, ausgeübt wird. Er verband den Geist des Teeweges mit den vier grundlegenden Wesensmerkmalen von Harmonie und Frieden: 1. Hochachtung und Ehrfurcht, 2. Reinheit, 3. Sitte und 4. Gelassenheit. Diese vier Wesenszüge sind die Grundlage aller praktischen Regeln der Teezeremonie und zur gleichen Zeit das höchste ihrer Ideale.

Chadô gehört heute zu den japanischen Schulungswegen des →*Dô*[4]. Es handelt sich hierbei nicht bloß um eine Zeremonie mit dem Tee, sondern um eine Übung im Sinne des *Dô*. Im *Chadô* fließen viele einzelne Künste wie Architektur, Gartengestaltung, Töpferei, Malerei und auch der Blumenweg (→*Kadô*) zusammen, und in allen geht es um spontane Kreativität. An diesem Akt haben alle Sinne des Menschen teil, während der dualistische Intellekt vollkommen ausgeschaltet wird.

Chai-dao (chin.): [aus *Chai* = auftrennen, auseinandernehmen, abreißen, demontieren] langschaftiges Breitschwert, auch Banditenschwert genannt (→*Ji*, →*Tai-dao*), da man vermutet, daß es von Bergbanditen entwickelt wurde.

Im Gegensatz zu den anderen langschaftigen Breitschwertern hat diese Waffe einen kürzeren Schaft, etwa gleich lang mit der Klinge. Am unteren Ende des Schaftes befindet sich ein Ring, durch den die Waffe mit einer Lederschlaufe am Handgelenk befestigt werden konnte.

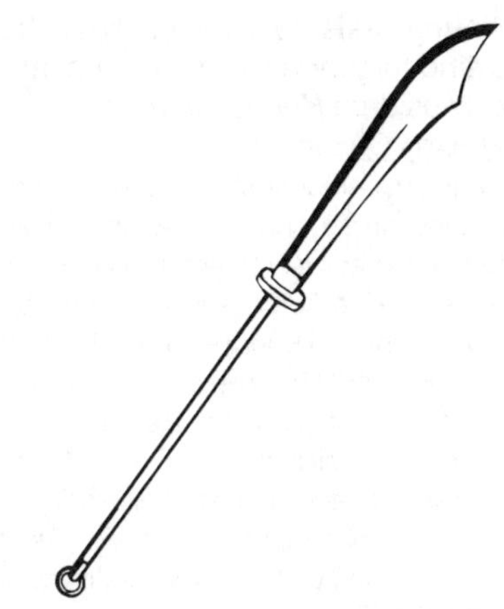

Chai-dao

Cha-iro (jap.): braune Farbe (→*Cha*, →*Iro*).

Chairo-obi (jap.): brauner Gürtel (= 1. *Kyu*, jap. *Ikkyû*), Schülergraduierung im *Budô*.

Chakra (skrt.): Vitalpunkte am menschlichen Körper in der indischen Gesundheitslehre. Die *Chakra* sind Punkte, an denen Seelisches und Körperliches ineinander übergehen und sich gegenseitig durchdringen. Die sieben Haupt-*Chakra*, die als Zentren vitaler Lebensenergie und übersinnlicher Wahrnehmung gelten, liegen entlang der Wirbelsäule. Davon befinden sich die ersten sechs Chakra innerhalb des stofflichen Körpers, während das siebente außerhalb von diesem über dem Scheitelpunkt des Kopfes ruht. Im indischen *Yoga* werden durch besondere Übungen die Chakrapunkte aktiviert. Beginnend mit dem ersten unteren, setzt der *Yogi* eines nach dem anderen, nach oben gehend, in Kraft. In jedem einzelnen Chakra erfährt er eine besondere Art von Glückseligkeit *(Ananda).* Durch die Aktivierung der *Chakra* verwirklicht er auch besondere Formen der Erkenntnis und inneren vitalen Kräfte. Jedes Haupt-*Chakra* aktiviert seinerseits eine bestimmte Anzahl von kleineren *Chakra* (*Nadi* – Energiekanäle). Diese werden mit Lotosblüten verglichen, die sich im aktivierten Zustand in einer um ihre Achse kreisenden Bewegung befinden (daher die

Bezeichnung Kreis oder Rad). Die sieben *Chakra* sind folgende (hinduistische Interpretation aus dem *Kundalini-Yoga*):

1. MULADHARA CHAKRA

Dieses liegt an der untersten Stelle zwischen dem Zeugungsorgan und dem Anus und wird symbolisch mit einer zusammengerollten Schlange dargestellt. Seine Aufgabe ist es, allen anderen *Chakra* Macht und Energie zu verleihen. Von ihm gehen vier *Nadi* (Energiekanäle) aus. Seine symbolische Form ist ein Quadrat, seine Farbe ist Gelb, die ihm zugeordnete Silbe ist LAM, das Tiersymbol ein Elefant mit sieben Rüsseln. Der Übende, der es beherrscht, hat die »Erd-Eigenschaft« überwunden und keine Furcht mehr vor dem körperlichen Tod.

2. SVADHISHTHANA CHAKRA

Dieses liegt an der Wurzel der Genitalien. Es beherrscht die Ausscheidungs- und Fortpflanzungsorgane. Von ihm gehen sechs *Nadi* aus. Seine symbolische Form ist der Halbmond, seine Farbe ist Weiß, die Keimsilbe VAM, das Tiersymbol das Krokodil. Wer es beherrscht, hat keine Furcht mehr vor dem Wasser. Es vermittelt verschiedene psychische Kräfte wie intuitives Erkennen, Beherrschung der Sinne und Überwindung des Ego.

3. MANIPURA CHAKRA

Dieses *Chakra* liegt im Energiekanal in der Nabelgegend. Ihm entspricht als körperliches Zentrum der Solarplexus, von wo aus es Leber, Magen und andere innere Organe beherrscht. Zehn *Nadi* gehen von ihm aus. Seine symbolische Form ist ein Dreieck, seine Farbe ist rot, seine Keimsilbe RAM, Tiersymbol ist der Widder. Wer es beherrscht, überwindet die Furcht vor dem Feuer und kontrolliert seine eigene Gesundheit.

4. ANAHATA CHAKRA

Dieses *Chakra* liegt in der Herzgegend und kontrolliert das Herz. Von ihm gehen fünfzehn *Nadi* aus. Seine symbolische Form ist ein Hexagramm, seine Farbe ist Graublau, die Keimsilbe ist YAM, das Tiersymbol die Gazelle. Wer über dieses *Chakra* meditiert, beherrscht die Luft und kontrolliert die »Luft-Eigenschaften« (*Satvas* – Harmonie). Er vermag zu fliegen und kann in die Körper anderer eindringen. Er versteht die kosmische Liebe und andere göttliche Eigenschaften.

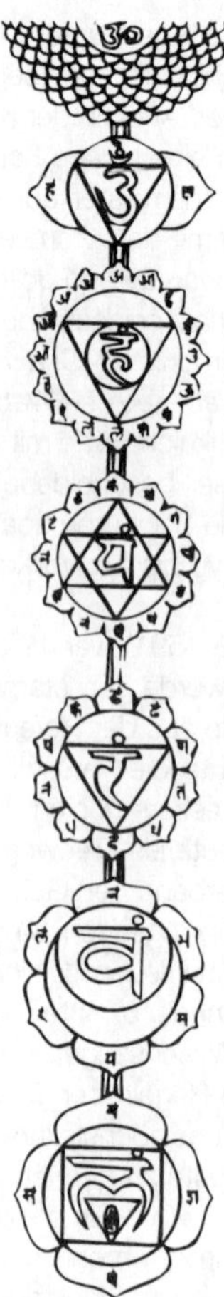

Diagramme der 7 Chakra mit ihren wichtigsten Symbolen

5. VISHUDDHA CHAKRA

Dieses *Chakra* liegt am unteren Ende des Halses und ist das Zentrum des Äther-Elementes. Sechzehn *Nadi* gehen von ihm aus. Seine symbolische Form ist ein Kreis, seine Farbe ist Weiß, die Keimsilbe ist HAM, das Tiersymbol ein Elefant mit sechs Stoßzähnen. Wer diese Konzentration übt, wird nie vergehen und erlangt die Weisheit über die vier →*Veden*.

6. AJNA CHAKRA

Dieses *Chakra* liegt im Zwischenraum der beiden Augenbrauen. Im westlichen esoterischen Denken bezeichnet man dieses *Chakra* als das »dritte Auge«. Zwei *Nadi* gehen von ihm aus. Seine Farbe ist ein milchiges Weiß, die Keimsilbe ein kurzes A. Dieses *Chakra* wird als der Sitz des Bewußtseins angesehen. Wer sich darauf konzentriert, zerstört alles *Karma* aus vergangenen Leben. Der Yogi, der es beherrscht, befreit sich von den Banden des weltlichen Lebens (im →Hinduismus und →Buddhismus sehr bedeutsam).

7. SAHASRARA CHAKRA

Dieses *Chakra* liegt über dem Scheitelpunkt des Kopfes, also außerhalb des stofflichen Körpers. Von ihm gehen »tausend«, d. h. unzählige *Nadi* aus. Seine physische Entsprechung ist das Gehirn, seine Keimsilbe ist OM. Die fünfzig Buchstaben des Sanskrit-Alphabets laufen auf den tausend Blütenblättern der *Nadis* (Lotosblumen) zwanzigmal rundum, so daß die *Nadis* die Gesamtheit aller Keimsilben und aller *Chakra* darstellen. Dieses *Chakra* liegt in einer höheren Ebene der Wirklichkeit als alle anderen *Chakras*. Das *Sahasrara Chakra* gilt als die Behausung des Gottes Shiwa und entspricht dem kosmischen Bewußtsein. Wer es erfährt, erlebt höchste Glückseligkeit, Überbewußtsein und höchste Erkenntnis.

Die sieben Chakra und ihre Anordnung im menschlichen Körper

Chakuchi (jap.): Ausfallschritt, Form von →*Sabaki* (s. auch →*Hiki-uke*) im Okinawa-*Karate*. Aus *Shizen-tai* z. B. mit *Yori-ashi* oder nur mit dem vorderen Bein herausgehen, eine Technik (z. B. *Gyaku-zuki*) ausführen und sofort wieder in die alte Stellung zurückgleiten.

Cha-kuen-pai (chin.): Stil des *Quan-fa*, Schule der moslemischen Chinesen (→ *Cha-quan*).

Chakuriki (jap.): ursprünglich ein koreanischer Begriff (→*Charyuk*). Trainingsmethoden, durch die man lernt, die Kraft des Gegners zum eigenen Vorteil auszunutzen. Sie wurden in Japan in *Chakuriki* umbenannt.

Chambara (jap.): Schwertkampf.

Champaka-Putih-Silat (indo.): »weiße Blumen«, eine Form des →*Pentjak-Silat* aus Zentral-Java (Region Tjikabon), bei der die Übenden tief in die Hocke gehen und viele drehende Fußfeger verwenden.

Chan[1] (chin.): eine besondere Art der chinesischen Hellebarde (→*Bing-qi*) mit einer halbmondförmigen Klinge an der Spitze. Sie wird auch oft »buddhistischer Stab« genannt.

Chan[2] (chin.): japanisch →*Zen*, Schule des Buddhismus, die in China von dem Mönch →BODHIDHARMA im 6. Jh. n. Chr. gegründet wurde. Die Lehre besagt, daß Erwachen und Erleuchtung nur durch geistige Konzentration erreicht werden, unabhängig von Wissen und Bildung.

Das Wort *Chan* ist von dem indischen *Dhyana* (Meditation) abgeleitet. *Chan* ist weder Religion noch Philosophie, sondern ein Lebensweg. Er ist stark vom Daoismus beeinflußt worden und hat seinerseits den Daoismus beeinflußt. Ziel der Übungen ist es, in sich hineinzusehen, den Intellekt auszuschalten und so die wahre Natur der Dinge zu erkennen.

Begriffe wie Denken und Vernunft haben im *Chan* keine Bedeutung, die Intuition lenkt das Verstehen. Es wird gelehrt, nur in der Gegenwart, im »Hier und Jetzt«, zu leben, ohne Gedanken an Vergangenheit oder Zukunft. Wenn man in Frieden mit sich selbst lebt, hat man keine Wünsche und Sorgen, man ist frei, im Einklang mit sich selbst. Der Geist wird klar und reflektiert seine Umgebung, ohne sich einzumischen.

Nach diesen Ausführungen wird deutlich, warum *Chan* in den Kampfkünsten des Shaolin-Klosters eine so große Rolle spielte. Durch die *Chan*-Methode konnten die Mönche einen Zustand der ungetrübten Aufnahmefähigkeit erlangen, der ihnen im Kampf sehr hilfreich war.

Chanan (jap.): alte okinawanische *Karate-Kata (shodan/nidan)*, die heute nicht mehr geübt werden.

Itosu soll aus den *Chanan* und der *Kûshankû* die *Pinan-Kata* entwickelt haben. Der Ursprung der *Chanan* ist unbekannt, sie werden jedoch Matsumura Sôkon zugeschrieben, der sie entweder selbst entwickelt oder aus China mitgebracht haben soll.

Chang-Hon-Yu (kor.): koreanischer Taekwondo-Stil (»Schule der blauen Hütte«), gegründet von General →Choi Hong-Hi (Künstlername Chang Hon), einem Schüler Funakoshi Gichins, im Jahre 1940. Es ist ein Ursprungsstil des →*Taekwondo*, aus dem viele *Hyong (Kata)* stammen.

Chang-ming (chin.): »langes Leben«, daoistische Diät, eine der Grundlagen des →*Qigong*, entstanden aus der daoistischen Alchimie, mit dem Ziel, das Leben zu verlängern. *Chang-ming* besteht aus fünf Etappen:

1. **Reinigung**: Der Körper wird von innen und außen befreit von Übersäuerung, Giften, Drogen und Medikamenten.
2. **Aktivierung**: Beginn der Heilung, erster Schritt zur Gesundheit nach 1–2 Monaten.
3. **Pflege**: Alle Organe arbeiten jetzt richtig. Das Gewebe wird in einer dreijährigen Pflegezeit erneuert.
4. **Erschaffung**: Erneuerung von Zähnen, Knochen und Nägeln. Kann bis zu 10 Jahren dauern.
5. **Okklusion**: Bewahrung der Gesundheit und Verlängerung des Lebens.

Es werden nur unbehandelte, unveredelte Getreide- und Gemüsesorten, Sprossen, Früchte, Reis, Kräuter, Seetang, Tee, Nüsse, Mais, Joghurt, Käse und manche Fischsorten gegessen. Auf Zucker, weißes Mehl, Tabak, Alkohol, Fleisch, Kaffee, behandelte und tiefgefrorene Lebensmittel und Gewürze wird ganz verzichtet. Diese Methode der Heilung ist auch heute in China weit verbreitet.

Chang-Mu-Kwan (kor.): oder *Chang-Moo-Kwan*, »Trainingshalle zu Verbreitung der militärischen Künste«, koreanische Kampfkunst, gegründet von Byung In Yoon im Jahre 1946. 1968 gelangte der Stil über Kim Pyung Soo, einen Schüler von Nam Sok Lee, in die USA, der später das *Cha-Yon-Do* gründete.

Chang-quan (chin.): »Stil der langen Faust«, auch *Ch'ang-ch'uan*, System der äußeren Schule aus dem Norden Chinas (→*Quan-fa*, →*Shaolin-Kloster*, →*Wai-jia*). Ein grundlegendes System, das die Basis des *Quan-fa* bildet, mit geradlinigen Techniken und tiefen Stellungen. Dieser Stil wird von Pan Ku, einem renommierten Historiker der Han-

Schriftzeichen für Chang-quan

Dynastie (1. Jh. n. Ch.) ausführlich beschrieben und ist wahrscheinlich das älteste *Quan-fa*-System. Er wurde von einem berühmten Kampfkunstexperten der Han-Dynastie namens Kwok Yee (Kuo I) gegründet und nannte sich damals »Kunst der langen Hand« *(Ch'ang-sh'ou)*. Er unterscheidet sich dahingehend von den noch älteren Stilen *(Jue-di, Ji-ji)*, daß er von den Nahkampfformen des Ringens Abstand

Technik des Chang-quan

nimmt und auf längere Distanz kämpft. Daher beinhaltet er zahlreiche Faust- und Fußtechniken sowie Sprünge.

Das *Chang-quan* hat in früher Zeit bereits mehrere Stile beeinflußt wie das *Sil-lum*, das *Choy-li-fut*, das *Luo-han*, das *Mi-zong*, und das *Hung-gar*. Kaiser Chao K'uang-Yin, der Begründer der Sung-Dynastie (960–1279), bekannt unter dem Beinamen T'ai Tzu – großer Ahnenvater), erfand das *Tai-zi Chang-quan* (langes Boxen des *Tai-zi*), das aus 32 Techniken bestand. Dieses Kampfsystem beeinflußte das *Shaolin Quan-fa* nachhaltig. Die Bezeichnung *Chang-quan* wurde früher aber auch für das *Tai-ji-quan* gebraucht.

Während des Zweiten Weltkriegs verbreitete sich das *Chang-quan* auch im Süden Chinas, vor allem in Kanton und Hongkong. Heute gibt es eine moderne Abwandlung des *Chang-quan*, die das Rückgrat der modernen →*Wu-shu*-Systeme bildet. Diese nichtauthentische Form enthält auch Elemente des *Cha-quan, Hua-quan* und *Shaolin-quan*.

Chang-sheng-bu-si (chin.): auch *Ch'ang-sheng-pu-ssu*, »lange leben, nicht sterben«. Bezeichnung für den Wunsch der daoistischen Magier (→*Dao-jiao*) nach Unsterblichkeit. Dieses Ziel wurde durch Meditation, körperliche Übungen (→*Dao-yin*, →*Qi-gong*), Ernährung (→*Chang-ming*) und sexuelle Praktiken (→*Fang-zhung-shu*, →*Huan-jing-bu-nao*) verfolgt.

Unsterblichkeit meint nicht nur ewiges Leben, sondern auch absolute Befreiung von Vorstellungen wie Zeit, Raum, Geschlecht u.a. Manchmal ist es schwer, zu unterscheiden, ob spirituelle oder körperliche Unsterblichkeit gemeint ist. Der Übende will einen »heiligen Embryo« (→*Sheng-tai*) entwickeln, der die unsterbliche Seele des Daoisten darstellt und nach seinem Tod den Körper verläßt und weiterlebt. So entsteht der Unsterbliche (→*Xian*).

Die Anhänger des äußeren Elixiers (→*Wai-dan*) meinten die körperliche Unsterblichkeit, während die des inneren Elixiers (→*Nei-dan*) die Unsterblichkeit der Seele meinten. Aber oft sind die Ziele nur schwer zu erkennen, da die Texte zweideutig sind. Der *Chan*-Buddhismus beeinflußte die Anschauungen so weit, daß schließlich die innere Suche nach Unsterblichkeit *(Nei-dan)* dominierte.

長
生
不
死

Schriftzeichen für Chang-sheng-busi

Chan Migwa: →*Kyan Chôtoku*.

Chanmigwa no Chintô (jap.): oder *Kiyatake no Chintô*, Bezeichnung für die Variante der *Chintô* von →Kyan Chôtoku.

Cha no Yû (jap.): »heißes Teewasser« (→*Chadô/Sadô* – Teeweg). Die Teezeremonie wurde bereits von Bodhidharma erfunden, während der Ashikaga-Zeit in Japan gepflegt und ab dem 15. Jh. auf den Status einer klassischen Kunst erhoben.

Cha-obi (jap.): brauner Gürtel (auch →*Chai-ro-obi*).

Chao-Chou Ts'ung-Shen (778–879): Jôshû Jûshin im Japanischen, einer der berühmtesten chinesischen *Zen*-Meister. Joshû war *Dharma*-Nachfolger (→*Hassu*) von Nan-ch'üan P'u-yüan (jap. →Nansen Fugan). Viele berühmte →*Kôan* (s. auch →*Hei-jô shin kore dô*) gehen auf diesen Meister zurück, der einer der bedeutendsten in der *Zen*-Geschichte überhaupt war.

Cha-quan (chin.): auch *Cha-kuen-pai* oder *Ch'a-ch'uan*, nördlicher Stil des *Quan-fa* der äußeren Richtungen (→*Wai-jia*, → *Shaolin Quan-fa*), der in der Ming-Dynastie (1368–1644) von moslemischen Chinesen aus der Provinz Yunnan entwickelt wurde.

Der Stil lehrt das Kämpfen aus einer großen Reichweite und betont hohe Sprünge. Am meisten verbreitet ist der Stil heute in Sinkiang und im Süden und Westen des Landes. Außerhalb Chinas ist er praktisch unbekannt.

Charya (jap.): →*Ajari.*

Charyuk (kor.): »geliehene Stärke«, ein Trainingssystem, das von alten koreanischen Kriegern (→Korea) entwickelt wurde. In Japan wurde das Prinzip als →*Chakuriki* bekannt.

Das System hat seinen Ursprung im daoistischen Yoga und in den *Tantras* (→Tantrismus). Der Übende mußte sich völlig von seinem früheren Leben lösen und als Asket in die Berge gehen. Dort wohnte er in einer primitiven geflochtenen Hütte und setzte sich nahezu schutzlos allen Unbilden der Natur aus, um zu meditieren und Atemübungen zu machen. Er ernährte sich fleischlos von Beeren und Früchten und härtete sich in jeder nur möglichen Weise ab. So verfeinerte er seine Fähigkeit bis ins Übernatürliche.

Die Prinzipien des *Charyuk* waren genau festgehalten. Ein geheimer Kanon enthielt:

- Methoden zum Training von Körper und Geist,
- Pflanzenlehre,
- Akupunktur und Akupressur,
- Hypnosetechniken.

Die Auswirkungen dieser Übungen waren ähnlich wie bei den Fakiren Indiens. Sie verliehen den Übenden übermenschliche Kräfte, die sie in einer auf ihre Methode zugeschnittenen Kampfkunst (→*Yusul*) anwendeten.

Cha-shu (chin.): »Teekunst«, die chinesische Teezeremonie (→*Cha*). Dazu zählt man das Wissen vom Anbau und von der Verarbeitung des Tees, die beste Zubereitung und das Sammeln von schönen Teeservice sowie von Geschichten, Liedern und Gedichten über Tee.

Cha-shu strebt wie alle chinesischen Künste die Harmonie von Himmel (→*Tian*), Erde (→*Di*) und Mensch (→*Ren*) an. Der Himmel sorgt durch Sonne und Regen für das Wachstum der Teepflanze. Die Erde ernährt die Pflanzen und erzeugt Quellwasser und Ton für das Geschirr. Der Mensch fügt Teeblätter, Wasser und Keramik zusammen und schafft so ein Kunstwerk.

Die chinesische Teezeremonie ist nicht so hoch entwickelt wie die daraus abgeleitete japanische Form (→*Chadô*). Doch die chinesischen Teemeister lehnen die japanische Teezeremonie ab, da sie der daoistischen Spontaneität und Natürlichkeit widerspricht (→*Dao-jia*).

Chatanyara no Kon (jap.): alte okinawanische →*Bô-Kata*, gegründet von Meister →Yara Chatan, die auch den Nahkampf ohne Waffen mit einfügt.

Chatanyara no Kûshankû (jap.): okinawanische *Karate-Kata* (→*Kata*) mit Ursprung in der →*Kûshankû*. Als der chinesische Meister Kûshankû nach Okinawa kam, lehrte er eine Form, die man nach ihm benannte.

Kûshankû hatte zwei Schüler: →Sakugawa Shungo und →Yara Chatan (Chatan Yara). Entwicklung der *Sakugawa no Kûshankû* s. dort. Yara Chatan, der nahezu 20 Jahre in China die Kampfkünste studierte, hatte andere Voraussetzungen, die feinen und subtilen chinesischen Techniken der *Kata* zu verstehen. Er veränderte sie nicht und lehrte sie in der originalen Version den okinawanischen Kampfkunstexperten →Kyan Chôtoku.

Chatanyara no Sai (jap.): alte okinawanische →*Sai-Kata*, gegründet von Meister →Yara Chatan.

Cha-Yon-Do (kor.): *Taekwondo*-Stil, gegründet 1970 von Kim Pyung Soo in den Vereinigten Staaten.

Kim, geboren in Seoul, lernte den Stil →*Chang - Mu-Kwan* unter Meister Nam Sok Lee. Als Inhaber des 6. Dan zog er 1968 in die USA, wo er 1970 von *der Kangdu Kwon Mudo Association* den 7. Dan erhielt.

Chee Soo: englischer Meister chinesischer Abstammung des *Tai-ji-quan Lee*-Stils (→*Le Tai-ji-quan*) und bekannter Medizi-

Chee Soo

ner, Haupterbe von LEE CHAN-KAM. Chee gründete die größte *Lee*-Stil-*Tai-ji-quan*-Organisation, die es heute weltweit gibt.

Chee Soo war persönlicher Schüler und Adoptivsohn von Lee Chan-Kam und lernte von ihm den kompletten Stil und die chinesische Medizin. Er unterrichtet seit 1950 und ist seit 1954 der weltweite Vorstand des Stils. Durch ihn wurde der *Lee*-Stil in ganz Europa verbreitet.

Chekak-Silat (mal.): innerer Stil des →*Bersilat*, aufgebaut auf die Kontrolle der inneren Energie, umgesetzt durch Techniken der offenen Hand.

Chen Bo: auch CHEN BU, ein Vorfahre der Chen-Familie (→CHEN TAI-JI-QUAN), der im 14. Jh. lebte und bereits eine Kampfkunst übte. Er siedelte sich in Henan an und gründete das Dorf Chenjiagou.

Es ist sehr wahrscheinlich, daß Chen Bo schon *Tai-ji-quan* übte. Seine Kampfkunst wurde als Familienstil weitergegeben und existierte noch, als Wang Zong-Yue mit dem Chang-quan nachhaltig die Tradition veränderte. Trotzdem ist anzunehmen, daß einige Elemente des Familienstils noch heute im *Chen Tai-ji-quan* enthalten sind.

Chen Chang-Xing (1771–1853): traditioneller Meister des →*Chen Tai-ji-quan*, Lehrer von →YANG LU-CHAN. Seine wichtigsten Schüler waren CHEN YAN-NIAN und LI BO-KUI.

Chen Fa-Ke (1887–1957): auch CHEN KE-FA oder »FUSHENG« genannt, Meister des →*Chen Tai-ji-quan*, Enkel von →CHEN CHANG-XING, Sohn von CHEN YAN-XI.

Vertreter des traditionellen Systems *(Lao-jia)*. Er unterrichtete seine beiden Söhne, →Chen Zhao-Xu und Chen Zhao-Kui, sowie seinen Neffen, Chen Zhao Pi, und Feng Zhi-Qiang. Seit 1928 unterrichtete er öffentlich in Beijing eine Form (→*Lu*) mit 83 Bewegungen. Seine bekanntesten Schüler waren: →Hong Jun-Shen, →Liu Rui-Zhan, →Tang Hao, →Gu Liu-Xin, →Lei Mu-Min, →Li Jin-Wu, Feng Zhi-Qiang, Li Zhong-Yiun und Tian Xiu-Chen. Chen Fa-Ke war sehr beliebt und ist einer der populärsten *Tai-ji-quan*-Meister Chinas. Er lebt bis heute in unzähligen Geschichten und Anekdoten weiter. Sein Enkel →Chen Xiao-Wang ist der heutige Vertreter des →*Chen*-Stils.

Chen Geng-Yun: Meister des →*Chen Tai-ji-quan*, Sohn von →CHEN CHANG-XING.

Cheng Ling-Xi: auch CHENG LIN-XI, mit dem Ehrennamen YUANDI, Meister des →*Tai-ji-gong*, das vermutlich das *Tai-ji-quan* stark beeinflußt hat. Er lebte im 6. Jh. und setzte sich sehr für das *Yi-jing*-Studium ein, von dem er sagte, daß es aus den Kampfkünsten nicht wegzudenken sei.

Er lebte während der Herrschaft des Liang-Kaisers Wu (502–549). Cheng lernte 10 Jahre bei Meister Han Gong-Yue das *Tai-ji-gong*. Später verfaßte er vermutlich folgende Werke: »Lied von der Rückkehr der vier Naturen zum Ursprung«, »Fünf Aufzeichnungen zum Gebrauch des Gong-fu«, »Methoden der Betrachtung des Klassikers und ihr Verständnis«.

Chen Gong-Zhao: Meister des →*Tai-ji-quan*, Vater von →CHEN YOU-HENG und →CHEN YOU-BENG.

Cheng Ting-Hua: Meister des →*Ba-gua-quan*, Schüler von →DONG HAI-QUAN, mit dem Beinamen »unbesiegbare Kobra«.

Cheng war Besitzer eines Optiker-Ladens in Beijing und leitete gleichzeitig eine *Bagua*-Schule. Während des →Boxeraufstandes zogen plündernde Soldaten durch die Stadt und richteten großen Schaden an. Cheng, der nicht am Boxeraufstand teilgenommen hatte, verlor die Nerven und stürzte sich, mit zwei Messern bewaffnet, auf eine Abteilung deutscher Soldaten. Nachdem er einige getötet hatte, wurde er erschossen.

Chen-jen (chin.): Begriff aus dem Konfuzianismus, auch →*Zhen-ren* oder *Cheng-jen*, jap. *Seijin*. Wörtlich: »wahrer (verwirklichter) Mensch«, jemand, der das →*Dao* in seiner Haltung verwirklicht hat. Ist gleichbedeutend mit »der Weise«.

Chen Ji-Shen (1809–1865): Meister des →*Chen Tai-ji-quan*, Bruder von →CHEN ZHONG-SHEN.

Chen Li-Qin: Meisterin des →*Chen Tai-ji-quan*, Tante von CHEN PEI-SHAN. Sie ist die erste Frau, die in dem Stammbaum der Chen-Familientradition genannt wird.

Chen Li-Shian: Meister des →*Chen Tai-ji-quan* und traditioneller chinesischer Mediziner, Vater von →CHEN PEI-SHAN.

Chen Miao: Meister des →*Tai-ji-quan*, Bruder von →CHEN-XIN und →CHEN NIAO.

Chen Niao: Meister des →*Tai-ji-quan*, Bruder von →CHEN XIN und →CHEN MIAO.

Chen Pei-Shan: Meister des →*Chen Tai-ji-quan*, Sohn von CHEN LI-SHIAN. Er unterrichtet seit 1988 in Japan →*Tai-ji-quan*.

Chen Pei-Yu: Meisterin des →*Chen Tai-ji-quan*, Schwester von →CHEN PEI-SHAN. Sie ist die zweite Frau, nach ihrer Tante →CHEN LI-QING, die im Stammbaum der Chen-Familie unter den *Tai-ji-quan*-Meistern aufgeführt wird. Sie ist außerdem chinesische Meisterin im *Tai-ji-quan* geworden.

Chen Pin-San (1849–1929): Meister des →*Chen Tai-ji-quan* und Verfasser des »Tai-ji-quan tushuo« (*Tai-ji-quan*-Lehrbuch), Vertreter des →*Xin-jia*, des »Neuen Stils«.

Chen, Qing-Ping (1795–1868): Meister des →*Chen Tai-ji-quan*, Schüler und Neffe von CHEN YOU-BENG. Er heiratete und zog nach Zhaobao. Dort gründete er den kleinen →*Tai-ji-quan*-Stil *(Shao-jia)*, der manchmal nach seinem Wohnort *Zhao-bao-jia* genannt wird. Zu seinen Schülern gehörten u. a. →HE ZHAO-YUAN und →WU YU-XIANG.

Chen Shi-Chüen: Schwertmeister in der 12. Generation der *Wudang*-Schwertkunst (→*Wu- ang-jian*). Er war ein Lehrer des später sehr berühmten →LI CHIN-LIN.

Chen Tai-ji-quan: Variante des →*Tai-ji-quan*, in Europa bekannt als der *Chen*-Stil. Ein Hauptmerkmal der *Chen*-Schule sind die unterschiedlichen Geschwindigkeiten innerhalb der Bewegungsabläufe. Die Anzahl der Bewegungen innerhalb einer Sequenz schwankt zwischen 71 und 89. Man kennt drei verschiedene Zweige dieses Stils: den heute selten praktizierten traditionellen Stil *(Lao-jia)*, gegründet von CHEN WANG-TING; den neueren Stil *(Xin-jia)* von CHEN YOU-BEN und den kleinen Stil *(Shao-jia)* mit CHEN QING-PING als Gründer.

Schriftzeichen für Chen

Der *Chen*-Stil ist das älteste der überlieferten *Tai-ji-quan*-Systeme und wurde von Chen Wang-Ting gegründet. Chen war ein Schüler von Jian Fa, der wiederum bei →Wang Zong-Yue lernte. →Chen Bo, auf den die Gründung des Familiendorfes Chen-jia-gou zurückgeht, hatte ebenfalls einen familieneigenen Stil gegründet, der wohl die Basis des späteren *Tai-ji-quan* bildete. Doch erst mit den Änderungen von Chen Wang-Ting wurde dieses System zu einer starken Kampfkunst.

Das Ursprungssystem bestand hauptsächlich aus formalen Übungen und war extrem kampfbezogen. Es enthielt 8 Handformen und 5 variable Formen und wurde daher auch noch als »13

Technik des Chen Tai-ji-quan

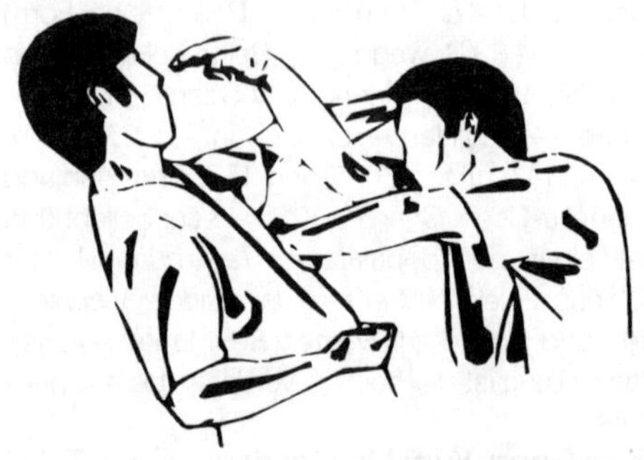

Selbstverteidigungsform aus dem Chen Tai-ji-quan

URSPRUNGSFORMEN DES TAI-JI-QUAN

1. Form	58 Bewegungen
2. Form	27 Bewegungen
3. Form	31 Bewegungen
4. Form	31 Bewegungen (Hong-quan – Rote Faust)
5. Form	30 Bewegungen

Formen *Taiji*« *(Shi-san-shi)* bezeichnet. Da Wang-Ting sich besonders vom →*Chang-quan* beeinflussen ließ und viele Elemente übernahm, wurde das *Tai-ji-quan* auch oft *Chang-quan* genannt. Chen Wang-Ting gründete 7 verschiedene Formen, die den Stil definierten. Die erste bestand überwiegend aus Techniken des *Chang-quan*. Zusätzlich entwickelte er noch 5 Basisformen und eine Form des Kanonenschlages (→*Pao-chui*).

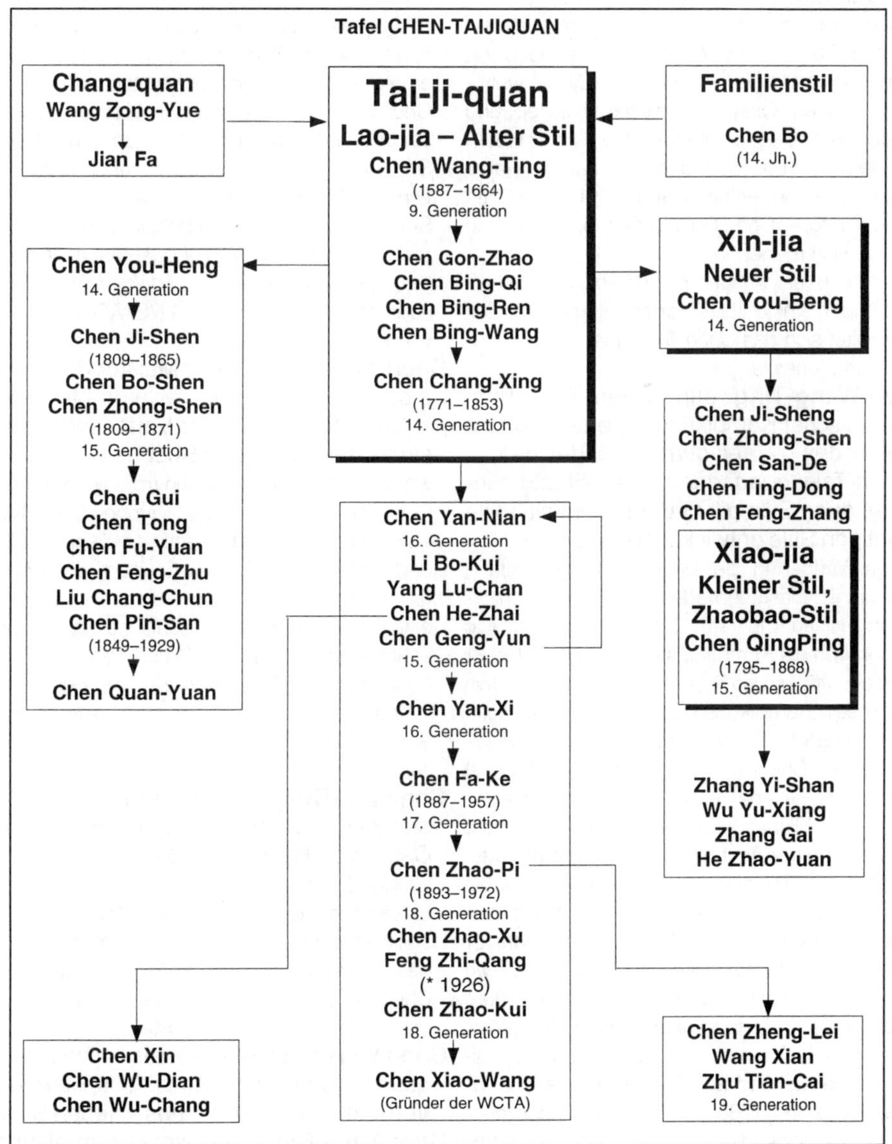

Heute werden nur noch 3 Formen geübt, darunter auch *Pao-chui*. Zusätzlich gibt es auch reformierte, verkürzte Formen.

Über 200 Jahre und 5 Generationen wurde das *Tai-ji-quan* geheim weitergegeben. Die Meister der 14. Generation aber führten einige Veränderungen durch. →Chen Chang-Xing unterrichtete zum ersten Mal auch Fremde. Sein berühmtester Schüler war →Yang Lu-Chan. →Chen You-Beng veränderte den alten Stil, indem er die ersten 3 Formen vereinfachte. Diese neue Art nannte man *Xin-jia* (»neuer Stil«). Dieser wurde von →Chen Qing-Ping weiterentwickelt und später in *Xiao-jia* oder *Zhao-bao* (»kleiner Stil«) umbenannt. Die ursprüngliche *Lao-jia* (»alter Stil«) wurde von →Chen Wang-Ting über →Chen Bing-Wang, →Chen Chang-Xing bis zu →Chen Fa-Ke weitergegeben.

Heute existieren neben der *Wushu*-Wettkampfform noch einige kurze Formen. In neuerer Zeit verbreitet sich das *Chen Tai-ji-quan* auch in Europa und Amerika.

Chen Wang-Ting: auch Chen Zhou-Ting, chinesischer Kampfkunstexperte (1587 bis 1664) des →*Tai-ji-quan*, Gründer des → *Chen Tai-ji-quan*, der als der älteste aller *Tai-ji-quan*-Stile gilt und aus dem sich alle heutigen Stile entwickelt haben.

Chen Wang-Ting, der Ende der Ming-, Anfang der Qing-Dynastie lebte, lernte auf seinen zahlreichen Reisen mehrere *Quan-fa*-Stile und war schon früh als Kampfkunstexperte geachtet. Er war ein Offizier der Provinz Shandong und verband sein Kampfkunstkonzept mit der chinesischen Medizin. Bei der Verteidigung seines Heimatdorfes (Chenjiagou – Dorf der Chen-Familie) gewann er viel Anerkennung und Ehre. Als er älter wurde, blieb er in seinem Dorf und gründete aus den besten Techniken, die er gelernt hatte, einen neuen Stil, den er durch die Anlehnung an die daoistische Philosophie (vermutlich nach den Schriften des Qi Ji-Guang) *Tai-ji-quan* nannte. Er integrierte auch Techniken aus den →*Dao-yin* und →*Tu-na*. Besonders stark wurde er von dem Meister des →*Chang-quan*, Wang Zong-Yue, beeinflußt. Eine seiner 7 *Tai-ji-quan*-Formen setzte er überwiegend aus Techniken des *Chang-quan* zusammen. Sein Stil basiert auf den dreizehn grundlegenden Techniken (→*Shi-san-shi*) und wird deshalb auch oft als *Shi-san-shi Tai-ji-quan* bezeichnet.

Chen Xiao-Wang: Meister und offizieller Erbe (19. Generation) des →*Chen Tai-ji-quan (Lao-jia)*. Sohn von →Chen Zhao-Xu, Enkel von →Chen Fa-Ke und Neffe von Chen Zhao-Kui.

Er gründete eine Form mit 38 Bewegungen auf der Basis der *Lao-jia* des →*Chen Tai-ji-quan* und der *Xin-jia*, ebenfalls aus dem *Chen Tai-ji-quan*. Außerdem verringerte er die Wiederholungen und vereinfachte die komplizierten Techniken. Die Form ist in vier Sektionen mit je neun Techniken eingeteilt und dauert etwa 4 Minuten.

Chen Xiao-Wang, der heute in Australien lebt, ist der offizielle Nachfolger des authentischen *Chen*-Stils, der in der *World Chen Tai-ji-quan Association* (WCTA) organisiert ist. Über seinen Schüler Shen Xi-Jing und dessen Schüler Jan →Silberstorff wurde das *Chen Tai-ji-quan* nach Deutschland gebracht, wo es in der *World Chen Tai-ji-quan Association Germany* (WCTAG, s. Anhang) vertreten ist.

Chen Xin (1849–1929): Meister des →*Tai-ji-quan*, Bruder von →Chen Miao und →Chen Niao. Er ist der Verfasser des ersten *Chen Tai-ji-quan*-Buches.

Xin wurde einmal zusammen mit seinen Brüdern in einen Kampf verwickelt, wobei Chen Niao starb. Xin kehrte darauf nach Chenjiagou zurück und vertiefte sich in das Studium der Hintergründe des *Tai-ji-quan*. Er arbeitete 12 Jahre an einem Buch, das alle wesentlichen philosophischen und technischen Grundlagen des *Ta-ji-quan* enthält, mit dem Namen »Tai-ji-quan mit Illustrationen«. Es wurde erst 1932 gedruckt und wurde zu einem der wichtigsten Bücher über das *Tai-ji-quan*.

Chen You-Beng: auch Chen You-Ben, Meister des →*Chen Tai-ji-quan*, Bruder von Chen You-Heng und Sohn von →Chen Gong-Zhao.

Er vereinfachte die drei ersten Formen (→*Lu*), stellte eine neue *Lu* zusammen und gründete so den →*Xin-jia*, den »Neuen Stil«. Er gab sie an Chen Qing-Ping weiter, der sie weiter verkürzte und →*Xiao-jia*, den »Kleinen Stil«, gründete.

Chen You-Heng: Meister des →*Chen Tai-ji-quan*, Bruder von →Chen You-Beng und Vertreter des →*Xin-jia*, des »Neuen Stils«.

Chen Yuan-Bin: chinesischer Kampfkunstexperte (1587–1670) des →*Quan-fa* (*Shuaijiao* und *Qin-na*), in Japan »Genpin« genannt, der die chinesische Kampfkunst als →*Kempô* im Jahre 1659 nach Japan brachte, wodurch das japanische →*Jûjutsu* den stärksten Einfluß aus China erfuhr.

Chen Yuan-Bin kam im Jahre 1698 als chinesischer Meister der Töpferei nach Japan, um dem *Daimyô* von Owari als Lehrer zu dienen. Er ließ sich im Shokokuji-Tempel von Edo nieder und eröffnete eine Kampfkunstschule für Mönche und Samurai. Seine drei besten Schüler, Miura Yoshitatsu (→*Miura-ryû*), Fukuno Masakatsu (→*Kitô-ryû* und →*Fukuno-ryû*) und Isogai Jirôzaemon (→ *Isogai-ryû*), wurden später als Begründer einiger *Jûjutsu-ryû* bekannt.

Chen Zhao-Xu: Meister des →*Chen Tai-ji-quan*, Sohn und Schüler von →CHEN FA-KE.

Chen Zheng-Lei: Meister des →*Chen Tai-ji-quan*, 19. Generation, und einer der Hauptvertreter des heutigen *Tai-ji-quan*.

Chen Zhong-Shen: (1808–1871) Meister des →*Chen Tai-ji-quan*, Vertreter des →*Xin-jia*, des »Neuen Stils«. Er und sein Bruder →CHEN JI-SHEN engagierten sich stark bei der politischen Taiping-Organisation.

Chi[1] (jap.): Erde, Erdboden, das Land (auch *Ji*). *Tochi* – Boden, *Chika* – unterirdisch, *Chihô* – Gegend, Region.

Chi[2] (jap.): Weisheit. Grundbegriff in der Samurai-Ideologie (→*Bushidô*).

Ch'i (chin.): vitale Energie (→*Qi*).

Chia (chin.): Schule (→*Jia*).

Chiao-ti (chin.): →*Jiao-di*.

Chiba Eijirô: japanischer Samurai (1832 bis 1862), Sohn von →CHIBA SHÛSHAKU.

Chiba Katsuo (* 1940): japanischer *Aikidô*-Meister, Schüler von →UESHIBA MORIHEI.

Chiba begann mit dem Studium des *Omori-ryû* (*Iaidô*), wechselte aber 1958 zu Ueshiba, dessen langjähriger Begleiter er wurde. 1966 wurde er nach England geschickt und unterrichtete dort *Aikidô* bis 1976. Er ist der Gründer des *Aikikai* in England. 1976 kehrte er nach Japan zurück und trainierte im *Hombu-Dôjô* des *Aikidô* weiter. 1981 zog er in die USA und gründete in San Diego ein eigenes *Aikidô-Dôjô*.

Chibana Chôshin: okinawanischer *Karate*-Meister. Er wurde am 5. Juni 1885 in Shuri (→Okinawa) geboren und begann im Alter von 15 Jahren ein akademisches Studium.

Chôshin Chibana

Dies unterbrach er jedoch, ging zu dem großen okinawanischen *Karate*-Lehrer →ITOSU YASUTSUNE und bat ihn, sein Schüler werden zu dürfen. Bis zum Tod des berühmten Lehrers (1915) blieb er bei ihm. Als er 35 Jahre alt war, eröffnete er in Shuri ein *Dôjô* und kurz darauf eine Zweigstelle in Naha. Den Stil, den er lehrte, nannte er →*Kobayashi Shôrin-ryû* und bezeichnete ihn als direkten Nachfolger des authentischen →*Itosu-ryû*, als dessen Erbe sich die heutigen Vorstände des Stils betrachten.

Chibana Chôshin gilt als einer der größten okinawanischen Meister der neueren Generation. Schon zu seinen Lebzeiten wurde er weit über die Grenzen Okinawas hinaus als →*Meijin* verehrt und galt als lebende Legende. Aus einem großen Umkreis wurde er von vielen Meistern besucht, denn man betrachtete ihn als eine der letzten wirklichen Größen des okinawanischen *Karate* und als Bewahrer der Kampfkunsttradition. (→*Uchi-deshi* von Meister Itosu). Technisch machte er sich besonders in der Verbreitung der →*Kûshankû-shô* verdient.

Er unterrichtete ganze Gruppen von japanischen

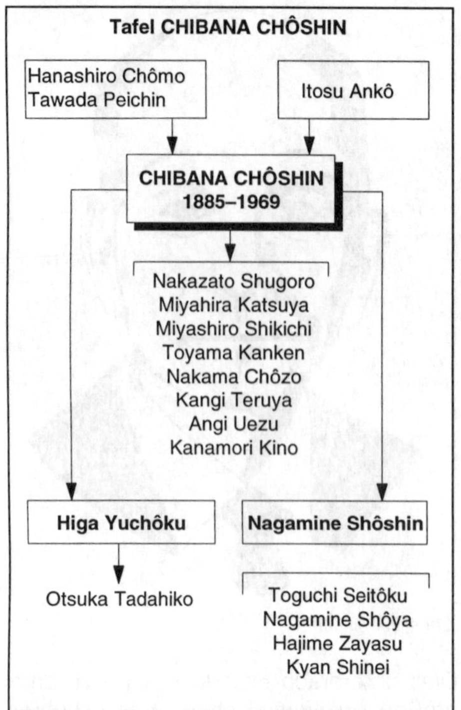

Studenten, die nach Okinawa pilgerten, um den weisen Mann zu sehen. Bemerkenswert war sein Umgang mit der Universitätsmentalität der japanischen Studenten, die sich im krassen Widerspruch zu der Philosophie der Kampfkünste befand. Zu diesem Thema sagte er: »Wir alle haben ein bißchen Schwäche in uns. Auf die eine oder andere Weise wollen wir manchmal etwas umsonst. Doch in der Kampfkunst gibt es dies nicht. Der Rang, der Fortschritt, der Status oder der Grad wird durch Arbeit und Hingabe erreicht und kann nur durch deren Beständigkeit erhalten werden. Es gibt keine Abkürzung, sondern nur Arbeit, Schweiß und Schmerzen.«
Als man ihn danach fragte, warum er den Weg des *Karate* gewählt habe, antwortete er: »Die einzige Gabe, die das Leben uns umsonst bietet, ist die Chance, an etwas zu arbeiten, das es wert ist, getan zu werden. In meinem Fall ist es Karate.«
1956 gründete Chibana die →*Okinawa Karate Kobudô Renmei* und wurde ihr erster Präsident. Vom japanischen →*Butokukai* erhielt er 1957 den Titel eines *Hanshi* (→*Shihan*), die höchste Auszeichnung, die diese Organisation vergeben kann. 1961 zog er sich jedoch aus der *Okinawa Karate Kobudô Renmei* zurück und gründete eine neue Organisation, die *Okinawa Shôrin-ryû Karate Kyôkai*, der er bis zu seinem Lebensende (1969) vorstand. Im Alter von 82 Jahren starb er an einer schleichenden Krankheit. Zur Weiterentwicklung seines Stils →*Kobayashi-ryû*.
Als er gefragt wurde, welches die kostbarste Eigenschaft eines Kampfkunstmeisters sei, sagte er: »Ehre! Ein Mann der Ehre ist ein Mann, der Versprechen gibt und sie hält. Ein Mann, der Versprechen gibt und sie nicht hält, hat keinen Wert. Er befleckt den wertvollsten Besitz, der einem Menschen gegeben ist – die Ehre. Ein Kampfkunstmeister ist ein ehrenvoller Mann.«
Meister Chibanas direkte Schüler waren: Miyashiro Shinkichi, Nakazato Shugoro, Miyahara Katsuya, Nakama Chozo, Teruya Kangi, Aragaki Nobutake, Angi Uezu, Shiroma Shinei und Higa Yuchoku (*Uchi-deshi*).

Chibana no Kon (jap.): okinawanische *Bô-Kata*, gegründet und überliefert von Meister →Chibana Chôshin.

Chibana no Kûshankû (jap.): okinawanische *Karate-Kata* (→*Kata*) mit Ursprung in der →*Kûshankû*. Die *Chibana no Kûshankû* wird heute im okinawanischen *Kobayashi-ryû* geübt. Sie wurde von Chibana Chôshin gelehrt und steht der alten *Itosu no Kûshankû* sehr nahe. Chibana Chôshin übernahm diese *Kata* von seinem Lehrer Itosu Yasutsune (Ankô) in zwei Varianten: als *Kûshankû-dai* und als *Kûshankû-shô*.
Meister Chibana legte besonderen Wert auf die Entwicklung und Verbreitung der *Kûshankû-shô*, weswegen diese Variante als die eigentliche *Chibana no Kûshankû* angesehen wird. Ebenso wie beide *Shôtôkan*-Varianten haben auch die beiden *Chibana*-Varianten ihren gemeinsamen Ursprung in der Itosu-Schule, fanden jedoch mit der Zeit ihre eigene Entwicklung. Die Chibana-Varianten werden heute von →Higa Yuchoku gelehrt.

Chiba Shusaku: japanischer Schwertmeister (1794–1855), Gründer des →*Hokushin Ittô-ryû*, Schüler von →Otani Shimosa no Kami Seiichiro.
Chiba stand als Schwertkämpfer weit unter Otani Shimosa und Oishi Susumu, war aber bekannt

als guter Techniker. Er machte aus dem *Shinai*-Kampf einen Sport, bei dem Männer und Frauen mit hölzernen *Naginata* gegen Schwertkämpfer mit dem *Shinai* antraten. Diese Kämpfe waren so beliebt, daß das Publikum Eintritt bezahlte.

Chiburi (jap.): das Reinigen des Samurai-Schwertes vom Blut (→*laidô*).

Chibusa (jap.): Brust; Herz; Busen.

Chi-chi (chin.): →*Ji-ji*.

Chichi (jap.): Brustspitze.

Chi-Do-Kwan (kor.): »Trainingshalle des Weges der Weisheit«, koreanische Kampfkunst, gegründet von YOONG KUE-PYUNG, einer der Grundlagenstile zum →*Taekwondo*.

Chidori-ashi (jap.): Bewegungsform im *Shôrinji-Kempô*. Die Füße gleiten auf dem Boden, um die Distanz zu regeln und die Richtung zu ändern.

Chigiriki (jap.): Morgenstern. Ursprünglich ein Dreschflegel, der im Laufe seiner Geschichte in eine Waffe umgewandelt wurde. *Chigiriki* besteht aus einem langen Stock, an dessen Ende mit einer Kette ein Eisengewicht befestigt ist. Das Gerät wurde in Japan von Bauern zur Waffe entwickelt und dazu verwendet, sich gegen die Samurai und die Seeleute zu verteidigen. Die *Chigiriki* ist verwandt mit der →*Kusari-gama*.

Chigirikijutsu (jap.): japanische Kampfmethode mit Stock und Kette (→*Chigiriki*). Sie wurde früher von den japanischen Bauern geübt und ist heute wenig bekannt. Eine der traditionellen Schulen des Chigirikijutsu ist das →*Maniwa Nen-ryû*.

Ch'i-hai (chin.): energetisches Zentrum (→ *Qi-hai*).

Chihi (538–597): jap. CHISHA, Begründer des chinesischen →*T'ien-t'ai*-Buddhismus (s. auch →*Tendai*).

Chihô-geiko (jap.): [aus *Chihô* = Gegend, *Geiko* = Übung] im früheren →*Bujutsu* öfter gebrauchte Trainingsmethode. Die in der Gegend liegenden *Dôjô* wurden von Mitgliedern anderer *Dôjô* besucht, um gegenseitig Erfahrungen auszutauschen (→*Yaburi-dôjô*).

Chikai (jap.): kurz, nahe, eng beieinander (auch *Kin*). *Kinjô* – Umgebung, Nähe.

Chikai (jap.): Schwur, Eid.

Chikaira-jutsu (jap.): Bezeichnung für die japanische Kriegstechnik des Durchdringens der feindlichen Linien während der Schlacht.

Chika-ma (jap.): kurze Distanz (auch *Chikamae*). Nahe Position zum Gegner (→ *Ma-ai*).

Chikara (jap.): Kraft, Kraftentfaltung (→*Ryoku, Kinchô* und *Kime*). *Chikara no Aru* – kräftig, *Dôryoku* – Kraftanstrengung, *Jirikide* – aus eigener Kraft, *Seishin-ryoku* – geistige Kraft, *Tairyoku* – Körperkraft.

Chikara-ishi (jap.): wörtlich »Kraftstein« (→*Dôgu*). Trainingsgerät im →*Okinawa-Karate*. Etwa 5 kg schwerer Stein, an ei-

Steinskulpturen aus dem 2. Jh. von Kia Hsiang: Herrscher Yao (ältester der im Buch der Urkunden erwähnten mythischen Herrscher aus dem 3. Jtsd. v. Chr); Schun (zweiter mythischer Herrscher des Buches der Urkunden); Yü (Bekämpfer der Sintflut).

nem Stiel befestigt, den man wie eine Hantel gebraucht. Das Gerät dient bei entsprechenden Übungen der Stärkung der Handgelenke, Unterarme und der Bauchmuskulatur. Es gibt auch trapezförmige Metallgewichte (*Chashi* oder *Chishi*), die ursprünglich aus China stammen.

Chikara-kurabe (jap.): »Kräfte messen«, eine frühe Kampfmethode aus dem 3. Jh. v. Chr., Vorläufer des →*Sumai* und späteren →*Sumô*.

Chikara no Kyojaku (jap.): eine der drei bedeutenden Regeln von Meister FUNAKOSHI in bezug auf die *Kata*-Übung (Erläuterungen s. →*Kata-geiko*). Diese Regel bedeutet: »Die Kraft ist stark und schwach.« Die Techniken der *Kata* werden nicht alle mit der gleichen Kraft ausgeführt. Die Kraftanwendung in der Technik hängt mit dem Bewegungsrhythmus, der Zweckmäßigkeit der Handlung und mit der Art der Technik zusammen. Maximaler Krafteinsatz bedeutet daher nicht auch erfolgreiches Handeln.
Jede *Kata* enthält Bewegungen, in denen nur wenig Kraft nötig ist, im Gegensatz zu anderen, die einen konzentrierten Krafteinsatz erfordern. Zwischen diesen beiden Extremen liegt ein breites Band von Techniken mit sehr unterschiedlichen Kraftmomenten. Die sich zum Ganzen ineinanderfügenden Einzelabschnitte der *Kata* können erst dann richtig ausgeführt werden, wenn durch beständige Übung ein »Fühlen« der rechten Kraft herangebildet wird.
Die Faktoren, die letztlich das Entstehen von *Kime* beeinflussen, sind theoretisch nur unzulänglich erklärbar und müssen in der Übung verstanden werden. Sie setzen sich nicht nur aus den Prinzipien der körperlichen Kraft zusammen, sondern beziehen den Bereich der inneren Zusammenhänge mit ein. Das Zulassen hat hier eine größere Bedeutung als das Machen und dehnt die Übung der *Kata* bis auf die Kontrolle der inneren Haltung in alltäglichen Handlungsweisen aus. Der Übende darf nicht nur die Form betrachten, sondern muß lernen, sein Auge auf jene Merkmale zu richten, die ihm das Verständnis der Kampfkunst ermöglichen.

Chika-tabi (jap.): Fußbekleidung der →*Ninja*. Schuhe mit separatem großem Zeh. Die speziellen Schuhe eigneten sich vorzüglich zum lautlosen Anschleichen und Klettern. Wenn ein *Ninja* über eine Mauer klettern mußte, verwendete er dafür oft seine speziell angefertigten Leitern (→*Bashigo*) mit Wurfhaken. Das Seil wurde zwischen den Zehen eingeklemmt und erlaubte ein schnelles Hochklettern.

Chikujo-jutsu (jap.): Bezeichnung für die japanische Kriegstechnik der Feldbefestigung. Methoden, auf dem Feld Befestigungen zu errichten, um den Ansturm des Feindes zu behindern.

Ch'i-kung (chin.): Kultur der vitalen Energie (→*Qi-gong*).

Chikutô (jap.): auch →*Shinai*.

Chilisai (jap.): klein, andere Bezeichnung für *Ko*. Gegenteil: *Okii*.

Chimbei (jap.): Zweikampfmethode im →*Okinawa-te*.

Chimei (jap.): wörtlich: »tödlicher Schlag« (→*Ikken-hissatsu*).

Chimei-shô (jap.): wörtlich: »tödliche Verletzung«.

Chimpan (jap.): Schiedsrichter (→*Shimpan*).

Ch'in (chin.): auch →*Qin*, »zwingen«, erste Silbe aus *Chi'n-na* (→*Qin-na*).

Chin[1] (jap.): selten, ungewöhnlich (auch *Mezurashii*). *Chinpin* – Seltenheit, Rarität, *Chinmi* – Delikatesse, *Chincho* – hochschätzen, *Chinte* – seltene Hand.

Chin[2] (jap.): beruhigen, sich beruhigen (auch *Shizumeru*). *Sôchin* – Kraft und Ruhe.

China: heute Volksrepublik China, 9561000 km^2, 1184 Millionen Einwohner (1993), mit der Hauptstadt Beijing (Peking). Vom Innenhochland Tibet bricht die Landschaft in mehreren steilen Bruchstücken zum Pazifik hin ab. Im Osten gibt es Mittelgebirge mit mehreren Tiefländern und den großen Strömen Huanghe (Gelber Fluß, Huangho), Yangzi oder Yangzijiang (Langer Fluß, Yang-tse Kiang) und Xijiang (Sikiang). Im Süden ausgedehnte Schwemmlandschaften mit subtropischem Klima. Im Nordwesten und im Norden teilweise Hochlandgebirge mit steppen- und wüstenähn- lichem Charakter. Im Westen befindet sich Tibet, das höchstgelegene Hochland, mit geringer Bevölkerungsdichte.

Sprache und Schrift

Um sich in den chinesischen Kampfkünsten zurechtzufinden, ist es von Bedeutung, etwas über die chinesische Schrift und Sprache zu erfahren. Wie in den japanischen Systemen werden auch in den chinesischen Kampfkünsten die chinesischen Begriffe für die Bezeichnungen der Techniken gebraucht. Ihr wirkliches Verständnis ist für jeden Nichtchinesen mit einigen Schwierigkeiten verbunden. Die chinesische Schrift besteht aus 60000 Zeichen, von denen nur etwa 5000 bis 10000 im täglichen Gebrauch verwendet werden. Außerdem gibt es in China eine große Anzahl von verschiedenen Dialekten, so daß selbst die Chinesen Verständigungsschwierigkeiten untereinander haben.

CHINESISCHE DIALEKTE

Nordchinesische Dialekte (4 Gruppen)
Wu-Dialekte (4 Gruppen)
Kantonesische Dialekte
Dialekte von Süd Fujian
Dialekte von Nord Fujian
Hakka-Dialekte
Hunan-Dialekte
Guangdong-Dialekte (5 Gruppen)
Jiangxi-Dialekte

Für uns, die wir die chinesische Sprache in den Kampfkünsten gebrauchen, stellt sich noch ein weiteres Problem: die Umschrift der chinesischen Zeichen in die lateinische Sprache. Seit langem beschäftigen sich die Sprachwissenschaftler mit diesem Problem, und heute existieren mehrere Systeme der Umschrift. Die *Pinyin*-Umschrift scheint sich in letzter Zeit durch- zusetzen. Doch ist zu beachten, aus welchem der vielen chinesischen Dialekte umgeschrieben wird. Allein vom Kanton-Dialekt existieren 5–8 Umschriften, von denen sich noch keine endgültig durchgesetzt hat. Auch die Chinesen in anderen Ländern (Indonesien, Hong Kong usw.) benutzen eigene Umschriften, die Volksrepublik China hat ebenfalls ihre eigene Umschrift *(Pinyin)*. Dies alles betrachtend, steht man in der Übertragung der *Kung-fu*-Begriffe vor unlösbaren Problemen.

Die chinesischen Kampfkünste sind nicht an einem Ort entstanden, sondern gebunden an verschiedene Orte Chinas, an denen auch verschiedene Dialekte gebraucht werden. Aus diesem Grund kann man diesbezüglich unmöglich eine Umschrift und einen Dialekt verwenden. Die Übersetzung der Begriffe in einen Dialekt würde der ortsgebundenen Kampfkunst vollkommen fremde Bezeichnungen aufzwingen und ein großes Durcheinander produzieren. So ist, bezogen auf die Kampfkünste, das sprachliche Chaos das beste Verständigungssystem. Viele Begriffe haben sich weltweit geprägt, stammen jedoch aus verschiedenen Dialekten. Es ist unmöglich, diesbezüglich ein Einheitssystem zu schaffen, ohne Verwirrung anzurichten.

Aus diesem Grund gebrauchen die Kampfkünste aus dem Süden Chinas natürlich die dort verwendeten Dialekte, während die nördlichen Kampfkünste auch nördliche Dialekte verwenden. So kommt es, daß es für ein und denselben Begriff sehr viele chinesische Bezeichnungen gibt, die von Nichtchinesen wiederum auf sehr verschiedene Weisen umgeschrieben (transkribiert) wurden. In diesem Lexikon werden die meisten Begriffe in *Pinyin* transkribiert und erläutert, stehen aber auch oft unter anderen Dialekten und Umschriften im Lexikon. In diesem Fall wird auf die *Pinyin*-Umschrift verwiesen.

Chinesische Geschichte

Legendäre Vorzeit

Aus dem chinesischen Altertum gibt es keine überlieferten Quellen, erst viel später wurde etwas über diese Zeit geschrieben. Vermutlich sind all diese Berichte nicht wahrheitsgetreu, sondern wurden aus dem späteren Verständnis der Weltordnung heraus verändert. Die Historiker sahen die alten Sagengestalten als Könige, Kaiser oder zumindest Beamte, ein Wirken ohne einen solchen Status konnte man sich nicht vorstellen. Man vermutet heute, daß im Stammland des heutigen China eine steinzeitliche Kultur herrschte, in der der Herrscher durch Wahl bestimmt wurde. Die später erwähnten Kaiser waren so entweder Herrscher über kleine Stämme oder Volksheroen. Die chinesische Geschichte kennt die »Drei Erhabenen«, denen die »Fünf Kaiser« *(Wu-di)* folgten. Sie gelten bis heute als die Erfinder aller wesentlichen chinesischen Kulturmerkmale wie Landwirtschaft, Technik, einer großen Anzahl von praktischen Gegenständen sowie der Familiennamen und der Ehe.

Xia-Dynastie (2205–1766 v. Chr.)

Die Xia-Dynastie ist ebenfalls noch teilweise legendär, aus dieser Zeit gibt es keine schriftlichen Überlieferungen, und auch archäologisch ist sie nicht faßbar. Ihrem Gründer, Yü, schreibt man die Schaffung fruchtbaren Ackerlandes durch die Überflutung von Gewässern zu. In 417 Jahren folgten ihm 17 Könige, wobei die Chronologie nicht ganz gesichert ist. Das Zentrum der Dynastie lag im heutigen Shanxi. Nach dem Aufstieg der Shang existierte die Xia-Dynastie weiter und erhielt ein Lehen in Süd-Shanxi. Die Xia und die Shang lebten lange Zeit als Nachbarn, bis die Shang nach dem fruchtbaren Land der Xia strebten. Später haben die Historiker die Dynastien zeitlich getrennt, vermutlich weil sie sich ein uneinheitliches China schwer vorstellen konnten.

Shang-Dynastie (1766–1122 v. Chr.)
Sie ist die erste archäologisch nachgewiesene Dynastie und wird oft auch nach einer ihrer Hauptresidenzen Shang-Yin genannt. Sie war eine der frühen chinesischen Hochkulturen: Schrift, Pferdezucht, Streitwagen, Bronzeguß, Rinderzucht, geschützte Städte und ein hochentwickeltes Herrschaftssystem gingen aus ihr hervor. Allerdings war sie nur in einem relativ kleinen Gebiet vertreten; das heutige China war noch ein Flikkenteppich verschiedener Kulturen und Völker. Der Mittelpunkt des Shang-Reiches lag in den Flußebenen des mittleren Huang-he (Gelber Fluß), eine feste Residenz gab es nicht. Zwei der alten chinesischen Klassiker gehen auf die Kultur der Shang zurück: das →*Shu-jing* und das →*Shi-jing*. 30 Herrscher aus 17 Generationen (dem verstorbenen König folgte jeweils der Bruder) lösten sich ab. Die Shang-Kultur hatte einen stark kriegerischen Charakter. Ständig wurden Raubzüge unternommen und Kriege geführt, vor allem um den Bedarf an Sklaven zu decken, die für Arbeiten und auch für die zahlreichen Menschenopfer benötigt wurden. Bronze wurde nur für Waffen und Ritualgegenstände benutzt, dem einfachen Volk war sie verboten. Schon damals trat eine starke Hierarchie in der Oberschicht hervor, die auch weiterhin China prägen sollte. Wesentlich in der Kultur der Shang war die Verehrung des Gottes Shang-di, der Ahnen sowie der Naturgottheiten. Diese Staatsreligion trug sehr mystische und orgiastische Züge mit zahlreichen Menschen- und Tieropfern. Die Schamanen nahmen einen besonderen Rang in der Gesellschaft ein. Sie waren die einzigen, die schreiben und lesen konnten, und stellten auch naturwissenschaftliche Forschungen an, aber ihre wichtigste Pflicht waren die Orakel. Man warf platte Knochen in heißes Öl oder Feuer, und die Magier lasen daraus die Zukunft ab. Noch heute sind viele dieser Knochen erhalten, auf denen die Ergebnisse der Befragungen eingeritzt sind.

Zhou-Dynastie (1122–221 v. Chr.)
Frühe westliche Zhou-Dynastie (1122–771 v. Chr.): Die Zhou setzten den letzten Shang-Kaiser wegen seiner großen Verworfenheit ab, übernahmen aber die wesentlichen Merkmale der alten Dynastie. Der Ursprung der Zhou lag im heutigen Shenxi. Gründer der Dynastie war Wu (der Kriegerische). Sein Vater Wen war Vasall der Shang, fiel aber in Ungnade und wurde in Haft genommen. Eine Anzahl von Würdenträgern und Vasallen schlossen sich den Zhou an und stürzten die Dynastie. In einem Krieg eroberte Wu das ganze Land und gründete seine Hauptstadt Hao in der Nähe des heutigen Chang'an. 771 v. Chr. ging das Stammland der Zhou an ein Nachbarvolk verloren, und der regierende König Yu wurde getötet.
Spätere, östliche Zhou-Dynastie (771–221 v. Chr.): Ping, Yu's Sohn, setzte die Zhou-Dynastie fort und verlegte die Hauptstadt nach Luoyang. Aber er hatte die Macht über das verbliebene Land verloren; seine Fürsten und Vasallen bekriegten sich gegenseitig und nutzten seine Schwäche, um selbst an Macht und Land zu gewinnen. Das Reich zerfiel in Einzelstaaten, in denen der König keine Bedeutung mehr hatte. Die wichtigsten Staaten waren die »Mittelstaaten« (chin. Zhong-guo, was heute die Bedeutung von »China« hat), die untereinander die größten Machtkämpfe austrugen. Da die Mittelstaaten ständig von außen bedroht wurden, schlossen sie sich immer wieder in Bündnissen zusammen, was sie aber nicht davon abhielt, sich auch gegenseitig zu bekriegen. Der König hatte nur noch rituellen Status, wurde aber nicht angetastet. Diese Zeit nennt man auch Chun-qiu (»Frühling und Herbst«, 722 bis 481 v. Chr.). In dieser chaotischen Zeit lebte Konfuzius, der durch seine Philosophie und sein Konzept der Erziehung einen Ausweg aus dem ständigen Zerfall von Ordnung, Sitte und Moral suchte. Trotz dieser politischen Auseinandersetzungen blühte der Handel, und Geldmünzen wurden als Zahlungsmittel benutzt. Der Chun-

qiu schloß sich Chan-guo (die Zeit der »streitenden Reiche«, 481–221 v. Chr.) an. Sie war geprägt von ständigen Kriegen, wechselnden, kurzen Bündnissen und Eroberungen zwischen den Kleinstaaten. Jeder der Einzelstaaten versuchte durch militärische Macht die Vorherrschaft über die anderen zu gewinnen. Aber es war auch das klassische Zeitalter der chinesischen Philosophie, in der die wichtigsten Schulen entstanden: *Mo-jia* (Mohismus), *Yin-Yang-jia* (Yin-Yang-Schule), *Dao-jia* (Daoismus), *Ru-jia* (Konfuzianismus), die Legalisten und Logiker. Durch die trostlosen Entwicklungen der Zeit suchten immer mehr Intellektuelle nach Möglichkeiten, die aus den Fugen geratene Welt wieder neu zu ordnen oder ihr wenigstens zu entfliehen.

In dieser Epoche entstand auch der berühmte Klassiker der Kriegskunst, verfaßt von Sunzi, dem größten Theoretiker der asiatischen Kriegskunst, der bis heute studiert wird. Er bezog sein Buch zwar auf die Taktik des Kriegführens, es ist aber genauso auf den Kampf Mann gegen Mann zu beziehen und war so lange Zeit Pflichtlektüre in den Kampfkünsten.

Zum Schluß gewann der Staat Qin die Oberhand. Er führte viele Kriege und ging dabei äußerst grausam vor. Charakteristisch waren Massaker unter der Bevölkerung oder die Hinrichtung ganzer Armeen, nachdem sie sich ergeben hatten – Abschreckung war die Basis des Rechtsverständnisses der Qin. Schon 249 v. Chr. wurde der letzte König abgesetzt, und die Qin übernahmen die Macht.

Qin-Dynastie (221–206 v. Chr.)

Unter König Zheng von Qin wurden alle Staaten erobert und vereint und das chinesische Kaiserreich gegründet. Zheng nannte sich danach Shi-Huang-di, »Erster Kaiser«. Er prägte die späteren Merkmale des chinesischen Kaisertums und führte vielfältige verwaltungstechnische Änderungen ein. Unter seiner Herrschaft kam es zu einem Geschehen, welches unter den Konfuzianern als eines der schlimmsten Verbrechen in der Geschichte Chinas angesehen wird: die Hinrichtung Hunderter von Konfuzianern und die Verbrennung von hauptsächlich konfuzianischen philosophischen und historischen Büchern. Durch den Bau der »Großen Mauer« und verschiedener anderer Großprojekte wurde die Arbeitskraft der Bevölkerung ausgebeutet. Unter der diktatorischen Herrschaft des Shi-Huangdi wurden die Maße, Gewichte und Münzen, die Gesetze, die Schrift, die Wagenspurbreite, der Kalender und die Kleidung vereinheitlicht. Die reichsten und mächtigsten Familien des Landes wurden gezwungen, sich in der Hauptstadt anzusiedeln, um dort besser kontrolliert werden zu können. Während der Qin-Dynastie gab es viele umherziehende Ritter und Berufssoldaten und damit auch Kampfkunstexperten. Trotzdem wurden die Kampfkünste damals nicht gefördert.

Obwohl Shi-Huangdi ein Reich für 1000 Generationen errichten wollte, begann der Zerfall schon nach seinem Tod. Sein ältester Sohn, eine energische Persönlichkeit mit großen Fähigkeiten in der Heerführung, wurde durch Intrigen zum Selbstmord gezwungen. Sein zweiter Sohn und Nachfolger hatte keine besonderen Qualitäten, und kaum hatte er seine Regierung angetreten, begannen die ersten Aufstände. Überall entfachten selbsternannte Könige Bürgerkriege, die das ganze Land in Aufruhr versetzten, und schon 206 v. Chr. endete die Qin-Dynastie.

Han-Dynastie (206 v. Chr.–220 n. Chr.)

Westliche Han-Dynastie (206 v. Chr.–24 n. Chr.): Zwei Führer der Aufständischen traten besonders hervor, konzentrierten alle Macht auf sich und kämpften gegeneinander um die Herrschaft: Xiang Yu und Liu Bang. Xiang war ein Adeliger, ein guter Heerführer, aber politisch und organisatorisch ungeschickt. Liu Bang war nur ein einfacher Dorfpolizist, aber äußerst intelligent und selbstbewußt. Er sammelte viele Menschen mit besonderen Begabungen um sich und schuf sich so einen Stab von qualifizierten Ratgebern. Zuerst teilten Xiang und Liu die Länder unter sich auf, doch schon bald kam es erneut zum Krieg, in dem Xiang ums Leben kam. Liu wurde Kaiser der Han und war damit der erste Kaiser aus dem einfachen Volk. Er umgab sich weiterhin mit den fähigsten Staatsmännern, doch er hatte eine Abneigung gegen die obere Bildungsschicht. So wurde auch das alte Bücherverbot nicht wieder aufgehoben (erst unter seinem Nachfolger). Im Laufe seiner Regierung schaffte er alles ab, was die alte Qin-Regierung unbeliebt gemacht hatte. Die Herrschaft wurde mit den Regeln des Konfuzianismus untermauert. Die Seidenstraße wurde gebaut, die China über Afghanistan, Persien und Kleinasien mit Europa verband. Nach dem Tod

Lius und seines Sohnes war seine Witwe eine der wenigen Frauen, die als Kaiserinnen in China herrschten.
Durch Kaiserin Wang wurde die Han-Dynastie unterbrochen. Unter ihrer Herrschaft gelangte ihr Neffe Wang Mang an die Macht und gründet 9 n. Chr. die Xin-Dynastie, gegen die es von Anfang an Volksaufstände gab. Doch erst schlimme Naturkatastrophen und deren Folgen gaben den Anstoß zu massiver Gegenwehr. Die Aufständischen (»Rote Augenbrauen« genannt, da sie sich die Augenbrauen rot färbten) und die Opposition der Familie Liu schlossen eine Allianz und stürzten im Jahre 23 den Xin-Herrscher Wang Mang.
Östliche Han-Dynastie (25–220):
Nach einigen internen Machtkämpfen wurde erneut ein Mitglied der Liu-Familie als Kaiser eingesetzt und somit die Han-Dynastie fortgesetzt. Literatur und Philosophie blühten wieder auf, und der Buddhismus verbreitete sich in China. Die Wissenschaft machte bedeutende Fortschritte, Medizin und Astrologie erlebten einen großen Aufschwung, und im Jahr 105 wurde das Papier erfunden. Doch ab 88 bestiegen immer wieder Kinder den Thron, was zu einer zunehmenden Demoralisierung der Beamten und zur Verelendung der Bevölkerung führte. Die Sekte der »Gelben Turbane« erhob sich wiederholt zu Aufständen, und die politische Zersetzung führte zu einer Splitterung des Reiches.
Die Han-Dynastie beeinflußte das Selbstverständnis der Chinesen nachhaltig. Bis heute werden sie noch manchmal »Kinder der Han« genannt. Die Kampfkünste waren sehr beliebt, vor allem die mit der bloßen Hand, wie *Shou-bo* und *Ji-qiao*. Etwa 100 n. Chr. wurde die Kampfkunst Chang-shou (auch Chang-quan, »Lange Faust«) entwickelt, die die Shaolin-Stile stark beeinflußte.

Die Drei Reiche (220–280)

Nachdem die Zentralgewalt gefallen war, kämpften drei Staaten um die Vorherrschaft: *Wie* im Norden, *Shu* im Westen und *Wu* im Südosten. Die Wirtschaft nahm jedoch ungeachtet dieser Kämpfe einen starken Aufschwung. Auch das Geistesleben entfaltete sich, besonders die Literatur, die Philosophie und die metaphysisch-naturalistische Richtung.
Die Heldentaten dieser Zeit wurden später in Romanen, Novellen, Dramen, Gedichten und Bildern verewigt. Einer der berühmtesten Helden war Guan Yin, der in der Ming-Dynastie sogar zum Kriegsgott erklärt wurde. Die Kriegs- und Kampfkünste sowie die Entwicklung neuer Waffen wurden sehr gefördert. Zu dieser Zeit wirkte auch Hua Tuo, ein daoistische Arzt, der die *Wu-qin-xi* (Tierstile) entwikkelte.

Jin-Dynastie (265–420) und die Südlichen und Nördlichen Dynastien (420–589)

Die Familie Sima aus Wie zerschlug die Drei Reiche und gründete die Jin-Dynastie. Doch schon 291 wurden innere Machtkämpfe zur Ursache schnellen Niedergangs, im Jahr 317 konnte sich dann wieder eine östliche Jin-Dynastie im Süden etablieren. Nicht weniger als 16 kurzlebige Reiche folgten der Jin-Dynstie: Liu-Song-Dynastie (420–479), Qi-Dynastie (479–501), Liang-Dynastie (502–555) und die Chen-Dynastie (557 bis 589). 389 eroberte das Volk der Toba (Hirten und Krieger) große Teile Nordchinas und gründete die nördliche Wei-Dynastie (389–535). Die nördlichen, von den Barbaren unterworfenen Chinesen suchten ihr Heil im Buddhismus, der entgegen der konfuzianischen Lehre Halt und Trost durch die Gunst der Götter versprach. Auch die vertriebenen, nun im Süden lebenden Chinesen wandten sich zunehmend vom Konfuzianismus ab und dem buddhistischen Götterglauben zu. Die südlichen Herrscher tolerierten diese Tendenz und benutzten den Buddhismus als Mittel, die Massen zu besänftigen. Der Buddhismus nahm dadurch einen starken Einfluß auf die chinesischen Künste.
Durch die Konflikte zwischen den ortsansässigen chinesischen Adeligen und den Toba zerfiel das Wei-Reich bald in zwei Teile. So blieb China bis 589 weiter in mehrere Teile zersplittert. Die Zeit war geprägt von Aufständen der Chinesen gegen ihre Besatzer. Doch allmählich kam es zu einer Assimilierung der »Barbaren«. Während der Liang-Dynastie reiste Bodhidharma von Indien nach China und ließ sich dort im Shaolin-Kloster nieder, das später zum Zentrum der chinesischen Kampfkünste werden sollte. Bodhidharma gründete das *Chan* (jap. *Zen*), das einen großen Einfluß auf die asiatische Kultur bekam. *Chan* machte die Kampfkünste zu einem Weg der geistigen Vervollkommnung. Bodhidharma werden verschiedene Übungen von Körper (»*Yi-jin-jing*« – »Abhandlung über die Stärkung von Muskeln und Sehnen«) und Geist (»*Xi-sui-jing*« – »Abhand-

lung über die Waschung des Knochenmarks«) zugeschrieben. Er gilt auch als der Urheber der *Shi-ba-luo-han-shou* (»18 Hände der Buddha-Schüler«), eines Basissystems von Kampftechniken der offenen Hand.

Sui-Dynastie (589–618)

General Yang Jian stammte vom Hof der nördlichen Zhou, die aus dem Toba-Reich hervorgingen, und gehörte zu einer mächtigen Adelsklasse. Er setzte den Kindkaiser und seine Regenten ab und erklärte sich unter dem Namen Wen selbst zum Kaiser. Danach nahm er die schwierige Aufgabe in Angriff, die chinesischen Länder wieder zu vereinigen, was ihm 589 gelang. Unter ihm kam es zu verschiedenen Reformen: von politischen Gegnern konfisziertes Land wurde unter die Armen verteilt, Kornspeicher sicherten die Ernährung auch in Notzeiten, ein Kanalnetz wurde angelegt, die Große Mauer erweitert und neben Chang'an wurden die Hauptstädte Luoyang und Yangzhou ausgebaut. Yang Jian entwickelte eine ungeheure Bautätigkeit und befestigte die Grenzen des Landes. Diese Politik wurde von seinem Sohn Yang fortgesetzt, der auch den »Kaiserkanal« bauen ließ.

Die Synthese der südlichen und nördlichen Kultur führte zu neuen geistigen Impulsen. Der Buddhismus verbreitete sich immer stärker, und die Wirtschaft blühte auf. Doch wegen der schweren Fronarbeit bei der Errichtung der Bauten des Kaisers, wegen radikaler Reformen und auf Grund von Naturkatastrophen kam es bereits 610 zu erneuten Aufständen, die schließlich zu einem Bürgerkrieg eskalierten, in dessen Verlauf Yang 618 getötet wurde.

Tang-Dynastie (618–907)

Die Tang-Dynastie wurde von Li Yuan unter dem Kaisernamen Gaozu gegründet, der vorher Militärbefehlshaber in der Sui-Dynastie war. Er stellte mit Hilfe unzufriedener Grundherren ein Heer zusammen, eroberte die Hauptstadt Chang'an und bestieg nach dem Tod des letzten Sui-Kaisers selbst den Thron. Schon 626 übergab Gaozu die Regierung unter mysteriösen Umständen an seinen Sohn Li Shi-min (Kaisername Taizong); vermutlich handelte es sich um einen Staatsstreich. Das Tang-Reich übertraf alle vorherigen chinesischen Reiche. Es erstreckte sich von Nordkorea und Nordvietnam im Osten bis zum Balchasch- und Aralsee im Westen und war weit mächtiger als das Reich Karls des Großen oder das islamische Reich der Omaijaden. Seine Hauptstadt Chang'an (2 Millionen Einwohner!) war mindestens gleichbedeutend mit dem damaligen Byzanz oder Bagdad. Taizongs Sohn Gaozong vernachlässigte später die Regierung und galt überall als Schwächling. Seine Konkubine Wu Ze-han, die 655 seine Gemahlin wurde, gewann große Macht über ihn und prägte seine Regierung. Nach seinem Tod (683) regierte sie für ihren minderjährigen Sohn, und 690 erhob sie sich selbst zur Kaiserin. Sie gründete die neue Dynastie der Zhou, die allerdings nur bis zu ihrem Tod (705) Bestand hatte. Wie allen chinesischen Kaiserinnen wurde ihr ein schlechter Charakter nachgesagt, doch die chinesische Kunst blühte unter ihrer Regierung auf. Nach ihrem Tod wurde die Tang-Dynastie wieder restauriert und erlebte einen neuen Aufschwung. 755 rebellierten die Generäle An Lu-shan und Shi Si-ming, und die Regierung mußte türkische, tibetische und uigurische Truppen um Hilfe bitten. Die Rebellen wurden zwar besiegt, doch Raubzüge und Überfälle wurden zu einer ständigen Plage. Am Hofe intrigierten unterdessen verschiedene Parteien von Adeligen und Eunuchen gegeneinander, und es kam auch zu Auseinandersetzungen mit dem Beamtenapparat. 879 verbreiteten sich erneut Unruhen und Rebellionen, und kurzfristig machte sich ein Salzhändler (Huang Chao) zum Kaiser. Inzwischen war die Tang-Dynastie instabil, und der letzte Kaiser Ai übergab die Kaisermacht an einen ehemaligen Anhänger Huang Chaos, Zhu Quan-zhong, der die Liang-Dynastie gründete.

Während der Tang-Dynastie wurden die Kampfkünste sehr populär und erreichten ein hohes technisches Niveau. Mönche des Shaolin-Klosters halfen in der kaiserlichen Kriegführung mit und trugen wesentlich zu einigen Siegen bei. Der Name »Shaolin« wurde in ganz China bekannt. Im Shaolin-Kloster wurden Systeme wie das *Shang-tia-xia-gou-quan* (Kunst des hohen Blocks und der tiefen Kombination) sowie erste weiche Systeme wie *Mian-quan* (Watte-Faust) und *Rou-quan* (weiche Faust) gegründet.

Die Fünf Dynastien (907–960)

Im nördlichen China wechselten sich nach dem Zerfall der Tang-Dynastie fünf weitere Dynastien *(Wu-wai)* ab, doch keine hatte lange Bestand: späte Liang-Dynastie (907–923), späte Tang-Dynastie (923–937), späte Jin-Dynastie (937–946), späte Han-Dynastie (947–950) und späte Zhou-Dynastie (951–960). Sie gaben dieser Epoche zwar den Namen, doch im Süden Chinas existierten (zum Teil schon vor dem Ende der Tang-Dynastie) die Zehn »illegitimen« Staaten *(Si-guo)*, die von größerer wirtschaftlicher und kultureller Bedeutung waren. Im Norden entstand das Reich der Qidan (Kitan, spätere Liao-Dynastie), das immer stärker wurde und so eine Gefahr für die anderen chinesischen Länder darstellte.

Song-Dynastie (960 – 1279)

Nördliche Song-Dynastie (960–1127): General Zhao Kuang-yin (Kaisername Taizu) vereinigte einen Teil des alten Tang-Reiches und gründete die Song-Dynastie. Doch das Land wurde ständig von den angrenzenden Qidan bedrängt und mußte sogar Tribut zahlen. Kaiser Taizu versuchte durch Zentralisierung von Militärwesen, Verwaltung und Finanzen den Staat zu stabilisieren. Die Song verbündeten sich mit den Jin (Dschurdschen, die 1115 in der Mandschurei das Jin-Reich gegründet hatten) gegen die Liao und übten gemeinsam Druck auf die Qidan aus. Nachdem die Qidan besiegt waren, wandten die Jin sich gegen die Song, eroberten Beijing und nahmen zum Schluß den Kaiser mit 3000 seiner Angehörigen gefangen.

Südliche Song-Dynastie (1127–1279): Der Bruder des gefangenen Song-Kaisers floh nach Süden und errichtete, erst in Nanjing und dann in Hangzhou, die neue Song-Regierung. Doch nach wie vor wurden die Song ständig von anderen Mächten, vor allem den Mongolen, bedroht, die 46 Jahre lang ununterbrochen in China einfielen. 1279 eroberte der mongolische Führer Kublai Khan das gesamte Song-Reich.

Der bekannteste Kampfkunstexperte dieser Zeit war Yue Fei, ein berühmter General. Er gründete die *Ba-duan-jin* und das *Yue-jia-quan*.

Yuan-Dynastie (1279–1368)

Schon seit 1206 wurden die nördlichen chinesischen Staaten von den Mongolenhorden Dschingis Khans bedroht. Das Song-Reich im Süden blieb jedoch immer verschont. Dschingis Khans Sohn Ögödei setzte die Eroberung Chinas fort, und sein Nachfolger Möngke starb im bereits eroberten Sichuan. Statt jedoch diese Zeiten zu nutzen, um sich zu schützen und zu stärken, verhinderte die innere Uneinigkeit der Song-Regierung jede sinnvolle Maßnahme, obwohl die Militärbefehlshaber dringend vor der mongolischen Gefahr warnten. 1276 eroberte Kublai Khan dann die Song-Hauptstadt Hangzhou und nahm den minderjährigen Kaiser fest. Obwohl andere Angehörige des Song-Kaisers fliehen konnten und weiter Widerstand leisteten, konnte die Song-Dynastie nicht mehr weiterbestehen.

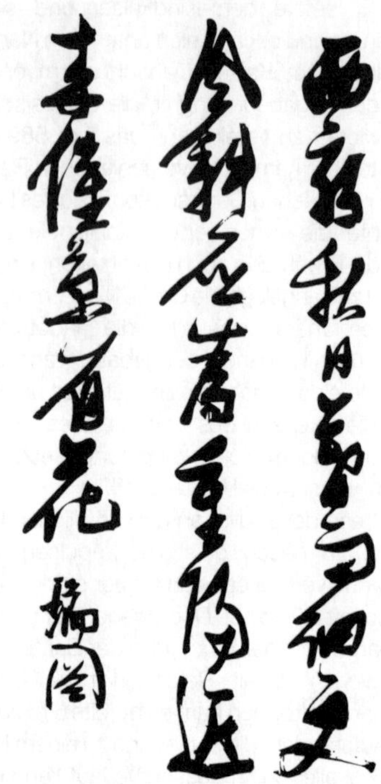

Kalligraphie von Zhang Rui-Tu (1570–1641). Vierzeiliges Fünfsilbengedicht (Wu-jue) in Kursivschrift (Cao-shu):

Ein Herbstabend in der westlichen Vorstadt,
leichter Regen und ein seitlicher Wind.
Das Chongyang-Fest kommt bald,
und die Chrysanthemen werden blühn.

Kublai, der vermutlich nicht einmal Chinesisch verstand, verlegte seine Hauptstadt von Karakorum nach Beijing. Trotz brutaler Unterdrükkung des chinesischen Volkes wurde das Reich stabil. Kublai wollte seinen Machtbereich weiter ausdehnen und schickte auch Truppen nach Japan (1274, 1281), Burma (1277, 1284, 1287) und Java (1281, 1291), die aber wenig erfolgreich waren. Die Gesellschaft bekam eine neue Ordnung in vier Klassen:

1. Klasse: bestand nur aus Angehörigen des mongolischen Volkes.
2. Klasse: Die »Semuren« waren Angehörige zentral- oder vorderasiatischer Völker, die ebenfalls zur herrschenden Schicht gehörten, wie Araber, Tibeter, Uiguren und Türken.
3. Klasse: Die Klasse der »Chinesen« umfaßte nur die Nordchinesen und andere mit den Mongolen verwandte Völker wie die Qidan (Kitan), Dschurdschen oder Koreaner.
4. Klasse: Die »Südbarbaren« *(Manzi)*, die Mehrheit der Chinesen aus dem südlichen Song- Reich.
Die ersten beiden Klassen hatten alleinigen Zugang zu den höheren Ämtern und zur Mithilfe bei der Regierung. Sie waren von Steuern befreit. Die 3. und 4. Klasse trugen die gesamte Steuerlast, waren politisch machtlos und hatten kein Recht auf höhere Ämter. Die früheren Standesunterschiede zwischen ihnen wurden nicht berücksichtigt. Die Chinesen erlebten in dieser Zeit eine lange Epoche schlimmsten Verfalls der chinesischen Kultur. Dieses Reich lernte Marco Polo kennen, der mit seinen Berichten ganz Europa in Staunen versetzte. Straßen, Städte, Postsystem, der Kaiserkanal und die Handelsbeziehungen wurden ausgebaut. Doch nach Kublais Tod schwand die Kaisermacht, und in 26 Jahren bestiegen 8 Kaiser den Thron. Vermutlich ließ sich die mongolische Mentalität nicht mit der Regierung eines so großen, widerspenstigen und komplizierten Landes vereinbaren.
Während der Yuan-Dynastie lebte nach einigen Quellen der daoistische Eremit Zhang San-feng, der in den Legenden als der Begründer der weichen Kampfkünste und des *Tai-ji-quan* genannt wird.

Ming-Dynastie (1368–1644)

Toghan Temür (chin. Shundi) war der letzte Kaiser der Yuan-Dynastie. In mongolischer Tradition regierte er mit Gewalt und Schrekken und preßte das chinesische Volk aus. Den Ansprüchen eines Agrar- und Handelslandes wurde seine Regierung nicht gerecht. Bald erhoben sich wieder Rebellen und lösten einen Bürgerkrieg aus, in dessen Verlauf Zhu Yuan-Zhang Kaiser wurde und Temür in das mongolische Stammland zurückkehrte. Die neue Dynastie hieß Ming, was »hell, strahlend« bedeutet. Zhu schuf ein stark zentralisiertes und autokratisches System. Die »Geheimpolizei« hatte die Macht, und Hinrichtungen unliebsamer und auffälliger Personen waren an der Tagesordnung.
Der Handel erblühte und gewann neue Dimensionen: Mit China konnten nur noch jene Länder Handel treiben, die Tribut an die Regierung leisteten. Östlich von China zahlten Korea, Okinawa und Japan und südlich weitere 51 Länder. Dann kamen 1516 die Portugiesen, 1557 die Spanier, 1606 die Holländer und 1637 die Engländer nach China. Die Naturwissenschaften entwickelten sich rasch, Kultur und Technik erlebten neue Höhepunkte. Im Laufe der Zeit zerfiel auch hier die Macht das Kaisers. Doch trotz Intrigen der Eunuchen am Hof und ständiger Überfälle von Mongolen und japanischen Piraten blieb das Reich stabil. Ab 1628 vermehrten sich die Aufstände, und eine Hungersnot löste die offene Rebellion aus. Mehrere Rebellenführer streiften durch das Land. Einer von ihnen, Li, besetzte 1644 Beijing, wozu ihm der Verrat einiger Eunuchen verhalf. Die Ming-Regierung beging den Fehler, die Mandschus in dieser Situation um Hilfe zu bitten. Ihnen gelang es, sowohl den Rebellenführer als auch die Ming-Regierung zu besiegen und so ganz China in Besitz zu nehmen. Während dieser Zeit wurde das *Mei-hua-quan* (Kampfkunst der Pflaumenblüte) entwickelt. Die Pflaumenblüte ist das Symbol Chinas und der Shaolin-Kampfkünste. Im Shaolin entwickelte man die Tierstile *(Wu-qin-quan)*. Zur gleichen Zeit wurde das *Shaolin-Quan-fa* auch nach Okinawa gebracht, woraus sich später das *Karate* entwickelte. Die Kampfkünste *Kuai-jiao* (schnell zu Fall bringen) und *Di-gong-quan* (Bodentechniken) wurden stark verbessert.

Qing-Dynastie (1644–1911)

Unter den Mandschus wurde das Reich noch stärker zentralisiert und ein Staatsrat eingerichtet. Überheblich und isoliert, lehnten die Qing-Kaiser jeden Kontakt mit anderen Ländern ab, was den europäischen Mächten den Zugang zu China sehr erschwerte. Die Chinesen mußten von den Mandschuherrschern den rasierten Vorderkopf und den langen Zopf übernehmen und wurden auch in anderen Bereichen unterdrückt. Doch das Verwaltungssystem stammte noch aus der Ming-Dynastie und machte daher die chinesischen Beamten unentbehrlich. Die wichtigsten Ämter wur- den mit je einem Mandschu und einem Chinesen besetzt. Allerdings wurde den Mandschus bei den Beamtenprüfungen weniger abverlangt, was zu einer Unzufriedenheit in der Intellektuellenschicht führte.

China wurde immer weiter in Konflikte verwickelt. Die Sekte des »Weißen Lotus« rebellierte, und die Niederlage im ersten Opiumkrieg gegen England (1839–1842) führte zu den »ungleichen« Handelsverträgen mit England, Frankreich und den USA. Die ständige Intensivierung des europäischen Handels und der christlichen Missionierung einerseits sowie die laxe Haltung und militärische Schwäche Chinas andererseits führten zu neuen Konflikten. Gleichzeitig erlebte China mit dem Aufstand der Taiping (1851–1864) einen verheerenden Bürgerkrieg, der Millionen Menschen das Leben kostete, ganze Provinzen verwüstete und die Brüchigkeit der Qing-Dynastie offenbar machte. Nur mit letzter Anstrengung konnten loyale Beamte und Militärs dieser Krise Herr werden, die die europäischen Mächte zu weiteren erfolgreichen Aggressionen reizte. Durch eine Bagatelle wurde der zweite Opiumkrieg ausgelöst (1856–1860), der China weitere Zugeständnisse kostete: Nach der Zerstörung und Plünderung des Sommerpalastes gestand der Kaiser die Öffnung weiterer Häfen, die Legalisierung des Opiumhandels und unter anderem eine hohe Summe an Schadensersatz zu. 1897/98 »erwarb« Deutschland Qingdao und Jiazhou, Portugal bekam Macao (1887), England pachtete Hongkong und Weihaiwei (1898) und Rußland das Gebiet um Port Arthur. Fast ganz China wurde in »Interessengebiete« der europäischen Mächte aufgeteilt. Zusätzlich trat auch noch Japan auf den Plan und besetzte 1871 die Ryukyu-Inseln und Taiwan (Formosa), zog sich aber gegen eine hohe Entschädigungssumme wieder zurück. 1876 besetzte es die Ryukyu-Inseln erneut und eroberte 1894/95 im chinesisch-japanischen Krieg Korea und Taiwan. Nur das Eingreifen der europäischen Mächte konnte die Eroberung der Südmandschurei noch verhindern. Im Jahr 1885 verlor China das heutige Nordvietnam an Frankreich.

Der 1900 eigentlich gegen die Mandschus gerichtete »Boxeraufstand« wurde von der Regierung gegen die europäischen Mächte gelenkt und löste einen Krieg aus, der China erneute Zugeständnisse kostete. Die Schuld an dieser verheerenden Entwicklung wurde später der Kaiserin Ci-Xi (* 1835, † 1908) zugeschrieben.

Zu Beginn der Qing-Dynastie wurde der Mingtreue Shaolin-Tempel niedergebrannt. Doch einige Mönche konnten entkommen und in Südchina ein neues Kloster aufbauen. Der Name Shaolin wurde verboten und abgelegt. Man organisierte sich in Geheimbünden, trainierte nur nachts und nahm Schüler ausschließlich nach strengen Prüfungen auf. Auf diese Weise entstanden immer neue Stile.

Gegen Ende der Dynastie wurden die Kampfkünste, genauso wie die chinesische Medizin und das *Qigong*, recht unbeliebt, da China sich nach europäischen Werten ausrichtete.

Das Ende der Qing-Dynastie, die Guomindang-Regierung und die Kommunistische Revolution

1911 zwangen chinesische Intellektuelle und Militärs den letzten Kaiser zur Abdankung und gründeten die Republik. Yuan Shi-kai wurde Präsident, machte sich später aber selbst zum Präsidenten und Kaiser auf Lebenszeit, was so viel Widerstand hervorrief, daß auch er abdanken mußte (1915). Tschiang Kai-shek konnte sich wegen seiner militärischen Erfolge als Führer der Guomindang (der von Sun Yat-sen gegründeten Revolutionspartei) durchsetzen. Unter seiner Regierung wurde die Guomindang immer mehr zur Staatspartei und Militärdiktatur. Zwischen 1937 und 1945 wütete erneut ein Krieg zwischen China und Japan, doch als die USA ihren Kriegsgegner Japan zur Kapitulation zwangen, wurde China frei. Die Regierung war innenpolitisch zerrüttet und demoralisiert. Aus einem Bürgerkrieg zwischen den Guomindang und den Kommunisten gingen die Kommunisten siegreich hervor und proklamierten am 1. Januar 1949 die Volksrepublik China.

Die Kampfkünste machten in dieser Zeit unterschiedlichste Entwicklungen durch, die eher negativ waren. Unter der kommunistischen Regierung waren sie zunächst verboten, wurden aber später als Kulturgut wieder erlaubt, sogar gefördert. Bis heute haben sich die Kampfkünste unter Kontrolle der Regierung zu eher akrobatischen Künsten entwickelt, die professionell vermarktet werden.

Chinen Kenyû: okinawanischer *Kobudô*-Meister der neueren Zeit. Er wurde 1944 auf der Insel Je bei Okinawa geboren.

Im *Karate* erhielt er von Meister Nakazato Shugoro (→*Kobayashi-ryû*) Unterricht, während er im *Kobudô* Schüler von →Shimpo Matayoshi war. 1976 kam er nach Frankreich, um dort das okinawanische *Kobudô* zu unterrichten.

Chinen Mazaru Yamane (1898–1976): Gründer des →*Yamane-ryû*. Chinen benannte den Stil zum ersten Mal *Yamane-ryû* und unterrichtete *Bôjutsu* auf privater Basis hinter seinem Haus in Tobaru (Shuri). Den Namen gab er ihm zu Ehren seines Vaters, Chinen Sanda, der auch Usume Yamane oder Yamane Tanme genannt wurde. Dieser hatte *Bôjutsu* von seinem Vater Chinen Peichin (Andayu Yanagusuku) und Chinen Shitahaku (Chinen Shichiyanaki) gelernt.

Mazarus Lieblings-*Kata* und Haupt-*Kata* des Stils ist die →*Shushi no Kon*. Sie soll sehr schwer zu meistern sein, und man erzählt, daß Mazaru sie bis zu seinem Tod täglich übte. Trotz ihres unübersehbar chinesischen Ursprungs enthält die *Shushi no Kon* viele Techniken des okinawanischen *Te*. Die Originalversion wurde an →Higa Seitoku weitergegeben, der behauptet, daß die anderen *Shushi*-Varianten, die auf Okinawa noch ausgeführt werden, von Chinen Sanda zum Zweck der Vorführung entwickelt wurden. Aus diesen *Kata* sind die *Te*-Techniken entfernt worden, um die Entschlüsselung ihrer kämpferischen Bedeutung zu verhindern. Weitere *Bô-Kata* des *Yamane-ryû* sind *Sakugawa no Kon, Soeishi no Kon, Shoun no Kon, Chinen Shitahaku no Kon, Yonegawa no Kon (Gyakubô), Shirotaru no Kon (Ogusuku), Tsuken Bô, Sunakake no Kon, Sueiyoshi no Kon* und *Shimajiri Bô*.

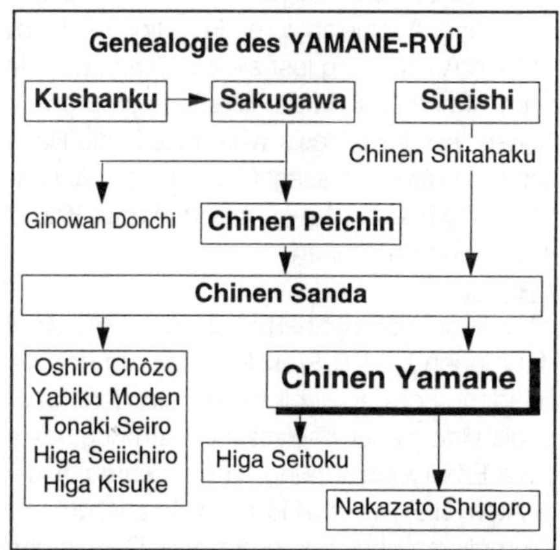

Chinen Peichin: okinawanischer Experte des →*Kobujutsu*, Großvater von →Chinen Yamane, dem Gründer des →*Yamane-ryû*.

Chinen Shitahaku: okinawanischer *Kobudô*-Experte, geboren gegen Ende des 18. Jh. als Sohn einer armen Familie. Er kam ursprünglich als Hausgehilfe zu Meister →Sueishi, beobachtete aber im geheimen viele Monate hindurch seinen Meister beim Unterricht und merkte sich, soviel er konnte. Sobald er Gelegenheit hatte, probierte er die beobachteten Techniken für sich selbst aus, wobei er eines Tages von Meister Sueishi bemerkt wurde.

Dieser war von dem tiefen Interesse Chinens beeindruckt und ließ den Jungen am offiziellen Unterricht teilnehmen. Dieser meisterte die *Kobudô*-Waffen *Bô* und *Sai* und entwickelte später die *Chinen Shitahaku no Kon*, eine ausgezeichnete *Bô-Kata* mit sehr genauen und ausgefeilten Bewegungen.

Chinen Shitahaku no Kon (jap.): okinawanische →*Bô-Kata*, von Meister →Chinen Shitanaka gegründet.

Chinen Yamane (1898–1976): Chinen Yamane Mazaru, Gründer des →*Yamane-ryû*, okinawanischer *Kobujutsu*-Spezialist für *Bôjutsu*, beeinflußt von der Lehre Sakugawas über seinen Vater, Chinen Sanda, und Großvater, Chinen Peichin.

Chinen Sanda war auch der Lehrer von →Yabiku Moden. Chinen Yamane entwickelte die *Bô-Kata Shushi no Kon, Shirotaru no Kon* (auf Okinawa als *Ogusuku* bekannt) und *Yonegawa no Kon* (*Gyakubô*). Seine wichtigsten Schüler waren Nakazato Shugoro *(Kobayashi-ryû)* und Higa Seitoku (Gründer des okinawanischen *Bugeikan-ryû*)

Chinesische Atmungsmethoden: chinesisch *Tu-gu-na-xin* (»Altes ausstoßen und Neues aufnehmen«; →Atemtherapie), die zusammen mit der Gesundheitsgymnastik (→*Dao-yin*) und der Diät (→*Chang-ming*) die Grundlage aller Übungen im →*Qi-gong* sind, beruhen alle darauf, die Verbindung zum universalen →*Qi* herzustellen, Teil an ihm zu haben und es dann als persönliches *Qi* (vitale Energie) zu verwenden. Die verschiedenen Formen des Atmens (→*Tu-napai*, »Schule der bewegten Atemführung«) wurden zu vielfältigen Zwecken verwendet.

Atmung und Qi

Nach daoistischer Auffassung gibt es zuerst das

universale *Yuan-qi* (Urenergie, die die Ordnung der Natur lenkt), das persönliche *Nei-qi* (innere Energie, die den Impuls des Lebens gibt und die der Mensch bei seiner Geburt erhält) und das persönliche *Wai-qi* (äußere Energie, Vitalität, die zeitlebens durch die Atmung aufgenommen wird). Im Körper des Menschen wird das durch die Atmung aufgenommene universale *Qi* im »Ozean des Atems« (→*Qi-hai*) unterhalb des Nabels gesammelt und dann als persönliche Lebensenergie verwendet. Dieses *Qi* muß nach Auffassung der Daoisten sorgfältig gehütet werden, denn wenn es verströmt, sind Ungleichgewicht, Krankheit oder sogar Tod die Folgen.

TECHNIK

Die Atemübungen der Tu-na-pai bestehen aus
1. dem Atemvorgang selbst,
2. der Lenkung des Geistes,
3. der Kontrolle des inneren *Qi*.

Die Koordination zwischen Atem, Geist und Energie führt zur harmonischen Stärke, einer stabilen Gesundheit und zu einer großen Vitalität bei all jenen, die diese Übungen praktizieren. Zumeist wurden die Atemübungen mit einer Form der Gymnastik kombiniert, die die Vitalsysteme des Körpers positiv stimulierten, wie z. B. die *Dao-yin (Tao-yin)* oder *Ba-duan-jin (Pa-tuan-chin.)*. Das später entwickelte *Tai-ji-quan (T'ai-chi-ch'uan)* ist ebenfalls eine Kombination zwischen Atemübung und kämpferischer Gymnastik.

Atemübungen am Meeresstrand

Alle Atemübungen zielen auf die Entwicklung des persönlichen *Qi*. Die Chinesen unterteilten dieses in das *Wai-qi* (äußeres *Qi*), das aus dem physischen Atem selbst bestand, und das *Nei-qi* (inneres *Qi*), das sich im *Qi-hai* (energetisches Zentrum des Menschen, in einem Punkt unterhalb des Nabels) als Lebensenergie sammelte. Wie der Mensch atmen auch Himmel und Erde, und deren Atemzyklus unterteilte man in positiv (einatmen, dann ist die Luft rein) und in negativ (ausatmen, dann ist die Luft verbraucht). Auch der Tag bestand aus zwei Zyklen: zwischen Mitternacht und Mittag, wenn die Natur einatmete (nur dann konnte man auch die eigenen Atemübungen machen), und zwischen Mittag und Mitternacht, wenn die Natur ausatmete.

WIRKUNG

Der klassischen daoistischen *Qi-gong*-Atmung liegt grundsätzlich ein physischer Atemvorgang zugrunde, der im Auf und Ab der Bauchdecke, umgekehrt zur buddhistischen *Zen*-Atmung, funktioniert. Sie wird (manchmal zweck- gebunden abgewandelt) hauptsächlich in den heutigen inneren Kampfkünsten verwendet. Aus diesem Grund nennt man die daoistische Atmung auch »umgekehrte Atmung«. Allein der physische Vorgang bewirkt eine durch Spannung hervorgerufene Massage der inneren Organe, eine gute Blutzirkulation und eine ausreichende Sauerstoffversorgung des Gehirns. Diese Atmung massiert die inneren Organe im Unterleib und reguliert den Ausgleich ihrer Funktionen. In der richtigen Ausführung löst sie die Blockaden des *Qi* am Afteransatz, in der Nierengegend und im Nacken. Auf ihrer Basis werden z. B die klassischen *Ba-duan-jin* ausgeführt, die als Gesundheitsübung und zur Aufwärmung in allen Kampfkünsten dienen können.

FORMEN

Im Laufe der Jahrhunderte haben sich durch die Erfahrungen in den Praktiken der Atmung verschiedene Formen gebildet, die sich jedoch alle auf die Urform der daoistischen Atmung, →*Tai-xi*, die Embryonalatmung, zurückführen lassen. Der Atem allein reichte jedoch nicht aus, um *Qi* zu akkumulieren und zu koordinieren. Der Umgang mit der Lebensenergie hing auch von den sich im Körper befindenden Meridianen (→*Jing-luo*) ab, durch die der gesamte lebendige Rhythmus geregelt wurde. Störungen im vitalen Kreislauf, d. h. Blockaden des *Qi*-Flusses, die überwiegend durch

falsche (innere oder äußere) Haltungen hervorgerufen wurden, bewirkten Krankheiten.
Wenn man die daoistischen Bewegungssysteme betrachtet, stellt man fest, daß alle Übungen immer die Beschaffenheit der menschlichen Anatomie und Psyche berücksichtigen. Man nannte solche Übungen *Yang-xing* (das Lebensprinzip nähren) und unterteilte sie in *Yang-shen* (den Körper nähren) und in *Yang-sheng* (den Geist nähren). In den chinesischen Kampfkünsten, die ebenfalls ein Teil dieser Auffassung sind, kann man daher die Übung der Atmung, den Umgang mit den Meridianen und Vitalsystemen, die Anwendung der östlichen Medizin und die Identifikation mit der traditionellen chinesischen Denkweise nicht vom Körperprinzip trennen.
Zu Anfang waren die Gymnastiksysteme nicht kämpferisch orientiert, sondern Begleitbewegungen zur Atmung. Doch bald entwickelten sie sich, ohne auf die Atmung zu verzichten, in zwei große Richtungen: therapeutische Gymnastik (→ *Dao-yin*) und kämpferische Übungen (→*Quan-fa*). Die wichtigsten *Qigong*-Atemformen sind (siehe jeweils unter den Begriffen):

***TU-NA-PAI*-Atemschule**

Tai-xi	– Embryonalatmung
Xing-xi	– Atem kreisen
Yang-xi	– Atem schlucken
Bi-xi	– Atem anhalten
Tu-gu-na-xi	– Neu für Alt
Fu-xi	– vom Atem nähren
Liang-xi	– Atem schmelzen
Tiao-xi	– harmonisieren

Chinesische Gesundheitslehre: chinesisch *Zhong-guo-yixue*. **Die östliche Medizin, in welcher Form auch immer sie existiert, folgt den daoistischen Vorstellungen vom Universum (→*Dao*) und somit dem Pfad der Natur. In dieser Vorstellung gehören zunächst alle Erscheinungen zu einer von zwei großen Gruppen: *Yin*, die passiven Erscheinungen, und *Yang*, die aktiven Erscheinungen (→ *Yin/Yang*).**
Diese Erscheinungen werden weiterhin den 5 Wandlungsphasen (→*Wu-xing*) Feuer, Metall, Wasser, Erde und Holz zugeordnet. Für eine korrekte Diagnose und das Auffinden der Disharmonie im Energiesystem des Menschen werden noch die →*Ba-gang*, die 8 diagnostischen Kategorien, eine weitere Komplizierung des *Yin/Yang*, dazugezogen.

GRUNDLAGEN DER CHINESISCHEN MEDIZIN
Den Mittelpunkt des menschlichen Körpers bilden die Eingeweide. Zu ihnen hin und von ihnen weg führen die sogenannten Leitbahnen (Meridiane, →*Jing-luo*), die den Fluß der vitalen Energie (→*Qi*) gewährleisten, durch die der Mensch gesund bleibt. Jede Leitbahn ist einem bestimmten inneren Organ (Funktionskreis) zugeordnet. Über die Akupunkturpunkte (→ *Dian-xue*, →*Xue*) können die Funktionskreise durch verschiedene Methoden beeinflußt werden.
Die Chinesen gehen von folgender Vorstellung aus: Haut und Muskeln sind wie Mauern des Körpers gegen äußere Einflüsse. Die Haut ist die erste Mauer. Durch Massage erreicht man eine bessere Durchblutung der Haut, der Muskeln und des Bindegewebes. Ein gut durchbluteter Organismus wird widerstandsfähig.
Die Gelenke des Körpers bilden sogenannte »Schranken«. Sie sind die Kontrollstellen für die Zirkulation des *Qi*. Häufig treten an ihnen die Körperpunkte an die Oberfläche. Durch Einwirken auf diese Punkte können Blockaden des Energieflusses behoben werden.
Die Körperpunkte werden in der chinesischen Medizin auf verschiedene Weise behandelt. In der →Akupunktur gehen die Chinesen davon aus, daß in dem umfangreichen Meridiansystem des Körpers »Knoten« entstanden sind, die den Durchfluß der Energie stoppen. An mehr als 350 Vitalpunkten kann bei der Akupunktur mit Hilfe feiner Nadeln der Energiestrom verändert werden. Dieselben Punkte kann man auch mit den Fingern reizen (Akupressur, im Japanischen → *Shiatsu*), durch Massage (→*Anmo*) oder durch Erhitzen (→*Moxa*). Jedes System entwickelte seine eigenen Techniken, doch der zugrundeliegende Gedanke blieb immer derselbe.
Im allgemeinen kann man die chinesische Gesundheitslehre in zwei große Richtungen unterscheiden:
• Die Heilsysteme, die im Gebiet um den Gelben Fluß entstanden (→Akupunktur, →*Moxa* und →*Anmo*-Massage), stehen in einer engen Beziehung zur Natur des Landes. Dort gibt es unfruchtbaren Boden, zu dessen wenigen Pflanzen z. B. auch der Beifuß gehört. Die Menschen öff-

neten eiternde Wunden mit Steinsplittern und legten bei Beschwerden getrockneten Beifuß auf die Stelle, der dann angezündet wurde. So entstanden die Akupunktur und *Moxa*. Die *Anmo*-Massage ist wahrscheinlich der erste Zugang des Menschen überhaupt zur Medizin. Sie entwickelte sich aus der einfachen Gewohnheit, kalte oder gefühllose Hände und Füße mit den Fingern oder Handflächen zu reiben. Durch die praktischen Erfahrungen entdeckten die alten Chinesen diejenigen Stellen am Körper, wo Massage, Akupunktur oder *Moxa* die größte Wirkung hatten. Dies waren die Akupunkturpunkte.

• Im Süden des Landes (Gebiet um den Jangzi) gab es viel fruchtbaren Boden und eine üppige Vegetation. Wenn die Menschen in diesen Gebieten krank wurden, brauten sie sich Medizin aus verschiedenen Baumwurzeln oder Pflanzen aller Art. Es gibt Tinkturen oder medizinische Weine *(Yao-jiu)*, Pillen, Pulver, Salben und Pflaster. Die bekannteste südliche Medizin ist die →*Ginseng*-Wurzel, die im alten China für fast alle Krankheiten benutzt wurde.

VERSCHIEDENE METHODEN

Im chinesischen *Nei-jing* (→*Huang-di Nei-jing*) – »des Gelben Kaisers Lehrbuch der inneren Medizin« – fragt der Kaiser einen chinesischen Arzt, warum es nun so viele verschiedene Formen der Behandlung für ein und dieselbe Krankheit gäbe und warum sie dennoch alle wirkungsvoll wären. Der Meister antwortete, der Unterschied liege allein im Gebiet, in dem die Leute wohnten: »Im östlichen Teil des Landes leben die Menschen dicht am Meer, essen mehr Fisch und Eiweiß und neigen zu Hautkrankheiten. In diesem Fall ist *Akupunktur* die wirkungsvollste Therapie. Der westliche Teil des Landes ist von Bergen und Wüsten bestimmt. Die Menschen dort essen mehr tierisches Eiweiß und neigen zum Dicksein. Dies wiederum ruft leicht Störungen der inneren Organe hervor, die man am besten mit *Kräutermedizin* behandelt. Der nördliche Teil des Landes hat ein kaltes Klima, und die Menschen haben daher mehr Weideland für Milchtierhaltung. Die inneren Organe verkühlen sich leicht, und es kommt zu Husten und Problemen mit dem Schleim. In solchem Fall ist *Moxibustion* am besten geeignet. Der südliche Teil des Landes ist heiß und feucht, und die Leute essen dort gewöhnlich mehr Saures und Reifes. Sie sind für Krämpfe anfällig. *Akupunktur* ist unter diesen Bedingungen sehr heilsam. In der Mitte des Landes, wo es flach ist, essen die Leute gern, ohne viel zu arbeiten. Von daher ist allgemein Schwäche weit verbreitet. *Dao-yin (Do-In)* und *Anmo* sind hier als Therapie angezeigt.«

ALLGEMEIN

Das Ziel eines traditionellen Arztes war es, einer Krankheit vorzubeugen, bevor sie ausbrechen konnte. Ein Arzt am kaiserlichen Hof wurde nicht mehr bezahlt, sobald sein Patient krank wurde. So versuchten die Ärzte damals Krankheiten zu erkennen und zu behandeln, solange sie noch in den »Poren der Haut« saßen und noch nicht über die Meridiane ins Körperinnere gelangen konnten. Diese Kunst wurde aber nur selten beherrscht. Der Krankheitsbegriff unterschied sich wesentlich von unserem westlichen System. Eine Krankheit wird traditionell nach dem System der →*Ba-gang* klassifiziert, durch die vier Untersuchungsmethoden (→*Si-jian*) diagnostiziert und danach nach den Prinzipien der →*Ba-fa* therapiert.

Die chinesische Gesundheitslehre wurde in Japan übernommen und dort allgemein *Kampô* genannt.

Chinkuchi (jap.): [aus *Chin* = Sinne, *Ku* = Knochen, *Chi* = Energie], stammt als Ausdruck von SHIMABUKURO TATSUO, dem Gründer des →*Isshin-ryû*, wurde aber seit jeher als die meistgebrauchte Form des →*Kime* verwendet.

Das Prinzip besteht darin, daß die Bewegung der Technik in vollkommener Entspannung auf ein Höchstmaß beschleunigt, aber durch die von unten hochfließende Kraft des Standes unterstützt und kontrolliert wird. Während des Auftreffens wird über eine plötzliche Spannung, beginnend von den Gelenken der Füße zur treffenden Faust hin, Kraft aus der Stellung in die Technik übertragen. Die Füße greifen den Boden, die Gelenke werden mit Kraft gefüllt, die Hüften und die Rumpfmuskeln stark gemacht. Die gesamte Kraft des Körpers wird in den Punkt des Auftreffens konzentriert. Die Haltung bleibt dabei gerade und gewährleistet ein perfektes Gleichgewicht. Nachdem die Kraft in das Ziel geflossen ist, wird die Spannung wieder gelöst und der Körper in eine Position gebracht, aus der heraus er die nächste Technik ausführen kann.

Ch'in-na (chin.): altes chinesisches Kampfkunstsystem (→*Qin-na*).

Chinte[1] (jap.): alte okinawanische *Karate-Kata* (→*Kata*), die heute in den japanischen Stilen *Shôtôkan-ryû* und *Shitô-ryû* verbreitet ist. Im alten *Shôtôkan-ryû* zählte sie nicht zu den repräsentativen *Kata* des Stils. *Sensei* FUNAKOSHI änderte in Japan ihren Namen in *Shoin*. Diese Bezeichnung war jedoch nicht lange in Gebrauch, und heute verwendet man wieder den alten okinawanischen Namen *Chinte*.

Man vermutet, daß die *Chinte* in ihrem Ursprung mit der →*Gankaku* verwandt ist, doch dieses läßt sich nicht beweisen. Zweifellos ist sie chinesischen Ursprungs, was anhand ihrer kreisförmigen Bewegungen, die als typisch chinesisch gelten, deutlich erkennbar ist. Ihr Entstehungsursprung ist jedoch unbekannt, ebenso wie ihr Überbringer nach Okinawa. Sie tauchte in der Matsumura-Schule auf und wurde von Itosu übernommen.

Der Name übersetzt sich heute mit »Ruhe« oder »bezwingen«, doch kann man ihn auch als »seltene Hand« lesen. In der ursprünglichen Form der *Kata* soll eine Strategie der Abwehr enthalten gewesen sein, bei der die Unterarme durch Bambusstäbe geschützt wurden. Daher wäre ein möglicher Name auch »Bambushand«. Die Wächter des Schlosses Shuri verwendeten solche Bambusstäbe an den Unterarmen zur Verteidigung. Man vermutet, daß sie zur Abwehr gegen Speere eingesetzt wurden. Die ursprüngliche Anwendung dieser *Kata* ist verlorengegangen.

Chinte[2] (jap.): Bezeichnung für eine →*Kobudô*-Waffe, die es praktisch nur auf Okinawa gab. Sie bestand zumeist aus einem Stück Holz oder Bambus mit einer Länge von 45 bis 60 cm und einem Durchmesser von ca 7,5 cm. An jedem Ende des Holzstücks war ein Loch, durch das Hanfschnüre oder Lederriemen gezogen wurden, so daß die Teile an der äußeren Armseite befestigt werden konnten. *Chinte* wurde immer paarweise benutzt, wobei jedes Teil am Handgelenk und unmittelbar unterhalb des Ellbogens am Unterarm festgemacht wurde. Das vordere Ende ragte etwa 15 cm über die offene Hand heraus, während das hintere Ende einige Zentimeter am Ellbogen hervorstand. Der Durchmesser der Holzstücke mußte stark genug sein, um den gesamten Unterarm

Schriftzeichen für Chinte

gegen den Angriff der Samurai-Waffen zu schützen.

Es gab verschiedene Varianten der *Chinte*. Bei einigen war das über die Hand herausragende Ende zu einer sehr scharfen Spitze geschnitzt, was die Wirkung der Waffe lebensgefährlich machte. In den Händen eines *Tôde*-Experten war die Waffe auch gegen Angriffswaffen mit längerer Reichweite sehr wirkungsvoll. Man konnte sich jederzeit eine Abwehr erlauben und auch kraftvolle Schläge ableiten, um dann näher heranzugehen und eine beliebige *Tôde*-Technik auszuführen. Die vorstehenden Enden wurden zum Schlagen und Stoßen benutzt, während die Hände frei blieben, um die Waffe des Gegners zu ergreifen. Es war auch möglich, mit beiden *Chinte* die gegnerische Waffe zu immobilisieren und dann eine Fußtechnik auszuführen. Die *Chinte* konnten auch mit allen anderen Bauernwaffen zusammen verwendet werden. Die *Chinte* ist eine der wenigen okinawanischen Waffen, die als solche entwickelt wurden. Die meisten anderen waren Arbeitsgeräte, die noch immer ihrem ursprünglichen Zweck dienten. Ein okinawanischer Bauer konnte jedoch viele stockähnliche Gegenstän-de in ein Paar *Chinte* verwandeln. Er nahm zwei Stücke Hartholz, z. B. zwei →*Tanbô* oder auch die Griffe von seinen Arbeitsgeräten, und befestigte sie mit seinem Schweißband und seinem Gürtel an seinen Armen. Sie konnten sehr schnell festgemacht und auch wieder gelöst werden, wenn es die Notwendigkeit erforderte.

Chintô[1]: chinesischer Kampfkunstexperte, der um 1850 in Tomari war und dort MATSUMORA KOSAKU und OYADOMARI KOKAN die →*Kata Chintô* lehrte.

Chintô[2] (jap): okinawanische Ursprungsform der späteren japanischen *Karate-Kata* →*Gankaku*. Wie Meister FUNAKOSHI in seinem Buch »Ryû-Kyû Kempô Karate« erläutert, stammt die *Chintô* ursprünglich aus den chinesischen Schulen und wurde von einem Schiffbrüchigen in Tomari unterrichtet. Manche Geschichtsforscher glauben, daß die Chintô eher eine Verbindung zu dem Kranichstil *(He-quan)* von Fukien hat. Die typische *Kamae* der *Gankaku (Gankaku-gamae)* ist identisch mit der Kranichhaltung auch aus dem Shaolin-Stil, und beide Formen führen ihre Aktionen immer wieder auf diese Haltung zurück.

ENTWICKLUNG UND VERBREITUNG

Die Verwandtschaft der Chintô mit den inneren Systemen ist ebenfalls nicht zu übersehen. Als Zhang Sanfeng, der Gründer des *Wudang-pai*, sein Selbstverteidigungskonzept entwikkelte, gründete er dieses auf der Beobachtung eines Kampfes zwischen einer Schlange und einem Kranich. Diesen ersten Stil nannte er »Vögel und Schlangen«. Das Schlangenprinzip bestand im Ausweichen und das Kranichprinzip in schnellen Fußbewegungen. Heute glaubt man, daß sowohl der Schlangenstil als auch der Kranichstil des Shaolin nicht dort entwickelt, sondern aus den inneren Schulen entnommen wurde.

Wahrscheinlich ist, daß der *Tomari-te*-Meister Matsumora Kosaku die *Kata* in China lernte und danach im *Tomari-te* unterrichtete. Von dort übernahm sie Meister Kyan Chôtoku (Kiyatake) und verbesserte sie zu einer der höchstentwickelten *Kata* des okinawanischen *Shôrin- ryû*. Die *Chintô* war Meister Kyans Lieblingskata. Meister Itosu Yasutsune veränderte sie im *Shuri-te* auf eigene Weise. Aus dieser Schule gelangte sie in die japanischen Stile, wo sie erneut verändert in der *Shôtô*-, *Shitô*- und *Wadô*-Schule geübt wird. Auf Okinawa existieren weiterhin drei *Chintô*-Varianten: Matsumoras *Tomari-te Chintô*, Kyans *Kyatake no Chintô* und Itosus *Itosu no Chintô*.

DAS CHINTÔ-KONZEPT

Die Charakteristik aller okinawanischen *Chintô*-Varianten ist ebenso wie in der neueren *Gankaku* der Stand auf einem Bein *(Sagiashi-dachi)*. Die *Kata* wurde von Meister Funakoshi nach Japan gebracht, dort verändert und 1922 in *Gankaku* umbenannt. Die beiden Schriftzeichen, mit denen ihr Name geschrieben wird, sind die chinesischen Ideogramme für einen Felsen (jap. *Gan*) und einen Kranich (jap. *Kaku*). Sie verweisen auf den Kranich, wie er in seiner charakteristischen Weise auf einem Bein steht.

Im chinesischen Daoismus ist der Kranich (chin. *He*) ein Symbol der Unsterblichkeit und der Weisheit. Oft wird er zusammen mit einer Kiefer und einem Stein abgebildet. Nach der Legende steigen diejenigen, die Unsterblichkeit erlangt haben, auf einen Kranich, der sie in den Himmel bringt. Es gibt Darstellungen, auf denen ein Kranich auf einen im Meer gelegenen Felsen zufliegt. Sie stehen als Symbol für die Insel der Unsterblichkeit, die die Chinesen bereits zur Zeit des gelben Kaisers gesucht haben und bei den Ryûkyû-Inseln vermuteten. Kranichpaare deutete man als Symbole des Glücks.

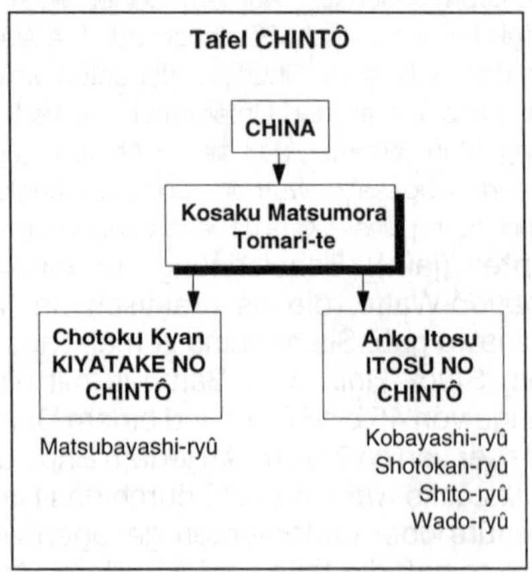

Chioken (jap.): Abwehr- und Kontertechniken im *Shôrinji-Kempô*.

Chiru no Chan-chan (jap): Form des → *Kime* in den okinawanischen Kampfkünsten. Dies ist eine durch ausgiebiges Training entwickelte besondere Art des Muskelzustandes, in dem der Körper in der Lage ist, weiche und durchdringende Techniken auszuführen.

Die Formen der Kraft, die hier entstehen (→*Qi* und →*Ki*), sind auf physiologischer Basis nur unzulänglich erklärbar. Während man sie übt, soll man den Geist ganz ruhig machen, sich dabei vorstellen, daß die Technik den Gegner durchdringt, und die Atmung über den Zeitpunkt des Auftreffens hinaus weiterfließen lassen. Bewußt darf keine körperliche Kraft verwendet werden, sondern die Wirkung entsteht durch die Kontrolle und Lenkung des Geistes und des *Ki*. Mit der Atmung muß das *Ki* fließen und darf nicht durch falsche Geisteskonzentrationen oder Spannungen unterbrochen werden.

Das Beherrschen dieser Form des *Kime* erzeugt extrem gefährliche Techniken, die besonders in der nahen und mittleren Distanz eine große Wirkung haben. Außerdem erziehen sie den Übenden zu einer besonderen Sensibilität für die Angriffsaktionen des Gegners.

Chisaganta (jap.): japanisches Schwert (→*Ken*) mit einer leichten Klinge, das meist zur Hofkleidung getragen wurde. Die Klinge ist mit 460–610 mm länger als die des →*Wakizashi* und kürzer als die des →*Katana*.

Chi-sao (chin.): kantonesische Bezeichnung für →*Tui-shou*, »klebende Hände«. Weitere Varianten sind *Tui-jiao* (klebende Beine) und *Tui-guan* (klebende Stöcke).

Chishi (jap.): Trainingsgerät zur Stärkung des Griffes und der Handgelenke im Okinawa-*Karate* (→*Dôgu*). Wird auch →*Chikara-ishi* (Kraftstein) genannt.

Chito-ryû (jap.): okinawanischer *Karate*-Stil, gegründet 1946 von →CHITOSE TSUYOSHI, der von ARAGAKI ANGI (Bruder von ARAGAKI ANKICHI) und KYAN CHÔTOKU unterrichtet wurde. Das Hauptquartier des *Chito-ryû* befindet sich in Kunamoto (Japan).

Chito-ryû ist ein aus dem →*Shôrin-ryû* und →*Shôrei-ryû* abgeleiteter okinawanischer *Karate*-Stil. →Kyan Chôtoku, →Aragaki Ankichi und →Motobu Chôki brachten die stärksten Einflüsse des →*Tomari-te* in die Stile des *Shôrin-ryû*. Sie lernten jedoch auch unter verschiedenen Meistern aus Shuri. Kyan Chôtoku war ein Schüler des *Tomari-te*-Meisters Matsumora Kôsaku und des *Shuri-te*-Meisters Matsumura Sôkon. Aragaki tauchte als Schüler vielerorts auf (Hanashiro Chômo, Kyan Chôtoku, Motobu Chôki, Chibana Chôshin) und hatte entsprechend viele Einflüsse. Er starb in jungen Jahren, doch als einer der talentiertesten Meister des okinawanischen *Karate* beeinflußte er ganz wesentlich die Entstehung von drei weiteren Stilen: *Isshin-ryû, Matsubayashi-ryû* und *Chito-ryû*.

Chitose Tsuyoshi (1898–1984): okinawanischer *Karate*-Experte, geboren am 18. Oktober 1898 in Naha, Enkel von MATSUMURA SÔKON. Sein ursprünglicher Name war CHINEN, doch er änderte ihn später in Chitose. Er begann sein *Karate*-Training im Alter von 7 Jahren unter ARAGAKI ANGI (1840 bis 1920) und wurde später von KYAN CHÔTOKU unterrichtet.

Man sagt, er habe sein Training mit der *Seisan* begonnen, die er 7 Jahre lang studierte. Danach lernte er bei einer Reihe von bekannten Meistern. *Saifa, Seipai* und *Kururunfa* lernte er von Higashionna Kanryô. Von Motobu Chôyû lernte er die *Wanshu* und die *Unsu*, von Kyan *Kûshankû, Chintô* und *Gojûshiho*. Er schloß auch Freundschaft mit Aragaki Ankichi und lernte von ihm *Passai* und *Ananku*. Zusätzlich trainierte er auch mit Hanashiro Chômo, der ihn die *Jion*, *Jitte* und *Shihohai* lehrte. *Sai, Nunchaku* und *Tonfa* lernte er von Kojô Kaho und Bushi Maezato. Diese lehrten ihn auch die *Tsuken-Sunakake no Kon* (Bootsruder). Sein ganzes Leben hindurch war er auch mit Funakoshi Gichin, Miyagi Chôjun und Motobu Chôki verbunden. Funakoshi war sein erster Schullehrer. Auch Chitose wurde Lehrer, ging jedoch danach nach Tokyo und studierte Medizin. Auch als Arzt blieb er immer im *Karate*-Training.

Dr. Chitose war 30 Jahre lang als Gynäkologe tätig. Er war Präsident und oberster Instruktor der *All Japan Karate-dô Federation Chitokai* und der erste Okinawaner, der *Karate* in Japan vorstellte. 1946 gründete Chitose seine eigene *Karate*-Methode, das →*Chito-ryû*, was soviel bedeutet wie »Tausend-Jahr-Stil«. Zu seinen besten Schülern gehörten Chitose Yasuhiro (Nachfolger), William Dometrich (Vorstand des *Chitôkai* in den USA), Yamamoto Mamoru (Gründer des *Yoshukai-ryû*) und Masami Tsuroka (der »Vater des kanadischen Karate-dô«) und Shane Higashi (Kanada).

Chizekun-bô (jap.): okinawanische →*Kobudô*-Waffe. Wahrscheinlich die Urform aller okinawanischen Faustwaffen, aus der sich später der →*Teko*, der →*Tek-chu* und der →*Tekko* entwickelten. Der *Chizekun-bô* war ursprünglich eine Faustwaffe, die aus dem knorrigen Teil eines Hartholzzweiges hergestellt wurde. Dieser Teil war so geschnitzt, daß die natürliche Maserung des Astknotens bequem in die geschlossene Faust paßte. Im Unterschied zu dem späteren *Teko* hatte der *Chizekun-bô* zunächst keine Fingerschlinge. Danach entwickelten sich jedoch Formen des *Chizekun-bô* mit Fingerschlingen, die später von den daraus entstehenden Varianten des *Teko* abgelöst wurden.

Außer den drei oben genannten traditionellen Faustwaffen entstanden nach dem Zweiten Weltkrieg zahlreiche moderne Varianten wie der Schlagring, die Garrotte (Würgeschraube), der *Yawara*-Stock und die zur Selbstverteidigung entwickelten Schlüsselketten.

Die okinawanischen Faustwaffen (→*Teko*, →*Tek-chu*, →*Shobô* und →*Tekko*) entwickelten sich zu frühen Zeiten als Waffen der Selbstverteidigung. Sie wurden alle auf ähnliche Weise angewendet und konnten sehr leicht zusammen mit den waffenlosen Kampfkünsten Okinawas *(Tôde)* verwendet werden. Als Faustwaffe kann man jeden kurzen abgerundeten Gegenstand bezeichnen, der an beiden Enden der Hand hervorsteht, wenn er fest gegriffen wird.

Bei allen Faustwaffen sind die Techniken in ihrer Reichweite begrenzt. Die maximale Reichweite entspricht der Länge des ausgestreckten Arms. Obgleich die okinawanischen *Kobudô*-Meister in der Besatzungszeit Okinawas über ein ausgezeichnetes Timing verfügen mußten, wenn sie gegen einen Samurai mit einem Schwert oder Speer kämpften, konnten sie doch auch für den bewaffneten Krieger eine ernsthafte Bedrohung darstellen. Waren sie mit ihren Faustwaffen einmal nahe genug herangekommen, konnten sie zahlreiche tödliche Techniken zu Vitalzentren des Gegners ausführen.

Wahrscheinlich entwickelten sich die okinawanischen Faustwaffen aus einer Kampfgewohnheit der auf Okinawa stationierten Seeleute. Ein Seemann trug immer eine fest zusammengerollte Anzahl von Geldstücken in der Kleidung. Beim Kampf nahm er diese Rolle heraus und umschloß sie mit der Faust. Ein mit diesem Gewicht ausgeführter Stoß war beträchtlich gefährlicher als ein gewöhnlicher Stoß. Noch heute werden Techniken dieser Art von Soldaten angewendet, die im Fernen Osten stationiert waren.

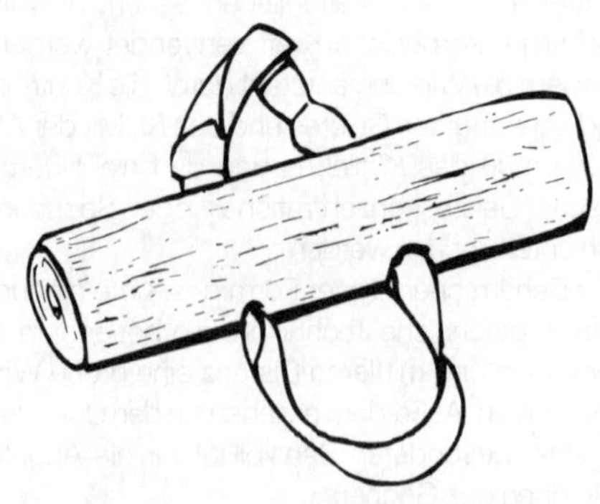

Chizekun-bô – alte okinawanische Faustwaffe

Chô[1] (jap.): springen, hüpfen (auch *Tobu, Haneru*). *Chôyaku* – Sprung, Satz, *Tobiagaru* – aufspringen.

Chô[2] (jap.): herausfordern, provozieren (auch *Idomu*). *Chôsen* – Herausforderung, *Chôsensha* – Herausforderer, *Chôhatsu* – erregen.

Cho-chia-chuen (chin.): chinesischer *Kempô*-Stil, identisch mit →*Hong-chay*.

Choi Hong Hi (*1918): Begründer des *Taekwondo*, General der südkoreanischen Armee, der Taekwondo aus alten Techniken der koreanischen Kampfkünste *(Taekyon)*, dem japanischen *Karate* und den chinesischen Künsten *(Quan-fa)* abgeleitet hat und es als Mittel zur Verbesserung der körperlichen Konstitution der Armeeangehörigen verwendete. Später wurde Taekwon-do zum Nationalsport Koreas erklärt, jedoch von den Traditionalisten nie als Kampfkunst anerkannt.

Choi Hong Hi wurde im heutigen Nordkorea geboren und begann mit dem Studium des →Taekyon. Während seines Studienaufenthaltes in Tôkyô war er Schüler von Funakoshi Gichin. 1940 kehrte er nach Korea zurück und gründete seinen eigenen Stil, das →*Chang-Hon-Yu*. 1950 leitete er die Studien zur Gründung des Taekwon-do, das sich von den klassischen Richtungen des →*Tang-Soo-Do* abspaltete.

Choi Hong Hi war der erste Präsident der *Korean Taekwondo Federation* und begann das System ab 1966 international zu verbreiten. Er reiste (obwohl er in der südkoreanischen Armee die Stellung eines Generals innehatte) immer wieder nach Nordkorea, um dort sein *Taekwon-do* zu unterrichten. Aufgrund dieses Umstandes wurde er aus Südkorea ausgewiesen und von den südkoreanischen Verbänden aus der Geschichte des *Taekwon-do* gestrichen.

Nachdem er zugunsten von Park Chung Hee 1972 als Vorstand des koreanischen *Taekwon-do* abgewählt worden war, verließ er Korea und siedelte nach Toronto (Kanada) um, wohin er auch den Sitz seines Verbandes (ITF) mitnahm.

Choi-Kwang-Do (kor.): 1987 von CHOI KWANG Jo gegründete koreanische Kampfkunst.

Choi Kwang Jo begann mit dem Studium des *Kwonbop*, wechselte aber 1961 zu Chao Hong Hi und lernte *Taekwon-do*. 1978 gründete er sein eigenes System, dem er 1987 den Namen *Choi-Kwang-Do* gab. Das System ist heute international verbreitet und wird in Kanada von C. S. Lim, in Australien von Thow Lam Sai, in Neuseeland von Chee Chang Seng und in England von Roger Koo repräsentiert. Der Sitz der *International Chao-Kwang-Do Federation* befindet sich in Georgia (USA).

Choi Sea Oh: koreanischer Lehrer des →*Hapkido*, direkter Schüler von →CHOI YONG SHUL.

Choi führte *Hapkido* in den USA ein und gründete später die *All American Hapkido Federation* und die *Hapkido Karate Federation*.

Choi Yong Shul: Gründer des →*Hapkido*, Schüler von TAKEDA SÔGAKU. Nach 40 Jahren Übung entwickelte er das *Hapkido*.

Chokunin (jap.): Ehrentitel, der in Japan an einen Fremden (Nichtjapaner) vergeben werden konnte. Dieselbe Bezeichnung gebrauchte man auch für einen vom Kaiser ausgezeichneten Beamten.

Chokusen-Kata (jap.): *Kata*-Vorführung auf einer geraden Linie (*Chokusen* – Gerade).

Choku-tsuki (jap.): gerader Stoß, gestreckter Faustsoß im *Karate* (Einteilung s. →*Tsuki-waza*). Man führt die Technik zumeist mit →*Seiken* aus, bei dem das Knöchelgelenk des Zeigefingers (zu 60%) und des Mittelfingers (zu 40%) das Ziel treffen (s. →*Daikentô*). Es ist jedoch auch möglich, andere Fausthaltungen zu verwenden (Faustarten s. →*Ken*).

Man steht in *Heiko-dachi*, streckt eine Faust nach vorn, die andere befindet sich in *Hikite* an der Hüfte. Nun wird zur gleichen Zeit die eine Faust nach vorn gestoßen, während sich die andere an die Hüfte zurückbewegt. Man atmet dabei aus, hält den Oberkörper gerade und legt etwas Kraft in den Bauch. Am Ende der Bewegungen werden beide Fäuste gedreht. Während der Bewegung verwendet man keine Kraft, am Ende der Bewegung spannt man kurz und fest an.

Choku-tsuki

Chonmage (jap.): Haartracht der *Sumô*-Ringer, die noch keine Meister sind.

Cho, S. Henry (*1934): koreanisch-amerikanischer *Taekwondo*-Lehrer.

Cho kam 1958 in die USA (Illinois, dann New-York) und begann 1960 *Taekwondo* zu unterrichten. Er ist Verfasser der Bücher »*Korean Karate – Free Fighting Techniques*«, »*Better Karate for Boys*« und »*Self-Defense Karate*«.

Chôshi (jap.): Stimmung, Harmonie, Takt, Rhythmus (s. →*Hyôshi*).

Chou Tsu-Ho: s. →Shushiwa.

Chôwa (jap.): Harmonie (s. →*Ai*).

Chôwa-suru (jap.): harmonieren, mit dem Gegner bzw. Partner im Training übereinstimmen.

Chow, William Kwai-Sun (1914–1987): Kampfkunstmeister aus Honolulu, Schüler seines Vater und später von Dr. JAMES MASAYOSHI MITOSE, dem Gründer des *Koshô-ryû Kempô*.

Chow erhielt 1946 den ersten *Dan* und eröffnete sein erstes *Dôjô* in Honolulu. Darin gründete er aus der Synthese seines Familienstils und des *Koshô-ryû* von Mitose eine moderne Form des *Shaolin-Kempô*, der er den Namen *Hawaiianisches Kempô Karate* gab. Er war der Lehrer von Adriano Emperado, Edmund Kealoha Parker (Gründer des *American Kempô Karate*), Fred Lara, Manny De La Cruz, Oshiro Masahichi, Sam Alama Kuoha (Nachfolger des Meisters, Gründer des *Kara-hô Kempô*), Nick Cerio und Ralph Castro, dem Gründer der *International Shaolin Kempô Association*.

Choy (chin.): Bezeichnung für einen der fünf grundlegenden chinesischen Komplexe des *Quan-fa* (s. →*Shaolin-Kloster*, →*Nan-quan*), gegründet von einem Mönch namens CHOY GAU-YI, der einer der fünf Patriarchen des *Shaolin* gewesen ist, die 1673 den Mongolenangriff auf das Kloster überlebten.

Chôyaku (jap.): Sprung, Satz.

Chôyaku-hangeki (jap.): *Karate*-Gegenangriff im Sprung. Während des gegnerischen Angriffs springt man hoch, zieht beide Beine an, um so dem Angriff entgehen zu können, und kontert noch während des Sprunges mit einer Stoß- oder Schlagtechnik zumeist zum Kopf des Gegners.

Choy-gar (chin.): →*Choy*, →*Nan-quan*.

Choy-li-fut (chin.): südlicher Kampfstil des →*Quan-fa* (s. auch →*Nan-quan*) der äußeren Richtungen (→*Wai-jia*), auch *Cai-li-fo-quan*, *Ts'ai-li-fu* oder *Choy-lay-fut*, als eine Kombination der beiden *Shaolin*-Patriarchen CHOY und Li. Der Stil stammt aus dem Süden Chinas und wurde im 19. Jh. von CHAN HEUNG (1806 bis 1857) aus Kanton auf der Basis des alten *Choy*-Stils (*Shaolin*-Techniken) entwickelt.

Chan Heung übte zuerst zehn Jahre lang unter seinem Onkel Chan Yuen-Wu, dann unter Li Yau-Shan und danach unter dem Mönch Choy Fook acht Jahre lang das *Hung-gar*. Danach gründete er seinen eigenen Stil und nannte ihn *Choy-li-fut* zu Ehren seiner beiden Meister →Choy und →Li

Choy-li-lut Fächerform

und zu Ehren Buddhas (Fut oder Fo). Der zweite große Meister war Chan Koon-Pak, der Sohn des Gründers, der dritte Chan Yiu-Chee, der Sohn des Sohnes. Letzterer ist 1965 gestorben. Technisch gesehen, gleicht der Stil dem okinawanischen *Karate*.

Die Stellungen sind solide und geerdet, die Fußbewegungen flexibel. Die Armbewegungen werden frei geführt, es gibt Aufwärts-, Handrücken- und Halbkreisschläge sowie Überkopf-Vorderknöchelstöße. Der Stil ist agressiv, als Waffen werden die *Baat-Gaw*-Lanze, die Weidenblatt-Doppelschwerter und der 18er-Stab verwendet.

Schriftzeichen für Choy-li-fut

Choy-mok (chin.): System des *Quan-fa* der Neuzeit, eine Kombination aus den urspünglichen südlichen Familienstilen *Choy-gar* und *Mok-gar*.

Chû[1] (jap.): Treue, Loyalität. *Chûgi* – Treue, *Chûjitsu* – treu, aufrichtig, ehrlich, *Chûsei* – Loyalität, Treue.

Chû[2] (jap.): Darlegung, Satz, Ausspruch.

Chû[3] (jap.): Herz, Seele, Mitte, Inneres, Durchschnitt (auch *Naka*, s. →*Hô*). *Chûshin* – Herzgegend, *Chûjo* – innerste Gefühle.

Chuai-mo (chin.): die fünf Methoden zum Entwickeln von Gefühl im *Quan-fa*. *Chuai* bedeutet »schätzen, vermuten«; *Mo* bedeutet »studieren, forschen«. *Chuai-mo* sind Methoden, die nächste Technik des Gegners zu erforschen und richtig einzuschätzen.

Die *Chuai-mo* werden vor allem in den Partnerübungen geübt, aber auch in der Form (→*Dao*) kann man durch gezielte Konzentration zu ihrem Fortschritt beitragen. Die *Chuai-mo* werden als taktische Ergänzung zu den →*Shi-san-shi*, den dreizehn grundlegenden Bewegungsarten, betrachtet. Sie werden ebenfall mit den Fünf Wandlungsphasen (→*Wu-xing*) und den Trigrammen (→*Ba-gua*) kombiniert.

Die fünf grundlegende Chuai-mo:

1. Tie – Ankleben
2. Nian – Anhaften
3. Sui – Nachfolgen
4. Lian – Mitbewegen
5. Bu-diu-ding – Nicht verlieren durch Entsprechen

Kombination der Chuai-mo mit den Wandlungsphasen (→*Wu-xing*) und Trigrammen (→*Ba-gua*):

Chuai-mo	Wu-xing	Ba-gua
Tie	Jin – Metall	Qian und Dui
Sui	Mu – Holz	Zhen und Sun
Bu-diu-ding	Tu – Erde	Gen und Kun
Nian	Shui – Wasser	Kan
Lian	Huo – Feuer	Li

Zuordnung der *Chuai-mo* zu den 13 grundlegenden Bewegungsarten (→*Shi-san-shi*), die in die 8 Handbewegungen (→*Ba-men*) und in die 5 Schrittarten (→*Wu-bu*) unterteilt werden:

Chuai-mo	Ba-men	Wu-bu
Tie	Peng – Abwehren Lie – Spalten	Gu – Nach links wenden
Sui	An – Drücken Kao – Schulterstoß	Pan – Nach rechts wenden
Bu-diu-ding	Cai – Ziehen Lü – Zurückgleiten	Ding – Zentralisieren
Nian	Ji – Vordrängen	Jin – Vordringen
Lian	Zhou – Ellbogenstoß	Lian – Mitbewegen

Ch'uan (chin.): Faust (s. →*Quan*).

Ch'uan-fa (chin.): chinesische Kampfkunst (s. →*Quan-fa*).

Chûbu Shôrin-ryû (jap.): »Schule des mittleren Pinienwaldes«, auch *Seibukan-ryû* (→ *Seibukan*), okinawanischer *Karate*-Stil, gegründet 1947 von →SHIMABUKURO ZENRYÔ als Fortsetzung von KYAN CHÔTOKU s →*Sukunai Hayashi-ryû*.

1962 tat sich Meister Shimabukuro mit →Nakamura Shigeru in der *Okinawa Kempô Association* zusammen. Diese Organisation hatte 12 prominente *Sensei* als Instruktoren, darunter Odo Seikichi, Kise Fusei, Oyata Seiyu und Kuda Yuichi. Das Ziel war, den alten kämpferischen Geist des *Okinawa-Karate* zu bewahren. Daher wurde mit *Bogû* (Schutzausrüstung) im *Full-contact* gekämpft. Doch als Nakamura und Shimabukuro 1970 starben, gingen ihre Schüler wieder eigene Wege.

1967 organisierte sich das *Chûbu Shôrin-ryû* zusammen mit *Shôrinji-ryû* (Nakazato Joen), *Kobayashi-ryû* (Chibana Shoshin), *Matsubayashi-ryû* (Nagamine Shoshin), *Gôjû-ryû* und *Uechi-ryû* in der *Zen Okinawa Karate Renmei*. 1971 gründeten das *Chûbu Shôrin-ryû* und das *Shôrinji-ryû* eine unabhängige Gruppe, *Chûbu Shôrin-ryû Karate-dô Kyôkai* (s. Anhang) die von →Kochi Katsuhide und Kinjo Chisaku geleitet wird. Technische Leiter sind Aragaki Seiki, Kaneshima Shinsuke und Nakazato Joen.

Aktueller Großmeister des ursprünglichen Stils ist Shimabukuro Zenpô, der den Stil wieder →*Seibukan* nennt. Die *Kata* des Stils sind *Pinan* (1–5), *Naihanchi* (1–3), *Wanshu, Passai, Gojushiho, Chintô, Seisan, Kushanku* und *Ananku*. In Deutschland wird der Stil als *Shôrin- ryû Seibukan* von Jamal Measara im DKV vertreten.

Chûdan (jap.): mittlere Angriffsstufe. Gemeint ist die Körpermitte von den Schultern bis zur Gürtellinie.

Chûdan-ate (jap.): Schlag zur Körpermitte.

Chûdan-barai (jap.): Fegeabwehr zur mittlere Stufe (s. →*Gedan-barai*).

Chûdan-gamae (jap.): Abwehrhaltung der Arme vor der Körpermitte. Es gibt mehrere Abwehrhaltungen. Die *Kata* zeigen verschiedene Beispiele dafür (s. →*Kamae-kata*).

Chûdan-gamae – Abwehrhaltung in der Körpermitte

Chûdan-uchi (jap.): Schlag zur mittleren Stufe, zur Körpermitte (s. →*Uchi-waza*).

Chûdan-uke (jap.): Abwehr zur mittleren Stufe (s. →*Uke-waza*).

Chûdan-tsuki (jap.): Fauststoß zur mittleren Stufe, zur Körpermitte (s. →*Tsuki-waza*).

Chuck-Norris-Karate: Kampfkunststil, gegründet von CARLOS RAY (»CHUCK«) NORRIS in den USA. Chuck Norris studierte zur Zeit seiner Stationierung in Korea unter SHIN JAE CHUL den Stil *Tang-Soo-Do* aus der Schule *Moo-Duk- Kwan*.

Nach seiner Rückkehr übte er unter Ed Parker *Amerikan Kempô Karate*, unter Chung Jun *Hapkido*, unter Gene Lebell *Jûdô*, unter Al Thomas *Jûjûtsu*, unter Fumio Demura *Shitô-ryû* und unter Hidetaka Nishiyama und Oshima Tsutomu *Shôtôkan-ryû*. Norris gewann mehrmals die amerikanischen Meisterschaften und war Weltmeister im *Full-contact*. Nach dem Abschluß seiner sportlichen Laufbahn wurde er ein erfolgreicher Schauspieler.

Chu-Fen-Do (jap.): amerikanischer Kampfkunststil, der auf der Basis von *Karate*, *Aikidô* und *Wing-chun* von ANTHONY BLAUER gegründet wurde.

Chûga-eri (jap.): sich überschlagen, Rolle vorwärts oder rückwärts im *Jûdô* und *Jûjutsu*. Gehört zu den Falltechniken (s. →*Ukemi*).

Chûgi (jap.): Loyalität, Treue (s. →*Chû*). Chûgi ist ein wichtiges Prinzip des *Bushidô* und der Lehrer-Schüler-Beziehung (→*Shitei*) im Erlernen einer Kampfkunst. Die erste Grundvoraussetzung zum Schülersein ist der Gehorsam und das Vertrauen gegenüber allen Höhergraduierten und Lehrern, aber auch gegenüber den Eltern oder Vorgesetzten (s. →*Bushidô*, →*Bujutsu*, →*Guan*). Mit *Chûgi* ist der Grundstock und die Wurzel menschlicher Beziehungen gemeint, innerhalb deren Abhängigkeiten zu anderen Menschen auf gerechte Weise angenommen und wiedergegeben werden können. Im *Budô* ist Loyalität gegenüber dem Lehrer, dem *Dôjô* und der Kunst die erste und wichtigste Voraussetzung zum Lernen (s. →*Dôjôkun*). Wenn Schüler dies mißachten, können sie keine Fortschritte machen.

Chûgi ist ein wichtiges Prinzip des *Bushidô*. Seine geschichtlichen Wurzeln liegen im shintoistischen Ahnenkult (→*Yamato-damashi*) und bezeichneten ursprünglich die Treue gegenüber dem Kaiser (→*Tennô*), der laut diesem von göttlicher Abstammung war (→*Kami*). Das gesamte japanische Mittelalter hindurch hatte die Treue zum Kaiser nicht nur einen religiösen Charakter, sondern diente den *Samurai* zur Überwindung ihres menschlichen →Ich. Die Übung der Treue und Ehrlichkeit (→*Makoto*) im inneren Herzen *(Kokoro)* erlaubte dem Krieger, in Harmonie mit dem Willen der Götter zu leben, und erzeugte den →*Yamato-kokoro*. Dieser ist zusammen mit →*Yamato-damashi* und *Bushidô* in dem gemeinsamen Symbol der Kirschblüte (→*Sakura*) vereinigt.

Chu Hsi: chinesischer Philosoph (→ZHU XI).

Chui[1] (chin.): Faustschlag.

Chui[2] (chin.): Keule, Streitaxt, chinesische Waffe (s. →*Bing-qi*).

Chûi (jap.): Aufmerksamkeit, Achtung, Vorsicht. Im Wettkampf: offizielle Verwarnung (zur Einhaltung der Kampfregeln für wiederholten leichten oder mittleren Regelverstoß).

Chujô Hyogonosuke Nagahide: früher japanischer Schwertmeister (1380), Gründer des →*Chûjo-ryû*. Der CHÛJO-Clan diente den ASHIKAGA-Schôgunen, und Nagahide trat die Nachfolge seines Vaters YORIHIRA als Fechtlehrer des dritten Ashikaga-Shôguns YOSHIMITSU an. Er galt als der herausragende Schwertkämpfer seiner Zeit.

Chujô-ryû (jap.): traditioneller japanischer Schwertstil (s. →*Kenjutsu*), gegründet von →CHUJÔ HYOGONOSUKE NAGAHIDE. Er beeinflußte später die Entstehung mehrerer weiterer Schwertstile:

STILE AUS DEM CHUJÔ-RYÛ

Stil	Gründer
Gan-ryû	– Sasaki Ganryû Kojirô (um 1600)
Hasegawa-ryû	– Hasegawa Sôki (1568–1595)
Ittô-ryû	– Itô Ittôsai Kagehisa (um 1600)
Kanemaki-ryû	– Kanemaki Jisai Michiie (1576–1615)
Mutô-ryû	– Tesshû Yamaoka (1836–1888)
Nikaidô-ryû	– Matsuyama Mondo (um 1600)
Toda-ryû	– unbekannt
Tomita-ryû	– unbekannt

Chûken-gamae (jap.): Die »Verführende Kampfhaltung« (s. →*Kamaekata*) wurde von alten chinesischen *Kempô*-Experten entwickelt und dient dem Auffangen des gegnerischen Angriffs. Die Aktion wird häufig mit einem Hebel beendet, z. B. dem Armhebel in der *Chinte* oder dem Fußhebel (*Morote-sukui*) in der *Wankan*.

Chûken-gamae – die »verführende Kampfhaltung«

Chûkô-ken (jap.): Eisenfaust [*Chûkô* = Eisen]. Variante der Ein-Punkt-Faust (s. →*Nakadaka-ken*).

Chûnin (jap.): mittlerer Rang in der Hierarchie der →*Ninja*. Der *Chûnin* war derjenige, der zwischen dem Auftraggeber von außerhalb (meist ein *Daimyô*) und dem Oberhaupt des Ninja-Clans *(Jônin)* vermittelte, während der →*Genin* den Auftrag ausführte.

Der *Chûnin* beherrschte die Kunst des Problemlösens und kannte die Stärken und Besonderheiten der ihm anvertrauten *Ninja*. Die Ausbildung zum *Chûnin* umfaßte Fächer wie Organisation, Führungs- und Motivationspsychologie und vermittelte tiefgehende Kenntnisse in sowohl klassischer als auch unkonventioneller Kriegsführung.

Chung-Do-Kwan (kor.): »Schule der blauen Welle«, koreanische Form des waffenlosen Kämpfens, gegründet 1945 von Won Kook Lee, einer der Grundlagenstile für das spätere → *Taekwondo*.

Chun-qin (chin.): »Frühlings- und Herbstannalen«, einer der fünf Klassiker Chinas, Pflichtlektüre der Beamtenprüfung. Das Werk wird KONFUZIUS zugeschrieben und enthält eine Chronik des Staates Lu in telegrammartigem Stil.

Chûsen (jap.): auslosen, Los. Im Wettkampf bei Punktgleichheit kann der Sieger ausgelost werden.

Chûshaku (jap.): Kommentar.

Chûshu-gamae (jap.): →*Kamaekata* der mittleren Stufe, verwandt mit →*Tanshin-gamae*.

Chûshu-gamae, die Haltung mit ausgestrecktem Arm

Chûsoku (jap.): Fußballen (auch *Ashi-ura* oder *Koshi*).

Cireum (kor.): Bezeichnung für alle koreanischen Methoden des Ringens (s. →Korea). Zum erstenmal erwähnt wurde das koreanische Ringen in der Zeit des Königs Chung Hui aus der Zeit des Königreichs Koryo (935–1392).

Man vermutet, daß es sowohl mongolische als auch chinesische Einflüsse gegeben hat (s. → *Shuai-jiao*). Die Bezeichnung ist dem mongolischen Begriff *Cilnem* entlehnt, das ebenfalls eine Form des Ringens ist. Nach dem 13. Jh. ging der kämpferische Wert des *Cireum* verloren, und es wurde nur noch als Sport ausgeübt, der dem *Sumo* ähnelt. Eine Variante des *Cireum* nennt man *Tong-Cireum*.

Cong-Dao (viet.): paarige Dolche, s. →*Tay Son*, →Vietnam.

Corno-breton: auch bekannt als »Cornisches Ringen«. Diese Form des Nahkampfes wurde im 15. Jh. in Cornwall (England) gegründet.

Corno-breton ähnelt dem japanischen *Jûdô* mit dem Unterschied, daß der Ringer mit seinem Gegner nicht zu Boden gehen darf, sondern seinen Wurf aus dem Stand ausführen muß. Wenn er mit irgendeinem Körperteil (außer den Füßen) den Boden berührt, dann muß der Griff aufgelöst werden, die Teilnehmer schütteln sich die Hände und fangen von vorne an. Alle Griffe werden nahe der Hüfte angesetzt, Würgegriffe sind verboten. Ein Kampf dauert etwa 10 Minuten.

Co-Vô-Dao (viet.): oder *Vu-khi-Thuat*, Bezeichnung für die vietnamesischen Kampfkünste, die mit Waffen ausgeführt werden (s. →Vietnam). Die traditionellen Waffen werden grundsätzlich in Handwaffen *(Vu-khi)* und Wurfwaffen *(Am-khi)* unterteilt.

Vu-khi (Handwaffen)

Bua-cao	– Harke, Rechen
But-chi	– Spaten
Cau-liem	– Sichel
Cûu-khuc-nhuyen-tiên	– neungliedrige Kette
Dai-dao-thanh-quât	– großes Schwert
Danh-bay	– Kelle
Dao	– klassisches Schwert
Gay-ngan	– Knüppel mit Kordel
Hoânh-tuyên-nguyêt-hung	– Metallring

Vu-khi (Handwaffen)

Kiêm	– zweischneidiger Degen
Long-gian	– zweiteiliger Dreschflegel
Mâ-dao	– mongol. Kavallerieschwert
Moc-can	– Tonfa
Nia	– Gabel
Riu	– Axt
Song-cao	– chinesische Hakenschwerter
Song-diêp-dao	– Schmetterlingsmesser
Tam-thiêt-gian	– dreiteiliger Dreschflegel
Tam-tiem-thuong	– Dreizack
Tân-nguyêt-guom	– Kreuzschwert
Thanh-long-dao	– Hellebarde
Thuong	– klassische Lanze
Truong-bong	– langer Stock
Yên-dao	– Schwalbenmesser

Am-khi (Geschoßwaffen)

Cung	– Bogen
Nô	– Armbrust
Phi-châm	– Nadeln
Phi-dan	– Kugeln
Phi-dich-châm	– Wurfspitzen
Phi-dua	– Stäbchen
Phi-tien	– Wurfpfeile
Phi-tinh-châm	– Sterne

Zwei weitere Waffen verdienen eine besondere Erwähnung. Die *Tiêu-song-côn* (zwei 70 cm lange zugespitzte Stöcke) ähnelt in ihrer Anwendung dem *Sinavali* aus dem *Arnis de mano* und dem Umgang mit den *Niten-bô* aus dem okinawanischen *Kempôkan-ryû*. *Viêt-long-guom* ist ein klassisches vietnamesisches Schwert (im Gegensatz zum *Dao*, dem chinesischen Schwert). Es wird individuell gefertigt und dem Körper des Kämpfers angepaßt. Man verwendet zwei verschiedene Klingen: *Dai-long-thiet* (*Thanh-quat* – große Klinge) und *Tieu-long-thiet* (kleine Klinge). Das Training wird mit einem Holzschwert ausgeführt und beruht auf Formen *(Kata)* und Partnerübungen. Nach drei Jahren wird ein richtiges Schwert verwendet.

Cun (chin.): Maßeinheit, etwa 1 Zoll. Dient in der Akupunktur als individuelles Körpermaß, mit dem die Entfernungen der Punkte zueinander gemessen werden. 1 *Cun* entspricht der Daumenbreite oder dem mittleren Glied des Mittelfingers der zu behandelnden Person.

D

Da[1] (jap.): fallen.

Da[2] (jap./chin.): schlagen, hauen (auch *Utsu*), *Dagakki* – Schlaginstrument.

Da[3] (chin.): groß.

Daab (thai): Thai-Schwert, das in der Kunst des →*Krabi-Krabong* verwendet wird.

DAB: *Deutscher Aikidô Bund* (s. Anhang), in Deutschland führende Organisation für →Aikidô, gegründet am 10. April 1977 von Rolf →Brand in Bad Bramstedt.

Der DAB ist seit 1977 der *Union Européenne d'Aikidô (Europäische Aikido Union)* angeschlossen und seit 1985 Mitglied des *Deutschen Sportbundes*. Zweck des Verbandes ist die Verbreitung des von O Sensei Ueshiba geschaffenen *Aikidô* in seiner klassischen Form unter Berücksichtigung der moralischen, geistigen, erzieherischen und technischen Inhalte. Der DAB ist in 12 *Aikidô*-Landesverbänden zu 134 Vereinen organisiert, in denen ca. 6700 *Aikidôka* üben. Es gibt etwa 300 Dan-Träger.

Dacascos, Al (*1942): halbchinesischer Kampfkunstmeister aus Hawaii, Gründer des →*Wun-Hop-Kuen-Do*.

Dacascos begann mit dem Training des *Jûdô* unter Emperado, dann *Choy-Li-Fut* und schließlich →*Kajukenbo* unter Emperado. 1965, im Alter von 25 Jahren und Inhaber des 5. Dan *Kajukenbo*, zog er nach Kalifornien und gründete dort 1969 seine eigene Kampfkunst, die er *Wun-Hop-Kuen-Do* nennt. 1975 siedelte er nach Hamburg über und stellte seinen Stil in Deutschland vor. 1979 wurde der *Deutsche Wun Hop Kuen Do Verband* (s. Anhang) gegründet. 1983 kehrte er in die USA zurück und hinterließ in Deutschland mehrere Meisterschüler, die seine Kampfkunst weiterhin vertreten.

Da-cheng-quan (chin.): »ruhmvolles Schattenboxen«, innerer *Quanfa*-Stil, gegründet von Wang Xiang-Zhai.

Wang Xiang-Zhai war ein schwächliches Kind und wurde Schüler von Guo Yun-Shan. Nach dessen Tod lernte er bei verschiedenen Meistern, bis er schließlich in den 40er Jahren in Beijing (Peking) seinen Stil gründete. Dort begann er zu unterrichten und nahm viele Schüler an. Als Essenz seiner Lehre betrachtete er *Zhan-zhuang* (→*Zhan-zhuang-gong*), das durch seinen Schüler →Yu Yong-Nian zu großer Berühmtheit gelangte.

Wang Xiang-Zhai verschlüsselte die Essenz des *Da-cheng-quan* und des *Zhan-zhuang* in folgendem Gedicht:

»Durch die Kraft der Natur
bist du stark wie ein Drache.
Du atmest ein und aus, natürlich und still,
und spürst darin den Strom der Bewegung.
Bediene dich der Kräfte des Alls
und mache dir deine Fähigkeiten zu Diensten.
In der Bewegung bist du ein wütender Tiger,
in der Ruhe ein schlummernder Drache.«

Dachi (jap.): Fußstellung, Stand, Position der Füße (auch *Tachi*). Erläuterungen s. →*Tachikata* und →*Tachi-waza*.

Da-dao (chin.): besonders lange Hellebarde, ca. 2,10 m (→*Bing-qi*).

Da-fa (chin.): Überbegriff für die Schlagtechniken der chinesischen Kampfkünste.

Dai[1] (jap.): Innenseite, innen (auch *Nai, Uchi*).

Dai[2] (jap.): groß (auch *Tai, Okii, O*). Gegenteil: *Shô* (klein).

Daidai-iro (jap.): orange Farbe (→*Iro*).

Daidai-iro-obi (jap.): orangefarbener Gürtel. Schülergraduierung im *Budô* (→*Kyûdan*, →*Kyû*).

Daidôji Yûzan: s. →*Budô Shoshin-shû*.

Daidô-juku (jap.): japanischer *Karate*-Stil, gegründet von Azuma Takashi, abgeleitet aus dem *Kyokushinkai*, das er unter Ôyama Masutatsu lernte.

Daiichi-sekisha-kansetsu (jap.): *Atemi*-Angriffspunkt: Grundgelenk der großen Zehe.

Daijô (jap.): andere Bezeichnung für →*Mahâyâna*.

Daijô-Zen (jap.): nach →*Bombu-Zen*, →*Gedô-Zen* und →*Shôjô-Zen* die vierte der im →Zen klassifizierten Arten. Das *Daijô-Zen* (*Zen* des großen Fahrzeugs) gilt als die erste der *Zen*-Formen, mit *Zen*-typischen Inhalten, da es das Schauen in die eigene Wesensnatur und die Verwirklichung der Erkenntnisse im Alltag (→ *Mujôdô no Taigen*) zum Ziel hat. *Daijô-Zen* führt zu →*Kenshô* (→*Satori*), zum Erwachen der eigenen Wesensnatur, also zur Befreiung von den Fesseln des →Ich und von den Illusionen.

Erst dieses *Zen* ist wirkliches *Zen*, denn alle anderen *Zen*-Formen benutzen Pseudoziele zur Selbstläuterung. *Daijô-Zen* ist frei von jedweden mystischen Praktiken, von vorgestellten Gottheiten oder übernatürlichem Geschehen, es benutzt →*Shikantaza* zur Übung und lehnt jede Selbsttäuschung ab. Es ist das *Zen* der großen Meister, beginnend mit Buddha über die →*Soshigata* bis in die heutige Zeit (weiter s. →*Saijôjô-Zen*).

Daikentô (jap.): Bezeichnung für die Auftreffzone der Vorderfaust bei geraden Fauststößen im *Karate* (Knöchel des Zeige- und Mittelfingers, →*Seiken*). Der Knöchel des Zeigefingers trägt ungefähr 60% und der Knöchel des Mittelfingers ungefähr 40% der Auftreffkraft.

Dai-kissaki (jap.): vergrößerte Spitze des japanischen Schwertes (→*Ken*), die um 1700 häufig in Gebrauch war.

Daimyat (jap.): Landbesitz eines →*Daimyô*.

Daimyô (jap.): wörtlich »großer Name«. Aus der Kriegerkaste (→*Samurai*) hervorgegangener Kriegsadel (→*Buke*), der bereits im 10. Jh. die Macht vom japanischen Hofadel (→*Kûge*) übernahm. Aus dieser Schicht der Krieger (→*Bushi*) wurde das zentralregierende →Shôgunat gegründet, das die eigentliche Regierungsgewalt in Japan hatte. Um die Mitte des 15. Jhs. wurden die *Daimyô* (Gebietsfürsten) jedoch so mächtig, daß sie um die Macht im Reich zu kämpfen begannen und sich dabei selbst gegen den *Shôgun* richteten. Unter ihnen entstanden mächtige Burgen und Armeen, und die von ihnen engagierten Samurai brachten im Laufe der Jahrhunderte das Kriegshandwerk (→*Heihô*) auf seinen Höhepunkt.

1573 stürzte einer der mächtigsten *Daimyô*, →ODA NOBUNAGA, den letzten Ashikaga-*Shôgun* und gewann die Kontrolle über den größten Teil des Reiches. 1582 wurde er jedoch ermordet, und ein anderer *Daimyô*, →TOYOTOMI HIDEYOSHI, der sich aus der unteren Schicht der Samurai etabliert hatte, trat an seine Stelle. Er zwang alle anderen *Daimyô* zur Unterwerfung. Sein minderjähriger Sohn HIDEYORI, der sich nach Hideyoshis Tod mit dem Satsuma-Clan von Kyûshû verband, konnte seinen Machtanspruch nicht halten. Ein mit seinem Vater ehemals verbündeter *Daimyô*, →TOKUGAWA IEYASU, bezwang die Verbündeten Hideyoris in der Schlacht von Sekigahara (1600). 1603 ernannte sich Tokugawa zum neuen *Shôgun* und riß alle Macht an sich. Er unterwarf die ihm feindlich gesinnten *Daimyô* und beendete damit ihre Machtkämpfe, was dem Land in der Folgezeit einen relativen Frieden brachte (Erläuterungen und Zusammenhänge →Tokugawa-Periode).

Nachdem die Tokugawa-Shôgune an die Macht gekommen waren, fand eine Neuordnung der japanischen Feudalgesellschaft statt, in der *Daimyô* ein fester Titel wurde. Ein *Daimyô* war der Träger eines Landlehens, das mindestens 10000 *Koku* Reis einbrachte.

Die Restauration der Gesellschaftsklassen während der Tokugawa-Zeit betraf vor allem den Stand der *Daimyô*. Nach dem Sieg der Tokugawa in der Schlacht von Sekigahara entstand ein straffes Beamtentum, durch das die Güter der *Daimyô* streng kontrolliert wurden. Kein *Daimyô* durfte so viel verdienen, daß es ihm möglich war, eine Armee zusammenzustellen, die dem *Shôgun* gefährlich werden konnte. Um eine noch bessere Kontrolle zu gewährleisten, wurden die *Daimyô* in drei Gruppen eingeteilt (Erläuterungen s. unter der jeweiligen Bezeichnung):

- ***Shimpan-Daimyô*** – Verwandte des Tokugawa-Shôgun, die das absolute Vertrauen des Fürsten besaßen.
- ***Fudai-Daimyô*** – Fürsten, die mit den Tokuga wa verbündet waren. Sie wurden zur Kontrolle der Tozama eingesetzt.
- ***Tozama-Daimyô*** – Fürsten, die während der Schlacht von Sekigahara gegen die Tokugawa kämpften. Sie waren immer verdächtig und standen unter ständiger Kontrolle.

Dai Nippon Butokukai (jap.): japanische Organisation für martialische Kampfkünste (→*Butokukai*).

Daini-Seisan (jap.): *Karate-Kata* des →*Uechi-ryû*. Kombination zwischen →*Sanchin* und →*Seisan*. *Kata* neueren Datums.

Dai-Sensei (jap.): »großer Lehrer«, ehrerbietige Anrede für einen hohen Danträger der Kampfkünste oder einen anderen bedeutenden Lehrer (→*Kodansha*, →*Dan*).

Daishi (jap.): »großer Meister«, Ehrentitel, der einem buddhistischen Mönch, meist nach seinem Tod, verliehen werden kann.

Daishi (jap.): im *Zazen* wird die Bezeichnung gebraucht, um den »Tod des Ich« (→Ich) auszudrücken, ein notwendiger Schritt auf dem Weg zur Erleuchtung (→*Satori*). Dort heißt es: »... du mußt einmal auf dem Kissen sterben.« Gemeint damit ist, daß die Illusion, die Verblendung (→*Bonnô, Makyô*) stirbt, wodurch der Übende sein Ich besiegen kann.

Daishi Dengyô: japanischer Wandermönch, auch →SAICHÔ genannt, der im 8. Jh. die ursprüngliche Lehre des →*Mikkyô* von China nach Japan brachte. Daishi Dengyô wird nach der *Kûkai*-Sage (→*Kûkai*) als der Begründer der japanischen →*Ninja*-Tradition angesehen.

Daishô (jap.): wörtlich »Groß-Klein«, steht sinngemäß für ein Schwertpaar, bestehend aus zwei Schwertern (Langschwert – *Katana* und Kurzschwert – *Wakizashi*). Symbol des Samurai-Standes während der Edo-Zeit (Erläuterungen s. →*Ken*).

Daishô – Katana und Wakizashi

Daitô (jap.): [aus *Dai* = groß, *Tô* = Schwert] Schwert mit Überlänge, getragen von den Samurai und beidhändig benutzt. Steigerung von *Katana* (Erläuterungen s. →*Ken*).

Daitôkan (jap.): Hauptquartier und Schule des *Daitô-ryû*, die von TAKEDA TOKIMUNE, dem Sohn von →TAKEDA SÔGAKU, 1953 in Abashiri (Hokkaidô) eröffnet wurde (→*Aikidô*, →*Aikijutsu*).

Daitôkuji (jap.): »Kloster der großen Tugend«, eines der großen japanischen *Zen*-Klöster bei Kyôto. 1319 von AKAMATSU NORIMURA erbaut, entwickelte es sich im Mittelalter zu einem der bedeutendsten japanischen Zentren der Kultur mit vielen Unterklöstern. Besonders bekannt wurde es durch mehrere bedeutende japanische Meister des Tee-Weges (→*Cha no Yu*), die dort unterrichteten.

Daitô-ryû[1] (jap.): oder *Goto Daitô-ryû*, traditioneller japanischer Stil, gegründet von GOTO TAMANEMON TADAYOSHI (1644–1736) auf der Grundlage des →*Kenjutsu* und →*Aikijutsu*.

Die Schule entstammt dem *Aikijutsu* aus dem Aizu-Clan (1671) und enthält auch *Sôjutsu* und *Kyûbajutsu*. Der Ursprung des Stils liegt in der *Aiki*-Richtung von →MINAMOTO YOSHITSUNE.

Daitô-ryû[2] (jap.): oder *Takeda Daitô-ryû*, heute als *Daitô-ryû Aikijutsu* oder *Daitôkan* (s. Tafel →*Aikidô* und →*Aikijutsu*) bekannt, was man mit »Kunst der Konzentration der Lebenskraft« übersetzt; s. →TAKEDA SÔGAKU.

Die ursprüngliche Schule wurde von General →MINAMOTO YOSHIMITSU im 12. Jh. gegründet und von seinem Sohn →TAKEDA YOSHIKYU fortgesetzt. Im 19. Jh. wurde sie von TAKEDA SÔEMON, dem 32. Glied der Familienkette, auf Hokkaidô von neuem eröffnet und von TAKEDA SÔGAKU, der auch die Schwerttechniken des →*Ono-ha Ittô-ryû* und →*Jikishin kage-ryû* erlernt hatte, zum ersten Mal in der Öffentlichkeit gelehrt.

Dakentai-jutsu (jap.): Kampftechniken aus dem →*Taijutsu*, bestehend aus Schlägen und Tritten, die sich gegen die Knochen des Gegners richten.

Daki-te (jap.): Hakenhand, umfassende Hand.

Daku (jap.): umarmen, umfassen (auch *Hô*).

Da-lü (chin.): »das große Ziehen«, Bezeichnung für die zweite Stufe der Partnerübungen im →*Tai-ji-quan* (s. auch →*Tui-shou*). Man unterscheidet zwei Arten des *Da-lü*. Bei der einen sind Bewegungen und Richtungen festgelegt, die andere läßt freien Umgang mit Bewegungen und Richtungen zu. Diese Übung geht über die kreisenden Bewegungen der *Tui-shou* hinaus, denn beide Partner lernen, mit be-

stimmten Bewegungen auf andere zu reagieren.

Da-lü bezeichnet in erster Linie eine Form des *Tui-shou*, die in die 4 Ecken und 4 Zwischenhimmelsrichtungen ausgeführt wird. Auch hier gibt es 4 Grundtechniken, die 4 oder 8 Trigrammen zugeordnet werden (→*Shi-san-shi*, →*Bagua*). Die 4 Grundtechniken sind: *Cai* (ziehen), *Lie* (spalten), *Zhou* (Ellbogenstoß) und *Kao* (Schulterstoß).

Dan (jap.): Rang, Stufe, Treppe, Grad, Spalte, Kolumne. *Ichidan* – erster Grad, *Shûdan* – Weg, Maßnahme, Mittel. Auch Bezeichnung für die vom →Butokukai klassifizierten Meistergrade im *Budô* (→*Kyûdan*).

ALLGEMEINES

Die *Dan*-Grade sind nach den →*Kyû*-Graden die zweite Fortschrittsstufe der *Budô*-Systeme und bezeichnen mit Nummern von 1 bis 10 den Rang eines Meisters. Während *Kyû* die Vorstufe (→*Mudansha*) ist, auf der die technische Grundausbildung eines Schülers stattfindet, beginnt mit *Shôdan* (erster Dan) die erste Wegstufe. Die *Dan*-Grade unterteilen sich ihrerseits noch einmal in →*Yûdansha*, die man als die »Kriegergrade« bezeichnet, und →*Kodansha*, die den gereiften Meistern zugesprochen werden. In den *Budô*-Disziplinen des 20. Jhs. wurde das *Dan*-System vom →*Butokukai* genau definiert, und jede Stufe hat eine über die Technik hinausgehende Bedeutung:

DIE DAN-GRADE DES BUTOKUKAI

Yûdansha	
Ichi (shô) dan	– 1. Meistergrad
Nidan	– 2. Meistergrad
Sandan	– 3. Meistergrad
Yon (shi) dan	– 4. Meistergrad
Kodansha	
Godan	– 5. Meistergrad – Renshi
Rokkudan	– 6. Meistergrad – Renshi (ab 35 Jahren)
Shichidan	– 7. Meistergrad – Kyôshi (ab 42 Jahren)
Hachidan	– 8. Meistergrad – Kyôshi (ab 50 Jahren)
Kûdan	– 9. Meistergrad – Hanshi (ab 60 Jahren)
Jûdan	– 10. Meistergrad – Hanshi (ab 70 Jahren)

YÛDANSHA

Die Yûdansha befinden sich zumindest in ihren höheren Niveaus (erster Abschnitt ist →*Omote*) in der →*Ha*-Stufe des Weges und lernen, dieselben Techniken, die sie in den *Kyû*-Stufen formell gemeistert haben, von einem höheren Standpunkt (→*Okuden*) aus zu verstehen. Zugleich befinden sie sich zum ersten Mal in einer echten Lehrer-Schüler-Beziehung (→*Shitei*), in der sie eine verbindliche Herausforderung hinsichtlich der Weglehre annehmen müssen, um Fortschritte zu machen.

Die *Yûdansha*-Stufe enthält die Graduierungen vom 1. Dan bis zum 4. Dan (→*Shôdan*, →*Nidan*, →*Sandan*, →*Yondan*) und entspricht in ihrer höchsten Graduierung der *Ha*-Stufe des Weges. Man nennt sie auch die »Stufe der Krieger«. Sie ist jener Abschnitt, in dem der Übende ein Experte in der Technik und im Kampf werden kann. Doch der Übende betritt erst dann die *Ha*-Stufe, wenn er auch die geistigen Voraussetzungen der Weglehre zu erfüllen beginnt. Nur wenn er sich von Anfang an darum bemüht, wird der Meister ihn als persönlichen Schüler annehmen und zu höheren Niveaus *(Okuden)* führen. Voraussetzung hierfür ist die bereits perfektionierte Technik *(Omote)* und die rechte innere Haltung. Ohne die Perfektion der beiden können höhere Niveaus im *Budô* nicht erreicht werden. Übende, die nur aufgrund ihrer Technik in dieser Stufe üben, stoßen schnell an ihre Grenzen, weil ihnen gewisse Erfahrungen nicht zugänglich sind.

KODANSHA

Die *Kodansha* sind selbständige Lehrer des Weges. Die *Renshi*- und *Kyoshi*-Grade befinden sich in der *Ha*-Stufe, während die *Hanshi*-Grade die *Ri*-Stufe des Weges (→Transzendenz) betreten. Auch bei ihnen gibt es mehrere Niveaus (→*Renshi*, →*Kyôshi* und →*Hanshi*). Alle *Kodansha* stehen in einer beständigen Herausforderung gegenüber dem höchstmöglichen Ideal und suchen die geistige Perfektion. Ihr Wegverständnis übersteigt das Begriffliche und jede feste Regel. Sie können, wenn sie Schüler annehmen, Lehrer des Weges (→*Sensei*) sein.

TECHNISCHE GRADE DES BUDO (YÛDANSHA)

1. Dan (Sen)	– Suchender nach dem Weg
2. Dan (So no sen)	– Schüler am Weganfang
3. Dan	– Grad des anerkannten Schülers
4. Dan (Sen no sen)	– Grad des technischen Experten

GEISTIGE GRADE DES BUDO (KODANSHA)

5. und 6. Dan (Kokoro)	– Grade des Wissens
7. bis 10. Dan (Iro-kokoro)	– Grade der Reife

Das Graduierungssystem wurde 1926 von →FUNAKOSHI GICHIN in den Schulen des *Karate* eingeführt. Der erste *Dan*-Träger des *Shôtôkan-Karate* war →GIMA MAKOTO (SHINKUI), ein Schüler Funakoshis. Gima, ein Okinawaner, der zuerst unter ITOSU und YABU studierte, danach unter KYAN CHÔTOKU und über diesen die →*Uchi-deshi*-Linie weiterführte, ging mit Funakoshi nach Japan und war sein Partner in der Vorführung am *Kôdôkan*. Danach blieb er dort und steht heute dem Verband *Karatedô Shiseikan* vor.

Dan-bong (kor.): kurze Stöcke (→*Kuk-Sool-Won*).

Dan-dao (chin.): auch *Darn-do* oder *Tai-chi-tao,* gebogener chinesischer Säbel (→ *Bing-qi,* →*Dao*), im Gegensatz zum →*Dan-jian*, dem geraden chinesischen Schwert.
Die Legende sagt, daß der mythische Kaiser SUI JEN-SHI das *Dan-dao* aus Gold gemacht habe. Der Umgang mit dem *Dan-dao* enthält 13 grundlegende Taktiken. Dieses Schwert ist im Prinzip eine Schneidewaffe, für dessen Techniken man weniger Fähigkeiten braucht. Es war das Schwert der einfachen chinesischen Soldaten.

Dao – chinesischer Säbel

Daniel, Charles: amerikanischer →*Ninjutsu*-Experte, Autor mehrerer Fachbücher. Schüler von HATSUMI MASAAKI und STEPHEN HAYES.
Charles Daniel gilt als einer der Initiatoren des *Ninjutsu* in Deutschland. Er wurde von WOLFGANG →ETTIG 1984 nach Deutschland eingeladen und unterrichtete hier ein halbes Jahr. Auf dieser Grundlage wurde Ettigs *Europäische Ninpo Organisation* (ENO) gegründet, die sich nachfolgend an das *Bujinkan Bo Dôjô* von F. BO →MUNTHE anschloß.

Dan-jian (chin.): auch *Darn-gim*, *Jian* oder *Chien*, gerades zweischneidiges Schwert der chinesischen Kampfkünste (→*Bing-qi,* →*Jian*), im Gegensatz zum →*Dan-dao*, dem gekrümmten, einschneidigen Schwert.
Das *Jian* soll ZHI YU erfunden und aus Gold gemacht haben. Der Umgang mit dem *Jian* enthält 16 grundlegende Taktiken. Die chinesischen Schwerter sind auf den Verwender zurechtgeschnitten und sollen vom Nabel bis zum Boden reichen. Die Klinge des Jian besteht aus drei Abschnitten: der Teil an der Spitze ist äußerst dünn und rasiermesserscharf und kann daher leicht gebrochen werden. Er wird nur zum Angriff verwendet. Der mittlere Teil ist weniger scharf, dafür dicker und wird für ableitende Bewegungen verwendet. Der Teil nahe dem Heft wird verwendet, wenn größere Kraft nötig ist.
Die Schwerttechniken gleichen denen des Händestoßens *(Tui-shou)* aus dem *Tai-ji-quan*, daher wird dieses Schwert den *Tai-ji*-Übenden besonders empfohlen. In der *Kata* mit dem *Jian* finden sich dieselben Prinzipien wie im *Tai-ji-quan*. Das *Jian* gilt von beiden chinesischen Schwertern als die höhere Kunst und ist schwieriger zu lernen. Früher war es die Waffe der höheren Offiziere und Aristokraten. Zusätzlich zum *Jian* lehren manche chinesischen Meister die Selbstverteidigung mit dem kurzen Stock, um die Schwerttechniken zu ergänzen.

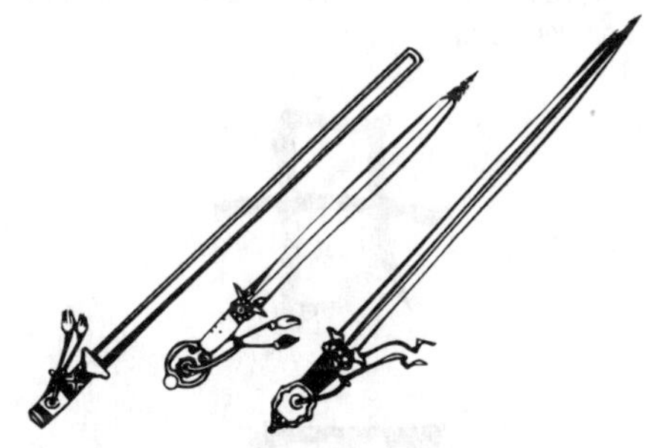

Jian – zweischneidige chinesische Schwerter

Dankyû (jap.): s. →*Kyûdan*.

Dan no Ura (jap.): Bezeichnung für eine Bucht in Nagato bei Shimonoseki, Schauplatz des Entscheidungskampfes zwischen den →TAIRA und →MINAMOTO im →*Gempei*-Krieg.

Dan-ryoku (jap.): Spannkraft, Elastizität.

Dan-ryoku no Kamae (jap.): Bezeichnung für eine Verteidigungsposition im *Taijutsu*. Aus der Grundstellung *(Hira ichimonji no Kamae)* wird z. B. im *Hanbôjutsu* ein Fuß nach vorne oder nach hinten gesetzt, während der *Hanbo* in senkrechte Lage vor den Körper gebracht wird. Die Arme sind angewinkelt, die untere Hand hält den Stock, während die obere Hand seitlich an ihm anliegt.

Dansha (jap.): Bezeichnung für einen *Dan*-Träger in den *Budô*-Künsten (→*Kyûdan*, →*Mudansha*, →*Kodansha*).

Dantai (jap.): Verein, Vereinigung, Körperschaft.

Dantai-sen-kumite (jap.): Wettkampf der Mannschaften. Zwei Mannschaften mit der gleichen Anzahl von Kämpfern treffen aufeinander. Aus einer Mannschaft steht einer auf, aus der anderen meldet sich ein freiwilliger Gegner.

Dan-tian (chin.): auch *Tan-t'ien*, wörtlich »Zinnoberfeld«, energetisches Zentrum des Menschen. Traditionell gibt es drei Zentren des *Dan-tian*, im *Qi-gong* wird noch ein hinteres *Dan-tian* klassifiziert:

1. ***Shang-Dan-tian:*** der obere *Dan-tian* befindet sich über der Nasenwurzel zwischen den Augenbrauen und entspricht dem Akupunkturpunkt *Yin-tang*.

Schriftzeichen für Dan-tian

2. ***Zhong-Dan-tian:*** der mittlere *Dan-tian* wird meist zwischen den Brustwarzen auf dem Brustbein lokalisiert und entspricht dem Akupunkturpunkt *Tan-zhong*.

3. ***Xia-Dan-tian:*** der untere *Dan-tian* befindet sich etwa drei Fingerbreit unter dem Bauchnabel und entspricht dem Akupunkturpunkt *Qi-hai*. Manchmal wird der untere *Dan-tian* auch direkt auf dem Bauchnabel lokalisiert. In den Kampfkünsten wird nur der untere *Dan-tian* beachtet.

4. ***Hou-Dan-tian:*** der hintere *Dan-tian* gehört nicht zu den drei klassischen *Dan-tian*, ist aber für viele *Qi-gong*-Übungen von Bedeutung. Er befindet sich unter dem zweiten Lendenwirbel auf dem Akupunkturpunkt *Ming-men*.

In den Kampfkünsten wird das *Dan-tian* nicht als Punkt, sondern als Feld verstanden. Dieses Feld befindet sich in der Tiefe der Bauchhöhle. Es umfaßt die Punkte *Guan-yuan* (*Ren-mai* 4), *Qi-hai* (*Ren-mai* 6), *Shi-men* (*Ren-mai* 5) und *Zhong-ji* (*Ren-mai* 3). Über sein Zentrum, den Punkt →*Qi-hai*, kann man das *Dan-tian* beeinflussen. Das *Dan-tian* im engeren Sinn ist der Bereich um den Punkt *Guan-yuan*. Es läßt sich mit einer Beuteltasche vergleichen: Sammelt der Übende kein *Qi*, bleibt sie leer, nur durch die richtige Übung kann sie mit *Qi* gefüllt werden und stellt dann ein Reservoir an Energie dar, die jederzeit abgerufen werden kann.

Im *Dan-tian* wird das *Qi* gesammelt und verfeinert. Bei Bedarf fließt es von hier in alle Körperteile. Ein Kampfkunstmeister strebt danach, seine *Qi*-Konzentration im *Dan-tian* groß zu halten. Alle Bewegungen und alle Kampfkraft geht von hier aus. Wesentlich für die Verbreitung des *Qi* aus dem *Dan-tian* sind die beiden Energiekreisläufe (→*Da-zhou-tian* und →*Xiao-zhou-tian*).

Dan-tian-qi (chin.): →*Qi*, das im *Dan-tian* gespeichert wird. Es entsteht aus dem *Yuan-jing* (s. →*Jing*) und wird »Wasser-Qi« oder »vorgeburtliches Qi« genannt. Dieses *Qi* hat die Fähigkeit, das *Qi*, das aus der Nahrung entsteht (→*Huo-qi*), abzukühlen und den Geist zur Ruhe und Gelassenheit zu bringen.

Dan-zuki (jap.): mehrmaliges schnelles, aufeinanderfolgendes Stoßen mit demselben Arm (Klassifizierung s. unter →*Tsuki-waza*). Mehrere Fauststoßvarianten können schnell hintereinanderfolgend mit demselben Arm ausgeführt werden, z. B. *Jôdan-choku-zuki, Chûdan-ura-zuki.*

Danzan-ryû (jap.): *Jûjutsu*-Schule, gegründet von HENRY SEIICHIRÔ OKAZAKI († 1951) um 1920 auf Honolulu.

Okazakis *Dôjô*, das *Kodenkan*, beherbergte 1936 die *Hawaii Karate Seininkai Association* von THOMAS MIYASHIRO. Okazakis Hauptschüler waren WALLY JAY und SIG KUFFERATH. Wally Jay (* 1917), 6. Dan *Jûdô* und 10. Dan *Jûjutsu*, ist einer der bekanntesten Experten unserer Zeit. Sig Kufferath (* 1911) ist der aktuelle Großmeister des *Kodenkan Danzan-ryû* und Spezialist für *Tessen-jutsu*.

Dao[1] (chin.): **Überbegriff für alle Schneidewerkzeuge: Messer, Schwert, Säbel usw., auch *Dau, Daw* oder *Tao*.**

Meist ist mit dem Begriff *Dao* der Säbel gemeint, die Waffe der Krieger und Soldaten. Der Säbel unterscheidet sich vom Schwert (→*Jian*) durch seine einschneidige gebogene Klinge. Das Wort *Dao* bezeichnet aber auch das Küchen- und Schlachtermesser.

Die ältesten antiken Säbel waren aus Hartholz, das zuerst mehrere Jahre in Wasser und dann in Öl gelagert wurde, um es zu härten. Ca. 2500 v. Chr. gab es die ersten Stein- und Jadesäbel – sie dienten aber hauptsächlich rituellen und dekorativen Zwecken. Mit dem Säbel verbunden ist

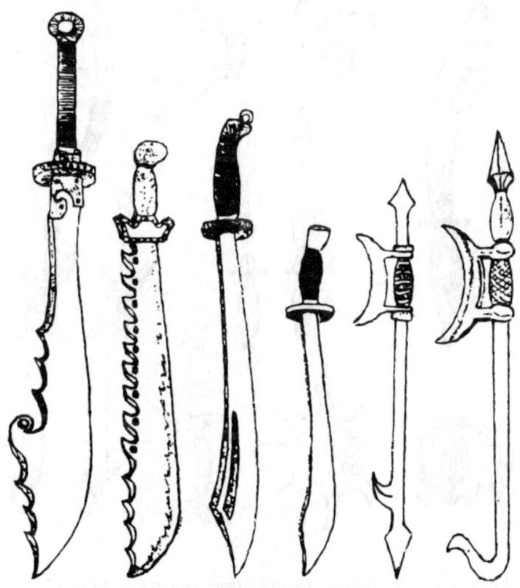

Dao – chinesische Säbel, von links nach rechts: Gui-tou-dao; Jiu-kao-dao; Yan-mao-dao; Liu-ye-dao; Tie-gou; Hu-tou-dao-gou

ZANG-ER, der Gott der Schlachten. Der Begriff *Dao-bing* bedeutet auch Krieg. Erst in der Frühlings- und Herbstperiode *(Chun-qiu)* und später in der Zeit der kämpfenden Reiche *(Chan-guo)* tauchte der Säbel aus Eisen auf dem Schlachtfeld auf. Die Säbel wurden oft erst am Vorabend der Schlacht geschmiedet und an die Infanteristen verteilt. Sie waren von schlechter Qualität und hielten meist nur für eine Schlacht. In der Song-Dynastie (960 bis 1279) bekam der Säbel seine charakteristische Form des Weidenblattes *(Yang-liu-yar-dao)*.

In der Ming-Dynastie begann man wie bei den Schwertern *(Jian)* zwischen zivilen Säbeln *(Wen-dao)* und militärischen Säbeln *(Wu-dao)* zu unterscheiden. Der zivile Säbel wurde für das Training in den Kampfkünsten verwendet, war weniger lang und schwer und besaß keine Scheide. Der schwere militärische Säbel aus gehärtetem Stahl wurde oft in einer Scheide aus Tigerfell getragen. Man unterscheidet eine Vielzahl von Arten, manche davon (z.B. die Schmetterlingssäbel) werden paarweise benutzt.

Es gibt einen Nudelsäbel *(Mian-dao)* mit einer sehr dünnen, nachgiebigen Klinge, die aber scharf wie ein Rasiermesser ist. Er wird in den inneren Stilen der Kampfkünste *(Nei-jia)* benutzt. Der Säbel der acht Trigramme *(Ba-gua-dao)* ist sehr lang und wird im *Ba-gua-quan* verwendet. Wegen seiner Vielfalt fällt der Säbel unter mehrere Waffenkategorien. Die kürzesten *(Xiao-dao)* werden im Nahkampf eingesetzt und gleichen mehr einem Küchenmesser. Die längsten sind kaum von einer Hellebarde (→*Tai-dao*) zu unterscheiden. Die klassischen Säbel werden auf einer Distanz von drei Schritten zum Gegner eingesetzt.

Der Säbel wird der Wandlungsphase Metall *(Wu-xing)* zugeordnet. Die Techniken sind einfacher und direkter als die des Schwertes. Durch seine gebogene Klinge erlaubt der Säbel direkte und sehr offensive Angriffe, und durch seine Massivität sind gleichzeitig auch harte Blöcke und Abwehrtechniken möglich. Die Offiziere der kaiserlichen Garde mußten ein Examen ablegen, in dem sie mit dem Säbel eine daumendicke Kupferstange durchzuschlagen hatten. Manche schafften auch drei Stangen mit einem einzigen Schlag. Verschiedene Arten des Säbels sind:

CHINESISCHE SÄBELARTEN	
1. Biao-dao	– Stachel-Säbel zum Werfen
2. Bi-shou	– Dolch
3. Chan-ma-dao	– kontonesisches Schmetterlingsmesser
4. Feng-huo-dao	– Wind- und Feuer-Säbel
5. Gui-tou-dao	– Dämonenkopf-Säbel
6. Hu-tou-dao-gou	– Hakensäbel mit Tigerkopf
7. Jie-dao	– Säbel aus Gußeisen
8. Jiu-kao-dao	– Säbel mit neun Haken
9. Ju-yue-dao	– Säbel des Himmels und der Erde
10. Kei-len-dao	– Einhorn-Messer
11. Liu-ye-dao	– Weidenblatt im zivilen Gebrauch
12. Qin-ting-dao	– langer Säbel mit Libellenflügeln
13. Shuang-yue-liang-dao	– Doppel-Halbmond-Säbel
14. Tian-yue-dao	– Himmel und Mond-säbel
15. Tie-gou	– Kriegs-Haken
16. Xiao-dao	– kleiner Säbel
17. Yan-mao-dao	– Militärsäbel in Form einer Gänsefeder
18. Yue-liang-dao	– Halbmond-Säbel

Dao[2] (chin.): auch →*Lu* oder *Tao-kuen*, Bezeichnung für die Bewegungsabläufe (→ *Kata*) der chinesischen Systeme des → *Quan-fa*. Wort und Schriftzeichen sind identisch mit *Dao*[3], der »übergeordneten Gesetzmäßigkeit des Universums«.

INHALTE

In den gymnastischen Gesundheitssystemen (→*Dao-yin*, →*Ba-duan-jin*, →*Wu-qin-xi*) des →*Qi-gong*, aus denen sich die *Dao* des *Quan-fa* entwickelten, wurden die Körperpunkte (→*Dian-xue*) durch die Koordination der Bewegung, Atmung und das rechte Verhältnis zwischen Spannung und Entspannung in der richtigen geistigen und körperlichen Haltung durch Massage stimuliert, ähnlich wie in der chinesischen Medizin. Das Ziel dieser Übungen war die Akkumulation und die Kontrolle des →*Qi* zum Zwecke eines langen Lebens.

Der Geübte, der durch die positive Stimulation seines eigenen Vitalsystems, durch die Kontrolle seines Selbst und durch die Lenkung seiner vitalen Kraft überdurchschnittliche Fähigkeiten erlangte, erkannte bald, daß er auf denselben Körperpunkten bei seinem Gegner durch Druck oder Schlag negative Wirkungen hervorrufen konnte. Dazu bediente er sich der Erfahrungen aus der Akupunktur und Akupressur (→chinesische Gesundheitslehre). Seine Übungen veränderten sich hinsichtlich der Formen, und er begann, in die Bewegungssysteme, die bisher dazu dienten, seinen eigenen *Qi*-Fluß zu regulieren, Abwehr- und Angriffstechniken einzubauen. Ohne die esoterische Grundlage seiner Vitalübung zu verlassen, gründete er kämpferische Bewegungskonzepte, die Methoden der Abwehr und des Angriffs enthielten. Seine Bewegungsübungen begannen sich in Kampfkunst-*Dao* zu verwandeln und enthielten drei grundlegende Schwerpunkte:

- Sie sorgten für das innere und äußere Gleichgewicht des Selbst, das aufgrund der esoterischen Bewegungsinhalte (*Qi*-, Atem- und Geisteskontrolle) möglich war.
- Sie entwickelten die Fähigkeit, gegnerische Schläge durch die *Qi*-Kontrolle zu neutralisieren und das in den Aktionen verbrauchte *Qi* beständig in den Vitalzentren des eigenen Körpers aufzuladen und zu stabilisieren.
- Sie enthielten kämpferische Konzepte, die lehrten, wie die gegnerischen Vitalzentren mittels Schlägen und Tritten auf eine beliebige Weise beeinflußt werden konnten.

Der esoterische Hintergrund der chinesischen Kampfkunst-Dao gelangte zu einer großen Tradition, wurde jedoch sowohl in China als auch spä-

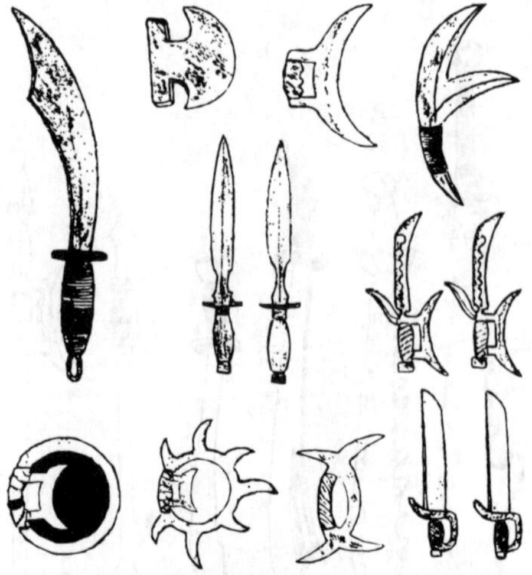

Weitere chinesische Handwaffen, die zu den Dao (Schneidewerkzeugen) gezählt werden, von links nach rechts: Siao-dao; Jie-dao; Yue-liang-dao; Piao-dao, Pi-shou (Paar); Kei-len-dao (Paar); Tian-yue-dao; Feng-huo-dao; Shuang-yue-liang-dao; Chan-ma-dao (Paar)

ter in Okinawa und Japan geheimgehalten und nur wenige Schüler gelehrt. Er umfaßte außer der Technik die drei obengenannten Schwerpunkte. Bereits vor Bodhidharmas Zeit gab es in den daoistischen Systemen ein umfangreiches Wissen über die Körperpunkte (Dian-xue), durch welches die negative Stimulation des gegnerischen Vitalsystems gelehrt wurde.

Dao[3] (chin.): auch *Tao*, Begriff aus dem chinesischen →Daoismus. *Dao* (jap. →*Dô*[4]) ist die Natur, die übergeordnete Gesetzmäßigkeit des Universums, die nicht erfaßbare Ordnung aller sichtbaren Veränderungen, die alle Dinge dem ewigen Werden und Vergehen unterwirft.

Schriftzeichen für Dao

DEFINITION

Die wichtigste Charakteristik des *Dao* ist das Nichts oder die Leere (→*Wu-ji*), jene auch späterhin in den buddhistischen Richtungen vielzitierte Leere, die in allen Wegkünsten als Vorbild für die zu erreichende rechte innere Haltung dient. Das philosophische Ideal der inneren Haltung ist in allen Wegkünsten die Überwindung des →Ich. Dies beinhaltet das Leermachen von Wünschen, Vorstellungen und Ansprüchen (Nicht-Wirken, Nicht-Sein, Nicht- Bewußtsein, Nicht-Haltung, Nicht-Geist usw.) und hat immer das Beispiel des universalen Nichts zur Grundlage. »Dao ist Nicht-Sein«, sagt →LAO-ZI, was gleichzeitig der Ursprung allen Seins ist, da das Nichts des *Dao*, ohne Zutun seinerseits alle Dinge hervorbringt, gestaltet und lenkt. Es ist namenlos, denn es ist größer als alles, was benannt werden kann. Es handelt nicht und läßt alle Dinge in Ruhe. Es trägt die Dinge, ergreift jedoch keinen Besitz von ihnen, sondern läßt sie sich selbst verändern. Obwohl es nichts tut, werden doch alle Veränderungen von ihm gelenkt. Das Wirken des *Dao* zeigt sich erst in der Interaktion der Gegensätze in den Erscheinungen (→*Yin/Yang*).

WEGE DES DAO

Dao ist ein Grundbegriff in der chinesischen Denkweise, doch als Prinzip gehört es nicht ausschließlich zum Daoismus. Es ist identisch mit dem sino-japanischen →*Dô*[4] (Weg) und wird sowohl im Chinesischen als auch im Japanischen mit denselben Zeichen geschrieben: das Ideogramm für einen Weg, für den Kopf eines Meisters und für die Füße eines Schülers, der dem Weg des Meisters folgt. Es ist der Weg des Universums, der Weg des *Dao*. Dem Weg dienten alle Übungsmethoden, gleich ob daoistisch oder buddhistisch. Auch der Konfuzianismus gründete den Weg der Weisen, der entsprechend der konfuzianischen Philosophie dasselbe verfolgte. Die japanische *Shintô*-Religion gründete den Weg der Götter. Es entstanden weitere Wege, wie der Teeweg, der Weg der Medizin oder der Weg der Kampfkünste, deren höchste Instanz jeweils der Meister ist.

Dao-de-jing (chin.): auch *Tao-te-ching* oder *Tao-te-king*, »Der Weg und die Kraft« oder »Die Tugend des Dao«, Buch mit der grundlegenden Philosophie des Daoismus (→*Dao*), dem Begründer des Daoismus, →LAO-ZI, zugeschrieben. Über die Datierung des Buches sind sich die Geschichtsforscher nicht einig. Es enthält kein Datum, keinen Namen und keinen Hinweis auf ein historisches Ereignis, das den Schlüssel zu seiner Datierung hätte bilden können. Allgemein wird das 4. oder 3. Jh. v. Chr. angenommen. Das Buch hat 5000 Wörter, weswegen es in China auch »Text der 5000 Zeichen« genannt wird. Es besteht aus 81 Kapiteln und ist in zwei Teile geteilt.

Die Kapitel 1–37 befassen sich mit dem →*Dao* und die Kapitel 38–81 mit dem →*De*. Das Wort *De* ist besonders vieldeutig, was eine korrekte Übersetzung schwermacht. Es kann Kraft, Tugend, Autorität und mehr bedeuten. Aber im Gegensatz zum Begriff der Tugend anderer Schulen, die eine ausgeklügelte soziale Organisation und ein geregeltes Verhalten betonen und Macht und Stärke erstreben, wird das *De* des Lao-zi durch Einfachheit und Schwäche charakterisiert.

Schriftzeichen für Dao-de-jing

Sittlichkeit und Wissen sollen in ihrem Wesen verstanden werden, und das Leben sollte so natürlich sein, daß es einem ungehobelten Block entspräche.

Zu den höchsten Tugenden gehört Schwäche, die durch das Kind, die Frau und das Wasser symbolisiert wird. Wasser wohnt in niederen Plätzen, es nützt aber allen Dingen. Obgleich sanft, besiegt es mit der Zeit dennoch alles Starke. Man sollte Bösem mit Güte begegnen, ebenso wie ein Heerführer oft nachgibt, um voranzukommen. Deshalb ist Schwäche in Wirklichkeit Stärke. Das ist so, weil sie dem *Dao* folgt – dem Weg der Natur. Damit ist das *Dao-de-jing* der größte Gegenspieler der konfuzianischen Lehre, die vor allem eine moralische Reform verlangt.

Die meisten Gelehrten glauben, das Buch sei das Ergebnis vieler Hände über eine lange Zeit hinweg und habe seine heutige Form erst im 4. Jh. erhalten. Es enthalte jedoch die grundlegenden Lehren des Lao-zi, die dieser zwei Jahrhunderte vorher gelehrt habe (→*Dao-jia*).

Man weiß heute, daß aus unbekannten Gründen die beiden Komplexe, das *Dao* und das *De*, vertauscht worden sind. Früher war es also ein *De-dao-jing*. Vermutlich wurde damals das *De* für wichtiger erachtet als das *Dao*. Seinen Namen erhielt es erst in der Han-Dynastie, vorher wurde es einfach *Lao-zi* genannt, da man die Bücher häufig nach dem Verfasser benannte.

Das Buch enthält viele kurze, in sich abgeschlossene Aussagen, die häufig eines Kommentars von einem Gelehrten bedürfen. Aber auch die Gelehrten sehen heute verschiedene Bedeutungen, da sich niemand mehr in diese Zeit zurückversetzen kann und viele Schriftzeichen ihre Bedeutung verändert haben.

Wo Heere weilen, wachsen Disteln und Dornen.
Nach den Kämpfen kommen immer Hungerjahre.
Waffen sind unheilvoll und nicht für den Edlen gedacht.
Menschen in großer Zahl töten, soll man beklagen mit Tränen des Mitleids.
Wer im Kampfe siegt, soll bei einer Trauerfeier weilen.

Der Name oder die Person, was steht näher?
Die Person oder der Besitz, was ist mehr?

Daoismus: auch *Taoismus*, ein im Westen gebrauchter Sammelbegriff für alle daoistischen Richtungen (→*Dao-jia*), oft fälschlicherweise als eine Religion angesehen.

Der religiöse Daoismus (→*Dao-jiao*) und der philosphische Daoismus (→*Dao-jia*), die großen Gegenspieler des →Konfuzianismus, lehrten die Flucht aus der damals unruhigen und unbeständigen Welt. Sie wenden sich bereits damals in jeweils eigener Weise von dem künstlich Geschaffenen, besonders vom wirtschaftlichen Fortschritt ab. Statt dessen lehren sie die Hinwendung des Menschen zur Natur und zur Kultivierung der inneren Ruhe (→*Qi-gong*). Jede Form der Autorität ablehnend, hat der Daoismus nie eine gesellschaftliche Ideologie hervorgebracht. Aber als Philosophie nahm er Einfluß auf die sich später heranbildenden chinesischen Naturwissenschaften und Künste und prägte sie nachhaltig. Die Unterscheidung in *Dao-jia* und *Dao-jiao* wurde erst spät eingeführt und meist nur von Außenstehenden benutzt. Die Philosophen empfanden sich gewöhnlich keiner Schule zugehörig, sondern handelten in der Tradition ihres philosophischen Vorbildes. Sie verstanden sich einfach als Suchende. Der volkstümliche Daoismus nahm hauptsächlich die Praktiken des Schamanismus und anderer Naturströmungen in sich auf. Später fanden aber auch Praktiken aus dem philosophischen Daoismus, wie *Qi-gong* und Gesundheitslehre, in ihn Eingang.

Daoistischer Magier mit Schwert

Auch die Kampfkünste blieben davon nicht unberührt. Das Prinzip *Wu-wei* drückt aus, daß die Kampfkünste nicht aus gewalttätigen Techniken bestehen, sondern als Methode der Verteidigung gedacht sind. Deshalb gibt es für den echten Meister keinen Angriff, sondern nur eine Anpassung an die Handlungen des Gegners:

»Ein guter Krieger ist nicht kampfeslustig.
Ein guter Kämpfer ist nicht jähzornig.
Ein guter Sieger triumphiert nicht.«

Lao-zi

Dao-jia (chin.): auch *Tao-chia*, die Schule *(Jia)* des Weges *(Dao)*, chinesische Bezeichnung für den philosophischen Daoismus. Man kann im Daoismus zwei große Richtungen unterscheiden, zum einen den philosophischen Daoismus, der zumeist von Einsiedlern ausgeübt wurde, und den volkstümlichen Daoismus (→*Dao-jiao*).

<u>Der philosophische Daoismus</u>

Die philosophische Schule des Daoismus ist eine der vier bedeutendsten chinesischen Schulen (→ *Jia*) und gleichzeitig eine der »100 Schulen« in der Zeit der »Streitenden Reiche« (481–221 v. Chr.). Das Wesen der Schule ist die Philosophie des *Dao* von →Lao-zi, die auf dem Wechselspiel von →*Yin/Yang* beruht. Zum *Dao* gehört auch →*De*, das mit »Tugend« oder »Wirkkraft« übersetzt wird.

Die beiden bedeutendsten Texte des Daoismus sind das →»Dao-de-jing« von Lao-zi und »Das wahre Buch vom südlichen Blütenland« von → Zhuang-zi, die erste große Prosadichtung Chinas. Die Autoren beider Werke gelten als die Begründer des philosophischen Daoismus. Die Werke sind künstlerisch einzigartig: das »Dao-de-jing« knapp und konzentriert in seinen Aussagen, das Buch von Zhuang-zi mit einer Fülle von Bildern und Gleichnissen in geschliffener Prosa. Beide Werke sind Höhepunkte chinesischer Dichtung und Philosophie. Die Erben Lao-zis und Zhuang-zis waren Lie-zi und Yang Chu.

<u>Inhalte</u>

Zu den bedeutendsten Praktiken des philosophischen Daoismus gehören die Meditation und das Nachahmen des *Dao* im eigenen Denken und Handeln. Mittels beider versucht man die Vereinigung mit dem natürlichen *Dao*. An Überweltlichem, wie z. B. dem Erlangen der Unsterblichkeit, die im religiösen Daoismus eine bedeutende Rolle spielt, sind die Philosophen dieser Schule nicht interessiert. Die zentrale Position in der Philosophie des *Dao* hält der Begriff →*Wu-wei* (absichtsloses Handeln. Ethisch steht die Philosophie im krassen Widerspruch zum Konfuzianismus, dessen Grundtugenden *Ren* (*Jen* – Geisteshaltung der Zuneigung und Nachsicht) und *Yi* (Einhaltung der Regeln des gesellschaftlichen Lebens) sie ablehnt, da diese ihrer Meinung nach die reine menschliche Natur verschleiern und das *Dao* stören.

Der philosophische Daoismus spielte bei der Gründung des →*Chan* (s. auch →BODHIDHARMA) eine bedeutende Rolle. Von allem Anfang an nahm er auf die Entwicklung des *Chan* Einfluß, festigte sich jedoch mit seinem Gedankengut erst ab dem 6. Patriarchen des *Chan*, HUI NENG, endgültig.

Bildnis von Chang Kuo-Lao, einem chinesischen Schutzgott

Dao-jiao (chin.): auch *Tao-chiao*, religiöser, volkstümlicher →Daoismus. Die volkstümliche Variante des Daoismus entwickelte sich ab dem 2. Jh. n. Chr. und hat mit dem ursprünglichen philosophischen Konzept nur noch wenig zu tun. Ein bedeutender Inhalt ist der Glaube an viele Götter und an den zum Gott erhobenen →LAO-ZI. Magie, Zauber und Riten sind feste Bestandteile. Man benutzte früher auch die Praktiken des →*Wai-dan* und versuchte übernatürliche Kräfte zu entwickeln.

Zum volkstümlichen Daoismus werden alle Schulen und Richtungen gezählt, die die Erlangung der Unsterblichkeit (→*Chang-sheng-busi*) zum Ziel haben. Die frühen Daoisten suchten die Harmonie und Einheit mit der Natur durch ähnliche Praktiken wie das *Chan* (es wird vermutet, daß *Chan* erst durch die Kombination von Buddhismus und Daoismus entstand). Da das Verhalten und die Lebensweise dieser Menschen dem einfachen Volk unbegreiflich waren, entstanden immer mehr Legenden über die »geheimen Praktiken«. Diese Legenden wurden mit Naturgottheiten vermischt, und so entstand der volkstümliche Daoismus.

Die wichtigsten volkstümlich-daoistischen Schulen sind: Innere-Gottheiten-Hygiene-Schule, Fünf-Scheffel-Reis-Daoismus, Weg des höchsten Friedens, Schule des Magischen Juwels, Weg der Rechten Einheit und Verwirklichung der Wahrheit. Die Übungen, die zur Erlangung der Unsterblichkeit angesetzt wurden, nennt man →*Yang-xing* (*Yang-hsing* – das Lebensprinzip nähren, s. dort). Sie erstrecken sich über Methoden der Meditation, inneres und äußeres Elixier (→*Nei-dan,* →*Wai-dan*), Atemübungen (→*Tai-xi*), Gymnastik (→*Dao-yin,* →*Qi-gong*), sexuelle Praktiken (→*Fang-zhong-shu*) und Verzicht auf Körnerfrüchte (→*Bi-gu*). Viele reichhaltige Erfahrungen dieser Übungen findet man im →*Qi-gong* wieder, Teil dessen auch die Kampfkünste sind. Die volkstümliche Richtung, die ihre Wurzeln zum großen Teil im alten Volkskult hat, entwickelte sich aus der Philosophie des →LAO-ZI und des →ZHUANG-ZI. Aus der bereits damals bekannten Hygiene-Schule stammen die Atem- und Gymnastikübungen. Dazu kamen verschiedene magische Praktiken (z. B. die Lehre über die fünf Elemente, die die Suche nach der Unsterblichkeit anregte). Besonders wichtig in der Entstehung des volkstümlichen Daoismus war die Suche nach der Insel im Osten, wo der unsterbliche Pilz wachsen sollte.

Die mystische Insel im Ostchinesischen Meer, Penglai (P'eng-lai – in der chinesischen Mythologie der Inbegriff von Glückseligkeit), auf der nach Auffassung der Daoisten die Unsterblichen (→*Hsien*) wohnten, wurde bereits in vorchristlicher Zeit von vielen Expeditionen gesucht. Die erste,

die den »Pilz der Unsterblichkeit« suchen sollte, befuhr im 4. Jh. v. Chr. die Meere und kehrte, wie viele andere Expeditionen danach, nicht mehr zurück. Heute gilt als erwiesen, daß einige dieser Expeditionen nach Okinawa (Ursprungsland des *Karate*) kamen, wo sie danach blieben und die Kultur des Landes reichhaltig beeinflußten.
Etwa zwischen 220 und 120 v. Chr. vermischten sich die Lehren der einzelnen Strömungen. Dies ging von der Entstehung der Magier (→*Fang-shi, Dao-shi*) aus, durch die das philosophische Prinzip des →*Dao* im Volksglauben allmählich als persönliche Gottheit aufgefaßt wurde. Zu Anfang der Zeitrechnung wurde die erste daoistische Kirche gegründet, die »Innere-Gottheiten-Hygiene-Schule«. Lao-zi wurde darin in Verschmelzung mit dem mystischen »Gelben Kaiser« (→HUANGDI) in der späteren Han-Dynastie (165 n. Chr) zum Gott. Daraufhin wurde von ZHANG DAO-LING (TSCHANG DAO-LING) eine organisierte daoistische Sekte (»Fünf-Scheffel-Reis-Daoismus«) gegründet, die den eigentlichen Volkskult auszumachen begann und deren Priestertradition sich bis heute weitervererbt hat. Danach entstand die »Schule des Weges des höchsten Friedens« unter ZHANG JUE (CHANG CHÜEH). Die Mitglieder, die »Gelben Turbane«, rebellierten gegen die Regierung. Beide Schulen beinhalteten magische Praktiken, durch die sie im Volk Krankheiten zu heilen versuchten, was ihnen zu großer Popularität verhalf.
In den folgenden Jahrhunderten gab es in den daoistischen Richtungen sowohl Tendenzen der Vereinigung als auch der Reformation. Es entstand ein Vielzahl von wertvollen Schriften, besonders über Alchimie, Medizin und Magie. Erst im Jahre 444 n. Chr. wird bei der nördlichen *Wei* unter dem Einfluß von KOU QIANZHI der Daoismus offiziell anerkannt und gefördert. Es wurde die Schule »Südlicher Weg der himmlischen Meister« gegründet, während die andere Schule »Nördlicher Weg der himmlischen Meister« benannt wurde. Als Religion aber war der Daoismus keineswegs zu verstehen. Je nach Geschmack des Herrschers wurde eine Philosophie gefördert oder verboten.
Dies war der Zeitpunkt, an dem →BODHIDHARMA im →Shaolin-Tempel eintraf. Beide Lehren begannen sich gegenseitig zu bereichern, denn beide hatten ein großes Potential an Praktiken und Übungen der Selbsterfahrung (→*Qi-gong*). Teile der chinesischen daoistischen Lehre wurden zusammen mit ihren Übungen in das sich heranbildende →*Chan* des Shaolin-Klosters übernommen und dort weiterentwickelt. Das *Chan* begann sich im Shaolin-Kloster zu formen und sich als eigenständige Richtung zu entwickeln. Die verschiedenen Übungen, die es enthielt, ähnelten sehr dem daoistischen *Qi-gong*.
Die südliche und die nördliche Schule des Daoismus begannen gegen Ende der Sung-Dynastie miteinander zu verschmelzen. Daraufhin entstanden viele kleine Strömungen mit verschiedenen (hauptsächlich daoistischen und buddhistischen) Einflüssen. Sie enthielten sehr verschiedene praktische Übungen, wie Meditation, Atmung, Bewegung, Massage, sexuelle Praktiken, Askese u.a. (→*Yang-xing*). Das →*Tai-ji-quan* ist eng mit ihnen verbunden. Alle wurzelten sie in der Vorstellung des *Dao* und des *Yin/Yang*. Die inneren Schulen der Kampfkünste (→*Nei-jia*) schöpften ihr spirituelles Wissen aus diesen Richtungen, während die Weiterentwicklung der Shaolin-Linie (äußere Schulen, →*Wai-jia*) sich intensiver an den *Chan*-buddhistischen Inhalten orientierten.
Wichtige Elemente der daoistischen Praktiken sind Wunderheilungen, physische und geistige Alchimie und Diät, Meditation, Atemübungen, Gymnastik usw. Verlängerung des Lebens suchte man auch im Unsterblichkeitselixier. Meditation, Atemübungen und Askese stellten den Kontakt

Daoistischer Magier mit dämonenvertreibendem Schwert

mit übernatürlichen Wesen her. Durch den Kontakt mit dem Buddhismus entwickelte sich auch im Daoismus das Mönchstum (auch Nonnen). Die Praktiken fanden weite Verbreitung im Volk, da aufwendige Zeremonien durch- geführt wurden: Fastenfeste, kollektive Beichten und Rituale zur Verehrung von Gottheiten usw.

Dao-shi (chin.): auch *Tao-shih*, Gelehrte und Priester im volkstümlichen Daoismus (→*Dao-jiao*). Sie bilden seit dem 4. Jh. die Oberhäupter der daoistischen Gemeinden. Sie regeln die religiösen Angelegenheiten und leiten Rituale und Zeremonien. Das Amt ist erblich.

Dao-shu (chin.): moderner Kampfkunststil, gegründet 1970 von DANIEL DAO in Frankreich, auf der Basis verschiedener *Quanfa*-Stile, darunter *Shaolin-Quan-fa, Bai-he-quan* und *Zui-ba-quan*. Im Stil integriert sind auch mehrere Waffen.

Klassische Darstellung von Dao-yin Übungen

Dao-yin (chin.): auch *Dao-yin-shu*, »Führen und Lenken«, alter Name für →*Qigong*. Meditative gymnastische Übungen, die sowohl die bewußte Führung des *Qi* als auch die körperliche Bewegung beinhalten. Ganz allgemein nannte man diese Übungen im Volk auch noch *Gong-fu* (*Kung-fu* – intensive Arbeit). Derselbe Begriff wurde später im Westen fälschlicherweise für die chinesischen Kampfkünste verwendet.

ÜBUNGSINHALTE

Die *Dao-yin* sind eine Kombination zwischen Atemübung (→Atemtherapie) und körperlicher Gymnastik. Ziel dieser Übung ist es, Gelenke und Muskeln locker zu machen und die Entspannung und Anspannung des Körpers durch das Bewußtsein kontrollieren zu lernen. Die Übungsformen verhelfen zu einer guten Körperhaltung und dienen der Vorbeugung oder Bekämpfung von Krankheiten. Man kann diese Übungen auch selbständig (nur als Gymnastik) ohne Verbindung zu den Atemübungen betreiben, um seine Gesundheit zu fördern. Weitere populäre Formen der *Dao-yin* sind →*Za-fu-bei*, das »Beklopfen von Bauch und Rükken«, und →*Li-shou*, das »Händeschwingen«. Diese beiden Techniken finden auch heute noch große Anwendung, da sie leicht und wirkungsvoll sind. Heute wird der Name *Dao-yin* häufig für die Selbstmassage (→*Ziwoan-mo*) verwendet.

URSPRÜNGE

Die »Kunst der fünf Tiere« (→*Wu-qin-xi*), die von →HUA TUO erschaffen wurde, bildet heute die Grundlage der chinesischen therapeutischen Gymnastik. Doch es besteht die Annahme, daß die *Dao-yin* die älteren chinesischen Bewegungsübungen darstellen. Es gibt sicherlich Verbindungen zwischen den *Dao-yin*, den *Wu-qin-xi*, den später entstandenen →*Ba-duan-jin* und den →*Dao*-Komplexen des →*Quan-fa*. Acht der beliebtesten *Dao-yin* sind:

1. **»Zähneklappern und Trommeln«:** Zuerst werden die Backenzähne mehrmals aufeinandergeschlagen, so als würde man kauen. Dann hält man mit beiden Handflächen die Ohren in einer Weise zu, daß die Finger sich am Hinterkopf berühren. Nun wird mit dem Zeigefinger der linken Hand auf den Mittelfinger der rechten Hand gedrückt, wobei man den Finger abrutschen läßt. Diese Form bringt Kopfschmerzen, Schwindelgefühle und Ohrensausen zum Abklingen.
2. **»Nach links drehen und nach rechts schauen«:** Diese Form dient der Lockerung und Entspannung.
3. **»Umrühren des Meeres und Schlucken des Speichels«:** Man bewegt die Zunge kreisend im Mund, damit viel Speichel produziert wird, den

Alte chinesische Gymnastikformen

man dann schluckt. Diese Form behebt bitteren Mundgeschmack und dient der Verdauung.

4. **»Massage der Kreuzbeingegend mit beiden Händen«:** Man erwärmt durch Reibung die Handflächen und massiert die Kreuzbeingegend beidseitig in senkrechter Richtung. Dies hilft bei Kreuzschmerzen und Menstruationsbeschwerden. Diese Form dient zur Befreiung von Kreuzschmerzen.

5. **»Armstrecken«:** Man ballt die Fäuste und streckt beide Arme seitlich aus. Dann zieht man sie heran, als wolle man sich etwas heranholen. Diese Form dient dem Ausrichten der Wirbelsäule.

6. **»Doppelte Winde«:** Beide Hände liegen zur Faust geschlossen auf dem Brustkorb. Nun werden Schultern und Arme vor- und rückwärtskreisend bewegt. Diese Form regt die Fähigkeit der Atmungsorgane an.

7. **»Heben der Handflächen«:** Man streckt die Arme mit nach oben gekehrten Handflächen vorwärts aus. Dann winkelt man die Unterame an, und zwar so, daß die Handflächen vor dem Gesicht stehen. Diese Form fördert die Fähigkeit der Magen- und Darmtätigkeit.

8. **»Entspannte Muskeln, lockere Gelenke«:** Man streckt im Sitzen die Beine aus, senkt den Kopf, streckt die Arme vorwärts und ergreift die Zehen. Diese Form dient der Entspannung und Anregung des Kreislaufs.

EINFLUSS AUF DIE KAMPFKUNST

Diese als therapeutische Übung gedachte Methode hat nicht nur HUA TUO beeinflußt, sondern wurde in den *Quanfa*-Schulen in ein kämpferisch orientiertes Körpertraining umgewandelt, behielt aber nach wie vor ihre gesundheitsfördernden Merkmale bei. Man kann sagen, daß die chinesische Heilgymnastik die gesundheitsfördernde Bewegungsgrundlage in allen kämpferischen Stilen des *Quan-fa* bildet und lediglich hinsichtlich der geistigen Grundhaltungen des Kämpfens und der technischen und taktischen Konzepte ergänzt wurde. Die Meister des *Quan-fa* analysierten auch die energetischen Strukturen der Tiere und bauten die Kampfgewohnheiten einzelner Tiere in ein Schema technischer und taktischer Manöver ein, aus denen sich die →*Dao* der Tierstile entwickelten.

Daruma Taishi: auch TA-MO, jap. Bezeichnung für →BODHIDHARMA.

Da-sheng-quan (chin.): *Da-sheng-men, Taishing* oder *Hou-ch'uan,* Stil des Affen aus dem nördlichen chinesischen → *Quan-fa* (s. auch →*Bei-tui,* →*Wai-jia*), gegründet von dem Shaolin-Experten KAO-TZU im vorigen Jahrhundert. Der Affenstil kennt fünf Formen *(Dao)*: den großen Affen, den verlorenen Affen, den betrunkenen Affen, den hölzernen Affen und den steinernen Affen. Einzige Waffe des Systems ist der »Affenstab«.

Kao-Tzu, der nicht zwangsweise in das Mandschu-Heer einberufen werden wollte, tötete den Offizier, der ihn rekrutieren sollte. Daraufhin wurde er festgenommen und zu vielen Jahren Zuchthaus verurteilt. Dort beobachtete er durch das Fenster das Verhalten der Affen. Als er wieder frei war, gründete er seinen berühmten Affenstil.

Schriftzeichen für Sheng-quan

Kao-Tzu übertrug seine Kunst auf KEN TAK HOI, der die nördlichen Formen des *Tei-tong* und des *Pek-kwar (Pap Kar)* als Grundlagen in den Stil aufnahm, die einzigen, die er öffentlich unterrichtete. Das *Tai-shing*, das er von seinem Meister Kao-Tzu gelernt hatte, bewachte er eifersüchtig und gab es nur an enge Vertraute weiter. Daraus formte sich das *Tai-shing Pek-kwar*, das wegen der Geheimhaltung des *Tai-shing* in seiner Gesamtheit nur selten anzutreffen ist. Schüler von Ken Tak Hoi war CHAN SAU CHUNG aus Hong Kong, der unter der Bezeichnung »Affenkönig« weltweit bekannt wurde.

Kampfhaltung aus dem Da-sheng-men

Dasu (jap.): ausstrecken, herausstrecken, herausnehmen, abschicken (auch *Shutsu, Sui*).

Da-sum-sing (chin.): Übung aus dem *Shaolin-Kempô* zur Stärkung der Unterarme. Beide Partner schlagen mit voller Kraft Techniken und blocken wechselseitig mit den Unterarmen ab.

Dasu no Kamae (jap.): Vorwärtsstellung, Ausfallstellung, z. B. im *Kukishin-ryû* gebrauchte Position. Der Stock wird waagerecht in der Gedan-Stufe vor den Körper gehalten.

Da-yan Qi-gong (chin.): →*Qi-gong*, das den Bewegungen der Wildgans nachempfunden ist. Diese Heil- und Atemübung ist schon sehr alt und wurde aus den exklusiven Kreisen der daoistischen Kunlun-Schule überliefert. Die Bewegungen imitieren die Wildgans, basieren aber alle auf den alten medizinischen Grundlagen.

Die Übung ermöglicht einen starken *Qi*-Fluß und beugt Krankheiten und Alterung vor. Sie verbessert die Durchblutung, reinigt die Leitbahnen (→*Jing-luo*), stärkt das →*Wai-qi*, hilft bei Bluthochdruck, niedrigem Blutdruck, Herzerkrankungen, Verdauungsproblemen, Rheuma, Arthritis, Hauterkrankungen; macht die Gelenke beweglich, verhindert Alterserscheinungen und verlängert das Leben. Einige Punkte (s. →*Xue*, →*Xue-wei*) werden besonders stimuliert: *Bai-hui* (*Du-mai* 20), *Yin-tang* (Extrapunkt), *Que-pen* (Magen 12), *Qi-hu* (Magen 13), *Shen-que* (*Renm-ai* 8), *He-gu* (Dickdarm 4), *Tan-zhong* (*Ren-mai* 17), *Shen-shu* (Blase 23) und *Tai-yang* (Extrapunkt). Besonders auffällig ist, daß der Fuß bei einem Vorwärtsschritt immer mit dem Fußballen aufgesetzt wird und oft die Fersen auch im Stand angehoben werden. Die heute meist geübte Form hat 64 Bewegungen und dauert etwa 10 Minuten.

Dayong (phil.): Bezeichnung für die weiblichen Schwarzgurte im →*Arnis*.

Da-zhou-tian (chin.): »großer himmlischer Kreislauf«, eine Übung des →*Jing-gong*, einer Variante des →*Qi-gong*, Teil der →Atemtherapie (s. auch →*Zhou-tian*, →*Xiao-zhou-tian*).

Dies ist eine rein konzentrative und meditative Übung, in der die Bewegung des *Qi* erlernt werden soll, während der Körper nicht bewegt wird. Man läßt die Konzentration über den Körper wandern. Die Übung beginnt mit den »sprudelnden Quellen«, den Fußsohlen, folgt dann den drei *Yin*-Meridianen (→*Jing-luo*) auf der Innenseite *(Yin)* der Beine, über den unteren →*Dan-tian* zur Brust. Dort teilt sie sich: verläuft an den Innenseiten *(Yin)* der Arme wieder nach oben zum Kopf, dem höchsten Akupunkturpunkt (s. →*Xue*, →*Dian-xue*), dem *Bai-hui*. Die Konzentration läuft dann gleichzeitig vorn, hinten und auf beiden Seiten wieder nach unten über die Außenseite *(Yang)* der Beine zu den Fußsohlen, von wo sie zurück zum *Dan-tian* fließt. Dort endet der Kreislauf.

Ähnlich dieser Übung ist das →*Jing-luo Qi-gong*, das zusätzlich noch körperliche Bewegung ausführt.

Eine andere Methode ist, daß man für die Führung des *Qi* den exakten Verlauf der Meridiane benutzt. Männer beginnen an der linken

Körperseite, Frauen an der rechten. Die Meridiane *(Jing-luo)* werden nacheinander in einem großen Kreislauf durchwandert, was man mehrmals hintereinander wiederholen kann.

Reihenfolge der Übung

- Lungen-Meridian (Ausatmen)
- Dickdarm-Meridian (Einatmen)
- Magen-Meridian (Ausatmen)
- Milz-Pankreas-Meridian (Einatmen)
- Herz-Meridian (Ausatmen)
- Dünndarm-Meridian (Einatmen)
- Blasen-Meridian (Ausatmen)
- Nieren-Meridian (Einatmen)
- Perikard-Meridian (Ausatmen)
- Sanjiao-Meridian (Einatmen)
- Gallenblasen-Meridian (Ausatmen)
- Leber-Meridian (Einatmen)
- erneut beginnen mit dem Lungen-Meridian

Die Übung kombiniert Atmung, Ruhe und Konzentration. Sie befreit alle Meridiane von Stauungen und stimuliert sie angenehm. *Da-zhou-tian* hat auf die Meridiane die gleiche Wirkung wie die Kampfkünste oder *Qi-gong*. Der Unterschied ist, daß im Großen Kreislauf die Meridiane schneller und bewußter frei gemacht werden können. In der Kampfkunstübung braucht man dazu mehr Zeit, und der Fortschritt ist auch abhängig von der Genauigkeit der Übung. Es dauert auch länger, bis ein Zustand der gründlichen Konzentration erreicht wird.

Wer das *Qi* der Meridiane in den Kampfkünsten gut entspannen kann, ist in der Lage, die Techniken schnell und effektiv auszuführen.

De[1] (chin.): auch *Te*, »Tugend und Kraft«, Begriff aus der Philosphie des →*Dao* (s. auch →*Dao-de-jing*). Der Begriff verweist auf die potentielle Energie des →*Dao* (s. auch →*Qi*), die dann, wenn ein Mensch sie beherrscht, ihn zum richtigen Zeitpunkt in der richtigen Haltung am richtigen Ort sein läßt.

Der Begriff »Tugend« trifft nicht die vollständige Bedeutung. *De* ist die Gesetzmäßigkeit und Eigenschaft, die allem innewohnt und vom *Dao* ausgeht. Sie befähigt den Menschen, zu Unschuld und Schlichtheit (→*Pu*) zurückzukehren. *De* ist der gewöhnliche Geist des *Dao* und die Verwirklichung und der Ausdruck des *Dao* im Leben. Es ist die natürliche Tugend, die den Regeln des *Dao* folgt, aber trotzdem intuitiv ist. Sich im richtigen Rhythmus mit allem zu befinden, d. h. die Kraft des *Dao (De)* in sich selbst zu entdecken, verweist auf die Bedeutung des *De*.

De[2] (jap.): Ableitung aus *deru*: vorrücken, zurückrücken, vorwärtsgehen, herauskommen.

Deai (jap.): Begegnung, Treffen. In den Kampfkünsten vorrücken *(De)* und aufeinandertreffen *(Ai)*. Begegnung, Treffen. Auch kontern (→*Kaeshi*).

Deai-osae (jap.): einem Angriff zuvorkommen (auch *Deai o teru*).

Deai-osae-uke (jap.): hineingehen in einen Faustangriff mit einer Unterarm-Preßabwehr im *Karate*, die in der Kata *Jion* gelehrt wird. (Zuordnung s. unter →*Uke-waza*).

Deashi-barai (jap.): Fußfegen, Fußfegewurf (auch *Harai*). Zuordnung und Erläuterung s. unter →*Ashi-barai*, Klassifizierung s. unter →*Nage- waza.*

Debana o Kujiku (jap.): den *Kendô*-Gegner durch eine Überraschungstechnik besiegen. Gleich zu Beginn des Kampfes ausgeführter Blitzangriff. Siehe auch *Debana-waza.*

Debana-waza (jap.): Angriffstechnik im →*Kendô*, Teil von →*Okori-waza*. Sofortangriff, unmittelbares Schlagen in dem Moment, in dem der Gegner im Begriff steht anzugreifen.

Deguchi Onisaburo (1871–1948): japanischer Mönch der esoterischen Sekte →

Deguchi Onisaburo, Mönch der Shingon-Sekte

Ômoto-kyô, Lehrer von →UESHIBA MORIHEI. Die Religion wurde von Deguchis Schwiegermutter DEGUCHI NAO (1836 bis 1918) gegründet.

Nao Deguchi war eine shintôistische Shamanin und lehrte die Vision eines allumfassenden Gottes der allwirksamen Liebe und das beherrschende Prinzip des Universums. Ueshiba Morihei, der 1922 Mitglied dieser Sekte wurde, übertrug diese Lehre auch in das spätere →*Aikidô*.

Delima-Silat (indo.): Stil des →*Pentjak-Silat*, gegründet 1943 von Meister BINPADGAR aus dem Dorf Ponorogo (Jawa). Der Stil enthält viele Bein- und offene Handtechniken. Als Hauptwaffen werden *Toya* (kurzer Stock), *Pedang* (Kurzschwert) und *Rante* (Kette) benutzt.

Demura Fumio: japanischer Kampfkunstexperte des →*Shitô-ryû*, geboren 1940 in Yokohama, lebt heute in den USA. Hauptlehrer des amerikanischen Zweiges der *Japan Karate Federation*.

In seiner Kindheit begann er mit dem Studium des *Kendô*. Nachdem sein Lehrer jedoch weggezogen war, wechselte er das *Dôjô* und begann sich ab 1947 unter Meister Asano in der Kunst des *Karate-dô* zu üben. Später studierte er an der Hochschule *Aikidô* und *Jûdô*. An der Nihon-Universität von Tôkyô traf er die Meister SAKAGAMI RYÛSHÔ und den bekannten *Kobudô*-Experten TAIRA SHINKEN und begann seine Ausbildung im *Shito-ryû Karate-dô* sowie in den Waffen *Bô, Sai, Tonfa, Kama* und *Nunchaku*.

1962–1963 hielt er sich auf Okinawa auf und studierte das *Kobayashi-ryû* unter CHIBANA CHÔSHIN. Zwischen 1961 und 1965 konnte Demura einige Erfolge im Wettkampf-*Karate* verzeichnen und wurde 1965 von DAN IVAN in die USA eingeladen, um dort das *Shito-ryû* zu lehren. Er zog nach Kalifornien, eröffnete sein eigenes *Dôjô* in Santa Ana und unterrichtete gleichzeitig an mehreren Universitäten. Demura ist der *Karate*-Welt durch einige Bücher bekannt geworden, die besonders im Thema *Kobudô* zu den besten gehören, die es gibt.

Den (jap.): übermitteln, überliefern *(Tsutaeru)*. *Denshô* – überlieferte Kampfkunstdokumente, *Hiden* – überlieferte Geheimlehren, *Denki* – Biographie, *Densetsu* – Legende, Sage, *Dentô* – Tradition, *Okuden* – versteckt Überliefertes.

Denkô (jap.): *Atemi*-Angriffspunkte am menschlichen Körper in den japanischen Selbstverteidigungssystemen, die die Vitalpunkte der rechten und linken Körpervorderseite bezeichnen. Sie werden auch *Denku, Tchuin* oder *Chukan* genannt.

Denkô-roku: »Aufzeichnung über die Weitergabe des Lichts«, von dem Mönch →Keizan Jôkin (1268–1325) verfaßte Sammlung von Episoden über frühere Meister des *Zen*, in der u. a. die Übermittlungsverfahren in den Übertragungslinien der 52 Patriarchen der *Sôtô*-Schule (s. →*Sôtô-Zen*) bis zu →DÔGEN ZENJI beschrieben werden.

Denshô (jap.): Geheimdokumente über die Kampfkünste. Sie wurden in den Familien der Meister aufbewahrt und beinhalteten meist Beschreibungen von geheimen Techniken der →*Ryû* (s. auch →*Okuden,* →*Hiden,* →*Gokuhi*) oder Anleitungen, Taktiken und Verfahren zum Verhalten im Kampf. Das berühmteste Geheimdokument im *Karate* ist das →*Bubishi*, aus dem wir untenstehend zitieren.

OMOTE, OKUDEN, KAIDEN UND MEKYO-KAIDEN

Die Techniken der Kampfkünste wurden auch in verschlüsselten Bewegungsabläufen (s. → *Kata*) überliefert, die von Uneingeweihten nur schwer übersetzt werden konnten. Die Entschlüsselung der Bewegungen und ihre philosophischen Inhalte bezeichnete man mit *Okuden* (»versteckt Überliefertes«, s. →*Den*), die Formen selbst als →*Omote* (»offensichtliche Vorderseite«). Anfänger durften nur die Formen *(Omote)* lernen, Fortgeschrittenen wurden manchmal auch die Forminhalte *(Okuden)* beigebracht. Übende, die sich besonders bemühten, erreichten die Stufe der technischen Experten *(Kaiden)*, während wenigen inneren Schülern (→*Uchi-deshi*) durch das →*Menkyo-kaiden* der Titel *Sensei* zustand.

FUNAKOSHIS KOMMENTAR ZUM BUBISHI

Untenstehend Auszüge aus der lange Zeit geheimen (s. →*Gokuhi,* →*Hiden*) Abhandlung aus dem →*Bubishi*, ursprünglich in altchinesischer Sprache, die dem Original der »Anleitungen zum Karate« von FUNAKOSHI GICHIN beigelegt war. Heute gilt als bewiesen, daß Funakoshi eine Kopie des *Bubishi* besaß, die er eingehend studierte. Hier ein Kommentar, der an die Philosophie des *Bubishi* anlehnt:

»Diese Kunst soll man nur zum Wohle der Menschen anwenden und niemals, um ihnen Schaden zuzufügen. Nur derjenige, der mit seiner Seele die menschliche Natur versteht, kann der Lehre teilhaft werden.

Diese Kunst untergliedert sich in eine leichte [oberflächliche, Omote] und in eine schwere [tiefgehende, Okuden]. Deshalb muß man, um die wahre Meisterschaft in vielen Formen zu erlangen, sie stets gleichzeitig im Zusammenhang mit der Lehre festigen. Wenn man hier unachtsam ist, wird man viele Schwierigkeiten haben, denn die unachtsamen Schüler verdienen es, daß man mit ihnen wie mit Verbrechern umgeht, die unschuldige Menschen geprügelt haben. Solche muß man in Ketten legen.

Bedenke, der Kampf ist kein Spiel mit einem Spielzeug! Sobald du die Lücke siehst, stoße in sie hinein. Sobald du siehst, daß der Gegner zurückweicht, setze ihm nach. Wichtig ist es, immer richtig zu berechnen. Sei stets darum besorgt, die geistige Berührung mit dem Gegner nicht zu verlieren.

Solche, die zufällig zusehen, machen sich lustig über meine kleinkarierte Kunst, daß ich immer wieder nach oben blicke und nach unten, nach rechts und nach links und dabei die Bewegungen des Gegners betrachte. Doch genau dies ist die echte Kunst des Nahkampfes.

Den Regeln zufolge muß man plötzlich einen Gegenangriff starten. Hat der Gegenangriff sein Ziel erreicht, so muß man den zurückweichenden Gegner hart verfolgen. Sobald der Gegner sich öffnet, schlag auf ihn ein. Versetze ihm einen Schlag, weiche zurück und nähere dich dann von neuem.

Die Regel besagt, daß man sich dem Gegner abwechselnd nähern und von ihm zurückweichen soll. Oben müssen die Bewegungen an zwei flatternde Schmetterlinge erinnern; unten muß man wie ein geschickter Fischer handeln, der einen Fisch an der Angel hat.

Kräftig und ungestüm wie ein Tiger und ein Wolf; ungestüm wie ein wilder Tiger, so müssen wir uns im Zweikampf verhalten.

Sehr wichtig ist es, die Mittel zum Ansetzen der Kraft zu begreifen, das Gesetz der Kombination von Härte und Sanftheit, so wie die Wirklichkeit es erfordert. Das Harte geht über in das Sanfte,

das Sanfte geht über in das Harte. Wo das Harte gebrochen wird, tritt das Sanfte zutage. Der Körper schwankt von einer Seite zur anderen, die Füße treten von einem Ort auf den anderen und tragen dabei den Körper – und so kannst du in tausend Tore eindringen. Doch die Gesetze des Angreifens und des Zurückweichens kann man nicht mit den üblichen Sinnen fassen.«

Die acht Regeln als Anleitung zur Kunst des Kämpfens im Bai-he-quan aus dem Bubishi

1. Der Geist des Menschen ist vergleichbar mit dem Universum.

2. Das Blut zirkuliert, wie sich Sonne und Mond bewegen. [Anm.: Die Zirkulation des Blutes ist eine Metapher für die rechte Überlieferung der Kunst.]

3. Essentiell sind Einatmung und Ausatmung in Kraft (Gô) *und Nachgiebigkeit* (Jû).

4. Der Körper folgt der Zeit und paßt sich Veränderungen an.

5. Die Techniken geschehen in der Abwesenheit von bewußtem Denken.

6. Das Zentrum der Gravität geht vor und zurück, und die Gegner entfernen und treffen sich.

7. Den Augen müssen in vier Richtungen sehen.

8. Die Ohren müssen in acht Richtungen hören.

Die Philosophie von Sun-zi

→Sun-zi oder Sun-zu (jap. Shunzi bzw. Son Bu-Shi) war ein berühmter chinesischer General, der ein Standardwerk über die taktische Kriegsführung geschrieben hat. Seine Philosophie wurde im *Bubishi* aufgegriffen und zusammengefaßt. Untenstehenden Sätze galten über Jahrhunderte als die Maxime für alle Kampfkunstanhänger. Im *Bubishi* steht geschrieben:

»Son Bu-Shi spricht so:

1. Wenn du dich selbst und deinen Gegner kennst, dann siegst du in zehn von zehn Kämpfen.

2. Wenn du dich selbst kennst, aber deinen Gegner nicht kennst, dann siegst du einmal und verlierst du einmal.

3. Wenn du weder dich selbst noch deinen Gegner kennst, dann verlierst du zehn von zehn Kämpfen.

4. Man muß darüber gut nachdenken.

5. Man muß den Zustand der Dinge auf eine direkte Weise erfassen und sich dann der Veränderung anpassen. Seinen Gegner zu beherrschen

ohne zu kämpfen, das ist das höchste Ziel der Strategie. [Anm.: In einer anderen Kopie wird die Passage folgendermaßen geschrieben: Aus diesem Grund muß man Geist und Körper stärken und sich selbst von innen heraus kennen, um entsprechend auf veränderliche Situationen reagieren zu können.]
6. Es ist unerläßlich, im Geist die Ideen und Strategien der Kampfkunst zu bewahren.«

GEDATSU-HÔ – DIE METHODE, SICH ZU BEFREIEN

Gedatsu ist ein buddhistischer Begriff, der ein Befreien von Begierden und Wünschen bezeichnet (s. →*Bonno*), die die Quelle der Ängste in unserem Leben sind und verhindern, daß wir den Zustand der wahren Freiheit erreichen. Im *Bubishi* wird der Begriff im Sinne von »Wie besiege ich meinen Gegner« verwendet. Folgende verschlüsselte Anleitung ist dort zu lesen:

»Willst du von Osten angreifen,
dann versetze zuerst einen Schlag von Westen.
Willst du zu einem entscheidenden Angriff übergehen,
dann mußt du den Widerstand des Gegners brechen.
Willst du den Gegner von vorn packen,
dann sei darauf gefaßt, seinem Yin zu begegnen.
Denn er wird versuchen, sich zu befreien.
Er kann dir einen Antwortschlag mit dem Bein versetzen.
Wehre dich; indem du deine Hand flach machst,
schlage gegen sein Knie.
Beim Schlag mit dem Bein
mußt du bemüht sein, einen Haken auszuführen.
Wenn man dich aber am Bein gepackt hat,
laß dich rückwärts fallen.
Doch dann, beim Zusammenwirken der Arme und Beine,
darf nicht der geringste Durchblick existieren.
Willst du mit dem Bein von vorne schlagen,
dann tue erst so, als ob du vom Rücken angreifen willst.
Sobald der Gegner zu Boden gestürzt ist,
stürze dich auf ihn, gib's ihm, und der Sieg ist dein.
Willst du den Gegner mit dem Arm angreifen,
dann agiere zuerst mit dem rechten Knie.
Nähert er sich mit seinem Adamsapfel,
dann stoß deine Finger in die Trachea.
Hat er dich an den Haaren gepackt und zieht,
befreie dich mit Hilfe der Nägel.
Willst du den Gegner vom Rücken her angreifen,
nutze die Kraft des Harten und des Sanften.
Hat er dich auf den Boden geworfen,
dann tritt ihn in die Genitalien.
Willst du einen Gegner töten,
dann stoße ihm mit den Fingern in die Gurgel.
Willst du ihm mit dem Bein einen Schlag versetzen,
versetz ihm zuerst mit dem Arm einen Stoß.
Hat der Gegner dich auf dem Boden im Griff,
befreie dich mit Hilfe des Knies.
Ist der Gegner kräftig gebaut und hoch an Wuchs,
dann greif ihn in der Körpermitte an.
Wenn er dich an der Kehle gepackt hat,
befreie dich mit einem kräftigen Armhieb.
Hat er dich an den Haaren gepackt und versucht,
dir den Kopf umzudrehen,
dann versetze ihm einen kräftigen geraden Faustschlag.
Hat der Gegner dich von hinten gepackt,
dann schlage kräftig mit dem Kopf nach hinten.
Hat der Gegner dich fest von vorn umklammert,
dann benutze die Knie.
Führt der Gegner mit den Beinen einen hohen Schlag,
ducke dich und komme hinter seinen Rücken.
Will er einen Fußtritt in mittlerer Höhe anbringen,
dann ist die beste Methode, sich fallen zu lassen.
Hat er dich unten an den Beinen gepackt,
wirst du vergeblich versuchen stehenzubleiben,
du mußt dich weich fallen lassen.
Bewege dich vorwärts,
laß den Gegner nicht nah heran,
und gib ihm keine Chance, dich mit dem Bein zu erwischen.«

Denshokan (jap.): Kampfkunststil, gegründet in Frankreich 1988 von THIERRY RIESER NADAL (auch bekannt unter dem Namen OKUYAMA SHIZAN). Er lernte unter Meister OKUYAMA YOSHIJI RYÛHO (1906–1987), dem Gründer des *Hakkô-ryû Aikijutsu*.

Dentô (jap.): Tradition.

Derek-Jones-System: von DEREK JONES

auf der Basis des *Wing-chun* gegründeter Kampfkunststil.

Deshi (jap.): Bezeichnung für einen Schüler, einen Lernenden oder einen Auszubildenden. In den Wegkünsten hat das Schülersein jedoch eine andere Bedeutung als in den herkömmlichen Lernprozessen. Der Schüler des Weges (s. →*Dô*, →*Bujutsu*, →*Ryû*, →*Guan*) steht im Gegensatz zum Schüler der Wettkampfrichtungen in einer besonderen Beziehung (→*Shitei*) zu seinem Lehrer (→*Sensei*). Sein Fortschritt (→*Kyûdan*) hängt von dieser Beziehung weit mehr ab als vom Lernen selbst.

Der Schüler des Weges *(Okuden)* ist etwas anderes als der Schüler der Form *(Omote)*. Deshalb bezeichnet ein *Budô*-Meister nur jenen Menschen als Schüler, in dem das Potential zum Weg (s. →*Ha*[3]) existiert. Erst wenn er davon überzeugt ist, läßt er sich auf eine wegorientierte Lehrer-Schüler-Beziehung ein. Ehe dies geschieht, können mehrere Jahre des Formunterrichts (→*Shu*) vergehen.

Ob ein Meister einen Übenden als Wegschüler annimmt, wird nicht durch dessen Talent, sondern durch seine innere Fähigkeit (→*Shisei*) entschieden. In den meisten Fällen gibt es dafür eine lange Testzeit der ausschließlichen Formübung, in der sich der Übende als Mensch bewähren und zum Wegschüler entwickeln kann. Alle wirklichen Meister betrachten die Förderung eines nur auf Formperfektion bedachten Schülers ohne inneren Kampf, ohne die Fähigkeit zum Opfer und zum Ideal als Verrat am Weg. Nur die wenigsten Mitglieder eines →*Dôjô* können daher die Formhürde *(Shu)* überspringen und in die Schülerstufe *(Ha)* gelangen.

In früheren Zeiten, als die Meister keine Gruppen unterrichteten, sondern nur einzelne Schüler annahmen, untersuchten sie die Bewerber bereits zu Anfang auf das Potential zum Weg. Trotzdem bauten sie lange Bewährungszeiten ein. Bevor ein Lehrer-Schüler-Verhältnis zustande kam, mußte der Schüler viel Geduld, Treue und Ausdauer beweisen. Erst danach akzeptierte der Meister eine wegorientierte Lehrer-Schüler-Verbindung.

Die Anfänger (*Shu*-Stufe) verbrauchen anfangs eine enorme Kraft im Kampf um persönliche Geltung und Anerkennung, um das, was sie wissen, können, haben oder sind, um das Erreichen höherer Fortschrittsstufen, in der Auseinander-

setzung über Recht und Unrecht usw. Doch der Meister schaut nicht auf diese Kämpfe, er interessiert sich nur für den menschlichen Inhalt. Deshalb legt er ihrem Geltungsdrang, wo immer es geht, ein Hindernis in den Weg und wartet auf das, was geschieht. Die dadurch entstehende Auseinandersetzung bringt die innere Haltung *(Shisei)* ans Licht und ist neben dem technischen Training vorab die wichtigste Übung der Schüler. Dort, wo sich im individuellen Bewußtsein die Fähigkeit zu einem höheren Ideal abzeichnet und sich nicht im Kampf um Image und Prestige vollkommen verbraucht, wird der Meister den Schüler annehmen, sobald dieser ein gewisses technisches Niveau hat. Solange er jedoch den inneren Widerspruch zur Wegmöglichkeit im Schüler nicht überwunden sieht, wird er, unabhängig vom technischen Fortschritt, den Weg nicht lehren.

Diejenigen, die bereits Wegschüler sind (*Yudansha*, ab dem ersten Dan), suchen ihren Fortschritt auf einer anderen Ebene. Ihre Übung besteht in der anhaltenden Herausforderung des Inneren Meisters, d. h. im Streben nach dem Ideal, nach der letzten Wahrheit, was einem täglichen Kampf um Selbsterkenntnis und Selbstüberwindung gleichkommt. Immer stehen solche Schüler in einer festen Bindung zu ihrem *Dôjô* und zu ihrem *Sensei*, denn von dort kommen die Hilfe, das Maß und die Richtung ihres Fortschritts.

Der Meister hat die Aufgabe, diesen Kampf zu lenken, denn die Gefahr, daß er ins Ungleichgewicht gerät und Schäden bewirkt, ist sehr groß. Deshalb wird kein Übender zum Schüler des Weges, ehe er die Notwendigkeit einer echten Lehrer-Schüler-Beziehung nicht erkannt und verstanden hat. Die Vorstufe zu diesem Verstehen (→*Mudansha*) bezeichnet man in den Weglehren als *Shu*, die Hilfestellung des Meisters im bereits erreichten Verständnis, d. h. die eigentliche Weglehre (→*Yudansha*), als *Ha* und die selbständige Wegübung, d. h. die Meisterschaft (→*Kodansha*), als *Ri*. Schüler eines Weges zu sein bedeutet, in die *Ha*-Stufe einzutreten (→*Shodan*), eine unwiderrufliche Entscheidung zum Weg zu treffen (→*Nidan*) und dieser Herausforderung in einem beständigen inneren Kampf zu entsprechen (→*Sandan*).

Vor der eigentlichen Weglehre steht *Shu*, die Vorstufe *(Mudansha)* zum Wegschüler *(Yudansha)*. In ihr wird ausschließlich die Technik (→*Shôsa*) als Vorbedingung zum Weg geübt. Hier kann jenes Potential entstehen, das den Übenden später zum Wegschüler befähigt und den Meister veranlaßt, ihn als solchen anzunehmen.

In den traditionellen Kampfkünsten *(Budô)* gibt es seit alters her die Unterscheidung in innere Schüler (→*Uchi-deshi*) und äußere Schüler (→ *Soto-deshi*). In der *Karate*-Genealogie *(Keizu)* waren die »Köpfe« der Listen meist Chinesen (ASON, WANSHU, KÛSHANKÛ, SHIONJA, WAICHINZAN, CHOU TSU-HO u. a.), die jeweils *Uchi*-Linien und *Soto*-Linien entwikkelten. Diese Tradition setzt sich auch heute noch fort. Die meisten der Welt bekannten Meister des Sport-*Budô* kommen aus den *Soto*-Linien. Die *Uchi*-Linien sind in der Genealogie nicht immer ersichtlich. Die Namen der *Uchi-deshi* tauchen nur gelegentlich auf, und dann sind sie meist für die Verbreitung der Kampfkunst unbedeutend. Sie sind die Träger der Tradition, der wahren und oft sogar geheimen Lehre des Meisters (→*Gokuhi*), doch sie vermitteln ihr Wissen ebenfalls nur auf *Uchi*-Linien.

Deshimaru Taisen Rôshi: *Zen*-Meister der neueren Zeit und Verfasser zahlreicher Bücher, deren Inhalt zum Studium der Kampfkünste sehr zu empfehlen ist. Der Meister wurde am 29. November 1914 in der Provinz Saga in Japan, geboren. Sein Großvater väterlicherseits unterrichtete die *Samurai* im *Jûdô*, und sein anderer Großvater war Doktor der östlichen Medizin.

Der sehr religiös erzogene Junge traf schon in seiner Kindheit den *Zen*-Mönch →KÔDÔ SAWAKI und wurde dessen Schüler. Von diesem wurde ihm die Weitergabe des *Sôtô-Zen* durch →*Shihô* übertragen. Seit Ende 1967 lebte Meister Deshimaru in Paris und richtete dort seinen Tempel ein. Deshimaru Rôshi bekleidete das Amt des *Kaikyôsokan* (geistiges Oberhaupt) des *Sôtô-Zen* für Europa. IWAMOTO ZENJI, Haupt des *Sôtô-Zen* und Präsident der Buddhistischen Vereinigung Japans, sagte von ihm einmal, er sei »der Bodhidharma der modernen Zeit«. Seine wichtigsten Werke sind: »Zen in den Kampfkünsten Japans«, »*Shinjinmei*« (dt.), »Za-Zen: Die Praxis des Zen«; »*Sandôkai*« (dt.); »Zen-Buddhismus und Christentum«; »*Hannya Shingyô*« (dt.); »Der Geist des Zen – Fragen an einen Zen-Meister«; »*Shôdôka*« (dt.) und »Der Klang des Tales – ein Sesshin-Tagebuch«.

Desu (jap.): »sein« in allen Konjugationsformen (bin, bist, ist, sind usw.).

Dharma (skrt.): die Gesamtheit aller Prozesse, die nach buddhistischer Vorstellung das kosmische Leben lenken. Der Begriff stammt ursprünglich aus der indischen Geistes- und Religionsgeschichte. In seiner dortigen Bedeutung bezeichnete er das Prinzip der Natur, jene Kraft, die die Welt in ihrem natürlichen Rhythmus erhält (chin. →*Dao*, jap. →*Dô*). Danach haben sich jedoch viele Interpretationen entwickelt. So wird einerseits unter *Dharma* die individuelle Frömmigkeit und Tugend eines Menschen verstanden, wie auch die Ordnung des Kosmos, der irdischen Natur und der menschlichen Gesellschaft. Andererseits versteht man unter *Dharma* auch die Religion und den Kultus.

Im Buddhismus hatte das Wort zunächst die Bedeutung von »Gesetz«, womit man die authentische Lehre BUDDHAS meinte. Danach erweiterte sich die Bedeutung, und man verstand darunter die unvergängliche Wirklichkeit, das Absolute, die ungetrübte reine Wahrheit, die zu erkennen und in sich selbst zu verwirklichen einem Meister (→*Rôshi*) möglich ist. Sie auf seine Schüler zu übertragen (→*Dharma-Übertragung*, →*Hassu*) ist das Wesen aller Entwicklungsprozesse im Buddhismus. Im nördlichen Buddhismus entstand die Bezeichnung »*Dharma*-Körper«: damit ist die transzendente Natur Buddhas gemeint, die ebenfalls im eigenen Wesen zu verwirklichen ist.

Dharma-Nachfolger: s. →*Hassu*.

Dharma-Übertragung: der Vorgang, in dem ein *Zen*-Meister (→*Roshi*) seinem Schüler die Anerkennung (→*Inka-shômei*) zugesteht, die ihn als seinen *Dharma*-Nachfolger (→*Hassu*) ausweist.

Diese Anerkennung kann mündlich, schriftlich oder in jeder anderen Weise erfolgen. Der Meister muß jedoch selbst ein authentischer *Dharma*-Übermittler in der traditionellen *Dharma*-Genealogie des *Zen* sein. Der Schüler darf dem Meister an Befähigung in nichts nachstehen. Die Tatsache allein, daß ein Schüler einige *Zen*-Barrieren überwunden hat oder lange Jahre übt, qualifiziert ihn nicht zum *Dharma*-Nachfolger. Daher haben viele große *Zen*-Meister keine offiziellen Nachfolger ernannt.

Dhûta (skrt.): →Askese.

Dhyâna (skrt.): Meditation, Versenkung. Frühe Form des Buddhismus in Indien *(Jhana)* und Vorläufer des chinesischen *Chan* (→*Zen*), die von →BODHIDHARMA, dem 28. Nachfolger Buddhas, nach China gebracht wurde. Diese buddhistische Glaubensrichtung hat sich später in China zum *Chan* und in Japan zum *Zen (Zen-na)* entwickelt (Patriarchen des *Zen* s. →*Soshigata*).

In Indien, wo der Begriff auch heute noch unverändert gebraucht wird, versteht man unter *Dhyâna* die höheren Entwicklungsstufen des →*Yoga*, in denen Meditationstechniken gebraucht werden, um *Samadhi* (Erleuchtung) zu erreichen. In diesen Praktiken kennt man mehrere Entwicklungsstufen:

1. Loslösen von der Begierde und unheilsamen Gegebenheiten.
2. Zuruhekommen von Nachdenken und Überlegen.
3. Beherrschen der Gefühle und Erreichen erhöhter Konzentration.
4. Vollkommenes Verharren in Gleichmut und Wachsamkeit.

Im chinesischen *Chan* und im japanischen *Zen* werden die Meditationspraktiken in einem wesentlich erweiterten Umfang gebraucht (s. dazu →*Zen* und verfolge weitere Hinweise).

Dhyâna-Buddhismus (jap.): Sammelbezeichnung für alle Formen des Buddhismus, die größeren Wert auf die Meditation zur Erreichung von →*Satori* legen als auf religiöse Rituale. Der bedeutendste Vertreter des *Dhyana*-Buddhismus ist das → *Zen*.

Di (chin.): »Erde«, auch *T'u* oder *Ti*. Die Erde steht für absolutes →*Yin*. Das Symbol ist das Quadrat. Sein Gegenteil ist →*Tian*, der Himmel, das absolute →*Yang*.

Der erste Teil der →*Yang*-Form des *Tai-ji-quan* wird als *Di* (Erde) bezeichnet. Die Techniken sind gesetzt, und es gibt keine Fußtritte *(Tui-fa)*. Dieser Teil ist sehr kurz im Vergleich zu *Tian* (Himmel). Siehe dazu auch *San-cai*.

Dian-xue (chin.): auch *Tien-hsueh, Dian-xue-dao, Dim-mak*, Auswahl von Akupunkturpunkten (s. →*Xue*), die am Gegner zum Zweck der Verteidigung negativ stimuliert werden können. In vielfältigen Experimenten wurde festgestellt, daß neben der positiven Stimulation dieser Punkte durch Gesundheitsgymnastik und verschiedene Heilmethoden (s. →Akupunktur, →Akupressur, →*Anmo*, →Moxa) durch Druck, Stoß oder Schlag auf einen gegnerischen Vitalpunkt auch Lähmung, Atemstillstand oder sogar der Tod herbeigeführt werden können. Auf diese Weise entwickelte sich das Wissen um die Vitalpunkte in den Händen eines *Quan-fa*-Meisters zu einer tödlichen Waffe.

Vogel auf Bambus

GRUNDLEGENDES KONZEPT

Die »Kunst der tödlichen Berührung« oder die »Kunst des langsamen Todes«, wie man diese Praktiken nannte, entwickelte sich aus den Erfahrungen der chinesischen Heilkunde zu einer kämpferischen Wissenschaft, die in den chinesischen Kampfkünsten Fuß faßte. Diese Wissenschaft beschäftigte sich mit der positiven Eigenstimulation durch Bewegung und lehrte gleichzeitig die negative Einwirkung auf die gegnerischen Körperpunkte durch Angriffstechniken. Auch diese Methoden wurden als esoterisches (geheimes) Wissen in den traditionellen *Dao* verschlüsselt.

Für das Erlernen dieser Wissenschaft wurde in den alten Kampfkünsten ein Zeitraum von 15 Jahren angesetzt. Der Kämpfer mußte sich zuerst das Wissen über die Punkte und ihre Wirkung aneignen. Danach mußte er lernen, die mikroskopisch kleinen Punkte genau, d. h. in der richtigen Tiefe und mit der richtigen Kraft, zu treffen. Dazu wurde mit Fingertechniken an Puppen geübt, da es mit großen Auftreffflächen praktisch unmöglich ist, einen Vitalpunkt in gewünschter Weise zu stimulieren.

Die Wissenschaft über die Vitalpunkte ergänzte die Übungen des *Quan-fa* in einem hohen Ausmaß. Aber erst im fortgeschrittenen Stadium wurde dieses Element mit den technischen Methoden kombiniert (s. →*Shaolin-Übungen*). Heute glaubt man, daß Bodhidharmas *Shi-ba-luo-han-shou* die grundlegenden Schläge und Blöcke repräsentieren, in deren Bewegungsaufbau die Stimulation der eigenen Vitalpunkte enthalten ist. Die Lehre über die Negativstimulation der gegnerischen Vitalpunkte stammt von LI CHENG, der mithalf, die *Shi-ba-luo-han-shou* auf 172 Bewegungen auszubauen.

Die Grundschule der *Quan-fa*-Systeme kann auch heute noch auf das Prinzip der *Shi-ba-luo-han-shou* zurückgeführt werden. Dies ist ein Bewegungssystem, das nicht direkt in den Kampf übersetzt werden kann, aber notwendig ist, um die körperlichen Voraussetzungen zu schaffen. In diesem System wird der Fluß der Bioenergie geregelt, die Atmung mit der Bewegung koordiniert, die Tätigkeit der Muskeln und Gelenke perfektioniert und vieles mehr. Alle *Dao* sind auf dieser Grundlage aufgebaut. Wenn die Techniken genau ausgeführt werden, gewähren sie die positive Stimulation der eigenen Vitalpunkte und dienen der Gesunderhaltung von Körper und Geist.

Doch diesem Bewegungskonzept fehlt der kämpferische Aspekt, denn das grundschulmäßig ausgeführte *Dao* ist vor allem eine Gesundheitsübung. Die Kunst, die gegnerischen Vitalpunkte zu stimulieren, reichte ebenfalls nicht aus, um einen ausgebildeten Kämpfer zu besiegen, der den Gegner erst gar nicht an sich herankommen ließ. Die Lösung lieferte BAI YU-FENG (s. →*Quan-fa*), der die taktischen und technischen Verfahren des Kämpfens in die *Dao* des *Shaolin Quan-fa* integrierte. Die auf diese Weise zusammengesetzten *Dao* verschlüsselten alle Verfahren (positive Eigenstimulation, Kampftaktik und negative Stimulation der gegnerischen Punkte) in ihren Formen. Damals wie auch heute sind die Inhalte verborgen und liegen jenseits der körperlichen Technik.

LERNBEDINGUNGEN ZUM ESOTERISCHEN VERSTÄNDNIS

Durch das Erlernen der körperlichen Kampfkunst konnten die hintergründigen Aspekte des *Quan-fa* nicht verstanden werden. Daher wurden folgende Regeln gegründet, die auch heute noch in den klassischen Unterrichtsmethoden des *Quan-fa* gelten:

- Um den Zugang zu den hintergründigen Geheimnissen einer Kampfkunst zu schaffen, müssen in langjährigem Training viele innere Hindernisse (vor allem die Herrschaft des egozentrischen Ich) ausgeräumt werden. Dies ist nur in einer echten Lehrer-Schüler-Beziehung möglich, in der die innere Organisation des Schülers durch den Lehrer kontrolliert und gelenkt wird, bis er in die esoterischen Hintergründe vorstoßen und sich darin zurechtfinden lernt.
- Um die eigenen Körperpunkte durch die Dao-Übung positiv zu stimulieren, müssen die Bewegungen genau und unverfälscht ausgeführt werden. Positive Vitalpunktstimulation in der *Dao*-Übung entsteht durch die Berücksichtigung der rechten Haltung (physisch und psychisch), der rechten Spannungsverhältnisse und der rechten Atmung. Die Techniken der klassischen *Dao* sind auf eine Weise aufgebaut, daß durch die Bewegung Druck auf die Vitalpunkte ausgeübt wird und durch die Atmung eine Massage der inneren Organe entsteht. Voraussetzung dafür ist, daß der Rhythmus der Bewegungen auf eine vorgeschriebene Weise eingehalten wird.
- Um die Körperpunkte eines Gegners negativ zu stimulieren, muß die innere Energie *(Qi)* in den auszuführenden Techniken auf die rechte Weise kontrolliert, gelenkt und konzentriert werden. Dies setzt körperliches und geistiges Training voraus. Es gibt mehrere Formen der Kraftentwicklung, die im rechten Verhältnis zur angewendeten Technik, zur Auftrefffläche und zum gegnerischen Vitalpunkt stehen müssen. Der Geist muß auf eine Weise geschult werden, daß er den entblößten Körperpunkt unmittelbar dann, wenn der Gegner ihn aufdeckt, erkennt, die dafür richtige Technik

wählt, die Kraft richtig dosiert und die Tiefe der Wirkung richtig einschätzt. Die Technik muß in langjährigem Wiederholen auf eine Weise perfektioniert werden, daß man in der Lage ist, unmittelbar und genau den Punkt zu treffen.

METHODEN DER STIMULATION

Die Kunst der *Dian-xue* entwickelte sich zu einer umfangreichen Wissenschaft. Sie lehrte verschiedene Formen der Kraftanwendung bei Druck oder Schlag auf Nervenpunkte oder auf Punkte des Blutkreislaufes, Kurz- oder Langzeitwirkungen der Schläge, sofortige oder spätere Wirkungen und auch die Aufhebung der Wirkungen. Außerdem lehrt *Dian-xue*, daß der menschliche Körper an warmen und kalten Tagen, vor- und nachmittags, im Winter und im Sommer verschieden reagiert. *Dian-xue* lehrt Schläge mit verzögerter Wirkung, die sich erst nach Monaten oder sogar Jahren bemerkbar machen, wenn durch Druck oder Schlag über die Meridiane innere Organe geschädigt wurden.

Die Verfahren sind kompliziert und lassen sich nicht theoretisch erläutern. Sie beruhen auf den Grundlagen der Akupressur, mit dem Unterschied, daß sie das Gleichgewicht der inneren Kräfte destabilisieren und dadurch beliebig auf den Gesundheitszustand einwirken. Nach einem vorgegebenen Schema, das auf der Theorie der fünf Elemente (s. →*Wu-xing*) beruht, können die Zusammenhänge zwischen den Punkten, den Organen, den Zeiten der Energiehochs und -tiefs, der Stimulationsmethode (Art und Tiefe der Kraft) und den Wirkungen errechnet werden. Die Kampfkunstmeister mußten dies in der Theorie wie in der Praxis lernen und konnten aufgrund der daraus resultierenden Fähigkeiten ihre Gegner durch »leichte Berührungen« töten. Diese Wissenschaft hatte sich im Laufe der Jahrhunderte zu einem solch hohen Niveau entwickelt, daß ein Experte mehrere Verfahren zur Verfügung hatte: Der Gegner konnte so punktiert werden, daß er sofort tot oder bewußtlos war, er konnte in einen langwierigen Krankheitszustand versetzt werden, oder die Wirkung konnte nach einigen Stunden, Tagen oder sogar Jahren eintreten. Es sind viele Fälle bekannt, in denen der Zeitpunkt der Wirkung auf die Stunde genau vorausgesagt wurde.

Doch nicht nur die Negativstimulation der gegnerischen Punkte wurde in dieser Wissenschaft gelehrt, sondern auch die positive Stimulation der eigenen Punkte. Diese enthielt:

1. **den gesundheitlichen Aspekt**, der durch die grundschulmäßig ausgeführte Bewegung *(Dao)* gewährleistet war.
2. **Techniken der Selbstmassage**, ähnlich wie in den gesundheitlichen Massagesystemen.
3. **Methoden der Suggestion**, die als ständige Stimulatoren für jede nur erdenkliche Situation gebraucht wurden: um die letzten Kräfte mobilisieren zu können, um Gefühle wie Angst zu unterdrücken, um Schmerzen zu dämpfen, um Müdigkeit zu überwinden usw.

DAS SYSTEM DER DIAN-XUE

Die traditionelle chinesische Medizin geht davon aus, daß das *Qi* in Bahnen durch den Körper fließt (s. →*Jing*, →*Luo*). Auf diesen Bahnen liegen die Punkte *(Xue)*, die entweder mit dem *Qi* oder dem Blut eines inneren Organs in Verbindung stehen. Die zwölf Hauptmeridiane sind sensibel reagierende Wege des *Qi*, die Netzleitbahnen sind sensibel reagierende Wege des Blutes. Die Einwirkung auf einen ihrer Punkte bewirkt eine Veränderung im Inneren und umgekehrt.

Die Meridiane und die auf ihnen liegenden Punkte folgen dem ineinandergreifenden Wirken der fünf Elemente. Daher sind sie nicht immer gleich sensibel, sondern verändern ihre Reaktionen entsprechend dem Zyklus der Elemente. In den Kampfkünsten machte man sich dieses Wissen zunutze, um auf den jeweiligen Punkten entsprechend der Tageszeit verschiedene Wirkungen zu erzielen. In der Stimulationsmethode unterscheidet man das Verfahren des »Einschränkens« *(Jie)*, des »Anfassens« *(Na)*, des »Erhaschens« *(Zhua)* und des »Verschließens« *(Bi)*.

Das Verfahren des »Einschränkens« besteht in der Einwirkung auf die Punkte der Netzleitbahnen *(Lou)*, was den Blutkreislauf unterbricht und, wenn es ohne Gegenmaßnahmen bleibt, über einen bestimmten Zeitraum zum Tod führen kann. Das »Anfassen« stoppt den Kreislauf des *Qi* auf den Hauptmeridianen *(Jing)* und führt zu einem Verlust an Vitalität. Das »Erhaschen« bezeichnet einen Angriff auf die Vitalpunkte in den Gelenkverbindungen und bewirkt den gänzlichen Verlust des Willens. Das »Verschließen« eines Punktes führt zur Ohnmacht oder zum Tod. Entsprechend der Art und Weise (Schlageinwirkung, Massage, Punktieren u. a.), in der auf diese Punkte eingewirkt wird, können die

Stimulationen tödlich oder gesundheitsfördernd sein.

Die in den Kampfkünsten verwendeten Vitalpunkte sind dieselben wie in der Akupunktur. Von den insgesamt 360 Punkten werden in den Kampfkünsten aber nur 108 Punkte verwendet (entsprechend den 108 Konstellationen im »Schloß der Jahreszeiten«). Bei 72 von ihnen führen entsprechende Einwirkungen zu Verletzungen und bleibenden Schäden, bei den anderen 36 können sie den Tod bewirken. Die Punkte liegen in der Regel an den Verbindungsstellen der Muskeln mit den Sehnen oder an sogenannten »offenen« Körperstellen, wo es, vom Standpunkt der Physiologie aus gesehen, sensible Nervenbündel gibt. Nach der Art der Wirkung teilt man die Vitalpunkte in folgende Gruppen:

1. ***Hun-xue*** – bewirken Ohnmacht
2. ***Ya-xue*** – bewirken Stummheit
3. ***Ma-xue*** – bewirken Lähmung
4. ***Si-xue*** – bewirken Tod

<u>Die Punkte des Quan-fa</u>

1. ***Bai-hui:*** »Hundert Zusammenkünfte«, der 20. Punkt des *Du-mai* (s. →*Jing-luo*) auf der Verlängerung der Verbindungslinie vom tiefsten zum höchsten Punkt der Ohren, auf der Mittellinie des Kopfes. **Positive Stimulation:** Wirkt bei Kopfschmerzen, Migräne, Schlafstörungen, Gedächtnisstörungen, psychischen Problemen, Entzugserscheinungen und Urogenitalerkrankungen. **Negative Stimulation:** Der *Bai-hui* liegt über einer Knochennaht. Bei Gewalteinwirkung kann der Knochen brechen und das Gehirn verletzen. Traditionell erscheint an diesem Punkt der Wechsel von *Yin* und *Yang*. Nach einem gemäßigten Angriff entsteht Schwindel und Schmerz, dem man mit Kräutern entgegenwirken kann. Ein starker Schlag ist tödlich.

2. ***Shen-ting:*** »Vorhalle des Geistes«, 24. Punkt des *Dumai*-Meridians (s. →*Jing-luo*) auf der Längs-Mittelachse des Kopfes, knapp über der Stirnhaargrenze. **Positive Stimulation:** Hilft bei Kopfschmerzen, Schwindel, Migräne, Schlafstörungen, Erkältung, Stirnhöhlenentzündung, Augenerkrankungen und psychischen Störungen. **Negative Stimulation:** Ein starker Schlag führt zum Tod, eine gemäßigter Schlag läßt das Gesicht anschwellen. Das Gehirn und die Augen können geschädigt werden. Das geschwollene Gesicht kann mit Kräutern und Massage behandelt werden, es besteht aber die Gefahr einer inneren, manchmal verzögerten Blutung,

3. ***Yin-tang:*** »Stempelhalle«, ein Extrapunkt ohne Meridian, der sich genau zwischen den Augenbrauen befindet. **Positive Stimulation:** Wirksam bei Kopfschmerzen, Konzentrationsstörungen, Augenerkrankungen, Stirnhöhlenentzündung, Schnupfen und Verwirrtheitszuständen. **Negative Stimulation:** Ein starker Schlag ist tödlich. Ein leichter Schlag verursacht Nasenbluten.

4. ***Lian-quan:*** »Quelle in der Biegung«, der 23. Punkt des *Renmai* (s. →*Jing-luo*) genau über dem Kehlkopf. **Positive Stimulation:** Hilfreich bei Apathie, Sprachstörungen, Stottern, Hyperventilation, Halsentzündung und Kehlkopfentzündung. **Negative Stimulation:** Auch ein leichter Schlag führt zu Atemnot oder Tod.

5. ***Tian-tu:*** »Aus dem Himmel herausragen«. Der 22. Punkt auf dem *Renmai* (s. →*Jing-luo*) liegt in der Halsgrube. **Positive Stimulation:** anzuwenden bei Asthmaanfällen, Halsentzündung, Schluckauf und Schluckstörungen. **Negative Stimulation:** ein harter Schlag wirkt tödlich, ein leichter Schlag verursacht Ohnmacht.

6. ***Tai-yang:*** »Schläfe«, ein weiterer Extrapunkt, der sich in der Mitte der Schläfe befindet. **Positive Stimulation:** Hilft bei Kopfschmerzen, Migräne, Augenerkrankungen, Kiefernhöhlenentzündung und Zahnschmerzen. **Negative Stimulation:** Bei einem festen Schlag reißen die hier verlaufenden wichtigen Blutgefäße, was den Tod verursachen kann. Ein leichter Schlag bewirkt Bewußtlosigkeit.

7. ***Er-men:*** »Ohrtor«, der 21. Punkt des *Sanjiao*-Meridians (s. →*Jing-luo*), direkt vor dem Ohr. **Positive Stimulation:** Anzuwenden bei Schwerhörigkeit, Schwindel, Mittelohrenentzündung und Kiefergelenkserkrankungen. **Negative Stimulation:** Ein harter Treffer führt zum Tod, ein leichter verursacht Bewußtlosigkeit.

8. ***Jia-che:*** »Wangenmechanik«, der 6. Punkt des Magenmeridians (s. →*Jing-luo*) auf dem unteren Kieferwinkel des Unterkiefers. **Positive Stimulation:** Hilft bei Zahnschmerzen, Trigeminusneuralgie, Fazialislähmung und Kiefergelenksarthrose. **Negative Stimulation:** Ein harter Schlag führt zum Tod, ein leichter bewirkt einen Kollaps und Bewegungsunfähigkeit.

9. ***Ju-gu:*** »Großer Knochen«, der 16. Punkt des Dickdarmmeridians (s. →*Jing-luo*) im oberen Teil

der Schulter zwischen der Schulterhöhe und der Schulterblattgräte. **Positive Stimulation:** Hilfreich bei Schulterschmerzen und Bewegungsbeeinträchtigung der oberen Extremitäten. **Negative Stimulation:** Bei einem harten Schlag oder Griff entstehen Lähmung und Schmerzen.

10. ***Bi-nao:*** »Oberarmknochen«, der 14. Punkt des Dickdarmmeridians (s. →*Jing-luo*) auf der Außenseite des Oberarms am unteren Rand des Deltamuskels. **Positive Stimulation:** Anzuwenden bei Schmerzen von Schulter und Arm. **Negative Stimulation:** Ein fester Griff oder Schlag führt zur Lähmung des Arms.

11. ***Qu-chi:*** »Teich der Biegung«, der 11. Punkt des Dickdarmmeridians (s. →*Jing-luo*) am äußeren Ende der Falte, die beim Beugen des Ellbogens entsteht. **Positive Stimulation:** Wirksam bei Allergien, Infektionen, Hauterkrankungen, niedrigem Blutdruck, Bauchschmerzen, Bluthochdruck, Durchfall, Ellenbogenerkrankungen und Tennisellenbogen. **Negative Stimulation:** Ein fester Schlag oder Griff bewirkt die Lähmung des Arms.

12. ***He-gu:*** »Geschlossenes Tor«, der 4. Punkt des Dickdarmmeridians (s. →*Jing-luo*) auf der Mitte der Linie zwischen dem Grundgelenk des Daumens und dem Knöchel des Zeigefingers. **Positive Stimulation:** Wirkt bei allen Arten von Schmerzen, Erkältungskrankheiten, Kopferkrankungen, Tennisellenbogen, Lähmungen der oberen Extremitäten u. a. **Negative Stimulation:** Ein Angriff auf diese Stelle beeinträchtigt Herz, Lunge und Dickdarm und kann tödlich sein.

13. ***Ji-quan:*** »Höchste Quelle«, der 1. Punkt auf dem Herzmeridian (s. →*Jing-luo*) in der Mitte der Achselhöhle. **Positive Stimulation:** wirkt bei Armschmerzen, Herzschmerzen, starkem Schwitzen und Lähmungen der oberen Extremitäten. **Negative Stimulation:** ein starker Schlag verursacht den Tod durch Beeinträchtigung der Herztätigkeit. Ein leichter Schlag führt zu Bewußtlosigkeit.

14. ***Ying-chuang:*** »Brustfenster«, der 16. Punkt des Magenmeridians (s. →*Jing-luo*) im 3. Rippenzwischenraum über der Brustwarze. **Positive Stimulation:** Wirksam bei Husten, Asthma, Völlegefühl und Schmerzen in der Brust. **Negative Stimulation:** Die Wirkung ist abhängig von der angegriffenen Seite. Ein harter Schlag zur linken Seite verursacht Herzstillstand und Tod. Ein leichter Schlag führt zur Bewußtlosigkeit. Ein Treffer auf die rechte Seite verursacht für längere Zeit starkes Husten.

15. ***Jiu-wei:*** »Wildtaubenschwanz«, der 15. Punkt des *Renmai* (s. →*Jing-luo*) liegt genau über dem Solarplexus. **Positive Stimulation:** Anzuwenden bei Herzschmerzen, Erbrechen, Magenschmerzen und bei psychischen Störungen. **Negative Stimulation:** Ein fester Schlag bewirkt Herzstillstand und kann tödlich sein. Ein leichter Schlag führt zur Bewußtlosigkeit. Um die Bewußtlosigkeit zu beheben, wird ein Schlag zur rechten Brustseite ausgeführt.

16. ***Qi-men:*** »Das Tor am Ende«, der 14. Punkt auf dem Lebermeridian (s. →*Jing-luo*) auf der Linie unterhalb der Brustwarzen im 6. Rippenzwischenraum. **Positive Stimulation:** Hilfreich bei Übelkeit und Erbrechen, Lebererkrankungen, Schmerzen in Brust und Bauch und bei Asthma. **Negative Stimulation:** Ein Schlag zur rechten Seite auf diesen Punkt führt zu starken Leberschäden mit möglicherweise verzögerter tödlicher Wirkung. Ein Schlag zur linken Seite schädigt die Lunge und ist ebenfalls tödlich. Ein leichter Schlag führt zu starkem Husten.

17. ***Zhong-wan:*** »Mitten in der Magenhöhle«, der 12. Punkt des *Renmai* (s. →*Jing-luo*) auf der Mittellinie des Bauches genau zwischen der Brustbeinspitze und dem Nabel. **Positive Stimulation:** Wirkt bei Übelkeit, Erbrechen, Verdauungsstörungen, Gastritis, Magengeschwür und Lebererkrankungen. Er ist der Meisterpunkt für Magen, Dickdarm, Dünndarm, Blase und Gallenblase und gleichzeitig der Alarmpunkt des Magens. **Negative Stimulation:** Ein starker Schlag verursacht heftige Krämpfe und anschließende Verdauungsprobleme und kann unter Umständen tödlich sein. Ein leichter Schlag führt zur Bewußtlosigkeit. Starker Druck auf die Rükkenmuskeln stellt das Bewußtsein wieder her.

18. ***Zhang-men:*** »Zum Tor am Ende«, der 13. Punkt auf dem Lebermeridian (s. →*Jing-luo*) am Rippenbogen neben dem Ende der 11. Rippe. **Positive Stimulation:** Wirksam bei Bauchschmerzen, Blähungen, Durchfall, Stoffwechselstörungen, Leber- und Gallenblasenerkrankungen. **Negative Stimulation:** Ein starker Schlag oder Tritt ist tödlich. Ein leichter Angriff führt zu starken Schmerzen und Bewußtseinsverlust.

19. ***Nei-guan:*** »Innerer Paß«, der 6. Punkt auf dem Perikardmeridian, 2 →*Cun* oberhalb der Handgelenksbeugefalte, zwischen den deutlich her-

vortretenden Sehnen. **Positive Stimulation:** anzuwenden bei Herzerkrankungen, Brustschmerzen, Tumoren im Verdauungstrakt, Gastritis, Schluckauf, Übelkeit, Erbrechen, Sodbrennen sowie bei psychischen Erkrankungen. Dieser Punkt wird bei der Anästhesie für Brust- und Bauchoperationen verwendet. **Negative Stimulation:** Starkes Greifen kann die inneren Organe dauerhaft schädigen und langfristig die Gesundheit schwächen. Ein starker Schlag kann Ohnmacht bewirken.

20. ***Qi-hai:*** »Meer des Qi«, der 6. Punkt auf dem *Renmai* (s. →*Jing-luo*) auf der vertikalen Mittellinie des Bauches, ca. 1,5 *Cun* unter dem Nabel. Er ist der Zugangspunkt zum Energiefeld des →*Dan-tian*. **Positive Stimulation:** Hilfreich bei Erschöpfungszuständen, Müdigkeit, Schwäche und bei allen psychischen Störungen. **Negative Stimulation:** Durch einen heftigen Schlag wird die *Qi*-Bewegung verhindert, was zum Tod führen kann. Ein leichter Schlag bewirkt einen Bluterguß.

21. ***Yin-lian:*** »Yin-Ecke«, der 11. Punkt des Lebermeridians (s. →*Jing-luo*) befindet sich unterhalb der Leiste, auf der inneren Seite des Oberschenkels. **Positive Stimulation:** Wirksam bei Menstruationsstörungen und Schmerzen im Bein. **Negative Stimulation:** Ein starker Schlag ist tödlich, ein gemäßigter Schlag verursacht den Verlust des Bewußtseins.

22. ***Ji-men:*** »Bogentor«, der 11. Punkt auf dem Milz-Pankreas-Meridian (s. →*Jing-luo*) auf der Mitte der Oberschenkel-Innenseite. **Positive Stimulation:** Hilft bei Bettnässen und mindert Schwellungen und Schmerzen in der Leistengegend. **Negative Stimulation:** Ein starker Schlag lähmt das Bein.

23. ***Yong-quan:*** »Sprudelnde Quelle«, 1. Punkt des Nierenmeridians (s. →*Jing-luo*) auf der Fußsohlenmitte, an der Grenze vom vorderen zum mittleren Drittel. **Positive Stimulation:** Wirkt bei Schwindel, Halsentzündung, trockener Zunge, Schmerzen am Scheitel und bei Krämpfen. In der Notfallmedizin ist er ein wichtiger Punkt gegen Bewußtlosigkeit. **Negative Stimulation:** ein harter Schlag verursacht den sofortigen Tod. Ein leichter Treffer führt zu Starre und Empfindungslosigkeit.

24. ***Tai-chong:*** »Großer Impuls«, der 3. Punkt des Lebermeridians (s. →*Jing-luo*) auf dem Fußrücken, zwischen dem ersten und zweiten Mittelfußknochen. **Positive Stimulation:** Hilfreich bei Leber- und Gallenblasenerkrankungen, Gebärmutterblutung, Bettnässen, Epilepsie, Schlaflosigkeit, Augenerkrankungen, Stoffwechselstörungen, psychischen Erregungszuständen und Krämpfen. **Negative Stimulation:** Ein harter Angriff führt zu Bewußtlosigkeit, ein leichter verursacht Gefühllosigkeit und Starre im Fuß.

25. ***Yi-feng:*** »Bedecken gegen den Wind«, der 17. Punkt auf dem *Sanjiao*-Meridian (s. → *Jing-luo*) hinter dem Ohrläppchen. **Positive Stimulation:** Anzuwenden bei Schwerhörigkeit, Hörsturz, Mittelohrentzündung, Schwindel und Erkrankungen des Kiefergelenks. **Negative Stimulation:** Starke Angriffe verursachen den Tod durch Verletzung der Kopfnerven. Ein leichter Angriff führt zu Bewußtlosigkeit.

26. ***Nao-hu:*** »Gehirntür«, der 17. Punkt des *Dumai* (s. →*Jing-luo*) im Nackenbereich auf der Mittellinie des Kopfes unter dem Hinterhauptsbein. **Positive Stimulation:** Wirkt bei Schwindel, Epilepsie und bei Schmerzen und Steifheit des Nackens. **Negative Stimulation:** Ein starker Angriff ist tödlich, da die Nerven, die ins Rückenmark ziehen, durchtrennt werden. Ein leichter Angriff führt zu Bewußtlosigkeit.

27. ***Ya-men:*** »Stummes Tor«, der 15. Punkt des *Dumai* (s. →*Jing-luo*) auf der Mittellinie des Nakkens, etwa 1 →*Cun* innerhalb der Haargrenze. **Positive Stimulation:** Hilft bei Sprachstörungen, Schwerhörigkeit, Kopfschmerzen, Migräne, Halswirbelsyndrom, psychischen Erkrankungen. **Negative Stimulation:** Ein heftiger Angriff verursacht Stummheit. Ein leichter Schlag führt zu Schmerzen oder Ohnmacht.

28. ***Tian-zhu:*** »Himmelssäule«, der 10. Punkt auf dem Blasenmeridian (s. →*Jing-luo*) im Nakkenbereich, 1,5 →*Cun* seitlich der Mittellinie und 0,5 *Cun* über der Haargrenze. **Positive Stimulation:** Wirksam bei Migräne, Kopfschmerzen, Schwindel, Sehstörungen, Erkältungen und Halswirbelsäulensyndrom. **Negative Stimulation:** Ein harter Schlag führt zu Schädigungen des Gehirns und zum Tod. Ein leichter Angriff bewirkt Bewußtlosigkeit.

29. ***Jian-jing:*** »Schulterbrunnen«, der 21. Punkt des Gallenblasenmeridians (s. *Jing-luo*) an der höchsten Stelle der Schulter, genau in der Mitte

zwischen Wirbelsäule und Schulterhöhe. **Positive Stimulation:** Hilfreich bei Nackensteifheit, Schulter- und Rückenschmerzen, Gehirnschlag, Arbeitsunlust, Gallenblasen- und Lebererkrankungen und zur Geburtserleichterung. **Negative Stimulation:** Ein harter Schlag verursacht Bewegungsunfähigkeit und Kontrollverlust der Arme.

30. ***Feng-men:*** »Tor des Windes«, der 12. Punkt des Blasenmeridians (s. →*Jing-luo*) seitlich der Wirbelsäule in Höhe des 2. Brustwirbels. **Positive Stimulation:** Anzuwenden bei Husten, Fieber, Erkältung, Kopf- und Rückenschmerzen und Nackensteifheit. **Negative Stimulation:** Ein heftiger Angriff führt zum Tod. Ein gemäßigter Schlag beeinträchtigt die Lungenfunktion und löst Bewußtlosigkeit aus.

31. ***Du-shu:*** »Transportpunkt zum Lenkergefäß«, der 16. Blasenpunkt (s. →*Jing-luo*) 1,5 →*Cun* neben dem Unterrand des 6. Brustwirbels. **Positive Stimulation:** Hilft bei Herz- und Bauchschmerzen sowie Blähungen. **Negative Stimulation:** Ein starker Schlag führt zum Tod, ein leichter zur Bewußtlosigkeit.

32. ***Ling-tai:*** »Seelenhügel«, der 10. Punkt auf dem *Dumai* (s. →*Jing-luo*) auf der Wirbelsäule unter dem 6. Brustwirbel. **Positive Stimulation:** Hilft bei Rückenschmerzen, Nackensteifheit, Husten, Asthma und Furunkeln. **Negative Stimulation:** Ein starker Schlag verursacht den Tod, da das Rückenmark und eventuell auch das Herz geschädigt wird. Ein gemäßigter Angriff führt zu Erbrechen von Blut.

33. ***Ge-guan:*** »Tor des Zwerchfells«, der 46. Punkt des Blasenmeridians (s. →*Jing-luo*) 3 →*Cun* seitlich des 7. Brustwirbels, auf der Höhe des untersten Schulterblattwinkels. **Positive Stimulation:** Hilft bei Schmerzen und Steifheit des Rückens, Erbrechen, Aufstoßen, Schluckproblemen. **Negative Stimulation:** Ein starker Schlag bewirkt Bewußtlosigkeit, ein leichter führt zu Husten und Bluterbrechen.

34. ***Gien-chu:*** Ein Extrapunkt, der keinem Meridian angehört. Er liegt seitlich unter dem Schulterblatt. **Negative Stimulation:** ein Schlag auf den *Gien-chu* der rechten Seite beeinträchtigt die Leber und kann längerfristig tödlich sein. Ein Angriff auf die linke Seite verursacht einen Milzriß mit nachfolgender Infektion und ist ebenfalls tödlich. Ein leichter Schlag führt zur Bewußtlosigkeit.

35. ***Jing-men:*** »Großes Tor«, der 25. Punkt des Gallenblasenmeridians (s. →*Jing-luo*) befindet sich auf dem Rücken am Unterrand der 12. Rippe. **Positive Stimulation:** Hilft bei Leber- und Gallenblasenerkrankungen und bei Nierenschwäche. **Negative Stimulation:** Ein heftiger Angriff führt zum Tod, ein leichter Angriff verursacht starke Schmerzen.

36. ***Chang-qiang:*** »Lang und kraftvoll«, der 1. Punkt auf dem *Dumai* (s. →*Jing-luo*) zwischen der Spitze des Steißbeines und dem Anus. **Positive Stimulation:** Anzuwenden bei Blutstuhl, Durchfall, Verstopfung, Hämorrhoiden, Rückenschmerzen und Darmvorfall. **Negative Stimulation:** Ein starker Angriff ist tödlich, da das untere Nervensystem zerstört wird. Der Getroffene ist dann unfähig zur Stuhlentleerung. Ein leichter Angriff verursacht einen Kollaps.

37. ***Wei-zhong:*** »Mitten in der Biegung«, der 40. Blasenpunkt (s. →*Jing-luo*), liegt in der Kniekehle auf der Mitte der Beugefalte. **Positive Stimulation:** Hilft bei Hüftgelenkproblemen, Schmerzen im Rücken und in den Beinen, Bauchschmerzen, Erbrechen und Durchfall. **Negative Stimulation:** Ein kräftiger Schlag verursacht Lähmung im Bein.

38. ***Cheng-qi:*** »Tränen auffangen«, 1. Punkt des Magenmeridians.

39. ***Cheng-jian:*** »Brei empfangen«, 24. Punkt des *Renmai*.

40. ***Ting-gong:*** »Haus des Hörens«, 19. Punkt des Dünndarmmeridians.

41. ***Dai-mai:*** »Gürtelgefäß«, 26. Punkt des Gallenblasenmeridians.

42. ***Shan-zhong:*** »Brustkorbmitte«, 17. Punkt des *Renmai*.

43. ***Bu-rong:*** »Kein Inhalt«, 19. Punkt des Magenmeridians.

44. ***Ri-yue:*** »Sonne und Mond«, 24. Punkt des Gallenblasenmeridians.

45. ***Fu-ai:*** »Bauchweh«, 16. Punkt des Milz-Pankreas-Meridians.

46. ***Qu-gu:*** »Gebogener Knochen«, 2. Punkt des *Renmai*.

47. ***Guan-yuan:*** »Umschlossene Ursprungsenergie«, 4. Punkt des *Renmai*.

48. ***Fu-she:*** »Haus der *Fu*-Organe«, 13. Punkt des Milz-Pankreas-Meridians.

49. ***Du-bi:*** »Kalbsnase«, 35. Punkt des Magenmeridians.

50. ***Ming-men:*** »Tor des Lebens«, 4. Punkt des *Dumai*.

51. ***Lao-gong:*** »Im Zentrum der Arbeit«, 8. Punkt des Perikardmeridians.
52. ***Xian-gu:*** »Ins Tal fallen«, 43. Punkt des Magenmeridians.
53. ***Chi-ze:*** »Teich der Elle«, 5. Punkt des Lungenmeridians.
54. ***Ren-zhong:*** »Mitte der Oberlippe«, 26. Punkt des *Dumai*.
55. ***Tian-ding:*** »Himmlischer Kessel«, 17. Punkt des Dickdarmmeridians.
56. ***Xue-hai:*** »Meer des Blutes«, 10. Punkt des Milz-Pankreas-Meridians.
57. ***Tai-yang:*** »Schläfe«, 2. Extrapunkt.
58. ***Tai-yuan:*** »Tiefes Wasser«, 9. Punkt des Lungenmeridians.

Didier, Francis (*1949): französischer *Karate*-Meister, Mitglied der französischen Nationalmannschaft, die 1974 die Europameisterschaft gewann.

Di-gong-quan (chin.): auch *Di-tang-quan*, »Kampfübung mit Fallen«. Damit bezeichnet man Übungen in den chinesischen Kampfkünsten, die lehren, wie man richtig fällt und den Gegner richtig wirft (s. →*Shuai*).

Das richtige Fallen ist wichtig, wenn man mit den Partnerübungen beginnt. Man vermeidet dadurch Verletzungen und lernt, den Partner so zu werfen, daß auch er sich nicht verletzt.

In der ersten Zeit übt man auf Matten, danach auf festen Unterlagen. Man sollte den Gegner dabei nie aus den Augen verlieren. Es gibt auch Techniken, die während des Fallens oder auf dem Boden liegend ausgeführt werden. Man unterscheidet 10 grundlegende Falltechniken:

1. ***Gun-shen:*** Rolle vorwärts.
2. ***Qian-pu:*** Fall nach vorn.
3. ***Hou-pu:*** Fall nach hinten.
4. ***Ting-ji:*** Fall nach hinten und aufspringen.
5. ***Zuo-pu:*** Fall nach links.
6. ***You-pu:*** Fall nach rechts.
7. ***Ergi-gun-shen:*** Rolle vorwärts nach einem doppelt gesprungenen Tritt.
8. ***Chao-yue-gun-shen:*** Flugrolle.
9. ***Jian-tui:*** Scherensprung.
10. ***Xuan-pu:*** seitlicher Fall mit Rolle.
11. ***Xuan-beng-tui:*** nach einer Vorwärtsrolle mit einer schraubenden Bewegung der Beine wieder aufstehen.

Di-li (chin.): chinesische Geomantie (s. →*Feng-shui*). *Di-li* spielt auch in den Kampfkünsten eine bedeutende Rolle. In vielen alten Stilen ist die Ausrichtung der Formen (s. →*Lu*, →*Dao*) nach den Himmelsrichtungen festgelegt, und man empfiehlt dem Schüler, eine intuitive, positive Stellung zu finden – z. B. mit dem Rücken zur Tür.

Dim-mak (chin.): Körperpunkte, kantonesische Schreibweise für →*Dian-xue*.

Dim-mak, amerikanisch: auch *Dan-te*, amerikanisches Kampfsystem, gegründet von John Keehan (Pseudonym Count Dante).

Dante war während der sechziger Jahre ein bekannter amerikanischer Wettkämpfer. Man bezeichnete ihn als den »wirksamsten Mann der Welt«. Sein Stil *Dan-te* (»Die Hand des Dan«) beinhaltete 77 »giftige Techniken des schwarzen Drachen«.

Ding-shen (chin.): »den Geist stabilisieren«, Meditationsübung aus dem →*Qi-gong* (s. auch →*Jing-gong*), bei der das *Qi* im obersten *Dan-tian* (drittes Auge) konzentriert wird.

Die Übung stabilisiert den Geist und fördert Ruhe, Wachsamkeit und Konzentrationsfähigkeit. Auch in den Kampfkünsten wird diese Methode oft angewandt, um Panik und Verwirrung zu verhindern (s. →*Qi-huo*).

Dirk (jap.): japanisches Messer, das bei der Selbstentleibung (s. →*Seppuku*) verwendet wurde.

Di-sha-shou (chin.): auch *Ti-sha-shou*, »Teufelshand«, andere Bezeichnung für →*Qin-na*.

DJB: *Deutscher Judo-Bund*, größte Organisation für Jûdô in Deutschland, 1953 gebildet als Nachfolgeorganisation des 1932 von →Alfred Rhode gegründeten *Deutschen Judo Rings*.

Der DJB hat annähernd 200 000 Mitglieder und ist der *Europäischen Judo Union* (ca. 1 Mio. Mitglieder) angeschlossen, die 1933 ebenfalls von Alfred Rhode ins Leben gerufen wurde. Die *Europäische Judo Union* ist der *World Judo Federation* angeschlossen, die ihren Sitz in Tôkyô hat. Weitere Erläuterungen s. Anhang.

DJKB: *Deutscher JKA Karate Bund*, Fachverband für traditionelles *Karate*, gegründet am 28. Juni 1992 von →Ochi Hideo, der sich dadurch von seinem bisherigen Verband, dem →DKV trennte und eine Vielzahl von Mitgliedern (der DJKB hat derzeit etwa 20 000 Mitglieder) mit sich nahm (s. Anhang).

Djuroes (ind.): tanzähnliche Bewegungen in den indischen Kampfkünsten, die den japanischen *Kata* ähneln.

DKB: *Deutscher Karate Bund*, gegründet von JÜRGEN →SEYDEL am 27. Juli 1961 in Bad Homburg. Organisation für Amateurmeisterschaften im Karate, erster Wettkampf fand am 28. März 1964 in Göttingen statt. 1976 wurde der DKB Teil des →DKV.

DKV: *Deutscher Karate Verband*, Dachverband für Wettkampf-*Karate* (s. →*Karate*), gegründet am 17. Juni 1976, zunächst aus den Verbänden DKB *(Deutscher Karate Bund)*, DJKV *(Deutsch-Japanischer Karate Verband)* und GKD *(Gôjûkai Deutschland)*. Heute betreiben nur noch 10% der DKV-Mitglieder Wettkampf-*Karate*. Daher gibt es z. Zt. Bemühungen, *Karate* auch als Weg zu etablieren.

Nach der Vereinigung der Gründer-Verbände schlossen sich der DJB *(Deutscher Judo Bund)*, die DKU *(Deutsche Karate Union)* und der WKD *(Wadokai Deutschland)* an. Am 11. Juni 1977 wurde der DKV Mitglied im →DSB *(Deutscher Sport-Bund)*. 1987 lösten sich die Mitgliedsverbände vollständig auf und gingen in den DKV ein. Der DKV besteht aus 16 Landesverbänden und hat in insgesamt 2 000 Vereinen etwa 120 000 Mitglieder, darunter a) ordentliche Mitglieder; b) Ehrenmitglieder; c) fördernde Mitglieder und d) Einzelmitglieder. Die Instruktoren sind nach dem gängigen *Dan*-System graduiert, werden jedoch zusätzlich in A-, B-, C- und D-Lizenzen eingeteilt. Nur periodisch genehmigte A-Lizenzen dürfen Schwarzgurtprüfungen abnehmen. Jährlich einmal findet ein Weiterbildungsseminar für A-Lizenzen statt, Teilnahme ist Pflicht, wer zweimal fehlt, verliert die Lizenz. Zusätzliche Mitgliedschaft in anderen Organisationen ist nicht erlaubt.

Mit seinem Hauptinstruktor für *Shôtôkan-Karate*, →OCHI HIDEO, war der DKV viele Jahre lang auf internationalen Wettkämpfen erfolgreich. 1993 trennte sich jedoch Ochi nach Unstimmigkeiten vom DKV und gründete seinen eigenen Verband, den DJKB *(Deutscher JKA Karate Bund)*. Die technische Leitung der DKV- Nationalmannschaft übernahmen danach GÜNTER MOHR, TONI DIETL und EFTHIMIOS KARAMITSOS. Instruktoren mit A-Lizenzen und bekannte Wettkämpfer veranstalten ununterbrochen Weiterbildungsseminare für Mitglieder. Weitere Erläuterungen s. Anhang.

Do (jap.): Erde, Boden, Grund (auch *To, Tsuchi*).

Dô[1] (jap.): Halle, Saal, Tempel. *Kokaidô* – öffentliche Halle, *Hondô* – Haupttempel.

Dô[2] (jap.): gleich (auch *Onaji*). *Dôji* – gleichzeitig, *Gôdô* – Vereinigung, *Dôi* – Einwilligung.

Dô[3] (jap.): Leib, Rumpf. *Dôtai* – Rumpf, Körper.

Dô[4] (jap.): Prinzip der asiatischen Weltanschauung (chin. →*Dao*), das als Begriff aus dem japanischen *Zen*-Buddhismus stammt. Das Schriftzeichen dafür liest sich im Japanischen als *Michi* und im Sino-japanischen als *Dô*. In der Übersetzung bedeutet der Begriff Weg, Pfad, Grundsatz, Lehre, Philosophie, Richtung, Prinzip, Methode etc. *Dô* ist ein Weg, in dessen Zentrum eine Übung (→*Geiko*), zumeist die Übung einer Form, steht, deren Ziel jedoch nicht das Erlernen irgendeiner Fertigkeit, sondern das Erweitern des im Menschen liegenden Potentials ist, durch das er zu seiner Sinnbestimmung wachsen und sein Leben mit Bewußtsein und Erkenntnis erfüllen kann. In Asien ist *Dô* das zentrale Prinzip jeder Übung. *Dô* ist

Schriftzeichen für Dô

ein Weg, durch den die Essenz der Philosophien und Religionen im individuellen Verhalten sichtbar wird und weit über den Intellekt hinaus das Denken und Handeln des einzelnen bestimmt.

ALLGEMEIN

Als Prinzip ist *Dô* nicht etwas ausschließlich Japanisches, sondern ein allgemein menschliches Anliegen, denn dieselbe Tendenz, die in Asien schlicht als »Weg« bezeichnet wird, ist allen Kulturen der Erde bekannt. Überall auf der Welt beschäftigt sich der Mensch mit den Zusammenhängen des Lebens, mit Ursachen und Wirkungen und mit der Frage nach dem Sinn. Sich vor Urzeiten seiner selbst bewußt geworden, versteht er sich als Mittelpunkt der Welt – eine durch alle Zeiten greifende Gesinnung, die seit jeher seine Umgebung bestimmt. In dieser Illusion strebt er nach unabhängiger Selbstverwirklichung und erhofft sich dadurch die Aufhebung jener Grenzen, die von der Natur vorherbestimmt sind. Zusammen mit dem Bewußtsein entstand der unbändige Wille zum Wachsen, das Streben nach Freiheit, nach Loslösen von der Gebundenheit und Abhängigkeit gegenüber der Natur, die allem Bewußtgewordenen als existenzbedrohlich gegenüberzustehen schien. Doch wann immer diese Forderungen zu laut wurden, brachten sie den Menschen erneut dorthin zurück, wo er schon vielfach begann.

PHILOSOPHISCHE WEG-DEFINITION

Wohin kann der dem Tier entrückte und zum Heiligen nicht fähige Mensch sein Streben richten? Nach wie vor in der Natur gefangen, doch sich seiner selbst bewußt geworden, kennt er die unveränderlichen Gesetze, doch auch die Versuchung, sie zu übertreten, und damit auch die Gefahren seiner Existenz. Seine menschliche Bestimmung zwingt ihn, trotz bewußtgewordenem →Ich in der Unterwerfung zu leben und zwei Mächten zu dienen (s. →*Mosshôseki*). Welcher Weg bringt ihn zu jenem noch fernen Menschengeschlecht, dem es möglich sein wird, das Selbst zu wahren und dennoch zu überleben? Ist es das Ich mit seinem Streben nach Auflehnung und Bewährung in der Welt oder die von der Natur geforderte Unterwerfung? Welcher Weg gibt ihm die Kraft und die Weisheit, zwischen zwei verfeindeten Mächten zu leben, beiden zu dienen und als Selbst zu bestehen?

Trotz der Leistungen des Intellekts suchen die Menschen diesen Weg heute ebenso erfolglos wie eh und je. Durch alle Zeiten bezahlten sie für ihre Fehler mit Krieg und Tod und erkannten immer zu spät, daß sie dem falschen Weg folgten. Nur wenige lernten aus der Geschichte und erkannten, daß alle Wege doch immer dasselbe Ziel suchten und daß das gesamte Streben der Menschheit aus dem ewigen Wiederholen desselben Irrtums bestand. Der Intellekt führte zu enormen Erkenntnissen, doch nie vermochte er ein Bewußtsein zu schaffen, dank dessen die Natur dem Menschen einen anerkannten Lebensraum zwischen Erde und Himmel zugestanden hätte. Stets im Krieg mit beiden riefen die Menschen in ihrer selbstverschuldeten Not immer nach neuen Wahrheiten, die das Unheil der alten abwenden sollten, doch zugleich forderten sie den erneuten Kompromiß mit dem ewig begangenen Fehler.

Alle Wege zur Erlösung, die von den Vorbildern der Menschheit gelehrt und gegangen wurden, scheiterten in der Masse immer am unüberwundenen Egoismus, an der Habgier, an der Unfähigkeit zu Erkenntnis und Selbsterkenntnis und überwanden nie die zeitlose Gesinnung, die vor anderem Leben keine Achtung hat. Seit Menschengedenken wurde von den Vorbildern der Welt immer dieselbe Wahrheit wiederholt, doch die Masse folgte stets jenen, die ihr Wohlstand, Sicherheit und Freiheit versprachen. Dieser Weg brachte immer neues Verderben und ein immer schwerer wiegendes Erbe für die nächste Generation.

Ohne Bemühung um inneres Wachsen bleibt der Mensch ein Tier ohne Gesinnung und Geist. Er ist nichts weiter als eine am Egoismus gescheiterte Möglichkeit, ein falsch genutztes menschliches Potential und keineswegs von selbst ein Wert, sondern schuldig und gefährlich. Individuell unscheinbar und klein, gewinnt er durch die Massengesinnung Macht und beeinflußt mit das Schicksal der Welt. Mit dilettantischer Kurzsichtigkeit, getragen von bequemen Instinkten, wehrt er sich gegen jeden Aufruf zur Überwindung der Selbstsucht. Sein Lebensverständnis besteht aus dem Anspruch, daß sich die Welt um ihn allein drehe und ihm gewähre, mit tierischen Instinkten in ihr zu hausen. Ein solcher Mensch empfindet jede Störung dieses Gefühls als persönliche Bedrohung, wehrt sich verzweifelt gegen jeden Aufruf zur Besinnung und empfindet jeden Weg, der anderes beinhaltet, als was in sein Ich-Denken paßt, als hassenswert und feindlich. Der übergreifenden Erkenntnis nicht fähig, fordert er zur Rechtfertigung seines Denkens nichts dringlicher als eine absolut feste Dogmatik mit Zugeständnissen an seine ichbezogene Lebensauffassung. Jede darüber hinausgehende Ermahnung erinnert ihn an Tod und Vergängnis und legt bedrohliche Gefahren frei, die das Ich an seinem Wahn von Unvergänglichkeit und Größe hindern. Dieses Denken beschert den Menschen seit eh und je den Stillstand auf ihrem Weg zum Wachsen und ist daher das größte Hindernis zu jener inneren Haltung (→*Shisei*), die in allen Wegübungen gefordert wird.

Durch alle Zeiten überlieferten sich über Wegbereiter Wegbeispiele, in deren Umfeld potentielle menschliche Werte sichtbar wurden. Überall dort, wo ein Mensch die Erkenntnis lebte, daß Sein kein Selbstzweck ist, sondern einen Sinn in sich selbst hat (→*Geiko*), entstand auch die Möglichkeit zu einem Weg. Einzelne, die diese Wege gingen, wurden zum Vorbild, denn sie verwirklichten ein Bewußtsein (→*Shin*), das anderen als Beispiel durch alle Zeiten diente: Sie lehrten die Vervollkommnung des menschlichen Geistes durch die Liebe. Nur durch sie kann bewußtes Leben die Welt gestalten, ohne sie im Wahn zu vernichten. Doch dort, wo die Masse solchen Weglehrern begegnete (JESUS, BUDDHA, MOHAMMED u. a.), erkannte sie ihre Beispielhaftigkeit nie als Möglichkeit, sondern nur als Form. So sucht der Weg nach wie vor nur jenen Menschen, der die Herausforderung bei sich selbst sucht (s. →*Deshi*).

ASIATISCHE WEGFORMEN

Der Wege gibt es viele in Asien, und sie haben alle das gleiche Ziel: Sie lehren den Schüler (→*Deshi*), seine eigenen inneren Zusammenhänge (→*Shisei*) von einem neutralen Standpunkt aus (ohne Beteiligung des Ich) zu verstehen und sich selbst durch Übung (→*Geiko*) zu vervollkommnen. Jeder einzelne dieser Wege hat seine eigene Technik (→*Waza*) entwickelt und hält den Menschen dazu an, seinen Geist *(Shin)* und seine eigene vitale Kraft (→*Ki*) in der Übung zu entwickeln. Das Ziel jeder Weglehre (→*Oshi*) ist immer der ganze Mensch. Auf dem Weg zu diesem Ziel gibt es demzufolge drei wichtige Übungskomponenten, deren gleichgewichtiges Verhältnis zueinander stets von einem Lehrer (→*Sensei*) koordiniert wird: *Waza* (Technik), *Shin* (Geist) und *Ki* (Kraft).

Entwicklung der Schreibweise für Dô: Oben: antike Schrift, vor unserer Zeitrechnung. Mitte: Schreibweise vor etwa 1000 Jahren. Unten: moderne Schrift

Auf keinem Weg *(Dô)* geht es darum, im Wettbewerb die Kräfte zu messen. Das Bestreben des Übenden ist die anhaltende Selbstperfektion durch die Entdeckung und Kontrolle der inneren vitalen Kraft *(Ki)*. (Siehe zu demselben Thema →*Budô*, →Transzendenz, →Buddha, →*Zen* und →Askese und verfolge weitere Hinweise.) Einige wichtige Wege sind folgende:

- ***Butsu-dô*** – der »Weg von der Lehre Buddhas«. Dies bedeutet nicht einfach nur, gläubig zu sein, sondern in tatsächlicher Übung das Wesen dieses Weges zu verstehen und in sich aufzunehmen. Alle religiösen Strömungen des Buddhismus gehören dazu (z. B. das *Zen*).
- ***Budô*** – der »Weg der Kampfkünste« (s. →*Budô*). Er unterscheidet sich von *Butsu-dô* nur durch die Technik *(Waza)*, sein Inhalt ist der gleiche. Der Weg der Kampfkünste umfaßt viele Richtungen, z. B. *Jûdô, Aikidô, Kendô, Karatedô, laidô* u. a.
- ***Shindô*** – oder *Shintô*, der »Weg der Götter«. Mit demselben Inhalt und Ziel wurde die shintoistische Religion zur Übung. Weit über das in Europa verstandene Gläubigtum hinaus wurden die Prinzipien des *Shintô* zur Weltanschauung, zum Mittel *(Waza)*, sich selbst zu perfektionieren.
- ***Bushidô*** – **Ethik und Kodex der *Samurai*. →*Bushidô* bestand aus einem zweifachen Weg *(Bunbu-ryûdô)*, denn der *Samurai* mußte neben den Kampfkünsten (*Bujutsu* – später *Budô*) auch den Weg der geistigen Bildung gehen, wodurch viele schöne Künste wie z. B. *Chadô* (Teezeremonie), *Kadô* (Blumenstekken), *Shôdô* (Kalligraphie) usw. entstanden.**

- ***Sadô*** – der »Weg des Sitzens«, s. dazu →*Zazen.*
- ***Gedô*** – der »Weg der Künste«.
- ***Shôdô*** – der »Schriftweg«.

Doan-Guom (viet.): auch *Guom*, Schwert im vietnamesischen Waffensystem →*Co-Vo-Dao* (s. auch Vietnam).

Doce Pares (phil.): »zwölf Paar«, philippinische Schule des →*Escrima*, gegründet in Cebu im Jahre 1932 von 12 Mitgliedern der Familie Canete. Daraufhin gründete das Oberhaupt der Familie CACOY →CANETE seinen eigenen Stil →*Eskrido.*

Dôgen Zenji (1200–1253): auch DÔGEN KIGEN oder EIHEI DÔGEN, Begründer des japanischen →*Sôtô-Zen.*
Mit acht Jahren ging Dôgen zum Hiei-Berg und begann die buddhistischen Lehren der →*Tendai*-Sekte zu studieren. 1223 reiste er nach China und studierte vier Jahre lang bei Meister TENDÔ NYOJÔ, dessen Nachfolger (→*Hassu*) er wurde. 1227 kehrte er nach Japan zurück und ließ sich zunächst im *Kennin-ji*-Tempel nieder. 1244 ging er in die Provinz Echizen (Fukui) und gründete den *Eihei-ji*-Tempel, den er zum Sitz seiner Sekte machte. Er verfocht das »Nur-Sitzen« (→*Shikantaza*) und schrieb das Buch →»Shôbôgenzô«. Er gilt als eine der bedeutendsten religiösen Persönlichkeiten Japans und wird heute wie ein Gott verehrt.

Dôgi (jap.): Unterjacke (→*Kimono*), die zur traditionellen japanischen Kleidung gehört.

Dôgu (jap.): Werkzeug (→*Gu*). Überbegriff für alle Trainingsgeräte und Trainingshilfen, die im okinawanischen →*Tôde* zur Übung verwendet werden. Die Übungen mit ihnen nennt man →*Seiri-undô* oder →*Tanren*. Sie wurden zusammen mit →*Kote-kitai* zur Verbesserung der Technik und zur Abhärtung verwendet. Die aus der Tradition überlieferten Übungsgeräte der okinawanischen Kampfkünste sind nachfolgend aufgeführt (s. unter der jeweiligen Bezeichnung).

Dôgu (jap.): komplette Ausrüstung (→*Bôgu*) eines →*Kendôka* (s. auch *Kendô*). Diese besteht aus einem Brustpanzer *(Dô)*, einem Helm mit Gesichtsmaske *(Men)*, worunter ein um den Kopf gebundenes Tuch

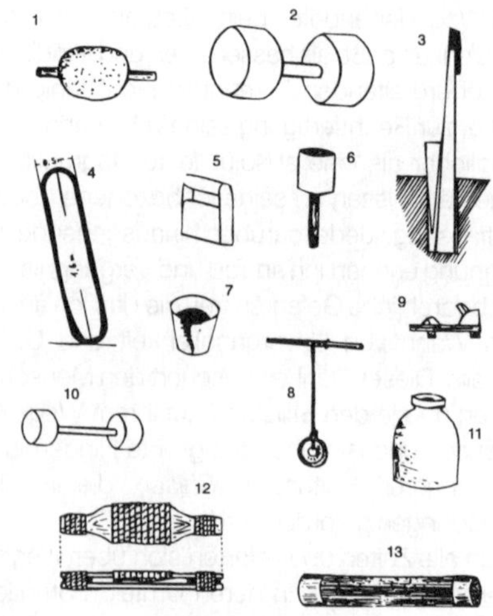

Dôgu: 1. Sashi-ishi, 2. Tetsuarei, 3. Makiwara, 4. Kongo-ken, 5. Ishisashi, 6. Chishi, 7. Jari-bako, 8. Makiage-kigu, 9. Tetsu-geta, 10. Tan, 11. Nigiri-game, 12. Temochi-shiki Makiwara, 13. Tou

(*Tenugui* oder *Hachimaki*) getragen wird. Weiter gehören dazu die gepolsterten Armschützer *(Kote)* und dicke Stoffstücke (*Tare* und *Tare-obi*), die Hüften und Becken schützen (s. auch →*Yoroi*).

KLASSISCHE ÜBUNGSGERÄTE IM KARATE

Chishi (Chikara-ishi)	– Steingewicht am Stiel
Nigiri-game (Kami)	– Krug zum Greifen
Makiwara	– Schlagpfosten
Temochi-shiki Makiwara	– hängendes Makiwara
Ishisashi (Sashi)	– Steinschloß
Tan	– Langhantel
Tou	– Schilfrohr-Makiwara
Kanshu (Jari-bako)	– Sandkasten
Sunakame	– Krug mit Sand
Tetsu-geta	– Eisenschuhe
Kongoken	– ovaler Metallring
Sashi-ishi	– natürliches Steingewicht
Makiage-kigu	– Gewicht auf einer Rolle
Tetsuarei	– Kurzhantel
Sunabukuro	– Sandsack
Tetsuwa	– Eisenringe
Kakate-biki	– Holzpuppe

Dohyô (jap.): Kampfring, Ring, Arena (z. B. beim →*Sumô*).

Dohyôri (jap.): Begrüßungszeremonie in den Kampfkünsten.

Dô-In (jap.): asiatische Selbstmassage zur Regeneration von Körper und Geist. *Dô-In* stimuliert die inneren Organe, stärkt alle körperlichen Funktionen und regt die vitale Kraft an (Erläuterungen unter →*Shiatsu* und →Chinesische Gesundheitslehre).

Dô-In (chin. →*Dao-yin*) kommt ursprünglich aus Zentralchina und ist heute in ganz Asien sehr verbreitet. Die Massage war seit altersher ein Bestandteil der fernöstlichen Medizin. Heute wird sie in vielen Gegenden zu vielfältigen Zwecken gebraucht. Die japanischen Systeme sind den chinesischen sehr ähnlich. Beide können an bestimmten Körperstellen, an energetischen Meridianen oder an Vitalpunkten (Akupressur) durchgeführt werden. Dabei kann man verschiedene Methoden verwenden: leichtes und starkes Abklatschen, Kneifen, Abreiben, Druck durch Finger, Fäuste oder Handflächen sowie Massieren.

Dôji (jap.): gleichzeitig. *Dôji-waza* – gleichzeitige Techniken.

Dô-jime (jap.): Beinschere. Würgegriff aus dem →*Jûjutsu*, im modernen →*Jûdô* verboten.

Dôji-waza (jap.): Gruppe der gleichzeitigen *Karate*-Techniken, bei denen die Abwehr des gegnerischen Angriffs und der Konter gleichzeitig erfolgen. Diese Techniken sind zusammen mit →*Ai-uchi*, →*Kawashi-waza* und →*Kuzushi-waza* unter dem Begriff →*Kosahô* zusammengefaßt und bilden ein fortgeschrittenes System des Kämpfens.

Die Art dieses Trainings hilft, den Sinn für den Beginn des gegnerischen Angriffs zu schärfen und ein gutes Timing sowie Geschwindigkeit, Gewandtheit, Gleichgewicht, Körperbewegung und eine gute Distanzkontrolle zu entwickeln. Es ist wichtig, solche Übungen im halbfreien und im freien Kämpfen zu machen, denn man kommt nahe an den Gegner heran (wichtig für die Entwicklung entscheidender Techniken) und ist dennoch für seine Angriffe unerreichbar. Dabei ist zu beachten, daß die Körperbewegung, die Abwehr und der Konter in einer ununterbrochenen Bewegung ausgeführt werden.

In den *Kata* werden diese Techniken bereits früh gelehrt *(Heian-godan, Nagashi-uke/ Nu-kite-zuki)*, und sie sollten anhand der Beispiele aus den höheren *Kata* weiter ausgebaut werden.

Dôjô (jap.): der Ort, an dem der Weg (→*Dô*[4]) geübt wird (*Dô* – Weg, *Jô* – Ort). Die Übung des Weges (→*Geiko*) gewinnt an Inhalt und Klarheit, wenn es eine ehrliche Verbundenheit zwischen Wegschüler (→*Deshi*) und *Dôjô* gibt. Deshalb ist in der Weglehre (→*Oshi*) das *Dôjô* kein Trainingsraum, sondern ein heiliger Ort, den man auch noch »Raum der Erleuchtung« nennt. Die Bezeichnung *Dôjô* bezieht sich auf den Raum, in dem die Übung stattfindet, doch sie steht symbolisch für die Beziehungstiefe eines Übenden zu seiner Kunst.

Der Begriff

Ursprünglich kommt der Begriff *Dôjô* aus dem Buddhismus und bezeichnete einen Ort der Selbstfindung und der Meditation. Später veränderte er seine Bedeutung, und man verstand darunter den Ort, an dem die Kampfkünste geübt werden. Der Sinn jedoch blieb derselbe. Für jeden ernsthaft Übenden ist das *Dôjô* auch heute eine Stätte der Meditation und Konzentration, ein geehrter Ort des Lernens, der Brüderlichkeit, der Freundschaft und des gegenseitigen Respektes. Es ist mehr als nur ein Begriff – es steht symbolisch für den Weg der Kampfkunst.

Bedeutung des Dôjô

Im philosophischen Verständnis kann sich der Begriff *Dôjô* auf jeden Ort beziehen, an dem ein Mensch im Sinne des →*Budô* seinen Geist und Körper in der Wegübung konzentriert. Darüber hinaus jedoch kennzeichnet die Art der Beziehung, die ein Übender zu seinem eigenen *Dôjô* unterhält, seine Bemühung um gerechtes Denken und gerechtes Verhalten. Die rechte Beziehung zum *Dôjô* ist ein Teil der Wegübung selbst. Sie besteht aus dem Streben, durch selbstlose Hingabe dem Geist des *Budô* zu dienen und den persönlichen Fortschritt, den ein Übender in einem *Dôjô* macht, durch ehrliche Wertbezeugung wieder auszugleichen.

Für einen echten Wegschüler *(Deshi)* ist sein *Dôjô* ein zweites Zuhause. Durch eine solche *Dôjô*-Beziehung entsteht ein ausgleichender Wert, durch den der einzelne reifen und der *Budô*-Geist (→*Shin*) im *Dôjô* gedeihen kann. Egoistische Menschen, die ein *Dôjô* nur als Trainingsraum nutzen, können daran nicht teilhaben. Ein *Dôjô* lebt durch die Zugeständnisse seiner Übenden an das Ideal der Kampfkunst. Nur auf diese Weise findet ein Übender den Zugang zum Weg. In jedem *Dôjô* gibt es einen →*Sensei* und mehrere Fortgeschrittene (→*Sempai*), von denen manche selbst Meister (→*Kaiden* und →*Kodansha*) sind. Die Schüler eines *Dôjô* (→*Mudansha*), die die Kampfkünste lernen wollen, zählen erst dann zum Kreis der Wegschüler (→*Yûdansha*), wenn sie die tiefe Bedeutung der *Dôjô*-Beziehung (→*Shitei*) durch ihre Haltung (→*Shisei*) verstehen und achten gelernt haben. Es gibt keine Fortgeschrittenen, die von einem *Dôjô* mehr nehmen, als sie geben. In diesem Punkt unterscheiden sich die *Dôjô* des Weges von den Sporthallen. Die körperliche Übung (→*Shôsa*) kann dieselbe sein, doch erst die rechte Haltung *(Shisei)* ermöglicht Fortschritte auf dem Weg.

GESTALTUNG DES DÔJÔ

Jedes *Dôjô* des Weges hält einen traditionellen Standard von Einfachheit und Schönheit (→*Furyû*, →*Sabi* und →*Wabi*). Es ist nach Möglichkeit geräumig, jedoch stets makellos sauber. In manchen *Dôjô* gibt es Kunstgegenstände, die von Schülern des *Dôjô* gefertigt wurden. Jedoch gleich seiner Dekoration strahlt es immer eine Atmosphäre von Würde aus. In den alten *Dôjô* war an der vorderen Wand *(Shômen)* ein Schrein (→*Kamiza*), der symbolisch dafür stand, daß das *Dôjô* den höheren Werten und Tugenden des Weges gewidmet ist und nicht allein der physischen Übung. Das optische Aussehen eines *Dôjô* spiegelt die Qualität der Übung wider, die in ihm betrieben wird.

Die vordere Wand des *Dôjô* nennt man →*Shômen* (vordere Seite), und dies ist der Ort der Ehre (→*Rei*). In vielen traditionellen *Dôjô* hängt dort ein Bild des Stilgründers an der Wand. In der shintoistischen Religion ist *Shômen* eine Art Altar, den man *Shinzen* (Ort Gottes) oder *Kamiza* (Sitz der Götter) nennt. Die Lehrer (*Renshi, Kyôshi* und *Hanshi*) sitzen im *Dôjô* immer auf der linken Seite des *Shômen* (*Jôseki*, obere Seite), während die Schüler in abnehmender Rangordnung auf der entgegengesetzten Seite (*Shimoseki*, untere Seite) sitzen. Die dem *Shômen* gegenüberliegende Seite nennt man *Shimosa* (Eingangsseite des *Dôjô*).

VERHALTEN IM DÔJÔ

In einem traditionellen *Dôjô* sind die Verhaltensformen und gegenseitigen Umgangsformen (→*Sahô*) aller Übenden in einem Regelsystem zusammengefaßt, das aus der →*Dôjôkun* abgeleitet ist. Diese zumeist aus zehn Regeln bestehenden Verhaltensanleitungen sind auf einem *Makimono* aufgeschrieben und hängen nahe am Eingang des *Dôjô*. In einem guten *Dôjô* entsprechen sie den Lernmaßstäben und den Prinzipien des *Budô*-Weges. Ein fortgeschrittener Schüler der Kampfkünste *(Yûdansha)* unterscheidet sich von einem Anfänger *(Mudansha)* dadurch, daß er die Bedeutung dieser Regeln wahrlich verstanden hat, während der Anfänger dazu angehalten werden muß, sie als Regelsystem zu achten

Dôjôkun (jap.): praktische Anleitungen zur Übung der rechten Haltung (→*Shisei*) in allen karateähnlichen Künsten. Sie schafft die Verbindung zwischen der Philosophie des Weges *(Dô)* und der formalen Technik *(Jutsu)* und gewährleistet, daß die Erkenntnisse über den Weg nicht im Intellekt verhaftet bleiben, sondern in der Haltung Inhalt gewinnen. Die *Dôjôkun* ist der vom *Budô*-Geist geforderte Auftrag, den Weg nicht nur zu verstehen, sondern zu leben und das persönliche Verhalten an seiner übergeordneten Wirklichkeit zu messen. Sie ist das Zentrum der geistigen Wegübungen, und überall dort, wo sie fehlt, wird *Budô* zur Form.

BEDEUTUNG DER DÔJÔKUN

Die Leitsätze der *Dôjôkun* (→*Kaisetsu*) werden dann, wenn sie in der Selbstübung verwendet werden, zum Maßstab für den Fortschritt auf dem Weg. Fortgeschrittene erreichen durch diese Übung einen reifen Geist (→*Shin*) und verbinden erkenntnisfähiges Denken mit persönlichem Verhalten (→*Rei*). Übende, die in der *Dôjôkun* nur das theoretische Verständnis (→*Buji-Zen*) statt einer Verhaltensübung (→*Sahô*) sehen, können keine Fortschritte machen. Im bloßen Lernen und Interpretieren ohne Nachdenken über eigene Haltungen liegt kein Wert. Nur die Form der *Dôjôkun* ist Philosophie, ihr Sinn ist die Übung. Die theoretische Philosophie mit dem praktischen Sinn zu verwechseln bedeutet, auf der →*Shu*-Stufe, d. h. in der Formgefangenheit, zu stehen.

Für den Fortgeschrittenen ist die *Dôjôkun* das unangefochtene Zentrum seiner Übung und die tiefste Quelle seiner geistigen Inspiration, durch die er sich im beständigen Kampf um Erkenntnis und Selbsterkenntnis bemüht. Durch die *Dôjôkun* wird ein »*Budô*-Leben« möglich, in dem die wahren Werte des *Budô* erst sichtbar werden.

GESCHICHTE DER DÔJÔKUN

In allen traditionellen Künsten des Weges gibt es eine *Dôjôkun*. Die *Karate-Dôjôkun* kommt aus Okinawa, weist jedoch viele Ähnlichkeiten mit den Leitsätzen des japanischen *Budô* (→*Bushidô*) auf. Sie enthält fünf Regeln, deren verinnerlichtes Verständnis im *Karate* ebenso als Übung gilt wie das Training der Technik. Das immerwährende Bemühen des Übenden um das Verständnis dieser Regeln ist die Grundlage für die Entwicklung höherer Fortschrittsniveaus (→»*Ri no shûgyô, Waza no shûgyô*«).

Der Ursprung der *Dôjôkun* führt bis zu den Anfängen der Kampfkunst zurück (→*Bubishi*). Man sagt, die erste *Dôjôkun* stamme von dem indischen Mönch →BODHIDHARMA aus dem Shaolin-Kloster. Im Laufe der Jahrhunderte haben sich aufgrund von Erfahrungen der Meister Leitsätze gebildet, durch deren Hilfe ein Übender in der Lage ist, eigene innere Hindernisse (→*Bonnô*) auf seinem Weg zu überwinden.

Die fünf Leitsätze der *Dôjôkun* sind übergeordnete Bereiche für alle menschenmöglichen Verwirklichungen und zeigen einen Weg zur geistigen Unabhängigkeit gegenüber den Formen. Sie ermöglichen jede nur erdenkliche Erfahrung auf jeder Ebene, führen jedoch alle Formen in der letzten Konsequenz auf das Verhältnis zwischen Mensch, Leben und Welt zurück und verfolgen unverfälscht das Wachsen des Menschen zu seiner natürlichen Bestimmung.

DIE LEITSÄTZE DER DÔJÔKUN

Die *Karate-Dôjôkun* wurde von dem okinawanischen Meister →SAKUGAWA gegründet und danach in alle Stilrichtungen des *Karate* übernommen. Die Essenz der ursprünglichen *Dôjôkun* ist auch heute in allen Stilen erhalten geblieben. Sie besteht aus fünf Leitsätzen, die die gesamte geistige Entwicklung eines Übenden auf seinem Weg bestimmen. Die Leitsätze haben zum Inhalt:

1. sein Verhältnis zu sich selbst,
2. sein Verhältnis zur Welt,
3. Wege des rechten Strebens,
4. Verhaltensetikette,
5. gewaltloses Handeln.

Im folgenden werden die Leitsätze näher erläutert.

1. Suche nach der Perfektion deines Charakters

Diese Regel bezieht sich auf das ausgewogene innere Verhältnis des Menschen zu sich selbst. Sie macht deutlich, daß die Übung des *Budô* nicht nur das Körperliche meint, sondern daß der Übende sich in allen alltäglichen Situationen selbstkritisch betrachten soll, um festzustellen, welches die inneren Probleme sind, die der Perfektion seines Selbst im Wege stehen. Durch diese Regel wird der Übende aufgerufen, seinen inneren Unebenheiten mit derselben Kraft zu begegnen, wie er es im körperlichen Training lernt, äußere Schwierigkeiten zu überwinden. Mit einem wachen und selbstbetrachtenden Geist kann der Übende den Sinn dieser Regel in unzähligen Situationen an sich selbst feststellen. So kann er z. B. erkennen, ob er sich im inneren Gleichgewicht befindet oder ob er im Vorurteil denkt und handelt. Auch Tendenzen zur Überheblichkeit, zum Egoismus, zur Selbstüberschätzung, zur Ungerechtigkeit, zum Selbstmitleid, zu unkontrollierten Gefühlen u. a. fallen unter diese Regel. Wenn sie nicht behoben werden, verhindern sie den Fortschritt auf dem Weg. Lernt der Übende jedoch, sein Inneres zu meistern, wird ihm diese Erfahrung im Leben sehr von Nutzen sein. Die Übung des Körpers wird mit dem Älterwerden ihre Grenze erreichen, der Geist jedoch läßt sich bis zum Tod immer weiter vervollkommnen.

2. Verteidige die Wege der Wahrheit

Diese Regel bezieht sich auf die Haltung des Menschen gegenüber dem Leben und auf die Bereitschaft zum richtigen Verhältnis zwischen Selbst und Gegenüber. Sie macht darauf aufmerksam, daß auf dem Weg zu einem Ziel eine harmonischen Beziehung zwischen dem Selbst und den existierenden Umständen nötig ist, da kein Ziel im selbstsüchtigen Wollen, sondern nur im rechten Verhältnis zu den Gegebenheiten erreicht werden kann.

So erläutert sie z. B. die Grundvoraussetzungen, durch die rechte und gerechte Beziehungen zu anderen Menschen möglich werden. Fruchtbare Beziehungen entstehen erst dann, wenn ein Mensch fähig ist, persönliche Ansprüche durch die Bereitschaft zur Hingabe auszugleichen. Gerät das Gleichgewicht zwischen Bereitschaft und Anspruch durch egoistische oder oberflächliche Fehlhaltungen in Gefahr, wird jede Kommunikation unterbrochen.

Das Gleichgewicht zwischen innen und außen ist

wichtig, will der Mensch sich auf die rechte Weise in der Welt bekunden. Stillschweigend setzt jeder Mensch bei einem anderen, mit dem er in gemeinsame und gegenseitige Abhängigkeiten tritt, diese gleichgewichtige Haltung voraus. Doch dort, wo Menschen mehr wollen, als sie geben, höhere Ansprüche stellen, als sie bereit sind zu verantworten, viel versprechen und wenig halten, Großes beabsichtigen und Kleines tun, ziehen sie sich das Mißfallen all jener zu, die das entstehende Ungleichgewicht durch erhöhte Opfer ausgleichen müssen. Da keine realistische Selbsteinschätzung vorhanden ist, erlaubt eine solche Haltung auch keinen wahren Wertaustausch mit anderen und deshalb auch keine ehrliche, sondern nur eine oberflächliche Beziehung.

3. Pflege den Geist des Strebens

Diese Regel bezieht sich auf die Verwirklichung des Menschen in seinen persönlichen Lebenszielen. Sie hängt eng mit dem ersten und zweiten Leitsatz zusammen, da jedes angestrebte Ziel einer reifen Grundhaltung bedarf, wenn es abwegige und uneinschätzbare Wirkungen vermeiden will. Wie Menschen im persönlichen Umfeld ihre Ziele setzen, bestimmt in einer übergeordneten Dimension den Frieden in der Welt. Deshalb ist Strebsamkeit allein nicht die vermeintlich positive Kraft, sondern wird es erst durch die Verbindung mit einer reifen inneren Haltung. Streben ist gebunden an Sinn, Maß und Erkenntnis. Die Philosophie des *Budô* lehrt, daß Streben ohne Verantwortung auf die eine oder andere Weise immer dem Leben entgegensteht.

Diese Betrachtung ist nicht nur dem *Budô* eigen, sondern allen Philosophien, die einen Ausweg aus dem durch falsches Streben hervorgerufenen Dilemma suchen, in der sich gegenwärtiges Leben befindet. Der Mensch ist im Gegensatz zum Tier in einer zweipoligen Bestimmung gefangen: Zum einen ist er wie alles Leben das Resultat eines natürlichen Zufalls, darin gefangen und ihm bedingungslos unterworfen. Da er sich nicht herauslösen kann, ist er den natürlichen Gesetzen ohnmächtig preisgegeben, abhängig und unselbständig. Zum anderen entwickelt er aber durch sein Bewußtsein eine zweite, der ersten entgegengesetzte Kraft, dank deren er persönliche Ziele anstreben und erreichen kann. So verändert er nach eigenen Vorstellungen die Welt und verwirklicht darin das Abbild dessen, was er in seinem Sinne für richtig und dienlich hält. Darin besteht sein Unterschied zum Tier, das, des Denkens nicht mächtig, den natürlichen Gesetzen widerstandslos preisgegeben ist.

Jeder bewußte Eingriff in das von der Natur geforderte Erdulden ist jedoch immer Selbstverwirklichung und Auflehnung zugleich. Alles was der Mensch für den Umfang seiner persönlichen Wünsche beansprucht, nimmt er sich zum Nachteil jener Kraft, die ihm auf der Vorstufe seiner Bewußtwerdung Leben ermöglicht. Überschreitet er das Maß und verletzt das Gleichgewicht zu seinem tragenden Ursprung, entfernt er sich gleichzeitig von der Quelle seiner natürlichen Lebenskraft, durch die er entsteht, wächst und gedeiht.

Das Vertrauen in das Selbst erlaubt dem Menschen einen gewissen Abstand zu den unkontrollierbaren Mächten der Natur, doch die vollkommene Befreiung ist nicht möglich. Nur durch einen Geist, der das Maß erkennt und das Gleichgewicht wahrt, kann sein Leben gedeihen. Um ihn zu verwirklichen, ist Streben notwendig, doch es darf nicht vom Ich bestimmt sein, das Wachstum und Gewinn ohne Grenzen fordert. Es bedarf der Kontrolle und der Lenkung aus der von innen heraus gereiften Haltung zum Leben, die Streben in beide Richtungen der menschlichen Bestimmung ermöglicht. Im Ungleichgewicht der Extreme verfehlt es den Sinn und stellt das Überleben in Frage.

4. Ehre die Prinzipien der Etikette

Diese Regel bezieht sich auf die richtigen Formen der Verhaltensetikette, die ein Mensch beachten muß, wenn er von anderen verstanden und angenommen werden will. Menschen mit einer schlechten Verhaltensetikette werden selbst im Wohlgemeinten mißverstanden, denn sie widerlegen ihre Absichten und Aussagen durch unentsprechendes Verhalten. Die rechte Etikette macht einen Menschen glaubwürdig, offen und unkompliziert. Sie bewirkt eine verständliche Kommunikation mit anderen und hilft die Harmonie in den zwischenmenschlichen Beziehungen zu erhalten.

Die Etikette besteht aus der objektiv wahrnehmbaren Verhaltensform eines Menschen, durch das er einem anderen mitteilt, daß er in der rechten Weise zur gegenseitigen Verständigung bereit ist. Dort, wo die Form von inneren Unebenheiten überschattet oder durch eine unbewußte Gestik widerrufen wird, verliert der Mensch an Glaubwürdigkeit und Vertrauen. Menschen ohne Etikette sind beständig dabei, das, was sie sagen, durch ihren Ausdruck zu widerlegen. Darauf beruhen viele Mißverständnisse. Häufig zerbricht eine Beziehung an der Unfähigkeit, sich angemessen mitzuteilen. Durch die in der Übung gereifte Etikette ist ein Mensch in der Lage, sich von jenen inneren Zwängen zu befreien, die von ihm Wohlgemeintes nach außen hin ins Gegenteil verkehren. Ohne Etikette wird Aufrichtigkeit zu Grobheit, Mut zu Auflehnung, Demut zu Unterwürfigkeit, Respekt zu Kriecherei und Vorsicht zu Furchtsamkeit. Die rechte Etikette sorgt für Frieden und Harmonie zwischen den Menschen. Sie findet in den Kampfkünsten in den Leitsätzen »Ohne Höflichkeit geht der Wert des Karate verloren« und »Karate beginnt mit Respekt und endet mit Respekt« ihren Ausdruck.

Meister FUNAKOSHI bezeichnete die Höflichkeit als die Grundlage jeder Etikette und den Gruß (→ *Rei*) als ihr wichtigstes Symbol. Das jede Übung beständig begleitende *Rei* führt den Übenden zur Überwindung der inneren Ichbezogenheit und erlaubt ihm letztlich, anderen Menschen ohne Maske gegenüberzutreten. Alle Fortgeschrittenen wissen um die Bedeutung des *Rei*. Übende, die das Grüßen durch Nachlässigkeit verletzen, gelten als unbescheiden, selbstbezogen und unanpassungsfähig. Die Art und Weise, wie ein Übender grüßt, ist ein Spiegel seiner selbst.

5. Verzichte auf Gewalt

Diese Regel bezieht sich sowohl auf die notwendige innere Haltung, die menschliches Zusammenleben ermöglicht, als auch auf die Formung eines menschenwürdigen Charakters. Bei den Tieren sind die Verhaltensmuster zur Erhaltung ihrer Art in ihren natürlichen Anlagen vorhanden und werden von der Natur gelenkt. Der Mensch kann sie durch seine Verselbständigung mit egoistischen Interessen ersetzen und braucht daher eine durch Erkenntnis verinnerlichte Instanz, die auf das Maß seiner Handlungen achtet. Diese Instanz ist dem Menschen nicht mitgegeben, er muß sie sich erarbeiten. Deshalb mahnt diese Regel zum Verzicht auf körperliche Gewalt und bezeichnet gleichzeitig alle Formen der Gewaltanwendung als menschenunwürdig.

Ein Fortgeschrittener in den Kampfkünsten kann anderen Menschen ernsthafte Verletzungen zu-

fügen und ist dann, wenn er seine Fähigkeiten als Machtmittel gegenüber seinen Mitmenschen verwendet, eine Gefahr für die Gesellschaft und ein menschenunwürdiges Individuum. Auf dieser Grundlage wurde ursprünglich das *Budô* vom *Bujutsu* getrennt. Das Ziel des *Bujutsu* war es, vollendete Formen des Tötens zu lehren, während das *Budô* die Selbstmeisterschaft, also die Meisterschaft des Verhaltens lehrt. Meister FUNAKOSHIS *Karate ni sente nashi* (»Im Karate gibt es keinen Angriff«) erläutert, daß der Mensch als geistiges Wesen die Fähigkeit besitzt, Wege der Gewaltlosigkeit zu finden, wenn er den Situationen mit überwundenem Ich begegnet. Die Lösung zwischenmenschlicher Probleme auf der Basis der Gewalt ist eine primitive Gepflogenheit und ermöglicht kein menschliches Zusammenleben unter dem Zeichen des Geistes. Der gebildete Mensch ist in der Lage, Situationen zu beurteilen und Lösungen zu suchen. Ist sein Resultat dennoch die Gewalt, hat er sich vom Tier nicht weit entfernt.

In der Geschichte der Kampfkünste wie auch in der Menschengeschichte gibt es viele Zeugnisse von großem Leid, das durch Gewaltanwendung über die Menschen kam. Dennoch gehen viele Kampfkunstanhänger mit diesem Leitsatz sehr leichtfertig um. Manche Menschen üben die Kampfkünste nur mit dem Zweck, ihre Gegner besiegen zu lernen. *Budô* ist jedoch vor allem eine Kunst der Selbstperfektion, und dazu gehört das richtige Verständnis dieser Regel.

DÔJÔKUN ALS ÜBUNG

Die Erfahrung zeigt, daß zur Meisterschaft der Kampfkünste die *Dôjôkun* nicht fehlen darf. Für alle Übenden, gleich welchen Ranges, ist es von essentieller Bedeutung, daß sie ihre eigene Haltung *(Shisei)* in regelmäßigen Kontrollen der *Dôjôkun* gegenüberstellen. In Übungsgruppen mit einem gesunden *Budô*-Geist ist sie nicht nur ein Maßstab des Lernens, sondern auch ein Spiegel des Verhaltens, durch das der einzelne mit der Gemeinschaft im Austausch steht. Sie reflektiert das Maß des Rechten und des Falschen im Verhalten, sie stellt das Gleichgewicht im Geben und Nehmen her und besteht auf dem gerechten Ausgleich zwischen Ansprüchen und Bereitschaften.

Die wohlverstandene *Dôjôkun* bewirkt durch den

von ihr erzeugten *Budô*-Geist die gesunde Integrität der Gemeinschaft. Als unbeeinflußbare Instanz läßt sie jedem Übenden das zukommen, was er sich durch seine Haltung verdient. Nicht im egoistischen Kampf um persönliche Größe, sondern erst durch die *Dôjôkun* gibt es in der Gemeinschaft eine gerechte und neutrale Verteilung der Anerkennungen, denn jede Selbsteinbildung, jede Überheblichkeit und jeder unlegitime Wert zerbricht im direkten Vergleich mit ihr. Allein durch diesen Maßstab sind Übende gezwungen, sich selbst so zu begegnen, wie sie wirklich sind. Nie wird ein Übender in einer gesunden *Budô*-Gemeinschaft Harmonie erfahren, wenn er unreife Vorstellungen statt tatsächlicher Werte bezeugt. Die *Dôjôkun* erlaubt keine Täuschungen und wird auf diese Weise zum Mittelpunkt jeder *Budô*-Lehre.

Die *Dôjôkun* ist für den Übenden eine Herausforderung und für den Lehrer ein Maßstab, anhand dessen er die Wegentwicklung in jedem einzelnen mißt. Manchmal will ein Übender das nicht erkennen und verhält sich unangepaßt und egoistisch. Solche Haltungen kehren sich jedoch um, da eine gesunde Gemeinschaft sie reflektiert. Es gehört zur Aufgabe eines Übenden, beständig seine Haltung zu überprüfen und die hervorgerufenen Resonanzen zu überdenken. Widerspricht sich seine Selbstmeinung mit dem Echo aus der *Budô*-Gemeinschaft, sind neue Überlegungen sicherlich nötig. Die Übung der *Dôjôkun* ist das wirkungsvollste Mittel, innere Grenzen in sich selbst herauszufordern und in Frage zu stellen. In einer solchen Übung gibt es keinen Raum für falsche Werte, denn wahre Werte bestätigen sich von selbst durch die entgegenkommende Resonanz aus Anerkennung und Achtung.

Die in der *Dôjôkun* angesprochenen Bereiche werden in der Kampfkunstliteratur in vielen Leitsätzen (→*Kaisetsu*) im einzelnen erläutert, die den Übenden helfen sollen, den Weg des *Budô* zu gehen. Es gibt sehr viele dieser Leitsätze, die aus der gesamten Breite der *Budô*-Philosophie kommen. Die Meister der einzelnen Schulen wählen aus ihrer großen Vielfalt die ihnen wichtig erscheinenden aus und begründen darauf die philosophische Grundlage ihrer Schule. Im traditionellen *Shôtôkan-ryû* gibt es zwanzig Leitsätze, die von Meister →Funakoshi zusammengefaßt wurden und als →*Shôtô-nijukun* bekannt sind. Die meisten anderen Leitsätze stammen aus dem japanischen →*Bushidô* oder aus dem →*Zen*. In diesem Lexikon sind unter *Kaisetsu* viele dieser Leitsätze zusammengefaßt, die dann unter ihren jeweiligen Bezeichnungen im Text erläutert werden.

Dôjô nomino Karate to omou na (jap.): **»Glaube nicht, daß Karate nur im Dôjô stattfindet.« Dieser Leitsatz (→*Kaisetsu*) wurde von Meister Funakoshi begründet und in den →*Shôtô-nijûkun* an achter Stelle erläutert. Er besagt, daß ein Kampfkunstübender nicht denken sollte, daß die Übung der Technik im *Dôjô* wichtiger wäre als die Übung seiner alltäglichen inneren Haltung.**

Viele Schüler konzentrieren sich nur auf die ihnen wichtig scheinende Technik und vergessen die Übung der Bereitschaft und des Miteinanders gegenüber der *Budô*-Gemeinschaft. Dadurch erkennen sie bedeutende Zusammenhänge der *Budô*-Übung nicht, und während sie um den von ihnen gewünschten Fortschritt kämpfen, gehen sie am Weg vorbei. Sie stellen sich überheblich über das, was sie als weniger wichtig betrachten, und merken nicht, daß dadurch eine Haltung entsteht, die ihren Wegfortschritt verhindert.

Unabhängig von der Selbstmeinung zählt im *Budô* nur jener Wert, den ein Übender in der Gemeinschaft bezeugt. Wird ein solcher Wert sichtbar, wird er eine Resonanz der Achtung und Anerkennung hervorrufen. Die Überheblichkeit hingegen bedarf keiner Übung, denn sie ist in jedem unfertigen Menschen als feste Größe angelegt. Sie zu überwinden und sich in den Dienst des Gesamten zu stellen ist der erste Schritt zum Fortschritt.

Wenn Übende dies nicht beachten und sich auf einen Eigenwert berufen, der sich vor anderen nie bezeugt, wird die Übung der Kampfkünste wertlos. Menschen, die sich selbst überschätzen, erschweren anderen die Bemühung um Integrität und Harmonie in der *Budô*-Gemeinschaft. Sie stören durch ihr Verhalten beständig das Gleichgewicht der Gemeinschaft, das durch erhöhte Hingabe wieder ausgeglichen werden muß. Die durch Arbeit entstehenden Voraussetzungen nehmen sie als Selbstverständlichkeit für sich in Anspruch und mißachten dadurch das Prinzip des *Dôjô* und all jene, die mit ehrlicher Zuwendung am Erhalt seiner Werte arbeiten.

Deshalb sind diejenigen, die ihren Grad nur durch Technik erreicht haben, für die Kampfkünste wertlos. Sie können nicht erkennen, daß ihr egoistisches Verhalten nur auf Kosten jener möglich ist, die bereit sind, Verantwortung anzunehmen und zu tragen. Sie allein verdienen es, als Fortgeschrittene bezeichnet zu werden.

Dôkan (jap.): »Der Weg ist ein Kreis«. Leitsatz aus der Philosophie des →*Zen*.

Dokan – der Weg ist ein Kreis

Dokenjutsu (jap.): Begriff für die japanischen Kampftechniken des Schlagens, Tretens und Stoßens auf Vitalpunkte, Teil des →*Taijutsu*.

Doku (jap.): allein (auch *Hitori*). *Dokuritsu* – Selbständigkeit, Unabhängigkeit, *Dokugaku* – Selbststudium.

Dokudodô (jap.): Schrift von →MIYAMOTO MUSASHI, bestehend aus 21 Artikeln, gewidmet den ethischen Gesetzen der Krieger (→*Bushidô*). Sie legt Akzent auf Uneigennützigkeit, Sinn für Ehre, Verachtung des Todes, Einfachheit, beständiges Training und Gleichmut.

Dokusan (jap.): wörtlich »allein *(doku)* zu einem Höheren *(san)* gehen«, sinngemäß für eine Kommunikationsform zwischen Meister und Schüler auf den Lehrwegen des →*Dô*[4].

GESCHICHTE

Der Begriff stammt ursprünglich aus dem Zen, ist jedoch in allen Weglehren (→*Oshi*) von Bedeu-

tung. Gemeint damit sind regelmäßige persönliche Gespräche eines Schülers (→*Deshi*) mit seinem Lehrer (→*Sensei*). Sie bieten dem Schüler die Möglichkeit, über die Probleme zu sprechen, die seinen Wegfortschritt oder seine Übung belasten. Besteht ein Lehrer-Schüler-Verhältnis ohne *Dokusan*, ist nur ein oberflächlicher Formunterricht (→*Shôsa*) möglich. Gleichzeitig bezeichnet das Nichtinteresse des Schülers an *Dokusan* dem Lehrer, daß es sich um oberflächliche Interessen handelt. Der Meister wiederum verweigert dem Schüler *Dokusan*, wenn dieser die Grundvoraussetzungen zum Weg durch eine falsche Haltung mißachtet.

INHALT

Das erste *Dokusan* eines Schülers bei seinem Meister nennt man →*Shôken*. In diesem Gespräch entscheidet der Meister, ob er den Schüler persönlich unterweist. Nimmt der Meister den Schüler an, verpflichtet er sich, ihn bis zum höchstmöglichen Niveau zu führen. Gleichzeitig verpflichtet sich der Schüler, dem Meister voller Offenheit, Ehrlichkeit und Treue auf dem Weg zu folgen. Zwischen beiden entsteht eine tiefe menschliche Beziehung (→*Shitei*), die in allen Lehren des Weges unerläßlich ist, um höhere Fortschrittsniveaus zu erreichen.

Dô-kyaku (jap.): vorrückendes Bein.

Dôkyô (jap.): die »Lehre vom Weg« (→*Dô*[4]).

Dome (jap.): stoppen (→*Sun-dome*).

Dometrich, William (*1935): amerikanischer *Karate*-Lehrer des →*Chitô-ryû*, Schüler von CHITOSE TSUYOSHI und FUNAKOSHI GICHIN.

1951 bis 1954 studierte Dometrich in Japan und unterrichtete danach Chitô-ryû in den USA. Er ist der höchstgraduierte Nicht-Japaner seines Stils.

Domin (jap.): Bezeichnung für die Bauern *(Komin)* in der Zeit des →*Gempei-Krieges*.

Dô mu kyôku (jap.): wörtlich: »ein Leben lang keine Grenzen«. Philosophisches Prinzip (→*Kaisetsu*) der *Budô*-Künste, das die wahre Essenz des Übens (→*Geiko*) im Sinne des *Dô* anspricht.

Jeder Mensch hat seine körperliche Grenze, und diese wird etwa im mittleren Alter erreicht. In der Übung des *Budô* gibt es jedoch keine Grenzen, wenn man die innere Vervollkommnung mit in Betracht zieht. Diese Art der Vervollkommnung

war der gravierendste Unterschied zwischen dem kriegerischen *Bujutsu* und dem *Budô* und ist auch heute der Unterschied zwischen *Budô* und Sport. Zentraler Bestand der Übung im *Budô* wurde der Weg *(Dô)*, der aus der kriegerischen Technik (*Jutsu*) ein Mittel der Selbstperfektion machte. Dadurch konnten die Grenzen aufgehoben werden, denn selbst wenn der Körper alt und schwach ist, läßt sich die Haltung weiter vervollkommnen.
In allen traditionellen Künsten des *Budô* wird die körperliche Meisterschaft der Technik *(Shôsa)* nicht sehr hoch bewertet. Es ist nichts Außergewöhnliches daran, allein die Techniken zur Leistungsgrenze zu bringen. Die Meisterschaft einer Kunst des *Budô* vollzieht sich in einer vollkommen anderen Dimension. Sie bedarf einer langen geistigen Reifezeit unter einem Meister des Weges. Diese Zeit ist nötig, um zu erkennen, was »ein Leben lang keine Grenzen« bedeutet. Das alleinige Beherrschen guter Techniken sind die Ziele des Sportes, doch nicht die des *Budô*.

Dômyaku (jap.): *Atemi*-Angriffspunkt: Arterie, Schlagader.

Dong[1] (chin.): Bewegung, Bewegtheit.

Dong[2] (chin.): verstehen, begreifen.

Dong-dang (chin.): »innere Bewegtheit«. Der Körper verharrt in absoluter Ruhe, während innerlich immer die Bereitschaft zur Bewegung bleibt.

Dong Hai-Quan: auch TUNG HAI-CH'UAN, chinesischer Meister (1789–1879) des →*Ba-gua-quan*, der den *Xingyi*-Meister GUO YUN-SHEN in einem legendären Kampf besiegte.
Dong wurde als verwahrlostes Kind von einem Daoisten aufgenommen und im *Ba-gua* unterrichtet. Nach dem Tod seines Meisters zog er nach Beijing und eröffnete dort eine Schule. Von Dongs 72 Schülern wurden vier berühmt: YIN FU, →CHENG TING-HUA, MA WEI-CHI und SHI LIU.

Dong-gong (chin.): »Übung in Bewegung«, Form des →*Qi-gong* im Gegensatz zu →*Jing-gong*, der »stillen Übung«, identisch mit →*Wai-gong*. Zum *Dong-gong* zählt man die bewegten Formen des *Qi-gong* wie →*Dao-yin* oder →*Tai-ji-quan*.
Das *Dong-gong* ist ein Zweig des →*Qi-gong* und der →Atemtherapie. Die bekanntesten Übungsformen des *Dong-gong* sind:

Bao-jian-gong	– äußere Kräftigungsübungen
Ba-duan-jin	– acht Brokatübungen
Shi-er-duan-jin	– zwölf Brokatübungen
Yi-jin-jing	– Übungen zur Muskelkräftigung
Wu-qin-xi	– Übungen der fünf Tiere
Xing-bu-gong	– Heilspaziergang
Tai-ji-quan	– Kampfkunst
He-xiang-zhuang	– fliegender Kranich

Dong-jing (chin.): »die Kraft des Gegners verstehen«, eine Form des →*Jing*, der in den Kampfkünsten entwickelten Energie.
Sobald man das eigene *Qi* beherrscht und *Jing* entwickeln kann, übt man sich darin, den Gegner durchschauen und kontrollieren zu lernen. Der Meister streckt seine Hände aus und konzentriert sich auf die innere Konstitution des Gegners. Er erkennt dessen *Qi*-Situation, seine Gefühle und Absichten und ist ihm dadurch überlegen.

Dono (jap.): Sandsack.

Donovan, Ticky (* 1946): englischer *Karate*-Lehrer, Schüler des *Shôtôkan*- und *Isshin-ryû*.
Donovan gewann dreimal die britischen Meisterschaften und war Mitglied des britischen Nationalteams, mit dem er Europa- und Weltmeister wurde. Heute ist er Träger des 7. Dan und britischer Nationaltrainer. Zusammen mit DOMINIQUE VALERA ist er Herausgeber des *Special Competitive Karate*.

Dôraku (jap.): »Spielen auf dem Weg«, Begriff aus dem *Zen* und den japanischen Kampfkünsten. *Dôraku*, das in der direkten Übersetzung »Weg-Genuß« bedeutet, gilt sowohl in der Übung der Kampfkünste als auch im *Zen* als wesentlich (→*Shôbu-kumite*). Untenstehend eine Erläuterung von REIBUN YÛKI, bezogen auf die Philosophie →TAKUANS:

<u>REIBUN YÛKIS INTERPRETATION</u>

»Miyamoto Musashi, der große Meister des Schwertes, nannte sich selbst Niten-Doraku, was wörtlich ›Liebhaber in zwei Himmeln‹ bedeutet. Das Wort Dôraku (Weg-Genuß) mag wohl die Gemütsverfassung andeuten, die er als Meister besaß. Diese Stufe des »Spielens auf dem Wege«, dieser Gemütszustand des Weg-Genusses, heißt im Buddhismus auch Hôraku (Dhar-

ma-Genuß) oder Yugesammai (Samadhi des Spiels). Die Kunst des Meisters ist über alles absichtsvolle Wollen und alles mühevolle Streben hinaus. Sie ist zu einem natürlichen Genuß geworden. So ist auch das Kreuzen der Klingen zwischen Meistern kein ›Kampf‹ mehr. Hier sind denn zwei Menschen in einem Reich miteinander verschmolzen, in das sie beide eingegangen sind. Zwei Menschen stehen sich gegenüber. Aber eigentlich sind es ›Nicht-Zwei‹, denn da ist kein ›Selbst‹ und kein ›Anderer‹ (Jitafuni – ›Selbst-Anderer-Nicht-Zwei‹). Die zwei Meister sind in ihrer Bewegung nur zwei Wirkensweisen eines Wesens. Sie verkörpern das wunderbare Bild der sich für alle Zeiten im Samadhi ihres Spieles befindlichen unwandelbaren großen Wahrheit des Alls, und sie offenbaren darin die Stufe des natürlichen Dharma-Genusses. Die Wahrheit, die sich sichtbarlich ausdrückt und sich selbst genießt – das ist die Sphäre, in der Meister sich bewegen, wenn sie ihre Klingen kreuzen.«

INHALT

Übende streben danach, Meister zu werden, und schon als Übende müssen sie den Geschmack des »Spieles auf dem Wege«, den Weg-Genuß, den *Dharma*-Genuß, das *Samadhi* des Spiels im Sinn haben. Gewiß müssen sie sich noch unter Aufbietung aller Kräfte anstrengen und selbst dann noch die Versuchung zum Nachlassen überwinden, wenn sie der Sache überdrüssig werden oder gar Ekel sie ergreift. Solange sie aber nur durch ihren Fleiß und ihre Anstrengung auf dem Weg gehalten werden, zeugt das davon, daß der »Weg« ihnen noch nicht zu eigen geworden ist.

Wird der Weg ihnen zu eigen, dann gesellt sich zur Anstrengung auch der Weg-Genuß, und das kann dann als Vorzeichen großen Erreichens gedeutet werden. Wird der Weg zur inneren Notwendigkeit, dann ist die Stufe des Meisters erreicht, und alles ist *Hôraku*.

Dori (jap.): auch →*Tori*, wörtlich »der Werfende«. In den Kampfkünsten auch Bezeichnung für den Angreifer. Gegensatz: *Uke* – der Abwehrende. Bedeutet auch nehmen, greifen.

Dôryô (jap.): →*Bushidô*-Begriff für Großzügigkeit.

Dosen (jap.): »Leitung«. In den Kampfkünsten Begriff für die Bodenlinien für den Ablauf einer *Kata*. Andere Bezeichnung für →*Embusen*.

Dôshinkan (jap.): Schule des →*Shûdôkan*.

Dôshô (629–700): Begründer der buddhistischen *Hossô*-Schule in Japan.

Dos manos (phil.): »zwei Hände«, philippinischer Stil des →*Escrima*, mit Waffen in beiden Händen. Der Repräsentant des Stils ist RENE LATOSA (→*Escrima*, →*Latosa-Escrima*), der Initiator der *Philippine Martial Arts Society Combat Escrima System*.

Dôsu (jap.): Bezeichnung für den *Ino* (Abt) eines *Zen*-Klosters, für einen Meister des Weges *(Dô)* oder für den Vorstand eines Stils *(Ryû)*.

Dôtoku (jap.): [aus *Toku* = Moral, *Dô* = Weg] Begriff aus der Lehrpraxis des *Dô*: »moralische Verpflichtung zum Weg«.

Ein Schüler ist seinem *Sensei* gegenüber für alle Zeiten diese Verpflichtung schuldig (→*Shitei*), ebenso ein Sensei seiner Kunst gegenüber. Die Übung in einem *Dôjô* z. B. unterliegt den strengen Regeln des Weges (→*Dô*), die in der →*Dôjôkun* festgelegt sind. Alle Übenden müssen sie beachten. Weitere Erläuterungen dazu s. →*Sensei*, →*Deshi* und →*Oshi*.

Dôzukuri (jap.): Balance, Begriff aus dem japanischen →*Kyûdô*, zweite Position beim Bogenschießen.

Der Bogen ruht auf dem linken Knie. Der Körper steht vollkommen aufrecht, wobei die Linien der Füße, des Beckens, des Pfeils und der Schultern parallel zueinander liegen. Dabei wird eine konzentrierte Bauchatmung ausgeführt. Der Pfeil befindet sich in der rechten Hand.

Draeger, Donn (†1985): bekannter amerikanischer Historiker und Kampfkunstexperte.

Donn Draeger, der viele wertvolle Bücher über die klassischen japanischen Kampfkünste geschrieben hat, ist einer der ganz wenigen Nicht-Japaner, die in traditionellen Richtungen hohe Auszeichnungen erhielten (Tenshin Shôden Katori-ryû). Draeger lebte viele Jahre lang in Korea, China, Japan, Malaysia, Indonesien und der Mongolei. Seine Bücher: »Judo Training Methodes«, »Practical Karate« (6 Bände), »Judo for

Young Men«, »Pentjak-Silat, Weapons & Fighting Art of the Indonesian Archipelago«, »Classical Bujutsu«, »Classical Budo«, »Modern Budo & Bujutsu« und, zusammen mit R. Smith, »Asian fighting Arts«.

Drei Würmer: die daoistischen Magier (→*Fang-hi*) lehrten, daß in den drei →*Dan-tian* je ein Wurm lebt, der dem Leben entgegenwirkt und schließlich den Tod des Menschen bewirkt.

Diese Würmer ernährten sich von Getreide. Um der zerstörerischen Wirkung der Würmer entgegenzuwirken, galt der Verzicht auf alle Getreidearten (ÆBi-gu) im religiösen Daoismus als wichtige Übung zur Erlangung der Unsterblichkeit (ÆChang-sheng-bu-si).

DSB: *Deutscher Sport-Bund*, Dachverband für organisiertes Sporttreiben in Deutschland, unter anderem auch das Forum für Wettkampf-*Karate* der ihm angeschlossenen *Budô*-Organisationen.

Der DSB wurde 1950 in Hannover gegründet und gilt als Dachorganisation der Sportverbände und Landesportbünde in Deutschland. Seine Aufgaben sind die Förderung von Turnen und Sport, Vertretung der gemeinsamen Interessen gegenüber Staat, Gemeinden und Öffentlichkeit, Repräsentanz des deutschen Sports in überverbändlichen und überfachlichen Angelegenheiten im In- und Ausland. Der DSB tritt für Freiheit und Freiwilligkeit in Sportausübung und Mitgliedschaft ein, fördert die Pflege des Geistigen im Sport, die Sportwissenschaft, die Volksgesundheit und die allgemeine Freizeiterfüllung.

Dschingis-Khan: →Mongolei.

Dumog (phil.): philippinisches Ringen. Die Techniken des *Dumog* sind in den philippinischen Kampfkünsten *Escrima* (*Arnis* und *Kali*), *Sinulog*, *Sayaw* und im *Binabayani* wiederzufinden.

Dürckheim, Karlfried Graf von (1896 bis 1988): deutscher *Zen*-Philosoph, Schriftsteller und Psychotherapeut. Seine Bücher enthalten auch für Kampfkunstübende wertvolle Anleitungen.

Prof. Karlfried Graf von Dürckheim(-Montmartin) wurde 1896 in München geboren. Er nahm aktiv am Ersten Weltkrieg teil und studierte anschließend in München und Kiel Philosophie und Psychologie. 1932 wurde er Professor für Psychologie, 1937 reiste er nach Japan und blieb dort bis Kriegsende. In Japan begegnete er dem *Zen*-Buddhismus und ging bei einigen Meistern in die Lehre. Nach Deutschland zurückgekehrt, gründete er zusammen mit seiner Frau Dr. MARIA HIPPIUS (*1909) die Existentialpsychologische Bildungsstätte und die Schule für initiatische Therapie in Todtmoos im Schwarzwald. Durch eine Reihe von Büchern wurde er auch international bekannt. Seine wichtigsten Werke sind: »Japan und die Kultur der Stille« (1950); »Hara, die Erdmitte des Menschen« (1956); »Zen und wir« (1961); »Wunderbare Katze und andere Zen-Texte« (1964); »Vom doppelten Ursprung des Menschen« (1975); »Meditieren – wozu und wie« (1976); »Übung des Leibes auf dem inneren Weg« (1978); »Von der Erfahrung der Transzendenz« (1984); sowie »Durchbruch zum Wesen«; »Überweltliches Leben in der Welt«; »Erlebnis und Wandlung«; »Sportliche Leistung – Menschliche Reife«; »Der Weg, die Wahrheit, das Leben«; »Der Alltag als Übung«; »Im Zeichen der großen Erfahrung«; »Der Ruf nach dem Meister«; »Mächtigkeit, Rang und Stufe des Menschen«.

Dux, Frank: →*Dux-ryû*.

Dux-ryû: amerikanisches *Ninjutsu*-System, gegründet im Jahre 1980 von FRANK DUX, einem Schüler von JACK SAKI *(Jûjutsu)* und TANAKA SENZO *(Ninjutsu)*.

Er vereinigte zahlreiche Schwarzgurte verschiedener Stile in der Schule *Kempôkan*, die für die Wirksamkeit ihrer Techniken bekannt war. Frank Dux' Lebenslauf wurde in dem Film »Bloodsport« nachgezeichnet.

E

EAKF: *European Amateur Karate Federation*, gegründet am 15. März 1979 in Brüssel als europäische Abteilung der →IAKF. Der EAKF gehörten 18 Länder an, betrieben wurde fast ausschließlich *Shôtôkan-Karate.* Als die WUKO durch das IOC anerkannt wurde, die IAKF dagegen nicht, wechselten viele Mitglieder (so auch der DKV) zur EKU *(European Karate Union).* 1985 entstand aus der EAKF die ESKA *(European Shôtôkan Association).*

Ebi (jap.): Krabbe, Krebsart. *Ebi-garami* – Krebsarm-Würgegriff, *Ebi-jime* – Krebskreuzwürgen, *Ebi-gatame* – Dreiviertelnelson mit Fußblock.

Ebi-garami (jap.): Krebsarmwürgen, Würgegriff aus dem *Jûdô.*

Ebi-gatame (jap.): Technik des *Sumô* und *Tegumi.* Dreiviertelnelson mit zusätzlichem Fußblock.

Ebi-jime (jap.): Krebskreuzwürgen, Würgegriff aus dem *Jûdô.*

Ebira (jap.): Pfeilköcher (→*Kyûdô*).

Eboshi (jap.): Kopfbedeckung aus geflochtenem und lackiertem Pferdehaar, die in Japan von den Erwachsenen zu feierlichen Anlässen getragen wurde.

Das Recht zum Tragen des Eboshi hatten die jungen Männer erst nach der Zeremonie der »Hutübergabe« (Gempuku), bei der sie auch einen neuen Namen (Eboshi-na) bekamen. Die Eboshi der Samurai hatten eine dreieckige Form (Jieboshi), die der Adeligen und der Shintô-Priester waren mützenförmig (Nae-eboshi).

Eda (jap.): Zweig.

Edo (jap.): altjapanischer Begriff für die japanische Hauptstadt Tôkyô während der Tokugawa-Zeit (1615–1868). »Edo« bedeutet wörtlich »Flußmündung« und war lange Zeit nur ein kleines Fischerdorf.

1456 ließ Ota Dôkan (1433–1486) hier ein Schloß errichten und führte von dort aus gegen all seine Nachbarn Kriege. Er unterwarf alle umliegenden Gebiete, fiel jedoch einem Mordanschlag zum Opfer. Danach wechselten sich mehrere Herrscher ab, bis 1590 Toyotomi Hideyoshi und Ieyasu Tokugawa das Schloß eroberten. Ieyasu Tokugawa bestimmte Edo zu seinem Wohnsitz, das von 1603 bis 1868 der Sitz der japanischen *Shôgune* sein sollte.

Egami Shigeru (1912–1981): japanischer *Karate*-Meister, geboren in Kyushu als Sohn von Kaufleuten, geistiger Nachfolger von → Funakoshi Gichin, Gründer des →*Shôtôkai-ryû.*

Egamis Schülerjahre

Egami begann mit dem Training des *Jûdô*. 1932, mit 20 Jahren, trat er in die *Waseda*-Universität ein und begann unter Meister Funakoshi mit dem *Karate*-Studium. Zu jener Zeit wurde im *Shôtôkan-Dôjô* reines *Shuri-te* der Itosu-Schule geübt. Egami war ein schwächliches Kind, konnte aber durch das strenge *Karate*-Training seinen Körper kräftigen. Daher war er als junger Mann stolz auf seine körperlichen Fähigkeiten und sagte später von sich selbst, daß er recht arrogant war und daß viele Menschen ihn deshalb nicht mochten. Nach seinem Hochschulabschluß begann er zu arbeiten, blieb jedoch nirgends lange und wechselte oft seinen Beruf.

Zu dieser Zeit war *Karate* das einzig Beständige in seinem Leben. Von heutigen Meistern, die damals im *Shôtôkan-Dôjô* mit *Karate* begannen, hört man, daß Meister Egami einfach immer im

Egami Shigeru

Dôjô war. Bald gehörte er zu den Übungsleitern des *Shôtôkan* und entwickelte sich immer mehr zu einem der maßgebenden *Shôtôkan*-Meister. Zunehmend gewann auch Meister Funakoshis philosophische Sicht des *Karate* Einfluß auf ihn. Aber er selbst sagt, daß er erst mit über 40 Jahren wirklich zu verstehen begann, daß *Karate* mehr war als nur das Einüben und Verfeinern von Kampftechniken.

EGAMIS WIRKEN

Ab 1938 begannen sich die Unterrichts- und Stilkonzepte des →*Shôtôkan* vom →*Shuri-te* in die heute bekannte Auffassung zu verändern. →Funakoshi Yoshitaka leistete dazu den entscheidenden Beitrag, aber er wurde assistiert von den bedeutendsten Meistern des *Shôtokan*, zu denen neben Egami Shigeru vor allem →Hironishi Genshin, →Noguchi Hiroshi und →Obata Isao gehörten. Kurz nach dem Krieg starb Funakoshi Yoshitaka, und Egami Shigeru wurde der Hauptübungsleiter am *Shôtôkan* und der wichtigste Mann des *Shôtôkan-ryû*. Da er keine Abweichungen von den Grundkonzepten duldete, kam es durch die Initiative der jungen Schüler (→Nakayama, →Nishiyama) zur Spaltung des Stils. Diese entfernten sich von der inhaltlichen Linie und entwickelten in der von ihnen neu gegründeten Organisation (JKA) das heute bekannte Wettkampfkonzept.

Bald darauf wurde Meister Egami sehr krank und mußte sich mehreren Magenoperationen unterziehen. Er suchte nach einer Form der Übung, die er trotzdem weiterbetreiben konnte. Er fand sie 1955 in der Auffassung, die heute als *Shôtôkai-ryû* bekannt ist.

Doch diese Auffassung entfernte sich immer mehr vom *Shôtôkan* und orientierte sich zum Mystizismus hin. Egami begann die Zyklen von Sonne und Mond zu studieren und befaßte sich intensiv mit Telepathie. Ueshiba Morihei vom *Aikidô* und Inue Shoyo vom *Shinwa Taidô* hatten großen Einfluß auf die Veränderung von Egamis *Karate*. Er versuchte durch hohe Wiederholfrequenzen einzelner Techniken andere Bewußtseinsebenen zu erreichen und suchte nach Formen der energetischen Kommunikation mit dem Gegner im Kampf. Er gab das *Makiwara*-Training auf und veränderte den klassischen *Zuki* (Fauststoß) zu einem Konzept, das er *To-ate* nannte. Damit versuchte er auf spirituellem Weg Wirksamkeit zu erzeugen. Das Konzept verbreitete sich später über seine Schüler auch im →*Shintai-dô*.

In späteren Jahren schrieb er darüber das Buch »The Heart (Way) of Karate-dô«, in dem er seine Erfahrungen festhielt. Über Oshima Tsutomu, den Nachfolger Egamis, verbreitete sich seine Richtung auch in den Vereinigten Staaten. Egamis wichtigste Schüler waren →Murakami Tetsuji (†1987), →Harada Mitsusuke und →AOKI HIROYUKI (Gründer des *Shintai-dô*).

Ei (jap.): Ehre, Ruhm (auch *Hae*). *Koei* – Ehre, Ruhm, *Eiko* – Ruhm, Ehre, Glorie.

Eidô-zuki (jap.): Scherenstoß im *Karate* (→*Hasami-zuki*).

Eiheiji (jap.): »Kloster des ewigen Friedens«, eines der beiden Hauptklöster (neben →*Sôjiji*) des japanischen →*Sôtô-Zen*. Es wurde im Jahre 1243 von →DÔGEN ZENJI gegründet.

Eiku (jap.): Bootsruder (auch *Eku*, *Sunakakebô* oder *Kai*), okinawanische →*Kobudô*-Waffe. Die Länge des *Eiku* beträgt etwa 1,35–1,60 m. Der runde Griffteil ist ca. 1 m lang, der Paddelteil hat eine Länge von bis zu 60 cm, wobei der klingenähnliche Teil auf eine Breite von ca. 9 cm abgeflacht ist. Die äußeren Kanten dieser Fläche sind angeschärft, damit sie sich nach außen hin verdünnen. Das Paddelende des *Eiku* ist in einem 45°-Winkel zugespitzt und geschärft. Es gab *Kobudô*-Übende, die dieses Ende so schärften, daß es wie ein Speer verwendet werden konnte. Der *Eiku*-Griff hat einen Durchmesser von etwa 3 cm, und der Paddelteil hat in der Mitte des abgeflachten Endes eine Dicke von 1,5 cm.

Vor 1600 wurde das *Eiku* aus chinesischer weißer Eiche oder aus rotem Ahorn hergestellt und mit Pflanzenöl oder Tierfett behandelt, damit das Holz versiegelt und in der Sonne nicht ausgetrocknet oder rissig wurde. Nach der Besetzung durch den Satsuma-Clan (1609) wurde das Ruder wie die meisten anderen okinawanischen Bauerngeräte aus japanischer roter Eiche hergestellt.

Eikujutsu (jap.): Techniken mit dem Bootsruder (→*Eiku*), entwickelt im okinawanischen *Kobujutsu*, heute im *Kobudô* geübt. Der Umgang mit dem *Eiku* entwickelte sich in der

Umgebung der okinawanischen Fischer, die es täglich zur Arbeit gebrauchen mußten. Diejenigen von ihnen, die in der Kunst der leeren Hand oder im *Kobudô* geübt waren, erkannten sehr schnell, daß es sich sehr wirkungsvoll in der Selbstverteidigung einsetzen ließ. Die Fischer hatten durch den täglichen Umgang genug Kraft in den Armen und im Oberkörper entwickelt, um es leicht und schnell einzusetzen. Es war besonders effektiv gegen das japanische Samurai-Schwert und den japanischen Speer. Der *Eiku*-Übende brauchte nicht zu befürchten, daß das Ruder durch einen kraftvollen Schwertschlag in zwei Teile zerschnitten wurde. Der runde Griff des Paddels ermöglichte alle Stocktechniken, während der flache Paddelteil wie eine Klinge verwendet werden konnte. Ein Hieb mit der Klinge hatte dieselbe Wirkung wie der Schlag mit einer Axt. Da das Paddel zur täglichen Arbeit verwendet wurde, konnte es auch offen mitgeführt werden, ohne das Mißtrauen der Satsuma-Krieger zu erwekken.

Die Kampfkunst mit dem *Eiku* wurde mittels *Kata* weitergegeben und hat sich im Laufe der Jahrhunderte nur unwesentlich verändert. Die *Eiku-Kata* sind heute selten und werden nur noch von wenigen geübt.

Eimeiroku (jap.): Liste mit den Namen der bedeutendsten *Budô*-Meister.

Eisai Zenji (1141–1215): japanischer *Zen*-Meister der chinesischen Oryô-Linie (→*Oryô-Zen*) des →*Rinzai-Zen*. Er brachte als erster das *Zen* nach Japan und gilt daher als Begründer der japanischen *Zen*-Tradition überhaupt.

1168 reiste Eisai nach China und verweilte kurze Zeit in den Tempelanlagen des *T'ien-t'ai* (→*Tiantai*, s. auch →*Tendai*). Dort begegnete er zum ersten Mal der Lehre des *Chan* (→*Zen*), hatte jedoch nicht die Zeit, sie zu vertiefen. Zwanzig Jahre später (1187) reiste er erneut nach China und blieb auf dem Berg T'ien-t'ai in der Provinz Chekiang. 1191 kehrte er nach Japan zurück und errichtete 1192 den *Shôfuku-ji*-Tempel. 1202 ernannte ihn der amtierende *Minamoto-Shôgun* zum Oberhaupt des *Kennin-ji*-Tempels in Kyôto. Von dort aus verbreitete er seine Lehre und gelangte an die Spitze der buddhistischen Bewegung in Japan. Später zog er nach Kamakura in die Gegenhauptstadt der *Shôgune*, wo er 1215 das Kloster *Jufuku-ji* gründete. Als erster *Zen*-Meister Japans und als Lehrer von →DÔGEN ZENJI, der später das →*Sôtô-Zen* in Japan einführte, ist Eisai für die Entwicklung aller *Zen*-Linien in Japan verantwortlich.

Eishin Hasegawa: japanischer Meister des *Iaijutsu*, aus der Familie HASEGAWA (CHIKARA NO SUKE) HIDENOBU. Er studierte die Techniken des Meisters HOJO HAYASHIZAKI aus Edo und gründete danach das →*Hasegawa Eishin-ryû*. Meister Eishin war der 7. Großmeister des →*Musô Shinden-ryû*.

Eishin-ryû: oder *Musô Jikiden Eishin-ryû*, traditionelle japanische *Kenjutsu*- und *Iaijutsu*-Schule, gegründet im 18. Jh. von EISHIN HASEGAWA (→*Hasegawa Eishin-ryû*).

Meister EISHIN studierte ursprünglich das *Musô Jikiden-ryû* (auch *Hayashizaki-ryû*). Der aktuelle Großmeister des *Musô Jikiden Eishin-ryû* ist FUKUMI TORAO, ein Nachkomme des bekannten ESAKA SEIGEN.

Eishoji (jap.): »Weidenherztempel«. Entstehungsort des modernen *Jûdô*. →KANÔ JIGORÔ systematisierte hier 1882 die verschiedenen *Jûjutsu*-Techniken zum neuen System des *Jûdô*.

Eka (487–593): japanischer Name des 2. Patriarchen (→*Soshigata*) des →*Zen* in China, HUI-K'O. Nachfolger (→*Hassu*) von →BODHIDHARMA und Meister von Seng-ts'an. Weitere Entwicklung des *Zen* s. → E'nô und verfolge die weiteren Hinweise.

Nach der Überlieferung kam Hui-k'o etwa in seinem 40. Lebensjahr in das Shaolin-Kloster, um Bodhidharma darum zu bitten, ihn im *Zen* zu unterrichten. Dieser jedoch schenkte ihm keinerlei Beachtung. Hui-k'o verbrachte daraufhin einige Tage im Schnee vor dem Eingang. Um Bodhidharma von seiner Ernsthaftigkeit zu überzeugen, schnitt er sich den linken Arm ab. Daraufhin akzeptierte Bodhidharma ihn als Schüler.

Hui-k'o hatte den Ruf eines Gelehrten, der in den Schriften des Konfuzianismus, des Taoismus und des Buddhismus sehr bewandert war. Nachdem Bodhidharma ihm das Patriarchat übertragen hatte, verblieb er jedoch nur eine Woche im Shaolin, denn er wollte sein Wissen durch Erfahrungen in der Meditation vertiefen. Es heißt, er habe zunächst einige Jahre unter einfachen Arbeitern gelebt, um die Demut zu erlernen. Danach ließ er sich in Nordchina nieder, wo er wahrscheinlich SENG-TS'AN traf.

Hui-k'os große Persönlichkeit und sein großer Erfolg als Meister erregten schließlich Ärgernis bei den buddhistischen Priestern, und so war er gezwungen, in den Süden Chinas zu fliehen. Als er später zurückkehrte, setzte die Verfolgung wieder ein, und er wurde offiziell der Häresie angeklagt und im Alter von 106 Jahren zum Tode verurteilt.

Ekika (jap.): *Atemi*-Angriffspunkt: Achselhöhle.

Ekkinkyô (jap.): in Japan gebrauchte Bezeichnung für eine der beiden aus dem →Shaolin-Kloster überlieferten *Sûtra* (→*Yi-jin-jing*), die man →BODHIDHARMA zuschreibt.

Nachdem Bodhidharma 9 Jahre lang im Shaolin-Tempel meditiert hatte, legte er Übungsmethoden für die Mönche fest, die der Stärkung von Körper und Geist dienen sollten (*Shi- pa-lo-han-sho* – »Die 18 Hände der Buddha-Schüler«, → *Quan-fa*). Neben diesen körperlichen Übungen, die als die ersten Formen der Shaolin-Kampfkunst angesehen werden, gründete er auch zwei *Sûtra*: *Ekkinkyô* (chin. *Yi-jin-jing*), die aus einer Reihe von Gymnastikübungen und Atemtechniken besteht, und *Senzuikyô* (chin. *Xi-shui-jing*), in der er erläutert, wie die Mönche geistige Stärke erlangen können. Der Inhalt der beiden *Sûtra* gilt auch heute noch als wesentlich in den Kampfkünsten.

Ekkin-Sûtra (jap.): Buch über die Kampfkünste des *Shaolin* (→*Ekkinkyô*).

Ekku (jap.): auch →*Eiku*. Okinawanische *Kobudô*-Waffe.

EKU: *European Karate Union*, gegründet 1962 in Paris. 1970 entsteht durch die Initiative der EKU die WUKO *(World Union of Karate-dô Organisations)*. Als die WUKO vom IOC die Anerkennung erhielt, wechselten viele nationale Verbände von der EAKF zur EKU, die dadurch die mitgliederstärkste Organisation Europas wurde.

Embu (jap.): gemeinsames Üben einer Bewegung durch zwei Schüler der Kampfkünste.

Embujô (jap.): Austragungsstätte der Kampfkünste.

Embusen (jap.): Bodenlinie (auch *Dôsen*), die den Verlauf der Bewegungen und Richtungsänderungen der *Kata* symbolisiert. Die *Embusen* hat immer einen markierten Punkt (*Kiten*), auf dem die *Kata* beginnt und endet.

Alle *Shôtôkan-Kata* müssen auf demselben Punkt enden, auf dem sie beginnen. »Was immer geht, kommt auch zurück«, sagte Meister FUNAKOSHI und bezog sich dabei auf ein bedeutungsvolles Gesetz der Natur, das durch den markierten Punkt auf der *Embusen* in den *Kata* deutlich wird: im ewigen Prozeß des Werdens und Vergehens geht nichts verloren, das eine entsteht aus dem anderen im vollkommenen Gleichgewicht zwischen Geben und Nehmen, im ewigen Rhythmus der Natur, in dem alles gebunden ist. Der Anfang ist das Ende, und das Ende ist der Anfang.

E-mei-ci (chin.): kleine Handwaffe (→*Bing-qi*), bestehend aus einem an beiden Enden zugespitzten Metallstab. In der Mitte befindet sich ein Ring, mit dem die Waffe in der Hand befestigt wird.

Emei-quan (chin.): auch *Ngo-mei-ch'uan*, Stil vom Emei-(Ngo-)Berg, Stil des → *Quan-fa* aus einem der Shaolin-Klöster.

Emishi (jap.): andere Bezeichnung für →*Ainu*.

Emmei-ryû (jap.): auch *Nitô-ryû* oder *Niten-ryû*, Bezeichnung für →MUSASHI MIYAMOTO's Schwertschule (→*Niten Ichi-ryû*).

Emperado, Adriano Sonny (*15. Juni 1926): hawaiianischer Großmeister des →*Kajukenbo*. 1939 begann er mit dem Studium des →*Escrima* unter der Leitung seines Stiefbruders Joe. Danach wechselten beide in die Schule von WILLIAM KWAI-SUN CHOW. Daneben studierte Adriano das okinawanische *Kempô*.

1947 beschloß Emperado ein System zu gründen, das die Synthese aller hawaiianischen Kampfkünste darstellte. 1949 schloß er sich mit vier Kampfkunstexperten zusammen und gründete das *Kajukenbo* als eine Kunst des Straßenkampfes. Im selben Jahr wurde die *Emperado Black Belt Society* gegründet und ein Jahr später das *Kajukenbo Self Defense Institute*.

1955 wurde Emperado der Schüler des bekannten *Escrima*-Meisters ALFREDO PERALTA, bei dem er bis zu dessen Tod (1985) blieb. Er lernte die Stile *Espada y Daga* (Schwert und Dolch), *Solo Baston* (Stock allein) und *Baston y Daga* (Stock und Dolch). 1986 zog Emperado nach Kalifornien und gründete dort die *Emperado Kajukenbo*

Association (EKA). 1987 reorganisierte Emperado die *Black Belt Society* und bestimmte als Hauptinstruktoren RON HARRIS *(Escrima)*, DAN BAKER (Ringen), RALPH HAMRICK *(Kali)*, MARK SALTZMANN *(Kali)* und WOODY SIMS *(Karate)*. Eine weitere wichtige Organisation des *Kajukenbo*, *International Kajukenbo Association* (IKA) wird von TONY RAMOS (10. Dan) geleitet.

Empi (Enpi) (jap.): Ellenbogen. Andere Bezeichnung für →*Hiji*.

Empi-ate (jap.): Ellenbogenschlag (auch →*Empi-uchi* oder →*Hiji-ate*).

Empi-uchi (jap.): Ellenbogenschlag, auch →*Hiji-ate* genannt. Klassifizierung s. unter →*Uchi-waza*. Es gibt folgende Formen (Erläuterungen s. unter der jeweiligen Bezeichnung):

FORMEN DES EMPI-UCHI

Mae empi-uchi	– nach vorn
Yoko empi-uchi	– zur Seite
Ushiro empi-uchi	– nach hinten
Mawashi empi-uchi	– im Halbkreis
Tate empi-uchi	– senkrecht
Otoshi empi-uchi	– nach unten

GRUNDREGELN FÜR EMPI

• Man darf nie zu weit entfernte Ziele angreifen. Alle Empi-Formen sind Nahkampftechniken.

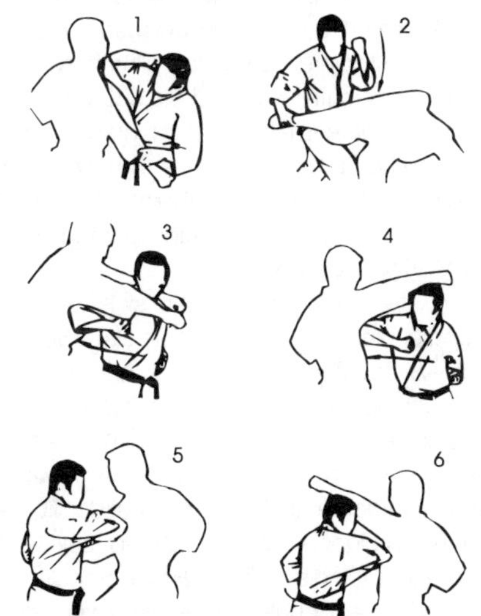

Formen des Empi-uchi: 1. Age empi-uchi; 2. Otoshi empi-uchi; 3. Ushiro empi-uchi; 4. Yoko empi-uchi; 5. Mae empi-uchi; 6. Mawashi empi-uchi

• Der Oberkörper muß in der Technik immer gerade bleiben. Nach vorn gelehnt, gibt man dem Gegner Vorteile.

• Maximale Kraft kann nur entstehen, wenn die Technik eng am Körper ausgeführt wird. Die Kraft entsteht aus der Drehung des Unterarms und dem stark gebeugten Ellenbogen. Die korrekte Hüftbewegung kann die Kraft vergrößern.

Empi-uke (jap.): Ellenbogenabwehr (→*Uke-waza*) im *Karate*, eine Technik der Nahdistanz und der Selbstverteidigung.

Die Faust wird in die Hüfte gestemmt, so daß der Ellenbogen seitlich absteht. Durch eine Drehung der Hüfte kann mit dem Ellenbogen ein gegnerischer Angriff zur Seite abgelenkt werden. Die Technik eignet sich auch zur Befreiung aus Haltegriffen. Sie wird zuerst in der *Heian-sandan* gelehrt.

Empi-ushiro-ate (jap.): Ellenbogentechnik nach hinten (→*Ushiro-empi-uchi*).

Empi-waza (jap.): Gruppe der Ellenbogentechniken (→*Empi-uchi*). Mit dem Ellenbogen können Abwehrtechniken und Angriffstechniken ausgeführt werden. Siehe entsprechend unter →*Empi-uke* und →*Empi-uchi*.

En (jap.): Hilfe. *Enjo* – Unterstützung, *Enchô* – Verlängerung.

Enchô (jap.): Verlängerung (z. B. die Waffe als Verlängerung des Arms).

Enchôsen (jap.): Verlängerungslinie. Im Wettkampf Verlängerung der normalen Kampfzeit.

Ende (indo.): auch *Tjatji* oder *Tjatjing* oder *Tenganan von Bali*, indonesisches Kampfkunstsystem des →*Pentjak-Silat*, gegründet auf der Insel Flores, heute auch auf Bali verbreitet.

Das System verwendet verschiedene Formen von biegsamen Ruten und festen Stöcken. Die Hauptwaffen sind *Tangkat-pemukul* (kurze Stökke), *Chemiti* (1,80 m lange Peitsche ohne Griff), *Kalus* (90 cm lange Peitsche mit Griff und beschwerter Spitze) und verschiedene Formen von Schleifen und Ringen *(Agang, Prisai-Kayu)*.

Engi (Engei) (jap.): Aufführung, Darstellung, Spiel.

Engisen (jap.): Vorzeigelinie, Demonstrationslinie (→*Engi*, →*Embusen*, →*Dôsen*).

Engo (Enjo) (jap.): Unterstützung (auch *Enjo*).

Engo-waza (jap.): Techniken der Deckung und Unterstützung.

Enju (jap.): Ferse (auch *Kakato* oder *Enshô*).

Enjuku (jap.): Reife, Vollendung.

Enkakuji (jap.): »Kloster der vollkommenen Erleuchtung«, berühmter japanischer *Zen*-Tempel der *Rinzai*-Linie (→*Rinzai-Zen*) in Kamakura, Grabstätte von FUNAKOSHI GICHIN. Heute Wallfahrtsort und eines der bedeutendsten Zentren des japanischen *Zen*-Buddhismus.

Der *Enkakuji* wurde 1282 von dem Shôgun HÔJÔ TOKIMUNE zum Gedenken an die beiden chinesischen Mönche TSOU-YÜAN (MUGAKU SOGEN) und TSU-YÜAN (SHIGEN) erbaut, die während des Mongolenkrieges ums Leben gekommen waren. Es ist das Hauptkloster der *Enkakuji*-Linie des japanischen →*Rinzai-Zen* und gehört zu den wenigen noch aktiven *Zen*-Klöstern Japans. Zahlreiche Unterklöster gehören zu ihm. Auch der bedeutende japanische *Zen*-Philosoph Dr. DAISETZ T. →SUZUKI lebte hier viele Jahre.

En no Irimi (jap.): Drehtechniken mit →*Irimi* im *Aikidô* zum Ausweichen von Angriffen, die von MORIHEI UESHIBA gegründet wurden.

ENO: *Europäische Ninpô Organisation* zur Erhaltung und Verbreitung des traditionellen *Ninjutsu*, gegründet von WOLFGANG ETTIG.

E'nô (638–713): japanischer Name des 6. Patriarchen (→*Soshigata*) des →*Zen* in China, HUI-NENG, Schüler und *Dharma*-Nachfolger (→*Hassu*) von HUNG-JEN. Erst mit ihm begann die wirkliche Verbreitung des *Zen* in China, denn er gab dem noch stark indisch geprägten *Zen* eine typisch chinesische Richtung. Er hat das Patriarchat niemals offiziell weitergegeben, und somit ist es mit ihm erloschen. Allerdings hatte er mehrere Meisterschüler und *Dharma*-Nachfolger. In Meister E'nô laufen alle wichtigen Übertragungslinien des Zen zusammen.

E'NÔ TRITT DIE ERBFOLGE AN

Als der betagte 5. Patriarch des Zen, HUNG-JEN, die Zeit gekommen sah, das Patriarchat zu übertragen, ließ er seine Schüler ein Gedicht schreiben, aus dem er erkennen wollte, welcher sein würdiger Nachfolger werden sollte. Alle Mönche rechneten mit der Nachfolge durch SHEN-HSIU, einen intellektuell begabten Mönch. Hui-neng schrieb jedoch kein Gedicht, sondern kommentierte statt dessen das Gedicht von Shen-hsiu, woraus der alte Patriarch eine überlegene Erfahrung erkannt haben soll. In der Nacht übergab er Hui-neng im geheimen Gewand und Schale, was der Übertragung des Patriarchats gleichkam, und riet ihm, das Kloster sofort zu verlassen, um der Rache der anderen zu entgehen.

E'NÔS UNTERRICHT

Nach 15 Jahren der Wanderschaft erreichte Huineng das Kloster Fa-hsin. Der *Dharma*-Meister des Klosters sagte zu ihm: »Laienbruder, Ihr seid gewiß kein gewöhnlicher Mensch. Seit langem habe ich gehört, daß das Dharma-Gewand von Huang-mei nach Süden komme. Seid Ihr das nicht?« Daraufhin gab sich E'no als Patriarch zu erkennen und wurde von dem Meister des Klosters gebeten, ihrer aller Lehrer zu sein.

Damit begann E'nôs Lehrtätigkeit. Durch sein Wirken begründeten sich die südlichen Schulen des *Zen*, während Shen-hsui die nördlichen Schulen begründete und das Patriarchat für sich beanspruchte. Entsprechend der Veranlagung der beiden Meister betonten ihre Schulen jeweils ihre persönlichen Eigenheiten: Die nördliche Schule lehrte die Erleuchtung, wobei man durch intellektuelles Studieren der *Sûtra* allmählich dieses Stadium erreichte, während die südliche Schule die unmittelbare Erfahrung dem Intellekt vorzog. In diesen Lehrpraktiken erwies sich die südliche Schule als die stärkere, während die nördliche Schule nach einigen Generationen völlig erlosch.

E'NÔS NACHFOLGER

Ab Meister E'nô entwickelten sich die beiden Hauptschulen des *Zen*, die heute als →*Sôtô-Zen* und →*Rinzai-Zen* bekannt sind. Am Anfang der *Sôtô*-Schule stehen Meister →SEIGEN und sein Schüler →SEKITÔ KISEN, deren Lehre das reine →*Zazen* war. Neben Seigen war NANGAKU der nächste bedeutende Schüler E'nôs, der über seinen Nachfolger – Meister BASHÔ ESEI – den Grundstein für die spätere *Rinzai*-Schule legte. Aus der *Rinzai*-Schule entstanden zwei Richtungen, das *Yôgi-Zen* und das *Oryô-Zen*. Nur die *Rinzai*-Schule und die *Sôtô*-Schule wurden nach Japan überliefert.

Über Meister E'nô entstanden noch drei weitere Linien des *Zen*, das *Ummon-Zen*, das *Igyô-Zen* und das *Hôgen-Zen*. Von letzterem ist heute leider nur noch das →»Shôdôka«, ein berühmtes *Zen*-Buch, erhalten geblieben. Diese Linie wurde von →YOKA DAISHI begründet, der von Meister E'nô das →*Shihô* erhielt.

Enoeda Keinosuke (*1935): japanischer *Karate*-Meister der →JKA, während seiner Wettkampfzeit als *Tora* (Tiger) bekannt geworden. Enoeda wurde am 4. Juli 1935 in Fukuoka (Kyûshu) geboren. Im Alter von 7 Jahren begann er mit dem Training des *Jûdô* und nahm bis zur Hochschulzeit regelmäßig an Wettkämpfen teil. Als Siebzehnjähriger war er bereits Inhaber des 2. Dan im Jûdô, wechselte jedoch zum *Karate* an der Takushoku-Universität, wo zu jener Zeit die Meister →NAKAYAMA und →NISHIYANMA unterrichteten. Nach zwei Jahren erhielt er auch im *Karate* den ersten Dan.

Enoeda Keinosuke

1957 schloß er die Universität ab und unterrichtete dann als Instruktor der JKA unter Meister Nakayama. 1963 gewann er die All-Japanischen Meisterschaften im *Kumite*. Im Zuge der Ausdehnungspolitik der JKA unterrichtete Enoeda von 1963 bis 1967 in Indonesien, Süd-Afrika, den USA und England. 1971 löste er in London KANAZAWA als Chefinstruktor für Europa ab.

Enpi (jap.): *Karate-Kata* des →Shôrin-ryû. Ihr okinawanischer Name lautet →*Wanshu*. Sie wird heute in mehreren Stilrichtungen geübt (→*Kata*).

Enpi – Flug der Schwalbe

Enpi bedeutet »Flug der Schwalbe«, eine Bezeichnung, die Meister FUNAKOSHI ihr in den dreißiger Jahren in Japan gab. Der Name bezieht sich auf die Ähnlichkeit ihrer Form mit dem fröhlichen und unbeschwerten Flug der Schwalbe. Dies kommt hauptsächlich von den dauernden Verlagerungen der Hüfte von oben nach unten, den vielen schnellen Richtungsänderungen und der virtuosen Technik.

Wurftechnik aus der Enpi

Ein wichtiges Merkmal der japanischen *Enpi* ist die Technik *Age-zuki*. Diese wurde aus dem *Kakushi-zuki* der ursprünglichen *Wanshu* entwickelt. *Kakushi-zuki* heißt »versteckter Fauststoß« und wird mit der Faust, hinter dem Rücken beginnend, ausgeführt. Da dadurch der Ellbogen in der Ausführung nach vorne kommt, entsteht auch im *Kakushi-zuki* ein leichtes Schnappen aus dem Ellbogengelenk.

Enryo (jap.): Zurückhaltung, ungezwungen. In den Kampfkünsten steht die Bezeichnung für die Todesverachtung der Samurai, eine Fähigkeit, die allen Samurai in ihren Ausbildungsschulen (→*Bujutsu*, →*Bushidô*) anerzogen wurde. Erläuterungen s. → *Budô*-Psychologie und →*Heijô shin kore michi*.
Der Krieger, der keine Furcht vor dem Tod hat, ist seinem Feind in allen Belangen überlegen. Daher lehrt das japanische →*Bushidô* die Überwindung der Angst vor dem Tod als zentrales Motiv. Im →*Hagakure* steht geschrieben: »Bushidô – der Weg des Kriegers –, das bedeutet Tod. Stehen zwei Wege zur Auswahl, dann wähle den, der zum Tod führt. Richte deinen Gedanken auf den Weg, den du vorgezogen hast, und geh ... Dein Wille wird deine Pflicht erfüllen, dein Schild wird sich in einen stählernen Schild verwandeln.«
Im Laufe der Zeit wurde durch die Lehren des *Bushidô* das »Sterben-Können« zum Kult und zu einer der höchsten Etappen in der Selbstverwirklichung der Samurai (→*Seppuku*). Die scheinbare Grausamkeit der Samurai gegenüber menschlichem Leben ist darauf zurückzuführen, daß sie das »Nicht-Sterben-Können« als unreif und niedrig ansahen. Der Tod war für den Samurai die *ultima ratio* aller Tugend. Wer dies nicht beachtete, mußte selbst sterben.

Ensei-gamae (jap.): Die »Hocke«, →*Kamae-kata*, die in den Ebenen Chinas entwickelt und von den dortigen *Quan-fa*-Meistern verwendet wurde. Man hockt auf den Fersen und steht auf den Fußballen.
Das Prinzip beruht darauf, daß man sich plötzlich in diese Position fallen ließ, um die Sichtlinie des Gegners zu unterbrechen. Aus der tiefen Position konnte man in den Gegner hineinspringen. Die ausgestreckte Hand schützt vor Fußtritten zum Gesicht (s. Abb.).

Ensei-gamae – die Hocke

Enshinkai-ryû (jap.): japanischer *Karate*-Stil, gegründet von Jôkô Ninomiya, einem Schüler von Ôyama Masutatsu.
1975 erreichte Ninomiya den 3. Platz bei den *Kyokushinkai*-Weltmeisterschaften, und 1978 gewann er die japanischen *Kyokushinkai*-Meisterschaften. Daraufhin zog er in die USA und gründete seinen eigenen Stil.

Enshô (jap.): Rundferse (s. auch →*Kakato*).

EPKA: *European Professional Karate Association* (→*Full-contact*).

Er-lang-men (chin.): »Boxen der zwei Elemente«, chinesischer Stil des →*Quan-fa*, während der Ming-Zeit (1368–1644) innerhalb der →*Wai-jia* entwickelt.

Eri (jap.): Kragen, Revers, Hals, Nacken. *Erikubi* – Genick, *Erimoto* – Hals.

Eri-dori (jap.): Ergreifen des Revers des Partners oder Gegners. →*Eri-jime* – Ristwürgen, →*Eri seoi-nage* – Schulterwurf mit Reversgriff.

Eri-jime (jap.): Würgegriff (Ristwürgen) aus dem *Jûdô*.

Eri-kuatsu (jap.): die japanische Kunst der Wiederbelebung durch Massage des Hypogastriums (Unterbauchgegend, →*Kuatsu*).

Eri seoi-nage (jap.): Schulterwurf mit Griff an das Revers.

Er-lang-quan (chin.): oder *Er-lang-ch'uan*, →*Er-lang-men*, innerer Stil des *Quan-fa*, gegründet in der Ming-Dynastie (1368 bis 1644).

Es: das Wesen des →*Zen*. Die vom *Zen* gelehrte Wahrheit oder Wirklichkeit wird oft »Es« genannt, weil es heißt, daß jede Benennung oder Bezeichnung die Realität schon verfehlt (→Ich, →Transzendentalphilosophie).

Escrima (phil.): Überbegriff, neben →*Arnis* und →*Kali*, für verschiedene philippinische Kampfkunststile, der das Fechten mit

verschiedenen Waffen bezeichnet (→Philippinen).
Die Bezeichnung stammt ursprünglich vom althochdeutschen Wort *skirma* (schirmen – im Sinne von Kämpfen mit Schwert und Schild) her und wurde als *esgrima* von den spanischen Eroberern auf die Philippinen gebracht. In Europa wird das Wort noch heute im Sinne von »Fechten« verwendet, z. B. in Frankreich als *escrime* oder in Italien als *scherma*.
Obwohl *Escrima* weitläufig die europäische Fechtschule bezeichnet, gibt es die Kunst heute nur auf den Philippinen und als Ableger in den USA. Durch die Vermischung mit den einheimischen Künsten (→*Kali* und →*Arnis*) entstand daraus eine eigene Kampfkunst. *Escrima*, *Arnis* und *Kali* bezeichnen heute regional unterschiedliche Kampfkünste aus dem geographischen Bereich der Philippinen. Ihre vielen Unterstile haben auf Grund der regional sehr unterschiedlichen kulturellen Einflüsse, denen die philippinische Inselgruppe unterlag, teilweise kaum Ähnlichkeit miteinander. In einigen Gebieten ist der Oberbegriff *Kali* gebräuchlicher, in anderen Regionen *Escrima* oder *Arnis*. Man verwendet heute wechselweise die Begriffe *Escrima*, *Arnis* und *Kali*, um die gesamte Bandbreite der philippinischen Kampfmethoden (auch unbewaffnet) zu bezeichnen. Der Begriff *Escrima* selbst ist die amerikanische Schreibweise und wird heute vorwiegend vom →*Latosa-Escrima* als Markenzeichen benutzt. Andere Stile, z. B. →*Doce Pares*, verwenden den Begriff *Eskrima* oder →*Eskrido*.

Eskrido (phil.): Stil des *Arnis de mano* (*Eskrima* oder →*Escrima*), gegründet 1950 von CACOY →CANETE in der *Escrima*-Schule →*Doce Pares* der Familie Canete. Das System verwendet einen einzigen 75 cm langen Stock *(Solo baston)* und kombiniert Techniken des *Karate* und *Jûdô*.

ESDO: *European Self-Defense Organisation* (s. Anhang), Vereinigung für Selbstverteidigung und Körperkultur, gegründet von KUNIBERT BACK.

Espada y Daga (phil.): Kampfmethode auf den →Philippinen, bestehend aus Schwert und Dolch, ursprünglich von den spanischen Eroberern stammend.
Espada y Daga ist die Bezeichnung für die ursprüngliche spanische Fechtschule mit Rapier und Dolch. Während der Herrschaftszeit der Spanier auf den Philippinen wurden Techniken daraus von den Filipinos übernommen und in die einheimischen Kampfkünste (→*Arnis*, →*Kali*, →*Escrima*) eingeführt. Zunächst sollte dies dazu dienen, die Methode des Gegners zu studieren, mit der Zeit aber wurde *Espada y Daga* auf den Philippinen ebenfalls geübt. Heute gibt es auf den Philippinen und in Amerika mehrere Lehrer (z. B. CACOI →CANETE und REMY AMADOR →PRESAS), die diese Kampfmethode beherrschen.

Essti-Silat (mal.): mit vollständigem Namen *Eka Sentosa Setiti Silat*, malayische Kampfkunst, gegründet 1937 auf Bali von MADE REGOG (alias PAK GUNUNG).
Essti-Silat wurde vom *Shaolin Quan-fa* und vom indomalayischen *Kuntao* beeinflußt. Weitere Einflüsse stammen aus dem *Tridharma-Silat*.

Estocada (phil.): Bezeichnung für *Arnis de mano* bei dem Tagal-Volk der Philippinen.

Eta (jap.): geächtete Gesellschaftsklasse im alten Japan. Die *Eta* werden als unrein bezeichnet.

Ettig, Wolfgang: deutscher Lehrer des →*Ninjutsu*, Initiator des *Ninjutsu* in Deutschland, Gründer der *Europäischen Ninpo Organisation* (ENO), Autor vieler Fachbücher.
Ettig begann sich 1970 mit dem amerikanischen *Ninjutsu* aus Büchern von STEPHEN HAYES zu beschäftigen und flog 1983 zum ersten Mal in die USA, um unter Hayes zu trainieren. 1984 brachte er aus Amerika →DANIEL CHARLES mit, der ein halbes Jahr in Deutschland unterrichtete. Im selben Jahr gründete Ettig die ENO und nahm Kontakt mit dem schwedischen Meister F. BO →MUNTHE auf und schloß sich dadurch an die →*Bujinkan-Dôjô* an. Einige Jahre lang nahm er Unterricht bei verschiedenen *Bujinkan*-Lehrern (BRIAN MCCARTHY, DORON NAVON u. a.) und veranlaßte die Niederlassung von MOSHE →KASTIEL in Deutschland. Nachdem sich seine Organisation durch Intrigen gespalten und im Streit der Dan-Träger fast aufgelöst hatte, übertrug er ihre Leitung seinen Schwarzgurten, von denen sich GERHARD SCHÖNBERGER zum Vorstand ernennen ließ. Ettig arbeitet heute, ebenso wie sein Lehrer Bo Munthe, allein und unabhängig von Zuordnungen.

EWTO: *Europäische WingTsun Organisation*, gegründet von KEITH R. →KERNSPECHT im Jahre 1971, mit Sitz und Trainerakademie in Schloß Langenzell bei Heidelberg. Die Organisation beinhaltet das →*WingTsun* (→*Wing-chun*) von →LEUNG TING und die *Escrima*-Methode von Großmeister RENÉ →LATOSA (s. auch →*Arnis*).

Die EWTO (s. Anhang) ist eine internationale Dachorganisation für *WingTsun* (WT) und *Escrima*, in 52 Mitgliedsländern verbreitet, allein in Deutschland sind ihr ca. 1200 Schulen angeschlossen. Sie ist der *International WingTsun Martial Arts Association Hongkong*, dem *World Arts Instructors Council* und der *Philippine Martial Arts Society* angeschlossen. In der EWTO wird unter Welt-Cheftrainer LEUNG TING (10. Grad) und Europa-Cheftrainer KEITH R. KERNSPECHT (9. Grad) *WingTsun* (WT) und chinesische Gesundheitslehre (Atem, Druckpunkt, Massage, Ernährung usw.) sowie unter Welt-Cheftrainer RENÉ LATOSA (10. Grad) und BILL NEWMAN (8. Grad) *Escrima* unterrichtet. Die EWTO verbreitete sich unter Kernspecht, von Deutschland ausgehend, um die ganze Welt und kontrolliert heute im Auftrag Hongkongs 95% aller WT-Schulen. So ist die EWTO auch in den USA (EMIN BOZTEPE), Asien (CHENG CHUEN-FUN) und Australien (STEFAN FISCHER) aktiv, wo Nationaltrainer tätig sind, die in der EWTO-Trainerakademie Schloß Langenzell ausgebildet wurden. Die EWTO verfügt über einen Verlag, der seit 1975 Kampfkunstbücher über ihre drei Disziplinen (WT, *Escrima*, chinesische Gesundheitslehre) und ein eigenes aufwendiges Magazin, *WingTsun-Welt*, herausgibt.

F

Fa (chin.): Technik, Methode, Gesetz, Recht.

Fa-jia: »Schule des Gesetzes«, eine der vier wichtigsten klassischen chinesischen Schulen der Philosophie (→*Jia*).

Die Schule hatte mehrere Strömungen. Eine der wichtigsten war die »Schule der Bezeichnungen«, die von einem Schüler XUN-ZIS (HSÜN-TZU, s. →*Ru-jia*) namens HAN FEI-ZI (280–233 v. Chr.) gegründet wurde. Diese Schule beschäftigte sich intensiv mit sprachlichen Formulierungen (Verhältnis zwischen gegebenem Sachverhalt und Begriffsdefinition) und begründete viele Definitionen in bezug auf Verwaltungsfragen und Rechtsprechung. In vielen Bereichen übernahm sie die konfuzianische Lehre *(Ru-jia/Ju-jia)*, von der sie abgeleitet ist, jedoch auch das pessimistische Weltbild von Xun-zi. Die unter Konfuzius hochgestellten Rituale (Brauchtum) wurden durch klar definierte Gesetze ersetzt, deren Inhalt immer Strafe oder Lohn war. Die Schule trug zur Gründung eines straffen chinesischen Beamtenstaates bei, den sie schließlich aus eigenen Kräften zu verwirklichen suchte.

Einer der Schüler Xun-zis, der Regent LI SI (LI-SSU), setzte diese legalistischen Ansätze in die Tat um, indem er in Eroberungskriegen das gesamte chinesische Reich unterwarf. Er kodifizierte das Gesetz, vereinheitlichte die Schrift, normte Gewichte, Maße und Achsenbreiten der Fahrzeuge, teilte das Reich in Regierungsbezirke auf und schuf ein wirksames Steuersystem. Er selbst ernannte sich zum »Ersten Göttlichen«, doch seine Herrschaft hielt nur 15 Jahre. Die folgende Han-Dynastie machte das konfuzianistische Gedankengut erneut zur Staatsphilosophie, die dadurch eine große Blütezeit erlebte.

Fa-jing (chin.): »ausbrechende Kraft«, Form der Kraftübertragung im Zusammenhang von *Qi*-Fluß, Atmung und Technik bei Angriff und Konter. Der Begriff ist mit dem japanischen →*Kime* vergleichbar.

FAJKO: *Federation of all Japan Karate-dô Organizations*, Vereinigung von mehreren bereits bestehenden Verbänden verschiedener Stilarten des *Karate*. Sie schlossen sich 1964 unter Meister →YAMAGUCHI GÔ-

GEN zusammen und bildeten in Japan eine große Föderation für martialische Kampfkünste, die gleichzeitig der Vertreter Japans in der *Internationalen Karate Föderation* (→WUKO) war. Heute trägt die Organisation die Bezeichnung →JKF.

Fa-li (chin.): »ausbrechende Kraft«, Bezeichnung für die plötzliche Entladung von *Qi* aus dem *Dan-tian* in den Kampfkünsten (→*Fa-jing*).

Fang (chin.): »lockern«, eine *Qi-gong*-Vorübung zur →Atemtherapie (→*Fang-song-gong*), die vor anderen Übungen, wie z. B. den →*Nei-yang-gong*, ausgeführt wird. Sie dient der Entspannung von Körper und Geist und vertieft die Atmung.

AUSFÜHRUNG

1. Zuerst nimmt man eine bequeme Lage ein, am besten liegend. Der Körper muß locker sein. Der Geist wird beruhigt, indem man versucht, alle störenden Gedanken abzuschalten.
2. Man atmet natürlich nach dem eigenen Rhythmus.
3. Die Luft wird durch den Mund ausgeatmet, wobei man bewußt eine Körperpartie entspannt. Dabei beginnt man am Kopf und endet an den Zehen. Nach jedem Ausatmen durch den Mund atmet man natürlich weiter.
4. Ist die Entspannung noch nicht spürbar eingetreten, wiederholt man die Übung mehrmals mit Konzentration auf dieselbe Körperpartie.
5. Um den Geist auf die Übung zu konzentrieren, denkt man bei jedem Ausatmen an einen selbstgewählten Begriff. Solche Begriffe können sein: *Zong* (Ruhe), *Fang* (lockern), *Jing* (Stille) usw.

Diese Übung eignet sich für alle chronisch kranken und konstitutionell schwachen Menschen. Sie ist auch gut einzusetzen, um Nervosität abzubauen.

Fang-fa (chin.): Abwehrtechniken der chinesischen Kampfkünste (*Fang* – verteidigen, schützen, vorbeugen, in acht nehmen). Grundsätzlich unterscheidet man:

- **Shang-fa:** hoher Block (Peng)
- **Zhong-fa:** mittelhoher Block (Fang)
- **Xia-fa:** tiefer Block (Ge)

Peng wird mit dem Arm oder der Handkante nach oben ausgeführt. Fang bezeichnet die Blökke, die von außen nach innen oder von innen nach außen bewegt werden. Ge meint einen Block nach unten, der mit dem Unterarm, der Handkante, Handfläche oder Handwurzel ausgeführt wird.

Fang-shi (chin.): auch *Fang-shih*, »Herr der Rezepte«. Frühe daoistische Magier, Vorläufer der daoistischen Priester und Gelehrten (→*Dao-shi*). Sie beschäftigten sich mit Astrologie, Alchimie, Astronomie, Kalenderwesen, Geistheilung, Wahrsagerei und Geometrie.

Mit dem Begriff *Fang* bezeichnete man früher in China Menschen aus abgelegenen Gebieten oder die Barbaren (Ausländer). Heute vermutet man, daß es Schamanen waren. Zum Zeichen ihrer Macht trugen diese ein Bärenfell und stellten die Vermittler zwischen den Geistern, Dämonen und Naturgewalten und andererseits den Menschen dar. Die *Fang-shi* versuchten Rezepturen zur Erlangung der Unsterblichkeit (→*Chang-sheng-busi*) zusammenzustellen und suchten nach der Insel der Unsterblichen (→ *Peng-lai-shan*). Sie verwendeten Drogen und Talismane und beherrschten schon verschiedene Atemtechniken. Sie trugen wesentlich zur Entstehung des volkstümlichen Daoismus (→*Dao-jiao*) bei.

Fang-song-gong (chin.): Lockerungs- und Entspannungsübungen des →*Qi-gong*. Sie werden meist dem →*Jing-gong* zugeschrieben und häufig als Einleitung zu Atem- oder anderen *Qi-gong*-Übungen gebraucht. Heute sind sie fester Bestandteil der →Atemtherapie (s. auch →*Fang*)

Fang-zhong-shu (chin.): auch *Fang-chun-shu*, »Künste der inneren Kammer« (*Fang* – Raum, →*Fang-fa*). Sexuelle Praktik des Daoismus mit dem Ziel, die Unsterblichkeit (→*Chang- sheng-busi*) zu erlangen. Die sexuelle Kraft (→*Jing*) soll genährt und gestärkt werden.

Man stellte sich vor, daß die Welt durch die Verschmelzung von Himmel und Erde (*Yin* und *Yang*) entstanden ist. Der Geschlechtsverkehr wurde als Möglichkeit gesehen, diesen Prozeß nachzuvollziehen und so mit dem →*Dao* eine Einheit zu bilden. Beide Partner nehmen Energie auf, die zu langem Leben und Gesundheit führt. Der Mann sollte aber eine Ejakulation vermeiden. Diese Praktiken wurden noch bis vor kurzem von vielen daoistischen Richtungen ausgeführt.

Fan-tzu-jen-jao (chin.): Siehe *Fan-zi* und *Yue-jia-yin-chao-quan*.

Fan-zi (chin.): auch *Fan-zi-pai*, System des

Kampfhaltung aus dem Fan-zi-pai

→*Quan-fa* der äußeren Schulen (→*Wai-jia*), das »Adlerklauensystem«. Mit diesem Stil verbinden sich die Namen der Meister →Yue Fei, der das Ursprungssystem (→*Yue-jia-quan* und →*Yue-jia-yin-chao-quan*) im 12. Jh. als Familienstil gründete, und der des Shaolin-Mönches Li Chuan, der während der Ming-Dynastie (1368–1644) eine ursprüngliche Version des *Fan-zi* mit Yue Feis *Yue-jia-quan* verband. Daraus entstand dann das →*Fan-tzu-jen-jao*. Eine der Besonderheiten ist die Verwendung der gekrümmten Finger, um das Gesicht oder den Unterleib anzugreifen.

Über Li Chuan gelangte das *Fan-tzu-jen-jao* zu dem Shaolin-Mönch Tao Gi, der es Far Cheng lehrte. Dieser gab es an Lieu Shih-Jwing weiter, der sich gegen Ende der Qing-Dynastie (1900) in der Region um Peking einen großen Namen machte. Sein Neffe Chen Tzu Cheng wurde einer der berühmtesten Meister der Adlerklaue in diesem Jahrhundert. Er unterrichtete bis 1929 in der *Shanghai China Woo Association* in Hongkong. Einer seiner Schüler, Lieu Men-Far, unterrichtete bis 1964 weiter in Hongkong.

Fa-qi (chin.): Bezeichnung für die Fähigkeit eines Qi-gong Meisters, *Qi* auf andere Menschen zu übertragen. Diese Fähigkeit wird über Jahre hinaus in vielen Übungen ausgebildet und entsteht aus einer Kombination von Atmung, aufrechter innerer und äußerer Haltung, Konzentration und Technik.

Der Meister kann das *Qi* gezielt durch seine Finger und Hände abgeben. Für sein Gegenüber ist es als Wärme, Kribbeln oder andere Reize wahrnehmbar. *Fa-qi* kann in der Medizin (→chinesische Gesundheitslehre) als Heilmittel verwendet werden (→*Wai-qi-liao-fa*). Die Fähigkeit verhilft aber auch dem Meister zu guter Gesundheit und langem Leben.

In den Kampfkünsten kann Fa-qi zur negativen Stimulation von Akupunkturpunkten (→Dian-xue) eingesetzt werden.

Fari (ind.): Schild im indischen Holzschwertkampf →*Fari-gatka* (s. auch →Indien).

Fari-gatka (ind.): indische Form (→Indien) des Holzschwertkampfes mit Schild *(Fari)* und Holzschwert *(Gatka)*. *Fari-gatka* geht in die Zeit des Kaisers Akbar (1556–1605) zurück. *Gatka* ist ein ca. 150 cm langer Stock, der mit Leder umwickelt ist. *Fari* hat einen Durchmesser von ca. 22 cm und ist ebenfalls mit Leder überzogen.

Fa-sheng (chin.): »Schrei schreien«, der Kampfschrei (jap. *Kiai*) des →*Quan-fa*. Der Kampfschrei drückt höchste körperliche und geistige Entschlossenheit aus. Dabei mobilisiert man alle möglichen Kraftreserven und ist entschlossen, den Kampf mit einer Technik zu beenden. Man sagt, er vereinigt Körper und Geist.

Im chinesischen *Quan-fa* werden 4 Arten des Kampfschreis unterschieden:

1. ***Ya:*** Man schreit laut »Jah«, wobei der Mund nicht ganz geöffnet wird. Der Schrei ist kurz. Man wendet ihn an, wenn man eine einzige entschlossene Technik ausführt.
2. ***Hai:*** Hier schreit man »Eehh«, etwas länger als der *Ya*-Schrei. Dabei führt man zwei bis drei Techniken aus.
3. ***Ah:*** Dies ist ein länger gedehnter Schrei, mit dem Laut »Hähh«. Hier werden zahlreiche Techniken ausgeführt.
4. ***Heng:*** Dies ist nicht wirklich ein Schrei, sondern der Laut »Mmm«. Er wird verwendet, um z. B. einen Hebel (→*Qin-na*) zu kontrollieren.

Wichtig ist es, an nur wirklich entscheidenden Stellen zu schreien, da die Kraft sonst unnötig verbraucht wird. Der Schrei sollte nie aus der Kehle, sondern nur mit dem Ausatmen aus dem Bauch kommen. Im →*Tai-ji-quan* kennt man in

Adler – chinesisches Symbol des Einzelkämpfers

den Formen (→*Dao*) im Gegensatz zu vielen anderen Kampfkünsten keinen *Fa-sheng*. In der Anwendung mit dem Partner wird er allerdings genauso gebraucht.

Fatshan Wing-chun (chin.): im Hauptland Chinas ausgeübter *Wing-chun*-Stil, nicht identisch mit der nachher von →YIP MAN in Hongkong überlieferten Version.

Feng Jie-Shan: Meister des →*Ba-gua-quan*, Schüler von →WANG XIANG.

Feng-shou (chin.): »Windhand«, Stil des →*Quan-fa*. Das System ist ein Teil des →*Lee Tai-ji-quan* und besteht aus weich fließenden Bewegungen, die z. T. auch sehr dynamisch und schnell ausgeführt werden.

Feng-shui (chin.): »Wind und Wasser«, Bezeichnung für die chinesische Geomantie (→*Di-li*). Jedes Ding in einem Raum oder in der freien Natur hat seinen idealen Platz, an dem es zur besten Geltung kommt, seine höchste Wirksamkeit erreicht und gesund und kräftig bleibt.

Feng-yan (chin.): »Phönix-Auge«, *Quan-fa*-Stil, der von KEW SO-ONG aus der Provinz Hebei gegründet wurde.

Die Basis-Fausttechnik des Stils wird mit dem Knöchel ausgeführt, es gibt aber auch viele offene Handtechniken. Man kennt nur den zu den Hoden geschnappten Fußtritt. Stellungen sind nicht festgelegt, oft wird der Gegner angeschrien, um ihn zu falschen Handlungen zu verleiten. In alle Angriffe des Gegners wird mit einem Konter hineingegangen.

Feng Zhi-Qian: Meister des →*Chen Tai-ji-quan*, Schüler von →CHEN FA-KE.

Fen-jin-shu (chin.): Shaolin-System (→*Quan-fa*) zum »Abriß der Muskeln und Sehnen von den Knochen«, alter Name für →*Qin-na*.

Fenshingu (jap.): Fechtkunst, Fechten.

Ferozue (jap.): japanische Waffe, bestehend aus einem langen hohlen Bambusrohr, in dem sich eine Metallkugel befindet, die an einer Kette befestigt ist. Typische Waffe der Übenden des →*Hôzoin-ryû* und des →*Shinden Fudô-ryû*.

Fitimaen (indo.): Waffenkampfkunst von der Insel Buru (Molukken).

Flindt, Dieter (*1946): deutscher *Karate*-Lehrer des *Shôtôkan*, Hauptlehrer (5. Dan) des *Shotokan Karate Verbandes Deutschland e.V.* (s. Anhang), angeschlossen an die →JKA.

Flindt begann 1966 im DJB mit *Karate* und graduierte 1973 zum 1. Dan. 1978 erhielt er als Mitglied der DKU seinen 2. Dan und wurde Lehr- und Prüfungsbeauftragter für Schleswig-Holstein. 1981 wechselte er zum *Shotokan Karate Internatianal Deutschland* (SKID) und graduierte unter NAGAI AKIO zum 3. Dan und 1986 unter KANAZAWA HIROKAZU zum 4. Dan. Zwischen 1983 und 1990 war er Geschäftsführer des SKID. 1986 wurde er von Kanazawa als Cheftrainer des SKI in die Niederlande geschickt. 1990 trennte er sich von Nagai (SKID) und gründete seine eigene Organisation (SKVD). 1992 erhielt er von Kanazawa den 5. Dan.

FNBA: *Fédération Nationale de Boxe Américaine* (→*Full-contact*).

Fo-jia (chin.): Schule des Buddhismus, Schule der buddhistischen Philosophie.

Fo-jia-quan (chin.): auch *Fo-chia* oder *Fo-quan*, Shaolin-System des →*Quan-fa* der »buddhistischen Mönche«, eine der ältesten *Quan-fa*-Schulen, im 16. Jh. von der Tochter eines alten *Quan-fa*-Meisters gegründet.

Um seine Tochter vor den ständigen Raubüberfällen auf das Dorf zu schützen, lehrte der Meister das Mädchen nichtstandardisierte Kampftechniken, wie Befreiung von Fesseln, Verrichten von Tätigkeiten mit gefesselten Händen und Füßen usw. Später ging das Mädchen in ein buddhistisches Kloster und unterrichtete seine Kunst dort weiter (→*Choy-li-fut*).

Foster, Mike: amerikanischer *Karate*-Lehrer und Pionier. Nach zehn Jahren Japanaufenthalt kehrte er nach Florida zurück und eröffnete ein *Dôjô*. Heute führt er den US-Zweig der *Yoshukai Karate Association*.

Fröhlich, G. Steffen: deutscher Lehrer des →*Ninjutsu*, Leiter der *Bujinkan I.N.A.G.* (s. Anhang).

Fröhlich begann 1975 mit der Übung des Budô. Seit der Anerkennung (1986) der 1983 von ihm gegründeten Organisation leitet er diese in eigener Verantwortung. Nach Ausbildung in Japan, USA, England und Frankreich wurde ihm 1994 der 8. Dan zugesprochen. Er ist auch Herausgeber der deutschen Ausgabe des japanischen Magazins *Sanmyaku*, in welchem das *Bujinkan-Budo* dargestellt wird.

Fröhlich ist direkter Schüler von Soke Hatsumi und bekam von diesem die Aufgabe, die Kampfkünste des *Bujinkan* in Deutschland zu koordinieren. Hieraus entwickelte sich die Institution *Bujinkan Deutschland* (s. Anhang), die er zusammen mit Wolfgang →Ettig und Armin →Dörfler führt.

Fromm, Erich (1900–1980): Professor der Psychoanalyse und Autor mehrerer Bücher zum gleichen Thema. Er lehrte in verschiedenen Teilen der Welt und war stets für das kulturelle Gedankengut fremder Völker aufgeschlossen. Seine Werke liegen dem *Zen* sehr nahe und sind für das Studium der Kampfkünste empfehlenswert.

An der medizinischen Fakultät der Universidad Autónoma de México fand eine Arbeitstagung über *Zen*-Buddhismus und Psychoanalyse statt, an der 60 namhafte Größen auf diesem Gebiet teilnahmen. Unter ihnen befanden sich neben Erich Fromm auch Daisetz Taitaro →Suzuki und der Professor für Philosophie und Religionswissenschaft Richard de Martino. Dies war die erste Begegnung dieser Art, und man erörterte die Berührungspunkte zwischen den beiden Lehren. Das Resultat war ein gemeinsames Werk (Fromm, Suzuki, de Martino) »Zen-Buddhismus und Psychoanalyse«. Weitere Veröffentlichungen von Erich Fromm: »Die Kunst des Liebens«; »Sigmund Freuds Sendung«; »Psychoanalyse und Religion«; »Sozialpsychologie und Gesellschaftstheorie«; »Der moderne Mensch und seine Zukunft«; »Das Menschliche in uns«; »Jenseits der Illusionen«; »Die Furcht vor der Freiheit«; »Das Menschenbild bei Marx«; »Die Herausforderung Gottes und der Menschen«; »Psychoanalyse und Ethik«.

Fu[1] (chin.): Streitaxt (→*Bing-qi*), oft auch paarweise (*Shuang-fu*) verwendet.

Fu[2] (chin.): Bauch.

Fu[3] (jap.): Wind.

Fuantei (jap.): unbeständig, labil sein; sich nicht im Gleichgewicht befinden.

Fuchi (jap.): »Rand«, »Kante« oder »Metallärmel« an der Basis des Schwertgriffes, gleich neben dem Handschutz.

Fu-ch'i (chin.): Atemmethode (→*Fu-xi*).

Fudai-Daimyô (jap.): Bezeichnung für einen →*Daimyô* während der →Tokugawa-Periode.

Nach der Machtübernahme der →Tokugawa (Schlacht von Sekigahara) teilte man die *Daimyô* in drei Gruppen. Die *Fudai-Daimyô* waren jene Gruppe, die das absolute Vertrauen der Tokugawa-Shôgune besaßen, jedoch nicht zum Tokugawa-Clan gehörten. Ihnen wurde Land um die Tokugawa-Residenz herum oder in strategisch wichtigen Gebieten zugeteilt, wo sie die Aufgabe hatten, die →*Tozama* zu überwachen. Die *Fudai-Daimyô* waren bereits vor der Schlacht von Sekigahara mit den Tokugawa verbündet.

Fudô (jap.): unbeweglich, gefestigt. Im →*Bushidô* steht der Begriff für Festigkeit, Beharrlichkeit, Standhaftigkeit der Seele.

Fudôchi-Shimmeiroku (jap.): »Göttliches Buch über die unzerstörbare Weisheit«, geschrieben von dem *Zen*-Mönch →Takuan (s. auch →*Taiaki*) als Lehre für →Yagyû Munenori.

Darin beschreibt Takuan den Geisteszustand (→*Ri*), den ein Kämpfer nach den Vorstellungen des *Zen* haben sollte: »Durchdringe das Mysterium der Natur durch einen offenen Geist und durch das Nichthandeln und meistere die Prinzipien der Veränderung.« Nach Takuan bewirken die Ruhe und die Reinheit des Geistes den Sieg in jedem Kampf: »Jemand, der für den Kampf wirklich vorbereitet ist, ist wie der, der überhaupt nicht vorbereitet ist.«

Fudô-dachi (jap.): wörtlich: »unbewegliche,

unerschütterliche Stellung«. Sie kommt in der *Karate-Kata* →*Sôchin* vor und wird auch *Sôchin-dachi* genannt.

Die Knie werden wie bei *Kiba-dachi* voll durchgebeugt. *Fudô-dachi* ist eine starke und feste Stellung. Durch das Drehen der Füße kann man leicht

Fudô-gamae

Kiba-dachi einnehmen, und durch die Veränderung des Schwerpunktes läßt sich leicht zu *Zenkutsu-dachi* übergehen. Die Stellung eignet sich gut für Ausgangstechniken im freien Kampf.

Fudô-ken (jap.): »geballte Faust, starke Faust«. Stoß mit der senkrecht gehaltenen Faust *(Tateken)*. Technik aus dem →*Taijutsu*.

Fudô no Shisei (jap.): wörtlich: »unbewegliche Haltung« [aus *Fudô* = »unbeweglich«, *Shisei* = »Haltung«]. Das Verharren in einer Haltung, erfüllt mit →*Fudô-shin*.

Fudô-ryû (jap.): japanische *Ninjutsu*-Schule, hauptsächlich für Techniken im Umgang mit →*Schuriken*, →*Tantô* und →*Ninjatô*.

Fudô-shin (jap.): unbeweglicher, unerschütterlicher Geist. Das Wesen aller Übungsarten im Sinne des →*Budô*. Dieser Geist ist eng mit der Entwicklung von *Ki* (→*Qi*) verbunden und besagt, daß Geist und Handlung durch die Atemkoordination eins werden müssen.

Im *Budô* spricht man von der »Haltung der Nichthaltung« (→*Musô*, →*Mushin*) und meint damit die Unbewegtheit des Geistes, das Befreien vom Vorurteil und von der Selbstvorstellung und das Erkennen der wahren Realität. Voraussetzung zu diesem Geist ist die Überwindung der Angst vor dem Tod (→*Budô*-Psychologie). Erst dann ist der Geist in der Lage, die Angst vor der Gefahr, vor Aggressionen oder unvorhergesehenen Situationen zu ignorieren. Dadurch erzeugt er im Übenden eine Haltung der gelassenen Geistesgegenwart (→*Zanshin*), auch bei Todesgefahr. Das Konzept des *Fudô-shin* wurde von dem *Zen*-Mönch →Takuan entwickelt und vor allem von →Miyamoto Musashi in der Schwertkunst realisiert. Er benannte das Prinzip →*Iwao no Mi*. Zusammenhänge s. auch →*Ken-Zen ichi* und →*Heijô shin kore michi*.

Fugen jikkô (jap.): Spruch aus der *Budô*-Philosophie (→*Kaisetsu*), »Laß deine Handlungen für dich sprechen« [*Fugen* = ohne Worte, *Jikkô* = handeln, ausführen].

Manche Menschen diskutieren ohne Inhalt und theoretisieren an jeder Wirklichkeit vorbei. Darin liegt kein Sinn, denn ohne Erkenntnis hat Wissen keinen Wert. Einer Aussage muß eine Erkenntnis zugrunde liegen und nicht eine unverbindliche Theorie. Viele Menschen berufen sich jedoch aufs Besserwissen oder auf Theorien über unverstandene Dinge. Pauschalweisheiten sind einfacher und daher eher realisierbar als Erfahrungswerte.

Trotzdem gibt es für niemanden ein Hindernis, nach Erfahrungen zu suchen. Das einzige Hindernis dazu liegt in einem Bewußtsein, das das Leben mit einem Schauspiel verwechselt und sich in leeren Theorien ohne Denken und Handeln erschöpft. Diese Haltung kann in der Realität nicht überleben und widerspricht dem Geist des *Budô*. Ein fähiger Mensch mißt sich an seinen Handlungen.

Fuji (jap.): heilig, ewig.

Fu-jiao-quan (chin.): auch *Fu-chiao-pai* oder *Fu-jiao-pai*, Tigerklauensystem des chinesischen →*Quan-fa*, entwickelt im →Shaolin-Kloster. Die *Fu-jiao-quan Federation*, der heute Wai Hong vorsteht, wurde in New York gegründet.

Fujibayashi Nagato: eine weitere Identität von →Momochi Sandayu, einem berühmten japanischen *Ninja*-Oberhaupt der Provinz Iga aus dem 16. Jh.

Fujita Seiko: Großmeister des →*Ninjutsu*, nach eigenen Aussagen das letzte Glied einer ungebrochenen Kette von →*Koga-ryû*-Großmeistern.

Fujita machte auf sich aufmerksam, als er im Zuge der Olympischen Spiele in Tôkyô (1964) die japanischen Sportler dazu zu bewegen versuchte, Ninja-Methoden anzuwenden. Bevor er im Alter von 65 Jahren starb, gab er in Japan eine ganze Reihe von aufsehenerregenden Demonstrationen.

Fujiyama (jap.): auch *Fujisan*, »Heiliger, ewiger Berg«, Wahrzeichen Japans, 3776 m hoch.

Fujiwara (jap.): japanische Adelsfamilie (→*Kûge*), deren Entstehung darauf zurückgeht, daß im Jahre 669 der Kaiser Kotoku seinem Minister Nakatomi Kamatari den Namen Fujiwara (Glyziniengarten) verlieh.

In den folgenden Jahrhunderten stellten die Fujiwara die bedeutendsten Minister am kaiserlichen Hof. Der bedeutendste unter ihnen war Fujiwara no Michinaga (966–1027), der am Hof die Würde eines →*Kampaku* bekleidete. Er verheiratete seine Tochter mit dem Kaiser Ichijô, wodurch die Fujiwara Blutsverwandte des Kaisers wurden. Dies brachte ihnen eine starke Machtposition, zumal sie den Thron mit den Kindern aus dieser Ehe besetzten und dadurch Großväter der Kaiser wurden. 1017 bewirkte Fujiwara no Michinaga für seinen Sohn Yorimichi den Titel des *Dajôdaijin* (Großkanzler) und wurde Mönch im Todaiji-Tempel. Yorimichi bekleidete ab 1027 das Amt des *Kampaku* und führte die Heiratspolitik seines Vaters fort. 1068 dankte er zugunsten seines Bruders Norimichi ab. Doch in derselben Zeit machten andere fähige Männer die japanische Öffentlichkeit auf sich aufmerksam. Dies waren besonders die in den Provinzen immer mächtiger werdenden Lehnsfürsten →Taira und →Minamoto. Schließlich verloren die Fujiwara die Macht an die Taira, die danach jedoch von den Minamoto im →*Gempei-Krieg* besiegt wurden. Daraufhin wurde das erste Shogunat gegründet (→*Kamakura*, →*Shôgun*).

Fujûbun (jap.): unzulänglich, ungenügend. Im Wettkampf eine nicht wertbare Technik.

Fuki-bari (jap.): Kampftechnik der →*Ninja*, die darin bestand, dem Gegner kleine Metallnadeln *(Fukumi-bari)* aus dem Mund ins Gesicht oder in die Augen zu schleudern. Längere Nadeln wurden aus einem kurzen Blasrohr *(Fukiya)* geschossen.

Fukiya (jap.): Blasrohr, meist von den → *Ninja* verwendet. Die Pfeile waren häufig vergiftet.

Fukiyû-Kata (jap.): zwei vorbereitende *Karate-Kata* aus der →*Shôrei*-Schule des okinawanischen *Karate*.

Die beiden Formen wurden von Meister → Miyagi als vorbereitende Übungen für die *Kata* gegründet und verbreiteten sich danach auch in einigen okinawanischen Systemen des *Shôrin*. Sie haben ungefähr dieselbe Bedeutung wie die →*Taikyoku-Kata* im →*Shôtôkan-ryû*. Es gibt *Fukiyû-Kata* (*Fukiyûgata*) *ichi* und *Fukiyû-Kata* (*Fugiyûgata*) *ni*.

Fukkô-gamae (jap.): Abwehrposition im →*Shôrinji-Kempô*, mit einem Knie auf dem Boden.

Fu-kou (chin.): »Tigermaul«, andere Bezeichnung für den Punkt →*He-gu*, auch Bezeichnung für eine besondere Handhaltung in den Kampfkünsten (→*Tora-guchi*): Daumen und Zeigefinger werden leicht und gerundet voneinander weggespreizt, so daß der Punkt *He-gu* nach vorn gekehrt wird.

Fuku (jap.): doppelt, vielfach, zusammengesetzt.

Fuku (jap.): Kleidung, Kleid. *Ifuku* – Kleidung.

Fukubu (jap.): Faustkampfzielscheibe. Bedeutet auch Bauch, Unterleib.

Fukuda Hachinosuke: *Jûjutsu*-Meister des →*Tenshin Shinyô-ryû*, einer der Lehrer von Kanô Jigorô (1877).

Fukui Harunosuke: *Aikidô*-Lehrer, Schüler von Ueshiba Morihei (→*Aikidô*), Gründer des *Shindô Itten-ryû Aikidô*.

Fukukoso (jap.): *Atemi*-Angriffspunkt: Sonnengeflecht. Ein Schlag oder ein Stoß darauf bewirkt Atemstillstand, Lähmung oder den Tod.

Fukumi-bari (jap.): kleine Pfeile (→*Fukiya*).

Fukuno Masakatsu Shichirôemon: 2. Großmeister des →*Kitô-ryû*, Begründer des →*Fukuno-ryû*.

Fukuno-ryû (jap.): traditionelle japanische *Jûjutsu*-Schule, gegründet im 17. Jh. von

FUKUNO MASAKATSU SHICHIROEMAN, einem Schüler von →CHEN YUAN-BIN.

Chen Yuan-Bin zog 1659 nach Japan und beeinflußte durch seine Lehren unter anderen das alte →*Kitô-ryû*, dessen 2. Großmeister Fukuno Masakatsu die Version *Fukuno-ryû* gründete.

Fukuro Gaeshi no Jitsu (jap.): »Eulen-Rückkehr-Technik«, von den →*Ninja* verwendete Taktik, bei der einer ins Lager des Feindes überlief und so scheinbar seinen eigenen Fürsten verriet. In einer Krisensituation verriet er dann den Fürsten des Feindes.

Fukuro-shinai (jap.): Holzschwert, überzogen mit Seide oder Leder, das im →*Yagyû Shinkage-ryû* entwickelt und zu Übungszwecken in manchen *Kendô-ryû* verwendet wurde (→*Shinai*). Verbesserte Varianten wurden später im →*Ono-ha Ittô-ryû* und im →*Nakanishi-ha Ittô-ryû* gebraucht.

Fukushiki (jap.): das Kombinieren verschiedener Techniken im *Karate*.

Fukushiki-kokyû (jap.): tiefe *Hara*-Atmung (Abdomenalatmung), welche die Kontrolle des *Ki* und damit eine perfekte Koordination der Bewegungen ermöglicht.

Fukushiki-kumite (jap.): Übung verschiedener Kombinationen mit dem Partner im okinawanischen →*Karate*.

Fukushin (jap.): Aushilfskampfrichter, Unparteiischer.

Fukushin-shûgô (jap.): Wettkampfbegriff: Versammlung der Kampfrichter auf ein Zeichen des Hauptkampfrichters, wenn dieser zu seinem Urteil die Meinung der Eckrichter hinzuziehen will.

Full-contact: Vollkontakt-*Karate* (→*Karate*), eine amerikanische Abwandlung des Sport-*Karate*, bei dem die Techniken mit vollem Körperkontakt ausgeführt werden, mit dem Ziel, den Gegner so schnell wie möglich k. o. zu schlagen. Die Kämpfer tragen Kopf-, Faust- und Fußschutz.

ALLGEMEIN

Die Art der *Full-contact*-Wettkämpfe ist nicht neu, sie wurde überall in der Welt seit langer Zeit praktiziert. Der Begriff wurde zum erstenmal von →NAKAMURA SHIGERU auf Okinawa verwendet und über seinen Schüler JOE →LEWIS in die USA importiert, der 1974 in Los Angeles auch der erste *Full-contact*-Weltmeister wurde.

Bis dahin wurde in den Turnieren mit K.–o.-Regeln, die sich nicht allzusehr von dem später eingeführten *Full-contact* unterschieden, in Amerika einfach der Begriff *Karate* verwendet. Die großen Kämpfer aus der Zeit vor 1974 waren BILL WALLACE, CHUCK NORRIS, ALAN STEEN und MIKE STONE. Erst zum Weltmeisterschaftsturnier 1974 in Los Angeles haben MIKE ANDERSON und JOHN RHEE die heute bekannten Schützer erfunden und offiziell den Namen *Full-contact* verwendet. In diesem Turnier wurden vier Weltmeister ermittelt: ISIAS DUENAS (Leichtgewicht), BILL WALLACE (Mittelgewicht), JEFF SMITH (Halbschwergewicht) und JOE LEWIS (Schwergewicht). Das Superleichtgewicht wurde erst später eingeführt.

AMERIKA

Full-contact kam 1970 zuerst als Kick-Boxen nach Amerika, als Joe Lewis seinen ersten Kampf dieser Art gegen GREG BAINES austrug und erster *Full-contact*-Champion wurde. Der Sport setzte sich jedoch anfangs nicht durch, bis erneut Joe Lewis mit TOM TANNENBAUM 1974 bei Mike Andersons Championship in Los Angeles einen Wettkampf veranstalteten.

In diesem Sport gibt es keine *Kata,* und die japa-

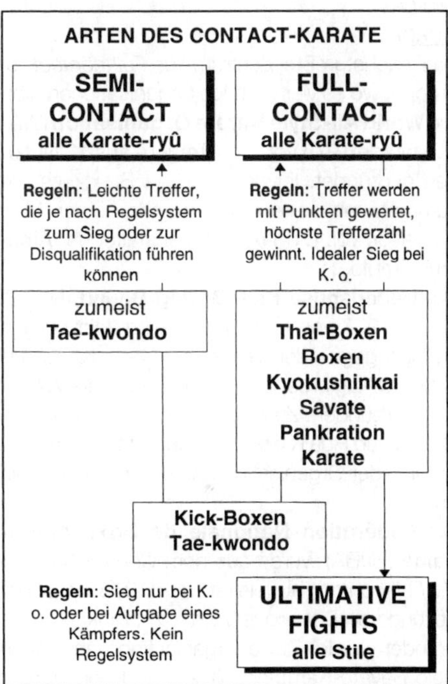

nischen Bezeichnungen wurden durch amerikanische ersetzt. Die Kämpfe gehen über 10 bis 12 Runden (Profis) oder 3 Runden (Amateure), nach den Regeln des Boxens. Die USA haben den größten Anteil an Kämpfern (51%), gefolgt von Europa (28%), Kanada (7%), Japan (6%) und Australien (2%). Nachdem sich der erste *Full-contact*-Star Joe Lewis 1975 zurückgezogen hatte, kam als nächster bekannter Kämpfer BENNY →URQUIDEZ, gefolgt von DON →WILSON.

Die beiden größten Organisationen für *Full-contact* sind in den USA die *Professional Karate Association* (PKA) und die *World Karate Association* (WKA).

Die **Professional Karate Association** (PKA) wurde 1974 von DAN und JUDY QUINE gegründet und unterscheidet sich von der WKA dahingehend, daß keine Fußtechniken unterhalb der Gürtellinie erlaubt sind. Zu ihren Hauptstars gehören BILL WALLACE und JEAN-YVES THERIAULT.

Die **World Karate Association** (WKA) wurde im Oktober 1976 von HOWARD HANSON und ARNOLD URQUIDEZ gegründet. Sie erlaubt Fußfeger unterhalb des Knies und Halbkreistritte zur Hüfte. Zu ihren Stars gehören BENNY URQUIDEZ und DON WILSON.

EUROPA

Das nächstgrößte Zentrum für *Full-contact* ist Europa, wo es vier wichtige Organisationen gibt: Die **World All-Style Karate Organisation** (WAKO) wurde 1975 von Dan-Trägern aus 12 Nationen gegründet. Ihr steht GEORG BRUCKNER zusammen mit seinem *Taekwondo*-Lehrer MIKE ANDERSON vor. Die WAKO veranstaltet nur Amateurkämpfe.

Der **Nederlandse Kick-Boxing Bound** (NKBB) wurde 1977 von mehreren *Full-contact Dôjô* in Holland gegründet. Sie ist mit KENJI KUROSAKIS Kick-Box-Lig in Japan und mit Bruckners WAKO lose verbunden. Zu ihr gehören Stars wie LUZIEN CARBIN und ROB KAMAN. Ihre Kämpfer treten überall, in jeder Organisation und unter allen Regeln an.

Die **Fédération Nationale de Boxe Américaine** (FNBA) wurde aus dem *Comité National du Full-contact* abgeleitet, das 1978 unter der Leitung von DOMINIQUE VALERA in Frankreich gegründet wurde. Diese Organisation nahm auch viele *Savate*-Kämpfer mit auf und veranstaltet professionelle Wettkämpfe. Ihre bekanntesten Kämpfer sind DOMINIQUE VALERA und YOUSEFF ZENAF.

Die **European Professional Karate Association** (EPKA) wurde im November 1978 von JEROME CANABATE in der Schweiz gegründet. Zu ihren führenden Kämpfern gehören EDMOND ARDISSONE und JOHN CANABATE.

JAPAN

In Japan gab es die ersten *Full-contact*-Kämpfe in den 60er Jahren in Form des Thai-Kick-Boxens. 1976 wurde der Höhepunkt erreicht, es gab 6000 aktive Kämpfer, die in drei Organisationen organisiert waren: *All Japan Kick-Boxing Association* (AJKBA), die *World Kick-Boxing Association* (WKBA) und KENJI KUROSAKIS *Katogi Kick-Boxing League* (KKBL). 1977 schlossen sich die amerikanische WKA und die japanische AJKBA zusammen. BENNY URQUIDEZ, KUNIMASA NAGAE, ALVIN PROUDER und HOWARD JACKSON wurden die ersten international anerkannten Weltmeister. 1981 aber wurden in Japan mehrere Promoter der Szene in verbrecherischen Kreisen vermutet, und die WKBA und die KKBL wurden aufgelöst. Heute ist die WKA die einzige Organisation des Landes. Die führenden japanischen Kämpfer sind KUNIMATSU OKAO, YOSHIMITSU TAMASHIRA, BENNY URQUIDEZ, KUNIMASA NAGAI, GENSHU IGARI, YASUO TABATA und HIROSHI TAKAHASHI.

Full-nunch (Full-nunchaku): *Kobudô*-Abwandlung in den USA, in der mit dem →*Nunchaku* gegeneinander gekämpft wird. Die Schläge werden realistisch ausgeführt. Um Verletzungen zu vermeiden, tragen die Kämpfer einen Schutzhelm, der auch das Gesicht bedeckt. Die *Nunchaku*-Kämpfe werden in Wettbewerben ausgetragen, gehen über 10 Runden und verfolgen das Ziel, den Gegner k. o. zu schlagen. Es gibt drei Gewichtsklassen (weniger als 60 kg, von 60 bis 70 kg und über 70 kg).

Fumi (jap.): treten, stampfen.

Fumiashi (jap.): »das stampfende Bein«. Es gibt die Möglichkeit, den stampfenden Fuß abzusetzen (*Fumikomi*) oder ihn nach dem Tritt zurückzuziehen (*Fumikiri*). Siehe →*Fumi-waza*.

Fumidashi (jap.): abdrückender Schritt. Mit *Fumidashi* (auch *Fumikomi-ashi*) wird das starke Durchdrücken des Standbeins bezeichnet, wenn man mit einer *Karate*-Technik in einem großen Schritt vorwärts geht oder im Stand einen *Gyaku-zuki* ausführt.

Nachdem die Hüften über dem Standbein nach vorn geschoben wurden, kommt durch das kräftige Abdrücken des nun hinten stehenden Beins ein starker Impuls, der die Kraft der Technik erhöht. Es muß darauf geachtet werden, daß sich die Hüften durch das energische Durchdrücken nicht anheben, weil man sonst Gefahr läuft, das Gleichgewicht zu verlieren.

Fumidasu (jap.): einen Schritt tun, vorwärts gehen (→*Ashi-sabaki*).

Fumikiri (jap.): Stechtritt, schneidender Fußtritt. Der stoßende Fuß wird so hoch wie möglich angehoben, wobei darauf zu achten ist, daß die Hüften sich nicht anheben und der Körper dadurch sein Gleichgewicht verliert.

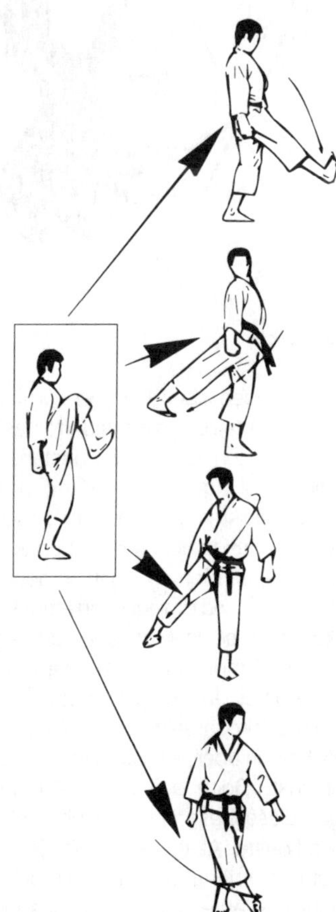

Varianten des Fumikiri

Nun wird mit Einsatz der Hüfte der Fuß kräftig nach unten gestoßen. Nach dem Tritt wird der Fuß wieder zurückgenommen und in einer beliebigen Stellung abgesetzt. *Fumikiri* wird meist mit der Außenkante des Fußes ausgeführt *(Sokuto)*, kann jedoch auch mit der Innenkante oder mit der Ferse nach vorn und nach hinten ausgeführt werden.

Fumikomi[1]: (jap.) Stampftritt, Sperrtritt, eintreten. Im *Karate* dient das Drehbein gleichzeitig als Standbein.

Man hebt den anderen Fuß möglichst hoch und stößt ihn dann kraftvoll nach unten. Die Bewegung des stoßenden Fußes führt direkt zu einer starken und festen Stellung, wobei das Gewicht des Körpers, der Stellung entsprechend, die Stampftechnik unterstützt. Man kann mit verschiedenen Teilen des Fußes *(Koshi, Sokutô, Kakato)* nach vorn *(Mae)*, zur Seite *(Yoko)*, nach hinten *(Ushiro)*, nach innen *(Uchi)* und nach außen *(Soto)* treten; s. →*Fumi-waza*.

Kagato-fumikomi

Fumikomi[2] (jap.): im *Jûdô*: eindrehen (in einem Wurf). Auch »vorwärts schreiten« oder »nach vorn schieben«.

Fumikomi-ashi (jap.): Abdrücken des hinteren Fußes, um sich vorwärts zu bewegen (→*Fumidashi*). Die Technik wird in mehreren Bewegungsformen angewendet, wie z. B. *Suri-ashi*, *Tsugi-ashi* usw.

Fumikomi-tobi-geri (jap.): zuvorkommen mit einem Sprungtritt. Hineinspringen mit einem Schritt.

Fumikomi-uke (jap.): zuvorkommen mit einer Abwehrtechnik im *Karate*. Hineingehen mit einer Abwehrtechnik.

In diesem Fall verwendet man Abwehrtechniken, die gleichzeitig als Konter dienen, oder Abwehrtechniken, die in einen Konter übergehen (z. B. →*Suri-uke*). Mit nahezu allen Abwehrtechniken kann man kontern. Diese Beispiele werden häufig in den *Bunkai* der klassischen *Kata* gelehrt. Entsprechend der Abwehrtechnik verwendet man auch die Bezeichnungen *Fumikomi-age-uke, Fumikomi-shutô-uke* usw.

Fumitsuki (jap.): Prellstoß, Rammstoß mit der Faust (→*Fumi-waza*).

Fumi-waza (jap.): Gruppe der Prell- und Stampftechniken. Diese Techniken können so ausgeführt werden, daß der stampfende Fuß auf der Auftreffstelle stehen bleibt *(Fumikomi)* oder wieder zurückgezogen wird *(Fumikiri)*.

Man kann mit dem Fuß stampfen *(Fumi-ashi)*, entsprechend dem Prinzip mit der Faust rammen *(Fumi-zuki)* oder abwehren *(Fumi-uke)*, s. →*Fumikomi-uke*. *Fumi-waza* wird auch häufig als eröffnende Technik (→*Kensei-waza*) verwendet, z. B. um die Deckung des Gegners wegzuschlagen. Danach folgt der eigentliche Angriff *(Okuri-waza)*.

Funakoshi Gichin (1869–1957): Vater und Begründer des modernen →*Karate*. Funakoshi Gichin wurde auf →Okinawa im Bezirk Yamakawa-chô als einziger Sohn einer einfachen Samurai-Familie der damaligen privilegierten *Shizoku*-Klasse geboren. Funakoshis Vater war ein Experte im Kampf mit dem okinawanischen Stock *(Kon)*.

KARATE AUF OKINAWA

In seiner Kindheit lebte er bei seinem Großvater GIFU, der ein bekannter konfuzianischer Gelehrter war. Von ihm lernte er die vier großen chinesischen Klassiker (→*Jia*). Bereits in seiner Grundschulzeit begegnete er Meister →AZATO ANKÔ, dem inneren Schüler (→*Uchi-deshi*) der Matsumura-Linie, und begann bei ihm mit dem Unterricht im →*Karate-dô* (s. auch →*Shôtôkan*). Für den jungen Funakoshi war dies eine harte Zeit, dennoch spricht er in seinem Buch »Karate-do, mein Weg« (→*Kyôhan Karate-dô*) mit Ergriffenheit von seiner Jugend, in der er trotz vieler Entbehrungen schon früh den Wert der Freundschaft erfuhr, die ihn bis zu seinem Lebensende mit seinen Lehrern verband. Zu jener Zeit wurde *Karate* im geheimen geübt (→*Reimyô Tôde*), und dies machte es nötig, seinen Lehrer bei Nacht zu

Funakoshi Gichin

besuchen. Jeden Abend ging er zum Haus seines Meisters Azato, und oft dauerte das Training bis in die Morgenstunden. Es bestand nur aus den Wiederholungen der →*Kata*, und nichts konnte den Meister dazu bewegen, auch nur ein einziges Mal davon abzusehen. Funakoshi erinnert sich, daß es Momente gab, in denen er tiefste Verbitterung und Erniedrigung empfand (→*Kata-geiko*), doch seine Ausbildung bestand darin, gerade diese Empfindungen zu überwinden.

Oft war Meister →ITOSU bei Azato zu Gast, und während Funakoshi seine *Kata* übte, unterhielten sich die beiden über philosophische Aspekte der Kampfkunst. Doch sosehr er sich auch anstrengte, diese Gespräche mitzuhören, er durfte es nicht. Meister Azato verwies ihn jedesmal auf seine Übung, sparte mit Lob und tadelte viel. Es vergingen die Jahre, und in seiner Ausbildung änderte sich nichts. Getreu dem Grundsatz: mindestens drei Jahre für eine *Kata* (→*Hitô-Kata san-*

nen), lehrte der Meister ihn erst dann eine neue Form, wenn er die alte gut genug beherrschte. Funakoshi schrieb, daß er zehn Jahre lang täglich die *Tekki-Kata* üben mußte, ehe der Meister mit ihm zufrieden war.

1888 machte er die Prüfung zum Hilfslehrer an der Schule in Shuri. 1891 wurde er jedoch nach →Naha versetzt und zum Hauptschullehrer befördert. Seine Verbindung zu seinen *Shuri-te*-Lehrern Azato und Itosu brach nie ab, obwohl er nun in Naha mit den Meistern HIGASHIONNA (TOONNA) und ARAGAKI (NIIGAKI) und in Shuri mit KYUNA und MATSUMURA NABE zu üben begann.

1901/02 leitete er eine *Karate*-Demonstration in der Schule von Naha anläßlich eines Besuches des Schulkommissars der japanischen Provinz Kagoshima, Herrn SHINTARO OGAWA. Dessen Bericht veranlaßte das Kultusministerium in Tôkyô, *Karate* als Teil des Lehrplans an den okinawanischen Schulen einzuführen, woraufhin Meister Itosu die *Pinan-Kata* (→*Heian*) gründete. In der Folgezeit gab es mehrere Kontakte zwischen bekannten japanischen Persönlichkeiten und dem okinawanischen *Karate*, in dem Funakoshi eine immer bedeutendere Rolle zu spielen begann. Die Kampfkunstexperten Japans begannen sich immer mehr für die okinawanische Kampfkunst zu interessieren, zumal sie wegen der politischen Entspannung die Zeit gekommen sahen, das okinawanische Geheimnis zu lüften.

Nach dreißig Jahren Schullehrzeit bat Funakoshi um seine Entlassung und widmete sich vollständig den Kampfkünsten. Er zog zunächst (1913) mit einer Demonstrationsgruppe durch Okinawa, zu der MOTOBU, MABUNI, KYAN, GUSUKUMA, ISHIKAWA und TOKUMURA gehörten. Durch ihn hatte auch Japan zum ersten Mal seit dreihundert Jahren wirklichen Kontakt zum okinawanischen Karate, als Meister Funakoshi im Jahre 1916 nach Kyôto fuhr und dort eine Karatedemonstration veranstaltete. Am 6. März 1921 kam dann der japanische Erbprinz HIROHITO nach Okinawa, und ihm zu Ehren wurde eine erneute Karatedemonstration gegeben.

Um die Jahrhundertwende erlebte das Kaiserreich die Geburt des japanischen Imperialismus und der militärischen Macht und verzehrte sich im Bestreben nach weltweitem Ansehen und internationalen Kontakten. Schon früh erkannte man in den Regierungszentralen die Faszination der Kampfkünste auf die Massen (→*Butokukai*), und so kam es, daß auch die Wege des *Karate* nicht unbeeinflußt von der japanischen Politik blieben. Die Geschichte nahm ihren Lauf, und schon wenige Jahre später hatten die okinawanischen Meister vollkommen die Kontrolle über ihre Kunst verloren.

FUNAKOSHI GEHT NACH JAPAN

Es begann damit, daß im Jahre 1921 seitens des japanischen Kultusministeriums eine Einladung an das *Okinawa Shôbukai* (Vereinigung der Kampfkünste) erging, das okinawanische *Karate* anläßlich einer großen Kampfkunstdemonstration in Tôkyô vorzustellen. Dort nahm man diese Einladung mit gemischten Gefühlen an, denn man erinnerte sich an den gescheiterten Versuch von NORIMICHI YABU (1920), *Karate* in den USA zu verbreiten. Zugleich jedoch betrachtete man die Einladung auch als Gelegenheit, *Karate-dô* in die Welt zu senden – als okinawanische Botschaft für den Frieden.

Auf jeden Fall – so beschloß man – mußte es ein Mann sein, dessen Charakter über jeden Zweifel erhaben war. Er sollte dem okinawanischen Volk Ehre bereiten und es würdig im Ausland vertreten. Man schlug zunächst MOTOBU CHÔKI vor, doch dieser Meister war wegen seiner notorischen Ablehnung der Japaner heftig umstritten. Nach langen Beratungen der okinawanischen Meister fiel die Wahl dann auf Gichin Funakoshi. Er war als Mann von feinem Charakter bekannt und hatte die Kampfkunst auf einem hohen Niveau gemeistert. Außerdem war er ein Meister der Kalligraphie und der Dichtkunst, in der japanischen Sprache ebenso bewandert wie in der okinawanischen Kultur. Er sollte nach Japan gehen und den Japanern einen dreihundert Jahre alten Wunsch erfüllen: die Freigabe des Geheimnisses um das alte okinawanische →*Tôde*. Doch er sollte nicht nur ein Meister der Kampfkunst sein, sondern ein Bote der Freundschaft, denn eine jahrhundertealte tiefe Feindschaft belastete die Beziehung zwischen beiden Ländern (→Okinawa).

Niemand ahnte damals, daß die Reise Funakoshis im Mai 1922 eine Reise ohne Wiederkehr werden sollte. In seinem freiwilligen Asyl widmete der damals 53jährige Meister den Rest seines Lebens der Verbreitung des *Karate-dô*. Bereits im November desselben Jahres veröffentlichte

Funakoshi seine erste Arbeit »Ryûkyû Kempô Karate«, in der er sich sichtlich bemühte, die philosophischen Hintergründe des okinawanischen Karate in den Vordergrund zu heben. Das Buch fand in Japan jedoch nicht den gewünschten Erfolg. Außerdem wurde ein Jahr später die Druckvorlage durch ein Erdbeben zerstört. Daraufhin veröffentlichte Funakoshi sein zweites Werk, »Rentan Goshin Karate Jitsu«, in dem in der Gesamtauffassung KANÔs Einfluß bemerkbar wurde. Entgegen jeder okinawanischen Auffassung von Lehre und Meister-Schüler-Verhältnis bauten sich die japanischen Meister große *Dôjô* (manchmal auch mehrere an der Zahl) und warben, ähnlich wie heute im Westen, um die Gunst der Schüler. Es ging nicht mehr der Schüler zum Meister, wie dies in Okinawa üblich war, sondern der Meister mußte sich die Schüler suchen und sie mit Angeboten halten.

Schon nach kurzer Zeit erregte der Meister das Aufsehen mehrerer prominenter Kreise des japanischen *Budô*, unter anderem auch das des legendären →JIGORÔ KANÔ, Begründer des *Jûdô*. Zeit ihres Lebens verband die beiden Meister eine tiefe Freundschaft. Man sagt, daß Meister Funakoshi sich auch noch, nachdem Kanô 1938 gestorben war, jeden Morgen zu Ehren des großen Meisters in Richtung →*Kôdôkan* verbeugte.

Trotz der großen Resonanz waren die Anfänge schwer. Lange Zeit lebte Meister Funakoshi in großer Not, verdiente sich tagsüber ein wenig Geld mit allerlei Arbeiten und unterrichtete abends seine ersten Schüler. Er hatte keine Wohnung und schlief im Studentenschlafsaal, den er als Gegenleistung sauber hielt. Erst im September 1924 gründete er den ersten *Karate*-Club an der Keiô-Universität. Darauf folgte ein Club an der Ichiko-Universität (1926), und 1927 folgten Clubs an den Universitäten Takushoku, Waseda, Hosei, Meiji, Nihon, Shôdai, der medizinischen Hochschule, der kaiserlichen Universität, der Wirtschafts- und der Landwirtschaftshochschule. Durch den Zustrom von Schülern verbesserte sich Meister Funakoshis anfänglich schlechte finanzielle Lage etwas, und er konnte eine eigene Wohnung beziehen.

Meister Funakoshis Weg durch die Kampfkünste, der 1938 schließlich zur Gründung des von ihm unbeabsichtigten →*Shôtôkan-ryû* führte (s. auch *Shôtôkan*), war nicht frei von menschlichen Emotionen und Enttäuschungen. Der Meister selbst war durch seinen okinawanischen Ursprung zweigleisig beeinflußt: von ITOSU erbte er das immense technische Wissen und Können des →*Shuri-te*, während er AZATOS strenge Richtung und seinen Lebensstil übernahm. Beides in Japan zu vereinigen schien zunächst unmöglich. Seine besondere Freundschaft zu Meister KANÔ, die er bis an sein Lebensende tief verinnerlichte, und die Auflagen des japanischen →*Butokukai* brachten ihn in große Konflikte mit seiner traditionellen Auffassung über die Lehre der Kampfkunst (→MOTOBU CHÔKI).

Die erste Generation des Shôtôkan

In den ersten Jahren des Unterrichts fand sich Meister Funakoshi nur schwer mit diesen Umständen ab, obwohl er in vielen Fällen KANÔs moderne Auffassung von den Kampfkünsten akzeptierte. Die Auflagen des *Butokukai* und Kanôs Maßnahmen, alles zu modernisieren, was vorher in den japanischen Kampfkünsten unumstößlich schien, beeinflußte auch das Karate und bewirkte in Funakoshis *Dôjô*, daß sich die Schüler in zwei Gruppen teilten, die jeweils verschiedenen Auffassungen anhingen. Der Meister war gezwungen, Kompromisse in der Trainingsführung zu schließen, die häufig seine eigentliche Absicht überstiegen.

Zwar war der Meister von manchen Ideen Kanôs angerührt, besonders von den Dan-Graduierungen *(Kyûdan)*, doch im Unterricht der Techniken verfolgte er nach wie vor einen traditionellen Weg: er verbot jede Neuerung und erlaubte nur *Kata* und *Makiwara* und *Kote-kitae* (Abhärtung des Körpers). 1927 tauchten dann die ersten gravierenden Probleme auf. Drei seiner Schüler setzten sich über seine ausdrücklichen Weisungen hinweg und begannen Übungskonzepte zu entwickeln, die sich an der bereits bestehenden Wettbewerbsauffassung des *Kendô* orientierten. Verärgert über diese Regelübertretung, verbot er ihnen, jemals wieder sein *Dôjô* zu betreten. Einer dieser Schüler, ICHIZÔ OTAKE, erinnert sich:

»Eines Tages habe ich den Zorn des Meisters erregt. Zu jener Zeit begannen einige Schüler, mich eingeschlossen, das englische Boxen mit dem Karate zu mischen. Eines Tages habe ich gehört, daß Meister Funakoshi darüber sehr wütend war und uns aus dem Dôjô ausschließen wollte. Als ich daraufhin ansprach, sagte er ganz ruhig: ›Ich ver-

stehe, daß du mit der Kata und den konventionellen Kampfübungen nicht zufrieden bist, doch das liegt an deinem fehlenden Verständnis für diese Kunst. Im Karate bezeichnet der Kampf, wie in allen Budô-Disziplinen, einen Kampf auf Leben und Tod. Das englische Boxen ist als Sport gedacht, und daher wurden aus ihm alle gefährlichen Techniken entfernt. Wenn ihr mit Schutzausrüstung übt, damit ihr Punkte machen könnt, wird Karate zum Wettkampf, und ein Weg ist nicht mehr möglich.‹ Und nach einer kurzen Pause fügte er hinzu: ›Aber ich glaube, daß es sich lohnt, auch die interessanten Sachen aus dem englischen Boxen zu betrachten und seine Bewegungen zu studieren. Wenn es das ist, was du willst, dann empfehle ich dir, das Boxen als Boxen zu üben und nicht mit dem Karate zu mischen.«

Doch der Bann war gebrochen. Mehrere seiner

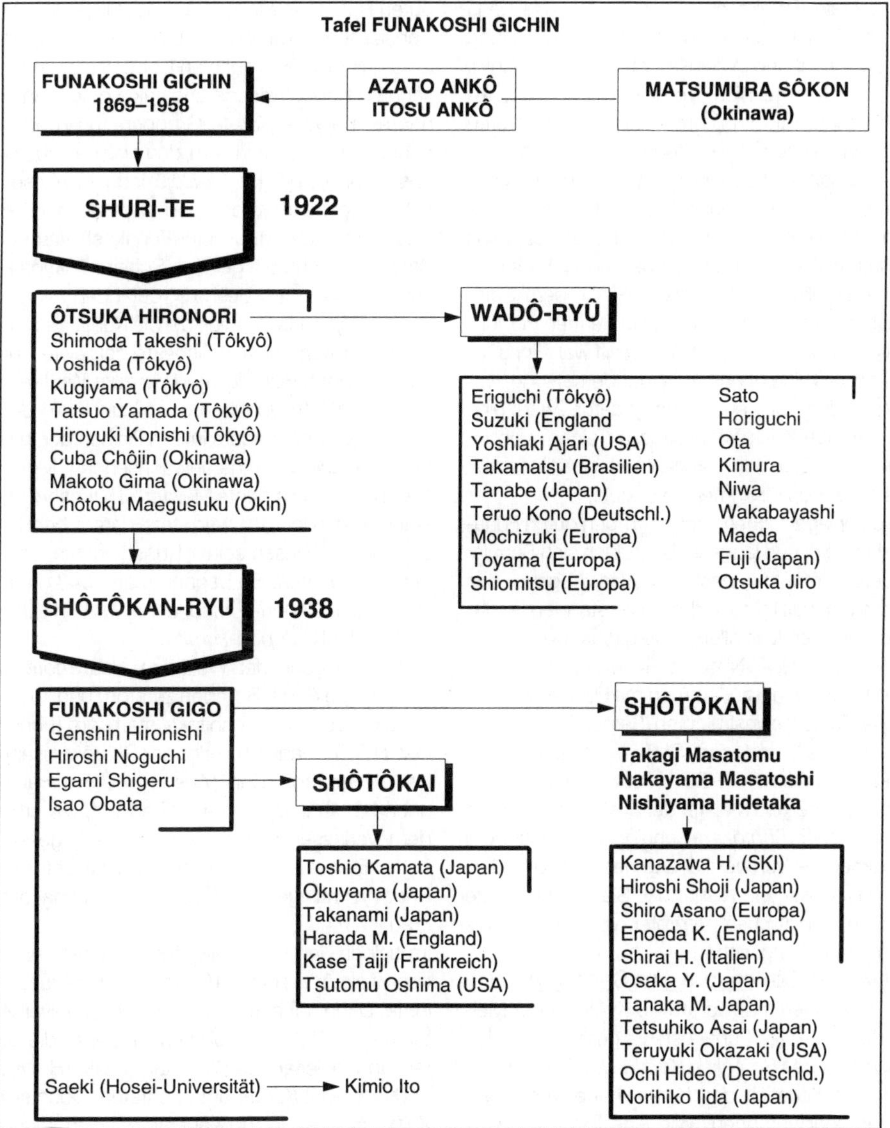

Schüler begannen ihren persönlichen Vorstellungen zu folgen und gerieten dadurch auch untereinander in nicht aufzuhebende Konflikte. Ôtsuka Hironori, sein bedeutendster Schüler zu jener Zeit, spielte mit dem Gedanken, den Meister zu verlassen, weil er die strengen Maßstäbe Funakoshis nicht billigte und das Verbot zur Entwicklung der Angriffstechnik als ein Hindernis zur Verwirklichung seiner Kampfkunstauffassung betrachtete. Funakoshi schätzte Ôtsuka sehr, denn er war ihm in der grundlegenden Auffassung gleichgesinnt und in der Kampfkunst ebenbürtig. Doch er konnte nicht verhindern, daß Ôtsuka sich von ihm trennte, um seine eigene Vorstellung, das spätere →*Wadô-ryû*, zu gründen.
Ôtsuka sah sich zu jener Zeit von Funakoshi in seiner Eigenentwicklung behindert, weil dieser ihm strikt verbot, an seinem Konzept des freien *Kumite* weiterzuarbeiten. Außerdem gab es eine starke Rivalität mit Yoshitaka (Gigo), dem Sohn des Meisters, der zu einer der führenden Persönlichkeiten des *Shôtôkan-Dôjô* gereift war. Eines Tages gab es eine offene Auseinandersetzung zwischen den beiden (Grund dafür war eine anmaßende Kritik Yoshitakas an einem von einem *Gôjû*-Experten veröffentlichten Artikel), und Ôtsuka verließ für immer die Schule.
Viele der japanischen Größen gingen durch Funakoshis *Dôjô*, und langsam begannen sich Schüler zu etablieren, die nach Ôtsukas Abgang den *Shôtôkan* würdig zu vertreten verstanden. Zu ihnen gehörten vor allem →Shimoda Takeshi, →Egami Shigeru, →Noguchi Hiroshi und →Hironishi Genshin, die zusammen mit Funakoshi Yoshitaka die Spitzeninstruktoren *(Sempai)* des *Shôtôkan* bildeten und das *Shuri-te* in den heute bekannten *Shôtôkan*-Stil umzuwandeln begannen. Es waren die Meister der dreißiger Jahre, die Lehrer jener *Shôtôkan*-Schüler, die nach dem Weltkrieg die Versportlichung des *Karate* forderten (Nakayama und Nishiyama). Sie werden heute als die eigentlichen Vertreter von Funakoshis Kampfkunst angesehen.

Die zweite Generation des Shôtôkan

1935 erschien mit »Karate-dô Kyôhan« der Meistertext, Meister Funakoshis eigentliches Lehrbuch über das *Shôtôkan Karate-dô*. Doch die allgemeine Situation des *Karate* hatte sich inzwischen sehr verändert. Wie eine Explosion verbreitete sich die Kampfkunst, und die Nachfrage an Lehrern war sehr groß. Plötzlich kamen viele Männer von Okinawa nach Japan, doch nur die wenigsten unter ihnen waren *Karate*-Lehrer. Sie eröffneten *Dôjô* und bildeten die Schüler in Techniken des Straßenkampfes aus, was dazu führte, daß *Karate* einen sehr schlechten Ruf bekam.
1936 wurde das *Shôtôkan-Dôjô* im Meijuro-Viertel Tôkyôs eröffnet, das erste private *Karate-Dôjô* Tôkyôs mit einem wirklichen Lehrer. Das *Dôjô* genoß bis in die höchsten Kreise Tôkyôs einen guten Ruf, denn Meister Funakoshi wählte seine Schüler sehr sorgfältig aus. Die älteren Schüler des *Dôjô* unterrichteten auch an Universitäten (hauptsächlich Keiyô, Waseda und Takushoku), an denen sich eigene *Karate*-Gruppen zu bilden begannen. Im Gegensatz zu den vielen Clubs war das *Hombu-Dôjô* (Haupt-*Dôjô*) jedoch sehr sorgfältig aufgebaut worden und hatte deshalb eine Ausnahmestellung. Meister Funakoshi war stets darauf bedacht, die geistige Schicht Tôkyôs anzusprechen, und deshalb befanden sich im Haupt-*Dôjô* viele Schüler, die die Kunst auch jenseits ihrer körperlichen Aspekte gemeistert hatten. Dennoch war die Tendenz zum Wettkampf bei den jungen Schülern des Haupt-*Dôjô* deutlich spürbar, besonders in den Reihen der in der dritten Generation heranwachsenden Meister. Nach und nach machte Meister Funakoshi Zugeständnisse, doch er war stets darauf bedacht, daß sie das Wesen seiner Kunst nicht in Gefahr bringen konnten. So begann man 1943 mit der Übung des *Gohon-kumite*, dann *Sanbon-kumite* und schließlich *Ippon-kumite*.
Danach begann der Weltkrieg, das *Shôtôkan-Dôjô* wurde durch Bomben zerstört, und Meister Funakoshis Sohn Yoshitaka starb an Tuberkulose (1945). Dadurch verlor der *Shôtôkan* seinen Hauptinstruktor. Der Meister reiste daraufhin nach Kyûshû, wo er seine Frau traf, die er seit dem Verlassen Okinawas nicht mehr gesehen hatte. Beide lebten in großer Armut unter den Kriegsflüchtlingen, und 1947 starb Funakoshis Frau.

Im selben Jahr reiste Meister Funakoshi zurück nach Tôkyô, wo er bis 1948 sehr zurückgezogen lebte. Dann ließ er sich wieder an den Universitäten Keiô und Waseda blicken, an denen die älteren Übungsleiter des *Shôtôkan* (Egami, Hironishi und Noguchi) *Karate* unterrichteten. Doch seine Zeit war vorbei, und er beauftragte seinen Übungsleiter SHIGERU EGAMI, die Kampfkunst in seinem Namen weiterzuführen. Dieser veränderte die *Karate*-Auffassung erneut und gründete das →*Shôtôkai*, das er vor seinem Lebensende (1981) seinem Nachfolger →OSHIMA TSUTOMU übertrug.

DIE DRITTE GENERATION DES SHÔTÔKAN

Bereits im Jahre 1946 war NAKAYAMA MASATOSHI aus China zurückgekehrt und begann die Schüler der Takushoku-Universität neu zu organisieren. Nakayama gelang es, sie für seinen Plan zu begeistern, und 1949 gründete er die JKA, um Karatedô als Wettbewerbssport zu verbreiten. Nakayama und NISHIYAMA arbeiteten ein Programm für Wettkampf-*Karate* aus, doch als sie Meister Funakoshi um die Genehmigung dafür baten, verweigerte der ihnen seine Zustimmung.

Die neue Organisation nannte sich ebenfalls »Shôtôkan«. Als Vorstand wurde →ISAO OBATA gewählt, der die JKA jedoch bald darauf verließ und zurück zu den *Shôtôkan*-Übungsleitern ging. Meister Funakoshi wurde ohne seine Zustimmung zum Ehrenausbilder ernannt.

Entgegen den heute verbreiteten Berichten war Meister Funakoshis Beziehung zur JKA mehr als lose. Die Verbandspolitik dieser Organisation und ihr unbändiges Streben nach Macht und internationaler Verbreitung fand nicht seine Anerkennung. Für die JKA war der alternde Meister nicht mehr als ein zum Symbol gewordener wehrloser Mann, dessen Namen man als Markenzeichen benutzte. Man berief sich auf sein Erbe, doch seine Kunst wurden zu eigennützigen Zwecken mißbraucht.

Im Jahre 1955 übernahm NAKAYAMA MASATOSHI selbst die Leitung der JKA, und es gelang ihm, den ersten offiziellen Wettkampf auszutragen, der von →KANAZAWA HIROKAZU gewonnen wurde. Meister Funakoshi erlebte dies nicht mehr, denn er starb am 26. April 1957 im Alter von 88 Jahren.

Funakoshi, Keneth (*1938): japanischer *Karate*-Lehrer, entfernter Verwandter von → FUNAKOSHI GICHIN.

Keneth Funakoshi lernte *Jûdô, Kempô-Karate* und *Shôtôkan-Karate* unter anderen von SONNY →EMPERADO und →KANAZAWA HIROKAZU. Er ist heute Hauptinstruktor der *Karate Association of Hawaii*, die ein Zweig der JKA ist.

Funakoshi Yoshitaka (Gigo): Meister FUNAKOSHIS dritter Sohn, 1938–1945 Chefausbilder im →*Shôtôkan-Dôjô*. Dort hatte er einen entscheidenden Einfluß auf die Entwicklung des *Karate* zu jener Form, die wir heute kennen. Mit seinem Vater befand er sich darin nicht immer im Einklang. Die moderne Interpretation des →*Shôtôkan-ryû*, die von Yoshitaka zwischen 1938 und 1945 entwickelt wurde, hat sich weit von dem →*Shuri-te Karate* des alten Meisters entfernt.

Auch heute noch ist es ein ungeklärtes Geheimnis, woher das *Shôtôkan-ryû*, wie es von Yoshitaka zwischen 1938 und 1945 gelehrt wurde, stammt. Dieser Stil ist offenbar nicht auf den Grundlagen des okinawanischen *Shuri-te* aufgebaut, verwendet aber formell die *Kata* dieses Stils. Doch die technischen Grundlagen beruhen auf einem anderen Prinzip als das *Shuri-te*, das Meister Funakoshi unterrichtet hat. Die Art und Weise, wie im *Shôtôkan* die Techniken aufgebaut sind und wie die Bioenergie in der Bewegung genutzt wird, ist vollkommen anders als in allen bekannten Stilen.

Man weiß, daß →AZATO ANKÔ ebenso wie →MATSUMURA SÔKON das *Jigen-ryû* übte. Dieser Schwertstil, der in Japan heute noch auf Kyushu existiert, ist ein äußerst dynamischer und kampfbetonter Stil, der der Grundauffassung des modernen *Shôtôkan-ryû* sehr ähnlich ist. Es liegt nahe, daß die moderne *Shôtôkan*-Auffassung nicht von Yoshitaka, sondern von Azato gegründet wurde. Doch Meister Funakoshi unterrichtete das Prinzip der ITOSU-Schule, das im gesamten okinawanischen *Shuri-te* enthalten ist. Wie aber kam Yoshitaka zur Azato-Lehre?

Darüber gibt es nur Vermutungen. Meister Funakoshi ging damals unter Vorbehalt von Okinawa nach Japan. Okinawa war seit 1600 von den Japanern besetzt, und die okinawanischen Kampfkünste wurden im geheimen geübt. Auch nachdem sich beide Völker einander angenähert hatten und die Okinawaner bereit waren, ihr *Karate* nach Japan zu bringen, hätte wohl kein »innerer« okinawanischer Stilerbe *(Uchi-deshi)* das letzte Geheimnis gelüftet. Vielleicht hat Meister Funakoshi deshalb die »äußere« Lehre verbreitet. Niemand kann das heute mit Sicherheit sagen.

Die politische Situation Japans und die Auflagen des *Butokukai* brachten das *Karate* jedoch in eine schwere Krise. Alle *Budô*-Schulen Japans gerieten ab 1932 unter einen starken Druck seitens der Militärs, die wirkungsvolle Selbstverteidigungstechniken forderten. Die Schulen standen untereinander im Wettbewerb, und besonders auf das *Karate* waren sie sehr eifersüchtig und versuchten mit allen Mitteln, die starke Konkurrenz loszuwerden. Hätte der *Butokukai* an der Wirkung des *Karate* gezweifelt oder wäre zu dem Schluß gekommen, daß es für die Militärs unbrauchbar sei, hätte *Karate* in Japan nicht überlebt. Alle *Budô*-Schulen jener Zeit mußten sich an diesem Kriterium messen lassen. Auch das *Shôtôkan-Dôjô*, dem inzwischen Yoshitaka Funakoshi vorstand, hatte strikte Auflagen, und die meisten *Karate*-Schüler jener Zeit waren keineswegs neutral, sondern im höchsten Maß politisch sensibilisiert.

Meister Funakoshis ewig besorgte Haltung in Betracht ziehend, daß das *Karate* zu Aggressionen mißbraucht werden könnte, sind viele *Karate*-Experten heute der Meinung, daß er das kampfbetonte AZATO-System in Japan nie unterrichtet hätte. Doch um es zu erhalten, hat er es vermutlich an seinen Sohn Yoshitaka weitergegeben, über den heute viele widersprüchliche Aussagen und Unklarheiten bestehen. Yoshitaka war in Japan politisch tätig und außerdem ein ehrgeiziger Mann. Als er 1939 zusammen mit seinen beiden Assistenten EGAMI SHIGERU und HIRONISHI GENSHIN die Trainingsleitung im *Shôtôkan-Dôjô* übernahm, begann er neue Elemente in den Stil zu übertragen, die die bestehenden Trainingsgrundlagen stark veränderten.

Unter der Leitung von FUNAKOSHI YOSHITAKA, HIRONISHI GENSHIN, SHIMODA TAKESHI und EGAMI SHIGERU entstand zwischen 1939 und 1945 ein neuer Stil. Die Meisterschüler Funakoshis, allen voran Yoshitaka, veränderten die Grundlagen des *Shuri-te* und lehrten ein Stilkonzept, das in keinem der heute bekannten *Karate*-Stile zu finden ist.

Yoshitaka konnte Azatos Stil nur von seinem Vater gelernt haben. Als aber die *Shôtôkan*-Schule zunehmend unter den Druck der Militärs geriet, die von allen *Budô*-Schulen wirkungsvolle Nahkampfkonzepte forderten, entschloß sich Yoshitaka, den Stil dem Militär zur Verfügung zu stellen. Yoshitaka arbeitete mit dem Militär zusammen. Er war auf einer Schule für Spione und bildete spezielle Nahkampftruppen und *Kamikaze*-Piloten aus. Offiziell arbeitete er als Röntgenologe, doch in Wirklichkeit war er politisch engagiert. Viele *Dôjô* jener Zeit dienten der Ausbildung solcher Einheiten, und das harte Training Yoshitakas war sicher ein wichtiger Bestandteil dieser Ausbildung. Auch im *Shôtôkan-Dôjô* gab es viele Schüler, die ihre *Karate*-Ausbildung mit diesem Ziel begannen. KASE und MURAKAMI z. B. begannen 1944 *Karate* mit diesem diffizilen Inhalt zu praktizieren. Yoshitaka starb 1945 an Tuberkulose.

Funasako Tokio (*1944): japanischer Karate-Lehrer des *Gôjû-ryû* der Richtung YAMAGUCHI, einer der maßgeblichen Lehrer dieser Auffassung im *Deutschen Karate Verband* (→DKV, s. auch Anhang).

Funasako begann 1956 mit dem *Karate*-Training und fiel selbst in Japan durch eine außergewöhnliche Disziplin auf. 1964 und 1965 belegte er den ersten Platz im *Kumite*. 1967 wurde er von YAMAGUCHI GÔGEN in die *Gôjû-ryû*-Nationalmannschaft berufen. Seit 1968 unterrichtet Funasako in Heilbronn. 1995 legte er bei YUKINORI UEGARA die Prüfung zum 7. Dan ab.

Fundoshi (jap.): Lendentuch, vor allem im warmen Klima Okinawas getragene Unterkleidung (→*Kimono*).

Furi (jap.): schwingen *(Furiageru)*.

Furi-kaburi (jap.): Technik aus dem →*Iaidô*. Erheben des Schwertes über den Kopf, und bevor der entscheidende Schlag *(Kiritsuke)* ausgeführt wird, wird eine bedrohliche Geste *(Seme)* gemacht.

Furi-oroshi (jap.): Stocktechnik aus dem *Goshinjutsu*.

Furi-sute (jap.): geschwungene Technik. Im Halbkreis, mit dem Schultergelenk als Drehpunkt ausgeführte Technik.

Furi-uchi (jap.): schwingender Schlag.

Furi-waza (jap.): Gruppe sämtlicher Schwingtechniken.

Furi-zuki (jap.): geschwungener Fauststoß. Variante des →*Mawashi-zuki*. Man dreht die Hüften in der Stellung und führt einen Fauststoß aus, so als würde man eine Peitsche ins Ziel schwingen.

Die Technik läßt sich besonders gut in Kombination mit Abwehrtechniken anwenden, bei denen man den Körper abdreht. So kann man z. B. einen gegnerischen Fußtritt mit →*Kata-uke* abwehren und dabei den Körper ganz herausdrehen. Die andere Hand wird dabei hinter den Körper genommen. Sofort darauf wird die Hüfte eingedreht, und der konternde Arm schwingt in einem großen Bogen um den Körper ins Ziel. Am Ende der Bewegung wird die Faust so gedreht, daß der Faustrücken zum Gesicht zeigt.

Furyû (jap.): Begriff aus dem →*Bushidô* der Tokugawa-Zeit, der die geistige Erziehung der Samurai bezeichnet. Zu jener Zeit gebrauchte man in den konfuzianischen Schulen den Parallelbegriff →*Bun-bu*, der verdeutlicht, daß die Samurai sowohl den geistigen als auch den körperlichen Aspekt berücksichtigen sollten. Im *Zen* wurde dieser Aspekt weiter ausgebaut und in eine dreigeteilte Einheit zusammengefaßt, die man damals *Furyû* nannte.

Furyû ermöglicht das rechte Befinden (→Intuition, →*Shisei*), in dem der Mensch Zusammenhänge intuitiv zu erfassen vermag (→*Yûgen*). Es gründet sich vor allem auf einen inneren Zustand der gelösten Ruhe (→*Sabi*) und auf das Vermögen, die Bedeutung der einfachen und kleinen Dinge des Lebens zu erkennen (→*Wabi*). Daher besteht *Furyû* aus *Sabi* (einem inneren Zustand, der die Ruhe der Einkehr sucht), *Wabi* (der tiefempfundenen Achtung vor den einfachen Dingen) und *Yûgen* (dem Erspüren dessen, was unter der Oberfläche liegt). Die Samurai strebten dies an, indem sie *Jûkû* (Kult der Ruhe), *Sei* (Reinheit der Gedanken), *Wa* (Harmonie der Seele), *Jôjû* (gelöste Besonnenheit) und Demut übten. Wie im Konfuzianismus die Verbindung zwischen dem Weisen (→*Seijin*) und dem Krieger (→*Shi*) gelehrt wurde, vereinigte auch das *Zen* die ausgeprägte Empfindsamkeit der Seele mit der Kriegskunst und führte sie im Menschen zu einer Ganzheit zusammen, die zur Grundlage der geistigen Samurai-Erziehung (→*Bushidô*) wurde.

Fusegi (jap.): verteidigen, sich wehren.

Fusegi-waza (jap.): Gruppe der Verteidigungstechniken. Auch Gruppe der Abwehrgriffe.

Fûsen (jap.): Luftballon.

Fusen-gachi (jap.): Wettkampfbegriff: Sieg durch Nichtantreten des Gegners.

Fusen-shô (jap.): Wettkampfbegriff, kampfloser Sieger (z. B. durch Aufgabe oder Nichtantreten des Gegners).

Fûsha-gaeshi (jap.): Windmühlenschlag (*Bô*-Technik).

Fu Tai-ji-quan (chin.): Stil des *Tai-ji-quan*, gegründet von Fu Wing-Fai, der ihn heute in der VR China unterrichtet. Der Stil wird außerdem noch von Mark Bow Sim in Boston, Mass. (USA) vertreten.

Futatsu (jap.): zwei, ein Paar.

Fut-gar (chin.): kantonesischer Stil des →*Quan-fa*, gegründet von dem Shaolin-Mönch Loy Yuen, einem Schüler des *Hung-gar*-Gründers Hung Hei-Gung.

Fu Xi (chin.): auch Fu Hsi, wird in Legenden als erster chinesischer Herrscher genannt. Er ist eine sagenumwobene Gestalt, die den Menschen die Zivilisation gebracht haben soll.

Fu Xi wurde von den Geistern zu den Menschen geschickt und brachte ihnen Viehzucht, Ackerbau, den landwirtschaftlichen Kalender, Institutionen wie Ehe und Regierung, die Schrift und die 8 Trigramme (→*Ba-gua*). Fu Xi, seine Frau Nua Kua und Shen Nong, der dritte Herrscher, werden als teils menschlich und teils tierisch geschildert. Alle hatten übernatürliche Fähigkeiten und standen mit den Geistern in Kontakt. Sie gelten als Beweis schamanistischer Tradition in China und stehen in direkter Verbindung zum →Daoismus. Diesen drei Personen werden noch mehr Erfindungen zugeschrieben, wie das Pflügen, die Heilkunst, die Regierungskunst und die Eisenverarbeitung.

Fu-xi (chin.): auch *Fu-ch'i*, daoistische Atemmethode (→Chinesische Atemmethoden), wörtlich »sich vom Atem ernähren«.

Man lenkt die Aufmerksamkeit auf den Atem, läßt ihn in die 5 Eingeweide (→*Wu-zang*) eindringen und dort zirkulieren. Dann schickt man ihn weiter durch die Füße, Herz, Nacken zu den 9 Körperöffnungen und den Gelenken. Diese Atemtechnik steht im Zusammenhang mit der Embryonalatmung (→*Tai-xi*).

Fu Zhong-Wen (1907–1994): Meister des *Tai-ji-quan*, lebte in Shanghai, Meisterschüler von →Yang Cheng-Fu. Er ist einer der wenigen Schüler, die Yang Cheng-Fus Form unverändert beibehalten haben.

Fu veröffentlichte ein Buch über Yang Cheng-Fus Form mit originalen Bildern von ihm, das inzwischen zu einem »Kultbuch« geworden ist. Sein Sohn Fu Shen-Yuan lebt und unterrichtet heute in Australien.

G

Gachi (jap.): der Sieg; siegen, gewinnen (auch *Kachi*).

Gaeri (jap.): fegen, kehren (→*Gari*).

Gaeshi (jap.): Gegenangriff, Gegentechnik, Konteraktion (auch *Kaeshi*).

Gaeshi-renzoku (jap.): der kombinierte ununterbrochene Gegenangriff.

Gagaku (jap.): Hofmusik. Traditionelle Form des Tanzes und der Musik, die über ein Jahrtausend nur am japanischen kaiserlichen Hof zugelassen war.
Diese Zeremonie galt in Japan lange Zeit als die eigentliche, einzig korrekte und vornehme Art der Musik. Diejenigen, die diese Form von Musik und Tanz am Kaiserhof ausübten, stammen von Familien ab, die seit mehr als tausend Jahren diese Tradition innerhalb ihrer Familienkette vererbten.

Gai (jap.): Außenseite, außen (auch *Ge, Soto*).

Gaichodô (jap.): *Atemi*-Angriffspunkt: äußerer Gehörgang.

Gaihô-uke (jap.): Gruppe der *Karate*-Abwehrtechniken, die von innen nach außen ausgeführt werden. Gegenteil: *Naihô-uke*. Erläuterungen siehe *Uke-waza*.

GAIHÔ-UKE

Jodan	
Uchi ude-uke	– Unterarmabwehr nach außen
Shutô-uke	– Schwerthandabwehr
Haishu-uke	– Handrückenabwehr
Wan nagashi uke	– Fegesperre mit dem Unterarm
Morote-uke	– verstärkte Unterarmabwehr
Sokumen awase-uke	– Seitenabwehr mit beiden Händen
Chudan	
Uchi ude-uke	– Unterarmabwehr nach außen
Shutô-uke	– Schwerthandabwehr
Haishu-uke	– Handrückenabwehr
Morote-uke	– verstärkte Unterarmabwehr
Kakiwake-uke	– Keilabwehr
Kakutô-uke	– Handgelenkabwehr
Keitô-uke	– Hahnenkammhand Abwehr
Haitô-uke	– Handinnenkantenabwehr
Gedan	
Gedan-barai	– Fegeabwehr mit der Faust
Shutô-barai	– Fegeabwehr mit der Handkante
Uchi-barai	– Fegeabwehr nach außen
Uchi sukui-uke	– Schaufelabwehr nach außen

Gaijin (jap.): [aus *Gai* = außen, *Jin* = Mensch] von den Japanern verwendete Bezeichnung für Ausländer.
Die japanische Gesellschaft hat eine tiefverwurzelte Abneigung gegenüber allen, die nicht Japaner sind. In der allgemeinen Mentalität bezeichnet man alle Nicht-Japaner als kulturlos und unzivilisiert. Die ewig zur Schau getragene Freundlichkeit der Japaner gegenüber anderen sollte nicht darüber hinwegtäuschen, daß in ihren engeren Kreisen niemals ein Ausländer als ihresgleichen akzeptiert wird.

Gaiwan (jap.): Außenseite des Unterarms.

Gake (jap.): einhängen, einhaken (→*Kake*).

Gakkô (jap.): Schule, Unterricht.

Gaku[1] (jap.): Wissenschaft, Studium. *Manabu* – lernen, *Daigaku* – Universität, *Gakusei* – Schüler.

Gaku[2] (jap.): »Rahmen«, Bezeichnung für ein geschriebenes Diplom oder eine Urkunde zur Bestätigung eines Grades (→*Kyûdan*) in einem Stil (→*Ryû*) der Kampfkünste.
Auch die gerahmte Fotografie eines Stilgründers oder die gerahmten Aufzeichnungen der von ihm gegründeten Leitsätze *(Kaisetsu)*, die häufig in traditionellen *Dôjô* hängen, bezeichnet man mit *Gaku*.

Gakusei (jap.): Student, Studierender. Gegensatz zu Lehrer (→*Sensei*).

Gamae (Kamae) (jap.): Grundhaltung, Stellung, Position, Lage (→*Kamae*).

Gaman-gamae (jap.): Wartestellung vor einem Wettkampf.

Gan[1] (jap.): Auge (auch *Manako*). *Ryôgan* – beide Augen, *Senrigan* – Hellsehen.

Gan[2] (jap.): Gesicht (auch *Kao*).

Gan[3] (jap.): Felsen (auch *Iwa*). *Ganseki* – Gestein.

Gandô (jap.): mittelalterliches japanisches Lichtgerät, bestehend aus mehreren Kerzen, die auf einer Rolle befestigt sind, um sie von einer Stelle zur anderen zu bewegen.

Gang (chin.): Härte.

Gang-bian (chin.): Kette (→*Bing-qi*).

Ganka (jap.): Brust, Oberkörper.

Gankaku (jap.): japanische *Karate-Kata* (→*Kata*) mit Ursprung in der okinawanischen →*Chintô*[2]. Die *Gankaku* ist eine *Kata* mit wechselnd hohen und tiefen Stellungen. Sie schult insbesondere das Gleichgewicht in der Bewegung und im Stand.

Der Kampfstil der *Gankaku* ist anspruchsvoll mit abwechselnd flüssigen, schnellen Bewegungsfolgen und einer in vollkommener Ruhe verharrenden Haltung. Er vermittelt eine konzentriert entspannte Geisteshaltung, durch die der Gegner richtiggehend hypnotisiert wird. Ihre Techniken richten sich auf die Vitalpunkte des Körpers. Man stelle sich den Kranich vor, wie er bewegungslos auf einem Bein steht, seinen Gegner beobachtet und dessen Angriff nur dadurch verhindert, daß er sich mit einer undurchdringlichen Aura von Überlegenheit umgibt. Geist und Körper verharren vollkommen bewegungslos und warten darauf, daß der Gegner sich eine Blöße gibt. Dann greift er plötzlich und überraschend selbst an. Diese hohe Kunst des Kämpfens wird in der *Gankaku* gelehrt.

Gankaku – Kranich auf dem Felsen

Gankaku-dachi (jap.): Stand, Stellung auf einem Bein aus der gleichnamigen Kata (→*Gankaku*). Der Fuß des hochgehobenen Beins ist in der Kniekehle des Standbeins eingehakt (s. auch →*Sagiashi-dachi*).

Gankaku-sho (jap.): japanische Bezeichnung für eine okinawanische Variante der Karate-Kata *Chintô*, von →KANAZAWA HIROKAZU (s. auch →*Shotokan Karate International*), ins *Shôtôkan-ryû* gebracht.

Gankyû (jap.): *Atemi*-Angriffspunkt: Augapfel.

Ganmen (jap.): Gesicht (→*Gan*).

Ganmen-zuki (jap.): Fauststoß zum Gesicht.

Ganmen-uchi (jap.): Schlag zum Gesicht.

Gan-ryû (jap.): →*Chûjô-ryû*.

Ganseki (jap.): Stein, Felsen.

Ganseki-gamae (jap.): vielverwendete →*Kamaekata*, die bevorzugt aus Frontalstellungen *(Fudô-dachi)* verwendet wird und auch als *Tate shutô-gamae* bekannt ist.

Die nach vorn ausgestreckte Hand befindet sich ständig in Bewegung und kontrolliert die Aktionen des Gegners. Die andere Hand ist zur Faust geballt und befindet sich entweder an der Hüfte oder vor dem Solarplexus. Sie ist ständig zum Konter bereit.

Ganseki-gamae – die unerschütterliche Haltung

Ganseki-nage (jap.): Jûdô-Hüftwurf.

Gao Feng-Ling: auch KAO FENG-LING, Meister des *Tai-ji-quan* aus Hebei.

Garami (jap.): halten, verwickeln, umschlingen, unbeweglich machen (→*Gatame-waza*); gebeugt, gedreht.

Garami-dori (jap.): →*Osae-komi waza*.

Gari (jap.): sicheln, fegen, wegfegen (→*Ashigari*, →*Nage-waza*).

Garyu-gamae (jap.): die »zurückgelehnte Drachenhaltung« (→*Kamaekata*) kommt aus den südlichen Stilen des *Quan-fa* und symbolisiert den sich zurückziehenden Drachen. Die Deckungshaltung wird im → *Bubishi* beschrieben.
Garyu-gamae ist eine defensive Position mit abgedrehtem Körper, die man einnimmt, wenn der Gegner viel Druck mit kombinierten Angriffen macht. Das Hochziehen des Knies zum Schutz gegen Fußtritte wird hier häufig verwendet.

Garyu-gamae – die zurückgelehnte Drachenposition

Gashi (jap.): Wettkampfbegriff im *Karate*: Kampfrichterentscheidung, die den Sieger bestimmt.
Gashira (jap.): Haupt (auch *Kashira* und *Atama*); oben, hoch.
Gassan-ryû (jap.): traditioneller japanischer →*Naginata*-Stil, gegründet im 19. Jh. (auch →*Hihô*).
Gasshô (jap.): Geste (→*Mudrâ*), die ursprünglich aus dem *Zen*-Buddhismus stammt und gebraucht wird, um Dankbarkeit zu bezeugen. Man legt die Hände mit waagrecht gehaltenen Unterarmen zusammen, so daß sie senkrecht nach oben stehen. Im übertragen Sinn bedeutet *Gasshô*: »Sei dankbar für jeden Augenblick deines Lebens.«
Die rechte Haltung (→*Shisei*) in den Kampfkünsten bezeugt eine innere Dankbarkeit gegenüber allen Umständen und Gegebenheiten des Lebens. In allen Philosophien wird eine solche oder ähnliche Haltung als Grundvoraussetzung zum Leben gelehrt. Das moderne Leben jedoch fordert den Menschen dazu auf, seiner Sehnsucht nach Vergnügen und Besitz nachzugeben. Nach diesem zweifelhaften Prinzip funktionieren die Konsumgesellschaften, die den Menschen den Egoismus, die Habgier und die Selbstsucht als Weg zum persönlichen Lebensglück einreden. Doch dies ist ein Weg, der das Leben gefährdet. Ein Übender des *Budô* wird sich in der Bedürfnislosigkeit üben und damit seiner verinnerlichten Achtung gegenüber dem Leben Ausdruck verleihen. Er wird die Tendenzen, zu konsumieren, zu profitieren und haltlos zu leben, kontrollieren und sie in maßvolle Bahnen lenken.
Gasshô-gamae (jap.): Handhaltung (→*Mudrâ*) aus den asiatischen Künsten (→*Gasshô*).
Gasshô-uke (jap.): Handwurzelabwehr (→*Mawashi-kake-uke*).
Gasshûku (jap.): Lehrgang, Seminar, Training.
Gasshûku-geikô (jap.): das Training auf einem Lehrgang.
Gatame (jap.): halten, festhalten, unbeweglich machen, kontrollieren (auch *Katame* oder *Garami*).
Gatame-waza (jap.): Gruppe sämtlicher Fesselgriffe, z. B. Haltegriffe, Armhebel und Würgegriffe. Sie besteht zum großen Teil aus Gelenktechniken *(Kansetsu-waza)*, besitzt jedoch auch darüber hinaus eine große Vielfalt.
Seit jeher hat man in China und Japan solche Techniken zu Kriegszwecken verwendet und in hochentwickelten Systemen perfektioniert (z. B. *Jûjutsu, Kumi-uchi, Jûdô* u. a.). Zu diesen Methoden des Festhaltens, des Immobilisierens und des Fesselns gehören nicht nur Griffe mit den leeren Händen, sondern auch mit Waffen und verschiedenen Gebrauchsgegenständen. In manchen Systemen ist *Gatame-waza* einer der wichtigsten Bestandteile, im *Karate-dô* jedoch weniger. Es gibt Kampfkunstsysteme, in denen das Immobilisieren des Gegners zu einer wirklichen Kunst entwickelt wurde, wobei man herkömmliche Gegenstände, wie z. B. ein dünnes Seil, einen Schal oder des Gegners eigene Klei-

dung, gebrauchte (→*Hojô-jutsu*). Innerhalb von *Gatame-waza* sind folgende Gruppen klassifiziert (s. jeweils dort):

GATAME WAZA	
Shime-waza	– Würgetechniken
Kansetsu-waza	– Gelenktechniken
Osae-komi-waza	– Haltetechniken

Gatka (ind.): Holzschwert in der indischen Waffenkunst →*Fari-gatka* (s. auch →Indien).

Ge (jap.): unten, Grund (auch *Ka, Shita, Moto*). *Gedan* – untere Stufe, *Shimo* – der untere Teil, *Sageru* – herunterlassen, herunternehmen, *Sagaru* – herabfallen, herunterhängen, *Oriru* – hinabsteigen, *Kudaru* – hinuntergehen (→*Hô*). Gegenteil: *Jô* (oben).

Gedan (jap.): untere Angriffstufe (→*Ge*), von der Gürtellinie abwärts, z. B. zum Unterleib oder zum Knie.

Gedan-barai (jap.): Fegeabwehr zur unteren Stufe (auch *Gedan-uke* – Abwehr zur unteren Stufe, →*Ge*).

Gedan-barai – Abwehr zur unteren Stufe

Gedan-gamae (jap.): →*Kamaekata*, Kampfhaltung mit der Deckung in der unteren Stufe.

Meist ist die Führhand nach vorn und unten gestreckt (Endposition *Gedan-barai*), während sich die andere Hand vor dem Solarplexus befindet. Die Abwehrhaltung bevorzugt tiefe Stellungen und wird auch noch →*Jion-gamae* genannt.

Gedan-Jûdô (jap.): das »niedere Jûdô« im Gegensatz zu →*Jôdan-Jûdô*. Jigorô Kanô bezeichnete mit *Gedan-Jûdô* die Selbstverteidigungsmethoden des Militärs.

Gedan-uchi (jap.): Schlag zur unteren Stufe.

Gedan-uke (jap.): Abwehr zur untere Stufe (auch →*Gedan-barai*).

Gedan-zuki (jap.): Fauststoß zur unteren Stufe.

Gedô-Zen (jap.): nach →*Bombu-Zen* die zweite der im →*Zen* klassifizierten Arten. Wörtlich bedeutet *Gedô-Zen* »der äußere Weg« und meint damit Meditationspraktiken, die Religionsinhalte oder Philosophien mit einschließen, jedoch keine buddhistischen. Formen des indischen *Yoga*, des Konfuzianismus, des Daoismus oder des Christentums gehören zu dieser Kategorie.

Auch die esoterischen Meditationsformen, z. B. der Mikkyô-Sekte, oder Kontemplationsübungen verschiedener anderer Sekten zum Erreichen von übernatürlichen Kräften, verschiedene Formen der Suggestion und Autosuggestion, magische Praktiken usw. fallen in diesen Bereich. All diese Praktiken dienen der Entwicklung von *Jôriki* (Konzentrationsfähigkeit), und die dem Menschen dadurch zufließende Kraft kann zu extremen Leistungen gebraucht werden (z. B. →*Mudrâ*). Doch ein *Zen*, das ausschießlich solche Zwecke im Auge hat, ist – im Sinne des Buddhismus – kein reines *Zen* (weiter →*Shôjô-Zen*).

Geesing, Anton (*1934): holländischer *Jûdô*-Kämpfer, erster nicht-japanischer Weltmeister des *Jûdô*, Gewinner der Weltmeisterschaft 1961 in Paris.

Ge Hong (250–331): auch Ko Hung, Autor des *Bao-pu-zi*, »Der Meister, der seine Einfachheit bewährt«, eine Enzyklopädie daoistischer Praktiken.

Ge Hong verband die innere *(Nei-jia)* mit der äußeren Lehre *(Wai-jia)*. Sein Buch enthält viele ungewöhnliche Praktiken aus allen Bereichen. Obwohl er auch viel über Alchimie sammelte, betrachtete er sie nicht als alleinigen Weg zur Unsterblichkeit.

Gei (jap.): Kunst, Kunstfertigkeit. *Geijutsu* – Kunst, *Bungei* – Kunst und Literatur, *Geidô* – Weg der Künste.

Geibukan (jap.): auch *Bugeikan*, s. →HIGA SEITOKU.

Geidô (jap.): Weg der Künste.

Geiko (jap.): Übung (auch *Keiko*) bedeutet wörtlich übersetzt »nachdenken«, »die Haltung überdenken«. Geiko bezieht sich nicht auf eine Übung, die auf technische Fertigkeiten zielt, sondern auf eine Übung, die das Ganzwerden des Menschen bezweckt. Ohne Nachdenken (→*Jitoku*) ist ein Mensch nicht in der Lage, das zu erkennen. Das, was Geiko besagt, wirklich zu verstehen und in einem beständigen Kampf um das Rechte in sich selbst zu vollziehen ist eine der Grundlagen, auf die in den →*Budô*-Künsten die Entwicklung des Geistes (→*Shin*) und die Kontrolle der Energie (→*Ki*) aufgebaut werden kann.

Im Gegensatz zu *Geiko* steht der Begriff → *Renshû*, den man im *Budô* mehr im Sinne von »Training« gebraucht. *Renshû* ist das Training der rein körperlichen Technik (→*Waza*). In der Weglehre, die den Übenden dazu anhält, einen inneren Zustand von Gleichgewicht und Harmonie (→*Aiki*) zu erreichen, durch den er Zugang zu der vitalen Energie *(Ki)* erhält, wird dieser Begriff nicht gebraucht.

Geiko umfaßt daher alle Übungskomponenten der Weglehre: *Waza* (Technik), *Ki* (Energie) und *Shin* (Geist). Das Ziel dieser Übung ist es, *Waza, Ki* und *Shin* zur Einheit werden lassen, um die rechte Handlung (→*Shisei*) zu verstehen. Das Ergebnis einer solchen Übung ist nicht nur das Beherrschen der körperlichen Kampfkunst, sondern vielmehr das ehrliche Nachdenken über das eigene Befinden im Leben. Ohne das Erreichen dieses Zustandes der inneren Harmonie sind höhere Fortschrittsstufen im *Budô* nicht möglich. Der Weg des *Budô* besteht daher nicht nur aus der körperlichen Übung im *Dôjô*, sondern aus einem Kampf um die rechte Haltung.

Geki (jap.): angreifen, bekämpfen (auch *Utsu*), Gegenteil von *Semeru* (Verteidigung). *Kôgeki* – Angriff, Offensive, *Hangeki* – Gegenangriff.

Gekikan-jutsu: japanisches Kampfsystem, in dem eine Kette mit einer Metallkugel verwendet wird.

Dem *Gekikan-jutsu* ähnlich ist →*Chigiriki-jutsu* und →*Kusarigama-jutsu*. Die Waffenkunst entstammt dem feudalen *Bujutsu* und ist Teil des →*Kusarijutsu* (Kettentechniken).

Gekisai (jap.): fundamentale *Karate-Kata* (→*Kata*) der *Gôjû*-Schule (→*Gôjû-ryû*) aus Okinawa. Gekisai wird in zwei Varianten geübt: *Daiichi* und *Daini*. Beide Formen wurden in den zwanziger Jahren von dem Begründer des *Gôjû-ryû*, →MIYAGI CHÔJUN, gegründet und im *Gôjû-ryû* zur Einführung der Anfänger in die Kampfkünste gelehrt.

Die *Gekisai-Kata* der *Shôrei*-Schule ist im gewissen Sinn eine Parallele zur →*Bassai* aus der *Shôrin*-Schule. *Sai* bedeutet »Festung« und *Geki* »niederreißen«. Die *Kata* lehrt Stärke in der Bewegung und Entschlossenheit in der Handlung. Die *Gekisai-Kata* sind die ersten Formen, die heute im *Gôjû-ryû* gelehrt werden, und bilden daher auch eine Parallele zu den *Pinan-Kata* (→ *Heian*) der *Shôrin*-Schulen.

Gekken (jap.): alte Bezeichnung für →*Kendô* in der Meiji-Periode (1868–1912). Den Ausübenden dieser Schwertkunst nannte man *Gekkenka*. Diese Bezeichnung verwendet man heute für einen harten Angriff mit dem *Shinai*.

Gekon (jap.): *Atemi*-Angriffspunkt: Kinn, unterhalb der Unterlippe.

Gembukai (jap.): *Karate*-Schule, gegründet von →OGURA TSUNEYOSHI, einem Schüler von GIMA MAKOTO und YAMAGUCHI GÔGEN.

Durch seine Bemühungen um die alten okinawanischen Kata entstand unter Ogura eine eigene Version der *Fukui-Kata*. Heute führen seine beiden Söhne den Unterricht an seiner Schule.

Gempei-Krieg (jap.): Machtkrieg zwischen den Häusern MINAMOTO (GENJI) und TAIRA (HEIKE) von 1180 bis 1185. Vorgeschichte des *Gempei*-Krieges s. unter →*Kondei*, →Taira und →Minamoto.

Bis zur Mitte des 12. Jhs. herrschte eine relativ freundliche Rivalität zwischen den Taira und den Minamoto (beide →*Buke*), da die Taira damit beschäftigt waren, von den →FUJIWARA die politische Macht zu übernehmen. 1156 jedoch besiegten sie im *Hogen*-Aufstand den Fujiwara-Clan, der zuvor für beide Familien eine Bedrohung darstellte. Dieser Gefahr standen sie noch beide vereint gegenüber. Der spätere *Heiji*-Krieg (1159 bis 1160) war dann die erste offene Auseinandersetzung zwischen den beiden großen Kriegerclans. Als der kurze Krieg vorüber war, hatten die Taira eine günstigere politische Position, da es ihnen gelang, einen Kaiser an die Macht zu bringen, der ihre Pläne unterstützte. TAIRA NO KIYOMORI, das Oberhaupt des Clans, versuchte seine Macht noch weiter auszubauen, indem er seine Rivalen am Hof umbringen ließ und die dadurch verfügbaren Hofämter mit Familienmitgliedern besetzte. 1168 war die Taira-Macht auf dem Höhepunkt. 60 Familienmitglieder waren bei Hof angestellt, während der Minamoto-Clan weitgehend im Land zerstreut war.

Zwei Söhne von MINAMOTO NO YOSHITOMO – YOSHITSUNE und YORITOMO (→MINAMOTO) – waren Taira no Kiyomoris Liquidierungsaktionen entgangen. Um das Jahr 1180 begann Kiyomoris Verhalten jedoch den Kaiser selbst zu stören, so daß er beschloß, ihn beseitigen zu lassen. In verschiedenen Briefen bat er die verbliebenen Führer des Minamoto-Clans um Unterstützung, die bereits einen Angriff auf die Taira vorbereiteten. Viele Familien schlossen sich unter Yoritomo und Yoshitsune zusammen, um die Macht der Taira zu brechen. So begann der *Gempei*-Krieg.

Die Bezeichnung setzt sich aus den Silben *Gen* aus »Genji« und *Hei* aus »Heike« (Familienwappen der beiden Clans) zusammen. Der Verlauf des Krieges wird im »Heike monogatari« (Geschichte der Heike) geschildert.

Nach der Beendigung des Krieges, den die Minamoto gewannen, erhielt im Jahre 1192 Yoritomo no Minamoto von Kaiser GÔ-TOBA den Titel *»Sei-i tai Shôgun«* (»Barbaren besiegender General«). Mit ihm begann die acht Jahrhunderte währende Macht der →*Shôgune* (s. auch *Daimyô*). Die Minamoto errichteten zunächst das erste →*Bakufu* in → Kamakura, das einige Jahrhunderte später durch die →ASHIKAGA-Fürsten abgelöst wurde.

Nach dem *Gempei*-Krieg begann sich auch die Klasse der →Samurai zu etablieren. Das Wort wurde von »Saburou« (dienen, beistehen) abgeleitet. Man begann den Stand der Samurai vom Stand der Bauern abzuheben und gründete zwei Gesellschaftsklassen: *Bushi* (Krieger, die in den Adelsstand erhoben wurden) und *Domin* (Klasse der Bauern).

Die *Bushi* (Samurai) bekamen allmählich immer mehr Vorrechte, wie z. B. die Kontrolle über das Land der Bauern, das Tragen eigener Familienwappen *(Mon)* sowie eigene Familiennamen und das Tragen von Waffen. Zu dieser Zeit wurde auch das Schwert zum Statussymbol der Krieger (→*Ken*).

Die Klasse der Samurai, die auf den Lehen der Minamoto-Fürsten lebten, wurde in zwei Gruppen geteilt: die Blutsverwandten der Minamoto Fürsten *(Ie-no-ko)* und die Familien, die den Fürsten schon seit Generationen dienten *(Roto)*. Durch diese beiden Gruppen sicherten sich die Minamoto-Fürsten die Macht. Fortsetzung der Geschichte der Kriegerfamilien *(Buke)* s. unter → Ashikaga- und →Tokugawa-Periode.

Gen (jap.): Ursprung, Grund, Ursache, Original (auch *Gan, Moto*).

Genin (jap.): untere *Ninja*-Stufe, Bezeichnung für den eigentlichen arbeitenden → *Ninja*, der im Auftrag eines →*Chûnin* oder eines →*Jônin Ninja*-Aufträge erledigt.

In der heutigen *Ninja*-Auffassung der →*Bujikan-Dôjô* ist der *Genin* ein Lehrer mit dem 5 Grad und trägt die Bezeichnung *Shidoshi* (Lehrer der Erleuchtung). Im mittelalterlichen Japan waren die Genin Männer und Frauen (→*Kunoichi*) mit einem breitgefächerten Wissen über Spionage und Kampftechniken. Sie mußten den erhaltenen Auftrag um jeden Preis ausführen. Von Geburt an zum *Genin* erzogen, erbte der Ninja von seiner Familie die Verpflichtung zu kompromißlosem Gehorsam gegenüber einem unbekannten →*Jônin* und dem verbündeten Kriegsherrn.

Genji (jap.): Bezeichnung für die →MINAMOTO (s. auch →*Genji no Heihô*).

Genji no Heihô (jap.): »die Kriegskunst der Genji«. Genji war der Name des Kriegerclans →MINAMOTO, der 1185 im →*Gempei*-Krieg gegen die →TAIRA (oder *Heike*) die Oberhand gewann. Unmittelbar danach errichteten die Minamoto das erste Shôgunat in Kamakura.

Der Name *Genji no Heihô* bezeichnete die Kriegskunst, die zu jener Zeit in dieser Familie geübt wurde. Darin wurde ein größerer Schwerpunkt auf die Strategie als auf den Einzelkampf gelegt, doch sie enthielt auch Techniken der Feldbefestigung, des *Kenjutsu*, des *Jûjutsu* und des *Soju*-

tsu. Die Kriegskunst der Minamoto wurde von einem Minamoto-Zweig, dem →TAKEDA-Clan erweitert und erhielt ab dem 15. Jh. den Namen *Takeda no Heihô* (→*Takeda-ryû*). Nach der Tradition der Minamoto-Familie wurde das *Genji no Heihô* von dem Prinzen TEIJUN gegründet, dem 6. Sohn von Kaiser SEIWA (859–877). Im 17. Jh. entstanden aus den Techniken der Takeda verschiedene *Ryû*, darunter das *Daitô-ryû Aikijutsu (Daitô-Aikidô)*, das der Ursprung des heutigen *Aikidô* war (→TAKEDA SÔGAKU, →MORIHEI UESHIBA, →*Daitô-ryû* und →*Aikidô*).

Genkai-ryû (jap.): traditionelle japanische *Jûjutsu*-Schule.

Genki (jap.): Vitalität, Stärke, Lebenskraft. Form von →*Qi* (s. auch →*Ki*).

Genko (jap.): Faust oder geschlossene Hand (identisch mit *Seiken*).

Genkotsu (jap.): wörtlich: »mit der Faust drohen«, Begriff für Angriffe auf gefährliche Vitalpunkte.

Der Begriff stammt aus der Tokugawa-Periode und wurde damals oft als Synonym für *Jûjutsu, Yawara* und *Tori-te* verwendet. Daher kann man *Genkotsu* als ein Kampfprinzip ansehen, das in vielen Kampfkünsten vorkommt.

Genryû (jap.): ursprüngliche Bezeichnung des →*Takeda-ryû* im 11. Jh.

Gensei-ryû (jap.): [aus *Gen* = essentielle Werte, *Sei* = Regeln, Ordnung] moderne *Karate*-Stilrichtung, entwickelt 1950 aus dem okinawanischen *Shuri-te* von →SHUKUMINE SEIKEN. Spezialität des Stils ist der Bodenkampf.

Shukumine war ein Schüler von KISHIMOTO SOKO *(Shuri-te)* und entwickelte später noch ein System, das er *Taidô-ryû* nannte. Diesem Stil, der vorwiegend auf akrobatischen Sprung- und Tritt-Techniken beruht, steht heute TOSA KUNEHIKO vor. Das ursprüngliche *Gensei-ryû* wird heute von TAKAHASHI YOICHI in seiner Schule *(Genwakai)* gelehrt.

Genshin (jap.): besondere Geisteshaltung vor der Aktion eines Gegners, die erlaubt, die Absicht des Gegners vorauszuahnen (→*Yomi*). Sie kann nur nach langen Jahren der Übung in den Kampfkünsten erreicht werden.

Gensoku (jap.): Grundsatz, Richtlinie (auch *Hokosen* und *Kaisetsu*).

Genten (jap.): wörtlich: »zum Ausgangspunkt zurück«. Auch Bezeichnung für Fehler. Im Wettkampf: Punktabzug wegen Fehler (z. B. *Genten-ichi* – erster Fehler usw.).

Geri (jap.): Fußtritt (auch →*Keri*).

Geta (jap.): Holzsandalen auf hohen Stöckeln mit einem Kreuz- oder Zehenband (→*Kimono*).

Geta, japanische Holzsandalen

Getsu (jap.): Mond.

Getsuei (jap.): *Atemi*-Angriffspunkt: Hypochondrium (Gegend unter den Rippenbögen, s. auch unter →*Denko*).

Gettan Tsuji Sakemochi (1647–1726): japanischer Schwert- und *Zen*-Meister. Die einzige bekannte Ausnahme unter den Kampfkunstmeistern Japans, die vom *Zen* zum Schwert gingen und nicht umgekehrt. Gründer des *Muga-ryû* (→*Mugai-ryû*, s. auch →*Hyodô*), ein Schwertstil, aufgebaut auf der Philosophie des *Zen*.

Gettan war ein einfacher Mensch, bescheiden und wahrheitsliebend, einer der größten Schwertkämpfer Japans und ein großer Philosoph. Es wurde viel von ihm überliefert. Er projizierte die Theorien des *Zen* in die Schwertkunst und wandte sie dort praktisch an. Eine der bekanntesten ist die Lehre über die Realität. Gettan selbst:

»Zen lehrt die Bedeutung des alltäglichen Lebens. Zen lehrt, daß die Größe des Lebens nicht im unnützen Besitz liegt, sondern in der Alltäglichkeit selbst, in der man gewöhnliche Dinge auf gewöhnliche Weise tut. Es ist eine Selbsttäuschung, zu glauben, daß wir etwas Besonderes sind, nur allein darum, weil wir uns Menschen nennen und uns als solche allen anderen Lebewesen überlegen fühlen. Und das Wichtigste von allem – Zen lehrt die Realität.« Realität ist das Leben selbst, doch erst dann, wenn es befreit ist von allen Illusionen. Da wir von unseren fünf Sinnen abhängen – Sehen, Fühlen, Riechen, Schmekken und Hören –, neigen wir dazu, zu leugnen, was wir auf diese Weise nicht wahrnehmen können, und klammern uns an die Illusion, die wir Leben nennen. Wenn der Schwertkämpfer die wahre Realität versteht, wird er zu einem »perfekten Menschen ohne Illusionen«. Gettan starb im Alter von 79 Jahren am 23. Juni 1726 während der Meditation im Lotus-Sitz.

Gi[1] (jap.): Abkürzung für →*Karategi*, *Jûdôgi* usw.

Gi[2] (jap.): Zeremonie, Regel. *Reigi* – Höflichkeit, Ettikette, Anstand, *Gishiki* – Zeremonie, Ritual. Chinesisch →*Li* und →*Jingli*.

Gi[3] (jap.): Gerechtigkeit, Ehre, Sinn. *Gimu* – Pflicht, Verpflichtung, *Giri* – Pflichtbewußtsein, Pflichtgefühl. Im →*Bushidô* steht der Begriff für Aufrichtigkeit und Rechtschaffenheit. Er bezeichnet die Fähigkeit des Menschen, in jeder Situation die rechte Entscheidung zu treffen, ohne zu zögern. Die rechte Entscheidung steht in den Kampfkünsten immer im Zeichen eines moralischen Wertes: sie ist eng verbunden mit der rechten Handlung (→*Shisei*). Die Entscheidung zum Vorteil durch den Verlust der Ehre, die Entscheidung im oberflächlichen Denken oder die Entscheidung ohne Sensibilität ist für einen Kampfkunstübenden unwürdig (→*Gishi*, →*Giri*).

Gi[4] (jap.): Technik, Fähigkeit, Kunstgriff (auch *Waza*).

Gijutsu (jap.): Technik.

Gijutsu yôi Shinjutsu (jap.): die 5. von Meister FUNAKOSHIS zwanzig *Karate*-Regeln (→*Shôtô-nijûkun*). Wörtlich übersetzt lautet die Regel: »Intuition ist mehr als reine Technik.« Sie ist besonders für jene wichtig, die sich in allen auftauchenden Problemen auf ihre gute Technik oder ihren starken Körper verlassen. Meister Funakoshi sagte: »Das Leben ist ein Kampf und wird immer einer sein. Welchen Wert jedoch hat ein Mann, wenn er Kraft, aber keine Philosophie besitzt?«
Die Intuition macht den Menschen aufmerksam auf die Gefahr, bevor sie eintreten kann. Dadurch wird es einem Menschen mit Intuition möglich, die Gefahr zu bannen, bevor sie wirklich zur Gefahr wird. Dem Menschen ohne Intuition bleibt zur Begegnung mit der Gefahr immer nur seine Technik. Diese Technik kann gut sein und den Menschen stets vor den Niedergängen retten, die ihm auf dem Weg seines Lebens begegnen, doch sie wird auf irgendeine Weise in der Welt immer Unheil anrichten. Der Mensch, der sich nur auf seine Technik verläßt, ist kein guter Mensch, denn er bringt Sorge und Leid über andere Menschen. Der Weise benutzt die Intuition und vermeidet die Gefahr. Die Technik ist die letzte Möglichkeit und darf nur in ausweglosen Situationen gewählt werden.

Gikan-ryû: japanisches →*Ninjutsu*-System, gegründet von GIKANBO SANYÛ HANGAN, das sich auf →*Koppôjutsu* spezialisiert hat.

Gima Makoto (Shinkui) (*1900): okinawanischer *Karate*-Experte, der zusammen mit Meister →FUNAKOSHI von Okinawa nach Japan ging, um dort *Karate* zu verbreiten. Zusammen mit Meister FUNAKOSHI gab Gima Makoto die erste *Karate*-Demonstration am *Kôdôkan* (Tôkyô). Er lernte zuerst das *Shuri-te* unter den Meistern ITOSU YASUTSUNE und YABU KENTSU, danach trainierte er unter MABUNI KENWA und KYAN CHÔTOKU.

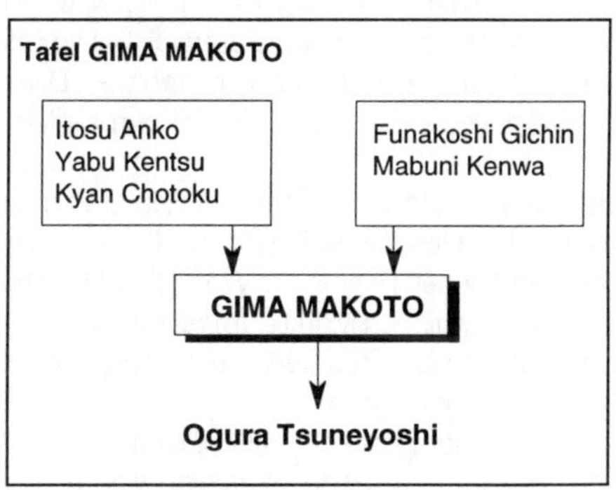

Gima Makoto ist der höchstgraduierte Meister des *Shôtôkan-ryû* (10. Dan). Als Meister FUNAKOSHI 1926 das Dan-System (→*Kyûdan*) ins Leben gerufen hatte, war es Gima, der als erster einen Dan erhielt. Das Dan-System hatte Meister Funakoshi von KANÔ JIGORÔ übernommen und im *Karate* eingeführt. Heute steht Gima Makoto immer noch dem Verband *Karate-dô Shiseikan* vor. Sein Nachfolger ist OGURA TSUNEYOSHI.

Ginowan Donchi: okinawanischer *Kobudô*-Experte, Schüler von Meister →SAKUGAWA. Er war sehr gewandt im Umgang mit dem →*Bô* und dem →*Sai*, zwei okinawanischen Waffen, denen er sich hauptsächlich widmete.

Ginowan gründete jedoch keine eigene *Kobudô*-Methode, sondern machte sich dadurch verdient, daß er den Waffenstil seines Meisters überlieferte und teilweise verfeinerte. Obwohl er Sakugawas *Bô*-Methode nur wenig Neues hinzufügte, wird die *Ginowan no Kon (Bô-Kata)* heute als Kreation dieses Meisters geübt.

Ginowan no Kon (jap.): okinawanische *Bô-Kata*, gegründet von Meister →GINOWAN DONCHI (s. auch →*Bô-Kata*).

Ginseng (jap.): chinesische »Allround-Medizin« (chin. *Ren-shen*), die aus der Wurzel der Ginseng-Pflanze hergestellt wird, die man heute hauptsächlich in Korea anbaut. Früher sagte man der Heilkraft der Pflanze nach, sie verleihe ewige Jugend und ewiges Leben.

Chinesische Herrscher der Frühzeit rüsteten ganze Expeditionen aus, die sie auf die Suche nach der Pflanze schickten. Der chinesische Kaiser forderte die Wurzel sogar als Tribut. Nach der Tradition mußten Ginseng-Sammler bestimmte Voraussetzungen erfüllen, so mußten sie z. B. reinen Herzens sein, um die Pflanze überhaupt finden zu können.

Erst spät gelang es, Ginseng in den Gärten zu kultivieren. Heute exportiert Korea Ginseng zu einem recht hohen Preis in alle Welt. Die Wurzel hat auch die westlichen Märkte überschwemmt und oftmals durch unlautere Werbemethoden für Aufsehen gesorgt.

In alter Zeit stand die Wurzel in China sehr hoch im Kurs. Die chinesischen Ärzte verwendeten die Pflanze in fast allen Medikamenten und schrieben lange Abhandlungen über ihre Wirkung. Die Arznei blieb jedoch nur den vornehmen Chinesen zugänglich, da sie sehr teuer war. Der Kult um Ginseng ging so weit, daß die Wurzeln durch einen Erlaß, der bis 1912 Gültigkeit hatte, als kaiserliches Eigentum galten.

Die Wirkung der Wurzel wurde auch wissenschaftlich getestet. Tierversuche ergaben, daß sie eine positive Wirkung auf das Nervensystem, auf den Blutzuckerspiegel und bei der Bewältigung von Streßsituationen hat.

Giri (jap.): Prinzip der Meister-Schüler-Beziehung (→*Shitei*) im *Budô*, das die Pflicht des Schülers bezeichnet, sich zu den von der Weglehre geforderten Grundregeln zu bekennen. Diese erfordern ganz im besonderen die Übung der rechten inneren Haltung (→*Shisei*), sowohl im *Dôjô* als auch im Alltag, ohne die kein Erfahrungsweg im *Budô* möglich ist. Der Fortschritt im *Budô* hängt von der Verwirklichung der rechten Haltung mehr ab als von der Perfektion der Technik. Die Pflicht, die mit *Giri* gemeint ist, besteht darin, daß der Schüler der Weglehre (→*Dô*) vertraut und seinen Fortschritt durch die Verwirklichung der rechten Haltung sucht.

In der sinngemäßen Übersetzung bedeutet *Giri* »rechtes Denken«. *Giri* leitet sich aus dem früheren *Bushidô*-Begriff →*Gishi* (Mann der rechten Haltung) ab und bezeichnet die im Inneren zu realisierenden Grundvoraussetzungen, welche die rechte Haltung ermöglichen. Diese durch Übung zu verwirklichenden Charakteristiken als Pflicht und Auftrag auf dem Weg anzunehmen ist eine Grundregel der *Budô*-Übung.

Im mittelalterlichen →*Bushidô* bezeichnete der Begriff *Gishi* eine Lebensweise, in der ein Mensch die »rechte Einsicht« in die übergeordneten Zusammenhänge der Wirklichkeit (→Intuition) besitzt. Der Zugang dazu entstand durch die Verwirklichung mehrerer Tugenden, unter denen Aufrichtigkeit (→*Makoto*), Gerechtigkeit (→*Seigi*), Barmherzigkeit (→*Jihi*), Großzügigkeit →*Ansha*), Demut (→*Ninyo*) und Mut (→*Yuki*) die wichtigsten sind. Sie alle zusammen bewirken in einem Menschen die Fähigkeit, die rechte Haltung intuitiv zu erfassen und sich in der unmittelbaren physikalischen Wirklichkeit angemessen zu verhalten. Im *Budô* werden diese Haltungskomponenten als zu erfüllende Pflicht an den Schüler herangetragen, im Lehrer-Schüler-Verhältnis durch ein Versprechen abgesichert und danach vom Lehrer bedingungslos gefordert.

Früher waren sie feste Bestandteile in der Samurai-Erziehung, auf die sich →*Bushi no Ichigon* (das Wort eines Samurai) begründete. Doch als das *Bushidô* in seinen Fundamenten zu wanken begann und man *Gishi* in der aufkommende Korruption der Tokugawa-Zeit (ab 1600) in seiner Bedeutung verdrehte, gründeten treue Anhänger des *Bushidô* die Ideologie des *Giri*, um das umfangreiche *Gishi* durch konkrete Anleitungen verständlich zu machen. Würde man das *Bushidô* mit dem Christentum vergleichen, so wäre *Gishi* die christliche Grundlehre und *Giri* wären die Gebote. *Giri* bezeichnet die Pflicht zum Einhalten der Gebote und gleichzeitig das Verbot, sie durch persönliche Interpretationen in ihrer Bedeutung zu verdrehen. Der Weg besteht aus der rechten Haltung. Sich darauf und nicht bloß auf seine Formen zu konzentrieren ist jene Pflicht des Schülers, zu der er sich gegenüber dem Lehrer verbindlich bekennt. Deshalb übersetzt man den Begriff manchmal mit »Pflicht« oder »Pflichtgefühl«.

Gishi (jap.): »Mann von Aufrichtigkeit«, ein Begriff aus dem ursprünglichen Samurai-Kodex (→Bushidô), einen Menschen bezeichnend, der die Tugenden des *Bushidô* gemeistert hat. Wer durch die rechte innere Haltung (→*Shisei*) in der Lage war, Rechtes von Falschem zu trennen, und sich auf diesem Weg selbst verwirklichte, den nannte man *Gishi*. Die Verwirklichung von *Gishi* ist auch das hauptsächliche Merkmal, durch das sich in den Kampfkünsten die Meister von den Schüern unterscheiden.

In der Samurai-Tradition waren von alters her mehrere Begriffe verankert (→*Giri,* →*Shiki,* →*Ansha,* →*Fudô,* →*Doryô* und →*Ninyô*), für den Krieger klar definierte Ziele, die er ganz bewußt in all seinen alltäglichen Handlungen zu erreichen suchte. *Gishi* in der Haltung zu verwirklichen hieß, ein rechtschaffener Mensch zu sein.

Gishi beinhaltet auch die Fähigkeit zur Gerechtigkeit. Gerechtigkeit war eine zwingende Vorschrift im Kodex des *Bushidô*. Nichts war einem Samurai mehr zuwider als unehrliche Geschäfte und unlautere Unternehmungen. Ein *Bushi* formulierte es einmal folgendermaßen: »Aufrichtigkeit ist die Kraft, sich zu einer bestimmten Verhaltensrichtung zu entscheiden, in Übereinstimmung mit der Vernunft, ohne zu zögern – zu sterben, wenn es Zeit ist zu sterben, und zu kämpfen, wenn es Zeit ist zu kämpfen«.

In der späteren Tokugawa-Zeit, als das *Bushidô* viele seiner Grundsätze einbüßte, wurde *Gishi* als Titel an jene vergeben, die es verstanden, aufrichtig und ehrlich zu bleiben. *Gishi* (ein Mann von Aufrichtigkeit) war zu jenen Zeiten höher geschätzt als jeder Name oder Rang, als jede Meisterschaft in irgendeiner Kampfkunst. Als zur Tokugawa-Zeit gerissene Schachzüge und militärische Überfälle die Politik zu bestimmen begannen, wandten sich viele Samurai vom Krieg ab und zogen in die Einsiedelei. Damals hieß es, die Aufrichtigkeit sei ein Bruder der Tapferkeit, und zusammen seien sie die höchsten Tugenden aller Kampfkünste. Ein Samurai, der eine der beiden verlor, verlor seine Ehre.

In der ideologischen Interpretation von *Gishi* finden sich zumeist fünf Begriffe (je nach Verfasser verschieden), die das vorhin beschriebene Verhältnis im Übenden kennzeichnen.

- ***Makoto*** – Wahrheit, Aufrichtigkeit, Gerechtigkeit. Dieses Prinzip fordert den Geist der Wahrheit in einem selbst und das rechte Verhältnis zur Wahrheit im Umgang mit anderen. Daraus entsteht Gerechtigkeit. Dieses Prinzip wurde früher mit der Standfestigkeit eines Skeletts verglichen: »So wie das Skelett dem Körper Form, Festigkeit und Statur gibt, so formt die Aufrichtigkeit die Seele eines Samurai. Ohne diese Seele kann keine noch so ausdauernde Übung den menschlichen Rahmen in einen ehrenhaften Krieger verwandeln.«
- ***Hontô*** – Tatsächlichkeit. Damit ist gemeint, daß der Mensch sich frei machen muß von subjektiven Einschätzungen, die oft aus dem Gefühl, dem Vorurteil oder einem Affekt gesteuert werden, und versuchen soll, die Situation so einzuschätzen, wie sie wirklich ist. Die Situation nach der Wunschvorstellung einzuschätzen führt dazu, daß man sich den Weg zu tatsächlichen Werten stets verbaut und immer auf der Straße der Verlierer ist. Tatsächlichkeit zu sehen und anzuerkennen bezieht sich sowohl auf die Sicht nach innen (Selbsteinschätzung) als auch auf die Sicht nach außen (rechtes Einschätzen der Situation). Mit *Gishi* ist das Erkennen der wahren Realität deshalb verbunden, weil die Entscheidung vom rechten Sehen gelenkt wird. Ein Mensch, der falsch sieht, wird sich auch falsch entscheiden und ist daher nicht zum wahren Handeln fähig.
- ***Chi*** – Weisheit. Die Weisheit, die in den Kampfkünsten angesprochen wird, deckt sich nicht mit der westlichen Vorstellung von intellektueller Bildung. Sie bezieht sich auf das ersichtliche rechte

Verhalten und nicht auf das intellektuelle Wissen. Diese Weisheit unterhält eine rege Verbindung zum rechten Weg des Denkens. Allein in dem, was der Mensch tut, wird Weisheit sichtbar, nicht jedoch in dem, was er sagt.

- ***Jin*** – universelle Liebe. Wahre Persönlichkeit erreicht den höchsten Stand der Individualität erst dann, wenn in ihr das Wohlwollen, das Mitleid und das Vergeben gegenüber anderen Menschen in den Vordergrund rückt. Dieser scheinbar umgekehrte Prozeß, der sich im normalen Denken als Widerspruch zu jeder Form von Eigensein kundtut, ist dennoch in allen Philosophien der Welt als die höchste Form der Menschlichkeit überhaupt beschrieben. In den Kampfkünsten ist es ein Punkt, der, wenn im alltäglichen Miteinander beachtet, Beziehungen auf einer herausgehobenen Ebene festigen kann und, wenn nicht beachtet, selbst jene Beziehungen beendet, die sonst alle anderen Bedingungen erfüllen.
- ***Yû*** – Mut, Tapferkeit. Dieser Punkt besagt, daß der Mensch seine Ziele mit Mut und Ausdauer verfolgen muß. Dies steht in Verbindung zu allen anderen Punkten, denn ein Mensch kann nur in dem Maß zu sich stehen, in dem seine Handlungen seiner würdig sind. Deshalb ist Mut mit Edelsinn eng verbunden, denn ohne Würde bekommt Mut einen negativen Charakter und verletzt die grundlegenden Prinzipien von *Jin*.

Gishiki (jap.): Zeremonie.

Gishin fuki (jap.): wörtlich: »Technik und Geist sind untrennbar.« Leitsatz der *Budô*-Philosophie, mit starkem zenbuddhistischem Einfluß, dessen Ursprung in Takuans →*Ken Zen Ichi* (s. auch *Kaisetsu*) liegt.

Die körperlichen und geistigen Aspekte der Kampfkünste sind als Einheit anzusehen und dürfen nicht gegenseitig bevorzugt werden. Der Geist kontrolliert den Körper mit seinen ihm gegebenen Fähigkeiten, und entsprechend qualitativ wird die Handlung des Menschen sein, gleich wie gut der Körper ist. Deshalb müssen Geist und Körper gleichermaßen entwickelt werden. Der Übende, der ausschließlich seinen Körper trainiert, wird schnell eine Grenze erreichen, durch die er seinen Fortschritt begrenzt. Zum anderen sind auch die lichtesten Einsichten in die *Zen*-Philosophie angesichts der ungetrübten Handlung nutzlos, wenn der Mensch in ihrer Umsetzung ungenügend geübt ist. In beiden Fällen wird er nicht in der Lage sein, richtig zu handeln. Der Leitsatz besagt, daß das rechte Verhältnis zwischen Denken und Handeln in der Übung der Kampfkünste gefunden werden kann, wenn die im Menschen gelegten Schwerpunkte stimmen. Alle Handlungen hängen letztlich von der Reife des Geistes ab und sind selbst in alltäglichen unscheinbaren Aktionen so eng mit diesem verbunden, daß es unmöglich ist, zwischen geistiger Bewegung und körperlicher Bewegung zu unterscheiden. Die Sinne können nur die äußere Handlung wahrnehmen, die anschaulich vom Körper als Leistung vollbracht wird. Dahinter steht jedoch immer ein Geist mit unterschiedlichen Fähigkeiten zur Entscheidung.

Gisôjutsu (jap.): die *Ninja*-Kunst des Sichhineindenkens in eine andere Person oder Identität. Bestandteil von →*Onshinjutsu*.

Giwaken (jap.): Bezeichnung für die offensive und defensive Grundtechnik aus dem *Sôrinji-Kempô*.

Giwamonken-ryû (jap.): japanischer Name für die chinesische Ursprungsschule des NAKANO MICHIOMI (→SO DÔSHIN), Gründer des *Niponden Seitô Shôrinji-Kempô*.

Glima: isländisches Ringen, 1888 als Sport gegründet. Die Ringer tragen einen Ledergürtel, an dem sie sich greifen und werfen. Wer mit dem Körper den Boden berührt, verliert.

Go[1] (jap.): verteidigen, beschützen. *Hogo* – Schutz, *Engo* – Unterstützung, Beistand.

Go[2] (jap.): danach, später (auch *Nochi*). *Kô, Ushiro* – hinten, Rückseite, *Ato* – später, hinter, zurück, nach. Gegenteil: *Zen* (vorn).

Go[3] (jap.): traditionelles Brettspiel in Japan. *Igo* – Go-Spiel, *Goban* – Go-Brett. Man spielt es zu zweit, mit kleinen weißen und schwarzen Steinen *(Goishi)*.

Go[4] (jap.): fünf (auch *Itsutsu, Itsu*). *Gonin* – fünf Personen, *Sansan gogo* – kleine Gruppe (→*Kazoeru*).

Gô (jap.): stark, hart. Gegenteil von *Jû* (weich, sanft). *Gôken* – männlich, stark, standhaft, *Gôyû* – heldenhaft.

Godai (jap.): die fünf Grundelemente der →*Mikkyô*-Lehre als Ableitung aus den traditionellen chinesischen →*Wu-xing*, in denen alle Erscheinungsformen wurzeln: *Kû* (Leere), *Fu* (Wind), *Ka* (Feuer), *Sui* (Wasser) und *Chi* (Erde).

Zum Verständnis der Kampfmethoden im *Ninjutsu* ist die Theorie des *Godai* von großer Wichtigkeit. In ihr offenbart sich die eigentliche Philosophie des *Mikkyô*. Diese Theorie versucht die Elemente der sich dauernd verändernden Umwelt in bestimmten Kategorien festzulegen.

DIE FÜNF ELEMENTE DES GODAI

Sui (Wasser)	– Flüssigkeit
Ka (Feuer	– Verwandlung der Energie
Chi (Erde)	– feste Materie
Fu (Wind)	– gasförmige Materie
Ku (Leere)	– Quelle aller Elemente

Godan (jap.): fünfter Meistergrad im *Budô* (→*Kodansha*) mit dem Titel *Renshi*.

Gôdô (jap.): der »Weg der Härte«, Gegensatz: *Jûdô* (sanfter Weg).

Gogyô (jap.): japanisches Äquivalent zu den chinesischen →*Wu-xing*, Ursprungslehre der *Mikkyô*-Interpretation →*Godai*, eine weitere Auslegung der Theorie der »Fünf Elemente«.

Im Unterschied zum Godai-System, das die Elemente Leere, Wind, Feuer, Wasser und Erde enthält, beruft sich das Gogyô auf eine Theorie des →Yi-jing. Die fünf grundsätzlichen Verwandlungen in der Natur wurden mit folgenden Elementen identifiziert:

DIE FÜNF ELEMENTE DES GOGYÔ

Sui (Wasser)	– auflösen
Moku (Holz)	– wachsen
Ka (Feuer)	– verdampfen
Do (Erde)	– festigen
Kin (Metall)	– härten

Diese Bezeichnungen im *Gogyô* kann man nicht als eine feste Systematik von Objekten verstehen, sondern es sind lediglich Symbole, die für die sich verändernden Zyklen in der Natur stehen. So z. B. steht *Moku* (Holz) nicht für einen Baum, sondern für alles Wachsen in der Natur. Diese Zyklen hängen zusammen, und ein Verwandlungsprozeß geht in den nächsten über. Der gesamte Vorgang hat weder Anfang noch Ende.

Mittels dieses Systems versuchte man in den esoterischen Schulen Japans (→Mikkyô, (→ Shugendô) verschiedene Heilungsprozesse bei Krankheiten zu bewirken, das Schicksal und andere Zukunftsgeschehnisse vorherzusagen, aber auch Übungen zu machen, um den Willen zu stärken oder sogar übernatürliche Kräfte zu erlangen. Das System wurde von den →Yamabushi praktiziert und danach von den →Ninja übernommen, die es als (→Goton-pô in ihre Kampfmethoden integrierten.

Gogyô-setsu (jap.): die Theorie von den fünf Elementen (→*Gogyô*).

Gôhô (jap.): »harte Methoden«, die im Gegensatz zu →*Jûhô* den Schwerpunkt auf die Aktivität, d. h. auf das Angreifen legen. Begriff aus dem *Shôrinji-Kempô*.

Gohon (jap.): fünf Schritte.

Gohon-kumite (jap.): fünfmaliger Angriff und Abwehr in fünf Schritten, danach Konter. Erste Form des Partnertrainings (Zuordnung s. unter →*Yakusoku-kumite*) im *Karate*.

Gohon-kumite ist die grundlegendste Form der Kampfübung. Sie wird in den meisten Schulen zuerst gelehrt. Im *Gohon-kumite* verwendet man bei jedem Schritt immer die gleiche Technik. Wenn die Schüler z. B. eine neue Abwehr- oder Angriffstechnik lernen, können sie diese im *Gohon-kumite* anwenden. Das *Gohon-kumite* eignet sich besonders gut, um genaue Grundschultechniken mit dem Partner zu üben und die Angriffsdistanzen richtig einschätzen zu lernen. Der nächste Schritt in den Kampfübungen ist →*Sanbon-kumite*.

Goji-sô (jap.): andere Bezeichnung für →*Gyôja*.

Gojô-goyoku (jap.): eine →*Ninja*-Taktik, durch die die hauptsächlichen Charakterfehler bei anderen Menschen zu eigenen Vorteilen ausgenutzt wurden:

GOJÔ GOYOKU

Kishi	– Ausnutzen der Eitelkeit
Dosha	– Ausnutzen der Reizbarkeit
Aisha	– Ausnutzen der Gemütlichkeit
Rakusha	– Ausnutzen der Faulheit
Kyôsha	– Ausnutzen der Feigheit

Gojû (jap.): fünfzig.

Gôjûkensha (jap.): *Karate*-Schule, gegründet von ÔTSUKA TADAHIKO 1970 in Tôkyô.
Ôtsuka begann im Alter von 15 Jahren (1955) mit *Gôjû-ryû* im Dôjô *Sosuikan* von Meister →ISHIKAWA SOSUI. 1965 eröffnete er sein eigenes Dôjô, das *Seishinkan* in Tôkyô, das er 1970 in *Gôjûkensha* umbenannte. In dem Dôjô werden *Gôjû-ryû, Taiji-quan* (→YANG MING- SHI), *Ba-gua-quan* und *Xing-yi-quan* (die beiden letzteren unter O JU-KIN aus Taiwan) unterrichtet.

Gôjû-ryû: okinawanisches *Karate*-System mit Ursprung im →*Naha-te* (s. auch →*Shôrei-ryû*). Ursprünglich teilte sich das *Naha-te* in zwei Richtungen: ASON und WAICHINZAN. Die ASON-Linie erlosch mit ihrem letzten Meister TOMIGUSUKU. Die Linie WAICHINZAN vererbte sich über die Meister HIGASHIONNA und MIYAGI ins heutige *Gôjû-ryû* weiter. *Gôjû-ryû* kann man heute in drei große Richtungen teilen: *Okinawa Gôjû-ryû* (MIYAGI CHÔJUN), *Nippon Gôjû-ryû* (YAMAGUCHI GÔGEN) und *US Gôjû-ryû* (PETER URBAN).

A. OKINAWANISCHES GÔJÛ-RYÛ

Higashionnas Naha-te

Den Grundstein des Systems legte →HIGASHIONNA (HIGAONNA) KANRYÔ, der in China mehrere Stile des →*Quan-fa* studierte. Als er nach Okinawa zurückkehrte, lehrte er ein System, das man als Synthese dieser chinesischen Stile betrachten kann. Der gesamte Energieaspekt der heutigen *Gôjû*-Stile wurde bereits zu Higashionnas Zeit ausgearbeitet. Die *Kata*, in denen er durch die starke Bauchatmung *(Ibuki)* besonders zum Tragen kommt, sind auch aus dem chinesischen →*Qi-gong* stark beeinflußt.

Als Higashionna in Jahre 1887 aus China zurückkehrte, begann er seine Lehre in Naha (Tondo Naha-shi) zu verbreiten. Sein Übungsstil wies starke Charakteristiken der südlichen Schulen Chinas auf. Er enthielt das gleiche technische Konzept und denselben Aspekt der Arbeit mit der »inneren Energie« (→*Qi*) wie z. B. das *Tai-ji-quan*. Higashionna nannte seinen Stil einfach *Naha-te*, wie das vor ihm bereits auch ASON und WAICHINZAN taten.

Meister Higashionna hatte fünf wichtige Schüler (s. Tafel →HIGASHIONNA): MIYAGI, KYÔDA, GUSUKUMA, SHIROMA und MOTODA. KYÔDA JUHATSU war der →*Uchi-deshi* des Stils, während Meister Miyagi der →*Soto-deshi* war. Kyôda blieb der alten Linie des *Naha-te* treu und begründete darauf sein →*Toon-ryû*, während Miyagi zahlreiche Studien unternahm und neue Aspekte in den Stil einbrachte.

Miyagis Studien

Das alte *Naha-te* erfuhr eine neue Blüte unter MIYAGI CHÔJUN (1888–1953). Dieser reiste in seiner Jugend nach China und studierte dort die Praktiken des *Zen* und den *Quan-fa*-Stil →*Bagua-quan*. Als er nach Okinawa zurückkehrte (1920), schuf er ein neues System. Er erarbeitete die beiden Formen der →*Gekisai-Kata*, die – viel einfacher und kürzer als die klassischen Formen – von da an dazu verwendet wurden, Anfänger in den Stil einzuführen. Man kann hier den Einfluß ITOSUS sehen (Miyagi hatte Meister Itosu um Unterricht im *Shôrin-ryû* gebeten, dieser sagte ihm jedoch, daß es nichts mehr zu lernen gäbe, da er die Meisterschaft erreicht habe), der vorher im *Shôrin-ryû* die *Pinan-Kata* gegründet hatte. Gleichzeitig erarbeitete Meister Miyagi die heutige Form der →*Tenshô*, sein eigentliches Meisterwerk. Die *Tenshô* ist eine überarbeitete Form des chinesischen Dao →*Rokishu* aus dem *Shaolin-quan*.

In den darauffolgenden Jahren bereiste Miyagi die Länder des Pazifik, um seinen Stil zu verbreiten. 1929, sieben Jahre nach FUNAKOSHI, gab er in Japan eine große Demonstration seiner Kunst. Zu jener Zeit hatte er auf Okinawa schon eine ganze Reihe bedeutender Schüler ausgebildet (YAGI, HIGA, MIYAZATO u. a.). Bis 1935 blieb er in Japan, wo er den heute bekannten japanischen Meister YAMAGUCHI GÔGEN (NEKO – die Katze) zu seinem Nachfolger in Japan ernannte.

Die Gründung des Gôjû-ryû

Der Name *Gôjû-ryû* wurde zum ersten Mal im Jahre 1929 verwendet (→MIYAGI). Als in demselben Jahr in Japan eine große Demonstration aller japanischen Kampfkünste stattfand, schickte der Meister seinen Schüler SHINZATO JIN'AN, um ihn zu vertreten. Alle Anwesenden waren Vertreter berühmter japanischer Kampfkunstschulen. Als ein Reporter Meister Shinzato fragte, welchen Stil er vertrete, wußte dieser zunächst keine Antwort. Auf Okinawa war es nicht üblich, daß die jeweilige Kunst des Meisters einen eigenen Namen hatte. Alles wurde in den Überbegriffen *Shôrin-ryû* (*Shuri-te* und *Tomari-te*) und *Shôrei-ryû (Naha-*

te) zusammengefaßt. Shinzato überlegte schnell und sagte, sein Stil trage den Namen *Hankô-ryû* (*Hankô* bedeutet »halb-schwierig«). Auf Okinawa erzählte er Meister Miyagi von dem Vorfall, und dieser, auch ein Meister der Poesie und Dichtkunst, zitierte daraufhin einen Satz aus dem →*Bubishi*: »Alles im Universum atmet hart und weich.« Aus diesem Zitat stammt der Name *Gôjû-ryû* (*Gô-Jû* bedeutet hart-weich).

1935 kehrte Meister Miyagi endgültig nach Okinawa zurück und unterrichtete dort bis zum Ende seines Lebens. Im Jahre 1952 wurde die Vereinigung für das okinawanische *Gôjû-ryû* gegründet. Ein Jahr später, am 8. Oktober 1953, starb der Meister. Er hinterließ sowohl auf Okinawa als auch in Japan mehrere bedeutende Schüler (s. dazu Tafel →MIYAGI). Doch sofort nach dem Tod des Meisters begann die Auflösung des *Gôjû-ryû*. Es war der Beginn eines ewigen Streites zwischen den Schulen, der sich bis in die heutige Zeit fortsetzt.

Miyagis Gôjû-Konzept

Das okinawanische *Gôjû-ryû* hält sich auch heute streng an die Richtlinien, die Meister Miyagi für die Übung des *Karate* aufgestellt hat. Der Wettkampf ist aus diesem System ausgeschlossen, und damit befindet es sich in einem krassen Gegensatz zu den Tendenzen, die in Japan entwickelt wurden. Die Hauptpunkte des traditionellen *Gôjû-ryû*, wie Miyagi es gelehrt hat, sind:

- ***Te chikate mani:*** Diese Übungsmethode bezieht sich auf die Perfektionierung der *Kata*. Darin unterschied Miyagi in *Koryû* (Übung der klassischen *Kata* wie *Sanchin, Saifa* u. a.), was über das Studium von *Hokyû* und *Kihon* zu erreichen war, und in die Übung von Einführungs-*Kata* für die Schüler. Für letzteres gründete er die *Fukyu-Kata*, die heute in zahlreichen Varianten auch in anderen Stilen geübt werden. Sie entsprechen den *Taikyoku-Kata* des *Shôtôkan*.
- ***Bunkai:*** Sowohl *Koryû* als auch *Kihon* hatten eigene Formen des *Kumite*. Damit gemeint war die Anwendung der klassischen *Kata* sowie die Übung einzelner Kombinationen und Techniken in Form von *Yakusoku-kumite*.
- ***Te tochimani:*** Dies war ebenfalls eine Form des *Yakusoku-kumite* mit realistischen Endtechniken *(Kiso-kumite)*, die zum Studium des wirklichen Kampfes verwendet wurden.
- ***Ikukumi:*** Die Übung des wirklichen Kampfes. Der Höhergraduierte darf sich nur verteidigen, ohne zu kontern, während der Partner wirklich und mit voller Kraft zu treffen versucht.

Die zwölf *Kata* des *Gôjû-ryû* werden oft in drei Kategorien eingeteilt: 1. *Kihon-Kata* (Grundschul-*Kata*), in der in allen Richtungen die *Sanchin* als die wichtigste gilt; 2. *Kaishu-Kata* (Offene-Hand-*Kata*, →*Naha-te Kaishu-Kata*) und 3. *Haishu-Kata* (Geschlossene-Hand-*Kata*). Die *Tensho* wird in einigen Stilen mit geschlossener, in anderen mit offener Hand geübt. Nach einigen Meistern werden die Begriffe *Kaishu* und *Haishu* auch als öffnende *Kata* – im Sinne einer Einführung – bzw. als schließende *Kata* im Sinne einer abschließenden höchsten Form ausgelegt. In diesem Sinn sind alle *Kata* zuerst *Kaishu-Kata* und sollen zu *Haishu-Kata* gebracht werden (Theorie nach ÔTSUKA TADAHIKO in seiner Veröffentlichung von 1977).

DIE KLASSISCHEN GÔJÛ-KATA

GEKISAI 1	–	Grundschule für Abwehr und Angriff auf große Distanz
GEKISAI 2	–	Grundschule für Abwehr und Angriff auf kurze Distanz
SANCHIN	–	korrekte Form des Fauststoßes, der Fortbewegung, der Stellung, tiefe Atmung, Spannung der Muskeln
TENSHO	–	Verwendung der offenen Hände, kurze Atmung und Muskelentspannung
SAIFA	–	Abwehr- und Kontertechniken mit einer Hand
SANSERU	–	Abwehr- und Kontertechniken mit beiden Händen
SEISAN	–	Kraft-Kata *(Gô-Kata)*, Verwendung von Atemi-Techniken
SUPARINPEI, SEIENCHIN, SHISOCHIN, SEIPAI und KURURUNFA	–	geschmeidige Kata *(Jû-Kata)*. Sie enthalten die fünf Techniken des Kampfes mit der leeren Hand *(Taijutsu-gijî)*. Diese fünf Techniken sind: *Atemi*-Techniken, Gelenkhebel, Würfe, Haltegriffe und Immobilisationstechniken

Gôjû-ryû auf Okinawa

Das okinawanische *Gôjû-ryû* brachte aus Miyagis Nachlaß viele bedeutende Meister hervor (s. Tafel →MIYAGI). Hier finden wir auch die innere Linie *(Uchi-deshi)* des Stils, die durch →YAGI MEITOKU vertreten wird. Der äußere Schüler war HIGA SEIKO. Dieser war ein großartiger Lehrer und ver-

trat Meister Miyagi immer dann, wenn er sich im Ausland befand. Zahlreiche Namen, die wir heute kennen, sind Namen der Schüler von *Sensei* Higa. So hat er TOGUCHI SEIKICHI, welcher das *Shôreikan-Dôjô* in Tôkyô leitet, und TAMANO TOSHIO unterrichtet. Der große Meister des okinawanischen *Kobudô*, MATAYOSHI, studierte das *Karate* hauptsächlich unter Higa Seiko. Das gleiche gilt für →HIGAONNA MORIO, den heutigen Technischen Direktor der okinawanischen *Gôjû*-Vereinigung. Auch Meister →IZUMIGAWA KANKI aus Japan wurde von Higa Seiko unterrichtet.
Einen anderen starken Einfluß auf das okinawanische *Gôjû-ryû* nahm →MIYAZATO EI'ICHI, ein weiterer Schüler Miyagis. Meister Miyazato ist auf Okinawa sehr bekannt und unterrichtet im *Yundôkan-Dôjô*, einem der größten okinawanischen *Dôjô*.

Emblem des japanischen Gôjû-ryû

Gôjû-ryû in Deutschland
In Deutschland wird *Gôjû-ryû* von zwei unabhängigen Organisationen im →DKV vertreten. Die erste Organisation leitet sich aus der Richtung über YAMAGUCHI GÔGEN ab und wird als selbständiger Stil im DKV von FRITZ →NÖPPEL und →FUNASAKO TOKIO vertreten. Die zweite Organisation nennt sich *JKF Gôjû-Kai* (s. Anhang) und entstammt der Richtung über UCHITA SHOZO. Sie wird, ebenfalls im DKV, von STANKO →KUMER vertreten.

B. JAPANISCHES GÔJÛ-RYÛ

Japanische Karate-Ableitung vom okinawanischen *Gôjû-ryû*, gegründet von →YAMAGUCHI GÔGEN und →Izumigawa Kanki.
Meister Miyagis *Gôjû*-Nachfolger in Japan brachten viel Aufruhr in das klassische *Gôjû*-Konzept. Deshalb gibt es heute in Japan viele Splitterrichtungen des *Gôjû-ryû* mit sehr unterschiedlichen Tendenzen. MIYAGI TAKACHI (der Sohn des Meisters) z. B. unterrichtet in Tôkyô einen *Gôjû*-Stil, aus dem er alle *Shintô*-Prinzipien, die sein Vater in das System aufgenommen hatte, wieder entfernte. Damit befindet er sich in einem krassen Widerspruch zu Yamaguchis *Gôjû-ryû* (→YAMAGUCHI GÔGEN), in dem die *Shintô*-Philosophie eine bedeutende Rolle spielt. In den USA, wo das japanische *Gôjû* der WUKO großen Einfluß hat, gibt es Uneinigkeiten in bezug auf die Frage »Wettkampf oder nicht?« Selbst Yamaguchis Söhne, die heute selbstständig unterrichten, gehen verschiedene Wege. (Erläuterungen über die japanischen Organisationen des *Gôjû-ryû* s. →YAMAGUCHI GÔGEN, →IZUMIGAWA KANKI, →UCHITA SHOZO und Anhang).

Stilspezifische Gôjû-Prinzipien
Die für das *Gôjû-ryû* typischen Charakteristiken sind dieselben wie in HIGASHIONNAS *Naha-te*. Man verwendet stabile und kraftvolle *(Sanchin)*, aber auch geschmeidige und bewegliche Stellungen *(Nekoashi)*. Die Fußtechniken richten sich nur selten höher als bis zum Unterleib. Die Armtechniken, die aus den südlichen Stilen Chinas stammen, bestehen vorwiegend aus runden Abwehrbewegungen *(Mawashi-uke)*. Alle Bewegungen sind von einer geräuschvollen Zwerchfellatmung *(Ibuki)* begleitet, die bewirkt, daß der Körper auch starke Angriffstechniken schadlos überstehen kann. In die Aufwärmgymnastik hat Meister Miyagi viele Methoden des indischen *Yoga* eingebaut. Die Schlüsselstellungen des Stils sind *Sanchin-dachi, Shiko-dachi* und *Nekoashi-dachi*. Jede einzelne erfüllt einen jeweils eigenen Sinn, sowohl in bezug auf den therapeutischen als auch auf den mechanischen Aspekt: *Shiko-dachi* bezweckt die Arbeit mit den Hüften in der Öffnung, *Sanchin-dachi* die Schließung (Entspannung und Spannung). Der Wechsel zwischen den beiden führt zu einem guten Gleichgewicht und Stand und ermöglicht dennoch weiche Bewegungen. *Nekoashi-dachi* wird häufig als Zwischenstellung für schnelle und geschmeidige Körperbewegungen gebraucht.
Im heutigen *Gôjû-ryû* werden 12 Kata geübt: *Gekisai* (zwei Formen), *Tenshô, Sanchin, Saifa, Seienchin, Sanserû, Seisan, Shisôchin, Seipai, Ku-*

rurunfa und *Sûparinpei*. Außer den *Gekisai-Kata*, die Meister Miyagi selbst begründet hat, stammen alle anderen Formen aus China. Die *Tenshô* wurde von Meister Miyagi selbst als überarbeitete chinesische Kata *(Rokishu)* eingeführt.

Die *Sanchin, Seisan* und *Sûparinpei* stammen von Meister HIGASHIONNA, und zwar aus der Zeit vor seiner Reise nach China. Er hatte sie von JUHACHIRA KANKEN (Stil der 18 Buddhas – *Shi-ba-luo-han-quan*) gelernt. Die anderen Kata brachte Meister Higashionna aus China mit.

In Higashionnas *Naha-te* übte man auch die *Koshiki-Naifanchi* (→*Naihanchi*), die aus der Ason-Linie in den Stil floß. Diese Kata steht charakteristisch für die Familie des chinesischen *Nan-quan* (Faust des Südens). Sie wurde auf algenbedeckten Steinen oder auf einem Floß geübt und entwickelte ein besonderes Gleichgewichtsgefühl. Später wurde sie in der ITOSU-Schule in drei Teile geteilt: *Shodan, Nidan* und *Sandan*. Ihre Grundstellung, *Naifanchi-dachi*, ist eine Abwandlung des *Sanchin-dachi* und daher charakteristisch für die *Shôrei*-Stile. In ihr entsprechen die Stellung der Hüfte und die Zusammenarbeit zwischen den Gelenken und der Muskulatur denjenigen im *Sanchin-dachi*. Das spätere *Kiba-dachi* der *Shôrin*-Schulen hat jedoch das Wesen dieser Kata verändert, da das *Kiba-dachi* vollkommen andere Schwerpunkte legt (s. →*Naihanchi-dachi* und →*Kiba-dachi*). Die *Naihanchi-Kata* wurde von Meister Miyagi nicht in seinen Stil aufgenommen, weshalb man sie heute im *Gôjû-ryû* nicht mehr übt. Die *Sanchin* ist eine Ableitung der chinesischen →*Happoren*. Ihr ursprüngliches Ziel war, sie auf umgestülpten Teetassen auszuführen.

C. AMERIKANISCHES GÔJÛ-RYÛ

Variante des *Gôjû-ryû*, gegründet in den USA von PETER →URBAN, einem Schüler von YAMAGUCHI GÔGEN.

Das Gôjû-ryû wurde 1959 von Peter Urban in die USA eingeführt, der sich aber 1966 von der East Cost Goju Organisation distanzierte und seine eigene Organisation, die American Goju Association gründete. Ein weiterer Repräsentant des Gôjû-ryû in Amerika ist Yamaguchi Gosei (der Sohn des Großmeisters), der 1964 die Gojukai Karate USA (ÆYamaguchi Gôgen) in San Francisco gründete.

D. CHINESISCHES GÔJÛ-RYÛ

Moderner *Karate*-Stil von RON VAN CLIEF (10. Dan), einem bekannten Wettkampfspezialisten und Buchautor auf den Grundlagen des *Gôjû-ryû, Quan-fa* und *Taekwondo*, 1971 in New York gegründet. Ron Van Clief lernte unter PETER →URBAN, der das amerikanische *Gôjû-ryû* gründete.

Gojûshiho (jap.): *Karate-Kata* (→*Kata*) des →*Shuri-te* aus der MATSUMURA- und ITOSU-Schule. Die Bewegungen eines Spechtes, der mit seinem Schnabel gegen einen Baum klopft, werden hier sichtbar. FUNAKOSHI nannte diese *Kata* auch *Hotaku* (Spechtklopfen). Der chinesische Name lautet *Useshi*. Im japanischen *Karate* gibt es zwei Formen: *Gojûshiho-dai* [*dai* = groß] und *Gojûshiho-shô* [*shô* = klein].

Die *Useishi* wird als die höchst entwickelte *Kata* des *Shuri-te* betrachtet. Bereits in der Matsumura-Schule gab es eine Urform aus China, die von ITOSU durch eigene Erfahrungen ausgebaut und in den Varianten *Dai* und *Shô* verbreitet wurde. Sie übertrug sich auf Okinawa in die meisten *Shôrin*-Stile, wird aber sehr unterschiedlich ausgeführt.

Die *Tomari-te*-Version wurde wahrscheinlich aus Matsumuras *Shuri-te* beeinflußt, hat aber eine eigene Kampfauffassung. Ein einzigartiger Zug ist eine seitlich stolpernde Bewegung, die einen betrunkenen Mann nachahmt. Deshalb wird sie dort als »Kata des betrunkenen Mannes« bezeichnet. Diese Technik lehrt eine *Tuite*-Form mit einem Wurf.

Vermutlich hat MATSUMURA die Kata aus China mitgebracht. Man kann in ihr Elemente des chinesischen Tiger- und Kranichstils erkennen, die in China bis zum Shaolin zurückgeführt werden können. Man vermutet auch, daß die Kampfauffassungen der *Gojûshiho* bereits vor Matsumura auf Okinawa existierten. Die Techniken der *Gojûshiho* werden im →*Bubishi* erläutert und als »54 Schritte des schwarzen Tigers« und »Gebrauch der weißen Kranichfaust« bezeichnet. Die Kata ist sicher eine der ältesten okinawanischen Formen.

Als die *Shuri-te*-Version der *Gojûshiho* nach Japan gelangte, nannte Meister FUNAKOSHI sie *Hotaku* (Spechtklopfen). Die Bewegungen eines Spechtes, der mit seinem Schnabel gegen einen Baum klopft, sollen hier sichtbar werden. Doch heute gebraucht man wieder ihren ursprünglichen Namen *Gojûshiho* (»54 Schritte«).

Gojushiho – 54 Schritte

Gôkaku (jap.): gleich stark, gleich begabt. Bedeutet auch »erfolgreich bestandene Prüfung«.

Gôkaku-geiko (jap.): Übung zwischen gleichstarken Partnern.

Gôken (jap.): standhaft, stark, männlich (s. *Gô*).

Go Kenki (1886–1940): oder WU XIAN-HUI, alias YOSHIKAWA, chinesischer Teekaufmann aus Fuzhou (Fukien/China), der auf Okinawa lebte und Meister des auf Fukien verbreiteten *Quan-fa*-Stils →*Hakutsuru-ken* (»Weißer Kranich«, chin. →*Bai-he-quan*) war. Er brachte 1912 die Geheimschrift →*Bubishi* und die Urformen der *Karate*-Kata *Nipaipo, Papuren (Happoren)* und *Hakutsuru* nach Okinawa, die heute hauptsächlich im *Shitô-ryû* und im *Matsumura-Seito* (→SOKEN HÔHAN) geübt werden.

Go Kenki unterrichtete hauptsächlich die Kata *Tsuru no Te* (Kranichhand) und die *Sanchin*. Zusätzlich sah er die Abhärtung des Körpers als einen wichtigen Aspekt des *Karate*-Trainings an. Er war persönlich mit →UECHI KAMBUN befreundet und teilte dessen Auffassungen über die Kampfkünste.

Go Kenki hatte einen erheblichen Einfluß auf das okinawanische *Karate* (vor allem auf das *Gôjû-ryû*, s. →MIYAGI, auf das *Toon-ryû*, s. →KYÔDA, und auf das *Shitô-ryû*, s. →MABUNI) und *Kobudô* (s. →Matayoshi Shimpô), der sich neben den erwähnten Stilen besonders in der *Karate*-Interpretation des Meisters SOKEN HÔHAN (→*Matsumura-Seito*) bemerkbar macht.

Gokuhi (jap.): »Strenges [= *Goku*] Geheimnis [= *Hi*]«. In den Kampfkünsten steht der Begriff für die hintergründige Lehre (→*Okuden*), die dem Übenden (→*Deshi*) – wenn er die Kampfkünste als Weg (→*Dô*[4]) übt – mit der Hilfe eines Meisters (→*Sensei*) zugänglich werden kann. Diese Geheimnisse wurden nur innerhalb persönlicher Vertrauensbeziehungen (→*Shitei*) vom Meister auf den Schüler überliefert. Daher nennt man sie auch noch →*Hiden* (überlieferte Geheimnisse).

In den okinawanischen Kampfkünsten ist die →*Kata* der Bewahrer dieser Geheimnisse und enthält die verschlüsselten *Gokuhi* in ihrer inneren Struktur. Die *Kata* zu verstehen ist deshalb ein Prozeß, der viele Jahre – oft das ganze Leben – dauert. Die Suche nach ihren Inhalten nennt man →*Bunkai*, d. h. »Entschlüsselung ihrer Strukturen«. Die Schüler müssen die *Kata* stetig wiederholen, unter verschiedenen Gesichtspunkten studieren und in ihre Tiefe forschen. Doch das wichtigste ist, daß sie nicht nur die Techniken (→*Waza*), sondern auch ihren Geist (→*Shin*) und ihre Energie (→*Ki*) üben. Nur dann können sie erfahren, in welche Bereiche sich eine solche Übung entwickeln kann.

Der Weg des *Budô* enthält nach alter Tradition drei Etappen (→*Shu Ha Ri*):

1. **die grundlegende Ausbildung** (*Omote* – die offensichtliche Seite der Technik), zu der jeder Schüler Zugang hat, der ins Training geht.
2. **der hintergründige Aspekt** (*Okuden* – die versteckt überlieferten Verfahren für Geist und Energie), zu dem nur jene Schüler Zugang haben, die in einer budômäßigen Lehrer-Schüler-Beziehung stehen.
3. **die Stufe der Meisterschaft** (*Menkyo-kaiden*).

Diese Stufen nennt man auch noch *Shu* (das System befolgen), *Ha* (das System zerreißen), *Ri* (sich vom System trennen). Jede Schule, der ein wirklicher Meister vorsteht, hat über die körperlichen Trainingsverfahren *(Omote)* hinaus auch ihre Hintergründe *(Okuden)*, in denen jene Schüler ausgebildet werden, die in einem Vertrauensverhältnis zum Meister stehen und die die rechte Haltung besitzen, d. h. bereit sind, die Wegmeisterschaft anzugehen. Über die Ausbildungssysteme dieser Stufe (erst die *Ha*-Stufe wird als »Weganfang« bezeichnet) wurden von den Meistern der Vergangenheit manchmal auch schriftliche Anleitungen (→*Denshô*) überliefert.

Diese *Denshô* sind Geheimdokumente über komplexe Ausbildungsverfahren, über die eigentliche Zusammensetzung des Stilkomplexes, deren Verständnis unabdingbar ist, damit ein Schüler die Meisterschaft (→*Ri*) erlangen kann. Sie wurden in der Familie des jeweiligen Meisters aufbewahrt und von Generation zu Generation weitervererbt. Diese »geheimen Anleitungen« wurden, ähnlich der *Kata*, in verschlüsselter Form aufgeschrieben *(Denshô)* oder aufgezeichnet (→*Mandala*), so daß sie vor Mißbrauch geschützt waren. Die isolierten Techniken *(Omote)* werden auch heute in allen *Dôjô* der Welt unterrichtet, die Zusammenhänge *(Okuden)* aber hängen von der persönlichen Beziehung des Schülers zum Meister ab.

Diese Stufe (→*Ha*) ist erst möglich, wenn die Körpertechnik (→*Shosa*) in ausreichendem Maß gemeistert ist und ein persönliches Vertrauensverhältnis (→*Shitei*) zum Meister zustande kommt, durch das die Lehre übertragen werden kann. Erst hier beginnt der Übende die psychologische Struktur des *Budô* durch seine innere Haltung zu erfahren, was etwas vollkommen anderes ist als das Training der bloßen Technik.

DAS LEHRSYSTEM DER KLASSISCHEN RYÛ

Was in den traditionellen →Ryû als »geheimes Ausbildungssystem« gilt, darf nicht mit dem modernen Trainingskonzept der Wettkampfausbildung verwechselt werden. In den klassischen Stilen gibt es eine esoterische Hintergrundstruktur, die das Wie, Wann und Warum aller Einzelkomponenten in der Weg-Ausbildung definiert. Die Techniken können durchaus bekannt sein, ohne daß der Zusammenhang, der verschlüsselt in der *Kata* liegt, sichtbar wird. Solche Zusammenhänge werden in allen klassischen Schulen vor der Öffentlichkeit geschützt. Selbst wenn das Technik-System des Stils an die Öffentlichkeit gelangt, bleibt immer noch das unlösbare Problem, wie sich der Gesamtkomplex der vielen Hintergründigkeiten (→*Bunkai*) in der praktischen Übung zusammensetzt. Auf welche Weise z. B fließt der esoterische oder psychologische Aspekt, ohne den kein Wegfortschritt *(Dô)* möglich ist, in die Ausbildung ein, mit welchen technischen Strukturen kommuniziert er, und wo bewirkt er was?

Solche Konzepte wurden allesamt auf den *Uchi*-Linien (innere Linien) der Stile von Meister zu Schüler vererbt oder auf neu entstandenen *Soto*-Linien (äußeren Linien) von einem besonders fähigen Experten gegründet. Sie sind nach wie vor die Essenz aller klassischen Systeme, durch die die Wegausbildung *(Dô)* gewährleistet wird. Die Meisterschaft eines Stilkomplexes ist nur auf dem Weg *(Dô)* möglich und nicht identisch mit dem ausschließlichen Training der Technik. Im Laufe der Kampfkunstgeschichte sind viele großartige Stile mit ihrem Meister gestorben, weil der Meister keinen würdigen Nachfolger unter seinen Schülern fand und deshalb die hintergründige Stilzusammensetzung nicht preisgab. Selbst die fortgeschrittensten Schüler, die viele Jahre unter seiner Anleitung geübt hatten, waren nicht in der Lage, den Stil zu definieren. In solchen Fällen verflachte der Stil und veränderte sich zu einem reinen Formsystem.

Die Überlieferung der Stilerbschaften geschah immer auf einem geradlinigen System der Weitergabe vom Meister zum Schüler. Viele Stile haben sich auf diese Weise über Jahrhunderte auf einer geraden Linie vererbt. Diese Linie nannte man *Uchi*-Linie (innere Linie), während der offizielle Erbe *Uchi-deshi* (innerer Schüler) hieß. Nur selten gelang es einem *Soto-deshi* (äußeren Schüler), ein gleichwertiges Konzept zu gründen. Doch wo dies geschah, entstand ein neuer Stil mit einer eigenen *Uchi*-Linie.

Alle traditionellen Lehren bestehen aus einer dreiteiligen Methode, in der *Waza* (die technischen und taktischen Verfahren, →*Kata-kumite*), *Shin* (Schulung des Geistes, der inneren Haltung und der Selbsterkenntnis) und *Ki* (Kontrolle der vitalen Energie, Vitalpunktlehre, Therapie und Gesundheitslehre) miteinander verbunden sind und sich bildlich als ein überdimensionales Liniennetz darstellen. Darin ist jede einzelne Linie genau determiniert. Wurde diese Struktur nicht in vollem Umfang auf einen Nachfolger übertragen (*Menkyo-kaiden* – Zeugnis vom Meister), so bewirkte der Mangel an Wissen um die Bedeutung und den Zusammenhang der einzelnen Komponenten entweder das Ableben des Stils oder seine Neustrukturierung durch einen besonders fähigen Meister der *Soto*-Linie. Gegenwärtig praktizieren die meisten Stile eine marktorientierte Verbreitungspolitik und arbeiten auf zwei Ebenen: auf einer stilspezifisch korrekten, die im engsten Kreis um den Stilvorstand existiert, und auf einer oberflächlich massenorientierten, die mit den wahren Inhalten des Stils überhaupt nichts zu tun hat.

KLASSISCHES TECHNIK-SYSTEM

Kihon	*Sanbon-Kihon*	– Formgenauigkeit
	Kiso-Kihon	– Automation
	Renzoku-Kihon	– Kombination
	Karategramm	– Raumorientierung
	Sabaki	– Schrittfolgen
	Hyoteki	– Zielgenauigkeit
	Kime	– Energiestudien
Kata	*Ryoku*	– Körperkraft
	Kokyû	– Atmung
	Kyûshojutsu	– Vitalpunktlehre
	Waza	– Technik
Kumite	*Kihon*	– Grundlagen
	Jiyû-ippon	– halbfrei
	Jiyû	– frei

Gokyô (jap.): Abkürzung für →*Gokyô no Kaisetsu*, »Fünf Gruppen«.

Gokyô no Kaisetsu (jap.): auch *Gokyô*, japanisches Lehrsystem (Prüfungsordnung) des →*Jûdô*, das als Grundlage für die Gürtelprüfungen (→*Kyûdan*) und der Ausbildung der Schüler durch die *Kyû*-Grade gilt. Die *Gokyô* enthält 5 Gruppen mit je 8 Wurftechniken von steigendem Schwierigkeitsgrad. Neben diesem System gibt es im *Jûdô* noch das →*Kawaishi*-System.

Gokyû (jap.): 5. Schülergrad im *Budô* (s. →*Kyûdan*, →*Kyû*).

Gomen (jap.): Entschuldigung (z. B. wenn ein Schüler das *Dôjô* verlassen will).

Gonen-goroshi (jap.): →*Okurasu-goroshi*.

Gong (chin.): Bogen, auch *Kung*. Der Bogen war schon 2000 Jahre vor der Zeitwende eine typische chinesische Kriegerwaffe (→*Bing-qi*). Ebenfalls früh kannte man auch die Armbrust, mit der Eisenkugeln abgeschossen wurden.

Die Kunst des Bogenschießens konnte nur von jenem vervollkommnet werden, der die absolute Tugend (→*De*, →*Wu-de*) besaß. Unter den Bogenschützen traten vor allem die Mongolen hervor, die eine Reichweite von mehr als 250 m erreichten. In China wurde vor allem der doppelt gekurvte und aus verschiedenen Materialien zusammengesetzte Bogen benutzt. Damit schoß man nur Pfeile *(Jian)* ab. Mit einem anderen Bogen *(Hu)* konnte man entzündbare Projektile abschießen, die eine große Reichweite hatten. Die chinesischen Waffenexperten haben für das Militär auch Bögen entwickelt, mit denen man mehrere Pfeile gleichzeitig abschießen konnte. Weit beliebter als der Bogen war aber die Armbrust (→*Nu*). Der Bogen war zeitweise in China nicht besonders beliebt, da er an die feindlichen Mongolen erinnerte. Das Bogenschießen wurde als *Zen*-Kunst später in Japan sehr beliebt.

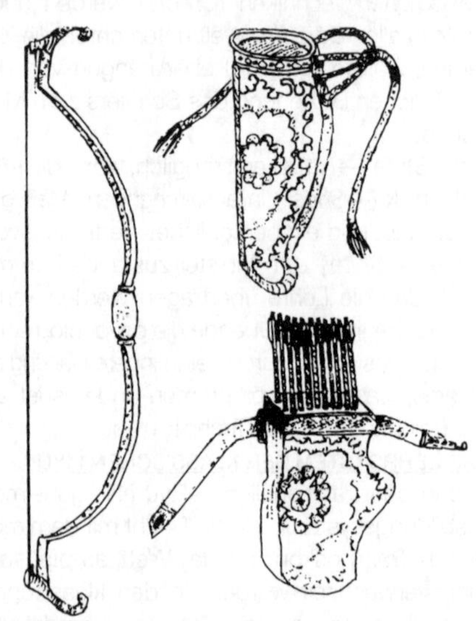

Gong – klassischer zweikurviger Bogen aus der Ming-Dynastie, mit einer Bogenhülle (Fei-yu-dai) und einem Fächer (Tu-kao)

Gong-fu (chin.): japanisch →*Kempô*, bekannt unter der Bezeichnung →*Kung-fu*, wörtlich: »harte Arbeit«. Gong-fu ist eine moderne Bezeichnung für die chinesischen Kampfkünste. Erläuterung zur Geschichte und Tradition s. →*Quan-fa*, →*Shaolin*-Kloster, →*Wai-jia* und →*Nei-jia*. Erläuterungen zum Begriff s. →*Guo-shu*.

Gong-fu bedeutet sinngemäß Zeit, Mühe oder

Kraft, die zum Erlernen einer besonderen Fähigkeit eingesetzt wird. Der Begriff wird in China für alle Künste verwendet.
Heute wird der Begriff *Gong-fu* als Sammelbegriff für die chinesischen Kampfkünste gebraucht. Er ist jedoch nicht chinesischen Ursprungs, sondern stammt aus Amerika, von wo aus er sich auf die chinesischen Kampfkünste übertrug und heute allgemein gebräuchlich ist. In China verwendet man daneben (er setzte sich selbst im Mutterland langsam durch, obwohl er aus chinesischer Sicht falsch ist) die Begriffe *Wu-shu, Guo-shu, Kun-tao, Quan-fa* u. a.

Technik des modernen Gong-fu

Gong-jia (chin.): Bezeichnung für die Übung der Form (→*Dao*) und die Übungen ohne Partner (jap. *Kihon*) im *Tai-ji-quan*. Die Gong-jia hat oft meditativen Charakter und ermöglicht dem Übenden, sich allein auf seine Unzulänglichkeiten zu konzentrieren und intensiv zu üben.

Gong-li-quan (chin.): auch *Kung-ki-ch'uan*, Kampfkunst aus Hebei.

Die Übungen, die auf dem tiefen Reiterstand basieren, sind sehr schwierig und werden langsam ausgeführt. Der Stil ist außerdem berühmt für seine Stock- und Messertechniken. Er enthält auch viele Übungen, bei denen sich der Übende selbst auf verschiedene Körperstellen schlägt. Deshalb nennt man seine Schüler auch oft »dumme Gongli-Übende« und die Kampfkunst selbst *Sa Gong-li* (dumme Kampfkunst). Es gibt drei wichtige Formen: *Liu-wei-jia, Gong-li-jia* und *Gong-li-quan*.

Gong-shou (chin.): »Bogen-Hände«, Haltung des →*Zhan-zhuang* (s. auch →*Qi-gong*), wobei die Arme und Hände bogenförmig vor die Brust gehalten werden, so daß ein Kreis entsteht.

Gonin (jap.): fünf Personen.

Gonin-gake (jap.): Trainingsform für *Kumite*: Einer kämpft nacheinander gegen fünf Gegner und muß versuchen, in kürzester Zeit den Sieg zu erringen (d. h. er soll bei der ersten sich bietenden Gelegenheit eine entscheidende Technik ausführen). Es gibt auch die Form *Junin-gake*, d. h., einer kämpft gegen zehn Gegner.

Gonin-nuki (jap.): fünf aufeinanderfolgende Angriffe als Kombination in einem *Karate*-Wettkampf, die nötig sind, um mit dem letzten einen Punkt zu erzielen.

Gô no Kata (jap.): *Kata* zur körperlichen Kräftigung und Stärkung. Erläuterungen dazu siehe unter *Gôjû-ryû*. Gegenteil: →*Jû no Kata* (weiche *Kata*).

Go no Sen (jap.): die Initiative in der Verteidigung (Gegenteil: →*Sen no Sen*, s. auch →*Sen*). Der Begriff bezieht sich weniger auf eine technische Handlung als auf eine psychologische Haltung. *Go no Sen* ist nicht die Verteidigung selbst, sondern es ist die Haltung des Verteidigers gegenüber einem Angriff. Diese kann sich sowohl in einer aktiven als auch in einer passiven Handlung ausdrücken.

Wenn z. B. die Katze die Maus jagt, praktiziert die Katze *Sen no Sen* und die Maus *Go no Sen*. Umgekehrt ist es überhaupt nicht möglich. Keines von beidem ist ein Garant für Erfolg. In beiden kann sowohl Angriff als auch Abwehr enthalten sein, ohne daß sich dadurch *Go no Sen* in *Sen no Sen* umkehrt. Mit diesen beiden Begriffen kann man die jeweilige Aktion nicht definieren, sondern bestenfalls die Situation, in der sich jemand befindet. In einer Situation des Angegriffenwerdens mit gleich welchen Aktionen, also auch mit Angriffen, die Initiative zu übernehmen bedeutet *Go no Sen*.

Gonosen no Kata (jap.): japanische →*Jûdô-Kata* aus dem *Kôdôkan*. Sie lehrt Formen der Gegenwürfe.

GONOSEN NO KATA	
Kontertechniken gegen Fußwürfe	
O soto gari	– O soto gari
Hiza guruma	– Hiza guruma
O uchi gari	– Okuri ashi barai
De ashi barai	– De ashi barai
O soto gaje	– Tai otosha
Ko uchi gari	– Hiza guruma
Kontertechniken gegen Hüftwürfe	
Kubi nage	– Ushiro goshi
Koshi guruma	– Uki goshi
Hane goshi	– Sasae tsuri komi ashi
Harai goshi	– Utsuri goshi
Uchi mata	– Sukui nage
Kontertechniken gegen Schulterwürfe	
Kata seoi	– Sumi gaeshi

Gôrei (jap.): Kommando. In den Kampfkünsten Bezeichnung für die Übung einer Gruppe von Kampfkunstschülern unter der Anleitung eines Meisters. Kollektives Training der Kampfkünste.

In Japan gab es seit jeher große Schulen der Kampfkünste, in denen Kollektivtraining abgehalten wurde. In den okinawanischen Kampfkünsten war Kollektivtraining bis zum Anfang des 19. Jhs. unüblich. Die Meister nahmen nur wenige Schüler an und unterrichteten sie nur selten zur gleichen Zeit. Es wird gesagt, Meister →HIGASHIONNA aus dem *Naha-te* wäre der erste gewesen, der das Kollektivtraining in Okinawa einführte.

Gorin-no-kumite (jap.): fortgeschrittene Übungsform des Kampfes, im *Kenkokan Shôrinji-ryû* innerhalb des *Yakusoku-Kumite* (abgesprochenes Kämpfen) geübt. Sie besteht aus fünf *(Go) Kumite-Kata*, von denen jede einzelne in sich steigernden Schwierigkeitsstufen die grundlegenden Prinzipien des tatsächlichen Kampfes (→*Jissen*) übt.

- **Ikken-hissatsu:** Ein direkter und entscheidender Angriff zu einem *Kyûsho* (Vitalpunkt). Dies ist das erste und wichtigste Prinzip jeder Selbstverteidigung und somit auch des *Karate-dô*: mit einer einzigen Technik den Kampf zu entscheiden.
- **Nachgiebigkeit:** Durch Ausweichbewegungen *(Tai-sabaki)* die Kraft des Gegners ausnutzen. Dies ist das erste und wichtigste Prinzip jeder Art von Defensive. Setze nie deine Stärke gegen die deines Gegners, sondern versuche, seinen Angriff zu vermeiden. Damit kann man von keinem Gegner besiegt werden, gleich wie stark er ist.
- **Rhythmus:** Wende den Angriff des Gegners gegen ihn selbst. Nachdem der gegnerische Angriff fehlgeschlagen ist, ist der Gegner entweder aus dem Gleichgewicht gebracht, oder seine Deckung ist geöffnet. In einer fließenden Bewegung sollte die Ausweichbewegung in einen Konter übergehen.
- **Kontrast:** Anwendung des Kontrastprinzips: Ein hoher Angriff sollte von einem tiefen Konter beantwortet werden, eine harte Technik von einer weichen, eine Handtechnik von einer Fußtechnik usw.
- **Selbstopfern:** In manchen Fällen ist es wichtig, das eigene Gleichgewicht aufzugeben, indem man sich z. B. zu Boden wirft oder sich auf den Gegner fallen läßt, um seinem Angriff zu entgehen. Diese Techniken nennt man →*Sutemi-waza*.

Gorin no Sho (jap.): das »Buch der fünf Ringe«, verfaßt von →MIYAMOTO MUSASHI über das →*Heihô*, ganz im besonderen über die Techniken des Schwertkampfes, in denen er den Stil *Niten ichi-ryû* entwickelte. Nach einem von Kämpfen erfüllten Leben zog sich Musashi 1643 in die Einsiedelei zurück, wo er sein berühmtes Werk verfaßte. 1645, einige Wochen vor seinem Tod, beendete er das Buch und widmete es seinem Schüler TERAO MAGANOJO. Das Buch steht heute in jeder *Kendô*-Bibliothek an erster Stelle.

Das Werk enthält Anweisungen über Strategie, Planung und schnellstmögliche Situationserkennung in jedem nur denkbaren Bereich. *Gorin no sho* bedeutet »Schrift von den fünf Ringen (Kreisen)« und bezieht sich im buddhistischen Sinn auf die »fünf großen Elemente« (→*Gogyô*), die auch die einzelnen Kapitel des Buches ausmachen: Erde, Wasser, Feuer, Wind und Luft. Im Buch der Erde nennt Musashi neun Regeln, durch die, wie er sagt, sein Kampfstil erlernt werden kann:

- Vermeide arglistige Gedanken.
- Folge unablässig dem Weg.
- Mache dich vertraut mit allen Techniken und Künsten.

• Studiere die Wege vieler Tätigkeiten und Berufe.
• Lerne in allen Dingen Vorteil von Nachteil zu unterscheiden.
• Entwickle die Fähigkeit, die Dinge auf den ersten Blick zu durchschauen.
• Bemühe dich darum, auch das Wesen dessen zu erkennen, was unsichtbar bleibt.
• Vernachlässige nie deine Aufmerksamkeit auch gegenüber den kleinsten Dingen.
• Halte dich nicht mit nutzlosen Beschäftigungen auf.

Goseki (jap.): wörtlich: »Erleuchtungs-Spur« (Gegensatz →*Mosshôseki*). Wahre Erleuchtung (→*Satori*) ist nicht sichtbar und hinterläßt keine Spuren.

Von jemandem, dem an seinem Verhalten anzumerken ist, daß er Erleuchtung erfahren hat, sagt man im *Zen*, er weise »Spuren der Erleuchtung« auf oder er »stinke nach Erleuchtung«. Erst wenn sich dieser »Gestank« legt und der Mensch in völliger Natürlichkeit das in der Erleuchtung Erfahrene lebt, ohne sich seiner Erleuchtung bewußt zu sein oder nach außen hin Erleuchtung zu demonstrieren, erkennt man ihm im *Zen* wahre Erleuchtung zu.

Goshi[1] (Koshi) (jap.): Hüfte. *Harai-goshi* – Hüftfegen, *Koshi-kaiten* – Hüftdrehung.

Goshi[2] (jap.): Bezeichnung für die verarmten Land-Samurai während der Tokugawa-Periode, die zusammen mit den →*Ashigaru* und den →*Baishin* die niedere Kaste der Krieger bildeten. Erläuterungen s. →Tokugawa-Periode.

Goshin (jap.): Selbstverteidigung.

Goshin-dô (jap.): karatemäßige Selbstverteidigung, entwickelt von Alain Sailly (6. Dan) in Frankreich, aufgebaut auf *Jûdô, Daitô-ryû, Hakkô-ryû* und *Karate*.

Goshinjutsu[1] (jap.): Selbstverteidigungskunst, Selbstverteidigungstechnik. Übungsformen für die eigene Verteidigung [*Go* = Schutz, *Shin* = der eigene Körper, das Selbst] gegen einen möglichen Gegner.

Das *Goshin* war wichtiger Bestandteil aller Kampfkünste, wird jedoch heute in den sportlichen Richtungen kaum noch geübt. Im *Jûdô* wird es in Form von *Kata* (→*Gojinjutsu no Kata*) ausgeführt. *Goshinjutsu* wird gegen unbewaffnete *(Toshunobu)* und bewaffnete Gegner *(Bukinobu)* geübt.

Goshinjutsu[2] (jap.): Stilrichtung des *Jûjutsu*, gegründet von Tanaka Tatsu 1952 in Tokyo.

Tanaka entfernte weitgehend die Faust- und Fußtechniken und ersetzte sie durch weniger gefährliche Techniken. Der Stil betont *Atemi-waza, Kansetsu-waza* und *Nage-waza*. Das System fördert die Gesundheit und übt die Selbstverteidigung.

Goshinjutsu no Kata (jap.): neuere Kata des →*Jûdô*, bestehend aus 21 Techniken, die vom *Kôdôkan* aus dem *Jûjutsu, Jûdô, Aikidô* und *Karate* zu Selbstverteidigungszwecken entwickelt wurde. Die Kata, auch *Kôdôkan-Goshinjutsu* genannt, wurde aus der →*Kime no Kata* abgeleitet.

Goshin-kumite[1] (jap.): Karate-Übungskampf zum Erlernen der Selbstverteidigung (→*Jissen-kumite*).

Goshin-kumite[2] (jap.): festgelegte Karate-Übungsform mit dem Partner. *Goshin* bedeutet »Selbstverteidigung«. Das *Goshin-kumite* ist eine Übungsform mit dem Partner, in der konzentriert Selbstverteidigungsaspekte aus den klassischen *Kata* geübt werden. Es besteht aus drei festgelegten →*Kumite-Kata*, in deren Anwendung der Angreifer die gängigsten Formen des Schlagens, Tretens, Haltens, Klammerns usw. gebraucht, während der Verteidiger nach den Beispielen in der klassischen *Kata* abwehrt und kontert.

Die Anwendung der *Goshin*-Formen dient dem Einstudieren jener Techniken und Kombinationen aus den *Kata* des *Shôtôkan-ryû*, die in den rein sportlichen Interpretationen vernachlässigt werden. Die drei Übungsformen werden bereits in der Unterstufe parallel zu den *Heian-Kata* geübt und in höheren Stufen bis zur realitätsnahen Selbstverteidigung perfektioniert. Sie enthalten viele Prinzipien des Kämpfens, die bereits in den *Heian-Kata* gelehrt werden. Der Unterschied zur klassischen Anwendung der *Kata* besteht darin, daß das *Goshin-kumite* mit nur einem Partner geübt werden kann und daß in seiner Anwendung viele in den klassischen *Kata* verschlüsselte Methoden entschlüsselt sind.

Jede *Goshin*-Form wird zunächst als *Kata* geübt. Erst wenn die Übenden die wichtigsten technischen Prinzipien (Ablauf, Technik, Rhythmus usw.) verstanden haben, wird die *Goshin*-Form mit dem Partner angewendet. Hier ein Beispiel aus der Schule des Verfassers:

GOSHIN KATA SHODAN

1

Yôi shizen-tai
1. Hidari gedan-barai (zurück zu Zk)
2. Jôdan/Chûdan/Chûdan sanbon-zuki
3. Hidari soto-uke (im Stand Kk)
4. Migi chûdan gyaku-zuki (im Stand Zk)

2

Yôi shizen-tai
5. Migi gedan-barai (aus Yôi shizen-tai)
6. Vor zu Migi (Zk) mit Yoko uraken-uchi
7. Hidari gyaku-zuki
8. Im Zurückgehen Migi shutô-age
9. Hidari uchi-uke (45 Grad Kk)
10. Hidari kizami-zuki (im Stand zu Zk)
11. Migi gyaku-zuki

3

Hidari shizen-tai
12. Hidari age-uke (vorderer Fuß zu Kk)
13. Migi gyaku-zuki (im Stand Zk)
14. Ushiro ashi mae-geri
15. Hidari kizami-zuki
16. Migi gyaku-zuki (Zk)

4

Hidari shizen-tai
17. Hidari uchi-uke (Yori-ashi zurück zu H. Shizen-tai)
18. Hidari nukite jun-zuki (im Stand)
19. Hidari mae ashi kin-geri
20. Migi gyaku-zuki (Zk)

5

Hidari yoko shizen-tai
21. Hidari shutô-uke (45 Grad Kk)
22. Migi shutô-uchi (Zk)

GOSHIN KATA NIDAN

1

Yôi shizen-tai
1. Hidari soto-uke (zurück zu Zk)
2. Migi chûdan gyaku-zuki
3. H. jôdan sokumen haiwan-uke (im Stand zu Kk)
4. Hidari soto-uke, Migi jôdan tettsui-uchi
5. Migi tate empi-uchi
6. Migi otoshi empi-uchi (vor zu Migi shizen-tai)

2

Migi gedan shizen-tai
7. Morote teisho-age (zurück zu Hidari Shizen-tai)
8. Morote teisho-otoshi
9. Migi teisho-zuki
10. Migi mae-geri
11. Hidari gyaku-zuki (M.Zk)

3

Migi gedan shizen-tai
12. Migi soto-uke dôji hidari soto-uke
13. Hidari ashi-barai
14. Migi otoshi-zuki

4

Hidari gedan shizen-tai
15. Hidari tekubi kake-uke
16. Migi tekubi kake-uke
17. Migi seiryûto-uchi

GOSHIN KATA SANDAN

1

Yôi shizen-tai
1. Hidari deai osae-uke (vor zu Fd)
2. Migi chûdan kagi-zuki
3. H. soto-uke (vorderer Fuß zu H. mae shizen-tai)
4. Hidari yoko empi-uchi (linker Fuß zu Kb)

2

Hidari mae shizen-tai, Ryowan-gamae
5. Morote gedan nukite-zuki (rechter Fuß zurück)
6. Morote kubi-osae, Migi ushiro ashi hiza-geri

3

Hidari gedan-barai
7. Hidari mae empi-uchi (H.Zk)
8. Migi mawashi empi-uchi
9. Migi uraken-uchi (vorderer Fuß zu Nk)
10. Hidari tate-zuki (Nk)
11. Hidari mawashi-uke (90° rechts Nk)
12. Migi age empi-uchi (nach vorn zu Kb)

4

Migi gedan barai
13. Ushiro kaiten, Hidari yoko empi-uchi
14. Migi otoshi gyaku-zuki (Fd)

Gôsoku-ryû (jap.): wörtlich »fest und hart«. Neue Karate-Stilrichtung, begründet von Takayuki Kubota, 8. Dan (Los Angeles, Kalif., USA). Schnelle und kraftvolle Angriffe sind vorherrschend. Wettkampf, Straßenkampf und Selbstverteidigung. Aber auch verschiedene *Kata* und philosophische Grundlagen.

GÔSOKU-RYU KATA	
Uke no Kata	Gôsoku
Gôsoku yodan	Gôsoku-ryû
Denko-getsu	Tamashi
Sanchin	Ri-kyu
Gôsoku godan	

Goti (chin.): alte Form des chinesischen Ringens (→*Quan-fa*).

Go-Toba: 82. japanischer Kaiser (1180 bis 1239) zur Zeit des →*Gempei*-Krieges.

Goton no Jutsu (jap.): die fünf *Ninja*-Fluchttechniken, aufgebaut auf dem →*Gogyô* (s. auch →*Goton-pô*): *Doton, Suiton, Katon, Mokuton* und *Kinton*.

Goton-pô (jap.): die »fünf Elemente des Entkommens« im →*Ninjutsu*, die sich aus den →*Gogyô* der esoterischen →Mikkyô-Sekte ableiten und ursprünglich von den →*Yamabushi* in ihre Kampfsysteme übertragen wurden.
Dieses Prinzip lehrt das Benutzen der zyklischen Veränderungen der Natur zum eigenen Vorteil und diente als Überlebenshilfe in einer Zeit der intensiven Verfolgungen durch die vorherrschende Samurai-Klasse. Analog zum *Gogyô* kodifiziert das *Goton-pô* die zyklischen Naturveränderungen und weist ihnen Objekte aus der realen Umwelt zu. *Sui* (Wasser) steht für die Auflösung, *Moku* (Holz) steht für das Wachsen, *Ka* (Feuer) steht für das Verdampfen, *Dô* (Erde) steht für das Festigen, und *Kin* (Metall) steht für das Härten. In den esoterischen Kampfsystemen wurden diese Prinzipien als Leitfäden für die Erhöhung der Überlebensmöglichkeiten genutzt und als klar definierte Systeme gelehrt.

- ***Dôtonjutsu*** lehrt den Gebrauch des Erdelementes zur Flucht. Zu ihm gehört das Wissen um alle geographischen und geologischen Gegebenheiten, um die strategische Nutzung eines Geländes, um Abschreckungs- und Verhinderungstaktiken eines Verfolgers, um verschiedene Geh- und Lauftechniken usw.
- ***Suitonjutsu*** lehrt den Gebrauch des Wasserelementes zur Flucht. Es beinhaltet verschiedene Schwimm- und Tauchtechniken, Aufenthaltstechniken unter Wasser, die Nutzung von Strömungen und Wasserflächen, Methoden der Navigation sowie praktisches Wissen im Umgang mit allen Wasserfahrzeugen.
- ***Katonjutsu*** lehrt den Gebrauch des Feuerelementes zur Flucht. Es besteht aus der Verwendung von Rauch und Feuer zur Ablenkung, Herstellung und Anwendung von Sprengstoffen und dem Umgang mit allen Arten von Feuerwaffen.
- ***Mokutonjutsu*** lehrt den Gebrauch des Holzelementes zur Flucht. Es beinhaltet das Wissen um die Herstellung von natürlichen Heilmitteln und Giften, die korrekte Verwendung von Bäumen und Sträuchern als Tarnung sowie das Wissen um die Struktur und den Bau von Gebäuden.
- ***Kintonjutsu*** lehrt den Gebrauch des Metallelementes zur Flucht. Es beinhaltet alle Werkzeuge, die man braucht, um in ein Gebäude einzudringen oder daraus auszubrechen, Kletterhilfen und alle Arten von Waffen.

Gotô Tamanemon Tadayoshi: s. →*Daitô-ryû*.

Gou-quan (chin.): »Hunde-Kampfkunst«, nördlicher Stil des *Quan-fa* aus Shandong. Das System ist nur wenig bekannt und wird oft nur zu Demonstrationszwecken gelernt. Die Techniken sind alle nahe am Boden, oft wird bei der Übung gebellt.

Gould, Jerry (*1943): amerikanischer Karate-Lehrer des *Shobayashi-ryû* unter → SHIMABUKURO EIZO. Gould ist Präsident der *Northwest Shorin-ryu Karate Association*.

Gou-shou (chin.): Haken-Handhaltung aus den chinesischen Kampfkünsten, identisch mit →*Washide* im *Karate*.

Gôzô Shioda (*1915): Großmeister des → *Aikidô*. Er wurde im Alter von 18 Jahren Schüler von MORIHEI UESHIBA und lernte als *Uchi-deshi* 8 Jahre lang unter ihm.
Nach dem Zweiten Weltkrieg gründete Shioda Gôzô sein eigenes *Dôjô*, das er →*Yoshinkan* nannte. Sein Stil wird heute als harter Stil bezeichnet. Einer der Nachfolger Shioda Gôzôs ist TAKASHI KUSHIDA, der 1972 in die USA ging, um *Yoshinkan-Aikidô* zu unterrichten.

Gruss, Gilbert (*1943): französischer *Karate*-Meister, Europa- und Weltmeister im Schwergewicht. Er verlor nur einen einzigen Kampf: gegen DOMINIQUE VALERA. Trainer des französischen *Karate*-Teams im *Wadô-ryû*.

Gu (chin.): »Nach links blicken« oder »Nach links wenden«, eine der grundlegenden

Schrittarten (→*Wubu*) der 13 grundlegenden Bewegungsarten (→*Shisanshi*), bei der man sich nach links dreht.

Diese Grundtechnik ist der Überbegriff aller Drehungen des Körpers nach links. Damit sind das Drehen der Hüfte im Stand und alle Varianten des Bein-Setzens gemeint. Das eignet sich für viele Abwehrtechniken und Ausweichbewegungen. Zu der Technik wird die Wandlungsphase (→*Wuxing*) Metall *(Jin)* zugeordnet.

Gu (jap.): Werkzeug. *Dôgu* – Werkzeug, Gerät, *Kanagu* – Beschlag.

Guan (chin.): »schauen«, Bezeichnung für einen daoistischen Tempel. Auch Ausbildungsstätten des →*Quan-fa* wurden so benannt. Besonders in der Ming-Periode, als die Macht des →Shaolin-Klosters abzuklingen begann, verlagerte sich das chinesische Kampfkunstgeschehen aus den buddhistischen Klöstern in zahlreiche neuentstande Privatschulen *(Guan)*.

ORGANISATION DER GUAN

Beeinflußt durch die daoistische und buddhistische Tradition, waren diese Schulen aber nicht an die Person des Meisters gebunden, sondern lebten als Bruderschaften jahrhundertelang weiter, und manche existieren noch heute. Ähnlich wie in den japanischen Systemen gab es auch in ihnen strikte Aufnahmebedingungen, Verhaltensregeln und das System der »Weitergabe der Lehre« vom Meister an den Meisterschüler, der in der nächsten Generation die Lehre vertrat.

Die Schule selbst war zumeist identisch mit dem Haus des Lehrers, in dem alle Schüler zeit ihrer Ausbildung wohnen mußten. Man nannte sie auch noch *Men* (Pforte), während der Ein- oder Austritt der Schüler als »die Pforte betreten (bzw. verlassen)« bezeichnet wurde. Sowohl in den buddhistischen als auch in den daoistischen Schulen galt das »Betreten der Pforte« als zweite Geburt. Danach wurde der »Weg zum höheren Wissen« gegangen, der mehr noch als zur kämpferische Ausbildung als ein Weg zur Erziehung der Persönlichkeit galt. Der Lehrer (→*Shifu*) war der Träger des Wissens. Er verpflichtete sich bei der Aufnahme eines Schülers, dieses Wissen auf ihn zu übertragen und ihm den »Weg zur höheren Wahrheit« zu zeigen.

Der Schüler galt beim Eintritt in eine Schule nicht mehr als ein Schatten seines eigenen Ich. Von Natur aus war er mit einer körperlichen Persönlichkeit ausgestattet, doch ehe er den Weg des *Quan-fa* gehen konnte, mußte er eine geistige Persönlichkeit erreichen. So wurde er am Anfang hauptsächlich von den älteren Schülern verschiedenen Torturen unterzogen, um seine Reaktionen zu studieren und seine Grenzen kennenzulernen. Der Meister beobachtete sein Verhalten und schloß daraus, welches Potential in ihm steckte. Diese Zeit der Aufnahmeprüfung konnte Wochen, Monate oder Jahre dauern. Die letztendliche Aufnahme in die Schule war eine feierliche Zeremonie, durch die der Schüler für alle Zeiten in die Familie aufgenommen wurde. Dann erst hatte er Zugang zum Training des *Quan-fa* und konnte – wenn er sich bewährte – selbst Meister werden.

Der Gründer der Schule wurde *Shi-zu* (Lehrer-Urahn) genannt, der Lehrer *Shi-fu* (Lehrer-Vater) und die älteren Schüler *Shi-xiong* (ältere Brüder). Der beste Schüler, der die Nachfolge des Meisters antreten sollte, wurde *Cong-Shifu* (Nachfolger) oder *Da-Shifu* (Großmeister, Hauptmeister) genannt. Er allein sollte die gesamten Geheimnisse des Stils erben und ebenso wie sein Meister nur an einen würdigen Nachfolger weitergeben.

LERNPRINZIPIEN DER GUAN

Die ethischen Grundlagen, auf denen alle *Quan-fa*-Schulen aufgebaut waren, stammen von KONFUZIUS und enthalten die »Fünf Tugenden« des Konfuzianismus: Menschenliebe, Schuldgefühl, Anstand, Vernunft und Wahrhaftigkeit. Zusätzlich dazu wurden die Beziehungen in einer *Guan* durch die »Fünf Bindungen« geregelt: 1. zwischen Herrscher und Untergebenem, 2. zwischen Eltern und Kindern, 3. zwischen Mann und Frau, 4. zwischen Alten und Jungen und 5. zwischen Freunden. Die Gesetze aller *Quan-fa*-Schulen stellten harte moralische Forderungen und unnachgiebige Bedingungen an das Wachsen der Persönlichkeit: »Der Edle bewegt sich nach oben, der Gemeine bewegt sich nach unten.«

Der Edle (→*Jun-zi*) hat die »Fünf Tugenden« verwirklicht, er ist bescheiden, mäßig und großzügig. Noch vor die Fähigkeit im Kämpfen wurden diese Tugenden gestellt. Außerdem galt als höchstes Prinzip in den *Quan-fa*-Schulen die Loyalität des Schülers gegenüber dem Lehrer und gegenüber der Kampfkunstfamilie. Das Betreten des engeren Kreises um den Lehrer herum wurde durch einen mit Blut besiegelten Schwur gewährleistet. Die sogenannten »älteren Schüler«, die in die letzten Geheimnisse des Stils eingeweiht wurden, bildeten eine sakrale Gemeinschaft, eine Loge. Eine Verletzung des Loyalitätsprinzips auf dieser Stufe wurde mit dem Tod bestraft.

Guan-dao (chin.): »Guans Breitschwert«, auch bekannt als »Grüner-Drachen-Halbmond-Breitschwert« (auch *Kuan-dao, Kwan-do, Kwa-to* oder *Kwan-tao*), Variante des chinesischen langschäftigen Breitschwerts (→*Bing-qi*, →*Tai-dao*), Vorläufer der japanischen →*Naginata*.

Übender mit Guan-dao

Die Waffe wurde nach dem chinesischen General GUAN YUN benannt, der sie in der Zeit der drei Reiche (220–280 n. Chr.) berühmt gemacht hat. Guan war ein Held dieser Zeit und wurde in vielen Romanen und Geschichten verewigt. In der Ming-Dynastie wurde er zum Kriegsgott erklärt. Da er ein Meister des langschäftigen Breitschwerts war, wurde ein bestimmter Typ dieser Waffe nach ihm benannt. Der klassischen *Guan-dao* sehr ähnlich und kaum zu unterscheiden sind die *Tai-hum-dao*, die *Chuen-chiu-taidao* und die *Tsai-yang-dao*.

Die *Guan-dao* wird charakterisiert durch eine besonders scharfe Schneide an der Spitze. Auf der Rückseite gibt es eine Reihe spitzer Zähne und einen ebenfalls sehr scharfen Haken. In diesem

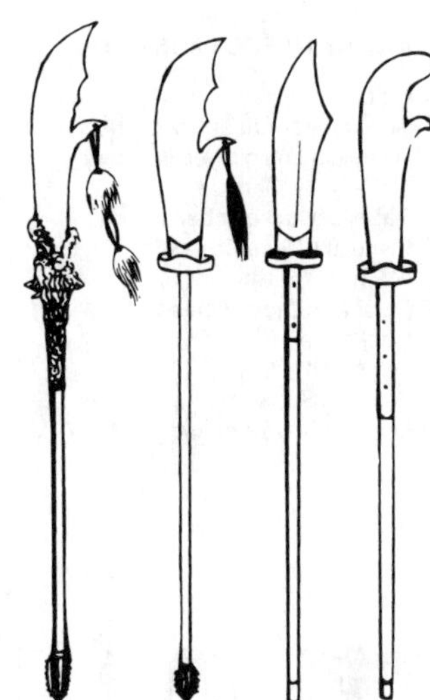

Vier chinesische Breitschwerttypen, von links nach rechts: Guan-dao; Chuen-chiu-taidao; Tsai-yang-dao und Tai-hum-dao

befindet sich ein Loch, an dem eine Quaste *(Chui-feng)* befestigt ist. Die Waffe ist durch einen grünen Drachen mit dem Schaft verbunden. Fehlt diese besondere Art der Befestigung, so handelt es sich um eine *Chuen-chiu-taidao*. Am anderen Ende des Schaftes befindet sich eine ebenfalls scharfe Spitze *(Tsuan)*.

Guan Yin: Held des 3. Jhs. in der Zeit der Streitenden Reiche Chinas.

GUAN YIN wurde in der Ming-Dynastie zur Gottheit des Krieges erhoben. In vielen Versionen von →LAO-ZIS Lebensgeschichte trägt der Torwächter am westlichen Paß den Namen Guan Yin. Als Lao-zi das Land verlassen will, bittet der Wächter ihn darum, sein Wissen für die Nachwelt aufzuschreiben, bevor er geht. So entstand das →*Dao-de-jing*. Man vermutet, daß die Tatsache, daß Guan Yin der Torwächter gewesen sein soll, den Willen der Götter darstellen soll, daß Lao-zis Weisheiten unter die Menschen gebracht werden sollten. Guan Yin gilt auch als der Erfinder der Hellebarde (→*Guan-dao*).

Gu-dai (chin.): alte Zeit, Altertum.

Gu-dai-bing (chin.): alte Waffen Chinas, die teilweise noch in Gebrauch sind (→*Bing-qi*). Die wohl älteste Waffe, die erwähnt ist, heißt →*Ge*, der Dreizack.

ANTIKE WAFFEN AUS CHINA

Bi-shou	– Dolch
Chian	– Schwert der kaiserlichen Krieger
Chou	– Waffe der königlichen Kämpfer, 403–222 v. Chr.
Dao	– Säbel der kaiserlichen Krieger
Ge	– Kreuzaxt, Zhou-Dynastie, 1121–771 v. Chr.
Gou	– Dolchaxt, Zhou-Dynastie, 1121–771 v. Chr.
Ji	– Hacke, Beil, Zhou-Dynastie, 1121–771 v. Chr.
Jian	– gerades Schwert
Qiang	– Lanze, Zhou-Dynastie, 1121–771 v. Chr.

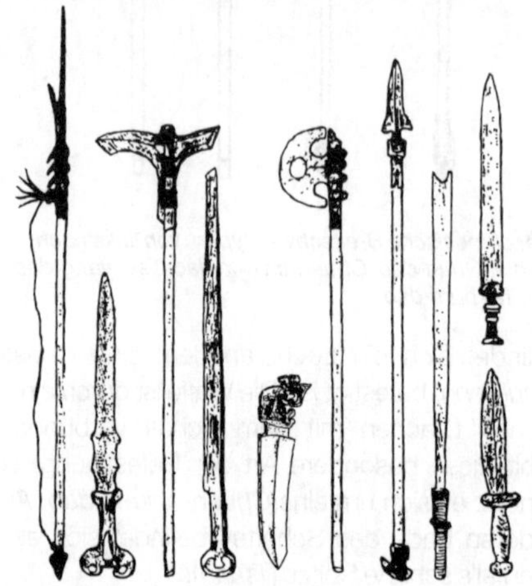

Chinesische Waffen des Altertums, von links nach rechts: Chou; Jian; Ge; Dao; Gou; Ji; Qiang; Chia; Jian, Bi-shou

Guintard, Sylvian: führender französischer *Ninja*-Lehrer und -Pionier (→*Ninjutsu*).
Monsieur Sylvian Guintard ist ein hingebungsvoll religiöser Kampfkunstmeister und Priester. Fast jedes Jahr reist er nach Japan, um *Ninjutsu* und die Lehre des *Mikkyô* zu studieren. Zu seinem Spezialfach gehören auch andere Religionen Asiens.

Gui-tou-dao (chin.): Waffe (→*Bing-qi*), Teufelskopf-Säbel mit breitem und langem Schaft (ca. 100 cm) und mehreren Haken und Ringen auf der Oberseite.

Gulat: indonesischer Ringkampf (→Indonesien).

Gun (chin.): (auch *Guen, Gwen, Goen, Guenn, Kouen*) Stock (→*Bing-qi*), zählt in China seit der Klassik zu den Waffen der alten Männer. Die wichtigsten Stockarten Chinas sind der *Chang-gun* (3 m), *Gun* (1.80 m) und *Shao-gun* (Kurzstock, etwa 1 m).
Das chinesische Schriftzeichen für *Gun* bedeutet auch »Taugenichts«, »Schurke«. Der Stock wird in China als Mutter aller Waffen bezeichnet. Er war früher in den chinesischen Geheimgesellschaten sehr beliebt und wurde auch als Ritualstock verwendet. Der »rote Stock« *(Hong-gun)* war das Zeichen desjenigen, der die Macht hatte, Recht zu sprechen. Er war ein Symbol der Autorität der kaiserlichen Polizei und wurde wegen seiner schwarzen und roten Lackierung »Stock des Wassers und des Feuers« *(Shui-huo-gun)* genannt. Die Kampfkunstschulen verwendeten verschiedene Stockformen, jeweils ihrer speziellen Verwendung und Technik angepaßt. Es gab Stöcke aus verschiedenen Hölzern, Bambus oder Metall. Jede Schule bestand auf ihrem speziellen Stock, obwohl er sich oft nur in Kleinigkeiten von anderen unterschied. Die Stockschule unterscheidet fünf wesentliche Stockmanöver: 1. schneiden, 2. stechen, 3. kontern, 4. schwingen und 5. abwehren. Es gibt 12 Grundtechniken in der Anwendung:

CHINESISCHE STOCKTECHNIKEN

1.	Tan	– zurückprallen
2.	Chi	– schlagen
3.	Dong	– bewegen
4.	Zhuan	– drehen
5.	Da	– teilen
6.	Gou	– haken
7.	Lan	– abwehren
8.	Ge	– schneiden/schlagen
9.	Chuan	– stechen
10.	Ta	– zurückziehen
11.	Sha	– schlagen
12.	Chuang	– stoßen

Der Stock wird in drei Teile geteilt. Der erste Teil wird von der vorderen Hand begrenzt und heißt Kopf *(Tou)* oder Brust *(Xiong-pu)*. Das hintere Drittel wird von der hinteren Hand begrenzt und Fuß *(Jiao)* oder Hüfte *(Yao)* genannt. Das mittlere Drittel liegt zwischen beiden Händen und wird als Körper *(Shen)* bezeichnet. Die Mitte des Stocks nennt man *Zhong-shen*. In manchen Schulen wird der Stock in acht gleiche Teile unterteilt, die wichtige Abschnitte des Gleichgewichts markieren. Die vordere Hand wird Himmelshand *(Tian-shou)* und die hintere Hand der Erde *(Di-shou)* genannt. Entsprechend werden die Hände gehalten: Die Handfläche der Himmelshand zeigt nach oben, während die Erdhand nach unten zeigt und tiefer steht. Das ist gleichzeitig auch eine der Grundhaltungen und wird »Haltung von Himmel und Erde« genannt. Zwei weitere Grundhaltungen sind die Himmelshaltung, in der beide Hände nach oben zeigen, und die Erdhaltung, in der beide Hände nach unten zeigen. Die wichtigsten Stockarten sind:

CHINESISCHE STOCKARTEN

Gun	– langer Stock
Qiang	– zugespitzte Stange
Shui-huo-gun	– Stock des Wassers und des Feuers
Yu-liu-gun	– daoistischer Stock des »himmlischen Drachens«
Shou-kang	– Rohr
Kao	– Bambusstock
Chang	– Kantenstock
Chou	– Lattenbündel
Fou-ching	– Handstock aus spanischem Rohr
Lang-ya-bang	– Stock mit Wolfszähnen
Ching oder Long-bang	– Stockgerte mit Stacheln, auch »Drachenstock«

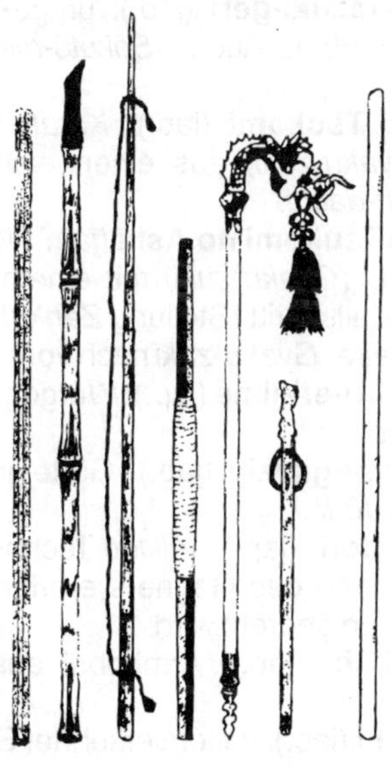

Gun – chinesische Stockformen, von links nach rechts: Chang; Kao; Qiang; Shui-huo-gun; Yu-liu-gun; Shou-kang; Gun

Guna: altindisches Prinzip (→Indien), das

die drei Eigenschaften des Weltäthers enthält: *Sattva*, das Lichte, das dem Menschen Glück und Wissen ermöglicht, *Rajas*, der Ursprung der Lebensaktivität und des Wachstums, und *Tamas*, das Dunkle, die Ursache der Unwissenheit und der Zerstörung.

Gunbai (jap.): Kriegsfächer. Ein starrer Fächer aus Eisen oder Holz, der in Japan von Generälen im Krieg getragen wurde (→*Tessen*).

Guo-lin Qi-gong (chin.): Form des medizinischen *Qi-gong* (→*Yi-jia*), die von der krebskranken Malerin Guo Lin entwickelt wurde.

Guo-lin Qi-gong wird manchmal auch als *Xi-xi-hu* bezeichnet, was »aus-, aus-, einatmen« bedeutet. Diese Übungsform wird auch heute regelmäßig zur Krebstherapie eingesetzt.

Guom (viet.): auch *Doan Guom*, Schwert im vietnamesischen Waffensystem →*Co Vo Dao* (s. auch →Vietnam).

Guo-shu (chin.): »nationale Künste«, auch *Kuo-shu*. Der Begriff wurde 1920 von der chinesischen Regierung anstelle des Begriffs →*Wu-shu* eingeführt, hat sich aber nicht durchgesetzt.

Guo Yun-Shen: Pseudonym für Jin Jao (Chin Chao), Beiname: »Allesvernichtende göttliche Hand«. Meister des →*Xing-yi-quan*, Schüler von Li Neng-Gren.

Guo lehnte die Karriere eines konfuzianischen Gelehrten ab, um *Xing-yi-quan* zu studieren. Als er nach einigen Jahren große Fortschritte gemacht hatte, zog er im ganzen Land umher, um einen würdigen Gegner zu finden. In He-bei tötete er mit einem einzigen Schlag einen Kämpfer und mußte für drei Jahre ins Gefängnis. Dort übte er weiter. Als er entlassen wurde, hatte er gelernt, seinen tödlichen Schlag mit der anderen Hand zu kontrollieren. Bekannt geworden ist sein Kampf mit dem *Ba-gua*-Meister →Dong Hai-Quan, den Guo verlor.

Guruma (jap.): Rad. *Tai-guruma* – Körperrad, *Koshi-guruma* – Hüftrad.

Gusoku (jap.): im 16. Jh. in Japan entwickelte Samurai-Rüstung, die die alte schwere Rüstung (→*Yoroi*) ablöste. Als die Schußwaffen in Gebrauch kamen, war auch durch die Rüstung die Unverletzbarkeit nicht mehr garantiert, und so griffen die Krieger auf eine leichte Rüstung zurück, die ihnen mehr Bewegungsfreiheit im Nahkampf (→*Kumi-uchi*, →*Yoroi kumi-uchi*) gewährte. Die neue Rüstung ähnelte einem Schuppenpanzer aus leichten Metallplatten. Außerden war auch noch eine kleinere Variante im Gebrauch, die man →*Kogusoku* nannte.

Gusukuma (Shimpan) Shiroma[1]: okinawanischer *Karate*-Experte der ersten Generation aus Tomari, Schüler von →SHIONJA und neben →MATSUMURA SÔKON der Hauptlehrer von →ITOSU YASUTSUNE (ANKÔ).

Gusukuma (Shimpan) Shiroma[2]: →SHIROMA SHIMPAN (GUSUKUMA)

Gusukuma Tsunetaka (1892–1966): okinawanischer *Karate*-Meister des *Naha-te*, Schüler von →HIGASHIONNA KANRYÔ.

GWRA: *German Wushu Research Association*, Organsiation für chinesisches *Quanfa*, gegründet von JAN →SILBERSTORFF. Die Organisation ging 1995 in der →WCATG (s. auch Anhang) auf.

Gyaku (jap.): spiegelverkehrt, umgekehrt, entgegengesetzt, gegen die Natur. *Gyaku-zuki* – seitenverkehrter Fauststoß.

Gyaku-gaeshi-jime (jap.): Würgegriff aus dem *Jûdô*. Umgekehrtes Sturzbankwürgen.

Gyaku-gamae (jap.): *Aikidô*-Bezeichnung für die Ausgangshaltung zweier Gegner, die sich spiegelverkehrt gegenüberstehen (einer rechts vor, der andere links vor).

Gyaku-hachiji-dachi (jap.): mit den Füßen nach innen gedrehte natürliche Stellung (→*Shizen-tai*).

Gyaku-hanmi (jap.): umgekehrt zu →*Hanmi*. Seitenverkehrte Hüfte, halb abgedreht. Im *Aikidô* gebraucht man den Begriff, um zu bezeichnen, daß zwei Gegner sich asymmetrisch gegenüberstehen (z. B. beide mit links vor). In diesem Fall Gegenteil zu →*Ai-hanmi*.

Gyaku-hara-gatame (jap.): Bauchstreckhebel aus dem *Jûdô*.

Gyaku-hishigi (jap.): Beinklemmhebel aus dem *Jûdô*.

Gyaku-jûji (jap.) Kippstreckhebel aus dem *Jûdô*.

Gyaku-jûji-gatame (jap.): Leistenstreckhebel aus dem *Jûdô*.

Gyaku-jûji-jime (jap.): Würgegriff aus dem *Jûdô*.

Gyaku-kaiten (jap.): entgegengesetzte Drehung.

Gyaku-kanuki-gatame (jap.): Riegelstreckhebel aus dem *Jûdô*.

Gyaku-ken (jap.): seitenverkehrte Faust.

Gyaku-kesa-garami (jap.): Schärpenstreckhebel aus dem *Jûdô*.

Gyaku-kesa-gatame (jap.): Haltegriff aus dem *Jûdô*.

Gyaku-mawashi-geri (jap.): Halbkreisfußtechnik von innen nach außen. Umgekehrter Halbkreistritt (Einteilung s. →*Mawashi-geri*).
Der Fuß wird in der Anfangsphase wie →*Mae-geri* angezogen. Mit dem Hochheben des Knies an die Brust wird der Fuß nach innen genommen, so daß das Knie schräg nach außen zeigt. Nun wird im Halbkreis nach außen um das Kniegelenk herum geschlagen und auf dieselbe Weise wieder zurückgezogen. Zum Treffen wird *Koshi* (Fußballen) benutzt. Die Technik richtet sich zur mittleren Stufe *(Chûdan)* gegen leicht seitlich stehende Gegner.

Gyaku-mikazuki-geri (jap.): umgekehrter Halbmondfußtritt. Auch →*Sokutô-mikazuki-geri*.

Gyaku no Tsukomi (jap.): *Karate*-Fauststoß *(Gyaku-zuki)* aus einem seitlichen *Zenkutsu-dachi*.

Gyaku no Tsukomi no Ashi (jap.): *Karate*-Fauststoß *(Gyaku-zuki)* mit einem seitlichen Ausfallschritt (Stellung *Zenkutsu-dachi* zur Seite, *Gyaku-zuki* nach vorn).

Gyaku-okuri-eri-jime (jap.): Würgegriff aus dem *Jûdô*.

Gyaku-sumi-gaeshi (jap.): Gürtelgriffwurf aus dem *Jûdô*.

Gyaku-te-dori (jap.): *Aikidô*-Technik, mit der die Hand des Gegners ergriffen und nach außen gedreht wird.

Gyaku-tekubi (jap.): Armhebel aus dem Stand.

Gyaku-uchi (jap.): seitenverkehrter Schlag. Man steht z. B. links vor und schlägt rechts.

Gyaku ude-garami (jap.): Armbeugehebel aus dem *Jûdô*.

Gyaku waki-gatame (jap.): Achselstreckhebel aus dem *Jûdô*.

Gyaku-waza (jap.): Gruppe der seitenverkehrten Techniken. Man steht z. B. links vor und führt die Technik mit rechts aus.

Gyaku-yubi (jap.): Fingerabbiegen in den Selbstverteidigungskünsten.

Gyaku-zuki (jap.): seitenverkehrter Fauststoß (z. B. linker Fuß steht vorn, rechte Faust stößt). Überbegriff für mehrere Fauststoßvarianten (Klassifizierung und Varianten s. →*Tsuki-waza*). Die Technik wird hauptsächlich als Gegenangriff gebraucht, kann jedoch kombiniert mit einem großen Vorwärtsschritt oder mit einem Gleitschritt auch als Angriff verwendet werden.

Die Hauptkraft kommt aus der Drehung der Hüfte.

Jôdan gyaku-zuki – der seitenverkehrte Fauststoß

Man startet daher mit abgedrehter Hüfte, dreht die Hüfte schnell ein und streckt das hintere Bein. Während der Technik atmet man aus und spannt am Ende der Bewegung besonders den Bauch. Die Schultern dürfen nicht in die Technik hineingedreht werden, die Achsel des stoßenden Arms ist weitgehend geschlossen. *Gyaku-zuki* wird meist als Kombination mit *Seiken choku-zuki* ausgeführt, es gibt jedoch auch andere Varianten. Die wichtigsten sind (Beschreibung s. unter den Bezeichnungen):

FORMEN DES GYAKU-ZUKI

Seiken gyaku-zuki	– Stoß mit der Vorderfaust
Gyaku age-zuki	– seitenverkehrt steigender Stoß
Gyaku ura-zuki	– seitenverkehrter Aufwärtshaken
Gyaku tate-zuki	– seitenverkehrt senkrechte Faust
Gyaku mawashi-zuki	– seitenverkehrter Halbkreisstoß

Außerdem kann der seitenverkehrte Stoß mit allen möglichen Auftreffflächen der Faust ausgeführt werden. Entsprechend gibt es: *Gyaku ippon-ken, Gyaku nakadaka-ken, Gyaku hira-ken, Gyaku (ippon, nihon, shihon) nukite*.

Gyaku-zuki no ashi (jap.): Ausfallschritt mit →*Gyaku-zuki* im Karate.

Gyô (jap.): Beruf, Geschäft, Unternehmen; (auch →*Waza*:) Tat, Handlung, Kunst, Werk.

In den Kampfkünsten gebraucht man den Begriff für die in der rechten Haltung (→*Shisei*) verwirklichte Körpertechnik. Dort, wo Technik nicht nur als ein Geschicklichkeitstun (→*Shôsa*) geübt und verwirklicht wird, sondern zur inneren Festigung des Menschen führt (→*Kenshô*, →*Geiko*).

Gyôja (jap.): Bezeichnung für einen →*Yamabushi*.

Gyôja E'nô: auch Otsunu E'nô, erster japanischer Mönch (722–797) der →*Mikkyô*-Sekte, Schüler des chinesischen Meisters Dôsen Risshi, Lehrer von →Saichô, dem Begründer der →*Tendai*-Sekte des esoterischen Buddhismus.

Gyôji (jap.): Kampfrichter, Ringrichter.

Gyôkko-ryû (jap.): →*Ninja*-Nahkampfschule, benannt nach dem chinesischen Flüchtling Cho Gyôkko. Er hatte seine revolutionären Konzepte des Nahkampfes den Japanern gezeigt, um sich dafür zu bedanken, daß sie ihn in ihrem Land aufgenommen hatten. Heute wird *Gyôkko-ryû* in den *Bujinkan-dôjô* unterrichtet.

Gyôkuro (jap.): aus gekochtem grünem Tee hergestelltes Gift.

H

Ha[1] (jap.): Sekte, Schule, Partei, Zweig. In den Kampfkünsten Zweig einer Schule (→*Ryû*).

Ha[2] (jap.): Schneide, Klinge eines Messers oder eines Schwertes (auch *Jin*). *Hakujin* – blankes Schwert, *Hasaki* – Schneide, Klinge, *Moroha no tsurugi* – zweischneidiges Schwert.

Ha[3] (jap.): das zweite Prinzip aus →*Shu Ha Ri*. Das Schriftzeichen übersetzt man mit »zerreißen« oder »zerbrechen«. Es bezeichnet die zweite Etappe der Weglehre (→*Oshi*), in welcher der Schüler die Normen und Konventionen der Systeme verläßt und seiner Übung eigene Inhalte gibt. Daher bezeichnet man die *Ha*-Stufe auch noch als »Stufe der Befreiung vom Formsystem«.

Ha ist die zweite Stufe aus *Shu Ha Ri* und bezeichnet das Ende des bloßen Formlernens (→*Omote*). Auf dieser Stufe ist der Übende kein Anfänger mehr. Er beherrscht die Technik, doch nun muß er sich auch darum bemühen, zu seinem persönlichen Stil zu finden. Es ist die Stufe, auf der die Abhängigkeit von der Form zum Hindernis für ihn werden kann. Im *Shu*-Abschnitt hat er die Formen nachgeahmt und gelernt, in der *Ha*-Stufe muß er sie hinterfragen und verstehen. Hier darf keine Form mehr unverstanden nachgeahmt werden. Der Mensch befreit sich von der Abhängigkeit gegenüber den Formen und ist in der Lage, sich ihrer zu bedienen.

Die *Ha*-Stufe beginnt frühestens mit dem Erreichen des ersten Schwarzgurtes und erstreckt sich über sämtliche *Yûdansha*-Grade (→*Kyûdan*). Aus der Sicht des klassischen *Budô* beginnen in der *Ha*-Stufe die Etappen der Wegausbildung (→*Shodan*, →*Nidan*, →*Sandan*). Der *Budô*- Schüler (→*Deshi*) in der *Ha*-Stufe tritt in eine persönliche Lehrer-Schüler-Beziehung (→*Shitei*) und nimmt die Herausforderungen des Weges (→*Dô*) an. Erst hier beginnt der Weg des →*Budô*.

Habaki-moto (jap.): Schwertrücken (→*Mune*, →*Ha*).

Habersetzer, Roland: *Karate*-Lehrer und -Pionier in Frankreich, einer der ersten *Karate*-Übenden in Europa.

Habersetzer ist Professor für Geschichte und Geographie und beschäftigt sich seit 1958 mit *Karate*. Heute ist er Träger des 8. Dan, Technischer Berater des *Karate*-Clubs an der Straßburger Universität und Vorsitzender des *Centre de Recherche Budo* (s. Anhang), einer Organisation, die er 1974 gegründet hat.

Habiki-tô (jap.): japanisches Stumpfschwert.

Hachi (jap.): acht (auch *Yatsu*, *Ya*). *Hachinin* – acht Personen.

Hachidan (jap.): 8. Meistergrad im *Budô*. Titel eines *Kyoshi* (→*Kyûdan*, →*Dan*, →*Kodansha*).

Hachiji-dachi (jap.): Stellung mit geöffneten Füßen, Grundstellung (s. auch →*Hachinoji-dachi*). Klassifizierung unter →*Shizen-tai*.

Die meistgebrauchte natürliche Bereitschaftsstellung *(Yôi)*. Die Füße sind etwa schulterbreit voneinander entfernt und 45 Grad nach außen gerichtet. Die Knie sind entspannt und locker. Der Körper ruht aufrecht in seinem Gleichgewicht.

Hachikyû (jap.): 8. Schülergrad im *Budô*, Anfänger (→*Kyûdan*, →*Kyû*).

Hachimaki (jap.): Kopfband, Stirnband (→*Tenugui*).

Hachiman (jap.): *Hachiman o Kami*, shintoistischer Gott des Krieges, der besonders von den Samurai verehrt wurde.

Der Kriegsgott wurde erstmals im Jahre 737 n. Chr. in Usa auf der Insel Kyûshu erwähnt. In der Blütezeit des japanischen Kriegertums betete man in fast 50 000 Tempeln – das ist mehr als die Hälfte aller Shintô-Tempel *(Jimja)* – diesen Gott an. Selbst im zweiten Weltkrieg trugen die japanischen Soldaten, dem Brauch der Samurai folgend, eine Reliquie aus einem *Hachiman*-Tempel bei sich.

Hachinoji-dachi (jap.): Bereitschaftsstellung mit geöffneten Füßen (auch →*Hachiji-dachi*).

Hachizuki Tenzo: bekannter →*Ninja*.

Hadaka (jap.): nackt, entblößt, kahl (auch *Ra*).

Hadaka-jime (jap.): Würgegriff im *Jûdô*.

Hadako (jap.): oder *Hakudo*, eine der vielen japanischen Bezeichnung für chinesisches Kempô (→*Jûjutsu*).

Hagakure (jap.): »Verborgene Blätter«. Name eines elfbändigen Werkes über die Kampfkünste, von dem Samurai YAMAMOTO TSUNETOMO aus dem SAGA-Clan zusammen mit einigen anderen Samurai des NABESHIMA-Clans im Jahre 1716 auf der Südinsel Kyûshu verfaßt. Anders als in MUSASHIS *»Gorin no sho«*, das die hintergründige Philosophie der Kampfkunst beschreibt, wird hier ausführlich auf die ethischen und philosophischen Prinzipien des *Bushidô* eingegangen.

GESCHICHTE UND INHALT

Das Buch steht im Zeichen des →*Bushidô*, dessen Geist unter der Herrschaft der TOKUGAWA abzuklingen drohte (→HOSHINA MASAYUKI). Der verstärkte Einfluß des Konfuzianismus zu jener Zeit am kaiserlichen Hof sicherte zwar den gesellschaftlichen Stand der Kriegerkasten (→*Samurai*), tendierte jedoch in vielerlei Hinsicht zu einer Verweichlichung in der Lebenshaltung, die den Ehrenkodex mancher Krieger empfindlich störte. Am folgeträchtigsten war das durch Tokugawa erlassene Verbot des sogenannten »Nachfolgetodes« (→*Harakiri*), das den Samurai zwang, »in Schande« weiterzuleben. Es war üblich, daß der Samurai nach dem Tod seines Herrn, wenn dieser unter gewissen Umständen eintrat, auf traditionelle Weise *Seppuku* beging.

Der Verfasser des *Hagakure*, YAMAMOTO TSUNETOMO, war davon betroffen. Er war der Berater des Nabeshima-Fürsten MITSUSHIGE und wollte bei dessen Tod, dem Geist des *Bushidô* entsprechend, Selbstmord begehen. Da dies jedoch gesetzlich verboten war und der Geist des *Bushidô* ebenso lehrte, die Gesetze zu achten, gerieten viele Samurai in ähnlichen Situationen in ausweglose Gewissenskonflikte. Yamamoto zog sich mit Gewissensbissen und in tiefer Trauer aus dem öffentlichen Leben zurück und wurde Mönch, und bald wurde er in der Einsiedelei von anderen Samurai aufgesucht, die ähnliches erlebt hatten. So entstand das *Hagakure*. Sein Inhalt ist eine einzige Aufforderung an die Tokugawa-Fürsten, zu der alten Tradition des *Bushidô* zurückzukehren und dessen eigentlichen Wert, »die unbedingte Bereitschaft des Samurai zum Tod«, wiederaufleben zu lassen. Das Buch – ausschließlich philosophischen Inhaltes – mahnt, daß der Geist des *Bushidô* ohne diese Bereitschaft sterben werde. Auszugsweise heißt es dort:

AUSZUG AUS DEM HAGAKURE

»Es gibt keine andere Möglichkeit, einem Krieger zu sagen, was er zu tun oder zu lassen hat, als daß er selbst strikt dem Weg des Kriegers folgt. Mir scheint, daran mangelt es ihnen allen. Nur noch wenige Männer sind imstande, die Frage, was der Weg des Kriegers sei, auf der Stelle zu beantworten. Das ist so, weil sie es in ihrem Herzen nicht mehr wissen. Wir sehen daran, daß sie vom Weg des Kriegers abgewichen sind. Der Weg des Kriegers bedeutet zu sterben ... Manche sagen, es sei unnütz zu sterben, ohne seine Absichten verwirklicht zu haben. Doch dies entstammt dem kraftlosen Bushidô aus Kyôto und Osaka. Sie können sich, vor die Wahl zwischen Leben und Tod gestellt, deshalb nicht entscheiden, weil sie an ihren ursprünglichen Absichten hängen. Jeder von ihnen möchte am Leben bleiben. Einen Mann, der überlebt, obwohl er seine Absichten nicht ausführen konnte, einen Feigling zu nennen mag wohl herzlos sein. Aber zu sagen, daß der Tod, wenn man versagt hat, ein unnützes Opfer sei, ist absurd. Es ist keine Schande zu sterben, vielmehr ist es das Eigentliche am Weg des Kriegers. Wer von morgens bis abends aufrechten Herzens ist, sich an den Gedanken zu sterben gewöhnt und immer zum Sterben bereit ist, der kann durch das Leben gehen ohne Furcht vor dem Versagen, und er kann seine Aufgaben erfüllen, wie die Pflicht es ihm gebietet.

Selbst ein unnützer Mensch ohne Talent ist ein wertvoller Gefolgsmann, wenn er nur das Wohlergehen seines Herrn im Auge hat. Es ist nicht edel, nur an den praktischen Nutzen der Weisheit oder der Technik zu denken ... Bedenken wir die

»vier Eide« und erheben uns über die Sorge um das eigene Wohlergehen, dann erscheint eine Weisheit, die vom Eigennutz unabhängig ist. Denn wer immer sich in die Dinge versenkt, und zöge er auch die Zukunft sorgsam in Betracht, wird zunächst an sich selber denken. Aus solch üblem Denken aber erwachsen auch üble Taten. Einfältigen Menschen fällt es nicht leicht, von dem Gedanken an das eigene Wohlergehen loszukommen.

Wann immer man etwas beginnt, richte man deshalb die Ziele und Absichten auf die »vier Eide« und lasse von allem Anfang an die Selbstsüchtigkeit hinter sich. Dann kann nichts fehlschlagen.

Die »vier Eide« lauten: Lasse dich auf dem Weg des Kriegers von niemandem übertreffen. Sei deinem Herrn nützlich. Ehre deine Eltern. Sei von großer Güte, und tue alles für andere.«

Hai[1] (jap.): Kollege, Genosse. *Kohai* – der Jüngere; in Zusammensetzungen oft zu *-pai* abgewandelt: *Senpai* (→*Sempai*) – der Ältere, *Nenpai* – das Alter.

Hai[2] (jap.): »Ja!«, »In Ordnung!« (Bestätigung oder Anerkennung).

Haiku (jap.): japanisches Kurzgedicht. Der Aufbau ist einfach und besteht aus drei Versen zu 5-7-5 Silben.

Assoziative Wortspiele sind charakteristische Stilmittel, Reime werden nicht verwendet. Das Haiku erlebte seine Blütezeit im 17. und 19. Jh. Es entstand aus dem *Haikai-renga* (Posse, Scherz), einer bereits im Mittelalter bekannten humoristischen Variante des seriösen Kettengedichtes *(Renga)*.

Haimen-tsuke (jap.): Pistolenangriff von hinten aus der →*Goshinjutsu no Kata*.

Haira-Kata (jap.): Übungsmethoden (*Jûdô* und *Jûjutsu*), die lehren, in der Bodenlage Grifftechniken anzuwenden. Auch Übungsformen, in denen man das Hineingehen in eine Wurftechnik übt.

Hai-rei (jap.): →*Rei* in kniender Position *(Zarei)*. Der Körper wird gebeugt, die Hände bleiben auf den Knien.

Hairu (jap.): hineingehen, eintreten, hereinkommen.

Haishu (jap.): Handrücken. Man benutzt die gesamte Oberfläche des Handrückens, um anzugreifen *(Uchi)* oder abzuwehren *(Uke)*. Als Angriff eignet sich der Handrücken besonders gut gegen das Gesicht, gegen die Rumpfseiten und gegen den Solarplexus.

Haishu-uchi (jap.): Schlag mit dem Handrücken (Zuordnung s. →*Uchi-waza*).

Haishu-uchi – Schlag mit der inneren Handkante

Haishu-uke (jap.): Abwehr mit dem Handrücken (Zuordnung s. →*Uke-waza*).

Haisoku (jap.): Spann, Rist, Fußrücken. Auch *Sokko*. Die Zehen werden nach unten gebogen und die Fußoberseite gespannt.

Mit Haisoku kann man gegen das Gesicht, zum Hinterkopf, zum Bauch, zur Bauchseite und zu den Hoden angreifen Die Technik wird im →*Mae-geri* (→*Kin-geri*) und im →*Mawashi-geri* (→*Kubi-geri*) angewendet.

Haitô (jap.): Innenkante der Hand, Daumenseite. Man streckt die vier Finger aus, beugt das erste Gelenk des Daumens und preßt ihn gegen die Seite der Handfläche.

Zum Schlagen (→*Uchi-waza*) wird die Wurzel des Zeigefingers verwendet. Man kann zur Schläfe, zum Kinn, zum Hinterkopf, zur Kehle, zum Gesicht und zum Bauch angreifen. Mit *Haitô* kann man auch Abwehrtechniken ausführen (→*Uke-waza*).

Haitô-uchi (jap.): Schlag mit der Innenkante der Hand (→*Uchi-waza*).

Haitô-uchi – Schlag mit der Handinnenkante

Haitô-uke (jap.): Abwehr mit der Innenkante der Hand (→*Uke-waza*).

Haiwan (jap.): obere Seite des Unterarms (→*Wan*).

Haiwan-nagashi-uke (jap.): Fegeabwehr mit der Oberseite des Unterarms, Fegesperre mit dem Unterarm. Zuordnung s. → *Nagashi-uke*, Klassifizierung s. →*Uke-waza*.

Haji (jap.): Schande, Schandgefühl (→ Konfuzianismus).

Hajime (jap.): der Anfang, im *Budô* der Kampfbeginn. *Hajimaru* – »Beginnt!« (in abgekürzter Form auch *Jime*).

Hakakukei-Nunchaku (jap.): achtkantiges →*Nunchaku*-Holz. Der achtkantige *Nunchaku* wurde erst auf Okinawa entwickelt. In China verwendete man runde *Nunchaku*-Hölzer.

Hakama (jap.): Hosenrock. Heute im *Kendô, Kyûdô* und *Aikidô* getragen (→*Kimono*). Die Hose ist an den Seiten geschlitzt und gehört zur traditionellen japanischen Kleidung bei Zeremonien. Früher wurde sie von Frauen und Männern getragen, war jedoch ab dem 17. Jh. nur noch den Männern vorbehalten. Nach der Meiji-Restauration trugen auch die Frauen wieder den *Hakama*. In den Kampfkünsten zogen die Frauen stets den *Kimono* dem *Hakama* vor.

Die Jacke hat eine große Falte hinten und fünf vorne. Sie wird mit einem Gürtel gebunden, mit einem festen Knoten auf dem Rücken *(Koshi-ita)*. Der *Hakama* wird über dem Kimono getragen und vervollständigt zusammen mit →*Haori* die japanische Kleidung. Heute sind die *Hakama* von verschiedener Farbe, abhängig vom Fortschrittsgrad der Übenden, zumeist schwarz, dunkelblau, dunkelbraun oder weiß.

Hakay-te (jap.): andere Bezeichnung für →*Mawate* (umdrehen).

Hakimono (jap.): Holzschuhe, zur traditionellen japanischen Kleidung gehörend (→*Kimono*).

Hakkô (jap.): alte Bezeichnung für die → *Sôchin-Kata*.

Hakkô-ryû (jap.): traditionelle japanische →*Aikijutsu*-Schule, gegründet von Okuyama Yoshiji Ryûho (→Takeda Sôgaku), aus der Schule des →*Daitô-ryû*, im Jahre 1938 in einem kleinen *Dôjô* in Tôkyô.

Dieses System hatte auch großen Einfluß auf die Entwicklung des →*Shôrinji-Kempô* unter Sô Doshin in Japan. Sô Doshin war lange Zeit ein Schüler von Okuyama (s. Tafel →*Aikidô*). Das *Hakkô-ryû* ist auf das Studium der östlichen Medizin fixiert, die in den Kampftechniken als Druck auf Vitalpunkte angewendet wird.

Nachfolger des *Hakkô-ryû* ist der Sohn des Gründers Okuyama Toshio (*Nidai Imei* – große zweite Generation), der im Jahre 1949 mit dem Training begann. Zusätzlich studierte er *Koho Shiatsu* (Fingerdrucktherapie). Das *Hakkô-ryû* ist verwandt mit dem *Aikidô* (Ueshiba lernte mit Okuyama zusammen in derselben Schule das *Daitô-ryû*). In Europa ist das System wenig bekannt, doch im asiatischen Raum ist es heute sehr verbreitet.

Das *Hakkô-Juku-Honbu* befindet sich in der Präfektur Saitama und wird von Okuyama selbst und seinem Nachfolger Okuyama Toshio geleitet. Alle Graduierungen über dem 4. Dan können nur im Haupt-*Dôjô* absolviert werden. Dort finden vier Ebenen der fortgeschrittenen Lehre statt: 1. *Shihan* (Meisterlehre). 2. *Renshi-Shihan* (Senior-Meisterlehre), 3. *Kaiden-Shihan* (Meisterlehre der tiefsten Geheimnisse) und 4. *Sandai-Kichi* (drei große Grundpfeiler). Das tatsächliche fortgeschrittene Training nennt man *Soden-kai* (Übertragungszeremonien). Gewöhnlich nehmen nicht mehr als fünf Schüler ab dem 4. Dan am *Soden-kai* teil. Sie sind alle *Uchi-deshi*. Zum Abschluß dieses Trainings wird eine Zeremonie abgehalten, in die auch *Shinto*-Praktiken einfließen. Fortgeschrittene Lehrer aus ganz Japan kommen, um den *Uchi-deshi* des *Hakkô-ryû* bei ihrem Training zuzusehen.

Haku[1] (jap.): weiß (auch *Byaku, Shiroi, Shira*, s. →*Iro*). *Kuhaku* – leerer Raum.

Haku[2] (jap.): weit, breit, viel, ausgedehnt. *Hakugaku* – umfassende Bildung, *Hakuai* – Menschenliebe.

Hakucho (jap.): auch *Hakutsuru*, Kata des *Shitô-ryû*, ursprünglich *Hakufa no Kata* (→*Hakufa*), aus dem →*Hakutsuru-ken* (s. auch →*Bai-he-quan*) von →GO KENKI überliefert.

Hakuda (jap.): auch *Shuhaku* (mit der Hand kämpfen), alte Bezeichnung für den waffenlosen Nahkampf (→*Jûjutsu*, →*Yôshin-ryû*).

Der Begriff *Hakuda* (oder *Shuhaku*) wurde von den Japanern für jene *Jujutsu*-ähnlichen Kampfmethoden gebraucht, die von chinesischen Kaufleuten und Mönchen ins Land gebracht wurden. Er sollte die bereits bestehenden japanischen Konzepte von den chinesischen unterscheiden. Als Überbegriff für die chinesischen Boxformen verwendete man die Bezeichnung →*Kempô*.

Hakufa (jap.): auch *Hakutsuru*, alte chinesische Kata des →*Bai-he-quan*, heute im *Gôjû-ryû* und im *Shitô-ryû* (→*Hakucho*) geübt.

Hakuhojo (jap.): weißes Phönixschloß in der Iga-Provinz, erbaut im Jahre 1581 zur Kontrolle der *Ninja*. Das Schloß wurde 1612 von einem Taifun zerstört.

Hakuin Zenji (1686–1769): auch HAKUIN EKAKU, einer der bedeutendsten japanischen *Zen*-Meister der →*Rinzai*-Schule. Mit fünfzehn Jahren wurde er zum Mönch der *Rinzai*-Sekte geweiht. Nach einem langjährigen harten Studium wurde er der *Dharma*-Nachfolger von Meister SHÔJU.

Während seines ganzen Lebens wurde Hakuin jedoch niemals Abt eines großen Tempels. Trotzdem betrachtet man ihn als den Vater des modernen *Rinzai*, da er der *Rinzai*-Linie, die seit dem 14. Jh. allmählich verfallen war, neue Impulse gab und sie reformierte. Er systematisierte die →*Kôan* und führte das →*Zazen* wieder ein, dessen Praxis mehr und mehr von einer intellektuellen Beschäftigung mit den Schriften des *Zen* verdrängt worden war. Hakuins Koân *Sekishu* (»Hand«) »Was ist der Ton des Klatschens mit einer Hand?« ist das bekannteste Kôan, das von einem japanischen *Zen*-Meister stammt. Hakuin Zenji war nicht nur ein hervorragender *Zen*-Meister, sondern auch ein bedeutender Maler, Schriftmeister, Kalligraph und Bildhauer. Seine Tuschezeichnungen gehören zu den berühmtesten japanischen *Zen*-Malereien.

Hakuson no Kon (jap.): okinawanische →*Bô-Kata*.

Hakuta (jap.): okinawanische →*Sai-Kata*.

Hakutsuru (jap.): auch →*Hakucho* oder →*Hakufa*, alte okinawanische *Karate-Kata* des →*Shuri-te* und →Naha-te, ursprünglich aus dem Stil des Weißen Kranichs (chin. →*Bai-he-quan*) aus den südlichen chinesischen Schulen des →*Quan-fa* aus Fukien.

Die *Hakutsuru*-Varianten aus Shuri und Naha sind unterschiedlich. In den meisten okinawanischen Stilen wurde die *Hakutsuru* geheimgehalten und nur in gewissen Kreisen gelehrt. Im *Gôjû-ryû* wurde die Kata anfangs von MIYAGI CHÔJUN und HIGA SEIKO unterrichtet, später aber aus dem Programm herausgenommen. Die wichtigste Übertragungslinie der *Hakutsuru* verläuft von MATSUMURA SÔKON über NABE TANME zu SOKEN HÔHAN. Heute wird sie in mehreren *Shôrin*-Stilen unterrichtet, aber nicht mehr als geheime Kata angesehen.

Eine andere Variante der *Hakutsuru* wird heute im *Shitô-ryû* geübt und wurde von dem Chinesen →GO KENKI in Okinawa eingeführt. Sie ist dort noch immer als *Hakucho* bekannt. Die Kata lehrt Stiche mit gestreckten Fingern und schwungvolle Schläge mit den Armen, die den Flügelbewegungen des Kranichs gleichen. Fußtechniken werden fast überhaupt nicht gebraucht.

Hakutsuru-ken (jap.): auch *Hakutsuru-Kempô*, okinawanische Bezeichnung für den »Weißen Kranichstil« (chin. →*Bai-he-quan*) aus Fukien, dokumentiert im →*Bubishi*, der unter anderen von GO KENKI 1915 nach Okinawa gebracht wurde. Auf Okinawa wurden in diesem Stil drei Kata geübt: *Neipai (Nipaipo), Hakufa* (*Hakucho* oder *Hakutsuru*) und *Happoren*.

Die Legende aus dem *Bubishi* erzählt, daß der Stil von einer Frau, FANG FAI-SHI, erfunden wurde. Als sie eines Morgens an ihrem Fenster saß, setzte sich ein weißer Kranich auf ihre Fensterbank. Sie wollte ihn mit einem Stock vertreiben, doch der Kranich schlug den Stock jedesmal mit

Chinesischer Kranich, Symbolfigur für den Kranichstil

seinen Flügeln zur Seite. Daraufhin bat sie den Kranich, ihr diesen Kampfstil beizubringen. Am nächsten Tag erschien der Kranich in Gestalt eines alten Mannes wieder und unterrichtete sie (s. dazu auch →*Bai-he-quan*).

Hakyû (jap.): kleiner Bogen aus dem Waffenarsenal der →*Ninja*.

Hamahiga: kleine Insel im Osten →Okinawas, früher bekannt für ihre Techniken, insbesondere für *Sai, Bô* und *Tonfa* (→Matsu Higa).

Hamahiga no Sai (jap.): okinawanische *Sai-Kata*, repräsentativ für den *Sai*-Stil der Insel →Hamahiga.

Hamahiga no Tonfa (jap.): okinawanische *Tonfa-Kata*. Man vermutet, daß sie aus der →*Matsuhiga no Tonfa* (s. auch →Matsu Higa) abgeleitet wurde. Im Gegensatz zu dieser weist sie jedoch deutlichere Merkmale der *Shôrei*-Schule auf (*Hangetsu-dachi* und *Sanchin-dachi*).

Hamashi (jap.): Rückseite des Schwertes (Gegensatz: *Hamon*).

Hamidashi (jap.): Variante des →*Tantô* (s. auch →*Ken*) mit einer schmalen Klinge.

Hamon (jap.): Schneidefläche des Schwertes. Bedeutet auch: vom Training ausgeschlossen sein.

Han¹ (jap.): Modell, Beispiel. *Shihan* – Lehrer, Meister, *Kihan* – Norm.

Han² (jap.): Hälfte, Mitte (auch *Nakaba*). *Hanbun* – Hälfte, halb, *Hanmi* – halber Körper, *Zenhan* – die erste Hälfte.

Han³ (jap.): feudaler Clan, Lehen. *Hangaku* – Samuraischule.

Hana¹ (jap.): Blüte, Blume, Zweig (auch *Ka*). *Kadô* – Kunst des Blumensteckens.

Hana² (jap.): Nase (auch *Bi*, s. →*Karada*). *Hanasaki* – Nasenspitze.

Hanare (jap.): Begriff aus dem →*Kyûdô*, 7. Position beim Bogenschießen, der das Lösen des Pfeils von der Sehne bezeichnet. Die Finger öffnen sich auf natürliche Weise und lassen ohne Zuhilfenahme des Willens die Sehne frei, während der Körper und der Geist in perfekter Einheit sind.

Hanashiro Chômo (1869–1945): im alten okinawanischen Hogen-Dialekt auch Hanagusuku Nagashige, okinawanischer *Karate*-Meister des *Shôrin-ryû (Shuri-te)*, der bei →Matsumura Sôkon und →Itosu Ankô lernte. Seine Lieblings-Kata war die *Jion*. Bereits 1904 verwendete er in seinem Buch →»Karate Shoshu-hen« als erster die japanischen Schriftzeichen für *Kara* statt der chinesischen. Seine direkten Schüler waren Aragaki Ankichi, Nakaima Chôzo, Nakamura Shigeru und Kinjô Hiroshi.

Kara, wie es in dem von Funakoshi Gichin später gedeuteten Schriftzeichen für *Karate* verwendet wird, bedeutet »leer«. Dasselbe Schriftzeichen kann man auch als *Kû* (Himmel) lesen. Ursprünglich wurde für die okinawanische Kampfkunst ein Schriftzeichen verwendet, das ebenfalls *Kara* ausgesprochen wurde, jedoch »fremd«, »chinesisch« *(Tô)* bedeutete. Diese Bedeutung leitet sich von seiner Verwendung im Chinesischen ab, wo es ein Zeichen für die Tang-Dynastie (618 bis 907) war und als solches in Okinawa übernommen wurde.

Hanaue Toshio (1930–1983): japanischer *Karate*-Meister, Schüler von →Toyama Kanken, Erbe des →*Toyama-ryû Bôjutsu* und des →*Shudôkan*. Hanaue erhielt bereits im Alter von 31 Jahren (1961) von Toyama den 8. Dan.

Über Hanaue gelangte eine zweite Richtung des *Shudôkan* in die USA (eine Richtung wird von Walter Todd, einem direkten Schüler Toyamas, in der *All Japan Karate-dô League* seit 1960 in den Staaten vertreten). Diese wurde von dem Amerikaner Sam A. Brock gegründet und in der *National Karate Association* (NKA) organisiert. Brock (*1942) lernte in den 60er Jahren unter Hanaue Toshio auf dem Luftstützpunkt Tachikawa und verbreitete nach seiner Rückkehr in die Staaten 1963 das System. Ihm zur Seite standen zwei weitere Lehrer des *Shudôkan*, Peter M. Rose und Douglas A. Dennis. Diese Richtung wird heute in Deutschland von dem Münsteraner Uwe Steinweg vertreten.

Hanbô (jap.): »halber Stock« (→*Bô*). Der etwa 90 cm lange *Hanbô* wurde in Japan zur Selbstverteidigung im Nahkampf entwickelt. Er ist eine Stoß-, Schlag-, Hebel- und Würgewaffe. Heute zählt er zu den Waffen des →*Kobudô*.

Okinawa

Auf Okinawa war dieser Stock im 16. Jh. am meisten verbreitet und gehörte dort zu den wirkungsvollsten Verteidigungswaffen der Bevölkerung. Man bezeichnete ihn als →*Sanshaku-bô* (zu dessen Geschichte und Entwicklung s. dort). Später jedoch wurde er mehr und mehr von gefährlicheren chinesischen Waffen verdrängt (→ *Kobudô*). In der Folgezeit wurden seine Techniken kaum mehr innerhalb des okinawanischen *Karate* geübt, das sich auf immer wirkungsvollere Waffen konzentrierte, die gegen bewaffnete Samurai einsetzbar waren.

Japan

In Japan übt man die Techniken des *Hanbô* vorwiegend in den verschiedenen Selbstverteidigungssystemen des *Taijutsu, Ninjutsu* (→*Kukishin-ryû*), *Jûjutsu* und *Aikidô*, wo er eine der wirkungsvollsten Selbstverteidigungswaffen ist.

Hanbôjutsu (jap.): die Techniken des →*Hanbô* (s. auch →*Sanshaku-bô*). Eine alte okinawanische und japanische Art der Stockverteidigung.

In Japan wurde dieses System von Meister →Masaaki Hatsumi aufgegriffen und ist heute besonders als →*Kukishin-ryû* weltweit verbreitet. Dieses System gehört zum →*Ninjutsu*, es gibt jedoch auch noch andere japanische und okinawanische *Hanbô*-Systeme. Die Einteilung der Techniken im *Kukishin-ryû* ist folgende:

HANBÔJUTSU

Kamaekata	**– Haltungen**
Hira ichimonji no kamae (Yoi no kamae)	
Dan ryoku no kamae (Jiyû-kamae)	
Dasu no kamae (Zenkutsu-dachi)	
Yoko no kamae (Kiba-dachi)	
Saguru no kamae (Kôkutsu-dachi)	
Kake no kamae (Kake-dachi)	
– Mae	– nach vorn
– Yoko	– zur Seite
– Ushiro	– nach hinten

Hanbô tsuki-kyô	**– Stoßtechniken**
Nagai-zuki	– Stoß mit dem Stockende
– Katate	– mit einem Arm
– Ryôte	– mit beiden Armen
Naname-zuki	– Stoß mit der Breitseite
– Hira naname	– waagerechter Stoß
– Kiritsu nanma	– senkrechter Stoß

Hanbô furi-kyô	**– Schlagtechniken**
O-furi	– weit ausgeholter Schlag
– Kata te	– mit einem Arm
– Ryo te	– mit beiden Armen
Ko-furi	– kurzer Schlag
– Katate	– mit einem Arm
– Ryôte	– mit beiden Armen

Hanbô kaiten-kyô	**– Stockdrehen**
Yubi-kaiten	– um einen Finger
Te-kaiten	– um die Hand drehen
– Katate	– eine Hand
– Ryôte	– beide Hände
Kansetsu-kaiten	– um das Gelenk drehen
Ude-kaiten	– über den Arm drehen
– Mae	– nach vorn
– Ushiro	– nach hinten
Tai-kaiten	– um den Körper drehen
– Jôdan	– obere Stufe
– Chûdan	– mittlere Stufe
– Gedan	– untere Stufe

Hanbô-Kata (jap.): die *Kata* des heutigen →*Hanbôjutsu*, das im *Kobudô* klassifiziert ist, stammen zumeist aus den Initiativen der gegenwärtigen Meister des →*Kukishin-ryû*. In dem *Kata*-System ist nur die *Sanjaku-bô* eine okinawanische *Kata*, während die anderen aus Japan stammen.

Dieses *Hanbô*-System ist nicht identisch mit dem *Hanbô*-System Okinawas, sondern entwickelte sich hauptsächlich aus dem Gebrauch des kurzen Stockes in Japan. Darin sind neben mehreren Hilfs-*Kata (Renshuhô)* folgende *Kata* von Bedeutung:

HANBÔ-KATA

Hanbô Kata shodan
Hanbô Kata nidan
Hanbô Kata sandan
Hanbô Kata yondan
Sanjakubô
Hanbô Kata kaiten

Handa-ken (jap.): andere Lesart des Schriftzeichens für →*Nakadaka-ken* (Vier-Finger-Knöchelfaust).

Handel, Horst (*1943): deutscher *Karate*-Lehrer, heute Trainer und Berater beim DJKB (Deutscher JKA Karate Bund), 5. Dan.
Handel begann 1964 unter Nagai Akio (SKI) *Karate* zu üben, ging jedoch 1968 nach Japan und trainierte zwei Jahre in der Instruktoren-Klasse der JKA. 1971 kehrte er als 3. Dan nach Köln zurück und begann seine aktive Laufbahn als Wettkämpfer, in der er mehrere deutsche und europäische Titel erreichte. Zur gleichen Zeit besuchte er die Deutsche Sporthochschule und die Trainerakademie in Köln, an der er ab 1976 als Lehr- beauftragter unterrichtete. 1976 bis 1984 war er Bundestrainer beim DKV, beendete jedoch seine Mitgliedschaft 1986 und wurde Miteigner im Sportcenter Bushido in Köln.

Handô no Kuzushi (jap.): Gleichgewichtsverlust durch eine gegnerische Aktion. Der angreifende Gegner wird durch eine Gegenreaktion aus dem Gleichgewicht gebracht. Technik aus dem *Jûdô* und *Aikidô*.

Hane (jap.): Sprung, Flügel.

Hane-age (jap.): Bezeichnung für eine Bewegung im *Kendô*, die darin besteht, das *Shinai* zu heben, nachdem der Gegner gezwungen wurde, das seine zu senken. Der Schlag erfolgt von oben nach unten.

Hane-goshi (jap.): Sprungwurf aus dem *Jûdô*.

Haneru (jap.): springen, strampeln.

Hangaku (jap.): Samurai-Schule (→*Han*[3]).

Hangeki (jap.): Gegenangriff (→*Geki*, →*Kaeshi*).

Hangetsu (jap.): →*Kata* des *Shôtôkan-ryû*, ursprünglich aus dem okinawanischen →*Shôrei-ryû*, wo sie →*Sesan* genannt wird. *Hangetsu* bedeutet »Halbmond«.
Die Bezeichnung stammt von den halbmondförmigen Bewegungen der Füße *(Hangetsu-hokko)*, durch die man sich in der *Kata* bewegt. Die *Kata* zeichnet sich im *Shôtôkan-ryû* besonders durch die Atmungsmethoden *(Ibuki)* und die Art der Spannungen aus. Sie wurde von Meister FUNAKOSHI in die 15 grundlegenden *Kata* des Stils aufgenommen und in Japan in »Hangetsu« umbenannt. Rein technisch übt sie die Kraft und die Ausdauer des Körpers. Sie vermittelt ein ausgezeichnetes Gefühl für die Festigkeit des Standes und die korrekte Haltung des oberen Körpers.

Hangetsu – Halbmond

Die *Kata* besteht aus 41 Bewegungen und dauert je nach Interpretation zwischen 60 und 120 Sekunden.

Hangetsu-burui (jap.): Überbegriff für alle Halbmondstellungen im *Karate*: *Hangetsu-dachi, Sanchin-dachi, Nekoashi-dachi* und *Sagiashi-dachi*. Gegenteil zu →*Kiba-burui*. Die Bezeichnung bezieht sich auf den Verlauf der Energie in den Stellungen. *Hangetsu-burui* schließt den Körper, und *Kiba-burui* öffnet den Körper.

Hangetsu-dachi (jap.): Halbmondstellung. Eine der Grundstellungen der *Shôrei*-Schule, die aus →*Sanchin-dachi* abgeleitet wurde. Im *Shôtôkan-ryû* wird sie in der →*Hangetsu-Kata* gelehrt.
Die Stellung ähnelt der Seitwärtsstellung (→*Kiba-dachi*) mit dem Unterschied, daß beide Knie nach innen gebeugt sind. Die Stellung eignet sich besonders gut für die Verteidigung, kann jedoch auch als Ausgangsstellung für Angriffstechniken verwendet werden.

Hangetsu-hoko (jap.): Schrittbewegungen aus *Hangetsu-dachi* (→*Hangetsu*).

Hanka-fuza (jap.): halber Lotos-Sitz (Zuordnung s. →*Zahô*), bei der nur ein Fuß auf dem Oberschenkel des anderen Beines liegt.
Hanka-Fuza ist eine Sitzhaltung für die Meditation, die denjenigen empfohlen wird, die die volle Lotoshaltung (→*Keka-Fuza*) nicht für längere Zeit einnehmen können. Diese Haltung nennt man auch noch *Bosatsu-za* (*Bodhisattva*-Sitz).

Han-kaiten (jap.): halbe Drehung.

Hankô-ryû (jap.): okinawanische Bezeichnung für das kantonesische →*Pangai-noon*. *Han* bedeutet hier »hart« und *Ko* »weich« (jap. *Gô/Jû*). Dieselbe Bezeichnung *(Pangai-noon)* verwendete UECHI anfangs für seinen Stil, doch auch die Anfangsbezeichnung für MABUNIS *Shitô-ryû* lautete *Hankô-ryû*. Die Bezeichnung wurde von →SHINZATO JINAN 1928 auch für MIYAGIS →*Gôjû-ryû* gebraucht.

Hankyû (jap.): kurzer *Ninja*-Bogen.

Hanmi (jap.): »halber Körper«. Auf natürliche Weise halb abgedrehte Hüfte (Gegenteil: *Gyaku-hanmi*) im Stand oder in der Stellung. Ausgangsposition für seitenverkehrte Fausttechniken und Endposition der gleichseitigen Abwehrtechniken.

Hanmi-gamae (jap.): Körperhaltung mit halb abgedrehter Hüfte.

Han-Mu-Kwan (kor.): »Schule der Militärkünste«, Variante des koreanischen *Karate*.

Hannya-Shingyô (jap.): Abkürzung von *Maka Hannyaharamita Shingyô* (Herz-→*Sûtra*). Die Essenz einer über 600 Bücher umfassenden buddhistischen *Sûtra*-Sammlung, die zusammen mit der →*Lotos-Sûtra* den Kerntext des gesamten Mahâyâna-Buddhismus darstellt. *Sûtra* der »Essenz der höchsten Weisheit« und Erkenntnis oder »Herz der vollkommenen Weisheit«.

Hanshi (jap.): oder *Shihan*, Meister des Budô mit hohen Graduierungen (9. oder 10. *Dan*). Nähere Erläuterungen s. unter → *Kyûdan*, →*Dan* und →*Kodansha*.

Hansoku (jap.): Begriff aus den klassischen alten Schulen des *Kendô*, der das Übertreten eines Verbotes während den Partnerübungen *(Keiko)* bezeichnet. Obwohl Trainingskämpfe in der TOKUGAWA-Zeit keinen Wettkampfcharakter besaßen, gab es dennoch verbotene Aktionen, die zu Ende des 17. Jhs. wie folgt festgelegt waren:

- Stoßen und Werfen des Gegners gegen eine Mauer.
- Plötzliches Reißen an der Klinge oder am Kopf.
- Schlagen, Stoßen oder Werfen, um zu verletzen.
- Das Verlieren der Selbstkontrolle, Beschimpfungen oder Beleidigungen.
- Wildes, unkontrolliertes Kämpfen.

Hansoku wird heute als Wettkampfbegriff gebraucht und bedeutet eine Verwarnung oder eine Disqualifikation wegen Regelübertretungen.

Hansoku-chûi (jap.): Wettkampfbegriff: offizielle Verwarnung.

Hansoku-gachi (jap.): Wettkampfbegriff: Sieg durch Disqualifikation des Gegners.

Hansoku-make (jap.): Wettkampfbegriff: Regelverletzung, Niederlage durch Disqualifikation wegen grober Verstöße gegen die Regeln.

Hantai (jap.): Bezeichnung für eine Stellung oder eine Position, die der des Gegners entgegengesetzt ist.

Hantei (jap.): Urteil, Beurteilung, Entscheidung, Bewertung, Beschluß.

Hantei-kachi (jap.): Wettkampfbegriff, Gewinner durch die Entscheidung des Kampfrichters.

Hantei-toremas (jap.): Wettkampfbegriff, »Bitte Urteil (Entscheidung) abgeben«. Kommando des Kampfrichters an die Linienrichter.

Han-zenkutsu-dachi (jap.): »halbe Vorwärtsstellung«. Man öffnet die Füße ungefähr halb so weit wie in →*Zenkutsu-dachi*.
Das Knie des vorderen Beines ist gebeugt, das Knie des hinteren Fußes ist gestreckt. Nun verengt man beide Knie etwas nach innen. Das Körpergewicht ist gleichmäßig verteilt.

Hao-pai (chin.): Kranichstil (→*He-quan*).

Haori (jap.): Überwurf. Weste mit breiten Ärmeln, die zur japanischen traditionellen Kleidung (→*Kimono*) gehört. Der *Haori* wird über dem →*Hakama* getragen und war früher mit einem Familienwappen (→*Mon*) oder einem *Dôjô*-Abzeichen geschmückt.

Hao Tai-ji-quan (chin.): Stilrichtung des → *Tai-ji-quan*, die von HAO WEI-ZHENG aus Hebei (1849–1920), einem Schüler von LI YI-XIU und WU YU-XIANG (→ *Wu Tai-ji-quan*), entwickelt wurde.
Hao Wei-Zheng vergrößerte die Sequenz auf 200 Bewegungen und führte die Bewegungen wesentlich härter aus als in der *Wu*-Schule. Das *Hao Tai-ji-quan* vererbte sich an Hao Wei-Zhengs Sohn HAO YU-ERU (1877–1935) und seinen Enkelsohn HAO SHAO-YIN. Er unterrichtete auch SUN LU-TANG, den Gründer des *Sun Tai-ji-quan*.

Hapkidô (kor.): koreanische Kunst (→Ko-

Übende des Tai-ji-quan

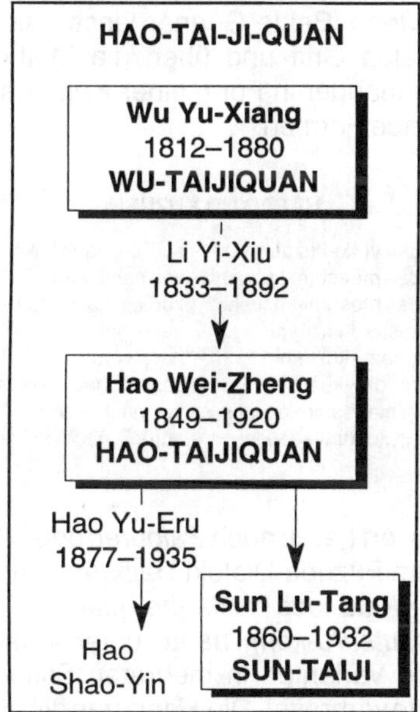

rea) der Selbstverteidigung, ähnlich dem japanischen →*Aikidô*. Wörtlich: »Weg der koordinierten Kraft«. Das relativ junge System wurde zwischen 1910 und 1945 von dem Koreaner Choi Yong Shul aus dem japanischen →*Aikijutsu* abgeleitet und als eigenständiges System entwickelt. Es ist ein Mischform zwischen den inneren und äußeren Schulen und kennt als solche sowohl Tritte und Schläge als auch das Benutzen der Kraft des Gegners zum eigenen Zweck. *Hapkidô* hat einen ausgesprochen defensiven Charakter.

Choi Yong Shul wurde am 20. Juli 1904 in der Provinz Choong Chung in Korea geboren. Er zog 1912 nach Japan, wo er in die Familie von →Takeda Sôgaku aufgenommen wurde. Choi lebte und trainierte 30 Jahre lang bei Takeda das *Daitô-ryû Aikijutsu*. Nach dem Zweiten Weltkrieg kehrte Choi nach Korea zurück, siedelte sich in Taegu an und begann daran zu arbeiten, die Konzepte des japanischen *Aikijutsu* in seinem Sinne weiter zu perfektionieren. Das Resultat war das *Hapkidô*. Choi starb im Alter von 82 Jahren. Unter der Regie von Choi wurde die *Korean Kido Association* gegründet. Wichtige Schüler waren Ji Han Jai, Suh In Hyuk und Kim Mao Wung. Später verließen eine Reihe von Schülern Choi und gründete die *Korean Hapkido Association*. In die USA wurde *Hapkido* von Choi Sea Oh 1964 eingeführt.

Happô (jap.): »Acht Richtungen«. Das grundlegende Schema der asiatischen Vorstellungen von Richtungen und Ecken in der Welt ist im modernen *Karate* das →*Karategramm*.

Schriftzeichen für Hapkidô

HAPPÔ – EIN GRUNDPRINZIP DER KAMPFKÜNSTE

Die Bodenlinien, die den Verlauf der Bewegungen und Richtungsänderungen der *Kata* symbolisieren, nennt man *Embusen*. Das, was wir heute als *Embusen* in den *Kata* bezeichnen, ist auch ein

Karategramm. Es entspricht dem alten Orientierungskonzept, laut dem der Mensch in der Mitte nach acht Richtungen *(Happô)* aktiv wird. Als das Konzept in die Kampfkünste übernommen wurde, symbolisierten die acht Richtungen die kompliziertesten Maßnahmen der Selbstverteidigung aus den *Kata*. Heute sagt man z. B., die *Kankû-Kata* lehrt den Kampf gegen acht Gegner. »Acht Gegner« bedeutet »unzählige Gegner«, die aus allen (8) Richtungen angreifen.

URSPRUNG UND PHILOSOPHIE

Der Mensch, der im Mittelpunkt *(Kiten)* seiner Richtungsauffassung steht, wurde auf der Vertikalen in drei Niveaus eingeteilt: das obere Niveau *(Jôdan)*, das mittlere Niveau *(Chûdan)* und das untere Niveau *(Gedan)*. Das obere Niveau besteht aus dem Kopf, das mittlere Niveau aus Brust und Rücken und das untere Niveau aus Bauch, Becken und Beinen. Jedem dieser Niveaus entspricht ein energetisches Zentrum, das man als »Zinnoberfell« *(Tanden)* bezeichnet. Diese Zentren befinden sich im Kopf, im Herzen und unter dem Nabel. Während in anderen esoterischen Lehren (z. B. *Yoga*) mit allen drei Zentren gearbeitet wird, beschränken sich die Kampfkünste nur auf das untere (→*Kikai-tanden*) und sehen es als das wichtigste an. Daher beruhen alle Lehren über die Energetik des Organismus in den Kampfkünsten auf der Konzentration des *Ki* im *Kikai-tanden* (chin. *Qi-hai*) Auch für die Richtungsauffassung wurde dieses energetische Zentrum wichtig. Man begann den *Kikai-tanden* (Zentrum des *Hara*) in den Mittelpunkt der Raumauffassung zu stellen und entwickelte von dort aus die Orientierungsfähigkeit (→*Hô*) in der Umgebung.

Happô-giri (jap.): Schwerttechnik des Schlagens in alle Richtungen.

Happô-ken (jap.): *Karate-Kata*, gegründet von MOCHIZUKI MINORU im *Yoseikan*, die die acht Grundformen der Fausttechniken lehrt.
Mochizuki leitete die Grundidee zu dieser *Kata* aus einem okinawanischen *Karate*-Stil ab, den er 1930, während eines Aufenthaltes in der Mongolei, von KUDAKA lernte.

Happô-kumite (jap.): Kampfübungsform (auch *Happô-undô*), die im *Karate* innerhalb des *Yakusoku-kumite* (abgesprochenes Kämpfen) ausgeführt wird. Zuordnung s. unter →*Yakusoku jiyû-kumite*.
Der Verteidiger ist von mehreren Gegnern umgeben, die mit vorher abgesprochenen Techniken, in abgesprochener Reihenfolge aus allen Richtungen (→*Happô*) nacheinander angreifen. Abwehr und Konter sind festgelegt. Der Verteidiger muß den richtigen Zeitpunkt der Abwehr wählen, durch verschiedene Formen des *Tenshin, Tai-sabaki* und *Ashi-sabaki* die Distanzen regeln und in mehrere Richtungen agieren. Das *Happô-kumite* steht stellvertretend für die kämpferische Anwendung der klassischen *Karate-Kata* (→*Bunkai*, →*Kata-kumite*).

Happô-moko (jap.): *Shôrinji*-Technik, durch die ein Sehvermögen entwickelt werden kann, durch das alles rundherum wahrgenommen wird.

Happô no Kuzushi (jap.): Gleichgewichtbrechen in acht Richtungen (→*Happô*), aus dem *Jûdô*. Beide Gegner fassen sich im normalen Griff und üben die Methoden nacheinander in Form einer *Kata*. Es gibt folgende Formen:

HAPPO NO KUZUSHI

Hidari yoko-kuzushi	– seitlich, nach links
Hidari maesumi-kuzushi	– vor, nach links
Hidari atosumi-kuzushi	– zurück, nach links
Maushiro-kuzushi	– nach hinten
Manmae-kuzushi	– nach vorn
Migi yoko-kuzushi	– seitlich, nach rechts
Migi maesumi-kuzushi	– vor, nach rechts
Migi atosumi-kuzushi	– zurück, nach rechts

Happoren (jap.): auch *Paipuren* oder *Papuren*, im Fuzhou-Dialekt *Baiburen*, chinesische *Kata* des →*Bai-he-quan* (s. auch →*Hakutsuru-ken*), heute unter verschiedenen Varianten in mehreren Stilen des *Karate* verbreitet. Die *Happoren* gilt als Ursprung der okinawanischen →*Sanchin* und →*Tensho*.

ALLGEMEIN

Happoren no Kata (die Kata der acht Richtungen) wird heute als das Herz in der Suche nach den Quellen des okinawanischen *Karate* betrachtet. Zur Zeit der Überlieferung spielte sie sicher eine der Hauptrollen in der Gründung der okinawanischen Stile. Obwohl sie heute immer noch in Fukien geübt wird, ist sie als Original nahezu unbekannt. Auf Okinawa unterrichtet sie Tokashiki Iken in seinen Schulen *Tomari-ryû* und *Gôjû-ryû*. In Japan übt sie nur das *Gôjûkensha* unter der Leitung von Otsuka Tadahiko, der sie von Tokashiki Iken gelernt und durch Eigenstudium in China vertieft hat. Die *Happoren* gilt als Grundlage des →*Bai-he-quan* und wird im →*Bubishi* vage erläutert. Sie wurde bereits am Anfang des Stils als *Qi-gong*-Übung gegründet und sollte eine innere Kraft im Übenden entwickeln, durch die er die Vitalpunkte des Gegners negativ stimulieren konnte.

Happoren und Sanchin

Die Betrachtung der *Happoren no Kata* sowie der *Sanchin no Kata*, die zweifellos aus der ersteren gegründet wurde, bringt sehr schnell drei wichtige Unterschiede in der Ausführung der Ursprungsform im Vergleich zur Sanchin-Version zum Vorschein:

1. **Technik**: Die neuere *Sanchin*-Variante schließt die Faust, im Gegensatz zur *Happoren*, die mit offenen Händen arbeitet (→Higashionna lehrte die *Sanchin* mit offenen Händen nur seine Vertrauten, s. auch →*Naha-te Kaishu-Kata*). Hierdurch wird das Schema der Energieübertragung verändert, weil der energetische Impuls der Hand in der Faust angehalten wird. Das heißt, um sehr schnell ein sicheres Resultat zu erhalten, hat man sich auf Okinawa um die Möglichkeit gebracht, Zugang zu einer unvergleichlich höheren Energie zu finden. Man hat eine »äußere Übung« entwkkelt (die Faust wird eingesetzt wie ein Hammer) im Gegensatz zur authentischen »inneren Übung« (die Hand ist in der Lage, ein Material ohne Anstrengung zu durchdringen).

2. ***Ki*-Fluß**: In der *Happoren no Kata* muß die Kraft aus dem Inneren des Körpers nach außen strahlen, in die umhüllende Aura eindringen können und auf ähnliche Weise wie im *Tai-ji-quan* den Gegner verletzen können. Dieses Prinzip wurde in der *Sanchin* in eine äußere Übung verändert, indem Positionen eingenommen werden, durch die die innere Kraft durch Spannung in der Körpermitte konzentriert bleibt. Diese Methode ist dem Prinzip des *Qi-gong* und der *Happoren* entgegengestzt.

3. **Geist**: Das geistige Übungsprinzip der *Happoren*, das früher in der Suche nach der inneren Harmonie mit dem Kosmos bestand, veränderte sich in der okinawanischen *Sanchin* in ein Übungsprinzip, das auf die Manifestation des Ego reduziert ist und Stärke durch Spannung demonstriert. Wenn die *Kata* auf diese Weise ausgeführt wird, kann man keine innere Kraft nach außen bringen, da die ursprünglichen Kraftlinien nicht respektiert werden.

Anleitungen aus dem Bubishi zur Happoren

Es ist offensichtlich, daß einige Bewegungen der heutigen *Sanchin*, die die Prinzipien der Spannung/Entspannung verändert haben, schlechte Gesundheitseffekte bewirken. Die *Sanchin* verbraucht die innere Energie des Körpers in der Bewegung. Im Gegensatz zu ihr betont die Happoren eine natürliche Atmung – durch die Nase ein und durch den Mund aus. Die Energie wird nicht verbraucht und befindet sich durch den betonten Spannungsaugleich im Gleichgewicht. Die Ausatmung ist kaum hörbar. Außerdem ist die Position der Füße natürlich, wenig tief und bewirkt Spannung nur auf der Peripherie. Im Gegensatz dazu wird in der *Sanchin* die eingedückte Position sehr stark betont und die Spannung von innen aufgebaut. Dazu muß man bemerken, daß z. B. die neuere Yamaguchi-*Sanchin* den Prinzipien der *Happoren* erneut mehr folgt und daß die Uechi-Version immer noch mit offenen Händen ausgeführt wird.

Entgegen ihrem Anschauungsaspekt von großer Stärke ist die *Sanchin* eine äußere *Kata* geworden, die eine sichere, äußere und daher leicht zu verwirklichende Kraft sucht. Hier einige Anleitungen zur Übung der *Happoren* aus dem *Bubishi*:

Happoren – der spielende Kranich (Original nach Bubishi)

Die drei Kategorien der Techniken [*Happoren, Hakuta* und *Neipai*] müssen je nach der Kapazität der Person unterrichtet werden. Die erste nennt sich *Yukaku* oder *Happoren* [spielender Kranich], weil man in ihr lernt, das *Ki* und die Kraft zu erhalten.

Der Körper: Der Kopf muß so stark sein, daß er einen Mühlstein stützen kann. [Es folgen fünf geheime Wörter.]

Die Atmung ist *Ki*: Man muß die Kraft durch beide Schultern spüren und durch eine Kontrolle der Atmung die inneren und äußeren Kräfte in die vier Richtungen des Körpers schicken: zu beiden Seiten, nach vorn und nach hinten. Man atmet aus, indem man ein Körperglied von sich streckt, und man atmet ein, indem man das Körperglied anzieht. So gewinnt man *Ki* durch die Atmung: Man atmet auf der Hälfe seiner Kapazität aus und auf der Hälfte seiner Kapazität ein. Wenn man ausatmet, schwebt der Körper, wenn man einatmet, sinkt der Körper.

Anmerkung: In anderen Anleitungen über die Kampfkünste unterrichtet man auch eine Stabilisation und eine bestimmte Weise, das Schwerezentrum während der Ausatmung zu Boden zu senken. In der *Happoren* soll die Atmung mit der Bewegung gehen. Wenn der Körper sich dehnt und einatmet, ist er wie eine gigantische Meereswelle, die ohne jeglichen Widerstand wächst. Die Ausatmung stellt eine stabile Position her, in der die Muskelkontraktion die Ausatmung begleitet und durch Rückkehr der Energie einen unbeweglichen Berg herstellt. Indem man die Arme nach vorne ausstreckt, atmet man aus und bewahrt etwa 50% der Luft. Man atmet niemals ganz aus. Beim Einatmen fühlt man, wie der Körper leicht wird. Beim Ausatmen verwurzelt man sich. Nachdem man die Ausatmung forciert hat, kehrt man einen Augenblick zu einer normalen ruhigen Einatmung zurück. Man soll sich selbst atmen hören und sich jedes Körperteils bewußt sein.

Der Rumpf: Der Rücken und die Hüften müssen als Einheit auf einer senkrechten Linien stehen. Die Schultern müssen gesenkt, die Achselhöhlen geschlossen werden.

Anmerkung: Man muß durch das Zwerchfell atmen und darauf achten, daß die Wirbelsäule senkrecht bleibt und aus dem Bauch wächst. Man hält eine konstante, aber weiche Muskelkontraktion, vor allem auf der Höhe der Trapez-, Delta- und Brustmuskulatur.

Die Hand: Man muß die Kraft, bei Stößen mit der Faust und der Handfläche, ausgehend von den Ellbogen zum Zentrum der Hand *(Lao-gong)* schicken. Es ist wichtig, die Hand so schnell zurückzuziehen, wie man sie vorgestoßen hat.

Anmerkung: Die Techniken entwickeln sich von den Punkten aus, wo die Ellbogen in Kontakt mit der Taille stehen. Die Kraft kommt aus dem Bauch, die Hände sind nur Instrumente. Die Kraft geht bis in die Fingerspitzen, und die Energie muß nach außen strahlen.

Das Innere und das Äußere des Körpers: Man muß sich darin üben, das Innere des Körpers so zu üben, daß es hart wie Stahl wird. Das Äußere muß weich sein, wie Watte. Die Härte und die Weicheit müssen mal in die Harmonie eingehen und mal ins Gegenteil (aktiv/passiv), um klar zu handeln und vorzugehen oder sich zurückzuziehen. So kann man auch das Prinzip verstehen, das erlaubt, einen Gegner unmittelbar zu besiegen.

Anmerkung: In anderen Unterrichtsformen ist es manchmal umgekehrt.

Die Härte und die Weichheit: Wenn der Gegner mit Härte angreift, empfängt man ihn mit Weichheit. Was die Bewegung angeht, die Spannung/Entspannung, die Ein- und Ausatmung, hohe und tiefe Positionen, kann man auf folgende Weise verfahren: Die Einatmung ist vergleichbar mit einer sich biegender Weide in einem starken Wind, und die Ausatmung ist wie ein Pfeil, den man von einem starken Bogen abschießt. Wenn man sich aufrichtet, ist man wie eine Welle, die sich erhebt, wenn man abtaucht, muß man sich stabilisieren wie ein großer Berg.

Anmerkung: Im Wechsel von Weich zu Hart darf man nicht nur ein physisches Prinzip sehen. Die Konzentration muß auf beiden Phasen gleich liegen. Wenn die Spannung bevorzugt wird, dient sie dem Ego. Um einen Ausgleich zu erreichen, muß beides gleich betont sein.

Das *Ki* und die Kraft, der Geist und der Körper: Du mußt den Gegner besiegen, indem du das *Ki* und die Kraft in den Bewegungen verbindest. Der Körper muß ruhig sein, damit er für jede Art von Veränderung verfügbar ist. Die Gelenke müssen weich sein, wie wenn sie Kreisbewegungen ausführen würden. Der Geist muß klar und ruhig sein, wie ein großer Fels.

Die Art und Weise, die Kraft in die Hand zu schicken: Für die Handtechniken braucht man eine Kraft, die von der Mitte der Hand ausgeht. Das heißt, daß man zuerst die anderen vier Finger mit dem Daumen fixiert und dann schlägt. Wenn man schlägt, ist es notwendig, die Kraft, die die Mitte der Hand *(Lao-gong)* verläßt, in die Spitze jedes Fingers zu schicken. Diese Kraft muß man den Umständen anpassen. Wenn man dieses Prinzip anwendet, kann man die Kraft leicht konzentrieren, und man hat keinen Gegner mehr, weil die Kraft des Schlages einen außergewöhnlichen Grad erreicht.

Beweglichkeit und Unbeweglichkeit: Die Bewegungen der Füße werden durch die Beine und Hüften bewirkt, die es erlauben, die Stabilität zu bewahren, auch wenn man gezogen oder gestoßen wird. Das Verschieben der Füße geschieht nicht anders als normal. Man setzt leicht einen Fuß nach vorn, dann verbindet man ihn fest mit der Erde. Danach geht man mit dem anderen Fuß vor und setzt ihn, ausgehend von der großen Zehe, ruhig auf die Erde, ohne ein Geräusch zu machen. Wenn man mit dem Fuß auf einer halbkreisförmigen Linie vorgegangen ist, gibt man Kraft in die Knie. Aber man hält die Beine, ohne sie zu spannen, und geht vor mit dem Gefühl, daß sie leicht hängen. Es ist auch wichtig, die Muskeln der Schenkel entspannt zu halten, mit dem Gefühl, sie leicht hochzuheben, um sie jeden Augenblick verändern zu können.

Wenn man geht und jeden Schritt mit der Atmung in Einklang bringt, kann man unbeweglich bleiben, auch wenn jemand stößt. Wenn die Verbindung zwischen Füßen und Gehen nicht stabil errichtet wird, dann ist es, wie wenn man die Hände hätte, um die Techniken auszuführen, aber nicht die Füße, um sich zu bewegen. Wenn der Wagen keine Räder hat, ist es unmöglich, Bewegungen für den Kampf zu machen.

Anmerkung: Die Basisposition ist natürlich, man muß sich bewegen, als würde man gehen. Ein Schritt beginnt weich und wird mit dem Gefühl des Sichverwurzelns fest aufgesetzt. Die Muskeln der Beine sind fest, jedoch flexibel, um Mobilität zu erlauben.

Der Zustand des Geistes im Kampf: Im Augenblick des Kampfes muß man einen ruhigen Geist bewahren, die Pupillen groß lassen, um das Gesichtsfeld zu vergrößern, die Nerven beruhigen und einen entspannten Ausdruck im Gesicht haben. Man muß sein *Ki* gebrauchen, in Ruhe verharren und die Reaktion des Gegners erwarten.

Anmerkung: In den meisten Texten über die Kampfkünste wird von der Notwendigkeit berichtet, einen ruhigen Geist zu bewahren. Aber die Pupillen sehr weit offen zu lassen steht im Gegensatz zu den japanischen Schwertschulen, wo man das genaue Gegenteil unterrichtet. Im Schwertunterricht lehrt man zu schauen, wie wenn man auf einen weiten Berg blickt. Diese Lehre stammt von MUSASHI und wird im *Gorin no Sho* beschrieben.

Die geistige Haltung in der *Happoren* ist konzentriert, aufnahmefähig, aber nicht verspannt. Die Augen sind klar und müssen alles sehen. Die Konzentration liegt gleichermaßen auf der Umgebung und ist nicht fixiert (Prinzip des Mondlichtes).

Die Angriffstechniken: Wenn man angreift, muß man die ganze Kraft des Körpers konzentrieren, und die Bewegung muß sein wie die eines wilden Tigers, der ein Wildschwein reißt, indem er sehr schnell vorgeht und es sofort tötet. Man kann auch sagen, es ist wie eine Katze, die eine Maus fängt. Wenn man die Bewegungen dieser Tiere beobachtet, kann man verstehen, wie wichtig größe Kühnheit mit einem ruhigen Geist ist.

Die Leere und die Fülle in der Technik und in der Bewegung: Was die Leere und die Fülle in der Technik des Kampfes betrifft, so muß man Weichheit anwenden, um die Fülle durch die Fülle zu besiegen. Man greift an, wenn man bei seinem Gegner einen Augenblick der Verletzlichkeit erkennt. Wenn er sich durch eine gute Haltung schützt, muß man sie durch die Kunst der Bewegung beseitigen. Wenn er kommt, weicht man aus, und wenn man sich in einer ruhigen Situation befindet, folgt man seinen Bewegungen. Man soll sich in dem Moment entfernen, in dem der Gegner angreift, und sofort nähern, wenn seine Kraft ausklingt. Die Augen müssen dabei klar wie der Mond oder die Sonne sein. Die Füße müssen beweglich sein wie Räder. Die Position des Körpers muß korrekt bis ins kleinste Detail sein und darf nicht ins Ungleichgewicht geraten. Die Bewegungen müssen präzise sein, damit das *Ki* und die Kraft die Techniken durchdringt. Damit kann man den Gegner sofort werfen, wenn seine Hände die eigenen überkreuzen und er nicht in die eigene Haltung eindringen kann.

Anmerkung: Man übersetzt oft die Begriffe *Kyo* durch leer und *Jitsu* durch voll. Tatsächlich bezeichnet *Kyo* den Zustand einer Sache, die keine Konsistenz findet, und *Jitsu* bezeichnet das Gegenteil. Der Zustand des *Kyo* kann negativ sein, weil es sich um einen Mangel an Energie handelt, wie wenn es einem Wagen an Benzin fehlt. *Jitsu* korrespondiert also mit der Fülle an Energie. Doch in der Kunst des Kämpfens werden die beiden Begriffe in einer anderen Weise verwendet. Weil es sich in einer Kampfsituation um einen Zustand des Geistes handelt, bezeichnet *Kyo* zunächst die Abwesenheit der Aufmerksamkeit, d. h. einen verletzlichen Augenblick. Also greift man an, indem man das *Kyo* des Gegners ausnutzt. Doch wenn es sich um die Taktik im Gebrauch der eigenen Technik handelt, bezeichnet *Kyo* eine Finte. Wenn es sich um eine körperliche Empfindung handelt, durch die man den Zustand des Geistes lenkt, z. B. um sich zu stabilisieren, indem man Aufmerksamkeit in den unteren Teil des Körpers schickt, dann lernt man, einen Zustand von *Jitsu* sehr tief im Bauch zu halten und einen Zustand von *Kyo* im oberen Teil des Körpers. Doch dies kennzeichnet weder die Abwesenheit noch die Verletzlichkeit der Aufmerksamkeit. Generell werden in einer Kampfkunst diese beiden Begriffe in all ihren Nuancen verwendet und sorgen manchmal für Verwirrung.

Das Ki und die Kraft: Die Härte stört die eigene Weichheit und das *Ki* ist der Kraft überlegen. Wenn man mit *Ki* kämpft, scheint der Gegner leicht, wie eine Pflaume. Wenn man das *Ki* in den Händen spürt, hat der Schlag äußerstes Gewicht und wird den Gegner unmittelbar fällen. Dann hat man keinen Gegner mehr. Wenn das Gegenteil passiert, werden die Augen starr und die Füße unbeweglich.

Das Training: Man muß lernen, indem man die Techniken anderer beobachtet, und sich üben, indem man den Anweisungen des Meisters folgt. Nur durch Training und Studium auf lange Zeit lernt man, Kraft zu akkumulieren. Man muß auch beständig üben und darf sich nicht selbst belügen. Der Himmel vergibt das nicht. Man muß eine korrekte Haltung bewahren.

Happô-undô (jap.): verschiedene Arten der Kampfübungen in die acht Richtungen (s. →*Happô*, →*Happô-kumite*, →*Happô-kuzushi*).

Hara (jap.): Wörtlich übersetzt bedeutet *Hara* »Bauch« (auch *Fukubu* oder *Onaka*) und meint die ganze Gegend vom Magen bis zum Unterleib. Darin unterteilt man in *I* (Magen) und *Kikai* (Gegend unter dem Nabel). Im *Kikai* befindet sich etwa 5 cm unter dem Nabel der Schwerpunkt des Menschen, der →*Tanden*.

Hara hat im Japanischen jedoch eine weitreichendere Bedeutung als unser Bauchbegriff. Er gilt als Zentrum der geistigen und körperlichen Kraft, worauf viele Wortverbindungen und Redewendungen hinweisen. Man spricht von *Hara no aru (nai) hito* – dem »Mann mit (ohne) Bauch«, von *Hara no dekite (dekite inai) hito* – dem Mann, der »mit dem Bauch fertig (nicht fertig) ist«, von *Hara no okii (chiisai) hito* – dem »Mann mit großem (kleinen) Bauch«, oder von *Hara no hiroi (semai) hito* – dem »Mann mit breitem (engem) Bauch«. Doch

Japanisches Zeichen für Hara (chin. Zhong – Mitte)

damit ist nicht der Bauch selbst gemeint, sondern immer ein Wesenszug desjenigen, von dem man spricht. *Hara* ist das Zentrum des stofflichen Körpers, doch dieser wird als lebendiger Leib verstanden und nicht bloß als Körper. Das Zentrum des Leibes ist in der japanischen Auffassung das Zentrum des Menschen schlechthin, und *Hara* ist Ausdruck der seelischen Grundbeschaffenheit des ganzen Menschen.

So deuten diese Redewendungen also immer nur darauf hin, ob ein Mensch in seiner »Mitte« ist oder nicht. Der vollendete *Hara*, d. h. das Sichbefinden in seiner körperlich-geistigen Mitte (→*Shisei*), ist jedoch keine natürliche Veranlagung. Zum größten Teil ist es ein Ergebnis der jahrelangen Übung (→*Geiko*) in einer Wegkunst (→*Dô*). Wird dieses Ergebnis in der Haltung sichtbar, spricht man von *Hara no dekite hito*, d. h. dem »Mann mit dem fertigen Bauch«. Das Gegenteil davon, der *Hara no dekite inai hito* (unfertige Bauch), bezeichnet den Menschen mit einer unreifen Lebenshaltung. Überall dort, wo eine schlechte Haltung sichtbar wird, wo es an Selbsterkenntnis, Selbstdisziplin, Selbstlenkung usw. mangelt, spricht man vom »unfertigen Bauch«. Zu diesem sagt man *Hara no dekite inai hito wa hito no ue ni tatsu koto ga dekinai* – »Ein Mensch, dessen Bauch nicht fertig ist, kann andere nicht führen«.

Hara no dekite hito (der Mann mit dem fertigen Bauch) bezeichnet den Menschen mit Haltung, der in der Lage ist, sich in der Welt und im Leben auf die rechte Weise zu bewähren (→*Giri* und →*Gishi*). Der fertige *Hara* erlaubt Wahrnehmungen, die über die fünf Sinne hinausgehen. Ihm spricht man ein autonomes Erkenntnisorgan (→*Transzendenz*) zu, das jenseits der Sinne intuitiv (→Intuition) übergeordnete Zusammenhänge erfassen kann. Diese Fähigkeit befreit das Denken vom Vorurteil und erlaubt eine Sichtweise, die den fixierenden Verstand überschreitet.

Die Lehre über den *Hara* liegt allen Wegkünsten als physische und psychische Übung zugrunde und wird in der japanischen Erziehung als grundlegendes Prinzip gehandhabt. Von klein an wird der Sohn vom Vater zu *Hara* gemahnt. *Hara* gilt (geistig und körperlich) als die Grundlage des Sichverhaltens, des Sichbewährens und des Sichbefindens in der Welt. Fortschritt in den Wegkünsten definiert sich im Grunde genommen im Erreichen einer höhere Verwirklichungsstufen des *Hara*, weshalb *Hara* das Zentrum jeder körperlichen und geistigen Übung sein muß. →*Hara wo neru* – »den Bauch üben« oder →*Hara-gei* ist so selbstverständlich in den Wegkünsten enthalten, daß der Japaner es überhaupt nicht mehr gesondert erwähnt. Gleich, welche Übung man wählt, ob es die Kampfkunst, *Zen*, Blumenstecken oder Teetrinken ist, nie wird die Technik ohne *Hara* (Ganzkörperbewegung) geübt. Das Ziel ist immer der ganze Mensch (die rechte Haltung). Daher kommen Sprichwörter wie: »Ob Teetrinken, Blumenstecken oder Sitzen, es ist immer das gleiche«, oder: »Was richtig geschieht, muß immer mit Hara geschehen.«

Hara-ate (jap.): Brustpanzer der Samurai.

Harada Mitsusuke (*1928): japanischer *Karate*-Meister des *Shôtôkai-ryû*. Harada Mitsusuke begann im Alter von 15 Jahren (November 1943) mit dem *Karate*-Training im *Shôtôkan-Dôjô* von Meister FUNAKOSHI. Er wurde von YOSHITAKA und HIRONISHI unterrichtet.

Im März 1945 wurde das *Shôtôkan-Dôjô* zerstört. Erst 1947 begann Harada wieder zu trainieren und trat 1948 in die Waseda-Universität ein, wo er unter Meister FUNAKOSHI und HIRONISHI GENSHIN übte. Nach dem Verlassen der Waseda-Universität trainierte er unter EGAMI SHIGERU, wo er bis 1955 blieb.

1955 zog er nach Brasilien und arbeitete in São Paolo in einer Bank. 1956 eröffnete er das *Brazil Shôtôkan Karate-dôjô* und gründete das *Karate-dô Shôtôkan Brasileiro*, eine Organisation, die traditionelles *Shôtôkan-Karate* lehrte.

1963 ging Harada auf Einladung von ABBE KENSHIRO, dem Vorsitzenden des britischen *Jûdô*-Rates, nach Großbritannien, um *Karate* zu demonstrieren und zu unterrichten. Mitte der 60er Jahre gründete Harada das *Karate-dô Shôtôkai* (KDS), eine Organisation, die seine Auffassung von *Karate* verbreiten sollte.

Harada erhielt von Meister Funakoshi den 5. Dan. Er beanspruchte danach niemals einen höheren Dan.

Hara-gatame (jap.): Bauchstreckhebel aus dem *Jûdô*.

Hara-gei (jap.): die Kunst (Vollendung) des →Hara, auch »Bauchspiel« ganannt. *Hara* (Bauch) gilt als der Ursprung und das Zentrum körperlicher und vitaler Kraft (→*Kikai-tanden*). In gleich welcher asiatischen Kampfkunst spielt *Hara* deshalb eine bedeutende Rolle. Die Übung des *Hara* (→ *Hara wo neru*) erstreckt sich jedoch nicht nur auf die Kampfkünste oder das *Zen*, sondern sie beginnt für jeden Japaner schon in der Kindheit und ist fester Bestandteil seiner Erziehung. Die Art und Weise, wie sich der Mensch körperlich hält und spannt, wie er atmet, aber auch auf welche Weise er sich selbst kontrolliert und gestaltet, hat ihren Ursprung im *Hara* und bildet einen wesentlichen Teil östlicher Mentalität. Die gesamte Art und Weise, mit sich selbst umzugehen (physisch und psychisch), beginnt bereits in der Übung des *Hara* im japanischen Alltag und findet im *Budô* oder im *Zen* den Höhepunkt (→*Geiko*).

Hara-gei ist in Japan ein stiller Dialog zwischen zwei darin geübten Menschen und etwa seit dem 13. Jh. bekannt. Es beruht darauf, eine gegenseitige Verständigung auf der Basis der →Intuition zu erlangen. *Hara-gei* war ein wichtiges Element der alten Samurai-Kultur.

Die Entwicklung und die Lenkung von →*Ki*

(s. auch →*Qi*) hängt ausschließlich von der Übung des *Hara* ab, die keinesfalls nur einen körperlichen Aspekt hat. *Hara* wird innerhalb der Kampfkünste zum zentralen Begriff, ohne den jede Art der Übung ihren eigentlichen Sinn verliert. Meister FUNAKOSHIS Grundsätze zum Üben der Kata (1. die Art der Kraftentfaltung, 2. das Verhältnis zwischen Spannung und Entspannung, 3. langsam und schnell, →*Kata-geiko*) sind in der Philosophie des *Hara* begründet, die sich in der konkreten Übung der Kampfkünste physisch unter drei Aspekten verdeutlicht: Haltung, Spannung/Entspannung, Atmung. Die Übung der Techniken im *Karate-dô* führt dazu, daß der Mensch unter diesen drei Aspekten ein harmonisches Verhältnis zu sich selbst verwirklicht, das man allgemein als *Hara* bezeichnet (s. →*Shisei,* →*Kokyû,* →*Kincho*). Aus diesem Grund betrachtet man den körperlichen Ausdruck des Übenden von *Hara* (Haltung, Spannung, Atmung) als den wichtigsten Aspekt allen Übens (→*Undô*) in den Kampfkünsten. Keine Bewegung, keine Technik darf ohne die Beachtung dieser Prinzipien ausgeführt werden. Die körperliche Form ist Ausdruck einer sich selbst unbewußten inneren Haltung, die den Menschen nicht nur physisch, sondern auch in jeder alltäglichen Handlung lenkt. Durch das Zurechtrücken der körperlichen Schwerpunktsetzungen entsteht ein Einfluß nach innen, durch den der Mensch sich seiner psychischen Barrieren und Grenzen bewußt werden kann. Die Philosophie des →*Dô* wurzelt hiermit direkt in der Übung des *Hara* und schöpft ihre Kraft ausschließlich aus dieser Überlegung. Hara ist der Ursprung aller Überlegungen und Philosophien in den Kampfkünsten, und ohne die korrekte Beachtung seiner konkreten Ausdrucksformen (Haltung, Spannung, Atmung) verliert die Übung der Kampfkünste ihren natürlichen Sinn und dient bestenfalls der Körperertüchtigung. Die Ausdrucksformen von *Hara* sind (s. unter den Bezeichnungen):

AUSDRUCKSFORMEN VON HARA

Shisei	– Haltung
Kokyû	– Atmung
Kinchô	– Spannung

Harai (Barai) (jap.): fegen, mähen.

Harai-goshi (jap.): Hüftwurf im *Jûdô.*

Harai-te (jap.): schwingende, fegende Hand. Abwehrformen im Karate (→*Harai-waza*).

Harai-tsuri-komi-ashi (jap.): Fußwurftechnik aus dem *Jûdô.*

Harai-uke (jap.): fegende Abwehr (→*Gedan-barai*).

Harai-waza (jap.): *Kendô*-Angriffstechnik, klassifiziert unter →*Ôyô-waza.* Wenn der Gegner hartnäckig seine *Chûdan*-Position wahrt oder sein *Shinai* verkrampft umspannt hält, erfolgt ein seitliches oder senkrechtes Wegschlagen des *Shinai,* wodurch eine Gelegenheit zum Angriff entsteht.

Harakiri (jap.): oder *Seppuku* – die sino-japanische Bezeichnung für das traditionelle »Bauchaufschneiden«. Es ist die Selbstmordzeremonie der Samurai als freiwillige Strafe anstelle der entehrenden Hinrichtung.

Harakiri wurde von den Samurai auch begangen, wenn sie sich ehrlos gemacht hatten oder gegen den Samurai-Kodex (→*Bushidô*) verstießen. *Harakiri* konnte auch ein Ausdruck des Protestes sein. Es entstand erstmals um 1170 während der Heian-Periode (nähere Erläuterungen s. →*Seppuku*).

Hara-kuatsu (jap.): japanische Kunst der Wiederbelebung durch Massage des Hypogastriums.

Hara no Soku (jap.): *Hara*-Boden, unterer Teil des →*Hara.*

Harau (jap.): fegende Schwerttechnik, durch die ein Angriff gleichzeitig abgewehrt und gekontert werden kann.

Hara wo Neru (jap.): »den Bauch üben«, »den Bauch ertüchtigen«. Erläuterungen und Zusammenhänge s. unter →*Hara* und →*Hara-gei.* Weiter unter →*Shisei,* →*Kokyû* und →*Kinchô.*

HALTUNG, SPANNUNG UND ATMUNG

»Aus der leibhaftigen Erscheinung des Menschen spricht uns jeweils ein Dreifaches an.«

Aus: KARLFRIED GRAF DÜRCKHEIM, *Hara, die Erdmitte des Menschen*

Haltung: Ein bestimmter Bezug zu Himmel und Erde. Der Mensch kann nicht fliegen, noch muß er kriechen. Er ist weder Vogel noch Wurm, sondern er bewegt sich als Mensch aufrecht, d. h. zum Himmel erhoben, auf der Erde. **Atmung**: Ein bestimmter Zusammenhang mit der Welt. Der

Mensch steht in einem polaren Verhältnis zur Welt, darin er einerseits sich selbst wahrt und andererseits mit ihr verbunden und in lebendigem Austausch ist. **Spannung/Entspannung**: Ein bestimmtes Verhältnis zu sich selbst. Immer steht er in seiner jeweilig gewordenen Form in einem bestimmten Verhältnis zu dem Leben, das in ihm selbst auf Bekundung, Entfaltung und Einswerdung drängt.

HALTUNG

Ob der Mensch im bezug auf sein Verhältnis zu Himmel und Erde in Ordnung ist, wird vor allem an seiner »Haltung« sichtbar, d. h. an der Art und Weise, wie er die ihm als Menschen im Unterschied zum Tier zugedachte Vertikale lebt. Ist er in der rechten Weise »aufrecht«, dann verbindet er in seiner Haltung Himmel und Erde. Seine Gebundenheit nach unten bringt sein Aufgerichtetsein nicht in Gefahr, und in seinem Aufgerichtetsein liegt keine Verneinung seiner Gebundenheit an die Erde. Ja, er erscheint in einer Weise in Kontakt mit dem Unten, die seiner Aufwärtsbewegung nicht nur nicht widerspricht, sondern sie gleichsam mit hervorbringt und sichert. Zugleich hat sein Streben nach oben nicht den Charakter einer ihn von der Erde weghebenden Bewegung, sondern einer die Wurzelkraft (der Erde) bezeugenden Aufwärtsbewegung. Die mit Bezug auf das Verhältnis zu Himmel und Erde »rechte« Erscheinung bringt unverstellt und harmonisch zu Ausdruck, daß der Mensch zugleich in der Erde gegründet und auf den Himmel bezogen ist, von der Erde getragen und vom Himmel gezogen wird, an die Erde gebunden ist und zugleich himmelwärts strebt.

ATMUNG

Ist die lebendige Gestalt im rechten Verhältnis des Menschen zur Welt, zu Mensch, Ding und Natur, so besagt sie: Er ist ihr gegenüber sowohl geschlossen wie geöffnet, zugleich klar konturiert und im durchlässigen Kontakt, von der Welt abgesetzt und zugleich mit ihr verbunden, der Welt gegenüber zugleich »verhalten« und aufgeschlossen. Als in rechter Weise lebendige Gestalt atmet er die Welt gleichsam in sich ein und atmet sich in sie aus.

SPANNUNG/ENTSPANNUNG

Bekundet die lebendige Gestalt das rechte Verhältnis des Menschen zu sich selbst, dann erscheint er in ihr sowohl gehalten als gelassen, sowohl in einer sich bewahrenden Form als auch beseelt von lebendiger Dynamik und im rechten Verhältnis von »gespannt« und »gelöst«.

Haru (jap.): ausdehnen, ausbreiten, spannen.

Hasami-zuki (jap.): scherenförmiger Halbkreisstoß im *Karate*. Doppelte Fausttechnik, die sich wie eine Schere schließt (z. B. in der *Chinte-Kata*). Zuordnung s. unter →*Morote-zuki*, Klassifizierung s. unter →*Tsuki-waza*.

Von der Hüfte kommend, beschreiben die Fäuste zwei seitliche Halbkreise nach vorn. Die Ellbogen dürfen nicht zu weit vom Körper entfernt werden, weil sonst zuviel Kraft verlorengeht. Zum Treffen verwendet man *Seiken* oder *Ipponken*.

Hasami-uchi (jap.): Scherenschlag (Zuordnung s. →*Morote-uchi*, Klassifizierung s. →*Uchi-waza*).

Die Arme werden in zwei seitlichen Halbkreisen vorn ins Ziel geschlagen. Es können verschiedene Auftreffflächen benutzt werden, wonach dann die Technik benannt wird: *Hasami tettsui-uchi*, *Hasami teisho-uchi*, *Hasami shutô-uchi* usw.

Hasami-waza (jap.): Gruppe sämtlicher Scherentechniken. Sie können als →*Tsuki* und als →*Uchi* ausgeführt werden.

Hasamu (jap.): stecken, dazwischenstekken, klemmen (auch *Kyo*). *Kyogeki* – Zangenangriff, *Hasami-uchi* – Scherenschlag, *Hasami-komu* – einklemmen.

Hasegawa Eishin-ryû (jap.): eine für das *Musô Shinden-ryû* typische *Iaidô-Kata*, von Meister EISHIN gegründet und als eigenes System gelehrt (→*Eishin-ryû*).

Hashi (jap.): Linien, die die Wettkampffläche markieren.

Hashiru (jap.): laufen, rennen.

Hassetsu (jap.): zusammenfassende Bezeichnung für die acht Positionen beim japanischen Bogenschießen (Erläuterungen s. →*Kyûdô*).

Hassô (jap.): Angriff.

Hassô-gamae (jap.): Angriffshaltung. Der Begriff wird im *Jûdô, Kendô* und *Kobudô* gebraucht.

Hassu (jap.): *Dharma*-Nachfolger (→*Dharma*-Übertragung). *Hassu* ist ein Zen-Schüler, der das gleiche Fortschrittsniveau wie sein Meister erreicht hat und von diesem durch das Siegel der Bestätigung (→*Inka*-

shômei) dazu ermächtigt wurde, in seinem Namen zu unterrichten und die *Zen*-Tradition auf einen weiteren Nachfolger zu übertragen.

Hata (jap.): Fahne, Flagge; Fahne des Kampfrichters.

Hatamoto (jap.): Rang eines Samurai. Die *Hatamoto* waren Bannerleute des *Shôgun* oder der *Daimyô* während der Tokugawa-Periode.

Die *Hatamoto* standen in ihrem gesellschaftlichen Rang direkt unter den *Daimyô* und waren somit deren Vasallen. Ihr Einkommen betrug zwischen 500 und 10000 Koku Reis. Damit gehörten sie zur wohlhabenden Gesellschaftsschicht Japans (Erläuterungen s. unter →Tokugawa-Periode).

Hatha-Yoga (skrt.): Form des indischen →*Yoga*, die ursprünglich als Teil des →*Râya-Yoga* dazu verwendet wurde, die Zentren der physischen Energie (→*Chakra*) zu aktivieren, um die →*Kundalini* zu höheren Bewußtseinszentren aufsteigen zu lassen.

Im *Hatha-Yoga* werden dazu verschiedene Körperübungen und Körperstellungen gebraucht, die man heute auch im Westen übt. Auch hier gibt es viele Schulen und Lehrer. Doch sie sind nicht mit dem traditionellen *Yoga* identisch, das nach der Befreiung und Vereinigung mit Gott strebt.

Hâto (jap.): Herz.

Hâto-mune (jap.): *Atemi*-Angriffspunkt: Brustbein.

Hatsu-geiko (jap.): Training in den ersten Tagen des neuen Jahres, das 2–3 Tage dauert.

Hatsumi Masaaki Yoshiaki (*1932): bedeutender zeitgenössischer *Ninja*-Lehrer, Gründer des *Bujinkan-Ninjutsu*, eines der weltweit verbreiteten *Ninjutsu*-Systeme.

Hatsumi wurde am 2. Dezember 1931 in Nôda, Japan, geboren und begann im Alter von 7 Jahren mit dem Studium des *Jûjutsu, Aikidô, Kobudô* und *Karate*. Er studierte Medizin und Theaterwissenschaft und unterhält heute in Noda eine eigene Praxis für Chiropraktik. In seiner Jugend wurde er Schüler von →TAKAMATSU TOSHITSUGU, dem 33. Großmeister (→*Soke*) des *Togakure-ryû* und 27. Großmeister des *Kukishin-ryû*, beides *Ninjutsu*-Stile, auf deren Grundlage die Kampfkunst der *Bujinkan-Dôjô* beruht.

Als Takamatsu 1972 starb, übertrug er Hatsumi die Leitung der Stile, wodurch dieser heute der 34. Großmeister des *Togakure-ryû*, der 28. Großmeister des *Kukishin-ryû* und der Großmeister von weiteren 7 Stilen ist. Dr. Hatsumi gründete daraufhin die →*Bujinkan-Dôjô*, von wo aus er seine Kampfkunst *(Bujinkan Ninpô Togakure-ryû Ninjiutsu)* unterrichtet und weltweit verbreitet.

Hatsumi Masaaki

Folgende Stilrichtungen werden heute von Hatsumi Masaaki in seiner Stilauffassung vertreten (in der Klammer der jeweilige Gründer des Stils): *Togakure-ryû* (DAISUKE NISHINA); *Gyokko-ryû Koshijutsu* (HAKUUNSAI TOZAWA); *Kukishinden-ryû Happohikenjutsu* (IZUMO KANJI YOSHITERU); *Gyokushin-ryû* (Gründer unbekannt); *Koto-ryû Koppojutsu* (SADAYU MOMOCHI); *Takagi Yoshin-ryû Jutaijutsu* (ORIEMON SHIGENOBU TAKAGI); *Shindenfudô-ryû Dakentaijutsu* (IZUMO KANJI YOSHITERU); *Gikan-ryû Koppojutsu* (SONYU HANGAN GIKANBO); *Kumogakure-ryû* (HEINAIZAEMON IENAGA IGA). Die Stilrichtungen des *Bujinkan-Dôjô* in Japan werden heute in der ganzen Welt durch viele gleichnamige *Dôjô* und Organisationen vertreten. (s. Anhang).

Hattori Hanzo: bekannter japanischer *Ninja*-Führer (→*Jônin*) der gleichnamigen Sippe aus der Provinz Iga und Samurai der gehobenen Klasse im Dienste von TOKUGAWA IEYASU. Hattori Hanzo war ein enger

Vertrauter des Tokugawa-Fürsten und zusammen mit Yagyû Munenori einer der wichtigsten Verbündeten Tokugawas in der Schlacht von Sekigahara.

Hattori Hanzo war ein *Ninja*-Führer aus der Provinz Iga. Tokugawa Ieyasu engagierte ihn, als er von der Ermordung Oda Nobunagas außerhalb seiner Residenz überrascht wurde. Unter dem Schutz des *Ninja*-Führers gelangte Fürst Ieyasu sicher in seine Burg zurück. Hattoris Sicherheitsmaßnahmen waren derart wirksam, daß Tokugawa ihn fest in seine Dienste nahm. Später, als Tokugawa *Shôgun* wurde, bestätigte er Hattori offiziell als Führer seines Sicherheitsdienstes.

Die Samurai, die sich in Spionage, Infiltration und ähnlichen Künsten auszeichneten, bildeten die Hauptgruppe der *Ninja*, die während der Feudalzeit operierten. Der größte Teil der *Ninja* kam jedoch vom unteren Ende des sozialen Spektrums. Dies waren zumeist *Rônin* und Fanatiker von esoterischen Sekten, deren kämpferische Fertigkeiten nicht denen der Samurai gleichkamen, was sie jedoch durch kaltblütige Bösartigkeit ausgleichen konnten. Jeder, der wohlhabend genug war, konnte diese Menschen kaufen, und so trugen sie zu dem schlechten Ruf der *Ninja* bei. Weder die Samurai-*Ninja* noch die *Ninja* der unteren Klassen entwickelten je eine eigene moralische Philosophie als Ergebnis ihrer *Ninja*-Übung. Das *Ninjutsu* wurde auch nicht in derselben Weise weitergegeben wie das konventionellen *Bujutsu*, sondern beschränkte sich auf den Unterricht innerhalb der Familien, der wesentlich weniger streng und genau war als in den *Bujutsu-Dôjô*. Diese Methode brachte auch Individuen hervor, die nur wenig von der Loyalität wußten, wie sie der durchschnittliche Samurai aufbringen konnte. Man kann daraus leicht schließen, in welcher Verbindung die *Ninja*-Führer am Hofe eines Fürsten zu den klassischen *Bujutsu-Dôjô*, wie etwa zu den Kämpfern des *Yagyû-ryû* (→Yagyû Munenori), standen und in welcher Weise sie sich beeinflußten.

Hayai (jap.): schnell, früh. Gegenteil: *Osoi* (langsam, spät).

Hayashi (jap.): Wald, Forst.

Hayashi Teruô: okinawanischer *Karate*-Experte des →*Shitô-ryû*, direkter Schüler von →Mabuni Kenwa und →Nakaima Kenko, der neben Mabuni Kenzô der Hauptvertreter des *Shitô-ryû* auf Okinawa ist.

Hayashi Teruô begann sein *Karate*-Studium 1947 unter Kosei Kokuba, anschließend (1949 bis 1951) lernte er unter Higa Seikô. Danach kehrte er nach Okinawa zurück und wurde Schüler von Chibana Chôshin, Nagamine Shôshin, Soken Hôhan, Taira Shinken und Nakaima Kenko. Als er nach Japan zurückkehrte, gründete er seine eigenen *Kobudô*-Schule, das →*Kenshin-ryû*, welches direkt aus den Waffensystemen des *Ryûei-ryû* resultiert und eine andere Lesart desselben Stils ist.

Hayashizaki Shigenobu: Begründer des modernen →*Iaidô*. Er gründete eine *Iaidô*-Schule die im 18. Jh. von Meister Eishin im *Musô Jikiden Eishin-ryû* perfektioniert wurde.

Hayashizaki Jinnsuke Shigenobu Hôjô, der zweite Sohn von Yasutoki Hôjô, gründete gegen Ende des 13. Jhs. eine neuartige Fechtschule. Die hauptsächliche Technik bestand darin, das lange Schwert so schnell wie möglich aus der Scheide zu ziehen. Diese Methode wurde *Shimmeimuso-ryû* oder vereinfacht *Muso-ryû* genannt. Einer seiner besten Schüler war Hisayasu Katayama, der Begründer des *Hoki-ryû*.

Hayes, Stephen: *Ninja*-Lehrer in den USA und Autor mehrerer *Ninja*-Bücher. Stephen Hayes gilt in Amerika als die Nummer eins im *Ninjutsu*. Er ist der erste Nichtjapaner mit dem Titel *Shidoshi* (Lehrer). Hayes, der in den 60er Jahren Schauspielerei studierte, war 1975 bis 1979 Schüler von Hatsumi Masaaki. Er begann bereits im Alter von 11 Jahren mit dem *Karate*, erreichte darin den 3. Dan und unterrichtete mit 24 Jahren in einem *Dôjô* in Atlanta. 1975 ging er nach Japan, um *Ninjutsu* zu lernen.

Zuerst wurde er Schüler des *Ninja*-Lehrers Tanemura. Als Hayes mit Tanemura nach Amerika zurückkehrte, entstanden *Ninja*-Zentren in Dayton/Ohio, Atlanta/Georgia, und Tampa/Florida. 1977 wurde er von Hatsumi nach Japan eingeladen. Dort arbeitete er als Schauspieler und Stuntman beim japanischen Fernsehen und lernte unter Hatsumi *Ninjutsu*.

Nachdem er in die USA zurückgekehrt war, wurden unter seiner Leitung in das amerikanische Ninjutsu einige Dinge aufgenommen, die in Japan nicht üblich sind, wie z. B. einige Techniken aus dem Boxen, der Messerkampf und das Training gegen Schußwaffen. Die Kleidung wurde ebenfalls verändert und der Uniform der amerikanischen Soldaten angepaßt.

Stephen Hayes ist Begründer der internationalen Gemeinschaft für *Ninja*, »Shadows of Iga«. Diese veranstalten einmal im Jahr in den USA große Trainingslager, in denen vom waffenlosen Kampf bis zum Überlebenstraining alles enthalten ist.

He (chin.): Kranich (→*Hao-pai*). Chinesisches Symbol der Langlebigkeit. Der Kranich ist eines der großen Vorbilder in den Kampfkünsten. Die Hakenhand (→*Gou-shou*) oder Kranichfaust ist seiner Haltung nachempfunden. Weiteres s. →*Wu-qin-xi*.

Kranich

Der Kranich ist ein in allen chinesischen Künsten wohlbekanntes Tier. Es gibt vier Kranicharten: schwarz, weiß, gelb und blau. Sie repräsentieren Langlebigkeit und Beweglichkeit.

Der Kranich war der Ursprung zweier großer Kampfkunstsysteme im alten China: im Norden entwickelte ein Shaolin-Mönch ein Kranichsystem (→*He-quan*), das heute allgemein unter der südchinesischen Bezeichnung *Hop-gar* bekannt ist, da es sich später in Südchina verbreitete. Dort entwickelte das *He-quan* mehrere Stile. In Fuzhou z. B. entwickelte eine Nonne ein Kranichsystem (→*Bai-he-quan*), das als →*Hakutsuru-ken* alle okinawanischen *Karate*-Stile wesentlich beeinflußte. Viele chinesische Gesandte auf Okinawa (→Kumemura) waren Meister des *Bai-he-quan*. Auf der Grundlage dieses Systems (und anderer) entstand das →*Bubishi*, eine der wichtigsten Kampfkunstabhandlungen in der chinesischen Geschichte.

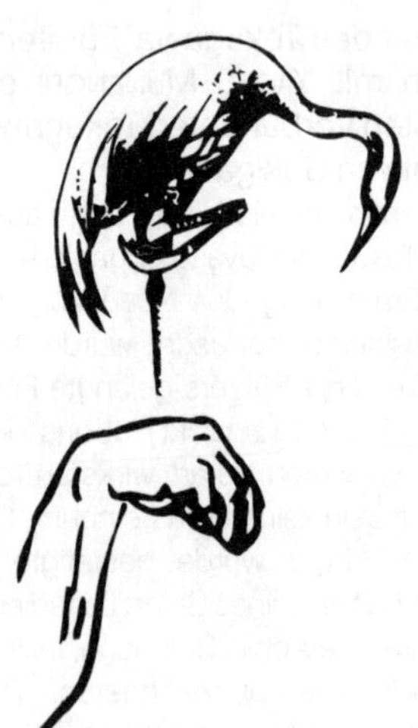

Kranich und Kranichfaust

Hei (jap.): Militär, Soldat (auch *Hyô*). *Heiki* – Waffe, *Heishi* – Soldat, *Hohei* – Militär.

Heian-Kata (jap.): Gruppe von fünf *Karate-Kata*, die die wichtigsten Bewegungsprinzipien und die fundamentale Technik des *Shôrin-ryû* schulen. (Im *Shôrin-ryû* werden sie *Pinan* genannt; *Heian* ist eine Bezeichnung, die man im *Shôtôkan-ryû* gebraucht.) Sie wurden 1905 von Meister →Itosu aus Shuri gegründet und 1907 an den Grundschulen Okinawas eingeführt.

Die *Heian-Kata* sind identisch mit den in anderen Ryû geübten *Pinan-Kata*. Im *Shôtôkan-ryû* wurden sie von Meister Funakoshi in »Heian« umbenannt. *Heian* ist eine Epoche in der Geschichte →Japans und setzt sich aus den Anfangssilben der beiden Bezeichnungen *Heiwa* und *Antei* zusammen, was in der Übersetzung »Frieden« und »Ruhe« bedeutet. Damit wird im übertragenen Sinn auf ihren psychologischen Gehalt verwiesen, da der Übende in diesem Stadium besonders die Fähigkeit zur Demut und Achtung entwickeln soll (Zusammenhänge s. unter *Kata*).

Die 5 Kata der Heian-Gruppe

1. Kata: ***Heian-shodan***. Im *Shôtôkan-ryû* ist sie die erste Kata und schult die Abwehrtechniken *Gedan-barai, Jôdan-age-uke* und *Shutô-uke*.

Klassische Anwendung aus der Heian-shodan

Chûdan-oi-zuki und *Tettsui-uchi* werden als Angriffstechniken verwendet. Alle Techniken werden in den Stellungen *Zenkutsu-dachi* und *Kokutsu-dachi* ausgeführt. In der *Heian-shodan* werden vor allem die Beinbewegungen und Richtungsänderungen, die Haltung des oberen Körpers und die Spannungsverhältnisse geübt. Die Kata enthält 21 Bewegungen und soll in einer Zeit von ungefähr 40 Sekunden ausgeführt werden.
2. Kata: ***Heian-nidan***. Im *Shôtôkan-ryû* ist sie die zweite Kata. Ursprünglich hat man mit ihr begonnen, was in einigen *Karate-ryû* auch heute noch geschieht. Das *Embusen* gleicht dem der *Heian-shodan*. Die Kata umfaßt jedoch einen größeren technischen Bereich. Neu in ihr sind zwei Fußtechniken, *Yoko-geri-keage* und *Mae geri-keage*. Das Wesen der Kata ist das *Gyaku*-Prinzip. Im Gegensatz zur *Heian-shodan*, die den geradlinigen Einsatz der Hüfte lehrt, schult die *Heian-nidan* den Einsatz der gegenseitigen Hüfte. In der Anwendung übt sie die mittlere Distanz. Die *Heian-nidan* besteht aus 27 Bewegungen und soll in einer Zeit von etwa 40 Sekunden ausgeführt werden.
3. Kata: ***Heian-sandan.*** Ihre Bewegungen sind die Basis für die späteren Kata *Tekki, Jion, Ji'in* und *Jitte*. Die Kata enthält viele Techniken für den Nahkampf und schult vor allem die Stellung *Kiba-dachi.* In dieser werden mehrere Formen der Bewegung verwendet: das Vorgehen im großen Schritt, die Rückwärtsdrehung und das gleichzeitige Gleiten beider Füße. Die *Heian-sandan* besteht aus 20 Bewegungen und soll in einer Zeit von 40 Sekunden ausgeführt werden.
4. Kata: ***Heian-yondan.*** Ihr Ablauf ist durch eine große Dynamik gekennzeichnet, durch das Studium der doppelten Abwehrformen und den Gebrauch von Fußtechniken. Wahrscheinlich wurde sie aus der *Kankû* entwickelt. Sie besteht aus 27 Bewegungen, die in einer Zeit von ungefähr 50 Sekunden ausgeführt werden sollen.
5. Kata: ***Heian-godan***. In ihr vereinigen sich mehrere Grundprinzipien des *Karate*: *Mizu nagare-gamae* stellt ein bedeutendes Prinzip der Abwehrtechniken dar, wechselnde Abwehrformen zwischen *Gedan, Jôdan* und *Chûdan*, Ergreifen des gegnerischen Arms und Kontern, Kontertechnik mit Blickwechsel, Vermeiden eines Angriffs durch einen Sprung, Abwehren und Kontern *(Tai-sabaki)* mit Nagashi-Techniken, die klassische *Kamae*-Kata *Manji-gamae* usw. Durch die Vielfalt der Techniken lehrt diese Kata bereits einen umfangreichen Kampfstil. Gleichzeitig stellt ihre Ausführung jedoch hohe Ansprüche an Rhythmus und Timing. Die Kata kombiniert abwechselnd schnell aufeinanderfolgende Bewegungen mit schnell ausgeführten Techniken. Sie besteht aus 25 Bewegungen und soll in einer Zeit von ungefähr 50 Sekunden ausgeführt werden.

Heian-Periode: Zeitraum in der japanischen Frühgeschichte, 794–1195.
Während der Kriege im Norden (1051–1087) gewannen gegen Ende der Heian-Periode die mächtigen →TAIRA und →MINAMOTO (s. auch →*Gempei*-Krieg) an Macht, und die adelige →FUJIWARA-Familie verlor ihren Einfluß. Langsam begann sich die Samurai-Klasse zu bilden (→*Kondei*). Die Selbstmordzeremonie →*Seppuku* (s. auch →*Harakiri*) ist erstmals um 1170 geschichtlich nachweisbar. Mit der Gründung des →*Kamakura-Bakufu* durch den ersten Minamoto-*Shôgun* endete die Heian-Periode (→Japan).

Heigo (jap.): Bezeichnung für die in den Kampfkünsten gebrauchte Begriffssprache. Sie führt fast unverändert bis in die japanische Feudalzeit zurück, weswegen manche Begriffe, die in den Kampfkünsten gebraucht werden, in der modernen japanischen Sprache nicht mehr zu finden sind.

Außerhalb Japans wird in allen klassischen Kampfkünsten diese Sprache ebenfalls verwendet, da durch sie die Erforschung der Kampfkünste hinsichtlich ihrer Geschichte und Tradition gewährleistet wird.

Heihô (jap.): [aus *Hei* = Krieger, *Hô* = Methode] »Methode des Kriegers«. Dieser Weg war im →*Bushidô* als ein wichtiger Lebensinhalt der Samurai verankert und als höchstes Gesetz der Kriegerkaste geehrt. Das Prinzip wurde ursprünglich von →ITÔ ITTÔSAI im japanischen Schwertfechten (→*Kenjutsu*) gegründet und zum ersten Mal unter dem Begriff »Hei-hô« verwendet. Es sollte ausdrücken, daß die Schwertkunst nicht nur eine Kampftechnik, sondern auch eine Geisteshaltung sein kann, die erlaubt, aus den Bewegungen des Gegners Vorteile zu ziehen *(Katsujin no Ken)*, wenn der Geist rein bleibt *(Makoto)*.

Heihô beinhaltet sowohl die Lehre der Kampfmethoden (Techniken) als auch die Lehre über die Kampfstrategien und verschiedene psychologische Analysen des Selbst. Es war eines der meist beschriebenen und diskutierten Themen des mittelalterlichen Japan. Auch MUSASHIS →»Gorin no Sho« gehört in diesen Bereich. Er verwendet dafür den Begriff *Niten ichi-ryû*.

Die japanischen Schriftzeichen für Heihô werden als »Methoden für den Krieger« gelesen, während sie in den chinesischen Ideogrammen »Weg des Friedens« bedeuten.

Heijô-shin (jap.): Gleichgewicht, Balance, innerer Gleichmut.

Heijôshin kore dô (jap.): »Das gewöhnliche Bewußtsein ist der Weg« (auch: → *Heijô-shin kore michi*), berühmter Spruch des chinesischen *Zen*-Meisters NANSEN (NAN-CH'ÜAN P'U-YÜAN), der aufgrund eines *Mondô* mit seinem Schüler CHAO-CHOU TS'UNG-SHEN (→JÔSHÛ JÛSHIN) als *Kôan* in die *Zen*-Geschichte eingegangen ist:

Schüler: »Was ist der Weg?«

Meister: »Das gewöhnliche Bewußtsein ist der Weg.«

Schüler: »Soll ich mich dazu hinwenden oder nicht?«

Meister: »Wenn du versuchst, dich dazu hinzuwenden, wird er sich von dir abwenden.«

Schüler: »Wenn ich nicht versuche, ihn zu finden, wie kann ich dann je um ihn wissen?«

Meister: »Der Weg gehört nicht zu Wissen oder Nichtwissen. Wissen ist Verblendung, Nichtwissen ist Nichtunterscheidung. Wenn du den Weg jenseits aller Zweifel erreicht hast, wirst du erfahren, daß er so weit und grenzenlos wie die große Leere ist. Wie könnte darin etwas recht oder unrecht sein?«

Bei diesen Worten hatte Jôshû eine Erleuchtungserfahrung.

Heijôshin kore michi (jap.): Grundphilosophie aller alten japanischen Kampfmethoden, das ursprünglich als *Zen*-Weisheit von dem chinesischen *Zen*-Meister NAN-CH'ÜAN (NANSEN FUGEN) gegründet wurde. *Heijôshin kore michi* (s. auch →*Heijôshin kore dô*) bedeutet wörtlich »das gewöhnliche Bewußtsein ist der Weg« und wird in den Kampfkünsten als »der ruhige und unerschütterliche Alltagsgeist« gelehrt, ein Prinzip, das von MIYAMOTO MUSASHI auch als →*Iwao no mi* bezeichnet wurde.

HEIJÔSHIN – DAS FUNDAMENT DES KRIEGERGEISTES

Der Instinkt zu überleben bedingt durch die Zusammenhänge der Natur in der individuellen Existenz ganz selbstverständlich das Prinzip des »Fressens oder Gefressenwerdens«. Darum muß auch der Krieger seinen Feind töten, wenn er überleben will. Auf dieser Tatsache aufbauend, wurde in der japanischen Kriegermentalität die Philosophie des *Heijôshin kore michi* entwickelt und als fundamentale Basis in allen Kriegsmethoden geübt. Diese Philosophie besagt, daß die Stärke des Kriegers darin besteht, in seiner äußeren Erscheinung immer gleich zu sein, egal was passiert oder was ihm begegnet. Diese Haltung der perfekten Selbstbeherrschung kann ihn vor dem Gefressenwerden bewahren, und deshalb soll er sich auch im Alltag darin üben, sie in allen Situationen beherrschen zu lernen. Tut er dies, wird er auch in Situationen, in denen sein Leben in Gefahr ist, eine ruhige Haltung bewahren können und dadurch zum gegebenen Zeitpunkt das Richtige tun. Selbst wenn er dem Tod ins Auge sieht, muß er gleich bleiben und gleich handeln – zuversichtlich, ruhig und unerschütterlich nach außen, hellwach und aufmerksam nach innen.

HEIJÔSHIN – EIN ALLGEMEINES PRINZIP

Heijôshin kore michi ist, obwohl es sich zuerst in

der Kriegermentalität entwickelte, eine notwendige Basisphilosophie jeder reifen Lebensform. Die Philosophie hatte auch in alten Zeiten nur unmittelbar mit den Lehren des *Zen*, des *Shintô*, des Konfuzianismus oder des Daoismus zu tun, denn sie wurde eigentlich aus der Realität der Kriege geboren und ist allen Völkern der Welt bekannt. Alle Kulturen der Erde, in denen Kriege geführt wurden, kannten ihre grundlegende Notwendigkeit zum Überleben. Ein Krieger, der sich in diesem Geist geübt hatte, war seinem Feind in allen Belangen überlegen. Die Samurai gingen, um diese Philosophie zu verwirklichen, viele und schwierige Wege (z. B. →*Enryô*) und merkten dabei bald, daß die Philosophien des *Zen* oder des *Shintô* ihnen sehr nützlich sein konnten, um *Heijôshin kore michi* zu verstehen. Da all diese Philosophien im eigentlichen *Heijôshin kore michi* im Auge hatten, waren sie den Samurai sehr willkommen, denn die Beherrschung des Geistes durch Meditation, die im *Zen* angestrebt wurde, konnte leicht auf die Kriegsmentalität übertragen werden und brachte so die Chance, im Kampf zu überleben.

Heiken (jap.): Form der Fausthaltung. Man beugt die Finger in den mittleren Knöchelgelenken, bis die Fingerspitzen die Handfläche berühren. Zum Angriff wird der Teil der Finger zwischen den mittleren und oberen Knöchelgelenken verwendet.

Heikô (jap.): Gleichgewicht (→*Shisei*); ausgeglichen, parallel.

Heikô-dachi (jap.): Grundstellung, natürliche Bereitschaftsstellung, Parallelstellung (→*Shizen-tai*). *Heikô-dachi* sieht →*Hachiji-dachi* sehr ähnlich. Der Unterschied besteht darin, daß die Füße parallel zueinander stehen.

Heikô-zuki (jap.): Parallelstoß (→*Tsuki-waza*), klassifiziert unter →*Morote-zuki*. Man führt den Fauststoß mit beiden Händen nach vorn, wobei der Faustrücken nach oben zeigt. Die Technik wird häufig im Nahkampf verwendet.

Heimin (jap.): nach der Meiji-Restauration (s. dort) wurden in Japan neue Gesellschaftsklassen gebildet. *Heimin* nannte man die untere Bevölkerungsschicht, der →*Shizoku*, die gehobene Gesellschaftsklasse, gegenüberstand.

Hei no Michi (jap.): Weg der Militärstrategie.

Heisoku (jap.): Rist, Fußspann (→*Keri-waza*).

Heisoku-dachi (jap.): Grundstellung, natürliche Bereitschaftsstellung mit geschlossenen Füßen (→*Shizen-tai*).

Die Füße stehen parallel nebeneinander, die Fersen und die inneren Fußkanten berühren sich. Die Knie bleiben gerade, jedoch locker entspannt.

Heki-ryû (jap.): neben *Ogasawara-ryû* und *Honda-ryû* die bedeutendste Stilrichtung des →*Kyûdô*. *Heki-ryû* ist auch in Deutschland sehr verbreitet und verdankt seine Ausbreitung dem japanischen Großmeister dieses Stils, GENSHIRO INAGAKI, der 1969 in Hamburg die erste Vorführung seiner Kunst gab. Seit dieser Zeit arbeitet der Großmeister in Deutschland und betreut die Übenden, die im *Deutschen Jûdô Bund* organisiert sind.

Die Ursprungslegende dieses Stils berichtet von einem Samurai aus dem 15. Jh., der als Inkarnation eines *Shintô*-Gottes angesehen wurde: HEKI DANJO MASATSUGU. Er konnte mit seinen Pfeilen zwei Gegner gleichzeitig durchbohren, doch das Gefährlichste an ihm waren seine *Kiai*. Sein »Eiii« soll so abschreckend gewesen sein, daß er damit ein ganzes Heer in der Nähe von Uchino in die Flucht getrieben haben soll.

Hen[1] (jap.): Teil. *Kata* – eins von beiden.

Hen[2] (jap.): sich verändern (auch *Kawaru*). *Henka* – Veränderung, Wechsel, *Fuhen* – Beständigkeit, Unveränderlichkeit.

Hen[3] (jap.): Seite, seitlich (wie *Yoko*, →*Hô*).

Hengen-kashijutsu (jap.): die Technik der vollständigen Umwandlung der eigenen Identität in einen anderen Charakter, um die Feinde zu täuschen.

Henka (jap.): Wandel, Wende, Wechseln, Veränderung, Variation (s. *Hen*[2]), in den Kampfkünsten das Verändern der Stellungen, der Techniken und der Höhen der Stände.

Henka-waza (jap.): fließende, ineinander übergehende Techniken, beständiges Verändern der Stellungen, Deckungen und der Höhen der Stände.

Hensô (jap.): Verkleidung.

Hensôjutsu (jap.): Kunst der →*Ninja*, sich zu verkleiden, Bestandteil des →*Onshin-*

jutsu. Hensôjutsu wurde im 16. Jh. aus taktischen Notwendigkeiten von den *Ninja*-Clans entwickelt und systematisch in ihren Kampfkünsten gelehrt. Es gab sieben Arten der Verkleidung *(Shichiho-de)*:

SHICHIHO-DE – VERKLEIDUNGEN DER NINJA

Akindô	– Händler
Hokashi	– Musiker
Komuso	– Wanderpriester
Sangaku	– Unterhaltungskünstler
Shukke	– buddhistischer Mönch
Tsugenata (Ronin)	– herrenloser Samurai
Yamabushi	– kriegerischer Bergasket

He-quan (chin.): auch *He-p'ai, Hao-p'ai, Hop-gar, Ho-jia,* ursprünglich nördlicher Kranichstil des →*Quan-fa*, danach auch im Süden sehr verbreitet; nicht identisch, aber verwandt mit *Bai-he-quan* (Stil des weißen Kranichs, jap. →*Hakutsuru-ken*) aus Fukien. Die meistgebrauchte Bezeichnung für den südlichen Stil lautet *Hop-gar*. Der Stil ist heute, ebenso wie das *Bai-he-quan*, in Taiwan, Hong Kong und im Gebiet von Kanton unter verschiedenen Versionen sehr verbreitet.

Kampfhaltung aus dem He-quan

Der Stil des tibetanischen Kranichs wurde laut Legende von dem Shaolin-Mönch A DA TAOU 1796 in Tibet gegründet, nachdem er einen Kampf zwischen einem Kranich und einer Schlange beobachtet hatte. Er charakterisiert sich durch Angriffe mit den Fingerspitzen und durch Positionen auf einem Bein. Die Bewegungen der Arme gleichen dem Schlagen von Flügeln. Die Fußangriffe zielen auf Knie und Knöchel.

Diese nördliche Form besteht aus 12 Nahkampf-, 12 Distanztechniken und 8 Formen *(Dao)*, die sowohl mit als auch ohne Waffen ausgeführt werden. Der wichtigste Aspekt des Systems ist seine Fußarbeit *(Kay-men-bo)*, die auf den *Mui-ta-jeong* (in den Boden geschlagenen Holzpfählen) bis zur Perfektion entwickelt werden. Der Stil wurde besonders während der Qing-Dynastie bekannt und von den Mandschu-Kaisern und ihren Wachen geübt. Es ist ein sehr praxisbezogener Stil, der sich von den Gesundheitssystemen unterscheidet. *He-quan*, in Kanton *Hop-gar,* ist in der Mandschurei heute unter der Bezeichnung *Ho-jia* bekannt.

He-quan bedeutet wörtlich »Kranichfaust« und steht für die meistverwendete Technik dieses Stils. Man bezeichnet sie auch noch als *Goushou* (Hakenhand). Das Handgelenk wird nach unten abgeknickt, die Finger werden in Form einer Blüte um den Daumen gelegt. Mit den Fingerspitzen wird auf Vitalpunkte (→*Dian-xue*) gezielt. Diese Haltung wird in Angriffen, aber auch in Abwehrtechniken benutzt. Im Süden Chinas entwickelte sich das *He-quan* zu mehreren wichtigen Stilen:

1. **Zong-he-quan** (der springende Kranich): Der Stil wurde während der Regierungszeit von Kaiser TONG ZHI (1862–1874) von einem Mann namens FANG SHI-PEI aus Fujian gegründet. Er hatte mehr als 10 Jahre die Bewegungen von Vögeln, Fischen und anderen Tieren studiert und dabei herausgefunden, daß die zitternden Bewegungen dieser Tiere dazu dienten, mehr Energie zu erzeugen. Daher legte er die Prinzipien der Körpervibration seinem Stil zugrunde. Zu seinen Schülern gehörten LIN QIN-NAN und die 5 tapferen Generäle von Fujian: FANG YONG-HUA, CHEN YI-HE, XIAO KONG-PEI, CHEN DAO-TIAN und WANG LIN. Der springende Kranich beruht auf vielen *Qin-na*-Prinzipien und verwendet Schläge auf Vitalpunkte sowie Hebel- und Haltegriffe. Durch die *Qi-gong*-Methoden der Atmung, des Schüttelns

Chinesischer Kranich

der Hände und des Oberkörpers wird eine innere Energiegewinnung erzielt.

2. **Ming-he-quan** (der drehende Kranich): Dieser Stil läßt sich bis zum *Yongchun-he-quan (Bai-he-quan)* zurückverfolgen. Im späteren Teil der Qing-Dynastie zog Lin Shi-Xian, ein Meister des weißen Kranichs aus Yongchun, nach Fuzhou, wo er seinen Stil entwickelte und unterrichtete. Unter seinen bekannten Schülern war Pan Yu-Ba, der Lehrer von Xie Zhong-Xiang (→Ryû Ryûko). Der offensichtlich auch in anderen *Quan-fa*-Stilen ausgebildete Xie kombinierte das *Bai-he-quan* mit seinen eigenen Konzepten und entwickelte daraus den »drehenden Kranich«, auch bekannt als »schreiender« oder »singender Kranich«. Die Übenden des *Ming-he-quan* leiten ihre Stilbezeichnung von einem hohen Geräusch ab, das sie bei ihren Übungen ausstoßen.

3 **Su-he-quan** (der schlafende Kranich): Der Gründer dieses Stils, Lin Chuan-Wu aus dem Distrikt Chengmen (Fuzhou) studierte in Fijian das Kranich-Konzept unter dem Mönch Jue Qing. Nach fünf Jahren der Übung ging er zurück nach Fuzhou. Sein Stil beruht auf dem Prinzip, halb im Schlaf zu sein, womit man den Gegner täuscht. Die kraftvollen Handtechniken werden plötzlich sehr schnell und verwenden unerwartet tiefe, stabile Stellungen.

4. **Shi-he-quan** (der fressende Kranich): Am Ende der Qing-Dynastie lernte Ye Shao-Tao aus Changshan (Distrikt Fuzhao) von Fang Sui-Guan diesen Stil. Er hatte auch von dem bekannten Meister des Tiger-Stils Zhou Zi-He gelernt, bevor er sich selbst zum Meister des *Shi-he-quan* erklärte. Die Techniken des Stils sind Haken- und Klauentechniken mit Fingerspitzen und Handflächen.

5. **Fei-he-quan** (der fliegende Kranich): Der Gründer des Stils, Zheng Ji, lernte die Grundlagen des *Bai-he-quan (Yongchun)* von einem Meister der dritten Generation, Zheng Li. Die Anhänger des fliegenden Kranichs bewegen sich mit entspannten Armen und Körpern, bevor sie Energie in ihre geraden und vorgestreckten vibrierenden Hände legen. Der Stil betont Sprünge, das Stehen auf einem Bein und das Bewegen der Arme wie Flügel.

Hera (jap.): okinawanische Stich- und Schlagwaffe (auch *Rôchin)*, im →*Timpejutsu* verwendet.

Herrigel, Eugen: Prof. Dr., 1884 bei Kehl geboren, unterrichtete von 1924 bis 1929 Philosophie an der Kaiserlichen Universität in Sendia, Japan, wo er dem *Zen* begegnete. Er nahm einige Jahre lang Unterricht bei einem namhaften japanischen Meister des Bogenschießens (→Awa Kenzo) mit der Absicht, die Lehre des *Zen* in der Praxis zu erfahren.

Als er 1929 nach Deutschland zurückkehrte, schrieb er seine Erfahrungen mit dem japanischen Meister nieder und veröffentlichte sie unter dem Titel »Zen in der Kunst des Bogenschießens«. Das Buch gehört zu den Klassikern der *Budô*-Literatur und wird weit über die Kreise der Kampfkunstanhänger hinaus gelesen. Inzwischen wurde es in acht Sprachen übersetzt und erschien bereits in mehreren Auflagen. Aus dem Nachlaß Herrigels stellte Dr. H. Tausend ein weiteres Werk zusammen, das unter dem Titel »Der Zen-Weg« erschienen ist.

Heso (jap.): *Atemi*-Angriffspunkt, Nabel.

He Tai-ji-quan (chin.): Stil des →*Tai-ji-quan*, der heute nur selten geübt wird. Er wurde

Technik aus dem He Tai-ji-quan

von HE ZHAO-YUAN gegründet, einem Schüler von →CHEN QING-PING. He Zhao-Yuan gab den Stil an ZHEN WU-QING weiter, der ihn vor allem in Xi'an verbreitete.

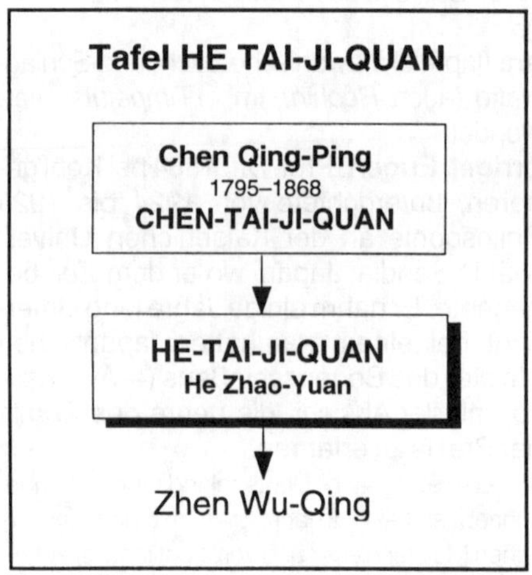

Heung Chan (1806–1875): chinesischer Meister des *Quan-fa*, Gründer des →*Choy-li-fut*.

Heung wurde im Dorf King-Mui geboren und begann sein Training unter seinem Onkel. Mit 15 studierte er unter LI YAU-SHAN, danach unter dem Mönch CHOY FOK. Nach acht Jahren gründete er das Choy-li-fut. 1864 reiste er nach San Francisco und gab bei den dortigen Chinesen vier Jahre lang Unterricht.

He-xue-gong (chin.): »Regelung des Blutkreislaufs«, System des →*Ying-gong* (s. auch →*Qi-gong*, →*Tie-bu-shan*).

He Zhao-Yuan: Gründer des →*He Tai-ji-quan*.

Hi (jap.): geheimhalten (auch *Himeru*). *Himitsu* – Geheimnis, *Gokuhi* – strenges Geheimnis, *Shimpi* – göttliches Geheimnis, Mysterium.

Hichi no Kamae (jap.): Kampfstellung auf einem Bein aus den japanischen Systemen.

Hichojutsu (jap.): alle Techniken des Springens und Hüpfens.

Hichu (jap.): *Atemi*-Angriffspunkt – Kehlkopf, Adamsapfel.

Hidama (jap.): *Ninjutsu*-Taktik, durch Rauchbomben und Knallkörper die Verfolger zu irritieren.

Hidari (jap.): links (auch *Sa*, s. →*Hô*). *Sahô* – linke Seite, *Hidarite* – linke Hand, *Hidariashi* – linker Fuß, *Hidariue* – links oben, *Sayu* – links und rechts, *Kara* – von links.

Hidari-dô (jap.): Schwertschlag zur linken Seite des gegnerischen Körpers.

Hidari-gamae (jap.): Stellung links vor.

Hidari-jigotai (jap.): linke Verteidigungsstellung.

Hidari-shizentai (jap.): natürliche Stellung links vor.

Hiden (jap.): »überlieferte Geheimnisse« (s. →*Hi*, →*Densho*, →*Gokuhi*, →*Okuden*). Die esoterische Lehre der Schulungswege des →Budô, wurde hauptsächlich vom →*Tendai*, vom →*Shingon* und vom →*Zen* beeinflußt. Diese lehrten das Prinzip des →*Jiriki*, das sich von den reinen Götterlehren (→*Tariki*) dadurch unterschied, daß es die Kraft des Selbst verwendete, um die Erleuchtung (→*Satori*) zu erreichen.

Die Schulungswege des *Dô* enthielten daher immer zwei Aspekte: die Lehre über die reine Technik (→*Omote*), zu der jeder Zugang hatte, und den esoterischen Weg zum »Herz« der Lehre *(Hiden, Okuden, Gokuhi)*, der nur unter der Anleitung eines Meisters zu gehen war. Jede Schule hatte ihre *Hiden*, deren Zugang oft schriftlich (→*Denshô*) über die Generationen überliefert wurde. Nur die höchsten Graduierungen des *Budô* (→*Ri*) erlauben ein Verständnis der *Hiden*. Weitere Erläuterungen s. →*Uchi-deshi* und →*Reimyo-Tôde*.

Hiden Mokuroku (jap.): geheime Aufzeichnungen über das *Aikidô*, verfaßt von UESHIBA MORIHEI im Jahre 1932.

Hiei-san (jap.): Bezeichnung für einen Berg bei Kyôto, auf dem →SAICHÔ zu Anfang des 9. Jh. das Hauptkloster des japanischen →*Tendai*-Buddhismus errichtete. Das Kloster wurde von →ODA NOBUNAGA durch einen gezielten Angriff im 16. Jh. zerstört, wobei die meisten Mönche getötet wurden.

Higaonna Morio (*1938): okinawanischer *Karate*-Experte *(Gôjû-ryû)* der Gegenwart aus Naha (Okinawa). Als er 14 Jahre alt war, begann er mit dem *Karate*-Training an der Schule. Ein Jahr später schrieb er sich im *Dôjô* von MIYAGI AN'ICHI, einem Schüler des Großmeisters →MIYAGI CHÔ-

JUN, ein, dessen Richtung er heute in Okinawa vertritt. Ab diesem Zeitpunkt übte er ohne Unterbrechung. 1960 begann er ein Studium an der Takushoku-Universität und übte im *Yodogi-Dôjô*, wo er danach bis Mai 1981 unterrichtete.

Während dieser Zeit gründete er die IOGKF *(International Okinawa Gôjûryû Karate-dô Federation)*, die heute in 21 Ländern über 20 000 Mitglieder hat und eine der bedeutendsten okinawanischen Vereinigungen ist (Erläuterungen s. Anhang).

Die bedeutendsten Schüler des Meisters sind (Tafel →MIYAGI): TADANO TOMIAKI (Tôkyô), NAMIKI TOMONORI (Tôkyô), IWAKAWA KOICHI (Tôkyô), ITO YOZO (Kanagawa-ken), TERAUCHI KAZUO (Tôkyô), KATO TOMOYUKI (Kanegawa-ken), OTSUKI KIYOYUKI (Miyagi-ken), UEHARA YONEKAZU und KAMIMURA TAKESHI.

Higa Seikô (1898–1966): okinawanischer *Karate*-Experte, persönlicher Schüler und hauptsächlicher Vertreter des *Gôjû-ryû*-Gründers →MIYAGI CHÔJUN.

Higa Seikô begann sein *Karate*-Training als Mitschüler Miyagis unter der Leitung von HIGASHIONNA KANRYÔ, wurde aber im Jahre 1905 Miyagis direkter Schüler. 1932 gründete er sein eigenes *Dôjô* in Naha, in dem er *Gôjû-ryû* unterichtete. Zu Lebzeiten Miyagis war Higa der einzige Meister, der autorisiert war, das *Gôjû-ryû* in Miyagis *Dôjô* zu unterrichten. 1935 bis 1937 lehrte Higa in Indonesien. Als er 1937 nach Okinawa zurückkehrte, verlieh ihm der *Butokukai* den Titel *Renshi*. 1953, nach dem Tod von Miyagi, wurde Higa Präsident des *Gôjû-ryû Shinkôkai* und zweiter Großmeister des *Okinawa Gôjû-ryû*.

Higa Seikô gilt als einer der Nachfolger Miyagis und als einer der größten und fähigsten Lehrer

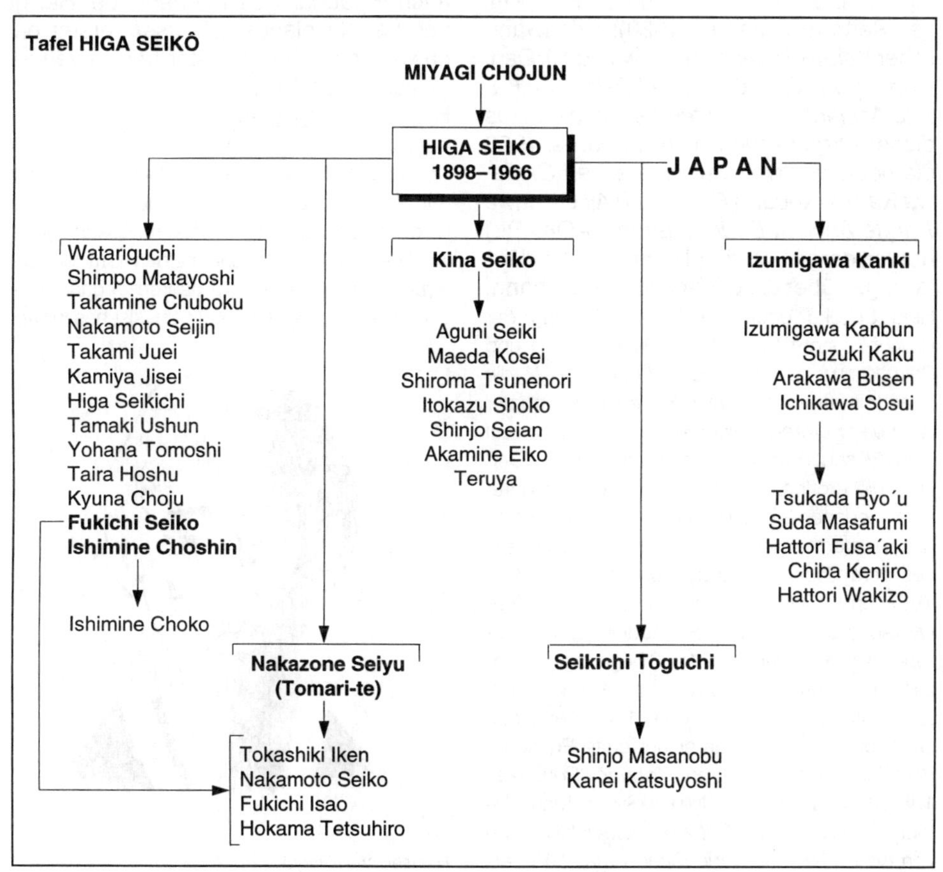

des okinawanischen *Gôjû-ryû*. Immer wenn Meister Miyagi im Ausland weilte, übernahm Higa Seikô die Trainingsleitung des *Gôjû-ryû* in Okinawa. Dadurch wurde er zum Bindeglied zwischen Miyagi und den meisten heute bekannten *Gôjû*-Experten. Sein Einfluß wurde auch in Japan spürbar, wo sich über IZUMIGAWA seine Lehre weiterverbreitete. Seine persönlichen Schüler waren: NAKASONE SEIYU, TAKAMINE CHOBOKU, FUKICHI SEIKÔ, TAMAKI JUEI, TOGUCHI SEIKICHI, HIGA SEIKICHI, TAMAKI USHUN, YOHENA TOMOSHIGE, TAIRA HOSHU, ISHIMINE CHOSHIN, KIYUNA CHOYU, IZUMIGAWA KANKI (KAWASAKI), KAMIYA JINSEI, NAKAMOTO SEIJIN, KINA SEIKÔ und WATARIGUCHI.

Higa gründete zu seinen Lebzeiten die Organisation *Kokusai Karate Kobudô Renmei* (s. Anhang), die heute von seinem Schüler TAKAMINE ASAMATSU geleitet wird. Dieser war seit 1927 Schüler von Higa und blieb bis zu dessen Tod (1966) bei ihm.

Higa Seitoku (* Januar 1920): okinawanischer *Karate*-Experte, gegenwärtig 10. Dan, *Hanshi*, und Gründer der *All Okinawan Karate Ancient Budo United Association*. Aus dieser Organisation ging im Jahre 1950 die heute weltweit verbreitete *Zen Okinawa Karate-Kobudô Rengôkai* (*All Okinawa Karate Ancient Budo League* – AOKABL) hervor, deren Präsident er heute ist. Erläuterungen über die Organisation s. Anhang.

Higa Seitoku begann mit dem Training der Kampfkünste 1931 unter KIJUN KISHIMOTO und SOKO KISHIMOTO aus Nago und bekam 1943 die Erlaubnis zum Unterricht. 1947 erhielt er von der *All Japan Karate-do Renmei* den 7. Dan, worauf er in Kyûshu, Präfektur Kumamoto, Japan, 1948 ein *Dôjô* eröffnete. Trotzdem studierte er unter verschiedenen Meistern weiter (CHIBANA, CHITOSE u. a.) und lernte mehrere *Kata* (*Seisan* und *Passai*) aus dem *Shôrin-ryû* und *Shôrei-ryû*. Zwischen 1952 und 1958 besuchte er mehrere okinawanische Schulen, um sein Studium im traditionellen *Karate* zu vertiefen. 1956 begann er gleichzeitig unter Meister CHINEN das *Yamane-ryû Bôjutsu* zu studieren und erreichte 1960 darin den Lehrergrad. 1961 wurde er der erste Präsident der *Zen Okinawa Karate-Kobudô Rengôkai*. 1961/62 lernte er von UEHARA SEIKICHI das *Motobu-ryu*, von NAKAMA CHOZO die *Gôjûshiho*- und von KONZO NAKAMURA die *Pinan-Kata*. 1967 erhielt er den 9. Dan und benannte sein *Dôjô* in *Geibukan (Bugeikan)* um. 1974 erhielt er den 10. Dan.

Higashionna Kanryô (1853–1916): oft auch *Higaonna* geschrieben, »der Heilige des Faustschlages« *(Kensei)*, erster okinawanischer Großmeister des →*Naha-te* (s. auch →*Shôrei-ryû*).

HIGASHIONNAS LEBEN

Kanryô wurde am 10. März 1853 in Naha (West-Dorf Nishimura) als viertes Kind von HIGASHIONNA KANYÔ und seiner Frau MAKADO geboren. Der Vater gehörte zur unteren Bevölkerungsschicht. Als Kind begann Higashionna mit dem Studium des *Shuri-te*. Im Alter von 16 Jahren begann »Machu« (Kanryôs Kindername) chinesisches *Kempô*

Higashionna Kanryô

unter →Aragaki Kamadeunchu zu lernen, der selbst in Fukien studiert hatte. Er lernte schnell und wurde bald als Meister der Kampfkünste in Naha bekannt.

Er hatte einen Verwandten namens Higashionna Kanyu, der fünf Jahre lang sein *Sempai* war. Kanyu lebte in Higashimura (Ost-Dorf von Naha) und wurde daher Higashionna-Ost genannt, während Kanryô als Higashionna-West bezeichnet wurde. Bis 1870 lernte Kanryô unter Meister Aragaki die →*Luo-han-quan*. Danach ging Aragaki als Übersetzer nach Beijing. Zuvor stellte er den jungen Kanryô jedoch Meister Kojô Daite (→*Kojô-ryû*) vor, der ihn als Schüler annahm. Durch diesen Lehrer und durch Yoshimura Udon Chomei wurde letztlich die Reise des jungen Higashionna nach China ermöglicht.

Im November 1874 reiste der 22jährige Higashionna mit einem Handelsschiff von Naha aus nach Fozhou (Fukien) in China. Dort lebte er zunächst ein Jahr in einer okinawanischen Siedlung, die man *Ryûkyû-Kan* nannte, und übte im *Kojô-Dôjô* unter Waichinzan und Iwah. Schließlich wurde er – wahrscheinlich von Kojô – dem chinesischen *Kempô-(Quan-fa)*-Meister →Ryû Ryûko vorgestellt. Nach längerer Bewährungszeit nahm der Meister ihn schließlich als persönlichen Schüler an und unterrichtete ihn im →*He-quan*, dem Ursprungsstil des okinawanischen *Hakutsuru-ken*. Tagsüber half er seinem Meister beim Verkauf von Bambuswaren im Geschäft, und abends begann er mit der Übung.

Higaonna blieb 15 Jahre als persönlicher Schüler bei Meister Ryû Ryûko. Als er nach Okinawa zurückkehrte, eröffnete er gegenüber der *Okinawa Shimbun-sha* in Tondo Naha-shi ein *Dôjô* und unterrichtete dort eine persönliche Zusammenstellung aus Elementen des *Kempô* (besonders die entspannten chinesischen Techniken) und aus dem alten okinawanischen *Tôde* (→*Okinawa-te*). Diesen Stil nannte er *Naha-te*. Er bestand aus einer Kombination von weichen und kraftvollen Bewegungen und betonte hauptsächlich die Bewegungen der *Sanchin-Kata* und die des Kranichstils von Fukien (→*Hakutsuru*).

<u>Higashionnas Erbe</u>

Meister Higashionna formte die Kata *Sanchin* um, indem er sie öffentlich mit der geschlossenen Faust lehrte, während die chinesische Variante (auch das *Uechi-ryû*) die offene Hand betont. Higashionna lehrte die Variante mit der

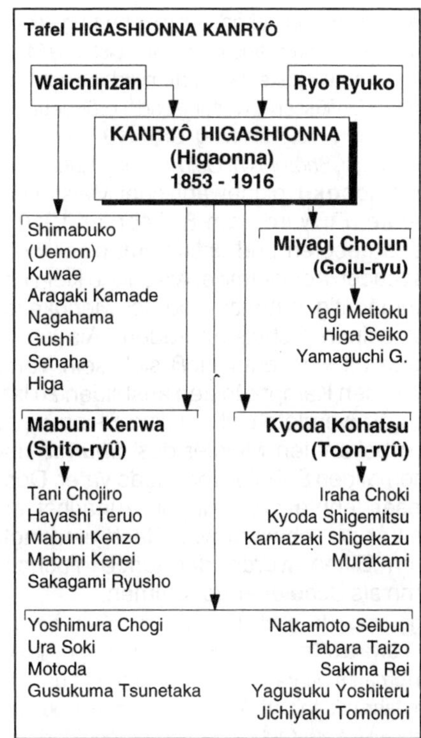

offenen Hand nur seinem inneren Nachfolger Kyoda Kohatsu. Öffentlich unterrichtete er die Kata nur mit geschlossener Hand. Außerdem veränderte er die bis zu seiner Zeit übliche Methode des privaten Unterrichts. Es wird gesagt, Higashionna sei der erste gewesen, der den Gruppenunterricht einführte.

Bis zu seinem Lebensende unterrichtete er in zahlreichen *Dôjô* der Polizei zusammen mit seinem engen Freund Yasutsune Itosu. Higaonna starb im Oktober 1916, im selben Jahr wie Itosu. Seine persönlichen Schüler waren: Yoshimura Chôgi (1866–1945), Kyôda Kôhatsu (Yûhatsu, *1887), Miyagi Chôjun (1888 bis 1953), Gusukuma Tsunetaka (Gushimiyagusuku Hohitsu, 1892 bis 1966), Shiroma Tsunetaka, Nakamoto Seibun (*1892), Tabara Taizo, Sakima Rei, Ikemiyagusuku Yoshiteru, Jichiyaku Tomonori, Ura Soki (*1895), Motoda und Kenwa Mabuni (1889 bis 1952). Die offizielle Nachfolge des Stils übertrug Meister Higashionna seinem treuen Schüler Kyôdo Kôhatsu (*Uchi-deshi* des Stils), der zeit seines Lebens dem

Meister sehr nahestand. Auf ihn übertrug er auch die Geheimlehren aus dem →Bubishi. →MIYAGI CHÔJUN entwickelte das System jedoch unter anderen Einflüssen weiter und gründete eigenständig die Ableitung *Gôjû-ryû*. Weiterentwicklung s. *Shôrei-ryû*, *Gôjû-ryû* und *Naha-te*.

Higa Yûchoku: okinawanischer Meister des *Karate*. Er wurde am 8. Februar 1910 in Naha geboren und entstammt einer wohlhabenden Adelsfamilie. Als Junge klein und schmächtig, hatte er viele Schwierigkeiten mit seinen Schulkameraden. Als er 16 Jahre alt war, entschloß sich sein Vater, ihn in den Kampfkünsten ausbilden zu lassen. Er wendete sich an JIRO SHIROMA, einen bekannten Meister des *Shuri-te* und ehemaligen Schüler von Higas Vater. Doch dieser lehnte den Jungen zunächst ab, weil er zu schwach war. Nach eindringlichen Bitten wurde der junge Yûchoku dann als Schüler angenommen.

Higa studierte auch bei MIYAHIRA KAIEI, der auf Okinawa als TEIJIN NO BUSHI bekannt war. Als Jiro Shiroma im Jahre 1933 starb, übte er zunächst ein Jahr mit seinem Vater, bis er damit begann, mehrere *Karate*-Clubs in Firmen, bei der Stadt und bei der Präfektur zu eröffnen. Auf diese Weise lernte er den *Gôjû-ryû*-Meister SHINZATO JINAN kennen, dessen Assistent er wurde.

Higa Yûchoku.

Higa Yûchoku – wichtige Daten

Januar 1951: Higa wird von Chibana zum Shihan ernannt.
Januar 1965: Higa erreicht den 9. Dan unter Chibana.

Erster Präsident der Shôrin-ryû Kyudokan.
Zweiter Direktor der Okinawa Karate-do Federation.
Dritter Präsident der All Okinawa Karate-do Federation.

Wie Higa Yûchoku erzählt, waren die Unterrichtsstunden sehr verschieden von denen, die wir heute kennen. Die Übung beruhte fast ausschließlich auf der Arbeit an den *Kata*. Der Meister sagte: »Du darfst nicht fragen, wozu die *Kata* gut sind. Übe sie, das ist alles. Erst später wirst du verstehen. Dein Körper muß lernen, nicht dein Kopf.« Nach dem Krieg wurde Higa Schüler bei → CHIBANA CHOSHIN und lernte wieder *Shuri-te*. Später wurde er sein Assistent und half ihm bei der Gründung mehrerer *Dôjô*. Heute ist Higa Yûchoku der innere Vertreter (→*Uchi-deshi*) von Chibana Chôshins →*Kobayashi-ryû* und unterrichtet in einem kleinen *Dôjô* in Naha. Er ist Präsident der *Shôrin-ryû Kyûdôkan Shinkokai* (s. Anhang), die auf Okinawa das *Kobayashi-ryû* vertritt.

Higa Yûchokus Philosophie ist sehr einfach. Er sagt: »Man kann nichts unterrichten, was man nicht selbst mitgemacht und verstanden hat.« Deshalb trainiert der Meister auch noch im hohen Alter jeden Morgen zwischen 5.30 und 6.30 Uhr für sich allein. Den Rest der Zeit verbringt er damit, seine Schüler zu unterrichten oder seine *Bonsai* zu schneiden. Viele seiner Schüler sind seit über dreißig Jahren bei ihm und üben regelmäßig dreimal in der Woche.

Higi (jap.): *Wajutsu*-Begriff für die Relation zwischen der materiellen und der spirituell-esoterischen Welt. Das Studium von *Higi* ist nur den hohen Graduierungen (*Kyôshi* und *Taishi*) erlaubt.

Hihô (jap.): geheime Methoden (→*Hiden*, →*Gokuhi*, →*Okuden*).

Hiji (jap.): Ellenbogen (auch →*Empi*). Für *Hiji* wird die Spitze des Ellbogens und das umgebende Armgebiet verwendet. Der Ellbogen ist eine der effektivsten Waffen. Man verwendet ihn vor allem für Angriffe gegen das Gesicht, zum Solarplexus oder zum Bauch. *Hiji* ist eine typische Waffe für die Nahdistanz.

Hiji-ate (jap.): Ellenbogenschlag, -stoß. Auch →*Empi-uchi* (Erläuterungen s. dort).

Hiji-ate-waza (jap.): Gruppe sämtlicher Schlagtechniken mit dem Ellenbogen (→*Empi-waza*, →*Hiji-uchi*).

Hiji-makkomi (jap.): Umdrehen des Ellenbogens im *Jûdô*.

Hiji-ni-soeru (jap.): Ergreifen des Ellenbogens.

Hiji-otoshi (jap.): Ellenbogenabwehr im *Jûdô*.

Hiji-suri-uke (jap.): Abwehr mit gleitendem Ellenbogen (→*Suri-uke*). In dieser Technik wird die Abwehr mit einem Angriff kombiniert.

Wenn z. B. ein Gegner mit einem Stoß zum Gesicht angreift, führt man zuerst die Anfangsbewegung zu *Age-uke* aus, und noch ehe sie in der Endstellung *Age-uke* angekommen ist, stößt man die Vorderfaust *(Seiken)* zum Gesicht des Gegners.

Hiji-uchi (jap.): Gruppe der Schlagtechniken mit dem Ellenbogen im *Karate* (→*Uchi-waza*).

Hiji-uke (jap.): Ellenbogen-Abwehrtechniken (auch →*Empi-uke*).

Hiji-waza (jap.): *Aikidô*-Techniken, die sich gegen den Ellenbogen des *Uke* richten. Sie bestehen aus Armzangen *(Ude-hishigi)*, Armhalten *(Ude-garami)*, Armdrükken *(Oshi-taoshi)*, Armziehen *(Hiki-taoshi)* Armumdrehen *(Ude-hineri)* und Armüberdrehen *(Ude-gaeshi)*.

Hijutsu (jap.): geheime Technik (→*Hiden*, →*Gokuhi*).

Hiken (jap.): verborgenes, verstecktes Schwert.

Hiki (jap.): Zug, ziehen, ausweichen.

Hiki-age (jap.): Anheben des Schwertes nach einer ausgeführten Technik, um einen neuen Schlag von oben nach unten auszuführen.

Hiki-ageru (jap.): sich zurückziehen, ausweichen (dem Kampf, dem Geschehen).

Hiki-ashi (jap.): den Fuß zurückziehen.

Hikibana-waza (jap.): Angriffstechnik im *Kendô*, klassifiziert unter →*Okori-waza*. Nach einem Angriff, bei dem der Gegner zurückweichen mußte, wird energisch nachgesetzt und sofort wieder zugeschlagen.

Hikida Bungorô: bedeutender japanischer Schwertmeister (1537–1606), Gründer des →*Hikida-ryû*.

Bongorô war eine Neffe von Kamiizumi Ise no Kami und diente als Fechtlehrer am Hof von Karatsu in Kyûshu. Er lebte unter verschiedenen Namen wie z. B. Kagekane oder Shohaku. Zwei seiner Schüler, Fugetsusai Yamada und Shimpachi Nakai, wurden später berühmte Schwertkämpfer.

Bungorô studierte ursprünglich *Shinkage-ryû* und wurde als einer der vier »Könige des Schwertes« *(Shi-Tennô)* unsterblich. Die anderen drei sind Yagyû Tajima no Kami aus dem *Shinkage-ryû*, Kurando Marume aus dem *Taisha-ryû* und Shingo Ise no Kami aus dem *Hikida-ryû*. Man schreibt Hikida den frühesten Gebrauch des *Shinai* zu.

Hikida Kage-ryû (jap.): s. →*Hikida-ryû*.

Hikida-ryû (jap.): traditionelle japanische Schule des →*Kenjutsu*, gegründet von →Hikida Bungorô, einem berühmten Schwertmeister des →*Shinkage-ryû*. In dieser Schule wurde zum ersten Mal das Holzschwert (→*Bôken*) zu Übungszwecken benutzt. Das System wird auch *Hikida Kage-ryû* genannt.

Hikime (jap.): Bezeichnung aus dem japanischen →*Kyûdô* für einen Pfeil, dessen Spitze durch eine Holzkugel ersetzt wurde. Pfeile dieser Art werden im →*Yabusame*, →*Kasagake* und →*Inu oi-mono* verwendet, um das Verletzungsrisiko geringer zu halten.

Hiki-mi (jap.): Bezeichnung im *Shôrinji-Kempô* für eine Technik des Ausweichens vor einem Faustangriff durch Abdrehen des Körpers.

Hiki-tate (jap.): starke Abwehr- und Kontertechniken, die einen stürmischen Angreifer auf Distanz halten.

Hikitate-geiko (jap.): Bezeichnung für die Trainingsformen, in denen das Abwehrverhalten geübt wird. Der Abwehrende steht z. B. mehreren angreifenden Gegnern gegenüber, deren Angriffe er abwehren und jedesmal mit einer starken Kontertechnik beantworten muß.

Solche Übungen sollen in mehreren Serien nacheinander ausgeführt werden, denn sie entwickeln starke Verteidigungstechniken und das Gefühl für die Aktionen des Gegners. Im *Kendô* bezeichnet *Hikitate-geiko* den Trainingskampf des Schülers gegen den Lehrer.

Hiki-te (jap.): Griff; zurückziehende Hand. Eine der technischen Aktion entgegengesetzte Bewegung im *Karate*, um mehr Kraft und Schnelligkeit oder besseres Gleichgewicht zu erreichen, z. B. das Zurückziehen der gegenseitigen Faust beim *Tsuki* (Faustoß).

Hikite-gamae (jap.): Haltung mit halb abgedrehtem Körper und an die Hüfte zurückgezogener Hand. Die andere Hand befindet sich zumeist in →*Tate-shutô*-Haltung nach vorn gestreckt. Die Position wird zumeist nach einem ausgeführten *Gyaku-zuki* eingenommen.

Hikitori (jap.): das Heben des Arms vor dem Bogenspannen *(Hikiwake)* im *Kyûdô*.

Hiki-uke (jap.): Form von →*Yokeru-koto*. Mit *Hiki-uke* wird die Ausweichbewegung nach hinten bezeichnet, die gerade so weit gehen soll, daß man sich außer Reichweite eines gegnerischen Angriffs befindet.

Sofort nachdem man den Angriff abgewehrt hat, geht man wieder nach vorn und führt einen Konter aus. Zurückweichen und vorgehen geschieht schnell aufeinanderfolgend.

Hiki-uke

Hikiwake[1] (jap.): im japanischen →*Kyûdô* bedeutet *Hikiwake* das Spannen des Bogens. Es ist die 5. Position beim Bogenschießen. Der Bogen wird über den Kopf gehoben *(Hikitori)*, und vor dem Spannen werden Körper und Geist stabilisiert *(Daisan)*. Dann wird gleichzeitig mit der linken Hand nach vorn gedrückt und mit der rechten Hand nach hinten gezogen, bis die maximale Spannung *(Kai)* erreicht ist.

Hikiwake[2] (jap.): Wettkampfbegriff: unentschieden.

Hiki-waza (jap.): Ausweichtaktik im *Kendô*, indem man vor einem gegnerischen Angriff zurückweicht und dann sofort mit einem Konter vorstößt. Auch Konter, während man selbst zurückweicht. Klassifiziert unter →*Shikake-waza*.

Hikkomi (jap.): sich (vor einem Angriff) zurückziehen.

Hikkomi-gaeshi (jap.): Falltechnik nach hinten mit Überkopfwurf im *Jûdô*.

Hikkomi-otoshi (jap.): Selbstfallwurf auf die Seite aus dem *Jûdô*.

Hiku (jap.): ziehen.

Hikui (jap.): niedrig; im *Budô* zu tief angesetzter Schlag.

Himalaya (skrt.): [aus *Hima* = Schnee, *Alaya* = Wohnsitz], womit in Indien »Wohnsitz der Götter« gemeint ist. Gewaltigster Gebirgszug der Erde, 2500 km lang und 300 km breit.

Der höchste Berg ist der Mount Everest (Tschomolungma, 8848 m). Das jüngste Gebirge der Erde trennt den tropischen Südteil Asiens (Indien, Indus- und Gangesebene) vom Hochland Tibets. Das Gebirge erstreckt sich über Kaschmir, Indien, China/Tibet, Nepal, Sikkim und Bhutan.

Himo (jap.): Schnur; Schnurverbindung zwischen den →*Nunchaku*-Hölzern.

Hinayâna: der »Kleine Wagen«, buddhistische Glaubensrichtung (→Buddhismus), Gegenspieler des »Großen Wagens« (→*Mahâyâna*). Die Anhänger des *Hinayâna* bezeichnen sich als die Vertreter der eigentlichen Lehre →BUDDHAS und nennen ihre Lehre selbst *Theravada* (Lehre der Ordensältesten), obwohl dies eigentlich nur eine Richtung (allerdings die einzige heute noch existierende) des *Hinayâna* ist.

Der Überlieferung nach zählt das *Hinayâna* 18 Schulen, die sich alle aus der Urgemeinde (→ BUDDHA) entwickelt haben. Alle Richtungen entstanden in dem Zeitraum zwischen Buddhas Tod und dem Beginn unserer Zeitrechnung. Der Inhalt der Lehre stellt nach der Ansicht der Anhänger die ursprüngliche reine Lehre, wie sie der Buddha gepredigt hat, dar. Sie basiert im wesentlichen auf den →*Sûtra*, wie sie der Buddha gelehrt haben soll. Heute sind die für die Mönche verbindlichen Disziplinregeln im *Vinaya-Pitaka* enthalten.

Das *Hinayâna* zeigt in erster Linie den Weg zur persönlichen Erlösung und verzichtet dabei ganz auf mystische Spekulationen. Dieser Weg beruht auf einer Analyse der menschlichen Situation, der Natur des Daseins, der Struktur der Persönlichkeit und zeigt Methoden, die zur Aufhebung des individuellen Leidens führen können. Allen Schulen des *Hinayâna* ist eine realistische Sicht des Lebens gemeinsam. Es gilt, sich vom persönlichen Leiden zu befreien, was nur durch die Abkehr von der Welt und die Überwindung der Abhängigkeit von ihr, also der Abhängigkeit vom Ich, möglich ist. Die Anhänger müssen ein mönchisches Leben führen, Laien werden vom *Hinayâna* nicht akzeptiert.

Der Buddha wird im *Hinayâna* als eine historische Persönlichkeit angesehen, als irdischer Mensch und nicht als Gott. Das *Hinayâna* kennt überhaupt keine Götter. Der Weg der Erlösung vom Leiden ist nur durch eigene Kraft (→*Jiriki*) zu gehen, dementsprechend ist das *Hinayâna* kein Götterglaube, sondern eine Methode der Selbsthilfe durch Askese.

Das Wesentliche der Lehre kommt in den »Vier Wahrheiten« zum Ausdruck, die Praxis der Lehre ist in Buddhas »Achtfältigem Pfad« enthalten (s. dazu →Buddha). Das *Mahâyâna* bezeichnet das *Hinayâna* deshalb als »kleines Fahrzeug«, weil seine Anhänger nur die eigene Befreiung vom Leiden anstreben, während das *Mahâyâna* sich darum bemüht, Wege zu zeigen, auf denen alle Menschen davon befreit werden können. Im *Mahâyâna* heißt es, das *Hinayâna* sei die anfängliche Lehre des Buddha gewesen, während er erst im späteren Alter die »vollkommene« Lehre gepredigt haben soll, die das *Mahâyâna* der →*Lotos-Sûtra* entnimmt.

Hinduismus: indische Wesensart. Der Begriff leitet sich aus dem Persischen ab, in dem »Hindu« (ind. *Sindhu*, griech. *Indos*) den größten nordwestindischen Fluß bezeichnet. Daraus wurde dann eine Bezeichnung für alle Bewohner des indischen Subkontinentes. Hinduismus bedeutet dementsprechend indisches Wesen, Glaubens- und Lebensform der Inder. Da dieser Begriff weit mehr als die Religion der Inder umfaßt, ist es schwer, den Hinduismus klar zu definieren.

Inhalt

Trotz der umfassenden Bedeutung des Begriffes wird heute unter Hinduismus allgemein die indische Religion verstanden, zu der sich etwa 320 Millionen Menschen bekennen. Was diese Religion von allen anderen des asiatischen Kontinents unterscheidet, ist, daß sie sich auf die religiöse Autorität der *Veda* (älteste indische Texte, s. →*Upanischaden*) beruft, während andere Religionen die *Veda* nicht anerkennen und daher aus der Sicht des Hinduismus als ketzerisch gelten. Mit seinem Glauben, daß die *Veda* göttliche Offenbarungen enthalten, setzt der Hinduismus die Tradition des →Brahmanismus fort und kann deshalb als eine Weiterentwicklung desselben angesehen werden.

Geschichte

Der Ursprung des Hinduismus liegt im Brahmanismus, jedoch erfuhr die Lehre im Laufe der Zeit vielseitige Einflüsse, durch die sie sich zu ihrer heutigen Form entwickelte. Neben den vedischen Texten beeinflußte das *Bhagawadgita* (indisches Nationalepos) die Religion und wurde zum heiligen Buch schlechthin. Zugleich jedoch fließen die brahmanischen Lehren über die Seelenwanderung und über die Erlösung mit ein. Die im Brahmanismus gelehrten beiden Wege zur Erlösung (*Karmamarga* – Lebensführung mit moralischem Handeln und Opferbereitschaft und *Inanamarga* – Weg der Erkenntnis durch Meditation) sind auch im Hinduismus von zentraler Bedeutung. Diesen wurde jedoch noch ein dritter Weg hinzugefügt, der *Bhaktimarga*, auf dem die Erlösung durch gläubige Hingabe an eine Gottheit gesucht wird.

Lehre

In der Götterlehre unterscheidet sich der Hinduismus erheblich vom Brahmanismus. Die alten Götter des Brahmanismus finden im Hinduismus entweder eine untergeordnete oder überhaupt keine Bedeutung. Dafür entstanden neue Götter, die in der hinduistischen Theologie hierarchisch nach oben in eine Dreiheit zusammengeführt werden: Brahma, der Schöpfer der Welt, Wishnu, der Erhalter, und Shiwa, der Zerstörer.

Neben dieser Dreiheit gibt es noch eine Vielzahl hinduistischer Götter, teilweise in Tiergestalt. Andererseits wird dem einen oder anderen Gott das Auftreten in mehreren Gestalten zugesprochen (so z. B. verwandelt sich der herabsteigende WISHNU in KRISHNA). Auch gibt es Tendenzen zum Monotheismus, in denen behauptet wird, alle verschiedenartigen Gestalten seien nur Masken ein und desselben Gottes. Alle Götter werden im Hinduismus kultisch verehrt, und der Weg der völligen Hingabe in die Göttergewalt führte zu einer weltflüchtigen Tendenz (Erläuterungen s. unter →*Karma*), die den Hinduismus heute besonders ausprägt.

Durch die Verzweigung des Hinduismus in die verschiedensten Tendenzen entstanden viele hinduistische Sekten und Richtungen, die teilweise auch in Europa und den USA Fuß fassen. Alle lehren sie das Heil durch das Bekenntnis zur Gewalt der Götter und zur Hingabe in ihre Gunst. Jedoch entstanden auch Strömungen, die eine radikale Reform des Hinduismus verlangten, besonders in bezug auf seine weltflüchtige Tendenz. Neben mehreren anderen ist diesbezüglich die Lehre des *Yoga*-Philosophen SRI AUROBINDO bedeutungsvoll, der die heiligen Schriften mit den Philosophien von KANT, GOETHE, HEGEL, NIETZSCHE, BEETHOVEN und RICHARD WAGNER verband. Bekanntgeworden ist seine Lehre unter der Bezeichnung »Integrales Yoga«. Er lehrt darin eine sich stufenweise vollziehende Versenkungstechnik, die den Menschen zu einer intensiven Allverbundenheit führt.

In jüngster Zeit sind starke Bemühungen zu einer optimistischeren Weltsicht bemerkbar, besonders seit MAHATMA GANDHI und den Werken RABINDRANATH TAGORES, in denen es heißt: »Der Pessimismus ist eine bloße Pose – sei es nun eine Pose des Intellektes oder des Gefühls. Doch das Leben ist optimistisch; es will vorwärts. Der Pessimismus ist eine Art geistiger Trunksucht.«

Hineri (jap.): drehen, umdrehen.

Hineri-geri (jap.): Fußtritt aus der Körperdrehung. Drehtritt, z. B. *Ura mawashi-geri*.

Hineri-nagashi (jap.): schräges Ausweichen (s. →*Yokeru-kote*) nach innen, indem die Hüfte in zweckmäßiger Weise gedreht wird, so daß der gegnerische Angriff vorbeigelenkt wird. Gegensatz: →*Hiraki-uke*.

Form von Hineri-nagashi

Hineri-te (jap.): sich drehende (rotierende) Hand.

Hineri-waza (jap.): Gruppe der Kampfkunsttechniken, die in der Körperdrehung ausgeführt werden. Sie können im Angriff, in der Abwehr und im Konter verwendet werden.

Hineri-waza enthält eine große Vielfalt. Es gibt Aktionen, die in einer halben oder einer ganzen Körperdrehung erfolgen oder noch darüber hinaus. Es gibt Techniken in der Vorwärtsdrehung, in der Rückwärtsdrehung, in der Drehung im Stand, im Schritt, im Sprung usw.

Hinin (jap.): »Nicht-Mensch«. Bezeichnung für Landstreicher und Bettler im alten Japan. Auch die *Ninja* bezeichnete man als *Hinin*.

Hira (jap.): flach, eben, gewöhnlich (auch *Hei, Byô, Taira*, s. →*Hô*).

Hiragana (jap.): japanisches Silbenalphabet mit 46 Zeichen zur Wiedergabe rein japanischer Wörter. Erläuterungen s. unter *Kana* und im Einleitungsteil.

Hira Ichimonji no Kamae (jap.): Ausgangsstellung in den japanischen Kampfkünsten, ähnlich dem *Yôi no Kamae* aus dem *Karate*.

Hirai Minoru: japanischer *Aikidô*-Lehrer, einer der Senior-Schüler von UESHIBA MORIHEI, Gründer des →*Korindô-Aikidô*.

Hira-ken (jap.): flache Faust, Vorderknöchelfaust. Man beugt die Finger in den mittleren Knöcheln, bis die Fingerspitzen die Handfläche berühren. Für den Angriff werden die Fingerknöchel verwendet (s. auch →*Kaiko-ken*).

Hiraken-zuki (jap.): Stoß mit der Vorderknöchelfaust (→*Hiraken*).

Hiraki-ashi (jap.): Seitwärtsgleiten mit beiden Füßen. Wenn man z. B. in *Hidari-kamae* steht, setzt man den linken Fuß zur Seite und zieht den rechten Fuß unmittelbar nach.

Hiraki-mi (jap.): offene Körperhaltung.

Hiraki-uke (jap.): seitliches Ausweichen. Form von →*Yokeru-koto*.

Hiraki-uke

Beide Füße gleiten gleichzeitig nach innen *(Uchi-hiraki)* oder nach außen *(Soto-hiraki)*, verbunden mit einer Abwehrtechnik und anschließendem Konter. Gegensatz: →*Hineri-nagashi*.

Hirano no Kata (jap.): *Jûdô*-Kata, zusammengestellt von dem Japaner HIRANO TÔKIÔ, in der in einem laufenden Kombinationstraining erfolgreiche Würfe entwickelt werden.

HIRANO NO KATA

Tori	Uke	Tori
1. O soto gari	rechtes Bein zurück	O soto otoshi
2. O soto otoshi	rechter Arm drückt	Harai goshi
3. Harai goshi	beide Arme drücken	O uchi gari
4. O uchi gari	beide Beine zurück	Seoi nage
5. Seoi nage	beide Arme drücken	Uchi mata
6. Uchi mata	Hände an den Gürtel	Tai otoshi

Die *Kata* ist ein Abbild der *Jûdô*-Laufbahn ihres Gründers. Nachdem sich die Gegner Hiranos auf seinen jeweiligen Erfolgswurf eingestellt hatten, entwickelte der Meister stetig neue Würfe, mit denen er in den Wettkämpfen überraschte.

Hira-Samurai (jap.): gewöhnliche *Samurai*, die zusammen mit den →*Hatamoto* die mittlere Schicht der Kriegerkaste (→*Bushi*) bildeten, nachdem TOKUGAWA IEYASU seine gesellschaftlichen Reformen durchgeführt hatte. Erläuterungen s. unter →*Tokugawa-Periode*.

Hira-shuriken (jap.): flache Wurfsterne (s. →*Shuriken*), drei bis zehnzackig, verschiedene Formen und Größen.

Hira-te (jap.): flache (offene) Hand, Innenseite der Hand, auch Vorderknöchel.

Hirate-uchi (jap.): Schlag mit der flachen Hand.

Hirohito (1901–1989): japanischer Kaiser (1926–1989). Der erste der japanischen Kaiser (→*Tennô*), der keine »Gottheit« (→*Kami*), sondern ein gewöhnlicher Mensch war.

Ab 1921 führte Hirohito die Staatsgeschäfte Japans als Regent und erhielt 1926 die Krone. Er war als 124. Kaiser Japans der absolute Herrscher des Reiches, bis 1945 die amerikanischen Bomben auf Nagasaki und Hiroshima fielen. Der nukleare Schock erschütterte den Glauben der Japaner in die Göttlichkeit ihres Kaisers so tief, daß Hirohito im Jahre 1946 den Titel *»Dai Nippon Teikoku Tennô«* (»Kaiserlicher Sohn des Himmels im mächtigen Japan«) ablegte, seine Göttlichkeit widerrief und die konstitutionelle Monarchie einführte.

Hironishi Genshin: japanischer *Karate*-Experte aus dem ursprünglichen *Shôtôkan-Dôjô* von Meister →FUNAKOSHI, der zusammen mit →EGAMI SHIGERU und NOGUCHI HIROSHI die spätere *Shôtôkan*-Richtung von →FUNAKOSHI YOSHITAKA verfolgte und zu den maßgebenden Meistern dieser Richtung gehörte. Er unterrichtete zusammen mit Egami Shigeru hauptsächlich an der Chuo- und Senshu-Universität in Tôkyô.

Hisamori-ryû (jap.): s. →*Takenouchi-ryû*.

Hisataka Kori (*22. April 1907): japanischer *Karate*-Meister okinawanischer Herkunft und Gründer der Stils *Shôrinji-ryû Kenkokan Karate-dô.*

Hisataka wurde in Shuri (Okinawa) geboren und ist ein Abkömmling des 56. Kaisers von Japan (KYOWA). Er begann mit dem Studium des okinawanischen *Karate* unter Meister CHOJUN KYAMU und studierte danach auf Kyûshu das *Jûjutsu*. Später lernte er am *Kôdôkan* unter Meister SANPO TOKU das *Jûdô*.

Hisataka hielt sich längere Jahre in China auf, wo er das *Shaolin Quan-fa (Shorinji-Kempô)* lernte, und bereiste danach eine Zeitlang die Inseln des Pazifik. Die dort gewonnenen Erfahrungen ließ er in seinen Stil einfließen und gründete so nach dem Zweiten Weltkrieg das →*Kenkokan Karate-dô*, dessen Hauptsitz heute in Tôkyô ist.

Hisataka Masayuki: japanischer *Karate*-Meister des →*Shôrinji-ryû Kenkokan Karate-dô*, Sohn des Stilgründers →HISATA-'KA KORI, heute 8. Dan und Vorstand des Stils.

Hishigi (jap.): strecken, gestreckt, drehen. Bedeutet auch zerschlagen, zerbrechen und wird in diesem Sinn auch für den Bruchtest (→*Tameshiwari*) in den Kampfkünsten verwendet.

Hishiryô (jap.): Begriff aus den buddhistischen Lehrwegen, wörtlich: »Denken, ohne zu denken«. Gemeint ist das intuitive Denken, das unabhängig von der Logik funktioniert – dann, wenn der Mensch es vermag, das dualistische Denken zu überwinden und an die →Intuition zu appellieren. Es ist aber nicht möglich, den Intellekt willentlich abzustellen. Durch das Erreichen der rechten Haltung (→*Shisei*) kann das Gleichgewicht zwischen Intuition und Logik erhalten werden, wodurch dieses Denken möglich wird.

Um diesen Bewußtseinszustand zu erreichen, ist es notwendig, das Denken durch Meditationsübungen zu reinigen. Es muß sich von dem Zwang, den der Intellekt darauf ausübt, lösen und zu einem natürlichen Zustand zurückkehren. Dies heißt nicht, daß sich der Mensch von seinem Wissen befreit, sondern daß er den übermäßigen Einfluß des Wissens auf das Denken vermindert. Die Erleuchtung (→*Satori*) im *Zen* strebt diesen Bewußtseinszustand an. *Satori* ist kein besonderer Zustand des Geistes, sondern vielmehr der natürlichste ureigenste Zustand überhaupt, in dem der Mensch, befreit von allen oberflächlichen Vorstellungen, durch die Kraft seines ganzen Wesens klar erkennen, klar entscheiden und klar handeln lernt.

Hissatsu (jap.): Kampf bis zum Tod, töten mit einem Schlag (s. →*Iken-hissatsu*).

Hitai (jap.): Stirn (s. →*Karada*).

Hito[1] (jap.): Mensch (auch *Jin, Nin*).

Hito[2] (jap.): eins (auch *Ichi, Itsu, Hitotsu*, s. →*Kazoeru*).

Hito Kata san-nen (jap.): »Drei Jahre für eine Kata«, ein wichtiger Leitsatz aus den okinawanischen Kampfkünsten. Die alten Meister der Kampfkünste wußten, daß die Meisterschaft einer *Kata* viele Jahre der Arbeit bedeutet. Sie erlaubten keinem Schüler, eine neue *Kata* zu lernen, bevor er die alte nicht vollkommen gemeistert hatte. Ihr überliefertes Wissen weist auch heute darauf hin, daß man viel Treue, Hingabe und harte Arbeit braucht, um eine *Kata* zu meistern. Drei Jahre war früher das Minimum – drei Jahre der Übung, in denen sich im Übenden das Bewußtsein dafür entwikkelte, was *Kata* wirklich bedeutet. Die *Kata* ist *Karate*, und *Karate* ist *Kata*.

Das richtige Verständnis der *Kata* hilft dem Übenden, sein Leben mit Klarheit zu erfüllen. Ohne die Anleitung eines Lehrers und ohne die Hilfe der *Kata* kann der Schüler nicht lernen, zwischen Klarheit und Vorurteil zu unterscheiden, denn er wird in der Anfängersicht der Dinge festgehalten, gleich wie lange er die Techniken übt und wie weit er in ihnen fortschreitet. Als ein perfektes System der Psychologie und der Technik lehrt die *Kata*, wenn der Schüler in ihren innersten Sinn (→*Gokuhi*) geführt wird, das Verständnis der essentiellen menschlichen Fähigkeiten, gleichermaßen für das alltägliche Leben wie auch für den Kampf. Es ist das Ziel der *Kata*, den Übenden eins werden zu lassen mit seinem innersten Wesen und ihm dadurch einen Einblick in die tiefsten Schichten des lebendigen Seins und dessen Verhältnis zur Welt zu gewähren. So, wie der Übende sich mit der *Kata* in Einklang bringt, wird er am Ende mit sich selbst im Einklang sein.

Hito kome, hito ase (jap.): »Ein Korn Reis – ein Tropfen Schweiß«. Leitsatz der japanischen Kampfkünste (s. →*Kaisetsu*).

STREBEN IM BUDÔ

Die Haltung eines Anfängers in den Kampfkünsten ist vom herkömmlichen Gesellschaftsstreben geprägt, und es wird lange dauern, bis er zu dem ihm vollkommen fremden Erfahrungsweg des *Budô* Vertrauen gewinnt. Für ihn und manchmal auch für den Fortgeschrittenen besteht die Rolle des Meisters (→*Sensei*) darin, über Inhalte zu informieren und in der Technik zu unterweisen. Daß es darüber hinaus den Weg (→*Dô*) gibt, ist nur schwer zu verstehen. So richtet sich jedes Streben auf die Technik. Lenkt nun der Lehrer die Aufmerksamkeit des Schülers (→*Deshi*) auf ideelle Ziele, sieht sich der Schüler oft zum Widerstand aufgerufen und verteidigt die Unfehlbarkeit seiner Ansichten.

Streben im →*Budô* beinhaltet das Bemühen, durch Nachdenken in die eigene innere Problematik einzusehen, da diese der rechten Haltung (→*Shisei*) oft im Wege steht. Dies ist kein Diskussionsgegenstand über Richtig und Falsch, sondern ein Übungsinhalt. Ebenso wie in der Perfektion der Technik gibt es auch in der Vervollkommnung des Selbst einen Fortschrittsweg. Diesen anzunehmen bedeutet Streben im *Budô*.

INNERE HALTUNG UND ÄUßERE WIRKUNG

Unter Streben versteht der Meister nicht jenen Kampf um Erfolg, den viele ohne Beachtung der rechten Haltung führen, sondern gerade die Verwirklichung der rechten Haltung, auf die sich die unmittelbare Handlung begründet. Deshalb steht für ihn die rechte Haltung vor der Wirkung, denn er weiß, daß falsches Wirken die Grundbedingungen des Lebens verletzt. Die Übung des *Budô* ist ein Weg, dies sichtbar zu machen, und keine Methode, von der Haltung getrennte Fertigkeiten zu üben. Sie lehrt, einen Krieg zu vermeiden und nicht die Wirkung im Krieg zu erhöhen. Dieser grundlegende Unterschied ist es, den die Schüler lange Zeit nicht erkennen können.

Das rechte Streben entsteht aus der Fähigkeit zum Ideal, aus der Bereitschaft zum Opfer, und nicht aus jener Motivation, die nur den Erfolg sucht. Zu dieser ist jeder fähig, zum Opfer nur sehr wenige. Der Meister lehrt keine Wirkung ohne Haltung, denn er weiß, daß ein Krieg nicht dadurch gerecht wird, daß man ihn gewinnt. Wenn ein Schüler nur diesen Erfolg will, wird er den Weg des *Budô* nicht verstehen.

Hitosashi-yubi (jap.): Zeigefinger.

Hitosashi-yubi Ippon-ken (jap.): Faust, bei der der Zeigefinger vorsteht (identisch mit *Ippon-ken*).

Hitotsu (jap.): eins (s. →*Hito*).

Hitowashi (jap.): Fluggerät der →*Ninja*.

Hittsui (jap.): Knie (auch →*Hiza*).

Hittsui-geri (jap.): Stoß mit dem Knie (auch →*Hiza-geri*).

Hiya (jap.): Brandpfeile. An ihrer Spitze befand sich eine Kugel *(Kabura)*, die mit Brand- und Explosivstoffen gefüllt war.

Hiza (jap.): Knie (auch *Hittsui*).

Hiza-basami (jap.): Knieschere (ähnlich *Kanibasami*). Der Gegner wird angesprungen und mittels einer Beinschere am Knie zum Fall gebracht.

Hiza-gashira (jap.): Kniescheibe. Auch → *Shittsui* – Kniehammer. Wirkungsvolle Waffe der Fußtechniken, die besonders aus naher Distanz angewendet wird.

Knietechniken werden oft gegen die Leistengegend, die Rumpfseiten, den Solarplexus, die Hoden und die Oberschenkel eingesetzt. Auch Abwehrtechniken (→*Hiza-uke*) können damit ausgeführt werden.

Hiza-gatame (jap.): Kniestreckhebel im *Jûdô*. Bodentechnik (s. →*Ne-waza*). Der Arm wird über das Knie gehebelt.

Hiza-geri (jap.): Kniestoß (auch *Hittsui-geri*). Es gibt zwei Arten:

- Hiza-keage – Kniestoß nach oben
- Mawashi-hiza – Kniestoß im Halbkreis

Hiza-keage und Mawashi-hiza

Hiza-guruma (jap.): *Jûdô*-Wurftechnik. Knierad.

Hiza-jime (jap.): Würgetechnik im *Jûdô*.

Hiza-kansetsu (jap.): Kniegelenk.

Hiza-kussu (jap.): Knie beugen.

Hiza-maki (jap.): Fortbewegung auf den Knien.

Hiza-makuzu (jap.): Gruß im Sitzen im *Kendô*.

Hiza-otoshi (jap.): ältere Wurftechnik aus dem *Jûjutsu*. Kniefalle.

Hiza-tsubomi (jap.): Kniespitze.

Hiza-tsui (jap.): *Karate*-Technik. Hammerschlag, im Knien ausgeführt.

Hiza-uchi (jap.): Knieschlag (s. →*Hiza-geri*).

Hiza-uke (jap.): Abwehr mit dem Knie (s. →*Uke-waza*).

Hiza-zuki (jap.): kniende Position im *Kendô*.

Hizi (jap.): Ellbogen (auch *Empi* und *Hiji*).

Hizi-makikomi (jap.): Drehstreckhebel im *Jûdô*.

Hizô (jap.): *Atemi*-Angriffspunkt: Milz.

Hizô-uchi (jap.): Schlag gegen die Milz.

Ho[1] (chin.): Kranich, auch *He*, *Ho-quan* – *Shaolin*-Kranichform.

Ho[2] (jap.): ergänzen, ersetzen, entschädigen (auch *Oginau*). *Hokyû* – Ergänzung, *Hosei* – Verbesserung, *Hojô* – Unterstützung.

Hô[1] (jap.): Gesetz, Methode, Weg, Regel (auch *Ha*). *Buki-hô* – Methode der Waffe, *Kara-hô* – Methode der leeren Hand, *Kokuhô* – Landesgesetz, *Hôhô* – Methode, Art und Weise.

Hô[2] (jap.): Richtung, Gegend, Umgebung. *Kata* – Richtung, Art und Weise, *Ippô* – eine Seite, einerseits, *Shihô* – alle Richtungen, die vier Himmelsrichtungen, *Happô* – alle Richtungen, *Hôgen* – Dialekt.

In der Raumauffassung des *Budôka* gilt der eigene Bauch (→*Hara*) immer als Ausgangspunkt der Betrachtung (→*Happô*). Hier ist das Erkennen der Umgebung, das intuitive Verstehen des umliegenden Raumes (→*Ma*, →*Ma-ai*) von großer Bedeutung.

Der Kampfkunstexperte versteht seine Umgebung immer ausgehend von seinem eigenen *Hara* als Zentrum des Raumes. Alles, was den Raum betrifft, steht daher im direkten Verhältnis zum eigenen Schwerezentrum. Folgende Begriffe kennzeichnen in diesem Sinn die Richtungen und räumlichen Aufteilungen der Umgebung:

DIE AUFTEILUNG DES RAUMES

Migi	– rechts
Hidari	– links
Mae	– vorn
Ushiro	– hinten
Yoko, Hen	– seitlich
Jôseki	– obere Seite
Shimoseki	– untere Seite
O, Okii	– groß
Ko, Sho	– klein
Dan	– Stufe
Jô	– oben
Chû	– Mitte
Ge, Shimo	– unten
Naname	– schräg
Uchi	– innen
Soto	– außen
Sumi	– Winkel
Ura	– entgegengesetzt
Uku	– fließend
Omote, Ue	– darüber
Shita, Ura	– darunter
Komi	– darin, dicht
Tô	– weit, entfernt
Kuruma	– im Kreis
Mawashi	– im Halbkreis
Kagi, Kake	– Haken
Hira	– flach

Hoba-no-geta (jap.): Holzsandalen mit sehr hohen Laufflächen (Leisten).

Hogen (jap.): Bezeichnung für die alte okinawanische Sprache, die früher auch Grundlage für die Bezeichnungen der Karate-Techniken war. Die Sprache gilt als japanischer Dialekt, ist jedoch die Sprache der Einheimischen auf Okinawa. Zwischen dem Japanischen und dem okinawanischen Hogen-Dialekt gibt es erhebliche Unterschiede.

Hogujutsu (jap.): japanische Kampfschule *(Jûjutsu)*, abgeleitet und verwandt mit dem →*Hokusai-ryû*, dessen Techniken heute Teil des japanischen *Kobudô* sind.

Hôin (jap.): Handhaltung bei der sitzenden Meditation. *Hôin* stammt aus dem tantrischen Buddhismus und ist dort die *Mudra* der Konzentration in der Meditation (→*Tantrismus*).

Im *Zen* sieht man zwischen der Handhaltung beim Meditieren und der Geisteshaltung eine Verbindung. Im traditionellen Sitz (→*Zazen*) werden die Hände auf die Schenkel gelegt und die Handflächen nach oben gewendet, wobei die linke Hand in der rechten liegt und die Daumen sich mit den Spitzen berühren. Sie werden unter leichter Spannung gerade gehalten und bilden »weder Berg noch Tal« *(Hôin)*.

Ho-jia (chin.): tibetanischer Kranichstil, s. →*He-quan*.

Hôjô[1]: bedeutender Familienclan in Japan (s. →Taira und →Minamoto).

Hôjô[2] (jap.): Bezeichnung für den Wohnraum des Ältesten (*Hôjô* – zehn Fuß im Quadrat) in einem buddhistischen Kloster, für den Abt selbst oder Ehrentitel für den Mönchsältesten in einem Kloster.

Hôjô Hayashizaki Jinsuke Shigenobu: s. →*Musô Jikiden-ryû*.

Hojô-jutsu (jap.): die Kunst des Fesselns. Ergänzendes System im *Bujutsu*, das für die *Bushi* sehr wichtig war (Erläuterungen s. unter →*Jutsu*).

Manchmal war es unter gewissen Umständen wünschenswert, daß der Besiegte am Leben blieb. Dies hing jedoch weitgehend von den Fähigkeiten des Siegers im →*Kumi-uchi* ab, denn er mußte den Besiegten so halten, daß er ihn fesseln konnte. Deshalb übten sich die Krieger speziell darin, die Geschicklichkeit der Hände *(Te no Uchi)* und die erforderliche Schnelligkeit zu entwickeln, die zum Fesseln nötig war. Die zum Fesseln benötigte Schnur war Teil der Ausrüstung, die ein Krieger immer bei sich trug.

Das Fesseln bestand nicht nur darin, seinen Gegner einfach zu binden, sondern man verwendete große Sorgfalt darauf, den Gegner entsprechend seiner Klasse nach einem bestimmten Muster zu fesseln. Dies lag jedoch weniger an seinem sozialen Rang als vielmehr daran, daß jedes Mitglied einer Klasse andere Kleidung, Waffen etc. trug und andere Fähigkeiten besaß. Dadurch wurden verschiedene Fesselmethoden erforderlich. Auch Frauen wurden z. B. anders gefesselt als Männer.

Das →*Takenouchi-ryû* war das erste System, das die Fesselungsmethoden systematisierte. Das *Hojô-jutsu* wurde 1927 von Shimizu Takagi, einem Großmeister des *Itatsu-ryû*, in die Ausbildung der japanischen Polizei eingeführt.

1927 gab Shimizu Takagi zusammen mit Takayama Kanichi eine Demonstration vor einer technischen Kommission zur Überarbeitung der Polizeikampftechniken (→*Keijo-jutsu*). Er zeigte dort Techniken des →*Jô* und demonstrierte auch *Hojô-jutsu*. Als Shimizu 1931 Lehrer der Polizei von Tokyo wurde, nahm er auch *Hojô-jutsu* in seinen Unterricht auf. Bis 1968 führte Shimizu immer wieder Anpassungen dieses Systems an aktuelle Situationen durch. Das moderne *Hojô-jutsu* enthält daher mehrere grundlegende Techniken: die Handhabung der Schnur, drei Techniken des Bindens von vorn *(Tote-nawa)* und vier Techniken des Bindens von hinten *(Inchi-nawa)*. Es gibt verschiedene Grade der Kontrolle, die durch das Fesseln erreicht werden können: Man kann die Arme binden, ohne die Hände zu immobilisieren, man kann die Beine binden, so daß der Gefangene noch gehen kann, oder Methoden, die zur Bewußtlosigkeit führen, wenn der Gefangene sich befreien möchte. Im japanischen Alltag der Polizei hat sich das *Hojô-jutsu* gegenüber dem Gebrauch der Handschellen weitgehend durchgesetzt.

Hojo-undô (jap.): ergänzende, zusätzliche, vervollständigende Bewegungen (→*Undô*), die zur Unterstützung verschiedener Aspekte der Technik ausgeführt werden. Sie werden manchmal mit verschiedenen Trainingshilfen und Geräten gemacht, die der Steigerung der körperlichen Kraft, dem Durchhaltevermögen, der Geschwindigkeit und der Muskelkoordination dienen.

Wenn die Schüler die Prinzipien hinter diesen Übungen verstehen, können sie durch diese Übungen ihre körperlichen Fähigkeiten und die Techniken ihrer Kampfkunst sehr verbessern. Die traditionellen Geräte, die man dazu benutzt, nennt man →*Dôgu*. Häufig werden diese Übungen mit den jeweiligen Geräten auf Okinawa als *Kata* ausgeführt.

Hô-jutsu (jap.): auch →*Kajutsu*, alte japanische Kampfschule im Umgang mit Feuerwaffen, gegründet im 16. Jh., in der die Techniken des *Yô-ryû* gelehrt wurden. Die Feuerwaffen wurde 1543 in Japan eingeführt und zum ersten Mal von den Truppen Oda Nobunagas benutzt.

Hokamuri (jap.): Gesichtsmaske der *Ninja*, bestehend aus einem einfachen schwarzen Tuch *(Tengugui)*, das mit wenigen Griffen um den Kopf und das Gesicht gebunden wurde.

Hôki-ryû (jap.): auch *Masatsugu-ryû*, eines der ältesten japanischen Systeme des →*Kyûjutsu* (s. auch →*Hekki-ryû*), gegründet im 10. Jh. von ZENSHO MASATSUGU, einem der ersten Meister des japanischen Bogenschießens.

Hokka no Jutsu (jap.): *Ninja*-Taktik. Das Anzünden von Feuern, um in einer Schlacht Verwirrung zu stiften.

Hokke-kyô (jap.): japanische Bezeichnung für die →*Lotus-Sûtra* (*Saddharmapundarika-Sûtra*, s. →Indien). Eine *Sûtra* des Mahâyâna-Buddhismus, die etwa zu Beginn der christlichen Ära geschrieben wurde.

Hoko (jap.): japanische Hellebarde (→*Kwandao*).

Hoko – nach chinesischem Muster nachgebaute japanische Hellebarde

Hôkô (jap.): gehen, Gang, Schritt, Richtung. (*Ko* – nach ... gerichtet sein).

Hokoin-ryû (jap.): alte japanische Kampfkunstschule, spezialisiert auf den Kampf mit dem Speer (→*Yari*) und den Nahkampf.

Hôkôsen (jap.): Richtlinie (auch *Gensoku* und →*Kaisetsu*).

Hokusai-ryû (jap.): alte japanische *Jûjutsu*-Schule (→*Hogujutsu*).

Hokushin Itto-ryû (jap.): altes japanisches *Kenjutsu*- und *Naginata*-System, gegen Ende der Edo-Zeit von CHIBA SHUSAKU (1794 bis 1855) gegründet.

In dieser Schule wurde für das Training ein gerades →*Bôken* gebraucht, im Gegensatz zu den meisten anderen Schulen, die das *Shinai* benutzten. Die Schule hatte einen starken philosophischen Hintergrund.

Berühmte Meister dieser Schule waren SAKAMOTO RYOMA (1835–1867), NAITO TAKAHARU (*Kendô*-Lehrer am *Butokukai*) und MAKINO TORU (Autor von »Kendô Shugô no Shiori«).

Hokyô (jap.): verstärken.

Hokyô-undô (jap.): Trainingsmethoden zur körperlichen Stärkung (→*Hojo-undô*, →*Seiri-undô*).

Holtmann, Al: amerikanischer *Jûdô*-Lehrer, einer der ersten in Amerika.

Holtmann lernte 1940 *Jûdô* in Hawaii und begann nach dem Zweiten Weltkrieg in San Diego zu unterrichten. Dort eröffnete er 1949 die erste *Jûdô*-Schule, welche heute noch existiert.

Hon (jap.): Buch, Wurzel, Basis, Ursprung, normal, grundsätzlich.

Honbu (Hombu) (jap.): Zentrum, Hauptquartier. Das zentrale *Dôjô* eines Stils nennt man *Honbu-dôjô*.

Honcho Gugei Shôden (jap.): Geschichte der militärischen Künste in Japan. Geschrieben von SHIGETAKA HITAKA während der Shitoko-Periode (1711–1715). Das Werk gilt als die früheste literarische Quelle des *Jûjutsu*.

Hondô (jap.): Haupttempel, Hauptgebäude oder Haupthalle eines Tempels.

Hong-chay (chin.): s. →*Zhou-jia*.

Hong-men (chin.): Bruderschaft der *Hong*, chinesischer Geheimbund (→*Triade*, →*Shaolin-Kloster*).

Hong-quan (chin.): auch *Hong-jia-quan*, chinesischer nördlicher Stil des *Quan-fa* (s. →*Bei-tui*, →*Wai-jia*), nicht zu verwechseln mit dem gleichnamigen südlichen *Hong-quan* (→*Hung-gar*). Das »Boxen des Meisters Hong« entstand im 17. Jh. auf der Grundlage des Kranichstils (→*He-quan*).

Hong-yo-kyô (jap.): buddhistische *Sûtra* aus Indien, in welcher von einem »Wettbewerb der Kräfte« zwischen Prinz NANDA und einem Mann namens DEVADATTA berichtet wird.

Prinz Nanda war ein Halbbruder des historischen BUDDHA (GAUTAMA), während Devadatta ein Cousin des Buddha war. Die *Sûtra* ist eine der frühesten Nachweise über das Bestehen mehrerer Arten des unbewaffneten Kampfes in →Indien.

Honke (jap.): Krieger (→*Bushi*).

Hon-ken (jap.): normale Faust.

Hon-kesa-gatame (jap.): Festhaltegriff im *Jûdô*.

Hon-mokuroku (jap.): *Aikidô:* Dan-Träger des 4. und 5. Grades.

Honshin-ryû (jap.): traditioneller Stil des *Karate* und *Kobudô*, gegründet von → Miyagi Masakazu, organisiert im *Honshin-ryû Karate Kobudô Hozon Kai*, einer gemeinnützigen Gesellschaft zur Bewahrung des traditionellen okinawanischen *Kobudô*. Sitz der Organisation ist die Stadt Toguchi auf der Halbinsel Motobu im nördlichen Teil Okinawas.

Die Schüler des *Honshin-ryû* nehmen oft an Festen teil und zeigen dort Kobudô-Kata und Kumi-Tänze. Letzteres sind Tanz-*Kata*, zumeist mit dem *Bô*, die von zwei Teilnehmern zum Klang von Messinggongs ausgeführt werden. Beide zeigen eine festgelegte Reihenfolge von Abwehr- und Kontertechniken, bei denen die Waffen laut aufeinanderschlagen. »Entsprechend der örtlichen Tradition«, erzählt Miyagi, »kann die Tradition der *Bô-Kata* auf Motobu bis zur Zeit der *Satsuma*-Invasion (1609) zurückverfolgt werden. Damals flohen viele Mitglieder der okinawanischen *Shizoku*-Klasse nach Fuzhou (China), wo sie etwa 10 Jahre lang im Shaolin-Tempel zubrachten. Dort lernten sie den Gebrauch mehrerer Waffen, und als sie nach Motobu zurückkehrten, gründeten sie auf der Basis der *Shaolin*-Techniken die *Kumi*-Tänze, die bei Festlichkeiten vorgeführt werden.«

Mark Bishop, der die Waffenexperten auf Motobu besucht und studiert hat, schreibt: »Die Frage, was nun genau der Unterschied zwischen *Kobudô-Kata* und *Kumi*-Tanz ausmacht, kann, wenn überhaupt, nur von wenigen Lehrern beantwortet werden. Eine genaue Beobachtung zeigt, daß die Formen und Bewegungen der Tänze genau die gleichen sind wie die der Kata – abgesehen davon, daß die Tänze vom Klang musikalischer Instrumente (Zimbeln, Gong und Trommeln) begleitet werden. Unterschiedlich ist vielleicht die Annäherung der Meister: Die *Kobudô-Kata* wird in den Kampf übersetzt *(Bunkai)*, während in der *Kumi-Kata* die äußere Form der Vorführung wichtig ist. Doch außerhalb Okinawas wird die *Kobudô-Kata* in demselben Sinn interpretiert – es gibt kaum noch Lehrer, die ihre Anwendung lehren, was sie ebenfalls zu einem Tanz mit äußeren Aspekten macht. Dieser Trend hat zur Popularität des *Kobudô* beigetragen, doch auch zum Verlust der Inhalte.«

Honsho (jap.): der wahre Charakter.

Hontai (jap.): Grundstellungen des Körpers. Es gibt →*Shizen-hontai* (natürliche Grundstellung) und →*Jigo-hontai* (natürliche Kampfstellungen).

Hontai Yoshin-ryû (jap.): japanischer Jûjutsu-Stil mit Ursprung im →*Yoshin-ryû*. Der aktuelle Großmeister des Stils ist Inoue Manutoshi, weitere Meister sind Yasumoto Akiyoshi, Mitsuyasu Yoshihiro und Nakai Noritatsu.

Hontô (jap.): Tatsächlichkeit, Wahrheit, ungetrübte Realität, Freiheit von Illusionen. Zustand der Wachsamkeit beim Kämpfen, in dem sich der Geist nicht fixiert, sondern klar bleibt und alle Möglichkeiten kontrolliert.

Hontô ist die perfekte Meisterschaft des Körpers, des Willens und des Geistes, die nur nach langem Training erreicht werden kann. Nach →Takuan ist es die Weisheit, die den unbeweglichen Geist (→*Fudô-shin*) reflektiert, der an nichts festhält (→*Kito-ryû*). *Hontô* ist ein grundlegender Begriff aus der Samurai-Ethik (→*Bushidô*, →*Gishi*).

Hop-gar (chin.): tibetanischer Kranichstil des *Quan-fa*, s. →*He-quan*.

Horyû (jap.): Vorbehalt. In den Kampfkünsten Bezeichnung für das Nichtbestehen einer Prüfung oder für das Bestehen unter Vorbehalt.

Hoshi (jap.): Pfeilspitze. Bezeichnung für eine Strategie der japanischen Kriegsführung. Die Truppen wurden so aufgestellt, daß sie die Form eines Pfeils bildeten, um dadurch die gegnerischen Linien leichter durchbrechen zu können.

Hoshina Kanzaemon: s. →Wasa Daiichirô.

Hoshina Masayuki (1611–1672): dritter Sohn des zweiten Tokugawa-Shôgun, wurde von Sadamitsu Hoshina adoptiert und als Erbe eingesetzt. Er war ein entschiedener Gegner des vom *Bushidô* vorgeschriebenen Nachfolgetodes (→*Harakiri*) der Vasallen und ein Anhänger des Konfuzianismus.

Auf seiner Suche nach Wissen lud er den berühmten Konfuzianer YAMAZAKI auf sein Schloß ein und gab ihm den Titel eines Ratgebers. Man glaubt, das Hoshina stark von seinem Ratgeber beeinflußt war, als er den Anhängern des *Bushidô* verbot, ihr Leben beim Tod ihres Herrn zu opfern (→*Hagakure*).

Hôshin-ryû (jap.): altes japanisches →*Naginata*-System, gegründet im 17. Jh. Diese Schule entwickelte das Konzept *Zenchi Zen no Kami*, das eine perfekte Intelligenz anstrebte.

Hoshi Tetsuomi: s. →*Kobujutsu*.

Hosinsul (kor.): Selbstverteidigung (→*Goshin*).

Hosokawa-ryû (jap.): s. →*Takeda-ryû*.

Hossu (jap.): Stock, den die Zen-Meister bei offiziellen Zeremonien und Riten tragen. Er besteht aus einem Bündel Pferde- oder Ochsenhaare, die, entsprechend zusammengebunden, einen etwa 30 cm langen Stock ergeben. Anfangs diente er dazu, Moskitos zu vertreiben.

Hôtaku (jap.): »Spechtklopfen«, ursprünglicher Name der heutigen Kata →*Gojûshihô*.

Hotoke-gamae (jap.): →*Kamaekata* aus den okinawanischen *Karate*-Stilen. Identisch mit →*Manji-gamae* im *Shôtôkan-ryû*.

Hou (chin.): Affe.

Hou-quan (chin.): auch *Hou-ch'uan*, Affenstil, s. →*Da-sheng-quan*.

Hôzan-ryû (jap.): traditionelles japanisches →*Kenjutsu*-System, gegründet gegen Ende des 19. Jhs.

Hôzoin (jap.): Name eines japanischen Klosters bei Nara, das im mittelalterlichen Japan besonders für die dort entwickelte Kunst des Umganges mit dem Speer (→*Yari*) und Schwert (→*Ken*) bekannt wurde.

Diese Schule wurde von HÔZOIN INEI (1521 bis 1607, auch GAKUZENBO INEI), einem Tempelwächter aus Nara, gegründet. In diesem Stil wurden Speere mit hakenförmigen Klingen gebraucht, die im Tempel unter der Dachtraufe aufbewahrt und zur Brandbekämpfung verwendet wurden. Der bekannteste Meister des Stils war der Stilgründer GAKUZENBO INEI, der ursprünglich von dem Meister der Shinto-Schule, IZUMI MUSASHI NO KAMI, die Schwertkunst lernte (→*Tenshin Shôden Katori-ryû*). →MIYAMOTO MUSASHI kam 1606 auch in den *Hôzoin*, wo er längere Zeit verweilte und die Kampfsysteme des Tempels studierte. Dort kämpfte er gegen Ineis Schüler, den *Nichiren*-Mönch OKU ZOIN, und besiegte ihn.

Der Hôzoin-Stil (→*Hôzoin-ryû*) wurde später von TAKATA MATABEI YOSHITSUGU (s. unter →*Yari*) übernommen und weiterentwickelt. Noch heute wird in dem Tempel von den Mönchen eine traditionelle Form des Speerkampfes ausgeübt. Die Priester des Tempels führen die Bezeichnung →*Osho*, was soviel wie »Meister der Speerkunst« bedeutet.

Hôzoin-ryû (jap.): traditioneller japanischer Stil für *Kenjutsu* und *Sôjutsu* aus dem →*Hôzoin*-Tempel.

TAKEDA SÔGAKU MINAMOTO NO MASAYOSHI (1858 bis 1943), der berühmte Lehrer des *Daitô-ryû* (s. →TAKEDA SÔGAKU), erhielt 1877 das *Menkyo-kaiden* dieser Schule.

Hsing-ch'i (chin.): taoistische Atemmethode, s. →*Xing-qi*.

Hsing-I-ch'uan (chin.): chinesische weiche (innere) Kampfkunst (s. →*Xing-yi-quan*).

Hsün-tzu: Vertreter der konfuzianischen Schule (s. →XUN-ZI).

Hu (chin.): Tiger, *Hu-quan* – Tigerform. Chinesisches Symbol der Tapferkeit. Der Tiger ist eines der beliebtesten Vorbilder der Kampfkünste. Weiteres s. →*Wu-qin-quan*, →*Wu-qin-xi*.

Tiger und Tigerhand

Hua-ch'uan (chin.): in Pinyin *Hua-quan*, »System der blühenden Hand«, nordchinesischer Kempô-Stil.

Huang-di: legendärer chinesischer »Gelber Kaiser«, der 2697–2597 oder 2674–2575 v. Chr. gelebt haben soll (s. →China). Er wird als der Begründer des religiösen Daoismus (s. →*Dao-jiao*) verehrt.

Die Legende schreibt Huang-di die Erschaffung der Menschen, die Erfindung der Schrift, die Seidenraupenzucht, die Töpferscheibe und den Kompaß zu. Er gilt auch als der Begründer der Gesellschaftsordnung, da er es gewesen sein soll, der jeder Familie einen Namen zuwies. Ferner wird ihm das erste medizinische Werk Chinas zugesprochen (→*Huang-di-Neijing*).

Bildnis von Huang-di

Huang-di Nei-jing (chin.): »Innere Heilkunde des Gelben Kaisers«, angeblich von Li Chu-Kuo um das Jahr 26 n. Chr. neu überarbeitet. Es ist das erste medizinische Spezialwerk Chinas und faßt mehrere volkstümliche medizinische Schriften und Arzneibücher zusammen. Einzelne Teile der Sammlung sind vermutlich 3000 v. Chr. entstanden. Das *Huang-di Nei-jing* umfaßt 24 Bücher und insgesamt 81 Kapitel.

Die Sammlung besteht aus zwei Teilen zu je 81 Kapiteln. Der erste Teil trägt die Zusatzbezeichnung *Su-wen* und hat die Form eines Zwiegespräches, in dem sich der Gelbe Kaiser mit Chi Po, dem Hofarzt, und Lei Gong, seinem Ratgeber, über das Verhältnis zwischen Mensch und Natur, über die Elemente, die Krankheiten, ihre Entstehung und Heilung, unterhält. Diskutiert wird die heilkundliche Bedeutung von *Yin/Yang*, der Akupunktur und Moxibustion. Auch Massage und Atemübungen werden erwähnt (zur Geschichte der Heilkunst in China s. →*Yao* und →*Cao Yao*). Der zweite Teil, *Ling-shu*, enthält die Regeln der Akupunktur.

Huang-lao: daoistischer Gott, der in China seit der Jahrtausendwende bekannt ist. Er stellt zwei berühmte Personen in einer dar, →Huangdi, den »Gelben Kaiser« und →Laozi.

Huan-jing-bu-nao (chin.): auch *Huan-ching-pu-nao*, den »Samen (→*Jing*) zurückkehren lassen, um das Gehirn zu stärken«. Daoistische sexuelle Praktik zur Erlangung der Unsterblichkeit (s. →*Chang-sheng-busi*, →*Fang-zhong-shu*).

Der Mann vermeidet die Ejakulation und läßt *Jing* bis zum obersten *Dan-tian* (Gehirn) aufsteigen. Diese Praktik bezieht sich nicht auf den eigentlichen Samen, sondern auf seine Essenz. Die Technik wird zu den meditativen Übungen der inneren Alchimie (→*Nei-dan*) des Daoismus gerechnet.

Hua Tuo (190–265): berühmter chinesischer Arzt und Wegbereiter der Anästhesie, Gründer der »Kunst der fünf Tiere« (→*Wu-qin-xi*), eines Bewegungssystems, das seit dem 2. Jh. auch im Shaolin-Kloster geübt und im 16. Jh. zum *Shaolin Quan-fa* entwickelt wurde.

LEBEN UND WIRKEN

Die »Kunst der fünf Tiere« *(Wu-qin-xi)* bildet die Grundlage der chinesischen therapeutischen Gymnastik. Hua Tuo begann sich mit der Medizin zu beschäftigen, um den Verwundeten der zahllosen Kriege seiner Zeit zu helfen. Dazu vermischte er Drogen mit Wein und konnte mit Hilfe dieser Betäubung Verletzte operieren. Als er den militärischen Despoten seiner Zeit (CAO CAO) von seinen starken Kopfschmerzen kurierte, wollte dieser ihn zum Hofarzt machen, um sein Wissen ganz für sich allein zu nutzen. Der Arzt lehnte jedoch ab, worauf ihn der Herrscher in den Kerker werfen und später töten ließ.

GRÜNDUNG DER TIERBEWEGUNGEN

Hua Tuo griff ein altes System der Gymnastik aus dem 2. Jahrtausend v. Chr. auf und gründete auf seiner Basis Bewegungsübungen zur Kräftigung und Gesunderhaltung des Körpers. Die »Kunst der fünf Tiere« *(Wu-qin-xi)*, wie dieses System genannt wird, ist das erste vollständig überlieferte Gymnastiksystem aus dem alten China. Dabei orientierte Hua Tuo sich an den Bewegungen von Tiger, Hirsch, Bär, Affe und Kranich. Durch Beobachtungen versuchte er die Grundlagenstruktur der Tierbewegungen zu erfassen und die Funktionen ihrer Bioenergie zu verstehen. Hierbei war es nötig, alle Verhaltensweisen der Tiere, wie die Art zu gehen, sich zu orientieren, zu jagen, zu schlafen usw., in ihrer inneren Struktur zu begreifen und ins menschliche Verhalten zu übersetzen. Es war notwendig, zu verstehen, auf welche Weise der Tiger sein *Qi* benutzt und wie es in seinen Handlungen wirkt. Gleichzeitig mußte der Geist des Tieres verstanden werden, der seine energetischen Strukturen koordinierte und das Tier dazu veranlaßte, das zu tun, was seiner Art entsprach.

»Der Körper«, so Hua Tuo, »braucht Übungen, aber nicht bis zur Erschöpfung, da die Übungen dazu bestimmt sind, den schlechten Geist aus dem Körper zu vertreiben, den Blutkreislauf zu fördern und Leiden zu verhüten. Die Türschwelle, die regelmäßig entsprechend ihrer Bestimmung benutzt wird, wird niemals vermodern. Genauso ist es mit dem menschlichen Körper. Ich habe mein eigenes Übungssystem, das den Namen ›Kunst der fünf Tiere‹ trägt. In ihm werden die Bewegungen des Tigers, des Hirsches, des Bären, des Affen und des Vogels verwendet. Dieses System heilt Krankheiten, kräftigt die Beine und erhält für lange Zeit die Gesundheit. Es besteht aus Sprüngen, Beugungen, Schwüngen, Kriechen, Drehungen und Muskelkontraktionen durch Anspannung.«

VERÄNDERUNG ZUR KAMPFKUNST

Diese als therapeutische Übung gedachte Methode wurde im Shaolin-Kloster in ein kämpferisch orientiertes Körpertraining umgewandelt, behielt aber nach wie vor ihre gesundheitsfördernden Merkmale bei. Man kann sagen, daß Hua Tuos Tierkomplex die gesundheitsfördernde Bewegungsgrundlage in allen kämpferischen Stilen des *Quan-fa* bildet und lediglich hinsichtlich der geistigen Grundhaltungen des Kämpfens und der technischen und taktischen Konzepte ergänzt wurde. Die Meister des *Quan-fa* analysierten die energetischen Strukturen der Tiere nicht nur vom Standpunkt der *Qi*-Verwendung aus, sondern bauten die Kampfgewohnheiten einzelner Tiere in ein Schema technischer und taktischer Manöver ein, aus denen sich die Formen *(Dao)* der Tierstile entwickelten.

Hua Tuos Gymnastiksystem wurde in der Folgezeit von den Daoisten zur Förderung und Entwicklung der inneren Energie (→*Nei-qi*) zu vielen Systemen weiterentwickelt. Die späteren Buddhisten aus dem Shaolin-Kloster schufen darauf aufbauend eigene, auf den Grundlagen des buddhistischen Denkens basierende Formen *(Shi-ba-luo-han-shou)*, die sie zur Kräftigung ihrer körperlichen Konstitution übten.

Hu-cha (chin.): »Tigergabel« oder *Nan-ba-tai- cha* (Gabel des Südens), s. →*Bing-qi*, hellebardenähnlicher dreizackiger Speer, der zur Tigerjagd verwendet wurde.

Übender mit der Tigergabel (Hu-cha)

Hu-die-dao (chin.): Schmetterlingsmesser.

Hu-hao-pai (chin.): System des *Quan-fa* aus China (→*Quan-fa*, →*Hao-pai*).

Hui-dang: Geheimgesellschaft in China, die auf die »fünf Alten« zurückgeht.

Als die »fünf Alten« bezeichnet man in den chinesischen Kampfkünsten fünf Shaolin-Patriarchen, die den Mongolenangriff auf das →Shaolin-Kloster im Jahre 1673 überlebten. Sie organisierten die darauffolgende 200jährige konspirative Aktivität der *Hui-dang* gegen die Mandschus. Sie gelten auch als die legendären Vorväter der *Triaden*, einem bekannten, noch heute aktiven chinesischen Geheimbund. Auch sollen sie die fünf großen Methoden des außershaolinischen *Quan-fa* (→*Nan-quan*) gegründet haben: *Hung-gar, Liu-gar, Mok-gar, Li-gar* und *Choy-gar*.

Hui Ke: zweiter Patriarch des chinesischen →*Chan* (s. auch →*Zen*).

Er war ein direkter Schüler von Bodhidarma und sein Nachfolger. Nach einer Legende mußte Hui Ke sehr lange Zeit im Schnee stehen und warten, um Bodhidarma zu begegnen. Als Beweis seiner Aufrichtigkeit hat er sich den linken Arm abgeschnitten.

Hui-neng (chin.): 6. Patriarch des *Zen* (s. → E'nô).

Hu-lo-zhan (chin.): Shaolin-Schule des → *Quan- fa*.

Hun (chin.): »Hauchseele«, eine der beiden Seelen des Menschen nach daoistischer Vorstellung. →*Po* ist im Gegensatz zu *Hun* die Körperseele.

Der Mensch hat 3 Hun-Seelen, die höhere Funktionen regeln. Sie sind alle →*Yang* und kehren nach dem Tod des Menschen in den Himmel zurück. Der Tod tritt dann ein, wenn *Hun* und *Po* sich trennen.

Hung-fut (chin.): chinesischer Stil des *Quan-fa*, entstanden vor 300 Jahren aus den Systemen *Hung-gar* und *Fut-gar*.

Hung Hei-Gung, der Gründer des →*Hung-gar*, hatte einen Schüler namans Loy Yuen. Dieser gründete das *Fut-gar*. Ein Schüler von Loy Yuen, ein Mönch namens Chit Sin, kombinierte *Hung-gar* und *Fut-gar* zu einem neuen Stil, den er *Hung-fut* nannte.

Hung-gar (chin.): in Pinyin *Hong-quan* (auch *Hung-ch'uan, Hung-kuen, Hung-jia* oder *Hung-fut*), eines der fünf grundlegenden Systeme des südlichen *Quan-fa*, das sich auf das →*Shaolin Quan-fa* (s. auch →*Quan-fa*, →*Nan-quan*, →*Wai-jia*) zurückführen läßt. Es entstand als revolutionäres Kampfsystem, das dazu gedacht war, die Kampfkünste schnell und leicht an die patriotischen Kämpfer weiterzugeben, die gegen die Mandschu kämpften. Das System lehrt fünf →*Shaolin*-Tierformen, Tiger, Kranich, Leopard, Schlange und Drache, und kombiniert sie mit den fünf Elementen.

Kampfhaltung aus dem Hung-gar

Der Stil wurde von Hung Hei-Gung gegründet, der ihn von dem *Shaolin*-Patriarchen Chi Shin-Sim (Chee Sin Sun Si) gelernt hatte, der im 17. Jh. die Zerstörung des Klosters überlebt hatte (→*S-haolin*-Kloster). Dieser lehrte ihn die Form des Tigers *(Fu-jao)*. Danach lernte Hung den Meister Wong Wa-Bo aus der Gründungslinie des *Wing-*

chun kennen, der die Techniken des Nahkampfes und des Ausweichens auf den Grundlagen des Kranichstils gemeistert hatte. Die Synthese dieser beiden Tierformen wurde der Ursprung einer Schule, die man *Hong-quan-hu-he-pai* (*Hung-kuen, Fu-hok-pai* – die Schulen des Tigers und des Kranichs von *Shi-fu* [Meister] Hung) nannte.

Schriftzeichen für Hung-gar

Chi Shin-Sim wurde während seiner Flucht von einer auf dem Wasser lebenden umherziehenden Truppe der chinesischen Oper aufgenommen, die ihn darum bat, sie in seiner Kunst zu unterrichten. Man weiß heute mit Sicherheit, daß er nicht den originalen *Shaolin*-Stil lehrte, sondern eine veränderte Version. Andere Legenden zufolge soll FONG-T'SAI, ein Mönch, der zusammen mit Chi Shin-Sim geflohen war, der eigentliche Gründer des Ursprungsstils gewesen sein und Chi Shin-Sim nur improvisiert haben. Wieder andere Legenden sehen einen gemeinsamen Ausgangspunkt des *Hung-gar* und des *Wing-chun* bei der Nonne NG MUI.

Wie auch immer, die Nachfolger des Stils nahmen bald noch die Schlangen-, Drachen- und Leopardenform dazu, wie es im ursprünglichen *Shaolin*-System üblich war. Danach gelangte das System in die WONG-Familie (Gründungslinie *Wing-chun*), wonach es in der vierten Generation von LUM SAI-WING als *Hung-gar* verbreitet wurde. Lum Sai-Wing unterrichtete seinen Neffen in dem System, der in Hong Kong BUCKSAM KONG ausbildete. Dieser gründete die *Siu Lum Pai Gung Fu Association* (s. Anhang), die in Deutschland von ALAN BAKLAYAN, München, vertreten wird.

Manche Lehrer betrachten heute die Systeme des Tigers und des Kranichs als die wichtigsten *Hung-gar*-Formen, die Traditionalisten jedoch verweisen auf die Gesamtheit der shaolinischen Tierkomplexe und beziehen sich damit auf eine Ursprungsform des *Hung-gar,* die man *Sup-ying* nennt. Dies ist eine fortgeschrittene Übungsmethode, die den Schüler zur inneren Entwicklung in der Kunst führt und die Kunst der fünf Tiere (→*Wu-qin-xi*) mit den fünf Elementen (→*Wu-xing*) verbindet.

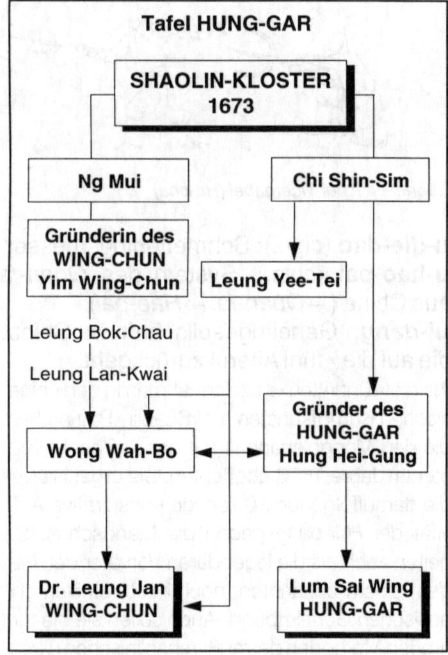

Huo-qi (chin.): »Feuer-Qi«, Art des →*Qi*, die aus Nahrung und Luft gewonnen wird.
Dieses *Qi* hat einen wärmenden Charakter und verwirrt und vernebelt den Geist, wenn zuviel davon da ist. Es wird vom »Wasser-Qi« (→*Shui-qi*) abgekühlt, so daß der Körper in Harmonie bleibt.

Hu-zhang (chin.): Tigerhand, eine der besonderen Handhaltungen des chinesischen →*Quan-fa*.
Die Hand steht aufrecht, die Finger sind leicht gespreizt und werden leicht nach vorn gebogen, so daß die Fingerspitzen nach vorn zeigen. Die Hand wird angespannt. Die Haltung imitiert die Krallen eines Tigers (s. →*Hu*).

Hwang Kee: Begründer der koreanischen Kampfkunst →*Tang-Soo-Do*, eine Kombination aus *Quan-fa*, *Karate* und einheimischen Kampfkünsten.

Hwang wurde 1913 in Korea geboren und wuchs unter der japanischen Besatzungsmacht auf. Als junger Mann besuchte er eine Militärschule und studierte *Taekyon, Kwonbob* und *Soo-Bahk-Do*. 1936 reiste er durch die Mandschurei, wo er verschiedene japanische Experten des *Karate* traf und außerdem *Quan-fa* studierte. Als er nach der Befreiung Koreas 1945 zurückkehrte, eröffnete er eine Kampfkunstschule in Seoul und nannte sie *Moo-Duk-Kwan*. Die Kampfkunst, die er unterrichtete, nannte er *Tang-Soo-Do*.

1953 gründete er eine Organisation für *Tang-Soo-Do*. Nach mehreren Auseinandersetzungen mit anderen koreanischen Organisationen gründete Hwang 1960 die Gesellschaft für →*Soo-Bahk-Do* und benannte auch seine Kampfkunst so.

Hwarang (kor.): **koreanische Kriegerkaste (→Korea), die sich über die Techniken hinaus mit den philosophischen Prinzipien beschäftigte und darauf einen dem japanischen *Bushidô* ähnlichen Kodex *(Hwarang-do Meng Sae)* und eine Kampfkunst *(Hwarang-do)* gründeten.**

Abkömmlinge aristokratischer Familien gründeten im 7. Jh. zur Stütze der Staatsmacht das Institut der *Hwarang* (Jugendblüten) im Königreich Silla. In dieser Zeit bestand Korea aus drei Königreichen: Koguryo, Paekche und Silla. 634 machte Fürst SONDOK das *Hwarang* zur Staatsphilosophie. Die Erziehung der jungen *Hwarang* begann bereits im Kindesalter und umfaßte eine vollständige Ausbildung in den chinesischen Wissenschaften, Philosophie, Rethorik, Musik und den übrigen konfuzianischen Disziplinen (→*Lin Yi*). Gegen Ende des 7. Jh. wurden alle Elemente der Lehre der im Staatsdienst stehenden *Hwarang* von den Weisen des Hofes systematisiert. Die ethische Grundlage bildeten die 5 Tugenden, die von dem buddhistischen Priester WONG WANG BOPSA entsprechend den konfuzianischen Vorbildern formuliert wurden (Treue gegenüber der Regierung, Ehrerbietung gegenüber dem Vater, Wahrheitsliebe, Tapferkeit und Gerechtigkeit).

Alle Kommandoposten der Armee waren gegen 660 von *Hwarang* besetzt, so daß der Herrscher TAEDSCHONG MURJOL Koguryo und Paekche erobern konnte. Bis zu Ende des 8. Jh. spielten die *Hwarang* in der Kriegs- und Beamtengeschichte Sillas eine bedeutende Rolle, als aber der Einheitsstaat zerfiel, bildeten die *Hwarang* zerstreute Söldnertruppen, die jeden Dienst annahmen. Das *Hwarang-do* geriet immer mehr in die Hände der Mönche, die als Bewahrer der Tradition galten.

Hwarang-dô (kor.): **»Weg des blühenden Ritters«, koreanische defensive Kampfkunst (→Korea), abgeleitet von der alten Kunst der →*Hwarang*. Sie besteht aus dem waffenlosen Kampf, der die Vitalpunktlehre mit einschließt, und aus dem bewaffneten Kampf, der fünf Waffen beinhaltet: *Yawara*-Stock *(Dan-bong)*, kurzer Stock *(Joong-bong)*, Stab *(Jang-bong)*, Schwert *(Kum-do)* und Sichel *(Nats)*.**

Man schreibt es König CHINHUNG zu, das ursprüngliche *Hwarang-do* auf den Status der Philosophie erhoben zu haben. Nachdem Silla (s. →*Hwarang*) die beiden anderen Provinzen besiegt hatte, vereinigten sich die drei in ein einziges Reich (→Korea). Eine bedeutende Persönlichkeit im Einigungsprozeß war der Mönch WONG WANG BOPSA, der unter anderem eine Schule für Kampfkünste eröffnete, die er einfach *Hwarang* (in dieser Deutung »Blüte der Menschheit«) nannte. *Hwarang* ist die koreanische Version des japanischen *Bushidô*. Der Kodex *(Hwarang-do Meng Sae)* des *Hwarang* besteht heute aus fünf Anforderungen *(Hwarang-do O Kae)* und neun Tugenden *(Hwarang-do Kyo Hoon)*.

Bopsa hat kreisförmige und lineare, weiche und harte Techniken miteinander vermischt und sie zur Kunst des *Hwarang-do* gemacht, die bis 1960 ausschließlich in den Händen der buddhistischen Mönche verblieb. In diesem Jahr erhielten LEE JOO BANG und LEE JOO SANG von SUAHM DOOSA (57. Großmeister) die Erlaubnis, in Seoul eine öffentliche Schule *(Dojang)* zu gründen. Daraufhin verbreitete sich das *Hwarang-do* weltweit.

TECHNIK

Die *Hwarang-do*-Trainingspraktiken werden in 5 Gruppen aufgeteilt:

1. ***Nae-gong*** (innere Kraft): enthält die *Ki*-Entwicklung durch Atem-, Meditations- und Körperübungen.
2. ***Wae-gong*** (äußere Kraft): Diese Praktiken enthalten 4000 offensive und defensive Kampftechniken. Dazu gehören alle Abwehr- und Handtechniken, 365 Fußtechniken, Würfe und Falltechniken, menschliche Anatomie, Gelenkmanipulation

und -brechen, Fingerdrucktechniken, Immobilisations-, und Kontrolltechniken, Würgetechniken, Techniken gegen mehrere Gegner, fortgeschrittene Techniken des Tötens und geheime Techniken.

3. ***Moo-gi-gong*** (Waffenkraft): *Hwarang-do* enthält 108 individuelle Waffen in 20 Kategorien.

4. ***Shin-gong*** (geistige Kraft): Diese Praktiken enthalten Studium, Entwicklung und Kontrolle des Geistes, Techniken der Wachheit und Konzentration, außersinnliche Wahrnehmungen, Studium des Universums, Studium menschlicher Typen, die Kunst des Versteckens und fortgeschrittene geheime Künste.

5. ***In-sul*** (Heilsystem): Erste Hilfe, Wiederbeleben, Akupunktur, Akupressur, Kräuter- und Naturmedizin, Knocheneinrichtung usw.

Hyaku (jap.): hundert. *Hyakunin* – hundert Personen.

Hyakushô (jap.): Bauer. Bis zum 14. Jh. gebrauchte Bezeichnung für alle freien Menschen in Japan, ob bewaffnet oder unbewaffnet. Später wurde dieser Begriff hauptsächlich nur noch für die Bauern verwendet.

Hyô (jap.): Soldat (auch *Hei*).

Hyôdô (jap.): Bezeichnung für die japanischen Kriegskünste zu Anfang der Edo-Zeit, auch *Heidô* (kriegerischer Weg) oder →*Heihô* genannt. Der Name wurde zuerst von →Tsuji Gettan Sakemochi für seine Schule verwendet.

Hyôhô (jap.): »strategische Methoden«. Der Begriff stammt von Musashi Miyamoto, der damit die geistige Haltung der Kampfkunstübenden bezeichnet. Das Konzept des *Hyôhô* entspricht dem heutigen →*Dô*. Es bezieht sich auf die Suche nach der Verbindung zwischen der Technik und dem Geist, die in jedem Menschen vorhanden sein muß.

Musashi sagt dazu im →*Gorin no Sho*: »Man muß die Götter und Buddha respektieren, aber man darf nicht von ihnen abhängen.« Musashi erklärte die Prinzipien des *Hyôhô* in mehreren Veröffentlichungen, wie vor allem im *Hyôhô-kyô* (»Spiegel des Weges«), wo er in 28 Artikeln über die Strategie des Kämpfens schreibt, und im *Hyôhô Sanjûko Kajô* (35 Artikel über das *Hyôhô*). Nach Miyamoto Musashi kann man das Konzept des *Hyôhô* auf alle Disziplinen anwenden, wie z. B. die »Kunst des Lebens und des Sterbens«.

Hyong (kor.): Bezeichnung für die *Kata* im →*Taekwondo*.

Hyôri-uchi (jap.): rhythmisch *(Hyô)* schlagen, Doppelschlag nach oben und unten.

Hyôshi (jap.): Rhythmus, Takt (*Hyô, Haku*–Rhythmik, s. →*Mi-gamae*). Erläuterungen s. auch unter →*Kokyû* (Atmung) und →*Waza no kankyû wo wasuruna*.

Das Verständnis des richtigen Rhythmus ist in den Kampfkünsten unerläßlich. Ohne dieses Verständnis ist es nicht möglich, eine gute Technik im *Kihon* auszuführen, eine *Kata* zu verstehen oder zu kämpfen. Der Rhythmus im *Karate* ist viel schwieriger als der Rhythmus in der Musik, weil es keine konkreten Maßstäbe gibt, die als System verwendbar wären. Sein Verständnis unterliegt ausschließlich der Intuition und der inneren Kreativität – Bereiche, die jenseits der analytischen Sinne liegen (→*Ma-ai*).

Der Gesamtrhythmus wird von einem erfahrenen Kämpfer nach außen hin immer variiert – er wird versteckt, damit der Gegner sich nicht darauf einstellen kann. Daher spricht man in den Kampfkünsten vom besten Rhythmus als »Nichtrhythmus«, d. h. von einem inneren Zustand der Absichtslosigkeit (→*Mushotoku*) oder der Leere (→*Kû*), die keinen Rhythmus nach außen erkennen lassen und dennoch Rhythmus sind. Es bleibt der Rhythmus der Atmung und des Pulsschlages. Erfahrenen Kampfkunstexperten reicht selbst dies, um das Rhythmusgefüge des Gegners zu stören. Weniger Erfahrene können ein intuitives Rhythmusgefühl über die Übung der *Kata* entwickeln.

Perfekte Rhythmuskontrolle ist also nur in der vollkommenen Leere möglich. In jedem anderen Zustand ist der Rhythmus durch unsere Wünsche, Ängste, Hoffnungen, Vorstellungen usw. gestört und vom Gegner zu erkennen. Er findet Blößen (→*Suki*) in unserer Haltung, Bewegung und Absicht. Dieses sind die Momente, die ein erfahrener Gegner als Gelegenheiten (→*Kikai*) erkennt und nutzt.

Hyôteki (jap.): Ziel [*Hyô* = Zeichen, Markierung]. In den Kampfkünsten übt man die Techniken auch an einem Ziel, um die Genauigkeit und die Kraftübertragung zu verbessern.

I

I[1] (jap.): Magen.

I[2] (chin.): Wille, Geist; Absicht, auch *Yi*.

I[3] (jap.): bedeutend, hervorragend, berühmt (auch *Erai*). *Idai* – groß, mächtig, gewaltig, *Ijin* – großer Mann, *Igyô* – bedeutende Tat.

Iaidô (jap.): der »Weg des (schnellen) Schwertziehens«. Aus dem ursprünglichen →*Iaijutsu* entwickelte Konzentrationschule, die heute in Japan als der edelste Weg der *Budô*-Praktiken angesehen wird. *Iaidô* wird nicht als Sport ausgeübt und ist in einer selbständigen Abteilung im japanischen *Kendô*-Verband organisiert. Die Techniken des *Iaidô* sind inzwischen völlig von ihrem kriegerischen Ursprung abgelöst und werden nur als intellektuelle Disziplin für die Schulung des Geistes und der Konzentration betrachtet.

Die Vielzahl der aus dem *Iaijutsu* überlieferten Techniken hat man 1968 systematisiert und daraus sieben Formen *(Kata)* gegründet. 1980 wurden drei weitere Formen hinzugefügt, so daß es heute im *Iaidô* 10 *Kata* (*Seitei*-[Standard-]*Iai*) gibt. Dadurch wurde im *Iai* erstmals ein überschaubares System gegründet, nach dem sich alle Übenden in der Welt richten. Die übrigen Trainingsmethoden aus dem *Iaidô* bestehen meist aus dem gruppenweisen Nachahmen der Vorführungen des Meisters. In Japan ist *Iaidô* sehr verbreitet und im *Zen Nihon Kendô Renmei (Alljapanischer Kendô-Verband)* organisiert. Weltweit ist das *Iaidô* nur wenig organisiert, in England und in Amerika gibt es zwei Verbände. In Deutschland gibt es kleine Gruppen innerhalb der *Kendô*-Organisation, die Mitglied im *Deutschen Jûdô Bund* ist.

Iaigoshi-dachi (jap.): kniende Stellung (auch *Hiza-dachi*); s. auch →*Idori*.

Iaijutsu (jap.): die »Technik des Schwertziehens«, von den Samurai innerhalb des →*Bujutsu* entwickelt. Früher war *Iaijutsu* in sämtlichen Schwertstilen Teil des Lehrplans.

ENTWICKLUNG DES IAIJUTSU

Die Kampfmethode ist sehr alt. Bereits 1560 gab es die Schule des bekannten Meisters HOJO JINSUKE SHIGENOBU. Hojo, der auch als HAYASHIZAKI (RINZAKI) bekannt war, wollte sich an dem Mörder seines Vaters rächen und überlegte lange, wie man einen Gegner töten konnte, ohne ihn meuchlings zu ermorden. Dabei kam ihm die Idee, daß man es lernen mußte, in jeder Lage das Schwert schneller zu ziehen als der Gegner, um den ersten Schlag anzubringen.

Hojo lernte zwischen 1595 und 1601 den Schwertkampf. Danach entwickelte er ein System, das er →*Battojutsu* nannte, ein äquivalenter Begriff zu *Iaijitsu*. Seinen Stil nannte er *Junpaku-den*. Er hatte viele Schüler, die den Stil schließlich in *Shin Musô Hayashizaki-ryû* umbenannten. Durch das Verfahren des *Iai* wurde das *Kenjutsu* wesentlich bereichert.

1616 wurde von einem Schüler Hojos, EISHIN HASEGAWA, das *Eishin-ryû* (→*Musô Jikiden-ryû*) gegründet und unter dem Namen *Musô Jikiden Eishin-ryû* weitergeführt. Danach spaltete sich der Stil. Ein Segment endet mit dem 16. Großmeister NAKAYAMA (HAKUDO) HIROMICHI *(Musô Shinden-ryû)*, das andere geht bis in die heutige Zeit zum gegenwärtigen 19. Großmeister KONO MOMONORI. Die modernen Anhänger des *Iai* sagen, daß der Originalstil mit Nakayama zu Ende ging.

IAIJUTSU UND KENJUTSU

Iaijutsu wurde angewendet, wenn der Gegner unerwartet sein Schwert zog. Dabei war es lebensnotwendig, ein System von Techniken zu entwickeln, mit dem das eigene Schwert schneller gezogen werden konnte, um den ersten Schlag auszuführen. Die Techniken nach dem besagten ersten Schlag *(Iai)* gehören dann in das System des *Kenjutsu*. Zum *Iaijutsu* gehört dann wieder das korrekte Zurückstecken des Schwertes in einem Zug.

Es scheint, als hätte Hojo eine Methode entwickelt, die sich etwas von den anderen – auch vom *Battojutsu* – unterschied, weil sie defensiv ausgerichtet war. Unter seinen Nachfolgern erfolgten technische und philosophische Veränderungen im *Musô Shinden-ryû*, die die ursprüngliche Effektivität im Kampf reduzierten. Die neueren Varianten lehrten Methoden, die auf dem Schlachtfeld nutzlos waren, so z. B. das Schwertziehen in *Seiza* oder *Tachi-hiza*, die, vom Kriegerstandpunkt aus gesehen, tote Stellungen waren. Die Krieger bevorzugten *Iai-goshi*, eine tiefe, kauernde Position mit erhobenem rechten Knie, die mehr Mobilität ermöglichte. *Seiza* paßte besser zu einem städtischen, friedvollen Leben. Dies und noch einige andere Punkte wurden von vielen als Bruch mit der Etikette angesehen.

DAS SYSTEM DES IAIJUTSU

Das Wort *Iai* besteht aus zwei Schriftzeichen. Davon bedeutet das erste *(au)* »entsprechen« und das zweite *(iru)* »sich befinden«. Zusammen liest man die beiden Schriftzeichen als »I-ai«, was sich auf die innere Haltung des Übenden bezieht, der im Moment des Angriffs wach und konzentriert sein soll. Der Sieg muß vor dem Ziehen des Schwertes im Geist errungen werden.

Im Laufe der Zeit wurden viele Übungspraktiken entwickelt. Das Schwert mußte im Stehen, im Sitzen, im Liegen oder im Gehen gezogen werden, Hindernisse mußten beachtet werden, und das Zurückstecken mußte auch im Dunkeln reibungslos geschehen. Dem Übenden wurden Gegenstände entgegengeworfen, die er im Flug zerschneiden mußte, in manchen Schulen wurde mit Pfeil und Bogen auf den Übenden geschossen.

Die Techniken des *Iaijutsu* werden ausschließlich gegen imaginäre Gegner geübt. Man unterscheidet vier Kategorien:

1. *Nuki-suke*, das Herausziehen des Schwertes, bestehend aus etwa 20 Techniken;
2. *Kiri-suke*, der erste Schlag, bei dem es etwa 50 Arten gibt;
3. *Chiburi*, das Reinigen des Schwertes vom Blut;

WICHTIGE SCHULEN DES IAIJUTSU

Chujô-ryû	Musô Jikiden-ryû
Hasegawa Eishin-ryû	Musô Shinden-ryû
Itô-ryû	Mugai-ryû
Jigen-ryû	Nakamura-ryû
Kage-ryû	Nen-ryû
Katori Shintô-ryû	Omori-ryû
Maniwa Nen-ryû	Shinkage-ryû
Mizuno Shintô-ryû	Yagyû-ryû

4. *Noto*, das Zurückstecken des Schwertes in die Scheide, das fast immer gleich ist.

Aus der kriegerischen Technik des *Iaijutsu* wurde durch den Einfluß des *Zen* auf die Kampfkünste das heute ausgeübte →Iaidô entwickelt. Im *Ninjutsu* entwickelte sich eine Ansplitterung des *Iai*, die man →*Shinobijutsu* nennt. Weitere wichtige Schulen, die *Iaijutsu* unterrichteten, sind in der obigen Tabelle dargestellt (s. unter der jeweiligen Bezeichnung).

IAKF: *International Amateur Karate Federation*, **nicht mehr existierende internationale Föderation für Amateur-Wettkampf-*Karate*, ein Ableger der japanischen JKA, in der hauptsächlich *Shôtôkan-Karate* betrieben wurde.**

Die IAKF entstand durch die Initiative von NISHIYAMA HIDETAKA im Jahre 1968 in Los Angeles. Die IAKF konkurrierte bis 1985 mit der →WUKO um die Aufnahme in das IOC (*Internationales Olympisches Komitee*). Durch die Anerkennung der WUKO durch das IOC verlor die IAKF ihre Mitglieder. Ende der 80er Jahre veränderte sie sich in die ITKF *(International Traditional Karate-dô Federation)* und führte bis 1983 eigene Weltmeisterschaften durch, an denen auch der DKB teilnahm. Die europäische Basisorganisation der IAKF ist die EAKF.

IAMTJQA: *International Annual Meeting of Taijiquan Association*, **internationale *Taijiquan*-Organisation, in Deutschland vertreten durch JAN SILBERSTORFF.**

Ibairinpa **(jap.): ursprüngliche Bezeichnung der *Gôjû-ryû*-Kata →*Suparinpai*. Die chinesische Bezeichnung lautet *Yi-bai-lingba* und bedeutet »108«.**

Ibo **(jap.): zwei Schritte, Doppelschritt.**

Ibuki **(jap.): Atmungsmethode, die man in den okinawanischen Kampfkünsten verwendet (s. →*Kokyû-hô*). Die *Ibuki*-Atmungsmethode unterscheidet sich von der ihr entgegengesetzten →*Nogare*-Atmung dadurch, daß sie die Ausatmung und die Spannung der Muskulatur betont. Sie dient vor allem der Kräftigung des Körpers und der Steigerung der Kraft. Sie wird hauptsächlich in der →*Sanchin-Kata* gelehrt. Im *Shôtôkan-ryû* wird sie in der *Hangetsu-Kata* verwendet.**

In der *Ibuki*-Atmung unterscheidet man die Ein- und Ausatmung als zwei Phasen, die man positive oder Tagesphase (Ausatmung) und negative oder Nachtphase (Einatmung) nennt. Aus diesem Grund bezeichnet man die *Ibuki*-Atemmethode auch als Tag-Nacht-Atmung.

Die *Ibuki*-Atemmethode legt den Akzent auf die

Ausatmung. Wenn man *Ibuki* übt, ist es wichtig, daß man sich eine stabile Stellung wählt, die die Entwicklung von Kraft zuläßt. Am besten eignen sich dazu Stellungen, bei denen der Körperschwerpunkt in der Mitte ist (*Sanchin-dachi* und *Hangetsu-dachi*). Folgendermaßen wird geatmet:

- **Einatmung** (negative Phase): Man atmet langsam und leise durch die Nase, die Luft füllt, von unten beginnend, die Lungen. Es ist wichtig, daß der Atem ungestört und gleichmäßig fließt. Dabei muß man so atmen, daß ein Außenstehender nicht sagen kann, ob man atmet oder nicht. Übt man im Stand, sollte man zur Unterstützung der Atmung beide Arme in zwei seitlichen Halbkreisen nach oben heben. Die Hände sind dabei geöffnet.
- **Ausatmung** (positive Phase): Während man mit offener Kehle und lockerer Zunge ausatmet, spannt man zunehmend den Bauch, preßt den After zusammen und drückt die Luft in einem langen scharfen Atemzug heraus. Der Bauch drückt sich nach innen, so »daß der Nabel die Sonne betrachtet«. Die Ausatmung muß durch den Mund kommen und hörbar geräuschvoll sein, so als würde man einen Laut von sich geben. Die Hände schließen sich zu Fäusten, überkreuzen sich während ihrer Abwärtsbewegung vor dem Gesicht und werden danach zu beiden Seiten des Körpers geführt. Wenn man glaubt, daß alle Luft herausgepreßt ist, spannt man die Bauchmuskulatur noch einmal stark an und preßt den letzten Rest Luft heraus. Die Bauchmuskeln müssen dabei sehr aktiv sein. Sie sind es, die die ganze Atemaktion koordinieren.

Ich: lateinisch *Ego*, japanisch *Ninga*. In der asiatischen Weltanschauung versteht man unter dem Ich (sich seiner selbst bewußt werden) eine sich der universalen Realität entgegensetzende innere Verfassung, also eine Form der Verblendung. Diese Auffassung widerspricht der europäischen Vorstellung, in der sich der Mensch als Ich von der übrigen Welt getrennt fühlt und, auf sie hinblickend, ihre Realität erkennt (er projiziert in sie ein Verständnisschema, das er für Realität hält). Dadurch festigt sich in der inneren Haltung die Vorstellung eines Ich, das aus eigener Kraft zu leben versucht. Die Entwicklung Europas ist seit dem Altertum und besonders seit DESCARTES von dieser Idee bestimmt. Sie bewirkte einerseits die Entwicklung von Wissenschaft und Technik, doch andererseits auch den bedingungslosen Glauben an fiktive Realitäten, da die wahre Realität vom Standpunkt des persönlichen Ich nicht erkannt werden kann.

Der Europäer erkennt die Welt als etwas, worin er als abgeschlossenes Ganzes existiert (die Welt, in der wir leben), und begegnet ihr in einem Ich-du-Verhältnis. Der Asiate hingegen versteht sich als Glied einer Kette, untrennbar mit dem Gesamten verbunden (die Welt, die wir sind). Das, was den Europäer als Individuum festigt, was er auszubauen und gegen die Welt zu behaupten sucht, gilt es für den Asiaten zu überwinden. Nicht in der Behauptung des Ich gegen die Welt, sondern in der Vereinigung des Ich mit der Welt versteht er seine Bestimmung.

Dies außer acht lassend, entsteht durch das persönliche Ich die Illusion (→*Makyô*) von der erkennbaren Wirklichkeit, die schließlich das Leben beherrscht und alles angreift, was diese Vorstellung bedroht. Feindschaft, Habgier und Entfremdung, die in den Fällen der überbetonten Ichherrschaft in seelischen Leiden kulminieren, sind unausweichliche Folgen solcher Haltungen. Alle Übungsformen des Weges (→*Dô*) bezwecken vor allem, diese inneren Haltungen zu durchbrechen, so daß der Übende im Laufe der Zeit die Herrschaft der Ich-Illusion über sein Denken überwinden kann (→Transzendentalphilosophie).

Ichi (jap.): eins (auch *Itsu, Hitotsu, Hito*). *Hitori* – eine Person, *Hitori Hitori* – einer nach dem anderen.

Ichiban (jap.): der erste. *Ichibu* – ein Teil, *Ichido* – einmal.

Ichi-byoshi (jap.): in einem Atemzug.

Ichidan (jap.): erster Dangrad (s. →*Kyûdan*, →*Dan*, →*Yûdansha*), erster schwarzer Gürtel, auch *Shôdan* (Erläuterungen s. dort) genannt.

Ichiden-ryû (jap.): oder *Asayama Ichidenryû*, japanische *Jûjutsu*- und →*Kenjutsu*-Schule, gegründet im 19. Jh. Heutiger Vorstand ist →TANEMURA SHOTO.

I-ch'i Ho-i (chin.): Verknüpfung der Atmung mit der Aufmerksamkeit. Zweiter wichtiger Grundsatz der Atemtherapie (→*Qi-gong*).

Ichikawa Mondaiyu: s. →Kowami.

Ichikawa Sosui: japanischer *Karate*-Meister des *Gôjû-ryû*, direkter Schüler von →Izumigawa Kanki aus Kawasaki.

Ichikawa ist heute der Präsident des *Karate-dô Gôjûkensha*, in der traditionelles okinawanisches *Gôjû-ryû* im Unterschied zu →Yamaguchis *Gôjû-ryû* geübt wird. Sein wichtigster Schüler ist →Ôtsuka Tadahiko. Weitere Schüler des Meisters sind Tsukada Ryo'u, Suda Masafumi, Hattori Fusa'aki, Chiba Kenjiro und Hattori Wakizo.

Ichikyû (jap.): erster Schülergrad im *Budô* (s. →*Kyû*). Letzte Graduierung vor dem Schwarzgurt.

Ichiman (jap.): zehntausend.

Ichi michi isshô (jap.): wörtlich: »ein Tag – ein Leben«. Leitsatz aus der *Budô*-Philosophie (s. →*Kaisetsu*). Alles was man im Leben tut, sollte man ganz tun, mit innerer Überzeugung, mit eigenem Inhalt.

Man muß sein Leben mit Sinn erfüllen und ihm Tiefe geben. Tiefe in sich selbst ist immer auch Erfüllung im Leben. Wenn man in ein *Dôjô* geht, kann man das lernen. Die Konsequenz, mit der man dort zu seinen Idealen steht, zeigt den Weg zur eigenen inneren Vervollkommnung. Wenn man jedoch viel verspricht und wenig hält, viel weiß und wenig erkennt, viel will und wenig tut, ist man trotz der einfallsreichsten Entschuldigungen nur wenig wert. Man muß sich um Fortschritt im *Budô* und um Sinn im Leben ehrlich bemühen und die Verantwortung dafür tragen. Ohne echtes Bekenntnis kann man in nichts einen Sinn finden. Man muß sein Leben leben, als wäre jeder Tag der letzte.

Ichimonji (jap.): japanisches Schriftzeichen für »eins«. Steht sinngemäß oft für »auf einer Linie«.

I-chin Sutra (chin.): s. →*Yi-jin-jing*.

Ichiûn Odagiri (1629–1707): berühmter Schwertkämpfer Japans, von den meisten Geschichtskennern als der größte aller Zeiten bezeichnet. Die Reihenfolge der großen Schwertkämpfer, wie sie die Experten festgelegt haben, lautet: Ichiûn Odagiri, Sekiûn Hariya, Yamaguchi Renshin und Mugen Kaneko.

Ichiûn Odagiri traf im Alter von 28 Jahren seinen Sensei Sekiûn Hariya, der damals 26 Jahre älter war. Sekiûn gilt als großer Schwertmeister, der zu keiner Zeit der japanischen Geschichte einen ebenbürtigen Gegner hatte. Lediglich Ichiûn Odagiri, der bei ihm die Kunst des Schwertes und die Philosophie des *Zen* lernte, übertraf nach Jahren der Übung seinen berühmten Meister.

I-ch'uan (chin.): s. →*Yi-quan*.

Ido (jap.): Begriff aus dem *Jûdô*: eine Bewegungsaktion, bestehend aus 8 Techniken (aus der →*Kime no Kata*) zur Verteidigung, die nacheinander ausgeführt werden.

Idori (jap.): sitzen. In den Kampfkünsten versteht man unter *Idori* (auch *Iai*) Techniken, die während des Sitzens ausgeführt werden.

In früheren Zeiten wurden die *Idori* in allen Kampfkünsten als feste Bestandteile der Übung gelehrt. Heute sind sie noch im *Jûdô* in der →*Kime no Kata* und der →*Katame no Kata* enthalten. In den modernen Systemen des *Karate* werden sie nicht mehr geübt, obwohl sie für die Selbstverteidigung zu empfehlen sind.

Iemoto (jap.): »Haupt des Hauses«. Bezeichnung für den offiziellen, lebenden Vorstand eines japanischen →Ryû (Kampfkunstsystem, s. auch →*Bujutsu*). In der *Bujutsu*-Tradition wurden oftmals Kampfkunstlinien vom Vater auf den Sohn, aber auch vom Meister auf den besten Schüler vererbt.

Der *Iemoto* war der Bewahrer der Tradition und der inneren Geheimnisse (→*Hiden*) eines *Ryû* und gehörte meist samt dem *Ryû* einem bestimmten Samurai-Clan an. Er war verantwortlich für die Ausbildung der Samurai im Clan und Vertreter eines Systems, das weit über das Lehren der Kampfkünste hinausging. Ethische Verhaltensregeln (s. →*Bushidô*) sowie verschiedene andere Künste des japanischen Mittelalters fielen ebenfalls in seinen Bereich.

Der *Iemoto* war die Spitze einer Pyramide, von wo aus er über seine besten Schüler (→*Sempai*) das *Ryû* unterrichtete und in der Originalfassung erhielt. In seinem Besitz befanden sich die →*Denshô* (s. auch →*Makimono*), deren Inhalte er nur einer elitären Schicht des *Ryû* zugänglich machte und kurz vor seinem Ableben seinem von ihm benannten Nachfolger (→*Menkyo-kaiden*) zur Bewahrung übergab.

Ie no Kon (jap.): Bezeichnung für eine privilegierte Samurai-Klasse nach dem → *Gempei*-Krieg.

Igadama (jap.): Weg-Stachel. Andere Bezeichnung für → *Tetsubishi*.

Iga Hakujusai Norihiro: japanischer *Ninja*-Führer (→*Ninjutsu*), letztes Glied einer Überlieferungslinie.

Iga entstammt einer echten *Ninja*-Familie, doch er lehnt es ab, über sich selbst oder das *Ninjutsu* zu sprechen. Nach dem Motto »Ein Ninja ist der Schatten eines Kriegers« lebt er – verschlossen, unverheiratet, ohne Kinder und Verwandte, er hat noch nicht einmal eine Adresse.

Er begann seine *Ninja*-Ausbildung im Alter von 6 Jahren unter seinem Vater. Im Krieg war er Ausbilder an der militärischen *Nakano*-Akademie. Er erläutert, daß das Ideogramm *Nin* aus zwei Teilen besteht: Geist und Schärfe. Daher soll ein *Ninja*-Übender scharf sein, wie ein Messer. Iga verdient sich seinen Lebensunterhalt, indem er durch ganz Japan reist und Theaterveranstaltungen für Schulkinder organisiert.

Iga-ryû (jap.): alte japanische →*Ninjutsu*-Richtung der Iga-Präfektur im Süden von Honshu, der größten der vier japanischen Hauptinseln. Die Kampftechniken setzten sich hauptsächlich aus den Stilen der Familien →HATTORI, →MOMOCHI und →FUJIBAYASHI (s. auch *Togakure-ryû*) zusammen.

Iga-Ueno (jap.): Gebiet im Zentrum Japans, im südlichen Teil der Hauptinsel Honshu. Die Iga-Präfektur war bekannt für die Entwicklung der bedeutendsten *Ninjutsu*-Stile im 16. Jh.

I-Ging (chin.): chinesisches Buch der Wandlungen (→*Yi-jing*).

Igyô-Zen (jap.): *Zen*-Richtung (s. →*Soshigata*), die von Meister ISAN REIYÛ und seinem Schüler KYÔZAN EJAKU gegründet wurde. Die Schule lehrt ein liebenswürdiges, kluges, einfaches und unkompliziertes *Zen*.

Iha Kodatsu: alias IHAGUAWA HAKU, okinawanischer Meister des →*Tomari-te*, Schüler von →MATSUMORA KOSAKU.

Iha Koshin: okinawanischer *Karate*-Meister des *Gôjû-ryû*, direkter Schüler des Stilgründers →MIYAGI CHÔJUN. Seine wichtigsten Schüler sind unter anderen IHA KOSHUN, WAKUGAWA KOSEI, KANESHIRO KENJI und MATAYOSHI MASAHIDE.

Iida Norihiko: japanischer *Karate*-Meister der jüngeren *Shôtôkan*-Generation aus der JKA, heute 7. Dan. Iida Norihiko ist gleichzeitig Mönch einer Tempelanlage in Tôkyô *(Shinjuku-ku/ Shinanomachi)*. Als Absolvent der Taisho-Universität errang er in seiner Jugend mehrere japanische Titel in *Kumite* und *Kata* bei den Wettkämpfen der JKA.

Iizasa Chôisai Ienao (1387–1488): japanischer Samurai mit dem Titel »Yamashiro no Kami Ienao«, der eine Schule für Schwert *(Kenjutsu)* und Lanze *(Sôjutsu)* im Shintô-Tempel von Katori Jingu in der heutigen Provinz Chiba gründete. Er nannte diese Schule →*Tenshin Shôden (Seiden) Katori Shintô-ryû*, auch bekannt unter dem vereinfachten Namen →*Katori Shintô-ryû*. Iizasa Chôisai war der Lehrer des Shôguns ASHIKAGA YOSHIMASU.

Iizasa war in seinem aktiven Leben hoch geachtet wegen seiner Kunstfertigkeit im Umgang mit dem Schwert und wegen seiner Loyalität. Mit zunehmendem Alter wurde er jedoch unzufrieden mit den Praktiken der Kriegsführung, legte das Gelübde eines buddhistischen Priesters ab und zog sich aus dem weltlichen Leben zurück. Er widmete sich jedoch auch weiterhin dem Studium des *Kenjutsu* und arbeitete an der *Shinden*-Schule, am *Kashima*- und *Katori*-Schrein an der Verfeinerung von neuen Techniken. Später gründete er eine eigene Schule und unterrichtete Fechter wie ICHIU MOROOKA (Gründer des *Ichiu-ryû*), TSUKAHARA TOSA NO KAMI und MASANOBU MATSUMOTO.

Iizuka Kanizaburo: berühmter japanischer *Jûdô*-Lehrer des →*Kôdôkan*, Inhaber des 10. Dan im →*Jûdô*.

Ikadazumo (jap.): Kampf auf einem Boot im Ausbildungssystem der →Samurai.

Ikaku-ryû (jap.): altes japanisches Kampfsystem, gegründet im 17. Jh., das den Umgang mit der →*Jutte* und dem *Keijô* (kurzer Stock) lehrte. Diese Techniken wurden mit dem →*Taihôjutsu* verbunden.

Die Techniken des *Ikaku-ryû* werden heute im *Keibô-sôhô* und im *Tokushu Keibô-sôhô* gelehrt, das von SHIMIZU TAKAGI, einem alten Großmeister des *Ikaku-ryû*, überarbeitet wurde.

Ikebana (jap.): die Kunst des Blumenstekkens, auch *Kadô* oder *Sadô* (Weg der Blüten) genannt. Sie wird als Meditationsübung in einem ästhetischen und philosophischen Sinne geübt.

Der Weg der Blumen entwickelte sich ursprünglich aus den Zeremonien, in denen Blumen vor buddhistischen Standbildern ausgebreitet wurden. Im Laufe der Zeit entstanden viele Stile. Im *Ikebana* verwendet man folgende wichtigen Begriffe:

BEGRIFFE AUS DEM IKEBANA

Bana	– Blume
Bonkai	– künstlich hergestellte Miniaturlandschaft
Bonsai	– Bäume in zwerghaftem Zustand
Bonseki	– Miniaturlandschaft aus Sand und Steinen
Chabana	– Blumenstecken während der Zeremonie
Chi	– die Erde
Furyû	– Vollkommenes und Unvollkommenes
Hanami	– das Betrachten der Blumen
Ikeru	– die Blumen lebendig stecken
Kadô	– der Blumenweg
Moribana	– Blumenarrangement in einer Schale
Nageire	– Blumen und Zweige in einer Vase
Ten	– der Himmel
Ukibana	– schwimmende Blumen

Iki-zuki (jap.): *Aikidô*-Stoß mit der offenen Hand (s. →*Keri-gohô*).

Ikken-hissatsu (jap.): »mit einem Schlag töten.« Der Begriff steht symbolisch für einen wichtigen Inhalt des *Budô*. In der philosophischen Interpretation bezeichnet *Ikken-hissatsu* nicht das Töten selbst, sondern die Fähigkeit zur absoluten Handlung, die aus der rechten Haltung (→*Shisei*) entsteht. *Ikken-hissatsu* ist ein unerreichbares Ideal und meint die Fähigkeit zum Absoluten, die Überwindung der letzten Grenze. In der Übung des *Budô*, die nichts weiter als eine Konfrontation mit den unzähligen inneren und äußeren Grenzen ist, besteht die Möglichkeit, sich diesem Ideal durch die Zeit zu nähern. Ob ein Übender dies tut oder ob er nur Techniken perfektioniert, liegt an ihm selbst.

WIRKUNG UND ACHTUNG

Ikken-hissatsu, das in der Praxis des Kämpfens nur die eine Seite des Handlungspotentials darstellt (Wirkung), schließt immer →*Sun-dome* mit ein, wodurch es möglich wird, maximale Wirksamkeit der Technik zu üben und ihre destruktive Wirkung durch Kontrolle aufzuheben. *Sun-dome* bedeutet, daß die Technik zwei Zentimeter vor dem Ziel abgestoppt wird. In der philosophischen Betrachtung bedeuten *Ikken-hissatsu* und *Sun-dome*, daß ein Mensch die Fähigkeit zur absoluten Wirkung durch die Achtung vor dem Leben im Gleichgewicht hält. Beide zusammen bilden die doppelgleisige Richtung menschlicher Lebensbestimmung (→*Mosshôseki*). In der Gesamtverfassung des Menschen sind *Ikken-hissatsu* und *Sun-dome* die beiden Pole seines Wirkungsvermögens.

Deshalb tendiert jede *Budô*-Übung sowohl zur maximalen Wirksamkeit als auch zur Kontrolle, was in der Gesamtverfassung des Menschen das Gleichgewicht zwischen Streben und Achten ausdrückt. Das Gleichgewicht zwischen beidem bewirkt ein gesundes Verhältnis zur Welt. Die Verwirklichung nur einer dieser Haltungen ist nach der *Budô*-Lehre falsch, denn sie führt entweder zur Vernichtung der Welt (Wirken ohne Achtung) oder zum Rückschritt ins Dulden (Achten ohne Wirkung).

Deshalb ist auch das Üben von wirkungslosen Techniken eine Verletzung dieses Grundsatzes und führt zu einer inneren Fehlhaltung, der das Maß auf der anderen Seite fehlt: Der Mensch braucht nicht zu achten, weil er nicht wirken kann. Dies ist weder der Sinn des Lebens noch der Sinn des →*Budô*. Die Übung des *Budô* ist eine Herausforderung an alle Grenzen im Menschen und kann jede Fehlhaltung korrigieren, wenn der »Mittlere Weg« (→BUDDHA) eingehalten wird.

Ikkyû ni rei (jap.): Gruß an den Inhaber des braunen Gürtels.

Iko-kokoro (jap.): hohes geistiges Prinzip in den Kampfkünsten (7.–10. Dan); s. → *Kyûdan*.

Iku (jap.): wachsen (auch *Sodatsu*). *Kyôiku* – Bildung, Erziehung, *Taiiku* – Körperkultur, Gymnastik, Sport.

In[1] (jap.): Siegel, Stempel. *Inka-shômei* – Meisterbestätigung, *Chôin* – Unterzeichnung.

In[2] (jap.): negativ, verborgen; Schatten, Geheimnis. *In'yo* – Yin/Yang, *Insei* – negativ, verborgen, *Inki* – Dunkelheit, Trübsinn.

Inagaki Genshiro (*1912): bedeutender Kyûdô-Meister des →*Heki-ryû*, der diesen

Stil 1969 in Deutschland einführte. Inagaki ist der einzige ordentliche Professor für Kyûdô an einer japanischen Universität.

Inagashi (jap.): »fliegendes Schießen«. Hohe Meisterschaft im unberittenen Bogenschießen (→*Kyûjutsu*). Mehrere Stunden lang mußte ein ununterbrochener Pfeilhagel aufrecht erhalten werden.

Inamine Seijin (Morihito) (* 1937): okinawanischer *Karate*-Lehrer, aktueller Vorstand des →*Ryûkyû Shôrin-ryû*, organisiert in der *Ryûkyû Shôrin-ryû Karate-dô Kyôkai* (*Ryûkyû Shôrin-ryû Karate-dô Association*, s. Anhang).

Inamine war 1966–1971 Schüler von IREMATSU (IREI) TARO und erbte von diesem das *Kobudô*-System von →AGENA. *Karate* lernte er 1951 bis 1957 von TSUNAMI TAKAAGI und 1958–1965 von SHIMABUKURO EIZO. Die 1977 gegründete Organisation, *Ryûkyû Shôrin-ryû Karate-dô Association,* umfaßt 5 *Dôjô* auf Okinawa und wurde von INAMINE SEIJIN, YASUNORI SHINKICHI, TOGUCHI MUNETAKA und KOREN SHINYA (alle 6. Dan) geleitet.

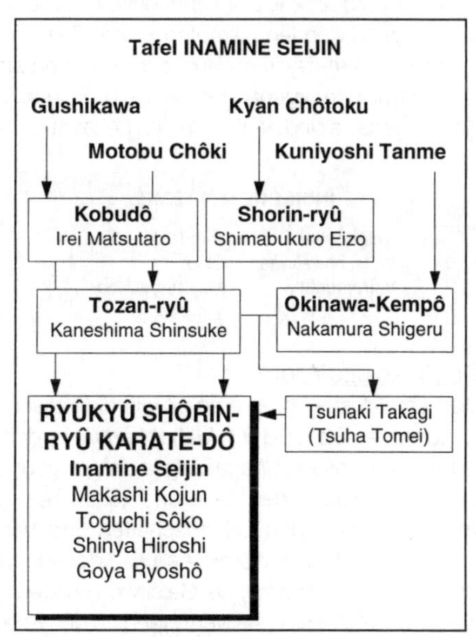

Inasu (jap.): vorbeigleiten lassen. Eines der drei wichtigen Ausweichprinzipien im →*Wadô-ryû.*

Inazuma (jap.): Blitz; *Atemi*-Angriffspunkt: Bauchseite; s. auch unter →*Denkô.*

Indien: In vorchristlicher Zeit war Indien von

zahlreichen Königreichen übersät, die miteinander um die lokale Vorherrschaft kämpften. Zu jener Zeit entstand die Idee der drei →*Guna*, der Qualitäten des Weltäthers, die auch das irdische Leben bestimmten: *Sattwa*, das Helle, das dem Menschen Glück und Weisheit bringt, *Rajas*, der Ursprung der Lebensaktivität und des Wachstums, und *Tamas*, das Finstere, die Unwissenheit und die Zerstörung. Nach alter brahmanischer Tradition (→Brahmanismus) vermochte der Mensch auf verschiedenen Wegen der Erkenntnis in sich *Sattwa* zu erzeugen, womit er zu seiner persönlichen Rettung vor dem Chaos beitragen konnte. Auf dieser Grundlage basieren die vielfältigen asiatischen Wege zur Weisheit, deren älteste auf jene Zeit in Indien zurückgehen: 1. der Weg des Priesters, 2. der Weg des Magiers, 3. der Weg des *Yogi* und 4. der Weg des Kriegers.

Als Indien im frühen Altertum von den Indo-Arabern erobert wurde, bildeten sich vier gesellschaftliche Stände (→*Varna*): *Brahmanen* (Priester), *Kshatriya* (Krieger), *Vaishiya* (Bauern, Handwerker und Händler) und *Shudra* (Knechte). In den verschiedenen historischen Entwicklungsetappen Indiens lag die Macht bald in den Händen der Brahmanen (»die der heiligen Lehre Teilhaftigen«), bald in den Händen der *Kshatriya* (»die mit Macht Ausgestatteten«). Diese beiden gehobenen Klassen der indischen Gesellschaft mußten in ihrem Leben eine harte Ausbildungszeit durchlaufen und gehörten zu dem Stand der »Zweimal Geborenen«. Dieser Lehre zugrunde lagen die heiligen kanonischen Schriften des →Hinduismus: die →*Veden*, die →*Brahmanas*, die →*Aranyakas* und die →*Upanischaden*.

DER WEG DES KRIEGERS

In einem frühen politischen Lehrbuch *(Arthashastra)* heißt es, daß die *Kshatriya* die Aufgabe hätten, die Kampfkunst von Generation zu Generation zu vererben und die geheime »Wissenschaft von der Kriegsführung« zu lernen. Schon in prähistorischen Zeiten existierten in Indien Schulen der Kampfkünste, deren erste Erwähnungen im *Rigveda* auftauchten. Dort kämpften die Helden (MAHABHARATA und RAMAYANA) der ältesten indischen Epen gegeneinander und bedienten sich raffinierter Kampftechniken. Durch die Zeiten wurden Legenden und Sagen über das →*Binot* überliefert, eine frühe indische Kampfmethode mit bloßen Händen, deren Meister selbst gegen einen bengalischen Tiger bestehen konnten. Auch gibt es Berichte über gladiatorenähnliche Kampfspiele der indischen Frühzeit, wo die Kämpfer mit eisernen Klauen ausgestattet waren, die man *Vajramushti* (»Blitzkampfschlag«) nannte. Alles deutet darauf hin, daß dies die erste indische Kampfkunst überhaupt war, die von den *Kshatriya* ausgeübt wurde. *Vajramushti* übersetzt man auch noch mit »einer, dessen geballte Faust unerbittlich ist« oder »die geballte Faust als Waffe«.

Andere schriftliche Nachweise über alte Kampfkünste finden sich in der →*Lotos-Sûtra* (jap. *Hokkekyô*, skrt. *Saddharma Pundariki*). In der chinesischen Übersetzung dieser Sûtra *(Fa-hua-sanch'ing)* wird von einer Boxkunst *Hsiang-ch'a-h'siang-p'u* (→*Xiang-pu*) gesprochen, was soviel wie »gegenseitiges Schlagen« oder »gemeinsames Kämpfen« bedeutet. Dieselben Schriftzeichen werden auch im Japanischen verwendet, wo sie für das →*Sumô*-Ringen stehen. Ebenfalls in der *Lotos-Sûtra* findet man auch Berichte über eine andere Kampfkunst, die *Nata* genannt wird (»männlicher Charakter«, »Tänzer«, »Vortragender«).

INDISCHE WAFFEN

Pata	– Schwert
Vita	– Speer
Lathi	– Stock
Bundi	– Dolch

Nationalsport in Indien ist seit Jahrhunderten das Ringen. Es wurde wechselweise als *Malla-Krida, Malla-Yuddha* und *Niyuddha-Krida* bezeichnet. Die erste detaillierte Erwähnung taucht in einer indischen Schrift (1124–1138, →*Vajramushti*) auf. Laut dieser wird das Ringen in vier Typen aufgeteilt:

INDISCHES RINGEN

Dharanipata	– den Gegner zu Boden werfen
Asura	– Faustkampf
Nara	– Faustkampf und Würfe
Yuddha	– Kampf auf Leben und Tod

Man vermutet, daß die *Kshatriya* und auch die Priester sich in der Kunst des *Vajramushti* und im *Xiang-pu* übten. Der indische Mönch →BODHIDHARMA, der den *Zen*-Buddhismus nach China brachte, lehrte im →Shaolin-Kloster in der Provinz Henan wahrscheinlich die Kampfkunst *Vajramushti*, aus der dann das →*Shaolin Quan-fa* entwickelt wurde.

All diese Schulen der indischen Kampfkünste sind heute nicht mehr existent. Nach der Niederschlagung des »Großen Volksaufstandes« in der zweiten Hälfte des 19. Jhs. wurden die wenigen Kampfschulen, die es noch gab, verboten und ihre Meister strengen Verfolgungen ausgesetzt. Doch in den entlegenen Teilen des Landes erhielt und entwickelte sich die alte Lehre der *Kshatriya* weiter und trat im 20. Jh. mit einer erstaunlichen Kampfkunst in die Öffentlichkeit: dem →*Kalaripayat*. Dieses moderne indische Kampfsystem vermutet seine Wurzeln in einer alten Kampfkunst aus dem südindischen Kerala, das zum Reich der Kalinga gehört hatte. Die Legende besagt, daß das Kalinga-Reich von dem mächtigen Herrscher ASCHOKA (273–232 v. Chr.) angegriffen wurde. In den langanhaltenden Kämpfen dieser Zeit entstand ein Kampfsystem, aus dem das heutige *Kalaripayat* hervorgegangen sein soll. Folgende Kampfsysteme sind heute in Indien bekannt:

INDISCHE SYSTEME

Kalaripayat	Bandesh
Indisches Ringen	Binot
Vajramushti	Mushti-yuddha

DER WEG DES YOGI

Die Lehre des →*Yoga* ist so alt wie die indische Geschichte. Sie wird im *Mahabharata* in dem berühmten Gesang *Bhagavadgita* dargelegt und ruft zur Reinigung der Seele und zur Befreiung von den unheilvollen Leidenschaften und Verführungen auf. Sie wurde ARJUNA, der in die Schlacht ziehen mußte, als Geleitwort mitgegeben und wendet sich stellvertretend an den Krieger. Arjuna, der das Wesen der *Yoga*-Lehre und der Krieger-Lehre begriffen hatte und vereinen konnte, sollte siegen.

Yoga ist ein Weg der Selbsterkenntnis, der dem Krieger beim Kämpfen, dem Fürsten beim Regieren und dem Dichter beim Dichten gleichermaßen helfen konnte. Ohne die Lehre des *Yoga* wäre der Weg des Kriegers auf dem asiatischen Kontinent nicht über die bloße Kampfkunst hinausgegangen.

In den indischen Religionen (→Hinduismus, →Brahmanismus und →Buddhismus) ist das Schicksal des Menschen mit dem Ursachen-Folge-Prinzip (→*Karma*) eng verbunden; die Handlungen im diesseitigen Leben bewirken eine entsprechend gute oder schlechte Wiedergeburt. Diese Kette der Wiedergeburten zu verlassen und ins →*Nirwana* einzugehen war der Kern aller indischen Disziplinen. Das *Yoga* sucht die Erlösung *(Moksha)* von den Verlockungen dieser Welt durch beharrliches Psychotraining.

Indonesien: Inselstaat in Südostasien. Indonesien liegt auf einer bedeutenden Handelsroute zwischen China auf einer Seite und Indien, Vorderasien und Europa auf der anderen Seite. Die Bewohner des indonesischen Archipels sollen im Jahre 2000 v. Chr. vom südostasiatischen Festland und aus China gekommen sein.

Man weiß nicht genau, ob die ersten Einflüsse der Kampfkünste aus Indien oder aus China kamen. Es steht jedoch fest, daß bereits sehr früh eine oder mehrere Formen der Selbstverteidigung geübt wurden. Im heutigen Indonesien gibt es allgemein vier Begriffe für den unbewaffneten Kampf: →*Pukulan*, →*Pentjak*, →*Silat* und →*Kuntao*. Die Stile sind auf der Insel sehr gebietsgebunden und befinden sich untereinander in einer starken Rivalität.

Das Gebiet Indonesiens besteht aus ca. 3000 Inseln und ist fast so groß wie das der Vereinigten Staaten. Es gibt jedoch wenig Verkehr zwischen den Hauptinseln (Sumatra, Java, Borneo und Sulawesi) und den kleineren Inseln, und so entstanden innerhalb der großen Systeme viele selbstständig entwickelte Stile.

Die Republik wurde 1945 gegründet. Die 100 Millionen dort ansässigen Menschen sind zumeist Malaien, bilden jedoch mehr als 10 ethnische Gruppen mit eigener Religion und Sprache. Wie in Malaysia ist die nationale Waffe der →*Kris*. Er hat eine weitreichende Bedeutung in der nationalen und sozialen Stellung der Bewohner. Ebenfalls verwendet wurde früher der Speer.

Weitere Waffen sind die einschneidigen Dolche →*Mandau*, →*Parang*, →*Kelawang* und deren kleinere Formen →*Badik* und →*Pisau*. Neben diesen Waffen kannte man noch Blasrohre mit vergifteten Pfeilen, Pfeil und Bogen sowie Stockwaffen.

Inka-shômei (jap.): »das rechte Siegel des deutlich erbrachten Beweises«. Im *Zen* verwendete Methode, durch die ein Meister (→*Rôshi*) seinem Schüler die Dharma-Nachfolge (s. →*Hassu*, →*Shihô*) bestätigt.

Mit *Inka-shômei* bestätigt ein Meister seinem Schüler, daß er mindestens denselben Grad der Erleuchtung wie er selbst erreicht hat. *Inka* bezeugt, daß die Ausbildung des Schülers bei seinem Lehrer beendet ist, und berechtigt ihn, den Titel *Rôshi* zu tragen. Gleichzeitig ist es eine Bestätigung, durch die der Schüler berechtigt ist, die Tradition der Schule in der nächsten Generation fortzuführen.

Inka-shômei kann ein Schüler nur dann erhalten, wenn er seinem Meister mindestens ebenbürtig ist. Die Tradition der *Dharma*-Übertragung im *Zen* fordert, daß der Schüler seinen Meister sogar übertreffen muß. Ist der Schüler dem Meister nur ebenbürtig, besteht die Gefahr, daß es mit dem *Dharma* des Meisters in den nächsten Generationen bergab geht. In diesem Fall spricht man von »armseligen Stempeln eines armseligen Stempels«.

Inô (jap.): Bezeichnung für einen *Zen*-Mönch, dem die Verantwortung für die Registratur und die Riten in einem Kloster übertragen wurden.

Inosanto, Dan (*1936): amerikanischer Meister des modernen →*Arnis de mano*, *Pentjak-Silat* und *Sikaran*, *Kuntao*, *Kali* und *Escrima*.

Inosanto, ein Freund und Schüler Bruce Lees, war an der Entwicklung des *Jeet Kune Do* wesentlich beteiligt. Unter Ed Parker lernte er auch *Karate* und *Kempô*. Er gründete die einzige *Philippine Martial Arts Academy* in Los Angeles, die auch das Hauptquartier für das *Jeet Kune Do* ist.

Inoue Motokatsu: japanischer Kampfkunstexperte mit der Spezialität →*Kobudô*. Er wurde 1918 in Tôkyô geboren und studierte *Kobudô* unter Meister →Taira Shinken. Außerdem wurde er noch von Meister Seiko Fujita und Meister Koyu Konishi unterrichtet. Er ist der offizielle Nachfolger von Taira Shinken und Oberhaupt des *Ryûkyû Kobujutsu*, das er mit allen von Taira gesammelten *Kata* von diesem erbte. Er ist zeit seines Lebens bemüht, diese Erbschaft durch seine Organisation *Ryûkyû Kobujutsu Hozon Shinkô-kai* weltweit und korrekt zu verbreiten.

Inoue Motokatsu

Inoue Motokatsu: »Die 15 Formen des *Kumite* halten Einzug in alle *Karate-Dôjô* der Welt, unabhängig von den Stilen; dies ist mein Traum.« Die 15 *Kumite*-Formen des *Bô* (→*Bô-renshu*), welche die Repräsentation des *Ryukyu Kobujutsu* sind, erstellte *Sensei* (Meister) Inoue als Ergebnis seiner Studien in den dreißiger Jahren. Weiterhin hofft er, daß das *Ryukyu Kobujutsu*, das aus *Toshu-jutsu* (unbewaffneter Kampf) und *Emono-jutsu* (bewaffneter Kampf) besteht, von allen *Karate*-Lehrern der Welt korrekt realisiert wird. Meister Inoue veröffentlichte die *Kata* des *Ryukyu Kobujutsu* und die Formen des *Kumite* sowie die Grundtechniken der Waffen *Bô, Sai, Tonfa, Nunchaku, Kama, Tekko, Timbe* und *Surujin* in dem dreibändigen Werk »Ryûkyû Kobujutsu«.

Inoue Noriaki (*1902): *Aikidô*-Meister und Begründer des →*Shinei Taido*, Neffe von MORIHEI UESHIBA.

Inoue Yoichiro: japanischer *Aikidô*-Lehrer, einer der Senior-Schüler von UESHIBA MORIHEI, Gründer des →*Shinwa-Taidô.*

Inpo (jap.): Kunst der *Ninja*, sich zu tarnen und zu verstecken.

Intonjutsu (jap.): Kunst der *Ninja* des Entkommens, Umgehens, Entrinnens und Versteckens.

Intuition: mit Intuition bezeichnet man die Einfühlung in die dem objektiven Bewußtsein unsichtbaren Situationsumstände und das Erspüren übergeordneter Zusammenhänge (→*Yûgen* – Sehen, was unsichtbar ist). Von den Wissenschaften wurde diese Möglichkeit des Verstehens lange abgelehnt und bestritten. Heute, wo die objektive Erkenntnisfähigkeit in vielen Bereichen ihre Grenzen erreicht hat, gewinnt das intuitive Denken auch in den Wissenschaften immer mehr Raum, wird jedoch nach wie vor mit der Logik interpretiert und aufgrund dreier Thesen erklärt: 1. Resonanz oder »inneres Mitmachen«, 2. absichtliche Nachahmung und 3. Schlußfolgerung diagnostischer Anzeichen.

Das intuitive Denken kann nur durch eine Übung, ähnlich der Wegübung, geschult werden. Es beruht auf der Erkenntnis über die Relativität aller Dinge, auf der auch Einsteins Relativitätstheorie aufbaut. Diese Erkenntnisse befinden sich jenseits der fixierbaren physikalischen Wirklichkeit und beziehen sich auf eine übergeordnete Realität, zu der die Logik keinen Zugang hat.

INTERPRETATION IN EUROPA

Den Wegkünsten naheliegender sind die Beobachtungen der »Verstehenden Psychologie«. Sie beziehen die »Ideenschau« PLATONS, das »Anschauen der inneren schaffenden Natur« GOETHE's wie auch einen starken erlebnismäßigen Aspekt (→*Furyû*) mit ein, durch den ein Mensch jenseits der Logik zu verstehen vermag. Auf diese Weise kann man zu einem Wissen über Zusammenhänge kommen, ohne es mit dem Verstand zu betrachten.

Experimente dieser Art haben in den asiatischen Philosophien eine jahrtausendealte Tradition (s. →Transzendenz, →Budô-Psychologie). Allerdings wurden im Gegensatz zum Westen nie Versuche unternommen, dafür eine logische Erklärung zu finden. Das, was der Westen mit dem Sachbegriff »Intuition« beschreibt und mit verstehender Logik zu betrachten versucht, war dem Osten immer nur als Übung (→*Shisei*) wichtig; s. auch →*Genshin,* →*Kan,* →*Sakki*.

Inugami Gubei Nagayasu: s. →*Kushin-ryû.*

Inugami Nagakatsu: s. →*Kushin-ryû.*

Inuoi-mono (jap.): s. →*Kyûdô.*

In/Yô (jap.): japanische Bezeichnung für →*Yin/Yang.*

In/Yô-Symbol

Ippon (jap.): eins, einzeln, ein Stück (abgeleitet aus *Ichi-hon*).

Ippon-gachi (jap.): Wettkampfbegriff: Sieg durch einen Punkt.

Ippon-jiyû-kumite (jap.): Wettkampfbegriff: Freikampf um einen Punkt.

Ippon-ken (jap.): Fausthaltung, bei der der Knöchel des Zeigefingers vorsteht (auch *Keiko-ken*).

Ippon-ken wird mit der Spitze des Zeigefingerknöchels gebildet. Man schließt die Faust wie bei →*Seiken*, läßt jedoch den Zeigefingerknöchel vorstehen. Der Daumen wird an die Außenseite des Zeigefingers gepreßt. Die Technik eignet sich zu Angriffen gegen den Solarplexus, gegen die Brust, gegen die Körperseiten, unter die Achseln, gegen das Gesicht und gegen den Kopf.

Ipponken-zuki (jap.): Stoßtechnik mit →*Ipponken* im *Karate*. In den japanischen Kampfkünsten: *Keikoken-zuki*.

Ippon-kumite (jap.): einmaliger Angriff, Abwehr und Konter, im Ein-Schritt-System. Abgesprochene Partnerübung (→*Yakusoku-kumite*) im *Karate*.

Ippon-nukite (jap.): Technik mit einem Finger. Man streckt den Zeigefinger aus, während die anderen Finger in den Mittelgelenken gebogen sind und den Zeigefinger seitlich unterstützen.

Der Daumen wird gestreckt von der anderen Seite an den Zeigefinger gepreßt. Die Technik eignet sich zum Angriff gegen die Augen, gegen die Kehle und zum Solarplexus.

Ippon-seoi-nage (jap.): Einpunkt-Schulterwurf im *Jûdô*.

Ippon-shiai (jap.): Kampf um einen Punkt (→*Shiai*).

Ippon-shôbu (jap.): Kampf um einen Punkt (→*Shôbu*).

Ipponsugi-nobori (jap.): Gerät, das im japanischen Mittelalter dazu diente, an Bäumen oder Masten hochzuklettern. Es besteht aus einem Stil mit Haken, zwei Ketten und Griffen.

Ippon-tote-gyaku-zuki (jap.): Bezeichnung für einen →*Gyaku-zuki*, der im Stand ausgeführt wird.

Iri (jap.): betreten, eintreten, abgeleitet von *Hairu*. *Iriguchi* – Eingang.

Irimi (jap.): die positive Form (→*Omote*) der Verteidigungstechniken im *Aikidô*, das Nichtwiderstehen, durch das die Kraft des Gegners wieder gegen ihn gerichtet werden kann.

Das harmonische, auf die Bewegung des Gegners abgestimmtes Hineingehen in den Gegner mit einem gleichzeitigen Konter. Das widerstandslose Begegnen mit der Kraft des Gegners, die aufgenommen, verstärkt und auf ihn zurückgelenkt wird, um sein Gleichgewicht zu stören und ihn zu Fall zu bringen. Im Gegensatz zu *Irimi* gibt es die ausweichende Bewegung, die im *Aikidô* →*Tenkan* genannt wird. Das Prinzip wurde ursprünglich in den Systemen des *Aikijutsu* entwickelt (→*Mutekatsu*), wurde jedoch auch von →ÔTSUKA HIRONORI ins →*Wadô-ryû* übernommen.

Irimi-nage (jap.): eine Serie von Wurftechniken *(Nage-waza)* im *Aikidô*.

Irimi-zuki (jap.): Wurftechnik im *Aikidô*.

Irimi-uke (jap.): Abwehr durch Hineingehen. Form von →*Yokeru-koto* im *Wadô-ryû*.

Form von Irimi-uke

Bei einem gegnerischen Angriff dreht man den Körper aus der Hüfte, während der vordere Fuß in den Angriff hineingesetzt wird. Dabei führt man eine entsprechende Abwehrtechnik aus (z. B. *Sukui-uke*). Der Körperschwerpunkt bleibt in der Mitte.

Iro (jap.): Farben; Liebe, sinnliche Lust (auch *Shoku, Shiki*). *Genshoku* – Grundfarben, *Irogami* – farbiges Papier.

FARBEN

blau	– ao, burû	braun	– cha(iro)
gelb	– ki(iro)	grün	– midori(iro)
orange	– daidai(iro)	rot	– aka
schwarz	– kuro	weiß	– shiro

Iryuki (jap.): *Atemi*-Angriffspunkt: Kinnspitze.

Isa Kaishu (Isa Shinyu): okinawanischer *Kobudô*-Meister, Schüler und Stilerbe von →KANAGUSUKU SANDA (KANAKUSHIKU UFUCHIKU).

Isa, ein buddhistischer Priester am *Futenma-Kannondo (Kwannon)* und *Kobudô*-Meister, Schüler und Stilerbe von →KINA SHOSEI, begann im Alter von drei Jahren unter der Leitung seines Großvaters *Karate* zu üben. Danach wurde er von KINA SHOSEI, TOKASHIKI SABURO und →UEHARA SEIKICHI unterrichtet. Von Kina bekam er das *Menkyo-kaiden* im *Ufuchiku-Kobujutsu*. Heute unterrichtet er eine eigene Mischung aus *Shôrin-ryû Karate* und *Kobudô* in einem kleinen *Dôjô (Shudôkan)* in Yamazato (Okinawa-Stadt).

Ishi[1] (jap.): Wille, Absicht.

Ishi[2] (jap.): Stein (auch *Seki*).

Ishikawa Hiroshi: Hauptinstruktor der SKI *(Shôtôkan Karate International)* in Amerika, mit Sitz in Mexico.

Ishima Yasunari: Japanischer *Karate*-Meister des *Shitô-ryû*, heute 7. Dan.

Ishimine (* 1826): okinawanischer *Karate*-Meister des →*Shuri-te*, Schüler von →MATSUMURA SÔKON.

Ishimine-ryû (jap.): okinawanischer *Karate*-Stil, gegründet von KANESHIMA SHIMBEI (1868 bis 1921), einem Schüler des Meisters →ISHIMINE.

Alten okinawanischen Quellen zufolge war Meister Ishimine in früheren Zeiten auf Okinawa sehr bekannt, doch in neueren Aufzeichnungen taucht sein Name selten auf. KANESHIMA benannte seinen Stil nach ihm. Der aktuelle Großmeister des Stils ist der Sohn des Gründers KANESHIMA SHINEI (*1901). Dieser zog nach einigen Jahren des Studiums unter seinem Vater nach Tôkyô und wurde Schüler von FUNAKOSHI GICHIN und MOTOBU CHÔKI. 1946 kehrte er nach Okinawa zurück. Das *Ishimine-ryû* beruht auf drei *Kata*: *Sanchin, Naihanchi* und *Ishimine-Patsai*, einer Variante der alten *Patsai*.

Ishin-denshin (jap.): »Übertragung von Herz-Geist *(Kokoro)* zu Herz-Geist«, ein Zentralbegriff aus dem *Zen*. Damit gemeint ist die Übertragungsart der Lehre (→*Dharma*-Übertragung) vom Meister auf den Schüler (→*Hassu*) als Form einer unmittelbaren Erfahrung (→*Shisei*) jenseits vom intellektuellen Verstehen (s. →*Zen*, →*Soshigata*, →*Inka-shômei*).

Der Begriff bezieht sich auf die Art der Übertragung der *Zen*-Lehre von einem Meister auf seinen Schüler, und zwar in Form eines unmittelbaren Begreifens durch unmittelbare eigene Erfahrungen des Schülers und nicht in Form von Buchwissen und Doktrinen.

Ishisashi (jap.): Trainingsgerät (→*Dôgu*) im Okinawa-*Karate*, auch *Sashi* genannt. Es besteht aus einem Gewicht, durch das man hindurchgreifen kann. Dann dreht man es wie einen Hebel um die Handgelenke. Es dient der Stärkung der Ober- und Unterarmmuskeln sowie der Handgelenke.

Ishizuka Tetsuji: bekannter Lehrer des *Bujinkan Togakure-ryû Ninjutsu* (s. →*Ninjutsu*, →Bujinkan-Dôjô, →HATSUMI MASAAKI), Initiator des →*Togakure-ryû* in Europa über F. BO →MUNTHE.

Ishizuki (jap.): scharfe Spitze der Lanze oder des Speers (→*Yari*), mit der man die Rüstung des Gegners durchdringen konnte.

Isogai Hajime: *Jûdô*-Lehrer am *Kôdôkan*, einer der wenigen 10. Dan in der Geschichte des →*Kôdôkan* (s. auch →*Jûdô*).

Isogai-ryû (jap.): alte japanische Schule des *Jûjutsu*, gegründet im 17. Jh. von ISOGAI JIRÔZAEMON, einem Schüler des Chinesen →CHEN YUAN-BIN.

Iso Mataemon: mit vollständigem Namen YANAGI SEKIZAI MINAMOTO MASATARI, s. →*Tenshin Shinyô-ryû*.

Isshi-injô (jap.): »Ein-Meister-Siegel-Bestätigung«. Begriff, der im *Zen* geprägt wurde, um ein wichtiges Prinzip des Lehrer-Schüler-Verhältnisses (→*Shitei*) zu bezeichnen, durch das ausgedrückt wird, daß ein Schüler so lange bei einem Lehrer bleiben soll, bis er die Essenz der Lehre (→*Oshi*) verstanden hat und dieser ihm seine Erleuchtung (→*Satori*) durch →*Inkashômei* bestätigt.

Jeder Lehrer hat verschiedene Methoden zu lehren, und da es weder im *Zen* noch auf einem anderen Schulungsweg des →*Dô* um objektives Wissen oder Können geht (→*Isshin-denshin*), das auf logisch begrifflicher Ebene angeeignet werden kann (→Transzendenz), ist es für einen Schüler nicht möglich, die eigentliche Essenz zu verstehen, wenn er anhaltend nur das ihm wichtig Erscheinende aus den verschiedenen Systemen wählt. Ein solches Verhalten bei Schülern gilt als falsch, denn der Weg, den es zu verstehen gilt, liegt jenseits der sichtbaren Systeme. Mehrere Meister zu haben schadet aus diesem Grund der Entwicklung des Schülers. Dies ist nur jenen gestattet, die sich von den Fesseln aller Formen (→*Shu*) befreien konnten.

Isshi-ken (jap.): ausgestreckter Zeigefinger (→*Ippon-nukite*).

Isshin-ryû: okinawanische Karate-Stilrichtung, im Jahre 1954 von SHIMABUKURO TATSUO (1906–1975) gegründet. *Isshin-ryû* bedeutet wörtlich übersetzt: »Weg der vereinten Herzen«. Die Grundlage des Stils ist das *Sukunai Hayashi Shôrin-ryû* des Meisters →KYAN CHÔTOKU, jedoch auch zum großen Teil das *Gôjû-ryû* von Meister MIYAGI CHÔJUN (besonders die Kata *Sanchin*). Ein weiterer Lehrer war MOTOBU CHÔKI. *Kobudô* lernte Shimabukuro unter TAIRA SHINKEN und YABIKU MODEN. Shimabukuro selbst sagt: »*Shôrin-ryû* ist die Mutter des Systems, und *Gôjû-ryû* ist der Vater. Aus der Einheit der beiden entstand *Isshin-ryû*.«

Zuerst nannte Shimabukuro seinen Stil *Chanmigwa*, zu Ehren seines Lehrers Kyan Chôtoku, dessen Spitzname »Chan migwa« (der schmaläugige Kleine) war. Danach jedoch träumte er

Japanisches Zeichen für Isshin-ryû

von einer Wassergöttin, die auf einem Drachen ritt und ihn aufforderte, seine Ideen und seine Kenntnisse in einen entsprechenden Stil umzuwandeln. Von diesem Traum erzählte er seinem Onkel und ersten Lehrer KANESHI, der nach Shimabukuros Beschreibung die Wassergöttin von dem Maler NAKAMINE malen ließ. Nach langen Besprechungen wurde dann dieses Bildnis, in dem die Wassergöttin halb als Frau und halb als Drache dargestellt war, zum Emblem des *Isshin-ryû* gewählt. Der Drache symbolisiert den Geist Shimabukuros, dessen Vorname Tatsuo soviel wie »Drachenmann« bedeutet.

Das *Isshin-ryû* besteht aus mehreren Kata verschiedener Richtungen. Aus dem *Shôrin-ryû* stammen *Seisan*, *Naihanchi*, *Wanshu*, *Chintô*, *Sunsu* und *Kûshankû* und aus dem *Gôjû-ryû* die *Seienchin* und die *Sanchin*. Aus dem *Kobudô* stammen die *Tokumine no Kon*, *Urashi-bô*, *Shishi no Kon dai*, *Kûshankû-Sai*, *Chatanyara no Sai*, *Bô/Bô-kumite* und *Bô/Sai-kumite*. Die *Sunsu* ist eine *Kata*, die Shimabukuro selbst gegründet hat. Shimabukuro legte die Hauptmerkmale des Stils folgendermaßen fest:

1. Stärke des Geistes und des Körpers,
2. Erlernen der Selbstdisziplin,
3. Gewinnen von Selbstsicherheit,
4. Erlernen der Fähigkeiten in der Selbstverteidigung.

Itami (jap.): Schmerzen.

Itami-sabaki (jap.): die Fähigkeit, den Gegner von weiteren Angriffen abzubringen, indem starke, schmerzhafte Abwehrtechniken ausgeführt werden.

Itami-wake (jap.): Wettkampfbegriff: Sieg

durch selbstverschuldete Verletzung des Gegners.

Itatsu-ryû (jap.): traditionelle japanische Schule des →*Hojô-jutsu,* gegründet im 17. Jh.

ITCCA: *International Tai Chi Chuan Association*, gegründet 1972 von →Yang Shou-Zhang, weltweit verbreitete Organisation, die ausschließlich den »authentischen« *Yang*-Stil vertritt.

Itô Ittôsai Kagehisa (1560–1653): bedeutender Schwertmeister Japans, Gründer des →*Ittô-ryû*. Itô Ittôsai galt als unbesiegbarer Schwertfechter und wird sowohl wegen seiner ausgezeichneten Technik als auch wegen seiner tiefen Philosophie hoch geehrt.

Itô Ittôsai gründete die Theorie, daß alle Geschöpfe einen Ursprung haben und zu diesem Ursprung zurückkehren und daß eine Schwerttechnik sich zu unzähligen Verfahren erweitern läßt, jedoch ihren Ursprung allein im *Kiri otoshi* (→*Kenjutsu*) hat. Aufgrund dieser Erkenntnis nannte er sich *Ittôsai* (Ein-Schwert-Mann) und seinen Stil *Ittô-ryû* (Ein-Schwert-Stil). Der Stil war in der Tokugawa-Periode sehr verbreitet und besteht bis heute. Das moderne *Kendô* ist vom *Ittô-ryû* sehr stark beeinflußt.

Itô Katsuo (1898–1974): japanischer *Jûdô*-Meister, einer der Senior-Instruktoren des →*Kôdôkan*, Schüler von →Kanô Jigorô und →Mifune Kyuzo, Mitbegründer des *Kokusai Budoin* (s. Anhang).

Itô begann mit dem Studium des *Jûjutsu* bereits als Kind unter seinem Vater. 1920 wurde er Schüler am *Kôdôkan*, wo er 1958 den 9. Dan erhielt. 1969 wurde er der erste Hauptdirektor des *Kokusai Budoin*. Er ist Autor des Buches »This is Judo«. Seine bedeutendsten Schüler waren Donn Draeger, Walter Todd und Sato Shizuya.

Itô Magoi: s. →*Oku-Iai*.

Itoman Bunkichi (1867–1945): alias Kinjô Matsu oder – in der *Hogan*-Schreibweise – Kanakushiku Macha, okinawanischer Karate-Experte aus der Provinz Itoman. Er war der Sohn einer Okinawanerin und eines Europäers (vermutlich eines Holländers), ein *Ainiko* (Halbblut), wie die Okinawaner solche Menschen bezeichneten. Zu seiner Zeit gab es eine strikte Ablehnung jedes Menschen, der nicht 100% Okinawaner war, und so kam es, daß Bunkichi trotz seiner außergewöhnlichen Fähigkeiten als Kampfkunstexperte aus der Genealogie *(Keizu)* der Kampfkünste gestrichen wurde, obwohl er dort auf jeden Fall einen Platz verdiente.

Bunkichi war außergewöhnlich groß, und man sagt, daß er in der körperlichen Perfektion eine unglaubliche Meisterschaft erreicht hatte. Es gibt viele Geschichten über ihn, die von meisterlichen akrobatischen Fähigkeiten berichten, durch die er in seinen Kämpfen immer wieder auffiel.

Wahrscheinlich lernte er zuerst den *Tomari*-Stil unter Meister Matsumora Kosaku. Später studierte er in China unter Ryû Ryûko, zu dem er 1891 zusammen mit Higashionna Kanryô aufbrach. Er hielt sich 18 Jahre lang in Fukien auf und kehrte 1909 nach Okinawa zurück. Er unterrichtete keine Schüler.

Itosu no Kûshankû (jap.): okinawanische *Karate-Kata* (→*Kata*) mit Ursprung in der →*Kûshankû*. Als die alte →*Sakugawa no Kûshankû* über Meister Matsumura in die Itosu-Schule gelangte, wurde sie gravierend verändert. Meister Itosu unterzog sämtliche alten *Kata* einer genauen Analyse. Er war ein großer *Kata*-Experte und entwickelte diesbezüglich wie kein anderer Okinawaner eigene Initiativen.

Itosu änderte die *Sakugawa no Kûshankû* nach eigenen Vorstellungen um und benannte sie *Kûshankû-dai*, wodurch er ihren Ursprung in der alten Form sichtbar machen wollte. Er gründete jedoch noch eine zweite und eine dritte *Kûshankû*-Variante. Die zweite nannte er *Kûshankû-shô*, und diese Form verbreitete sich besonders stark über seinen Schüler Chôshin Chibana im *Kobayashi-ryû*. Die dritte *Kûshankû*-Variante ist die *Shihô-Kûshankû*, in der er Elemente beider Varianten vereinigte. Sie hat sich jedoch in keinem Stil wirklich durchgesetzt.

Itosu no Passai (jap.): okinawanische *Karate-Kata* (→*Kata*), Variante der →*Passai*. Als die *Matsumura no Passai* in die Itosu-Schule gelangte, erfuhr sie dieselbe Entwicklung wie die *Kûshankû*.

Meister Itosu veränderte sie nach seinen Vorstellungen und gründete noch eine zweite *Passai*-

Variante. Um sie voneinander zu unterscheiden, nannte er die erste *Passai-dai* und die andere *Passai-shô*. Die Itosu-Variante war der Ursprung für die →*Bassai*-Kata, die wir heute in den japanischen Stilen kennen. Sie verbreitete sich dort vor allem über FUNAKOSHI und MABUNI. In Okinawa wurde sie von den zahlreichen Schülern Itosus weitergelehrt und erfuhr erneute kleinere Veränderungen. Die der *Itosu no Passai* nächststehenden *Passai*-Varianten sind jene aus dem *Kobayashi-ryû*.

Itosukai (jap.): okinawanischer *Karate*-Stil, gegründet von mehreren Schülern YASUTSUNE →ITOSUS (s. auch →*Shôrin-ryû*) nach dessen Tod. *Itosukai* steht repräsentativ für *Shuri-te*. Aus dem *Itosukai* leiteten sich viele Stile ab. Der dem *Itosukai* nächststehende ist →*Kobayashi-ryû*.

Itosu-ryû (jap.): die alte Itosu-Schule wurde als Ableitung von →*Shitô-ryû* (s. auch →MABUNI KENWA) von →SAKAGAMI RYUSHÔ erneut aufgefrischt und in Japan als *Itosu-ryû* gelehrt.

Itosu Yasutsune (1830–1916): okinawanischer *Karate*-Experte (die »heilige Faust des Shuri-te«). Itosu Yasutsune (Ankô) wurde 1830 in Shuri no Tobaru als Sohn eines Samurai geboren. Der Junge wurde streng erzogen, und im Alter von 16 Jahren brachte sein Vater ihn zu »Bushi« →MATSUMURA SÔKON, einem der größten Kampfkunstexperten des →*Shuri-te* aus jener Zeit.

ITOSUS WURZELN

Matsumura war ein strenger Lehrer, nach shaolinischem Vorbild. Er lehrte einen körperbetonten Kampfstil, der aus einer Kombination von *Shaolin-quan*, SAKUGAWAS *Shuri-te* und dem japanischen Schwertstil →*Jigen-ryû* bestand, den er auf Kyûshu gelernt hatte. Itosu arbeitete hart und diszipliniert acht Jahre lang unter Matsumuras Anleitung. Außerdem lernte er noch bei →GUSUKUMA SHIMPAN aus Tomari (Shionja-Linie) und bei YASURI, einem direkten Schüler von IWAH. Im Laufe der Zeit entwickelte er sich zu einem unbesiegbaren Kämpfer und zu einem der größten Meister der Kampfkünste, die es auf Okinawa gab.

Als 1879 das Königtum auf Ryûkyû abgelöst wurde, verlor Itosu seinen Posten als Privatsekretär des Königs. Er war zu jenem Zeitpunkt 49

Itosu Yasutsune, die heilige Faust des Shuri-te

Jahre alt. Seine neue Arbeit als Beamter im Büro des Präfekten verschlechterte seine wirtschaftliche Situation so sehr, daß er 1885 seinen Abschied nahm und nur noch gelegentlich als Schreiber arbeitete. Zu diesem Zeitpunkt begann er im Garten seines Hauses öffentlich *Karate* zu unterrichten.

Als Itosu selbst zu unterrichten begann, vertrat er in der Hauptsache die Lehre Gusukumas, während sich der Matsumura-Stil über MATSUMURA NABE und SOKEN HOHAN zum →*Matsumura Seito* weiterentwickelte. Matsumuras Kampfstil vererbte sich außerdem noch über Meister →ANKÔ AZATO ins heutige *Shôtôkan-ryû*. Die Itosu-Schule hingegen beeinflußte das gesamte okinawanische *Shuri-te* und ist heute am deutlichsten im *Kobayashi-ryû* (→CHIBANA CHÔSHIN) ersichtlich. Besonders zeichnete sich die Itosu-Schule dadurch aus, daß viele der alten *Kata* durch sie überliefert wurden. Itosu veränderte auch viele traditionelle *Kata*, was zur Gründung von *Tekki-nidan, Tekki-sandan, Bassai-shô* und *Kanku-shô* führte.

DIE ITOSU-SCHULE

Die Itosu-Schule, die alle nachfolgenden okinawanischen Schulen des *Shuri-te* entscheidend beeinflußte, konzentrierte im 19. Jh. die meisten okinawanischen *Shôrin-Kata* in einem System, überarbeitete, systematisierte sie und sorgte gleichzeitig für ihre Verbreitung, was bis zu jener Zeit unüblich, ja sogar undenkbar war. Manche der alten okinawanischen *Kata* wären ohne den Beitrag dieses Meisters heute wahrscheinlich nicht bekannt. Meister Itosu selbst: »*Karate* ist eine Art zu leben, ein Weg, um absolute Sicherheit und Furchtlosigkeit zu erreichen. Ein Mensch, der die *Kata* übt, kann durch bestimmte Schwerpunktlegungen in ihnen seine individuellen Fähigkeiten bis zur äußersten Grenze verbessern.«

ITOSUS KATASYSTEM

Pinan shodan	Seisan
Pinan nidan	Chinto
Pinan sandan	Jutte
Pinan yondan	Jion
Pinan Godan	Kusanku dai
Naihanchi shodan	Kusanku sho
Naihanchi nidan	Kusanku shiho
Naihanchi sandan	Rohai shodan
Passai dai	Rohai nidan
Passai sho	Rohai sandan
Wanshu	Gojushiho
Chinte	

Im Jahre 1905 wurde Itosu *Karate*-Lehrer an der *Dai-ichi*-Hochschule und schrieb drei Jahre später einen denkwürdigen Brief an das Erziehungsministerium, in dem er empfahl, *Karate* als Erziehungs- und Verteidigungsmethode an allen Schulen Okinawas einzuführen und dieses Konzept auch auf das japanische Festland auszuweiten. Durch den enormen Zuspruch, den Itosus Vorschlag fand, trug er sich in die Annalen der okinawanischen *Karate*-Geschichte ein und erzwang die Öffnung der vielen geheimgehaltenen Stile gegenüber der Öffentlichkeit. Doch damit löste er auch eine Woge des Protests der Stilvorstände aus, die Itosus Konzept als Verrat an der Tradition bezeichneten. Daher mußte ein *Karate* geschaffen werden, das kämpferisch entschärft und gesundheitsfördernd war. Dieses Konzept unterrichtete FUNAKOSHI später in Japan und bewirkte damit die weltweite Verbreitung des *Karate* als Sport.

ITOSUS BRIEF AN DAS GESUNDHEITSMINISTERIUM

Karate stammt nicht vom Buddhismus oder Konfuzianismus ab. In den alten Tagen wurden zwei Stile des Karate, der Shôrin- und der Shôrei-Stil, von China eingeführt. Beide unterstützen gesunde Prinzipien, und es ist wichtig, daß sie bewahrt und nicht geändert werden. Daher werde ich hier erwähnen, was man über Karate wissen muß.

1. Karate strebt nicht nur danach, den Körper zu disziplinieren, sondern dient der Erhaltung der Gesundheit. Wenn es notwendig ist, für eine gerechte Sache zu kämpfen, sorgt Karate für die Tapferkeit und für die Stärke, durch die man sein eigenes Leben für diese Sache aufs Spiel setzen kann. Es ist nicht dazu gedacht, im Wettbewerb eingesetzt zu werden, sondern viel eher als ein Mittel, seine Hände und Füße in einer ernsthaften Begegnung mit einem Raufbold oder Schurken zu gebrauchen.

2. Der Zweck des Karatetrainings ist es, die Muskeln zu stärken und den Körper stark wie Eisen und Stein zu machen, so daß man die Hände und Füße wie einen Speer einsetzen kann. Auch kultiviert das Karate-Training Tapferkeit und Wertgefühl in den Kindern und bereitet sie auf diese Weise gut für den Militärdienst vor. Vergeßt nicht, was der Duke of Wellington nach seinem Sieg über Kaiser Napoleon sagte: »Der heutige Sieg wurde in erster Linie durch die Disziplin erzielt, die auf den Spielplätzen unserer Grundschulen erreicht wurde.«

3. Karate kann in einem kurzen Zeitraum nicht ausreichend gelernt werden. Auch ein träger Bulle, egal wie langsam er sich bewegt, wird schließlich 1000 Meilen zurücklegen. Dies gilt auch für einen, der sich entschließt, jeden Tag 2 oder 3 Stunden fleißig zu studieren. Nach 3 oder 4 Jahren der nicht nachlassenden Bemühung wird sein Körper eine große Umwandlung zeigen und ihm die wahre Essenz des Karate enthüllen.

4. Eines der wichtigsten Ziele des Karate ist das Training der Hände und Füße. Daher muß man immer das Makiwara gebrauchen, um sie vollständig zu entwickeln. Um dies effektiv zu tun, senkt man die Hüften, öffnet die Lungen, konzentriert die Energie, greift gut den Boden, um die Stellung zu verwurzeln, und senkt das Qi – allgemein als Lebensenergie oder als innere Kraft bezeichnet – in den »Tanden« (gerade unterhalb des Nabels). Entsprechend dieser Prozedur führt man mit jeder Hand jeden Tag ein- oder zweihundert Fauststöße aus.

5. Man muß in den Trainingshaltungen des Karate immer eine aufrechte Position bewahren.

Der Rücken muß gerade sein, die Lenden zeigen nach oben, die Schultern nach unten, während man eine geschmeidige Kraft in den Beinen behält. Man entspannt sich und bringt den oberen und unteren Teil des Körpers zusammen, wobei die Qi-Kraft im Tanden konzentriert wird.

6. Karate wurde durch mündliche Überlieferungen weitergegeben und enthält Techniken mit dazu passenden Bedeutungen. Man muß sich dazu entschließen, den Zusammenhang dieser Techniken zu erforschen, und dabei die Prinzipien des Torite (befreiende Hände) beachten, dann kann man die praktischen Anwendungen leichter verstehen.

7. Im Karate-Training muß man unterscheiden, ob die Techniken für die Selbstverteidigung oder für die Kultivierung des Geistes gedacht sind.

8. Realität ist ein wichtiges Ziel im Karate-Training. Sich vorzustellen, daß man wirklich während des Trainings auf dem Schlachtfeld ist, trägt viel zur Steigerung des Fortschritts bei. Daher sollten die Augen Entschlossenheit zeigen, während gleichzeitig die Schultern gesenkt werden und der Körper entspannt ist, wenn man abwehrt oder einen Schlag ausführt. Ein Training in diesem Geist ist die Vorbereitung für den echten Kampf.

9. Überanstrenge dich nicht im Training, bis das Gesicht und die Augen rot werden, da du ansonsten deine Energie verlierst. Das Maß an Training muß im Verhältnis zur körperlichen Stärke und Kondition stehen. Exzessive Übung ist schädlich und schwächt den Körper.

10. Karate-Übende genießen durch die Vorzüge des gesundheitsfördernden Trainings ein langes und gesundes Leben. Die Übung stärkt Muskeln und Knochen, verbessert die Verdauungsorgane und reguliert die Blutzirkulation. Wenn das Studium des Karate daher in den Lehrplan unserer Grundschule aufgenommen und ausreichend geübt würde, könnten wir gesunde Männer mit unermeßlichen Verteidigungsfähigkeiten erziehen. Es ist meine Überzeugung, daß die Absolventen des Shihan-Chugakko (Lehrerkollegiums) den Kindern an den Grundschulen auf diese Weise Karate vermitteln können. Innerhalb von 10 Jahren wird Karate in ganz Okinawa und auf dem japanischen Festland verbreitet sein und auch unserer militärischen Gesellschaft dienen. Ich hoffe, Sie werden mein Schreiben aufmerksam lesen und über meine Worte nachdenken.

Itosu Ankô, Oktober 1908

Itosus Nachlass

In späteren Jahren waren Yabu Kentsu und Hanashiro Chomo die Übungsleiter an der Itosu-Schule und führten den gesamten Unterricht. Der 80jährige Itosu verbesserte nur noch gelegentlich die Schüler.

Ankô Itosu starb im Jahre 1916. Er war einer der wenigen *Meijin* in der Geschichte der okinawanischen Kampfkünste – ein Meister, der seine Kunst weit über den Grenzen des Körperlichen gemeistert hatte. Unter *Sensei* Itosus zahlreichen Schülern waren: Yabu Kentsu, Yabiku Moden, Mabuni Kenwa, Gusukuma Shiroma, Chibana Chôshin, Tokuda Ambun, Oshiro Chôki, Motobu Chôki, Shimpan Masashige, Yamagawa Choto und Funakoshi Gichin, der bis zum Jahre 1938 in Japan ausschließlich den Itosu-Stil unterrichtete. Erst ab 1938 begann sich das heute bekannte *Shôtôkan-ryû* zu entwickeln, das der Initiative von → Funakoshi Yoshitaka entstammt und über Azato Ankô in die Matsumura-Schule zurückführt.

Nachbetrachtungen zu Itosus Shuri-te

Obwohl Itosu heute als einer der größten okinawanischen Meister des *Karate* gilt, war er zu seiner Zeit auf Okinawa keineswegs unumstritten. Er brach mit dem alten Tabu der Geheimhaltung der *Kata* und gründete ein für die Öffentlichkeit entschärftes *Karate* mit gesundheitlichen Aspekten. Die meisten Stilvorstände sahen darin eine Verletzung der Tradition und blickten auf Itosus »wirkungsloses« *Karate* herab. Seine vielen Neugründungen der *Kata*, die kämpferisch entschärft, aber gesundheitlich verbessert waren, machten jedoch die Verbreitung des *Karate* erst möglich. Doch sie führten auch zu der heutigen Situation, in der die Übersetzung der *Kata* in den Kampf nur noch mit äußersten Anstrengungen möglich ist.

Die Situation der damaligen Zeit erforderte dringlich eine Veränderung des *Karate*, da die klassischen Stile sich nicht dazu eigneten, in öffentlichen Schulen unterrichtet zu werden. Diese Aufgabe übernahm Itosu, und mit derselben Idee versuchte Funakoshi später *Karate* in Japan zu verbreiten. Die Entwicklung zu einem gesundheitsfördernden *Karate* vollzog sich jedoch nicht in einem Zug. So unterrichtete Itosu z. B. am Anfang die erste *Pinan-Kata* mit offenen Händen. Hanashiro, sein Übungsleiter, fand später, daß die Ausführung dieser *Kata* mit offenen Händen zu gefährlich für die Schulkinder sei, und begann die Fäuste zu schließen. Die erste Bewegung in der *Naihanchi-shodan* wird heute als Abwehr interpretiert. Früher war sie ein Angriff mit den Fingerspitzen zu den Augen des Gegners. Itosu war gegen diesen kämpferischen Aspekt und veränderte ihn. Alle *Kata* aus der späteren Lehre Itosus haben solche Veränderungen erfahren. Hierzu ein Zitat von MABUNI KENWA:

»Ich habe von einem Angestellten meines Hauses, Matayoshi Morihiro, als Basis des Karate die Kata Naihanchi gelernt. Diese Kata war aber ganz anders als die, die ich später von Meister Itosu gelernt habe. Eines Tages habe ich meinem Meister diese Kata gezeigt. Er hat mir gesagt, daß dies die ursprüngliche Naihanchi sei, die von einem Chinesen aus einem Dorf bei Tomari stammt. Die Kata, die er uns unterrichtet, sei das Ergebnis von Veränderungen, die er im Laufe seiner Forschungen in der Kata vorgenommen hat.«

Itosu hat durch seine Reformen einen beträchtlichen Teil der kämpferischen Aspekte aus dem Karate herausgenommen. In diesem Zusammenhang sind auch die folgenden kritischen Worte von →KOJÔ KAHO zu verstehen:

»Das Karate von Matsumura Sokon ist authentisch. Doch das Karate von Itosu besteht aus vielen Irrtümern. Als Okinawa eine Präfektur Japans wurde, entstand ein Pseudo-Karate, das das echte Karate verdrängt hat. Besonders die Adepten aus Shuri begannen ein fehlerhaftes Karate zu verbreiten.«

Dagegen hält GIMA MAKOTO:

»Man muß zu Itosus Karate einen anderen Standpunkt einnehmen. Er war es, der die 5 Pinan-Kata entwickelt und die Naihanchi in drei Teile zerlegt hat, um sie für die Körpererziehung wertvoller zu machen. In den Augen von Meister Kojô hat Itosu damit die Tradition verletzt und betreibt ein Karate voller Fehler. Das ist sicherlich wahr, doch darf man Schulkindern das extrem kämpferische klassische Karate beibringen? Ich sehe Meister Itosu als einen Gründer, der die Zeichen der Zeit verstanden hat und sein Karate einer neuen Epoche anzupassen versucht. Ich habe damit kein Problem, die Itosu-Schule als eine wertvolle Neuerung im Karate anzuerkennen, auch wenn sie die alte kämpferische Tradition verletzt. Das Itosu-ryû ist eine neue Richtung im Karate, durch das diese Kampfkunst der Öffentlichkeit zugänglich gemacht werden kann.«

Die Einschätzung der Bedeutung von Itosu war daher sehr verschieden. Für die einen war er ein Erneuerer, für die anderen ein Verräter am eigentlichen Karate.

DIE UMSETZUNG VON ITOSUS NEUERUNGEN

Die Neuerungen Itosus wurden vor allem durch seine Übungsleiter →YABU KENTSU und →HANASHIRO CHÔMO umgesetzt. Sie unterrichteten an den Volksschulen und setzten sich mit der neuen *Karate*-Idee auseinander. Doch beide (besonders Yabu) plädierten für den Erhalt der klassischen Richtung, da auch sie darin das eigentliche Karate sahen. Sie waren für eine Trennung des Karate: Echte Schüler sollten klassisch unterrichtet werden, während die Öffentlichkeit nur diese veränderte Version erfahren durfte. Daher kommt die oben erwähnte Unterscheidung des *Karate* in »Weg des Karate als Waffe« und »Weg des Karate als Kunst«. MIYAGI TOKUMASA sagt dazu:

»In seiner Kindheit hatte Yabu Unterricht bei Matsumura Sokon, der in der Nähe seines Elternhauses wohnte. Unter seiner Leitung kam er zur Meisterschaft der Kata Gojushiho, die seine Lieblings-Kata war.«

GIMA, der 1912 in die Grundschule Okinawas kam, erlebte das Itosu-Karate hautnah und schreibt:

»Mein Lehrer im Karate an der Grundschule war Meister Yabu, den wir alle respektvoll Sergeant Yabu nannten. Er lehrte uns damals Karate auf der Basis einer einzigen Kata, der Naihanchi. Ich habe sie fünf Jahre lang geübt. Meister Itosu war bereits über 80 Jahre alt, doch er kam immer, um Yabus Unterricht zu beobachten. Meister Yabu wiederholte immer wieder, daß die Essenz des Karate in der Naihanchi enthalten sei. Er unterrichtete uns nie die Pinan-Kata, und wir hatten den Eindruck, daß er die Qualität dieser Kata nicht sehr schätzte. 1922 bat mich Meister Funakoshi, ihm bei seiner Vorführung am Kodôkan vor Meister Kanô als Partner zu helfen. Daß ich damals mit viel Selbstvertrauen die Naihanchi vorführen konnte, verdanke ich Yabus strengem Unterricht. Ich bin nun fast 90 Jahre alt, aber ich habe niemals jemanden getroffen, der eine so gute Naihanchi vorführen konnte wie Meister Yabu. Yabu sagte damals, daß man die Naihanchi 10 000mal im Jahr wiederholen muß. Das erfordert 30 Kata pro Tag. Für die Ausführung der

Yabu-Naihanchi (klassische Version) benötigt man 3 Minuten. Diese Kata enthielt die drei Naihanchi-Versionen von Itosu, doch sie unterscheidet sich sehr, so daß man sie nicht miteinander vergleichen kann.«

Yabu hatte *Karate* direkt bei Matsumura gelernt, ehe er Schüler von Itosu wurde. Er hatte im Hinblick auf *Karate* eine andere Sichtweise als Itosu. Die *Naihanchi*, die er unterrichtete, war nicht die Itosu-*Naihanchi*. Sowohl Yabu als auch Hanashiro hatten große Vorbehalte im Hinblick auf Itosus Reformen, weil diese zahlreiche technische Passagen durch Gesundheitsgymnastik ersetzten. Diese Veränderungen erschweren es heute, den kämpferischen Sinn der Kata zu verstehen und ihre Logik zu entschlüsseln. Viele versuchen heute die alte Form der *Naihanchi* zu rekonstruieren, doch sie ist mit den alten Meistern gestorben.

Als Yabu Lehrer für Körpererziehung an den Schulen und Ausbilder beim Militär geworden war, reformierte er das Karatetraining nach militärischem Modell. Ein großer Teil des heutigen Trainingsaufbaus ist das Werk von Yabu. Dazu gehört z. B. die Art, sich in Reihen aufzustellen, zu grüßen, die Kommandos zu geben, an bestimm-

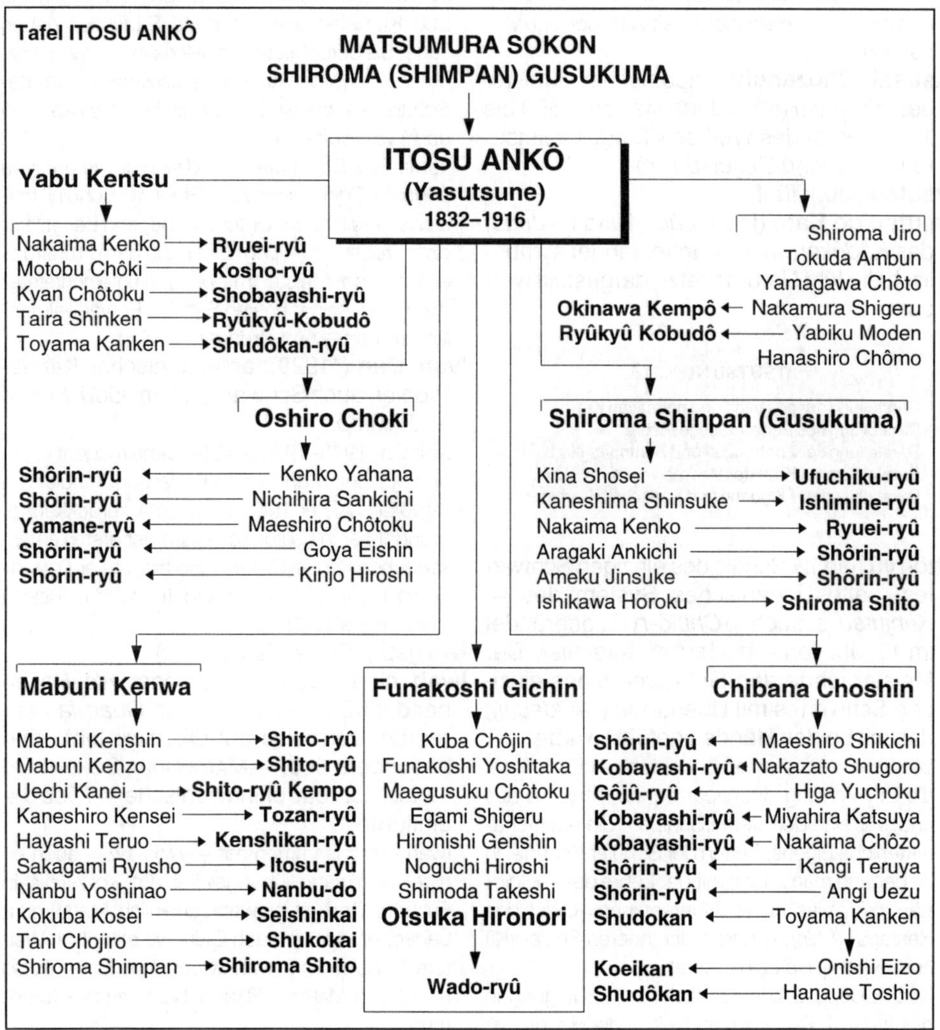

ten Stellen der Übung *Kiai* auszuführen, sich mit regelmäßigen Schritten fortzubewegen, sich mit einer formalisierten Geste umzudrehen usw. Yabus Methode wurde von vielen übernommen und ist heute im Karateunterricht üblich.

ITS: *International Taoist Society*, *Tai-ji-quan*-Organisation, gegründet 1930 von →LEE CHAN-KAM.

Hauptanliegen der Vereinigung ist die Verbreitung der daoistischen Künste und die Ausbildung qualifizierter Lehrer. Nach Lees Tod übernahm 1954 →CHEE SOO den Vorsitz. Die Organisation ist mit der *Chinese Culture Arts* (CCA) und mit der *International Wushu Association* verbunden.

Itsusai Chôzanshi: japanischer Meister des *Kenjutsu* (NIWA JURÔZAEMON, 1659 bis 1741), Autor des Werkes »Tengû Geijutsu-ron« (→*Tengû Geijutsu-ron*).

Itsutsu (jap.): fünf.

Itsutsu no Kata (jap.): *Jûdô*-Kata (→*Jûdô*) des *Kôdôkan*, in der nacheinander symbolisch die fünf Naturgesetze dargestellt werden:

ITSUTSU NO KATA

Darstellung der positiven und negativen Kraft
Darstellung des Beharrungsgesetzes
Darstellung der Zentrifugal- und Zentripetalkraft
Darstellung der Kraft der Meereswellen
Darstellung der Flugbahn und Kraft eines Kometen

Ittô-ryû (jap.): »Schule des einzigen Schwertes«, altes japanisches System des →*Kenjutsu* (s. auch →*Chujô-ryû*), gegründet im 17. Jh. von →ITÔ ITTÔSAI KAGEHISA. Der Meister lehrte den Gebrauch eines einzigen Schwertes mit Überlänge (→*Odachi*), das mit beiden Händen geführt wurde.

Die Schule übte einen bedeutenden Einfluß auf die Entwicklung des japanischen *Kenjutsu* aus und war eine der ersten Schulen, die auch charakterliche Eigenschaften der Schüler förderte. In ihr begann man zuerst mit der Lehre des →*Shin-Ki-Ryôkû*, was in der Übersetzung »Geist des Herzens« *(Shin)*, »Energie der inneren Seele« *(Ki)* und »Kraft« *(Ryôkû)* bedeutet.

Nachfolgend gab es zahlreiche Abzweigungen des *Ittô-ryû*. Doch alle enthielten die Hauptstrategie des Ursprungsstils, daß ein Konter einen Augenblick vor dem Angriff des Gegners ausgeführt werden muß. Bedeutende Abzweigungen waren →*Ona-ha Ittô-ryû* und →*Nakanishi-ha Ittô-ryû*.

Ittô Shoden Mutô-ryû (jap.): traditionelle japanische Schule des *Kenjutsu* und *Kendô*, gegründet von YAMAOKA TESSHU (1837 bis 1888).

In seiner Schule *Shunpukan* (Tempel des Frühlingswindes) veranstaltete Yamaoka eine Reihe besonders harter Prüfungen *(Tachigiri-geiko)* in drei Stufen. Die erste Stufe bestand aus 200 aufeinanderfolgenden Kämpfen an einem Tag. Die zweite Stufe erstreckte sich über drei Tage mit je 200 Kämpfen und die dritte Stufe auf sieben Tage. Sie berechtigte zum *Menkyo-kaiden*. Ähnliche Tests wurden auch in verschiedenen *Karate*-Schulen veranstaltet, wie z. B. im *Kenpôkan-ryû* und *Kyokushin-ryû*.

Yamaokas *Dôjô* unterschied sich gravierend von anderen *Dôjô* seiner Zeit. Etwa 40 Schüler trainierten täglich, der Unterricht begann bereits vor dem Frühstück (4 Uhr). Erst nach dem Frühstück erschien der Meister im *Dôjô* und unterrichtete jeweils einen seiner inneren Schüler. Er war bekannt für sein hartes und strenges Training.

Ivan, Dan (*1929): amerikanischer *Karate*-Pionier, auch Schwarzgurt im *Jûdô, Kendô* und *Aikidô*.

Ivan war 1948–1956 als CIA-Geheimagent in Japan stationiert und währenddessen Schüler am *Kôdôkan*. Als er 1956 in die USA zurückkehrte, gründete er in Kalifornien einen der ersten amerikanischen *Karate*-Clubs. 1965 brachte er DEMURA FUMIO in die USA und gründete mit ihm zusammen mehr als 20 *Dôjô*.

Iwa (jap.): Felsen (auch *Gan*).

Iwah: chinesisch *Hi Houa* oder *Wei Bo*, einer der frühen chinesischen *Quan-fa*-Lehrer, der zeitweise auf Okinawa lebte und besonders über →MATSUMURA SÔKON und →KOJÔ ISEI das okinawanische →*Tôde* beeinflußte.

Iwah war zusammen mit →WAICHINZAN auch einige Jahre lang Übungsleiter am *Kojô-Dôjô* in Fuzhou. Dort ist er wahrscheinlich Matsumura begegnet, der ihn nach Okinawa mitnahm. Weitere Schüler von Iwah waren KOGUSUKU (KOJÔ KAHO) und MAEZATO RANHO, beide aus →Kumemura.

Iwao no Mi (jap.): »unbewegt wie ein Fels«. Leitsatz aus den japanischen Kampfkünsten, der gleichbedeutend mit →*Heijô-shin kore michi* ist und als zentrales Prinzip →*Fudô-shin* lehrt. *Iwao no Mi* bedeutet, in jeder Situation, gleich wie sehr sie den Geist bewegt oder die Gefühle strapaziert, selbstbeherrscht, kontrolliert und nach außen hin ruhig und gelassen zu sein. Es ist der unbewegte Zustand des Geistes, der sich von keinerlei äußeren Faktoren beeinflussen läßt.

Iwao no Mi zu üben ist in den Kampfkünsten unerläßlich. Es gibt dafür unzählige Übungsmöglichkeiten. Eine der einfachsten ist es, sich im Alltag in jeder Situation selbst zu betrachten und festzustellen, unter welchen Umständen man die Fassung verliert. Eine weitere Übungsmöglichkeit ist, sich Streßsituationen (z. B. Trainingslager, Vorführungen usw.) auszusetzen. Die Übung des *Iwao no Mi* beginnt immer mit dem Angewöhnen von Selbstkontrolle und Selbstdisziplin. Es gibt auch gesteigerte Übungsformen für *Iwao no Mi*. Zur Zeit der Samurai wurden diese bis zu einem Spiel mit dem Leben ausgedehnt.

Iwata Manzo: Japanischer *Karate*-Lehrer des →*Shitô-ryû*, Schüler von →MABUNI KENWA, Hauptlehrer der *Shitôkai Karate Association*.

Izumigawa Kanki: japanischer Großmeister des →*Gôjû-ryû*, direkter Schüler von →HIGA SEIKO und TOYAMA KANKEN.

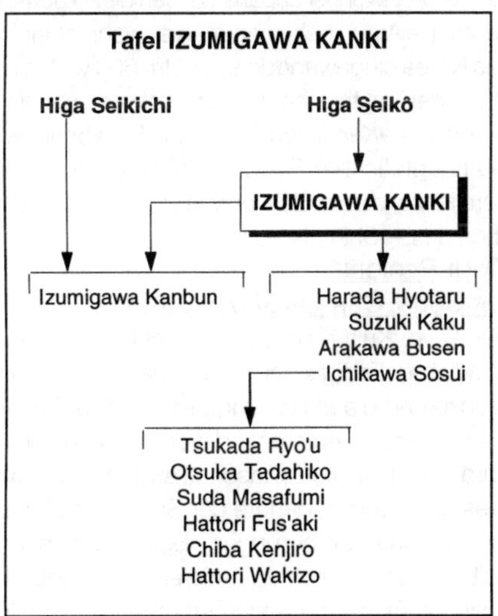

Izumigawa unterrichtete in Kawasaki die okinawanische Variante des *Gôjû-ryû*. Sein bedeutendster Schüler war →ICHIKAWA SOSUI, der für die Verbreitung des okinawanischen *Gôjû-ryû* in Japan (im Unterschied zu YAMAGUCHI GÔGENS *Karate-shintô*, das im *Zen Nippon Karate-dô Renmei Gôjû-kai* unterrichtet wird) hauptsächlich sorgte. Izumigawa starb 1968.

Izumo-no-Kanja: s. →*Shinden Fudô-ryû*.

> *Lernen, ohne zu denken,*
> *ist verlorene Mühe.*
> *Denken, ohne etwas*
> *gelernt zu haben,*
> *ist gefährlich.*
>
> *Konfuzius*

J

Jae Chul Shin (*1936): koreanischer Großmeister des →*Tang-Soo-Do*, Schüler von →HWANG KEE, Begründer der *World Tang Soo Do Association*.

Jae Chul Shin begann mit dem Training der koreanischen Kampfkünste im Alter von 12 Jahren. Später wurde er Schüler und Assistent von Hwang Kee am *Moo-Duk-Kwan*-Zentralgymnasium in Seoul. Nach Abschluß seiner Ausbildung unterrichtete er an verschiedenen Lehranstalten, bei der Polizei und beim Militär.

1958 wurde er zur koreanischen Luftwaffe eingezogen, wo er unter anderen auch amerikanische Soldaten unterrichtete. 1969 zog er in die USA und gründete seine erste Schule in Burlington, New Jersey. Gleichzeitig entstand unter seiner Leitung die *US Tang Soo Do Association*. Am 13. November 1982 reformierte er diese zur *World Tang Soo Do Association*, die in der ganzen Welt verbreitet ist.

Jainismus (skrt.): indische Religion, die die Autorität der →*Veden* (s. auch →*Upanischaden*) ablehnt.

Der Jainismus ist kein Götterglaube. Er hat, ähnlich dem *Zen*, Meister, die die Befreiung der Seele durch den rechten Glauben, die rechte Erkenntnis und das rechte Verhalten lehren. Ganz besonders kehrt er das Nichtverletzen lebender Wesen (→ *Ahimsha*) in den Vordergrund.

Jaku (jap.): schwach (auch *Yowai*), Gegenteil: *Gô* (stark). *Jakutai* – Schwäche, *Yowaru* – schwächer werden, *Kyôjaku* – Stärke und Schwäche [aus *Kyô* = stark, *Jaku* = schwach], *Jakuten* – schwacher Punkt.

Jakaa no Sai (jap.): okinawanische →*Sai*-Kata.

Japan: der ostasiatischen Küste vorgelagertes Insel-Kaiserreich.

ALLGEMEIN

Japan umfaßt 369 883 km² und hat 125 Millionen Einwohner. Das Inselreich erstreckt sich von Nordost bis Südwest über 2400 Kilometer. Den größten Teil des Staatsgebietes stellen die vier Hauptinseln Hokkaido, Honshu (Hondo), Shikoku und Kyûshu, auf denen 95 Prozent der Bevölkerung leben. Mehrere Vulkanketten ziehen sich über ganz Japan (etwa 60 der insgesamt 250 Vulkane sind noch tätig) und bewirken zahlreiche Erdbeben, die eine ständige Bedrohung für die Menschen darstellen. Rund 80 Prozent der Landfläche nehmen die Gebirge ein (höchster Berg Fuji-san, 3767 m). Es gibt sieben große Ebenen mit einer Gesamtfläche von 22 650 km², die heute landwirtschaftlich genutzt werden.

Karte Japan

VORZEIT

Als die Ureinwohner Japans werden die → Jemon-Leute (→Ainu) bezeichnet, die wahrscheinlich aus Korea eingewandert sind. Um 660 v. Chr. bestieg der mythische Kaiser →JIMMU (s. auch →*Tennô*, →*Kami*) den Thron. Die Einwohner waren hauptsächlich Fischer, Sammler und Jäger. Bereits zu dieser Zeit entstanden erste Anzeichen des →Shintôismus.

YAYOI-PERIODE (CA. 300 V. CHR. BIS 300 N. CHR.)

Die Yayoi-Kultur brachte verschiedene handwerkliche Fertigkeiten, die Benutzung von Bronze und die Einführung des Naßfeld-Reisanbaues hervor. Ausgehend von Yamato (heute Nara), einer Beckenlandschaft südlich des Biwasees auf Honshû, dehnte der Staat sein Einflußgebiet durch Eroberungen, Besiedlungen und Kultivierungen rasch aus. Koreanische und chinesische Einwanderungen erhöhten den Einfluß fremder Kulturen und brachten um 200 v. Chr. den →Konfuzianismus, die Weberei und den koreanischen Baustil nach Japan.

Yamato und Asuka-Periode (300–645)

Im Jahre 523 wurde der →Buddhismus nach Japan gebracht. Die Staatsverwaltung wurde nach chinesischem Muster aufgebaut, der Buddhismus zur Staatsreligion erhoben. Gleichzeitig wurde in den »siebzehn Artikeln« (604 von dem Regenten Shôtoku-Taishi als erstes Gesetzbuch erlassen) die unauflösliche Einheit von Dynastie und Staat proklamiert, nach der die Nation, deren Verkörperung der →*Tennô* ist, der Dynastie im göttlichen Ursprung verwandt ist. Durch die *Taika*-Reform wurde das Land zu einem zentralistischen Beamtenstaat, und der *Tennô* wurde von diesem Zeitpunkt an der alleinige Besitzer des Bodens.

Nara-Periode (710–784)

Kaiserin Gemmei ordnete die Verlegung der residenz nach Heijôkyô (heute Nara) an. Der Buddhismus, die chinesischen Wissenschaften (→*Jia*) und die Dichtkunst erblühten. Der chinesisch-buddhistische Einfluß wurde jedoch während der Nara-Zeit zu einer Bedrohung des Herrscherhauses. Kammu *Tennô* verlegte daher die Residenz 784 zunächst nach Nagaoka und bereitete 793 die abermalige Verlegung nach Heiankyô (Kyôto) vor.

Heian-Periode (794–1185)

Als Heian, das heutige Kyôto, gegen Ende des 8. Jhs. zur Hauptstadt Japans erkoren wurde, gewannen die Hofadeligen (→*Kuge*) zunehmend an Macht zu ungunsten des Herrscherhauses. Die mit steuerfreiem Landbesitz beliehenen Familien sollten dafür zwar den Kaiser vor der buddhistischen chinesischen Macht beschützen, doch der mächtige →Fujiwara-Clan erwarb gegen Ende des 9. Jhs. sogar die Vormundschaft über den Tennô. Dadurch war Japan nur noch der Form nach eine Monarchie. Zur selben Zeit bildete sich die japanische Silbenschrift (→*Kana*) aus, und es entstanden mehrere Aufzeichnungen großer Epen *(Genji Monogatari, Makura-no-Sothi)*. Buddhismus und Shintôsmus begannen sich gegenseitig zu beeinflussen.

997 wurden neue Gebiete erobert und die →*Ainu* (Ureinwohner) nach Norden abgedrängt →*Kondei*). Doch durch die ständigen Fehden der rivalisierenden Adelshäuser erstarkten letztlich die Kriegerfamilien →*Buke* (→*Daimyô* und →*Samurai*) und beherrschten mit Ausnahme des Stadtbereiches von Heian das gesamte Kaiserreich. Unter ihnen etablierten sich mächtige Clans, die um die Vorherrschaft kämpften. Zuerst machten die →Taira den Fujiwara die Macht streitig, doch danach siegte die Kriegerfamilie der →Minamoto (→*Gempei*-Krieg).

Kamakura-Periode (1185–1333)

Im Jahre 1192 begann mit Yoritomo Minamoto die Regierungszeit der →*Shôgune*. Der Minamoto-Clan verlegte den Regierungssitz nach Kamakura (bei Tôkyô). Die Militärregierung verschaffte dem Land Recht und Ordnung, Gesetze und Verwaltung. Dies war der Beginn der japanischen Feudalzeit. Der Militäradel *(Buke)* stellte das Militäroberhaupt *(Shôgun)*, dem alle Lehensträger (*Daimyô* und *Samurai*) unterstellt waren. Der Kaiser hatte nur noch symbolische Macht.

Im 13. Jh. folgten den Minamoto die Hôjô an die Macht, die in den Jahren 1274 und 1281 mongolische Eroberungsversuche (→*Kamikaze*) in Japan erfolgreich unterbanden. Gleichzeitig entstand ein aus China importierter volkstümlicher, leicht verständlicher Buddhismus (s. →*Amida*-Buddhismus, →*Jôdo*), und die Kriegsliteratur (→*Bunbu-ichi*) blühte auf (Hogen Monogatari, Heike Monogatari). Die Samurai-Klasse erstarkte zunehmend, das →*Bushidô* wurde ihr Ehrenkodex.

Muromachi-(Ashikaga-)Periode (1338–1573)

Die immer mächtiger werdenden *Daimyô* nutzten einen Streit im *Tennô*-Haus aus, um gegen den Kaiser, den *Shôgun* und den buddhistischen Klerus erneut feudale Privilegien zu erobern (Zeit der streitenden Mächte). Dies hatte tiefgreifende Umschichtungen in der Gesellschaft zur Folge, die von den an die Macht gekommenen →Ashikaga-Shôgunen durchgeführt wurden. Durch eine Revolte beendeten sie die Linie der Minamoto- und Hôjô-Shôgune und ergriffen selbst die Macht, doch ihre Regierungszeit war gekennzeichnet durch blutige Kriege (→*Onin*-Krieg). Gegen Ende der Ashikaga-Periode kam es zu ersten Berührungen mit Europa (1543), und es begann eine starke christliche Missionstätigkeit in Japan. Oda Nobunaga, ein aufstrebender *Daimyô*, gewann durch mehrere Kriege mit Nachbarprovinzen an Macht und entmachtete den letzten Ashikaga-Shôgun. In seinem Bestreben, ganz Japan zu beherrschen, führte er mehrere Kriege, wurde jedoch von seinem Vasallen MITSUHIDE verraten und getötet. An seine Stelle trat sein erster General →TOYOTOMI HIDEYOSHI.

MOMOYAMA-(AZUCHI-)PERIODE (1568–1615)

1590 einigte Toyotomi Hideyoshi das von langjährigen Unruhen befallene Reich. Die aufständischen Bauern wurden entwaffnet (Schwertjagden), die mächtigen Kaufmannsgilden entmachtet, die *Daimyô* durch eine Neuordnung des Grundbesitzes kontrolliert. Hideyoshi wurde zum absoluten Herrscher im Land. Die Ständegliederung der Bevölkerung in *Samurai (Shi)*, Bauern *(No)*, Handwerker *(Ko)* und Kaufleute *(Sho)* trat in Kraft. Die christliche Religion wurde verboten. Hideyoshi unternahm Feldzüge nach Korea, wurde jedoch im Jahre 1598 getötet.

TOKUGAWA-(EDO-)PERIODE (1600–1868)

Im Jahre 1600 besiegte →TOKUGAWA IEYASU den Nachfolger Hideyoshis (dessen Sohn HIDEORI) und den mächtigen Satsuma-Clan aus Kyûshu in der Schlacht von Sekigahara, erwarb den Titel des Shôgun (1603) und errichtete aufs neue einen feudalen Staat. Die *Daimyô* erhielten Lehen in unmittelbarer Verwaltung, ihre Loyalität wurde dadurch erzwungen, daß ihre Familien in der neuen Hauptstadt Edo (Tôkyô) festgehalten wurden (→Tokugawa-Periode). Der *Tennô* wurde sorgsam von allen möglichen Bündnispartnern isoliert. Alle Staats- und Kriegsdienste wurden den Samurai übertragen, die zusammen mit Künstlern, Priestern, Gelehrten und Ärzten den obersten Stand der Bevölkerung bildeten. Bis zum Beginn der Meiji-Periode (1868) sollte Japan unter der Herrschaft der Tokugawa bleiben.

Ieyasu starb 1616. 1622 bis 1623 begann die Zeit der größten Christenverfolgungen in Japan. Da der Außenhandel den Territorialfürsten *(Daimyô)* politischen Machtzuwachs gebracht hätte, wurde er durch die völlige Abriegelung Japans von der Außenwelt unterbunden. Alle Ausländer wurden des Landes verwiesen. Nur unter staatlicher Aufsicht wurde Handel mit Holland und China betrieben.

Nur wenige Häfen blieben offen. In der Genroku-Zeit (1688–1703) verbesserten sich die Land- und die Geldwirtschaft, die bürgerliche Kultur (realistische Bühnen- und Romankunst) lebte wieder auf, doch die Samurai verarmten (→*Rônin*), und das Feudalsystem begann trotz mehrmaliger Finanz- und Wirtschaftsreformen in Wirtschaftskrisen zu verfallen.

Im 18. Jh. vergrößerten Geldentwertung, Korruption und Hungersnöte die allgemeine soziale Unsicherheit. Allmähliches Eindringen der europäischen Wissenschaften, zunehmende Kritik am Feudalsystem und Protest gegen die Niederhaltung des Bauernstandes sowie die Forderung nach Geistesfreiheit erschütterten das Shôgunat bis in die Grundmauern. Die auch durch Reformen nicht gemeisterten Krisen wurden im 19. Jh. durch den Druck der europäischen Mächte auf Japan (Rußland bedrohte die Nordinseln, England zwang China im Opiumkrieg zur Öffnung des Landes, die USA betrieben in japanischen Gewässern Walfang) noch verstärkt.

1854 reichte ein einziges amerikanisches Geschwader (angeführt von Commodore Perry), um die japanischen Häfen zu öffnen und den Shôgun zu einem Handelsvertrag zunächst mit den USA und dann auch mit Holland, England, Frankreich und Rußland zu zwingen. Nach vorübergehendem, durch die Umstellung verursachtem wirtschaftlichem Chaos und mehreren Attentaten gab der Shôgun (TOKUGAWA KEKI) im Jahre 1867 seine politische Macht an den Kaiser ab. Damit war die Geschichte des alten Japan beendet.

MEIJI-PERIODE (1868–1912)

Unter der Meiji-Regierung (aufgeklärte Regierung) MUTSUHITOS *(Meiji-Tennô)* wurde durch Aufhebung feudaler Privilegien und der Territorialherrschaft der *Daimyô* der Sieg des Bürgertums besiegelt. Der Kaiser erhielt den Titel »*Dai Nippon Teikoku Tennô*« (»Kaiserlicher Himmelssohn von Großjapan«). Der Feudalstaat hatte die Feudalherren und die Samurai in den wirtschaftlichen Ruin geführt, jetzt gab ihnen die absolute Monarchie (ab 1871), die 1889 durch Verfassung zur konstitutionellen Monarchie wurde, die Möglichkeit, als Bürger die ideologischen Privilegien eines verarmten Ritters in die materiellen Vorrechte eines modernen Unternehmers zu verwandeln.

Das Lehnswesens wurde abgeschafft, das Reich in Provinzen und Regierungsbezirke mit zentralisiertem Beamtenapparat aufgegliedert. Die allgemeine Schulpflicht wurde 1871 eingeführt. Die Samurai-Vorrechte wurden 1872 abgeschafft, doch behielten die Samurai als Verwaltungsbeamte und Wirtschaftsführer eine zentrale Bedeutung.

1881 wurde die Liberale, 1882 die Reformpartei

gegründet. 1889 trat eine Verfassung nach preußischem Muster in Kraft, der Kaiser besaß unumschränkte vollziehende Gewalt, sein Kabinett stand ihm nur beratend zur Seite. Das von Kaiser Ito 1889 geschaffene Parlament vermochte sich jedoch nicht auf Dauer gegen die traditionellen Samurai-Clans durchzusetzen, die jetzt, gestützt auf die kapitalistischen Produktions- und Organisationsformen, innerhalb weniger Jahre nicht nur innenpolitisch die Macht übernahmen, sondern auch außenpolitisch den expansionistischen Weg der Kolonialmächte zu gehen begannen.
1894/95 begann die japanische Expansion (wegen der raschen Bevölkerungsvermehrung begann man nach Rohstoff- und Absatzmärkten und nach neuem Siedlungsland zu suchen). Japan erklärte China den Krieg und annektierte Taiwan und die Pescadores-Inseln. Weitere Forderungen konnte Japan aber nicht durchsetzen, da die westlichen Mächte widersprachen. 1900 half Japan seinem politischen Lehrmeister China, den Boxeraufstand niederzuschlagen. 1902 schloß Japan ein Bündnis mit England, um Rückendeckung für weitere Eroberungskriege zu haben, und erklärte 1904 Rußland den Krieg, der 1905 mit einem entscheidenden Sieg Japans endete. Daraufhin wurde Japan von den westlichen Mächten als Weltmacht anerkannt. 1910 wurde Korea annektiert, und mit den Russen teilte man sich die Mandschurei. Als der *Meiji-Tennô* im Jahre 1912 starb, gehörte Japan als erster asiatischer Staat zu den Großmächten.

TAISHO-PERIODE (1912–1926)

Im Jahre 1914 erklärte Japan Deutschland den Krieg und besetzte einen deutschen Pachtbesitz im Nordosten Chinas. Mit dreisten Forderungen, die den Anspruch Japans auf den gesamten asiatischen Kontinent darlegten, kam Japan den westlichen Mächten empfindlich in die Quere. Doch ein Großteil dieser Forderungen wurde erfüllt, unter anderem die Kolonialisierung Chinas. Für seine Teilnahme am Ersten Weltkrieg auf seiten der Entente erhielt Japan das Mandat über die deutschen Schutzgebiete in der Südsee (Carolinen, Marianen, Marshall-Inseln). Die Intervention gegen das bolschewistische Rußland (Besetzung Sibiriens) war jedoch nicht von bleibendem Erfolg. Auch die während des Krieges China abgezwungenen Vorteile ließen sich nicht behaupten, als sich England und die USA wieder dem Fernen Osten zuwenden konnten. Die Machtposition Japans wurde 1921/1922 auf der Washingtoner Konferenz empfindlich geschwächt (Politik der »offenen Tür« in China, Beschränkung der japanischen Seerüstung).
Der Verbündete Japan begann der Entente allmählich eine gefährliche Konkurrenz zu machen. Die japanische Wirtschaft hatte im Ersten Weltkrieg enorm profitiert, der Frieden brachte jedoch erneute Stagnation, Arbeitslosigkeit und soziale Unruhen. Die konkurrierenden Westmächte hatten Japans Expansionspolitik zwar vorübergehend Einhalt geboten, doch zugleich schien das japanische Wirtschaftswachstum gefährdet. So erstarkten unter Tennô HIROHITO die nationalistischen Kräfte, die in einer Serie rechtsradikaler Morde die Abschaffung des gerade erkämpften Parlaments vorbereiteten.
Das so isolierte Japan suchte Verständigung mit der Sowjetunion über die Mandschurei und Sachalin (1925). Doch die wirtschaftlichen Schwierigkeiten (Verlust von Absatzmärkten an die europäischen Industriestaaten mit qualitativ überlegenen Produkten) blieben. Dazu kam der wachsende Bevölkerungsdruck und viele soziale Unruhen (besonders nach der Erdbebenkatastrophe von 1923 mit 100 000 Toten).

SHOWA-PERIODE (1926 BIS HEUTE)

Nach jahrelangen Auseinandersetzungen wurde das allgemeinen Wahlrecht für Männer (1925) eingeführt. Jedoch begünstigten weitere diplomatische Rückschläge auf der Londoner Konferenz (1930) das Aufkommen eines antiparlamentarischen militanten Nationalismus, der, unterstützt von den Konzerngewaltigen, durch großangelegte imperialistische Unternehmungen der inneren Probleme Herr zu werden versuchte. 1931/1932 besetzte Japan erneut die Mandschurei und griff Shanghai an. Innenpolitisch entwickelte sich Japan zu einem Polizeistaat und außenpolitisch zu einer äußerst aggressiven Kolonialmacht. Da die Großmächte das »Kaiserreich Mandschukuo« (die von Japan besetzte Mandschurei) nicht anerkennen wollten, trat Japan 1933 aus dem Völkerbund aus und löste seine vertraglichen Verbindungen zu den USA und Großbritannien. 1936 besiegelte es seinen Pakt mit dem nationalsozialistischen Deutschland und 1937 mit dem faschistischen Italien.
Seit 1937 führte Japan Krieg gegen China und trat, nachdem es ein Neutralitätsabkommen mit

den USA abgeschlossen hatte, durch einen Überraschungsangriff auf die amerikanische Flotte in Pearl Harbor im Jahre 1941 in den Krieg ein.

ZWEITER WELTKRIEG

Nach glänzenden Erfolgen (Eroberung Hong Kongs, Singapurs, Burmas, der Philippinen, Niederländisch-Indiens u. a.) und Organisation der »Ostasiatischen Prosperitätsgemeinschaft« unter der Parole »Asien den Asiaten« erlag Japan nach erbitterten Kämpfen der Abnutzungsstrategie der USA. Nach dem Abwurf der ersten Atombomben (6. August auf Hiroshima, 9. August auf Nagasaki) kapitulierte es am 2. September 1945 bedingungslos (1,55 Mio. Gefallene, 300 000 Bombenopfer). Japan verlor alle seit 1895 gewonnenen Gebiete, sein Kriegsapparat und das Einparteiensystem wurden zerschlagen, und eine Reform des noch immer feudalistischen Agrarsystems zugunsten der rund 15 Mio. Pächter wurde eingeleitet. 1947 wurde die »Japanische Staatsverfassung« nach amerikanischer Anweisung eingeführt: Der Tennô (seit 1926 Hirohito) – früher als Gott verehrt – mußte in einer Rundfunkrede seiner Göttlichkeit entsagen (→*Shintô*). Seit 1949, nach Inflation und Lebensmittelnot, begann sich die Wirtschaft erneut zu stabilisieren. Mit der Lockerung der amerikanischen Militärverwaltung (unter General MacArthur) entstanden restaurative Tendenzen. Der Friedensvertrag von 1951 mit 48 Staaten – ohne Sowjetunion und kommunistisches China – gab Japan eine zum Teil noch eingeschränkte Souveränität zurück. Im gleichen Jahr entstand der amerikanisch-japanische Sicherheitsvertrag (1960 ratifiziert). 1952 erlangte Japan seine volle Souveränität wieder und errichtete bereits 1954 eine neue Wehrmacht. 1956 Erklärung des Friedenszustandes mit der UdSSR; im Dezember 1956 Mitgliedschaft in der UNO.

Jarai (jap.): Bogenschießen (→*Kyûdô*).

Jay, Wally (* 1917): amerikanischer *Jûdô-* und *Jûjutsu*-Lehrer, technischer Direktor und internationaler Vorstand des *Jûjutsu* im *Butokukai*.

Jeet-Kune-Do (chin.): »Weg der abfangenden Faust«, moderner *Kempô*-Stil, gegründet von Bruce →Lee.

Jeet-Kune-Do wurde aus dem →*Wing-chun* entwickelt. Bruce Lee hatte bei →YIP MAN *Wing-chun* gelernt, wollte aber seinen Stil nicht als *Kung-fu* definieren, sondern vielmehr alle Stilzwänge beseitigen. Daher ist *Jeet-Kune-Do* keine zusammengesetzte Kunst, sondern vielmehr eine intuitive Annäherung an vorgegebene Situationen durch Technik. Es kann daher je nach Situation dem Ringen, Boxen oder Karate ähneln. Gleiches gilt für die verwendeten Waffen. Nach Lee ist der Lehrer kein Geber, sondern ein Führer zur Wahrheit: »Deine Wahrheit ist nicht meine Wahrheit und umgekehrt.«

Ji[1] (chin.): »Vordrängen«, eine der dreizehn grundlegenden Bewegungsarten (→*Shi-san-shi*), die zu den Acht Handtechniken (→*Ba-men*) gehört. Sie ist eine der geraden Handbewegungen (→*Si-zheng*).

Ji ist mit dem Trigramm (→*Ba-gua*) *Kan* verbunden und wird mit dem Wasser gleichgesetzt. Ein Arm wird horizontal vor den Körper gehalten, die andere Hand drückt auf die Innenseite des Handgelenks, um Unterstützung zu geben. *Ji* ist eine Kontertechnik, die sofort nach einem Angriff eingesetzt wird. Der Gegner wird mit dem gesamten Unterarm gedrückt, so daß er nach hinten fliegt. Es soll keine Muskelkraft eingesetzt werden.

Ji[2] (jap.): Bezeichnung für *Samurai*.

Ji[3] (jap.): Schriftzeichen, Buchstabe.

Ji[4] (jap.): Tempel (auch *Tera*).

Japanischer Tempel auf einem Berg

Ji[5] (chin.): chinesische Hellebarde, Dreizack (→*Bing-qi*), auch *Jih, Jyi, Ki* oder *Tsi*. *Ji* schließt die chinesische Streitaxt (→*Fu*) und das langschaftige Breitschwert (→*Tai-dao*) mit ein.

Das chinesische Schriftzeichen für *Ji* stellt eine

gebogene Lanze oder eine Lanze mit drei Spitzen dar, was auf eine Hellebarde hindeutet. Die ursprünglichste Form ist das →*Ge* (s. auch *Gu-dai-bing*), Kreuzhellebarde oder auch Trident genannt. Die Hellebarde wird der Wandlungsphase Holz (→*Wu-xing*) und dem Symbol Tiger (→*Hu*) zugeordnet. *Ji* ist nur ein Überbegriff für eine Vielfalt an Formen. Die Hellebarde ist das Symbol der sogenannten »Tigergeneräle«, von denen der berühmteste, →GUAN YIN, der Erfinder der → *Guan-dao* war. Die *Guan-dao* wird oft auch *Da-dao* (großer Säbel) genannt. Sie wird zwar oft zu den Säbeln (→*Dao*) gerechnet, ist aber eine große und mächtige Hellebarde. *Ji* ist ein Überbegriff für viele voneinander abweichende Formen von Waffen. Unter diesem Begriff versteht man hauptsächlich Waffen mit langem Griff, die in China weit verbreitet und beliebt sind.

Zu *Ji* gehören verschiedene Schaufeln *(Chan)*, Sensen *(Cha)*, Mistgabeln *(Cha)*, Harken *(Pa)*, Äxte (*Fu* oder *Yue*), Keulen *(Chui)* und sehr ungewöhnliche Typen wie die »Hände der Gerechtigkeit« *(Bi-shou)*, die an den Spitzen Händen nachgebildet wurden. Diese seltsamen Waffen hatten einen mehr rituellen als militärischen Wert. Die ursprüngliche Ji ist extrem schwer, vor allem die Beile und Äxte, die mehrere Kilo wiegen. Sie erfordern vom Übenden sehr viel Kraft und Behendigkeit, deshalb sind nur begrenzt fliegende und wirbelnde Techniken möglich. Heute verwendet man häufig leichte Nachbildungen, die zwar nicht effektiv, aber leicht zu handhaben sind. Die wichtigsten Hellebarden und Beile sind:

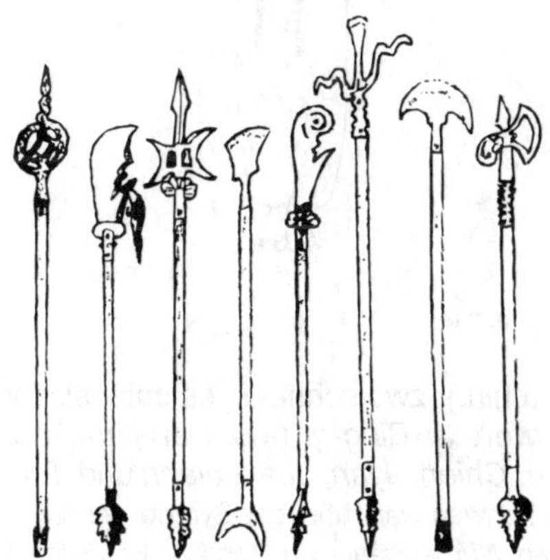

Formen der Hellebarde, von links nach rechts: Luo-han-chan-dao, Guan-dao, Zhuang-ji, Chan-dao, Xiang-tou-dao, Long-cha, Wai-jian-chan, Da-yue

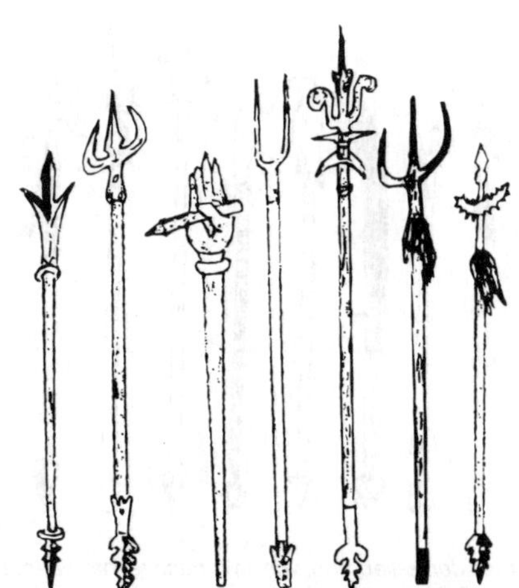

Formen der Hellebarde, von links nach rechts: Ba-jian-dao, Nei-jian-chan, Bi-shou, Zhuang-jian-cha, Pei-meou-cha, Tai-nan-cha, Lang-ya-qiang

CHINESISCHE HELLEBARDEN

1.	Ba-jian-dao	– Hellebarde mit acht Schneiden
2.	Bei-da-dao	– großer Säbel des Nordens
3.	Bi-shou	– Hand der Gerechtigkeit
4.	Chan-dao	– Schaufelhellebarde
5.	Chui	– Keule
6.	Da-yue	– großes Kriegsbeil
7.	Fu	– Axt
8.	Guan-dao	– Hellebarde von Guan Yin
9.	Guo-jian	– Kampfhaken
10.	Hu-cha	– Tigergabel
11.	Ji	– einfache Hellebarde
12.	Jiao-cha	– Ringkämpfer Säbelhellebarde
13.	Lao-ying-tou-dao	– Adlerkopfhellebarde
14.	Long-cha	– Drachengabel
15.	Luo-han-chan-dao	– Schaufelhellebarde der Arhate
16.	Nei-jian-chan	– nach innen gebogene Gabel
17.	Pei-meou-cha	– Gabel mit Hakenspitzen
18.	Qin	– Handbeil
19.	Tai-dao	– Hellebarde mit Säbelklinge
20.	Wai-jian-cah	– nach außen gebogene Gabel
21.	Wai-jian-chan	– Schaufel mit umgekehrter Klinge
22.	Wu-pa	– Kriegsharke
23.	Xiang-tou-dao	– Elefantenkopfhellebarde
24.	Xiao-chan	– kleine Gabel
25.	Yue	– großes Kriegsbeil
26.	Zhuang-ji	– Doppelhalbmond-hellebarde
27.	Zhuang-jian-cha	– Gabel mit Doppelklinge

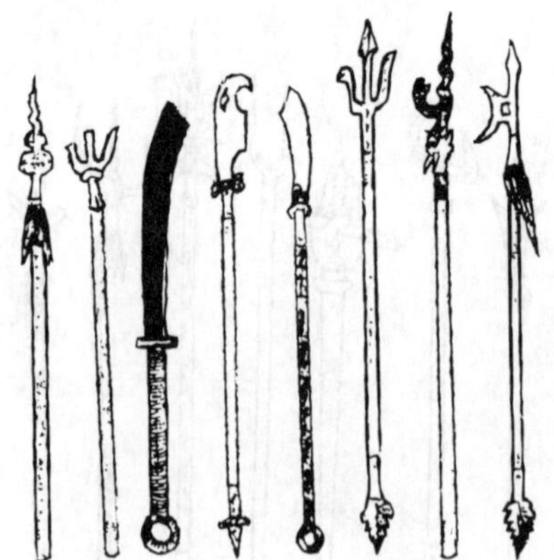

Formen der Hellebarde, von links nach rechts: Gu-duo-qiang, Xiao-chan, Bei-da-dao, Lao-ying-tou-dao, Jiao-cha, Wai-jian-cha, Mao-she-qiang, Ji

Jia (chin.): Schule, Haus (→*Wai-jia*, →*Nei-jia*). Der Begriff wird oft an philosophische Lehren oder an Namen von Meistern gehängt. Bedeutet immer »Schule des ...« bzw »Lehre des ...«. Unter dieser Bezeichnung kannte man auch die großen klassischen Schulen der Philosophie im alten China. Die vier wichtigsten klassischen Schulen waren folgende (Erläuterungen s. unter der jeweiligen Bezeichnung):

DIE VIER CHINESISCHEN KLASSIKER

Ru-jia	– die Schule des Konfuzius
Mo-jia	– die Schule des Mo-di
Fa-jia	– die Schule des Gesetzes
Dao-jia	– die Schule vom Dao

Jia ist auch die Bezeichnung für eine Schule des *Quan-fa*, die mit dem Namen eines Meisters (→*Guan*) verbunden war. *Wai-jia* (äußere, harte Schule) und *Nei-jia* (innere, weiche Schule) bezieht sich auf die Einteilung der chinesischen Kampfkünste. Die Entstehung und die genaue Unterscheidung dieser Schulen ist bis heute noch nicht geklärt. Die Shaolin-Tempeltradition steht repräsentativ für die äußeren Schulen *(Wai-jia)* und hängt eng mit der Entwicklung des *Zen*-Buddhismus in China zusammen (→Bodhidharma). Die weichen Systeme *(Nei-jia)*, die mehr die Atmung und die Entwicklung des *Qi* betonen, stammen aus der Philosophie des Daoismus (→*Dao-jia*, →*Qi-gong*). Nähere Erläuterungen über die Geschichte s. unter →*Quan-fa*.

Jiai no Kamae (jap.): Bereitschaftsstellung im *Karate*, mit der die Kata der *Ji*-Gruppe *(Jion, Jitte, Ji'in)* beginnen und enden. Ihre Geschichte führt zu den Anfängen des →Mahâyâna-Buddhismus bis in den Tempel *Jion (Shôrinji, Shaolin)* zurück. Man vermutet, daß die Bereitschaftsstellung eine Form des Grußes war, den die Mönche verwendeten. Aus diesem Grund verbindet man auch die Kata *Jion* mit den Anfängen der Kampfkunst im Shaolin.

Die Bereitschaftsstellung symbolisiert das Prinzip des →*Yin/Yang*, die Einheit aller Gegensätze. In ihr vereinigen sich symbolisch die Erde mit dem Himmel, Schwach und Stark, Hell und Dunkel. Dies in der Übung zu verstehen und im Alltag zu leben kommt dem Verständnis der *Jion*-Kata gleich. Körperliche Form und innere Haltung verbinden sich zur Einheit (→*Mudrâ*) und vervollkommnen den Menschen in seiner Übung. Dies ist im übertragenen Sinn die Bedeutung dieser Bereitschaftsstellung.

Jiai no kamae

Jian (chin.): zweischneidiges chinesisches Schwert (→*Bing-qi* und *Dan-jian*), auch *Kien, Chien, Jyan, Jean, Jiann* und *Tsien*. Das Schwert war früher das Symbol der chinesischen Würdenträger des Militärs. Es durfte nur von Adeligen getragen werden. Im Gegensatz dazu trugen die einfachen Soldaten den Säbel (→*Dao*). Schon in der Shang-Zeit (1766 bis 1122

v. Chr.) wurden Bronze- oder Kupferschwerter benutzt, ab der Zhou-Dynastie (1122 bis 221 v. Chr.) wurden sie aus Eisen geschmiedet. Seit der Ming-Dynastie (1368 bis 1645) unterscheidet man zwei Arten von Schwertern: zivile Schwerter *(Wen-jian)* und militärische Schwerter *(Wu-jian)*. Das zivile Schwert wird als feminin betrachtet, ist kürzer, und die Spitze *(Feng)* ist abgerundet. Das zweite hat männlichen Charakter, ist länger, größer und hat eine schrägere Spitze. Eine Form des zivilen Schwertes, das *Qi-xing-jian* (Sieben-Sterne-Schwert), ist an der Klinge mit sieben Punkten aus Kupfer besetzt, welche die Energie besser zirkulieren lassen sollen. Die Punkte hatten die Anordnung des Sternbildes des Großen Wagens und wurden mit einer in das Metall eingravierten Linie verbunden.

Die Kriegsschwerter waren viel schwerer und aus geschmiedetem Stahl. Während der Qing-Dynastie (1644–1911) wurden einige kleine Hofschwerter geschmiedet *(Xiao-gong-jian)*. Sie dienten der Belohnung für Würdenträger und wurden auch fremden Reisenden als eine Art Paß angeboten. Man findet sie heute noch bei Antiquitätenhändlern. Die normalen Schwerter sind heute von schlechter Qualität und daher recht billig. Die großen, echten Klingen sind sehr selten und erreichen leicht den Preis der japanischen *Katana*. Gute Schwerter sind heute nur noch schwer zu finden, da es kaum noch Schmiedemeister gibt.

Wen-jian – normales zweischneidiges Schwert

Einige Schulen verwenden auch variabel geformte Klingen wie das Schlangenschwert *(She-jian)*, das Hakenschwert *(Wu-gou-jian)* oder das Doppelschwert *(Shuang-jian)*, das oft vom Frauen verwendet wird. Dann gibt es noch das beidhändige Schwert *(Shuang-shou-jian)* und das gezähnte Schwert *(Yu-ya-jian)*, oft als »Giftzähne« übersetzt.

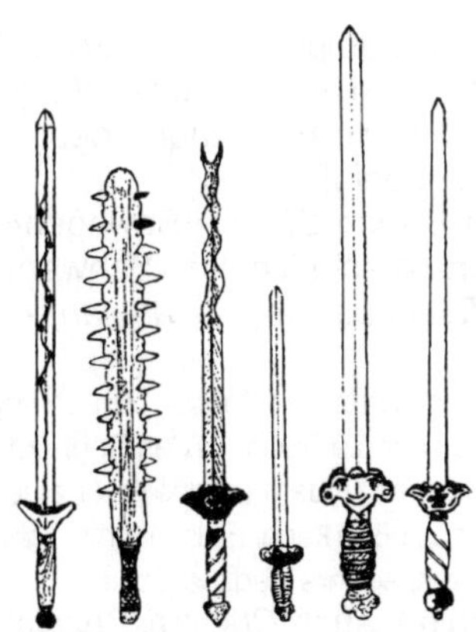

Jian – verschiedene Formen chinesischer Schwerter, von links nach rechts: Qi-xing-jian; Yu-ya-jian; She-jian; Xiao-gong-jian; Wu-jian; Wen-jian

In der klassischen Mythologie wird das Schwert dem Feuer zugeordnet. Daher wird der Umgang mit ihm als sehr subtil betrachtet. In den alten Schulen war es verpönt, einfach zuzuschlagen, wie man es mit dem Säbel machte. Man versuchte vielmehr, präzise Schnitte an besonders durchbluteten Stellen anzubringen. Die alten Meister versuchten, den Gegner nur mit der rasiermesserscharfen Spitze zu ritzen, so daß er ohne größere Verletzungen verbluten mußte. Die Spitze war sehr dünn und scharf, der Rest des Schwertes wurde zum Griff hin dicker und konnte auch zum Schlagen und Blocken verwendet werden. Im chinesischen Schwertkampf kennt man überwiegend kreisförmige Techniken. Man muß beachten, daß die gerade Klinge des chinesischen Schwertes kreisförmige Bewegungen erfordert, um effektiv zu sein. Die gebogenen Klingen dagegen, wie der Säbel oder das japanische *Katana*, können auf direktem, mehr linearem Weg eingesetzt werden. Charakteristisch für die chinesischen Schwerter sind die roten Quasten am Ende des Griffes. Die verbreitetsten Schwerttypen sind:

CHINESISCHE SCHWERTARTEN

1.	Qi-xing-jian	– Sieben-Sterne-Schwert
2.	She-jian	– gespaltenes Schlangenschwert
3.	Wen-jian	– Zivilschwert
4.	Wu-jian	– Militärschwert
5.	Xiao-gong-jian	– Kleinschwert des Gerichtshofes
6.	Yu-ya-jian	– Schwert mit vergifteten Zähnen

Jian Fa: früher Kampfkunstexperte des *Chang-quan*. Er war ein Schüler von →Wang Zong-Yue und hat die Entstehung des →*Tai-ji-quan* stark beeinflußt.

Jiao (chin.): auch *Chiao*, »Bewegen«, eine der 13 Grundtechniken des Schwertkampfes im *Tai-ji-quan* (s. →*Dan-jian*, →*Tai-ji-jian*).

Das Schwert haftet am Gegner und bewegt sich kreisend. So soll die Deckung des Gegners durchbrochen werden, indem man leichter eine Lücke findet und zustoßen kann. Es ist auch möglich, das Schwert des Gegners wegzudrücken.

Jiao-di (chin.): auch *Chiao-ti*, Bezeichnung für die chinesischen Kampfkünste während der Han-Dynastie (→*Qua-fa*). Form des Ringens. Die Teilnehmer trugen eine gehörnte Kopfbedeckung und versuchten sich gegenseitig aufzuspießen.

Jibun (jap.): Selbst.

Jibun no Tsukuri (jap.): aus dem *Jûdô*: vorbereitende Aktion für einen Angriff (s. →*Tsukuri*, →*Aite no tsukuri*).

Jida-kasenka (jap.): *Atemi*-Angriffspunkt: untere Ohrmuschelvertiefung.

Jien-kumite (jap.): Freikampf (auch →*Jiyû-kumite*).

Jigane (jap.): Schneidefläche des Schwertes.

Ji-geiko (jap.): freier Trainingskampf im *Kendô*.

Jigen (jap.): okinawanische →*Sai*-Kata.

Jigen-ryû (jap.): japanisches Schwertsystem (→*Kenjutsu*) des Shimazu-Clans von Kyûshu. Das System wurde von einem *Zen*-Meister in einem Tempel in Kyôto als Ableitung aus dem älteren *Nen-ryû* entwickelt. Tôgô Bizen no Kami Shigekura (1563–1643), ein Satsuma-Samurai des Shimazu-Clans lernte den Stil und verbreitete ihn auf Kyûshu. Dort wurde der Name *Jigen-ryû* angenommen, und der Stil wurde zum Hauptsystem der Kampfausbildung der Satsuma-Samurai.

Jigen-ryû ist ein sehr körper- und willensbetonter Stil. Die Übenden üben den Zweikampf ohne Schutzkleidung. Während des Trainings rennen sie so schnell wie möglich im Wald umher und schlagen mit ihrem →*Bokken* 2000- bis 3000mal am Tag gegen die Bäume. Die Meister des Systems entwickeln so starke Techniken, daß sie den Arm des Gegners zerschmettern können, auch wenn dieser den Schlag mit seinem Schwert abwehrt. Der Stil gilt als eines der kampfstärksten Schwertsysteme des japanischen *Kenjutsu*. Als die Satsuma-Samurai 1870 gegen den Meiji-Kaiser rebellierten (→Saigô Takamori), mußte dieser fast die gesamte japanische Armee aufbieten, um die 360 Satsuma-Samurai zu besiegen.

Das *Jigen-ryû* hat wahrscheinlich auch das okinawanische *Karate* beeinflußt. →Sokon Matsumura, ein Vertrauensmann des okinawanischen Königs, befand sich in dessen Begleitung häufig auf Kyûshu, wo er unter Anleitung des *Kenjutsu*-Meisters Tomo Choishi das *Eishin-ryû* und das *Jigen-ryû* übte. Das Konzept des *Jigen-ryû* hat auf Okinawa sehr wahrscheinlich das →*Shôrin-ryû* beeinflußt und sich als Geheimkonzept (→*Kagemusha*) über die *Uchi-deshi*-Linie Matsumura, Azato, Funakoshi fortgesetzt (→Shôtôkan). Die typischen Charakteristiken des *Jigen-ryû* sind im modernen *Shôtôkan-ryû*, das ab 1938 von →Funakoshi Yoshitaka gelehrt wurde, enthalten.

Jigo (jap.): Abwehr, Verteidigung.

Jigo-gamae (jap.): →*Kamaekata*, die das Aufstehen aus der sitzenden Position (→*Seiza*) versinnbildlicht. In den Kampfkünsten wurden seit alters her auch Verteidigungstechniken im Sitzen geübt. *Jigo-gamae* ist die Zwischenposition, durch die man sich aus den asiatischen Sitzhaltungen erhebt. In dieser Position kann man Abwehr- und Kontertechniken ausführen. Manchmal wird

Jigo-gamae – Verteidigungshaltung in kniender Position

sie auch verwendet, um den Gegner zu provozieren. Die Hände sind immer in Bereitschaft, es gibt jedoch keine vorgeschriebene Handhaltung.

Jigotai (jap.): grundlegende Abwehrhaltung (auch *Jigo-hontai*). *Jigotai-dachi* – Abwehrstellung.

Jihi (jap.): Barmherzigkeit.

Jihyo-gamae (jap.): Kampfhaltung (→*Kamaekata*), »Antennen-Position«. Die Haltung betont die nach vorn ausgestreckte Hand, die die Absicht des Gegners erfühlen soll, und ist im Prinzip verwandt mit dem okinawanischen →*Sagurite-gamae* (suchende Handhaltung).

Die ausgestreckte Hand kontrolliert den Gegner, seine Bewegungen und die sich verändernden Distanzen, die erhobene Hand ist zum Konter bereit. Die in Nordchina entwickelte Position läßt sich gut aus verkürzten Stellungen anwenden.

Jihyo-gamae – die Antennen-Position

Ji'in (jap.): okinawanische *Karate*-Kata des →*Shôrin-ryû*, deren Ursprünge in die Schulen des chinesischen *Quan-fa* zurückführen. Man betrachtet sie als mit →*Jion* und →*Jitte* verwandt und vermutet ihre Entstehung im chinesischen Tempel Jion (→*Shôrin-ji*, →Shaolin-Kloster). Die Geschichte der *Ji'in* ist bis zu dem Zeitpunkt unbekannt, als sie in der Gegend

Japanisches Zeichen für Ji'in

der Stadt Tomari auftauchte (die Einführung der *Ji'in* nach Okinawa fand relativ spät statt, weshalb sie nicht zu den ursprünglichen *Kata* des Okinawa-*Karate* zählt – s. dazu →*Kata*). Man kennt ihren Überbringer nicht, und deshalb vermutet man ihren Ursprung im *Tomari-te*, ihre weitere Entwicklung jedoch im *Shuri-te*.

Obwohl das Konzept der *Ji'in* nahtlos in das Konzept des *Shôtôkan-ryû* paßt, wurde die *Kata* von Meister FUNAKOSHI in Japan nicht umfassend genug gelehrt. Die Gründe dafür sind unbekannt. Manche glauben, daß sie im *Shôtôkan-ryû* deshalb nicht sehr verbreitet ist, weil sie dem *Tomari-te* angehörte und *Sensei* →TOSU sie zu seiner Zeit nicht eingehend genug behandelte. Das ist auch der Grund, warum sich ihre Form kaum veränderte. Eine Zeit lang nannte man sie in Japan *Shokyo*, eine Bezeichnung, die Meister Funakoshi ihr gab. Der Name blieb jedoch nicht lange in Gebrauch, und heute nennt man sie allgemein *Ji'in*. Die *Kata* besteht aus 35 Bewegungen und soll in einer Zeit von 60 Sekunden ausgeführt werden.

Ji-ji (chin.): auch *Chi-chi*, »mit Geschicklichkeit zuschlagen«, alte chinesische Kampftechnik, s. →*Quanfa*.

In der Han-Dynastie kam dem *Ji-ji* eine immer größere Bedeutung zu, da es zur Ausbildung der Soldaten verwendet wurde. Von GUANZI, dem Premierminister des Reiches Qi, wurde das *Ji-ji* *(Chi-chi)* eingeführt und als »Verfahren des Angriffs« hoch gerühmt. Dies war auch die Epoche der *Yu-xie* (fahrenden Ritter). Diese waren Berufssoldaten und im *Ji-ji* sehr bewandert. Sie boten ihre Dienste jedem an, der bezahlen konnte, galten aber als vertrauenswürdig.

Jikan (jap.): Zeit, Stunde. Im Wettkampf gebrauchter Begriff, um die Zeit zu stoppen, wenn der Kampf unterbrochen wird.

Jikishin Kage-ryû (jap.): traditionelles japanisches Kenjutsu-System (→*Kenjutsu*), gegründet von YAMADA HEIZAEMON († 1578).
Der 13. Großmeister des Stils war OTANI SHIMOZA NO KAMI SEIICHIRÔ (1789–1844), gefolgt von SAKAKIBARA KENKICHI (1829–1894) und YAMADA JIRÔKICHI (1863–1931). 1875 wurde →TAKEDA SÔGAKU von Yamada Jirôkichi in diesem Stil unterrichtet. →YAMAOKA TESSHU gründete auf der Basis dieser Schule seinen Stil →*Ittô Shôden Mutô-ryû*. Ende des 19. Jhs. wurden in dieser Schule TOKINO SEIKICHIRÔ und OKUMURA SAKONDA unterrichtet.

Jikishin-ryû (jap.): altes japanisches →*Jûjutsu*-System, begründet von TERADA KANEMON, dem 5. Großmeister des →*Kitô-ryû*. Er bezeichnete bereits zu seiner Zeit alle Techniken des *Jûjutsu*, die nicht zum Töten des Gegners verwendet werden konnten, als *Jûdô*.
Das *Jikishin-ryû* war die erste Schule Japans, die nur die Techniken der leeren Hand für den Kampf lehrte. Auch →JIGORÔ KANÔ besuchte diese Schule und studierte das System mehrere Jahre lang. Heute wird es als Vorläufer des →*Kôdôkan-Jûdô* angesehen.

Jiku (jap.): Achse.

Jiku-ashi (jap.): Drehbein, Standbein.

Jiman[1] (jap.): Hochmut.

Jiman[2] (jap.): sechste Position beim japanischen Bogenschießen (→*Kyûdô*), auch →*Kai* genannt. Es ist die letzte Konzentration von Körper und Geist vor dem Lösen des Pfeils (→*Hanare*).

Jime (jap.): Abkürzung für *Hajime* – anfangen.

Jimmu Tennô: KAMUYAMOTO IWAREHIHO NO MIKOTO, in die japanische Geschichte eingegangen als JIMMU *Tennô*, ist der Urvater aller nachfolgenden 125 japanischen Kaiser und selbst ein Abkömmling der Sonnengöttin →AMATERASU (s. auch →*Kami*). Mit der Thronbesteigung des Jimmu Tennô endet das *Jindai* (Zeitalter der Götter), und es beginnt die japanische Frühgeschichte. Die Mythologie ist im *Nihongi*, dem ersten japanischen Geschichtsbuch, festgehalten. Wahrscheinlich war Jimmu ein Stammesfürst, dem es gelang, seine Nachbarn zu besiegen und ein großes Reich zu gründen.
In der japanischen Mythologie geht die Erbfolge des Kaisers direkt auf Amaterasu zurück. Ninigi no Mikoto, der Enkel Amaterasus, betrat auf Kyûshu die Erde, baute sich in Satsuma ein Haus und gründete eine Familie. Einer seiner drei Söhne, HOWORI NO MIKOTO, war Jimmus Großvater. Bereits Jimmus Vater, FUKIAEZU NO MIKOTO, begann mit zahlreichen Eroberungen, die Jimmu Tennô fortsetzte.

Jin[1] (chin.): »Vordringen«, eine der grundlegenden Bewegungsarten (→*Shi-san-shi*). Sie gehört zu den fünf Schrittarten (→*Wubu*).
Das Vordringen wird mit der Wandlungsphase (→*Wu-xing*) Wasser verbunden. Man kämpft nicht gegen unüberwindbare Hindernisse, sondern sucht sich beim Gegner eine Lücke, in die dann mit Entschlossenheit eine entscheidende Technik gesetzt wird. Das Vordringen erfordert einen festen Stand.

Jin[2] (jap.): Mensch (auch *Nin, Hito*).

Jin[3] (jap.): Güte, Menschenliebe, Wohltätigkeit (auch *Ni*). *Jingi* – Humanität, Gerechtigkeit, *Jin'ai* – Menschenliebe, Wohltätigkeit, *Jinjutsu* – gute Tat, Heilkunst, *Jintoku* – Güte, Tugend, *Jindô* – Menschlichkeit.

DAS ALLGEMEINE PRINZIP

In den Kampfkünsten steht der Begriff für Wohlwollen, universale Liebe und Mitleid mit den Leiden aller lebenden Wesen. *Jin* gehört zu den Grundbegriffen des →*Bushidô* und ist eine Voraussetzung zum Verständnis der Kampfkünste. Diese betonen das Handeln, aber der Meister wird immer danach streben, Mitgefühl für fremdes Leben zu entwickeln und es nach Möglichkeit zu schützen. Auch bezieht sich dies auf das Verständnis für die Sorgen und Probleme anderer Menschen. *Jin* ist als zu verwirklichendes Lebensprinzip von Bedeutung und als solches auch eine wichtige Komponente der Geisteserziehung in allen traditionellen Kampfkünsten des Fernen Ostens.

Im modernen Sprachgebrauch ist Liebe ein häufig mißbrauchter Begriff. Wahre Liebe erwächst nicht aus dem sentimentalen Gefühl, sondern aus der Achtung gegenüber dem Leben. *Jin* bezeichnet nicht die Liebe im herkömmlichen Sprachgebrauch, sondern ERICH FROMMS Auffassung (»Die Kunst des Liebens«) oder ALBERT SCHWEITZERS Lehre über das Mitgefühl mit fremdem Leben. Sentimentale Liebe allein, ohne Miteinbezogensein in die Gesamtheit der Dinge, ist egoistisch und führt zu vielen Mißverständnissen.

DAS BUDDHISTISCHE PRINZIP

Das buddhistische Abbild der universalen Liebe war SHAKYAMUNI BUDDHA. Er verbrachte sein ganzes Leben damit, die Ursachen menschlichen Leidens zu erforschen, und erfuhr, daß menschliches Leben ohne Liebe keine Chance zum Wachsen hat und sich selbst bedroht. *Jin* bezeichnet daher nicht das sentimentale Gefühl, sondern das Mitgefühl mit allem, was uns umgibt. Dieses muß ohne Unterscheidung in Gut und Böse aus einem reinen Geist und einer reifen Haltung (→ *Shitei*) erwachsen. Die unreife Haltung erzeugt immer egoistische Liebe. In diesem Sinn wird →*Karate ni sente nashi* interpretiert.

Wer in der Lage ist, auf diese Weise zu lieben, kann frei geben und frei empfangen (→*Doryô*) und Großmut (→*Ansha*) verwirklichen. Die Fähigkeit zur wahren Liebe besiegt den persönlichen Egoismus (→Ich) und macht bescheiden und demütig (→*Ninyô*). Überhebliche Menschen können nur um ihrer selbst willen lieben und neigen oft dazu, den Weg der Rechtschaffenheit (→ *Makoto*) zu verlassen. Wahre Liebe hängt jedoch von der Entscheidung zum Rechten (→*Giri*) und der richtigen inneren Haltung (→*Shisei*) ab. Man kann diese Liebe üben, indem man sein Ich besiegt.

Jinchû (jap.): *Atemi*-Angriffspunkt: Oberlippe.

Jing[1] (chin.): »Stille«, »still werden«, Begriff aus der Atemtherapie (s. →*Fang*, →*Jinggong*).

Jing[2] (chin.): auch *Ching*, wörtlich »Essenz«, die Substanz, die allem organischen Leben zugrunde liegt. Wird manchmal auch mit »Samen«, »Sperma« übersetzt. *Jing* bezeichnet Energie des Menschen, die die Entwicklung steuert. Sie gehört mit →*Qi* und →*Shen* zu den wesentlichen Stoffen zur Erhaltung des Lebens.

Von *Jing* geht Reproduktion und Entwicklung

Schriftzeichen für Jing[2]

aus. Man stellt es sich oft als Flüssigkeit vor. Die Empfängnis stellt die Verschmelzung des elterlichen *Jing* dar. Dadurch entsteht das »Vorgeburtliche *Jing*« *(Xian-tian-zhi-jing)* jedes Menschen, das die spezielle Entwicklung bestimmt. Das »Vorgeburtliche *Jing*« und das →*Yuan-qi* bestimmen gemeinsam die Konstitution.

Durch gereinigte Nahrung entsteht das »Nachgeburtliche *Jing*« *(Hou-tian-zhi-jing)*, das das »Vorgeburtliche *Jing*« ständig ergänzt. Manche Lehren verneinen die Existenz des »Nachgeburtlichen *Jing*« und sehen in der Erschöpfung des »Vorgeburtlichen *Jing*« die Ursache des natürlichen Todes. Deshalb gibt es Übungen des *Qi-gong*, die sich speziell mit der Bewahrung des *Jing* beschäftigen. Es gibt aber auch Techniken, die es ermöglichen sollen, außer aus der Nahrung auch aus bestimmten körpereigenen Umwandlungsprozessen neues *Jing* zu gewinnen.

Qi steuert die äußeren, *Jing* dagegen die inneren Bewegungen wie Wachstum, Reifung, Alterung und Tod. *Jing*-Disharmonien verursachen unvollständige Reifung, Fortpflanzungsunfähigkeit, vorzeitiges Altern und allgemein angeborene Defekte. Das »Vorgeburtliche *Jing*« ist die Basis allen Lebens.

Im Vergleich zu *Qi* hat *Jing Yin*-Charakter, im Vergleich zu Blut (→*Xue*) hat *Jing Yang*-Charakter. Im religiösen Daoismus (→*Dao-jiao*) kennt man verschiedene Praktiken, um *Jing* im Körper zu vermehren (→*Fang-zhong-shu* – Ejakulation vermeiden, und →*Huan-jing-bu-nao* – Zurückkehrenlassen von *Jing*, um den Geist zu stärken) und mit dem *Qi* zu vermischen, was die Gesundheit und Lebenskraft erhalten und stärken soll. In den Kampfkünsten verkörpert *Jing* das äußere Geschicklichkeitsniveau (s. →*Qi*, →*Shen*).

Jing[3] (chin.): auch *Nei-jing*, Bezeichnung der inneren Kraft, die im *Tai-ji-quan* entsteht. *Jing* ist die besondere Fähigkeit oder Kraft, die durch das Beherrschen der Techniken und des →*Qi* entsteht. Sie steht im Gegensatz zu →*Li* oder →*Wai-li*, der äußeren Kraft, die durch Muskelkraft entsteht. *Li* wird im *Tai-ji-quan* nicht kultiviert, sondern ist sogar unerwünscht. Man unterscheidet verschiedene Formen des *Jing*, die sich durch ihren Einsatz unterscheiden (s. jeweils dort):

- Zhan-nian-jing oder Zhan-jing: Kraft, die am Gegner festklebt.
- Ting-jing: Die Kraft des Gegners fühlen.
- Dong-jing: Die Kraft des Gegners verstehen.
- Fa-jing: *Jing* bzw. *Qi* abgeben.
- Zou-jing: Kraft des Nicht-Widerstandes.

Jing[4] (chin.): »Kettfaden eines Gewebes« oder »hindurchgehen«. Bezeichnung für die Hauptleitbahnen (→*Jing-luo*) der → Akupunktur.

Jin-gang Qi-gong (chin.): buddhistische Form des →*Qi-gong* (s. auch →*Ying-gong*). Sie wurde angeblich von dem 1. Patriarchen des *Chan,* BODHIDHARMA, geschaffen.

Die Bewegungen sind zum Teil langsam und weich und zum anderen Teil schnell und kraftvoll. Sie beinhalten verschiedene Atemtechniken wie die Bauchatmung und die umgekehrte Bauchatmung. Dem kräftigen Ausatmen folgt immer ein leichtes, unhörbares Ausatmen, so daß die ganze Luft ausgestoßen wird. Das System beinhaltet 15 Formen mit 120 Bewegungen.

Jing-dong-gong (chin.): »Übung in Ruhe und Bewegung«, eine Kombination von →*Jing-gong* und →*Dong-gong*, wobei sich Übungen in Ruhe und Übungen in Bewegung gegenseitig abwechseln.

Jing-gong (chin.): »Übung in Ruhe«. Bezeichnung für mehrere Formen des → *Qi-gong*, identisch mit →*Nei-gong*. Der Schwerpunkt liegt in der Bewegung des →*Qi*, und die Körperbewegung ist auf ein Minimum beschränkt bzw. nicht vorhanden.

Jing-gong ist Teil des *Qi-gong* und der →Atemtherapie und steht im Gegensatz zu →*Dong-gong*, dem *Qi-gong* mit ausgeprägter Körperbewegung. Das *Jing-gong* umfaßt meditative Übungen im Sitzen, Liegen und Stehen. Am bekanntesten sind der »Kleine himmlische Kreislauf« (→*Xiao-zhou-tian*) und der »Große himmlische Kreislauf« (→*Da-zhou-tian*). Am bekanntesten sind:

- Nei-yang-gong: innere erhaltende Übung.
- Qiang-zhuang-gong: innere stärkende Übung.
- Fang-song-gong: Entspannungsübung.
- Zhan-zhuan-gong: Übung der stehenden Säule.
- Dan-tian-gong: *Dantian*-Übungen.
- Zhou-tian-gong: die himmlischen Kreisläufe.

Jing-li (chin.): auch *Ching-li*, die Begrüßung und Verbeugung. Sie spielt in den Kampfkünsten eine große Rolle und hat einen ausgedehnten philosophischen Hintergrund. Sie ist Ausdruck der Achtung und des Respekts, die man dem Lehrer (→*Shi-fu*), den Mitübenden und dem Übungsraum (→*Guan*, →*Wu-guan*) entgegenbringt. Man drückt damit aus, daß man die Ideale der Kampfkünste über das eigene →Ich stellt.

Schriftzeichen für Jing-li

Die Verbeugung soll nie eine leere Form sein, sondern ein Ausdruck ehrlichen Empfindens. *Jing* kann mit Respekt, *Li* mit Ehrerbietung übersetzt werden.

Der Gruß wird ausgeführt, wenn man den Trainingsraum betritt oder verläßt, zu Anfang und Ende des Trainings, vor und nach Übungsabschnitten und gegenüber dem Partner. Besonders bei der Partnerübung drückt man dadurch die Bereitschaft aus, miteinander und nicht gegeneinander zu üben. Weiterhin soll ein Schüler sich immer vor seinem Lehrer verbeugen, wenn dieser etwas erklärt oder korrigiert. Man unterscheidet verschiedene Formen des Grußes:

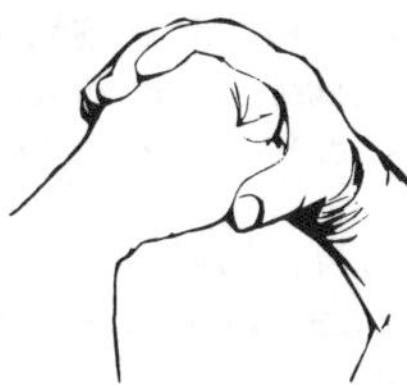

Schriftzeichen und Handhaltung für »Ming«, zusammengesetzt aus Sonne und Mond

- **Bao-quan-li:** »eine Faust in der Hand halten«, die aufrechte Begrüßung ohne Verbeugung. Man nimmt die Konzentrationshaltung (→*Li-zheng*) ein. Die rechte Hand formt eine Faust und wird von der linken Hand umfaßt, beide Hände stehen in Kinnhöhe. Diese Begrüßung hat einen besonderen Hintergrund. Die rechte Faust symbolisiert →*Yang* und die Sonne, die linke Hand steht für →*Yin* und den Mond. Das Handzeichen zeigt die Harmonie von *Yin* und *Yang* an. Fügt man die Schriftzeichen für Sonne und Mond zusammen, so erhält man das Wort *Ming*, was hell, strahlend bedeutet. *Ming* war aber auch eine chinesische Dynastie, für die viele Menschen unter der Qing-Dynastie kämpften. Dieses Handzeichen war ein Symbol der Ming-Anhänger.
- **Qu-gong-li:** Grundhaltung ist *Bao-quan-li*, wobei zusätzlich eine Verbeugung ausgeführt wird. Wenn man eine Waffe in den Händen hält, verbeugt man sich, ohne das Handzeichen auszuführen.
- **Gui-bai-li:** Gruß in kniender Haltung. Diese Variante wird am Anfang und Ende des Trainings ausgeführt. Dazu knien sich alle mit dem Gesicht zur Stirnwand des Raumes, der die Wappen der Schule, die Symbole der Kampfkunst oder ein Bild des Meisters trägt. Dann verbeugt man sich dreimal. Einmal vor den höheren Idealen, einmal vor den Ahnen und einmal vor den alten Meistern.

Das Training sollte mit folgender Begrüßung beginnen und enden: Der Lehrer steht vorn, alle blicken zur Stirnwand. Auf das Kommando *Jing-li* (Grüßen) grüßen alle stehend *(Qu-gongli)*, da-

nach wird das *Gui-bai-li* ausgeführt. Auf das Kommando *Qi-li* (Aufstehen) erheben sich alle und verbeugen sich noch einmal stehend. Dann dreht sich der Lehrer zur Gruppe um, und es wird ein letztes Mal *Qu-gong-li* ausgetauscht.

Dieses System ist vom Konfuzianismus (→*Ru-jia*) stark beeinflußt, ist aber auch in den daoistisch geprägten Kampfkünsten wie →*Tai-ji-quan* üblich.

Jing-luo (chin.): Meridiane bzw. Leitbahnen (auch *Jing-mo*) in der chinesischen Gesundheitslehre, auf denen sich Körperpunkte befinden (s. einleitend →*Dian-xue* und →*Xue*).

Darstellung der Punkte und Meridiane nach einer alten chinesischen Zeichnung

Allgemeines

Die chinesische Heilkunst teilt die inneren Organe (→*Zang-fu*) in speichernde *Yin*- und durchgängige *Yang*-Funktionskreise. Jede der 12 Hauptleitbahnen ist einem der *Zang-fu* zugeordnet und stellt dessen Öffnungen zur Körperoberfläche dar. Je eine *Yin*- und eine *Yang*-Leitbahn, die parallel an den Gliedmaßen verlaufen, bilden ein Paar. Man nennt sie auch gekoppelte Leitbahnen, weil sie mit Verbindungsgefäßen, den *Luo*-Verbindungen, gekoppelt sind. *Yang*-Leitbahnen verlaufen außen oder an der Rückseite des Körpers, während *Yin*-Leitbahnen innen oder an der Vorderseite des Körpers verlaufen.

Die meisten Akupunkturpunkte liegen auf diesen Hauptleitbahnen. Neben den Hauptleitbahnen gibt es weitere, z. B. die acht außerordentlichen Meridiane, von denen zwei Leitbahnen, die jeweils auf der Mittellinie an der Vorder- und Rückseite des Körpers verlaufen, wichtig sind: *Ren-mai*, auf der vorderen Mittellinie verlaufend, wird auch Konzeptionsgefäß genannt. *Du-mai*, das Lenkergefäß, verläuft auf der Wirbelsäule. Diese 14 wichtigen Leitbahnen beinhalten die 361 klassischen Akupunkturpunkte.

Die 12 Hauptleitbahnen bilden an der Körperoberfläche ein System von 3 Kreisläufen. Ein Umlauf wird von 4 Hauptleitbahnen (2 *Yin* und 2 *Yang*) gebildet. Von der auf der Körperoberfläche verlaufenden Leitbahn zweigt ein Ast in das Körperinnere zu den entsprechenden *Zang-fu* ab.

Die *Zang-fu* gehören innerhalb der Funktionskreisläufe zusammen, während die entsprechenden parallel verlaufenden *Yin/Yang*-Leitbahnpaare in der Peripherie über die *Luo*-Verbindungen gekoppelt sind. Deshalb spricht man von einer inneren und äußeren Koppelung der Funktionskreise *(Zang-fu)* und Leitbahnen.

PUNKTEKATEGORIEN

Eine große Zahl der klassischen Punkte läßt sich in Kategorien mit besonderen Funktionen zusammenfassen. In der traditionellen chinesischen Medizin kennt man 13 Punktekategorien, in die sich ca. 120 Punkte einordnen lassen.

1. *Shu-xue* – *Shu* bedeutet »befördern«, »transportieren«. Diese 12 Punkte liegen auf dem Blasenmeridian und befördern die Energie *(Qi)* zu den zugehörigen Organen. Bei einer Schädigung eines Organs wird der entsprechende Punkt schmerzhaft.
2. *Mu-xue* – *Mu* bedeutet »sammeln«. Jedes Organ hat einen *Mu*-Punkt auf der Körpervorderseite. Wenn das Organ geschädigt ist, reagiert auch der *Mu*-Punkt druckempfindlich.
3. *Hui-xue* – die »acht Meisterpunkte«, an denen die Konzentrationsstelle des *Qi* der Gewebe liegt.
4. *Xi-xue* – *Xi* bedeutet »Spalt«. Hier ist die Sammelstelle des *Qi* der jeweiligen Leitbahn.
5. *Shu-xue* – »antike Punkte«. Auf jeder Leitbahn liegen 5 dieser Punkte, die je einer Wandlungsphase (→*Wuxing*) zugeordnet werden. Ihre Wirkung erfolgt nach der sogenannten »Mutter/Sohn-Regel«. Diese besagt, daß dann, wenn ein krankes Organ durch einen Punkt beeinflußt wird, auch das im Energiekreislauf folgende Organ behandelt werden muß. Es werden also das Organ und der »Sohn« behandelt.
6. Tonisierungspunkt – dem »Mutterelement« entsprechender Punkt der *Shu-xue*.
7. Sedierungspunkt – der dem »Sohnelement« entsprechende Punkt der *Shu-xue*.
8. *Jing-xue* – »Quellpunkt«, ein Punkt der *Shu-xue*. Notfallpunkte an den Nagelwinkeln von Fingern und Zehen.
9. *Xing-xue* – ein Punkt der *Shu-xue*. Er beschleunigt die Energie der jeweiligen Leitbahn.
10. *Yuan-xue* – ein Punkt der *Shu-xue*. Er wirkt auf beide gekoppelten Leitbahnpaare.
11. *Jing-xuo* – ein *Shu-xuo*-Punkt mit starkem Energiefluß.
12. *He-xue* – ein *Shu-xue*-Punkt, der die Verbindung zwischen der Körperoberfläche und dem Inneren herstellt.
13. *Luo-xue* – Verbindungspunkt zweier Leitbahnen. Hier entspringen oder münden die *Luo*-Verbindungen
14. *Ke-hui-xue* – die »Kardinalpunkte« schalten die außerordentlichen Leitbahnen ein.

Die Punkte-Lokalisation erfolgt nach auffälligen Merkmalen und nach dem →*Cun*-Körpermaß.

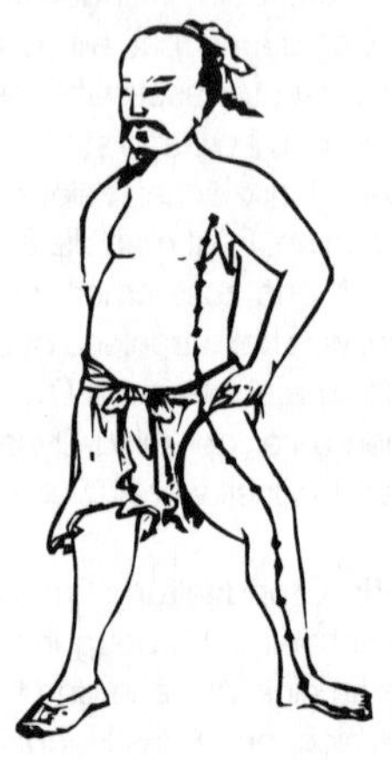

Alte chinesische Darstellung des Milz-Pankreas-Meridians

DIE HAUPTMERIDIANE

1. *Fei-jing (Tai-yin)*, der Lungenmeridian. Sein Verlauf geht vom Dickdarm zur Lunge. Mit der Dickdarmleitbahn ist er äußerlich durch eine *Luo*-Verbindung gekoppelt. Er ist ein *Yin*-Meridian und gehört zur Wandlungsphase (→*Wu-xing*) Metall. Sein äußerer Anfangspunkt befindet sich unter dem Schlüsselbein, zwischen der zweiten und dritten Rippe. Er läuft entlang des Ober- und Unterarms und endet am Daumenglied. Auf ihm liegen 11 Punkte. Er wird behandelt bei Atemwegs-,

Rachen,- Nasen- und Hauterkrankungen sowie bei Schulter- und Armschmerzen. Die beste Stimulationszeit liegt zwischen 3 und 5 Uhr.
2. *Da-cheng-jing (Yang-ming)*, die Dickdarm-Leitbahn. Durch den inneren Verlauf ist er mit einem Magenpunkt und mit der Lunge verbunden. Sein äußerer Verlauf beginnt am Daumen und geht an der Armaußenseite zum Schlüsselbein. Von dort geht er zum Halswirbel und über den Unterkiefer zum Mundwinkel und zur Nasolabialfalte. Er verbindet 20 Punkte, ist eine *Yang*-Leitbahn, gehört zur Wandlungsphase Metall, ist mit der Lunge gekoppelt und hat seine Stimulationszeit zwischen 5 und 7 Uhr. Er wird behandelt bei Lungen-, Haut- und Dickdarmproblemen sowie bei Nasen-, Rachen-, Mund- und Kieferproblemen, außerdem bei Kopfschmerzen und Fieber.
3. *Wei-jing (Yang-ming)*, Magen-Leitbahn. Sie ist eine *Yang*-Leitbahn, mit der Milz gekoppelt und gehört zur Wandlungsphase (→*Wu-xing*) Erde. Die Magenleitbahn verläuft zentrifugal. Sie beginnt an der Nasolabialfalte, führt dann am Unterkiefer entlang zur Schläfengegend, um von dort zum Unterkiefer zurückzukehren. Sie zieht sich dann über das Schlüsselbein, die Brustwarze und am Nabel vorbei bis in die Hüftgegend. Von hier aus läuft sie über die Vorderseite von Ober- und Unterschenkel bis zur zweiten Zehe. Auf diesem Meridian liegen 45 Punkte, die am besten zwischen 7 und 9 Uhr stimuliert werden können. Anwendung bei Augenerkrankungen, Kopfschmerzen, Zahnschmerzen, Lähmung im Gesichtsbereich, Magen/ Darm-, Becken- und Gelenkerkrankungen.
4. *Pi-jing (Tai-yin)*, die Milz-(Pankreas-)Leitbahn. Dieser Meridian hat *Yin*-Charakter, ist mit dem Magen gekoppelt und gehört zur Wandlungsphase (→*Wu-xing*) Erde. Sein Anfangspunkt liegt auf dem Endglied der großen Zehe, von wo aus er auf der Innenseite des Beins bis in die Nabelgegend steigt und seitlich an der Brustwarze vorbei seinen Endpunkt im zweiten Zwischenrippenraum erreicht. Er verläuft zentripetal und vereinigt 21 Körperpunkte. Bei diesem Meridian gibt es Unterschiede zwischen der chinesischen Medizin und der westlichen Wissenschaft, was den genauen Verlauf des Meridians betrifft. Er reagiert auf Verdauungsstörungen, Unregelmäßigkeiten im Zuckerhaushalt, psychische Probleme, Urogenitalerkrankungen und allergische Krampfzustände. Die beste Stimulationszeit liegt zwischen 9 und 11 Uhr.
5. *Xin-jing (Shao-yin)*, die Herz-Leitbahn, ist ein *Yin*-Meridian, mit dem Dünndarm gekoppelt und gehört zur Wandlungsphase (→*Wu-xing*) Feuer. Auch der Herzmeridian verläuft zentrifugal. Sein Anfang liegt unter dem Brustmuskel (dritte Rippe). Er führt entlang der Innenseite der Ober- und Unterarme und endet an der Innenseite des Endgliedes des kleinen Fingers, in der Nähe des Winkels am Nagelfalz. Dieser Meridian verbindet auf einer Körperseite 9 Punkte. Ihre Aktivierung wirkt auf die Herztätigkeit, auf den Blutkreislauf, auf den Dünndarm, die Kehle und die Augen sowie auf die Psyche. Die Stimulationszeit liegt zwischen 11 und 13 Uhr. Der Zustand dieses Meridians ist an der Zunge abzulesen.
6. *Xiaochangjing (Tai-yang)*, die Dünndarm-Leitbahn, ist mit dem Herzen gekoppelt, besitzt *Yang*-Charakter und gehört zur Wandlungsphase (→*Wu-xing*) Feuer. Der *Tai-yang* verläuft zentripetal zum Rumpf hin. Er beginnt am Nagelfalz des kleinen Fingers, zieht auf der dorsalen Seite des Unterarms (Elle) entlang, über den Oberarm zum Schultergelenk und von hier aus über den Hals und Unterkiefer zum äußeren Augenwinkel. Er endet vor dem Ohr. Auf einer Körperhälfte verbindet er 19 Punkte. Der Meridian wirkt auf den gesundheitlichen Zustand des Dickdarms, aber auch auf Funktionsstörungen von Magen und Herz. Seine Stimulationszeit liegt zwischen 13 und 15 Uhr. Auch seinen Zustand kann man an der Zunge erkennen.
7. *Pang-guang-jing (Tai-yang)*, die Blasen-Leitbahn, ist ein *Yang*-Meridian, mit der Niere gekoppelt und gehört zur Wandlungsphase (→*Wu-xing*) Wasser. Seine Stimulationszeit liegt zwischen 15 und 17 Uhr. Sein Anfang liegt am inneren Augenwinkel, verläuft über das Schädeldach, teilt sich im Nacken in zwei Stränge, die parallel den Rücken entlang abwärts laufen und die Steißgegend berühren. Der eine erreicht über die dorsale Mitte des Beins die Ferse und endet am Grundglied der kleinen Zehe. Der andere endet bereits in der Kniekehle. Der Meridian verläuft also zentrifugal. Er verbindet 67 Vitalpunkte. Schmerzhafte und krampfartige Zustände, Kopfschmerzen, Neuralgien, rheumatische Schmerzen, Ischias und Lumbago, Stoffwechselstörungen der Zellen, Ekzeme sowie Störungen im Wasserhaushalt sind Indikationen.

8. *Shen-jing (Shao-yin)*, die Nieren-Leitbahn, hat *Yin*-Charakter, ist mit der Blase gekoppelt und gehört zur Wandlungsphase (→*Wu-xing*) Wasser. Seine Stimulationszeit liegt zwischen 17 und 19 Uhr. Er verläuft zentripetal. Sein Anfang ist an der Fußsohle, von wo aus er über die Innenseite des Unterschenkels und des Oberschenkels bis in die Blasengegend, dann über den Nabel zum Brustbein verläuft und an der Sternalseite des Schlüsselbeins endet. Er umfaßt 27 Vitalpunkte. Er nimmt Einfluß auf die Funktion des Urogenitalsystems und hilft bei Erkrankungen im Mund- und Rachenbereich und bei Krämpfen.

9. *Xin-bao-jing (Jue-yin)*, die Perikard-Leitbahn, auch »Meister des Herzens« genannt. Er hat *Yin*-Charakter, ist mit dem *San-jiao* gekoppelt und gehört zur Wandlungsphase (→*Wu-xing*) Feuer. Die Stimulationszeit liegt zwischen 19 und 21 Uhr. Auch der »Meister des Herzens« verläuft zentrifugal. Sein Anfang befindet sich zwischen Brustwarze und Achselhöhle, zwischen der dritten und vierten Rippe. Er läuft ebenfalls entlang der Innenseite des Arms und endet an der Innenseite des Zeigefinger-Endgliedes. Er vereinigt 9 Körperpunkte. Im Gegensatz zu den bisher erwähnten steht dieser Meridian zu keinem inneren Organ in einer direkten Beziehung, sondern die Aktivierung seiner Punkte beeinflußt den peripheren Kreislauf, das Blutbild und die Versorgung der *Yin*-Organe. Die Auswirkungen diesbezüglich sind noch nicht genügend erforscht. Die moderne Medizin hat festgestellt, daß dieser Meridian eine Beziehung zur strömenden Blutmasse und den intermediären Stoffwechselprodukten unterhält.

10. *San-jiao-jing (Shao-yang)*, »Dreifache-Wärmebereich-Leitbahn« oder »dreifacher Erwärmer«, ist ein *Yang*-Meridian, gekoppelt mit dem *Xin-bao-jing*, und gehört zur Wandlungsphase (→ *Wu-xing*) Feuer. Sein Zustand ist an der Zunge ablesbar, seine Stimulationszeit liegt zwischen 21 und 23 Uhr. Er verläuft zentripetal. Sein Anfangspunkt liegt oberhalb des Ringfingernagels, von wo aus er auf der dorsalen Seite des Arms über die Schulter bis zum Schlüsselbein geht und von hier zum Schläfenbein, dann einmal um das Ohr herum, weiter zum Unterkiefer bis zum äußersten Augenwinkel. Er verbindet 23 Punkte. Auch er ist an keine bestimmten Organe gebunden und besteht aus drei Abschnitten: dem unteren, dem mittleren und dem oberen »Erwärmer«. Der obere steuert die Atmung, der mittlere die Verdauung und Nahrungsaufnahme und der untere das urogenitale System, die sexuelle Potenz und den chemischen Gesamthaushalt des Organismus. Der »dreifache Erwärmer« bildet eine regulierende Einheit, die durch seine Tätigkeit die Funktionen des »Meister des Herzens« ausgleicht. Fehlfunktionen in ihm bewirken die Erkrankung der Atemwege, des Verdauungsapparates und der Harnwege sowie Krämpfe und Schwerhörigkeit.

11. *Tan-jing (Shao-yang)*, die Gallenblasen-Leitbahn, ist ein *Yang*-Meridian, gekoppelt mit der Leber, und gehört zur Wandlungsphase (→*Wu-xing*) Holz. Seine Stimulationszeit liegt zwischen 23 und 1 Uhr. Er verläuft zentrifugal. Er beginnt am äußersten Augenwinkel, verläuft über die Schläfe zum zentralen Teil des Nackenmuskels, dann seitlich am Schultergelenk vorbei bis zum Beckenraum, wonach er sich an der Außenseite des Beins entlang bis zum Grundglied der vierten Zehe zieht. Er verbindet 44 Vitalpunkte. Über ihn werden Schmerzen wie Migräne, Krampfzustände der Sinnesorgane, Gliederschmerzen und Neuralgien behandelt.

12. *Ganjing (Jue-yin)*, die Leber-Leitbahn, hat *Yin*-Charakter, gehört zur Wandlungsphase (→ *Wuxing*) Holz und ist mit der Galle verbunden. Die beste Stimulationszeit liegt zwischen 1 und 3 Uhr. Auch ist diese Leitbahn ein zentripetaler Meridian, der zwischen der großen und zweiten

Alte chinesische Darstellung des Leber-Meridians

Zehe beginnt und weiter über die Innenseite von Unterschenkel und Oberschenkel über die Leistenbeuge durch die Blase zu den unteren Rippen führt und in der Nähe der Brustwarzen endet. Er besteht aus 14 Körperpunkten. Einwirkungen auf ihn können Gelbsucht, vegetative Ermüdungserscheinungen, Leberschwellungen, Darmstörungen, Abmagerung, Allergien, Kopf- und Gelenkschmerzen verursachen.

AUßERORDENTLICHE GEFÄßE

Die traditionelle chinesische Medizin kennt außer den Hauptmeridianen noch acht außerordentliche Gefäße, deren Aufgabe darin besteht, Stauungen des Energieflusses in den Hauptmeridianen zu regeln, wenn diese auftreten. Eine besondere Bedeutung kommt ihnen auch in der Behandlung von chronischen Erkrankungen, Ermüdungserscheinungen, Stoffwechselstörungen sowie psychischen Überlastungen zu. Die beiden wichtigsten sind die schon erwähnten *Ren-mai* und *Du-mai*.

SONDERLEITBAHNEN

Diese Leitbahnen werden *Jing-bie* genannt. Die 12 *Jing-bie* verbinden die Extremitäten mit dem Herz und vermitteln die Verbindung der 6 *Yin*-Leitbahnen zum Kopf. Sie haben keine eigenen Punkte, sondern benutzen die der Hauptleitbahnen.

MUSKELLEITBAHNEN

Die *Jing-jin* beinhalten die Muskeln und Sehnen. Sie beginnen an den Extremitäten und laufen zu Stamm und Kopf. Diese 12 Meridiane versorgen die Extremitäten mit *Qi*.

HAUTFLÄCHEN

Die *Pi-bu* verlaufen netzartig auf der Haut. Sie bilden die oberflächliche Körperabwehr.

BEDEUTUNG FÜR DIE KAMPFKÜNSTE

Die Meister der Kampfkünste machten sich diese Wissenschaft zunutze, indem sie in ihren Praktiken verschiedene Vitalpunkte des menschlichen Körpers durch Druck, Schlag oder Stoß aktivieren konnten (→*Dian-xue*). Die Techniken der klassischen chinesischen →*Dao* waren immer voller Hinweise auf solche Methoden. In bezug auf die eigene Übung bieten die Kampfkünste durch korrekte Ausführung ihrer Bewegungen die Möglichkeit, solche Punkte am eigenen Körper zu stimulieren und somit zu einer starken Gesundheit zu gelangen. Viele Bewegungen und Stellungen in den *Dao* enthalten durch die Art ihrer Spannungen oder Gelenkpositionen positive

Einwirkungen auf die Vitalpunkte. Das korrekte Üben einer *Dao* reguliert den inneren Fluß der Energie und ist sowohl aus therapeutischer als auch aus psychologischer Sicht sehr wertvoll.

Jing-luo Qi-gong (chin.): wörtlich »Meridian Qi-gong« bzw. »Leitbahnen Qi-gong«. Ein moderner *Qi-gong*-Stil, der von Professor LI DING, einem Spezialisten der →chinesischen Medizin und der traditionellen → Akupunktur, gegründet wurde.

Das *Jing-luo Qi-gong* stellt eine Mischung zwischen →*Jing-gong*, dem »Stillen *Qi-gong*«, und →*Dong-gong*, dem »*Qi-gong* in Bewegung« dar. Neben relativ einfachen Bewegungen soll das →*Qi* durch die 14 wichtigsten Leitbahnen (→*Jing-luo*) geführt werden. Deshalb wird es auch das »14-Leitbahnen-*Qi-gong*« genannt. Die Technik wurde speziell für Kranke entwickelt, gehört also zum medizinischen *Qi-gong* (→ *Yi-jia*). Die Übung setzt aber relativ gute Kenntnisse der Leitbahnen und der wichtigsten Punkte (→ *Xue-wei*) voraus.

Qi-gong hilft den Menschen, verbrauchtes *Qi* auszustoßen, frisches *Qi* aufzunehmen und krankheitsabwehrendes *Qi* zu erhalten. Körper und Gesundheit werden gestärkt, Senilität bleibt aus, und das Leben wird bei regelmäßiger Übung verlängert. Über die Bewegung des *Qi* in den Leitbahnen werden direkt die Organe (→*Zang-fu*) stimuliert. Man schickt einen konzentrierten Gedanken durch die Meridiane hindurch, der Stauungen und Blockaden löst und das *Qi* somit zu einem regelmäßigen Fluß bringt. Man beginnt in der Lungen-Leitbahn und fährt fort durch die Dickdarm-, Magen-, Milz-, Herz-, Dünndarm-, Blasen-, Nieren-, Herzbeutel-, *Sanjiao*- (Dreifacher Erwärmer), Gallen- und Leber-Leitbahn. Dann folgen noch *Ren-mai* und *Du-mai*.

Das Prinzip ist dem des Großen und Kleinen Himmelskreislaufs (→*Da-zhou-tian*, →*Xiao-zhou-tian*) sehr ähnlich, aber hier werden zusätzlich auch körperliche Bewegungen ausgeführt. Wenn man morgens übt, wird das Denkvermögen klarer, die Stimmung wird gehoben, Seh- und Hörfähigkeit erhöhen sich, der Appetit wird gesteigert, und der Körper bleibt entspannt. Man bleibt den ganzen Tag über ruhig und leistungsfähig.

Schon nach einem Monat bessern sich folgende Erscheinungen: chronischer Kopfschmerz Schwindel, körperliche Schwäche, Husten, Kurzatmigkeit, verschleimte Atemwege, Depression, Herzklopfen, Beklemmung in der Brust, Menstruationsbeschwerden, Impotenz, Kreuz- und Gelenkschmerzen, vorzeitige Ejakulation und schlechtes Gedächtnis. Nach zwei Monaten Übung sollten diese Symptome verschwunden sein, spätestens aber nach drei Monaten. Die Verdauungsfunktion, der Muskeltonus, die Funktion von Gehirn, Leber, Nieren und Lungen, der Blutdruck, das Sehvermögen, der Sauerstoffgehalt im Blut, das Aussehen der Zunge und der Puls (wichtig in der chinesischen Medizin) sollten sich wesentlich verbessert haben. Man kann alle 14 Übungen nacheinander ausführen oder spezielle auswählen und diese gesondert trainieren.

BEISPIELE ZUR AUSWAHL DER ÜBUNGEN:

- Bei Verdauungsstörungen, chronischer Bronchitis, Abmagerung und Ödemen sollten Dickdarm- und Lungen-Leitbahn trainiert werden, sie wirken auch auf Milz und Lunge.
- Bei Nervenerkrankungen, Schlaflosigkeit, Gedächtnisverlust, frühzeitiger Ejakulation und Impotenz sollte man die Dünndarm- und Blasen-Übung durchführen, die auch auf Herz und Nieren wirken.
- Bei Bluthochdruck, Unterversorgung des Gehirns mit Blut, Herzklopfen, Ödemen, Gelbsucht und Gallenblasenentzündung sollten Leber-, Gallen-, Herzbeutel- und *Sanjiao*-Leitbahn geübt werden.

ABLAUF

1. Anfangs-Form: Das *Qi* zum *Dan-tian* bewegen, Einatmung und Ausatmung
2. Lungen-Leitbahn
3. Dickdarm-Leitbahn
4. Magen-Leitbahn
5. Milz-Leitbahn
6. Herz-Leitbahn
7. Dünndarm-Leitbahn
8. Blasen-Leitbahn
9. Nieren-Leitbahn
10. Herzbeutel-Leitbahn
11. *Sanjio*-Leitbahn
12. Gallen-Leitbahn
13. Leber-Leitbahn
14. *Ren-mai*
15. *Du-mai*
16. Abschluß-Übung: Das *Qi* zum Herzen bewegen, das Nieren-*Qi* heben

Jing-zuo (chin.): »Stillsitzen«, auch *Jingzuopai* (»Schule der Stille«, s. →*Qi-gong*), in den buddhistischen Richtungen →*Zuochan*, Bezeichnung für die sitzende Meditation.

Jinja (jap.): Shintô-Schrein.

Jinkaku (jap.): Charakter.

Jin-men (chin.): »Durchschreiten des Tors«. Bezeichnung dafür, daß ein Mensch sich auf die Suche nach dem →*Dao*, nach Weisheit und Harmonie begibt.

Jin-men wird nicht nur auf die philosphische Suche innerhalb von bestimmten Systemen angewandt, sondern auch auf den Weg der Kampfkünste, wenn er als Lebensinhalt betrieben wird.

MAN MUß ZUR VERWIRKLICHUNG:

1. verstehen, das Universum als heilig zu betrachten;
2. den verlorengegangenen Sinn für Ehrfurcht kultivieren;
3. erkennen, daß die Weiterentwicklung von Ehrfurcht und Weisheit Hand in Hand gehen muß;
4. negative Gefühle und unmäßiges Verlangen abbauen.
5. innere Stille und einen Zustand der Gelassenheit erreichen, der durch das Auf und Ab des täglichen Lebens nicht erschüttert wird;
6. eine Vorstellung von Wesen und Wirklichkeit suchen;

DIE MITTEL DAZU SIND:

1. Einfachheit und Mäßigung;
2. kontemplative Übung im Einklang mit der Natur;
3. Selbstverantwortung und Selbstheilung;
4. Kampfkünste, →*Qi-gong* und Atemtechniken;
5. künstlerische und kreative Betätigung;
6. Regelung der Lebensumstände.

Jinsô (jap.): Niere.

Jintai-kyûsho (jap.): Vitalpunkte am menschlichen Körper, die im *Karate* als Angriffspunkte verwendet werden. Die hier aufgeführten 40 Vitalpunkte wurden von FUNAKOSHI GICHIN aus der großen Vielzahl von überlieferten Nervenpunkten (nähere Erläuterungen dazu s. →*Dian-xue*, →*Shiatsu*, →*Tsubo*, →*Jing*) ausgewählt und zum Teil mit Namen versehen. Sie werden in seinem Buch »Karate-dô Kyôhan« folgendermaßen aufgeführt:

VORDERSEITE

KOPF UND GESICHT (JÔDAN)

Ein Schlag auf gleich welchen der Vitalpunkte im

Jôdan-Bereich verursacht eine Gewalteinwirkung auf die Schädelnerven, was zum Verlust der Nervenkoordination oder des Bewußtseins führt und einen Gefäßschock bewirkt. Es gibt 12 Schädelnerven, die sensorische, motorische oder kombinierte Funktionen besitzen.

1 – Tendô (Scheitelnaht)
Linie, an welcher der vordere Knochen und die seitlichen Knochen zusammentreffen. Todesursache ist eine schwere Gewalteinwirkung auf das Gehirn und eine Unterbrechung der Schädelnerven.

2 – Tentô (Stirnfontanelle)
Gebiet zwischen der Stirn und der Scheitelnaht, das bei einem neugeborenen Kind noch nicht durch Knochen verschlossen ist und die Pulsationen des Gehirns erkennen läßt. Todesursache ist Gehirnerschütterung und Gewalteinwirkung auf die Schädelnerven.

3 – *Kasumi* (Schläfe)
Insbesondere die Naht zwischen Wangenknochen und Stirnknochen. Bewußtlosigkeit resultiert aus einer Gewalteinwirkung auf die Schädelnerven, was einen Verlust der sensorischen und motorischen Funktionen bewirkt.

4 – *Seidon* (Augengegend)
Obere und untere Teile der Augenhöhle. Verlust des Bewußtseins kommt von einer Gewalteinwirkung auf das Gehirn, was zum Verlust der Nervenkontrolle führt.

5 – *Gansei* (Augapfel)
Verlust des Bewußtseins wird durch eine schwere Gewalteinwirkung auf das Gehirn verursacht, die zu einer Unterbrechung der Schädelnerven und zum Verlust der sensorischen und motorischen Funktionen führt.

6 – *Uto* (Nasenwurzel)
Der Punkt an der Wurzel der Nase zwischen den Augen. Bewußtlosigkeit resultiert aus einer schweren Gewalteinwirkung auf das Gehirn, die zu einer Unterbrechung der Schädelnerven und zum Verlust der sensorischen und motorischen Funktionen führt.

7 – *Jinchû* (Kieferknochennaht)
Zusammentreffen des rechten und linken Oberkieferknochens unter der Nase. Bewußtlosigkeit kommt von einer Gewalteinwirkung auf die Schädelnerven und dem Verlust der sensorischen und motorischen Funktionen.

8 – *Gekon* (Unterkiefermitte)
Ungefähr einen Zentimeter unter der Unterlippe. Bewußtlosigkeit resultiert aus der Gewalteinwirkung auf die Schädelnerven und dem Verlust der sensorischen und motorischen Funktionen.

9 – *Mikazuki* (Kieferwurzel)
Untere Kante des Unterkiefers; auch die Knochenverbindung unter und vor den Ohren. Bewußtlosigkeit kommt von einer Erschütterung des Gehirns und dem Verlust der Nervenkoordination.

MITTLERER TEIL (CHÛDAN)

Angriffe auf die Vitalpunkte, die in der Brust- und Bauchgegend liegen, führen in erster Linie zu einer Verletzung oder Funktionsbeeinträchtigung der inneren Organe mit negativen Auswirkungen auf das Rückenmark und das sympathische Nervensystem (Teil des vegetativen Nervensystems). Dies wiederum zieht die Gehirnnerven in Mitleidenschaft und führt zu Bewußtlosigkeit durch Schock, durch den Verlust der sensorischen und motorischen Funktionen und durch das folgende Aussetzen der Atmung. Es ist hier zu bemerken, daß Angriffe auf Vitalpunkte am Kopf zwar auch zum Verlust der sensorischen und motorischen Funktionen, aber nicht immer auch zum Aussetzen der Atmung führen.

10 – *Matsukaze* (Halsseite)
Die Länge des Sternocleidomastoideus (seitlicher Halsmuskel, von unter dem Ohr bis zum Schlüsselbein, Kopfdrehermuskel). Bewußtlosigkeit wird verursacht durch Gewalteinwirkung auf die Halsschlagader und den pneumogastrischen Nerv, was zu einem Schock und zum Verlust der sensorischen und motorischen Funktionen führt.

11 – *Murasame* (Graben über dem Schlüsselbein)
Auf jeder Seite des Halses der vordere Teil der Kehle, gerade über dem Schlüsselbein, am Beginn des seitlichen Kopfdrehermuskels. Bewußtlosigkeit kommt von Gewalteinwirkung auf die Arterie unter dem Schlüsselbein und den Unterzungennerv, was einen Schock und den Verlust der motorischen Funktionen verursacht.

12 – *Hichû* (Kerbe über dem Brustbein)
Einbuchtung auf der Oberfläche des Halses zum Bauch hin zwischen dem Brustbeinknochen und dem Kehlkopf. Ein Blockieren der Luftröhre führt zum Verlust des Bewußtseins.

13 – *Tanchû* (Brustwinkel)
Gerade unterhalb des Zusammentreffens von

Brustbein und Handgriff (oberster Abschnitt des Brustbeins, nahezu runder Knochen). Verlust des Bewußtseins kommt von einer Gewalteinwirkung auf das Herz, die Bronchien, den Oberkörper versorgende Schlagadern und die Lungenarterie, was zu Störungen des Atemsystems und zu Schock führt.

14 – *Kyôsen* (Schwertfortsatz)
Unterer Abschnitt des Brustbeins. Verlust des Bewußtseins kommt von einer schweren Gewalteinwirkung auf Leber, Magen und Herz, die zu einem Schock und zu Störungen des Nervensystems führt, was den Verlust der motorischen Funktionen nach sich zieht.

15 – *Suigetsu* (Solarplexus)
Mulde gerade unterhalb des Brustbeins. Bewußtlosigkeit kommt von Gewalteinwirkung auf Magen und Leber, was die angrenzenden Regionen darüber und darunter schädigt. Dies hat seinerseits wieder Auswirkungen auf die Nerven und führt somit zum Funktionsverlust der inneren Organe.

16 – *Myôjô, Tanden* (Punkt ca. 3 cm unter dem Nabel)
Bewußtseinsverlust wird verursacht durch Gewalteinwirkung auf den Dünndarm und die Blase sowie auf die großen Blutgefäße und Nerven im Bauch, was zu Schock und zum Verlust der motorischen Funktionen führt.

17 – *Kyôei* (Gebiet unter den Achselhöhlen)
Raum zwischen der vierten und fünften Rippe, ungefähr auf einer Höhe mit dem Ende des Schulterblatts. Bewußtlosigkeit kommt von einer schweren Gewalteinwirkung auf die Lungen und die damit verbundenen Nerven, was zu einem Verlust der Lungenfunktion führt, zum Atemstopp und zu Kreislaufversagen.

18 – *Ganka* (Gebiet unter den Brustwarzen)
Zwischen den fünften und sechsten Rippen auf jeder Seite. Ursachen für Bewußtlosigkeit sind ähnlich wie beim vorigen Punkt, d. h. Verlust der Lungenfunktion, Atemstopp und Kreislaufversagen.

19 – *Denkô* (Bauch, hypochondrisches Gebiet)
Siebter Rippenzwischenraum. Die Ursache für den Verlust des Bewußtseins ist für die linke und die rechte Seite unterschiedlich. Auf der rechten Seite ist es die schwere Gewalteinwirkung auf die Leber, die zu einem Verlust der mit Leber und Lunge verbundenen Nervenfunktionen führt. Auf der linken Seite liegt es an einer schweren Gewalteinwirkung auf Magen und Milz mit Auswirkungen auf Herz und Lungen, was zu einem Verlust der mit Herz und Lungen verbundenen Nervenfunktionen führt.

20 – *Inazuma* (Bauch, Lendengegend)
Elfter Rippenzwischenraum. Die Ursachen für den Verlust des Bewußtseins unterscheiden sich von der linken zur rechten Seite und sind nahezu dieselben wie bei der hypochondrischen Gegend.

21 – *Uchi shakutaku* (Innenseite des Handgelenks)
Zwischen dem radialen Handbeugemuskel und den Beugemuskeln der Finger. Ein Angriff auf diesen Punkt führt zu Gewalteinwirkung auf den darunterliegenden Nerv und die Schlagader. Dies bewirkt eine ungewöhnliche Art von Schmerz, der die Brust- und Halsregion in Mitleidenschaft zieht und einen Verlust der motorischen Funktionen und des Bewußtseins nach sich zieht.

22 – *Shukô* (Handrücken)
Insbesondere die Punkte zwischen Daumen und Zeigefinger sowie zwischen Mittel- und Ringfinger. Verlust des Bewußtseins kommt von einem Schock auf den mittleren Armnerv, was zu einem ungewöhnlichen Schmerz in der Brust- und Halsgegend führt, der den Verlust der motorischen Funktionen nach sich zieht. Ein ähnliches Ergebnis ist zu erwarten, wenn man auf irgendeinen Knochen des Handrückens schlägt.

Unterer Teil (Gedan)

23 – *Yakô* (Leistengegend)
Innere Gegend am Ansatz des Oberschenkels; Teil der Muskulatur der Schambeinknochen. Bewußtseinsverlust entsteht durch die Gewalteinwirkung auf die darunterliegende Schlagader und den Nerv (Oberschenkelnerv) sowie auf den inneren Schenkelnerv. Dies verursacht einen ungewöhnlichen Schmerz in der Hüfte und im Bauch, der zu Verlust der motorischen Funktionen führt.

24 – *Fukuto* (Oberschenkel weiter unten, seitlich)
Mittlerer Teil des seitlichen Vastusmuskels. Ursache für den Verlust des Bewußtseins ist ein Krampf des Muskels im Oberschenkel, der zu Schmerzen im Unterbauch und dem Versagen der motorischen Funktionen des Beines führt.

25 – *Naike, Uchikurobushi* (innerer Knöchel)
Der Punkt gerade unterhalb der Verdickung des Schienbeines. Obwohl dieser Begriff gewöhnlich den untersten Teil des Schienbeinknochens bezeichnet, d. h. die innere Oberflä-che des Fußknöchels, ist mit *Uchikurobushi* als Angriffspunkt ein Punkt auf der inneren Oberfläche des Sprungbeinknochens gerade unterhalb des Knöchels gemeint. Ursache für den Verlust des Bewußtseins ist Gewalteinwirkung auf die Schienbeinschlagader, was eine ungewöhnliche Art von Schmerz in der Hüftgegend verursacht, die zu einem Verlust der motorischen Funktionen führt.

26 – *Kôri* (Fußrist)
Der mittlere Teil auf der oberen Seite des Fußes. Der Angriffspunkt liegt von der Mitte aus etwas nach innen zwischen den Sehnen der großen Zehe und der zweiten Zehe. Ursache für die Bewußtlosigkeit ist Gewalteinwirkung auf den Nerv in der inneren Fußsohle, die Schienbeinschlagader und den tiefen Wadenbeinnerv, was zu einem ungewöhnlichen Schmerz im Bein, der Hüfte und im Bauch führt, der den Verlust der motorischen Funktionen verursacht.

27 – *Sôin, Kusagakure* (seitliche Fußoberfläche)
Gerade unterhalb des Ansatzes des vierten und fünften Zwischenknochenmuskels. Die Gründe für den Verlust des Bewußtseins sind dieselben wie bei Punkt 26.

28 – *Kôkotsu, Mukôzune* (Mitte des Wadenbeines)
Ein Angriff zu diesem Punkt führt zu einer Verletzung des Wadenbeinnervs, was schwere Schmerzen und den Verlust der aufrechten Haltung nach sich zieht.

29 – *Kinteki* (Hoden)
Ursache für den Verlust des Bewußtseins ist schwere Gewalteinwirkung auf die Nerven und Arterien der Hoden und der Leisten, wodurch die Hoden sich heben und damit den Verlust der motorischen Funktionen verursachen.

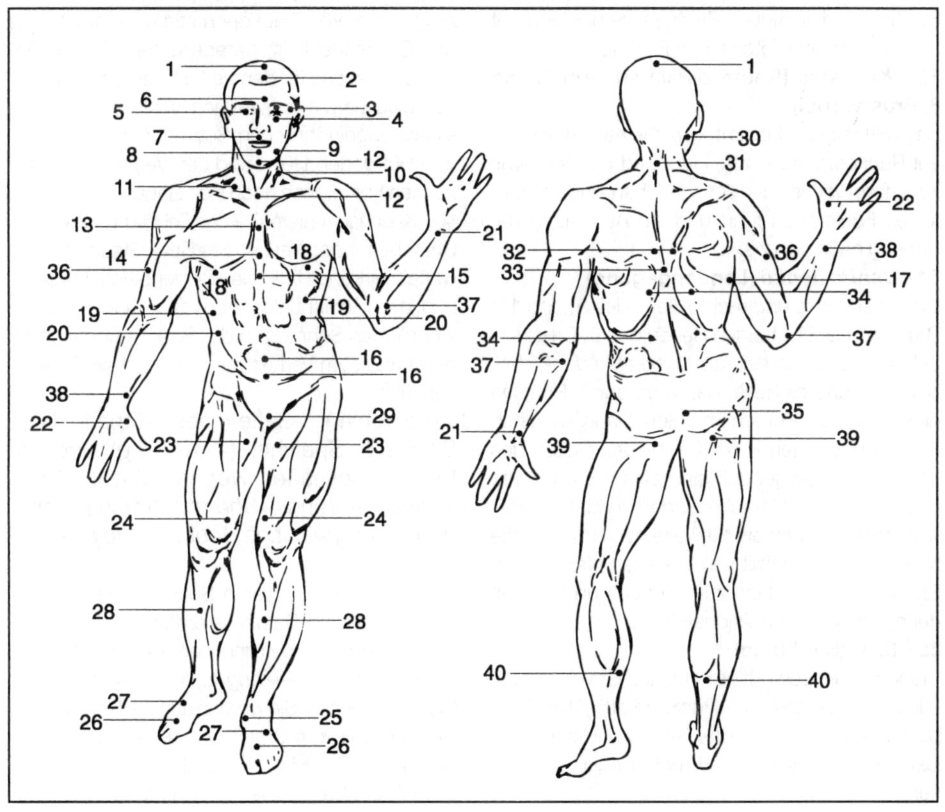

RÜCKSEITE

Oberer Teil (Jôdan)

30 – *Dokko* (Ausbuchtung hinter dem Ohr)
Zwischen dem Warzenfortsatz (hinter der Ohrmuschel) und dem Unterkiefer. Bewußtlosigkeit kommt von Gewalteinwirkung auf die Schädelnerven und das Rückenmark, was zum Verlust der sensorischen und motorischen Funktionen führt.

31 – *Keichû* (Nacken)
Dritter Halswirbelzwischenraum. Bewußtlosigkeit kommt von schwerer Gewalteinwirkung auf das Gehirn, die Schädelnerven und das Rückenmark, was zum Verlust der sensorischen und motorischen Funktionen führt.

Mittlerer Teil (Chûdan)

32 – *Hayauchi* (mittlere Schulterblattkanten)
In der Höhe des dritten Rippenzwischenraums. Bewußtlosigkeit kommt von einer schweren Gewalteinwirkung auf die Lungen und das Rückenmark, was zu Atemschwierigkeiten führt und zu Störungen des Blutkreislaufs in Verbindung mit dem Verlust der motorischen Funktionen.

33 – *Kassatsu* (Raum zwischen dem 5. und 6. Brustwirbel)
Bewußtlosigkeit kommt von Gewalteinwirkung auf Rückenmark, Aorta, Herz und Lungen, was zu einem Verlust der sensorischen und motorischen Funktionen führt und ein Aussetzen der Atmung nach sich zieht.

34 – *Ushiro denkô* (Lendengegend)
Die jeweils linke und rechte Seite des 9. und 11. Brustwirbels. Die beiden Seiten des 9. Brustwirbels werden allgemein als *Shakkatsu denkô* bezeichnet, und es heißt, daß man durch Pressen dieser beiden Punkte mit den Daumen einen Krampf beseitigen kann. Die beiden Seiten des 11. Brustwirbels jedoch sind effektivere Punkte für einen Angriff. Ursache für den Verlust des Bewußtseins ist schwere Gewalteinwirkung auf die Nieren und die damit verbundenen Nerven und Blutgefäße, was dann zum Schock und Verlust der motorischen Funktionen führt.

35 – *Bitei* (Steißbein)
Ursache für Bewußtlosigkeit ist Gewalteinwirkung auf das gesamte Rückenmark. Dies führt zu einem Schock auf das Gehirn und zum Verlust der sensorischen und motorischen Funktionen.

36 – *Wanjun* (Oberarm, rückwärtige Oberfläche)
Mittlerer Teil zwischen Bizeps und Trizeps. Bewußtlosigkeit kommt von einer Gewalteinwirkung auf den Ellennerv, den mittleren Armnerv und die Blutgefäße des Oberarms, was zu einer ungewöhnlichen Art von Schmerz in Brust und Hals sowie zum Verlust der motorischen Funktionen führt.

37 – *Chûkitsu, Hijizume* (seitliche Oberfläche des Ellenbogens)
Bewußtlosigkeit kommt von Gewalteinwirkung auf den Ellennerv, was einen ungewöhnlichen Schmerz in Brust und Hals verursacht und mit dem Verlust der motorischen Funktionen einhergeht.

38 – *Sotoshakutaku* (Rückenseite des Handgelenks)
Raum zwischen den Enden von Elle und Speiche. Ursache für Bewußtlosigkeit ist Gewalteinwirkung auf den mittleren Armnerv und Verlust der motorischen Funktionen.

Unterer Teil (Gedan)

39 – *Ushiro inazuma* (Gesäßfalte)
Auf der hinteren Seite der mittlere Teil am Ansatz des Oberschenkels, gerade unterhalb des Gesäßes. Ursache für den Verlust des Bewußtseins ist Gewalteinwirkung auf den Ischiasnerv, was zu einem ungewöhnlichen Schmerz in der Bauch- und Hüftgegend führt und den Verlust der motorischen Funktionen nach sich zieht.

40 – Kusanagi (unterer Teil des Schollenmuskels)
Ursache für den Verlust des Bewußtseins ist Gewalteinwirkung auf die Schienbeinschlagader und den Schienbeinnerv, was zu einem ungewöhnlichen Schmerz in der Bauch- und Hüftgegend und zum Verlust der motorischen Funktionen führt.

Jin-ye (chin.): »Säfte« des Körpers: Urin, Schweiß, Speichel (→*Yu-jiang*) und die Verdauungssäfte. Neben Blut (→*Xue*), →*Jing*, →*Qi* und →*Shen* nach chinesischer Vorstellung wichtige Bestandteile des Körpers.

Jin bezeichnet die klaren Säfte, *Ye* die dickflüssigen und zähen. Die *Jin-ye* ernähren Haut, Haare, Schleimhäute, Körperöffnungen, Fleisch, Muskeln, innere Organe (s. →*Zang-fu*), Gelenke, Knochen, Mark und Gehirn. Sie werden aus der Nahrung gewonnen und vom Organ-*Qi*, dem →*Zang-fu-zhi-qi*, reguliert. Das Blut *(Xue)* wird nicht zu den Säften gezählt. Die Säfte haben *Yin*-Charakter.

Jinzô (jap.): *Atemi*-Angriffspunkt: Nieren.

Jion (jap.): okinawanische *Karate-Kata* (→*Kata*). Die *Jion* ist eine typische *Shôtôkan*-Kata und in den meisten anderen *Ryû* unbekannt. Über ihre Geschichte und ihren Ursprung weiß man nur sehr wenig. Es steht fest, daß sie aus China kommt und sehr alt ist. Inwieweit sie auf Okinawa verändert wurde, ist nicht genau bekannt. Sie tauchte zusammen mit *Jitte* und *Ji'in* zuerst in der Tomari-Gegend auf, war jedoch auch im *Shuri-te* bekannt. Man glaubt aber, daß die *Jion*, *Jitte* und *Ji'in* in der Itosu-Schule aus Shuri keine bedeutende Rolle spielten. Später übertrugen diese *Kata* sich über Meister Funakoshi ins *Shôtôkan-ryû*, wo *Jion* und *Jitte* in die engere Wahl des Meisters fielen.

Jion – Liebe und Gnade

Die Bezeichnung *Jion* ist identisch mit *Shaolin*, dem alten chinesischen Kloster, das für die Kriegskunst seiner Mönche bekannt war. Die zweite Bereitschaftsstellung der *Jion (Jiai no kamae)* ist identisch mit dem Gruß, den die Shaolin-Mönche untereinander gebrauchten. Da die *Kata* denselben Namen trägt, vermutet man, daß sie den Kampfstil der Mönche repräsentiert und somit bis an den Ursprung der Kampfkünste zurückführt.

Jion bedeutet in einer anderen Übersetzung »Liebe und Gnade«. Man spricht der *Kata* einen tiefen psychologischen Sinn zu und sagt, daß ihre richtige Ausführung der vollendeten Reife eines Buddha gleicht. Ihre Übung vermittelt die vollkommene Harmonie in der Bewegung, das Gleichgewicht des Geistes und führt zu einem direkten, wirkungsvollen Kampfstil.

Durch die Silbe »Ji« weist die *Jion* eine Verwandtschaft mit den Kata *Jitte* und *Ji'in* auf, wodurch sie heute mit den beiden in einer *Kata*-Gruppe klassifiziert wird.

Jion-gamae (jap.): im okinawanischen *Karate* bekannt als *Ryu no shita gamae* (Drachenhaltung der unteren Stufe). →*Kamaekata*, die aus dem Jion-Tempel (Shaolin-Kloster) stammt und heute in der *Jion* zum Ausdruck kommt.

Jion-gamae kann mit offener Hand oder mit geschlossener Faust eingenommen werden. Bevorzugt sind lange oder mittlere Stellungen, der nach unten ausgestreckte Arm blockt die Fußtritte des Gegners, der zurückgezogene Arm schützt Bauch und Kopf.

Jion-gamae – Abwehrhaltung zur unteren Stufe

Ji-qiao (chin.): »Geschicklichkeit und Talent«, Bezeichnung für den Faustkampf.

Jiriki (jap.): die eigene Kraft. Die Bemühung, aus eigener Kraft Fortschritte zu machen, im Gegensatz zu →*Tariki*, was soviel bedeutet wie »die Kraft des anderen (eines Gottes)« zu gebrauchen, um das Heil (→*Satori*) zu erreichen. Auf allen Wegen des →*Dô* gilt das Prinzip des Jiriki. Dies ist ein Weg zur Erleuchtung durch eine innere Verwirklichung.

Dieser Weg kann durch die Übung in der Selbstdisziplin und →Askese unter der Führung eines Meisters geübt werden, der alle Techniken mit dem Ziel des Erwachens lehrt. Die bedeutendsten buddhistischen *Jiriki*-Wege Japans waren das →*Tendai*, das →*Shingon* und das →*Zen*. Alle von ihnen beeinflußten Methoden (auch die Kampfkünste) dienten diesem Zweck. Im Gegensatz zu ihnen stand der →*Amida*-Buddhismus (s. auch →*Jôdo*), eine reine Götterlehre, die sich hauptsächlich im Volk verbreitete. In Japan sagte man, das *Tendai* sei für den Kaiser, das *Shingon* für den Adel, das *Zen* für die Samurai und das *Jôdo* für die Massen.

Innerhalb einer *Jiriki*-Lehre gibt es erneut die Trennung in die innere Lehre und in die äußere Lehre. Diese Unterscheidung ist in den Kampfkünsten identisch mit dem inneren Schüler (→ *Uchi-deshi*) und dem äußeren Schüler (→*Soto-deshi*). Die äußere Lehre ist die Technik. Die innere Lehre oder das »Herz« der Lehre bezeichnet jedoch erst das Wesen des Weges. Dies ist die esoterische Lehre, die man auf den Schulungswegen →*Hiden* nennt und die nur wenigen Übenden zugänglich ist. Um die *Hiden* geht es auch auf den Wegen des *Budô*.

Jisai (jap.): andere Bezeichnung für →*Seppuku* oder →*Harakiri*.

Ji-Samurai (jap.): Bezeichnung für die sogenannten japanischen »Bauernkrieger«. Sie erhielten nur ein Minimum an Kampfausbildung und mußten in Friedenszeiten auf den Feldern arbeiten.

Im Notfall konnten die *Ji*-Samurai von ihren Herren abberufen werden. Sie gehörten nicht zu den *Bushi* (Kriegern). Im Unterschied zu den professionellen *Bushi* durften die *Ji*-Samurai und die →*Ashigaru* nur das Kurzschwert (→*Wakizashi*) tragen, während die Samurai mit zwei Schwertern (→*Daishô*) ausgerüstet waren.

Jisei (jap.): Selbstbeherrschung.

Jishin (jap.): Selbstvertrauen.

Jissen (jap.): tatsächlicher Kampf (s. →*Jiyû-Kumite*).

Jissen-gata (jap.): wörtlich: »ein Mann des echten (tatsächlichen) Kampfes«. Auch Bezeichnung für einen Meister der Kampfkünste.

Jissen-kumite (jap.): *Karate*-Übungskampf (s. →*Jiyû-Kumite*), der eine Simulation des tatsächlichen Kampfes unter realen Bedingungen darstellt und nur von Fortgeschrittenen geübt werden sollte. →*Ikken-hissatsu* und →*Sun-dome* werden hier zum Zentralbegriff. Die Handlungen verfolgen den Zweck, in jede Technik maximales →*Kime* zu übertragen und den Kampf mit einer einzigen Aktion zu entscheiden.

<u>Allgemein</u>

Beide Gegner brauchen für einen solchen Kampf eine perfekte Kontrolle der Atmung, des Geistes und des *Ki*-Flusses. Die körperlichen, geistigen und technischen Werte (→*Shin Gi Tai*) des einzelnen kommen hier voll zur Geltung. Jede unüberlegte oder unentschlossene Handlung muß vermieden werden. *Jissen-Kumite* ist eine perfekte Übung für den Geist, für den Willen, für die Ausdauer und für die gesamte innere Haltung des Menschen. In dieser Übungsform gibt es keine Halbwahrheiten. Innere Haltung und äußere Handlung werden eins. Nur wer beides bis zur Vollkommenheit beherrscht und kontrolliert, kann von dieser Übung Gebrauch machen.

<u>Karate</u>

Für Meister des *Karate* ist *Jissen-Kumite* vollkommen ungefährlich, da sie in der Lage sind, innere Haltungen zu kontrollieren. Meister Funakoshi sagte: »Denke nicht darüber nach, wie du gewinnst, sondern denke darüber nach, wie du nicht verlierst.« Dieser Spruch ist in der Übung des *Jissen-Kumite* von zentraler Bedeutung. Für wirkliche Meister des *Karate* erlaubt *Jissen-Kumite* einen Einblick in die tiefsten Schichten ihrer Seele. Für sie ist es nicht ein Kampf mit einem Gegner, sondern eine Herausforderung an alle inneren Haltungen, die vollkommene Harmonie und Einklang verhindern. Für jene Übenden, die diese Herausforderung nicht verstehen und *Jissen-Kumite* im Eigennutz verwenden wollen, ist diese Übungsart verboten.

- Goshin-Kumite schult das Abwehrverhalten gegen Angreifer in freier Bewegung und entspricht den Prinzipien des *Jissen* (tatsächlicher Kampf). Alle Angriff und alle Gegenangriffe sind hier erlaubt. Die Übung erfordert äußerste Vorsicht und ist nur Fortgeschrittenen zu empfehlen.
- Bôgu-Kumite ist ein Kampf mit Schutzausrüstung. Er dient dem Studium von starken Angriffs- und Kontertechniken. Es ist jedoch nicht der Sinn des *Bôgu-Kumite*, Verletzungsgefahren gering zu halten. Diese Verantwortung muß der

Karateka tragen, indem er *Sun-dome* beachtet. Die *Bôgu* (Schutz) erlaubt dem Übenden, starkes *Kime* zu entwickeln, ohne den Gegner zu verletzen.

Jita-kyôei (jap.): Leitsatz des *Kôdôkan*: »Gegenseitige Hilfe und Unterstützung« (s. →*Jûdô*).

Jite (jap.): eine Art der japanischen Lanze (s. →*Yari*), an deren Schaft eine kreuzförmige Klinge befestigt ist.

Die *Jite* wurde zumeist von den japanischen Fußsoldaten (*Ashigari* oder *Zusa*) verwendet. Die Techniken dieser Waffe sind heute in Vergessenheit geraten, da die *Jite* im Laufe der Geschichte Japans durch die →*Naginata* ersetzt wurde. Weiter s. →*Jutte*.

Jitoku (jap.): [aus *Ji* = Selbst, *Toku* = Gewinn, Vorteil] in der direkten Übersetzung »Selbstgewinn, -vorteil«, doch in der wörtlichen Bedeutung kann dieses wichtige Prinzip der Meister-Schüler-Beziehung (→ *Shitei*) nicht interpretiert werden. Keinesfalls ist damit ein Gewinn gemeint, den ein Schüler durch die Perfektion der Form erzielt. Vielmehr bedeutet *Jitoku*, daß der Schüler durch beständiges Hinterfragen seiner Haltung die Grundvoraussetzungen formt, durch die wahres Verstehen möglich wird. Dies kann nicht geschehen, wenn er nur den Formanforderungen (→*Shu*) ohne eigenes Denken entspricht. Der den Regeln bedingungslos unterworfene Schüler ist ein braver, jedoch fortschrittsunfähiger Mensch. Um fortschreiten zu können, muß er über die Regel hinausgehen und um eigenes Verstehen (→*Ha*) kämpfen.

Im bloßen Kopieren dessen, was der Meister sagt oder tut (→*Manabu*), gibt es kein Verstehen. Der Weg des *Budô* ist nicht dem Nachahmer, sondern nur dem nach Sinn suchenden Menschen zugänglich. Ohne selbständige Initiative im Suchen gibt es auch keinen Weg (→*Dô*). Diese Intitiative in der Haltung zu entwickeln und zu erhalten ist eine wichtige Aufgabe des Schülers. Sie erlaubt, daß jede erlernte Form auf individuelle Weise im Menschen wächst und Teil von ihm selbst wird. Was nur kopiert, nachgeahmt oder im herkömmlichen Sinn gelernt ist, bleibt vom Verstehen getrennt und hat auf dem Weg keine Bedeutung.

Doch die Initiative zum Eigenen führt über einen schmalen Grat. Es ist nicht damit getan, oberflächliches Verstehen zu entwickeln, um den Anschein tiefer Erkenntnisfähigkeit zu erwecken. Das Eigene muß in einer Wegübung entstehen, in Selbsterfahrungsprozessen reifen und schließlich mit dem, was vom übergeordneten Standpunkt der Welt haltbar und vertretbar ist, übereinstimmen. In jedem anderen Fall ist es ohne Bedeutung und naiv, wenn es den Anspruch auf Richtigkeit erhebt. Der Wegerfahrung geht eine harte Arbeit an sich selbst voraus. Die Zeit allein, ohne den beständigen Kampf um legitime Erkenntnisse, bringt weder im Leben noch im *Dôjô* einen Fortschritt. In der oberflächlichen Meinung, in der bloßen Dialektik oder im Anspruch auf Rechthaberei gibt es nirgends einen Weg.

Auch der Übungsfleiß ist dafür keine Garantie, wenn er keine Richtung hat. Ohne die rechte Grundhaltung zum Weg, ohne das Miteinbezogensein in die Gesamtheit der hintergründigen Wegprozesse (→*Dôjôkun*) führt auch der Fleiß zur leeren Form. Jeder Schritt über sie hinaus erfordert vom Übenden eine grundlegende Selbstverantwortung für die Art und Weise seines Lernens. Fehlt sie, ahmt der Schüler unverstandene Techniken nach oder verwirklicht naive Eigenvorstellungen. Das Lernen hingegen, das mit *Jitoku* gemeint ist, verwirklicht die Wahrheit des Weges im eigenen Selbst.

Ein Kampfkunstübender muß daher bereit sein, mit umfassenden Selbstverantwortungen umzugehen, und verstehen, daß das einzige Hindernis zum Weg nur eine falsche innere Haltung sein kann. So ist es eine der Hauptverantwortungen auf dem Weg, sich um wahres Verstehen selbst zu bemühen. Das Verstehen darf weder von einem Geist, der da meint, bereits verstanden zu haben, noch von einem Geist, der nur am Nachahmen interessiert ist, verhindert werden.

Aus demselben Grund bezeichnen die traditionellen Meister die nur leistungssportlichen Methoden als unzureichend für den Wegfortschritt. Diese Methoden überbetonen den Formaspekt und lassen grundlegende Wegbedingungen außer acht. Richard Kim vergleicht einen *Budô*-Meister mit einem Menschen, der in den Bergen jodelt. Er kann viele Echos hören, doch er weiß nicht, ob es jemanden gibt, der ihn verstanden hat. Den Meister hören zu lernen gehört in die

Selbstverantwortung des Schülers. Der rechte Schüler hört ihn nicht mit seinen Ohren, sondern mit einem Wahrnehmungsorgan, das die sportwissenschaftliche Methode überschreitet. Fehlt es, erkennt der Schüler nur den Maßstab. *Jitoku* heißt, den Maßstab zu lernen, um den Sinn zu verstehen.

Anders als in den Wissenschaften gibt es auf dem Weg keine feste Formel, die man ohne weiteres lernen und anwenden kann. Alles, was in den Weglehren danach aussieht, ist relativ und für jeden anders. Daher muß die alte Formel, auch wenn sie sich tausendfach durch die Zeit bewährt hat, im eigenen Verstehen Schritt für Schritt neu gegründet werden. Zwar ist es einfacher, sie aus der Tradition zu lernen, doch ist es ein Fehler, sie auf diese Weise übernehmen zu wollen und zu denken, man hätte sie verstanden. Es geht um das Gründen der Formel, auch wenn sie längst existiert, nicht um das Übernehmen. Das, was die vergangenen Meister überliefert haben, dient nur als Beispiel und darf nicht kopiert werden. Es muß auf individuelle Weise neu entstehen. Die Eigeninitiative, dies zu tun, nennt man *Jitoku*.

Jitsu[1] (jap.): Wahrheit, Wirklichkeit. *Jijitsu* – Tatsache, *Kôjitsu* – Ausrede, *Jitsuryoku* – Fähigkeit, Leistung.

Jitsu[2] (jap.): Kunst, Technik, das handwerkliche Können (s. →*Jutsu*).

Jitte[1] (jap.): okinawanische *Karate-Kata* (s. →*Kata*). Die *Jitte* ist eine *Kata* aus der Tomari-Gegend, die sich danach über das *Shuri-te* ins *Shôtôkan-ryû* verbreitete. Sie stammt aus dem chinesischen *Luo-hanquan*, man vermutet auch eine Verbindung zu den *Kata Jion* und *Ji'in*.

Im *Shôtôkan-ryû* wird diese *Kata* gegen den Stock angewendet. Sie besteht nur aus Abwehrtechniken und legt in der Übung besonderen Wert auf die Koordination zwischen Hüft- und Extremitätenbewegung, auf die Position der Ellbogen in den Endstellungen und auf die richtige Spannung der seitlichen Rumpfmuskeln, über die die Verbindung zwischen Technik und *Hara* hergestellt wird. Durch die Übung der *Jitte* kann die korrekte Abwehr verstanden werden.

Jitte übersetzt man heute mit »zehn Hände«. Diese Interpretation ist jedoch erst in Japan entstanden. »Ji« bedeutet »Liebe« oder »Gnade«, wonach die eigentliche Übersetzung »Technik der Gnade« lautet. Jitte ist die ursprüngliche okinawanische Bezeichnung der *Kata*. In Japan wurde

Jitte – zehn Hände

sie in *Jutte (Jute)* umbenannt, doch dieser Name setzte sich im Gegensatz zu anderen japanischen *Kata*-Namen nicht wirklich durch. Heute gebraucht man wieder den ursprünglichen Namen. Manche Meister sehen in ihrem Namen auch eine Verbindung mit *Jitte*, einer alten japanischen Waffe, die dem *Sai* ähnelt. Doch diese Verbindung ist neueren Datums, da die *Kata Jitte* vor FUNAKOSHI's Ankunft in Japan unbekannt war. Heute wird die *Kata* recht einheitlich in mehreren *Ryû* geübt, jedoch verschieden angewendet (in Okinawa war die *Kata* nicht sehr verbreitet, und es entstanden demzufolge weniger verschiedene Varianten). Die Interpretation gegen den *Bô* gibt es nur im *Shôtôkan-ryû*.

Jitte[2] (jap.): s. →*Jutte*.

Jittejutsu (jap.): die Kunst im Umgang mit der japanischen →*Jitte*[2] (→*Jutte*, japanische Form der →*Sai*).

Jiû (jap.): identisch mit *Jû* = sanft, nachgeben, ausweichen.

Jiu-goa-dao (chin.): neunzähniger Säbel (s. →*Bing-qi*).

Jiu-jie-bian (chin.): neunteilige Peitsche (s. →*Bing-qi*). Die Waffe besteht aus 9 kurzen Metallstäben, die durch Ringe verbunden sind. An den Enden sind Metallgewichte befestigt.

Jiû-Jitsu (jap.): in Japan andere Aussprache für →*Jûjutsu* bzw. →*Yawara*, in Deutschland ein Begriff, der das »europäische Jiu-Jitsu« von der Auffassung des *Deutschen Jûdô-Bundes* (→*Jûjutsu* in Deutschland) unterscheiden soll.

Die Bezeichnung *Jiu-Jitsu* wurde in Europa um die Jahrhundertwende für eine von Matrosen eingebrachte Kampfmethode verwendet *(Gaijin Goshinjutsu)*, die sich vom japanischen klassischen *Jûjutsu* (oder *Jiu-Jitsu*) im Laufe der Jahre durch eigene Interpretationen zu unterscheiden begann. Heute wird diese europäische Methode in verschiedenen deutschen Verbänden weiterhin eigenständig praktiziert und nennt sich einfach *Jiu-Jitsu*. Sie ist nicht in die Tradition der klassischen japanischen *Jûjutsu-ryû* (→*Jûjutsu*) eingebunden, sondern versteht sich selbst als europäische Selbstverteidigungsmethode mit eigenen Graduierungssystemen und eigenen Großmeistern (s. Anhang: *Deutscher Dan-Träger und Budô-Lehrer Verband, Deutscher Jiu-Jitsu Ring Ehrich Rahn* und *Bayerischer Fachverband für asiatische Kampfsportarten*). Die bedeutendsten Lehrer dieser Auffassung in Deutschland sind DIETMAR GDANIETZ (Nachfolger von ERICH RAHN), LOTHAR SIEBER, HEINZ JANSEN, KLAUS HÄRTEL, EDUARD MATUSCHEK, HANS SCHÖLLAUF, BARON HUBERT KLINGER VON KLINGERSTORFF und SIEGFRIED LORY.

Die in Deutschland, hauptsächlich im DJB, verbreitete gegenteilige Auffassung ist jedoch ebensowenig traditionell, sondern ein Wettkampfsport. Die Initiative zur Trennung vom »europäischen Jiu-Jitsu« gab es bereits 1925, nachdem die verbandsorganisierten Amateure alle selbständigen Lehrer und Berufskämpfer mit Mehrheitsbeschluß ausgeschlossen hatten und nicht mehr anerkannten (für viele Kampfkunstanhänger in Deutschland war dieser Tag der Anfang einer bis heute andauernden Vereins- und Verbandsmeierei, die mit Berufung auf die Stempel des DSB jede Erforschung von wahren Inhalten im *Budô* verhindert). Durch die nachfolgende schrittweise Wandlung des Amateur-*Jiu-Jitsu* zum *Jûdô* und die Gründung des *Deutschen Jûdô-Bundes* (DJB) geriet diese Kampfmethode in den Verbänden zunächst in Vergessenheit. Erst 1969 wurde sie unter der Bezeichnung *Jûjutsu* als Wettkampfsport wieder eingeführt. Durch diese von einigen Leuten provozierte Entwicklung entstand in Deutschland die verbreitete falsche Auffassung, daß die Begriffe *Jiu-Jitsu* und *Jûjutsu* zwei verschiedene Kampfkünste bezeichnen.

Jiu-wan-tai-dao (chin.): auch *Chiu-wan-tai-do*, neunringiges, langschaftiges Breitschwert (s. →*Bing-qi*, →*Tai-dao*). Die Ringe auf dem Rücken der Klinge wurden benutzt, um beim Zurückziehen der Waffe tiefe Wunden zu reißen.

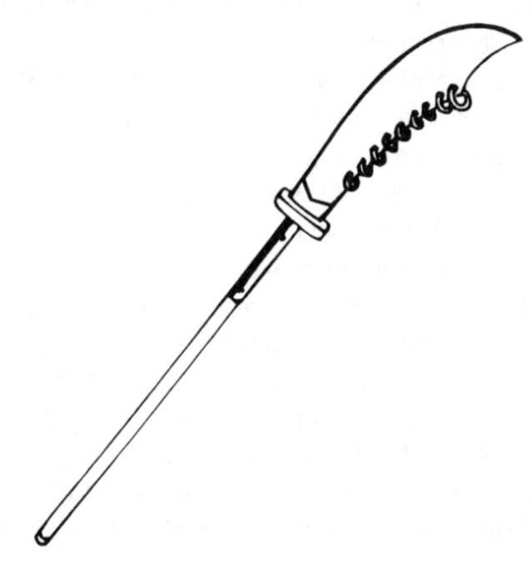

Jiu-wan-tai-dao

Jiu-yun-lian (chin.): die »neun Bewegungsübungen« oder »neun Tempelübungen«, eine Zusammenstellung von Übungen des →*Qi-gong*, die oft zur Aufwärmung in den Kampfkünsten verwendet werden. Die Übungen sind mit den →*Ba-duan-jin* verwandt und mit den →*Shi-er-duan-jin* vergleichbar.

1. Rad drehen: Die Bewegung ist in der Stellung →*Gong-jian-bu* (s. auch →*Bu-fa*) auszuführen. Man stellt die Handflächen etwa in schulterbreitem Abstand gegenüber. Das Gewicht bleibt vorn, während die Arme ausgestreckt angehoben werden. Das Gewicht wird nach hinten verlagert, wobei man die Hände bis zum Körper anzieht, an ihm heruntergleitet und wieder nach vorn geht. So entsteht eine kreisförmige Bewegung.

2. Kniekreisen: Die Füße werden geschlossen, die Hände liegen auf den Knien. Während der Oberkörper immer an derselben Stelle bleibt, werden die Knie gedreht.

3. Armrotieren: Die Stellung →*Zhi-li* (s. auch → *Bu-fa*) wird eingenommen und während der ganzen Übung beibehalten. Die Arme werden locker zu beiden Seiten in Schulterhöhe ausge-

streckt. Zusammen mit der Hüftdrehung wird ein Arm zu dem feststehenden anderen Arm bewegt.

4. Früchtepflücken: Man nimmt die Stellung →*Zhi-li* ein. Die Hände werden nach oben gestreckt, der Blick ruht auf den Händen. Nun streckt und bewegt man sich, als würde man hochhängendes Obst pflücken.

5. Beine schwingen: Man steht auf einem Bein, dessen Knie gebeugt ist. Das andere Bein wird locker vor- und zurückgeschwungen.

6. Knie beugen: Abwechselnd wird mit jedem Bein der Katzenstand (→*Du-li*) eingenommen. Die Stellung wird jeweils einige Zeit beibehalten. Das kräftigt die Wirbelsäule und richtet sie auf.

7. Zurückziehen und Vorgehen: →*Zhi-li* wird eingenommen, und während das Gewicht auf das rechte Bein geschoben wird, dreht die Hüfte stark nach rechts. Die Hüfte bleibt eingedreht, das Gewicht wird aber auf das linke Bein verlagert, dann erst dreht die Hüfte ebenfalls nach links ein. Diese Bewegung wird ständig wiederholt. Die Übung massiert die Nieren, die Leber, Pankreas (Bauchspeicheldrüse) und den Dickdarm.

8. Korn mahlen: Man stellt sich bei dieser Übung vor, daß sich etwa in Kniehöhe eine Steintafel mit Korn befindet. Man selbst hält zwei Steine in den Händen und mahlt damit in →*Ma-bu* das Korn klein. Dazu geht man bei aufrechtem Rücken so tief, daß man mit den waagerecht gehaltenen Handflächen etwa in Kniehöhe kommt. Dann bewegt man die Hände in kleinen Kreisen, wobei die Hüfte den Oberkörper von einer Seite zur anderen dreht.

9. Spiegel polieren: Hier nimmt man wieder →*Zhi-li* ein. Man stellt sich vor, vor einem sehr großen Spiegel zu stehen. Nun beginnt man oben mit den Händen über den Spiegel zu wischen und geht dabei tiefer in die Knie, während der Rücken aufrecht bleibt. Das stärkt die Beine und verhindert Hämorrhoiden.

Jiyû (jap.): Freiheit, frei sein. In den Kampfkünsten wird es für die freie Bewegung oder Handlung verwendet.

Jiyû-ippon-Kumite (jap.): *Karate*-Übungskampf in halbfreier Form, im →*Yakusoku-jiyû-Kumite* klassifiziert, in dem es einen Angriff, eine Abwehr und einen Konter gibt. *Jiyû-ippon-Kumite* unterscheidet sich vom

Szene aus Jiyû-ippon-Kumite

Kihon-Kumite dadurch, daß die Techniken aus freier Bewegung, Deckung und Distanz erfolgen und daß nach der Aktion die freie Deckung und die normale Distanz sofort wieder eingenommen werden.

Die Aktionen, die man im halbfreien Kämpfen übt, müssen sich nicht von jenen aus dem *Kihon-ippon-Kumite* unterscheiden. Man kann also dieselben Übungen wie im *Kihon-ippon-Kumite* als *Jiyû-ippon-Kumite* üben, legt jedoch die Schwerpunkte auf die hier gestellten Anforderungen. Auch in dieser Übungsform werden in manchen Schulen festgelegte *Kata* gegründet, von denen ausgehend man weitere Möglichkeiten entwickelt. Mittelpunkt bleiben jedoch auch hier die Beispiele aus den klassischen *Kata*.

JIYÛ-IPPON-KUMITE-Kata

Jodan Oi-zuki
1. (RD) *Shutô-gamae*, Tate shutô-age – Migi chûdan gyaku-zuki
2. (LH) *Ganseki-gamae*, Hidarite nagashi-uke, dôji Chûdan gyaku ura-zuki, Tenshin

Chudan Oi-zuki
1. (LE) *Maebane-gamae*, Hidari gyaku seiryûtô otoshi-uke – Migi uraken-uchi, Hidari tate-zuki
2. (LF) *Kosa-gamae*, Migi mawashi-tekubi, Migi mawashi-geri, Hidari chudan gyaku-zuki

Mae-geri
1. (RB) *Kaishu-gamae*, Hidari gyaku shutô-barai, dôji Migi uraken-uchi, Tenshin
2. (RH) *Jion-gamae*, Migi gyaku-barai – Tenshin, Migi gyaku-zuki

JIYÛ-IPPON-KUMITE-Kata

Yoko geri kekomi
1. (LH) *Tanshin-gamae*, Yori-ashi 45° links vor, Hidari soto-uke – Ashi-barai, Otoshi-zuki
2. (LE) *Juji-gamae*, Awase seiryûtô-uke – Migi jôdan uraken-uchi

Mawashi-geri
1. (RC) *Musô-gamae*, Hidari jôdan uchi-uke – Migi chûdan gyaku-zuki
2. (RB) *Kosa-gamae*, Hidari jôdan gyaku kizami-zuki – Migi shutô-uchi, Tenshin

Ushiro-geri
1. (LH) *Chûdan-gamae*, Migi gyaku sukui-uke – Sukuinage, dôji ashi-barai, Otoshi-zuki
2. (LE) *Koko-gamae*, Migi sukui-uke (*Kaiten*) – Ushiro-geri

Jodan Kizami-zuki
1. (LR) *Ganseki-gamae*, Hidari harai-uke, dôji ashi-barai – Migi gyaku-zuki
2. (LE) *Sagurite-gamae*, Hidarite nagashi-uke, (Nk) – Ushiro kaiten, Migi uraken-uchi

Chudan Gyaku-zuki
1. (LG) *Chûdan-gamae*, Migi shutô-barai,dôji Hidari chûdan ura-zuki – Migi mawashi-geri
2. (RH) *Chûdan-gamae*, Hidari te osae, Migi jôdan gyaku-zuki, Ashi-fumikae – Migi uraken-uchi

Jiyû-kumite (jap.): freies Kämpfen. Neben →*Yakusoku-Kumite* (abgesprochenes Kämpfen) ist dies die zweite große Gruppe der Kampfübungen im *Karate*.

Jiyû-kumite im Karate

BEDEUTUNG

Greift ein Gegner aus freier Deckung und Distanz ohne Absprachen mit einer frei gewählten Technik oder Kombination an, und sein Gegenüber hat die uneingeschränkte Wahl von Handlungsmöglichkeiten, nennt man diese Übungsform *Jiyû-Kumite*. Die erste und wichtigste Voraussetzung, um eine solche Übungsart zu betreiben, ist eine gute Grundschule. Erst danach kann der Übende lernen, seinen Körper in der freien Bewegung zu beherrschen, mit seiner Schwerkraft richtig umzugehen, Kraft in der freien Technik zu entwickeln und sein Gleichgewicht zu erhalten. Ohne diese Voraussetzungen ist das freie Kämpfen nicht möglich.

EINTEILUNG

Auch das *Jiyû-Kumite* ist eine Übungsmöglichkeit, die nach verschiedenen Kriterien abläuft und Elemente von einfach zu schwierig enthält. Um verschiedene Aspekte des freien Kämpfens verstehen zu lernen, übt man den Freikampf mit gezielten Schwerpunkten. Folgende Möglichkeiten lassen sich unterscheiden:

FORMEN DES JIYÛ-KUMITE

Renshu-kumite	Shizen-Kumite
	Tanshiki-Kumite
Shôbu-kumite	Kyôgi-Kumite
	Shiai-Kumite
Jissen-kumite	Goshin-Kumite
	Bôgu-Kumite

Jiyû-renshû (jap.): freies Training. Übungsmethode für Fortgeschrittene, durch die innerhalb eines geführten Trainings Freiräume geschaffen werden, um den Übenden die Möglichkeit zu geben, eigene Schwerpunkte zu üben.

Jiyû-renshû-kumite (jap.): spielerisch (s. →*Shôbu*) geführter Übungskampf unter Verwendung der Wettkampfregeln des *Karate*. Erläuterungen s. unter →*Renshû-Kumite*.

JKA: *Japan Karate Association*, von Meister FUNAKOSHIS jüngeren Karate-Schülern, hauptsächlich von der Takushoku-Universität, gegründet *Karate*-Vereinigung mit dem Ziel, *Karate* in einen Wettkampfsport zu verwandeln und weltweit zu verbreiten.

DIE GRÜNDUNG DER JKA

Die Idee zur JKA stammt von →NAKAYAMA MASATOSHI, der 1946 aus China zurückkehrte und das Karate in einen Wettkampfsport verwandeln wollte. Da er selbst zu jener Zeit noch kein *Shôtô-*

kan-Meister war, war er auf die Hilfe anderer angewiesen. Diese bekam er vor allem von →NISHIYAMA HIDETAKA, der der Leiter des JKA-Instruktorenkurses wurde, in dem Trainer für Wettkampf-*Karate* ausgebildet wurden.

Durch das sportlich professionelle Training, das in diesem Kurs vor allem durch Nishiyama Hidetaka geleistet wurde, baute die JKA allmählich ihre Vormachtstellung gegenüber anderen ähnlichen Institutionen aus und begann auf den darauffolgenden japanischen Meisterschaften alle Titel zu gewinnen. Superstars wie KANAZAWA, MIKAMI, ASAI, ENOEDA u. a. machten das Wettkampfkonzept der JKA berühmt. Die JKA-Instruktoren, die durch Intensivtraining an die Grenzen ihrer Leistungsfähigkeit gebracht wurden, waren bald konkurrenzlos im gesamten Wettkampf-*Karate*. Über die jungen Schüler, die ebenfalls Wettkampf-*Karate* machen wollten, wurden die traditionellen Clubs unter Druck gesetzt und aufgefordert, der JKA beizutreten. Das Wettkampf-*Karate* begann die Szene zu dominieren, und die Feindschaft zu den Meistern des traditionellen →*Shôtôkan* verstärkte sich zunehmend.

VERBREITUNG DER JKA

Dank dem Ansehen und dem großen Einfluß NISHIYAMA erklärten sich sogar Lehrer wie YAMAGUCHI GÔGEN oder ÔTSUKA HIRONORI dazu bereit, dort zu unterrichten. Meister FUNAKOSHI, der ebenfalls gefragt wurde, verweigerte der JKA seine Hilfe. Viele Universitäten überwanden daraufhin ihre Abneigung gegen die Emporkömmlinge und wurden Mitglied in der JKA, die ihnen dafür Wettkampflehrer zur Verfügung stellte. Auf diese Weise begann sich die JKA langsam über das gesamte Universitäts- und Hochschul-*Karate* Japans auszubreiten. Nur noch zwei Universitäten in Tôkyô, Waseda und Keio, bewahrten ihre Unabhängigkeit, denn dort unterrichteten die ehemaligen Übungsleiter der alten Funakoshi-Schule mit der Unterstützung des Altmeisters wettbewerbsfreies *Karate* (Universitäts-Karate-Liga). Doch sie wurden von der Verbreitungspolitik der JKA isoliert. Da die Waseda- und Keiyo-Universitätsleitung die Mitgliedschaft in der JKA ablehnte, erhielten alle Studenten dieser Universität 1955 Trainingsverbot in den JKA-Clubs.

Dadurch war der *Shôtôkan*-Stil endgültig gespalten, und die Schüler der jungen Generation standen im Rampenlicht der Öffentlichkeit. 1955 übernahm NAKAYAMA MASATOSHI die Gesamtleitung der JKA, und →TAKAGI MASATOMO, ein Mitschüler Nakayamas von der Takushoku-Universität, wurde ihr Geschäftsführer. Obwohl sein *Karate* durchschnittlich war, verdankt die JKA ihm ihr Wachstum. Er warb für die Organisation bei Zeitungen und Fernsehen, kämpfte um Sponsoren bei Firmen und war ein ständiger Schrecken für jene, die ihre Beiträge nicht zahlten. Dank ihm konnte die JKA 1964 ihr kleines *Yotsuya-Dôjô* verlassen und in den alten *Kôdôkan* einziehen.

Heute ist die JKA Mitglied der JKF (*Japan Karatedô Federation*, s. Anhang), des japanischen Vertreters des Weltverbandes für *Karate* (→WUKO). Weitere Erläuterungen zur JKA s. unter →*Shôtôkan-ryû*.

JKF: *Japan Karate-dô Federation*, früher →FAJKO, japanischer Vertreter für Wettkampf-Karate innerhalb der →WUKO (s. auch Anhang). In der JKF sind folgende Stilrichtungsorganisationen vertreten: *Shitôkai, Wadôkai, Gôjûkai*, JKA *(Shôtôkan)*, *Rengokai, Kyokushinkai* und *Renbukai*.

JKF Gôjû-kai: s. →UCHITA SHOZO und Anhang.

Jo (jap.): langsam. *Joho* – langsam gehen.

Jô[1] (jap.): 1,30 m langer und ca. 2,2 cm dikker Stock, in Japan ursprünglich aus dem →*Bô* entwickelt und zum japanischen *Bô*-System gehörend. Heute ist das →*Jôjutsu* ein eigenes System mit eigenen *Kata*.

Der japanische *Jô* wurde von →MUSÔ GONNOSUKE aus dem *Katori Shintô-ryû* entwickelt (→IIZASA CHÔISAI IENAO, der Gründer dieser Schule, verwendete bereits den *Bô* als Verteidigungswaffe gegen das Schwert) und bildete mit eigenen Techniken die Grundlage für das ebenfalls von Gonnosuke entwickelte System →*Shindô Musô-ryû*. Dieses System entwikkelte er, nachdem er einen Kampf gegen →MIYAMOTO MUSASHI verloren hatte. Er zog sich auf den Berg Homan in die Einsiedelei zurück und entwickelte dort einen kürzeren Stock und neue Techniken, mit denen er Musashi zu bezwingen hoffte. So entstanden die Techniken des japanischen *Jô*.

Jô[2] (jap.): Platz, Ort, Stelle (auch *Ba*).

Jô[3] (jap.): japanische Selbstverteidigungswaffe (s. →*Jôdô*; okinawanischer *Jô* s. →*Yonshaku-bô*, →*Kobudô*).

Jô[4] (jap.): oben (auch *Shô, Ue*). *Kami, Uwa* – der obere Teil, *Ageru* – heben, *Agaru* – steigen (s. →*Hô*[2]). Gegenteil: *Ge* (unten).

Jôbajutsu (jap.): japanische Kunst der Reiterei (s. →*Bajutsu*).

Jôbutsu (jap.): Ausdruck des *Zen* für die Verwirklichung des eigenen Buddha-Wesens (s. →*Busshô*).

Jôdan (jap.): obere Angriffsstufe, Kopf und Hals (s. →*Jô*[4], →*Hô*[2]).

Jôdan-ate (jap.): Schlag oder Stoß zur oberen Stufe.

Jôdan-gamae (jap.): Kampfhaltung mit der Deckung oben.

Jôdan-Jûdô (jap.): das höhere *Jûdô* (s. → *Gedan-Jûdô*).

Jôdan-oshi-dachi (jap.): Preßstoß zur oberen Stufe.

Jôdan-uchi (jap.): Faustschlag zur oberen Stufe.

Jôdan-uke (jap.): Abwehr zur oberen Stufe.

Jôdan-zuki (jap.): Faustangriff zur oberen Stufe.

Jôdo (jap.): frühe buddhistische Sekte, entstanden zu Ende der Fujiwara-Zeit in Japan. Die japanische »Schule des reinen Landes« wurde von HÔNEN SHÔNIN (1133 bis 1212) gegründet, nachdem Verehrungspraktiken für den BUDDHA-AMIDA (→*Amida*-Buddhismus) schon viel früher existierten (ENNIN, 793–864, brachte sie neben *Tendai* und *Shingon* nach Japan), und war ein besonders im einfachen Volk verbreiteter Götterglaube, der die Erlösung durch die Wiedergeburt (→*Tariki*) im →Reinen Land versprach.

Die *Jôdo-shû*-Schule war eine der bedeutendsten buddhistischen Strömungen des *Amida*-Buddhismus, die im niederen Volk verbreitet war. Ihnen entgegen standen die →*Tendai*- und die →*Shingon*-Sekte, die besonders am kaiserlichen Hof und bei den Adeligen verbreitet waren, und das →*Zen*, das die Samurai übten. *Tendai*, *Shingon* und *Zen* lehnten *Tariki* ab und beriefen sich auf →*Jiriki*.

Von der *Jôdô-shû*-Schule spaltete sich im 15. Jh. die *Jôdo-shin-shû*-Schule (Wahre Schule des Reinen Landes) ab, die sich heute zur mächtigsten buddhistischen Vereinigung Japans entwickelt hat. Seit dem 17. Jh. gibt es in ihr zwei Hauptströmungen (*Otani* und *Honganji*), deren Haupttempel sich beide in Kyôto befinden.

Jôdô (jap.): Bezeichnung für die unter den philosophischen Aspekten des Weges *(Dô)* geübte japanische Kunst mit dem halblangen Stock (→*Jô*[1]). *Jôdô* wurde von SHIMIZU TAGAKI, dem Großmeister des → *Shindô Musô-ryû* aus dem früheren →*Jô-jutsu* abgeleitet und wird heute in der *Zen Nihon Jôdô Renmei Federation* (gegründet 1955) vertreten. Der *Jô* ist in Japan eine der beliebtesten Waffe (etwa 10000 Übende).

Im heutigen *Jôdô*, das nicht mehr als kämpferisches System ausgeübt wird, ist die einzige Trainingsform die *Kata*. In diesem Trainingssystem kennt man insgesamt 64 *Kata*. Einer der bekanntesten hochgraduierten Meister des *Jôdô* war DONN F. DRAEGER (s. →*Tenshin Shôden Katori Shintô-ryû*).

Joduk (indo.): moslemische Form des →*Pent-jak-Silat*, das auf West-Bali geübt wird.

Der Stil verwendet mystische, tranceähnliche Zustände, um seine Anhänger fanatisch zu machen. In Zeremonien fügen sich die Kämpfer mit einem Kris gegenseitig Wunden zu, um sich gegen Schmerzen unempfindlich zu machen.

Joe-Lewis-Karate: amerikanisches *Karate*-System (s. →*Full-contact*, →*Karate*), gegründet von dem mehrmaligen Weltmeister JOE →LEWIS, einem Schüler von SHIMABUKURO EIZO, OYATA SEIYU und KINJO CHINSAKE.

Jôgai (jap.): Ausschluß. Im Sport-*Budô* Bezeichnung für das Übertreten der markierten Kampffläche.

Jôgai-keikoku (jap.): Wettkampfbegriff: Wegen Übertretung der Kampfflächenlinien wird der Kämpfer verwarnt.

Jôgai-nakai (jap.): Wettkampfbegriff: »Kehrt zurück zur Mitte der Kampffläche.«

Jôgaku (jap.): Kinn, Kiefer (s. →*Karada*).

Jôgaku-shiso-tokki (jap.): *Atemi*-Angriffspunkt: Oberkiefer, Zahnausläufer

Joge-gamae (jap.): »Hoch-tief-Position«, alte Form der →*Kamaekata* aus den chinesischen Kampfkünsten.

Joge-gamae – die Hoch-tief-Position

Jôhô (jap.): von unten nach oben (s. →*Jô*[4], →*Hô*[2]).

Jôhô-uke (jap.): Gruppe der *Karate*-Abwehrtechniken von unten nach oben. Gegenteil: *Otoshi-uke*. Klassifizierung s. →*Uke-waza*.

JÔHÔ-UKE	
Age-uke	– steigende Unterarmabwehr
Kakutô-uke	– Handgelenkabwehr nach oben
Keitô-uke	– Hahnenkammabwehr nach oben
Age teishô-uke	– Handwurzelabwehr nach oben
Jôdan jûji-uke	– Kreuzabwehr nach oben

Jôjû (jap.): gelöste Besonnenheit (s. →*Furyû*).

Jôjutsu (jap.): japanische Kampfkunst mit dem mittellangen Stock (s. →*Jô*[1], ca. 1,30 m). Das japanische System wurde hauptsächlich von →Musô Gonnosuke entwickelt, der im *Tenshin Shôden Katori Shintô-ryû* das *Bôjutsu* lernte. In dieser Schule wurde der kürzere Stock entwickelt und mit den Techniken des Speeres *(Yari)*, des Schwertes *(Ken)* und des Stockes *(Bô)* sowie der Hellebarde *(Naginata)* kombiniert. Daraus entwickelte sich zwischen 1610 und 1615 Gonnosukes *Shindô Musô-ryû*.

Katori Shintô-ryû

Im *Katori Shintô-ryû* wird das *Jôjutsu* noch heute auf der Grundlage von 12 *Kata* gelehrt. Sechs davon bilden die sogenannten »höheren Studien« *(Jô-mokuroku)*. 1955 wurden die 12 *Kata* systematisiert, und aus dem *Jôjutsu* wurde

Übender des Jôjutsu

→*Jôdô*. Die Übungen und Kämpfe finden im Freien statt, wobei die Übenden mit *Hakama* und *Haori* bekleidet sind und keinerlei Schutz tragen. Die Ausübenden dieser Kunst nennt man *Shijô*. Die japanische Polizei gebraucht bei ihren Einsätzen auf der Straße einen aus dem *Jô* abgeleiteten Stock, den man *Keijô* nennt.

Shindô Musô-ryû

Der von Musô Gonnosuke gegründete Stil wird →*Shindô Musô-ryû* genannt. In diesem Stil gelangte die Kunst des *Jô* zu höchster Perfektion. Auf seiner Basis entwickelten sich in der Folgezeit mehr als 70 japanische *Jôjutsu*-Stile. Einer der Großmeister dieser Schule, Shimitsu Tagaki, reformierte die Techniken und gründete das →*Keijôjutsu*. Auf Okinawa wurde der *Jô* als →*Yonshaku-bô* bezeichnet und entwickelte ein eigenes Selbstverteidigungssystem.

Jô-mokuroku (jap.): »höhere Studien«, hoher Grad im →*Jôjutsu*.

Jonin (jap.): eigentlicher *Ninja*-Führer, Oberhaupt einer *Ninja*-Familie, eines *Ninja*-Clans oder eines *Ninja-ryû*.

In den meisten Fällen wurde die Identität des *Jonin* aus Sicherheitsgründen selbst vor den eigenen Agenten geheimgehalten. Das Amt des *Jonin* wurde innerhalb der Familie des Clan-Gründers von Generation zu Generation weitergegeben.

Jorga, Ilija: Dr. Ilija Jorga, Dozent an der medizinischen Hochschule Belgrad, 8. Dan

Karate, ist eine der bekanntesten *Karate*-Persönlichkeiten Europas und lebt in Pančevo, Serbien. Er begann zusammen mit seinem Bruder WLADIMIR JORGA 1959 Karate zu trainieren und war darauf 13mal jugoslawischer *Open Kumite*-Meister. Obwohl er von kleiner Statur ist, hat er all seine Kämpfe nur in der gewichtsoffenen Klasse bestritten. Auf internationalen Turnieren errang er in seiner aktiven Wettkampfzeit 18 Medaillen, darunter Europameisterschaften und höchste Plazierungen in der Weltmeisterschaft.

Dr. Jorga begann sein *Karate*-Training unter MURAKAMI TETSUJI, lernte jedoch bald darauf TAIJI KASE kennen, mit dem er viele Jahre zusammenarbeitete. Zwischen 1968 und 1981 war Jorga Trainer der jugoslawischen Nationalmannschaft und gewann mit dieser insgesamt 65 Medallien. 12 Europa- und Weltmeister gingen aus dieser Mannschaft hervor.

Jôriki (jap.): »Geisteskraft«, die wahre Konzentrationsfähigkeit, neben →*Kenshô* und →*Mujôdô no taigen* das wichtigste Ziel des →*Zazen*. Mit *Jôriki* ist die Fähigkeit zu einer durchgehenden Konzentration und Geistesgegenwart (s. →*Zanshin*) gemeint, die einen Menschen befähigt, in allen Situationen des Lebens angemessen zu handeln.

Ein Mensch, der *Jôriki* entwickelt hat, ist niemals ein Opfer der Umstände. Er ist in der Lage, seine Umgebung in vollkommener Freiheit und Gleichmut zu empfinden und sich in ihr zu bewegen.

Jôseki (jap.): Begriff in der Raumaufteilung eines *Dôjô* (s. →*Hô²*). *Jôseki* (obere Seite) ist die rechte Seite des *Dôjô*, vom Eingang *(Shimosa)* aus betrachtet.

Auf dieser Seite sitzen während der Eröffnungszeremonie eines Trainings die Lehrer *(Sensei)*. Gegenüber befindet sich *Shimoseki* (untere Seite), die Seite, auf der die Schüler *(Deshi)* sitzen. Rechts von den Lehrern (vom Eingang aus vorn) befindet sich *Shômen* (s. →*Kamiza*, →*Shinzen*).

Joshi-Jûdô-Goshinhô (jap.): Jûdô-Selbstverteidigungstechniken für Frauen, gegründet im *Kôdôkan*, bestehend aus Befreiungstechniken *(Ridatsu-hô)* und Kontertechniken *(Seigô-hô)*.

Jôshû, Jûshin: s. →Chao-chou Ts'ung-shen.

Jô-sokutei (jap.): »angehobene Fußsohle«. Andere Bezeichnung für →*Koshi*.

Jô-tori (jap.): Stockschlag mit dem →*Jô*.

Jôwan (jap.): Oberarm (s. →*Wan*).

Jôza (jap.): gleich mit →*Jôseki*.

Ju (jap.): →Konfuzianismus. *Jukyô/Jugaku* – Konfuzianismus, *Ju-jia* – konfuzianistische Schule, *Juka* – konfuzianistischer Gelehrter.

Jû¹ (jap.): Gewehr.

Jû² (jap.): sanft, weich, geschmeidig, nachgiebig (auch *Nyû, Yawarakai, Yawaraka*). Unter diesem Begriff versteht man jedoch keineswegs Schwäche, sondern vielmehr Flexibilität des Körpers und des Geistes: »wie sich der Bambus unter den Schneelasten beugt, ohne zu brechen«. Das Konzept des *Jû* beinhaltet über die Flexibilität und die Nachgiebigkeit hinaus jedoch auch Kraft und Schnelligkeit.

Jû³ (jap.): zehn (auch *Ji', To*). *Jûnin* – zehn Personen.

Jûban no Ma-ai (jap.): der richtige Abstand zwischen zwei Gegnern (s. →*Ma-ai*).

Jûdan (jap.): 10. Meistergrad im *Budô*. Titel eines →*Hanshi* (s. auch →*Kyûdan*, →*Dan*, →*Kodansha*).

Jûdô (jap.): »der sanfte Weg«, japanische Kampfkunst, 1882 von Professor →KANÔ JIGORÔ aus der kriegerischen Kunst des →*Jûjutsu* (s. auch *Kitô-ryû*, →*Jikishin-ryû*) gegründet und im Sinne des →*Budô* entwickelt.

Japanisches Zeichen für Jûdô

Geschichte

Es war ein deutscher Medizinprofessor, Erwin Baelz (1876–1902 an der Universität von Tôkyô), der entscheidend mithalf, das in Vergessenheit geratende *Jûjutsu* neu zu beleben. Zuerst studierte er unter Meister Sakakibara das *Kenjutsu*, bis er den *Jûjutsu*-Lehrer Totsuka kennenlernte. Baelz war von der Agilität des 70jährigen Meisters so beeindruckt, daß er beschloß, diese Kampfkunst selbst zu lernen und seinen Studenten beizubringen (s. →*Jûjutsu* bzw. →*Jiû-jitsu*). Dr. Baelz' stärkste Kraft dabei war Kanô Jigorô, ein Universitätsstudent und Schüler der Systeme *Tenshin Shinyô-ryû* und *Kitô-ryû*. Ihm mißfiel jedoch der sehr kriegerische Aspekt des *Jûjutsu* und die Härte in seinen Aktionen, durch die die Übung viele Verletzungsgefahren enthielt und die weichen Aspekte nicht voll zur Geltung kamen.

1882 eröffnete Kanô als 22jähriger in Shitaya (Tôkyô) sein eigenes *Dôjô* und nannte seine Kunst »*Jûdô*« (sanfter Weg), um es von dem bereits bestehenden *Jûjutsudô* zu unterscheiden. Seine Schule nannte er →*Kôdôkan* – »Schule zum Studium des Weges«.

Sein Ziel war die Charakter- und Persönlichkeitsbildung durch *Budô*. In diesem Sinne war er bemüht, das kriegerische *Jutsu* durch das *Dô* zu ersetzen und eine Kampfkunst zu lehren, die als Lebensweg verstanden werden sollte.

Der Kôdôkan und seine Grössen

Kanôs erster Schüler am *Kôdôkan* schrieb sich am 5. Juni 1882 ein. Im August gab es im *Kôdôkan* bereits sechs Schüler, ehe der bekannte Shida Shiro (→Saigô Shiro) dazukam. Im Jahre 1883 verließ der *Kôdôkan* mit 16 Schülern den Tempel Eishoji. 1884 gab es einen zweiten Anfang in einem 40 m² großen Raum, und 1886 siedelte der *Kôdôkan* zum drittenmal um, diesmal in einen 80 m² großen Raum, in dem 50 *Jûdôkas* trainierten.

Im Mai 1885 erging die erste Herausforderung an den *Kôdôkan* seitens der Tokyoer Polizeischule. Der *Kôdôkan* wurde von Saigô Shiro und die Polizei von Terushima vertreten. Saigô gewann mit einem Wurf, der später als *Yama-arashi* bekannt wurde. 1886 gab es erneute Auseinandersetzungen zwischen den beiden Schulen. Die Polizei ließ sich von Meister Totsuka Hikosuke aus dem *Yôshin-ryû* vertreten, der mit fünf Kämpfern gegen den *Kôdôkan* antrat. Die Begegnung fand im Polizei-*Dôjô* von Fujimi-chô (Tokyo) statt und endete mit zwei Siegen, zwei Niederlagen und einem Remis. Kurze Zeit darauf bat Totsuka den *Kôdôkan* um zwei Übungsleiter, die ihm helfen sollten, bei der Polizei zu unterrichten. Kanô delegierte Matsuyama und Yamashita Yoshiaki. Die stärksten Kämpfer des *Kôdôkan* aus jener Zeit waren →Yokoyama Sakujiro und Saigô Shiro.

Die nächste große Legende des *Kôdôkan* war →Mifune Kyûzô. Er war einer der wenigen 10. Dan in der Geschichte des *Jûdô* und Lehrer von Anton Geesink, der als ersten Nicht-Japaner die *Jûdô*-Weltmeisterschaft gewann.

DIE GROSSEN DES KODOKAN (10. DAN)

Iizuka Kanizaburo	Samura Kaichiro
Isogai Hajime	Sato Kaichiro
Mifune Kyuzo	Sato Shizuya
Nagaoka Hidekatsu	Tabata Shotaro
Nagaoka Shuichi	Tomita Tsunejiro
Nango Jiro	Yamashita Yoshiaki

Kanôs Technik-System

1890 wurde Kanôs System von offiziellen Stellen in die Erziehungsprogramme der Schulen aufgenommen. Anfangs enthielt es noch Techniken des Tretens und des Schlagens, die Meister Kanô jedoch allmählich aussortierte, um das *Jûdô* sport- und wettkampffähig zu machen. Die wichtigste Veränderung, die gegenüber dem *Jûjutsu* stattfand, war die Einführung der Grundstellung *(Shizen-tai)* vor jedem Kampf und die vorgeschriebene Art des Fassens *(Kumi-Kata)*. Dadurch verlor das *Jûdô* gegenüber dem *Jûjutsu*, das aus realitätsbezogenen Haltungen geübt wurde, den größten Teil seines Selbstverteidigungscharakters und erklärte sich selbst zum Wettbewerbssport. Nach dem Prinzip »Siegen durch Nachgeben« entwickelte Kanô viele dem Wettbewerb angepaßte Würfe *(Nage-waza)* und entfernte sich so immer mehr vom alten *Jûjutsu*.

Ein wichtiger Punkt in der Trainingsausbildung wird den Techniken des Fallens *(Ukemi-waza)* gewidmet. Kanô perfektionierte zusammen mit Isogai Hajime das *Kôdôkan*-Programm der Kampftechniken auf dem Boden *(Ne-waza)*. Im Jahre 1895 wurde mit Hilfe der Meister Yokoyama Sakujirô, Nagaoka Hidekatsu und Yamashita Yoshiaki das →*Gokyô no Kaisetsu* ausgearbeitet

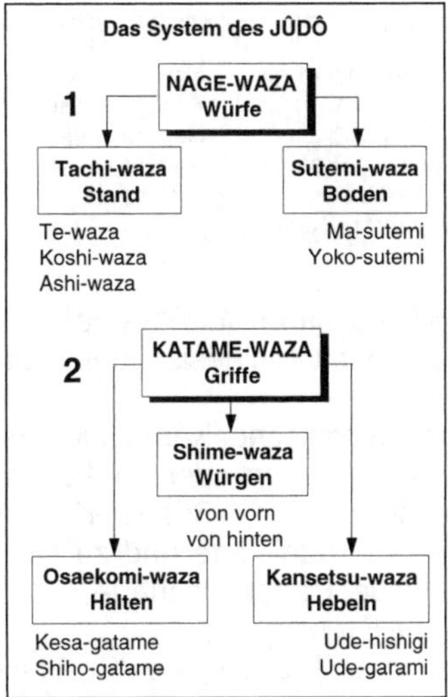

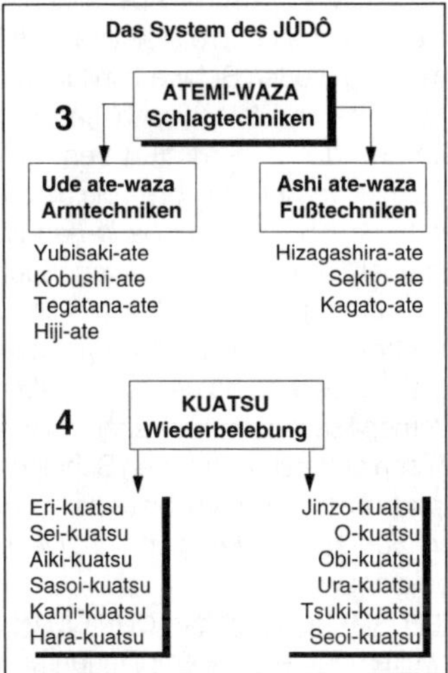

und am *Kôdôkan* eingeführt. Das System wurde 1920 von Kanô erneut überarbeitet und wird bis heute im *Kôdôkan* und in der *Zen Nihon Jûdô Renmei* unverändert gelehrt.

Das von Kanô gegründete System *(Gokyô)* enthält 5 Gruppen mit je 8 Wurftechniken mit steigendem Schwierigkeitsgrad. Neben dieser Einteilung gibt es noch das →*Kawaishi-System*, gegründet von →KAWAISHI MIKINOSUKE, einem Meister des *Butokukai*. Dieses besteht aus 40 Grundwürfen, 20 Haltegriffen, 30 Würgegriffen und 25 Hebelgriffen. Die einzelne Technik setzt sich aus drei Phasen zusammen: 1. →*Kuzushi* – das Brechen des Gleichgewichts des Gegners, 2. →*Tsukuri* – der Ansatz der Technik (Hineingehen) und 3. →*Kake* – die Durchführung der Technik.

Kanô verstand seine Kampfkunst nicht als ein ausschließliches Technik-System, sondern betonte immer wieder drei Prinzipien: →*Jû no Ri* (Prinzip der Nachgiebigkeit), →*Seiryoku-zenryô* (rationelle Verwendung der Energie) und →*Jita-kyoêi* (gegenseitige Hilfe und Unterstützung).

Die Einteilung der *Jûdô*-Techniken geschieht allgemein nach folgenden Schema (Erläuterungen s. unter den jeweiligen Bezeichnungen):

KANÔS KATA-SYSTEM

Meister Kanô stützte sich in seiner Kampfkunstauffassung auf 9 *Kata* (→*Jûdô-Kata*), in denen er einerseits versuchte, die Prinzipien seiner Methode zu kodifizieren, und andererseits, die kampfbezogenen Selbstverteidigungstechniken des *Jûjutsu*, die im sportlichen Wettkampf nicht angewendet werden durften, zu bewahren und zu verschlüsseln. Folgende sind die traditionellen *Kata* des *Kôdôkan*, gegründet von Kanô Jigorô:

JUDO KATA DES KODOKAN

Nage no Kata	– Würfe
Kime no Kata	– Selbstverteidigung
Katame no Kata	– Greifen und Halten
Jû no Kata	– sanfte Form
Koshiki no Kata	– antike Form
Itsutsu no Kata	– Kata der 5 Naturgesetze
Seiryoku Zenyô Kokumin Taiku no Kata	– Körperkultur
Ippon Yo Goshin no Kata	– Selbstvertdg. für Männer
Fujoshi Yo Goshin no Kata	– Selbstvertdg. für Frauen
Go no Sen no Kata	– Würfe und Gegenwürfe
Kodokan Goshinjutsu	– Kodokan-Selbstverteidigung

WELTWEITE VERBREITUNG

Bereits 1911 wurde Jûdô Pflichtfach an allen japanischen Mittelschulen. Die neue Sportart fand eine schnelle Verbreitung, und bereits 1938 gab es 100 000 Dan-Träger. Die erste Weltmeisterschaft fand 1951 statt, und 1964 war *Jûdô* zum ersten Mal olympische Disziplin.

In Europa wurde *Jûdô* erstmals im Jahre 1901 in London vorgestellt. 1906 gelangte es durch die japanische Handelsmarine nach Kiel (damals

WICHTIGE MEISTER DES JÛDÔ

Abe Ichiro	Legget, Trevor
Abe Kenshiro	Nagaoka Hidekatsu
Arima Sumit	Nagaoka Shuichi
Geesing, Anton	Nango Jiro
Holtmann, Al	Rhode, Alfred
Jay, Wally	Saigo Shiro
Kaizumi Gunji	Samura Kaichiro
Kanô Nisei	Sato Shizuya
Kanô Jigorô	Tomita Tsunejiro
Kawaishi Mikinosuke	Yamashita Yoshiaki
Kuda Katsuzo	

wurde es noch als *Jûjutsu* vorgestellt, obwohl es schon deutliche Einflüsse Kanôs aufwies). Daraufhin wurde es von einigen japanischen Meistern in Deutschland verbreitet. Ebenfalls 1906 eröffnete ERICH RAHN die erste deutsche Schule des Jûdô/Jûjutsu und bemühte sich darum, es landesweit zu verbreiten. Kurz darauf gründete ALFRED RHODE, ein Schüler Rahns, seine *Jûjutsu*-Schule. Zusammen revidierten sie das *Jûjutsu* und paßten es dem inzwischen systematisierten *Jûdô* an, um es wettbewerbsfähig zu machen.

1933 entstand der *Deutsche Jûdô Ring*, 1953 in den *Deutschen Jûdô Bund* umgeändert, dessen Ziel es war, asiatische Kampfkünste als Wettbewerbssportarten zu organisieren. Die Organisation gründete zu diesen Zwecken die Sektionen *Karate, Taekwon-dô, Jûjutsu, Kendô, Aikidô, Hapkidô, Kyûdô* und *Kung-fu*.

Jûdô-dô (jap.): nach den Prinzipien des →*Dô* veränderte Form von Kanôs →*Jûdô*. Die Richtung wurde von einem österreichischen Sportlehrer, JULIUS FLECK (1894 bis 1957), im Jahre 1947 entwickelt und stellt ein »kampfloses« *Jûdô* dar. Nicht gegeneinander, sondern ähnlich wie in UESHIBAS *Aikidô* wird miteinander gekämpft.

Jûdô-jô (jap.): *Jûdô-Dôjô* (→*Dôjô*).

Jûdôka (jap.): Ausübender des *Jûdô*.

Jûdô-Kata (jap.): das →*Jûdô* kennt wie alle traditionellen Kampfkünste Japans mehrere →*Kata*. Manche davon sind sehr alt und stammen aus dem *Jûjutsu* oder dessen Ableitungen (traditionelle *Kata*, →*Jûdô*), andere wurden in der Wettkampfzeit des *Jûdô* gegründet. Folgende sind heute die wichtigsten (Erläuterungen s. unter der jeweiligen Bezeichnung):

DIE HEUTIGEN KATA DES JÛDÔ

Gonosen no Kata	Kime no Kata
Goshin jitsu no Kata	Koshiki no Kata
Hirano no Kata	Nage no Kata
Itsutsu no Kata	Randori nage no Kata
Jû no Kata	Ura no Kata
Katame no Kata	

Jûdô no Shiai (jap.): *Judô*-Kampf.

Juedi (chin.): alte chinesische Kampfkunst (→*Quan-fa*).

Jue Yuan: chinesischer Kampfkunstexperte (auch *Ch'ueh Yuan*), der im 16. Jh. das →*Quan-fa* aus dem →Shaolin-Kloster vollkommen reorganisierte und zu einer hohen Stufe der Perfektion führte.

JUE YUANS STUDIEN

Jue Yuan stammte aus dem reichen Geschlecht der Yuan-Familie. Er erhielt von Haus aus eine hervorragende schulische Ausbildung und erreichte unter anderem die Meisterschaft im Umgang mit dem großen Schwert. In jungen Jahren zog er ins Shaolin-Kloster nach Henan, um das *Quan-fa* und das *Zen* zu studieren. Er war ein guter Schüler und lernte schnell die bis dahin geltenden 18 Verfahren (→*Shi-pa-lo-han-sho*). Beständig aber fügte er neue Bewegungen hinzu, und als er später *Shi-fu* (Lehrer) im Shaolin wurde, führte er offiziell 72 Kampfverfahren in die Übung ein. Dies waren zumeist Hebeltechniken und Immobilisationen, die sich anschließend auch in den außershaolinischen Schulen verbreiteten und unter den verschiedensten Bezeichnungen (*Zuo-ku-shu, Feng-jin-shu, Di-sha-shou* u. a.) bekannt wurden.

DIE REFORMATION DES SHAOLIN QUAN-FA

Die Erweiterung der 72 Kampfverfahren auf 170 Bewegungen und die darauffolgende Gründung der Shaolin-Tierstile geschah unter Zusammenarbeit Jue Yuans mit LI CHENG und BAI YU-FENG (Geschichte und Entwicklung s. *Quan-fa*). Jue Yuan arbeitete außer an der Technik auch an der geistigen Seite des Kampfkunst und gründete auf den seit BODHIDHARMA bestehenden Kampfkunsttugenden (→*Wu-de*) die zehn Regeln des *Shaolin Quan-fa*:

1. Wer den Weg des *Quan-fa* geht, muß mit Eifer und Ausdauer an sich arbeiten und darf keine Ablenkung durch andere Dinge zulassen.

2. Die Anwendung des *Quan-fa* dient nur der Selbstverteidigung.

3. Der Schüler muß sich dem Lehrer gegenüber ehrerbietig und bescheiden erweisen und ihm stets Hochachtung entgegenbringen.
4. Der Schüler muß seinen Kameraden gegenüber höflich, ehrlich und wohlwollend sein.
5. Übenden des *Quan-fa* ist es verboten, in der Öffentlichkeit ihre Kunst zu demonstrieren.
6. *Quan-fa*-Schüler beginnen nie eine Schlägerei.
7. *Quan-fa*-Schüler trinken keinen Wein und essen kein Fleisch.
8. *Quan-fa*-Schüler enthalten sich des Geschlechtsverkehrs.
9. Das *Quan-fa* darf nur an Menschen weitergegeben werden, die reinen Herzens sind und aufrichtige Dankbarkeit zeigen.
10. Wer das *Quan-fa* studiert, muß Bosheit, Gier, Neid und Prahlerei überwinden.

Jûhô (jap.): »weiche Methoden«, passive Methoden, die im Gegensatz zu →*Gôho* den Schwerpunkt auf das Ausweichen und Abwehren legen. Begriff aus dem *Shôrinji-Kempô.*

Jûhô-no (jap.): *Nunchaku-Kata* neueren Datums, von Meister Kanazawa Hirokatsu entwickelt. Wörtlich: »Übungsmethode für die Gesundheit«. Die *Jûhô-no* ist keine kämpferisch orientierte *Kata*, sondern eine *Kata* für die Gesundheit und das allgemeine Wohlbefinden. Sie besteht aus Kombinationen, die gleichermaßen links und rechts wiederholt werden. Ihre Techniken treffen auf verschiedene Vitalpunkte des eigenen Körpers und regen so die Funktion innerer Organe an. Es ist zu empfehlen, die *Kata* regelmäßig zu wiederholen. Die Kombinationen sind teils sehr schwierig und verlangen intensive Übung. Die *Kata* hat vier Abschnitte, von denen jeder bestimmte Teile des Körpers übt und bestimmte Meridiane stimuliert:

- *Isetsu* schlägt zu den Schultern und dem Nacken, um Schmerzen im Kopf und in den Schultern zu lindern und den Kopf zu klären.
- *Nisetsu* schlägt zum oberen und unteren Teil des Rückens, um Schmerzen im Rücken und Magenbeschwerden zu lindern.
- *Sansetsu* schlägt zum oberen und unteren Teil des Rückens, um Steifheit aufzuheben und Rükkenschmerzen zu lindern.
- *Yonsetsu* schlägt zum Oberarm, zum Fußgelenk, zur Kniekehle und zum Rücken, um die Bewegung der Gelenke zu verbessern, Magenschmerzen zu lindern, Gewichtsabnahme zu unterstützen und die Atmung zu verbessern.

Um das Gleichgewicht und den Fluß der Bewegungen noch zu erhöhen und die gesundheitlichen Aspekte der *Kata* noch zu betonen, kann man die *Jûhô-no* mit passender Musik ausführen. Sie sollte einen angenehmen Rhythmus haben, der den Bewegungen Würde und Anmut verleiht. Dieses einzigartige Übungssystem ist vor allem für fortgeschrittene Schüler gedacht, kann jedoch auch für Anfänger von Nutzen sein.

Ju-jia (chin.): klassische Schule der konfuzianischen Philosophie im alten China (s. →*Ru-jia*).

Jûji (jap.): Kreuz, über Kreuz, quer.

Jûji-gamae (jap.): bekannte →*Kamaekata* der waffenlosen Künste.

Der Überkreuzblock hat seinen Ursprung in einem südlichen Zweig des chinesischen *Quan-fa* und geht bis zum Shôrinji-(Shaolin)-Tempel zurück. Es existieren *Jôdan*- und *Gedan*-Positionen, die durch

Varianten von Juji-gamae

Abwehraktionen entstehen. Die eigentliche Kampfhaltung ist in der Mitte *(Chûdan)*. Man kann sie mit offenen Händen *(Jujikaishu)* oder mit geschlossenen Fäusten *(Jujiken)* einnehmen.

Jûji-gatame (jap.): gestreckter Armhebel im Liegen aus dem *Jûdô.*

Jûji-uke (jap.): Überkreuzabwehr, »X«-Abwehr, Kreuzblock (Zuordnung s. →*Morote-uke*, Klassifizierung s. →*Uke-waza*, Erläuterungen s. auch →*Jûji-gamae*).
Man überkreuzt die Hände so, daß sie ein X bilden. Damit kann man Angriffe zur Jôdan-Stufe *(Jôdan jûji-uke)* oder zur Gedan-Stufe *(Gedan jûji-uke)* abwehren. *Jûji-uke* kann mit offenen Händen *(Kaishu jûji-uke)* oder mit geschlossenen Händen *(Jûjiken-uke)* ausgeführt werden.

Jodan jûji-uke und Gedan jûji-uke

Jûjutsu (jap.): »Wissenschaft von der Nachgiebigkeit«, nach einer anderen Leseweise →*Jawara*, japanische Kampfmethode der Samurai, innerhalb des →*Bujutsu* klassifiziert. Das *Jûjutsu* wurde in einer Gemeinschaftsarbeit im 19. Jh. reformiert und beinhaltet den bewaffneten und unbewaffneten Kampf.

VORGESCHICHTE

Die genaue Herkunft ist unbekannt. Die Ursprungsform kam wahrscheinlich im Zuge des Kulturaustausches bereits im 10. Jh. als *Kempô* (→*Hakuda,* →*Shuhaku*) aus China nach Japan. Es ist anzunehmen, daß es von Mönchen und Händlern ins Land gebracht wurde. Sicher ist, daß es in Japan lange vorher Formen der unbewaffneten Selbstverteidigung gab, die aus dem traditionellen →*Sumô* entwickelt wurden und die man →*Kumi-uchi* nannte.

Bereits im 12. Jh. gab es eine japanische Schule des »Handkampfes«, von einem General namens SHINRA SABURO entwickelt. Diese Schule lag den Methoden des *Sumô* noch deutlich nahe. Die Techniken waren vor allem im »Konjaku monogatari«, einer buddhistische Schrift aus dem 13. Jh., beschrieben. Im Laufe der Jahrhunderte entwickelten sich verschiedene Bezeichnungen für *Jûjutsu (*→*Wajutsu,* →*Yawara,* →*Kumi-uchi,* →*Yoroi kumi-uchi,* →*Kogusoku,* →*Kempô,* →*Hakuda,* →*Hakushu,* →*Shime,* →*Shuhaku,* →*Taijutsu,* →*Torite,* →*Koshi no Mawari* usw.), die damals alles zum »Weg des Bogens und des Pferdes« (→*Kyûba no michi*) gehörten. Sie verbesser-ten die primitiven Techniken und verbanden sie mit Bewegungen aus den chinesischen Kampfschulen (s. →*Quan-fa,* →*Shuai-jiao,* →*Chin-na*).

Schriftzeichen für Jûjutsu

DIE ENTSTEHUNG DER ALTEN STILE

Genaugenommen gab es kein klassisches *Bujutsu-ryû*, das nur auf dem Gebrauch der leeren Hand beruhte. Diese heutige Auffassung von *Jûjutsu* entstand erst in der Meiji-Zeit und später. Für die mittelalterlichen Samurai war der Gebrauch der leeren Hand recht selten, da ihre Gegner immer bewaffnet waren. Im Nahkampf wurden daher höchstens kraftvolle Ringkampftechniken eingesetzt, wobei sich die Kämpfer mit dem Kurzdolch (→*Yoroi-doshi*) zu besiegen versuchten.

In der mittelalterlichen Auffassung des →*Tenshin Shôden Katori Shintô-ryû* entstanden frühe Formen des Nahkampfes in Rüstung, die *Yawara-ge* (Friedensmacher) genannt wurde. Diese Form des Kampfes wurde ergänzend zum Gebrauch des *Kodachi*, der Lieblingswaffe des Gründers, IIZASA CHÔISAI IENAO (1387 bis 1488), eingesetzt. Auch das *Musô Jikiden-ryû* (Ursprungsstil des *Tenshin Shôden Katori-ryû*) kannte bereits eine Nahkampfmethode. Chôisai Ienao hatte zu seiner Zeit als 7. Großmeister dieses *Ryû* 100 Kampftechniken entwickelt, die er *Yawara-gi* (Sanftmut) nannte. Der 19. Großmeister des *Musô Jikiden-ryû*, HASEGAWA EISHIN, entwickelte ebenfalls 100 Techniken des Yawari-gi.

Über Jahrhunderte hinweg entwickelte sich jedoch das *Jûjutsu*, ebenso wie das →*Aikijutsu*, immer nur parallel zu den Waffensystemen in den verschiedenen Schulen. Es wurde sowohl von den Kriegern als auch von den normalen Bürgern geübt. In Edo bezeichnete man es als *Yawara* (Zusammenfassung der Begriffe *Yawara-ge* und *Yawara-gi*). Dieser Begriff *Yawara* wurde dann von SEKIGUCHI JUSHIN HACHIROEMON MINAMOTO NO SANECHIKA (1647–1711) aufgegriffen, um seinen Kampfstil, das →*Sekiguchi-ryû*, zu benennen. Er gründete sein *Yawara* auf verschiedene Formen des →*Kumi-uchi*, vor allem auf →*Sumô*, und machte es zu einem Zweitsystem innerhalb der Schwertkunst. Erst später wurde es als getrenntes Kampfsystem populär.

Bereits 1532 entstand im →*Takenouchi-ryû* eine Form des Nahkampfes, die →*Kogusoku* oder *Koshi no mawari* (um die Hüften) gennant wurde. Der 3. Großmeister dieses *Ryû*, TAKENOUCHI KAGANOSUKE, nahm schließlich das →*Tori-te* als waffenlose Kampfform mit in das *Takenouchi-ryû* auf.

ARAKI MUJINSAI MATAEMON MINAMOTO NO HIDETSUNA (1584–1637), der 11. Großmeister des *Musô Jikiden-ryû*, lernte von Takenouchi Kaganosuke und gründete später eine eigene Kampfkunst, die er zuerst *Araki-ryû Tori-te Kogusoku* und später *Moro Budô Araki-ryû Kempô* nannte. Dieses System verband verschiedene Waffen und lehrte auch den waffenlosen Kampf.

Im Jahre 1616 gründete OGURI NIEMON das →*Oguri-ryû*. Um den Kampfgeist auch in friedvollen Zeiten ungemindert zu bewahren, führte er als Unterrichtszweig das →*Wajutsu* ein, das auf den Techniken des →*Yoroi Kumi-uchi* beruhte. Niemon paßte die Techniken so an, daß sie auch für den Kampf in Straßenkleidung geeignet waren.

Eine andere Bezeichnung aus der Edo-Zeit war →*Taijutsu*. Einer der Hauptstile dafür war das →*Nagao-ryû*, das im frühen 17. Jh. von NAGAO KENMOTSU gegründet wurde.

Eine weitere Entwicklung des Kampfes mit der leeren Hand kann man im *Yagyû Shingan-ryû* erkennen, das von USHU TATEWAKI auf der Basis des *Shinkage-ryû* und *Yagyû Shinkage-ryû* gegründet wurde. Der Stil erhielt erst nach einige Generationen seinen Namen, nachdem TAKENAGA NAOTO von YAGYÛ TAJIMA NO KAMI die Erlaubnis dazu erhielt. Die Techniken der leeren Hand entwickelten sich immer mehr zum Hauptinhalt des Stils.

Alte Darstellung von Jûjutsu-Kämpfern

Den stärksten chinesischen Einfluß erfuhr das *Jûjutsu* im Jahre 1659, als der chinesische Shaolin-Mönch →CHEN JUAN-BIN nach Japan kam und im Shokokuji-Kloster, in der Nähe von Edo, drei Samurai in einer Art des chinesischen Ringens (→*Shuai-jiao*) unterrichtete. Seine Lehren beeinflußten das alte →*Kitô-ryû* und bewirkten die Entstehung von drei neuen Systemen: *Fukuno-ryû* (FUKUNO MASAKATSU), *Miura-ryû* (MIURA YOSHITATSU) und *Isogai-ryû* (ISOGAI JIRÔZAEMON). Diese Stile verbanden die chinesischen Techniken (*Hakuda* oder *Shuhaku*) mit den ihnen bereits bekannten *Kumi-uchi* und *Yawara* und nannten ihr neu gegründetes System *Jûjutsu* oder *Jiû-Jitsu*.

Das System der leeren Hand

Erst in der friedvolleren Zeit der Tokugawa-Herrschaft entwickelte sich aus den kriegerischen Nahkampfmethoden der Samurai das waffenlose *Jûjutsu*. WATATANI KIYOSHI, einer der bekanntesten japanischen Experten der Kampfkünste, unterscheidet in der alten *Bujutsu*-Methode für den Nahkampf drei Gruppen: →*Yoroi Kumi-uchi*, →*Kogusoku* (*Koshi no mawari*) und →*Kumi-uchi*. Davon sollten sich hauptsächlich die Techniken des *Kumi-uchi* zum späteren *Jûjutsu* entwickeln.

Obwohl der Nahkampf traditionell immer auch

alle Waffen mit einschloß, entstammt das heutige *Jûjutsu* einer Zeit, in der das Tragen von Rüstungen (→*Yoroi*) und Waffen (→*Buki*) nicht mehr aktuell war. In der friedlichen Zeit der Tokugawa-Periode verbreitete sich die Kampfmethode der leeren Hand daher schnell als Selbstverteidigungssystem. Sie beruhte auf weniger Kraft als das alte kriegerische *Kumi-uchi* und räumte so auch körperlich schwächeren Gegnern ein Chance ein. Einige der wichtigsten späteren Stile waren *Jikishin-ryû, Yôshin-ryû, Kushin-ryû, Sekiguchi-ryû, Shibukawa- ryû, Shin no Shindô-ryû, Sôsui Shitsu-ryû, Tenshin Shinyô-ryû* und *Yagyû Shingan-ryû*. Sie enthielten Tritt-, Schlag-, Wurf-, Würge-, Hebel-, Abführ-, Fessel-, und Festhaltetechniken, doch die meisten *Jûjutsu*-Schulen lehrten nach wie vor auch den bewaffneten Kampf, insbesondere mit dem Schwert, so daß Kombinationen zwischen *Jûjutsu* und *Kenjutsu* entstanden. In der Tokugawa-Periode gab es in Japan etwa 700 Schulen. Jede entwickelte eigene Techniken, und so wurde das technische Gebiet des *Jûjutsu* bald unüberschaubar groß.

Mitte des 19. Jhs., als in Japan eine Verdrängungswelle gegen alles Traditionelle einsetzte, geriet das *Jûjutsu* in Vergessenheit und wurde nur wenig geübt. Durch den Niedergang des Ritterordens (Meiji-Zeit) verlor die Kunst an Bedeutung, und es gab nur noch wenige Japaner, die diese Selbstverteidigungsmethode beherrschten. In derselben Zeit begegnete der deutsche Professor →BAELZ in der Provinzhauptstadt Tschiba dem *Jûjutsu*-Lehrer TOTSUKA. Professor Baelz war fasziniert von der Kunst, und er beschloß, das *Jûjutsu* als Gymnastikform seinen Studenten beizubringen.

Aufgrund der Initiative von Professor Baelz wurde die schon fast vergessene Kunst in den Lehrplan der Tôkyôter Universität aufgenommen. Einer der Schüler war →KANÔ JIGORÔ, der sich sehr intensiv um die Kunst bemühte. Später entwickelte er daraus das →*Jûdô*, das 1964 in das Programm der Olympischen Spiele aufgenommen wurde.

Zunächst geriet das *Jûjutsu* durch den Durchbruch des *Jûdô* zum internationalen Wettkampfsport erneut in Vergessenheit. Bald darauf jedoch wurde es wiederaufgenommen und fand seine Verbreitung als Kunst der Selbstverteidigung in der ganzen Welt (*Jûjutsu* in Deutschland siehe »Die Kampfsysteme der Welt« im Einleitungsteil).

JÛJUTSU HEUTE

Heute wird *Jûjutsu* in drei Hauptzweige klassifiziert:

1. Die klassischen japanischen Systeme wie z. B. *Tenshin Shinyô-ryû, Takenouchi-ryû, Yôshin-ryû* usw. Sie halten sich strikt an die Tradition und lehren die Techniken der alten Zeit.
2. Ein Zweig neueren Datums (Meiji-Zeit), der sich *Goshinjutsu* oder auch *Nihon Goshinjutsu* nennt. Seine Techniken sind von modernen Systemen wie *Jûdô*, *Karate* und *Aikidô* beeinflußt. Dazu gehören *Hakkô-ryû, Nihon-ryû, Ryoi Shintô-ryû, Hideyoshi-ryû* usw. In der japanischen Armee und Polizei werden vor allem *Taihojutsu* und *Toshu-kakuto* geübt.
3. Systeme, die von Nichtjapanern gegründet wurden und *Gaijin Goshinjutsu* genannt werden. Sie sind nicht an die Tradition gebunden und entwickeln eigene Konzepte, Prüfungsverfahren und Graduierungen. Die meisten *Jûjutsu*-Systeme in Deutschland gehören zu dieser Gruppe (→*Jiu-jitsu*). In den USA (vor allem Hawaii) ist das *Danzan-ryû* (gegründet von OKAZAKI SEICHIRÔ) und das *Matsuyama-ryû* (gegründet von FRANK MATSUYAMA) sehr verbreitet.

Die heutigen klassischen Systeme Japans haben die meisten Überlebensprobleme. TOICHIRO TAKEUCHI, der 23. Großmeister des →*Takeuchi-ryû*, lehrt auch heute noch seinen Stil in seinem 450 Jahre alten *Dôjô*. TATSUNO TANAKA unterrichtet *Yagyû Shingan-ryû* in Tôkyô. Am Tenshin-Schrein, in der Nähe des Fujiyama, unterrichten K. OKAZAKI und sein zukünftiger Erbe HIGASHIRA NISHIYAMA das →*Tenshin Shinyô-ryû*. Außerhalb Japans gibt es nur 17 lizenzierte Instruktoren dieses Stils. In der Nähe des Berges Akagi im Nordwesten Tôkyôs unterrichtet GENKICHI KIKUCHI →*Araki-ryû* von ARAKI MUJINSAI.

Viele der alten *Jûjutsu-ryû* sind tot und ihre geheimen Lehren verloren. Einige haben sich im *Dai Nippon Seibukan Budo Bugei Kai* zusammengeschlossen, um bessere Überlebenschancen zu haben. Doch das eigentliche Problem der klassischen Stile ist, daß viele ihrer Mitglieder mit der rechten Szene Japans identifiziert werden, was ihrer Popularität bei den jungen Leuten sehr schadet.

Jûjutsu wird heute als moderne Selbstverteidigungsmethode unter vielen Bezeichnungen geübt. Es handelt sich jedoch immer um dieselbe Kampfkunst, während diese Methoden Stilrichtungen im großen Umfang des *Jûjutsu* sind. Die wichtigsten alten Schulen (→*Ryû*), in denen *Jûjutsu* gelehrt wurde, waren (s. unter der jeweiligen Bezeichnung):

MEISTER UND SCHULEN DES JÛJUTSU

Akiyama Shirobei	– Yoshin-ryû
Araki Mujinsai	– Araki-ryû
Chiba Sanshu	– Toshu Kakuto
Chikuei Ayato	– Yagyû Shingan-ryû
Fukuda Hachinosuke	– Tenshin Shinyô-ryû
Fukuno Masakatsu	– Fukuno-ryû
Genkichi Kikuchi	– Araki-ryû
Hasegawa Eishin	– Musô Jikiden-ryû
Homma Zoemon	– Shin no Shindô-ryû
Ibarai Sensai	– Kitô-ryû
Inagumi Nagayasu	– Kushin-ryû
Inoue Manutoshi	– Hontai Yoshin-ryû
Iso Mataemon	– Tenshin Shinyô-ryû
Isogai Jirozaemon	– Isogai-ryû
Matsuyama Frank	– Matsuyama-ryû
Minamoto Yoshitsune	– Shosho-ryû
Misanori Hannosuke	– Sôsuichi-ryû
Miura Yoshitatsu	– Miura-ryû
Nagao Kenmotsu	– Nagao-ryû
Nishiyama Higashira	– Tenshin Shinyô-ryû
Oguri Niemon	– Oguri-ryû
Okazaki Henry Seiichiro	– Danzan-ryû
Okuyama Yoshiji Ryûho	– Hakkô-ryû
Quero Jacques	– Wajutsu
Saimura Goro	– Taihojutsu
Sasabara Jirozaemon	– Ryoi Shintô-ryû
Sato Shizuya	– Nihon Jûjutsu
Sekiguchi Hachirozaemon	– Shibukawa-ryû
Sekiguchi Hachirozaemon	– Shibukawa-ryû
Sekiguchi Jushin	– Sekiguchi-ryû
Shimizi Takagi	– Shindô Musô-ryû
Takagi Oriemon Shigenobu	– Takagi Yoshin-ryû
Takenouchi Hisamori	– Takenouchi-ryû
Takeuchi Toichiro	– Takeuchi-ryû
Tanaka Tatsu	– Tanaka Goshinjutsu
Tanemura Shoto	– Shinden Tatara-ryû
Tanermura Shoto	– Asayama Ichiden-ryû
Tanermura Shoto	– Yagyû Shingan-ryû
Terada Heizaemon	– Teishin-ryû
Terada Kanemon	– Jikishin-ryû
Ueshima Sannosuke	– Konshin-ryû
Ushu Tatewaki	– Shinkage-ryû
Yagyû Muneyoshi	– Yagyû-ryû

JÛJUTSU IN DEUTSCHLAND

Um die Jahrhundertwende wurde in mehreren Ländern Europas, auch in Deutschland, eine durch Matrosen eingeführte Kampfmethode bekannt, die aus der Gruppe des Gaijin Goshinjutsu stammt und die man als *Jiu-Jitsu* bezeichnete. Diese Kampfart wurde im Laufe der Zeit mit europäischen Ring- und Boxtechniken durchsetzt, und daraus entstand das »europäische Jiu-Jitsu« (s. →*Jiu-Jitsu*), das bis heute noch in vielen Verbänden und Schulen als Selbstverteidigung geübt wird.

1906 eröffnete →ERICH RAHN die erste *Jiu-Jitsu*-Schule des Landes, nachdem er bei einigen Japanern gelernt hatte (s. »Die Kampfkünste der Welt« im Einführungsteil). 1922 folgten ALFRED RHODE aus Frankfurt und OTTO SCHMELZEISEN aus Wiesbaden seinem Beispiel. 1925 trennten sich die Wege derer, die *Jiu-Jitsu* als europäische Selbstverteidigung sehen wollten, von denen, die diese Kunst nach den Prinzipien des japanischen *Budô* auszurichten begannen. Aus dieser Bemühung entstand mit Hilfe verschiedener Japaner zunächst das →*Jûdô* als Sport und verdrängt das *Jiu-Jitsu*. Auf die Initiative des DJB wurde diese Kunst aber 1969 durch FRANZ JOSEF GRESCH und WERNER HEIM erneut als *Jûjutsu* etabliert.

Doch es entstand daraus eine in Verbänden neu organisierte Wettkampfsportart ohne klassische Wurzeln, obwohl die Initiatoren dies behaupten. Dieses *Jûjutsu* ist eine Kombination aus *Jûjutsu, Karate, Jûdô* und *Aikidô*, die weder als *Ryû* noch als Prinzip in Japan existiert. Dort ist die Bezeichnung *Jûjutsu* nach wie vor ein Überbegriff für viele jahrhundertealte Schulen, die sich voneinander ähnlich unterscheiden wie die Stile des *Karate*. Die höchstgraduierten Lehrer dieser neuen Version sind PETER NEHLS, FRANZ JOSEF GRESCH, ADOLF KLUG, ALFRED HASEMEIER, ERICH REINHARDT, WERNER HEIM und MARTIN STEIN.

Jukai (jap.): Jenseits. Auch Bezeichnung für das »Empfangen *(Ju)* der Gebote *(Kai)*.«

Jûken[1] (jap.): weiche, sanfte Faust. Gegenteil: →*Gôken*.

Jûken[2] (jap.): Bajonett.

Jûkendô[1] (jap.): »Weg der nachgiebigen Faust«, von dem Chinesen TONG TSIN-TSAN gegründete Kampfkunst, in Japan auch bekannt unter dem Namen *Kinryû* (Goldener Drache). Der Meister studierte verschiedene chinesische Stile, worauf sich das Jûkendô begründet. Die wichtigsten waren:

Fukien Shaolin-quan	– Shaolin-Methode auf Fukien
Fukien He-quan	– Kranich-Stil auf Fukien
Wu-dang-quan	– Vorläufer des Tai-ji-quan
Mei-hua-quan	– Boxen der Pflaumenblüte
Ba-gua-quan	– Boxen der acht Trigramme

Der Stil wird heute von dem Okinawaner KINJO AKIO geleitet, der unter SEIKO HIGA *Gôjû-ryû* studierte, ehe er sich in Taiwan dem *Jûkendô* zuwandte. 1973 kehrte er nach Miyako (Okinawa) zurück und gründete das erste okinawanische *Jûkendô-Dôjô*, den *Kensei Budôkan* und später die *Zen Nihon Jûkendô Renmei* (*All Japan Jûkendô Federation*, s. Anhang). *Jûkendô* wird heute als ein okinawanischer *Karate*-Stil chinesischen Ursprungs betrachtet.

Jûkendô[2] (jap.): »Weg des Bajonetts«, japanische Kampfkunst, aus dem →*Jûkenjutsu* abgeleitet. Der Kampfstil entwickelte sich aus der *Zen Nihon Jûkendô Renmei* (gegründet 1956 von General IMAMURA HITOSHI), die Wettkämpfe mit Holzwaffen veranstaltet.

Jûkenjutsu (jap.): japanisches Kampfsystem, das den Gebrauch des Bajonetts lehrt. Die erste Schule, die *Jukenjutsu* unterrichtete, war die Militärschule *Toyama-gakkô*, gegründet 1873, in der das →*Toyama-ryû* (s. auch *Battôjutsu*) entstand. Das System wurde in der japanischen Armee bis zum Zweiten Weltkrieg gepflegt.
Viele Techniken leiten sich aus dem früheren Umgang mit dem Speer *(Sôjutsu)* und der Hellebarde *(Naginatajutsu)* ab. Nach dem Krieg wurde das System nicht mehr in der Armee gelehrt (es wurde von →*Toshujutsu* abgelöst). *Jûkenjutsu* wurde jeoch als Kampfkunst weitergepflegt und in →*Jûkendô* umbenannt.

Jûku (jap.): Kult der Stille (s. →*Furyû*). In allen asiatischen Wegdisziplinen wird dem Kult der Stille (Ruhe) eine extrem hohe Bedeutung beigemessen. *Jûku* gebraucht man daher auch manchmal, um ein Weg-*Dôjô* zu bezeichnen.
Dabei geht es um die Übung der äußeren Stille, die dem Erreichen der inneren Stille dient. Dafür gibt es vielfältige Übungsformen, die Verhaltensweisen im *Dôjô* sind ebenfalls darauf aufgebaut. Durch die Übung der Stille kann der Geübte einen Verfassungszustand erreichen, in dem das intuitive Empfinden angeregt wird. Meditation, regloses Verharren in einer Position, Schweigen und Kommunikation ohne Worte sind nur einige der Übungsformen aus den Wegkünsten.

Juku-gashira (jap.): Bezeichnung für den Hauptschüler eines →*Iemoto* der japanischen Kampfkünste (s. →*Ryû*, →*Bujutsu*). Dieser Schüler konnte sein Sohn oder auch ein Fremder sein, der genügend Hingabe und Treue besaß. Er wurde in die geheimen Techniken *(Shimpi)* des *Ryû* eingeweiht (s. →*Okuden*, →*Gokuhi*, →*Hiden*).

Jumbi (jap.): Vorbereitung.

Jumbi-undô (jap.): vorbereitende Übungen in den Kampfkünsten, zur Aufwärmung der Muskulatur und der Gelenke (Gymnastik, auch *Jumbi-taishô*). *Jumbi-undô* ist die allgemeine Gymnastik, die vor jedem Training mit allen Übenden durchgeführt wird. Zuordnung s. unter *Undô*.

DIE KLASSISCHE AUFWÄRMUNG

Grundsätzlich wird die klassische Aufwärmung so ausgeführt, daß sie die meditative Haltung des vorausgegangenen *Mokuso* (Meditation) beibehält und sogar noch verstärkt. Die meditative innere Haltung wird dazu verwendet, Geist, Kraft und Konzentration in von der Atmung geführte feinmotorische Bewegungsabläufe zu schicken, sich in diesen Bewegungen seiner selbst bewußt zu werden, um dadurch den äußerst komplizierten Hintergrund des klassischen Technik-Systems zu verstehen. Ein unkontrolliertes Armeschleudern und Herumhüpfen ist in keiner klassischen Kampfkunst als Aufwärmung üblich, weil die daraus resultierende innere Haltung des Schülers sämtliche Kampfkunstprinzipien verletzt.
Die heute ausgeführten Aufwärmübungen im *Karate* sind je nach Art und Zweck unter verschiedenen Gesichtspunkten entstanden und werden auch von Schule zu Schule verschieden ausgeführt. In den traditionellen Richtungen wurden solche Übungen nicht selten in Form von *Kata* zusammengestellt. Im Laufe vieler Jahre wurden diese Übungen den Bedürfnissen des menschlichen Körpers unter Berücksichtigung der im *Karate* auszuführenden Bewegungen angepaßt. So formten sie sich innerhalb der Schulen zu jeweils eigenen Kon-

zepten, manchmal in der einzelnen Übung verschieden, jedoch im allgemeinen einem Grundkonzept des →*Qi-gong* folgend, das alle Kampfkünste mit einem sichtbaren Leitfaden durchzieht.

BEDEUTUNG DER AUFWÄRMUNG

Die Aufwärmung ist Pflicht für jeden Übenden und muß deshalb so gestaltet werden, daß jeder Mensch entsprechend seiner körperlichen Kondition daran teilnehmen kann. Sie darf bei keinem Training fehlen, auch wenn der Kampfkunstschüler allein übt, soll er sich vorher einwärmen. Eine gute Gymnastik hilft, die Technik zu verbessern und den Körper gesund und leistungsfähig zu halten. *Jumbi-undô* ist in den Kampfkünsten als lebenslanger Begleiter des Übenden gedacht und ebenso wie das Training selbst sowohl eine körperliche als auch eine geistige Disziplin. Außer *Jumbi-undô* gibt es in den Kampfkünsten noch →*Seiri-undô* und →*Hojo-undô*.

Jun[1] (jap.): das Leben opfern; in den Tod folgen. *Junshi* – seinem Herrn in den Tod folgen.

Jun[2] (jap.): Halb-, Semi-. *Kijun* – Norm, Basis, Grund, *Jumbi* – Vorbereitung, *Junkessho* – Semifinale.

Jungyô (jap.): Tournee.

Jûnin (jap.): Lehrergrad im →*Ninjutsu* der →*Bujinkan-Dôjô*. *Jûnin* ist ein Titel für den 1.–4. Grad und trägt die Bezeichnung *Shidoshi-ho* (Lehrer auf Probe).

Jûnin-gake (jap.): Übungsform: zehn Angreifer nacheinander gegen einen Verteidiger.

Jun-kaiten (jap.): gleichgerichtete Drehung. Gegensatz: *Gyaku-kaiten.*

Jû no Kata[1] (jap.): weiche geschmeidige →*Karate-Kata* (s. →*Kata*, →*Gôjû-ryû*). Gegenteil: →*Gô no Kata.*

Jû no Kata[2] (jap.): Bezeichnung für eine →*Jûdô-Kata* des →*Kôdôkan*, in der jeweils 5 Techniken in je drei Gruppen (insgesamt 15) als Geschmeidigkeitsübungen gelehrt werden:

JÛ NO KATA

	Erster Teil	
1.	Tsuki-dashi	– mit der Hand stoßen
2.	Kata-oshi	– gegen die Schulter drücken
3.	Ryôte-dori	– beide Hände ergreifen
4.	Kata-mawashi	– die Schultern drehen
5.	Ago-oshi	– gegen das Kinn drücken
	Zweiter Teil	
1.	Kiri-oroshi	– mit der Waffe den Schädel spalten
2.	Ryôkata-oshi	– beide Schultern niederdrücken
3.	Naname-uchi	– schräger Schlag gegen die Schläfe
4.	Katate-dori	– eine Hand ergreifen
5.	Katate-age	– eine Hand zum Schlag erheben
	Dritter Teil	
1.	Obi-tori	– den Gürtel ergreifen
2.	Mune-oshi	– gegen die Brust drücken
3.	Tsuki-age	– Kinnhaken
4.	Uchi-oroshi	– von oben auf den Kopf schlagen
5.	Ryôgan-zuki	– in die Augen stoßen

Jû no Michi (jap.): »Weg der Nachgiebigkeit«, in Frankreich verwendeter Begriff, der eine bestimmte Form des →*Jûdô* bezeichnet, welche sich stark an die Prinzipien von Meister →KANO JIGORO anlehnt.

Jû no Ri (jap.): Prinzip der Nachgiebigkeit und der Flexibilität (s. →*Jû*), formuliert von →KANÔ JIGORÔ aus dem →*Jûdô.*

Darunter versteht man eine entsprechende Haltung und eine Handlung ohne dagegenhaltende Kraft, in der der Verteidiger sich nicht der Kraft des Angreifers widersetzen soll, sondern vielmehr diese Kraft nutzt, um ihn aus dem Gleichgewicht zu bringen. Dieses Prinzip findet im besonderen seinen Ausdruck in den klassischen *Kata* des →*Kitô-ryû* und in der →*Koshiki no Kata* des Jûdô. KANÔ formulierte das Prinzip des *Jû* nicht nur als ein Körperprinzip, sondern verstand darunter die Integration des Menschen in die Gesellschaft durch Nachgiebigkeit und Flexibilität.

Junshi (jap.): »Selbstmord des glücklichen Abschieds«. Form des →*Seppuku* (s. auch →*Jûn*), der zu dem Zwecke verübt wurde, seinem Herrn ins Jenseits *(Jûkai)* zu folgen.

Der Nachfolgetod war zum Anfang der Tokugawa-Periode sehr verbreitet, wurde jedoch bald darauf gesetzlich verboten, um unnötigen Verlust an Menschenleben zu vermeiden. Dies führte zu einer starken Opposition der traditionellen, an das *Bushidô* gebundenen Samurai. Eine Folge dieses Verbotes war das →*Hagakure*.

Jun-zi (chin.): »edler Mensch« im →Konfuzianismus.

Der *Jun-zi* ist das ideale Produkt der konfuzianischen Erziehung. Er hat →*Ren* und →*Li* in seinem Verhalten und Denken verwirklicht und erfüllt drei besondere Voraussetzungen:

1. Der *Jun-zi* ist kein Werkzeug, er läßt sich nicht mißbrauchen oder benutzen.

2. Der *Jun-zi* steht mit niemandem im Wettstreit. Sein Hauptausdruck liegt in der Verbeugung. Er stellt sich nie in den Vordergrund und fügt niemandem einen Schaden zu.

3. Der *Jun-zi* lehnt jeden materiellen Vorteil ab und richtet sich nach den Vorbildern der alten Weisen.

Das Gegenteil von *Jun-zi* ist der →*Xiao-ren* (gemeine Mensch).

Jun-zuki (jap.): Bezeichnung für einen gleichseitigen Fauststoß (Gegenteil: →*Gyaku-zuki*). Erläuterungen s. unter →*Oi-zuki*.

Jun-zuki – der gleichseitige Stoß

Jun-zuki-no-ashi (jap.): Ausfallschritt mit *Jun-zuki*.

Jûryô (jap.): Schwergewicht.

Jûshin (jap.): Schwerpunkt (Erklärung s. →*Shisei*).

Jûtaijutsu (jap.): Greif-, Hebel- und Würgegriffe aus dem →*Taijutsu*.

Jute (jap.): s. →*Jutte*.

Jutsu (jap.): Kunst, Technik, das handwerkliche Können (s. →*Jitsu*), der praktische Teil des →*Bujutsu*. In den Kampfkünsten begründet auf der Tradition einer Schule (s. →*Ryû*).

Es gibt *Jutsu* mit Waffen (*Buki-hô* – die Methode der Waffe, *Bukinobu* – bewaffnet) und *Jutsu* ohne Waffen (*Kara-hô* – die Methode der leeren Hand, *Toshunobu* – unbewaffnet). Die Waffenkünste Japans unterteilen sich in solche mit Samurai- und mit Bauernwaffen. Außerdem wurden in den verschiedenen Teilen Asiens unterschiedliche Kampfkünste entwickelt (s. Einführungsteil). Nachfolgend sind nur die wichtigsten japanischen und okinawanischen Kampfkünste ohne jedwede Systematisierung berücksichtigt. Näheres zu den japanischen Waffen s. unter →*Buki* und →*Kobudô*, zu den chinesischen Waffen s. →*Bing-qi*.

BUKINOBU – WAFFENKÜNSTE

Schwertkampf	
Iaijutsu	– Kunst des Schwertziehens
Kenjutsu	– Schwertkampf
Tantôjutsu	– Messerkampf
Tojutsu	– Schwertkampf
Speerkampf	
Nagamakijutsu	– Umgang mit der Hellebarde
Naginatajutsu	– Umgang mit der Naginata
Sôjutsu	– Umgang mit dem Speer
Yarijutsu	– Speerkampf
Stockkampf	
Bôjutsu	– Umgang mit dem langen Stock
Jôjutsu	– Umgang mit dem mittleren Stock
Hanbôjutsu	– Umgang mit dem kurzen Stock
Tessenjutsu	– Umgang mit dem Tessen
Tetsubôjutsu	– Umgang mit der Eisenstange
Bogenschießen	
Hikime	– rituelles Schießen
Inuoimono	– Schießen auf lebende Ziele
Kasagake	– Pfeilregen
Kyûjutsu	– Umgang mit Pfeil und Bogen
Sharei	– Neujahrsschießen
Yabusame	– Schießen vom Pferd
Kettenkampf	
Chigirikijutsu	– Umgang mit dem Morgenstern
Kusarigamajutsu	– Umgang mit der Kettensichel
Kyôketsu Shogi	– Umgang mit dem Kyôketsu-shogi
Surujinjutsu	– Umgang mit der Kette
Weitere Waffen	
Hôjutsu	– Umgang mit den Feuerwaffen
Kamajutsu	– Umgang mit der Kama
Nunchakujutsu	– Umgang mit dem Nunchaku
Saijutsu	– Umgang mit den Sai
Shurikenjutsu	– Umgang mit dem Wurfstern
Tekkojutsu	– Umgang mit Tekko
Timpejutsu	– Umgang mit dem Timpe
Tonfajutsu	– Umgang mit der Tonfa

TOSHUNOBU – WAFFENLOSE KÜNSTE

Aikijutsu	– die »harmonische« Technik
Chikarakurabe	– »Kräftemessen«
Jûjutsu	– die »weiche« Technik
Karatejutsu	– die Technik der »leeren Hand«
Kumi-uchi	– Ringkampf in Rüstung
Sûmo	– Kampf der Giganten
Taijutsu	– Körpertechnik

ZUSÄTZLICHE KÜNSTE

Reitkunst

Bajutsu	– die Kunst des Reitens
Suibajutsu	– Reiten im Wasser

Schwimmen

Ashi-garam	– Kampf im Wasser
Shusoku-garami	– Schwimmen mit Fesseln
Suiheijutsu	– die Kunst des Schwimmens
Suirenjutsu	– Unterwasserschwimmen

Weitere Künste

Chikujojutsu	– Kunst des Festungbaus
Hojojutsu	– die Kunst des Fesselns
Noroshijutsu	– Anlegen von Signalfeuern
Yadomejutsu	– die Kunst des Pfeilabwehrens

Außer den oben angeführten gibt es noch weitere Systeme, die im Text beschrieben werden. Diese Kampfmethoden haben sich im Laufe der Zeit in viele Richtungen *(Ha)* und Stile *(Ryû)* geteilt (Erläuterungen dazu s. →*Ryû*). Ursprünglich gliederte man sie in zwei große Gruppen: in die Kampfmethoden der Kriegerkaste (Samurai) und die der unteren Bevölkerungsschicht (Erläuterungen s. →*Buki*, →*Buki-hô*, →*Kobudô*, →*Bujutsu*, →*Bushidô*). Erklärungen zu den einzelnen Systemen s. unter der jeweiligen Bezeichnung.

Jutte (jap.): Bezeichnung für eine Nachfolgewaffe der mittelalterlichen Kriegerperiode (s. →*Jite*), im 17. Jh. von dem chinesischen Meister →CHEN YUAN-BIN in Japan eingeführt.

Die ursprüngliche Kriegerlanze (→*Jite*) wurde in abgeänderter Form von den Tokugawa-Polizisten gegen die Samurai eingesetzt (s. →*Mitsudogu*). Sie hatte nur noch einen *Goku* (Gabel). Ursprünglich war sie eine Variante des Speers (→*Jite*) mit zwei Eisenklingen in Form eines Kreuzes. Sie wurde dann zur Selbstverteidigung ähnlich den okinawanischen →*Sai* mit einem kurzen Griff verwendet. Eine der ersten Schulen war das *Ikaku-ryû* mit dem Großmeister SHIMIZU TAKAGI.

Jû yoku go o sei suru (jap.): »Das Weiche kontrolliert die Kraft.« Dieses Konzept bildet die Basis aller *Budô*-Künste und wurde erstmals von dem chinesischen Philosophen LAO-ZI gelehrt.

K

Ka[1] (jap.): Feuer (auch *Hi, Ho*).

Ka[2] (jap.): unten, Grund (auch *Ge, Shita, Moto*).

Kabuki (jap.): japanisches heroisches Theater, gegründet zu Anfang des 17. Jh., dessen Aufführungen bis in die heutige Zeit überliefert sind. Einige davon erzählen von kriegerischen Heldentaten aus den Samurai-Kämpfen und zeigen in stilisierter Form alle Facetten der japanischen Kampfkünste. Besonders bekannte Stükke sind das *Chûshingura* und das *Kokusenya*.

Kabura (jap.) Pfeilspitzen in Form einer Kugel oder einer Halbkugel, meist aus Holz oder aus Horn gefertigt (s. auch →*Hiya*).

Kabuto (jap.): Helm der japanischen Samurai, bestehend aus Eisen oder lackiertem Leder (s. →*Yoroi*).

Kachi (jap.): auch *Gachi*, »Sieg«.

Kachimake (jap.): Demonstrationskampf mit abgesprochenen Aktionen, in dem einer der beiden Partner durch ein →*Ippon* gewinnt. Der Gewinner heißt *Kachite*.

Kachinuki (jap.): Ausscheidungssystem in den Wettkämpfen: Der Gewinner kämpft weiter, der Verlierer scheidet aus.

Kachite (jap.): siehe *Kachi-make*.

Kachû (jap.): Rüstung (s. →*Yoroi*).

Ka-dachi (jap.): auch *Katachi*. Haltung, Form (s. →*Shisei*, →*Kamaekata*).

Kadô (jap.): der »Blumen-Weg«, auch *Sadô* oder →*Ikebana* (Teichblume) genannt. Einer der vom *Zen* bestimmten Schulungswege des →*Dô*.

Hier geht es weniger darum, Blumen zu stecken oder zu arrangieren, sondern darum, in der Übung einen nichtdualistischen Geist zu verwirklichen, d. h. die Gegenüberstellung zwischen Mensch (als Subjekt) und Blumen (als Objekt) aufzuheben.

Kaeru (jap.): zurückkehren, umtauschen (auch *Tai*). *Kawaru* – wechseln, *Torikae* – Umtausch, *Kirikae* – Erneuerung, *Kaesu* – wiedergeben, zurückgeben.

Kaeshi (jap.): auch *Gaeshi*. Gegenangriff, Gegentechnik, Kontern gegen einen Angriff, Kontern gegen einen Gegenangriff, Gegenkonter.

Kaeshi-kumite (jap.): Kampfübungsform im *Karate* (s. →*Kumite*), bei der man angreift, dann den gegnerischen Konter abwehrt und erneut kontert. Nach dem letzten Angriff nehmen beide Partner →*Jiyû no Kamae* ein, wodurch diese Übungsform zu einer Kombination aus →*Kihon-waza* und →*Jiyû-waza* wird.

Kaeshi-waza[1] (jap.): auch *Gaeshi-waza*. Gruppe sämtlicher Gegentechniken gegen Angriffe und Gegenangriffe (s. →*Kaeshi-kumite*). Alle Arten von Gegenaktionen.

Kaeshi-waza[2] (jap.): Kontertechniken im →*Kendô*, die ausgeführt werden, nachdem der gegnerische Schlag abgewehrt wurde. Klassifiziert unter →*Oji-waza*.

Kafukubu (jap.): Unterleib (s. →*Karada*).

Kagaku (jap.): Unterkiefer (s. →*Karada*).

Kagami-biraki (jap.): »Spiegel öffnen« oder »Zeremonie des Reisschneidens«, eine Mitte Januar stattfindende alljährliche Feier der Kampfkunstübenden in Japan.

Es handelt sich um eine alte militärische Tradition, bei der die Schüler Reiskuchen *(Mochi)* vom Neujahrstag mitbringen, während sie sich alle im *Dôjô* versammeln, um nach altem Samurai-Brauch Reiskuchen und Bohnensuppe zu essen.

Kagato (jap.): Ferse (auch *Kakato*).

Kagato-jime (jap.): Fußwürgen aus dem *Jûdô*.

Kagemusha (jap.): doppeltes Angebot. Bezeichnung für eine beliebte Praktik im japanischen Mittelalter, durch welche die →*Iemoto* die Geheimnisse ihrer →*Ryû* vor Fremden schützten.

In manchen *Ryû* gab es ein solch »doppeltes Angebot«, durch das man ein Täuschungssystem nach außen präsentierte, während der eigentliche Stil nur den Vertrauensleuten des Meisters bekannt war. Man vermutet, daß es auch im okinawanischen *Shôrin-ryû* ein *Kagemusha* gab. (s. →*Jigen-ryû*, →*Shôtôkan*).

Kage-ryû (jap.): traditionelles japanisches →*Kenjutsu*-System, gegründet von →AIZU IKKO aus der Provinz Aizu. Der Stil wird auch *Aizu Kage-ryû* genannt. Aus ihm wurden zahlreiche andere Systeme abgeleitet:

STILE AUS DEM KAGE-RYU	
Shinkage-ryû	– Fujiwara no Nobuzuna (1520–1577)
Yagyû Shinkage-ryu	– Yagyû Muneyoshi (1527–1606)
Yagyû-ryû	– Yagyû Munenori (1571–1646)
Taisha-ryû	– Marume Kurandô (1540–1629)
Shinkan-ryu	– Okuyama Tadenobu
Hikida Kage-ryû	– Hikida Bungorô (1437–1506)
Okuyama-ryû	– Okuyama Magojirô (1525–1602)
Kashima Shintô-ryu	– Bokuden Tsukahara (1489–1571)

Kagi (jap.): Haken (auch *Kake*).

Kagi-geri (jap.): hakenförmiger Tritt (z. B. →*Gyaku mawashi-geri*).

Kaginawa (jap.): langes Seil, das an einem Ende einen Haken hat. Die *Ninja* benutzten es zum Erklettern von Mauern und als Wurfwaffe.

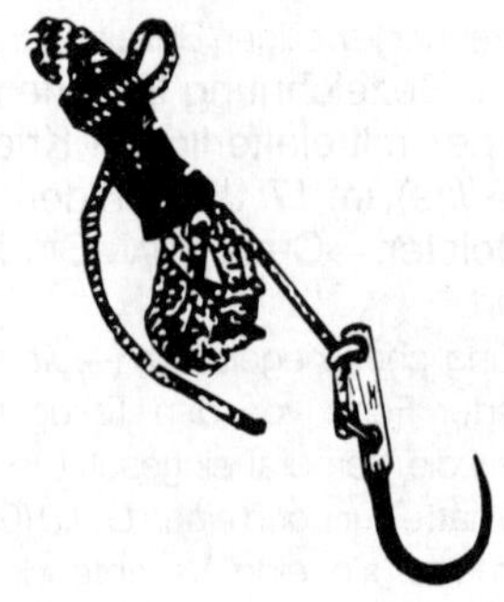

Kaginawa – Ninja-Waffe, bestehend aus einem Seil mit Haken

Kagi-zuki (jap.): hakenförmiger Fauststoß im *Karate*, dessen Endstellung zu →*Mizu nagare no Kamae* führt. Klassifizierung s. →*Tsuki-waza*.

Diese Technik wird verwendet, wenn man in einer nahen Distanz seitlich zum Gegner steht. Man führt den Fauststoß zur Seite des gegnerischen Körpers, während der Ellbogen in einem 90°-Winkel gebeugt bleibt. Es trifft die Vorderfaust *(Seiken)*. Die Technik wird nur in Seitwärtsstellungen verwendet (z. B. *Kiba-dachi, Heisoku-dachi*). Sie wurde zuerst in der Kata *Heian-godan* gelehrt.

Kagi-zuki – der Hakenstoß

Kagiyari (jap.): Haken-Speer (s. →*Yari*, →*Mitsu-dôgu*). Mit dem Hakenspeer konnte man die gegnerische Waffe einhaken und wegziehen. Da dies eine effektive Waffe zur Selbstverteidigung war, wurde sie auch von der Polizei verwendet.

Kahô (jap.): andere Bezeichnung für →*Kata*.

Kai[1] (jap.): Mal, Wiederkehr. *Mawasuru* – kreisen, drehen, *Jikkai* – zehnmal, *Konkai* – diesmal, *Zenkai* – zuletzt.

Kai[2] (jap.): Bezeichnung im →*Zen* für die buddhistischen Gebote (s. →*Kairitsu*, →*Kaisetsu*).

Kai[3] (jap.): Gemeinschaft, Zusammenkunft, Organisation, Vereinigung (auch *Kwai*). *Kokkai* – Parlament, *Taikai* – Sportfest.

Kai[4] (jap.): im japanischen Bogenschießen (s. →*Kyûdô*) bezeichnet *Kai* die 6. Position (auch →*Jiman*).

Kaiden (jap.): höchster Grad der →*Yudansha* in der Ausbildung des *Budô*. *Kaiden* ist die Vorstufe zum Lehrer *(Sensei)* und entspricht in den meisten Graduierungssystemen dem 4. Dan.

Ein *Kaiden* darf eigenständig unterrichten, hat aber noch nicht die endgültige Erlaubnis (→*Menkyo*) zur selbständigen Vertretung des Stils. Er befindet sich auf der höchsten technischen Stufe der Sempai-Ränge und als solcher im Wegabschnitt der Initiierung durch den *Sensei*. (Erläuterungen s. →*Kyûdan*, →*Yudansha*, →*Menkyokaiden*).

Kaiken-tantô (jap.): Dolch ohne Hülle (s. →*Ken*), von den Frauen der →*Bushi* immer bei sich getragen. Er diente der Verteidigung und in extremen Fällen auch zum Selbstmord (s. →*Seppuku*).

Kaiko (jap.): Bezeichnung für eine alte chinesische Kampfkunst (ca. 1200 Jahre nach dem →*Jiao-di*). Sie wurde zur Zeit des Mongolenfürsten Dschingis Khan geübt und ist sehr von mongolischen Techniken beeinflußt (s. →*Kempô*).

Kaiko-ken (jap.): Form der Fausthaltung. Auch →*Hira-ken*.

Kaikyû (jap.): Klasse, Rang.

Kaikyû-shiai (jap.): Übungskämpfe, bei denen verschiedene *Kyû*- und *Dan*-Grade unter sich sind.

Kaimen-Yoga: wörtlich »offenes Tor«, auch *He-ping (Ho-ping)* oder *He-xie (Ho-hsieh)* genannt, daoistische Übung, die dem *Hatha-Yoga* ähnelt. Die Bewegungen sind durchgehend fließend und abwechselnd angespannt und entspannt. Wichtig sind auch hier Atemführung und *Qi*-Lenkung.

Das *Kaimen-Yoga* ist Bestandteil des →*Lee Taiji-quan*. Es gibt viele Übungen, die alle von 19 Körperhaltungen ausgehen. Diese sind:

KÖRPERHALTUNGEN IM KAIMEN-YOGA

1.	Shuang-zhan-li-shi	– Doppelte Pflugstellung
2.	Dan-zhan-li-shi	– Einfache Pflugstellung
3.	He-hua-ye-shi	– Lotusblattstellung
4.	Zui-han-shi	– Betrunkenenstellung
5.	Liu-shu-shi	– Weidenbaumstellung
6.	Yu-shi	– Fischstellung
7.	Yan-jing-she-shi	– Kobrastellung
8.	Tang-lang-shi	– Gottesanbeterinnstellung
9.	Bie-shi	– Schildkrötenstellung
10.	Diao-shi	– Adlerstellung
11.	Xiong-shi	– Bärenstellung
12.	Tui-san-jiao-shi	– Bein-Dreieckstellung
13.	Long-shi	– Drachenstellung
14.	Ya-shi	– Entenstellung
15.	Bao-shi	– Leopardenstellung
16.	Qi-ma-shi	– Reitendes-Pferd-Stellung
17.	Xiao-ji-shi	– Huhnstellung
18.	Jiao-schi-zi-schi	– Gekreuzte-Bein-Stellung
19.	Jian-dao-shi	– Scherenstellung

Kairitsu (jap.): wörtlich: Gebote *(Kai)* und Regeln *(Ritsu)*. Bezeichnung aus dem japanischen Buddhismus für die Richtlinien *(Jûjûkai)*, nach denen ein buddhistischer Mönch leben muß, sobald er in die Gemeinschaft des Klosters aufgenommen wird.

Ein Neuankömmling wird in einer Zeremonie *(Jukai)* in die Gepflogenheiten des mönchischen Lebens eingeführt und legt ein Gelübde ab, wodurch er sich vom weltlichen Leben abwendet und sich ganz der Verwirklichung des Erwachens (s. →*Satori*) verschreibt. Dabei erhält er einen neuen Namen *(Kaimyô)*, der symbolisch dafür steht, daß der Mönch den weltlichen Sorgen und Leidenschaften (s. →*Bonnô*) entsagt.

Kaisan (jap.): »Berg-Begründer«. Bezeichnung für den Gründer eines *Zen*-Klosters.

Kaisetsu (jap.): Regel, Vorschrift, Leitsatz, Hinweis, Erklärung (auch *Kisoku, Kaisoku, Okite*; s. →*Kai*, →*Kairitsu*, →*Gensoku*, →*Hokusen*).

ALLGEMEIN

Die traditionelle Literatur der Kampfkünste enthält viele Leitsätze, die dazu erdacht wurden, die kontemplativen Gedanken der Übenden zu fördern. In ihnen liegt weitgehend die philosophische Essenz des →*Budô* zugrunde. Die meisten stammen aus dem →*Bushidô* und sind stark vom →*Shintô*, vom *Zen* und von den chinesischen Philosophien beeinflußt. Diese Leitsätze sind untrennbar mit der *Budô*-Übung verbunden und sollen nicht als Theorie gelernt werden, sondern als Beispiele für die Verwirklichung der →*Dôjôkun* dienen. Sie beziehen sich auf konkrete innere Hindernisse, die in der Entwicklung eines Kampfkunstübenden auftauchen können, und bieten durch ihre Erläuterungen Hilfen, auftauchende Probleme zu bewältigen.

KAISETSU IM KARATE

Im *Shôtôkan-ryû* bildeten sich die zwanzig Regeln von Meister FUNAKOSHI, →*Shôtô-nijûkkun*, ab. Sie sind aus verschiedenen Quellen beeinflußt und haben ihrerseits den Geist des *Budô* in allen Stilrichtungen des *Karate* stark geprägt. Andere Leitsätze jedoch stammen aus dem japanischen »Weg des Schwertes« (s. →*Kendô*) und kommen entweder aus dem *Shintô* oder aus dem *Zen*, das eine lange Zeit bei den Meistern des Schwertes große Bedeutung hatte (s. →*Takuan*). Nachfolgend die wichtigsten überlieferten Leitsätze mit ihrer Zuordnung zu den in der *Dôjôkun* enthaltenen Regeln (Erläuterungen s. unter der jeweiligen Bezeichnung):

1. Suche nach der Perfektion deines Charakters

Meikyô shi sui – Ein klarer Spiegel reflektiert die Realität

Tôdai moto kurashi – Am Fuße eines Leuchtturms ist es dunkel

Sekka no ki – Die Feuersteine, die Funken schlagen

Mushin no kokoro – Den Geist befreien

Gishin fuki – Technik und Geist sind untrennbar

Myo wa kyo-jitsu no kan ni ari – Die Essenz liegt zwischen Angriff und Abwehr

Kenjô no bitoku – Durch Demut kommt die Stärke

Ichi michi isshô – Ein Tag, ein Leben

Ken Zen ichi – Das Schwert und *Zen* sind eins

Ri no shûgyô, waza no shûgyô – Das Studium des Geistes und der Technik

2. Verteidige die Wege der Wahrheit

Dôjô nomino karate to omou na – Karate findet nicht nur im Dôjô statt

Karate wa gi no tasuke – Karate ist ein Helfer der Gerechtigkeit

Fugen jikko – Laß deine Handlungen für dich sprechen

Setsu do motsu – Sei stark, doch wisse, wann du nachgibst

Mazu jiko wo shire, shikoshite tao wo shire – Erkenne dich selbst zuerst, dann den anderen

Gasshô – Sei dankbar für jeden Augenblick deines Lebens

Wazawai wa getai ni shozu – Unglück geschieht immer durch Unachtsamkeit

Mizu no kokoro – Ein Geist wie Wasser

Koe naki o kiki, katachi naki o miru – Das Nicht-Geräusch, das du hören, und das Nicht-Bild, das du sehen kannst

3. Pflege den Geist des Strebens

Mosshôsek – Laß keine Spur hinter dir

Ikken hissatsu – Mit einem Schlag töten

Ko gaku shin – Halte deinen Geist zum Lernen offen

Hito no te ashi wo ken to omoe – Deine Hände und Füße müssen zu Schwertern werden

Kan ni hatsu o irezu – Kein Raum für ein einziges Haar

Dô mu kyoku – Ein Leben lang keine Grenzen

Nana korobi ya oki – Wenn du siebenmal hinfällst, steh achtmal auf

Karate wa yu no gota shi taezu netsudo wo ataezareba moto no mizu ni kaeru – Wahres Karate ist wie heißes Wasser, das abkühlt, wenn du es nicht beständig erwärmst

Karate no shûgyô wa isshode aru – Im Karate gibt es keine Grenzen

Hito kata san nen – Drei Jahre für eine Kata
Hito kome, hito ase – Ein Korn Reis, ein Tropfen Schweiß
4. Ehre die Prinzipien der Etikette
Oshi shinobu osu – Hab Geduld mit dir und mit anderen
Karate do wa rei ni hajimari, rei ni owaru koto wo wasuruna – Karate beginnt und endet mit Respekt
Omoiyari – Kümmere dich um andere
5. Verzichte auf Gewalt
Heijô shin kore michi – Der ruhige Alltagsgeist
Karate ni sente nashi – Im Karate gibt es keinen ersten Angriff
Gijutsu yôi shinjutsu – Intuition ist wichtiger als Technik

Kaishaku (jap.): beistehen, dienen.

Kaishakunin (jap.): Sekundant beim →*Seppuku*, ein Freund oder Vertrauter dessen, der *Seppuku* begeht.

Kaishô-uchi (jap.): Gruppe der Schlagtechniken mit der offenen Hand im *Karate* (s. →*Uchi-waza*).

Kaishu (Kaishô) (jap.): »offene Hand« (auch *Shô*). In den Kampfkünsten wird die offene Hand häufig als Waffe gebraucht. Es gibt viele Techniken der offenen Hand (s. →*Uchi-waza*, →*Tsuki-waza*), wobei die Auftreffflächen beim Schlagen, Stoßen oder Abwehren verschieden sein können (weiter s. unter der jeweiligen Bezeichnung):

FORMEN DER OFFENEN HAND

Shutô	– Schwerthand (Handkante)
Haitô	– innere Handkante
Haishu	– Handrücken
Teishô (Shôtei)	– Handballen
Seiryûtô	– Ochsenkieferhand
Kumade	– Bärentatze
Ippon-nukite	– Ein-Finger-Hand
Nihon-nukite	– Zwei-Finger-Hand
Shihon-nukite	– Vier-Finger-Hand
Washide	– Adlerhand
Koko	– Tigermaul

Kaishu-gamae (jap.): →*Kamaekata* aus den nördlichen *Kempô*-Schulen der Mandschurei und Nordkoreas. Die Spezialität dieser Haltung sind Kontertechniken gegen Umklammerungen, meist Techniken wie *Kakiwake-uke*.

Kaishu-gamae

Kaiten (jap.): drehen, rotieren, rollen (auch *Hineri*).

Kaiten-geri (jap.): Drehtritt (auch *Hineri-geri*, s. →*Keri-waza*).

Kaiten-nage (jap.): *Aikidô*-Wurftechniken aus der Drehung gegen Angriffe mit *Ryôte-dori*, *Shômen-uchi* und *Shômen-zuki*.

Kaiun no Te (jap.): »die Wolken mit den Händen nach beiden Seiten schieben«. Anfangsbewegung der *Kata Unsu*.

Kaji (jap.): Schmied, Bezeichnung für einen japanischen Schwertschmied (Erläuterungen s. →*Ken*).

Die Schwertschmiedekunst war ein heiliger Ritus des →*Shintô* und wurzelte tief in dessen religiösen Prinzipien. Der Schmiedemeister bereitete sich auf den heiligen Akt des Schwertherstellens vor, indem er nach vorbereitenden Fastenzeiten und reinigenden Waschungen die Schmiede schmückte. Dann entfachte er in vorgeschriebener Weise das Feuer, indem er zwei Steine aneinanderschlug und vor dem Altar *(Kamidana)* den Schutzgott der Schmiede *(Inari)* anrief. Während dieser Vorbereitungen, die mehrere Tage dauerten, setzte er seine Reinigungsrituale fort, um →*Makoto* zu erreichen. Niemand durfte in dieser Zeit die Schmiede betreten, und niemand durfte mit dem Meister sprechen. Die Seele des zukünftigen Schwertes hing von dieser Zeremonie ab.

Kajiyama, T. Richard (*1929): amerikanischer *Karate*-Lehrer aus Hawaii, der zusammen mit seinem Instruktor MIKIO MARUYAMA 1975 *Shito-ryû* in Hawaii einführte.

Kajiyama begann 1945 mit dem Kampfkunststudium und hat *Dan*-Grade im *Karate, Jûdô* und *Jûjutsu*. Gegenwärtig 7. Dan *Karate*, ist er Hauptrepräsentant des *Shitô-ryû Karate-dô* der *Abe*-Schule und der *World Karate-do Union* in Japan.

Kajukenbo (jap.): Bezeichnung für ein kombiniertes Kampfsystem, das 1947 in Hawaii unter der Leitung von →ADRIANO EMPERADO von fünf Meistern gegründet wurde und sich aus den Bezeichnungen der Disziplinen zusammensetzt: WALTER PETER CHOO ***(KA**rate/Tang-Soo-Do)*, JOSEPH HOLECK *(Kodenkan-**JÛ**dô)*, FRANK ORDOÑEZ *(Sekeino-**JÛ**jutsu)*, ADRIANO EMPERADO ***(KEM**pô)* und CLARENCE CHANG *(Chinesisches **BO**xen)*.

Die Initiative zu diesem hawaiianischen Stil geht auf die Arbeit des Großmeisters des →*Koshô-ryû Kempô*, JAMES →MITOSE, zurück. Seine Schüler, unter anderen NAKAMURA JIRO, THOMAS YOUNG, PAUL YAMAGUCHI (Enkel des *Gôjû*-Großmeisters YAMAGUCHI), WILLIAM →CHOW (1914–1984) und BOBBY LOWE, entwickelten eigene Ideen und gründeten Stile unter dem Einfluß verschiedener Kampfkünste.

Als Gründer des *Kajukenbo* wird ADRIANO EMPERADO (*1921) betrachtet, ebenfalls ein Schüler von James Mitose und William Chow. Er übte sich vor allem im *Kempô-Karate, Escrima, Tum-Pai, Sil-Lum* und *Boxen*. Zusammen mit PETER CHOW, JOSEPH HOLECK, FRANK ORDOÑEZ und CLARENCE CHANG gründete er 1947 das *Kajukenbo Self Defense Institute* und organisierte den sich verbreitenden Stil in der *International Kajukenbo Association* (IKA).

Einer seiner Schüler, JOHN LEONING, stellte das *Kajukenbo* 1958 in den USA vor. Dort unterrichtete er TONY RAMOS, ALAN REYES und AL →DACASCOS, den späteren Gründer des →*Wun Hop Kuen Do*.

Tafel KAJUKENBO

Stil	→	Nachfolge
Adriano Emperado **Kempo-Karate**	→	**KAJUKENBO**
Clarence Chang **Quanfa**		↓
Joe Holeck **Kodenkan-Judo**		**Al Dacascos WUN HOP KUEN DO**
Walter Peter Choo **Tang-Soo-Do**		↓
Frank Ordonez **Sekeino-Jujutsu**		**Deutscher Wun Hop Kuen Do Verband**

Kajutsu (jap.): Techniken des Umgangs mit dem Gewehr oder mit Explosivstoffen, hauptsächlich in der Schule des →*Daidô-ryû* (s. auch →*Hôjutsu*) entwickelt.

Kakae (jap.): mit einem Arm umfassen, umarmen.

Kakae-dori (jap.): Umklammerung von hinten. Techniken aus der *Goshinjutsu no Kata*.

Kakae-komi (jap.): das Hochreißen des Knies vor einer Fußtechnik. Um das Gleichgewicht während der Fußtechniken zu wahren, ist es wichtig, daß die Technik richtig ausgeführt wird (s. dazu →*Keri-waza*).

Kakae-nage (jap.): Wurftechnik (s. →*Nage-waza*) im Karate. Die Technik wird meist im Zusammenhang mit →*Kôsa-uke* gebraucht.

Kakari-geiko (jap.): Training der Angriffstechnik gegen einen beständig abwehrenden Gegner. Im →*Kendô* wird dieses Training verwendet, indem Anfänger gegen Fortgeschrittene kämpfen, um ihre Angriffstechniken zu verbessern.

Kakari-geiko ist ein ausschließlich offensives Training. Man konzentriert sich auf seinen eigenen Angriff und versucht unabhängig von der Abwehr und dem Konter des Gegners nur entscheidende Techniken auszuführen. Es entwikkelt eine starke Angriffshaltung.

Im *Jûdô* ist *Kakari-geiko* eine Trainingsform für fortlaufende Angriffe gegen einen sich sperrenden Gegner. Der Gegner versucht im entscheidenden Moment zu kontern.

Kakashi-gakure no Jutsu (jap.): stundenlanges, bewegungsloses Verharren eines *Ninja* z. B. in einem Kornfeld, so daß vorbeiziehende Reisende eine Vogelscheuche vermuten.

Kakato (jap.): Ferse, Hacke (auch *Enshô*, s. →*Karada*). Die Ferse wird meist als Auftrefffläche bei nach hinten gerichteten Fußtechniken gebraucht, aber auch bei Stampftritten oder gestoßenen Vorwärtstritten (s. →*Fumikomi*[1], →*Mae geri-kekomi*, →*Ushiro-geri*).

Kakato-ate-waza (jap.): Gruppe sämtlicher Techniken mit der Ferse (s. →*Kakato*).

Kakato-geri (jap.): Stampftritt mit der Ferse (s. →*Kakato*, →*Keri-waza*).

Kakato-geri – Stampftritt mit der Ferse

Kake[1] (jap.): Haken. Sperrtechnik (auch →*Kagi*).

Kake[2] (jap.): Endphase eines *Jûdô*-Wurfes. Der Verlauf einer *Jûdô*-Wurftechnik hat zwei Phasen: *Uchi-komi*, in dem man *Kuzushi* (Gleichgewichtbrechen) und *Tsukuri* (Ziehen) klassifiziert, und *Nage-komi* oder *Kake*, mit dem man den eigentlichen Wurf bezeichnet (s. →*Nage-waza*).

Kake[3] (jap.): Schwertständer für ein →*Katana*, zumeist aus Edelholz.

Kake-dachi (jap.): hakenförmige Stellung. Überkreuzstellung (Zuordnung s. →*Dachi*).

Kake-dameshi (jap.): Krafttest, Kraftübung. Eine Form von *Kake-dameshi*, die man auch heute noch im Karate gebraucht, ist →*Tameshi-wari*.

In den früheren *Karate*-Stilen kannte man eine Form von *Kake-dameshi*, die darin bestand, daß der Übende Fauststößen und Fußtritten eines Partners standhalten mußte. Oft wurde diese Form der Übung als Ergänzung zum *Kata*-Training benutzt. Sie diente dazu, den Körper abzuhärten und ihn auch starke Angriffe unbeschadet überstehen zu lassen.

Kake-goe (jap.): der Auftreffmoment (Impakt) einer *Karate*-Technik.

Kakemono (jap.): Schriftrollen mit Malereien oder Ideogrammen, die zu dekorativen Zwekken verwendet werden.

Kake no Kamae (jap.): Kreuzstellung (wie →*Kake-dachi*).

Kake-shutô-uke (jap.): hakenartige Handkantenabwehr, Variante von →*Shutô-uke*.

Der Unterarm schwingt mit leicht angewinkeltem Handgelenk nach außen und wehrt den gegnerischen Angriff ab. Dabei kann man das Handgelenk des Gegners greifen. Die Technik eignet sich gut zum Abwehren von seitlichen oder von vorn geführten Angriffen zur mittleren Stufe.

Kake-taoshi (jap.): Wurftechnik (s. →*Nage-waza*), in den *Kata Jion* und *Jitte* gelehrt.

Kake-te (jap.): Hakenhand (s. →*Tekubi kake-uke* und *Kake-uke*). Technik aus dem Kranichstil (→*Bai-he-quan*).

Kake-uke (jap.): Hakenabwehr (s. →*Uke-waza*). Diese Abwehrtechnik wird mit dem Unterarm zur unteren Stufe ausgeführt. Es gibt dabei die Varianten von innen nach außen *(Uchi)* und von außen nach innen *(Soto)*.

In der *Soto*-Variante beschreibt der Arm einen großen Kreisbogen nach innen, fegt den angreifenden Fuß zur Seite, hakt dann am Knöchel ein *(Kake)* und reißt ihn hoch. Die Bewegung ähnelt einem *Uchi-uke* zur *Gedan*-Stufe. Die Technik kommt in der Kata *Bassai-dai* vor.

Kake-waza (jap.): Gruppe sämtlicher hakenförmiger Techniken im *Karate*. Als Abwehr gibt es →*Wan-kake-uke* und →*Tekubi-kake-uke*, als Fausttechniken →*Kagi-zuki* und als Fußtechniken →*Kagi-geri*.

Kakie (jap.): Bezeichnung für die okinawanischen Techniken der »klebenden Hand«, die ursprünglich im →*Quan-fa* geübt und danach hauptsächlich aus dem →*Bai-he-quan* auch in die okinawanischen Richtungen des *Karate* übernommen wurden. Im Chinesischen nennt man sie →*Tui-shou* oder kantonesisch *Chi-sao*. Sie bilden die hauptsächliche Nahkampfform des *Quan-fa*.

Fast alle shaolinischen, außershaolinischen und okinawanischen Stile haben gut fundierte *Kakie*-Systeme. Sie sind die Grundlage aller Hebel, Würfe, Greiftechniken und Zwingen im *Karate*. Meist werden sie als *Kata* mit einem Partner

geübt und führen das Ende der Routinebewegung in der freien Improvisation in eine Selbstverteidigungstechnik über.
Wenn man die Formen von *Kakie* beherrscht, geht man zu verschiedenen Zieh-, Stoß- und Wurftechniken über. Man kann aus allen Winkeln stoßen, ziehen oder werfen. Die *Kakie* beinhalten ein komplettes Konzept für den Nahkampf mit vielen variantenreichen Techniken. Die nachfolgende Tabelle listet die verschiedenen Möglichkeiten auf (s. unter der jeweiligen Bezeichnung).

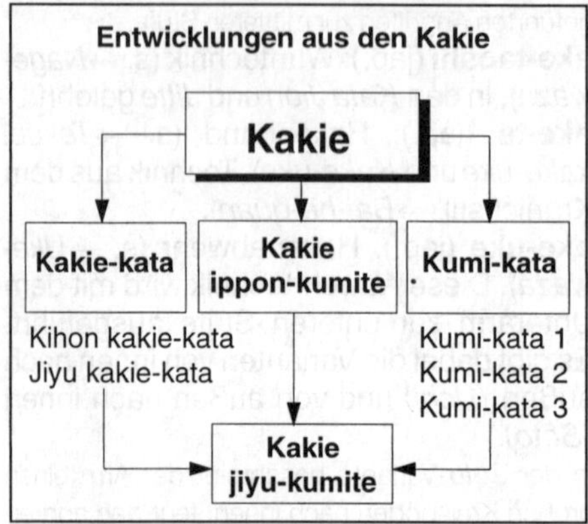

Kakie-ippon-kumite (jap.): Übungsform aus den →*Kakie*. In dieser Übungsform reagiert der Angegriffene frei mit einem Konter, entsprechend den Möglichkeiten, aus den Selbstverteidigungsmethoden des *Karate*.

Kakie-jiyû-kumite (jap.): Übungsform aus den →*Kakie*. Hier werden in freier Form die Techniken der Nahdistanz aus dem *Karate* mit den Techniken der »klebenden Hände« kombiniert.

Kakie-kata (jap.): festgelegte Bewegungsabläufe zum Einüben der Techniken der »klebenden Hände« (s. →*Kakie*). Sie sind von Stil zu Stil verschieden und dienen der Übung des Nahkampfes in den karateähnlichen Künsten.

• **Kihon-kakie-kata**: Dies ist die Bezeichnung für die festgelegten Grundformen zum Erüben der elementaren Bewegung. Sie werden aus dem Stand ausgeführt und enthalten als wichtigstes Prinzip die Fähigkeit der Anpassung an die Bewegung des Gegners.

• **Jiyu-kakie-kata**: In dieser Übungsform werden die verschiedenen Grundformen frei miteinander kombiniert. Alle möglichen Arten der Fußbewegungen *(Sabaki)* werden in die Übung integriert.

KIHON KAKIEKATA (BSK-FORM)

1. Hände einhaken
rechts
links *(gyaku)*
doppolt

2. Händeschieben
doppelt (3x *chudan*)
doppelt (unten/Mitte/oben/Mitte), jeder 3x
doppelt (gegenseitig mit *Kôsa-uke*), jeder 3x
einseitig mit Greifen (unten/ Mitte/ oben/ Mitte)

3. Wiege
beide Seiten (rechts/links)

4. den Druck ableiten
links
links drehen
rechts
rechts drehen

5. zum Hara drücken
links im Stand
links *Yori-ashi*
rechts im Stand
rechts *Yori-ashi*

Kakiwake-uke (jap.): abwehren mit beiden Armen. Beidhändiges Auseinanderdrücken eines gegnerischen Angriffs oder Umklammerung. Keilabwehr (Zuordnung s. unter →*Morote-uke*, Klassifizierung s. unter →*Uke-waza*).
Kakiwake-uke kann zur unteren Stufe *(Gedan-kakiwake-uke)* oder zur mittleren Stufe *(Chûdan-kakiwake-uke)* ausgeführt werden. Die Keilabwehr ist am wirkungsvollsten, wenn sie mit den Fäusten *(Kakiwake-ken)*, mit den Handkanten *(Shutô-ka-*

Kakiwake-uke – die Keilabwehr

kiwake) oder mit den Innenhandkanten *(Haitô-kakiwake)* ausgeführt wird. Keilabwehrtechniken sind Teil des großen Komplexes der →*Kakie* und kommen häufig in den *Karate-Kata* vor (zum ersten Mal in der *Heian-yondan*).

Kaku[1] (jap.): Kranich.

Kaku[2] (jap.): Ecke, Winkel. *Sankaku* – Dreieck, *Chokkaku* – rechter Winkel.

Kakushi (jap.): verstecken *(Kakusu)*. Die Bezeichnung wurde in Japan für alle kleinen Waffen gebraucht, die in den Kleidern versteckt werden konnten. Dazu gehörten →*Shuriken*, →*Bankoku-chôki*, →*Kaiken* und mehrere Formen der kleinen Messer (→*Tantô*). Die Kunst des Gebrauches dieser kleinen Waffen wurde im *Kakushijutsu* gelehrt.

Kakushi-geri (jap.): versteckter Fußtritt im *Ninpô-Taijutsu*.

Kakushi-zuki (jap.): »Versteckter Fauststoß«. *Kakushi-zuki* wurde früher in der okinawanischen *Karate*-Kata *Wanshu (Enpi)* gelehrt. Die Faust wurde auf dem Rücken gehalten und von dort aus überraschend die Technik ausgeführt.

Durch diese Position bekam die Technik einen leichten Schnappeffekt nach oben. In der okinawanischen *Wanshu* wird *Kakushi-zuki* wie ursprünglich ausgeführt. In der japanischen *Enpi* hat sich die Technik in *Age-zuki* verwandelt.

Kakuteijutsu (jap.): japanische Bezeichnung für *Kung-fu*.

Kakutô (jap.): auch →*Kôken*, gebogenes oder gekrümmtes Handwurzelgelenk. Bedeutet auch Kranich- oder Kükenkopf.

Kakutô-bugei (jap.): Überbegriff für alle japanischen Kampfkünste, die mit Waffen ausgeführt wurden. Gegenüber den waffenlosen Kampfkünsten waren die Systeme der Waffen in der Überzahl (es gibt mehr als 50 Waffen, s. →*Buki*, und jede einzelne wird in mehreren Stilen gelehrt). Die wichtigsten sind:

WAFFENFORMEN JAPANS

Kyûjutsu	– Pfeil und Bogen
Sôjutsu (Yari)	– Speer
Naginatajutsu	– Hellebarde
Bôjutsu	– Stock
Jôjutsu	– kurzer Stock
Kenjutsu	– Schwert
Tantôjutsu	– Dolch

Kakutô-uke (jap.): Abwehr mit dem gekrümmten Handgelenk (Zuordnung s. →*Uke-waza*).

Kakuyoko (jap.): »Schwingen des Kranichs«. Kampfstrategie im alten Japan, die dazu benutzt wurde, das feindliche Heer einzukreisen.

Kalaripayat (ind.): »Weg (Straße, Mittel) des Schlachtfeldes«, alte indische Kampfkunst mit Ursprung in Kerala (s. →Indien). Sie enthält Techniken mit und ohne Waffen *(Suvasu)*, die mit denen des *Karate* und *Aikijutsu* vergleichbar sind. Die im *Kalaripayat* meistgebrauchten Waffen sind *Silabam*, der Stock, *Kettukari*, das Bambusrohr, *Cheruvati*, der Kurzstock, *Otta*, eine mit Nägeln gespickte Keule aus Hartholz, *Modi*, ein Zweiklingendolch aus Gazellenhorn, *Urumi*, ein Schwert mit einer zweischneidigen biegsamen Klinge, und verschiedene andere Lanzen, Stöcke, Dolche und kleine runde Schilder.

Kalaripayat beinhaltet den Stil des Nordens und den Stil des Südens, deren Techniken sich unterscheiden. Die Techniken werden von kontrollierten Atemübungen *(Pranayama)* begleitet und versuchen die Schwachpunkte *(Marman)* des Gegners zu treffen. Es wurden 108 Techniken überliefert. Die rituellen Kampftänze sind der Göttin Kali gewidmet. Es ist wahrscheinlich, daß das *Kalaripayat* ein Resultat des alten *Vajramushti* (Diamantfaust) ist, das →Boddhidharma im →Shaolin-Kloster einführte.

Die Entstehungsgeschichte des *Kalaripayat* reicht ins 1. Jh. v. Ch. zurück. Bis ins 14. Jh. fehlen jedoch die geschichtlichen Aufzeichnungen, und so weiß man nur, daß die Kampfkunst im 12.–14. Jh. auf dem Schlachtfeld breite Anwendung fand. Im 15.–17. Jh. erreichte sie die Spitze ihrer Bekanntheit. Heute gibt es nur noch in Trivandrum, der Hauptstadt von Kerala, eine Schule, die von einem erfahrenen Lehrer und einem *Guru* angeleitet wird.

Kali (phil.): alte philippinische Kampfkunst (s. →Philippinen), Verkürzung des Wortes *Kalis* aus der Stammessprache der Tagalog, das zunächst nur eine große Klingenwaffe bezeichnete. Später bezog sich der Begriff auf die Kampfkunst selbst und beinhaltete auch verschiedene andere Waffen und Systeme des waffenlosen Kampfes. Heute ist *Kali* zusammen mit *Arnis* und *Escrima* ein Überbegriff für die philippinischen Kampfkünste.

FORMEN des KALI

Stil	Stamm
Pagkalikali	Ibanag
Panandata	Tagalog
Kiliradman	Visayan
Pagaradman	Ilongo
Kabaroan	Ilocano
Sinawali	Pampangueno
Kalirongan	Pangasinense
Garote	Cebuanos
Baston	Penay

FRÜHGESCHICHTE

Bereits in frühen Aufzeichnungen des indonesischen Königreichs Srivijaya (8. Jh.), das sich auch auf die malaiische Halbinsel erstreckte, finden sich Hinweise auf *Kali*. Der Begriff *Kali* ist identisch mit der Bezeichnung für eine breitschneidige Malay-Waffe, die zu jener Zeit in den Inselreichen häufig gebraucht wurde. Dieselbe Waffe wurde von Gebiet zu Gebiet anders bezeichnet. In Manila nannte man sie *Pananandata*, in Pangasinan *Kalirongan*, in Ilocas *Didya* oder *Kabaro-an*, in Cagayan *Pagkalikali*, in Pampanga und Luzon *Sinawali* und im Zentrum der Philippinen *Kaliradman* oder *Pangamot*.

BEEINFLUSSUNGEN

Die Auswanderung der Malaysier auf die Philippinen führte zur Vermischung malayischer und philippinischer Kampftechniken. Als der portugiesische Seefahrer FERDINAND MAGELLAN (port. FERNÃO DE MAGALHÃES, span. FERNANDO DE MAGELLANES) am 7. April 1521 die Insel Cebu erreichte, wurde er von König HUMABON als Repräsentant der spanischen Krone in Ehren empfangen. Der Stammesfürst der benachbarten Insel Mactan, RAJAH LAPULAPU, weigerte sich jedoch, der spanischen Krone zu huldigen. Daraufhin beschloß Magellan, die Insel Mactan militärisch einzunehmen. Am 27. April 1521 führte er eine Streitmacht gegen Lapulapu, dessen Armee mit *Kali*-Waffen kämpfte. Der blutige Kampf endete mit der totalen Niederlage der Spanier und mit dem Tod Magellans. Doch kurze Zeit später kamen die Spanier mit einer überlegenen Streitmacht zurück und unterwarfen den Inselstaat einer 400 Jahre währenden Kolonialherrschaft. Während dieser Zeit beeinflußten sie die einheimische Kampfkunst *Kali*, was schließlich zu den Bezeichnungen → *Escrima* bzw. →*Arnis* führte.

DIE HERRSCHAFT DER SPANIER

Mit Ankunft der Spanier auf den Philippinen wurde *Kali* durch Verbote in den Hintergrund gedrängt, aber von den Stämmen im geheimen weitergeübt. Die Übungen wurden verändert, damit sie für die spanischen Eroberer unverdächtig aussahen. Oft wurden sie in Tanzaufführungen wie *Moro-moro, Linambay* oder *Sinulog* verkleidet und den Spaniern als gestellte Kämpfe vorgeführt.

Unter spanischem Einfluß wurde die einheimische Kampfkunst in den nördlichen Gebieten der Philippinen als *Arnis de mano* bekannt, während im Zentrum die Bezeichnung *Escrima* vorherrscht. Heute gibt es zahlreiche einheimische Kampfsysteme, die sich aus den alten Formen des *Kali* entwickelt haben. Sie sind miteinander verwandt, wurden aber in den jeweiligen Stämmen zu eigenen Stilen ausgeformt. Die meisten enthalten heute keine Klingenwaffen, sondern sehen den Methoden des weltweit verbreiteten *Arnis de mano* und *Escrima* sehr ähnlich, als dessen Vorläufer das *Kali* betrachtet werden muß.

Kallenbach, Jan (*1943): Schüler von JON →BLUMING, einem der bedeutendsten *Kyokushin*-Lehrer Europas.

Kallenbach begann 1958 unter Bluming zu trainieren, bevor er sich nach Japan begab, wo er unter der Leitung von KURASAKI KENJI und ÔYAMA MASUTATSU übte. Danach wurde er Schüler von →SAWAI KENICHI, dem Gründer des →*Taikiken*. Kallenbach verließ die *Kyokushin*-Organisation und wurde der erste europäische Lehrer des *Taikiken*.

Kama (jap.): kurzgriffige Sichel, im ganzen südostasiatischen Raum als Bauerngerät zum Schneiden von Korn, Reis oder Zuckerrohr verwendet. In vielen Ländern Südostasiens wurde die *Kama* zur Waffe umfunktioniert. Heute wird der Umgang mit dieser Waffe im →*Kobudô* gelehrt. Diese Systeme der *Kama* begründen sich auf bis zu 350 Jahre alten *Kata* (→*Kama-Kata)* und stammen aus Okinawa.

Karate-Meister mit Kama

Die okinawanische *Kama* hat eine scharfe gebogene Klinge, die rechtwinklig an einem Holzgriff befestigt ist. Sie ist 15–17 cm lang, hat ein spitzes Ende und ist sehr scharf. Sie war eines der wenigen Klingengeräte, die den okinawanischen Bauern nicht von den *Satsuma* (s. →Okinawa) weggenommen wurde, da man sie für die Ernte brauchte.

Bereits früh erkannten die okinawanischen Bauern, daß die *Kama* auch eine sehr wirkungsvolle Waffe gegen die *Satsuma* sein konnte. So entwickelten sie schon zu Anfang des 17. Jhs. verschiedene Kampfsysteme und verschiedene Varianten der *Kama*. Es gab Formen, bei denen eine *Kama* an einem Ende des →*Rokushaku-bô* befestigt war (→*Rokushakugama*), andere, bei denen zwei *Kama* durch eine Schnur oder Kette verbunden waren (→*Nichokama*), wieder andere, bei denen eine *Kama* an einem Seil oder einer Schnur befestigt war (→*Kama-kusari*), und Varianten, bei denen die *Kama* an ein kurzes Stück Schnur gebunden und am Handgelenk des Benutzers befestigt war. Mit all diesen Varianten wurden die Techniken des *Tôde* verbunden, wodurch eine tödliche Kampfmethode entstand.

Die *Kama* konnte auch mit großer Genauigkeit geworfen werden. Daraus entstand die Gewohnheit, zwei Kama mit sich zu führen. Ein fähiger *Kobudô*-Experte konnte gleichzeitig zwei *Kama* auf verschiedene Ziele werfen. Wurde nur eine *Kama* geworfen und der Wurf verfehlte sein Ziel, stand noch immer eine Waffe zur Verfügung. Auch konnte man beide gleichzeitig im Kampf einsetzen, z. B. eine zur Abwehr und die andere zum Kontern. Band man eine Kama ans Handgelenk, war man sicher, daß man sie nicht verlor, wenn sie von der Waffe des Gegners getroffen wurde. Wurde man von mehreren Gegnern angegriffen, konnte man eine *Kama* an der Schnur herumwirbeln lassen, während man mit der anderen wirkungsvolle Techniken ausführte.

Die alten *Kobudô*-Meister entwickelten wirkungsvolle und gefährliche *Kama*-Techniken gegen das Schwert, den Speer und andere weitreichende Waffen. Diese hochentwickelten Kampftechniken fügten sie zu →*Kata* zusammen, von denen einige über 350 Jahre alt sind, jedoch heute meist geheimgehalten werden und deshalb nur noch wenigen okinawanischen Meistern bekannt sind. Da mit dieser Waffe bei der Übung oft Unfälle geschehen, ist sie die letzte der fünf »grundlegenden« Waffen (*Bô, Sai, Nunchaku, Tonfa* und *Kama*), die in den traditionellen okinawanischen Kampfkunstschulen gelehrt werden (s. weiter →*Nichokama*, →*Kusarigama*, →*Kama- kusari*).

Japanische Frau mit Kusarigama

Kamae (jap.): mit *Kamae* bezeichnet man die generelle Bereitschaft, während die Art der Bereitschaftshaltung →*Kamaekata* genannt wird. Es gibt eine körperliche Bereitschaft, →*Mi-gamae*, zu der man die Prinzipien *Waza* (Technik), *Metsuke* (Haltung der Augen), *Ku* (Gleichgewicht), *Hyôshi* (Rhythmus), *Kokyû* (Atmung) und *Ma-ai* (Distanz) einrechnet, und eine geistige Bereitschaft, →*Ki-gamae*, zu der man als die wichtigsten Komponenten *Zanshin* (Geistesgegenwart), *Yômi* (Voraussehen), *Kihaku* (Kampfgeist), *Sen* (Initiative) und *Kikai* (Gelegenheit) zählt. Diese Aspekte sind jedoch nicht voneinander getrennt, sondern sie greifen ineinander und ergänzen sich gegenseitig.

KAMAE

MI-GAMAE		**KI-GAMAE**	
Hyôshi	– Rhythmus	Kihaku	– Kampfgeist
Kokyû	– Atmung	Kikai	– Gelegenheit
Ku	– Gleichgewicht	Sen	– Initiative
Ma-ai	– Distanz	Yômi	– Wahrnehmung
Metsuke	– Blick	Zanshin	– Geistesgegenwart
Waza	– Technik		

Die statische Bereitschaftshaltung

Die Formen der Bereitschaftshaltung nennt man →*Kamaekata*. Die meisten *Kamaekata* des *Karate* sind →*Mudrâ* (s. auch →Tantrismus) aus dem esoterischen Buddhismus (z. B. *Jiai-gamae, Manji-gamae*) oder Ableitungen aus den Kampfhaltungen verschiedener Tiere (z. B. *Maebane-gamae*). Sie haben sowohl in den chinesischen Systemen (s. →*Quan-fa*) wie auch im →*Karate* eine große Bedeutung und vielfältige Inhalte.

Deshalb darf man die auf die →*Kata* verteilten *Kamae* nicht als statische Haltungen betrachten. Im Kampf sind sie dazu gedacht, für einen Augenblick eingenommen zu werden und einen schnellen und flüssigen Wechsel der Reaktion auf die Handlungen des Gegners zu erlauben. Wenn man sich aber zu sehr auf eine bestimmte *Kamae* konzentriert, gibt man dem Gegner die Gelegenheit, effektiv anzugreifen. Aus diesem Grund ist die psychologische Essenz der *Kamae* wichtiger als ihre Form, wodurch sie zu einem Konzept wird, das äußerst schwierig zu verstehen und auszuführen ist.

Mit →*Tachi* (s. auch →*Dachi*) bezeichnet man die Fußpositionen in der Stellung und mit *Kamaekata* die Haltungen des oberen Körpers, der zusammen mit den Armen eine symbolische Geste bildet. Will man eine bestimmte *Kamaekata* einnehmen, kann je nach Situation eine beliebige Stellung *(Dachi)* gewählt werden. Dazu gehören Stellungen wie *Fudô-dachi, Kôkutsu-dachi, Nekoa- shi-dachi* oder *Zenkutsu-dachi*. Es ist jedoch wichtig, eine Stellung zu wählen, die zur Situation und zum eigenen Körper paßt.

Die dynamische Bereitschaftshaltung

Unter dem Begriff *Kamaekata* klassifizieren sich jedoch nicht nur die symbolischen Armhaltungen, sondern auch jene nichtkämpferischen Armbewegungen, die der Veränderung der Deckung von einer Armhaltung zur anderen dienen. Diese nichtkämpferischen Bewegungen (Zwischenbewegungen), die die Deckung und die Position des Körpers gegenüber dem Gegner verändern, bilden den passiven Teil der *Karate*-Technik und verstehen sich – sowohl körperlich *(Mi-gamae)* als auch geistig *(Ki-gamae)* – als Gegensatz zu den kampforientierten Angriffs-, Abwehr- und Kontertechniken. Sie sind jene Bewegungen, die das Gleichgewicht in der *Kata* erhalten und den gesundheitlichen Aspekt gewährleisten.

Viele Formen der *Kamaekata* sind sehr alt und stammen aus dem chinesischen *Quan-fa*. Die meisten von ihnen sind Nachahmungen von Kampfhaltungen und Kampfbewegungen der Tiere, andere sind buddhistische Symbole mit psychologischem Hintergrund. Sie sind eng mit den Ursprüngen der Kampfkünste verbunden und haben die Entwicklung der Kampfkünste, besonders im Bereich der Gesundheit, der Vitalpunktlehre und der Bewußtseinsbildung wesentlich beeinflußt. Doch auch die direkt kampforientierten Techniken haben eine enge Beziehung zu den *Kamaekata*. Jede Art der *Kamaekata* assoziiert sich mit bestimmten Möglichkeiten des Kämpfens. Das Verständnis dieser Zusammenhänge ist bedeutend für das Verständnis der *Kata*.

Das Konzept der Bereitschaftshaltung

Manche der heutigen Experten glauben, daß durch den Zusammenschluß des *Quan-fa* mit dem → *Tôde* auf Okinawa neue Überlegungen in bezug auf die *Kamae* notwendig waren. Die vom *Tôde* herbeigeführte Intensivierung des Kampfes mit der geschlossenen Faust zwang zu neuen Studien der *Kamae* in den importierten *Kata*. Es dauerte viele Jahre, bis die Meister Bewegungen und Haltungen fanden, die auf Körper und Geist positiv wirkten und in das *Kata*-Konzept eingefügt werden konnten.

Im *Kata*-Ablauf sind die *Kamaekata* als körperlicher und geistiger Ausgleich zu der durch Dynamik erzeugten Aktivität meist zwischen den Kombinationen der *Kata* oder als Eröffnungsbewegung einer Kombination integriert. So, wie in einem Kampf ein großer Teil der Bewegungen dazu dient, die Deckung oder die Position zu verändern, sich zu sammeln oder die Distanzen einzustellen, und die direkte kämpferische Aktion nur streckenweise stattfindet, gibt es diesen Aspekt auch in den *Kata*.

In den *Kamae* der *Kata* liegt noch ein weiterer Sinn. Die Meister der Vergangenheit suchten lange nach Bewegungen, die gleichermaßen kämpferisch interpretierbar und für den Übenden gesund waren. Durch sie konnte die rhythmische Ausführung der *Kata* zustande kommen und das Gleichgewicht zwischen aktiv und passiv in der Übung hergestellt werden. Erst dadurch unterscheidet sich die *Kata* von anderen Körpersystemen wie Gymnastik oder Tanzen und erhält ihren typischen Charakter.

Neben dem körperlichen und gesundheitlichen Aspekt der *Kamaekata* liegt noch ein weiterer Inhalt in dem ihr zugrundeliegenden Geist, in dem sie verwendet wird. Sie soll die Bereitschaft *(Yôi)* der Person, die sie anwendet, üben und ausdrücken. Für den Anfänger ist es aber am besten, sich so lange auf die korrekte Form der *Kamae* zu konzentrieren, bis er ihr Körperprinzip versteht und sie als natürliche Antwort auf einen Angriff einnehmen kann (s. →*Kamaekata*).

Kamaekata (jap.): klassifizierte Form *(Kata)* der Bereitschaftshaltungen (s. →*Kamae*) im *Karate*. Der Begriff bezeichnet die Haltung des Körpers zusammen mit der Haltung der Arme in der Deckung. Unter diesem Begriff klassifizieren sich im *Karate* mehrere Gruppen von Armhaltungen und nichtkämpferischen Armbewegungen, die der Veränderung der Dekkung dienen. Diese nichtkämpferischen Bewegungen, die die Dekkung und die Position des Körpers gegenüber dem Gegner verändern, nennt man Zwischenbewegungen. Zwischenbewegung und *Kamaekata* bilden zusammen den passiven Teil der *Karate*-Technik und verstehen sich – sowohl körperlich (→*Mi-gamae*) als auch geistig (→*Ki-gamae*) – als Gegensatz zu den kampforientierten Angriffs-, Abwehr- und Kontertechniken.

NICHTKÄMPFERISCHE HALTUNGEN

Ausgangspunkt für alle kampfbezogenen Haltungen ist die natürliche Haltung, die entweder aus einer kampfablehnenden Postion besteht oder eine Geste enthält, die Friedfertigkeit ausdrückt. Es gibt sehr viele solcher Haltungen in den klassischen *Kata*, doch als die Grundhaltung betrachtet man die nach oben gestreckten geöffneten Hände. Sie gilt nicht nur in den Kampfkünsten als Symbol der Friedfertigkeit, des Ablehnens von Kampf. Diese Bewegung kommt am Anfang der →*Kankû-dai* vor. Man hebt beide Hände und zeigt dem Gegner die geöffneten Handflächen als Zeichen der Friedfertigkeit. Diese nichtkämpferische Grundhaltung gibt es ebenso mit den Händen in der mittleren *(Chûdan)* und unteren *(Gedan)* Position.

Nichtkämpferische Haltungen gibt es auch als Gesten, deren Sinn darin liegt, Beeinflussungen der eigenen inneren Haltung zu bewirken. Sie sind auf die klassischen *Kata* verteilt und haben für denjenigen, der ihren Sinn wahrnimmt, eine große Bedeutung. Untenstehend sind einige von ihnen aufgeführt.

Nichtkämpferische Haltungen	
Shizentai-gamae	– natürliche Haltung der Bereitschaft
Yôi-gamae	– konzentrierte Haltung der Bereitschaft
Rei-gamae	– Haltung des Grußes
Jiai-gamae	– Yin-und-Yang-Position
Kankû-gamae	– Anfang der Kata *Kankû*
Bassai-gamae	– Anfang der Kata *Bassai*

KÄMPFERISCHE HALTUNGEN

Jôdan-gamae. Die Grundposition für alle Abwehrhaltungen in der oberen Stufe ist die nichtkämpferische Haltung der nach oben gestreckten Arme, mit nach vorn gedrehten Handflächen. Man verwendet sie, um die eigene geistige Kraft zu verstärken. Daraus sind viele kämpferische Haltungen abgeleitet worden.

Jôdan-gamae	
Maebane-gamae	– Flügelhandhaltung
Suirakan-gamae	– Haltung des betrunkenen Mannes
Tanshin-gamae	– ein Arm nach vorne gestreckt
Yama-gamae	– Berghaltung
Kaishu-gamae	– Offene-Hand-Position
Jihyo-gamae	– Antennen-Position
Tenshin-gamae	– *Jodan morote uchi-uke*

Grundposition für die Haltung zur oberen Stufe

Chûdan-gamae. Den vielfältig entwickelten Chûdan-gamae zugrunde liegt dieselbe nichtkämpferische Position wie bei Jôdan-gamae. Die Arme werden zum Zeichen der Abwehr von Aggression mit offenen Handflächen nach vorn gestreckt.

Grundpositon für die Haltung zur mittleren Stufe

Chûdan-gamae

Sagurite-gamae	– suchende Handhaltung
Juji-gamae	– Überkreuz-Handhaltung
Chuken-gamae	– verführende Position
Ganseki-gamae	– unerschütterliche Haltung
Chushu-Gamae	– ausgestreckter Arm
Tashin-gamae	– seitlich gekreuzte Hände
Shutô-gamae	– Abwehrhaltung mit offener Hand
Koko-gamae	– Tigermaulhaltung

Gedan-gamae. Auch die Haltungen zur unteren Stufe werden aus der Grundposition mit nach vorn geöffneten Handflächen abgeleitet. Dies ist die in unserer Anlage existierende Abwehrgeste, die wir auch im Alltag verwenden.
Die kämpferischen *Gedan*-Abwehrhaltungen sind Handhaltungen im unteren Bereich des Körpers. Oft führen die Abwehraktionen der *Gedan*-Haltung auch zu Haltungen in einer knienden oder hockenden Position, die man dann als Endposition bezeichnet. Man kann aus diesen Endpositionen aber auch die gesamte Abwehraktion beginnen.

Grundposition für die Haltung zur unteren Stufe

Gedan-gamae

Jion-gamae	– Drachenposition
Ensei-gamae	– die Hocke mit ausgestrecktem Arm
Jigo-gamae	– kniend auf einem Bein
Sochin-gamae	– Hocke mit ausgestrecktem Fuß
Toten-gamae	– kniend mit aufgestelltem Fuß

Kombinierte Kamae. Häufig werden in den Kampfkünsten Armhaltungen verwendet, in denen jeder Arm eine andere Angriffsstufe abdeckt. Diese nennt man kombinierte Haltungen. Folgende sind die wichtigsten in den Kampfkünsten:

KOMBINIERTE KAMAE

Manji-gamae	– Hakenkreuzhaltung
Musô-gamae	– Haltung der »Nichthaltung«
Kosa-gamae	– Chûdan uchi-uke und Gedan-barai
Neko-gamae	– Katzenhaltung
Joge-gamae	– Hoch-tief Position
Garyû-gamae	– zurücklehnende Drachenposition

Kamae-te (jap.): im Training verwendetes Kommando zum Einnehmen einer Position oder einer Haltung.

Kamajutsu (jap.): die Kunst im Umgang mit der →*Kama*. Die Techniken kann man folgendermaßen klassifizieren:

KAMA-JUTSU

***Mochi* – Griffarten**

Toku-mochi	– langer Griff
Honte-mochi	– normaler Griff
Gyakute-mochi	– umgekehrter Griff

***Uke-kyô* – Abwehrtechniken**

Age-uke	– nach oben
Uchi-uke	– von innen nach außen
Gedan-barai	– fegen nach unten
Soto-uke	– von außen nach innen
Kake-uke	– Hakenabwehr
Daishô-uke	– übernehmen und vorbeiführen
Jûji-uke-ha	– Kreuzabwehr, Klingen nach innen
Jûji-uke mine	– Kreuzabwehr, Klingen nach außen

***Giri-(Uchi-)kyô* – Schneidetechniken**

Yoko-giri	– zur Seite
Uchi-giri	– nach innen
Furiage-giri	– nach oben
Jôdan-uchi	– senkrecht nach vorn
Hiki-giri	– heranziehen

***Zuki-kyô* – Stoßtechniken**

Kissaki-zuki	– Stoß mit der Spitze
Yoko-zuki	– Stoß mit dem Griff
Shiagi-zuki	– Stoß mit der Oberfläche der Klinge

Kama-kata (jap.): die heute gebräuchlichsten *Kama-Kata* kommen aus den okinawanischen Systemen. Die wichtigsten sind:

KAMA KATA

Kanegawa-dai	Hamahiga no Kama
Kanegawa-shô	Nichogama
Kingawa Nichogama dai	Toyama Nichogama
Kingawa Nichogama shô	Tozan no Kama

Kamakura-Periode: Kamakura ist heute eine kleine Stadt im Süden von Tôkyô, in der 1185 der erste japanische *Shôgun* (MINAMOTO NO YORITOMO, s. →*Gempei*-Krieg) residierte und das erste →*Bakufu* errichtete.

Die Kamakura-Periode ist der Zeitraum von 1185 bis 1333, als in Japan die Minamoto-Shôgune herrschten. In dieser Zeit entstand die professionelle Kriegerkaste (s. →Samurai) und die Anfänge ihres Ehrenkodex (s. →*Bushidô*). Das *Bakufu* der Minamoto hielt bis zur Revolte der *Daimyô* (1333) gegen den amtierenden *Shôgun*, was schließlich zur Begründung des →ASHIKAGA-Shôgunats in Kyôto führte. Während der KAMAKURA-Periode versuchten die sinokoreanischen Mongolen zweimal (1274 und 1281) erfolglos, Japan zu erobern.

Kama-kusari (jap.): Variante der okinawanischen →*Kama* (Sichelkette). Sie bestand aus einer gewöhnlichen Sichel, die an einer langen Schnur (Sisalhanf oder Roßhaar) befestigt wurde. Die Schnur war entweder am Ende des Griffes oder an der

Rückseite der Klinge nahe der Spitze des Griffes befestigt. Die Länge der Schnur betrug 2,4–3,6 m, während an ihrem anderen Ende ein schwerer Gegenstand (Stein, Metall) befestigt wurde.

ENTWICKLUNG DER SICHELKETTEN

Später ersetzten die okinawanischen *Kobudô*-Meister die Schnur durch eine feingliedrige Kette, woher auch der Name dieser Waffe stammt. Dies vermehrte die Anwendungsmöglichkeiten der Waffe, die dann auch wirkungsvoller gegen Klingenwaffen eingesetzt werden konnte. Dadurch entstanden viele neue Methoden des Schwingens und des Wirbelns. Eine Methode war, die Länge der Kette vorher festzulegen, die man für den Abstand zum Gegner benötigte. Dann wurde die *Kama-kusari* sehr schnell herumgewirbelt. Man konnte das spitze Ende der Klinge so führen, daß es in jedem gewünschten Ziel steckenblieb. Eine andere Methode bestand darin, daß während des Wirbelns allmählich immer mehr Kette freigegeben wurde. Diese Methode war schwieriger, doch sie konfrontierte den Gegner mit einem unbekannten Element, da er nie wußte, auf welche Reichweite er sich einstellen sollte. Die okinawanischen Meister benutzten die Waffe auch in der Weise, daß sie die Kette doppelt nahmen. Die Waffe wurde dann in einer nur kurz reichenden Schwingbewegung benutzt. Wenn sich der Gegner an diese Reichweite gewöhnt hatte, wurde das schwere Ende losgelassen, um ihn zu treffen. Jede dieser Methoden verfügte über mehr Reichweite als die meisten anderen Waffen.

TECHNIKEN DER KAMA-KUSARI

Der Nachteil der *Kama-kusari* bestand darin, daß sich die Kette leicht verfangen konnte. In diesem Fall mußte der Benutzer sofort mit dem beschwerten Ende der Kette zuschlagen. Es gab jedoch auch Techniken, bei denen die Kette absichtlich um die Waffe oder die Beine des Gegners gewickelt wurde.

Es gibt heute nur noch wenige Kampfkunstexperten, die im Umgang mit der *Kama-kusari* den alten Meistern gleichkommen. Sie leben auch heute zumeist auf Okinawa. Da die Techniken der *Kama-kusari* zu den fortgeschrittensten Waffentechniken gehören, überschritten sie in fast keinem Fall die Grenzen Okinawas. Die vielen *Kama*-Methoden, die heute weltweit geübt werden, stehen in den meisten Fällen nicht in Verbindung zu der alten authentischen Kunst. (Entwicklung der japanischen *Kama-kusari* s. unter →*Kusarigama*.)

Kambodscha: südostasiatisches Land, das heute jene Gebiete umfaßt, auf denen sich einst das berühmte Königreich der →Khmer befand. Diese beherrschten 6 Jahrhunderte lang den größten Teil Südostasiens. Unter ihnen entstanden mächtige Kulturzentren sowie prunkvolle Bauten, die z. T. heute noch erhalten sind (z. B. → Angkor).

Kamekami (jap.): Schläfe (s. →*Karada*).

Kami[1] (jap.): der obere Teil (auch *Uwa*).

Kami[2] (jap.): Bezeichnung für ein Trainingsgerät (s. →*Dôgu*) im Okinawa-*Karate* (s. →*Nigiri-game*).

Kami[3] (jap.): Gott (auch *Shin, Jin, Kan*). *Shintô* – Shintôismus, *Jinja* – Shintôschrein, *Shinwa* – Göttersage, *Kamikaze* – göttlicher Wind.

Die Kami des →Shintô sind schützende oder böse übernatürliche Kräfte (Geister), die in Schreinen verehrt wurden oder denen man Opfer brachte, um ihre Gesinnung zu beeinflussen. Die *Kami* waren meist örtlich gebunden, d. h., die jeweiligen Gebiete hatten ihre eigenen *Kami*.

In der Mythologie entstanden die ersten *Shinto-Kami* aus dem Urgott: dem allerhöchsten Herrn der Himmelsmitte *(Ame nominaka nushi no kami)*. Sie bestanden aus einem Götterpaar, von dem sieben weitere Göttergenerationen abstammten, die die große Himmelsebene *(Takama no hara)* bewohnten. Das letzte Paar dieser Göttergeneration waren IZANAGI und IZANAMI, die man später mit dem taoistischen Prinzip →*Yin/Yang* identifizierte. Diese beiden schufen die Insel Japan und zeugten die Götter der Erde *(Kuni-tsu-kami)*. Eine dieser Gottheiten war die Große Leuchtende Sonnengöttin, →AMATERASU, die als göttliche Vorfahrin des Kaisers (→*Tennô*) bezeichnet wird. Sie übergab ihrem Enkel NINIGI NO MIKOTO, dem Großvater des →JIMMÛ *Tennô*, die drei kaiserlichen Hoheitszeichen (→*Shinki*), das Schwert, den Spiegel und den Juwel. Daraufhin begab sich Ninigi mit einer *Kami*-Eskorte auf die Erde und gründete das japanische Reich. Die *Kami* regierten Japan zwei Generationen lang und übergaben schließlich die kaiserlichen Hoheitszeichen an ihren ersten menschlichen Nachkommen, den göttlichen Kriegerkaiser JIMMÛ *Tennô*. Damit war das Zeitalter der Götter *(Jindai)* abgeschlossen, und es begann das Zeitalter der menschlichen Kaiser *(Ninnodai)*, das sich in einer ungebrochenen Kette über 26 Jahrhunderte bis zum jetzigen Kaiser AKIHITO, dem 125. Nachfolger von JIMMÛ *Tennô,* fortsetzt.

Kami-ashi-jime (jap.): *Jûdô*-Würgetechnik mit den Unterschenkeln.

Kami-basami (jap.): Beinscherenwurf (auch *Kani-basami* und *Kugi-nuki*).

Kamidana (jap.): Familienaltar (s. →*Kamiza*).

Kami-garami (jap.): *Jûjutsu*-Technik. Eingerollter Kniehebel.

Kami-hiza-gatame (jap.): Leistenstreckhebel aus dem Reitsitz. *Jûdô*-Technik.

Kamiizumi Ise no Kami: japanischer Schwertmeister (1508–1578), Gründer des →*Shinkage-ryû*.

Kami-jûji-gatame (jap.): oberer Leistenstreckhebel aus dem *Jûdô*.

Kamikaze (jap.): die Bezeichnung bedeutet »Götterwind« und meint den großen Taifun, der 1281 die mongolische Flotte vernichtete, die Japan bedrohte.

Der Mongolenführer KHUBILAI-KHAN, der bereits China und Korea unterworfen hatte, versuchte zweimal das Inselreich zu erobern. Besonders blutig war der zweite Angriff auf Kyûshu, der 49 Tage dauerte und mit der völligen Vernichtung der mongolisch-chinesischen Truppen endete, die zahlenmäßig überlegen und zu jener Zeit die stärkste Armee der Welt bildeten.

In der neueren Zeit wurde der Begriff *Kamikaze* für die japanischen Todesflieger des Zweiten Weltkrieges gebraucht, die sich freiwillig mit bombenbeladenen Flugzeugen oder Ein-Mann-Torpedos auf feindliche Schiffe stürzten. Der Einsatz des ersten *Kamikaze* fand 1944 statt.

Kami no Michi (jap.): sinojapanische Leseweise der Schriftzeichen für →*Shintô* (oder *Shindô)* [*Shin/Kami = Gott, Dô/Michi = Weg*] – »Weg der Götter«.

Kami-sankaku-gatame (jap.): oberer Reitvierer. *Jûdô*-Haltetechnik.

Kami-shihô-gatame (jap.): oberer Vierer. *Jûdô*-Haltegriff.

Kami-shihô-jime (jap.): oberes Schränkwürgen aus dem *Jûdô*.

Kami-tori (jap.): *Aikidô*- und *Jûjutsu*-Techniken des Fassens am Kopf. Es gibt das Fassen von vorn *(Mae kami-tori)* und von hinten *(Ushiro kami-tori)*.

Kami-ude-hishigi-jûji-jime (jap.): seitlicher Streckhebel aus dem Reitsitz. *Jûdô*-Griff.

Kami-waza (jap.): heilige, göttliche Technik.

Kamiza (jap.): der obere Platz, in den Tempeln Sitz der Götter *(Kamidana, Shinzen)*. Im *Dôjô* Bezeichnung für den vorderen Teil *(Shômen)*. Man verbeugt sich beim Kommen und Gehen im *Dôjô* zu *Kamiza*, das gegenüber *Shimoza* (Eingang) gelegen ist (s. →*Dôjô*).

Kamiza-ni... (jap.): das Ausrichten der Übenden zu *Kamiza* (auch *Shômen-ni...*). Das Kommando wird zu Anfang und zu Ende einer Übungsstunde vom Sensei gegeben und von allen Teilnehmern des Trainings ausgeführt. In *Seiza* grüßt man zur vorderen Seite des *Dôjô*, wodurch der Übende seinen Respekt gegenüber den ideellen Werten seiner Kunst und seines *Dôjô* bezeugt.

Kampaku (jap.): Bezeichnung für eine im Jahre 882 geschaffene Position am kaiserlichen Hof von Japan (s. →FUJIWARA). Der *Kampaku* galt als Mittler zwischen dem Kaiser und allen anderen Beamten und war somit die höchste Stellung im feudalen Japan. Manchmal hatte der *Kampaku* mehr Macht als der Kaiser selbst.

Kampô (jap.): japanische Bezeichnung für die altchinesischen Heilkünste.

Kampô übersetzt man wörtlich mit »chinesische Rezeptur«. Nachdem die Japaner mit anderen Wissenschaften vor allem seit dem 17. Jh. auch ihr Medizinsystem weitgehend aus China übernommen hatten, kam diese Bezeichnung zunächst als Ausdruck für die wissenschaftliche chinesische im Gegensatz zur einheimischen Volksmedizin auf. Im 20. Jh. hat der Begriff zusammen mit den traditionellen Verfahren, die er bezeichnet, eine Renaissance erlebt. Man versteht unter ihm im engen Sinn nur noch jene Tradition der Arzneimitteltherapie, die sich auf →ZHANG ZHONG-JING und sein Buch →*»Shang-han-lun«* gründet.

Kan (jap.): kühn, wagemutig. *Yûkan* – tapfer, kühn, *Kantô* – tapfer kämpfen, *Kanko* – entschlossen handeln.

Kan[1] (jap.): großes Haus, Tempel, Halle. *Ryôkan* – Hotel, *Shôtôkan* – Haus des *Shôtô*-Stils, *Budôkan* – Halle der Kampfkünste.

Kan[2] (jap.): Amt, Regierung. *Kokan* – hoher Beamter, *Shinkan* – *Shintô*-Priester.

Kan[3] (jap.): →Intuition, sechster Sinn, übergeordnete Wahrnehmung, Gefühl, Empfindung. *Gokan* – die fünf Sinne, *Kanso* – Gedanken, *Kanjô* – Gefühl, Empfindung, *Kanjusei* – Sensibilität, Empfindsamkeit. In den Kampfkünsten bezeichnet man damit eine Bewußtseinshaltung: die wachsame Konzentration im Kampf.

Kan[4] (jap.): kälteste Jahreszeit (Winter), Kälte. *Kan-geiko* – Wintertraining, *Kanki* – Kälte, Frost.

Kan[5] (jap.): Geldeinheit aus dem mittelalterlichen Japan mit zeitlich und territorial wechselndem Wert, nach der die Abgaben (etwa zwei Drittel des Erntebetrages) berechnet wurden.

Kan[6] (jap.): bewachen, überwachen. *Kanshi* – Aufsicht, *Kansa* – Besichtigung.

Kana (jap.): japanische Schrift. Die Schrift zur Wiedergabe der japanischen Sprache besteht aus einer Mischung von chinesischen Begriffszeichen (→*Kanji*[1]) und japanischen Silbenzeichen.

Trotz der 1945 durchgeführten Schriftreform enthält die japanische Schrift dennoch 1850 chinesische Zeichen. Von den beiden japanischen Silbenalphabeten mit je 46 Zeichen ist das → *Hiragana* von größerer Bedeutung. Es dient zur Wiedergabe aller Wörter, die nicht in *Kanji* geschrieben werden. Das →*Katakana* wird vor allem zur Wiedergabe europäischer Fremdwörter benutzt.

Kanabô (jap.): Metallstab, der als Waffe verwendet wurde (s. →*Bô*).

Kanagusuku Sanda (1841–1920): auch bekannt unter den Namen Kanakushiku Ufuchiku, Kinjo Sanda, Kani Usumei oder Daichiku Kinjo, okinawanischer Karate- und Kobudô-Experte, Schüler von →Matsu Higa.

Kanagusuku war Polizeichef *(Ufuchiku)* von Shuri und unterrichtete seine Polizeitruppe selbst in mehreren okinawanischen *Kobudô*-Waffen wie *Tetsu* (Schlagring mit einer Spitze nach vorn und zwei Spitzen seitlich), *Tetko* (Schlagring, dessen Schlagfläche einer Bärenfalle gleicht), *Tetku* (eiserne Tigerklauen), *Nunchaku, Tonfa, Bô, Sai, Rokushakukama, Surujin, Eiku, Zinkasa* (aus dem Strohhut der okinawanischen Bauern entwickelter Schild) und *Kama*. Seine Waffenkunst, *Ufuchiku-Kobujutsu*, vererbte sich über drei Generationen und wird heute von →Isa Shinei in Okinawa-Stadt (Koza) unterrichtet.

Kanagusuku hatte fünf Söhne (Matsu, Unta, Sanda, Kana und Taru) und zwei Töchter (Tsuru und Kami), die jedoch überraschenderweise keine Nachkommen hervorbrachten, außer einer Enkelin Kiyo, die Tochter seiner Tochter Tsuru. Alle anderen starben auf tragische Weise noch in jungen Jahren. Kiyo, die bei ihrem Großvater aufgewachsen war, berichtet, daß er abends im Hof seines Hauses in Gibo (Shuri) *Kobujutsu* unterrichtete. Er war ein sehr umgänglicher Mensch, trank nie Alkohol und erzählte gern Geschichten. Als er beauftragt wurde, das Pony des abgesetzten Königs auf einer Dschunke nach Tôkyô zu bringen, wurde das Tier seekrank und verweigerte das Fressen, woraufhin Kanagusuku ebenfalls die Nahrung verweigerte. Zu jener Zeit war er Kampfkunstlehrer und persönlicher Leibwächter des Königs Sho-Tei. Als er nach Okinawa zurückkehrte, wurde er zum Senior Chief Inspector *(Ufuchiko)* ernannt.

Im Jahre 1912 wollte er durch Harakiri seinem König in den Tod folgen, wurde aber von mehreren okinawanischen Kampfkunstexperten daran gehindert, die ihn baten, erst sein enormes Wissen über die Kampfkünste weiterzugeben. Daraufhin begann er zu unterrichten. Sein erster Schüler, dem er sein Vertrauen schenkte, war Takashiki Saburo, ein rauher, aber ungebildeter Krieger, der sich später zu einem strengen Lehrer entwickelte. Diesen lehrte er einige spezielle Waffen seines *Kobujutsu-ryû*, wie *Tetko, Tektku, Tetsu* und *Rokushaku-Kama*. Den anderen Teil seiner Kunst lehrte er Moden Yabiku und Kina Shosei, letzterer Lehrer von Beruf und ansonsten ein kleiner, sanfter Mann. Diesem gab er das *Menkyo-kaiden*, und er wurde daraufhin der Vorstand des Stils. Am 13. Oktober 1920 beging Ufuchiku →*Harakiri*. Das gesamte Eigentum Ufuchikus ging ebenfalls in die Verwaltung Kinas über, der es einem buddhistischen Tempel der *Shingon*-

Sekte zur Verfügung stellte. Kina Shosei starb im Juni 1981 und gab seine Kunst an KINA MASANOBU (1925–1979) und →ISA KAISHO weiter, in dem sich das gesamte *Ufuchiku-Kobujutsu* wieder vereinigt.

Kanakushiku Ufuchiko: s. →KANAGUSUKU SANDA.

Kanazawa Hirokazu (*1931): einer der großen japanischen *Karate*-Experten des *Shôtôkan-ryû* der Nachkriegszeit, Vorstand der SKI (*Shôtôkan Karate International*, s. Anhang), einer der Direktoren des *Kokusai Budoin* (s. Anhang), und bedeutender Lehrer des japanischen *Tai-ji-quan* (s. →*Taikyoku-ken*).

Kanazawa wurde in der Provinz Iwate (Japan) geboren. Er besuchte die Takushoku-Universität, den ehemaligen *Karate*-Club von Meister →FUNAKOSHI, der mittlerweile von →NAKAYAMA MASATOSHI und →NISHIYAMA HIDETAKA geleitet wurde. 1956 beendete Kanazawa die Universität und wurde von Meister Nakayama zu einem der JKA-Instruktoren ernannt.

1957 und 1958 nahm Kanazawa an den japanischen *Karate*-Meisterschaften teil und belegte jeweils den 1. Platz. Kurz darauf (1960) zog er sich jedoch aus den Wettkämpfen zurück und ging im Auftrag der JKA als hauptberuflicher *Karate*-Lehrer zunächst nach Hawaii und danach in die USA. 1962 kam er, ebenfalls im Auftrag der JKA, nach Europa und unterrichtete (1964) auch in Deutschland. 1971 avancierte er zum Chefinstruktor aller im Auftrag der JKA im Ausland unterrichtenden Instruktoren. 1972 trainierte er das japanische *Karate*-Team für die WUKO-Weltmeisterschaft in Paris.

1977 entstanden Meinungsverschiedenheiten in der JKA zwischen Nakayama und Kanazawa, der inzwischen eine der führenden Pesönlichkeiten in der internationalen *Karate*-Szene geworden war. Im Dezember trennte sich Kanazawa von der JKA, um sein eigenes Konzept durchzusetzen, und übernahm die Leitung der SKI *(Shôtôkan Karate International)*. Mit ihm verließen mehrere namhafte Instruktoren die JKA und unterrichteten unter seiner Leitung. Der neue Verband wuchs dank seiner Persönlichkeit und Bekanntheit sehr schnell und ist heute eine starke Stütze des *Shôtôkan-Karate*. Er betreibt Wettkampf-*Karate*, jedoch mit stark traditionellem Charakter. Kanazawa ist eine der bedeutendsten lebenden *Karate*-Persönlichkeiten der Welt. Er ist Autor mehrerer Bücher (*Shôtôkan Karate Kata*, 2 Bde., *Dynamik Power of Karate, Nunchaku, Kumite-Kyôhan* u. a.). 1987 ist ein Lehrfilm über die 26 *Shôtôkan-Kata* erschienen, die er im SKI unterrichtet. 1988 erschien eine dreiteilige Serie, *Kihon, Kata* und *Kumite*. In England wurde ein Film über die *Kankû-dai* herausgebracht.

Kanazawa Hirokazu

Kanchô (jap.): Amt, Behörde, neuerer Titel (ab der Meiji-Zeit) für den Vorstand einer buddhistischen Schule.

Im *Zen* gebraucht man die Bezeichnung für den Abt eines Klosters und übersetzt den Begriff mit »Meister des Hauses«. Die JKA bezeichnete damit ihre Chefinstruktoren, die für die Ausbildung anderer Instruktoren verantwortlich waren.

Kan-dao (chin.): chinesischer Henkersäbel (s. →*Bing-qi*), mit besonders starker Klinge und langem Griff.

Kanemaki-ryû (jap.): s. →*Chujô-ryû*.

Kaneshima Shinei: okinawanischer Großmeister des →*Ishimine-ryû*, Enkel von →ISHIMINE.

Kaneshima Shinsuke: okinawanischer Karate-Meister, Gründer des *Tozan-ryû* (nicht identisch mit KANESHIROS *Tozan-ryû*), Schüler von TOKUYAMA, SHIROMA SHIMPAN und MOTOBU CHÔKI.

Kaneshiro Kinin (Kensei): okinawanischer *Karate*-Experte, Schüler von →CHIBANA CHÔSHIN. Später wurde Kaneshiro auch von →MABUNI KENWA unterrichtet, der Schüler von ITOSU und HIGASHIONNA war. Auf diese Weise machte Kaneshiro Erfahrungen sowohl im okinawanischen *Shôrin-ryû* wie auch im *Shôrei-ryû*, auf deren beider Grundlagen er später seinen eigenen Stil, das →*Tozan-ryû* gründete.

Kan-geiko (jap.): »kalte Übung«, traditionelles Training im Winter. Training, in dem ein Übender der Kampfkünste sich darin übt, die Kälte zu besiegen und seinen Körper unter erschwerten Bedingungen zu beherrschen.

In Japan wird ein solches Training oftmals für den Zeitraum einer Woche ausgeführt und geht oft bis an die äußerste Grenze der Belastbarkeit. (s. →*Tokubetsu-geiko*).

Kangyaku (jap.): Zuschauer bei *Budô*-Veranstaltungen.

Kani (jap.): Languste, Krebs.

Kani-basami (jap.): »Krebsschere«. Körper- *(Tai-basami)*, Bein- *(Ashi-basami)* Wurftechnik, bei der man in den Gegner hineinspringt und die Füße wie eine Schere benutzt (s. →*Nage-waza*).

Kanji[1] (jap.): chinesische Silbenzeichen (s. *Kana*). Aus China übernommene Ideogramme, die heute einen Großteil der japanischen Schrift ausmachen.

Bereits im 9. Jh. entwickelten die Japaner, die keine eigene Schrift besaßen, aus den *Kanji* vereinfachte Silbenzeichen. Durch die *Kana* allein ist es jedoch nicht möglich, komplexe Texte ohne Mißverständnisse zu schreiben. Aus diesem Grund besteht die japanische Schrift heute aus drei Schriftsystemen: *Kanji, Hiragana* und *Katakana*.

Kanji[2] (jap.): Kalligraphie (s. →*Shôdô*).

Kankû (jap.): *Karate-Kata* (s. →*Kata*), japanische Variante der okinawanischen →*Kûshankû*. Heute wird die Kankû in vielen Schulen des Karate geübt und ist auch im *Shôtôkan-ryû* eine repräsentative *Kata*. Sie schult eine umfangreiche Technik und einen umfassenden Kampfstil und enthält viele Arten der Bewegung, die abwechselnd schnell und langsam ausgeführt werden. In ihrem Ablauf wechselt die Technik häufig zwischen dynamischem und leichtem Krafteinsatz.

Kanku – Blick in den Himmel

Im besonderen lehrt die *Kankû* das richtige Verhältnis zwischen starkem und leichtem Krafteinsatz in der Technik und das Verhältnis zwischen Langsam und Schnell im Rhythmus. Ihr psychologischer Inhalt bezieht sich auf das Gleichgewicht dieser Gegensätze und repräsentiert die Einheit des Universums im natürlichen Rhythmus der Veränderungen. Aufgrund dessen wird sie *Kankû* (»Blick in den Himmel«) genannt.

Im *Shôtôkan-ryû* kennt man →*Kankû-dai* und →*Kankû-shô*. Letztere wurde von Meister ITOSU aus dem *Shuri-te* gegründet. Ursprünglich gab es nur die Bezeichnung *Kûshankû*. Meister FUNAKOSHI hat diesen Namen in Japan in *Kankû* umgeändert.

Wörtlich bedeutet *Kan* »beobachten« und *Kû* »Leere« oder »Himmel«. Durch die eröffnende Bewegung der *Kata* wird mit den Händen ein Dreieck über dem Kopf gebildet. Man lehnt sich leicht zurück und schaut durch das Dreieck in den Himmel. Diese Bewegung hat einen tiefgehenden Sinn. Sie besagt, daß es im Leben keine Probleme gibt, die nicht zu bewältigen wären. Jeden Tag geht aufs neue die Sonne auf, auf den Regen folgt immer der Sonnenschein. Kein Problem kann die grundlegende Realität des Lebens beeinträchtigen, sondern nur die Vorstellung eines vom Vorurteil behafteten Geistes. Solange man lebt und es den Himmel und die Sonne über uns gibt, gibt es auch die Hoffnung und ein neues Glück. Dies muß man in der *Kankû* verstehen lernen.

Chinesischer Baum

Kankû-dai (jap.): japanische Hauptform der alten →*Kûshankû* (s. auch →*Kankû*). In den japanischen Stilen setzte sich die →*Itosu no Kûshankû* durch. Sie wurde besonders von den Meistern Funakoshi und Mabuni in Japan gelehrt und verbreitete sich danach in allen *Shôtôkan*- und *Shitô-ryû* verwandten Stilen, allerdings mit einigen Veränderungen.

Yoko-geri/Uraken-Uchi, Technik der Kankû

Die Bezeichnung *Kankû* wurde von Meister Funakoshi in den 30er Jahren gegründet. Außer der

Kankû-dai gelangte auch noch die *Kankû-shô* nach Japan, wurde jedoch nicht von Meister Funakoshi als stilspezifisch angesehen.

Kankû-shô (jap.): Variante der →*Kûshankû* (s. auch →*Kankû*), die von Meister →Itosu Yasutsune gegründet wurde.

Die *Kûshankû-shô* wurde danach von Meister →Chibana Chôshin übernommen, weiterentwickelt und wird heute besonders im →*Kobayashi-ryû* als eine der maßgebenden *Kata* gelehrt. Im *Shôtôkan-ryû* wurde sie im Gegensatz zu *Kankû-dai* nicht als stilspezifische *Kata* gelehrt und kam später über Funakoshis Schüler in den Stil. Neben der *Kankû-shô* [*Shô* = klein] gibt es noch mehrere weitere *Kûshankû*-Varianten (s. →*Kûshankû*).

Kankyaku (jap.): Zuschauer, z. B. bei *Budô*-Meisterschaften; Publikum.

Kanna-Zen (jap.): wörtlich: »das Zen der Betrachtung der Worte«. Dieser Begriff bezeichnet eine Schulungsmethode des *Zen*, die die Benutzung der →*Kôan* in den Mittelpunkt der Übung stellt.

Diese Schulungsmethode etablierte sich besonders in der →*Rinzai*-Schule, wo sie zum wichtigsten Inhalt des Lernens wurde. Sie versteht sich als Gegensatz zum →*Mokushô-Zen*, das sich in der →*Sôtô*-Schule etablierte.

Kan ni hatsu o irezu (jap.): *Budô*-Leitsatz (s. →*Kaisetsu*), der aus einem Brief → Takuans an Yagyû Munenori (s. →*Ken Zen ichi*) abgeleitet wurde, in dem er ihm die Bedeutung des *Zen* für die Schwertkunst erläutert. Der Spruch bedeutet in der wörtlichen Übersetzung: »Kein Raum, nicht einmal für ein einziges Haar«.

Der Satz betont die Notwendigkeit des spontanen Handelns in den Kampfkünsten und erläutert, daß Spontanität nur aus einem unvoreingenommenen, vorurteilsfreien Geist entstehen kann. Takuan gibt das Beispiel der zusammenklatschenden Hände, die spontan einen Ton erzeugen. In der gleichen Weise muß der Kampfkunstmeister die Verbindung zwischen visuellem Erkennen und Handeln schaffen. Dazwischen darf kein Zögern sein, kein »Raum für ein einziges Haar«. Wenn der Kampfkunstexperte seinen Geist in der Meditation ruhig und unvoreingenommen macht, werden sein Denken und sein Handeln eins, und er wird keine Niederlagen erleiden. Die Voraussetzung dafür ist die Beherrschung von *Ri* (Geist) und *Waza* (Technik), die in einem andereren Leitsatz Takuans behandelt wird (→*Ri no shûgyô, waza no shûgyô*).

Kannô-dôkô (jap.): gegenseitige Übereinstimmung im intuitiven Denken zwischen Meister und Schüler. Kannô-dôkô bezieht sich nicht auf die Übereinstimmung der faktischen Resultate oder Argumente, sondern auf die gleiche innere Grundhaltung, durch die zusammenhängende Realitäten betrachtet werden.

In einem fortgeschrittenen Reifezustand kann ein Schüler eine nicht-dualistische Übereinstimmung im Denken und Fühlen mit dem Meister erreichen, die jenseits der rationalen Verständigung ist (s. →*Shisei*, →*Transzendenz*).

Kannuki (jap.): Riegel, Absperrung, Barriere.

Kannuki-gatame (jap.): Riegelgriff oder Hebel aus dem *Jûjutsu* und *Jûdô*.

Kannushi (jap.): Bezeichnung für einen *Shintô*-Priester.

Kanô Jigorô: (1860–1938) Begründer des modernen *Jûdô* (näheres dazu s. unter →*Jûjutsu*, →*Jûdô*, →*Jikishin-ryû*, →*Kitô-ryû*).

KANÔS LEHRJAHRE

Kanô Jigorô wurde als drittes von fünf Kindern am 18. Oktober 1860 in Mikage bei Kobe (Präfektur Hyogo) geboren. Er begann sich sehr früh für Sport zu interessieren und praktizierte anfangs Gymnastik, Rudern und Baseball. 1877 schrieb er sich an der Kaiserlichen Universität von Tôkyô ein und begann mit dem Studium des *Jûjutsu* unter FUKUDA HACHINOSUKE, einem Meister des →*Tenshin Shinyô-ryû*. Diese Schule ist bekannt für ihre *Atemi-*, *Shime-* und *Kansetsu-waza*. 1879 starb Fukuda, und Kanô begann unter ISO MASATOMO, dem Sohn von ISO MATAEMON, dem Gründer des *Tenshin Shinyô-ryû*, zu lernen. Als Iso 1881 starb, studierte Kanô unter IIKOBO TSUNETOSHI, einem Meister des *Kitô-ryû*. Hier perfektionierte er seine Wurftechniken, die die Grundlage des spätere *Jûdô* werden sollten. Außerdem lernte er *Yoroi-kumi-uchi*, woraus er später die *Koshiki no Kata* ableitete. Von Iikubo lernte er hauptsächlich das Prinzip des →*Seiryoku-zenyô*, den rationellen Einsatz der Energie.

Als Student wurde Kanô von Hofrat Dr. →BAELZ in seinen Bemühungen um die Kampfkünste bekräftigt. Dr. Bälz setzte durch, daß die Kampfkünste in das Lehrprogramm der Universität von Tôkyô aufgenommen wurden. Kanô Jigorô studierte Staatswissenschaften, Literaturgeschichte, Philosophie und Ethik und war zeitweise Dozent an einer japanischen Hochschule.

DIE GEBURT DES JÛDÔ

1882, nachdem Iikubo gestorben war, schuf Kanô zum ersten Mal eine Synthese aus dem *Tenshin Shinyô-ryû* und dem *Kitô-ryû*. Dank seinem Vater, KANÔ JIRÔZAKU, hatte er Zugang zu verschiedenen alten Dokumenten der *Seigo-* und *Sekuguchi*-Schule. Da er aber kein *Menkyo-kaiden* besaß und keinen klassischen Stil unterrichten durfte, übernahm er für seine Kampfkunstauffassung die Bezeichnung →*Jûdô*, die bereits von TERADA KANAEMON im *Jikishin-ryû* verwendet wurde. Terada war gleichzeitig der 5. Großmeister des *Kitô-ryû*.

Im Februar 1882 gründete Kanô sein eigenes *Dôjô*, den →*Kôdôkan*, in einer Halle des Tempels Eisho im Stadtteil Shitaya von Tôkyô. Sein Konzept unterschied sich klar von dem der bestehenden *Jûjutsu-ryû*. Es konzentrierte sich nicht allein auf *Waza* (Technik), sondern enthielt drei Prinzipien, die Kanô zum Mittelpunkt seiner Kunst machte: *Rentai-ho*, die körperliche Fitness, *Shubu-ho*, die Fähigkeit, die Techniken anzuwenden, und *Shushin-ho*, die Meisterschaft des Charakters.

1893 wurde er Mitglied im japanischen Erziehungsministerium, 1909 Vorsitzender des Japanischen NOK und 1911 Vorsitzender der *Japan Athletic Association*.

KANÔ UND ANDERE KAMPFKUNSTMEISTER

Zeit seines Lebens interessierte sich Meister Kanô für alle Kampfkünste. Er unternahm viele Reisen und unterhielt viele Verbindungen, die es ihm ermöglichten, andere Systeme zu studieren. Mit diesem Hintergrund lud er 1922 Meister FUNAKOSHI nach Japan ein. Die *Atemi*-Techniken des *Karate* waren seit langem ein Objekt seiner Studien. 1927 begab Kanô sich selbst nach Okinawa, wo ihm Meister MIYAGI CHÔJUN nicht nur die Prinzipien der *Atemi*-Techniken erläuterte, sondern auch einen großen Komplex von okinawanischen Greif-, Hebel- und Wurftechniken vorführte.

Ein anderes Interessengebiet Kanôs war das alte *Aikijutsu*, zu dem er bereits durch seinen Schüler SAIGÔ SHIRO Zugang hatte. Die Weiterentwicklung desselben zum *Aikidô* war für ihn ein weiterer Anziehungspunkt. Doch sooft er auch UESHIBA MORIHEI in den *Kôdôkan* einlud, dieser lehnte immer ab. Im Oktober 1930 begab sich Kanô selbst zu Ueshiba in dessen provisorisches *Meijirodai-Dôjô*, das er in Erwartung der Fertigstellung des →*Kôbukan* benutzte. Als er Ueshiba arbeiten sah, sprach er die inzwischen berühmt gewordenen Worte: »Das ist mein ideales *Budô*.« Bei späteren Besuchen traf er im Ueshiba-*Dôjô* viele seiner eigenen Schüler, die ihn verlassen hatten, darunter MOCHIZUKI MINORU, SHIODA GÔZÔ, TOMIKI KENJI und SUGINO YOSHIO.

KANÔS LEHRE

Meister Kanô setzte sich zeit seines Lebens für die weltweite Verbreitung des *Jûdô* als Wettkampfsport ein. Er war Mitglied des Internationalen Olympischen Komitees (IOC) und besuchte zwischen 1912 und 1936 alle Olympischen Spiele. Bereits 1913 beantragte er in Genf, daß die Spiele 1940 in Tôkyô stattfinden sollten. Drei Jahre später erhielt er dazu die Zusage und nutzte diese Gelegenheit, um die Aufnahme von *Jûdô* ins olympische Programm zu beantragen. Doch ehe dies Wirklichkeit wurde, starb Kanô am 4. Mai. 1938 im Alter von 78 Jahren. Für die Ausübung des *Jûdô* stellte er 6 Regeln auf:

1. *Chikara hittatsu* – Bemühen führt immer zum Ziel.
2. *Jita kyôei* – Gegenseitige Kooperation.
3. *Jundô seishô* – Der rechte Weg führt zum Ziel.
4. *Seiki ekisei* – Fortschritt verpflichtet zum Lehren.
5. *Seiryôku saizen katsuyôi* – Geistige und körperliche Kraft.
6. *Shin shin jizai* – Geistige und körperliche Geschmeidigkeit.

CHRONOLOGIE KANÔ JIGORO

1860 Jigorô Kanô wird geboren.

1877 Kanô beginn mit dem Studium des *Jûjutsu* unter FUKUDA HACHINOSUKE.

1881 Beginnt mit dem Studium des *Jûjutsu* unter IIKUBA TSUNETOSHI. Abschluß der Universität.

1882 Gründung des ersten *Dôjô* im Eishoji-Tempel, in dem er seine eigenen Variante des *Kôdôkan-Jûdô* unterrichtet.

1889 Reisen durch Europa.

1891 Kanô verzichtet auf sein Amt als Professor und wird Ratgeber des Unterrichtsministeriums und Direktor der »Ersten nationalen höheren Schule«.

1893 Umzug des *Kôdôkan* nach Shimotomisakicho. Kanô wird Leiter der Pädagogischen Hochschule in Tôkyô und der Bibliotheksabteilung des Unterrichtsministeriums.

1898 Kanô legt sein Amt an der Pädagogischen Hochschule nieder und wird Leiter der Abteilung für allgemeine Schulangelegenheiten des Unterrichtsministeriums.

1901 Kanô wird erneut Leiter der Pädagogischen Hochschule.

1902 Kanô richtet eine Schule für Austauschschüler mit China ein.

1909 Der *Kôdôkan* wird zu einer offiziellen Einrichtung des Bildungsministeriums. Kanô wird Mitglied des Japanischen NOK.

1911 Am *Kôdôkan* wird eine Sektion zur Ausbildung von *Jûdô*-Lehrern eingerichtet. Kanô gründet den Japanischen Athletenverband und wird sein Präsident.

1912 Japan nimmt in Stockholm zum ersten Mal an den Olympischen Spielen teil. Kanô besucht die Spiele.

1920 Kanô legt erneut sein Amt an der Pädagogischen Hochschule nieder, er besucht die Olympischen Spiele in Antwerpen.

1922 Kanô legt den Vorsitz des Athletenverbandes nieder und gründet den Verband der Dan-Träger.

1924 Kanô geht als Professor der Pädagogischen Hochschule in den Ruhestand.

1928 Kanô besucht die Olympischen Spiele in Amsterdam.

1930 Die ersten japanischen Jûdô-Meisterschaften werden ausgetragen.

1932 Kanô besucht die Olympischen Spiele in Los Angeles. Im Kôdôkan wird ein medizinisches Institut eingerichtet.

1933 Kanô besucht Europa, um über Tôkyô als Austragungsort der Olympischen Spiele zu verhandeln.

1934 Der *Kôdôkan* zieht in den Stadtteil Suidobashi um.

1936 Kanô besucht die Olympischen Spiele in Berlin.

1938 Kanô stirbt auf der Heimreise von einer Sitzung des IOC in Kairo an einer Lungenentzündung. Dort wurde die Austragung der XII. Olympischen Spiele in Tôkyô beschlossen.

Kanô Risei (jap.): Sohn von →KANÔ JIGORÔ, Präsident des →*Kôdôkan* und der IJF.

Kan-ryû (jap.): *Karate*-Stilrichtung (s. →*Ryû*).

Kansa (jap.): Inspektor, Schiedsrichter, Beaufsichtigender.

Kansetsu (jap.): Gelenk, Knochengelenk (auch *Kwansetsu*); s. →*Karada*.

Kansetsu-geri (jap.): Tritt zum Kniegelenk (z. B. *Fumikomi*).

Kansetsu-kaiten (jap.): Gelenkschwung, Gelenkumdrehung.

Kansetsu-waza (jap.): Gruppe der Karate-Angriffs- oder Kontertechniken, die mit den Gelenken ausgeführt werden. Folgende Gelenke können als Waffen eingesetzt werden (s. unter der jeweiligen Bezeichnung):

KANSETSU-WAZA

Kakuto	– gekrümmtes Handgelenk
Keitô	– Kükenkopf Handgelenk
Empi	– Ellbogen
Hizagashira	– Kniegelenk

Unter *Kansetsu-waza* klassifiziert man auch Techniken, die die Gelenke des Gegners treffen und ihn dadurch kampfunfähig machen (z. B. *Kansetsu-geri, Kansetsu-uchi, Kansetsu-uke*).
Im *Jûdô, Jûjutsu, Taijutsu* und *Aikidô* wird *Kansetsu-waza* innerhalb von →*Gatame-waza* klassifiziert und besteht aus Gelenkhebeln. Untenstehend die Einteilung der *Jûdô*-Gelenkhebel nach dem →*Kawaishi*-System:

KANSETSU-WAZA – GRUPPE DER GELENKHEBEL

Gruppe 1	
Ude hishigi jûji jime	– Seitstreckhebel } aus dem Kniestand
Ude garami	– Beugehebel } aus dem Kniestand
Ude hishigi	– Drehstreckhebel } aus dem Kniestand
Yoko hiza gatame	– Leistenstreckhebel im Kniestand
Gruppe 2	
Kami ude hishigi jûji g.	– Seitstreckhebel aus dem Reitsitz
Yoko ude hishigi	– Kippstreckhebel von oben
Kami hiza gatame	– Leistenstreckhebel im Reitsitz
Gruppe 3	
Ude hishigi henkawaza	– Kniestreckhebel
Gyaku jûji	– Kippstreckhebel von unten
Shime garami	– Knieschulterstreckhebel
Hiza gatame	– Doppelstreckhebel
Gruppe 4	
Hara gatame	– Bankstreckhebel
Ashi gatame	– Sitzstreckhebel
Othen gatame	– Bankbeugehebel
Udegarami henkawaza	– Seitstreckhebel aus der Bank
Gruppe 5	
Kesa garami	– Schärpenstreckhebel
Kuzurekami shiho gar.	– Obervierstreckhebel
Gyaku kesa garami	– Umgek. Schärpenstreckhebel
Mune garami	– Beugehebel aus dem Seitvierer
Mune gyaku	– Seitviererstreckhebel
Gruppe 6	
Gyaku tekubi	– Armhebel aus dem Stand
Hiza maki komi	– Drehstreckhebel aus dem Stand
Kuzure hizimaki komi	– Drehstreckhebel im Niedergehen
Kanuki gatame	– Riegelstreckhebel
Ude hishigi hiza gatame	– Kippstreckhebel im Niedergehen

Kansha (jap.): danken, Dankbarkeit.

Kanshu (jap.): mit Reis, Sand oder Kies gefüllte Gefäße, die im okinawanischen Karate (s. →*Okinawa-te*) verwendet werden, um die Fingertechniken der offenen Hand *(Nukite)* zu üben. Klassifizierung s. unter →*Dôgu*. Wird auch noch *Jari-bako* genannt.

Kantô-kusha (jap.): Bezeichnung für den männlichen Ausbilder der weiblichen *Ninja* (s. →*Kunoichi*).

Kanzashi (jap.): große Haarnadel aus Holz oder aus Metall, die sich wie eine Gabel verzweigt. Sie hatte eine Länge von ungefähr 12–20 cm und wurde benutzt, um den Haarknoten der Samurai-Frauen im alten Japan zu befestigen. Die Haarnadel diente gleichzeitig als Schmuck und als Waffe. Die einfache Haarnadel nennt man →*Kôgai*.

Kanzen-ryû (jap.): von dem Iraner FARHAD VARASTEH entwickelter *Karate*-Stil.
Varasteh weilte lange Zeit in Japan und studierte dort hauptsächlich das okinawanische →*Shôrin-ryû* und KORI HIZATAKAS →*Shôrinji-ryû*. 1960 kehrte er in den Iran zurück, wo er *Kanzen-ryû* auf der Grundlage der Kata *Pinan-shôdan, Pinan-nidan, Heian-yodan, Naihanchi-shodan, Seisan, Seiyunchin, Unsu, Chinto, Sanchin, Kûshankû-shô, Kûshankû-dai* und *Bassai-dai* gründete. Nach der iranischen Revolution floh er nach Kanada und übertrug die Leitung des Stils MAHMOD ARIYAN KHO, MOHAMED ETEHAD und DJAMSHID SALIMI. *Kanzen-ryû* ist ein typischer Wettbewerbsstil, international in der WUKO organisiert, doch außerhalb des Iran nur wenig verbreitet.

Kao (jap.): Gesicht (auch *Gan*).

Kappô (jap.): japanische Kunst der Wiederbelebung (s. →*Kwappô*, →*Kuatsu*) von Personen, die durch einen Nerven- oder *Atemi*-

Schock bewußtlos geworden sind. Diese Methode gebraucht den Fingerdruck und die Massage der Fäuste, Hände oder Finger (s. →*Shiatsu*) auf die Vitalpunkte (→ *Tsubo*).

In früheren Zeiten wurden die *Kappô*-Verfahren von den darin bewanderten Clans ausnahmslos geheimgehalten. Die Kenntnisse über die Meridiane und Vitalpunkte wurden über die positive Stimulation hinaus auch zur Negativstimulation (s. →*Sappô*) verwendet.

Kappô wurde von Kumaro Otomo im Jahre 738 als Methode des waffenlosen Kämpfens gegründet und ist eine Zusammensetzung aus verschiedenen Systemen. Die Bezeichnung leitet sich aus *Kotsu* (Knochen) und *Pô* (Weg) ab und wurde früher auch *Tegoi* genannt. Die vollständige Bezeichnung lautet *Kwappô*. Das System fand im Laufe seiner jahrhundertelangen Entwicklung Einzug in nahezu alle japanischen *Dôjô* und wurde dort unter strengster Geheimhaltung weiterentwickelt. Es diente nicht nur der Wiederbelebung nach Verletzungen, sondern man verwendete es auch zur Negativstimulation gegnerischer Vitalpunkte.

Heute bezeichnet sich Seishi Horibe als den 52. Großmeister eines der vielen überlieferten *Kuatsu-ryû*. Das System, das er heute in den USA lehrt, ist eine Kombination von Vitalpunktstimulationen zur Verteidigung und einer Art medizinischer Behandlung zur Aufhebung der Wirkung. Auch enthält das System verschiedene Verfahren zur Heilung von Krankheiten.

Horibes Technik-System arbeitet mit offensiven Angriffen in kurzer Reichweite sowie mit Hebeln und Griffen *(Sho-aku)* und betont den freien Kampf mit vollem Kontakt. Die *Kappô*-Schüler tragen im Training ein dunkelblaues ärmelloses Hemd, enge Hosen und kniehohe Plastikstiefel.

Kappuku (jap.): Form von →*Seppuku*.

Kara[1] (jap.): China.

Kara[2] (jap.): *Kara*, wie es in dem von Funakoshi gewählten Schriftzeichen für Karate verwendet wird, bedeutet »leer«. Dasselbe Schriftzeichen kann man auch als *Kû* (Himmel) lesen. Ursprünglich wurde für die okinawanische Kampfkunst ein Schriftzeichen verwendet, das ebenfalls *Kara* ausgesprochen wurde, jedoch »fremd«, »chinesisch« (s. →*Kara*[1], →*Tô*[2]) bedeutete. Diese Bedeutung leitet sich von seiner Verwendung im Chinesischen ab, wo es ein Zeichen für die Tang-Dynastie (618 bis 907) war und als solches in Okinawa (s. →*Tôde*) übernommen wurde. Meister Funakoshi änderte später das Schriftzeichen in seine heutige Bedeutung um.

Altes und neues Schriftzeichen für Kara

Die erste Bedeutung von *Kara* zeigt an, daß *Karate* (*Te* bedeutet im Okinawanischen »Technik« und im Japanischen »Hand«) eine Technik ist, durch die man sich ohne Waffen (mit leeren Händen) verteidigen kann. Im philosophischen Sinn (spätere Interpretation in Japan) verweist es darauf, daß sich der *Karate*-Schüler von allen egoistischen und selbstsüchtigen Gedanken »leer« (s. →*Kû*) machen muß, da er nur mit klarem Geist und reinem Gewissen verstehen kann, was er empfängt. Das bedeutet, daß derjenige, der *Karate-dô* übt, immer danach streben muß, innerlich bescheiden und nach außen hin sanft zu sein. Gleichzeitig muß er einen einmal gefaßten Entschluß mit Mut durchsetzen. So ist er, mit Funakoshis Worten, wie der »grüne Bambusstab: innen hohl *(Kara)*, aufrecht und mit Knoten, d. h. selbstlos, sanft und gemäßigt«. Im japanischen Denken ist »Hohlheit« ein Synonym für Selbstlosigkeit, »Geradheit« steht für Gehorsam und Sanftheit und »Knoten« für Charakterstärke und Gemäßigtsein. In einer ganz grundlegenden Weise ist schließlich auch die Form des Universums Leere *(Kara, Kû)*, und so ist Leere die Form selbst. »Form ist Leere, und Leere ist Form selbst«, diese Bedeutung hat das *Kara* aus *Karate-dô*. Geschichtliche Entwicklung und Veränderung des Ideogramms s. →*Tô-te*, →*Tôde*, →*Karate Shôshû-hen*.

Karada (jap.): Körper (auch *Tai, Tei*). *Shintai* – Körper, *Jintai* – menschlicher Körper, *Gotai* – ganzer Körper, *Daitai* – das Wesentliche, der Hauptpunkt. Nachfolgend sind die für die Kampfkünste wichtigen Körperteile aufge-führt:

KÖRPERTEILE DES MENSCHEN

Atame	**– Kopf**	**Ashi**	**– Bein**
Nodo	– Kehle	Hizagashira	– Kniescheibe
Otogai	– Kinn	Momo	– Schenkel
Kubi(suji)	– Nacken	Ashi no ko	– Spann
Kamekami	– Schläfe	Kakato	– Ferse
Me	– Auge	Ashi no ura	– Fußsohle
Kao	– Gesicht	Hiza	– Knie
Kubi	– Hals	Kurubashi	– Knöchel
Ago	– Kiefer	Keikotsu	– Schienbein
Hana	– Nase	Sokutô	– Fußkante
Hitai	– Stirn	Kansetsu	– Gelenk
Mimi	– Ohr	Ashi no yubi	– Zehe
Kagako	– Unterkiefer		
Karade	**– Körper**	**Ude**	**– Arm**
Hara	– Bauch	Hiji	– Ellbogen
Mune	– Brust	Te	– Hand
Shinzô	– Herz	Oyayubi	– Daumen
Rokkotsu	– Rippen	Hitosashi-yubi	– Zeigefinger
Kafukubu	– Unterleib	Nakayubi	– Mittelfinger
Kata	– Schulter	Kusariyubi	– Ringfinger
Koshi	– Hüfte	Koyubi	– kleiner Finger
Senaka	– Rücken	Tekubi	– Handgelenk
Shinkei	– Nerv	Kansetsu	– Gelenk
Kassatsu	– Rückgrat		
Sakotsu	– Schlüsselbein		
Kinnuki	– Muskeln		
Shitai	– Glieder		

Karada no Shinshuku (jap.): wichtiger Grundsatz für die Übung der *Kata* (s. →*Kata-geiko*), der von Meister Funakoshi gegründet wurde. *Karada no shinshiku* bedeutet »Der Körper ist gespannt und entspannt« und bezieht sich auf das richtige Verhältnis zwischen Spannung und Entspannung während der Bewegung. Dies ist ein Grundprinzip jeder *Karate*-Technik. Die Parallele dazu findet sich im Rhythmus der Natur, in dem jede Veränderung aus Werden und Vergehen besteht und sich gegenseitig beständig ablöst.

Auch die *Kata* beinhaltet das Werden und Vergehen, denn sie besteht aus Bewegung, die entsprechend diesem Prinzip von der Entspannung zur Spannung oder umgekehrt entsteht. Je weiter voneinander entfernt diese Extreme liegen, um so qualitativer wird die Bewegung. Das heißt, je weiter der Übende sein Vermögen in beide Richtungen steigert (Spannung und Entspannung), desto besser wird seine Technik. *Kata*, die auf einer schmalen Spur von Spannungsvariationen ausgeführt werden (auch die Verwendung extremer Kraft als Grundspannung ist eine schmale Spur), sind unabhängig von ihrer optischen Dynamik und Kraft schlecht.

Das rechte Verhältnis der Spannungsvariationen in der Bewegung ist nicht allein ein Problem des Körpers, sondern wurzelt tief in den psychischen Orientierungspunkten gegenüber dem Leben. Die Fähigkeit zur Entspannung kann nicht durch Körperübung erreicht werden, wenn eine entgegengesetzte innere Haltung bestehen bleibt. Die Übung muß auf das Heranformen eines natürlichen Bewußtseins zielen, durch das der Übende lernt, in allen Situationen zwischen Geben und Nehmen, Öffnen und Schließen, Achten und Streben, Spannen und Entspannen die Waage zu halten.

In diesem Zusammenhang versteht sich nicht nur die *Kata*, sondern das Leben überhaupt. In der mißlungenen Handlung fehlt dem Menschen zumeist nicht das Glück, sondern die innere Fähigkeit zur Anpassung, d. h. die Fähigkeit, aus seiner gleichgewichthaltenden »Mitte« heraus nach beiden Seiten aktiv zu sein.

Die Unfähigkeit zur Anpassung zeichnet sich zwar in einem körperlichen Aspekt der Verspanntheit ab, doch ihr wahrer Grund liegt im Mißtrauen gegenüber dem Unbekannten, das durch den Versuch, es rational zu verstehen, das Vorurteil erzeugt. Ehe man dem Verändern vertraut, fixiert man die Wirklichkeit durch die Ratio. Dadurch kommt das innere Gleichgewicht zu Schaden, und die unterschwellige Angst vor dem Unbekannten verspannt den Geist und den Körper. Diese unbewußte Haltung wird zur Gewohnheit und erlaubt kein angepaßtes Handeln.

Soll die *Kata* diese Haltung korrigieren, darf ihr Ziel nicht ihre Form sein, sondern der Mensch muß sich in ihrem Zentrum befinden. In der Übung muß er auf seine Mitte (→*Hara*) achten und lernen, sich geistig und körperlich in beide Richtungen (Spannung – Entspannung, aktiv – passiv) zu verhalten. Jeder kann dies durch die

Kata lernen, doch die Grundbedingung dafür besteht darin, Vertrauen zuzulassen und eine innere Haltung zu entwickeln, in der diese Eigenschaft wachsen kann. Eine solche Haltung erkennt man zuerst an der Art der Beziehung zum Lehrer und zum *Dôjô*.

Wahre *Kata* entsteht nicht in der Zuordnung zu einem Extrem, sondern in der Fähigkeit zur Veränderung. Ihr Übungswert liegt nicht darin, einen der Pole (stark-schwach, hart-weich, langsam-schnell, aktiv-passiv usw.) zu verwirklichen, sondern im Gleichgewicht der Mitte, aus der heraus anpassungsfähiges Verhalten zwischen den Polen möglich wird. Je mehr der Mensch diese Mitte in seiner inneren und äußeren Haltung verwirklicht, um so mehr verwirklicht er den Sinn des *Budô*.

Dies muß man in der Übung verstehen lernen. Nicht nur die *Kata*, sondern jede Handlung hängt davon ab. Durch die *Kata* kann man es lernen, doch es reicht nicht, einfach nur ihre Form zu wiederholen. Man muß sich zum Ideal des *Budô* bekennen, seine Grundsätze leben und sich darin einen Sinn geben. Die Kata als Form hat keinen Wert, wenn diese Inhalte fehlen.

Kara-hô (jap.): die »Methoden der leeren Hand«. Bezeichnung für die waffenlosen Kampfkünste im Gegensatz zu den Waffenkünsten (→*Buki-hô*).

Kara-hô Kempô (jap): Stil des →*Kempô-Karate*, gegründet von SAM ALAMA KUOHA auf Honolulu, der unter seinem Onkel CHARLES KUUIHANA, einem Schüler von WILLIAM KWAI-SUN CHOW, lernte.

Später zog Kuoha nach Honolulu und wurde Meister Chows Hauptassistent. Zusammen versuchten sie den Stil anzureichern, indem sie neue *Kata* erarbeiteten, welche auf den 12 linearen Techniken des *Koshô Shôrei-ryû* von MITOSE MASAYOSHI beruhten. Nachdem Meister Chow 1987 gestorben war, wurde Kuoha als der neue Großmeister des Stils angesehen. Er bezeichnete danach seinen Stil als *Kara-hô Kempô*.

Karai (jap): Licht.

Kara-no (jap): leer, hohl.

Karate (jap.): wettkampfmäßige Interpretation der *Karate*-Techniken, entstanden außerhalb des Ursprungslandes Okinawa, hauptsächlich in Japan, Europa und den USA. *Karate* als Wettkampf wird heute unter verschiedenen Aspekten geübt, die wichtigsten sind →*Non-contact-*, →*Semi-contact-* und →*Full-contact-Karate*. Keine dieser Richtungen entspricht dem klassischen →*Karate-dô* von Okinawa.

> **Bemerkung**: *Karate* ist heute die weltweit verbreitetste Kampfkunst und wird unter den unterschiedlichsten Aspekten und Bezeichnungen betrieben (*Karate, Kempô-Karate, Quan-fa, Kick-Boxen, Full-contact, Non-contact* usw.). Um Mißverständnisse zu vermeiden, behandeln wir diese Kampfkunst hier unter *Karate* und *Karate-dô*, obwohl die Grenzen fließend ineinander übergehen. Trotz allem soll hier darauf hingewiesen werden, daß die eigentliche Idee des *Karate-dô* sich von allen neueren Konzepten des Wettkampfes wesentlich unterscheidet.

NON-CONTACT-WETTKAMPF-KARATE

Die *Non-contact*-Richtungen des Wettkampf-*Karate* basieren hauptsächlich auf den japanischen Stilen →*Shôtôkan-ryû*, →*Wadô-ryû*, →*Shitô-ryû*, und →*Gôjû-ryû*. Die Richtungen, in denen Körperkontakt erlaubt ist, sind gesondert organisiert und stammen meist aus dem →*Kyokushinkai*, verschiedenen koreanischen (→*Taekwondo*, →*Tang-Soo-Do* usw.), thailändischen (→*Muay-Thai*) und hauptsächlich hawaiianischen (→*Kosho-ryû*) *Karate*-Stilen. Auch okinawanische Stile (→*Okinawa-Kempô*) betreiben heute *Full-contact*.

Die erste Karate-Weltmeisterschaft im *Non-contact* fand im Oktober 1970 in Tôkyô statt, wo 33 Länder teilnahmen. Bei dieser Gelegenheit

Schriftzeichen für Karate

wurde der Zusammenschluß der WUKO (→*World Union Karate Organisation*, s. auch Anhang) beschlossen, durch die gemeinsame Wettkämpfe ermöglicht werden sollten. Die zweite Weltmeisterschaft wurde 1972 in Paris ausgetragen. Es folgten weitere Weltmeisterschaften 1975 in Long Beach, 1977 in Tôkyô, 1980 in Madrid, 1982 in Tai-Pei, 1984 in Maastrich, 1986 in Sydney usw. Doch die Situation des *Non-contact*-Wettkampf-*Karate* bleibt nach wie vor unüberschaubar und zerrissen. Es gibt weltweit unzählige Verbände (s. Anhang), die sich gegenseitig die sportlichen Kompetenzen absprechen und eigene Weltmeisterschaften organisieren. In Deutschland hat sich der *Deutsche Karate Verband* (→DKV, s. auch Anhang) mit Hilfe des *Deutschen Sportbundes* (DSB) an die Spitze des Wettkampf-*Karate* gesetzt. Außer dieser größten Organisation für Wettkampf-*Karate* gibt es noch mehrere andere, von denen die wichtigsten der →DJKB und die →SKI sind, die jedoch im Grunde genommen alle mit wenigen Unterschieden das gleiche praktizieren. In den meisten anderen europäischen Ländern ist die Situation des *Karate* ähnlich wie in Deutschland. Neben den Wettkampf-Richtungen gibt es im benachbarten Ausland jedoch häufig auch starke traditionelle Strömungen, die keinen Wettkampf betreiben, sondern nach den klassischen Idealen der alten Kampfkunst streben. Weltweit nehmen die Bemühungen zu, vom Leistungs-*Karate* zu einem gesundheitsfördernden, auf den Weg *(Dô)* bedachten *Karate* zurückzukehren. Nachfolgend die wichtigsten Daten des kontaktlosen Wettkampf- *Karate*:

1933 Offizielle Anerkennung des *Karate* in Japan.

1935 Yamaguchi Gogen gründet die *All Japan Gôjûkai Karate-dô Association*.

1939 Ôtsuka Hironori gründet die *All-Japanische Karate-dô-Föderation Wadôkai.*

1949 Gründung des *Shôtôkai* und der →JKA in Japan.

1951 Die JKA strebt die Ausübung des *Karate* als Wettkampf an.

1954 Henry Plee gründet in Paris die *Académie Française d'Arts Martiaux*.

1955 Die JKA beginnt mit der Entsendung von Instruktoren in die ganze Welt. Ôyama Masutatsu gründet den *Kyokushinkai-kan*.

1957 Funakoshi Gichin stirbt. Erste *Shôtôkan*-Meisterschaften in Japan. Jürgen Seydel führt *Karate* in Deutschland ein. Murakami gründet in Paris das erste *Shôtôkan-Dôjô* Europas.

1961 Gründung des →DKB. Erste *Karate*-Meisterschaft in Frankreich.

1964 Gründung der →FAJKO *(Federation of All Japan Karate-dô Organisations)* in Japan.

1966 Gründung der →EKU *(European Karate Union)* in Paris.

1968 Gründung der EAKF *(European Amateur Karate Federation)* in Brüssel.

1970 Auf Initiative der EKU erfolgt die Gründung der →WUKO *(World Union of Karate-dô Organisations)*. Erste WM in Tôkyô.

1972 Zweite WM in Paris.

1974 Nishiyama Hidetaka gründet die →IAKF *(International Amateur Karate Federation)* in Los Angeles, der viele Nationen beitreten. IAKF und WUKO kämpfen weltweit um die Oberhand.

1976 Gründung des →DKV.

1985 Die WUKO gewinnt das Rennen und wird vom Internationalen Olympischen Komitee (IOC) anerkannt. Die IAKF sinkt in die Bedeutungslosigkeit ab. Die →EAKF verändert sich zur ESKA *(European Shôtôkan Association)*.

Zur Entwicklung des kontaktlosen Wettkampf-*Karate* in neuerer Zeit s. unter den Bezeichnungen für die obengenannten Föderationen.

Kontakt-Wettkampf-Karate

Die Szene des Kontakt-Wettkampf-*Karate* ist sehr vielfältig und umfaßt Bereiche vom leichten Kontakt *(Semi-contact)* bis zum vollen Kontakt *(Full-contact)* mit und ohne Schützer. Die jeweiligen Organisationen schreiben dafür ihre Regeln und Bedingungen aus, unter denen die Kämpfer gegeneinander antreten. Ausführliche Beschreibung des Kontakt-Karate siehe unter *Full-contact*.

Die Karate-Weltmeisterschaften

1963 Erste Weltmeisterschaft im *Kontact*-Karate, organisiert von Robert Trias und der USKA *(US Karate Organisation)* in Chicago, in den kommenden Jahren unter der Bezeichnung *USKA World Karate Championships* fortgesetzt.

1964 Ed Parker und die *International Kempô Association* organisieren eine andere Weltmeisterschaft mit anderen Regeln.

1965 Einige okinawanische Meister organisieren die *World Kempô Karate Championships*.

1968 Aaron Banks und die WPKO *(World Professional Karate Organisation)* organisieren die *World Professional Karate Championship*.

1973 TOMY LEE organisiert eine *Karate*-Weltmeisterschaft in Hawaii.
1974 MIKE ANDERSON und die PKA *(Professional Karate Association)* organisieren in Kalifornien die erste PKA-Meisterschaft (*PKA World Professional Karate Championship*), in der die Bezeichnung *Full-contact* zum ersten Mal verwendet wird.
1975 ÔYAMA MASUTATSU organisiert zusammen mit der IKO *(International Karate Organisation)* in Tôkyô die erste *Kyokushinkai*-Weltmeisterschaft im Kontakt-Karate ohne Schützer.
1977 HOWARD HANSON gründet die *World Karate Association* (WKA) und organisiert die erste Weltmeisterschaft dieser Organisation für professionelles *Full-contact*.
Ähnliche Entwicklungen fanden parallel in Europa statt (zu Europa und Deutschland s. →*Full-contact*).

DIE WELTMEISTER (KONTACT-KARATE)

Der erste Weltmeister im *Kontakt-Karate* war MIKE STONE, der alle internationalen Turniere des Jahres 1963 gewann. Er verlor in seiner *Karate*-Laufbahn einen einzigen Kampf, und zwar gegen ALLEN STEEN. Danach wurde er Leibwächter von ELVIS PRESLEY.
Der zweite große Weltmeister war CHUCK NORRIS, der 7 WM-Titel gewann. Nach ihm kamen BILL WALLACE und JOE LEWIS, der in Okinawa lernte. Der letztere brachte die Bezeichnung *Full-contact* in die USA.
Neben diesen großen Champions des Kontakt-*Karate* waren die besten amerikanischen Kämpfer TONY TULLENERS, RONALD MARCHINI, SKIPPER MULLINS, FRANK SMITH, SCOTT LORING, LOUIS DELGADO, TOMAS LAPUPPET, PAT BULLERSON, ALLEN STEEN, STEVE SANDERS, JIM HARRISON, VICTOR MOORE, BOB ENGLE, BENNY URQUIDEZ, HOWARD JACKSON, MIKE WARREN, FRED HAMILTON, JOHN KEEHAN (alias COUNT DANTE), FRED WREN u. a.
Im Jahre 1967 wurde *Henry Cho's Tournament of Champions* organisiert, das die zehn besten Kontakt-Kämpfer der Welt gegeneinander antreten ließ. Es waren dabei: JOE LEWIS, CHUCK NORRIS, SKIPPER MULLINS, BOB ENGLE, JULIO LASALLE, HAL HENSCHEL, TOMAS LAPUPPET, RAY MARTIN, ALLEN STEEN und LEON WALLACE. Der Wettkampf wurde von CHUCK NORRIS gewonnen, gefolgt von JOE LEWIS, SKIPPER MULLINS und BOB ENGLE.

Karate-dô (jap.): »Weg der leeren Hand«, Kampfkunst aus Okinawa, die ursprünglich

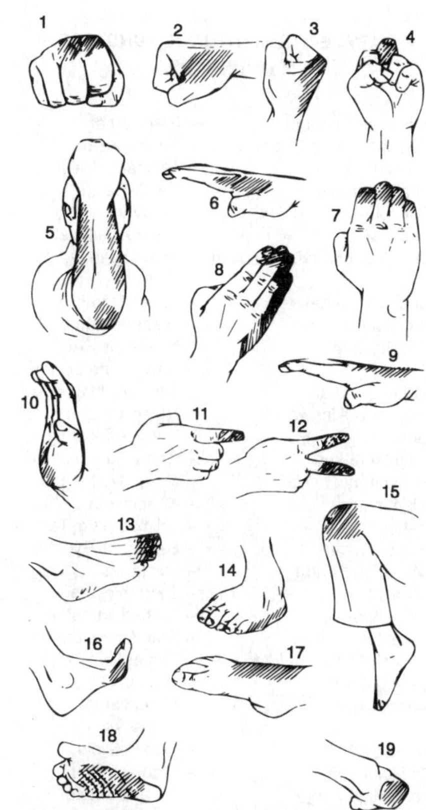

Die Waffen des Körpers: 1. Seiken; 2. Naiken; 3. Uraken; 4. Nakadakaken; 5. Empi/Haiwan/Gaiwan; 6. Haitô; 7. Hiraken; 8. Shutô/Nukite: 9. Haushu; 10. Teishô; 11. Ippon-nukite; 12. Nihon-nukite; 13. Tsumasaki; 14. Sokutô; 15. Hizagashira; 16. Koshi; 17. Heisoku; 18. Teisoku; 19 Kakato

aus einer Synthese des okinawanischen →*Tôde* (s. auch →*Okinawa*, →*Okinawa-te*, →*Te)* und des chinesischen →*Quan-fa* (s. auch →*Kempô*) entwickelt wurde und sich im Zuge der Veränderungen vom →*Bujutsu* zum →*Budô*, vom →*Karate-jutsu* zum *Karate-dô* (s. →*Kara*) verwandelte. *Karate-dô* betreibt keine Wettkämpfe und enthält Schlag-, Stoß- und Trittechniken, jedoch auch Würfe, Hebel und Fesselgriffe. Die Kampfkunst wird auf der Basis mehrerer überlieferter →*Kata* gelehrt, in denen die Meister der Vergangenheit ihre technischen und taktischen Kampfmethoden verschlüsselten.

KARATE-STILRICHTUNGEN UND IHRE GRÜNDER

American Gôjû-ryû	– Peter Urban
Amerikan Kempô Karate	– Edmund Parker
Ashihara-ryû	– Ashihara Hideyuki
Butokukan-ryû	– Keichi Reichi
Chinese Gôjû-ryû	– Ron Van Clief
Chitô-ryû	– Chitose Tsuyoshi
Chûbu Shôrin-ryû/Seibukan	– Shimabukuro Zenryô
Chuck Noris Karate	– Chuck Norris
Daidô Juku	– Takashi Azuma
Enshinkai-ryû	– Ninomiya Jôkô
Gensei-ryû	– Shukumine Seiken
Gôjû-ryû Japan	– Yamaguchi Gôgen
Gôjû-ryû Okinawa	– Miyagi Chojun
Gôsoku-ryû	– Kubota Takayuki
Hakutsuru-ken	– Go Kenki
Honshin-ryû	– Miyagi Masakazu
Ishimine-ryû	– Kaneshima Shinbi
Isshin-ryû	– Shimabukuro Tatsuo
Itosu-ryû	– Sakagami Ryûsho
Joe Lewis Karate	– Joe Lewis
Jûkendô	– Tong Tsin-Tsan
Kanzen-ryû	– Farhad Varasteh
Karahô Kempô	– Sam Alama Kuoha
Karate-shintô	– Yamaguchi Gogen
Kempô Karate	– William Chow
Kempôkan-ryû	– Matsuyama Shinsuke
Kempô-ryû	– Ôdo Seikichi
Kenkokan-ryû	– Hisataka Kori
Kenseikan-ryû	– Tanaka Kensei
Kenshikan-ryû	– Kenji Kusano
Kenshin-ryû	– Hayashi Teruo
Kenyu-ryû	– Tomoyose Ryûsei
Kobayashi-ryû	– Chibana Choshin
Koeikan-ryû	– Onishi Eizo
Kojô-ryû	– Kojô Oyakata
Koshô Kempô-ryû	– Mitose M. James
Kushin-ryû	– Ueshima S./Kinjo K.
Kyôkushinkai-ryû/Ôyama-ryû	– Ôyama Masutatsu
Kyûdôkan Shôrin-ryû	– Higa Yuchoku
Matsubayashi-ryû	– Nagamine Shoshin
Matsumura Seito	– Soken Hôhan
Motobu-ryû Kempô Karate	– Motobu Chôki
Motobu-ryû	– Uehara Seikichi
Mushindô-ryû	– Otomo Ryûsho
Nanbu-dô	– Nanbu Yoshinao
Nippon-Kempô	– Sawayama Muneyomi
Okinawa Kempô Karate	– Nakamura Shigeru
Osaka Kempô Karate	– Ganryû Aoki
Oto-ryû	– Hiroyasu Tamae
Ôyama-ryû	– Ôyama Shigeru
Pangai-noon	– Itokazu Seko
Renbukan	– Hiroyasu Tamae
Ryûei-ryû	– Nakaima Kenri
Ryûkyû Kempô Karate	– Ôyata Seiyu
Ryûkyû Shôrin-ryû	– Inamine Seijin
Sankukai-ryû	– Nanbu Yoshinao
Sano-ryû/Yoseikan-ryû	– Sano Teruo
Sato Juku	– Katsuaki Sato
Seibukan	– Shimabukuro Zenryô
Seidôkan-ryû	– Ishii Kazuyoshi
Seidôkan-ryû	– Toma Shian
Seidô-ryû	– Nakamura Tadashi
Seiki-ryû	– Fujiwara T.
Seishikan-ryû	– Usui Akikasu
Shidôkan-ryû	– Soeno Yoshii
Shindô Jinen-ryû	– Koyu Konishi
Shindô Shizen-ryû	– Konishi Yasuhiro
Shintai-dô	– Aoki Hiroyuki
Shiroma Shitô-ryû	– Gusukuma Shiroma
Shitô-ryû Kempô-Karate	– Uechi Kanei
Shitô-ryû	– Mabuni Kenwa
Shobayashi Shôrin-ryû	– Shimabukuro Eizo
Shobayashi-ryû	– Kyan Chotoku
Shôbukan	– Yazuzato Yorizuki
Shôreikan-ryû	– Toguchi Seikichi
Shôrei-ryû	– Higashionna Kanryô
Shôrinji Kempô-ryû	– Doshin Sô
Shôrinji-ryû	– Richard Kim
Shôrinji-ryû/Kyan-ryû	– Nakazato Joen
Shôrinkan-ryû	– Nakazato Shugoro
Shôrin-ryû Gokoku-an Karate	– Matsumura Sokon
Shôtô Kempô-ryû Karate-dô	– Jörg-Michael Wolters
Shôtôkai-ryû	– Egami Shigeru
Shôtôkan-ryû Kempô-Karate	– Werner Lind
Shôtôkan-ryû	– Funakoshi Gichin
Shudôkan-ryû	– Hanaue Toshio
Shukokai/Tani-ha Shitô-ryû	– Tani Chôjiro
Taishindô-ryu	– Sri Kantarao (Horo)
Toon-ryû	– Kyôda Kohatsu
Tozan-ryû	– Kaneshima Shinsuke
Tozan-ryû	– Kaneshiro Kensei
Uechi-ryû	– Uechi Kanbun
Ufuchiku-ryû	– Ufuchiku Kanakushiku
Wadô-ryû	– Ôtsuka Hironori
Yamane-ryû	– Chinen Yamane
Yoseikan-ryû	– Mochizuki Hiroo
Yoshukai-ryû	– Mamoru Yamamoto
Yuishinkan	– Kisaki Tomoharu
Zendô-ryû	– Zen Ki

DIE GRÜNDUNG DER STILE

Entwicklung und Geschichte des *Karate* s. unter →*Tôde*, →*Te*, →*Okinawa-te*, →*Kempô*, →*Kempô-Karate*, →*Shôrin-ryû*, →*Shôrei-ryû*, →*Shuri-te*, →*Tomari-te* und →*Naha-te*. Im Laufe der Jahrhunderte entwickelte das okinawanische Karate eine große Vielfalt von Konzepten (→*Kata*), die sich grundlegend voneinander unterscheiden. Alle darauf begründeten Stile können jedoch in zwei Hauptsysteme klassifiziert werden: →*Shôrin-ryû* und →*Shôrei-ryû*.

Die klassischen okinawanischen Systeme sind

sehr kampfbezogen, lehnen aber den sportlichen Wettkampf ab. Entsprechend den alten Konzepten betonen sie die Selbstverteidigung, die Gesundheitslehre und die spirituelle Erziehung. Die Methoden des Kämpfens werden aus den klassischen *Kata* entwickelt (s. →*Bunkai*), *Jiyû-kumite*, so wie es im modernen *Karate* geübt wird, ist unbekannt. *Dôjô*-Kämpfe finden auf realistischer Basis statt, in den meisten →*Kempô-Karate*-Stilen mit Körperschutz, in vielen anderen Stilen aber auch ohne Schutz. Die wichtigsten okinawanischen Stilableitungen sind nachfolgend aufgeführt (s. unter der jeweiligen Bezeichnung).

GENEALOGIE DER OKINAWANISCHEN STILE

ITOSU	Chibana Chôshin	– **Kobayashi-ryû**
	Funakoshi Gichin	– **Shôtôkan-ryû**
	Mabuni Kenwa	– **Shitô-ryû**
	Kyan Chôtoku	– **Sukunai Hayashi-ryû**
KYAN	Shimabukuro Eizo	– **Shobayashi-ryû**
	Nagamine Sh.	– **Matsubayashi-ryû**
	Shimabukuro T.	– **Isshin-ryû**
	Shimabukuro Z.	– **Seibukan-ryû (Chûbu)**
	Nakazato Joen	– **Shôrinji-Kempô**
NABE	Hôhan Soken	– **Matsumura-Seito**
MOTOBU	Uehara Seikichi	– **Motobu-ryû**
	Nakamura Sh.	– **Okinawa-Kempô**
ISHIMINE	Kaneshima	– **Ishimine-ryû**
KOJO	Kojô Oyakata	– **Kojô-ryû**
NAKAIMA	Nakaima Kenri	– **Ryûei-ryû**
HIGAONNA	Miyagi Chôjun	– **Gôjû-ryû**
	Kyôda Kohatsu	– **Toon-ryû**
SHUSHIWA	Uechi Kanbun	– **Uechi-ryû**

Erst in Japan entstanden nach 1930 die meisten der heute in Europa bekannten Stile des *Karate*, deren Ursprung aber ebenfalls nach Okinawa führt. Diese Stile sind die Grundlage für das in der ganzen Welt verbreitete kontaktlose Wettkampf-*Karate*. Ihre Konzepte entsprechen nicht dem klassischen okinawanischen Weg, was zur Zeit ihrer Gründung bereits zu tiefen Zerwürfnissen zwischen den okinawanischen Meistern und den japanischen Stilgründern führte. Bis heute werden diese japanischen Wettkampfkonzepte von den meisten okinawanischen Meistern abgelehnt.
Die wichtigsten japanischen Stile, die kontaktlosen Wettkampf betreiben sind: *Shôtôkan-ryû* (s. →FUNAKOSHI), *Shitô-ryû* (s. →MABUNI), *Wadô-ryû* (s. →ÔTSUKA), und *Gôjû-ryû* (s. →YAMAGUCHI). Um 1950 begannen sich die japanischen Stile in Weltverbänden (s. →*Karate*, →*Butokukai*, →JKA, →WUKO und Anhang) zu organisieren und als Sport zu verbreiten.

DIE MEISTER DES KARATE

Nachstehend sind bedeutende japanischen Meister des *Karate* aufgelistet. Die Reihenfolge entspricht dem Alphabet. Auf die Zuordnung zu den entsprechenden Systemen wurde keine Rücksicht genommen, da alle Zusammenhänge unter den jeweiligen Namen erklärt sind. Nähere Erläuterungen zu den Meistern siehe daher jeweils unter dem Namen.

BEDEUTENDE MEISTER UND IHRE RYU

Abe Hidetaka	– Wadô-yû
Abe Keigo	– Shôtôkan-ryû
Aburaya Yamaki	– Kobujutsu
Agena Shûhô	– Shôrin-ryû
Akahachi Oyakei	– Kobujutsu
Akamine Eiko	– Karate
Aoki Hiroyuki	– Shintai-dô
Aragaki Ankichi	– Shôrin-ryû
Aragaki Kamadeunchu	– Naha-te
Aragaki Seiki	– Matsumara-ryû
Asai Tetsuhiko	– Shôtôkan
Ashihara Hideyuki	– Ashihara-ryû
Ason	– Naha-te
Azato Ankô	– Shôrin-ryû
Chibana Chôshin	– Kobayashi-ryû
Chine Shitahaku	– Kobujutsu
Chinen Kenyu	– Kobudo
Chinen Peichin	– Kobujutsu
Chinen Yamane	– Yamane-ryû
Chitose Tsuyoshi	– Chitô-ryû
Chow William	– Koshô-ryû
Chuma Rentaro	– Shôrin-ryû
Demura Fumio	– Shitô-ryû
Egami Shigeru	– Shôtôkai-ryû
Emperado Adriano	– Kajukenbo
Enoeda Keinosuke	– Shôtôkan-ryû
Funakoshi Gichin	– Shôtôkan-ryû
Funakoshi Keneth	– Shôtôkan-ryû
Funakoshi Yoshitaka	– Shôtôkan-ryû
Gima Makoto	– Shôrin-ryû
Ginowan Donchi	– Shuri-te Kobujutsu
Go Kenki	– Hakutsuru-ken
Gusukuma Shiroma	– Shiroma Shitô-ryû
Gusukuma Shiroma	– Shuri-te
Gusukuma Tsunetaka	– Naha-te
Hanashiro Chômo	– Shuri-te
Hanaue Toshio	– Shudôkan
Harada Mitsusuke	– Shôtôkai-ryû
Hayashi Teruo	– Hayashi-ha Shitô

BEDEUTENDE MEISTER UND IHRE RYU

Higa Seikô – Gôjû-ryû
Higa Seitoku – Gôjû-ryû
Higa Yûchoku – Gôjû-ryû
Higaonna Morio – Gôjû-ryû
Higashionna Kanryô – Naha-te
Hironishi Genshin – Shôtôkan-ryû
Hisataka Kori – Kenkokan-ryû
Hisataka Masayuki – Konkokan-ryû
Hôhan Soken – Matsumura-Seito
Iha Kodatsu – Tomari-te
Iha Koshin – Gôjû-ryû
Iida Norihiko – Shôtôkan-ryû
Inamine Seijin – Ryûkyû Shôrin-ryû
Inoue Motokatsu – Shôrin-ryû
Ishimine – Shuri-te
Itoman Bunkichi – Shôrin-ryû
Itosu Yasutsune – Shôrin-ryû
Iwah – Bai-he-quan
Iwata Manzo – Shitô-ryî
Izumigawa Kanki – Gôjû-ryû
Kanazawa Hirokatsu – Shôtôkan-ryû
Kaneshima Shinsuke – Ishimine-ryû
Kaneshiro Kinin – Tozan-ryû
Kase Taiji – Shôtôkan-ryû
Kenji Tokitsu – Shaolin-Mon-ryû
Kim Richard – Shôrinji-Kempô
Kimura Shigeru – Shukokai
Kina (Kyuna) Shosei – Shôrin-ryû
Kinjô Hiroshi – Shôrin-ryû
Kinjô Kensei – Kushin-ryû
Kisaki Tomoharu – Gôjû-ryû
Kise Fuji – Kenshikan
Kiyuna Peichin – Shôrin-ryû
Kobayashi Mitsugi – Senbukan
Kochi Katsuhide – Chûbu Shôrin-ryû
Kojô Isei – Kojô-ryû
Kojô Kaho – Kojô-ryû
Kojô Katomi – Kojô-ryû
Kojô Oyakata – Kojô-ryû
Kojô Seijin – Kojô-ryû
Konishi Yasuhiro – Shindô Shizen-ryû
Kubota Takayuki – Gosoku-ryû
Kuda Yuichi – Matsumura-Kempô
Kuniyoshi Tanme – Shôrin-ryû
Kusano Kenji – Shitô-ryû
Kûshankû – Shaolin Quan-fa
Kyan Chôtoku – Shôbayashi-ryû
Kyôda Kohatsu – Toon-ryû
Mabuni Kenwa – Shitô-ryû
Masayuki Hidetaka – Shôtôkan-ryû
Matayoshi Shimo – Kobudo
Matayoshi Shinko – Kobudo
Matsu Higa – Kobujutsu
Matsumora Kôsaku – Tomari-te
Matsumoto Chikudon – Shuri-te
Matsumura Nabe – Matsumura-Seito
Matsumura Nabe – Matsumura-ryû
Matsumura Sôkon – Shôrin-ryû
Mikami Takayuki – Shôtôkan-ryû
Miki Nisaburo – Vollkontakt
Mitose James Masayoshi – Koshô-ryû Kempô
Miyagi Anichi – Gôjû-ryû
Miyagi Chôjun – Gôjû-ryû
Miyagi Masakazu – Honshin-ryû
Miyahira Katsuya – Kobayashi-ryû
Miyata Minoro – Shôtôkan-ryû
Miyazato Ei'ichi – Gôjû-ryû
Motobu Chôki – Motobu-ryû
Motobu Chôyû – Goten-te
Murakami Tetsuji – Shôtôkan-ryû
Nagamine Shôshin – Matsubayashi-ryû
Nakaima Kenko – Ryûei-ryû
Nakaima Kenri – Ryûei-ryû
Nakamoto Kosei – Tomari-te
Nakamura Shigeru – Okinawa-Kempô
Nakamura Tadashi – Seido-ryu
Nakayama Masatoshi – Shôtôkan-ryû
Nakazato Joen – Shôbayashi-ryû
Nakazato Shugoro – Kobayashi.ryû
Nakazone Seiyu – Tomari-te
Nambu Yoshinao – Nambu-dô
Nishiyama Hidetaka – Shôtôkan-ryû
Noguchi Hiroshi – Shôtôkan-ryû
Obata Isao – Shôtôkan-ryû
Ochiai Hidy – Washin-ryû
Odo Seikichi – Ryûkyû-Kempô
Ogimi Chôso – Shôrin-ryû
Oishi Takeshi – Shôtôkan-ryû
Okazaki Teruyuki – Shôtôkan-ryû
Onishi Eizo – Koeikan
Osaka Yoshiharu – Shôtôkan-ryû
Oshima Tsutomu – Shôtôkai-ryû
Oshiro Chodo – Shôrin-ryû
Oshiro Chodo – Yamane-ryû
Oshiro Chôki – Shôrin-ryû
Ôtsuka Hironori – Wadô-ryû
Ôtsuka Tadahiko – Gôjû-ryû
Oyadomari Peichin – Tomari-te
Ôyama Masutatsu – Kyokushinkai-ryû
Oyata Seiyu – Ryûkyû Kempô-Karate
Ryû Ryûkô – Quan-fa
Sakagami Ryûsho – Itosu-ryû
Sakagami Sadaaki – Itosu-ryû
Sakihara Peichin – Shôrin-ryû
Sakiyama Yoshinori – Naha-te
Sakugawa Shungo – Shuri-te
Sakumoto Tsuguo – Ryûei-ryû
Sawayama Muneyomi – Nippon-Kempô
Sawayama Muneyomi – Nippon-Kempô
Shimabukuro Eizo – Shôbayashi-ryû
Shimabukuro Taro – Isshin-ryû
Shimabukuro Tatsuo – Isshin-ryû
Shimabukuro Zenpo – Chubu Shôrin-ryû
Shimabukuro Zenryô – Chubu Shôrin-ryû
Shimoda Takeshi – Shôtôkan-ryû
Shinzato Jinan – Gôjû-ryû
Shionja – Naha-te
Shirai Hiroshi – Shôtokan-ryû
Shushiwa – Pangai-noon
Soken Hohan – Matsumura Seito-ryû
Suzuki Masafumi – Gôjû-ryû
Suzuki Tatsuo – Wadô-ryû
Taira Shinken – Shôrin-ryû
Takaya Yabiku – Matsusokan
Tanaka Tastutaka – Shitô-ryû
Tani Chojiro – Tani-ha Shitô-ryû

Tawada Peichin	– Shôrin-ryû
Teruya Kisi	– Tomari-te
Toguchi Seikichi	– Gôjû-ryû
Tokuda Anbun	– Naha-te
Tokumine Peichin	– Kobujutsu
Tomigusuku Oyakata	– Naha-te
Tomoyose Ryûyû	– Shôrei-ryû
Tomoyose	– Naha-te
Toyama Kanken	– Shudôkan
Tsuken Hantaka	– Kobujutsu
Tsuken Kourugawa	– Kobujutsu
Tsuyama Katsunori	– Shôtôkan-ryû
Uchita Shozo	– Gôjû-ryû
Uechi Kambun	– Uechi-ryû
Uechi Kanei	– Shitô-ryû
Uechi Kanei	– Uechi-ryû
Uehara Seikichi	– Motobu-ryû
Uehara Yukinori	– Gôjû-ryû
Ueshima Sannosuke	– Kushin-ryû
Ueshiro Ansei	– Matsubayashi-ryû
Uezu Angi	– Isshin-ryû
Ufuchiku Kanagushiko	– Ufuchiku-ryû
Yabiku Moden	– Shôrin-ryû
Yabiku Takaya	– Matsusokan
Yabu Kentsu	– Shôrin-ryû
Yagi Meitoku	– Gôjû-ryû
Yamaguchi Gôgen	– Gôjû-ryû
Yamaguchi Gosei	– Gôjû-ryû
Yamaguchi Goshi	– Gôjû-ryû
Yamamori Hirokatsu	– Shôrinji-Kempô
Yamashita Tadashi	– Kobudo
Yara Chatan	– Shôrei-ryû
Yara aus Yomitan	– Tomari-te
Yoshizato Shintaro	– Kushin-ry

Karate kommt nach Japan

Bis zum 20. Jh. war *Karate* in Japan praktisch unbekannt. Der erste, der es in Japan vorstellte, war 1915 Dr. →Chitôse Tsuyoshi, der 1946 seine eigene Version, das →*Chitô-ryû* gründete. Als nächster Okinawaner unternahm Motobu Chôki mehrere Reisen nach Japan und nahm dort Herausforderungen verschiedener Vertreter des *Bujutsu* und des Boxsports an. Seine spektakulären Siege gingen durch die japanische Presse und machten *Karate* berühmt, bevor es in Japan unterrichtet wurde.

→Funakoshi Gichin kam 1921 nach Japan und blieb bis zu seinem Lebensende dort, um *Karate* zu unterrichten und zu verbreiten. Auch Motobu blieb bis 1936 in Japan, doch die beiden Meister verstanden sich nicht, so oft ihre Wege sich auch kreuzten. Funakoshi versuchte eine Integration des *Karate* in das japanische →*Butokukai* zu erreichen, während Motobu es als rein okinawanische Kampfkunst erhalten wollte. In Japan setzte sich letztendlich Funakoshis Konzept *(Shôtôkan-ryû)* durch und führte mit Hilfe von Miyagi *(Gôjû-ryû)* und Mabuni *(Shitô-ryû)* zur Aufnahme des *Karate* im *Butokukai* und damit zu seiner Intergration in die japanischen Disziplinen des *Budô*. Doch damit war auch der Weg zur Versportlichung des *Karate* offen. Die meisten okinawanischen Lehrer distanzierten sich von diesem Konzept und trennten sich ideologisch vom japanischen *Karate*. Nur wenige Okinawaner (→Funakoshi, →Miyagi, →Mabuni) blieben in Japan. Die japanischen Interpretationen des *Karate* als Sport führten zu einer unüberbrückbaren Kluft zwischen den traditionellen okinawanischen Meistern und all jenen, die Wettkampfkonzepte entwickelten (s. →Motobu Chôki).

Karate kommt in die USA

Karate erreichte die USA zuerst über Hawaii, wo eine starke traditionelle *Karate*-Richtung zu Anfang des 19. Jhs. entstand, als viele Okinawaner nach Hawaii übersiedelten. Dort gab es bereits vorher einheimische Formen der Selbstverteidigung, die von den chinesischen Stilen beeinflußt wurden.

1905 unterrichtete ein Schüler Higashionnas zum ersten Mal in Honolulu okinawanisches *Karate* unter der Bezeichnung *Naha-te Kempô*. 1920 siedelte der okinawanische Meister Shungan Waialua-Taryû (1879–1945) nach Hawaii um und gründete das *Shôrei-ryû Kempô-Karate*. Sein wichtigster Schüler war Matsuyama Shinsuke, der Gründer des *Kempôkan-ryû*. 1927 unterrichtete Yabu Kentsu *Shuri- te* in Honolulu. Unter seinen Schülern befand sich Thomas Miyashiro, der 1933 mit den Meistern Higaonna Kamesuke und Mutsu Zuiho die *Hawaii-Karate Seinin-Kai* gründete. 1935/36 übten die Mitglieder im *Kodenkan-Dôjô* unter Meister Okazaki Seiichirô (s. →*Danzan-ryû*). 1934 hält Miyagi Chôjun ein Seminar in Hawaii. 1936, nachdem Motobu Chôki Japan verlassen hat, kehrt auch sein Schüler Masayoshi James →Mitose nach Hawaii zurück und gründet das →*Koshô Shôrei-ryû-Kempô-Karate*. Seine Schüler Thomas Young, William Kwai-Sun Chow, Paul Yamaguchi, Arthur Keawe und Edward Lowe, gründen eigene Versionen und verbreiten den Stil weltweit. Edmund Kealoha Parker, ein Schüler Chows, gründet in den USA seine Version *America-Kempô-Karate*.

1956 gründet Charlton Shimoni den *Shôrin-ryû Ka-*

rate-Club in Honolulu. 1959 wird die *Hawaii-Karate Association* gegründet. Ihr stehen PAUL YAMAGUCHI *(Kempô-Karate)*, CARLTON SHIMONI *(Shôrin-ryû)* und drei Meister des *Gôjû-ryû*, KOBAYASHI MITSUGI, MURAKAMI KENNETH und GEORGE MIYAZAKI, vor. Kobayashi war ein Schüler von HIGA SEIKO, während die beiden anderen aus der Schule von IZUMIGAWA KANKI kommen. 1961 gründen die drei letzteren den *Hawaii-Karate-Congress* und laden zur Eröffnung IZUMIGAWA KANKI, NISHIYAMA I HIDETAKA und KANAZAWA HIROKAZU ein. 1968 organisierten ED PARKER und ELVIS PRESLEY den ersten Mannschaftskampf zwischen den USA und Hawaii in Honolulu mit hochkarätigen Kämpfern (MIKE STONE, CHUCK NORRIS, ARNOLD URQUIDEZ, RON MARCHINI, ALLEN STEEN, SKIPPER MULLINS, TONY TULLENERS, JERRY TAYLOR, GREG BAINES, STEVE SANDERS, TOM LAPUPPET und CARLOS BUNDA für die USA und GLEN ÔYAMA, ROBERT YAGI, HAROLD ARAGAKI, STANLEY SUGAI, DAVID ARITA, HOMER LEONG, IKEHARA TOSHIO, EDGARD BATTAD, MIKE VESSER und DELROY GRIFFITH für Hawaii).

Auf dem amerikanischen Festland wurde *Karate* zum ersten Mal von YABE NORIMICHI vorgestellt, der 1920 einige Vorführungen in mehreren Städten an der Ostküste veranstaltete. Doch als erster *Karate*-Pionier in den USA wird ROBERT TRIAS betrachtet, ein Schüler von MOTOBU CHÔKI. Er gründete 1946 in Arizona das erste amerikanische *Karate-Dôjô* und 1948 die *United States Karate Association* (USKA). 1963 organisierte er in Chicago die einzige gemeinsame Weltmeisterschaft in der Geschichte des *Karate*.

1952–1954 bereiste ÔYAMA MASUTATSU die USA und gab viele Vorstellungen seiner Kunst. Er veranstaltet Bruchtests, nimmt Herausforderungen an und kämpft gegen Stiere. 1954 eröffnet ED PARKER, der zweite große *Karate*-Pionier Amerikas, sein *Dôjô* in Utah und gründet die *Kempô-Karate-Association of America*. Mit Hilfe von ELVIS PRESLEY, einem Schüler Parkers, gewinnt die Föderation internationalen Ruf und organisiert Weltmeisterschaften.

1957 führt ein Schüler von SHIMABUKURO TATSUO, DON NAGLE, das *Isshin-ryû* in den USA ein. Im selben Jahr gründet CECIL PATTERSON ein *Dôjô* des *Wadô-ryû* in Tennessee. 1958 bringt GEORGE MATTSON das *Uechi-ryû* nach Boston und veröffentlicht zwei Bücher: »*The Way of Karate*« (1969) und »*Uechi-ryû Karate*« (1985).

1959 gründet PETER URBAN ein *Dôjô* des *Gôjû-ryû* in New Jersey und initiiert 1960 die *American Gôjû-Kai*, eine der größten *Gôjû*-Organisationen der Welt. Weitere *Karate*-Pioniere in den USA sind GEORGE COFIELD (Lehrer von THOMAS LAPUPPET und ALEX STENBERG), DEMURA FUMIO, GARY ALEXANDER, OSHIMA TSUTOMU, NISHIYAMA HIDETAKA und AARON BANKS. In den USA gibt es starke klassische Strömungen des *Karate*, aber auch viele Wettkampforganisationen. Zumeist aus den okinawanischen und hawaiianischen *Kempô-Karate*-Richtungen entwickelte sich das *Full-contact*. Anders als in Europa dominieren in den USA die okinawanischen *Karate*-Richtungen.

WEGBEREITER DES KARATE IN DEN USA

Anderson, Mike	– Full-contact
Armstrong, Steve	– Isshin-ryû
Banks, Aaron	– Gôjû-ryû
Campbell, Sid	– Shôrin-ryû
Cerio, Nick	– Koshô-ryû
Domertrich, William	– Chitô-ryû
Emperado, Adriano	– Kajukenbo
Foster, Mike	– Yoshukai
Kajiyama, Richard	– Shitô-ryû
Lee, Richard	– Shôrinji-ryû
Lewis, Joe	– Joe-Lewis-Karate
Lindsey, Ron	– Shôrin-ryû
Long, Harald	– Isshin-ryû
Mattson, George	– Uechi-ryû
McCarty, Pat	– Shôrin-ryû
Mirakian, Anthony	– Gôjû-ryû
Mitose, James	– Koshô-ryû
Nagle, Don	– Isshin-ryû
Norris, Chuck	– Chuck-Norris-Karate
Parker, Edmund	– Kempô-Karate
Todd, Walter	– Shudôkan
Trias, Robert	– Shôrei-Gôjû-ryû
Urban, Peter	– Gôjû-ryû
Urquidez. Benny	– Uidokan
Wallace, Bill	– Shôrin-ryû
Young, Thomas	– Koshô-ryû

KARATE KOMMT NACH EUROPA

Abgesehen von wenigen Ausnahmen ist Europa bis heute fest in den Händen der japanischen Wettkampfrichtungen. Der älteste europäische *Karate*-Pionier war der Franzose D. Henry →Plee. Er begann das *Karate* aus Büchern und Filmen zu studieren, die er aus Japan von DONN F. DRAEGER zugeschickt bekam. Dieser übte gelegentlich JKA-*Karate* und übersandte Material von OBATA ISAO, NISHIYAMA HIDETAKA und NAKAYAMA MASATOSHI. 1954 gründete Plee die erste französische *Karate*-Föderation und lud →MOCHIZUKI HIROO als Instruktor nach Frankreich.

1957 kam →MURAKAMI TETSUJI, der später zum *Shôtôkai* wechselte. Ihm folgten OSHIMA TSUTOMU, HARADA MITSUSUKE, NANBU YOSHINAO und KASE TAIJI. Bald darauf kamen in die meisten europäischen Länder *Karate*-Instruktoren der →JKA.

KARATE KOMMT NACH DEUTSCHLAND

In Deutschland wurde Karate zuerst von JÜRGEN →SEYDEL eingeführt und anschließend hauptsächlich von ALBRECHT →PFLÜGER verbreitet. Dieser veröffentlichte mehrere Bücher, die europaweit bekannt wurden und unzählige Schüler zum *Karate* brachten. Ausgehend von einer kleinen Sektion im →DJB, organisierte sich das *Karate* anschließend in mehreren eigenen Verbänden (→DKB, →DKU), die heute im Deutschen Karate Verband (→DKV, s. auch Anhang) zusammengeschlossen sind und Wettkampf betreiben.

Deutsche Wegbereiter und Lehrer des Karate sind untenstehend aufgelistet. Karate-Sportler mit Wettkampferfolgen wurden hierbei nicht berücksichtigt, s. dazu unter den Föderationen und im Anhang.

WEGBEREITER DES KARATE IN DEUTSCHLAND	
Arnold, Ursel	– Shôtôkan-ryû Kempô-Karate
Bork, Franz	– Shôtôkan-ryû (DKV)
Donovan, Ticky	– Isshin-ryû/England
Flindt, Dieter	– Shôtôkan-ryû (SKVD)
Funasako, Tokio	– Japan Gôjû-ryû (DKV)
Handel, Horst	– Shôtôkan-ryû (DJKB)
Hayashi, Teruo	– Hayashi-ha Shitô-ryû /Japan
Johna, Karl-Heinz	– Matsumura-Kempô
Jorga, Ilia	– Shôtôkan/Serbien
Kono, Teruo	– Wadô-ryû (DKV)
Kumer, Stanko	– JKF Gôjû-kai (DKV)
Leonhard, Thomas	– Matsumura-Kempô
Lind, Werner	– Shôtôkan-ryû Kempô-Karate
Measara, Jamal	– Seibukan-Karate
Milner, Bernhard	– Shôtôkan-ryû (DKV)
Mohr, Günther	– Shôtôkan-ryû (DKV)
Nagai, Akio	– Shôtôkan-ryû (SKID)
Nöpel, Fritz	– Yuishinkan Gôjû-ryû (DKV)
Ochi Hideo	– Shôtôkan-ryû (DJKB)
Pflüger, Albrecht	– Shôtôkan-ryû (DKV)
Römer, Peter-Josef	– Matsusokan
Schömbs, Peter	– Shôtôkan-ryû Kempô-Karate
Seydel, Jürgen	– Shôtôkan-ryû (DKV)
Steinweg, Uwe	– Shudôkan
Wichmann, Wolf-Dieter	– Shôtôkan-ryû (DKV)
Wolters, Michael	– Shoto-Kempo-Karate

Karate dô wa rei ni hajimari, rei ni owaru koto wo wasuruna (jap.): Der erste von Meister Funakoshis zwanzig *Karate*-Leitsätzen (s. →*Shôtô-nijukun,* →*Kaisetsu*) bedeutet in der Übersetzung: »Karate beginnt mit Respekt und endet mit Respekt, vergiß es nicht.« Die Regel bezieht sich auf den vierten Teil der →*Dôjôkun*, in dem die Höflichkeit und die Etikette behandelt wird.

»Ohne Höflichkeit geht der Sinn des *Karate* verloren«, sagt Meister FUNAKOSHI. Ohne gegenseitigen Respekt gibt es kein *Budô*, und die Übenden würden in die Gepflogenheiten des Straßenkampfes oder einer sonstigen Anarchie abgleiten. Mit solchen Sitten würden sich die Menschen auf das Niveau der Tiere begeben und zur Urwaldmentalität zurückkehren. Ganz besonders in den Kampfkünsten, in denen ohne Höflichkeit und Respekt Gewalttätigkeiten nicht ausgeschlossen wären, liegt ein ganz besonderer Akzent auf dem gegenseitigen respektvollen Verhalten.

In allen traditionellen Schulen wird deshalb die Etikette (→*Sahô*) sehr genau beachtet. Erst durch sie wird das *Dôjô* zu einem Ort, an dem es einem Übenden möglich ist, in angemessener Haltung sich selbst und anderen gegenüber zu üben. Übung ohne Etikette würde das Tor zur Gewalt öffnen und die Atmosphäre der Ruhe und Selbstbesinnung zerstören. Die Einstimmung auf Harmonie, gegenseitige Hilfe und Miteinander würde leiden, und die Kampfkünste würden ihre inhaltlichen Werte verlieren.

Der symbolische Ausdruck des rechten Verhaltens in den Kampfkünsten ist der Gruß (→*Rei*), um den sich die gesamte Verhaltensetikette (→*Reigi-sahô*) aufbaut. Wenn ein Übender ein *Dôjô* betritt, sollte er dies beachten. Die Etikette lehrt ihn, bescheiden, höflich und achtsam zu sein. Wenn er sich erlaubt, die Regeln der Etikette zu verletzen, erweist er sich selbst keinen guten Dienst. Sie sind dazu gedacht, ihm zu helfen, sein →Ich kontrollieren zu lernen und ihm den Weg der rechten Kommunikation mit anderen zu zeigen. Dies ist von ebenso großem Wert wie die Übung der Technik.

Karate-gi (jap.): heute im *Karate*-Training verwendete Kleidung. Sie besteht aus

Jacke (→*Uwagi*) und Hose (→*Zubon*) aus weißer Baumwolle sowie einem Gürtel (→*Obi*), dessen Farbe den Fortschrittsgrad des Übenden kennzeichnet.

OKINAWANISCHE KLEIDUNG

Auf Okinawa trug man zur Übung des Karate und Kobudô eine eigene Form des *Kimono* (s. dort), bei dem die Hosenbeine abgeteilt waren, um eine größere Bewegungsfreiheit zu erlauben. Diese Kleidung ist von dem japanischen *Hakama* (s. dort) zu unterscheiden, der auf Okinawa nie getragen wurde und noch heute in den japanischen Budô-Künsten (*Kendô, Aikidô, Kyûdô* usw.) üblich ist. Die okinawanische Kleidung war zumeist schwarz oder grau.

JAPANISCHE KLEIDUNG

In Japan bestand die Gesellschaft aus verschiedenen Rangstufen, die sich entsprechend ihrem Status auf eigene Weise kleideten. Den höchsten Rang besaßen die Samurai, gefolgt von den Bauern, den Handwerkern und zuletzt von den Kaufleuten. Als Meister FUNAKOSHI von Okinawa nach Japan kam, war eines seiner ersten Vorhaben die Abschaffung jeder gesellschaftstypischen Kleidung während der Übung des *Karate-dô*. Zu diesem Zweck entwarf er für die Übung ein Kleidungsstück, das eine Kombination aus dem bereits bestehenden *Jûdô-gi* und dem traditionellen japanischen *Hakama* war und das auch heute noch getragen wird. Damit hob er jede Klassendifferenzierung zwischen den Schülern des *Karate* auf (s. dazu →*Wabi*).

In Japan und China sollen sich früher die Mönche, die sich in der Kampfkunst übten, zu diesem Zweck immer bis auf das Untergewand ausgezogen haben. Keiner von ihnen sollte sich durch seine Kleidung vom anderen unterscheiden. Nur das Verhalten und die Techniken der Übenden sind in den Kampfkünsten entscheidend für den Wert jedes einzelnen.

Die weiße Farbe des *Karatedôgi* ist auch heute noch ein Symbol für Reinheit und hat deshalb eine besondere Bedeutung. In einem *Dôjô* sind alle Menschen gleich, unabhängig von ihrer gesellschaftlichen Position. Jeder muß darum bemüht sein, sich eine rechte Haltung anzugewöhnen und Fortschritte zu machen. Daher soll ein *Karatedôgi* nicht durch alle möglichen Abzeichen und Aufnäher verunstaltet werden.

DAS GÜRTELRANGSYSTEM

Das Gürtelrangsystem (s. →*Kyûdan*, →*Kyû*, →*Dan*) leitet sich von dem früheren Rangsystem der Mönche ab, gekennzeichnet durch das →*Kesa*, das sie um die Schultern trugen. Es teilt sich in zwei Stufen – in die Schülerstufe *(Mudansha)*, deren Gürtel entsprechend ihrem Rang *(Kyû)* farbig sind, und die Meisterstufe (*Yûdansha* und *Kodansha*), die den schwarzen Gürtel *(Dan)* tragen. Die heutigen Systeme sind jedoch manchmal unterschiedlich.

Im *Kobudô* ist – wenigstens im Rahmen eines *Dôjô* – die Trainingskleidung dieselbe wie im *Karate*. Die Hose ist weiß, die Jacke kann jedoch auch schwarz sein, wie sie in der traditionellen okinawanischen Kleidung üblich war. Die Kampfkünste mit Ursprung auf Okinawa (*Karate* und *Kobudô*) werden nicht im traditionellen japanischen *Hakama* geübt, der ursprünglich ein Kleidungsstück der Samurai war und systematisch an die rein japanischen Kampfkünste angepaßt wurde.

Karategramm: Grundsymbol der *Karate*-Bewegungen in acht Richtungen (s. →*Happô*). Das einfachste Karategramm ist das →*Embusen* der *Taikyoku-Kata*, das die Form eines H hat. Es symbolisiert die Bewegungsmöglichkeiten nach links, nach rechts, nach vorn und zurück.

Meister FUNAKOSHI bezeichnet das Karategramm der *Taikyoku-Kata* als die Grundlage jeder typi-

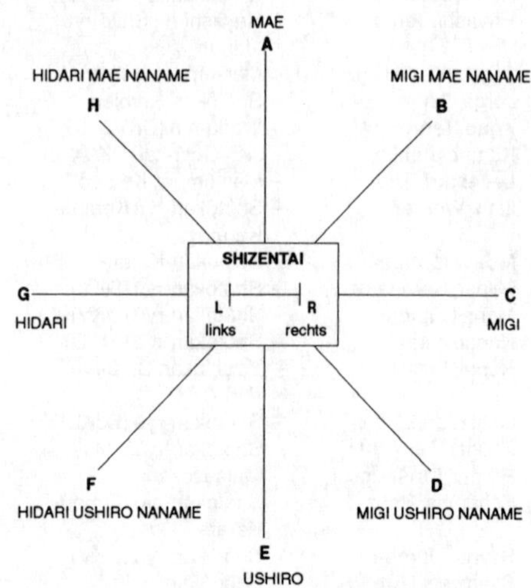

Karategramm – die Richtungen im Karate

schen *Karate*-Bewegung zur Entwicklung der Ganzkörperlichkeit. Alle anderen *Embusen* sind von diesem abgeleitet, indem sie zusätzliche Schrägbewegungen enthalten.

Das vollständige Karategramm besteht aus vier Linien, die sich in ihrem Zentrum überschneiden. Sie symbolisieren die Bewegungsmöglichkeiten vor, zurück, links, rechts (Kreuzform) und zusätzlich alle Schrägrichtungen.

Karatejutsu (jap.): das Technik-System des →*Karate*. Ursprünglich wurde *Karate* auf Okinawa zu ausschließlich kriegerischen Zwecken (s. →Okinawa) ausgeübt, erfuhr jedoch im Laufe seiner Entwicklung eine Veränderung zum *Dô*.

Die alten Techniken des Karate sind eine Mischung aus *Okinawa-te* und chinesischem *Quanfa*. Im modernen *Karate* wurde eine große Anzahl dieser Techniken eliminiert, die früher ein wesentlicher Bestandteil der Selbstverteidigungskunst waren. Dazu gehören vor allem Techniken der offenen Hand *(Nuki-te)* und Techniken zu Vitalpunkten *(Kyusho-jutsu)*. In den modernen sportlichen Varianten des *Karate* wurden auch die Techniken der Nahdistanz entfernt.

In den klassischen wie auch in den modernen Stilen ist →*Seiken* (Vorderfaust) die meistgebrauchte Variante des Treffens. Im okinawanischen *Hogen*-Dialekt bezeichnet man sie als *Tijikun*. Andere Faustformen, die sich jedoch zu Vitalpunkten richten, sind *Ippon-ken, Hira-ken*, sowie die Handformen *Shutô, Haitô, Teishô* usw.

Bestimmte okinawanische Techniken verwenden Kranichbewegungen und haben das gesamte okinawanische *Karate* wesentlich beeinflußt. Sie stammen aus China und sind im →*Bubishi* enthalten. Die Artikel des *Bubishi* beschäftigen sich mit den Techniken und der Geschichte des Weißen Kranichs (→*Hakutsuru*) und den Techniken der 54 Schritte *(Gojûshiho)* des schwarzen Tigers. Weiter sind im *Bubishi* die Zeiten für die Vitalpunktstimulationen beschrieben, die *Dim-mak* (Vitalpunkte, →*Dian-xue*), die *Dim-hsue* (Techniken auf den Blutkreislauf) und die *Dim-ching* (Nervenpunkte). Weiter enthält das Werk die Techniken des →*Qin-na* und beschreibt die sieben unmittelbar tödlichen Punkte. Außerdem enthält das Werk Anleitungen über chinesische Medizin und Wiederbelebungstechniken nach Verletzungen (s. →*Kuatsu*).

Die Fußtechniken des okinawanischen *Karate* richteten sich überwiegend gegen niedrige Ziele. Am meisten gebraucht ist der Vorwärtstritt *(Mae-geri)*. Hohe Fußtritte wurden nur vereinzelt angewendet, ein Spezialist darin war KYAN CHÔTOKU. Typisch im Okinawa-*Karate* ist auch der *Tsumasaki-geri* (Zehentritt), der in den modernen Varianten nicht mehr gebraucht wird.

Alle Techniken wurden in Wiederholungen perfektioniert und an verschiedenen klassischen Geräten (s. →*Dogû*) zum *Kime* gebracht.

Durch den Einfluß des japanischen →*Budô* wurde *Karate* mehr und mehr dem philosophischen Charakter des →*Dô* angepaßt und begann sich unter den Meistern des 19. Jhs. zu einer Kunst der Selbstperfektion zu entwickeln. Die Entwicklung des *Karate-jutsu* zum *Karate-dô* ist identisch mit der Entwicklung des japanischen *Bujutsu* zum *Budô*. Die sportliche Wettkampfdisziplin des *Karate* entstand unmittelbar danach (1956) und wurde als *Karate-dô* um die ganze Welt verbreitet.

Karateka (jap.): Ausübender des →*Karate*.

Karate ni sente nashi (jap.): »Es gibt keinen ersten Angriff im Karate.« Dieser Leitsatz (→*Kaisetsu*) ist einer der bekanntesten in der *Budô*-Literatur. Er wurde von Meister FUNAKOSHI GICHIN im *Karate* interpretiert, stammt jedoch ursprünglich aus dem japanischen *Bushidô*, wo er besagte, daß ein Samurai in jeder Situation einen beherrschten Geist bewahren muß und das Schwert nicht wegen jeder Provokation oder Kleinigkeit ziehen darf. Durch diese Regel wird der Übende an die Bedeutung des ruhigen und kontrollierten Geistes (→*Heijôshin kore michi*) erinnert, durch den sich in den Kampfkünsten der reife Meister vom Anfänger unterscheidet.

Im *Karate-dô* wurde die Bedeutung erweitert. Sie paßte sich der stärker ausgeprägten philosophischen Tendenz des *Budô* an und verkörpert darin den Wunsch des in den Kampfkünsten gereiften Menschen nach Frieden und Harmonie. In den *Kata* des *Karate-dô* wird dies symbolisch verdeutlicht, indem jede erste und letzte Technik eine Abwehr ist.

ERSTE BEDEUTUNG

Karate ni sente nashi wird auch im modernen *Budô* häufig als *Dôjô*-Leitsatz verwendet, aber selten beachtet. Im ursprünglich traditionellen Sinn, in dem dieser Leitsatz gegründet wurde, enthielt er zwei philosophische Aspekte. Zum ersten zeigt er an, daß die Kampfkünste zur Selbstverteidigung und nicht zum Wettbewerb gedacht sind, in dem eine zu große Betonung auf der Taktik von Angriffstechniken liegt. Die traditionellen Meister sehen in den akzentuierten Angriffsübungen der sportlichen Varianten eine Verletzung dieses Prinzips und ein schwaches Kampfkunstpotential, da sie im Übenden falsche innere Haltungen hervorrufen, die dem Geist des *Budô* widersprechen. Meister FUNAKOSHI selbst erlaubte nie die Übung von Angriffstechniken im Training. Diese Interpretation des Leitsatzes ist mit der *Budô*-Philosophie des →*Sen no Sen* und →*Go no Sen* verbunden. Das Ergreifen der Initiative in gleich welcher Selbstverteidigungssituation ist lebensnotwendig. »Es gibt keinen ersten Angriff« bedeutet aber, daß ein Kampfkunstexperte in der Selbstverteidigung nie angreift, sondern abwehrt und im äußersten Ernstfall kontert. Das Maß einer Selbstverteidigungshandlung wird vom Geist bestimmt, und deshalb hängt die Verwirklichung von *Karate ni sente nashi* eng mit der Entwicklung eines gerecht empfindenden Geistes zusammen (s. →*Karate wa gi no Tasuke*).

Zum zweiten drückt der Spruch den friedvollen Geist des in den Kampfkünsten gereiften Menschen aus, der Bescheidenheit und friedliches Zusammenleben vor egoistische Ziele stellt. Die Praktiken des Wettbewerbs, Siege nach Punkten zu erringen und auf diese Weise den Besten zu ermitteln, werden als Verletzung dieses Prinzipes bezeichnet, da sie eines reifen Geistes unwürdig und für einen naiven Geist verantwortungslos sind. *Karate* unter diesem Zeichen zu unterrichten gilt als Umkehr seines Sinnes und als Verletzung der Ethik.

ZWEITE BEDEUTUNG

Die zweite Bedeutung bezieht sich nicht nur auf die Kampfkünste, sondern auf die allgemeine Haltung des Menschen gegenüber dem Leben. Das friedliche Zusammenleben der Menschen ist nach wie vor ein akutes Problem, dessen Bewältigung weit mehr in der Reife und dem Willen zum Frieden im einzelnen liegt als in der Suche nach übergeordneten Auswegen. Häufig setzen Menschen den Frieden als von ihnen unbeeinflußbares politisches Ereignis voraus, doch in Wirklichkeit ist er ein Resultat ihres kleinen Wollens in der Gegenwart und beginnt in den unscheinbaren Handlungen des Alltags. *Karate ni sente nashi* verweist darauf und mahnt den Menschen zur Selbstbesinnung und zu friedlichen Alternativen. Geistiges Wesen zu sein bedeutet, diese Alternativen zu suchen und zu finden, denn sie sind die Zukunft von morgen.

Der Grund, warum der Wettkampf als Verletzung dieses Prinzips gilt, ist der dem *Budô* entgegengesetzte Geist, der durch seine Ziele gefördert wird. Im *Budô* übt sich der Mensch, um sich selbst zu besiegen, im Wettkampf übt er sich, um andere zu besiegen. Die Ziele des Wettkampfes betonen eben jene Formen der Selbstverwirklichung im Streben (s. →*Dôjôkun*), die durch die Übung des *Budô* unter Kontrolle gebracht werden sollen, weil sie in ihren verschiedenen Facetten als die Ursache des Ungleichgewichtes gelten, das vom unreifen menschlichen Geist angerichtet wird. Meister FUNAKOSHI spricht diesbezüglich vom »Mann des Tao«, von dem er sagt, daß, je mehr Ehre oder Verdienst er erreicht, desto unscheinbarer und unwichtiger er sich selber hält: »Wenn ein Mann des Tao den ersten Dan erhält, wird er voller Dankbarkeit seinen Kopf beugen. Wenn er den zweiten Dan erhält, wird er seinen Kopf und seine Schultern beugen. Wenn er den dritten Dan erhält, wird er sich tief bis zur Hüfte beugen und still nach Hause gehen, damit ihn keiner sieht. Wenn der kleine Mann seinen ersten Dan erhält, wird er nach Hause laufen und es jedermann erzählen. Erhält er seinen zweiten Dan, wird er auf die Dächer klettern und es jedem zurufen. Erhält er seinen dritten Dan, wird er in sein Auto springen und hupend durch die Stadt fahren.« In diesem Beispiel liegt die gesamte Erklärung des *Karate ni sente nashi*.

Karate-Shintô (jap.): YAMAGUCHI GÔGENS *Karate*-Interpretation, in der die Prinzipien des *Shintô*, des *Zen* und des *Yoga* miteinander verbunden sind. Das System ist vom okinawanischen →*Gôjû-ryû* abgeleitet und ist Ausgangspunkt für die japanische Version des *Gôjû-ryû*.

YAMAGUCHI führte in seinem *Karate*-Stil einige Änderungen gegenüber dem okinawanischen *Gôjû-ryû* durch. Die Stellungen sind tiefer und verwenden manchmal isometrische Spannungen, um die langsamen Bewegungen zu akzentuieren.

Die Atmung ist stärker, die offenen Handpositionen imitieren die Klauen von Tiger und Adler. Die Formen sehen weniger chinesisch aus als die okinawanischen Formen und sind kraftvoller. Yamaguchi hat auch einige *Yoga*-Atmungen und Haltungen in sein Programm eingeführt, der *Gôjûkai* in Amerika lehrt dies jedoch nicht.

Karate Shôshû-hen (jap.): im Jahre 1904 brach der okinawanische Meister CHÔMO HANASHIRO zum ersten Mal mit der alten Form, *Karate* zu schreiben, als er in seinem Buch »*Karate Shôshû-hen*« das heutige Schriftzeichen für →*Kara* statt des alten verwendete, das für »chinesische Hand« stand. Es war das erste Werk, in dem das neue Schriftzeichen gebraucht wurde. Allgemeine Einführung des Schriftzeichens s. unter →*Kara*, Entwicklung zu *Kara* s. unter →*Tôde* und verfolge weiter.

Karate wa gi no tasuke (jap.): »Karate ist ein Helfer der Gerechtigkeit«, Leitsatz (→ *Kaisetsu*) aus Meister FUNAKOSHIS → *Shôtô-nijûkun*. Er bedeutet, daß die Übung der Kampfkünste einen Geist entwickelt, der im Alltag der Gerechtigkeit dient.

Der Gerechtigkeit ist nicht genüge getan, wenn die Gesetze das Denken ersetzen, sondern erst wenn das Gesetz durch Nachdenken verstanden wird. Ein guter Bürger achtet jedoch die Gesetze, auch wenn sie manchmal seinem persönlichen Rechtsempfinden widersprechen. Sie sind es, die im übergeordneten Bereich das menschliche Zusammenleben ermöglichen. Ohne sie wären die Strukturen der Gesellschaft gefährdet und die zwischenmenschlichen Beziehungen zerrissen. Ihr Nichtachten stört die Ordnung und vermindert die Lebensqualität.

Doch oft haben die Menschen kein eigenes Rechtsempfinden, sondern vertreten ungeprüft die Gesinnung ihrer Kaste. Eigenes Rechtsempfinden entsteht erst dort, wo der Mensch über die Gesetzesregeln hinaus ein gerechtes Verhalten entwickelt, dem gegenüber er zur Verantwortung bereit ist. Unreife Menschen werden auch durch das Gesetz nicht gerecht, da ihr Rechtsempfinden um ihr Ich kreist, das keine Kompromisse verträgt.

Deshalb gibt es keine Gerechtigkeit durch das bloße Befolgen der Gesetze. Die Gesetze sind nur das Schema, in dem die menschliche Feinabstimmung nicht fehlen darf. Diese liegt im Bereich der inneren Fähigkeiten jedes einzelnen. Sie bedarf der Entdeckung und der Pflege des rechten Menschen weit über das intellektuelle Verständnis hinaus.

Das Gesetz allein, ohne persönliches Gewissen, erzeugt eine gefährliche Lebensgesinnung. Diese verhärtet sich im Glauben an ein ewiges Rechthaben, das sich durch gekaufte Rechtsinterpreten jederzeit theoretisch beweisen läßt. Damit ist der Gerechtigkeit nicht gedient, denn hinter dem Menschen mit der ewig weißen Weste kann sich alles mögliche verbergen. Gerechtigkeit besteht oft darin, eher Unrecht zu leiden, als Unrecht zu tun.

Das Rechtsempfinden bedarf des reifen Denkens, das nicht durch das Studium der Gesetze, sondern durch die Selbsterkenntnis kommt. Es steht nie bedingungslos im Zeichen irgendeiner Regel, sondern bewahrt sich immer die Freiheit zum eigenen Entscheiden in der gegenwärtigen Situation. Das Gesetz kann der Entscheidung helfen, doch es kann sie nicht ersetzen.

Karate wa yu no goto shi taezu netsudo wo ataezareba moto no mizu ni kaeru (jap.): Meister FUNAKOSHIS 11. Leitsatz (→*Kaisetsu*) der →*Shôtô-nijûkun*, in der wörtlichen Übersetzung: »Wahres Karate ist wie heißes Wasser, das abkühlt, wenn du es nicht beständig erwärmst.« Meister Funakoshi meint damit, daß Fortschritt im *Budô* nur mit Gleichmäßigkeit und Beständigkeit in der Übung zu erhalten ist.

Die Kampfkünste erfordern ein regelmäßiges Training. Nur mit Selbstdisziplin, Beständigkeit und Ausdauer sind sie zu erlernen. Dies ist eine Grundregel, die vor allen anderen steht. Wenn sie vom Schüler nicht beachtet wird, ist jede Bemühung um Fortschritt vergeblich. Schüler, die ihre Trainingszeiten nicht einhalten und oft fehlen, weil sie anderweitig beschäftigt oder zu bequem sind, sind schlechte Schüler. Es ist vollkommen gleich, wie sie ihr Problem begründen. Wenn sie nicht üben, können sie nicht lernen.

Es gibt nichts, aus dem mehr herauskommt, als man hineingibt. Deshalb ist es falsch, zu denken, daß ein Anspruch auf etwas dadurch gerechtfertigt bleibt, daß man plausible Gründe für die Versäumnisse findet. Wenn ein Mensch sich mit Aufgaben überlädt, deren Bewältigung ihn mehr

Kraft kostet, als er hat, wird er auf Resultate verzichten müssen.

Durch die falsche Einschätzung übernimmt sich der Mensch mit Zielen und kann keins erreichen. Auf diese Weise stürzen sich manche Menschen auf alle ihnen wert erscheinenden Angebote des Lebens und verlieren dann, der nötigen Erkenntnis unfähig, die Kontrolle über ihre Ziele. Wenn solche Menschen in ein *Dôjô* kommen, müssen sie die Selbstdisziplin lernen, denn ihre Haltung ermöglicht ihnen keinen Fortschritt. Viele Ziele anzustreben, zu deren Bewältigung die Kraft oder die Disziplin nicht reicht, bringt keine Erfolge.

Die Selbstdisziplin ist die Grundlage für jeden Fortschritt und die beste »Flamme zum Erwärmen des Wassers«. Man geht in ein *Dôjô*, weil man etwas für sich selbst tun will. Doch man muß zuverlässig sein und die rechte Haltung (→*Shisei*) mitbringen, denn dort trifft man Menschen, auf die man angewiesen ist und von denen man dasselbe erwartet. Um ihnen in der rechten Weise begegnen zu können, muß man sich auch im alltäglichen Leben zur Ordnung erziehen und seine Angelegenheiten mit Disziplin und Verantwortung lösen. Ist dies nicht der Fall, wird das Wasser jedesmal kalt, und man muß es immer aufs neue erwärmen.

Kari (jap.): fegen, schöpfen, löffeln, schneiden (auch *Gari*).

Kari-komi (jap.): weitergeführter Fußfeger (s. →*Ashi-barai*).

Karima-kunoichi (jap.): weibliche Hilfskräfte der →*Kunoichi*, nicht zur *Ninja*-Familie gehörend.

Kari-waza (jap.): Gruppe sämtlicher Fegetechniken (s. →*Ashi-barai*).

Karma (skrt.): die Verkettung von Ursachen und Wirkungen.

HINDUISMUS

Karma ist indischen Ursprungs und etymologisch mit dem lateinischen Verb »creare« (erschaffen, hervorbringen) und über dieses mit dem Lehnwort »Kreatur« (Geschöpf) verwandt. Im Indischen bezeichnet es »das Werk« oder »die Tat«. Sein Ursprung liegt in der Religionsphilosophie der →*Upanishaden*, wo es ein Schlüsselbegriff der Vergeltungskausalität für die Tat im Zusammenhang mit der Seelenwanderungslehre darstellt. In der religiösen Auffassung der *Upanishaden* bewirken gute Taten im irdischen Leben die Erlösung oder zumindest glückliche Verhältnisse in einer zukünftigen Existenz und böse Taten eine schlechte Wiedergeburt. Demzufolge wird *Karma* im Hinduismus auf mehrere Weisen verstanden:

1. als eine geistige oder körperliche Handlung.
2. als Konsequenz einer körperlichen oder geistigen Handlung.
3. als Summe aller Konsequenzen in den Handlungen eines Individuums, in diesem oder in einem vergangenen Leben.
4. als Kette von Ursache und Wirkung in der moralischen Welt.

Die Lehre vom Karma ist die hauptsächliche Ursache für den Pessimismus und die weltflüchtige Tendenz des Hinduismus und seiner Ableitungen. Die Abhängigkeit zwischen Ursache und Wirkung wurde von den Indern immer weltflüchtig interpretiert, da die hinduistische Religionsphilosophie die endgültige Befreiung aus dem Kreislauf der Wiedergeburten anstrebte. Um dies zu erreichen, durfte der Mensch in seinem irdischen Leben kein *Karma* ansammeln, d. h. er mußte sich von jeglichem Handeln enthalten, gleich ob positiv oder negativ. Dies führte allgemein zu einem Vegetieren, in dem es weder Gut noch Böse gibt.

BUDDHISMUS

Die Lehre vom *Karma* (Verhältnis zwischen Handlung und Wirkung) wurde auch vom Buddhismus und vom *Zen* übernommen, dort jedoch vollkommen anders interpretiert. Dort bezeichnet die Verkettung von Ursache und Wirkung vor allem eine deterministische Anschauung vom menschlichen Schicksal auch im irdischen Leben. Handlungen, Worte und Gedanken befinden sich in einer engen wechselseitigen Abhängigkeit zueinander und beeinflussen nachhaltig das Schicksal des Menschen (Erklärung s. →Buddha, →Buddhismus).

Karui (jap.): leicht (von Gewicht).

Kasagake (jap.): Form des japanischen Bogenschießens vom Pferd aus (s. →*Yabusame*).

Kasei-nage (jap.): Wurftechnik (s. →*Nage-waza*) aus der Kata *Chinte*. Der angreifende Fuß des Gegners wird mit *Kake* nach innen weggefegt und weiterführend hochgezogen, so daß der Gegner sein Gleichgewicht verliert.

Kase Taiji (*9. Februar 1929): japanischer *Karate*-Meister des *Shôtôkan*, direkter

Schüler der *Shôtôkan-Sempai* um →FUNAKOSHI YOSHITAKA. Kase begann mit dem *Karate*-Training im Februar 1944 im ursprünglichen *Shôtôkan-Dôjô* unter der Anleitung von FUNAKOSHI GICHIN und FUNAKOSHI YOSHITAKA. Yoshitaka war der Hauptinstruktor. Neben ihm unterrichteten zu jener Zeit noch EGAMI SHIGERU und HIRONISHI GENSHIN. Kase studierte und promovierte an der Sanshu-Universität und wurde dort hauptsächlich von HIRONISHI GENSHIN unterrichtet.

Kase Taiji

Zwischen 1964 und 1965 leitete Kase den Instruktorenkurs der JKA. 1966 kam er nach Europa, unterrichtete in verschiedenen Ländern, um sich danach endgültig in Frankreich niederzulassen, wo er heute noch lebt. Kase Taiji lehrt heute in seinem selbstgegründeten Verband *Fudôkan* ein streng traditionelles *Karate-dô*, das er in der direkten Nachfolge von Funakoshi Yoshitaka und seinen Assistenten sieht.

Kashaku (jap.): Bezeichnung aus dem *Zen*, wörtlich: »den Priesterstab aufhängen«. Nachdem ein junger *Zen*-Mönch (→*Unsui*) seine Wanderschaft (→*Angya*) beendet hat, begibt er sich auf die Suche nach einem in einem Kloster lebenden *Zen*-Meister (s. *Rôshi*), um unter diesem den langen Weg der geistigen Schulung zur Verwirklichung von →*Satori* zu gehen.

Kashiga (jap.): Kopf (→*Kashira*).

Kashima Shintô-ryû (jap.): traditionelle japanische Kampfkunstschule, heute eine der führenden in Japan, gleichwertig mit →*Katori Shinto-ryû*.

Das System wurde von Meister →BOKUDEN TSUKAHARA, dem Sohn eines *Shintô*-Priesters aus dem *Kashima*-Schrein (Präfektur *Ibaragi*), gegründet. Der Stil verwendet viele Ausweichbewegungen und beruht auf dem Prinzip des Vermeidens des Kampfes. Er hat eine starke Hintergrundphilosophie, die mit wegbereitend für die Umwandlung des *Bujutsu* zum *Budô* war.

Kashira (jap.): Kopf, Haupt, Anführer, Meister (auch *Atama, Tô, Zu*).

Kashira-gatame (jap.): Kissenschärpe, *Jûdô*-Haltegriff.

Kassatsu (jap.): Rückgrat (s. →*Karada*). Bedeutet auch Leben und Tod.

Kastiel, Moshe: bekannter Lehrer des → *Ninjutsu*, der heute in München unterrichtet.

Moshe Kastiel begann sein Kampfkunsttraining im *Karate*, wo er den 1. Dan erreichte. Außerdem übte er noch *Jûdô, Jûjutsu, Shaolin-Quan-fa* und Thai-Boxen. 1974 begann er unter DORON →NAVON, dem ersten nichtjapanischen Schüler des Großmeisters HATSUMI MASAAKI, *Ninjutsu* zu üben und wurde später Hatsumis direkter Schüler.

Heute betreibt er in München eine Schule für Bewußtsein und Bewegung, in der er neben *Ninjutsu* auch *Kenjutsu, Bôjutsu, Tantôjutsu, Tai-ji-quan* und *Qi-gong* unterrichtet.

Kasumi (jap.): Schläfe (s. →*Karada*). Auch *Kamekami*.

Kata[1] (Karate) (jap.): Form, Gestalt (auch *Kei, Gyô, Katachi*). *Enkei* – Kreisform, *Seihôkei* – Quadrat, *Mukei* – formlos, gestaltlos, *Genkei* – Urbild, Prototyp.

In den Kampfkünsten steht der Begriff für eine genau festgelegte Serie von Techniken, in denen die Methoden und Kampfstrategien gegen einen Angreifer verschlüsselt sind. Sie setzen sich aus Bewegungen zusammen, die zur Abwehr gegnerischer Angriffe und zum Konter verwendet werden.

Seit alters her kennt man drei Arten von *Kata*, die zu verschiedenen Zwecken geübt werden:

DIE DREI ARTEN DER KATA

Rintô-Kata	– Kata für den Kampf
Hyôen-Kata	– Kata zur Vorführung
Rentan-Kata	– Energetische Kata

In den heutigen *Kata* sind zumeist alle drei Prinzipien vermischt, und man findet in einer *Kata* alle Prinzipien. Dies erschwert jedoch ihre Übersetzung und führt zu vielen Mißverständnissen.
In den modernen Stilrichtungen des →*Karate* kennt man heute viele traditionelle *Kata*. Die Ursprünge einiger von ihnen (s. dazu →*Dao*), wie z.B. die des *Jion*, führen bis ins →Shaolin-Kloster zurück. Andere sind auf Okinawa und Japan neu gegründet oder aus den traditionellen *Kata* abgeleitet worden. Das grundlegende Konzept (s. →*Kata-geiko*, →*Bunkai*) jedoch stammt aus den chinesischen Kampfkünsten (s. →*Quan-fa*) und ist in allen okinawanischen und japanischen *Kata* wiederzufinden.

GRÜNDE DER ÜBERLIEFERUNG

Die ursprüngliche Idee der *Kata* stammt aus China (s. →*Quan-fa*). Im Mittelalter befanden sich Okinawa und China in einer gegenseitigen regen Austauschbeziehung. Dadurch gelangte die chinesische *Dao (Kata)* nach Okinawa und traf dort auf das seit langem bestehende Selbstverteidigungssystem →*Tôde*, das sie in der Folgezeit nachhaltig beeinflussen sollte. Dieser Einfluß war groß genug, um das *Tôde* soweit zu verändern, daß daraus eine neue Kampfkunst entstand, die man →*Okinawa-te* nannte. Dieses durchaus eigenständige Kampfsystem, aus dem später das →*Karate* hervorging, hatte seine Wurzeln gleichermaßen im *Quan-fa* wie auch im *Tôde*. Doch seine Entwicklung zur Kampfkunst verdankt es eindeutig den überlieferten *Kata* aus dem chinesischen *Quan-fa*.
Drei hauptsächliche Gründe gab es für die Überlieferung der chinesischen Kata:

- Im 16. Jh. übten die sogenannten »36 chinesischen Familien« einen besonders starken Einfluß auf die okinawanische Kultur aus. Sie ließen sich in →Kumemura, einem Ortsteil Nahas, nieder und lehrten die Okinawaner drei wichtige Aspekte ihrer Kultur: Kalligraphie, Landwirtschaft und Kampfkunst. Mancher okinawanische Kampfkunstexperte der Neuzeit (z. B. MATAYOSHI oder MEITOKU YAGI) kann seine Ahnenreihe bis zu jenem Zeitpunkt zurückverfolgen, an dem für seine Familie die Kampfkunsttradition begann.
- Daneben bewirkten die Umstände jener Zeit, daß viele Okinawaner nach China gingen, um dort die Kampfkünste zu studieren. Berühmte Beispiele dafür sind →HIGASHIONNA KANRYÔ, →KOJO OYAKATA und →UECHI KANBUN. Nach vielen Jahren kamen sie zurück und brachten chinesische *Kata* mit, mit denen sie ihre Stile gründeten (s. →*Bubishi*).
- Der dritte Grund für die Überlieferung chinesischer *Kata* nach Okinawa waren die diplomatischen Beziehungen zwischen beiden Ländern (s. →Okinawa), die zum ständigen Aufenthalt chinesischer Militärattachés auf Okinawa führte. Viele von ihnen waren Meister des chinesischen *Quan-fa*. Berühmte Beispiele dafür sind WANSHU (1683) und KÛSHANKÛ (ca. 1756 bis 1762).

VERÄNDERUNGEN AUF OKINAWA

Die chinesischen *Kata* wurden auf Okinawa verändert und den kämpferischen Auffassungen der *Tôde*-Meister angepaßt. Die alten okinawanischen *Tôde*-Meister konnten die subtile chinesische Form nicht verstehen und interpretierten sie als technische Methode, wie sie es aus dem *Tôde* gewohnt waren. Die Okinawaner, nicht bewandert in den esoterischen Künsten und Wissenschaften der Chinesen, hatten nur wenig Kenntnis über die Vitalpunkte (→*Dian-xue*) und wußten noch weniger über die daoistischen und buddhistischen Philosophien (s. →*Dao*, →*Yin/Yang*, →*Qi-gong*).
So waren sie anfangs nicht in der Lage, die chinesische *Kata* richtig zu übersetzen. Die subtile Kampfauffassung dieser fremden Systeme, die Stimulation der gegnerischen Vitalpunkte, die Koordination der vitalen Kraft, der Zusammenhang zwischen Geist und Technik und die Bedeutung der Bewegungen als Gesundheitsgymnastik konnten sie ohne das nötige Vorwissen nicht nachvollziehen. Sie veränderten jene Bewegungen, die sie nicht verstanden oder die nicht in ihr Konzept paßten, entsprechend ihrer Kampfauffassung aus dem *Tôde*.
Die chinesischen *Dao* beeinflußten zwar das *Tôde*, wurden aber gleichzeitig durch das *Tôde* selbst verändert und entwickelten allmählich ein eigenes System, das seine Wurzeln sowohl in der okinawanischen Praxisbezogenheit als auch in der chinesischen Hintergründigkeit hatte. Doch es dauerte viele Jahre, bis das *Okinawa-te* vom rein körperlichen Kampfsystem zur Kampfkunst herangereift war (ungefähr ab 1850) und sich hinsichtlich der inhaltlichen Werte mit den chinesischen Systemen vergleichen konnte.
Die aus China übernommenen *Kata* wurden auf

Okinawa erstmals verkürzt (viele chinesische *Dao* bestehen aus 150 bis 200 Bewegungen), da der größere körperliche Aufwand des neu entstandenen Systems solch lange technische Abfolgen nicht erlaubte. Auch die Bezeichnungen der *Kata* veränderten sich auf Okinawa, was die Zurückverfolgung an ihren chinesischen Ursprung sehr erschwert. Die chinesischen Ideogramme für die *Kata* wurden nicht immer beibehalten, weil die Okinawaner nur den phonetischen Laut der chinesischen Aussprache gebrauchten, der nochmals durch die örtlichen Dialekte verfärbt wurde. Zwei Möglichkeiten blieben den *Tôde*-Meistern offen, ihre Kampfkunst zu perfektionieren:

- Manche *Tôde*-Meister gingen bei den Chinesen in die Lehre (entweder bei den auf Okinawa ansässigen Meistern oder direkt in China) und lernten von Grund auf die inneren Geheimnisse (→*Gokuhi*) der chinesischen Kunst. Ihnen ist es zu verdanken, daß das *Okinawa-te* hinsichtlich der inhaltlichen Werte mit dem *Quan-fa* gleichziehen konnte.
- Andere hielten an der rein praxisbezogenen Auffassung des *Tôde* fest und verwendeten die kämpferischen Beispiele der chinesischen *Dao* dazu, neue Methoden auf der alten Grundlage zu verwirklichen. Sie erhielten den dynamischen und praktischen Aspekt des *Tôde* in der neuen Kunst und sorgten für jene Veränderungen in den chinesischen *Dao*, die für die Entstehung der okinawanischen *Kata* verantwortlich waren.

Man vermutet, daß in den meisten Fällen beides zugleich geschah. Dies führte zu gravierenden Veränderungen in der aus China importierten Kunst und zur Gründung vollkommen neuer Formen. Keinesfalls war die *Kata* den *Tôde*-Meistern bisher unbekannt. Im →*Kobudô* gab es schon vor →Kûshankûs Okinawa-Aufenthalt eigene *Kata* (s. →Aburaya), und mindestens die *Empi* (s. →*Wanshu*) und die *Bassai* (→*Passai*) sind älter als die →*Kûshankû-Kata*. Die okinawanische *Kata*-Idee stammt nicht aus China, sondern aus den traditionellen alten Volkstänzen (s. →*Odori*), die auf der Insel sehr verbreitet waren. Doch diese *Kata* waren rein technische Aneinanderreihungen ohne die esoterischen Aspekte *(Gokuhi)*, die später die innere Lehre der Kampfkünste auszumachen begannen.

Es ist sehr wahrscheinlich, daß die ersten »Geheimnisse« der okinawanischen *Kata* in der Übernahme einer alten chinesischen Gewohnheit bestanden, den Kampfstil in den Bewegungen zu verschlüsseln, so daß kein Uneingeweihter ihn verstehen konnte. Zusätzlich dazu wurden die *Kata*-Abläufe von den Meistern geheimgehalten und nur an die eigenen Schüler weitergegeben. Aus dieser Tatsache ist es zu erklären, daß bis zur Gründung der *Pinan-Kata* im Jahre 1905 trotz vieler Anläufe niemand das Geheimnis des *Okinawa-te* lüften konnte. Die Japaner, die Okinawa seit 1600 besetzt hielten und großes Interesse an dieser Kunst hatten, mußten 400 Jahre lang warten, bis die Meister ihre *Kata* freigaben. Das Volk, das genausowenig Zugang zu den *Dôjô* hatte, nannte die Kunst →*Reimyô Tôde* oder →*Shimpi Tôde*, was in der Übersetzung »geheimnisvolle chinesische Kunst« bedeutet. Es war einem Uneingeweihten, selbst wenn es ihm gelang, die *Kata*-Form zu lernen, ohne die Hilfe eines Meisters nicht möglich, sie zu entschlüsseln. Daran hat sich bis heute nichts geändert. Die *Gokuhi* des *Karate* werden nach wie vor nur auf den inneren Linien (→*Uchi-deshi*) weitergegeben.

Das okinawanische Katasystem

Nachforschungen in der Geschichte des *Karate* haben ergeben, daß es zu Beginn des 19. Jh. auf Okinawa bereits viele *Kata* gegeben hat, aus deren Schlußfolgerungen, Auslegungen und Umwandlungen sich alle anderen Varianten entwickelten. Diese *Kata* waren in Okinawa auf die Schulen des →*Shuri-te*, →*Tomari-te* und →*Naha-te* verteilt und keineswegs wie heute in Gruppen geordnet, denn jede einzelne war (und ist noch heute) ein abgeschlossener Kampfstil. Erst nach →Sôkon Matsumura aus Shuri und →Kosaku Matsumora aus Tomari begann man in den *Dôjô* mehrere *Kata* zu üben, was schließlich zur Gründung der okinawanischen Stile führte.

Selbst für einen Meister war es nicht einfach, die *Kata* einer anderen Schule zu lernen. Über allen *Kata* lag der Schleier des Geheimen, und kein Meister lehrte eine *Kata* ohne eine echte Lehrer-Schüler-Beziehung (→*Shitei*). Selbst die Identität der Meister war anfangs lange Zeit geheim, denn die japanischen *Satsuma*-Samurai, die die Insel besetzt hielten, versuchten laufend die Kampfkunst-*Dôjô* aufzuspüren. Die okinawanischen Meister der Frühzeit kannten häufig nur eine *Kata*, die das Zentrum ihres Kampfstils ausmachte.

Zu den traditionellen *Kata* gründeten die okinawanischen Meister oft ihre eigenen Varianten, in denen sie ihre persönliche Sicht, ihre Kampfauffassung und ihre technischen Methoden verschlüsselten. Diese lehrten sie ihre Schüler, die sie danach weiterverbreiteten, was dazu führte, daß heute viele *Kata* in den *Karate*-Stilen bekannt sind. Eine besondere Bedeutung kommt hierbei der Itosu-Schule (→ITOSU YASUTSUNE) aus Shuri zu, die wie keine andere in das *Kata*-System des *Okinawa-te* eingriff.

Die Zuordnungen der *Kata* zum *Shuri-te*, *Tomari-te* und *Naha-te* werden heute nicht überall übereinstimmend vorgenommen, da die meisten *Kata* nach 1850 nicht nur in einer bestimmten Schule, sondern in vielen Schulen geübt wurden. Eine Ausnahme ist hier das *Naha-te*, da die *Kata* des →*Shôrei-ryû* wegen ihrer anders gelagerten Schwerpunkte vom →*Shôrin-ryû* nicht übernommen wurden. In bezug auf das *Shuri-te* und das *Tomari-te* kann man davon ausgehen, daß in beiden Richtungen dieselben *Kata*, jedoch mit für die einzelnen Schulen typischen Abwandlungen geübt wurden. Wir haben die meisten *Kata* im *Tomari-te* klassifiziert, weil sie dort zuerst auftauchten, doch man muß wissen, daß sie in der Itosu-Schule aus Shuri maßgeblich zu ihrer späteren japanischen Form vorbereitet wurden. Folgende sind die alten Kata:

OKINAWANISCHE KATA IM 19. JAHRHUNDERT

SHURI-TE
Chinte
Hakutsuru
Kûshankû (Kankû)
Passai (Bassai)
Useishi (Gojûshihô)

TOMARI-TE	NAHA-TE
Chinto (Gankaku)	Kururunfa
Ji'in	Naihanchi (Tekki)
Jion	Saifa
Jitte (Jutte)	Sanchin
Niseishi (Nijûshihô)	Sanseirû
Rôhai (Meikyô)	Seienchin
Sôchin	Seipai
Unsu	Seisan (Hangetsu)
Wankan	Shisôchin
Wanshu (Empi)	Sûpârinpei

In dieser Liste ist der erste *Kata*-Name die sino-okinawanische Aussprache (manchmal gibt es auch eine zweite sino-okinawanische Aussprache, wie z. B. *Rôhai* auch *Lôrei* ausgesprochen werden kann). Die Bezeichnung in Klammern ist der heute in Japan gebräuchliche Name (dort wurden die meisten *Kata*-Namen verändert, doch nicht alle Bezeichnungen haben sich durchgesetzt), insofern er sich von dem okinawanischen unterscheidet.

Von diesen Formen gehören 10 alte *Kata* zum *Naha-te*: →*Kururunfa*, →*Naihanchi*, →*Saifa*, →*Sanchin*, →*Sansêrû*, →*Seienchin*, →*Seipai*, →*Seisan*, →*Shisôchin* und →*Sûpârinpei*. Außer der *Naihanchi* wurden all diese *Kata* von KANRYÔ HIGASHIONNA ins *Naha-te* gebracht. *Sanchin*, *Sanseirû* und *Seisan* wurden von KANBUN UECHI (Gründer des *Uechi-ryû*) auf einem anderen Weg und in einer anderen Form aus China mitgebracht und im *Uechi-ryû* gelehrt (diese Variante übt die *Sanchin-Kata* mit offenen Händen). Die *Naihanchi* stammt ursprünglich aus der heute nicht mehr existenten *Shôrei*-Linie von ASON zu TOMIGUSUKU. Seltsamerweise hat das mit ihr verwandte *Gôjû-ryû* sie nicht übernommen. Dafür jedoch gelangte sie ins *Shôrin-ryû*, wo sie heute in verschiedenen Varianten (im *Shôtôkan* als *Tekki*) verbreitet ist.

Die heute im →*Gôjû-ryû* geübten traditionellen *Kata* wurden alle durch KANRYÔ HIGASHIONNA (1853–1915) überliefert (s. →*Naha-te Kata*). Woher diese *Kata* ursprünglich kommen, ist heute unbekannt. Higashionna brachte sie nach Okinawa und gründete damit seinen *Naha-te*-Stil, aus dem später das *Gôjû-ryû* entstand.

Viele Bezeichnungen dieser *Shôrei-Kata* sind chinesische Zahlen und symbolisieren esoterische Konzepte aus dem Buddhismus. *Sûpârinpei* bedeutet in der Übersetzung »hundertacht« (108) und steht symbolisch für die im Buddhismus konzipierten 108 bösen Leidenschaften des Menschen. Am letzten Tag des Jahres um Mitternacht wird nach alter Tradition in den buddhistischen Tempeln 108mal eine Glocke geschlagen, um diese Geister von den Menschen fernzuhalten. Die Zahl 108 *(Sûpârinpei)* ergibt sich aus der Multiplikation von *Sanseirû* (was, mit chinesischen Schriftzeichen geschrieben, 36 bedeutet) mit 3. Die Zahl 3 steht für Vergangenheit, Gegenwart und Zukunft.

Sanseirû (36) wiederum errechnet sich aus der Multiplikation 6 x 6, wobei die erste Sechs Auge, Ohr, Nase, Zunge, Körper und Geist repräsentiert

und die zweite Sechs Farbe, Stimme, Geschmack, Geruch, Berührung und Gerechtigkeit symbolisiert.
Seipai steht symbolisch für die Zahl 18 und errechnet sich aus 6 x 3. Die Sechs steht hier für Farbe, Stimme, Geschmack, Geruch, Berührung und Gerechtigkeit, und die Drei repräsentiert Gut, Böse und Frieden.
Die weiteren *Kata* gehören zum *Shôrin-ryû*, das aus *Shuri-te* und *Tomari-te* besteht. Da die beiden Städte Shuri und Tomari nicht weit voneinander entfernt liegen, ist es schwierig, diese *Kata* genau zuzuordnen, und deshalb bestehen darüber auch verschiedene Meinungen. Wir gehen davon aus, daß die *Kûshankû, Passai, Useishi* und *Chinte* exklusive *Shuri-te*-Formen sind, obwohl die *Kûshankû* (über die Linie Yara– Kyan–Nagamine) und die Passai (über die Linie Shionja–Oyadomari– Kyan) auch im *Tomari-te* große Bedeutung hatten. Davon ist die *Useishi (Gojûshihô)* eines der Glanzstücke der Itosu-Schule und die *Chinte* eine rein chinesische Form, über deren Herkunft man nichts weiß. Zur Gruppe des *Tomari-te* gehören *Jitte*, *Ji'in, Jion*, *Rôhai*, *Wankan*, *Ananku, Wanshu* und *Chinto*, jedoch wurden auch sie im *Shuri-te* geübt und hatten dort ebensoviel Gewicht wie in *Tomari*. Sie alle könnten ebensogut als *Shuri-te Kata* gelten. Auch *Wanshu* und *Chinto* sind vom Ursprung her *Tomari-Kata* und werden als solche heute im *Matsubayashi-ryû* geübt, doch die japanischen Varianten kommen aus der Itosu-Schule in Shuri. *Sôchin, Niseishi* und *Unsu* sind typische Kata der Niigaki-Schule (Linie Yara – Toguchi – Niigaki – Kyan), die ihren Sitz in Tomari hatte. Sie wurden von dort aus hauptsächlich durch Kenwa Mabuni in Japan verbreitet.
Neben diesen alten, traditionellen *Kata*-Formen existieren heute auch noch andere Varianten, die zu Anfang dieses Jahrhunderts gegründet worden sind. Im *Gôjû-ryû* gründete Miyagi Chôjun die beiden *Gekisai* (*daiichi* und *daini*) und die *Tenshô*, letztere als vereinfachte Ableitung der *Rokkishu*. Die *Gekisai-Kata* enthalten für das *Gôjû-ryû* untypische übertriebene Bewegungen und wurden von Miyagi entwickelt, um *Karate* bei jungen Leute bekannt zu machen. Miyagis *Sanchin*, die heute im *Gôjû-ryû* geübt wird, ist eine Abwandlung aus der alten Higaonna-*Sanchin*.
Itosu Ankô, die »heilige Faust des Shuri-te«, entwickelte die *Kûshankû-shô*, die *Shihô-Kûshankû*, die *Bassai-shô* und die beiden letzten *Tekki-Kata*. Davon übernahm Meister Funakoshi nur die *Tekki*-Varianten in seinen Stil, seine späteren Schüler brachten jedoch auch alle anderen *Kata* ins *Shôtôkan*. *Kankû-shô* und *Bassai-shô* wurden durch Chibana Chôshin weiterverbreitet und werden heute bevorzugt im *Kobayashi-ryû* geübt. 1905 gründete Meister Itosu die *Pinan-Kata (Heian)*, die 1907 offiziell in den Schulen Okinawas eingeführt wurden. Sie sind nicht kämpferisch orientiert, sondern waren als Gesundheitsgymnastik gedacht, wodurch dieser Aspekt des *Karate* den breiten Massen zugänglich werden sollte, ohne seine Kampfgeheimnisse preiszugeben. Higashionnas *Seisan* wurde von Meister Itosu ins *Shuri-te* gebracht, dort verändert und danach ins *Wadô-ryû (Seishan)* und ins *Shôtôkan-ryû (Hangetsu)* überliefert.
Kenwa Mabuni gründete im *Shitô-ryû* die Kata *Jûroku*, *Myôjô* und *Aoyagi*. Der Gründer des *Shukokai*, Chôjiro Tani, entwickelte in seinem Stil die Kata *Hanenko* aus der alten *Ananku* zu einer eigenen Version. Die *Ananku* ist ebenfalls eine alte Kata, doch ihr Ursprung ist unbekannt. Heute wird sie noch im *Matsubayashi-ryû* geübt.

ANKUNFT IN JAPAN

Trotz angestrengter Bemühungen der traditionellen okinawanischen Lehrer, die ab 1922 *Karate* in Japan zu unterrichten begannen (s. →Funakoshi, →Mabuni, →Miyagi), erfuhr die *Kata* in Japan einen gewaltigen Verlust an traditionellen Werten und durch die darauffolgende Versportlichung einen vollkommenen Niedergang in den Bereichen ihrer esoterischen Struktur.
Als das okinawanische *Karate* in den zwanziger Jahren nach Japan kam, war das Inselreich eifrig bestrebt, den später im Weltkrieg gipfelnden japanischen Imperialismus auszubauen (s. →*Butokukai*). Nationalistische Tendenzen wurden von den politischen Organisationen eifrig geschürt, denn man bereitete sich auf die politische und wirtschaftliche Einflußnahme auf den asiatischen Kontinent vor. Besonders die →Mandschurei war für japanische Interessen vorrangig. Die →Takushoku-Universität bildete eigens dafür Experten aus. In dieser Zeit der nationalistischen Überheblichkeit, besonders gegenüber den Chinesen, kam Meister Funakoshi von Okinawa nach Japan.

In den 30er Jahren, als der Krieg gegen China vorbereitet wurde, waren alle Bezeichnungen chinesischen Ursprungs in Japan verboten. Dies veranlaßte den Meister, die alten chinesischen *Kata*-Namen (einschließlich der Bezeichnung »Karate«) in japanische Begriffe umzuändern, was in Okinawa zwar zu großem Aufruhr führte, sich jedoch letztlich durchsetzte (→*Kara*). Dies ist der Grund, warum heute eine *Kata* unter drei verschiedenen Namen bekannt sein kann: der ursprünglichen chinesischen Bezeichnung, der okinawanischen phonetischen Wiedergabe der chinesischen Bezeichnung und der japanischen Veränderung des Namens. So wurde z. B. die *Kûshankû* (chinesisch) in *Kôsôkun* (okinawanisch) und dann in *Kankû* (japanisch) umbenannt. Nicht alle heute bekannten Kata haben japanische Namen. Meister Funakoshi benannte nur jene *Kata* um, die er vor dem Weltkrieg als stilspezifisch lehrte. So konnten viele jener *Kata*, die erst nach dem Krieg nach Japan kamen, ihre chinesischen oder ihre okinawanischen Bezeichnungen behalten.

Die Bezeichnungen der *Kata* sind jedoch nicht immer identisch oder auch nur annähernd ähnlich mit dem alten chinesischen *Dao*, was die Erforschung ihrer Geschichte sehr erschwert. Manchmal wurden sie auf Okinawa nicht unter ihren ursprünglichen Bezeichnungen, sondern unter den Namen derer, die sie aus China mitbrachten, weitergeführt (z. B. *Kûshankû*). Als man sie in Japan umbenannte, suchte man nach einer Bezeichnung, die auf den äußeren Anschauungsaspekt der *Kata* paßte. Das alte chinesische *Dao* trug immer eine Bezeichnung, die sich auf die innere Struktur bezog.

So wird z. B. in Japan die Kata *Chinte* mit »seltene Hand« übersetzt, und man sagt, dies käme daher, daß sie selten geübt wird. Doch das »Chin« in *Chinte* ist die okinawanische Bezeichnung für die chinesischen →*Dianxue*. Dasselbe Ideogramm existiert noch in den Kata *Sanchin*, *Sôchin, Seienchin, Shisôchin* und *Chinto (Gankaku)*, die alle auf die Schulen der chinesischen *Dianxue* verweisen.

Veränderte Strukturen

Trotz der Veränderungen in Japan, die das Karate wegen der politischen Wirren jener Zeit machen mußte (s. →*Butokuden*), ist es unverständlich, warum es nach seiner weltweiten Verbreitung all jene Werte aufgegeben hat, die es über zwei Jahrtausende überleben ließ. Wir glauben, daß der Grund dafür in der Entmündigung der *Ryû* und in ihrer Abhängigkeit von machtorientierten Organisationen liegt, die nach dem Weltkrieg eigene Interessen vor Wert und Inhalt zu stellen begannen.

Die *Kata* hat seit zwei Jahrtausenden einen inneren Sinn und eine äußere Form. Der innere Sinn ist durch die Form verdeckt, und das Wesen der Kampfkunstübung bestand seit jeher darin, durch die Übung der Form den Sinn zu suchen. Man nennt ihn →*Gokuhi* (innere Geheimnisse) oder →*Okuden* (versteckt Überliefertes). Die *Gokuhi* überlieferten sich durch die Zeiten immer im Hintergrund der Formen über die ununterbrochene Erbfolge der Meister, die aus den Reihen der »inneren Schüler« (→*Uchi-deshi*) oder »Schüler im Schatten« *(Kage-deshi)* kamen. Die Form *(Waza)* hingegen wurde seit alters her immer schon von jenen Schülern überdreht, die sich dadurch persönliche Vorteile erhofften.

Bis zur Unterordnung der Kampfkunst-*Ryû* unter die großen Organisationen konnte aber diese Tendenz nicht Fuß fassen, denn die Person des Meisters war die Kontrollstation in der Kampfkunstüberlieferung. Ohne →*Menkyo-kaiden* konnte niemand die Kampfkünste unterrichten. Die traditionellen Überlieferungslinien, die den Stammbaum der Kampfkunstahnen aufzeigen und in den →*Ryû* von Generation zu Generation weitergeführt wurden, ließen keinen Nichtmeister zu. Heute haben sich solche Entscheidungen in die oberen Etagen der Organisationen verlagert, in denen selten Meister, dafür aber um so mehr Geschäftsleute sitzen. Die Kampfkünste sind zum Geschäft geworden und brauchen keinen Inhalt, sondern eine glänzende Hülle.

So gibt es seit dem Bestehen der großen Föderationen zwei Überlieferungslinien in den Kampfkünsten – die äußere Linie der Föderationen und die innere Linie der Meister. Auf der äußeren Linie gibt es die *Kata* nur als Form, die von den Übenden als Überbleibsel einer überholten Tradition angesehen wird, weil niemand sie übersetzen kann.

Als die *Kata* nach Japan gelangten und sich dort die Wettbewerbstendenz entwickelte, wurden die →*Bunkai* verändert. Die inneren Aspekte wurden vernachlässigt, und da die nur formelle Technik dadurch unglaubwürdig wurde, mußte sie anders interpretiert werden. Die auf Vitalpunkte zielenden subtilen Techniken der Selbstverteidigung wurden ohne psychologischen Hintergrund unterrichtet, und die *Kyûsho* (Körper- punkte, s. →*Jintai-kyûsho*) wurden überhaupt nicht mehr gelehrt. So wurde der Selbstverteidigungsinhalt zusammen mit allen esoterischen Aspekten der *Kata* vernachlässigt und ihre Form auf ähnliche Bewertungskriterien wie beim Bodenturnen ausgerichtet. Dadurch verlor das *Karate* seine Eigenschaft als Selbstverteidigungskunst und gewann durch die Gründung des wettbewerbsorientierten Kämpfens einen rein sportlichen Inhalt. Die Übenden begannen in diesem Konzept eigene Auffassungen des Kämpfens zu entwickeln, die nicht mehr konform mit der jahrtausendealten Lehre der *Kata* waren. Diese Kampfauffassungen (s. →*Jiyû-kumite*) werden heute in nahezu allen *Dôjô* der Welt als *Karate-dô* bezeichnet.

Das wahre *Karate-dô* konzentriert sich nach wie vor auf die *Kata*. In dieser Übung (s. →*Geiko*, →*Kata-geiko*) wird der Weg (→*Dô*) mit all seinen vielfältigen Inhalten im Selbst nachvollzogen und in Erfahrungen umgesetzt. Viele der heutigen *Karate*-Trainer wissen nicht, daß der *Karate*-Wettkampf erst in Japan entstand und in den traditionellen *Dôjô* in dieser Weise überhaupt nicht existierte. Die Gründung der modernen *Kumite*-Auffassung durch die →JKA führte damals zum endgültigen Bruch mit Meister →Funakoshi (s. auch →Shôtôkan) und entwickelte sich zu jener Abzweigung, die sich danach weltweit als Sport-*Karate* verbreitete.

ALTE KATA UND NEUE STILE

Die 24 alten Kata haben sich in der Zeit weiterentwickelt und in viele neue Varianten und Interpretationen geteilt. Außerdem wurden auch neue *Kata* gegründet (Itosu gründete beispielsweise 1905 die *Pinan*). Je nachdem, wie sie sich in Gruppen zusammenfanden, bewirkten sie später die jeweiligen Stilgründungen. In den einzelnen Stilen sind häufig auch noch neue *Kata* hinzugekommen.

In den heutigen Stilen des *Karate* gibt es viele *Kata*, die alle Weiterentwicklungen oder Ableitungen aus den alten *Kata* sind. Es gibt auch *Kata*-Formen, die neu gegründet wurden (z. B. *Heian* oder *Tenshô*), sich jedoch an den klassischen Formen orientieren. Außerdem existieren weltweit viele Tendenzen, neue Formen zu gründen. Doch diese *Kata* besitzen keinen traditionellen Wert und orientieren sich nicht an den überlieferten Prinzipien. Aus diesem Grund sind sie für die Kampfkünste bedeutungslos. Folgende sind die wichtigsten *Kata*-Formen, die in den heutigen Stilen geübt werden:

1. ***Anandai*** – Kata des *Ryûei-ryû*.
2. ***Ananko*** *(Ananku)* – das »Licht aus dem Süden«, Kata des *Shôrin-ryû*, die von Kyan Chôtoku zu Ende des 19. Jhs. aus Taiwan ins okinawanische *Karate* gebracht wurde.
3. ***Aoyagi*** *(Aoyanagi)* – »grüne Wiesen«, Kata des *Shitô-ryû*, gegründet von Kenwa Mabuni.
4. ***Aran*** – Kata des *Ryûei-ryû*.
5. ***Bassai*** – japanische Variante der *Passai*.
6. ***Channan*** – alte Kata der Matsumura-Schule.
7. ***Chinte*** – japanische Ableitung aus der *Chintei*.
8. ***Chintei*** *(Chinte, Shoin)* – chinesische Kata mit unbekannter Geschichte, in Japan als »seltene Hand« bezeichnet.
9. ***Chinto*** (Gankaku) – in Japan der »Kranich auf dem Felsen«; in Okinawa »kämpfen gegen Osten« oder »wo die Sonne aufgeht«; in einer weiteren Bedeutung Name eines chinesischen Seemanns und Kampfkunstexperten, der die Kata von China nach Okinawa gebracht haben soll.
10. ***Empi*** – japanische Ableitung der okinawanischen *Wanshu*.
11. ***Fukyu-Kata*** – okinawanische Katagruppe (*Shodan* und *Nidan*) neueren Datums, die von den Meistern Miyagi und Nagamine zur Einführung von Anfängern entwickelt wurden.
12. ***Gankaku*** – Ableitung aus der *Chintô*.
13. ***Gankaku-sho*** – moderne Karate-Kata, gegründet von Kanazawa Hirokazu.
14. ***Garyu*** – japanische Kata des *Kyokushinkai-Karate* von Ôyama Masutatsu. Kata neueren Datums.
15. ***Gekisai*** – moderne *Gôjû*-Kata in zwei Varianten (*Dai-ichi* und *Dai-ni*), gegründet von Miyagi Chôjun.
16. ***Gojushihô*** – japanische Ableitung der *Useishi*.
17. ***Hakutsuru*** *(Hakufa, Hakucho)* – »Weißer Kranich«, Kata aus dem gleichnamigen *Quan-fa*-Stil, die viele okinawanische Stile beeinflußt hat.
18. ***Hangetsu*** – japanische Ableitung der *Seisan*.
19. ***Happoren*** *(Paipuren, Papuren, Baiburen)* – Kata des *Bai-he-quan*.

20. ***Heiku*** – Kata des *Ryûei-ryû*.

21. ***Ji'in*** *(Shokyô)* – okinawanische Kata »Tempelboden«, in Japan *Shokyô* genannt, aber heute wieder als *Ji'in* bezeichnet.

22. ***Jion*** *(Jion-ji)* – »Tempelklang« in Okinawa, in Japan »Liebe und Gnade«, direkte Ableitung aus dem ursprünglichen *Shaolin*-Konzept.

23. ***Jitte*** *(Jite, Jutto)* okinawanische Kata »Tempelhand«, in Japan als »zehn Hände« bezeichnet.

24. ***Jûroku*** – Kata des *Shitô-ryû*, gegründet von MABUNI KENWA.

25. ***Kanchin*** – okinawanische Kata neueren Datums, gegründet von UECHI KANEI aus dem *Uechi-ryû*.

26. ***Kankû*** – japanische Variante der *Kûshankû*.

27. ***Kanshiwa*** – Kata neueren Datums aus dem *Uechi-ryû*, gegründet von UECHI KANEI.

28. ***Kanshu*** – Kata des *Uechi-ryû* neueren Datums.

29. ***Kihon*** – okinawanische Kata-Synthese für Anfänger, mit Einflüssen aus *Gekkisai, Taikyoku* und *Fukyû*.

30. ***Kururunfa*** – »Siebzehn« oder in einer anderen Bedeutung »Halten der Mitte«; Kata der okinawanischen *Shôrei*-Schulen.

31. ***Kûshankû*** *(Kôsôkun, Kwankû, Kankû)* – okinawanische *Shôrin*-Kata, benannt nach dem Namen ihres chinesischen Überbringers; in Japan umbenannt in »Blick in den Himmel«.

32. ***Meikyô*** – japanische Variante der *Rohai*.

33. ***Myôjô*** – *Shitô-ryû*-Kata, gegründet von MABUNI KENWA.

34. ***Naihanchi*** *(Tekki)* – ursprüngliche *Shôrei*-Kata »seitwärts kämpfen«. In Japan umbenannt in *Tekki* (Eisenreiter).

35. ***Nanshu*** – »Hand aus dem Süden«, chinesische Kata der südlichen Stile.

36. ***Nipaipo*** *(Nipipo, Neipai, Nipapo)* – »28 Schritte«, chinesische Kata des *Bai-he-quan*, die von GO KENKI nach Okinawa gebracht wurde.

37. ***Niseishi*** (Nijûshihô) – »24 Schritte«, okinawanische Kata der NIIGAKI-Schule.

38. ***Ohan*** – Kata des *Ryûei-ryû*.

39. ***Pachû*** – Kata des *Ryûei-ryû*.

40. ***Paiho*** – Kata des *Ryûei-ryû*, abgeleitet aus dem Kranichstil *(Bai-he-quan)*.

41 ***Papuren*** *(Happoren, Paipuren)* – »acht Schritte zur gleichen Zeit«, Kata des okinawanischen *Shôrei-ryû*.

42. ***Passai*** *(Patsai, Bassai)* – okinawanische *Shôrin*-Kata »Entzweistoßen«, in Japan in »Sturm auf die Festung« umbenannt.

43. ***Pinan*** *(Heian)* – »friedvoller Geist«, okinawanische Katagruppe (5), entwickelt von ITOSU YASUTSUNE, in Japan in *Heian* umbenannt.

44. ***Rôhai*** *(Meikyô)* – okinawanische *Tomari*-Kata »Vision eines weißen Reihers«, ursprünglich in drei Versionen *(Shodan, Nidan, Sandan)*, in Japan umbenannt in »Reinigen des Spiegels«.

45. ***Ryûhô*** – »Gang des Drachen«, chinesische Kata unbekannter Herkunft.

46. ***Ryûshu*** – die »Hand des Drachen«, Kata unbekannter Herkunft.

47. ***Saifa*** – »der letzte Hauptpunkt«, Kata des *Gôjû-ryû*.

48. ***Sanchin*** – »drei Phasen«, typische Atem- und Kraft-Kata des okinawanischen *Shôrei-ryû*.

49. ***Sanseirû*** – »36 Hände«, okinawanische Kata des *Shôrei-ryû*.

50. ***Seichin*** – *Uechi-ryû*-Kata neueren Datums, gegründet von UECHI KANEI.

51. ***Seienchin*** *(Saipa)* – »Ruhe im Sturm«, Kata des *Shôrei-ryû*.

52. ***Seigan*** – Kata des Pferdes *(Uma)* aus dem *Kojô-ryû*.

53. ***Seipai*** – »18 Hände«, okinawanische Kata des *Shôrei-ryû*.

54. ***Seiryû*** – Kata des *Uechi-ryû*, von UECHI KANEI in unserem Jahrhundert gegründet.

55. ***Seisan*** *(Hangetsu)* – »13 Hände«, okinawanische Kata der *Shôrei*-Schule, von ITOSU YASUTSUNE ins *Shuri-te* gebracht und später in »halber Mond« umbenannt.

56. ***Shihôgeri*** – »Fußtechniken in vier Richtungen«, okinawanische Kata, gegründet von HIROSHI KINJO (KANAGUSUKU) auf der Grundlage der *Seisan*.

57. ***Shihôtsuki*** – »Fausttechniken in vier Richtungen«, okinawanische Kata, gegründet von HIROSHI KINJO (KANAGUSUKU) auf der Grundlage der *Seisan*.

58. ***Shinpâ*** – Kata unbekannter Herkunft, heute im *Shitô-ryû* geübt.

59. ***Shisôchin*** – »vier kämpfende Affen«, okinawanische Kata des *Shôrei-ryû*.

60. ***Shoshin*** – Kata der Maus *(Ne)* aus dem *Kojô-ryû*.

61. ***Sôchin*** *(Hakko)* – okinawanische *Shôrin*- Kata »der große Sieger« aus der ARAGAKI-Schule mit der Bezeichnung in Japan »ruhige Kraft«.

62. ***Sûpârinpei*** (Pechurin) – »die letzten 108 Hände«, okinawanische Kata des *Shôrei-ryû*.
63. ***Sushihô*** – japanische Kata neueren Datums, gegründet von OYAMA MASUTATSU aus dem *Kyokushinkai*.
64. ***Taikyoku*** – Kata-System des *Shôtôkan-ryû*, ursprünglich bestehend aus 6 Kata zur Übung der Grundschule. »Kata des Universums«.
65. ***Taikyoku-nidan*** – Kihon-Kata des *Budô Studien Kreises*, gegründet von W. LIND.
66. ***Taikyoku-sandan*** – *Jiyû-Kihon*-Kata des *Budô Studien Kreises*, gegründet von W. LIND.
67. ***Tekki*** – japanische Variante der *Naihanchi*.
68. ***Ten no Kata*** – zweiteilige Kata (*Omote* und *Ura*), gegründet von FUNAKOSHI GICHIN zur Übung des grundlegenden *Kumite*.
69. ***Tenchi*** – Kata des Affen *(Saru)* aus dem *Kojô-ryû*.
70. ***Tenshô*** – »wechselndes Greifen« oder »drehende Hand«, Kata des *Gôjû-ryû*, gegründet von MIYAGI CHÔJUN.
71. ***Unryû*** – Kata des Drachen *(Tatsu)* aus dem *Kojô-ryû*.
72. ***Unsu*** – »Wolkenhände«, okinawanische Kata neueren Datums, wahrscheinlich aus der NIIGAKI-Schule.
73. ***Useishi*** *(Gojûshihô, Hotaku)* – »der Phönix«, okinawanische Kata aus der ITOSU-Schule, in Japan in »54 Schritte« *(Gojûshihô)* und zeitweise in »Spechtklopfen« *(Hotaku)* umbenannt.
74. ***Wanduan*** – okinawanische Kata des *Tomari-te*, benannt nach einem okinawanischen König, der als großer Kampfkunstexperte galt. Diese fortgeschrittene Kata ist chinesischen Ursprungs, gelangte jedoch erst spät nach Okinawa, wo sie wichtige Charakteristiken des *Tomari-te, Shuri-te* und *Naha-te* vereint.
75. ***Wankan*** *(Wankuan, Matsukaze, Shofu, Hiko)* – »Krone des Königs« oder »Pinienrauschen«, okinawanische *Shôrin*-Kata, später in Japan verschiedentlich umbenannt.
76. ***Wanshu*** *(Empi)* – okinawanische *Shôrin*-Kata, bezeichnet nach dem Namen ihres Überbringers; in Japan umbenannt in »Flug der Schwalbe«.

Kata[2] (jap.): Schulter (auch *Ken*).

Kataashi-dori (jap.): kleiner Beinausheber im *Jûdô*. *O-uchi-gari* mit Hand und Fuß (s. →*Nage-waza*).

Kataashi-hishigi (jap.): Fußhebel im Stand. *Jûdô*-Wurftechnik (s. →*Nage-waza*).

Katachi (jap.): »Kata mit Seele«, Ausdruck für ein über die Form hinausgehendes Verständnis der *Kata*, identisch mit dem okinawanischen Begriff →*Shimeijurasan*.

BEGRIFF

Das *Ka* von *Kata* kommt aus dem Schriftzeichen für Gott. Das *Ta* aus *Kata* bedeutet ein Getreidefeld. In der philosophischen Übersetzung von *Kata* ist die zweiseitige Polarisation des Menschen enthalten: seine Verwurzelung in der Erde und sein Streben nach höherem Geist (→*Mosshoseki*). In den *Kata*-Abläufen gibt es Bewegungen, die entweder zu dem ersten (lassen) oder dem zweiten Prinzip (machen) gehören. Zusammen sollen sie zur rechten Haltung (→*Shisei*) erziehen.

Wenn das Schriftzeichen *Ch'i* der *Kata* hinzugefügt wird, dann wird dies sehr deutlich. →*Ch'i* (in anderer Schreibung: →*Qi*) bezeichnet die Kraft. *Ikazuchi* sind Gottheiten, die nach der japanischen Mythologie in Blitzen leben sollen. *Mizuchi* sind die Götter des Wassers. Kein Kampfkunstmeister wird je behaupten, daß er seine *Kata* verstanden hat. Was er damit meint, ist, daß er wohl den Blitz oder das Wasser wahrnehmen kann, ihr inneres Wesen jedoch nicht versteht.

INHALT

In der *Kata*-Übung gibt es den Punkt, wo die Form beherrscht wird. Manche Übende glauben, daß sie ihre *Kata* trotzdem verbessern können, wenn sie ab hier härter trainieren. Doch damit können sie nur ihre Form verbessern. *Katachi* im Ablauf einer *Kata* ist das über die Form Hinausgehende. Es ist nicht erklärbar, da es nicht aus dem Körperlichen kommt. Es ist die jenseits des Körperlichen existierende Kraft, die als Ausdruck des Ganzen die *Kata* belebt. Es ist nur durch tiefgehende Studien zu erreichen und wird erst bei wirklichen Meistern in der Form sichtbar.

Kata-gatame (jap.): Schulterschärpe. *Jûdô*-Haltegriff.

Kata-geiko (jap.): *Kata*-Übung. Die →*Kata*[1] sind die Essenz der Kampfkünste (s. →*Karate*). Die Übungssysteme der *Karate*-Stile begründen sich auf die *Kata*, die sie enthalten, da diese der Code sind, der den Zugang zu ihrer inneren Struktur gewährt. Durch ihre genaue Analyse lassen sich die spezifischen Elemente der jeweili-

gen Stile feststellen. Die Übung der *Kata* bezeichnet nicht nur ihren Ablauf, sondern enthält die Übung ihrer Grundschule *(Kihon)* und die Übung ihrer Anwendung *(Kumite)*.

KATA-KIHON

Diese Art, die *Kata* zu betrachten, nennt man →*Bunkai*. Mit *Bunkai* bezeichnet man die Aufgliederung, die Analyse und das Studium eines Stils aufgrund der Entschlüsselungen seiner *Kata* und nicht bloß deren technischer Anwendung. Das geschlossene System eines Stils ist – unsichtbar für den Nichteingeweihten – in den *Kata* enthalten. Gelehrt wird es heute (anders als früher, wo es nur *Kata* gab), indem es zuerst in seine Bestandteile (→*Kihon*, →*Kumite*) auseinandergenommen und zum besseren Verständnis in seinen Einzelteilen (→*Waza*) geübt wird.

Kihon und *Kumite* entstehen also, wenn man die *Kata* in ihre Einzelteile zerlegt und diese als isolierte Trainingskomponenten übt. Die Einzeltechnik der *Kata* wird zu *Kihon* (Grundschule), während man dieselbe Technik in der Anwendung mit dem Partner als *Kumite* (Partnerübung) bezeichnet. Dadurch entsteht, wie in nachstehender Tabelle gezeigt wird, der Kreislaufprozeß zwischen *Kihon*, *Kumite* und *Kata*.

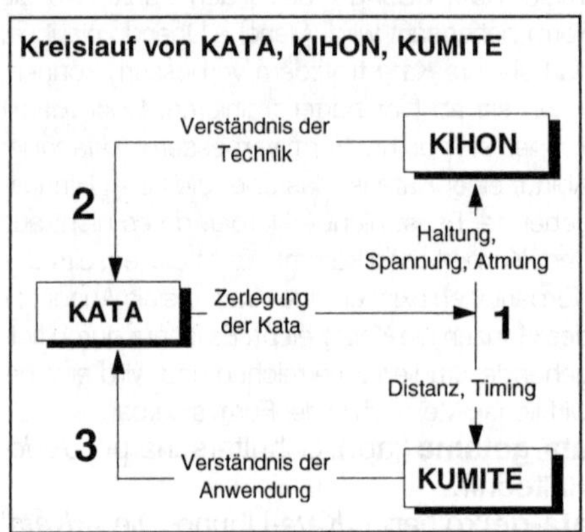

KATA-KUMITE

Durch die Wiederholung der einzelnen Technik mit dem Partner *(Kumite)* fließt die Erfahrung dieser Übung als besseres Verständnis der Kampfprinzipien in die *Kata* zurück (s. →*Mi-gamae*, →*Ki-gamae*). Das auf beiden Seiten neu Erfahrene (*Kihon* und *Kumite*) wird in der *Kata* wieder zusammengefügt und erhebt das Niveau der Kampfkunst. Dieser Kreislauf hat kein Ende. Die Schüler der Kampfkünste kehren, entsprechend ihrem Niveau, immer wieder zu ihren *Kata* zurück und entwickeln von dort aus ihren weiteren Fortschritt. Das traditionelle *Bunkai* der *Kata* enthält drei Schwerpunkte:

1. die Übersetzung der kämpferischen Methoden,
2. die Kontrolle des Geistes und der vitalen Energie,
3. die gesundheitliche Wirkung.

→*Kata-Kumite* nennt man die in den Kampf übersetzte Selbstverteidigungsmethode der *Karate-Kata*. Auf der ersten Stufe dieser Übungen gibt es in jeder *Kata*-Anwendung eine Grundform, in der die kämpferischen Prinzipien der *Kata* noch verschlüsselt sind, die aber notwendig ist, um grundschulmäßige Prinzipien (starke Abwehrtechniken, gute Stellungen, starkes *Kime*, richtige Distanz usw.) zu erarbeiten. Um dieses grundlegende *Kata-Kumite* besser verstehen zu können, kann es in verschiedene →*Kumite*-Übungsformen aufgesplittert werden (s. →*Kihon-sanbon-Kumite*, →*Kihon-ippon-Kumite*, →*Jiyû-ippon-Kumite*). Man übt darin die Beispiele aus den *Kata* als Abwehr gegen Angriffe, als Befreiungstechniken gegen Halten und als Würfe. Mit dem weiteren Fortschritt werden neue Möglichkeiten sichtbar. Wenn diese Techniken korrekt und realitätsnah ausgeführt werden können, kann man mehrere zusammenfügen und sie als kombinierte Folgen üben (s. →*Kaeshi-Kumite*, →*Okuri-Kumite*, →*Happô-Kumite*).

Das *Kata-Kumite* ist der Ausgangspunkt für alle Formen des *Kumite*, die auf den jeweiligen Stufen geübt werden. Das *Kata-Kumite* ist das Beispiel, auf dem sich die anderen Formen des *Kumite* begründen. Auch zeichnet das *Kata-Kumite* die charakteristische technische Linie durch den gesamten Stil. Ohne *Kata-Kumite* gibt es zwischen den kämpferischen Aspekten des Stils und den *Kata* des Stils keine Verbindung. Um einen Stil verstehen zu können, ist es deshalb wichtig, die Anwendung der *Kata* zu erforschen, zu übersetzen und in den Ippon-Formen zu üben.

Kataginu (jap.): steife, ärmellose Robe der *Samurai*, die bei zeremoniellen Gelegenheiten getragen wurde.

Kata-ha-jime (jap.): hinteres Schulterwürgen. *Jûdô*-Würgegriff.

Chinesische Tuschmalerei

Kata-hiza-dachi (jap.): Stellung mit einem Fuß im Kniestand, auch *Tachi-hiza* genannt (z. B. Anfang der *Empi-Kata*).

Katai (jap.): hart, fest, rigide.

Kata-jime (jap.): Knieschulterwürgen. *Jûdô*-Würgetechnik.

Kata jûji-jime (jap.): Mischkreuzwürgen aus dem *Jûdô*.

Katakana (jap.): japanisches Silbenalphabet (s. →*Kana*) zur Wiedergabe europäischer Wörter in der japanischen Sprache.

Kataki (jap.): Gegner, Feind, Konkurrent (auch *Teki*).

Kata-Kumite (jap.): die kämpferische Anwendung der →*Kata*[1] (s. auch →*Kata-geiko*) des *Karate* gegen mehrere Gegner. Die Übersetzung und Perfektionierung der *Kata*-Methode (s. →*Bunkai*), vom technischen, psychologischen und therapeutischen Standpunkt aus gesehen, unterliegt in allen klassischen Schulen strengster Geheimhaltung (s. →*Gokui*, →*Okuden*, →*Hiden*).

ALLGEMEIN

Die meisten Wettkampfschulen haben kein *Kata*-orientiertes Unterrichtssystem, sondern entwickeln neben den formalen *Kata*-Übungen ein eigenes Stilkonzept. In den alten Schulen wurden die Ausbildungkonzepte immer aus den *Kata* abgeleitet. Die Methoden, wie dies zu geschehen hatte, waren geheim und nicht selten in →*Mandala* verschlüsselt oder wurden als →*Denshô* überliefert. Dies sind Papierrollen (→*Makimono*), die für den Uneingeweihten Symbole oder nicht entschlüsselbare Texte enthalten. In vielen Stilen gibt es noch heute solche *Makimono*, von denen einige sogar öffentlich bekannt sind, wenn auch der Schlüssel zu ihrer Übersetzung in den Händen der Großmeister liegt.

WIRKUNG DER TECHNIK

Die Kampfkünste sind nicht als Sport gedacht, sondern als Selbstverteidigungsmethode im Ernstfall. Außerhalb der Wettkämpfe gibt es keinen Kampf um Punkte, sondern man hat es mit einem Gegner zu tun, der es ernst meint und der häufig bewaffnet ist. In einem Kampf auf Leben und Tod ist es unwichtig, wer nach Punkten führt. Aufs Überleben bedacht, übten die alten Kampfkunstexperten daher nicht die virtuose Technik, sondern die Wirkung. Durch jahrelanges Training waren sie schließlich in der Lage, in den Einzeltechniken eine ungeheure zerstörerische Kraft (→*Kime*) zu entwickeln, die in allen Selbstverteidigungsmethoden der eigentliche Kernpunkt des Kämpfens ist.

Die körperliche Methode, durch die eine Technik zur Wirkung gebracht werden kann, setzt auch innere Stärke (→*Ki*[2]) voraus. Sie liegt in der Disziplin und Stetigkeit des langjährigen Übens der grundlegenden einfachen Techniken (→*Kiso-kihon*).

NEUTRALISATION GEGNERISCHER ANGRIFFE

Der nächste wichtige Punkt der *Kata*-Methode ist es, durch spezifische Übungen eine Fähigkeit zu entwickeln, durch die gegnerische Treffer schadlos hingenommen werden können. Auch dies ist ein schwierig zu erläuterndes Thema, das nicht damit abgetan ist, daß man im Training lernt, gegnerische Fauststöße auf den Bauch abzufangen. Jeder Kampfkunstexperte der Vergangenheit konnte davon ausgehen, daß das Training des Gegners ebenso wie sein eigenes darin bestand, tödliche Treffer (→*Ikken-hissatsu*) durch Vitalpunktstimulationen (→*Dian-xue*) zu entwickeln, und die Neutralisation solcher Techniken ist nicht allein durch Muskelanspannungen möglich.

KONTROLLE DES GEISTES

Auch dieser bedeutende Aspekt des *Kata*-Übens kann hier nur unzulänglich beschrieben werden, weil der Einfluß der Kampfkünste auf den Geist (und umgekehrt) ein enormes Gebiet umfaßt. Aus dem Blickwinkel der Selbstverteidigung lassen sich dennoch einige Schwerpunkte herausgreifen, die in der *Kata* hintergründig versteckt sind und oft in der Übung der Form untergehen. Die Körperprinzipien *(Waza)* der Selbstverteidigung *(Goshin)* werden in allen Kampfkünsten auf den Geistesprinzipien *(Shin)* aufgebaut, denn jede Fähigkeit, die ohne Geisteskontrolle erarbeitet wird, ist bestenfalls im Spiel, aber nie im Ernstfall abrufbar (s. →*Shisei*).

PERFEKTION DER TECHNIK

Jede *Kata* enthält ihre eigenen Methoden. Diese sind aber in der Form verschlüsselt, und oft ist es schwierig, sie zu verstehen.

Außerdem ist es wichtig, zu wissen, daß alle technischen Methoden der *Kata* auf den obengenannten Prinzipien aufgebaut sind und deshalb nicht isoliert geübt werden können. Die Übung der inneren Haltung ist für die Perfektion der Technik ebenso wichtig wie die Übung ihrer Form.

Die im *Karate* verwendete Körpertechnik muß durch viele Wiederholungen automatisiert werden. Früher bestanden die Meister darauf, daß dies direkt in der *Kata*-Übung geschah, heute wird sie zerlegt und als →*Kihon* und →*Kumite* geübt.

Kata-mawashi (jap.): Schulterdrehen. Technik der →*Jû no Kata*.

Katame (jap.): auch *Gatame*. Halten, immobilisieren, befestigen, binden, kontrollieren.

Katame no Kata (jap.): →*Jûdô-Kata* aus dem *Kôdôkan*. Diese *Kata* lehrt entsprechend der Klassifizierung von →*Gatame-waza* die wichtigsten Techniken des *Jûdô* im Hinblick auf das Halten (→*Osae komi-waza*), das Würgen (→*Shime-waza*) und das Gelenkhebeln (→*Kansetsu-waza*).

KATAME NO KATA

Osaekomi-waza	**– Haltegriffe**
1. Kesa gatame	– Schärpe
2. Kata gatame	– Schulterschärpe
3. Kami shiho gatame	– oberer Vierer
4. Yoko shiho gatame	– seitlicher Vierer
5. Kuzurekami shiho gatame	– lockerer oberer Vierer
Shime-waza	**– Würgegriffe**
1. Kata juji jime	– Mischkreuzwürgen
2. Hadaka jime	– freies Schränkwürgen
3. Okuri eri jime	– Kragenwürgen
4. Kata ha jime	– hinteres Schulterwürgen
5. Gyaku juji jime	– Kammkreuzwürgen

KATAME NO KATA

Kansetsu-waza	**– Armhebel**
1. Ude garami	– Beugehebel im Kniestand
2. Ude hishigi juji gatame	– Streckhebel im Kniestand
3. Ude hishigi ude gatame	– Drehstreckhebel im Knien
4. Ude hishigi hiza gatame	– Kippstreckhebel im Fallen
5. Ashi garami	– Beinhebel

Katame-waza (jap.): s. *Gatame-waza*.

Katana (jap.): Langschwert der Samurai (auch *Tô*) mit gekrümmter einschneidiger Klinge, konvex geschliffen. Das *Katana* (auch *Daitô* oder *O-dachi*) wurde seit der Ashikaga-Periode (1333–1474) verwendet. Es gehört zusammen mit dem →*Wakizashi* zum →*Daishô* (Schwertpaar), das die *Bushi* (Krieger) im *Obi* (Gürtel) trugen. Der Unterschied vom *Katana* zu dem anderen Langschwert, dem →*Tachi*, besteht darin, daß das *Tachi* mit der Schneide nach unten und das *Katana* mit der Schneide nach oben getragen wurde. Die Klinge maß ungefähr 61 cm, während das *Wakizashi (Shôtô)* 31 cm lang war. Die Aufschrift der japanischen Schwerter ist immer an der Außenseite angebracht, wodurch sich *Katana* und *Tachi* unterscheiden lassen (s. →*Ken*[6]).

ARTEN

Unter den Schwertern unterscheidet man das *Kotô* (altes Schwert), das ungefähr zwischen 900 und 1530 hergestellt wurde, das *Shintô* (neues Schwert), hergestellt zwischen 1530 und 1867, und das *Shin-Shintô* (ganz neues Schwert), hergestellt nach 1867. Die Kinder der *Bushi* trugen das *Mamori-gatana* (Schutzschwert), das viel kürzer war. Wenn der Samurai jemanden besuchte, gehörte es zur guten Sitte, daß er das *Katana* auf einem speziellen Ständer im Eingang ablegte, während er das *Wakizashi* bei sich behielt. In Gegenwart des Kaisers oder des Shôgun mußten beide Schwerter abgelegt werden.

ZUSAMMENSETZUNG UND AUFBEWAHRUNG

Wurde das *Katana* längere Zeit nicht getragen, so wurde seine Klinge abmontiert und durch eine Holzklinge ersetzt. Die Klinge wurde geputzt und an einem Griff aus Magnolienholz befestigt. Das

Ganze legte man auf einen Ständer *(Katana-kake)*, der sich in einem Kasten aus Magnolienholz befand. Das *Katana* besteht aus Klinge *(Tô)*, Griff *(Tsuka)*, Scheide *(Saya)* und einem verzierten Handschutz *(Tsuba)*. Die Klinge hat ein flaches Ende mit zwei Löchern *(Mekugi-ana)* zur Befestigung des Griffs. Die Klingen der meisten *Katana* sind sehr wertvoll und oft mit wellenförmigen Gravuren *(Horimono)* und sinojapanischen Schriftzeichen *(Bonji)* verziert. Eine gute Klinge erkennt man an den gewellten Linien *(Yabika)*, die durch das Härteverfahren der Schneide *(Ha)* entstanden sind. Der gewölbte Rücken des Schwertes wird *Mune* genannt, die Spitze heißt *Kassika*, und die Linie, die den Rücken von der Schneide trennt, nennt man *Shinogi*. Der Heftzapfen *(Nakago)* wurde oft mit der Feile eingeritzt *(Yasurime)*, um das Abrutschen des Griffes zu vermeiden. Oftmals war hier auch der Name *(Mei)* des Schmiedes *(Kanji)* eingetragen.

HERSTELLUNG

Die Technik des Schwertschmiedens und Härtens war das Geheimnis der jeweiligen Schmiede (→*Kanji*). Das perfekte Gleichgewicht, das ein Schwert haben mußte, wurde durch das Gewicht des Handschutzes hergestellt. Wohlhabende Samurai konnten den Handschutz durch einen aus Gold geschmiedeten ersetzen lassen, der jedoch das gleiche Gewicht haben mußte. Der Griff war aus zwei Holzteilen gearbeitet, die von zwei Bolzen *(Menuki)* zusammengehalten, mit Haifischhaut *(Same)* überzogen und mit überkreuzten Schnüren befestigt wurden. Der Knauf *(Kashira)* des Griffes war aus verziertem Kupfer oder Bronze. Ein Ring aus Kupfer *(Fuchi)* vollendete die Befestigung des Griffes und hielt den Handschutz fest, der auf der anderen Seite durch einen weiteren Kupferring *(Habaki)* an der Klinge befestigt war. Die Scheide *(Saya)*, ebenfalls aus zwei Holzteilen zusammengesetzt, oft lackiert und sehr luxuriös verziert, besteht aus einem Mundring *(Koi-guchi)* aus Horn und einem verzierten Ansatzstück *(Kojiri)*, das mit verzierten Metallringen zusammengehalten wird. Auf der Biegung der Scheide befindet sich ein Ring *(Kurikata)* zum Befestigen eines Bandes *(Sageo)* und zum Festbinden des Schwertes, damit es nicht aus dem Gürtel rutscht.

Katana-kake (jap.): Schwertständer (s. →*Katana*, →*Ken*[6]).

Katana-zutsu (jap.): Schutzvorrichtung zum Transport der Schwerter (s. →*Ken*[6]).

Kata-osae-gatame (jap.): umgekehrte Schulterschärpe aus dem *Jûdô*.

Kata-oshi (jap.): gegen die Schulter drükken (s. →*Jû no Kata*).

Kata-sabaki (jap.): Bewegungsformen aus den *Kata* (s. →*Tai-sabaki*). Erläuterungen s. unter →*Undô*, →*Unsoku-hô*.

Kata-seoi (jap.): Schulterwurf aus dem *Jûdô*.

Katate (jap.): ein Arm, eine Hand.

Katate-age (jap.): die Hand zum Schlag erheben. Technik der →*Jû no Kata*.

Katate-dori (jap.): mit einer Hand (einem Arm) fassen oder greifen (s. →*Jû no Kata*).

Katate-jime (jap.): Einhandwürgen, Armschulterwürgen aus dem *Jûdô*.

Katate-tsukami (jap.): Greif- und Ziehabwehr mit einer Hand (s. →*Tsukami-uke*).

Katate-waza (jap.): einhändige Schwerttechniken aus dem *Kendô*, klassifiziert unter →*Shikake-waza*.

Kata-ude-dori (jap.): Ergreifen des rechten Ellbogens aus der *Goshin-jutsu no Kata*.

Katawa-guruma (jap.): Knierad. Wurftechnik (s. →*Nage-waza*) aus dem traditionellen *Karate*. Es gibt mehrere Varianten.

Katori Shintô-ryû (jap.): eine der bekanntesten japanischen Schwertschulen, vollständige Bezeichnung →*Tenshin Shôden Katori Shintô-ryû*.

Die Kampfkunst wurde von IIZASA CHÔISAI (1387 bis 1488) auf den Prinzipien des *Zen* und des *Shintô* gegründet und im Katori-Schrein gelehrt. In dem System werden verschiedene Waffen geübt, darunter *Ken, Bô, Naginata, Iai* u. a. Es wird viel Gebrauch von den →*Mudrâ* gemacht. Die Schule erreichte einen hohen Stand an Präzision und Können. Heute wird sie als eines der traditionellen Kulturzentren Japans betrachtet.

Katsu[1] (jap.): Aktivität, Leben. *Seikatsu* – Leben, *Katsudô* – Aktivität. In den Kampfkünsten gebraucht man den Begriff, um die Techniken der Wiederbelebung (→ *Kuatsu*) zu benennen.

Katsu[2] (jap.): siegen, gewinnen (auch *Shô*). *Shôri* – Sieg, *Shôrisha* – Sieger, *Kesshô* – Entscheidung.

Katsu[3] (jap.): lauter Schrei, der in der *Zen*-Übung verwendet wird.

Kattô (jap.): »Schlingpflanzen«. Der Ausdruck bezeichnet das Gefangensein in den Worten und Begriffen, das Haften in den Systemen und Formen, ohne ihre tiefere Bedeutung zu verstehen (s. →*Shô*).

Kattô ist die rein intellektuelle Interpretation einer Lehre und wird als Hindernis zu ihrem wirklichen Verständnis angesehen, im Gegensatz zu →*Wato*, das auf ein Verständnis jenseits des Intellektes hinweist.

Kawa (jap.): Seite (auch *Soku*).

Kawaishi Mikinosuke: berühmter *Jûdô*-Meister (1899–1969) des →*Butokukai*, der *Jûdô* in Frankreich einführte (s. auch →*Jûdô*).

Kawaishi wurde im August 1899 in Himeiji geboren. Mit sieben Jahren wurde er Vollwaise. Das *Jûdô* entdeckte er erst auf der Waseda-Universität, wo er unter Meister KURIHARA aus dem *Butokukai* zu trainieren begann. Nach Abschluß der Ausbildung durchreiste er 5 Jahre lang die USA und Brasilien, bis er sich schließlich in England niederließ, wo er ein *Dôjô* an der Oxford-Universität gründete.

Kurz darauf zog er nach Frankreich, wo er 1946 die französische *Jûdô*- und *Jûjutsu*-Föderation gründete. Im gleichen Jahr wurde er je-doch gezwungen, Frankreich zu verlassen. Er ging zurück nach Japan und heiratete dort. Danach durchreiste er Deutschland und Rußland. 1947 gründete er eine Organisation für Dan-Träger.

Am 30. November 1948 zog Kawaishi, Inhaber des 7. Dan, wieder nach Frankreich. Dort entwickelte er sein eigenes System auf der Grundlage des →*Gokyô*, das man heute →Kawaishi-System nennt. Lange Zeit gab es in Frankreich Konkurrenz zwischen den *Jûdô*-Lehrern des *Butokukai* (KAWAISHI und AWAZU SHOZO) und dem Vertreter des *Kôdôkan*, ABE ICHIRO. 1956 vereinigten sich jedoch die beiden Strömungen. Kawaishi starb am 30. Januar 1969.

Kawaishi-System: das nach dem berühmten *Jûdô*-Lehrer →KAWAISHI MIKINOSUKE benannte Einteilungssystem der *Jûdô*-Techniken. Es ist neben den →*Gokyô no Kaisetsu* von KANÔ JIGORÔ die am meisten verbreitete Systematik des *Jûdô*.

Die Einteilung der Wurftechniken erfolgt hier nach 5 Gruppen mit insgesamt 60 Techniken (s. →*Nage-waza*). Die Bodentechniken unterteilen sich in Haltegriffe (→*Osae komi-waza*), Würgegriffe (→*Shime-waza*) und Armhebel (→*Kansetsu-waza*); s. auch *Gatame-waza*.

Kawashi-waza (jap.): die Technik des Ausweichens (in manchen japanischen Systemen auch *Ryûsui* – fließendes Wasser). Überbegriff für alle Arten des Ausweichens, des Zurückziehens oder des Umgehens gegnerischer Angriffe in Verbindung mit einem folgenden oder einem gleichzeitigen Konter.

Die verschiedenen Formen des Ausweichens entstehen, indem Fußbewegungen (→*Ashi-sabaki*) und Hüftbewegungen (→*Koshi-sabaki*) miteinander verbunden werden (s. →*Tenshin*, für *Wadô-ryû* s. →*Yokeru-koto*).

MÖGLICHKEITEN DES AUSWEICHENS

1. auf der Stelle
2. im Vorwärtsgehen
3. im Zurückweichen
4. im Seitwärtsgleiten
5. im Drehen auf einem oder beiden Füßen, auf der Stelle oder nach dem Aufsetzen
6. im Sprung
7. indem man all die obigen Formen miteinander kombiniert

- **Ausweichformen auf der Stelle**

Diese Ausweichbewegungen geschehen, indem der Übende nicht zurückweicht. Der hintere Fuß bleibt auf der Stelle, während der vordere Fuß herangezogen und wieder entfernt wird oder indem man mit dem Oberkörper und dem Schwerpunkt agiert. Aufgrund der Nähe zum Angreifer sind diese Ausweichformen relativ gefährlich, machen es jedoch möglich, in einem perfekten Timing zu kontern, da die Zeit zwischen Abwehr und Konter sehr kurz ist. Auf der Stelle kann man wie folgt ausweichen:

MIT DEM OBERKÖRPER

Man übernimmt den gegnerischen Angriff, indem man z. B. aus *Fudô-dachi* in andere Stellungen überwechselt:

1. Man lehnt den Oberkörper leicht zurück
2. *Gyaku-hanmi* zum Inneren des Angriffs
3. *Hanmi* zur Außenseite des Angriffs
4. Den Oberkörper abducken oder die Hüften senken
5. Den Schwerpunkt vor- oder zurückverlagern

ZURÜCKZIEHEN DES VORDEREN BEINS

Durch das Zurückziehen des vorderen Beins

kann der Abstand zum Gegner verringert werden, so daß der Angriff zu kurz gerät, allerdings ist die Zeit, um die richtige Distanz zu einem Konter herzustellen, sehr kurz:
1. Zurückziehen des vorderen Beins in der Stellung
2. Anheben des vorderen Beins mit Fußabwehr

- **Ausweichformen im Vorwärtsgehen**

In diesen Formen geht man in den gegnerischen Angriff hinein und bewegt dabei den Oberkörper meist zusammen mit einer Abwehrtechnik so, daß der Angriff seitlich vorbeigeht. Auch hier gibt es mehrere grundsätzliche Möglichkeiten:

MIT DEM VORDEREN FUß

Meist verwendet man diese Bewegungen zusammen mit den Abwehrformen aus *Nagashi*, die man dann gleichzeitig mit Kontertechniken kombinieren kann *(Dôji-waza)*. Bevorzugt steht man in einer hohen engen Stellung (z. B. *Teiji-dachi*):
1. mit dem vorderen Fuß links vorbei
2. mit dem vorderen Fuß rechts vorbei

MIT DEM HINTEREN FUß

Man geht im großen Schritt mit dem hinteren Fuß auf den Gegner zu und schräg an ihm vorbei. Diese Möglichkeiten bieten sich besonders im Falle von Fußangriffen an:
1. mit dem hinteren Fuß links vorbei
2. mit dem hinteren Fuß rechts vorbei

- **Ausweichformen im Zurückweichen**

Diese Ausweichformen werden am meisten gebraucht, da sie die einfachsten sind und außerdem einer natürlichen Reflexbewegung aus dem Selbstschutz entsprechen. Es ist jedoch wichtig, daß diese Bewegungen nicht in Flucht ausarten, da man ansonsten nicht mehr kontern kann. Wenn man sie übt, muß man auf den Geist achten und seine Reflexe kontrollieren. Weicht man zu weit aus, sind die Distanz und der Zeitabstand zum wirkungsvollen Kontern zu groß:

OHNE STELLUNGSWECHSEL

Diese Ausweichform nennt man *Hiki-uke* oder im okinawanischen Karate *Chakuchi*. Ohne die Stellung zu verändern, gleitet man mit beiden Füßen gleichzeitig vor einem gegnerischen Angriff zurück und dann mit einem Konter sofort wieder in die alte Stellung vor.

MIT STELLUNGSWECHSEL

Diese Ausweichformen sind vielfältig in ihrer Anwendung. Der vordere, der hintere oder beide Füße gleichzeitig können zurückbewegt werden, während der Schwerpunkt in der Stellung zurückgenommen oder die Hüfte gedreht wird. Mit dem richtigen Gefühl können damit gute Konterdistanzen erzielt werden, ohne daß die Gefahr des Getroffenwerdens allzu groß ist.

- **Ausweichformen im Seitwärtsgleiten**

Diese Ausweichformen sind sehr beliebt, erfordern jedoch ein intensives Training. Folgende Formen sind möglich:

SCHRÄGES AUSWEICHEN

Dieses Ausweichen besteht darin, daß man einen Fuß entweder nach innen oder nach außen setzt, dabei zusammen mit einer Abwehr die Hüfte entsprechend dreht, um dem gegnerischen Angriff zu entgehen.
1. mit dem vorderen Fuß nach außen
2. mit dem vorderen Fuß nach innen
3. mit dem hinteren Fuß nach außen
4. mit dem hinteren Fuß nach innen

SEITLICHES AUSWEICHEN

Im seitlichen Ausweichen kommt man meist neben dem angreifenden Gegner zu stehen. Häufig wird dazu eine Seitwärtsstellung gebraucht (z. B. *Kiba-dachi*):
1. mit dem vorderen Fuß nach außen zur Seite
2. mit dem hinteren Fuß nach außen zur Seite
3. mit beiden Füßen nach innen zur Seite *(Uchi hiraki)*
4. mit beiden Füßen nach außen zur Seite *(Soto hiraki)*

- **Ausweichformen in der Drehung**

Diese Ausweichbewegungen beruhen alle auf der Verwendung eines oder beider Füße als Drehpunkt, entweder direkt auf der Stelle oder gleich nachdem man die Füße in die richtige Position gebracht hat. Diese Techniken sehen sehr elegant und rund aus, verlangen jedoch ein intensives Studium und langjährige Übung:

AUF EINFACHEM DREHPUNKT

In diesen Ausweichbewegungen wird ein einziger Fuß als Drehpunkt verwendet, um den herum sich der Körper dreht. Der andere Fuß beschreibt um den ersten herum einen halben bis zu einem vollständigen Kreis. Die Anwendungsformen dieser Bewegungen sind vielfältig. Sie können auf der Stelle geschehen oder indem man zuerst den Standfuß in die rechte Position bringt (z. B. *Irimi-uke*).

AUF DOPPELTEM DREHPUNKT

In dieser Ausweichform wird der Körper entweder auf der Stelle oder nach dem Setzen der Füße in die entgegengesetzte Richtung gedreht (wie z. B. *Ushiro gedan barai* in der *Empi*).

- **Ausweichformen im Sprung**

Diese Ausweichtechniken sind riskant und sollten nur im äußersten Notfall verwendet werden. Sie gehören zur Gruppe von →*Sutemi-waza*. Folgende sind die wichtigsten:

1. *Sankaku-tobi*
2. *Chôjaku-hangeki*
3. *Ashi-fumikae*

Kawazu-gake (jap.): nicht anerkannte Technik, nicht zu erkennende Handlung, verbotene Technik oder Aktion. Aus dem *Sumô*-Wettkampf.

Kazoeru (jap.): zählen. *Su, Kazu* – Zahl. Heute zählt man in Japan sowohl →sino-japanisch als auch neu-japanisch.

Die sino-japanischen Zählweise wird in der Zusammensetzung von Zahl- und Hauptwort benutzt (z. B. *Go-hon* – fünf Schritte). In den Kampfkünsten wird sie jedoch seit alters her auch für alleinstehende Zahlen verwendet.

KAZOERU – ZÄHLEN

Japanisch

1	– hitotsu	6	– mutsu
2	– futatsu	7	– nanatsu
3	– mittsu	8	– yattsu
4	– yottsu	9	– kokonotsu
5	– itsutsu	10	– tô

Sino-Japanisch

1	– ichi	20	– nijû
2	– ni	21	– nijû-ichi
3	– san	30	– sanjû
4	– shi (yon)	99	– kujû-ku
5	– go	100	– hyaku
6	– roku	300	– sambyaku
7	– shishi (nana)	600	– roppyaku
8	– hashi	700	– nana-hyaku
9	– ku (kyû)	800	– happyaku
10	– jû	1000	– sen (issen)
11	– jû-ichi	2000	– ni-sen
12	– jû-ni	10000	– ichi-man

Kazu (jap.): Zahl (auch *Su, Sû*).

Ke-age (jap.): federnd geschlagene Fußtechnik. Es gibt →*Mae geri-keage*, →*Yoko geri-keage* und →*Ushiro geri-keage*.

In der Regel wird bei den Keage-Techniken das Knie an die Brust gehoben, wonach der Fuß um das Kniegelenk ins Ziel geschnappt wird. Nach dem Tritt wird der Fuß auf demselben Weg wieder zurückgebracht. Man kann den Fußballen, die Zehen oder die Fußkante benutzen. Beim *Ushiro-keage* wird der hintere Teil der Ferse verwendet. Einteilung s. unter →*Keri-waza*.

Keban-ashi (jap.): gleich mit *Keri-kekomi*.

Kei[1] (jap.): achten, ehren (auch *Uyamau*). *Sonkei* – Achtung, Respekt, Verehrung, *Keirô* – Achtung vor dem Alter, *Keigô* – höflicher Ausdruck, *Keirei* – achtungsvolles Verhalten.

Kei[2] (jap.): System, Lehrmethode, Abstammung, Kampfstilrichtung (s. →*Ryû*, →*Kai*).

Keibô-sôhô (jap.): japanische Kampfkunst, gegründet 1956 von einer Kommission unter Leitung von SHIMIZU TAKAGI für die japanische Polizei.

Keibô-sôhô gehört zu der Gruppe des *Shinbujutsu* (neue Kampfkünste) und lehrt die Verwendung eines Holzknüppels. Dieser Stock *(Keibô)* gehörte bereits 1946 zur Standardausrüstung der japanischen Polizei. Die ersten Techniken für den Gebrauch des *Keibô* entstanden 1947 zusammen mit der Gründung des →*Taihojutsu*. Doch der damalige *Keibô* stellte sich als falsch proportioniert heraus (zu kurz und zu dünn), und deshalb veränderte man 1949 seine Länge von 45 cm auf 60 cm. 1956 wurde der Polizeistock aus den USA übernommen. In den 60er Jahren erarbeitete eine Komission unter der Leitung von SHIMIZU TAKAGI die Techniken für diesen Stock. Shimizu orientierte sich dabei hauptsächlich am →*Shindô Musô-ryû* und am *Juttejutsu* des *Ikaku-ryû*, dessen Großmeister Shimizu ebenfalls war. Alle *Keibô*-Techniken werden in Verbindung mit den Methoden des *Taihôjutsu* gelehrt.

Keijô (jap.): Stockvariante (s. →*Jô*, →*Keijôjutsu*).

Keijôjutsu (jap.): neben →*Taihôjutsu* und →*Keibô-sôhô* ein weiteres Kampfsystem der japanischen Polizei, 1931 von SHIMIZU TAKAGI für eine Spezialabteilung der Polizei gegründet.

Die japanische Polizei stand seit der späten Meiji-Ära beständig vor dem Problem ihrer Ausrüstung und Ausbildung. Daher wurde eine technische Kommission aus 7 Männern gegründet, die neue Methoden des Nahkampfes ausarbeiten sollten.

Im Jahre 1927 gaben SHIMIZU TAKAGI und TAKAYAMA KENICHI vor dieser Kommission eine Vorführung im *Jôjutsu*. Die Kommission beschloß, diese Waffe in ihr Programm aufzunehmen, und stellte 1931 Shimizu als Ausbilder ein. Dieser paßte das System den Zwecken der Polizei an und nannte es *Keijôjutsu*. Er entwickelte auch noch ein zweites System, das er →*Keibô-sôhô* nannte.

Im *Keijôjutsu* wird der Umgang mit dem *Jô* (1,20 m langer Stock) gelehrt, der von der Polizei gegen gewalttätige Demonstranten eingesetzt wird. Die angewendeten Techniken stammen größtenteils aus dem klassischen *Shindô Musô-ryû*, in dem Takagi lange Zeit Großmeister war. In der Hauptsache werden Abwehrtechniken gelehrt, der *Jô* eignet sich jedoch auch zum Entwaffnen, Betäuben und im äußersten Fall zum Verletzen gewalttätiger Gegner. Das System erregte in Japan in der letzten Zeit Aufsehen und führte zu massiven Protesten der Bevölkerung gegen die Polizei.

Keiko (jap.): Übung (auch →*Geiko*).

Keikoba (jap.): Trainingsstätte.

Keiko-gi (jap.): Kleidung, die man während der Kampfkunstübung trägt. Entsprechend der jeweiligen Kampfkunst unterscheidet sich der *Keikogi* in *Jûdôgi, Karategi, Aikidôgi* usw.

Keiko-ken (jap.): Phönixaugenfaust, identisch mit →*Ippon-ken*.

Keikoken-zuki (jap.): identisch mit →*Ippon-ken-zuki*.

Keikoku (jap.): Wettkampfbegriff: Verwarnung wegen Nichtbeachtung der Regeln.

Keikotsu (jap.): Schienbein.

Keikotsu-gaisokumen (jap.): *Atemi*-Angriffspunkt: vordere Schienbeinseite.

Keimochi (jap.): okinawanischer Begriff, der verwendet wird, um berühmte Menschen mit einer nachvollziehbaren Geschichte zu beschreiben.

Keiraku (jap.): Bezeichnung für die Meridiane des menschlichen Körpers in der japanischen Fingerdrucktherapie (→*Shiatsu*). Gleichbedeutend mit dem chinesischen Begriff →*Jing-luo*, der in den chinesischen Systemen die Meridiane bezeichnet. Zwischen *Jing* und *Keiraku* besteht kaum ein Unterschied, da sich die japanischen Systeme des *Shiatsu* hauptsächlich aus der chinesischen →*Anmo*-Massage ableiten.

Die *Keiraku* sind Umlaufsysteme für die Energie (→*Ki*) im menschlichen Körper und stellen zusammen mit den →*Tsubo* ein System von Nervenreflexen dar, das die inneren Organe mit der Körperoberfläche an bestimmten Punkten *(Tsubo)* verbindet. Auf ihnen fließt die vitale Energie, die unabhängig vom Blutkreislauf und vom Nervensystem ist. Vom Kopf bis zu den Zehenspitzen ziehen sich diese Linien, die sich in zwei verschiedene Systeme unterteilen: *Kei* und *Raku*. Diese Einteilung ist identisch mit der chinesischen Vorstellung der *Yin*- und *Yang*-Linien (s. →*Jing*[2]).

Im *Shiatsu* wie auch in den chinesischen Systemen kennt man zwölf Hauptmeridiane: 1. Lungen-*Kei*, 2. Dickdarm-*Kei*, 3. Magen-*Kei*, 4. Milz-*Kei*, 5. Herz-*Kei*, 6. Dünndarm-*Kei*, 7. Blasen- *Kei*, 8. Nieren-*Kei*, 9. Schutzhüllen-*Kei*, 10. Dreifach-Hitze-*Kei*, 11. Gallenblasen-*Kei* und 12. Leber-*Kei*. Für jedes *Kei*-System gibt es ein entsprechendes *Raku*-System. Sie bilden zusammen ein über den ganzen Körper ausgedehntes Energieversorgungsnetz, das den Menschen bei Gesundheit hält, solange die Energie ungestört fließen kann.

Außer den zwölf Hauptmeridianen gibt es noch mehrere andere, die ähnlich den chinesischen *Jing-luo* eingeteilt sind. Die wichtigsten unter ihnen sind der *Ninmyaku*- und der *Tokumyaku*-Meridian, deren Aufgabe es ist, den Energieverlauf in den Hauptmeridianen zu kontrollieren und auszugleichen. Auf diesen beiden Meridianen liegen die Haupt-*Tsubo* des menschlichen Körpers, d. h. jene Punkte, anhand deren man erkennen kann, welcher Meridian und welches dazugehörige Organ nicht richtig funktionieren. Außer diesen *Tsubo* gibt es noch weitere, die auf den entsprechenden Hauptmeridianen liegen.

Keirei (jap.): einfacher Gruß aus dem Stand (s. →*Ritsurei*, →*Rei*).

Keiso (jap.): Respekt.

Keitô (jap.): Hahnenkamm- oder Kükenkopf-Hand. Man beugt die Hand entgegengesetzt wie →*Seiryûto*.

Die Finger werden gespannt, der Daumen liegt in der Innenhand. Man trifft mit der Wurzel des unteren Daumengelenkes. Die Technik kann zur Abwehr und zum Angriff verwendet werden.

Keitô-uchi (jap.): Hahnenkamm- oder Kükenkopf-Schlag (s. →*Keitô)*. Zuordnung s. →*Uchi-waza*.

Keitô-uke (jap.): Hahnenkamm- oder Kükenkopf-Handgelenkabwehr (s. →*Keitô*). Zuordnung s. →*Uke-waza*.

Keizan Jôkin (1268–1325): 4. Nachfolger von →DÔGEN ZENJI. Gründer des Tempels *Sôjiji* und Verfasser des →*»Denkô-roku«*.

Keizu (jap.): Genealogie. Chronologie der Kampfkünste (für *Karate* s. Tafeln →*Tôde*, →*Shôrin-ryû*, →*Shôrei-ryû* und verfolge die darin angeführten Namen. Weitere Kampfkünste s. unter ihrer jeweiligen Bezeichnung).

Kejia (chin.): »Gast-Kampfkunst«, nordchinesisches *Quan-fa*, das aus drei Stilen kombiniert wurde.

Der Name kommt daher, daß die Gründer Fremde in Kwangtung waren, wo sie den Stil gründeten. Die drei Ursprungssysteme sind *Long-xing* (Drachenstil), *Pat-mei* (weiße Augenbraue) und *Zu-jia* (nördliche Gottesanbeterin).

Kekka-fuza (jap.): vollkommener →Lotossitz (s. auch →*Zahô*). *Kekka-fuza* gilt im Fernen Osten als die geeignetste Sitzhaltung für die Meditation. In dieser Haltung wird der Buddha ikonographisch dargestellt.

Einnehmen des Lotos-Sitzes – Kekka-fuza

In der Lotoshaltung sind die Beine verschränkt, der rechte Fuß liegt auf dem linken Oberschenkel, der linke Fuß auf dem rechten Oberschenkel, der Rücken ist aufrecht, und die Hände ruhen mit nach oben gekehrten Handflächen auf den Fersen beider Füße. Anders als in den meisten buddhistischen Schulen liegt beim *Zazen* die linke Handfläche auf der rechten, wodurch die Vorherrschaft der passiven über die aktive Körperseite zum Ausdruck gebracht wird.

Ke-komi (jap.): gerader, auf einer Linie gestoßener Fußtritt.

Das Knie wird an die Brust gehoben und danach kraftvoll ausgestreckt. Die Hüfte beteiligt sich an der Technik. Man kann den Fußballen und die Fußsohle (beim *Mae-geri*), die Fußkante (beim *Yoko-geri*) und den unteren Teil der Ferse (beim *Ushiro-geri*) verwenden. Die Techniken haben eine größere Reichweite als beim →*Keage*. Einteilung s. unter →*Keri-waza*.

Kelawang (indo.): indonesische einschneidige, schwertähnliche Klingenwaffe (45–75 cm), ähnlich dem malaiischen →*Mandau* oder →*Parang*. Die Waffe ist auch häufig auf Sumatra anzutreffen.

Kempô (jap.): japanisch/okinawanische Bezeichnung für die chinesische Ursprungskampfkunst →*Quan-fa* (s. auch →*Kung-fu*). *Kempô* (manchmal auch *Kenpô* geschrieben) bedeutet »Gesetz der Faust« oder »Weg der Faust«. Die Bezeichnung wurde seit alters her auch für das okinawanische *Karate* gebraucht.

ZUM BEGRIFF

Der Begriff *Kenpô* oder *Kempô* repräsentiert die japanisch/okinawanische Leseweise zweier chinesischer Schriftzeichen, die in China als *Quan-fa (Ch'uan-fa)* ausgesprochen werden. Im Ursprungsland ist *Quan-fa* ein Überbegriff für mehrere chinesische Kampfkunstsysteme. Ab dem 19. Jh. wurde der Begriff auf Okinawa parallel zu dem Begriff *Karate* verwendet, um dessen Verbindung zum chinesischen *Quan-fa* zu bezeichnen. So bezeichnete z. B. →MOTOBU CHÔKI seine Kunst als *Motobu-ryû Kempô-Karate*. Aber auch alle Richtungen des okinawanischen →*Shôrin-ryû* und →*Shôrei-ryû* verleugnen ihre diesbezügliche Herkunft nicht und verwendeten früher den Begriff *Kempô*.

Zu Beginn des 20. Jhs. entstand dann eine neue, zum Teil religiöse Richtung, die sich unter starken okinawanischen *Kempô*-Einflüssen vor allem auf Hawaii, den Philippinen und Indonesien verbreitete. Um diese Richtungen vom chinesischen *Quan-fa* zu unterscheiden und ihre Herkunft in Okinawa festzumachen, verwenden sie oft auch die Bezeichnung *Kempô* (z. B. *Koshô-ryû Kempô*).

DIE ENTSTEHUNG DER SCHULEN

Eine der wichtigsten okinawanischen *Kempô*-Schulen (abgesehen von *Shôrin-ryû* und *Shôrei-ryû*, die alle den Begriff verwendeten, sich aber im 20. Jh. in *Karate* umbenannten) war Motobu Chôkis →*Motobu-ryû Kempô-Karate* oder *Motobu-ha Koshô-ryû Karate* (»Kempô-Karate des alten Pinienwaldes der Familie Motobu«). Die zweite Schule wurde 1920 von dem Meister SHUNGAN WAIALUA-TARYÛ gegründet und nennt sich *Shôrei-kyô Kempô-Karate*. MATSUMURA SOKON's *Shôrin-ryû* vererbte sich über HOHAN SOKEN zu KUDA YUICHI und nennt sich *Matsumura-Kempô*.

Motobu hatte drei Schüler, die jeweils ihre eigenen *Kempô*-Richtungen gründeten: →MATSUYAMA SHINSUKE, →NAKAMURA SHIGERU und JAMES MASAYOSHI →MITOSE. Matsuyama studierte auch unter Shungan Taryû und gründete das →*Kenpôkan-ryû Kempô-Karate*. Nakamura gründete das →*Okinawa Kempô- Karate* und sein Schüler OYATA SEIYU das →*Ryûkyû Kempô-Karate*. Mitose gründete das →*Koshô-Shôrei-ryû Kempô-Karate* und legte den Grundstein für alle hawaiianischen Richtungen. Sein Schüler WILLIAM KWAI- SUN →CHOW gründete das *Hawaiian Kempô-Karate*.

Chow hatte mehrere Schüler, die alle ihre eigenen Stile gründeten. EDMUND KEALOAH →PARKER gründete *American Kempô Karate* und SAM ALAMA KUOHA das *Kara-ho Kempô-Karate*.

Alle Schulen des okinawanischen, hawaiianischen und japanischen *Kempô* identifizieren sich mehr mit der heutigen Vorstellung von *Karate* als mit *Quan-fa*. Doch da der Begriff universell für alle Kampfkünste gebraucht werden kann, kommt es häufig vor, daß auch die Kampfkünste verschiedener anderer Länder damit bezeichnet werden. Daher kann man von folgenden *Kempô*-Systemen sprechen:

Kempô chinesisch:
Summe aller Stile des Quan-fa.

Kempô okinawanisch:
Summe aller Stile des Karate.

Kempô hawaiianisch:
Koshô-Shôrei-ryû (Mitose), Kajukenbo (Emperado), Kempô-Karate (Chow),Kara-hô (Kuoha).

Kempô japanisch:
japanisches Karate, Jûjutsu und alle japanischen Stile des Shôrinji-Kempô.

Kempô amerikanisch:
Stil von Ed Parker.

Kempô koreanisch:
Tang Soo Do, Hwarang Do usw.

Kempô-Karate (jap.): kombinierte Systeme, aufgebaut auf dem okinawanischen →*Karate* mit erweiterten Elementen aus dem chinesischen *Quan-fa*. →*Kempô* ist die japanische Bezeichnung für das chinesische *Karate* (s. →*Quan-fa*, →*Chu'an-fa*, →*Kung-fu*).

Der Begriff entstand in Okinawa (s. →*Kempô*), wo er für alle Richtungen des *Karate* seit alters her verwendet wird. Kein okinawanischer *Karate*-Stil ist von *Kempô*-Einflüssen frei, manche aber verzichteten im Laufe der Zeit auf die Bezeichnung *Kempô*, um sich als ausschließlich okinawanischen Stil zu definieren. Die Beziehung der okinawanischen Meister zu den chinesischen *Kempô*-Stilen war bis zur »Japanisierung« Okinawas in der Meiji-Zeit sehr intensiv, flaute danach aus nationalistischen Gründen ab und wird heute in fast allen okinawanischen *Karate*-Richtungen neu hervorgehoben, in denen es Bemühungen um die Erforschung ihrer Wurzeln gibt. Die heute von vie-

WICHTIGE STILE MIT DER BEZEICHNUNG KEMPÔ

Okinawa	
Kempôkan-ryu	– Shinsuke Matsuyama
Okinawa-Kempô-Karate	– Nakamura Shigeru
Ryûkyû-Kempô	– Oyata Seiyu
Motobu-ryû	– Uehara Seikichi
Matsumura-Seito	– Soken Hôhan
Matsumura-Kempô	– Kuda Yuichi
Hawaii	
Hawaiian Kempô-Karate	– William Chow
Kara-hô Kempô	– Sam Alama Kuoha
Koshô Shôrei-ryû	– James Mitose
Japan	
Shôrinji-Kempô	– Sô Doshin
Kenkokan-Karate	– Kori Hisataka
Nippon-Kempô	– Sawayama Muneyomi
Amerika	
American Kempô Karate	– Edmund K. Parker
Deutschland	
Shôtôkan-ryu Kempô-Karate	– Werner Lind
Shôtô Kempô-ryû-Karate	– Jörg-Michael Wolters

len Meistern gebrauchte Bezeichnung *Kempô-Karate* verläßt nicht das okinawanische Hauptsystem, sondern deutet auf seine Verwandschaft mit den chinesischen Stilen des →*Quan-fa* hin.

Kempô-Karate, amerikanisch: *Karate*-Stil (*American Kempô Karate*), gegründet von EDMUND KEALOHA →PARKER als ein System der Selbstverteidigung und des Straßenkampfes.

1954 gründete Parker sein erstes *Dôjô* in Utah, dem 1956 ein zweites in Kalifornien folgte. 1959 erarbeitete er seinen persönlichen Stil, den er *American Kempô Karate* nannte. Dafür gründete er 1960 die *International Kempô Karate Association* (IKKA), die 1990 in der *Worldwide Kempô Karate Association* (WKKA) aufging.

Kempô-Karate, deutsch: In Deutschland gibt es mehrere Stilrichtungen des *Kempô-Karate*, die z. T. als bestehende okinawanische Systeme importiert oder von deutschen Lehrern geschaffen wurden.

Die deutschen Systeme mit traditioneller Auffassung (*Kempô-Karate* ist immer ein klassisches System) stecken im Vergleich zu anderen Ländern (USA, Frankreich, England usw.) in den Kinderschuhen. Dies liegt in der Hauptsache an der Politik der etablierten deutschen Verbände, die keine klassische *Karate*-Richtung zulassen, was dazu geführt hat, daß in Deutschland auch keine okinawanischen Großmeister unterrichten. Daß die Richtungen des klassischen *Karate* in Deutschland dennoch aufblühen, ist einigen wenigen Meistern zu verdanken, die es nach Deutschland importiert haben. Dazu gehören unter den okinawanischen Richtungen vor allem MEASARA JAMAL *(Seibukan)*, PETER-JOSEF RÖMER *(Matsusokan)* und die Vertreter des *Matsumura-Kempô* (KARL-HEINZ JOHNA und THOMAS LEONHARD). Im DKV versucht sich z. Z. die Lehre des *Shitô-ryû (Hayashi-ha Shitô-ryû)* zu etablieren, die eine starke Anbindung an das chinesische *Kempô* hat. Auch das ursprüngliche *Shôtôkan-Karate* nannte sich früher *Kempô-Karate*. Erst die JKA hat den Begriff *Kempô* aus dem *Shôtôkan* eliminiert.

Eine traditionelle Richtung des →*Shôtôkan-ryû Kempô-Karate* wird in Deutschland im →*Budo Studien Kreis* betrieben, die von WERNER →LIND gegründet wurde und die Verbindung der *Shôtôkan*-Techniken zu ihrer ursprünglichen Interpretation sucht. JÖRG-MICHAEL →WOLTERS hat einen psycho-esoterischen Stil etabliert (→*Shôtô Kempô-ryû Karate-dô*), den er vor allem unter dem Zeichen »Karate gegen Gewalt« betreibt.

Kempô-Karate, hawaiianisch: auf Honolulu gegründeter *Kempô*-Stil von WILLIAM KWAI-SUN →CHOW als Ableitung aus MITOSE's Hauptsystem →*Kosho Shôrei-ryû*.

Ken[1] (jap.): Bescheidenheit, Demut. *Kenkyô* – bescheiden, demütig, *Kenjô* – bescheiden, anspruchslos, *Kenjô no Bitoku* – Tugend und Bescheidenheit, *Kenson* – Bescheidenheit.

Ken[2] (jap): klug, weise (auch *Kashikoi*). *Kenmei* – intelligent, klug, *Kenjin* – Weiser.

Ken[3] (jap): Zustand der Aktivität in den Kampfkünsten.

Ken[4] (jap): sehen (auch *Miru*). *Ikken* – flüchtig sehen, *Senken* – Voraussicht, *Miwakeru* – unterscheiden, erkennen.

Ken[5] (jap.): Faust. Die Faust ist in den waffenlosen Kampfkünsten eine der bedeutendsten Waffen. Es gibt mehrere Arten, die Faust zu verwenden (s. unter →*Tsuki-waza*) und die Faust zu schließen, wobei sich jeweils die Auftrefffläche ändert:

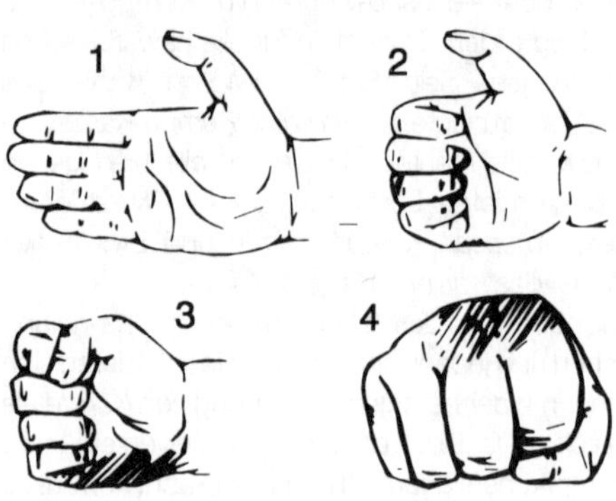

Das Schließen der Faust im Karate

DIE FORMEN DER FAUST

Seiken	– Stirnseite der Faust
Uraken	– Faustrücken
Tettsui (Kentsui)	– Hammerfaust
Ippon-ken	– Zeigefingerknöchelfaust
Nakadaka-ken	– Mittelfingerknöchelfaust
Hira-ken	– Vorderknöchelfaust

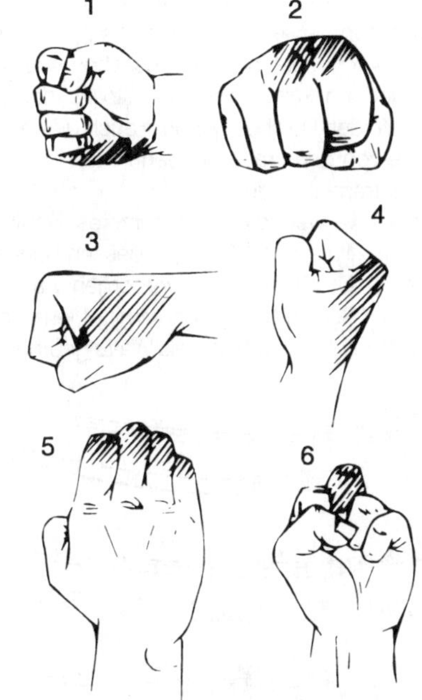

Formen der Faust: 1. Tettsui; 2. Seiken; 3. Naiken; 4. Uraken; 5. Hiraken; 6. Nakadakaken

Ken[6] (jap.): Schwert (auch *Tsurugi*). Fast über die gesamte Geschichte Japans war das Schwert ein politisches Statussymbol mit religiösem Hintergrund. Als Symbol der Macht schon in mythischer Vorzeit vom asiatischen Festland importiert, war es ursprünglich nur den kaiserlichen Beamten (→*Kuge*) erlaubt. Dies war ein langes Schwert, das man →*Tachi* nannte und das sich vom späteren Langschwert der Samurai, →*Katana*, nur unwesentlich unterscheidet. Bei verschiedenen offiziellen Feierlichkeiten wurden von den *Kuge* entsprechende Varianten getragen.

GESCHICHTE UND SCHWERTARTEN

Die religiöse Bedeutung des Schwertes kommt aus dem →Shintôismus. In den mythologischen Überlieferungen des *Shintô* (→*Kami*) ist das Schwert eines der drei Hoheitszeichen (→*Shingi*), die die Sonnengöttin →AMATERASU ihrem Enkel NINIGI überreicht. Der Bruder Amaterasus, SUSA NO WO, fand es im Körper des von ihm getöteten wilden Drachen mit acht Köpfen. Er gab dem Schwert den Namen *Ame no Murakomo no Tsurugi*. Diese Waffe wurde an Prinz YAMATO weitergegeben, den ersten großen Helden der japanischen Geschichte, der es *Kusanagi no Tsurugi* (grasschneidendes Schwert) nannte. Das Schwert wurde Teil der drei heiligen Amtsinsignien *(Shingi)* des japanischen Kaisers, ohne die kein Kaiser auf den Thron steigen darf. Doch es ging in der Schlacht von *Dan no Ura* verloren und mußte ersetzt werden. Das Ersatzstück befindet sich noch immer im Besitz der kaiserlichen Familie.

Die ältesten japanischen Schwerter stammen vermutlich aus dem 3. Jh. n. Chr. und wurden aus Korea importiert. Man hat in Megalithgräbern Exemplare aus dieser Zeit gefunden. Die Klingen hatten zwei Schneiden und waren aus Eisen geschmiedet. Etwa ab dem 9. Jh. verbesserten die japanischen Schwertschmiede ihre Schmiedetechnik, vermutlich nach dem Vorbild aus China oder Korea.

Die Schwerter mit der gekrümmten Klinge gibt es etwa seit dem 8. Jh. Von dieser Zeit an hatten alle japanischen Schwerter diese Biegung mit einer einzigen Schneide an der konvexen Seite. Bereits bevor es die Samuraiklasse gab (zwischen dem 8. und 10. Jh.), nahmen die Schwerter verschiedene Formen an, doch man kannte im wesentlichen das *Tachi*, das am Gürtel befestigt wurde, ziemlich lang war und eine starke Biegung besaß. Es wurde in erster Linie für den Kampf verwendet, im Laufe der Zeit jedoch mehr und mehr für die Parade am kaiserlichen Hof. Des weiteren gab es das *Yefuno-tachi*, das für die Wachen am kaiserlichen Hof und für verschiedene Adelige *(Kuge)* von hohem Rang reserviert war. Die *Shozoku-tachi* (oder *Shin no tachi*) waren Teil des zeremoniellen Kostüms der Adeligen am kaiserlichen Hof. Bestimmte adelige Krieger trugen auch das *Shirizaya-tachi*, dessen Scheide von einer Bärenhaut umgeben war. Doch all diese Schwerter wurden bald durch andere ersetzt, die eine etwas geringere Biegung hatten *(Tô)* und sich zusammen mit der Entstehung der Kriegerkaste (→*Samurai*, →*Bushi*, →*Buke*) durchsetzten.

Von dieser Zeit an gehörte das Schwert zur täglichen Ausrüstung. Die Samurai trugen das →*Daishô*, ein Schwertpaar, bestehend aus dem Langschwert (→*Katana* oder *Daitô*) und dem Kurzschwert (*Wakizashi* oder *Shôtô*). Diese

Kombination war den *Bushi* von hohem Rang vorbehalten. Diese Krieger benutzten manchmal auch ein sehr langes Schwert (→*Odachi*), das für den Kampf zu Pferd (→*Bajutsu*) verwendet wurde. Selbst die Kinder der Samurai trugen eine Art *Katana*, jedoch um einiges kürzer, das *Mamori-gatana* (Schwert des Schutzes) genannt wurde.

Wenn ein Samurai einen Freund besuchte, legte er das *Katana* auf einem speziellen Ständer am Eingang des Hauses ab. Das *Wakizashi* behielt er bei sich. In Gegenwart des Kaisers oder des *Shôgun* legten die Samurai beide Schwerter bereits in der Eingangshalle ab.

Wurde ein *Katana* eine Zeitlang nicht getragen, wurde es demontiert und die Klinge durch eine Nachbildung aus Holz ersetzt. Die eigentliche Klinge wurde gesäubert, an einem Griff aus Magnolienholz befestigt und auf einem speziellen Ständer *(Katana-kake)*, ebenfalls aus Magnolienholz, gelagert, wobei die Klinge mit der Schneide nach oben stand.

Japanische Schwertformen

Name	**Typ**	**Länge**
Nodachi	– Langschwert	840 – 1800 mm
Tachi	– Zeremonieschwert	610 – 760 mm
Katana	– Kampfschwert	610 – 760 mm
Chisaganta	– Hofschwert	460 – 610 mm
Wakizashi	– Kurzschwert	400 – 510 mm
Tantô	– langer Dolch	280 – 400 mm
Hamidashi	– schmaler Dolch	280 – 400 mm
Aikuchi	– großes Messer	280 – 400 mm
Yoroidoshi	– Kampfmesser	240 – 300 mm
Kwaiken	– Frauendolch	80 – 160 mm
Kubikaki Kat.	– Sicheldolch	
Kozuka	– kleines Messer	
Kogai	– Schwertnadel	

Das Schwert besteht aus einer Klinge *(Tô)*, einem Griff *(Tsuka)*, einer Scheide *(Saya)* und einem Handschutz *(Tsuba)*. Die Klinge, oft ein sehr wertvolles Objekt, wurde häufig mit Gravuren *(Horimono)* und sinojapanischen Schriftzeichen *(Bonji)* verziert. Man erkennt eine wertvolle Klinge an den wellenförmigen Schleifspuren *(Yabika)* entlang den Seiten. Der Rükken der Klinge, mehr oder weniger gebogen, wird *Mune*, die Spitze *Kissaki* und die Linie, die die Schneide vom Schwertrücken trennt, *Shinogi* genannt.

Neben den bereits genannten Schwertern gibt es auch noch kurze Klingen (Dolche). Zu ihnen rechnet man die →*Tantô* (kürzer als 31 cm) und die →*Aikuchi*, die ähnlich aussahen wie die *Tantô*, jedoch keinen Handschutz *(Tsuba)* besaßen. Zu den Dolchen gehören auch die →*Kaiken*, die von den Frauen in den Falten ihres *Kimono* getragen wurden.

Die *Ninja* verwendeten ein kürzeres Schwert *(Ninja-tô)* mit gerader Klinge, in dessen Scheide ein kleiner Dolch (→*Kougi*) verborgen war. Die Spitze des Schwertes war oft vergiftet, und häufig wurde auch die Scheide als Waffe gebraucht.

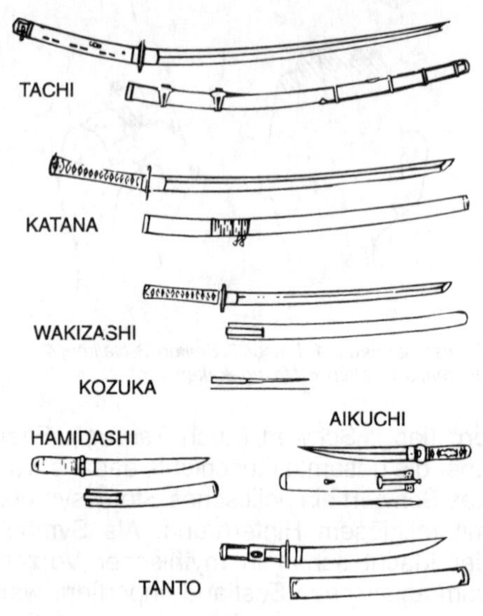

Einige japanische Schwertarten

Herstellung und Typ

Die Schwertschmiede (→*Kaji*) genossen eine ausgesprochen privilegierte Stellung in der Gesellschaft. Die Herstellung einer japanischen Klinge dauerte von einigen Monaten bis zu einigen Jahren und war mit Reinigungsritualen und Kulthandlungen aus dem *Shintô* durchsetzt, da die meisten *Kaji* gleichzeitig *Shintô*-Priester waren. Die Kunst wurde vom Vater auf den Sohn weitergegeben, und das Verfahren der Schwertherstellung ist bis heute nicht geklärt. Im allgemeinen begann jedoch der Schmiedevorgang mit der Zweiteilung eines langen Stückes Eisen. Zwischen diese beiden Stücke fügte man nun andere Metallteile von verschiedener Härte. Das Ganze wurde dann zu einem einheitlichen Teil verarbeitet und schließlich in die gewünschte Form geschmiedet. Wenn die Klinge einmal geschliffen und korrekt ausgewogen war, wurde sie mehrfach bis zum Glühen erhitzt und in gesalzenem Wasser gehärtet. Dabei wurde die Schneide durch eine Schicht Ton geschützt, um einen unterschiedlichen Härtegrad zu erhalten. Schließlich wurde das Schwert zu seiner endgültigen Form poliert, wodurch es seine außergewöhnliche Schärfe erhielt.

Im alten Japan gab es mehrere berühmte Linien von Schwertschmieden, aus denen sich regionale Schulen entwickelten. Einer der berühmtesten Schwertschmiede war GÔRÔ MASAMUNE (1264 bis 1343).

Bei den japanischen Schwertern unterscheidet man die *Kotô* oder »alten Schwerter« (hergestellt zwischen 900 und 1530), die *Shintô* oder »neuen Schwerter« (hergestellt zwischen 1530 und 1867) und die *Shinshintô* oder »ganz neuen Schwerter« (hergestellt nach 1867).

Der Name *Kotô* ist den Schwertern vorbehalten, die aus der Kamakura- und Muromachi-Zeit (bis 1530) stammen. In dieser Zeit gelangten die japanischen Schwertschmiede zu einer Perfektion der Technik, die danach nie mehr erreicht wurde. Diese Klingen sind auch weltweit von unvergleichlicher Qualität. In der Ashikaga-Zeit (1336 bis 1574) begann man das Schwertzubehör und die Verzierungen sehr künstlerisch zu gestalten, und dies setzte sich weiter fort bis in die Tokugawa-Zeit. Die Klingen jedoch, die ab der Tokugawa-Zeit (1530) hergestellt wurden, nannte man *Shintô* (neue Schwerter). Es waren ebenfalls Klingen von großer Qualität, jedoch den Klingen der Ashikaga-Zeit weit unterlegen. Nach der Meiji-Restauration (1868) wurden ebenfalls zahlreiche Schwerter hergestellt, die jedoch nicht mehr für die Samurai, sondern für die Offiziere der kaiserlichen Armee und für die Polizei angefertigt wurden. Man nannte sie *Shinshintô* (ganz neue Klingen), und ihre Qualität wird als minderwertig angesehen.

Heute werden die *Koto* von Sammlern sehr gesucht und erzielen manchmal astronomische Preise. Man findet sie nur noch äußerst selten auf dem Markt, der überfüllt ist mit neuen Schwertern für Touristen und Kampfkunstamateure. Obwohl diese Klingen weltweit als japanische Schwerter hoch gepriesen werden, sind sie nur von sehr minderwertiger Qualität und besitzen keine der Eigenschaften, die man den traditionellen japanischen Schwertern zurechnet.

STELLENWERT DES SCHWERTES IN JAPAN

Das Schwert galt in Japan als die Seele des Samurai, als das Symbol seiner Würde, seines Mutes und seiner Ehre. Die Krieger schrieben dem Schwert göttliche Kräfte zu und behandelten es mit der Ehre, die man einem heiligen Gegenstand entgegenbringt. Der Samurai mußte sich als würdig erweisen, um es tragen zu dürfen. Sein Herz *(Kokoro)* mußte mit dem Herzen, das den kalten Stahl beseelte, eins werden. Später, als das →*Zen* Einfluß auf das *Bushidô* nahm (s. →TAKUAN), erweiterte sich das Ideal des Schwertes zu einer noch größeren Bedeutung: Nicht das Schwert zu gebrauchen, sondern selbst das Schwert sein (s. →*Ken Zen ichi*).

Den Stellenwert des Schwertes im alten Japan formulierte TOKUGAWA IEYASU in seinem 35. Gesetz: »Das Schwert ist die Seele des Samurai, wer es verliert, ist entehrt und strengster Strafe ausgesetzt.« Fast bis 1900 trugen die japanischen Beamten das Schwert selbst zur täglichen Arbeit bei sich.

Als im 17. Jh. das *Zen* seinen Einfluß auf das *Bujutsu* bemerkbar machte, betraf es in der Hauptsache das Schwert. Im →*Kenjutsu* und →*Iaijutsu* wurden philosophische Gedanken entwickelt, die nachhaltig das gesamte *Bushidô* beeinflußten. Das Schwert, ursprünglich wie in allen Kulturen der Welt als Waffe zum Töten gedacht, kehrte seinen Sinn um und wurde vom *Satsujin-ken* (tödliches Schwert) zum *Kwatsujin-ken* (lebenerhaltendes Schwert – Bedeutung s. unter →*Budô*). Aus dem ursprünglichen *Iaijutsu* wurde →*Iaidô*, aus dem *Kenjutsu* wurde →*Kendô*.

Kenbu (jap.): Tanz, der von den Samurai zu Ehren der →*Kami* ausgeführt wurde, bevor sie in den Kampf gingen oder wenn sie aus einem Kampf zurückkehrten.

Während des Tanzes wurde ein gesungenes Gedicht vorgetragen. Die *Kenbu* waren vermutlich der Ursprung gewisser Praktiken, die später in das →*No* und das →*Kabuki* und vermutlich auch ins *Sumô* übernommen wurden. Die japanische Schule *Ittô-ryû Seiunkan* bemüht sich darum, diese Tradition aufrechtzuerhalten. Die Tänze werden in einem zeremoniellen Kostüm mit einem *Katana* ausgeführt.

Die *Kenbu* wurden zur Zeit des Tokugawa-Shôguns Keiki (1866–1868) eingeführt und gelangten in kürzester Zeit zu großer Beliebtheit. Um seine unbeschäftigten Samurai zu unterhalten, förderte der Shôgun die *Shobu* (Militärkünste). Es wurden Wettbewerbe veranstaltet, zu denen nicht nur Kämpfer, sondern auch Dichter und Sänger eingeladen wurden.

Kenbukan (jap.): *Karate-Dôjô* des japanischen →*Gôjû-ryu,* gegründet 1945 von →Uchita Shozo in Wakayama.

Kenbun (jap.): Wissen, Erfahrung.

Kendari (indo.): Stil des →*Pentjak-Silat* auf Sulawesi, der durch kreisförmige Stellungen auf engem Raum charakterisiert ist.

Kendô (jap.): »Weg des Schwertes«, japanische Kunst des Schwert- und Stockfechtens, aus dem kriegerischen →*Kenjutsu* (auch *Ken no Michi* oder *Gekken* genannt) entwickelt und heute als Kampfkunst des *Budô* geübt.

Schriftzeichen für Kendô

Das *Kendô* hat keinen einzelnen Wegbereiter zum *Dô*, wie dies aus dem *Jûdô* (Kanô Jigorô) oder *Karate-dô* (Funakoshi Gichin) bekannt ist. Bereits im 16. Jh. begann sich die *Zen*-Philosophie sehr intensiv mit dem *Kenjutsu* zu vermischen (s. →Takuan) und brachte einige berühmte Meister des Schwertes hervor, die den Grundstein zur »Philosophie des Weges« legten.

Vom Kenjutsu zum Kendô

Die Meiji-Regierung erlitt einige Rückschläge in ihren Modernisierungsplänen, vor allem durch die Saga-Rebellion (1876), die Kumamoto-Rebellion (1878), die Shugetsu-Rebellion und die Hagi-Rebellion. Die Samurai waren mit den Beschlüssen der neuen Regierung nicht einverstanden, da sie ihren Stand und ihre Rechte verloren. Daher erhoben sie sich häufig zum bewaffneten Widerstand, und die Regierung ließ daraufhin das Tragen von Schwertern verbieten.

Dadurch geriet auch das Üben der Schwertkunst in die Illegalität. Trotzdem wurde vereinzelt weitergeübt, so betrieb z. B. Koseki in Kameoka-machi in Kyoto eine *Kendô*-Schule und wurde dafür sechs Monate lang im Nijo-Schloß eingekerkert. Obwohl *Kendô* in der neuen Gesellschaft kaum überleben konnte, gab es dennoch ein reges Interesse. In Kameyama in Ise lehrte Riemon Yamazaki das *Shinryôtô-ryû*, und im *Tobukan* in Mitô unterrichtete Torakichi Ozawa das *Hokushin Ittô-ryû*. Um ihn versammelten sich berühmte Lehrer wie Takahara Naito, Shigeyoshi Takano, Toshitada Hiyama u. a. Das *Tobukan* besteht bis heute und wird von Takeshi Ozawa geleitet.

Obwohl das *Bushidô* langsam auszusterben begann, überlebte das *Kenjutsu*, das sich langsam in *Kendô* umzuwandeln begann. Sakakibara Kenkichi (1830–1894) unterstützte diese Entwicklung in jener Zeit besonders, da er Fechtvorführungen veranstaltete und die Schwertkunst den Menschen näherbrachte. Der führende Schwertmeister jener Zeit, →Tesshû Yamaoka, eröffnete ebenfalls ein *Dôjô* und unterrichtete viele jungen Männer im *Mutô-ryû*.

Schließlich reichte Kenkichi Sakakibara bei der Regierung ein Bittschreiben ein und bat darum, eine Fechtgesellschaft gründen zu dürfen, die Fechtvorführungen im ganzen Land veranstaltet. Er begründete sein Vorhaben mit den Mühen und Schwierigkeiten der Samurai, ihren Lebensunterhalt zu verdienen, da die Regierung das Tragen von Schwertern verboten hatte.

Er erhielt die Erlaubnis, und am 11. April 1873 wurde die erste Fechtvorstellung in Asakusp, Tôkyô, eröffnet. Bekannte Fechter wie Kiyotake Gawa, Makoto Ozawa und Shinkichi Nose nahmen daran teil. Dies waren die ersten Bemühungen, das *Kenjutsu* in die Öffentlichkeit zu bringen, denn bisher durfte das Volk noch nicht einmal beim Training zusehen. Manche traditionellen Meister waren der

Meinung, daß diese Versportlichung dem *Kenjutsu* schaden würde, doch andere behaupteten, daß es die einzige Chance des Überlebens wäre. Viele Menschen begannen sich in den Schwertschulen anzumelden, und die Fechtkunst erreichte eine ungeahnte Verbreitung. Einige meinten, das *Kenjutsu* sei eine ausgezeichnete körperliche und geistige Übung, und forderten seine Aufnahme in das neue Erziehungssystem. Seit wann dafür die Bezeichnung *Kendô* gebraucht wird, ist nicht eindeutig nachzuweisen. Sie wurde wohl von ABE GORODAIYU († 1668, s. →*Kenjutsu*) erstmals verwendet und um 1900 von ABE TATE wieder aufgegriffen.

Am 1. November 1909 wurde von NOBORU WATANABE an der Universität in Tôkyô der erste Hochschul-*Kendô*-Verband gegründet und unmittelbar danach (1910) die japanische *Kendô*-Föderation. 1911 wurde das *Kendô* als Pflichtfach an den japanischen Mittelschulen aufgenommen und fand durch die Gründung des *Alljapanischen Kendô-Verbandes* (1928) eine schnelle Verbreitung. Der erste Präsident dieses Verbandes war MASATARO FUKUDA, der diese Position fast 20 Jahre lang innehatte.

DAS MODERNE KENDÔ

Die frühere todbringende Schwertkunst (→*Kenjutsu*) hat sich in jüngster Zeit in eine Sportart umgewandelt, die heute weltweit verbreitet ist. Es gibt in Japan noch immer Schwertfechter, die die Umwandlung der Kunst des Schwertes (→*Ken*) in eine Kunst mit dem →*Shinai* miterlebt haben. Einer von ihnen war TAKAHASHI KYUTARO, *1858 in Himeiji (Präfektur Hyôgô). Seine Familie diente seit Generationen der SAKAI-Familie aus dem Himeiji-Clan als Fechtlehrer im *Mugai-ryû*.

TAKANO SHIGEYOSHI (1877–1957) war ein Schüler der Mito-Tobukan-Schule und ein Vertreter des *Ittô-ryû*. OGAWA KINNOSUKE, *1884, war ein Meister des *Hokushin Ittô-ryû* und Mitglied im *Butokukai* von Kyôto. MOCHIDA ZENSAKU und sein Sohn MOCHIDA MORIJI waren ebenfalls Mitglieder des *Butokukai*. Moriji (*1885) arbeitete bei der Tôkyôer Polizei und war ein eifriger Vertreter der Umwandlung des *Kenjutsu* in eine Sportart. Er half SAIMURA GORO und OGAWA KINNOSUKE in ihren Bemühungen, *Kendô* zu verbreiten. Saimura Goro, *1887 in der Präfektur Fukuoka, war Kendô-Lehrer an der Miyazaki Mittelschule in Kyushu. 1916 wechselte er zur Tôkyôer Stadtpolizei und gab Kendô Unterricht an der Waseda-Universität.

Kendôka im Kampf

Bereits 1886 wurden bei der japanischen Polizei die Standard-Kata des Kendô von einer technischen Kommission festgelegt. Damals handelte es sich um folgende Techniken:

GRÜNDUNGSTECHNIKEN DES KENDO

1.	Hasso	– Jikishin Kage-ryû
2.	Henka	– Kurama-ryû
3.	Hachiken-giri	– Hozan-ryû
4.	Maki-otoshi	– Rishin-ryû
5.	Kadan no tsuki	– Hokushin Ittô-ryû
6.	A-un	– Asayama Ichiden-ryû
7.	Ichi-ni no tachi	– Jigen-ryû
8.	Uchi-otoshi	– Shindô Munen-ryû
9.	Hasetsu	– Yagyû Shinkake-ryû
10.	Kurai-zume	– Kyôshin Meichi-ryû

1906 kam eine technische Kommission im *Butokukai* zusammen, um eine neue Standard-*Kata* zu gründen. An diesem Treffen nahmen hochrangige Schwertmeister des *Shindô Munen-ryû, Musashi-ryû, Jikishin Kage-ryû* und *Kyôshin Meichi-ryû* teil. 1912 wurde die *Dai Nippon Teikoku Kendô Kata* bekanntgegeben. Sie galt für alle *Kendô*-Übenden ab diesem Zeitpunkt als Standard. Später änderte sich ihr Name in *Nihon Kendô Kata*. Diese Form bestand aus 12 Techniken (9 Techniken mit dem *Odachi*, 3 Techniken mit dem *Kodachi*).

Heute ist *Kendô* in Japan ein moderner Sport mit Anführern wie KIMURA TOKUTARO und WATANABE TOSHIO. Es wurde zum Wahlfach an den japanischen Mittel- und Oberschulen, und jährlich finden viele Wettkämpfe statt. Die Sportart hat in Japan weit über 2 Mio. Anhänger (weltweit 8 Mio.).

KENDÔ IN DEUTSCHLAND

In Deutschland wurde *Kendô* von GERT →WISCHNEWSKI 1966 in seinem Club in Wiesbaden zuerst unterrichtet und 1969 im *Deutschen Jûdô Bund* (DJB) organisiert. 1971 wurde WOLFGANG REMP (Mannheim) zum Vorsitzenden dieser Sektion gewählt und 1982 von WOLFGANG DEMSKI aus Berlin abgelöst. Zu jener Zeit gab es etwa 700 Übende in Deutschland.

Seit 1970 bestehen Kontakte zu den *Kendô*-Lehrern der *Zen Nipon Kendô Renmei* (s. Anhang) und der Waseda-Universität in Tôkyô. 1973 wurde YASUMASA KANEDA (5. Dan) zum Bundestrainer berufen und blieb bis 1979 in Deutschland. Seit 1978 wurden in Deutschland alljährlich halbjährige Seminare von japanischen *Kendô*-Lehrern abgehalten. 1982 wurde Professor KOZO ANDO (7. Dan) zum ständigen Bundestrainer ernannt. Seit 1972 werden regelmäßig Wettkämpfe organisiert, die international über die *European Kendô Federation* (EKF, s. Anhang) und die *International Kendô Federation* (IKF) ausgerichtet werden.

KENDÔ-TECHNIK HEUTE

Grundsätzlich werden die Kendô-Techniken in zwei große Gruppen geteilt: →*Kihon-waza* (Grundtechniken) und →*Ôyô-waza* (angewandte Techniken). Die moderne *Kendô*-Ausrüstung (→*Bôgu*) unterscheidet sich grundlegend von der alten Kenjutsu-Rüstung (→*Yo-roi*). Die Techniken wurden aus den alten *Kenjutsu-ryû* übernommen, aber in der Anzahl drastisch reduziert. Heute werden nur noch sieben Schläge und ein Stich ausgeführt:

Kendô-Techniken

Shomen	– vertikaler Schlag auf die Mitte der Stirn
Hidari-men	– schräger Schlag auf die linke Schläfe
Migi-men	– schräger Schlag auf die rechte Schläfe
Migi-do	– Abwärtsschlag zur rechten Körperseite
Gyaku-do	– Abwärtsschlag zur linken Körperseite
Hidari-kote	– Schlag auf das linke Handgelenk
Tsuki	– Stich zum Hals oder Kehlkopf

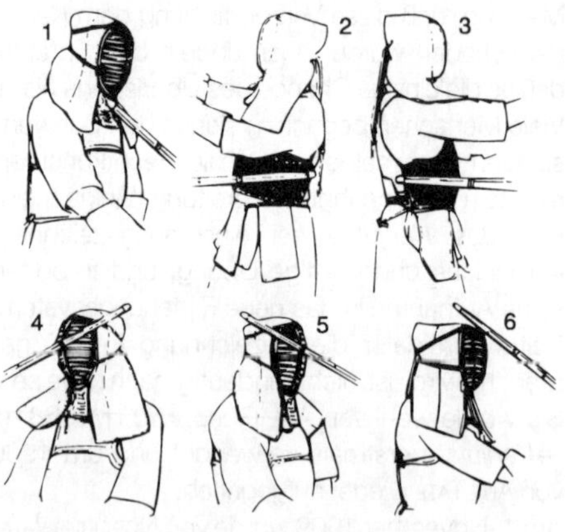

Einige Kendô-Techniken: 1. Tsuki; 2. Hidari-dô; 3. Migi-dô; 4. Hidari-men; 5. Migi-men; 6. Men

Das *Kendô* enthält wie alle klassischen japanischen Kampfkünste festgelegte Stellungen und Haltungen *(Kamae)*, von denen die wichtigsten folgende sind:

Kendô-Kamae

Chudan no gamae	– Haltung mittlere Stufe
Jodan no gamae	– Haltung obere Stufe
Gedan no gamae	– Haltung untere Stufe
Hasso no gamae	– senkrecht vor der rechten Kopfseite
Waki no gamae	– rechts mit der Spitze nach hinten

Zur Taktik des Kämpfens werden verschiedene Trainingsmethoden ausgeführt:

- **Kakari-geiko** (Angriffstraining). Hier kämpft ein Anfänger gegen einen Fortgeschrittenen, um seine Angriffstechniken zu verbessern.
- **Shobu-geiko** (Kampftraining). Trainingskampf zwischen zwei gleichwertigen Gegnern.
- **Hikitate-geiko** (unterstützendes Training). Trainingskampf des Schülers gegen den Lehrer.

Kendôgi (jap.): Trainingsanzug der *Kendô*-Übenden (s. →*Kendô*).

Kendôgu (jap.): Übungsgeräte der *Kendô*-Übenden (s. →*Dôgu*).

Kendôka (jap.): *Kendô*-Übender (s. →*Kendô*).

Kendô Ron (jap.): s. →YAMADA JIRIKICHI.

Kendô Shûgyô no Shiori (jap.): s. MAKINO TORU.

Ken-fat (chin.): Bezeichnung für die chinesische Kampfkunst in der kantonesischen

Schreibweise (Geschichte und Ursprung s. unter *Quan-fa*).

Kengi (jap.): die Schwerttechnik.

Kengo (jap.): Schwertkunstexperte (s. →*Kenkaku,* →*Kenshi*).

Kenin (jap.): s. →*Bushi-dan.*

Kenji Kusano: s. →*Kenshikan-ryû.*

Kenji Tokitsu: japanischer *Karate*-Experte, Gründer der *Shaolin-Mon-Schule* (Tor des Shaolin), einer Ableitung aus dem *Shôtôkan-ryu.*

Kenji Tokitsu wurde 1947 in Yamaguchi geboren, siedelte jedoch 1971 als 7. Dan nach Paris um, wo er eine Französin heiratete und seinen Stil gründete. Er lernte *Karate, Kenjutsu* und *Tai-ji-quan* und ist technischer Direktor der *Académie Européenne de Karate-dô et d'Arts Martiaux d'Extrême Orient*. Als Doktor der japanischen Sprache und Kultur verfaßte er in Frankreich das Buch »Histoire du Karate-do«, eine ausgezeichnete geschichtliche Studie des *Karate*, in dem er auch eine Übersetzung des →*Bubishi* von ÔTSUKA TADAHIKO kommentiert.

Kenjô (jap.): Bescheidenheit, Demut.

Kenjô no bitoku (jap.): sinngemäß: »Wahre Stärke kommt durch die Demut«. Der *Budô*-Leitsatz (s. →*Kaisetsu*) bezeichnet einen wichtigen Aspekt im Streben nach Fortschritt und Selbstverwirklichung.

Das Lebensziel vieler Menschen besteht im Streben nach Macht und Position, mittels deren sie sich durchsetzen und über anderen stehen wollen. Nur selten fragen sie dabei nach dem Maß, nach der Verantwortung oder nach dem lebensgültigen Sinn, sondern nur nach dem praktischen Vorteil. In allen Lebensaspekten bemühen sich Menschen darum, in irgendeiner Weise die Ausnahme zu sein, sich im Überschreiten einer Norm vom Durchschnitt abzuheben und dadurch Vorteile zu erreichen. Dies ist auch die Grundlage der westlich geprägten Gesellschaft, deren Rang und Bedeutung in der Welt sich einzig auf ihrer Machtwirkung begründet.

Doch Wirkungen ohne lebensgültigen Sinn sind menschenunwürdig und verderben das Leben. Dieser Erkenntnis nicht fähig, hängen Menschen in den oberen wie in den unteren Etagen der Gesellschaft dem Machtstreben nach und üben durch die ihnen jeweils zur Verfügung stehenden Mittel eine destruktive Wirkung auf das Leben aus. Dies ist ein naiver und unreifer Selbstbestätigungskomplex, der jedoch viele zu solchen Demonstrationen von Stärke treibt. Schläger und Rowdies unterscheiden sich darin nur durch die Methode von manch hohem Beamten, der in derselben primitiven Gesinnung die Macht zur Verwirklichung seines persönlichen Geltungsdrangs verwendet.

Doch dies ist keine Stärke, sondern ein Zeugnis der Unreife, die im Besitz von Macht zur gefährlichen Waffe werden kann. Erst die Demut kann sie überwinden und innere Stärke hervorbringen. Menschliche Reife äußert sich nie durch den Geltungsdrang, sondern durch Harmonie und Frieden. Wahre Stärke kommt erst mit der Demut.

Wahre Demut entsteht im Kampf gegen das Ich und führt zu der Erkenntnis, daß wir mit allem Lebendigen auf intensive Weise verbunden sind. Sie macht bewußt, wie klein und unbedeutend wir einerseits sind und wie gefährlich wir andererseits sein können, wenn wir die Verantwortung für unser Handeln ablehnen. Demut bezeugt sich in der Bewunderung für die Welt und in der Dankbarkeit, daß wir in ihr leben dürfen.

Demut kommt mit der Erkenntnis, daß wir trotz allem, was wir erreichen können, dennoch klein und unwichtig bleiben. Doch der unreife Mensch setzt sich immer darüber hinweg. Erhält er Macht, wird seine aus der Dummheit geborene Überheblichkeit zur Gefahr für andere.

Dies ist einer der Gründe, warum die Übung der Kampfkünste die Demut erfordert.Auch übermäßiges Lautsein, Angeberei, Arroganz und Unmaß sind Merkmale eines Menschen, dem es an Demut fehlt. Sie wirken in jeder Handlung mit und beeinflussen, unscheinbar im kleinen und wirkungsvoll im großen, das Leben in der Welt. Sie sind weder harmlos noch ungefährlich, sondern ein Zeugnis dafür, wie der Mensch in persönlicher Unschuld zu jener Kettenreaktion von lebensbedrohlichen Wirkungen beitragen kann, für die kein einzelner, sondern nur die Summe der einzelnen verantwortlich ist. Die Übung des *Budô* macht darauf aufmerksam. Die aus der Demut entstehende Stärke führt zum Geist des *Budô*. Übung, die das nicht berücksichtigt, verletzt die Grundregeln des Weges.

Kenjutsu (jap.): die Schwertkunst des feudalen Japan, Vorgänger des →*Kendô* (s. auch →*Iaidô, Bushidô, Budô, Bujutsu*). *Ken-*

jutsu hatte im mittelalterlichen Japan eine große Tradition. Das Schwert (*Ken*) war die Seele des Samurai, und es galt als hohe Pflicht, es zu beherrschen. Dennoch ist der Ursprung des systematisierten Schwertfechtens in Japan nicht einwandfrei nachzuweisen.

GESCHICHTE DES KENJUTSU

Obwohl das Schwert viel älter ist, wird als erste historische Person im systematisierten Schwertfechten der Samurai MINAMOTO YOSHITSUNE (1159 bis 1189) genannt. Er gilt als der Urvater der japanischen Schwertsysteme. Erst ein Jahrhundert später wurde das *Iaijutsu* systematisch unterrichtet, das sich im Laufe der Zeit in nahezu 400 Stilrichtungen aufteilte. Das eigentliche Schwertfechten brachte über die gesamte Geschichte mehr als 2000 Stile hervor und hatte im Laufe seiner jahrhundertelangen Geschichte zahlreiche Bezeichnungen (*Heihô, Kempô, Tohô, Gekken, Hyohô, Tôjutsu, Tachi-uchi, Hyodô* usw.).

Bereits vor der Zeit der Samurai (800 n. Chr.) fand das →*Kumi-tachi* aus den Reihen der kaiserlichen Krieger *(→Kuge)* seine erste geschichtliche Erwähnung. Der erste systematisierte Schwertstil wurde jedoch erst nach der Entstehung der Samurai-Klasse (s. →*Buke*) 1346 von NODO gegründet und nannte sich →*Nen-ryû*. Im Laufe der nächsten Jahrhunderte sollten viele berühmte Schwertstile entstehen.

- **Ittô-ryû**

Ebenfalls in der Muromachi-Periode (1333 bis 1568) gründete ITÔ ITTÔSAI KAGEHISA das →*Ittô-ryû*, das noch heute besteht. Nach seiner Theorie ließe sich eine unendlich Zahl von Techniken von einer einzigen Grundtechnik ableiten, dem *Kiri-otoshi* (Nach-unten-Schneiden). Auf der Basis dieser Idee gründete er das *Ittô-ryû* (Ein-Schwert-Technik-Stil) und benannte sich selbst in ITTOSAI um. Sein Stil beeinflußte berühmte Männer wie ODA NOBUNAGA, TOKUGAWA HIDETADA (2. TOKUGAWA-Sohn) und TOKUGAWA JEMITSU (3. TOKUGAWA-Sohn).

Ittosais Erfahrung im Kampf hatte ihn den geistigen Seiten der Kunst nähergebracht. Er wollte die Probleme von Leben und Tod durchdringen, den schwersten Kampf, den es für ihn gab. Er verband seinen Stil mit ethischen und moralischen Werten und verlangte von seinen Schülern, sich mit Literatur zu befassen *(Bun)*. Er betrachtete *Bun* und *Bu* (s. →*Bun Bu ichi*) als zwei Seiten derselben Sache.

Den Begriff *Kenjutsu* lehnte er ab und nannte seinen Stil *Ittô-ryû Heihô*. Er sagte, *Kenjutsu* sei eine Methode des Tötens, während *Heihô* eine Kunst des Schutzes sei. Der höchste Grad der Meisterschaft sei erreicht, wenn das Schwert in der Scheide bleiben könne. Gleichwohl akzeptierte er den Stil des Tötens, wenn keine andere Wahl bleibe.

- **Tenshin Shôden Katori Shintô-ryû**

Auch die *Shintô*-Klöster begannen eigene Schwertstile zu entwickeln. Die bekanntesten sind die beiden *Shintô*-Schreine, die dem Kriegsgott (→HACHIMAN) gewidmet waren (*Kashima*-Schrein und *Katori*-Schrein). Der Gründer des *Katori Shintô-ryû*, IIZASA IENAO (1386 bis 1488), war der Lehrer des 9. Ashikaga-Shôguns YOSHIMASA, doch bald nach seiner Einstellung zog er sich zurück, weil er nicht wollte, daß sein *Ryû* mit den Intrigen des *Bakufu* in Verbindung gebracht wurde. Zwar hatte er die Billigung Yoshimasas, doch er verzichtete darauf und trat in ein buddhistisches Kloster ein. Dort änderte er seinen Namen in CHOISAI IENAO und setzte im *Kashima*- und *Katori*-Schrein sein Kampfkunststudium fort. Dort beeinflußte er viele großen Schwertmeister, u. a. TSUKAHARA BOKUDEN.

- **Kashima Shintô-ryû**

Tsukahara Bokuden (1490–1571) lernte *Kenjutsu* von seinem Vater, einem *Shintô*-Priester des *Kashima*-Schreins. Er war berühmt für seine kämpferischen Fähigkeiten und seine tiefe Einsicht in die Kampfkunst, die im Laufe der Jahre zur Gründung des *Mutekatsu-ryû* führte. Man nimmt an, daß er durch das *Katori Shintô-ryû* und *Kashima Shintô-ryû* beeinflußt wurde, doch seine Kampfkunst ist dem *Zen*-Buddhismus zuzuordnen.

- **Shinkage-ryû**

Oder »neues Kage-ryû«, wurde von KAMI IZUMI ISE NO KAMI FUJIWARA NO NOBUTSUNA (1508–1578) vom *Katori-ryû* und *Kage-ryû* gegründet. Das *Shinkage-ryû* entwickelte vier wichtige Schulen: *Hikida-ryû, Yagyû Shinkage-ryû, Oishi Shinkage-ryû* und das *Matsuzaki-ryû*. Izumi Ises Schüler YAGYÛ MUNEYOSHI TAJIMA NO KAMI (1527–1606) fügte einige philosophischen Prinzipien aus dem *Zen* hinzu, wie z. B. *Munen* (Nicht-Denken) und *Musô* (Leere) und begründete darauf das *Yagyû*

Shinkage-ryû, das von seinem Sohn →YAGYÛ MUNENORI weitergeführt und perfektioniert wurde.

- **Abe-ryû**

Der Gründer des *Abe-ryû*, ABE GORODAIYU († 1668), war ein Schüler des *Taisha-ryû* und entwickelte Methoden des Schwertkampfes, die mehr das geistige und moralische Training betonten als das körperliche. Er war der erste, der das Wort *Kendô* ver- wendete. Ungefähr zur selben Zeit verwendete YAMAGUCHI RENSHIN, der Gründer des *Heijo Muteki-ryû*, den Begriff *Kendô* zur Beschreibung seiner Lehre.

MEISTER UND SCHULEN DER SCHWERTKUNST

Aizu Iko	– Kage-ryû
Abe Gorodaiyu	– Abe-ryû
Araki Mataemon	– Araki-ryû
Bokuden Tsukahara	– Kashima Shintô-ryû
Chiba Shusaku	– Hokushin Ittô-ryû Chujô
Nagahide	– Chujô-ryû
Eishin Hasegawa	– Eishin-ryû (Iai)
Fujiwara no Nobuzuna	– Shinkage-ryû
Gettan Tsuji Sakemochi	– Mugai-ryû
Hasakura Tsunenaga	
Hasegawa Soki	– Hasegawa-ryû
Hojô Hayashizaki	– Musô Jikiden-ryû (Iai)
Hikida Bungoro	– Hikida-ryû
Ichiu Morooka	
Ichiun Odagiri	– Kenjutsu
Iizasa Choisai Ienao	– Katori Shintô-ryû
Iko Aisu	
Itô Ittôsai Kagehisa	– Ittô-ryû
Izu no Kami Jingo	
Kamiizumi Ise no Kami	– Shinkage-ryû
Kaneko Mugen	
Kanemaki Jisai Michiie	– Kanemaki-ryû
Katayama Hisayasu	
Kazuyasa Ban	
Kirino Toshiake	– Jigen-ryû
Kobayashi Koemon	– Mizuno Shintô-ryû (Iai)
Kurando Marume	– Taisha-ryû
Makino Toru	– Hokushin Ittô-ryû
Matsumoto Masunobu	
Matsuyama Mondo	– Nikaidô-ryû
Matsuzaki Namishiro	– Shinkage-ryû
Mitsuhashi Kanichiro	– Togun-ryû
Momo-i Shunzô	– Kyôshin Meichi-ryû
Musashi Miyamoto	– Niten Ichi-ryû
Nakamura Taisaburô	– Nakamura-ryû (Iai)
Nakanishi Chûta	– Nakanishi-ha Ittô-ryû
Nakayama Hakudô	– Musô Shinden-ryû (Iai)
Neigishi Shingoro	– Shindô Musô-ryû
Ogasawara Genshin	– Ogasawara-ryû
Oishi Susumu	– Oishi Shinkage-ryû
Okumura Sakonda	– Jikishin Kage-ryû
Okuyama Magojiro	– Okuyama-ryû
Okuyama Tadenobu	– Shinkan-ryû
Omori Soemon Masamitsu	– Shôden Omori-ryû (Iai)
Ono Tadaaki	– Ono-ha Ittô-ryû
Otani Shimosa no Kami	– Jikishin Kage-ryû
Sakikabara Kenkichi	– Jikishin Kage-ryû
Sasaki Ganryu	– Chujô-ryû
Sasamori Junzo	– Ono-ha Ittô-ryû
Sekiun Harigaya	– Shinkage-ryû
Shibae Umpachiro	– Shindô Musô-ryû
Shingai Tadatsu	– Tamiya-ryû
Shingo Ise no Kami	– Hikida-ryû
Shirai Toru	– Kujin-ryû
Takano Kosei	– Nakanishi-ha Ittô-ryû
Takano Sazaburo	– Ittô Shôden Mutô-ryû
Takao Tesso	– Tetshu-ryû
Tamiya Heibei Narimasa	– Tamiya-ryû
Togo Bizen no Kami	– Jigen-ryû
Tokino Seikishiro	– Jikishin Kage-ryû
Ueda Umanosuke	– Kyoshin Meichi-ryû
Watanabe Noboru	– Shindô Musô-ryû
Yagyû Mitsuyoshi	– Yagyû-ryû
Yagyû Munenori	– Yagyû-ryû
Yagyû Muneyoshi	– Yagyû Shinkage-ryû
Yamada Heizaemon	– Jikishin Kage-ryû
Yamada Jirokichi	– Jikishin Kage-ryû
Yamaguchi Renshin	– Heijo Muteki-ryû
Yamaoka Tesshu	– Ittô Shôden Mutô-ryû

DAS SYSTEM DES KENJUTSU

Zu jener Zeit unterteilte man die Schwertkunst schon in zwei Gebiete: *Sen-ha Kenjutsu*, das sich auf die grundlegende Ausbildung mit dem Schwert bezog, und *Ryû-ha Kenjutsu*, das ein höheres Studium der Kriegsführung und Militärstrategie beinhaltete. Das Schwert wurde mehr und mehr zum Symbol des japanischen Kriegers, und es begannen sich Meister in dieser Kunst herauszubilden, die weit über die Formen des Kampfes mit dem Gegner hinausgingen.

Die *Kenjutsu*-Schulen unterschieden sich durch die verschiedenen Stellungen und Haltungen *(Kamae)*, während die Meister der *Ryû* immer mehr Techniken und Taktiken erfanden. Die wichtigsten davon sind:

Die wichtigsten Schwerttechniken

Ryo-kuruma	– Hieb durch die Hüfte
Tai-tai	– Hieb durch Achsel und Oberkörper
Karigane	– Hieb durch den Oberkörper
Chiwari	– Hieb durch die Brust
O-kesa	– Hieb von der Schulter zur Hüfte
Kami-tatewari	– Hieb durch den Kopf
Wakige	– Hieb durch die Achselhöhle
Kurumasiki	– Hieb durch den Bauch
Suritsuke	– Hieb unterhalb der Brust
Shino-tatewari	– Hieb durch die Geschlechtsteile
Ichi no do	– Hieb durch den Magen
Ni no do	– Hieb durch die obere Bauchhälfte
San no do	– Hieb durch den Bauch
Ko-kesa	– Abschlagen des linken Arms
Tabigata	– Abschlagen des Fußes
Sodesuri	– Abschlagen der Hand
Kaishaku	– Abschlagen des Kopfes

Zu Anfang des 17. Jh. trat ein Schwertmeister in Erscheinung, der den Weg des Schwertes in jeder Beziehung nachhaltig beeinflußte: HARIYA SEKIÛN (1592–1662), der Lehrer von →ODAGIRI ICHIÛN (1629–1707), den die Geschichtsforscher für noch bedeutender als seinen Lehrer ansehen. Auch →MIYAMOTO MUSASHI lebte zu jener Zeit und gründete das →*Niten ichi-ryû*. Auch war dies die Zeit, in der das *Zen* auf das Schwert seinen großen Einfluß nahm (→*Taiaki*, →TAKUAN, →*Yagyû* und →*Ken Zen ichi*) und die philosophischen Aspekte der Kampfkunst sehr zu betonen begann. Bereits früh wurde der Grundstein für das sich heranbildende →*Budô* gelegt.

Veränderungen zum Budô

Die Übung des *Kenjutsu* wurde anfangs entweder mit dem richtigen Schwert (→*Ken*) oder mit einem Übungsschwert aus Holz (→*Bôken*) betrieben. Das →*Maniwa Nen-ryû* und das →*Shinkage-ryû* begannen im Training ein →*Fukuro-shinai* zu verwenden, um Verletzungen zu vermeiden. Auch das *Jikishin Kage-ryû* war eines der ersten Ryû, das um 1711 die Übung mit dem *Shinai* als reguläre Trainingsmethode einführte. →YAMADA HEIZAEMON begann auch erstmals mit einer Schutzausrüstung zu experimentieren, die den Kopf und die Unterarme bedeckte. Seine Nachfolger machten diese Schutzausrüstung zusammen mit dem *Shinai-geiko* zur Standardübung im *Jikishin Kage-ryû*. Doch die Hauptentwicklungen in dieser Hinsicht sind →NAKANISHI CHÛTA zuzuschreiben, der ab 1750 das wesentlich leichtere und ungefährlichere →*Shinai* zu verwenden begann. Er selbst lernte die Schwertkunst von →ONO TADAAKI, dem Gründer des →*Ono-ha Ittô-ryû*. Ono selbst war ein Schüler von ITTÔSAI und hatte eine eigene Schwertform zu Übungszwekken entwickelt. Nakanishi verließ seinen Meister aus Achtung, denn mit seinen Fähigkeiten übertraf er diesen inzwischen, und gründete seinen eigenen Stil, das →*Nakanishi-ha Ittô-ryû*.

Da sich die Angriffe im wesentlichen auf den Schwertarm des Gegners richteten, entwikkelte Nakanishi die Schutzhandschuhe *(Kote)*, und verbesserte das Übungsschwert *(Shinai)*. Zusammen mit diesen Neuerungen wurden auch die →*Bôgu* erfunden, eine Art von Schutzkleidung, die im Training besser zu gebrauchen war als die Rüstung (→*Yoroi*).

Das Zeitalter der großen Schwertmeister

Während der relativ friedvollen Zeit der Tokugawa-Herrschaft gab es kaum Kämpfe auf dem Schlachtfeld, und Zweikämpfe mit der blanken Klinge waren verboten. Der Kampfstil veränderte sich allmählich von einem vorher aggressiven Angriffsfechten (positiver Stil) zu einem abwartenden Verteidigungsfechten (vakanter Stil). Diese Veränderung war zunächst sehr umstritten. So ersuchte z. B. *Yagyû Jubei*, der Sohn des Gründers des *Yagyû Shinkage-ryû*, den Shôgun, ihm zu erlauben, seine Fähigkeiten im »positiven Stil« in einem echten Kampf unter Beweis stellen zu dürfen. Er erhielt die Erlaubnis und trat gegen 7 Samurai an, von denen er einen tötete, zwei schwer verletzte und vier um ihr Leben laufen ließ. Obwohl ihm dies große Popularität einbrachte, war der Siegeszug des »vakanten Stils« nicht aufzuhalten. Er wurde immer mehr zum Kriterium guter Schwertkunst, es galt als richtig, seine Fähigkeiten mit Würde und Eleganz zu demonstrieren.

Zur Übung verwendete man das *Katana*, das *Bôken* (Holzschwert) und das *Shinai* (Bambusschwert). Kämpfe mit der blanken Klinge waren jetzt zwar verboten, doch hinterließen auch die nunmehr mit dem Holzschwert ausgefochtenen Kämpfe *(Taryû-jiai)* zahlreiche Tote, und so wurde auch diese Form des Kämpfens verboten.

Trotz aller Verbote erreichte die Schwertkunst während der Tokugawa-Periode (1615–1868) ihren Höhepunkt. Viele Samurai eröffneten private Fechtschulen, und es entstanden viele Stile (→ *Ryû*). Alle hatten sie einen philosophischen Hintergrund, denn die großen Meister der Schwertkunst waren gleich Heiligen. Nach außen lehrten sie den Umgang mit dem Schwert, doch in Wirklichkeit richteten sie es gegen das eigene Ich (s. → *Budô, Geiko*). Auch wenn es viele tausend Schwertkämpfer in Japan gab, die dies nicht verstanden und durch üble Taten das Schwert in Verruf brachten, waren es dennoch einige wenige, die den »Weg des Schwertes« gingen und auf deren Geist sich heute das *Budô* begründet. Sie gründeten ihre eigenen Stile *(Ryû)*, in denen sie persönliche Ansichten und Ideen festhielten, doch der »Geist des Weges« war in allen vorhanden. Dieser Geist machte ihre Größe aus. Große Lehrer des Schwertes in Japan, wie →IIZASA CHÔISAI, →HARIYA SEKIÛN, →ODAGIRI ICHIÛN, →KANEKO MUGEN, →MUSÔ

GONNOSUKE, →TSUKAHARA BOKUDEN, →TSUJI GETTAN, →YAMAGUCHI RENSHIN, →YAGYÛ MUNENORI, →MIYAMOTO MUSASHI, →SHIRAI TORU u. a., machten aus der Kampfkunst eine Philosophie, die nachhaltig den Weg des *Budô* beeinflussen sollte. Bedeutende Schwertschulen des alten Japan waren (s. unter der jeweiligen Bezeichnung):

WICHTIGE SCHULEN DES KENJUTSU HEUTE

Abe-ryû	Chujô-ryû
Ittô-ryû	Tomita-ryû
Toda-ryû	Kanemaki-ryû
Mutô-ryû	Hasegawa-ryû
Nikaidô-ryû	Gan-ryû
Hikida-ryû	Hokushin Ittô-ryû
Hôzan-ryû	Hôzoin-ryû
Ichiden-ryû	Jigen-ryû
Jikishin Kage-ryû	Kage-ryû
Shinkage-ryû	Yagyû Shinkage-ryû
Yagyû-ryû	Taisha-ryû
Shinkan-ryû	Nikita Kage-ryû
Okuyama-ryû	Kashima Shintô-ryû
Katori Shintô ryû	Kumi-tachi
Maniwa Nen-ryû	Mugai-ryû
Oishi Shinkage-ryû	Ono-ha Ittô-ryû

In der Meiji-Zeit ließ das Interesse an den eigenen Kampfkünsten in Japan sehr nach. Die 1874 gegründete Polizeitruppe *(Battô-tai)* jedoch hielt die Schwertkunst aufrecht und konnte bei der *Satsuma*-Revolution 1877 die Krieger des *Jigen-ryû* in Schach halten. Viele berühmte Schwertmeister wie MITSUHASHI KANICHIRO, TOKINO SEIKISHIRO, OKUMURA SAKONDA, SHINGAI TADATSU, MATSUZUAKI NAMISHIRO, TAKAO TESSO, UEDA UMANOSUKE, SHIBAE UMACHIRO, WATANABE NOBORU, NEIGISHI SHINGORO u. a. unterrichteten bei der Polizei.

Kenka (jap.): Streit, Zank, Rauferei.

Kenkaku (jap.): Schwertkämpfer (s. →*Kengo*, →*Kenshi*).

Stilisierte Schwertkämpfer

Kenka-matsuri (jap.): Streitfeste.

Kenken (jap.): mehrmaliges Nachsetzen bei einer *Jûdô*-Wurftechnik.

Kenkokan Karate-dô (jap.): vollständige Bezeichnung: *Shôrinji-ryû Kenkokan-Karate-dô*. Japanische Stilrichtung des *Karate*, entwickelt 1936 von Meister →HISATAKA KORI in seiner Schule in der Präfektur Fukuoka auf Kyûshû.

Die Bezeichnung des Stils bezieht sich auf seine beiden Hauptquellen der Inspiration: *Shôrin-ryû Karate* und *Shôrinji-ryû Kempô*. Der Stil enthält gegenüber den klassischen Richtungen einige Erneuerungen, die von Meister Hisataka eingeführt wurden:

1. Intensivierter Gebrauch der Füße, besonders der Ferse.
2. Stärkere Anwendung der vertikalen Faust *(Tateken)*.
3. Gründung verschiedener Formen des *Yakusoku-kumite* in *Kata*-ähnlicher Anwendung.
4. Gebrauch der Schutzausrüstung für den Kampf.
5. Einschluß der Waffenübungen als natürlicher Teil des Trainings.

Heute wird der Stil von HISATAKA MASAYUKI (des Meisters Sohn, *1940) in der *Zen Nihon Koshiki Karate Renmei* und der *World Koshiki Karate Federation angeführt*. Die Kata des Stils sind *Heian-shodan, Heain-nidan, Heian-sandan, Heian-yondan, Heian-godan, Sanchin, Naihanchin, Koshiki-Naihanchin, Nijûshiho, Seisan, Bassai, Koshiki-Bassai, Chinto, Koshiki-Chinto, Sôchin, Jion, Kusoku, Sankakutobi* und *Happiken*.

1976 erschien in Japan »Scientific Karate-dô« als Leitfaden für den Stil. Das Buch wurde von Hisataka Masayuki geschrieben und umfaßt eine detaillierte Übersicht über alle Formen des Stils.

Ken no Michi (jap.): der Weg des Schwertes (s. →*Kendô*).

Ken no Sen (jap.): Initiative im Angriff. Identisch mit →*Sen no Sen*.

Kenpô[1] (jap.): *Atemi*-Angriffspunkt, Schulterkamm.

Kenpô[2] (jap.): [aus: *Ken* = Faust, *Pô* = Methode] japanische Bezeichnung für das chinesische *Quan-fa* (Methode der Faust). Der Begriff wird jedoch heute fast in der gesamten Kampfkunstliteratur →*Kempô* geschrieben.

Kensayaku (jap.): Schiedsrichterberatung während eines Wettkampfs.

Kensei[1] (jap.): leiser →*Kiai*.

Kensei[2] (jap.): weiser Mensch, der →*Satori* (s. auch →*Kenshô*) erfahren hat, der in das Wesen der Dinge einblicken kann.

Auch viele Meister der Kampfkünste wurden so genannt, wie z. B. MIYAMOTO MUSASHI, einer der berühmtesten Samurai Japans.

Kensei[3] (jap.): Täuschung, Finte, Ablenkungsmanöver (s. →*Kensei-waza*).

Kenseikan-ryû (jap.): *Karate*-Stil, gegründet 1960 von TANAKA KENSEI. Er war der Lehrer von USUI AKIKASU (Gründer des *Seishikan-ryû*), dessen Schüler, OHASHI IKI, den Stil in die USA brachte.

Heute wird der Stil in Amerika von DAVID VELEZ und dessen Assistenten TAKEUCHI HIROO geleitet. Die Wurzeln des Stils liegen im *Okinawa Kempô* aus Naha und weisen Ähnlichkeiten mit dem *Kempôkan-ryû* von MATSUYAMA SHINSUKE auf. Der Stil organisiert Wettkämpfe, bei denen auch Griffe, Hebel und Würfe erlaubt sind.

Kensei-waza (jap.): Gruppe der Techniken, die man dazu benutzt, den Gegner zu täuschen, um dann mit der eigentlichen Technik anzugreifen.

Dazu zählen auch Techniken, mit denen man die Deckung des Gegners öffnet *(Fumi-waza)*, um einen anschließenden starken Angriff folgen zu lassen *(Okuri-waza)*.

Kenshi (jap.): Schwertmeister (s. →*Kenkaku*, →*Kengo*).

Kenshikan-ryû (jap.): japanischer *Karate*-Stil, vor allem in der Region Kyôto verbreitet.

Der Stil wurde von KUSANO KENJI (8. Dan) 1977, einem Schüler von →TANI CHÔJIRO, gegründet und gelangte über Meister TSUKADA auch nach Europa. In ihm werden hauptsächlich *Kata* und *Kata-Bunkai* gelehrt.

Kenshinkan (jap.): traditioneller *Karate*-Stil von →KISE FUJI, in Weiterverfolgung des →*Matsumura-Seito* von →SOKEN HÔHAN.

Kenshin-ryû (jap.): moderner *Karate*-Stil, gegründet von HAYASHI TERUO aus dem →*Shito-ryû* (s. auch →*Hayashi-ha Shitô-ryû*).

Kenshô (jap.): [aus: *Ken* = hineinschauen, *Shô* = in die eigene Natur] Begriff aus der Philosophie der →*Zen*-Schulen: Wesensschau, Wahrheitsschau, Erkennen der kosmischen Wahrheit. *Kenshô* ist die Schau in die eigene Wesensnatur und in die Natur der Dinge. Es ist die große Erkenntnis, die man auch →*Satori* nennt. Nachfolgend ein Text von HAKUIN YASUTANI *Rôshi* (*Zen*-Meister) aus der *Rinzai*-Schule:

Jemand hat einmal gesagt: »Das Donkon ist die Krankheit des menschlichen Geistes«. Vom buddhistischen Standpunkt aus gesehen, ist dieses Wort richtig. Gewiß, abstraktes Denken ist nützlich, wenn es weise gehandhabt wird – d. h. wenn seine Natur und seine Grenzen klar verstanden werden. Wenn die Menschen aber zu Sklaven ihres Intellekts werden, in ihm befangen und in ihm bestimmt sind, kann man sie mit Recht als krank bezeichnen. Alles, was gedacht wird, ob es uns herauf- oder herabzieht, ist veränderlich und unbeständig, hat Anfang und Ende, selbst wenn wir es nicht merken, weil es sich unseren eigenen Wandlungen einfügt. Dies gilt genauso für die Gedanken eines ganzen Zeitalters wie für die Gedanken eines einzelnen Menschen. Im Buddhismus heißt darum das Denken »Strom von Tod und Leben«. In diesem Zusammenhang ist es wichtig, die Rolle vorübergehender Gedanken von der Rolle der Begriffe zu unterscheiden. Flüchtige Gedanken, die immerzu an die Oberfläche des Geistes kommen, sind verhältnismäßig harmlos; aber Ideologien, Glaubensvorstellungen, Meinungen, feststehende Gesichtspunkte und dergleichen, die im wesentlichen aus logischem Denken und Sinnesempfindungen stammen (ebenso wie aus dem uns von außen zufließenden, seit der Geburt erworbenen Wissen, an dem wir haften), sind die Schleier, welche das Licht der Wahrheit verhüllen.

Solange das kostbare Wasser unseres Wesens noch von den Winden des Denkens gestört wird, können wir Wahrheit von Lüge nicht unterscheiden; darum ist es unerläßlich, die Winde zur Ruhe zu bringen. Sobald die Winde zum Stillstand gekommen sind, beruhigen sich die Wellen, aus Trübheit wird Klarheit, und dann können wir ganz unmittelbar entdecken, daß der Mond der Wahrheit während der ganzen Zeit geleuchtet hat! Der Augenblick dieser Erkenntnis heißt Kensho oder Satori, Erleuchtung, d. h. Erfahrung der wahren Natur unseres Wesens. Während politische und philosophische Begriffe von kurzer Dauer sind, ist das, was in solcher Erkenntnis, im wahren Satori, wahrgenommen wird, unvergänglich. Und mit Satori sind wir dann auch imstande, ungetrübt durch Verwirrung und Unruhe, in innerem Frieden und in Würde und Harmonie mit unserer Umwelt zu leben.

Kenshusei (jap.): Bezeichnung für Kampfkunstschüler, die besondere Nachforschungen betreiben und vom *Sensei* das höchste Training erhalten. Schüler, von denen man erwartet, daß sie selbst einmal Lehrer werden.

Kensui (jap.): an etwas hängen; etwas in Angriff nehmen; Klimmzug.

Kensui-jime (jap.): Fallristwürgen, *Jûdô*-Technik.

Kentai ichi jô (jap.) »Der Körper und die Waffe sind eins.« Leitspruch aus dem Bujutsu, abgeleitet aus →*Ken Zen ichi*, dem Grundgedanken des →*Taiaki*.

Kentô[1] (jap.): Boxen. *Kentôka* – Boxer, *kentô-suru* – boxen.

Kentô[2] (jap.): Faustschwert. *Karate*-Technik mit den mittleren Gelenken der Finger.

Kentsui[1] (jap.) »Zange und Hammer«. Andere Bezeichnung für →*Tettsui* (Einteilung s. →*Ken*).

Kentsui[2] (jap.): in den Schulungsmethoden des *Zen* steht der Ausdruck (»Zange und Hammer«) für die Art und Weise, wie ein Meister seinen Schüler unterrichtet. Diese harte Schulungsmethode (→*Oshi*) diente dazu, das kleine →Ich zu überwinden und das höchstmögliche Potential im Menschen zu erwecken.

Kentsui-uchi jap.): Hammerfaustschlag (auch →*Tettsui-uchi*, s. auch →*Uchi-waza*).

Kenyu-ryû (jap.): okinawanisches *Karate*-System, gegründet von Ryusei Tomoyose als Ableitung des *Shôrei-ryû*.

Ken Zen ichi (jap.): philosophischer Grundgedanke des mittelalterlichen japanischen →*Bujutsu* mit der Bedeutung »Schwert und Zen sind eins« (s. →*Kaisetsu*, →*Taiaki*, →Takuan). Im 16. Jh. schrieb der *Zen*-Meister Takuan (1573–1645) seinen berühmten Brief an Yagyu Munenori (Schwertmeister), in dem er die Verbindung zwischen *Zen* und *Kenjutsu* (Schwertkunst) verdeutlichen wollte. Das *Taiaki*, wie dieser Brief benannt wurde, enthielt als zentrales Motiv den Satz *Ken Zen ichi*, der die wahre Meisterschaft der Schwertkunst als einen Zustand der vollkommenen Einheit des Menschen bezeichnet, die nur über die vollständige Perfektion von *Ri* (Zustand des Geistes) und *Waza* (Technik) zu erreichen ist.

Insbesondere kam es Takuan darauf an, klarzustellen, warum die meisten *Kenkaku* (Schwertkämpfer) trotz täglicher Übung das Stadium der Meisterschaft im Schwert nicht einmal annähernd erreichen konnten. Nach Takuans Erläuterungen liegt das Problem darin, daß die meisten Menschen nicht bereit zur geistigen Vervollkommnung sind und voller Kurzsichtigkeit nur das Körperliche wählen. Was solchen Menschen den Weg zur Meisterschaft verwehrt, ist nach Takuans Philosophie das Ergriffensein vom eigenen →Ich, dessen Eigenwille dem Übenden gleichermaßen den Blick in das Wesen der Kampfkunst wie auch in die Realität des Lebens durch Vorurteile trübt. So bedeutet für Takuan Meisterschaft nichts anderes, als jenes Ich zu besiegen, das mit seinen unzähligen inneren Antrieben den Geist und die Handlung des Menschen verwirrt und der wahren Verwirklichung seines Eigenwesens ewig im Wege steht.

Ken Zen ichi – die Einheit von *Ken* und *Zen* – bedeutet, jene Stufe der Meisterschaft zu erreichen, auf der es weder *Ken* noch *Zen* gibt und dennoch nichts anderes im Weltall zu finden wäre, was nicht *Ken* und *Zen* ist. Das, was wir Menschen sehen (*Shiki* – die Erscheinungsformen), hängt von der Reife unseres Bewußtseins ab und verändert seine Formen je nach der Art der Betrachtung. So geht es beim Erlernen einer Kampfkunst weniger darum, auf den Gegner als auf das eigene Bewußtsein zu zielen. Ist dieses im Vorurteil gefangen, wird die Handlung getrübt. Was der Gegner ist, was man an ihm für richtig und falsch hält und was man davon erkennt, hängt sehr vom Vollendunsgrad des eigenen Geistes ab, denn der selbstgefällige oder ichbezogene Geist unterliegt schnell einer Täuschung. Zur Werdung des ganzen Menschen, der in der Lage ist, die Dinge der Welt richtig zu erkennen, reicht es nicht, sich in der Technik zu üben. Er muß seinen Geist üben, denn nicht nur Sieg und Niederlage hängen davon ab, sondern sein gesamter Wert, den er als Mensch in allen alltäglichen Handlungen darstellt.

Am Anfang des *Taiaki* sagt Takuan: »In der Kunst des Kämpfens geht es nicht um Sieg oder Niederlage, nicht um stärker oder schwächer, nicht um einen Schritt vor- oder rückwärts. Man muß ohne einen Schritt vorwärts oder rückwärts, ganz einfach auf derselben Stelle stehend, siegen können.« Darin aber liegt nicht nur die letzte Wahrheit des Kämpfens, sondern auch das Geheimnis der Behandlung aller menschlichen Angelegenheiten überhaupt. Takuan meint damit das »Leermachen« von jedem Wunsch, von jedem Vorhaben, denn diese fangen den Geist und lassen ihn an Vorgestelltem haften. Dieses »Leermachen« des Geistes von der Selbstvorstellung – *Kû* oder *Kara* (im Buddhismus *Muga* – Ichlosigkeit) – ist die Voraussetzung für ein ungetrübtes Sehen der Wirklichkeit, nicht nur für den Kampf, sondern für die Bewältigung aller alltäglichen Probleme.

Takuans Erläuterungen über die Geisteserziehung in der Übung der Kampfkünste hatten einen wesentlichen Anteil an der sich heranbildenden Umformung vom *Bujutsu* (Technik des Kriegers) zum *Budô* (Weg des Kriegers). Die Meister begannen ihre Übung mit vielen philosophischen Aspekten des *Zen* zu durchziehen, und so entstand aus einer tödlichen Kampfkunst ein »Weg des Lebens«.

Ken Zen ichi wurde von Reibun Yuki erläutert und von Karlfried Graf Dürckheim auch in die deutsche Sprache übersetzt. Der Text bildet das Wesen der Kampfkünste und wurde in Dürckheims Büchern »Japan und die Kultur der Stille« und »Wunderbare Katze und andere Zen-Texte« veröffentlicht.

Kepan (jap.): Bluteid. Diesen Eid mußte jeder Neuling eines →*Ryû* (s. auch →*Bujutsu*) schwören, ehe er mit dem Studium der Techniken beginnen durfte.

Keri (jap.): die Techniken der Füße. Es gibt verschiedene Ausführungsformen der Fußtechniken und verschiedene Auftreffflächen. Mit den Füßen kann man abwehren (→*Keri-uke*) oder angreifen (→ *Keri-waza*). Es gibt folgende Auftreffflächen:

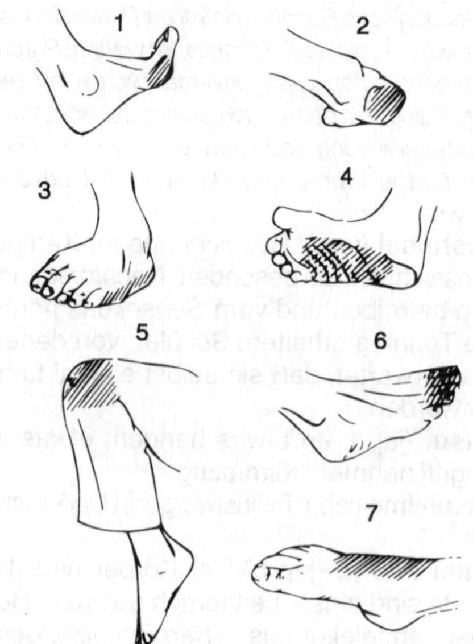

Auftreffflächen der Füße: 1. Koshi; 2. Kakatô; 3. Sokutô; 4. Teisoku; 5. Hizagashira; 6. Tsumasaki; 7. Haisoku

AUFTREFFFLÄCHEN DER FÜSSE

Koshi	– Fußballen
Sokutô	– Fußkante
Sokutei	– Fußsohle
Kakato	– Ferse
Heisoku	– Fußrist
Tsumasaki	– Zehenspitzen
Hizagashira	– Knie

Keri-age (jap.): aufsteigender Fußtritt (Einteilung s. →*Keri-waza*, Erklärung s. →*Keri-keage*).

Keri-gaeshi (jap.): Gegenangriff mit dem Fuß.

Keri-gohô (jap.): Faust- und Fußtechniken im *Aikidô* gegen die Vitalpunkte des Gegners. Man kennt *Ki-zuki, Gyaku-zuki, Hineri-uchi* und *Mawashi-geri.*

Keri-komi (jap.): hineintreten, hineinstoßen mit dem Fuß *(Kekomi)*. Einteilung s. →*Keri-waza*, Erklärung s. →*Keri-kekomi.*

Keri-nuke (jap.): Vorbeigleiten mit Fußtechniken. Dem gegnerischen Angriff wird ausgewichen, und während der Gegner mit seinem Angriff nach vorn stößt, wird mit einer Fußtechnik gekontert. Man kommt nach dem Konter hinter dem Gegner zu stehen (s. →*Kawashi-waza*).

Keri-uke (jap.): Gruppe der Abwehrtechniken mit dem Fuß oder Bein im *Karate*. Nachfolgend sind die wichtigsten aufgeführt (Beschreibung s. unter der jeweiligen Bezeichnung):

ABWEHRTECHNIKEN MIT DEM FUSS

Sokutô osae-uke	– Preßabwehr mit der Fußkante
Sokutei osae-uke	– Preßabwehr mit der Fußsohle
Sokutô mikatsukigeri-uke	– Fegeabwehr der Fußkante
Sokubô kake-uke	– Hakenabwehr mit dem Schienbein
Mikatsuki geri-uke	– Fegeabwehr mit der Fußsohle
Ashikubi kake-uke	– Hakenabwehr mit dem Fußgelenk
Nami-gaeshi	– Schnappfußabwehr nach innen

Keri-waza (jap.): Gruppe sämtlicher Fußtechniken im *Karate*. Mit den Füßen kann man abwehren (→*Keri-uke*) oder angreifen. Die Angriffstechniken kann man wie folgt in folgenden Formen ausführen:

- Keri-keage – geschnappter Fußschlag
- Keri-kekomi – gestochener Fußstoß

KLASSIFIZIERUNG DER FUSSTECHNIKEN

Auftreffflächen

1. Koshi	– Fußballen	4. Heisoku	– Fußrist
2. Sokutô	– Fußkante	5. Tsumasaki	– Zehenspitzen
3. Kakato	– Ferse	6. Hizagashira	– Knie

Zenpo-geri	– **Vorwärtstritte**
Mae-geri	– Fußtritt nach vorn
Mae geri-keage	– *geschnappter Fußtritt*
Mae geri-kekomi	– *gestoßener Fußtritt*
Mawashi-geri	– Halbkreisfußtritt
Gyaku mawashi-geri	– *verkehrter Halbkreisfußtritt*
Ura mawashi-geri	– *Halbkreisfußtritt nach hinten*
Mikatsuki-geri	– Halbmondtritt
Ura mikatsuki-geri	– *umgekehrter Halbmondtritt*
Hiza-geri	– Knietritt
Mae hiza-geri	– *Knietritt nach vorn*
Mawashi hiza-geri	– *Halbkreistritt*
Mae tobi-geri	– Sprungtritt nach vorn
Nidan geri	– Zwei-Stufen-Tritt
Sokumen-geri	– **Seitwärtstritte**
Yoko-geri	– Fußtritt zur Seite
Yoko geri-keage	– *geschnappter Fußtritt*
Yoko geri-kekomi	– *gestoßener Fußtritt*
Mawashi-geri	– Halbkreisfußtritt
Gyaku mawashi-geri	– *verkehrter Halbkreisfußtritt*
Ura mawashi-geri	– *Halbkreisfußtritt nach hinten*
Fumikiri	– Schneidetritt
Fumikomi	– Stampftritt
Yoko tobi-geri	– Sprungtritt zur Seite

KLASSIFIZIERUNG DER FUSSTECHNIKEN

Koho-geri	– **Rückwärtstritte**
Ushiro-geri	– Rückwärtsfußtritt
Ushiro geri-kekomi	– *gestoßener Rückwärtstritt*
Ushiro geri-keage	– *geschnappter Rückwärtstritt*
Ushiromawashi-geri	– Halbkreistritt nach hinten
Ushiro tobi-geri	– Sprungtritt nach hinten

Mawashi-geri, der Halbkreisfußtritt

GRUNDREGELN DES KERI

- Führe das Knie des tretenden Beines so eng wie möglich am Körper, hebe es so hoch wie möglich und halte den Fuß so nah wie möglich am Körper.
- Bewahre die Hüften immer im Gleichgewicht, entspanne das Knie des tretenden Beines, lege etwas Kraft in den Bauch und lasse das Knie des Standbeines etwas gebeugt.
- Hebe die Ferse des Standbeines nicht an und sorge durch die Spannung der Zehen für einen zusätzlichen Halt.
- Der Weg des Fußes ist beim Zurückziehen derselbe wie beim Vorwärtsschnappen.
- Vermeide stangenförmige angespannte Techniken. Verwende in der Fußtechnik keine Kraft, sondern Entspannung, Schnelligkeit und Präzision.

Kernspecht, R. Keith (*1945): deutscher *WingTsun*-(WT-)Lehrer, Gründer, Cheftrainer und Vorstand der →EWTO (*European WingTsun Organisation*, s. auch Anhang), angeschlossen an die IWTMAA (s. → *Wing chun* und →LEUNG TING).

Kernspecht begann 1959 mit Kraftsport, *Kempô, Jûdô, Jûjutsu* und *Karate*. 1967 gründet er den Budo-Zirkel Kiel, wo er die *Karate*- und *Kobudo*-Abteilung aber nach und nach an andere

Kampfkunst-Lehrer übergibt, um selbst *WingTsun* zu unterrichten. 1975 lädt er den chinesischen Meister LEUNG TING nach Deutschland ein, worauf er mit diesem mehrere Seminare in Europa veranstaltet. Kernspecht beginnt Bücher über WT zu veröffentlichen und wird 1978 zum Leiter der europäischen Sektion (EWTO) der *WingTsun Leung Ting Martial Art Association* (WTLTMAA) ernannt. Im selben Jahr nimmt er über BILL NEWMAN die →*Escrima*-Variante von RENÉ →LATOSA in die EWTO auf. 1995 gibt es bereits über 1200 WT-Schulen in Deutschland, doch auch Abspaltungen von der EWTO, die inzwischen eigene kleinere Organisationen (unter anderer Schreibweise, z. B. *Ving Chun*) gegründet haben.

Kesa (jap.): buddhistische Mönchskleidung, das Symbol der Weitergabe der Lehre Buddhas von Meister zu Schüler.

Ursprünglich als Schultertuch von Buddha selbst geschaffen, wird das *Kesa* heute jedem Schüler des Buddhismus bei der Ordination übergeben. Das *Kesa* hat eine ockergelbe Farbe und wurde von Buddha ursprünglich aus Leichentüchern zusammengenäht.

Kesa-ashi-gatame (jap.): Armstreckhebel in der *Kesa-gatame*-Position im *Jûdô*.

Kesa-garami (jap.): Schärpenbeugehebel im *Jûdô*.

Kesa-gatame (jap.): Schärpenschlüssel. *Jûdô*-Haltegriff.

Kesa-gatame-kubi-hishigi (jap.): Kopfhebel im Seitensitz. Hebeltechnik aus dem *Jûdô*.

Kesa-geri (jap.): schräger Fußtritt. Andere Bezeichnung für →*Yoko tobi-geri* (Seitwärtsfußtritt im Sprung).

Kette-gyaku-zuki (jap.): Bezeichnung im *Wadô-ryû* für eine Kombination aus *Gyaku-zuki – Mae-geri – Gyaku-zuki*.

Kette-jun-zuki (jap.): Bezeichnung im *Wadô-ryû* für eine Kombination aus *Jun-zuki – Mae-geri – Jun-zuki*.

Keupso-Chirigi (kor.): Kampfmethode aus →Korea, die auf den Angriff von Vitalpunkten abzielt. Entspricht den japanischen →*Atemi* und den chinesischen →*Dian-xue*.

Keyo (jap.): der unbewachte Augenblick (s. →*Suki*).

Khmer: Volk auf dem Territorium des heutigen →Kambodscha. In vorchristlicher Zeit waren die Khmer eine der stärksten Mächte Südostasiens. Sie sind rassisch und sprachlich mit den Indonesiern (altmongolische Völker) verwandt und länger in Hinterindien ansässig als die chinesischstämmigen Völker (Vietnamesen, Thai und Laoten).

Bereits in vorchristlicher Zeit drang indische Kultur den Mekong-Fluß aufwärts, und dadurch entstand auf dem heutigen Staatsgebiet Kambodschas, im 1. Jh. n. Chr., ein gewaltiger Kolonialstaat Indiens (Fu-nan), der im 6. Jh. von den Khmer unterworfen wurde. Danach beherrschten sie bis zum 13. Jh. das Land und brachten es zur höchsten kulturellen Blüte, wobei sie auch den größten Teil Hinterindiens beherrschten.

Im 9. Jh. wurde →Angkor erbaut, dessen Tempel zu den bedeutendsten Kulturwerken der Menschheit gehört. Im 14. Jh. eroberten Thai und Vietnamesen das Land der Khmer. 1863, nachdem die Khmer auf ihr heutiges Territorium zurückgedrängt waren, wurde Kambodscha eine französische Kolonie. Als Religion praktiziert wird heute überwiegend der *Hinayâna*-Buddhismus, der den *Mahâyâna*-Buddhismus fast vollständig abgelöst hat.

Ki[1] (jap.): Grundlage, Basis, Ursprung, Fundament (auch *Moto, Motoi*). *Kihon* – Grundlage, Fundament, *Kiseki* – Grundstein, *Kichô* – Grundgedanke.

Ki[2] (jap.): Energie, vitale Kraft, Lebensaktivität. Begriff aus der asiatischen Philosophie mit zentraler Bedeutung, identisch mit dem chinesischen →*Qi*.

CHINESISCHER URSPRUNG

Die ursprüngliche Idee des *Ki* entwickelte sich als metaphysisches Prinzip in einigen chinesischen Geistesschulen mit daoistischen Wurzeln (s. →*Dao-jiao*). Dort war *Ki* die Quelle der Aktivitäten (s. →*Yin/Yang*), die vitale Fülle des Lebens, die aus der Moral (→*De*) entstehende Tapferkeit (nach MENZIUS) oder die göttliche Kraft aller Dinge (nach KUAN-TZU). Unter *Ki* verstand man die Wirkkraft der Natur, diejenige, die den Rhythmus der natürlichen Veränderungen bestimmt und dennoch nicht erkennbar ist (s. →*Dao*).

In dem Werk von Laozi (s. →*Daodejing*) wurde *Ki* mit einer aktiven »Leere« oder dem »Nichts« (s. →*Wu*, →*Kû*) gleichgesetzt, →Zhuangzi bezeichnet es als die »bildende Energie«, die aus dem

Chaos *(Dao)* entsteht. Manche chinesischen Philosophen betrachten es als ein dualistisches Prinzip (→*Yin/Yang*), das das gesamte Universum beherrscht. Der positive (lichte) Aspekt des *Ki* wurde zum Himmel, und das himmlische *Ki* wurde zur Sonne. Der negative (dunkle) Aspekt des *Ki* versammelte sich und wurde zur Erde, und das irdische *Ki* wurde zum Wasser. Dieser aus dem Wirken des *Ki* entstandene Dualismus, den man als Yin und Yang, als Licht und Dunkel, als hart und weich usw. bezeichnete, führte in der chinesischen Geisteswelt zur Entwicklung der Theorie über die »Fünf Elemente« (s. →*Wu-xing*, →*Gogyô*) und zu den Weissagungen im »Buch der Veränderungen« (s. →*Yi-jing*).

Schriftzeichen für Ki

In der Theorie der 5 Elemente gehören Holz und Feuer zum lichten Prinzip des *Ki*, Metall und Wasser zum dunklen Prinzip, und die Erde soll zwischen den beiden zu finden sein. Klimatische Veränderungen und menschliche Schicksale konnten durch Ebbe und Flut vorausgesagt werden, dem harmonischen und antagonistischen Wirken der 5 Elemente. Im Buch der Veränderungen symbolisiert die ungebrochene Linie (—) das *Yang* und die gebrochene Linie (-–-) das *Yin*. Ihre verschiedenen Kombinationen brachten die 8 Trigramme hervor, die man zur Weissagung, zur Vorhersage kommener Dinge befragen konnte.

Überlieferung nach Japan

Dieses in China hauptsächlich metaphysische Prinzip des *Ki* wurde bereits in der Nara-Zeit (710–794) und in der Heian-Periode (794 bis 1185) in Japan eingeführt (s. →*Mikkyô*, →*Tendai*, →*Shingon*). In Japan wurde es zunächst mit den einheimischen Ansichten über die Natur (→*Shintô*) verbunden und eigen interpretiert. Man hielt es für eine Kraft, die für den zyklischen Prozeß des Werdens, des Wachsens, des Blühens und des Sterbens in der Natur verantwortlich war. Man begann diese Kraft zu systematisieren und nach ihrer Wirkung einzuteilen. So entstanden bereits zu jener Zeit Begriffe wie *Yo-ki* (Kultivieren von Energie, chin. →*Qi-gong*), *Kai-ki* (Leben erneuern), *Sei-ki* (geistige Energie) usw.

In manchen buddhistischen Sekten begann man diese Kraft mit einem machtvollen dämonischen Agens zu identifizieren, das in der Lage war, in den zwischenmenschlichen Beziehungen z. B. Liebe und Haß zu kontrollieren. Die gesamte Philosophie von Yin/Yang wurde zu jener Zeit zu einem mystisch-religiösen Kult. Man gebrauchte die Theorie der 5 Elemente zu Weissagungen und Vorhersagen, wie dies oft in literarischen Werken der Heian-Zeit erwähnt wird (s. →*Genji no Heihô*).

Die dramatischsten Veränderungen in der Interpretation des *Ki* fanden mit dem Aufstieg der Samurai-Klasse statt (Ende der Heian-Periode). Dieser Veränderungsprozeß setzte sich durch die Kamakura- (1185–1336) und die Muromachi-Periode (1336–1573), durch das folgende Jahrhundert der Bürgerkriege und die Azuchi-Momoyama-Periode (1568–1603) fort und fand seinen Höhepunkt in der frühen Tokugawa-Zeit (1603 bis 1868). Die Samurai, die im Zeitalter der Kriege beständig dem Tod ins Auge sahen, interpretierten *Ki* in den Bereichen des →*Bushidô* und verstanden es als *Shiki* (Mut), *Jiki* (Wille), *Genki* (Lebenskraft), *Yûki* (Tapferkeit), *Heiki* (Gleichmut), *Shûki* (Kultivierung der Energie), *Kisoku* (Beherrschung der Atmung) usw.

Während der Tokugawa-Zeit bestand in Japan ein fast 300 Jahre langer Frieden. Dies führte zu großen Debatten über das *Bushidô* (s. →*Hagakure*) und zum Verfall vieler seiner traditionellen und ethischen Werte. Es entstanden Tendenzen der philosophischen Interpretation des Kriegerhandwerks (s. →*Taiaki*) und gleichzeitig anhaltende Bemühungen einiger Schwertmeister, das →*Bujutsu* vor seiner vollständigen Degeneration zu retten. Diese Betrachtungen führten zu neuen Behandlungen des *Ki*, die vorwiegend an die philosophischen und geistigen Möglichkeiten der Samurai appellierten. Sie legten den Grundstein zur Veränderung des *Bujutsu* in das *Budô* (s. vergleichsweise →*Bujutsu* und →*Budô* und verfolge weitere Hinweise).

Einer der Wegbereiter zu diesen Veränderungen war der *Zen*-Mönch →TAKUAN, dessen Lehren viele Meister der Kampfkünste folgten. Wir wollen hier einen bedeutenden Text über das klassische *Jûjutsu* betrachten, der aus dem *»Denshôchû- shaku«* des →*Kitô-ryû* stammt:

»Kitô« bedeutet »Steigen und Fallen«. Steigen ist die Form des Yang, *und Fallen ist die Form des* Yin. *Man siegt im Rückgriff auf das* Yang *und siegt im Rückgriff auf das* Yin *...*

Wenn der Feind Yin *zeigt, siegt man durch* Yang. *Wenn der Feind* Yang *ist, siegt man durch* Yin *...*

Man muß den Geist kraftvoll machen, indem man den Rhythmus zwischen Stärke und Nachgiebigkeit in der Technik verwendet. Dies zeigt Meisterschaft. Es geht, indem man die eigene Stärke mißachtet und die Kraft des Gegners verwendet. Dies liegt an der Art, wie in unserer Schule das Ki *gelehrt wird. Wenn man Stärke nicht beachtet, kehrt man zum fundamentalen Prinzip zurück. Wenn man sich nicht auf Stärke verläßt, wird die Kraft des Gegners zurückprallen, und er wird sich selbst zu Fall bringen. Das heißt, zu siegen, indem man die Kraft des Gegners verwendet. Ihr solltet diese Sache gut bedenken. Kurz gesagt, das Schwache besiegt das Starke.*

Aus anderen Schulen der Schwertkunst (*Heihô Kaden-shô* und *Tengû Geijutsu-ron*) kommt folgende Aussage:

Die Gelegenheit zum Sieg hängt vom Ki *ab. Wenn man das* Ki *des Gegners sorgfältig beobachtet und sich in Übereinstimmung damit bewegt, so nennt man das »sich die Gelegenheit für den Sieg vorzubehalten«. Im Zen spricht man von der »Gelegenheit, Zen zu manifestieren« und bezieht sich dabei auf die gleiche Sache. Das versteckte und nicht enthüllte* Ki *ist die Gelegenheit für den Sieg.*

In allen mit der Kunst, einschließlich der Kampfkunst, verbundenen Angelegenheiten wird Überlegenheit durch Training und Übung bestimmt, doch wahre Meisterschaft ist abhängig von Ki. *Die Größe von Himmel und Erde, das Strahlen von Sonne und Mond, der Wechsel der Jahreszeiten, Hitze und Kälte, Geburt und Tod, alle sind abhängig vom Wechsel zwischen* Yin *und* Yang. *Ihr subtiles Wirken kann nicht mit »Werfen« beschrieben werden, und dennoch erfüllen sich alle Dinge durch ihr* Ki *mit Leben.* Ki *ist der Ursprung des Lebens, und wenn* Ki *die Form verläßt, kommt der Tod.*

Kiai (jap.): auch *Yagui*, in der Übersetzung: »Geistes-Begegnung« oder »Versammlung der Energie«. Rein objektiv gesehen, ist der *Kiai* ein lauter Kampfschrei, in dem ein Übender seine gesamte geistige und körperliche Energie in einer Handlung konzentriert. Er bezeichnet die Manifestation des →*Ki* (→*Qi*) in der Technik. *Kiai* wird in der entscheidenden Phase des Kampfes verwendet und sollte im Ernstfall von einer tödlichen Technik (s. *Chi-mei*) begleitet sein.

Kiai ist im Vergleich zu →*Aiki* die verkehrte Zusammensetzung zwischen *Ki* (Energie) und *Ai* (Harmonie) und bezeichnet das aktive Prinzip des Universums, also das in Aktivität umgesetzte Aiki. *Kiai* und *Aiki* sind dementsprechend eng miteinander verwandt und bezeichnen dasselbe Prinzip. *Aiki* ist passiv und wirkt im »Nichttun«, während *Kiai* das Wirken der Natur im aktiven Handeln verkörpert.

Der geistige Aspekt des *Kiai* umfaßt einen Zustand der Bereitschaft (s. →*Zanshin*), der besonderen geistigen Wachheit, die auf jeden plötzlichen Angriff unmittelbar reagieren kann. Es ist ein Zustand so hoher Energie, daß der Schrei ganz spontan hervorbricht. Daher kann der *Kiai* auch wirkungsvoll verwendet werden, um das eigene Maß der Bereitschaft zu steigern.

Kiaijutsu (jap.): die Kunst, durch die innere Harmonie die vitale Kraft (→*Ki*) in Handlungen zu gebrauchen. Ein Kampfkunstexperte kann seinen Gegner durch einen →*Kiai* lähmen oder gar verletzen. Im Gegensatz dazu gibt es auch den *Kiai*, der »Leben gibt«. Er wird in diesem Sinn bei den Techniken des →*Kuatsu* eingesetzt.

Die Technik des *Kiai* ist nicht einfach nur ein Schrei, sondern setzt sich aus den gesamten physiologischen und psychologischen Komponenten der Weglehre (s. →*Dô*) zusammen. Der erste technische Grundsatz ist, daß der *Kiai* nicht aus der Kehle kommt, sondern aus dem *Hara*, und daß er nicht bei jeder Bewegung verwendet wird, sondern nur in entscheidenden Phasen oder zu bestimmten Zwecken.

Kiaijutsu ist sehr umfangreich und eine Wissenschaft für sich. So bedingen zum Beispiel verschiedene Formen des *Kiai* auch verschiedene

Arten des *Kime*. Kampfkunstexperten behaupten, daß es *Kiai*-Formen gibt, durch die man seinen Gegner lähmen oder sogar verletzen kann. Auch werden verschiedene Techniken des *Kiai* produziert, wenn sich die Position der Zunge im Mund ändert. Verschiedene Kampfkunstexperten meinen, daß es drei oder sogar vier verschiedene Formen des *Kiai* gibt. Die erste, die durch einen tiefen und schweren Laut produziert wird und die gesamte Energie in der Aktion auszudrücken vermag, die zweite, die durch einen spitzen und scharfen Ton eine Aktion zum Sieg entscheiden kann (Siegesschrei), die dritte, ein ganz normaler Schrei, der in der Reanimation *(Kuatsu)* verwendet wird, und die vierte, ein stiller Schrei *(Kensei)*, in den verschiedenen Übungen der Meditation.

Jeder richtige *Kiai* kommt aus dem *Hara*, aus dem *Kikai-tanden* (*Ki-kai* – Meer der Energie) und bedarf der rechten Atmung (→*Kokyû*), der rechten Geisteshaltung (→*Shisei*) und des kontrollierten *Ki*-Flusses. Der Schrei selbst ist nichts weiter als die Verbindung der inneren Verfassung *(Aiki)* mit dem Willen durch die Stimme. Der Ton muß durch die kontrollierte Atmung aus der Tiefe des *Hara* kommen und keinesfalls aus dem Hals. Am Klang der Stimme darf willentlich nichts geändert werden (etwa um ihn zu verschönern, wie beim Gesang), denn dadurch zerfließt das *Ki* in den Begleitabsichten des Bewußten. Der Schrei muß natürlich sein und dem persönlichen Erleben jedes einzelnen entsprechen. Es kommt nicht auf seine Schönheit an, denn *Kiai* ist nicht Musik.

Ursprünglich hatten die →*Kata* keinen festgelegten *Kiai*. Mit der Standardisierung der *Kata* jedoch waren feste Formen notwendig, insbesondere in den Wettkämpfen. Im eigenen Training aber soll der *Kiai* natürlich und aus dem Gefühl für die Technik entstehen.

Die körperliche Form des *Kiai* sollte nicht nur im umgrenzten Raum geübt werden. Um einen guten *Kiai* zu entwickeln, hat sich die Übung in offenen, abseits gelegenen Gebieten als sehr wertvoll erwiesen, besonders in den Bergen oder am Meer.

Kiba (jap.): reiten. *Kibasha* – Reiter.

Kiba-burui (jap.): im *Karate* gebrauchter Überbegriff für alle gespreizten Beinstellungen (Gegensatz: →*Hangetsu-burui*): →*Kiba-dachi, Zenkutsu-dachi,* →*Kôkutsu-dachi,* →*Fudô-dachi,* →*Shikô-dachi.*

Kiba-dachi (jap.): Reiterstellung, entwickelt aus dem früheren →*Naihanchi-dachi*. *Kiba-dachi* ist eine seitlich gerichtete Stellung.

Die Füße stehen von der Seite gesehen auf einer Linie, von vorn gesehen etwa zwei Schulterbreit auseinander. Nun werden die Knie gebeugt und nach außen gedrückt. Die Füße stehen parallel. Die Lendengegend wird gespannt, das Gesäß wird etwas nach vorn geschoben. Der Körper ruht im Gleichgewicht in der Mitte.

Kiba-dachi ist eine der Grundstellungen im *Karate* und eignet sich sehr gut für seitlich ausgeführte Techniken (z. B. *Empi-uchi* oder *Uraken-uchi*). Im Training ist seine Übung besonders wichtig, um das Gefühl für sehr starke Stellungen, für sicheres Stehen sowie kräftige Hüften und Beine zu trainieren.

Kiba-sen (jap.): japanische Kunst des Kämpfens zu Pferd, im Gegensatz zur Kunst des Kämpfens zu Fuß (*Tohô-sen*).

Kick-Boxen: Kombination zwischen dem Boxen und Karate (kein *Budô*) als Wettbewerbssport nach den Regeln des Boxens. Die Regeln stammen aus dem französischen *Savate*, dem Thai-Boxen und dem *Kyokushinkai-Karate*.

Diese Form des Kämpfens ist besonders in den USA sehr beliebt und wird dort meist von den Militärs praktiziert, die daraus eine Form des Nahkampftrainings gemacht haben. Das System besteht darin, den Gegner mit allen möglichen Mitteln k. o. zu schlagen, nur sehr wenige Techniken sind dabei verboten. Die Kämpfer schützen sich mit verschiedenen Schutzpolstern und kämpfen meist auf zehn Runden zu drei Minuten. Der Sport ist sehr verletzungsträchtig und manchmal auch lebensgefährlich (s. →*Full-contact,* →*Thai-Boxen*).

Kiem (viet.): Degen im vietnamesischen Waffensystem →*Co Vo Dao* (s. auch →Vietnam).

Ki-gamae (jap.): psychische Haltung der Bereitschaft, die zusammen mit →*Mi-gamae* (physische Haltung der Bereitschaft) die generelle Bereitschaftshaltung (s. →*Kamaekata,* →*Shisei,* →*Kamae*) ergibt. Zu den wichtigsten Komponenten von *Ki-gamae* zählt man →*Zanshin,* →*Yomi,* →*Kihaku,* →*Kikai,* →*Sen* und →*Suki.*

Kihaku (jap.): »Projektion der inneren Energie auf den Gegner«. Die Bezeichnung steht im *Budô* sinngemäß für Kampfgeist und ist ein Teil von →*Ki-gamae*.

Innere Energie auf einen anderen Menschen zu übertragen hat jedoch nicht unbedingt nur etwas mit Kämpfen zu tun. Alle Menschen unterliegen den Einwirkungen ihrer Wahrnehmungen, und das menschliche Zusammenleben ist voller gegenseitiger Beeinflussungen. So gibt es auch im alltäglichen Leben unzählige Situationen, in denen der Ausdruck eines starken Willens und eines unerschütterlichen Geistes entscheidend auf ihren Verlauf wirkt. Einen solchen Ausdruck soll sich der Kampfkunstübende in seinem Verhalten angewöhnen.

In einer Selbstverteidigungssituation z. B. ist in den meisten Fällen ein nach außen projizierter entschlossener Geist die Lösung des Problems. Wenn man es versteht, sich mit innerer Stärke auf den Gegner zu konzentrieren und dabei einen ruhigen, friedlichen Ausdruck zu bewahren, wird der Gegner oft von Angriffen absehen.

Wenn man im Kampf nicht wirklich an seine Technik glaubt oder wenn man ängstlich oder zögerlich ist, kann man keine innere Energie entwickeln, und die Aktionen sind zu schwach. Aber auch in der Überheblichkeit und Ichbezogenheit liegt dieselbe Gefahr. Innere Stärke gibt es nur durch innere Wahrheit. Wenn ihr Fundament durch einen körperlichen oder geistigen Fehler geschwächt ist, verliert die Kampfaktion an Glaubwürdigkeit.

Kihon (jap.): Grundschule (*Ki* – Kraft, Energie; *Hon* – Basis, Ursprung). Die Basis mit Kraft füllen. Gemeint sind damit die Grundtechniken des *Budô* (für *Karate* s. →*Kihon-waza* und →*Kihon-kumite*).

Kihon-ippon-kumite (jap.): grundlegendes →*Kumite* im *Karate* mit einer Aktion (ein Angriff, eine Abwehr und ein Konter). Zugehörigkeit s. →*Kihon-kumite*, Klassifizierung s. →*Yakusoku-kumite*. *Kihon-ippon-kumite* ist die nächste Steigerung von →*Sanbon-kumite*. Man übt wie in allen *Kumite*-Formen des *Kihon* nur mit am Ende feststehenden Techniken (wie in der *Kata*), Grundstellungen und vorherbestimmten Fußbewegungen (keine freie Deckung, keine freie Bewegung). Wie alle *Kumite*-Übungen hat auch diese ihre eigenen Charakteristiken und Ziele.

ZIELE DES KIHON-KUMITE

Im *Kihon-ippon-kumite* liegt der Übungsschwerpunkt auf dem grundschulmäßigen Lernen von verschiedenen Formen des →*Sabaki* in der Kombination mit starken und genauen *Karate*-Techniken (s. →*Kime*). Auch hierbei spielen die Atmung, der Bewegungsrhythmus und die Distanzbeherrschung eine bedeutende Rolle. Für Fortgeschrittene ermöglicht diese Übungsform eine Verbesserung der feineren Punkte von →*Zanshin*, →*Sahô* und →*Yomi*. *Kihon-ippon-kumite* hat folgende Ziele:

- Man erwirbt sich die Fähigkeit zu kraftvollen Abwehrtechniken und starken Konteraktionen.
- Man lernt, die Beziehung zwischen starken Abwehrtechniken und entscheidenden Konteraktionen zu verstehen.
- Man lernt, Distanzen zu beherrschen. In der falschen Distanz gelingt die Abwehr nicht, und der Konter bleibt wirkungslos.
- Man lernt, den Rhythmus der Handlung zu verstehen. Jede Bewegung hat ihren Rhythmus, und in den genau aufeinander abgestimmten Momenten der Ausführung von Abwehr und Konter kann wahres *Kime* entstehen.
- Man steigert das Wahrnehmungsvermögen und die Konzentration. Die Abwehr verlangt genaues Timing. Außerdem lernt man seinen Körper optimal in Abwehr und Gegenangriff einzusetzen.

INHALTE UND FORMEN

Die Übung des *Kihon-ippon-kumite* erfährt in den jeweiligen Schulen des *Karate* verschiedene Maßstäbe. Die Essenz ist, daß man alle Techniken mit dem Partner übt, bis sie in der Wirklichkeit angewendet werden können. In den Übungsformen des *Kihon-ippon-kumite* muß man versuchen, maximales *Kime* zu erreichen und die grundlegenden Prinzipien des tatsächlichen Kamp- fes (s. →*Jissen*) verstehen zu lernen. Außerdem ist es wichtig, daß man sich in dieser Übungsform immer eine physische *(Mi-gamae)* und psychische *(Ki-gamae)* Haltung angewöhnt.

Kihon-ippon-kumite kann man üben, indem man die Techniken der jeweiligen *Kata* in Einzelaktionen zerlegt und mit dem Partner anwendet. Um Formen des *Kihon-ippon-kumite* zu entwickeln, können Beispiele aus der *Kata* verwendet werden, oder man stellt selbst sinnvolle Aktionen zusammen. Manche Schulen gründen auch regelrechte *Kihon-ippon-kumite-Kata*, in denen sie die Grundlagen des Angreifens, Abwehrens und Konterns zusammenfassen und immer als feste Vorgaben üben lassen. Auf diesen Grundauffassungen kann dann entsprechend der jeweils zu erlernenden *Kata* aufgebaut werden.

KIHON IPPON-KUMITE KATA (BSK-Version)

Jôdan Oi-zuki
(RE) H. age-uke (Zk) – Chûdan gyaku-zuki
(RD) H. tate shutô-age (Kk) – Migi shutô-uchi
(RE) Jûji kaishu (Zk) – Mawashi-g. (Kaiten), Ushiro empi
(LF) M. age-uke (Hs) – Yoko geri-keage, Yoko empi

Chûdan Oi-zuki
(RE) H. soto-uke (Zk) – Chûdan gyaku-zuki
(LE) M. soto-uke (ZK) – Migi yoko empi-uchi (Kb)
(RD) H. uchi-uke(Kk) – Kizami-zuki, M. chûdan gyaku-z.
(LF) M. shutô-uke (Kk) – Kizami-geri, H. chûdan nukite-zuki

Mae-geri
(RD) H. gedan-barai (Zk) – Chûdan gyaku-zuki
(RF) M. gyaku-barai (Zk) – Kizami-zuki, Chûdan gyaku-zuki
(RF) Soto haishu-barai (Zk) – Jôdan mawashi-geri
(LF) M. gedan-barai (Hs) – Migi uraken-uchi (Zk)

Yoko-geri
(RE) H. soto-uke (Zk) – Migi jôdan gyaku-zuki
(LE) M. soto-uke (Kb) – Migi uraken-uchi (Kb)

Mawashi-geri
(RC) H. jôdan uchi-uke (Zk) – Chûdan gyaku-zuki
(LE) M. soto-uke (Kb) – Migi yoko geri-kekomi

Übung des Kihon-kumite

Zwei Partner stehen sich in *Yôi-shizentai* gegenüber und sprechen untereinander ab, wer der Angreifende und wer der Abwehrende ist. Nun geht *Tori* (der Angreifer) mit dem rechten Fuß zu *Hidari-zenkutsu-dachi* zurück und führt *Hidari-gedan-barai* aus. Unmittelbar sagt er mit lauter Stimme seinen Angriff und die Angriffsstufe an, worauf er kraftvoll mit einer genauen *Karate*-Technik angreift. Der Angriff wird mit *Kiai* ausgeführt.

Der Verteidiger *(Uke)* wehrt den Angriff mit einer vorher festgelegten Technik ab und kontert unmittelbar darauf mit einer starken *Karate*-Technik, ebenfalls mit *Kiai*. Der gegnerische Körper darf nicht getroffen werden, sondern die Technik wird 2 cm vor dem Ziel gestoppt.

Nachdem die Aktion beendet ist, atmen beide einmal tief ein und aus und nehmen währenddessen *Yôi-shizentai* ein. *Zanshin* wird beibehalten, und die beiden Gegner blicken sich in aufmerksamer Konzentration an. Nun nimmt *Tori* (der Angreifer) wieder *Gedan-gamae* ein, und die zweite

Aktion beginnt. Insgesamt besteht *Kihon-ippon-kumite* aus je vier Aktionen, die nach der beschriebenen Methode ausgeführt werden. Wenn sie beendet sind, verbeugen sich die Partner voreinander und wechseln die Rollen.

Kihon-kiso-kumite (jap.): Überbegriff für alle Partnerübungen im →*Kihon-kumite*, die aus einer einzigen Serie von Aktionen bestehen. Das bedeutet, nach dem Konter wird keine weitere Aktion mehr ausgeführt (*Kumite*-Formen innerhalb des *Kiso-kumite* s. unter →*Kihon-kumite*). Wird nach dem Konter eine weitere Aktion ausgeführt (der Gegner wehrt den Konter ab und kontert wieder), nennt man diese Übungsform →*Kihon-randori-kumite*.

Kihon-kumite (jap.): vollständige Bezeichnung →*Yakusoku-kihon-kumite*, ist eine grundlegende Form der Partnerübung im *Karate* und zusammen mit →*Yakusoku-jiyû-kumite* die tragende Säule aller Formen des abgesprochenen Kämpfens (→*Yakusoku-kumite*). Es gibt auch innerhalb dieser Form verschiedene Möglichkeiten und Variationen (s. →*Kihon-ippon-kumite*, →*Goshin-kumite*).

Die in den Formen des *Yakusoku-kihon-kumite* zu übenden Techniken werden vorher vereinbart und nur in der Grundform (wie in der Kata) ausgeführt. Nach der Ausführung bleiben die Armtechniken in der Endstellung stehen, die Fußtechniken werden zu einer Grundstellung abgesetzt. Die Übung beginnt aus der Bereitschaftsstellung *Yôi* oder aus einer Abwehrhaltung in einer Grundstellung. Die Distanzen werden vorher abgemessen.

Kihon-pô (jap.): Grundgesetz.

Kihon-waza (jap.): Zusammenfassung aller Grundtechniken in den einzelnen Kampfkunst-Stilen (die Einteilung ist von Stil zu Stil und von Schule zu Schule verschieden und hängt von den jeweils geübten *Kata* ab).

Kihon-waza im Karate

Im Karate übt man die Techniken des *Kihon* unter zwei Aspekten: *Kihon-waza* und →*Jiyû-waza*. In *Kihon-waza* übt man die Technik in feststehender Form wie in der *Kata* und in *Jiyû-waza* aus freier Deckung mit Zurückziehen der Technik in die

Deckung. Beide Formen kann man noch einmal in →*Kiso-waza*, d. h. die Wiederholung der einzelnen Technik, und →*Renzoku-waza*, d. h. die Kombination der Techniken, unterteilen, doch dieses System wird selten verwendet. Die gängigste Unterteilung des *Kihon* im *Karate* ist folgende (Erklärungen und Erläuterungen zu den einzelnen Gruppen s. unter der jeweiligen Bezeichnung):

KIHON-WAZA IM KARATE

Tachikata	– Stellungen
Kamaekata	– Haltungen
Uke-waza	– Abwehrtechniken
Tsuki-waza	– Stoßtechniken
Uchi-waza	– Schlagtechniken
Keri-waza	– Fußtechniken
Nage-waza	– Wurftechniken

Ki-iro (jap.): gelb (s. →*Iro*).

Ki-iro obi (jap.): gelber Gürtel. Schülergrad im *Budô* (s. →*Kyû*).

Kikai (jap.): Gelegenheit, Chance. Wichtiges Prinzip des Kampfes, Teil von →*Ki-gamae*. Mit *Kikai* bezeichnet man in den Kampfkünsten den psychologisch richtigen Moment, in dem eine Technik angewendet werden kann. Ihr vorausgegangen ist immer ein Fehler des Gegners, durch den er sich eine Blöße gibt. In den Kampfkünsten gebraucht man dafür den Begriff →*Suki* als Bezeichnung für einen Moment der Unaufmerksamkeit oder der Nicht-Konzentration des Gegners, wodurch die Gelegenheit zum eigenen Handeln entsteht.

Das bewußte Denken kann diese Gelegenheit, die in den Kampfkünsten nur kurzfristig existiert, nicht erkennen und muß daher die Steuerung der Handlung der Intuition überlassen. Wenn man wartet, bis das intuitiv Erkannte bewußt wird, ist die Gelegenheit schon vorüber. Daher muß sich ein Kampfkunstübender darin schulen, intuitiv zu erkennen und intuitiv zu handeln. »Erkenntnis und Handlung sind eins«, sagt man in den Kampfkünsten.

Suki gibt es nicht nur in den Kampfkünsten, sondern überall im Leben. Nur die anhaltende Übung in der inneren Ruhe und Aufmerksamkeit kann die Fähigkeit erziehen, Gelegenheiten *(Kikai)* zum rechten Zeitpunkt zu erkennen und Blößen *(Suki)* im Handeln zu vermeiden. Die gesamte Erziehung in den Kampfkünsten zielt darauf ab, die nötigen Voraussetzungen dafür auch im Alltag zu schaffen. Doch dies ist ein ausschließlich geistiges Problem. Übende, die sich nur in der Technik üben und vergessen, wie wichtig die Disziplin, die Ordnung, der Kampf gegen die innere Rastlosigkeit und gegen das überstürzte Handeln ist, verschwenden viel Energie und haben wenig Resultate.

Das Sichhingeben an den Streß des Alltags oder an sein Ich vermittelt dem ungeübten Menschen pausenlos das Gefühl, daß er sich durch Aktivitäten beweisen muß. Doch das Gegenteil entsteht, wenn der ewig agierende Mensch seinen Rhythmus verläßt, in dem Selbstdisziplin, innere Ordnung und innere Ruhe liegen. Im »Wollen« überschreitet er ein Maß und ist beständig damit beschäftigt, begangene Fehler zu korrigieren, um Katastrophen zu vermeiden. Auf diese Weise kann er die sich ihm bietenden Chancen nicht erkennen.

Kikai-tanden (jap.): »Meer der Energie«. Erläuterungen s. →*Hara*, →*Tanden*.

Kikaku-ken (jap.): Kopfstoß in den japanischen Kampfkünsten.

Kiken (jap.): Aufgabe, den Kampf aufgeben.

Kiken-gachi (jap.): Sieg durch Aufgabe.

Kikotsu (jap.): Moral- und Ehrenkodex der okinawanischen Kampfkünste (s. →Okinawa, →*Okinawa-te*), analog zu dem japanischen →*Bushidô*. *Kikotsu* wurde von den okinawanischen Meistern des *Karate* und des *Kobudô* entwickelt, die zumeist aus den Familien der Beamten, Bauern, Handwerker und Kaufleute stammten, also aus einer nichtkriegerischen Kaste.

Kikotsu stand besonders zur Zeit der großen okinawanischen Widerstandsbewegung gegen die japanischen *Satsuma*-Samurai dem *Bushidô* entgegen und diesem in nichts nach. Es war stark vom →*Bushidô* beeinflußt (s. →MATSUMURA), jedoch auch erheblich von diesem chinesischen Kampfkunstexperten geprägt (s. →KUMEMURA). Der hauptsächliche Unterschied zum *Bushidô* lag jedoch nicht im Inhalt, sondern in der Tatsache, daß es von einer nicht den Samurai zugehörigen Gesellschaftsklasse entwickelt wurde (s. →Okinawa, →*Tôde*). Die beiden Lager (okinawanische Meister und japanische Samurai) standen sich mehr als drei Jahrhunderte feindlich gegenüber, woraus zwischen Japan und Okinawa tiefe Feindschaften entstanden sind, die sich bis heute nicht vollständig ausräumen ließen.

Kima (jap.): reiten.

Kime (jap.): **der Begriff *Kime* bezeichnet die Verwendung des inneren →*Ki* in der äußeren Technik und wird mit Brennpunkt, Kraftkonzentration oder Zentrum der Kraft übersetzt. Mit *Kime* meint man das Zusammenwirken der körperlichen und geistigen Kraft in einer Handlung.**

Definition des Kime

Kime ist der äußere Ausdruck der in einer Übung erreichten inneren *Ki*-Kontrolle und hat seinen Ursprung in einer inneren Verfassung, die man →*Aiki* nennt. *Aiki* steht für die in allen Wegübungen angestrebte innere Haltung (→*Shisei*), die nach den Prinzipien des Weges (s. →*Dô*, →*Dao*) zu verwirklichen ist. Darin ist →*Ai* das Prinzip der Liebe, der Harmonie und Anpassung, eines der Grundkonzepte in allen asiatischen *Budô*-Künsten, das darauf verweist, daß auch die Wirkung der Technik in den *Budô*-Künsten nicht allein durch Wollen (Streben) zu erreichen ist, sondern einer inneren Übung zur Anpassung und Selbsterkenntnis bedarf.

Aiki steht für die durch wahre Selbsterkenntnis erreichte Harmonie in der inneren Verfassung. Trotz der in den Kampfkünsten erworbenen Fähigkeiten ermöglicht *Aiki* ein Dasein ohne die Absicht des Tötens oder Vernichtens und die Erkenntnis der rechten Haltung gegenüber der Welt. *Aiki* ist die durch Selbsterkenntnis erreichte Kontrolle des inneren *Ki*, ohne die eine Projektion nach außen *(Kime)* in der Technik nicht möglich ist. Die Wirkung der Technik hat daher ihren Ursprung in der Verwirklichung der psychischen und physischen Gleichgewichtsmitte (→*Hara*), also im »Zulassen«, nicht im »Machen«.

Letztlich bedeutet *Aiki* die höchste Harmonie des bewußten Daseins überhaupt, die aus der Verbindung zwischen den Prinzipien Liebe (Bewahren, Achten, Vertrauen) und Energie (Streben, Erreichen, Wirken) besteht. Das rechte Verhältnis zwischen *Ai* und *Ki* ermöglicht bewußtem Leben, sich in seiner von der Natur auferlegten Doppelbestimmung (Streben und Achten) sinngerecht zu entfalten. Die höchste Wirkung *(Kime)* resultiert letztlich aus einer inneren Verfassung, die dem Wirken der Natur (chin. *Dao*, jap. *Dô*) angeglichen ist.

Formen des Kime

Die Anwendung von *Kime* in den Techniken der Kampfkünste hat daher nichts mit der rohen Körperkraft zu tun, sondern entspricht demselben philosophischen Prinzip, das dem gesamten *Budô* zugrunde liegt: das Erreichen einer inneren Verfassung (→*Shisei*), durch die nach dem Beispiel des Wirkens der Natur (s. →*Dao*, →*Dô*) wahre Handlung (→*Ikken-hissatsu*) möglich wird. Daher ist die Verwendung von Körperkraft in der Technik nicht die einzige, sondern nur eine Möglichkeit.

Kime-Techniken können in den Kampfkünsten auf drei Weisen ausgeführt werden:

1. indem man durch Körperkraft mechanische Schockwirkungen erzeugt,
2. indem man durch eine weiche Kraft (s. →*Ki*) die destruktiven Wirkungen im Körperinneren des Gegners verbreitet und
3. indem man mit Punkttechniken die gegnerischen Vitalzentren stimuliert (s. →*Dian-xue*, →*Jin-tai-kyûsho*).

Die meisten modernen Kampfkunstvarianten befassen sich jedoch – wenn überhaupt – nur mit der ersten Methode, denn die Grundlage dieser Methode ist die tägliche Übung am →*Makiwara*. Dieses Üben führte dazu, daß die Kampfkunstexperten ihren Körper in eine Waffe verwandeln konnten und sie mit ihren Techniken eine Kraftentfaltung von über 700 kg erreichten. Bruchtests gegen bis zu 20 cm dickes Holz, die mit der bloßen Faust oder dem Ellbogen ausgeführt werden, sind auch heute keine Seltenheit. Doch auch diese Methode ist eine Wissenschaft für sich. Erst nach Jahren des täglichen *Makiwara*-Trainings lassen sich Nuancen in der Kraftentwicklung und Kraftübertragung feststellen.

Die »durchdringende Technik« hingegen läßt sich nicht über das Körperprinzip erreichen, denn ihre Grundlage liegt in den psychologischen Bereichen der Kampfkünste (s. →*Katachi*). Auch sie besteht aus verschiedenen Formen der Kraftanwendung (auf Okinawa →*Muchimi*, →*Chiru no chan-chan*, →*Nujisashi* und →*Chinkuchi-kakin*) und hat in den *Kata* eine große Anzahl von Techniken entwickelt, die in verschiedenen Kampfkonzepten enthalten sind.

In den okinawanischen Kampfkünsten gibt es eine spezielle Terminologie, die die Entwicklung verschiedener Formen von *Kime* bezeichnet, die das innere *Ki* verwenden. Als Überbegriff dafür wird die Bezeichnung →*Shimeijurasan* gebraucht. *Shimeijurasan* ist eine Bezeichnung, die gleichzeitig für die stetige Perfektion des inneren *Ki* steht. Deshalb ist *Shimeijurasan* der Inbegriff des Fortschritts überhaupt.

Shimeijurasan enthält verschiedene Formen des *Kime*, zu deren Verwirklichung nicht nur physische, sondern auch geistige Aspekte, wie die Lenkung des *Ki*, die Kontrolle des Geistes und der Atmung u. a. gehören. Durch die *Kata* müssen sie verstanden und im →*Bunkai* so lange geübt werden, bis sie gegen einen tatsächlichen Angriff zu verwenden sind.

Ki-mei (jap.): tödlicher Schlag (s. →*Chi-mei* und →*Kime*).

Kime no Kata (jap.): →*Jûdô-Kata* des *Kôdôkan* (*Kata* der Entscheidung), die zum Zwecke der Selbstverteidigung 8 Techniken im Sitzen (auf den Knien) und 12 Techniken im Stehen lehrt. Diese Verteidigungsformen lehren die *Atemi* und wurden in das *Jûdô* des *Kôdôkan* von Meister FUNAKOSHI GICHIN eingeführt (s. →*Idori*, →*Suwari*):

KIME NO KATA

Idori – im Sitzen

Ryô te dori	– Griff mit beiden Händen
Tsuki kake	– Stoß zum Magen
Suri age	– Griff zur Stirn
Yoko uchi	– Schlag von der Seite
Ushiro dori	– Griff von rückwärts
Tsuki komi	– Messerstich gegen den Magen
Kiri komi	– Messerstich von oben
Yoko tsuki	– Messerstich von der Seite

Tachiai – im Stand

Ryô te dori	– Griff mit beiden Händen
Sode dori	– Griff an den Ärmel
Tsuki kake	– Stoß zum Magen
Tsuki age	– Kinnhaken
Suri age	– Griff zur Stirn
Yoko uchi	– Schlag von der Seite
Ke age	– Fußtritt
Ushiro dori	– Griff von hinten
Tsuki komi	– Messerstich gegen den Magen
Kiri komi	– Messerstich von oben
Nuki kake	– Schwertangriff
Kiri oroshi	– Schwertangriff

Kime-shiki (jap.): Kampf im Ernstfall. Bedeutet auch Formen der Entscheidung.

Kime-waza (jap.): die zum →*Kime* geführten Techniken des *Karate* (s. →*Kyûshojutsu*). *Kime* ist der wichtigste Ausdruck jeder Technik im *Karate*.

Kimo (jap.): Leber.

Kimono (jap.): original japanische Kleidung für Männer und Frauen, auch *Ifuku* genannt. Der Kimono ist eine Abwandlung der chinesischen Feudalrobe. Er besteht aus mehreren Teilen, die je nach Bedarf verschieden kombiniert werden.

Teile der japanischen Kleidung

Dogi	– Unterjacke
Geta	– Stöckelsandalen
Hakma	– Hosenrock
Hakimono	– Holzschuhe
Haori	– Überzug
Obi	– Gürtel
Tabi	– weiße Zehensocken
Yukata	– Bademantel
Zôri	– Strohsandalen
Juban	– leichtes Trikot

In den Kampfkünsten gibt es verschiedene Kleidungen, selbst innerhalb eines Systems kann es Unterschiede geben. Im *Karate* trägt man jedoch allgemein einen weißen *Gi* (s. →*Karategi*). Der *Taekwondo*-Anzug nennt sich *Dobok*, ist weiß und hat oft eine farbige Umrandung der Jacke. Im Kung-fu werden verschiedene Kleider getragen, die nördlichen Systeme unterscheiden sich von den südlichen. Im *Aikidô* trägt man einen *Hakama* aus Baumwolle oder Seide, den man *Joba* nennt. Der *Ninja*-Anzug (→*Shinobi*) wurde von den *Kurogo* (Kabuki-Schauspieler) abgeleitet.

Kim, Richard: hawaiianischer Kampfkunstexperte, 9. Dan, *Hanshi* des *Butokukai*, Gründer des →*Shôrinji-ryû*, lebt heute in den USA (Kalifornien).

Richard Kim begann im Alter von 6 Jahren mit dem Training der Kampfkünste. Seine Mutter, die japanischer Herkunft war, schickte ihn in Honolulu (Hawaii) in den *Jûdô*-Unterricht von Sensei KANEKO. Wenige Jahre später ging er nach Okinawa und nahm *Karate*-Unterricht unter ARAGAKI, CHIBANA und YABU KENTSU.

1938 reiste Kim nach China, um sein Wissen in den Kampfkünsten zu vertiefen. Einige Jahre blieb er in Shanghai, wo er den Experten CHAO

Hsu-Lai aus dem *Ba-gua-quan* traf, der ihn auf seltsame Weise in der Beherrschung des Gleichgewichtes unterrichtete (Kim traf sich jeden Morgen in einem Park mit dem Meister, dessen Training darin bestand, im Kreis zu gehen und seine Hände zu beobachten. Nach einem Jahr verschwand der Meister, ohne etwas zu sagen). Auf weiteren Reisen lernte er unter Meister Chen Chin-Yuan das *Chen Tai-ji-quan* und das *Ba-gua*. Danach kehrte er nach Japan zurück und wurde von Meister Yamaguchi Gôgen im *Gôjû-ryû* und

Richard Kim

von Meister Ueshiba Morihei im *Aikidô* unterrichtet. Er lernte Kinjô Hiroshi kennen, einen Experten in der Geschichte der östlichen Kampfkünste. Dieser hinterließ einen tiefen Eindruck auf Kim und veranlaßte ihn, die Geschichte der Kampfkünste ebenfalls gründlich zu erforschen. Dabei half ihm →Kotaru Yoshida, ein Großmeister des *Daitô-ryû*, der ihm gleichzeitig ein enormes Wissen über die Kampfkünste vermittelte und ihn im *Daitô-ryû* und in verschiedenen Waffenkünsten unterrichtete.

Richard Kim lebt heute in San Francisco und vertritt dort den japanischen →*Butokukai*. Dort unterrichtet er seit 20 Jahren Philosophie, Geschichte und traditionelle okinawanische Kampfkunst. Sein Repertoire reicht von *Jûdô*, *Karate*, *Kobudô* über *Taiji, Shôrinji-Kempô, Bagua, Daitô-ryû* und *Gôjû-ryû* bis zum *Aikijutsu*. Er gilt als Experte der Philosophie und als lebendes Lexikon in der Geschichte der Kampfkünste. Zu seinen Schülern gehörten Clarence und Richard Lee, Jean-Luc Bricard, Don Warrener, Brian Ricci, Peter Urban u. a.

Seine beiden Bücher »Die waffenlosen Krieger« und »Der klassische Mann« sind sehr bekannt. Außerdem hat er noch eine *Kobudô*-Serie veröffentlicht, in der er alte Waffen-*Kata* aus der Vorgeschichte der okinawanischen Kampfkünste vorstellt.

Kimura Shigeru: japanischer *Karate*-Lehrer, Weltinstruktor der *Shukokai Karate Federation*.

Kimura begann im Alter von 12 Jahren *Jûdô* und *Kendô* zu studieren. Mit 16 lernte er *Shukokai* unter Tani Chôjiro, worauf er eine Wettkampflaufbahn begann. Mit 24 fuhr er nach Südafrika und Europa, um *Shukokai* zu verbreiten. 1971 wurde er Hauptinstruktor, 1973 zog er in die USA.

Kin[1] (jap.): Hals, Nacken, Kragen, Revers (auch *Eri*).

Kin[2] (jap.): fest, hart. *Kinchô* – Spannung, *Kinpaku* – Spannung.

Kin[3] (jap.): hochachten (auch *Tsutsushimu*). *Kinchô* – aufmerksam zuhören.

Kina Seiko (*4. Oktober 1911): okinawanischer *Karate*-Meister des *Gôjû-ryû*, direkter Schüler von →Miyagi Chôjun.

Meister Kinas bedeutendste Schüler sind: Aguni Seiki, Maeda Kosei, Shiroma Tsunenori, Itokazu Shoko, Shinjo Seian, Akamine Eiko und Teruya. Kina Seiko unterrichtet im *Junkokan-Dôjô* in Naha (Okinawa) und ist Mitglied in der von →Higaonna Morio gegründten Vereinigung *International Okinawa Gôjû-ryû Karate-dô Federation*.

Kina Shosei (Kiyuna Chosei) (1883 bis 1981): okinawanischer Karate-Experte christlicher Konfession aus Shimabuku auf Okinawa.

Kina Shosei wurde als zweites Kind von 9 Geschwister geboren. Im Alter von 22 Jahren begann er mit dem *Karate*-Training in der Schule von →Itosu Ankô, in der er hauptsächliche Einflüsse von →Shiroma Shimpan erfuhr, der dort als Übungsleiter unterrichtete. Nach einiger Zeit übernahm Yabu Kentsu, der ebenfalls in der Itosu-Schule unterrichtete, die Gruppe und war für die nächsten fünf Jahre Kinas Lehrer. Während dieser Zeit begann Kina auch mit dem Studium des *Kobudô* unter Okinawas berühmtesten *Kobudô-Sensei* →Kanagusuku Sanda. Später wurde er der offizielle Erbe des *Ufuchiku-Kobujutsu*, da er Kanagusukus talentiertester Schüler war.

Mit 25 Jahren wurde Kina Lehrer an einer Grundschule. Mit 55 setzte er sich zur Ruhe und wurde Ratsmitglied für den Bezirk Nakagusuku. Im Zweiten Weltkrieg rettete er durch eine gewagte Aktion die Einwohner seines Dorfes vor einem amerikanischen Angriff und kam dadurch auf Okinawa zu großen Ehren. Von dem japanischen Kaiser HIROHITO erhielt er 1973 dafür eine hohe Auszeichnung. 1974 verlieh ihm das okinawanische *Karate Kobudô Rengokai* den Rang des 10. Dan (*Hanshi*) für seine besonderen Leistungen als *Kobudô-Sensei*. Sein offizieller Nachfolger ist heute →ISA KAISHU (ISA SHINYU), der auch unter TOKASHIKI SABURÔ und →UEHARA SEIKICHI lernte.

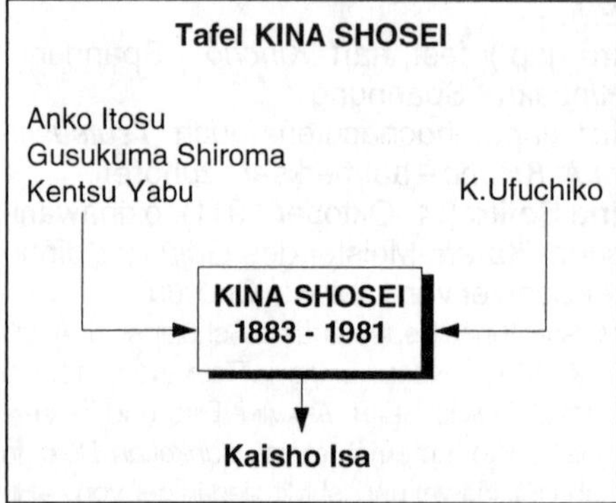

Kinchô (jap.): Spannung. Wichtiges Prinzip der Übung (Verhältnis zwischen Spannung und Entspannung in der Bewegung). Neben Haltung und Atmung eine der drei Säulen der Kampfkunstübung (s. →*Hara*, →*Hara-gei*, →*Hara wo neru*).

PHYSISCHE BEDEUTUNG

Unter Berücksichtigung der rechten Körperhaltung (→*Shisei*) bewegt sich der Körper in der auszuführenden Aktion, immer von der Hüfte ausgehend, entweder in einer Hüftdrehung oder in einem Hüftschub. Um darin höchstmögliche Kraft zu entwickeln, bedarf es des rechten Spannungsverhältnisses der Muskeln in der Bewegung. Grundsätzlich wird jede Bewegung in der Entspannung ausgeführt, um eine maximale Geschwindigkeit der Technik zu erreichen, die am Ende durch Spannung in Energie umgesetzt wird. In diesem Prinzip enthalten sind:

- **Schnelligkeit** (*Sokudo*). Die Techniken des *Karate* erhalten ihre Wirkung weit weniger durch den Einsatz der Muskelkraft als durch die Geschwindigkeit. Um hohe Beschleunigungen der Technik zu erreichen, ist es notwendig, die Muskeln während der Bewegung zu entspannen. Das Auftreffen der Technik geschieht explosionsartig. Um dies zu gewährleisten, darf während der Bewegung nur soviel Kraft verwendet werden, wie notwendig ist, um ein Maximum an Beschleunigung zu erzielen. Unnötige Spannungen der Muskeln verhindern die Schnelligkeit (s. →*Karada no shinshiku*).
- **Kraftkonzentration** (*Kime*). Die Techniken des *Karate* verlieren den größten Teil ihrer Wirkung, wenn die Geschwindigkeit nicht in Energie umgesetzt wird. Deshalb müssen durch Koordinationsübungen Ganzkörperbewegungen erzielt werden. Die Kraft des Armes oder des Beines ist zu schwach, um wahres *Kime* zu erzeugen.

Um ein Höchstmaß an Kraft zu erreichen, müssen alle Teile des Körpers zur gleichen Zeit ihre Kraft entfalten. Dies geschieht immer von der langsamen, aber starken Körpermitte ausgehend zu den schnellen, jedoch schwächeren Extremitäten hin. Das Zeitmuster, in dem sich Rumpf und Extremitäten bewegen, muß eine vollkommene Harmonie enthalten. Wenn es gelingt, harmonische Ganzkörperbewegungen zu erzielen, durch die sich die Kräfte der Körperteile summieren und die Bewegungsgeschwindigkeit auf ein Höchstmaß gebracht wird, kann beim Aufprall der Technik eine große Energie entstehen. Um diese Energie jedoch ins Ziel übertragen zu können, muß der ganze Körper für einen Moment des Aufpralls kurz und stark angespannt werden. Durch die Berücksichtigung der richtigen Körperhaltung (→*Shisei*) kann durch die Spannung der verbindenden Muskeln zwischen Arm und Unterleib die »Kraft der Mitte« (→*Hara*) in die Technik gelenkt werden. Es ist jedoch notwendig, die Spannung nach dem Aufprall sofort zu lösen (s. →*Chikara no kyojaku*).

PSYCHISCHE BEDEUTUNG

»Das rechte Verhältnis des Menschen zu sich selbst wird verfehlt, wo im Wechselspiel zwischen innerem Leben und gewordener Form ein Mißverhältnis sichtbar wird, sei es als überwiegendes Hervorquellen des von innen hervordrängenden Lebens oder aber in Gestalt einer sich diesem inneren Leben gegenüber allzusehr wahrenden und versteifenden Form.

Es gibt Menschen, deren Erscheinungsbild immer den Eindruck macht, als fließe oder schwappe das innere Leben gleichsam über in einem Ausmaß, das jede Form aufzuheben droht. Solche Menschen wirken gefühlig, formlos, ohne innere Ordnung und Richtung. Die Gebärden sind ohne Maß, unrhythmisch, entgrenzt und unkoordiniert.
Im entgegengesetzten Fall fehlt der zügige Fluß der lebendigen Bewegung. Die Ausdrucksgebärden sind gehemmt und stockend, und in der Ruhe wirkt die Gestalt wie in sich selbst verzogen. Man fühlt den Kern nicht, der das Ganze bewegt und beseelt, organisch zusammenhält und lebendig aus ihm hervorstrahlt. Das Ganze ist nur willensmäßig zusammengerafft und immer in Gefahr, plötzlich gesprengt zu werden oder auseinanderzufallen. An die Stelle des Krampfes tritt dann eine Auflösung.
Zusammengefaßt: Das innewohnende Leben kann stärker sein als die Schale, oder aber die Schale unterdrückt den lebendigen Kern und wirkt dann wie ein Panzer, in dem er erstickt. In beiden Fällen fehlt die zugleich zentrierende und entfaltende Mitte, in der der Widerspruch zwischen der jeweils gewordenen Form und dem inneren Leben aufgehoben ist. Ist die Mitte vorhanden, dann mutet uns das Erscheinungsbild an als ein unverstellter Ausdruck inneren Lebens, und es wirkt immer harmonisch-bewegt. Form und Leben sind dann nicht gegeneinander, sondern füreinander da. Die Form wirkt weder gemacht noch lässig, weder aufgelöst noch starr, sondern in einer Weise, wie sie sich wahrt und dabei doch stetig verwandelt, schlechthin lebendig. Von Augenblick zu Augenblick erfüllt sich das innere Leben in einer ihm gemäßen Form, und umgekehrt erneuert sich in steter Verwandlung die Form aus dem in ihr sich darleibenden Leben. In jedem Augenblick ist die Erscheinung Ausdruck eines schöpferisch neu formenden und das Gewordene immer wieder einlösenden Lebens. Alle Glieder scheinen von einem unstörbaren Zentrum her zugleich harmonisch bewegt und beseelt und geladen mit lebendiger Kraft. Das Ganze: gelöste Form – geformte Gelöstheit.
So nun, wie das Verfehlen der rechten Mitte immer eine Störung des lebendigen Ganzen bedeutet, so auch bedeutet die rechte Mitte offenbar nichts anderes als eine Verfassung, in der das Ganze sich im Spannungsverhältnis der Pole lebendig bewahrt! Wo die Mitte fehlt, fällt der Mensch von einem Extrem ins andere. Der ›Verstiegene‹ sackt früher oder später zusammen, den in sich Zusammenfallenden reißt es dann und wann übertrieben nach oben. Der Welt gegenüber wechselt der Mensch ohne Mitte zwischen abweisendem Abstand und haltloser Hingabe, und der im Mißverhältnis zu sich selbst Stehende pendelt zwischen Selbstauflösung und Krampf.«

aus: K. G. Dürckheim,
Hara, die Erdmitte des Menschen

Kingai-ryû (jap.): okinawanische Bezeichnung für den Stil des weißen Kranichs (s. →*Hakutsuru-ken*, →*Bai-he-quan*).

Kin-geri (jap.): Vorwärtstritt mit dem Fußspann, Hodentritt (*Kogan-geri* oder *Kinteki-geri*); s. →*Mae-geri*.

Kinhin (jap.): Meditationsform während des Gehens. Sie wurde als zusätzliche Übung zur sitzenden Meditation (→*Zazen*) gegründet, um die Durchblutung der Beine anzuregen. Man betrachtet sie auch als Verbindung zwischen dem sitzenden (passiven) *Zen* und dem sich bewegenden (aktiven) *Zen* des alltäglichen Lebens (s. →*Zen*). In der *Rinzai*-Schule geht man schnell und energisch, oft im Laufschritt, während in der *Sôtô*-Schule ein *Kinhin* im Zeitlupentempo, ähnlich dem *Tai-ji-quan*, geübt wird.
Wenn ein Mensch *Zazen* übt, macht er sich eine Haltung zunutze, die ihm erlaubt, auf eine vollkommen natürliche Weise zu atmen und sein *Ki* zu kontrollieren (→Zen-Atmung). Ist er darin geübt, kann er seine gesamte physische und psychische Energie auch in der Bewegung befreien. Energie ist immer gleichbleibend; sie ist nicht dynamisch, nicht in Bewegung. Ein natürlicher Schritt der Übung wäre also, innere Energie *(Ki)* in die eigene Bewegung hineinzubringen und sie dort zu kontrollieren. Das ist *Kinhin*, und dasselbe Ziel hat auch die *Kata* in den Kampfkünsten.
Man sollte in einem *Dôjô* öfter eine *Kata* langsam ausführen und dabei auf die Koordination der Bewegungen und auf den Atemfluß achten, denn dies führt zur Kontrolle des *Ki*. Wenn man das in einer *Kata* tut, übt man *Kinhin*. Im *Zen* ist *Kinhin* in feste Formen gekleidet, im Grunde genommen auch in eine *Kata*. Die Idee dieser *Kinhin-Kata* ist

es, das gesamte Gehen in kleine Abschnitte zu unterteilen und diese ganz langsam, genau und bewußt auszuführen, um Atmung (→*Kokyû*), Energie (→*Ki*) und Geist (→*Shin*) zu harmonisieren. Jede Kleinigkeit in der Bewegung wird beachtet. Keine neue Bewegung wird begonnen, ehe die vorhergehende nicht vollständig ausgeführt ist. Das Ganze sieht wie ein Film im Zeitlupentempo aus. Keine Bewegung wird durch das langsame Üben verfälscht, sondern es geht darum, sie auch im Zeitlupentempo in ihrer ganzen Vollständigkeit ausführen zu können. Auch das →*Tai-ji-quan* enthält in seinen Kata *Kinhin*. Jede *Karate-Kata* kann ebenfalls dazu verwendet werden.

Durch die positive Einflußnahme auf den Fluß der vitalen Energie wird zugleich die Gesundheit gestärkt und die Lebenskraft gesteigert. Aus diesem Grund können die Bewegungen aller Kampfkünste richtig ausgeführt auch als Heilgymnastik (s. →*Dao-yin*, →*Qi-gong*) verwendet werden.

Man kann *Kinhin* als *Karate-Kata* auch in der Gruppe mit Schülern üben. Das perfekte Beherrschen der Bewegungen im Zeitlupentempo setzt eine sehr gute Kontrolle des Gleichgewichtes, des Timings, des Schwerpunktes, der Atmung usw. voraus. Im *Kinhin* können sich Schüler sehr gut auf diese Momente konzentrieren und dadurch ihre Technik verbessern. Perfektes *Karate* ist nichts weiter als das Verständnis der zu großer Geschwindigkeit gesteigerten Zeitlupe der *Kinhin*-Übung. Der Meister versteht in der schnellen Bewegung intuitiv das gleiche, wie dies der weniger Geübte in der Zeitlupe versucht. Perfektes *Karate* ist *Kinhin* in Vollendung.

Wenn man *Kinhin* übt, muß man auf folgendes achten:

- Die Füße müssen gleiten. Beide Füße halten den permanenten Kontakt zum Boden.
- Man muß lernen, seinen Körperschwerpunkt und sein Körpergewicht bewußt zu spüren. Gleichfalls muß man mit seiner Schwerkraft richtig umgehen. Dies ist schwierig. Man sollte ganz bewußt das Timing der Schwerkraftverschiebung im Verhältnis zum Timing der Fußbewegung studieren.
- Die Atmung muß beständig sein, man sollte sie nicht unterbrechen und sie in vollkommener Harmonie mit der Bewegung ausführen. Wenn dies gelingt, werden die Atemzüge sehr lang und ruhig. Es gibt *Zen* Meister, die *Kinhin* ausführen können, während sie nur zweimal in einer Minute atmen.

Kinjô Kensei: okinawanischer *Karate*-Meister, Gründer des →*Kushin-ryû*.

Kinjô Hiroshi (Kanagusuku) (1867 bis 1926): okinawanischer *Karate-* und *Kobudô*-Experte des *Kobayashi-ryû* (s. →Chibana und →Itosu), 9. Dan *(Hanshi)*, Schüler von →Oshiro Chôki, einem direkten Nachfolger Itosus und engsten Vertrauten Chibanas.

Kinjô Hiroshi wurde auch von Hanashiro Chômo und Tawada (beide Matsumura-Schüler) unterrichtet. Auf Okinawa wurde er bekannt unter dem Namen Kanagusuku. Er ist der Gründer der Kata *Shihozuki* und *Shihogeri*, die auf der Grundlage der *Seisan* aufbauen. Unter anderen unterrichtete er auch →Moden Yabiku und Richard →Kim. Kinjô Hiroshi schrieb ein Buch, »*Karate no Narai Kata*«, das 1970 in Tôkyô wieder aufgelegt wurde.

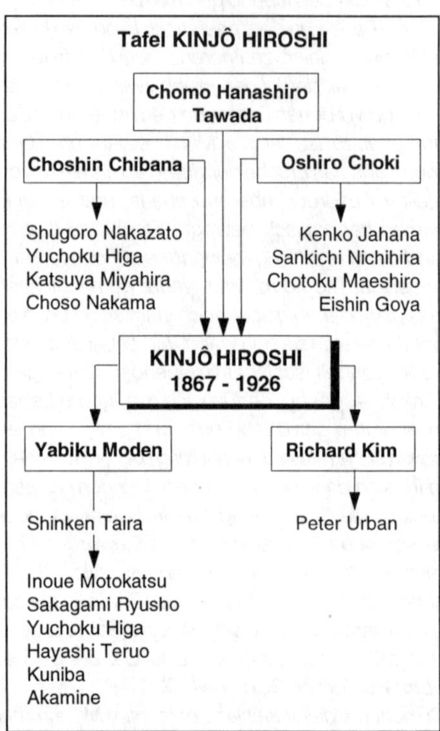

Kinjô Matsu (1867–1945): alias →Itoman Bunkichi, alias Kanagushiku Machu, »Bushi aus Itoman«.

Kinjô Sanda: alias →UFUCHIKU KANAGUSHIKU.

Kinniku (jap.): Muskeln (s. →*Karada*).

Ki no Michi (jap.): wörtlich: »Weg des *Ki*«. Moderne *Budô*-Variante, 1979 von NORO MASAMICHI in Japan gegründet. Der Schüler von MORIHEI UESHIBA entwickelte damit eine Art Perfektionierung des *Aikidô*, in dem jegliche Aggressivität entfernt und die Bewegungen purifiziert und idealisiert wurden.

Kinsa (jap.): »der kleine Unterschied«. Im Wettkampf: knapp gewonnen durch einen kleinen Vorteil.

Kinteki (jap.): Hoden (auch *Tsurigane* und *Kogan*). *Kin(teki)-geri* – Hodentritt.

Kinto-ryû (jap.): japanische *Karate*-Richtung (s. →*Ryû*).

Kinu (jap.): Seide.

Kiri (Giri) (jap.): spalten, schneiden (s. →*Fumikiri*).

Kiri-gaeshi (jap.): »wiederholtes Schneiden« nach verschiedenen Seiten. Aufwärmübungen mit dem *Shinai* im *Kendô*.

Kiri-komi (jap.): Messerangriff aus der → *Kime no Kata*.

Kirino Toshiake: berühmter japanischer Schwertmeister des →*Jigen-ryû*, der einen Kampf gegen den *Karate*-Meister →AZATO ANKÔ verlor.

Die Geschichte dieses Kampfes wurde mündlich überliefert und ist sehr populär. Es heißt, daß Kirino den unbewaffneten *Karate*-Meister mit dem Schwert angriff und dieser ihm die Überlegenheit des Ausweichbewegungen demonstrierte.

Kiri-oroshi (jap.): Schwertangriff aus der *Kime no Kata* und aus der *Jû no Kata*.

Kiritsu (jap.): Zucht, Disziplin.

Kiritsu-gômen (jap.): das Recht, »niederzuschlagen und zu gehen«. Dies war im feudalen Japan erlaubt, wenn jemand aus der niederen Kaste den Abstand zu einem Samurai verletzte oder wenn ein Samurai seinem Vasallen gegenüber säumig wurde.

Kirpinar: traditioneller türkischer Kampf, der als Wettbewerb einmal im Jahr in der Stadt Edirne ausgetragen wird.

Zwei Gegner kämpfen mit freiem Oberkörper, bekleidet mit einer Hose aus Kuhleder, während der ganze Körper mit Öl eingerieben ist. Es ist eine Art Ringkampf, der auf Erd- oder Grasboden ausgetragen wird. Die Gegner müssen versuchen, sich gegenseitig durch einen Griff am Gürtel aus dem Stand zu heben.

Kisaki Tomoharu: japanischer Großmeister des *Gôjû-ryû* (s. →*Yuishinkan*, →YAMAGUCHI GOGEN).

Kise Fuji (Fusei) (*1935): okinawanischer *Karate*-Experte des →*Matsumura-Seito*, Schüler von →SOKEN HÔHAN, heutiger Vorstand des *Shôrin-ryû Kenshikan*.

Kise Fuji begann sein Kampfkunsttraining bereits in jungen Jahren (1947) unter seinem Onkel MAKABE. 1955 übte er unter dem *Shôrin-ryû*-Meister SHINGAKE NOBUTAKE. 1958 studierte er *Shôrinji-ryû* unter Meister SHIMABUKURO ZENRYÛ. Zur gleichen Zeit begann er unter SOKEN HÔHAN *Matsumura-Seito* zu studieren und blieb mehr als 20 Jahre lang bei ihm. Ab 1960 übte er unter NAKAMURA SHIGERU das *Okinawa-Kempô* und erhielt 1965 von diesem seinen 7. Dan. Zwei Jahre später erhielt er seinen 7. Dan im *Matsumura-Seito* und wurde Hauptlehrer des Stils. 1972 verlieh ihm Großmeister SOKEN HÔHAN den Titel *Hanshi* und den 8. Dan. Er unterrichtete viele der auf Okinawa stationierten Amerikaner und übernahm auch 1975 nach dem Tod von SHIMABUKURO TATSUO dessen Unterricht bei den *Marines* (Marineinfanterie). 1978 gründete Meister Kise die *Shôrin-ryû Kenshinkan Karate und Kobudo Federation*.

Kisei (jap.): bereit sein, zu beginnen, z. B. nach *Rei* und *Yôi*, aber vor dem Einnehmen der Kampfstellung.

Kisha (jap.): →*Yabusame*.

Kisha Hasami Mono (jap.): traditionelles japanisches →*Yabusame*-System, das sich zu einem offiziellen Ritus des Edo-Shôgunats entwickelte.

Das System wurde von dem Shôgun TOKUGAWA YOSHIMUNE (1684–1751) gegründet. Die Vorführungen wurden jährlich am 15. Januar im Tempel Asakusa von Edo abgehalten, während des *Sanja Matsuri* (religiöses *Shintô*-Fest). Heute werden diese Zeremonien Mitte Mai abgehalten und werden von Vorführungen heiliger alter Tänze *(Kagura)* begleitet.

Kishi (jap.): Reiter.

Kiso (jap.): Grundlage, Fundament, Basis (s. →*Hon*, →*So*).

Kiso-geiko (jap.): Training einfacher, grundlegender Techniken.

Kiso-kihon (jap.): Üben einfacher Grundtechniken mit hohen Wiederholfrequenzen.

Kisoku (jap.): Regel (auch *Kaisoku, Okite,* Erläuterungen s. →*Kaisetsu*).

Kiso-kumite (jap.): Unterform des →*Yakusoku-kumite* (s. auch →*Kumite*). Jene Partnerübungen des *Yakusoku-kumite* werden unter dem Begriff *Kiso* geübt, bei denen die Handlung nach Ablauf der Angriffs-, Abwehr- und Verteidigungsaktion (der ersten Serie) beendet ist. *Kiso-kumite* kann man als *Kihon-kumite* (feststehende Technik) und als *Jiyû ippon-kumite* (freie Technik) üben.

Kiso-waza (jap.): die grundlegenden Einzeltechniken eines Stils.

Die *Karate*-Techniken können als →*Kiso-waza* (einzelne Technik) und →*Renzoku-waza* (kombinierte Technik) ausgeführt werden. Das Wesen von *Kiso-waza* ist die hohe Wiederholfrequenz der einzelnen Techniken zum Zwecke der Automatisierung. Durch diese kann nach vielen Jahren des *Karate* die Technik wirklich verstanden werden.

Kissaki (jap.): Spitze eines Schwertes (auch *Kensaki*, s. →*Ken,* →*Katana,* →*Tachi*).

Kitai (jap.): die Gesamtheit der inneren Kräfte und Energien des Menschen. Die Einheit des im Menschen wirkenden →*Ki* (→*Qi*).

Kiten (jap.): Ausgangspunkt, Mittelpunkt oder Anfangspunkt der →*Embusen.*

Kitô-ryû (jap.): »Schule des Steigens und Fallens«, altes japanisches *Jûjutsu*-System, das sich hauptsächlich zwischen dem 17. und 18. Jh. entwickelte. Es bestand vorwiegend aus fünf Kata *(Koshiki no Kata)*, die sich später im *Jûdô* des *Kôdôkan* fortsetzten. Der Unterricht dieser Schule basierte auf zwei alten Texten, dem →*Hontai* und dem →*Seiko,* die beide auf den buddhistischen *Zen*-Mönch TAKUAN zurückführen.

Die Gründung des *Kitô-ryû* wird bereits in das 16 Jh. datiert und einem Samurai von niederem Rang, IBARAI SENSAI, zugeschrieben, der in der →*Yagyû Shinkage*-Schule lernte. Ursprünglich enthielt das System auch Techniken des *Kenjutsu, Iaijutsu, Bôjutsu, Yoroi-kumiuchi* und *Kusarigama-jutsu*.

Der zweite Großmeister des *Kitô-ryû*, FUKUNO MASAKATSU SHICHIROEMON, studierte unter Anleitung des Chinesen →CHEN YUAN-BIN chinesische Techniken und gründete das →*Fukuno-ryû*. In diesem neuen Stil dominierten waffenlose Techniken des *Kempô*. Weitere Schüler Chen Yuan-Bins gründeten das *Miura-ryû* (MIURA YOSHITATSU) und das *Isogai-ryû* (ISOGAI JIRÔZAEMON).

In der dritten Generation des *Kitô-ryû* wurde der Stil von Großmeister TERADA HEIZAEMON geleitet. Dieser lernte unter Fukuno Shichiroemon und gründete als *Kitô*-Ableitung das →*Teishin-ryû*. Der Stil betont die Techniken des *Wa-jutsu* und beeinflußte in der Folgezeit auch das *Kitô-ryû*.

Der 5. Großmeister des *Kitô-ryû* war TERADA KANEMON, ein Enkel von Terada Heizaemon. Unter seiner Leitung wurden die Techniken des *Kitô-ryû* eingeengt und ästhetischer gemacht. Kanemon legte großen Wert auf die technische Ausführung und weniger auf die physikalische Wirksamkeit der Formen. Er machte das *Kumiuchi* (waffenloser Kampf) zum Zentrum des *Kitô-ryû* und führte das Prinzip *Ran* (Freiheit) oder *Ran o tori* (Freiheit nehmen, heute *Randori*), in die Übung ein. Als Kanemon sich als Großmeister zurückzog, gründete er das →*Jikishin-ryû*, welches sich ausschließlich mit den Techniken der leeren Hand befaßte. Kanemon war der Ansicht, daß weder *Jûjutsu* noch *Ran* sein System treffend bezeichnen würden, weil diese Begriffe seiner Betonung auf geistige Erziehung zu wenig Rechnung trugen. Daher verwendete er den Begriff *Jûdô*. Das *Jikishin-ryû* war somit das erste *Ryû*, welches den Gebrauch von Techniken der leeren Hand als geistige Disziplin unterrichtete.

Kiyô (jap.): Geschicklichkeit.

Kiyuna Tanme Peichin: okinawanischer *Tôde*-Meister der ersten Generation, Schüler von →MATSUMURA SÔKON aus Shuri.

Meister Kiyuna war von großem Körperbau und von Beruf Grabwächter der okinawanischen königlichen SHÔ-Familie. Er war äußerst stark in →*Atemi* und *Fumikomi*. Als Lehrer beeinflußte er unter anderen FUNAKOSHI GICHIN und SHIMABUKURO TARO, der sagt, daß der Meister mindestens so stark wie ITOSU gewesen sei.

Kizami-ashi (jap.): trippelnder Schritt. Auch *Yose-ashi* genannt.

Kizami-geri (jap.): Prelltritt. Halbkreisförmiger Fußtritt mit dem vorderen Bein (*Mae ashi mawashi-geri,* s. →*Mawashi-geri,* Klassifizierung s. unter →*Keri-waza*).

Kizami-zuki (jap.): Prellstoß mit abgedrehter Hüfte, z. B. Fauststoß in *Zenkutsu-dachi* (Hüfteinsatz mit *Jun-kaiten*) zum Kopf des Gegners (Klassifizierung s. unter → *Tsuki-waza*).

Kizami-zuki ist eine gleichseitige *(Jun)* Technik. Meist führt man sie ansatzlos, ohne den Fuß zu bewegen, zum Kopf des Gegners aus.

Kizami-zuki – Prellstoß mit der Vorderfaust

KKBL: *Katogi Kick-Boxing League*, s. →*Full-contact.*

KKK: s. →*Kyôkushinkai-kan.*

Knutsen, Roald: englischer *Kendô*-Lehrer, der *Kendô* nach Großbritannien brachte.

Knutsen ist ein entschiedener Gegner des *Kendô* als Sport. Um das traditionelle *Kendô* zu bewahren, gründete er 1973 die *British Kendo Renmei* (s. Anhang).

Ko[1] (jap.): alt (auch *Furui*). *Kofû* – alte Sitten, *Kogo* – altes Sprichwort.

Ko[2] (jap.): Bogen, Kreis. *Kojô* – bogenförmig, *Enko* – Kreisbogen.

Ko[3] (jap.): klein (auch *Shô, Chiisai*).

Kô[1] (jap.): glauben, denken, meinen (auch *Kangaeru*). *Shikô* – Denken, Gedanke, *Kôan* – Idee, Entwurf, Erfindung, *Kangaekata* – Denkweise.

Kô[2] (jap.): öffentlich, offiziell (auch *Oyake*). *Kôan* – öffentliche Sicherheit, *Kôhô* – öffentliches Recht, *Kôgen* – öffentliche Erklärung.

Kôan (jap.): Begriff aus dem *Zen.* Geistige Aufgabe, die ein Meister dem Schüler stellt, um ihn auf seinen Weg zum →*Satori* vorzubereiten. Ursprünglich bedeutete *Kôan* (chin. *Kung-an*) »öffentlicher Aushang« und war ein juristischer Präzedenzfall. Im *Zen* ist es eine Formulierung aus einer →*Sûtra* oder Regel (→*Kairitsu*), die Darlegung einer *Zen*-Erfahrung *(Teishô)*, eine Episode aus dem Leben eines Meisters, ein →*Mondô* usw. Sie alle dienen dazu, den Schüler auf eine höhere Wahrheit hinzuweisen.

Oft ist es eine Anekdote aus dem Leben oder ein Dialog. In manchen *Zen*-Richtungen bestehen die *Kôan* auch aus traditionellen Sprüchen, auf die der Schüler in einer bestimmten Weise antworten muß. In keinem Fall jedoch ist ein *Kôan* mit dem Intellekt zu lösen, denn zu seiner Lösung bedarf es eines Sprunges auf eine andere Ebene des Begreifens. Das *Kôan* dient als Mittel, dem Schüler seine Denk- und Argumentationsfähigkeit (s. →*Katto*) zu nehmen. Es soll zu einer völligen Erschöpfung des rationalen Denkens führen (→*Shisei*), um den Durchbruch einer spontanen Erkenntnisreaktion zu ermöglichen. Dadurch kann er feststellen, daß sein unterscheidendes Wissen vollkommen unfähig ist, das grundsätzliche Problem des Seins zu erkennen. In diesen Situationen bedarf der Schüler der Führung eines erfahrenen Meisters, denn es ist leicht möglich, daß sich bei solchen Übungen das Bewußtsein völlig verwirrt.

Bereits seit dem 10. Jh. wurden *Kôan* zur Schulung des Bewußtseins im *Zen* eingesetzt. Es gibt ungefähr 1700 *Kôan*, von denen die japanischen Meister jedoch nur 500–600 benutzen. Die meisten dieser *Kôan* sind in großen Sammlungen zusammengestellt (*Mumonkan, Hekigan-roku, Denkô-roku, Rinzai-roku, Shôyô-roku* usw.). In einem *Kôan* kann der Schüler dem Meister im →*Dokusan* seine eigene Lösung des *Kôan* spontan und ohne Rückgriff auf Hörensagen demonstrieren. Das Wort oder den Ausdruck, in die sich ein *Kôan* auflöst, nennt man →*Wato.* Es ist sozusagen die »Pointe« des *Kôan*.

In allen Richtungen des *Zen* haben die *Kôan* eine

große Bedeutung, jedoch in der *Rinzai*-Schule werden sie besonders hoch geschätzt. Dort unterscheidet man fünf Arten des *Kôan*:

- Die **Hosshin-kôan** sollen dem Schüler zu einem Durchbruch zur erleuchteten Sicht verhelfen und ihm die Welt des »wahren Wesens« (Buddha-Wesen) deutlich machen. In diesen Kôan geht es um die Welt der »Nicht-Unterschiedenheit«, doch darf der Schüler auf dieser Ebene nicht stehenbleiben.
- Die **Kikan-kôan** sollen das Vermögen des Schülers zur »Unterschiedenheit« in der »Nicht-Unterschiedenheit« schulen.
- In den **Gonsen-kôan** (»Klärung der Worte«) geht es um das Jenseits von allem rationalen Erfassen. Der Schüler soll den »tieferen Sinn« in den Worten des Meisters verstehen.
- Die **Nantô-kôan** sind, wie ihr Name (*Nantô* = »schwer zu bestehen«) sagt, schwierig zu lösen.
- Voraussetzung zur Lösung der **Go-i-kôan** ist die Bewältigung der ersten vier. Hier wird das »wahre Begreifen« des Schülers noch einmal gründlich durchleuchtet und auf die Probe gestellt.

Ko-ashi (jap.): kleiner Schritt (s. →*Ashi-sabaki*).

Kobayashi Mitsugi: japanischer *Karate*-Lehrer, der zusammen mit George Miyasaki und Keneth Murakami auf Hawaii Miyagis *Gôjû-ryû* reorganisierte. Zusammen gründeten sie den *Senbukan*, das heutige Zentrum des hawaiianischen *Gôjû-ryû*.

Kobayashi-ryû (jap.): »kleine Waldschule«, traditioneller okinawanischer *Karate*-Stil des →*Shôrin-ryû*. Dieser Stil ist eine direkte Ableitung aus der alten Itosu-Schule. Die heutigen Vorstände betrachten sich als Itosus Erben. *Kobayashi-ryû* wurde von dem schon zu Lebzeiten legendären Chibana Chôshin (1885 bis 1969) im Jahre 1920 gegründet (→Chibana).
Heute sind die bedeutendsten Meister des Stils: Higa Yûchoku (→*Uchi-deshi*), Miyahira Katsuya und der aktuelle Vorstand des Stils Nakazato Shugoro. Über Chibana leitete sich auch die Richtung Oshiro Chôki, weiterführend zu Kinjô Hiroshi (Kanagusuku), ab, dem Begründer der Kata *Shihôzuki* und *Shihôgeri* (abgeleitet aus der *Seishan*). Ein anderer Schüler von Chibana, Kaneshiro Kensei, gründete das →*Tozan-ryû*.

Kobi-tobi (jap.): Verteidigung gegen einen *Jûdôka* durch Einhängen.

Kobudô japanisch (jap.: *Nihon-Kobudô*): Begriff für ein Waffensystem aus der Tokugawa-Periode in Japan.
Die japanischen *Kobudô*-Systeme (in diesem Sinn bedeutet →*Ko*[3] »gering«) entstanden aus den Techniken der Schulen *Tenshin Shinyô-ryû, Yanagi-ryû, Sôsuichi-ryû* und *Takeuchi-ryû*, aus den Schulen der *Naginata*, des *Sôjutsu*, des *Taijutsu*, des *Kyûjutsu (Ogasawara-ryû)*, des *Hôgujutsu*, des *Rensha-sankaku*, des *Hô-Jutsu* und des *Yoroi Kumi-uchi*. Damit bezieht sich in Japan die Bezeichnung *Kobudô* auf alle Kampfdisziplinen, die nichtkonventionelle Waffen benutzten, einschließlich der Waffen, die aus Okinawa kamen. Die Waffen der *Kobudô*-Systeme wurden in einem bedeutend größeren Umfang von der japanischen Bevölkerung verwendet als von den Samurai, die sich zumeist auf ihre »edlen« Waffen beschränkten (s. →*Buki*). In vielen Fällen betrachteten die Samurai sogar einige Waffensysteme als unwürdig und übten sich schon allein aus diesem Grund nicht in ihnen. Viele Waffen der *Ninja*, aber auch z. B. *Kama* oder *Manriki-gusari*, fielen in diesen Bereich.
Die japanischen *Kobudô*-Waffen sind heute weitgehend mit den okinawanischen vermischt. In Japan werden sie in den traditionellen Schulen unterrichtet, meist zusammen mit den Samurai- Waffen. Die *Kobudô*-Waffen sind als sportliche Systeme in der japanischen Föderation *Nippon Kobudô Shinkô-kai* (s. →Inoue) organisiert.

DIE JAPANISCHEN KOBUDÔ-WAFFEN

Bô	– 1,80 m langer Stock
Tetsu-bô	– langer Eisenstab
Jô	– 1,20 m langer Stock
Hanbô	– 90 cm langer Stock
Koshinobô	– 20 cm Stock
Yubibô	– Fingerstock
Kongo	– Kurzstock
Tessen	– Fächer
Jitte (Sai)	– Gabel
Kama	– Sichel
Chigiriki	– Morgenstern
Shuriken	– Wurfgeschosse
Kyôketsu-shôge	– Seil und Widerhaken
Kusari-gama	– Kettensichel
Yawara-Stock	– Faustwaffe
Surujin	– Kette

Kobudô okinawanisch: Bezeichnung für das ursprünglich auf Okinawa entwickelte Waffensystem (*Kobudô* bedeutet »kleines

Budô« oder »altes Budô«), zumeist abgeleitet aus der Handhabung verschiedener Arbeitsgeräte. Der Begriff *Kobudô* ist neueren Datums und ersetzt, analog zur Veränderung des *Bujutsu* zum *Budô*, den alten Ursprungsbegriff →*Kobujutsu*.

Schriftzeichen für Okinawa Kobudô

Allgemein

Im Gegensatz zu den Waffen der japanischen Samurai (*Ken, Yari, Yumi, Naginata, Hokko* u. a., s. →*Buki*) wurden die Waffen des okinawanischen *Kobujutsu (Kobudô)* von der unter der japanischen Besatzung leidenden Bevölkerung Okinawas entwickelt und dienten der Selbstverteidigung, in vielen Fällen gegen die japanischen Samurai.

Die modernen *Kobudô*-Systeme Okinawas beschränken sich zumeist auf die Waffen →*Bô*, →*Sai*, →*Tonfa*, →*Nunchaku*, →*Kama*, *Surujin*, →*Timpe (Tinbe)* und →*Tekko*. Es gibt außerdem jedoch noch viele andere Geräte, die heute weniger bekannt sind oder nur in engeren Kreisen geübt werden. Außerdem sind die Systeme, die heute im *Kobudô* geübt werden, sehr verschieden beeinflußt. *Sai*, *Tonfa* und der lange Stock sind okinawanisch, während z. B. der *Hanbô* aus dem japanischen *Kukishin-ryû* stammt.

Auf Okinawa gibt es ein einziges altes Buch mit dem Namen *»Omorososhi«*, das die frühen Kampfkünste dokumentiert. Es enthält über 1500 lange und kurze Gedichte, verfaßt im Ryûkyû-Dialekt des 13. und 17. Jhs. Die Gedichte beschreiben Kultur, Politik und Aspekte des täglichen Lebens auf Okinawa. Mehrere davon wurden von Kenzaburo Torikoshi übersetzt. Auch Schwert, Bogen, Helm, Harnisch und Rüstung werden darin erwähnt, doch die Begriffe *Sai* oder *Bô* fehlen. Die einzige *Kobudô*-Waffe, die im *»Omorososhi«* erwähnt wird, ist der *Jô*.

Entstehung und Geschichte

Die Entstehung des okinawanischen *Kobudô* wird auf die Zeit des ersten Waffenverbotes auf Okinawa (s. →Okinawa) festgelegt. Es liegt nahe, anzunehmen, daß diese frühen Formen des *Kobudô* zumeist Abwehr- und Konterformen gegen Schwerter und Lanzen entwickelten. Dazu wurden der Stab, der Spazierstock oder andere lange, griffige Werkzeuge verwendet. Es ist praktisch sicher, daß sich bereits vor 1600 viele einzigartige Methoden der Selbstverteidigung gegen bewaffnete Angreifer entwickelt hatten, die entweder nur die leere Hand (s. →*Tôde*) oder auch Gebrauchsgegenstände verwendeten.

Diese Entwicklung führte schließlich zur Methode des okinawanischen →*Te* und des *Kobudô*. Viele dieser Techniken sind auch heute noch in den →*Kata* und den →*Odori* enthalten. Sie zeigen vorrangig Abwehrformen gegen das Schwert und andere Klingenwaffen. Dazu verwendete man Geräte wie den sechs Fuß langen Stab (→*Rokushaku-bô*), die kurze Sichel (→*Kama*), den Griff der kleinen Schrotmühle (→*Tonfa* oder *Tuifa*), das Bootsruder (→*Kai*), den Fischerspeer (→*Nuntebô*) und eine Vielzahl von anderen behelfsmäßigen Waffen aus Gebrauchsgegenständen, die zur Verfügung standen. Doch während der früheren Tributzeit, in der die Verbindung zwischen Okinawa und China immer friedvoll war, gab es für die Okinawaner keinen wirklichen Grund, Waffentechniken zu entwickeln und unverdächtige Gegenstände als Waffen zu benutzen. Dennoch steht fest, daß die okinawanischen Kampfkunstmeister bereits zu jener Zeit einen starken Kampfgeist (→*Kikotsu*) in ihren Kampfkünsten entwickelten.

Die Satsuma-Invasion

Nach der Satsuma-Invasion auf Okinawa (1609) bestand die Notwendigkeit der Intensivierung aller Kampfübungen, und dies ist die Zeit, in der sich das *Kobudô* und das *Tôde* zur vollen Blüte entwickelten. Neben der Übung des *Tôde* mußten die Einwohner unverdächtig aussehende Waffen entwickeln, mit denen sie es gegen einen Samurai aufnehmen konnten. Später organisierten sich die Kampfkunstanhänger, um gegen die Japaner größeren Widerstand leisten zu können. Aus Verbindungen zum chinesischen →*Quan-fa* lernten die Okinawaner viel, sowohl in bezug auf den bewaffneten als auch auf den unbewaffneten Kampf.

Trotz fremder Einflüsse liegt der Ursprung der *Kobudô*-Waffen in Okinawa. Die okinawanischen Systeme wurden besonders von den chinesischen stark beeinflußt, entwickelten jedoch ihren eigenen Charakter und ihre eigenen Methoden (s. →MATSU HIGA). Auch in den *Kobudô*-Systemen unterscheiden sich die chinesischen sehr von den okinawanischen. Der Grund liegt in dem praktischen Bedürfnis der Okinawaner, gegen ihre Feinde bestehen zu müssen, während die chinesischen Systeme, tief verwurzelt in ihrer jahrtausendealten Tradition (s. →*Dao-jiao*, →*Qi-gong*), ihre Ziele in eigenem Sinne verfolgten. Die Methoden der okinawanischen Kampfkünste sind direkter und praxisorientierter, während die chinesischen Systeme, nicht weniger wirkungsvoll, von einem anderen Bewußtsein geprägt waren, zu dem die Okinawaner zu jener Zeit keinen Zugang hatten.

DAS OKINAWANISCHE KOBUDÔ-SYSTEM

Die jeweiligen *Kobudô*-Stile wurden nach chinesischer Tradition auf der Basis mehrerer →*Kata* geübt, die in neuerer Zeit von dem *Kobudô*-Meister →SHINKEN TAIRA zurückverfolgt und gesammelt wurden. Aufgrund dieser Arbeit lebten in neuerer Zeit die alten Waffensysteme Okinawas wieder auf und erreichten einen gleichwertigen Platz mit den Waffensystemen der japanischen Samurai (*Kendô, Naginata-dô, Iai-dô, Yari-dô* und *Kyûdô*). Nachstehend die wichtigsten okinawanischen Waffen (nähere Erläuterungen s. unter der jeweiligen Bezeichnung):

DIE KOBUDO-WAFFEN OKINAWAS

Chinte	– Kurzstab mit Lederschlinge
Chizekun-bô	– Faustwaffe, Kurzstab
Eiku (Kai/Kuwa)	– Fischerruder
Goshaku-jô	– 1,52 m langer Stock
Hashaku-bô	– 2,43 m langer Stock
Kama	– Sichel
Kama-kusari	– Sichel und Kette
Kushaku-bô	– 2,74 m langer Stock
Manji-sai	– Gabel mit Widerhaken
Nichokama	– zwei kettenverbundene Kama
Nunchaku	– Kurzstäbe, mit Schnur
Nuntebô	– Fischerspeer
Rokushaku-bô	– 1,80 m langer Stock *(Bô)*
Sai	– Gabel mit drei Zacken
Sansetsu-kon	– dreiteiliger Nunchaku
Sanshaku-bô	– 90 cm langer Stock *(Hanbô)*
Surujin	– Kette mit Gewichten
Tanbô (Nitanbô)	– zwei Stöcke
Tankon	– 60 cm langer Einhand-Stock
Tekchu	– Stab mit Ring und Spitze
Tekko	– Faustwaffe, Schlagring
Teko	– Faustwaffe, spitzer Kurzstab
Tinbe/Rôchin	– Schild und Speer
Tonfa (Tuifa)	– Kurbel für Mühlsteine
Yonsetsu-kon	– vierteiliger *Nunchaku*
Yonshaku-bô	– 1,20 m langer Stock *(Jô)*

BEDEUTENDE KOBUDO-MEISTER OKINAWAS

Agena Shokuho	– *Gushikawa-Kobujutsu*
Akahachi Oyakei	– *Akahachi-Bôjutsu*
Akamine Eiko	– *Ryûkyû Kobudô Hozoin Shinkôkai*
Aragaki Ankichi	– *Ryûkyû-Kobujutsu*
Aragaki Seiki	– *Matsumura Shôrin-ryû Karate-dô Kyôkai*
Chinen Shitahaku	– *Ryûkyû-Kobujutsu*
Chinen (Masami) Yamane	– *Yamane-ryû Kobujutsu*
Demura Fumio	– *Okinawa-Kobudô*
Ginowan Donchi	– *Ryûkyû-Bôjutsu*
Higa Seitoku	– *Zen Okinawa Karate-Kobudô Rengokai*
Inamine Seijin	– *Ryûkyû Shôrin-ryû Karate-do Kyôkai*
Inoue Motokatsu	– *Ryûkyû Kobujutsu Hozoin Shinkô-kai*
Isa Shinyu	– *Ufuchiku-ryû*
Kina Shosei	– *Ufuchiku-ryû*
Kinjô Hiroshi	– *Ryûkyû-Kobujutsu*
Kuniyoshi Shinkichi	– *Ryûkyû-Kobujutsu*
Matayoshi Shimpô	– *Zen Okinawa Kobudô Renmei*
Matayoshi Shinkô	– *Ryûkyû-Kobujutsu*
Matsu Higa	– *Matsu-Higa Kobujutsu*
Matsumura Sôkon	– *Matsumura Kobujutsu*
Miyagi Masakazu	– *Honshin-ryû*
Nakaima Norisato	– *Ryuei-ryû Kobujutsu*
Nakamura Shigeru	– *Ryûkyû-Kobujutsu*
Nakanhari	– *Nakanhari-Bôjutsu*
Sakagami Ryusho	– *Ryûkyû-Kobujutsu*
Sakugawa Shungo	– *Sakugawa-Bôjutsu*
Shimabukuro Tatsuo	– *Isshin-ryû Kokusai + Karatedô Renmei*
Soken Hohan	– *Shorin-ryû Matsumura-Seito*
Sueishi	– *Sueishi-Bôjutsu*
Sueyoshi	– *Sueyoshi-Bôjutsu*
Taira Shinken	– *Ryûkyû-Kobujutsu*
Takamine Akahatsu	– *Kokusai Karate-Kobudô Renmei*
Tawada Peichin	– *Tawada-Saijutsu*

BEDEUTENDE KOBUDO-MEISTER OKINAWAS	
Tokumine Peichin	– *Tokumine Bôjutsu*
Toyama Kanken	– *Toyama-ryû-Bôjutsu*
Tsuken Hantaka	– *Tsuken-Bôjutsu*
Tsuken Kourugawa	– *Tsukenkourugawa-Kobujutsu*
Uehara Seikichi	– *Motobu-ryû Kobujutsu Kyokai*
Ufuchiku Kanakushiku	– *Ufuchiku-ryû Kobujutsu*
Yabiku Moden	– *Ryûkyû-Kobujutsu*
Yamashita Tadashi	– *Okinawa-Kobudô*
Yara Chatan	– *Chatanyara-Kobujutsu*

Alle früheren okinawanischen Meister der Waffen übten sich auch gleichzeitig im unbewaffneten Kampf *(Tôde)*. Von einem selbständigen *Kobudô*-System spricht man erst heute. Dennoch kann man unterscheiden, welche der früheren Meister sich besonders in den bewaffneten Systemen und welche sich mehr in den unbewaffneten Systemen verdient gemacht haben. Manche Namen tauchen auch in beiden Systemen auf (s. →*Karate*). Nebenstehend sind die wichtigsten okinawanischen Meister der Waffen in der gesamten Entwicklung des *Kobudô* angeführt. Näheres s. unter dem jeweiligen Namen.

Kobujutsu[1] (jap.): vollständige Bezeichnung *Okinawa-Kobujutsu*, Ursprungssystem des okinawanischen →*Kobudô*, Sammelbegriff für die okinawanischen Waffensysteme während der *Satsuma*-Besetzung (s. →Okinawa).

Kobujutsu[2] (jap.): japanisches Selbstverteidigungssystem des →*Aikidô*, gegründet von Hoshi Tetsuomi, einem Schüler von Ueshiba Morihei.

Kobukai (jap.): auch *Kobukan*, erste →*Aikidô*-Schule, gegründet im Jahre 1938 von Ueshiba Morihei in der Präfektur Ibaragi, am Iwami-Schrein. Dort wurden in gebirgiger Abgeschiedenheit die ersten Schüler des *Aikidô* ausgebildet und dieses zu einer hohen Perfektion gebracht.

Kobukan (jap.): siehe *Kobukai*.

Kobushi (jap.): Faustknöchel.

Kobushi-ate (jap.): Faustknöchelschlag in den japanischen Systemen.

Kobushi-ate-waza (jap.): Gruppe sämtlicher Faustknöcheltechniken in den japanischen Systemen.

Kobushi-uchi (jap.): Gruppe der Schlagtechniken mit der geschlossenen Faust im *Karate* (s. →*Uchi-waza*).

Kochi Katsuhide (*14. September 1930): okinawanischer *Karate*-Experte, dritter Sohn von Meister Kochi Kasei (Katsumori), der eine Kombination aus *Shuri-te*, *Tomari-te* und chinesischem *Kempô* übte. Katsuhide lernte seit seinem 10. Lebensjahr von seinem Vater. Nach dem Krieg hatte er verschiedene Lehrer, bis er bei Sonzai Kitaya, einem Meister des →*Seibukan*, blieb und →*Chûbu Shôrin-ryû* lernte. 1955 eröffnete Katsuhide ein eigenes *Dôjô* in Ankeda, von dem aus er seine Organisation →*Chûbu Shôrin-ryû Karate-dô Kyôkai* (s. Anhang) zu verbreiten begann. Diese Organisation umfaßt heute fünf *Dôjô* auf Okinawa.

Kochô (jap.): Schmetterling.

Ko-dachi (jap.): andere Bezeichnung für →*Wakizashi*.

Ko-dachi (jap.): kurze (kleine) Stellung.

Kodansha (jap.): *Dan*-Graduierungen der →Ri-Stufe im *Budô* (s. →*Kyudan*, →*Dan*). Die *Kodansha* umfassen die *Dan*-Grade 5 bis 10, im Unterschied zu den → *Yudansha*, welche die Dan-Grade 1 bis 4 beinhalten und als »Wegschüler« der *Ha*-Stufe bezeichnet werden. Erst die *Kodansha*-Grade sind selbständige Lehrer (→*Sensei*). Sie unterteilen sich in *Kokoro* und *Irokokoro* und tragen die Titel *Renshi, Kyôshi* und *Hanshi (Shihan)*.

KODANSHA			
Renshi	Godan	(5. Dan)	ab 30 Jahren
	Rokkudan	(6. Dan)	ab 35 Jahren
Kyoshi	Shichidan	(7. Dan)	ab 42 Jahren
	Hachidan	(8. Dan)	ab 50 Jahren
Hanshi	Kudan	(9. Dan)	ab 60 Jahren
	Jûdan	(10. Dan)	ab 70 Jahren

Kokoro

Den ersten Abschnitt der Meistergrade nennt man *Kokoro*. Ihnen spricht man ein in der generellen Haltung sichtbares reifes Bewußtsein zu. Dieser Abschnitt besteht aus dem 5. und 6. Dan. Der erste Grad dieses Wegabschnittes kann frühestens im Alter von 30 Jahren erreicht werden. Er setzt nicht nur eine konsequente *Budô*-Erfahrung, sondern auch Lebenserfahrung voraus. So kann ein Übender zwischen dem 30. und 42. Lebensjahr den 5. und 6. Dan erhalten, die man beide mit dem Titel *Renshi* anspricht. Die *Renshi*-Graduierungen sind selbständige Meistergrade, die der geistigen Reife eines Menschen entsprechen. Sie bezeichnen für diese Stufe notwendige Formen der Selbstperfektion, vor allem die Überwindung des Vorurteils und des Profitdenkens.

Kokoro sind die ersten *Budô*-Graduierungen der Reife. Der »Mann mit Bewußtsein« *(Kokoro)* ist ein Teil jener Kunst geworden, die er übt. Durch die lange Zeit der Bemühungen hat er verstanden, daß er sich nun jeder Erfahrung öffnen und jedes ihm zur Verfügung stehende Mittel gebrauchen muß, um die letzte Herausforderung bestehen zu können. Auf dieser Stufe gibt es kein Zögern, kein Selbstmitleid und kein Bedauern mehr. Sie besteht aus dem vollkommenen Opfer.

Darum wissend, opfert dieser Mensch einen großen Teil seines Lebens dem Lehren. Dadurch erweitert er seine eigene Erfahrung. Er weiß, daß der Lohn für seine Bemühungen im Geben liegt und daß jeder weitere Fortschritt nur durch bedingungsloses Geben erreicht werden kann. Im Geben ohne Anspruch versucht er sich selbst zu ergründen. Das ist es, was er verstanden hat und was ihn vom Krieger (→*Yûdansha*) unterscheidet.

Der *Renshi* hat Begriffe wie Kampf und Sieg überwunden. Er ist über sie hinausgegangen und sucht nun die Überwindung der Illusion. Obwohl er ebenso wie der *Yûdansha* regelmäßig Technik übt, ist seine Welt eine andere. Sie ist frei vom Ich. Der *Yûdansha* hängt noch am Kämpfen, er sucht den Sieg, den Fortschritt, den Vergleich. Noch kann er nicht verstehen, daß dahinter eine neue Welt liegt. Auf seiner Stufe braucht er das Ich, um mit ihm zu wachsen. Erst wenn die Erfahrung kommt, kann er es loslassen.

Durch das Training der Technik allein kann man diese Stufe nicht erreichen. Wenn sich der Krieger nur auf seine Technik verläßt und für Ratschläge des Verhaltens unzugänglich wird, verfällt er in Ignoranz gegenüber der Weglehre. Um diese Verwirrung zu vermeiden, ist es wichtig, das Wegideal deutlich sehen zu lernen und jenen zu vertrauen, die darum wissen. Um die Stufe des *Renshi* zu erreichen, bedarf es einer vollkommenen Identifikation mit der Weglehre und einer vom Ich völlig befreiten Beziehung zum Lehrer. In einem Leitsatz der *Budô*-Philosophie heißt es: »Wenn der Mann mit Bewußtsein *(Renshi)* dein Lehrer sein soll, muß er vorher dein Freund sein. Wenn er dir die Wahrheit sagen kann, ohne daß du dich verletzt fühlst, wenn du das in deinem Herzen möglich machst, dann hast du einen wirklichen Lehrer.«

IRO-KOKORO

Die höchsten Meistergrade im *Budô* nennt man *Iro-kokoro*. Sie sind die Grade der Reife und beinhalten die Titel *Kyôshi* (7. und 8. Dan) und *Hanshi* (9. und 10. Dan). Zwischen dem 42. und dem 50. Lebensjahr ist der Titel *Kyôshi* möglich. Dieser Titel bezeichnet ein hohes Niveau im Selbstumgang eines Menschen und die Fähigkeit der ungetrübten Erkenntnis aller äußeren Umstände und Gegebenheiten.

Ab dem 60. Lebensjahr ist der 9. Dan und ab dem 70. Lebensjahr der 10. Dan möglich, denen man den Titel *Hanshi (Shihan)* zuspricht. Diese Graduierungen werden für die höchste Perfektion im *Budô* erteilt, und nur sehr wenige Menschen haben sie je erreicht. Sie entsprechen der endgültigen Meisterschaft (*Ri* – Transzendenz im Wesen). Der 11. und 12. Dan sind Grade, die erst nach dem Tod verliehen werden können. Sie stehen symbolisch für die absolute Vollkommenheit, die zu Lebzeiten von einem Menschen nicht erreicht werden kann.

Der *Hanshi* lebt in vollkommenem Einklang zwischen Innen und Außen und ist die Parallele zum →*Rôshi* aus dem *Zen*. Seine Übung ist die Einheit. All seine Gesten und Handlungen sind Ausdruck einer Art zu denken. Er hat jeden nur erdenklichen inneren Zustand gemeistert, hat nicht nur die Abhängigkeit von Besitz und Prestige, sondern auch die Angst vor dem Tod überwunden. Er lebt in vollkommener Freiheit, sein physischer Ausdruck ist rein, weil sein Geist rein ist. Er weiß um diese hohe Perfektion, und ehe sein Weg beendet ist, bemüht er sich darum, jemanden zu finden, auf den er seine Kunst übertragen kann, damit sie nicht stirbt.

Während sich der *Renshi* und der *Kyôshi* an der Spitze der Lehrpyramide des *Budô* befinden, steht der *Hanshi* außerhalb dieser Pyramide. Seine Aufgabe ist es nicht, Schülergruppen zu unterrichten, sondern den bereits Erfahrenen zum letzten Schritt zu initiieren. Kein Mann der

Reife läßt je den Umfang seiner Erfahrungen sichtbar werden oder stellt seine Fähigkeiten zur Schau. Sein Sehen ist jenseits von all dem, was für weniger Erfahrene wichtig scheint. In diesem Bereich, zu dem nur er Zugang hat, kennt er jede Tür, hinter der die Wahrheit liegt. Doch nie öffnet er sie vor anderen, nie stellt er etwas richtig, nie belehrt er. Seine Aufgabe besteht darin, zu warten, bis der Schüler den *Hanshi* von selbst erkennt. Ohne vollkommene Überwindung des Ego ist dies unmöglich. Die unbekümmerte Heiterkeit des *Hanshi*, sein vollkommen überwundenes Ich und die perfekte Demut, die er selbst gegenüber den Anfängern immer zur Schau stellt, trügt und täuscht den Selbstgefälligen über die eigentliche Wahrheit hinweg. Die Fähigkeit zu erkennen, daß der *Hanshi* die höchstmögliche Stufe der geistigen Entwicklung erreicht hat, ist nicht jedem Menschen gegeben.

Der *Hanshi* wendet sich nie an eine Gruppe, um zu unterrichten, oder an einen Schüler, um ihn zu verbessern. Er kann den Unterricht beobachten, doch er sagt nichts. Nur wer gelernt hat zu sehen und sich von der Unbekümmertheit des *Hanshi* nicht täuschen läßt, kann sich an ihn wenden. Erst wenn man ein Niveau erreicht hat, das einem den Zugang zum *Hanshi* ermöglicht, kann man ihn verstehen. Durch diese Verbindungen wurden seit jeher in den Kampfkünsten die Kettenglieder der Überlieferung ineinandergefügt. Diese Überlieferung geschieht »von Herz zu Herz« *(Ishin-denshin)* und unterscheidet sich in nichts von der Überlieferung aller anderen geistigen Wege des Buddhismus.

Ko-daore (jap.): vorgetäuschter Sturz.

Kôdôkan (jap.): »Schule zum Studium des Weges«, Bezeichnung für die erste *Jûdô*-Schule Japans, 1882 im Eishoji-Tempel, Tôkyô, von →KANÔ JIGORÔ gegründet.

Die Bezeichnung *Kôdôkan* stammt nicht von Kanô. Bereits zu Anfang des 19. Jhs. wurde in Mitô, Präfektur Ibaragi, ein Gebäude von dem *Daimyô* TOKUGAWA NARIAKI so benannt. Von dort stammt die Bezeichnung für Kanôs *Kôdôkan*.

Anfangs unterrichtete Meister Kanô im *Kôdôkan* nur 9 Schüler auf 12 *Tatami*. Doch sehr schnell wurde der *Kôdôkan* zum Weltzentrum des *Jûdô*. Viele Instruktoren wurden dort ausgebildet. Auf den Urkunden der Schwarzgurte des *Kôdôkan* steht Kanô Jigorôs Leitsatz: »Nur durch gegenseitige Hilfen und Zugeständnisse kann ein Organismus, bestehend aus einer größeren Anzahl von Menschen, seine Harmonie finden, bewahren und Fortschritte machen.« Das Emblem des *Kôdôkan* ist die Kirschblüte (→*Sakura*). 1962 wurde in Tôkyô ein großes Zentrum für die Kampfkünste (→*Budôkan*) errichtet, in dem der *Kôdôkan* sein neues Domizil fand. Neben dem *Jûdô* gibt es dort auch verwandte Disziplinen wie das *Aikidô* und verschiedene *Jûjutsu*-Schulen.

Die Aufnahmebedingungen im alten *Kôdôkan* waren durch fünf Gebote geregelt, die die Schüler in der Gründungszeit des *Jûdô* mit ihrem Blut unterschreiben mußten:

1. Wenn ich im *Kôdôkan* aufgenommen werde, will ich keine Übung ohne wichtigen Grund versäumen.
2. Ich werde meiner Schule keine Schande machen.
3 Ohne Genehmigung werde ich die mir übergebenen Geheimnisse der Meisterschaft niemandem erzählen und niemandem zeigen.
4. Ohne Genehmigung werde ich keinen Unterricht im *Jûdô* geben.
5. Erst als Schüler und dann als Lehrer werde ich immer unentwegt den Regeln des *Dôjô* folgen.

Kôdô Sawaki (1880–1965): Meister des →*Sôtô-Zen*. Lehrer von →DESHIMARU TAISEN RÔSHI, der durch →*Shihô* das geistige Erbe des *Sôtô-Zen* in Europa antrat.

Koeikan (jap.): traditioneller japanischer Karate-Stil, gegründet im Jahre 1952 von →ONISHI EIZO in Kanagawa als Synthese zwischen dem →*Shudôkan* von TOYAMA und dem →*Toon-ryû* von KYÔDA.

Der Stil lehrt 5 *Kata* des *Naha-te* von HIGASHIONNA KANRYÔ und 16 *Kata* des *Shuri-te* von ITOSU YASUTSUNE. Die Kämpfer des *Koeikan* gebrauchen die *Bogû* (Schutzausrüstung). In Europa wird der Stil von EDWARD →KALOUIDIS vertreten.

Koe naki o kiki, katachi naki o miru (jap.): Leitsatz (→*Kaisetsu*) der *Budô*-Philosophie, ursprünglich aus dem *Zen*, in der direkten Übersetzung: »das Nicht-Geräusch, das du hören kannst, und das Nicht-Bild, das du sehen kannst«.

Der Leitsatz bezeichnet die gesteigerte innere Wachsamkeit und die auf die Gegenwart gerichtete Konzentration (→*Zanshin*) eines fortgeschrittenen Kampfkunstexperten, die durch rechte

Übung möglich wird. Durch unermüdliches Training kann sich der Kampfkunstexperte in die Lage versetzen, sogar Dinge und Situationen zu erkennen, für deren Wahrnehmung (→*Yomi*) selbst die Aufmerksamkeit eines geübten Geistes nicht ausreicht. Obwohl er durch diese gesteigerte Sensibilität mit noch mehr Sinnesreizen konfrontiert wird, kann der Fortgeschrittene dennoch Wesentliches von Unwesentlichem in Sekundenbruchteilen unterscheiden. Solche besonderen Konzentrationsfähigkeiten des Geistes müssen durch die rechte innere Haltung des Übenden geweckt und können durch Bewußtwerdung dieser Möglichkeiten ins Unendliche gesteigert werden.

Die Fähigkeit, das »Unsichtbare zu sehen« und das »Unhörbare zu hören«, ist nichts Übernatürliches, sondern ein mögliches Ziel in der Übung des *Budô*. Die erste Bedingung dafür ist das Erreichen einer allgemein guten Konzentration in allen Handlungen des Alltags. Wenn Menschen sagen, daß sie vom ewigen Pech verfolgt sind, haben sie die Vorstufe zu diesem Bewußtsein noch nicht erreicht. Vielleicht liegt ihr Unglück in einer ewig verschlafenen und unkonzentrierten Haltung, in der es ihnen unmöglich ist, die Zeichen ihrer Umgebung zu erkennen und richtig zu deuten. Dies kann man durch Übung verändern, wenn man sich bewußtmacht, daß es die Möglichkeit gibt, sich selbst zu lenken und zu kontrollieren. Diese Möglichkeit hat kein absehbares Ende im persönlichen Fortschritt.

Kôgai (jap.) Werkzeug der Samurai, das gelegentlich auch als Waffe benutzt wurde. Das *Kôgai* bestand aus einer langen und starken Nadel, die an einem Ende einen kurzen Stiel hatte und zusammen mit dem →*Kozuka* an der Scheide des →*Wakizashi* befestigt war.

Das Instrument diente zur Reparatur der Sättel und anderer Ledergegenstände oder zur Hufpflege der Pferde. Ab dem 17. Jh. bestand das *Kôgai* aus zwei Teilen, die auch als Eßgeräte verwendet wurden. Es war ein für alle Gelegenheiten nützlicher Gegenstand ähnlich dem →*Kozuka*.

Der Name wurde auch als Bezeichnung für die großen Holznadeln verwendet, mit denen die Frauen ihren Haarknoten feststeckten. Die *Kôgai* wurden quer durch den Knoten gesteckt, während die →*Kanzashi*, eine andere Art der Haarnadel, senkrecht in den Knoten gesteckt wurden.

Kôgaku (jap.): wahre oder alte Lehre. Schule des Konfuzianismus.

Kôgaku-shin (jap.): »Halte deinen Geist zum Lernen offen.« Wichtiger Leitsatz der *Budô*-Philosophie (s. →*Kaisetsu*, →*Neshin*, →*Shôshin*).

Es ist die Aufgabe des Schülers, sich für den Weg bereitzuhalten und die richtigen Voraussetzungen in sich zu gründen, durch die er lernen kann. So selbstverständlich dies scheinen mag, neigt der Mensch doch immer wieder zu dem Irrglauben, bereits zu wissen. Dann wollen Schüler oft selbst entscheiden, was in der *Budô*-Übung wichtig und was unwichtig ist. Das, was sie noch nicht verstanden haben, lassen sie außer acht und müssen oft weite Umwege gehen, um letztlich doch einzusehen, daß das Vertrauen in die größere Erfahrung der bessere Lernweg ist.

In einer echten *Budô*-Lehre (s. →*Oshi*) bestimmt nie die Meinung des Schülers das Geschehen, sondern der Erfahrungsvorsprung des Lehrers, zu dem sich der Schüler durch seine Haltung bekennt. Richtig und Falsch in der Weglehre unterliegt nicht der Beweispflicht, in ihr gibt es keinen Meinungskampf zwischen Lehrer und Schüler und keine Gemeinschaftsabstimmung über die Gesetzmäßigkeiten der Übung. Dort, wo Schüler dies beanspruchen, bevor sie selbst Meister sind, zieht sich der Lehrer zurück. Wo die Haltung fehlt, gibt es kein *Budô*.

Lernen in einem *Dôjô* bedeutet, eine dem *Budô*-Geist entsprechende Herausforderung mit sich selbst anzunehmen und unter der Aufsicht eines Meisters (→*Sensei*) selbst die Meisterschaft anzustreben. Doch bevor die Meisterschaft nicht vom Meister bestätigt wird, bringt die Unterbrechung des Lernprozesses, gleich auf welcher Stufe, den Schüler wieder an den Anfang zurück. Im *Budô* gibt es keine Fortschrittshierarchien unterhalb der Meisterstufe. Es geht um das Wegverständnis (s. →*Dô*), und dieses ist nicht in Etappen zu erreichen. Die Meisterschaft beginnt dort, wo Wegeinsicht erreicht wird. Erst danach läßt sie sich selbständig ausbauen.

Die Wegeinsicht kann mit den herkömmlichen Lernmethoden nicht erreicht werden. Ihre Prozesse (→*Jitoku*) unterscheiden sich grundlegend von jener Auffassung des Lernens, in der der Schüler nach Wissen oder Können strebt. Hier jedoch kommt Fortschritt nicht aus dem Lernen selbst, sondern aus der menschlichen Nähe zum Meister. Dabei kommt es allein auf die Haltung des Schülers (→*Shisei*) an. Vernachlässigt er sie, gibt es keine Lehrer-Schüler-Beziehung (→*Shitei*). Daher besteht Lernen im *Budô* aus dem beständigen Bemühen um die rechte Haltung, mittels deren ein Zugang zu höheren Erfahrungen möglich wird.

Oft können Schüler diesen Weg nicht erkennen und verharren in falschen Haltungen. Dies sind Grenzen, und es gibt viele einleuchtende Begründungen, warum man sie nicht berührt. Doch in Wahrheit ist es das unüberwundene Ich, das den Menschen vom Weg trennt. Wenn er vor diesem Hindernis steht, ist es einfacher, zu erklären, der Weg sei falsch, als die eigene Haltung zu betrachten. Es gibt für jedes Scheitern einleuchtende Begründungen, doch dies ändert nichts am Scheitern selbst. Gleich der begründenden Logik weiß dieser Mensch nur soviel, wie er unterhalb der unüberschrittenen Grenze wissen kann.

Kogan (jap.): *Atemi*-Angriffspunkt: Hoden (s. →*Kinteki*).

Kogan-geri (jap.): Fußtritt zu den Hoden (auch *Kin-geri*).

Kogan-kuatsu (jap.): Wiederbelebungs- oder Erste-Hilfe-Methode nach einer Technik, die die Hoden verletzte (s. →*Kuatsu*).

Kôga-ryû (jap.): bekanntes japanisches *Ninjutsu*-System aus der Provinz Kôga (Shiga) im Süden der Hauptinsel Honshu.

Kôgeki (jap.): Angriff, Offensive (s. →*Geki*). Gegenteil von *Semeru* (verteidigen). *Kôgeki-sha* – Angreifer, *Kôgeki-suru* – angreifen.

Kôgeki-hô (jap.): Angriffsmethoden.

Kogi-Jûdô (jap.): Nach der Definition von KANÔ JIGORÔ ist damit das *Jûdô* in seiner höchsten Form gemeint. Es besteht aus der Technik (→*Kyôgi* oder →*Shôbu-hô*), der körperlichen Form (→*Rentai-hô*) und der Kultur des Geistes (→*Shûshin-hô*). Diese sind notwendig, um die Perfektion des Selbst zu erreichen (s. u. vgl. die Prinzipien von →*Waza*).

Kogusoku (jap.): leichtere Variante der im 16. Jh. von MATSUNAGA HISASHIGE konstruierten neuen Rüstung (→*Gusoku*), die die alte schwere Samurai-Rüstung (→*Yoroi*) ablöste. Die Kogusoku bestand lediglich aus Lenden- und Knieschützern und aus gepanzerten Handschuhen.

Kogusokujutsu (jap.): traditionelles japanisches Kampfsystem des →*Kumi-uchi* (s. auch →*Jûjutsu*), das aber auch das Fechten mit dem Stock oder anderen kurzen Waffen enthält, die es gegen leicht gerüstete Krieger (→*Kogusoku*) einsetzt. Die Schule wurde 1532 von TAKENOUCHI HISAMORI gegründet und auch *Torite-kogusoku* genannt.

Nach der Legende soll im Juni des Jahres 1532 Takenouchi ein Bergeremit im Traum erschienen sein, der dem Meister sechs Verfahren zum Ergreifen und Festhalten des Feindes mit Hilfe schmerzhafter Zwingen zeigte. Der gleiche Eremit erläuterte dem schlafenden Takenouchi auch die Vorteile der leichten Rüstung *(Kogusoku)* gegenüber der schweren Rüstung *(Yoroi)*. Auf den daraus resultierenden Prinzipien ist auch heute noch die *Jûjutsu*-Schule →*Takenouchi-ryû* aufgebaut.

Kogusuku: Bezeichnung für den →*Kojô*-Clan.

Kohai (jap.): Junior, der Jüngere. Der jüngere Schüler in den Kampfkünsten. Gegenteil: →*Sempai* (der Ältere).

Kohai-Grade in den Kampfkünsten sind keine Graduierungen aus den *Kyû*-Stufen, sondern in den meisten *Budô*-Konstellationen Graduierungen zum 1. und 2. Dan. Ihr Niveau ist identisch mit der *Shu*-Stufe (s. →*Shu Ha Ri*) des Weges, d. h., sie sind anerkannte Wegschüler in einer *Budô*-Kunst. Oftmals unterrichten sie die *Kyû*-Stufen, sind aber der Kontrolle der →*Sempai* und der →*Sensei* unterworfen. *Kohai*-Stufen sind Formstufen (→*Omote*), die erst mit dem Erreichen des 3. Dan in einen neuen Wegabschnitt (→*Okuden*) übergehen.

Kôhaku (jap.) rot und weiß.

Kôhaku-shiai (jap.): Wettkampf zwischen der roten und der weißen Mannschaft.

Kôhô (jap.): nach hinten, rückwärts (auch *Ushiro* oder *Ura*).

Kôhô-geri (jap.): Gruppe der Fußtechniken nach hinten im *Karate* (s. →*Keri-waza*).

Kôhô-kaiten (jap.): Rückwärtsdrehung, Rückwärtsrolle. Auch *Ushiro-kaiten* (s. →*Tai-sabaki*).

Koizumi Gingyô (Gunji) (*8.07.1885, †14.04.1965): »Kleiner Wasserfall«, japanischer *Jûdô*-Lehrer, Professor und Philosoph, der ab 1906 viele Jahre in England lebte und als Begründer des englischen *Jûdô (Gentle-Jûdô)* und des →*Budôkwai* angesehen wird.

Koizumi begann mit dem Studium des *Jûjutsu*, wurde jedoch später Schüler am *Kôdôkan*. Nachdem er sich 1906 in England niedergelassen hatte, gründete er 1918 den *Budôkwai* in London. Danach gründete er zahlreiche Clubs in ganz Europa, was schließlich zur Entstehung der *British Judo Association* und der *European Judo Union* führte. Koizumi (8. Dan) war auch Kalligraph und praktizierender Buddhist. Er starb 1965, indem er nach altem Samurai-Brauch *Harakiri* beging.

Kojiki (jap.): japanisches Geschichtswerk, »Anmerkungen zu Ereignissen der Vergangenheit«, Annalen des Altertums, zusammen mit dem →*Nihon-shoki* die wichtigste Quelle zur Frühgeschichte Japans. Die drei Bände des *Kojiki* wurden im Jahre 712 auf Befehl der Kaiserin GEMMEI (707 bis 715) von Ô NO YASUMARO († 723) kompiliert und stützen sich auf ältere, verlorengegangene Werke sowie die mündliche Überlieferung berufsmäßiger Erzähler *(Kataribe)*. Darin wird u. a. berichtet, daß der Anführer der örtlichen *Yamato*-Stämme, TATE MIKAZUCHI, auf der südöstlichen Halbinsel Honshu mit dem Sohn des Barbaren OKUNI NISHINO KAMI (TATE MINA GATANO KAMI) einen waffenlosen Zweikampf bestritt und gewann. Dadurch erhielten die Japaner die Vorherrschaft auf der Nippon-Insel. Viele Japaner sehen darin den Beweis für die vorzeitliche Existenz des →*Sumô*.

Aus weiteren Berichten geht hervor, daß im Jahre 23 v. Chr. am Meeresufer der Provinz Izumo der erste *Sumô*-Wettkampf stattfand. Der beste Ringer der damaligen Zeit, TOMAKETSU HAYATO, wurde von NOMI NO SUKUNE herausgefordert und im Zweikampf getötet. Danach wurde er zum Schutzherrn der *Sumô*-Ringer.

Das *Kojiki* berichtet an mehreren Stellen von einer Art »Kräftemessen« im Zweikampf und bezeichnen dieses als →*Chikara-kurabe*. Diese Kämpfe waren nicht so sehr durch die Technik bestimmt als durch die Kraft der Teilnehmer und belegen damit die 2000 Jahre alte Tradition des japanischen *Sumô*.

Kojô Isei (1832–1891): auch KOJÔ ISHO, okinawanischer *Karate*-Meister des →*Kojô-ryû*, Sohn von →KOJÔ SEIJIN.

In der 3. Generation des Kojô-ryû war Kojô Isei der Hauptlehrer des Stils. Er verweilte mit seinem Vater von 1848 bis 1868 in China, um dort Konfuzianismus und die chinesischen Waffenkünste zu studieren. Isei lernte dort unter →IWAH (HI HOUA), von dem er die Nachfolge des Stils übertragen bekam, und wurde später Assistent an dessen *Dôjô*. Im Alter von 36 Jahren kehrte er nach Okinawa zurück.

Iwahs Kampfkunst, vermutlich eine Form des *Shaolin-quan* aus Fukien, wurde ab Kojô Isei zur Grundlage des unbewaffneten Kämpfens im →*Kojô-ryû*. Als Isei jedoch im Alter von 59 Jahren ganz plötzlich an einer Gehirnblutung starb, hatte er den Stil noch nicht vollständig auf seinen Nachfolger übertragen. Sein Cousin KOJÔ DAITEI (GOKYA TANME, 1837–1917) war in jungen Jahren zusammen mit Isei in China und lernte dort unter WAICHINZAN. Er trug durch diesen Einfluß zur Erweiterung und zur Weitergabe des Stils bei. Als er nach Okinawa zurückkehrte, soll er mit HIGASHIONNA KANRYÔ ständige Auseinandersetzungen in bezug auf die Ausführung der →*Sanchin*-Kata gehabt haben.

Kojô Kaho (1849–1925), auch KAKUSHA TANME, okinawanischer Karate-Meister der 4. Generation im *Kojô-ryû*, Sohn von →KOJÔ ISEI.

Kojô Kaho wurde in Kumemura, Okinawa, geboren, als sein Vater, KOJÔ ISEI, in Fozhou weilte. Bei einem Besuch auf Okinawa lernte →IWAH den Jungen kennen und nahm ihn 1860 mit nach China, um ihn in den Kampfkünsten auszubilden. Als Iwah ihm die Urkunde zur Meisterschaft gab, eröffnete Kaho zusammen mit seinem Assistenten MAKABE UDUN (MAKABE CHÔKEN) ein eigenes *Dôjô* in Fozhou, das später sehr bekannt wurde. Dieses *Dôjo* wurde auch von UECHI KANBUN besucht, der es aber wegen Unstimmigkeiten mit Makabe bald verließ. Kojô Kaho war auch ein bekannter Kalligraph und ein Experte im Umgang mit dem Stock.

Kojô Katomi (*13. Februar 1910): auch KAFU,

okinawanischer Meister des *Karate* und *Kobudô*, aktueller Vorstand der Organisation *Kido-kai Kojô-ryû*, 6. Erbe des →*Kojô-ryû* (s. auch →Kojô Oyakata).
Der aktuelle Meister des *Kojô-ryû* lernte den Familienstil unter seinem Vater →Kojô Saiko, seinem Großvater →Kojô Kaho und seinem Onkel Kojô Shuren. Shuren (auch »Oni Bucho« – »Chef der Dämonen«) war der erste Polizeiinspektor Okinawas und hatte unter Kojô Kaho und →Maezato Ranho (»Bushi Maezato«) gelernt, die beide Schüler →Iwahs waren.
Kojô Katomi gab dem Stil kurz vor dem Zweiten Weltkrieg den Namen *Kojô-ryû*. Nach dem Krieg eröffnete er in Makishi/Naha zusammen mit seinem ältesten Sohn Kojô Shigeru ein *Dôjô*. 1975 wurde dieses jedoch wegen des schlechten Gesundheitszustands von Kojô Shigeru geschlossen. Neben diesem war Kojôs wichtigster Schüler Hayashi Shingo, ein Zahnarzt, der den Stil heute im *Totori Budôkan* auf dem japanischen Hauptland unterrichtet.

Kojô Oyakata: chinesisch Sai-Ko, okinawanischer *Tôde*-Meister, Gründer des → *Kojô-ryû*.
Kojô Ôyakata, der aus der Familientradition der 36 chinesischen Familien (Kumemura) stammte, ging nach China und studierte verschiedene Kampfkünste sowie das Ringen. Nach seiner Rückkehr nach Okinawa gründete er einen darauf aufgebauten Familienstil. Sein Nachfolger wurde sein Sohn Kojô Peichin (um 1780). Kojô Peichin, der den größten Teil seines Lebens auf Okinawa verbrachte, war ein Experte des Kampfes mit der leeren Hand. Er übertrug den Stil auf seinen Sohn →Kojô Seijin (chinesisch Sai Sho, 1816 bis 1906).

Kojô-ryû (jap.): *Karate*-Familienstil der *Kojô* aus Kume/Naha (s. →Kojô Katomi), gegründet von →Kojô Oyakata.
Der Clan der Kojô (auch Koshiro, Kogusuku oder Kugushiku) gehörte auf Okinawa zu den bekanntesten Familien. Man sagte: »Von Karate sprechen heißt, von Kojô sprechen«, oder: »Ein Kojô ist mit dreien aus jeder anderen Familie gleichzusetzen.« Die Familie stammt von einer der »36 Familien« ab, die sich 1393 in →Kumemura niederließen. Der chinesische Name der Kojô lautete Sai. Da die Familienmitglieder oft zur

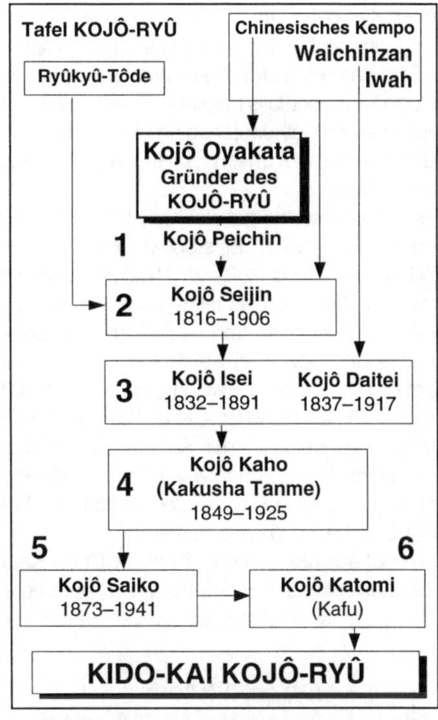

Arbeit oder zu akademischen Studien nach Fuzhou reisten, gingen bis ins 20. Jh. die engen Bande mit China nicht verloren.
Wie der Name besagt, ist *Kojô-ryû* der Familienstil der Kojô. Er wurde von von Kojô Ôyakata (Sai Ko) gegründet, der um 1700 in China viele verschiedene Waffenkünste und das Ringen lernte. Nachfolger von Kojô Ôyakata wurde Kojô Peichin (1. Generation), der den Stil dahingehend reformierte, daß die Elemente der leeren Hand überwogen. Auf ihn folgte Kojô Seijin (Sai-Sho oder Choisai Tanme – weiser alter Mann, 1816 bis 1906) aus Kumemura, der das *Kojô-ryû Bôjutsu* gründete. Der nächste in der Reihe, Kojô Isei (1832–1891), lernte unter Hi Houa (Iwah) und führte das *Yarijutsu* (Speerkunst) und *Yumijutsu* (Pfeil und Bogen) in den Stil ein. Wichtig war auch noch Iseis Cousin, Kojô Daitei (Gokya Tanme, 1837–1917), der zusammen mit Isei nach China ging und dort mit Waichinzan trainierte. In Fukien besaßen die Kojôs ein *Dôjô*, das von vielen Okinawanern und Chinesen besucht wurde. Daitei brachte ein großes Buch über die chinesi-

schen Kampfkünste mit nach Okinawa sowie einige chinesische Waffen, die er sorgfältig vor den →*Satsuma* versteckte. Sein jüngerer Bruder, Kojô Jiro, war ebenfalls bekannt für seine Fähigketen in den Kampfkünsten, ging aber in der zweiten Hälfte des 19. Jhs. nach Hawaii, um dort zu unterrichten.

Der nächste Nachfolger war Kojô Kaho (Kakusha Tanme, 1849–1925). Er studierte *Bô* und *Tsue* und gründete das *Kojô-ryû Tsuejutsu* und das *Kojô-ryû Saijutsu*. Das letztere verwendet zum ersten Mal einen dritten →*Sai*[2], der im Gürtel steckte und geworfen werden konnte. Auf ihn folgte →Kojô Saiko (Shimao Kume, 1873–1941). Der aktuelle Vorstand ist →Kojô Katomi (* 1910).

Heute wird *Kojô-ryû* nur auf der japanischen Hauptinsel gelehrt, und zwar in Totori (Präfektur Totori) von Shingo Hayashi. Dieser hatte im *Makishi-Dôjô* bei Kojô Katomi gelernt.

Das heutige *Kojô-ryû* kennt 6 unbewaffnete *Kata*, eine Stab- und eine Stock-*Kata*. Drei der Leere-Hand-*Kata* sind chinesischen Ursprungs und stammen aus den Tierstilen: *Hakuryu* (»Weißer Drache«), *Hako* (»Weißer Tiger«) und *Hakutsuru* (»Weißer Kranich«). Die anderen drei Kata; *Ten*, *Ku* und *Chi*, enthalten 12 Kampfhaltungen *(Kamae)*, die die 12 Tiere des chinesischen Tierkreises repräsentieren. Jede *Kamae* hat ihre eigene Funktion. So wird z. B. *Chiseigan-gamae* gegen einen Gegner verwendet, der mit den Füßen angreift. Man braucht nur zu warten, bis er den Tritt ausführt, um dann hineinzugehen und ihn zu werfen. *Fudo-gamae* gibt ein starkes Erscheinungsbild und soll mögliche Angreifer bereits von einem ersten Angriff abhalten. Auch die drei Tier-*Kata* haben spezielle *Kamae*. In der →*Hakutsuru* gibt es *Namigaeshi-gamae*, welches gegen vier bis sechs Angreifer angewendet wird und ihnen keine Lücke bieten soll.

Die Übung besteht ungefähr zu 70 % aus Kämpfen und 30 % aus *Kata*. Die Bewegungen im Kampf erscheinen leicht und entspannt und beruhen auf »kleinen« Bewegungen. Die Grundregeln für den Kampf sind: 1. Greife niemals mit einer großen Technik an. 2. Bewege dich, als hättest du Sprungfedern unter den Füßen. 3. Blocke und schlage gleichzeitig. Der Stil ist in der *Kidôkan Kojô-ryû* organisiert.

KOJÔ-RYU KATA

Kata	Kamae	Sternzeichen
TEN (Himmel, oben)	Seishin	Ratte (Ne)
	Fudo	Bulle (Ushi)
	Jinpu	Tiger (Tora)
	Jumonji	Hase (U)
KU (Wolken, Mitte)	Unryu	Drache (Tatsu)
	Aiki	Schlange (Mi)
	Katate seigan	Pferd (Uma)
	Seiha	Schaf (Hitsuji)
CHI (Erde, unten)	Tenchi	Affe (Saru)
	Suika	Hahn (Tori)
	Chiseigan	Hund (Inu)
	Ichimonji	Eber (I)

Tier-Kata der leere Hand

HAKURYÛ	Kata des weißen Drachen
HAKO	Kata des weißen Tigers
HAKUTSURU	Kata des weißen Kranichs

Waffen-Kata

JÔ	Stab-Kata
BÔ	Stock-Kata

Kojô Saiko (1873–1941): Sohn und Nachfolger von →Kojô Kaho, scherzhaft auch Kumejima O genannt. Er gab seine Kunst an seinen Sohn →Kojô Katomi (Kafu) weiter.

Kojô Seijin (1816–1906): chin. Sai Sho, okinawanischer Lehrer des →*Kojô-ryû*, Sohn von Kojô Peichin.

Kojô Seijin, mit dem Spitznamen Seijin Tanme (»Alter weiser Mann«), war der Hauptlehrer des *Kojô-ryû* in der 2. Generation. Er studierte den Familienstil unter seinem Vater sowie einige andere Stile des okinawanischen Karate. 1848 verließ er Okinawa und zog nach Fozhou/Fukien (China). Dort studierte er verschiedene Waffentechniken, vor allem aber den Stock *(Bô)* und den Stab *(Jô)*. 1868 kehrte er nach Okinawa zurück, arbeitete jedoch nicht und verbrachte die meiste Zeit mit dem Fischen. Eines Tages beobachtete er zwei *Samurai*, die eine Frau vergewaltigen wollten. Er betrat das Haus, in das sie sie verschleppt hatten, tötete einen der *Samurai* und verletzte den anderen schwer. Dann lud er sie auf die Schulter und brachte beide zu dem örtlichen *Chikusai* (Wachtmeister). Doch dieser stellte ihn vor Gericht, und anschließend wurde er all seiner Privilegien enthoben. Danach zog er endgültig nach China, wo er seine Tage in großer Armut beendete. Seine Kunst übertrug er auf seinen Sohn →Kojô Isei (1832–1891).

Kôka (jap.): Erfolg, Resultat. In den *Jûdô*-Wettkampfregeln: der kleine Vorteil.

Kôkan (jap.): Austausch, Umtausch.

Kôkan-geiko (jap.): erste Formen der Wettkämpfe im *Karate*, die vor dem Zweiten Weltkrieg in Japan stattfanden.

Die Kämpfe bestanden aus dem Wettbewerb der *Kata* und einer Art *Jiyû ippon-kumite*, bei der der Angriff vorgeschrieben war. Diese Art des Wettbewerbes zwischen verschiedenen Schulen nannte man *Kôkan-geiko* (Austausch von Höflichkeiten in der Übung), meist jedoch arteten sie in Schlägereien aus.

Kôkeki (jap.): der Angriff, die Offensive (auch *Kôgeki*).

Koken (jap.): Handgelenk, Handrückenseite, das gebeugte Handgelenk (s. →*Kansetsu-waza*). Auch →*Kakuto*.

Man beugt die Hand nach unten, so weit es möglich ist, und legt den Daumen an die Mitte des Ringfingers. Das gebeugte Handgelenk gebraucht man für Angriffe gegen das Gesicht, gegen die Brust, zur Bauchseite und zum unteren Teil des Bauches. *Koken* kann auch in der Abwehr verwendet werden.

Koken-uchi (jap.): Schnappschlag mit dem Handgelenk (s. →*Koken*, Zuordnung s. →*Uchi-waza*). Auch →*Kakuto-uchi*.

Koken-uke (jap.): Abwehr mit dem Handgelenk (s. →*Koken*, Zuordnung s. →*Uke-waza*). Auch →*Kakuto-uke*.

Koko (jap.): Tigermaul-Hand (s. auch →*Tora-guchi*).

Koko-gamae (jap.): Tigermaul-Handhaltung (in der *Kata Empi* und *Jitte*), →*Kamaekata* des *Karate*.

Kokoro (jap.): Herz, Geist, Seele, Gefühl, innere Haltung, Bewußtsein, Gemüt, Gesinnung, Sinn, Inneres, Denken. Japanische Lesart des sino-japanischen Begriffes →*Shin* und des chinesischen Schriftzeichens »Xin«.

Im Zen und in den *Zen*-orientierten Künsten bezeichnet *Kokoro* je nach dem Sinnzusammenhang entweder den Geist eines Menschen im Sinne von allen seinen Kräften des Bewußtseins,

des Gemüts, des Herzens und der Seele oder aber die »absolute Wirklichkeit«, den Geist jenseits der Unterscheidung von Geist und Materie (s.→*Mizu no Kokoro*, →*Mushin*, →*Shin*).

Kokoro wa hanatan koto wo yosu (jap.): die 6. von Meister Funakoshis 20 *Karate*-Regeln (s. →*Shôtô-nijûkun*). Sie besagt: »Befreie deinen Geist und halte ihn ruhig«.

Im Leben der Kampfkunstschüler (→*Deshi*) gibt es zwei Stufen: Anfänger (s. →*Shu*, →*Mudansha*) und Fortgeschrittene (s. →*Ha*, →*Kodansha*). Die allermeisten Übenden kommen nie über die *Shu*-Stufe hinaus, weil es ihnen an Selbstkritik und innerer Haltung (→*Shisei*) fehlt und auf diese Weise das →Ich nicht überwunden werden kann. In der Anfängerstufe muß man lernen, seinen Geist, seine Gefühle und seinen Willen zu kontrollieren. Der Anfängergeist darf nicht in seiner ungeformten voreingenommen Haltung befreit werden. Es ist für den Übenden wichtig, daß er dies versteht. Wenn ein Schüler darauf hingewiesen wird, daß er z. B. Handlungen ohne den richtigen Einsatz vollbringt, daß er in Gesprächen überheblich ist, daß er zu einer Sache nicht die richtigen Zugeständnisse macht, daß er gegenüber anderen Menschen falsch oder ungerecht handelt usw., hat er die Gelegenheit, seinen Geist betrachten zu lernen.

Nach Beendigung des Anfängerstadiums (keinesfalls darf der *Karateka* diesen Zeitpunkt selbst bestimmen, denn er wird es gewöhnlich zu früh tun) muß das Denken aus der Abhängigkeit gegenüber dem System befreit werden, was in der *Ha*-Stufe geschieht. Die Meisterschaft der Kampfkunst (s. →*Ri*, →*Kodansha*) ist erst nach Abschluß dieser Stufe möglich. Geschieht dies jedoch zu früh, wird der Übende den Weg (→*Dô*) nicht mehr finden. Die Schülerzeit bis zum Erreichen der *Ri*-Stufe erfordert gewöhnlich 15–20 Jahre täglicher Übung.

Kokorozashi (jap.): Wille, Wollen, Absicht, Zweck (auch *Shi*). *Ishi* – Wille, *Shiko* – Absicht, Gesinnung, *Dôshi* – gleiche Gesinnung.

Der Begriff steht in den Kampfkünsten für den Antrieb zum wahren Fortschritt, für das Verlangen nach der absoluten Wahrheit und Wirklichkeit des Weges (→*Dô*), die sich aus der rechten Einstellung zur Übung (→*Geiko*) ergeben und von der Vollendung des Geistes (→*Shin*) abhängen.

Koku[1] (jap.): erobern. *Kokufuku* – Überwindung, *Kokki* – Selbstbeherrschung, *Kokumei* – ehrlich, treu.

Koku[2] (jap.): leerer Raum. Bezeichnung für ein japanisches Hohlmaß für Körnerreis. Ein *Koku* entspricht 180 Litern.

Kokugaku (jap.): »nationale Studien«. Studium der japanischen Mythologie, Dichtkunst und Geschichte.

Kôkutsu-dachi (jap.): Rückwärtsstellung, Verteidigungsstellung (s. →*Tachi-waza*).
Die Beine sind gespreizt, das hintere Knie ist stark gebeugt, das vordere Knie leicht angewinkelt, der vordere Fuß ist nach vorn gestreckt. Die Füße stehen in einem Winkel von 90 Grad zueinander, die Verlängerungslinie des vorderen Fußes geht durch die Ferse des hinteren Fußes. Die Hüften müssen tief sein, der Oberkörper leicht einwärts gedreht, aufrecht und im Gleichgewicht. Das Körpergewicht ist im Verhältnis von 30 zu 70 Prozent auf den vorderen und hinteren Fuß verteilt. Die Stellung eignet sich besonders gut für Verteidigungstechniken.

Kokyû (jap.): Atmung, auch die durch die Atmung erzeugte vitale Kraft →*Ki*[2] (→*Qi*), die in der Technik der Kampfkünste wirksam wird. Eine der drei Säulen des Ausdruckes von →*Hara* in der Übung der Kampfkünste. Allgemeines s. unter →Atmung.
Die Kampfkunst-Atmung geht langsam und ruhig im Bewegungsstillstand (→*Hara*-Atmung) und verändert sich in der Ausführung der Technik zu einem scharfen Ausatmen, das die Muskelkontraktion (→*Kinchô*) unterstützt und so das →*Kime* der Technik erhöht. Durch die Atmung wird der Rhythmus (→*Hyôshi*) der Aktion geregelt, das Timing der Bewegungen aufeinander abgestimmt und die Einheit zwischen Geist und Körper hergestellt. Die Atmung ist das alles verbindende Element. Erst sie führt die Bewegungen zu einem harmonischen Ganzen zusammen.

PHYSISCHE BEDEUTUNG

Die Atmung spielt in allen traditionellen Künsten Asiens eine bedeutende Rolle. Die große Wirksamkeit der Atmung entdeckten bereits die alten Chinesen (→chinesische Atmungsmethoden) und entwickelten daraus einen Kult (s. →*Qigong*). Man ging davon aus, daß alles Leben in der Natur auf irgendeine Weise atmet und das Leben überhaupt mit Atmung zusammenhängt. Gleichfalls entdeckte man, daß der Mensch, aus welchen Gründen auch immer, sich mit seinem Erwachsenwerden von der natürlichen Atmung entfernt und sich künstliche Atemmethoden angewöhnt, die seiner Gesundheit schaden.
Ein Baby atmet natürlich und ungezwungen. Sein Bauch hebt und senkt sich in einem leichten Rhythmus. Wenn der Mensch erwachsen wird, atmet er zu schnell, die Frequenzen sind zu hoch, und der Atem ist flach. Deshalb wird die verbrauchte Luft aus dem unteren Teil der Lunge nie ganz ausgestoßen. Beim Einatmen füllt er bestenfalls ein Drittel seines Lungenvolumens mit Luft. Aus diesem Grund kann er nur einen Bruchteil seiner wahren vitalen Kapazität nutzen. Der Vorgang des Sauerstoffaustausches ist unzureichend, das Blut wird nicht richtig vom Kohlendioxyd gereinigt, und die Versorgung des Gehirns und des Nervensystems mit Sauerstoff ist unzulänglich. Die Wirkungen zeigen sich sowohl im körperlichen als auch im emotionalen Bereich.
Wenn ein Mensch eine schwierige Verhandlung hat, wenn er eine Prüfung macht oder sonstige diffizile Leistungen vollbringen muß, sollte er sich auf seine Atmung konzentrieren. Wird er ein Opfer seiner Aufregung, hat er Angst oder ist er hyperaktiv, wird er seinen Wunschvorstellungen nachhängen und sie für Wirklichkeit halten. Er wird wahrscheinlich falsch entscheiden und falsch handeln. Konzentriert er sich jedoch auf seine Atmung, wird er mehr innere Kraft und Ausgeglichenheit entwickeln. Dies ist ein einfaches Prinzip, und es zu üben ist sehr wirkungsvoll. Jeder Mensch kann sich darin üben, durch Atmung ausgeglichener, vitaler, wirkungsvoller und gesünder zu sein. Wir sollten dazu zurückfinden, was wir als Babys wußten, und dies neu in uns entdecken. Dies ist die grundlegende Philosophie jeder Atemmethode.
Grundsätzlich gilt, daß ungeübte Menschen viel zu schnell und oberflächlich atmen, in Streßsituationen die Kontrolle über ihre Atmung verlieren und aus diesem Grund im Alltag einen ungeheuren Verlust an Vitalität hinnehmen müssen. Ein durchschnittlicher Mensch führt im Ruhezustand etwa 15–18 Atemzüge (Ein- und Ausatmen) durch. Aus der Sicht des *Zen* z. B. ist dies viel zu

schnell. In der Meditation wird gelehrt, daß sich der Atem »niederlassen« muß, das heißt, daß die Luft sich vom Unterbauch nach oben in der Einatmung aufbaut und ruhig und langsam fließt. Ein in der *Zen*-Atmung geübter Mensch atmet in ungefähr fünf Zyklen pro Minute, Fortgeschrittene noch weniger.

Gleich zu welchen Zwecken man die Atmung übt, sie hängt immer mit einer aufrechten Haltung (→*Shisei*) des Körpers zusammen. Außerdem muß der Körper entspannt sein, um frei und ungezwungen atmen zu können. In den Kampfkünsten stehen deshalb die Prinzipien der Haltung, der rechten Spannung und der Atmung in allen Techniken an erster Stelle. Wenn man entspannt und aufrecht ist und das Zwerchfell während der Einatmung nach unten zieht, drückt sich der Bauch ganz natürlich nach vorn. Wenn wir ausatmen, drückt das Zwerchfell nach oben, und die Luft strömt heraus. Wenn dies auf natürliche Weise geschieht, fällt der Bauch nach innen. Ganz gleich, welche Atemmethoden verwendet werden, sie müssen immer diesem natürlichen Prinzip entsprechen. Dies ist das Prinzip der →Zen-Atmung, das sich durch seine Natürlichkeit von den daoistischen Atemformen unterscheidet.

Der Brustkorb selbst bleibt beim natürlichen Atmen relativ unverändert. Der Atem strömt in den Bauch, in das Zentrum der Kraft (→*Hara*). Wenn ein erfahrener *Karateka* einen Bruchtest macht, konzentriert er sich auf seinen Bauch, er fühlt seinen Atem, er sammelt zuerst geistige und körperliche Kraft.

Die Prinzipien, die der *Zen*-Atmung und der Kampfkunstatmung zugrunde liegen, sind die gleichen, denn beide sind *Hara*-Atmungen in natürlicher Weise. Die Technik der Atmung kann verschieden sein, je nach dem Zweck, der damit ereicht werden soll. Im *Karate* muß in Sekundenbruchteilen große Kraft entwickelt werden. Deshalb üben *Karate*-Schüler den *Kiai*, der im Grunde genommen auch eine Atemmethode ist. Doch jenseits von allem Wissen über die Atmung ist das richtige Atmen eine ausschließliche Erfahrungssache. Im Training ist die Atmosphäre, die in einem →*Dôjô* herrscht, für die Schüler sehr wichtig. Wenn eine Atmosphäre der Disziplin, der gegenseitigen Achtung, des Vertrauens usw. besteht, beeinflußt sie die Atmung, denn sie erlaubt das In-sich-Hineingehen, das Einswerden mit seiner Mitte, das Studium innerer Vorgänge. Undiszipliniertes Verhalten in einem *Dôjô* stört die Atmung.

Psychische Bedeutung

»Das Fehlen des rechten Verhältnisses zur Welt zeigt sich in einem Verhalten, darin der Mensch entweder die auf ihn zukommende Welt nicht zuläßt und sich gegen sie abschließt oder ihr haltlos ausgeliefert erscheint. Ist das erste der Fall, dann wirkt der Mensch nicht geschlossen, sondern verschlossen, nicht lebendig konturiert, sondern in seinen Zügen verhärtet, erstarrt, unbeseelt. Er ist kontaktlos wie eine leblose Figur. Sein Verhalten ist nicht Ausdruck eines natürlichen freien Abstandes, sondern abweisender Krampf. Insgesamt wirkt er nicht mehr als eine von lebendigen Atem durchpulste Gestalt, sondern als eine in sich festgezogene unbelebte Form. Er schwingt nicht in einem lebendigen Bezug von Ich und Du. Er atmet nicht in einem lebendigen Rhythmus von Halten und Lassen, von Hingabe und Zurückhaltung, von Hereinlassen und Hergeben. Es fehlt das Vermögen zu der sich der Welt zuneigenden und sich ihr öffnenden oder mit ihr verbindenden Gebärde.

Das entgegengesetzte Bild zeigt die Erscheinung, der jegliche Verhaltenheit fehlt. Die Gebärden solcher Menschen bekunden eine Preisgegebenheit an die Welt, in die sie hemmungslos hineingehen oder die sie gleichsam zu verschlucken droht. Nichts hält die Gestalt zusammen. Es fehlt die Kraft zum Abstand und Widerstand. Der Mensch verströmt sich in sein Umfeld, ja erweckt den Eindruck bevorstehender Auflösung. Menschen dieser Art bewegen sich, als hätten sie keine Knochen im Leibe, als hielte sie nichts bei sich selbst. Sie sind meist auch taktlos, es fehlt ihnen an ›Distanz‹.

Hier wie dort fehlt die rechte Mitte. Es fehlt der Schwerpunkt, dessen Vorhandensein sowohl die rechte Eigenständigkeit als auch die rechte Verbundenheit mit sich selbst und mit der Welt ermöglicht. Die dem Menschen eigentlich zugedachte Beziehung zur Welt verwirklicht sich nur im schöpferisch-ausgeglichenen Spannungsverhältnis der Pole. Selbst und Welt müssen je für sich stehen können und doch aufeinander bezogen und miteinander verbunden sein. Sie müssen sich trennen können, um sich wieder zu finden und eins werden können, um sich im Einswerden neu zu gewinnen. Das rechte Verhältnis, d. h. das rechte Sichverhalten des Menschen zur Welt liegt erst dort vor, wo die ihn wahrende Gebärde der Hinneigung, Verbundenheit und Aufgeschlossenheit nicht Preisgabe bedeutet. In seinem Verhältnis zur Welt erscheint der Mensch also dann ›in seiner Mitte‹, wenn seine Verfassung unstörbar das Aus und Ein des Atems zuläßt, darin er sich in die Welt hineingibt, ohne sich zu verlieren, bei ihr verweilt, ohne verschlungen zu werden, sich zurücknimmt, ohne sich zu trennen, und bei sich selbst bleibt, ohne sich zu verhärten.«

Aus: K.G. Dürckheim, *Hara, die Erdmitte des Menschen*

Kokyû-hô (jap.): Methoden des Atmens in den japanischen Kampfkünsten. Dort verwendet man die *Hara*-Atmung (s. →*Zen*-Atmung) in ihren verschiedenen Varianten. Für die Richtungen des →*Shôrei-ryû* sind die Atemmethoden →*Ibuki* und →*Nogare* die wichtigsten, die jedoch auch Formen der *Zen*-Atmung sind. Sie sollten ausgiebig geübt werden, denn sie spielen in der Entwicklung von →*Kime* eine bedeutende Rolle. Außerdem wird in *Mokuso (Zazen)* die natürliche *Zen*-Atmung verwendet, die die Grundlage aller Atmungssysteme des *Shôrin-ryû* ist. Abhängig vom Stil werden noch verschiedene Atmungsmethoden in den Kampfkünsten gelehrt, die die körperliche und geistige Entspannung im Training bewirken und einen positiven Einfluß auf den Geist haben. Folgende sind in diesem Lexikon ausführlich beschrieben (s. unter der jeweiligen Bezeichnung):

JAPANISCHE ATEMMETHODEN

Zen-Atmung	– grundlegende Atmung
Aun	– Harmonie/Entspannung
Ibuki	– Atmung mit Spannung
Nogare	– betonte Einatmung

Die Verwendung verschiedener Formen des Atmens in der Technik hängt von der Art des *Kime* ab, von der Art der Handlung oder vom Zweck, den die Atmung erfüllen soll. In den Stilen des *Shôrei-ryû* wird darauf besonders großer Wert gelegt (es gibt z. B. Atem-*Kata*, die ganz bestimmte Atmungssysteme schulen), doch für die Stile des *Shôrin-ryû* ist die richtige Atmung ebenso wichtig. Grundsätzlich finden sich Atmungsanleitungen in den *Kata*, die, verbunden mit den auszuführenden Techniken, sowohl vom physiologischen wie vom psychologischen und vom gesundheitlichen Standpunkt aus einen jeweils eigenen Sinn erfüllen. Sie müssen beachtet und korrekt ausgeführt werden. Es gibt folgende Methoden:

VARIATIONEN DER ATMUNG

Langes Einatmen	– Langes Ausatmen
Kurzes Einatmen	– Kurzes Ausatmen
Langes Einatmen	– Kurzes Ausatmen
Kurzes Einatmen	– Langes Ausatmen
Einatmen, Halten	– Ausatmen, Halten

Kokyû-nage (jap.): das Werfen des Gegners durch das →*Ki*[2], das mit der Atmung entwickelt wird. Übungen im *Aikidô*.

Koma-nage (jap.): Wurftechnik (s. →*Nage-waza*) im *Karate*. *Koma-nage* ist ein beidhändiger Armhebel, der den Gegner in die Bodenlage zwingt. Er kann als Drehtechnik ausgeführt werden oder als Hinführen des Gegners in die schwache Richtung seiner Stellung.

Ko-mawashi-geri (jap.): kleiner Halbkreisfußtritt (Einteilung s. unter →*Mawashi-geri*). Bei dieser Technik wird der tretende Fuß in der unter *Mawashi-geri* beschriebenen Weise angehoben. Nun wird unter Dreheinsatz der Hüfte das Knie eng am Körper in Richtung Ziel geführt, und gleichzeitig wird

Ko mawashi-geri

der Fuß um das Kniegelenk herum entspannt und schnell ins Ziel geschlagen.

Der Unterschied zu →*O mawashi-geri* besteht darin, daß die Hüfte und der Fuß des Standbeines nicht so weit gedreht werden. Die Technik ist schneller und kürzer. Das Standbein bleibt etwas gebeugt, der Oberkörper fast frontal zum Ziel. Die Technik wird fast ausschließlich mit *Koshi* (Fußballen) ausgeführt und eignet sich besonders gut zum Kontern. Die ideale Position des tretenden Fußes ist, wenn die Zehen in der Endphase leicht nach unten zeigen.

Komi (jap.): darin, dicht dabei (s. →*Hô*[2]). *Komi-an* – sich drängen.

Komin (jap.): Bezeichnung für die Bauern (auch →*Domin*) vor der Zeit des *Gempei*-Krieges (1180). Komin waren Bauern mit eigenem Land (Erläuterungen s. →*Kondei*).

Komori-ryû (jap.): Selbstverteidigungsmethode, gegründet im Jahre 1966 von dem Franzosen LUC PORAS auf der Basis von *Jûdô, Karate, Aikidô* und *Kendô.*

Komura (jap.): →*Atemi*-Angriffspunkt: Wade.

Komuso (jap.): Wanderpriester.

Kon (jap.): okinawanische Bezeichnung für den Stock (s. →*Bô*).

Konchin (jap.): Schläfrigkeit des Bewußtseins, Zustand der Betäubung, körperliche und geistige Müdigkeit (s. auch → *Sanran*).

Kondei (jap.): »tapfere Söhne«, Bezeichnung für die erste professionelle Kriegerkaste Japans, die Vorgänger der Samurai.

GESCHICHTLICHE ANFÄNGE

Im Jahre 792 verlegte Kaiser KAMMU seine Residenz nach Kyôto und gründete eine Gesellschaftskaste, die man *Kondei* nannte. Sie war dazu bestimmt, dem Kaiser (→*Tennô*) und den Adeligen (→*Kuge*) Kriegsdienst zu leisten. Gleichzeitig wurde, um die Kriegsfähigkeit dieser Menschen zu erhöhen, zur Übung der Kriegskünste das →*Butokuden* errichtet. Im Verlauf der Feldzüge gegen die einheimschen →*Ainu* formte sich der Kriegerstand aus und gewann im 12. Jh. zunehmend an Macht. Die Kondei (später →*Samurai* oder →*Bushi*) entwickelten ihren eigenen Kodex, das →*Bushidô*, das zunehmend die gesamte japanische Denkweise zu beeinflussen begann.

DER STAND DES KRIEGERS

Schon zu Zeiten ihrer Gründung begann sich die *Samurai*-Kaste zu etablieren. Noch hob sie sich in ihrem gesellschaftlichen Status nicht von der Kaste der Landbevölkerung ab. Als jedoch zunehmend mehr mittellose *Kuge* (Adlige) aus dem Kaiserhaus (s. →MINAMOTO und TAIRA) führende Kriegerrollen *(Buke)* übernahmen, übten sie immer größeren Einfluß auf die Politik des Landes aus. Noch war die Machtposition der Adeligen unangefochten (s. →FUJIWARA). Folgendermaßen war zu jener Zeit die Gesellschaft eingeteilt:

- ***Shôen***: Oberste Klasse der Landbesitzer, die dem Staat gegenüber steuerfrei waren und beträchtliche Macht besaßen.
- ***Shômin***: Bauern, die bei den *Shôen* arbeiteten und deren Land versorgten. Sie zahlten nicht dem Staat, sondern den *Shôen* Steuern und hatten dadurch Vorteile gegenüber den freien Bauern.
- ***Domin***: Bauern, die eigenes Land besaßen. Sie zahlten hohe Steuern an den Staat und waren dadurch gegenüber den *Shômin* benachteiligt. Oft lebten sie unter schlechten Bedingungen.

DIE ENTSTEHUNG DER KRIEGER-CLANS

Viele der Landbesitzer *(Shôen)* hatten schließlich genug Macht, um die Steuerauflagen der kaiserlichen Regierung zu ignorieren. Dadurch nahm die Macht des Kaisers ab, doch wegen den entstehenden Streitigkeiten wurde es für die Landbesitzer notwendig, eigene Männer unter Waffen zu halten, um den Frieden in ihren Gebieten zu sichern. Die Feindseligkeiten spitzten sich zu, und es wurde nötig, Waffenkünste zu trainieren und einen professionellen Kriegerstand zu bilden. So entstanden im ganzen Land Armeen, die in ihrer Stärke durchaus den kaiserlichen Truppen gleichkamen. Die Familien, die diesen Armeen als Anführer vorstanden, wurden sowohl vom Kaiser als auch von den Landadligen (*Kuge* oder *Shôen*) umworben und hoch bezahlt. Die Krieger dieser Armeen waren die Vorläufer der *Samurai*, und die Köpfe, die sie führten, wurden bald zu großen Rivalen der Landadligen. Aus ihnen entstanden die mächtigen →*Daimyô* (s. auch →*Samurai*), die sich später jahrhundertelang in Japan blutige Kämpfe lieferten.

Die ersten starken Kriegerfamilien, die sich bildeten, waren die Clans der →MINAMOTO (s. auch →*Genji*) und der →TAIRA (s. auch →*Heike*). Ursprünglich entstammten sie dem Adelsgeschlecht *(Kuge)*, verloren jedoch ihre politische Macht und wurden ganz gewöhnliche Soldaten. Die Herren beider Clans wurden als Kriegsführer berühmt und erlangten über diesen Weg eine starke Machtposition. Der Kampf um die Macht zwischen diesen beiden Familien begann, nachdem sie die Fujiwara *(Kuge)* besiegt hatten, und gipfelte schließlich im →*Gempei*-Krieg (Weiterentwicklung s. dort).

Konfuzianismus: eine ethische, weltanschauliche und staatspolitische Geisteshaltung Chinas, die auf die Lehren des →Konfuzius (s. auch →*Rû-jia*) zurückzuführen ist. In seinen Absplitterungen entstanden auch mystische Strömungen, die Geister und Dämonen verehren, Ahnenkult betreiben und den »Herrscher in der Höhe« *(Shang-di)* anbeten.

Die konfuzianistische Philosophie

Vor allem bemerkte Konfuzius in seiner Zeit drei Mißstände, deren Benennung ihm bei den Herrschern den Ruf eines Rebellen einbrachte. Folgende Mißstände lastete er den Regierenden an, die er für das Verhalten des ganzen Volkes verantwortlich machte:

1. **Chaos im Land** – es gibt keine Wahrheit, keine Ordnung und kein Gesetz mehr.
2. **Der Herrscher wird zum Despoten** – das Volk interessiert ihn nicht mehr, es besteht keine Verantwortlichkeit in der Regierung.
3. **Die Familienordnung löst sich auf** – es gibt keine Pietät und Achtung vor den Älteren.

Konfuzius' pädagogische Weitsicht in der Erziehung der Menschen seiner Zeit wird auch in unserer modernen Zeit unvermindert geschätzt. Er lehnte es ab, mittels Gesetz und Strafe zu regieren, da das Volk auf diese Weise seine Verantwortlichkeit und seine Skrupel verliere. Er verlangte moralisch verantwortliche Erziehung – nach seinen Lehren die einzige Methode für die Rechtschaffenheit eines Volkes. Die moralische Haltung in jedem einzelnen Menschen muß das Gesetz unterstützen – das Gesetz kann in einem Volk ohne Moral nichts bewegen. Auf diese Weise werden die meisten Gesetze und Strafen überflüssig. Zur Erziehung der Menschen machte er folgende Vorschläge (s. unter der jeweiligen Bezeichnung):

1. ***Zheng-ming*** – Korrektur der Namen und Begriffe.
2. ***Li*** – das Beachten der Riten und der Etikette.
3. ***De*** – das Erstreben der Tugendhaftigkeit.
4. ***Xiao*** – Pietät
5. ***Ren*** – das Bekenntnis zur Menschlichkeit.

Das Beachten dieser Regeln erzieht nach Konfuzius' Lehre den idealen Menschen (→*Jun-zi*), wogegen der Unerzogene ein *Xiao-ren*, ein gemeiner Mensch, bleibt.

Konfuzianismus in Japan

In Japan begann sich der Einfluß des Konfuzianismus besonders in der Tokugawa-Zeit zu verstärken. Obwohl er schon viel früher von den Neokonfuzianern Chu Hsi (1130–1200) und Wang Yang-Ming (1472–1529), von buddhistischen Mönchen und ganz besonders von *Zen*-Meistern in Japan eingeführt wurde, erhob ihn erst die *Shôgun*-Regierung im 17. Jh. in den Vordergrund. Er integrierte sich in die verschiedenen buddhistischen Klöster und wurde bald Teil der Ausbildung des Samurai.

Der Konfuzianismus bereicherte die Geisteswelt Japans und insbesondere das *Bushidô*: Was der Daoismus und das *Zen* auf metaphysischer Ebene verwirklichten, vollbrachte der Konfuzianismus auf sozialer Ebene. Der vom Konfuzianismus an höchste Stelle gestellte →*Jun-zi* (jap. *Seijin*), der »Weise«, ist im Grunde genommen das gleiche wie der Meister der Kampfkünste *(Sensei)*, der »Mann des Dao« aus dem Daoismus (→*Zhen-ren*) oder der *Roshi* des *Zen*. Was die beiden letzten auf transzendentaler Ebene verwirklichten, verkörperten der Weise und der Meister in der weltlichen Realität.

Japanische Schulen

In Japan gewannen drei konfuzianische Schulen die Oberhand: die Schule des *Kogaku* (Studium des Altertums), die Schule des *Oyômei* (s. →*Oyômei-gaku*) und die Schule des Prinzen Mito.

Viele Samurai der Tokugawa-Periode besuchten die konfuzianischen Meister, um den »Weg der Weisen« zu lernen. Dieser bestand aus drei Graden der Wahrheitserkennung: dem *Kenjin* (Literat), dem *Junshi* (edler Mensch) und dem *Seijin* (der Weise). Auf diesem Weg erfuhr der Samurai die Methoden des »Rechten« *(Renshi-shin)*, die ihm den richtigen Umgang mit dem Schamgefühl *(Haji)* ermöglichten. Der Weg der Weisen gestattete ihm,die fünf Grundtugenden des Konfuzianismus zu verstehen und in sich zu verwirklichen: *Yin* (Empfindsamkeit, Zuvorkommenheit), *Gi* (Gerechtigkeit), *Rei* (Etikette), *Chi* (Weisheit) und *Shin* (Aufrichtigkeit), durch die er im Leben *Chû* (Loyalität) und *Jû* (Mut) beweisen konnte.

Konfuzius: chinesischer Staatsphilosoph des Altertums. Er wurde von seinen Landsleuten KONG-ZI (K'UNG-TSE – Meister KUNG) genannt. Sein eigentlicher Name war KONG QIU (K'UNG QIU). Konfuzius ist die lateinische Form der chinesischen Anrede, die in Europa üblich wurde, seit vier Jesuitenmissionare mit ihrem Werk »Confucius Sinarum Philosophus« vor 300 Jahren den chinesischen Philosophen bekannt machten.

Porträt von Konfuzius nach Wu Tao-Tsu (8. Jh.)

KONFUZIUS' LEBEN

Über Konfuzius' Leben ist nur wenig bekannt. Nach der Überlieferung wurde er um 552 v. Chr. in der Grafschaft Lu im Südwesten Shandongs als zweiter Sohn von SHU-LIANG-HE, einem niederen Adligen, geboren. Sein Vater war Schreiber und arbeitete für seinen Lebensunterhalt am Hof. Der junge Konfuzius schlug ebenfalls die Beamtenlaufbahn ein, doch sein rebellisches Wesen provozierte ständig Auseinandersetzungen.

Als er sich schließlich mit dem Herrscher von Lu zerwarf, verlor er seine Stellung. Daraufhin wanderte er 13 Jahre lang durch die mittleren Länder Chinas, fand aber keine feste Anstellung mehr und verdiente sich sein Geld als Wanderlehrer. Nachdem er seine Ideen mehreren Herrschern vorgetragen hatte und erfolglos blieb, legte er seinen Schwerpunkt auf die Erziehung der Jugend. Er hatte nur 72 Schüler, die er in den (späteren) sechs konfuzianischen Künsten unterrichtete: Ritual, Musik, Bogenschießen, Wagenlenken, Schreiben und Rechnen.

Nach seinem Tod verbreiteten seine Schüler seine Lehren weiter und veränderten sie. Während der Han-Dynastie wurde Konfuzius zum Gott erhoben, und seit dem 13. Jh. wurde der →Konfuzianismus (s. auch →*Ru-jia*) zur offiziellen Staatsideologie. Seine Schriften wurden zur Grundlage der chinesischen Beamtenprüfung.

KONFUZIUS' WERK

Konfuzius hat vermutlich selbst nichts verfaßt, manche Forscher schreiben ihm das *Chun-qiu* (Frühlings- und Herbst-Annalen) zu. Seine Schüler und Nachfolger stellten nach seinem Tod eine Sammlung von Aussprüchen und Begebenheiten von ihm zusammen, das *Lun-yu*. Diese Texte erhielten ihre heutige Fassung aber erst 200 n. Chr., was viele dazu veranlaßt, an ihrer Echtheit zu zweifeln. Das *Lun-yu* besteht aus 20 Kapiteln, deren Abschnitte jeweils mit »Der Meister sagt ...« oder »Kong-zi sagt ...« beginnen. Er selbst soll aber das bis dahin mündlich überlieferte *Yi-jing, Shu-jing* und *Shi-jing* redigiert haben.

Auf diese Weise hinterließ Konfuzius fünf Bücher: das »Buch der Lieder« *(Shi-jing)*, in dem seine Schüler die von ihm gesammelten Gesänge der alten schriftunkundigen Völker zusammentrugen, das »Buch der Schriften« *(Shu-jing)* mit den Ereignissen der Heroenzeit, das »Buch der Wandlungen« *(Yi-jing)* und »Frühlings- und Herbst-Annalen« (*Chung-qiu* – Buch der Riten), eine echte geschichtliche Quellensammlung, sowie das »Buch der Gespräche« (*Lun-yu*). Mit diesen Werken leitete er die Wende in der Geistesgeschichte Chinas ein, denn er machte die Schrift zu einem Instrument des Geistes und der Vernunft, während sie bis dahin nur von Priestern verwendet wurde. Seine Lehren basierten hauptsächlich auf den überlieferten Sitten und den (von ihm gesammelten) heiligen Schriften seines Volkes. So begründete er eine konservative und dem chinesischen Wesen angepaßte Staats- und Sittenlehre, die er in der berühmten, von ihm gegründeten Philosophieschule →*Ru-jia* verbreitete. Sie war von weitreichendem Einfluß und galt in China viele Jahrhunderte als Staatsphilosophie. Danach sind die Grundlagen der staatlichen und gesellschaftlichen Ordnung die Autorität der Familie (patriarchalische Idee und Pietätsgedanke), der Ahnendienst und die Opfer für den Kaiser. Aberglaube und Weltflucht wurden von Konfuzius abgelehnt.

Im »Buch der Gespräche« *(Lun-yu)* wurde die Essenz seiner Lehre niedergeschrieben. Ihr Kernpunkt ist der Glaube an die Sittlichkeit und an die natürliche Harmonie, die für ihn Voraussetzung für Ordnung, Bildung, Kultur und ein geordnetes Staatswesen waren. Vollkommene Tugend umfaßte für ihn Würde, Weitherzigkeit, Wahrhaftigkeit, Eifer und Güte. So antwortete er, als ihn einmal ein Schüler nach den fünf Dingen fragte: »Zeigt man Würde, so wird man nicht mißachtet, zeigt man Weitherzigkeit, so vertrauen einem die Menschen, besitzt man Eifer, so hat man Erfolg, und Güte, so ist man fähig, die Menschen zu verstehen.« In den »Fünf Büchern« haben seine Schüler seine Aussprüche gesammelt. Seine einzigartige Stellung in der ostasiatischen Geistesgeschichte begann bereits in der Han-Zeit (ca. 200 v. Chr.) und führte zu einem Konfuziuskult, der ihm gottähnliche Verehrung brachte (s. →Konfuzianismus).

Kongo (jap.): Kurzstock (s. →*Bô*), der von buddhistischen Pristern im japanischen Mittelalter zur Selbstverteidigung eingesetzt wurde.

Kongoken (jap.): Übungsgerät (s. →*Dôgu*) aus dem *Okinawa-Karate* zur Entwicklung der Körperkraft, besonders der Stoß- und Greifkraft.

Das *Kongoken* hat die Form eines ovalen Metallrahmens und wiegt mindestens 30–40 kg. Daher ist es besser, bei der Verwendung dieses Trainingsgerätes mit einem Partner zu üben.

Kongo no Kon (jap.): okinawanische →*Bô-Kata*.

Kongo-rikishi (jap.): oft anzutreffende buddhistische Statuen in Kampfpositionen.

Konishi Yasuhiro: japanischer Meister des *Karate*, Schüler von FUNAKOSHI GICHIN, CHOKI MOTOBU, KENWA MABUNI, CHOJUN MIYAGI und UESHIBA MORIHEI, Gründer des *Shindô Shizen-ryû (Shintô Jinen-ryû)*, eines *Karate*-Stils, der auf den klassischen *Kata* aufgebaut ist und die Entwicklung der Übenden im Sinne des *Dô* anstrebt.

Konkutsu-ken (jap): *Atemi*-Angriffspunkt: Achillessehne. Auch *Akiresuken*.

Kono Teruo (*1935): japanischer *Karate*-Meister des *Wadô-ryû*, direkter Schüler von →ÔTSUKA HIRONORI. Kono unterrichtet z. Zt. in Deutschland.

Der Meister begann 1947 mit dem *Karate*-Training. Zwischen 1958 und 1964 war er Trainer an verschiedenen Universitäten von Tôkyô und Nagoya. 1965 kam er nach Europa und wurde Nationaltrainer von England, zwischen 1966 und 1970 auch von Holland, Belgien und Jugoslawien. Von 1967 bis 1975 trainierte er auch an verschiedenen Universitäten in Europa. 1973 kam er nach Deutschland und wurde Cheftrainer des *Wadô-kai Deutschland*. Seit 1984 ist Kono Chefausbilder des *Wadô-ryû* im DKV und Hauptinstruktor des *Wadô-kai* in Europa. Der von ihm 1987 in Hamburg ausgerichtete *Wadôkai*-Europa-Cup mit über 20 teilnehmenden Nationen trug sehr zum Renommee des *Deutschen Karate Verbands* bei. Kono lebt z. Zt. in Hamburg (s. Anhang, *Wadô-Kai Deutschland* und *Deutscher Karate Verband*).

Konsai-bô (jap.): leichtere Version des japanischen →*Tetsubô*, aus Hartholz angefertigt, mit Metallstreifen verstärkt und oft mit Metallnoppen besetzt (s. →*Tenshin Shôden Katori Shintô-ryû*).

Konshin-ryû (jap.): traditionelles japanisches →*Jûjutsu*-System, gegründet von INUGAMI NAGAKATSU und perfektioniert gegen 1720 in Edo durch seinen Enkel INUGAMI NAGAYASU (INUGAMI GUBEI). Die Lehre des Stils ähnelt sehr dem →*Kitô-ryû*.

1923 tat sich ein Meister des *Konshin-ryû*, SANNOSUKE UESHIMA, mit einem *Karate*-Meister, KANAMORI KANESHIRO, zusammen und begründete das →*Kushin-ryû*.

Koppôjutsu (jap.): japanisches Kampfkunstsystem, gegründet zu Anfang des 17. Jhs. als Ableitung aus dem chinesischen →*Kempô* innerhalb des japanischen →*Jûjutsu*. *Koppô* bedeutet »Wissenschaft von der Kräftigung der Knochen«.

Das Wesen des Systems bestand darin, durch intensive Schlagübungen mit Händen und Füßen auf harte Gegenstände eine über das Normale hinausgehende Kräftigung und Abhärtung des Körpers zu erzielen, so daß mit Händen und Füßen tödliche Treffer auch gegen gerüstete Gegner er-

zielt werden konnten. Außerdem verwendete man verschiedene Arzneien, mit deren Hilfe eine Kräftigung des Knochengewebes erreicht wurde, wodurch die Experten des Systems intensive und starke Schläge hinnehmen konnten.
Aufgrund der erforderlichen langjährigen Übungspraktik erreichte das System keine große Verbreitung, wurde aber durch einige wenige Helden wie Sasaki Goroemon aus dem Kishu-Clan berühmt, der Pflastersteine spalten, Wände durchbrechen und mit der Schwerthand junge Bäume fällen konnte. Heute wird das System noch im →*Taijutsu* und einigen Richtungen des →*Ninjutsu* geübt.

Korea: Das sog. »Ameisenkönigreich« besitzt eine Vielzahl an Kampfkünsten, die durch die vielen Einwanderer ins Land gebracht wurden. Durch ihre gesamte Geschichte hindurch haben die Koreaner die handgetriebenen Wurf- und Schußwaffen und die waffenlosen Techniken bevorzugt. Klingenwaffen erreichten nie einen hohen Standard. Dies hat mehrere Gründe: Die koreanischen Kampfkünste wurden hauptsächlich von den Mongolen und den Chinesen beeinflußt. Die Nomaden kämpften hauptsächlich zu Pferd mit Pfeil und Bogen. Die Chinesen dagegen hatten hochwertige Klingenwaffen, hielten jedoch die Herstellung geheim. Als die Herstellungsmethoden in koreanische Hände gelangten, gab es zu den Klingenwaffen keine begleitende Kampfkunst.

108 v. Chr. wurden die Koreaner von den Chinesen unter Wudi besiegt. Dadurch gelangten hochentwickelte Kampfkünste nach Korea. Sie wurden zumeist von koreanischen Stämmen außerhalb des chinesischen Hoheitsbereiches gepflegt und spielten eine beträchtliche Rolle bei den Kämpfen, die zur Gründung der Drei Königreiche (Koguryo, Paekche und Sila) führten. In dieser Zeit zeichneten sich zwei Hauptformen des Kämpfens ab: *Subak* (Griffe und Würfe) und *Kwonbop* (Schläge und Blöcke) Selbst als später die Chinesen zurückgeworfen wurden, blieb ihr Einfluß sehr groß.

Paekche, das militärisch schwächste Land, wurde ein Zentrum der Kultur, geprägt vom *Hinayana*-Buddhismus. Doch es wurde erobert, und die Tang- und Sila-Krieger zerstörten die meisten Tempel.

Sila (57 v. Chr. – 935 n. Chr.) wurde von Pak Hyokkose gegründet. Ursprünglich von einem schwachen desorganisierten Stamm bewohnt, erlangte Sila im 4. Jh. genügend Macht, um die Besetzung durch die Chinesen zu verhindern. Wegen der ständigen Bedrohung aus der Nachbarschaft entwickelte Sila eine starke Armee, in der viele junge Mitglieder des Adels Militärtraining erhielten. Diese wurden als →*Hwarang* bekannt und erreichten den Höhepunkt ihrer Stärke im 8. Jh. Zur Zeit der Königin Song Doc (634–653) entwickelten sich Beziehungen zur Tang-Regierung, in deren Folge militärische Studenten nach China geschickt wurden. Später wurde eine militärisch-religiöse Schule für junge Adelige gegründet, die im 8. Jh. ihre Blüte erreichte und den philosophischen Kodex der *Hwarang* entwickelte.
Nachdem Sila die beiden Bruderstaaten erobert hatte, verloren die *Hwarang* ihre militärische Effektivität. 780 wurde der König umgebracht, was zu vielen Thronkämpfen führte. 892 gründete ein Rebell den Staat des späten Paekche. 901 gründete der Sohn eines Sila-Königs einen Rivalenstaat, den man später **Koguryo** nannte. Sein Nachfolger verlegte 918 die Hauptstadt von P'yongyang nach Kaesong und verkürzte den alten Namen »Koguryo« zu »Koryo«, von dem sich der moderne Name »Korea« ableitet. 935 besiegte Paekche den Nachbarstaat Sila, und im selben Jahr wurde Korea vereinigt, was bis 1392 hielt. In dieser Zeit entwickelten sich zwei Hauptrichtungen des Kwonbop: *Sorim* (koreanische Bezeichnung für Shaolin) und *Songe* (defensives Verteidigungssystem).
Unter den Fürsten Indschong und Suktschong wurden die Kampfkünste zunächst sehr gefördert, und das Kwonbop gelangte zu großer Beliebtheit im Volk. In schriftlichen Quellen werden hier Kwonbop-Varianten wie *Pigaksul, Subjok, Kwonjok, Rjon* und *Taejok* erwähnt. 1200 bis 1250 erlebte Korea zunächst Bauernaufstände und dann die Mongoleninvasion, und 1392 wurde die Dynastie Choson (oder Yi) gegründet, Hauptstadt wurde Hanyang (Seoul, »Hauptstadt«). Dieses Reich hielt bis 1910.
Um 1300 tauchte die Bezeichnung *Sorim Kwon* auf, eine shaolinische Methode, die nur auf die Tempelanlagen beschränkt war. Einfache Menschen übten sich im *Taekyon*, einer kriegerischen Methode, die den Mangel an Philosophie durch körperlichen Einsatz ausglich.

Während des 30jährigen Krieges gegen die Mongolen (1231 bis ca. 1260) entstand das *Silnyom*, ein Nahkampf mit Gürtel, ähnlich dem japanischen *Sûmo*, das von den nördlichen Nomaden eingeführt wurde. Eine Abart davon war das →*Cireum*, das heute noch als Sport ausgeübt wird. In derselben Zeit entstand auch das →*Pakchigi*.

Im 12.–14. Jh. entstand noch eine andere Richtung des Kämpfens, die ihren Ursprung im daoistischen *Yoga* und in den *Tantras* hatte. Sie diente als System körperlicher und geistiger Selbstvervollkommnung und hieß →*Charyuk* (Entlehnen der Kräfte), dessen kämpferische Aspekte unter →*Yusul* bekannt wurden.

1592 fielen in Pusan 200 000 japanische Samurai ein und rückten, alles zerstörend, nach Norden vor. Das gesamte Volk erhob sich gegen sie. Vor allem die buddhistischen Klöster spielten eine bedeutende Rolle. Die Überlieferung spricht von 700 *Taekyon*-Meistern in den Partisaneneinheiten, die nur mit Stöcken gegen die Samurai antraten. Mit Hilfe der Chinesen wurde Japan in einem sechsjährigen Krieg besiegt, doch die Ming- Dynastie war daraufhin dermaßen geschwächt, daß sie sich zugunsten der Qing-Dynastie auflöste.

In Korea erlebten die Kampfkünste daraufhin einen neuen Aufschwung. Schulen entstanden, die sich zu 9 Hauptrichtungen des *Taekyon* zusammenschlossen. Ein deutlicher Einfluß kam im 17. Jh. erneut von den Chinesen.Erst im 20. Jh. kamen mit der japanischen Kolonialherrschaft auch *Jûjutsu, Jûdô, Karate* und *Bujutsu* nach Korea. Aus der Kombination der japanischen Künste mit den 9 Richtungen des koreanischen *Taekyon* entstand das heutige →*Taekwondo*.

KOREANISCHE KAMPFSYSTEME

Bi-Kak-Sool	Kwonbop (Tae-Kwon-Pup)
Charyuk	Pakchigi
Cireum	Subak (Soo-Bahk-Do)
Hapkido	Taekwondo
Hwarang-Do	Taekyon
Keupso-Chirigi	Tang-Soo-Do
Kuk-Sul-Won	Yusul
Kung-Sul	

Korindô (jap.): japanische *Aikidô*-Schule, gegründet von Hirai Minoru, einem direkten Schüler von Morihei Ueshiba (s. →*Aikidô*).

Kôsa (jap.): Kreuzung.

Kôsa-ashi-dachi (jap.): Überkreuzstellung (auch *Kôsa-dachi* oder *Kake-dachi*, Zuordnung s. →*Tachikata*).

Ko Sabaki no Kamae (jap.): kleine Halbkreisstellung in den japanischen Systemen.

Kôsa-dachi (jap.): Überkreuzstellung (auch *Kôsa ashi-dachi* oder *Kake-dachi*, Zuordnung s. →*Tachikata*).

Kôsa-gamae (jap.): Armhaltung in der Dekkung (s. →*Kamaekata*) des okinawanischen *Karate*.

Die Arme werden in *Chûdan*- und in *Gedan*-Höhe gehalten, und zwar in den Endpositionen *Gedan-barai* und *Chûdan uchi-uke*. Durch das gegenseitige Wechseln der Armhaltungen beschreiben beide Unterarme vor dem Körper jeweils zwei entgegengesetzte Halbkreise, in denen die gegnerischen Angriffe abgefangen werden. Die Haltung hat einen defensiven Charakter und wird besonders in den *Ji-Kata* (*Jion, Jitte* und *Ji'in*) gelehrt.

Kôsahô (jap.): Kombination aus Abwehr und Gegenangriff. Überbegriff für eine besondere Form des Kämpfens im *Karate*.

Kôsahô ist eine der wichtigsten fortgeschrittenen Formen des Kämpfens. Sie kann unter Umständen besonders vorteilhaft sein, z. B. wenn der Gegner technisch gewandter ist oder große körperliche Kraft besitzt. In solchen Fällen würde eine Abwehr der üblichen Art – vor dem Konter – zu lange dauern und könnte leicht zu Fehleinschätzungen der Distanz oder der Kraft führen. Diese Fehleinschätzungen lassen sich durch *Kôsahô* vermeiden.

Am besten kann man die Form der Ausführung und der Kraft bei *Kôsahô* mit Wellen vergleichen, die an einen Strand schlagen. Wie die zurückweichende Welle mit der an den Strand schlagenden zusammenfließt und ihre Kraft abgibt, so verbindet sich die abwehrende Phase beim *Kôsahô* mit dem Angriff und erhöht dessen Kraft. Es gibt dabei jedoch keine klare Trennung zwischen Abwehr und Konter. Man darf die Kraft des Gegners niemals wirklich abwehren, sondern muß so ausweichen, daß der Schlag möglichst nahe an sein Ziel kommt, es aber nicht trifft. Die Wirkung des eigenen Konters erreicht ihr Maximum, wenn der gegnerische Angriff sehr nahe an sein Ziel herankommt. Der Gegenangriff muß sofort erfolgen, am besten noch ehe der Gegner sein Gleichgewicht wiedergefunden hat.

Kôsahô besteht aus vier großen Systemen (Erläuterungen siehe unter den jeweiligen Bezeichnungen und verfolge weitere Hinweise):

SYSTEME DES KOSAHO	
Dôji-waza	– gleichzeitige Abwehr und Konter
Aiuchi-waza	– gleichzeitige Angriffe
Kawashi-waza	– Gruppe der Ausweichtechniken
Kuzushi-waza	– Gleichgewichtbrechen und Kontern

Kôsa-uke (jap.): Abwehrtechnik mit beiden Armen vor dem Körper, z. B. *Hidari gedan-barai* und *Migi uchi ude-uke* (s. →*Uke-waza*).

Kôsa-uke

Kosei Kokuba († 1959): okinawanischer *Karate*-Meister, Schüler von FUNAKOSHI GICHIN, MOTOBU CHÔKI und MABUNI KENWA, Gründer des →*Seishinkai-ryû*.

Koshi[1] (jap.): Lende, Hüfte, Leib, Taille (auch *Yo*). *Yobu* – Lende, Hüfte, Kreuz, *Yowagoshi* – feige, *Monogoshi* – Benehmen.

Koshi[2] (jap.): Fußballen (auch *Jôsokutei*, s. →*Karada*). Eine der meistverwendeten Waffen in den Fußtechniken der Kampfkünste.

Die Zehen werden aufgerichtet und zusammen mit dem Fußgelenk gespannt. Auf diese Weise können Fußtritte zum Gesicht, unter das Kinn, zur Brust, zum Bauch und zur Bauchseite des Gegners ausgeführt werden.

Koshi-guruma (jap.): Hüftrad. Wurftechnik aus dem *Jûdô*.

Koshijutsu (jap.): Techniken, die die Muskelpunkte des menschlichen Körpers angreifen und dadurch Schmerzen verursachen. Begriff aus dem *Taijutsu*.

Kôshiki (jap.): die Form, formell, förmlich.

Kôshiki no Kata (jap.): antike →*Jûdô-Kata*, die insgesamt 21 Techniken in zwei Gruppen übt. Sie kann langsam *(Omote)* oder schnell *(Ura)* ausgeführt werden.

Die *Kôshiki no Kata* setzt sich aus den alten Techniken des →*Kitô-ryû* zusammen und wird heute von den Schwarzgurten des *Jûdô* und *Jûjutsu* geübt, um sich in der Selbstverteidigung zu perfektionieren. Die *Kata* wurde in der Schule des *Kitô-ryû* entwickelt und bildet demzufolge das Bindeglied zwischen dem alten *Jûjutsu* und dem heutigen Stil des *Kôdôkan*. Früher war diese *Kata* für die Samurai gedacht, die sie in vollständiger Rüstung ausführten (→*Yoroi kumi-uchi*).

KÔSHIKI NO KATA	
Erste Gruppe	
Hiki otoshi	Shikoro gaeshi
Kodaore	Tai
Kuruma daoshi	Taki otoshi
Mizu guruma	Tani otoshi
Mizu nagare	Uchi kudaki
Ryokuhi	Yudachi
Shikoro dori	Yume no uchi
Zweite Gruppe	
Iwa nami	Ryusetsu
Kuruma gaeshi	Sakotoshi
Mi kudaki	Yuri ore
Mizu iri	

Koshi-kotsu (jap.): *Atemi*-Angriffspunkt: kubischer Knochen (Fußspann), Mittelfußknochen.

Koshi-nage (jap.): Hüftwurf aus dem *Jûdô*.

Koshi no Kaiten (jap.): Hüftdrehung (s. →*Tai-sabaki*).

Koshinobô (jap.): ca. 20 cm langer Stock (s. →*Bô*) aus dem japanischen →*Kobudô*-Arsenal.

Koshi no mawari (jap.): andere Bezeichnung für →*Kogusokujutsu*, eine waffenlose frühere Form des →*Jûjutsu* aus dem →*Takenouchi-ryû*.

Koshi-sabaki (jap.): Form von *Tai-sabaki* (Körperbewegung). Bewegung des Körpers durch den Einsatz der Hüfte *(Koshi)*. Nähere Erläuterungen s. →*Undô*, →*Sabaki*, →*Tai-sabaki*.

Die Hüfte kann geradlinig (Hüftschub nach vorn, nach hinten oder zur Seite) oder in der Drehung *(Koshi-kaiten)* eingesetzt werden. Es gibt folgende Drehbewegungen der Hüfte:

KOSHI-KAITEN (HÜFTDREHUNGEN)

Jun-kaiten	– gleichseitiges Eindrehen
Gyaku-kaiten	– gegenseitiges Eindrehen
Hanmi	– Abdrehen
Gyaku-hanmi	– gegenseitiges Abdrehen

Koshi-waza (jap.): Gruppe der Hüftwürfe aus dem *Jûdô* (s. →*Nage-waza*). Diese sind: *Uki-goshi, Harai-goshi, Tsurikomi-goshi.*

Kôshôkun (Kôsôkun): chinesischer Kampfkunstexperte (s. →*Kûshankû*).

Koshô-ryû Kempô (jap.): oder *Koshô Shôrei-ryû*, wörtlich: »alter Pinienbaum-Faustkampf-Stil«, chinesischer und japanischer *Karate*-Stil, gegründet von dem Hawaiianer Masayoshi James →Mitose.

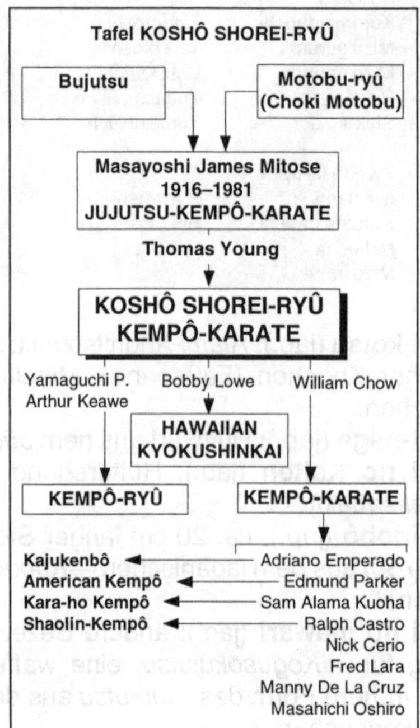

Der Stil wurde im Jahre 1942 von Mitose gegründet und verbreitete sich weltweit, vor allem in Hawaii und den USA. Das *Koshô-ryû Kempô* ist heute in verschiedenen Verbänden organisiert, wie *International Koshô Shôrei Association* (Thomas Barro Mitose) und die *Worldwide Koshô-ryû Kempô Association* (Bruce Juchnick).

Ko-sokutai (jap.): Fußballen (auch *Koshi*).

Ko-soto-barai (jap.): kleines Fußfegen von außen. Wurftechnik aus dem *Jûdô*.

Ko-soto-gake (jap.): kleiner Außenzug mit Einhängen. *Jûdô*-Fußwurf.

Kotaro Yoshida (*ca. 1875): großer japanischer Kampfkunstmeister des →*Daitô-ryû*, bekannt für seine außerordentlichen Fähigkeiten in den Kampfkünsten.

Yoshida Kotaro

Kotaro galt als einer der besten Lehrer des →*Takeda-ryû* seiner Zeit und als unübertreffbar im Schwertkampf, Messerwerfen und *Jûjutsu*. Er war jedoch auch ein sehr exzentrischer Mensch. Wo immer er auftauchte, hatte er einen Fächer mit Eisenrippen *(Tessen)* bei sich. Mit seinen Eßstäbchen konnte er Fliegen aus der Luft fangen. Privat führte er ganz bewußt ein für die damaligen japanischen Verhältnisse sehr karges Leben, hatte nie irgendeinen materiellen Besitz, den er nicht bald aufgab, und lebte sehr naturverbunden (selten hatte er eine feste Unterkunft, lebte manchmal bei seinen Schülern oder zog für unbestimmte Zeit in die Berge).

Auf seine Eigenarten angesprochen, sagte er: »Die Kampfkünste sind für die körperliche und geistige Übung der Menschen und für ihre Disziplin gedacht und nicht als Mittel, mit ihnen Geld zu verdienen oder Ruhm zu ernten.« Nach dieser Philosophie lebte er über 90 Jahre lang. Er war der Lehrer von RICHARD KIM und OYAMA MASUTATSU.

Kotau (jap.): Verbeugung, demütige asiatische Ehrenbezeugung.

Kote (jap.): Handgelenk (auch *Te-kansetsu* oder *Te-kubi*), Unterarm.

Kote-hishigi (jap.): gestreckter Handgelenkhebel aus dem *Jûdô*.

Kote-kitae (jap.): okinawanische Methoden zum Abhärten des Körpers im *Karate*.

Es gab sehr viele Methoden des Abhärtens. Die meistverwendete ist das Aufeinanderschlagen der gespannten Unterarme oder Unterschenkel zweier Partner. Dies führte zu einer Abhärtung der Sehnen und Muskeln und zur Vermeidung von Verletzungen. Im fortgeschrittenen Stadium wurden Stöcke verwendet, um auf bestimmte Körperteile des Übenden zu schlagen. ITOSU und MIYAGI sollen einen hohen Grad an Abhärtung des Körpers erreicht haben.

Koten-shiai (jap.): Mannschaftskampf im *Kendô*.

Kote-uchi (jap.) Schlag mit dem Unterarm (auch →*Wan-uchi*). Es wird mit dem Teil des Unterarms in der Nähe des Handgelenkes geschlagen, wobei auch die Kleinfingerseite oder die Daumenseite der Faust als Auftrefffläche mitverwendet werden.

Der Schlag erhält seine Wirkung aus dem Schnappen des Ellbogens. Es ist sehr wirkungsvoll, die Technik als →*Furi-zuki/-uchi* auszuführen. Man greift den Hals oder das Gesicht des Gegners an. Die Technik wird in der *Empi* gelehrt.

Kôtô (jap.): *Atemi*-Angriffspunkt: Kehlkopf.

Kotobu (jap.): Hinterkopf.

Koto-tama (jap.): auch *Kotodama*, »wahre Worte«, die Wissenschaft der Töne, meditative Praktik des →*Shintô* und *Shingon* (s. auch UESHIBA MORIHEI). Diese esoterische Praktik versuchte zu bezeugen, daß die Vibration der Ursprung des Lebens sei.

Die meisten Meinungen führen die *Koto-tama* in die Lehre des *Shinto* und bezeichnen sie als die überlieferte Grundlage zur Entwicklung der japanischen Gesellschaft. Andere Anhänger bezeichnen die Lehre als die einzig wahre überhaupt, und schreiben sie dem buddhistischen *Shingon*-Mönch →Kûkai zu, der sie im 9. Jh. aus China mitgebracht haben soll. Für die Kampfkünste bekam *Koto-tama* besonders durch UESHIBA MORIHEI Relevanz, der die Übung des *Aikidô* als eine Ausdrucksform der *Koto-tama* ansah. Aus dem Inhalt:

»Nichts kann existieren ohne den Menschen, denn er ist durch sein Wesen der Gründer des Bewußtseins. Wenn die Dinge auf diese Weise betrachtet werden, ist der Mensch gleich Gott und Gründer des Universums. Diese einfache Wahrheit war vor 4000 Jahren für unsere Ahnen die Grundlage des Überganges von der materiellen in die spirituelle Welt (s. →Kami). Dadurch integrierte sich der Mensch als individuelle Persönlichkeit in die Sphäre des Geistigen und in die Ära des Göttlichen. Dadurch ging die materielle Zivilisation in eine perfekte Entwicklung des Geistigen über, und durch die Praktik einer universellen Sprache öffnet sich der Weg zum Garten Eden. Diese Sprache vermittelt das Prinzip des Koto-tama-futo-mani: die 50 Töne Gottes (Kana), die Grundsubstanz der Logik. Wer das Koto-tama praktiziert und sein Inneres darin perfektioniert, versteht in den 50 Tönen das Wort Gottes und wird selbst zum göttlichen Menschen. Nachdem 144 000 Übende dieses Stadium erreichen, ist die Zeit des neuen Messias gekommen und die Dinge werden neu geordnet«.

Kotsu[1] (jap.): Geist, Wesen, Essenz. In den Kampfkünsten zur Beschreibung der Essenz der Übung gebraucht (s. →*Kikotsu*).

Kotsu[2] (jap.): Kniff, Griff, Geschicklichkeit.

Kotsu[3] (jap.): Knochen (auch *Hone*).

Ko-tsuri-goshi (jap.): Gürtelhüftwurf, kleiner Hüftzug, Wurftechnik aus dem *Jûdô*.

Ko-uchi-ashi-dori (jap.): im Niedergehen ausgeführter →*Ko uchi-gari*. Wurftechnik aus dem *Jûdô*.

Ko-uchi-gari (jap.): kleine Innensichel. Fußwurf im *Jûdô*.

Ko-uchi maki-komi (jap.): eingerollter →*Ko uchi-gari* im Niedergehen.

Kowami (jap.): japanisches →*Jûjutsu*-System, das auf der Verwendung der reinen Kraft beruht. Das System wurde von ICHIKAWA MONDAIYU gegründet.

Ko-waza (jap.): Technik mit kleiner Reichweite, Nahkampftechnik. In der Selbstverteidigung sind wirkungsvolle Techniken im Nahkampf lebensnotwendig. In allen Systemen wurden spezielle Techniken für die kurze Distanz (→*Chika-ma*) entwickelt, zu denen besonders die Ellbogen- und Kniestöße gehören.

Eine ganze Reihe von kurzen Fauststößen, offenen Handtechniken und Fußtritten zum Standbein des Gegners dienen diesem Zweck. In den sportlichen Systemen neigt man dazu, sie etwas zu vernachlässigen, und mißt ihnen nicht die ihnen gebührende Bedeutung bei. Alle diese Techniken sehen einfach aus und sind weniger virtuos, ihre richtige Anwendung und die Entwicklung von *Kime* in ihnen gehört jedoch zu den größten Problemen, die einem Kampfkunstübenden begegnen.

Kôyô Gunkan (jap.): japanisches Werk aus dem 17. Jh., umfaßt 55 Kapitel in 20 Bänden, mit hauptsächlichen Beiträgen von KÔSAKA DANJÔ NOBUMASA sowie OBATA KAGENORI (1572 bis 1662), einem konfuzianischen Gelehrten aus dem →*Bukufu*. Dieses Buch, das im Zeichen des →*Bushidô* steht, verherrlicht die Dogmen der *Samurai*-Ethik in der Lebensbeschreibung des Fürsten TAKEDA SHINGEN (s. →TAKEDA). Es wurde zu jener Zeit als die »Bibel der Samurai« angesehen.

Koyubi (jap.): kleiner Finger (s. →*Karada*).

Kozuka (jap.): kleiner japanischer Dolch (s. →*Tantô*, →*Ken*) ohne Griffschutz *(Tsuba)*, im allgemeinen zusammen mit der Haarnadel (→*Kôgai*) an der Scheide des →*Katana* oder *Wakizashi* befestigt. Das *Kozuka* diente sowohl als Werkzeug wie auch als Waffe.

Krabi-Krabong (Thai): »Schwert und Stabkämpfen«, thailändisches Waffensystem (s. →Thailand). Das System wurde vor Hunderten von Jahren gegründet und ist seit 1936 Teil des Lehrplans in den Hochschulen für Körpererziehung. Der Ursprung ist unbekannt, man vermutet ihn in sino-indischen Schlachtfeldtechniken, die möglicherweise im 17. Jh. von dem Japaner YAMADA NAGAMASA (NIZAEMON) modifiziert wurden.

Nizaemon kam 1628 mit 800 Rônin 20 000 Thai-Kriegern zu Hilfe, um nach dem Tod von König SONG THOM Aufständische niederzuschlagen. In den darauffolgenden Zeiten des Friedens formten die Thai-Soldaten aus ihrer Kriegskunst einen Sport mit nachgeahmten Waffen, der sowohl rituelle Tänze als auch den Kampf beinhaltete. Die Waffen werden aus leichtem Holz (Rattan) nachgebildet. Mit ihnen wird gekämpft, und es werden rituelle Tänze vorgeführt:

WETTKÄMPFE IM KRABI-KRABONG

1 Schwert gegen Schwert
2 Stock gegen Stock
3 2 Schwerter gegen 2 Schwerter
4 langer Stock gegen 2 kurze Stöcke
5 2 Schwerter gegen Schwert und Schild

Den Wettkämpfen geht ein Tanz mit den speziellen Tanzwaffen voraus. Die Teilnehmer bewegen sich ähnlich wie in einer *Kata*. In den Kämpfen gibt es Kontakt und häufig auch Verletzungen. Die Übung enthält chinesische, japanische und indische Techniken und verbindet diese mit den vitalen Thai-Techniken und einer einzigartigen musikalischen Begleitung.

Krav-Maga (hebr.): israelische Selbstverteidigungsmethode, gegründet von IMY LICHTENFELD, heute hauptsächlich zur Soldatenausbildung, aber auch im Zivilbereich geübt.

Kris (mal.): Dolch, der im Waffenarsenal →Indonesiens, →Malaysias und der →Philippinen zu finden ist. Ursprünglich, so glaubt man, kommt er aus Indien.

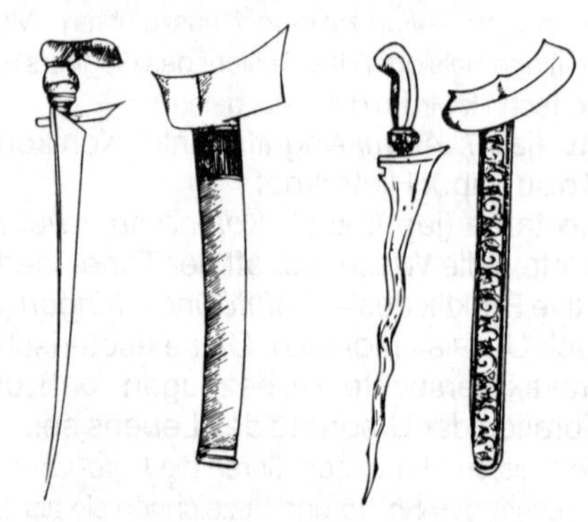

Zwei Formen des malaiischen Kris mit Scheide

Dem Kris werden zahlreiche mystische Auswirkungen zugeschrieben, wie z. B. der Tod von Personen, wenn nur mit dem Kris auf sie gezeigt wird, was auch heute in Malaysia sehr gefürchtet ist. Auch werden dem Kris selbst Charaktereigenschaften zugeschrieben, die jedoch letztlich von dem Besitzer ausgehen.

Der Kris variiert beträchtlich in Größe und Form, abhängig von örtlichen Gegebenheiten. In der Hauptsache ist er ein zweischneidiger Dolch, der zum Stechen verwendet wird. Die Klinge, typischerweise nach dem Griff breit und dann spitz zulaufend, kann gerade sein *(dapur beser)* oder gewellt *(dapur luq)*, mit einer Länge von 30–40 cm. Die Überlieferungen besagen, daß die Tödlichkeit der Waffe mit der Anzahl der Wellen steigt. Der Griff des Kris besteht immer aus geschnitztem Holz und ist 10–15 cm lang. Der malaiische Kris hat einen nach Pistolenart geformten Griff. Die Griffe der alten Kris zeigen menschliche Abbildungen, während die neueren eher abstrakt oder geometrisch sind. Die Dolchscheide nennt man →*Sarong*, sie ist aus geschnitztem Holz, das teilweise mit Metall verstärkt oder verziert wurde.

Im Laufe der Zeit bekam der Kris große Bedeutung in der malaiischen Öffentlichkeit, sei es bei höfischen Anlässen, Exekutionen von Verbrechern oder auch in der Form, daß ein Mann ohne Kris sich nackt fühlte. Getragen wurde die Waffe von allen, ob arm oder reich, Jugendliche wurden als erwachsen angesehen, wenn man ihnen mit 15 Jahren das Tragen eines Kris erlaubte.

Als der Islam Eroberungszüge auf Java und Umgebung unternahm, wurde die Verbreitung des Kris stark eingeschränkt. Die alten Schmiedemeister des Kris (→*Pande*) waren gezwungen, ihre Kunst in fremden Ländern auszuüben. So kam es zu der überlieferten Form des Kris auf Bali.

Kshatriya (skrt.): die zweite Kaste *(Varna)* der Hindugesellschaft in →Indien, die Kaste der Krieger, Fürsten und Könige. Ihre Aufgabe war es, die Gemeinschaft zu beschützen. Die höchste Kaste war die der →*Brahmanen*.

Ku[1] (jap.): neun (auch *Kyû*, *Kokonotsu*). *Kyûnin* – neun Personen.

Ku[2] (jap.): Gleichgewicht (s. →*Mi-gamae*). Die Grundlage des Umgangs mit dem eigenen Schwerpunkt ist die Haltung (→*Shisei*) des Körpers. Sie ist eine der drei Grundsäulen der körperlichen Übung (Haltung, Spannung, Atmung) in den Kampfkünsten.

Kû (jap.): Himmel, Leere. *Akeru* – frei werden, *Kara* – leer, *Kûki* – Luft. Das Prinzip der substanzlosen, unsichtbaren Leere (→*Kara*) wurde ursprünglich aus dem Taoismus (→*Wu*) in das *Zen* übernommen.

Das Gegenteil von Kû ist *Shiki* – das Sichtbare oder die Erscheinungsformen. *Kû* wurde im *Zen* ein zentraler Begriff. Das »*Kara-*« (leer) in *Karate* ist eine andere Leseweise desselben Schriftzeichens. →*Mu* (das Nichts), →*Mushin* (die Absichtslosigkeit) und →*Mushotoku* (das Nicht-Streben nach Profit) sind Erscheinungsformen von *Kû* in der menschlichen Haltung. Erläuterungen s. →*Dao* und →*Yin/Yang*.

Kuatsu (jap.): die japanische Kunst der Wiederbelebung und Ersten Hilfe (auch *Katsu, Kwatsu, Kappô* oder *Kwappô*) bei Ohnmacht, Bewußtlosigkeit infolge von Würgegriffen oder Traumen. Ursprünglich abgeleitet aus den chinesischen Heilsystemen (Erläuterungen s. unter →Akupunktur, →Akupressur, →*Anma*-Massage) und dem japanischen →*Shiatsu*. Das Studium des *Kuatsu* wird ausschließlich fortgeschrittenen Übenden vorbehalten (Erläuterungen über Geschichte und Tradition s. →*Kwappô*, →*Kappô*).

DEFINITION DES BEGRIFFES

Das Wort *Kuatsu* ist eine phonetische Kontraktion zweier Schriftzeichen. *Kua* bedeutet »Leben« und *Tsu* ist eine Silbe aus *Jutsu* (Technik). Zusammen bedeutet es »Technik des Lebens«, »Rückkehr des Lebens« oder »Wiederbelebung«. Wenn man genau sein will, muß man für die Gesamtheit der Methode eigentlich den Begriff → *Kwappô* (s. auch *Kappô*) verwenden, eine Kontraktion der Begriffe *Kuatsu* und *Hô* (Methode), also »Methode der Wiederbelebung«. Das *Kwappô* ist der Hauptzweig von →*Seifuku* [aus *Sei* = »authentisch«, »wahr« und *Fuku* = »wiederkommen«, »wiederherstellen«]. Damit kommt man zu »Kunst der Wiederherstellung nach (bzw. Behandlung von) Traumen.«

METHODEN DER STIMULATION

Das *Kuatsu* verwendet Methoden des Schlagens, Pressens und Massierens auf Reflexzonen des

Körpers. Diese Punkte stimmen weitgehend mit den chinesischen und japanischen Akupunkturpunkten (s. →*Jing* und →*Tsubo*) überein. Um sie zu stimulieren, gebraucht man den Schlag mit der Handfläche, mit der Faust, mit dem Ellbogen, mit dem Knie und mit der Ferse. Gepreßt wird mit der Handfläche. Massiert wird mit den Fingerspitzen oder mit dem Daumen, dosiert in der Kraft sowie in der Quantität. Die meistverwendeten Massagepunkte sind unten aufgeführt (s. unter den Bezeichnungen):

DIE MASSAGEPUNKTE

Jinzô-kuatsu	Eri-kuatsu
O-kuatsu	Sei-kuatsu
Obi-kuatsu	Aiki-kuatsu
Ura-kuatsu	Sasoi-kuatsu
Tsuki-kuatsu	Kami-kuatsu
Seoi-kuatsu	Hara-kuatsu

Kuba Koho: okinawanischer Tôde-Meister (1864–1944) der ersten Generation, Schüler von →MATSUMORA KOSAKU und →OYADOMARI PEICHIN, den Begründern des *Tomari-te*, Lehrer von →NAKAMOTO KOSEI und →ODO SEIKICHI.

Kubi (jap.): Kopf, Hals, Nacken, Genick (auch *Shu*). Auch Bezeichnung für ein Gelenk (*Kansetsu*). *Tekubi* – Handgelenk, *Ashikubi* – Fußgelenk.

Kubi-hishigi (jap.): gestreckter Kopfhebel im Kniesitz.

Kubikaki-Katana (jap.): Variante des →*Tantô* (s. auch →*Ken*), die speziell dafür entwickelt wurde, um dem gefallenen Gegner den Kopf abzuschneiden. *Kubikaki-Katana* (auch *Kubi-kiri* oder *Kubitori*) hatte eine besondere keilförmige Klinge mit der Schneide auf der Innenseite der gebogenen Klinge.

Kubi-mawashi-geri (jap.): Bezeichnung für einen Mawashi-geri (Halbkreisfußtritt), der aus naher Distanz zum Nacken des Gegners ausgeführt wird. Bevorzugt wird diese Technik mit dem Spann (*Heisoku*) geschlagen; s. →*Mawashi-geri*.

Kubi-nage (jap.): Wurftechnik mit Fassen um den Nacken.

Kubiwa-guruma (jap.): Nackenrad über das Knie nach hinten. Wurftechnik (s. →*Nage-waza*) im *Karate*. Sie wird oft nach einer Abwehr mit *Tekubi-kake* verwendet. Der Gegner kann nach vorn über das Knie gezogen oder im großen Schritt nach hinten mitgenommen werden.

Kubotan (jap.): japanische Faustwaffe in Form eines kleinen Zylinders, der zur Unterstützung der Schlag- und Stoßtechniken in die Hand genommen wurde. Ursprünglich wurde sie von den *Ninja* verwendet und hatte manchmal auch eine Sternform (s. →*Shuriken*).

Kubota Takayuki (*1934): Begründer des modernen *Karate*-Stils →*Gosoku-ryû*. Der Meister besitzt den 8. Dan und lebt in Los Angeles (Kalifornien, USA).

Kubota wurde in Kumamoto (Kyushu) geboren. Er begann mit 4 Jahren *Karate* und *Jûjutsu* zu lernen. Bereits mit 14 Jahren begann er zu unterrichten. Zusätzlich zu seinem 8. Dan *Karate* besitzt er heute den 5. Dan *Aikidô*, 3. Dan *Jûdô* und 1. Dan *Kendô*. Zwischen 1949 und 1959 war er Instruktor am Kamata Police Department für *Karate*, Stocktechniken, Selbstverteidigung und *Taihôjutsu*. Bis 1964 unterrichtete er an amerikanischen Militärbasen in Japan. 1965 ging er nach Amerika und unterrichtete dort Mitglieder des FBI und der Polizei.

Kuchi-taoshi (jap.): Wurftechnik im *Jûdô*.

Kuda Katsuzo: japanischer *Jûdô*-Lehrer und Autor des Buches »Judo in Action«; einer der herausragenden Schüler von KANÔ JIGORÔ.

1959 erhielt er den 9. Dan, 1963 ging er auf eine Tour durch Europa und Amerika. 1964 war er Schiedsrichter bei den Olympischen Spielen in Tôkyô und erhielt im folgenden Jahr von der japanischen Regierung eine Auszeichnung für seine Verdienste in den Kampfkünsten.

Kudaku (jap.): zerstören, zerschmettern, zerschlagen, zerkleinern.

Kudan (jap.): 9. Dan *(Kyûdan)*, hohe Graduierung in den *Budô*-Systemen. Der Rang entspricht dem →*Hanshi (Shihan)* und wird erst im fortgeschrittenen Alter verliehen (s. →*Kodansha*, →*Dan*).

Kuda Yuichi (*10. Oktober 1928): okinawanischer Meister des →*Matsumura-Seito*, Schüler von →SOKEN HÔHAN, heute Vorstand des →*Matsumura-Kempô*.

Meister Kuda wurde im Dorf Chinen (Okinawa) geboren und entstammt einer *Samurai*-Familie mit langer Tradition, deren Wurzeln 500 Jahre zurück in die königliche Familie der SHO-Dynastie reichen. Der ersten *Karate*-Unterricht erhielt er von seinem Vater, der ihm auch den Familienstil des *Bôjutsu* beibrachte. Als Kind übte er sich auch im *Kendô*. Als er 25 Jahre alt war, studierte er *Karate* unter Meister YAMASHIRO. In den 60er Jahren wurde er Schüler von NAKAMURA SHIGERU. 1970 begann er mit dem Studium des *Shôrin-ryû* unter SÔKEN HÔHAN. Er nennt sein System heute *Matsumura Kempô Shôrin-ryû*.

Meister Kuda entwickelte in seinem System mehrere eigene *Kata*, unter anderem eine Serie von fünf *Karate-Kata (Niseide)*, die dynamische Bewegungen und Fußtechniken enthalten, wie sie in den klassischen *Kata* nicht vorkommen. Zwei weitere *Kata* nennt er *Kobude* (*sho* und *dai*) oder »fortgeschrittene Kata des alten Mannes.« Diese *Kata* beinhalten Selbstverteidigungs- und Straßenkampf-Techniken von Meister SÔKEN. Außerdem entwickelte er eine *Nitanbô-Kata* und eine *Tonfa-Kata*.

Meister Kudas *Dôjô* heißt *Kobukan* und befindet sich in der Stadt Urazoe. Dort ist auch das Hauptquartier der *Matsumura Kempô Shôrin-ryû Karate Kobudo Association*, deren Präsident er ist.

Kue (jap.): okinawanisches Bauerngerät (Hakke), in eine Selbstverteidigungswaffe umgewandelt und im →*Kobudô*-System klassifiziert.

Kuen-Hue-Hok-Pai (chin.): Tiger/Kranich-System, ein *Kempô*-Stil, der auf den Kampfmethoden von Tiger und Kranich beruht. Im Mandarin bezeichnet man das System als *Hu hao p'ai*.

Kufû (jap.): Plan, Projekt, Erfindung. Im *Budô* Bezeichnung für einen Zustand der konzentrierten Aufmerksamkeit und reflektierenden Konzentration. Die Fähigkeit, die Aufmerksamkeit auf einen Sinnesreiz zu begrenzen und die für die Handlung unwichtigen Reize so weit in den Hintergrund treten zu lassen, daß sie nicht mehr stören (s. →*Budô-Psychologie*).

Kuge (jap.): japanischer Hofadel. Im Gegensatz zu →*Buke* (Militäradel, adlige *Samurai*-Familien) war die Zugehörigkeit zu den *Kuge* erblich. Die Kuge hatten nichts mit der Kriegerkaste *(Samurai)* gemein.

Die *Kuge* hatten bis zur Zeit des →*Gempei*-Krieges die Macht. Sie verloren die Macht durch die starke Rivalität der von ihnen selbst gegründeten Kriegerfamilien *(Buke)* während des Gempei-Krieges. Geschichtlicher Verlauf zu den *Kuge* s. *Kondei* und *Fujiwara*.

Kuji-kiri (jap.): neun Fingerzeichen (s. →*Mudrâ*), die aus dem esoterischen Buddhismus (s. →Tantrismus) der *Tendai*- und *Shingon*-Sekte (s. →*Mikkyô*) stammen. Dort ursprünglich als *Mudrâ* geübt, wurden sie unter dem Begriff *Kujikiri (Kuji no in)* in die Kampfsysteme der →*Yamabushi* übernommen und als esoterische Praktik ganz im besonderen im japanischen *Ninjutsu* weiterentwickelt.

Jedoch auch in die Kampfkünste der *Samurai* flossen viele Elemente der *Mikkyô*-Sekte ein. So suchte →IIZASA CHÔISAI IENAO, der Gründer des →*Katori Shintô-ryû*, aus der buddhistischen *Mikkyô*-Tradition geeignete esoterische Techniken aus, die seinen Schülern in der Meditation behilflich sein sollten. Dies geschah, indem er die dort als *Kuji no in* bereits bekannten Handhaltungen übernahm und sie als Meditationspraktik in seiner Schule üben ließ. Sie dienten dazu, durch Meditation eine innere Verfassung zu erlangen, mittels deren die Kampfkunstübenden auch mit den alltäglichen Problemsituationen besser fertig wurden.

Die Praktiken der *Kuji no in* sind in einem gewissen Sinn die inhaltliche Lehre des *Zen*, unterscheiden sich von dieser jedoch in einigen wesentlichen Punkten. Als das *Zen* begann, Einfluß auf die japanischen Kampfkünste zu nehmen, erkannten einige der Kampfkunstmeister schnell, daß die klassischen *Zen*-Wege eine außergewöhnlich lange Ausbildungszeit erforderten und deshalb von den gewöhnlichen *Samurai* nicht nachvollziehbar waren. Iizasa Chôisai war wahrscheinlich der erste *Samurai*, der sich in seiner Lehre der magischen Praktiken des *Mikkyô* bediente, um dadurch dasselbe zu erreichen wie im *Zen*, jedoch schneller ans Ziel zu kommen.

Im Gegensatz zum *Zen*, dessen Methoden darin bestehen, ohne Zielvorstellungen (→*Shikantaza*) zu meditieren, boten die *Mudrâ* konkrete Übungen an, die dazu benutzt wurden, sich in den Zustand der »Selbstauslöschung« zu versetzen.

Diese magischen Praktiken wurden im *Katori Shintô-ryû* zu einer umfangreichen Wissenschaft entwickelt, mittels deren sogar Kranke geheilt wurden (*Te-ate* – Auflegen der Hände).

DIE KUJI NO IN DER MIKKYÔ-TRADITION

1. ***Rin/Dokko in***: Das Fingerzeichen des tibetanischen Blitz- und Donnerschlages. Ihm schreibt man das Erreichen großer Kraft und Ausdauer zu.

2. ***Pyo/Dai-kongo in***: Das Fingerzeichen des großen Diamanten.

3. ***To/Soto-jishi in***: Das Fingerzeichen des äußeren Löwen. Dieses Fingerzeichen stärkt die Kraft in allen Handlungen und den *Kiai*.

4. ***Sho/Uchi-jishi in***: Das Fingerzeichen des inneren Löwen. Dieses Fingerzeichen läßt den Übenden Krankheiten überstehen und den Schmerz bei Verletzungen überwinden.

5. ***Kai/Gebaku-ken in***: Das Fingerzeichen der von außen gebundenen Faust. Dieses Fingerzeichen entwickelt die Intuition.

6. ***Jin/Naibaku-ken in***: Das Fingerzeichen der von innen gebundenen Faust. Dieses Fingerzeichen verstärkt das Gehör und erlaubt das Hören von Lauten, die dem menschlichen Ohr normalerweise unzugänglich sind.

7. ***Retsu/Chi-ken in***: Das Fingerzeichen der wissenden Faust. Dieses Fingerzeichen wird verwendet, um Abstände und Entfernungen zu messen.

8. ***Zai/Nichi-rin in***: Das Fingerzeichen des Sonnenringes. Dieses Fingerzeichen erlaubt die Kontrolle über die fünf Elemente: Leere, Erde, Wasser, Feuer und Wind.

9. ***Zen/Ongyo in***: Das Fingerzeichen der verbergenden Form. Dieses Fingerzeichen vermittelt innere Ruhe, Ausgeglichenheit und Konzentration.

Kujiku (jap.): verstauchen, verdrehen.

Kuji-in (jap.): Bezeichnung für die neun Fingerzeichen *(Mudrâ)* der *Ninja* (s. →*Kuji-kiri*). Diese Zeichen sind: *Rin, Pyo, Toh, Sha, Kai, Jin, Retsu, Zai* und *Zen*.

Kûkai (774–835): auch KÔBÔ DAISHI, Begründer der →*Shingon*-Schule des esoterischen japanischen Buddhismus (s. →*Mikkyô*), abgeleitet aus dem chinesischen *Mizong* des Meisters HUI-KUO.

Kukai gründete nach seiner Rückkehr aus China (817) auf dem Berg Koya (bei Nara) ein Kloster *(Kongobuji)*, das das Zentrum der *Shingon*-Sekte wurde. Dort unterrichtete er auch die Öffentlichkeit in Kunst, mehreren Wissenschaften, dem Buddhismus, Taoismus und Konfuzianismus.

Kukishin-ryû (jap.): ursprünglich eine geheime japanische Kampfkunst, die in den Bergen von Kumano von IZUMO KANJA YOSHITERU gegründet und von den →*Yamabushi* ausgeübt wurde. Danach geriet das System in den Besitz der →*Ninja* aus der Iga-Gegend, die in den darauffolgenden 300 Jahren die Großmeister des *Ryû* stellten. Bekannt ist uns heute erst der 26. Großmeister des Stils, ISHITANI TAKAKAGE MATSUTARO, ein letzter →*Chûnin* aus dem *Iga-ryû* des HANZO HATTORI (s. →*Ninjutsu*), der die Nachfolge des Stils an →TAKAMATSU TOSHITSUGO übertrug. Dieser gab den Titel des Großmeisters an →HATSUMI MASAAKI weiter, der heute dem Stil vorsteht.

DAS TECHNIK-SYSTEM DES RYÛ

Das *Kukishin-ryû (Kuki Shinden-ryû Happôhiken)* besteht aus zwei großen Gruppen von Techniken: *Happô* und *Hiken*. Die *Happô*-Methode umfaßt folgende Gebiete:

- *Taijutsu* (unbewaffneter Nahkampf) *Hichijutsu* (Sprungtechniken), *Nawa-nage* (Seilwerfen).
- *Koppôjutsu* (Knochenbrechen), *Jutaijutsu* (Greiftechniken).
- *Yarijutsu* (Speertechniken), *Naginatajutsu* (Hellebardentechniken).
- *Bôjutsu* (Stabtechniken), *Jôjutsu* (Kurzstabtechniken), *Hanbôjutsu* (Stocktechniken).
- *Senbanage* (Shurikenwerfen), *Tokenjutsu* (Klingenwerfen).
- *Kajutsu* (Feuer und Sprengstoffe), *Suijutsu* (Wassertechniken).
- *Chiku jo Gunryaku Heihô* (Militärtaktiken).
- *Onshinjutsu* (Kunst des Sich-unsichtbar-Machens), *Hensojutsu* (Sichverkleiden).

Die *Hiken*-Methode (geheime Schwerttechniken) besteht aus folgenden Techniken:

- *Kenjutsu* (Schwerttechniken).
- *Kodachijutsu* (Techniken mit kurzen Klingen).
- *Juttejutsu* (Metallstab zur Abwehr von Schwertern).

Kuk-Sul-Won (kor.): koreanische Kampfkunst (s. →Korea), gegründet von SUH IN HYUK in einem buddhistischen Tempel in Pusan.

Das *Kuk-Sul-Won* ist eine Kombination aus drei traditionellen Stilen Koreas: *Sado-Musul*, einer ursprünglichen Stammes- und Dorfkampfkunst, *Buldo-Musul* und *Kung-Jong*, der Kampfkunst des königlichen Palastes.

Aus dem *Sado-Musul* wurde die Kunst des *Danbong* (kurze Stöcke) übernommen. Diese Kunst wurde früher von den Mönchen entwickelt, die dazu ihre Flöten gebrauchten.

Kuma (jap.): Bär.

Kumade (jap.): Rechen, Harke, in den Kampfkünsten Bärentatze (s. →*Shô*[4]).

Man beugt die Finger in den mittleren Knöcheln, bis die Fingerspitzen die Handfläche berühren. Die obere Seite des oberen Teils der Finger und die gesamte Handfläche werden zum Angriff verwendet. Kumade gebraucht man hauptsächlich für Angriffe zum Gesicht, zur Brust, zur Bauchseite und zum Solarplexus.

Kumade-uchi (jap.): Bärentatzenschlag (s. →*Kumade*, Zuordnung s. →*Uchi-waza*).

Kumasu (jap.): Vorfahren der →*Ainu*.

Kum-Do (kor.): koreanische Schwertkunst, die dem japanischen *Kendô* entspricht, seit 1948 in der *Korean Kum-Do Association* organisiert.

Kumemura: auch *Kuninda* oder *Kume*, chinesische Gemeinde in einem Vorort der okinawanischen Hauptstadt →Naha, gegründet 1393. In Kumemura wurden die Okinawaner in der chinesischen Sprache unterrichtet und als Austauschstudenten (Ryûgakusei) nach Beijing, Nanjing, Shanghai und Fushou geschickt.

Kumemura war die bedeutendste chinesische Ansiedlung auf →Okinawa, doch es gab ähnliche Siedlungen auch in den Städten Tomari und Shuri. Die Chinesen, die dort lebten, waren zumeist Gesandte des chinesischen Kaisers, die infolge der regen Handelsbeziehungen zwischen Okinawa und China zeitweise auf Okinawa lebten. Obwohl die Chinesen recht abgesondert von den *Uchinanku* (Bezeichnung für die Okinawaner) lebten, waren sie es, die die okinawanische Kampfkunst →*Tôde* hauptsächlich beeinflußten.

Bereits 1372 entsandte der Ming-Kaiser ZHU YUAN-ZHANG die ersten Gesandten in das Königreich Chuzan, um über eine Verbindung der beiden Kulturen zu verhandeln. König SATO (1350 bis 1395) akzeptierte 1392 die Verbindung zu China und stimmte dem Plan zu, eine chinesische Niederlassung in dem Dorf Kuninda (Kume)

zu bauen. Mit dem Einzug der ersten chinesischen Delegation begann die gefeierte Geschichte der »36 Familien«. Die chinesische Gruppe, die sich in Kumemura (Kume/Kuninda) niederließ, bestand aus Diplomaten, Kaufleuten und Experten aller Art, denn sie sollte die chinesische Kultur auf Okinawa verbreiten. Daher wurde Kumemura zum Zentrum des chinesischen Einflusses.

Kumemura spielte bis zum 19. Jh. die Hauptrolle in den chinesisch-okinawanischen Beziehungen. In den chinesischen Delegationen befanden sich auch immer Militärs und Sicherheitsspezialisten. Unter den ersten, die von China nach Okinawa kamen, sind einige noch heute in der Geschichte der Kampfkünste bekannt:

- **Ason** unterrichtete *Shaolin-Kempo* (*Shaolin-ryû* oder *Shorinji-Kempo*), chinesisch *Shaolin-zsu*, und übertrug es auf SAKIYAMA, NAGAHAMA, GUSHI und TOMOYORI. Doch diese Zweig des *Nahe-te* starb nach TOMIGUSUKU aus.
- **Koshokun**, auch KÛSHANKÛ oder KWANG SHANG-FU, war 1756 Mitglied einer chinesischen Mission. Man weiß über ihn lediglich, daß er fähig war, mit großen und starken Gegnern fertig zu werden, indem er Würfe mit Beinscheren einsetzte. Er überlieferte die heutige *Kûshankû*.
- **Ryû Ryûko**, auch RU RUKO, DO RYUKO oder RYU ROKO (chin LIU LUGONG, LIU LU-KUNG oder LIU LIANGUO), lebte zwischen 1852 und 1930. 1874 akzeptierte er HIGASHIONNA KANRYÔ als Schüler, der nach China gekommen war, um sich in den Kampfkünsten auszubilden. Ryuko war auch der Vater von MIYAGIS *Goju-ryu*. TOKASHI IKEN, der Direktor der *Okinawa Goju/Tomari-te Karate-do Kyokai*, schreibt in seinem Buch »Kohaku« (1993), daß Xie Ruru (Ryu Ryuko) einer der ursprünglichen Meister des Stils *Bai-he-quan* war und 1914 auf Okinawa weilte.
- **Waichinzan,** auch WAI XIN-XIAN oder WOO LU-CHIN, hielt sich längere Zeit auf Okinawa auf. In China unterrichtete er auch am *Kojô-Dôjô* in Fukien, an dem in den ersten Jahren seines China-Aufenthaltes auch HIGASHIONNA KANRYÔ studierte.
- **Go Kenki**, auch WU XIAN-HUI (1886–1940), war ein chinesischer Kampfkunstmeister aus Fuzhou, der 1912 als Teekaufmann nach Okinawa kam und eine Interpratation des *Bai-he-quan*

(Weißer Kranich) nach Naha/ Okinawa brachte. Er unterrichtete MIYAGI CHOJUN, MABUNI KENWA, MATAYOSHI SHINPO und KYODA KOHATSU. KYODA KOHATSU (1887 bis 1968) gründete auf der Basis der *Nipaipo* (*Nepai – Kata* des Weißen Kranichs), aus der Richtung der Stilgründerin FANG FAI-SHI, seinen eigenen Stil *Toon-ryu*. Go Kenki zog schließlich nach Japan, wo er den Namen YOSHIKAWA annahm und im Alter von 55 Jahren starb. Seine Schüler in Okinawa nannten ihn *Busama Gunku* (Samurai).

- **Tang Daji,** auch TO DAIKI (1887–1937), war ein Freund von GO KENKI und tauchte 1915 als Teekaufmann in Naha auf. Er lehrte den Tigerstil und beeinflußte damit MIYAGI CHÔJUN, der sein Freund war. Sein Konzept übertrug sich auf verschiedene okinawanische Stile des *Karate*.

Andere wichtige Meister aus China waren IWAH und WONG CHUNG-YOH, deren Geschichte jedoch nicht eindeutig bekannt ist. SHIONJA, ein hochgestellter okinawanischer Regierungsbeamter, unterrichtete in Tomari zahlreiche Schüler, darunter GUSUKUMA, MATSUMORA, KANESHIRO, YAMASATO und NAKAZATO. Bestimmte Meister des *Quan-fa* waren spezielle Gesandte des kaiserlichen Hofes aus China. Man nannte sie *Sapposhi*, →*Sappushi* oder *Sakuhoshi*.

Viele Okinawaner wurden ermutigt, nach China zu reisen, um dort ihre Erziehung zu perfektionieren. Man nannte sie *Uchinanku Ryûgakusei* (fremde Studenten aus Okinawa) und fand sie in China in allen großen Städten, bis nach Beijing (Peking).

Kumer, Stanko: deutscher *Karate*-Lehrer des →*Gôjû-ryû* der Richtung über →UCHITA SHOZO, heute vertreten im DKV (s. Anhang und →*Japan Karate-dô Federation Gôjû-kai*).

Kumi (jap.): nehmen, ergreifen, festhalten, Griff.

Kumi-Kata (jap.): das Ergreifen des Gegners (im *Jûdô* Fassen des Gegners an seiner *Jûdô*-Kleidung). Hier systematisiert *Kumi-Kata* verschiedene Griffarten zum Werfen des Gegners.

In den *Karate*-ähnlichen Künsten lehrt diese Übungsform die Möglichkeiten des Konterns gegen gegnerische Haltegriffe (→*Dori*) und Umklammerungen (→*Shime*). Die Aktionen, meist mit den →*Kakie* kombiniert, bestehen überwiegend aus Stimulationen gegnerischer Vitalpunkte durch Druck oder Schlag. Sie sind Teil des *Kyûshojutsu* (Vitalpunktstimulationen) und enthalten die okinawanischen Techniken des →*Tuite*.

Kumi-Kata (Befreiung aus Haltegriffen und Konter, BSK-System)

1. Kumi-Kata sodan

Te-hodoki (Handbefreiungen)

1. *Gleichseitig:* mit Kake-uke befreien, Shuto-uchi zur Luftröhre, Morote-teisho.
2. *Gegenseitig:* mit Sukui-uke herausdrehen, Fassen der Kehle, O-soto-gari, Armhebel.
3. *Beide Hände fassen Hände:* Mae-gheri, Kakiwake-uke, Kopf greifen, Nukite, Immobilisation.
4. *Beide Hände fassen Hand:* Morote-uchi-uke, Teisho Ellbogen, Haare fassen, Teisho Kinn, Kopfhebel.

2. Kumi-Kata nidan

Mune-hodoki (Befreiungen aus Brustgriffen)

1. *Eine Hand faßt:* Shuto-uchi, Ura kote gyaku, Immobilisation.
2. *Beide Hände fassen:* Teisho-age, Teisho-otoshi, links faßt Achsel, rechts Hals, Fußhebel.

Kata-hodoki (Befreiungen aus Schultergriffen)

1. *Eine Hand vorn:* Teisho-uchi, Omote-kote-gyaku Immobilisation.
2. *Eine Hand hinten:* Unter dem Arm durch, Hiza-geri, Empi-uchi.
3. *Beide Hände hinten:* Gedan-shuto-uchi, Katawa-guruma, Fumikomi.

Sode-hodoki (Befreiungen aus Ärmelgriffen)

1. *Eine Hand seitlich:* Gosha-dori, Immobilisation, Abrollen.

3. Kumi-Kata sandan

Eri-jime (Befreiungen aus Halswürgen)

1. *Von vorn* (Hände)*:* Handflächenschlag auf die Ohren, links faßt hinter dem Kopf, rechts drückt Quepen (8).
2. *Von hinten* (Arm)*:* Arm blockieren, Ushiro empi, Gedan Tettsui-uchi.

Mae-jime (Befreiungen aus Umklammern von vorn)

1. *Unter den Armen:* Bushiken zu Yifeng (43), Mawashi empi-uchi.
2. *Über den Armen:* Morote gedan nukite-tsuki, Hiza-geri, Armhebel (Muso-dori).
3. *Schwitzkasten:* Tsuki auf Außenseite Oberschenkel, Ura-tsuki zu den Rippen.

Ushiro-jime (Befreiungen aus Umklammern von hinten)

1. *Unter den Armen:* Morote ushiro ipponken-tsuki, Ushiro mawashi empi-uchi.
2. *Über den Armen:* Griff Hoden.
3. *Schwitzkasten:* Selbstfallwurf (Sutemi), Otoshi-tsuki.

Kumi-kyô (jap.): Griff- und Transporttechniken.

Kumi-tachi (jap.): Bezeichnung für die ersten Formen des Schwertübens in Japan. Um das Jahr 800 war *Kumi-tachi* bei den Vorgängern der →*Samurai* (s. auch →*Kondei*) im Gebrauch. Daraus entwickelte sich später (um 1350) das →*Kenjutsu*.

Der Samurai CHIBA SHÛSAKU (1794–1855), der auch das *Hokushin Ittô-ryû* gründete, entwickelte eine traditionelle Methode des Schwertes, der er auch den Namen *Kumi-tachi* gab. Dieses System legte seine Schwerpunkte besonders in den Bereich der psychischen Ausbildung. Chiba organisierte bereits zu jener Zeit Wettbewerbe, in denen das *Katana* benutzt wurde. Innerhalb dieser Schule gab es auch Frauenkämpfe mit der *Naginata*. Im Training wurde das →*Bôken* benutzt.

Kumite-Technik im Karate

Kumite (jap.): die Übung des Kampfes mit dem Partner. Neben →*Kihon* und →*Kata* ist *Kumite* die dritte Säule des *Karate*. Man unterscheidet mehrere Arten der Partnerübung, die sich jedoch alle aus dem →*Bunkai* (s. auch →*Kata-Kumite*) ableiten und sich von einfach bis schwierig in verschiedenen Formen entwickeln. Grundsätzlich unterteilt man die Kampfübungen in zwei große Gruppen: →*Yakusoku-kumite* und →*Jiyû-kumite*. Nachfolgend ein Schema zu den Einteilungsmöglichkeiten der Partnerübungen im *Karate*:

DIE FORMEN DES KUMITE

YAKUSOKU-KUMITE

Tanren-kumite
Kihon gohon-kumite
Kihon sanbon-kumite

Kihon-kumite
Kihon ippon-kumite
Goshin-kumite

Yakusoku jiyû-kumite
Jiyû ippon-kumite
Kaeshi ippon-kumite
Okuri ippon-kumite

Ôyô-kumite
Kata-kumite (Bunkai)
Happô-kumite
Kumite-Kata

JIYÛ-KUMITE

Renshû-kumite
Shizen-kumite
Tanshiki-kumite

Shôbu-kumite
Kyôgi-kumite
Shiai-kumite

Jissen-kumite
Goshin-kumite
Bôgu-kumite

ÄUßERE DEFINITION

Kumite ist ein von *Karateka* vielgebrauchter Begriff, doch es gibt nur wenige, die seine wahre Bedeutung kennen. Im allgemeinen übersetzt man *Kumite* mit »Partnerübung«, »Kampf« oder »Angriff«. Doch in Wirklichkeit liegt der Sinn viel tiefer. In der japanischen Sprache bedeutet das Wort *Kumi* in der Übersetzung »Gruppe«, »Klasse«, »auswählen«, »kombinieren«, »verbinden«, »eine Gruppe bilden«, »Arbeit in einer Gruppe« oder »etwas für einen Partner haben«. Dieselbe Silbe wie in *Karate* wird auch *Kumi* angehängt, und es entsteht *Kumi-te*. *Te* bedeutet im Sino-japanischen »Technik« und im Japanischen »Hand«. Das Verb *Kumitsu* übersetzt man »mit den Armen umfassen« oder »sich auf jemanden stürzen«. *Kumite* bedeutet im Japanischen mithin soviel wie »Begegnung der Hände« und bezeichnet die Ausdehnung der Übung des *Karate-dô* in jenen Bereich, in dem die Techniken mit einem Partner geübt werden. Diese Übung kann vorgegeben *(Yakusoku)* oder frei *(Jiyû)* sein. Diese Interpretation ist die äußere Sicht des *Kumite*, die den meisten *Karateka* bekannt ist.

Die Entschlüsselung der *Kata*-Strukturen, über

die sich das gesamte *Kumite* entwickelt, war über Jahrhunderte in allen Stilen geheim. Sie bestehen aus einem dreigeteilten Prinzip, und zwar aus dem *Technik-System*, dem *Taktik-System* und dem *Geist-System*.
Das Technik-System einer Kata kann auf der Basis der vorausgegangenen und der untenstehenden Tabelle entschlüsselt werden. Das Taktik-System besteht oft aus der Verwendung der →*Kamaekata* und den daraus resultierenden kämpferischen Verfahren. Das Geist-System liegt im psychologischen Bereich des Trainings, in *Dojokun*, Etikette und energetischem Aufbau.

INNERE DEFINITION

Die innere Bedeutung von *Kumite* ist jedoch eine andere. In ihr existiert die Bezeichnung »Technik der Begegnung«, in deren Sinn sich das strikte Verbot des Wettkampfes aller klassischen Richtungen des *Karate-dô* erklärt. In dieser Interpretation des *Kumite* ist die menschliche und erzieherische Bedeutung des *Karate* enthalten. In ihr gibt es keinen »Gegner«, sondern einen »Partner«, wie dies nicht nur im *Karate*, sondern in allen klassischen *Budô*-Arten (z. B. →*Aikidô*, s. auch →UESHIBA) der Fall ist. In den beiden Aspekten sind also zwei Tendenzen enthalten: erstens die technische und zweckmäßige Sicht der Technik und zweitens die Übung der zwischenmenschlichen, harmonischen Kommunikation, welche erst eine Grundlage in der Beziehung zwischen zwei Partnern erlaubt. (Die menschliche Beziehung zwischen den Übenden einer Kampfkunst untereinander ist in den traditionellen Richtungen ein grundlegendes Gebot. Darauf beruhen die Gesetze der →*Dôjôkun* und der Geisteserziehung, s. →*Shin*, →*Kaisetsu*.) Das *Kumite* enthält als seine Grundlage eine wahre zwischenmenschliche Beziehung zwischen den übenden Partnern, durch die erst wirklicher Fortschritt im Sinne des →*Dô* entstehen kann. Wettbewerb wird deshalb von den traditionellen Richtungen abgelehnt, weil die Tendenzen der Gegner, die sich begegnen, von eigennütziger Natur sind (jeder will gewinnen) und dadurch den wirklichen Fortschritt in der Übung hemmen (s. dazu →*Takuan* und →*Ken Zen ichi*).

MI-GAMAE UND KI-GAMAE

Insgesamt bezeichnet man bei den Kampfübungen zwei Haltungen (→*Kamae*) als wesentlich: →*Mi-gamae* (physische Bereitschaft), wozu man die Prinzipien →*Waza*, →*Metsuke*, →*Heikô*, →*Hyôshi*, →*Kokyû* und →*Ma-ai* rechnet, und →*Ki-gamae* (psychische Bereitschaft), wozu man als die wichtigsten Komponenten →*Zanshin*, →*Yomi*, *Kihaku*, →*Sen* und →*Kikai* zählt. Diese Aspekte sind jedoch nicht voneinander getrennt, sondern sie greifen ineinander und ergänzen einander gegenseitig.

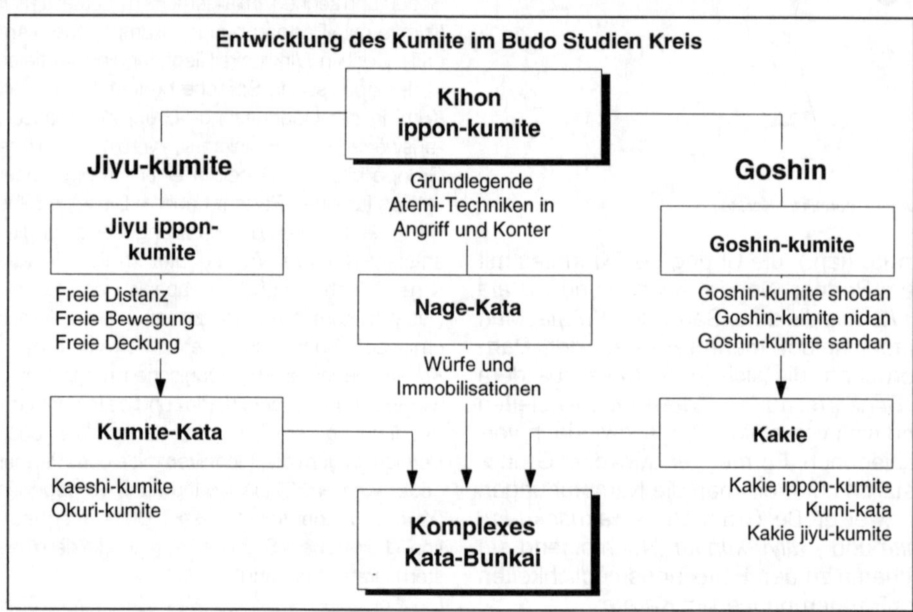

MI-GAMAE		KI-GAMAE	
Ma-ai	– Distanz	Kihaku	– Kampfgeist
Metsuke	– Blick	Sen	– Initiative
Heikô	– Gleichgewicht	Yomi	– Wahrnehmung
Hyôshi	– Rhythmus	Zanshin	– Geistesgegenwart
Kokyû	– Atmung	Kikai	– Gelegenheit
Waza	– Technik		

Kumite-dachi (jap.): Kampfstellungen. Es gibt *Kihon-dachi* (Grundstellungen), die in den *Kata* gelehrt werden, und *Jiyû-dachi* (freie Stellungen), die im Kampf verwendet werden. Außerdem unterscheidet man noch zwischen *Seme-dachi* (Angriffsstellungen) und *Jigotai-dachi* (Abwehrstellungen); s. auch unter →*Tachikata* und →*Dachi*.

Kumite-Kata (jap.): zu Zwecken der Partnerübung (→*Kumite*) zusammengestellte Formen von Kampfübungen im *Karate*, die in festgelegter Form *(Kata)* geübt werden, wie dies z. B. im →*Kihon-ippon-kumite* oder im →*Jiyû-ippon-kumite* der Fall ist.

Die *Kumite-Kata* dienen dem Studium des freien Kampfes. Sie sind nicht zu verwechseln mit dem →Kata-kumite (s. auch *Bunkai*), das sich auf den Kampfstil der klassischen *Kata* bezieht. Sie verbindet *Jiyû-ippon-kumite* mit *Kaeshi-kumite* und *Okuri-kumite*.

JIYU KUMITE KATA

1

Tori: Hidari-gamae, Chudan mae-geri
Uke: Hidari-gamae, vorderen Fuß anziehen und Migi mae-geri
Tori: Migi gyaku-zuki
Uke: Tenshin, Kizami-zuki
beide 90° in Kamae, Tori in Hidari-gamae, Uke in Migi-gamae
Uke: Yori-ashi, Migi uraken-uchi
Tori: Migi keri-nuke, vorbeigehen und umdrehen, Migi ashi-barai, Hidari gyaku-zuki

2

Tori: Hidari-gamae, Migi ashi-barai, Ushiro-kaiten, Hidari uraken-uchi
Uke: Hidari-gamae, Suri-ashi nach hinten ausweichen, Hidari jodan haiwan-uke, Migi gyaku-zuki
Tori: Hidari de osae-uke, Migi gyaku-zuki
beide zurück in Hidari-gamae
Tori: Migi mae-geri, Migi jodan oi-zuki
Uke: Schritt zurück, Hidari gyaku-barai, Hidari haiwan nagashi-uke, Doji migi jodan uraken-uchi, linke Hand faßt und dreht zu Tsubame-gaeshi

3

Tori: Hidari-gamae, Ashi-fumikae, Migi kizami-zuki
Uke: Hidari-gamae, Ashi-fumikae Hidari nagashi-uke
Doji hidari ura-zuki
beide 90° (in Migi-gamae)
Uke: Hidari mae-geri
Tori: vorderen Fuß anziehen, Ashi-fumikae, Migi gedan mawashi-geri, Migi kizami-zuki, 90° Tenshin, Migi-gamae
Uke: Ushiro-kaiten, Migi uraken-uchi
Tori: Jodan morote kaishu-uke, Hidari mae-geri (fegen)

4

Uke: Hidari gamae, Migi maemawashi-geri, Suri-ashi, Migi yoko-geri
Tori: Hidari-gamae, Zurückweichen mit Gleitschritten, Migi mae-geri
Uke: Migi sukui-uke, Ushiro-kaiten, Hidari ushiro-geri,
Tori: Yori-ashi Gyaku tsuki, Migi chudan mawashi-geri
Uke: Schritt zurück, Hidari gyaku-zuki
Tori: Im Absetzen Migi uraken-uchi, Hidari gyaku-tsuki

5

Uke: Hidari-gamae, Migi mae-geri
Tori: Hidari-gamae, vorderen Fuß anziehen, Migi jun-tsuki , beide 90° in Migi-gamae
Uke: Yori-ashi, Migi kizami-zuki
Tori: Migi kizami-geri, Hidari gyaku-zuki
beide 90° in Hidari-gamae

6

Tori: Yori-ashi, Migi gyaku-zuki, Mae-geri, Fuß absetzen, Tenshin (Migi-gamae)
Uke: Zurückgleiten, Migi mae-geri
Tori: Migi ashi-barai, hinteres Bein von Uke fegen
Uke: Nach dem Fall Migi mawashi-geri
Tori: nach vorne abrollen

Kumite-sabaki (jap.): Formen der Bewegung (*Ashi-sabaki* – Fußbewegungen) aus dem freien Kampf. Erläuterungen s. unter *Undô* und *Unsoku-hô*.

Kumi-uchi (jap.): früher Begriff für das japanische →*Jûjutsu*. *Kumi-uchi* entstand durch den Einfluß chinesischer Schlag-, Stoß-, und Trittechniken auf die frühen japanischen Systeme des Nahkampfes, u. a. das *Sumô*. Im 17. Jh. wurde es in manchen Schulen →*Yawara* genannt, veränderte sich jedoch in der Tokugawa-Periode zu *Jûjutsu*. Daraus ging dann das von Jigorô Kanô gegründete →*Jûdô hervor. Kumi-uchi* wurde in Ergänzung zum →*Kumi-tachi* als waffenlose Kampfmethode geübt.

Technik

Das äußerst kriegerische *Kumi-uchi* wurde ausgeübt, indem zwei *Samurai* in voller Rüstung (→*Yoroi kumi-uchi*) miteinander rangen. Jeder war bestrebt, den Gegner durch Tritte und Stöße gegen die Schwachpunkte seiner Rüstung zu besiegen. Oft wurde in diesen Ringkämpfen auch das *Wakizashi* (Kurzschwert) gebraucht.

Eine der wesentlichen Techniken des *Kumi-uchi* war *Yotsu-gumi*, eine vierhändige besondere Form des gegenseitigen Greifens, das die Gegner miteinander verband, so daß keiner die Rüstung des anderen ergreifen konnte. In dieser Haltung versuchten beide sich gegenseitig zu Boden zu werfen. Größte Aufmerksamkeit war nötig, denn jeden Augenblick konnte einer der Ringer sein Kurzschwert ziehen und den Kampf frühzeitig beenden.

Für diese Zwecke wurde sogar eine besondere Klinge entwickelt, das →*Yoroi-doshi*, weswegen das *Kumi-uchi* auch *Yoroi kumi-uchi* genannt wird. Das Messer wurde meist im Gürtel versteckt. Es mußte während des Ringens gezogen werden, was manchmal gefährlich war, da der Gegner diesen Augenblick zum Wurf ausnutzen konnte.

Geschichte

Historisch gesehen, war wahrscheinlich das *Tsutsumi Hôzan-ryû* die erste systematisierte Schule dieser Form von Ringen. Sie wurde Anfang des 15. Jh. gegründet. Doch die Urform des *Kumi-uchi* wird Sakaeda Muramaro zugeschrieben, einem Aristokraten der Nara-Periode (710–784). Zwischen dem 11. und 15. Jh. wurden in dieses Kampfsystem verschiedene Techniken des aus China importierten →*Jûjutsu* aufgenommen. Doch die technische Vielfalt des Systems war noch recht gering.

Im 16. Jh., als auch in Japan Gebrauch von den Schußwaffen gemacht wurde, wurden die Rüstungen verändert. Da sie gegen die Kugeln nur wenig Schutz boten, wurden sie leichter und bestanden nur noch aus einem Schuppenpanzer aus dünnen Metallplättchen (→*Gusoku*). Zumeist war eine noch leichtere Rüstung im Gebrauch, die →*Kogusoku* genannt wurde. Diese bestand nur noch aus einem Lenden- und Knieschutz sowie Panzerhandschuhen. Die Veränderung der Rüstung bewirkte auch die Veränderung des *Kumi-uchi*, was zu einem Kampfstil führte, der sich ebenfalls *Kogusoku* nannte.

Kun (jap.): Lehre; japanische Leseart chinesischer Schriftzeichen. *Kyôkun* – Lehre, Unterweisung, *Kunren* – Schulung, Übung.

Kung-fu (chin.): siehe *Gong-fu*.

Schriftzeichen für Kung-fu

Kung-shou (chin.): wörtlich »leere Hände«, japanisch *Karate*.

Mit diesem Begriff bezeichnete man im China der »Drei Reiche« (220–280 n. Chr.) den Kampf ohne Waffen. Später (1600) kam das →*Shaolin Quanfa* nach China, wo es nach der Tang-Dynastie »Hände der Tang« genannt wurde. Erst in neuerer Zeit wurde auf Okinawa das Schriftzeichen für »Tang« mit dem gleichlautenden Schriftzeichen für »leer« ersetzt.

Kung-Sul (kor.): koreanisches Bogenschießen (s. →Korea), eine hochentwickelte Kampfkunst. Die Koreaner bevorzugten vor den Klingenwaffen immer die Wurf- und Schußwaffen, wodurch diese einen sehr hohen Standard erreichten.

Im *Kung-Sul* verwendet man hauptsächlich den Kurzbogen, der Langbogen konnte sich nie ganz durchsetzen. Man schießt aus dem Stand; es gibt auch eine Variante, *Ma-Sul*, in der vom Pferderücken aus geschossen wird. Es wird vermutet, daß diese aus der Mongolei stammt.

Der Bogen wurde von den Koreanern noch 1950 im Krieg eingesetzt. Neuerdings hat man Kung-Sul in einen Sport umgewandelt, der in Korea mehr als 100 000 Anhänger hat.

Kuniba: japanischer *Karate*-Meister des *Shitô-ryû*, heute 9. Dan.

Kuniyoshi no Kûshankû (jap.): okinawanische *Karate-Kata* (s. →*Kata*) mit Ursprung in der →*Kûshankû*. Die *Kuniyoshi no Kûshankû* ist jene *Kûshankû*-Variante, die →Kyan Chôtoku nahezu unverändert an SHOSHIN NAGAMINE weitergab, der sie heute im *Matsubayashi-ryû* lehrt.

Diese Variante liegt der ursprünglichen *Kûshankû* recht nahe. KYAN CHÔTOKU war eine der Schlüsselfiguren im okinawanischen Karate. Auf ihm vereinigten sich zwei *Uchi-deshi*-Linien: KÛSHANKÛ – YARA – KYAN, über die die ursprüngliche *Kûshankû-Kata* überliefert wurde, und SHIONJA – OYADOMARI – KYAN, über die die chinesische Version der *Passai* (*Bassai*) in die Stile des *Tomari-te* gelangte.

Kuniyoshi no Tanme: alias KUNIYOSHI SHINKICHI oder BUSHI KUNISHI, okinawanischer *Karate*-Experte (s. Tafel →*Shôrin-ryû*) auf der Übertragungslinie RYÛ-RYÛKO – YARA – TOGUCHI – NIIGAKI, der die *Kûshankû-Kata* in ihrer ursprünglichen Form (wie KÛSHANKÛ sie gelehrt hatte) erhielt und über KYAN CHÔTOKU übertragen hat. Diese Variante nennt man heute →*Kuniyoshi no Kûshankû*.

Kuniyoshi no Tanme gehörte einer okinawanischen *Karate*-Generation an, die man »Meister im Schatten« nannte. Man bezeichnete ihn auch noch als den »Krieger mit der eisernen Faust«. Er war ein Schüler von SAKIYAMA KITOKU (SAKIYAMA YOSHINORI), der direkt von →RYÛ RYÛKO lernte.

Kunoichi (jap.): Bezeichnung für weibliche →*Ninja* (s. auch →*Ninjutsu*). Die mittelalterlichen *Kunoichi* wurden ähnlich ausgebildet wie die männlichen *Ninja*, allerdings legte man größeren Wert auf die verfeinerten Aspekte des Nahkampfes. Gefechtstaktik und Guerillakampf ersetzten sie durch Fähigkeiten wie Psychologie, Manipulationstaktiken und Intuitionstraining.

Die Tradition der *Kunoichi* entstand wahrscheinlich im Jahre 1561, als die verwitwete CHIYOME MOCHIZUKI dem Fürsten der Provinz Kai, →TAKEDA SHINGEN, anbot, eine Truppe von weiblichen *Ninja* auszubilden. Der Kriegerfürst Takeda, über den viele japanische Kampfkünste beeinflußt wurden (*Aikijutsu, Ninjutsu, Bujutsu*), war von der Idee begeistert. Daraufhin begann Chiyome in Nazu, einem Dorf in Nagano, eine Gruppe von *Miko* (Tempeldienerinnen) um sich zu scharen und sie in den Methoden der *Ninja* auszubilden. Diese Untergrundschule wurde zu einer der wirkungsvollsten Trainingsstätten für Spionage im gesamten Zeitalter der kriegführenden Staaten (Sengokujidai-Periode). Die *Kunoichi* erhielten von ihren Lehrern (→*Kantokusha*) ebenfalls eine Grundausbildung in den *Ninjutsu*-Kampfmethoden des *Taijutsu* (unbewaffneter Kampf), *Bôjutsu* und *Hanbôjutsu* (Stab-

Japanische Frau mit Schwert

und Stockkampf), *Tantôjutsu* (Messerkampf) *Yarijutsu* (Speerkampf) und *Kenjutsu* (Schwertkampf). Die einzelnen Kampftechniken waren der spezifischen Situation der körperlich schwächeren Frau angepaßt (*Shimma Kunoichi* – Training für weibliche *Ninja*). Außerdem lernten sie, wie man an wertvolle Informationen gelangt, wenn nötig unter Einsatz der weiblichen Reize, um Männer zu manipulieren, mit Hilfe falscher Gerüchte Durcheinander und Streit zu stiften usw.

Kun-Tai-Ko (jap.): »kleiner mächtiger Körper«, moderne Kampfsportart, zusammengesetzt aus mehreren asiatischen Disziplinen, organisiert in der *German Kun-Tai-Ko Budo Association* (s. Anhang), vertreten durch NORBERT PUNZET. Die *Kun-Tai-Ko*-Organisation ist seit 1996 dem →DKV angeschlossen.

Kun-Tai-Ko ist eine moderne Selbstverteidigung auf der Basis von *Karate* und *Jûjutsu*. Neben dem waffenlosen Kampf werden die Waffen *Bô, Sai Tonfa, Kama* und *Katana* gelehrt. Der Stil erlaubt Wettkampf in Form von *Semi-contact*-Kickboxen und *Kata*.

Kuntao (indo.): »Weg der Faust«, Kampfkunst, entwickelt von Chinesen, die in Indonesien (hauptsächlich Ost-Java) leben. *Kuntao (Kuntow)* ist ein Oberbegriff für mehrere Systeme chinesischen Ursprungs, die sich im Laufe der Zeit mit dem indonesischen →*Pent-jak-Silat,* dem malaischen →*Bersilat,* dem philippinischen →*Kali,* dem indischen →*Vajramushti*, dem japanischen →*Karate* und dem koreanischen →*Tae-kwondo* vermischt haben.

Bis zur heutigen Zeit werden diese Systeme, abgesehen von →*Bangau-Putih*, vor Nichtchinesen geheimgehalten. Die wichtigsten Stile des *Kuntao* sind *Thay-Kek* (indo-malaiische Version des *Tai-ji-quan*), *Bagau-Puthi* (Kranichstil), *Minang-Kabau* von Sumatra, *Khilap* und *Sjatung* aus Djakarta, *Soetji* aus Zentral-Java, *Kontak* aus West-Java, das die Schläge auf die Nervenzentren betont, sowie *Kow-kun, Thikkun* und *Tangkiok*.

Kuo-shu (chin.): auch *Guo-shu*, Sammelbegriff für die chinesischen Kampfkünste. Wörtlich: »nationale Künste«. Während der Tang-Dynastie bezeichnete man die Chinesen im umliegenden Ausland als »Männer der Tang«. Die chinesischen Kampfkünste bezeichnete man als *Tang-shou* (Hände der Tang) oder als *Tang-shou Dao* (Weg der Hände der Tang). Die Bezeichnung »Tang« war identisch mit »China«.

Die Chinesen selbst verwendeten für ihre Kampfkunst nicht dieselben Bezeichnungen. Sie gebrauchten dafür einen Überbegriff, der nicht nur die Kampfkunst als solche, sondern alle traditionellen chinesischen Künste (z. B. Medizin, Oper usw.) zusammenfaßte. Dieser Überbegriff lautet »Kuo-shu« (nationale Künste). Im Ausland wurde dieser Begriff wenig gebraucht. Viel geläufiger hingegen sind die Begriffe *Quan-fa*, *Tang-shou, Kempô* und neuerdings *Kung-fu*, die jedoch im wesentlichen immer dasselbe bezeichnen. Heute wird in China der Begriff *Tang-shou* für die Bezeichnung der traditionellen chinesischen Kampfkünste verwendet, um sie z. B. von dem, was man neuerdings unter *Kung-fu* versteht, zu unterscheiden.

Kûp (kor.): Schülergrade (von 10. bis 1.) im *Taekwondo* (s. →*Kyû*[2]).

Kuro (jap.): schwarz (auch *Koku, Kuroi*, s. →*Iro*).

Kuro-obi (jap.): schwarzer Gürtel, Graduierung im *Budô* (s. →*Kyûdan,* →*Dan*).

Kurôto (jap.): Meister.

Kurubashi (jap.): Knöchel (s. →*Karada*).

Kuruma (jap.): Rad, im Kreis (auch *Sha*, s. →*Hô*[2]).

Kuruma-gaeshi (jap.): Wurftechnik aus der →*Koshiki no Kata.*

Kuruma-taoshi (jap.): Wurftechnik aus der →*Koshiki no Kata.*

Kururunfa (jap.): okinawanische *Kata* der *Shôrei*-Schule mit Ursprung in China *(Kun-lun-fa)*. Im heutigen *Gôjû-ryû* gehört sie zu den *Jû-Kata* (weiche *Kata*). Nähere Erläuterungen und Geschichte s. unter →*Gôjû-ryû.*

Der chinesische Name dieser Kata *(Kun-lun-fa)* bezeichnet eine Kampfkunst, die in einem buddhistischen Kloster auf dem Berg *Kun-lun* ausgeübt wurde. Der japanische Name soll auf eine Bergwächterin *(Yama-gamae)* zurückzuführen sein. Die Kata enthält viele schnelle Techniken, ihre Bewegungen beruhen auf drei Formen des Ausweichens: zur Seite gleiten, Zickzack-Bewegungen und Hüftausweichbewegungen.

Kusano Kenji: japanischer *Karate*-Meister des *Shitô-ryû*, heute 8. Dan. Kusano lebt in Kyôto und nennt seine eigene *Karate*-Interpretation →*Kenshikan-ryû.*

Dieser Stil legt seine Schwerpunkte auf die Übung der traditionellen *Kata* des *Tomari-te, Shuri-te* und *Naha-te* und deren klassischen Anwendung *(Bunkai)* zur Selbstverteidigung. *Kenshikan-ryû* wurde im Jahre 1972 von dem japanischen Meister TSUKADA (6. Dan) auch nach Europa gebracht, ist aber hier nur wenig verbreitet.

Kusari (jap.): Kette, Fessel, in den Kampfkünsten Kette mit Gewichten (s. →*Kusarifundo,* →*Surujin,* →*Manriki-gusari*).

Kusarifundo (jap.): kurze Kette mit Gewichten an beiden Enden (s. →*Manrikigusari*).

Kusarigama (jap.): [aus *Kusari* = Kette, *Gama* oder *Kama* = Sichel] japanische Kettensichel. Zur Entwicklung der okinawanischen Kettensichel s. unter →*Nichokama,* →*Kama-kusari.*

In Japan gibt es zwei Formen der *Kusarigama*: eine Bauernwaffe mit einer vergleichsweise kurzen Klinge (→*Kama*) und eine Kriegerwaffe, ähnlich einem Kurzschwert, an dem ein Hartholzgriff befestigt ist, mit einer wesentlich längeren Klinge. Früher gab es im alten Japan mehr als 100 *Ryû*, die die Techniken der Kettensichel lehrten. Den Ursprung der Waffe schreibt man dem japanischen *Isshin-ryû* zu, das im 15. Jh. von einem Mönch namens *Jion* gegründet wurde.

Kusarigama

Die *Kusarigama* war bei den Samurai wenig beliebt, da sie als unfaire Waffe galt. Außerdem erforderte ihre Meisterschaft eine wesentlich längere Zeit als die der anderen Waffen. Deshalb wurde sie bevorzugt von den *Ninja* und den Kriegermönchen verwendet. Auch *Ji-Samurai* bewaffneten sich öfter mit der *Kusarigama*. Von den wenigen überlieferten japanischen *Ryû*, die den Gebrauch dieser Waffe lehren, ist besonders das *Araki-ryû* zu erwähnen (s. auch →*Chikiriki*, →*Manriki-gusari*).

Kusarigama-jutsu (jap.): **japanischer Kampfstil mit Sichel und Kette. Er wurde in ungefähr 100 →*Ryû* (Stilen) geübt, davon sind heute jedoch nur noch wenige erhalten.**

Den historischen Ursprung schreibt man dem japanischen *Isshin-ryû* zu, das im 15. Jahrhundert von einem Mönch namens Jion gegründet wurde. Erläuterungen zur okinawanischen Methode mit der Kettensichel siehe unter *Kama* und *Kamakusari*.

Kushaku-bô (jap.): **okinawanische Stockwaffe mit Überlänge (2,70 m). Klassifizierung s. unter →*Bô*. *Shaku* ist eine okinawanische Maßeinheit und beträgt ca. 30 cm. *Ku* ist »9«, *Kushaku-bô* bedeutet also »Stock von 9 mal 30 cm Länge«. Dieser *Bô* ist heute weit weniger bekannt als der 1,80 m lange →*Rokushaku-bô* (*Roku* = 6), war jedoch früher auf Okinawa eine beliebte Waffe.**

GESCHICHTE

Vor 1600 wurden alle Stockwaffen Okinawas ebenso wie auch andere hölzerne Bauerngeräte aus chinesischer weißer Eiche oder aus rotem Ahorn hergestellt. Nach der *Satsuma*-Invasion (s. →Okinawa) kamen die meisten Hölzer aus Japan, und man stellte die Stockwaffen aus dem Holz der japanischen roten Eiche her.

Der *Kushaku-bô* hat eine Vielzahl von Formen, doch die üblichste und meistverwendete ist völlig rund und glatt poliert. Vierkantige Hölzer nannte man *Kaku-bô*, der sechskantige Stock hieß *Rokukaku-bô*, der achtkantige *Hakukaku-bô*, während die Stäbe aus rundem Bambus *Takebô* genannt wurden. Der runde *Bô* verjüngte sich, ab jeweils etwa einem Drittel seiner Länge, an beiden Enden. Die japanischen Stockwaffen dagegen waren auf ihrer gesamten Länge fast immer gleich dick. Die okinawanischen Meister behaupten, daß dem Gegner durch die Verjüngung des Stockes dessen Ergreifen erschwert wird, während man selbst einen guten Griff behalten kann.

METHODEN

Auf Okinawa wurde das Kämpfen mit dem Stock als Kunst und Wissenschaft angesehen. Jeder kleine Vor- oder Nachteil wurde abgewogen und entsprechend genutzt. Ein guter *Kushaku-bô* mußte vollkommen gerade und völlig frei von Knoten sein. Seine Oberfläche war glatt poliert und mußte reibungslos durch die Hände gleiten können.

Das größte Problem für den *Kushaku-bô* war seine Länge. Man konnte ihn nicht verstecken, aber jedem, der durch Waffenkünste irgendeiner Art auffiel, drohte Lebensgefahr (s. dazu →Okinawa). Nicht immer konnte man einen *Kushaku-bô* mit sich herumtragen und behaupten, es sei ein Wanderstab. Da die Waffenkünste immer von der Übung des →*Tôde* begleitet waren, hatten die okinawanischen Kampfkunstexperten vom →*Makiwara*-Training stark verformte Hände, und dies, zusammen mit einem *Bô*, war für die *Satsuma*-Beamten Grund genug, nach Ergreifung eines Kämpfers sofort die Todesstrafe zu verhängen. Aus diesem Grund mußte die Übung mit dieser *Bô*-Variante sehr vorsichtig betrieben werden.

Die verschiedenen Bewegungen, die mit der

Vielzahl der *Bô* möglich sind, müssen in Betracht gezogen werden, wenn man die Einzigartigkeit jeder einzelnen *Bô*-Variante verstehen lernen will. Wurde der *Kushaku-bô* mit beiden Händen an einem Ende gegriffen, waren sehr starke Schlag-, Dreh- und Schwingtechniken möglich. Der lange *Bô* erhielt damit eine ungeheure Wucht. Die alten *Kobudô*-Meister schätzten dies sehr, denn in einer Konfrontation mit einem bewaffneten *Samurai* war es nötig, den Kampf so früh wie möglich mit einer starken Technik zu beenden. Durch die differenzierten und hochentwickelten Grifftechniken wurden solche Kampfmethoden möglich. Die Hände wurden so gesetzt, daß die Knöchel der Führhand nach oben zeigten. Die Spitze des *Bô* zeigte in einem 45°-Winkel nach außen. Der Grund dafür war, daß der *Bô* in dieser Position nur schwer aus den Händen geschlagen werden konnte. Der Gegner müßte dazu von oben nach unten schlagen. Dies war jedoch unmöglich, wenn sich die Spitze des *Bô* auf der Höhe seiner Augen befand.

Kûshankû: chinesischer Kampfkunstexperte (nach verschiedenen Leseweisen Kôsôkun, Kung Hsiang-Ch'ün, Kwang Shang-Fu, Kû Shan-Kû) des *Shaolin Quan-fa*.

Man vermutet, daß Kûshankû als chinesischer Militärattaché im Jahre 1756 im Zuge der chinesisch-okinawanischen Handelsbeziehungen als Gesandter des chinesischen Ming-Kaisers nach Okinawa kam und sich dort bis 1762 aufhielt. Der Kaiser der Ming-Dynastie wählte damals einige Familien (die »36 Familien«) aus dem chinesischen Gebiet Fukien, deren Mitglieder in verschiedenen Berufen und Künsten ausgebildet waren, aus, die sich auf Okinawa in der Nähe der Hauptstadt Naha in der chinesischen Siedlung →Kumemura (Kume) niederließen. Einer von ihnen war Kûshankû, ein bekannter Kampfkunstexperte seiner Zeit.

Man spricht Kûshankû die Einführung der zurückgezogenen Hand an der Hüfte (→*Hikite*) und einer Form des Kumite *(Kumiai-jutsu)* in das okinawanische *Karate* zu. Er begegnete dort dem okinawanischen *Tôde*-Meister →Sakugawa, der daraufhin sein Schüler wurde. Kûshankû lehrte ihn eine *Kata*, die auf Okinawa nach dem chinesischen Meister benannt wurde. Die ursprüngliche *Kûshankû-Kata* (in Japan →*Kankû*) wurde jedoch von Sakugawa verändert, was in der Folgezeit zur Gründung mehrerer *Shuri-te*-Varianten derselben führte, die alle auf der veränderten Sakugawa-Form *(Sakugawa no Kûshankû)* beruhen.

Ein weiterer Schüler und Nachfolger von Kûshankû war →Yara Chatan. Er behielt die ursprüngliche chinesische *Kûshankû*-Variante originalgetreu bei und gab sie über Meister →Kuniyoshi an →Kyan Chôtoku weiter, dem es zu verdanken ist, daß diese *Kata* auch heute noch in ihrer ursprünglichen Variante im okinawanischen *Karate* als *Kuniyoshi no Kûshankû* geübt wird.

Kûshankû-Kata (jap.): okinawanische *Karate*-Kata (s. →*Kata*), Ursprung der japanischen →*Kankû*. Kûshankû (Kôsôkun, Kwang Shang Fu) war der Name eines chinesischen Kampfkunstexperten, der im Jahre 1756 als Gesandter des chinesischen Ming-Kaisers nach Okinawa kam. Zu jener Zeit blühten die Handelsbeziehungen zwischen der Kaiserdynastie und Okinawa. Der chinesische Kaiser wählte sorgfältig einige Familien aus dem chinesischen Gebiet Fukien, die sich in Okinawa in →Kumemura, in der Nähe der Stadt Naha, ansiedelten. Einer von ihnen war Kûshankû, einer der bekanntesten Kampfkunstexperten jener Zeit.

Kûshankû hatte zwei Schüler: Yara Chatan (Kitayara) und den *Tôde*-Meister Sakugawa. Er lehrte beide eine *Kata*, die später unter seinem Namen in nahezu allen Stilen bekannt wurde. Die ursprüngliche *Kûshankû* wurde jedoch von Sakugawa verändert, was in der Folgezeit zur Gründung mehrerer *Shuri-te*-Varianten führte, die aus der *Sakugawa no Kûshankû* abgeleitet wurden. Der offizielle Nachfolger von Kûshankû *(Uchideshi)* war jedoch Yara. Er behielt die ursprüngliche *Kûshankû* originalgetreu bei und gab sie an Kyan Chôtoku weiter, dem es zu verdanken ist, daß diese *Kata* auch heute noch in ihrer Originalform bekannt ist. Diese *Kûshankû*-Variante hat sich aus der *Chatanyara no Kûshankû* entwikkelt.

So verbreitete sich die *Kûshankû-Kata* von allem Anfang an unter zwei Formen: *Sakugawa no Kûshankû* und *Chatanyara no Kûshankû*. Beide *Kûshankû*-Varianten sollten das Bild des *Okinawa-Karate* entscheidend prägen, denn es gibt kaum einen chinesischen Einfluß auf die okina-

wanischen *Shôrin*-Stile, der auch nur annähernd die Bedeutung dieser *Kata* erreichte.
Sakugawa, der ausgesprochene *Tôde*-Experte, veränderte die *Kata* nach seiner kämpferischen Auffassung, indem er die vielen subtilen Angriffe auf Vitalpunkte entfernte und sie durch nüchternere Techniken ersetzte. Er lehrte diese Variante unter anderen Sôkon Matsumura, über den sie in die Itosu-Schule gelangte. Von dort aus verbreitete sie sich als *Itosu no Kûshankû* über Funakoshi, Mabuni und Chibana in die weiteren Stile.
Yara war der offizielle Nachfolger *(Uchi-deshi)* Kûshankû's. Er hatte lange Zeit in China die inneren Künste (*Xing-yi* und *Qi-gong*) studiert und war daher in der Lage, die subtile chinesische Technik der *Kûshankû* zu verstehen. Viel leichter als die *Tôde*-Meister gewann er Einblick in den esoterischen Inhalt der *Kata*. Er beließ die *Kûshankû* in ihrer ursprünglichen Form und gab sie über seinen Nachfolger, Yara aus Yomitan, an Kyan Chôtoku (Kiyatake) weiter. Diese Variante ist heute auch noch als *Kuniyoshi no Kûshankû* bekannt (→Kuniyoshi war einer der Überlieferer dieser *Kata* über Yara) und beeinflußte nachhaltig das okinawanische *Matsubayashi-ryû* (Nagamine), *Shobayashi-ryû* (Shimabukuro Eizo) und *Isshin-ryû* (Shimabukuro Tatsuo).

KÛSHANKÛ-VARIANTEN

Sakugawa no Kûshankû
Itosu no Kûshankû
Chatanyara no Kûshankû
Kuniyoshi no Kûshankû
Chibana no Kûshankû
Kankû (in Japan)

So fand die Entwicklung der Kûshankû ab Sakugawa und Yara in zwei Formen statt. Alle nachher entstandenen Varianten sind entsprechend der Genealogie der Meister Ableitungen dieser Varianten. Die wichtigsten Kûshankû-Varianten sind (Erläuterungen s. rechte Spalte oben unter der jeweiligen Bezeichnung):

Kushida Takashi (*1935): japanischer Meister des *Aikidô*, Schüler und offizieller Nachfolger (*Menkyo-kaiden)* von Shioda Gôzô, dem Gründer des *Yoshin-Aikidô*.
Kushida begann bereits als Kind, *Jûdô* zu trainieren. 1953 begleitete er einen *Jûdôka* ins *Dôjô* von Shioda Gôzô und trat am selben Tag in den *Yoshinkan* ein. Nach sechs Monaten lud ihn Shioda

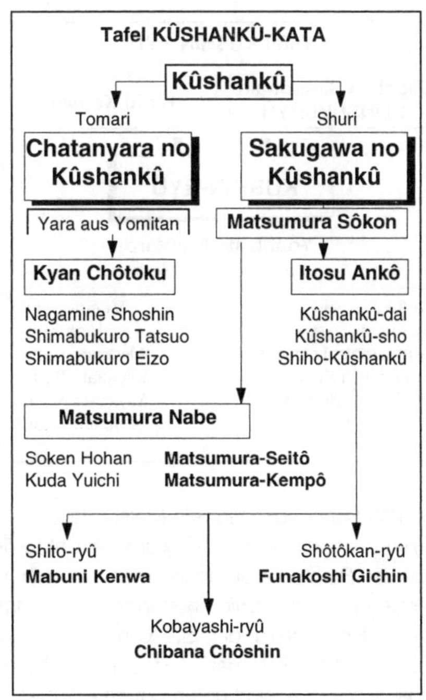

ein, im *Dôjô* zu leben, und nahm ihn als inneren Schüler *(Uchi-deshi)* an.
Kushida trainierte als Shiodas Assistent 10 Jahre lang 12 Stunden täglich. Danach wurde er Hauptinstruktor am *Yoshinkan* und unterrichtete ganztägig. 1972 forderten Edward Moore und einige andere *Aikidôka* aus Detroit einen Instruktor aus dem *Yoshinkan* an. Shioda schickte Kushida, der nach 3 Monaten zurückkommen sollte. Er blieb jedoch in den USA und unterrichtet seitdem dort. Kushida ist der Gründer der *Aikido Yoshinkai Association of North America*, die zahlreiche Schulen vereinigt. Das Haupt-*Dôjô*, *Genyokan*, befindet sich in Michigan. 1982 erhielt Kushida den 8. Dan und das *Menkyo-kaiden* des *Yoshinkan*.

Kushin-ryû (jap.): traditionelle japanische Schule des →*Jûjutsu* gegründet von Inagumi Nagayasu aus dem *Kitô-ryû*.

Kushin-ryû (jap.): »Schule des himmlischen Geistes«, Synthese zwischen *Karate* und *Jûjutsu* gegründet im Jahre 1937 in Osaka von Kinjô Kensei (Kanamori Kanashiro), assistiert von Ueshima Sannosuke. Kinjô Kanamori war ein Schüler von Chibana Chôshin und Miyagi Chôjun.

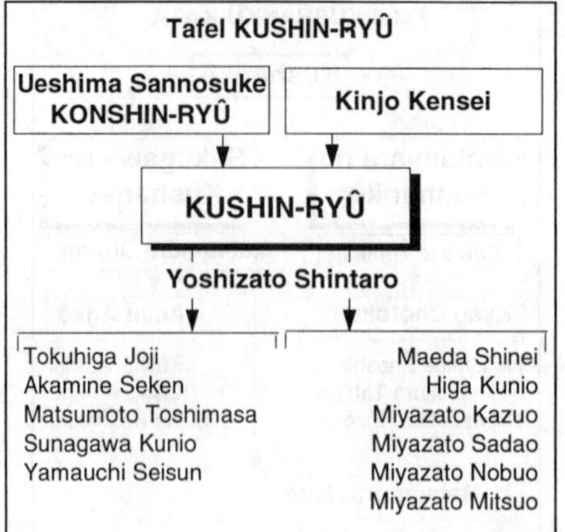

Ueshima Sannosuke war ein Meister des *Konshin-ryû Jûjutsu*. *Kushin-ryû* wurde als offizieller Stil in den *Butokukai* aufgenommen. *Ku* steht für »Karate-jutsu« und *Shin* entstammt dem *Konshin-ryû*. Heute wird der Stil von →YOSHIZATO SHINTARO angeführt, der den Stil 1960 nach Okinawa brachte. Dort unterrichtete er MORITAKE SEKEN AKAMINE (heutiger Stilvorstand), HIGA KUNIO, MIYAZATO MITSUO, MIYAZATO KATSUO, MIYAZATO SADAO MIYAZATO NOBUO, NORIMASA MATSUMOTO und NORIO SUNAKAKE im *Hombu-Dôjô* in Itoman (Okinawa).

KATA DES KUSHIN-RYÛ

Chinto	Sanchin
Gekisai	Seisan
Gojushiho	Sesan
Iyyaku Rei Hachi	Sepai
Kusanku	Seunchin
Passai dai	Suparinpei
Passai sho	

Kû-soku-ze-shiki (jap.): buddhistischer Lehrsatz: »Die Erscheinungsformen sind Leere, und die Leere wird zur Erscheinungsform.« →*Kû* bedeutet »Leere« und wird im selben Sinne verwendet wie das *Kara* aus Karate (s. →*Kû*, →*Kara*).

Kusuri (jap.): Medizin, Arznei, Medikament (auch *Yaku*). *Kusuri-yô*–Apotheke, Drogerie.

Kuwa (jap.): okinawanische →*Kobudô*-Waffe. Kuwa war eine Hacke, deren Metallteil sehr scharf geschliffen war. Der Umgang mit der Kuwa war ähnlich dem Umgang mit dem *Bô*.

Kuwae Ryosei: okinawanischer *Karate*- und *Kobudo*-Meister, der letzte Schüler des *Shuri-te*-Experten MATSUMURA SÔKON. Die heutigen Erben bewahren noch immer die handschriftliche Urkunde *(Menkyo-kaiden)*, die ihr Vorfahr von MATSUMURA SÔKON erhalten hat. Von Meister Kuwae sagt man, daß er sehr groß gewesen sei und starke Fußtechniken hatte.

MATSUMURAS BRIEF AN KUWAE

An Kuwae Ryosei

Ich schreibe Dir dies, weil ich glaube, daß Du Dir der Bedeutung des Bujutsu bewußt sein solltest. Bun [Wissen] und Bu [Kämpfen] haben dieselbe Theorie. Es gibt drei Hauptgebiete in der Bedeutung des Bun:

- ***Poesie**: Dies ist das Wissen um die Sprache, der flüssige Gebrauch des geschriebenen Wortes und die Kenntnis eines großen Wortschatzes.*
- ***Admonition**: Dies ist das letzte Verständnis der buddhistischen Schriften. Lehre andere Menschen, doch studiere beständig selbst weiter. Die beiden genannten Punkte können nicht als gemeistert angesehen werden, bis Du nicht ein Wertbezeugnis in ihnen erreicht hast.*
- ***Konfuzianismus**: Dies bedeutet, diese Philosophie zutiefst zu kennen und zu verstehen, die Probleme im Leben zu begreifen, den Geist rein und wahr zu machen, die Familie gut zu führen, das Land gut zu verwalten und schließlich die Welt friedvoller zu erhalten. Dies ist die Philosophie der Wahrheit durch Kenntnis und Verständnis des Konfuzianismus.*

Dies ist die Bedeutung des Budô:

- ***Bujutsu der Intelligenz**: Dies ist das Verständnis, daß die Stile variieren können, ein Stil jedoch nur so gut ist wie derjenige, der ihn vertritt. Die Fähigkeit, ausgezeichnet zu sein oder hervorzustechen, ist nur selten anzutreffen. Stile haben oft übertriebene Bewegungen, die wie ein Tanz aussehen, aber vom Übenden richtig verstanden werden müssen. Ist dies nicht der Fall, können sie nicht in den Kampf übertragen werden und bleiben Tänze für Frauen.*
- ***Bujutsu der Benennungen**: Dies ist eine Ansammlung von Ideen, deren Ausführung und einer Menge Reden über das Gewinnen. Manchmal kann so etwas anderen Menschen oder auch Dir selbst Schaden zufügen. Es bringt Schande über Deine Eltern und Brüder.*

• ***Bujutsu des Budô**: Dies ist reine Konzentration, die viele einzigartige Ideen hervorbringt. Du mußt mit Deinem Geist gut umgehen und darauf warten, daß der andere geistig zusammenbricht. Gewinne den Kampf durch die Ruhe Deines eigenen Geistes und stehle den Geist Deines Gegners. Reifes Handeln wirkt anregend auf andere und verursacht keine unpassenden Irritationen. Auf dem Gebiet der Loyalität mußt Du die Kraft eines Tigers und die Geschwindigkeit eines Vogels haben. Ein Meister des Budô sollte sich von Gewalt fernhalten, mit Menschen gut umgehen, ihre Leistungen anerkennen, in Frieden mit den Menschen leben und ihr Wohlbefinden vermehren.*

Dies sind die Tugenden des Bu. Da Bu und Bun im Grunde dasselbe sind, wie ich bereits erwähnt habe, brauchen wir weder das Bu der Benennungen noch das Bu der Intelligenz. Bereichere das Bujutsu des Budô, akzeptiere Veränderungen und behalte bei Deinem Training diesen Brief im Sinn.

Ein offenes Schreiben bei dieser Gelegenheit an Bruder Kuwae von Matsumura Sôkon am 13. Mai 1882.

Kuzure (jap.): Variationen, gelockert. Weitere Bedeutungen: in zwei Teile zerbrochen; zerstören, aus dem Gleichgewicht bringen.

Kuzure-hiji-maki-komi (jap.): *Jûjutsu*-Hebelgriff.

Kuzure-hiza-gatame (jap.): Hebelgriff aus dem *Jûjutsu*: Kniesperre.

Kuzure-hiza-guruma (jap.): Knierad. *Jûjutsu*-Wurftechnik.

Kuzure-hizi-maki-komi (jap.): *Jûdô*-Drehstreckhebel im Niedergehen.

Kuzure-kami-shihô-garami (jap.): oberer Vierstreckhebel im *Jûdô*.

Kuzure-kesa-gatame (jap.): gelockerte Schärpe. *Jûdô*-Haltegriff.

Kuzure no Jotai (jap.): das Brechen des Gleichgewichtes vor dem Wurf.

Kuzure-shihô-kami-gatame (jap.): oberer lockerer Viererschlüssel im *Jûdô*.

Kuzure-tate-shihô-gatame (jap.): gelockerter Reitvierer. Haltegriff im *Jûdô*.

Kuzure-ushiro-jime (jap.): Rückwärtswürger im *Jûdô*.

Kuzure-yoko-shihô-gatame (jap.): Kopfseitvierer. Haltegriff im *Jûdô*.

Kuzuriyubi (jap.): Ringfinger (s. →*Karada*).

Kuzushi (jap.): Gleichgewichtsbrechen, labile Stellung (s. →*Happô no kuzushi*).

Kuzushi-waza (jap.): Gruppe der Techniken zum Fallenstellen, Gleichgewichtbrechen und anschließendes Werfen des Gegners. →*Nage-waza* (Wurftechniken) sind meist abschließende Aktionen des *Kuzushi-waza*.

ALLGEMEIN

Kuzushi-waza ist in den Kampfkünsten ein sehr altes Prinzip und hängt im *Karate* eng mit den vorher verwendeten →*Kamaekata* (Haltungen der Deckung) zusammen. Viele Armhaltungen, die heute in den *Kata* verwendet werden, waren ursprünglich die Grundlagen für die Entwicklung der Techniken aus *Kuzushi-waza*. Das Prinzip besteht darin, dem Gegner eigene Schwächen, unbewußte Blößen oder Unvermögen vorzutäuschen (s. →*Kamaekata* und verfolge die einzelnen Positionen), ihn dazu zu verleiten, anzugreifen, und ihn dann wie in einer Falle zu fangen. Anschließend wird sein Gleichgewicht gebrochen, und er wird geworfen, immobilisiert oder gekontert. Besonders die Schulen des *Tomari-te* verwendeten viele Formen des *Kuzushi-waza*, wie sie auch heute noch in den *Tomari-Kata* (z. B. *Wankan*) enthalten sind.

KUZUSHI-WAZA IM KARATE

Kuzushi-waza bildet im *Karate* zusammen mit →*Dôji-waza*, →*Ai-uchi* und →*Kawashi-waza* ein fortgeschrittenes Prinzip des Kämpfens, das man als →*Kôsahô* bezeichnet. Die Kraft, die der Gegner durch seinen Angriff erzeugt, verwendet man dazu, ihn aus dem Gleichgewicht zu bringen und dann zu kontern. Gleich welche *Kamaekata* man benutzt, gibt man sich den Anschein, daß man ihm nachgibt, und erlaubt ihm, große Kraft in seine Aktionen zu legen, um diese dann gegen ihn zu richten. Niemals hält man dagegen, sondern man folgt immer der Richtung seiner Kraft.

Kwai (jap.): Gesellschaft, Gruppe von Menschen (auch *Kai*). *Budôkwai* – bekannte englische *Jûdô*-Schule.

Kwaiken (jap.): Variante des →*Tantô* mit einer Klingenlänge zwischen 80 und 160 mm. Das *Kwaiken* wurde meist von Frauen und Mönchen getragen und zur Selbstverteidigung und Frauenselbstmord benutzt.

Kwan-dao (chin.): siehe *Guan-dao*.

Kwannon (ind.): alte mythische Gottheit des Buddhismus. Die elfköpfige und tausendarmige Kwannon ist auch heute noch oft in japanischen Tempeln anzutreffen. Die Körperhaltungen dieser früheren indischen Statuen zeigen oft markante Ähnlichkeiten mit Kampfkunstpositionen.

Kwansetsu (jap.): Knochengelenk (auch *Kansetsu*).

Kwappô (jap.): »Methode der Wiederbelebung« (s. →*Kuatsu*, →*Kappô*). *Kwappô* ist eine Konzentration der Ideogramme »Kuatsu« und »Hô« und bedeutet »Methode der Reanimation«. Kwappô ist der Hauptzweig von →*Seifuku*.

ALLGEMEINES

In allen Kampfkünsten, in denen mit Negativstimulationen von Vitalpunkten oder Vitalzentren gearbeitet wird, gibt es auch eine fortgeschrittene Wissenschaft der Wiederbelebung, der Aufhebung von negativ stimulierten Punkten und Verfahren längerfristiger Heilungsprozesse. Der übergeordnete japanische Begriff für diese Kunst lautet *Seifuku*. Die in den Kampfkünsten gebrauchten Methoden, *Kwappô, Kappô* oder *Kuatsu*, sind Teilbereiche von *Seifuku* und als solche Methoden der Wiederbelebung und Ersten Hilfe im Falle einer Ohnmacht oder Bewußtlosigkeit durch Kampfkunstverletzungen. *Seifuku* hingegen beinhaltet auch die gesamtmedizinischen nachträglichen Heilungsverfahren.

Das erste Schriftzeichen *»Sei«* aus *Seifuku* bedeutet »authentisch« oder »wahr«, und *»Fuku«* übersetzt man mit »wiederbringen«, »wiederherstellen« oder »wiedereinrichten«, so daß man den gesamten Begriff mit »Kunst der Wiederherstellung« übersetzen kann. *Seifuku* beinhaltet viele Methoden der Heilung, u. a. auch weiterführende Behandlungen nach Verletzungen mittels Akupunktur, Akupressur, Kräutern usw. Für die Methoden der Ersten Hilfe und Wiederbelebung im Falle einer Ohnmacht in den Kampfkünsten verwendet man weitgehend die Begriffe *Kuatsu*, *Kappô* oder *Kwappô*. Diese Methode ist eine Art Erste-Hilfe-Leistung, während eine eventuell nötige Weiterbehandlung durch einen Arzt erfolgen muß.

ZUM BEGRIFF

Das Wort *Kuatsu* ist eine phonetische Kontraktion zweier Schriftzeichen. *»Kua«* bedeutet »Leben« und *»Tsu«* ist eine Silbe aus *Jutsu* (Technik). Zusammen bedeutet es »Technik des Lebens«, »Rückkehr des Lebens« oder »Wiederbelebung«. Wenn man genau sein will, muß man für die Gesamtheit der Methode eigentlich den Begriff *Kwappô* verwenden, eine Kontraktion der Begriffe *Kuatsu* und *Hô* (Methode). Damit also »Methode der Wiederbelebung«.

Das *Kwappô* oder *Kuatsu* verwendet Methoden des Schlagens auf bzw. Pressens und Massierens von Reflexzonen des Körpers. Diese Zonen stimmen weitgehend mit den Akupunkturpunkten überein, bezeichnen aber nicht die einzelnen Punkte, sondern ganze Punktgebiete. Um sie zu stimulieren, gebraucht man den Schlag mit der Handfläche, mit der Faust, mit dem Ellbogen, mit dem Knie und mit der Ferse. Gepreßt wird mit der Handfläche. Massiert wird mit den Fingespitzen oder mit dem Daumen, dosiert in der Kraft sowie in der Quantität.

DIE METHODE

Grundsätzlich kann man sagen, daß die chinesischen Kampfkünste (jap. *Kempô*) die Punktstimulationen der Akupunktur bevorzugen, während die meisten japanischen Stile mit der Methode des *Kwappô* arbeiten. Beide Methoden sind sehr ähnlich. Die *Kwappô*-Methode arbeitet hingegen

Altjapanische Kwappô-Methoden

nur selten mit einzelnen Akupunkturpunkten, sondern bevorzugt ganze Reflexzonen. Auch in dieser Methode gibt es die positive *(Kwappô)* und die negative *(Sappô)* Stimulation, und beide fanden breite Anwendung in allen japanischen *Ryû*. Die Kunst der japanischen Reflexzonenstimulation wurde innerhalb der kämpferischen Stile gelehrt, aber es gab auch in sich geschlossene Systeme, die eigenständige Formen des Kämpfens und des Wiederbelebens entwickelten. Diese Techniken gingen über Jahrhunderte Hand in Hand mit den Kampfkünsten, wurden jedoch immer streng geheimgehalten. Bis in die jüngste Zeit war mit der Einführung in diese Kunst ein Ritual verbunden, das meist in einem *Dôjô* stattfand. Der Neuankömmling wurde mit Würgetechniken in Ohnmacht versetzt, indem man Druck auf die Kopfschlagader ausübte: Dies bewirkte die augenblickliche Unterbrechung des Blutzuflusses zum Gehirn und nicht selten die Hemmung des Atemreflexes und eine Blockade des Herzschlages.
Nach der Aufweckung mußte der neu Initiierte schwören, daß er die Geheimnisse, die man ihm gleich enthüllen würde, niemals weitergeben werde. Allerdings kamen nur wenige Schüler in die Gunst, von ihrem Meister in dieser Kunst unterrichtet zu werden.
Die Suche nach den präzisen Verfahren, durch die man töten und wiederbeleben konnte, finden sich nicht nur im klassischen *Karate-do*, sondern in allen Disziplinen des Kämpfens. Die Schulen standen damit in großer Rivalität zueinander. Es wurden Punkte entwickelt, die man mit der Waffe angreifen mußte, und andere, die mit der Hand angegriffen werden konnten. In früheren Zeiten wurden diese Verfahren von den darin bewanderten Meistern ausnahmslos geheimgehalten.
In Europa wurde um 1810 ein medizinisches Konzept entwickelt, das erstaunliche Parallelen zu den asiatischen Konzepten aufweist, ohne von ihnen abgeleitet zu sein: die Homöopathie. Der Begründer der Homöopathie, SAMUEL HAHNEMANN, hat in Selbstversuchen eine erstaunliche Entdeckung gemacht. Er bemerkte, daß die Einnahme von Medikamenten auch in kleinen Dosen die Symptome erzeugt, die im Krankheitsfall bessernd wirken. Die Chinarinde zum Beispiel erzeugt beim Gesunden Fieber, während sie dieses bei einem Kranken lindert. Darauf wurden die Selbstversuche in der Homöopathie zu einer bewährten Praktik. Später entdeckte man, daß die chinesische Medizin mit den Homöopathie viele Gemeinsamkeiten aufweist und von der Diagnose und Therapie her gut zu kombinieren ist.
In der Homöopathie sind anatomische und pathologische Kenntnisse nicht wichtig. Die Symptome einer Krankheit, sowohl physische als auch psychische, werden gesammelt, und mit Hilfe von Katalogen wird das entsprechende Medikament ausgesucht, das genau diese Wirkungen auf einen gesunden Menschen hat. Ein weiteres Merkmal der Homöopathie ist, daß man dazu übergegangen ist, die Wirkstoffe in höchst verdünnter Form zu verabreichen. Die Verdünnungen sind so hoch, daß der Wirkstoff mit herkömmlichen Mitteln der Wissenschaft nicht mehr feststellbar ist, aber trotzdem die vorgezeichnete Wirkung hervorbringt. Man stellt sich vor, daß die Wirkstoffe in dem Lösungswasser keine Materie, sondern nur noch eine energetische Spur hinterlassen. Das würden die chinesischen Ärzte bestimmt mit dem Begriff *Ki (Qi)* umschreiben.
Auch die asiatische Medizintheorie sammelt als erstes alle physischen und psychischen Symptome gleichermaßen und bestimmt eine Krankheit dann aus dieser Gesamtheit. Sechs verschiedene Magengeschwüre, die für einen westlichen Mediziner alle gleich eingeordnet würden, können in der chinesischen Medizin sechs verschiedene Krankheiten darstellen. Sie werden nicht nach dem anatomischen Ursprungsort und der sichtbaren Veränderung klassifiziert, sondern nur nach der angenommenen energetischen Unstimmigkeit. Die tatsächliche Krankheit nach der westlichen Vorstellung ist für die Heilung nach chinesischem Konzept unwesentlich, da die Ursache immer auf Disharmonien des *Qi, Shen* oder *Jing* zurückgeführt werden, die in der westlichen Medizin keine greifbaren Tatsachen darstellen.
So gesehen, haben die chinesische Medizin und die Homöopathie eine ähnliche Basis, weshalb sie als naturheilkundliche Konzepte ideal kombinierbar sind.
Weiterführend kann man schließen, daß z. B. in der Stimulation von Punkten und Flächen in der chinesischen Medizin dasselbe Prinzip anwendbar ist. Die Stimulation eines Vitalpunktes bei ei-

nem kranken Menschen kann also im Normalfall Linderung der Beschwerden verschaffen. Stimuliert man einen Punkt aber ausgiebig, wenn auch nur mit leichtem Druck, so daß keine der starken negativen Wirkungen wie Bewußtlosigkeit oder Tod eintritt, müßten genau die Symptome auftreten, gegen die der Punkt normalerweise hilft. Das heißt, daß ein Punkt gegen Kopfschmerzen bei einem Gesunden nach ausgiebiger Stimulation zu Kopfschmerzen führen müßte.

Diese Theorie würde für die Negativstimulation bedeuten, daß die übergeordnete positive Wirkung auf die negative schließen läßt.

Die Theorie würde auf das Hyper-Hypo-Prinzip aufbauen, das der chinesischen Medizin zugrunde liegt. Ungleichgewichte der *Qi*-Konzentration, was Mangel *(Hypo)* oder Überschuß *(Hyper)* bedeuten kann, führen zu Beschwerden und Krankheiten in der Gegend der betreffenden Stelle oder an den verketteten Systemen (Organen, Meridianen, Energiesystemen). Stimuliert man eine gesunde Stelle über die Maßen, verursacht man also künstlich ein Ungleichgewicht, d. h. einen Mangel oder Überschuß, so müßte dies genau zu den Symptomen führen, die der Punkt, richtig angewandt, lindern sollte.

KWAPPÔ UND KAMPFKUNST

Im alten Japan war Kwappô unter den acht Kampfkünsten klassifiziert, die SHIGETAKA MINATSU in der »Geschichte der Kampfkünste« aus dem Jahr 1714 folgendermaßen benennt:

- Handhabung dreier Waffenarten

1. Handwaffen (Schwert und Dolch)
2. Waffen für die Distanz (Lanze)
3. Waffen zum Schießen (Bogenschießen)

- Übung zweier Fortbewegungsarten

4. Reiten
5. Schwimmen

- Techniken des waffenlosen Kampfes

6. Faustkampfweise mit Schlagen und Treten
7. Ringen mit Kraft *(Sumô)* und Nachgeben *(Jujutsu)*

- Wiederherstellung von Verletzungen

8. Kwappô

Kwatsu (jap.): s. →*Kuatsu*, →*Kappô*.

Kwonbop (kor.): koreanische Leseart (s. →Korea) für das chinesische *Quan-fa*. Neben →*Subak* die älteste Kampfkunst Koreas.

Kwon Jae Hwa (*1938): koreanischer *Taekwondo*-Lehrer, der seit Mai 1966 in Deutschland Hauptinstruktor der *German Taekwondo Association* (GTA, s. Anhang) war.

1972 wurde er Nationaltrainer der *Taekwondo*-Abteilung im Deutschen Judo-Bund (DJB, s. Anhang). Er schrieb das Buch »Zen-Buddhismus und Selbstverteidigung«. 1974 zog er in die USA, wo er heute unterrichtet.

Kyaku (jap.): Bein (auch *Kya, Ashi*).

Kyan Chôtoku (1870–1945): auch KIYATAKE oder KIYABU, okinawanischer *Karate*-Experte, geboren in Shuri im Dezember 1870 als 11. Abkömmling des Königs SHOSEI von den Ryûkyû-Inseln, Gründer des →*Sukunai Hayashi-ryû* bzw. →*Shobayashi-ryû*.

KYANS LEBEN

Kyan Chôtokus Vater, KYAN CHÔFU, selbst ein Kampfkunstexperte, wandte sich an die Meister MATSUMURA SÔKON, ITOSU ANKÔ *(Shuri-te)*, OYADOMARI PEICHIN, MAEDA PEICHIN und MATSUMORA KOSAKU *(Tomari-te)*, die damals bedeutendsten Kampfkunstlehrer im Land, und bat sie, seinen Sohn in den Kampfkünsten zu unterrichten, da er selbst glaubte, nicht streng genug sein zu können. Als Chôtoku 12 Jahre alt war, nahm sein Vater ihn mit nach Tôkyô. Dort studierte er 4 Jahre lang die chinesischen Klassiker und übte sich während dieser Zeit auch in den japanischen Kampfkünsten.

Von Matsumura Sôkon lernte er die *Naihanchi, Seisan* und *Gojushiho*. Von Matsumora Kosaku lernte er die *Chinto,* von Oyadomari die *Passai*. Maeda Peichin lehrte ihn die *Wanshu*. Er lernte auch das »Baum-Kämpfen«, das mit dem okinawanischen Tanz *Saru-mai* verbunden ist.

Bereits im Alter von 30 Jahren besaß Kyan Chôtoku in Shuri und Naha großes Ansehen als Kampfkunstexperte. Nach langjährigem Training unter verschiedenen Meistern begann er seine eigenen Konzepte zu entwickeln. Er übte an zwei verschiedenen →*Makiwara*, das eine flexibel für Fauststöße, das andere, rund und stabil, für Fußtechniken. Man sagt, er hätte mehr als 50 Methoden des Treffens am *Makiwara* entwickelt.

Besonders interessierten ihn Methoden der Verteidigung eines kleinen Mannes gegenüber einem großen. Nach langen Studien entwickelte er ein Konzept, das die Schnelligkeit der Handlungen den kraftvollen Techniken vorzog. Er lehrte, daß man sich abducken muß, um Blößen des Gegners besser ausnutzen zu können.

Durch politische Umstände verarmte jedoch seine Familie, und er war gezwungen, in die Stadt Yomitan umzuziehen. Von diesem Moment an nannte er sich Yara Kitaya. Er lebte nun in großer Not und nahm die niedrigsten Arbeiten an. Trotzdem setzte er sein *Karate*-Studium fort. Zu jener Zeit lernte er den berühmten *Karate*-Meister →Kuniyoshi no Tamme kennen, einen Schüler von Yara Chatan. Die beiden Meister unterrichteten daraufhin Kyan in der Original-*Kûshankû* (heute bekannt als *Chatanyara no Kûshankû*), die danach über Shimabukuro zu Ishikawa Seitôku gelangte.

Kyan Chôtoku

Kyan reiste viel, unter anderem auch nach Taiwan (Formosa), von wo er die Kata *Ananku* mitbrachte, die er später seinem Schüler Nakazato Joen beibrachte. Er fuhr auch zu den weit abliegenden okinawanischen Inseln (Yaeyama) und lernte dort von Meister Tokumine Peichin die *Tokumine no Kon*.

Meister Chibana erzählt, daß Kyan auch oft bei ihm im *Dôjô* übte. Bei dieser Gelegenheit führte er dann Kata wie *Chinto, Passai* oder *Kûshankû* vor. Chibana sagt, daß die *Chinto* und die *Passai* ganz eigene Varianten waren.

Danach eröffnete Kyan in Kadena sein eigenes *Karate-Dôjô*. Über diese Schule wurden mehrere spätere Stile beeinflußt, insbesondere über seine berühmtesten Schüler Aragaki Ankichi, Nagamine Shôshin und Shimabukuro Tatsuo.

Kyans Überlieferung

Kyan verband Elemente des *Shuri-te* und des *Tomari-te* in seinem einmaligen Stil, der von seinen Schülern zunächst *Migwa-te* genannt wurde. Später erhielt der Stil die Bezeichnung *Sukunai Hayashi-ryû*.

Kyan war ein Meister der Sprung- und Fußtechniken und ein Spezialist des *Bôjutsu*. Auch zeigte er öfters seinen mit dem Erdboden verwurzelten Stand, aus dem niemand ihn herausbewegen konnte. Dies tat er, indem er die Kata *Seisan (Hangetsu)* vorführte. Seine Lieblings-Kata waren *Passai (Bassai), Chinto (Gankaku)* und *Kûshankû (Kankû)*. Seine Varianten beeinflußten das *Shobayashi-ryû*, das *Matsubayashi-ryû*, das *Chitô-ryû* und das *Isshin-ryû*. Der unverfälschte Kyan-Stil wird von →Nakazato Joen im okinawanischen *Shôrinji-ryû* gelehrt.

Kyan Chôtoku war einer der einflußreichsten Lehrer des okinawanischen →*Shôrin-ryû*. Seine Lieblingsschüler waren Aragaki Ankichi und Shimabukuro Taro, die den Meister immer begleiteten. Er war allseits gefürchtet und hoch respektiert. Im Kampf tötete er den bekannten *Karate*-Experten Tairaguwa aus Gushikawa (→Agena Shokuho), indem er ihm von einem Baum in den Nacken sprang. Aussagen von Kyan wie »Die Meisterschaft des Karate hängt nicht von der körperlichen Konstitution, sondern von bestän-

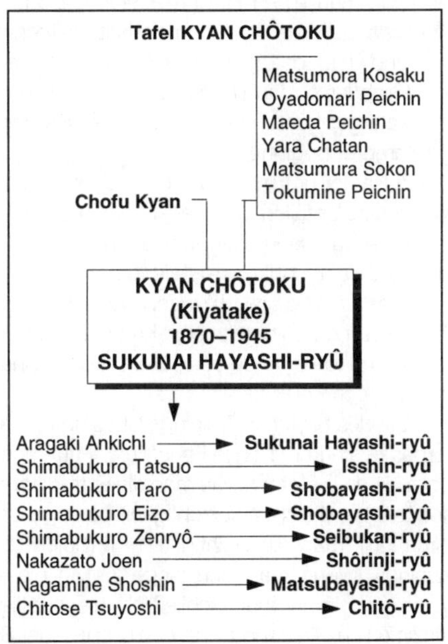

diger Übung ab« oder »Kämpfe stets mit geradem Rücken« sind in die Geschichte eingegangen.

Kyan gründete das *Sukunai Hayashi-ryû*, Grundstein zu NAGAMINE SHOSHINS *Matsubayashi-ryû*, zu SHIMABUKURO TATSUOS *Isshin-ryû*, zu CHITOSE TSUYOSHIS *Chito-ryû* und zu NAKAZATO JOENS *Shôrinji-ryû*. Seine bekanntesten Schüler waren: SHIMABUKURO EIZO *(Shobayashi-ryû)*, SHIMABUKURO TATSUO *(Isshin-ryû)*, SHIMABUKURO TARO *(Shobayashi-ryû)*, SHIMABUKURO ZENRYÔ *(Seibukan-ryû)*, ARAGAKI ANKICHI *(Sukunai Hayashi-ryû)*, NAGAMINE SHÔSHIN *(Matsubayashi-ryû)*, CHITOSE TSUYOSHI (Chito-ryû), NAKAZATO JOEN *(Shôrinji-ryû)* u. a. Nachdem er während des Krieges seine gesamten Vorräte an Lebensmitteln an Bedürftige verteilt hatte, starb Kyan Chôtoku am 20. September 1945 im Alter von 75 Jahren in einer Ortschaft im Norden Okinawas den Hungertod.

ANLEITUNGEN ZUM TRAINING (KYAN CHOTÔKU, 1933)

1. Man sollte beim Unterricht folgende Reihenfolge beachten: zuerst erklären, was Karate ist und welches die richtige Haltung im Training ist. Danach die Formen und Fußbewegungen lernen. Dann lernt man die Art und Weise, die Faust zu gebrauchen und den Ellenbogen einzusetzen, dann wie man einen Fußtritt ausführt. Danach lernt man die Wurf- und Immobilisationstechniken und die dazugehörigen Abwehrformen. Schließlich lernt man die Kata. Erst wenn man eine Kata gut kann, soll man mit dem Studium des Kampfes beginnen.

2. Den Kampf übt man traditionell ohne Schutz. Das führt zu Unfällen, und daher kann man einen Schutz, etwa wie im Kendô, tragen. Man kann auch eine Kautschukhose anziehen.

3. Für das Training braucht man, abgesehen vom Makiwara und den bereits erwähnten Schützern, weder irgendein anderes Objekt noch einen Partner, noch viel Platz.

Im Laufe des täglichen Trainings ist es nötig, den Körper zu stärken, sich in Faust- und Fußtechniken zu üben, zu lernen, wie man die Extremitäten mobilisiert und sich mit Leichtigkeit bewegt: Dadurch lernt man die wichtigsten Prinzipien des Trainings. Wenn man sich lange Zeit in dieser Weise übt, kann man schließlich die subtilen Prinzipien der Anwendung lernen und in jeder Situation passend handeln. Wenn man aber nur die Techniken des Körpers übt und diejenigen des Geistes vernachlässigt, wird die Kunst unbrauchbar. Man muß den Weg klar sehen und Bescheidenheit entwickeln, die Ruhe des Geistes lernen, Promptheit und Tapferkeit erreichen, damit die Techniken des Körpers angewendet werden können. Dazu folgende Regeln:

1. Die Kampfkunst ist dazu gedacht, Gewalt zu beseitigen, Ärger zu vermeiden und sich zu schützen. Deshalb müssen alle Kampfkunstübenden immer eine Haltung der Bescheidenheit und Zurückhaltung annehmen und sich mit einem Geist der Loyalität und Hingabe erziehen.

2. In der Kampfkunst ist es wesentlich, im notwendigen Moment zu handeln und seinen ganzen Geist, seine Kraft und seinen Körper hineinzugeben. Derjenige, dessen Kraft hochtrabend und arrogant bleibt, ist untragbar für die Gesellschaft und wird von anderen abgelehnt. Er ist sein eigenes Unglück. Darüber sollte man nachdenken. Es gibt ein Sprichwort: Die Faust soll an der Hüfte bleiben, wie in einem Tresor. Man soll vermeiden, sie ohne Unterscheidung zu verwenden.

3. Die Ziele des Karate-dô sind: Körpererziehung, Kampfkunst, Geistestraining.

4. Man muß die Haltung bewahren, in der man unbeweglich bleibt, und muß das Ki im Bauch sammeln. Doch ist es äußerst wichtig, zu vermeiden, daß man zu starr steht.

5. Wenn man sich in einer Kata übt, ist es notwendig, sie mit dem ganzen Willen auszufüllen, und dasselbe Gefühl zu entwickeln, wie wenn man einem Gegner gegenüberstehen würde.

6. Schnelligkeit ist in allen Bewegungen essentiell. Bei allen Fußbewegungen muß man Kraft in die Zehen legen.

7. Wenn man sich in der Kata übt, muß man ihren Sinn verstehen. Man darf sich nicht über das Ziel der Technik täuschen lassen und muß zwischen Jodan [oben], Chudan [Mitte] und Gedan [unten] gut unterscheiden. Training ohne Verständnis des Kata-Sinns ist umsonst.

8. Man muß am Makiwara trainieren und die Kraft des Schlages verstärken. Unabhängig von der Schnelligkeit wird der Faustsstoß wirkungslos, wenn er keine Kraft im Impakt hat. Unabhängig von der Kraft des Fauststoßes wird dieser aber auch wirkungslos, wenn es an Agilität und Schnelligkeit in der Körperbewegung und in den

Extremitäten fehlt. Es darf daher weder die Kraft des Fauststoßes noch die Agilität fehlen; sie sind wie die beiden Räder eines Wagens.

9. Man muß sich immer bemühen, den Geist, den Körper und die Augen in Einklang zu bringen.

ANLEITUNGEN FÜR DEN KAMPF (KYAN CHOTÔKU, 1933)

1. Bevor man agiert, muß man zuerst die Kapazität des Gegners abschätzen. Wenn er stark ist, verläßt er sich ganz unvermeidlich auf seine Kraft und will angreifen. Also beschränke ich mich darauf, abzuwehren, und wenn er immer wieder seine Kraft verwendet, starte ich meinen Angriff in dem Augenblick in dem er eine Lücke zeigt. Dies ist die Technik, mit der man die Kraft des Gegners für sich verwenden kann.

2. Wenn der Gegner nicht sehr stark ist, wird er in der Defensive sein, seine Körper- und Fuß-Bewegungen vervielfältigen und oft zurückweichen. In diesem Fall darf man nur einen sicheren Fauststoß ausführen. Man braucht Fauststöße und Fußtritte, um vorzugehen und zurückzuweichen und dann plötzlich anzugreifen. Wenn ich die Initiative im Angriff übernehme, muß ich auf unerwartete Gegenangriffe achten.

3. Ich darf nicht angreifen und meine Kraft und Schnelligkeit überschätzen. Wenn jemand schnell ist, kann er einen schnellen Gegenangriff ausführen, ehe ich etwas unternehmen kann, indem er die Bewegung meiner Hände und Füße vorausahnt.

4. Es ist notwendig, daß man vor dem Gegner die Technik verbirgt, die man anwenden wird, indem man seinen Willen verbirgt. Wie auch immer die Kapazität des Gegners ist, er kann nicht mehr als drei Schritte vor- oder zurückgehen.

5. Im Moment des Kampfes muß man seine Aufmerksamkeit auf die zentrale Linie von den Augen bis zu den Beinen legen. Man muß immer aufpassen, daß man keinen Fauststoß zwischen die Augen und keinen Fußtritt in die Hoden bekommt und daß man sich nicht fassen läßt. Im allgemeinen ist es besser, nicht zuviel Kraft in die Abwehr zu legen. Wenn man zuviel Kraft in den Abwehrtechniken verwendet, wird dadurch jede Technik langsam, und man riskiert, den geeigneten Moment zu verpassen.

6. Wenn man den Arm des Gegners faßt, muß man das stark tun, aber gleichzeitig auch weich. Der Geist muß immer stark sein, um adäquat auf die Aktion des Gegners reagieren zu können.

7. Der Angriff mit einem Fauststoß muß immer schnell sein. Wenn er abgewehrt wird und sein angestrebtes Ziel nicht erreicht, dann kann er doch seinen Weg fortsetzen und einen anderen Punkt treffen. Selbst wenn der Angriff keinen starken Impakt hat, wird der Gegner dadurch gestört. Man muß dann, ohne zu zögern, stufenweise mit anderen Faust- und Fußtechniken folgen.

8. Es ist nicht unbedingt notwendig, die Fußtritte des Gegners mit der Hand abzuwehren. Man kann sie mit dem Bein abwehren und gleichzeitig einen Fauststoß starten. Selbst wenn der Gegner fällt, sollte man ihn nicht zu leicht treffen, denn er springt manchmal mit einem unerwarteten Angriff wieder auf.

9. Wenn der Gegner das Bein ergreift, ist dies nicht gefährlich, wenn man den Fuß sehr fest aufsetzt. Doch man muß aufpassen, wenn der Boden schlecht ist.

10. Wenn man dem Gegner gegenübersteht, dann muß man aufpassen, daß man nicht auf seine Strategie hereinfällt. Manche führen eine Fußtechnik aus, wobei sie vorher in die Hände klatschen oder die Hand fassen wollen, andere eine Fausttechnik und täuschen mit einer Fußtechnik. Reagiere auf Stimmen und auf Geräusche entsprechend dem, was sie sind. Man darf niemals nachlässig werden.

11. Wenn man es mit mehreren Gegnern zu tun hat, darf man niemals in den Nahkampf gehen, sondern man muß immer auf Distanz bleiben. Wenn man mich von rechts angreift, wende ich mich nach links, werde ich von vorn angegriffen, greife ich den Gegner hinten an.

Kyan-ryû (jap.): siehe Nakazato Joen.

Kyo[1] (jap.): groß, riesig. *Kyodai* – kolossal, *Kyojin* – Riese.

Kyo[2] (jap.): leer (auch *Ko*). *Kyoeishin* – Eitelkeit, *Kyojaku* – schwach, *Kyôgi* – falsch, unwahr, *Kokû* – Leere, Luft, Himmel.

Kyo[3] (jap.): Entfernung. *Kyori* – Distanz, Entfernung, *Tan/Kinkyori* – kurze Entfernung, *Chô/ Enkyori* – große Entfernung, *Chûkyori* – mittlere Entfernung.

Kyo[4] (jap.): erlauben, zulassen (auch *Yurusu*), *Menkyo* – Lizenz, Bescheinigung, *Kyoka* – Erlaubnis, Genehmigung.

Kyô (jap.): lehren, unterrichten (auch

Oshieru). *Kyônin* – Lehrer, *Oshiekata* – Lehrmethode.

Kyôda Kohatsu (1887–1968): auch KYÔDA JUHATSU, okinawanischer Kampfkunstexperte aus Naha, offizieller Erbe von HIGASHIONNAS *Naha-te*.

KYÔDAS LEBEN

Kyôda Kohatsu begann sein *Karate*-Training unter HIGASHIONNA KANRYÔ (alias TOONA) im Alter von 15 Jahren, einen Monat bevor MIYAGI CHÔJUN in die Higaonna-Schule kam. Kyôda lernte aber auch das okinawanische *Shôrin-ryû (Tomari-te)* unter MATSUMORA KOSAKU und OYADOMARI PEICHIN. Er wird jedoch als Meister des *Shôrei-ryû (Naha-te)* angesehen, insbesondere da er der offizielle Nachfolger *(Uchi-deshi)* von Higashionna Kanryô ist.

Kyôda war von Beruf Schullehrer auf Okinawa und gründete, nachdem er die Meisterschaft in den Kampfkünsten erreicht hatte, verschiedene *Shôrei-Karate*-Clubs innerhalb des okinawanischen Schulsystems. Im Jahre 1932 begann er als 42jähriger mit der Übung des chinesischen *Bai-he-quan*, das er von →GO KENKI lernte. Daraus übernahm er die →*Nepai* in seinen Stil. Zwei Jahre später wurde er zum Haupt-Instruktor des okinawanischen Zweiges des *Dai Nippon Butokukai* auf Okinawa.

KYÔDAS ERBE

Obwohl Kyôda hauptsächlich Higashionnas *Naha-te* vertrat, hatte er über MATSUMORA KOSAKU und OYADOMARI PEICHIN auch Einflüsse aus der *Tomari-te* Richtung des *Shôrin-ryû*. Als Synthese seiner *Karate*-Erfahrung, jedoch mit dem Schwerpunkt im *Naha-te*, gründete Kyôda seinen eigenen Stil, den er – nach den ersten Schriftzeichen aus Higashionnas Namen – →*Toon-ryû* nannte. 1944 zog er nach Kyûshu (Japan), wo er bis zu seinem Lebensende blieb und den Stil lehrte. Das *Toon-ryû* wird heute auch auf Okinawa geübt, ist ansonsten jedoch nur wenig verbreitet.

Der aktuelle Stilvorstand ist MURAKAMI. Weitere Schüler Kyôdas waren IRAHA CHOKO, KYÔDA SHIGEMITSU und KAMIZAKI SHIGEKAZU (1898 bis 1966).

Kyôgi (jap.): falsch, unwahr. *Kyôgi-kumite* – unechter Kampf, Bezeichnung für den Wettkampf.

Kyôgi-jô (jap.): Stadium, Sportarena.

Kyôgi-kumite (jap.): fest geordneter Kampf nach dem Wettbewerbssystem (s. →*Kyôgi*) mit Regeln und Schiedsrichtern, um einen Sieger nach Punkten zu ermitteln (Erläuterungen s. →*Shôbu-kumite*).

Kyôhan (jap.): Lehrbuch, Leitfaden.

Kyôhan Karate-dô (jap.): »Der Meistertext«, Titel des von Meister FUNAKOSHI GICHIN 1935 geschriebenen Buches über *Karate-dô*. Er beschreibt darin hauptsächlich die 15 maßgebenden *Kata* des *Shôtôkan*-Stils und die Art, wie sie geübt werden sollen. Außerdem geht er ausführlich auf die philosophischen Prinzipien des *Karate-dô* ein, auf seinen Wert für die Gesundheit, für die Selbstverteidigung und die Entwicklung der Persönlichkeit. Er beschreibt grundlegende Formen des *Kihon-kumite* und des *Kihon*.

Bereits im November 1922 veröffentlichte Meister Funakoshi seine erste Arbeit in Japan, *»Ryûkyû Kempô Karate«*, in der er vor allem die philosophischen und geschichtlichen Hintergründe des *Karate* behandelt.

Die Originalschriften dieses Buches wurden jedoch 1923 bei einem Erdbeben zerstört, was den Autor veranlaßte, eine völlige Neubearbeitung vorzubereiten: *»Rentan Goshin Karate Jitsu«*. Erst im Jahre 1935 veröffentlichte Meister Funakoshi *»Karate-dô Kyôhan«*, ein sehr empfehlenswertes Buch, das von Meister TSUTOMU OSHIMA, dem aktuellen Erben des *Shôtôkai*, ins Englische übersetzt wurde (die englische Version erschien 1972 im Kôdansha-Verlag).

Kyojaku (jap.): Stärke *(Kyo)* und Schwäche *(Jaku)*, die Ausgewogenheit der beiden steht für wahre Stärke.

Kyôjutsu (jap.): »Lüge und Wahrheit«. Begriff, der sinngemäß für »Täuschung« oder »Verhüllung« steht.

Kyôka (jap.): Lehrgang.

Kyôkai (jap.): Verein.

Kyoketsu-shoge (jap.): *Ninja*-Sichelwaffe mit zusätzlich nach oben verlängerter Klinge mit Widerhaken.

Am kurzen Haltegriff war ein etwa 4 Meter langes Seil befestigt, an dessen anderem Ende sich ein Metallring befand. Die Waffe wurde von den *Ninja* als Enterhaken verwendet oder um Türen aufzubrechen.

Kyoketsu-shoge

Kyôkotsu (jap.): *Atemi*-Angriffspunkt: Brustbein.

Kyôkotsu-kenjô-tokki (jap.): *Atemi*-Angriffspunkt, schwertförmiger Ausläufer des Brustbeins.

Kyôk-pa (kor.): Bruchtest im *Taekwondo*.

Kyoku (jap.): maximale Wirkung, größtmögliche Leistung.

Kyôkun (jap.): Lehre, Belehrung.

Kyokushinkai (jap.): japanischer *Karate*-Stil, 1955 von →ÔYAMA MASUTATSU aus der Kombination von *Shôtôkan-ryû* und *Gôjû-ryû* gegründet. Ôyama war Koreaner, und sein richtiger Name lautete HYUNG YEE. Anfangs nannte er den Stil →*Ôyama-ryû*. Der Stil enthält auch viele eigenwillige Elemente Ôyamas, die teils aus seinen eigenen Erfahrungen und teils aus anderen Stilen stammen. Die Bezeichnung des Stils setzt sich aus *Kyoku* (höchstmöglich, maximal), *Shin* (Geist, Wahrheit, Tatsächlichkeit) und *Kai* (Vereinigung, Stilrichtung) zusammen. Kyokushinkai ist ein harter Wettkampfstil mit K.-o.-Regeln (s. →*Full-contact*).

DIE ERSTEN TURNIERE

Bereits 1958 gründete EDWARD →LOWE die hawaiianische Abzweigung des *Kyokushinkai* und organisierte in den darauffolgenden Jahren in Honolulu das erste öffentliche *Kyokushin-Karate*-Turnier *(First Hawaiian Karate Tournament)*. 1960 wurde unter der Beteiligung von 16 Ländern dieses Turnier erneut aufgelegt.

Als Ôyama im Jahre 1965 mit etwa 100 Schülern in sein neues *Dôjô (Kokusai Karate-dô Kyokushinkai-kan So-Honbu)* umzog, ließ er sich als *Kanchô* (Großmeister) bezeichnen und ernannte →NAKAMURA TADASHI zum 1. *Shihan*. Doch der Stil wurde in Japan nicht anerkannt und hatte nur wenig Zulauf. Ôyama betrieb eine umstrittene Verbreitungspolitik, indem er Schwarzgurt-Lizenzen in der ganzen Welt vergab (oftmals ohne die Kandidaten gesehen zu haben), um weltweit Filialen errichten zu können. Er ließ seine Schüler mit großem Aufsehen gegen diverse andere Kampfkunstmeister antreten. Nakamura ging für Ôyama in die USA, um dort das *Kyokushin-Karate* zu verbreiten.

1964 wurde die *International Karate Organisation* (IKO, s. Anhang) gegründet und 1969 das erste *All Japan Open Tournament* nach den Regeln des *Full-contact* abgehalten, deren Erst- bis Drittplazierte YAMAZAKI TERUTOMO, SOENO YOSHIJI (Gründer des *Shidôkan*) und HASEGAWA KATSUYUKI waren. Im folgenden Jahr (1970) gab es bei diesem für alle Stilrichtungen offenen *Full-contact* Turnier folgende Plazierungen: 1. HASEGAWA KATSUYUKI, 2. YAMAZAKI TERUTOMO und 3. SOENO YOSHIJI. Weitere Gewinner dieses Turniers waren SATO KATSUAKI (1971, 1974, 1975), MIURA MIYUKI (1972), ROYAMA HATSUO (1973), SATO TOSHIKAZU (1976), AZUMA TAKASHI (1977), NINOMIYA JÔKÔ (1978), NAKAMURA MAKOTO (1979), SANPEI KEIJI (1980, 1981, 1982), ONISHI YASUTO (1983), KUROZAWA (1984), MATSUI AKIYOSHI (1985, 1986) usw.

Schriftzeichen für Kyokushinkai

DER INTERNATIONALE DURCHBRUCH

Als sich eine Gruppe der IKO 1972 in einem *Non-contact*-Turnier in Paris versuchte und dort unerwartet verlor, schlug Ôyama in die Kerbe. Er übte harte Kritik an den Regeln des *Non-contact* und zog sein Team mit großem Aufsehen von der Meisterschaft zurück. Anschließend erklärte er, daß niemand das japanische *Karate* besiegen könne, kündigte eine eigene Weltmeisterschaft mit IKO-Regeln an und erklärte öffentlich, daß er *Seppuku* begehen würde, falls seine Leute verlieren sollten. Er ließ NAKAMURA TADASHI aus Amerika kommen und beauftragte ihn mit der Vorbereitung der Weltmeisterschaft.

Am 1. November 1975 wurde im Rahmen der IKO tatsächlich dieses *World Open Karate Tournament* in Tôkyô organisiert, das von SATO KATSUAKI gewonnen wurde. Es war ein Medienspektakel für die gekränkte japanische Ehre, doch die Wettkämpfe waren offensichtlich manipuliert, was zu heftigen Diskussionen führte und Ôyama einen zweifelhaften Ruf einbrachte. *Kyokushin-Karate* wurde zwar bekannt, doch Ôyama verlor seinen potentiellen Nachfolger, Nakamura Tadashi, der sich im März 1976 angewidert von ihm abwandte.

Ôyama gründete daraufhin in der ganzen Welt Filialen, in denen er Lehrer einsetzte, deren Qualifikation er aufgrund ihm zugesandter Videoaufnahmen bestätigte. So gründete er selbst im europäischen Ostblock *Kyokushin*-Zentren und hatte viele Anhänger. Doch die meisten guten Lehrer wandten sich von ihm ab und gingen eigene Wege. Heute wird das *Kyokushin* in 130 Ländern ausgeübt.

WELTMEISTERSCHAFTEN

Das *Kyokushinkai* betont den tatsächlichen Kampf nahe dem Realitätsbereich. Wettkämpfe werden nach Voll-Kontakt-Regeln ohne Schützer abgehalten und streben den K.-o.-Sieg an. Eine weitere Wettkampfdisziplin ist das *Tameshiwari* (Bruchtest).

Die erste offene Weltmeisterschaft der IKO wurde 1975 in Tôkyô organisiert, nachdem Ôyamas Team eine *Non-contact*-Meisterschaft verloren hatte und er über diese Sportart hart hergezogen war. Gekämpft wurde auf seinem Turnier ohne Gewichtsklassen im K.-o.-System und ohne Schützer. Verschiedene Stile aus 36 Länder nahmen daran teil. Die ersten sechs Plätze wurden von Japanern belegt: SATO KATSUAKI, ROYAMA HATSUO, NINOMIYA JÔKÔ, OISHI DAIGO, SATO TOSHIKATSU, AZUMA TAKASHI und weiter CHARLES MARTIN, FRANK CLARK und HOWARD COLLINS.

Die zweite Weltmeisterschaft fand 1979 im *Budôkan* von Tôkyô statt und wurde von Ôyamas direkten Schülern NAKAMURA MAKOTO und SANPEI KEIJI gewonnen. Die anschließende Reihenfolge: WILLIE WILLIAMS, AZUMA TAKASHI, HOWARD COLLINS, BERNARD CRETON, MARXER SENO und KAWABATA KOICHI.

Die dritte Weltmeisterschaft fand 1984 statt. Die Gewinner waren: Nakamura Makoto, Sanpei Keiji, Matsui Akiyoshi, Ademir Da Costa, Onishi Yasuto, Nicholas Da Costa, Tahara Keizo und Dave Greaves.

KYOKUSHIN IN EUROPA

Die bekanntesten europäischen Schüler von Ôyama Masutatsu sind STEVE ARNEIL (England) und JON BLUMING (Holland). Arneil gründete die *British Kyokushin Karate* (BKK), die lange Zeit die wichtigste *Kyokushin*-Organisation Europas war. Jon Bluming begann 1959 unter Ôyama zu trainieren und erreichte den 6. Dan. Ôyama: »Finde einen Gegner, der Bluming im Kampf K.o. schlägt, und ich gebe ihm meinen 8. Dan.« Bluming unterrichtete JAN PLAS, YANN KALLENBACH und ALAIN SETROUK. In Deutschland ist *Kyokushinkai* als selbständige Sektion im →DKV organisiert und wird von JOACHIM EISHEUER (7. Dan) geleitet.

Kyoshin Meichi-ryû (jap.): traditionelle japanische Schule des *Kenjutsu* und *Kendô*, deren Techniken über MOMON-I SHUNZO zu →TAKEDA SÔGAKU gelangten.

Kyôsaku (jap.): »Stock der Erweckung«. 80 bis 100 cm langer Stock, der von einem *Zen*-Meister (→*Rôshi*) zur Ermunterung seiner Schüler während der *Zazen*-Übung gebraucht wird.

Kyô-sekitsui-daikyôku (jap.): *Atemi*-Angriffspunkt: Brustrückgratwölbung.

Kyôshi (jap.): Lehrer; Meister des *Budô*, Inhaber des 7. oder 8. Dan. (s. →*Kyûdan*, →*Dan*, →*Kodansha*).

Kyû[1] (jap.): neun (auch *Ku*, *Kokonotsu*, s. →*Kazoeru*).

Kyû[2] (jap.): Rang, Stufe, Klasse, Schülergrad der →*Mudansha* (s. auch →*Deshi*, →Kyûdan).

MUDANSHA – DIE SCHÜLERSTUFEN

Unterstufe

Hashi-kyû	– 8. Schülergrad
Shishi-kyû	– 7. Schülergrad
Rok-kyû	– 6. Schülergrad
Go-kyû	– 5. Schülergrad
Shi-kyû	– 4. Schülergrad

Oberstufe

San-kyû	– 3. Schülergrad
Ni-kyû	– 2. Schülergrad
Ik-kyû	– 1. Schülergrad

Kyû[3] (jap.): Bogenschießen (auch *Yumi*).

Kyûatsu (jap.): →Akupressur.

Kyûba no Michi (jap.): »Weg des Bogens und des Pferdes«. Ursprüngliche *Samurai*-Ideologie, aus der sich später das →*Bushidô* entwickelte. Vorgänger des →*Yabusame* (Erläuterungen s. dort).

Kyûdan (jap.): Bezeichnung für das Graduierungssystem (s. →*Menkyo*, →*Menkyo-kaiden*, →*Bujutsu*) des →*Butokukai* in den japanischen *Budô*-Künsten. Es unterteilt sich in die *Kyû*-Systeme der Schüler (s. →*Shu*[3], →*Mudansha*) und die *Dan*-Graduierungen der Schwarzgurte (s. →*Ha*[3], →*Ri*[3], →*Yûdansha*, →*Kodansha*). Die Zuteilung eines →*Kyû*[2] oder →*Dan* erfolgt durch ein Diplom (→*Gaku*), das vom →*Sensei* an den Schüler (→*Deshi*) verliehen wird. Im →*Budô* betrachtet man die *Kyû* als Schülergrade und die *Dan* als Grade der Selbstperfektionierung auf dem Weg (→*Dô*). Der höchste Grad ist zumeist dem Gründer der Schule oder des Stils vorbehalten.

GESCHICHTE

Vor Meister →FUNAKOSHIS Ankunft in Japan gab es im *Karate* keinerlei Graduierungen. Es war der Gründer des *Jûdô*, →JIGORÔ KANÔ, der das Graduierungssystem aus den alten japanischen Kampfsystemen ins *Jûdô* übernahm. Bereits früh gab es im *Bugei* (Vorläufer des *Budô*) ein solches System der Rangordnungen (→*Menkyo*), in dem die Meister Urkunden (→*Makimono*) mit Nummern von 1 bis 5 an ihre Schüler vergaben. Die höchste Urkunde war die des →*Menkyo-kaiden*, welche die endgültige Meisterschaft einer Kampfkunst bestätigte. Der *Menkyo-kaiden* trat das Erbe der Kunst für die nächste Generation an und hatte die Aufgabe, am Ende seines Weges die Kunst weiterzugeben.

Kodansha (5.–10. Dan)	
1. Menkyo-kaiden (Lehrer)	**Sensei**
10. Dan (Judan)	Hanshi
9. Dan (Kudan)	Hanshi
8. Dan (Hachidan)	Kyoshi
7. Dan (Shichidan)	Kyoshi
6. Dan (Rokkudan)	Renshi
5. Dan (Godan)	Renshi
Yudansha (1.–4. Dan)	
2. Kaiden (Initiierung)	**Sempai**
4. Dan (Yondan)	Techniker
3. Okuden (Hintergründe)	**Sempai**
3. Dan (Sandan)	Wegschüler
4. Omote (Formstufe)	**Kohai**
2. Dan (Nidan)	Formschüler
1. Dan (Shodan)	Formschüler
Mudansha (9.–4. Kyu)	
5. Oberstufe (Anfänger)	**Deshi**
1. Kyu (Ikkyu)	Braungurt
2. Kyu (Nikyu)	Blaugurt
3. Kyu (Sankyu)	Grüngurt
6. Unterstufe (Anfänger)	**Deshi**
4. Kyu (Yonkyu)	Orangegurt
5. Kyu (Gokyu)	Orangegurt
6. Kyu (Rokukyu)	Gelbgurt
7. Kyu (Shishikyu)	Gelbgurt
8. Kyu (Hachikyu)	Weißgurt
9. Kyu (Kukyu)	Weißgurt

Meister Funakoshi führte das von KANÔ modernisierte Graduierungssystem danach auch im *Karate* ein. Doch bald darauf entstanden die Kampfkunstorganisationen, die *Budô* als Wettbewerbssport weltweit verbreiteten. Sie begannen das Graduierungssystem sehr verschieden und oberflächlich zu interpretieren, so daß die Grade im modernen Kampfsport heute nur noch sehr wenig mit ihrer ursprünglichen Bedeutung gemein haben. Mehr und mehr wurden sie aufgrund rein körperlicher Leistungen vergeben und brachten dadurch sämtliche *Budô*-Disziplinen weltweit in Verruf. Dies führte dazu, daß es heute Kampfkunstmeister gibt, die das Graduierungssystem ganz ablehnen.

Überall dort, wo ein Meister den Weg *(Dô)* des *Budô* unterrichtet, begründet sich im Laufe der Zeit ein natürliche Hierarchiepyramide, die zur Weitergabe der Lehre notwendig und für die Verhaltensübung der Schüler unerläßlich ist. Die Pyramide wird durch das Rangsystem *(Kyûdan)* symbolisiert und enthält →*Mudansha*, →*Yûdansha* und →*Kodansha*. Auf welchem Niveau der Übende sich darin auch befindet, seine Aufgabe ist es immer, den Ansprüchen des bereits Erreichten durch eine entsprechende Haltung gerecht zu werden, beispielgebend für alle unter ihm Stehenden zu sein und eine Herausforderung gegenüber dem nächsthöheren Fortschrittsgrad anzunehmen.

KOHAI

Die Stufe der jungen Schüler (→*Deshi*) ist die Basis der Pyramide. Sie erstreckt sich über alle *Kyû*-Grade *(Mudansha)* und enthält Anfänger und Fortgeschrittene. Nur selten hat diese Stufe mit dem Meister direkt zu tun. Es sind die Älteren *(Sempai)*, die sie unterrichten und an denen sie sich orientieren. Ihre Aufgabe ist es, durch den Kampf um die innere Haltung zu wachsen, eine Herausforderung mit sich selbst anzunehmen und durch Achtung eine gute Beziehung zu ihren Lehrern zu schaffen. Sie müssen sich in der Bescheidenheit üben, Vertrauen entwickeln und lernen, sich selbst zu betrachten.

SEMPAI

Eine Schlüsselposition in der Pyramide kommt den Älteren (→*Sempai*) zu. Sie sind das Bindeglied *(Yûdansha)* zwischen dem *Sensei* und den Schülern. Der *Sempai* ist der eigentliche Lehrer der jüngeren Schüler. In der Problematik des Unterrichts liegt seine Herausforderung, durch sie kann er lernen, in ihr kann er reifen. Gleichzeitig ist er der Wächter über die Tradition, über das rechte Verhalten, über den *Budô*-Geist und über das korrekte Einhalten der Etikette.

Der *Sempai* weiß um die Schwierigkeiten der Weitergabe. Er kennt die Probleme der *Mudansha* aus eigener Erfahrung und erfährt sie nun aus der Sicht des Lehrers. Am Beispiel seiner Schüler erkennt er, wie er selbst einmal war, doch inzwischen weiß er, worauf er achten muß. So bleibt er jedem negativen Einfluß gegenüber dem *Budô*-Geist wachsam. Er gibt ein beispielhaftes Verhalten nach unten weiter und achtet darauf, daß jeder seine rechte Haltung erkennen kann. Mehr als die Stärke der Technik ist es der reine Geist, den er in seinen Schülern schleifen muß.

SENSEI

Der Meister (→*Sensei*) gibt das in den *Kodansha*-Graden existierende Wissen an die *Sempai* weiter, die sich darin üben, es in der Arbeit mit ihren Schülern anzuwenden. Obgleich die *Sempai* sich selbst in einem Lernprozeß mit dem Meister befinden, greift dieser in ihre Arbeit mit den Schülern nur dann ein, wenn das Gleichgewicht bedroht ist. Der Schülerunterricht obliegt den *Sempai*, die in dieser Aufgabe einen Teil ihrer Wegerfahrung suchen. Der andere Teil besteht in der Nähe zum Meister, aus der die nötigen Impulse zum eigenen Fortschritt kommen. Offen nach oben, selbständig im Eigenen und beispielgebend nach unten, das sind die wichtigsten Charakteristika der Sempai.

Kyûdô (jap.): **der »Weg des Bogenschießens«, aus →*Kyûjutsu* zum *Dô* (s. →*Budô*) entwickelt und in diesem Sinn geübt. Nachdem das *Kyûjutsu* durch die Einführung der Feuerwaffen seine kriegerische Bedeutung verloren hatte, geriet es zunächst in Vergessenheit, um zu Beginn des 20. Jh. als Kampfkunst des *Budô* neu zu erstehen.**

Schriftzeichen für Kyûdô

Von der Vielzahl der Schulen aus der Tokugawa-Zeit überlebten bis heute drei, die die Kunst des Bogenschießens fast ausschließlich lehren: *Heki-ryû*, *Ogasawara-ryû* und *Honda-ryû*. Sie sind im Alljapanischen *Kyûdô*-Verband (*Zen Nihon Kyûdô Renmei,* gegründet 1948) organisiert und weltweit verbreitet.

Diese drei Schulen haben jeweils eigene Variationen des grundsätzlich gleichen Bewegungsablaufes entwickelt, der im *Kyûdô* gebräuchlich ist.

BEGRIFFE AUS DEM KYÛDÔ

Azuchi	– Treffzone
Mato (ochi)	– Scheibe
Honza	– Vorbereitungslinie
Kanteki	– Trefferansage
Yazuka	– eine Pfeillänge
Yatate	– hölzerne Körbe zur Pfeilablage
Shiai i	– Schießposition
Yagoro	– extreme Konzentration
Torikake	– Hand hält Pfeil an der Sehne
Tenouchi	– linke Hand am Bogen
Monomi	– der Blick auf das Ziel

Hassetsu – die acht Stufen bis zum Schuß

Ashibumi	– der Stand
Dozukuri (tsuriai)	– Balance
Yugamae	– vorbereitet sein
Uchiokoshi	– das Heben des Bogens
Hikiwake	– das Spannen des Bogens
Kai (nobiai, jiman)	– Konzentration vor dem Schuß
Hanare	– das Lösen des Schusses
Zanshin	– Verharren

WICHTIGE MEISTER DES KYÛDÔ

Anazawa Heijiro
Awa Kenzo
Ogasawara Nagako
Wasa Deiichiro

In Japan übt man heute zu 45 Prozent das *Ogasawara-ryû*, gegründet von OGASAWARA NAGAKO (1162–1242). Das Merkmal dieser Richtung ist die Sehne aus Hanf (heute auch Kunststoff), die während des Hebens zentral vor dem Körper gespannt wird. In Deutschland wird zumeist das →*Heki-ryû* geübt.

Kyûjutsu (jap.): japanische Kriegsmethode des Umgangs mit Pfeil und Bogen (s. →*Ya*, →*Yumi*). Auch sie wurde aus dem →*Bujutsu* zum →*Budô* reformiert und in →*Kyûdô* umgewandelt.

FORMEN DES KYÛJUTSU

Kyûjutsu ist wahrscheinlich die älteste Kriegsmethode Japans, denn bereits aus dem 5. Jh. v. Chr. finden sich geschichtliche Nachweise über japanische Bögen, die als Jagdgerät benutzt wurden. Mit der Zeit erhielt der Bogen symbolische Bedeutung und wurde mit dem *Shintô*-Kult verbunden. Im 11. Jh. begannen sich mehrere Formen des Umgangs mit Pfeil und Bogen zu entwickeln:

- Das ***Inuoimono*** entwickelte sich wahrscheinlich aus dem Gebrauch des Bogens als Jagdgerät und hatte in späterer Zeit nur noch Unterhaltungscharakter. Mehrere Bogenschützen schossen von verschiedenen Standorten aus auf einen flüchtenden Hund, während ein Schiedsrichter die Treffer zählte. Es wurde mit stumpfen Pfeilen geschossen.
- Das ***Sharei*** ist ein traditionelles, von Ritualen begleitetes Neujahrsschießen am kaiserlichen Hof. Es wurden immer zwei Pfeile aus dem Kniestand und zwei Pfeile aus dem Stand abgeschossen.
- Das ***Hikime*** ist ein rituelles Bogenschießen zur Geistervertreibung, eng mit dem shintôistischen Götterglauben verbunden. Es wurde aus Anlaß verschiedener Feierlichkeiten abgehalten.
- Bei ***Yabusame*** handelt es sich um das Bogenschießen vom Pferd aus, das im Krieg verwendet wurde (Geschichte und Entwicklung s. →*Yabusame*).
- Das ***Kasagake*** ist das kriegerischste aller *Kyûjutsu*-Systeme, aus dem sich während der Tokugawa-Periode das heutige →*Kyûdô* entwickelte. Anfänglich bestand diese Form des Bogenschießens aus zwei Abschnitten: 1. Beim *Kazuya* ging es darum, in einer bestimmten Zeit viele Pfeile schnell hintereinander abzuschießen. Ein solcher »Pfeilregen« war notwendig, wenn sich das feindliche Heer noch in großer Entfernung befand. 2. Das *Koshiya* bestand aus Schüssen, die ihr Ziel trafen. Es wurde dann ausgeführt, wenn das feindliche Heer nahe genug herangekommen war.

GESCHICHTE

Zunächst wurde der Bogen nur von den Fußsoldaten, ab dem 12. Jh. jedoch gleichermaßen von den Reitern (s. →*Kyûba no michi*, →*Yabusame*) verwendet. Spätestens seit dem 16. Jh. wurde das *Kyûjutsu* als das erste der 18 Systeme des →*Kakuto-bugei* betrachtet, das die *Bushi* studieren mußten.

Mit der Einführung der Feuerwaffen (16. Jh.) verlor der Bogen jedoch seine kriegerische Bedeutung und wurde zu einem traditionellen *Samurai*-Sport. Auch darin gab es verschiedene Formen. Beim *Enteki* wurde aus großer Entfernung (100 m) auf ein Ziel geschossen. Beim *Oyakazu* (auch Toshiya) mußte der Schütze über eine Zeit von 24 Stunden 14 000 Pfeile abschießen, während die Treffer gezählt wurden. Gute Schützen erreichten oft 8000 Treffer.

Bereits im 16. Jh. gab es berühmte Schulen des *Kyûjutsu*, von denen das *Heki-ryû* und das *Yamato-ryû* die bedeutendsten waren. Der kriegerische Aspekt des *Kyûjutsu* ließ jedoch schnell nach, und unter dem Einfluß des *Zen* wandelte sich die Kriegsmethode des *Kasagake* ab dem 17. Jh. immer mehr in eine Kampfkunst des *Budô* um. Es ist nicht bekannt, wann der Name *Kyûdô* zum ersten Mal verwendet wurde (Weiterentwicklung s. →*Kyûdô*).

Kyûkyû (jap.): 9. Schülergrad (auch *Kukyû*) im *Budô* (s. →*Kyû*[2]).

Kyuk-Kido (kor.): koreanische Kampfkunst, auch *Trithlon* genannt, die aus einer Kombination von *Jûdô, Karate*, Ringen und anderen waffenlosen Kampfkünsten besteht.

Kyuk-Kido wurde von einem Instruktor für Körpererziehung an der University of California in Berkeley, San Francisco, namens KEN MIN gegründet. *Trithlon* ist Wettbewerb und Selbstverteidigung. Wettkämpfe gehen über 3 Runden zu je drei Minuten und werden im *Jûdôgi* ausgeführt.

Kyûshaku-bô (jap.): der okinawanische lange *Bô* (2,5 m). Erläuterungen und Geschichte s. →*Kushaku-bô*.

Kyûshaku-no-kon (jap.): okinawanische *Bô*-Kata mit dem überlangen Stock (s. →*Kushaku-bô*).

Kyûshin-ryû (jap.): »die Kunst, den Geist zu lenken«. Japanische Selbstverteidigungsschule, die die Verteidigung gegen Angriffe mit dem Speer *(Yari)* und mit der Hellebarde (*Hoko* und *Naginata*) lehrt.

Kyûsho (jap.): Nervenpunkte (auch *Mato*) des menschlichen Körpers, die bei Angriffen besonders sensibel reagieren. Im chinesischen →*Xue* und →*Dian-xue*. In den Kampfkünsten Japans wurden sie entsprechend den Techniken reduziert, und jedes System hat die für seine Techniken wichtigsten Punkte klassifiziert.

Meister FUNAKOSHI hat auch im *Shôtôkan-ryû* eine solche Klassifizierung vorgenommen (s. →*Jintai-kyûsho*). Ursprünglich stammt die Lehre über die Vitalpunkte des Körpers aus der chinesischen Heilkunde (s. →Chinesische Gesundheitslehre), in der 360 Punkte verwendet werden. Über die *Anma*-Massage gelangte die Lehre auch nach Japan (s. →*Shiatsu*) und wurde dort, ebenso wie in China, in den Kampfkünsten verwendet.

Kyûshojutsu (jap.): Bezeichnung für die negative Stimulation gegnerischer Vitalpunkte in den okinawanischen Kampfkünsten. *Kyûshojutsu* ist eine umfangreiche Wissenschaft, die sich aus den chinesischen Künsten herleitet (s. →*Dian-xue*) und seit alters her aus vier großen Kategorien besteht.

1. KIME-WAZA – MECHANISCHE SCHOCKWIRKUNGEN

Um einen Gegner am Körper mit einer Schocktechnik wirkungsvoll treffen zu können, ist jahrelanges →*Makiwara*-Training nötig. Diese Technik der Kraftübertragung bevorzugt die geschlossene Faust *(Seiken)*, aber auch die Handwurzel *(Teisho)*, Ochsenkiefer *(Seiryuto)*, Handkante *(Shuto)*, Ellenbogen *(Empi)*, Knie *(Hizagashira)* sowie die meisten Auftreffflächen der Füße. Sie beschränkt sich im wesentlichen auf drei Möglichkeiten:

Kalligraphie von Zhang Bi (1425 – 1487)

1. **Angriffe auf die Atmungsorgane** unterteilen sich in zwei Varianten: Brechen der Luftröhre und Lungenschock. Das erste wird durch einen Schlag auf bzw. Griff an die Luftröhre erreicht, beim Lungenschock entsteht durch extrem große Krafteinwirkung ein Zusammenziehen der Lungenmuskeln, so daß der Angegriffene ohnmächtig wird. Diese Techniken werden bevorzugt mit der Faust *(Seiken)* ausgeführt und treffen Bereiche, in denen es eine hohe Nervenkonzentration gibt. Der beliebteste Punkt hierfür ist der Solarplexus. Weitere Punkte befinden sich auf beiden Seiten der Brust, in der Taille und auf den Schulterblättern.

2. **Angriffe auf den Blutkreislauf** enthalten Handkantenschläge und Greiftechniken der Halsschlagader. Durch diese Techniken können die Arterien verschlossen werden, was die Blutzufuhr zum Gehirn unterbricht und zum Tod führen kann. Die Anwendung von Wiederbelebungstechniken ist in diesem Fall notwendig.

3. **Erschütterung des Gehirns** beruht auf mechanischen Schockwirkungen und muß nicht unbedingt einen Vitalpunkt anzielen. Angriffe gegen alle Bereiche des Kopfes können verheerende Wirkungen haben, wenn sie mit einer starken Technik ausgeführt werden. Kinn und Kinnseite, Nase, Mund, Ohren usw. sind verletzliche Punkte und erschüttern das Gehirn. Das Treffen eines Vitalpunktes am Kopf mit einer *Ippon*-Technik bewirkt zusätzlich noch ein Zerreißen der darunterliegenden Blutbahnen oder eine negative Stimulation des Nervensystems am Kopf und ist daher tödlich. Eine Gehirnerschütterung hingegen ist durch verschiedene Verfahren heilbar, wenn das Gehirn nicht beschädigt wurde.

2. NAGE (WÜRFE) UND KANSETSU (IMMOBILISATIONEN)

Im klassischen Karate gibt es eine große Anzahl von Wurftechniken (→*Nage-waza*) mit anschließender Immobilisation (→*Katame-waza*) des Gegners. Oft werden sie mit Greiftechniken (→*Tuite*) und Hebeln verbunden, die auf Vitalpunkte wirken. Die Würfe klassifiziert man in Fußfeger (→*Ashi-barai*), Hebelwürfe *(Kansetsu-dori)*, Körperwürfe *(Tai-otoshi)*, Sichelwürfe *(Ashi-gari)*, Fußräder *(Ashi- guruma)* und Selbstfallwürfe *(Sutemi-waza)*.

Anders als im Jûdô werden im Karate die meisten Würfe mit Schock-, Vitalpunkt- oder Hebeltechniken ausgeführt. Am Ende des Wurfes gibt es eine Immobilisation durch eine Hebel- oder durch eine Atemi-Technik.

3. TUITE – GREIFTECHNIKEN

Nach der shaolinischen Tradition waren Greiftechniken (→*Tuite*) und Hebel in den *Qin-na*-Komponenten der Stile klassifiziert. →*Qin-na* wird in allen klassischen Stilen als fester Bestandteil geübt und beschäftigt sich mit allen Kampfverfahren jenseits des Schlagen und Tretens. Die *Qin-na*-Komponenten der okinawanischen *Karate*-Stile stammen zumeist aus dem →*Bai-he-quan* (Kranichstil) der Fukien-Gegend. Sie werden im →*Bubishi* folgendermaßen unterteilt:

1. Griffe mit Gelenkhebel.
2. Griffe mit Trennung der Muskeln.
3. Griffe mit Abschnüren der Luft.
4. Griffe mit Unterbrechung des Blutkreislaufes.
5. Griffe mit Druck auf Vitalpunkte.

4. VITALPUNKTSTIMULATIONEN

Das System der Vitalpunktstimulationen stammt ursprünglich aus den chinesischen Kampfkünsten, wo man es →*Dian-xue* nennt. Es gelangte durch die Überlieferung des *Bubishi* vollständig auch in die okinawanischen Kampfkünste und wurde schließlich von Meister FUNAKOSHI unter der Bezeichnung →*Jintai-kyûsho* auch in Japan unterrichtet. Die *Jintai-kyûsho* enthalten jedoch größtenteils keine exakt bezeichneten Punkte, sondern Punktgegenden, die, großflächig getroffen, die Stimulation mehrerer Punkte gewährleisten.

L

Lama[1] (tibet.): »der Höherstehende«. Identisch mit dem indischen Begriff *Guru*, jedoch mit einer weiterreichende Bedeutung. Die Bezeichnung wird im tibetischen Buddhismus gebraucht und steht für einen religiösen Meister, dem vom Schüler Verehrung entgegengebracht wird, da sich in seiner Gestalt die buddhistische Lehre unverfälscht verkörpert. Früher war ein *Lama* eine geistige Autorität, die auch politisch Einfluß nehmen konnte. Besonders qualifizierte *Lama* erhielten den Ehrentitel *Rimpoche* (»Außerordentlich Kostbarer«).

Heute jedoch wird *Lama* als höfliche Anrede für jeden tibetischen Mönch gebraucht, ungeachtet seines Standes oder seiner geistigen Entwicklung. Da früher der *Lama* im tibetischen Buddhismus eine herausragende Rolle gespielt hat, wurde diese Religion von den Europäern →Lamaismus genannt. Die heute übliche Bezeichnung aller Mönche als *Lama* ist jedoch irreführend. Der *Lama* ist die Verkörperung des Buddha, während der Mönch nur ein Klosterinsasse ist.

Lama[2] (tibet.): tibetanischer Kranichstil (s. →*Baihepai*).

Lamaismus (tibet): westliche Bezeichnung für den in Tibet, China und der Mongolei verbreiteten Buddhismus mit tibetischer Prägung.

Lamb, Allan: englischer *Quan-fa*-Meister, erster Europäer, der in China als *Wing-chun*-Meister anerkannt wurde.

Lamb begann 1966 mit DENNY CHAGANIS *Wadô-ryû* zu üben, ging 1968 nach London und lernte vier Jahre lang unter PAUL LAM und ein Jahr unter JOSEPH CHENG *Wing-chun*. 1973 studierte er in Hong-Kong unter KOO SANG, einem Schüler von YIP MAN, weiter. 1975 bekam er von Koo Sang das Instruktor-Diplom als *Wing-chun*-Meister. In den folgenden Jahren eröffnete er *Wing-chun*-Schulen in England, Kolumbien, Kanada und den USA. Zu seinen Schülern gehören ALEC AU (Hong Kong), RAG PARSONLAI (Trinidad) und BOB STEVENSON (Kanada).

Lao-gong (chin.): der 8. Akupunkturpunkt des Herzmeridians (s. →Akupunktur, →*Jing-luo*, →*Xue*, →*Dian-xue*).

Dieser Punkt liegt in der Mitte der Handfläche. Er stellt den Sammelpunkt des *Qi* dar, bevor es in die Finger fließt. Durch das richtige Schließen der Faust (s. →*Quan*, →*Quan-fa*) wird er positiv stimuliert. Man stellt sich vor, daß die Konzentration und *Qi* in der fortgeschrittenen Übung dorthin gelenkt werden müssen.

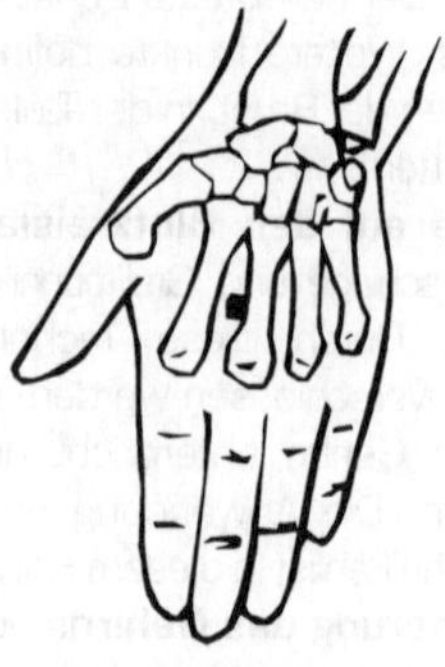

Lao-gong, der 8. Akupunkturpunkt des Herzmeridians

Lao-zi: auch LAO-TZU, LAO-TSE. Lao-zi bedeutet »alter Meister« und ist ein Ehrenname. Sein eigentlicher Name war LI ER-DAN, er war auch als LAO-DAN bekannt und lebte im 4. Jh. v. Chr. Oft wird er als Zeitgenosse von →Konfuzius genannt, was aber umstritten ist. Auf jeden Fall stand seine Philosophie in krassem Gegensatz zum → Konfuzianismus. Er ist neben Konfuzius die bedeutendste Persönlichkeit in der Geistesgeschichte Chinas. Lao-zi war Reichsgeschichtsschreiber am Kaiserhof und zog sich angesichts großer Not und sittlichen Verfalls in die Einsamkeit zurück, um dort zu meditieren.

Laozi verachtete die politischen und bürgerlichen Tugendideale des Konfuzius und lehrte die individuelle Selbstbesinnung und die allgemeine Menschenliebe. Im →*»Dao-de-jing«* (»Buch von dem Weltgesetz und der Tugend«) lehrte er, daß das Heil im Einswerden mit dem allwaltenden →*Dao* und wahre Tugend (→*De*) im Sein und nicht im Handeln liegt. Diese Philosophie geht von der Leere (Nichts) als Ursprung der Welt aus, deren Kraft *(De)* sich in der Stille offenbart. Der spätere →Daoismus hat nur wenig mit Lao-zi gemein.

Unzufrieden mit den Zuständen in China, verließ er das Land und ging nach Westen. Als er am Xiangu-(Hsien Ku-)Paß übernachtete, bat ihn der Torwächter GUANYIN (KUAN YIN), seine Ideen aufzuschreiben. Dann ging Laozi und wurde nicht mehr gesehen. In dieser Geschichte steckt mehr, als auf

Lao-zi, reitend auf einem Wasserbüffel

den ersten Blick zu erkennen ist. »In den Westen gehen« ist in China eine Metapher für Sterben. Guanyin ist eine daoistische Gottheit und soll den

Laozi auf einem Wasserbüffel. Alte chinesische Zeichnung

Schriftzeichen für Lao-zi

Willen der Götter ausdrücken, daß Laozi seine Gedanken den Menschen mitteilen solle. Außerdem darf die Entstehungszeit von einer Nacht für ein so komplexes Werk wie das *Dao-de-jing* als zu kurz angenommen werden.

Spätere Daoisten waren der Meinung, daß Lao-zi wirklich nach Westen gegangen sei, um in Indien →BUDDHA zu unterrichten, weil dieser leider nicht alle Feinheiten verstanden habe. Gleichzeitig aber wurden in China Tempel über den angeblichen Gräbern Lao-zis und seiner Mutter gebaut.

Lao-zi verstand sich selbst nicht als Daoist, sondern fühlte sich keiner Richtung zugehörig. Aber seine Ideen haben den späteren Daoismus stark beeinflußt, und er wurde auch zum Gott erhoben, was bestimmt nicht in seinem Sinne gewesen wäre. Auch der Buchtitel *»Dao-de-jing«* stammt erst aus der Han-Dynastie. Weiter muß man wissen, daß sich die Schriften eines Meisters nach seinem Tod oft stark vermehrten, da es üblich war, Ausführungen zu einer Idee dem Inspirator zuzuschreiben. So weiß man also nicht genau, was oder wieviel Laozi überhaupt geschrieben hat. Allgemein kann man sagen, daß Lao-zi sich mit denselben Problemen wie →Konfuzius beschäftigt hat, sie aber in eine ganz andere Richtung entwickelte.

Lathi (ind.): **indische 1,5 m lange Stockwaffe (s. →Indien). Der Gebrauch dieser Waffe ist sehr alt, sie wird heute noch von den indischen Polizisten verwendet.**

Die indischen Stocktechniken wurden neuerdings auch zu einer Sportart umgeändert, in der

Wettkämpfe stattfinden. Die Kämpfer stehen sich gegenüber und versuchen mit ihrem Stock einen der 11 vorgezeichneten Vitalpunkte des Gegners zu treffen. Die Kampfarena hat einen Durchmesser von 12 Metern, die Kämpfer tragen Kopf-, Unterleibs- und Unterarmschützer, Schläge zu Hoden, Nase und Augen sind verboten.

Latosa Escrima: weltweit verbreitete Variante des philippinischen →*Escrima*, organisiert in der →EWTO unter der Leitung von René Latosa.

Das System wurde von Renés Vater, John Latosa, aus mehreren traditionellen Stockkampfmethoden der Philippinen entwickelt und verbreitete sich als von René Latosa (USA) erneut überarbeitete Variante in der ganzen Welt (s. →*Dos manos*). Vorstand des Stils in Europa ist Bill Newman, in Deutschland stehen dem Stil Keith Kernspecht und Bernd Schubert vor.

Lau-hon-kuen-pai (chin.): Kampfstil des →*Quan-fa* (s. auch Shaolin-Kloster) der äußeren Richtungen (→*Wai-jia*), der vielleicht komplexeste Stil der chinesischen Systeme.

Die Bewegungen und das Spiel mit den Beinen haben eine unerschöpfliche Vielfalt, erfordern jedoch auch ein außergewöhnliches sportliches Talent. Man nennt ihn auch den Stil der »verlorenen Spur«, weil seine höheren Niveaus nur von wenigen erreichbar sind. Er ist sehr ästhetisch anzusehen und zweifellos auch wirkungsvoll im Kampf. Ein Experte kann mit mehreren Fauststößen antäuschen, dann einen Sprung ausführen, in dem er mehrere Fußtritte macht und danach sicher auf den Beinen landet.

Lee, Bruce: Filmschauspieler (1940–1973) aus Hong Kong. In seiner Jugend war er Mitglied verschiedener Jugendbanden, wo er die Techniken des Straßenkampfes lernte. William Cheung, ebenfalls ein Straßenkämpfer und fortgeschrittener Schüler bei Yip Man, brachte Bruce Lee in die *Wing-chun*-Schule des Meisters und unterrichtete ihn auch. Obwohl er viel trainierte und schnell Fortschritte machte, war er bei seinen Kollegen unbeliebt, da er ständig in irgendwelche Raufereien verwickelt war. Gegen Ende des Jahres 1956 wurde Bruce Lee zu einem ernsthaften Problem für seine Mitschüler, da er die Senioren der Schule zu bedrohen begann. Auf Druck seiner Schüler soll Yip Man ihn schließlich aus der Schule entlassen haben.

Bruce Lee siedelte wenig später in die USA über, wo er zunächst eine Filmkarierre als *Kung-fu*-Schauspieler begann. Danach kehrte er erneut nach Hong Kong zurück und arbeitete mit dem Produzenten Chow an einem Filmkonzept, das sich später, ab 1967, →*Kung-fu* nannte. Diese Filme hatten großen Erfolg in der ganzen Welt. 1970 schrieb Bruce Lee ein Buch mit dem Titel »*Tao of Jeet Kune Do*«, in dem er seine persönliche Kampfkunstauffassung schilderte. Sein Stil ist eine eigene Auffassung von Yip Mans *Wing-chun*. Das Originalsystem wurde ihm von Yip Man in seiner Vollständigkeit verweigert, da der Großmeister mit Bruce Lees Ansichten und Verhaltensweisen in den Kampfkünsten nicht einverstanden war. Bruce Lee starb 1974 unter mysteriösen Umständen.

Lee Chan-Kam: chinesischer Meister des →*Lee Tai-ji-quan*.

Lee war Händler und eröffnete eine Geschäftstelle in London. Seit 1930 unterrichtet er dort den Lee-Stil. Er nahm Chee Soo, einen jungen Halbchinesen, als Hauptschüler an und adoptierte ihn später. Da Lee der letzte Erbe des Lee-Stils war, ging nach seinem Tod 1954 das Stil-Erbe an Chee Soo

Lee, Eric: chinesisch-amerikanischer Waffenexperte, 1948 in Chung-shan/Kanton geboren. 1962 ging er in Nicaragua zur Schule und zog danach nach Oakland/Kalifornien. 1968–1974 war er unbesiegter *Kata*-Champion. Lee beherrscht mehr als 20 verschiedene Waffen.

Lee Ho-Hsie: lebte ca. 1000 v. Chr. in Weihei-wei (China). Auf ihn wird die Gründung des *Lee Tai-ji-quan* zurückgeführt.

Lee, Richard: Kampfkunstexperte, geboren am 18. Juni 1933 in Honolulu (Hawaii), Inhaber des 8. Dan *(Kyoshi)* im *Shôrinji-ryû*, Schüler von Richard →Kim. Lee begann mit dem Studium der Kampfkünste in jungen Jahren in Honolulu und übte sich zuerst im *Jûdô*. Nachdem er aber nach San Francisco gezogen war, lernte er unter Richard Kim, der in den USA den *Dai Nippon Butokukai* vertrat, *Karate, Aikidô, Tai-ji-quan* und *Kobudô*.

Als Vertreter des *Butokukai* wurde er bereits in jungen Jahren nach Frankreich geschickt, um *Shôrinji-ryû* zu unterrichten. Doch im Jahre 1982 gab es zwischen Lee und Kim Meinungsverschiedenheiten in bezug auf die Anpassung des *Shôrinji-ryû* an den heutigen *Karate*-Standard, und Lee machte sich mit seiner eigenen Organisation *Shôrinji-ryû International* selbständig. In dieser Organisation, die ihren Sitz in Paris hat, unterrichtet er weit über die Grenzen Frankreichs hinaus traditionelles *Shôrinji-ryû*.

Lee Tai-ji-quan (chin.): ein Stil des →*Tai-ji-quan*, dessen Geschichte von der klassischen *Tai-ji-quan*-Entwicklung isoliert verlaufen ist.

Die Vertreter des Lee-Stils führen den Ursprung auf Lee Ho-Hsieh aus der Provinz Wei-hei-Wei, der um 1000 vor Christus lebte, zurück. Angeblich wurde die Lehre seit damals nur geheim und innerhalb der Familie weitergegeben. LEE CHAN-KAM war der letzte Erbe und gab die Kunst ab 1933 an CHEE SOO, einen in England lebenden Halbchinesen weiter. Chee Soo ist heute über 70 Jahre alt und der Großmeister dieser Kampfkunst.

Folgende Formen sind Bestandteile des Stils:

- Kleine Form
- Große Form
- Stock-Form
- Schwert-Form
- Seidentuch-Form
- Fengshou-Form

Die Formen (s. →*Dao*) des Lee-Stils bestehen aus 41 Sequenzen mit insgesamt 140 Bewegungen. Die ersten 50 Bewegungen in 15 Sequenzen werden als »Kleine Form« bezeichnet. Sie dauert ca. 5–10 Minuten und wird als Einstieg in die komplizierteren Techniken betrachtet. Die Große Form« schließt sich mit 90 Bewegungen in 26 Sequenzen daran an. Sie ist technisch anspruchsvoller.

Die Partnerübungen werden folgendermaßen unterteilt:

- ***Ifu-shou:*** »klebende Hände«, ähnlich den →*Tui-shou*.
- ***Lun-shou:*** »wirbelnde Hände«, mit gegenseitig festgehaltenen Händen werden Bewegungen ausgeführt.
- ***Lun-pei:*** »wirbelnde Arme«, hier berühren sich nur die Arme.
- Partnerübungen mit Waffen

Zusätzlich sind im *Lee Tai-ji-quan* folgende Übungen enthalten:

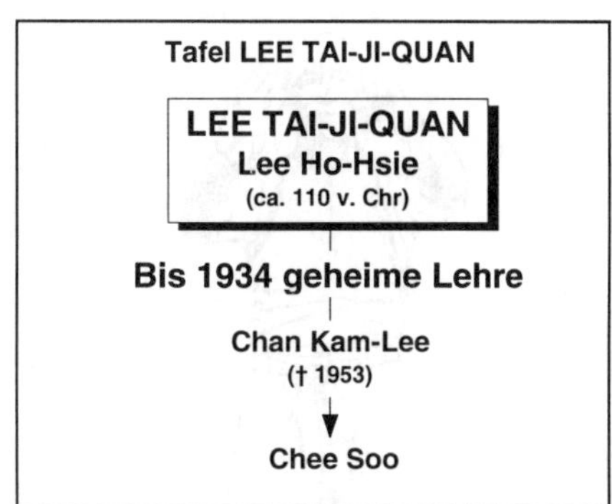

- ***Dao-yin:*** Kombination von Atmung, Haltung und Bewegung.
- ***Kai-men:*** »das Tor öffnen«, daoistisches *Qi-gong* aus 19 Grundhaltungen.
- ***Qi-liqi-gong:*** Übungen für *Qi*, geeignet für Kampf und Heikunst.
- ***Mo-xiang:*** daoistische Meditationstechniken.

Lee Tai-ji-quan wird heute in der International Taoist Society, der Chinese Cultural Arts Association und in der International Wu-shu Association vertreten (s. Anhang).

Legget, Trevor Pryce (*1914): englischer *Jûdô*-Lehrer, viele Jahre hindurch der höchstgraduierte Nicht-Japaner im *Jûdô*.

Legget war lange Jahre Lehrer am *Budôkwai* in London. Als 3. Dan war er Kapitän des englischen Nationalteams. Als er 1938 nach Japan ging, um dort zu trainieren, erhielt er bereits nach sechs Monaten seinen 4. Dan. 1970 erhielt er den 7. Dan.

Lethwei (burm.): burmesisches Boxen, Teil der burmesischen Selbstverteidigung (s. →*Thaing*, →Burma), die noch die Systeme →*Naban* und →*Bando* enthält. Während *Bando* weich und defensiv ist, ist das Boxen hart und offensiv. Es ähnelt dem Thai-Boxen, ist jedoch langsamer und kraftvoller, da die Boxer im Schnitt größer sind.

Die meisten Kämpfer sind Bauern und kämpfen vier- bis achtmal im Jahr, zumeist anläßlich von Festen oder kulturellen Ereignissen. Die ethnischen Gruppen Karen und Kachin haben den Ruf, die besten Boxer zu sein.

Das Training wird allein oder mit einem Partner ausgeübt, ohne zusätzliche Trainingsgeräte. Es gibt 4 Gruppen: Jugendliche, Anfänger, Fortge-

Quan-fa-Kämpfer

schrittene und Profis, aber keine Gewichtsklassen. Ein Wettkampf besteht aus 4 Runden unbestimmter Dauer. Die ersten 3 Runden werden durch eine bestimmte Geste der Kämpfer beendet, die letzte Runde geht bis zum K. o. oder zur Kampfunfähigkeit eines der Kämp-fer.
Erlaubt sind nahezu alle Techniken, der Kampf ist sehr hart, die Kämpfer gelten als den Thai-Boxern überlegen. In den späten 50er Jahren wurde ein Wettkampf zwischen Thailand und Burma arrangiert, die Thai-Boxer machten jedoch einen Rückzieher, da sie nicht in offenen Gewichtsklassen gegen die burmesischen Bauern antreten wollten.

Leung Jan, Dr.: chinesischer Kampfkunstmeister des →*Wing-chun* der früheren Generation. Sein Sohn Leung Bik hatte jedoch nicht die nötige Kampfkraft, um den Stil weiterzuführen. Daher ging das Stilerbe an Chan Wah-Shun, einen wilden Kämpfer, aber angeblich ohne den nötigen Einblick in die Struktur der Techniken.
Direkter Nachfolger war Yip Man, der unter Chan Wah-Shun zwei Jahre lang übte, wonach er von Ng Chun-So unterrichtet wurde. Nach einem Vorfall, bei dem Yip Man angeblich einen Gegner im Kampf tötete, schickten seine Eltern ihn in eine Schule nach Hongkong, wo er schnell in die Szene der Straßenkämpfer abglitt. Durch Zufall traf er dort Leung Bik, der später sein Lehrer wurde und aus ihm einen der bedeutendsten Kampfkunstmeister jener Zeit machte.

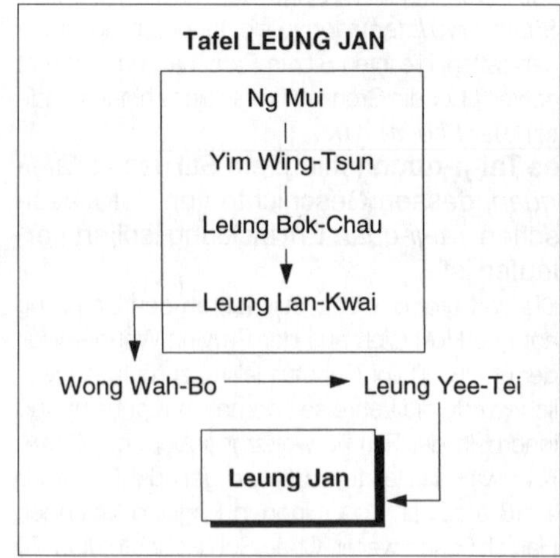

Leung Ting (*1947): chinesischer Großmeister des →*WingTsun* (s. auch →*Wing-chun*), Vorstand der IWTMAA (*International WingTsun Martial Arts Association*). Jüngster Schüler von →Yip Man, einer von mehreren Meistern im Streit um das Stilerbe.
Leung Ting ist einer von mehreren Meistern, die das Stilerbe des *Wing-chun* für sich beanspruchen. Er war Yip Mans letzter Schüler und lernte von ihm die wahrscheinlich reifste Kampfkunstinterpretation des *Wing-chun*. In den 60er Jahren benannte er diese Auffassung, die sich deutlich von den Stilen der älteren Yip Man-Schüler unterscheidet, *WingTsun*.
In dem destruktiven Erbstreit, der daraufhin hauptsächlich mit William →Cheung entstand, wird die internationale Kampfkunstpresse pausenlos mit Darstellungen und Gegendarstellungen, Beweisen und Gegenbeweisen gefüttert. Doch davon unabhängig ist Leung Ting von allen Schülern Yip Mans heute der erfolgreichste, wie die Größe seiner Organisation und die Reife seines Systems beweist. Beides nicht zuletzt durch R. Keith →Kernspecht, der in Europa wesentlich zur Verbreitung des *WingTsun* von Leung Ting beiträgt. Weitere Schüler Leung Tings waren Tam Hung-

FUN (Neuseeland), A. S. SHARIF (Dänemark) und RON VAN CLIEF (New York).

Lewis, Joe (*7. März 1944): amerikanischer *Karate*-Instruktor und Wettkämpfer im →Kick-Boxen und →*Full-contact*.

Lewis begann mit Bodybuilding und Ringen. 1964 kam er mit den *US Marines* (Marineinfanterie) nach Okinawa und übte unter →SHIMABUKURO EIZO, JOHN KORAB und KINJO KINSOKU *Karate*. Er graduierte bis zum 3. Dan und begann danach seine Wettkampfzeit, in der er alle Kämpfe mit *Yoko-geri* gewann. Bis 1969 zählte er mit MIKE STONE und CHUCK NORRIS zu den bedeutendsten Kämpfern der damaligen *Contact*-Wettkämpfe. 1970 revolutionierte Lewis die Wettkampfszene durch die Einführung des →*Full-contact*, in dem er selbst bis 1975 aktiv war. Danach begann er eine Karriere als Schauspieler.Joe Lewis gewann sowohl *Non-contact-* und *Semi-contact-* als auch *Full-contact*-Wettkämpfe und besitzt mehrere Weltmeistertitel im Kick- und Thai-Boxen.

Li[1] (chin.) rohe, körperliche Kraft, auch → *Wai-li* genannt. *Li* entsteht durch Konditions- und Muskeltraining.

Li ist von Konstitution und Alter sowie vom Geschlecht eines jeden abhängig. Im →*Tai-ji-quan* ist *Li* nicht erwünscht und soll nicht entwickelt werden, da es hinderlich ist. Erst wenn man innere Kraft (→*Nei-jing*) benutzen kann, versteht man die Essenz der Kampfkünste. Solange man noch *Li* in den Techniken entwikkelt, kann man keine gute Kampfkunst machen.

Li[2] (chin.): Etikette, Verbeugung, Riten, Formen, Sittlichkeit, Höflichkeit. Begriff aus dem chinesischen Konfuzianismus, der ursprünglich aus dem Daoismus stammt (früher bezeichnete *Li* die religiösen Rituale im Zusammenhang mit der Ahnenverehrung).

Li ist ein Produkt aus Erziehung, Selbsterziehung und Selbstkontrolle. Durch ständiges Üben erzieht *Li* den Geist des Menschen unbewußt, ohne daß der Übende es verstehen muß. *Li* sind die Verhaltensregeln, die alle zwischenmenschlichen Beziehungen sowie die Zeremonien bestimmen und festlegen, wie in einer bestimmten Situation gehandelt werden muß. *Li* dient auch dazu, die innere Haltung der Menschlichkeit *(Ren)* zum Ausdruck zu bringen. Es ist die rechte Form für die rechte Gesinnung. *Li* repräsentiert zusammen mit *Zhi* (Weisheit) die Einheit aller Dinge. Weiteres s. unter →*Jing-li*.

Li[3] (chin.): Ordnung des →*Dao*, frühere Bezeichnung für die Maserung von Holz und Jade.

Li bezieht sich immer auf natürliche Strukturen und nie auf künstlich geschaffene. *Li* ist asymmetrisch und findet sich in natürlichen Dingen wieder, wie im Aussehen von Blättern, Kristallen, Schneeflocken oder in der Bewegung des Wassers.

Li paßt nicht auf geradlinige Logik, sondern auf natürliches Handeln. Die Natur muß als Ganzes verstanden werden; wenn man nur Teile betrachtet, entstehen Disharmonien und Konflikte. Jedes Wesen der Welt folgt seinem eigenen *Li*. Bricht der Mensch aus diesem Gleichgewicht aus, stört er die Harmonie des Ganzen.

Lian (chin.): »Mitbewegen«, eine der 5 Methoden zum Entwickeln von Gefühl (→ *Chuaimo*) in den taktischen Methoden des →*Tai-ji-quan*. Diese Technik wird auch »Das Zentrum des Gegners kontrollieren« genannt.

Man soll den Widerstand gegen den Gegner aufgeben und sich völlig dem Nachgeben verschreiben. Vorausschauendes Denken und das Erfühlen der gegnerischen Absicht sind Voraussetzungen dafür. Jede Bewegung wird schon in ihrem Ansatz erkannt. Mit der Zeit werden alle psychischen und physischen Schwächen des Gegners erkannt, die man so ausnutzen kann, um eine entscheidende Technik anzusetzen.

Lian-dan-pai (chin.): Schule der inneren Alchimie, Form des →*Qi-gong*.

Liang-jie-gun (chin.): auch *Shuang-chieh-kun*, →*Nunchaku* (s. auch →*Bing-qi*).

Lian-gong-shi-ba-fa (chin.): die »achtzehnfache Methode der Übung« (s. →*Qi-gong*, →*Yi-jia*). Eine 1981 veröffentlichte Schrift über *Qi-gong*, verfaßt von dem Arzt ZHUANG YUAN-MING aus Shanghai.

Die darin beschriebenen Übungen basieren auf den Erfahrungen von WANG ZI PING, einem Altmeister des *Qi-gong*. Sie sind nach der Art der gesundheitlichen Beschwerden zusammengestellt und sollen von hoher Wirksamkeit sein. Die Übungen sind vor allem bei Muskel-, Kopf- und Gelenkschmerzen, Verspannungen, Depressionen, Atemwegs- und Magen/Darm-Erkrankungen hilfreich. Sie können auch zur Rehabilitation eingesetzt werden.

Lian-qi (chin.): auch *Lien-ch'i*, daoistische Atemübung (s. →chinesische Atmungsmethoden), wörtlich »Schmelzen des Atems«. Hier wird der Atem nicht in alle Körperteile geschickt (s. →*Xing-qi*), sondern er kann frei kreisen. Man begibt sich in einen ruhigen Raum, entledigt sich überflüssiger Kleidung und harmonisiert zuerst den Atem *(Tiao-qi)*. Dann schluckt man ihn *(Yan-xi)* und versucht, so lange wie möglich die Luft anzuhalten *(Bi-qi)*. Dabei werden alle Gedanken ausgeschaltet, und der Geist wird vollständig beruhigt. Wird es unerträglich, öffnet man den Mund und läßt den Atem langsam entweichen.

Diese Atemübung, die man am besten anschließend an das →*Fu-qi* ausführt, wiederholt man als Anfänger zehnmal und als Fortgeschrittener fünfzigmal. Übt man korrekt, spürt man den Atem im ganzen Körper. Die Poren öffnen sich, und die Blockaden lösen sich. Das beste Zeichen für die Wirksamkeit der Atmung ist das Schwitzen. Wegen der starken Wirkung dieser Atemmethode darf sie nur alle fünf bis zehn Tage praktiziert werden.

Liang-yi-quan (chin.): auch *Liang-I-ch'uan*, chinesische Kampfkunst der →*Nei-jia*, die dem →*Tai-ji-quan* sehr ähnlich sieht.

Li Cheng: chinesischer Kampfkunstexperte des 16. Jhs., der im →*Quan-fa* die Vitalpunktstimulationen einführte.

Li Chin-Lin (1860–1920): berühmter Schwertmeister der *Wudang*-Schule (s. →*Wudang-jian*).

Li Chin-Lin

Li lernte die alte daoistische Schwertschule des *Wu-dang* von den Meistern →Chen Shi-Chüen und →Song Wei-Yu. Als junger Mann wurde er auch Schüler von →Yang Ban-Hou und war ein guter Freund von →Yang Cheng-Fu. Später wurde er General und Gouverneur der Provinz Hebei. Li unterrichtete Yang Cheng-Fu im Schwertkampf und beeinflußte ihn stark bei der Gründung der *Tai-ji-quan*-Schwertform (s. →*Dan-jian*, →*Tai-ji-jian* und *Tai-ji-jian- lu*). Später nahm auch einer der berühmten Schüler Cheng-Fus, Chen Wei-Ming, bei Li Unterricht im Schwertkampf.

Li versuchte die inzwischen vergessene Schwertkunst wieder zu verbreiten und gab viele Seminare in China und vor allem auch in Japan. Als er noch jung war, diente er als Offizier und war damals schon bekannt für sein Können mit dem Schwert. Er ging darauf ein, einigen Zuschauern seine Schwerttechniken zu demonstrieren. Unter den Zuschauern befand sich ein alter Mann, der sich später als Yang Ban-Hou vorstellte. Er beobachtete belustigt die Demonstration. Li bemerkte Yangs Gesichtsausdruck und forderte ihn verärgert auf, doch selbst auch etwas zu zeigen. Yang zeigte einige Bewegungen aus dem *Tai-ji-quan*, was Li so beeindruckte, daß er ihn zu einem Zweikampf mit dem Schwert aufforderte. Obwohl Yang Ban-Hou nicht mit dem Schwert übte, ging er auf die Herausforderung ein. Li trat mit seinem Schwert vor, während Yang nur mit seiner langstieligen Pfeife bewaffnet war. Li wollte gleich angreifen, doch Yangs Pfeife haftete bei jeder Bewegung so an seinem Schwert, daß er keine Technik zu Ende bringen konnte. Nach einiger Zeit gab Li auf, ohne eine einzige Technik ausführen zu können, und wurde dann Schüler von Yang Ban-Hou.

Li Cun-Yi: chinesischer Meister des →*Xing-yi-quan* Ende des 19./Anfang des 20. Jhs. Er leitete ein Büro zum Schutz von Handelstransporten und hatte eine Schule mit über 1000 Schülern.

Lie (chin.): »Spalten, schnelles Reagieren«, eine der acht Handbewegungen (→*Ba-men*) aus dem System der 13 grundlegenden Bewegungsarten (→*Shi-san-shi*). *Lie* gehört zu den vier schrägen Handbewegungen (→*Si-yu*).

Das Schriftzeichen *Lie* bedeutet »den Gegner zerstörende Strategie mit dem Aufspalten seiner geistigen Konzentration«. Das Trigramm (→*Ba-gua*) *Dui* wird ihm zugerechnet. Diese Grundtechnik wird angewendet, wenn der Gegner in bedrohliche Nähe gekommen ist und eine Technik ansetzen will. Um ihn zu stoppen, werden Schläge auf Vitalpunkte (→*Dian-xue*) oder →*Qin-na*-Techniken wie »die Tigerhand verschließt den Hals« angewandt. Das nennt man auch *Lie-shou* oder »die schlagende Hand«. Diese Techniken sind alle tödlich, wenn sie richtig angewandt werden, und erfordern lange Jahre der Übung und detailliertes Wissen über das Akupunktursystem (→*Jing-luo*).

Lie-zi: chinesischer daoistischer Philosoph in der Tradition →LAO-ZI's. Er lebte als Einsiedler und war Schüler von →HU-ZI.

Li gar (chin.): *Li-jia-quan, Li-chia-ch'uan*, →*Quan-fa*-Schule aus dem Süden, eines der fünf großen Systeme des →*Shaolin* (s. auch *Nan-quan*).

Lima-Lama: Kampfkunst polynesischer Herkunft, gegründet in den USA von TINO TUILOSEGA. *Lima-Lama* ähnelt *Aikidô*, Boxen und bestimmten Formen des *Quan-fa*, mit schnellen und weichen Techniken.

Lind, Werner: deutscher *Karate*-Lehrer mit klassischer Auffassung (kein Wettkampf), Buchautor und Gründer des →*Budo Studien Kreises* (s. auch Anhang), in dem →*Shôtôkan-ryû Kempô-Karate* unterrichtet wird.

Werner Lind begann 1967 das Studium der Kampfkünste in Timişoara (Temeschburg), Rumänien, mit *Jûdô* und beschäftigte sich gleichzeitig mit den Lehren von ALBRECHT PFLÜGER über *Karate*. 1968 wurde er Schüler von ILIJA →JORGA an der Universität Timişoara. Nachfolgend übte er u. a. auch mit mehreren international bekannten Lehrern (KANZAWA, KASE). 1969 übernahm er die *Karate*-Abteilung des Sport-Gymnasiums, Übungsleiterfunkionen an der JORGA-Schule und eröffnete 1970 seine eigene Schule, ohne den JORGA-Universitätsclub zu verlassen. Nach mehreren Wettkampferfolgen ging er 1980 nach Deutschland und eröffnete eine eigene Schule, in der klassisches *Karate-dô* geübt wurde. Zunächst war er mehrere Jahre lang für deutsche Föderationen als Seminar-Lehrer tätig, bis er 1984 jede Verbandsarbeit aufgab und einen föderationsunabhängigen Weg der klassischen Kampfkünste zu suchen begann. In diesen Bemühungen gründete er den *Budo Studien Kreis*, der inzwischen zusammen mit mehreren anderen Lehrern auf internationaler Ebene →*Shôtôkan-ryû Kempô-Karate* und →*Kobudô* sowie *BSK-Tai-ji-quan, -Qi-gong* und *-Ninpô* (s. →*Budo Studien Kreis*) vertritt.

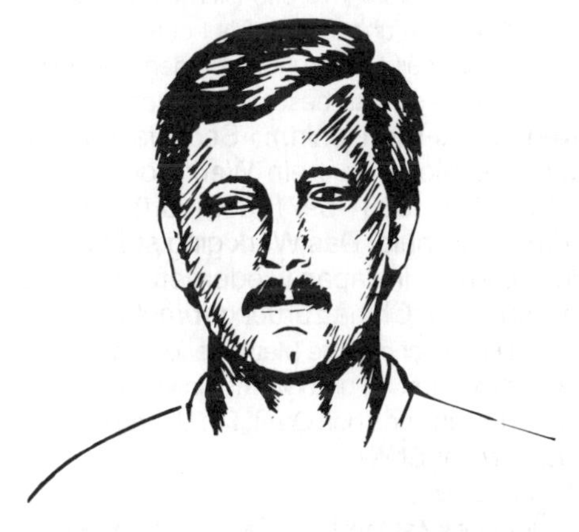

Werner Lind

Lind ist Autor mehrerer Fachbücher über die Kampfkünste (s. →*Budo Studien Kreis*) und hat Schüler im In- und Ausland. Er ist Hauptlehrer des *Budo Studien Kreises* und gibt zusätzlich Seminare in verschiedenen deutschen und europäischen Föderationen.

Lindsey, Ron: amerikanischer traditioneller Meister des *Shôrin-ryû Kenshikan* (s. →KUSANO KENJI), Inhaber des 7. Dan, lebt heute in Texas, USA.

Li-shen-zhong-zheng (chin.): gerade, aufrechte Körperhaltung, grundlegendes Prinzip des *Qi-gong* und des *Quan-fa*. Vgl. mit →*Shisei*.

Li-shou (chin.): die »Hände schwingen«, eines der ältesten und beliebtesten Systeme der →*Dao-yin*. Es gibt viele Variationen dieser Übung. Die Arme werden ganz locker geschwungen. Vorn sollte man sie nicht über Nabelhöhe und hinten nicht über das Gesäß schwingen. *Li-shou* wird oft als Aufwärmübung in den Kampfkünsten verwendet.

Früher wurde diese Übung als Allheilmittel angesehen und bei allen Krankheiten angewendet. Heute sind folgende Wirkungen nachgewiesen: Sie fördert den Widerstand gegen Krankheiten, hilft bei Bronchitis, Magen/Darm-Leiden, Bluthochdruck, Depressionen, Angstzuständen, stärkt die Kondition, verbessert den Schlaf und regt den Appetit an.

Li Tei-Feng: Name eines Chinesen, der der Sage nach am Jangtse-kiang eine Palme im Sturm beobachtet haben soll, die durch Nachgeben unbeschädigt blieb. Die starken Bäume hingegen wurden entwurzelt oder brachen durch die Kraft des Windes. Aufgrund dieser Beobachtungen begründete er die Theorie des Nachgebens, die später in den Kampfkünsten vielfältig angewendet wurde.

Liu-fu (chin.): die 6 *Yang*-Organe (s. →*Zang-fu*) der →chinesischen Gesundheitslehre. Diese sind: Dünndarm, Dickdarm, Magen, Gallenblase, Blase und der »Dreifache Erwärmer«. Sie sind verantwortlich für das Empfangen, Absorbieren und Umwandeln der Nahrung und für die Ausscheidung der Abfälle.

Die *Liu-fa* werden in der chinesischen Medizin als äußerlich bezeichnet, was aber nichts mit der tatsächlichen Lage zu tun hat, sondern ausdrücken soll, daß sie weniger wichtig sind. Jedes *Yang*-Organ ist mit einem *Yin*-Organ verbunden. Das heißt, daß ihre Leitbahnen miteinander Kontakt haben und Krankheit oder Gesundheit voneinander abhängen.

1. ***Dan*, die Gallenblase:** Sie speichert die Galle und unterstützt die Verdauung. Sie bestimmt die Entscheidungs- und Entschlußfähigkeit eines Menschen. Bei Gallen-*Qi*-Mangel (s. →*Zang-fu-zhi-qi*) kommt es zu Unentschlossenheit und Schüchternheit, bei Gallen-*Qi*-Überschuß zu Ärger und vorschnellen Entscheidungen.
2. ***Wei*, der Magen:** Er läßt die empfangene Nahrung reifen, trennt die guten von den schlechten Anteilen und schickt dann die guten Anteile zur Milz (s. →*Wu-zang*). Er harmonisiert den Körper.
3. ***Xiao-chang*, der Dünndarm:** Hier wird die Trennung fortgesetzt. Weitere reine Anteile werden zur Milz gesandt. Trübe Anteile werden z. T. zur Blase geschickt.
4. ***Da-chang*, der Dickdarm:** Er befördert die trüben Anteile weiter nach unten und entzieht ihnen Wasser.
5. ***Pang-guang*, die Blase:** Aus Lunge, Dünndarm, Dickdarm und Nieren werden hier trübe Anteile gesammelt und als Urin abgegeben.
6. ***San-jiao*, der »Dreifache Erwärmer«:** Er ist die verbindende Wasserstraße des Organismus. Er harmonisiert die Funktionen der übrigen Organe.

Liu-gar (chin.): auch *Liu-jia-quan*, *Liu-chia-ch'uan*, das »Boxen der Familie Liu« äußerer, südchinesischer →*Quan-fa*-Stil (s. *auch* →*Nan-quan*), der den Nahkampf betont. Das System gehört zu den fünf großen außershaolinischen Stilen.

Liu-he-quan (chin.): »6 Vereinigungen«, nördliches →*Quan-fa*-System aus Hebei, Ableitung aus dem →*Tang-lang-quan*.

Der schwierige Stil beruht auf drei äußeren und drei inneren Prinzipien und enthält als Waffen Speer, Stock und Messer. In Shandong wurde *Liu-he* mit *Tang-lang* zu *Liu-he Tang-lang* kombiniert. Bekannte Meister des *Liu-he-quan* sind Teng Cheng-I und Liu Te-Kwan. Letzterer unterrichtete Chiao Shin-Chou, dessen Schüler Wan Lai-Sin ein bekanntes Buch über *Liu-he-quan* schrieb.

Liu-he-ba-fa (chin.): »6 Vereinigungen und 8 Methoden«, chinesischer →*Quan-fa*-Stil, der aus den Systemen →*Liu-he-quan* und →*Ba-fa* besteht.

Die Wurzeln des Systems liegen mehr in chinesischen Volksbräuchen als in den Kampfkünsten. Vor 1929, als Meister Wu I-Hwei den Stil in Nanjing zum erstenmal öffentlich vorführte, war er vollkommen unbekannt. Bis heute weiß man nichts über seine Herkunft. Trotzdem verbreitet er sich heute schnell, besonders in Hongkong.

Liu-miao-fa-men (chin.): »Sechsfache esoterische Methode«, ein Werk von Zhi Zhi (Chih Chih, 538–597), dem Gründer der *Tian-tai*-Schule. Das Werk ging später verloren, wurde in Japan wiedergefunden und erneut nach China zurückgebracht.

Die darin beschriebene Methode fördert und reguliert die Atmung und nimmt Einfluß auf die inneren Organe und den Geist. Die Übung vollzieht sich in sechs Stufen:

1. *Shu* (Zählen)

- **Übendes Zählen:** Ist die Sitzhaltung korrekt eingenommen, muß die Atmung harmonisch geübt werden. Dazu wird ruhig und sorgfältig geatmet. Dabei zählt man entweder beim Ein- oder beim Ausatmen langsam bis 10. Das Zählen soll nicht durch andere Gedanken unterbrochen werden.

• **Erreichtes Zählen:** Geht die erste Methode ohne Anstrengung und ist der Geist konzentriert, dann kann das Zählen weggelassen werden.

2. *Sui* (Folgen)

• **Übendes Folgen:** Nach dem Zählen folgt man der Ein- und Ausatmung. Die Aufmerksamkeit folgt dem Atem und der Atem folgt der Aufmerksamkeit, bis beide verbunden sind.

• **Erreichtes Folgen:** Die Aufmerksamkeit wird so geschärft, daß man das Fließen der Luft durch die Poren wahrnimmt. Das tritt erst ein, wenn es als zu grob empfunden wird, der Atmung zu folgen. Der Geist ist dabei in absoluter Stille, und man beginnt mit dem Anhalten.

3. *Zhi* (Anhalten)

• **Übendes Anhalten:** Die Aufmerksamkeit wird auf die Nasenspitze gerichtet und folgt nicht mehr dem Atem.

• **Erreichtes Anhalten:** Man bekommt das Gefühl, daß Körper und Geist nicht mehr existieren. Es wird klar, daß das Konzentrationsobjekt nur eine Widerspiegelung des Geistes ist. Ab hier beginnt man mit dem Betrachten.

4. *Guan* (Betrachten)

• **Übendes Betrachten:** Die Ein- und Ausatmung erscheint fein wie der Wind, »der vorübergehend nicht die eigentliche Wirklichkeit ist«.

• **Erreichtes Betrachten:** Nach einiger Zeit bekommt man das Gefühl, daß alle Poren ein- und ausatmen, es entsteht Barmherzigkeit und Freude.

5. *Huan* (Rückkehr)

• **Übende Rückkehr:** Das Ziel ist die Rückkehr zum ursprünglichen Denken. Dazu muß entdeckt werden, daß man selbst nicht die eigentliche Wirklichkeit ist.

• **Erreichte Rückkehr:** Alles Wissen, das in uns entsteht, vergeht wieder, da es nicht wirkliche Realität ist. Erst wenn kein Gedanke, kein Wissen mehr vorhanden ist, kann man den Ursprung erkennen. Dieser entsteht nicht und existiert nicht, er ist Leere. Wenn dieser Zustand erreicht ist, gibt es keinen Geist und nichts anderes mehr, es wird nicht mehr zwischen Objekt und Wissen unterschieden.

6. *Jing* (Reinheit)

• **Üben der Reinheit:** Der Geist ist absolut klar und unterscheidet nicht mehr.

• **Erreichte Reinheit:** Der Geist ist still wie eine glatte Wasseroberfläche, Illusionen von außen gibt es nicht mehr, da »die Wahrheit im Zurückkehren von den Illusionen liegt«.

Liu-yi (chin.): die 6 Künste im Konfuzianismus: Etikette, Musik, Kalligraphie, Mathematik, Lenken von Pferden und Bogenschießen.

Liu-zi-jing (chin.): »sechs heilende Laute«, Form des →*Qi-gong*, zugehörig zum → *Jing-gong*.

Die *Liu-zi-jing* gehören zu den esoterischen Methoden der Geistläuterung und unterbewußten Beeinflussung. Durch diese Töne, die auch in vielen Kampfkünsten zum Stil-Konzept gehören, kann die innere Haltung in Richtung Mut, Ruhe usw. verändert werden. Jeder Ton, der bei der Übung ausgestoßen wird, beeinflußt ein inneres Organ. So kann die Gesundheit verbessert und die Abwehrkraft erhöht werden. Als Grundlagenkonzept übt man im *Qi-gong* folgende Töne:

1. Der erste Ton wirkt auf die Lunge und lautet »sss«. Kummer und Depressionen werden in Mut, Rechtschaffenheit und Anpassungsfähigkeit umgewandelt. Die dazu passende Farbe ist Weiß.

2. Der zweite Ton lautet »ooo« und wirkt auf die Nieren. Er verändert Angst und Streß in Gelassenheit, Ruhe und Wachheit. Seine Farben sind Dunkelblau und Schwarz.

3. Der dritte Ton ist »schschsch« und er wirkt auf die Leber. Aggressionen und Wut werden in Phantasie und Freundlichkeit umgewandelt. Die passende Farbe ist Grün.

4. Der vierte Ton lautet »hhaaa« und beeinflußt das Herz. Ungeduld, Launen und Arroganz verwandeln sich in Liebe, Respekt und Konzentration. Die dazu passende Farbe ist Rot.

5. Der fünfte Ton lautet »hhuuu« und wirkt auf die Milz. Übermäßiges Grübeln und Mitleid werden in Ausgeglichenheit, Offenheit und Gerechtigkeit umgewandelt. Seine Farbe ist Gelb.

6. Der sechste Ton lautet »hiii« und ist keinem speziellen Organ zugeordnet. Man nennt ihn auch den »*Sanjiao*-Laut« (»Dreifacher Erwärmer«, s. →*Jing-luo*). Er stellt Harmonie zwischen allen Körperbereichen her.

Li Yi-Xiu (1833–1892): auch Li Ye-Yu oder Yi-She, chinesischer Meister des *Tai-ji-quan*,

Schüler von →Wu Yu-Xiang, Lehrer von →Hao Wei-Zheng, dem Gründer des *Wu*-Stils.

Lo-han (chin.): Heiliger, s. →*Luo-han*.

Long (chin.): auch *Lung*, Drache. *Long-quan* – *Shaolin*-Drachenstil. Der Drache ist in China ein gutartiges Fabelwesen, das häufig dargestellt und in Geschichten behandelt wird. Er ist Sinnbild des →*Yang* und wird inmitten von Wasser und Wolken dargestellt, die die Kraft des →*Yin* verkörpern. Er ist das Tier des Kaisers.

Nach dem Winter steigt er aus der Erde auf und erzeugt den ersten Regen, dann wird das Drachenfest gefeiert. Man stellt sich vor, daß, wenn der Drache mit seinem Ball oder seiner Perle spielt, der Regen entsteht. Der Drache ist sehr wandelbar, er kann sich klein machen wie eine Raupe oder auch riesengroß.

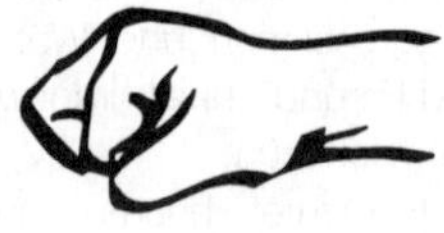

Chinesischer Drache (Long) und Drachenfaust

Long-gian (viet.): auch *Tham thiet gian*, Dreschflegel im vietnamesischen Waffensystem →*Co-Vo-Dao* (s. auch →Vietnam).

Long, Harald: amerikanischer *Karate*-Pionier und -Instruktor, der von →Shimabukuro Tatsuo nach 17 Monaten Übung seinen Schwarzgurt im →*Isshin-ryû* erhielt.

Long eröffnete 1959 eines der ersten *Dôjô* des *Isshin-ryû* in Tennessee. 1974 gründete er zusammen mit seinem Lehrer Shimabukuro die *International Isshin-ryu Karate Association*.

Long-ying (chin.): aggressiver Drachenstil des →*Quan-fa*, gegründet von Tai Yuk, einem Freund von Patmei (→*Pat-mei-p'ai*). Der folgende Großmeister des Stils hieß Lam Yu-Kwai, der den Stil der Öffentlichkeit zugänglich machte.

Alte chinesische Darstellung des Drachenstils (I)

Alte chinesische Darstellung des Drachenstils (II)

Lo-shou-fa (chin.): Greiftechniken.

Lotos: Seerosengewächs, Sinnbild der Reinheit in mehreren asiatischen Religionen. Auch asiatisches Symbol der verschiedenen Bewußtseinszentren.

Der Lotos, im Sanskrit *Padma* genannt, spielt besonders in der indischen Mythologie eine bedeutende Rolle. Dort ist er ein Symbol der Urwasser und damit auch des Universums sowie des kosmischen Raumes. Der Weltschöpfer Brahman (s. →Hinduismus) wird aus dem Lotos geboren, der dem Nabel des schlafenden Wischnu entspringt. Der Lotos repräsentiert auch die Reinheit, denn obwohl »schlammgeboren«, haften an seinen Blättern weder Schmutz noch Wasser (ebenso wie weder gute noch schlechte Taten an einem Erlösten haften, s. →*Karma*). Im Buddhismus, besonders im *Mahajana*-Buddhismus, ist der Lotos ein Symbol für die Lehre des Buddha.

Lotos-Sitz: Position mit überkreuzten Beinen, Meditationssitz, auch geeignet für →*Zazen*. Andere Bezeichnungen: *Anza* und

Lotos-Sitz

Kekka-fuza (Erläuterungen s. →*Kekka-fuza*, Klassifizierung s. →*Zahô*).

Lotos-Sûtra: altindischer Lehrtext, im Anschluß an die vedischen Offenbarungswerke. Die *Lotos-Sûtra* wurde in Sanskrit, vermutlich in Nordindien, geschrieben. Die Sanskrit-Bezeichnung lautet »*Saddharma Pundarika*« (»Sûtra des Lotos des guten Gesetzes«). Im Chinesischen bezeichnet man sie als *Fa-hua-san-ch'ing* und im Japanischen als *Hokke-kyô*. Sie ist die Basis der →*Tendai*-Schule und der →*Nichiren*-Schule.

Die *Lotos-Sûtra* ist eine der bedeutendsten *Sûtra* des *Mahâyâna*-Buddhismus und besonders in China und Japan sehr populär. Sie wird von allen Schulen des *Mahâyâna*-Buddhismus anerkannt, da sie die Lehre vom transzendenten Wesen des Buddha und die Möglichkeit universeller Erlösung enthält. Der *Mahâyâna*-Buddhismus beruft sich durch die *Lotos-Sûtra* auf die eigentliche, authentische und vollständige Lehre des Buddha, wohingegen er die *Sûtra* des *Hinayâna* als unvollständig bezeichnet. Die *Lotos-Sûtra* soll von Buddha am Ende seiner Lehrtätigkeit verkündet worden sein, doch tatsächlich wurde sie erst um das Jahr 200 aufgeschrieben.

In der *Lotos-Sûtra* gibt es den ersten schriftlichen Nachweis für eine waffenlose Kunst der Selbstverteidigung. In der chinesischen Übersetzung der *Lotos-Sûtra* wird von einer Boxkunst *Hsiang-ch'a-hsiang-p'u (Xiang-pu)* berichtet. Die Ideogramme bedeuten in der Übersetzung »gegenseitiges Schlagen« oder »gemeinsames Kämpfen«. Es sind die gleichen Schriftzeichen, die die Japaner für *Sumô* verwenden.

In der *Lotos-Sûtra* ist noch eine Kampfkunst erwähnt, die im Sanskrit als *Nata* bezeichnet wird. Ihre Übersetzung bedeutet »männlicher Charakter«, »Tänzer« oder »Vortragender«.

Lu (chin.): wörtlich »Verlauf«, Bezeichnung für die Form (s. →*Dao*), den festgelegten technischen Bewegungsablauf in den chinesischen Kampfkünsten.

Lua: hawaiianische Kampfkunst aus dem 17. Jh., heute nicht mehr existent.

Lua enthielt Techniken des *Karate, Jûjutsu* und *Aikijutsu*, die auf die Nervenzentren gerichtet wurden. Es gibt nur mündliche Überlieferungen, das Kampfsystem wurde nur ausgewählten Schülern beigebracht. Eine Überlieferung besagt, daß König KAMEHAMEHA, der die Hawaii-Inseln 1790 durch eine Reihe von spektakulären Schlachten einigte, drei *Lua*-Schulen errichten ließ. Jede Schule wurde von einem *Kahana* beaufsichtigt, der sowohl Kampfkunstexperte, Heilkundiger als auch Priester und Zauberer war. Der Niedergang der Kunst wird den christlichen Missionaren zugeschrieben, die 1820 die Insel erreichten.

Die letzte *Lua*-Schule wurde 1840 geschlossen. Es heißt, daß die Schüler dieser Schule die *Hula*-Musik benutzten, um Passanten anzuziehen und sie in Sicherheit zu wiegen. Plötzlich ergriffen sie dann einen Arm oder ein Gelenk ihres Opfers und renkten es aus. Danach riefen sie über Druck auf Nervenpunkte Lähmungen hervor, bis ihr Opfer in Ohnmacht fiel. Manchmal wurde der Prozeß des Ausrenkens auf alle Knochen des Körpers ausgedehnt und danach wieder rückgängig gemacht. Die meisten Opfer starben trotzdem.

Lu-lu-dao-yin (chin.): eine der ältesten Formen der →*Dao-yin*, »spontanes« oder »intuitives *Qi-gong*«.

Alle Bewegungen werden spontan aus dem Unterbewußtsein ausgeführt, es gibt keine Vorgaben. Es ist eine Form des natürlichen Tanzes und wird heute oft zur Musik geübt.

Lun-yu (chin.): »Gesammelte Aussprüche des Konfuzius«, eines der fünf klassischen Werke der chinesischen Literatur (s. → Konfuzius).

Luo: »Netzwerk«, Nebenleitbahnen in der →Akupunktur. Sie bilden Querverbindungen zwischen den →*Jing* und den Hauptleitbahnen und ergeben insgesamt die →*Jing-luo*.

Luo-han: auch *Lo-han*, »Schüler des Buddha« (s. →*Shi-ba-luo-han-shou*).

Die *Luo-han* entstammen ursprünglich dem *Hinayana*-Buddhismus, verbreiteten sich danach jedoch auch im *Mahayana* (skrt. *Arhat*, jap. *Rakan*). Sie gewannen ihre Bedeutung besonders in der Übertragung des Buddhismus von Indien nach China. Träger der chinesischen Tradition der *Luo-han* war das *Zen*. In der heutigen ikonographischen Darstellung der *Luo-han* sind diese oft Zauberer, deren Fähigkeiten ins Übernatürliche gesteigert werden. In den Klöstern findet man manchmal Gruppen von 500 *Luo-han*, die in speziellen Hallen aufgestellt sind. Oft stehen sie jedoch auch entlang der Schmalwände der Haupthallen (meist 16 oder 18 an der Zahl), aufgereiht in zwei Reihen.

Luo-han-quan (chin.): System des *Quanfa*, das auf die →*Shi-ba-luo-han-shou* des *Shaolin* zurückzuführen ist.

Luo-han-quan, das manchmal auch als *Arhat-Boxen* bezeichnet wird, beruht auf den indischen Übungen, die von BODHIDHARMA im Shaolin-Kloster eingeführt wurden. Das System besteht heute aus 24 Grundtechniken, die in 18 Formen *(Dao)* enthalten sind. Es betont körperliche Stärke und die Entwicklung von Knöcheln und Unterarmen. Die Hauptstellungen sind →*Sanchin* und die Reiterstellung. Der Stil hat 6 Formen *(Dao)*, die hauptsächlich mit Fausttechniken zu Vitalpunktzonen arbeiten, 2 Formen für offene Handtechniken, 1 Form für die Arbeit mit den Ellenbogen, 4 Formen für Fußtechniken und 5 Formen für Greiftechniken. Zu diesen ursprünglich 18 Formen kamen weitere hinzu, heute werden 27 zweigeteilte Formen geübt, die 54 Fähigkeiten vermitteln sollen. Die Schüler müssen diese Fähigkeiten beidseitig üben, so daß der Stil 108 Verfahren enthält.

M

Ma[1] (chin.): Pferd. *Ma-bu* – Reiterstellung.

Ma[2] (jap.): Pause, Zwischenraum. Das Konzept des *Ma* (s. →*Ma-ai*) umfaßt den Zeitraum oder Intervall zwischen zwei Dingen, zwei Bewegungen, zwei Räumen, zwei Momenten.

Ma prägt das gesamte japanische Leben und alle Künste des Ostens. Durch *Ma* integrieren sich alle Dinge in die Natur und definieren sich in dem Zeitraum, der für sie richtig ist (s. →*Hyôshi*).

Ma[3] (jap.): geradeaus, gerade in alle Richtungen. *Mae* – nach vorn.

Ma[4] (jap.): böser Geist, Dämon. *Akuma* – Teufel, *Majutsu* – Zauberei, *Jama* – Störung, Hindernis.

Ma-ai (jap.): harmonischer Zeit- und Raumabstand. →*Ma*[2] bedeutet darin »Pause«. Das Konzept des *Ma* umfaßt also nicht nur die Distanz, sondern vielmehr den Zeitraum oder Intervall zwischen zwei Dingen, zwei Bewegungen, zwei Räumen oder zwei Situationen. Nicht nur die Kampfkünste, sondern alle Künste des Ostens kennen dieses Konzept.

→*Ai*[2] bedeutet »Liebe« oder »Harmonie«. Es ist das Prinzip der Anpassung, und im philosophischen Sinn bezeichnet *Ai* das harmonische Zusammenleben aller Lebewesen in der Natur. Mit *Ai* bezeichnet man auch die innere vitale Kraft (s. →*Ki*, →*Qi*), die den Wandel der Dinge bewirkt und sich nie im Gegensatz zu den natürlichen Kräften befindet.

Den japanischen Begriff *Ma-ai* einfach mit »Distanz« zu übersetzen würde seinen Sinn verfehlen. *Ma-ai* bezeichnet die Verbindung zwischen Zeit und Raum und ist als solches nichts Statisches, sondern eine sich in Bewegung befindende Kraft, die den Menschen in einen zeitlichen und räumlichen Einklang mit seiner Umgebung bringt. Übertragen auf die Übung des Kampfes bedeutet dies, daß *Ma-ai* sich auf das Befinden zweier Gegner bezieht, die sich gegenüberstehen. Nicht nur die räumliche Distanz ist hier von Bedeutung, sondern die Gesamtheit ihrer Absichten und Bewegungen mit Rücksichtnahme auf alle zeitlichen und räumlichen Situationen. *Ma-ai* ist die perfekte Beherrschung der Situation durch Anpassung, in der die räumliche Distanz nur ein Teil ist. Wenn ein *Karateka* das *Ma-ai* seines Gegners stören kann, ist er im Vorteil.

EINTEILUNG DER DISTANZEN

Jûban no ma-ai	– normale Distanz
Tô-ma	– zu große Distanz
Chika-ma	– zu kurze Distanz

Mabuni Kenei: Sohn und Erbe des Stilgründers des *Shitô-ryû*, →MABUNI KENWA, heutiger Vorstand des Stils, 10. Dan.

Mabuni Kenwa (Kenshin) (1889–1952): okinawanischer *Karate*-Meister, Gründer des →*Shitô-ryû*. Mabuni war der 17. Abkömmling des auf Okinawa bekannten *Samurai*-Geschlechts ONIGUSUKI.

Mabuni Kenwa

LEBENSLAUF

Mabuni begann das Studium des *Tôde* im Alter von 13 Jahren unter Meister ITOSU YASUTSUNE, der ihm zuerst die *Kata* →*Naihanchi* beibrachte. Itosu war zu dieser Zeit bereits über 70 Jahre alt. Mabuni war als Junge sehr schwächlich, doch Itosu mochte und ermutigte ihn. Er trainierte sehr hart und lernte schließlich 23 *Kata* von Itosu. Als Itosu 1915 starb, soll Mabuni ein Jahr lang an seinem Grab *Kata* geübt haben.

1912 ging Mabuni auf Empfehlung von MIYAGI CHÔJUN an die Polizeischule Okinawas, die er 1914 als Polizeiinspektor beendete. *Karate* studierte er in der Folgezeit unter dem chinesischen Teekaufman →GO KENKI. Dieser übte den Stil des Weißen Kranichs (s. →*Hakutsuru-ken*, →*Bai-he-quan*) aus Fukien. Die Form wird heute im *Shitô-ryû* als *Hakucho* geübt.

Später studierte Mabuni *Naha-te* bei HIGASHIONNA KANRYÔ und ARAGAKI KAMADEUNCHU (NIIGAKI). Unter Higashionna perfektionierte er die *Sanchin*, und Aragaki lehrte ihn die *Unsu, Sochin* und *Niseishi*. Unter Aragaki lernte Mabuni auch *Bôjutsu* und *Saijutsu* von *Bushi* TAWADA.

1924 baute Mabuni in seinem Garten ein *Dôjô*, nachdem er vorher im Garten mit seinen Schülern geübt hatte. Zusammen mit ihm unterrichteten dort auch MIYAGI, KYODA, MOTOBU, HANASHIRO, OSHIRO, CHIBANA und GO KENKI. 1928 verließ er jedoch Okinawa und siedelte sich – dem Beispiel FUNAKOSHIS und MIYAGIS folgend, die bereits in Japan unterrichteten – in Osaka an. Dort gründete er auch sein erstes *Dôjô*, das er *Yôshukan* nannte. Aus dieser Zeit stammt sein erster Schüler UECHI KANEI (nicht identisch mit UECHI KANEI aus dem *Uechi-ryû*), der heute Mabunis Stil als *Shitô-ryû Kempô* auf Okinawa weiterführt.

Ab 1934 bezeichnete er auch seine *Karate*-Auffassung als *Shitô-ryû Karate-dô*. Schon zu Lebzeiten Mabunis verbreitete sich der Stil in Japan, besonders in Kôbe, Kyôto und Osaka, welches auch heute noch die Zentren des *Shitô-ryû* sind. Lediglich Meister ITAWA MANZO ließ sich in Tôkyô nieder, wodurch auch dort eine starke *Shitô*-Strömung entstand. 1934 erschien eine Veröffentlichung Mabunis, die als Leitfaden des Stils gilt *(»Goshin Jutsu Karate Kempô«)*. 1939 schrieb Mabuni seine Schule unter der Bezeichnung *Shitô-ryû* im →*Butokukai* ein.

MABUNIS SHITÔ-KONZEPT

Shitô-ryû ist eine Kombination aus →*Shôrin-ryû* und →*Shôrei-ryû*. Die Bezeichnung leitet sich von den Namen zweier großer okinawanischer Meister ab, den wichtigsten Lehrern von Kenwa Mabuni: *Shi* ist die japanische Lesart des okinawanischen Ideogramms für HIGASHIONNA und *To* desgleichen für *Ito* (ITOSU). Außerdem übte Mabuni auch noch unter MIYAGI CHÔJUN.

In seinen Unterricht schloß Meister Mabuni auch

die Übung der traditionellen okinawanischen Waffen *(Kobudô)* mit ein. Er selbst hatte den Umgang mit ihnen von Meister ARAGAKI KAMADEUNCHU (NIIGAKI) gelernt. Dessen *Kata* waren eine Kombination aus den traditionellen *Kata* des *Shuri-te* und des *Naha-te*. Aus dem *Shuri-te* übte er bevorzugt die *Gojûshihô* und die *Nijûshihô*, die er von Meister Itosu gelernt hatte.

Das *Shitô-ryû* verbreitete sich sowohl in Japan als auch auf Okinawa. Nach Mabunis Tod (Mai 1952) übernahmen seine Söhne die Leitung des Stils: in Okinawa MABUNI KENZO und in Osaka MABUNI KENEI. Letzterer ist der augenblickliche Vorstand der *Shitô*-Organisation. Neben SAKAGAMI RYÛSHÔ – der in Watanabe, Japan, heute eine eigene Richtung vertritt, die er *Itosu-kai* nennt – waren seine bedeutendsten Schüler: HAYASHI TERUO (Gründer des *Kenshin-ryû*), TANI CHÔJIRO (Gründer des *Shukokai*), KANESHIRO KENSEI (Gründer des *Tozan-ryû*), MABUNI KENZO, MABUNI KENEI, TOMOYORI (Osaka), WATANABE (Osaka) und ITAWA MANZO (Tôkyô).

DIE SPALTUNG DES STILS

Nach Meister Mabunis Tod entfernte sich zuerst Meister →TANI CHOJIRÔ aus Kôbe von der traditionellen Linie des Stils und gründete die rein wettkampfmäßige Ableitung *Tani-ha Shitô-ryû*, die er im →*Shukokai* organisierte. Diese Variante wurde in der Folge von →NAMBU YOSHINAO nach Europa gebracht. Nambu jedoch, ein Schüler Tanis, war mit der rein wettkampfmäßigen Interpretation des *Shukokai* nicht einverstanden und gründete seine eigene *Karate*-Richtung, das *Nanbu-dô*.

Die beiden →SAKAGAMI (RYÛSHO und SADAAKI, Vater und Sohn), ebenfalls maßgebende Meister des Stils, führten die *Shitô*-Richtung Mabunis an ihren *Shuri-te*-Ursprung zurück und benannten ihre Interpretation →*Itosu-ryû*.

Ein weiterer wichtiger Schüler der *Shitô*-Schule ist der okinawanische Meister HAYASHI TERUO. Er wurde besonders in Frankreich bekannt, als er dort einen seiner Schüler vertrat. Den westlichen *Karateka* ist er durch den Film *»Budô Art of Killing«* bekannt, worin er zusammen mit einigen seiner Schüler sein *Karate (Hayashi-ha Shitô-ryu)* präsentiert.

Leider ist die *Shitô*-Linie, wie auch viele andere Richtungen heutzutage, untereinander zerstritten und uneinig. Im *Shitô-ryû* sind die Wettkampfeinflüsse sehr groß und richten in der eigentlichen Lehre einen gewaltigen Schaden an. Die technische Breite des Stils ist immens, schon deshalb, weil in ihr die wesentlichen Punkte der *Shôrei*- und *Shôrin*-Schule vereinigt sind und sie außerdem noch eine große Anzahl von Waffen enthält. Die *Kata* des Stils setzen sich aus mehreren Kategorien zusammen: aus der ITOSU-Schule stammen die *Pinan, Bassai, Kankû, Nijûshihô, Gojûshihô* u. a., aus MIYAGI's *Gôjû-ryû* kommt die *Tenshô*, und außerdem gibt es noch eine Reihe von *Kata*, die von Mabuni und seinen Schülern selbst gegründet oder abgeleitet wurden.

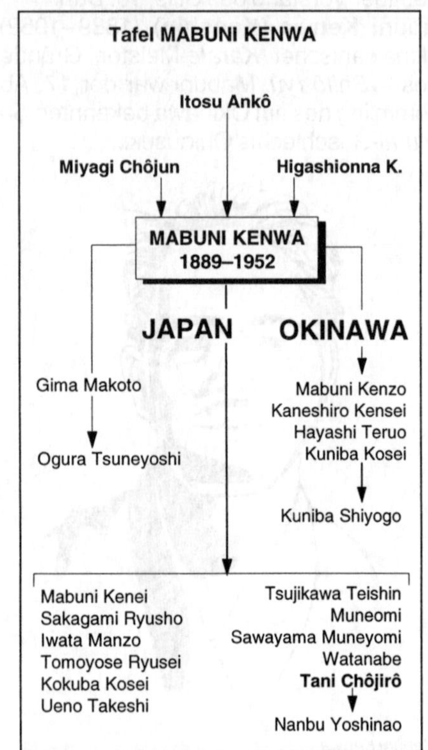

Machi-dôjô (jap.): kleineres *Dôjô*, meist als Annex zum Haupt-*Dôjô*, das für zusätzliche Übungsformen gedacht ist.

Madambashi Keiyo (1896–1983): okinawanischer *Karate*-Meister des *Gôjû-ryû*, direkter Schüler von →MIYAGI CHÔJUN.

Mae (jap.): vorn, frontal, vorwärts, früher (auch →*Zen*[1], s. →*Hô*[2]).

Mae-ashi (jap.): vorderes Bein, vorderer Fuß, Tatze.

Mae-ashi-geri (jap.): Fußtechnik mit dem vorn stehenden Bein (→*Kizami-geri*). Man kann damit nahezu alle Fußtechniken aus dem Stand ausführen. Sie eignen sich besonders gut, um einen gegnerischen Angriff zu stoppen.

Da ihr Weg zum Ziel kürzer ist als der einer Technik mit dem hinteren Fuß (→*Ushiro ashi-geri*), sind sie in der Regel schneller, jedoch weniger kraftvoll. In den *Kata* werden sie nur selten gelehrt, da in den klassischen Kampfkünsten das Prinzip des →*Ikken-hissatsu* vorherrscht, dem sie nur teilweise entsprechen. In den moderneren Varianten des *Karate*, besonders im Wettkampf, sind sie sehr beliebt, da sie schnelle und flüssige Kombinationen eröffnen können.

Mae-ashi-shizen-tai (jap.): natürliche Bereitschaftsstellung mit einem Fuß vorn (z. B. →*Teiji-dachi* und *Shizen-tai*).

Maebane-gamae (jap.): eine der ältesten und meistgebrauchten →*Kamaekata* der waffenlosen Künste, die in *Chûdan*- und in *Jôdan*-Haltungen ausgeführt wird.

Maebane-gamae

Man sagt, die *Kamaekata* sei von dem Chinesen Wan Chun-Kun aus den Wudang-Bergen entwickelt worden, als er eines Tages Raubvögel Ratten erbeuten sah. Dies brachte ihn auf den Gedanken, die Arme wie Flügel zu gebrauchen. Später verbreitete sich die *Kamaekata* in ganz China und fand auch im okinawanischen *Karate* ihre Verwendung (s. →*Suirakan-gamae*). Am häufigsten wird sie zusammen mit →*Nekoashi-dachi* gebraucht. Man führt die Handflächen nach außen und hebt sie über Augenhöhe. Obwohl dies nahezu eine herausfordernde Bewegung ist, bietet sie kaum eine Chance für einen gegnerischen Angriff.

Mae-empi-uchi (jap.): Ellenbogenstoß nach vorn (auch *Mae-hiji-ate*). Zuordnung s. →*Empi- uchi*, Klassifizierung s. →*Uchi-waza*.

Die Faust wird, von der Hüfte ausgehend, mit einer den Körper streifenden Bewegung vor die Brust genommen. Im letzten Augenblick steigt der Ellenbogen hoch. Die Technik eignet sich dazu, die Brust oder das Kinn des Gegners zu treffen, besonders dann, wenn er einen Umklammerungsversuch macht. *Mae empi-uchi* wird in der Kata *Nijûshihô* gelehrt.

Mae-geri (jap.): Fußtechnik nach vorn (Einteilung s. →*Keri-waza*). Unter *Mae-geri* versteht man im allgemeinen eine nach vorn ausgeführte Fußtechnik. Alle Varianten der Fußtechniken, die nach vorn gerichtet sind, können mit diesem Begriff bezeichnet werden. Daraus ergeben sich Bezeichnungen wie *Mae-mawashi-geri, Mae-sokutô-geri, Mae-hiza-geri* usw., die die Art der Fußtechnik bezeichnen (z. B. *Mawashi*), und die Richtung, in die sie ausgeführt werden *(Mae)*.

Mae-geri – der Vorwärtsfußtritt

Insbesondere versteht man jedoch unter *Mae-geri* eine nach vorn gerichtete Fußtechnik, die entweder nach oben geschnappt (→*Keage*) oder nach vorn gestoßen (→*Kekomi*) wird. Dazu werden meist der Fußballen *(Koshi)*, der untere

Teil der Ferse *(Kakato)*, der Rist *(Heisoku)* oder die Zehenspitzen *(Tsumasaki)* verwendet. Es gibt verschiedene Einteilungsmöglichkeiten des *Mae-geri*. Erläuterungen s. unter dem jeweiligen Begriff.

EINTEILUNGSMÖGLICHKEITEN DES MAE-GERI

Art der Ausführung	
Mae geri-keage	– geschnappter Fußschlag nach vorn
Mae geri-kekomi	– gestoßener Fußtritt nach vorn
Auftrefffläche	
Mae koshi-geri	– Tritt mit dem Fußballen
Mae kin-geri	– Tritt mit dem Fußspann nach vorn
Mae kakato-geri	– Stampftritt mit der Ferse nach vorn
Mae hiza-geri	– Knietritt nach vorn
Tsumasaki-geri	– Tritt mit den Zehenspitzen
Wahl des Fußes	
Mae ashi-geri	– Fußtritt mit dem vorderen Fuß
Ushiro ashi-geri	– Fußtritt mit dem hinteren Fuß

Mae-geri-keage (jap.): rückfedernder Fußschlag nach vorn, der im Halbkreis nach oben geschlagen wird (s. →*Mae-geri*). Aus dem Knie geschnappte Fußtechnik (Erläuterungen s. unter →*Keage*).

Mae-geri-kekomi (jap.): gestoßener Fußtritt nach vorn (s. →*Mae-geri*). Erläuterungen s. unter →*Kekomi*.

Mae-gi (jap.): den Abstand schätzen.

Mae-hiji-ate (jap.): Ellenbogenstoß nach vorn (auch →*Mae-empi-uchi*).

Mae-kaga-mi (jap.): den Oberkörper nach vorn lehnen (auch *Mae sori mi*).

Mae-ni-ike (jap.): vorwärts gehen.

Maeshiro Chôtoku (1908–1979): okinawanischer Kampfkunstexperte, Schüler von →Oshiro Chôdo, Experte des →*Yamane-ryû*.

Am meisten bekannt war er wegen seinen Techniken mit dem *Sai* und dem *Bô*. Er trainierte auch *Karate* unter Kyan Chôtoku und unter Yamasata Yoshitaru. Obwohl er in den Kampfkünsten ein weitbekannter Experte war, hat er niemals Schüler unterrichtet.

Mae-sori-mi (jap.): vorwärts lehnen (auch *Mae kaga mi*).

Mae-te (jap.): die vordere Hand.

Maete-zuki (jap.): Stoß mit der Vorderfaust direkt aus dem Stand.

Mae-tobi-geri (jap.): gesprungener Vorwärtsfußtritt. Je nachdem, welcher Fuß die Technik ausführt, unterscheidet man in *Mae ashi mae-geri* und *Ushiro ashi mae-geri*. Tritt man mit dem vorderen Fuß, springt man hinten ab, tritt man mit dem hinteren Fuß, springt man vorne ab. Zuordnung s. unter →*Tobi-geri*.

Mae-tobi-geri

Mae-ude-hineri-uke (jap.): Abwehr durch Drehen des Unterarms (Zuordnung s. →*Hineri-uke*, Einteilung s. →*Uke-waza*).

Man wehrt damit Angriffe ab, die gegen Brust oder Gesicht gerichtet sind. Man streckt einen Arm weit nach vorn, bis man den Kontakt zum Angriffsarm herstellt. Nun zieht man den Arm zurück, dreht die Hüfte ab und dreht gleichzeitig den Unterarm. Dadurch lenkt man den gegnerischen Angriff zur Seite. Die Endstellung der Abwehr ähnelt *Uchi-uke*, der Ellbogen ist jedoch zur Seite gerichtet. Die Abwehr wird in der *Kankû-shô* gelehrt.

Mae-ude-osae-uke (jap.): Preßabwehr mit dem Unterarm (Zuordnung s. →*Osae-uke*, Einteilung s. →*Uke-waza*).

Der Angriffsarm des Gegners wird mit dem Unterarm nach unten gepreßt. Man kann auch in den gegnerischen Angriff hineingehen (→*Deai*) und den Arm blocken, bevor er sich streckt. In diesem Fall wird die Bezeichnung *Mae-ude-deai-osae-uke* gebraucht.

Mae-ukemi (jap.): nach vorn fallen (s. →*Ukemi-waza*).

Maezato Ranho: auch »Bushi Maezato aus

Kume«, okinawanischer Karatemeister der früheren Generation, zusammen mit KOJÔ KAHO und MATSUMURA SÔKON um 1860 Schüler von IWAH.

Magari-yari (jap.): Dreizack, Variante des Speers. Die Waffe gelangte von China nach Okinawa, wo sie zur Selbstverteidigung verwendet wurde.

Mahâyâna (jap.): große Glaubensrichtung des →Buddhismus, neben *Theravâda* (oder →*Hinayâna*) dessen wichtigste Strömung. *Mahâyâna* oder der »Große Wagen« entstand nach der ursprünglichen *Hinayâna*-Strömung (»Kleiner Wagen«) etwa im 1. Jh. v. Chr. und war vor allem eine Volksreligion, dank deren der Buddhismus auch im Volk verbreitet werden konnte.

Sowohl das *Mahâyâna* als auch das *Hinayâna* wurzeln in den grundlegenden Lehren des historischen BUDDHA-SHÂKYAMUNI (→Buddha), unterscheiden sich jedoch in einigen Aspekten ihrer Lehre. Während das *Hinayâna* die eigene Erlösung anstrebt, will der Anhänger des *Mahâyâna* die Erlösung erlangen, um zum Wohle aller Wesen wirken zu können. Diese Tendenz des *Mahâyâna* ist in seinem Ideal, dem *Bodhisattva*, verkörpert, dessen wichtigste Eigenschaft das Erbarmen ist.

Das *Mahâyâna* ist aus dem *Hinayâna* entstanden. Die wichtigsten Elemente seiner Lehre sind die Auffassung vom transzendenten Charakter des Buddha, das Ideal des *Bodhisattva* und der Begriff der Leere (→*Kû*). Im *Mahâyâna* wird im Gegensatz zum *Hinayâna* wenig Wert auf ein mönchisches Leben gelegt. Jeder Mensch kann hier das →*Nirvana* erreichen, wobei es nicht nur (wie im *Hinayâna*) auf die eigene Kraft (→*Jiriki*) ankommt, sondern man auch auf die Hilfe des Buddha (→*Tariki*) und der *Bodhisattvas* zählen kann. *Nirvâna* bedeutet hier vor allem das Sichbewußtwerden der eigenen Erlöstheit (→*Satori*) und die Einheit mit dem Absoluten (s. → Transzendenz). Dieses allen Wesen immanente Buddha-Prinzip (s. →Buddha) ist im *Mahâyâna* wichtiger als der Buddha selbst.

Das *Mahâyâna* teilt sich in verschiedene Schulen, die über einen großen Teil des asiatischen Kontinents verbreitet sind. Eine der wichtigsten unter ihnen ist das →*Chan* (jap. →*Zen*). Die Lehren des *Mahâyâna* sind in den *Mahâyâna-Sûtra* und *Shastra* aufgeschrieben, unter denen sich einige der tiefgründigsten Schriften des Buddhismus befinden.

Mairi (jap.): Abklopfen nach einem Hebel oder Würgegriff, das dem Partner anzeigen soll, das die Grenze des Erträglichen erreicht ist. Man klopft am eigenen Körper oder auf der Matte, aber niemals am Partner ab.

Maitreya (skrt.): »der Liebende« (jap. *Miroku*), der 5. und letzte irdische →Buddha, der in ungefähr 30 000 Jahren in Erscheinung treten soll.

Ma-itta (jap.): Wettkampfbegriff: »Ich gebe auf!«

Makabe Uekata Chôkei: einer der drei okinawanischen »Musketiere«. Unter dieser Bezeichnung wurden drei Schüler →SAKUGAWAS bekannt: MAKABE CHÔKEI, OKUDA SATUNUSHI und MATSUMOTO CHIKU'UDON. Die Bedeutung Makabes (»Vogelmann«) ergibt sich daraus, daß er später nach Tomari ging und dort den darauffolgenden *Tomari-te*-Meister →MATSUMORA KÔSAKU unterrichtete.

In dem Trio hatte jeder seine besonderen Eigenschaften. Makabe war flink und listig, Okuda spezialisierte nur eine Technik (den geraden Fauststoß), mit der er seine Kämpfe zu entscheiden versuchte, und Matsumoto war ein strenger Verfechter der breitgefächerten Grundschule. Bevor Sakugawa sich zurückzog, gab er Matsumoto das →*Menkyo-kaiden*. Makabe studierte auch in China, wohin er vom König dreimal geschickt wurde, um Tribut zu überbringen.

Make (jap.): Niederlage (auch *Maketa*, Gegenteil: *Kachi*). *Makeru* – verlieren.

Make-Kata (jap.): der Verlierer. Derjenige, der im Kampf eine Niederlage erlitten hat (s. →*Make*).

Makeru (jap.): aufgeben, verlieren, unterliegen (auch *Fu*).

Maki (jap.): Rolle, Band (auch *Kan*). *Maku* – aufrollen, wickeln, *Makimono* – Schriftrolle.

Makiage-gu (jap.): Gewichtrolle. *Maki-ageki* – (Seil-)Winde, *Maki-ageru* – aufwickeln. Trainingsgerät (s. →*Dôgu*) im *Okinawa-Karate*, auch Makiage-kigu genannt.

Makiage-gu besteht aus einem Griff, in dessen Mitte mit einem Seil ein Gewicht befestigt ist. Mit den Händen muß das Seil auf- und abgerollt werden. Es dient der Kräftigung der Unterarme, der Handgelenke und des Griffes.

Makiage-kigu (jap.): s. unter →*Makiage-gu.*

Makikata-kote (jap.): Handgriffwechsel im *Jûdô.*

Makikomi (jap.): umhüllen, umfassen.

Makikomi-jime (jap.): Drehwürgegriff im *Jûdô.*

Makikomi-waza (jap.): Gruppe der Eindrehwürfe im *Jûdô.*

Makimono (jap.): handgeschriebene Schriftrollen, in denen zur Feudalzeit Japans Geschichte, Gebräuche und technische Besonderheiten (s. →*Denshô*, →*Gokuhi*) eines →*Ryû* festgehalten wurden.

Die *Makimono* waren die kostbarsten Schätze eines *Ryû*, denn sie reflektierten nach altem Brauch die »göttliche Inspiration« *(Tenshin-shô)*, durch die ein Stil entstanden war. Sie wurden für Außenstehende streng geheimgehalten. Um ihr Verständnis für Uneingeweihte zu erschweren, wurden in ihnen oft Geheimsprachen *(Mandala)* verwendet.

Makino Toru: (jap.) japanischer Schwertmeister aus dem →*Hokushin Ittô-ryû*, Autor (1930) einer berühmten Abhandlung über das *Kendô*, »*Kendô Shûgyô no Shiori*« (»Die Übung des Kendô«), in der er den Schwerpunkt auf das Konzept des *Shisei-ô Chôetsu* (Beachten der Tugenden Loyalität und Pietät) legt.

Maki-tomoe (jap.): kleiner Kreiswurf im *Jûdô.*

Makiwara (jap.): wörtlich »Holz und Stroh«. Schlagpfosten, Übungsgerät (s. →*Dôgu*) zum Studium des →*Kime* sowie zur Entwicklung der Fäuste und Füße im okinawanischen *Karate*. Makiwara wird mit zwei chinesischen Schriftzeichen geschrieben: *Maki* (»Holz«) und *Wara* (»Stroh«).

Parallel zur Übung der *Kata* und des *Kumite* ist die Übung am *Makiwara* ein wichtiger und fester Bestandteil des *Karate-dô*. Der Holzpfosten hat eine Breite von ca. 12 cm. Die Höhe variiert je nach Körpergröße und Übungszweck. Die Dicke des Pfostens sollte von ca. 6 cm am Fuß konisch zur Spitze (ca. 2 cm) zulaufen. Dieser Zuschnitt gewährleistet eine gute Flexibilität und verhindert Knochenverletzungen. Auf den Pfosten wird zum Schutz der Haut und der Gelenke an der Spitze eine Schicht aus Reisstroh oder Filz aufgezogen. Im Freien soll der Pfosten etwa 1 m tief im Boden verankert werden, in Räumen gibt es mehrere Methoden der Befestigung (s. unter →*Dôgu* – Trainingsgeräte – und →*Temochi shiki makiwara*).

Makiwara-Training: das →*Makiwara* wurde auf Okinawa schon seit frühesten Zeiten als Übungsgerät verwendet. Man weiß heute nicht genau, wie es entstand. Auf jeden Fall wurde es nicht ausschließlich von den Kampfkunstexperten benutzt. Viele einfache Menschen, die die Kampfkünste nicht übten, hatten ein *Makiwara* zu Hause. Die Übung an diesem Gerät galt als gesundheitsfördernd, denn sie bewirkte die Stimulation der Vitalkreisläufe und der inneren Organe.

Wenn man am *Makiwara* übt, sollte man einige Gesetzmäßigkeiten beachten, die von Bedeutung sind. So z. B. dauert es eine ganze Weile, bis die Auftreffflächen soweit abgehärtet sind, daß man überhaupt üben kann. In dieser Zeit ist die Verletzungsgefahr der Knöchel und Gelenke sehr groß. Deshalb muß man leicht, aber regelmäßig üben. Im Falle einer Verletzung muß man sofort aufhören und sie ganz ausheilen lassen.

Wenn man *Tsuki* (Stoßtechniken) übt, muß man genau darauf achten, daß *Daikentô* (Zeige- und Mittelfingergelenk) auftreffen. Das Auftreffen der ganzen Faust ist gesundheitsschädlich, da die Kleinfingerseite der Hand mit dem Herzen und einigen anderen inneren Organen verbunden ist. Das Auftreffen mit diesem Teil der Hand bewirkt einen gesundheitsschädigenden Schock. *Daikentô* hingegen ist mit dem hinteren Teil des Körpers verbunden und gewinnt Kraft aus der Rücken- und Beinmuskulatur. Wenn man das *Makiwara* trifft, muß der Arm danach sofort entspannt werden, um den Rückschlag aufzufangen, da ansonsten Verletzungen nicht ausgeschlossen sind. Nur für einen Sekundenbruchteil spannen sich Arm-, Schulter-, Rumpf-, Rücken- und Beinmuskeln an.

Makoto (jap.): Wahrheit, Wirklichkeit, Aufrichtigkeit (auch *Sei*). *Seijitsu* – aufrichtig, ehrlich, gewissenhaft. Die sinngemäße Bedeutung des Begriffes *Makoto* in den Kampfkünsten ist, daß ein Übender bei allem Streben ehrenhaft und aufrichtig bleibt.

Makoto ist ein wichtiger Grundsatz der →*Dôjôkun* und des Lehrer-Schüler-Verhältnisses (→*Shitei*) im *Budô* und muß von jedem Kampfkunstübenden beachtet werden.

Das Prinzip des *Makoto* stammt aus dem →Shintôismus und übertrug sich ins →*Bushidô*, wo es wesentliche Bedeutung erlangte. Es entstammt dem alten *Shintô*-Brauch, nach dem ein Gläubiger den →*Kami* nur mit reinem Geist entgegentreten darf. Durch diese vom *Shintô* geforderte Reinheit der Riten entwickelten sich die Voraussetzungen zu *Makoto*. Das Reinigen des Geistes, das später im *Bushidô* der *Samurai* in Form verschiedener →*Misogi*-Übungen praktiziert wurde (z. B. Waschen unter einem Wasserfall, Fasten, ritusgemäßes Bergsteigen usw.), beeinflußte den Kriegergeist Japans in einem erheblichen Maß.

Allgemein übersetzt man *Makoto* mit Wahrheit oder Ehrlichkeit, doch der Begriff umfaßte für die *Samurai* viel mehr. Er bezeichnete z. B. auch die Hingabe, mit der ein *Samurai* bereit war, dem Weg des *Bushidô* zu folgen. *Makoto* hatte ein *Samurai*, der nicht im eigenen Interesse handelte, der den Mut besaß, etwas Falsches wieder in Ordnung zu bringen, oder der von unehrlichen Handlungen Abstand nahm (s. →*Gishi*).

Makoto no Michi (jap.): »Weg der Wahrheit« (s. →*Makoto*).

Maku (jap.): rollen, wickeln.

Makura (jap.): Kopfkissen. Das japanische Kopfkissen ist eine Polsterrolle (früher eine Stütze aus Holz), die unter den Nacken gelegt wird.

Makura-kesa-gatame (jap.): *Jûdô*-Haltegriff, Kissenschärpe.

Makyô (jap.): Illusion, diabolische Phänomene. *Ma* (abgeleitet von *Akuma*) ist das japanische Zeichen für »Teufel«, während *Kyô* einen gegebenen Zustand, ein Phänomen in der objektiven Welt meint.

Den Begriff verwendet man in einem engeren und einem weiteren Sinn. Im engeren Sinn bezieht er sich auf die verschiedenen Trugbilder, die einem meditierenden Menschen von seiner eigenen Vorstellung vorgespielt werden können. Im erweiterten Sinn bezieht er sich auf die Welt und ihre Zusammenhänge, so wie sie der gewöhnliche Mensch versteht (s. →*Shisei*). An etwas zu »haften« bedeutet, daß man in der Welt des *Makyô* hängt. Vollkommenes →*Satori* hebt den Zustand des *Makyô* auf.

Malaysia: Halbinsel in Südostasien, 18 Mio. Einwohner (meist Moslems) mit der Hauptstadt Kuala Lumpur. Der Staat wurde 1960 gegründet, die Bevölkerung besteht aus vielen ethnischen Gruppen.

Landkarte Malaysia

Man übt sich dort in einer Form des →*Pentjak-Silat*, die →*Bersilat* genannt wird. *Bersilat* bedeutet in der direkten Übersetzung »Selbstverteidigung«. Das *Bersilat* gibt es in zwei Formen. Das *Silat-pulat* besteht aus Bewegungen ähnlich den *Kata* und wird meist bei Festlichkeiten vorgeführt. Es ist eine anmutige Vorführungsform, die für die Öffentlichkeit gedacht ist. Das *Silat-buah* (Kampf) ist eine kämpferische Form, die in absoluter Abgeschlossenheit gelehrt wird.

Nationale Waffe ist wie in Indonesien der →*Kris*. Er hat eine weitreichende Bedeutung in der sozialen und kulturellen Stellung der Bewohner. Abwandlungen des *Kris* gibt es in Form mehrerer einschneidiger Dolche, wie →*Mandau*, →*Parang*, →*Kelawang* und die kleineren Formen →*Bandik* und →*Pisau*. Weitere Waffen sind der Speer, Blasrohre mit vergifteten Pfeilen, Pfeil und Bogen und verschiedene Stockwaffen.

Eine weitere Kampfkunstform in Malaysia ist das →*Kuntao*, welches von chinesischen Siedlern ausgeübt wird. Im Gegensatz zu Indonesien bevorzugt man in Malaysia die weicheren Formen des *Kuntao*, die dem *Tai-ji-quan* ähneln.

Mamori-gatana (jap.): Verteidigungsschwert (s. →*Katana*, →*Ken*).

Mamoru (jap.): verteidigen, beschützen, bewachen, befolgen, einhalten (auch *Shu*, *Su*). *Mori* – Beschützer, Wächter.

Man (jap.): zehntausend (s. →*Kazoeru*).

Manabu (jap.): lernen. In den Kampfkünsten ist das Lernen durch Nachahmen der übliche Weg des Lernens von Techniken, der darin besteht, daß die Schüler die Bewegungen des Meisters kopieren und sie aus persönlicher Sicht verstehen lernen (s. →*Jitoku*).

Mandala (ind.): Kreis, Bogen, Abschnitt. *Mandala* wird als Bezeichnung von magisch-symbolischen Diagrammen in den tantrischen Schulen des Hinduismus und des esoterischen *Mahâyâna*-Buddhismus (s. →Tantrismus, →Mikkyô) verwendet und dient zusammen mit →*Mantra* und →*Mudrâ* als Hilfe in den Praktiken der esoterischen Meditation; sie sind Vorlagen für bestimmte Visualisierungen und symbolisieren die bildliche Darstellung der kosmischen Kräfte. Aufgrund der Lehre von der universellen Identität werden die *Mandala* jedoch zum Universum selbst. Der Körper eines Eingeweihten wird so auch zum *Mandala*: Jeder Teil seines Körpers entspricht einem Teil und ist Teil des Universums.

Mandala – mystisches Bild der Welt im System des Tantra-Buddhismus

In Europa hat die Schule der Tiefenpsychologie von C. G. JUNG den Terminus übernommen und als Symbol der Tiefenstruktur der menschlichen Psyche geprägt. Als Kreis oder Viereck repräsentiert *Mandala* hier das Gleichgewicht der Psyche. Jedes andere Symbol (z. B. ein Vieleck) repräsentiert ein psychisches Ungleichgewicht (z. B. sind die heute üblichsten Formen des Ungleichgewichtes überbetonte Rationalität oder überbetonter Intellektualismus) und wird als gestörtes *Mandala* bezeichnet.

Mandarin: portugiesische Bezeichnung für die chinesische Hochsprache in Peking (Beijing), benannt nach den Beamten, die sie benutzten.

Die Beamten Chinas benutzten eine eigene phonetische Sprache (*Guan-hua* oder Mandarin) und eine eigene Schriftsprache *(Wen-nian)*. Die Sprache galt jahrhundertelang als »Hochchinesisch« und als kulturelles Vorbild für die Dialektsprache des Volkes. Später wurde sie abgeschafft und durch →*Pu-tong-hua* ersetzt.

Mandau (mal.): lange, einschneidige Klingenwaffe, ähnlich der Machete, die hauptsächlich in →Malaysia und →Indonesien benutzt wird. Die *Mandau* hat eine schwere, 45–75 cm lange Klinge, mit der man einen Menschen enthaupten könnte.

Mandschurei: nordöstlicher Teil Chinas, die ursprüngliche Heimat der Mandschu (s. →China). Heute besteht dieses Gebiet aus drei chinesischen Provinzen, in denen etwa 75 Mio. Menschen leben. Die Mehrheit der Bevölkerung ist jedoch chinesisch. Die Mandschus wurden in ihrer ursprünglichen Heimat auf etwa 3 Millionen Einwohner reduziert.

Im 1. Jh. waren auf dem heutigen Gebiet der Mandschurei mehrere Reiche der mongolischen und tungusischen Volksstämme entstanden, die jedoch fast immer von den chinesischen Nachbardynastien beherrscht wurden. Um das Jahr 1600 schlossen sich die im Osten des Landes ansässigen Mandschu (auch Mandschuren) mit mehreren tungusischen Stämme zusammen und gründeten an der Ostküste des asiatischen Kontinents den kriegerischen Staat der Mandschu. Das Volk weist chinesische und mongolische Elemente auf. 1644 eroberten die Mandschu Korea, China, Tibet, die Mongolei und später auch Xinjiang (Sinkiang). Sie erhoben ihren Fürsten auf den chinesischen Kaiserthron (Mandschu- oder Qing- Dynastie, wie sich die Mandschu-Herrscher nannten) und erhielten sich über viele Jahrhunderte durch ein straffes Beamtentum die Herrschaft über das Riesenreich der Chinesen. Zum zweiten Mal in der Geschichte Chinas wurde das Land von »Eindringlingen aus dem Norden« be-

herrscht. Ihr eigenes Land, die Mandschurei, wurde dem chinesischen Reich als Provinz angegliedert.
Ende des 18. Jhs., nachdem die Macht des chinesischen Mandschu-Kaisers geschwächt war, wurde die Mandschurei Schauplatz brutaler Auseinandersetzungen zwischen dem japanischen und russischen Imperialismus, die erst nach dem Zweiten Weltkrieg enden sollten. Nach dem →Boxeraufstand im Jahre 1900 blieben sowohl russische als auch japanische Besetzer im Land, um die reichen Bodenschätze zu nutzen. 1910 vereinbarten sie eine Abstimmung ihrer jeweiligen Interessen.
Doch 1931 wurde die Mandschurei von Japan militärisch besetzt und zum Hauptzielgebiet japanischer Wirtschaftsexpansion. Nach außen hin regierte der inzwischen aus China vertriebene Mandschukaiser Pu Yi; China war zu jener Zeit bereits eine Volksrepublik, und der bis dahin dort amtierende Mandschu-Kaiser wurde von den Japanern nun in der Mandschurei als Strohmann eingesetzt. In dieser Zeit (1931 bis 1944) wurden von den Japanern in der Mandschurei Kriegsverbrechen von seltenem Ausmaß verübt. Massenhinrichtungen, Versuche an Menschen, Einsatz chemischer Waffen sind nur einige davon. Japan schickte eigens für die Kolonialisierung fremder Völker (z. B. an der Takushoku-Universität) ausgebildete Experten in die Mandschurei, um den Kolonialisierungsprozeß voranzutreiben. Nach dem Zweiten Weltkrieg jedoch fielen erneut russische Truppen in die Mandschurei ein. Die japanischen Truppen traten fluchtartig ihren Rückzug an. Auch die Truppen der chinesischen Nationalregierung wurden vertrieben, und die Mandschurei erhielt den Status eines eigenständigen Staates. Nachdem die UdSSR 1952 auf ihren Sonderstatus in der Mandschurei verzichtet hatte, wurde das Land in die Volksrepublik China eingegliedert.

Mane (jap.): nachahmen. *Mane suru (Maneru)* – nachahmen.

Maniwa-Nen-ryû (jap.): altes japanisches Kampfkunstsystem, das im 16. Jh. gegründet wurde und sich im 17. Jh. zu einer Schule entwickelte, die die Kunst des »friedlichen Kampfes« vertrat (»das Leben bewahren, statt es zu nehmen«).
Diese Schule, die noch heute existiert, lehrt die meisten der noch existierenden japanischen

Waffensysteme. Ihre Spezialitäten sind jedoch →*Jûjutsu*, →*Kenjutsu*, *Chigirikijutsu*, *Yadomejutsu* und das →*Kusarigamajutsu*.

Manji (jap.): Hakenkreuz, Symbol der Vollkommenheit im Buddhismus (s. →*Swastika*).

Manji-gamae (jap.): Hakenkreuzhaltung der Arme (s. →*Kamaekata*), häufig verwendete *Kamaekata* in den klassischen *Kata*.
Die Haltung besteht aus *Gedan-barai* und *Jôdan uchi-uke*. Das Hakenkreuz ist im Buddhismus ein altes Symbol, und aufgrund der Ähnlichkeit wurde diese *Kamaekata* so benannt. Die Haltung wurde wahrscheinlich erst auf Okinawa entwickelt (dort →*Hotoke-gamae* – Buddhahand-Kampfstellung – genannt).

Manji-gamae

Manji-sai (jap.): Sai-Variante, auf Okinawa wahrscheinlich die Ursprungsvariante der heute im *Kobudô* bekannten →*Sai*. *Manji-sai* gab es in ganz Südostasien und auch in Japan (s. →*Mitsu-dôgu*). Sie wurden als Waffen benutzt und unterschieden sich in mehreren Einzelheiten. Es sind Waffen mit kurzen und langen Klingen bekannt, andere hatten einen kurzen Griff und wieder andere einen langen Schaft – deren Anwendung war der eines Spießes sehr ähnlich.
Der *Manji-sai* hat in der Mitte seines Schaftes

Übender mit Manji-Sai

zwei zugespitzte runde Gabeln, die in entgegengesetzter Richtung zueinander gebogen sind. Auf Okinawa wurde er als Fischereigerät benutzt und entwickelte sich als solches zur Waffe. Durch die Invasion der *Satsuma* auf →Okinawa rückte der *Manji-sai* in die Aufmerksamkeit der okinawanischen Widerstandsbewegung. Er konnte von den *Satsuma* nicht verboten werden, da er in der Fischerei dringend benötigt wurde. Die *Kobudô*-Meister machten sich dies zunutze, denn sie erkannten schnell, daß die Techniken des *Tôde* mit dem *Manji-sai* sehr leicht zu vereinbaren waren und ihre Wirkung sehr effektiv war. In den meisten geheimen okinawanischen Schulen, in denen das *Tôde* gelehrt wurde, war der *Manji-sai* sehr beliebt.

Manji-uke (jap.): Hakenkreuzabwehr im *Karate*. Die Technik besteht aus einem *Jôdan uchi-uke* und einem *Gedan-barai*, die gleichzeitig ausgeführt werden (s. →*Manji-gamae*).

Von Manji-uke zu Manji-gamae

Manmae-kuzushi (jap.): Gleichgewichtsbrechen nach vorn.

Mannaka (jap.): Mitte.

Mannaka-ni-haite (jap.): Wettkampfbegriff: »In die Mitte der Kampffläche kommen!«

Manriki (jap.): Schraubstock.

Manriki-gusari (jap.): »Kette der 10 000 Möglichkeiten«. 0,6–4 m lange Kette mit Eisengriffen an den Enden. Heute innerhalb des →*Surujin* (Kettensystem) im japanischen *Kobudô* systematisiert.

Die *Manriki-gusari* (auch *Kusari-hundô* oder *Kusari* genannt) wurde im 17. Jh. von einem japanischen Schwertmeister, Masaki Toshimitsu, der als Torwächter an den Pforten Edos diente, als Abwehrwaffe gegen das Schwert entwickelt und im *Masaki-ryû* systematisiert. Danach wurde sie überwiegend von den *Ninja* verwendet.

Ninja mit Manriki-gusari

Mantrâ (ind.): kraftgeladene Silben oder Silbenfolge, die bestimmten kosmischen Kräften und religiösen Aspekten Ausdruck gibt. Sie wird in vielen buddhistischen Schulen, besonders in den tantrischen Richtungen (s. →*Tantrismus*) in der Meditation durch ständige Wiederholung geübt.

Eine besondere Rolle spielt *Mantrâ* im tibetischen Buddhismus (s. →*Vajrayâna*), wo sie als Hilfsmittel in der Meditation den Geist vor negativen Einflüssen schützen soll. Das Rezitieren der *Mantrâ* verbindet sich immer mit verschiedenen

Fingerzeichen (→*Mudrâ*) und bestimmten visuellen Vorstellungen (→*Mandala*).

Man-xing bai-bu-gong (chin.): »Übung mit langsamen 100 Schritten«, wird auch als Heilspaziergang oder Gehgymnastik bezeichnet.

Diese Übungen entstammen ebenfalls dem →*Qi-gong*. Sie sind bei einem gewöhnlichen Spaziergang ausführbar. Die Übungen sind leicht zu erlernen und beteiligen den gesamten Körper. Die Beine und Arme werden gekräftigt, der Atem wird vertieft, und der Geist wird ruhig und entspannt.

Marman (ind.): Vitalpunkte des menschlichen Körpers, entsprechend den →*Kyûsho* in den japanischen Kampfkünsten. Die Punkte werden auch in den indischen Heilpraktiken des *Ayurveda* verwendet. Das Wissen über die *Marman* ist notwendig für die Übenden des →*Kalaripayat* und des indischen Ringkampfes *(Mallayuddha)*.

Martialische Künste: aus dem Englischen *(martial arts)* abgeleitete Bezeichnung für die Kampfkünste aus dem Fernen Osten. »Martialisch« kommt von »Mars«, dem römischen Kriegsgott.

Maru (jap.): rund.

Marume Kurando: japanischer Schwertmeister der Tokugawa-Periode, neben Izu no Kami Jingo, Hikida Bungorô und Yagyû Tajima no Kami der beste Fechter um 1630.

Marume Kurando diente als *Samurai* der Provinz Kozuka im kaiserlichen Palast von Kyôto. Später eröffnete er eine Schwertschule in Asakusa in Edo und unterrichtete das *Shinkan-ryû*. In einem Wettkampf, der 1632 vor Shôgun Iemutsu Tokugawa abgehalten wurde, besiegte Marume fast alle berühmten Waffenmeister seiner Zeit. Er erlitt eine einzige Niederlage gegen Hikida Bungorô und erreichte ein Unentschieden gegen Takada Matabei, den bekanntesten Speerkämpfer aller Zeiten.

Masaki-ryû (jap.): japanisches *Naginata*-System (s. →*Naginatajutsu*), zu Beginn des 20. Jhs. gegründet. Das System hat Ähnlichkeiten mit dem →*Toda-ryû*.

Mashômen (jap.): gerade nach vorn (s. →*Ma*[3]).

Massugu (jap.): geradeaus gehen.

Masurao no Michi (jap.): Weg des Starkseins.

Ma-sutemi-waza (jap.): Selbstfalltechnik gerade auf den Rücken.

Mata (jap.): Schenkel.

Matayoshi-Kobudô (jap.): die heute gebräuchliche Bezeichnung des Systems als *Matayoshi Kobudô* ist eigentlich falsch, da sein offizieller Name auf Okinawa *Shadan Hojin – Zen Okinawa Renmei* (»Gesamtokinawanische Kobudô Föderation e. V.«) heißt. Das System wurde ursprünglich von →Matayoshi Shinkô zusammengestellt, der 13 Jahre in China die Waffenkünste, *Quan-fa* und Medizin studierte.

Matayoshi Shinkô (1888–1947): in eine *Shizoku*-Familie aus Kakinohana, Naha, als dritter Sohn von Matayoshi Shinchin hineingeboren, begann er in seiner Kindheit mit dem Studium der okinawanischen Waffen *Bô, Eiku, Kama* und *Sai* unter der Leitung von Agena Shokuhô aus Gushikawa. Später lernte er auch die Kunst der *Tonfa* und des *Nunchaku* unter Meister Irei Moshigwa (Jitude), einem Schüler Agenas.

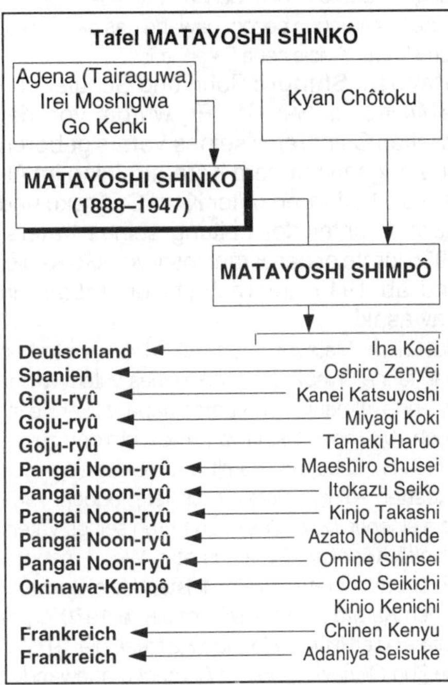

Zu Beginn des Jahrhunderts (1911) reiste er über den Norden Japans nach China, um seine Kenntnisse in den Kampfkünsten zu vertiefen. In der

Mandschurei wurde er Mitglied in einer Gruppe von Bergbanditen, die ihm das Reiten, Lassowerfen, *Shurikenjutsu* sowie das Schießen mit Pfeil und Bogen beibrachten. 1915 kehrte er nach Japan zurück und demonstrierte seine Kampfkünste zusammen mit FUNAKOSHI GICHIN in Tôkyô. Später gab er mit GO KENKI und anderen Zeitgenossen wie MABUNI KENWA, FUNAKOSHI GICHIN und MOTOBU CHÔKI öffentliche Demonstrationen in Osaka, Tôkyô und Kyôto.

Anschließend reiste er nach Shanghai, wo er Mitglied der bekannten Organisation *Jing Wu* im japanischen *Seibukan* wurde. In Shanghai lernte er die Kunst des *Timbe*, der *Surujin*, des *Nuntebô* und eine Form des *Fukien Shaolin-quan*, bekannt als *Kingai-noon (Hakutsuru-ken)*. Dort wurde er auch in der chinesischen Kräutermedizin und Akupunktur unterrichtet. 1935 kehrte er nach Okinawa zurück und begann, zusammen mit mehreren okinawanischen Meistern, die mitgebrachten Techniken eingehend zu studieren. Durch die vielseitigen Quellen, aus denen Matayoshi Shinkô seine Erfahrungen bezog, gewann das okinawanische *Kobudô* viele neue Erkenntnisse.

Matayoshi Shinpô: Sohn und Schüler von →MATAYOSHI SHINKÔ. Er wurde vor der zweiten Chinareise seines Vaters geboren und begann mit dem Karatetraining im Alter von 10 Jahren unter KYAN CHÔTOKU und *Kobudô* unter der Leitung seines Vaters. 1935 lernte er den Kranichstil von GO KENKI, und ab 1945 unterrichtete er *Kobudô* in Kawasaki.

Nachdem Matayoshi Shinkô 1947 gestorben war, führte Shinpô das Werk seines Vaters weiter. Er lehrte in mehreren Städten Japans, kehrte jedoch 1960 nach Okinawa zurück, um dort zu unterrichten. Er begann damit im *Dôjô* des *Gôjû-ryû*-Experten →HIGA SEIKÔ, gründete jedoch 1969 sein eigenes *Dôjô*, das er zu Ehren seines Vaters *Shinkô-Kôdôkan* (»Erleuchteter Weg«) nannte. Dort unterrichtete er viele Meister des okinawanischen *Karate* im *Kobudô*. Im Jahre 1970 gründete er die *Ryûkyû Kobudô Renmei*, die 1972 in die *Zen Okinawa Kobudô Renmei* umgewandelt wurde, und wurde ihr Präsident. Heute ist die Organisation international verbreitet und hat Niederlassungen in der ganzen Welt.

Mate (jap.): warten, lösen.

Mato (jap.): Zielscheibe, Schießscheibe.

Matsu (jap.): Kiefer (auch *Shô*). *Matsubayashi* – Kiefernwald, *Matsuba* – Kiefernnadel.

Matsubayashi-ryû (jap.): »Pinienwaldschule« [aus *Matsu* = Pinie, *Hayashi* = Wald, *Ryû* = Schule], okinawanischer *Karate*-Stil, gegründet von Meister →NAGAMINE SHÔSHIN. Nagamine begann sein *Karate*-Studium unter →CHIBANA CHÔSHIN und kurz darauf unter →SHIMABUKURU TARO. Nach einiger Zeit lernte er →ARAGAKI ANKICHI kennen und wurde dessen Schüler. Sein nächster Lehrer war →KYAN CHÔTOKU, der Gründer des →*Sukunai Hayashi-ryû*.

1953 eröffnete Nagamine sein erstes *Dôjô* in Naha und nannte seinen Stil *Matsubayashi-ryû* zu Ehren der großen okinawanischen Meister →MATSUMURA und →MATSUMORA, letzterer der Begründer des systematisierten okinawanischen Karate, in dessen Genealogie er sich als drittes Generationsglied betrachtet.

Heute wird *Matsubayashi-ryû* als rein traditioneller Stil im *Hombu-dôjô* von Naha geübt. Dort unterrichtet Nagamine Shôshin, zusammen mit seinem Sohn NAGAMINE TAKAYOSHI, *Matsubayashi Shôrin-ryû* auf der Basis von 16 *Kata*, die von den Meistern MOTOBU CHÔKI, KYAN CHÔTOKU und ARAGAKI ANKICHI stammen. Später wurden noch zwei Schüler-*Kata (Fukyugata 1 und 2)* hinzugefügt. Folgende sind die *Kata* des Stils:

DIE KATA DES MATSUBAYASHI-RYU

1.	Fukyugata 1	10.	Naihanchi-sandan
2.	Fukyugata 2	11.	Ananku
3.	Pinan-shodan	12.	Wankan
4.	Pinan-nidan	13.	Rôhai
5.	Pinan-sandan	14.	Wanshu
6.	Pinan-yondan	15.	Passai
7.	Pinan-godan	16.	Gojûshihô
8.	Naihanchi-shodan	17.	Chintô
9.	Naihanchi-nidan	18.	Kûsankû

Matsu Higa: okinawanischer *Kobudô*-Experte der Frühzeit, besonders in den Waffen *Bô, Tonfa* und *Sai*. Man weiß wenig über ihn. Es ist bekannt, daß er der Lehrer von →TAKAHARA PEICHIN war, der danach SAKUGAWA, den Lehrer von →MATSUMURA SÔKON, unterrichtete.

Matsu Higa lebte auf der Insel Hamahiga. Es heißt, er sei nur wenig mehr als fünf Fuß (ca. 1,53 m)

Matsu Higa

groß gewesen, doch er hätte Unterarme wie der Comic-Seemann POPEYE gehabt. Er konnte mit bloßen Händen eine Kokosnuß zerdrücken.

MATSU HIGAS KOBUDÔ-SYSTEM

Matsu Higa überlieferte drei *Kata*, je eine für *Bô*, *Tonfa* und *Sai*, die seinen Namen tragen. Diese *Kata* werden heute als die Grundlage des okinawanischen *Kobudô* angesehen.

MATSU HIGAS BÔ

Von allen okinawanischen Waffen ist der *Bô* die einzige, deren Techniken nicht in China entwickelt wurden (s. →ABURAYA). Obwohl die okinawanischen Meister alle Techniken vereinfachten, die aus China kamen, um sie direkt im Kampf gebrauchen zu können, ist bei allen anderen Waffen auch heute noch deutlich der Einfluß Chinas bemerkbar. Der *Bô* jedoch entwickelte ein eigenes okinawanisches System. Dieses war wirkungsvoll genug, um einem bewaffneten *Samurai* begegnen zu können. Es war hauptsächlich Matsu Higas Verdienst, daß es einen eigenen okinawanischen *Bô*-Stil gab. Sein *Bô* war nicht nur ungeheuer gefürchtet, er war vor allem klar und wirkungsvoll. Es gab keine unnötige Bewegung, alles war Realität. Matsu Higa kämpfte gegen die Kopfjäger von Formosa, gegen Piraten und gegen japanische *Samurai*, die die Insel überfielen, und er verlor nie einen Kampf.

MATSU HIGAS TONFA

Die *Tonfa* war ursprünglich eine chinesische Waffe (eisernes Lineal) und wurde hauptsächlich in Zentral- und Nordchina gebraucht. Es ist Matsu Higa zu verdanken, daß im *Tonfa* eigene okinawanische Richtungen entstanden. Auf der Insel Bokuto, in der Nähe von Formosa, traf Matsu Higa einen chinesischen *Tonfa*-Meister und kämpfte mit seinem *Bô* gegen ihn. Matsu Higas *Bô* beeindruckte den *Tonfa*-Meister so sehr, daß er den Okinawaner seinen *Tonfa*-Stil lehrte, der heute in der *Matsu Higa no Tonfa* überliefert ist. Diese *Kata* wird als der Ausgangspunkt für die Entwicklung der *Tonfa*-Stile Okinawas angesehen.

Matsuhiga no Kon (jap.): von MATSU HIGA überlieferte →*Bô*-Kata.

Matsuhiga no Sai (jap.): von MATSU HIGA überlieferte *Sai*-Kata.

Matsuhiga no Tonfa (jap.): von Matsu Higa überlieferte *Tonfa*-Kata.

Matsukaze (jap.): linke Kopfschlagader.

Matsumae Shigeyoshi (*1901): japanischer *Jûdô*-Meister und Mitbegründer des →*Budôkan*.

Matsumae gründete den *Budôkan* 1964 auf dem Grundstück des kaiserlichen Palastes in Tôkyô und bewirkte, daß die japanischen *Budô*-Künste (s. →*Ryû*) in der *Japan Budô Association* zusammengefaßt wurden. Heute steht er der *International Jûdô Federation* vor.

Matsumora Kôsaku (Kôruku) (1829–1898): okinawanischer *Karate*-Meister, zusammen

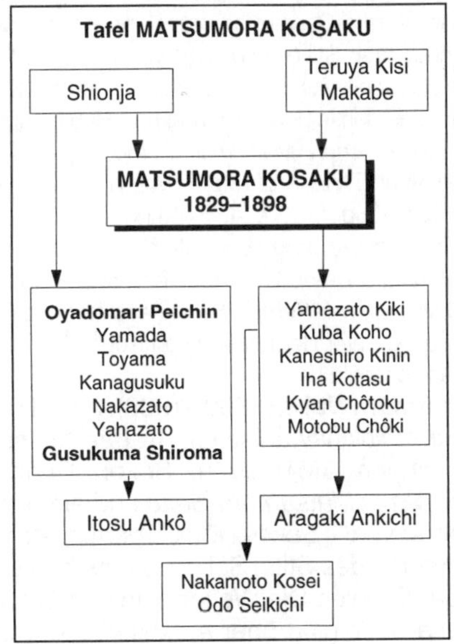

mit →OYADOMARI PEICHIN einer der Begründer des →*Tomari-te Karate*, das sich später hauptsächlich über →KYAN CHÔTOKU fortsetzte.

Matsumora wurde in Tomari geboren und lehrte einen Stil, der vom »Vogelmann« →MAKABE CHOKUN, einem Schüler von →SAKUGAWA aus Shuri, beeinflußt war. Ein weiterer Lehrer war →TERUYA KISI. Zusammen mit Oyadomari Peichin war er auch der wichtigste Schüler →Shionjas (Tchouen K'ia). Seine direkten Schüler waren: →Yamazato Kiki, →Kuba Koho, →Iha Kotatsu, →Kaneshiro Kinin, →Agena, →Itoman Bunkichi, →Kyan Chôtoku, →Motobu Choki und (über Kuba Koho) →Nakamoto Kosei und →Odo Seikichi.

Matsumoto Chikudon: okinawanischer *Tôde*-Meister der ersten Generation aus Urazoe, direkter Schüler und Stilerbe von →SAKUGAWA (s. auch →MAKABE) aus Shuri. Matsumoto unterrichtete jedoch keine Schüler.

Matsumura-Kempô (jap.): okinawanischer *Karate*-Stil, entwickelt von →KUDA YUICHI, einem direkten Schüler von →SOKEN HÔHAN, als Weiterführung des →*Matsumura-Seitô*.

Der Stil wurde 1975 von PETER KÖNIG und WERNER KLEIN als *Shôrin-ryû Seito* (die Ursprungsversion von SOKEN HÔHAN) auch in Deutschland eingeführt und in Landstuhl unterrichtet. Nach dem Tod des Großmeisters wechselte die deutsche *Karate*-Bewegung zu KUDA YUICHI und nannte ihren Stil *Shôrin-ryû Matsumura Kempô*, um sich von KISE FUJIS *Kenshinkan* zu unterscheiden, das denselben Ursprung hat. Heute stehen dem deutschen *Matsumura-Kempô* KARL-HEINZ JOHNA und THOMAS LEONHARD vor, die über ihren *Renshi* aus den USA, AL SALERNO, den direkten Kontakt zu Kuda Yuichi halten. Das deutsche *Matsumura-Kempô* ist dem Weltverband *Shôrin-ryû Matsumura-Kempô Karate and Kobudô Association* unter der Leitung von Kuda Yuichi angeschlossen.

Matsumura Nabe (1860–1930): auch NABE TANME, okinawanischer Karate-Meister, Enkel von →MATSUMURA SÔKON, Begründer des →*Matsumura-Seitô* und einer der Lehrer von →SOKEN HÔHAN, dem späteren Vorstand des Stils. Soken war Nabes einziger Schüler. Die Weiterfolge des *Matsumura-Seitô* ging über ARAGAKI SEIKI *(Matsumura-Shinbukan)*, INOUE MITSUO, KISE FUJI *(Kenshikan)*, KUDA YUICHI *(Matsumura-Kempô)* und YABIKU TAKAYA *(Matsusokan)*.

MATSUMURA NABES KATASYSTEM

Chintô	Naihanchi
Gojûshiho	Passai
Hakutsuru	Seisan
Kûshankû	

Matsumura no Passai (jap.): okinawanische *Karate-Kata* (s. →*Kata*), Variante der →*Passai*. Zur gleichen Zeit, als im *Tomari-te* die *Passai* in der OYADOMARI-Schule ihren Höhepunkt erreichte, tauchte in der MATSUMURA-Schule aus Shuri eine *Passai*-Variante auf, die sich sehr von der *Tomari*-Version unterschied. Ein Zusammenhang zwischen diesen beiden Formen konnte bis heute noch nicht nachgewiesen werden. Es ist völlig unklar, wie diese *Kata* in die Matsumura-Schule gelangte.

Einige Geschichtsforscher meinen, sie sei eine von SAKUGAWA abgewandelte und von MATSUMURA verbesserte SHIONJA-Variante, andere behaupten, Matsumura hätte sie aus China mitgebracht, während wieder andere meinen, er hätte sie auf der Basis chinesischer Varianten selbst gegründet. Auf jeden Fall war diese *Kata* der Höhepunkt der Matsumura-Schule, denn sie war des Meisters Lieblings-*Kata*. Die *Matsumura no Passai* gilt noch heute als die höchstentwickelte *Passai*-Variante Okinawas.

Matsumura no Sai (jap.): von MATSUMURA SÔKON überlieferte *Sai-Kata*.

Matsumura-Seitô (jap.): oder *Shôrin-ryû Seitô*, okinawanisches *Karate*-System, ausgehend von →MATSUMURA SÔKON über seinen Enkel →MATSUMURA NABE, den Lehrer von →HÔHAN SOKEN. Dieser unterrichtete ARAGAKI SEIKI *(Matsumura Shinbukan)*, INOUE MITSUO, KISE FUJI *(Kenshikan)*, KUDA YUICHI *(Matsumura Kempô)* und YABIKU TAKAYA *(Matsusokan)*, die heute ihren eigenen Richtungen vorstehen.

Matsumura-Shinbukan (jap.): okinawanische *Karate*-Richtung, entwickelt von →ARAGAKI SEIKI, einem direkten Schüler von →SÔKEN HOHAN, als Weiterfolge des →*Matsumura-Seitô*.

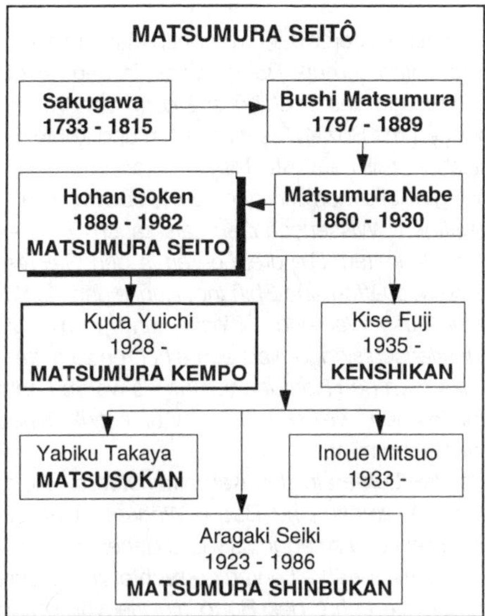

Matsumura Sôkon: okinawanischer *Karate*-Meister, auch »Bushi« Matsumura genannt, hauptsächlicher okinawanischer Vertreter des chinesischen *Shaolin*-Systems (auf Okinawa *Shôrin*).

MATSUMURAS ANFÄNGE

Über Matsumuras Geburtsjahr besteht Uneinigkeit. Es kommen die Jahreszahlen 1792, 1805 und 1809 in Frage. Sein Geburtsort war Yamagawa/Shuri. Bereits als 10jähriger wurde er von seinem Vater, MATSUMURA SOFUKU, zu dem damals 78 Jahre alten →SAKUGAWA gebracht, um im *Karate* unterrichtet zu werden. Er entwickelte sich schnell zu einem hervorragenden Kampfkunstexperten. Im Winter 1816 kam er als *Chikudon* (gehobener Beamter, s. →Okinawa, →*Peichin*) in den kaiserlichen Dienst und war der Leiter der persönlichen Sicherheitsgruppe des 17., 18. und 19. Ryûkyû-Königs. 1818 heiratete er YONAMINE CHIRU, die als äußerst talentierte und starke Frau bekannt war und sich ebenfalls in den Kampfkünsten übte. Von ihr stammt die *Shuri-te*-Form der *Shôrei-Kata Seisan (Hangetsu)*.

MATSUMURAS WIRKEN

In den Jahren seiner Reife zeichnete sich Matsumura immer wieder durch tapfere und heldenhafte Taten aus. Er wurde nicht nur auf Okinawa, sondern auch in ganz Japan und China zu einer Legende. Schließlich wurde er Hauptinstruktor für die Kampfkünste in der königlichen SHO-Familie und erhielt vom okinawanischen König, dessen Leibwächter er war, den Titel *»Bushi«* (Krieger).

Ungefähr 1830 ging er nach China und studierte dort mehrere Jahre lang in Fuzhou den *Shaolin*-Stil →*Bai-he-quan* und die Waffenkünste. In China nannte man ihn BU SEI-TATSU (WU CHENG-DA). Von dort brachte er eine Kopie des →*Bubishi* mit. Man weiß auch, daß er bei mehreren Gelegenheiten als Gesandter des okinawanischen Königs nach Fuzhou (China) reiste. 1860 soll er von einer dieser Reisen den chinesischen Krieger →IWAH nach Okinawa mitgebracht haben, mit dem zusammen er später unterrichtete. Iwah war ein Meister des Weißer-Kranich-Stils *(Bai-he-quan)* und überlieferte über MATSUMURA eine eigene Formen des →*Hakutsuru-ken*.

»Bushi« Matsumura gehört zu den Schlüsselfiguren des okinawanischen *Karate*. Durch ihn entstand das →*Shôrin-ryû*. Sein Stil orientierte sich sehr stark an den alten *Shaolin*-Praktiken, die sehr körperbetont waren. Er überlieferte (oder gründete) die →*Matsumura-Patsai*, die man als Ursprung aller *Bassai*-Formen des →*Shuri-te* betrachtet. Andere *Kata* der MATSUMURA-Schule waren *Naihanchi, Chintô, Seisan, Kûshankû* und *Gojûshiho*. Außerdem übte er die *Hakutsuru* (Weißer Kranich) aus China, die auf Okinawa lange Zeit als geheim galt. Daneben war er ein Experte des auf Kyûshu praktizierten →*Jigen-*

Matsumura Sôkon

ryû, eines Schwertstils des SHIMAZU-Clans, den er von ISHIUN YASHICHIRO lernte.
Zum ersten Mal gebrauchte er für seinen Stil die Bezeichnung →*Shôrin-ryû gokoku-an Karate* (»Karate aus dem Shaolin-Kloster zur Verteidigung der Heimat«). Seine Schule war eine der bedeutendsten, die es zu jener Zeit auf Okinawa gab. Fast alle Meister der kommenden Generation waren mit ihr verbunden. Man kann sagen, daß in der MATSUMURA-Schule das *Shuri-te* und das *Tomari-te* zusammengeführt wurden und daß es ab diesem Zeitpunkt, was die *Kata* betraf, keine Abgrenzung zwischen diesen beiden Systemen mehr gab.

DIE KATA DER MATSUMURA SCHULE

Chanan	Kûshankû
Chintô	Naihanchi
Gojûshiho	Patsai
Hakutsuru	Seisan

In seinen späteren Jahren schrieb Matsumura ein Buch, »*Matsumura Bucho Ikko*«, in dem er die Grundzüge des *Bushidô* erläuterte und Verbindungen mit Sozialwissenschaften und konfuzianischer Ethik herstellte. Matsumura:
»Es gibt drei Formen der Lehre, sowohl in den geistigen Wissenschaften als auch in den Kampfkünsten. Die drei Lehren in den Geisteswissenschaften sind Shinsho, Kunko und Konfuzianismus. Während Shinsho und Kunko zu künstlerisch sind, um als echte Lehren zu gelten, sollte man den Konfuzianismus als wahre Lehre anerkennen, weil er sich um Aufrichtigkeit und Frieden bemüht.
Die drei Lehren in den Kampfkünsten sind Gakushi, Meimoku und Budô. Während Gakushi und Meimoku zu aggressiv und daher schädlich sind, um als wahre Lehren betrachtet zu werden, betont die Lehre des Budô die friedvollen und geistigen Methoden, um einen Gegner zu über-

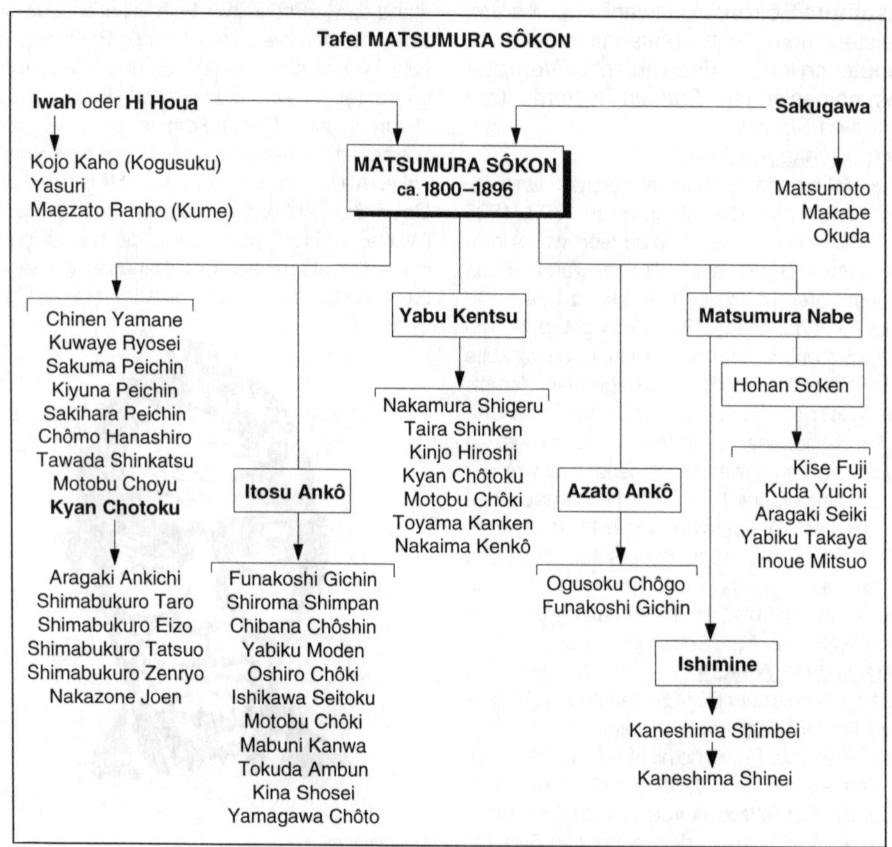

winden. So soll man das tägliche Training auf Konfuzianismus und Budô aufbauen.«

Kurz vor seinem Tod schrieb er eine ähnliche Abhandlung an seinen Schüler →Kuwae Ryôsei. Ein weiteres Buch Matsumuras behandelt die Techniken des *Sai* und beinhaltet die *Matsumura no Sai*. Als Matsumura sich aus den Kampfkünsten zurückzog, übertrug er das *Menkyo-kaiden* auf seinen Enkel →Matsumura Nabe.

Matsumuras Kampfstil

Da der Matsumura-Stil dem *Shuri-te* nicht ähnlich sieht, vermutet man, daß es in der Matsumura-Schule ein →*Kagemusha* (doppeltes Angebot) gab, um die Japaner, die am *Karate* sehr interessiert waren, zu täuschen. Matsumuras Kampfstil soll auf den Prinzipien des *Jigen-ryû* aufgebaut worden sein und sich von allen in Shuri und Tomari ausgeübten Stilen sehr unterschieden haben. Matsumura lehrte diesen Stil, der im Gegensatz zum *Shuri-te* sehr dynamisch und körperbetont war, wahrscheinlich nicht öffentlich, sondern nur seinen engste Vertrauten. Er übertrug ihn sicher auf seinen besten Schüler und Freund →Azato Ankô, den späteren Lehrer von →Funakoshi Gichin. Azato verfeinerte die Matsumura-Methode, indem er viele Ausweichbewegungen und schnelle Wechsel zwischen Angriff und Verteidigung einbaute. Damit besiegte er einmal den berühmten Schwertmeister des *Jigen-ryû*, Kirino Toshiaki, indem er der Schwertklinge auswich und seinen Gegner mit zwei gezielten Fauststößen zu Boden schlug. Heute vermutet man die Wurzeln des modernen →*Shôtôkan-ryû* in diesem ursprünglichen Konzept, während sich das gesamte okinawanische *Shuri-te* an Itosus Lehre orientiert.

Matsumuras Schüler

Matsumura gründete zwei *Kata*: →*Matsumura no Passai* und die *Chintô*, eine Erbschaft des *Baihe-quan*-Meisters →Iwah (Hi Houa). Als Matsumura in hohem Alter starb, gab es im *Shuri-te* bereits folgende *Kata*: *Chatanyara no Kûshankû, Sakugawa no Kûshankû, Matsumura no Passai, Matsumura no Chintô* und eine alte *Passai*-Variante, die später den Namen *Oyadomari no Passai* erhielt.

Matsumuras direkte Schüler waren: →Sakihara Peichin, →Sakuma Peichin, →Kyan Chôtoku, →Kyûna Peichin, →Yabu Kentsu, →Motobu Chôju, →Ishimine, →Kuwaye Ryôsei, →Hanashiro Chômo, →Matsumura Nabe, →Itosu Ankô, →Chinen Yamane, →Tawada, →Azato Ankô und →Aragaki Ankichi.

Matsumura war auch ein großartiger *Kobudô*-Experte. Der von ihm gegründete *Kobudô*-Stil *Matsumura-ryû* wurde sehr stark durch die Techniken der leeren Hand beeinflußt. Matsumura starb im Jahre 1896.

Matsuo Bashô (1644–1694): der größte *Heikû*-Dichter Japans. Er wurde als *Samurai* geboren und führte das Leben eines Mönchs.

Matsuri (jap.): Fest, Feier. *Matsuru* (*Sai*) – anbeten, verehren, *Saijitsu* – Feiertag, *Akimatsuti* – Herbstfest.

Matsusokan (jap.): okinawanische *Karate*-Stilrichtung, gegründet von →Yabiku Takaya, einem direkten Schüler von Sôken Hohan, als Ableitung des →*Matsumura-Seitô*.

Vertreter in Deutschland ist Peter Josef Römer, der zwischen 1964 und 1967 okinawanisches *Karate* von Shimabukuro Tatsuo *(Isshin-ryû)*, Shimabukuro Eizo *(Shobayashi-ryû)*, Kuda Yuichi *(Matsumura-Kempô)*, Nakazone *(Gôjû-ryû)* und Yabiku Takaya (*Matsumura Shôrin-ryû Hakutsuru-ken Matsusokan*) lernte.

Matsuura Seizan (1760–): bekannter *Daimyô* aus der Familie Matsuura aus der Provinz Hizen (Nagasaki, Kyûshu), der als Experte in den Kampfkünsten galt. Er gründete eine Schwertschule, das *Shinkeitô-ryû* (»Geist und Technik des Schwertes«), die bis 1908 bestand.

Matsuyama Mondo: s. →*Chujô-ryû*.

Matsuyama Shinsuke: Gründer des →*Kempôkan-ryû* und des *Kempôkan-Arnis* (s. →*Nitenbô-jutsu*).

Matte (jap.): »Warten!«. Der Ausdruck kommt von dem Wort *Matsu* (warten).

Mattson, George (*1937): Schüler von →Kanei Uechi, Wegbereiter des *Uechi-ryû* in den USA.

Mattson begann mit dem Studium des *Uechi-ryû* in Fatenma/Okinawa 1956 und erhielt 1958 seinen ersten *Dan*. Als er in die USA zurückkehrte, begann er zu unterrichten. Er organisierte das amerikanische *Uechi-ryû* und schrieb zwei Bücher, *»The Way of Karate«* und *»Uechi-ryû Karate-do«*.

Ma-ukemi (jap.): Falltechnik nach vorn (s. →*Ukemi*).

Ma-ushiro-kuzushi (jap.): Gleichgewichtsbrechen nach hinten.

Mawai-o-hakaru (jap.): Einstellen der Distanz.

Mawangdui-Seidenbild: Mawangdui liegt in der Nähe von Changsha, Provinz Hunan. Dort wurden 1972 und 1973 Grabmäler aus der frühen chinesischen Geschichte ausgegraben. Einer der interessantesten Funde ist das berühmte Seidenbild mit Darstellungen von verschiedenen *Qi-gong*-Übungen (s. →*Dao-yin*, →*Qi-gong*).

Es sind 44 verschiedene Menschen abgebildet, 22 männliche und 22 weibliche, die alle verschieden gekleidet sind und unterschiedliche Übungen ausführen. Die meisten Übungen werden mit leeren Händen ausgeführt, manche Figuren halten aber auch Waffen, vor allem den langen Stock. Den Abbildungen ähnliche Übungen wurden in späterer Zeit häufig ausgeübt. Das Seidenbild weist auf die frühe *Qi-gong*-Kultur hin, die schon bei der Entstehung des Bildes ausgeprägt und weit entwickelt war.

BEISPIELE

1. Beuge und drehe den Körper mit der Unterstützung eines Stabes.
2. In der Hüfte nach vorn beugen, so daß die Handflächen den Boden berühren, dabei wird das Kinn so weit wie möglich hochgereckt.
3. Die Knie auf den Boden und den Rumpf drehen.
4. Sitze auf dem Boden und drehe den Rumpf.
5. Lasse beide Hände natürlich hängen und beuge die Beine leicht in den Knien.
6. Stehe mit leicht gebeugten Knien und mit leicht nach außen abgewinkelten Händen.
7. Stehe aufrecht und hebe beide Arme seitlich auf Schulterhöhe an, die Handflächen sind nach unten gerichtet, und die Brust ist nach außen gewölbt.
8. Stehe aufrecht und hebe beide Arme nach vorn auf Schulterhöhe an, die Handflächen zeigen nach unten.
9. Stehe aufrecht und hebe beide Arme nach oben und außen, wie ein Vogel, der seine Flügel spreizt.
10. Stehe aufrecht und hebe beide Arme nach oben und hinten, während die Brust herausgestreckt ist und ein tiefer Atemzug genommen wird.
11. Stehe aufrecht, hebe beide Hände und kreuze sie über dem Kopf.
12. Die Übungen 5 und 6 kräftigen die unteren Extremitäten und mindern Leiden der Kniegelenke.

Mawari (jap.): Rotation, Umgebung, Umfang, Rundgang.

Mawari-ashi (jap.): Beindrehung.

Mawari-komi (jap.): kreiselartig drehen.

Mawaru (jap.): sich drehen, herumdrehen, kreisen. *Maware-migi* – rechtsherum drehen, *Maware-hidari* – linksherum drehen.

Mawashi (jap.): rund, kreisförmig, Halbkreis (s. →*Hô*).

Mawashi (jap.): lendenschurzartiger Gürtel der *Sumô*-Ringer.

Mawashi-empi-uchi (jap.): halbkreisförmiger Ellenbogenstoß (auch *Yoko mawashi-empi* oder *Mawashi hiji-ate*). Zuordnung s. →*Empi-uchi*, Klassifizierung s. →*Uchi-waza*.

Nachdem man einen Frontalangriff abgewehrt hat, bringt man die Faust in einem seitlichen Halbkreis vor die Brust, so daß der Ellenbogen nach vorn steht. Dabei dreht man die Hüfte nach vorn.

Mawashi empi-uchi gegen einen Faustangriff

Mawashi-geri (jap.): halbkreisförmiger Fußtritt, Halbkreisfußtritt nach vorn *(Mae)*, seitlich *(Yoko)* oder nach hinten *(Ushiro)*.

Um die Technik wirkungsvoll zu machen, muß die Hüfte schnell und genau gedreht werden. Das Knie wird zuerst so angehoben, daß der Fuß nach außen zeigt. Nun dreht man auf dem Standbein die Hüfte ins Ziel und schnappt dabei den tretenden Fuß um das Knie herum auf waagerechter Linie ins Ziel. Die Bewegung des Fußes ist gleich mit →*Keage*, nur erfolgt sie auf waagerechter Linie. Nach Beendigung des Tritts wird der Fuß auf demselben Weg wieder zurückgenommen. Die Technik trifft mit dem Fußballen *(Koshi)*, den Zehenspitzen *(Tsumasaki)* oder mit dem Rist *(Heisoku)*. Je nachdem, mit welchem Fuß *Mawashi-geri* ausgeführt wird, unterscheidet man in *Mae-ashi mawashi-geri* (Tritt mit dem vorderen Fuß) und *Ushiro-ashi mawashi-geri* (Tritt mit dem hinteren Fuß).

In letzter Zeit wurden viele halbkreisförmige Fußtechniken entwickelt. Sie werden entweder nach der Art ihrer Ausführung, nach der Art ihrer Aufträfffläche oder nach der Art des Ziels, das sie angreifen, klassifiziert. Nachstehend die wichtigsten (Erläuterungen s. unter der jeweiligen Bezeichnung):

VARIANTEN DES MAWASHI-GERI

Wahl des Fußes	
Mae-ashi-mawashi-geri	– mit dem vorderen Fuß (Kizami-geri)
Ushiro-ashi-mawashi-geri	– mit dem hinteren Fuß
Formen des Mawashi-geri	
O-mawashi-geri	– großer Halbkreistritt
Ko-mawashi-geri	– kleiner Halbkreistritt
Kubi-mawashi-geri	– Halbkreistritt zum Nacken
Ura-mawashi-geri	– Halbkreistritt rückwärts
Gyaku-mawashi-geri	– verkehrter Halbkreistritt
Ushiro-mawashi-geri	– in der Umdrehung

Mawashi-geri ist eine gleichermaßen wirkungsvolle wie auch beliebte Fußtechnik. Sie gehört jedoch nicht zu den klassischen Fußtechniken des okinawanischen *Karate* und wurde erst später in Japan in die Stile aufgenommen und klassifiziert, weswegen sie in keiner alten *Kata* vorkommt. So beliebt und wirkungsvoll diese Technik heute ist, wurde sie in den früheren Selbstverteidigungsmethoden nicht gebraucht. Durch die Art ihrer Ausführung bedingt, kann sie einen anstürmenden Gegner, besonders wenn er bewaffnet ist, nicht unmittelbar stoppen, wie dies die direkten Fußtechniken tun, selbst wenn sie nicht entscheidend treffen. Deshalb gewann *Mawashi-geri* erst an Popularität, nachdem die Kampfkunstexperten nicht mehr um ihr Leben kämpfen mußten.

Mawashi-hiji-ate (jap.): halbkreisförmiger Ellenbogenstoß nach vorn (auch →*Mawashi empi-uchi*).

Mawashi-kubi-geri (jap.): Halbkreisfußtritt zum Nacken (s. →*Kubi-geri*).

Mawashi-geri – der Halbkreisfußtritt

Mawashi-zuki (jap.): halbkreisförmiger Fauststoß (s. →*Tsuki-waza*). Die Technik wird als Angriff gegen *Kasumi* (Schläfe), *Jiko* (Ohren) oder *Dokusen* (Kinngegend) verwendet und eignet sich besonders für die Nahdistanz.

Mawashi-zuki – halbkreisförmiger Fauststoß

Man sollte die Technik nicht zu weit vom Körper entfernen, sondern vielmehr in einem kleinen Halbkreis zum Ziel schlagen. Eine weitere Variante des Halbkreisschlages ist →*Furi-zuki*.

Mawashi-uchi (jap.): halbkreisförmiger Schlag.

Mawashi-uke (jap.): halbkreisförmige Abwehr.

Mawate (jap.): »Kehrt um! Wenden! Herumdrehen!« In die entgegengesetzte Richtung wenden (s. →*Maware*).

Mayoi (jap.): Wahn, Zweifel, Irrtum, Verblendung, Täuschung, Trugbild. *Mayoi* ist der Glaube an etwas, das der Realität nicht entspricht.

Die Ursache für eine Verblendung liegt im Vorurteil des unterscheidenden Denkens. Dieses in der Ratio verhaftete Bewußtsein verleitet den Menschen dazu, die Welt der Erscheinungen (*Shiki* – den kleinen Ausschnitt der Welt, den man mit den Sinnen erkennen kann) für die gesamte und zusammenhängende Wirklichkeit zu halten. Da dies ein Trugbild ist, wird der Zustand des *Mayoi*, unabhängig von den Fähigkeiten des Intellektes, im *Zen* als »Unwissenheit« bezeichnet (s. →*Shisei*).

Mazu jiko wo shire, shikoshite tao wo shire (jap.): »Erkenne dich selbst zuerst, dann den anderen« – die 4. von Meister FUNAKOSHIS zwanzig *Karate*-Regeln (s. →*Shôtô-nijûkun*, →*Kaisetsu*).

Es liegt in der menschlichen Natur, von der Richtigkeit der eigenen Meinung auszugehen und selbst im oberflächlichen Betrachten fremder Angelegenheiten sagen zu können, was richtig und was falsch ist. Doch dies ist eine naive Haltung. Es ist schon schwer genug, die Wahrheit in sich selbst zu finden. Alles, was darüber hinausgeht, bedarf einer intensiven Übung und ist ohne einen fortgeschrittenen Reifezustand im Leben ganz und gar unmöglich.

Der in einer Spezialisierung fixierte Geist verhindert das Erkennen weiträumiger Sinnzusammenhänge. Da jedoch die moderne Technik den in einem unbekannten Ganzen funktionierenden Spezialisten weit mehr schätzt als den im Leben gereiften Menschen, wird der unfertige, jedoch hochspezialisierte Mensch immer mehr zum Beispiel für das zu verwirklichende Menschenbild. Doch wo immer dieser Mensch außerhalb seines Bestimmungsbereiches aktiv wird, entstehen Mißverständnisse. Der Spezialist ist ein Mensch, der immer mehr von immer weniger versteht.

Für Kampfkunstübende ist die Bemühung um einen erweiterten Geist ein bedeutendes Übungsziel. Es ist naiv und überheblich, in den Verantwortungen anderer Rechtes von Unrechtem zu unterscheiden, ohne selbst mit eingebunden zu sein. Auf dieser Grundlage beruhen in den Kampfkünsten die gegenseitigen Verhaltensregeln (→*Sahô*). Ein Fortschrittsgrad rechtfertigt sich nur darin, daß er nach unten hin beispielgebend und nach oben hin achtungsvoll ist. Es ehrt ihn nicht, wenn er sich dazu berufen fühlt, höhere Grade zu kritisieren und nach unten zu herrschen. Seine Aufgabe besteht darin, sich zu bemühen, selbst den Anforderungen höherer Grade zu entsprechen, um in der Zeit zu wachsen. Dies ist etwas anderes, als mit unfertigem Geist höhere Verantwortungen zu beurteilen.

Nur die Fähigkeit zur Verantwortung setzt sich letztendlich durch. Doch nie ist sie fordernd und anklagend, sondern immer bescheiden und genügsam. Man kann sie erreichen, wenn man die Herausforderung in sich selbst sucht und durch die Zeit reift. Tatsächliches Vermögen kämpft nicht um Anerkennung, sondern handelt und beweist sich selbst. Einbildung hingegen hat immer die Tendenz, fremde Werte zu übersehen und Fehler überzubewerten.

McCarthy, Brian: englischer Lehrer des →*Ninjutsu*, Initiator des *Ninjutsu* in England.

McCarthy, Pat: amerikanischer *Karate*-Lehrer, Begründer der *International Ryukyu Karate Research Society*, heute mit Sitz in Australien.

McCarthy begann in den 60er Jahren mit der Übung der Kampfkünste in Saint John, New Brunswick, Kanada. 1974 gewann er die Nordamerikanischen Meisterschaften in den Disziplinen *Kumite, Kata* und *Kobudô*. Zu seinen Lehrern gehören RICHARD KIM *(Shôrinji-ryû)* und JOEN NAKAZATO *(Shôrinji-ryû)*. Weiteren Unterricht erhielt er von SHOSHIN NAGAMINE *(Matsubayashi-ryû)* und TERUO CHINEN *(Gôjû-ryû)*.

Me (jap.): Augen (auch *Moku, Boku, Ma*).

Measara, Jamal (*29. Juli 1949): malaiischer Meister des →*Sukunai Hayashi-ryû* (s. auch →*Chubu Shôrin-ryû*, →*Karate*), technischer Vorstand der *Shôrin-ryû Sei-*

bukan Karate Union Deutschland (s. Anhang), 6. Dan *Karate*, 5. Dan *Kobudô*, 6. Dan *Aikidô*.

Measara wurde in Seremban, Malaysia, geboren und begann im Alter von 10 Jahren mit dem Studium der indischen Kampfkunst *Selambam* (Stockform) und *Vagare Mushti* (Diamantenfaust). Als sein Lehrer starb, widmete sich der 12jährige unter den britischen Besatzungstruppen dem Boxsport. Nach der Unabhängigkeit Malaysias nahm er das Kampfkunsttraining wieder auf und übte sich im *Shitô-ryû, Shôtôkan-ryû, Keishinkan, Gôjû-ryû* und schließlich im *Shôrin-ryû Seibukan* und *Kobudô* unter CHIN MOK-SUNG und NAKAZATO SHUGORO. 1978 begann er mit dem Studium des *Aikidô* unter *Sensei* IKEDA. Hier lernte er DON F. DRAEGER kennen, mit dem er anschließend in Sachen Kampfkunst mehrere Länder bereiste. Heute lebt und unterrichtet er in Kehlheim, Deutschland.

Meditation (lat.): Übung der körperlichen und geistigen Entspannung, Abschalten aller äußeren Einflüsse, Versenkung in die eigene Tiefe und Stille, Hören in das Innere, Stillwerden von äußerem Aufruhr, Beruhigung der Sinne und kontemplative Schau des inneren Wesens (→*Shisei*). Der Begriff stammt aus dem Lateinischen (*meditari* = nachdenken), doch die Meditation selbst ist nicht nur den Religionen, sondern allen Kulturen der Erde bekannt. Auch im Christentum gibt es vielfältige Formen der Meditation (Rosenkranz, Stundengebet, Brevier usw.). Doch die weitreichendsten Erfahrungen in der inneren Schau wurden im Buddhismus, im Hinduismus und im Islam erzielt, weshalb die westlichen Menschen heute die Meditation meist mit östlicher Mystik in Verbindung bringen.

Alle Meditationspraktiken haben das gleiche Ziel: Sie begründen stufenweise Voraussetzungen, durch die es zu einer Erfahrung des »Erwachens« (s. →*Satori*) kommt, beginnend mit der Befreiung des Menschen vom →Ich, das, wenn es den Menschen uneingeschränkt beherrscht, die Realität des Lebens durch eigenes Wunschdenken (Illusionen) ersetzt. Die echte Meditation ist kein Selbstzweck, darf jedoch auch nicht als »Mittel zum Zweck« angesehen werden. In den Meditationspraktiken heißt es: »Der Weg ist das Ziel.« Alle Meditationsformen haben eine Praktik, d. h. eine technische Form, die jedoch angesichts der Übung selbst wenig wichtig ist. An einer bestimmten Methode der Meditation festzuhalten, sagt man, sei ebenso sinnvoll, wie ein Boot mit sich herumzuschleppen, nachdem man den Fluß überquert hat.

Das gemeinsame Kennzeichen aller Meditationsformen ist, daß sie den Geist sammeln, ihn klären und ihn beruhigen. Ob dies mittels Körper- und Atemübungen geschieht, mittels Konzentration auf verschiedene Formen (s. →*Mantra*, →*Mandala*, →*Mudrâ*), mittels →*Kôan* oder nur durch das Verweilen in einem Zustand der gesammelten Wachheit (→*Shikantaza*), ist zunächst einmal für den Übenden unwichtig. Alle diese Formen führen, wenn sie mit der richtigen inneren Haltung geübt werden, zu einem nichtdualistischen Bewußtsein, in dem die logische Unterscheidung zwischen Objekt und Subjekt aufgehoben wird und der Übende mit Gott (in den Religionen), mit dem Absoluten (in der Philosophie) oder mit seinem Wesen (in der Transzendentalpraktik) vereint wird.

In den Kampfkünsten wird die Meditationspraktik des →*Zen* geübt. Sie ist für das Verständnis der Kampfkunst als Weg (→*Dô*) unerläßlich. Man unterscheidet grundsätzlich 3 Formen der *Zen*-Meditation (s. unter dem jeweiligen Begriff):

FORMEN DER MEDITATION

Zazen	– Meditation im Sitzen
Tachizen	– Meditation im Stehen
Kinhin	– Meditation im Gehen

Wegen ihrer ausgleichenden Wirkung auf Körper und Geist werden sie in Verbindung mit verschiedenen Atemtechniken (s. →Atmung) auch als Übung zur Gesunderhaltung und Vitalisierung des Körpers verwendet (s. →Gesundheit, → Chinesische Gesundheitslehre).

Mei[1] (jap.): Leben; Schicksal; Befehl.

Mei[2] (jap.): Name, Ruf (auch *Myô, Na*).

Mei[3] (jap.): Bündnis, Schwur. *Renmei* – Bund, Bündnis, Vereinigung, *Dômei* – Allianz, Bund, *Kamei* – Beitritt, *Meishu* – Führer, *Meiyaku* – Eid, Gelübde.

Meibukan (jap.): s. →YAGI MEITOKU.

Mei-hua-quan (chin.): »Boxen der Pflaumenblüte«, alter chinesischer *Quan-fa*-Stil, gegründet in der Ming-Periode (1368–1644) von Pai Chin-Tou.

Die Pflaumenblüte ist das Symbol Chinas und das des *Shaolin Quan-fa*. Das *Mei-hua-quan* ist sehr dynamisch, die Bewegungen werden nie unterbrochen, der Körper dreht sich ständig, und alle Techniken sind kreisförmig. Der Stil wird heute überwiegend von Frauen ausgeübt.

Meijin (jap.): wörtlich: »vollendeter Mensch«, Begriff der konfuzianischen Schulen für ihre Meister (s. auch *Seijin*). Ein konfuzianischer *Meijin* trug eine weiße Jacke, einen schwarzen oder braunen *Hakama* und einen weißen Gürtel.

Meiji-Periode: Epoche der japanischen Geschichte, 1868–1912. Aufhebung des Feudalismus durch einen kaiserlichen Erlaß. Verbot des letzten Privilegs der *Samurai*, Schwerter zu tragen (s. →Japan, →*Meiji-Restauration*).

Meiji-Restauration: Anfang des 19. Jh. begannen die letzten Tokugawa-Shôgune sichtlich an Macht zu verlieren. 1867 legte der 15. und letzte Tokugawa-Shôgun die Regierungsgewalt wieder in die Hände des Kaisers (→*Tennô*) zurück. Dieser verlegte 1868 seine Hauptstadt von Kyôto nach Edo, das von da an Tôkyô hieß.

Es folgten eine Reihe von Verordnungen gegen das →*Bushidô* und die →*Samurai*, die in der Geschichte als *Meiji*-Restauration bekannt sind. 1889 entstand die *Meiji*-Verfassung, die den Feudalismus beendete und den Stand der *Samurai* endgültig aufhob. Die Restauration bezog sich auch auf die Gesellschaftsklassen, in deren Neuordnung der Stand der Krieger nun nicht mehr enthalten war. Fast ein Jahrtausend lang hatten die Krieger regiert und den Kaiser zur politischen Ohnmacht verdammt. Durch die *Meiji*-Restauration rechnete er mit ihnen ab und hob ihren Stand und all ihre Privilegien auf. Die Gesellschaftsklassen Japans bestanden nun aus *Shizoku* (gebildeter Stand bis mittlerer Adel) und *Heimin* (gewöhnliches Volk).

Meikyô (jap.): japanische Version der okinawanischen *Karate-Kata* →*Rohai*.

Ursprünglich kannte man die Kata als *Rôhai* und übte sie nur in Tomari. Später gründete Itosu aus Shuri drei Varianten: *Rôhai-shodan, Rôhai-nidan* und *Rôhai-sandan*. Diese Varianten gibt es noch heute in einigen *Karate*-Stilen, doch im *Shôtôkan-ryû* kennt man nur eine Form, die man *Meikyô* nennt.

Die *Shôtôkan*-Variante unterscheidet sich sehr von der okinawanischen *Rôhai*. In der ursprünglichen Form gebrauchte man den Stand *Sagiashi-dachi*, der in einigen Varianten der *Rôhai* auch heute noch verwendet wird. In der *Shôtôkan-Meikyô* ist diese Stellung jedoch nicht enthalten. Die Anfangsbewegung mit geöffneten Händen ist in beiden identisch, wodurch man darauf schließen kann, daß die *Shôtôkan-Meikyô* auf die alte *Rôhai* zurückzuführen ist. Doch dies läßt sich heute nicht mehr mit Sicherheit feststellen.

Meister Funakoshi lehrte die *Kata* in seinem Stil nicht als maßgebliche *Shôtôkan*-Form, und ihre eigentliche Verbreitung begann erst nach seiner Zeit. Doch auch heute wird die *Meikyô* selten geübt.

Die Bezeichnung *Meikyô* stammt von Meister *Funakoshi*, der diese Kata in Japan so benannte. Man weiß nicht genau, was dieser Name besagt. Manchmal wird er mit »Reinigen des Spiegels« übersetzt, was wahrscheinlich auf die weiträumigen Kreisbewegungen der Hände zurückzuführen ist. Am Ende der Kata wird *Sankaku-tobi* (Dreieckssprung) ausgeführt, dem man geheime und geistige Fähigkeiten zuschreibt. Die *Kata* besteht aus 34 Bewegungen und soll in einer Zeit von etwa 60 Sekunden ausgeführt werden.

Meikyô – Reinigen des Spiegels

Meikyô shi sui (jap.): Singgemäß: »Ein klarer Spiegel reflektiert die Welt wahrheitsgetreu, er verändert sie nicht.« Leitsatz aus der *Budô*-Philosophie (s. →*Kaisetsu*).

Wenn ein Mensch unehrenhaft handelt oder Böses im Schilde führt, wird der Spiegel seines Geistes diese Gesinnung reflektieren. Nirgends reflektiert dieser Spiegel so klar wie in einer *Budô*-Gemeinschaft. Kampfkunstübende müssen sich um eine ehrliche Gesinnung bemühen.

Manchmal scheint es im Leben einfacher, unehrenhaft zu sein, besonders dann, wenn man denkt, daß niemand es merkt. Doch wer dies tut, verliert seine Selbstachtung und seine Ehre. Habgier, Selbstsucht und Egoismus sind große Hindernisse auf dem Weg und werden nirgends deutlicher als in einer *Budô*-Gemeinschaft.

Einem reinen Geist fällt es auch nicht schwer, ehrenhaft zu sein und den rechten Standpunkt zu vertreten. Wenn ein Mensch jedoch in allen Angelegenheiten damit beschäftigt ist, persönliche Vorteile zu suchen, wird dieses Denken den Spiegel seines Geistes trüben. In einem *Dôjô* werden solche Haltungen sichtbar. Wenn sich Übende erlauben, mit dieser Haltung ins *Dôjô* zu kommen, werden sich ihre Probleme vergrößern, und die Übung der Kampfkünste wird zum Streß. Selbstbezogenheit führt ins Abseits und befleckt den Spiegel der Seele.

Meiyo (jap.): Ehre (s. →*Bushidô*, →*Bushi no ichigon*).

Men (jap.): Gesicht, Maske, Oberfläche, Seite. *Hômen* – Richtung, Seite, *Hyômen* – Oberfläche, Außenseite, *Menmoku* – Gesicht, Ehre, Würde, *Shômen* – Vorderseite, Front, Sokumen – Seite.

Im *Kendô* ist *Men* die Bezeichnung für den Gesichtsschutz, die Maske. Die *Kendô*-Maske besteht aus einem Gitter *(Men-gane)*, das das Gesicht schützt, einem Schulterschutz *(Men-dare)* und mehreren Befestigungsschnüren *(Men-himo)*; s. auch →*Yoroi*.

Meng-zi (372–289 v. Chr.): auch *Meng-tse, Meng K'o* oder *Mong Dsi*, chinesischer Philosoph, zusammen mit →Hsün'tse wichtigster Vertreter der konfuzianistischen Schule und Nachfolger von Konfuzius (s. →*Jû-jia*). Der Name wurde von den europäischen Missionaren lateinisiert und als Mencius bekannt.

Sein Versuch, durch Bekleidung eines hohen Amtes im Staat Einfluß auf die Probleme seiner Zeit zu nehmen, scheiterte. Nach seinem Tod trugen seine Schüler sein Werk in einer sieben Bücher umfassenden Sammlung zusammen (Gespräche des Meisters), die danach eine zentrale Bedeutung im Lehrgebäude des Konfuzianismus erlangte. Das Kernproblem seiner Betrachtungen war das gesellschaftliche Leben in der vom Verfall bedrohten Feudalgesellschaft Chinas. So nennt er als Voraussetzung zur Fähigkeit eines Herrschers den Besitz moralischer und politischer Tugenden, die dieser als Auftrag des Himmels im Volk zu verwirklichen hat. Dies glaubte er als Grundregel zur Erhaltung der gesellschaftlichen Ordnung zu erkennen, die sich in seiner Zeit zunehmend verschlechterte.

Bildnis von Meng-zi

Für den Menschen nannte er als wichtigste Eigenschaft, sich als Mensch und anderen Menschen gleich bezeichnen zu können, eine zweifache Tugend: Humanität und Rechtlichkeit.

Menkyo (jap.): Lizenz, Erlaubnis. Traditionelle Bestätigungsurkunde (s. →*Menkyo-kaiden*) in den japanischen Kampfkünsten, die einem Fortgeschrittenen allein durch seinen Lehrer (→*Sensei*) überreicht wurde und ihn dazu qualifizierte, den Stil als eigenständiger Lehrer zu vertreten. Bestandteil der alten Rangordnungen und Graduierungen im →*Bugei*.

Menkyo kann zuerst auf der Stufe des 5. Dan erreicht werden (s. →*Kodansha*) und unterteilt sich erneut in die Titel →*Renshi*, →*Kyoshi* und →*Hanshi*. *Menkyo*-Bestätigungen sind nicht identisch mit den *Dan*-Urkunden, sondern werden (nur) vom *Sensei* als Genehmigungen zum Unterrichten des jeweiligen Stils in Form von Urkunden vergeben (s. →*Makimono*, →*Gaku*, früher mit Nummern von 1 bis 5, heute mit *Dan*-Graden von 5 bis 10 versehen). Der Meister eines *Ryû* bestätigte dadurch einem oder mehreren seiner Schüler über die *Dan*-Graduierung hinaus die Erlaubnis, andere Schüler selbstständig in seinem System zu unterrichten, und schrieb (früher durch Nummern, heute durch *Dan*) gleichzeitig die Rangordnung für seine Nachfolge fest.

Menkyo-kaiden (jap.): Urkunde über die endgültige Meisterschaft einer Kampfkunst (s. →*Menkyo*), höchste Form des *Menkyo*, die ein japanischer Meister einem seiner Schüler gab.

Das *Menkyo-kaiden* vergab der Meister an einen oder an mehrere seiner besten und treuesten Schüler (s. →*Uchi-deshi*). Es wies den Besitzer als den rechten Stilerben aus und zugleich als jemand, der die Kunst im Namen des Meisters weiterführen sollte. Erläuterungen über die Kampfkunstüberlieferungen s. →*Uchi-deshi*, →*Bujutsu*, →*Okuden*, →*Gokuhi*.

Menoto (jap.): Amme, die in den ersten Lebensjahren eines *Samurai*-Jungen engagiert wurde, um sich um seine Erziehung zu kümmern.

Die *Menoto* war meist selbst die Tochter eines *Samurai* und in der japanischen Gesellschaft wegen ihrer erzieherischen Aufgabe hoch geachtet.

Me no Tsuke-Kata (jap.): Haltung der Augen.

Metsubushi (jap.): Pulver, Blendung des Gegners im →*Ninjutsu*, indem ihm Sand, chemische Substanzen oder giftiges Pulver in die Augen geworfen wurde. *Metsubushi* ist Teil des →*Goton-pô*.

Metsuke[1] (jap.): Bezeichnung für die japanische Polizei des Mittelalters.

Metsuke[2] (jap.): Haltung der Augen, Blickkontakt (s. →*Mi-gamae*). Über die Art des Blickkontaktes während eines Kampfes gibt es viele Theorien. Man sollte in die Augen des Gegners schauen, auf sein Kinn oder durch ihn hindurch. Doch unabhängig von der Richtigkeit dieser Theorien wird in bezug auf Richtig oder Falsch nicht nach den äußeren, sondern nach den inneren Aspekten entschieden. Deshalb kann man dazu keine Regeln gründen.

Erfahrene Kämpfer wissen, daß die Augen der Spiegel der Seele sind. Sie können ihren Gegner durch die Augen »lesen« (s. →*Yomi*). Ein unerfahrener Kämpfer läßt sich sogar in seinen Entscheidungen beeinflussen. Zwischen zwei Gegnern gibt es einen unsichtbaren Informationsfluß, der durch die Augen geht. Fortgeschrittene versuchen diese Informationen wahrzunehmen und zu »übersetzen«, um Vorteile zu gewinnen.

Doch wenn der Gegner ein erfahrener Kämpfer ist, wird er dasselbe tun. Er wird seine Informationen zurückhalten und selber »lesen« wollen. Dann spielt sich ein unsichtbarer Kampf ab. Keiner findet am anderen eine schwache Stelle (→*Suki*), und beide wissen, daß derjenige verliert, der den ersten Fehler macht.

In den asiatischen Kampfkünsten unterscheidet man »objektives« und »subjektives Sehen«. Jeder Mensch kann das sehen und wahrnehmen, worauf er seinen Blick und seine Konzentration richtet. Doch um einen erfahrenen Gegner zu besiegen, reicht dieses Sehen nicht aus. Man muß mit der →Intuition sehen.

Die Grundlage des subjektiven Sehens ist die Geisteshaltung in der Meditation. Das Gerichtetsein der Aufmerksamkeit ohne Haftung an irgend etwas, das Leermachen (→*Mushotoku*) von Vorstellungen und Gedanken und trotzdem in ruhiger Gelassenheit (→*Zanshin*) die ganze Umgebung zu spüren, das ist auch das Geheimnis des Blickes. Dieser Blick sieht in den Geist des Gegners. Er liest dessen Absicht *(Yomi)* und ruht in konzentrierter Aufmerksamkeit (→*Kûfu*). Es entgeht ihm nichts, auch wenn etwas außerhalb seines Blickfeldes geschieht. Er kann auch nicht gelesen werden, weil das Bewußtsein »leer« (→*Kû*) ist.

Mi[1] (jap.): Klinge eines Messers oder eines Schwertes.

Mi[2] (jap.): Körper (auch *Shin*).

Miao-shou (chin.): »Könner«, Bezeichnung für einen Meister seines Faches.

Mian-quan (chin.): »Baumwoll-Faust«, nördlicher *Quan-fa*-Stil aus China.

Mian-quan ist ein schwieriger Stil, der fast ausschließlich langsam geübt wird. Die Techniken sind weich, sanft und erscheinen schwach. Bekannte Meister sind LUO TSEN-LI, der WEN CHIN-MONG und FU SHU-YUEN unterrichtet hat.

Mian-ruan (chin.): Geschmeidigkeit in der Bewegung, Ausdruck von Körperbeherrschung und Entspannung.

Mi-ateru (jap.): von Angesicht zu Angesicht kämpfen, Nahkampf. Begriff aus dem *Jûdô* und *Jûjutsu*.

Michi (jap.): Weg, Lehre, Philosophie, Grundsatz. Im Sino-Japanischen wird das Zeichen als →*Dô*[4] gelesen.

Im Chinesischen bedeutet es →*Dao*. *Michi* ist ein zentrales Prinzip der japanischen Geistesgeschichte, das die Hauptrolle in der Umwandlung der Kampfkünste des →*Bujutsu* in →*Budô* spielte. (Erläuterung s. →*Dô*).

Midori (jap.): grün (auch *Ryoku, Roku*). *Ryokuchi* – Grünanlage, *Midoriiro* – grüne Farbe.

Midori-obi (jap.): grüner Gürtel. Schülergraduierung im *Budô* (s. →*Kyûdan*, →*Kyû*).

Mienai (jap.): Wettkampfbegriff: Die Technik wurde nicht gesehen. Keine Wertung.

Mifune Kyûzô (1883–1965): einer der bedeutendsten Meister des *Jûdô*, Meisterschüler von →KANÔ JIGORÔ (s. auch →*Jûdô*), verehrt als der beste Techniker dieser Kampfkunst in der Generation nach →SAIGÔ SHIRO. Gründungsmitglied des *Kokusai Budoin* (s. Anhang).

MIFUNE KYÛZÔ wurde 1883 in Kuji geboren und begann mit dem Training des *Jûdô* auf dem Gymnasium, bevor er sich 1903 am *Kôdôkan* einschrieb. Man erzählt sich, daß Mifune, um als Schüler am *Kôdôkan* aufgenommen zu werden, auf der Türschwelle von →YOKOYAMA SAKUJIRÔ schlief, bis dieser für ihn bei Kanô vorsprach. 1905 erreichte er den 2. und 1907 den 4. Dan. 1912 wurde er als 6. Dan Instruktor des *Kôdôkan*. 1931 erhielt er den 8. und 1937 den 9. Dan. 1945, im Alter von 62 Jahren, erreichte er den 10. Dan. Er ist nach YAMASHITA YOSHIAKI, ISOGAI HAJIME und NAGAOKA HIDEKAZU der vierte Meister des *Kôdôkan*, der den 10. Dan erhielt.

Mifune starb am 27. Januar 1965. Seine bekanntesten Schüler waren ITO KAZUO, SATO SHIZUYA, WALTER TODD und der Holländer ANTON GEESINK, der als erster Nicht-Japaner 1961 in Paris die *Jûdô*-Weltmeisterschaft gewann.

Mi-gamae (jap.): physische Haltung der Bereitschaft, die zusammen mit →*Ki-gamae* die generelle Bereitschaftshaltung (s. →*Kamae*, →*Kamaekata*) ergibt.

Zu den wichtigsten Komponenten von *Mi-gamae* zählt man →*Waza*, →*Kokyû*, →*Maai*, →*Metsuke*, →*Kû* und →*Hyôshi*. Folgende Bezeichnungen für Körperpositionen werden in den Kampfkünsten gebraucht (spezifische Haltungen siehe unter →*Kamaekata*):

MI-GAMAE – KÖRPERHALTUNGEN	
Hidari-gamae	– linke Körperstellung
Migi-gamae	– rechte Körperstellung
Shizentai-gamae	– natürliche Körperhaltung
Kumite-gamae	– Kampfhaltung
Jigotai-gamae	– Abwehrhaltung
Mashômen-gamae	– Frontalstellung
Hanmi-gamae	– halb abgedrehte Stellung
Yoko-gamae	– seitliche Haltung

Migi (jap.): rechts (auch *U, Yû*, s. →*Hô*). *Uhô* – rechte Seite, *Sayû* – links/rechts, beherrschen, *Migite* – rechte Hand, *Migiashi* – rechter Fuß, *migi-ni* – nach rechts.

Migi-dô (jap.): Schwertschlag zur rechten Körperseite.

Migi-jigotai (jap.): Verteidigungsstellung rechts vor.

Mijikai (jap.): kurz (auch *Tan*). Gegenteil: *Nagai*.

Mijikai-mono (jap.): kurze Waffen, im Gegensatz zu den langen Waffen (s. →*Nagai-mono*).

Mikadô (jap.): »Die allerhöchste Pforte«. Bezeichnung für den japanischen Kaiser (→*Tennô*). *Mikadô* ist kein Titel, sondern ebenso wie *Tenshi* (»Sohn des Himmels«) nur eine Ehrenbezeichnung.

Mikage: japanische Stadt in der Nähe von Tôkyô. Geburtsort von JIGORÔ KANÔ.

Mikami, Shuji (* 1892): japanischer *Kendô*-Lehrer, der als erster 1932 außerhalb Japans auf Hawaii eine *Kendô*-Schule eröffnete. 1968 verlieh ihm die *Nippon Kendo Renmei* in Japan den Ehrentitel *Kendô-Hanshi*.

Mikami Takayuki: JKA-Instruktor des *Karate* (s. →JKA, →NAKAYAMA MASATOSHI). Mikami erhielt bereits 1953 als einer der ersten

JKA-Instruktoren den 1. Dan und war 1956 Kapitän der *Karate*-Mannschaft an der *Hosei*-Universität.

1957 graduierte er in der ersten Gruppe des JKA-Instruktor-Kurses. Als erster JKA-Instruktor ging er 1958 nach Manila, um dort zu unterrichten. 1958 und 1959 war er *Kumite*-Champion von Japan und 1959, 1961 und 1962 *Kata*-Champion. 1963 zog er in die USA und gründete dort die *Japan Karate Association United States Southern Region.*

Mikatsuki (jap.): Mondsichel, sichelförmig.

Mikatsuki-geri (jap.): Halbmondfußtritt, halbkreisförmig vor dem Körper (s. →*Keri-waza*). *Mikatsuki-geri* ist eine Fußtechnik, die häufig in den *Kata* verwendet wird. Die Technik kann als Angriff *(Mikatsuki-geri)* oder als Abwehr *(Mikatsuki-geri uke)* angewendet werden.

Mikatsuki-geri – Halbmondfußtritt

Mikatsuki-geri als Angriff ähnelt dem →*Mawashi-geri*. Der Unterschied besteht darin, daß im *Mikatsuki-geri* das Knie vorher nicht angewinkelt wird und daß der Fuß in einer halbmondförmigen Kurve direkt ins Ziel stößt. Dadurch ist er im Vergleich zum *Mawashi-geri* schwächer, jedoch wegen des kürzeren Weges erheblich schneller. Für den Angriff mit *Mikatsuki* verwendet man, ebenso wie beim *Mawashi-geri*, bevorzugt *Koshi* (Fußballen). Nachdem das Ziel getroffen wurde, wird der Fuß im Kniegelenk gebeugt und an das Standbein zurückgenommen. Im *Mikatsuki-geri* ist es wichtig, daß die Hüften frontal zum Ziel bleiben, da im gegenteiligen Fall die Technik an Schnelligkeit einbüßt und das Gleichgewicht verlorengeht. Man verwendet die Technik für Angriffe gegen Gesicht, Brust, Solarplexus und gegen die Leistengegend.

Mikatsuki-geri kann von außen nach innen und von innen nach außen ausgeführt werden (Beschreibung s. unter der jeweiligen Bezeichnung):

FORMEN DES MIKATSUKI-GERI

Soto-mikatsuki-geri – außen nach innen
Uchi-mikatsuki-geri – innen nach außen

Mikatsuki-geri-barai (jap.): halbmondförmige Fegeabwehr (s. →*Mikatsuki-geri-uke*, →*Keri-uke*).

Mikatsuki-geri-uke (jap.): halbmondförmiger Fußtritt als Abwehr (Einteilung s. →*Mikatsuki-geri*, →*Keri-uke*). In der Verwendung dieser Fußtechnik als Abwehr gibt es, wie in der Angriffsvariante, zwei Formen (Erläuterung s. unter der jeweiligen Bezeichnung):

FORMEN DES MIKATSUKI GERI-UKE

Soto-mikatsuki-geri-uke – von außen nach innen
Uchi-mikatsuki-geri-uke – von innen nach außen

Miki Nisaburo (1904–1951): japanischer *Karate*-Meister, ursprünglicher Schüler von →FUNAKOSHI GICHIN, der jedoch von diesem nicht mehr unterrichtet wurde, als er gegen Funakoshis Willen eine Schutzausrüstung für das freie Kämpfen *(Jiyû-kumite)* entwickelte.

Miki war der erste japanische *Karateka*, der sich für den Einsatz der *Bogû* (Schutzausrüstung) im *Karate* einsetzte. Er begann in den frühen 20er Jahren mit der Übung und fuhr auch nach Okinawa, um ähnliche Experimente dort zu studieren. Im Jahre 1928 begann er mit einer Gruppe von *Karateka* an der Kaiserlichen Universität *(Todai) Jiyû-kumite* mit *Bogû* zu üben. Der Schutz bestand aus dem Kopfschutz des *Kendô*, dem Körperschutz vom Baseball, einem Hodenschutz, Boxhandschuhen, Schienbein- und Unterarmschützern.

Mikkyô (jap.): »Geheime Lehre«, japanischer Sammelbegriff für mehrere tantrische Lehren (s. →*Tantrismus*) des Buddhismus (→*Shingon* und →*Tendai*, s. auch →*Shugendô*) mit Ursprung im →*Vajrayâna*, einer ebenfalls mystischen buddhistischen Tradition, aus dem indischen *Mahâyâna*-Buddhismus.

Die Lehre wurde zu Anfang des 9. Jh. von SAICHÔ (»DENGYÔ DAISHI«), dem Begründer der japanischen *Tendai*-Schule, und von KÛKAI (»KÔBÔ DAISHI«), dem Begründer der japanischen *Shingon*-Schule, nach Japan gebracht. Saichô gründete seine Schule auf dem Berg Hiei und Kûkai die seine auf dem Berg Koya, beide in der Nähe der Kaiserstadt Kyôto. Die Schulen des *Mikkyô* sind inhaltlich miteinander verwandt und gehörten zu den Zentren des frühen japanischen Buddhismus. Im wesentlichen lehrt *Mikkyô* (s. →*Shingon*, →*Tendai*), daß alle sichtbaren Aspekte aus dem gleichen Ursprung entstehen und in eines der fünf Elemente (s. →*Gôdai*, →*Gôgyô*) eingeordnet werden können.

DIE FÜNF ELEMENTE

Ku – Leere, aus der alles entsteht
Fu – Wind oder die gasförmigen Elemente
Ka – Feuer oder die energieabgebenden Elemente
Sui – Wasser oder die flüssigen Elemente
Chi – Erde oder die festen Elemente

Das →*Ninjutsu* übernahm von den →*Yamabushi* hauptsächlich die Lehren des *Mikkyô* (s. →*Ninpô Mikkyô*) und interpretierte sie auf seine Weise. Dort heißt es, daß es keinen Zufall gibt und Glück oder Unglück nur aus nichtkanalisierten Kräften besteht. Aufgrund der Philosophien *Gôdai* und *Gôgyô* wurden sämtliche objektiven Erscheinungsformen klassifiziert und errechnet.

Mikomi (jap.): s. →*Ariake*.

Mi-kudaki (jap.): sich schlagen, quetschen.

Mimi (jap.): Ohren (auch *Ji*). *Jimoku* – Augen und Ohren (Aufmerksamkeit).

Milner, Bernhard (*6. Januar 1949): deutscher *Karate*-Lehrer aus Bochum, mehrmaliger deutscher Meister (*Kumite* und *Kata*), viele internationale Erfolge, Schüler von HIROKAZU KANAZAWA und HIDEO OCHI, heute einer der maßgebenden Lehrer des *Shôtôkan-Karate* im →DKV (s. auch Anhang).

Milner begann 1965 mit dem Studium des *Karate* und graduierte unter KANAZAWA 1968 zum 1. Dan. In einer mehr als zehnjährigen anschließenden Wettkampfzeit hatte er viele nationale und internationale Erfolge (u. a. 1970 Deutscher Meister in *Kata* und *Kumite*, 1973 Weltmeisterschaft in Tôkyô Platz 3 in *Kata-Shiai*). Heute ist er Inhaber des 5. Dan, Kampfrichterreferent und Mitglied der Prüfungskommission des DKV in Nordrhein-Westfalen.

Minamoto (jap.): Quelle, Ursprung, Anfang (auch *Gen*). Bezeichnung für einen berühmten japanischen Kriegerclan (s. →*Genji no Heihô*), der 1185 den rivalisierenden Clan der TAIRA (HEIKE) im →*Gempei*-Krieg besiegte. Die Familie entstammt einer Verzweigung des Kaiserhauses aus dem Jahre 814.

Die Familie Minamoto brachte im Laufe der Jahrhunderte viele berühmte Krieger hervor, die eigene Schulen der Kampfkünste gründeten *(Genji no Heihô)*. Die bekanntesten davon sind:

GENJI NO HEIHÔ

Minamoto no Hidetsuna	– Araki-ryû
Minamoto no Masayoshi	– Daitô-ryû
Minamoto no Yoshitsune	– Yoshitsune-ryû
Minamoto no Sonechika	– Yawara
Minamoto no Yanagi	– Tenshin Shinyô-ryû
Minamoto no Yoshimitsu	– Aikijutsu

Die in jeder Generation wachsende Verwandtschaft des Kaiserhauses führte stets zu untragbaren finanziellen Belastungen am Hof, weshalb einige Abzweigungen den Hof verließen. Im Laufe der Jahrhunderte wiederholte sich dieser Vorgang öfter, während man all diese Absplitterungen zu den Minamoto zählte. Sie unterschieden sich dadurch, daß ihrem Namen der Name des Kaisers angehängt wurde, von dem sie direkt abstammten. So gab es Saga-Genji, Seiwa-Genji, Uda-Genji, Murakami-Genji u. a.

Aus den *Murakami-Genji* machte MINAMOTO NO YOSHITOMO (1123–1160) auf sich aufmerksam, der zunächst im Bündnis mit den →TAIRA um Lehnsgüter und danach gegen sie kämpfte.

1160 wurde er von einem Gefolgsmann (OSADA TADAMUNE) ermordet, und die Taira schickten seinen dritten Sohn MINAMOTO NO YORITOMO (1147–1199) auf die Halbinsel Izu ins Exil. 1180 kehrte Yoritomo auf Veranlassung der kaiserlichen Familie aus dem Exil zurück und zog, zusammen mit seinem Bruder MINAMOTO NO YOSHITSUNE, gegen die Taira zu Felde. Yoshitsune war der berühmteste Heerführer seiner Zeit und wurde als großartiger Kampfkunstexperte gefeiert (s. →*Aikijutsu* und Tafel →*Aikidô*). 1184 siegte er in Ichi no Tani, 1185 errang er in Dan no Ura den endgültigen Sieg (*Gempei*-Krieg) und baute in den nächsten fünf Jahren seine Machtstellung aus. 1190 ernannte der Kaiser Minamoto no Yoritomo zum Oberaufseher über alle Provinzen, und 1192 erhielt er den Rang eines →*Sei-i-tai Shôgun*. Daraufhin ließ sich Yoritomo auf seinem Besitz in Kamakura (Izu) nieder und gründete das erste Shôgunat (→*Kamakura-Shôgunat*), das ab dieser Zeit das eigentliche Machtzentrum Japans war.

Minamoto no Yoshitsune: berühmter japanischer Samurai (1159–1189), der seinem Bruder Minamoto no Yoritomo (erster japanischer *Shôgun*) den Sieg über den rivalisierenden TAIRA-Clan ermöglichte (s. →*Gempei*-Krieg).

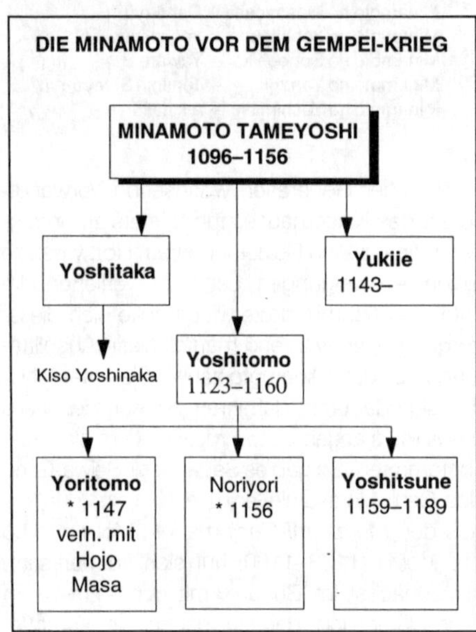

Nach der Legende soll er die Kunst der Waffen von den →*Tengû* erlernt haben. Sein Bruder war eifersüchtig auf seine Popularität, und als dieser ihn einmal angriff, beging Yoshitsune Selbstmord (s. →*Minamoto*, →*Genji no Heihô*, →*Ken*).

Mirakian, Anthony: amerikanischer *Karate*-Lehrer und Pionier des okinawanischen *Gôjû-ryû*, Schüler von SEIKICHI TOGUCHI und MEITOKU YAGI.

Mirakian ist der Repräsentant des *Okinawan Meibukan Goju-ryu* in den Vereinigten Staaten und war der erste, der 1960 das einzigartige okinawanische *Gôjû-ryû* in die USA brachte. Er begann unter Toguchi im *Shôreikan* zu üben, wechselte jedoch auf Empfehlung zu Meitoku Yagi nach Naha, wo er schließlich aufgenommen wurde. Dort übte er fünfmal wöchentlich je vier Stunden und erhielt schließlich den Schwarzgurt. *Bô* und *Sai* lernte er unter TAIRA SHINKEN. Anschließend unternahm er viele Reisen nach Taiwan und China, wo er mehrere Systeme studierte und viele Informationen sammelte. 1960 kehrte er in die USA zurück und eröffnete seine Schule in Watertown/Massachusetts.

Miru (jap.): sehen (auch *Ken*).

Miru no Kokoro (jap.): »Geist des Sehens«. Umfassende Sicht für den Gegner und die Situation und richtige Einschätzung des Zeit-Raumes (s. →*Ma-ai*).

Misogi (jap.): aus dem Shintôismus stammende Übungsmethoden mit dem Zweck, die Reinheit des Geistes (*Misao* – Keuschheit, Unschuld, Tugend, s. →*Makoto*) zu erreichen.

Es gab vielfältige *Misogi*-Übungen, die sich je nach Zweck und Sekte voneinander unterschieden. Manche wurden gemacht, um die Angst vor dem Tod zu überwinden. Das Meditieren unter einem Wasserfall *(Takishugyo)*, das rituelle Besteigen eines Berges, tagelanges Fasten oder Barfußlaufen über glühende Kohlen sind nur einige Beispiele.

Mitose, Dr. Masayoshi James (1916–1981): Gründer des →*Kôshô-ryû Kempô*, Lehrer von →WILLIAM CHOW.

Meister Mitose wurde in Kona (Hawaii) geboren. 1920 zog seine Familie nach Japan (Mumamoto/Kyûshû) zurück. Die Mitose-Familie entstammt einem feudalen Clan mit eigener Kampfkunsttradition, die bis in die Tokugawa-Zeit zurückreicht. Daher kam Mitose früh zur Kampf-

kunstübung, die er mit *Yarijutsu, Kyûjutsu* und *Jûjutsu* begann. Gleichzeitig studierte er Shintôismus, Buddhismus und Christentum.
1930 wurde er Schüler von MOTOBU CHÔKI, von dem er die *Naihanchi* und ihre Anwendung lernte. Diese behielt er bei seiner Stilgründung bei. 1936, nachdem Motobu nach Okinawa zurückgekehrt war, zog Mitose nach Honolulu und gründete seine eigene Auffassung, das *Jûjutsu Kempô Karate*. 1941, nach dem Angriff der Japaner auf Pearl Harbor, ging er zu den US-Truppen auf Hawaii und gründete 1942 auf Honolulu den *Official Self-defense Club*, in dem er seinen Stil *Kôshô Shôrei-ryû Kempô Karate* unterrichtete.
Mitose leitete den Club von 1942 bis 1953 und brachte fünf Schwarzgurte hervor, deren Namen in die Geschichte des hawaiianischen *Kempô-Karate* eingegangen sind: THOMAS YOUNG, PAUL YAMAGUCHI, ARTHUR KEAWE, EDWARD (BOBBY) LOWE und WILLIAM KWAI-SUN CHOW.
THOMAS YOUNG übernahm ab 1953, nachdem Mitose nach Kalifornien gezogen war, die Leitung des Stils. PAUL YAMAGUCHI und ARTHUR KEAWE gründeten ihren eigenen *Kempô*-Stil. BOBBY LOWE gründete 1958 den hawaiianischen Zweig des *Kyokushinkai-ryû*. WILLIAM →CHOW gründete das hawaiianische *Kempô-Karate*.
In Kalifornien gründete Mitose eine religiöse *Kempô*-Sekte mit ideellen Hintergründen, wurde jedoch in eine Mordaffäre verwickelt und zu lebenslänglichem Gefängnis verurteilt. Er starb 1981 unter mysteriösen Umständen.

Mitsu (jap.): drei (auch *San, Mi*).

Mitsuden (jap.): überlieferte Geheimnisse eines *Ryû* (s. →*Okuden*, →*Hiden*, →*Gokuhi*).

Mitsu-dôgu (jap.): Bezeichnung für drei klassische japanische Waffen, die von den *Samurai*-Wachen der Tokugawa-Periode zur Abwehr gegen schwertbewaffnete →*Rônin* entwickelt wurden.

Alle drei Waffen gehörten zu den langschaftigen Stockwaffen. Sie hatten einen sehr langen Schaft, um ihre Benutzer vor der scharfen Klinge eines Schwertkämpfers zu schützen. In der späteren Tokugawa-Zeit, als das Kriegerhandwerk nur noch wenig gefragt war, wurden diese Waffen immer mehr zu Schmuckgegenständen, und nur noch selten waren *Samurai* geübt im Umgang damit. Dies war auch die Zeit, in der die kämpferischen Fähigkeiten der *Samurai* generell abnahmen (s. →Tokugawa-Periode).

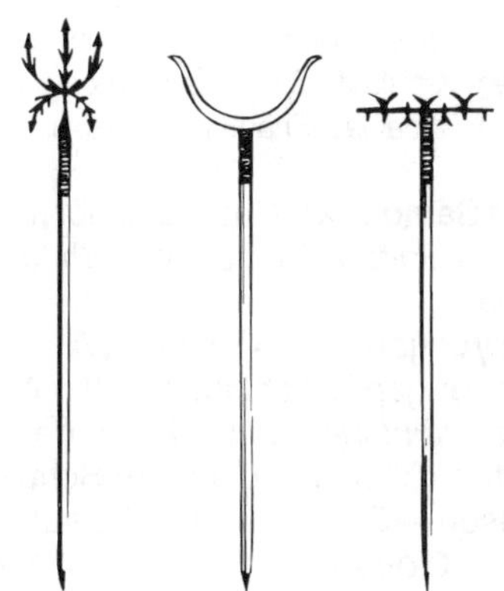

Mitsu-dogu

Viele *Samurai* wurden herrenlos *(Rônin)*, rotteten sich zusammen und zogen plündernd durch die Gegend. Nur den besten unter ihnen gelang es, eine Beamtenstellung zu erhalten oder eine Kampfkunstschule zu eröffnen. Die große Mehrheit war ohne Beschäftigung. Dies führte zu großen Problemen in der japanischen Gesellschaftsstruktur.
Die Polizeibeamten der Tokugawa-Periode waren daher voll damit beschäftigt, randalierende und plündernde *Samurai* zu bestrafen. Dies führte dazu, daß in der Folgezeit diese Waffen verbessert und schließlich durch drei Ableitungen ersetzt wurden.

MITSU-DOGU

Ursprüngliche mitsu-dôgu

Sasumata	– gabelförmiges Gerät
Sodegarami	– Stange mit Stachel
Tsukubô	– T-förmiges Gerät

Abgeleitete Varianten der mitsu-dôgu

Jutte	– japanische Form der Sai
Manriki-gusari	– Kette mit Gewichten
Rokushaku-bô	– 1,80 m langer Stock (Bô)

Mitsung (chin.): s. →*Mizong*.

Mitsu-tomoe (jap.): drei in einen Kreis eingebundene Kommas, in derselben Weise wie im *Yin/Yang*-Zeichen.

Die drei Figuren versinnbildlichen die Vereinigung

der drei Energien – Mensch, Erde, Himmel – im universellen Kreislauf. Die *Mitsu-tomoe* sind das Wappen Okinawas. Erläuterungen s. unter →*Tomoe*.

Mitsuya Seinosuke: Chefinstruktor für →*Hayashi-ha Shitô-ryû* (s. auch →*Shitô-ryû*) in Europa.

Miura-ryû[1] (jap.): s. →*Yoshin-ryû*.

Miura-ryû[2] (jap.): nicht identisch mit →*Miura-ryû*[1], *Jûjutsu*-Stil, im 17. Jh. gegründet von Miura Yoshitatsu, einem Schüler des Chinesen →Chen Yuan-Bin (s. auch →*Jûjutsu*, →*Kitô-ryû*).

Miura Yôshin: s. →*Yôshin-ryû*.

Miyabi (jap.): Ritterlichkeit, gutes Benehmen. Der Begriff wurde in der Heian-Zeit (749 bis 1185) geprägt und bezeichnete das Bemühen der Hofadeligen (→*Kuge*) um gutes Benehmen und gute Sitten.

In der Kamakura-Zeit (1185–1333) wurde der Begriff vom Kriegeradel (→*Buke*) wiederaufgenommen, um das ideale Verhalten eines →*Samurai* zu bezeichnen. Danach wurde der Begriff zu einem zentralen Prinzip des →*Bushidô*.

Miyagi An'ichi (* 1931): okinawanischer *Karate*-Meister des *Gôjû-ryû*, Miyagi Chôjuns jüngster Sohn. Miyagi An'ichi ist heute der technische Leiter der *International Okinawa Gôjû-ryû Karate-dô Federation*, die von seinem bedeutendsten Schüler, →Higaonna Morio, gegründet wurde.

Miyagi Chôjun: (1888–1953), Begründer des *Gôjû-ryû Karate* (s. *Gôjû-ryû*), Schüler von Higashionna Kanryô (s. dort).

Miyagis Leben

Miyagi Chôjun (Miyagisuku) wurde am 25. April 1888 geboren und begann schon als Kind mit der Übung des Karate. Seine Familie gehörte der niederen Adelsklasse an, war jedoch eine der vermögendsten in ganz Naha. Sie besaß zwei Handelsschiffe und beschäftigte sich mit der Einfuhr von Medizin aus China. Miyagis Vater, Miyagi Chôsho, war der dritte Sohn in der Familie, doch da der männliche Haupterbe frühzeitig verstarb, wurde der junge Chôjun (er war damals gerade 5 Jahre alt) von der Hauptfamilie adoptiert und als Erbe eingesetzt. Da dies eine verantwortungsvolle Aufgabe war, beschloß Miyagis Mutter, daß der Sohn die Kampfkünste lernen solle, und brachte

Miyagi Chôjun – der Gründer des Gôjû-ryû

ihn – Miyagi war damals 11 Jahre alt – zu Meister Aragaki Kamadeunchu (Ryûko), der Miyagis erster Lehrer wurde. Als Miyagi 14 Jahre alt war (1902), stellte sein Lehrer ihn →Higashionna Kanryô vor, dessen Schüler er wurde.

Es wird berichtet, daß *Sensei* Higashionna seine Schüler in den ersten sechs Monaten des Unterrichts nur →*Unsôku-hô* (Fußbewegungen) lehrte. Danach ging er nahtlos zur →*Sanchin*-Kata über, die er je nach dem Fortschritt der Schüler drei bis vier Jahre lang üben ließ. Das Training soll sehr anstrengend gewesen sein, denn Higashionna bestand darauf, daß alle seine Schüler in diesen ersten Jahren eine gute körperliche Kondition erhielten, die Atmung der *Sanchin* beherrschen lernten und gleichzeitig die schwierigen Spannungsvariationen meisterten, die im →*Shôrei-ryû* (s. auch →*Naha-te*) erforderlich waren.

Miyagis Studien

1904 reiste Miyagi auf Anraten von Higashionna zum ersten Mal nach China (möglicherweise begleitet von →Go Kenki), wo er bis 1908 blieb. Diese Reise ist geschichtlich umstritten. Auf jeden Fall übte er 15 Jahre lang unter Meister Higashionna Kanryô, bis zu dessen Tod im Oktober 1916. Als Higashionna das innere Stilerbe auf →Kyôda Juhatsu, seinen Lieblingschüler, übertrug, reiste Miyagi im selben Jahr, begleitet von Go Kenki, nach China in die Provinz Fuzhou (Fukien), um das ehemalige *Bai-he-quan-Dôjô* seines *Sensei* (s. →Ryû Ryûko) zu suchen. Doch er fand den Ort verlassen und die Gebäude zerstört. Von einem ehemaligen Schüler Ryû Ryûkos (möglicherweise Wo Lu-Chin) hörte er, daß die meisten chinesischen Kampfkunstexperten entweder getötet oder nach Singapur und Malaysia geflohen waren (s. →Boxeraufstand). Miyagi blieb jedoch zusammen mit Go Kenki zwei Jahre bei dem Nachfolger Ryû Ryûkos.

Als Miyagi 1917 aus China zurückgekehrt war, begann er eine Synthese seiner China-Erfahrungen aus den Stilen *Ryûkyu-Kempô* (Higashionna), *Bai-he-quan* (Ryû Ryûko), *Xing-yi-quan* und *Tang-lang-quan* zu bilden. Er verbrachte einige Zeit damit, die →*Rokkishu* zu studieren, aus der er die heute im *Gôjû* bekannte →*Tenshô* gründete. Weiter vertiefte er Higashionnas *Sanchin* mit geschlossener Faust, obwohl er in Fuzhou sicher deren Ursprungsform →*Happoren* kennengelernt hatte.

In der *Tenshô*, die Miyagi aus der *Bai-he-quan*-Version *Rokkishu* und *Kaka-Sanchin* (s. →*Happoren*) gründete, versuchte er die Lehren aus dem *Bubishi* festzuhalten und sie unverfälscht zu überliefern. Beide Varianten lernte er von Go Kenki. In all den Jahren begann Miyagi bereits sein eigenes System zu entwickeln, doch bis zur Gründung des *Gôjû-ryû* sollte noch einige Zeit vergehen. Zuerst veranstaltete er 1921 vor Kaiser Hirohito in Okinawa eine Vorführung, danach 1925 vor Prinz Chichibu, die das Aufsehen der Öffentlichkeit erregte. Er hielt es für wichtig, das okinawanische *Karate* zu organisieren, und sagte dieser Kunst bereits im Jahre 1925 eine weltweite Verbreitung voraus.

Zu diesem Zweck gründete Miyagi im Jahre 1926 in Wakasa-cho, Naha-shi, einen *Karate*-Club, den er *Karate Research Club (Okinawa Karate Jutsu Kenkyukai)* nannte. Die Absicht dieser Vereinigung war es, *Karate* unter universellen Aspekten zu unterrichten und an die Schüler weiterzugeben. Deshalb wurde er von verschiedenen okinawanischen Experten geleitet, die sich im Unterricht abwechselten: Miyagi Chôjun *(Naha-te)*, Motobu Chôju *(Shôrin-ryû)*, Mabuni Kenwa *(Shitô-ryû)* und Hanashiro Chômo *(Shuri-te)*. Das Training fand jeweils in einem Garten statt. Neben den körperlichen Übungen waren theoretische Seminare fester Bestandteil der Ausbildung zu jener Zeit.

Im Jahre 1927 wurde der *Karate Research Club* von Kanô Jigorô und seinem Schüler Nagaoka Hidekazu besucht, die sich ausführlich über das okinawanische *Karate* informierten. Sie demonstrierten bei dieser Gelegenheit Techniken des Haltens, Befreiens und Werfens, die im *Research Club* große Anerkennung fanden. Daraufhin demonstrierte Miyagi die Prinzipien der *Atemi, Tuite* und *Nage-waza* aus dem okinawanischen *Karate*. Ab dieser Zeit hatte Miyagi Briefkontakt mit Kanô, der ihm später in Japan half, das okinawanische *Karate* bekannt zu machen. Der *Karate Research Club* wurde jedoch im Jahre 1929 aufgelöst, da die Lehrer ihre eigenen Wege gingen.

<u>Shinzato Jin'an</u>

1928 wurde Miyagi vom *Butokukai* eingeladen, sein *Karate* in Japan vorzustellen. Da er selbst verhindert war, schickte er seinen ältesten Schüler, →Shinzato Jin'an, der in Kyôto eine Demonstration gab. Shinzato wurde anschließend von einem japanischen *Budô*-Meister gefragt, zu welcher Schule er gehöre. Er konnte diese Frage nicht beantworten, da es in Okinawa zu jener Zeit noch nicht üblich war, den Schulen eigene Namen zu geben. Als er nach Okinawa zurückkehrte, berichtete er jedoch Miyagi von dem Vorfall, und dieser beschloß daraufhin, seinen Stil nach den Leitlinien des chinesischen →*Bubishi* zu benennen. So entstand der Name →*Gôjû-ryû*. Im Jahre 1933 wurde Miyagis Stil unter diesem Namen formell in die Listen des →*Butokukai* in Japan eingetragen. Im Jahre 1934 wurde er vom *Butokukai* zum Leiter der *Butokukai*-Zweigstelle in Okinawa ernannt.

<u>Miyagis Reisen</u>

In den darauffolgenden Jahren verwendete Miyagi einen beträchtlichen Teil seines Vermögens, um in der Welt umherzureisen und sein Studium in den Kampfkünsten zu vertiefen. 1932 begab sich Miyagi auf Einladung der *Kansai*-Universität nach Osaka und weiter nach Kyôto und Tôkyô. In Tôkyô begegnete er Yamaguchi Gôgen, der sein Schüler wurde.

1934 wurde Miyagi von Kinjo Chinei, dem Herausgeber der Zeitschrift *Yoen Jiho Sha* auf Kauai, nach Hawaii eingeladen, um *Karate* vorzustellen und zu lehren. Miyagi nahm die Einladung an und fuhr im Mai 1934 nach Hawaii. Er veranstaltete zahlreiche Vorstellungen auf mehreren hawaiiani-

schen Inseln und unterrichtete bis Januar 1935 regelmäßig auf Kauai.
Nach Okinawa zurückgekehrt, reiste er 1936 nach Zentralchina, wo er in einem Tempel den Zen-Buddhismus und die chinesische Kampfkunst →*Bagua* studierte. 1937 erhielt er vom *Butoku-kai* den Titel *Kyoshi*. In seinem neu erschaffenen System →*Gôjû-ryû* (»Hart-weich-Stil«) verband er HIGASHIONNAS *Naha-te* mit besdonderen Atmungsmethoden (s. → *Ibuki*) und der hochentwickelten chinesischen Kunst der *Ki*-Entwicklung. Er lehrte diese Kampfkunst in seiner Schule in Naha. Die *Sanchin* und die *Tenshô*, wie sie heute im *Gôjû-ryû* geübt werden, führte er offiziell in dieses System ein. Als Einführung lehrte er die 1914 gegründeten Kata *Gekkisai-daiichi* und *Gekkisai-daini*.

MIYAGIS GÔJÛ-SYSTEM
Erst im Jahre 1940 vervollständigte Miyagi das System seiner Lehre und schloß damit die Entwicklung des *Gôjû-ryû* als eigenständigen Stils ab. Er führte noch die beiden von ihm 1914 gegründeten Kata *Gekkisai-daiichi* und *Gekkisai-daini* in das System ein, um es als »Hart-weich«-Schule zu vervollständigen. Als Extreme der hart/weichen Richtung bezeichnete er in seinem Stil die →*Tenshô* und die →*Sanchin*. In diesen Jahren befand sich Miyagi abwechselnd in Japan und Okinawa. Er wurde bereits zu jener Zeit als einer der fähigsten Meister des *Karate* verehrt. Er unterrichtete sowohl in Japan als auch in Okinawa, wodurch die beiden heute wichtigsten Schulen des *Gôjû-ryû* entstanden.
1941 brach der Zweite Weltkrieg aus, in dem Miyagi seinen dritten Sohn JUN und seinen älte-

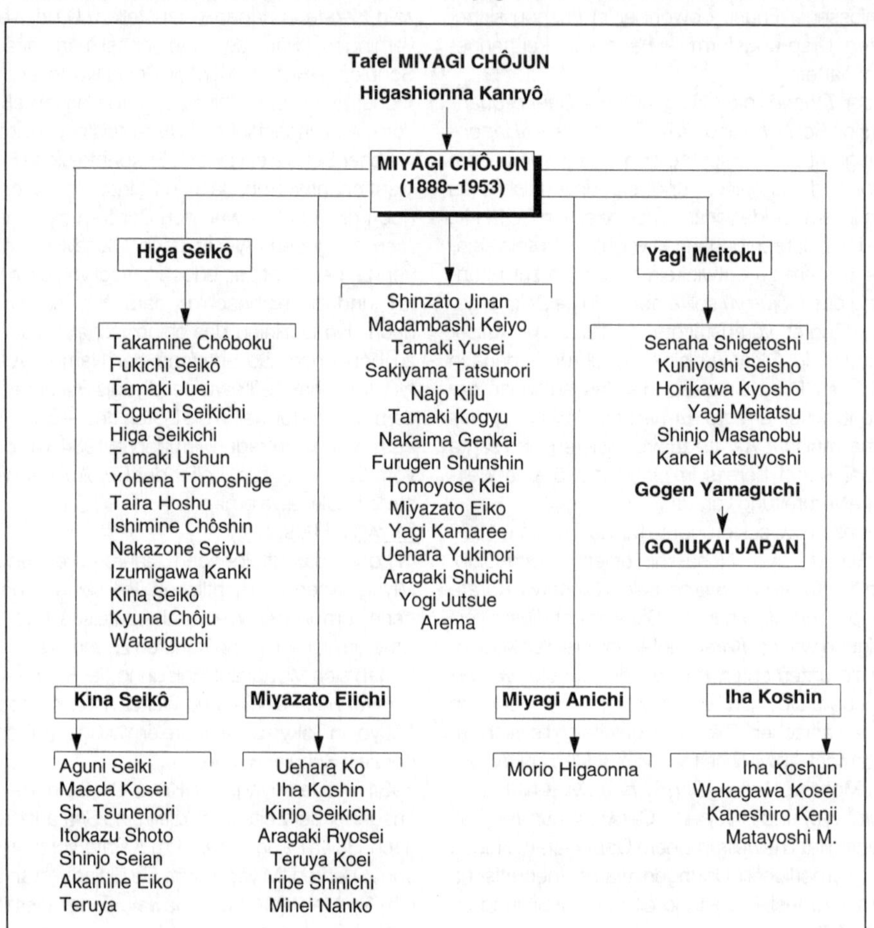

sten Schüler SHINZATO JIN'AN verlor. Seit dieser Zeit erteilte er keinen Unterricht mehr und zog sich aus der Öffentlichkeit zurück.

Nach der Kapitulation Japans kehrte Miyagi nach Okinawa zurück und siedelte sich in der Stadt Ishikawa an. Lange Zeit blieb er unerkannt, denn man vermutete ihn in Japan. Wegen seiner demütigen Art bekam er den Ruf eines verweichlichten Stadtmenschen und teilte ihn nur für niedere Arbeiten ein. Als er schließlich doch erkannt wurde, strömten von überall die Meister der Kampfkünste herbei und baten Miyagi um Unterricht im *Karate*.

1946 nahm er den Unterricht in Okinawa wieder auf. Er wurde Direktor der *Okinawa Civil Association of Physical Education* und unterrichtete an den Polizeischulen Okinawas. Im gleichen Jahr gründete er ein *Dôjô* neben seinem Haus in Tsuboya-chô, wo noch heute sein vierter Sohn lebt. Durch Miyagis Unterricht, sowohl in Japan als auch in Okinawa, entstanden zwei Hauptlinien des *Gôjû-ryû*, die sich nach seinem Tod eigenständig entwickelten.

In Okinawa traten →HIGA SEIKÔ, →YAGI MEITOKU und →MIYAZATO EI'ICHI sein Erbe an. Yagi Meitoku, der höchstgraduierte Schüler des Meisters (*Uchi-deshi* des *Gôjû-ryû*), übernahm nach des Meisters Tod im Jahre 1953 den Unterricht in dessen *Dôjô* und erbte an Miyagis 10. Todestag seinen Gürtel.

Miyagis persönliche Schüler waren folgende: Higa Seikô (1898–1966), Shinzato Jin'an (1900 bis 1945), Madanbashi Keiyô (1896–1983), Tamaki Yusei, Sakiyama Tatsunori, Kina Seikô (*1911), Yagi Meitoku (*1912), Miyazato Ei'ichi (* 1922), Miyagi An'ichi (*1931), Najo Kiju, Tamaki Bushun, Tasaki Kogyu, Nakaima Genkai (*1908), Furugen Shunshin (*1913), Tomoyose Kiei (*1912), Miyazato Eiko (*1915), Yagi Kamaree, Yogi Jitsuei, Uehara Yukinori, Iha Koshin, Aragaki Shuichi, Niizato, Yamaguchi Gogen (auch über Yagi Meitoku und Yogi Jitsuei) und Arema (Weiterentwicklung siehe unter dem jeweiligen Namen).

Auf Okinawa wurde Miyagi als einer der größten Meister des *Karate-dô* verehrt. Die Menschen nannten ihn dort »BUSHI MAGUSUKU«, was soviel wie »Gentleman-Krieger« bedeutet. Von ihm wird immer wieder berichtet, daß er in sich die Fähigkeit zu zwei Extremen verband: zur absoluten Demut und zur übernatürlichen Leistung. Er verlor nie die Kontrolle über sich und verletzte niemals einen Gegner im Kampf. Er hatte die Seele eines Heiligen. Miyagi starb im Jahre 1953.

Miyagi Masakatsu: okinawanischer *Kobudô*-Meister, Gründer des →*Honshin-Ryû*. Miyagi begann sein Studium des *Karate* mit dem *Uechi-ryû* in in Koza und im Haupt-*Dôjô* in Futenma. Später lernte er *Karate* und *Kobudô* unter verschiedenen Lehrern, u. a. auch von dem *Sai*-Experten KYAN SHINEI aus dem *Matsubyashi-ryû*. Danach wurde Miyagi Schüler von NAKAMURA HEISABURO aus Toguchi, der *Karate, Kobudô* und einige *Kumi*-Tänze von KUNIYOSHI SHINKICHI (KUNIYOSHI NO TANME) gelernt hatte.

Nakamura war der Direktor der *Toguchi*-Hochschule und hatte demzufolge viele Schüler. Eine der Kata, der er lehrte, war die *Shisochin*. Bei Nakamuras Tod im Jahre 1975 wurde Miyagi sein Nachfolger und lehrte die Waffen *Bô, Sai, Tonfa* und *Kama* und die *Bô*-Kata *Kunishi Bô* und *Kunishi Kumi Bô*. Diese beiden Kata stammen von KUNIYOSHI SHINKICHI und verwenden eine längere Version der herkömmlichen *Sanchin*-Stellung. Anfänger und Kinder lernen zuerst Miyagis Version der Kata *Sanchin* mit geschlossener Faust, daneben *Naihanchi* und zwei Versionen der Kata *Soshin*, die Miyagi selbst gegründet hat.

Miyahara Katsuya: s. →*Jigen-ryû*.

Miyahira Katsuya (*16. August 1918): okinawanischer *Karate*-Experte, Schüler von →CHIBANA CHÔSHIN, einer der heutigen Hauptvertreter des *Kobayashi-ryû* auf Okinawa. Miyahira ist Inhaber des 10. Dan und steht der *Okinawa Shôrin-ryû Karate-dô Kyôkai (Okinawa Shôrin-ryû Karate Association)* vor, s. Anhang.

Daten zu Miyahira Katsuya

1933:	Eintritt in Chibanas *Dôjô*.
1948:	Eröffnet als *Shihan no Menjo* ein *Dôjô* in Aza Kaneyuki, Nishihara-gun.
1953:	Eröffnet ein *Dôjô* in Aza Korai, Okinawa-shi. Unterrichtet an der Ryûkyû-Universität.
1956:	Eröffnet ein *Dôjô* in Naha City.
1958:	Erhält den Grad *Kyôshi* vom *Butokukai*.
1962:	Erhält von Chibana den 8. Dan.
1966:	Unterrichtet auf den Philippinen.
1967:	Erhält den Titel *Hanshi* und den 9. Dan von Chibana.
1969:	Wird Präsident der Okinawa *Shôrin-ryû Karate-dô Kyôkai*.

Miyama-ryû (jap.): moderner *Jûjutsu*-Stil, gegründet in den USA von ANTONIO PEREIRA.

Miyamoto Musashi: s. →MUSASHI MIYAMOTO.

Miyata Minoru († 1972): *Shôtôkan*-Meister an der *Takushoku*-Universität Tôkyô.

Miyata war Schüler von FUNAKOSHI YOSHITAKA und HIRONISHI GENSHIN, von denen er den zwischen 1938 und 1945 neu gegründeten *Shôtôkan*-Stil lernte. Nachdem →NAKAYAMA aus China zurückgekehrt war und in Feindschaft mit den *Shôtôkan-Sempai* lebte, war es Miyata Minoru, der Nakayama das neue →*Shôtôkan-ryû* zeigte. Darauf begründete sich Nakayamas späteres JKA-Konzept.

Miyazato: okinawanischer *Kobudô*-Meister der früheren Zeit, von dem nicht viel mehr bekannt ist, als daß er nach China reiste, wo er nicht nur die Kampfkünste der leeren Hand, sondern auch den Gebrauch von Waffen lernte.

Als Miyazato nach Okinawa zurückkehrte, erlangte er großen Ruhm und galt in der Kunst des *Bô* als unbesiegbar. Seine *Kata*, die *Miyazato-bô*, macht die Kraft und die Energie des Meisters deutlich.

Miyazato Ei'ichi (*1922): okinawanischer Experte des →*Gôjû-ryû*, direkter Schüler von Meister →CHÔJUN MIYAGI, der nach Miyagis Tod den Unterricht an seinem *Dôjô* weiterführte.

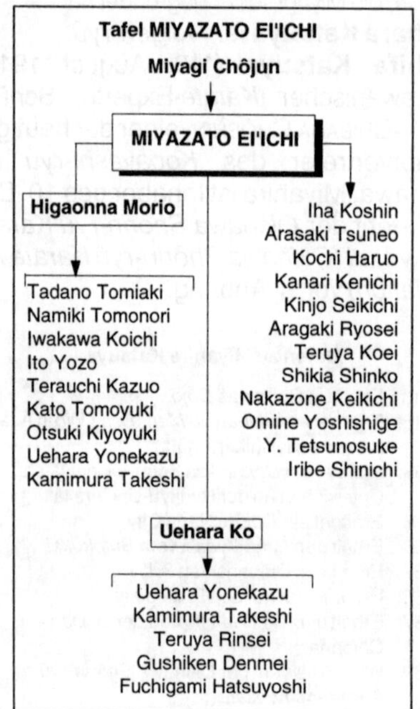

Miyazato ist heute einer der wichtigsten Lehrer des okinawanischen *Gôjû-ryû*. Er unterrichtete folgende Schüler: →Higaonna Morio, Uehara Ko, Iha Koshin, Arasaki Tsuneo, Kochi Haruo, Kanari Ken'ichi, Kinji Seikichi, Aragaki Ryôsei, Minei Nanko, Teruya Koei, Shikiya Shinko, Nakasone Keikichi, Omine Yoshishige, Yasuda Tetsunosuke und Iribe Shin'ichi. Miyazato gründete 1972 die *Okinawa Gôjû-ryû Karate-dô Kyokai* (s. Anhang) und wurde ihr Präsident.

Mi-zong (chin.): [aus *Mi* = Geheimnis, *Zong* = Schule] auch *Mi-tsung*, »Schule der Geheimnisse«. Die Bezeichnung *Mi-zong* war schon immer ein Begriff für Künste und Schulen, die aus Tibet nach China kamen.

Diese tantrische Schule des Buddhismus wurde im 8. Jh. von drei indischen Meistern nach China gebracht. Die Schule bestand hauptsächlich aus der Verwendung von →*Mantra*, →*Mandala* und →*Mudrâ* und vertrat die esoterische Lehre, die nur von Meister zu Schüler weitergegeben wurde. Über →KÛKAI wurde die Lehre nach Japan gebracht und dort als →*Shingon* verbreitet. Das *Shingon* ist eine der wichtigsten Richtungen des mystischen Buddhismus (s. →*Mikkyô*) in Japan.

Mi-zong-yi-pai (chin.): auch *Mi-tsung-I-p'ai*, die »Kunst des Labyrinths« oder »Boxen der verwischten Spuren«, Kampfstil der äußeren Schulen (→*Wai-jia*) des → *Quan-fa*.

Die Kampfkunst wurde in der Song-Periode (um 1150) gegründet. Der mystische Gründer, YAN JING, wird als Hauptfigur in einer bekannten chinesischen Novelle mit dem Namen »Wasser-Grenze« beschrieben. Der Stil enthält schnelle und kreisförmige Techniken, Rollen vorwärts und rückwärts sowie unvorhersehbare Variationen der Richtungsänderung. Hart und weich wechseln sich ab, die wichtigste Waffe ist das Messer. *Mi-zong-yi-pai* ist heute im Distrikt Chang sehr verbreitet, und ihr größter Meister war HUO YUAN-CHIA (†1909). Dieser gründete in Shanghai die *Ching Wu Athletic Association*, die viele als die einflußreichste chinesische Kampfkunstorganisation ansehen.

Obwohl in Huos Organisation viele Stile unterrichtet wurden, wurde das *Mi-zong* nur selten weitergegeben. Der heute berühmteste Meister des *Mi-zong* ist ADAM HSU, der in San Francisco lebt. Er war ein Schüler von LIU YEN-CHIAO, der wiederum bei CHIANG YAO-TING lernte.

Mizo-ochi (jap.): Solarplexus, Sonnengeflecht. Vitalpunkt am Körper.

Mizougi (jap.): chinesisches Kampfkunstsystem *(Wu-shu)* der äußeren Richtung *(Wai-jia)* des *Shaolin Quan-fa*, gegründet im 17. Jh.

Mizu (jap.): Wasser.

Mizu-guruma (jap.): Technik aus der →*Koshiki no Kata*.

Mizu-iri (jap.): Technik aus der →*Koshiki no Kata*.

Mizu-nagare (jap.): »rinnender Tropfen«, »fließendes Wasser«.

Mizu-nagare no Kamae (jap.): »Haltung des fließenden Wassers«. Armhaltung wie in der Endposition beim *Kagi-tsuki*. →*Kamaekata*, die als Basisprinzip aller *Uke*-Techniken (Abwehr) gilt, und zwar wegen der optimalen Haltung des Ellenbogens zum Körper, wodurch im Rumpf ein für alle Abwehrformen ideales Spannungssystem entsteht.

»Haltung des fließenden Wassers«, da die Armposition so sein muß, daß von der Schulter bis zur Faust ein beständiges Gefälle entsteht, wodurch ein Wassertropfen nach unten fließen könnte. Das wichtigste dabei ist die Ellbogenhaltung und die Spannung der seitlichen Rumpfmuskeln. Die *Kamaekata* wird in der *Heian-godan* zum ersten Mal gelehrt, ihr Prinzip findet jedoch in der Kata *Jitte* in allen Bewegungen seine Anwendung.

Mizu no Kokoro (jap.): »ein Geist wie Wasser«, einer der berühmten Leitsätze der *Budô*-Philosophie (s. →*Kaisetsu*), der sich auf den vom Vorurteil befreiten Geist bezieht.

Der Geist eines geübten *Budôka* ist ruhig und klar wie die Oberfläche eines stillen Sees. Eine solche Oberfläche ist ein Spiegel, der alles reflektiert, was in seiner Umgebung geschieht. Der Kampfkunstexperte, der seinen Geist in dieser Haltung übt, wird bald feststellen, daß er dadurch die Aktionen seines Gegners und die Situationen seines Lebens klar erkennen kann und somit zu richtigem Handeln befähigt wird. Wenn der Geist nicht aufmerksam in der Gegenwart ruht und beständig von Gedanken ergriffen ist, ist er wie ein

See, dessen Oberfläche von Wellen bewegt wird. Er wird die Wirklichkeit verzerren und nicht mehr wahrheitsgetreu wiedergeben. Der Mensch kann vor lauter Denken nicht mehr sehen und muß seinem Vorurteil vertrauen. Ohne rechte Erkenntnis wird er falsch handeln. Der Geist muß von intellektuellen Vorstellungen und Gedanken an Vergangenes oder Zukünftiges frei sein, wenn er die gegenwärtige Wirklichkeit erkennen will.

Körperliche und geistige Übung im *Budô* sind als Einheit anzusehen, und keines von beiden darf bevorzugt werden. Der Geist kontrolliert mit seinen ihm gegebenen Fähigkeiten den Körper, und entsprechend qualitativ wird die Handlung sein, unabhängig davon, wie gut die Technik ist. Deshalb müssen Geist und Körper gleichermaßen entwickelt werden. Der Übende, der ausschließlich seinen Körper trainiert, wird schnell eine Grenze erreichen, denn ohne Erkenntnis wird er falsch handeln. Nur mit einer guten Technik ausgestattet, muß er die Disharmonie zwischen Situation und Verhalten durch immense Kraftanstrengungen ausgleichen. Mit einem erkenntnisfähigen Geist verhält er sich im Vorfeld des Geschehens angepaßt und harmonisch.

Der Leitsatz besagt, daß die rechte Geisteshaltung (→*Shisei*) in der Übung gefunden werden muß, um den Menschen vor Vorurteilen, Irrtümern und gedankenlosen Handlungen zu bewahren. Alle Handlungen hängen letztlich von der Klarheit des Geistes ab und sind selbst in alltäglichen unscheinbaren Situationen so eng mit diesem verbunden, daß es unmöglich ist, zwischen geistiger und körperlicher Bewegung objektiv zu unterscheiden. Die Sinne können nur das Äußere wahrnehmen und definieren ein Mißgeschick als Pech oder Unvermögen. Dahinter steht jedoch immer ein Geist, der mit unterschiedlichen Fähigkeiten erkennt und entscheidet.

Mizuno Shintô-ryû (jap.): japanische Schule des →*Iaijutsu*, gegründet von KOBAYASHI KOEMON TOSHINARI (†Anfang 17. Jh.), in der die Techniken des Schwertes mit verschiedenen Nahkampftechniken *(Jûjutsu)* verbunden wurden, wie sie von den Waffenmeistern der Provinz Aizu gelehrt wurden.

Mizu-zutsu (jap.): Atemrohr der *Ninja*, mit dessen Hilfe sie sich längere Zeit unter Wasser aufhalten konnten.

Moc-can (viet): *Tonfa*, Waffe aus dem Nordosten Vietnams (s. →*Tai Son*, →Vietnam).

Mochi (jap.): Griff; nehmen, ergreifen, festhalten.

Mochi-age-otoshi (jap.): *Jûdô*-Armwurf, Ausheber.

Mochi-ate (jap.): Kniestoß.

Mochizuki Hiroo: japanischer *Budô*-Meister aus dem →*Yoseikan*, Sohn des berühmten Mochizuki Minoru, eines Schülers des *Aikidô*-Meisters Morihei Ueshiba. Mochizuki Hiroo war der erste japanische Instruktor des *Shôtôkan-Karate* in Europa. Er kam 1957 in die Schule von Henry Plee (Frankreich), wo er ein Jahr als Vertragslehrer arbeitete.

In Frankreich gründete Mochizuki zusammen mit Guy Sauvin und Jacques Delcourt die erste europäische *Karate*-Organisation. Die *European Karate Union* (EKU) gewann das Rennen um die Anerkennung der japanischen Dachverbände, vor Henry Plee, der die Kontrolle über das europäische *Karate* erreichen wollte. 1970 begann Mochizuki *Yoseikan-Budô* zu unterrichten, eine Kombination von *Jûdô*, *Jûjutsu*, *Aikidô* und *Wadô- ryû Karate*.

Mochizuki Minoru (*1907): japanische *Budô*-Legende aus Shizuoka (s. →*Yôseikan*), Nachkomme eines *Samurai*-Geschlechtes von Kampfkunstlehrern.

Mochizuki Minoru begann 1912 mit der Übung des *Jûdô* unter Meister Takebe. 1924 wurde er Schüler von Sanpô Toku *(Jûdô)*. Sanpô war berühmt, da er einen Ausdauerkampf bestand, in dem er 165 Gegner besiegte. Er unterrichtete auch →Hisataka Kori und Sawai Ken'ichi (Gründer des *Taikiken*).

1926 wurde Mochizuki Schüler von Kanô Jigorô und Mifune Kyûzo am *Kôdôkan*. Auf Anraten von Meister Kanô begann er ab 1928 mit dem Studium verschiedener anderer japanischer Kampfkünste. Er begann mit dem Studium des *Tenshin Shôden Katori Shintô-ryû* unter den Meistern Ito, Kuboki, Shiina und Tamai. 1930 studierte er *Kenjutsu* unter Nakayama Hakudo und *Jôjutsu* unter Shimizu Takagi. Gleichzeitig war er Schüler von Morihei Ueshiba.

Ende 1930 studierte er in der Mongolei einen okinawanischen *Karate*-Stil unter Kudaka, woraufhin er drei Monate lang Schüler von Funakoshi Gichin wurde. Zwischen 1951 und 1953 hielt er sich in Frankreich auf, wo er unter anderen Henry Plee im *Aikijutsu*, *Kenjutsu* und *Bôjutsu* unterrichtete. Als er nach Japan zurückkehrte, schickte er seinen Sohn nach Frankreich, der dort seinen eigenen Stil, das *Yoseikan-Budô* gründete.

Mo-di (479–381 v. Chr.): auch Mo-ti, Mo-zi oder Mo-tzu, einer der Vertreter der vier klassischen chinesischen Gelehrtenschulen (s. →*Mo-j a*), Gegenspieler von Konfuzius.

Mo-di gilt als einer der ersten »Sozialisten« unter den chinesischen Denkern. Wie Konfuzius bemühte sich auch Mo-di seine ganzes Leben lang erfolglos um Ämter und wurde schließlich Wanderlehrer. Seine Hauptargumente gegen den Konfuzianismus:

1. Durch aufwendige Riten und Konventionen wird Zeit, Geld und Arbeitskraft verschwendet.
2. Der Schicksalsglaube lähmt die Beamten, die keinen Grund mehr sehen, sich für das Volk einzusetzen.
3. Falsche Verherrlichung des Altertums, denn die alten Kaiser waren revolutionär – deshalb wurden sie verehrt. Heute schaut man nur zurück, will aber keine echte Veränderung.

Seine Philosophie beruhte auf Logik und erstrebte einen Neubau der Gesellschaft auf der Grundlage der allgemeinen Menschenliebe (→*Ren*). Sie richtete sich entschieden gegen jede Art von Kriegsführung. Mo-di war ein selbständiger Vertreter seiner Lehre, und sein Werk prägte den Umriß einer später entstandenen Schule *(Mo-jia)*. Darin wurden drei Kriterien für wahr und falsch in einer Aussage aufgestellt:

1. Hat sie ihren Ursprung im Handeln der alten Herrscher?
2. Kann auch das einfache Volk sie mit seinen Sinnen als richtig anerkennen?
3. Ist sie nützlich in der Praxis?

Mo-di befürwortete die Abgabe der Vormundschaft über das Volk an einen gewählten Kaiser. Pazifismus – sowohl im täglichen Umgang der Menschen als auch im politischen Handeln – war für ihn das wichtigste Prinzip. Als einzigen Ausweg aus Chaos und Krieg sah er *Jian-ai*, die allgemeine Liebe, die zu Pietät, Frieden und Harmonie führt. Doch seine Lehren wurden stark kritisiert und von den Mächtigen über fast 2000 Jahre aus allen öffentlichen Texten gestrichen. Seine Ideen lebten in Geheimbünden weiter.

Mo-hai (chin.): s. →*Bing-qi.*

Mohismus: s. →*Mo-jia.*

Mohr, Günther (* 1948): deutscher Trainer des *Karate*, Bundestrainer für *Kumite* im *Deutschen Karate Verband* (→DKV, s. auch Anhang).

Mohr begann im Alter von 19 Jahren (1967) mit dem *Karate*-Training unter ROLAND HANTZSCHE. 1971 wurde er in die deutsche *Karate*-Nationalmannschaft berufen und konnte zahlreiche nationale und internationale Erfolge verzeichnen (1977 Vizeweltmeister im *Kumite*). Seit 1980 amtiert er als Bundestrainer des DKV.

Mo-jia: auch Mohismus, eine der vier bedeutenden klassischen Schulen der Philosophie im alten China (s. →*Jia*) und eine der »100 Schulen« aus der *Chun-qiu*-Periode.

Die Schule wurde von →MO-DI gegründet und war der →*Ru-jia* lange Zeit ebenbürtig. Dann jedoch wurde sie für 2000 Jahre vergessen, um gegen Ende des 18. Jhs. neu zu erstehen. Ihre zentralen Motive waren Gerechtigkeit und Menschenliebe. Mo-di sah darin die Lösung für das menschliche Leiden, das damals – im 5. Jh. v. Chr. – durch die vielen Eroberungskriege sehr intensiv war. Im Gegensatz zu KONFUZIUS, der die Liebe innerhalb der Staats- und Familienhierachie predigte, forderte Mo-di die Gleichberechtigung aller Menschen, unabhängig von Geschlecht und Rang.

Die Mohisten errangen in den ersten 200 Jahren ebensoviel Einfluß wie die Konfuzianer. Die Anhänger schlossen sich zu Sekten zusammen, die in Gütergemeinschaften lebten und sich auch mit militärischen Künsten befaßten. Sie gelten als die Vorläufer der späteren Geheimsekten, die für Gerechtigkeit zum Schutz der niederen Klassen eintraten.

Später teilte sich die Strömung in mehrere Richtungen, von denen besonders zwei herausragten: Eine der Gruppen beschäftigte sich mit Fragen der Logik und Dialektik, die andere bestand aus Technikern, die in der Mathematik, Optik und Mechanik forschten. Doch Technik und Naturwissenschaften konnten sich in China nicht als akademische Disziplin etablieren, und Logik war dem chinesischen Denken traditionsgemäß fremd. Daher versank der Mohismus in der Bedeutungslosigkeit.

Mo-jia-quan (chin.): auch *Mok-gar, Mo-chia-ch'uan*, »Boxen der Familie Mo«, südchinesischer *Quan-fa*-Stil. *Mo-jia-quan* gilt als eines der fünf grundlegenden Systeme, die von den »fünf Patriarchen« des →*Shaolin*-Klosters (s. auch *Nan-quan*) stammen.

Mok-gar (chin.): s. →*Mo-jia-quan.*

Mokujû (jap.): aus Holz nachgebildetes Übungsgewehr im →*Jûkenjutsu.*

Mokushô-Zen (jap.): »das Zen der schweigenden Erleuchtung« (chin. *Mo-chao-ch'an*), ein Ausdruck, der von dem chinesischen Zen-Meister Hung-chi Cheng-chüen (jap. Wanshi Shôgaku, 1091–1157) geprägt wurde.

Mokushô ist die typische Zen-Meditation der Sôtô-Schule (s. dort), die sich im Gegensatz zur Rinzai-Schule (*Kanna-Zen*, s. dort) eines stillschweigenden Zazen (s. dort) bedient, in dem keine Hilfsmittel zur Konzentration gegeben werden. Das Mokushô-Zen ist identisch mit der von dem großen japanischen Zen-Meister Dôgen Zenji (s. dort) als *Shikantaza-Zen* bezeichneten Meditation. Das in den Kampfkünsten gebrauchte Mokusô (s. dort) leitet sich aus dieser Meditationsform ab.

Mokusô (jap.): »ruhiges Denken«, Meditation, Konzentration, schweigendes Sitzen (Erläuterungen s. →*Zazen*, →Meditation). *Mokusô* wird vor und nach jedem Training der Kampfkünste geübt. Nachdem sich alle Übenden in Reihen aufgestellt haben, gibt der Lehrer das Kommando *»Seiza!«*, und alle Übenden setzen sich zur stillen Meditation. Es ist von größter Bedeutung, daß die Dauer der Meditation ausreichend ist, bis sich die Schüler der Kampfkünste durch ihre Konzentration auf die Atmung miteinander in Einklang gebracht haben. Die Meditation am Anfang und am Ende jeder Übungsstunde ist ein entscheidender Faktor im Fortschritt der Übenden auf dem Weg (→*Dô*).

Der Begriff *Mokusô* ist aus der Bezeichnung *Mokushô-Zen* (chin. *Mo-chao-ch'an*) abgeleitet, was wörtlich »das Zen der schweigenden Erleuchtung« bedeutet. Der Ausdruck wurde von dem chinesischen *Zen*-Meister HUNG-CHIH CHENG-CHÜEH (jap. WANSHI SHÔGAKU, 1091–1157) geprägt, um die in der →*Sôtô-Schule* bevorzugte Weise der meditativen Praxis zu unterscheiden vom »Zen der Betrachtung der Worte« (→*Kanna-Zen*), das in der *Rinzai*-Schule geübt wird. Im *Mokushô-Zen* gibt es keine Hilfsmittel wie z. B. →*Kôan* oder →*Mudrâ*.

Mokusô-yame (jap.): Ende der Konzentration, »Augen wieder öffnen«.

Mokuta (jap.): wörtlich »still beten«. Konzentrationsform in der Meditation.

Mokuteki (jap.): Ziel, Zweck.

Momo (jap.): Schenkel (*Daitai* – Oberschenkel, *Katai* – Unterschenkel); s. →*Karada*.

Momochi Sandayu: bekanntes Oberhaupt *(Jônin)* eines →*Ninja*-Clans aus der Iga-Gegend.

Momochi Sandayu lebte im 16. Jh., sein Adelstitel als Clanführer war *Tanba no Kami*. Er führte drei Haushalte, mit drei voneinander getrennten Familien, in manchen Gegenden kannte man ihn als FUJUBAYASHI NAGATO.

Momono-i Shunzô (1826–1886): japanischer *Samurai* aus dem *Kyôshin Meichi-ryû*, Experte in verschiedenen Waffensystemen. Er gründete eine Übungshalle für Kampfkünste in Edo, das *Shinkage-kan Dôjô*, in dem er viele *Samurai* des *Tokugawa-Bakufu* unterrichtete.

Mon[1] (jap.): Muster, Familienwappen. *Monshô* – Familienwappen, *Shimon* – Fingerabdruck. Die Familienwappen und Namen der japanischen →*Samurai* wurden nach dem →*Gempei-Krieg* eingeführt.

Familienwappen mehrerer japanischer Kriegerclans

Bei den japanischen Namen steht immer der Familienname vor dem Vornamen. Bei den adeligen Namen besteht der Name oft aus dem Namen der Clans (→*Uji*), gefolgt von der Funktion, dem Familiennamen und dann dem Vornamen.

Die →*Sumotori* haben oft bestimmte »Kampfnamen«, die an ihren Namen angehängt werden, wie z. B. *Yama* (Berg), *Umi* (Meer), *Kaze* (Wind) usw. Manchmal zeigen die Namen auch ihre Graduierung an *(Seki, Zeki)*.

Mon[2] (jap.): Frage, Problem (auch *Toi, Ton*). *Tou* – sich kümmern, *Mondô* – Dialog, *Gakumon* – Wissenschaft.

Mondô (jap.): Lehrgespräch. Regelmäßige Zusammenkunft aller Schüler *(Monjin)* eines *Dôjô* mit ihrem *Sensei*. Das *Mondô* ist eine Art *Zen*-Dialog (*Mondô* stammt aus dem *Zen*) zwischen Meister und Schüler. Der Schüler stellt Fragen (nur Fragen, die das Thema betreffen), und der Sensei antwortet. Solche Gespräche sind nicht bloß Diskussionen, sondern sie sollen unter dem Aspekt harmonischer Abstimmung, Sammlung und Konzentration stattfinden. Einer ihrer wichtigsten Faktoren ist die Haltung des Respektes gegenüber der Lehre und die Zurückhaltung eigener unangebrachter Meinungen seitens der Schüler. In der Geschichte des *Zen* sind viele *Mondô* zum →*Kôan* geworden.

Ein *Mondô* ist keine Diskussionsrunde. Zu den Voraussetzungen, die ein *Mondô* in den Kampfkünsten gewährleisten, gehört, daß sich die Übenden in selbständiger Suche mit den Hintergründen auseinandersetzen und daß eine Tendenz zur Verwirklichung einer höheren Erfahrung spürbar ist. Andernfalls werden die *Mondô* zu reinen Informationskursen und verlieren ihren eigentlichen Sinn. Eine andere Form der Kommunikation zwischen Lehrer und Schüler ist →*Dokusan*.

Mongolei: Land in Zentral-Asien (heute Mongolische Volksrepublik), 1,565 Millionen Quadratkilometer, 2 400 000 Einwohner.

GEOGRAPHIE

Die Hauptstadt der Mongolei ist Ulan-Bator (Ulaanbaatar). Ein Drittel der Fläche ist Teil der Wüste Gobi und besteht aus Wüste, Halbwüste und Steppe. Im Norden und Westen liegen Hoch-

gebirgszüge mit Höhen bis 4653 m im mongolischen Altai. Die eigentliche Mongolei setzt sich aus der Inneren Mongolei in der VR China, der selbständigen Mongolischen Volksrepublik und aus Gebieten der ehemaligen Sowjetunion zusammen.
Bis heute leben die Mongolen noch überwiegend in nomadischen Verbänden von der Viehzucht und richten sich weiterhin nach ihren alten Gesetzen. Immer noch lernen die Kinder das Reiten und Bogenschießen, bevor sie laufen können.

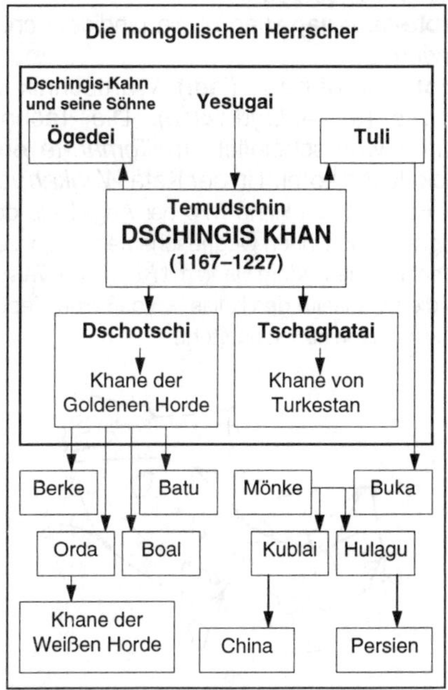

Geschichte

Vor dem 13. Jh. entwickelten sich in den mongolischen Stammgebieten mehrere Nomadenstämme, die hauptsächlich von der Viehzucht und gelegentlichen Raubzügen in die Nachbarländer lebten. In den ursprünglich matriarchalisch ausgerichteten Verbänden bildete sich mit der Zeit eine Kriegerkaste heraus, die eigentlich zum Schutz der Weidegebiete gedacht war, das Matriarchat aber nach und nach verdrängte.
Das erste mongolische Großreich war das der Hunnen, die sich im 1. Jh. über Weißrußland bis nach Europa ausbreiteten und im 5. Jh. das Reich Attilas hervorbrachten. Ihm folgte das Reich der Awaren, die ebenfalls nach Europa vordrangen.

Die Blüte der Mongolei begann aber erst im 13. Jh., als 1206 Temudschin (später Dschingis Khan) an die Macht gelangte und die mongolischen Stämme zu einem Volk vereinigte. Das besondere Merkmal dieses neuen Mongolenreiches war seine überragende Kriegstechnik und -taktik. In jährlich zwei genauestens vorbereiteten Kriegszügen wurden die ungewöhnlichsten Mittel der Kriegsführung angewandt. Die Reiterei war besonders gut ausgebildet, was in den unterworfenen Ländern zu dem Mythos des »mit seinem Pferd verwachsenen Mongolen« führte. Die Lieblingswaffe war Pfeil und Bogen, die Krieger waren aber auch in anderen Waffen und im waffenlosen Kampf ausgebildet. Zusätzlich wurden aus den Nachbarländern Fachleute für Handwerk, Technik und Kriegswesen rekrutiert. Obwohl die mongolische Gesellschaft ein einfaches und karges Leben fristete, das von strengen und grausamen Gesetzen geregelt war, zeigte sie eine große Toleranz gegenüber den unterschiedlichsten Philosophien. So trafen sich in der von Dschingis Khan errichteten Hauptstadt Karakorum Priester und Lehrer aus aller Welt, sogar der Papst schickte Gesandtschaften.
Bis Dschingis Khans Tod (1227) wurden Teile Nordchinas erobert und die westliche Grenze bis zur Krim vorgeschoben. Die Truppen wurden aber zu Dschingis Khans Begräbnis zurückgeholt. Nach ihm wurde sein Sohn Ögedei Khan, der China eroberte und seine Hauptstadt nach Peking verlegte. Unter Dschingis Khans En-kel Batu stießen die Mongolen bis Polen und Ungarn vor, zogen aber beim Tod Ögedeis (1241) wieder ab. 1251 gründete Batu in Rußland das Reich der »Goldenen Horde«. Ab 1258 eroberte Kublai Khan, eine Enkel Dschingis Khans, die Reste des Reiches der Song in Südchina und gründete die Yuan-Dynastie, die aber 1368 von der Ming-Dynastie abgelöst wurde.
Von *einem* mongolischen Reich konnte nicht mehr die Rede sein, denn es bildeten sich mehrere Splittergruppen um den Haupt-Khan, die die eroberten Gebiete selbst zu verwalten begannen und durch neue Eroberungen große Reiche gründeten. Zwischen 1251 und 1265 eroberte Hulagu, ein weiterer Enkel Dschingis Khans, Persien und gründete das Reich der Ilkane. 1360 erklärte sich Timur Lenk (Tamerlan, 1336–1405)

zum Erneuerer des Mongolenreiches. Aus Samarkand, seiner Hauptstadt, unterwarf er Persien (1380), Indien (1389) und besiegte die Osmanen. Doch nach seinem Tod zerfiel sein Riesenreich.

Das Mongolische Reich, das in seiner weitesten Ausbreitung ganz China, Korea, das gesamte Zentral- und Westasien und Südrußland vereinigte, zerfiel im 14. Jh. wieder in einzelne Gebiete. Im 17. Jh. verschmolz die Mandschurei, wo die meisten Mongolen inzwischen siedelten, mit Ostturkestan, Tibet und Sinkiang zum Chinesisch-Mandschurischen Reich.

1915 stimmte China unter dem Druck von Rußland der Autonomie der Äußeren Mongolei zu. Doch bereits 1919 widerrief China sein Zugeständnis. 1924 revoltierte die Mongolische Volkspartei und rief die selbständige Mongolische Volksrepublik aus. Die Innere Mongolei erhielt von China daraufhin eine begrenzte Autonomie.

Monjin (jap.): Schüler eines →*Ryû* oder eines Kampfkunstmeisters (s. →*Deshi* oder →*Montei*).

Monomi (jap.): s. →*Ariake*.

Mono no fu no michi (jap.): andere Bezeichnung für *Bushidô* (»Weg des Kriegers«).

Montei (jap.): Lehrling, Lernender der Kampfkünste (s. →*Deshi* oder →*Monjin*).

Mon-zuki (jap.): japanischer →*Kimono* mit Familienwappen.

Moo-Duk-Kwan (kor.): »Institut der militärischen Tugenden«, im Jahre 1945 von →Hwang Kee gegründete Kampfkunstschule, in der →*Tang-Soo-Do* als Nachfolgesystem des alten →*Soo-Bahk-Do* unterrichtet wird.

Moroashi-barai (jap.): beidbeiniger Fußfeger im *Karate* (im *Jûdô* →*Okuri ashi-barai*), s. →*Ashi-barai, Nage-waza*. Beide Beine des Gegners werden gleichzeitig gefegt.

Morote (jap.): mit beiden Händen, beidseitig. Bedeutet auch »begeistert zustimmen«.

Morote-chûdan-uke (jap.): beidhändige Abwehr zur mittleren Stufe (unterstützter *Uchi-ude-uke*, Erläuterungen s. →*Morote-uchi-uke*).

Morote-gari (jap.): *Jûdô*-Handwurftechnik. Zweihandsichel.

Morote-hasami-uchi (jap.): beidhändiger Scherenschlag (Zuordnung s. →*Morote-uchi*, Klassifizierung s. →*Uchi-waza*). Die Technik kann mit allen Flächen der Hand ausgeführt werden (*Shutô-hasami-uchi, Teishô-hasami-uchi, Tettsui-hasami-uchi* usw.).

Morote-heiko-zuki (jap.): beidhändiger Parallelstoß (Zuordnung s. *Morote-zuki*, Klassifizierung s. →*Tsuki-waza*). Die Fäuste werden gleichzeitig mit *Seiken-choku-zuki* nach vorn gestoßen.

Morote-seoi-nage (jap.): beidhändiger Schulterwurf.

Morote-sukui-nage (jap.): Wurftechnik im *Karate* (s. →*Nage-waza*). Die Technik wurde wahrscheinlich im *Tomari-te* entwickelt und kommt in der Kata *Wankan* vor.

Mit der vorderen Hand wird der Angriffsfuß des Gegners nach innen weggeschaufelt. Gleichzeitig schlägt die andere Hand mit *Koko* oder *Teishô* an die Innenseite des Knies, so daß eine Hebelwirkung nach außen entsteht.

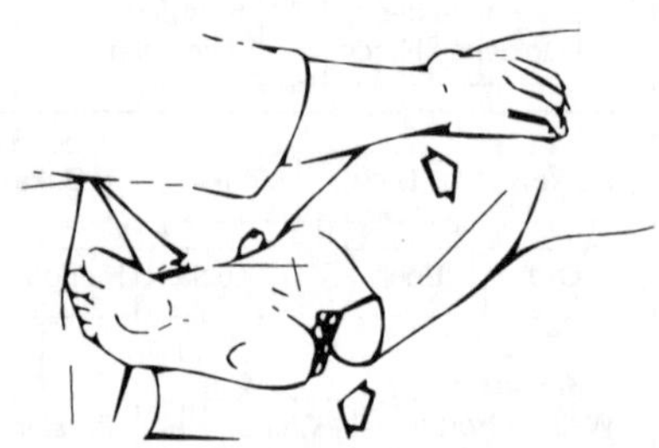

Morote sukui-nage – Wurftechnik im Karate

Morote-sukui-uke (jap.): beidhändige Schaufelabwehr (Zuordnung s. →*Morote-uke*, Klassifizierung s. →*Uke-waza*, Erläuterungen s. →*Sukui-uke*).

Bei dieser Abwehr wird der angreifende Fuß von außen nach innen weggeschaufelt, während die andere Hand mit →*Koko* zum Knie schlägt, dadurch eine Hebelwirkung erzeugt und den Gegner zu Fall bringt. Diese Abwehr wird in den Kata *Nijûshihô* und *Wankan* gelehrt (s. auch →*Morote sukui-nage*).

Morote-tsukami-uke (jap.): beidhändige Greifabwehr (Zuordnung s. →*Morote-uke*, Klassifizierung s. →*Uke-waza*, Erklärung s. →*Tsukami-uke*).

Diese Technik ist eine Variante des *Zukami-uke*. Man wehrt mit ihr einen Fauststoß zur Brust oder zum Gesicht ab. Zuerst streckt man die abwehrende Hand nach vorn und prellt den Angriff mit dem Ellbogen zur Seite. Dann ergreift man den Arm des Gegners, und unter Zuhilfenahme des anderen Arms zieht man ihn nach vorn.

Morote-zuki (jap.): doppelter, beidhändiger Fauststoß. Überbegriff für mehrere Varianten. Innerhalb der beidhändigen Fauststöße klassifiziert man (Zuordnung s. →*Zuki-waza*, Beschreibung s. unter dem jeweiligen Begriff):

VARIANTEN DES MOROTE-ZUKI	
Heikô-zuki	– Parallelstoß
Yama-zuki	– Berg-und-Tal-Stoß
Awase-zuki	– doppelter Stoß
Hasami-zuki	– Scherenstoß

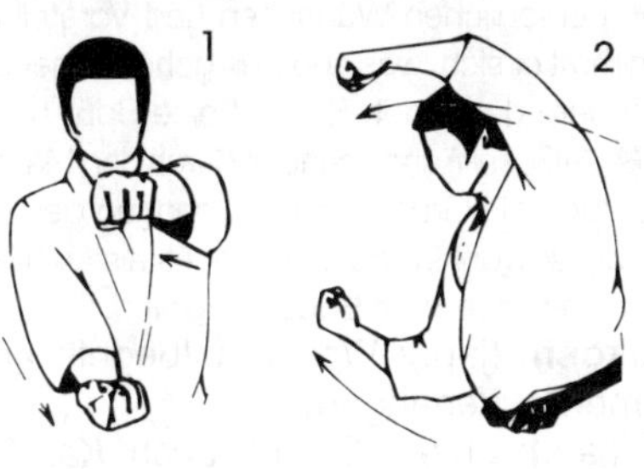

Varianten des Morote-zuki: 1. Awase-zuki; 2. Yama-zuki; 3. Heikô-zuki; 4. Hasami-zuki

Morote-uchi (jap.): beidhändiger Schlag (s. →*Uchi-waza*).

Morote-uchi-uke (jap.): beidhändige Abwehr mit dem Unterarm von innen nach außen (Zuordnung s. →*Morote-uke*, Klassifizierung s. →*Uke-waza*). Die Abwehr wird gebraucht, um einen *Uchi-ude-uke* mit der anderen Hand zu verstärken.

Der abwehrende Arm geht vom Oberarm der anderen Körperseite weg und beschreibt denselben Weg wie beim *Uchi-uke*. Die andere Faust

Morote haitô-uke – Abwehr mit der Innenhandkante

unterstützt die Abwehr, indem sie an den Unterarm gepreßt wird. Diese Technik kann auch als Befreiung gegen eine Handgelenksumklammerung verwendet werden. Sie wird bereits in der *Heian-nidan* gelehrt.

Morote-uke (jap.): beidhändige Unterarmabwehrtechniken (Klassifizierung s. →*Uke-waza*). *Morote-uke* ist ein Überbegriff für mehrere beidhändige Abwehrtechniken. Nahezu alle Abwehrtechniken können beidhändig ausgeführt werden. Folgende sind die wichtigsten (s. unter der jeweiligen Bezeichnung):

VARIANTEN DES MOROTE UKE	
Morote-uchi-uke	– beidhändige Abwehr
Kakiwake-uke	– Keilabwehr
Jûji-uke	– Kreuzabwehr
Morote-sukui-uke	– Schaufelabwehr
Morote-tsukami-uke	– beidhändige Greifabwehr

Morote-waza (jap.): Gruppe sämtlicher Kampftechniken, die (zur Verstärkung) mit beiden Händen ausgeführt werden. Die Techniken werden in →*Morote-zuki*, →*Morote-uchi* und →*Morote-uke* eingeteilt.

Mosshôseki (jap.): »Laß keine Spur hinter dir«. Wichtiger Begriff aus dem *Zen* und Leitsatz (→*Kaisetsu*) der *Budô*-Philosophie.

So wie ein Vogel, der keine Spur am Himmel, und ein Fisch, der keine Spur im Wasser hinterläßt, soll nach der Lehre des →*Budô* auch ein Mensch leben, der wahres Bewußtsein (→*Shisei*) verwirklicht hat. Gemeint ist damit ein Leben in völliger Natürlichkeit, das weder aus aggressivem Wirken noch aus passivem Dulden besteht. Im *Zen* bezeichnet man das wahre Bewußtsein als den »Zustand der zweiten Natürlichkeit«. Die »erste Natürlichkeit« ist der Zustand eines Säuglings, in dem noch alle Wegmöglichkeiten offen sind. Sie ist dem Menschen von der Natur gegeben, die zweite Natürlichkeit muß er sich erarbeiten.

Menschliches Leben ist sich selbst erkennendes Leben und vollzieht sich deshalb jenseits des passiven Erduldens – ein Leben, das dem Tier eigen ist. Das Tier denkt nicht in Vergangenheit und Zukunft und weiß nicht um Ursache und Wirkung. Deshalb ist es den natürlichen Gegebenheiten ausgeliefert und lebt ausschließlich in den ihm von der Natur zugewiesenen Umständen. Bewußtes Leben hingegen strebt nach der Verwirklichung seiner Ziele; es nimmt die Welt nicht als Gegebenheit an, sondern gestaltet sie nach eigenen Vorstellungen.

Doch auch bewußtes Leben hängt wie alles Leben auf der Welt vom ewigen Werden und Vergehen ab. Gleich, wie es die Welt gestaltet, kann es sich aus seinem natürlichen Ursprung doch nicht herauslösen, ohne Schaden zu nehmen. Je mehr es gestaltet, um so mehr schadet es dem Ursprung. Verzichtet es auf das Gestalten, verhindert es den Menschen.

Menschliches Leben kann deshalb nur auf einem doppelten Weg reifen: Es muß im Streben gestalten und durch die Liebe bewahren. Wächst es nur auf einem Weg, so schadet es sich selbst.

Mosshôseki meint eine Lebensführung, in der der Mensch das Gleichgewicht seiner beiden Bestimmungsextreme (Abhängigkeit von der Natur und Selbständigkeit durch das Bewußtsein) verwirklicht. Dadurch wird er aufmerksam auf viele kleinen Dinge (s. →*Sabi*, →*Wabi*), die er täglich gedankenlos nimmt und deren Preis er nicht kennt. In der gegenteiligen Haltung, in der er unkontrolliert strebt und gedankenlos handelt, nimmt er zuviel als Selbstverständlichkeit an und vergißt dabei den notwendigen Ausgleich durch seine Dankbarkeit. Sich der Tragweite dieses Handelns nicht bewußt und unfähig, die Auswirkungen in den Zusammenhängen des gesamten Lebens zu erkennen, vertritt er in seinem persönlichen Wirkungskreis eine Gesinnung, durch die er die übergeordneten Lebenszusammenhänge gefährdet. Er nimmt sich, was ihm nicht zusteht, und gefährdet damit seine Umgebung und das darin befindliche Leben.

»Keine Spur hinter sich lassen« bedeutet, daß der Mensch persönliche Bedürfnisse mit Bescheidenheit und Selbstkontrolle behandelt. Tendenzen zur Überschwenglichkeit, Extravaganz, unangemessene Ansprüche und achtungslose Haltungen gegenüber allen Lebensumständen verwehren ihm nicht nur den Blick in die Wirklichkeit, sondern gefährden im übergeordneten Zusammenhang alles Leben auf der Welt. Der Mensch, der seine Selbstsucht nicht besiegt, nimmt sich aus dem natürlichen Gleichgewicht, was ihm nicht zusteht, und verwendet seinen Geist als Waffe, durch die er anderes Leben schädigt. Er lebt nicht in Harmonie mit den existierenden Lebensgrundlagen, sondern erhebt sich in unkontrollierter Gier in den Mittelpunkt seiner persönlichen Welt, in der er die Tragweite seiner Handlungen nicht erkennt oder nicht erkennen will. Der Selbstsucht verfallen, abhängig von seinen persönlichen Wünschen und Vorstellungen, nimmt er sich, was anderen gehört, oder tut, was andere gefährdet. Er »läßt eine Spur hinter sich« (s. →*Goseki*) und schädigt durch den Mangel an Achtung die Grundvoraussetzungen des Lebens, die sowohl für gegenwärtiges als auch für zukünftiges Leben von Bedeutung sind.

Mo-sukoshi (jap.): Wettkampfbegriff: »Etwas mehr«, Verlängerung.

Moto[1] (jap.): unten, Grund (auch *Ka, Ge, Shita*).

Moto[2] (jap.): Grundlage, Fundament, Basis (auch *Ki, Motoi*).

Motobu Chôki (1871–1944): auch Hombu oder Motobu Saru (Saru no Motobu, »Affe von Motobu«) genannt. Großer okinawanischer Kampfspezialist. Er wurde im Februar 1871 in Shuri als dritter Sohn eines ranghohen Fürsten geboren. Nach alter Tradition des Motobu-Clans wurde nur dem ersten Sohn (s. →Motobu Chôyû) eine außergewöhnliche Erziehung und Ausbildung in den Kampfkünsten zuteil, so daß Chôki den Familienstil (s. →*Motobu-ryû*) anfangs nicht lernen durfte und gezwungen war, sich selbst um einen Lehrer zu bemühen.

Motobus Lehrjahre

Die Familie Motobu war im Besitz eines alten Familienstils, den man als *Goten-te* oder *Motobu-te* und später als *Koshô-ryû Kempô-Karate* bezeichnete. Er erlernte den Familienstil erst spät, da dieser auf seinen Bruder, Motobu Chôyû, übertragen wurde. Doch Motobu Chôki wollte der stärkste Kämpfer auf der Insel werden. Er trainierte daher zunächst ohne Anleitungen und testete regelmäßig seine Fähigkeiten, indem er die Vergnügungsstätten aufsuchte und Streit provozierte. Wegen seiner rauhen Art lehnten die damaligen Meister des *Karate* es ab, ihn zu unterrichten. Motobu jedoch gab nicht nach. Er trainierte verbissen weiter, und auf diese Weise beeindruckte er den *Tomari-te*-Meister Matsumora Kosaku, der sich endlich dazu bereit erklärte, Motobu die *Naihanchi* und *Patsai* (*Tekki* und *Bassai*) zu lehren. Später wurde er noch von Matsumura, Tokumine und Itosu unterrichtet.

Motobu in Japan

1921 ging Motobu nach Japan, zunächst nach Osaka, dann nach Kyôto. Dort bestritt er einige aufsehenerregende Kämpfe und erteilte auch zeitweise Unterricht. 1925 erschien die Geschichte von einem seiner spektakulären Siege über einen Boxer in dem japanischen Magazin »Kingu« und machte ihn zu einer bekannten Persönlichkeit in Japan. 1926 erschien sein Buch *»Okinawa-Kempô-Karate-Jutsu«*. 1927 zog er nach Tôkyô, wo er auch Schüler aus dem *Shôtôkan* unterrichtete. Doch er kam in Japan und mit den Japanern nur schwer zurecht. Mit Meister Funakoshi, dessen Weg er ständig kreuzte, lebte er in Feindschaft bezüglich der Art und Weise, wie das okinawanische *Karate* in Japan unterrichtet werden sollte. Motobu bezeichnete Funakoshis *Karate* als schwach und warf ihm Verrat an den traditionellen okinawanischen *Karate*-Prinzipien vor. Er bezichtigte Funakoshi der Kungelei mit mehreren japanischen Großmeistern des *Budô*, insbesondere mit Kanô Jigorô, die er nach altem okinawanischem Brauch allesamt als seine Gegner betrachtete. Er selbst betrachtete die Herausforderung dieser Meister zum Kampf als die einzig richtige Art, *Karate* in Japan zu verbreiten. Davon machte er, so oft es ging, Gebrauch, und in der Tat verlor er nie einen Kampf.

Motobu war kein Mensch der Kompromisse. Er haßte die Japaner, lehnte ihre Bräuche und ihre Sprache ab und stieß damit natürlicherweise auf Widerstand. Doch die Spuren seines Unterrichts in Japan führten später zur Gründung extrem kampfbezogener Stile (s. »Motobus Erbe«), die auch heute noch die alte Tradition des *Okinawa-te* weiterführen.

Mit seiner Meinung über Funakoshi und die gesamte japanische *Karate*-Bewegung stand er nicht allein. Die meisten Okinawaner betrachteten Funakoshis Bemühung, das *Karate* in eine japanische Kunst des *Budô* zu verwandeln, mit äußerster Skepsis. Da Funakoshi das *Karate* entschärfte und die alten okinawanische Kampfkonzepte nicht unterrichtete, kehrten sich viele Schüler von ihm ab und wechselten den Lehrer. Funakoshi wollte ein nur gesundheitsförderndes Karate mit menschlichen Idealen. Dies führte dazu, daß die gesamte *Shôtokan*-Bewegung von den Adepten des Kampfes nicht ernst genommen wurde, bis Yoshitaka ein anderes Konzept zu unterrichten begann. Ôyama, der damals ebenfalls im *Shôtôkan-Dôjô* übte, ließ sich öffentlich zu der Bemerkung hinreißen: »Funakoshi ist nicht in der Lage, etwas anderes als Gymnastik zu unterrichten.«

Als sich Funakoshis Konzept letztlich doch im *Butokukai* durchsetzte, kehrte Motobu 1936 enttäuscht nach Okinawa zurück und kam nicht mehr nach Japan.

Motobus Lehre

Motobu Chôki benannte seinen Stil *Motobu-ryû Kempô-Karate* oder *Motobu-ha Koshô-ryû Kempô-Karate*. Dieser Stil (s. →*Motobu-ryû*) ist einzigartig, denn er entwickelte sich aus einem ausgewogenen Verhältnis zwischen *Kata* und *Kumite*. Eine von Motobus Spezialitäten war der *Keikoken-zuki* (Knöchelstoß mit dem Zeigefinger, *Ippon-ken*). Kein anderer *Karateka* in der Geschichte des *Okinawa-Karate* konnte je die Durchschlagskraft mit dem *Keikoken-zuki* erreichen, die Motobu besaß. Er sagte: »In einem wirklichen Kampf muß man nahe an den Gegner herankommen, um ihn tödlich zu treffen. Wenn man jedoch sehr nahe an ihm ist, kann man *Seiken* nicht mehr genau und wirkungsvoll einsetzen. In diesem Fall zeigen entweder *Keikoken* oder *Uraken* tödliche Wirkungen.«

Der Stil zeichnet sich durch natürliche Stände, wie *Naihanchi-dachi*, und eine höhere Deckung aus, als es in den okinawanischen Stilen üblich ist. Motobu war der Meinung, daß die *Naihanchi* die einzige *Kata* sei, die man für einen guten Kampfstil braucht. Er nahm in *Naihanchi-dachi* die meisten Schläge des Gegners an und versuchte in die Nahdistanz zu kommen, wo er seine kurzen Fausttechniken, Ellbogen und Knieangriffe startete. Der Kampf wird zumeist in der Nahdistanz entschieden und sucht beständig den Körperkontakt. Gekämpft wird im K.-o.-System. Es gibt zumeist direkte Angriffe auf der Mittellinie des Körpers, mit schnellen Ausweichbewegungen. Diese brachten Motobu den Spitznamen *Saru* (Affe) ein.

MOTOBUS ERBE

Motobu starb am 2. September 1944 im Alter von 73 Jahren in Naha. Zeit seines Lebens unterrichtete und beeinflußte er viele Schüler: KANESHIMA SHINEI (Gründer des *Isshimine-ryû*), KANESHIMA SHINSUKE (Gründer des *Tozan-ryû*), KONISHI YASUHIRO (Gründer des *Shindô Shizen-ryû*), MATSUYAMA SHINSUKE (Gründer des *Kempôkan-ryû*), MITOSE MASAYOSHI (Gründer des *Koshô-Shôrei-ryû Kempô-Karate*), NAGAMINE SHÔSHIN (Gründer des *Matsubayashi-ryû*), NAKAMURA SHIGERU (Gründer des *Okinawa-Kempô-Karate*), ÔTSUKA HIRONORI (Gründer des *Wadô-ryû*), SHIMABUKURO TATSUO (Gründer des *Isshin-ryû*), UESHIMA SAN'OSUKE (Mitbegründer des *Kushin-ryû*), KONISHI YASUHIRO (Motobus Assistent), TATSUO YAMADA, H. NINOMIYA und CHÔZO NAKAMA.

MOTOBUS 5 REGELN (ÜBERTRAGEN VON NAGAMINE)

1. Man muß Techniken heranbilden, die in einem einzigen *Zuki* oder *Keri* Angriff und Abwehr beinhalten.
2. Man muß die Art und Weise ausarbeiten, wie man mit beiden Händen eine Abwehr oder einen Angriff ausführen kann.
3. Man muß die Art und Weise ausarbeiten, wie man gleichzeitig die Hand und den Fuß einsetzt, um gleichzeitig abzuwehren und anzugreifen.
4. Man darf sich dem Gegner nicht gegenüberstellen. Man muß Bewegungen ausarbeiten, die es erlauben, immer seitlich vom Gegner zu stehen.
5. Wenn du deinen Gegner greifst oder von ihm gegriffen wirst, dann führe einen Fußtritt aus. Übernimm immer sofort die Initiative.

MOTOBUS INSTRUKTIONEN FÜR DIE ÜBUNG

1. Wenn man im Alter von 11 oder 12 Jahren beginnt, ist der Fortschritt beträchtlich, und die Techniken verbessern sich systematisch. Wenn man einmal begonnen hat, soll man das *Karate*-Training sein ganzes Leben lang fortsetzen.
2. Während des Trainings und der Suche nach Fortschritt muß man immer die schwächste Seite verbessern.
3. Derjenige, der in seinem Training fortschreiten will, muß jeden Tag beim Erwachen in seinem Bett üben, Kraft in den Bauch zu legen und die Arme dreimal in jede Richtung strekken.
4. Kein *Karate*-Übender darf die grundlegende Stellung vergessen: *Hachimonji-dachi*. In ihr muß man die Brust wölben und die Haltung korrigieren, bis Kraft in den Unterbauch kommt. Durch diese Position entwickelt sich der Körper. Wenn man sich diese Haltung angewöhnt hat und sie in allen Bewegungen beibehält, macht man große Fortschritte.
5. Manche *Karateka* beklagen sich über die Enge ihres *Dôjô*. Aber wer so etwas sagt, versteht die Übung nicht. Wer die Absicht hat, besser zu werden, darf nie vergessen, was wirkliches Training ist. Geist und Körper gehören zusammen wie die Räder eines Wagens. Wer das versteht, kann selbst an einem winzigen Ort üben.
6. Manche Menschen befürchten, daß sie durch den Fortschritt im *Karate* andere angreifen könnten und sich nicht nur auf die Abwehr beschränken. Doch sie sollten im Sinn behalten, was *Karate* wirklich ist, und sich der Meisterung des Selbst widmen. Wenn jemand das vergißt, kann er nicht mehr als Mitglied der Kampfkunstgemeinschaft gelten.
7. *Karate* ist zu einer internationalen Kampfkunst geworden und kann als Mittel zur Geisterziehung sehr wichtig sein. Das Training entwickelt eine beträchtliche geistige Kapazität. Durch Training weiß ein Experte im voraus, ob sein Gegner links oder rechts angreifen wird.

Motobu Chôyu (†1926): Überlieferer des →*Motobu-ryû*, letzter Meister in der Familientradition des Stils.

Die Familienlinie der Motobu kann bis zu Prinz SHO KOSHIN, dem 6. Sohn des Ryûkyû-Königs SHO SHITSU (Regierungszeit 1648 bis 1669), zurückverfolgt werden. Motobu Chôyu, der letzte Lehrer des Motobu-Clans, war der *Te*-Instruktor des Königs SHO TAI (1841–1901), der von 1848 bis 1879 regierte. Einige Jahre nach dem Sturz des Königs eröffnete Motobu ein *Dôjô* in Naha und half 1924 bei der Gründung des *Okinawa Tôde Research Clubs* in Nami no Ue (Naha). Er war Präsident dieses Clubs, der zum Zweck der Erforschung des *Tôde* gegründet worden war. Zu den Mitgliedern gehörten auch MIYAGI CHÔ-

JUN, MABUNI KENWA, YABU KENTSU, KYAN CHOTOKU, OSHIRO CHOJO und sein Bruder MOTOBU CHÔKI.

Motobu Chôyu hatte gehofft, daß sein zweiter Sohn CHOMO die Motobu-Tradition fortführen und sein Nachfolger im Familiensystem werden würde (sein ältester Sohn war früh gestorben), doch Chomo war nicht daran interessiert und suchte sich in der Präfektur Wakayama Arbeit. UEHARA SEIKICHI jedoch, der damalige Teejunge im *Okinawa Tôde Research Club*, trainierte zusammen mit dem widerwilligen Chomo sieben Jahre lang unter Motobu Chôyu. Ungefähr drei Jahre nach Motobu Chôyus Tod (1926) schloß der *Okinawa Tôde Research Club*, und das *Motobu-Te* wurde allein durch den enthusiastischen Uehara am Leben erhalten.

Motobu-ryû: einer der wenigen okinawanischen →*Te*-Stile, die bis in die jüngste Zeit unbeeinflußt vom chinesischen *Kempô* blieben.

Der Stil stammt aus dem Vermächtnis der MOTOBU-Familie, das in neuerer Zeit von →MOTOBU CHÔYU auf →UEHARA SEIKICHI übertragen wurde. Uehara Seikichi war der Schüler von Motobu Chôyu, dem letzten Erben des Familienstils, der bis zum 19. Jh. unter verschiedenen Bezeichnungen bekannt war: *Goten-te, Motobu-te, Koshô-ryû-te* oder einfach nur *Te*. Uehara systematisierte 1947 den Stil, nannte ihn *Uehara Motobu-ryû* und vertritt ihn in der Organisation *Motobu-ryû Kobujutsu Kyôkai*.

Der Stil wurde seit Generationen immer nur dem ältesten Sohn gelehrt und basiert auf dem geheimen *Te*-System der Familie MOTOBU UDUN, das seit 11 Generationen durch die ältesten Söhne der Familie bis zu MOTOBU CHÔYU weitergegeben wurde. Chôyus Vater, CHÔMURA, lehrte die Kunst entgegen der Familientradition erstmals alle seine Söhne: MOTOBU CHÔYU (Stilerbe), MOTOBU CHÔYUN und in kleinem Umfang auch MOTOBU CHÔKI.

DER STIL

Der *Te*-Stil des Motobu-Clans ist trotz seines weichen spielerischen Ansehens sehr komplex und schwierig zu erlernen. Motobu Chôyu verwandte zum Unterricht der Grundelemente eine weiche Version der *Sanchin*-Kata, die als *Moto-te Sanchin* bekannt ist. Als nächstes lehrte er die Fußbewegungen *(Sabaki)*. Diese unterscheiden sich von den Grundtechniken des *Karate* darin, daß die Fersen nicht auf den Boden gesetzt werden, sondern das Gewicht auf den Fußballen ruht. Die

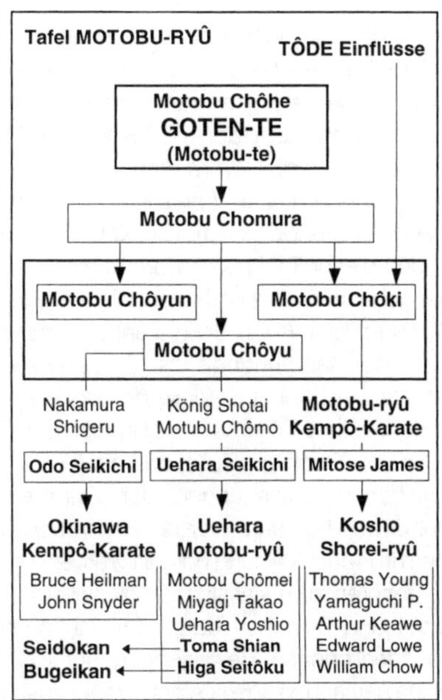

Bewegungen der Füße werden auf diese Weise leicht, flexibel und ballettähnlich. Dann wird der grundlegende Fauststoß mit geschlossener Faust und der Fußtritt mit den Zehenspitzen gelehrt, wobei man mit Fußbewegungen kombinierte Übungen verwendet. Beim Fauststoß bleiben die Fäuste vor dem Körper in der Deckung und werden von dort nach vorn gestoßen und sofort zurückgezogen.

Das *Motobu-te* ist ein weitgehend offenhändiges System, das nur selten Techniken der geschlossenen Faust verwendet. Die Hauptwaffe ist der Daumen, dessen Anwendung zwei Handformen kennt. In der ersten bilden Daumen und Mittelfinger eine Zange, die zum Stoßen und Greifen der Vitalpunkte verwendet wird. In der zweiten Form wird die Hand zur Faust geschlossen und die Spitze des Daumens gebraucht, um auf die Vitalpunkte des Körpers zu stoßen.

KATA UND TANZ

Wie im *Karate* kann jeder Teil des Körpers verwendet werden, um den Gegner zu treffen. Doch im *Motobu-te* werden Schlagtechniken zumeist dazu verwendet, um den Gegner für weitere Aktionen (zumeist Würfe und Griffe) vorzubereiten. Das Greifen und Werfen des Gegners macht den größten Teil des Lehrplans im *Motobu-ryû* aus und kann den Gegner mit einer kontinuierlich ineinandergehenden Serie von Techniken überwältigen. Diese Techniken nennt man *Odori-te* (Tanz-Hand) und klassifiziert sie in *Kaeshi-te* (wiederkehrende Hand), *Tori-te* (fangende Hand), *Nage-te* (werfende Hand), *Tori-te kaeshi* (fangende und wiederkehrende Hand). Die Kombinationsmethoden dieser Techniken waren ursprünglich in einer geheimen *Kata* enthalten, die als *Aji Kata no Mai no Te* (Tanz-*Kata* der Fürsten) bekannt war. Sie galt über Jahrhunderte als die Essenz des *Motobu-te*, und selbst UEHARA, der aktuelle Stilerbe, durfte sie nicht lernen, weil er nicht zur Familie gehörte. Doch er glaubt, daß die *Aji-Kata* in verschiedenen Bewegungen der *Onna-odori* (Damentänze) bewahrt wurde, die früher von Männern in Frauenkleidung getanzt wurden. Diese Tänze gehören zum klassischen okinwanischen Kulturgut und bewirken durch ihre langsamen und ausgeglichenen Bewegungen auf Klänge der okinawanischen Musik einen Trancezustand des Tänzers.

Tatsächlich ist die Verbindung der okinawanischen Kampfkünste zu den klassischen Tänzen Okinawas *(Odori)* nicht zu übersehen und wurde von vielen Großmeistern immer wieder hervorgehoben. KYAN CHÔTOKU studierte die Tänze als Teil seines *Karate*, und ARAGAKI ANKICHI perfektionierte den *Saru-mai* (Affentanz). MATSUMURA SÔKON, der eine andere Vorstellung von Kampfkunst hatte, schreibt, daß die Stile der Hofinstruktoren das Aussehen von Damentänzen hätten, und lehnt eine Verbindung zur Kampfkunst ab. Doch viele weitere Stile Okinawas verbinden ihre *Kata* mit den *Odori* und sehen in den letzteren die reine okinawanische Essenz der Kampfkunst. In der Tat gibt es Gemeinsamkeiten vieler Kampfstile mit den Tänzen, wie z. B. die Bezeichnung der Techniken: *Tsuki-te* – Schlaghand, *Harai-te* – Abwehrhand, *Ago-ate* – Kinnschlag, *Kamae* – Bereitschaftshaltung, *Choun-te* – weiße Wolkenhand, *Tsuki mi-te* – den Mond beobachtende Hand, *Nage-te* – Wurfhand u. a. Stellungen, Bewegungen und Techniken der Tänze sind mit denen der *Te*-Stile weitgehend gemeinsam. Auch die Terminologie des Unterrichts, wie: »Halte die Arme, als würde Wasser hindurchrinnen« oder: »Fühle dich, als würde die Spitze deines Kopfes an einem feinen Faden hängen«, ist weitgehend dieselbe.

Nach MIYAGI TAKAO, einem der führenden Meister des *Motobu-ryû*, gab es auf Okinawa den Tanz vor den Kampfkünsten. Später wurden in die Bewegungen des Tanzens Kampftechniken eingeführt, und mit der Zeit trennten sich die Kampf-Tänze von den traditionellen Fest-Tänzen. Vor dem Einfluß des chinesischen *Quan-fa* auf das okinawanische *Te* war das Kampftanzen wahrscheinlich die einzige Form der okinawanischen *Kata*. In den Tänzen wurden die geheimen Bewegungen des Kämpfens verschlüs- selt und unkenntlich gemacht. Nur die Meister kannten die Anwendung der Bewegungen. Es gibt Überlieferungen, daß solche Tänze mit und ohne Waffen existierten und in früher Zeit bei Festen demonstriert wurden.

Die *Aji-Kata no Mai no Te* war vielleicht die letzte dieser überlieferten Kampí-Tänze, die das Zentrum eines Stils bildeten. TAWATA SHINYU erinnert sich, daß er als Junge eine *Te*-Demonstration von MOTOBU CHÔYU sah, in der Motobu zu tanzen schien und völlig entspannt war, doch wann immer jemand sich ihm näherte, führte er sofort einen Wurf aus, ohne den Fluß seines Tanzes zu unterbrechen. Im Vergleich dazu waren MOTOBU CHÔKIS Techniken roh und ungeschliffen. Er durfte das Familiensystem nicht lernen und nahm erst später manche Techniken daraus auf, die er zur Gründung seines einzigartigen *Naihanchi-Bunkai* verwendete.

So scheint MIYAGI TAKAOS Theorie begründet, daß das okinawanische *Te* und der klassische Tanz *(Odori)* ursprünglich ein und dasselbe waren. Seine Forschungen haben ergeben, daß die *Motobu-ryû Odori-te* (*Motobu-ryû*-Tänze) und die klassischen *Odori* (okinawanische Tänze) auf drei gemeinsame Bewegungsgrundlagen zurückzuführen sind: *Ogami-te* (betende Hand/ steigen), *Coneri-te* (drehende Hand/ umdrehen) und *Oshi-te* (stoßende Hand/sinken). Diese drei Handformen werden auch im *»Omoro Soshi«* (oft als okinawanische Bibel bezeichnet) erwähnt, und wenn sie in Kombination ausgeführt werden, kann man ihre direkte Verbindung zu den meditativen Tanzformen erkennen, die während der Gebetszeremonien von okinawanischen Priesterinnen verwendet wurden.

WAFFEN (MOTOBU-RYÛ BUJUTSU)

Obwohl *Te* auch ein Waffensystem ist, das Waffen mit und ohne Klingen enthält, ist es nicht wahrscheinlich, daß sie, außer bei der tatsächlichen Invasion im Jahre 1609, in einer organisierten Widerstandsbewegung gegen die *Satsuma* verwendet wurden. Entsprechend den Waffenedikten der *Satsuma* (die gegen die *Shizoku* anscheinend nicht sehr streng durchgesetzt wurden) gab es auf den Ryûkyû keine organisierte Armee, und das *Te* wurde statt einer militärischen Disziplin immer mehr ein Mittel persönlicher Selbstverteidigung für den Adel. Im *Te* kann praktisch jedes Objekt zur Waffe werden, und weil die Bewegungen und Techniken der leeren Hand genau mit denen in der Waffenübung übereinstimmen, ist es für den *Te*- Experten nicht schwierig, sich selbst effektiv zu bewaffnen. Die fortgeschrittene *Te*-Übung enthält darüber hinaus auch Möglichkeiten, einen bewaffneten Angreifer zu entwaffnen.

Motobu-ryû enthält die Übung mit den traditionellen Klingenwaffen der okinawanischen *Shizoku*-Klasse, wie *Katana* (Schwert), *Naginata* (Hellebarde), *Yari* (Speer) und *Tantô* (kurzes Schwert), die, obwohl sie in Namen und Aussehen ihren japanischen Gegenstücken gleichen, auf Okinawa in ganz einzigartiger Weise verwendet werden. Andere im *Motobu-ryû* gelehrte Waffen sind die Waffen der Bauern und Fischer, wie *Nichokama, Rokushakubô, Jô, Goshakujô, Nijotanbô, Uchibô, Tonfa, Eiku* und *Sai*.

Motobu Chôyu hatte →Uehara Seikichi die Geheimnisse des *Te* in der Hoffnung gelehrt, daß das *Te*-System schließlich wieder in die Motobu-Familie zurückfinden würde. Sein Traum wurde zwar Wirklichkeit, doch es ist ausgerechnet der älteste Sohn des verschmähten Motobu Chôki, der das Erbe des *Motobu-ryû* wahrscheinlich antreten wird. Früher Polizist von Beruf, ist Motobu Chômei heute ein Experte für *Jûdô*-Verletzungen und lehrt *Karate* in Kaizuka (Osaka). Im August 1978 kam er in Ueharas *Dôjô* und nimmt seither dort Unterricht im traditionellen *Motobu-te*.

Motobu-ryû[2] (jap): vollständig *Motobu-ryû Kempô-Karate*, oder *Koshô-ryû Kempô-Karate*, okinawanischer *Karate*-Stil, gegründet von →Motobu Chôki, ausgehend von mehreren okinawanischen *Kempô*-Konzepten des *Tomari-te, Shuri-te* und *Naha-te*.

Motobu Chôkis *Motobu-ryû* ist nicht identisch mit der Kampfkunst des Motobu-Clans (s. →*Motobu-ryû* und →Motobu Chôyû), war aber mit der Ursprung der drei wichtigsten okinawanischen *Kempô*-Stile: →*Kempôkan-ryû*, →*Koshô Shôrei-ryû* und →*Okinawa-Kempô-Karate*.

Moto-dachi (jap): Stellung im *Karate*. *Moto-dachi* sieht →*Han-zenkutsu-dachi* sehr ähnlich. Der Oberkörper ist jedoch nicht frontal nach vorn gerichtet, sondern leicht abgewandt *(Hanmi)*. Fußstellungen sind gleich wie *Han-zenkutsu-dachi*.

Moto no ichi (jap): Wettkampfbegriff: »Zurück zur Ausgangsposition!«

Motsu (jap): haben, besitzen, halten (auch *Ji*). *Jizoku* – Fortführung, Fortdauer, *Shiji* – Unterstützung, *Kimochi* – Stimmung, Gefühl.

Moxa (jap): auch *Mokusa*, wörtlich: »Brennkraut«, altes chinesisches Heilverfahren, bei dem durch Verbrennen von Kräutern auf der Haut verschiedene Vitalpunkte (→ *Jing*) beeinflußt wurden.

Moxa entstand zusammen mit →Akupunktur und →*Anmo-Massage* im Norden Chinas (Geschichte und Entwicklung s. →Akupunktur, → Chinesische Gesundheitslehre).

Mo-xiang (chin.): auch *Mo-h'siang*, Überbegriff für verschiedene alte daoistische Meditationsformen.

Im *Mo-xiang* wird mit verschiedenen Techniken gearbeitet, die zum Teil in den →chinesischen Atemmethoden zu finden sind. *Mo-xiang* ist Bestandteil des →*Lee Tai-ji-quan*.

Mu[1] (jap.): Hellebarde (auch *Hoko*). *Hoko-saki* – Speerspitze.

Mu[2] (jap.): Kriegertum, Militär (auch *Bu*). *Buki* – Waffe, *Bukyoku* – Waffengewalt, *Budô* – Kriegerweg, *Bushi* – Krieger, *Musha* – Krieger.

Mu[3] (jap.): nicht sein, das Nichts, die formlose Form (auch *Bu, Nai*). Äquivalent zu dem chinesischen →*Wu*. Das Nichts gilt als der höchste Zustand der Aktivität (Nichthandeln, chin. *Wu-wei*) und ist vergleichbar mit dem Wirken der universalen Gesetze, die »nicht tun und doch alles bewirken« (Zusammenhänge s. →*Dao*, → *Yin/Yang*).

Mu stammt als Prinzip ursprünglich aus dem chinesischen →Daoismus. Das Gegenteil von *Mu* ist →*Shiki* – das Sichtbare oder die Erscheinungsformen. *Mu* wurde im *Zen* ein zentraler Begriff. →*Mushin* (Absichtslosigkeit), →*Hishiryô* (Denken, ohne zu denken) und →*Mushotoku* (ohne Streben

nach Profit) sind Erscheinungsformen von *Mu* in der menschlichen Haltung.
Obwohl *Mu* mit »Nichts« übersetzt wird, ist es jedoch nicht das in unserem Sinne verstandene »Nichts«, das im Gegensatz zur Erscheinungsform steht, sondern die Wahrheit jenseits von Bejahung und Verneinung. Im *Mushin* (leerer Geist) ist jeder Dualismus aufgehoben. Daher ist *Mu* ein ähnlicher Begriff wie das von SIGMUND FREUD verwendete →»Es«.

Muay-Thai: Bezeichnung für →*Thai-Boxen* in Thailand.

Muchimi (jap.): wörtlich: »schwere, klebende Hand«. Form von →*Kime. Muchimi* ist eine Form der Kraftentwicklung, die in einer zähfließenden Aktion ausgeführt wird. Sie kommt z. B. in den Abwehr-Zugtechniken *(Tsukami)* zum Ausdruck, in denen die angewendete Technik am Gegner zu kleben scheint.
Um *Muchimi* richtig zu entwickeln, muß in der Übung eine starke Betonung auf die Entwicklung von Stand und Stellung und auf die Kräftigung der Hüfte gelegt werden. Die Kraft, mit der der Gegner aus dem Gleichgewicht gebracht wird, muß von unten kommen und sich durch eine Kettenreaktion in den Arm fortpflanzen. Es ist ratsam, dafür in der Übung verschiedene Geräte zur Kräftigung der Muskulatur zu verwenden.

Mudansha (jap.): Anfänger, Träger eines →*Kyû* (s. auch →*Kyûdan*) in den *Budô*-Künsten. Kampfkunstschüler (→*Deshi*) in der →*Shu*-Stufe des Weges (→*Dô*). Diese Stufe, die sich über das gesamte *Kyû*-System erstreckt, wird noch nicht als Teil des Weges *(Dô)* angesehen, sondern ist eine Vorbereitung für die auf der →*Ha*-Stufe beginnende Weglehre (→*Oshi*). In der *Shu*-Stufe wird die Grundform der Techniken (→*Omote*) unterrichtet und der Grundstein (s. →*Shisei*) zur Weglehre gelegt.

GRADUIERUNGSSYSTEM DER MUDANSHA

Die Graduierungen der Mudansha nennt man *Kyû*. Heute gibt es mehrere *Kyû*-Systeme, deren Unterschiede entweder in der Anzahl der *Kyû*-Stufen oder in der der *Kyû*-Stufe zugesprochenen Gürtelfarbe bestehen. Ursprünglich trugen alle *Mudansha* den weißen Gürtel. Später unterteilte man sie in Weißgurte und Braungurte, und schließlich erhielt jeder *Kyû* eine eigene Gürtelfarbe.
Das heute meistverbreitete *Kyû*-System besteht aus 6 Stufen. Es gibt jedoch auch Systeme mit 5 und mit 9 Stufen. Auch die Unterteilung des Systems in Unterstufe (9.–4. *Kyû*) und Oberstufe (3.–1. *Kyû*) ist in manchen Richtungen üblich.

MUDANSHA – DAS KYÛ-SYSTEM

Unterstufe

6. Kyû (Rokkyû)	– weißer Gürtel
5. Kyû (Gokyû)	– gelber Gürtel
4. Kyû (Shikyû)	– orangfarbener Gürtel

Oberstufe

3. Kyû (Sankyû)	– grüner Gürtel
2. Kyû (Nikyû)	– blauer Gürtel
1. Kyû (Ikkyû)	– brauner Gürtel

UNTERSTUFE

Schüler der Unterstufe (bis zum 4. *Kyû*) üben ungefähr drei Jahre lang unter der Aufsicht eines →*Sempai* das grundlegende technische System des jeweiligen Stils. Doch es ist eine Selbsttäuschung, wenn Schüler sich aufgrund ihrer technischen Fähigkeiten selbst in die Gürtelhierarchie einstufen wollen. Im Hintergrund der körperlichen Übung beginnt in der Unterstufe ein psychologischer Selbsterfahrungsprozeß, den der Lehrer kennt und lenkt. Das strenge Regelsystem des *Budô* z. B., das so viele Schüler dieser Stufe veranlaßt, auf die Barrikaden zu gehen, dient dem Zweck, dieses psychologische Niveau heranzubilden.
Die Unterstufe ist dazu da, im Schüler die Fähigkeit zur Hingabe, seine Konsequenz in der Selbstdisziplin, seinen strebsamen Willen, seine Geduld, seine rechte Begegnung mit anderen und seine Lernfähigkeit auszubilden.

OBERSTUFE

In der Oberstufe (3.–1. *Kyû*) ist das in der Unterstufe gemeisterte psychische Niveau der Ausgangspunkt für das Erreichen einer neuen inneren Haltung. In der Oberstufe kommen die ersten Konfrontationen mit dem →Ich, die der Schüler gegen sich selbst bestehen muß. Auch trägt er einen großen Teil der Verantwortung für eine gesunde Lehrer-Schüler-Beziehung (→*Shitei*), in der er seine Bereitschaft zur Kommunikation, zur menschlichen Nähe zum anderen, seine Loyalität gegenüber seiner Kunst testen und formen kann. Er muß lernen, mit inneren Zuständen der Unlust, der Auflehnung und der Entmutigung umzugehen, die Selbstüberwindung üben und beständig nach der rechten Haltung suchen. Der Lehrer dreht seine Gefühle nach außen und macht sie sichtbar. Die psychologischen Hürden sind in allen klassischen Systemen die eigentliche Schwierigkeit der Oberstufe.

PSYCHOLOGIE DER MUDANSHA-STUFE

Aus der Sicht des Weges *(Dô)* ist die *Kyû*-Stufe ein Test, ein durch die Zeit wirkendes Sieb. Die Psychologie des Unterrichts konfrontiert den Anfänger mit feststehenden Verhaltensregeln (s. →*Sahô*, →*Dôjôkun*), die auf die eine oder andere Weise im ich-gefangenen Menschen eine innere Auseinandersetzung auslösen. Der Lehrer steht im Hintergrund und schaut auf das dadurch sichtbar werdende Potential im Schüler. Dieses muß sich in einem eigenen Kampf von den Fesseln des Ich befreien und Fähigkeiten wie Selbstüberwindung, Selbstdisziplin, Vertrauen ins Ideal, Achtung, Bescheidenheit und vieles mehr entwickeln. Deshalb erfolgt kein Eingriff, wenn es um die Struktur des grundlegenden Denkens im Schüler geht. Die wahre Haltung muß sichtbar werden, so, wie sie wirklich ist, ohne Maske.

In der *Kyû*-Stufe spricht man von →*Shôshin*, dem »Geist des Anfängers«, der in dem Leitsatz *Kogaku shin* (»Halte deinen Geist zum Lernen offen«) erläutert wird. Der rechte Anfängergeist (die Vorstufe zu *Seishin*, dem Geist des Fortgeschrittenen) ist der Schlüssel zum Verständnis der Kampfkunst, und in den *Kyû*-Stufen geht es darum, ihn zu erreichen. Wenn ein Mensch über eine Angelegenheit oberflächliches Wissen gewinnt (es gibt nur wenige Menschen, die über das oberflächliches Wissen hinausgehen können), baut sein Geist automatisch Schranken auf, denn er formt Meinungen, Schlußfolgerungen und Vorurteile, welche wirkliches Lernen verhindern. Fast alles, was auf der Welt geschieht, ist ein Abbild davon. Den Anfängergeist zu besitzen bedeutet, sich frei zu machen von den aufdrängenden Gedanken des Wissens und Zweifelns und wahres Lernen zuzulassen. Der weiße *Karategi* ist eine Symbol für die Reinheit des Anfängergeistes: er ist rein, einfach und leer. Er soll die Schüler daran erinnern, sich immer wieder neu zu bekennen und immer wieder neu zu lernen. Viele Schüler wollen den Anfängergeist umgehen und bereits vorher wissen oder gelten. Die Fähigkeit zum Anfängergeist ist neben anderen eine der wichtigsten inneren Voraussetzungen, um die Stufe der Fortgeschrittenen (→*Yudansha*) zu erreichen.

Mudô (jap.): [aus *Mu* = Nichts, *Dô* = Weg] wichtiges Prinzip des *Budô*, jenseits seiner sportlichen Ausübung. Mudô bezieht sich auf den in der Praxis der Wegkünste entstehenden Übungswert, der jenseits der Techniken, auf höheren Stufen des Weges (→*Ri*) zu erreichen ist.

Mudrâ (ind.): Siegel, Zeichen, Merkmal. Auch bestimmte Hand- oder Fingerstellungen von magischer, mystischer oder symbolischer Kraft und Bedeutung, die ursprünglich im indischen →Tantrismus dazu dienten, eine buddhistische Gottheit oder eine Tugend zu symbolisieren, um auf diese Weise in der Übung mit ihr verbunden zu sein.

GESCHICHTLICHER URSPRUNG

Ursprünglich wurden die *Mudrâ* in den tantrischen Praktiken der Meditation (chinesische →*T'ien-t'ai*-Schule, identisch mit →*Tendai*, chinesische →*Mitsung*-Schule, identisch mit →*Shingon* und dem indischen →*Vajrayana*), zusammen mit verschiedenen rituellen Silben (→*Mantra*) gebraucht. In Japan waren sie bei den esoterischen Sekten (*Tendai* und *Shingon*) verbreitet, und man dachte, daß sie magische Kräfte, wie z. B. Unsichtbarkeit, verleihen könnten. Manche dieser esoterischen buddhistischen Sekten, deren Lehre bereits im 6. Jh. von einigen Wandermönchen aus China nach Japan gebracht wurde, lebten zurückgezogen in den Bergen und nannten sich →*Yamabushi*. Sie gründeten *Dôjô* und machten die Lehre des →*Mikkyo* zu ihrem Lebensinhalt. Aus ihren Reihen kamen die späteren Familien der →*Ninja*, die diese esoterischen Praktiken von den *Yamabushi* übernahmen und weiterpflegten. Die *Mudrâ* spielten dabei eine bedeutende Rolle.

ÜBUNGSINHALTE

Eine *Mudrâ* darf nicht weniger als 10 Sekunden geformt werden, damit sich die Energie sammelt und nicht durch die geöffneten Punkte entweicht. Die rechte Hand gilt als die »Welt der Götter«, die linke als die »Welt der Menschen«. Jeder Finger hat seine Bedeutung: Daumen – erstes Element, Zeigefinger – Luft, Mittelfinger – Feuer, Ringfinger – Wasser, kleiner Finger – Erde.

Wegen ihrer positiven Wirkung in der Meditation wurden die *Mudrâ* später auch in einige *Samurai*-Künste (→*Tenshin Shôden Katori Shintô-ryû*) übernommen und dort zur Selbsterforschung und zur Kontrolle der Gefühle verwendet. Einige der japanischen Kampfkunstexperten wurden in der Wissenschaft der *Mudrâ* (s. dazu →*Kujikiri*) von den Anhängern des buddhistischen *Vajrayâna* (*Tendai* und *Shingon*) unterrichtet. Diese esoterische Lehre verbreitete sich demzufolge sehr intensiv, jedoch unter verschiedenen Aspekten in den *Samurai*-Künsten. So z. B. ist auch MORIHEI UESHIBAS →*Aikidô* inhaltlich sehr stark von ihr geprägt.

Die *Mudrâ* sind der körperliche Ausdruck eines inneren Bewußtseinszustandes. Um solche Bewußtseinszustände kontrollieren zu lernen, wurden sie unter verschiedenen Aspekten geübt. In den Praktiken des *Yoga* z. B. versucht man durch ihre Übung das Alter zu überwinden oder immun gegen Krankheiten zu werden. In manchen japanischen Kampfkünsten (z. B. *Ninjutsu* und *Tenshin Shôden Katori Shintô ryû*) werden sie zu Zwecken innerer Kontrolle oder äußerer Verständigung geübt (weiter →*Kuji no In*).

Mufadakake (jap.): in einem *Dôjô* vertikal aufgehängte Plaketten aus Holz, die die Inschrift mit den Namen der verstorbenen Meister oder der Schulgründer tragen.

Die *Mufadakake* hängen im *Dôjô* auf der →*Kamiza*-Seite, und jeder *Budôka* muß vor und nach jeder Übungsstunde in diese Richtung seine Reverenz erweisen.

Muga (jap.): selbstlos, ichlos, Nicht-Ich (s. →*Mu*), geistig erfahren, weise, durchlässig für das innere Wesen, Verwirklichung der rechten Haltung (→*Shisei*).

Muga bedeutet die Fähigkeit zu einem gleichbleibenden Geist dank einer intensiven inneren Konzentration, die es nicht erlaubt, daß die Handlung von der Ichbezogenheit (s. →Ich) gestört wird. Es ist das intuitive Bewußtsein (s. →Intuition) persönlicher Ganzheit und die Identität mit allem Äußeren, die erst erlaubt, über sich selbst zu verfügen.

Mugai-ryû (jap.): alte japanische Schule des →*Kenjutsu*, gegründet 1695 von einem Bauern namens →GETTAN TSUJI SAKEMOCHI (1650 bis 1729). *Mugai-ryû* oder *Mugai-ryû Hyôdô* ist eine Kampfmethode, die auf der Philosophie des →*Zen* beruht.

1676 eröffnete Gettan ein *Dôjô* in Edo, in dem er Schüler sowohl aus der Klasse der *Samurai* als auch aus der Bauernklasse aufnahm. Wie zu jener Zeit üblich, beschäftigte auch er sich intensiv mit dem Studium des *Zen*, worauf er die Philosophie seines Stils begründete. Diese Philosophie reflektierte seiner Meinung nach den Geist des Friedens und des Kampfes zugleich. Gettan betonte die Verbindung zwischen den Kampfkünsten, der Literatur und der *Zen*-Meditation zur Verwirklichung eines Geistes der Gerechtigkeit und der Nicht-Illusion. Er schrieb:

»Unter den vielen, die meine Lehre zu meistern versuchen, meistern nur wenige die Essenz und den Geist der Schwertkunst. Mein Wunsch für die Zukunft des Mugai-ryû ist, daß es auf eine Weise fortgeführt wird, auf die noch in 100 Jahren Übende an seinen Werten teilhaben können. Eine ausgezeichnete Klinge und ihr rechter Gebrauch hängen immer von dem ab. der sie führt. Diejenigen, die es nicht wert sind, dürfen nicht in die Lehre des Mugai-ryû eingeführt werden. Die richtige Person für die Lehre auszuwählen ist fast so schwierig, wie eine Achse in ein Rad einzupassen. Lernen und Studium allein sind nicht genug. Wenn man nicht hart trainiert und die Techniken zu etwas eigenem macht, bis die Hände und der Geist sich in einem bewegen, bis man automatisch und unbewußt denken kann, dann kann man die Schwertkunst nicht meistern. Alles Streben im Mugai-ryû muß zu einem hohen Ziel führen – dem Zustand der Einheit von Geist und Technik.«

Muga-mushi (jap.): selbstlos, ichlos, absichtslos (wie →*Mushin*).

Mui (jap.): kein Durchblick, »Anti-Verstand« in der *Zen*-Philosophie.

Mujôdô no Taigen (jap.): eines der drei (neben →*Jôriki* und →*Kenshô*) wichtigsten Ziele des *Zen*.

Mujôdô no Taigen beinhaltet die Verwirklichung des vollkommenen →*Satori* in Körper und Geist im alltäglichen Leben. Es entspricht dem →*Saijôjô-Zen* und ist das höchste Ziel der Übung.

Muken (jap.): Begriff aus dem *Kendô*. Die →*Shinai* der beiden Kämpfer kommen nicht in Kontakt miteinander. Gegenteil: →*Yuken*.

Mune (jap.): Brust, Brustkorb (auch *Muna*, *Kyô*, s. →*Karada*).

Mune-garami (jap.): Beugehebel aus dem Seitviererschlüssel. *Jûdô*-Technik.

Mune-gatame (jap.): *Jûdô*-Haltegriff. Armseitvierer.

Mune-gyaku (jap.): Seitvierer, Streckhebel aus dem *Jûdô*.

Mune-kesa (jap.): seitlicher Schultergriff.

Munen-muso (jap.): Schwerthieb »ohne Vorstellung, ohne Gedanken«. Auch buddhistischer Begriff: »Nicht-Ich« (s. →*Mushin*). Alles Handeln erreicht in diesem Zustand vollkommene Natürlichkeit.

Mune-oshi (jap.): Drücken gegen die Brust. Technik der *Jû no Kata*.

Munthe, F. Bo (* 1943): schwedischer Lehrer des →*Ninjutsu*, »Vater des europäischen Ninjutsu« hinsichtlich der Richtungen des japanischen →*Bujinkan-Dôjô* unter →Hatsumi Masaaki. Von Hatsumi zum rechtmäßigen Vertreter des *Bujinkan-Ninpô* für Europa ernannt.

Munthe begann Ende der 50er Jahre mit dem Studium der Kampfkünste *(Jûdô)*. Bereits 1975 hatte er in Stockholm sein erstes *Dôjô* für *Ninjutsu* eröffnete. Im Juli 1976 kam der erste Meister des *Ninjutsu*, →Shihan Ishizuka Tetsuji auf seine Veranlassung nach Europa und unterrichtete *Bujinkan-Ninpô*. Im selben Jahr fuhr er nach Japan, um unter Hatsumi Masaaki im *Bujinkan* das *Ninjutsu* zu studieren, und wurde dort zum 1. Dan *Togakure-ryû* graduiert. 1977 kam Ishizuka ein zweites Mal nach Europa. 1981 fuhr Munthe in die USA zu Stephen →Hayes und 1983 erneut nach Japan zu Hatsumi. Bald darauf gründete er sein *Bujinkan Bo Dôjô*, das in Europa eine führende Rolle einnehmen sollte. 1986 brach

Emblem für Munthes Bujinkan Bo Dôjô

seine gesamte Organisation zusammen, 1987 kam der totale Kollaps, und Munthe mußte aufgeben.

1988 baute Munthe seine Schule in Stockholm wieder auf, ging jedoch keine Kompromisse auf internationaler Ebene mehr ein. In den Jahren seiner Seminarreisen hat er die Richtung des *Bujinkan-Dôjô* aus Japan in vielen europäischen Ländern etabliert, u. a. auch über Wolfgang →Ettig in Deutschland.

Murakami Katsumi: japanischer *Karate*-Meister, aktueller Vorstand des →*Toon-ryû*. Er lebt auf Fukuoka.

Murakami Tetsuji (1927–1987): japanischer *Karate*-Meister des *Shôtôkan-ryû*, geb. am 31. März 1927 in Shizuoka, gest. am 24. Januar 1987 in Paris. Murakami begann sein *Karate*-Training bei Yamaguchi Masaji, einem *Karate*-Lehrer des → *Yôseikan-Dôjô* in Shizuoka. Später unterrichtete er selbst am *Yôseikan*, und zwar zusammen mit →Mochizuki Hiroo, dem Sohn des berühmten japanischen *Budô*-Meisters und Begründers des *Yôseikan*, Mochizuki Minoru.

Murakami kam 1958 auf eine Initiative von Henry →Plee nach Frankreich und unterrichtete *Karate* als Vertragslehrer zuerst in dessen Privatschule in Paris. Ein Jahr darauf machte er sich jedoch mit einer eigenen Schule *(Yôseikan)* in Paris selbständig. 1958 und 1961 hielt Murakami auch in Deutschland Einführungsseminare im *Karate* und war damit einer der ersten, die über Jürgen →Seydel die *Karate*-Bewegung in Deutschland initiierten. Später wechselte der Meister jedoch den Stil und übte *Shôtôkai-ryû*.

Murasaki-iro-obi (jap.): violetter Gürtel. Schülergraduierung (s. →*Kyû*, →*Mudansha*).

Musashi Miyamoto (1584–1645): japanischer Schwertmeister des Mittelalters, Autor des »Gorin no sho«, Gründer des *Kenjutsu*-Stils →*Emmei-ryû*.

Musashis Leben

Musashi (Shimmen Musashi no Kami Fujiwara no Genshin) wurde 1584 in der Provinz Mimasaka geboren. Sein Vater Munisai Shimmen, selbst ein bekannter Schwertkämpfer, starb früh (in einem Duell), und so kam Musashi in die Obhut seines

Musashi Miyamoto

Onkels, der ein Priester war. Bereits in jungen Jahren begann er sich in der Schwertkunst zu üben und bestritt sein erstes Duell, als er 13 Jahre alt war. Er tötete einen erfahrenen *Samurai* aus der *Shintô*-Schule.

Zu jener Zeit war das Land durch Kriege zerrissen, die zwischen →HIDEYOSHI und →TOKUGAWA geführt wurden. Musashi machte die Schlacht von →Sekigahara auf der Seite der Verlierer mit und überlebte die drei darauffolgenden Tage des Gemetzels. Danach zog er nach Kyôto und forderte die YOSHIOKA-Schule zum Duell.

Die YOSHIOKA waren bekannte Schwertlehrer, die im Dienst der →ASHIKAGA-Shôgune standen. Nachdem TOKUGAWA die mit HIDEYOSHI verbündeten ASHIKAGA bei Sekigahara besiegt hatte, wurde den Lehrern der Unterricht verboten. Davor jedoch wurde Musashis Vater von den Anhängern der YOSHIOKA im Duell getötet. Musashi tötete drei der YOSHIOKA-Brüder, bevor er weiterzog.

MUSASHIS LEHRE

Als Musashi 29 Jahre alt war, hatte er mehr als 60 Kämpfe bestritten und alle gewonnen. 1612 trug er seinen letzten Kampf gegen →SASAKI KOJIRÔ aus, einen bekannten Schwertkämpfer mit dem Langschwert *(O-dachi)* aus dem MORI-Clan. Musashi tötete ihn mit einem Holzschwert. Danach verbrachte Musashi einige Jahre mit Kalligraphie, Malerei und Schnitzerei. Sein Bestreben war, das Wesen der Kampfkunst zu verstehen, und diesem Ziel galt fortan all sein Bemühen. Nach seinen eigenen Niederschriften gelang ihm dies erst 1634.

1580 eröffnete Musashi seine *Emmei*-Schule für zwei Schwerter *(Niten Ichi-ryû)*. Die *Emmei*-Technik verlangte, daß das *Daitô* (Langschwert) in der rechten und das Kurzschwert in der linken Hand gehalten wurde. Das Langschwert führte den ersten Schlag, und das Kurzschwert machte eine kurze schneidende Bewegung. 1643 zog er sich in die Einsiedelei zurück und schrieb das →*»Gorin no Sho«*, in dem er die Geheimnisse seines Stils →*Niten Ichi-ryû* (→*Emmei-ryû*) beschrieb. Er war auch der Autor eines Buches mit dem Titel *»Dokukodô«*, das den Geist des *Bushidô* behandelt. Musashi starb 1645.

Musashi war nicht nur ein berühmter Schwertkämpfer, er war ebenso vollkommen in der Kunst der Kalligraphie, Malerei und Bildhauerei. Seine Arbeiten werden heute in Japan als hohe Meisterwerke geschätzt.

Musha no Narai (jap.): Kriegsausbildung.

Musha-shûgyô (jap.): »Irrwege der Samurai«, umstrittene Lernmethode im Japan der TOKUGAWA-Zeit, die darin bestand, daß viele Krieger von Meister zu Meister zogen, um das höchstmögliche Wissen in den Kampfkünsten zu erreichen, indem sie die technischen Vorteile der verschiedenen *Ryû* in ihrem Kampfstil vereinigen wollten.

Diese Gewohnheiten hatten zumeist die *Rônin* und die unabhängigen *Samurai*. Sie wurde jedoch von den gebundenen *Samurai* und von den meisten *Ryû* (Schulen) – besonders jenen, die dem *Zen* folgten – in Frage gestellt.

Um höhere Entwicklungsstufen in den Kampfkünsten zu erreichen, galt die Regel, daß ein Schwertkämpfer sein ganzes Leben mit seinem Meister *(Sensei)* und seiner Schule *(Ryû)* verbunden sein mußte, da das wahre Wesen der Kampfkunst nur jenseits der Technik vermittelt werden konnte (s. →*Okuden*, →*Gokuhi*). Doch es besteht kein Zweifel darüber, daß durch diese Praktiken eine gegenseitige technische Beeinflussung der Stile zustande kam.

Mushin (jap.): im wörtlichen Sprachgebrauch: »Unschuld«. In den Interpretationen des *Budô* steht der Begriff für die Absichtslosigkeit des Geistes (Freiheit vom Ich-Wollen), einen Zustand völliger Natürlichkeit und Unabhängigkeit vom dualistischen Denken, eine Geisteshaltung ohne Fixierungen irgendwelcher Art, offen für das intuitive Empfinden zusammenhängender Wirklichkeiten (s. →Intuition, →*Shisei*). Dafür muß der Geist (→*Shin*) frei von belastenden Gedanken sein und darf nicht an Wunschvorstellungen oder Vorurteilen haften. Dies sind störende Faktoren aus dem rationalen Denken, die das Sehen beeinträchtigen. *Mushin* – der leere Geist – steht daher für ein Empfindungsorgan, das in der Lage ist, die Situation ungetrübt von eigenen Vorstellungen zu betrachten.

Mushin war ein bedeutungsvolles Ziel der *Samurai*, die in ihrer Absicht, »jenseits von Leben und Tod« zu stehen (s. →*Budô-Psychologie*), die Übungsmethode des *Zen* für ihre Zwecke gebrauchten. Wesentlich dabei war, durch Übung einen Zustand zu erreichen, in dem die Überwindung der Trennung der Welt in Subjekt und Objekt (Nicht-Dualismus) möglich wurde. Die Welt der Unterscheidungen *(Shabetsu)* existiert nur in jenem Bewußtsein, in dem die Unwissenheit *(Mumyo)* und der Wahn *(Bonnô)* die Fähigkeit, das Selbst zu betrachten, verhindern. In jenem Zustand glaubt der Mensch an sein Ich als Endgültigkeit (s. →Ich) und verhindert die Anpassung an das beständige Werden. *Mushin* ermöglicht eine Art Überindividualität, die sich aus dem kleinen Ich herauslöst, das Bewußtsein des Habens durch das Bewußtsein des Seins ersetzt und in der Lage ist, die eigene ursprüngliche Natur zu erkennen. Dies ist dasselbe, was die Buddhisten das »Herz Buddhas«, das Absolute, nennen. Der Weg dahin führt über eine Form der →Askese, die die Überwindung des »Habens« anzielt, die Abhängigkeit von allem Irdischen besiegt und einem neuen Bewußtsein Raum schafft. Dieses liegt jenseits der Unterscheidung zwischen Objekt und Subjekt, jenseits jeder Dualität, auch jener von Leben und Tod. Das Erwachen zu diesem Bewußtsein ist →*Satori*. Dies ist auch das Ziel aller Kampfkünste, die vom *Zen* beeinflußt sind (s. dazu →TAKUAN).

Mushin ist das Gegenteil von *Ushin*, dem in logischen Unterscheidungen fixierten und demzufolge oberflächlichen Geist, der einem nichtgeübten Menschen zu eigen ist. *Munen-mushin (Musô)* ist der Zustand der »Leere« *(Shûnya)*, die totale Befreiung des Geistes, der nicht mehr fixiert (s. →*Fudô-shin*) und sich nicht mehr durch die Erscheinung der Dinge beeinflussen läßt. Es ist dasselbe wie das chinesische →*Wu-wei* – »Nicht-Handeln«. *Suisei-mushin* beinhaltet, das eigene Leben beständig zu überdenken, wodurch man lernen kann, die Wichtigkeit der gewöhnlichen Dinge zu verstehen.

Mushindô (jap.): »Weg des unerschütterlichen Gleichmutes« (Nicht-Herz, d. h. unbewegt im Gefühl).

Mushindô-ryû (jap.): okinawanische *Karate*-Richtung neueren Datums, verwandt mit dem *Uechi-ryû*.

Mushindô-ryû wurde im Jahre 1950 von dem Mönch OTOMO RYÛSHO gegründet, aufgebaut auf dem *Uechi-ryû* und verschiedenen äußeren Stilen des chinesischen Boxens, vor allem dem →*Pangai-noon*. Die wichtigsten Vertreter des *Mushindô-ryû* sind heute OSHIMA TAKESHI, YAMAMOTO TEIICHIRÔ, DAN RUSSEL und TERRY DUKES (NAGABOSHI TOMIO). Das *Hombu-Dôjô* des Stils befindet sich im *Byakurenji* (Tempel der reinen Liebe) in Okinawa.

Mushin no Kokoro (jap.): philosophischer Leitsatz des japanischen →*Bushidô*: »Den Geist befreien«. Der Geist des Kampfkunstexperten muß in allen Situationen befreit von Eigenvorstellungen und Gefühlen reagieren können (s. →*Budô-Psychologie*, →*Mushin*). Nur so kann die richtige Reaktion mit der Technik erfolgen. Eine andere Möglichkeit, diesen Geist zu beschreiben, ist die Darstellung eines Geistes, der leer (s. →*Mu*, →*Mushin*) von allen Gedanken und Emotionen ist, so daß die Fähigkeit des Körpers zur automatischen Reaktion auf einen Angriff nicht gestört wird. Wenn ein Kämpfer seinem Gegner gegenübersteht, ist er der gesamten Bandbreite menschlicher Gefühle ausgesetzt, die sich von der Angst bis zur Wut erstrecken.

Jedes dieser Gefühle provoziert im Geist eine entsprechende Art zu denken (Angst lähmt oder Wut verführt zu überstürztem Handeln). All das sind Vorurteile, die in der Wirklichkeit nicht existieren, sondern nur durch die den Geist beeinflussenden Emotionen hervorgerufen werden. Diesen Geisteszustand nennt →TAKUAN »verwirrt«, denn er spielt dem Menschen eine Wirklichkeit vor, die es nicht gibt. Der befreite Geist hingegen hält an nichts fest, er läßt sich nicht durch eine Emotion oder Wunschvorstellung fixieren. Er bewegt sich frei und gestattet auf diese Weise jene Anpassungsfähigkeit, die der Kampfkunstmeister braucht, um wirkungsvoll zu handeln. Nach einem solchen Geist muß ein Kampfkunstübender streben, wenn er die wahre Meisterschaft erreichen will.

Mushotoku (jap.): »ohne Streben nach Profit«, das Streben durch die Verwirklichung von →*Mushin* (s. auch →*Mu*). Nur derjenige, dessen Geist rein ist, kann diesen Zustand erreichen. Es ist das »Nicht-Haften« (→*Hishiryo*) an den Erscheinungsformen (→*Shiki*), das den Geist befreit.

Den Weg *(Dô)* zu verstehen bedeutet, *Mushotoku* zu sein und diesen Zustand in der Haltung (→*Shisei*) zu verinnerlichen. *Mushotoku* heißt, den haftenden Geist zu lösen, an nichts zu hängen, nichts zu erwarten, nichts zu wollen. So wird *Mushotoku* zur Grundlage für die Entwicklung eines neuen →Ich, das in Freiheit zu leben vermag. Diese Freiheit besteht in der Unabhängigkeit vom dem Ich-Wollen. Sie hebt die Grenzen auf, die in der Illusion von der Endgültigkeit der objektiven Wirklichkeit gefangenhalten, und erlaubt, der kosmischen Ordnung zu folgen.

Mushti-Yuddha (ind.): alter Boxkampf aus →Indien, auch *Muki-Boxen* genannt. Nach der Übernahme westlicher Boxkünste ab 1890 starben die meisten indischen Boxformen aus, doch in Benares wurde das *Mushti-yuddha* weitergepflegt.

Benares ist auch heute die Hochburg des *Mu-shi-yuddha*. Dies ist eine gefährliche Form des Kämpfens (viele ernsthafte Verletzungen!). Der Kampf beschränkt sich auf die Techniken der Fäuste. Diese werden jedoch sehr hart und effektiv durch Abhärtungsmethoden geschult. Nach →*Vajramushti* ist *Mushti-yuddha* die härteste Boxform.

Musô (jap.): s. →*Mushin.*

Musô-gamae (jap.): die Haltung der »Nichthaltung«. Alte →*Kamaekata* mit philosophischem Hintergrund (s. →*Mushin*, →*Mushotoku*, →*Mu*, →*Kû*).

Musô-gamae wird in der *Kata* →*Sôchin* gelehrt. Im okinawanischen *Karate* wird die Armposition

Musô-gamae

im Rückzug gegen starke Angriffe verwendet, wobei eine sehr tiefe Stellung eingenommen wird. Sie kommt in der okinawanischen *Kûshankû* vor und nennt sich dort →*Ura-gamae*.

Musô Gonnosuke: bekannter Schwertmeister Japans und Gründer des →*Shindô Muso-ryû*. Dieser Stockstil ist eine Ableitung aus der bekannten *Katori-Shintô*-Schule, in der Gonnosuke anfangs gelernt hatte.

Gonnosukes Ruhm rührt daher, daß er angeblich einen Kampf gegen MUSASHI MIYAMOTO gewann. Diese Behauptung ist jedoch sehr umstritten, zumal Gonnosuke bei dieser Begegnung mit einem Stock gekämpft haben soll.

Die eigentliche Bedeutung Gonnosukes ist jedoch weniger auf seine Kampfkunst zurückzuführen als auf die Tatsache, daß er der erste war, der das Showbusiness in die Kampfkünste brachte und es verstand, das Publikum dafür bezahlen zu lassen. Er war geschmückt wie ein Pfau, und ebenso war sein Benehmen. Man sagt, er wäre der erste professionelle Geschäftsmann in den Kampfkünsten gewesen.

Gonnosukes Kampfstil beruht hauptsächlich auf dem Gebrauch des mittellangen Stockes *(Jô)*, den er speziell für den Kampf gegen Musashi entwickelt haben soll. Der lange *Bô*, mit dem Gonnosuke ursprünglich kämpfte, schien ihm nicht schnell genug, um gegen ein Holzschwert anzukommen. Deshalb verkürzte er ihn auf etwa 1,20 m und kombinierte die Techniken mit Kampfmethoden der *Naginata* (Hellebarde), des *Yari* (Speer), des *Ken* (Schwert) und des *Bô* (langer Stock). Dies war der Ursprung des japanischen →*Jôdô*.

Musô Jikiden-ryû (jap.): japanische Schule des →*Iaijutsu*, gegründet im 16. Jh. von →HÔJÔ HAYASHIZAKI JINSUKE SHIGENOBU, der in der Provinz Sagami geboren wurde. Er ist noch in unseren Tagen mit seiner Lehre ein Hauptvertreter in der Kunst des Schwertziehens. In seinem Unterricht gab es kein *Tameshigiri* (Zerschneiden von Gegenständen).

Die Lehre des *Ryû* wurde im 18. Jh. von EISHIN perfektioniert und unter dem Namen *Musô Jikiden Eishin-ryû* weitergeführt. Anfang des 20. Jh. wurde sie von →NAKAYAMA HAKUDÔ erneut verändert und als *Musô Shinden-ryû* bekannt. Diese Schule hat die Lehre vom *Shôden* →*Omori-ryû* mit aufgenommen, das von OMORI SOEMON MASAMITSU gegründet wurde, der die Technik des sitzenden *Iai* einführte. Die Schule übt zahlreiche *Kata* (11 in *Seiza*, 10 in *Tatehiza*, 8 im sitzenden *Oku-iai*, 13 im stehenden *Oku-iai* usw.). Aus diesem *Ryû* entstanden viele Zweige *(Ha)*, die zwar mehr oder weniger kurzlebig waren, aber zahlreiche *Kata* entwickelten. Die Hauptzweige sind *Shimomura-ha* und *Tanimura-ha*.

Musôken (jap.): Angriffs- oder Verteidigungstechniken aus dem *Kendô*, die unbewußt auf eine Bewegung des Gegners ausgeführt werden. Automatisierte Technik.

Musô Shinden-ryû (jap.): s. →*Musô Jikiden-ryû*.

Musubi-dachi (jap.): Normalstellung mit geschlossenen Fersen, Bereitschaftsstellung (s. →*Shizen-tai*).

Die Stellung entspricht →*Heisoku-dachi*, die Füße werden jedoch, bei geschlossenen Fersen, 45 Grad nach außen gerichtet. In dieser Stellung wird der Gruß im Stand (→*Ritsu-rei*) ausgeführt.

Musul (kor): allgemeine Bezeichnung für die Kampf- und Kriegskünste in →Korea.

Mu-Tau: »Modernes griechisches Boxen«, Kampfmethode, gegründet 1960 in den USA von JAMES →ARVANITIS auf der Basis von *Karate, Taekwondo, Kung-fu, Full-contact,* Boxen, *Jûdô, Aikido, Pankration* und Ringen.

Mutekatsu (jap.): Prinzip aus dem *Zen*, das dem Mönch →TAKUAN zugeschrieben wird. Diesem war es möglich, einen Gegner zu besiegen, ohne seine Hände oder Waffen zu gebrauchen:

»Schlagen ist Nicht-Schlagen, genau wie Sterben Nicht-Sterben ist.« Dieses Prinzip trägt das Vermeiden jeder möglichen Kampfform in sich, und zwar auf eine Weise, durch die der Gegner nicht angreifen kann. Das philosophische Prinzip des »Ausweichens durch den Geist« wurde in das →*Shinkage-ryû* mit aufgenommen und etwas später von den Meistern des →*Yagyû Shinkage-ryû* angewendet.

Muteki-ryû (jap.): alte japanische Schule des →*Jûjutsu*, die den Gebrauch der Kraft *(Gô)* und die Initiative *(Sen)* miteinander verbindet. Der Stil, auch *Yawara-riki* genannt, wurde in der Edo-Zeit (17. Jh.) gegründet.

Mutô (jap.): »ohne Schwert«. Kampfkunstprinzip, gegründet von →YAGYÛ MUNEYOSHI TAJIMA NO KAMI (1527–1606) aus dem *Shinkage-ryû*, später von seinem Sohn YAGYÛ MUNENORI nach den Lehren →TAKUAN's (s. auch →*Mutekatsu*) perfektioniert.

Muton (phil): zwei kurze Stöcke (90 cm), die im →*Arnis* verwendet werden.

Mutô-ryû (jap.): japanische Schwertschule (s. →*Kenjutsu*), gegründet von YAMAOKA TESSHÛ (1837–1888), die auch *Ittô Shôden Mutô-ryû* genannt wird.

Mutô bedeutet wörtlich übersetzt »ohne Schwert« und bezieht sich auf ein geistiges Prinzip des Kampfes, das von →YAGYÛ MUNEYOSHI TAJIMA NO KAMI (1527–1606) gegründet wurde. Nach ihm war das Schwert nicht nötig, um einen Gegner zu besiegen, wenn der Geist ehrlich wünscht, die Begegnung zu vermeiden. Er folgte damit den Prinzipien von →TAKUAN (s. auch *Mutekatsu*) und *Ken no Shinzui* (»Kunst, die Probleme zu lösen, ohne das Schwert zu ziehen«). Siehe auch →*Yagyû shinkage-ryû* und →*Chujô-ryû*.

Mutsu Zuiho: okinawanischer *Karate*-Lehrer, der zusammen mit HIGAONNA KAMESUKE nach Hawaii ging, um dort *Karate* zu unterrichten.

Myaku (jap.): Ader, Vene, Puls. *Dômyaku* – Arterie, Schlagader, *Jômyaku* – Vene, Ader.

Myô[1] (jap.): Leben (auch *Inochi*).

Myô[2] (jap.): Name, Ruf (auch *Mei, Na*). *Jinmei* – Personenname, *Meijin* – großer Meister, *Daimyô* – japanischer Feldherr, *Namae* – Name, *Myôji* – Familienname.

Myô wa kyô jitsu no kan ni ari (jap.): »Die Essenz liegt zwischen Angriff und Verteidigung«, Leitsatz aus der Kampfkunstphilosophie (s. →*Kaisetsu*).

Der Satz bezieht sich auf den geistigen Zustand der »Leere« (s. →*Mu*, →*Mushin*) oder des »Nichts«. Dieser Zustand ermöglicht dem Kampfkunstexperten die Überwindung aller weltlichen Probleme, wie z. B. Angst oder Wut, die die Gedanken belasten und der hauptsächliche Grund für das Mißlingen der Handlung sind. Gedanken an den Angriff, die plötzlich in den Geist kommen können, fixieren diesen auf eine eingebildete Realität. Genau dasselbe geschieht, wenn ein Kampfkunstexperte zu intensiv an die Verteidigung denkt. Er wird die tatsächliche Situation zu spät erfassen, weil die Sinne auf eventuelle Probabilitäten ausgerichtet sind und die so erkannte Situation nicht identisch mit der Wirklichkeit ist.

Die ideale Geisteshaltung liegt in einem inneren Zustand, in dem die Gedanken frei fließen und Situationen (zwischen Angriff und Verteidigung) unmittelbar und spontan erkennen können.

Myô-yô (jap.): geistige Kenntnisse, Fähigkeiten.

Siehst du einen Weisen,
so strebe danach,
ihm gleichzukommen;
begegnest du einem Toren,
so gehe in dich
und prüfe dich selbst.

Konfuzius

N

Na[1] (chin.): Griff, greifen, nehmen (s. →*Qinna*).

Na[2] (jap.): Name, Ruf (auch *Mei, Myô*).

Naban (burm.): eine der drei waffenlosen Selbstverteidigungsformen des burmesischen →*Thaing* (s. auch →Burma).

Naban ist eine Form des Ringens, die aus Indien stammt. Es ist nie über eine rudimentäre Stufe hinausgekommen und deswegen auch nicht sehr bekannt. Beliebt ist es aber noch heute bei den burmesischen Volksstämmen Chin und Kachin, die aus dem Himalaya stammen.

Nabe Tanme: Spitzname von →Matsumura Nabe. *Tanme* bedeutet »alter Mann«.

Nafudakake (jap.): Namensbrett in den traditionellen *Dôjô* mit den Namen und Graduierungen der Mitglieder.

Naga-ashi (jap.): Werfen des Gegners durch Fegen des Beins im *Karate* und *Kendô*.

Naga-bakama (jap.): Bekleidungsstück der *Samurai*: lange Pumphosen.

Nagai (jap.): lang. *Nagaku* – lange, *Nagamochi no* – dauerhaft.

Nagai Akio (*1942): japanischer *Karate*-Meister (7. Dan) der neueren Generation aus dem Lager der JKA-Instruktoren.

Nagai Akio wurde am 19. Februar 1942 in Yamaguchi geboren und begann die Übung des *Karate* unter Kawamura. Mit 17 Jahren erhielt er den Schwarzgurt. Später studierte er an der *Takushoku*-Universität und wurde von Nakayama und Kanazawa unterrichtet. Als Kanazawa sich von der JKA trennte, wechselte er zusammen mit ihm zum SKI *(Shôtôkan Karate International)* und unterrichtet seit 1965 in Deutschland, wo er dem nationalen SKI-Verband SKID *(Shôtôkan Karate International Deutschland)* vorsteht.

Nagai-mono (jap.): lange Waffen (Schwert, Lanze, Speer, Hellebarde usw.) im Gegensatz zu den kurzen Waffen (→*Mijikai-mono*).

Nagai-zuki (jap.): Längsstoß. Technik der Stockwaffen. Mit *Nagai-zuki* bezeichnet man alle Stöße, die mit der Stockspitze ausgeführt werden. Eine andere Möglichkeit ist →*Naname-zuki*, der Stoß mit der Breitseite.

Nagakami (jap.): Variante der →*Naginata* mit einem kürzeren Stiel und einer längeren Klinge (auch →*Nagamaki*).

Nagako (jap.): Griff des Schwertes (s. →*Ken*).

Nagamaki (jap.): frühe Form der →*Naginata* (auch →*Nagakami*, japanische Hellebarde; s. *auch* →*Kwandao*) die zum Stoßen und zum Schlagen verwendet wurde.

Die Klinge ist etwa genauso lang wie der Griff. Die Waffe wurde bevorzugt von Kriegermönchen (→*Yamabushi*) verwendet.

Nagamine Shôshin (*1907): okinawanischer *Karate*-Meister, 10. Dan *Hanshi*, Gründer des →*Matsubayashi-ryû*.

Nagamine Shôshin

Nagamine wurde am 15. Juli 1907 in Tomari geboren. Im Alter von 17 Jahren begann er unter CHIBANA CHÔSHIN mit der Übung des *Karate*. Als 19jähriger ging er nach Shuri und wurde Schüler von →SHIMABUKURO TATSUO. Nach einiger Zeit begegnete er →ARAGAKI ANKICHI und wurde zusammen mit Shimabukuro dessen Schüler. Später an der Hochschule wurde er Leiter des *Karate*-Teams und übte abends mit IHA KOTATSU, einem direkten Schüler von MATSUMORA KÔSAKU aus Tomari.

Nach dem Schulabschluß diente er in einer Artillerieeinheit in China. Als er zurückkehrte trat er bei der Polizei ein, um sein Kampfkunsttraining fortsetzen zu können. Von 1931 bis 1935 war er in der Ortschaft Kadena an der Polizeistation tätig und erhielt in dieser Zeit *Karate*-Unterricht von →KYAN CHÔTOKU. Von diesem lernte er die Kata *Bassai, Kûshankû* und *Chintô (Gankaku)*. 1936 studierte er an der Polizeiakademie in Tôkyô. Gleichzeitig war er Schüler von →MOTOBU CHÔKI. Zu dieser Zeit begann er auch mit dem Studium des *Kendô*.

Im Mai 1940 legte er in Kyôto eine Prüfung ab, die ihn zum *Karate*-Lehrer *(Renshi)* qualifizierte. Nach dem Krieg trat er wieder den Polizeidienst an und begann in Motobu (Okinawa), Kollegen in *Jûdô* und *Karate* zu unterrichten. 1947 gründete er den Stil *Matsubayashi-ryû* (*Matsu/Shô* – Pinie; *Hayashi/Rin* – Wald). Diese Schriftzeichen wählte er zur Ehrung der großen okinawanischen Meister MATSUMURA (SHURI) und MATSUMORA (TOMARI), in deren Reihe er sich selbst als drittes Glied betrachtet. 1953 gab Nagamine die Polizeiarbeit auf und eröffnete in Naha sein eigenes *Dôjô*, das er *Kodôkan Karate-dô Kobujutsu* nannte.

Nagamine ist Präsident der *Okinawa Karate Kobudô Renmei* und der *Sekai Shôrin-ryû Karate-dô Renmei (World Shôrin-ryû Karate Federation)*. Zusammen mit seinem Sohn NAGAMINE TAKAYOSHI steht er dem Stil vor (s. Anhang). Im Alter von 68 Jahren schrieb er das Buch »*Essence of Okinawan Karate-dô*«, in dem er seinen Stil vorstellte.

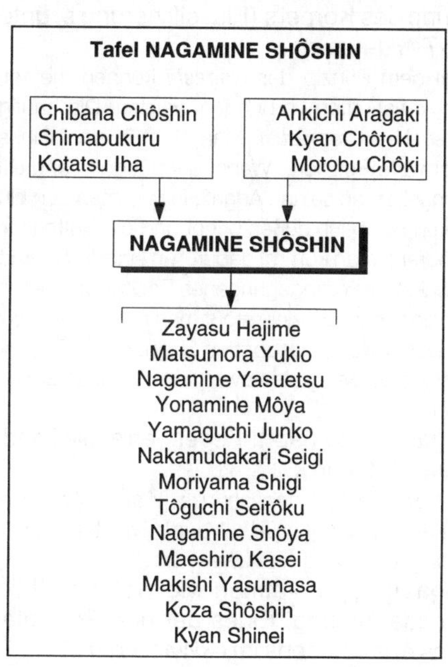

Nagaoka Hidekatsu: *Jûdô*-Lehrer (1876 bis 1952) am →*Kôdôkan*, einer der wenigen 10. Dan in der Geschichte des *Kôdôkan*.

Nagaoka Shuichi: Jûdô-Lehrer am Kôdôkan, Inhaber des 10. Dan (s. *Jûdô*).

Nagao-ryû (jap.): japanische Schule des →*Jûjutsu* mit der Bezeichnung →*Taijutsu*, gegründet im 17. Jh. von NAGAO KENMOTSU, einem *Samurai* der Schulen →*Ittô-ryû* und →*Yagyû Shinkage-ryû*.

In dieser Schule wurden im Kampf verschiedene Waffen verwendet, darunter auch die →*Kakushi* (kleine versteckte Waffen). Es wurden auch gewöhnliche Leute als Schüler angenommen, weil die *Kakushi* nicht zu den »edlen« Waffen gezählt wurden. Besonders berühmt wurde die Schule für ihren Gebrauch der Handwaffe *Bankoku-choki* (oder *Tekkan-zu*), eines Metallrings, mit dem *Atemi* ausgeführt wurden.

Nagare (jap.): Strömung. *Nagareru* – fluten, strömen, *nagare komu* – münden. Eine Bewegung (Kampftechnik) geht ohne Unterbrechung in die nächste über (s. →*Renzoku*, →*Ritsudo* und →*Undô*).

Nagashi (jap.): strömen, fließen.

Nagashi-zuki (jap.): Fauststoßvariante im *Karate* in einer fließenden Ausweichbewegung des Körpers (Klassifizierung s. unter →*Tsuki-waza*).

Mit dem Prinzip des *Nagashi* können mehrere *Tsuki*-Varianten verbunden werden. Die häufigste ist →*Kizami-zuki*. Man steht in einer Links-Vorwärts-Position. Wenn der Gegner angreift, umgeht man seinen Angriff, indem man den hinteren Fuß nach außen bringt und die Hüfte stark abdreht. Man kommt dadurch in einem 45-Grad-Winkel zur vorangegangenen Position zu stehen. In die Drehung hinein stößt man mit der vorderen Faust direkt zum Kopf des Gegners. Die Technik wird gleichzeitig als Abwehr und Konter verwendet.

Nagashi-uke (jap.): Fegesperre, fließende Abwehrtechnik.

Es gibt →*Wan nagashi-uke* [*Wan* = Arm] und →*Te nagashi-uke* [*Te* = Hand]. Erläuterungen s. dort, Zuordnung s. →*Uke-waza*.

Nagasu (jap.): »atmen wie Wasser«. Fließende Atmung. Eines der drei Prinzipien des Ausweichens im →*Wadô-ryû*.

Nage (jap.): Wurf, werfen (s. →*Nage-waza*). Bedeutet auch Werfer, Verteidiger (s. auch unter →*Tori*).

Nage-komi (jap.): *Jûdô*-Trainingsform des Werfens zur Übung von →*Kuzushi*, →*Tsukuri* und →*Kake*.

Nage no Kata (jap.): *Jûdô*-Kata des *Kôdôkan*, in der die wichtigsten Würfe des *Jûdô* in fünf Gruppen mit je drei Techniken zusammengefaßt sind:

NAGE NO KATA

Te-waza – Hand- und Schulterwürfe	
Uki-otoshi	– Schwebehand-Wurf
Seoi-nage	– Schulterwurf
Kata-guruma	– Schulterrad
Koshi-waza – Hüftwürfe	
Uki-goshi	– Hüftschwung
Harai-goshi	– Hüftfegen
Tsurikomi-goshi	– Hebezug-Hüftwurf
Ashi-waza – Fuß- und Beinwürfe	
Okuri ashi-barai	– Fußnachfegen
Sasae tsuri komi-ashi	– Hebe-Stütz-Fußhalten
Uchi-mata	– Schenkelwurf
Ma sutemi-waza – gerade Selbstfallwürfe	
Tomoe-nage	– Kopfwurf
Ura-nage	– Rückenwurf
Sumi-gaeshi	– Eckenwurf
Yoko sutemi-waza – seitliche Selbstfallwürfe	
Yoko-gake	– Seitfallzug
Yoko-guruma	– Seitenrad
Uki-waza	– Rückfallzug

Nageru (jap.): werfen.

Nage-teppo (jap.): kleine Handgranate aus dem Waffenarsenal der →*Ninja*.

Nage-waza (jap.): Gruppe der Wurftechniken in den Kampfkünsten.

KARATE

Im *Karate-dô* gibt es eine Anzahl von Wurftechniken, die in den *Kata* gelehrt werden. Fast immer werden sie durch bestimmte Armhaltungen (→*Kamae*) eingeleitet und stehen in enger Verbindung mit →*Kuzushi-waza*. Einige der heute bestehenden Würfe wurden erst in neuerer Zeit aus dem *Jûdô* und *Aikidô* übernommen. Zu den Wurftechniken im *Karate* klassifiziert man häufig auch die Formen von →*Katame-waza* (→*Osaekomi-waza*, →*Shime-waza* und →*Kansetsu-waza*). Generell kann man sie folgendermaßen einteilen (s. unter der jeweiligen Bezeichnung):

WURFTECHNIKEN IM KARATE

Ashi-barai – Fußfeger

Soto-ashi-barai	– Feger von außen nach innen
Uchi-ashi-barai	– Feger von innen nach außen
Moro-ashi-barai	– beidbeiniger Fußfeger
Ushiro-ashi-barai	– Rückwärtsfeger

Ashi-gari – Fußsicheln

O-uchi-gari	– große Innensichel
O-soto-gari	– große Außensichel

Ashi-guruma – Fußräder

Kubiwa-guruma	– Nackenrad über das Knie
Katawa-guruma	– Knierad
Uchi-mata	– innerer Schenkelwurf

Ashi-basami – Fußscheren

Kani-basami	– Krebsschere

Hebelzüge und Würfe

Koma-nage	– beidhändiger Armhebel
Kasei-nage	– Fegetechnik mit Kake uke
Yaridama	– »einen Ball aufspießen«
Sukui-nage	– Wurf nach Sukui uke
Tenshin-kansetsu	– Armhebel über die Schulter
Udewa	– Kreis der Arme
Morote-sukui-nage	– Wurf nach Morote sukui uke
Kakae-nage	– Wurf nach Kosa uke
Osae-nage	– Preßwurf
Seoi-nage	– Schulterwurf
Kake-taoshi	– Wurf nach Juji uke
Nejiri-nage	– Verknoten der Arme
Tsubame-gaeshi	– »drehende Schwalbe«
Sakatsuchi	– »Hammerwurf«

Jûdô

Im →*Jûdô* erfolgt die Einteilung der Wurftechniken zunächst einmal unter Beachtung zweier großer Kategorien: *Tachi-waza* (Würfe aus dem Stand) und *Sutemi-waza* (Selbstfalltechniken). Folgende sind die wichtigsten Würfe aus dem *Jûdô* (s. auch unter →*Nage no Kata*):

SUTEMI-WAZA – SELBSTFALLTECHNIKEN

Tomoe-nage	– Kopfwurf
Yoko-tomoe	– seitlicher Kreis mit Beinkippe
Maki-tomoe	– kleiner Kreiswurf
Maki-komi	– Eindrehwurf
Yoko-gake	– Seitfallzug
Tani-otoshi	– Talfallzug
Sumi-gaeshi	– Eckenwurf
Uki-waza	– Rückfallzug
Kani-basami	– Krebsschere
Yoko-otoshi	– Seitfallzug
Hane-maki-komi	– Sprung-Drehwurf
Ura-nage	– Rückenwurf
Yoko-guruma	– Seitenrad
Yoko-wakare	– Seitenriß
Tawara-gaeshi	– Reisballenwurf

TACHI-WAZA – WÜRFE AUS DEM STAND

Ashi-waza – Fuß- und Beinwürfe

O-soto-gari	– große Außensichel
De-ashi-barai	– Fußfegewurf
Hiza-guruma	– Knierad
Ko-soto-gake	– kleiner Außenhaken
O uchi-gari	– große Innensichel
Ko-uchi-gari	– kleine Innensichel
Okuri ashi-barai	– Fußnachfeger
O-soto-guruma	– großes Außenrad
O-soto-otoshi	– gesperrter Außenwurf
Ko-soto-gari	– kleine Außensichel
Sasae-tsuri-komi-ashi	– Hebe-Stütz-Fußhalten
Harai-tsuri-komi-ashi	– Hebel-Zug-Fußhalten
Soto-gake	– Außenhaken
Ko-uchi-maki-komi	– eingerollte Sichel
Ashi-guruma	– Fußrad

Koshi-waza – Hüftwürfe

Uki-goshi	– Hüftschwung
Kubi-nage	– Nackenrad
Tsuri-goshi	– Hüftzug
Koshi-guruma	– Hüftrad
Harai-goshi	– Hüftfegewurf
Hane-goshi	– Springhüftwurf
Ushiro-goshi	– Hüftgegenwurf
Tsuri komi-goshi	– Hebe-Zug-Hüftwurf
Utsuri-goshi	– Wechselhüftwurf
Uchi-mata	– innerer Schenkelwurf
O-goshi	– großer Hüftwurf
Ko tsuri-goshi	– kleiner Hüftzug
O-guruma	– großes Rad
Yama-arashi	– Bergsturm
Obi-goshi	– Gürtelwurf

Kata-waza – Schulterwürfe

Seoi-nage	– Schulterwurf
Kata-guruma	– Schulterrad
Seoi-otoshi	– Schulterwurf im Knien
Hidari kata-seoi	– linker Schulterwurf
Seoi-age	– Schulter-Hebewurf

Te-waza – Handwürfe

Tai-otoshi	– Körperwurf
Uki-otoshi	– Schwebe-Hand-Zug
Hiji-otoshi	– Ellbogenwurf
Sukui-nage	– Schaufelwurf
Mochi age-otoshi	– Aushebewurf
Sumi-otoshi	– Eckenkippwurf
Obi-otoshi	– Gürtelwurf
Kataashi-dori	– kleiner Beinaushebewurf
Ryôashi-dori	– Zweihandsichel

Grundregeln des Werfens

- Wurf- oder Befreiungstechniken sind nur dann möglich, wenn man selbst in einem Stand im Gleichgewicht steht. Deshalb: vor der Aktion immer einen festen Stand einnehmen!
- Eine Wurftechnik gelingt nur dann, wenn vorher das Gleichgewicht des Gegners gebrochen

wird *(Kuzushi)*. Das Gleichgewicht bricht man immer in die schwächste Richtung der gegnerischen Stellung.

- In einer Wurftechnik setzt man immer die Kraft des ganzen Körpers, vom *Hara* ausgehend, ein. Das Beherrschen des eigenen Schwerpunktes ist dabei wichtiger als die Technik selbst.
- Man darf nie Kraft gegen Kraft einsetzen. Wenn der Gegner drückt, bricht man sein Gleichgewicht, indem man zieht, und umgekehrt. Mit diesem Prinzip umgehen zu können ist die Grundlage des Werfens.
- Bei Wurftechniken muß folgende Reihenfolge beachtet werden: 1. *Kuzushi* (Gleichgewichtsbrechen), 2. *Tsukuri* (Eingang in die Technik) und 3. *Kake* (Ausführen der Technik).

Nage Ura no Kata (jap.): Kata der *Jûdô*-Gegenwürfe (s. →*Ura no Kata*).

Naginata (jap.): ca. 2 bis 3 m lange japanische Hellebarde, die aus einem umwickelten Bambusstiel und einer etwa 60 cm langen gekrümmten Klinge besteht.

HERKUNFT UND TYP

Die *Naginata* wurde zumeist von den Fußsoldaten *(Zusa)* verwendet, um gegen die angreifenden Reiter zu kämpfen. Gleichzeitig war sie die bevorzugte Waffe der *Samurai*-Frauen und der Mönchkrieger. Der Ursprung der *Naginata* liegt in der wuchtigen chinesischen Hellebarde *Kwando*. Die *Naginata* ist eine Kombination aus Schwert, Speer und Streitaxt und eine der ältesten Waffen Japans.

Es gab noch eine ähnliche Form, die einen kürzeren Schaft und eine längere Klinge hatte und →*Nagamaki* genannt wurde. Diese Waffe wurde zum Objekt intensiver Studien, vor allem bei den niederen Kriegern und Kriegermönchen, die sie ab etwa dem 15. Jh. verwendeten.

NAGINATA-SCHULEN

Zu den ältesten Stilen, die *Naginata* unterrichteten. gehört das *Kage-ryû*. Es veränderte sich in das *Shinkage-ryû*, das *Shin Shinkage-ryû*, das *Yagyu Shinkage-ryû* und schließlich in das *Jikishin Kage-ryû*. Der 15. Großmeister des *Jikishin Kage-ryû*, eine Frau namans HIDEO SONOBE, schloß sich mit der Ehefrau des Meisters der 14. Generation, SHIGEO SATAKE, zusammen und kombinierte die *Naginata* des *Jikishin Kage-ryû* mit der *Naginata* des *Ryûgo-ryû*. Daraus entstand das

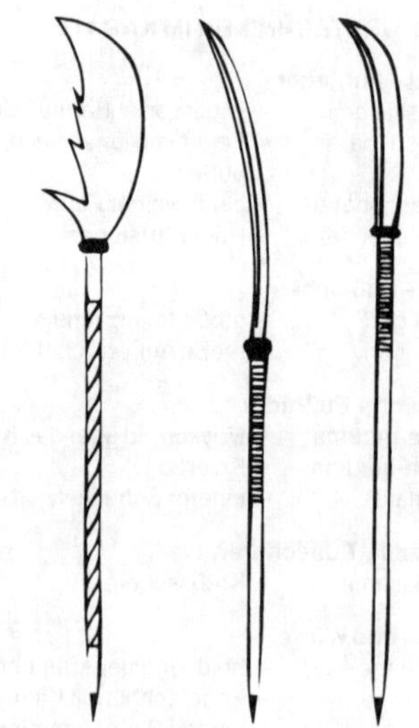

Naginata-Formen (von links nach rechts): Guan-dao, Nagamaki und Naginata

weitverbreitete moderne *Naginata*-System der 24 Techniken, das man *Jikishin Kage-waza* nennt. Die traditionelle *Naginata* überlebte in den Stilen *Tendô-ryû, Toda-ryû, Takenouchi-ryû* und *Katori Shintô-ryû*.

Heute ist die *Naginata* ein Teil des *Kobudô* und wird meist von Frauen ausgeübt. Im Training werden *Naginata* verwendet, deren Klingen aus Holz nachgebildet sind. Die Kämpfer verwenden den gleichen Schutz wie im *Kendô*. Heute gibt es Wettkämpfe zwischen *Naginata* und *Naginata* und zwischen *Naginata* und →*Shinai*. Derjenige, der das *Shinai* benutzt, heißt *Uchi-dachi*, und der *Naginata*-Kämpfer heißt *Shi-dachi*.

Naginata-dô (jap.): **aus dem ursprünglichen →*Naginatajutsu* (s. auch →*Naginata*) entwikkelte Kampfkunst, die heute innerhalb des japanischen *Kobudô* zum großen Teil von Frauen ausgeübt wird. Die Kampfkunst ist im *Budôkan* in einem *Naginata-dô*-Verband, *Zen Nihon Naginata-do Renmei* (*All Japan Naginâta-dô Federation*), organisiert und umfaßt etwa 15 000 Mitglieder. Großmeister des Stils ist HIDEO SONOBE, die den modernen *Naginata*-Stil aus dem *Jikishin Kage-ryû* abgeleitet hat. Weltweit wird die Zahl auf etwa eine halbe Million geschätzt.**

Die bekannteste Schülerin von Hideo Sonobe ist HANAE MIURA, die bereits im Alter von 13 Jahren zu unterrichten begann und unter den größten

Naginata-Lehrerinnen des *Jikishin Kage-ryû* (HIDEO SONOBE, ASANO SONOBE, TERUKO SHIMADA und TOYOKO HIGASHI) studierte. Sie unterrichtete 1969 als erste *Naginata*-Instruktorin im Ausland (Holland). 1972 eröffnete sie die erste *Jikishin Kage-ryû*-Schule in Hawaii.

Naginata-jutsu (jap.): die Techniken des Umganges mit der →*Naginata*. Kampfmethode der Samurai innerhalb des →*Bujutsu*. Die *Naginata* gehört zu den ältesten Waffen Japans. Es ist bekannt, daß das *Ko-ryû* als erste Kampfmethode der *Naginata* bereits 1168 gelehrt wurde. Da die *Naginata* bei den Fußsoldaten *(Zusa)* weit verbreitet war, gab es bereits 1185 ungefähr 425 *Naginata*-Schulen, von denen die bekanntesten das →*Tendô-ryû* und das →*Jikishin Kage-ryû* waren.

Anfang des 15. Jhs. wurde die *Naginata* teilweise von dem neu entwickelten →*Yari* (s. auch →*Sôjutsu*), einem Speer mit gerader Klinge, abgelöst. Neben dem Speer entstanden innerhalb des *Naginatajutsu* mehrere neue Waffen, wie →*Nagemaki*, →*Ono* und noch einige weniger bedeutende Varianten. Die *Naginata* wurde zur Waffe der Kriegerfrauen, unter denen sie eine ähnliche Entwicklung erfuhr wie die meisten anderen Stilarten des →*Bujutsu*. Aus *Naginatajutsu* wurde →*Naginata-dô*. Die bedeutendsten Schulen, die früher diese Waffe lehrten, waren folgende (s. unter der jeweiligen Bezeichnung, s. auch →*Yari* und →*Hozoin*):

NAGINATA-SCHULEN

Anazawa-ryû	Bukyô-ryû
Gassan-ryû	Honshin-ryû
Jikishin Kage-ryû	Toda-ryû
Tendô-ryû	Katori-ryû
Masaki-ryû	Shinkage-ryû
Ryugo-ryû	Sanwa-ryû
Seikan-ryû	Seni-ryû
Tenshin Shoden Katori Shintô-ryû	

Nagishi-shuriken (jap.): pfeilförmige →*Bô-shuriken* aus Metall, die am Ende eine Quaste haben, um ihren Flug zu stabilisieren. Sie wurden zumeist von den *Ninja* benutzt.

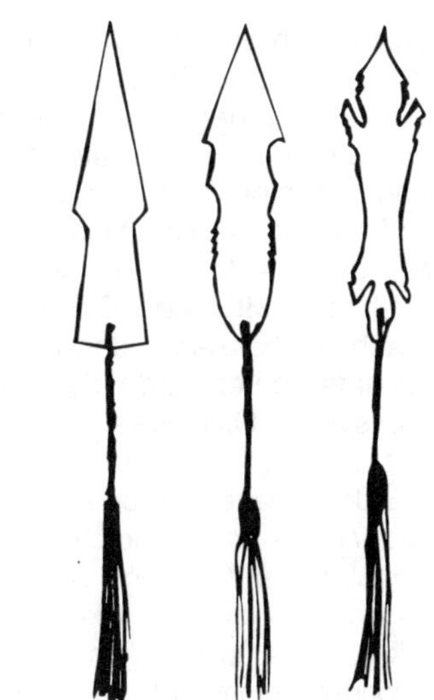

Nagishi-shuriken

Nagle, Don (*1938): amerikanischer *Karate*-Lehrer und -Pionier des *Isshin-ryû* in den USA.

Nagle begann 1955 unter SHIMABUKURO TATSUO und graduierte bis zum 1. Dan. 1957 kehrte er in die USA zurück und eröffnete in Jacksonville, North Carolina, sein *Dôjô*. Nach seiner Entlassung aus der Marine zog er nach New Jersey, wo er sein dauerhaftes Hauptquartier einrichtete.

Naha: heutige Hauptstadt →Okinawas, etwa 300 000 Einwohner. Die Stadt setzt sich aus der ehemaligen Hauptstadt →Shuri und den Hafenstädten Naha und →Tomari zusammen.

Die Situation des *Karate* in Naha ist heute recht angespannt. Es existieren viele japanische und amerikanische Wettbewerbsschulen, deren Meister auch an den Hauptschulen der Stadt unterrichten. *Shôtôkan-ryû, Kyokushinkai-ryû* und *Shitô-ryû* sind am stärksten vertreten.

Das traditionelle okinawanische *Karate* ist von diesen Bestrebungen ausgenommen. In der Stadt gibt es drei Haupt-*Dôjô* der traditionellen Richtungen: *Kobayashi Shôrin-ryû* (Meister MIYAGI), *Gôjû Shôrei-ryû* (Meister MIYAZATO) und *Matsubayashi Shôrin-ryû* (Meister NAGAMINE). Für Nicht-Okinawaner ist der Zugang zu diesen *Dôjô* recht beschwerlich.

Naha-te (jap.): »die Hand aus Naha« (→Naha ist die heutige Hauptstadt und war früher das größte Handelszentrum Okinawas). Allgemein nannte man alle Kampfsysteme, die in den Schulen Nahas unterrichtet wurden, *Naha-te.* Dieses Kampfsystem wird heute als der Vorläufer des →*Shôrei-ryû* betrachtet, das später hauptsächlich von den chinesischen Stilen →*Baihe-quan,* →*He-quan,* →*Luohan-quan,* →*Bagua- quan* und →*Mo-Kempô* (s. auch →*Mok-gar*) beeinflußt wurde. Das *Shôrei-ryû* war nach →*Shôrin-ryû,* das in Shuri und Tomari unterrichtet wurde, das zweite große Hauptsystem Okinawas.

GESCHICHTE

Die Techniken des *Naha-te* sind überwiegend mit dem →*Quan-fa* aus dem südlichen China (Fukien) verwandt. Der Gebrauch der oberen Gliedmaßen wird mehr akzentuiert (kurze starke Fausttechniken, Nahkampftechniken, feste Stellungen). Besonders betont wird →*Ibuki* (Atemübung). Aus den später von HIGASHIONNA ins *Naha-te* gebrachten Kata (*Seisan, Seiênchin, Sanchin, Saifa, Shisôchin, Sôchin, Koshiki-Naihanchi, Sanseirû, Sûparinpei* usw.) haben sich hauptsächlich die Formen des *Gôjû-ryû* entwickelt.

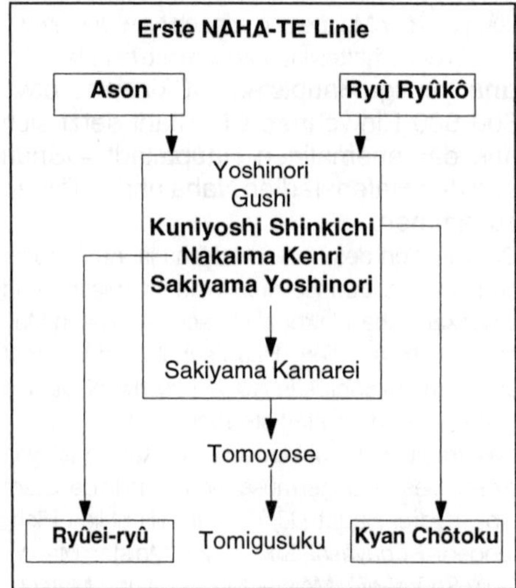

ASONS QUAN-FA

Der erste Kampfstil in Naha entstand bereits früh (etwa 1860) über Meister ASON (TSOUEN-KIA). Dieser hatte drei Schüler: TOMOYOSE, GUSHI und SAKIYAMA. Die Kampfkunst wurde durch Sakiyama weitergegeben, ging jedoch mit seinem letzten Meister TOMIGUSUKU verloren. Man weiß nichts Näheres über diese Kampfkunst, außer daß die authentische →*Naihanchi*-Kata von dort stammt und darin eine bedeutende Rolle spielte. Die alten *Naha-te*-Meister entwickelten auch die später im *Shôrei-ryû* bekannten →*Omote*-Kata, die zur Bildung innerer Stärke geübt wurden. Sie bestehen aus grundlegenden Techniken und fördern auch die Kraft des Körpers. Sie werden in einer tiefen Vorwärtsstellung ausgeführt und bewegen sich viele Male vor und zurück.

Das alte *Naha-te* kannte mehrere *Kata*, die heute völlig unbekannt sind: *Gopei-sho, Mandan-sho, Yoko-sho, Bu-to* und die oben erwähnte *Naihanchi (Nafunchi)*. Man vermutet, daß diese *Kata* auf das Jahr 1400 zurückgehen, als Okinawa unter dem Einfluß Chinas stand (s. →Kumemura) und König SHO HASHI von Chosan im Amt war. *Gopei-sho* – die Pfauenform – belegt die Existenz der chinesischen Tierstile auf Okinawa bereits in jener Zeit. Sie enthält Techniken des Tigers, der Schlange, des Kranichs und des Pfauen. Eine ander *Kata* wurde von den frühen Meistern des *Naha-te* entwickelt und nennt sich *Taezu Narawaza*. Wahrscheinlich wurde sie aus verschiedenen Techniken des Shaolin-Klosters gegründet, denn sie ähnelt den Zwei-Mann-Kampfübungen aus dem chinesischen *Quan-fa*. Sie enthält Selbstverteidigungstechniken für den realistischen Kampf.

WAICHINZANS QUAN-FA

Von TOMIGUSUKU bis zu HIGASHIONNA ist die Geschichte des →*Naha-te* recht ungenau überliefert und teilweise lückenhaft. Über Meister Higashionna wurde eine andere Richtung des *Naha-te* überliefert, die mit dem chinesischen Meister →WAICHINZAN (WAI KIN-TSAN, WAI XIN-XIAN oder WOO LU-CHIN) beginnt, den Higashionna im *Kojô-Dôjô* auf Fukien getroffen hat. Waichinzan unterrichtete außer Higashionna Kanryô noch KOJÔ DAITEI, SHIMABUKURO UEMONDEN, ARAGAKI KAMADEUNCHU und NAGAHAMA SEIKÔ. Er hielt sich auch längere Zeit als Militärattaché auf Okinawa auf.

Sein Schüler ARAGKI KAMADEUCHU übertrug seine Lehre auf →HIGASHIONNA KANRYÔ (1853 bis 1916). Nachdem dieser später in China unter RYÛ RYÛKO (WO LU-CHIN) gelernt hatte, gründete er in Naha eine Schule, in der er zum ersten Mal in Okinawa die »weiche« Kampfkunst aus China auf der Basis des →*Bubishi* unterrichtete, in die er als neue Errungenschaft die →*Sanchin* einführte. Seine bedeutendsten Schüler waren KYÔDA KOHATSU *(Toon-ryû)* und →MIYAGI CHÔJUN, der nach weiteren Studien in China das →*Gôjû-ryû*, den hauptsächlichen Vertreter des späteren →*Shôrei-ryû*, gründete.

RYÛ RYÛKOS QUAN-FA

Als Higashionna Kanryô nach China kam, konnte er weder chinesisch lesen noch schreiben. Nachforschungen haben ergeben, daß er sich die ersten Jahre im *Kojô-Dôjô* aufhielt, bevor er zu RYÛ RYÛKO (RU RUKO, DO RYÛKO, RYÛ ROKO, chinesisch LIU LU-GONG, LIU LU-KUNG oder LIU LIAN-GUO, 1852–1930) kam. Das okinawanische *Dôjô* des KOJÔ-Clans beherbergte viele okinawanische Studenten und hatte auf Fukien einen ausgezeichneten Ruf. Chinesische Meister hingegen nahmen Schüler nur auf Empfehlung an, und für einen Okinawaner war es fast unmöglich, von einem chinesischen Lehrer unterrichtet zu werden. Man vermutet heute, daß Higashionna auf die Empfehlung WAICHINZANS, der mit dem KOJÔ-*Dôjô* in Verbindung stand, zu Ryû Ryûko kam. Letzterer war damals kaum älter als Higashionna und diesem gegenüber eher ein großer Bruder als ein *Shi-fu* (Lehrer). Daher erhielt Higashionna von Ryû Ryûko auch nie ein Lehrerdiplom. Ryû Ryûko unterrichtete erst nach Higashionnas Heimfahrt offiziell Schüler, unter anderen auch NAKAIMA, den Gründer des *Ryûei-ryû*, und SAKIYAMA YOSHINORI aus Naha.

Nach den heutigen Ergebnissen der Forschung war Ryû Ryûko in mehreren Stilen des *Quan-fa* ausgebildet, wie die Zusammensetzung seiner *Kata* zeigt. Er unterrichtete damals *Happoren (Bai-bu-ren, Paipuren), Nepai (Nipaipo), Doonquan (Chukyo, Jusanporen), Roujin (Jusen)* und *Qi-jing (Shichikei)*. Ryûko war auch der geistige Vater von MIYAGIS *Gôjû-ryû*. TOKASHI IKEN, der Direktor der *»Okinawa Gôjû/ Tomari-te Karate-dô Kyôkai«*, schreibt in seinem Buch *»Kohaku«* (1993), daß Xie Ruru (Ryû Ryûko) einer der ursprünglichen Meister des Stils *Bai-he-quan* (»Weißer Kranich«) war und 1914 auf Okinawa weilte.

HIGASHIONNAS NAHA-TE

Higashionnas *Karate* setzte sich aus mehreren *Kata* zusammen, von denen heute nicht in jedem Fall klar ist, woher sie stammen. Von RYÛ RYÛKO kommt nur ein Teil aus Higashionnas Programm, doch es gibt in China noch weitere Kranichstile (→*He-quan*), von denen einige dieser *Kata* abgeleitet sein könnten. Jeder Kranichstil hat z. B. seine eigene →*Sanchin* (chin. *Saam-chien*), während einer die *Senseiru* und die *Niseishi* lehrt. Doch auch viele andere südchinesische Stile verwenden *Kata*, die man heute auf Okinawa kennt:

1. **Long-quan** (Drachenboxen): u. a. Seisan, Pechurin (Suparinpei), Saam-chien (Sanchin) und Luohan-quan.
2. **Hu-quan** (Tigerboxen): u. a. Saam-chien (Sanchin), Sanseiru und Pechurin (Suparinpei).
3. ***Guo-quan*** (Hundeboxen): u. a. *Saam-chien* und *Sanseiru*.
4. **Luo-han-quan** (Arhatboxen): u. a. Saam-chien (Sanchin), Seisan, Jutte, Seipai, Useishi (Gôjûshiho) und Pechurin (Suparinpei).
5. **Shi-quan** (Löwenboxen): u. a. Saam-chien (Sanchin) und Seisan.

Naha-te Kaishu-Kata (jap.): im →*Naha-te* geübte *Kata* mit offener Hand (s. →*Sanchin, Happoren*).

In HIGASHIONNAS *Naha-te* gab es ein *Kagemusha* (doppeltes Angebot). Dieses bezog sich vor allem auf die Techniken der offenen Hand, durch die die im →*Bubishi* gelehrten Vitalpunktstimulationen möglich waren. Die ursprünglichen *Naha-te*-Kata, vor allem die *Sanchin*, wurden als Offene-Hand-Kata überliefert, doch Higashionna lehrte sie in der Öffentlichkeit nur als Kata mit der geschlossenen Faust. Die *Sanchin* mit der offenen Hand brachte er nur seinem Lieblingsschüler und Nachfolger KYÔDA KOHATSU bei.

Da es zwischen KYÔDA und MIYAGI gravierende Rivalitäten gab, nannte Kyôda seinen Stil nach Higashionnas Tod – nach TOONA, einer anderen Lesart von Higashionnas Namen – *Toon-ryû*. Miyagi versuchte den Ursprung der originalen Kata in China zu erforschen und gründete das →*Gôjû-ryû*.

Heute werden auf Okinawa unter Kaishu-Kata folgende Formen klassifiziert: Gekisai, Saifa, Seienchin, Shisochin, Sanseiru, Seisan, Seipai, Kururunfa und Suparinpei.

Naha-te Kata (jap.): *Karate-Kata*, die von den Meistern des →*Naha-te* geübt wurden. Heute gibt es zwei verschiedene Stile, die die *Kata* der *Naha-te*-Linie üben: *Gôjû-ryû* und *Uechi-ryû*.

KATA DES GÔJÛ-RYÛ

Es ist bekannt, daß *Suparinpei, Seisan* und *Sanchin*

lange vor HIGASHIONNA in Kumemura bekannt waren. Da *Seisan* und *Suparinpei* nicht in dem von RYÛ RYÛKO unterrichteten System geübt wurden, liegt es nahe, daß Higashionna sie von →ARAGAKI KAMADEUNCHU gelernt hat. Auch *Sanseru, Saifa, Kururunfa* und *Seipai* stammen nicht von Ryû Ryûko. Higashionna hat diese *Kata* wahrscheinlich im *Kojô-Dôjô* auf Fukien von WAIZINZAN oder IWAH gelernt.

Das spätere Gôjû-ryû verwendet die Kata Fukiyu (1 und 2), Gekisai (1 und 2), Saifa, Shisochin, Tenshô, Seisan, Seipai, Sanseiru, Seienchin, Kururunfa und Suparinpai. Die Grund-Kata des Gôjû-ryû sind Sanchin und Tenshô. Zur Einführung der Anfänger werden die Kata Fukiyu (1 und 2) und Gekisai (1 und 2) verwendet, die von MIYAGI entwickelt wurden.

Zu den Kata der mittleren Stufe gehören die *Saifa* und *Shisochin*, die beide chinesischen Ursprungs sind. Auf fortgeschrittenem Niveau werden die Kata *Seisan*, *Seipai* und *Sanseiru* geübt. Die *Seienchin* ist eine sehr alte Kata und typisch für das *Gôjû-ryû*. Sie ist etwas ungewöhnlich, da sie nur Handtechniken gebraucht. *Kururunfa* lehrt insbesondere die Blocktechniken mit der Hakenhand. *Suparinpai* ist die höchste Kata des *Gôjû-ryû*. Sie enthält 108 verschiedene Kampftechniken, ist sehr lang und schwierig auszuführen. Die Namen der Kata stehen oft für eine bestimmte Zahl, was nicht immer auf eine Anzahl von Techniken oder Schritten hinweist. Die Verbindung ist hier im Zahlenmystizismus Chinas zu suchen, wo diese Formen ihren Ursprung haben.

KATA DES UECHI-RYÛ

Im *Uechi-ryû* werden folgende Kata geübt: *Sanchin, Seisan, Sanseiru, Kanshiwa, Daini-Seisan, Seiru* und *Kanchin*. Von diesen sind *Sanchin, Seisan* und *Sanseiru* die Haupt-Kata des *Uechi*-Systems. Sie wurden von UECHI KANBUN aus Fukien nach Okinawa gebracht. Die *Sanchin* des *Uechi-ryû* unterscheidet sich von der im *Gôjû-ryû* geübten Kata durch den Gebrauch der offenen Hände. Auch fehlt bei ihr die besondere Atemmethode des *Gôjû-ryû*. Die übrigen Kata wurden in neuerer Zeit von Meister Uechis Sohn, UECHI KANEI, gegründet.

Nai (jap.): Innenseite, drinnen (auch *Dai, Uchi*).

Naifu (jap.): Messer.

Naihanchi (jap.): okinawanische *Karate-Kata* (s. →*Kata*), Ursprung der →*Tekki*. *Naihanchi* ist die okinawanische Bezeichnung für die von Meister →ASON aus China eingeführte *Naihanchin*. Sie war seinerzeit die wichtigste *Kata* der ersten *Naha-te*-Linie, die mit Ason begann und über TOMOYOSE – GUSHI – SAKIYAMA – TOMIGUSUKU fortführte. Mit Meister Tomigusuku endete diese Linie jedoch und hat ihre ursprünglich kämpferischen Charakteristiken nicht mehr weitergegeben.

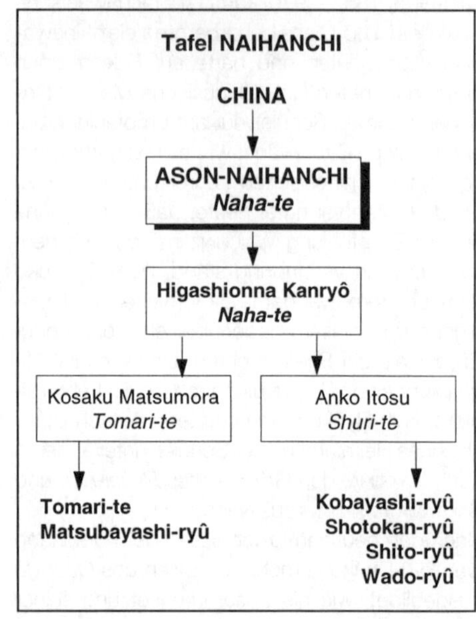

DIE ASON-NAIHANCHI

Die Ason-Linie war die erste Kampfkunstschule in Naha, denn sie bestand bereits, als Meister HIGASHIONNA aus China zurückkehrte. Sie war wie Higashionnas Schule ebenfalls von den südlichen chinesischen Stilen beeinflußt. Deshalb ist es verwunderlich, daß sich die *Naihanchi* zwar in die Higashionna-Schule übertrug, sich aber dort nicht erhielt und nur in die Richtungen des *Shuri-te* vererbte, obwohl die ASON-Schule mit der MATSUMURA- und ITOSU-Schule aus Shuri in scharfer Konkurrenz stand (Meister ITOSU bestritt auf Herausforderung der Naha-Schule sogar einmal einen Kampf gegen Tomoyose, bei dem er ihm mit *Shutô* den Arm brach).

Das kämpferische Grundkonzept der ursprünglichen ASON-*Naihanchi* bestand in einer Form des

Kämpfens, die auf einen eingeengten Bewegungsraum abgestimmt war. Deshalb übte man sie auf schmalen Brücken, Waldwegen und auf den Klippen der Felsen. Auch übte man die *Naihanchi* früher am Flußufer, auf Steinen, die mit Algen bedeckt waren und daher den Stand erschwerten. Diese Übung vermittelte ein besondere Art, sich zu bewegen, die in der heutigen *Tekki* nicht mehr vorkommt. Die Techniken der *Kata* enthielten viele Griffe (→*Tuite*) und zielten auf Vitalpunkte.

DIE SHÔREI-NAIHANCHI

Anfangs überlieferte sich die *Naihanchi* ins *Naha-te*, wo sie von Meister HIGASHIONNA KANRYÔ gelehrt wurde. Er nannte sie *Koshiki-Naifanchi* und übte sie noch als typische *Kata* der *Shôrei*-Schule. Ihre ursprüngliche Grundstellung, *Naihanchi-dachi*, ist verwandt mit dem heutigen *Sanchin-dachi* des *Shôrei-ryû* (s. →*Naihanchi-dachi).*

DIE ITOSU-NAIHANCHI

Die Form gelangte zuerst in die ITOSU-Schule nach Shuri, es ist jedoch sicher, daß sie auch in der MATSUMORA-Schule aus Tomari geübt wurde (MATSUMORA KOSAKU lehrte den okinawanischen Kumite-Experten MOTOBU CHÔKI diese *Kata*). Meister ITOSU nahm sie auseinander und teilte sie in drei voneinander unabhängige Kata auf, die er *Naihanchi-shodan*, *Naihanchi- nidan* und *Naihanchi-sandan* nannte. (Ursprünglich bestand die ASON-*Naihanchi* aus über 100 Bewegungen. Die beiden letzten *Naihanchi*-Varianten wurden von Meister Itosu nicht erfunden, sondern er trennte lediglich die ursprüngliche Variante und ließ sie in drei abgeschlossenen *Kata* üben.) Über Meister FUNAKOSHI gelangte diese *Kata* nach Japan und wurde in den 30er Jahren in *Tekki* umbenannt. Im *Shôtôkan-ryû* übt man alle drei *Tekki*-Varianten.

Das *Kiba-dachi* des *Shôrin-ryû* und ganz besonders das Konzept der Seitwärtsstellungen und -bewegungen aus der ITOSU-Schule, das typisch für die *Shôrin-ryû Naihanchi* wurde, hat das Wesen dieser alten *Kata* sehr verändert. Die Art der *Shôrin*-Stellung öffnete den unteren Körper und verlagerte die Spannungen in einen höheren Bereich. Dies wurde noch mehr intensiviert, als in Japan das *Kiba-dachi* breiter und die Knie noch mehr nach außen gedrückt wurden. Die Folge war ein veränderter Energiefluß und eine veränderte Atmung.

Heute haben die *Tekki*-Varianten bezüglich ihrer direkten Umsetzung in den Kampf nur eine geringe Bedeutung. Der Grund dafür ist die bereits in der ASON-Schule verlorengegangene kämpferische Interpretation dieser *Kata*, die direkt mit dem *Shôrei*-typischen Atmungs- und Stellungskonzept zusammenhing. Doch im *Shôrin-ryû* gewann die *Tekki* einen neuen Inhalt in einer ebenso wichtigen Dimension. Es gibt Meister, die den Fortschritt ihrer Schüler allein daran messen, wie sie die *Tekki* vorführen. Gleichzeitig sagen sie, daß man die *Tekki* nicht vorführen sollte, ehe man sie nicht 10000mal wiederholt hat. Dies belegt Meister FUNAKOSHI, der in seiner Jugend 10 Jahre lang nichts anderes als die *Tekki*-Kata geübt hat.

Naihanchi-dachi (jap.): ursprüngliche Stellung der *Naha-te*-Kata *Naihanchi*. Sie stammt aus der ASON-TOMIGUSUKU-Linie (s. →*Naihanchi*, →*Naha-te*) und hat sich später in das *Shuri-te* übertragen. Meister FUNAKOSHI brachte die Kata nach Japan, wo sie sich als →*Tekki* verbreitete.

Naihanchi-dachi ist verwandt mit *Sanchin-dachi* aus dem *Shôrei-ryû*. Die Füße stehen etwa schulterbreit auseinander, die Fersen werden nach außen gedrückt, die Zehenspitzen zeigen nach innen. Man spannt die Knie und drückt sie nach innen. Die Hüften sind gesenkt, das Gesäß wird auf dieselbe Weise gespannt wie in *Sanchin-dachi*. Das Körpergewicht ruht gleichmäßig in der Mitte. Im *Shôrin-ryû* hat sich, aufgrund der unterschiedlichen Atmungsmethode (→*Kokyû*), aus *Naihanchi-dachi* die Stellung *Kiba-dachi* abgeleitet, die heute in der *Tekki*-Kata verwendet wird. *Naihanchi-dachi* wird im *Gôjû-ryû* geübt, die *Naihanchi*-Kata hat sich jedoch nur im *Shôrin-ryû* verbreitet, obwohl sie ein Zweig des *Naha-te* war.

Naihanchin (chin.): eine von mehreren Bezeichnungen für die *Naihanchi*-Kata.

Naihô (jap.): von außen nach innen.

Naihô-uke (jap.): Gruppe sämtlicher Abwehrtechniken (→*Uke-waza*) im *Karate*, die von außen nach innen ausgeführt werden.

NAIHÔ-UKE

Jôdan	
Soto-ude-uke	– Unterarm von außen nach innen
Mawashi-teishô-uke	– Handflächenabwehr nach innen
Te-nagashi-uke	– Fegetechnik mit der Hand

NAIHÔ-UKE

Chûdan	
Soto-ude-uke	– Unterarm von außen nach innen
Mawashi-teishô-uke	– Handflächenabwehr nach innen
Te-nagashi-uke	– Fegetechnik mit der Hand
Mawashi-empi-uke	– Ellbogenabwehr nach innen
Gedan	
Soto(kake) gedan-uke	– Fegeabwehr nach innen
Soto-shutô-uke	– Handkantenabwehr nach innen
Soto-sukui-uke	– Schaufelabwehr nach innen
Morote-sukui-uke	– beidhändige Schaufelabwehr

Naiwan (jap.): Innenseite des Unterarms.

Naka (jap.): Mitte, Inneres; zwischen (auch *Chû*).

Nakaba (jap.): Hälfte, Mitte (auch *Han*).

Nakabara Torataro: japanischer *Kendô*- und *Iaidô*-Meister, höchstgraduierter Meister des *Iai* in den USA.

Nakadaka-ippon-ken (jap.): Mittelfinger-Knöchelfaust (der Knöchel des Mittelfingers steht nach außen).

Man formt die Faust wie in →*Seiken*, läßt jedoch das mittlere Gelenk des Mittelfingers vorstehen. Nun wird der Mittelfinger mit dem Zeige- und Ringfinger fest zusammengepreßt. Dann wird der Daumen über den Zeige- und Mittelfinger gelegt und der Griff fest gemacht. Zum Angriff wird die Spitze des mittleren Gelenkes gebraucht. *Nakadaka-ken* ist sehr wirkungsvoll gegen das Gesicht, zur Kehle, zum Solarplexus und zur Körperseite.

Nakadaka-ipponken-zuki (jap.): Stoßtechnik (→*Tsuki-waza*) mit →*Nakadaka-ipponken*.

Nakadaka-ken (jap.): auch *Handa-ken*, Vier-Finger-Knöchelfaust.

Nakadate (jap.): identisch mit →*Nakadaka*.

Nakai (jap.): Wettkampfbegriff, »Kommt zurück zur Kampfflächenmitte!«

Nakai Kyose (†1974): japanischer Meister des *Jûjutsu*, größte Autorität des *Jûjutsu* in Amerika. Er unterrichtete mehr als 50 Jahre lang in New York und schrieb das Buch *»Jiu Jitsu Complete«*.

Nakaima Norisato (Kenri) (1850–1927): okinawanischer Großmeister des *Tôde*, Gründer des *Ryûei-ryû* als Folge eines siebenjährigen Aufenthaltes (1870–1877) in Fukien, China, wo er *He-quan* von → Ryû Ryûko lernte.

Nakaima Norisato wurde von einem chinesischen Militärgesandten aus →Kumemura empfohlen und daraufhin nach Fuzhou entsandt, wo er 1870 als *Uchi-deshi* von Ryû Ryûko chinesisches *Kempô* lernte. Zur selben Zeit lernte auch Higashionna Kanryô von demselben Meister. Dort studierte er das →*Bubishi* und fertigte sich Kopien davon an. Manche Geschichtsforscher glauben, daß das okinawanische *Bubishi* in der Hauptsache ihm zu verdanken ist.

Das später gegründete *Ryûei-ryû* wurde danach auf Nakaima Kenchu und →Nakaima Kenko (1911–1989) weitervererbt. Heute stehen dem *Ryûei-ryû* Nakaima Kenkos Sohn Kentaro (6. Dan *Kendô* und 5. Dan *Iaidô*) als Präsident und →Sakumoto Tsuguo als Chief Instructor vor.

Nakaima Noritaka (Kenko): okinawanischer Großmeister (1911–1990) des →*Ryûei-ryû*.

Nakaima übte in der *Shuri-te*-Schule von →Itosu Yasutsune und wurde dort von →Shiroma Gusukuma unterrichtet. Außerdem lernte er noch von Oshiro Chôjo und Yabu Kentsu. Er ist auch Erbe der Nakaima-Familientradition, in der das *Ryûei-ryû* geübt wurde. Dieser Stil wurde von Nakaimas Großvater →Nakaima Kenri (Norisato) geschaffen und auf Nakaima Kenkos Vater Nakaima Noritada (Kenchu) übertragen. Der nächste in der Familienkette war Nakaima Kenko, der den Stil 1971 zum ersten Mal öffentlich zu unterrichten begann. Er nahm eine Gruppe von 20 Schullehrern als Schüler an, unter ihnen auch →Sakumoto Tsuguo, den heutigen Vorstand des Stils. Weitere Schüler des Meisters waren Nakaima Kentaro und Kinjo Takeyuki.

Nakaime (jap.): »mittleres Jetzt«, sinngemäß für »ewige Gegenwart«. Philosophischer Begriff aus dem →Buddhismus.

Im *Bushidô* bezeichnet er die Haltung eines Kriegers im Kampf, in der er sich auf die Gegenwart zu konzentrieren vermag (s. →*Mushin*), ohne von irgend etwas anderem abgelenkt zu werden.

Nakama Chozo: okinawanischer *Karate*-Lehrer, Schüler von Itosu Anko, Hanashiro Chômo, Chibana Chôshin, Motobu Chôki, Mabuni Kenwa und Nago.

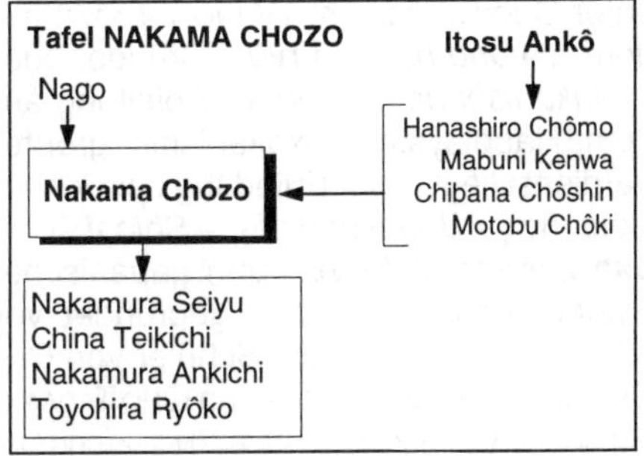

Nakamoto Kosei: okinawanischer Meister des *Tomari-te*, Schüler von KUBA KÔHO, der unter MATSUMORA KÔSAKU, dem Begründer des *Tomari-te*, lernte.

Nakamura-ryû (jap.): auch *Nakamura Battôjutsu*, japanische Schule des →*Iaijutsu*, gegründet von Meister NAKAMURA TAISABURÔ (*1911) aus dem *Toyama-ryû*, in dem die Übung des *Iai* nur im Stand ausgeführt wird. Sie verwendet acht Grundpositionen *(Kamae)* und acht Schneidetechniken *(Happô-giri no tosen)*.

Nakamura-ryû unterscheidet sich vom *Kenjutsu* und *Iaijutsu* durch folgende Punkte: 1. die kniende Position wird als unrealistisch angesehen und weggelassen; 2. das Studium der acht Kampfhaltungen; 3. eine fortgesetzte Übung von Schneidetests an Bambus mit dem echten Schwert. Nakamuras Ziel ist es, die geistigen Werte der ursprünglichen Kampfkünste wiederzubeleben, und er verwendet schwierigere und gefährlichere Übungen als die modernen Schulen. Seine Philosophie ist auf den Kampf ausgerichtet und widerspricht damit den aktuellen *Kendô*- und *Iaidô*-Schulen.

Nakamura Shigeru (1895–1969): okinawanischer *Karate*-Experte, Gründer des →*Okinawa Kempô-Karate*, Lehrer von →ODO SEIKICHI.

NAKAMURAS LEHRER

Nakamura Shigeru begann sein Training in frühen Jugendjahren unter seinem Vater NAKAMURA KEIKICHI und seinen beiden Onkeln NAKAMURA TEIICHI und NAKAMURA SHINKICHI. →KUNIYOSHI SHINKICHI (s. →*Kuniyoshi no Tamme*) wurde sein nächster Lehrer im *Karate* und *Kobujutsu*. Von ihm lernte er die *Seisan*. →MOTOBU CHÔJU, der älteste Sohn des Motobu-Clans und Stilerbe des →*Motobu-ryû*, wurde Nakamuras nächster Lehrer. Danach

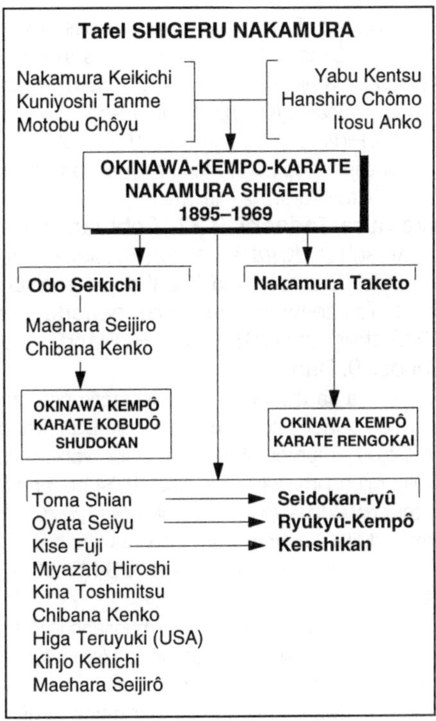

wurde er von YABU KENTSU *(Shôrin-ryû)*, HANASHIRO CHÔMO *(Shôrin-ryû)*, ITOSU YASUTSUNE *(Shuri-te)*, HIGASHIONNA KANRYÔ *(Naha-te)* und MOTOBU CHÔKI *(Motobu-ryû)* unterrichtet.

GRÜNDUNG DES OKINAWA-KEMPÔ-KARATE

Shigeru Nakamura unterhielt viele Jahre lang sein *Dôjô* in Nago (Okinawa), das er 1940 eröffnete. Nachdem dieses *Dôjô* im Krieg zerstört worden war, eröffnete er 1950 ein neues *Dôjô* und benannte seinen Stil *Okinawa-Kempô-Karate*, eine okinawanische Methode des *Full-contact*-Kampfes unter Verwendung einer *Kendô*-ähnlichen Schutzkleidung. 1965 gründete Nakamura, unterstützt von →SHIMABUKURO ZENRYÔ, die *Okinawa Kempô-Renmei*, eine Organisation für alle okinawanischen Schulen, die in ihren Kämpfen einen Körperschutz verwenden. Nachdem Nakamura 1969 gestorben war, wurde diese Organisation von NAKAMURA TAKETO (Sohn des Meisters) in die *Zen Okinawa Kempô Karate Rengôkai* umgeändert, geleitet von →NAKAIMA KENKO.

Zu seinen wichtigsten Schülern gehörten MIYAZATO HIROSHI, KINA TOSHIMITSU, CHIBANA KENKO, MA-

EHARA SEIJIRÔ, TOMA SHIAN (Gründer des *Seidôkan-ryû*), OYATA SEIYU (Gründer des *Ryûkyû-Kempô-Karate*), NAKAMURA TAKETO (MITSU – Gründer der *Okinawa Kempô Karate Rengôkai*), ODO SEIKICHI, HIGA TERUYUKI UND →KISE FUJI. Nakamura war eine lebende Legende und einer von Okinawas größten *Karateka* aller Zeiten.

Nakamura Tadashi (* 22. Februar 1942): japanischer *Karate*-Lehrer, geboren auf der Insel Sachalin (jap. Karafuto), deren südlicher Teil zeitweise zu Japan gehörte, seit 1945 aber zur UdSSR bzw. Rußland. Inhaber des 9. Dan.

Nakamura Tadashi lernte die Kampfkünste zuerst von seinen älteren Brüdern, die Dan-Träger im *Gôjû-ryû* (unter MIYAGI KEI, Sohn von MIYAGI CHÔJUN) und im *Wadô-ryû* sind. 1954 begann er unter ÔYAMA MASUTATSU →*Kyôkushin-ryû* zu studieren. Mit 19 Jahren war er bereits Inhaber des 2. Dan und Chefausbilder der US-Militärbasis Zama.

Danach begann Nakamura eine mehrjährige Wettkampfzeit, die er als persönliche Herausforderung betrachtete. Unter Meister Ôyama erreichte er den 7. Dan und wurde als der beste Schüler des Meisters Chefausbilder im *Kyôkushinkai Hombu-Dôjô* in Tôkyô. 1966 ging er in die USA, um dort das *Kyokushinkai* zu verbreiten, und gründete zu diesem Zweck die *North Amerikan Kyôkushinkai Organisation*. Doch mit Ôyamas Verbreitungspolitik war Nakamura nicht mehr einverstanden. 1976 gründete er die *World Seido Karate Organisation*, deren *Hombu-Dôjô (Seido-juku)* er am 15. Oktober 1976 in New York einrichtete. Heute lebt der Meister mit seiner Frau und seinen drei Kindern in New York (s. →*Seidô Karate-dô*).

Nakamura Taisaburô: s. →*Nakamura-ryû*, →*Toyama-ryû*.

Nakanhari: okinawanischer *Bô*-Experte (s. →*Kobudô*) aus dem 19. Jh., von dem die *Nakanhari no Kon* überliefert wurde.

Obwohl Nakanhari ein sehr starker Kämpfer war, war sein Beitrag zum okinawanischen *Bôjutsu* bescheiden, da er keine Schüler unterrichtete. Seine *Kata*, die heute nur wenig geübt wird, ist sehr spezialisiert und wird auf Okinawa manchmal zu besonderen Anlässen vorgeführt.

Nakanishi Chûta: japanischer Schwertmeister (um 1700), Schüler der ONO-Schule unter ONO CHUICHI (s. →ONO TADAAKI) aus dem →*Ono-ha Ittô-ryû*, Gründer des →*Nakanishi-ha Ittô-ryû* als Ableitung aus dem Hauptsystem. Nakanishis größtes Verdienst liegt in der Erfindung der Schutzkleidung (→*Bôgu*) und des →*Shinai*.

Nakanishi-ha Ittô-ryû (jap.): japanisches System des →*Kenjutsu*, gegründet von NAKANISHI CHÛTA, einem Schüler von ONO CHUICHI, dem Nachfolger von ONO TADAAKI.

Nakanishis Vorgänger TORANISHI KANSHIN und ONO TADAAKI (s. →*Ono-ha Ittô-ryû*) erlaubten zum ersten Mal in einer *Kenjutsu*-Schule die Verwendung eines Helms, eines Visiers, eines Brustpanzers und eines Schutzüberzugs. Ono Tadaaki brachte auch ein leichtes Bambusschwert statt des *Bokken* in den Übungsgebrauch. Über ONO CHUICHI (Nachfolger von Ono Tadaaki) gelangte die Idee zu →NAKANISHI CHÛTA, dem Gründer des *Nakanishi-ha Ittô-ryû*, der das System verbesserte und das →*Shinai* perfektionierte. Zum Schutz im Training führte Nakanishi auch einen Fausthandschuh aus Messing ein. Die im *Nakanishi-ha Ittô-ryû* perfektionierte Schutzkleidung (→*Bôgu*) wurde daraufhin auch vom *Maniwa Nen-ryû* und *Jigen-ryû* übernommen.

Nakano Michiomi: s. →*Shôrinji Kempô*.

Nakasuji-kyûdô (jap.): imaginäre Linie, die von der Zielscheibe durch die Faust der Hand, die den Bogen aufzieht, zur Schulter geht.

Nakayama Hakudô Hiromichi (1873 bis 1958): japanischer Meister des *Kendô* und *Iaidô* (s. →*Musô Jikiden-ryû*), 10. Dan, wichtiger Lehrer des *Kokusai Budoin* (s. Anhang).

Nakayama, eine der weltberühmtesten Autoritäten im *Kendô* und *Iaidô*, wurde in der Präfektur Kanazawa geboren. Nachdem er 1892 nach Tôkyô gezogen war, wurde er Schüler von NEGISHI SHIGORO aus dem →*Shindô Munen-ryû*. Dort erreichte er hohe Ränge im *Kendô, Iaidô* und *Jôdô* und unterrichtete in seinem *Dôjô* (s. →*Yushinkan*) viele später bekannt gewordene Schüler. Die bekanntesten sind NAKAKURA KIYOSHI und HAGA JUICHI.

Nakayama Masatoshi (1913–1987): japanischer *Karate*-Meister aus Tôkyô, Schüler von Meister →FUNAKOSHI, hauptsächlicher Initiator der Veränderung des *Karate-dô* zum Wettkampfsport.

Nakayamas Jugendzeit

Meister Nakayama entstammt einem alten *Samurai*-Geschlecht von Fechtlehrern und genoß von Kind an eine Erziehung im Sinne des *Bushidô*. Der Vater Naotoshi Nakayama diente als Stabsarzt in der Armee, und so gelangte der Junge in frühem Alter nach Taiwan (Taiei), wo er mit *Kendô* und mehreren anderen *Budô*-Disziplinen begann. Es lag in der Absicht der Familie,

Nakayama Masatoshi

daß Masatoshi Nakayama in die Fußstapfen des Vaters und des Großvater trat und Medizin studierte. Zu diesem Zweck sollte er die *Himeji*-Universität in Tôkyô besuchen. Dort angekommen, schrieb er sich jedoch ohne Wissen seiner Eltern an der *Takushoku*-Universität ein, um chinesische Geschichte und Sprache zu studieren.

Dort begegnete er Meister Funakoshi, der zu jener Zeit an der *Takushoku*-Universität *Karate* unterrichtete. 1932 begann er unter ihm *Karate* zu studieren. Doch bereits 1933 reiste er zum erstenmal kurzfristig in die Mandschurei, die ihn seit jeher fasziniert hatte. 1937 reiste er als Austauschstudent nach Peking und verbrachte fünf Jahre an der dortigen Universität. Danach arbeitete er noch weitere fünf Jahre für die chinesische Regierung (zu jener Zeit gab es in der Mandschurei keine Regierung, sondern den von den japanischen Besatzern als Strohmann eingesetzten Mandschu-Kaiser Pu-Yi). In dieser Zeit beschäftigte er sich auch mit den chinesischen Kampfkünsten.

Nakayama und das Shôtôkan-ryû

Nakayama begann im Herbst 1932 an der *Takushoku*-Universität mit *Karate*, blieb aber nur vier Jahre lang bei Meister Funakoshi, denn 1937 fuhr er nach China und kam erst 1946 zurück. Von den enormen technischen Veränderungen, die im →*Shôtôkan* zwischen 1939 und 1943 stattgefunden hatten, wußte er nichts. Die *Karateka* der älteren Generation des *Shôtôkan,* wie →Funakoshi Yoshitaka oder →Egami Shigeru, →Hironishi Genshin und Noguchi Hiroshi, hatten inzwischen eine hohe Stufe der Meisterschaft erreicht, aber auch die Schüler aus Nakayamas Jahrgang wie Hidetaka Nishiyama oder Ôbata Isao waren anerkannte Größen des *Shôtôkan*. Da Funakoshi Yoshitaka nicht mehr am Leben war, hatten Hironishi Genshin und Egami Shigeru im Einvernehmen mit Meister Funakoshi die Leitung des Stils übernommen.

Da Nakayama aber zum *Shôtôkan-Dôjô* ein gespanntes Verhältnis hatte, appellierte er an die Hilfe einiger Junioren der *Takushoku*-Universität, von denen besonders → Miyata Minoru, einer der Schüler von Funakoshi Yoshitaka und Hironishi Genshin, sich darum bemühte, Nakayama Masatoshi in den Neuerungen zu unterrichten.

Die Gründung der Japan Karate Association (JKA)

Obwohl Nakayama Masatoshi ein Schüler derselben Generation wie Egami und Hironishi war, wurde er zum Zeitpunkt seiner Rückkehr aus China (er war mehr als 10 Jahre weg) von den Meistern des *Shôtôkan-dôjô* nicht als ihresgleichen anerkannt. Daher wurden seine Bemühungen an der *Takushoku*-Universität, das *Karate* in einen Wettkampfsport zu verwandeln, von den meisten *Shôtôkan*-Experten zunächst belächelt. Trotzdem gelang es ihm, einige führenden Meister des *Shôtôkan*, unter ihnen →Nishiyama Hidetaka und →Obata Isao, für seinen Plan zu gewinnen. Zusammen mit ihnen und vielen *Karate*-Schülern der *Takushoku*-Universität gründete er 1949 die JKA *(Japan Karate Association)*.

Das Ziel dieser Organisation war es, ein Regelsystem für *Karate*-Wettkämpfe auszuarbeiten und in einem Instruktorenkurs Übungsleiter für Wettkampf-*Karate* auszubilden, die anschließend dieses *Karate*-Konzept verbreiten sollten.

Unter Nakayama wuchs die JKA *(Japan Karate*

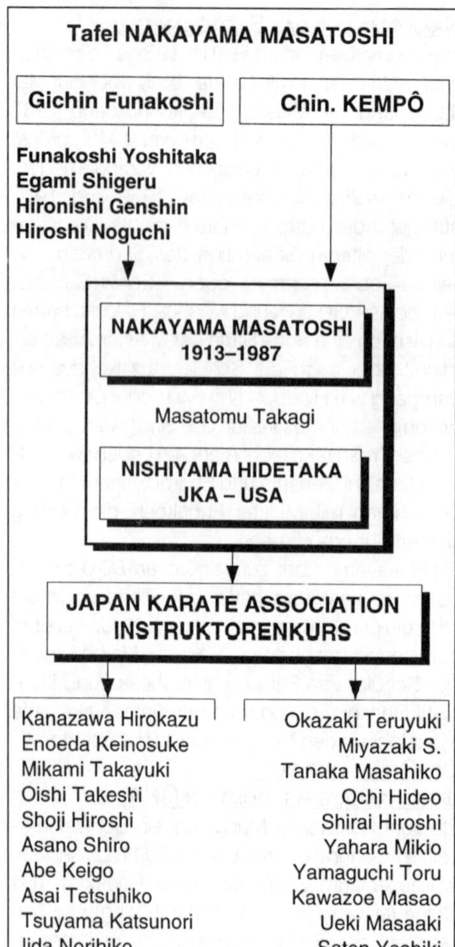

Association), deren Leitung er Mitte der 50er Jahre selbst übernahm, zu einer renommierten *Karate*-Vereinigung. Nachdem jedoch der Meister gestorben war, fehlte es zunächst an kompetenten und anerkannten Persönlichkeiten, die in der Lage gewesen wären, die JKA zu führen. Die großen Instruktoren der JKA, wie KANAZAWA, ENOEDA, NISHIYAMA oder SHOJI, lehnten die JKA-Führung entweder ab oder wurden von den rivalisierenden Meistern gar nicht gefragt. Heute ist SUGIURA MOTOKUNI der Chefinstruktor der JKA, während NAKAHARA ihr Präsident ist.

Nakayama veröffentlichte mehrere Bücher, von denen *»Dynamic Karate«* und *»Karate Perfect«* (8 Bände) besonders zu erwähnen sind. Nakayama Masatoshi verstarb am 15. April 1987.

Naka-yubi (jap.): Mittelfinger (s. →*Karada*, →*Yubi*).

Nakayubi-ippon-ken (jap.): Mittelfingerfaust. Dasselbe wie →*Nakadaka-ipponken*.

Nakazato Joen (*1922): aus Chinen, Okinawa. Begründer des →*Shôrinji-ryû*[3], auch *Kyan-ryû* oder *Nanbu Shôrin-ryû* genannt, einer Ableitung des okinawanischen *Shôrinji-ryû*. Präsident der *Zen Okinawa Shôrinji-ryû Karate-dô Kyôkai* (s. Anhang).

Nakazato Joen begann sein *Karate*-Training im Alter von 13 Jahren unter →KYAN CHÔTOKU. Wie viele Okinawaner wurde er im Zweiten Weltkrieg in die japanische Armee eingezogen und in China eingesetzt, wo er als Funker diente. Als der Krieg zu Ende war, kehrte er nach Okinawa zurück und erfuhr, daß Kyan inzwischen gestorben war. Seine Hingabe an seinen Lehrer war so groß, daß er schwor, den Stil ohne jegliche Veränderung weiterzugeben. Als aber in den 50er Jahren immer mehr Meister ihren Stilen Namen gaben, nannte Nakazato die von Kyan erlernte Kampfkunstmethode *Shôrinji-ryû* (Shaolin-Stil), um sie von den bestehenden okinawanischen Methoden zu unterscheiden.

Sein bester Schüler ist TAMOTSU ISAMU von Kagoshima, der den Stil nach drei Jahren Training unter Nakazato im Jahre 1961 in Japan zu verbreiten begann. Noch heute unterrichtet Nakazato unverfälscht die acht *Kata* genau nach der Methode, die er von seinem Lehrer gelernt hatte. Diese Kata sind: *Ananku, Seisan, Naihanchi, Wanshu, Patsai, Gojushiho, Chintô* und *Kûshankû*.

Im Jahre 1963 erhielt Nakazato den Titel des *Hanshi* und den 9. Dan vom *Zen Nippon Karate-dô Renmei*. Er ist heute Präsident der *Zen Okinawa Shôrinji-ryû Karate-dô Kyôkai*. Nakazato lebt noch immer in Chinen, wo er heute Bürgermeister ist. Dort befindet sich auch seit über 30 Jahren sein *Dôjô*. Seine bedeutendsten Schüler sind UNTEN SENMATSU, TAIRA YASUTAKA, UNTEN SENYU, NOHARA TAKAO und OYAKAWA JINSHI.

Nakazato Shugoro (*14. August 1919 in Naha, Okinawa): Okinawanischer *Karate*-Experte, derzeit Vorstand des *Kobayashi Shôrin-ryû* von →CHIBANA CHÔSHIN, Leiter der *Okinawa Karate-dô Shôrin-ryû Shôrinkan Kyôkai* (s. Anhang).

Nakazato, der sich sowohl mit *Karate* als auch mit *Kobudô* beschäftigt, begann im Alter von 13 Jahren, während seiner Schulausbildung in Osaka (Japan), mit dem Training im *Jûdô*. Wegen einer Verletzung, die er sich im *Jûdô* zuzog, entschloß er sich, zum *Karate* zu wechseln. So kam er 1937 zu UCHI SEIICHI, bei dem er 6 Jahre lang, bis zu dessen Tod, blieb. Parallel zu seinem *Karate*-Training übte sich Nakazato in den *Kobudô*-Waffen *Sai, Bô, Tonfa, Nunchaku* und *Kama*. 1946 kam er zu CHIBANA CHÔSHIN, der im Jahre 1933 den KOBAYASHI-Zweig des *Shôrin-ryû* gegründet hatte. Bei diesem blieb er bis zu dessen Tod und war zehn Jahre lang sein einziger Schüler. 1954 verlieh Chibana ihm den Titel *Hanshi* und 1967 den Rang des 9. Dan. 1969 wurde er der Nachfolger im *Kobayashi-ryû* und zum Vorstand der *Okinawa Shôrin-ryû Shôrinkan Organisation* ernannt. Sein Stil wird auf Okinawa als *Shôrin-Shôrin* bezeichnet. Sein bekanntester Schüler ist →YAMASHITA TADASHI, weitere Schüler sind SHIROMA JIRO, SID CAMPBELL und FRANK HARDGROVE.

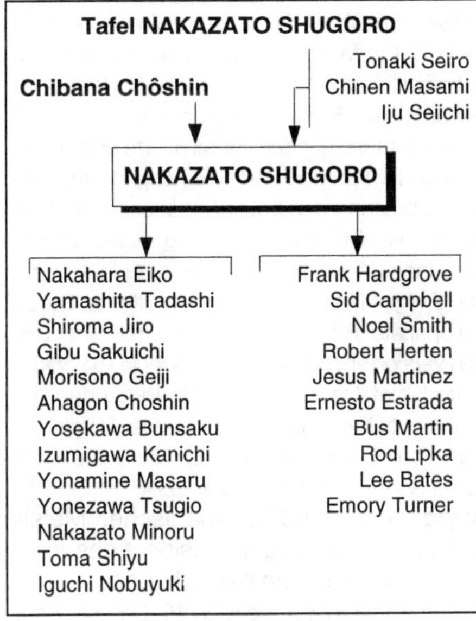

Nakazone Seiyu (*1896): okinawanischer Meister des →*Tomari-te.*

Nakazone war ein direkter Schüler von →HIGA SEIKÔ, einem Meister des *Gôjû-ryû*, widmete sich jedoch in seinen reifen Jahren einem intensiven Studium der alten Kampfkunst aus *Tomari* (→*Tomari-te*). Diese lernte er von IHA KODATSU, einem Schüler von →MATSUMORA KOSAKU. Iha unterrichtete außer Nakazone noch MAEDA GISEI, KUBA CHÔJUN und HOKAMA SEIKICHI. Zu Nakazones bedeutendsten Schülern gehören TOKASHIKI IKEN, NAKAMOTO SEIKÔ, FUKICHI ISAO und HOKAMA TETSUHIRO.

Namae (jap.): Name.

Nami (jap.): Welle (auch *Ha*).

Nami-ashi (jap.): Schnappblock mit dem Fuß (in der Kata *Tekki-shôdan*, s. auch → *Nami-gaeshi*).

Nami-ashi

Nami-gaeshi (jap.): zurückkehrende Welle. Schnelles Fußschnappen (als Abwehr oder zur Vermeidung eines Fußfegers) aus der *Tekki-shodan* (s. auch →*Nami-ashi*).

Nami-jûji-jime (jap.): Ristkreuzwürgen im *Jûdô*.

Nam Tae Hi: koreanischer *Taekwondo*-Meister, Präsident der *Asian Taekwondo Federation* 1969 –1972.

Als koreanischer Offizier unterrichtete Nam Taekwondo lange Zeit in der Armee zu Zwecken der Selbstverteidigung. In den 50er Jahren reiste er mit Selbstverteidigungs-Demonstrationen durch die ganze Welt. 1973, nachdem er sich in den USA niedergelassen hatte, eröffnete er eine Schule in Chicago, die heute das Hauptquartier der *American Taekwondo Association* (ATA) ist.

Nana (jap.): sieben (auch *Shichi, Nanatsu*). *Nana-jû* – siebzig.

Nana korobi ya oki (jap.): »Wenn du siebenmal hinfällst, mußt du achtmal aufstehen.« Dieser Leitsatz (s. →*Kaisetsu*) wird →Bo-

DHIDHARMA zugeschrieben, der ihn schon im →*Shaolin*-Kloster gelehrt haben soll. Er hat sich über viele Jahrhunderte in der Kampfkunstliteratur erhalten und ist in der heutigen Zeit nicht weniger wichtig als damals.

Es besteht kein Grund, sich davor zu fürchten, einen Fehler zu machen. Eine solche Haltung verspannt den Übenden in allen möglichen Lebenssituationen und nimmt ihm den Mut, eine Herausforderung anzunehmen. Sie verschließt den Weg zu jeder Erfahrung. Vielleicht bewahrt sie vor Fehlern, doch sie verschließt auch den Fortschritt. Es ist keine Schande, Fehler zu machen. Der Weg zu jedem Ziel ist voller Fehler.

Man kann kein Ziel anstreben, wenn man sich vor Fehlern fürchtet. Der reife Mensch hat gelernt, mit ihnen umzugehen, der unreife versucht, sie zu verbergen. Irgendwann im Leben haben wir alle erfahren müssen, daß es weh tut, wegen Fehlern kritisiert zu werden. Wir haben damit begonnen, unsere Fehler und Schwächen zu verbergen, um besser anerkannt oder mehr geliebt zu werden. Doch mit der Zeit müssen wir lernen, daß das Vortäuschen von Perfektion nicht zu den Voraussetzungen gehört, die eine wahre Persönlichkeit ausmachen. Jeder Mensch hat ein Recht auf Fehler, auch wenn sie Kritik hervorrufen. Sie sind es, die unser Wachsen fördern, wenn wir ihnen Spielraum lassen. Wenn wir dies anerkennen, können wir sie kontrollieren.

Naname (jap.): schräg, schief, abfallend, geneigt, diagonal (auch *Sha*, s. →*Hô*).

Naname-ate (jap.): schräger Stoß.

Naname-fumikomi (jap.): schräg zur Seite gerichteter Stampftritt.

Naname-geri (jap.): schräg zur Seite gerichteter Fußtritt.

Naname ni (jap.): diagonal.

Naname-zuki (jap.): schräger Stoß, Seitenstoß.

In den Techniken der Stockwaffen bezeichnet *Naname-zuki* alle Stöße, die mit der Breitseite des Stockes ausgeführt werden (als Gegenüberstellung s. →*Nagai-zuki*).

Naname-uchi (jap.): schräge Schlagtechnik.

Naname-yokeru-koto (jap.): Form des Ausweichens im *Wado-ryû* (s. →*Yokeru-koto*).

Bei einem gegnerischen Angriff wird der vordere Fuß im großen Schritt zurückgenommen und diagonal nach außen gesetzt.

Nanbu-dô: *Karate*-Stil, gegründet von → YOSHINAO NANBU, einem Schüler von CHOJIRÔ TANI (Gründer des *Shukokai-ryû* oder *Tani-ha Shitô-ryû*), im Jahre 1978.

1970 gründete Yoshinao Nanbu die Schule →*Sankukai* in Frankreich, in der er ab 1978 *Nanbu-dô* unterrichtete.

Nanbu Shôrin-ryû (jap.): s. →NAKAZATO JOEN.

Nanbu Yoshinao (* 1943): japanischer *Karate*-Meister aus Kobe, Gründer des →*Nanbû-dô*.

Nanbu Yoshinao begann seine Kampfkunstausbildung schon als Kind und übte zuerst *Jûdô*, dann *Kendô*. Mit 18 Jahren besuchte er die Fakultät für Wirtschaftswissenschaften in Osaka und wurde dort von →CHÔJIRO TANI und Meister TANAKA im *Shitô-ryû* unterrichtet. Danach begann er eine Karriere als *Karate*-Wettkämpfer und hatte einige Erfolge. 1964 lud ihn der französische *Karate*-Pionier HENRY PLEE nach Frankreich ein, wo er mit Erfolg an europäischen Wettkämpfen teilnahm. 1968 kehrte er nach Japan zurück und traf sich mit Chôjiro Tani, der inzwischen seine eigene Methode, das *Shukôkai (Tani-ha Shitô-ryû)*, entwickelt hatte. Dieser beauftragte Nanbu, das →*Shukôkai* in Europa zu verbreiten.

In den darauffolgenden Jahren lehrte er in mehreren Ländern Europas, um die nötigen Strukturen zur Verbreitung des *Shukôkai* zu schaffen. Doch Nanbu erlaubte sich gleichzeitig massive Veränderungen der Stilstrukturen, was schließlich zum endgültigen Bruch mit Chôjiro Tani führte. Daraufhin spaltete sich Nanbu Yoshinao mit einer eigenen Version ab, die er in seiner Schule →*Sankukai* unterrichtet. Nach mehreren Veränderungen und Weiterentwicklungen führte diese Version im Jahre 1978 zum →*Nanbu-dô*. Nanbus bekanntester Schüler ist DOMINIQUE VALERA.

Nango Jiro (†1951): japanischer Meister des *Jûdô*, ehemaliger Präsident des *Kôdôkan*, Nachfolger von KANÔ JIGORÔ.

Nango war einer der wenigen 10. Dan am *Kôdôkan*. Er begann mit dem Training des *Jûdô* unter Kanô und erhielt 1884 seinen Schwarzgurt. Als Kanô 1938 starb, wählte der *Kôdôkan* Nango zu seinem Nachfolger. 1946 zog er sich wegen schlechter Gesundheit zurück. In seiner Amtszeit legte er die *Kata* der Selbstverteidigung für Frauen fest und gründete ein Trainingsinstitut für *Jûdô*-Lehrer.

Nan-quan (chin.): »Faust des Südens«, Bezeichnung für die Stile des →*Quan-fa* aus dem Süden Chinas. Diese Systeme tragen in Kanton die Bezeichnung *Gar* (identisch mit hochchinesisch *Jia*). *Gar* bedeutet »Familie« und steht in Verbindung mit dem Namen des Gründers. Ursprünglich gab es fünf Systeme des südlichen *Quan-fa*, die sich alle durch extreme Kampfbezogenheit auszeichnen, da sie – anders als die nördlichen Systeme – in Kriegszeiten entwickelt wurden und die Schüler schnell zu effektiver Kampfkraft führen mußten. Daher wurde in diesen Systemen zuerst der starke Einsatz der Faust gelehrt, die Fußarbeit wird weniger betont und durch starke Stellungen und Abwehrtechniken ausgeglichen.

Die südlichen Systeme haben ihre Wurzeln im *Shaolin* oder verwandten Systemen. Sie wurden von Aufständischen gegen die Mandschus in den Süden gebracht und dort mit bestehenden Kampfkünsten vermischt. Die fünf großen Systeme des südlichen *Quan-fa* sind:

- ***Hung-gar*** gegründet von HUNG HEI-GUNG)
- ***Liu-gar*** gegründet von LIU SOAM-NGAN)
- ***Choy-gar*** gegründet von CHOY GAU-YI)
- ***Li-gar*** gegründet von LI YAO-SAN)
- ***Mok-gar*** gegründet von MOK CHING-GIU)

Heute populäre Stile sind *Choy-li-fut, Wing-chun* und *Bai-he-quan*.

SÜDLICHES QUAN-FA

Ursprungssysteme
Hung-jia-quan (Hung-chia-ch'uan/Hung-gar)
Liu-jia-quan (Liu-chia-ch'uan/Liu-gar)
Cai-jia-quan (Ts'ai-chia-ch'uan/Choy-gar)
Li-jia-quan (Li-chia-ch'uan/Li-gar)
Mo-jia-quan (Mo-chia-ch'uan/Mok-gar)

Neuere Systeme
Cai-li-fu-quan (Choy-li-fut/Ts'ai-li-fu-ch'uan)
Yong-chun-quan (Wing-chun/Yung-ch'un-ch.)
Bai-he-quan (Pak-hok/Pai-ho-ch'uan)

Nantebô: japanischer *Zen*-Mönch (1839 bis 1925), Begründer des →*Sesshin*.

Naore (jap.): Rückkehr zur anfänglichen Bereitschaftsstellung.

Narabi (jap.): Reihe. *Naraberu* – aufreihen, *Narabu (Hei)* – in einer Reihe aufstellen, nebeneinanderstehen.

Narabi-jûji-jime (jap.): Ristkreuzwürgen im *Jûdô*.

Nasake (jap.): Mitleid, Mitgefühl, Sympathie (auch *Jô, Sei*). *Ninjô* – Menschlichkeit, *Dôjô* – Teilnahme, Mitgefühl, *Mujô* – Gefühlslosigkeit, *Bushi no Nasake* – das Mitgefühl des Kriegers.

Natsu (jap.): Sommer (auch *Ka, Ge*).

Natsu-geiko (jap.): traditionelles Trainingsseminar im Sommer am →*Kôdôkan*.

Navon, Doron: israelischer Großmeister (10. Dan) des *Togakure-ryû Ninpô*, 4. Dan *Jûdô*, erster nichtjapanischer Schüler von →HATSUMI MASAAKI (s. auch →*Ninjutsu*). Navon ist der einzige ausländische *Shihan* des *Ninpô-Hombu-Dôjô* in Japan, in Israel außerdem Lehrer der Feldenkreis-Methode.

Navon studierte 8 Jahre lang (1966–1974) *Ninjutsu* im →*Bujinkan-Dôjô* in Noda (Japan). Als er 1974 nach Israel zurückkehrte, eröffnete er die erste nichtjapanische Schule des *Ninjutsu*. Heute lebt er in Israel und widmet sich der Verbreitung dieser Kunst.

Nawa Jumio: *Ninja* (s. →*Ninjutsu*) der Gegenwart, Spezialist mit der Waffe *Manrikikusari* und Meister in der Kunst des Fesselns.

Nawa möchte als einfacher Einwohner Tôkyôs bezeichnet werden, ist aber ein außergewöhnlicher Kampfkunstexperte. Viele sehen in ihm einen der im verborgenen lebenden *Ninja*-Großmeister einer alten *Ninjutsu*-Richtung.

Nawanage (jap.): die *Ninja*-Kunst des Seilwerfens.

Nawanuke no Jutsu (jap.): *Ninja*-Technik der Befreiung aus Fesselungen, mit verschiedenen Techniken des Knotenlösens bis hin zum Ausrenken der eigenen Gelenke.

Ne (jap.): Wurzel, Grund, in den Kampfkünsten Bodenlage.

Negishi-ryû (ja): traditionelle japanische *Ninjutsu*-Schule, spezialisiert auf die Technik des Messerwerfens.

Nei-dan (chin.): auch *Nei-tan,* »innerer Zinnober«, »inneres Elixier«, »innere Alchimie«, Praktiken des religiösen Daoismus (→*Daojiao*), im Gegensatz zu →*Wai-dan* (»äußere

Dämonenvertreiber Chung K'ui mit magischem Schwert

Alchimie«). Daoistischer Begriff für die Entwicklung einer unsterblichen Seele (→*Chang-sheng-busi*) aus den drei Lebenskräften →*Jing*, →*Qi* und →*Shen*. Während man in der *Wai-dan* versuchte, ein Unsterblichkeit verleihendes Elixier herzustellen, will man in der *Nei-dan* nur mit der Sammlung der Gedanken arbeiten.

Die daoistischen Magier ließen im Inneren des Menschen einen »heiligen Embryo« (→*Sheng-tai*) entstehen. Dieser verläßt im Augenblick des Todes den Körper und steigt zum Himmel auf. Die Erschaffung des *Sheng-tai* kann mit der buddhistischen Erleuchtung gleichgesetzt werden. Die Erleuchtung der Anhänger der *Nei-dan* besteht aus der Rückkehr ins Nichts, der Vereinigung mit dem →*Dao*, dem Ausgleich der Unausgewogenheit von *Yin* und *Yang*. Das zeigt die enge Beziehung zum philosophischen Daoismus (→*Dao-jia*) und zum buddhistischen →*Chan*.

Ziel der Magier war es, im meditativen Atemprozeß →*Jing* zu läutern und in →*Qi* umzuwandeln, dann *Qi* zu läutern und in →*Shen* umzuwandeln. Zum Schluß wird der Geist *(Shen)* geläutert und ins Nichts gebracht, um die Einheit mit dem Universum zu erreichen.

Voraussetzung in der *Nei-dan* ist es, das *Jing* zu stärken, was zum Teil durch sexuelle Praktiken (→*Fang-zhong-shu*) geschieht. Aber am wichtigsten ist es, zuerst den »kleinen himmlischen Kreislauf« (→*Xiao-zhou-tian*) und danach den »großen himmlischen Kreislauf« (→*Da-zhou-tian*) zu entwickeln.

Nei-gong (chin.): auch *Nei-qi-gong*, »inneres →*Qi-gong*«, identisch mit →*Jing-gong*.

Nei-guan (chin.): »innere Schau«, daoistische Form der →Meditation, bei der man sich das Innere des Körpers genau vorstellt.

Das Nei-guan erleichtert das →*Xing-qi* und hilft, durch Gedankenkonzentration alle störenden Einflüsse abzuschalten. Manche daoistische Schulen benutzen diese Technik, um Körpergottheiten zu visualisieren und so mit ihnen zu kommunizieren.

Nei-jia (chin.): die »inneren Schulen« des →*Quan-fa* im Gegensatz zu den »äußeren Schulen« (→*Wai-jia*) des *Quan-fa*.

ALLGEMEINES ZUR NEI-JIA

Obwohl der Einfluß des Daoismus auf die frühen Kampfkünste Chinas gewaltig war, gewannen im 6. Jh. die buddhistischen Richtungen überhand und gründeten im →Shaolin-Kloster eine eigene große Kampfkunsttradition, die die Grundlage für die *Wai-jia* (»äußere Schule«) bildete. Doch diese war nicht von allem bereits Bestehenden getrennt, sondern übernahm viele der daoistischen Ideen. Ob die daoistischen Systeme *(Nei-jia)* neben den buddhistischen weiterexistierten, ob sie für einige Jahrhunderte miteinander verschmolzen, um später wieder neu aufzuerstehen, oder ob sie aus der buddhistischen Tradition erwuchsen, um die alten daoistischen Werte wieder neu zu entdecken und sich dadurch von den Shaolin-Richtungen zu unterscheiden, kann heute nicht mehr geklärt werden.

DIE ENTSTEHUNG DER STILE

Die erste Erwähnung der wiederauferstandenen daoistischen Kampfkunst, die sich – zur Unterscheidung vom *Shaolin Quan-fa* – *Nei-jia* (»innere Schule«) nannte, finden wir im 13. Jh., als der Eremit →ZHANG SAN-FENG im Wudang-Gebirge (Bergregion südlich von Beijing in der Provinz Hubei) eines Tages während seiner Meditation den Kampf zwischen einer Schlange und einem Kranich beobachtete. Man glaubt, daß dieser Mann vorher in einem der Shaolin-Klöster lebte und sich zumindest intensiv mit dem *Shaolin Quan-fa* auseinandersetzte. Als die Schlange siegte, weil sie den Angriffen des Vogels, der allmählich ermüdete, beständig auswich, soll Zhang San-Feng erkannt haben, daß das Ausweichen der

Schnelligkeit überlegen ist. Auf den Grundlagen der daoistischen Philosophie gründete er den Kampfstil →*Wu-dang-pai*, den Vorfahren aller Stile der »inneren« Richtungen. Später zerfiel dieser Stil in mehrere Zweige, die jedoch als Oberbegriff die Bezeichnung *Wu-dang-pai* (Stil vom Wudang-Gebirge) beibehielten.

Chinesischer Mönchskrieger mit Hellebarde

Zhang San-Fengs System betonte in der Ausführung die daoistische Lehre von der Harmonie, von der Einheit zwischen Körper und Geist und vom beständigen Wandel (s. →*Dao,* →*Yin/ Yang,* →*Qi*) und war im Vergleich zum *Shaolin*-System weniger körperbetont. Zhang San-Fengs Kampfkunst drückte damit eine jahrtausendealte Idee aus, und selbst wenn es stimmt, daß sie zuerst im *Shaolin*-Kloster geübt wurde, liegt hier sicherlich nicht der Ursprung der inneren Systeme, sondern nur ein Berührungspunkt.

Das Prinzip der inneren Kraft

Daher bleibt die heute weitverbreitete Theorie, daß die inneren (weichen) Systeme *(Nei-jia)* sich aus dem *Shaolin Quan-fa* abgeleitet hätten, nach wie vor unbestätigt und unwahrscheinlich. Vielmehr griffen sie die alte daoistische Philosophie auf und versuchten sie in Körperbewegungen auszudrücken. Die →*Dao* (s. auch →*Kata*) dieser Systeme enthalten eine Art Meditation in Bewegung und zielen auf die Heranformung des inneren Gleichgewichtes ab, auf dessen Grundlage der Zugang zum *Qi* (vitale Energie) möglich wird.

Die Bewegungen zeichnen sich durch ausgewogene Stellungen und weniger Dynamik aus. Ihr höchstes Prinzip ist die Entwicklung von →*Qi*, das durch den Einklang zwischen Geist und Körper zugelassen werden kann. Es gibt mehrere große Schulen, die sich im Laufe ihrer Entwicklung gegenseitig beeinflußt haben: *Wu-dang-pai (Wu-tang-p'ai)*, aus dem sich das *Tai-ji-quan (T'ai-chi-ch'uan)*, das *Ba-gua-quan (Pa-kua-ch'uan)*, das *Xing-yi-quan (Hsing-i-ch'uan)*, das *Zi-yan-men (Tzu-jan-men)* und das *Liu-he-ba-fa (Liu-ho-pa-fa)* entwickelten. Ihr Ursprung begründet sich in der daoistischen Philosophie. Über die Meister →Yara, →Higashionna, →Miyagi und →Uechi beeinflußten sie die okinawanischen Schulen des →*Shôrei-ryû*.

Der Einfluß der Tierformen

Bereits seit →Hua Tuo existiert die Idee der Beobachtung von Tierbewegungen (→*Wu-qin-xi*) in den daoistischen Richtungen (→*Dao-jia,* →*Dao-jiao*), die sich neben einer Vielzahl von anderen *Qi-gong*-Übungen in den verschiedenen Kampfkunstkonzepten fortsetzte. Auf jeden Fall ist die Beobachtung von Tieren in den inneren wie in den äußeren Richtungen zum Nährboden zahlreicher Techniken geworden, die sich auch in den heutigen *Dao (Kata)* wiederfinden. Viele chinesische Stile imitieren nur ein bestimmtes Tier, andere verbinden die Bewegungen verschiedener Tiere. Jedes Tier symbolisiert einen eigenen Kampfstil und bestimmte Tugenden. Im *Xing-yi-quan (Hsing-i-ch'uan)* z. B. sind die Tierformen in 12 verschiedene Tierstile *(Shi-er-xing-quan)* eingeteilt, die als *Dao* geübt werden: Drache, Tiger, Affe, Pferd, Falke, Schwalbe, Adler, Bär, Schildkröte, Schlange, Leopard und Küken. Darüber hinaus werden in den verschiedenen Stilen auch noch andere Tierverfahren geübt wie Leguan, Hahn, Habicht, Lerche, Auster, Kamel und der mythische Vogel Tai.

NEI-JIA – DIE INNEREN SCHULEN

Tai-ji-quan (T'ai-chi-ch'uan)
Ba-gua-quan (Pa-kua-ch'uan)
Xing-yi-quan (Hsing-i-ch'uan
Liang-yi-quan (Liang-i-ch'uan)
Szu-hsiang-ch'uan
Tai-yi-quan (T'ai-i-ch'uan)
Zi-yan-men (Tzu-jan-men)
Liu-he-ba-fa (Lui-ho-pa fa)

DIE HEUTIGEN SYSTEME DER NEI-JIA

Viel später, gegen Mitte des 17. Jhs., gründete sich das →*Ba-gua-quan* als Folge von Beeinflussungen aus dem älteren →*Xing-yi-quan*, das seine esoterischen Wurzeln in den →*Qi-gong*-Übungen vor der Zeitwende hat, aber als kämpferisches Konzept vom →*Tai-ji-quan* abgeleitet ist. Als wichtigste Systeme der chinesischen inneren Schulen *(Nei-jia)* gelten heute diese drei Stile.

Heute sagt man, die chinesischen inneren (weichen) Systeme hätten sich später aus dem *Shaolin Quan-fa* abgeleitet. Doch ebensogut kann man sagen, daß sie als daoistisches Bewegungssystem der eigentliche Ursprung der Kampfkünste sind. →Daoismus und →Buddhismus haben sich gegenseitig beeinflußt, und beide brachten eigene Systeme hervor. Die inneren Systeme stehen in Verbindung mit den daoistischen Atmungsmethoden und den alten Übungen des *Qi-gong*. Ihre *Dao (Kata)* zeichnen sich insbesondere durch weniger dynamische Bewegungen aus. Die Techniken sind auf charakteristische Weise mit dem Stand verankert und befinden sich in vollkommenem Einklang mit einer rhythmischen Atmung.

PRINZIPIEN DER NEI-JIA

1. Kraftübertragung, die nicht der Verbesserung der Effektivität der Technik dient, ist nutzlos.
2. Die 5 Sinne werden so weit verfeinert, bis der 6. Sinn entsteht.
3. Alle Übungen werden mit extremer Konzentration durchgeführt.
4. Nachgiebigkeit und Gewandtheit besiegen immer die rohe Kraft.
5. Alle Bewegungen verschmelzen zu einer einzigen, unendlichen Bewegung. Es gibt keinen Bruch im Denken und Handeln.
6. Die Bewegungen sind flüssig und rund.
7. Höchstmögliche Entspannung und Qi-Kontrolle.
8. Harmonie des Menschen durch Kontrolle von Atmung und Geist.
9. Kombination von Sanftheit und Härte.

Nei-jing (chin.): s. →*Huang-di Nei-jing.*

Nei-qi: »innerer Atem«, Form von →*Qi* (s. auch →*Qi-gong*). Mit *Nei-qi* bezeichnet man im Daoismus die dem lebenden Wesen innewohnende Energie. Im Gegensatz dazu wird der Atem selbst mit *Wai-qi* bezeichnet.

DEFINITION

Das *Nei-qi* ist nach daoistischer Auffassung die jedem Leben innewohnende vitale Kraft und als solche ein Teil der gesamtgestaltenden Urkraft des Universums *(Yuan-qi)*. Diese Urkraft ist diejenige, die das »Wirken im Nichtwirken« des →*Dao* vollbringt und alle Dinge ohne Tun in ihrem natürlichen Rhythmus des Werdens und Vergehens hält. Wenn der Mensch (oder ein Lebewesen) geboren wird, dringt ein Teil dieser Urkraft in ihn ein und bewirkt sein Leben. Die Übungen des *Qi-gong* zielen darauf ab, dieses *Qi* zu erhöhen (auch die daoistisch beeinflußten Kampfkünste werden zu diesem Zweck geübt).

ÜBUNG

Alle Übungen, die die Stärkung des *Qi* im Auge haben, zielen immer auf das *Nei-qi* und nie auf das *Wai-qi* ab. Die Atmung z. B., die der Mensch mit seiner eigenen Kraft bewirkt, ist nicht mehr als ein Mittel, auf das innere *Qi* zu wirken. Die Kampfkünste sind Bewegungssysteme, die durch das Zusammenspiel von Atmung und Bewegung den harmonischen Fluß des *Nei-qi* bewirken sollen (zu diesem Zweck wurden die *Dao* gegründet). Das *Nei-qi* ruht im *Qi-hai* (unteren *Dan-tian*) und zirkuliert in dem gleichen Maß, wie äußere Atmung und Bewegung harmonisch zusammenstimmen. Beim ungeübten Menschen gibt es daher einen großen Verlust an innerem *Qi*. Der geübte Mensch vermag es zu erwecken, und seine Handlungen sind dann mit *Nei-qi* erfüllt: sie wirken wie die Kraft der Natur durch »Tun im Nicht-Tun« (→*Wuwei*).

Nei-yang-gong: »innere erhaltende Übungen«, ein Übungskomplex der →Atemtherapie und des →*Qi-gong*, der dem →*Jing-gong*, den meditativen Übungen ohne Körperbewegung, zugerechnet wird.

ALLGEMEINE VORBEREITUNG

Der Geist muß entspannt und heiter sein, alle störenden Gedanken werden aufgegeben. Die Körperhaltung ist ebenfalls wichtig und sollte vom Arzt oder vom Lehrer kontrolliert und bei Bedarf korrigiert werden. Wichtig ist eine entspannte und aufrechte Haltung – diese kann auf einem Stuhl sitzend (nicht angelehnt), auf dem Rücken oder auf der Seite liegend eingenommen werden. Die Augen sind halb geöffnet, dürfen aber nicht fixieren, der Mund bleibt geschlossen. Die erste Übung ist →*Fang*, das Lockern. Zuerst atmet man im eigenen Rhythmus, dann atmet man durch den Mund aus und entspannt bewußt eine Körperregion. Dabei geht man alle Muskelpartien vom Kopf bis zu den Füßen durch. Man kann auch an ein bestimmtes vorgegebenes Wort denken, was die geistige Entspannung fördert.

Übungen

Hier einige Übungsbeispiele aus dem Nei-yang-gong (s. auch →*Tiao-xi*):

- Die Ein- und Ausatmung erfolgt durch die Nase. Bei der Einatmung liegt die Zunge hinter den oberen Schneidezähnen am Gaumen an. Die Luft wird kurz angehalten und dann ausgeatmet. Während der ganzen Zeit denkt man an ein vorgegebenes Wort, wie *Song*, *Jing* oder ähnliches. Später wird die Zahl der Wörter während der Ausatmung bis auf neun gesteigert.
- Die Atmung erfolgt wieder durch die Nase. Nach einer kurzen Einatmung erfolgt eine Atempause und dann das Ausatmen. Dabei denkt man an drei Wörter – bei jeder Stufe an ein anderes. Danach folgt eine lange Ein- und Ausatmung ohne Atempause, wobei an nichts gedacht wird. Diese Übung steigert den Appetit. Menschen mit Herz- oder Lungenerkrankungen sowie Menschen in schwachem körperlichem Zustand sollten auf diese Übung verzichten.
- Hier soll die Ein- und Ausatmung gleichzeitig durch Mund und Nase ausgeführt werden. Der Mund wird dabei nur leicht geöffnet. Nach jedem Ausatmen erfolgt eine Atempause, während an ein vorgegebenes Wort gedacht wird.

Damit die Aufmerksamkeit nach längerem Üben nicht nachläßt, sollte man sich auf eine Körperstelle konzentrieren. Am besten eignet sich dazu der Punkt →*Dan-tian* knapp unter dem Nabel. Um eine gute Bauchatmung zu erlernen, braucht man ungefähr 20 Tage. Dann stellt sich das Gefühl ein, daß die Luft den *Dan-tian* erreicht.

Wirkungen

Nach den Atemübungen, die etwa eine halbe Stunde ausgeführt werden, wird eine Ruhepause eingehalten. Man bleibt dazu in der Übungshaltung und richtet die Aufmerksamkeit zwangslos auf den *Dan-tian*, während die Atmung ganz ungezwungen verläuft. Das bezeichnet man als *Shou* (Gesammeltsein). Man kann sich auch vollkommen entspannen, ohne die Konzentration zu lenken. Das nennt man *Fang* (Losgelöstheit).

Diese Übungen haben folgende Wirkungen:

- Intensivierung der Verdauung. Der Appetit wird gesteigert, die Ausscheidungen werden erhöht.
- Verbesserung des Stoffwechsels. Speichel-, Verdauungssaft- und Schweißproduktion wird gesteigert. Haare und Nagel wachsen stärker.
- Stabilisierung des Blutkreislaufs. Die Gesichtsfarbe sieht gesünder aus, und der ganze Körper fühlt sich angenehm warm an.
- Beruhigung des Nervensystems.

Neji (jap.): Schraube.

Nejiri-nage (jap.): [von *Neji* = schrauben] Wurftechnik (s. →*Nage-waza*). Die Technik besteht aus einer Überkreuzabwehr beider Arme des Gegners, wodurch er aus dem Gleichgewicht gerät. Kommt in der Kata *Nijûshihô* vor.

Neko (jap.): Katze.

Neko-ashi (jap.): Katzenfuß.

Nekoashi-dachi (jap.): Katzenfußstellung (s. →*Tachikata*). *Nekoashi-dachi* ist ein verkürztes *Kôkutsu-dachi*.

Aus *Kôkutsu-dachi* zieht man den vorderen Fuß zurück und hebt dessen Ferse an, so daß der Fußballen auf dem Boden steht. Das Knie des vorderen Beines ist geradeaus gerichtet und gebeugt. Der hintere Fuß steht in einem Winkel von 45 Grad zur Frontalrichtung, das Knie ist nach vorn gebeugt. Fast das gesamte Körpergewicht ruht auf dem hinteren Bein. Die Stellung ist besonders elastisch und bietet sich für schnelle Bewegungen an. Sie wird häufig im Freikampf verwendet.

Nekoashi-hôkô (jap.): Katzenfußschritt.

Neko-dachi (jap.): Katzenstellung (s. →*Nekoashi-dachi*).

Neko-gamae (jap.): Kampfhaltung (s. →*Kamaekata*, →*Kamae*) der waffenlosen Künste. Sie stammt aus China, aus einem Gebiet nahe der Wudang-Berge, und verbreitete sich sowohl in den nördlichen wie auch in den südlichen Stilen des chinesischen →*Quan-fa*. Diese Kampfposition beeinflußte nachhaltig die Entstehung späterer Kampfsysteme.

Die Kampfposition soll eine Katze imitieren, die auf ihr Opfer lauert, und bevorzugt enge Stellungen. Der Kampf der offenen Hand wird in ihr betont, die Finger sind jedoch angewinkelt, so daß zumeist Varianten der offenen Handhaltung entstehen (*Hiraken, Teishô, Seiryûtô* usw). Zur Abwehr wird häufig das Handgelenk *(Kakuto)* ge-

Neko-gamae – die Katzenstellung

braucht. Die Hände variieren zwischen *Jôdan-* und *Gedan*-Haltungen, so daß man sich beständig auf den Gegner zubewegen kann.

Neko-te (jap.): angespitzter Fingerhut, verlängerte Fingernägel aus Metall, überwiegend von den *Ninja* verwendet. Besonders die weiblichen *Ninja* (→*Kunoichi*) konnten damit im Verteidigungsfall tiefe Kratzwunden verursachen.

Neko-zeken (jap.): Katzenbuckel, Rückseite (Oberseite des Handgelenks).

Nekozeken-uchi (jap.): Schlag mit der Rückseite des Handgelenks.

Nekozeken-uke (jap.): Abwehr mit der Rückseite des Handgelenks.

Nen (jap.): Gedanke, Idee, Wunsch, Aufmerksamkeit, Vorsicht. *Rinen* – Doktrin, Idee, *Shinnen* – Glaube, Überzeugung. In der Umgangssprache bedeutet *Nen* »Bewußtsein«, »Idee«, »Gedanke«, im *Zen* und in den Kampfkünsten wird es oft mit »Konzentration«, »auf einen Punkt konzentriert sein«, »im gegenwärtigen Augenblick konzentriert sein« übersetzt.

Nen leitet sich aus einem chinesischen Schriftzeichen ab, das aus einem Element mit der Bedeutung »gegenwärtig« und einem Element mit der Bedeutung »Bewußtsein« besteht. Daher bedeutet *Nen* »Bewußtseins-Moment« oder »auf den Augenblick gerichteter Geist« (s. →*Zanshin*).

Nen-ryû (jap.): erster (1350) systematisierter Stil des →*Kenjutsu*.

Nepai (jap.): auch *Nipaipo*, »28 Schritte«, *Kata* des Weißer-Kranich-Stils (→*Bai-he-quan*), gegründet von Fang Qiniang.

Nach Forschungsergebnissen von Kanzaki Shigekazu soll diese *Kata* von der Gründerin der *Bai-he-quan* abstammen. Sie wurde von →Go Kenki an →Mabuni Kenwa und →Kyôda Kohatsu weitergegeben. Kyôda erhielt die Originalform im *Toon-ryû*, Mabuni veränderte die Form im *Shitô-ryû* und nannte sie *Nipaipo*. Die *Nepai* ist eine Haupt-*Kata* der Variante »Springender Kranich« (→*He-quan*). Die Form betont das Greifen und Schlagen auf anatomische Punkte.

Neru[1] (jap.): ausbilden, feilen (auch *Ren*).

Neru[2] (jap.): sich hinlegen, schlafen (auch *Shin*).

Nesshin (jap.): Eifer, *nessuru* – sich ereifern. Wichtiger Begriff aus der Lehrer-Schüler-Beziehung (→*Shitei*) des *Budô*. Nesshin bedeutet in der Übersetzung »eifriges Streben«.

Die Lehre über das rechte Streben (s. →*Dôjôkun*, →*Mosshoseki*) ist so alt wie die Kampfkünste selbst. Zu den wichtigsten Pflichten des Schülers gehörte es, sein Streben nach dem Ewigen Meister (→*Sensei*) – nach dem Ideal – auszurichten. Nur wenn diese Bemühung in der Haltung (→*Shisei*) des Schülers (→*Deshi*) sichtbar wurde, hat der Meister ihn unterrichtet (→*Oshi*). Die jahrhundertealte Erfahrung in den Wegkünsten zeigt, daß die rechte Haltung nicht entwickelt werden kann, wenn das Streben des Schülers in Zweckvorstellungen und persönlichen Wünschen gefangen bleibt.

Deshalb kann man *Nesshin* nicht mit dem herkömmlichen Streben gleichsetzen. Es ist die Suche nach höherem Verstehen durch Selbstverwirklichung in der Haltung. Es ist dasselbe wie das Streben nach Frömmigkeit – eine Tugend, deren Bedeutung das rationale Denken nicht versteht. Dieses Ziel in anhaltendem Neubekenntnis anzustreben ist die Grundlage zum Fortschritt auf jedem Weg des →*Budô*.

Netsu (jap.): Fieber, Hitze. *Jonetsu* – Leidenschaft, *Nesshin* – Eifer, Begeisterung, Streben.

Ne-waza (jap.): [*Ne* = »liegen«] Gruppe sämtlicher Bodentechniken im →*Jûdô*. *Ne-waza* besteht aus den Immobilisationstechniken (→*Osae-waza*), den Gelenktechniken (→*Kansetsu- wa-za*) und den Würgetechniken (→*Shime-waza*).

Ne-waza – Bodentechnik

Ni (jap.): zwei (auch *Futatsu, Futa*). *Futari, Ninin* – zwei Personen (s. →*Kazoeru*).

Nian (chin.): »Anhaften«, eine der fünf Methoden zum Entwickeln von Gefühl (s. →*Chuai-mo*).

Die eigenen Hände müssen immer fest an denen des Gegners haften. Der Kontakt darf nicht abreißen. So werden alle Aktionen des Gegners früh bemerkt, und es ergeben sich viele Möglichkeiten zum Kontern, weshalb *Nian* auch mit dem Vordringen (s. →*Jin*, →*Wu-bu*, →*Nian-sui*, →*Shi-san-shi*) verbunden ist.

Nian-sui (chin.): anhaften. Grundlegendes Prinzip im →*Tai-ji-quan*, die Hände immer am Gegner zu haben, so daß es ihm unmöglich gemacht wird, einen Angriff auszuführen (s. →*Tui-shou*).

Nichiren (1222–1282): Begründer der buddhistischen Nichiren-Schule (auch Neue Lotos-Schule) in Japan. Die Sekte bezeichnete sich als »Retter der japanischen Nation« und ging rigoros gegen alle anderen Glaubensrichtungen vor. Als Nichiren auch die Herrscher Japans beschuldigte, häretische Glaubensrichtungen zu unterstützen, und er den Niedergang der Nation voraussagte, wurde er zum Tode verurteilt, jedoch auf mysteriöse Weise gerettet und danach auf eine Insel verbannt. 1274 kehrte er nach Kumemura zurück, wo er bis zum Ende seines Lebens unterrichtete.

Nach langem und vergeblichem Bemühen um

Gehör begab sich der junge Nichiren auf den Berg Hiei, in das Hauptkloster der →*Tendai*-Schule, da er glaubte, dort Gesinnungsgenossen zu finden (die *Tendai*-Schule basiert ebenfalls auf der Interpretation der *Lotos-Sûtra*). 1253 jedoch kehrte er in sein Ursprungkloster zurück, da ihm die *Tendai*-Lehre zu tolerant erschien. Als er dort ebenfalls begann, seine eigene Doktrin zu vertreten, verwies man ihn des Klosters, woraufhin er auf der Straße weiterpredigte. Dort griff er alle anderen Richtungen heftig an: *Zen* war für ihn ein »Ausdruck teuflischer Mächte«, das *Shingon* war »nationaler Verrat«, die Reine-Land-Sekte *(Jôdo)* die »Hölle« und ihr Begründer »der Feind aller Buddhas«.

Ab 1950 erfuhr die *Nichiren*-Sekte *(Nichiren Shôshû)* eine neue Entwicklung dank ihrer Laien-Organisation *Sôkagakkai*, die 1937 von Makiguchi Tsunesaburô (1871–1944) gegründet wurde. Nach Makiguchis Tod wurde die *Sôkagakkai* von Tôda Josei (1900–1958) in eine paramilitärische Sekte umgewandelt, woraus sich 1964 die *Kômeitô* entwickelte.

Nichiren Shô-shû (jap.): Nichiren-Sekte (s. →Nichiren).

Nichokama (jap.): Variante der okinawanischen →*Kama* (s. auch →*Kama-kusari*). Alte okinawanische *Kobudô*-Waffe, die wahrscheinlich die besten Qualitäten der *Kama*-Varianten vereinigt. Ursprünglich bestand die *Nichokama* aus zwei Standard-*Kama*, die mit einer 1,80 bis 3 m langen Schnur oder Kette an den Griffen verbunden waren. Der Übende konnte die Kette nahe an einem Ende drehen, so daß mit einer *Kama* eine recht große Reichweite erreicht wurde, während er die andere *Kama* für den Nahkampf in der Hand behielt. Die Wucht des Auftreffens der wirbelnden *Kama* war so groß, daß eine *Samurai*-Rüstung leicht durchschlagen werden konnte.

Varianten und Methoden

Eine sehr gebräuchliche Art der *Nichokama* war auch die kleinere Variante, bei der jede *Kama* an eine ungefähr 35 cm lange Schnur angebunden war (→*Kama-kusari*). Dabei blieben die *Kama* voneinander getrennt. Diese Methode erlaubte eine bessere Kontrolle der Waffe, und außerdem konnten die Waffen besser versteckt werden. Die Schnüre konnte man um die Hand wickeln, die *Kama* konnte losgelassen und ebenso schnell wieder in die Hand zurückgenommen werden. Diese kürzere Variante der *Kama* wurde häufig zusammen mit *Tôde*-Techniken verwendet, wie die heute überlieferten *Kata* mit dieser Waffe zeigen. Die Methoden mit den verbundenen *Kama* hingegen sind heute nur noch wenig verbreitet. Früher jedoch, als die Okinawaner damit gegen bewaffnete *Samurai* kämpfen mußten, war auch diese Waffe sehr beliebt. Sie hatten viele Spezialtechniken entwickelt, so konnte man z. B. mittels der langen Schnur (Kette) das Schwert oder die Lanze des *Samurai* umwickeln und in der weiterfolgenden Drehung den *Samurai* tödlich treffen. Solche Techniken wurden speziell geübt. Auch die Variante mit der langen Zwischenverbindung konnte für den Nahkampf verwendet werden, indem die Schnüre um das Handgelenk gewickelt wurden und die Waffe so bis in den Griffbereich kam.

Überlieferung

In den vergangenen 100 Jahren hat sich die Kunst der *Nichokama* in einem so hohen Maß entwickelt, daß sie heute eine der fortgeschrittensten Waffenkünste ist, die auf Okinawa gelehrt werden. Jedoch selbst auf Okinawa ist sie für nur wenige treue Schüler reserviert und gelangte nur sehr selten über die Grenzen Okinawas hinaus. Aus diesem Grund findet man heute nur wenige wirkliche Meister dieser Waffe.

Nidan (jap.): zweiter *Dan*-Grad (s. →*Kyûdan*, →*Yûdansha*, →*Dan*) im *Budô*. Diese Graduierung erhält ein Übender der Kampfkünste, der »am Anfang des Weges« steht.

Der *Nidan* unterscheidet sich von der ersten *Dan*-Graduierung (→*Shodan*) dadurch, daß er die Bedingungen des Weges durch seine rechte Haltung verstanden hat und weiß, worauf es ankommt. Doch er hat sich noch nicht endgültig entschieden, den Weg mit allen Konsequenzen zu gehen. Er unterliegt der Anziehung des Weges, doch die Hintertür ist noch offen. Er weiß noch nicht, ob er den Anforderungen des Weges wirklich und ganz gewachsen ist.

Nidan-geri (jap.): Zweistufen-Tritt, Zweistufen-Fußstoß, doppelter Fußstoß, zweifacher Fußstoß, (gesprungener) doppelter Tritt. Zuordnung und Erläuterung s. unter →*Tobi-geri*.

Nidan-ko-soto-gake (jap.): Fußwurf im *Jûdô*.

Nigeru (jap.): fliehen, entkommen (auch *To*). *Tôsô/Tôbô* – Flucht, *Nigedasu* – davonlaufen.

Nigiri (jap.): Griff.

Nigiri-game (jap.): Übungsgerät (s. →*Dôgu*) aus dem *Okinawa-Karate*, auch *Kami* genannt. *Nigiri-game* sind Keramiktöpfe, die mit den Fingern am oberen Rand gefaßt und hochgehoben werden, um die Griffkraft zu stärken.

Anfangs übt man mit leeren Töpfen, und mit der Zeit füllt man sie in dem Maß mit Sand oder Reis, wie die körperliche Kraft wächst. Wenn man eine gewisse Zeit geübt hat, kann man Töpfe (oder speziell dafür angefertigte Metallröhren) mit geradem Rand verwenden. Ist man darin fortgeschritten, wird der obere Rand mit Öl eingerieben. Das Training mit *Nigiri-game* ist sehr nützlich für die Entwicklung von *Muchimi*. Sie werden mit den Fingern am Rand gehalten, während Kraft im →*Tanden* konzentriert wird. Die Füße stehen in *Sanchin-dachi* fest auf dem Boden, wobei man das Gefühl haben sollte, als wäre man mit dem Boden verwurzelt. Die Muskeln um den *Tanden* und die Muskeln der Beine und Hüften werden fest gespannt. Mit Kreisbewegungen geht man in *Sanchin-dachi* vor und zurück. Dabei sollten die Muskeln gespannt bleiben.

Nihon[1] (jap.): Bezeichnung für Japan (auch *Nippon*).

Nihon[2] (jap.): zwei Punkte, zwei Techniken.

Nihon-geri (jap.): zwei schnell aufeinanderfolgende Tritte.

Nihon Karate-dô Shôtôkai: Vereinigung für traditionelles *Shôtôkan-Karate* (kein Wettbewerb). Die Organisation wurde in den 20er Jahren von Meister →Funakoshi gegründet und seinem offiziellen Nachfolger →Egami Shigeru übergeben, der sie, getreu der Gesinnung seines Meisters, bis zu seinem Lebensende (1981) leitete.

Egami Shigeru wird als der rechtmäßige Nachfolger von Meister Funakoshi angesehen, obwohl seine spätere Auffassung *(Shôtôkai)* von der traditionellen Linie Funakoshis erheblich abweicht. Aus Egamis Richtung stammt auch →Oshima Tsutomu, der *Karate-dô* in den USA unterrichtet und Meister Funakoshis Buch →»*Karate-dô Kyôhan*«

ins Englische übersetzt hat. Meister Oshima ist heute der Repräsentant des →*Shôtôkai* und damit Nachfolger von Egami Shigeru.

Nihon-Katana (jap.): »Technik der zwei Schwerter«, Kampfstil von →MIYAMOTO MUSASHI mit einem *Katana (Daitô)* in der rechten und einem *Wakizashi (Shôtô)* in der linken Hand.

Nihon Kempô-ryû Karate (jap.): japanische Variante des →*Kempô*.

Nihon-ken (jap.): Zweiknöchelfaust. *Nihon-ken* wird mit dem mittleren Knöchel des Zeige- und Mittelfingers gebildet.

Man schließt die Faust wie bei →*Seiken*, läßt jedoch die Mittelgelenke der beiden Finger nach vorn abstehen. Der Daumen wird seitlich an den Zeigefinger gepreßt. Die Technik eignet sich besonders gut für Angriffe zum Solarplexus, zur Brust, zur Körperseite, zur Oberlippe, zur Schläfe und zu dem Punkt zwischen die Augen.

Nihon-nukite (jap.): doppelter Fingerspitzenstoß. Zweifinger-Speerhand (s. →*Ken*). Nihon-nukite wird mit den Spitzen des Zeige- und Mittelfingers gebildet.

Man streckt den Zeige- und den Mittelfinger gespreizt nach vorn und greift die anderen Finger wie bei *Seiken*. Die Technik eignet sich besonders gut für Angriffe gegen die Augen.

Nihon-ryû (jap.): historisch gesehen, das erste bekannte *Kyûjutsu-ryû* Japans. Bis zum 15. Jh. gab es bereits sechs andere Hauptsysteme.

Nihon-shôbu (jap.): Kampf, der nach zwei Punkten *(Ippon)* entschieden wird.

Nihon-shoki (jap.): 720 n. Chr. geschriebene Geschichtschronik Japans (*Nihon* – Japan, *Shoki* – Anfang), zusamman mit dem →*Kojiki* die wichtigste Anthologie Japans.

Die Chronik besteht aus 30 Bänden und enthält mehrere Legenden und Berichte über die verschiedenen Regierungsperioden der damaligen Zeit sowie über den Glauben der Ureinwohner. Sie behandelt die Geschichte Japans vom mythologischen Zeitalter bis zur Regierungszeit von Kaiserin JITO (JITO *Tenno,* 686 bis 697).

Nihon-tô (jap.): japanisches Schwert.

Nihon-zuki (jap.): zwei aufeinanderfolgende Fauststöße.

Niigaki: alias →ARAGAKI KAMADEUNCHU.

Nijû (jap.): zwanzig.

Nijûshihô (jap.): »24 Schritte« [aus *Nijû* = zwanzig, *Shi* = vier, *Hô* = Schritt(e), Richtung(en)], japanische *Karate-Kata* (s. →*Kata*) mit Ursprung in der *Niseshi,* einer okinawanischen *Kata*, die von Meister FUNAKOSHI in Japan in *Nijûshihô* umbenannt wurde.

Die Herkunft der *Nijûshihô* ist unbekannt, und so muß sich die Erforschung ihrer Geschichte auf Vermutungen beschränken. Die Ähnlichkeit ihrer Form mit der *Unsu* deutet auf eine Verwandtschaft dieser beiden *Kata* hin, und deshalb klassifiziert man die beiden zusammen mit *Sôchin* in der NIIGAKI-Schule (s. →ARAGAKI KAMADEUNCHU). In der Niigaki-Schule nannte man sie *Niseshi* (*Niseishi*), eine Bezeichnung, die man noch heute im *Wadô-ryû* und *Shitô-ryû* gebraucht. Im *Shôtôkan-ryû* wurde sie anfangs nicht geübt. NAKAYAMA MASATOSHI lernte die *Niseishi*, als er als Begleiter von Meister FUNAKOSHI im *Shitô-ryû Dôjô* von KENWA MABUNI zu Gast war. Er brachte sie ins *Shôtôkan-Dôjô* nach Tôkyô mit, und seitdem wird sie auch in diesem Stil geübt.

Nijûshihô – 24 Schritte

Nijyû-uke (jap.): »X-Block« (s. →*Jûji-uke*).

Nikaidô-ryû (jap.): s. →*Chujô-ryû.*

Niku-tai (jap.): der organische Körper des Menschen.

Nikyû (jap.): Schülergrad (*Aori obi* – blauer Gürtel) im *Budô*; s. →*Kyû*.

Nin[1] (jap.): Mensch (auch *Jin, Hito*).

Nin[2] (jap.): Menschenliebe, Menschlichkeit, Güte (auch *Jin*).

Nin[3] (jap.): Pflicht, Aufgabe, Amt. *Shunin* – verantwortlicher Leiter, *Shinnin* – Vertrauen, *Kônin* – Nachfolger, *Ninmu* – Aufgabe.

Nin[4] (jap.): erdulden, aushalten; sich verstekken; vermeiden (auch *Shinobu*). *Ninku* – erleiden, erdulden, ertragen, *Zannin* – grausam, brutal, *Ninja* – Spion, *Ningen* – Mensch.

Ningu (jap.): die Werkzeuge eines *Ninja*. Dazu gehören sowohl die vielfältigen Waffen (→*Buki*), als auch seine Bekleidung (→*Shinobi-shozoku*).

Ninja (jap.): Ausübender des →*Ninjutsu*. Im mittelalterlichen Japan ein ausgebildeter Kämpfer, Spion und Guerillakrieger, der von den *Daimyô* zwischen der Heian- und der Tokugawa-Zeit zu verschiedenen Aufträgen eingesetzt wurde, wenn sie selbst nicht in den Vordergrund treten wollten. Man bediente sich z. B. eines *Ninja*, um einen Konkurrenten außer Gefecht zu setzen. Die Identität der *Ninja* war geheim, sie konnten zu allen Bevölkerungsschichten gehören, nicht jedoch zu den *Samurai*, da sie den Gegensatz zum *Bushidô* verkörperten. Der *Ninja* war nicht an einen solch strengen Ehrenkodex gebunden und stand deshalb auf einer sehr niedrigen sozialen Stufe, die man als *Hinin* (nicht menschlich) bezeichnete.

ENTSTEHUNG UND BLÜTEZEIT DER NINJA

Die ersten *Ninja* tauchten zu Ende der Heian-Periode (1185) auf und waren zumeist *Sennin* und *Gyôja* (kriegerische Einsiedler), *Yamabushi* und *Shugenja* (Bergmystiker). Außerdem fand man in ihren Reihen aus China entflohene taoistische Weise und Offiziere sowie auch *Rônin*. Sie taten sich zusammen und hausten zunächst in den Bergen in der Umgebung von Kyôto. Diese *Ninja* begannen von den *Daimyô* der Umgebung allerlei Aufträge anzunehmen, für deren Ausführung der jeweilige *Daimyô* nicht öffentlich verantwortlich zeichnen wollte.

Die sich heranbildende Verbundenheit des *Ninja* mit der Natur und sein Hang zu dem, was man heute als okkulte Kräfte bezeichnet, gaben ihm wertvolle Einblicke, die oft von den *Daimyô* als Rat angenommen wurden. Darüber hinaus verfügten die *Ninja*-Oberhäupter (→*Jonin*) über bewährte Kontaktpersonen (→*Chunin*) und Gewährsleute

Ninja mit Ausrüstung

(→*Genin*), die militärische Sperrzonen unauffällig ausspähen konnten und die Fähigkeit besaßen, feindliche Pläne und Strategien vorherzusehen. Jede *Ninja*-Generation gab der folgenden ihre Erfahrungen und geheimen Methoden der verdeckten Kriegsführung weiter.

SPEZIELLE NINJA-TECHNIKEN

Hensojutsu	– Verkleiden
Gotonjutsu	– Entkommen
Toshokujutsu	– Eindringen
Ninpo-Inubue	– Tiertraining
Sansajutsu	– Wegtaktik
Noroshijutsu	– Signalfeuer
Gisojutsu	– Verstellen
Onshinjutsu	– Verschwinden

Offiziell waren die *Ninja* verboten, doch jeder *Daimyô* bediente sich ihrer. Zu Ende des 14. Jhs. waren die *Ninja*-Dienste dermaßen beliebt, daß die *Ninja* berühmt-berüchtigt wurden. Jeder *Daimyô* stand in Verbindung mit *Ninja*-Organisationen, die im Hintergrund für ihn agierten und seine politischen Interessen vertraten. In allen Festungen und Burgen saßen die *Ninja* als Spione der gegnerischen Seite, erschlichen sich das Vertrauen ihres falschen Herren und töteten ihn auf ein Zeichen ihres Auftraggebers. Kein Herrscher konnte vor ihnen sicher sein, denn man kannte sie nicht. Jeder aus dem Volk oder sogar aus der unmittelbaren Umgebung des Fürsten konnte ein *Ninja* sein. Sie waren Meister in der Kunst des Verschwindens (→*Onshinjutsu*), des Sichverstellens (→*Gisojutsu*), sie spielten jede beliebige Rolle, als Bauer, Kaufmann, Mönch, umherziehender Sänger und vieles mehr.

Inzwischen gab es Ausbildungssysteme, durch die sie sich ein umfassendes Wissen über alle Gegebenheiten der damaligen Zeit aneignen konnten. Sie waren Experten im Besteigen von hohen Mauern, im lautlosen Schwimmen, im Heranschleichen und im Verstecken. Sie entwickelten zu ihren Zwecken besondere Werkzeuge, wie z. B. Enterhaken *(Kyôtetsu-kôge)*, Handschuhe mit Eisenkrallen *(Shukô)* und eine große Anzahl von typischen Waffen wie Dolche *(Kougi)*, Wurfwaffen *(Shuriken, Shaken)*, Kettenwaffen *(Kusari)* u. a. (*Ninja*-Waffen und -Geräte s. →*Buki*).

Im Volksmund wurden sie bald zur Legende, denn sie töteten – zwar im Auftrag anderer – die verhaßten Lehensfürsten und genossen deshalb bei den einfachen Menschen viel Sympathie. Berühmte Namen, wie z. B. →HATTORI HANZO oder →MOMOCHI SANDAYU aus der Iga-Gegend, wurden aus jener Zeit überliefert. Sie gehörten zu den Helden Japans, mit dem Unterschied zu manchem *Samurai*-Helden, daß sie oft ohne politische Überzeugung im Auftrag ihrer Fürsten töteten. Wenn sie einen Auftrag ausführten, nahmen sie meist die Identität eines Berufes an. Wurden sie gefangen, verunstalteten sie sich bis zur Unkenntlich-keit, um ihren Ausgangsort geheimzuhalten, aber oft wechselten sie auch ins feindliche Lager. Zu Ende des 14. Jh. wurden ihre geheimen Organisationen so mächtig, daß die meisten *Daimyô* sie in Begegnungen offener Kriege zu fürchten begannen. Eine *Ninja*-Organisation wurde von einem *Jônin* (»oberer Mann«), angeführt, der der oberste Befehlshaber war. Ihm direkt unterstellt waren die *Chûnin* (»mittlerer Mann«) deren Aufgabe es war, Aufträge zu beschaffen und sie organisatorisch vorzubereiten. Die Auftragsausführer waren die *Genin* (»unterer Mann«), die sowohl Männer als auch Frauen (→*Kunoichi*) sein konnten. Sie waren bewandert im Umgang mit allen möglichen Waffen und in der Anwendung von Giften und verschiedenen chemischen Substanzen (z. B. um Rauch zu machen). Auch waren sie Meister verschiedener psychologischer Techniken. Ihre Sinne waren durch die esoterischen Übungen des →*Mik-kyô* extrem geschärft, und sie benutzten geheime Codes, um sich untereinander zu verständigen.

Berühmte Ninja der Vergangenheit (Stilvorstände)

Daisuke Nishina (Togakure)	Togakure-ryû
Fujibayashi Nagato	Iga-ryû
Fuma Kotaro	Fuma-ryû
Gikanbo Sanyû Hangan	Gikan-ryû
Gyokkô Cho	Gyokkô-ryû
Hachisuke Koroku Masaktsu	Akiba-ryû/Ichizen-ryû
Hattori Hanzo	Iga-ryû
Ishitani Matsutaro	Kukishin-ryû
Izumo Kanji Yoshiteru	Kukishin-ryû
Kaji Ominokami Kagehide	Kaji-ryû
Momochi Sandayu	Iga-ryû
Nakagawa Kohayato	Nakagawa-ryû
Natori Sanjuro Masatake	Natori-ryû
Nojirijiro Jirouemon Naramisa	Fukushima-ryû
Suginobo Myosan	Negoro-ryû
Takagi Oriemon Shigenobu	Takagi Yoshin-ryû
Takamatsu Toshitsugu	Togakure-ryû
Usami Suruganokami Sadayuki	Uesugi-ryû

Zu Ende des 16. Jh. waren die *Ninja*-Organisationen bereits ein fester Teil der japanischen Gesellschaft. Öffentlich standen sie auf der niedrigsten sozialen Stufe, doch bei den *Daimyô*, deren Rivalitäten untereinander sich zu jener Zeit drastisch zuspitzten, hatten sie Hochkonjunktur. Die stärksten *Ninja*-Organisationen gab es in den Provinzen Iga und Koga im Osten des Biwa-Sees. →ODA NOBUNAGA, der sich zu jener Zeit vergeblich um eine Einigung der *Daimyô* bemühte, die offizielle Friedensabkommen trafen, sich aber hinterrücks mit *Ninja*- Organisationen bekämpften, erkannte, welche Gefahr für den Frieden des Landes von den *Ninja* ausging, und entsandte ein Heer von 46 000 Samurai gegen die 4000 *Ninja* der Provinz Iga, um sie auszurotten. Der größte Teil der *Ninja* wurde getötet; diejenigen, die fliehen konnten, zogen sich in die Berge zurück und vermischten sich mit dem Landvolk. Ihre Kunst lebte dort jedoch weiter und begann neue Organisationen zu beleben.

DER ZERFALL DER NINJA-CLANS

Während der Tokugawa-Zeit jedoch flachten die meisten *Ninja*-Organisationen zur Bedeutungs-

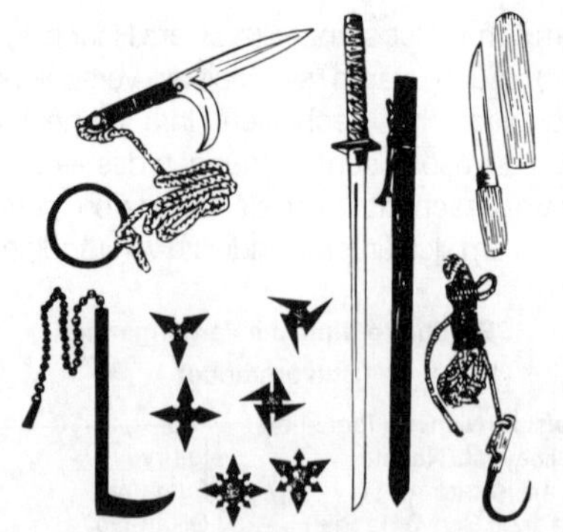

Einige Waffen aus dem Ninja-Arsenal

losigkeit ab. Die einflußreicheren *Ninja* erhielten Beschäftigung als Sicherheitsbeamte an den Höfen der *Daimyô*. Der dauerhafte Frieden zwang sie, ihre Nachrichtendienste zur Verbrechensbekämpfung zu verwenden. Zu Beginn des 18. Jh. hatten die *Iga-* und *Koga-Ninja* die Funktion der Polizei in Edo inne, und viele *Ninja* aus anderen Gegenden schlossen sich ihnen an. Die Nachfolger dieser *Ninja*-Detektive spielten auch nach dem Zusammenbruch des Shôgunats im Jahre 1867 noch eine wichtige Rolle in der Polizei.

Doch nur ein Teil der *Ninja* stellte sich auf die Seite des Gesetzes, die meisten Mitglieder der zerrissenen Clans wurden zu Räubern und Dieben. GOEMON ISHIKAWA, einer der wichtigsten Männer des →MOMOCHI SANDAYU, wurde der bekannteste dieser üblen Gesellen, obwohl viele Japaner ihn als liebenswerten Räuber – eine Art japanischen ROBIN HOOD – betrachteten. Auch heute noch ist die *Ninja*-Technik und -Taktik in Diebeskreisen sehr beliebt.

Während des Zweiten Weltkrieges erreichten die *Ninja*-Legenden auch Europa und die USA. Viele Anhänger der Kampfkünste machten sich auf den Weg nach Japan, um den Gerüchten nachzugehen. Doch dort ist die zweifelhafte Kunst des mittelalterlichen *Ninja* nahezu ausgestorben, und es gibt nur noch wenige, die um die wirklichen Geheimnisse und Techniken ihrer *Ryû* wissen.

Ninja-tô (jap.): *Ninja*-Schwert (auch *Shinobi-gatana*, s. →*Ken*). Der Hauptunterschied zwischen dem Langschwert der Samurai (→*Katana*) und dem *Ninja*-Schwert war, daß das *Ninja*-tô eine kürzere Klinge hatte und die Klingenkrümmung oft nicht so stark war.

Das *Ninja*-Schwert hatte nie die gleiche Funktion wie das *Samurai*-Schwert, da der *Ninja* es zum großen Teil auch als Werkzeug verwendete (s. →*Shinobi-Kenpô*). So hatte es eine quadratische *Tsuba* zum Überwinden von Mauern. Die Scheide konnte als *Fukiya* (Blasrohr) oder als Atemrohr unter Wasser verwendet werden. In der Scheide befand sich auch oft Blendpulver, und am unteren Ende war ein kleiner Dolch (→*Kougi*) befestigt.

Ninja-tô und Tantô

Ninjô (jap.): Menschlichkeit, menschliche Gefühle (s. →*Nasake*).

Ninjutsu (jap.): die Kampfmethoden der →*Ninja,* ein ehemals umfassender Kampfstil, der viele Fertigkeiten erforderte. Er enthielt sowohl den Umgang mit allen Arten von Waffen (→*Buki*) als auch Methoden des Sichanschleichens, Sichversteckens, Sichverstellens, des Spionierens und des stillen Tötens. Außerdem entwickelten sich im *Ninjutsu* zahlreiche waffenlose Kampftechniken (s. →*Ninpô-Taijutsu*). Viele Spekulationen über diese Kampfmethoden führten zu dem heute sehr populären *Ninjutsu.*

ENTSTEHUNG UND ZUSAMMENSETZUNG DER RYÛ

Der Ursprung des *Ninjutsu* ist nur schwer zu definieren und von Geheimnissen umgeben. Als geistige Väter dieser Kampfmethode betrachtet man die alten Überlieferer des esoterischen →*Mikkyô* (s. auch →*Ninpô-Mikkyô*), durch die

die japanische Tradition der →*Yamabushi* entstand. Die *Yamabushi* gründeten *Dôjô* in den Bergen und übten sich vor allem in den mystischen Praktiken des →*Shugendô*, dem auch die esoterischen Lehren des →*Tendai* und →*Shingon* angehörten, die größtenteils aus →*Mudrâ* (s. auch *Kuji-In*), →*Mandala* und →*Mantra* bestanden. Die späteren *Ninja* gingen wahrscheinlich aus ihren Reihen hervor, dürfen jedoch nicht mit den *Yamabushi* oder ähnlichen Gruppierungen verwechselt werden. Die Entstehung der *Ninja* kam ganz von selbst, als die Gebietsherrscher der damaligen Zeit damit begannen, sich ihrer Rivalen und unangenehmen Widersacher auf hinterhältige Weise zu entledigen. Diese wurden hinterrücks ermordet, vergiftet oder gefangengenommen und zu Tode gefoltert. Die *Ninja* führten gegen Bezahlung im Auftrag der Herrscher solche Aufträge im geheimen aus, und später bediente man sich ihrer auch, um rivalisierende Häuser auszuspionieren, Geheimnisse gegnerischer Kriegsführung zu erkunden, Botschaften durch die Reihen der gegnerischen Front zu schikken, durch Intrigen Unfrieden beim Gegner zu stiften, Geiseln zu nehmen und vieles mehr.
Bedingt durch diese Umstände, waren die Ausführer solcher Aufträge gezwungen, sich in den Kampfkünsten und allerlei brauchbaren Praktiken des Sichversteckens, Spionierens, Heranschleichens usw. zu üben. Anfangs waren diese Systeme nicht koordiniert und bestanden aus unzuzusammenhängenden Erfahrungen und Entwicklungen einzelner Menschen. Später jedoch, im 14. Jh., begannen sich die *Ninja* in Clans zu organisieren und die Iga- und Koga-Gegend zu beherrschen. Sowohl der Reichtum als auch die politische Macht dieser Organisationen stieg gewaltig an. Ihr geheimes Wissen, das sie für ihre Aufträge benötigten, wurde in Form von Familientraditionen aufbewahrt und weitergegeben, und es bildeten sich klar umrissene Stile *(Ryû)*, deren Techniken häufig auf bestimmte Aufträge spezialisiert waren (s. →*Ninjutsu-ryû*).

Togakure-ryû und Kukishin-ryû

Als im 17. Jh. die Tokugawa-Shôgune dem Land Frieden brachten, verringerte sich der Bedarf an *Ninja*-Dienstleistungen sehr stark. Die meisten Stile des *Ninjutsu* lösten sich auf, da sie keinen geeigneten Nachfolger fanden und die letzten Oberhäupter ihre Kampfsysteme und Geheimnisse mit ins Grab nahmen. Heute gibt es nur

Ninja mit Schwert und Dolch

noch einen einzigen bekannten Nachfolger von authentischen traditionellen *Ninjutsu-ryû*, und zwar den des →*Togakure-Ninjutsu* und des →*Kukishin-ryû*, die beide von Großmeister →Hatsumi Masaaki angeführt werden. Das wenige, was von allen anderen *Ryû* überliefert wurde, befindet sich heute in den japanischen Museen.
Als die Tokugawa-Regierung ihre Macht verlor und Japan sich im Zuge seiner Neugestaltung nach westlichem Muster befand, veränderten sich auch alle traditionellen Kampfkünste und wurden zu Wettbewerbssportarten degradiert. Die traditionellen Meister der Systeme warnten vor diesem Schritt, doch die Geschichte nahm ihren heute bekannten Lauf. Auch einer der wenigen noch überlebenden *Ninja*-Großmeister, Ishitani Takakage Matsutaru, der Vorstand des *Kuki Shinden-ryû* (→*Kukishin-ryû*), weigerte sich, mit seinem System den Weg des Wettbewerbs zu gehen. Er entstammte einer 300 Jahre alten bedeutenden *Ninja*-Familie mit hohen *Chûnin*-Rängen im *Iga-ryû* und war der 26. Großmeister des *Ninjutsu Kukishinden-ryû Happôhiken*, eines Systems der Waffenkünste, das ursprünglich von Izumo Kanja Yoshiteru entwickelt wurde. Doch der Zufall brachte Takamatsu Toshitsugu als Schüler zu ihm, einen zu jener Zeit bereits erfahrenen Meister der *Bujutsu*-Stile *Koto-ryû Koppôjutsu* und des *Shinden Fudo-ryû*. Takamatsus Großvater, der ihn in diesen *Ryû* unterrichtet

hatte, war jedoch selbst das 32. Oberhaupt des alten *Togakure-Ninjutsu*, in dem der Junge ebenfalls ausgebildet worden war. So vereinigten sich auf Takamatsu Toshitsugu zwei authentische *Ninjutsu*-Richtungen (*Togakure* und *Kukishin*) sowie auch bedeutende Einflüsse aus dem *Bujutsu*. Mit 21 Jahren reiste Takamatsu Toshitsugu nach China, von wo er 1919 zurückkehrte, um sich intensiv den Praktiken des *Mikkyô* zu widmen, in denen er von einem Mönch der *Tendai*-Sekte ausgebildet wurde. Danach begann er in der Stadt Kashiwabara, im Westen der Iga-Gegend, zu unterrichten. Er war bereits sechzig Jahre alt, als HATSUMI MASAAKI zu ihm kam, der später zu seinem geistigen Nachfolger und zum *Ninjutsu*-Großmeister der insgesamt 9 Krieger-*ryû* werden sollte, die sein Meister ihm vererbt hatte. Masaaki Hatsumi ist heute einer der wenigen *Ninja*-Großmeister mit offizieller Beglaubigung einer rechtmäßigen Erbfolge. Seine Lehre besteht aus den esoterischen Praktiken des *Mikkyô* und einem breiten Spektrum von Kampfkünsten, die nur teilweise auf die alten *Ninjutsu*-Techniken zurückgreifen.

DIE WICHTIGSTEN NINJUTSU-RYÛ

Die Anzahl der *Ninjutsu-ryû* ist unüberschaubar groß, und oft findet man dieselben Bezeichnungen auch unter der Auflistung anderer *Bujutsu-ryû* (→*Jûjutsu*, →*Aikijutsu*, →*Kenjutsu* usw., s. auch →*Ryû*). Viele davon sind sehr alt, andere wurden erst in neuerer Zeit gegründet. Da das *Ninjutsu* alle traditionellen Disziplinen des alten *Bujutsu* beinhaltet (s. →*Bansenshûkai*), ist es oft schwierig, eine Klassifizierung zu machen. Die Techniken des *Ninjutsu* und *Bujutsu* gehen fließend ineinander über, manchmal gab es nur wenige Methoden, die sie voneinander unterschieden, wie *Hensojutsu* (Verkleiden), *Gotonjutsu* (Entkommen), *Toshokujutsu* (Eindringen), *Ninpo-Inubue* (Tiertraining), *Sansajutsu* (Wegtaktik), *Noroshijutsu* (Signalfeuer), *Gisojutsu* (Verstellen) und *Onshinjutsu* (Verschwinden). Folgende sind die wichtigsten *Ninja-ryû*:

1. ***Akiba-ryû*** und ***Ichizen-ryû*** – von HACHISUKE KOROKU MASAKATSU aus dem Bezirk Aichi gegründet.
2. ***Bizen-ryû*** – aus der Provinz Okayama.
3. ***Bujinkan-Ninjutsu*** – gegründet von HATSUMI MASAAKI.
4. ***Echizen-ryû*** – aus Echizen (Toyama), von den *Iga-Ninja* gegründet, die vor ODA NOBUNAGA geflohen waren.
5. ***Fukushima-ryû*** – gegründet von NOJIRIJIRO JIROUEMON NARAMISA aus dem Bezirk Shimane.
6. ***Fuma-ryû*** – entwickelt von FUMA KOTARO aus dem Bezirk Kanagawa, spezialisiert auf Guerillakrieg.
7. ***Genbukan-Ninjutsu*** – gegründet von TANEMURA SHOTO auf der Basis mehrerer *Jûjutsu-* und *Ninjutsu-ryû*.
8. ***Gikan-ryû*** – *Koppojutsu*-System, gegründet von GIKANBO SANYÛ HANGAN.
9. ***Gyôkko-ryû*** – Nahkampf-System, gegründet von CHO GYOKKÔ.
10. ***Haguro-ryû*** – aus dem Bezirk Yamagata. Dieses System wurde von den *Yamabushi (Shugenja)* aus den Haguro-Bergen entwickelt.
11. ***Iga-ryû*** – aus der Iga-Gegend, bestand ebenfalls aus vielen Familien, von denen die HATTORI und MOMOCHI die wichtigsten waren.
12. ***Kaji-ryû*** – von KAJI OMINOKAMI KAGEHIDE, einem Schüler des *Usugi-ryû*, entwickelt, stand jedoch in Verbindung mit dem *Hattori-ryû* aus der Iga-Provinz.
13. ***Koga-ryû*** – aus der Koga-Gegend, setzte sich aus mehr als 50 Familien zusammen.
14. ***Koyo-ryû, Ninko-ryû*** und ***Takeda-ryû*** – entwickelt von TAKEDA SHINGEN, dem Fürsten der Provinz Kai.
15. ***Kukishin-ryû*** – *Ninjutsu*-System, gegründet von IZUMO KANJI YOSHITERU.
16 **Kumogakure-ryû**
17. ***Kuroda-ryû*** – aus dem Bezirk Fukuoka, diente der Familie KURODA.
18. ***Kyushin-ryû*** – System der Geistlenkung.
19. ***Matsuda-ryû*** – aus dem Bezirk Ibazaki.
20. ***Matsumoto-ryû*** – aus dem Bezirk Tochigi.
21. ***Mino-ryû*** – aus Gifu, während der Herrschaft von SAITÔ DOSAN entwickelt und von den *Kurokawa-Ninja* der Koga-Gegend vertreten.
22. ***Nakagawa-ryû*** – mit Wirkungsbereich im Bezirk Aomori. Der Vorstand des Stils war NAKAGAWA KOHAYATO.
23. ***Nanban-ryû*** – wirkte im Nagasaki-Bezirk.
24. ***Natori-ryû*** –von NATORI SANJURO MASATAKE, dem Autor des *Ninja*-Buches *»Sho Nin Ki«* gegründet.
25. ***Negishi-ryû*** – System des Messerwerfens.
26. ***Negoro-ryû*** – von SUGINOBO MYOSAN, einem Meister der Feuerwaffen, gegründet.

27. ***Ryûsei-ryû***
28. ***Saiga-ryû*** – ebenfalls ein System für die Benutzung von Feuerwaffen.
29. ***Satsuma-ryû*** – aus dem Bezirk Kagoshima, diente der Herrscherfamilie SHIMAZU.
30. ***Shinden Fudô-ryû*** – System für Sôjutsu und Yarijutsu.
31. ***Shintô Shobu-ryû***
32. ***Takagi Yoshin-ryû*** – System des Nicht-Widerstandes und Werfens, gegründet von TAKAGI ORIEMON SHIGENOBU.
33. ***Takemura-ryû***
34. ***Togakure-ryû*** – aktueller Hauptstil des Bujinkan.
35. ***Uesugi-ryû*** – von USAMI SURUGANOKAMI SADAYUKI aus dem Niigata-Bezirk für UESUGI KENSHIN als Spionageorganisation entwickelt.
36. ***Yoshitsune-ryû*** – aus dem Bezirk Fukui, leitet sich von MINAMOTO YOSHITSUNE ab. Es bestand aus Spionagemethoden, gegründet von ISE SABURO, und aus verschiedenen *Yamabushi*-Praktiken.

TECHNIKEN, AUSRÜSTUNG UND WAFFEN DES NINJUTSU

Das *Ninjutsu* lehrt den bewaffneten und unbewaffneten Kampf. Die unbewaffneten Techniken nennt man →*Taijutsu*. Sie unterscheiden sich kaum von den Techniken des *Jûjutsu*. Waffen und Geräte, die von den *Ninja* verwendet wurden, sind untenstehend aufgelistet. Nähere Beschreibung s. unter der jeweiligen Bezeichnung.

NINJA-WAFFEN

Bakahatsu-gama	– Wurfsichel mit Kette und Gewicht
Bisen-tô	– Naginata mit kurzer breiter Klinge
Bô	– langer Stab
Fukiya	– Blasrohr mit vergifteten Pfeilen
Fukumi-bari	– kleine Pfeile
Hankyu	– Pfeil und Bogen, um Feuer zu legen
Hyakurai-ju	– mehrere Pistolen in einem Holzkreis
Igadama	– kleine Wurfpfeile
Jirai	– Landminen
Kusarifundo	– kurze Kette mit Gewichten
Kusarigama	– Sichel und Kette
Kyoketsu-shoge	– Klingen-Sichelwaffe mit Seil
Manriki-gusari	– Kette mit Gewichten
Metsubishi	– Blendpulver
Nage-teppo	– Handgranate
Naginata	– Schwert mit langem Schaft
Neru-kawaito	– Schutzschild aus Leder
Nichokama	– Sicheln, mit Kette verbunden
Ninja-tô	– Ninja-Schwert
Onogama	– Streitaxt
Shaken	– Wurfmesser
Shinbô	– Metallstab/Faustwaffe
Shinobi-kai	– Bambusstiel mit Gewicht und Kette
Shinobi-zue	– hohler Stab mit Kette/Gewicht
Shuriken	– Wurfsterne
Tantô	– Dolch
Tekko	– Faustwaffe
Tetsubishi	– Straßenfalle
Torinawa	– Handpfeil mit Kette und Gewicht
Torinoko	– Feuerwerkskörper
Yari	– Speer
Yumi/Ya	– Pfeil und Bogen

NINJA-AUSRÜSTUNG

Ashiko	– Kletterkrallen, auch zum Kämpfen
Hitowashi	– Flugapparat zum Gleiten
Kaginawa	– Wurfseil mit Haken
Kama-ikada	– zusammenlegbares Ein-Mann-Boot
Kito-gan	– Pille, die Durst verhindert
Kumade	– Klettergerät mit Seil und Bambus
Kyobako-fune	– Kasten zur Wasserüberquerung
Mizugumo	– Gerät zum Überqueren von Wasser
Mizukaki	– Schwimmflossen
Mizu-taimatsu	– Fackel, die auch im Regen brennt
Mizuzutsu	– Bambusschnorchel
Musubinawa	– Seil aus Pferdehaar
Nekode	– Katzenklaue zum Klettern
Shikoro	– Metall- und Holzsäge
Shinobi-kumade	– Teleskop-Kletterstange
Shuko (Tekagi)	– Hand- und Fußkrallen
To-ki	– Kletterzubehör
Tsuba-giri	– Gerät zum Öffnen von Schlössern
Ukidaru	– Gerät zum Überqueren von Wasser
Yami-doko	– Flugdrache

NINJUTSU IN EUROPA

Die weltweite Situation des *Ninjutsu* ist unüberschaubar und zerrissen, obwohl es seitens HATSUMI MASAAKI Einheitsbemühungen über die von ihm gegründeten *Bujinkan-Dôjô* gibt. Als Hatsumi Anfang der 70er Jahre sein *Dôjô* für Ausländer öffnete, etablierten sich unter den vielen Schülern hauptsächlich zwei, die diese Kunst außerhalb Japans verbreiten sollten: STEPHEN →HAYES in den USA und DORON →NAVON in Israel. Obwohl mit dem *Bujinkan-Dôjô* verbunden, veränderten sich jedoch ihre *Ninjutsu*-Auffassungen grundlegend und begannen sich zu verselbständigen. Besonders in Amerika entstand eine große Anzahl von *Ninjutsu*-Stilen, die mit der hauptsächlich auf *Togakure-ryû* aufgebauten *Ninjutsu*-Auffassung von HATSUMI nur noch wenig gemein haben. Außerhalb des *Bujinkan* gibt es ebenfalls viele *Ninjutsu-ryû*, die eigenständig organisiert sind und in anderen Traditionen wurzeln. Das *Ninjutsu* in Europa war zu Anfang der 70er Jahren ausschließlich von Einzelgängern geprägt, die eine Orientierung zu dem *Bujinkan-Dôjô* in Japan größtenteils ablehnten und sich an verschiedenen Stilen des *Ninjutsu* orientierten. Die Richtungen des *Bujinkan* erreichten Europa hauptsächlich durch die Bemühungen des Schweden F. BO →MUNTHE, der heute als »Vater des europäischen Ninjutsu« gilt. Diese Aussage ist jedoch nicht im Sinne der gesamten europäischen *Ninjutsu*-Bewegung, da es inzwischen viele europäische Organisationen gibt, die einen eigenen Kontakt zu dem japanischen *Bujinkan-Dôjô* pflegen, und andere, die *Ninjutsu* ebenso erfolgreich in eigener Auffassung vertreten und lehren, indem sie sich an anderen klassischen *Ryû* orientieren (z. B. →*Genbukan*) oder Mischstile gründen.

1975 brachte Munthe den japanischen *Bujinkan*-Lehrer →ISHIZUKA TETSUJI nach Europa und fuhr ein Jahr später selbst nach Japan, um unter Hatsumi zu trainieren. Von diesem erhielt er seinen 1. Dan im *Togakure-ryû*. In den darauffolgenden jahrelangen Kontakten nach Japan und zu Stephen Hayes in den USA etablierte sich in Europa eine ansehnliche *Bujinkan*-Bewegung. Munthe verbreitete, ausgehend von seinem *Bujinkan Bô Dôjô,* das *Ninjutsu* als *Togakure-ryû* in ganz Europa. Er begann damit in England, wo (1983) über BRIAN →MCCARTHY das *Ninjutsu* bald Fuß faßte. Zusammen mit seinem Schüler SVEN ERIC BOGSÄTER reiste er in ganz Europa umher und gab Seminare. 1984 gründete er mit Brian McCarthy die *European Bujinkan Ninjutsu Society* (EBNS) als Anlaufstelle für das *Togakure-ryû* in Europa. In Frankreich unterrichtete inzwischen Monsieur SYLVIAN GUINTARD, in Spanien R. MENDOZA. Doch die EBNS spaltete sich bereits ein Jahr später in einem destruktiven Streit und etablierte viele kleine Organisationen, die eigene Verbindungen zum *Bujinkan-Dôjô* in Japan suchen.

NINJUTSU IN DEUTSCHLAND

Das *Bujinkan-Ninjutsu* kam über verschiedene Wege nach Deutschland. Einer der ersten Aus-

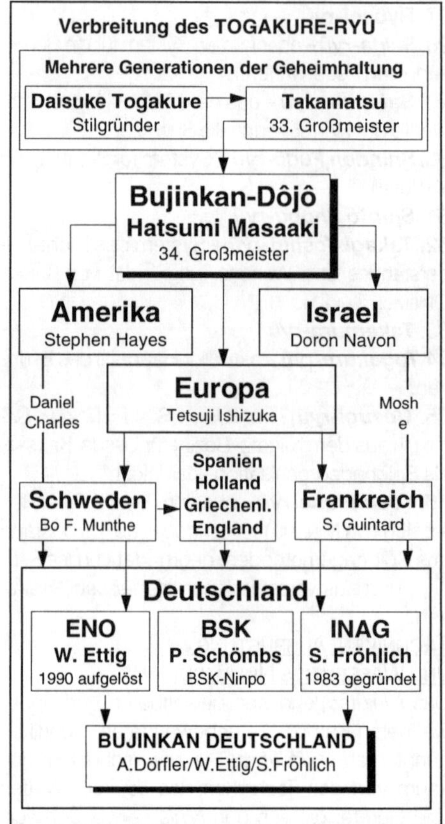

übenden war WOLFGANG →ETTIG, der aus Büchern zu lernen begann und 1984 den Amerikaner CHARLES →DANIEL für ein halbes Jahr nach Deutschland holte. Im selben Jahr gründete er die *Europäische Ninpô Organisation* (ENO), in der das *Ninjutsu* stark von amerikanischen Elementen geprägt war. Zugleich versuchte Ettig Kontakt mit den Lehrern der *Bujinkan-Dôjô* aufzunehmen. 1987 lud er BO F. MUNTHE zu einem Lehrgang nach Deutschland ein, erhielt von ihm seinen 1. Dan und integrierte sich in die schwedische *Bujinkan*-Familie. In den darauffolgenden Jahren besuchte er Seminare von BRIAN MCCARTHY, DORON NAVON, BUD MALMSTRÖM, THOMAS FRANZEN und brachte MOSHE →KASTIEL nach Deutschland. Doch kurze Zeit später begann sich Ettigs Organisation im Streit aufzulösen, es entstanden zahlreiche Gruppierungen. 1991 übertrug er die Leitung seiner Organisation auf seine Schwarzgurte (GERHARD SCHÖNBERGER) und zog sich zurück, um, dem Beispiel Munthes folgend, das *Ninjutsu* im kleinen Kreis zu studieren.

Eine weitere deutsche Organisation für das *Ninjutsu* des *Bujinkan* ist die *Bujinkan Incorporated Ninjutsu Association Germany* (*Bujinkan I.N.A.G.*, s. Anhang), die 1983 durch ADOLF JOHN, ALEXANDER STEINER und STEFFEN G. FRÖHLICH ins Leben gerufen und ebenfalls am *Bujinkan Hombu-Dôjô* von Dr. HATSUMI hängt. Fröhlich (8. Dan *Ninjutsu*) trainierte weltweit mit vielen namhaften *Ninpô*-Lehrern und wurde persönlicher Schüler von Hatsumi. Er leitet die Organisation heute in eigener Verantwortung.

Außerhalb des *Bujinkan* gibt es in Deutschland viele *Ninjutsu*-Richtungen und -Organisationen mit verschiedenen Auffassungen. Sie haben sich häufig vom *Bujinkan* losgesagt, wie z. B. MOSHE →KASTIEL, der heute in München unterrichtet und eigene Auffassungen vertritt. Eine eigenständige Richtung wird im →*Budo Studien Kreis* von PETER →SCHÖMBS unterrichtet, der seine Auffassung (→*BSK-Ninpô*) im *Genbukan* begründet und mit *Karate* und *Qi-gong* kombiniert.

Von den nachfolgenden Lehrern und Schulen des *Ninjutsu* sind die mit einem Asteriskus (*) versehenen unter eigenem Stichwort aufgeführt:

NINJUTSU-LEHRER DER GEGENWART

Bogsäter, Sven Eric	– Bujinkan* Ninjutsu
Bussey, Robert*	– American Ninjutsu
Daniel, Charles*	– Shadows of Iga*
Dörfler, Armin	– Bujinkan-Ninpô*
Dux, Frank*	– Dux-ryû*
Ettig, Wolfgang*	– Bujinkan-Ninpô*
Franzen, Thomas	– Bujinkan-Ninpô*
Fröhlich, Steffen*	– Bujinkan-Ninpô*
Fujita Seiko*	– Koga-ryû*
Guintard, Sylvian*	– Ninpô*/Mikkyô*
Hatsumi Masaaki*	– Bujinkan-Ninpô*
Hayes, K. Stephen*	– Shadows of Iga*
Hesselmann, Hans	– Bujinkan Bô Ninjutsu
Iga-Hakujusai Norihiro*	– Ninjutsu
Ishizuka Tetsuji*	– Bujinkan-Ninpô*
Kastiel, Moshe*	– Ninjutsu
Malmström, Bud	– Bujinkan Bô Ninjutsu
McCarthy, Brian*	– Ninjutsu
Munthe, F. Bo*	– Bujinkan Bô Ninpô
Navon, Doron*	– Bujinkan-Ninpô*
Nawa Jumio*	– Ninjutsu
Okuse Heishijiro*	– Ninjutsu
Ruiz Mendoza	– Ninjutsu
Schömbs, Peter*	– BSK-Ninpô
Schönberger, Gerhard	– Ninjutsu
Soto, Irving*	– Atemi-Kido-Ninjutsu*
Tanemura Shoto*	– Genbukan-Ninjutsu
Toda Masamitsu	– Ninjutsu

Ninja mit Bambus und Adler

Ninjutsu-ka (jap.): Ausübender des modernen →*Ninjutsu*.

Ninpô (jap.): *Ninjutsu*-Auffassung, die die reine technische Seite (s. →*Jutsu*) überschreitet und einen zusätzlichen geistigen Weg *(Dô – Pô)* lehrt.

→TANEMURA SHOTO, Gründer des →*Gebukan*, nennt seine *Ninjutsu*-Auffassung *Ninpô*. Im →*Budô Studien Kreis* wird eine ähnliche Auffassung gelehrt.

Ninpô-Inubue (jap.): besondere Kunst des japanischen →*Ninjutsu*, bei der wilde Tiere wie Affen, Wölfe, Krähen, Ratten und Hunde abgerichtet wurden, um sie gegen einen Gegner einzusetzen.

Ninpô-Mikkyô (jap.): geistig-spirituelles Training der *Ninja*, mit mystischen Zielen, abgeleitet aus dem →*Mikkyô* (s. auch →*Shugendô*).

Die Anwendung der *Mikkyô*-Lehre im *Ninjutsu* hatte das Ziel, sämtliche Energien des Menschen in seiner Handlung zu konzentrieren. Der Körper ist nur fähig, eine Technik auszuführen, wenn der Geist diese Technik versteht und der Wille entschlossen ist, sie auch richtig anzuwenden. Diese Fähigkeit nannte man →*Sanmitsu* (die drei Geheimnisse) und übte sie als →*Mudrâ* (Körper), als →*Mantra* (Rede) und als →*Mandala* (Geist). Die Beziehung zwischen Körper, Rede und Geist versuchte das *Ninpô-Mikkyô* durch Übung sichtbar zu machen, um dadurch zur Erleuchtung zu gelangen.

Ninpô-Taijutsu (jap.): »Körpertechnik« des →*Ninjutsu*, wahrscheinlich beeinflußt von dem alten *Koshi no Mawari. Ninpô-Taijutsu* lehrt den waffenlosen Kampf (→*Taijutsu*) und ist die Grundlage des *Ninjutsu*. Das *Ninpô-Taijutsu* umfaßt drei große Systeme:

1. ***Taihenjutsu:*** Kampfstellungen *(Tachi)*, Kampfhaltungen *(Kamae)*, Formen des Sichbewegens *(Sabaki)*, Falltechniken *(Ukemi)*, Rollen *(Kaiten)*, Springen *(Tobi)*.
2. ***Dakentaijutsu:*** Abwehrtechniken *(Uke)*, Stöße *(Tsuki)*, Schläge *(Uchi)*, Tritte *(Keri)* gegen die Knochen *(Koppojutsu)*, Muskeln *(Koshijutsu)* und Vitalpunkte *(Atemiwaza)* des Gegners.
3. ***Jutaijutsu:*** Werfen *(Nage)*, Befreiungen gegen Haltegriffe *(Hajutsu)*, Hebel *(Gyakuwaza)*, Würgen *(Shimewaza)*.

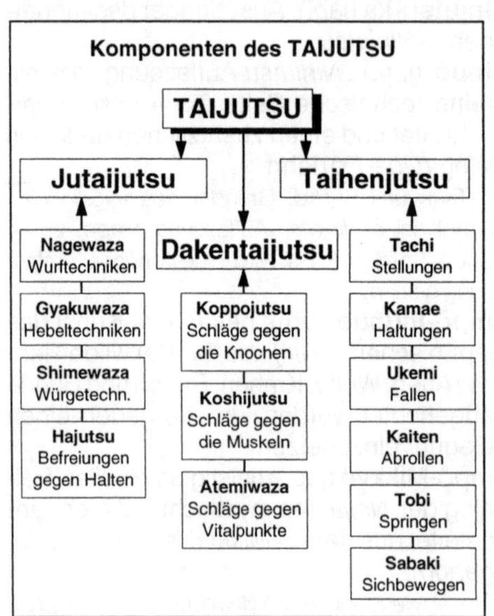

Ninyô (jap.): Menschlichkeit (s. →*Nin*, →*Bushidô*).

Nio-Bodhisattva: nachgebildete Statuen früherer indischer Urbilder, die als Beschützer des buddhistischen Glaubens gelten. Viele von ihnen findet man als Wächter an den Eingangspforten der buddhistischen Tempel. Die meisten sind in karateähnlichen Positionen dargestellt. In Japan nennt man sie *Kongorikishi*.

Nipaipo (jap.): s. →*Nepai*.

Nippon (jap.): Bezeichnung für →Japan (auch *Nihon*).

Nio-Bodhisattva

Nippon-Budôkan (jap.): s. unter →*Budôkan*.

Nippon-Kempô (jap.): Mischung verschiedener Kampfkünste, wie *Jûdô, Karate, Aikidô*, gegründet 1928 von Sawayama Muneyomi. 1961 brachte sein Schüler Kinuya Goki den Stil, der *Full-contact*-Kämpfe austrägt, in die USA.

... ni rei (jap.): Gruß in Richtung zum... (s. →*Rei*, →*Reigi-sahô*).

Niren (jap.): doppelt, zwei, hintereinander.

Niren-geri (jap.): zwei aufeinanderfolgende Tritte (wie →*Nihon-geri*).

Niren-zuki (jap.): zwei aufeinanderfolgende Schläge (wie →*Nihon-zuki*).

Nirvâna (skrt.): Nirvâna bedeutet in der indischen Sprache »verwehen«. Man kann es mit dem Verlöschen eines Feuers vergleichen, dem es an Brennstoff fehlt.

Begriff und Inhalt

Der Begriff wurde von →Buddha geprägt und bezeichnet in seiner Lehre (→Buddhismus) das Endziel des irdischen Heilsweges. Damit meinte Buddha das Erlöschen des Daseinsdranges, das Enden der Lebensbegierde im hiesigen Dasein, wodurch sich im Glauben der buddhistischen Religion der Grund für die immerwährende Neugeburt des Menschen in anderen Daseinsformen kundtut. Buddha nennt es wörtlich »die Aufhebung des Durstes und der Gier nach dem Leben«. Einen solchen Zustand kann ein Mensch durch Übung bereits zu Lebzeiten erreichen, wodurch er aus dem Zyklus der Wiedergeburten erlöst wird und ins »vollkommene Nirvâna« (ind. *Parinirvâna*) eingeht. Dort erlischt seine individuelle Existenz, denn er hat die absolute Begierdelosigkeit erreicht, er hat keinen →*Karma*-Drang mehr, durch den er in neuer Gestalt wiedergeboren würde.

WESTLICHE AUFFASSUNG

Zu der abendländischen Vorstellung eines sinngerechten Lebens steht diese Vorstellung in absolutem Widerspruch. Das, was der abendländische Geist im hiesigen Leben zu erreichen sucht, ist genau das, was nach Buddhas Lehre das Eingehen in das Nirvâna verhindert. Er nennt das Befreien von jedwedem Wollen, auch von dem »Leben-Wollen«, in einer seiner Predigten »wahre Wonne«. Als ihn danach ein Zweifler fragte, wie denn ein Zustand der absoluten Empfindungslosigkeit als Wonne bezeichnet werden könne, antwortete er: »Das eben, mein Freund, ist in diesem Zustand gerade die Wonne: daß es in ihm keine Empfingungen mehr gibt.«

Niseishi (jap.): s. →*Nijûshihô*.

Nisêshi (jap.): alte Schreibweise für *Niseishi* (s. →*Nijûshihô*).

Nishi-ken (jap.): »gespaltene Faust« (gespreizte Finger, s. →*Nihon-ken*).

Nishiyama Hidetaka (*1928 in Tôkyô): japanischer Karate-Meister des →*Shôtôkan-ryû*, Zeitgenosse von →NAKAYAMA MASATOSHI, Hauptlehrer am Instruktorenkurs der →JKA 1949 bis 1960. Er begann bereits in jungen Jahren mit der Übung des *Kendô* und *Jûdô* und erhielt mit 16 Jahren schon in beiden den schwarzen Gürtel. Anfang der 40er Jahre hörte er erstmals von *Karate* und begann sich in dieser Kunst zu üben.

NISHIYAMAS INITIATIVE ZUR JKA

Nishiyama Hidetaka studierte Wirtschaftswissenschaft an der *Takushoku*-Universität von Tôkyô und übte dort unter mehreren *Sempai* des *Shôtôkan-Karate*. 1949 gründete er zusammen mit →NAKAYAMA MASATOSHI und ÔBATA ISAO die →JKA, in der er als Chefinstruktor viele Jahre lang unterrichtete. Das Hauptverdienst in der Ausbildung dieser Elitetruppe gehört zweifellos Nishiyama Hidetaka, der zu Recht unter die größten *Karate*-Lehrer nach dem Krieg gerechnet wird. Zu jener Zeit war er in Japan fast eine Kultfigur. Nishiyama rief den Instruktorenkurs der JKA ins Leben, und dank seiner außergewöhnlichen Fähigkeiten und des großen Einflusses seiner Familie (sein Vater hatte sogar an der japanischen Verfassung mitgearbeitet) wuchs das

Nishiyama Hidetaka

Ansehen der JKA schnell. Nishiyama arbeitete auch die Wettkampfregeln aus und stand in Verbindung mit dem Erziehungsministerium, wie überhaupt die gesamte JKA in den ersten 20 Jahren ihrer Existenz untrennbar mit seinem Namen verbunden ist.

NISHIYAMAS TRENNUNG VON DER JKA

Nishiyama blieb auch in den fünfziger Jahren die bedeutendste Persönlichkeit der JKA und in Japan nach wie vor eine Kultfigur. Auch als 1955 NAKAYAMA Chefinstruktor der JKA wurde, blieb Nishiyama weiterhin die anerkannte Autorität, ging dann jedoch nach Amerika, um einem drohenden Konflikt mit Nakayama aus dem Weg zu gehen. 1960 zog Nishiyama in die USA (s. →OSHIMA TSUTOMU), um dort das *Shôtôkan-Karate* zu verbreiten. Dort beendete er auch sein bereits 1957 begonnenes Buch *»Karate, The Art of Empty Hand Fighting«*. Er gründete zunächst die AAKF (*American Amateur Karate Federation*, s. Anhang), danach die →IAKF (s. auch Anhang), zu der später die →WUKO in Konkurrenz trat. Die IAKF, der früher Instruktoren wie ENOEDA und SHIRAI angehörten, verlor das Rennen um die Anerkennung zur olympischen Disziplin gegen die WUKO und versank in der Bedeutungslosigkeit. Nishiyamas Zentral-*Dôjô* befindet sich heute in Los Angeles. Er ist Inhaber des 9. Dan.

Niten Ichi-ryû (jap.): Schwertstil mit zwei

Schwertern (*Katana* und *Wakizashi*) von →MUSASHI MIYAMOTO, den er selbst im → *»Gorin no Sho«* beschreibt; s. →*Emmei-ryû*, →*Nitô*.

Nitenbô-jutsu (jap.): »Stock der zwei Himmel«, auch *Kempôkan-Arnis*, japanische Kampfkunst, gegründet von MATSUYAMA SHINSUKE (Gründer des *Kempôkan-ryû*) auf der Basis von *Arnis de mano* aus dem *Sinavali*-Stil.

Nitô (jap.): »zwei Schwerter«. Kurz- und Langschwert (*Daitô* und *Shôtô*, s. →*Daishô* oder →*Katana* und →*Wakizashi*).

Die meisten *Samurai* trugen zwei Schwerter. Das kurze Seitenschwert *(Wakizashi)* wurde immer getragen, das Langschwert *(Katana)* nur außerhalb des Hauses (Erläuterungen dazu s. →*Ken*).

Nitobe Inazô: um 1900 weltweit bekanntgewordener japanischer Schriftsteller, Wirtschafts- und Kulturpolitiker. Er studierte in Bonn, Halle und Berlin. Danach war er christlicher Professor in Kyôto und Tôkyô.

Zwischen 1920 und 1926 bekleidete Nitobe Inazô hohe Ämter im Büro der Vereinten Nationen. Er schrieb viele Japan-Fachbücher, u. a. *»Bushidô, The Soul of Japan«* (1882) und *»Bushidô, The Warriors' Code«* (1898; Neuauflage 1975 bei Ohara Publications Inc., USA). Er hat als erster fernöstlicher Autor versucht, die japanische Geisteshaltung (die konfuzianische Etikette und den Ehrenkodex der Ritterlichkeit und Höflichkeit) für den Westen verständlicher zu machen.

Niwa Jurôzaemon: s. →ITSUSAI CHÔZANSHI.

NKBB: *Nederlandse Kick-Box Bound* (s. →*Full-contact*).

Nô[1] (jap.): Landwirtschaft. *Nômin* – Bauer, *Nôgyô* – Landwirtschaft.

Nô[2] (jap.): Begabung, Funktion, Talent. *Nôgaku* – Begriff für das bereits im 14. Jh. gegründete japanische Theater, eine Art Schauspiel oder lyrische Oper mit starkem zenbuddhistischem Hintergrund und religiösem Ritual. *Nôryoku* – Fähigkeit, Talent, *Honnô* – Instinkt, Trieb, *Nômen* – *Nô*-Maske.

Nobunaga Oda: s. →Oda Nobunaga.

Nobushi (jap.): Krieger aus der Ebene, Krieger vom Feld (s. →*Yamabushi*). Für eine *Samurai*-Einheit angeworbene Bauern.

Nocquet, André (*1914): französischer *Aikidô*-Lehrer und -Pionier, führender *Aikidôka* in Europa, 8. Dan *Aikidô* und 4. Dan *Jûdô*.

Nocquet war zwischen 1955 und 1957 direkter Schüler des *Aikidô*-Begründers UESHIBA MORIHEI und wurde von diesem mit der Verbreitung des *Aikidô* in Europa beauftragt. In diesem Sinne gründete er 1972 in Frankreich die *Union Européenne d'Aikidô*, der er lange Jahre als Technischer Direktor vorstand. Zur Zeit ist er ihr amtierender Präsident. Seit 1977 ist er Ehrenpräsitent des →DAB.

Nodachi (jap.): extrem langes japanisches Schwert (84–180 cm), das vom *Samurai* entweder selbst auf dem Rücken oder ihm von einem Diener nachgetragen wurden (s. →*Ken*).

Nodo (jap.): Kehle (s. →*Karada*).

Nodo-botoke (jap.): *Atemi*-Angriffspunkt: Kehlkopf (Adamsapfel).

Nodo-jime (jap.): Würgetechniken gegen den Kehlkopf.

Nogare (jap.): in den okinawanischen Kampfkünsten *(Shôrei-ryû)* verwendete Atemmethode (s. →*Kokyû-ho*).

In den Techniken wird diese Methode meist dann verwendet, wenn man einen gegnerischen Angriff abwehrt, sich vor ihm zurückzieht oder ihn kontert. Aus diesem Grund nennt man sie auch »negative Rückzug-Atmung«. Die Atemmethoden im *Nogare* legen eine starke Betonung auf die Einatmung. Diese soll kraftvoll und laut sein (im Gegensatz zu →*Ibuki*), wobei man sogar einen Ton verwenden kann. Die Ausatmung geschieht ganz normal. *Ibuki* und *Nogare* können zu verschiedenen anderen Atmungsmethoden miteinander kombiniert werden.

In der *Nogare*-Atmungsmethode unterscheidet man bei der Einatmung zwei Phasen, die man »lange Welle/kurze Welle« nennt. Um die *Nogare*-Atmungsmethode zu üben, wählt man sich eine natürliche Stellung, besonders gut jedoch eignen sich dazu *Sanchin-dachi* oder *Hangetsu-dachi*. Man atmet folgendermaßen:

- **Einatmung** (lange Welle/kurze Welle). Man atmet ausschließlich durch die Nase ein. Die Luft strömt deutlich geräuschvoll ein und füllt zuerst den Unterbauch, so daß er nach außen tritt und auf der Bauchdecke eine natürliche Spannung entsteht. Von unten nach oben staut sich die Luft in den Lungen, bis sie ganz voll sind. Während der Einatmung hebt man beide Hände mit den Handinnenflächen nach oben bis in die Nähe des Kinns. Wenn man das Gefühl hat, daß die Lungen mit Luft gefüllt sind, spannt man den unteren Bauch, unterhalb des Nabels, schnell und ruckartig an. Dies geschieht, indem man ebenso schnell noch einmal kurz einatmet. Gleichzeitig spannt sich der Bauch und der After, und man hat das Gefühl, daß man die Hoden in den Unterleib zieht.

• **Ausatmung**. Man dreht die Hände mit den Handflächen nach unten und senkt die Arme zu beiden Seiten des Körpers. Gleichzeitig öffnet man leicht die Lippen und läßt die Luft auf eine ganz natürliche Weise ausströmen. Die Spannungen des ganzen Körpers normalisieren sich, der Bauch nimmt eine natürliche Haltung ein.

Nogare-Kata (jap.): im *Jûdô* gelehrte Methoden des Ausweichens, des sich Zurückziehens vor gegnerischen Angriffen.

Nogareru (jap.): entkommen, fliehen (s. →*Nigeru*).

Noguchi Hiroshi: japanischer *Karate*-Experte von der *Waseda*-Universität in Tôkyô, Schüler der ersten Generation von Meister →FUNAKOSHI.

Noguchi Hiroshi, der das Training an der *Waseda*-Universität leitete, stammt aus der Gruppierung um →FUNAKOSHI YOSHITAKA und vertrat nach dessen Tod, zusammen mit EGAMI SHIGERU und HIRONISHI GENSHIN, diese Richtung. Sein bester Schüler war →OSHIMA TSUTOMU, der später die *Shôtôkai*-Richtung nach Amerika brachte. Weitere direkte Schüler von NOGUCHI HIROSHI waren KAMATA, OKUYAMA und HARADA.

Noguchi Yukio: japanischer *Aikidô*-Lehrer des →*Yoshinkai*, Hauptinstruktor des *Yoshinkai* für alle Gebiete außerhalb Japans.

Nojô-jutsu (jap.): die Technik des Fesselns (s. →*Hojôjutsu*, →*Takenouchi-ryû*).

Nomi no Sukune: legendärer Begründer des →*Jûjutsu*, der in der japanischen Geschichtschronik →*Kojiki* erwähnt wird.

Nach der Legende soll der beste Kämpfer der japanischen Frühzeit (23 v. Chr.), TOMAKETSU HAYATO, auf Befehl des japanischen Kaisers eine Herausforderung zum Zweikampf gegen NOMI NO SUKUNE angenommen haben. Tomaketsu Hayato wurde in diesem Kampf getötet. Heute sehen sowohl die Anhänger des *Sumô* als auch die des *Jûjutsu* und des *Jûdô* in dieser Begebenheit den Anfang ihrer Kampfkunst.

Nöppel, Fritz (*1936): deutscher *Karate*-Lehrer des *Gôjû-ryû*, der Richtung YAMAGUCHI GOGEN, einer der *Karate*-Pioniere des *Gôjû-ryû* in Deutschland, Bezugsperson für die *Gôjû-ryû*-Übenden im *Deutschen Karate Verband* (→DKV, s auch Anhang).

Nöppel unternahm 1955 als 19jähriger eine Fahrrad-Weltreise über Osteuropa, Vorderasien und Indien nach China und erreichte nach drei Jahren Japan. Bis 1967 lebte er in Japan und erlernte in der elitären Karateschule →*Yuishinkan* in Osaka das *Gôjû-ryû* unter KISAKI TOMOHARU. 1967 kehrte er nach Deutschland zurück und gründete das erste *Gôjû-ryû Dôjô* des Landes in Dortmund. 1994 legte er bei seinem Lehrer KISAKI die Prüfung zum 7. Dan ab. Seit 1978 leitet er den *Gôjû-ryû Karate Verband*, der heute in den *Deutschen Karate Verband* eingegangen ist.

Noroshi-jutsu (jap.): Anlegen von Signalfeuern. Technik aus dem *Ninjutsu*, die man →TAIRA SHINGEN zuschreibt.

Norris, Chuck: amerikanischer Kampfkunstmeister und Filmstar, Schüler von JAE CHUL SHIN aus dem →*Tang-Soo-Do*, Gründer des →*Chuck-Norris-Karate*. Als ungeschlagener Weltmeister des *Contact-Karate* (s. →*Full-contact*) zog er sich am 17 Januar 1970 aus dem Wettkampfsport zurück.

Noru (jap.): umwickeln. Eines der drei Prinzipien des Ausweichens im →*Wado-ryû*.

Notô (jap.): Zurückstecken des Schwertes in die Scheide *(Saya)* im →*Iaijutsu* (s. auch →*Omori-ryû*).

Nu (chin.): Armbrust, eine der ältesten Waffen Chinas (s. →*Bing-qi*, →*Gong*). Es gab verschiedene Typen, der Umgang war aber

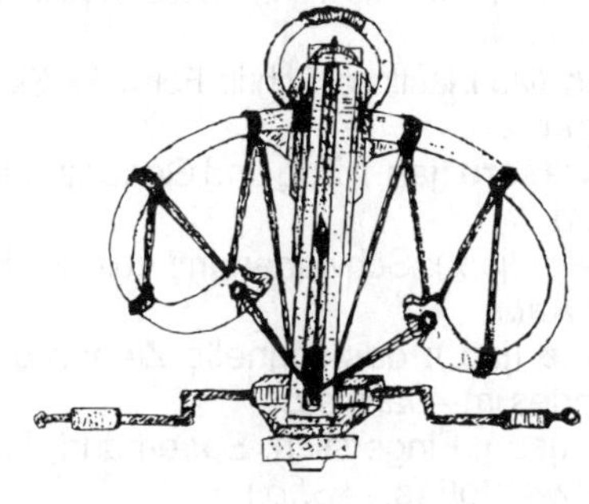

Pian-jia-nu – mechanische Armbrust aus der Qing-Dynastie

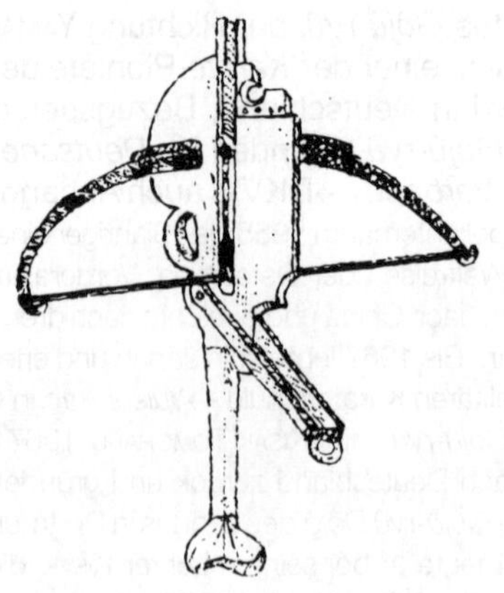
Nu – einfache chinesische Armbrust

recht schwierig, deshalb war die *Nu* nur in Militärkreisen verbreitet.

Nujisashi (jap.): Form von →*Kime* in den okinawanischen Kampfkünsten. Dies ist ein Begriff, der die langsamen entspannten Bewegungen der *Kata* bezeichnet, die sehr häufig in der Einatmung zu einer *Kamaekata* zurückführen.

Die Muskeln müssen dabei ganz weich sein, und der Geist muß sich in kontrollierter Ruhe und entspannter Aufmerksamkeit sammeln. Diesen Bewegungen wird eine wichtige Bedeutung in den *Kata* zugeschrieben, denn sie sind es, durch die sich die klassische *Karate-Kata* von allen anderen Bewegungsarten unterscheidet. Der große Wert der *Kata* für die Gesundheit und für die Entwicklung des *Zanshin* wird auf diese Bewegungen zurückgeführt (Erklärungen dazu unter →*Katachi*, →*Kamaekata* und →*Waza no kankyo wo wasuruna*).

Nuki-ashi (jap.): lautloser Schritt. Form des Sichbewegens.

Nuki-awaseru (jap.): Zug und Gegenangriff im *Jûdô*.

Nuki-kake (jap.): Schwertangriff aus der *Kime no Kata*.

Nukisuke (jap.): das schnelle Ziehen des Schwertes im →*Iaijutsu*.

Nuki-te (jap.): Fingerstich, Speerhand, Fingerspitzenstoß (s. →*Shô*[4]).

Bei *Nukite* wird mit den Spitzen der ersten drei Finger eine weitgehend gerade Oberfläche gebildet, wobei man den Mittelfinger leicht beugen muß. Die Finger werden gerade gehalten. *Nukite* verwendet man für Angriffe zum Solarplexus, zum Hals, zu den Augen und zu dem Punkt zwischen den Augen.

Nukite-waza (jap.): Gruppe sämtlicher Fingerspitzenstöße (Zuordnung s. unter → *Tsuki-waza*, Erläuterungen s. unter der jeweiligen Bezeichnung):

FORMEN VON NUKITE

Ippon-nukite	– Einfinger-Speerhand
Nihon-nukite	– Zweifinger-Speerhand
Yonhon-nukite	– Vierfinger-Speerhand
Ura-shoto (Bôshiken)	– Daumenstachel
Washide	– Adlerhand

Nuki-waza (jap.): Kontertechniken im *Kendô* während des Ausweichens. Klassifiziert unter →*Oji-waza*.

Nunchaku (jap.): okinawanische Waffe (s. →*Kobudô*) zur Selbstverteidigung.

KONSTRUKTION

Der Nunchaku besteht aus zwei gleichlangen Stücken Hartholz, deren Länge (30–60 cm) von der Unterarmlänge des Benutzers abhängt. Zum äußeren, freien Ende werden die Holzstücke etwas dicker, um das Gewicht zu vergrößern. Die beiden Teile sind durch eine ca. 10 cm lange Schnur (*Himo*) verbunden, die ursprünglich aus geflochtenem Roßhaar oder aus Reisstroh be-

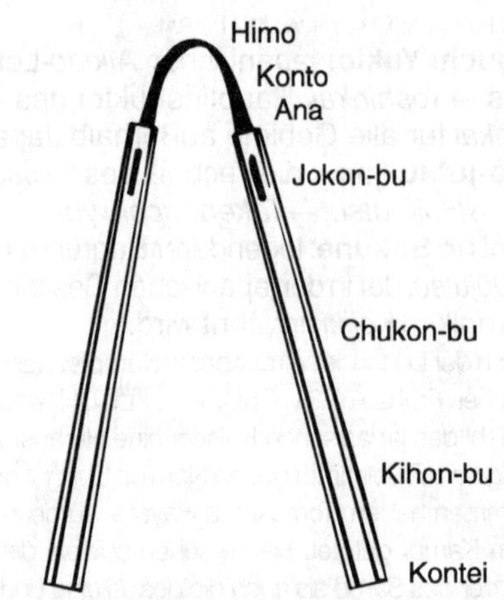

Nunchaku: Himo – Schnurverbindung, Konto – oberes Ende, Ana – Loch, Jokon-bu – oberer Teil, Chukon-bu – mittlerer Teil, Kihon-bu – unterer Teil, Kontei – Basis

stand. Es wurden auch Ketten *(Kusari)* verwendet, um ein Durchtrennen durch schneidende Waffen zu verhindern. In der Spitze *(Konto)* befindet sich eine Aushöhlung *(Ana)*, durch die die Verbindungsschnur gezogen wird. An einem *Nun-*

chaku-Holz werden mehrere Teile unterschieden: *Jôkon-bu* – oberes Drittel, *Chûkon-bu* – mittleres Drittel, *Kihon-bu* – unteres Drittel und *Kontei* – unteres Ende.

ARTEN DES NUNCHAKU

Es gibt sehr viele Arten des *Nunchaku*, die sich sowohl in der Form als auch in der Länge unterscheiden. Einige davon gehören zu den modernen Varianten, die erst in neuester Zeit entwickelt wurden. Zu den klassischen Formen gehören (siehe auch unter den Bezeichnungen):

- ***Hakakukei-Nunchaku*** – zwei Teile mit gleicher Länge und achteckigem Querschnitt.
- ***Rokakukei-Nunchaku*** – zwei Teile mit gleicher Länge und sechseckigem Querschnitt.
- ***Marugata-Nunchaku*** – zwei Teile mit gleicher Länge und zylindrischer Form.
- ***Sosetsukon-Nunchaku*** – ein langes und ein kurzes Teil.
- ***Hankei-Nunchaku*** – zwei Teile mit gleicher Länge, bestehend aus zwei längs getrennten Hälften eines Rundholzes, so daß sie perfekt zusammenpassen.
- ***Sansetsukon-Nunchaku*** – bestehend aus drei Teilen von gleicher Länge. Es gibt auch eine Art, bei der ein Teil normale Länge hat und die beiden anderen kürzer sind.
- ***Yonsetsukon-Nunchaku*** – bestehend aus vier Teilen, meist zwei langen – den äußeren – und zwei kurzen – den inneren Abschnitten auf beiden Seiten der mittleren Schnur.

URSPRUNG IN CHINA

Der Ursprung des *Nunchaku* liegt in China (s. →*Bing-qi*). Dort verwendete man bereits früh Waffenformen, die aus mehreren Holzteilen bestanden und mittels einer Kette miteinander verbunden waren. Es steht fest, daß diese chinesischen Waffenformen mit dem auf Okinawa bekannten *Nunchaku* verwandt sind.

In China erzählt man sich eine Geschichte über den Gründer der Sung-Dynastie (960–1126), den Kaiser CHAO K'UNG-YIN, der den *Nunchaku* (chin. *Liang-jie-gun*) erfunden haben soll. Bevor er Kaiser wurde, war er Oberbefehlshaber der Armee und als solcher ein Genie der militärischen Strategien und Kampfkünste. Selbst später, als Kaiser, übte er sich in den Kampfkünsten. Seine Lieblingswaffe war der lange Speer, und wann immer er Gelegenheit dazu fand, forderte er Führungskräfte seiner Armee zu Zweikämpfen heraus. Eines Tages wurde er selbst von einem jungen Offizier herausgefordert, der mit einem Schwert gegen den Kaiser antrat und ihn besiegte. Während des Zweikampfes zerschlug der junge Offizier den Speer des Kaisers in drei Teile. Der Kaiser nahm die drei Teile seines Speers und entwickelte daraus einen dreiteiligen Stock, indem er die Teile durch Ketten miteinander ver-

Nunchaku-Kämpfer

band. Später verwendete er nur zwei Teile des Stockes. Diese zweiteilige Waffe nannte er *Ta-shao-tse*. Nachdem er sie gemeistert hatte, forderte er den jungen Offizier erneut heraus und besiegte ihn damit.

Der ursprüngliche Stock des Kaisers (s. →*Shao-gun*) bestand aus einem langen (1 m) und einem kurzen Teil (35 cm). Beide waren durch eine etwa 20 cm lange Kette miteinander verbunden. Es liegt sehr nahe, daß es diese Waffe war, die vor 1600 von China nach Okinawa gebracht wurde (s. →*Sosetsukon*).

DER OKINAWANISCHE NUNCHAKU

Das okinawanische *(Hôgen-)*Wort *Nunchaku* bedeutet in der wörtlichen Übersetzung »zwei gleiche Holzteile«. *Nun* bedeutet »identisch«, *chaku* ist eine Maßeinheit (ca. 30 cm, s. →*Shaku*). Die korrekte Bezeichnung lautet eigentlich *Nunchaku-kon*, wobei *Kon* »Stock« bedeutet. Historisch gesehen, hatten diese und ähnliche Geräte in ganz Südostasien eine große und vielfältige Verwendung. Doch erst auf Okinawa wurde der *Nunchaku*, den wir heute kennen, wirklich zur Waffe entwickelt. Gleichzeitig machte er in Okinawa einige Veränderungen durch. Die beiden Holzteile wurden der Armlänge des Benutzers angepaßt, die Schnüre wurden verkürzt. Es gab achteckige, sechseckige und runde Hölzer. Anders als in China wurde für die Verbindung nicht eine Kette, sondern eine Schnur aus Reisstroh oder geflochtenem Roßhaar benutzt.

Als der *Satsuma*-Clan damit begann, alle Waffen auf Okinawa einzusammeln (s. →Okinawa), übersah man den *Nunchaku*, da er den *Samurai* ungefährlich erschien. Wie in vielen Gebieten Südostasiens benutzten auch die Bauern auf Okinawa den zweiteiligen Nunchaku, um durch Schlagen und Dreschen den getrockneten Reis von seinen Hülsen zu trennen. Man füllte den Reis in große hölzerne Tröge und schlug mit dem *Nunchaku* darauf. Danach warf man den Reis wiederholt in die Luft, um ihn von der Spreu zu trennen. Da dieses Gerät eine kleinere Version des chinesischen *Ta-shao-tse* war, vermutet man mit diesem eine geschichtliche Verbindung. Als Standardwaffe wurde dieses okinawanische Bauerngerät erst ab dem frühen 17. Jh. gelehrt. Zu jenen Zeiten war der *Nunchaku* auf Okinawa eine der beliebtesten Selbstverteidigungswaffen gegen die *Satsuma*-Samurai. Er war handlich, konnte leicht in der Kleidung versteckt werden und war ebenso schnell einzusetzen. Man begann Techniken zu entwikkeln, mit denen man durchaus gegen einen bewaffneten *Samurai* antreten konnte. Zu jener Zeit experimentierte man auch viel mit verschiedenen Formen des *Nunchaku*. Der *Nunchaku* aus drei Teilen *(Sansetsu)* war in der Selbstverteidigung der damaligen Zeit ebenfalls sehr beliebt (s. →*Sansetsukon*).

Nunchakujutsu (jap.): die Waffenkunst des →*Nunchaku*. Man weiß, daß es im chinesischen Kaiserreich bereits Vorläufer des *Nunchaku* gab, die *Liang-jie-gun, Shuang-chin-kun* oder *Shao-tse-kun (Ta-shao-tse)* genannt wurden.

NUNCHAKU-TECHNIKEN

Man vermutet, daß der *Nunchaku* im 13. oder 14. Jh. in seiner ursprünglichen Form von China nach Okinawa kam und dort zu der heute bekannten Form verändert wurde. Sicher ist, daß der Umgang mit dieser Waffe erst auf Okinawa verfeinert und vertieft wurde. Sie war dort weitgehend im Volk verbreitet, und man konnte wegen der verschiedenen Waffenverbote zumeist nur im geheimen üben. Während der chinesische *Nunchaku* meist rund und mit einer Kette verbunden war, verwendete man auf Okinawa in erster Linie die achteckige Form und eine geflochtene Schnur als Verbindung.

Generell kann man mit dem Nunchaku Schwingtechniken *(Furi)* ausführen oder Techniken, bei denen man beide Teile der Waffe in den Händen behält. Daraus ergibt sich auch die Klassifizierung der Techniken. Dabei ist zu beachten, daß sowohl die Schwingtechniken *(Furi)* als auch die Haltungen *(Kamae)* als Abwehr und als Angriff anwendbar sind. Behält man den *Nunchaku* in der Hand, können Abwehrtechniken, gestoßene Techniken oder Hebel ausgeführt werden. Außerdem gibt es noch Schleifen (z. B. Achterschleife), Wirbel- und Auffangmethoden. Als Stellungen *(Tachikata)* verwendet man die in den *Karate*-Stilen klassifizierten Stellungen.

DAS OKINAWANISCHE NUNCHAKU-SYSTEM

Die okinawanischen *Nunchaku*-Varianten erreichen eine Geschwindigkeit von über 240 km/h und eine Aufschlagskraft von 725 kg/cm². Der menschiche Schädel bricht bei einem Aufschlag von 3,6 kg/cm² Daraus kann man ersehen, wie gefährlich alle *Nunchaku*-Varianten sind.

NUNCHAKU-JUTSU

Uke-waza

Age-uke	Gyaku-age-uke
Gedan-ippon-uke	Jûji-uke
Gedan-uke	Soto-ippon-uke

Furi-waza

Gyakute-hachiji-furi	Kote-gaeshi-furi
Hachiji-furi	Kowaki-gaeshi-furi
Haimen-gaeshi-furi	Musô-gaeshi-furi
Jôdan-suihei-furi	Shamen-gaeshi-furi
Jôdan-ichimonji-furi	Tate-ichimonji-furi
Katate-kote gaeshi	

Kamaekata

Chûdan-gamae	Katate-musô-gamae
Gedan-gamae	Koshi-gamae
Gyaku-shihô-gamae	Maki-gamae
Gyaku-waki-gamae	Musô-gamae
Gyakute-waki-gamae	Musubi-gamae
Haimen-gamae	Rei no Kamae
Ichimonji-gamae	Shihô-gamae
Jôdan-age-kamae	Waki-gamae
Jûji-gamae Yoi no Kamae	Waki-hasami-gamae
Katate-chûdan-gamae	

Die heutigen okinawanischen Meister lehren nur ihre älteren Schüler, die mindestens den 5. Dan erreicht haben, die Techniken des *Nunchaku*. Es besteht eine sehr deutliche Zurückhaltung gegenüber der öffentlichen Verbreitung der *Nunchaku*-Systeme. Dies führte dazu, daß der *Nunchaku* die weltweit verbreitetste *Kobudô*-Waffe ist, jedoch seine vielen Systeme ohne Bindung an die wirkliche Tradition stehen. Es gibt kaum Meister, die ein fundiertes traditionelles okinawanisches *Nunchaku*-System unterrichten.

Der Grund liegt in der Geheimhaltung der *Nunchaku*-Systeme auf Okinawa. Immer noch gelten dort diesbezüglich strenge Regeln. Es muß gewährleistet sein, daß die Schüler, denen dieses seltene Wissen zuteil wird, es unverfälscht und getreu weitergeben. Diese Regeln beruhen auf der Tatsache, daß der *Nunchaku* als eine tödliche Waffe angesehen wird. In vielen Ländern der Welt ist die Verwendung des *Nunchaku* durch staatliche Gesetze geregelt.

Schwertkämpfer gegen Nunchaku

Nunchaku-Kata (jap.): Festgelegte technische Bewegungsabläufe (s. →*Kata*), in denen seit Jahrhunderten die *Nunchaku*-Kampfmethode überliefert wird.

Früher war der *Nunchaku* auf Okinawa sehr populär, und es existieren zahlreiche *Kata*. Aus persönlichen Gründen der okinawanischen Meister werden keine überliefert, und die heutigen Meister des okinawanischen *Kobudô* wachen streng darüber, daß diese Tradition eingehalten wird (s. →*Nunchakujutsu*). Deshalb entstehen heute viele *Nunchaku*-Systeme ohne direkte Verbindung zur ursprünglichen Tradition. Öffentlich bekannt geworden sind die von SHINKEN TAIRA gegründete *Nunchaku-Kata*, das *Nunchaku*- System des BSK (→*Budo Studien Kreis*) und die beiden *Kata* aus Meister KANAZAWAS *Nunchaku*-System.

NUNCHAKU-Kata

Buhô no (Kanazawa)	Renshûhô shôdan (BSK)
Chatanyara Nunchaku	Sokan
Jûhô no (Kanazawa)	Taira no Nunchaku
Nicho-Nunchaku (BSK)	Toyama no Nunchaku
Renshôhô nidan (BSK)	

Nuntebô (jap.): Bezeichnung für den auf Okinawa benutzten Fischerspeer (auch *Nunti*), heute im →*Kobudô* klassifiziert.

ARTEN DES NUNTEBÔ

Der Nuntebô verwandelte sich zur Zeit der *Satsuma*-Besetzung in eine wirkungsvolle Verteidigungswaffe. Er ist eine Kombination aus →*Sai* und →*Bô*, im Grunde genommen ein an einem *Bô* befestigtes *Sai*. Eine andere Variante nennt man *Nuntesu*. Bei dieser Waffe ist ein →*Manji-sai* am Ende des Stockes befestigt.

Der *Nuntebô* war eine der gefährlichsten okinawanischen Selbstverteidigungswaffen. Ein Meister des *Nuntebô* war von einem *Samurai* nur sehr schwer zu besiegen. Heute werden die Techniken des

Okinawaner mit Nuntebô

Nuntebô außerhalb Okinawas kaum geübt. In Okinawa existieren einige wenige *Kata*, doch sie werden nicht verbreitet.

TECHNIKEN DES NUNTEBÔ

Man vermutet, daß die Techniken des *Nuntebô* ursprünglich vom Umgang mit dem chinesischen Speer beeinflußt wurden, mit dem die chinesischen Meister eine außergewöhnliche Präzision entwickelt hatten (in China galt der Speer als der König der Waffen). Viele okinawanische Meister des *Tôde* lernten in China, und es liegt nahe, daß sie die Techniken des Speers auf den *Nuntebô* übertrugen. Es ist jedoch festzustellen, daß der okinawanische *Nuntebô* einen eigenen Stil entwickelt hat, in dem die Waffe sowohl als Speer (→*Yari*) als auch als Stock (→*Bô*) gebraucht wird.

Nyo (jap.): Frau (auch *Jo, Nyô, Onna*).

Nyû[1] (jap.): weich, sanft (auch *Jû, Yawarai-kai*).

Nyû[2] (jap.): hineingehen, eintreten (auch *Hairu, Iru*).

Nyûkon-shiki (jap.): »Dank und Hoffnung«. Einweihungszeremonie eines *Dôjô* im buddhistischen Sinne. Das Leben und die Seele werden in das *Dôjô* eingegeben.

Nyûmon (jap.): Ausdruck aus dem *Zen*-Buddhismus, der soviel wie » Eintritt in den Weg Buddhas« bedeutet [aus *Nyu* = eintreten; *Mon* = Tor].

Hierbei ist stets eine Form der Ausbildung gemeint. Deshalb wird in Japan dieses Wort für die Einführung von Anfängern in eine *Budô*-Disziplin benutzt, da darin die gesamtmenschliche Ausbildung erfaßt ist.

Nyûmonsha (jap.): Bezeichnung für einen Neuling in den klassischen Kampfkunstsystemen.

Nyûnan-shin (jap.): »sanfter, anpassungsfähiger Geist«.

Der Begriff stammt aus der →*Lotos-Sûtra* und bezeichnet einen Geist, der in der Lage ist, geradlinig und zielbewußt zu streben, und der dennoch anpassungsfähig gegenüber seiner Umgebung bleibt. Im Buddhismus wird er als Grundlage dazu verwendet, die eigene Buddha-Natur zu verwirklichen.

O

O[1] (jap.): antworten, reagieren; zustimmen. *Hannô* – Reaktion, *Junnô* – Anpassung, *Oyô* – Anwendung.

O[2] (jap.): groß (auch *Dai, Tai, Okii*, s. →*Hô*[2]). *O soto-gari* – große Außensichel.

O-ashi (jap.): großer Schritt. Gegensatz: *Ko-ashi* (kleiner Schritt).

Obaku (jap.): bedeutende *Zen*-Schule Japans. Sie wurde im 9. Jh. in China von HUANG-PO (jap. OBAKU), dem dritten Nachfolger von HUI-NENG (jap. E'NÔ), Lehrer von LIN-CHI (jap. RINZAI), gegründet.
1654 wurde die Lehre von IN'GEN RYÛKI nach Japan gebracht. Er errichtete in Uji bei Kyôto ihr Hauptkloster. Die Obaku-Schule ist eine Nebenlinie des →*Rinzai-Zen*. Heute hat sie in Japan kaum noch aktive Klöster und ist damit die am wenigsten einflußreiche der drei japanischen *Zen*-Schulen.

Obata Isao (1904–1976): japanischer *Karate*-Experte an der *Keio*-Universität von Tôkyô, Schüler der ersten Generation von Meister →FUNAKOSHI GICHIN. Obata war ein traditioneller *Shôtôkan*-Experte aus der Gruppierung EGAMI, NOGUCHI und HIRONISHI, einer der →*Sempai* des alten *Shôtôkan*.
→FUNAKOSHI YOSHITAKA, der für die Veränderungen des →*Shuri-te* zum modernen →*Shôtôkan-ryû* hauptsächlich verantwortlich war, starb 1945 an Tuberkulose. Meister FUNAKOSHI GICHIN, inzwischen über siebzig Jahre alt, hatte sich aus der Trainingsführung zurückgezogen. Nach dem Krieg (1945) übernahmen Yoshitakas Trainingsassistenten EGAMI SHIGERU und HIRONISHI GENSHIN, die fortgeschrittensten Meister des *Shôtôkan-ryû*, die Leitung des Stils. Das alte *Shôtôkan-Dôjô* war zerstört, und die Mitglieder übten erneut an den sechs Universitäten, an denen Meister Funakoshi früher unterrichtet hatte: *Hosei, Waseda, Takushoku, Keio, Sanshu* und *Chuo*. Meister Obata unterrichtete an der *Keio*-Universität.
Unter der Leitung von Hironishi und Egami hatten sich die *Sempai* des *Shôtôkan* zu einer Assoziation zusammengeschlossen, die allgemein als *Shôtôkai* (*Shôtô*-Vereinigung) bezeichnet wurde. Sie unterrichteten an den Universitäten Yoshitakas *Karate* auf den traditionellen Grundlagen, wie sie von Meister Funakoshi und seinem Sohn überliefert worden waren. Doch 1946 kehrte →NAKAYAMA MASATOSHI aus China zurück und begann an der *Takushoku*-Universität für seine Idee zu werben, das *Karate* in einen Wettkampfsport umzuwandeln. 1948 wurde die JKA gegründet, und Obata Isao wurde ihr Vorstand.
Doch nachdem die dem *Budô* ungemäße Politik dieser Organisation offensichtlich wurde, verließ Obata Isao die JKA und ging seine eigenen Wege. Er starb 1976 im Alter von 72 Jahren.

Obi (jap.): langer Gürtel, der doppelt um den Bauch geschlungen und vorn zusammengebunden wird. In den Kampfkünsten zeigt seine Farbe den Fortschritt (s. →*Kyûdan,* →*Kyû,* →*Dan,* →*Karategi*) des Übenden an.

DIE GÜRTELFARBEN

Shiro-obi	– weißer Gürtel
Kiiro-obi	– gelber Gürtel
Daidaiiro-obi	– orangefarbener Gürtel
Midori-obi	– grüner Gürtel
Aori-obi	– blauer Gürtel
Chairo-obi	– brauner Gürtel
Kuro-obi	– schwarzer Gürtel
Shima-obi	– rot-weißer Gürtel
Aka-obi	– roter Gürtel

Obi-goshi (jap.): Hüftwurf mit Griff am Gürtel. *Jûdô*-Wurftechnik.

Obi-otoshi (jap.): *Jûdô*-Wurftechnik mit Griff am Gürtel.

Ochiai Hidy (*1939): japanischer Karate-Lehrer des ÆWashin-ryû, heute Hauptvertreter des Stils.
Ochiai begann im frühen Alter von 6 Jahren mit dem Studium der Kampfkünste und zog 1962 in die USA. 1966 eröffnete er seine eigene Schule in Binghamton (US-Bundesstaat New York), die heute viele Zweigstellen hat.

Ochi Hideo (*1949): japanischer *Karate*-Lehrer (8. Dan) des *Shôtôkan-ryû* aus den Reihen der JKA-Instruktoren, der heute in Deutschland unterrichtet.
Ochi Hideo wurde am 28. Februar 1949 auf Kyushu geboren, wo er bis zu seinem 18. Lebensjahr

blieb. Danach ging er an die *Takushoku*-Universität nach Tôkyô, um Wirtschaftswissenschaften zu studieren. Dort lernte er *Karate* kennen und wurde nach einiger Zeit in den Instruktorenkurs der JKA aufgenommen. 1964 schloß er den Instruktorenkurs mit dem 4. Dan ab. Anschließend war er Lehrer im Zentral-*Dôjô* der JKA.

1970 nimmt er KANAZAWA's Platz in Deutschland ein, zunächst als Bundestrainer des →DKB. Nach der Gründung des →DKV wird er Nationaltrainer in diesem Verband und setzt seine Serie von beachtlichen und ununterbrochenen Erfolgen auch in dieser Organisation fort. 1993 trennt er sich jedoch im Streit vom DKV und gründet seinen eigenen Verband, den er DJKB (*Deutscher JKA Karate Bund*, s. Anhang) nennt. Damit verfolgt er die Wiederbelebung der *Karate*-Auffassung der JKA aus den 60er Jahren, als diese Organisation zu den profiliertesten in der Welt gehörte.

Ochiiru (jap.): in etwas hineingeraten, eingenommen werden, erobert werden (auch *Kan*), in den Kampfkünsten Bezeichnung für einen Zustand der Bewußtlosigkeit nach einem Würgegriff.

O-chuga-eri (jap.): Falltechnik (s. →*Ukemi-waza*). Große Rolle nach vorn mit sofortigem Aufstehen, im Unterschied zu →*Chuga-eri*, bei der der Übende auf dem Boden liegen bleibt.

O-dachi (jap.): andere Bezeichnung für →*Katana* (s. auch *Ken*).

Odachi-jutsu (jap.): alte japanische Kampftechnik mit einem 1,50 m langen Schwert, die vor allem von den *Samurai* zu Pferde eingesetzt wurde.

Das System besteht meist aus großen Kreisbewegungen. SASAKI KOJIRO aus dem →*Gan-ryû*, der große Gegner MUSASHI's, war ein Experte dieser Kampfmethode. Der Kampfstil wird heute nicht mehr geübt.

Oda Nobunaga (1534–1582): japanischer Militärdiktator. Das Geschlecht der ODA aus der Provinz Owari stammte von TAIRA SUKEMORI, dem Sohn SHIGEMORIS (1138 bis 1179), ab.

Mit 15 Jahren trat Oda Nobunaga das Erbe seines Vaters an und mußte sich früh gegen die Intrigen anderer *Daimyô* wehren, die ihn seines Lehens zu berauben versuchten. Er führte mehrere Kriege und wurde durch geschickte Taktiken bekannt. Kaiser OGIMACHI beauftragte ihn daher 1562 durch eine geheime Botschaft, den fast hundertjährigen Lehenskriegen der *Daimyô* ein Ende zu bereiten. Oda Nobunaga startete daraufhin einen Feldzug und festigte durch geschickte Bündnisse seine Macht. Danach leitete

Oda Nobunaga

er mehrere militärische Einsätze, wie z. B. gegen die bewaffneten Mönche des Hiei-Berges (s. →Hiei-san) im Jahre 1571. Der *Shôgun* ASHIKAGA YOSHIAKI, anfangs von Nobunaga unterstützt, begann die militärische Macht des Feldherrn zu fürchten und verbündete sich gegen ihn. Daraufhin setzte Oda Nobunaga 1573 den *Shôgun* ab, wodurch gleichzeitig die Ashikaga-Herrschaft endete. Im Jahr darauf verlieh ihm der Kaiser den Titel *Go-Daina-gon*. Mit der Unterstützung von TOKUGAWA IEYASU (s. →TOKUGAWA) und →TOYOTOMI HIDEYOSHI gelang es ihm, die verfeindeten *Daimyô* zu einigen und den Frieden im Land wiederherzustellen. Durch den Verrat eines Vasallen (MITSUHIDE) verlor Oda Nobunaga am 22. Juni 1582 auf seinem Sitz, dem Honnoji-Tempel in Kyôto, sein Leben.

Odori (jap.): Tanz (*odoru* – tanzen). Bezeichnung für die klassischen Tänze Okinawas (s. →ARAGAKI, →AKAHACHI OYAKEI). Diese waren vermutlich ein wichtiges Element in der Entwicklung der okinawanischen *Kata*. In ihnen zeigt sich kulturelles Wissen aus Okinawa, das in Bewegung umgesetzt wurde. Die Tänze weisen jedoch auch einen deutlichen kulturellen Einfluß Chinas auf.

Die Odori enthalten in Bewegungen ausgedrückte Bräuche aus dem okinawanischen Bauernleben, wozu auch die Benutzung ihrer Werkzeuge und Geräte gehört. Man vermutet, daß die Kampfkunstexperten durch diese Tänze veranlaßt wurden, eigene kämpferische Bewegungsabfolgen *(Kata)* zu gründen, die ihre Kampfkunst repräsentierten. Heute ist es für jeden Betrachter offensichtlich, daß es zwischen den okinawanischen *Kata* und den *Odori* eine geschichtliche Verbindung geben muß. Der Ursprung kann jedoch nicht genau festgelegt werden.

Odo Seikichi (*1923 in Agena, Okinawa): okinawanischer *Karate*-Experte, Hauptschüler von →NAKAMURA SHIGERU, Vorstand des →*Okinawa Kempô-Karate*.

Odo Seikichi

Odo begann sein Kampfkunsttraining 1932 im *Jûdô*, wechselte jedoch 1936 zu KUBA KOHO, der →*Tomari-te* unterrichtete. 1940 wurde er Schüler von NAKAMURA SHIGERU, dem Gründer des *Okinawa Kempô-Karate*, der sein wichtigster Lehrer wurde. Gleichzeitig begann er mit dem Studium des okinawanischen *Kobujutsu* unter TOMA SEIKI, KAKAZU MITSUO, NAKAIMA KENKO und MATAYOSHI SINPÔ. Die *Kobudô*-Methoden dieser Meister übertrug Odo später in das *Okinawa Kempô-Karate* und gründete nach dem Tod seines Meisters mit Hilfe von MAEHARA SEIJIRÔ und CHIBANA KENKO die *Okinawa Kempô Karate Kobudô Rengôkai*. Parallel dazu entstand unter NAKAMURA TAKETO die *Okinawa Kempô Karate Rengôkai*.

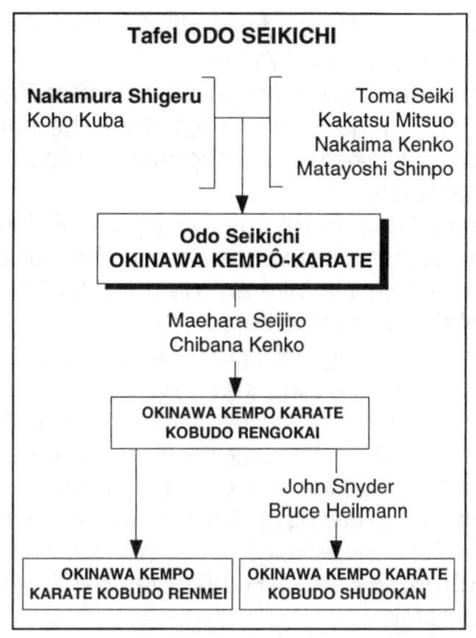

Im Jahre 1983 veränderte Odo die *Okinawa Kempô Karate Kobudô Rengôkai* in zwei Organisationen: *Okinawa Kempô Karate Kobudô Renmei* und *Okinawa Kempô Karate Kobudô Shudôkan*. Seine wichtigsten Schüler waren JOHN SNYDER und BRUCE HEILMANN aus dem amerikanischen →*Shudôkan*.

Ogasawara-ryû (jap.): alte japanische →*Yabusame*-Schule aus der Kamakura-Zeit (1185 bis 1333), die noch heute existiert.

Der Name stammt von einer der zwei großen *Kyûjutsu*-Schulen, die von einem Abkömmling der OGASAWARA geleitet wurde. Es ist heute die einzige japanische Schule, die strikt alle alten Regeln der *Bushidô*-Etikette beachtet. Dazu gehört ein angepaßtes Verhalten in den Zeremonien und im Alltag der Schüler, wie z. B. Heirat, Austausch von Geschenken, Huldigung dem Kaiser gegenüber usw. Diese Schule hat heute noch Tausende von Schülern. Ihr heutiger Großmeister ist OGASAWARA KIYONOBU.

Ogi (jap.): runde Form des →*Tessen*.

O-goshi (jap.): großer Hüftwurf im *Jûdô*.

Ogura, Tsuneyoshi: s. →*Gembukai*.

Oguri-ryû (jap.): alte traditionelle Schule des →*Jûjutsu*, 1616 von OGURI NIEMON gegründet, der die Methoden des Kampfes in der Rüstung übernahm und sie auf Personen anwendete, die nicht gerüstet waren.

Diese Schule war der Vorläufer des später entstandenen →*Wajutsu*.

O-guruma (jap.): *Jûdô*-Hüftwurf. Großes Rad.

Oi (jap.): gegen etwas anstürmen, bedrängen. *Oikakeru* – nachgehen, *oikosu* – überholen.

Oibara (jap.): Form des →*Seppuku*. Selbstmord eines *Samurai*, der ausgeführt wurde, wenn sein *Daimyô* auf dem Schlachtfeld gefallen war (Nachfolgetod).

Oibara war in der Anfangszeit der Tokugawa-Periode sehr verbreitet, wurde jedoch bald durch gesetzliche Bestimmungen verboten, um unnötigen Verlust an Menschenleben zu vermeiden. Dies führte zu einer starken Opposition der traditionellen, an das *Bushidô* gebundenen *Samurai*. Eine Folge dieses Verbotes war das →*Hagakure*.

Oi-chomage (jap.): Haarknoten der *Sumô*-Kämpfer.

Oi-geri (jap.): anstürmender Fußtritt, Fußtechnik im Vorwärtsgehen.

Oi-komi (jap.): Endspurt.

Oikomi-geiko (jap.): den Gegner durch stürmischen Angriff in Bedrängnis bringen. Übungsform in den Kampfkünsten.

Oishi Shinkage-ryû (jap.): traditionelle japanische →*Kenjutsu*-Schule, gegründet in Kyûshu von OISHI SUSUMU (1798–1865) aus dem →*Shinkage-ryû*.

Oishi studierte das *Kenjutsu* des *Shinkage-ryû*, wonach er sich eine lange Zeit dem →*Dôjô-arashi* widmete. In der Zeit seiner Herausforderungen war er ein einziges Mal OTANI SHIMOZA NO KAMI SEIICHIRO (1789–1844) aus dem *Jikishin Kakge-ryû* unterlegen. In Oishis nachher gegründetem Stil benutzte man ein sehr langes *Shinai*, das mit einer Hand geführt wurde. Die Übenden trugen einen Gesichtsschutz *(Men)*, um sich vor Treffern zu schützen. In der Technik wurde viel Körperkraft verwendet.

Oishi Susumu: s. →*Oishi Shinkage-ryû*.

Oishi Takeshi (*1941): JKA-Instruktor, der vom *Kendô* zum *Shôtôkan-Karate* kam und den Instruktorenkurs an der *Takushoku*-Universität absolvierte. Oishi lebt heute in Japan.

Oishi war einer der größten Kämpfer der JKA, mehrmaliger *Kumite*-Weltmeister und JKA-Champion, mit bis heute ungebrochenem Rekord, 1973 auch Gewinner der YAMA's *World Kyokushinkai Karate Championships*.

Oi-zuki (jap.): gerader *Karate*-Fauststoß im Vorwärtsgehen (großer Schritt). Gleichseitige Technik (→*Jun-zuki*, z. B. rechter Fuß vorn, rechte Faust stößt). Klassifizierung s. unter →*Tsuki-waza*.

Aus einer Normal- oder Kampfstellung macht man einen großen Schritt nach vorn. Gegen Ende der Bewegung stößt man die gleichseitige Faust vor. Die Kraft kommt aus dem Strecken des hinteren Beines und aus dem Hüftschub [*Oi* = anstürmen]. Der Körper wird dabei gerade gehalten, der Bauch gespannt, die Achsel des stoßenden Arms geschlossen. In dieser Bewegung kann man ebenso wie im →*Gyaku-zuki* mehrere Stoßvarianten verwenden. Die wichtigsten sind:

VARIANTEN DES OI-ZUKI

Seiken-zuki	– Stoß mit der Vorderfaust
Ura-zuki	– Hakenstoß nach oben
Tate-zuki	– Stoß mit senkrechter Faust
Mawashi-zuki	– Halbkreisstoß
Age-zuki	– steigender Stoß

Oi-zuki bedeutet »mit einem Stoß nach vorne stürmen«. Der gleichseitige Stoß heißt →*Jun-zuki*, der gegenseitige Stoß *Gyaku-zuki*. Mit *Jun-zuki* bezeichnet man einen gleichseitigen Stoß, der aus dem Stand ausgeführt wird. Beide Techniken können mit allen Auftreffflächen der Hand ausgeführt werden. Entsprechend gibt es: *Seiken oi-(jun-)zuki, Nukite oi-(jun-)zuki, Ipponken oi-(jun-)zuki, Nakadakaken oi-(jun-)zuki, Hiraken oi-(jun-) zuki* usw.

Oi-zuki – gerader Fauststoß im Vorwärtsgehen

Oji-gaeshi (jap.): Kombination aus Abwehr und Konter bei einem gegnerischen Angriff. Begriff aus dem *Kendô* und *Karate*.

Ojigi (jap.): großer zeremonieller Gruß im *Kendô*.

Oji-waza (jap.): kombinierte Abwehr- und Kontertechnik im *Kendô* und *Karate*. Im *Kendô* (s. auch →*Oyô-waza*) unterteilt man *Oji-waza* in mehrere Gruppen:

Oji-waza	
Nuki-waza	– ausweichen und kontern
Kaeshi-waza	– abwehren und kontern
Suriage-waza	– abgleiten und kontern
Uchiotoshi-waza	– ablenken und kontern

Okada Morihiro (1893–1984): japanischer Meister des *Kendô, Iaidô, Karate-dô* und *Jûdô,* außerdem berühmter Kalligraph.

Okazaki Teruyuki: japanischer *Karate*-Meister, heute 8. Dan, Schüler von NAKAYAMA MASATOSHI aus der Zeit, in der er an der *Takushoku*-Universität unterrichtete. 1947 kam er in den *Karate*-Club der *Takushoku*-Universität. Später wurde er Mitglied der JKA und als Instruktor in die USA geschickt, um dort das *Shôtôkan-Karate* zu verbreiten.

Okazaki ging 1961 in die USA und unterrichtete zuerst in einem kleinen *Karate*-Club in Philadelphia. Ein Jahr später gründete er die *East Coast Karate Association* als Zweig von NISHIYAMA HIDETAKA's *All American Karate Federation*. Die AAKF arbeitete eng mit der japanischen JKA zusammen.

1965 verließen einige *Dan*-Träger Okazakis *Dôjô* und gründeten eine eigene Föderation, die sich später mit OSHIMA TSUTOMU (dem Repräsentanten des *Shôtôkan* in den Vereinigten Staaten über die Richtung FUNAKOSHI, EGAMI) liierte. Kurz darauf verließ auch Okazaki Nishiyamas Föderation und gründete die *International Shôtôkan Karate Federation* (etwa 50 000 Mitglieder, international aktiv), der er heute als Vorsitzender und Chefinstruktor vorsteht. Sowohl diese als auch die AAKF sind heute mit der JKA liiert. Beide Föderationen repräsentieren das *Shôtôkan-Karate* der JKA in den USA. Okazaki ist Ko-Autor (zusammen mit Dr. med. MILORAD STRICEVIC) des Buches »Das Textbuch des modernen Karate«.

O-kesa (jap.): »Große Schärpe«, Priestergewand. Auch Bezeichnung eines Schwertschlages im *Kenjutsu*. Hieb quer durch den Oberkörper, von der rechten Schulter bis zur linken Hüfte.

Okii (jap.): groß (auch *Dai, Tai, O*, s. →*Hô*[2]).

Okinawa: Hauptinsel der Ryûkyû-Inselkette im Pazifik und Entstehungsort des *Karate* und *Kobudô*. »Okinawa« bedeutet wörtlich »Tau im offenen Meer«. Die schmale Insel (100 km lang, 1254 km^2) liegt etwa in der Mitte einer langgestreckten Inselkette (1100 km), die sich von Japan im Norden bis fast zur Türschwelle Chinas im Süden ausdehnt. Die Inselkette besteht aus 140 Inseln, von denen nur 36 ständig bewohnt sind.

VORGESCHICHTE

Der Ursprung der Einwohner Okinawas ist ein ungeklärtes völkerkundliches Geheimnis. Es deutet viel darauf hin, daß die ersten Bewohner Okinawas Überlebende eines gestrandeten Schiffes waren. Dazu kamen gelegentliche Einwanderer aus dem Norden, die Haushaltsgegenstände, Haustiere, Werkzeuge und Kulturgegenstände mitbrachten. Da es auf Okinawa eine Mischung verschiedener Völkerrassen gibt, glaubt man, daß zu diesen früheren Rassen Malaien, Mongolen und die japanischen Ainu gehörten. In den letzten 2000 Jahren hat es auf Okinawa jedoch keinen größeren Einwandererstrom mehr gegeben, der gravierende Einflüsse auf die Mentalität der Bewohner gehabt hätte. Die hauptsächlichen Verhaltensmuster der Ryûkyû-Kultur wurden bereits

vor 2000 Jahren hauptsächlich durch den Shintôismus geprägt.
Bereits im 3. Jh. v. Chr. gab es Kontakte mit dem Festland, wodurch einige Einflüsse, besonders aus Südostasien, wirksam wurden. Die okinawanische Kultur ist dementsprechend eine bunte Mischung aus mehreren Elementen. Die äußere Erscheinung der Menschen ähnelt jedoch am meisten den Japanern.

DER EINFLUß CHINAS

Die ersten Kontakte mit China fanden während der Zeit der Sui-Dynastie (560-618) statt, und zwar auf Veranlassung des Kaisers YANG CHIEN, der die Geheimnisse des ewigen Lebens (→ *Chang-sheng-bu-si*) und die Verwandlung von Eisen in Gold ergründen wollte. Zu diesem Zweck entsandte er im Jahre 605 eine Expedition auf die Suche nach dem Land der »glücklichen Unsterblichen«, das der Sage nach irgendwo im Osten liegen sollte. Daraufhin gelangten die Chinesen auf die Ryûkyû-Inseln. In chinesischen Dokumenten wird danach von den Liu-Ch'iu-Inseln berichtet, wobei Ideogramme verwendet wurden, die im Japanischen als »Ryû- Kyû« ausgesprochen werden. Okinawa – die größte Insel des Archipels – spielte dabei sicher eine zentrale Rolle.
698 und 743 wurde Okinawa von japanischen Expeditionen heimgesucht, woraufhin Okinawa an Japan Tribut zahlen mußte. Im 7. Jh. hatte China den Japanern auch offiziell ihre politische Unabhängigkeit zuerkannt, woraufhin ein reger Handelsverkehr zwischen den beiden Ländern einsetzte. Häufig fuhren Schiffe zwischen Japan und China hin und her, von denen im Laufe der Jahre viele als vermißt gemeldet wurden. Auf ihnen befanden sich oftmals Gesandtschaften, bestehend aus Priestern, Soldaten und Beamten, und es liegt nahe, daß zumindest einige von ihnen auf Okinawa strandeten und damit einen erheblichen Einfluß auf die primitive Kultur der Insel nahmen.
Im 7. und 8. Jh. entstand aufgrund des Konfliktes zwischen den rivalisierenden →TAIRA und →MINAMOTO ein reger Reiseverkehr zwischen Japan und Okinawa. Viele dieser Reisenden waren Mitglieder der japanischen Kriegerkaste (→*Samurai*), kampfgewandte buddhistische Wanderpriester und Gelehrte. Es kamen auch chinesische Mönche, die auf Okinawa blieben. 1165 hielt sich MINAMOTO NO TAMETOMO mit seinen Truppen auf Okinawa auf. Es ist anzunehmen, daß das chinesische →*Quan-fa* (s. auch →*Kempô*) wie auch verschiedene Kriegskünste aus Japan in dieser Zeit ihren Weg nach Okinawa fanden.
In der Vorzeit gab es auf Okinawa keine Regierung oder herrschende Klasse. Minamoto no Tametomo, der sich zu einem erneuten Angriff auf die Taira wappnete, heiratete ein okinawanisches Mädchen, und sie bekamen einen Sohn, den sie SHUNTEN (auch SONTON oder SHYUN) nannten. Dieser Sohn sollte ab 1187 der erste einer neuen und fähigen Linie von Herrschern über die Ryûkyû werden. Nachdem Shunten König geworden war, erbaute er auf Okinawa nach dem japanischen Vorbild der Kriegsführung (→*Chikujô-jutsu*) viele Burgen zur Verteidigung. Unter Shunten wurde das Ryûkyû-Königreich in drei unabhängige Provinzen geteilt, die jeweils China und Japan Tribut zahlen mußten.
Vom Ende der Tang-Dynastie bis zum Anfang der Ming-Periode (1368) lag 450 Jahre lang ein unerklärliches Schweigen über der Entwicklung der Kampfkünste auf den Ryûkyû. Es gibt keine schriftlichen Zeugnisse aus dieser Zeit und auch keine mündlichen Überlieferungen. Es steht lediglich fest, daß die chinesische Kampfkunst *(Quan-fa)* zwischen der Sui- und der Ming-Periode (in einem Zeitraum von ungefähr 800 Jahren) nach Okinawa kam und von der dortigen Kultur aufgenommen wurde.
Zu jener Zeit existierte auf Okinawa eine Selbstverteidigungsmethode, die man →*Te* (auch *Ti* oder *De*) nannte. Mündliche Überlieferungen besagen, daß zu Anfang des 14. Jhs. auf Okinawa überall *Karate*-ähnliche Künste geübt wurden. Diese Künste wurden stark von den chinesischen Gesandten angeregt, die der Ming-Kaiser CHU YUEN-CHEANG ab dem Jahre 1372 im Abstand von zwei Jahren nach Okinawa schickte. Bis 1866 kamen diese chinesischen Delegationen regelmäßig nach Okinawa, auch nach der Invasion Okinawas durch den japanischen *Satsuma*-Clan im Jahre 1609.
In der Ming-Periode (1368–1644) begann auch eine rege Ansiedlung okinawanischer Einwohner auf chinesischem Boden. König SATO ließ auf dem chinesischen Festland in der Provinz Fukien eine okinawanische Siedlung errichten, in der diejenigen Landsleute von ihm wohnen konnten,

die in China studierten oder Handel betrieben. Dadurch gelangten viele chinesische Kunstwerke und auch chinesische Gebräuche auf die Inseln. In dieser Zeit entstand die große Verehrung der chinesischen Kultur durch die Okinawaner und auch die Überzeugung, daß alle Dinge, die von China kamen, den okinawanischen überlegen waren. Dieser kulturelle Einfluß hielt 500 Jahre an.
Im 14. Jh. entstanden aus örtlichen Zusammenschlüssen nach vielen Kämpfen drei okinawanische Staaten: Chuzan (Gebirge in der Mitte), Nanzan (Gebirge im Süden) und Hokuzan (Gebirge im Norden). Diese Periode nennt man daher Sanzan-Jidai (»Zeitalter der drei Gebirge«). König SATO (1353–1395) von Chuzan, König UGUSATO von Nanzan und König HANAJI von Hokuzan versuchten, unabhängig voneinander Kontakt mit China aufzunehmen, um durch dessen Einfluß den Konkurenzkampf zu gewinnen. König SATO war der erste, dem dies gelang. Ab 1389 begründete er auch Handelsbeziehungen mit Korea. Die Chinesen gaben dem Königreich zu jener Zeit den Namen *Ryûkyû*, der die einheimische Bezeichnung *Okinawa-Jima* ersetzte.
Ab 1372 verlieh der chinesische Kaiser den Ryûkyû-Königen ihre Regierungsgewalt. Immer wenn eine Thronfolge bevorstand, kamen – regelmäßig bis 1866 – chinesische Gesandtschaften nach Okinawa. Die Einwohner nannten sie *Ukanshin* (»Boot der Krone«). Oft waren diese Delegationen 500 Mann stark, und ihre Versorgung fiel den armen Okinawanern sehr schwer. Manchmal wurde der Tod eines Königs daher auch verschwiegen.

DIE CHINESISCHEN GESANDTEN AUF OKINAWA

JAHR	GESANDTER	KÖNIG		DYNASTIE
		Shunten	1186–1237	**Shunten-Dynastie**
		Shumma Junki	1238–1248	**(1186–1259)**
		Gihon	1249–1259	
		Eiso	1260–1299	**Eiso-Dynastie**
		Taisei	1300–1308	**(1260–1349)**
		Eiji	1309–1313	
		Tamagusuku	1314–1336	
		Seiji	1337–1349	
1392	Unbekannt	Sato	1349–1395	**Sato-Dynastie**
1404	Shi Zhong (Shih Chung)	Bunei	1396–1405	**(1349–1407)**
1407		Shô Shishô	1406–1421	**Erste Shô-Dynastie**
1425	Cai Shan (Ts'ai shan)	Shô Hashi	1422–1439	**(1407–1469)**
1443	Yu Bian (Yü pien)	Shô Chu	1440–1444	
1447	Cheng Fu (Ch'eng Fu)	Shô Shiken	1445–1449	
1452	Giao Yi	Shô Kinfuku	1450–1453	
1456	Yu Cheng (Yü ch'eng)	Shô Taikyû	1454–1460	
1463	Pan Yong (P'an Yung)	Shô Toku	1461–1469	
1473	Guan Rong (Kuan Jung)	Shô En	1470–1476	**Zweite Shô-Dynastie**
		Shô Seni	1477	**(1470–1879)**
1479	Dong Wong (Tung Wong)	Shô Shin	1477–1526	
1534	Chen Kan (Ch'en K'an)	Shô Sei	1527–1555	
1561	Guo Ru-Ling (Kuo Ju-Ling)	Shô Gen	1556–1572	
1579	Xia Zi-Yong (Hsia Tsu-Yung)	Shô Ei	1573–1588	
1606	Xia Zi-Yong (Hsia Tsu-Yung)	Shô Nei	1589–1620	
1633	Du Shan-Ce (Tu Shan-T'se)	Shô Ho	1621–1640	
		Shô Ken	1641–1647	
1663	Zhang Xue-Li (Chang Hsüeh–Li)	Shô Shitsu	1648–1668	
1683	Wang Ji (Wang Chi)	Shô Tei	1669–1709	
		Shô Eki	1710–1712	
1719	Hai Bao (Hai Pao)	Shô Kei	1713–1751	
1756	Guan Kui (Kuan K'ui)	Shô Boku	1752–1794	
1800	Zhao Wen-Kai (Chao Wen-K'ai)	Shô On	1795–1802	
		Shô Sei	1803	
1803	Gi Kun (Gi K'un)	Shô Ko	1804–1834	
1838	Lin Hong-Nian (Lin Hung-Nien)	Shô Iku	1835–1847	
1866	Zhao Xin (Chao Hsin)	Shô Tai	1848–1879	

1392, noch während der Regierungszeit von König Sato, veranlaßte der chinesische Kaiser, daß sich eine größere Anzahl von Chinesen dauerhaft auf Okinawa ansiedelte. Diese Gruppe von Chinesen aus Fukien, bekannt unter der Bezeichnung der »36 Familien«, siedelte sich in der Ortschaft →Kumemura in der Nähe von Naha an. Unter ihnen befanden sich viele Experten des chinesischen *Quan-fa*, die das *Te* Okinawas nachhaltig beeinflussen sollten.

KUMEMURA

Wie bereits erwähnt, entsandte der Ming-Kaiser ZHU YUAN-ZHANG schon 1372 die ersten Gesandten in das Königreich Chuzan, um über eine Verbindung der beiden Kulturen zu verhandeln. König SATO (1350–1395) akzeptierte 1392 die feste Verbindung zu China und stimmte dem Plan zu, eine chinesische Niederlassung in dem Dorf Kuninda (Kumemura) zu bauen. Mit dem Einzug der ersten chinesischen Delegation in Kumemura begann die gefeierte Geschichte der »36 Familien«. Die chinesische Gruppe, die sich in Kumemura niederließ, bestand aus Diplomaten, Kaufleuten und Experten aller Art, denn sie sollte die chinesische Kultur auf Okinawa verbreiten.

Kumemura, auch Kuninda oder Kume, war ein kleines Dorf in der Nähe der heutigen Hauptstadt Naha. In der Siedlung lebten nicht nur Chinesen, sondern auch von der Regierung ausgewählte Okinawaner, die in der chinesischen Sprache ausgebildet und als Austauschstudenten *(Ryûgakusei)* nach Beijing, Nanjing, Shanghai und Fuzhou geschickt wurden. Daher wurde Kumemura zum Zentrum des chinesischen Einflusses und zur bedeutendsten chinesischen Ansiedlung auf Okinawa.

Doch es gab ähnliche Siedlungen auch in den Städten Tomari und Shuri. Die Chinesen, die dort wohnten, waren zumeist Gesandte des chinesischen Kaisers, die infolge der regen Handelsbeziehungen zwischen Okinawa und China zeitweise auf Okinawa lebten. In den chinesischen Delegationen befanden sich auch immer Militärs und Sicherheitsspezialisten, von denen einige Kampfkunstmeister waren und noch heute bekannt sind. Auch viele Okinawaner wurden ermutigt, nach China zu reisen, um dort ihre Erziehung zu perfektionieren. Dort nannte man sie *Uchinanku Ryûgakusei* (fremde Studenten aus Okinawa). Man fand sie in China in allen großen Städten bis nach Beijing (Peking). Obwohl die Chinesen recht abgesondert von den *Uchinanku* lebten, waren sie die hauptsächlichen Beeinflusser des okinawanischen *Te*.

MITTELALTER

Im Jahre 1429 wurde Okinawa zum vereinten Königreich unter der Führung des Königs SHÔ HASHI (1421–1439). Vor seiner Zeit regierte sein Vater SHÔ SHISHO aus Chuzan. Shô Hashi, damals noch ein unwichtiger Regierungsbeamter, verhalf seinem Vater zu einem Sieg über König BUNEI und mit Unterstützung der Chinesen zur Königswürde über ganz Okinawa.

Nachdem Shô Hashi an die Macht gekommen war, ernannte er die Mitglieder seiner Familie zu Fürsten in den drei Regionen und änderte deren Namen. So wurde Chuzan zu Nakagami, Hokuzan zu Kunigami und Nanzan zu Shimajiri. Der neue König verbot in ganz Okinawa den Besitz von Waffen, denn er wollte die Rivalitäten beenden, um die okinawanische Bevölkerung aus ihrem existenzbedrohenden Elendszustand zu erlösen. Er lud chinesische Beamte ein, um sich von ihnen in der Kunst der Staatsführung unterrichten zu lassen. Sein erster Schritt war, Okinawas Handelsbeziehungen mit den umliegenden Ländern zu verbessern. Shuri wurde zur Hauptstadt, und bald darauf entwickelten sich →Shuri und →Naha (die größten Städte des Landes) zu Verkehrszentren im Pazifik, und es begann ein sehr gewinnbringender Handel und Wandel. Die Wirkung des ausgedehnten Handels auf die Entwicklung des *Karate* blieb nicht aus, denn ganz plötzlich hatten die Menschen Okinawas Kontakt zu Arabern, Malaien, Indonesiern und Thais, die sich häufig in den Handelszentren aufhielten. Aus den südostasiatischen Ländern wurden einige Kampftechniken importiert.

Kumemura entwickelte sich zunehmend zu einer bedeutenden chinesischen Siedlung, die als Anlaufstelle für alle chinesischen Gesandten und Diplomaten galt. Zugleich war es ein Ort des Lernens für hochgestellte Okinawaner, die dort die chinesische Sprache und auch praktische Künste wie Schiffsbau, Navigation, chinesische Verwaltung und auch die Kampfkünste lernten. Auf Handelsreisen und Tributmissionen nahmen die chinesischen Gesandten zunehmend Okinawaner mit, wodurch weitere Kontakte zwischen China und Okinawa geknüpft wurden. Während die Gesandten ins Landesinnere reisten, blieben die chinesischen Seeleute in den Häfen und unterrichteten die Okinawaner in den chinesischen Kampfkünsten. Bei der Tributüberbringung nach China machten die chinesischen Gesandtschaften immer zuerst in Fuzhou Station, wo sich nach dem Beispiel Kumemuras bis ins 20. Jh. eine okinawanische Siedlung befand. Viele Okinawaner reisten auf diese Weise beständig zwischen Fuzhou und Okinawa hin und her.

Doch während der Regierungszeit des Königs SHÔ TOKU kam es zu einem schweren Konflikt in der Shô-Familie und im ganzen Land zu Unruhen. Der Finanzminister des Königs, KANAMARU, konnte sich gegen seine Widersacher durchsetzen und erreichte 1469 die Macht. Er stürzte die alte Shô-Dynastie und regierte unter dem Namen SHÔ-EN das ganze Reich. Diese zweite Shô-Dynastie hielt sich über 19 Generationen an der Macht und regierte bis ins 19. Jh.

1479 kam König SHÔ-SHIN an die Macht. Das erste, was der neue König unternahm, war ein erneutes Verbot des Tragens von Schwertern, sowohl für Adelige als auch für Bauern. Er ordnete die Beschlagnahme aller Waffen an und ließ sie in sein Schloß nach Shuri bringen. Durch seine Verordnung mußten ab sofort auch alle Mitglieder des okinawanischen Adels zusammen mit ihren Familien in der Hauptstadt Shuri leben. Dadurch erhoffte er sich eine bessere Kontrolle der Aufstände.

Nachdem König Shô Shin sein Volk entwaffnet hatte, entstand als Konsequenz neben dem *Te* ein zweites Kampfsystem, *Ryûkyû-Kobujutsu* (Waffenkunst der Ryûkyû, s. →*Kobujutsu* und →*Kobudô*), das von Bauern und Fischern entwickelt wurde und landwirtschaftliche Geräte als Waffen gebrauchte. Sowohl das *Te* als auch das *Kobujutsu* standen unter strengster Geheimhaltung. Viele Geschichtsforscher sehen den Anlaß zur enormen Entwicklung und Akzentuierung der okinawanischen Kampfkünste in diesem Waffenverbot, das später durch japanische Herrscher erneuert wurde.

Vor 1600 ist nur wenig über die Kampfkünste der leeren Hand bekannt. Man weiß jedoch, daß die Gründung offizieller chinesisch-okinwanischer Beziehungen 1372 den kulturellen Einfluß Chinas auf der Insel immens verstärkte. Dies öffnete die Tore für die Lehren des chinesischen *Quan-fa*, einer waffenlosen Kampfkunst, die viele Techniken

und Kampfmethoden enthielt, wie sie von den Mönchen des →*Shaolin* bewahrt und entwickelt worden waren. Viele japanische Historiker und auch okinawanische *Karate*-Meister glauben jedoch, daß trotz dieser Beeinflussung durch das *Quan-fa* und andere mächtige Einflüsse Chinas schließlich ein starkes eigenes Element in den Kampfkünsten auf Okinawa beibehalten wurde. Von der Ryûkyû-Kampfkunst *Te* glaubt man z. B., daß es sich um eine rein einheimische Kampfkunst handelt, die auf den Ryûkyû-Inseln, genauer gesagt auf Okinawa, entstand und mit den traditionellen Tänzen *(Odori)* der Insel eng verbunden war. Unter den Orientalisten, die die Geschichte der Kampfkünste und die militärischen Aspekte der okinawanischen Kultur studiert haben, existiert heute die allgemeine Überzeugung, daß die chinesische Kunst *Quan-fa* nur teilweise für die Entstehung des heutigen okinawanischen *Karate* verantwortlich ist.

Es gibt sehr wenig Dokumente über die Geschichte der chinesisch-okinawanischen Beziehungen. Solche Dokumente wurden oftmals zerstört, wenn ein neuer König in Okinawa an die Macht kam. So ist die mündliche Überlieferung von den Übenden der leeren Hand und des *Tôde* oft die informativste und verläßlichste Quelle für historisches Wissen.

Okinawanische Tôde-Übende

DIE OKINAWANISCHE GESELLSCHAFTSORDNUNG

Die Hierarchie der okinawanischen Gesellschaft in der Feudalzeit wurde durch eine genau abgegrenzte Klassenstruktur gekennzeichnet. An der

DIE OKINAWANISCHE GESELLSCHAFTSORDNUNG

OBERE GESELLSCHAFTSKLASSE

1. **König**	– Oberhaupt des Staates
2. **Prinzen**	– Onkel und Brüder des Königs
3. **Oberer Adel (Anji)**	– Onkel und Brüder der Prinzen

MITTLERE GESELLSCHAFTSKLASSE (Shizoku)

Mittlere Adelsränge (Onkel und Brüder der Aji)

1. **Oyakata**	– oberster Samurairang
2. **Peichin**	– mittlerer Samurairang
3. **Satonushi Peichin**	– mittlerer Samurairang

Bürgerliche Ränge (Onkel und Brüder des Adels)

4. **Chikudon Peichin**	– unterer Samurairang
5. **Satonushi**	– unterer Samurairang
6. **Saka Satonushi**	– unterer Samurairang
7. **Chikudon**	– unterer Samurairang
8. **Chikudon Zashiki**	– unterer Samurairang

UNTERE GESELLSCHAFTSKLASSE (Heimin)

9. **Nija**	– normale Bürger (einfaches Volk)

Spitze standen der okinawanische König und die Mitglieder der königlichen Familie. Die nächsten in der Pyramide waren die *Shizoku* (privilegierte Klasse), die von den *Anji* (Territorialherren) gebildet wurde. Unter den *Shizoku* kam eine Klasse von Halbadeligen (→*Peichin)*, die aus den Abkömmlingen der königlichen Soldaten, der *Anji* (oder *Aji*) sowie anderen durch das Königshaus ausgezeichneten Familien bestand. Diese Klasse wurde in drei Titel unterteilt: →*Peichin, Satonushi* und *Chikudon*. Jeder dieser Titel hatte noch einen Junior- und einen Senior-Rang. Bei der Klasse der *Peichin* handelte es sich um Bedienstete des Ryûkyû-Königs von mittlerem Rang. In der Zeit von 1509 bis 1879 waren sie weitgehend, jedoch nicht ausschließlich, für die Verwaltung sowie Polizeiaufgaben zuständig. Die *Satonushi-Peichin* kamen aus dem Adelsstand, die *Chikudon-Peichin* aus dem gemeinen Volk. Schließlich wurde die unterste Klasse von den *Heimin* (»unteres Volk«) gebildet, die hauptsächlich aus Bauern und Fischern bestand.

Bestimmten okinawanischen Karate-Meistern wurde der Titel aus der halbadeligen Klasse zugesprochen. SAKUGAWA, MAKABE und OKUDA hatten den Titel *Satonushi*, während TAKAHARA, MAEDA, KIYUNA u. a. den Titel *Peichin* trugen. MATSUMURA, AZATO und MATSUMOTO hatten den Titel *Chikudon* erreicht. Außerdem gab es noch den Titel *Bushi*, der nur Kriegern im Dienste des Königs oder eines Fürsten verliehen wurde.

Emblem Okinawas

DIE INVASION DER SATSUMA

Okinawa erblühte bis zum 16. Jh. sowohl kulturell als auch wirtschaftlich. Das verhängnisvolle Datum der Insel war jedoch das Jahr 1609. Damals befand sich der bedeutende *Satsuma*-Clan von Kyûshû (Japan), der von der SHIMAZU-Familie angeführt wurde, im japanischen Bürgerkrieg von 1600 auf der Seite der Verlierer. Der →TOKUGAWA-Clan, der diesen Krieg gewann, erlaubte den *Satsuma*, ihre Fürstengebiete zu behalten (als *Tozama-Daimyô* – Fürst von außerhalb). Wegen der möglichen Bedrohung jedoch, die von den *Tozama-Daimyô* immer ausging, behielt man die Satsuma im Auge. Eines Tages erließ die Regierung das sogenannte »Tokugawa-Dekret«, in dem den *Satsuma* erlaubt wurde, Okinawa zu erobern. 1609 beendete die Invasion der *Satsuma* die Unabhängigkeit Okinawas.

Japans allgemeines Interesse an Okinawa geht auf das 12. Jh. zurück und begründet sich zum Teil damit, daß der erste König Okinawas, SHUNTEN, japanischer Abstammung war. Doch Japan begann in der Geschichte Okinawas erst ab 1451 eine Rolle zu spielen. Ab diesem Zeitpunkt mußten die Okinawaner den Japanern und den Chinesen Tribut zahlen. Okinawa, ohne militärische Macht, unterwarf sich den Forderungen beider Länder. Zwischen China und Japan gab es diesbezüglich jedoch kaum Konflikte, obgleich zwischen diesen Ländern eine alte Rivalität bestand.

Erst im Jahre 1609, 158 Jahre nach Beginn der Tributzahlung, richtete Japan zum ersten Mal militärische Streitkräfte gegen Okinawa. Der Grund dafür war, daß die Tokugawa-Regierung dem *Satsuma*-Clan die Möglichkeit geben wollte, die Schande des verlorenen Krieges wieder abzuwaschen, und weil Japan die Okinawaner dafür bestrafen wollte, daß diese sie im China-Krieg nicht unterstützt hatten. Die Invasion des *Satsuma*-Clans auf Okinawa störte die Chinesen nur wenig. China wußte, daß es zur Zeit nicht in der Lage war, einen Krieg gegen Japan zu riskieren, zumal es in der vorausgegangenen Schlacht einen Großteil seiner Schiffe verloren hatte.

Nachdem der *Satsuma*-Clan Okinawa besetzt und unterworfen hatte, beanspruchte er gleichzeitig auch die Vorherrschaft über alle Ryûkyû-Inseln. Der okinawanische König wurde festgenommen und als Geisel nach Japan gebracht. Die Einwohner Okinawas arbeiteten jedoch nur im allergeringsten Maß mit den Japanern zusammen, was zu harten Einschränkungen ihrer Freiheiten führte.

Eine ganze Reihe von beschränkenden Verordnungen, die von IEHISA SHIMAZU verkündet wurden, beinhalteten auch eine Erneuerung des alten Waffenverbotes. Dennoch gab es zahlreiche Zusammenstöße zwischen den japanischen *Samurai* und den Inselbewohnern. In jener Zeit fanden die Kampfkünste einen enormen Aufschwung. Verschiedene *Quan-fa-* und *Te*-Gemeinschaften trafen sich in geheimen Konferenzen, und schließlich wurden die Stile zu einer gemeinsamen Front gegen den Feind mobilisiert (1629). Dies hatte zur Folge, daß sich aus der Kombination von *Te* und *Quan-fa* ein neuer Kampfstil entwickelte, der *Tôde* genannt wurde. Es war ein chinesisch beeinflußter Kampfstil, dessen Ansatz auf der »echten« Anwendung der *Te*-Techniken beruhte. Das *Tôde* verwendete tödlich effektive Methoden, die gegen die japanischen Unterdrücker angewandt wurden. Auch begann man den Gebrauch verschiedener Werkzeuge als Waffen zu studieren, und damit nahm auch die Weiterentwicklung des *Kobujutsu* einen enormen Aufschwung. Diese Entwicklung im 17. Jh. ist der erste überlieferte Beweis für die okinawanische Selbstverteidigung *Te*, die von den chinesischen Systemen des *Quan-fa* beeinflußt wurde und später zum *Tôde* und →*Okinawa-te*, den Vorläufern des modernen →*Karate* führen sollte.

Alle Systeme waren geheim, und natürlich gab es Konzepte, die ihre Schwerpunkte mehr im *Te* hatten, und andere, die stärker vom *Quan-fa* beeinflußt waren. Die Kampfkunstmeister übten sich entsprechend dem alten okinawanischen Kodex (→*Kikotsu*), laut dem sie ihre Kampfkraft zur Verteidigung ihrer Heimat einsetzen mußten. Sie bildeten geheime Widerstandsgruppen und bekämpften die japanischen *Samurai* mit allen Mitteln. Viele starben in diesen Auseinandersetzungen, da die unbewaffneten Okinawaner nur wenige Chancen gegen die Waffen der *Samurai* hatten. Manche entwickelten auch unscheinbare Waffen (*Bô, Nunchaku, Tonfa, Kama* usw.), die sie als landwirtschaftliche Geräte mit sich tragen und im Kampf gegen die *Samurai* einsetzen konnten. Sie überfielen die *Samurai* überall, wo sie sie trafen, töteten sie und zogen sich unbemerkt zurück.

Doch bald wurde der *Satsuma*-Regierung klar, daß die okinawanische Kampfkunst eine starke Beeinträchtigung ihrer Macht bedeutete. Daher wurde jeder Okinawaner, der sich in den bewaffneten oder unbewaffneten Künsten übte, gefangengenommen oder getötet. Die *Samurai* untersuchten die Bauern nach Zeichen von →*Makiwara*-Training an den Fäusten, nach waffenverdächtigen Arbeitsgeräten, kontrollierten ihre Häuser und versuchten ihre geheimen Treffpunkte aufzuspüren. Sie blieben immer in größeren Gruppen zusammen, um die beständigen Angriffe der Okinawaner abzuschwächen. Doch viele von ihnen starben im Kampf Mann gegen Mann durch die »leere Hand« *(Kara-te)* eines okinawanischen Bauern, der im *Tôde* ausgebildet war.

Als die Herrscher merkten, daß sie durch Kontrollmaßnahmen die Entwicklung nicht stoppen konnten, belegten sie das ganze Land mit schweren Strafen. Zuerst wurden die Steuern erhöht. Die Beamten fanden immer neue Wege, von der Bevölkerung enorme Produktionsleistungen zu erzwingen, ohne daß für die Menschen etwas zum Leben übrigblieb. Die Okinawaner wurden im wahrsten Sinne des Wortes terrorisiert. Auf Yanaguni (eine Nebeninsel) z. B. gab es inmitten der Insel einen Gong, den die *Satsuma-Samurai* dann schlugen, wenn sie alle Inselbewohner zum Rapport antreten lassen wollten. Dann mußten diese, so schnell es ging, übers Feld zur Sammelstelle laufen, die man *Isshôda* nannte. Die Äl-

teren und Kranken, die dies nicht mehr konnten, wurden getötet.
Am Strand von Kubuwari (einer weiteren Nebeninsel) gab es einen 3,60 m breiten Spalt in einem Felsen. Alle schwangeren Frauen mußten auf Anordnung der Satsuma darüberspringen. Diejenigen, die es nicht schafften, stürzten sich dabei zu Tode. Die Bewohner waren gezwungen, äußerste Härten zu ertragen, um erhöhte Produktionen an Reis, Korn und anderen Waren zu erbringen, die die Satsuma forderten. Gleichzeitig mußten sie auch noch den Chinesen Tribut zahlen. Solche und viele andere Begebenheiten fanden zu jener Zeit auf der Insel statt.
Die Geheimgruppen hatten das Ziel, ihren gefangenen okinawanischen König zu befreien. Erst zwei Jahre nach der Invasion kam dieser wieder nach Okinawa zurück, nachdem ein Vertrag mit der Tokugawa-Regierung geschlossen worden war, der Okinawa als das Alleineigentum der *Satsuma* garantierte. Der König wurde erneut in sein Amt eingesetzt, blieb jedoch unter ständiger Aufsicht und war eine Marionette der *Satsuma*.
So hatten die Okinawaner auch weiterhin allen Grund, ihren Widerstand gegen die *Satsuma* aufrechtzuerhalten. Ihr bestes Mittel dazu waren die Kampfkünste. Obwohl es niemals zu einem organisierten Kampf kam, gab es zu jeder Zeit und überall auf der Insel tätliche Auseinandersetzungen. Das *Tôde*, das in diesen Auseinandersetzungen angewandt wurde, blieb bis 1900 von äußerster Geheimhaltung umgeben. In den ersten 30 Jahren der Besetzung wurden die Kampfkünste so geheimgehalten, daß es nur nahen Verwandten gelang, von einem Meister unterrichtet zu werden. Wären diese Meister bekanntgeworden, hätte man sie mit dem Tode bestraft. In dieser Zeit wurde auch die geschriebene Chronik der okinawanischen Kampfkünste eingestellt und erst um 1700 wieder aufgenommen. So blieb diese Zeit von fast 90 Jahren, in der der Grundstein des okinawanischen *Tôde* und *Kobujutsu* gelegt wurde, in der Geschichte des Landes praktisch inexistent.
Erst ab 1724 gibt es erneute Informationen über die Geschichte der okinawanischen Kampfkünste. Es hatte sich viel von der anfänglichen Spannung gelegt, wofür besonders König SHÔ-TEI (1669–1709) verantwortlich war, obwohl auch er nur eine Marionette der Satsuma war. Doch er setzte es durch, daß höhere Stellungen im Staat wieder für Okinawaner zugänglich wurden und daß Okinawaner nach China fahren durften. Außerdem hatten viele der *Satsuma-Samurai* okinawanische Frauen geheiratet, was zu einer Annäherung der Japaner und Okinawaner führte. Keineswegs jedoch gab es Freundschaft, sondern bestenfalls einen Waffenstillstand.

OKINAWANISCHE TÔDE-MEISTER IN CHINA

Bushi Matsumoto	ca. 1780
Teruya Kisi	1804–1864
Bushi Matsumura	1797–1889
Nakaima Kenri	1819–1879
Sakiyama Yoshinori	ca. 1860
Aragaki Kamadeunchu	1840–1920
Kinjo Matsu	1867–1945
Kyan Chotoku	1870–1945
Matsuda Tokusaburo	1877–1931
Akamine Umae	ca. 1890
Higashionna Kanryô	1851–1915
Kojo Kaho	1849–1925
Miyagi Chojun	1888–1953
Uechi Kanbun	1877–1948

Zu jener Zeit bildeten sich drei führende Systeme des *Tôde*, die man nach den Städten benannte, in denen sie hauptsächlich ausgeübt wurden: →*Shuri-te*, →*Naha-te* und →*Tomari-te*. Sie entwickelten sich etwa zur gleichen Zeit, jedoch unter verschiedenen Bedingungen. Erst gegen Ende des 17. Jh. wurden die Namen jener Meister bekannt, die die jeweiligen Stile beeinflußten.
Die Stile aus Shuri und Tomari bezeichnete man als →*Shôrin-ryû*. Als erster Name wird der von →SAKUGAWA aus Shuri genannt. Ihm folgten →MATSUMURA SÔKON, →ITOSU YASUTSUNE, →CHIBANA CHÔSHIN, →KYAN CHÔTOKU u. a. In Tomari lebten →MATSUMORA KOSAKU, →OYADOMARI PEICHIN u. a.
Das *Karate* aus Naha nannte man →*Shôrei-ryû*. Die ersten bekannten Namen waren →YARA CHATAN und →HIGASHIONNA KANRYÔ, danach kam →MIYAGI CHÔJUN, der das *Gôjû-ryû* gründete.

ANGLIEDERUNG AN JAPAN

In der Mitte des 19. Jhs. erreichten Expeditionen aus dem Westen (Britannien, Frankreich, Niederlande und USA) die kleine Insel Okinawa. Noch immer kontrollierte der *Satsuma*-Clan die Geschicke des Landes. 1853 kam Commodore MATTHEW PERRY mit seiner Flotte nach Okinawa (Tomari). Er bot Freundschaft, Handel und Hilfe an, worauf sich die *Satsuma* erstmals einließen.

1868 fand in Japan die →Meiji-Restauration (s. auch →Japan) statt, in deren Verlauf der *Samurai*-Stand offiziell aufgehoben wurde. 1871 wurde Okinawa voll an Japan angegliedert. Der Ryûkyû-König wurde 1879 abgesetzt und nach Japan gebracht, wo man ihm eine hohe Beamtenstellung und eine beträchtliche Pension anbot. Gleichzeitig endeten auch die jahrhundertelangen Tributzahlungen an China. Der japanische Kaiser wurde 1879 zum alleinigen Herrscher auf

Okinawanischer Tôde-Kämpfer gegen Samurai

Okinawa ausgerufen. Damit endete die 259jährige Herrschaft der *Satsuma*, Okinawa wurde 1895 offiziell zur 47. Präfektur Japans erklärt. Trotzdem blieben die wichtigsten Regierungsposten in den Händen der *Satsuma*, aber alle ihre früheren Edikte wurden durch den Kaiser aufgehoben. Die japanische Regierung schickte nun Unterstützung nach Okinawa, um die Lebensbedingungen der Menschen zu verbessern. Ein umfassendes Programm der Erziehung und des Unterrichtes in japanischer Sprache wurde eingeleitet. Das Land wurde industrialisiert, viele Einrichtungen wurden modernisiert.
Im Jahre 1905 wurde *Karate* durch Meister ITOSU als offizieller Teil des Unterrichts an den Schulen Okinawas eingeführt. Wann der Begriff *Okinawa-te* durch *Karate* ersetzt wurde, ist nicht genau bekannt. Erst 1936 wurden die alten Ideogramme durch die neuen ersetzt (s. →*Kara*).
Im Jahre 1921 brachte Meister →FUNAKOSHI GICHIN das okinawanische *Karate* nach Japan. Danach kamen mehrere Meister Okinawas nach Japan (→MIYAGI, →MABUNI) und gründeten ihre eigenen Stile. In den 50er Jahren begann die weltweite Verbreitung des *Karate* als Sport.
1945, in der Entscheidungsschlacht um Okinawa, fielen 17 000 amerikanische und 75 000 japanische Soldaten. Danach, vom 23. Juni 1945 bis zum 15. Mai 1972, kontrollierten die USA die Ryûkyû-Inseln und errichteten in Naha eine starke Militärbasis.

Okinawa Kempô-Karate (jap.): okinawanischer *Karate*-Stil, gegründet 1953 von → NAKAMURA SHIGERU, gefolgt von →ODO SEIKICHI.
Nakamura gründete den Stil aus der Synthese mehrerer okinawanischer Richtungen, vor allem aus den *Karate*-Auffassungen von MOTOBU CHÔKI und YABU KENTSU, die starke kämpferische Elemente vermittelten. In Nakamuras *Dôjô* wurde dieses kämpferische Element sehr stark betont, vor allem durch Akzent auf ein starkes *Kime*, das mit Schutzpanzer auf den Gegner übertragen wurde. Nach dem Tod des Meisters (1969) wurde von OYATA SEIYU die *Zenkoju Ryûkyû Kempô Karate Rengôkai*, von ODO SEIKICHI die *Okinawa Kempô Karate Kobudô Rengôkai* und von NAKAMURA TAKETO, dem Sohn des Meisters, die *Okinawa Kempô Karate Rengôkai* gegründet. Heute unterscheidet man Nakamura Taketas *Okinawa Kempô-Karate* vom System des Meisters Odo Seikichi, *Okinawa Kempô Karate Kobudô Shudôkan*. Odo Seikichis System enthält 20 *Kata* mit der leeren Hand und eine große Anzahl von *Kobudô-Kata*. Die waffenlosen *Kata* enthalten 12 ursprünglich von Nakamura gelehrte *Kata*, 6 von Odo Seikichi eingeführte *Kata*, und 2 *Kata* von Bruce Heilmann.

KATA DES OKINAWA KEMPO-KARATE

Kata von Nakamura Shigeru

Kûshankû	Passai
Naihanchi Shôdan	Pinan godan
Naihanchi nidan	Pinan nidan
Naihanchi sandan	Pinan sandan
Niseishi	Pinan yondan
Pinan shodan	Seisan

Kata von Odo Seikichi

Ananku	Gojûshiho ni
Chintô	Sanchin
Gojûshiho ichi	Wanshu

Kata von B. Heilmann

Sanchin (Shuri-ryû)	Tenshô

KOBUDO-KATA DES OKINAWA KEMPO-KARATE	
Kata von Odo Seikichi	
Chatanyara no Sai	Sakugawa no Kon ni
Kyan no Sai	Shihonuke
Odo no Kama ichi	Shima Igiri Bô ni
Odo no Kama ni	Shima Igiri Bô ichi
Odo no Nunchaku	Shôun no Kon
Odo no Sai ichi	Suiyoshi no Kon ichi
Odo no Sai ni	Suiyoshi no Kon ni
Odo no Tekko ichi	Tokumine no Kon ichi
Odo no Tekko ni	Tokumine no Kon ni
Odo no Tonfa ichi	Tsuken Akachi no Aikubô
Odo no Tonfa ni	Tsuken Akachi no Nuntebô
Sakugawa no Kon ichi	
Kata von Nakamura Shigeru	
Ko-Bô	Nakamura no Sai

Okinawa-te (jap.): okinawanische Kampfkunst, ursprünglich →*Tôde*, dann *Okinawa-te* (auch →*Te*), im 20. Jh. in →*Karate* (s. auch *Kara*) umbenannt. Geschichte und Entwicklung s. unter →Okinawa, →*Tôde*, →*Karate*.

Schriftzeichen für Okinawa-te

Das gesamte System begann sich im 18. Jh. in →*Shôrin-ryû* (s. auch →*Shuri-te*, →*Tomari-te*) und in →*Shôrei-ryû* (s. auch →*Naha-te*) zu teilen. Gleichzeitig änderte sich die Bezeichnung von *Tôde* in *Okinawa-te*. Das *Okinawa-te* stand den Stilen des chinesischen →*Quan-fa* (s. auch →*Kempô*) technisch nahe. Alle Fußtechniken richteten sich zur mittleren und unteren Stufe, wobei alles Spektakuläre als Risiko angesehen wurde. (Alle Fußtechniken, die in den *Kata* nicht enthalten sind, sind neueren Datums und wurden erst in Japan für Wettbewerbszwecke entwickelt, im okinawanischen Selbstverteidigungssystem wurden sie wegen des zu hohen Risikos nicht geübt.) Die Annäherung an die philosophischen Inhalte des *Quan-fa* entstanden jedoch erst gegen Ende des 19. Jhs.

Okinawanische Fischer

Okite (jap.): Regel (auch *Kisoku, Kaisoku*, Erläuterungen s. →*Kaisetsu*).

Okori-waza (jap.): Schlagtechniken im *Kendô*, die ausgeführt werden, wenn der Gegner im Begriff ist anzugreifen. *Okori-waza* setzt sich zusammen aus →*Debana-waza* und →*Hikibana-waza*.

Oku (jap.): Inneres (auch *O*). *Ogi (Okugi)* – Geheimnis, Mysterium, *Okuyuki* – Tiefe, *Okuden* – geheim Überliefertes.

Okuden (jap.): Bezeichnung für eine fortgeschrittene Stufe der Kampfkunstausbildung (s. →*Gokuhi*, →*Densho*). *Okuden* bezieht sich auf jenen Teil der Übung, in dem die Form der Technik (→*Omote*) bereits gemeistert ist. Wenn der Übende sich in *Omote* (Formlehre, entspricht dem 1. und 2. Dan) bewährt hat, öffnet der *Sensei* ihm den Zugang zu den *Okuden*.

Die Okuden gelten seit frühester Zeit als die innersten Geheimnisse (s. →*Hiden*, →*Gokuhi*) einer Kampfkunst und wurden nur den engsten Schülern preisgegeben. Sie wurden von Generation zu Generation auch in verschlüsselten Schriftstücken (s. →*Densho*, →*Bubishi*) überliefert. In den Graduierungssystemen der Kampfkünste (s. →*Kyûdan*, →*Menkyo*) kann der Übende nach dem vollständigen Verständnis der *Okuden* das *Menkyo-kaiden* erreichen, das ihn berechtigt, die Kampfkunst weiterzugeben. Die Lehre für den durchschnittlichen Schüler beschränkte sich auf *Omote* (s. →*Ryû*). Heute werden in den traditionellen Schulen die *Okuden* ab dem 3. Dan gelehrt. Der 5. Dan berechtigt zum selbständigen Unterricht des Systems.

Okurasu-goroshi (jap.): »verzögertes Töten«, Techniken der alten *Bujutsu-ryû* Japans und des okinawanischen *Karate*, die durch negative Stimulationen gegnerischer Vitalpunkte den Gegner noch nach längerer Zeit schädigen oder sogar töten konnten.

Man unterscheidet *Go tsuki goroshi* (Tod nach fünf Monaten), *San nen goroshi* (Tod nach drei Jahren) und *Go nen goroshi* (Tod nach fünf Jahren). Die Techniken stammen aus den chinesischen Stilen des *Quan-fa*, in denen eine hohe Kunst der Vitalpunktstimulationen (→*Dian-xue*) entwickelt wurde. Sie werden im →*Bubishi* beschrieben und wurden danach in das okinawanische *Karate* übertragen.

Es gibt eine Geschichte über die Anwendung solcher Techniken, die sich zur Zeit des Zweiten Weltkrieges auf Okinawa zugetragen haben soll. Dort lebte ein *Karate*-Lehrer namens Hiro, der diese Kunst beherrschte. Als ein japanischer Soldat auf Okinawa einen Bauern mißhandelte, griff Hiro ein, brach dem Soldaten das Handgelenk und versetzte ihm einen Schlag. Ehe er dann in die Wälder fliehen mußte, warnte er den Soldaten, daß dieser nach drei Tagen sterben würde. In der Tat wurde der Soldat nach der angekündigten Zeit krank und starb. Die Militärärzte bescheinigten ihm Herzversagen.

Als diese Geschichte nach dem Krieg in die Öffentlichkeit gelangte, wurde Hiro ein vielgesuchter *Karate*-Lehrer, doch er weigerte sich, seine Kunst zu lehren. Kurz vor seinem Tod sagte er auf das Drängen eines seiner Schüler: »Der Schlag wird mit *Tegatana* (Schwerthand) eine Handspanne über *Inazuma* (Punkt auf der Häfte des Rückens) ausgeführt.« Mehr wollte er nicht sagen, doch der Schüler ging mit seinem Wissen zu einem Arzt, der folgendes erläuterte: »Der Schlag mit der Handkante auf die bezeichnete Stelle kann eine schwere Schädigung der Milz hervorrufen, was nach einigen Tagen zu einer Infektion führt, die den Tod bewirkt.«

Okuri (jap.): nachschicken, nachsenden (auch *Okuru, Sô*).

Okuri-ashi (jap.): nachsetzender Schritt. Unter *Okuri-ashi* klassifiziert man →*Yori-ashi* und →*Suri-ashi*.

Okuri-ashi-barai (jap.): Fußnachfeger im *Jûdô*.

Okuri-eri-jime (jap.): Kragenwürgen im *Jûdô*.

Okuri-geri (jap.): einer vorausgegangenen Technik nachfolgender Tritt.

Okuri-kumite (jap.): Partnerübungsform des *Karate*, die dem →*Yakusoku jiyû-kumite* zugeordnet wird.

In dieser Methode werden freie Kampftechniken *(Jiyû-waza)* verwendet. Man greift einmal an, wird abgewehrt (und eventuell gekontert) und greift dann mit einer anderen Technik noch einmal entscheidend an.

Okuri-zuki (jap.): einer vorausgegangenen Technik nachfolgender Fauststoß.

Okuri-waza (jap.): Gruppe der Folgetechniken. Man eröffnet einen Angriff mit einer Finte (s. →*Kensei-waza*) und schickt dann den eigentlichen Angriff hinterher *(Okuri)*.

Man unterscheidet *Okuri-geri* (nachfolgender Fußtritt) *Okuri-zuki* (nachfolgender Faustestoß) und *Okuri-uchi* (nachfolgender Schlag).

Okuse Heishijiro: führender *Ninja*-Historiker (s. →*Ninjutsu*), Bürgermeister der Stadt Iga-Ueno im ehemaligen Kernland der *Ninja*.

Okuse ist die derzeit größte Autorität auf dem Gebiet des *Ninjutsu*. In seinen veröffentlichten Worken legt er viele geheime Verfahrensweisen der *Ninja* dar, psychologische Methoden zur Überlistung des Gegners und noch nie bekanntgewordene esoterische Praktiken der *Ninja*, die sonst nur vom Vater auf den Sohn übertragen wurden.

Okuyama Magojirô: s. →*Kage-ryû*.

Okuyama-ryû (jap.): s. →*Kage-ryû*.

Okuyama Toshio: Stilerbe des →*Hakkô-ryû*, ältester Sohn von Okuyama Yoshiji.

Okuyama Yoshiji: s. →*Hakkô-ryû*.

O-mawashi-geri (jap.): großer Halbkreisfußtritt (Einteilung s. unter →*Mawashi-geri*).

Der tretende Fuß wird, wie unter *Mawashi-geri* beschrieben, angehoben, der Körper über dem Standbein gedreht, so daß die Hüftseite zum Ziel zeigt. Gleichzeitig wird der Fuß aus dem Kniegelenk waagerecht ins Ziel geschlagen. Die Hüfte schiebt sich dabei in Richtung Ziel. Der Fuß des Standbeins steht abgedreht zum Ziel. Der Oberkörper bleibt nach Möglichkeit gerade. Diese Form des *Mawashi-geri* hat die höchste Reichweite von allen und wird bevorzugt mit *Heisoku* (Rist) ausgeführt, obwohl auch die Variante mit *Koshi* (Fußballen) möglich ist. Es ist dabei zu beachten, daß das Gleichgewicht des Körpers gewahrt bleiben muß und der Fuß auf demselben Weg wieder zurückgenommen wird, auf dem er ins Ziel geführt wurde. Das Knie muß entspannt sein, um die Geschwindigkeit der Technik zu vergrößern.

Omei-zong-di-shier-zhuang (chin.): »12 Übungsserien der Omei-Schule«, eine Übungsreihe vom Omei-Berg in Siquan.

Dort befand sich das berühmte buddhistische Kloster Guang-xiang-shi (Kuang-hsiang-shih), in dem viele verschiedene Methoden des →*Qigong* (s. auch →Atemtherapie) gepflegt und mündlich weitergegeben wurden. Die Übungen stammen sowohl aus der daoistischen wie auch aus der *Chan*-Tradition. Am bekanntesten sind die 12 Übungen, die auch »Formeln zu Übungen des fliegenden Kranichs« genannt werden.

Omoi (jap.): schwer (auch *Jû, Chô*). *Taijû* – Körpergewicht, *Jûryô* – Schwergewicht.

Omoiyari (jap.): Teilnahme, Rücksicht (s. →*Shi*), Begriff aus der *Budô*-Philosophie (s. →*Kaisetsu*). In der Übersetzung bedeutet *Omoiyari* eigentlich »aufrichtiges Besinnen« und bezieht sich auf das rechte Verständnis für die Probleme anderer Menschen.

Eine solche Übung beginnt im engeren Bekanntenkreis und erweitert sich auf das *Dôjô* und schließlich auf die gesamte Umgebung. Sie entwickelt die universelle Liebe (→*Jin*), eine Kombination zwischen Mitgefühl und Wohlwollen, die ein reifer Mensch allen Wesen entgegenbringt, indem er ihr Leben schützt und ihre Lebensräume respektiert.

Ehrliches Kümmern um andere enthält nie den Anspruch auf Ausgleich. Es kommt aus einem reinen Geist und einem ehrlichen Gefühl. Wenn die Fürsorge für andere nicht erwidert wird und man sich deshalb beleidigt fühlt, fehlt das ehrliche Wohlwollen. Wahre Hilfe hat keine Ansprüche. In ihr ist das aufrichtige Geben selbst der Lohn für die Bemühung.

Übende eines *Dôjô* sollten sich deshalb mit Wohlwollen begegnen. In der Bereitschaft zur gegenseitigen Hilfe liegt eine weit stärkere Kraft als in der egoistischen Abgrenzung. Durch gegenseitiges Wohlwollen kann konstruktives Lernen entstehen. Übertriebenes Konkurrenzdenken schadet dem Fortschritt ebenso wie Gleichgültigkeit dem anderen gegenüber.

Omori-ryû (jap.): →*Iaidô*-System, bezeichnet als die erste Ebene des Übens *(Shoden)* im *Musô Shinden-ryû* (s. →*Musô Jikiden-ryû*), bestehend aus 12 Grundbewegungen mit dem spezifischen Namen *Shoden Omori-ryû*.

Diese Techniken repräsentieren den grundlegenden formalen Bestand des Stils und sind im Kampf nicht direkt anwendbar. Sie dienen vor allem der perfekten Kontrolle des Körpers, wodurch dann kampfbezogene Techniken besser anwendbar sind, und des weiteren der Ausbildung von Geduld und Ausdauer. Die Techniken werden aus einer knienden *(Suwari)* oder sitzenden *(Seiza)* Position ausgeführt. Das *Omori-ryû* wurde im 17. Jh. aus dem →*Hasegawa Eishin-ryû* entwickelt.

Omori Soemon Masamitsu: s. →*Musô Jikiden-ryû*.

Omote (jap.): Oberfläche, Vorderseite, die offensichtliche Seite einer Angelegenheit (auch *Hyô*). In den Kampfkünsten bezeichnet man damit die erste Fortschrittsstufe (*Kyûstufe*, s. →*Mudansha*) und die Graduierungen des 1. und 2. Dan (s. →*Yudansha*)

In dieser Stufe werden die Grundlagen der Bewegung und alle äußerlich sichtbaren Merkmale der Techniken bis ins kleinste Detail gemeistert. Für Omote ist eine Zeit von 6–8 Jahren angesetzt. Nur wenn der Übende sich als Kampfkunstschüler bewährt, wird er vom *Sensei* in den →*Okuden* unterrichtet. Diese Stufe war im alten *Bujutsu* nur wenigen vorbehalten und wurde nur im engsten Kreis um den Meister gelehrt (s. →*Ryû*, →*Bujutsu*).

Omote-waza (jap.): die grobe Form der Technik, die ein Übender der Kampfkünste zuerst lernen muß. *Omote-waza* ist der Grundriß der Technik ohne die Feinheiten und technischen Finessen (s. →*Geiko*, →*Omote*).

Omoto (jap.): Grundlage, Ursache, Basis (s. →*Kiso*, →*Hon*).

Ômoto-Kata (jap.): Kata-Gruppe des alten →*Naha-te* zur Förderung von äußerer Kraft und innerer Stärke.

Ômoto-kyô (jap.): »Sekte der großen Quelle«, gegründet von der Priesterin DEGUCHI NAO und 1907 übertragen auf →DEGUCHI ONISABURO, der gleichzeitig ein hervorragender Kampfkunstexperte war. Er war lange Zeit der Lehrer von →UESHIBA MORIHEI (s. auch →*Aikidô*), den er auch in den zahlreichen Geheimlehren der mittelalterlichen →*Yamabushi* unterrichtete.

Nachdem Deguchi die Leitung der Sekte übernommen hatte, entfaltete er bis zu seinem Tode (1948) eine unwahrscheinliche Aktivität. Er gründete Zeitschriften, verfaßte Wörterbücher, gründete Organisationen in Japan (*Dai-Nippon-Budô-Senyo-Kai* und *Jinrui-Aizen-Kai*) und in China (Föderation der Weltreligionen und die Zeitung *Jinrui-Aizen-Shinbun*), wo er intensive Verbindungen zu einheimischen Sekten (*Dao-Yuan* und *Chao-Li-Jiao*) pflegte. 1925 nahm Deguchi Kontakt mit der »Weißen Bruderschaft von Bulgarien« (geleitet von PETRE DEUNOV, 1864–1944) auf und verbreitete das *Ômote-kyô* auf diese Weise weltweit.

Unter der Leitung von Deguchi wurde das *Ômoto-kyô* eine starke Organisation mit vielen weltweiten Verzweigungen. Er formulierte den Inhalt seiner Lehre in drei Lehrgeboten, die entscheidend auf das spätere *Aikidô* Einfluß nahmen und den philosophischen Inhalt dieser Kampfkunst bilden:

1. Wenn du die Erscheinungen der Natur beobachtest, wirst du das Wesen des einzigen wahren Gottes verstehen.
2. Wenn du die ununterbrochenen Wandlungen in der Natur beobachtest, wirst du das Wesen der Lebensenergie *(Ki)* des einzigen wahren Gottes verstehen.
3. Wenn du die Psyche der Tiere und der Menschen beobachtest, wirst du die Seele des einzigen wahren Gottes verstehen.

Omyodô (jap.): die Kunst des Wahrsagens und der Astrologie.

On (jap.): Güte; Freundlichkeit; Dankbarkeit; Gnade.

Onaka (jap.): Bauch.

Onegai shimasu (jap.): »Bitte hilf mir!« In manchen traditionellen *Dôjô* sagt man diesen Satz beim Betreten desselben (s. →*Dôjô*).

Oni (jap.): Teufel, böser Geist (auch *Ki*).

Oni-ken (jap.): ausgestreckte Knöchelfaust.

Onin-Krieg (jap.): von vielen Geschichtsforschern als der blutigste Krieg Japans bezeichnet und gleichzeitig als das Schlüsselereignis zu einem nachfolgenden 110jährigen Kriegszustand (*Sengoku-jidai* – Zeitalter der Kriege) zwischen den verfeindeten *Daimyô* in Japan. Der Auslöser dieses Krieges war die Verhaltensweise des ASHIKAGA-Shôguns YOSHIMASA (1435 bis 1490), der die Würde des *Shôgun* freiwillig an seinen Bruder, den Mönch GIJIN abtrat, danach wieder einforderte und erneut abtrat (s. →ASHIKAGA).

Der Onin-Krieg erhielt seinen Namen, weil er – 1467 – in einer Geschichtsperiode Japans begann, die als *Onin* bekannt war. Die Gründe für den Krieg sind kompliziert. Eigentlich begann er, weil zwei mächtige, aber verfeindete Fürsten – der YAMANA-Clan und der HOSOKAWA-Clan – ganz Japan beherrschen wollten. Kurz davor hatte der →ASHIKAGA-Shôgun YOSHIMASA zugunsten seines Bruders GIJIN abgedankt. Als er jedoch einen Sohn bekam, forderte er seinen Titel zurück. Daraufhin erklärte der Yamana-Clan seine Unterstützung für Yoshimasa, während die Hosokawa den Bruder unterstützten. Das war der auslösende Funke für beide Clans, die alleinige Führungsrolle an sich reißen zu wollen.

Die Yamana, unter der Führung von MOCHITOYO (bekannt als der »Rote Mönch«) sammelten 80 000 Krieger, die Hosokawa ihrerseits, unter der Führung von KATSUMOTO (Mochitoyos Schwiegersohn), 85 000 und stellten sie in Kyôto gegenüber, wo beide Clans ihre Hauptquartiere hatten. Shôgun YOSHIMASA geriet in Panik, da er um seine prunkvolle Hauptstadt fürchtete. Daher erklärte er denjenigen zum Rebellen (im mittelalterlichen Japan eine gefürchtete Bezeichnung mit Konsequenzen für Ansehen und Status, denn ein Rebell konnte von jedem gejagt und angegriffen werden), der zuerst den Krieg beginnen würde. So nahmen zunächst beide Clans eine abwartende Haltung ein.

Im Februar 1467 erhielten die Yamana von einem Verbündeten Verstärkung durch 20 000 Samurai. Im April desselben Jahres griffen die Hosokawa zum ersten Mal an, und im Mai starteten sie eine Großoffensive. Kyôto wurde im Verlauf der folgenden Monate bis auf die Grundmauern vernichtet. Der Krieg fand keine Entscheidung. Erst 1468 flauten die Kämpfe in der Hauptstadt etwas ab, denn beide Seiten waren kriegsmüde, doch der Belagerungszustand blieb. Der Krieg hatte sich fast in alle Provinzen Japans übertragen, kein *Daimyô* konnte sich heraushalten. Die Verbündeten der beiden Clans führten ihre eigenen Kriege in eigenen Interessen, und oft war der einzige Grund für einen Angriff, die Ländereien eines Gegners zu erobern.

1473 starb der »Rote Mönch« und nur einen Monat später Hosokawa Katsumoto. Doch der Krieg wurde noch weitere vier Jahre fortgesetzt, bis der neue Führer der Yamana, MASAHIRO OUCHI, im Dezember 1477 den Befehl zum Abzug aus Kyôto gab. Als die *Samurai* abzogen, kamen von überall Plünderer in die Stadt und verwandelten die ehemals prunkvolle Hauptstadt in ein Ruinenfeld. Der *Shôgun* war nicht in der Lage, den Frieden wiederherzustellen.

Nach dem Onin-Krieg verwandelte sich Japans politische Szene in ein Chaos von gegenseitigem Verrat und anhaltenden Machtkriegen zwischen den *Daimyô*, das mehr als 100 Jahre anhalten sollte. Auch nachdem die Ashikaga-Periode beendet war, gelang es weder →ODA NOBUNAGA noch →TOYOTOMI HIDEYOSHI, dem Kaiserreich Frieden zu bescheren. Erst im Jahre 1600, als →TOKUGAWA IEYASU an die Macht kam, wurde der Frieden wiederhergestellt.

Onna (jap.): Frau (auch *Jo, Nyô*). *Me* – weiblich, *Danjo* – Männer und Frauen.

Onishi Eizo: Gründer des →*Koeikan*, Schüler von →TOYAMA KANKEN. *Koeikan* ist eine Synthese aus Toyamas *Shôrin-ryû* und dem *Toon-ryû* von →KYÔDA KOHATSU.

Der Stil wurde 1952 von Onishi als streng traditionelle Richtung des *Karate* gegründet. Am 2. April 1954 eröffnete er sein erstes *Dôjô* in Kanagawaken in Japan. Dort unterrichtete er 5 Kata des *Naha-te* und 16 *Kata* aus dem *Shuri-te* von ITOSU. Onishi ist Inhaber des 8. Dan und besitzt seit 1966 das *Menkyo-kaiden* von Toyama Kanken. Auf der Suche nach den Wurzeln der Kampfkünste reiste Onishi nach Okinawa und beobachtete dort die Trainingsmethoden u. a. von CHIBANA CHÔSHIN. Später reiste er nach Hongkong, Peking und Taiwan, um seine Studien zu vervollständigen.

Ono (jap.): Streitaxt. Die Waffe wurde im 15. Jh. aus der →*Naginata* entwickelt und im →*Naginatajutsu* (s. auch →*Shinden Fudô-ryû*) klassifiziert. Sie war eine bevorzugte Waffe der Kriegermönche.

Onogama (jap.): kombinierte Waffe, die aus einer Streitaxt und einer *Kama* besteht. Sie wurde bevorzugt von Kriegermönchen und *Ninja* gebraucht.

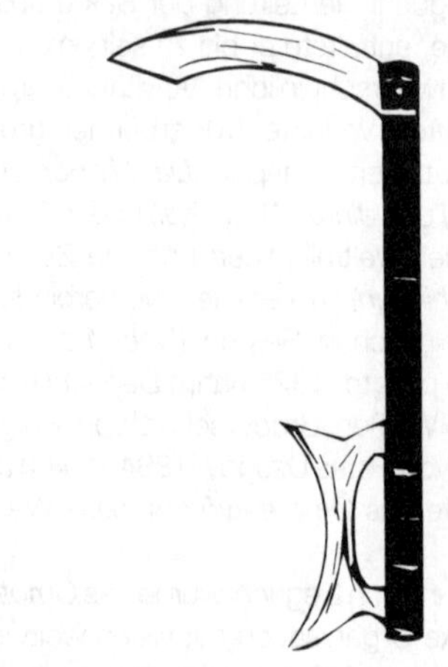

Onogama

Ono-ha Ittô-ryû (jap.): altes japanisches →*Kenjutsu*-System, das sich aus dem →*Ittô-ryû* abzweigte. Die Schule wurde von ONO TADAAKI (1565–1628), einem Schüler von ITÔ ITTÔSAI, gegründet. Diese später sehr bekannte Schule lehrte die »Kraft des einzigen Schwertschlages«.

Besondere Bedeutung kommt dieser Schule durch den Umstand zu, das ONO (JIROUEMON) TADAAKI Wege suchte, um die Übung der Schwertkunst weniger gefährlich zu machen. Er orientierte sich dabei an der viel älteren →*Yagyû Shinkage-ryû*, die das *Fukuro Shinai*, einen lederüberzogenen Stock in Schwertlänge verwendete. Tadaaki ließ ein Übungsschwert bauen, das aus verschiedenen Bambusstreifen bestand, die zusammengebunden waren (→*Shinai*). Über die Nachfolger von Tadaaki Ono gelangte das System zu →NAKANISHI CHÛTA, der es erheblich verbesserte. Weitere Meister, die von diesem System beeinflußt wurden, waren SHIBUYA TOMA, der Lehrer von TAKEDA SÔGAKU und SASAMORI JUNZO.

Ono Tadaaki: s. →*Ono-ha Ittô-ryû*.

Onshinjutsu (jap.): die *Ninja*-Kunst, sich unsichtbar zu machen (s. →*Ninja*). Kombiniertes Verstehen und Anwenden der Physik, Psychologie und Physiologie. *Onshinjutsu* besteht aus mehreren Methoden:

- Lichtstrahlen werden davon abgehalten, von dem Subjekt zurückzustrahlen. Der Beobachter kann das Subjekt nicht sehen.
- Lahmlegung der Beobachtungsfähigkeit des Gegners mit Hilfe von Rauchbomben, Rauchwolken, chemischen Gasen, Sprühmitteln oder intensiven Lichtblitzen.
- Die Methode des *Shichiho-de*, der sieben Wege des Sichverkleidens. Der *Ninja* nimmt die Form einer Sache oder einer Person an, die für den Gegner unwichtig und daher unauffällig ist. Dieses System hat eine zweifache Struktur:

Hensôjutsu – die Kunst des Sichverkleidens.

Gisôjutsu – die Kunst des Sichhineindenkens.

Onyô-dô (jap.): japanische Bezeichnung für den Weg des →*Yin/Yang*.

O-rei (jap.): große Verbeugung (s. →*Rei*). *O* bedeutet auch die Ehrenbezeugung von Dank oder Anerkennung und das Erwidern einer Höflichkeit.

Orenai-te (jap.): *Aikidô*-Begriff, in der Übersetzung etwa »enthaltene Macht«, eine geistige Stufe, die durch die Kraft des →*Ki* entsteht. Sie bewegt den Körper ohne Muskelkraft, nur durch Entspannung.

Ori (jap.): brechen.

Origami (jap.): japanische Kunst des Papierfaltens.

Oroshi (jap.): nach unten.

Oryô-Zen: japanisch *Oryô-ha*, ein Zweig der →*Rinzai*-Schule, die von dem chinesischen Meister HUANG-LUNG HUI-NAN (jap. ORYÔ ENAN) gegründet wurde.

Die *Oryô*-Linie wurde von →EISAI ZENJI als erste *Zen*-Schule nach Japan übertragen, erlosch jedoch, sowohl in China als auch in Japan, nur wenige Generationen nach ihrer Gründung. Die heutige japanische *Rinzai*-Schule stammt jeoch weitgehend von der *Oryô*-Linie ab, weshalb sie auch noch *Rinzai-Oryô*-Schule genannt wird.

O-sabaki no Kamae (jap.): große Halbkreisstellung. Bezeichnung aus dem *Kukishin-ryû*.

Osae (jap.): niederhalten, festhalten, beherrschen, unterdrücken (auch *Yoku*).

Osae-komi (jap.): Haltegriffe, den Gegner unter Kontrolle halten.

Osae-komi-toketa (jap.): den Haltegriff lösen.

Osaekomi-waza (jap.): Gruppe der Festhaltetechniken und der Immobilisationen in den japanischen Kampfkünsten.

Im *Jûdô*, *Jûjutsu* und *Aikidô* ist *Osaekomi-waza* innerhalb von →*Gatame-waza* klassifiziert. Untenstehend sind die Haltetechniken des *Jûdô* nach dem *Kawaishi*-System aufgeführt:

OSAEKOMI-WAZA – HALTEGRIFFE

Kesa-gatame	– Haltegriff Schärpe
Kata-gatame	– Haltegriff Schulter
Kami-shihô-gatame	– oberer Vierer
Kuzurekami-shihô-gatame	– lockerer oberer Vierer
Gyaku-kesa-gatame	– umgekehrte Schärpe
Yoko-shihô-gatame	– Seitvierer
Mune-gatame	– Armseitvierer
Tate-shihô-gatame	– Reitvierer
Kuzure-kesa-gatame	– Armschärpe
Kata-osae-gatame	– umgekehrte Schulter
Ura-atame	– unterer Vierer
Kashira-gatame	– Kissenschärpe
Ura-shihô-gatame	– oberer Armvierer
Kami-sankaku-gatame	– oberer Reitvierer
Kuzure-yoko-shihô	– Kopfseitvierer
Tate-sankaku-gatame	– Klammer Reitvierer
Uki-gatame	– Knievierer

Osae-komu (jap.): den Gegner niederhalten.

Osae-nage (jap.): Wurftechnik im *Karate* am Ende der Kata *Kankû-dai* (s. →*Nagewaza*).

Aus *Kiba-dachi* wehrt man mit *Gedan-uke* einen Fußstoß ab, ergreift das Bein des Gegners und geht einen Schritt auf ihn zu. Die andere Hand faßt ihn an der Schulter und drückt ihn nach unten, während der Fuß hochgehoben wird. In der *Kata* kommt die Technik in der kombinierten Bewegung *Ryôken mawashi ude-uke* zum Ausdruck.

Osaeru (jap.): den Gegner am Boden festhalten.

Osae-uke (jap.): Preßabwehrtechniken (Klassifizierung s. →*Uke-waza*). *Osae-uke* ist ein Überbegriff für mehrere Arten der Abwehr.

Das Prinzip besteht darin, daß der gegnerische Arm oder Fuß durch eine Preßtechnik gestoppt wird, am besten dann, wenn er noch nicht vollständig gestreckt ist. Preßabwehrtechniken können mit dem Fuß (→*Ashi-osae*) oder mit dem Arm (→*Ude-osae*) ausgeführt werden.

Osaka Yoshiharu: JKA-Instruktor des Shôtôkan-ryû (s. →NAKAYAMA), mehrmaliger *Kata*-Weltmeister. Osaka lebt heute in Japan.

O-Sensei (jap.): großer Meister, großer Lehrer (s. →*Sensei*).

Oshi (jap.): die von einem Meister (→*Sensei*) an einen Schüler (→*Deshi*) weitergegebene Essenz seiner Kunst, in deren Zentrum ein über die bloße Formperfektion hinausführender Weg (→*Dô*) steht.

Alle Weglehren, gleich ob es sich um die der Kampfkünste oder um eine andere Methode handelt, enthalten immer zwei Aspekte: ein sichtbar werdendes Können (s. →*Omote*, →*Waza*, →*Jutsu*), das sich im beständigen Wiederholen von Formen zur Fertigkeit entwickelt, und ein in die Tiefe des Menschen greifendes Werden (s. →*Okuden*, →*Gokuhi*, →*Hiden*), das aus einem Kampf um innere Vervollkommnung (→*Shisei*) besteht. Eine Übung, die solches beabsichtigt, nennt man in den Weglehren →*Geiko*, während mit →*Renshu* das rein körperliche Training der Formen gemeint ist.

Jede Wegübung enthält einen dem Leben selbst innewohnenden Sinn. Für den Fortschritt in dieser Art von Übung ist nicht die Form, sondern der Mensch selbst verantwortlich. Vom Wert einer Übung kann man deshalb erst dann sprechen, wenn man den Menschen betrachtet. Dort, wo seine Übung nur dem Selbstzweck dient und den Kampf um innere Werte vermeidet, gibt es keine Übung im Sinne des Weges *(Dô)*.

Oshi-ego (jap.): Schüler, Lernender (s. →*Deshi*).

Oshieru (jap.): lehren, unterrichten (auch *Kyô*).

Oshikiuchi-ryû (jap.): japanisches Kampfsystem mit oder ohne Waffen, basierend auf den Prinzipien des →*Aiki* (s. auch →*Aikijutsu*).

Der Begründer der Schule war →SAIGÔ TANOMO (HOSHINA) CHIKAMASU (1829–1905, s. Tafel »Entwicklungen im →*Aikidô*«, →*Aikijutsu*), ein Lehnsherr des Aizu-Clans und gleichzeitig Priester in einem *Shintô*-Tempel. Der Stil ist eine Synthese von Kampfmethoden mit bloßen Händen, die seit jeher im Aizu-Clan geübt wurden. Saigô Tanomo hatte einen Stiefsohn namens SHIDA SHIRO (s. →SAIGÔ SHIRO), der ein berühmter Meister des *Kôdokan* war. Daher übertrug er die Erbfolge seiner Kunst auf →TAKEDA SÔGAKU.

Oshikomi-geri (jap.): gedrückte Fußtechnik.

Oshima Hikki (jap.): »Chronik der großen Insel«, japanisches Buch (Mitte des 18. Jh.), in dem die okinawanischen Kampfkünste (s. →*Tôde*) zum ersten Mal Erwähnung finden.

Das *»Oshima Hikki«* gilt als die erste Erwähnung des okinawanischen *Tôde-Kempô (Karate)* in japanischen Berichten. 1762 strandete ein okinawanisches Tributschiff auf seiner Route nach Satsuma in Tosa (heute Präfektur Kôchi auf der Insel Shikoku). Ein konfuzianischer Gelehrter mit dem Namen TOBE RYOEN wurde vom *Bakufu* beauftragt, das Zeugnis der Passagiere und der Crew schriftlich festzuhalten. An Bord des Schiffes befand sich auch ein wichtiger okinawanischer Beamter namens SHIO HIRA PEICHIN (SHIDAIRA, vielleicht SHIONJA). Seine Aussagen tauchen in Band 3 von Tobes Chronik *»Oshima Hikki«* auf und bestätigen die Anwesenheit chinesischer *Kempô*-Experten auf Okinawa. Mit den Worten Shidairas, eines Bürgers aus Shuri, heißt es im *»Oshima-hikki«*: »Der chinesische Gesandte Gong Xiang-Jun [KÛSHANKÛ] kam in Begleitung mehrerer Schüler nach Okinawa, wo er der einheimischen Bevölkerung die Tradition einer der Kempô-Arten übergab.«

Oshima Tsutomu: japanischer *Karate*-Meister und Repräsentant des →*Shôtôkan-ryû* über FUNAKOSHI YOSHITAKA und EGAMI SHIGERU in den USA. Tsutomu Oshima gilt als der eigentliche Verbreiter des *Karate* in Amerika.

Oshima ging bereits 1955 in die Staaten und richtete ein *Dôjô* im Konko-Shintô-Tempel in Los Angeles ein. 1956 gründete er die *South Califor-*

nia Karate Association, deren Leiter er heute noch ist. Durch seine Arbeit entstand die *Shôtôkan Karate of America* (SKA), die heute Meister EGAMI's Richtung in den USA vertritt.
Oshima Tsutomu war einer der letzten und engsten Schüler Funakoshis und begann sein *Karate*-Studium im Jahre 1948 unter Meister FUNAKOSHI, von dem er bis 1953 unterrichtet wurde. Gleichzeitig wurde er an der *Waseda*-Universität auch von den *Sempai* des *Shôtôkan* (EGAMI, HIRONISHI und NOGUCHI) ausgebildet. Zu der Zeit, als noch →OBATA ISAO, ebenfalls ein *Sempai* des *Shôtôkan* und *Karate*-Lehrer an der *Keio*-Universität, Vorstand der →JKA war, war auch Oshima Mitglied der JKA. Doch 1955, nachdem Obata Isao die JKA verlassen hatte und die *Waseda*- und *Keio*-Universität der JKA die Mitgliedschaft verweigerten, wurde Oshima Tsutomu hinausgeworfen. Dies führte zum endgültigen Bruch zwischen der JKA und den *Sempai* des *Shôtôkan*.
Nachdem es 1960 zwischen den beiden mächtigen Männern der JKA (NAKAYAMA und NISHIYAMA) zu Uneinigkeiten gekommen war, zog →NISHIYAMA HIDETAKA auf eine Einladung Oshimas nach Amerika und wurde bereitwillig in dessen *Dôjô* aufgenommen. Als Oshima gezwungen war, für kurze Zeit die USA zu verlassen, übernahm Nishiyama die Trainingsführung in Oshimas *Dôjô* und unterrichtete dort JKA-*Karate*. Er erklärte Oshimas *Karate* für veraltet und untergrub dessen Autorität bei seinen Schülern. Schließlich eröffnete er sein eigenes *Dôjô* und nahm die meisten von Oshimas Schülern mit.
1963 kehrte Oshima jedoch in die USA zurück und nahm seinen alten Platz wieder ein. Inzwischen hatte Nishiyama seine eigene Föderation AAKF *(American Amateur Karate Federation)* gegründet, die als Zweig der JKA galt.
Oshima Tsutomu übersetzte Meister FUNAKOSHIS Buch »*Karate-dô Kyôhan*« (1935) ins Englische. Er gilt als der Nachfolger der Linie FUNAKOSHI–EGAMI.

Oshiro Chôdo (1887–1935): okinawanischer Karate- und Kobudô-Experte des *Bô Yamane-ryû*, einer der berühmtesten *Bô*-Experten aller Zeiten.
Oshiro Chôdo war Schüler von CHINEN MASARU YAMANE und unterrichtet auch *Kobudô* am *Shihan-gakku* und im *Kogyu-gakku* in Shuri. Sein bekanntester Schüler war →MAESHIRO CHÔTOKU.

Oshiro Chôki (1888–1928): okinawanischer Kampfkunstexperte des *Shôrin-ryû (Shuri-te)*. Schüler von →ITOSU ANKO.
Oshiro Chôki war ein enger Vertrauter und »Schüler im Schatten« *(Kage-deshi)* von →CHIBANA CHÔSHIN aus dem →*Kobayashi-ryû*, Lehrer des auf Okinawa bekannten KANAGUSUKU (s. → KINJO HIROSHI), des Gründers der Kata *Shihôzuki* und *Shihôgeri*. Er war auch der Lehrer von JAHANA KENKO, NICHIHIRA SANKICHI, MAESHIRO CHÔTOKU und GÔYA EISHIN.

Oshiro no Kon (jap.): okinawanische →*Bô*-Kata.

Oshi shinobu osu (jap.): »Sei geduldig mit dir selbst und mit anderen«. Dies ist ein bedeutungsvoller Spruch (s. →*Kaisetsu*), der sich auf den eigenen Fortschritt und auf das Verhältnis zu den Mitübenden (→ *Osu*) bezieht.
Karate-dô ist eine Kunst, in der der Mensch seine Haltung (→*Shisei*) vervollkommnet und dadurch lernt, physische und psychische Grenzen aufzuheben. Es dient nicht dem Zweck, den Übenden zu einer wettbewerbsfähigen Leistungsgrenze zu bringen. Die Grenzen sind in jedem Menschen verschieden, und Ziel der Übung ist es, daß jeder einzelne lernt, seine Grenzen zu übersteigen, gleich auf welchem Niveau sie sich befinden. Dadurch erhält der Weg des *Budô* seinen Wert und ist für jeden Menschen von Nutzen. In einem Training, das nur auf die körperliche Leistung zielt, geht der Wert der Übung verloren.
Fortschritt in den Kampfkünsten bedeutet, daß jeder Übende beständig einen Schritt mit sich nach vorn tut, entsprechend seinen körperlichen Möglichkeiten. Auch ein alter oder körperlich schwacher Mensch kann die Kampfkünste üben, wenn er dies versteht. Ein solcher Fortschritt ist qualitativ wertvoller als der Fortschritt eines talentierten Sportlers, der physisch leistungsfähiger ist, jedoch nur den Körper übt. Der reine Leistungsvergleich sportlicher Fertigkeiten, der nur dem Gewinnen dient, ist im *Budô* absurd. Darin liegt der Unterschied zwischen *Budô* und Sport. Mit Geduld im beständigen Training kann jeder Mensch Fortschritt verzeichnen. Man braucht nicht zu verzagen, wenn andere die Techniken vielleicht schneller lernen. Die Zeit löst dieses Problem, vorausgesetzt, daß die innere Haltung stimmt. Um die Kampfkünste zu üben, braucht

man kein sportliches Talent. Jeder Mensch kann lernen, seine Grenzen zu überwinden. Dies hat mit Rekorden nicht das geringste zu tun. Wahrer Fortschritt im *Budô* ist ein innerer Gewinn. Die Vorstellung vom Sieg über den Gegner ist die Vorstellung des Anfängers von der Kampfkunst.

Oshi-uke (jap.): nach unten gepreßte Abwehr (auch →*Osae-uke*).

Osho (jap.): Meister der Speerkunst, Speerkunstlehrer (s. →*Hôzoin*).

Osoi (jap.): langsam, spät, verspätet (auch *Chi*). Gegenteil: *Hayai* (schnell, früh). *Chihai* – Verzögerung, Aufschub, *Chisoku* – Geschwindigkeit, Schnelligkeit.

O-soto-gaeshi (jap.): Gegenwurf zu *O-soto-gari*.

O-soto-gari (jap.): große Außensichel (Fegewurf, s. →*Nage-waza*, →*Gari*). Der Fuß des Gegners wird von außen nach innen hochgezogen.

O-soto-guruma (jap.): großes Außenrad. *Jûdô*-Fußwurftechnik.

O-soto-otoshi (jap.): großer Außenwurf mit sperrendem Bein. *Jûdô*-Technik.

Osu (jap.): stoßen, schieben, drücken. *Osaeru* – festhalten, beschlagnahmen. Ausdruck, der in den Kampfkünsten häufig als Begleitlaut zum Gruß verwendet wird.

Osu ist die phonetische Übersetzung zweier chinesischer Schriftzeichen, die eine jeweils eigene Bedeutung haben. Das erste Zeichen bedeutet wörtlich »stoßen« und symbolisiert im übertragenen Sinn eine innere Haltung, in der sich der Mensch bemüht, durch Aktivität alltägliche Hindernisse zu überwinden.

Das zweite Schriftzeichen bedeutet »leiden« und bezeichnet das Durchhaltevermögen, die Ausdauer und die Geduld, die ein Mensch braucht, um schwierige Lebenssituationen zu überstehen. Osu bezeichnet daher zwei Gegensätze (Streben und Dulden), die jedoch in ihrer Vereinigung die wahre Haltung ausmachen. Es bezeichnet die aktive Energie des Strebens, die der Mensch braucht, um seine Probleme zu lösen, und die passive Energie des Durchhaltens, die nötig ist, um Tiefschläge zu überstehen.

Im *Dôjô* gebraucht man den Ausdruck, wenn man seine Mitübenden oder den *Sensei* grüßt, oder auch als Zeichen, daß man verstanden hat oder einverstanden ist. Doch mit diesem Ausdruck wird in einem *Karate-Dôjô* auch eine wichtige Botschaft übermittelt.

Wenn ein Übender den Ausdruck im *Dôjô* gebraucht, symbolisiert er seinen Mitübenden, daß er sich im Sinne der philosophischen Bedeutung von *Osu* zu verhalten bereit ist. Um ihn immer an die rechte Haltung zu erinnern, wurde der Ausdruck in die Kampfkünste übernommen.

Otani Shimosa no Kami Seiichirô (1789 bis 1844): japanischer Schwertkunstmeister des *Jikishin Kage-ryû*, 13. Großmeister des Stils, Lehrer von CHIBA SHÛSAKU. Er leitete eine Kampfkunstschule für *Shôgune*, *Kabusho* genannt; s. auch →SAKAKIBARA KENKICHI.

Oten (jap.): umdrehen, etwas auf die Seite drehen, z. B. den Ellbogen umdrehen oder den geworfenen Gegner auf die Seite drehen.

Oten-gatame (jap.): Verrenkung des gegnerischen Arms durch eine Körperdrehung in der Bodenlage (s. →*Ne-waza*).

Oten-jime (jap.): *Jûdô*-Würgegriff durch eine Körperdrehung zur Seite in der Bodenlage.

Otogai (jap.): Kinn (s. →*Karada*).

Otogai ni rei (jap.): der Gruß untereinander im Training der Kampfkünste (s. *Rei*).

Otoko (jap.): Mann (auch *Dan, Nan*). Gegenteil: *Onna* (Frau).

Otokodate (jap.): Titel, der einem Menschen mit ritterlichem Geist gegeben wurde.

Otokogi (jap.): Ritterlichkeit.

Otoko-kokoro (jap.): »das Herz des Mannes« (des Kämpfers).

Otoshi (jap.): fallen, fallenlassen, Wurf, Sturz; Falle.

Otoshi-empi-uchi (jap.): »fallender Ellenbogenstoß«. Ellbogentechnik nach unten (auch *Otoshi hiji-ate*). Zuordnung s. →*Empi-uchi*, Klassifizierung s. →*Uchi-waza*.

Der Arm wird nach oben gestreckt, und nun wird der Ellbogen gerade nach unten gerammt. In der Endposition dreht sich die Faust. Die Technik eignet sich gegen Gegner, die das Gleichgewicht verloren haben. Man muß dabei jedoch sicher und fest stehen.

Otoshi empi-uchi

Otoshi hiji-ate (jap.): nach unten gerichteter Ellenbogenstoß (auch →*Otoshi empi-uchi*).

Otoshi-mi (jap.): sich abducken.

Otoshi ude-uke (jap.): fallende Abwehrtechnik (s. →*Otoshi-uke*) mit dem Unterarm.

Die Technik wird mit dem Unterarm ausgeführt und dient der Abwehr von Angriffen zur mittleren Stufe *(Chûdan)*. Der Vorderarm fällt mit Wucht aus einer Lage oberhalb des Kopfes senkrecht nach unten und blockiert den gegnerischen Angriff. In der Endstellung steht der Unterarm parallel zum Boden, der Faustrücken zeigt nach vorn. Die Abwehrtechnik wird in der Kata *Jion* gelehrt.

Otoshi-uke (jap.): Gruppe der fallenden Abwehrtechniken. Gegenteil: *Jôhô-uke*. Von oben nach unten geführte Abwehr. Klassifizierung s. *Uke-waza*.

FORMEN VON OTOSHI-UKE

Chûdan	
Otoshi-ude-uke	– Fallabwehr nach unten
Mae-ude-deai-osae-uke	– Stoppabwehr Unterarm
Otoshi-teishô-uke	– Fallabwehr Handfläche
Te-osae-uke	– Preßabwehr Hand
Seiryûtô-uke	– Ochsenmaulabwehr
Tekubi-kake-uke	– Hakenabwehr Handgelenk
Gedan	
Otoshi-teishô-uke	– Fallabwehr Handfläche
Seiryûtô-uke	– Ochsenmaulabwehr
Jûjiken-uke	– Kreuzabwehr Fäuste
Teishô-awase-uke	– doppelte Handwurzel

Otosu (jap.): fallen lassen; verlieren.

Otsubo-ryû (jap.): alte japanische Schule der kriegerischen Reitkunst (→*Bajutsu*), gegründet im 15. Jh. Es war die berühmteste Schule dieser Art.

Otsuchi (jap.): Keule, alte Samurai-Waffe (s. →*Buki*).

Otsuki-ryû (jap.): japanische *Aikidô*-Schule, gegründet von OTSUKI YUTAKA, einem Schüler von UESHIBA MORIHEI.

Ôtsuka Hironori (1892–1982): japanischer Großmeister des *Karate*, Begründer des →*Wadô-ryû*.

Ôtsuka Hironori

Ôtsuka Hironori wurde am 1. Juni 1892 in der Präfektur Ibaragi (Japan) geboren. Ab seinem 6. Lebensjahr begann er mit der Übung des *Jûjutsu* unter der Anleitung seines Großvaters, ÔTSUKA TOKUJIRÔ. Mit 13 Jahren (1905) wurde er Schüler von Meister NAKAYAMA TATSUSABURO YOKIYOSHI, dem 3. →*Iemoto* des *Yoshin-ryû* (s. →*Shindô Yôshin-ryû*, →*Yôshin-ryû*). Mit 19 begann er ein Studium an der *Waseda*-Universität in Tôkyô und übte sich gleichzeitig im *Kempô*, ohne jedoch das *Jûjutsu* zu vernachlässigen. Mit 29 erhielt er von Meister NAKAYAMA das →*Menkyo-kaiden* im *Yôshin-ryû* und wurde dadurch zum offiziellen Nachfolger an der Spitze des Stils.

Im Juli 1922 machte Ôtsuka Bekanntschaft mit

Funakoshi Gichin und wurde erst sein Schüler und 1925 sein Assistent. Gleichzeitig wurde er von →Motobu Chôki unterrichtet, der seinen Schwerpunkt auf *Kumite* legte. Da die Lehren der beiden Meister sich gravierend widersprachen, begann er 1928 eigene Vorstellungen über die technische Vervollkommnung des *Karate* zu entwickeln. 1934 trennte er sich von Meister Funakoshi ohne dessen Einvernehmen und gründete im Jahre 1939 offiziell das *Wadô-ryû*, den ersten japanischen *Karate*-Stil, der vom →*Butokukai* übernommen wurde. Darin verband er Elemente aus dem *Shôtôkan*, dem *Motobu-ryû* und dem *Shindô Yoshin-ryû*. Am 25. April 1966 erhielt Ôtsuka vom japanischen Kaiser ein Diplom in Anerkennung seiner großen Bedeutung für die Entwicklung des Karate. Am 29. Januar 1982 verstarb Meister Ôtsuka im Alter von 91 Jahren.

Ôtsuka Hironori II (Jirô): Sohn des *Wadô*-Begründers →Ôtsuka Hironori.

Ôtsuka Jiro wurde 1934 geboren und begann seine *Budô*-Laufbahn 1943 mit *Kendô*. Ab 1945 erhielt er *Karate*-Unterricht von seinem Vater. Am 29. November 1981 ernannte der Altmeister seinen Sohn offiziell zu seinem Nachfolger und damit zum 2. Großmeister des *Wadô-ryû*. Ôtsuka Jirô, der 1982, nach dem Tod seines Vaters, dessen Namen (Hironori) annahm, trägt heute den 10. Dan und den Titel *Hanshi*. Er ist Hauptinstruktor der *Wadô-ryû Karate-dô*-Abteilung im *Kokusai Budô Renmei*.

Ôtsuka Tadahiko (*1940): japanischer Meister des *Gôjû-ryû*, 10. Dan *Hanshi*, Gründer des →*Gôjûkensha*.

Ôtsuka Tadahiko, am 10. Juni 1940 in Tôkyô geboren, begann das Studium des *Karate* unter Meister Ichikawa Sosui, einem Schüler von →Izumigawa Kanki. Nachdem er 1962 an der *Meiji*-Universität sein Jurastudium abgeschlossen hatte, lernte er (1967) den *Tai-ji-quan*-Meister Yang Ming-Shi kennen, unter dem er die japanische *Tai-ji*-Form →*Taikyokuken* übte. Danach studierte er *Ba-gua* und *Xing-yi-quan* unter dem taiwanesischen Meister O Ju-Kin.

1970 gründete Meister Ôtsuka die *Gôjûkensha-Saishinkan*, eine Organisation zur Erforschung und Entwicklung des *Taikyokuken* und *Gôjû-ryû*. Roland Habersetzer, ein Schüler Ôtsukas, setzte die Idee in Europa mit der Gründung seines *Centre de Recherche Budo* fort. Meister Ôtsuka machte sich besonders damit verdient, daß er die okinawanischen Kampfkünste zu ihren Quellen zurückverfolgte (→*Bubishi*), wobei ihm besonders Higa Yuchoku half. Ôtsuka ist heute Mitglied im Stadtrat von Tôkyô und praktiziert die Kampfkünste selbst nur noch selten.

Otsunu E'nô: s. →Gyôja E'nô.

O-tsuri-goshi (jap.): großer Hüftzug im *Jûdô*.

O-uchi-gaeshi (jap.): Gegenwurf zu *O-uchi-gari*.

O-uchi-gari (jap.): große Innensichel (Fegewurf, s. →*Nage-waza*).

Durch eine kurze Bewegung aus dem Kniegelenk wird der vorn stehende Fuß des Gegners aus der Stellung gehoben. Der Gegner verliert sein Gleichgewicht nach hinten.

Owari (jap.): enden, zu Ende gehen (auch *Owaru, Shû*). *Oeru* – beenden, *Saishû* – Schluß, *Shûjitsu* – Wochentag.

Oyadomari no Passai (jap.): okinawanische *Karate-Kata* (s. →*Kata*), Variante der →*Passai*. Diese Variante ist die wahrscheinlich älteste und mit Sicherheit am meisten chinesisch beeinflußte *Passai-Kata*. Ihr eigentlicher Ursprung ist nicht klar, er könnte in der Überlieferung bis zum 14. Jh. zurückreichen.

Es ist jedoch auch zu bedenken, daß Meister Oyadomari Peichin, der innere Schüler *(Uchi-deshi)* von Shionja, einem Experten der südlichen chinesischen Stile, auf die Entwicklung des *Tomari-te* bedeutenden Einfluß ausübte. Shionja war der Ausgangspunkt zweier *Tomari-te*-Linien, die sich später auf Kyan Chôtoku wieder vereinigten: 1. Shionja – Shimpan Gusukuma – Yamada – Tôyama – Kanagusuku – Oyadomari – Matsumora – Kyan Chôtoku, und 2. Shionja – Toguchi – Niigaki – Kyan Chôtoku. Die *Ishimine no Passai*, die heute besonders im *Matsubayashi-ryû* geübt wird, ist eine Variante dieser Form.

Oyadomari Kokan Peichin (1831–1905): okinawanischer *Karate*-Meister des →*Tomari-te* der älteren Generation.

Oyadomari war der innere Schüler *(Uchi-deshi)* des *Quan-fa*-Experten →Shionja. Dieser war ein Kampfkunstexperte, der in Okinawa die südchinesischen Kampfkünste (→*Nan-quan*) lehrte. Er unterrichtete vor allem Oyadomari Peichin und →Matsumora Kosaku, der ein *Soto-deshi* (äußerer Schüler) Shionjas war.

Es ist sicher, daß über Meister Oyadomari eine *Bassai*-Variante in die okinawanischen Stile kam, die man heute noch als →*Oyadomari no Passai* kennt. Dies ist jedoch nicht Oyadomaris Variante, sondern die reine südchinesische Version, die durch ihn vermittelt wurde. Sie beeinflußte später über Meister →Kyan die heutige *Tomari*-Version des *Matsubayashi-ryû*.

Oyakata (jap.): adeliger *Samurai*-Rang auf →Okinawa.

Ôyama Masutatsu (1923–1994): japanischer *Karate*-Meister koreanischer Nationalität und Gründer des →*Kyôkushinkai*. Er wurde im Jahre 1923 in einem Dorf in der Nähe der südkoreanischen Stadt Gun San mit dem Namen Hyung Yee geboren.

Ôyamas Lehrjahre

Schon im frühen Alter von 9 Jahren begann er mit dem Training der koreanischen Kampfkünste *Taekyon* und *Kwonbop*. Von einem Freund der Familie, Meister Yi, lernte er das →*Chakuriki* und einen *Quan-fa*-Stil aus dem Norden Chinas.

1938 ging Ôyama nach Japan (Tôkyô), wo er sich mit dem Boxen, dem griechisch-römischen Ringen und dem *Jûdô* befaßte. Letzteres studierte er am →*Kôdôkan* und graduierte dort bis zum 4. Dan. In Japan lernte er auch Meister →Kotaro Yoshida kennen, einen berühmten Kampfkunstexperten, und lernte von ihm das →*Daitô-ryû Aikijutsu*, eine aus dem 13. Jh. stammende Kampfkunst der alten *Samurai*-Familie →Takeda.

Schließlich stieß er auch auf *Karate*, womit er in Meister Funakoshi's *Shôtôkan-Dôjô* anfing. 1940 erhielt er an der *Takushoku*-Universität den 1. Dan im *Karate*.

Er verließ jedoch Funakoshis *Dôjô* aufgrund einer anderen Vorstellung vom Kampf als der, die man dort lehrte. Anlaß dazu war ein Übungskampf zwischen Funakoshis Sohn Yoshitaka und einem Meister des *Gôjû-ryû*, der den jungen Ôyama mehr beeindruckte. Bei diesem Meister, →So Neishu, begann der damals erst 20jährige das *Gôjû-ryû* zu lernen und erhielt nach einiger Zeit den 4. Dan. Ôyama über das *Shôtôkan-Dôjô*: »Ich übte das Shôtôkan, aber ich bezweifelte sein lineares Kampfkonzept. Außerdem mochte ich es nicht, die Techniken vor dem Ziel zu kontrollieren. Das war viel zu streng für mich, also ging ich. Das Shôtôkan war nichts für mich. Ich wollte Sport machen.«

Bemühungen um Perfektion

Zeit seines Lebens suchte Ôyama das Absolute, sowohl in bezug auf Erfolg als auch auf körperliche Stärke. Er gründete die Theorie, daß der Mensch durch Training jede Grenze überschreiten könne, und unternahm ungeheure Anstrengungen, um diese Grenze herauszufinden. Eine der wichtigsten Fragen, die ihn seit Jahren verfolgte, war die Gegenüberstellung von Mensch und Tier im Kampf. Er wollte an sich selbst herausfinden, ob ein Mensch bei genügend Training einen solchen Kampf überleben könne. So Neishu, sein erster Lehrer im *Gôjû-ryû*, erkannte Ôyamas ungestüme Art und riet ihm, für einige Zeit in die Berge zu ziehen, um dort über sich und die Welt nachzudenken. Dies setzte er sofort in die Tat um und zog, ohne von jemandem Abschied zu nehmen, für 18 Monate auf den Berg Kiyosumi (Präfektur Chiba) in die Einsamkeit, abgeschlossen von der Zivilisation und ganz auf sich gestellt.

Demonstrationen und Reisen

1951 kämpfte er zum ersten Mal gegen einen 500 kg schweren Stier, ein Experiment, das er später noch 51mal wiederholen sollte. Der Stier starb unter der Wirkung des ersten *Tsuki*, den Ôyama genau zwischen die Augen des Tieres ausführte. Vor diesem Kampf hatte Ôyama die Wirkung seiner Techniken in den Schlachthöfen der Präfektur Chiba an Stieren getestet. In seinen weiteren Kämpfen gegen Stiere brach er 49 Tieren mit *Shutô* die Hörner und tötete 3 Stiere in der Arena.

Im April 1952 folgte er einer Einladung der *US Professional Wrestling Association* nach Chicago in Begleitung des Jûdôka Endo Kokichi (6. Dan) und eines hawaiianischen Kämpfers (Big Togo). Bei dieser Gelegenheit bereiste er 36 Staaten der USA, um seinen Stil →*Ôyama-ryû* vorzustellen. Auf der zehnmonatigen Tour gab er insgesamt 270 Demonstrationen. Er bestritt drei öffentliche Kämpfe, die er alle gewann.

Im Januar 1954 startete er eine weitere Demonstrationsreise durch die Vereinigten Staaten. Unter anderem gab er im Madison Square Garden in New York eine brillante Vorführung seiner Kunst. Auch auf dieser Tour konnten seine Herausforderer – Boxer, Ringer und *Karate*-Meister – nicht gegen ihn bestehen. 1954 wiederholte er in der japanischen Stadt Tateyama seinen Versuch, gegen einen Stier zu bestehen. Es gelang ihm, einen 650 kg schweren Stier im Kampf zu töten.

UNTERRICHT

1955 eröffnete er in Tôkyô ein *Dôjô* und begann zu unterrichten. 1956 weilte er auf Okinawa und bereiste anschließend viele südostasiatische Länder, um für seinen Stil zu werben. In Thailand nahm er die Herausforderung des bekannten Thai-Boxers »Black-Cobra« an, über den Oyama sagt: »... Seine Beintechniken waren bemerkenswert und gefährlich. Er versuchte mich einige Male mit kreisenden Fußtechniken am Kopf zu treffen. Letztlich gelang es mir, einen Handkantenschlag zur Schläfe anzubringen, gefolgt von einem Fußtritt zum Körper. Wir fielen beide zu Boden, aber ich konnte mich wieder erheben. Trotzdem war ich nicht sehr zufrieden mit meinem Sieg. Der Kampf veranlaßte mich dazu, meine Kombinationstechniken zu verbessern.«

DIE »HUNDERT KÄMPFE«

Ôyama übernahm die Idee der »hundert Kämpfe« aus dem *Kendô* und *Jûdô*, wo sie in mehreren *Dôjô* praktiziert wurden. Er nahm seinerzeit selbst an diesen Kämpfen teil, die er verletzt gewann. Die Idee besteht darin, daß während eines Zeitraums von drei Tagen täglich hundert Gegner besiegt werden mußten. Im *Kyokushin* wurden sie zum erstenmal 1965 ausgeführt und von dem Engländer STEVE ARNEIL gewonnen, gefolgt von NAKAMURA TADASHI. 1966 gewann Ôyama Shigeru, danach LOEK HOLLANDER (1967), JOHN JARVIS (1968), HOWARD COLLINS (1972), MUIRA MIYUKI (1973), MATSUI AKIYOSHI (1986) und ADEMIR DA COSTA (1987).

VERÖFFENTLICHUNGEN

Das inzwischen als →*Kyokushin* bezeichnete *Karate* verbreitete sich weltweit und wurde zu einem der mitgliederreichsten Stile. 1957 wurde die *Kyokushin-kai* (Organisation für *Kyokushin-ryû*) gegründet. 1958 bereits schrieb er sein erstes Buch »*What is Karate*«. Das Buch wurde mit 120 000 verkauften Exemplaren zum Bestseller. 1966 veröffentlichte er sein zweites Buch »*This is Karate*«. Auch dieses Buch gehört zu den besten in der Fachliteratur. 1970 veröffentlichte Ôyama sein drittes Buch »*Advanced Karate*«. 1984 erschien »*Karate, the World of the Ultimate*«. Ôyama starb am **26. April 1994**.

Ôyama-ryû (jap.): anfängliche Bezeichnung für →ÔYAMA's *Karate*. Die heute bekannte Bezeichnung *Kyokushinkai* wurde erst später verwendet.

→ÔYAMA MASUTATSU begann in einer schäbigen, heruntergekommenen Baracke zu unterrichten und hatte nur wenige Mitglieder. Die etablierten Schulen bezeichneten sein *Dôjô* als →*Machi-dôjô* und betrachteten es mit Geringschätzung. Unterrichtet wurde Grundschule, *Sabaki* und *Kumite*.

Ôyama selbst unterrichtete selten, denn er war mit dem Bau eines neuen *Dôjô* und mit einer zeitaufwendigen Expansionspolitik beschäftigt. Die Schule wurde von →NAKAMURA TADASHI geleitet. Dieser führte einige Systemänderungen durch, unter anderem gründete er wegen der großen Fluktuation der Schüler ein eigenes *Kyû*-System (weiß, blau, gelb, grün, braun, schwarz).

Als Ôyama dann seine Baracke schließlich als das »*Japan Karate-dô Kyokushinkai Ôyama Dôjô*« bezeichnen ließ, stieß er in der japanischen *Karate*-Szene auf große Ablehnung. Zu jener Zeit hatte er ungefähr 100 Mitglieder, von denen 30 regelmäßig trainierten. Doch Ôyama war bestrebt, Filialen im Ausland zu errichten und sein Karate weltweit zu verbreiten (weiter s. →*Kyokushinkai*).

Ôyama-ryû (jap.): japanischer *Karate*-Stil, gegründet von ÔYAMA SHIGERU, einem Schüler von →ÔYAMA MASUTATSU.

Ôyama Shigeru war lange Zeit Hauptinstruktor des *Kyokushinkai-Dôjô* in Tôkyô. Danach zog er nach Kanada und vertrat dort Ôyamas *Kyokushinkai-ryû*. Später entwickelte er in den USA seinen eigenen Stil.

Ôyata Seiyû (*1930): japanischer *Karate-* und *Kobudô*-Experte, 10. Dan, Gründer des →*Ryûkyû-Kempô-Karate*. Hauptinstruktor der *Ryûkyû Karate Association* und der *Ryûbei Karate Kobudô Rengokai*, lebt heute in Kansas City, Missouri, USA.

Ôyata Seiyû begann sein Kampfkunststudium 1940 in den traditionellen japanischen Waffen (*Iaidô, Kendô, Jûdô, Naginata* u. a.), wonach er zu UHUGUSHUKU TANME kam, von dem er in den Waffen des okinawanischen *Kobujutsu* und in den Techniken des →*Tuite* (okinawanische Greiftechniken) unterrichtet wurde. Von diesem Meister erhielt er das →*Menkyo-kaiden*, wurde also zum Nachfolger des Familiensystems ernannt. Er

studierte auch →*Okinawa Kempô-Karate* unter →NAKAMURA SHIGERU und war Trainingspartner (*Tuite* und *Kobudo*) von UEHARA SEIKICHI, dem Nachfolger im *Motobu-ryû*.
Ôyata Seiyû ging 1976 in die USA und wurde dort vor allem berühmt durch seine tödlichen Fingertechniken, die er auf Vitalpunkte ansetzt. Er studierte dazu *Kyûshojutsu* (Techniken der Vitalpunkte), das er von WAKINA GURI lernte, und nannte diese *Karate*-Interpretation →*Shinshuhô-ryû*. Er verwendet darin etwa 120 Druckpunkte, hauptsächlich von der Hüfte nach oben, von denen er aber nur etwa 60 der ungefährlicheren Punkte öffentlich unterrichtet. Ôyata Seiyû war der Hauptlehrer von JOE →LEWIS.

Oyayubi (jap.): Daumen (s. →*Karada*, →*Yubi*).

Oyayubi-ippon-ken (jap.): Daumenknöchelfaust (s. →*Bôshiken*).

Oyo (jap.): ausüben, anwenden (auch *Kyû*). *Iioyobu* – das Thema berühren.

Oyo-kumite (jap.): Art der *Karate*-Kampfübung (s. →*Kumite*) aus dem *Kata-bunkai*, in der man gegen mehrere aus verschiedenen Richtungen angreifende Gegner abwehrt und kontert.
Unter *Oyo-kumite* sind →*Happô-kumite* und →*Kata-kumite* (*Kata*-Anwendung s. →*Bunkai*) klassifiziert.

Oyômei-gaku (jap.): Schule des konfuzianischen Denkens, benannt nach dem Chinesen WANG YANG-MING (1472–1529). Sie betont die Unabhängigkeit des Geistes und die Einheit von Denken und Handeln.

Oyo-waza (jap.): Anwendungstechniken im *Kendô*. *Oyo-waza* setzt sich zusammen aus →*Shikake-waza* (Angriffstechniken) und →*Oji-waza* (Kontertechniken).

P

Pakchigi (kor.): wenig systematisierte koreanische Kampfmethode (s. →Korea), deren Haupttechnik der Kopfstoß ist. Ein alter Vorläufer des *Pakchigi* war das chinesische →*Jiao-di*.
Pakchigi entstand im Nordwesten Koreas und erinnert an das chinesische Hörnerstoßen (→*Jue-di*). Es wird mit dem Kopf gegen Kopf, Brust und Bauch des Gegners gestoßen. Hilfsmittel dabei war gelegentlich ein langer Zopf, in dessen Ende ein Stück Blei eingeflochten wurde. Durch entsprechende Bewegungen konnte er wie eine Waffe verwendet werden, die sich vor allem gegen die Augen des Gegners richtete.

Pak-hoc-p'ai (chin.): in Mandarin *P'ai-hao-ch'uan*, »Stil des weißen Kranichs« (s. →*Bai-he-quan*).

Pakistan: asiatisches Land mit dem Hauptsport Ringen. Das pakistanische Ringen ist identisch mit dem indischen Ringen (s. →Indien) und ging über die Jahrhunderte mit diesem Hand in Hand.
Lange Zeit war die Ausübung der Kampfkünste in Pakistan gesetzlich verboten. 1971 wurde dieses Verbot auf Drängen von SALEEM JEHANGIR außer Kraft gesetzt. 1972 begann die pakistanische Polizei mit dem Studium des *Karate*. 1974 wurde der erste pakistanische Wettkampf organisiert.

Pa-kua (chin.): chinesische Kampfkunst (s. →*Ba-gua-quan*).

Pali (ind.): Bezeichnung für die Sprache, die in den überlieferten Schriften des südlichen →*Hinayâna*-Buddhismus verwendet wird.
Es handelt sich hierbei um eine literarische Sprache, die auf die nordwestlichen und mittelindischen Dialekte zurückgeht, und nicht um die »Sprache Buddhas«, wie dies die Inder behaupten.

Pamur (indo.): aus mehreren Richtungen kombinierter Stil des →*Pentjak-Silat* auf Madura (Java), gegründet 1951 von HASAN HUBUDIN.

Pande (mal.): wörtlich »Experte«, Schmiedemeister der traditionellen →*Kris*-Dolche.

Dem wahren *Pande* sagt die Legende nach, er könne das rotglühende Eisen mit seinen bloßen Händen bearbeiten.

Pangai-noon (chin.): auch *Ban-ying-ruan*, »halb harter und halb weicher Stil« (s. →*Hanko-ryû*), im Kanton-Dialekt *Pangai-noon*, chinesischer Tigerstil, Ursprung des okinawanischen →*Uechi-ryû* (s. auch → SHUSHIWA).

Der Stil entstammt dem *Shaolin*-Tigersystem aus Südchina und ist heute in China nicht mehr existent. Sein hauptsächlicher Vertreter war der chinesische Meister CHOU TSU-HOU (jap. SHUSHIWA), der auch der Lehrer von →KANBUN UECHI war.

Pangai-noon-ryû (jap.): okinawanischer *Karate*-Stil, gegründet 1978 von ITOKAZU SEKO und KINJO TAKASHI, als Ableitung aus dem *Uechi-ryû*. Der Stil sucht die Wurzeln des chinesischen ursprünglichen →*Pangai-Noon*.

Pankration (griech.): »Allkampf«. Altgriechischer Zweikampf, der die Elemente des Faust- und Ringkampfes miteinander verband. (Fast) alle Mittel waren erlaubt, um den Gegner kampfunfähig zu machen. *Pankration* wurde aus dem griechischen Boxen (s. →Boxen griechisch) entwickelt.

648 v. Chr. wurde *Pankration* unter die olympischen Disziplinen aufgenommen. Das Ziel des Kampfes war, einen Gegner mit fast allen Mitteln zu besiegen. Die wenigen Regeln (nur Beißen und Augenausstechen waren verboten) wurden von einem Schiedsrichter mit einer Peitsche oder einem Stock durchgesetzt. Die Kämpfer standen sich ähnlich den Ringern gegenüber und versuchten sich mit Würfen, Schlägen, Tritten, Hebeln usw. zu Boden zu bringen. Dort wurde der Kampf so lange fortgesetzt, bis einer der Kontrahenten seine Niederlage eingestand. Manchmal endeten die Kämpfe auch tödlich.

Später wurden in Griechenland professionelle *Pankration*-Schulen eröffnet, wo die Kämpfer ausgebildet wurden. Manche Theorien besagen, daß das *Pankration* durch ALEXANDER DEN GROSSEN auf seinen Feldzügen nach Asien gebracht wurde (Indienfeldzug 327–325 v. Chr) und dort den Grundstein für das chinesische *Quan-fa* bildete.

Pan-ying-juan (chin.): s. →*Pangai-noon*.

Papuren (jap.): auch *Paipuren, Happoren*, im Fuzhou-Dialekt *Baiburen*, chinesische *Kata* des →*Bai-he-quan* (s. auch →*Hakutsuru-ken*), heute in mehreren Stilen des *Karate* verbreitet. Erläuterungen s. unter →*Happoren*.

Parang (mal.): lange und schwere einschneidige Klingenwaffe mit gerader Schneide, die an der Spitze am breitesten und schwersten ist. Verbreitungsgebiete sind →Malaysia und →Indonesien.

Parker, Kealoha Edmund (1931–1990): »Vater des amerikanischen Karate«, einer der bedeutendsten amerikanischen Lehrer der Kampfkünste, geboren 1931 auf Hawaii, gestorben im frühen Alter von 59 Jahren. Begründer des amerikanischen →*Kempô-Karate* einer nichttraditionellen Methode des Straßenkampfes.

Edmund Parker verbrachte seine Kindheit und Jugend auf Hawaii, das in den 40er und 50er Jahren der Schmelztigel für asiatische Flüchtlinge war. Plündereien und Straßenkämpfe waren an der Tagesordnung. Parker wurde von dem Kampfkunstlehrer WILLIAM →CHOW in seine »*Selective class*«, die nur aus 6 Schülern bestand, aufgenommen. Chow war der Erbe eines chinesischen Familienstils, den er mit dem *Kôshô-ryû Kempô* von JAMES →MITOSE verband. 1951 erhielt er seinen ersten Dan. Ed Parker wurde von Chow mit der Weiterverbreitung des aus der Synthese der beiden obengenannten Stile entstandenen *Kempô-Karate* beauftragt.

1951 gründete er sein erstes *Dôjô* in Utah und 1956 sein zweites in Kalifornien. 1959 begann er mit der Erarbeitung eines eigenen Stils, den er *American Kempô Karate* nannte. Parker wurde zur Kultfigur der amerikanischen Kampfkünste schlechthin. ELVIS PRESLEY, JOE HYANS, BLAKE EDWARDS, DAN INOSANTO, LARRY HARTSELL, BENNY URQUIDEZ und sogar BRUCE LEE zählten zu seinen Schülern. Er wurde von vielen als die höchste Instanz der amerikanischen Kampfkunstlehrer betrachtet.

Pao (chin.): Leopard (s. →*Bao*).

Pao-chui (chin.): »Kanonen-Faust, zweiter Teil der langen Form im *Chen Tai-ji-quan*, mit besonders dynamischen (71) Bewegungen.

Passai (jap.): okinawanische *Karate-Kata* (s. →*Kata*), in Japan →*Bassai*. Die *Passai* war eine der ersten chinesischen *Kata*-Formen auf Okinawa.

PASSAI-VARIANTEN

Oyadomari no Passai	Itosu no Passai
Matsumura no Passai	Bassai (dai/shô)
Chatanyara no Passai	Tomari no Passai
Ishimine no Passai	Tawada no Passai
Chibana no Passai	Kyan no Passai
Teruya no Passai	Azato no Passai
Soeishi no Passai	

Es wird vermutet, daß die erste Variante bereits im Jahre 1380 von chinesischen Experten nach Okinawa gebracht und im *Tôde* geübt wurde. Es ist jedoch nicht nachweisbar, ob zwischen dieser antiken Form und den im 19. Jh. geübten *Passai*-Varianten eine Verbindung besteht, jedoch ist es wahrscheinlich, daß die spätere *Tomari-te*-Variante *Oyadomari no Passai* von ihr beeinflußt wurde. Auf jeden Fall fand die *Passai* zwei voneinander unabhängige Wege nach Okinawa. Die verschiedenen Varianten entwickelten sich ähnlich wie bei der *Kankû* in verschiedenen Schulen, waren im Ursprung miteinander verwandt, wurden jedoch verschieden interpretiert.

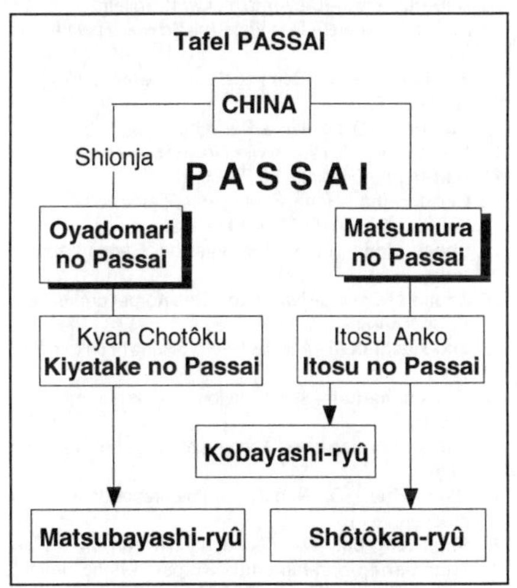

Pata (ind.): Schwert. Als Vorbereitung für das Schwertkämpfen gibt es in →Indien eine Übungsart mit dem Holzschwert, die →*Fari-gata* genannt wird.

Das *Pata* ist eine leichte, flexible Waffe mit hohlem Griff. Im fortgeschrittenen Übungsstadium werden von den Meistern zwei Schwerter verwendet.

Patai-Silat (indo.): Stil des indonesischen →*Pentjak-Silat*, gegründet zu Beginn des 20. Jhs., heute vertreten von Munap Malin Mudo.

Pat-mei-pai (chin.): *Quan-fa*-Stil der »Weißen Augenbraue«, so benannt nach Pat Mei (alias Bok Mei), einem taoistischen Mönch mit weißen Augenbrauen, Haaren und Barthaaren. Der Stil ist in Südchina sehr populär und in Kanton als *Bok-mei-p'ai* bekannt.

Kampfhaltung aus dem Pat-mei-pai

Pat Mei gehörte einer Gruppe von Revolutionären an, die während der Qing-Dynastie gegen die Mandschus kämpften. Man beschloß, daß ein Mitglied der Gruppe in den königlichen Palast infiltiert werden und für die Revolutionäre spionieren sollte. Pat Mei wurde dafür ausgewählt, doch er lief zu den Feinden über und unterrichtete die Qing in seiner Kampfkunst. Daraufhin wurde er im Süden Chinas geächtet und seine Kunst nicht weitergegeben. Schließlich erhielt ein Mönch namens Jok Fat von seinem Lehrer Gong Wei die Erlaubnis, die »Weiße Augenbraue« zu unterrichten. Er übertrug seine Kunst in Kanton auf Cheung Lai-Chuen, der der nachfolgende Großmeister wurde.

Schriftzeichen für Pat-mei

Patriarch: Bezeichnung für den Gründer einer Schule des Buddhismus und für seine offiziell ernannten Nachfolger. Erläuterungen s. unter →*Soshigata*.

Pa-tuan-chin (chin.): s. →*Ba-duan-jin*.

Pauh-Silat (indo.): Form des →*Pentjak-Silat* auf Sumatra, charakterisiert durch seine quadratischen Schrittbewegungen. Hauptangriffswaffe ist der Daumen, dessen Techniken sich auf Vitalpunkte richten.

Peichin (jap.): okinawanischer Feudaltitel, »Diener des Königs«, der aus der Adelsklasse (*Peichin* und *Satonushi-Peichin)* oder aus der bürgerlichen Klasse (*Chikudon-Peichin)* stammt und nur vom König verliehen werden konnte.

Die Hierarchie der okinawanischen Gesellschaft (s. →Okinawa) in der Feudalzeit war durch eine genau abgegrenzte Klassenstruktur gekennzeichnet. An der Spitze standen der okinawanische König und die Mitglieder der königlichen Familie (Prinzen). Die nächsten in der Linie waren die *Shizoku* (privilegierte Klasse), die von den *Aji* (Territorialherren) angeführt wurde (in der *Satsuma*-Periode wurden die Distriktfürsten, *Aji*, nicht zu den *Shizoku*, sondern zur königlichen Familie gezählt). Unter den *Shizoku* waren die höchsten Ränge die *Oyakata*, gefolgt von einer Klasse von Halbadeligen, die aus den Abkömmlingen der königlichen Soldaten, der *Aji* und anderen durch das Königshaus ausgezeichneten Familien bestanden und als *Peichin* bezeichnet wurden. Diese Klasse wurde in drei Haupttitel (und mehrere Untertitel) unterteilt: *Peichin, Satonushi-Peichin* und *Chikudon-Peichin*. Jeder dieser Titel hatte Unterränge, die nach dem Alter vergeben wurden. Schließlich wurde die unterste Klasse von den *Heimin* (»Unteres Volk«) gebildet, die hauptsächlich aus Bauern und Fischern bestand. Bestimmten okinawanischen *Karate*-Meistern von Bedeutung wurde vom König der Titel aus der halbadeligen Klasse zugesprochen. SAKUGAWA, MAKABE, und OKUDA hatten den Titel *Satonushi* während TAKAHARA, MAEDA, KIYUNA u. a. den Titel *Peichin* trugen. MATSUMURA, AZATO und MATSUMOTO hatten den Titel *Chikudon* erreicht. Außerdem gab es noch den Titel *Bushi* (kein Rang), der nur professionellen Kriegern (Offizieren) im Dienste des Königs oder eines Fürsten verliehen wurde.

Peking-Form: auch Beijing-Stil, vereinfachte Form des *Tai-ji-quan*. 1955 beschloß die chinesische Regierung im Zuge ihrer kommunistischen Kulturrevolution (s. →*Wu-shu*),

Ablauf der Peking-Form

1. **Qi-shi** – Ausgangsstellung.
2. **Zuo-you-yema-fen-zong** – Die Mähne des Wildpferdes teilen (3x).
3. **Bei-he-liang-chi** – Der weiße Kranich breitet die Flügel aus.
4. **Zuo-you-lou-xi-yao-bu** – Vorwärtsgehen und mit den Knien links/rechts abwehren (3x).
5. **Shou-hui-pipa** – Eine Laute in den Händen halten.
6. **Dao-nian-hou** – Die Arme rückwärts rollen.
7. **Zuo-lan-que-wei** – Den Vogel am Schwanz packen mit links.
8. **You-lan-que-wei** – Den Vogel am Schwanz packen mit rechts.
9. **Dan-bian** – Die einfache Peitsche.
10. **Yun-shou** – Die Hände wie Wolken bewegen.
11. **Dan-bian** – Die einfache Peitsche.
12. **Gao-tan-ma** – Hoher Schlag aufs Pferd.
13. **You-deng-jiao** – Fußtritt mit rechts.
14. **Shuang-feng-gua-er** – Die Ohren des Gegners angreifen.
15. **Zhuan-shen-zuo-deng-jiao** – Den Körper drehen und Fußtritt mit links.
16. **Zuo-xiashi-du-li** – Aus der tiefen Haltung hochkommen links.
17. **You-xiashi-du-li** – Aus der tiefen Haltung hochkommen rechts.
18. **Zuo-you-chuan-suo** – Haltung beim Weben links und rechts.
19. **Hai-di-zhen** – Die Nadel in den Meeresboden stecken.
20. **Shan-tong-bei** – Den Fächer nach hinten führen.
21. **Zhuan-shen-ban-lan-chui** – Körperdrehung, umleiten, blockieren, Fauststoß.
22. **Ru-feng-si-bi** – Hände zurückziehen und stoßen.
23. **Shizi-shou** – Die Hände kreuzen.
24. **Shou-shi** – Endstellung.

neben anderen Kampfkünsten auch im *Tai-ji-quan* eine Einheitsform zu gründen. Diese Kurzform besteht aus 24 Bewegungen und wurde aus den einfachen Techniken des alten *Yang Tai-ji-quan* abgeleitet. Mit der Veröffentlichung dieser Form begannen viele chinesische Schulen und Sanatorien, sie in ihr Programm aufzunehmen und als Heilgymnastik zu verwenden. 1959 wurde eine zweite Form mit demselben Hintergrund gegründet, die 88 Bewegungen hatte (»kombiniertes *Tai-ji-quan*«) und körperlich anspruchsvoller war. Sie wurde jedoch bald darauf auf 66 Bewegungen reduziert und wird heute als Standardroutine in den chinesischen *Wu-shu*-Künsten verwendet.

Dan-bian – »die Peitsche«, Bewegung aus der Peking-Form

Peng (chin.): »Abwehren«, eine der →*Bamen* der 8 Handtechniken der 13 grundlegenden Bewegungsarten (s. →*Shi-san-shi*). Das zugehörige Trigramm (s. →*Ba-gua*) →*Qian* ist reines *Yang* und steht für Stärke, Festigkeit und Biegsamkeit. Das entspricht der Qualität der Abwehr, die zwar entspannt und flüssig, aber auch hart und unnachgiebig sein muß. *Peng* bedeutet eigentlich »Köcherdeckel« und verdeutlicht, daß der Körper wie mit einem Deckel vor den äußeren Einflüssen geschützt werden muß. In den →*Tui-shou* wird *Peng* geübt, wenn der Unterarm sich waagerecht vor dem Körper befindet und der Gegner stark drückt, dann wird die Kraft abgeleitet. *Peng* bezeichnet aber alle Abwehrtechniken des *Tai-ji-quan* (s. →*Fang-fa*).

Peng-lai (chin.): auch Peng-lai-shan, wörtlich »wucherndes Unkraut«, mystisches Inselreich der »Unsterblichen« mit dem »Pilzwuchspalast aus Gold und Silber«. Nach daoistischer Auffassung ist Penglai ein Inselreich im ostchinesischen Meer, das von Unsterblichen *(Xian)* bewohnt wird. Dort wächst der »Pilz der Unsterblichkeit«, der ewiges Leben verleiht. Die →*Fangshi* waren Spezialisten für alle Angelegenheiten, die Penglai betrafen, vor allem gaben sie an, zu wissen, wie man diese Inseln findet. Seit dem 4. Jh. v. Chr. wurden Suchexpeditionen gestartet, doch nie wurde die Insel gefunden. Viele dieser Expeditionen kamen nicht mehr zurück. Manche strandeten auf Okinawa und brachten so die chinesischen Kampfkünste dorthin. Als Folge wurde das *Karate* (*Okinawa-te* oder *Tôde*) gegründet. *Penglai* spielt im religiösen Daoismus (s. →*Dao-jiao*) eine große Rolle.

Pentjak (indo.): »Geschicklichkeit« (s. →*Pentjak-Silat*)

Pentjak-Silat (indo.): auch *Pencak-Silat*, indonesische Kampfkunst (s. →Indonesien, →*Silat*) der südostasiatischen Inselwelt, vor allem aber in Malaysia (s. →*Bersilat*), Java (s. →*Pukulan*, →*Sundra-Silat*), Sumatra, Madura, Bali und Singapur ausgeübt. 1947 schlossen sich viele *Pentjak-Silat*-Stile zur *Pentjak-Silat Association* zusammen, um eine bessere Verbreitungschance auf dem internationalen Markt zu haben.

GESCHICHTE

Die Geschichte ist unklar, man vermutet ihren Ursprung in der Zeit des Königreiches Minangkabau auf der Westküste der Insel Sumatra und seine Weiterverbreitung während der Zeit der SRIVIJAYA (7.–14. Jh.) und deren Nachfolger Majapahit (13.–16. Jh.) auf Java. Wahrscheinlich wurde das System durch die indischen Kampfsysteme *Kalaripayat* und *Vajramushti* beeinflußt, manche vermuten, daß es aus China stammt. Ebenso unklar ist die Herkunft des Namens. Mit *Pentjak* (Geschicklichkeit) bezeichnet man die Vorführungsformen *(Kata)* und mit *Silat (Kampf)* die kämpferischen Systeme.

PENTJAK-SILAT-SYSTEM

Juru	– Grundtechniken
Langkah	– Haltung und Fußarbeit
Bunga	– Etikette
Sambut	– Freikampf
Rahasia	– Vitalpunktlehre
Kebatinan	– Geisttraining
Waffen	

Waffen und Stile

Pentjak-Silat hat eine ungeheure Vielfalt an Stilen (über 400) und besteht aus waffenlosen Techniken und Techniken mit Waffen, hauptsächlich *Kris* (malaiischer Dolch mit Wellenklinge), *Pisau* (Messer), *Parang* und *Golok* (Macheten), *Tjabang* (einem *Sai*-ähnlichen Gerät), *Pedang* und *Kelewang* (Schwerter), *Arit* (Sichel), *Tombak* (Lanze), *Kipas* (Eisenfächer), *Trisula* (Dreizahn), *Pentong* (kurzer Bambusstock), *Teken* (Spazierstock), *Toaya* (langer Bambusstock), *Payung* (Regenschirm) und *Abir* (beidseitiger Speer). Alle Begriffe sind malaiisch oder indonesisch. Die Großmeister der Stile werden *Pendekar*, die Lehrer *Pelatih* genannt und vertreten eine eigene Philosophie, in der sie auch die Selbsthypnose verwenden.

INDONESISCHE PENTJAK-SILAT-STILE (alle Inseln)

Atjeh	Petjut
Bakti-Negara	Putimandi
Bandung	Putra
Baru-Silat	Sandang
Batumerah	Sawi
Bersilat	Seni-Gayong-Fatani
Bima-Silat (Matarm-Silat)	Serak
Champaka-Putih	Setia-Hati
Delima-Silat	Setia-Hati-Terate
Ende	Sisemba
Esti-Silat (Setiti-Silat)	Sterlak
Harimau	Suchi-Hati
Haruku	Sukaregang
Joduk	Tapak-Sutji
Karena-Matjang	Tapu-Silat
Kendari	Tji-Andur
Kilap	Tji-Bedujut
Kumango	Tji-Kabon
Kwitang	Tji-Kalong
Lintau	Tji-Kampek
Mantja-Tonadja	Tji-Malaja
Merpati-Putih	Tji-Mande
Minakabau	Tji-Mantik
Mustika-Kwitang	Tji-Matjan
Padang	Tji-Monjet
Pamur	Tji-Ngkrik
Paraiman	Tji-Petir
Patai	Tji-Uler
Pauh	Tji-Waringin
Perisai-Diri	Tridharma
Perisai-Sakti	Tungal-Hati
Persatrian-Hati	Undukayam

Es gibt spezielle und sehr geheime Formen des *Pentjak-Silat*, die verschiedene Praktiken der Hypnose verwenden, beispielsweise im *Joduk*. Typisch ist der Gebrauch einer seltsamen Waffe, des →*Tjabang*. Nachdem die Holländer *Pentjak-Silat* auf Indonesien verboten hatten, entwickelte es sich im Untergrund weiter. Im Zweiten Weltkrieg bekam es als effektive Selbstverteidigung gegen die japanische Besatzungsmacht neuen Auftrieb und führte zur Gründung zahlreicher Organisationen, die sich heute sportlich betätigen.

Perisai-Diri (indo.): »Selbstverteidigung« moderne Variante des →*Pentjak-Silat*, die aus mehreren Stilen zusammengesetzt ist, gegründet 1955 von Dirdjoatmodjo (†1982), heute organisiert in einem großen Verband, *Perisai Diri Keluarga Silat National Indonesia*, gegründet 1955, Mitglied in der *Federation of Pentjak Silat Indonesia*, die ihren Hauptsitz in Djakarta hat.

Das System ist weltweit verbreitet. Nachfolger *(Pendekar)* ist der Großmeister Made Suwetja, der auf Bali lebt und von dort aus 20 000 Mitglieder (auf Bali, Lombnok, Sumbawa und Timor) betreut. Verzweigungen gibt es in den USA, England, Holland, Deutschland und Frankreich.

Perisai-Sakti (indo.): Stil des →*Pentjak-Silat*, gegründet 1946 von Widjihartani als Synthese aus mehreren alten Stilen, mit sichtbaren Einflüssen aus *Kuntao*, *Karate*, *Jûjutsu* und *Aikijutsu*.

Außer den konventionellen Waffen verwendet das *Perisai-Sakti* noch *Pisau, Pendjepit, Rante, Ber* und *Gangeduk*.

Pflüger, Albrecht: deutscher *Karate*-Lehrer und -Pionier, einer der ersten *Karate*-Übenden in Deutschland und Europa.

Pflüger begann 1957 mit dem Studium des *Jûjutsu* unter Ago Glucker in Stuttgart, setzte sein *Budô*-Training später als *Jûdô* in verschiedenen Clubs fort und graduierte 1962 zum 1. *Kyû*. Im August 1963 besuchte er das 14tägige *Karate*-Seminar in Bad Godesberg von Jürgen Seydel und wurde bereits 1964 zum Präsidenten des *Deutschen Karate Bundes* (DKB) gewählt. 1965 graduierte er zum 1. Dan. 1966 trennte er sich jedoch vom DKB, trat dem *Deutschen Judo Bund* (DJB) bei und schrieb sein erstes Lehrbuch, »Karate«, in 2 Bänden (1966/67). 1970 und 1971 graduierte er auch im *Aikidô* und *Jûjutsu* zum 1. *Dan*. 1975 erschien »Karate-dô«, Pflügers

Albrecht Pflüger – einer der Wegbereiter des Karate in Deutschland

wichtigstes Buch. Zwischen 1976 und 1984 war er nacheinander Vorsitzender der *Karate Union Baden-Württemberg*, Vizepräsident sowie Bundeslehr- und Prüfungswart der *Deutschen Karate Union* (DKU). 1984 zog er sich jedoch aus allen Funktionen zurück und widmete sich seinem bereits 1964 gegründeten *Karate-Dôjô* Leonberg.

Philippinen: Inselgruppe im Südchinesischen Meer. Die Kampfkünste (heute →*Kali*, →*Arnis* und →*Escrima*) waren immer ein fester Bestandteil der Kultur auf den Philippinen. Hierzu gehören Techniken der leeren Hand sowie Waffentechniken mit Stock-, Wurf- und Klingenwaffen, von denen einige durch frühe Einwanderer auf die Philippinen gebracht wurden. Die wichtigste Waffe ist der →*Kris*, ein Dolch mit wellenförmiger Klinge, wie man ihn auch in →Malaysia und →Indonesien findet.

Landkarte Philippinen

GESCHICHTE

Die ersten Siedler waren primitive *Negritos*, die in prähistorischer Zeit von Zentralasien einwanderten. Ihre Lieblingswaffe war Pfeil und Bogen. Später zogen sie weiter in die Waldgebiete. Seit etwa 200 v. Chr. kamen die Malaien aus dem Südosten Asiens auf die Philippinen und brachten das lange Messer mit. Seither wurden dafür viele neue Formen und Namen entwickelt, außerdem waren sie auch Experten im Umgang mit Dolch, Speer sowie Pfeil und Bogen. Um die Zeitwende gab es eine neue Siedlungswelle, wodurch mehrere Klingenwaffen ins Land kamen.

Von Anfang des 14. bis Mitte des 19. Jhs. gab es eine dritte Siedlungswelle von Malaien. Diese Einwanderer waren Vorfahren der muslimischen Filipinos von Mindanao und Sulu. Es waren fanatische Moslems *(Moro)*, besonders bekannt für ihre Klingenwaffen, aber auch für ihr weiteres Waffenarsenal, daß bis zu Kanonen reichte.

Ausgeprägte Handelsbeziehungen mit China zu Zeiten der Tang-Dynastie brachten chinesische Kampfkunsteinflüsse ins Land. Während der Sung- und Ming-Zeit gab es größere Einwanderungswellen, und es entstanden große chinesische Kolonien in den Küstengegenden.

Im 15. Jh. wurde auf der malaiischen Halbinsel das islamische Königreich Malakka gegründet, und auch auf den Sulu-Inseln und Mindanao entstanden trotz des Widerstandes von Chinesen und Indonesiern muslimische Sultanate. Als 1570 die Spanier nach Luzon kamen, kolonialisierten sie das Land, was zu heftigen Aufständen führte. Alle Versuche der Spanier, die *Moro* zu besiegen und Mindanao zu erobern, schlugen jedoch fehl.

Die *Moro* trugen am meisten zur Systematisierung der Kampfkunst bei. Die Techniken wurden als →*Kali* bezeichnet und in Tänzen verschlüsselt, um sie vor den Spanier zu schützen. Sie sind noch heute in den rituellen Tänzen erkennbar. Daraus entwickelten sich in späterer Zeit →*Arnis* und *Escrima*.

KAMPFKUNST

Zu den bekanntesten Tänzen gehört der *Sinulog* aus Ilo-ilo, der mit Klingenwaffen ausgeführt wird. Ein anderer Tanz, der *Binabayani*, erfordert zwei Gruppen von Männern, die mit Messer und Schild eine wilde Schlacht simulieren. In den moslemischen Gebieten von Sula gibt es einen Tanz *Silat*, der den Kris verwendet.

Klingenwaffen wurden vor allem von den *Moros* gebraucht. Sie sind allerdings den jeweiligen persönlichen Verhältnissen angepaßt und nicht notwendigerweise in einer Kampfkunst enthalten. Zu den *Moro*-Waffen gehören *Gunong, Kalis, Barong, Lcampilan, Laring, Gayang, Banjal, Punal, Pira, Utak, Panabas, Bangkcon* und *Lahot*. Ebenfalls eine Lieblingswaffe der *Moros* ist der Speer *Karasaik*, der zusammen mit einem runden Schild benutzt wurde. Weitere Standardwaffen waren *Kris, Bolo* und *Balaraw*.

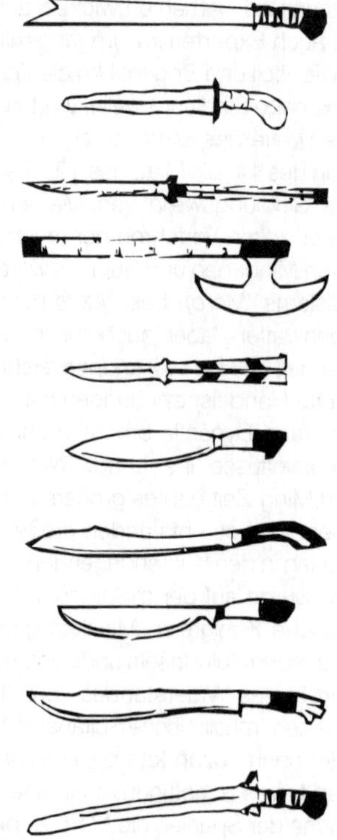

Philippinische Klingenwaffen (von oben nach unten): Kampilan; Krisdolch mit Pistolengriff; Malaking-Panasat (Balisong-Schwert, 85 cm); Patul (Rattanstock mit Axt); Balisong (Fan-knife aus Batangas, Südluzon); Barong (Moro-Waffe); Pira (Moro-Waffe aus Mindanao); Golok; Bolo; Krisschwert:

Laut überlieferten Dokumenten gab es eine alte Kampfkunstschule namens *Bothoan*, in der das →*Kali* entwickelt wurde. Durch den Einfluß der Spanier entstanden →*Arnis* und →*Escrima*. Auf den Sulu-Inseln wurde →*Kuntao* geübt. Im nördlichen Teil der Philippinen entwickelte sich eine Art Ringen mit der Bezeichnung *Dumog*.

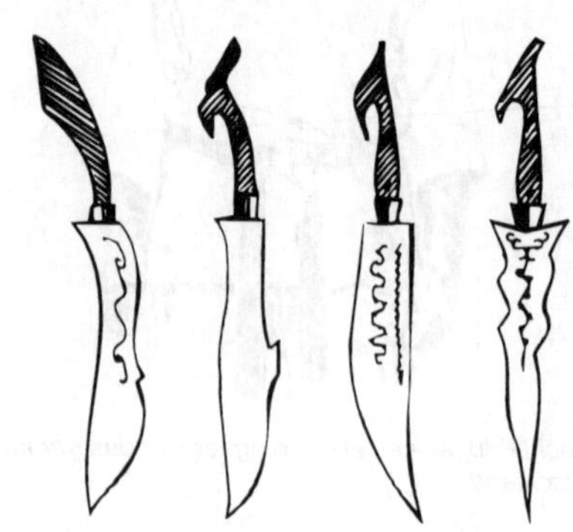

Einige philippinische Messertypen

Philosophie: **die an Begriffe gebundene wissenschaftliche Beschäftigung mit allen Fragen, die die Welt und ihre Wirklichkeit als Ganzes betreffen und auf die die Einzelwissenschaft wegen ihrer speziellen linearen Forschungsweise keine Antworten mehr geben kann. Die philosophischen Antworten, die zu einem System zusammengefaßt werden, nennt man Weltanschauung oder Ideologie.**

ALLGEMEINES

Der Ausdruck wurde ursprünglich von PYTHAGORAS geprägt (»Liebe zur Weisheit«) und bald darauf von SOKRATES als Zeichen seiner ironischen Distanzierung von allen »angeblich Wissenden« neu verwendet. Der Ursprung des philosophischen Denkens geht jedoch viel weiter zurück und ist identisch mit den Anfängen der wissenschaftlichen Beschäftigung des Menschen. Anfänglich war die Philosophie die eigentliche Grundwissenschaft, und erst durch die Heranbildung der speziellen Einzelwissenschaften konnte sie sich auf ihre heutige Aufgabe konzentrieren: Was bedeutet Welt, Gott, Sein, Natur, Leben, Geist?

Welches ist unser Sinn, unsere Aufgabe, unser Ziel? Was ist wahr und unwahr, was ist gerecht und ungerecht, was ist Wirklichkeit und Illusion, in welchem Zusammenhang stehen Mensch und Natur, welches ist der Weg zur Weisheit, welches ist der Weg zum Leben?

ALTERTUM

Der wissenschaftliche Rahmen der europäischen Philosophie wurde hauptsächlich von zwei Autoritäten geschaffen – von ARISTOTELES und von der Kirche. Der Theologe THOMAS VON AQUIN ordnete das aristotelische Weltbild im 13. Jh. neu und umkleidete es mit einem Mantel christlicher Theologie und Ethik, der über das gesamte Mittelalter hindurch nie in Frage gestellt wurde. Diese Ideologie beruhte auf Vernunft und Glauben zugleich, und ihr Ziel war es, die Bedeutung des Naturrhythmus zu verstehen, sich ihm anzupassen, nicht jedoch, ihn zu unterwerfen.

MITTELALTER

Diese Weltanschauung änderte sich im 16. und 17. Jh. radikal, als die wissenschaftliche Revolution mit NIKOLAUS KOPERNIKUS, JOHANNES KEPPLER, GALILEO GALILEI und FRANCIS BACON begann. Im 17. Jh. bildete sich der Grundstein für das gesamte abendländische Denken, das am Ende in die verhängnisvolle Konsumgesellschaft führen sollte. Die Umorientierung des Menschen, weg von allen inneren Werten und hin zur objektiv sichtbaren Form, besorgten fast im Alleingang zwei Menschen – RENÉ DESCARTES und ISAAC NEWTON. Descartes warf das gesamte aristotelische Weltbild um und gründete ein neues, das die Grundlage für die spätere »wunderbare Wissenschaft« sein sollte, die nur eines im Auge hatte: die absolute Unterwerfung und rücksichtslose Ausbeutung der Natur zum angeblichen Wohl des Menschen.

NEUZEIT

Von hier an begannen sich die westlichen Ideologien von der asiatischen Auffassung des Lebens zu unterscheiden, in der die Achtung vor der Natur immer im Vordergrund stand. In Europa sah man in den logischen Wissenschaften diejenigen, die den wahren Lauf der Welt verstanden. Glaubenswissenschaften, auch Philosophie und die nachher entstehende Psychologie waren »Grenz-« oder »mystische« Wissenschaften. Keineswegs waren sich die beiden Richtungen einig. Doch im Laufe der Zeit siegten die harten Technologien und entwickelten sich zur alleingültigen Ideologie aller politischen Einrichtungen.

Doch es waren nicht die entmachteten Philosophen, die damit begannen, den Irrtum aufzudecken, sondern in der natürlichen Evolution der Wissenschaft kam die Grenze, an der sich das Gewissen regte. Der Zweite Weltkrieg war einer der ausschlaggebenden Faktoren, an dem Wissenschaftler zu erkennen begannen, daß die Forderungen der Mächtigen an den Fortschritt der Technik nicht mehr zu vertreten waren. Es begannen sich starke Oppositionen zu bilden (z. B. die Physiker MAX PLANCK, ALBERT EINSTEIN, NIELS BOHR, LOUIS DE BROGLIE, ERWIN SCHRÖDIGER, WERNER HEISENBERG u. a.), die nach einem Ausweg aus dem Dilemma zu suchen begannen. Auch begannen sich Grundsätze herauszubilden, nach denen ein Wissenschaftler nicht nur intellektuell, sondern vor allem auch moralisch für seine Forschung verantwortlich ist. Vielleicht stehen wir heute am Beginn einer Zeit, in der letztlich doch die Vernunft siegen wird.

Pinan (jap.): »friedfertiger Geist«. Ursprüngliche okinawanische Bezeichnung für die in →*Heian* umbenannte *Kata*-Gruppe aus dem *Shôtôkan*-Stil. Die meisten Stilarten des *Shôrin-ryû* sind bei der Bezeichnung →*Pinan* geblieben (s. →*Kata*).

Pisau (mal.): allgemeiner malaiischer Oberbegriff für ein kurzes Messer (s. →Malaysia).

Die Waffe ist in den Händen der Einwohner der Inser Madura berüchtigt, die sie ständig bei sich tragen. Pisau kennt man auch in Indonesien.

PKA: *Professional Karate Association* (s. *Full-contact*).

Plee, D. Henry: französischer Karate-Pionier, der zuerst 1957 →MOCHIZUKI HIROO und 1958 auch →TETSUJI MURAKAMI nach Frankreich brachte.

Beide Meister waren Übungsleiter am japanischen *Yoseikan*. Plee hatte in Paris eine eigene Kampfkunstschule und engagierte die beiden nacheinander für jeweils ein Jahr, um *Karate* in Frankreich zu verbreiten. Da Plee Geschäftsmann war und in der *Budô*-Welt der damaligen Zeit viel Einfluß hatte, galt seine Schule bald darauf als das Zentrum des europäischen *Karate*. Dies änderte sich jedoch, als mehrere japanische Übungsleiter von der JKA nach Europa kamen.

Po (chin.): »Körperseele«. Der Mensch besitzt nach daoistischer Auffassung zwei Seelen: *Po* (Körperseele) und *Hun* (Hauchseele).

Im Daoismus zählt man 7 *Po*-Seelen, die alle *Yin* zugeordnet sind. Nach dem Tod sinken sie in das *Yin*-Element Erde.

Poc-khek (chin.): neuerer Stil des *Quan-fa*, der vor allem in Malaysia geübt wird.

Der Stil wurde vor ca. 30 Jahren von dem Chinesen NIP CHEE-FEI entwickelt. Er kombiniert die Elastizität und Geschmeidigkeit des *Tai-ji-quan* mit der Kraft des *Shaolin Quan-fa*. Es bestehen einige Formen, in denen hauptsächlich Handtechniken verwendet werden.

Prâna (ind.): Leben, Atem, grundlegende Lebensenergie, identisch mit dem chinesischen →*Qi* und dem japanischen →*Ki*.

Prânayama (ind.): Atemtechnik zur Ansammlung von →*Prâna* im Körper, zur Erhaltung des Flusses der inneren Energie (indische Bezeichnung für →*Qi-gong*).

Presas, Remy Amador: weltweit bekannter Meister des →*Arnis de mano*.

Presas begann mit dem Studium des Stils *Espada y Daga* unter der Leitung seines Großvaters LEON PRESAS. In der Folge übte er den Stil *Balintawak* unter RODOLFO MONCAL und später unter TIMOTEO MARANGA und VENANCIO BACON. 1957 gründete er seinen eigenen Stil *Modern-Arnis*, in den er Elemente des *Jûdô* und *Karate* integrierte. Er gründete die *Modern Arnis Federation of the Philippines* und 1971 die *Philippines Arnis Association*.

Presas, Ernesto: *Arnis*-Meister, Bruder von →REMY PRESAS.

Pu (chin.): »Rohholz«, »unbehauener Klotz«. Begriff aus dem Daoismus für die ursprüngliche und schlichte Natur des Menschen, die man durch Übung wiederzugewinnen versucht.

Dieser Urzustand der Reinheit ist nur durch die Verminderung der persönlichen Wünsche erreichbar. Nach →LAO-ZI sind Begierde nach Reichtum und Ruhm die beiden Wünsche, die der Menschwerdung am meisten im Wege stehen.

Pu-dao (chin.): Hellebarde mit schmaler Klinge und einer Gesamtlänge von ca. 1,80 m (s. →*Bing-qi*).

Pukulan (indo.): ostjavanische Bezeichnung für das indonesische →*Pentjak-Silat*, im Gegensatz zu dem Begriff →*Sundra-Silat*, den man hauptsächlich auf West-Java gebraucht. Auch in den Stilen des Pukulan ist häufig die Silbe →*Tji* enthalten.

SYSTEME DES PUKULAN

1. **Kilap** oder Donnerstil.
2. **Kuntao** oder chinesischer Stil.
3. **Minakabau** oder Tanzstil.
4. **Petjut** oder Peitschenstil.
5. **Serak** oder Lockvogel, provoziert einen Angriff, indem es dem Gegner erlaubt, nahe heranzukommen, und besiegt ihn dann mit überlegener Geschwindigkeit im Konter.
6. **Suchi-Hati** oder großherziger Stil.
7. **Tji-Bandar**, eine Art von Selbstverteidigung, die bevorzugt von Frauen und Kindern geübt wird.
8. **Tji-Kalong** oder Fledermausstil.
9. **Tji-Mande**, charakterisiert durch fließende weitausholende Bewegungen.
10. **Tji-Mantik** oder klassischer Stil.
11. **Tji-Matjan** oder Tigerstil.
12. **Tji-Monjet** oder Affenstil.
13. **Tji-Oelar** (**Uler**) oder Schlangenstil.

Punzet, Norbert: s. →*Kun-Tai-Ko*.

Putimandi-Silat (indo.): Stil des →*Pentjak-Silat* auf Sumatra, wörtlich »badende Prinzessin«, besonders bekannt für seine Techniken mit dem *Toja* (Stab).

Pu-tong-hua (chin.): chinesische »Gemeinsprache«, die von den Kommunisten geschafffen wurde. Alle »gebildeten« Worte wurden abgeschafft, um eine klassenfreie Sprache zu erzeugen. Auch die Schriftsprache wurde verändert, und das klassische Chinesisch wurde ganz abgeschafft.

Q

Qi (chin.): »Atem«, »Dampf«, »Hauch«, »Temperatur«, »Kraft«. Das Schriftzeichen für *Qi* stand früher für Sonne und Feuer, später kam noch der Reis dazu, der – wenn er gekocht wird – einen angenehmen Dampf (seine Energie) abgibt.

Kalligraphisches Schriftzeichen für Qi

ALLGEMEINE BEDEUTUNG

Qi ist weder Materie noch Energie. Die genaue Definition ist in der chinesischen Medizin auch unwesentlich. In keinem der klassischen Texte Chinas wird über die Form oder das Aussehen spekuliert. Das *Qi* wird allein durch sein Wirken verstanden. Grundsätzlich ist aber alles im Universum aus *Qi* zusammengesetzt und handelt aus ihm. Wir versuchen hier, das Wesen des *Qi* allgemeinverständlich darzulegen.

Mit *Qi (Ch'i)* bezeichnet man die Energie, die kosmische Kraft, die alle Dinge durchdringt und belebt. Im →*Dao* liegt die Urenergie (→*Yuan-qi*), der unsichtbare primäre Antrieb zu allem Seienden, aus der auch Leben entsteht und sich erhält. Der Mensch steht mit dieser universalen Energiequelle zeit seines Lebens in Verbindung und nährt daraus beständig seine Lebenskraft, die er in seinem körperlichen und geistigen Zentrum (→*Qi-hai*) sammelt. Im *Qi-hai* akkumuliert er, abhängig davon, wie weit er den Zustand des *Dao* in sich verwirklicht hat, mehr oder weniger kosmische Energie, die dann als inneres *Nei-qi (Neich'i)* seinem persönlichen Leben zur Verfügung steht. Doch sowohl der Zugang zur kosmischen Energie als auch der Umgang mit der akkumulierten Lebensenergie hängt von der Verwirklichung der dem *Dao* entsprechenden Haltung ab. In der falschen inneren Haltung versiegt der Fluß des *Qi*, was einen Verlust an Vitalität zur Folge hat. Je mehr der Mensch sich von der Haltung des *Dao* entfernt, um so schwächer wird seine Lebensenergie, und es folgen Krankheiten.

DREI METHODEN, QI AUFZNEHMEN

Der Mensch steht mit dem *Dao* in intensiver Verbindung. Aus dem *Dao* schöpft er die Kraft, die er zum Leben braucht. Zur Aufnahme von Lebensenergie stehen ihm drei Quellen zur Verfügung:

1. ***Yuan-qi*** (Ursprungs-*Qi*): Bei der Empfängnis übertragen die Eltern das *Yuan-qi*, das »Ursprungs-*Qi*«, auf das Kind. Dieses *Qi* wird in der Niere gespeichert und bestimmt die Konstitution des Menschen.
2. ***Gu-qi*** (Nahrungs-*Qi*): Wenn der Mensch Nahrung aufnimmt, wird dieser das *Gu-qi*, das »Nahrungs-*Qi*«, entzogen.
3. **Kong-qi** (Luft-*Qi*): Aus der Luft gewinnt man das *Kong-qi*, das »Natürliche-Luft-*Qi*«. Die drei Arten vermischen sich und verteilen sich im ganzen Körper.

Unabhängig von seiner Herkunft wird das auf diese Weise akkumulierte *Qi* des Körpers unter dem Begriff *Zheng-qi* (normales *Qi*) oder *Zhen-qi* (wahres *Qi*) zusammengefaßt. Dieses unterteilt sich in mehrer *Qi*-Arten und hat im Körper verschiedene Funktionen:

1. Das *Qi* ist die Quelle jeder Bewegung: körperliche Aktivität, willentliche Aktionen, geistige Tätigkeit, aber auch Entwicklung, Wachstum und Veränderung (Altern). Doch *Qi* ist nicht die Ursache der Bewegung. Es bewegt sich in die vier Hauptrichtungen: Aufsteigen, Absteigen, Kommen und Gehen. Die normale Bewegung verhindert Krankheit. Geraten die Richtungen durcheinander, kommt es zur Disharmonie.
2. *Qi* schützt den Körper vor äußeren Einflüssen.
3. *Qi* verwandelt aufgenommene Nahrung in körpereigene Stoffe.
4. Das *Qi* hält die Organe an ihrem Platz, das Blut in den Blutbahnen und verhindert große Flüssigkeitsverluste.
5. *Qi* wärmt den Körper.

Die Hauptarten des Zheng-qi

(Erläuterungen über die Arten des *Qi* s. unter der jeweiligen Bezeichnung.)

1. **Zang-fu-zhi-qi** – Organ-*Qi.*
2. **Jing-luo-zhi-qi** – Leitbahnen-*Qi.*
3. **Ying-qi** – Nahrungs-*Qi.*
4. **Wei-qi** – Abwehr-*Qi.*
5. **Zong-qi** – Atmungs- oder Ahnen-*Qi*

Im Körper können Disharmonien des *Qi* auftreten, die dann Ursache einer Krankheit sind:

• ***Qi-xu:*** der *Qi*-Mangel, wenn *Qi* nicht mehr ausreichend vorhanden ist. *Qi*-Mangel im ganzen Körper verursacht Lethargie und Bewegungsunlust. *Qi*-Mangel eines einzelnen Organs bewirkt spezifische Erscheinungen.

• ***Qi-xian:*** zusammengebrochenes *Qi*, ein extremer *Qi*-Mangel. Das *Qi* ist nicht mehr imstande, die Organe auf ihrem Platz und das Blut (→*Xue*[1]) in seinen Bahnen zu halten. Daraus resultieren tiefe Trauer, Motivationsarmut, Mangel an Tatendrang und Krankheiten wie Gebärmuttervorfall und Hämorrhoiden.

• ***Qi-zhi:*** stagnierendes *Qi*, der Fluß ist durch Knoten, Mauern oder andere Behinderungen gestört. Es treten Schmerzen und Schwächungen der Organe (→*Zang-fu*) auf.

• ***Qi-ni:*** gegenläufiges *Qi*, die Behinderungen sind hier so stark, daß die Fließrichtung sich ändert. Die Körperfunktionen können nicht mehr normal ablaufen.

Ein *Qi*-Mangel ist ein *Yin*-Zustand, ein *Qi*-Überfluß oder eine Stagnation ist ein *Yang*-Zustand (s. →*Yin/Yang*).

Übungsmöglichkeiten

Durch Experimente kristallisierten sich bereits vor 4000 Jahren drei Übungskomplexe (s. →*Qi-gong*) heraus, die dann, wenn sie sinnvoll kombiniert wurden, die besten Erfolge zeigten:

1. Atemübung (s. →Atemtherapie, →*Tu-na*),
2. Gesundheitsgymnastik (s. →*Dao-yin*),
3. Diät (s. →*Chang-ming*).

Durch die Atmung (s. →Chinesische Atmungsmethoden) unterhält alles Lebendige eine direkte Verbindung zu dieser universalen Kraft. Daher ist die Atemübung die verbreitetste Übung, durch die man im Daoismus das *Qi* zu sammeln und zu kontrollieren versucht. Die alten daoistischen Asketen dachten, sie könnten durch Atemübungen sogar die Unsterblichkeit (→*Chang-sheng-bu-si*) erreichen. Um die Atmung noch effektiver zu machen, wurde sie daher mit heftigen Schwungbewegungen der Arme, der Beine und des Kopfes begleitet, während bei der Ausatmung ein kurzer Schrei in hoher Stimmlage ausgestoßen wurde.

Die Übung dieser Formen *(Qi-gong)* verlieh dem Fortgeschrittenen außergewöhnliche Kräfte und Fähigkeiten. In vielen Experimenten entwickelten die Chinesen eine ganze Reihe von Atemübungen, in denen über die Kontrolle des Atems das *Qi* im ganzen Körper gesammelt und gelenkt werden konnte. Letztendlich gelang es, diese Energie auch für praktische Zwecke einzusetzen. Durch die Konzentration des *Qi* konnte man Krankheiten heilen, innere Zustände verändern oder äußere Leistungen vollbringen.

Qiang (chin.), auch *Ch'iang, Chiang, T'siang, Kiang, Chyang, Cheang*: Speer, Lanze (s. →*Bing-qi*).

Qiang ist eine Waffe mit langer Reichweite, die vor allem für Stöße mit der Spitze gedacht ist. Die Chinesen unterscheiden nach Länge der Waffe und Form der Spitze: *Ko-pi* (6,5 Fuß), *Chi* (doppelte Spitze), *Yuan* (gerade Spitze, 5 Fuß), *Yin-chi* (drei Spitzen), *Shu* (8 Fuß), *Mao* (weiche Lanze) und *Shuo* (Kavallerielanze). Eine genaue Klassifikation ist schwierig, da die Bezeichnungen über die Zeit und in den verschiedenen Gebieten unterschiedlich waren. Die Lanze wird als Souverän der Langwaffen betrachtet, und die Legende weist ihre Erfindung →Huang-di zu. Sie repräsentiert die Wandlungsphase Wasser *(Wu-xing)*, die Tiere Affe oder Schlange sind ihr zugeordnet. Allerdings hat in vielen Schulen der Schlange *(She)* der Stock inzwischen den Platz der Lanze eingenommen.

Chinesischer Speerkämpfer

Entsprechend der Wandlungsphase Wasser sollen die Techniken unvorhersehbar, wechselhaft und lebhaft sein. Der Kampfstil ist stets flüssig, weswegen viele Schulen nur weiche, imitierte Klingen benutzen. Typisch für die chinesische Lanze ist ein Band mit roten langen Haaren um den Klingenansatz. Man verwendet

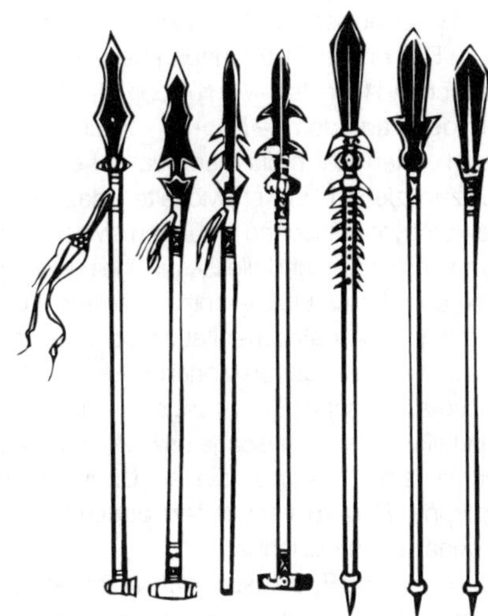

Verschiedene chinesische Speerformen

oft Bänder, die stark rascheln, und versucht so das Zischen der Schlange zu imitieren. Ursprünglich sollten sie verhindern, daß das Blut am Schaft herunterläuft und die Waffe glitschig macht.

Im Altertum waren die Lanzen einfache Stöcke mit in Feuer gehärteter Spitze oder zugespitzte Stangen aus Bambus *(Zhu-kan)*. Später wurden dann Spitzen aus Stein, Jade, Bronze, Kupfer und Stahl angefertigt, das Prinzip der Handhabung blieb aber immer gleich. Um die Möglichkeiten zu erhöhen, wurden oft Querklingen angebracht, die dann mehr wie eine Hellebarde *(Ji)* aussahen. Die älteste Form ist der →*Ge*, aus dem sich Hellebarde *(Ji)*, Lanze *(Qiang)* und Axt *(Fu)* ableiten.

In der Song-Dynastie (960–1279) entwickelte →Yue Fei eine neue Form der Lanze, die aus einem kurzen Kreuz bestand, das auf beiden Seiten geschliffen war (*Kou-lian-qiang* – Lanze mit geschmiedetem Haken). Sie wird heute vor allem im →*Xing-yi-quan* geübt. Die wichtigsten Lanzentypen sind:

CHINESISCHE SPEERFORMEN

1. Gou-lian-qiang – Lanze mit geschmiedetem Haken
2. Gu-duo-qiang – Kugelspitzenlanze
3. Lang-ya-qiang – Lanze mit Wolfszähnen
4. Mao-qiang – Mao-Lanze
5. Mao-she-qiang – Schlangenlanze

Qiang-zhuang-gong (chin.): die »inneren Stärkungsübungen«, Übungssystem aus dem →*Qi-gong*, das dem →*Jing-gong* zugerechnet wird.

Die *Qiang-zhuang-gong* sind älter, aber seltener als die →*Nei-yang-gong* und gehen auf die daoistischen Traditionen zurück. Die Übungen werden bevorzugt im Lotossitz, im halben Lotossitz, im Schneidersitz oder stehend ausgeführt. Für schwache Menschen wird die liegende Position empfohlen. Morgends und abends sollte im Stehen geübt werden. Dazu ist die schulterbreite Stellung (→*Zhi-li*) besonders geeignet. Die Hände werden mit nach innen gedrehten Handflächen vor den Bauch oder die Brust gehalten, als ob man einen großen Ball an sich drücken wollte. Bei der sitzenden Haltung werden die Hände vor dem *Dan-tian* ineinandergelegt. Folgende Techniken werden unterschieden:

• ***Jing-hu-xi-fa*** (Methode des Stillatmens): Die Zunge liegt hinter den oberen Schneidezähnen an. Die Atmung läuft natürlich und ohne körperliche und geistige Anstrengung. Dabei wird kein Atemstop gemacht. Diese Übung wird auch »kräftigende Bauchatmung« genannt, da sie sich vor allem bei alten und schwachen Menschen als wirkungsvoll erweist. Sie ist recht leicht zu lernen und eignet sich als Einstiegsübung.

• ***Shen-hu-xi-fa*** (Methode der tiefen Bauchatmung): Die Übung ähnelt *Jing-hu-xi-fa*, mit dem Unterschied, daß hier die Bauchatmung so weit geübt wird, bis sie reflektorisch abläuft. Die Atmung ist hier besonders tief, lang und ruhig, trotzdem aber entspannt und nicht gezwungen. Sie hilft bei Konzentrationsschwäche, hohem Blutdruck und Verdauungsstörungen.

• ***Ni-hu-xi-fa*** (Methode der gegensätzlichen Atmung): Bei der Einatmung wird die Brust gedehnt und der Bauch etwas eingezogen. Bei der Ausatmung dehnt sich der Bauch, und die Brust wird entspannt. Dazu sind 5 Bedingungen vorgeschrieben: entschieden, gut, tief, lang und still soll die Atmung sein. Diese Übung hilft ebenfalls bei hohem Blutdruck und bei Verdauungsstörungen. Sie sollte aber nicht nach dem Essen gemacht werden.

Allgemein helfen diese Atemtechniken bei Lungenerkrankungen. Für Anfänger liegt die Schwierigkeit oft darin, daß sie ermüden oder sich nicht konzentrieren können. In diesem Fall kann man von 1 bis 10 zählen, bis die Gedanken ruhiger geworden sind, oder mit der Hand kräftig auf den linken Oberschenkel schlagen, um die Spannungen zu lösen.

Qi-gong (chin.): oder *Ch'i-kung*, bedeutet wörtlich »Bearbeiten der Energie«, »Kultur der vitalen Energie«. Dies sind Übungen, die der Kontrolle des →*Qi* dienen und ihre Wurzeln in der daoistischen Vorstellung der Welt (s. →*Dao*, →*Dao-jiao*, →*Yijing*) haben.

SÄULEN DES QI-GONG

Atmung (→Atemtherapie)
Gymnastik (→*Dao-yin*)
Diät (→*Chang-ming*)

Übender des Qi-gong

GESCHICHTE

Früher nannte man die Übungen →*Yang-xing* (»das Lebensprinzip nähren«) und unterteilte sie in *Yang-sheng* (»den Körper nähren«) und *Yang-shen* (»den Geist nähren«).

Grundlage aller *Qi-gong*-Übungen ist seit alters her die Atmung (s. →Atemtherapie, →*Tu-na-pai*), verbunden mit einer vitalpunktstimulierenden Körpergymnastik (→*Dao-yin*) und einer lebenslangen strengen Diät (→*Chang-ming*). Auch haben die *Qi-gong*-Übungen eine enge Beziehung zur chinesischen Medizin (s. →*Anmo*), denn zu Beginn der Zeitrechnung begannen die chinesischen Ärzte (s. →HUA TUO) die daoistischen Ideen aus dem →*Dao-de-jing* und →*Yijing* zum ersten Mal in die therapeutische Praxis mit einzubeziehen. Sie entwickelten dazu eine Reihe von gymnastischen Übungen, welche die Atmung begleiteten und die Gesundheit über die Regulierung des *Qi*-Flusses fördern sollten. Daraus entstanden später meditative Übungen zur Regulation der Körperfunktionen und des Geistes, therapeutische Bewegungsübungen, Sexualpraktiken, Selbstmassage usw. Zu welchem Zeitpunkt sich manche dieser Übungen in Kampfkunst-*Dao* zu verwandeln begannen, ist nicht genau nachvollziehbar.

»Da Daoisten und Buddhisten nicht an einen persönlichen Schöpfergott glauben, streben sie auch nicht nach einer Vereinigung mit Gott. Sie gehen davon aus, daß alle Wesen grundsätzlich vom Urgrund des Seins nicht trennbar sind (und deshalb auch nicht mit ihm vereinigt werden müssen), von dem sich der Mensch nur wegen seiner falschen Auffassung getrennt fühlt. Aus dieser falschen Auffassung ergibt sich die Notwendigkeit für das, was die Daoisten Rückkehr zum Ursprung und die Buddhisten Erleuchtung nennen – eine transzendentale Erfahrung, die die Fesseln der Ego-Verblendung zerreißt. Diese Erfahrung wird vom Gefühl der Beseligung und einer nie zuvor geahnten Freiheit begleitet. Sie besteht nicht darin, daß man die Vereinigung mit dem Seinsgrund erreicht, denn diese Einheit war niemals unterbrochen, sondern in der freudigen Wahrnehmung dieser Einheit, für die man so lange blind gewesen ist.«

Blofeld

Dieser esoterische Aspekt weist darauf hin, daß *Qi-gong* nicht nur eine Gesundheitsgymnastik, sondern eine spirituelle Übung ist.

Bis 206 v. Chr.: Die Konzepte und philosophischen Grundlagen des *Qi-gong* entstanden, wie auch die Theorie von →*Yin/Yang*, →*Wu-xing* und →*Qi*, zu dieser Zeit und wurden im →*»Yi-jing«* aufgezeichnet. Gleichzeitig entstand die Theorie der →*San-cai*, der drei Urkräfte Himmel *(Tian)*, Erde *(Di)* und Mensch *(Ren)*. Die Beziehungen der drei untereinander zu erforschen ist einer der Hauptaspekte des *Qi-gong*. Der Grundstein zur chinesischen Medizin wurde durch das →*»Huangdi-Neijing«* gelegt. →LAO-ZI erwähnt im →*»Dao-de-jing«* schon Atemtechniken und *Qi-gong*. Er schreibt, daß man nur dann Gesundheit erlangen kann, wenn man das »*Qi* konzentriert und Weichheit erreicht«. Aus dem 4. Jh. v. Chr. sind Bronzegegenstände und ein Nephritstein erhalten, die schon *Qi-gong*-Techniken beschreiben. Etwa 300 v. Chr. beschreibt der daoistische Philosoph →Zhuang-zi in seinem Buch →*»Nan-hua-jing«* die enge Beziehung zwischen Gesundheit und Atmung.

Han-Dynastie (206 v. Chr. bis 220 n. Chr.): Aus dieser Zeit stammt das berühmte Seidenbild aus dem *Mawangdui*-Grab (ca. 169 v. Chr.), das 1973 gefunden wurde. Es zeigt 44 Figuren, 22 männliche und 22 weibliche, bei verschiedenen *Qi-gong* Übungen. Etwas später erstellte →HUA TUO (141–203) die »Kunst der Fünf Tiere« (→*Wu-qin-xi*). Der berühmte Arzt →BIAN QUE beschreibt in seinem Buch →*»Nanjing« Qi-gong* zur Verbesserung der Gesundheit und des *Qi*-Flusses. Die medizinische Richtung ist stark ausgeprägt. Die Schulen sind entweder daoistisch oder konfuzianistisch, sind aber nicht zu rein religiösen Zwecken verwendet worden. Alle Übungen haben den Sinn, den Weg der Natur (→*Dao*) zu beschreiten.

Jin-Dynastie (265–419): Der Arzt →GE HONG empfiehlt in seinem medizinischen Werk »Verordnungen für Notfälle« *Qi-gong* zur Vorbeugung von Krankheiten und zur Harmonisierung des Körpers. Der Buddhismus kommt nach China, nimmt die *Qi-gong*-Idee auf und bereichert sie um die buddhistischen und indischen Traditionen. In den meisten buddhistischen und daoistischen Übungen wird *Qi-gong* gelehrt und geübt. Der Sinn ist nicht mehr rein medizinisch, sondern man strebt auch die Erleuchtung an, es wird zur mystischen Heilübung. *Qi-gong* wandelt sich zur mentalen Übung und wirkt nun auf Körper, Geist und Seele. Einige Buddhisten entwickeln *Qi-gong*, das den Menschen aus den ständigen Zyklen der Reinkarnation befreien soll. Die Theorien über das *Qi* und die Gesundheit des Menschen werden ständig erweitert und erforscht.

Klassische Darstellungen von Qi-gong-Übungen

Sui-Dynastie (581–618): Der Mediziner CHAO YUANFANG (550–630) stellt in seinem Buch »Abhandlungen über Ursprung und Verlauf von Krankheiten« 213 *Qi-gong*-Übungen zur Therapie vor. →DAMO erreicht China und gründet den *Chan*-Buddhismus (s. →*Chan*[2]). Buddhistisches und daoistisches *Qi-gong* vermischen sich stark und sind heute oft nicht mehr zu trennen. Damo gründet die →*Yi-jin-jing* und die →*Xhi-sui-jing* und legt den Grundstein für das kämpferische *Qi-gong* und die *Shaolin*-Schule (s. →*Shaolin-Kloster*). Die Übungen vermitteln körperliche und mentale Stärke, Gesundheit, Harmonie und ein langes Leben. Tibetische Übungen werden modern.

Tang-Dynastie (618–907): Der 12. Patriarch der daoistischen *Shangqing*-Schule, SIMA CHENGZHEN (647–735), veröffentlicht das philosophische Werk »Die essentielle Bedeutung der Aufnahme des *Qi*«, das zahlreiche *Qi-gong*-Übungen enthält. Die »Heiligen Laute« (→*Liu-zi-jing*) werden stark verbreitet, und die Selbstmassage wird ständig erweitert.

Song-Dynastie (960–1279): Der Begriff *Qi-gong* wird zum ersten Mal verwendet und löst den Begriff →*Dao-yin* ab. Das Shaolin-System baut ständig mehr *Qi-gong* in die Techniken ein und errichtet schließlich seine Kampfkunst vollständig auf den alten *Qi-gong*-Systemen. General →YUE FEI, der auch im Shaolin-Kloster ausgebildet wurde, entwickelt selbst auch einige *Qi-gong*-Systeme, wie z. B. die →*Ba-duan-jin*. Die Theorie der 12 Hauptleitbahnen (→*Jing-luo*) und der 12 Organe (→*Zang-fu*) wird erstmals ausführlich in einem

Buch von Wang Weiyi erklärt und bereichert das *Qi-gong* um den wissenschaftlichen Aspekt.

Ming-Dynastie (1368–1644): Im 16. Jh. wird das *Qi-gong* sehr populär, vor allem die medizinische Richtung. Drei der wichtigsten Vertreter dieser Zeit waren: Yang Ji-Zhou (1522–1620), Chen Jiru (1558–1693) und Cao Yuan-Bai (um 1550).

Qing-Dynastie bis zum Opiumkrieg (1644 bis 1840): Der Begriff *Qi-gong* etabliert sich in ganz China, *Dao-yin* wird ungebräuchlicher. *Qi-gong* ist immer noch äußerst beliebt und entfaltet eine große Breite von unterschiedlichen Stilen und Übungen. Vor allem indische und tibetische Übungen und Meditation sind modern, die Kampfkünste werden stark verbreitet. *Qi-gong* wird ein fester Bestandteil der Kampfkünste, und kämpferisches *Qi-gong* und Kampfkunst-*Qi-gong* werden stark weiterentwickelt. Medizinisches *Qi-gong* ist sehr populär und wird häufig angewendet.

Qing-Dynastie bis zur Revolution (1840–1911): Seit 1822 geht die Beliebtheit der traditionellen chinesischen Medizin zurück und wird von der modernen westlichen verdrängt. Gleichzeitig schwindet auch das Interesse am *Qi-gong*.

Republik (1911–1949): In Anbetracht der Faszination, die von allen westlichen Kulturbereichen auf China ausstrahlt, gerät *Qi-gong* fast ganz in Vergessenheit. Doch in den 30er Jahren gibt es erste Bemühungen, *Qi-gong* wieder zu verbreiten. Vor allem der Arzt Liu Gui-Zhen entwickelt moderne Formen des *Qi-gong* und verbreitet sie.

1949 bis heute: Seit den 50er Jahren wird die chinesische Medizin gleichberechtigt neben der westlichen praktiziert. Das Interesse an *Qi-gong* steigt stetig, mehr als 50 Millionen Chinesen praktizieren jeden Morgen *Qi-gong*. Es gibt heute kaum noch geheime Stile, meist wird öffentlich unterrichtet. Inzwischen gibt es viele Bemühungen, das *Qi-gong* auch mit den Mitteln der westlichen Medizin zu erforschen und auszuwerten.

Mao Ze-Dong (Mao Tse-Tung) veranlaßte, daß Anfang der 50er Jahre das *Qi-gong* neu aufgearbeitet wurde. Doch während der Kulturrevolution (1966–1976) waren *Qi-gong* und andere klassischen Künste gesetzlich verboten. Erst seit den 70er Jahren läßt die Regierung die Forschung und Ausübung des *Qi-gong* neu aufleben. Doch neben den rein körperlichen Übungen ersteht auch das alte daoistische Gedankengut zu neuem Leben, was von der Regierung sehr kritisch beobachtet wird. Während die Meister früher in den Parks unterrichten durften, brauchen sie heute die Genehmigung einer speziellen Behörde.

Qi-gong und Quan-fa

Die verschiedenen Methoden des *Qi-gong*, wie Atemübung, Heilgymnastik, Psychotraining und Meditation, bilden jedoch nicht den Gesamtkomplex des →*Quan-fa*, sondern sind nur vorbereitende Grundlagen. Sie enthalten noch keine kämpferischen Verfahren, sondern dienen dazu, den Geist in einen hohen Zustand der Kampfbereitschaft zu versetzen. Dennoch existieren diese Übungsmethoden seit Jahrtausenden als ein in sich geschlossenes System auch außerhalb der Kampfkünste. Viele Menschen üben sich auch heute darin, um entsprechend der daoistischen Philosophie ihren Geist zu stärken, ihre Gesundheit zu stabilisieren und ihren Körper zu kontrollieren.

Über Jahrtausende wurde die alte Kunst des *Qi-gong* hauptsächlich mündlich überliefert. Die Zentren, in denen mit diesen Praktiken bemerkenswerte Fähigkeiten erzielt wurden, waren daoistische und buddhistische Klöster, aber auch andere esoterische Sekten und vereinzelte *Quan-fa*-Schulen. *Qi-gong* wurde im alten China zum Volkskult, denn man war davon überzeugt, daß es ohne die Beherrschung des *Qi* vollkommen unmöglich sei, im alltäglichen Leben seinen Mann zu stehen. Jeder Mensch mußte lernen, sein *Qi* zu kontrollieren.

Heute gibt es viele Systeme des *Qi-gong*, von denen manche in direkter Verbindung zu den Kampfkünsten stehen (s. →*Ying-gong*). Die wichtigsten sind *Tai-ji Nei-gong* (innere Tätigkeit nach dem System des *Tai-ji*), *Ba-gua Tai-ji-gong* (Training nach dem System der acht Trigramme und des *Tai-ji*), das →*Jin-gang Qi-gong* und →*Liang-gong-shi-ba-fa*. Aber auch andere klassische *Qi-gong*-Systeme, wie z. B. das System der »Regelung des Blutkreislaufes« *(He-xue-gong)*, das die *Quan-fa*-Meister als »Eisenhemd« *(Tie-bu-shan)* bezeichnen, fanden in den kämpferisch orientierten Schulen großen Anklang. Wegen der großen Vielfalt der Übungen im *Qi-gong* kann man seine Methoden in mehrere Gruppen unterteilen:

- ***Nei-gong*** oder ***Jing-gong***: Diese Bezeichnung verwendet man für alle körperlich passiven

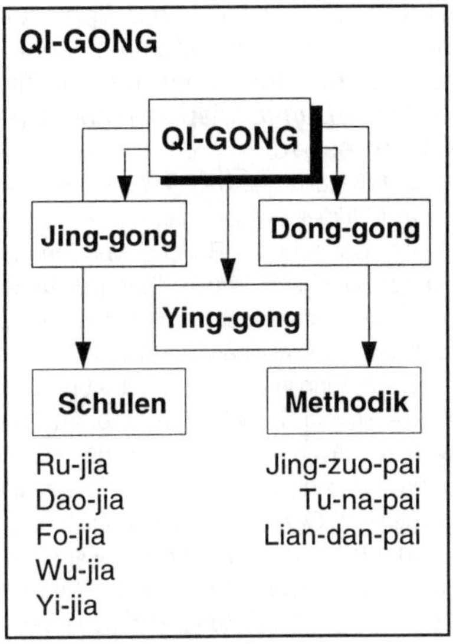

QI-GONG

Übungen. Diese werden im Liegen, Sitzen oder Stehen ausgeführt und bezwecken eine vollkommene Entspannung des Körpers, eine Regulierung des Atems und ein Nach-innen-Wenden des Geistes.

- ***Wai-gong*** oder ***Dong-gong***: Dies ist die Bezeichnung für die körperlich aktiven Übungen. Sie bestehen aus Bewegungsabfolgen, die eine Koordination von Bewußtsein und Atem mit den Bewegungen des Körpers bezwecken, um eine Kontrolle des *Qi* zu erreichen.
- ***Ying-gong*** ist die Bezeichnung für das *Qi-gong*, daß von den Anhängern der Kampfkünste zur Abhärtung und Kraftentwicklung geübt wurde. Diese Übungen befähigten oft zu fast übernatürlichen Leistungen.
- Nach dem philosophischen Hintergrund und der Zielsetzung der Übung kann man das *Qi-gong* weiter einteilen. Die bedeutendsten Denkrichtungen haben alle ihre Eigenarten und speziellen Techniken. Man unterscheidet ***Ru-jia***, die konfuzianische Schule, ***Dao-jia***, die daoistische Schule und ***Fo-jia***, die buddhistische Schule. Weiterhin unterscheidet man noch die ***Yi-jia***, die medizinische Richtung, die das *Qi-gong* nur unter dem Aspekt der Gesundheitspflege betreibt, und die ***Wu-jia***, die Schule der Kampfkünste, die den Aspekt der Abhärtung in den Vordergrund stellt, die anderen Aspekte aber ebenfalls enthält.
- Je nachdem, welche Inhalte des *Qi-gong* in den Vordergrund gestellt werden, kann man folgende Unterscheidung vornehmen: Das ***Jing-zuo-pai***, die »Schule der Stille«, hebt die innere Arbeit, die Meditation, besonders hervor. Die ***Tu-na-pai***, die »Schule der bewußten Atemführung«, arbeitet bevorzugt mit den Atemtechniken, also als Atemtherapie. Die ***Lian-dan-pai***, die »Schule der inneren Alchimie«, konzentriert sich vorwiegend auf die *Qi*-Lenkung.

<u>PHILOSOPHIE</u>

Im Grunde genommen fließen alle *Qi-gong*-Formen in einen gemeinsamen Ursprung zurück, der in der chinesischen Vorstellung der Welt (s. →*Dao* →*Yin/Yang*) und der Rolle des Menschen in ihr zu finden ist. Entscheidend in diesem sehr umfangreichen Konzept ist die Vorstellung der Chinesen, durch Übung einen Teil der universellen Kraft *(Qi)* in sich selbst erwecken zu können. Diese Vorstellung wurzelt in den Weissagungen des →*»Yi-jing«*. Sie besteht in dem Glauben, daß alle Menschen ein Teil des universalen Wirkens *(Dao)* sind und daß die Verbindung zu diesem darin liegt, die natürlichen Gesetzmäßigkeiten in der eigenen Haltung zu verwirklichen. Auf der Übung dieser Haltung bauen alle chinesischen Philosophien auf. Die daoistischen *Qi-gong*-Übungen bezwecken die Verwirklichung des *Dao* im Selbst, d. h., sie ahmen die Natur in einer inneren *(Nei-gong)* oder äußeren *(Wai-gong)* Übung nach.

Die Wege, diese Kraft im Menschen zu entwickeln und zu kontrollieren, waren durch die Zeiten verschieden. Allen zugrunde lag jedoch die Atmung (s. →Atemtherapie, →Chinesische Atmungsmethoden), von der man seit alters her wußte, daß sie eine intensive Beziehung zu inneren Bewußtseinsstrukturen unterhält. Der erste Impuls zu diesen Übungen kam wahrscheinlich aus dem religiösen Daoismus (→*Dao-jiao*), in dem man mittels Atemkontrolle die Unsterblichkeit (→*Chang-sheng-bu-si*) erlangen wollte. Erst Jahrhunderte später entdeckte man den dadurch möglich gewordenen Einfluß auf die vitale Energie *(Qi)* im Menschen, und es entwickelten sich eine ganze Reihe von Übungen, die die Kultivierung dieser Energie beabsichtigten. Zu den Bewegungsübungen des *Qi-gong* gehören im erweiterten Sinn auch die chinesischen Kampfkünste.

Qi-gong Übender

QI-GONG IST KEIN SPORT

Im Westen wird *Qi-gong* oftmals mit unserer Vorstellung von Sporttreiben verwechselt. Doch es gibt einige wesentliche Punkte, die *Qi-gong* und Sport unterscheiden. Alle alten *Qi-gong*-Übungen beruhen auf den Erkenntnissen der traditionellen chinesischen Medizin. Sie sind auf die Pflege der Gesundheit, Atemschulung und Verhinderung normaler Alterserscheinungen bedacht. In allen Stilen wird neben der körperlichen Übung eine spirituelle Entwicklung angestrebt, die den Menschen in psychologischer und moralischer Hinsicht schult. *Qi-gong* ist eine Lebensphilosophie. Der größte Unterschied zum Sport ist aber die energetische Struktur der Übung, die mit unserem gesellschaftsbedingten dekadenten Kulturbewußtsein für Wettbewerb in den Formen nicht verstanden werden kann.

Qi-gong-yang-sheng (chin.): Übungssystem des *Qi-gong*, das in neuerer Zeit von JIAO GUO-RUI aus alten Systemen zusammengestellt wurde. *Qi-gong-yang-sheng* enthält:

1. die 15 Ausdrucksformen des *Tai-ji Qi-gong*.
2. Übung zum Stehen wie ein Pfahl (→*Zhan-zhuang*).
3. Kunst der 5 Tiere (s. →HUA TUO, →*Wu-qin-xi*).
4. Brokatübungen (→*Ba-duan-jin*).

Qi-hai (chin.): oder *Ch'i-hai* (jap. *Kikai*), wörtlich »Meer des Atems«, energetisches Zentrum über dem unteren Zinnoberfeld (s. →*Dan-tian*, jap. →*Tanden*), Sammelstelle des →*Qi*.

Der Punkt *Qi-hai* (s. →*Xue*, →*Dian-xue*) ist der 6. auf dem Meridian →*Ren-mai*. Er liegt 3 →*Cun* unter dem Bauchnabel. Bei positiver Stimulation hilft er bei Bauchschmerzen, Durchfall, Verstopfung und Wassereinlagerung im Gewebe. Negative Stimulationen können tödlich sein.

Qi-hai spielt auch in der Embryonal- und Bauchatmung (→*Tai-xi*) eine wichtige Rolle. Auch in anderen meditativen und gymnastischen Übungen wird die Konzentration und das *Qi* auf diesen Punkt gelenkt. *Qi-hai* ist der Zugangspunkt zum *Dan-tian*. Über ihn kann man den *Dan-tian* mit Atmung, Gymnastik, Akupunktur, Akupressur und sogar über Geisteskonzentration beeinflussen.

Durch die umgekehrte Bauchatmung wird *Qi-hai* am stärksten stimuliert. Bei der Einatmung drückt das Zwerchfell von oben auf diesen Punkt, gleichzeitig werden die Muskeln über dem Schambein leicht angespannt, was einen leichten Druck von vorn ergibt. Bei der Ausatmung werden Zwerchfell und Bauchmuskeln entspannt. Auf diese Weise werden *Qi-hai* und *Dan-tian* rhythmisch massiert.

Qi-heng-zhi-fu (chin.): »außergewöhnliche Organe« der →chinesischen Medizin (s. auch →*Zang-fu*).

Die *Qi-heng-zhi-fu* gehören zwar zu den *Zang-fu*, können aber weder bei den *Yin*-Organen (s. →*Wu-zang*) noch bei den *Yang*-Organen (s. →*Liu-fu*) eingeordnet werden. Sie besitzen auch keinen eigenen Meridian (s. →*Jing-luo*). Die Organe sind: Gehirn, Knochen, Mark, Gebärmutter, Blutgefäße und Gallenblase.

Qi-huo (chin.): das »Feuer entfachen«, Bezeichnung der verbreiteten Praxis im →*Qi-gong* und im →*Quan-fa*, die Konzentration im untersten →*Dantian* zu konzentrieren.

Qi Ji-Guan: chinesischer General der Ming-Dynastie (1528–1587). Verfasser des »*Quan-jin*« (Kampfkunstklassiker). Das Buch zeigt große Ähnlichkeit zu den Theorien der →*Shi-san-shi* und hat die Entwicklung des →*Tai-ji-quan* stark beeinflußt.

Qin (chin.): auch *Ch'in*, »zwingen«, erste Silbe von →*Qin-na*.

In den okinawanischen Kampfkünsten wurde der Begriff für eine besondere Form der chinesischen Technik (s. →*Qin-na*, →*Dian-xue*) verwendet, die sich auf Angriffe (Drücken und Schlagen) zu Vitalpunkten richtet, die den Tageszyklen und Jahreszeiten des Energiekreislaufes entsprechen. In China hat diese Wissenschaft in den Kampfkünsten eine große Tradition. Anders als auf Okinawa, wo die Kampfkunst anfangs mit einer großen explosiven Kraft ausgeführt wurde, ist die chinesische Technik weich und entspannt. Als die →*Kata* überliefert wurden, führte das Mißverständnis ihrer Anwendungen gerade in diesem Punkt zu erheblichen Veränderungen des Originals und zu den eigenständigen okinawanischen Interpretationen (s. →*Happoren*). Später jedoch, als die okinawanische Kampfkunst auch diesbezüglich reifte, wurden solche Formen des →*Bunkai* (auch hier übernommen.

In vielen okinawanischen *Kata*-Namen (*Chin-te, Sô-chin, Chin-to, Naihan-chin, San-chin, Seien-chin, Shisô-chin* u. a.) ist diese Bezeichnung zu finden. Sie führt den Ursprung der entsprechenden *Kata* in jene chinesischen Stile zurück, in denen solche Techniken *(Qin-na)* gelehrt wurden. Die *Qian-na*-Systeme des okinawanischen *Karate* stammen zumeist aus dem Kranichstil (→*Bai-he-quan*, s. auch →*Bubishi*).

Qin-na (chin.): **auch *Ch'in-na* [aus *Qin* = zwingen und *Na* = kontrollieren], altes chinesisches Kampfkunstsystem (s. →*Quan-fa*), bestehend aus Drücken der Vitalpunkte, Hebel- und Haltegriffen. Hauptquelle für die Beeinflussung des japanischen →*Jûjutsu*.**

Qin-na ist ein in sich geschlossenes unabhängiges System, wird aber in vielen chinesischen Kampfkünsten als fester Bestandteil des Stils geübt. Der Weiße Kranich *(Bai-hao-pai)*, die Tigerklaue *(Hu-quan)*, die lange Faust *(Chang-quan)* und die Adlerklaue *(Fan-zi)* sind Stile, die ein recht umfangreiches *Qin-na*-System enthalten. Davon beeinflußten der Kranich- und Tigerstil am meisten das okinawanische *Karate*.

Die *Qin-na*-Techniken sind in 5 Gruppen geordnet und werden aufgrund der Erläuterungen aus dem →*Bubishi* folgendermaßen auch in Okinawa interpretiert (s. →*Dian-xue*, →*Kyûsho-jutsu*, →*Tuite* und verfolge weiter):

1. Verrenkung der Knochens
2. Teilen der Muskeln

Qin-na-Konter mit Fingertechnik zu einem Vitalpunkt

3. Versiegeln des Atems
4. Stauung des Blutes
5. Druck auf Vitalpunkte

Die ersten beiden Kategorien gelten als grundlegend, die beiden letzten als fortgeschritten, da sie Vitalpunktstimulationen enthalten.

Qiu (chin.). **Ball, Trainingsgerät aus dem *Tai-ji-quan*.**

Der Ball wird verwendet, um das Anhaften (*Nian* oder *Zhan-nian*) zu üben. Dazu muß zuerst der Ball mit dem Handgelenk an den Kanten verschiedener Gegenstände entlanggeführt werden, später wird er dann in Partnerübungen eingesetzt. Dort wird er ebenfalls zwischen den Handgelenken eingeklemmt und durch verschiedene Bewegungen geführt. Diese Übung verlangt besonders viel Sensibilität, um den Ball nicht zu verlieren.

Qi-xuan-men (chin.): **»ungewöhnlicher Stil«, defensive Kampfmethode, die auf der Arbeit mit dem »weißen Jadefächer« (→ Shan) beruht.**

Der Jadefächer ist eine fächerähnliche Metallwaffe, mit der dem Gegner das Schwert entwunden werden konnte, wonach ein Vitalpunktangriff erfolgte. Die Kampfmethode wurde etwa 500 v. Chr. von Han Lo-Ming gegründet.

Qi-xuan-sho (chin.): **»ungewöhnliche Hand«, ein *Kempô*-Stil der neueren Zeit, der Elemente des *Qi-xuan-men* und des *Damo-shou* (Bodhidharma's *Shaolin*-Stil) verbindet.**

Quan (chin.): **Faust, Kampfkunst (auch *Ch'uan, Chwan* oder *Kuen*).**

Quan-fa[1] (chin.): **identisch mit dem Begriff für Kampfkunst (→*Quan-fa*[2]), meint aber**

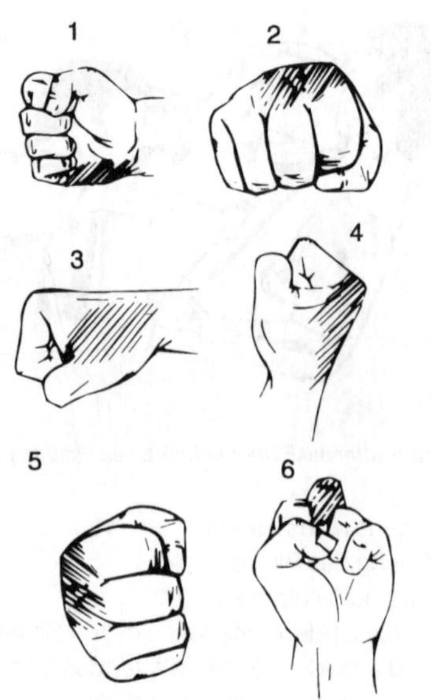

Auftreffflächen der Faust: 1. Hammerseite; 2. Vorderseite; 3. Innenseite; 4. Rückseite; 5. vertikale Faust; 6. Mittelfingerknöchel.

hier »Fausttechnik« und bezieht sich auf die mit der Faust ausgeführten Techniken der chinesischen Kampfkünste (s. →*Quan*).

Unter diesem Begriff werden alle Fausttechniken der chinesischen Kampfkünste zusammengefaß:

- ***Zheng-quan:*** gerader Fauststoß mit dem Faustrücken nach oben.
- ***Li-quan:*** senkrechter Fauststoß mit der Daumenseite nach oben.
- ***Beng-quan:*** Schlag mit dem Faustrücken.
- ***Zai-quan:*** Schlag nach unten mit der unteren Seite der Faust.
- ***Yang-quan:*** kurzer Haken, umgekehrter Fauststoß mit den Knöcheln nach unten.

Quan-fa[2] **(chin.): »Gesetze der Kampfkünste«, »Regeln der Kampfkünste«, Bezeichnung für die chinesische Kampfkunst (auch *Ch'uan-fa, Gong-fu, Kung-fu, Kenfat,* jap. *Kempô*). In China wird auch der Begriff →*Guo-shu* gebraucht.**

AUS GESCHICHTLICHER VORZEIT

Die erste Erwähnung einer chinesischen Kampfmethode stammt aus dem Jahr 2600 v. Chr. Aus einem überlieferten Bericht geht hervor, daß der Gelbe Kaiser (HUANGDI) eine gewonnene Schlacht dem *Jue-di (Chiao-ti)* zuschreibt. *Jue-di* bedeutet »Hörnerstoßen« und war eine Art Ritual, in dem Kampfbewegungen simuliert und Tiermasken getragen wurden. In manchen Teilen Chinas gibt es noch heute diesen Brauch.

Bekannt ist, daß im 12. und 13. Jh. v. Chr. das *Xiang-pu*, ein waffenloser Ringkampf, weit verbreitet war. Ebenfalls weiß man, daß sich ab dem 7. Jh. v. Chr. die Aristokratie der chinesischen Gesellschaft in Kampfmethoden übte, die von esoterischen Elementen durchzogen waren. In den darauffolgenden Jahrhunderten veränderten sich diese Kampftechniken mehrmals, und schließlich teilte sich das *Xiang-pu* in zwei Richtungen, von denen die eine den Kampf mit der Faust *(Quan)* und die andere den Ringkampf bevorzugte. Aus literarischen Quellen jener Zeit stammt der Begriff *Quan-yong*, was »Heldenmut im Faustkampf« bedeutet.

In der Folgezeit kam diesen Kampfarten eine immer größere Bedeutung zu, da sie zur Ausbildung der Soldaten verwendet wurden. Von GUANZI, dem Premierminister des Reiches *Qi*, wurde das *Ji-ji (Chi-chi)* eingeführt und als »Verfahren des Angriffs« hoch gerühmt. In den überlieferten Aufzeichnungen (*Han*-Buch) des Feldherrn BAN GU (31–100 n. Chr.) finden sich Aussagen, die auf

Alte chinesische Gravuren mit Szenen aus dem Jue-di

gewisse Ähnlichkeiten des *Ji-ji* mit den späteren inneren Schulen hindeuten. Um die Zeitwende wird auch das *Goti* erwähnt, das ebenfalls zur Ausbildung der Soldaten diente. Man vermutet, daß es eine Form des Ringens war.

Im 2. Jh. n. Chr. entwickelte der Arzt →HUA TUO die »Kunst der fünf Tiere« (→*Wu-qin-xi*), doch diese daoistischen Bewegungsübungen (→*Dao-yin*) dienten therapeutischen Zwecken. Während sich hauptsächlich in den militärischen Kreisen die körperliche Kampfkunst zu entwickeln begann, entstand in den daoistischen Strömungen eine philosophische Parallele (s. →*Dao-jia*, →*Dao-jiao*), die die Kampfkünste bald ergänzen sollte. Heute gilt es als sehr wahrscheinlich, daß die Wurzeln der inneren Stile (→*Nei-jia*) direkt in die »Kunst der fünf Tiere« reichen und daß die *Shaolin*-Stile zumindest davon beeinflußt wurden.

Im 1. oder 2. Jh. n. Chr. arbeitete ein Kampfkunstlehrer namens GIO YI (KWOK YEE) das *Chang-quan* (»Kampfstil der langen Faust«) aus, das daraufhin breite Anwendung beim Militär fand. Nach überlieferten Quellen soll dieser Kampfstil, der im wesentlichen aus dem Einsatz von Fäusten, Knien und Füßen bestand, bis ins 6. Jh. als militärische Ausbildungsmethode gedient haben.

DAS SHAOLIN QUAN-FA

Die Entstehung des *Shaolin Quan-fa* (*Shaolin Ch'uan-fa, Shaolin Quan-shu, Shaolin Kung-fu, Shaolin-Kempô*) wird, auch wenn seine Wurzeln viel weiter zurückreichen, dem indischen Mönch →BODHIDHARMA zugeschrieben, der etwa im Jahre 520 nach China kam und sich im →Shaolin-Kloster niederließ, um die Entwicklung des *Chan* in die Wege zu leiten. Um die körperliche und geistige Kondition der hauptsächlich meditierenden Mönchschüler zu stärken, stellte Bodhidharma eine Reihe von gymnastischen Übungen zusammen, die er →*Shi-ba-luo-han-shou* (die 18 Hände der Buddha-Schüler) nannte. Diese 18 Bewegungen leitete er aus den Techniken des indischen Kampfsystems *Vajramushti* ab. Sie werden heute als die Grundlage der späteren *Wai-jia* (äußere Schule) angesehen.

Das buddhistische *Chan* und der Daoismus begannen sich bald gegenseitig zu beeinflussen, denn ihre Lehren hatten viele Gemeinsamkeiten, und beide kannten ein großes Potential an esoterischen Praktiken. Teile der chinesischen daoistischen Lehre wurden zusammen mit ihren *Qigong*-Übungen in das sich heranbildende *Chan*

Alte Quan-fa-Techniken

des *Shaolin Quan-fa* übernommen und dort weiterentwickelt. Im Tempel gründete Bodhidharma zwei *Sûtra*, die *Yi-jin-jing* und *Xi-sui-jing*. In der *Yi-jin-jing* erläutert er eine Reihe von Atemtechniken, die es dem Körper ermöglichen sollten, die langen Stunden der →Meditation und die strengen Körperübungen zu überstehen. In der *Xi-sui-jing* erläutert er, wie die Mönche durch Selbstdisziplin geistige Stärke zum selben Zweck entwickeln können.

Um die Kampfübungen der Mönche zu disziplinieren, gründete Bodhidharma ein Regelsystem, das *Wu-de* (»Kampfkunsttugend«) genannt wurde. Dieses leitete die Mönche dazu an, die Tugenden Disziplin, Selbstbeherrschung, Bescheidenheit und Achtung vor dem Leben zu verwirklichen. Diese Anleitungen wurden später von JUE YUAN zu den »Zehn Geboten des Shaolin« überarbeitet und übertrugen sich als Regelwerk in alle weiteren Richtungen der Kampfkünste.

ERWEITERUNG DES SHAOLIN-KOMPLEXES

Lange nach BODHIDHARMA, zwischen 1200 und 1368, bedingten die anhaltenden Raubüberfälle der Mongolen die Entstehung verstärkter kämpferischer Elemente im *Shaolin*-System. Heute glaubt man, daß die Mönche zu ihrer Selbstverteidigung den Boxstil *Long-hua-quan (Lung-*

hua-ch'uan) mit dem Verteidigungssystem → *Qin-na*, bestehend aus Hebel- und Fesselungsgriffen, und den *Shi-ba-luo-han-shou* verbanden, um sich gegen die Überfälle der Mongolen zu wappnen. Das *Qin-na*, wie auch manch anderes kämpferisches *Shaolin*-Konzept, verbreitete sich später als eigenständiges System.

Im 16. Jh. wurden die von Bodhidharma gegründeten Übungsformen von JUE YUAN, einem *Shaolin*-Mönch, vorerst auf 72 Bewegungen erweitert. Diese 72 Nahkampfverfahren verbreiteten sich danach in vielen privaten *Quan-fa*-Schulen und wurden unter verschiedenen Bezeichnungen bekannt. *Zuo-ku-shu* (Kunst der schmerzhaften Zwingen), *Di-sha-shou* (Teufelshand), *Feng-jin-shu* (Abriß der Muskeln von den Sehnen), *Shuai-jiao* (Ringen) und *Qin-na* (Zwingen und Kontrollieren) sind nur einige der vielen Methoden, die sich in den jeweiligen Schulen herauszubilden begannen und bis nach Japan, Korea und Vietnam die Kampfsysteme beeinflußten. Das Prinzip dieser Systeme bestand darin, auf die Gelenke zu schlagen, schmerzhafte Hebelgriffe anzuwenden und den Gegner zu immobilisieren.

Doch Jue Yuan gab sich nicht mit seinen Neuerungen zufrieden. Darum bemüht, das *Shaolin*-System kämpferisch zu perfektionieren, reiste er im Land umher und suchte nach fähigen Kampfkunstexperten, die ihm helfen sollten, das *Shaolin*-System zu verbessern.

Eines Tages wurde er Zeuge, wie ein alter Mann einen jungen Raufbold, der ihn belästigte, durch einen einfachen Druck auf eine Körperstelle bewußtlos machte. Der Alte, LI CHENG, war ein Meister der Akupunktur und hatte einen Kampfstil erfunden, der es ihm möglich machte, seine Gegner durch Negativstimulation der Vitalpunkte zu besiegen. Jue Yuan war beeindruckt und bat den alten Meister, ihm bei der Verbesserung des *Shaolin Quan-fa* zu helfen. Li Cheng aber meinte, daß seine Methode nur bei unerfahrenen Angreifern wirkungsvoll sei, da erfahrene Kämpfer auf Distanz blieben. Deshalb schlug er vor, den Kampfkunstexperten BAI YU-FENG darum zu bitten, die taktischen und technischen Verfahren auszuarbeiten, die die Annäherung an einen Gegner ermöglichten.

Als dieser zusagte, beschlossen sie, gemeinsam ins *Shaolin*-Kloster zurückzukehren und ein unübertreffliches, vollkommen neues *Quan-fa*-System auszuarbeiten. Das neue System des *Shaolin* baute auf den alten Grundlagen der *Shi-ba-luo-han-shou* auf, übernahm jedoch zusätzlich die Kunst der Vitalpunktstimulation und Bai Yu-Fengs Elemente des taktischen und technischen Kampfverhaltens.

Chinesische Quan-fa-Übende

Doch die Kombination dieser neuen Elemente stellte sich als schwierig heraus und erforderte eine Veränderung des durch die *Shi-ba-luo-han-shou* bestimmten Grundlagenkonzeptes. Bai Yu-Feng schlug vor, die alten »Tier-Verfahren« HUA TUO's aufzugreifen und darin die taktischen Methoden einzubauen, die Li Cheng eine Annäherung an den Gegner ermöglichen sollten. Auf dieser Idee erweiterten die drei Meister die bestehenden Nahkampfverfahren auf 170 Aktionen, die sie auf den Bewegungsstudien von fünf Tieren aufbauten: Drache, Tiger, Kranich, Schlange und Leopard. Obwohl sie für jedes Tier einen abgeschlossenen Kampfstil gründeten, fügten sie doch alle 170 Bewegungen zu einem *Dao*-Komplex zusammen, den alle *Shaolin*-Schüler in den ersten Jahren ihrer Ausbildung üben mußten.

Die Grundlage des Tierstilkonzeptes war die Idee der »Vereinigung des Harten mit dem Sanften« und die Heranformung einer Persönlichkeit, die durch die Verinnerlichung der Philosophie auf die inneren Reserven der vitalen Kraft *(Qi)* zurückgreifen konnte, um sie in allen Situationen zu nutzen. Dieses Prinzip wurde als formale Übung (→*Dao*) geübt. Wie auch in den Übungen des Daoistischen *Qi-gong* war die Basis der Gymnastikübungen das richtige Atmen. Anders als heute wurde in den Übungen eine große Anzahl von Atemsystemen verwendet, die eng mit der buddhistischen Meditationspraxis der Klöster verbunden waren.

Kampfkunst und Medizin

Eine bedeutende Rolle im Zugang zu den esoterischen Aspekten spielten die in der chinesischen Medizin entdeckten Körperpunkte (→*Jing-luo*). Lange bevor es die Kampfkünste gab, wußte man um Stellen am menschlichen Körper, die, gestochen (s. →Akupunktur), gebrannt (s. →*Moxa*) oder massiert (s. →Akupressur), bestimmte Schmerzzustände beeinflußten. Durch Versuche und Erfahrungen wurden immer mehr solcher Punkte entdeckt, mit deren Hilfe nicht nur Schmerzen gelindert werden konnten, sondern weitgehend die gesamte physische und psychische Struktur zu beeinflussen war. Weitere Beschäftigung in allen möglichen Bereichen (s. →*Qi-gong*) machte immer mehr Zusammenhänge zwischen den Punkten und der inneren menschlichen Beschaffenheit deutlich und ermöglichte Stimulationen in positiver und in negativer Hinsicht.

Die Erforschung der Zusammenhänge zwischen Körperpunkten und inneren Organen vollzog sich in jahrhundertelangen Erfahrungsprozessen der chinesischen Medizin. Die praktischen Wege, auf denen dies geschah, sind vielfältig. Die Meister aller daoistischen Wege griffen immer wieder auf diese Erfahrungswerte zurück. Die sich zu Kampfkunst-*Dao* heranbildenden Bewegungssysteme verwendeten das umfangreiche Wissen über diese Punkte auf ihre eigene Weise und nannten ihr System →*Dianxue*.

Die weltlichen Schulen

Zur Zeit der Ming-Dynastie begannen sich im *Shaolin*-Kloster und in den inzwischen gegründeten Nebenklöstern des *Shaolin* mehrere Stile

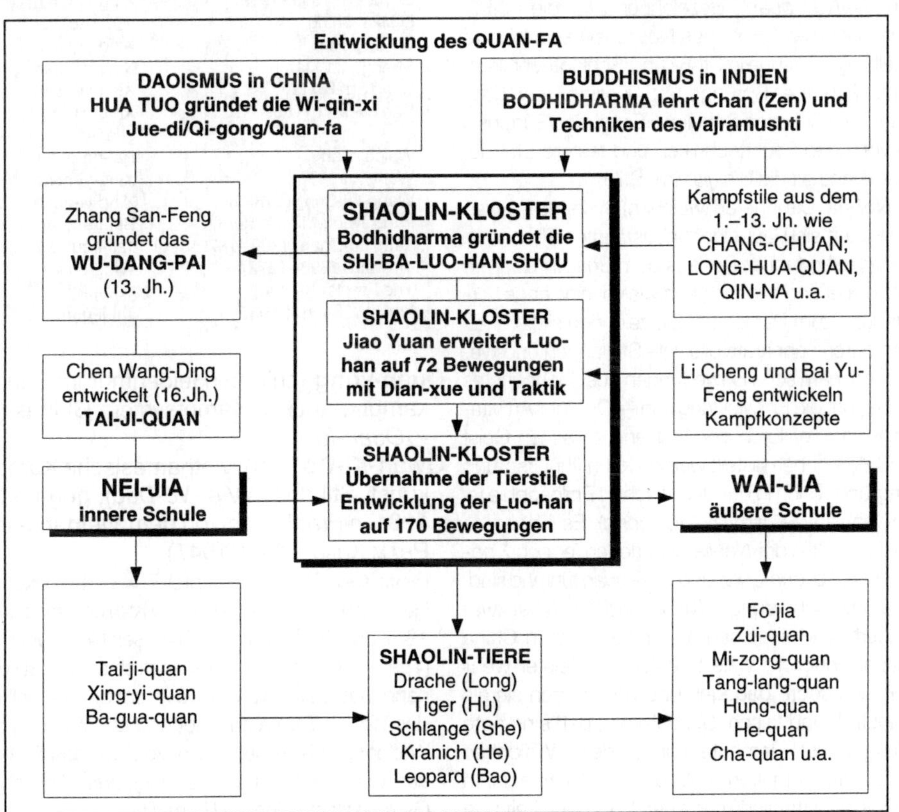

zu entwickeln, die sich durch ihre Charakteristiken immer mehr voneinander unterschieden. Diese brachten erneut viele Tochterschulen, Strömungen und Stile hervor, die aber alle auf dem *Shaolin*-Konzept beruhten. Die Ming-Periode, die einen enormen Aufschwung der shaolinischen Tradition bewirkte und durch großartige Kampfkunstmeister auffiel, verlagerte die Kampfkunsttradition aus den buddhistischen Klöstern in unzählige Privatschulen (→*Guan*), denen außergewöhnliche Lehrer (→*Shi-fu*) vorstanden. Dies war die Zeit der Stilgründungen auf dem Grundmuster des *Shaolin Quan-fa*, die man heute unter dem Oberbegriff *Wai-jia* (äußere Schulen) zusammenfaßt.

Wai-jia. Die heutigen äußeren (harten) Systeme (→*Wai-jia*) stehen repräsentativ für das im *Shaolin*-Kloster ursprünglich entwickelte Konzept. Nach ihrer Entstehung teilten sie sich in die »nördlichen Schulen« (→*Bei-tui*) und in die »südlichen Schulen« (→*Nan-quan*). Bezeichnend für die nördlichen Schulen (»Bein des Nordens«) sind höhere Stellungen, schnelle Stoß- und Schlagtechniken, hohe Fußtritte, Sprünge und flüssige Bewegungen. Die südlichen Schulen (»Faust des Südens«) bevorzugen Fausttechniken und festere Stände. Heute enthält die *Wai-jia* viele Stile.

• ***Nei-jia***. Die inneren (weichen) Systeme (→ *Nei-jia*) haben sich laut einer unbestätigten Theorie (s. →*Xing-yi-quan*) später aus dem *Shaolin Quan-fa* abgeleitet und pflegen nach wie vor eine enge Verbindung zum Daoismus. Sie zeichnen sich vor allem durch sehr kraftvolle tiefe Stellungen und weniger dynamische Bewegungen aus. Ihr höchstes Prinzip ist die Entwicklung von →*Qi*, einer Art vitaler Kraft, die durch den Einklang zwischen Geist und Körper hergestellt werden kann. Ihr Ursprung begründet sich in der daoistischen Philosophie (s. →*Dao-jiao*, →*Dao-jia*, →*Qi-gong*). Es gibt heute mehrere Stile der *Nei-jia*, von denen jedoch *Xing-yi-quan*, *Ba-gua-quan* und *Tai-ji-quan* führend sind. Die Unterscheidung in *Nei-jia* und *Wai-jia* ist zwar außerhalb Chinas sehr verbreitet, aber in China selbst unüblich. Viele traditionelle Meister wehren sich sogar dagegen und bezeichnen sie als künstlich und falsch. Sie betonen, daß eine gute Kampfkunst Elemente von beidem (Weichheit und Kraft) enthalten muß, um effektiv zu sein. In der *Wai-jia* trainiert man zuerst Schnelligkeit und Kraft, und im fortgeschrittenen Stadium strebt man nach Weichheit. In der *Nei-jia* werden zuerst langsame und entspannte Bewegungen ausgeführt, später aber geht man zu starken Techniken in der Anwendung über.

BEKANNTE QUAN-FA-MEISTER

Chang Dsu-Yao	Shao-lin-quan
Che Yi-Zhai (1831–1912)	Xing-yi-quan
Chen Pan-Ling (1900–1967)	Shao-lin-quan
Chen Wang-Ting (1587–1664)	Tai-ji-quan
Chen Yuan-Bing	Shao-lin-quan
Cheng Gin-Gsao	Bai-he-quan
Cheng Ting-Hua	Ba-gua-quan
Chou Tsu-Ho (Shushiwa)	Pangai-noon
Deng Yun-Feng (1873–1941)	Xing-yi-quan
Dong Hai-Quan (1789–1879)	Ba-gua-quan
Du Xin-Wu	Zi-ran-men
Fang Fai-Shi	Bai-he-quan
Gao Feng-Ling	Tai-ji-quan
Geng Ji-Shan (1862–1929)	Xing-yi-quan
Guo Yun-Shen	Xing-yi-quan
Huo Yuan-Jia (1862–1909)	Mi-zong-yi
Kwang Shang-Fu (Kushanku)	Shao-lin-quan
Li Chang-Yu (1851–1929)	Che-yi-chia
Li Cun-Yi (1850–1925)	Xing-yi-quan
Li Mao-Ching	Jen-Yao
Li Neng-Ran	Xing-yi-quan
Shang Yun-Xiang	Xing-yi-quan
Song Shi-Rong	Xing-yi-quan
Sun Lu-Tang (1859–1933)	Xing-yi/Ba-gua/Tai-ji
Waichinzan	Bai-he-quan
Wang Xian-Gai	Xing-yi-quan
Wang Yu-Seng (* 1885)	Xing-yi-quan
Yang Jwing-Ming (* 1946)	Bai-he-quan
Yang Lu-Chan (1799–1872)	Tai-ji-quan
Yip Man (1898–1972)	Wing-chun
Yue Fei (1103–1142)	Yue-jia
Zhang Xiu-Lin († 1930)	Tai-ji-quan

Quan-yong (chin.): »Heldenmut im Faustkampf«, antikes Kampfsystem Chinas (s. →*Quan-fa*).

Qwan-Ki-Do (viet): vietnamesische Kampfkunst, Stil des →*Viet-Vo-Dao*), gegründet 1981 in Frankreich von dem Vietnamesen PHAM XUAN TONG (*1947).

PHAM XUAN TONG lernte unter PHAM TRU, LONG HO HOI, PHAN THANH SU und LE VAN KIEN und zwischen 1957 und 1969 von dem Chinesen CHAU QUAN-KI (1895–1968), nach dem er letztlich seinen Stil benannt hat. Das *Qwan-Ki-Do* ist auf den Techniken des *Viet-Vo-Dao* aufgebaut und umfaßt auch die Waffentechniken des →*Co-Vo-Dao*, das Ringen aus dem →*Vat* und einer *Tai-ji-quan*-ähnlichen Gymnastik aus dem →*Tham-The*.

R

Ra (jap.): nackt (auch *Hadaka*).

Rahn, Erich: Wegbereiter des *Jiu-Jitsu* in Deutschland (s. Einführungsteil, »Die Kampfkünste der Welt«, Deutschland).

Rai (jap.): Gruß; Höflichkeit; Dank, Lohn (auch *Rei*).

Raku (jap.): sich verwickeln, umranken (auch *Karamu, Karamaru*). *Renraku* – Verbindung, Anschluß.

Raku (jap.): fallen (auch *Ochiru*).

Ran (jap.): Unruhe, Aufstand, Krieg.

Randori (jap.): [aus *Ran* = locker, *Dori* = greifen] Partnerübungsform, ursprünglich aus dem *Jûdô* und *Aikidô*, heute auch im *Karate* verwendet.

Randori bezeichnet ein freies und lockeres Miteinanderkämpfen. Gewöhnlich handelt es sich um einen festgelegten Übungsabschnitt, der zum Studium der Techniken wiederholt wird.

Randori-kumite (jap.): leichtes freies Kämpfen, in dem auch Greiftechniken und Befreiungstechniken gegen alle Arten von Haltegriffen erlaubt sind. Diese Übung dient besonders zum Erlernen der Selbstverteidigung.

Randori Nage no Kata (jap.): →*Jûdô-Kata* des *Kôdôkan*, die der Vorbereitung zur → *Nage no Kata* dient.

Re-dachi (jap.): »L-Stellung« (auch →*Renoji-dachi*); s. →*Shizen-tai*.

Reeh, John (*1932): »Vater des amerikanischen Taekwondo«, koreanischer *Taekwondo*-Meister.

Reeh kam 1956 als Mitglied eines Trainingsprogramms der koreanischen Armee-Offiziere in die USA. 1958 eröffnete er in San Marcos (Texas) seinen ersten und 1960 an der Universität von Austin seinen zweiten Club. 1962 eröffnete er eine Schule in Washington und verbreitete von dort aus das *Taekwondo* im ganzen Land. Heute steht er mehr als 30 Schulen vor. Die Reeh-Institute lehren *Taekwondo*-Wettkampf in allen Disziplinen und haben viele erfolgreiche Kämpfer hervorgebracht.

Reeh Ki Ha: »Vater des Taekwondo« in England, Direktor der *European Taekwondo Federation* und Hauptinstruktor für England und Irland.

Rei[1] (jap.): Fleiß, Ansporn. *Seirei* – Eifer, Fleiß, *Reikô* – Konsequenz, *Shôrei* – Unterstützung, Förderung.

Rei[2] (jap.): Seele, Geist (auch *Ryô, Tama*).

Rei[3] (jap.): Brauch, Gewohnheit; Beispiel. *Reigai* – Ausnahme, *Jôrei* – Vorschrift, Satzung.

Japanisches Schriftzeichen für Rei 4

Rei[4] (jap.): Gruß, Höflichkeit; Dank, Lohn (auch *Rai*). *Reishiki/Reigi* – Etikette, Formalität, Zeremoniell, *Keirei* – Gruß, Verbeugung, *Shitsurei* – Unhöflichkeit, *Burei* – Beleidigung, Grobheit.

GESCHICHTE UND PHILOSOPHIE

In den Kampfkünsten als *Keirei* (Gruß, Verbeugung) und *Reigi* (Etikette, Höflichkeit, Verhalten) ist *Rei* von erstrangiger Bedeutung. Es ist ein Ausdruck der Höflichkeit, des Anstandes, des Respektes und der Aufrichtigkeit. »Ohne Höflichkeit geht der Wert des Karate verloren«, sagte Meister FUNAKOSHI. *Rei* hat eine große philosophische Bedeutung in den Kampfkünsten.

Als Formaspekt gibt es mehrere Arten des Grußes in den Kampfkünsten. Allgemein unterscheidet man zwischen dem Gruß im Stand (→*Ritsu-rei* oder *Tachi-rei*) und dem Gruß im Sitzen (→*Za-rei* und *Ha-rei*). Je nachdem, welchem Zweck der Gruß dient, gibt es folgende wichtige Arten:

FORMEN DES GRUSSES

Shômen ni rei	– Verbeugung zur Dôjô-Hauptseite
Sensei ni rei	– Verbeugung zum Meister
Shihan ni rei	– Verbeugung zum Meister
Otagai ni rei	– Verbeugung zueinander
Sempai ni rei	– Verbeugung zum Senior (Älteren)
Za-rei	– Gruß im Sitzen
Ritsu-rei	– Gruß im Stehen

Der traditionelle Gruß im *Budô* beruht auf dem Respekt vor den Vorfahren (→*Yamato-damashi*) und den Göttern (→*Kami*). Der Krieger, der sich vor →*Kamiza* verbeugte, übte sich in der Achtung vor etwas, das höher war als er selbst. Dieselbe Bedeutung hat der Gruß am Anfang und am Ende jeder *Kata*. Diese Unterordnung unter das Höhere ist wichtig für den Geist des *Budô*. Sie entwickelt die Demut in der generellen Haltung gegenüber dem Leben (s. →*Shisei*). Es ist der erste Schritt auf dem Weg zur Geistigkeit des *Budô*: Der erste Kampf, den es zu gewinnen gilt, ist der gegen sich selbst.

1. Shômen ni rei

Dieser Gruß wird zu Anfang und zu Ende der Übungsstunde ausgeführt. Dabei grüßen Lehrer und Schüler nach der Meditation in *Seiza* zur vorderen Wand des *Dôjô (Shômen)*. Die Bedeutung dieser Grußform besteht in dem philosophischen Prinzip, daß der Mensch, ehe er sich den weltlichen Dingen widmet, sich etwas zuwenden muß, das größer und bedeutender ist als er. Im Falle des *Budô* ist es das Ideal, das in der Beziehung zum *Dôjô*, zum Ewigen Meister und zur Kunst besteht. Aus diesem Grund befindet sich an der *Shômen*-Seite des *Dôjô* zumeist das Bild eines vergangenen Großmeisters.

Sich einer Sache hinzugeben und sie als größer denn das eigene Ich anzuerkennen erzieht die für die Kampfkünste wichtige rechte Haltung gegenüber dem Leben an. Dabei ist es nicht von Bedeutung, ob dies das Ideal, das Universum oder ein Gott ist. Das erste Geheimnis des *Budô* besteht im Glauben an irgend etwas, das dem Ich seine Schranken zeigt und den Weg zur Reife öffnet. In jeder anderen Absicht sind die Kampfkünste menschenunwürdig und wirken dem Leben entgegen.

2. Sensei ni rei

Sensei ni rei bezeichnet den Gruß zum Meister, zu demjenigen, der das Bindeglied in der Kette der Überlieferungen ist. Die Bezeichnung →*Sensei* steht nicht automatisch jedem zu, der die Kampfkünste unterrichtet. Sie gebührt nur einem Menschen, der sein Leben ohne Rückhalt der Suche nach dem Weg (→*Dô*) gewidmet hat. Obwohl er ein leibhaftiger Mensch ist, grüßt der Schüler ihn nicht als solchen, sondern als Prinzip des Ewigen Meisters. Auch dieser Gruß ist Teil der Unterwerfung unter das Ideal. Der *Sensei* steht als leiblicher Mensch nicht höher als der Schüler. Doch als Träger des Ideals, als Mittler zwischen Himmel und Erde, grüßt der Schüler ihn im Zeichen seines Respektes gegenüber dem Höheren. Er unterwirft sich dem Ideal und erlaubt durch seine Demut, seines eigenen Inneren Meister zu werden.

Dieselbe Bedeutung haben die Grußformen *Sempai ni rei* und *Shihan ni rei*. *Sempai ni rei* ist der Gruß zum Älteren (s. →*Sempai*, →*Kyûdan*), der die Schüler im selben Auftrag wie der *Sensei* unterrichtet. Auch er wird als Prinzip geachtet, als derjenige, der das Bindeglied zum Höheren ist. Keinem Niedrigeren ist es gestattet, die persönliche Meinung vor die Unterwerfung unter das Ideal zu stellen. Auf dem gleichen Prinzip beruht der Gruß des Niedergraduierten gegenüber jedem Höhergraduierten. *Shihan* (oder *Hanshi*) hingegen bezeichnet eine *Budô*-Graduierung aus der *Ri*-Stufe (s. →*Ri*, →*Kodansha*) des Weges. Diese Meister stehen außerhalb der Unterrichtspyramide und befinden sich nur zu besonderen Anlässen zusammen mit den Schülern in einem *Dôjô*. Nur sehr selten hat ein *Dôjô* die Ehre, einen wirklichen *Shihan* begrüßen zu dürfen. Sie stehen in einem besonderen Zeichen und werden hoch verehrt.

3. Otagai ni rei

Otogai ni rei ist der dritte Gruß, den man im Training verwendet. Er wird im Stand *(Ritsu-rei)* ausgeführt und nicht immer mit der vollständigen Bezeichnung angesagt. *Otagai* symbolisiert die Einheit, das Ganze und bezieht sich auf die intakten Zusammenhänge, die nötig sind, um die Harmonie des Ganzen aufrechtzuerhalten. Daher bezeichnet *Otagai ni rei* den Gruß der Übenden untereinander und drückt den grundlegenden Respekt aus, den ein Mensch dem anderen schuldet. Er wird als dritter Gruß zu Anfang des Trainings verwendet, vor und nach den Kombinations- und Partnerübungen, als Dank für die Hilfe eines Mitübenden oder zur höflichen Begrüßung von Gästen, die im hauseigenen *Dôjô* üben.

Reigi (jap.): Anstand, Höflichkeit. *Reigi-tadashii* – ordentlich, *Reihô* – Salut.

Reigi-sahô (jap.): Etikette, Höflichkeit, Respekt gegenüber anderen. *Reigi-sahô* ist der Kodex (→*Sahô*) des →*Rei*.

Reigi-sahô bezeichnet die Art und Weise, wie die

Philosophie des *Rei* in den alltäglichen Situationen angewendet wird. Es beinhaltet alle Aspekte des alltäglichen Umgangs miteinander und wurzelt in der Verhaltensübung im *Dôjô* (s. →*Dôjô-kun*). Diese Etikette ist ein Anlaß zum Nachdenken für jeden Übenden, wie er sich im alltäglichen Leben anderen Menschen und Situationen gegenüber verhalten sollte, und nicht bloß ein formelles Ritual. Sie ist die Seele der Kampfkunst; wenn sie verlorengeht, geht auch der Wert der Kampfkunst verloren.

Reihô (jap.): Übung, Praxis, freies Lernen.

Reiki (jap.): »universale Lebenskraft«, Heilmethode, die die allumfassende Lebensenergie des Kosmos zum Heilen einsetzt.

Reimyô-Tôde (jap.) »wunderbare chinesische Kunst« (oder *Shimpi-Tôde* – geheimnisvolle chinesische Kunst). Erläuterungen s. →*Tôde*.

Die strenge Geheimhaltung, die jahrhundertelang wie ein undurchdringbarer Schleier über dem okinawanischen *Tôde* lag, schob nicht nur den japanischen Interessen an dieser Kampfkunst (s. →Okinawa) einen Riegel vor, sondern auch den breiten Massen des okinawanischen Volkes, das zu den geheimgehaltenen *Dôjô* der Lehrer des *Tôde* ebensowenig Zugang fand wie die *Satsuma-Samurai*. Von der Invasion der *Satsuma* im Jahre 1609 bis zu dem Tag, als Meister FUNAKOSHI das okinawanische *Karate* in Japan vorstellte (1921), waren die Japaner ständig bemüht, den Schleier des Geheimnisses um die okinawanische Kampfkunst zu lüften. Es gelang ihnen nie.

Auf Okinawa wußte jeder um die Existenz dieser Kunst, kein Uneingeweihter jedoch kannte die Praxis oder die Lehrer. Das *Tôde* wurde entweder innerhalb der Familien weitergegeben oder nur auf enge Vertraute übertragen. Die →*Kata*, das Herz des *Tôde*, wurden streng geheimgehalten, und es galt als Verrat, sie in der Öffentlichkeit zu zeigen. Selbst im Jahre 1905, als Meister ITOSU die okinawanische Kampfkunst in den öffentlichen Schulen Okinawas einführte, gab es großen Protest von anderen Meistern. Dabei hatte er speziell dafür geeignete *Kata* gegründet (s. →*Pinan*, →*Heian*), die nur zur gymnastischen Übung und Gesunderhaltung gedacht waren und die kämpferischen Geheimnisse des *Tôde* nicht preisgaben.

Durch viele Begegnungen zwischen *Satsuma-Samurai* und Meistern des *Tôde*, die oft mit dem Tod des *Samurai* endeten, wußte das Volk um die ungeheure Wirkung dieser Kunst. Die einfachen Menschen konnten sich diese außergewöhnlichen Leistungen ihrer Meister nicht erklären, und so nannten sie die Kampfkunst *Reimyô-Tôde* (»wunderbare chinesische Kunst«) oder *Shimpi-Tôde* (»geheimnisvolle chinesische Kunst).

Reines Land: chinesisch *Jing-tu* (*Ching-t'u*, jap. →*Jôdo*). Im *Mahâyâna*-Buddhismus gibt es mehrere →BUDDHA, die über jeweils eigene »Reine Länder« herrschen.

Das wichtigste Land ist *Sukhavati* (»Westliches Paradies«), über das der BUDDHA-AMITÂBHA (→Amida-Buddhismus) herrscht. Alle »Reinen Länder« erzeugten eigene Glaubensrichtungen im Buddhismus, die lehren, daß ein Anhänger, der sich in gläubigem Vertrauen an den entsprechenden Buddha wendet, in seinem Reinen Land wiedergeboren wird. Dies ist die Vorstufe zum →*Nirvana*, in das der Gläubige dann bei seiner zweiten Wiedergeburt endgültig eingeht.

Die »Schule des Reinen Landes« (→*Jôdo-shû*) wurde im Jahre 402 von dem Chinesen HUI-YÜAN als buddhistische Religion gegründet und bald darauf von HÔNEN auch nach Japan gebracht, wo sich der Amida-Buddhismus als Volksreligion (→*Tariki*) verbreitete.

Reisha (jap.): zeremonielles Schießen mit Pfeil und Bogen (s. →*Kyûdô*). Der Schütze trägt das zeremonielle Kostüm (*Kimono* und *Eboshi*) und entblößt den Arm.

Die Zeremonie stammt aus dem *Shintô*-Kult und dient dem Zweck, den Schützen mit dem Universum zu vereinigen und ihn am →*Aiki* teilhaben zu lassen. Bei großen Schießveranstaltungen *(Dôsha)* wird der Bogenschütze von einem Schwertträger, einem Bogenträger und einem Intendanten assistiert, ähnlich wie bei den *Sumô*-Veranstaltungen. Den ersten Pfeil nennt man →*Kaburaya*, er ist dazu bestimmt, die bösen Geister zu vertreiben.

Rei-shiki (jap.): Etikette, Zeremonie (s. →*Reigi-sahô*).

Bestimmte traditionelle Schulen wie *Ogasawara-ryû* beachten noch heute die alte rigorose Etikette. Andere *Ryû* haben die alten Regeln den heutigen Bedürfnissen angepaßt. Doch alle traditionellen Stile enthalten auch heute noch ein strenge Etikette, die von den Übenden auch außerhalb des *Dôjô* beachtet wird. Sie dient hauptsächlich dem Erreichen der Demut, der Höflichkeit und des rechten Verhaltens. Das rechte Verhalten legt Wert auf Bescheidenheit, Mitgefühl, gegenseitige Hilfe und Großzügigkeit. Jede Kampfkunst verliert ihren Wert ohne eine entsprechende Etikette.

Ren[1] (jap.): ausbilden, feilen (auch *Neru*). *Renshû* – Übung, *Kyôren* – Ausbildung, Drill, *Shiren* – Prüfung, Probe, *Jukuren* – Geschicklichkeit, *Senren* – verfeinern.

Ren[2] (jap.): schmieden, härten; polieren; trainieren. *Rensei* – trainieren, ausbilden, *Shûren* – trainieren üben.

Ren[3] (jap.): Begleitung, Gruppe. *Tsuraneru* – verbinden, aneinanderreihen, *Renzoku* – Kontinuität, Aufeinanderfolge, *Rengô* – Verbindung, Vereinigung.

Ren[4] (chin.): Menschlichkeit, Wohlwollen, Güte, Großmut. Das Schriftzeichen wird aus »Mensch« und »zwei« zusammengesetzt und weist auf die Beziehung eines Menschen zum anderen hin.

Dieses Prinzip gilt im Konfuzianismus als wichtigste Charaktereigenschaft des idealen, edlen Menschen (→*Jun-zi*), die in Gegenseitigkeit und Loyalität ihren Ausdruck findet.

Ren[5] (chin.): Mensch.

Schriftzeichen für Ren (Mensch)

Renbukai (jap.): auch *Renbukan, Karate*-Stil, entstanden in einem koreanischen Gymnasium *(Kanbukan)* in Tôkyô. Der Stil wurde über Shiroma Gusukuma's Schüler Hiroyasu Tamae beeinflußt.

1950 machte Nakamura Norio den Stil bekannt, und 1964 wurde der Name *Renbukai* offiziell angenommen. Im selben Jahr trat der Stil in die *All Japan Karate Federation* ein. Heute hat er etwa 300 000 Mitglieder, Instruktor-Grade gibt es erst ab dem 4. Dan. Gekämpft wird im Vollkontakt, außerhalb Japans ist der Stil wenig verbreitet.

Ren-geri (jap.): wechselndes Treten, Doppeltritt.

Renkaku (jap.): die Kombination mehrerer Techniken (s. →*Renraku*, →*Renzoku*).

Renko-hô (jap.): Techniken der Immobilisation der gegnerischen Arme im *Karate* durch eine Abwehr oder einen Gelenkhebel.

Renma (jap.): »andauerndes Schleifen« (s. →*Ren*[2]), Bezeichnung für eine Trainingsform der Anfänger.

Durch hohe Wiederholfrequenzen der Techniken werden die Spannungsverhältnisse besser, die Technik schneller und klarer. Die Stellungen werden von selbst stärker und verbinden sich auf eine natürliche Weise mit den Techniken, wodurch große Kraft *(Ki)* entstehen kann. Die Atmung wird kontrollierter und paßt sich den Bewegungen an. Der Übende lernt es, seinen eigenen inneren Rhythmus mit dem Rhythmus der *Kata* zu verbinden. Er beginnt die Pausen in den *Kata* zu verstehen und erfährt die Bedeutung der langsamen, definierten Bewegungen und der schnellen, explosiven Techniken im rechten Verhältnis zueinander auf einer vollkommen neuen Ebene. Die Konzentration seiner Aufmerksamkeit beginnt sich auf die feineren Momente der Technik, wie Bewegungsansätze, Haltungen der Hände, der Hüfte, des Kopfes, Bewegungstiming innerhalb der einzelnen Technik u. a., zu verlagern. Über *Renma* lernt er langsam die wahre Bedeutung der Technik zu verstehen und merkt, daß ihr Sinn weit über seine anfänglichen Vorstellungen hinausgeht. Wenn dies eintritt, beginnt der Übende mit der Perfektion der Technik (→*Shûchû-ryôku*).

Renmei (jap.): Föderation, Verband, Bund, Zusammenschluß.

Renoji-dachi (jap.): natürliche Bereitschaftsstellung, »L-Stellung« im Karate. Auch *Re-dachi* (s. →*Shizen-tai*). Die Füße bilden im Stand ein »L«. Die Verlängerungslinie des vorderen Fußes stößt auf die Ferse des hinteren Fußes. Fußhaltung wie bei →*Teiji-dachi*.

Renraku (jap.): kombinieren, miteinander verbinden (s. →*Renzoku*, →*Renkaku*).

Renraku-waza (jap.): Gruppe von Kombinationstechniken (auch *Renzoku*).

Rensa-sankaku (jap.): » Technik der drei Stöcke«. Verteidigungsmethode aus dem →*Takagi-ryû* gegen einen Schwertkämpfer.

Renshi (jap.): Meister des *Budô*, Inhaber des 5. oder 6. Dan. Nähere Erläuterungen s. unter →*Kyûdan*, →*Dan*, →*Kodansha*.

Renshu (jap.): die Übung der Form, das Training der Technik (s. →*Geiko*).

Im *Karate* orientieren sich die Übungssysteme der Techniken an der Reihenfolge der *Kata*, die in den jeweiligen Stilen gelehrt werden. Auf jeder Fortschrittsstufe (→*Kyû*) wird eine *Kata* gelehrt. Das Lehren sämtlicher Prinzipien aus den *Kata* erfolgt in einem dreigeteilten System, das man als die Säulen der Übung bezeichnet: *Kihon*, *Kumite* und *Kata*. Jede Kata enthält einen ihr eigenen Kampfstil (→*Kata-kumite*), den zu verstehen es in der Übung gilt. Die rein physische Übung einer *Kata* besteht aus Technik (→*Waza*) und Anwendung (→*Kumite*). Daraus ergeben sich viele Formen der Übung, die berücksichtigt werden müssen, um Fortschritt in den Kampfkünsten zu erzielen.

Renshû-hô (jap.): »Methode der Übung« [*Renshû* = Übung, *Hô* = Methode]. Der Begriff wird in allen Kampfkünsten verwendet, um festgelegte Übungsformen zu bezeichnen, z. B. gibt es im *Kobudô* die *Renshû-hô-Kata*.

Dies sind reine Übungs-*Kata*, und meist setzt man dahinter eine Zahl (*Shodan*, *Nidan* usw.), um sie voneinander zu unterscheiden. Der Begriff *Renshû-hô* wird jedoch nicht nur für *Kata* gebraucht, sondern auch für verschiedene festgelegte Methoden der Partnerübung.

Renshû-kumite (jap.): *Karate*-Übungsform des →*Jiyû-kumite*. In dieser Übungsform werden die grundlegenden Voraussetzungen zum Kämpfen geübt.

Renshu-kumite ist eine Übung zum Studium der Techniken, Kombinationen, Bewegungen und Möglichkeiten. Man übt miteinander, das Ziel ist die Harmonie der Bewegung und das Studium der freien Technik, die in vollkommenem Einklang zu den Bewegungen des Partners stehen soll. Diese Übung soll von Absichten zum eigenen Vorteil befreit sein. Man soll aufgrund des dadurch entstehenden Vertrauens zum Partner die Situationen gefühlsmäßig erfassen lernen und sich ihnen anpassen.

Die Übungsmöglichkeiten im *Renshû-kumite* sind vielfältig. Sie erstrecken sich von abgesprochenen Partnerübungen, die dem *Jiyû ippon-kumite* ähneln, bis hin zu festgelegten *Kumite-Kata* oder einer leichten Form des freien Kämpfens.

- ***Shizen-kumite.*** Diese Übungsform wird im *Renshû-kumite* klassifiziert und wie oben beschrieben geübt, erfaßt jedoch den erweiterten Bereich der Selbstverteidigung aus den *Kata* und kennt keine festgelegten Regeln. Es wird jedoch nicht um den Sieg gekämpft. In ihr werden z. B. Greiftechniken (*Dori* – greifen) und Befreiungstechniken mit einbezogen, ebenso wie Angriffe zu den Gelenken, unterhalb des Gürtels und zu anderen Vitalpunkten. Auch werden hier gefährliche Techniken wie z. B. *Nukite*, *Hiraken* oder *Shutô* verwendet. In dieser Form des Kampfes werden die Regeln durch die Verantwortung der Übenden ersetzt. Es wird uneigennützig und leicht miteinander geübt.
- ***Tanshiki-kumite.*** Eingeschränkte Form des freien Kampfes, die ebenfalls im *Renshû-kumite* geübt wird. Die im Kampf anzuwendenden Techniken werden, um gewisse technische und taktische Merkmale zu schulen, vorher begrenzt, z. B. greift der eine nur an, der andere wehrt nur ab, oder einer verwendet nur Fußtechniken, der andere nur Fausttechniken usw. Alle Übungsformen, in denen das natürliche Angriffs- oder Verteidigungsverhalten durch vorherige Absprachen eingeschränkt wird, fallen in diesen Bereich.

Renshû-shi (jap.): üben, trainieren.

Renshû-shiai (jap.): leichter, lockerer Übungskampf nach Wettkampfregeln.

Renshû-shimasu (jap.): trainieren, üben, einstudieren.

Renten Goshin Karate-jitsu (jap.): »Stärkung der Willenskraft und Selbstverteidigung durch *Karate*-Techniken (Kunst)«, Titel eines Fachbuches von →FUNAKOSHI GICHIN (s. auch →*Kyôhan Karate-dô*).

Ren-tsuki (jap.): Links-rechts-Fauststoß, kurz aufeinanderfolgend (Klassifizierung s. →*Tsuki-waza*).

Hierbei kann man verschiedene Fausttechniken miteinander kombinieren, z. B. *Oi-tsuki*, *Gyaku-tsuki*. Fügt man noch einen Fauststoß hinzu, nennt man diese Technik →*Sanbon-tsuki*.

Renzoku (jap.): Kontinuität, Aufeinanderfolge, Kombination, Verbindung, Verkettung, fortfahren, verlängern, ununterbrochen (auch →*Renraku*).

Renzoku-waza (jap.): Gruppe der Kombinationstechniken (s. →*Renraku*, →*Waza*).

Rhode, Alfred (*16. 8. 1896, †13. 9. 1978): »Vater des Jûdô« in Deutschland.

Rhode gilt als Wegbereiter des *Jûdô* in Deutschland. 1922 gründete er in Frankfurt den ersten deutschen *Jûdô*-Club, in dem er lange Jahre internationale *Jûdô*-Sommerlehrgänge veranstaltete. Später gründete er das *Deutsche Dan-Kollegium*, dem er lange als Präsident vorstand.

Ri[1] (jap.): Rückseite (auch *Ura*). *Hyôri* – Außen- und Innenseite, *Riken* – Rückseite der Faust.

Ri[2] (jap.): Moral; Prinzip. *Risô* – Ideal, *Risei* – Vernunft.

Ri[3] (jap.): sich trennen, sich entfernen *(Hanasu)*. *Kirihanasu* – (den Geist) abschneiden. Drittes Prinzip aus →*Shu Ha Ri*.

Ri versinnbildlicht die Fähigkeit zur →Transzendenz, zur Vollendung des Geistes (→*Satori*). Es ist die Stufe der Unabhängigkeit (Trennung) von jeder begrifflichen Form (→*Shu*), denn sie existiert nun in einer anderen Dimension.

Der Zen-Meister →Takuan bezeichnete *Ri* als das höchste Ziel aller Wegkünste (→*Ri no Shûgyô*). Er verstand unter *Ri* die vollkommene Meisterschaft der Haltung (→*Shisei*), die der Übende erreichen kann, wenn er sich endgültig von den Fesseln des →Ich befreit. Das daraus entstehende »Nichthaften« (→*Mushotoku*) an den weltlichen Dingen erlaubt einen inneren Zustand (→*Mushin*), aus dem heraus die Wirklichkeit so gesehen werden kann, wie sie ist.

Ridatsu-hô (jap.): s. →*Joshi-Jûdô-Goshinhô*.

Rielly, Robin (* 1942): amerikanischer *Karate*-Lehrer und Autor.

Rielly begann mit den Kampfkünsten 1960 *(Jûdô/Karate)*, kam danach mit der US-Marineinfanterie nach Japan und übte unter Fumio Nagaoka (8. Dan) am *Kobukan*, unter Eizo Onishi am *Koeikan* und unter Yoshio Kawaguchi *Wadô-ryû*. 1962 kehrte er in die USA zurück, eröffnete eine eigene Schule und wurde Mitglied der JKA unter Okazaki.

Rigi-ittai (jap.): *Aikidô*-Prinzip der Einheit zwischen Geist (→*Ri*) und Technik (→*Gi*); s. dazu →*Ken Zen ichi*.

Riken (jap.): Handrücken, Rückseite der Faust (identisch mit →*Uraken*).

Riken-uchi (jap.): Schlag mit dem Faustrücken (auch →*Uraken-uchi*).

Riki (jap.): Kraft (auch *Ryoku*, *Chikara*). *Tairyoku* – Körperkraft, *Zenryoku* – die ganze Kraft, *Muryoku* – kraftlos.

Rin[1] (jap.): Ring, Kreis, Rad (auch *Wa*).

Rin[2] (jap.): Wald (auch *Hayashi*). *Sanrin* – Berge und Wälder, *Kobayashi* – kleiner Wald.

Ri no Shûgyô, Waza no Shûgyô (jap.): Wörtlich: »Das Studium der Vernunft und das Studium der Technik«, wichtiger Leitsatz des *Budô*, aufgestellt von dem Zen-Priester →Takuan, weitergegeben an →Yagyû Munenori, der das Prinzip in seinem Kampfstil (→*Yagyû Shinkage-ryû*) verwendete.

Das von Takuan erläuterte →*Ri* bezeichnet die absolute Kontrolle des Geistes, die aus der Freiheit oder Loslösung desselben von allen weltlichen Dingen besteht. Diese Art der inneren Haltung, das »Nichthaften« (→*Mu*) an den objektiv sichtbaren Erscheinungen, die nur über die absolute Überwindung des →Ich erreicht werden kann, führt bis zur Lehre →Buddha's zurück und wurde im *Bushidô* des japanischen Mittelalters zur essentiellen Lehre der Kampfkunstphilosophie. Die Überwindung der Angst, ein zentrales Motiv der Krieger, begründet sich auf dieser Lehre.

Ri kann auch als Zustand des »unbewußten Bewußtseins« oder »bewußten Nichtbewußtseins« (s. →*Mushin*, →*Mutekatsu*) beschrieben werden. In diesem Zustand kann der Geist in jeder Situation frei reagieren und wird nicht durch innere Zustände (z. B. Angst, Wunschvorstellungen, Vorurteile usw.) zu einem falschen Sehen der Wirklichkeit verleitet, was einer Niederlage gleichkäme. Auf dieser Theorie Takuans beruht auch der bekannte Satz: »Man darf nicht an Sieg oder Niederlage denken.« Solche Gedanken verhindern, daß die Technik – gleich in welchem Maß sie gemeistert wurde – situationsentsprechend und zweckgerecht ausgeführt werden kann, weil der Geist von Wunschvorstellungen (oder anderen Gefühlen) gefangen ist und in diesem Vorurteil falsche Entscheidungen trifft.

Im weiteren weist Takuan darauf hin, daß *Ri*, die rechte Haltung des Geistes, die durch die Praktiken des *Zen* gemeistert werden kann, kein Garant für einen Sieg ist. Er nennt es nur die »Hälfte des Weges« in den Kampfkünsten, während die andere Hälfte die Meisterschaft von *Waza* (Technik) ist. Weder *Ri* noch *Waza* schreibt er im einzelnen eine größere Bedeutung zu. Meister der Kampfkunst nennt er nur einen Menschen, der beides bis zur Vollkommenheit gemeistert hat. Dies bedeutet, daß sich Meisterschaft in der Kampfkunst nur unter Berücksichtigung beider Extreme vollzieht: zum einen durch Vervollkommnung des Geistes und zum anderen durch die Meisterschaft der Technik.

Rinzai-Zen (jap.): neben dem →*Sôtô-Zen* die wichtigste Linie des japanischen und chinesischen *Zen*-Buddhismus. Seit dem 6. Patriarchen des *Zen*, →E'NÔ, begannen sich mehrere Richtungen zu entwickeln, die auf persönlichen Erziehungsmethoden der jeweiligen *Zen*-Meister beruhten. Am Anfang der *Rinzai*-Linie steht NANGAKU, ein Schüler E'nôs, der weiter über seinen Schüler BASSHÔ die Grundlagen der *Rinzai*-Linie schuf.

Die *Rinzai*-Schule wurde jedoch erst von dem chinesischen *Zen*-Meister LIN-CHI I-HSÜAN (jap. RINZAI GIGEN) gegründet. Zu Beginn des 11. Jhs. spaltete sich die *Rinzai*-Schule in die *Rinzai-Oryô*-Linie und in die *Rinzai-Yôgi*-Linie auf, während die ursprüngliche *Rinzai*-Linie weiterhin erhalten blieb.

In Japan ist die *Rinzai*-Schule eine der beiden *Zen*-Linien (neben *Sôtô-Zen*), die heute noch lebendig sind. Sie wurde gegen Ende des 12. Jhs. von →EISAI ZENJI als Ableitung der *Oryo*-Linie ins Land gebracht, wo sie jedoch bald darauf erlosch. Das heutige japanische *Rinzai-Zen* geht auf mehrere chinesische und japanische Meister der strengen *Yogi*-Linie zurück.

Der hauptsächliche Unterschied zur *Sôtô*-Linie besteht darin, daß das *Rinzai* eine stärkere Bindung an die alten traditionellen →*Kôan* hat. Das von BUDDHA praktizierte →*Zazen* wird in allen *Zen*-Richtungen geübt. Im *Rinzai* übt man das Sitzen mit in den Raum gewandtem Gesicht, während der Übende im *Sôtô-Zen* mit dem Gesicht zur Wand sitzt. Im *Rinzai-Zazen* liegt die Betonung mehr auf dem →*Kanna-Zen*, während im *Sôtô-Zazen* mehr das *Mokushô-Zen* (s. →*Mokusô*) geübt wird.

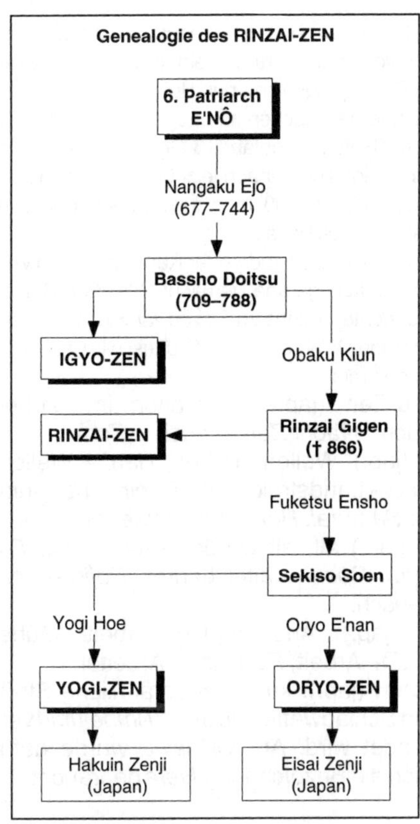

Riô (jap.): s. →*Ryô*.

Risei (jap.): Vernunft, vernünftig.

Rishin-ryû (jap.): traditionelle japanische Schwertschule des *Kenjutsu* und *Kendô*.

Ritsu (jap.): Vorschrift, Gesetz. *Hôritsu* – Recht, Gesetz, *Kiritsu* – Regel, Vorschrift, *Inritsu* – Rhythmus.

Ritsudô (jap.): Rhythmus, Gefühl (auch →*Hyôshi* und *Kokyû*).

Ritsu-rei (jap.): Gruß im Stand. Erläuterungen s. unter *Rei*[4].

• Man nimmt die Stellung *Musubi-dachi* ein (der rechte Fuß wird herangezogen).

• Als erstes wird das Kinn leicht zurückgenommen, so daß der Nacken eine gerade Linie mit dem Rückgrat bildet. Die Schultern werden entspannt, die Arme und die Hände befinden sich in natürlicher Haltung an den Körperseiten. Die Haltung des Körpers ist aufrecht, wachsam und entspannt.

• Die Augen sind geradeaus gerichtet. Wenn man vor einem Partner steht, muß man jede seiner Bewegungen erkennen können.

• Ohne den Rücken zu beugen, neigt man sich in den Hüften ungefähr 15 Grad nach vorn. Der Kopf neigt sich danach leicht nach vorn, jedoch nicht so weit, daß man sein Gegenüber nicht mehr im Blick behält.

• Nun hebt sich zuerst der Kopf, und dann wird der Rücken gerade gemacht. Mit dem Setzen des rechten Fußes zu *Shizen-tai* wird *Yoi* eingenommen. Während des Grußes wird ein- und ausgeatmet.

Ritsu-Zen (jap.): Meditation im Stehen (auch →*Tachi-Zen*, s. auch →*Zen*).

Rô¹ (jap.): Wellen; treiben, *Harô* – Wellen, *Furô* – Landstreicherei, *Rônin* – herrenloser *Samurai*, *Rôhi* – Verschwendung.

Rô² (jap.) alt, alt werden (auch *Oiru, Fukeru*). *Rôshi* – alter Lehrer, *Rôjin* – alter Mensch.

Rô³ (jap.): Anstrengung, Arbeit, Mühe. *Rôdô* – Arbeit, *Rôdôsha* – Arbeiter.

Rôchin (jap.): kurze, speerähnliche Stoß- und Schlagwaffe, die im →*Timpejutsu* verwendet wird. Auf Okinawa wurde dafür auch die Bezeichnung *Hera* gebraucht.

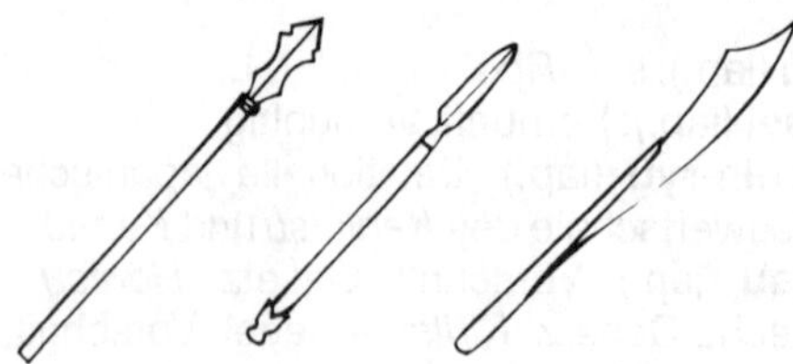

Einige Rôchin-Formen

Rôhai (jap.): in Japan als →*Meikyô* bekannt, alte *Karate-Kata* des *Tomari-te*.
Rôhai bedeutet »Bild eines Kranichs«. Sie ist eine chinesische *Kata*, die vermutlich von chinesischen Meistern des →*Bai-he-quan* nach Okinawa gebracht oder von einem Okinawaner in China gelernt wurde. Sie bevorzugt einbeinige Stellungen und Kranichbewegungen. Trotzdem unterscheidet sie sich von den *Kata* des →*Hakutsuru-ken* aus Naha und Shuri. Es ist bekannt, daß MAEDA PEICHIN aus dem *Tomari-te* ein Spezialist dieser *Kata* war. ITOSU aus Shuri soll später die Varianten *Rohai-shodan, Rohai-nidan* und *Rohai-sandan* entwickelt haben.

Rokkishu (jap.): »Die 6 Formen der Hand«, japanische Bezeichnung für eine alte chinesische Methode des *Shaolin-quan*, mit Techniken der offenen Hand gegnerische Vitalpunkte zu stimulieren. Die Handformen und die Vitalpunktstimulationen sind im →*Bubishi* beschrieben und waren die Grundlage für →MIYAGI CHÔJUN's Studien, auf deren Basis er die *Tensho* entwickelt hat.

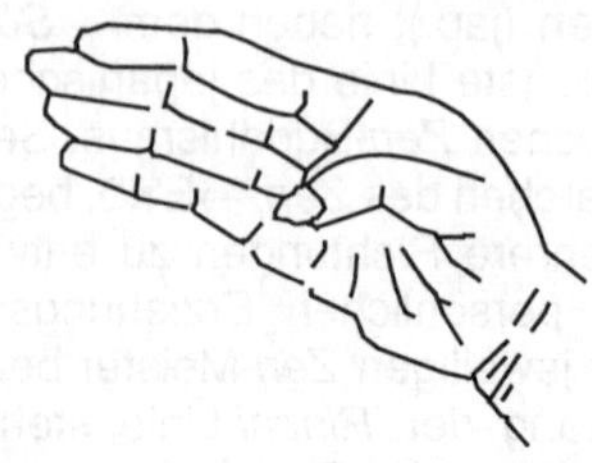

Rokkishu (Auszug aus dem Bubishi)

Tekkotsu-shu *(Nihon-nukite):* »Eisenknochenhand«, man verwendet diese Handform, um den Bereich des Magens anzugreifen. Nach alter Weisheit ist es folgendermaßen: Wenn man diesen Schlag bei jemandem vor dem Essen anwendet, dann spuckt er Blut, doch er stirbt nicht. Wenn man es nach dem Essen tut, ist die Technik tödlich.

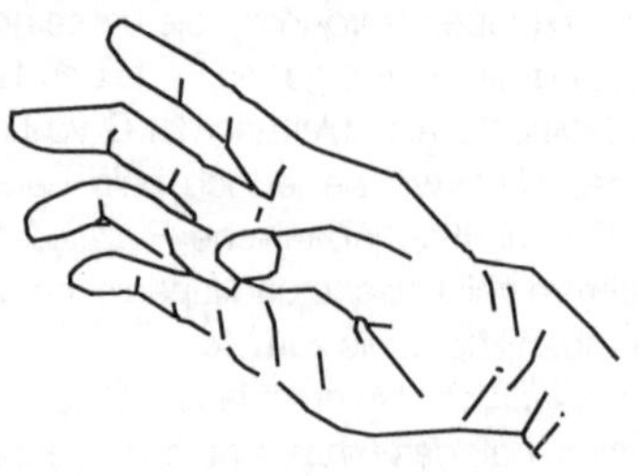

Hashi-shu *(Tigerklaue):* Man verwendet diese Handhaltung, um Greiftechniken zum Kinn oder zu den Hoden zu führen. Wenn man einen dieser Schläge ins Ziel führt, dann spuckt derjenige Blut und stirbt innerhalb von drei Monaten. Keine medizinische Behandlung ist hier wirksam.

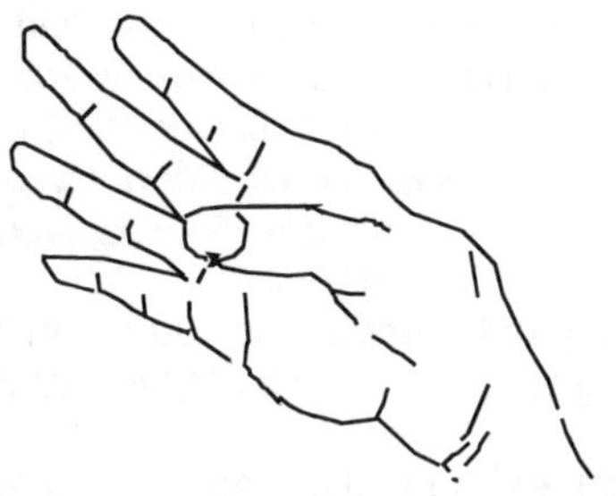

Tessa-shu *(Teisho):* »Eisensandhand«, man formt diese Hand, indem man mit dem Handballen auf ein Objekt schlägt, um sie in der Wärme zu schmieden. Man verwendet sie, um die Blase und den Anus zu treffen. Wenn das *Ki* dieses Schlages eindringt, wird das Innere eitern, und selbst bei sofortiger Behandlung ist Heilung nicht möglich. Die Technik ist tödlich.

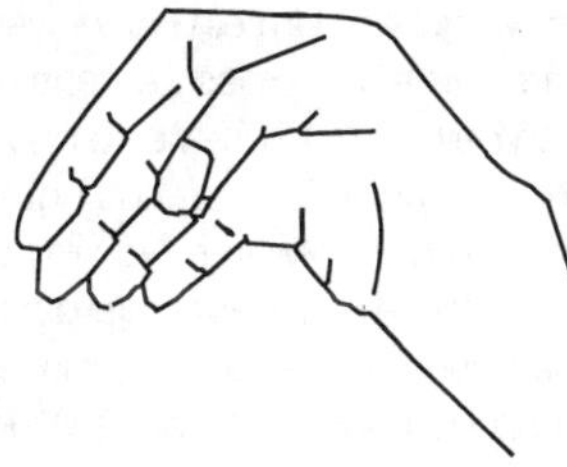

Sankaku-shu *(Keitô):* »Blutbadhand«, man verwendet diese Hand, um zu greifen und zu ziehen. Angegriffen werden Hals, Kehle, Augen, Kopf, Haare und Genitalien. Derjenige, der den Schlag erhält, wird gerettet, wenn er *Kyô-sui* verwendet [*Kyô* = Ingwer, *Sui* = Wasser]. Er wird sich nicht sofort erhohlen, aber überleben.

Ichiro-sogi-shu (Ippon-nukite): Man verwendet diese Hand, um das Gebiet der Vorderseite der Schulter und Achsel und das Schulterblatt anzugreifen. Wenn man sofort behandelt wird, kann man überleben, aber wenn man lange ohne Behandlung bleibt, stirbt man nach spätestens 6 Monaten.

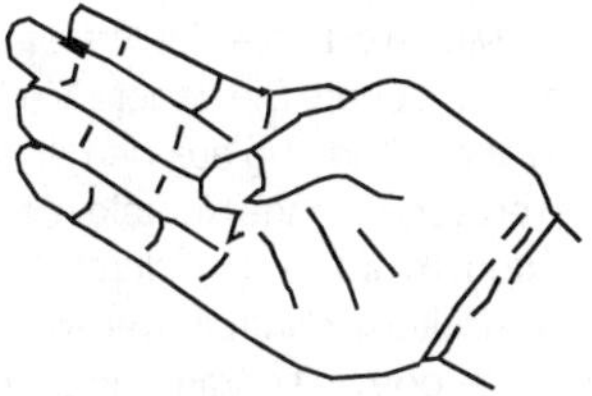

Kôtento-shu *(Shutô):* Mit dieser Hand schlägt man auf die Knochen, Gelenke und Muskeln. Selbst wenn man sofort einen Arzt hinzuzieht, ist der Schlag unheilbar und tödlich.

KOMMENTAR

Man muß erwähnen, daß die Wirkung der oben beschriebenen Schläge weitgehend übertrieben ist. Die Anleitungen beziehen sich auf den schlimmsten Fall oder anders gesagt, wenn die Wirksamkeit jedes Schlages sich in ihrer optimalen Form manifestiert. Die Wirksamkeit der Schläge hängt von der Art ab, wie die Kraft im Schlag gerichtet wird, Form und Härte der Hand sind nur eines von mehreren Elementen der Wirksamkeit.

Die oben beschriebenen sechs Formen der Hand werden realisiert, ohne die Faust zu schließen. Das zeigt, daß in der klassischen Periode der leeren Hand die geschlossene Faust nicht verwendet wurde, oder wenigstens, daß die geschlossene Faust in der Kampfkunst *Bai-he-quan* nicht dominant war. Auch im klassischen *Karate* auf Okinawa wurden für die Angriffstechniken sehr oft die offenen Hände verwendet. Demzufolge übten die Anhänger auf Okinawa oft verschiedene Methoden, um die Hände abzuhärten, z. B. stießen sie die Hand in einen Topf, in dem sich je nach ihrem Fortschrittsniveau Reis, Bohnen, Sand, Kies usw. befand. Sie verwendeten auch zusammengebundene Bambusstäbe, zwischen die sie die Hände stießen (s. →*Dogû*). In China verwendete man noch andere Methoden, um die Hände für einen kraftvollen Schlag abzuhärten, z. B. schlug man an einen mit Sand und Eisenspänen gefüllten Sack, oder man stieß die Hände in Salz, oder man tauchte sie in erhitzten Weizen. Um die Hände zu verstärken und die Wirksamkeit eines Schlages zu erhöhen, gab es eine Methode, die sich von allem unterscheidet. In den bisherigen Methoden handelte es sich darum, die Hände mit verschiedenen Methoden abzuhärten. Man wollte die Haut verstärken und unempfindlich machen. Die andere Methode bestand darin, eine Stärkung aus dem Inneren des Körpers zu erzeugen, ohne Kontakt mit irgenwelchen Objekten, hauptsächlich durch Atemübungen bei gleichzeitiger Kontrolle der Aufmerksamkeit. Diese Methode zielt darauf, eine verbesserte Versorgung mit Sauerstoff zu erreichen und die Zirkulation der inneren Energie zu optimieren.

Rokkotsu (jap.): Rippen (s. →*Karada*).

Roku (jap.): »sechs« (auch *Mutsu, Mu*). *Rokunin* – sechs Personen (s. →*Kazoeru*).

Rokudan (jap.): 6. Meistergrad im *Budô*, der ab dem Alter von 35 Jahren zugesprochen werden kann. Zusammen mit dem 5. *Dan (Godan)* trägt er den Titel des *Renshi* (s. →*Dan,* →*Kyûdan,* →*Kodansha*).

Rokukyû (jap.): 6. Schülergrad (s. →*Kyûdan,* →*Kyû,* →*Mudansha*).

Rokushaku-bô (jap.): [aus *Roku* = sechs, *shaku* (Längenmaß von ca. 30 cm), *Bô* = Stock] Stock von etwa 1,80 m Länge, gebräuchlichste Form des okinawanischen →*Bô*.

Rokushakugama (jap.): Variante der →*Kama*, die an einem langen Stock befestigt wird.

Rokutai (jap.): *Atemi*-Angriffspunkt: ungedeckte Rippen.

Ron (jap.): These, Abhandlung, Argument. *Ronri* – Logik, *Riron* – Theorie, *Ronbun* – Abhandlung.

Rônin (jap.): »Wellenmänner«. Umherziehende *Samurai* ohne Dienstverhältnis mit einem *Daimyô*. Bezeichnung für einen *Samurai* in der japanischen Feudalzeit, der seinen Lehnsherrn durch Tod verloren oder diesen freiwillig oder wegen eines Vergehens verlassen hatte.

Meist verarmt, schlossen sich oft mehrere *Rônin* zu einer Bande zusammen und beteiligten sich an Aufständen und Raubüberfällen (s. →*Kondei,* →*Samurai,* →*Daimyô*). Vor dem 10. Jh. wurde dieser Name den Bauern gegeben, die ihre Ländereien verließen, um den harten Steuerlasten zu entgehen. Erst in der Tokugawa-Zeit wurde die Bezeichnung erstmals für herrenlose Samurai verwendet. Die besten unter ihnen wurden als Leibwächter oder Torwächter der Städte und Tempel engagiert. Viele von ihnen wurden auch Meister der Kampfkünste und gründeten eigene Schulen. Die bekanntesten *Rônin* waren MIYAMOTO MUSASHI und die *Samurai* von Akô (1701–1703, s. →*Akô Gishi*).

Roppô (jap.): Vorwärtsbewegungen im *Aikidô*, gleitend, ohne die Stellung zu verändern.

Rô-Sensei (jap.): alter Lehrer, Vorstand eines *Ryû* oder einer Schule. Gegenteil von →*Waka-Sensei* – junger Lehrer (s. →*Sensei*).

Rôshi (jap.): »alter Meister«, Bezeichnung für einen *Zen*-Meister. *Rôshi* konnte sowohl ein Mönch als auch ein Laie sein.

Der Titel des *Rôshi* war in alter Zeit jedoch sehr schwer zu erringen, denn er setzte eigene Erleuchtung (→*Satori*) voraus und wurde nur durch die Meinung der Öffentlichkeit einem wirklichen *Zen*-Meister vergeben. Um ein *Roshi* werden zu können, waren viele Jahre des Lernens unter einem anderen bewährten *Zen*-Meister nötig, worauf noch einige Jahre des Lernens unter anderen Meistern erforderlich waren. Von mindestens einem Meister mußte man das Siegel der Bestätigung (→*Inka-shômei,* →*Hassu*) erhalten. Erst danach, wenn sich das persönliche Wirken und Lehren im alltäglichen Leben sichtbar für alle Menschen bestätigte, konnte man vielleicht den Titel des *Rôshi* erhalten.

Heute sind die wahren Meister selten geworden und die Maßstäbe weniger streng. Sehr zum Schaden der *Zen*-Tradition werden heute, ebenso wie in den Kampfkünsten, Mönche zum *Rôshi* ernannt, wenn sie höhere Ämter bekleiden oder sonstige organisatorische Aufgaben gut bewältigen.

Rôto (jap.): Bezeichnung für eine privilegierte *Samurai*-Klasse in Japan nach dem →*Gempei*-Krieg.

Rou-ruan (chin.): Weichheit, Begriff aus dem chinesischen →*Quan-fa* und Prinzip der weichen Schulen. *Rou-ruan* bezeichnet die Selbstverteidigung ohne Härte *(Gang)* und Krafteinsatz.

Ruan-qi-gong (chin.): »weiches *Qi-gong*«, Bezeichnung für die Stile der daoistischen Richtung, wie »Wildgans-*Qi-gong*« (→*Dayan-qi-gong*). Gegenteil: *Ying-qi-gong* (»hartes *Qi-gong*«).

Ru-jia (chin.): auch *Ju-jia*, klassische Schule der konfuzianischen Philosophie im alten China, gegründet von →KONFUZIUS (s. auch →Konfuzianismus).

Die Hauptschrift der Schule ist das *»Lun-yu«*, (»Buch der Gespräche«), das man dem Meister selbst zuschreibt. Wie ein Schüler der Schule schreibt, läßt sich die Hauptlehre folgendermaßen zusammenfassen: »Unseres Meisters Lehre ist Treue gegen sich selbst und Gütigkeit gegen andere« (s. →Konfuzius).

Den geistigen Grundstock der Schule bildeten jedoch vier andere heilige Bücher, die an Bedeutung etwa der biblischen Schrift gleichkommen: Buch der Wandlungen *(Yi-jing)*; Buch der Lieder *(Shi-jing)*; Buch der Schriften *(Shu-jing)* und Buch der Riten *(Li-jing)*.

Die wichtigsten Schüler der Schule waren MENCIUS (→MENG-ZI) und →XUN-ZI. Ersterer trat die Erbfolge der Schule an und hat nachfolgend viel zur Verbreitung des Konfuzianismus beigetragen. XUN-ZI (HSÜN-TSU) entwickelte sich von der ursprünglichen Lehre weg und beeinflußte durch seine Ideen die Entstehung der →*Fa-jia*.

Der Konfuzianismus hat auch die Kampfkünste stark beeinflußt. Aus ihm stammen die Rituale der Verbeugung und Respektbezeugung (→*Jing-li*) der Kampfkunstschüler untereinander und gegenüber dem Meister (→*Shi-fu*). Man verbeugt sich im Zeichen der Bereitschaft, einem höheren Ideal zu dienen als dem kleinen Ich. Ohne diese Rituale werden die Kampfkünste gewalttätig oder zu einfachen Sportarten. Es gibt keine traditionellen Kampfkünste, in denen diese Rituale fehlen.

Ru-jing (chin.): auch *Ru-ding* oder *Ju-ching*, »in die Stille eintreten«, »sich versenken«, Ziel der meditativen Übung.

Ru-jing ist ein Geisteszustand, der auch im *Tai-ji-quan* und im *Qi-gong* angestrebt wird. Zuerst versucht man innere Ruhe und Gelassenheit zu erreichen. Die Gefühle sollen harmonisch und ausgeglichen sein. In der Meditation kann es zu einem Zustand der geistigen Leere kommen, d. h. ohne intellektuelle Akivität und ohne Wollen. Dies führt zu einem vertieften Wahrnehmen, zu einer inneren Schau. Dieser Zustand wird oft als Leere bezeichnet. Am Anfang ist dieser Zustand nur schwer zu erreichen, weshalb es viele Methoden gibt, den Einstieg für den Übenden zu erleichtern:

- Sehr beliebt bei Anfängern ist das Zählen der Atemzüge. Man sucht sich eine niedrige Zahl aus und zählt immer bis dahin. Anschließend fängt man von vorne an.
- Die Konzentration wird auf einem Punkt gesammelt. Der am häufigsten benutzte ist das →*Dan-tian* (s. auch →*Qi-hai*), aber jeder andere Punkt ist genauso brauchbar. Wenn man die Aufmerksamkeit zu einem medizinisch wirksamen Punkt lenkt, kann man dazu noch einen therapeutischen Zweck verfolgen.
- Die Meditation ist mit der Atemtherapie eng verbunden. So werden oft auch aus dieser Richtung Techniken beigesteuert. Das geht von einfacher Atemführung bis zu komplizierten Atemtechniken.
- Es gibt eine Fülle weiterer Techniken, die zum Teil mit Suggestion arbeiten. Diese sind aber nicht ungefährlich und sollten nur unter der Kontrolle eines fähigen Lehrers geübt werden.

Ryô (jap.): beide, mehrere. *Ryôshin* – Eltern, *Ryôte* – beide Hände, *Ryôhô* – beides.

Ryô-ashi-dori (jap.): Zweihandsichel (auch →*Morote-gari*).

Ryôbukai (jap.): s. →*Shindô Jinen-ryû*.

Ryôgan-zuki (jap.): Stoß in beide Augen (s. →*Jû no Kata*).

Ryoi Shintô-ryû (jap.): die »durch guten Willen suggerierte wahre Kunst des Kampfes«, japanisches →*Jûjutsu*-System, gegründet von SASABARA JIROZAEMON aus dem KURODA-Clan im 17. Jh., deren Meister später gegen die von →KANÔ JIGORÔ ausgebildeten *Jûdô*-Meister antraten und unterlagen. Das *Ryoi Shintô-ryû* lehrt auch den Gebrauch von Schwert, Seil, Kette mit Gewicht und Sichel mit Kette.

TOTSUKA HIKOSUKE, Leiter des *Ryoi Shintô-ryû* und Zeitgenosse von KANÔ JIGORÔ, provozierte mehrere Zusammenstöße zwischen seinen und Kanôs Schülern, indem er sich in der Presse negativ über das *Jûdô* äußerte. Daraufhin ordnete die kaiserliche Polizeiverwaltung im Jahre 1886 einen Entscheidungskampf zwischen den beiden Schulen an, um festzustellen, welches der beiden Systeme in Zukunft das Ausbildungssystem der Polizei werden sollte. In jeder Mannschaft standen 15 Meister der jeweiligen Schule. In 30 Zweikämpfen errangen die Meister des *Jûdô* den

Sieg, zwei Begegnungen endeten unentschieden.

Ryôkata-oshi (jap.): beide Schultern niederdrücken (s. →*Jû no Kata*).

Ryoku (jap.): Kraft (auch *Riki, Chikara*). *Tairyoku* – Körperkraft, *Zenryoku* – die ganze Kraft, *Muryoku* – kraftlos.

Ryôken-koshi-gamae (jap.): beide Fäuste an den Hüften (s. →*Kamaekata*).

Ryosei Kuwaye: okinawanischer *Tôde*-Meister der ersten Generation, Schüler von →MATSUMURA SÔKON.

Ryôshô-tsukami-uke (jap.): Greifabwehr mit beiden Händen (s. →*Tsukami-uke*).

Ryô-te (jap.): beide Hände.

Ryôte-dori (jap.): Griff beider Hände (s. →*Kime no Kata*, →*Jû no Kata*).

Ryôwan (jap.): beide Arme. Gegenteil: *Sekiwan* – ein Arm.

Ryôwan-uke (jap.): Gruppe der beidhändigen Abwehrtechniken im *Karate* (s. →*Uke-waza*).

Ryû[1] (jap.): Drache (auch *Tatsu*).

Ryû[2] (jap.): Fachrichtung, Stilrichtung, Schulungsmethode, Tradition (s. →*Bujutsu*). In Japan beinhaltet jedes Kampfkunstsystem (z. B. *Taijutsu, Kenjutsu, Ninjutsu Jûjutsu, Kyûjutsu* usw.) eine große Anzahl von *Ryû*, die wiederum selbst in Zweige (s. →*Ha*[1]) aufgeteilt waren.

DIE MITTELALTERLICHEN RYÛ

Im Verlauf von mehr als tausend Jahren gründeten die japanischen Meister der Kampfkünste unaufhörlich neue Techniken. Vor der Meiji-Restauration (1868) gab es eine sehr große Anzahl von *Ryû* (etwa 9000), von denen viele geheim waren und nur wenige Schüler *(Ryûsha)* hatten, während andere sehr verbreitet waren. Zu Anfang des 20. Jhs. zählte man immer noch über 1000 *Ryû* in Japan, von denen die meisten dem →*Kenjutsu* angehörten. Die Mehrzahl dieser *Ryû* wurde von adeligen *Samurai* gegründet, jedoch auch von →*Rônin* oder »gewöhnlichen« Menschen (Bauern). Jedes *Ryû* bezog seine Anhänger aus jener Bevölkerungsklasse, aus der auch der Gründer stammte. Der Sitz befand sich dort, wo sich der Stilgründer (→*Iemoto*) aufhielt, meist in der Nähe der Regierungssitze der *Daimyô* oder in den großen Städten. Die meisten *Ryû* gehörten zu den großen *Daimyô*-Familien (z. B. *Takeda-ryû* oder *Yagyû Shinkage-ryû*) und enthielten ein breites Spektrum an bewaffneten und unbewaffneten Kampftechniken *(Sen-ha)*, auch Taktiken der Kriegsführung *(Ryû-ha)* und vieles mehr. Daher kann ein *Ryû* oft unter spezifischen Oberbegriffen (*Jûjutsu, Kenjutsu, Ninjutsu, Aikijutsu* usw.) eingeordnet werden, da es immer das gesamte Spektrum der Kriegsführung mit einschloß. Die Ausübung von *Jûjutsu* oder *Kenjutsu* allein war in den klassischen *Ryû* nicht üblich. Alle Krieger, z. B. am Hof des Fürsten TAKEDA, übten sich in allen Elementen des dort gelehrten *Ryû*. Daher kann man eine klassische Stilrichtung nicht unter den heute üblichen Gesichtspunkten (*Jûjutsu, Kenjutsu, Naginatajutsu* usw.) klassifizieren.

Jeder Meister vertrat seinen persönlichen Stil (→*Ryûgi*), dessen Feinheiten und Geheimnisse (s. →*Okuden*, →*Gokuhi*, →*Hiden*) er nur an wenige Auserwählte (Nachfolger) weitergab. Die große Mehrheit der Übenden waren *Samurai*, die in dem *Ryû* nur in praktischen Kriegstechniken ausgebildet wurden. Sie erhielten nur eine »oberflächliche« Lehre (→*Omote*), d. h., sie übten sich in den Techniken des *Ryû*, um auf dem Schlachtfeld siegen zu können. Manche Meister der *Ryû* lehrten nur Techniken *(Jutsu, Waza)*, doch die meisten befaßten sich auch mit Philosophie (*Zen*, Daoismus, *Shintô*, Konfuzianismus) und waren oft persönliche Lehrer und Ratgeber *(Sensei)* der Fürsten. Sie galten als weise Menschen und waren hoch angesehen, und es gab in Japan kaum einen gesellschaftlichen Status, der den ihrigen übertraf. Manchmal hinterließen sie Schriften (→*Makimono*, →*Denshô*), die ihre Überlegungen und Techniken enthielten (z. B. »*Gorin no Sho*« von MUSASHI), denn ihre Ansichten waren in Kriegs- wie in Friedenszeiten sehr gefragt.

Manche dieser *Ryû* waren auch unabhängig, wenn sie von *Rônin, Ninja* oder Bauern gegründet wurden, wie z. B. das *Niten-ryû* von →MUSASHI. Diese Lehrer nahmen oft nur einen oder zwei Schüler an, andere gründeten Schulen und unterrichteten öffentlich für Geld wie z. B. → MÛSO GONNOSUKE.

Schließlich gab es noch die *Ryû* der Kriegermönche, die in den mächtigen buddhistischen und shintôistischen Klöstern ihren Sitz hatten. *Hôzoin-ryû, Kashima-ryû* und *Katori-ryû* sind Beispiele dafür. Auch die Kriegermönche in den Bergen (→*Yamabushi*) hatten ihre eigenen *Ryû*. Sie beeinflußten die Entstehung der vielen *Ninja-ryû*, die von Anfang an die verschiedensten Kampftechniken von den Höfen der *Daimyô* mit in die Berge brachten (z. B. *Yoshitsune-ryû* oder *Takeda-ryû*).

DIE RYÛ DER GEGENWART

Die meisten japanischen *Ryû*, die noch bis kurz vor dem Zweiten Weltkrieg existierten, sind heute verschwunden. Die letzten Meister sind häufig ohne Nachfolger gestorben, weil viele sich weigerten, in der neu aufkommenden japanischen Mentalität Nachfolger zu hinterlassen. Jedoch auch viele traditionelle *Dôjô* wurden von den Schülern verlassen, da sie sich für die moderne Kampfkunstauffassung (*Jûdô, Aikidô, Karate* usw.) entschieden. Dadurch ist ein immenser Umfang an traditionellen Werten und Wissen in den japanischen Kampfkünsten verlorengegangen. Die wenigen verbliebenen traditionellen Schulen bewahren, was noch übriggeblieben ist. Die modernen Schulen sind weit davon entfernt, die Tradition der großen alten Lehrer wahren zu können.

Wegen dieser Zustände wurde von der japanischen Regierung nach dem Krieg eine systematische Überprüfung der Situation angestrengt (s. →*Butokuden*). Man fand heraus, daß in Japan immer noch etwa 1000 *Ryû* existieren. Von diesen Schulen nehmen jedoch nur 46 an dem großen alljährlichen *Taikai* (Sportfest) des →*Budôkan* teil, der damit versucht, die *Ryû* zusammenzuführen, um ihre Lebenschancen zu verbessern. Die meisten traditionellen *Ryû* jedoch verweigern nach wie vor den Auftritt in der Öffentlichkeit. Folgende sind die heute bekanntesten japanischen *Ryû* (Erläuterungen siehe unter der jeweiligen Bezeichnung):

WICHTIGE JAPANISCHE RYÛ

Aio-ryû	Mutô-ryû
Araki-ryû	Ogasawara-ryû
Daitô-ryû	Oto-ryû
Fudô-ryû	Sekiguchi-ryû
Hôki-ryû	Shibukawa-ryû
Hokusai-ryû	Shindô Musô-ryû
Hôzoin-ryû	Shinkage-ryû
Hyohô Itten ichi-ryû	Shin no Shindô-ryû
Isshin-ryû	Shoshitsu-ryû
Jikishin Kage-ryû	Sôsuichi-ryû
Juki-ryû	Taisha-ryû
Kage-ryû	Takagi-ryû
Kankai-ryû	Takeda-ryû
Kashima Shintô-ryû	Takenouchi-ryû
Katori-ryû	Tamita-ryû
Kitô-ryû	Tenshin Shinyô-ryû
Kukishin-ryû	Tenshin-ryû
Kurama-ryû	Togakure-ryû
Kyûshin-ryû	Wadô-ryû
Mugen-ryû	Yagyû-ryû
Munen-ryû	Yagyû Shinkage-ryû
Mushin-ryû	Yanagi-ryû
Musô Shinden-ryû	Yô-ryû
Mutekatsu-ryû	Yôshin-ryû
Muteki-ryû	

Ryûei-ryû (jap.): okinawanische Stilrichtung des *Karate*, gegründet von →NAKAIMA NORISATO aus der Richtung über ASON und RYÛ RYÛKO.

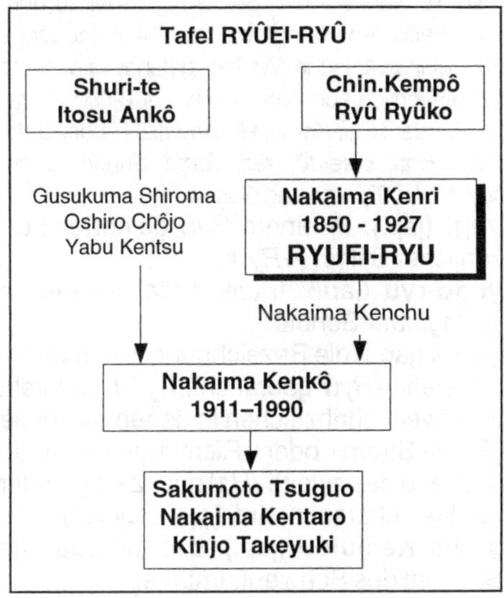

Das *Ryûei-ryû* war bis zu dem Zeitpunkt, an dem NAKAIMA seine Geheimhaltung aufhob, ein traditioneller okinawanischer *Karate*-Stil. Die Betonung lag auf den *Kata* und dem freien Kampf, der mit Schutzausrüstung durchgeführt wurde. *Nakaima* war zeit seines Lebens ein Verfechter des Kampfes mit Schutz und ein Gegner der japanischen Wettkampfmethoden. Nakaima: »Das japanische Sport-Karate ist unrealistisch, da man allein mit Schnelligkeit gewinnen kann. Die vielen anderen Aspekte, die einen realistischen Kampf prägen, werden nicht beachtet. Es wäre mir lieber, man würde mit Schutzausrüstung kämpfen und den Kampf nicht unterbrechen, wenn jemend einen Punkt gemacht hat. In diesem System gewinnt oft der falsche Mann.«

Nachdem →SAKUMOTO TSUGUO den Stilvorstand übernommen hatte, begann er öffentlich zu unterrichten. Nach seiner Wettkampflaufbahn gründete er auf Okinawa einen Verband für *Ryûei-ryû*, der heute in 7 Clubs etwa 1000 Mitglieder hat. Da Sakumoto den Stil über den Wettkampf verbreiten will, hat er viele seiner klassischen Inhalte verloren und sich den japanischen Wettkampfpraktiken angenähert.

Das *Ryûei-ryû* hat 7 chinesische Kata (*Pachu, Heiku, Paiku, Anan, Anandai, Ohan* und *Paiho*, die letztere eine Form des Weißen Kranichs, *Baihe-quan*) und interpretiert auf eigene Weise einige okinawanische Kata (*Sanchin, Seienchin, Niseishi, Sanseru* und *Seisan*). Parallel zu dem unbewaffneten Kampf werden 14 chinesische und okinawanische Waffen gelehrt, die heute hauptsächlich auch von →HAYASHI TERUO vertreten werden: *Sai, Kama, Renkuwan, Timbe, Gekiguan, Kon, Bisentô, Yari, Tonfa, Surujin, Dajio, Nunchaku, Tankon* und *Gusan*.

Ryûgi (jap.): in einem Ryû gelehrter persönlicher Stil (s. →*Ryû*).

Ryugo-ryû (jap.): traditionelle japanische →*Naginata*-Schule.

Ryû-ha (jap.): die Bezeichnung wird manchmal statt →*Ryû*[2] gebraucht. *Ryû-ha* besteht aus zwei Schriftzeichen in denen des erste *(Ryû)* »Strom« oder »Richtung« bedeutet, während das zweite *(Ha)* mit »Zweig« oder »Sekte« übersetzt wird. (s. →*Bujutsu*).

Ryû-ha Kenjutsu (jap.): das theoretische Studium des Schwertkampfes.

Bereits im 14. Jh. wurde *Kenjutsu* unter zwei Aspekten gelehrt: *Ryû-ha Kenjutsu* (Kriegsführung und Militärstrategie) und *Sen-ha Kenjutsu* (praktischer Umgang mit dem Schwert); s. →*Kenjutsu*, →*Ryû*.

Ryûko no Maki (jap.): »Buch vom Drachen und vom Tiger«, eines der ältesten japanischen Schriften über die Kampfkünste.

Ryûkyû-Inseln (jap.): auch Riukiu-, Liukiu-, Lutschu-Inseln, japanische Inselkette (1200 km lang) mit 98 Inseln (davon 47 bewohnt) zwischen Taiwan und Kyûshû, ca. 4700 km², ca. 1,5 Mio. Einwohner.

Die nördlichen Ryûkyû-Inseln, bestehend aus den Ôsumi-, Tokara- und Amami-Inseln (zus. etwa 2400 km²), gehören zur Präfektur Kagoshima (Kyûshû). Die Okinawa- und Saki-Inseln (zus. 71 Inseln mit 2255 km²) bilden die Präfektur Okinawa. Der Hauptteil der Bevölkerung lebt auf →Okinawa mit der Hauptstadt Naha. Der südlich des 29. Breitengrades gelegene Teil der Ryûkyû-Inseln stand 1940–1972 unter US-Verwaltung. Ursprungsort des Karate (s. →*Tôde*, →*Okinawate*).

Ryûkyû-kan (jap.): Bezeichnung für eine okinawanische Siedlung in der chinesischen Provinz Fukien, in der Nähe von Fuzhou (Foochow).

Die Siedlung entstand zu Beginn des 19. Jhs., als zum Zeichen des Kulturaustausches und der guten Handelsbeziehungen zwischen China und Okinawa viele Okinawaner nach China zogen, um dort zu lernen oder zu arbeiten (s. →Okinawa, →Kumemura).

Ryûkyû Kempô-Karate[1]: (jap.): okinawanischer *Karate*-Stil, gegründet von →ÔYATA SEIYU.

Ôyata Seiyu war u. a. ein Schüler von →NAKAMURA SHIGERU, dem Gründer des →*Okinawa-Kempô-Karate*. Er gründete später das *Shinshuhô-ryû*, eine *Karate*-Auffassung in der er den Amerikaner JOE LEWIS unterrichtete.

Ryûkyû-Kempô-Karate[2] (jap.): Titel des ersten *Karate*-Lehrbuchs von →FUNAKOSHI GICHIN, erschienen 1922 im Bukyôsha-Verlag, Tôkyô.

Das Buch wird in neuester Zeit wieder aufgelegt und als *»To-Te Jitsu«* von Geschäftemachern zu unhaltbaren Preisen verkauft. Bereits 1926 wurde es vom japanischen Kobudô-Verlag neu herausgegeben und unter dem Titel →*»Rentan Goshin Karate Jitsu«* (»Stärkung der Willenskraft und Selbstverteidigung durch Karate-Techniken«) verbreitet.

Ryûkyû-Kobudô (jap): okinawanischer Stil des *Kobudô*, organisiert in der *Ryûkyû Kobudô Hozon Shinkôkai* (Gesellschaft zur Förderung und Bewahrung des Ryûkyû-Kobudô), angeführt von →AKAMINE EIKO (EISUKE).

Die Organisation ging aus der *Ryûkyû Kobujutsu Kenkyukai (Ryûkyû Kobujutsu Research Association)* hervor, die 1911 von →YABIKU MODEN gegründet wurde. Yabiku hatte *Karate* von →ITOSU ANKÔ, →*Yamane-ryû* von →CHINEN SANDA sowie *Kobujutsu* von TAWADA PEICHIN (TAWADA NO MEIGANTU) und →KANAGUSUKU SANDA gelernt.

Ryûkyû Shôrin-ryû (jap.): okinawanischer *Karate*-Stil, gegründet von INAMINE SEIJIN, einem Schüler von SHIMABUKURÔ EIZO und IREI MATSUTARO. Der Stil ist heute in der *Ryûkyû Shôrin-ryû Karate-dô Kyôkai* (s. Anhang) organisiert.

Die Mitgründer des Stils waren Goya Ryûsho, Makishi Kojun, Shinya Hiroshi und Toguchi Soko, alles Schüler von Shimabukurô Eizo und Irei Matsutaro. Inamine lernte auch von Tsuha Tomei (Takagi Tsunaki), einem Schüler von Nakamura Shigeru *(Okinawa-Kempô-Karate)* und Kaneshima Shinsuke *(Tozan-ryû)*. Die wichtigsten Kata des *Ryûkyû Shôrin-ryû* sind: *Pinan shodan, Pinan nidan, Pinan sandan, Pinan yondan, Pinan godan, Naihanchi shodan, Naihanchi nidan, Naihanchi sandan, Rôhai, Chinto, Ananku, Wanshu, Seisan, Gojûshiho, Kûshankû, Passai, Oyadomari no Passai, Tokumine no Kon, Sakugawa no Kon, Chatanyara no Sai* und *Tawada no Sai*.

Ryû Ryûko (1852–1930): auch RU RU KO, DO RYUKO oder RYU ROKO (chin. LIU LU-GONG, LIU LU-KUNG, LIU LIAN-GUO oder in *Pinyin* XIE ZHONG-XIANG), chinesischer Meister des →*Bai-he-quan*. Erläuterungen s. unter →*He-quan*.

TOKASHI IKEN, der Direktor der »*Okinawa Goju/Tomari-te Karate-do Kyokai*«, schreibt in seinem Buch »*Kohaku*« (1993), daß Xie Ruru (Ryû Ryûko) einer der ursprünglichen Meister des Stils des *Bai-he-quan* war und 1914 auf Okinawa weilte. *Ryûru* bedeutet »fortschreiten« und war ein Kosename. *Ko* ist eine Nachsilbe und bedeutet »großer Bruder«.

Ryû Ryûko entstammte der Adelsklasse von Fuzhou in der Provinz Fukien. Während einer Rebellion mußte die Familie des Meisters verkleidet fliehen, um ihr Leben zu retten, und verlor ihr Vermögen. Danach arbeitete der Meister als Schuhmacher (nach anderen Darstellungen als Zimmermann, Maurer, Korbflechter, Kaufmann). 1874 akzeptierte er – wohl auf Empfehlung von →WAI-CHINZAN – den fast gleichaltrigen →HIGASHIONNA KANRYÔ als Schüler, der nach China gekommen war, um sich in den Kampfkünsten auszubilden. Seine Kampfkunst kam später über Higashionna nach Okinawa und entwickelte sich zum *Naha-te*.

Meister Ryû Ryûko war in der Provinz Fukien als gut trainierter und außergewöhnlich disziplinierter Kampfkunstexperte weit bekannt. Er war ein Experte in der waffenlosen Kampfkunst sowie in der Kunst des Langschwertes *(Jian)*, des Breitschwertes *(Dao)* und des Speers *(Qiang)*. Er war ein Schüler von PAN YU-BA, der von LIN SHI-XIAN, einem Meister des *Bai-he-quan* (Weißer Kranich), unterrichtet wurde. Ryû Ryûko gründete eine Variante des Stils (*Zong-he-quan* oder *Tzonhuo-chuan* – Springender Kranich), die er in seiner erst 1883 eröffneten Schule in Fuzhou unterrichtete. Dort lehrte er 5 Formen: *Happoren (Baiburen, Paipuren), Nepai (Nipaipo), Doonquan* (*Chukyo, Jusanporen*) *Roujin (Jusen)* und *Qijing (Shichikei)*. Heute vertritt XIE WEN-LIEANG, der Urenkel Ryû Ryûkos, den Familienstil.

Ryûsha (jap.): Schüler eines Meisters, die der von ihm gelehrten Disziplin folgen.

Ryûsui (jap.): »Fließendes Wasser«. Bezeichnung für eine Gruppe von japanischen Techniken, die aus fließenden Ausweichbewegungen bestehen. Für *Karate* s. →*Kawashi-waza* und verfolge weitere Hinweise.

S

Sa[1] (jap.): links (auch *Hidari*).

Sa[2] (jap.): Tee (auch *Cha*).

Sabaki (jap.): Formen der Bewegung während der Angriffs-, Abwehr- und Konteraktionen. In den Kampfkünsten versteht man unter *Sabaki* eine Bewegungsaktion, die sich aus der Kampftechnik als solcher (*Shishi-undô* – Extremitätenbewegung) und der Bewegung des Körpers im Raum (*Tai-sabaki* – Körperbewegung) zusammensetzt.

FORMEN DES SABAKI

Tai-sabaki unterscheidet man in →*Ashi-sabaki* (Fußbewegungen, auch *Unsôku-hô*) und →*Koshi-sabaki* (Hüftbewegungen).

Ashi-sabaki (Fußbewegungen), *Koshi-sabaki* (Hüftbewegungen) und *Shishi-undô* (Extremitätenbewegungen) können miteinander verbunden werden, um die Situation und den Raum (→*Ma-ai*) zu beherrschen. Vom harmonischen Verhältnis aller Bewegungen zueinander hängt die Ganzkörperbewegung (→*Shitai-undô*) ab. Erst durch die Ganzkörperbewegung wird ein harmonisches Verhältnis zu Zeit und Raum möglich.

Meisterliche Technik ist die Einheit beider Bewegungsformen im harmonischen Ablauf: Ganzkörperbewegung. Darin dient die Extremitätenbewegung der Arbeitsverrichtung und die Rumpfbewegung der Überwindung der Schwerkraft. Als wichtigste Voraussetzung für die Ganzkörperbewegung gilt die perfekte Haltung des Körpers, das richtige Verhältnis zwischen Spannung und Entspannung und die richtige Atmung.

SABAKI	
Tai-sabaki	– Koshi-sabaki (Hüftbewegung)
	– Ashi-sabaki (Fußbewegung)
Shishi-undô	– Uke-waza (Abwehrtechnik)
	– Tsuki-waza (Stoßtechnik)
	– Keri-waza (Fußtechnik)
	– Uchi-waza (Schlagtechnik)

GRUNDPRINZIPEN DES SABAKI

Unter der Voraussetzung eines immer aufrechten Oberkörpers kann die Kraft aus der Mitte (→*Hara*) in der Technik (→*Waza*) zur Geltung kommen. Die Mitte muß jedoch unter Beachtung optimaler physikalischer Gesetzmäßigkeiten bewegt werden, um starke Techniken entstehen zu lassen. Das Verständnis dieser Gesetzmäßigkeiten ist ein langwieriger Prozeß und tritt nur in der anhaltenden Übung und im ausdauernden Suchen nach Bewegungsperfektion ein. Davon ausgehend, kann sich eine gute *Karate*-Technik entwickeln. Dies ist die Basis für jedes theoretische und praktische Verständnis des *Karate*, und erst danach kommt die Technik der Extremitäten.

Die Bewegung der Körpermitte geschieht mittels Hüftbewegungen (→*Koshi-sabaki*) oder Fußbewegungen (→*Ashi-sabaki*, *Unsôku*). Es gibt auch Kombinationen zwischen beiden oder aufeinanderfolgende Fuß- und Hüftbewegungen (→*Tenshin*). Hüftbewegungen entstehen durch Gleichgewichtsverlagerungen im Stand oder durch Hüftdrehungen *(Koshi-kaiten)*. Die Gleichgewichtsverlagerungen bewirken ihr geradliniges Einsetzen in Form eines Hüftschubs.

Der Schwerpunkt des Körpers kann auch mittels verschiedener Formen der Fußbewegung (*Ashi-sabaki* oder *Unsôku*) bewegt werden. Mit ihnen verändert man die Position des Rumpfes, indem man vor, zurück oder zur Seite geht, um in einer optimalen Entfernung zum Gegener zu stehen. Um einen variantenreichen Stil zu entwickeln, ist es wichtig, daß man in der Übung alle Bewegungsformen berücksichtigt und zusammen mit den Techniken gründlich übt.

Sabi (jap.): geschmackvolle Einfachheit (auch *Jaku, Seki*). *Seijaku* – Stille, Ruhe, *Sekiryô* – Einsamkeit, Verlassenheit. In den Wegkünsten steht der Begriff für die Empfindsamkeit gegenüber der zeremoniellen Ästhetik. *Sabi* wird als Übung für ein gesteigertes intuitives Erfassen verwendet und ist Teil des Konzeptes →*Furyû*.

In den Kampfkünsten wird z. B. der Gürtel *(Obi)* nie gewaschen. Jeder Tropfen Schweiß und jeder Abrieb sammelt in ihm eine Erfahrung, die den Übungsweg eines *Budôka* kennzeichnet. Wäscht man den Gürtel, wäscht man auch die Erfahrungen weg. Jeder Gürtel erzählt seine eigene Geschichte, ebenso wie jeder *Karategi* und jede *Kobudô*-Waffe: von Freude und Leid, von

Freundschaft und Mißverständnissen, von Erfolg und Mißerfolg, aber auch von Versagen, von Schmerzen, von persönlichen Höhen und Tiefen. Der Gürtel ist das Abbild des Weges, den der einzelne gegangen ist. Aus diesem Grund ist es für einen Übenden eine große Ehre, wenn ein Meister ihm seinen Gürtel schenkt. Den Gürtel eines Unbekannten nimmt man nur unter Vorbehalten an, und den Gürtel eines Menschen, der die Prinzipien des Weges *(Dô)* verletzt, lehnen traditionsbewußte *Budôka* ab.

Jeder Gürtel ist auf eine besondere Weise mit dem Menschen, der ihn trägt, verbunden. Er wird zu einem wertvollen Objekt, wenn der Mensch sich selbst und seine Kunst in Ehren hält. Gleichzeitig jedoch verliert er seinen Wert, wenn der Übende die Regeln des *Budô* verletzt.

Sagaru (jap.): herabhängen, fallen (s. →*Ge*).

Sagaru no Kamae (jap.): Rückwärtsstellung. Eine Stellung nach hinten einnehmen. Bezeichnung einer Stellung aus den japanischen Kampfkünsten.

Sageru (jap.): herablassen, herunternehmen (s. →*Ge*).

Sageta-empi (jap.): tiefer Ellbogenschlag.

Sagi (jap.): Reiher, Kranich.

Sagiashi-dachi (jap.): Kranichstellung, Stand auf einem Fuß in der Kata →*Gankaku*. Sie wird auch *Ipponashi-dachi* genannt. Die Bezeichnung kommt von der Ähnlichkeit der Stellung mit der eines Kranichs (*Gaku*), der auf einem Felsen steht.

Sagurite (jap.): suchende Hand. *Sagurite no Gamae* – Suchende-Hand-Kampfstellung.

Sagurite-gamae (jap.): Suchende-Hand-Kampfstellung, eine Haltung (s. →*Kamaekata*) aus dem *Okinawa-Karate*, ähnlich *Shutô-gamae* aus dem *Shôtôkan-ryû*.

Diese *Kamaekata* hat eine alte Tradition und stammt aus den chinesischen Stilen. Durch die geöffnete Hand entsteht eine vollkommene Entspannung der Arm- und seitlichen Rumpfmuskeln, was die Geisteshaltung im Kampf positiv beeinflußt. Meister der Kampfkünste behaupten, daß diese *Kamaekata*, wenn sie körperlich *(Migamae)* und geistig *(Ki-gamae)* verstanden wird, ein »Fühlen« (→*Yomi*) der gegnerischen Absicht erlaubt. Mit ihr lassen sich die Angriffsarme und -waffen des Gegners vollkommen kontrollieren. Durch sie entsteht eine direkte Verbindung zwischen Hand und Wahrnehmungszentrum im Ge-

Sagurite no Gamae – die Suchende-Hand-Kampfstellung

hirn, weswegen man ihr magische Fähigkeiten zuspricht. Man soll das Gefühl haben, daß man über die total entspannte Hand eine Verbindung zum Geist des Gegners schafft und der eigene Geist in der entsprechenden Haltung alles im voraus wahrnimmt, was der Gegner beabsichtigt. In Okinawa wurde sie geübt, um auch im Dunkeln gegen einen Gegner kämpfen zu können.

Saguru (jap.): suchen, tasten (auch *Tan*).

Sahô (jap.): Etikette, Verhalten. In den Kampfkünsten bezieht sich Sahô auf das Verhalten der Budô-Übenden in- und außerhalb eines *Dôjô*.

Der Mittelpunkt der *Budô*-Verhaltensetikette ist der Gruß (→*Rei*[4]). Dadurch wurde ein Konzept des gegenseitigen Verhaltens gegründet, das zum Wachsen in höhere Fortschrittsstufen des *Budô* unbedingt zu beachten ist (s. →*Reigi-sahô*). *Rei* bezeichnet den Willen im Übenden, gegenseitiges Verständnis und gegenseitige Achtung zu erreichen. Gleichzeitig drückt *Rei* auch das stillschweigende Versprechen des Übenden aus, eigene innere Barrikaden (→*Bonnô*) zu überwinden, die gegenseitige Harmonie verhindern.

Sai[1] (jap.): töten, morden (auch Satsu, Setsu Korosu)

Sai[2] (jap.): schneiden (auch *Setsu, Kiru*).

Sai[3] (jap.): *Kobudô*-Waffe, erstmals im 13. Jh. in Indien geschichtlich erwähnt. Später unter dem Namen *San-ku-chu* in China eingeführt, wo die Waffe im 15. Jh.

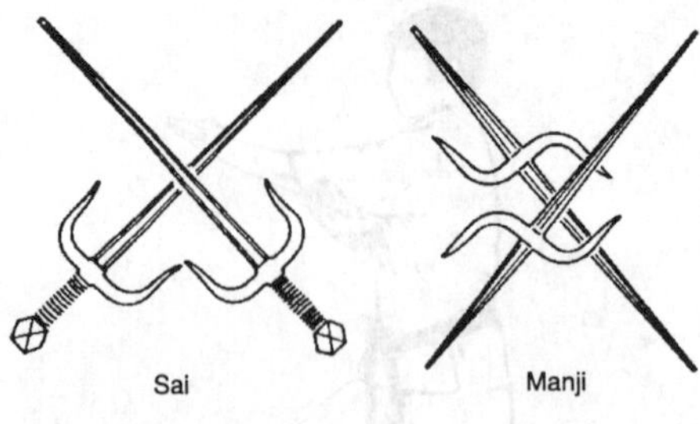

Verschiedene Sai-Formen

ihren Weg nach Okinawa fand und dort zu ihrer vollen Blüte entwickelt wurde.

BESCHREIBUNG DER WAFFE

Die ursprünglichen *Sai*, wie sie von den *Kobudô*-Meistern auf Okinawa verwendet wurden, bestanden aus Eisen und hatten ein Gewicht zwischen 0,5 und 0,75 kg. Ihre Länge variierte zwischen 45 und 55 cm, was von der Armlänge des Benutzers abhing. Sie bestanden aus einem Schaft, der entweder rund oder achteckig und an einem Ende zugespitzt war. Die Spitze war manchmal scharf, doch in den meisten Fällen stumpf. Die verschieden geschwungenen Gabeln traten aus dem Hauptschaft hervor und bildeten einen Schutz für die Hand. Ihre Spitzen waren gewöhnlich sehr scharf.

Auch in Japan waren die *Sai* seit alters her bekannt. Sie wurden von dem chinesischen Kampfkunstmeister →CHEN YUAN-BIN aus China mitgebracht und in Japan als Waffe gelehrt. Viele buddhistische Mönche trugen sie paarweise mit sich. Die Bedeutung des Wortes *Sai* ist →*Kanzashi* oder *Sasu*.

Übender mit Sai

GESCHICHTE

Über den Ursprung der Sai gibt es viele Theorien. Diese widersprechen sich hauptsächlich darin, ob die *Sai* ursprünglich Bauerngeräte oder Waffen waren. Sai wurden als Waffen überall in Südostasien und in Japan verwendet. Auf Okinawa war dies, zumindest in dem Zeitraum, der uns geschichtlich bekannt ist, ebenfalls der Fall. Die heute im *Kobudô* geübten *Sai*-Techniken sind ausschließlich okinawanischen Ursprungs.

Vor 1609 (s. →Okinawa) kam der vorherrschende kulturelle Einfluß auf das okinawanische Volk direkt aus China. Dort gab es viele Waffentypen, die eine entfernte Ähnlichkeit mit dem *Sai* hatten. Zu welchem Zweck die *Sai* auf Okinaw wirklich entwickelt oder eingeführt wurden, ist heute unbekannt. Man weiß nur, daß verschiedene Varianten der *Sai* auch im täglichen Arbeitsleben genutzt wurden (siehe z. B. →*Manji-sai*), doch ob die Arbeit oder der Kampf ausschlaggebend für ihre Entwicklung waren, ist heute nicht mehr nachvollziehbar.

Wahrscheinlich war der Ursprung der okinawanischen *Sai* der →*Manji-sai*. Dies war ein Gerät, das von Fischern benutzt wurde, um ihren Fang ins Boot zu ziehen. Der *Manji-sai* hat im Unterschied zum heute bekannten *Sai* eine Gabelspitze in die umgekehrte Richtung. Es ist möglich, daß dieses Fischergerät von Kampfkunstexperten zum heutigen *Sai* verändert wurde, um seine Effektivität zu erhöhen.

TECHNIK UND ANWENDUNG

Im Kampf hatten die *Sai* den Stockwaffen gegenüber einige Vorteile, weshalb sie zu den beliebtesten Selbstverteidigungswaffen auf Okinawa gehörten. Sie waren aus Metall und konnten von den Schwertern der *Samurai* nicht so leicht zerschnitten werden. In der Kampfkunst konnten die Techniken des *Tôde* ohne größere Veränderung direkt mit den *Sai* ausgeführt werden. Man benutzte die *Sai* paarweise, und meist hatten die Kämpfer noch einen *Sai* im Gürtel, den sie wie ein Messer werfen konnten. Das größte Problem war, daß die *Sai* in der Öffentlichkeit versteckt werden mußten, und dies war oft nicht einfach. Die japanischen Samurai bestraften jeden Okina-

Sai-Kämpfer

waner, dem sie die Übung in den Kampfkünsten nachweisen konnten, mit dem Tod. Varianten der *Sai* s. unter →*Manji-sai* und → *Nuntebô*. Japanische *Sai* s. unter →*Jutte* und →*Mitsu-dôgu*.

Saichô (767–822): auch DENGYÔ DAISHI genannt, Begründer der →*Tendai*-Schule und des Klosters auf dem Berg Hiei (s.→Hiei-san).

Saichô studierte bis 804 den esoterischen Buddhismus →*Mi-zong (Mi-tsung)* in China, ehe er in Japan auf der Basis der *Lotos-Sûtra* seine buddhistische *Tendai*-Lehre verbreitete, die auch die Meditationsform des *Shikan* (s. →*Shikantaza*) betonte. Die Sekte hatte eine enge Beziehung zum Kaiserhof und galt dort als »Zentrum zum Schutze der Nation«.

Bereits im Jahre 732 kam der chinesische Meister DÔSEN RISSHI (Meister des *Vinaya*, des Buddhismus und des *Zen* der nördlichen Schulen) in die damalige japanische Hauptstadt Nara. Er war ein *Dharma*-Nachfolger der dritten Generation des Patriarchen SHEN-HSUI und unterrichtete den Japaner →ENNÔ GYÔJA in der *Zen*-Meditation. SAICHÔ war ein Schüler GYÔJA's, und erst nach dieser Zeit ging er nach China, um die Lehren der *T'ien-T'ai*-Schule zu studieren. Die später von ihm gegründete japanische *Tendai*-Schule zeigte aufgrund des Einflusses von Gyôja auch deutliche *Zen*-Merkmale auf. Als das *Zen* in Japan an Bedeutung zu gewinnen begann (12./13. Jh.), waren es vor allem die *Tendai*-Klöster, die die aufkommenden *Zen*-Meister unterstützten.

Saifa (jap.): höhere *Karate-Kata* aus der okinawanischen *Shôrei*-Schule (chin. *Zuo-Fa*). Ihre Übersetzung bedeutet »Große Welle«.

Im technischen Sinn lehrt diese *Kata* Abwehr- und Kontertechniken mit derselben Hand (Zusammenhänge zum *Shôrei*-System und Geschichte s. unter →*Gôjû-ryû*). Die Schlagtechniken sind kreisförmig und werden meist mit den Armgelenken ausgeführt.

Saigô Shiro (1868– ?): auch SHIDA SHIRO, bekannter →*Jûdô*-Meister, Stiefsohn von →SAIGÔ TANOMO, einer der besten Schüler von KANÔ JIGORÔ. Nachdem er 1877 von Saigô Tanomo adoptiert worden war, nahm er später den Namen seines Ziehvaters an und nannte sich Saigô Shiro.

Shiro war auch Schüler seines Ziehvaters und Lehnsherrn SAIGÔ TANOMO CHIKAMASU (1829 bis 1905), des Gründers eines *Aikijutsu*-Systems, →*Oshikiuchi-ryû*, und sollte sein Nachfolger werden. Da er seinen Stiefvater aber 1881 verließ und sich dem *Jûdô* am *Kodôkan* zuwandte, übertrug Saigô Tanomo die Erbfolge des Stils auf →TAKEDA SÔGAKU.

Saigô übte lange Zeit unter seinem Ziehvater, von dem er die Techniken, vor allem *Yama-arashi*, erlernte, die später ihn selbst und den *Kôdôkan* berühmt machen sollten. 1881 vervollständigte er seine Meisterschaft im *Jûjutsu* im *Tenshin Shinyô-ryû*, wo er KANÔ JIGORÔ kennenlernte. Bereits 1882 war er der beste Kämpfer im *Kôdôkan*. Nachdem er →YOKOYAMA SAKUJIRÔ und →TOBARI TAKISABURÔ im Zweikampf besiegt hatte (s. →Jûdô), überzeugte er die beiden Meister des *Tenshin Shinyô-ryû*, Mitglieder im *Kôdôkan* zu werden. 1884 heiratete er die Tochter von Saigô Tanomo, und im gleichen Jahr erhielt er seinen Schwarzgurt im *Jûdô*. 1885 und 1886 kämpfte er erfolgreich für den *Kôdôkan* gegen die *Jûjutsu*-Schule der Tôkyôer Polizei. Zwischen 1888 und 1891 war Saigô der erste Assistent Kanôs am *Kôdôkan*. Da er sich aber weigerte, das *Oshikiuchi-ryû* von Saigô Tanomo für das *Kôdôkan-Jûdô* aufzugeben, verließ er 1891 den *Kôdôkan* in Unstimmigkeit mit Kanô und siedelte nach Nagasaki um. Er entsagte dem *Jûdô* und dem *Aikijutsu*, um sich vollständig dem *Kyûdô* zu widmen, in dem er den Titel des *Hanshi* erreichte.

Kanô schätzte Saigô wegen seiner außergewöhnlichen Qualitäten sehr, die dem *Kôdôkan* den Ruf der Unbesiegbarkeit einbrachten. Das *Kôdôkan-Jûdô* wurde durch Saigô in einem erheblichen Maß durch die vielen aus dem *Aikijutsu* eingebrachten Techniken beeinflußt. Neben Kanô ist Saigô der wichtigste Meister in der Gründung des *Jûdô*.

In Japan und der ganzen Welt erreichte Saigô Shiro große Popularität als der beste *Jûdô*-Kämpfer. Er wurde in Filmen, Literatur und in Comics (*Jûdô*-Magazin) unter dem Namen SUGATA SANSHIRO unsterblich gemacht.

Saigô Takamori (1827–1877): *Samurai* aus dem japanischen *Satsuma*-Clan, der im Dienst des *Daimyô* der Familie SHIMAZU stand.

In der Meiji-Zeit (1868) wurde Saigô Takamori Kommandant der kaiserlichen Garde. 1873 jedoch zog er sich nach Kagoshima zurück, gefolgt von Tausenden unzufriedenen *Samurai*, die unter dem Deckmantel landwirtschaftlicher Tätigkeit die Waffenkünste studierten. 1877 führte er wegen der Meiji-Reformation, die die Rechte der *Samurai* stark einschränkten, eine Rebellion gegen den Kaiser an. Als er einige Monate später besiegt wurde, beging er *Seppuku* (s. →*Jigen-ryû*).

Saigô Tanomo (Hoshina) Chikamasu (1829 bis 1905): direkter Abkömmling des Gründers des AIZU-Clans, Herr des Schlosses Aizu-Shirakawa, Vorstand des *Shintô*-Tempels *Aizu-Nikko Toshogu* und Gründer des →*Oshiki-uchi-ryû* (s. auch *Aikijutsu* und →TAKEDA SÔGAKU).

Saijutsu (jap.): die Kunst des Umganges mit den →*Sai*.

SAIJUTSU

Tsuki-waza	Uke-waza
Oi-zuki	Gedan-uke
Gyaku-zuki	Uchi-uke
Kizami-zuki	Soto-uke
Morote-zuki	Age-uke
Ura-zuki	Otoshi-uke
Awase-zuki	Jûji-uke
Age-zuki	Kake-uke
Kake-zuki	Nage-uke
Hasami-zuki	
Mawashi-zuki	**Uchi-waza**
Yama-zuki	Otoshi-uchi
Nage-uchi	Yoko-uchi

In der Regel unterscheiden sich die *Sai*-Techniken kaum von denen, wie sie in den *Karate*-Stilen verwendet werden. Der Hauptunterschied ist, daß die Waffe in zwei Positionen geführt werden kann: *Honte* (Waffenklinge nach außen) und *Gyakute* (Klinge zum Körper). Dies trifft auf jede Technik zu, mit Ausnahme der Schlagtechniken *(Uchi)*. Sie werden nur in *Honte* ausgeführt.

Sai-Kata (jap.): auf Okinawa war →*Sai* eine weitverbreitete Waffe. Die heute bekannten *Sai-Kata* sind:

SAI-Kata

Renshûhô-shodan	Jakaa no Sai
Renshûhô-nidan	Chatanyara no Sai
Renshûhô-sandan	Hamahiga no Sai
Renshûhô-yondan	Kojo
Renshûhô taibo no Sai	Tsukenshitahaku Sai
Matsumura no Sai	Matsuhiga no Sai
Tawada no Sai	Hatagawa
Hakuta	Jigen

Der Name einer *Kata* gibt oftmals Auskunft über den Meister, der sie begründete, oder aber es wird damit der Name des Gebietes beschrieben, in dem die *Kata* bevorzugt geübt wurde.

Saiko-Shihan (jap.): oberster Meister des →*Budôkan*.

Saiten (jap.): Wettkampfbegriff: Punktzahl.

Saijôjô-Zen (jap.): nach →*Bombu-Zen*, →*Gedô-Zen*, →*Shôjô-Zen* und →*Daijô-Zen* die höchste der im →*Zen* klassifizierten Arten.

Saijôjô-Zen und *Daijô-Zen* unterscheiden sich lediglich dadurch, daß im *Daijô-Zen* die Meditation als Mittel zur Erleuchtung benutzt wird, während im *Saijôjô-Zen* die Meditation selbst schon Erleuchtung ist. Im *Saijôjô-Zen* gibt es kein Erstreben irgendeines Zustandes, kein Wollen und keinen Zweck. Nach →Dôgen Zenji ist *Saijôjô-Zen* Mittel und Zweck zugleich. Dies ist auch der wesentliche Inhalt von →*Shikantaza*, dem einfachen Sitzen ohne Streben nach irgendeinem Ziel. Der Weg selbst ist das Ziel, in ihm selbst liegt die Erleuchtung, nicht an seinem Ende.

Saiminjutsu (jap.): Kunst der Hypnose. Technik der →*Ninja*.

Sakagami Ryûsho (*1915): japanischer Kampfkunstexperte aus dem →*Shitô-ryû*, geboren in der Präfektur Hyôgo.

Sakagami besuchte die Kokushikan-Universität und erreichte im *Kendô* die Meisterschaft. 1934 begann er unter →Moden Yabiku mit dem Studium des *Karate* und anderer alter Kampfkünste. 1937 wurde er Schüler von → Mabuni Kenwa, dem Gründer des *Shitô-ryû*, und lernte bei ihm das *Shitô-ryû Karate* und die alten Waffenkünste (s. *Kobudô*) der Ryûkyû-Inseln. 1952 entfernte er sich durch eigene Überlegungen vom *Shitô-ryû* und gründete die *Shitô*-Ableitung →*Itosu-ryû (Itosu-ha Karate-dô)*, einen der alten Itosu-Schule naheliegenden Stil, kombiniert mit verschiedenen traditionellen Waffen.

1959 studierte er unter →Taira Shinken die *Kobudô*-Systeme Okinawas. Gegenwärtig ist er technischer Leiter der *Federation of All-Japan Karate-dô Organizations* (FAJKO), stellvertretender Vorsitzender der *Karate Federation* der Präfektur Kanagawa und Leiter der *Nihon Karate-dô Itosu Association*. Weiterhin ist er Direktor der Organisation für den Schutz und die Förderung der alten Kampfkünste der Ryûkyû-Inseln. Er veröffentlichte eine Reihe von Artikeln über Okinawas Kampfkünste und eine Erklärung der ursprünglichen *Itosu-ryû Pinan-Kata*. Alle seine bisherigen Werke sind in japanischer Sprache geschrieben, ausgenommen *»Nunchaku and Sai«*, ein Buch über die beiden klassischen Waffen Okinawas.

Sakagami Sadaaki: japanischer *Karate*-Meister, ältester Sohn von →SAKAGAMI RYUSHO, heute Präsident der Organisation zum Schutz und zur Förderung der alten Kampfkünste Okinawas.

Sakakibara Kenkichi (1830–1894): japanischer Schwertmeister, Schüler von OTANI SHIMOSA aus dem *Jikishin Kage-ryû*, Lehrer von →TAKEDA SÔGAKU.

Sakakibara war der 14. Großmeister des *Jikishin Kage-ryû*. Er war berühmt für seinen *Ippatsu*, einen dem echten Schwert nachempfundenen Schnitt mit dem *Shinai*, mit dem er verheerende Wirkungen erzielte. Obwohl er mit dem Shinai trainierte, lehnte er die damals üblichen bloßen Berührungstechniken ab.

Sakatsuchi (jap.): Wurftechnik (s. →*Nage-waza*) aus dem okinawanischen *Karate*. *Sakatsuchi* bedeutet »mit dem Hammer nach unten schlagen«.

Der Gegner wird mit beiden Armen um die Taille gefaßt, hochgehoben und mit dem Kopf nach unten gedreht. In Meister Funakoshi's *»Karate-dô Kyôhan«* wird diese Technik noch als *Sakatsuchi* bezeichnet. In Meister Kanazawa's *»Kumite Kyôhan«* wird die Technik *Saka kakaekomi jigoku otoshi* genannt.

Sake (jap.): Reiswein, Nationalgetränk Japans (auch *Saka, Shu*). Sake wird aus hefevergorenem Reis gewonnen und liegt mit seinen 12–14 Alkoholprozenten leicht über dem Traubenwein (5,5–12%).

Sakeru (jap.): ausweichen, vermeiden (auch *Hi*).

Saki (jap.): früher, vorher; Spitze.

Sakigawa (jap.): Überzug aus gehärtetem Leder, der sich an der Spitze *(Kissaki)* des *Shinai* befindet, um diese zu schützen.

Sakihara Peichin: okinawanischer *Tôde*-Meister der ersten Generation, Schüler von →MATSUMURA SÔKON.

Sakiyama Yoshinori Bushi (1819– ?): früher Meister des *Naha-te*, Schüler von ASON, Lehrer von TOMIGUSUKU OYAKATA. Er reiste um 1860 nach China und studierte auch unter →RYÛ RYÛKO.

Sakki (jap.): »vorhin«, »eben«, Bezeichnung für ein intuitives Sehen in den Kampfkünsten, das es erlaubt, einem angreifenden Gegner mit einem Konter zu begegnen, bevor dieser seinen Angriff ganz durchgeführt hat (auch →*Sen no Sen* und *Sen*).

Sakotoshi (jap.): Technik aus der *Koshiki no Kata*.

Sakotsu (jap.): Schlüsselbein (s. →*Karada*).

Sakotsu-joka (jap.): *Atemi*-Angriffspunkt: obere Schlüsselbeinvertiefung.

Sakotsu-kaka (jap.): *Atemi*-Angriffspunkt: untere Schlüsselbeinvertiefung.

Sakotsu-uchi (jap.): Schlag auf das Schlüsselbein. Form von →*Shutô*.

Sakugawa no Kon (jap.): die von Meister →SAKUGAWA überlieferten *Bô*-Kata. Drei Kata wurden von ihm überliefert:

SAKUGAWA BÔ-Kata

Sakugawa no chû
Sakugawa no Kon daini
Sakugawa no Kon shô

Sakugawa no Kûshankû (jap.): okinawanische *Karate-Kata* (s. →*Kata*) mit Ursprung in der →*Kûshankû*, aus der sie sich direkt ableitet. Sie wurde von Meister SAKUGAWA auf eigene Weise interpretiert und nach persönlichen Vorstellungen verändert.

Diese *Kûshankû*-Variante war Sakugawa's wichtigste *Kata*, und er gab sie zuerst an drei Schüler weiter: Okuda, Makabe und Matsumoto. Gegen Ende seines Lebens lehrte er diese *Kata* auch den jungen Sôkon Matsumura. Unter diesem Meister erfuhr sie zunächst keine Veränderungen und gelangte mit wenig unterschiedlichen Interpretationen über Matsumura Nabe und Hôhan Soken ins *Matsumura-Seito*. Ebenfalls aus der Matsumura-Schule übernahmen sie Itosu Yasutsune und Azato Ankô, beide Lehrer von Funakoshi Gichin. Azato änderte die Kata nicht. Doch bei Meister Itosu erfuhr sie einige Erneuerungen (s. →*Itosu no Kûshankû*).

Sakugawa Shungo (1733–1815): geboren am 5. März 1733 in Akata/Shuri unter dem Namen TERUYA KANGA, später nannte er sich SAKUGAWA, nachdem er den Titel →*Peichin* erhalten hatte. Okinawanischer Kampfkunstexperte der alten Generation, auch »KARATE-(TÔDE-)SAKUGAWA« genannt. Er begann das Studium der okinawanischen Kampfkünste unter der Anleitung des Mönches TAKAHARA PEICHIN aus Akata. Er war ein *Chikudon Peichin*, da er aus dem einfachen Volk stammte, hatte jedoch die gleichen Privilegien wie ein *Satonushi Peichin*, was die Abstammung aus der Aristokratie kennzeichnete.

SAKUGAWAS LEBEN MIT KARATE

Sakugawa begann mit dem Studium des okinawanischen *Tôde* im Jahre 1750 unter der Anleitung von TAKAHARA PEICHIN aus Akata. 1756 begegnete er dem chinesischen Kampfkunstexperten →KÛSHANKÛ und lernte 6 Jahre lang unter ihm in →Kumemura. Auf diese Weise wurde *Sakugawa no Kûshankû*, eine Variante der →*Kûshankû-Kata*, in das okinawanische *Shôrin-ryû* übertragen und in die heutigen Stile überliefert. Als er 29 Jahre alt war, starb sein Meister Takahara Peichin. Auf dessen Rat nannte er sich ab jenem Zeitpunkt »KARATE (TÔDE) SAKUGAWA«.

Sakugawa war der erste Lehrer des systematisierten okinawanischen *Karate*. Er eröffnete in Shuri eine Schule und legte dadurch den Grundstein für das sich wenige Jahre danach entwickelnde *Shôrin-ryû* (s. unter →MATSUMURA). Später ging er nach China, um dort seine Kunst unter verschiedenen Experten weiter zu vervoll-

Sakugawa Shungo

kommnen. Es heißt, er sei fünfmal in China gewesen und durch diesen Einfluß ein Lehrer nach alter chinesischer Tradition, der großen Wert auf die traditionellen Inhalte der Kampfkünste sowie auf die innere Entwicklung seiner Schüler legte. Er hielt seine *Kata* geheim und lehrte sie erst dann, wenn er von der inneren Einstellung eines Schülers restlos überzeugt war. Er lehnte alle Arten von Spezialisierungen in den Kampfkünsten ab und war der Verfechter eines bedeutungsvollen Ideals, das die Lehrmethoden der kommenden Generation der Meister durchzog: »Ein Meister des *Karate* muß in allen Dingen des Lebens bewandert sein.« Außerdem soll Sakugawa auch in Japan/Satsuma gelernt haben.

Durch die Überlieferung der chinesischen Lehre legte er auch großen Wert auf das Verhalten seiner Schüler. Sakugawa war der Gründer der okinawanischen →*Dôjôkun*, deren Grundstein bereits von →BODHIDHARMA gelegt wurde.

Sakugawa unterrichtete auch den Gebrauch von Waffen, insbesondere des *Bô*. Sein bekanntester

Bô-Schüler war GINOWAN DONCHI. Aus jener Zeit wurden die Kata *Sakugawa no Kon* und *Ginowan no Kon* überliefert.

SAKUGAWAS ERBE

Sakugawa hatte drei Schüler, die als die »drei Musketiere« bekannt waren: →OKUDA, →MAKABE und →MATSUMOTO. Als Sakugawa sich zurückzog, gab er das *Menkyo-kaiden* seinem Schüler Matsumoto. Makabe ging nach Tomari und unterrichtete den späteren *Tomari-te*-Meister →KOSAKU MATSUMORA.

Als Sakugawa 78 Jahre alt war, kam der junge →SÔKON MATSUMURA zu ihm und bat ihn um Unterricht in den Kampfkünsten. Damit begann die Ära der großen okinawanischen Kampfkunstmeister des →*Shôrin-ryû*. Sakugawa starb am 7. Juli 1815.

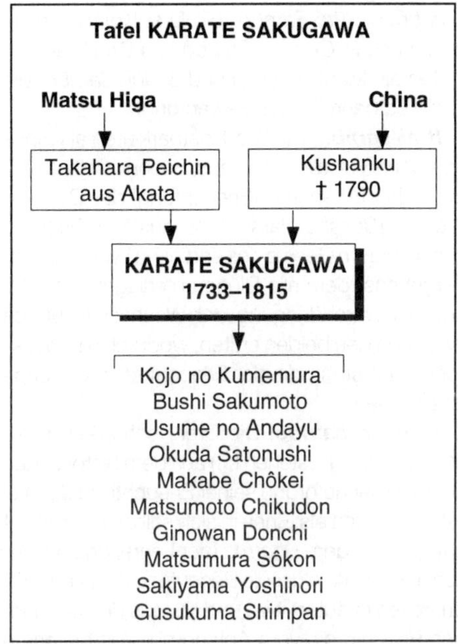

Sakumoto Tsuguo (*1947): okinawanischer *Karate*-Meister des →*Ryûei-ryû*, geboren in Onna, Okinawa.

Sakumoto begann zuerst mit *Jûdô* und 1964 mit dem *Karate*-Studium des *Shuri-te*, zog jedoch 1966 nach Tôkyô, wo er Sport studierte und den okinawanischen *Gôjû*-Meister →HIGAONNA MORIO kennenlernte. 1970 kehrte er als Sportlehrer nach Okinawa zurück und bat den okinawanischen Großmeister →NAKAIMA KENKO (9. Dan *Karate* und 5. Dan *laidô*) um Unterricht.

Nakaima Kenko war der letzte Vorstand des okinawanischen *Karate*-Stils *Ryûei-ryû*, der von seinem Großvater →NAKAIMA KENRI geschaffen wurde. Sakumoto wurde von Nakaima Kenko kurz vor dessen Tod zum offiziellen Nachfolger des *Ryûei-ryû* ernannt, das er heute vertritt.

Sakumoto war dreimaliger *Kata*-Weltmeister der WUKO und ist heute neben MURASE, MAEDA, SUZUKI, KOYAMA und Chefinstruktor YANAGIDA Ausbilder der japanischen Nationalmannschaft. Sakumoto über seine Unterrichtszeit bei Nakaima Kenko:

»Als ich anfing, gab es kein *Dôjô*. Wir trainierten am Strand, manchmal auch nachts. Es waren immer private Kurse, und man mußte von mehreren Leuten empfohlen werden, um dort Schüler zu werden. Der Unterricht war der einer echten Kampfkunst: immer mit der Idee zu leben oder zu sterben. Meister Kenko wählte seine Schüler nach ihrer Mentalität aus. Es ging um die rechte Haltung und um die Fähigkeit des *Ikken-hissatsu*.«

Doch Sakumoto ist als Lehrer des klassischen *Ryûei-ryû* nicht unumstritten. Hier eine Aussage von MARK BISHOP: »Der einzige von Nakaima Kenkos Schülern, der gegenwärtig *Ryûei-ryû* öffentlich unterrichtet, ist Tsuguo Sakumoto, ein Sportlehrer, der Freitag abends von 18 bis 22 Uhr und zusammen mit Nakaima (der die Älteren in Waffen unterrichtet) Dienstag abends von 20 bis 22 Uhr im Gemeindehaus von Onna Ryûei-ryû unterrichtet. Als ich eine dieser Gruppen besuchte, empfand ich Sakumoto als recht jungenhaft und strotzend vor übermäßigem Selbstvertrauen. Das Sport-Karate, das er unterrichtete, schien zu all dem im Widerspruch zu stehen, was sein Lehrer mir über den Stil erzählt hatte, doch wie Nakaima war Sakumoto ein Kämpfer, der das Kämp-fen zu genießen schien – mehrere Male grenzte unser Gespräch an eine Herausforderung, die zum Glück für uns beide niemals Gestalt annahm.

Sakumotos Karate ist nach seinen eigenen Worten hart, wissenschaftlich und modern. Das auf Wettkampf ausgerichtete Kämpfen war rauh und undiszipliniert, und wenn die Älteren mit den Jüngeren kämpften, grenzte es fast an Sadismus. Er reflektierte so klar die Haltung vieler junger okinawanischer Karate-Lehrer, die sich mit dem traditionellen Karate nicht unwohl fühlen, aber der älteren Lehrergeneration Lippenbekenntnisse ableisten, indem sie sie auf hohe Podeste unnötigen Respekts stellen, die außerhalb der Reichweite der meisten Schüler sind. Zugleich lehren sie aber sogenanntes modernes Karate, das wenigstens in Sakumotos Fall als degradierte Form der Brutalität definiert und als Sport verkleidet wurde. Doch wer könnte die exakte Brillanz seiner dynamischen kraftvollen, maschinenähnlichen Kata leugnen, die derzeit das nähere und weitere Publikum in ihren Bann schlagen.«

Sakura (jap.): Kirschbaum (auch *O*). *Oka* – Kirschblüte, *Sakuranbo* – Kirsche.

Die Kirschblüte ist ein wichtiges Symbol Japans, das drei Begriffe in sich vereinigt: →*Yamato-damashi* (Ahnenkult), →*Yamato-kokoro* (die Seele Japans) und →*Bushidô* (Ehrenkodex der Samurai).

Sama (jap.): höfliche Anrede für Herr, Frau, Fräulein. Erläuterungen s. →*San*.

Sambo: Nationalsport in der GUS, zusammengesetzt aus den Bezeichnungen *Samosaschtschita* (Selbstschutz) und *Bes orushija* (ohne Waffen), seit 1946 *Sambo* genannt.

Heute ist *Sambo* in Rußland Pflichtfach an den Schulen, man schätzt die dortigen *Sambo*-Ausübenden auf etwa 50 Millionen, während es 10 Millionen aktive Ringkämpfer gibt.

Sambo ist ein Ringkampf, beeinflußt von dem alten mongolischen Ringen. Die Gegner tragen leichte Schuhe, Socken, eine kurze Hose und eine weite Jacke, ähnlich dem *Jûdôgi*. Die Jacke wird durch einen roten oder blauen Gürtel zusammengehalten. Das Ziel des Kampfes ist es, seinen Gegner mit einem Armhebel zu immobilisieren, wofür man die maximale Punktezahl (8) erhält. Für einen sauberen Wurf erhält man 4 Punkte, für ein Zubodenbringen des Gegners einen Punkt. Ein Kämpfer siegt, wenn er mindestens 4 Punkte Abstand zu seinem Gegner hat.

Alle Völker der ehemaligen UdSSR üben sich im *Sambo*, auch wenn man in Grusinien von *Tschidooba*, in Aserbeidschan von *Pechlawans* oder in Armenien von den *Koch*-Kämpfern spricht. Ob in Kaukasien, bei den nördlichen Festspielen von Murmansk, bei den Völkern Mittelasiens oder im sibirischen Jakutien – überall sind die *Sambo*-Kämpfer nationale Helden.

1986 wurde von Michael Schneider auch in Deutschland ein *Sambo*-Verband gegründet. Michael Schneider (*1949), der Sohn einer russischen Schauspielerin und eines deutschen Kriegsgefangenen, lebte bis 1975 in Odessa und war 1970 russischer Meister im *Sambo*. 1972 gewann er die Europameisterschaft in Riga und die Weltmeisterschaft in Teheran. 1975 siedelte er nach Deutschland um und gründete 1986 den *Deutschen Sambo-Verband*, dem er als einziger russischer Trainer im Westen Europas zur Verfügung steht.

Sambô (jap): Im *Zen*-Buddhismus bezeichnet *Sambô* die »drei Kostbarkeiten« und bildet als solches die Grundlage des buddhistischen Denkens.

Im *Zen* gibt es drei Bedeutungsebenen der *Sambô*: 1. *Ittai-Sambô* (die Drei Kostbarkeiten als Eines); 2. *Genzen-Sambô* (die Drei Kostbarkeiten als Manifestation) und 3. *Jûji-Sambô* (die Drei Kostbarkeiten als Bewahrung).

1. ***Ittai-sambô***. Die Drei Kostbarkeiten als Eines bestehen vor allem (1.) aus Buddha selbst, der die wahre Erkenntnis (Erleuchtung) des Buddha-Wesens *(Busshô)* darstellt, (2.) aus dem *Dharma*, d. h. aus dem Gesetz des endlosen Werdens und Vergehens, dem alle Dinge unterliegen, und (3.) aus der Durchdringung der Wechselwirkungen zwischen den beiden ersten, wodurch jene Wirklichkeit entsteht, die der Erleuchtete in der Lage ist zu sehen.

2. ***Genzen-sambô***. Die Drei Kostbarkeiten als Manifestation bestehen (1.) aus dem historischen Buddha, der aufgrund seiner Erleuchtung die Drei Kostbarkeiten als Eines in sich selbst verwirklicht hat, (2.) aus dem *Dharma* (der Lehre) des historischen Buddha, in der die Bedeutung der Drei Kostbarkeiten erläutert wird und (3.) aus den Jüngern des Buddha, die vom Anfang der Zeit bis heute die Drei Kostbarkeiten verstanden und in ihrem eigenen Leben verwirklicht haben.

3. ***Jûji-sambô***. Die Drei Kostbarkeiten als Bewahrung bestehen (1.) aus der Ikonographie des Buddha, (2.) aus den aufgezeichneten Lehren des Buddha (*Sûtra* und anderen buddhistischen Texten) und (3.) aus den heutigen Anhängern des Buddha, die die ursprüngliche Lehre selbst verwirklichen und weitergeben.

Sam-jet-gun (chin.): s. →*San-jie-gun*.

Sampai (jap.): dreifache Verbeugung vor einem *Zen*-Meister oder vor Buddha, die Stirn am Boden, die Handflächen beiderseits des Kopfes zum Himmel gerichtet.

Die Verbeugung steht symbolisch für die Berührung der Füße Buddhas, die höchste Respektbezeugung, die ein *Zen*-Mönch erweisen kann.

Samu (jap): wörtlich: »Arbeitsdienst«. Mit dem Begriff wird die körperliche Arbeit der Mönche in einem buddhistischen Kloster bezeichnet, die sie als wesentlichen Teil ihrer Schulung täglich ausführen müssen. Während der Arbeit wird der meditative Zustand des Geistes aufrechterhalten.

Samura Kaichiro (1880–1964): bekannter *Jûdô*-Meister am *Kôdôkan*. Seit 1930 Inhaber des 10. Dan.

Samurai (jap.): Dienender, Aufwartender (auch *Ji, Shi*). *Jisha* – Gesellschafter, Begleiter. *Samurai* steht für die japanische Kriegerkaste (s. →*Bushi*) aus der Feudalzeit, die ursprünglich zum persönlichen Schutz der imperialen Herren (s. →*Kuge*) gegründet wurde.

Allgemeines

Die Bezeichnung stammt von dem Wort *Saburai*, das sich wiederum von *Saburau* (»sich an der Seite halten«) ableitet. Als *Samurai* bezeichnete man nur die Krieger eines bestimmten Ranges,

Samurai mit Schwert

die aus den Kriegerfamilien (→*Buke*) stammten. Krieger von niederem Rang wurden zumeist nur →*Bushi* oder →*Bujin* (genannt. Allein den *Samurai* stand es zu, das →*Daishô* (s. auch →*Ken*) zu tragen. Bis zur →Meiji-Restauration waren die *Samurai* in →Japan die dominierende Klasse.

Geschichte

Die Geschichte der Samurai begann im Jahre 792 n. Chr., als Kaiser →Kammu den Kriegerstand der →*Kondei* gründete, mit denen er die →*Ainu* auf die nördliche Insel Hokkaido zurückdrängte. Die Anführer der *Kondei* wurden aus verschiedenen Familien des japanischen Hofadels benannt und formten mit der Zeit den Stand der professionellen Krieger. Die Krieger waren beritten, trugen Rüstungen (→*Yoroi*) und übten sich damals hauptsächlich im Umgang mit Bogen und Schwert. Bereits zu jener Zeit begann sich der Ehrenkodex der Krieger zu formen, der damals →*Kyûba no Michi* genannt wurde. Anfangs waren die *Samurai* nur das Wach- und Begleitpersonal des japanischen Hofadels. Zur Entwicklung des Kriegerstandes s. →*Kondei* und →*Gempei*-Krieg.

Im Laufe der Zeit gewann der Beruf des Kriegers an Bedeutung und wurde innerhalb der Familien (→*Uji*) erblich. Auf diese Weise formte sich der Stand der japanischen Kriegerkaste *(Samurai)*, aus dem später der militärische Kriegsadel (→*Buke*) hervorging. Diesem gelang es, von den *Kuge* (dem bisher vorherrschenden Hofadel) schnell die gesellschaftliche und politische Macht zu übernehmen (s. →Fujiwara, →*Gempei*-Krieg, →Minamoto). Um sich zentral zu organisieren, gründete die Kriegerkaste parallel zum herrschenden Kaiserhaus das →Shôgunat, das eigentliche Machtzentrum Japans, das nach außen hin dem entmachteten Kaiser Loyalität bezeugte, jedoch in seiner Burg (→*Bakufu*) eigenmächtig regierte. Die *Kuge* verloren die Macht an die sich aus den *Buke* etablierenden →*Daimyô*, die Mitte des 15. Jhs. dermaßen erstarkten, daß sie untereinander und auch gegen das Shôgunat endlose Fehden führten (s. →Oda Nobunaga). Sie bauten mächtige Burgen und gründeten ebenso mächtige Armeen, die sie im Kampf um die politische Macht gegen jeden einsetzten, der ihnen im Wege stand.

Die Kriegerkaste gründete ihre eigenen ethischen und moralischen Gesetze, anfangs als *Kyûba no michi*, danach als →*Bushidô* bekannt, die bald zum Maßstab des Denkens für das gesamte japanische Volk wurden. Ihr Handwerk war das →*Heihô* (Methode des Kriegers), innerhalb dessen sich die Kampfsysteme des *Bujutsu* (zuerst →*Bugei*, dann →*Bujutsu* – Technik des Kriegers) entwickelten.

1573 stürzte einer der mächtigen kriegerischen *Daimyô* (ODA NOBUNAGA) den amtierenden →ASHIKAGA-*Shôgun* und gewann die politische Macht über das Kaiserreich. 1582 jedoch wurde er ermordet, und ein niederer Krieger (→HIDEYOSHI) gewann die Macht. Er unterwarf alle rivalisierenden *Daimyô* und einigte das Reich. Gleichzeitig begründete er die Rangordnung, nach der die Kriegerkaste *(Samurai)* die herrschende Kaste war und alle anderen zur niederen Kaste gehörten. 1603 ließ sich →TOKUGAWA IEYASU aus eigenem Ermessen zum neuen Shôgun ernennen und besiegte in der Schlacht von Sekigahara den minderjährigen Erben Hideyoshis, seinen Sohn HIDEYORI und dessen Verbündete. Er bestimmte, daß das Shôgunat in Zukunft Familienerbe sei, wie dies auch beim Kaiser üblich war. Dadurch war die gesamte Macht Japans in den Händen der Kriegerfamilien.

STATUS UND KODEX

Die *Samurai (Shi)* standen unabhängig von ihrem Reichtum und ihrem Titel ganz oben. Sie bekleideten nahezu alle Regierungsämter und bildeten die gesamte Beamtenschaft des Reiches. Danach kamen in der Hierarchie die Bauern *(Nô)*, weil sie die lebenswichtigen Reiserträge sicherten. Zuletzt kamen die Handwerker *(Ko)* und die Kaufleute *(Shô)*. Obwohl die letzteren zum Teil große Reichtümer anhäuften, hatten sie in der Gesellschaftsordnung das geringste Ansehen.

Doch die →Tokugawa-Periode brachte dem Land nicht nur den Frieden, sondern auch viele Tausende von herrenlosen *Samurai* (→*Rônin*), die in Friedenszeiten von ihren *Daimyô* nicht gebraucht wurden und die, meist mittellos, jedoch zur obersten Sozialschicht gehörend, oft plündernd im Land umherzogen. Die besten unter ihnen gründeten Kampfschulen (→*Ryû*), und dadurch gewann das Kriegerhandwerk einen größeren Aufschwung als je zuvor. Die Arbeitslosigkeit des *Samurai*-Standes änderte nichts an ihrem Kodex *(Bushidô)*. Er wurde vielmehr gerade in jener Zeit kodifiziert und zusammen mit dem Schwert-Ethos (s. →*Ken*) in strenge Formen gebracht (s. →*Hagakure*). Damit begann die Blütezeit der Kampfkünste (s. →*Takuan*).

Nach Beendigung der Meiji-Restauration (um 1900) wurden die *Samurai* wieder zu normalen Bürgern erklärt und ihr Kodex, das *Bushidô*, durch westliche Einflüsse überschattet. Kurze Zeit darauf jedoch setzte es sich erneut in der Mentalität Japans durch und ist heute stärker denn je in allen gesellschaftlichen Strukturen Japans zu beobachten.

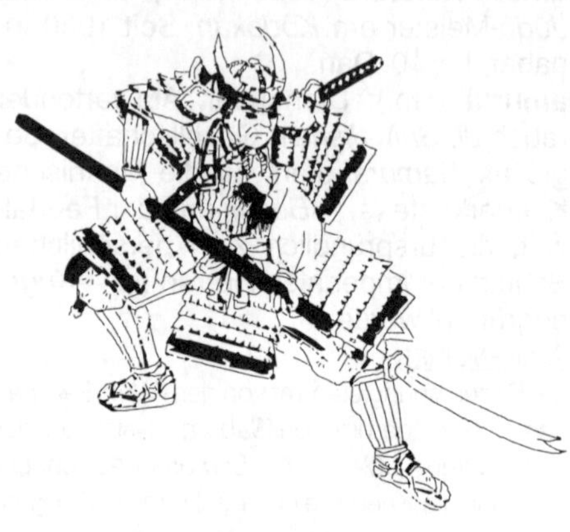

Japanischer Samurai

San[1] (jap.): drei (auch *Mitsu, Mi*). *Sannin* – drei Personen (s. →*Kazoeru*).

San[2] (jap.): Anredeform für »Herr«, »Frau« und »Fräulein«.

Die gesteigerte Höflichkeitsform für *San* ist *Sama*. Verheiratete Frauen werden auch mit *Okusama* angesprochen. Lehrer, Ärzte oder sonstige höhergestellte Personen redet man mit *Sensei* an.

San[3] (chin.): →drei«. Die 3 ist eine *Yang*-Zahl und symbolisiert die Dreieinheit von Himmel *(Tian)*, Erde *(Di)* und Mensch *(Ren)*. Der Mensch stellt als Vermittler zwischen Himmel und Erde die 3 dar.

San-bao (chin.): »Drei Schätze«. Gemeint sind Liebe, Genügsamkeit und Verzicht auf Ruhm, wesentliche Prinzipien des →Daoismus (s. auch →*Dao-jia* und →*Dao-jiao*).

Weiterhin gibt es je drei innere und äußere Schätze. Die »drei inneren Schätze« sind *Qi, Jing* und *Shen*, die »drei äußeren Schätze« sind Ohren,

Augen und Mund. Alle daoistischen Übungen zielen auf das Bewahren oder Vermehren der drei inneren Schätze ab.

BEWAHREN DER DREI SCHÄTZE

Bei den Männern manifestiert sich das *Jing* im Sperma, das beim Geschlechtakt verlorengeht, was zu einer Minderung der Gesundheit führen kann. Deshalb sollten Kampfkunst- oder *Qi-gong*-Übende den Samenerguß (nicht den Orgasmus) vermeiden, sie sollten also bestimmte sexuelle Techniken anwenden (s. →*Fang-zhong-shu*) oder enthaltsam leben. Für Frauen gilt diese Auffassung vom Jing nicht.

Ebenfalls wichtig sind eine maßvolle, ausgewogene Ernährung, geregelter Schlaf und sinnvolle Körperertüchtigung. Das *Qi* wird durch *Qi-gong*, körperliche Übung und Meditation angereichert. Es zirkuliert frei in Himmel (s. →*Tian*) und Erde (s. →*Di*), es tritt vom Himmel durch unsichtbare Kanäle, Drachen-Adern genannt, in die Erde ein und von dort durch Nase und Poren in den Menschen, wo es in den Meridianen (s. →*Jing-luo*) verteilt wird. Falsche Atmung, psychische Unausgeglichenheit und schlechte Haltung mindern das *Qi*.

Shen wird durch Kontemplation, schöne Künste, Naturbetrachtung und eine unerschütterliche Gelassenheit gefördert. Die Emotionen sollen gelassen bleiben und Rivalität, Aufregung, Wunsch nach Sieg und Feindseligkeit vermindert werden.

Sanbon (jap.): dreiteilig, dreifach (auch *Sanhon*, Erklärung s. →*Ippon*).

Sanbon-kumite (jap.): dreimaliger Angriff und dreimalige Abwehr (Gegenangriff nach der dritten Abwehr) im *Karate*. Dreischritt-Partnerübung (Klassifizierung s. →*Kumite*).

Das *Sanbon-kumite* ist eine Übungsart, die dem →*Kihon-ippon-kumite* vorausgeht. Bevor man *Kihon-ippon-kumite* übt, sollte man *Sanbon-kumite* einigermaßen beherrschen. Wie jede *Kumite*-Form hat auch *Sanbon-kumite* seine eigenen Schwerpunkte, die man in der Übung verstehen lernen muß:

- Man lernt grundschulmäßige Angriffs-, Abwehr- und Kontertechniken sicher zu beherrschen.
- Man lernt die grundschulmäßigen Beinbewegungen *(Unsôku)* in der Partnerübung auf einer neuen Ebene zu verstehen. Man muß bei jedem Schritt die Distanz anpassen.
- Man lernt Distanzen abzuschätzen und einzuhalten. Man versteht den Unterschied zwischen der Distanz im Abwehren, der Distanz im Angreifen und der Distanz im Kontern.

Im *Sanbon-kumite* kann man alle Techniken des *Karate* üben. Wenn die Schüler z. B. neue Techniken lernen, üben sie sie zunächst im *Sanbon-kumite*. Später kann man dazu übergehen, bei jedem Schritt eine andere Technik auszuführen. Ohne die im *Sanbon-kumite* möglichen Variationen außer acht zu lassen, kann der Lehrer auch *Sanbon-kumite*-Kata gründen, die er nach seinem jeweiligen Lehrsystem festlegt und die Schüler üben läßt. Diese Methoden sind in mehreren Stilen des *Karate* sehr beliebt. Sie entwickeln in den Schülern durch ihre Wiederholung gute Fortschrittsmöglichkeiten und erziehen trotz ihrer Festlegung eine große technische Breite.

Sanbon-shiai (jap.): Wettkampfbegriff: Kampf um drei Punkte.

Sanbon-zuki (jap.): drei aufeinanderfolgende Fauststöße (s. →*Sanbon-kumite*).

Sanbon-waza (jap.): drei aufeinanderfolgende Techniken (s. →*Sanbon-kumite*).

San-cai (chin.): »drei Kräfte« oder »drei Schätze«, nach chinesischer Vorstellung die drei Pole der Welt.

Der Himmel *(Tian)* wird vom *Yang* beherrscht, die Erde *(Di)* vom Yin, und der Mensch *(Ren)* steht in der Mitte. Er symbolisiert alles Leben zwischen Himmel und Erde, das immer die Harmonie zwischen *Yin* und *Yang* anstrebt. Im *Tai-ji-quan* ist die lange Form entsprechend diesem Prinzip aufgeteilt.

San-Cai-Form: *Tai-ji*-Form des *Sun Tai-ji-quan*, gegründet von FU ZHAN-SONG, einem Meister des *Ba-guan* und *Tai-ji-quan*. Dieser lernte unter CHEN YAN-XI das *Chen Tai-ji-quan*, unter YANG CHENG-FU das *Yang-Tai-ji-quan* und unter SUN LU-TANG das *Sun Tai-ji-quan*.

Fu Zhan-Song nannte seine Form *San-Cai* und bezog sich damit auf die drei Postume – Himmel, Mensch, Erde. Die Form enthält außer Elementen aus den drei *Tai-ji-quan*-Stilen auch starke Einflüsse aus dem *Ba-gua-quan* und dem *Xing-yi-quan*.

San-cai-jian (chin.): wörtlich: »Schwert der drei Schätze«, eine Schwert-Form (s. →*Jian*, →*Tai-ji-jian*). Die Form wird mit einem Partner als Anwendungsform ausgeführt.

Der Ursprung ist nicht mehr zurückzuverfolgen. Die Form kommt vermutlich ursprünglich nicht aus dem →*Tai-ji-quan*.

Sanchin (jap.): *Karate-Kata* (s. →*Kata*) des Shôrei-ryû. *Sanchin* bedeutet »drei Phasen« und ist eine der wichtigsten *Kata* des *Shôrei-ryû*.

VORGESCHICHTE

Man weiß heute, daß →HIGASHIONNA KANRYÔ bereits eine Form der *Sanchin* von chinesischen Experten aus →Kumemura lernte, bevor er nach China reiste. Diese Variante (chin. *Sam-chien*) stammte von CHEUNG SIU-SHU (ZENG SI-SHU), einem Schüler von FANG FAI-SHI (der Gründerin des →*Bai-he-quan*), der sie entwickelte, um die innere Energie zu kultivieren. In dieser Ursprungsform war die Atmung sanft und fließend, erst in den späteren Varianten wurde sie hart und tief (s. →*Ibuki*).

Diese erste Form unterschied sich sehr von jener *Sanchin*, die heute diesen Namen trägt. Man weiß, daß sie damals mit offenen Händen geübt wurde. Heute findet man jedoch in China keinerlei Spuren mehr von ihr. Es gibt allerdings die *Siu-nim-tao*, die Sequenz der »kleinen Idee«, die als *Qi-gong*-Übung im *WingTsun* geübt wird. Die Bewegungen der Faust in dieser Form ähneln bestimmten Passagen aus der alten *Sanchin*. Manche behaupten, daß die neuere *Goju-ryu*-Variante der Sanchin aus der *Happoren* des *Bai-he-quan* kommt, während die Variante des →*Uechi-ryu* aus dem *Tang-lang-quan* stammen soll. HIGASHIONNA KANRYÔ hat auf jeden Fall eine *Qi-gong Sanchin* in Kumemura gelernt, bevor er nach Fukien ging. Dort hat er möglicherweise festgestellt, daß die im →*Bubishi* erläuterte *Rokkishu* nichts anderes als die bekannte *Happoren no Kata* und seine *Sanchin* eine Abwandlung davon war. Jedenfalls hat er die Happoren nach seiner Rückkehr nicht unterrichtet, vielleicht auch, um seine Schüler nicht zu verwirren, die bereits die *Sanchin* übten.

MIYAGI CHÔJUN kannte die *Kata* auch, doch er nahm sie nicht in sein Übungsprogramm auf, sondern gründete auf ihrer Grundlage (s. →*Rokkishu*) die *Tensho*. Später lehrte er auch die →*Hakufa* aus dem *Bai-he-quan*, die gleichermaßen aus Fukien kommt und in ihren Bewegungen auch den »Weißen Kranich« imitiert.

Im 19. Jh. kamen viele Okinawaner nach Fukien, lernten den Kranichstil, und manche von ihnen kehrten mit einer Kopie des *Bubishi* zurück. Nicht alle brachten es zur Bedeutung, doch in einigen okinawanischen Interpretationen entstanden viele Abwandlungen der *Bubishi*-Ideologie in den *Kata*. Von allen scheint die Variante von HIGASHIONNA die bedeutendste zu sein. Heute gibt es drei große okinawanische Stile, die vorgeben, die Erben der wahren *Sanchin (Happoren)* zu sein: *Uechi-ryû, Gôjû-ryû* und *Shito-ryû*. In allen findet man zweifellos die Ursprünge aus China. → UECHI KANBUN verweist darauf, indem er anfangs den Namen →*Pangai-noon* für seinen Stil verwendete, was die okinawanische Aussprache für den chinesischen Stil *Hanko-nan (Hanko-ryu)* ist. »*Han*« bedeutet hart, und »*Ko*« bedeutet weich. *Hanko-ryû* war auch der erste Name, den SHINZATO JINAN für das *Gôjû-ryû* gebrauchte. Doch dieselbe Bezeichnung benutzte auch MABUNI KENWA anfangs für sein *Shitô-ryû*. Keiner dieser Stile hat je den chinesischen Ursprung verleugnet.

ENTWICKLUNG AUF OKINAWA

Eine weitere Variante der *Sanchin* wurde auf jeden Fall auch von UECHI KANBUN nach Okinawa gebracht. Die der ursprünglichen chinesischen Version nächststehende ist diese Variante, die auch heute noch unverändert im *Uechi-ryû* mit geöffneten Händen geübt wird (Erläuterungen dazu s. unter →*Happoren*).

Die *Sanchin*-Version von HIGASHIONNA KANRYÔ war im alten *Naha-te* und ist auch heute im *Gôjû-ryû* die erste *Kata*, die den Anfängern beigebracht wird. Higashionna verbrachte einen Monat damit, nur die Fußbewegungen zu lehren. Im zweiten Monat lehrte er den korrekten Stand, indem er die Schüler mit →*Nigiri-game Sanchin-dachi* einnehmen ließ. Erst im dritten Monat lehrte er die Atmung und die Technik.

MIYAGI CHÔJUN übernahm diese *Kata* ins *Gôjû-ryû* und verwendete sie dort in demselben Sinn wie sein Lehrer. Er erlaubte keinem Schüler, eine andere *Kata* zu lernen, ehe er nicht darüber entschieden hatte, ob die *Sanchin-Kata* auf ausreichendem Niveau gemeistert war. Manchmal mußte ein Schüler fünf Jahre lang ununterbrochen die *Sanchin-Kata* üben. Doch selbst wenn er im Training andere *Kata* unterrichtete, begann er grundsätzlich immer mit der *Sanchin*.

Die heutige *Gôjû-ryû Sanchin* ist eine von Meister

Miyagi aus der Higashionna-Form abgewandelte Methode. Sie ist komplexer und länger als die Higashionna-*Sanchin* und heute mehr verbreitet. Sie enthält die Essenz der alten *Naha-te Sanchin*, ist jedoch ausgeglichener und symmetrischer. Die *Sanchin-Kata* repräsentiert den *Gô*-Aspekt (harten Aspekt) der *Shôrei*-Schulen, während die *Tensho* den *Jû*-Aspekt (weichen Aspekt) bezeichnet. Man vermutet, daß beide *Kata* über Umwege in die *Happoren* des chinesischen Kranichstils *(Bai-he-quan)* zurückführen.

Inhalte

Die Bedeutung der okinawanischen *Sanchin* liegt weniger in ihrer kämpferischen Übersetzung als in einem für das *Shôrei-ryû* übergeordneten Übungsaspekt, den Meister Funakoshi in die *Shôrin-Hangetsu* mit aufgenommen hat (die *Hangetsu* ist eine Kombination aus den weichen *Seisan*- und den harten *Sanchin*-Momenten und wurde gegründet, um im *Shôrin-ryû* die Möglichkeit zu schaffen, die Grundlagen des *Shôrei-ryû* zu studieren). Die Art der Bewegung, Atmung und Kraftentwicklung stärkt die Gesundheit, erhöht die Vitalität und kräftigt Körper und Geist. Auf Okinawa verwendet man den Begriff »*Kakuchi*«, mit dem man den essentiellen Punkt in einer *Kata* bezeichnet. Der essentielle Punkt der *Sanchin-Kata (Gô)* ist zusammen mit dem Hauptpunkt der *Tenshô (Jû)* die Basis aller anderen *Kata*. Die kämpferisch orientierten *Kata* bauen auf dieser Grundlage auf und lehren danach einen bestimmten Kampfstil oder spezifische Bewegungsmomente. Doch ohne die Grundlagen gibt es in keinem Stil eine Weiterentwicklung.

Die *Sanchin* ist eine isometrische *Kata*, bei der jede Bewegung mit voller Spannung ausgeführt wird, begleitet von einer kraftvollen, tiefen *Ibuki*-Atmung. Angestrebt wird die Kräftigung der Muskulatur, die Stärkung der Konzentration, die Entwicklung eines im Boden verankerten Standes und die korrekte Atmung. Ihre Übung fördert auch die Entwicklung der inneren Kraft *(Ki)*, der besonders in den *Shôrei*-Stilen große Bedeutung beigemessen wird. Der Name *»Sanchin«* (drei Phasen) ist ein Hinweis darauf, daß ihre Übung drei essentielle Punkte entwickeln soll: 1) Geist, Körper und Technik, 2) innere Organe, Blutzirkulation und Nervensystem und 3) drei Arten von Kraft (*Tentô* – Denken und Bewußtsein; *Hara* – Lebensenergie und Atmung sowie *Tanden* – Körperkraft und Stärke).

Sanchin-dachi (jap.): **Sanduhrstellung (in der *Sanchin-Kata*), eine der Hauptstellungen im →*Naha-te*. Im *Shôtôkan-ryû* ebenfalls bekannt (s. →*Tachikata*).**

In *Sanchin-dachi* sind die Füße leicht gespreizt, beide Fußspitzen sind nach innen gerichtet. Die Knie werden unter Spannung nach innen gezogen, während man den Unterleib spannt. Der Oberkörper ist aufrecht. Verbunden mit der *Ibuki*-Atmung, gewährt diese Stellung einen sehr kräftigen Stand, besonders in Abwehrtechniken.

Sanchin-dachi

Sanchû no Shinki (jap.): **die drei heiligen Amtsinsignien des japanischen Kaisers (Schwert, Siegel und Juwel, s. →*Tennô*), die ihn als göttlichen Herrscher legitimieren. Das Schwert nennt man *Kusanagi no tsurugi*. Es ist das berühmteste japanische Schwert (s. →*Ken*).**

Sandan (jap.): **3. Dan-Grad (s. →*Kyûdan*, →*Yûdansha*, →*Dan*) im *Budô*. Er wird als »Grad des anerkannten Wegschülers« bezeichnet und steht für jene Fortschrittsstufe, auf der der Übende unwiderruflich dazu entschlossen ist, den Weg der Kampfkünste bis an sein Lebensende zu gehen.**

Während der *Shodan* die Voraussetzung in sich gründet, den Weg der Kampfkünste gehen zu können, und der *Nidan* darüber hinaus erfahren hat, welches der Weg der Kampfkünste ist, befindet sich der *Sandan* auf einer Stufe, auf der es keine Rückkehr mehr gibt. Sowohl beim *Shodan* als auch beim *Nidan* besteht die Möglichkeit, daß sie, aus welchen Gründen auch immer, den Weg der Kampfkunst irgendwann verlassen werden. Der *Sandan* hingegen ist dieser Gefahr nicht mehr ausgesetzt. Der Meister erkennt ihn nun als echten Wegschüler an.

Diese Entscheidung trifft der Schüler nicht mit dem Kopf, sondern mit dem Herzen und bekundet sie nicht durch Worte, sondern durch die Haltung. Der *Sandan* ist kein Verdienst oder ein erreichbares Niveau, sondern eine seit jeher bestehende Berufung im Menschen, die durch die Übung des *Budô* sichtbar wird. Für den *Sandan* gibt es keine Hindernisse mehr, die ihm im Weg stehen. Auf dieser Stufe beginnt der Schüler seinen Inneren Meister (→*Sensei*) zu spüren, er ruft ihn an und bringt ihn zum Vorschein. Er weiß, daß es sein eigener Innerer Meister ist, der ihn zum Suchen veranlaßt, der ihn drängt und nie mehr losläßt. Hier erreicht der Übende eine gewisse Unabhängigkeit von allen Umständen. Die Kunst verändert sich, die Beziehung zum leibhaftigen Meister wird frei von Verbindlichkeiten und daher intensiver und reiner. Gesetze und Regeln verlieren ihre Macht und werden durch die rechte innere Haltung (→*Shisei*) gegenüber allen Dingen ersetzt. Erst dieses Niveau erlaubt den Eintritt in die *Ha*-Stufe. Nicht durch die Technik, sondern allein durch die Haltung hat der *Sandan* seine Wegrichtung entschieden.

Sandôkai (jap.): »Das Zusammenfallen von verschiedenen Gleichheiten«, von →SEKITÔ KISEN im 8. Jh. verfaßtes Werk über das →*Zen*.

Das *»Sandôkai«* bildete die Grundlage für das später (1244) in Japan entstandene →*Sôtô-Zen* von Meister →DÔGEN. Es soll eine Zusammenfassung der 5000 *Sûtra* des BUDDHA SHAKYAMUNI (des authentischen Buddha) sein. Der Text im *»Sandôkai«* selbst ist jedoch sehr kurz. Er besteht aus 228 *Kanji* (Schriftzeichen) und ist in →*Kôan*-Form niedergeschrieben (es gibt eine Ausgabe mit Erläuterungen von Meister TAISEN DESHIMARU RÔSHI). Das *»Sandôkai«* ist die Grundlage für das *»Shôbô-genzô«* von Meister DÔGEN, in dem dieser seine eigene Lehre zusammenfaßt.

Sango-ken (jap.): verschiedene Abwehr- und Kontertechniken gegen Angriffe, die sich gegen die Brust richten, aus dem *Shôrinji-Kempô*.

Sanjaku-bô (jap.): andere Lesart für den okinawanischen →*Sanshaku-bô*. In den japanischen *Kobudô*-Künsten bekannt als →*Hanbô*.

San-jiao (chin.): wörtlich »Drei, die brennen« oder »Drei, die versengen«, der »Dreifache Erwärmer«, das sechste *Yang*-Organ (s. →*Zang-fu*) der →chinesischen Medizin.

Der *San-jiao* ist nach chinesischer Auffassung ein Organ und hat einen entsprechenden Meridian (s. →*Jing-luo*). Der *Sanjiao*-Meridian bringt Atmung, Verdauung und Ausscheidung des Körpers in Einklang. Der *San-jiao* ist eher die funktionelle Verbindung der wasserregulierenden Organe, vor allem zwischen Lunge, Milz und Niere. Er reguliert vor allem die Harmonie von Milz, Niere, Blase, Magen, Dünndarm und Dickdarm. Eventuell besteht eine Verbindung zu den drei →*Dantian*. Man teilt den *San-jiao* in drei Bereiche:

1. **Oberer Erwärmer**: Kopf und Brust mit Herz und Lunge. »Der Obere Erwärmer ist ein Dunst« *(→»Huang-di Nei-jing«)*, das deutet auf das in der Lunge verdunstete und im ganzen Körper verteilte Wasser hin.
2. **Mittlerer Erwärmer**: die Gegend unterhalb der Brust und oberhalb des Nabels mit Magen und Darm. »Der Mittlere Erwärmer ist ein Schaum« *(»Huang-di Nei-jing«)*, das deutet auf die Verdauung in Magen und Milz hin.
3. **Unterer Erwärmer**: ist der Bauch unterhalb des Nabels und enthält Leber und Nieren. »Der Untere Erwärmer ist ein Sumpf« *(»Huang-di Nei-jing«)*, das deutet auf die trüben Anteile der Nahrung, die Ausscheidung, hin.

San-jiao (chin.): wörtlich die »Drei Lehren«: Konfuzianismus (s. →*Ru-jia*), Daoismus (s. →*Dao-jia* und →*Dao-jiao*) und →Buddhismus (s. auch →BUDDHA).

Die drei Glaubensrichtungen werden in China nicht als Religionen im westlichen Sinne verstanden, sondern als Künste der weisen Lebensführung.Der Konfuzianismus ist eher ein ethisches und soziales System, das erst in den letzten Jahrhunderten religiöse Einschläge bekam. Der Daoismus ist eine Naturlehre, die sowohl als phi-

losophischer Weg wie auch als »Religion« betrieben werden kann. Der Buddhismus hat keine Dogmen und die meisten Richtungen beschäftigen sich nur mit der Erlangung einer bestimmten Geisteshaltung.
Die meisten Chinesen akzeptieren alle diese Richtungen nebeneinander, ohne eine vorzuziehen. Die einzigen Ausnahmen bilden die chinesischen Christen und Moslems.

San-jie-gun (chin.): auch *San-chieh-kun*, dreiteiliger Stock *(Nunchaku)*, okinawanisch →*Sansetsu-kon*.
Die Waffe wurde angeblich vom ersten Kaiser der Song-Dynastie (960–1280), JIN HONG-YAN, entwickelt und wurde daraufhin in China sehr populär (s. →*Bing-qi*).

Chinesischer Stockkämpfer gegen den San-jie-gun

Sanjû[1] (jap.): »dreißig«.

Sanjû[2] (jap.): konfuzianisches Prinzip des mittelalterlichen Japan. Die vom Konfuzianismus geforderte »dreifache Unterwerfung« der Frau: unter die Eltern ihres Mannes, unter ihren Mann und unter ihre männlichen Kinder.

Sankaku (jap.): Dreieck.

Sankaku-jime (jap.): Immobilisationstechnik im verkehrten Reitersitz. *Jûdô*-Technik.

Sankaku no (jap.): dreieckig.

Sankaku-tobi (jap.): Dreieckssprung, u. a. in der →*Meikyô*-Kata vorkommend, dem geheime und geistige Bedeutungen zugeschrieben werden. Die Technik fällt in den Bereich der →*Sutemi-waza*.

Sankaku-tobi-waza (jap.): die Technik, die während des Dreieckssprungs ausgeführt wird (z.B. *Sankaku-tobi-geri, Sankaku-tobi-uchi* usw.).

Sankin-kotai (jap.): »abwechselne Anwesenheit«, Bezeichnung für das Kontrollsystem des Tokugawa-Shôgunats.
Daimyô und *Hatamoto* wurden gezwungen, wechselweise ein Jahr im Edo-*Bakufu* und ein Jahr auf ihrem eigenen Lehen zu leben. Während ihres Aufenthaltes im →*Bakufu* wurden sie regelmäßig zur Audienz befohlen. Diese Praktiken wurden 1635 gesetzlich festgelegt und brachten den Tokugawa-Shôgunen eine perfekte Kontrolle über eventuell konkurrierende Häuser.

Sankudô (jap.). s. →*Sankukai*.

Sankukai-ryû (jap.): »Schule der Verbindung zwischen den drei Himmeln«, *Karate-ryû*, gegründet 1970 von →NANBU YOSHINAO in seinem *Sankukai-Dôjô* in Frankreich, in dem er aber danach eine weitere Variante *(Nanbu-dô)* aus dem →*Shukokai* von →TANI CHÔJIRO entwickelte.
Nanbu, dem persönliche Veränderungen im *Shukokai* von Tani untersagt wurden, spaltete sich von dem Stil seines Lehrers mit seiner eigenen Version ab. Darin begann er tiefgehende Studien zu betreiben und nannte die Weiterentwicklungen ab 1978 →*Nanbu-dô*. Später wollten einige Schüler Nanbus, allen voran der Kanadier JEAN FRENETTE, das alte *Sankukai* wieder aufleben lassen und nannten dieses Konzept *Sankudô*.

Sankyû (jap.): 3. Schülergrad im *Budô* (s. →*Kyûdan*, →*Kyû*).

Sanmi-ittai (jap.): Überbegriff für die drei untrennbaren Elemente, die das Wesen jeder traditionellen Übung (s. →*Geiko*) im Sinne des →*Dô* ausmachen. Man übt die Technik *(Waza)*, die Kraft *(Ki)* und den Geist *(Shin)*. Diese Dreiteiligkeit gibt es nicht nur in den Kampfkünsten, sondern auch im Zen:

- ***Chôshin*** verweist auf die physischen Aspekte jeder Übung. Im *Zen* versteht man darunter die Körperhaltung (→*Shisei*), in den Kampfkünsten die Perfektion der Formen (Techniken).
- ***Chôsoku*** verweist auf die richtige Atmung, den Ursprung des →*Ki*. Die Atmung muß frei sein von Spannungen und Angst.
- ***Chôshin*** ist die Kontrolle des Geistes (→*Shin*) und damit die schwierigste Aufgabe für jeden Übenden. In allen Kampfkünsten wurden dazu Regeln aufgestellt (s. →*Dôjôkun*, →*Kaisetsu*),

um dem Übenden zu ermöglichen, sich selbst an diesen Idealvorstellungen zu messen.

San-nen Goroshi (jap.): geheime Techniken (s. →*Okurasu-goroshi*) aus dem okinawanischen *Karate* und dem japanischen *Bujutsu*, die erst nach drei Jahren tödlich wirken.

San no Dô (jap.): der »dritte Schlag zum Körper«. Technik aus dem *Kenjutsu*. Er wird zur Körpermitte (Bauch) ausgeführt.

Sano-ryû (jap.): oder →*Yoseikan-ryû*, von SANO TERUO (* 1930) gegründete Kampfkunst. Er lernte *Shôtôkan-Karate, Fukuken Shôrinji-ryû* und *Jûjutsu*, bevor er ein Schüler von MOCHIZUKI MINORU aus dem *Yoseikan* wurde.

Sanran (jap.): Zerstreutheit, Mangel an psychischer und physischer Konzentration (s. →*Konchin*).

Sanren (jap.): dreimal hintereinander. *Renzuki* – Doppelstoß, *Sanren-zuki* – Dreifachstoß.

Sanseiru (jap): okinawanische *Karate-Kata* der *Shôrei*-Schule (s. →*Naha-te Kata*) chinesischen Ursprungs *(San-shi-liu)*. Der Name wird auch als *Sanjuroku* ausgesprochen. Die *Kata* wurde von Meister →HIGASHIONNA aus China mitgebracht und stammt wahrscheinlich aus der chinesischen Schule des »Weißen Kranichs« (s. →*Hakutsuru*).

Die Übersetzung der chinesischen Schriftzeichen bedeutet die Zahl 36, die im Buddhismus symbolischen Charakter besitzt. Sie leitet sich aus der Rechnung 6 mal 6 ab. Die erste 6 repräsentiert Auge, Ohr, Nase, Zunge, Körper und Geist, die zweite 6 symbolisiert Farbe, Gehör, Geruch, Geschmack, Berührung und Gerechtigkeit. Die *Sanseiru* ist eine reine, schnelle und harte *(Gô)-Kata*, die Schnelligkeit und Kraft entwickeln soll. Zusammenhänge und Geschichte s. unter →*Gôjû-ryû*.

Sansetsu-kon (jap.): →*Nunchaku*, bestehend aus drei Teilen. Gewöhnlich ist jeder Teil so lang wie der Arm des Übenden und hat einen Durchmesser von 2,5–3,8 cm. Früher wurden, wie bei vielen anderen mehrteiligen Waffen Okinawas (s. →*Kobudô*), verschiedene Varianten verwendet.

Übender mit Sansetsu-kon

Indem man die Länge der Holzteile veränderte, konnte man die Reichweite der Waffe vergrößern oder verringern. So schwankte die Gesamtlänge des *Sansetsu-kon* zwischen 90 cm und 2,15 m.

GESCHICHTE

Man vermutet, daß der *Sansetsu-kon* während der Sung-Dynastie in China entwickelt (*Sam-jet-gun* oder *San-chien-pang*) und zwischen 1200 und 1600 nach Okinawa gebracht wurde. Die okinawanischen Techniken ähneln sehr den chinesischen. Der Unterschied besteht darin, daß die Chinesen Metallringe oder Ketten verwendeten, um die Teile zu verbinden, während die Okinawaner Schnüre, Lederriemen oder geflochtenes Roßhaar bevorzugten. Die Ketten waren ursprünglich dazu gedacht, Geräusche zu erzeugen, die den Gegner verwirren oder ablenken sollten. Auf Okinawa jedoch, wo die Kampfkünste verboten waren (s. →Okinawa), war Geräuschlosigkeit ein wichtiger Faktor, denn die Waffe mußte in der Kleidung versteckt werden und durfte nicht auffallen.

Vom frühen 17. bis zur Mitte des 19. Jhs. war der *Sansetsu-kon Nunchaku* auf Okinawa sehr beliebt. Es wird vermutet, daß er die stärkste okinawanische Waffe war, die gegen die *Satsuma-Samurai* eingesetzt wurde. Diese Waffe mußte sehr genau beherrscht werden, denn sie konnte recht unhandlich sein. In der Hand eines Meisters jedoch war sie sehr gefährlich. Man vermutet, daß es auf Okinawa keine Waffe gab, die die *Satsuma-Samurai* mehr fürchteten als den *Sansetsu-kon Nunchaku*.

SANSETSU-KON HEUTE

Heute ist diese Waffe der Öffentlichkeit weitgehend unbekannt. Nach alter Tradition wird sie auf Okinawa nur wenigen älteren *Kobudô*-Übenden beigebracht. Die Meister, die die Techniken dieser Waffe beherrschen, geben ihr Wissen nur weiter, wenn sie von der besonderen Treue und Hingabe ihres Schülers überzeugt sind. Nicht selten wird auf Okinawa auch heute noch die Kunst des *Sansetsu-kon* vom Meister nur auf den direkten Nachfolger übertragen. Während die meisten anderen okinawanischen *Kobudô*-Waffen heute weltweit verbreitet sind und ihre Übung eine direkte Beziehung zur traditionellen okinawanischen Kampfkunst hat, fehlt bei allen *Nunchaku*-Waffen die okinawanische Grundlage. Die okinawanischen Meister geben auch heute noch keine *Nunchaku-Kata* der Weltöffentlichkeit preis. Aus welchen Gründen auch immer dies geschieht, auf Okinawa ist der *Nunchaku* eines der perfektesten Selbstverteidigungssysteme und spielte in der Widerstandsbewegung der Okinawaner gegen die *Satsuma* eine bedeutende Rolle. Es gibt sehr viele überlieferte *Kata* und Kampfmethoden, doch sie werden nur in einem sehr engen Kreis der okinawanischen Meister geübt.

Übung mit dem Sansetsu-kon

Sanshaku-bô (jap.): okinawanische Stockwaffe, 90 cm lang [aus *San* = drei, *Shaku* = Maß von etwa 30 cm], identisch mit →*Hanbô* und →*Sanyaku-bô* (s. auch →*Bô*). Die heute im →Kobudô geübte Methode des japanischen *Hanbô*, die von Meister HATSUMI MASAAKI im →*Kukishin-ryû* klassifiziert wurde, ist die japanische Kampfkunst mit dem *Hanbô* (Techniken s. unter →*Hanbôjutsu*).

HERSTELLUNG UND TYP

Auch der *Sanshaku-bô* wurde, wie alle okinawanischen Stockwaffen, vor 1600 aus chinesischer Eiche oder rotem Ahorn hergestellt. Nach der *Satsuma*-Invasion verwendete man dazu das Holz der japanischen roten Eiche. Auch gab es Stockvarianten aus Bambus oder Rattan. Der Durchmesser des Stocks beträgt über seine gesamte Länge etwa 2,5–3,5 cm.

Auf Okinawa wurden diese Stockvarianten häufig paarweise benutzt, doch konnten sie in derselben Weise auch einzeln angewandt werden. Letzteres setzte immer eine Verbindung mit den Kampfkünsten der leeren Hand voraus, was auch heute noch üblich ist. Die frühen Formen dieser Waffe hatten ein kleines Loch am Stockende, woran eine 35–50 cm lange Schnur oder Lederband befestigt war, die der Kämpfer um sein Handgelenk wickelte, um zu verhindern, daß er die Waffe aus der Hand verlor. Andere Varianten hatten eine längere Schnur, die um die Hüfte gebunden wurde, um den *Bô* auf diese Weise zu transportieren. Die Schnüre führten auch zu besonderen Verwendungen des *Sanshaku-bô*. Er konnte geworfen oder gedreht und an der Schnur wieder in die Hand zurückgenommen werden.

KAMPFMETHODEN

Der kürzere *Bô* hatte den Vorteil, daß er leicht zu verbergen war, doch gegen die gefährlichen Schwerter der *Samurai* hatte er nicht so viel Effektivität wie die längeren Waffen. Ein Schwerthieb konnte ihn ohne weiteres zerschneiden. Aus diesem Grund unterscheiden sich die Techniken mit dem kurzen *Bô* sehr von den Techniken mit den langen Stockwaffen. Das wichtigste Element ist hier die Überraschung. Dies bildet die Grundlage für alle Praktiken mit den kürzeren Waffen. Die okinawanischen Meister lehrten, daß alle Techniken mit dem kurzen *Bô* sehr schnell sein mußten und daß auf die Ausweichbewegungen des Körpers ein größerer Akzent gelegt werden mußte als bei anderen Stockwaffen. Die Abwehrbewegungen sind weit mehr auf Ableitungen der gegnerischen Angriffe bedacht als zum Beispiel auf Blocken. Auch wurden Techniken entwickelt, mit denen eine sehr schnelle Richtungsänderung des Schlages möglich war (z. B. zwei kurze Schläge nacheinander ohne Unterbrechung).

Die meisten traditionellen Techniken mit dieser Waffe betonen kreisförmige oder stoßende Bewegungen. Die Abwehrtechniken werden mit schwingenden Bewegungen ausgeführt, was die Deutung der klassischen Kata heute erschwert (dieselbe Bewegung kann ein Angriff oder eine Verteidigung sein). Gegen ein Schwert waren schnelle Bewegungen aus dem Handgelenk notwendig, während man mit Fußbewegungen beständig den schneidenden und stechenden Techniken des Schwertes auszuweichen versuchte.

Mit dem *Sanshaku-bô* bewaffnet die Herausforderung eines *Samurai* anzunehmen war sehr gefährlich. Die Meister dieser Variante mußten deshalb ein außergewöhnliches Können entwickeln, und dies führte dazu, daß die Techniken des *Sanshaku-bô* heute hoch entwickelt und sehr fein sind. Dies zeigt sich in allen überlieferten *Kata* mit diesem *Bô*. Heute gehört er zu den beliebtesten Selbstverteidigungswaffen, da er bei den heutigen Gegebenheiten – es gibt keine Schwerter mehr – in der Selbstverteidigung sehr vielfältig zu gebrauchen ist.

Sanshiro Sugata: s. →SAIGÔ SHIRO.

San-shou (chin.): »die Hände loslassen«, Bezeichnung für den Freikampf im →*Tai-ji-quan* (s. auch →*Tui-shou*).

Unter *San-shou* versteht man alle Arten von Freistilübungen bis hin zum freien Kampf. Hier sind keine Techniken festgelegt. Die Übung besteht aus der Beobachtung und Kontrolle des Gegners (die Gegner sollen Partner sein) und der effektiven Anwendung der 13 grundlegenden Bewegungsarten (→*Shi-san-shi*). Hier ist es besonders wichtig, einen klaren, ruhigen Geist zu bewahren und den Körper harmonisch, aber trotzdem sinnvoll zu bewegen.

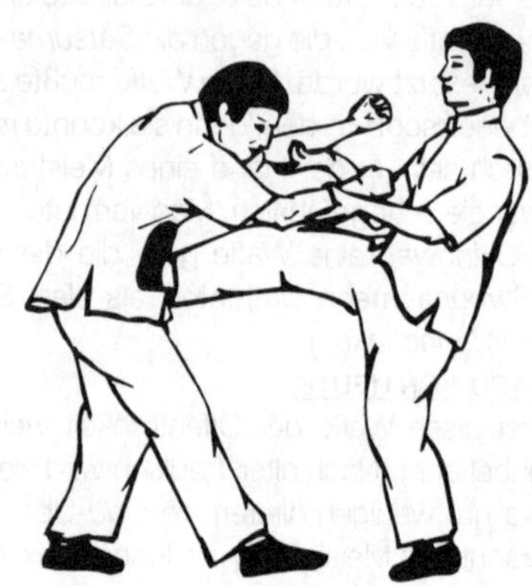

Selbstverteidigungstechnik im Tai-ji-quan

Sanskrit (ind.): einheimische indische Bezeichnung für die auch als »Altindisch« bekannte Sprache. Es ist die älteste Sprache Indiens.

Der Name *Sanskrit* bedeutet »opfern«. Daraus kann man erkennen, daß Sanskrit keine Umgangssprache ist. Die Entwicklung der Sprache teilt man in zwei Abschnitte: das *Vedische Sanskrit*, in dem die Lieder der vier →Veden (s. auch →*Upanischaden*) und die *Brahmanas* verfaßt sind, und das *klassische Sanskrit*, in dem die spätere religiös-philosophische Literatur überliefert wurde.

Als die indischen Dialekte sich im 1. Jh. n. Chr. so weit zu differenzieren begannen, daß eine Verständigung nicht mehr möglich war, übernahm das Sanskrit neben seiner religiösen Rolle auch die Rolle einer überregionalen Verkehrssprache, und zwar nicht nur im Norden Indiens, sondern auf dem gesamten indischen Subkontinent und teilweise auch in Südostasien. Über die gesamte Zeit war das Sanskrit die Gelehrtensprache, ähnlich dem Lateinischen in Europa. Erst in jüngerer Zeit, als westliche Sprachsysteme in die Schulen Indiens eindrangen, nahm die Bedeutung des Sanskrit ab.

San Wang Pao-chui (chin.): *San Wang* – »Drei Königreiche« *Pao-chui* – »Kanonenfaust«.

Nördlicher *Quan-fa*-Stil, der in der Periode der Drei Königreiche gegründet wurde und heute in der Gegend von Beijing (Peking) geübt wird. Der Stil wird auch noch *Xing-gong-quan (Hsing-kung-ch'uan)* genannt.

Sappô (jap.): Angriffe, die die Vitalpunkte des Körpers (s. →*Tsubo*) negativ beeinflussen.

Sappô steht im Gegensatz zu →*Kappô*, das in den Kampfkünsten verwendet wird, um die Vitalpunkte positiv zu stimulieren. In den japanischen Kampfkünsten wurden *Kappô* und *Sappô* parallel unterrichtet, es gibt jedoch auch eine eigene Disziplin (s. →*Seifuku*), die auf diesen Grundlagen aufbaut.

Sappushi (jap.): auch *Sapposhi* oder *Sakuhoshi*, okinawanische Bezeichnung für spezielle chinesische Gesandte des kaiserlichen Hofes, die zeitweise in Okinawa weilten.

Die *Sappushi* waren spezielle Gesandte des chinesischen Kaisers und übten den größten Einfluß aus China auf die okinawanische Entwicklung aus. Sie reisten an die äußersten Grenzen des Reiches, überbrachten Botschaften und kehrten mit Berichten über die dortige Situation zurück. Begleitet von einem Gefolge von 400 bis 500 Mann (Besatzungsspezialisten, Handelsleuten, Sicherheitsexperten) und mit einer ungefähren Aufenthaltsdauer von 4–6 Monaten, reisten die *Sappushi* in 5 Jahrhunderten mehr als zwanzigmal in das Königreich Ryûkyû.

Saru (jap.): Affe.

Sarugaku (jap.): Schauspieler.

Sasae (jap.): Stütze, Unterstützung. *Sasaeru* – stützen, Gewicht stemmen.

Sasae-tsuri-komi-ashi (jap.): Hebestützfußhalten, Wurftechnik aus dem *Jûdô*.

Sasaki Kojiro Ganryû: bekannter Schwertmeister Japans, Begründer eines eigenen Stils mit einem übermäßig langen Langschwert (s. →*Chujô-ryû*).

Sasaki Kojiro Ganryû war ein Gefolgsmann des MORI-Clans in der Provinz Aki (heute Hiroshima). Er entwickelte eine eigene Technik mit einem langen Schwert, zu der ihn der Flug der Schwalben inspiriert hatte. Sein ungewöhnlich langes Schwert nannte er »Kleiderstock«. In der Provinz Harima wurde er jedoch von MUSASHI's Vater, MUNISAI SHIMMEN, besiegt. Aus Ärger über diese Niederlage ermordete er später Munisai.
Musashi suchte viele Jahre nach Sasaki, um seinen Vater zu rächen. Am Strand von Ganryu-jima in Kyûshu fand schließlich das Duell statt, bei dem Sasaki umkam.

Sashi (jap.): Trainingsgerät (→*Dôgu*) aus dem Okinawa-Karate, auch →*Ishisashi* genannt.

Sashi-ashi (jap.): Überkreuzschritt.

Sashi-ishi (jap.): Trainingsgerät (→*Dôgu*) aus dem Okinawa-Karate, bestehend aus einem schweren Stein, der in seiner Mitte ein Loch hat, durch das ein Stiel hindurchgesteckt ist. Die Übung besteht darin, mit beiden Händen den Stiel zu drehen.

Sasoi (jap.): jemanden aus der Reserve locken. *Sasou* – einladen.

Sasoi-kuatsu (jap.): Form von →*Kuatsu*. Wiederbelebungsmethode nach Atemstillstand durch beidhändigen Druck auf den Brustkorb.

Sasoku (jap.): linker Fuß. *Sayoku* – linker Flügel, linke Seite.

Sato-juku (jap.): japanischer *Karate*-Stil, gegründet von SATO KATSUAKI, einem Schüler von MASUTATSU ÔYAMA.

Sato Kaichiro: bekannter *Jûdô*-Lehrer am →*Kôdôkan*, Inhaber des 10. Dan (s. →*Jûdô*).

Sato Shizuya: Inhaber des 9. Dan *Nihon Jûjutsu* und des 8. Dan *Jûdô*, gegenwärtig leitender Direktor des *Kokusai Budoin* (s. Anhang).

Sato lernte *Jûdô* unter →MIFUNE KYUZO und →ITO KAZUO. Nach dem Tod seines Vaters wurde er *Uchi-deshi* bei Ito und lernte von diesem auch *Jûjutsu* und *Goshinjutsu*. Später begegnete er →TOMIKI KENJI und lernte von ihm *Aikijutsu, Aikidô, Koryû-Jûjutsu, Tessenjutsu* und *Jûdô*. Darüber hinaus befaßte er sich unter der Anleitung verschiedener Lehrer mit *Kitôryû-Jûjutsu*, *Kendô*

(TAKANO HIROMASA) und *Wadô-ryû* (ÔTSUKA HIRONORI). Schließlich spezialisierte er sich auf *Jûdô* und *Nihon-Jûjutsu*.

Satori (jap.): Bezeichnung für die »Erleuchtung« in den Wegkünsten, für das intuitive Erkennen der kosmischen Wirklichkeit.

Der Begriff leitet sich von dem japanischen Verb *Satoru* ab, das mit »erkennen« übersetzt wird. Im *Zen* wird dafür auch noch die Bezeichnung →*Kenshô* gebraucht. *Satori* bezieht sich jedoch nicht auf die gesteigerte Erkenntnisfähigkeit des objektiven Bewußtseins, denn hier geht es nicht um Unterscheidungen von Richtig und Falsch. *Satori* ist vielmehr ein Zustand des rechten Befindens (→*Mushin*) in der Welt, der Harmonie mit dem universalen Wirken und daher aus rationaler Sicht nichts Besonderes. *Satori* entzieht sich dem objektiven Denken, dem Kategorisieren und dem begrifflichen Erfassen. Die Sprache kann es nicht beschreiben. Man kann *Satori* von niemandem erlernen oder bekommen, sondern muß es selbst erfahren. Der Weg dahin führt über die Meditation.

Wahres *Satori* ist Leere (s. →*Kû* und →*Mu*). Es enthält alle Dinge, also auch die Illusionen (s. →*Bonnô*). *Satori* löst den Menschen von seiner physikalischen Umgebung und erlaubt ihm die Übersicht über die Zusammenhänge des Seins. Es gibt keinen unmittelbaren Vorgang, der von der Logik in dieses Verstehen führt. Der Zugang zu *Satori* ist ein Sprung auf eine andere Bewußtseinsebene. Denn wie sehr wir auch immer unsere rationalen Teilerkenntnisse vervielfältigen, das Netz der zusammenhängenden Wirklichkeit können wir nicht mit dem Verstand erfassen, und es werden immer Lücken bleiben. Deshalb muß es mit dem intuitiven Erkenntnisorgan betrachtet werden, auf dem das objektive Wirklichkeitssehen aufbaut. Wenn wir diesen Zugang öffnen, entsteht ein anderes Sehen. Das Verhalten in der unmittelbaren Umgebung zieht seine Informationen aus dem intuitiven Verstehen des großen Zusammenhangs, der jenseits unserer dualistischen Weltsicht liegt. Dort existiert eine übergeordnete Handlungsinstanz (s. →*Dao*, →*Dô*) für alles weltliche Wirken, deren Gesetzmäßigkeiten in der diesseitigen Wirklichkeit erkannt werden können. Weitere Erläuterungen s. →*Shisei*, →Transzendenz, →Transzendentalphilosophie.

Satsu (jap.): töten, ermorden (auch *Sai, Setsu, Korosu*).

Satsuma: mächtiger japanischer Familienclan (Oberhaupt SHIMAZU) von der südlichen Insel Kyûshû (Kagoshima), dessen *Samurai* für ihre Tapferkeit bekannt waren.

1866 verband sich der Clan mit dem von CHÔSHÛ, um das Shôgunat abzusetzen. Nach der Meiji-Restauration (1868) besetzten die Herren SHIMAZU die wichtigsten Ämter in der Regierung. Währendessen lehnte sich ein anderes Oberhaupt des *Satsuma*-Clans, →SAIGÔ TAKAMORI, 1877 gegen den Kaiser auf, um gegen die Einführung des allgemeinen Kriegsdienstes zu protestieren, der den *Samurai* ihre Vormachtstellung in der Gesellschaft streitig machte. Er wurde jedoch besiegt und beging Selbstmord. (Zur früheren Geschichte der *Satsuma* s. →Okinawa, →TOKUGAWA).

Satsumatajutsu (jap.): die Technik der langen Waffen (*Yari, Naginata, Hoko* u. a.).

Sau-tsa-kuen (chin.): eine der vielen chinesischen Bezeichnungen für den →*Nunchaku*.

Savate: französische Kampfmethode (»Fußboxen«), die früher bei der französischen Aristokratie beliebt war, jedoch heute nur noch selten geübt wird. Der Begriff wird heute noch gelegentlich für das →Kick-Boxen und das →Thai-Boxen *(Muay-Thai)* benutzt.

Vorausgegangene Konzepte wurden wahrscheinlich im 17. Jh. von französischen Seeleuten entwickelt. Sie nannten diese Formen *Chausson* (»Socke«) oder *Savate* (»abgetragener Schuh«). Zur Napoleons Zeiten wurde außerdem eine inoffizielle Art der Bestrafung bei der Armee *Savate* genannt, die darin bestand, daß jemand, der einen nicht angezeigten kleinen Diebstahl begangen hatte, von einer Gruppe festgehalten und kräftig in den Hintern getreten wurde.

Zu Beginn des 19. Jhs. war der Straßenkampf mit den Füßen, »Savate« genannt, in Paris sehr beliebt. Schließlich versammelte MICHEL CASSEUSE die besten Straßenkämpfer um sich, analysierte ihre Techniken und gründete ein standardisiertes *Savate*-System. 1824 gab er eine Schrift heraus, die die Aufmerksamkeit der Pariser Gesellschaft auf sich zog. Innerhalb kürzester Zeit wurde er zum bekanntesten Selbstverteidigungsexperten des Landes. Zu seinen Schülern gehörten neben Straßenkämpfern auch hochgestellte Persönlichkeiten und Adelige.

Später reiste einer seiner Schüler, CHARLES LECOUR, nach London, um von den bekannten Lehrern des englischen Boxens, ADAMS und SMITH, zu lernen. 1832 kehrte er zurück und gründete *La boxe française* als Synthese zwischen *Savate* und Boxen. Er führte den Gebrauch von Handschuhen ein und begann selbst zu unterrichten. In den darauffolgenden Wettkämpfen erlangte besonders LOUIS VIQUENZON (»Kanonenmann«) große Berühmtheit. Sein bester Schüler war JOSEPH CHARLEMONT, der 1862 in ganz Europa Herausforderungen annahm. Er wurde niemals besiegt und ist noch heute das größte Idol des *Savate*.

Nach dem Zweiten Weltkrieg versuchte *Comte* PIERRE BARUZY, ein Schüler von CHARLES CHARLEMONT, dem Sohn des Meisters, *Savate* wiederzubeleben. Mitte der 60er Jahre wurde eine nationale *Savate*-Organisation mit ihm als Präsidenten gegründet.

Sawayama Muneyomi: s. →*Nippon-Kempô*.

Saya (jap.): Schwertscheide (s. →*Ken*, →*Katana*).

Die japanischen *Samurai* hüteten sich sehr sorgfältig davor, einen anderen *Samurai* mit der Schwertscheide zu stoßen *(Saya-ate)*. Dies wurde als Beleidigung aufgefaßt. Der auf diese Weise beleidigte *Samurai* hatte das Recht, sein Schwert zu ziehen und den anderen zu töten. Dadurch gewann die Übung des →*Iaijutsu* für die *Samurai* an Bedeutung.

Sayônara (jap.): auf Wiedersehen.

Sayû (jap.): [aus *Sa* = links, *Yû* = rechts] »links-rechts« (s. →*Migi*, →*Hidari*).

Sayû-uchi (jap.): zur Seite geführte Schläge (*Sa-Yû* – links-rechts). Bezeichnung aus dem okinawanischen Karate.

Sayû-undô (jap.): »links-rechts« üben. Übungsform im *Aikidô*.

Schamanismus: Bezeichnung für alle Religionen, in denen die Priester (Schamanen) durch kultische Handlungen sogenannte Zauberfähigkeiten besitzen.

Nicht nur in den indischen, sondern in den meisten Naturreligionen (z. B. in der der Indianer) kennt man Schamanen. In Asien ist dieser Beruf entweder erblich oder wird durch die Lehre vom Meister auf den Schüler übertragen.

Häufig versetzt sich der Schamane durch rituelle

Tänze, durch Drogen oder durch Versenkung (besondere Formen der Meditation, in denen Trancezustände durch gedankliche Assoziationen mit Eigenschaften, Erinnerungen usw. hervorgerufen werden) in Ekstase. Dann kann er, dem Weltlichen »entrückt«, die Seelen der Toten begleiten, Krankheiten heilen, in die Zukunft sehen, Regen machen usw. In den meisten Stämmen ist der Schamane der Bewahrer der Tradition, Dichter, Weiser und Gelehrter zugleich. Dadurch ist seine Rolle wichtiger als die des Häuptlings.

Schmidt, Stan (*1936): südafrikanischer *Karate*-Lehrer, ursprünglich aus Europa.

1963 begann er in Südafrika *Karate* zu unterrichten. Heute leitet er mehr als 800 *Dôjô* mit vielen Mitgliedern. Schmidt ist der erste Europäer, der 1972 von der JKA den 5. Dan erhielt. 1979 erhielt er den 6. Dan.

Schömbs, Peter: deutscher Kampfkunstlehrer des →*Budo Studien Kreises* für *Karate, Kobudô* und *Ninjutsu*. Gründer des →*BSK-Ninpô*.

Schömbs begann 1980 mit dem Studium des *Karate* und *Kobudô* unter WERNER →LIND und gleichzeitig mit dem Training des *Ninjutsu* unter verschiedenen international anerkannten Instruktoren. 1986 graduierte er zum 1. Dan und begann als Übungsleiter im *Budo Studien Kreis* zu unterrichten. 1990 begann er mit der Entwicklung seines Systems, *BSK-Ninpô*, das er als eine Synthese seiner breiten Kampfkunsterfahrungen betrachtet. Schömbs (5. Dan *Karate*, 4. Dan *Ninpo* und 3. Dan *Kobudô*) gehört heute zu den qualifiziertesten *Budô*-Lehrern in Deutschland. Er ist Ko-Autor des Buches »Karate-Kumite« (Velte-Verlag, 1995).

Sei[1] (jap.): Kraft, Macht, Energie, Vitalität (auch *Ikioi*). *Seiryoku* – Einfluß, Macht.

Sei[2] (jap.): Familienname (auch *Shô*). *Seimei* – Vor- und Nachname.

Sei[3] (jap.): Natur, Eigenschaft, Geschlecht. *Shô* – Temperament, *Seikô* – Lebenswandel, Charakter, *Shôbun* – Veranlagung.

Sei[4] (jap.): Mitgefühl, Mitleid (auch *Jô, Nasake*). *Ninjô* – Menschlichkeit, *Dôjô* – Anteilnahme, *Mujô* – Gefühllosigkeit.

Sei[5] (jap.): heilig. *Seijin* – Heiliger, Weiser, *Shinsei* – Heiligkeit, *Seidô* – konfuzianischer Tempel.

Sei[6] (jap.): Leben (auch *Shô*). *Jinsei* – menschliches Leben, *Ikasu* – wiederbeleben, *Isshô* – das ganze Leben.

Sei[7] (jap.): Geist, Vitalität, Energie. *Seiryoku* – Vitalität, Energie, *Seishin* – Geist, Seele, Psyche, *Shôjin* – Fleiß, Hingabe, Reinigung.

Sei[8] (jap.): Wahrheit, Wirklichkeit; Aufrichtigkeit (auch *Makoto*).

Sei[9] (jap.): still, ruhig, leise, sanft. *Seishi* – Stille, Ruhe, *Ansei* – Stille, *Heisei* – Gelassenheit, Fassung. In den Kampfkünsten steht die Bezeichnung für das innere Gleichgewicht, für die Kraft (→*Ki*), die aus der Leere (→*Kû*) entsteht.

Im Gegensatz zu unserem modernen Leben, das die endlose Aktivität als Ursprung allen Geschehens betont, spricht man in den Kampfkünsten von der »aktiven Inaktivität«, durch die der Übende es vermag, Harmonie in sein Leben zu bringen. Aktive Inaktivität ist z. B. die Meditation, durch die Aktivität, anders als im Streß, in die richtige Perspektive gesetzt werden kann und sich dadurch positiv im Leben bewährt (s. →*Shisei*).

Sei[10] (jap.): Gesetz, System. *Seido* – Organisation, System, Wesen, *Kansei* – Kontrolle.

Sei[6] (jap.): »über sich selbst nachdenken«. *Jisei* – Selbstbesinnung, *Naisei* – Einkehr, *Jinjifusei* – Ohmacht, Bewußtlosigkeit.

Seibukan (jap.): Kampfkunst-Institut, gegründet von →Suzuki Masafumi in Kyôto auf der Grundlage des *Gôjû-ryû*. Weiter wird auch *Aikidô, Kendô, Karate, Jûdô* und *Iaidô* betrieben.

Seibukan-ryû (jap.): »heiliger Tempel der Kampfkünste«, okinawanische *Karate*-Richtung neueren Datums (s. →*Chûbu Shôrin-ryû*, →Shimabukuro Zenryô). Der Stil wird in der Weiterfolge u. a. heute von Jamal →Measara im DKV vertreten (s. *Shôrin-ryû Seibukan Karate Organisation Deutschland* im Anhang).

Seidô Karate-dô (jap.): oder *Seidô-juku*, japanischer *Karate*-Stil mit traditionellem Inhalt, gegründet 1976 in den USA von Nakamura Tadashi (*1942) auf der Basis des →*Kyôkushin-Karate* in Verbindung mit dem *Zen*.

Die psychologische Basis des Stils besteht aus drei fundamentalen Prinzipien: Respekt, Liebe und Gehorsam, abgeleitet aus der Philosophie des *Zen*, von dem →Nakamura sagt, daß es untrennbar mit *Karate* verbunden sei. Das *Seidô Karate-dô* unterscheidet sich nur geringfügig vom *Kyokushinkai*. Die bedeutendsten *Kata* des Stils sind *Gekisai-dai, Gekisai-sho, Sanchin, Tensho, Yansu, Saiha, Seiunchin, Kanku* und *Tsuki no Kata*.

Seien (jap.): zurufen, anfeuern. Bedeutet auch »sehr schön«.

Seienchin (jap.): oder *Seiunchin* (chin. *Sui-yun-jing*), okinawanische *Karate-Kata* (auch *Saipa*) aus dem →*Naha-te*. Auch im *Shitô-ryû, Isshin-ryû, Kyokushinkai, Gôjû-ryû* u. a. geübt.

Die *Seienchin* enthält zahlreiche Zieh- und Wurftechniken für den Nahkampf, und man kann ihren Namen auch als »Ziehen« interpretieren. Es ist wahrscheinlich, daß sie von einem großen Mann entwickelt wurde, da ihre Techniken gut zu Menschen mit größerer Statur passen.

Manche *Karate*-Autoritäten glauben, daß die *Seienchin* aus dem chinesischen *Xing-yi-quan* stammt. *Sui* steht für »folgen«, *Yun* beschreibt die Bewegung, und *Jing* bedeutet »Kraft« oder »Energie«. Es gibt auch Interpretationen, wonach sie von dem Namen eines chinesischen Generals abgeleitet ist.

Die *Seienchin* ist eine lange *Kata* mit vielen langsamen Bewegungen, die aus *Shiko-dachi* ausgeführt werden. Sie enthält keine Fußtechniken. Die Hakenblocks verweisen auf ihren chinesischen Ursprung, manche sehen dem *Tai-ji-quan* sehr ähnlich. Im *Gôjû-ryû* gehört sie zu den *Jû-Kata* (weiche Kata) und ist zusammen mit der *Suparinpei* die höchste *Kata*. Erläuterungen und Geschichte s. unter →*Gôjû-ryû*.

Seifuku (jap.): übergeordneter Begriff für die Kunst des Wiederherstellens nach Verletzungen. Die Techniken der Wiederbelebung (s. →*Kwappô*, →*Kuatsu*) im Falle einer Ohnmacht oder Bewußtlosigkeit sind Teile von *Seifuku*.

Das erste Schriftzeichen *Sei* bedeutet »authentisch« oder »wahr«, und *Fuku* übersetzt man mit »wiederbringen«, »wiederherstellen« oder »wiedereinrichten«, so daß man den gesamten Begriff mit »Kunst der Wiederherstellung nach Verletzungen« übersetzen kann. Im den Kampfkünsten verwendet man jedoch weitgehend den Begriff *Kuatsu* oder *Kwappô*, was jedoch unvollständig ist. Diese Bezeichnungen beziehen sich lediglich auf die Wiederbelebung, während *Seifuku* noch andere Bereiche umfaßt, wie z. B. Schmerzlinderung oder Behandlung nach Verletzungen.

Seifukujutsu (jap.): Techniken der Wiederbelebung und Nachbehandlung bei Verletzungen (s. →*Seifuku*).

Seigan (jap.): Deckung in der mittleren Stufe im *Kendô*.

Seigen: chinesischer Meister des →*Zen*, neben NANGAKU der bedeutendste Schüler →E'NÔS, des 6. Patriarchen des *Zen*.

Seigen stand am Anfang der *Sôtô*-Linie des *Zen* (s. →*Sôtô-Zen*), die sich über seinen Schüler →SEKITÔ KISEN verbreitete, jedoch erst 1244 von Meister →DÔGEN in Japan gegründet wurde.

Seigi (jap.): Gerechtigkeit.

Seigô-hô (jap.): s. →*Joshi Jûdô Goshin-hô*.

Seihô (jap.): traditionelle japanische Heilkunde, die auf chinesischen Systemen beruht.

Das *Seihô* (s. →*Seifuku*), das zum Ausbildungsprogramm des →*Shôrinji-Kempô* gehört, umfaßt u. a. Akupressur (die Anwendung von Druck an Akupunkturpunkten) und Knochenbehandlungen (s. →Akupunktur).

Seijitsu (jap.): Treue.

Seijin (jap.): »heiliger Mensch«, Weiser (chin. *Cheng-jen*). Begriff aus dem →Konfuzianismus. Im Konfuzianismus ist der *Seijin* dasselbe wie der →*Rôshi* im *Zen*.

Seijuku (jap.): Reife.

Seika-tanden (jap.): der zentrale Punkt des →*Tanden*.

Seiken (jap.): normale Faust, Stirnseite der Faust, Vorderfaust (s. →*Ken*), eine der Hauptwaffen in den Kampfkünsten.

DAS FORMEN DER FAUST

Man streckt zuerst alle Finger aus. Dann beugt man die vier Finger zuerst im ersten, dann im zweiten Knöchelgelenk, wobei der Daumen zunächst ausgestreckt bleibt. Die Finger müssen so weit gebeugt werden, daß die Fingerspitzen das dritte Knöchelgelenk berühren. Nun rollt man die Finger nach innen, so wie man ein Stück Papier aufrollt. Jetzt wird der Daumen über die Finger gelegt und gegen den Zeige- und Mittelfinger gepreßt. Diese Fausthaltung nennt man *Seiken*.

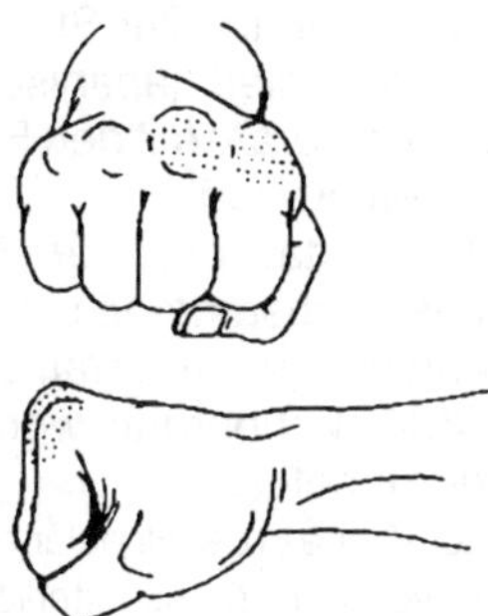

Seiken – die Vorderfaust.

AUFTREFFEN MIT DER FAUST

Die Knöchel des Zeige- und Mittelfingers treffen das Ziel. Die Haltung der Faust soll so sein, daß der Zeigefinger etwa 60 Prozent der Kraft überträgt und der Mittelfinger 40 Prozent. Die Auftrefffläche bei *Seiken* (Knöchel des Zeige- und Mittelfingers) nennt man →*Daikento*. Es gibt mehrere Arten, die Faust zu *Seiken* zu schließen. Die oben beschriebene ist die gängigste.

Seiken-choku-zuki (jap.): gerader Stoß mit der Stirnseite der Vorderfaust (s. *Seiken*). Erläuterungen s. →*Choku-zuki*. Einteilung s. *Tsuki-waza*.

Seiken-choku-zuki – der Stoß mit der Vorderfaust

Seiken-tanden (jap.): Magen (s. →*Karada*).

Seiki-Dôjô (jap.): japanischer *Karate*-Stil, gegründet von FUJIWARA T. mit Hauptquartier in Fukuoka, Japan. Der Stil lehrt *Full-contact*. Er kombiniert japanisches und okinawanisches *Karate* mit den Fußbewegungen aus dem *Kendô*.

Seiko (jap.): Traktat des *Zen*-Mönches →TAKUAN, das er zusammen mit einer anderen Abhandlung (s. →*Hontai*) den Gründern des →*Kitô-ryû* übergab, worauf diese ihren Stil begründeten.

Seiko bedeutet »Ruhe in der Handlung« und enthält die Lehre von der unerschütterlichen Ruhe des Geistes. Wie die ruhige Oberfläche eines Sees (s. →*Mizu no Kokoro*) alles wiedergibt, muß auch der Geist in vollkommener Ruhe warten können, denn wenn er getrübt ist von Gedanken und Vorstellungen, kann er nicht erkennen. »Wenn der Gegner sich ein Verfahren überlegt«, lehrt TAKUAN, »so befindet er sich eine gewisse Zeit im Zustand der Unentschlossenheit und Unsicherheit. Diesen Augenblick muß der Meister zum Ergreifen der Initiative *(Go no Sen)* nutzen und den ersten Schlag tun. Es gibt jedoch noch einen höheren Grad der Vollkommenheit, bei der der Meister es sich leisten kann, die Angriffe abzuwarten und sie für einen synchronen Gegenangriff *(Sen no Sen)* zu nutzen.«

Seikotsu (jap.): die Kunst des Knochenrichtens.

Seimei (jap.): »Leben«, Bezeichnung für das Leben als Ganzheit (Körper, Seele und Geist).

ALLGEMEINES

In der östlichen Medizin wird der Mensch immer unter diesem Gesichtspunkt behandelt. Der Gesundheitszustand eines Menschen ist immer die Einheit von *Seimei*, in dem sich Körper und Geist gegenseitig durchdringen. Den Krankheitssymptomen schenkt man deshalb weniger Beachtung als den Ursachen. Nie bekämpft ein östlicher Arzt die Symptome, sondern er versucht immer, die Ursache zu finden.

TAISEN DESHIMARO RÔSHI ÜBER SEIMEI

»Wenn ich beim Zazen hinter euch sitze, unterscheide ich sehr gut, was beim einzelnen nicht stimmt. Die Krankheiten, und besonders die schweren, entstehen aus tiefsitzender Müdigkeit nicht nur des Körpers, sondern auch des Geistes, das heißt der Gesamtheit Seimei. Wenn man zum Beispiel viel läuft oder wenig schläft: solange nur der Körper ermüdet, wird man nicht krank. Schlaf gleicht dies schnell wieder aus. Wenn der Geist friedlich und klar ist, will man arbeiten, handeln, teilnehmen – der Körper folgt, und es entstehen keine Krankheiten. Wenn dagegen der Geist erregt, ängstlich, verkompliziert, der Mensch gespalten ist, dann erschöpft er sich und ermüdet bis ins Allerinnerste. Dann kann er wirklich sehr krank werden.

Wie kann man ein starkes Seimei erhalten? Yoga, Wandern, das Tätigsein überhaupt, die dem Rhythmus der Jahreszeiten angepaßte natürliche Lebensweise und gesunde, einfache Ernährung wirken in diese Richtung. Ich glaube, der einfachste, tiefste und gründlichste Weg, ein starkes Seimei zu haben, ist der, Zazen zu üben. Während ihr Zazen übt, wird euer Körper warm, eure Augen verändern sich und erscheinen danach leuchtend, tief und ruhig. Euer Gesicht ist ausgeruht, euer Teint hellt sich auf, und ihr fühlt in euch starke Energie.«

Seipai (jap.): höhere Kata (chin. *Shi-ba-shou*) aus dem →*Gôjû-ryû* mit *Gô*- und *Jû*-Aspekten. Die ursprünglich aus dem →*Luo-han-quan* stammende Form enthält viele verborgene Techniken und bewegungsmäßige Kombinationen, die den Gegner im Kampf verwirren sollen.

Zusammen mit *Kururunfa*, *Seisan* und *Suparinpei* charakterisiert sie die wahre Natur des *Gôjû-ryû*, da sie in einem ausgewogenen Maß *Gô*- und *Jû*-Aspekte miteinander kombiniert.

Die chinesische Bezeichnung der *Kata* lautet *Shi-ba-shou* und deutet auf ihre Verwandtschaft mit BODHIDHARMA's *Shi-ba-luo-han-shou* (»Die 18 Hände der Buddha-Schüler«), aus denen sie abgeleitet ist. *Seipai* (jap.) und *Shiba* (chin.) bedeuten beide 18. Die *Kata* setzt sich aus 18 grundlegenden Techniken zusammen. Man nimmt an, daß auf der Grundlage dieses Zahlenkonzeptes weitere *Kata* erarbeitet wurden, wie 36 *(Sanseiru)*, 54 (*Wuseshi* oder *Gojushiho*), 108 *(Ibairinpa)* und andere mehr.

Seiri-undô (jap.): ergänzende, zusätzliche Übungen in den Kampfkünsten (Zuordnung s. unter *Undô*. Erläuterungen und Zusammenhänge s. →*Jumbi-undô*, →*Hôjô-undô*, →*Dôgu*).

Seiryoku (jap.): Energie, Einfluß, Macht.

Seiryoku-zenyô (jap.): zentrales Prinzip der Kampfkünste. Es bezeichnet das rationale Nutzen der Energie von →*Wa* und →*Ki* zur maximalen Wirksamkeit. Dieses Prinzip ist laut →KANÔ JIGORÔ gleichermaßen in allen alltäglichen Handlungen anwendbar.

Seiryoku-zenyô stammt ursprünglich aus dem *Kitô-ryû* und wurde von Kanô auch ins *Jûdô* übernommen (*Seiryoku zenyô kokumin tai iku no Kata* – →Formen der nationalen Kultur, basierend auf den Prinzipien der maximalen Wirksamkeit«). Dort unterteilt es sich hauptsächlich in zwei Gruppen von Übungen:

- ***Tandoku-renshû:*** Diese Übungen, bestehend aus 28 Bewegungen, werden allein ausgeführt und sollen die Vitalpunkte des Gegners angreifen.
- ***Sotai-renshû:*** Diese Übungen, bestehend aus 20 sanften Bewegungen, lehren die Entscheidungskraft und die Entschlossenheit in der Ausführung.

Seiryûtô (jap.): »Ochsenkieferhand«, gebogene Schwerthand (s. →*Shô*).

Man beugt die Hand im Gelenk nach oben, so daß im Handgelenk eine Kurve entsteht. Nun wird das Gelenk kräftig nach vorn gedrückt. Diese Art der Handhaltung kann man zur Abwehr oder zum Angriff, besonders gegen das Gesicht oder gegen das Schlüsselbein, verwenden.

Seiryûtô-uchi (jap.): gebogener Schwerthandschlag (Ochsenkieferhand); s. → *Seiryûtô*, →*Uchi-waza*.

Seiryûtô-uke (jap.): gebogene Schwerthandabwehr (Ochsenkieferabwehr); s. → *Seiryûtô*, →*Uke-waza*.

Seiryûtô-uke – Abwehr mit der Handwurzel

Seisan (jap.) okinawanische *Karate-Kata* (s. →*Kata*) des *Shôrei-ryû*, Ursprung der japanischen →*Hangetsu*

<u>SHÔREI-SEISAN</u>

Die *Shôrei-Seisan (-Seishan, -Sêsan)* ist eine ursprünglich chinesische *Kata (Shi-san-shi)*, die auf zwei voneinander unabhängigen Wegen nach Okinawa gelangte. Die weiche chinesische Form stammt von →*Shushiwa* und wurde von Meister →UECHI KANBUN aus China mitgebracht. Eine chinesische Version wird heute nahezu unverändert im →*Uechi-ryû* gelehrt. Sie verwendet hauptsächlich offene Handtechniken und lehrt Angriffe auf die *Atemi* (Vitalpunkte).

Der Name dieser *Kata* ist wahrscheinlich aus dem chinesischen Begriff →*Shi-san-shi* abgeleitet und steht für die 13 Energien, wie sie bereits im »Buch der Wandlungen« beschrieben wurden (s. →*Kata*).

Die heute im →*Gôjû-ryû* gelehrte *Seisan* stammt aus der HIGASHIONNA-Schule aus Naha und wurde wahrscheinlich von mehreren Seiten beeinflußt. Es steht fest, daß Meister Higashionna bereits eine *Seisan*-Variante übte, bevor er nach China fuhr. Diese hatte er zusammen mit der *Sanchin* und der *Sûpârinpei* wahrscheinlich von →ARAGAKI KAMADEUNCHU, einem Experten des →*Shi-ba-luo-han-quan* in Kumemura gelernt. Doch wahrscheinlich kommt der Haupteinfluß zur *Naha-te Seisan* aus China. Von Higashionna übernahm Meister MIYAGI CHÔJUN diese Form ins *Gôjû-ryû*.

<u>SHÔRIN-SEISAN</u>

Im *Shuri-te* wurde ebenfalls schon früh eine *Seisan*-Version geübt, die sich von der chinesischen *Shôrei-Seisan* sehr unterscheidet. Man kann sie bis MATSUMURA zurückverfolgen, der sie um 1840 aus China mitgebracht haben soll. Man vermutet, daß sie der *Shorei*-Version früher sehr ähnlich war, doch im Laufe der Zeit die typisch kreisförmigen chinesischen Bewegungen durch geradlinigere Techniken ersetzt wurden. Einigen Autoritäten zufolge ist sie die älteste *Shuri-te Kata*, die heute noch geübt wird.

Meister FUNAKOSHI brachte sie aus der ITOSU-Schule als →*Hangetsu* nach Japan, von wo aus sie auch ins *Wadô-ryû* gelangte und dort in *Seishan* zurückbenannt wurde. Die *Shitô-ryû*-Version ist direkt aus der Itosu-Schule abgeleitet.

Seisan-dachi (jap.): Stellung aus dem → Gôjû-ryû in der Kata →*Seisan*, identisch mit →*Hangetsu-dachi*.

Die Füße stehen in doppelter Schulterbreite auseinander, die Hüften sind abgesenkt. Der Körper zeigt diagonal nach vorn. Der vordere Fuß ist mit dem Knie nach vorn gerichtet, der hintere Fuß mit dem Knie zur Seite. Beide Knie sind gebeugt, das Schwerezentrum des Körpers liegt in der Mitte.

Seishan (jap.): s. →*Seisan*.

Seishin (jap.): Geist, Gesinnung. In den japanischen Kampf- und Kriegskünsten verbreiteter Begriff der geistigen Reife eines Menschen und höchstes Ziel der konfuzianistischen Disziplinen (s. →Konfuzianismus, →*Seijin*). Seishin ist die Folgestufe von →*Shôshin*.

Seishinkai-ryû (jap.): *Karate*-Stil, gegründet von →Kosei Kokuba als Ableitung aus dem →Shitô-ryû.

Der Nachfolger des *Seishinkai-ryû* war der Sohn des Gründers, Kuniba Shogo (*1935). Er studierte unter Mabuni Kenwa *(Shitô-ryû)*, Nagamine Shôshin *(Matsubayashi-ryû)*, Taira Shinken *(Okinawa-Kobujutsu)*, Nakaima Kenko *(Ryûei-ryû)*, Yamaguchi Junko *(Okinawa-Kobujutsu)*, Kuba Chôjun *(Okinawa-Kobujutsu)*, Asakichi Ita *(Jûdô)*, Ishii Goketsu *(Mugai-ryû)* und Shioda Gôzô *(Aikijutsu)*.

Seishin-tanren (jap.): geistige Schulung eines Menschen in den mittelalterlichen japanischen Lehrmethoden des →Konfuzianismus. Entwicklung eines Übenden auf dem Weg (*Dao* oder *Dô*), auf dem der Geist ähnlich wie eine Schwertklinge geschmiedet und von falschen Gewohnheiten gereinigt wird, um Perfektion zu erreichen (→*Seishin*).

Seishi-ô Chôetsu (jap.): Begriff aus dem japanischen *Bushidô*. Er bezeichnet das Durchdringen von Leben und Tod, eine der essentiellen Tugenden der *Samurai* (s. →*Budô*-Psychologie).

Seitei-gata (jap.): *Iai-Kata*, gegründet vom Nihon Kendô Renmei.

Seito (jap.): Schüler, Student (s. →*Deshi*).

Seiza (jap.): japanische Form des Sitzens auf den Fersen, in kniender Position, zum Zwecke der *Zazen*-Übung, auch →*Taiza* (Körpersitz) genannt. Erläuterungen zum Inhalt des Sitzens s. unter →*Mokuso*, →*Zazen*; Klassifizierung s. unter →*Zahô*. *Seiza*, neben dem Lotossitz, dem halben

Seiza – die japanische Form des Sitzens

Lotossitz und *Agura* die wichtigste und verbreitetste Form des Sitzens im *Zazen*, wurde von dem japanischen Meister Okada Torajiro in den ersten zwei Jahrzehnten unseres Jahrhunderts entwickelt und gelehrt.

Okada Torajiro über Seiza

»Ein Wissen vom Wesen der Welt kann nicht durch schlußfolgerndes Nachdenken gewonnen werden. Wenn man in jener wahren Erkenntnis zu ›schauen‹ vermag, die aus der Mitte aufsteigt, dann wird man verstehen, welchen Sinn letztlich alle Erscheinungen der Welt haben. Heutzutage ist der Weg der Erziehung wie der Weg des Lernens falsch. Das Geschriebene ist nicht die wahre Erkenntnis. Bücher sind immer ›Übersetzungen‹. Das Original ist das aus seiner Natur heraus Seiende.

Nie habe ich darüber nachgedacht, im Kopf zu behalten, was ich gelesen. Wenn ich die Bibel oder buddhistische Bücher und Gebete nur ›lese‹, so finde ich nur Dinge, die mit meinen Gedanken übereinstimmen. Wenn du lernst und blaß aussiehst und nicht anfängst, etwas gern zu essen, was du zuvor nicht mochtest, dann ist das Lernen nutzlos gewesen. So ein Lernen ist gut zum Sterben, aber nicht zum Leben. Eigne dir ein wahres Lernen an, und du lebst fortan glücklich. Sieh zu, so wenig wie möglich belehrt zu werden. Wenn du ›sitzest‹, wirst du ganz von allein verstehen.«

Okada Torajiro – *Worte des Meisters*

FORM UND HALTUNG
In den Kampfkünsten wird zu Beginn und Ende jedes Trainings *Seiza* eingenommen. Man sitzt auf den Fersen (man kann auch eine Sitzbank oder ein Sitzkissen verwenden), die Knie sind auf eine natürliche Weise geöffnet, so daß sie ein Dreieck bilden. Zu weit geöffnete Knie erzeugen zu großen Druck auf die Stützflächen und gelten außerdem als schlechte Etikette. Zu enge Knie verringern die Sitzfestigkeit.
Für die Hände gibt es mehrere Haltungen. Im *Zen* sollten sie sich in →*Hôin* befinden, daß heißt, die Fingerspitzen sind zusammen, und die Daumenspitzen berühren sich. In den Kampfkünsten kann man die Hände zu Fäusten ballen und sie mit der Fausthammerseite auf die Oberschenkel legen. Auch kann man die Hände geöffnet auf den Oberschenkeln ruhen lassen.

Seki[1] (jap.): teilen, auseinandernehmen. *Bunseki*–Analyse, *Kaiseki*–Analyse.

Seki[2] (jap.): Stein (auch *Shaku, Ishi*). *Bokuseki*– Bäume und Steine, Natur.

Seki[3] (jap.): Platz, Sitz. *Shusseki*–Anwesenheit, *Giseki* – Sitz, *Shuseki* – Hauptsitz, oberster Sitz.

Sekigahara (jap.): s. →Tokugawa.

Sekiguchi Jûshin: s. →*Sekiguchi-ryû*.

Sekiguchi-ryû (jap.): altes japanisches → *Jûjutsu*-System, als Schule für den Nahkampf von SEKIGUCHI JÛSHIN (1647–1711) aus Suruga gegründet, derselbe, der auch das →*Battôjutsu* gründete. Neben dem unbewaffneten Kampf enthält das System Techniken für Schwert, Speer und Reitkunst.

Sekitô ate-waza (jap.): Bezeichnung für die Fußballenangriffe aus den japanischen Kampfkünsten *(Jûjutsu, Jûdô)*.

Sekitô Kisen (700–790): chinesischer Meister des *Zen* (chin. SHIT'OU HSI CH'IEN), Verfasser des →*»Sandôkai«*, auf das sich später das →*Sôtô-Zen* von Meister DÔGEN begründete.
Sekitô Kisen stammte aus der Schule des 6. Patriarchen des *Zen*, →E'NÔ (chin. HUI-NENG). E'nô hatte zwei bekannte Schüler: SEIGEN und NANGAKU. Bereits ab diesen beiden begann sich das *Zen* in zwei Richtungen aufzuspalten, die jedoch erst 500 Jahre später als *Sôtô*-Schule und *Rinzai*-Schule (s. →*Rinzai-Zen*) bekannt wurden. Meister E'nô gab Sekitô Kisen die Mönchsordination, starb jedoch kurz darauf. Danach ging Sekitô Kisen zu Meister Seigen, dem ältesten Schüler E'nôs, der bereits ein eigenes *Zen-Dôjô* hatte, um von diesem das →*Shihô* zu empfangen. Er blieb längere Zeit dort. SEKITÔ KISEN war dafür bekannt, daß er immer nur →*Zazen* auf einem Stein übte (*Sekitô* – »Haupt des Steins«) und die theoretischen Diskussionen (s. →*Kanna-Zen*) ablehnte. Damit prägte er das Wesen des später entstehenden *Sôtô-Zen*. Er schrieb das aus 228 *Kanji* (Schriftzeichen) bestehende *»Sandôkai«*, das heute die Grundlage des *Sôtô-Zen* ist.

Sekitori (jap.): professionelle Klasse der *Sumô*-Ringer (s. →*Sumô*), die die Klasse der *Jurio* und der *Maku-uchi* enthalten.

Sekiun Hariya (Harigaya) (1592–1662: einer der größten Schwertmeister Japans, in Harigaya geboren. Er kam aus der Richtung *Kamiizumi Ise no Kami* und OGASAWARA GENSHIN.
Sekiun beendete keine Schule, abgesehen von der Schwertschule. Aus 52 Duellen auf Leben und Tod ging er siegreich hervor. Von vielen Geschichtskennern wird er als der größte japanische Schwertmeister aller Zeiten angesehen. Sekiun war der Lehrer von →ICHIÛN ODAGIRI, den manche Historiker für noch bedeutender halten. Sekiun schrieb das Buch *»Kempô Sekiun Sensei soden«*. Sein Leitsatz war: »Nimm dein Leben in die Hände und presse den letzten Tropfen aus jeder Sekunde. Beginne all deine täglichen Aktivitäten, als wäre es dein letzter Tag.«
Von Sekiûn Hariya stammen auch folgende Worte: »Den Wert eines Menschen kann man nur nach seiner Würde und seiner Moral messen. Wenn es diese nicht gäbe, wären wir nicht besser als die Tiere. Die technischen Fähigkeiten sind nutzlos, wenn man einem Mann begegnet, der sich selbst gemeistert hat. Ein solcher Mensch denkt nicht an Leben oder Tod. Man kann ihn nicht besiegen. Dieser Mensch braucht überhaupt nicht zu kämpfen.«

Sekiwan-uke (jap.): Gruppe der einarmigen Abwehrtechniken im *Karate*. Gegenteil: →*Ryôwan-uke* (beidarmige Abwehr, s. →*Uke-waza*).

Sekka no Ki (jap.): bekannter Leitsatz der Kampfkünste (s. →*Kaisetsu*). Wörtlich: »Die Situation, in der Feuersteine Funken schlagen«.

Der Leitsatz erläutert den Vorgang, durch den ein Funke entsteht, wenn man zwei Steine zusammenschlägt, und bezieht sich auf die Verbindung zwischen Geist und Technik in den Kampfkünsten. Das Zusammenschlagen ist eine schnelle Bewegung, und das Ergebnis ist unmittelbar und unbeeinflußt von dieser Schnelligkeit. Übertragen auf den Geist der Kampfkünste, heißt dies: Wenn die Situation eine schnelle Technik verlangt, muß diese Schnelligkeit aus der Spontanität erzeugt werden und nicht dadurch, daß der Geist selbst schnell ist. Ganz im Gegenteil muß der Geist immer gleich schnell bleiben. Nur dann ist er frei und unbeeinflußt und läßt sich von äußeren Reizen nicht trüben. Die so erzeugte Handlung ist jedem Augenblick angepaßt.

Semban (jap.): Wurfstern (s. →*Shuriken*) mit vier Spitzen.

Semeru (jap.): angreifen (auch *Kô*). *Kôsei* – Angriff, *Kôbô* – Angriff und Verteidigung, *Kôshu* – Angriff und Verteidigung.

Seme-waza (jap.): die Angriffstechniken.

Semi-contact: s. unter →*Karate* und →*Full-contact*.

Sempai (jap.): der Ältere, Vorsteher der Schüler, Übungsleiter (s. →*Yudansha*, →*Kyûdan*) in den Kampfkünsten, der selbst Trainingsstunden leitet und Lehrerfunktionen innehat. Gegensatz: →*Kohai* (der Jüngere).

Das Verhältnis *Kohai–Sempai* durchzieht die gesamte Gesellschaftsstruktur Japans. Überall dort, wo sich zwei Menschen in gegenseitiger Abhängigkeit begegnen, gibt es einen Jüngeren *(Kohai)* und einen Älteren *(Sempai)*. Aber auch ohne gegenseitige Interessenbindung besteht dieses Verhältnis zwischen zwei Menschen allein aufgrund des Alters. Der *Sempai* muß nicht unbedingt der »Lehrende« sein. Ihm wird jedoch von der Gesellschaft in einem gewissen Sinn die Verantwortung für die Handlungs- und Verhaltensweise des Jüngeren zugewiesen. Für schlechte Verhaltensweisen des Jüngeren fühlt sich der Sempai verantwortlich und kann vor seinen Mitmenschen das Gesicht verlieren.

Sempai ni rei (jap.): respektvolle Verbeugung (Gruß) zum Senior (→*Sempai*), zum Älteren, zum Fortgeschrittenen in den Kampfkünsten.

Sen[1] (jap.): tausend (auch *Chi*). *Issen* – eintausend, *Sanzen* – dreitausend, *Hassen* – achttausend.

Sen[2] (jap.): Initiative, der Situation begegnen, sie beherrschen (auch *Sen no Saki*). Bedeutet auch »aus eigener Kraft«, »aus eigenem Geist«.

Im *Sen* gibt es die Möglichkeit, die Initiative in der Verteidigung zu ergreifen (→*Go no Sen*), einen Angriff vorherzusehen und ihm selbst mit einem Angriff zu begegnen (→*Sakki*, →*Sen no Sen*) oder ihn zu erwarten (→*Senken*).

Senaka (jap.): Rücken, Körper (s. →*Karada*).

Sen-ha Kenjutsu (jap.): die praktische Übung im Umgang mit dem Schwert.

Bereits im 14. Jh. wurde das *Kenjutsu* unter zwei Aspekten gelehrt: *Ryû-ha Kenjutsu* (Strategie und Taktik) und *Sen-ha Kenjutsu* (die praktische Übung des Umgangs mit dem Schwert); s. →*Kenjutsu*.

Sen-i (jap.): Kampfwille, Kampfgeist (s. →*Kihaku*).

Seni-ryû (jap.): alte japanische →*Naginata*-Schule.

Senjojutsu (jap.): Kunst der Manövrierens von Truppeneinheiten während des Kampfes.

Senjutsu (jap.): Taktik, strategische Kunst, Kriegsstrategie (s. →*Sen*[2]).

Senken (jap.): Voraussicht, Bewegung (auch geistige Bewegung), die in Erwartung eines gegnerischen Angriffs ausgeführt wird, um diesem vorbereitet zu begegnen (s. →*Sen*[2], →*Ken*[4]).

Senki (jap.): Name einer berühmten Tuschekalligraphie von →Musashi Miyamoto, veröffentlicht im →»Gorin no Sho«.

Senki bedeutet »Geist des Kriegers« (s. →*Sen*). Unter den beiden Schriftzeichen für *Senki* befindet sich der Text: »Wie ein Spiegel im kalten Fluß – der Mond«.

Senkotsu (jap.): *Atemi*-Angriffspunkt: Kreuzbein.

Sennin (jap.): Asket, der in der Wildnis lebt, einer der Vorläufer der →*Ninja*.

Sen no Sen (jap.): Initiative im Angriff, Gegenteil: →*Go no Sen* (Erläuterungen s. dort, →*Sen* und →*Sakki*).

Sensei (jap.): Bezeichnung für einen Lehrer. Der Begriff wird jedoch auch für andere hohe Ränge gebraucht (z. B. Professor, Arzt, Meister usw.). Das Gegenteil zu *Sensei* ist *Gakusei* (Student, Studierender) oder →*Deshi* (Schüler, Lehrling). Weitere Erklärungen s. →*San*, →*Kodansha*.

DER LEHRER DES WEGES

Der Lehrer des Weges (→*Dô*) oder der Meister, in Japan *Sensei* genannt, hat in den asiatischen Kulturen eine andere Bedeutung als in Europa. Dort ist er nicht derjenige, der einem Schüler Wissen oder Können vermittelt, sondern derjenige, der den Weg zeigt. Dazu bedient er sich einer Kunst *(Jutsu, Gei)*, deren Ziel jedoch über das Erlernen der Formen hinaus in einer inneren Auseinandersetzung besteht, woraus die Möglichkeit zum Weg entsteht. Die Lehre (→*Oshi*) eines Meisters ist daher jenen Menschen unzugänglich, die nur die Form wollen. Sie wendet sich an das dem Menschen innewohnende Potential zum Höheren, zum unerweckten »Meister in ihm«.

Die Bezeichnung *Sensei* bezieht sich auf einen Menschen, der sich bereits auf dem Weg befindet, um die Problematik der Weghindernisse weiß und in der Lage ist, Schüler über diese Hindernisse zu führen. Sie trifft nur dort zu, wo die Übung, die er leitet (→*Geiko*), dem Weg *(Dô)* und nicht einer Fertigkeit zu irgendeinem Zweck dient. Auf dem Weg zielen alle zu erübenden Techniken auf ein inneres Wachsen (→*Shisei*), und je vollendeter die Technik, um so größer wird die Forderung des Weges nach dem vollendeten Menschen. Jeder wirkliche Meister wird seine Kunst nur zu diesem Zweck verwenden.

DAS WIRKEN DES LEHRERS

Meister des Weges *(Sensei)* ist ein Mensch, wenn in seinem Ausdruck der innere Kampf um das höhore Ideal sichtbar geworden ist, nicht jedoch wenn er bloß eine hohe Leistung vollbringen kann. Der Weglehrer ist auch kein Lehrer im herkömmlichen Sinn, der Schlecht von Recht unterscheidet und dogmatische Wahrheiten vermittelt. Er erkennt keine Thesen an, die das Resultat eines Nachahmens oder Ausleihens sind, sondern er zeigt den Weg zum eigenen Sehen, zum eigenen Denken, den Weg zur Befreiung von allem Gefangensein in den Normen und Gewohnheiten, in den unüberprüften Meinungen und Vorurteilen, gleich worin sie bestehen.

So kann ein Schüler (→*Deshi*), der diesen Weg lernen will, ihm in keiner Situation gerecht wer-

den. Mit herkömmlichen Lernhaltungen zu einem Meister zu gehen heißt, sich ewigem Unfrieden auszusetzen. Das einzige, was den Meister interessiert, ist der Kampf des Schülers gegen sein →Ich. Kein echter Meister wird in einem Anfänger je etwas anderes sehen als eine vom kleinen Ich verhinderte Möglichkeit zum Wachsen. Nimmt er die Verantwortung als Lehrer an, wird er das Hindernis bekämpfen.

Sensei ni (jap.): zum Lehrer hin ...

Sensei ni rei (jap.): zum Lehrer hin grüßen.

Sensen no Sen (jap.): dem Gegner zuvorkommen. In die Angriffsabsicht des Gegners hinein angreifen (s. →*Sen*[2]).

Sentei (jap.): frei.

Sentei-Kata (jap.): freie Kata.

Sento-gata (jap.): »ein Mann des Kampfes«. Der Ausdruck wird auch für einen Menschen gebraucht, der durch das Studium der Kampfkünste in einem hohen Maß für die tatsächliche Selbstverteidigung qualifiziert ist.

Sentsui (jap.): *Atemi*-Angriffspunkt: Wölbung des Nackenknochens.

Sentsukun (jap.): okinawanische Bauernwaffe zur Selbstverteidigung. Die *Sentsukun* ähnelt einem übergroßen →*Nunchaku*.

Senzuikyô (jap.): japanische Bezeichnung (chin. →*Xi-sui-jing* oder *Shi-sui-ching*) für die von →BODHIDHARMA (s. auch →*Kata*) im →*Shaolin*-Kloster entwickelte *Sûtra* zur Entwicklung der geistigen Stärke in der Übung der Mönche (nähere Erläuterungen s. →*Yi-jin-jing*).

Seoi (jap.): Schulter, Rücken.

Scoi-nage (jap.): Schulterwurf aus dem Jûdô (s. →*Nage no Kata*).

Seoi-otoshi-fumikomi (jap.): Schulterwurf im Knien. Kombination zwischen →*Tai-otoshi* und →*Seoi-nage*.

Seppuku (jap.): höfischer Ausdruck für die Selbstentleibung des japanischen *Samurai* oder für den Selbstmord der unterlegenen Heerführer und Krieger, die ihren Herrn verloren hatten und dadurch in ausweglose Situationen gerieten.

GESCHICHTE UND FORMEN VON SEPPUKU

Dieser zeremoniell begangene Selbsttod wird

auch *Harakiri* (bürgerliche Bezeichnung), *Kappuku, Tofuku* oder *Oibara* genannt. Doch der Freitod *Seppuku* war nicht nur ein selbstmörderischer Akt. In Japan war er über eine lange Zeit ein Ritual, legal und feierlich zugleich, ein Prozeß, bei dem ein Krieger seine Vergehen sühnen, seine Irrtümer entschuldigen, seiner Schande entfliehen, seine Freunde rächen oder auch nur seine überwundene Todesangst beweisen konnte (s. →*Hagakure*). Für einen *Samurai* gab es vier Anlässe, *Seppuku* zu begehen:

1. beim Tod seines Herrn *(Junshi)*,
2. um eine Schande zu vermeiden oder zu sühnen,
3. um gegen einen Vorgesetzten zu rebellieren,
4. als selbstauferlegte Strafe.

In der Tokugawa-Periode wurde *Seppuku* als Strafe durch ein richterliches Urteil auferlegt. Die *Samurai* hatten das Recht, bei verhängter Todesstrafe dem schändlichen Tod zu entgehen, indem sie ehrenvoll durch *Seppuku* starben.

METHODE

Der *Samurai* saß auf einem mit weißem Tuch ausgelegten Podium. Er selbst war ebenfalls weiß gekleidet. Die Zeremonie gebot, daß er sich den Bauch von links nach rechts aufschnitt, wobei er sich leicht erhob, um auf diese Weise zu zeigen, daß er nicht mehr am Leben hing. Ein Freund, der als Sekundant *(Kaishakunin)* bestimmt war, stand hinter ihm und schlug ihm danach mit einem Schwert den Kopf ab. Nach der Etikette mußte der *Samurai* vor dem Sterben ein kurzes Abschiedsgedicht verfassen. Die Frauen der *Samurai* begingen Selbstmord, indem sie sich mit einem Dolch *(Kaiken)* die Halsschlagader aufschnitten.

Der Ära des *Seppuku* wurde im Jahre 1170 durch den Selbstmord von MINAMOTO TAMETOMO eingeleitet. 1191 wurde *Seppuku* von MINAMOTO YORITOMO zum ehrenvollen Ritual für die Kriegerkaste erhoben, und es begannen sich genaue Vorschriften zu entwickeln. Schon zuvor hatte es in Japan immer wieder Selbstmorde gegeben, so z. B. um als Unterlegener nicht in die Hände des Feindes zu fallen. Im Laufe der Jahrhunderte wurde *Seppuku* immer wieder einmal durch einen Herrscher verboten, doch ganz unterbunden wurde es nie. Der letzte bekannte Fall von *Seppuku* ist das *Junshi* des Generals NOGI beim Tod des Meiji-Kaisers im Jahre 1912.

Serak (indo.): »Lockvogel«, Stil des →*Pukulan*.
Die Kampfkunst ähnelt dem chinesischen Boxen, erlaubt aber kein Zurückgehen, sondern lehrt das Hineingehen in den Angriff. *Serak* wurde von einem Sudanesen namens MAS OJUT entwickelt, der zur Jahrhundertwende auf Java lebte. Er hatte ursprünglich das *Kilap* gelernt, das vor allem die Nervenzentren angreift.

Sesoku no Kon (jap.): okinawanische →*Bô-Kata*.

Sesshin (jap.): »Sammeln *(Setsu)* des Geistes *(Shin)*«. Spezielle Technik des Zen, entwickelt von dem japanischen Mönch →NANTEBÔ.

NANTEBÔ, DER GRÜNDER DES SESSHIN

Nantebô (1839–1925), ein scharfer Kritiker der inzwischen korrupten *Zen*-Klöster, die statt an einem Erleuchtungs-*Zen* mehr an Macht und Einfluß interessiert waren, erfand diese extrem harte Schulungsmethode, um das *Zen* zu gesunden. Nachdem seine Versuche, das klösterliche *Zen* zu reformieren, gescheitert waren, widmete er sich dem Laien-*Zen*. Er hielt das in den Klöstern gelehrte, etablierte *Zen* für politisch und moralisch korrupt, da es in den Klöstern kaum noch erleuchtete Mönche gab, und versuchte mit Hilfe von *Sesshin* den Weg einer tatsächlichen Erleuchtungserfahrung zu gehen.

PRAKTIK DES SESSHIN

Unter *Sesshin* versteht man intensives *Zazen*-Training von mehrtägiger Dauer. Nantebô führte es mit seinen Schülern in regelmäßigen Zeitabständen aus und erreichte damit bald große Beliebtheit. In diesen Tagen, in denen die Meditation nur für kurze Ruhepausen unterbrochen wird, wird von den Mönchen äußerste Konzentration abverlangt (oft ist das Reden verboten). Der Tagesablauf besteht fast nur aus Meditation, durchsetzt von Lehrgesprächen (→*Mondô*) und kurzen Arbeitszeiten *(Samu)*.

ete-Iai (jap.): fundamentale *Kata* aus dem →*Iaijutsu*.

Setia-Hati-Terate-Silat (indo.): indonesische Kampfkunst des →*Pentjak-Silat*, gegründet 1903 von KI NGABEHI SOERODIWIRJO alias PAK SOERO († 1944).
Der wichtigste Repräsentat des Stils ist heute der Guru TURPIJN, der ein Schüler von Meister SOERODIWIRJO, KIAJI IRENG, BAPAK TJOKRO PARTOLO und BAPAK DJUNAHED war.

Setrouk, Alain: französischer *Karate*-Lehrer, Schüler von Jon Bluming (s. →*Kyokushinkai*). Setrouk begann mit dem Training unter Raymond Cocatre und Nanbu Yoshinao, bevor er zum *Kyokushinkai* wechselte.

Setsu[1] (jap.): Grundsatz, Paragraph; Gelegenheit; Strophe; Jahreszeit (auch *Sechi*).

Setsu[2] (jap.): Theorie, Meinung. *Setsumei* – Erklärung, Erläuterung, *Shasetsu* – Leitsatz.

Setsu[3] (jap.): schneiden (auch *Sai, Kiru*).

Setsu[4] (jap.): Nachgiebigkeit, Flexibilität (auch *Oreru*), daoistisches Prinzip, das in den meisten asiatischen Kampfkünsten wiederzufinden ist.

Die Bezeichnung bezieht sich in den Kampfkünsten auf die innere und äußere Haltung der Nachgiebigkeit des Übenden, die er durch rechtverstandenes Training erreicht. *Setsu* ist die verinnerlichte Philosophie des *Budô*, die darin besteht, weich und nachgiebig sein zu können. Die Philosophie entstammt ursprünglich dem →Daoismus und beeinflußte die meisten asiatischen Kampfkünste. Meister Funakoshi, ein Anhänger des Daoismus, sagte: »Wenn ihr wirklich stark sein wollt, müßt ihr es lernen, schwach zu sein.« Ein Spruch von Lao-zi:

»Das Zarte überwindet das Harte,
Das Schwache überwindet das Starke.«

Setsu dô motsu (jap.): Leitsatz der Kampfkünste (s. →*Kaisetsu*). *Setsu dô motsu* bedeutet wörtlich: »Sei stark, doch wisse, wann du nachgibst.«

Die Fähigkeit, sich angepaßt zu verhalten, ist eine Grundvoraussetzung zum Erreichen höherer Ziele. Sie entsteht im inneren Ausgleich der Gefühle und durch die Überwindung des →Ich. Menschen, die sich überschätzen und sich selbst für zu wichtig halten, versuchen ständig, falsche Stärke zu demonstrieren. Durch ihre unangemessene Haltung stehen sie ihren eigenen Absichten im Weg und werfen in einem einzigen unbedachten Moment um, was sie sich mühsam aufgebaut haben.

Die Achtung vor allen Dingen ist die Grundlage jener inneren Stärke, die dem reifen Menschen ein angepaßtes Verhalten ermöglicht. Ein reifer Mensch findet viele Gelegenheiten, Achtung zu bekunden, der Kampfkunstexperte macht sie sogar zur Übung. Der unreife Mensch hingegen nimmt jede Gelegenheit wahr, selbst die achtungswürdigsten Dinge unter sich zu stellen und sie durch maßlose Überheblichkeit zu entehren. Dadurch erreicht er jedoch keine Stärke, sondern einen Zustand der Schwäche und Abhängigkeit.

In den Kampfkünsten dient die Etikette des →*Rei* (s. auch →*Reigi-sahô*, →*Sahô*) zur Übung dieser Haltung. Die Achtung, die ein Schüler dem Lehrer bezeugt, indem er sich stillschweigend verbeugt, formt in ihm die Fähigkeit, innere Stärke durch die Überwindung des Ich zu entwickeln. Doch diese Übung muß die bloße Form des *Rei* übersteigen und zu einem wahren Verständnis führen. Der Gruß allein, ohne die entsprechende Haltung, führt nicht zur Stärke.

Seydel, Jürgen (*1917): »Vater des Karate in Deutschland«. Jürgen Seydel führte *Karate* im Jahre 1957 in Deutschland ein und sorgte in den darauffolgenden Jahren sowohl für die Anwesenheit verschiedener japanischer Ausbilder (Murakami, Kase, Kanazawa, Enoeda, Shirai u. a.) wie auch für die Organisation des *Karate*.

Jürgen Seydel begann 1939 mit *Jûdô* an der Universität Bonn. 1957 gründete er in Bad Homburg das erste *Karate-Dôjô* Deutschlands. 1961 wird auf seine Initiative hin aus Anlaß eines *Karate*-Seminars von Tetsuji Murakami der *Deutsche Karate Bund* (DKB) gegründet. Seydel war lange Jahre Sportwart und Bundestrainer des DKB, danach Vorsitzender und Geschäftsführer. Im Oktober 1980 hat er sich zurückgezogen und lebt seitdem in Usingen/Taunus im Ruhestand.

Sha[1] (jap.): Rad, Wagen (auch *Kuruma*).

Sha[2] (jap.): schießen (auch *Iru*).

Shadows of Iga: westliche *Ninjutsu*-Organisation, gegründet von Stephen K. →Hayes und Hatsumi Massaki.

Shaken (jap.): mehrzackiger Wurfstern (s. →*Shuriken*), zumeist von den →*Ninja* verwendet.

Shakkotsu (jap.): *Atemi*-Angriffspunkt: Elle, Ellenbogenknochen.

Shakkotsu-Kata (jap.): *Atemi*-Angriffspunkt: untere Schlüsselbeinvertiefung.

Shakkotsu-shinkei (jap.): *Atemi*-Angriffspunkt: Punkt auf der Innenseite des Ellbogens (*Shinkei* – Nerven).

Shako-ken (jap.): Krallenhand, Adlerklaue, Werkzeug und Waffe der →*Ninja*.

Shaku[1] (jap.): Adel, Adelsrang. *Koshaku* – Fürst, *Danshaku* – Baron, *Hakushaku* – Graf.

Shaku[2] (jap.): Längenmaß (ca. 30 cm). *Rokushakubô* [*Roku* = 6] – (6 x 30 cm =) 1,80 m langer Stock.

Shaku[3] (jap.): Erklärung. *Kaishaku* – Interpretation, *Shakumei* – Erklärung, *Chûshaku* – Anmerkung, Kommentar.

Shan (chin.): Fächer, der in China auch als Waffe benutzt wurde (s. →*Bing-qi*).

Früher benutzte man Eisenfächer, an deren Außenkanten Klingen angebracht waren. So eignete sich der Fächer im geschlossenen Zustand für Blöcke und Stiche, während er geöffnet als Schneide verwendet wurde. Besonders häufig sind Techniken, die während des Öffnens ausgeführt werden. Der Fächer wird bis heute einzeln oder doppelt in manchen Kampfkünsten Chinas verwendet.

Übende der chinesischen Fächerform

Shang-han-lun (chin.): Kurzbezeichnung für *»Shan-han Za-bing-lun«*, ein Werk von →Zhang Zhong-Jing (150–219), wörtlich: »Abhandlungen über schädigende Kälte und andere Krankheiten«.

Zhang Zhong-Jing war ein berühmter Arzt, der nicht nur wegen seiner praktischen Fähigkeiten, sondern auch wegen seiner hohen ethischen Einstellung bekannt war. Sein Werk, das *»Shang-han-lun«*, gehörte bis weit in das vorige Jahrhundert hinein zur Pflichtlektüre eines jeden fernöstlichen Arztes. In 22 Einzelaufsätzen nennt sein Werk fast 400 Regeln und 113 Rezepte für die Behandlung von Krankheiten.

Shao-gun (chin.): Bezeichnung für den Vorgänder des →*Nunchaku*. Dieser bestand aus einem kurzen und einem langen Stock, die mit einer Kette zusammengebunden waren (s. →*Bing-qi*).

Shaolin Gong-fu (chin.): mit diesem Begriff (*Shaolin Quan-fa* oder *Shaolin Kung-fu*) bezeichnet man heute alle chinesischen Kampfkunststile, die im buddhistischen *Shaolin*-Kloster entstanden, sich von ihnen abzweigten oder von ihnen beeinflußt wurden.

Gong-fu ist jedoch ein moderner Begriff und wird für die chinesische Kampfkunst erst seit der Verbreitung der *Kung-fu*-Filme gebraucht.

Shaolin-ji-quan (chin.): Kampfkunst aus dem *Shaolin*-Kloster (s. →*Shaolin Gong-fu*).

Shaolin-Kloster: buddhistisches Kloster des »kleinen Waldes« (chin. *Shaolin*, jap. *Shôrinji*). Man betrachtet es als den Entstehungsort der alten chinesischen Kampfkünste (s. →*Quan-fa*, →*Kuo-shu*, →*Wu-shu*).

<u>Die Shaolin-Klöster</u>

Heute ist bekannt, daß es im Mittelalter mehrere *Shaolin*-Klöster gab, die untereinander in Verbindung standen. In der Provinz Fujian (Fukien), unweit der Stadt Guanzhou (Kanton), wurde Mitte des 8. Jhs. ebenfalls ein großes *Shaolin*-Kloster gebaut, das zum Hauptkloster in einer engen Verbindung stand. In der Ming-Periode (1368 bis 1644) war der Mönch Yi Fa Vorsteher beider Klöster. Ein drittes *Shaolin*-Kloster wurde 1341 in der Provinz Hebei in Nordchina am Ufer des Sees Honglong erbaut. In den Provinzen Guangdong und Sichuan existierten zwei weitere *Shaolin*-Klöster. Man vermutet, daß es noch weitere Klöster gab, auch über die Grenzen Chinas hinaus. In Korea nannte man sie *Solin*, in Vietnam *Thieulam* und auf Okinawa *Shorin*. Doch alle waren sie Ableger des ersten *Shaolin*-Klosters.

<u>Die Entstehung des Klosters</u>

Südlich der alten Hauptstadt Luoyang, im Haoshan-Bergmassiv der nördlichen Provinz Henan, fand im 3. Jh. v. Chr. eine Gruppe von Mönchen

Zuflucht vor den Verfolgungen rivalisierender Feudalherren. Auf dem Berg Song-shan, nahe bei Dengfeng, errichteten sie einen Tempel, umgeben von massiven Steinmauern, und bepflanzten die Umgebung mit jungen Kiefern. Dem Kloster gaben sie den Namen *Shaolin* (»Junger Wald«).
Bereits seit dem 2. Jh. übten sich die Mönche in HUA TUO's System der 5 Tiere (→*Wu-qin-xi*). Der damalige Tempelvorsteher ZHOU JING lud die beiden Kampfkunstmeister GUN SU-WEI und HENG GAI-ZHANG ins Kloster ein und ließ die Mönche in den Kampfkünsten ausbilden, um gegen die beständigen Raubüberfälle gewappnet zu sein. Dank seiner schlagkräftigen Kampftruppe erweiterte das Kloster schnell seine Besitztümer und gewann an Einfluß. Bereits im 5. Jh. war das *Shaolin*-Kloster das religiöse Zentrum des nördlichen China. Im Jahre 426 wurden mit Unterstützung des Kaisers neue Befestigungsanlagen errichtet, und eine Garnison Soldaten wurde dort stationiert. Da nun die Sicherheit gewährleistet war, geriet die Kampfkunst vorerst in Vergessenheit, und die Mönche widmeten sich mehr ihren religiösen Übungen.
Mit der Ankunft →BODHIDHARMA's im Jahre 523 wurden die Körperübungen (s. →*Shi-ba-luo-han-shou*, →*Damo Guan*) wieder aktiviert. Die *Chan*-Lehre (→*Zen*) erreichte eine große Tradition und gewann viele Anhänger. Zahlreiche Menschen pilgerten zum Kloster in der Hoffnung, die Zweikampfverfahren des *Shaolin* zu lernen. Im Jahre 529 kam der Anführer einer Söldnerabteilung, MENG ZHANG, ins Kloster und wurde bald darauf zum Klostervorsteher gewählt. Er führte ein strenges System der Aufnahmeverfahren, der Hierarchien und der Übungsmethoden ein. Die Soldaten des Kaisers mußten abziehen, und im *Shaolin* entstand eine eigene schlagkräftige Kampftruppe. Doch aufgrund von Rivalitäten in den darauffolgenden Jahren setzten einige Mönche die Schatzkammer des Klosters in Brand und vernichteten wertvolle Manuskripte.
Die Kunde über die außergewöhnlichen Fähigkeiten der *Shaolin*-Mönche verbreitete sich schnell. Der Gründer der Tang-Dynastie (618 bis 907), Kaiser GAO ZU, wandte sich an den *Shaolin*-Vorsteher und bat ihn um militärische Hilfe gegen den Thronrivalen WANG SHI-CHUNG. Eine Truppe von 100 Mönchen, nur mit Stöcken bewaffnet, schloß sich der kaiserlichen Garde an und erreichte großen Ruhm im Kampf gegen den Rivalen. Der Kaiser wollte sich dafür bedanken und bot ihnen hohe Regierungsämter an, die sie jedoch ablehnten.
Doch die Kampfkunst der *Shaolin*-Mönche blieb ein Privileg für jene Auserwählten, die im Kloster aufgenommen wurden. Die Methoden des Nahkampfes *(Quan-jin)* wurden in einer Abhandlung niedergeschrieben und in einem Raum mit sieben Siegeln aufbewahrt (das Manuskript wurde später bei einem Brand vernichtet).
Kaiser Gao Zu beanspruchte die Hilfe der Mönche noch ein weiteres Mal. Er beauftragte drei besonders fähige *Shaolin*-Krieger, ZHI CAO, HUI YANG und TANG SONG, die Hauptstadt von den Banditen zu befreien, die überall gegenwärtig waren. Auch diese Aufgabe wurde von den *Shaolin*-Mönchen erledigt. Der zweite Tang-Kaiser, TAI ZONG (627–650), beschenkte das *Shaolin*-Kloster mit umfangreichen Ländereien. Dadurch wuchsen Reichtum und Macht des *Shaolin* erneut.
In der späteren Tang-Dynastie (Hou-Periode, 705–907) wurden von dem Mönch ZU HONG-BEI mehrere Täuschungsverfahren entwickelt, die in den Kampfstil eingebaut wurden. Diese bildeten danach ein wichtiges Kampfkonzept des *Shaolin*. Ebenfalls in dieser Zeit entstand das Konzept der Lehrer-Schüler-Beziehung (→*Guan*) als Grundlage zur psychologischen Ausbildung, das zusammen mit einer strengen Klosterordnung die buddhistischen Ziele (s. →*Satori*) unterstützte. Bis zu 16 Stunden täglich übten sich die Mönche abwechselnd in der →Meditation und den Kampfübungen (→*Shaolin-Übungen*). In einem äußerst harten psycho-physischen Training sollten die Mönche in den Bewegungskomplexen (→*Dao*) die Wechselwirkungen zwischen *Yin* und *Yang* (→*Yin/Yang*) verstehen und ihr inneres Auge für die Geheimnisse des Seins schulen.

DIE BLÜTEZEIT DES KLOSTERS

Im 10. Jh., nachdem 907 die Tang-Dynastie zusammengebrochen war, kam eine Zeit anhaltender Kämpfe, die fast 100 Jahre dauerte. Im Jahr 960 kam TAI ZU, ein großer Kampfkunstexperte, der die Kampfkünste im *Shaolin*-Kloster gelernt hatte, auf den Kaiserthron und intensivierte die Übung der Kampfkünste bei den Soldaten. Dazu verwendete er einen vereinfachten *Shaolin*-Stil (→*Chang-quan* – lange Faust), aus dem die esoterischen Elemente entfernt waren. Dies war ein aus 32 Verfahren bestehendes System, das auf die Masse zugeschnitten war und weit hinter dem *Shaolin*-Stil zurückblieb. Bis zum 13. Jh. blieb dieser Stil die Grundlage der Armeeausbildung.

Unter der Mongolenherrschaft wurden die Kampfkünste im 13. und 14. Jh. erneut intensiviert. Man nimmt an, daß in dieser Zeit das →*Qin-na* gegründet wurde. Das *Shaolin*-Kloster unterhielt eine enge Beziehung zum chinesischen Kaiserhaus, und besonders als ZHU YUAN-ZHANG an die Macht kam, wurde die Freundschaft zwischen Kaiserhaus und *Shaolin* sehr intensiviert. ZHU YUAN-ZHANG war selbst ein Kampfkunstexperte und bat das *Shaolin*-Kloster um Hilfe im Kampf gegen die Mongolen. Der Klostervorsteher HUI FU schickte sechs erfahrene *Shi-fu* (Lehrer) an den kaiserlichen Hof, die die Armee in den Nahkampfverfahren des *Shaolin* ausbildeten. Daraufhin erlitten die Mongolen eine empfindliche Niederlage, und die *Shaolin*-Mönche wurden hohe Würdenträger am Hof.

Der darauffolgende Kaiser YONGLE (1403–1425) beschenkte das Kloster erneut mit Geld und Ländereien. Yongle verlegte die Hauptstadt von Nanking nach Peking, reformierte das Reich und führte viele Erneuerungen ein. Er stützte seine Macht auf eine Geheimpolizei, die von dem *Shaolin*-Mönch ZHANG WO (1376–1426) angeführt wurde. Zhang Wo war ein außergewöhnlicher Kämpfer und kontrollierte das gesamte Reich dank vieler Agenten, von denen die meisten *Shaolin*-Mönche waren. Anfang des 15. Jhs. gelangten seine Agenten auch nach Okinawa und führten dort einige Kampfverfahren des *Quan-fa* ein. In dieser Zeit bestimmte das Shaolin-Kloster die gesamte Politik des Landes. Doch der neue Kaiser HONG ZI wollte die Bedrohung vom *Shaolin* loswerden, er ließ Zhang Wo hinrichten und seine Agenten verfolgen. Diese verschwanden im Untergrund und errichteten überall im Land *Quan-fa*-Schulen. Doch die Beziehungen zwischen dem *Shaolin*-Kloster und dem Kaiserhaus waren endgültig ruiniert. Die kommenden Herrscher des Landes verzichteten auf den Kontakt mit dem *Shaolin*-Kloster, was dazu führte, daß die kämpferischen Entwicklungen im *Shaolin* in der darauffolgenden Zeit erneut geheimgehalten wurden. Ein entsprechender Erlaß wurde von der *Shaolin*-Leitung herausgegeben. *Shaolin-Shi-fu* durften nur noch Buddhisten unterrichten und mußten im Kloster leben. Doch es gab inzwischen überall weltliche *Quan-fa*-Schulen (→*Guan*), die der *Shaolin*-Kampfkunst Konkurrenz machten. Das Shaolin-System bedurfte einer Reformation, denn es drohte in der Versenkung zu verschwinden.

Gegen Ende des 15. Jhs. sollte dann das *Shaolin-Quan-fa* unter JUE (QUE) YUAN vollkommen reformiert werden und zu einer hohen Blüte gelangen. Die weitere Entwicklung des *Shaolin*-Kampfstils s. unter →*Quan-fa* und →*Jue Yuan*.

DIE ZERSTÖRUNG DES KLOSTERS

Während der Mandschu-Herrschaft gelang es dem *Shaolin*-Kloster über viele Jahre hinweg, den Mongolen Loyalität vorzutäuschen und dennoch ein Zentrum konspirativer Aktivitäten gegen die Mandschus zu sein. Im *Shaolin*-Kloster wurden immer wieder flüchtige Aufständische versteckt. Im Jahre 1672 boten die *Shaolin*-Vorstände dem Mandschu-Kaiser KANGXI (1662 bis 1722) sogar militärische Hilfe im Kampf gegen Banditen und Plünderer an. Hunderte von Mönchen zogen aus und säuberten die umliegende Gegend dreieinhalb Monate lang von Räuberbanden. Im Hintergrund aber organisierten sie den Widerstand gegen die Mandschus.

Als aber der Kaiser Kangxi schließlich doch von der Verschwörung erfuhr, sagte er dem *Shaolin* einen unerbittlichen Kampf an. Da er aber bald darauf starb, setzte sein Nachfolger den Rachefeldzug fort. 1673 stürmte eine große kaiserliche Mongolen-Armee das Kloster und und machte es dem Erdboden gleich. 128 Mönche wurden getötet, doch fünf Patriarchen (HUNG, LIU, TS'AI, LI und MO) gelang es zu entkommen. Sie organisierten die etwa 200 Jahre anhaltenden konspirativen Aktivitäten der chinesischen Geheimgesellschaft *Hui-dang* gegen die Mandschus. Die *Hui-dang* gelten als die legendären Vorväter der *Triaden*, eines bekannten, heute noch aktiven chinesischen Geheimbundes. Auch sollen sie die fünf großen Methoden des außershaolinischen *Quan-fa* (s. → *Nan-quan*) gegründet haben:

AUSSERSHAOLINISCHES QUAN-FA

Cai-jia-quan (Ts'ai-chia-ch'uan/Choy-gar)
Hung-jia-quan (Hung-chia-ch'uan/Hung-gar)
Li-jia-quan (Li-chia-ch'uan/Li-gar)
Liu-jia-quan (Liu-chia-ch'uan/Liu-gar)
Mo-jia-quan (Mo-chia-ch'uan/Mok-gar)

Da sie im Süden praktiziert wurden, belegte man diese Stile oft mit den Bezeichnungen des Kantoner Dialektes *Gar*. Sie begannen sich wesentlich von den nördlichen Stilen zu unterscheiden, verwendeten weniger Fußtechniken und kürzere Stellungen.

Bald darauf wurde das Kloster in Henan wieder aufgebaut. Doch die Mönche wurden direkt vom Kaiserhaus kontrolliert, und obwohl ihnen erlaubt wurde, die kämpferische Tradition des *Shaolin* fortzusetzen, ist keine Beteiligung des *Shaolin*-Klosters an den späteren Aufständen nachzuweisen. Trotzdem geriet im Jahre 1928 das *Shaolin*-Kloster unerwartet in kriegerische Auseinandersetzungen. General FAN CHAN-XIU, der in einem Bürgerkrieg unterlegen war, versteckte sich mit seinen Männern im Kloster. Sein Verfolger, General SHI YOU-SAN belagerte das Kloster mehrere Tage lang und ließ die Anlage schließlich niederbrennen.

Über 40 Tage stand das Kloster in Flammen. Sechzehn Tempel, Kunstwerke, heilige Reliquien, buddhistische Schriften, geheime Aufzeichnungen und unermeßliche Schätze fielen dem Feuer zum Opfer. Doch 1957 wurde das Kloster wiederaufgebaut und zuletzt 1982/83 von der chinesischen Regierung vollkommen renoviert. Heute ist es zum Wallfahrtsort für viele Kampfkunstinteressierte und zum Anziehungspunkt für Touristen und Geschichtsforscher geworden.

In der Blütezeit des *Shaolin* lebten im Tempel etwa 1500 Mönche, von denen mindestens 500 Meister *(Shi-fu)* der Kampfkünste waren. Heute leben im *Shaolin*-Tempel nur noch einige alte Mönche, die sich darum bemühen, die alte Tradition wiederherzustellen. Sie nehmen erneut Schüler an und unterrichten sie im *Shaolin Quan-fa*. Doch wie auch immer, der Shaolin-Tempel, einst das bedeutendste Zentrum asiatischer Kultur und danach ein Opfer kurzsichtiger Politik, wird nie mehr das sein können, was er einmal war.

Shaolin Kung-fu (chin.): s. →*Shaolin Gong-fu.*

Shaolin Nei-gong (chin.): die »inneren Übungen der Shaolin-Schule«, eine Form des →*Qi-gong.*

Die Mönche des Shaolin übten sich nicht nur in Kampfkunst und Meditation, sondern erreichten auch einen hohen Status in der Medizin. Das *Shaolin Nei-gong* konzentrierte sich vor allem auf die →Atemtherapie und die Heilmassage (s. →Akupressur, →*Anmo*). Alle Übungen werden dynamisch mit starker Bauchatmung durchgeführt. Die Grundstellungen gleichen denen aus den Kampfkünsten. Es gibt mehrere Übungen:

1. Von vorn acht Pferde schieben.
2. Neun Ochsen zurückschieben.
3. Das Boot in Stromrichtung schieben.
4. Das Phönix-Paar streckt seine Flügel aus.
5. Den Himmel mit ausgestreckten Armen halten.
6. Der Wind bewegt die Lotosblätter.
7. Den Mond im Schoß hüten.
8. Den Mond aus der Meerestiefe fangen.
9. Der Phönix blickt in die Sonne.
10. Der Unsterbliche weist den Weg.
11. Der schwarze Drache gräbt sich eine Höhle.
12. Der hungernde Tiger greift nach seiner Beute.

Übung aus dem Shaolin Nei-gong: den Mond aus der Meerestiefe fangen

Shaolin-quan (chin.): »Shaolin-Faust«, alle aus dem →*Shaolin-Kloster* abgeleiteten Stile des →*Quan-fa*. Heute sind mehr als 360 Stile bekannt, die ihren Ursprung im *Shaolin*-Kloster sehen.

Shaolin Quan-fa (chin.): s. →*Shaolin Gong-fu,* →*Quan-fa,* →*Kempô.*

Shaolin-si (chin.): *Shaolin*-Kloster.

Shaolin-Übungen: die *Quan-fa*-Übungen im →*Shaolin-Kloster* begannen am frühen Morgen im Innenhof des Klosters. Die

Mönchsbrüder stellten sich in Reihen auf, so daß sie entsprechend den sieben Altersrängen eine Gruppe bildeten. Vor der Gruppe stand der Hauptlehrer, der in der Regel von vier weiteren alten Lehrern *(Shi-fu)* assistiert wurde. Zu Anfang erfolgte die rituelle Begrüßungszeremonie (→*Jing-li*). Daraufhin begann in der Regel das Training der *Dao (Kata)*, das oft viele Stunden dauerte. Zu Mittag wurde vegetarisch gegessen, nach einer kurzen Ruhepause wurde das Training fortgesetzt.

Im Nachmittagstraining wurden die Gruppen dreigeteilt: in Anfänger, Gürtelträger (der fortgeschrittene *Shaolin*-Mönch trug ein dickes Seil, das als Symbol für den *Shaolin*-Kämpfer in die Geschichte einging) und alte Meister. Während die Anfänger weiterhin die Basisverfahren aus den *Dao* übten, begann für die Fortgeschrittenen das Kampftraining, in dem die einzelnen Verfahren mit dem Partner eingeübt wurden. Manchmal dauerte es mehrere Jahre, ehe den Mönchen erlaubt wurde, ein anderes Verfahren zu erlernen.

Die Gürtelträger des *Shaolin* übten in diesem Training in Gruppen von vier Mönchsbrüdern unter der Aufsicht eines erfahrenen *Shi-fu* Verfahren des Angriffs und der Abwehr aus den *Dao*. Die *Shi-fu* vervollkommneten ihre Technik unter der Anleitung des Hauptlehrers. Sie beschäftigten sich zumeist mit der Kunst des Punktierens von gegnerischen Vitalpunkten (→*Dian-xue*).

Am späten Abend fand ein erneutes Training statt, in dem die fortgeschrittenen Mönchsbrüder im freien Kampf gegen die alten *Shi-fu* antraten. In täglichen Tests wurden die Rangordnungen überprüft. In diesem Training wurden auch falsche innere Haltungen wie Angeberei oder Selbstbezogenheit bestraft. Wenn den *Shi-fu* zu Ohren kam, daß ein Mönchsbruder sich eine Verletzung der *Quanshu*-Regeln erlaubte, mußte er vor die Gruppe treten, und ein fortgeschrittener *Shi-fu* demonstrierte ihm die »Unvollkommenheit seiner Fähigkeiten«.

Die Zweikämpfe wurden nahe an der Realität geführt, und nicht selten erlitten die Kämpfer schwere Verletzungen. Wenn ein älterer *Shi-fu* den Kampf gegen einen Jüngeren verlor, verlor er auch das Recht, diesen weiterhin zu unterrichten. Sein Rang und Status blieben erhalten, doch er mußte seine Kampfkraft täglich gegen die Jüngeren unter Beweis stellen. Verlor er mehrere Begegnungen, durfte er nicht mehr unterrichten.

Am späten Abend fand eine Meditationsstunde mit anschließenden philosophischen Gesprächen mit dem Hauptlehrer statt. Danach gab es ein Nachttraining für die jungen Mönchsbrüder. Insgesamt erreichte der junge *Shaolin*-Mönch eine Übungsintensität von bis zu 16 Stunden täglich.

Das System der Weitergabe aller *Quan-fa*-Systeme beruhte auch in den späteren Privatschulen (→*Guan*) auf dem »Herz zu Herz« und wurde bereits im →*Shaolin-Kloster* gegründet. Die Hauptbestandteile der Ausbildung in jedem System waren im wesentlichen in drei Teile gegliedert:

ATMUNG

Die jeweiligen Atemsysteme waren durch die Zeiten verschieden, und die *Quan-fa*-Meister überboten sich darin, immer neue Atemübungen zu erfinden, so daß heute eine unüberschaubare Zahl von Atemsystemen existiert. Zusammenfassend kann man sie jedoch in drei große Gruppen einteilen:

1. Kombination zwischen Zwerchfell- und Lungenatmung,
2. kleiner Kreislauf der Atmung im Bereich des Bauchraumes,
3. großer Kreislauf der Atmung im Bereich des ganzen Körpers.

Zusammen mit den Atemübungen wurden verschiedene Praktiken der Suggestion verwendet, man konnte z. B. durch Geisteskonzentration die Atemluft zusammen mit dem *Qi* an jede Stelle des Körpers schicken, um Schmerzen zu lindern oder Krankheiten zu heilen. Grundsätzlich sind alle Atemübungen mit den Methoden der →Akupressur kombiniert. Auf diese Weise werden durch Muskelkontraktionen oder -bewegungen lebenswichtige Vitalpunkte stimuliert, wie das z. B. in der daoistischen Zwerchfellatmung (s. →Chinesische Atmungsmethoden) der Fall ist.

Die Atmung gilt in allen *Quan-fa*-Systemen noch heute als die wichtigste Grundlage des psychophysischen Trainings und wurde auch in allen verwandten Methoden als Hauptübung zur Lenkung und Konzentration des →*Qi* angesehen.

KÖRPERKULTUR

Die körperlichen Übungen aller *Quan-fa*-Systeme bestehen aus zwei Gruppen:

1. vorbereitende Aufwärmübungen, in denen

Aufwärmübungen für die Muskeln und Gelenke, Gewandtheits-, Ausdauer-, Koordinations-, Kraft- und Dehnungsübungen enthalten sind, aber auch verschiedene Methoden der Vitalpunktstimulation durch Bewegung. In den klassischen

Meister des Shaolin-Tigerstils (Hu-quan)

Kampfkünsten gibt es noch heute eine festgelegte Aufwärm-Systematik, in der Vitalpunktstimulationen enthalten sind.

2. Bewegungskomplex der jeweils stilspezifischen Kampftechniken, der in allen klassischen Schulen in formalen Übungen *(Dao)* verschlüsselt ist. Anders als in den westlichen Schulen liegt der Übungsakzent dieser Verfahren nicht in den Schnellkrafteigenschaften des Übenden, sondern in der Kultur der Bewegung. Während in den modernen Kampfkünsten die Kraft des Schlages durch Vergrößerung der Muskelmasse und Verbesserung der Muskelqualität erreicht wird, zielen alle klassischen Übungen darauf ab, die Muskelkoordination durch Ganzkörperbewegung zu verbessern und dadurch die Energie des ganzen Körpers zu verwenden. Während die erste Methode sich durch den biologischen Prozeß des Älterwerdens von selbst begrenzt, kann der Übende der zweiten Methode noch im fortgeschrittenen Alter höchste Kraft mobilisieren. Aufgrund dieser Methode erreicht der Kampfkunstmeister höchste Effizienz im Alter von 50 Jahren, während der Sportler seinen Leistungshöhepunkt mit dem 30. Lebensjahr bereits überschritten hat.

PSYCHOTRAINING

Diese Methode ist von Schule zu Schule verschieden und in den *Quan-fa*-Systemen außerordentlich vielfältig. Sie wird aber nur in den klassischen Schulen praktiziert und ist in den modernen Kampfkünsten vollkommen unbekannt. Das Psychotraining der klassischen Kampfkünste resultiert aus der langjährigen Übung der Atmung und der Gymnastik unter Berücksichtigung der rechten Haltung, wie sie in allen Wegkünsten gefordert wird.

Allen Methoden des Psychotrainings in den Kampfkünsten gemeinsam ist der Übergang vom normalen Bewußtseinszustand zum transzendentalen Bewußtseinszustand. Wenn die Wegbedingungen in der Übung beachtet werden (vor allem die Überwindung des egozentrischen Ich), verändert sich das Bewußtsein und erreicht einen Zustand mit extrasensorischen Fähigkeiten, in dem in höheren Formen sogar Selbsthypnose enthalten ist. Alle psychologischen Eigenschaften können auf dieser Bewußtseinsstufe vom Meister willentlich kontrolliert werden.

Shashin (jap.): Gebaren eines Kämpfers vor dem Kampfbeginn mit der Absicht, seinen Gegner einzuschüchtern.

She (chin.): Schlange, *She-quan* – *Shaolin*-Schlangenform (s. →*Wu-xing-quan*).

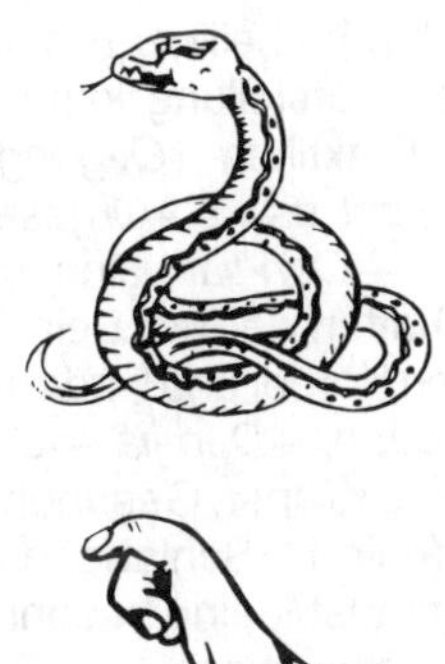

Schlange (She) und Schlangenfaust (Shezhang)

She-mao (chin.): »Schlangenspeer«, Form des langen Speers (s. →*Bing-qi*). Die Speerspitze ist hier besonders lang und gewellt.

Shen[1] (chin.): Körper.

Shen[2] (chin.): chinesischer Begriff für »Gottheit«, »magisch«, »Geist«, »Seele«, Ausdruck für den persönlichen Geist des Menschen.

Dieser Geist bildet nach daoistischer Vorstellung zusammen mit →*Qi* und →*Jing* die Lebenskraft. In den Kampfkünsten bezeichnet *Shen* das Niveau der wahren Meisterschaft.

Jing ist die Quelle des Lebens, *Qi* ist die Kraft, sie zu bewegen, und *Shen* ist die Vitalität, die hinter *Jing* und *Qi* steht. Shen ist Bewußtsein, Persönlichkei, die Fähigkeit zu denken, zu unterscheiden und zu wählen. *Shen* ist der Glanz in unseren Augen.

Shen weist aber auch einen materiellen Aspekt auf. Jeder Elternteil trägt einen Teil des *Shen* bei, der nach der Geburt zutage tritt und sich weiterentwickelt. Er stellt genauso einen Teil des Körpers dar wie der Magen. Die Trennung von Körper und Geist ist den Chinesen fremd. So sitzt *Shen* im obersten →*Dan-tian*, dem Kopf.

Gesunder *Shen* zeichnet sich durch Ideen und den Wunsch zu lernen aus. *Shen*-Disharmonieen sind immer unangebrachte Reaktionen auf die Umwelt, wie wirres Reden, Vergeßlichkeit, Schlaflosigkeit, gewalttätiges Irresein usw. ... *Shen* ist eine *Yang*-Substanz und gehört mit *Qi* und *Jing* zu den »Drei Schätzen« (→*San-bao*).

Sheng-tai (chin.): »heiliger Embryo«. In der daoistischen Vorstellung kann durch verschiedene Praktiken (*Qi-gong, Dao-yin, Fang-zhong-shu* usw.) →*Qi* gesammelt und dadurch im →*Dan-tian* eine unsterbliche Seele geschaffen werden. Beim Tod verläßt *Shengtai* den Körper und wird zum Unsterblichen (s. →*Xian*, →*Dao-jia*, →*Dao-jiao*).

Shen-ti (chin.): Körper, Gesundheit.

She-zhang (chin.): »Schlangenhand« oder »Schlangenfaust«, eine besondere Handhaltung des chinesischen →*Quan-fa*. Sie imitiert das geöffnete Maul einer Schlange (→*She*).

Die Schlangenhand sieht fast aus wie →*Baoquan*, die Leopardenfaust. Allerdings sind nur die letzten drei Finger gefaltet. Daumen und Zeigefinger sind geöffnet und stehen sich auf einer Linie gegenüber. Die Fingerspitzen sind nach vorn gerichtet. Damit kann zu den weichen Stellen des Körpers gestoßen werden, während Daumen und Zeigefinger sich unmittelbar nach dem Auftreffen wie eine Zange schließen.

Shi[1] (chin.): Typ, Stil, Art, Form, z. B. *Yangshi Tai-ji-quan* (*Yang*-Stil *Tai-ji-quan*).

Shi[2] (jap.): Lehrer; Armee. *Kyôshi* – Lehrer, *Ishi* – Arzt, *Hôshi* – buddhistischer Priester, *Shitei* – Lehrer und Schüler.

Shi[3] (jap.): »vier« (auch *Yotsu, Yo, Yon*). *Yonin* – vier Personen (s. →*Kazoeru*).

Shi[4] (jap.): →*Samurai* (s. auch →*Bushi*), Gefolgsmann, Krieger, Mann, Gelehrter. *Rikishi* – Ringer, *Gakushi* – Akademiker, *Shishi* – Mann des Geistes.

Shi[5] (jap.): Gestalt, Figur, Aussehen (auch *Sugata*). *Shisei* – Gesamthaltung, Einstellung, *Yôshi* – Gestalt, Figur, *Shitai* – Figur, Körperhaltung.

Shi[6] (jap.): Tod. *Shitai* – Leiche, *Shinu* – sterben.

Sh[7] (jap.): denken, glauben (auch *Omou*). *Omoidasu* – sich erinnern, *Omoikitte* – sich entschließen, *Omoiyari* – Teilnahme, Rücksichtnahme, *Omoiagatte* – arrogant, überheblich.

Shi[8] (jap.): Gliedmaßen, Arme und Beine. *Shitai* – Körper und Gliedmaßen, *Kashi* – Beine, die unteren Gliedmaßen, *Jôshi* – Arme, die oberen Gliedmaßen, *Shishi* – Extremitäten.

Shi[9] (jap.): probieren, versuchen (auch *Kokoromiru, Tamesu*). *Shiai* – Wettkampf, Spiel, *Shikinseki* – Prüfstein.

Shi[10] (jap.): Geschichte, Chronik. *Nihonshi* – japanische Geschichte.

Shiai (jap.): Wettkampf, Wettbewerb, Turnier, Spiel.

Shiai-geiko (jap.): Wettkampftraining.

Shiai-jô (jap.): Kampffläche, Arena, Ring.

Shiai-kumite (jap.): Kampf in einem Wettbewerb (s. →*Shôbu-kumite*).

Shiatsu (jap.): japanische Fingerdrucktherapie, Anfang dieses Jahrhunderts aus der →*Anmo*-Massage und →*Dô-In* entwickelt. Diese beiden Formen der Massage waren in Japan seit alters her bekannt. In diesem Jahrhundert jedoch erließ die japanische Regierung ein Dekret, daß jeder, der *Anmo* oder *Dô-In* ausüben wollte, dazu eine Zulassung und eine Bescheinigung brauchte. Daraufhin änderten die japanischen Therapeuten ihre Kunst geringfügig ab und gaben ihr einen anderen Namen. So entstand *Shiatsu*, in dem *Shi* »Finger« und *Atsu* »Druck« bedeutet. Diese Form der Massage wurde immer beliebter und schließlich in Japan legal anerkannt. So gibt es heute dort drei gesetzlich anerkannte Formen der manipulativen Therapie: *Anmo*-Massage, westliche Massage und *Shiatsu*.

GESCHICHTE

Die Ursprünge der japanischen Medizin liegen in der chinesischen *Anmo*-Massage. Sie kam vor mehr als tausend Jahren von China nach Japan und brachte die Vorstellung der Meridiane (→ *Keiraku*, chin. *Jing*) und Meridianpunkte (→*Tsubo*) im menschlichen Körper mit. Über tausend Jahre wurde sie in Japan praktiziert. Vor etwa 100 Jahren, als Japan sich dem Westen öffnete, kam die westliche Massage ins Land. Etwas später kam noch eine andere chinesische Methode hinzu, die sich intensiver mit dem Knochenbau, dem autonomen Nervensystem u. a. befaßte. Die japanischen Therapeuten kombinierten sie mit dem, was sie schon kannten, und oft wurden eigenständige Systeme entwickelt, die die Namen ihrer Gründer trugen. All diese Methoden werden unter dem Überbegriff *Shiatsu* zusammengefaßt. Dies deutet darauf hin, daß *Shiatsu* kein bestimmtes System ist, sondern die Summe vieler Möglichkeiten und Interpretationen.

ANWENDUNG

Shiatsu ist eine der besten Gesunderhaltungsmethoden im Alltag. Man kann damit nicht nur Krankheiten heilen, sondern auch dagegen vorbeugen. Die moderne Welt ist sehr streßerfüllt. Die Menschen leiden unter dem Mangel an Beziehungen, unter dem Zeitdruck und unter dem Fehlen zwischenmenschlicher Kommunikation. Diese vielen kleinen Enttäuschungen, die oft gar nicht mehr bewußt sind, sammeln sich in Form von Spannungen unter der Haut. Solche Spannungen bewirken Störungen, die allmählich auch die inneren Organe in Mitleidenschaft ziehen. *Shiatsu* ist eine Form der manuellen Behandlung, ausgeführt mit Daumen, Ellenbogen, Faust, Fingern und den Handflächen ohne Zuhilfenahme irgendwelcher Instrumente. Durch Druck auf die menschliche Haut beseitigt sie innere Störungen, fördert und erhält die Gesundheit und behandelt spezielle Beschwerden, indem sie die dem Menschen innewohnende Heilkraft aktiviert.

INHALT

Alle Formen der fernöstlichen Medizin stellen sich Umlaufbahnen für die Energie im menschlichen Körper vor, durch die die Funktionsweisen der inneren Organe erhalten werden. Diese Umlaufbahnen (Meridiane) nennt man *Keiraku*. Dabei ist festzustellen, daß diese Meridiane immer in zwei Systeme geteilt sind (*Kei* und *Raku*, entsprechend der chinesischen Vorstellung von *Yin/Yang*, s. dazu →*Jing*). Der Körper ist also vom Kopf bis zu den Zehenspitzen von den Meridianlinien (*Kei* und *Raku*) durchzogen, von denen jede einzelne einem bestimmten inneren Organ entspricht und dieses mit Energie versorgt: Lungen-*Kei*, Dickdarm-*Kei*, Magen-*Kei*, Milz-*Kei*, Herz-*Kei*, Dünndarm-*Kei*, Blasen-*Kei*, Nieren-*Kei*, Schutzhüllen-*Kei*, Dreifach-Hitze-*Kei*, Gallenblasen-*Kei*, Leber-*Kei* (Darstellung der Meridiane s. unter →*Keiraku*).

Für jedes dieser 12 *Kei*-Systeme gibt es je ein *Raku*-System als Ergänzung. Sowohl das *Kei*- als auch das *Raku*-System beginnt jeweils bei der Lunge und setzt sich in der oben angeführten Reihenfolge mit den entsprechenden Meridiansystemen zu den weiteren Organen fort. Der letzte Meridian ist der Lebermeridian. All diese *Kei*- und *Raku*-Systeme bilden im Körper ein Energieversorgungssystem, das die Organe speist und den Körper bei guter Gesundheit erhält.

Außer diesen zwölf Hauptmeridianen gibt es im Körper auch noch mehrere andere Linien, die man *Kikei*-Bereiche nennt. Von ihnen sind zwei Systeme besonders wichtig: das *Ninmyaku*- und das *Tokumyaku*-System. Diese beiden überwachen den Energiefluß der zwölf Hauptmeridiane (s. dazu →*Jing* und vergleiche mit den chinesischen Systemen). Das *Ninmyaku*-System beginnt in der Gesichtsmitte und führt über die Brust zum Unterleib, während das *Tokumyaku*-System am Gesäß beginnt und über den Rücken, das Rückgrat und den Nacken zum Kopf führt. Auf diesen beiden Meridianen liegen die Hauptkörperpunkte *(Tsubo)*. Wenn einer dieser Punkte auf Druck schmerzempfindlich reagiert, ist dies ein Zeichen, daß in dem Meridian und in den inneren Organen, die zu seinem Meridian gehören, etwas nicht in Ordnung ist (Erläuterungen zu den Hauptpunkten s. unter → *Tsubo*). Auch auf den einzelnen Meridianen *(Keiraku)* liegen solche *Tsubo*, von denen es insgesamt 365 gibt. Durch Druck auf sie lassen sich Störungen feststellen, die man dann durch Massage behandeln kann.

Im menschlichen Körper entstehen Störungen, wenn die Energieversorgung über die Merdiane *(Keiraku)* aus irgendwelchen Gründen zusammenbricht. Wenn eines der *Yin/Yang*-Organe (jap. *Zo*- und *Fu*-Organe) z. B. zu langsam arbeitet, verlangsamt sich der Energiefluß im ganzen Körper. Dies ist dasselbe Prinzip, wie wenn man auf einen Wasserschlauch tritt. In den *Tsubo* entlang der Meridiane kommt es dann zu Stauungen. Wenn man diese Stellen massiert, verbessert sich der Durchfluß, und die Symptome verschwinden.
Wie in allen asiatischen Künsten gilt auch im *Shiatsu* die Vorstellung von →*Ki* (vitaler Energie) als zentral. Die Energie fließt durch die zwölf Hauptmeridiane. Die Qualität der Lebensenergie, die man in den Meridianen eines Menschen findet, unterteilt man nach chinesischer Vorstellung in *Yin* und in *Yang*, im Japanischen *Kyô* und *Jitsu* genannt. In einem gesunden Körper fließt die Energie ausgewogen und ununterbrochen in einem rechten *Yin/Yang*-Verhältnis. Kommt es jedoch zu einer Fehlfunktion eines inneren Organs oder zu großen seelischen Belastungen (z. B. durch den Streß des modernen Lebens), bricht der Energiefluß in den Meridianen zusammen, und dies löst körperliche oder seelische Krankheiten aus. Will man diese heilen, muß man herausfinden, wo die Energieunterbrechung sitzt und welcher Natur sie ist (überbetontes *Yin* oder überbetontes *Yang*). Letzteres ist sehr wichtig, denn es hängt von der seelischen Verfassung des Kranken ab. Entsprechend gibt es *Jitsu*-(*Yang*-)Typen und *Kyô*-(*Yin*–)Typen. Im Westen würden wir sagen, Menschen mit zuviel bzw. Hyper-Energie und Menschen mit zuwenig bzw. Hypo-Energie. Der Energiezustand in den Meridianen kann also *hyper* (*Yang* oder *Jitsu*) oder *hypo* (*Yin* oder *Kyô*) sein. Ein gesunder Mensch hat beides im rechten Ausgleich. Jede Art der Energieverformung ist krankhaft und wirkt negativ auf Geist und Körper. Die Techniken der Massage, mit denen man die krankhaften Zustände heilt, sind entsprechend darauf abgestimmt. Energiezustände des *Jitsu* müssen beruhigt (sediert) werden, während man Energiezustände des *Kyô* belebt (tonisiert). Von diesen beiden Verfahren ist die Tonisierung weit schwieriger als die Sedierung, da sie lange Zeit braucht und viel Wärme in das Innere des Kranken abgeben muß, um seine Selbstheilungskräfte aufzubauen.
Weitere Erläuterungen zu *Shiatsu* s. →*Keiraku* und →*Tsubo*. Zur Geschichte beginne mit →Akupunktur und verfolge weiter zu →*Jing*.

Shi-ba-luo-han-quan (chin.): auch *Shi-pa-lo-han-ch'uan* oder *Sup-bart-lau-hon-kuen*, der »Stil der 18 Buddha-Schüler« (s. → *Shi-pa-lo-han-sho*), Grundlage des →*Luo-han-quan*, Ursprungsstil des *Shaolin Quan-fa*.

Shi-ba-luo-han-shou (chin.): auch *Shi-pa-lo-han-sho*, »Die 18 Hände der Buddha-Schüler« (s. →*Luo-han* und →*Shaolin-Kloster*).

Shiboru (jap.): pressen, würgen, strangulieren (s. →*Shimeru*).

Shibukawa-ryû (jap.): alte japanische →*Jûjutsu*- und *Bôjutsu*-Schule, gegründet im 17. Jh. von SEKIGUCHI HACHIRÔZAEMON, dem Sohn von SEKIGUCHI JÛSHIN (s. →*Sekiguchi-ryû*) aus Hiroshima.

Shichi (jap.): »sieben« (auch *Nanatsu, Nana*). *Shichinin* – sieben Personen.

Shichiho-de (jap.): die sieben Verkleidungsformen der →*Ninja* (s. →*Hensôjutsu*).

Shidan (jap.): vierter Meistergrad im *Budô*, auch →*Yondan* (s. auch →*Kyûdan*).

Shida Shiro: s. →SAIGÔ SHIRO.

Shidô (jap.): leiten, führen; bemerken, aufmerksam machen.
Im Wettkampf macht der Kampfrichter mit diesem Ausdruck auf leichte Regelverstöße und Nichtkämpfen aufmerksam, ohne daß dies bereits eine Verwarnung bedeutet.

Shidô-geiko (jap.): Übungspraktik in den Kampfkünsten. Ein erfahrenerer Schüler leitet die Übung der weniger Erfahrenen. Der Bessere beobachtet und korrigiert den Schwächeren.

Shidôin (jap.): Lehrer der Kampfkünste.

Shidôkan-ryû (jap.): »Tempelschule des Kriegerweges«, japanischer Karate-Stil, gegründet 1981 von SOENO YOSHIJI, einem Schüler von MASUTATSU ÔYAMA und KUROSAKI KENJI.

Shi-er-duan-jin (chin.): die »12 edlen Übungen«, eine Ableitung aus den →Ba-duan-jin, die im Sitzen ausgeführt werden. Die Übung erfordert kaum Kraft und ist somit auch für alte und schwache Menschen geeignet.

1. Schließe die Augen und sitze nach innen gewendet, halte die Ruhe fest in Gedanken und im Geist.
2. Klappere sechsundreißigmal mit den Zähnen, sodann umfasse mit beiden Händen das Genick. Diese Übung verbessert die Zahnfleischdurchblutung, festigt die Zähne und beugt Zahnerkrankungen vor.
3. Höre den gleichzeitig links und rechts ausgeführten himmlischen Trommelschlag. Dazu bedeckt man die Ohren mit den Handflächen, während die Finger am Hinterkopf anliegen. Man legt den Zeigefinger auf den Mittelfinger und läßt ihn dann genau auf die Grenze zwischen Schädel und Nacken herunterschnippen. Damit stimuliert man den 20. Punkt des Gallenblasenmeridians (s. →*Jing-luo*). Die Übung beseitigt Kopfschmerzen und Schwindel.
4. Bewege ein wenig die himmlische Säule (Wirbelsäule). Die Finger werden verschränkt, die Handflächen werden nach oben gedreht. Beim Einatmen hebt man die Hände über den Kopf. Die aufrechte Haltung und die tiefe Atmung werden gefördert.
5. Führe die rote Drachenübung (Übung zur Produktion des Speichels) sechsunddreißigmal durch, bis der Mund voll Speichel (→*Yu-jiang*) ist, sodann spüle und beplätschere damit den Mund. Hernach schlucke den Speichel in drei kleinen Mengen. Zur Speichelproduktion massiert man mit der Zunge das Zahnfleisch. Diese Übung stimuliert die Verdauung und hilft bei Mundgeruch.
6. Atem anhalten, Hände warm reiben, dann das Energietor *(Jing-men)* massieren. Das hilft bei Rücken und Lendenbeschwerden, stimuliert Nieren und *Qi*.

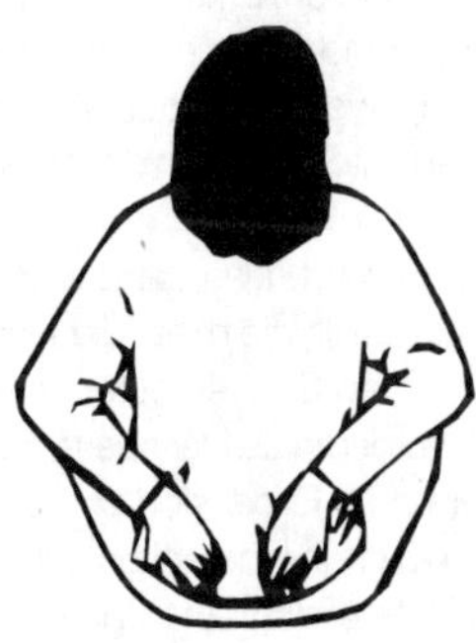

Position 6 aus Shi-er-duan-jin

7. Halte einen Mund voll Atem zurück und stelle dir gleichzeitig vor, daß es um den Nabel herum brennt.
8. Drehe dich links und rechts (in den Schultern) wie eine Winde. Die Arme werden nach vorn ausgestreckt, und die Schultern können dann kreisförmig vor und zurück bewegt werden. Diese Bewegung entspannt die Schultern.
9. Beide Füßen nach vorn ausgestreckt, strecke die gefalteten Hände nach oben, wie wenn du einen Stein nach oben stemmst.
10. Den Kopf senken und mit den Händen die Fußspitzen umfassen. Dabei wird der Punkt →*Yong-quan* des Nierenmeridians (s. →*Jing-luo*) massiert, die Sehnen und Muskeln werden gestreckt.

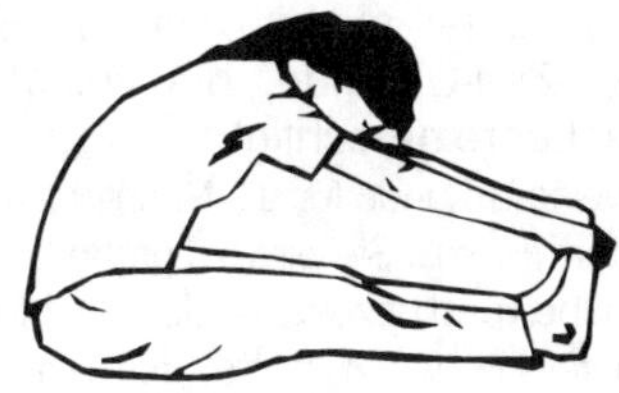

Übung 10 aus Shi-er-duan-jin

11. Dann warte, bis sich der Speichel wieder sammelt, spüle ihn und schlucke ihn in neun Abschnitten ebenfalls hinunter. Dadurch werden alle Meridiane (s. →*Jing-luo*) spontan ausgeglichen.
12. Nach der Übung stelle dir vor, daß im Körper ein brennendes Feuer entsteht.

Shi-fu (chin.): auch *Si-fu* [aus *Shi* = Lehrer; *Fu* = Vater], Bezeichnung für einen Lehrer bzw. Meister des →*Quan-fa* (s. auch *Guan*). Äquivalent zum japanischen → *Sensei*.

Den Nachfolger bezeichnet man als *Cong Shi-fu*, den Großmeister eines Stils als *Da Shi-fu*, den Stilgründer als *Shi-zu* (Lehrer-Uhrahn).

Ein wahrer *Shi-fu* ist ein Weiser. Er beherrscht nicht nur die Techniken seiner Kampfkunst, sondern besitzt auch Größe des Geistes und Edelmut und damit edles Verhalten und Auftreten. Seine Schüler sind stark mit ihm verbunden und durchlaufen nicht nur einen technischen, sondern auch einen geistigen Reifeprozeß. Weiteres siehe *Guan*.

Shigakukan (jap.): von →MOMONOI SHUNZÔ gegründetes *Budô-Dôjô* in Edo (Tôkyô).

Shigenobu Jinsuke: Begründer des modernen →*Iai-dô*.

Shigoki (jap.): brutales Training.

Shihan (jap.): auch *Hanshi*, ehrwürdiger großer Lehrer (s. →*Sensei*) des *Budô*, mit Graduierungen vom 9. bis 10. Dan. Meister, der seine Kunst jenseits der körperlichen Grenzen gemeistert hat (s. →*Kyûdan*, →*Dan*, →*Kodansha*).

Shihan-dai (jap.): Assistent des Meisters (s. →*Kaiden*).

Shihan ni rei (jap.): respektvolle Verbeugung zum Meister (s. →*Rei*[4]).

Shihô[1] (jap.): Bestätigung der →*Dharma-Übertragung* (s. auch →*Hassu*, →*Inkashômei*). *Zen*-Urkunde, die zur Weitergabe der Lehre berechtigt.

Shihô ist eine Urkunde für die Nachfolge des alten Meisters *(Rôshi)*. Sie wird mit großer Zeremonie übergeben und bezeichnet den Nachfolger in der ununterbrochenen Kette der Meister im →*Zen*. Durch *Shihô* wurden z. B. die Patriarchen des *Zen* (→*Soshigata*) ernannt. Im traditionellen Sinn konnte *Shihô* nur vom alten Meister selbst vergeben werden und setzte den Besitzer zum Oberhaupt der Lehre ein. Neuerdings wird die Urkunde jedoch auch in den japanischen Klöstern vergeben und erhebt den Betreffenden in das Amt eines Mönches.

Shihô[2] (jap.): vier Richtungen, vier Wege, vier Seiten.

Shihô-gatame (jap.): Immobilisationstechniken mit den »vier Seiten«. Bodentechniken im *Jûdô*, mit denen ein Gegner immobilisiert werden kann. Man verwendet dazu die beiden Schultern, die Hüften, die Ellbogen und die Knie. Es gibt 6 Arten dieser Techniken:

SHIHÔ-GATAME

Yoko shihô-gatame	– Kontrolle seitlich des Sternums
Kami shihô-gatame	– Brustriegel durch Arme/Gürtel
Kuzure shihô-gatame	– Kontrolle seitlich des Sternums
Kuzure kami shihô-g.	– Variante des Brustbeinriegels
Kuzure tate shihô-g.	– Brustbeinriegel im Reitsitz
Tate shihô-gatame	– Kontrolle im Reitsitz

Shihô-Kûshankû (jap.): Variante der →*Kûshankû*, von Meister →ITOSU YASUTSUNE gegründet.

Die *Shihô-Kûshankû* verbindet Elemente aus der *Kanku-dai* und *Kankû-shô*. Die Variante wird heute nur noch auf Okinawa geübt. Sie hat sich nicht in die japanischen Stile übertragen.

Shihô-nage (jap.): Serie von vier *Aikidô*-Würfen in vier Richtungen: *Ryôte-dori*, *Kata-dori*, *Yokomen-uchi*, *Shômen-zuki* und *Ushiro ryôtekubi-dori*.

Shihon-nukite (jap.): »Speerhand«. Stoßtechnik *(Tsuki)* mit vier Fingern (auch *Yonhon-nukite*, s. →*Nukite*).

Shihô-wari (jap.): Bruchtest, der nacheinander in vier Richtungen *(Shi)* ausgeführt wird (s. →*Tameshi-wari*).

Shi-Huangdi: auch QIN SHI HUANGDI, einer der bekanntesten chinesischen Kaiser. Er gründete 221 v. Chr. die Qin-Dynastie und führte bedeutende Umwälzungen durch.

Shi-Huangdi hat den Ruf eines blutrünstigen und brutalen Tyrannen und versinnbildlicht für die Chinesen ein abschreckendes Beispiel eines Herrschers. Aber nicht ohne Grund wurde der Name China von seiner Qin-Dynastie abgeleitet, und MAO ZEDONG (MAO TSE-TUNG) nahm ihn sich zum Vorbild, weil keiner China so veränderte wie er.

246 v. Chr. bestieg Shi unter dem Namen ZHAO ZHENG den Thron des Landes Qin und eroberte innerhalb von 25 Jahren sechs Nachbarstaaten. Laut alten Überlieferungen baute er das erste stehende Heer Chinas mit einer Million Mann auf. 221 v. Chr. nahm er den Titel QIN SHI HUANGDI (»Erster Gelber Kaiser von China«) an. Dies geschah in Anlehnung an die Größe →HUANGDIS. Seine Dynastie sollte eintausend Generationen andauern, ging aber schon nach wenigen Jahren unter. Seine Neuerungen waren so tiefgreifend, daß sie die gesamte chinesische Vorstellungswelt erschütterten. Bis heute wird von allen Seiten mit Schrecken davon gesprochen. Trotzdem haben sie sich in den späteren Dynastien erhalten und bewährt. Das Land wurde in Kreise und Bezirke unterteilt, die direkt der Regierung unterstanden und von Gouverneuren verwaltet wurden. Armeen wurden in die Nachbarländer geschickt und garantierten so Expansion und Sicherheit. Er ließ einen großen Teil der alten Großen Mauer bauen und richtete sich einen großen Palast bei Sian ein. Unter ihm wurde die erste Systematisierung der Chinesischen Schrift und Sprache durch-

geführt. Er ordnete die erste große Bücherverbrennung an, der mit Ausnahme einiger Klassiker und naturwissenschaftlicher Werke fast alle Schriften über Philosophie, Geschichte, Kampfkünste usw. zum Opfer fielen. Über 400 bedeutende Denker und Philosophen wurden zu dieser Zeit hingerichtet. Die reichen, adligen Familien mußten sich alle in seiner Hauptstadt ansiedeln, wo er sie unter Kontrolle hatte.

Er förderte als erster Herrscher vor allen anderen Philosophien den Daoismus. In erster Linie war er an der Unsterblichkeit (s. →*Chang-sheng-bu-si*) interessiert. Er schickte die ersten Expeditionen nach der sagenumwobenen Insel →*Peng-lai shan* auf das Meer. Es sollen mehrere Schiffe gewesen sein, mit mehr als 3000 jungen Frauen und Männern. Sie kamen nie zurück, und man vermutet, daß einige von ihnen die Insel Okinawa erreicht haben. Ein Heer von Magiern und Gelehrten war für ihn auf der Suche nach dem Unsterblichkeitselixier. Aus Angst vor Dämonen ließ er seine zahlreichen Paläste mit vielen überdachten Gängen verbinden, um sich so ungesehen bewegen zu können. Als er nach elf Regierungsjahren starb, überlebte seine Dynastie nur noch vier Jahre, bis sie von der Han-Dynastie abgelöst wurde. Er erregte noch einmal Aufsehen, als vor einigen Jahren sein Grab mit einem Heer von Terrakottasoldaten gefunden wurde.

Shi-jing (chin.): auch *»Shih-ching«* (»Buch der Lieder«), Sammlung von Volksliedern und Adelsdichtungen aus der frühen Zhou-Zeit (10.–6. Jh. v. Chr.).

Shijô (jap.): →*Jô*-Kämpfer.

Shikadsu (phil.): philippinische Kampfkunst, abgeleitet aus dem *Kyokushin-ryû, Arnis de Mano, Dumog* und *Jûjutsu*, gegründet 1962 von GRACIANO GARDIOLA.

Shikake (jap.): »Knöchelfaust« *(Hiraken)*. Technik aus dem *Taijutsu*.

Shikake-waza (jap.): Angriffstechniken im *Kendô*, Teil von →*Ôyô-waza*. Erklärungen s. weiter unter den aufgeführten Begriffen.

SHIKAKE-WAZA

Okori-waza
- Debana-waza
- Hikibana-waza

Harai-waza
Renzoku-waza
Hiki-waza
Katsugi-waza
Katate-waza

Shikan (jap.): der durch Meditation erreichte Zustand der Erleuchtung (s. →*Satori*).

Shikan-ken (jap.): Bezeichnung für die Vorderknöchelfaust in manchen japanischen Kampfkünsten (z. B. *Togakure-ryû*). Identisch mit →*Hiraken* im *Karate*.

Shikantaza (jap.): [aus *Shikan* = »nichts als nur«, *Ta* = »treffen«, *Za* = »sitzen«] »kraftvolles Sitzen«, einfaches Sitzen zum Zwecke der Meditation.

Shikantaza ist eine fortgeschrittene Form der →*Zazen*-Übung (s. auch →*Saijôjô-Zen*), bei der es keinerlei Hilfsmittel gibt. Nach →DÔGEN ZENJI ist *Shikantaza* – d. h. das Verweilen in einem Zustand der gedankenfreien, hellwachen Aufmerksamkeit, die an keinem Objekt mehr haftet und auf keinen Inhalt mehr gerichtet ist – die höchste und reinste Form des *Zazen*, so wie sie alle Buddhas der Vergangenheit geübt haben sollen. HAKUIN RYÔKO YASUTANI, ein moderner *Zen*-Meister des *Rinzai*, erläutert *Shikantaza* in seiner »Einführenden Unterweisung zur Übung des Zen« wie folgt:

»Shikantaza gleicht dem Geist eines Menschen, der um sein Leben kämpft. Stellen Sie sich vor, Sie kämpfen ein Duell in jener Fechtkunst, die im alten Japan üblich war. Wenn Sie ihrem Gegner gegenüberstehen, sind Sie in jedem Augenblick wachsam, bestimmt und bereit. Würden Sie in ihrer Wachsamkeit auch nur für einen Augenblick nachlassen, so würden Sie im gleichen Moment niedergestochen werden. Eine Menge Volkes strömt zusammen, um den Kampf zu sehen. Da Sie nicht blind sind, sehen Sie diese aus einem Winkel ihres Auges, und da Sie nicht taub sind, hören Sie sie auch. Aber für keinen Augenblick läßt sich Ihr Geist von diesen Sinneswahrnehmungen gefangennehmen.«

(aus K. Dürckheim, »Wunderbare Katze«)

Shikare-waza (jap.): plötzlicher Schwertangriff im *Kendô*, der von einer vernachlässigten Deckung des Gegners profitiert.

Shiken (jap.): spezielle Prüfungen am →*Kôdôkan*, nur bestimmten *Jûdô*-Kategorien vorbehalten.

Shiki[1] (jap.): Form, Stil, Methode, Zeremonie. *Seishiki* – vorgeschriebene Form, *Kôshiki* – offiziell, formell, *Yôshiki* – Form, Stil.

Shiki[2] (jap.): wissen, unterscheiden, Bewußtsein. *Ishiki* – Bewußtsein, *Chishiki* – Wissen, Kenntnis, *Shikibetsu* – Unterscheidung, *Gakushiki* – Gelehrsamkeit. In den Wegkünsten Bezeichnung für alle mit den Sinnesorganen aufnehmbaren Ereignisse.

Im Buddhismus unterscheidet man acht Bewußtseinsarten. Davon sind die ersten sechs diejenigen, mit denen man objektiv sichtbare Ereignisse aufnehmen kann: Gesicht, Gehör, Geruch, Geschmack, Tastsinn und Denken (Intellekt). Der intellektuelle Verstand schafft jedoch auch die Illusion eines Subjektes – sein eigenes →Ich. Obwohl dieses Ich von den Dingen der Welt abgelöst ist, ist sich der Intellekt dessen doch nicht immer bewußt und hält die Illusion leicht für Realität. Nur auf der siebten Bewußtseinebene (s. →Intuition, →*Shisei*) ist die Bewußtheit eines abgeschiedenen Ich konstant und ohne Illusionen. Das Unterbewußtsein befördert auch die sinnliche Wahrnehmung zur achten Ebene des Bewußtseins, von der aus als Reaktion verschiedene »Keime« unterbewußt wieder zurückgeführt werden, die neue Handlungen bewirken. Diese Vorgänge sind gleichzeitig und endlos.

Shikkaku (jap.): Wettkampfbegriff: Disqualifikation wegen Mattenflucht.

Shikken (jap.): Regent.

Shikkô (jap.): Bewegungsform auf den Knien, ursprünglich eine höfliche Form, sich in einem Haus zu bewegen, insbesondere vor einem Fürsten. In den Kampfkünsten sind dies Vorübungen zum Erlernen der →*Suwari-waza* (Sitztechniken, s. auch unter →*Tai-za*).

Shiko-dachi (jap.): Hockstellung, ursprünglich aus dem *Sumô*, heute auch im *Karate* verwendet. Ähnlich *Kiba-dachi*, nur mit nach außen gedrehten Füßen (s. →*Tachikata*). Die Hüften liegen tiefer als im *Kibadachi*. Weitere Erläuterungen s. →*Gôjû-ryû*.

Shikomi-zue (jap.): Schwert, das in einen Wanderstab eingefügt wurde.

Viele Wandermönche *(Komuso)*, umherziehende Schauspieler und Blinde benutzten das Schwert, um sich im Ernstfall verteidigen zu können. Im alten Japan gab es eine große Anzahl solcher getarnter Schwerter. Sie hatten verschiedene Längen, und manchmal waren sie auch in andere Gebrauchsgegenstände (z. B. in die Bambusflöte) eingefügt.

Shikori-dori (jap.): Technik aus der *Koshiki no Kata*.

Shikyû (jap.): 4. Schülergrad im *Budô* (s. →*Kyû*).

Shima (jap.): Insel (auch *Tô*). *Hantô* – Halbinsel, *Tômin* – Inselbewohner.

Shimabukuro Eizo (*1925): okinawanischer Großmeister des *Shobayashi Shôrin-ryû*, jüngerer Bruder von Shimabukuro Tarô und Shimabukuro Zenryô.

Eizo begann mit dem *Karate*-Training 1936 bei Miyagi Chôjun und Motobu Chôki. Er erhielt auch Unterricht von seinem älteren Bruder Shimabukuro Tatsuo. Später wurde er Schüler von Kyan Chôtoku, Toyama Kanken und Chibana Chôshin. *Kobudô* lernte er von dem »Vater des modernen Kobudô«, Taira Shinken. In der Hauptsache vertritt er heute aber Kyan Chôtokus *Shobayashi (Sukunai Hayashi) Shôrin-ryû*.

Shimabukuro Eizo, heute Träger des 10. Dan, gilt als kompromißloser Kämpfer. Er unterrichtet seit 1946 *Karate*, in den 50er Jahren trainierte er auf Okinawa das dort stationierte U.S. Marine Corps und besitzt heute ein *Dôjô* in Okinawa und in Tôkyô. Sein bekanntester Schüler ist der Weltmeister Joe Lewis, der 1961–1963 bei ihm trainierte. Shimabukuro Eizo hat vier Söhne, allesamt Schwarzgurte, seine Nachfolge hat bereits sein ältester Sohn Eiko angetreten.

Shimabukuro ist auch im *Kendô* mit dem 4. Dan graduiert. Er schrieb ein Buch über das Leben und die Taten der legendären *Karate*-Meister Okinawas.

Shimabukuro Tarô (* 1906): auch Yukoku Sanjin, Yamato, Yaguwa, okinawanischer Meister des →*Shobayashi-ryû*, Schüler von Meister →Kiyuna und →Kyan Chôtoku.

Shimabukuro Tatsuo (1908–1975): okinawanischer *Karate*-Lehrer und Begründer des →*Isshin-ryû Karate-dô*.

<u>Shimabukuros Lehrjahre</u>

Shimabukuro wurde 1908 in Chan (Kinaka), Okinawa, geboren. Mit acht Jahren begann er mit dem Studium des okinawanischen *Karate* bei seinem Onkel Kamasu Chan. Mit 23 Jahren lernte er Kyan Chôtoku kennen und nahm Unterricht im *Shôrin-ryû* in der Stadt Kadena. Er blieb vier Jahre bei Kyan.

Als er 28 Jahre alt war, ging er nach Naha und lernte unter Miyagi Chôjun, dem Begründer des *Gôjû-*

ryû, das *Shôrei-ryû*. Von besonderem Wert betrachtet er aus dieser Zeit die Kata *Sanchin*. Er sagt selbst: »Sanchin ist das Ergebnis und die Wurzel des Karate, denn Karate ohne Sanchin ist kein Karate. Sanchin dient der Gesundheit, und ohne gesunden Körper kann man kein Karate ausüben.«

Shimabukuro Tatsuo

Der letzte Lehrer Shimabukuros war →MOTOBU CHÔKI, ein Freikampfspezialist aus dem *Shôrin-ryû*. Außerdem lernte er das okinawanische *Kobudô* unter Meister YABIKU MODEN und in den 50er Jahren unter Meister TAIRA SHINKEN.

SHIMABUKUROS LEHRE

In den 50er Jahren entwickelte Shimabukuro Tatsuo seinen Stil →*Isshin-ryû* und stellte ihn zum ersten Mal am 7. März 1959 in Agena (Okinawa) der Öffentlichkeit vor. Der Stil ist heute weltweit, jedoch besonders in den USA (STEVE ARMSTRONG) verbreitet. Die aktuellen Vorstände des *Isshin-ryû* sind Shimabukuros Sohn SHIMABUKURO KIICHIRÔ und sein Schwiegersohn →UEZU ANGI. Weitere Meister des *Isshin-ryû* sind YOSHIZATO YONEO, KINJO MINORU, TENGAN YISHIJI, KINJO MEIYU, KINJO MASAO, DON NAGLE, TED WOLLRATH, STEVE ARMSTRONG, E. BRAUN, HAROLD LONG und ARSENIO J. ADVINCULA.

Shimabukuro Zenpo: s. SHIMABUKURO ZENRYÔ und →*Chûbu Shôrin-ryû*.

Shimabukuro Zenryô (1904–1969): okinawanischer Kampfkunstexperte des *Seibukan-ryû* als Ableitung aus dem →*Sukunai Hayashi-ryû*, langjähriger Vorstand des →*Chûbu Shôrin-ryû*.

SHIMABUKUROS SCHÜLERZEIT

Da Shimabukuro Zenryô aus einer armen Familie stammte, konnte er sich seinen Wunsch, Karate zu lernen, erst spät erfüllen. Sein erstes *Dôjô* errichtete er in Naha und nannte seinen Stil ursprünglich *Shôrinji-ryû*. Mit 25 Jahren eröffnete er in Chatan-cho eine Bäckerei und begann gleichzeitig bei KYAN CHÔTOKU Unterricht zu nehmen, unter dem er 1928–1944 das *Sukunai Hayashi-ryû* übte und danach selbst Unterricht gab.

SHIMABUKUROS LEHRE

Erst 1962 baute Shimabukuro in Jaguro, Okinawa, sein eigenes *Dôjô*, das er *Seibukan* (»Schule der heiligen Kunst«) nannte, und bezeichnete seinen Stil als →*Chûbu Shôrin-ryû*. 1964 verlieh ihm die *All Japan Karate-dô Federation* den 10. Dan. Meister Shimabukuro starb am 14. Oktober 1969 an einem Blinddarmdurchbruch.

Heute wird das *Hombu-Dôjô* in Chatan auf Okinawa von seinem Sohn SHIMABUKURO ZENPÔ geleitet. Weitere bedeutende Schüler des Meisters (TOMEI YUSHIN, CHINEN KOSUKE, KOCHI KATSUHIDE, YONAMINE MASAO, ISAMU TUMOTSU in Osaka, sein Neffe ZENJI EDWARD TAKAE in den USA, JAMAL MEASARA in Deutschland u. a.) sorgen für die weltweite Verbreitung des *Shôrin-ryû Seibukan Karate-dô*.

Shima-obi (jap.): rot-weißer Gürtel. Hohe Dan-Graduierung (s. →*Dan*).

Shimbara-Aufstand: Rebellion von 4000 christlichen Missionaren 1637/38, ausgehend von Shimbara, einer Hafenstadt der Halbinsel Kyûshu gegen die ihnen auferlegten Restriktionen bei der Verbreitung ihres Glaubens.

Hier entlud sich die seit Jahren christenfeindliche Spannung zu einem blutigen Kampf, in dem viele *Ninja* eingesetzt waren. Die Rebellion führte danach zu der vom *Shôgun* befohlenen Isolation Japans gegenüber den europäischen Nationen.

Shime (jap.): identisch mit *Jime* – würgen, strangulieren. Auch schließen, zumachen. Gegenteil von *Ake* (aufmachen, öffnen). Abgeleitet von *Shimeru*.

Shime-garami (jap.): Knieschulter Streckhebel aus dem *Jûdô*.

Shimei (jap.): tödliche Technik im *Karate* (s. *Chimei*).

Shimeijurasan (jap.): Ausdruck im okinawanischen Karate, der sich auf die hohe Perfektion der *Karate*-Techniken bezieht. Er bezeichnet die Perfektion der Technik jenseits ihrer formellen Ausführung (s. →*Katachi*), das, was im Gesamtausdruck einer Vorführung jenseits der Form sichtbar wird.

Shimeru (jap.): zusammendrücken, auspressen, wringen (auch *Ko*). *Shiboru* – pressen, auswringen, *Kosatsu* – erwürgen, erhängen.

Shime-waza (jap.): Gruppe sämtlicher Würgetechniken in den japanischen Kampfkünsten. *Shime-waza* wird als Unterkapitel in →*Gatame-waza* klassifiziert. Untenstehend eine Auflistung der Würgetechniken aus dem japanischen *Jûdô* nach dem *Kawaishi*-System:

SHIME-WAZA – WÜRGETECHNIKEN

Teil I

Dô-jime	– Beinschere
Ebi-garami	– Krebsarmwürgen
Ebi-jime	– Krebskreuzwürgen
Eri-jime	– Ristwürgen
Gyaku jûji-jime	– Kammkreuzwürgen
Hadaka-jime	– freies Schränkwürgen
Hasami-jime	– Bankwürgen
Hiza-jime	– Seitstreckwürgen
Kata-jime	– Knieschulterwürgen
Kata jûji-jime	– Mischkreuzwürgen
Kataha-jime	– hinteres Schulterwürgen
Kensui-jime	– Fallristwürgen
Okuri eri-jime	– Kragenwürgen
Oten-jime	– Rollbankwürgen
Tomoe-jime	– Kreiswürgen
Tsukikomi-jime	– Stützwürgen
Ushiro-jime	– freies Würgen
Yoko jûji-jime	– Rollkammkreuzwürgen

Teil II

Gyaku gaeshi-jime	– umgek. Sturzbankwürgen
Gyaku okuri-eri	– umgekehrtes Kragenwürgen
Hidari ashi-jime	– unteres Beinwürgen
Kaeshi-jime	– Sturzbankwürgen
Kagato-jime	– Fußwürgen
Kami shihô ashi-jim	– oberes Beinwürgen
Kami shihô-basami	– oberes Viererwürgen
Kami shihô-jime	– oberes Schränkwürgen
Katate-jime	– Armschulterwürgen
Narabi-jime	– Ristkreuzwürgen
Sode-guruma	– Ärmelradwürgen

Shime-waza – Technik der Strangulation

Shimizu Kenji: japanischer *Aikidô*-Lehrer, Schüler von Ueshiba Morihei, Vorstand des *Tendô-ryû* (s. →*Aikidô* und Anhang).

Shimizu Takagi (1897–1978): japanischer *Jûjutsu*-Meister, 25. Großmeister des →*Shindô Musô-ryû* und des →*Ikaku-ryû*, einer Kampfkunst aus dem 17. Jh., die hauptsächlich den Umgang mit der →Jutte lehrt. Shimizu begann mit *Jûjutsu* im Alter von 15 Jahren und gründete 1947 zusammen mit anderen Experten das →*Taihojutsu*.

Shimo (jap.): unten, der untere Teil (auch *Shita, Ge*). *Shimosa* – untere Seite, *Shitazuki* – Schlag nach unten, *Gedan* – untere Stufe.

Shimoda Takeshi (* 1934): *Karate*-Schüler von Funakoshi Gichin, Instruktor am späteren *Shôtôkan-Dôjô*, zusammen mit →Funakoshi Yoshitaka maßgeblich an der Entwicklung des modernen →*Shôtôkan-ryû* beteiligt. Shimoda war auch ein Experte im *Ninjutsu* und *Kendô* (*Nen-ryû*).

Shimoseki (jap.): Raumaufteilung eines *Dôjô*: vom Eingang *(Shimoza)* aus die linke Seite, gegenüber →*Jôseki* gelegen. Vorn ist →*Shômen* (s. auch →*Kamiza*, →*Shinzen*). *Shimoseki* ist die Seite der Schüler (s. →*Dôjô*). Im allgemeinen Raumverständnis bedeutet *Shimoseki* die untere Seite (s. →*Hô*).

Shimoza (jap.): der untere Sitz *(Za)*. *Shimoza* ist die untere Seite des *Dôjô*, auf der sich auch der Eingang befindet. Von *Shi-*

moza aus liegt links *Shimoseki*, rechts *Jôseki* und vorn *Shômen* (*Kamiza, Shinzen*); s. →*Dôjô*.

Shimpan (jap.): s. →*Shinpan*. Auch Bezeichnung für einen →*Daimyô* während der →Tokugawa-Periode.

Die *Shimpan-Daimyô* waren eine Gruppe von Fürsten, die mit den Tokugawa-Shôgunen verwandt waren. Sie besaßen das absolute Vertrauen des *Shôgun* und gehörten zum Clan der TOKUGAWA.

Shimpi (jap.): Mysterium, göttliches Geheimnis (s. →*Hi*).

Shimpi-Tôde (jap.): unerklärbares, mysteriöses *Karate* (s. →*Reimyô-Tôde*).

Shin[1] (jap.): Herz, Gemüt (auch *Kokoro*). *Chûshin* – Zentrum, Mittelpunkt, *Shinshin* – Körper und Geist, *Honshin* – wahre Absicht, *Naishin* – wahre Meinung, *Isshin* – von ganzem Herzen.

In den Kampfkünsten steht *Shin* für die geistige Haltung und bildet eines der drei grundlegenden Prinzipien der Übung im Sinne des →*Dô* (s. auch →*Sanmi-ittai*): *Waza* – Technik, *Ki* – Energie und *Shin* – Geist. Doch nicht das intellektuelle Verstehen, sondern die Geistesbildung ist damit gemeint. Der Weg braucht den Blick nach innen, die Herausforderung an das eigene Denken und daher auch einen konkreten Bestand an Erfahrung im Umgang mit sich selbst.

Der Geist des Weges hat nur wenig mit der theoretischen Philosophie zu tun. Er bedarf des Antriebs zum inneren Kampf um legitimes Denken und Erkennen. Darin gibt es kein Ziel im Wissen, sondern ein ewiges Verändern im Werden. Der Weg besteht aus beständigem Suchen nach Wahrheit und nicht aus dem Nachahmen von vorgedachtem Wissen. Wahrheit ist kein Fakt, sondern eine Relation. Der Weg zu ihr ist ein Werden, nicht ein Erreichen.

Die Philosophie des *Budô* hat deshalb nicht im Verstehen, sondern nur im Erüben einer ihr angepaßten inneren Haltung (→*Shisei*) eine Bedeutung. Zum Erüben dieser Haltung dient die →*Dôjôkun*. Erst der Ausdruck der philosophischen Inhalte im Erscheinungsbild des Menschen zeugt nach den Gesetzen des *Budô* von einer echten Geistesbildung.

Shin[2] (jap.): Gott (auch *Jin, Kami, Kan, Kô*). *Shintô* – Shintôismus, *Jinja* – Schrein, *Kamikaze* – göttlicher Wind.

Shin[3] (jap.): Körper (auch *Mi*). *Shinjô* – Vorzug, Stärke, *Zenshin* – Vergangenheit, *Mibun* – soziale Stellung.

Shin[4] (jap.): Glaube, Vertrauen. *Shin'yô* – Vertrauen, *Fushin* – Mißtrauen, Unglaube, Untreue, *Jishin* – Selbstvertrauen, *Shoshin* – Glaube, Überzeugung, *Tsûshin* – Kommunikation, Nachricht.

Shin[5] (jap.): Wirklichkeit, Wahrheit, Reinheit (*Ma* – wahr, rein genau). *Shinjitsu* – Wirklichkeit, Tatsache, *Shinri* – Wahrheit.

Shinagawa Yajiro: Förderer von →KANÔ JIGORÔ. Er baute ein großes *Dôjô* mit 40 *Tatami*.

Shinai (jap.): nachgebildetes Samurai-Schwert aus Bambusstreifen, erfunden zum Zwecke der Übung.

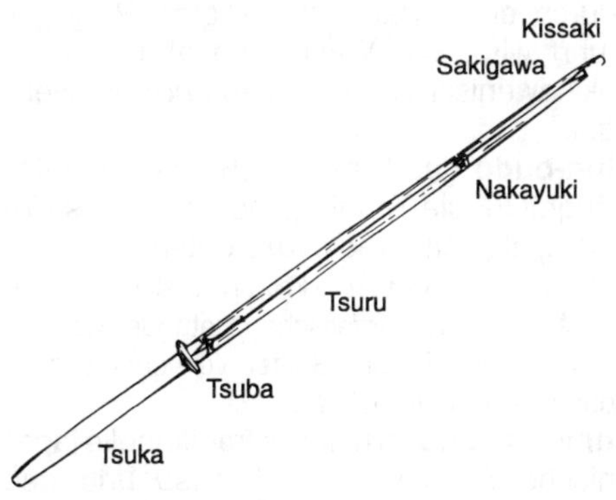

Zusammensetzung eines Shinai

Den frühesten Gebrauch des *Shinai* schreibt man HIKIDA BUNGORO zu, dem Begründer des *Hikida-ryû*. Sein *Shinai* war jedoch fast so hart und schwer wie ein *Boken* (Holzschwert). Auch →KAMIIZUMI ISE NO KAMI (1508–1578), der Gründer des *Shinkage-ryû*, und YAMADA HEIZAEMON, der Gründer des *Jikishin Kage-ryû*, verwendeten das *Shinai* in ihren Trainingsmethoden. Sie betrachteten es jedoch nicht als Trainingswaffe, sondern nur als Mittel zum Studium der Techniken. Die echte Übung mit dem *Shinai* wurde erstmals 1711 im *Jikishin Kage-ryû* gegründet. NAKANISHI CHÛTA vom *Nakanishi-ha Ittô-ryû* verbesserte später das *Shinai* und machte es zusammen mit der Schutzausrüstung (s. →*Bogû*) zum Standard in seinem Stil. Heute wird das *Shinai* in den Wettkämpfen des *Kendô* gebraucht. Entwicklung des *Shinai* s. →*Ono-ha Ittô-ryû* und →*Nakanishi-ha Ittô-ryû*.

Das *Shinai* besteht aus vier zusammengebundenen Bambusstreifen und wurde etwa 1750 zusammen mit →*Bôgu*, der Schutzausrüstung, in Gebrauch genommen. Sein Vorgänger war das →*Bôken*, ein schweres und tödliches Holzschwert, das zu Übungszwecken und in Duellen benutzt wurde. Durch den Gebrauch des Shinai gab es weniger tödliche Ausgänge in den Kämpfen zwischen den *Samurai* (Zusammenhänge s. unter →*Kenjutsu*).

Shinbô (jap.): »Achse«, Bezeichnung für eine in der Hand zu tragende kurze japanische Metallfaustwaffe in der Form eines kleinen Stabes, wobei der Mittelfinger durch einen daran befestigten Ring geführt wird. Die Waffe wird ähnlich dem okinawanischen →*Chizekun-bô* angewendet.

Shin-budô (jap.): nach 1868 verwendeter Begriff für die Trainingsmethoden des *Bujutsu*, die dem Weg *(Dô)* dienten.

Shin-budô (»Neues Budô«) sollte sich von den ausschließlich kämpferischen Methoden des *Bujutsu* unterscheiden. Später verwendete man dafür den Begriff →*Budô*.

Shinden Fudô-ryû (jap.): traditionelle japanische Schule des →*Sôjutsu* und des →*Yarijutsu*, die in Edo (Tôkyô) von Izumo no Kanji Yoshiteru (1429–1441) und seinem Nachfolger Yoshikane gegründet wurde.

Nach der Tradition wurde die Kunst des *Yari* vom Gründer durch die →*Tengû* gelehrt. Diese Techniken sind bis in die heutige Zeit geheim geblieben. In der Schule verwendete man mehrere Formen des *Yari* (Speer), der *Ono* (Streitaxt), der *Otsuchi* (Keule) und der *Naginata* (Hellebarde). Das System wurde vor allem von den →*Yamabushi* unterrichtet und verbreitete sich auch unter den →*Ninja*.

Shinden Tatara-ryû (jap.): klassische Schule des japanischen →*Jûjutsu*, heute vertreten von →Tanemura Shoto.

Shindô (jap.): Schwung, Erschütterung.

Shindô Iten-ryû (jap.): moderne →*Aikidô*-Schule, gegründet von den Schülern Morihei Ueshiba's.

Shindô Jinen-ryû (jap.): »der natürliche Weg des göttlichen Stils« ist ein japanisches *Karate*-System, gegründet von Konishi Yasuhiro, einem Schüler von Funakoshi Gichin, Mabuni Kenwa und Motobu Chôki.

Die Bezeichnung des Stils (auch *Shindô Shizen-ryû*) wurde neuerdings in *Ryobukai* abgeändert. Der Stil war einer der ersten, die in das *Butokukai* aufgenommen wurden. Heute steht ihm Konishi Takehiro (9. Dan *Hanshi*), Yasuhiros Sohn, vor.

Shindô Munen-ryû (jap.): *Kendô*-Schule aus dem 19. Jh.

Shindô Musô-ryû (jap.): japanisches Kampfsystem, das den Umgang mit dem mittellangen Stock (s. →*Jô*) lehrt. Es wurde von →Musô Gonnosuke entwickelt.

Shindô Rokogu-ryû (jap.): →*Aikidô*-Schule, gegründet von Noguchi Senryûken.

Shindô Shizen-ryû (jap.): japanische *Karate*-Schule, 1934 von Konishi Yasuhiro, einem Schüler von Funakoshi Gichin und Motobu Chôki, gegründet; s. →*Shindô Jinen-ryû*.

Shindô Yôshin-ryû (jap.): japanische Schule des →*Jûjutsu*, gegründet im 19. Jh. Erläuterungen s. →*Yôshin-ryû*.

Shingi (jap.): klarer Maßstab, klare Regel. Bezeichnung für die Regeln, nach denen der Alltag in einem *Zen*-Kloster *(Tera)* abläuft.

Shingi ist auch die Bezeichnung für die Regeln (→*Kairitsu*) der Mönche und Laien außerhalb des Klosters. Als Suffix taucht *-shingi* im Namen vieler japanischer Schriften auf, die Maßstäbe für das religiöse Leben behandeln. In den Kampfkünsten sind ähnliche Regeln unter *Kaisetsu* aufgeführt.

Shingitai (jap.): der »dreifache Wert« eines Meisters in den Kampfkünsten (s. auch →*Sanmi-ittai*). *Shin* ist der moralische, *Gi* der technische und *Tai* der körperliche Wert.

Diese drei Werte sind untrennbar und müssen parallel zu den zwei Grundprinzipien der Kampfkünste beachtet werden: *Seiryoku Zenyô* (das wirksame Nutzen der Energie) und *Jita-kyôei* (gegenseitiges Helfen und Anspornen). Diese Prinzipien stammen ursprünglich aus dem *Bushidô*. Die Schwarzgurte *(Dansha)*, die *Shingitai* verwirklicht haben, vereinigen auf sich gleichzeitig Himmel *(Shin)*, Erde *(Gi)* und Mensch *(Tai)*. Sie sind daher »vollständige« Menschen.

Shingon (jap.): »Schule des wahren Wortes«, esoterische (s. →*Jiriki*) buddhistische Sekte des →*Mikkyô* (s. auch →*Tantrismus*), gegründet von Kûkai (Kôbô Daishi, 774–835, s. dort) nach den Lehren der chinesischen Mitsung-Schule (s. dort).

Die Schule betont die Bedeutung der »drei Geheimnisse« *Mudrâ, Mantra* und *Mandala* (Körper, Rede und Geist), die in jedem Menschen zum Erreichen der Buddhaschaft führen können. Die Übung dieser drei Geheimnisse ist mit verschiedenen Ritualen verbunden, die nur von Meister zu Schüler weitergegeben werden. Das Oberhaupt der Sekte *(Vairochana)* wird als der höchste BUDDHA selbst bezeichnet – er ist das Universum, ohne Anfang und ohne Ende. Sein Hauptmerkmal ist die Verwirklichung des harmonischen Verhältnisses der fünf Elemente (s. →*Gôdai*, →*Gôgyô*).

Durch die Durchführung der Rituale (→*Mudrâ*, →*Mantra*, →*Mandala*) kann nach der Auffassung der Anhänger ein materieller Nutzen gezogen werden, was zu vielen mystischen Praktiken und abergläubischen Vorstellungen führte. Das *Shingon* war die wichtigste Lehre des japanischen Adels.

Die *Shingon*-Sekte versteht unter dem »Geheimnis des Körpers« die Übung verschiedener Handhaltungen (→*Mudrâ*) in der Meditation, die zusammen mit der Verwendung bestimmter ritueller Gegenstände (z. B. *Lotos*) mit BUDDHA oder einem BODHISATTVA übereinstimmen. Im »Geheimnis der Rede« werden verschiedene →*Mantra* rezitiert, während das »Geheimnis des Geistes« im Erfassen der absoluten Wahrheit durch das Verständnis der fünf Weisheiten (→*Mandala*, s. auch →*Gôgyô*) besteht. Durch diese drei Geheimnisse wird eine Verbindung des Übenden zu BUDDHA selbst hergestellt, wodurch der Zustand des »BUDDHA in einem selbst« verwirklicht wird.

Shinkage-ryû (jap.): »Neues Kage-ryû«, alte japanische Schwertschule (s. →*Kenjutsu*), die gleichermaßen die Techniken des Nahkampfes (s. →*Jûjutsu*, →*Mutô*) verwendet, gegründet von KAMI IZUMI ISE NO KAMI FUJIWARA NO NOBUTSUNA (1508 bis 1578) vom →*Tenshin Shôden Katori Shintô-ryû* und →*Kage-ryû*. →YAGYÛ MUNEYOSHI TAJIMA NO KAMI (1527–1606), ein Schüler des Meisters und späterer 2. Großmeister, fügte einige philosophischen Prinzipien aus dem *Zen* hinzu, wie z. B. *Munen* (Nicht-Denken) und *Musô* (Leere), und begründete darauf das *Yagyû Shinkage-ryû*, das von seinem Sohn →YAGYÛ MUNENORI weitergeführt und perfektioniert wurde.

Die Geschichte berichtet von einem Zusammentreffen zwischen NOBUTSUNA und YAGYÛ MUNEYOSHI im Jahre 1562 im Hôzoin-Tempel, durch das später mehrere *Kenjutsu-ryû* beeinflußt wurden. Yagyû Muneyoshi war schon in jungen Jahren ein berühmter Schwertkämpfer, und dies veranlaßte Nobutsuna, der sich auf einem →*Mûsha-shûgyo* (Pilgerreise) befand, den jungen Meister herauszufordern. Yagyû verlor den Kampf gegen einen Schüler Nobutsunas, woraufhin er den Meister bat, sein Schüler werden zu dürfen. Er meisterte daraufhin das *Shinkage-ryû* und gründete aus diesem seine eigene Ableitung, das →*Yagyû Shinkage-ryû*.

Das Shinkage-ryû entwickelte vier wichtige Schulen: Hikida-ryû, Yagyû Shinkage-ryû, Oishi Shinkage-ryû und Matsuzaki-ryû.

Shinkan-ryû: s. →*Kage-ryû*.

Shinkei (jap.): Nerven.

Shinkeitô-ryû (jap.): s. →MAZUURU SEIZAN.

Shinken (jap.): ernst, Ernstfall. *Shinken-shôbu* – ernsthafter Kampf.

Shinken-shôbu (jap.): ernsthafter Kampf (s. →*Shôbu*).

Shinken-shôbu no Kata (jap.): ernst geführter Kampfangriff.

Shinketsu (jap.): ernsthafte Übung. Mit vollem Einsatz trainieren.

Shinki (jap.): die drei heiligen Amtsinsignien des japanischen Kaiserhauses: Schwert, Spiegel und Juwel. Erläuterungen s. →*Kami*, →*Ken*, →*Tennô*.

Shinkô (jap.): Glaube.

Shinko-Kata (jap.): Kata für Fortgeschrittene.

Shinkyû-shiai (jap.): Testkampf vor einer Prüfungskomission zum Erreichen einer *Kyû*-Graduierung.

Shin Musô Hayashizaki-ryû (jap.): s. →*Jiaijutsu*.

Shin no Shindô-ryû (jap.): altes japanisches

→*Jûjutsu*-System, gegründet im 16. Jh. von YAMAMOTO KAMI ZOEMON.

Die Schule lehrt 166 Kampftechniken. Ein wichtiger Meister dieser Schule war HOMMA ZOEMON, der Lehrer von ISO MATAEMON, dem Gründer des *Tenshin Shinyô-ryû*.

Shinobi-gatana (jap.): *Ninja*-Schwert (s. →*Ninja-tô*).

Shinobi-iri (jap.): das lautlose Sichbewegen aus dem →*Ninjutsu*.

Shinobijutsu (jap.): Urform des →*Ninjutsu*. Die Techniken entstanden unter der Herrschaft von SHOTOKU TAISHI (593–628) und wurden aus den chinesischen klassischen Militärwissenschaften abgeleitet, die u. a. auch die Kunst der Spionage enthielten.

Shinobi-Kempô (jap.): oder *Shinobi-Kenjutsu*, Schwertkunst der *Ninja* (s. →*Ninja-tô*).

Die Techniken, die im *Shinobi-Kempô* von den *Ninja* verwendet wurden, waren von denen der klassischen *Samurai*-Stile sehr verschieden. Die *Ninja* vermieden z. B. einen direkten Zweikampf mit einem Schwertmeister, da sie diesem in der Technik unterlegen waren. Sie bevorzugten die Überraschungsmomente und übertrugen auf ihren Schwertstil zumeist Techniken aus dem →*Taijutsu*. Durch die Vielfalt ihrer Kampfmethoden hatten die *Ninja* nicht die Zeit, sich im Schwertkampf zu perfektionieren, daher ist das *Shinobi-Kempô* weniger ausgefeilt und lebt fast ausschließlich von spontanen Schneidetechniken.

Shinobi-shôzoku (jap.): *Ninja*-Anzug (auch *Ninniku-yoroi*). Der heutige *Ninja*-Anzug ist enganliegend, von dunkler Farbe (grau, dunkelblau oder schwarz), im Schnee trägt man einen weißen Anzug.

Der moderne *Ninja*-Anzug steht stellvertretend für den Kampfanzug des ehemaligen →*Genin*. Die Jacke wird in den Bund der Hose gesteckt, die um die Hüfte festgebunden ist. Handschützer bedecken Handrücken und Unterarme. Die speziellen Schuhe (→*Tabi*) ermöglichen eine geräuschlose Fortbewegung, und ein langer Schal (→*Tengu-gui*) wird zugleich als Haube und Gesichtsmaske getragen. Mehrere versteckte Taschen erlauben ein diskretes Tragen von Waffen oder kleinen Panzerplatten. Manchmal befindet sich unter der Jacke ein Kettenhemd.

Man kann davon ausgehen, daß die heute üblichen schwarzen Kampfanzüge und Gesichtsmasken nur selten, wenn überhaupt, von den früheren *Ninja* getragen wurden. Wollte ein *Ninja* einen Auftrag ausführen, mußte er sich unauffällig kleiden und konnte nicht in einem schwarzen Kampfanzug herumlaufen. Dies hätte natürlich seine Absicht verraten und Folterung und Tod zur Folge gehabt. Der frühe *Ninja* ist mit dem heutigen Terroristen gleichzusetzen und war natürlich offiziell verboten. Daher mußte er *Onshinjutsu* (Kunst des Unsichtbarmachens) und *Gisojutsu* (Kunst des Sichhineindenkens in andere Personen) beherrschen.

Shinobi-zue (jap.): japanische Kettenwaffe, meist von den *Ninja* benutzt. Sie bestand aus einem hohlen Bambusstab, in dessen Innerem eine Kette mit einem Bleigewicht versteckt war.

Shinobu (jap.): verstecken; dulden, erdulden, aushalten, ertragen (auch *Nin*).

Shinpan (jap.): Entscheidung, Urteil; Kampfrichter, Unparteiischer.

Shinpan ni rei (jap.): Wettkampfbegriff: Grußaufforderung in Richtung der Kampfrichter.

Shin Ryaku Heiho (jap.): System des →*Aikidô*, gegründet von TANAKA SETARO, einem Schüler von UESHIBA MORIHEI.

Shinsenbu (jap.): Herzspitze – ein *Atemi*-Angriffspunkt.

Shin-shin (jap.): »angehaltener Geist«, ein Zustand der Defensive.

Shin-Shintô (jap.): in neuerer Zeit hergestellte Nachbildungen von *Samurai*-Schwertern (s. →*Ken*, →*Katana*).

Shinshin-Toitsu (jap.): Stilrichtung des →*Aikidô*, von →TÔHEI KOICHI im Mai 1974 gegründet. Wörtliche Übersetzung: »Methode, die Einheit des Körpers und des Geistes auch bei Angriffen zu bewahren«.

Bei der Gründung des Stils ging Meister Tôhei von vier Grundprinzipien des Aikidô aus:

1. Halte den einen Punkt.
2. Entspanne dich vollkommen.
3. Halte das Gewicht unten.
4. Laß *Ki* fließen.

Das erste und vierte sind Prinzipien des Geistes, die beiden anderen sind Prinzipien des Körpers. Alle vier sind eins. Man kann sie nur zusammen verstehen. Dies ist die Grundlage seines Unterrichtes.

Shinshuhô-ryû (jap.): »Methode der wahrhaften Hand«, eine *Karate*-ähnliche Kampfkunst, gegründet von dem Okinawaner →ÔYATA SEIYU.

Der Stil ist eine Synthese aus mehreren okinawanischen *Karate-ryû* und verwendet vor allem Techniken auf gegnerische Vitalpunkte. Traditionelle Waffen aus Okinawa werden ebenfalls gelehrt. In diesem Stil wurde JOE LEWIS ausgebildet.

Shintai[1] (jap.): Körper und Seele, Leib.

Shintai[2] (jap.): Gehen, Gehmethoden. In den Kampfkünsten Bezeichnung für die Körperverschiebung zur Distanzbeherrschung durch das Bewegen der Füße auf dem Boden; s. dazu auch →*Ashi-sabaki* und →*Tenshin*.

SHINTAI – GEHSCHULE

Tachi (dachi)	– Stand, Stellung
Shizen-(hon)tai	– natürliche Stellung
Jigotai	– Verteidigungsstellung
Ayumi-ashi	– normales Gehen
Suri-ashi	– abgesetztes Gleiten
Yori-ashi	– gleichzeitiges Gleiten
Nami-ashi	– einen Schritt tun

Shintai-dô (jap.): religiöses Kampfkunstsystem mit dem Ziel, die Harmonie des Körpers, des Willens und des Geistes zu entwickeln. Es beruht auf Kampftechniken und wurde 1966 von →AOKI HIROYUKI und →ITO HAROYOSHI gegründet. Aoki, der Hauptbegründer des Stils, ist ein japanischer *Karate*-Experte, der heute in Kalifornien lebt.

Aoki war ein Schüler von SHIGERU EGAMI und übernahm die Prinzipien einer 1966 gegründeten Vereinigung *(Rakuten-Tai)* zum rationellen Studium der Bibel. Nach den Worten des Gründers hat das *Shintai-dô* den gleichen Wert wie die Werke von BACH und MOZART in der Musik, die von MICHELANGELO oder PICASSO in der Malerei oder wie die großen literarischen Werke von GOETHE. Das System verfolgt in erster Linie die Entwicklung der Individualität durch die Kombination von Bewegung und Geist. Die Lehre beruht auf der ästhetischen Übung der Bewegungen des *Jûdô, Aikidô, Karate*, *Bôjutsu, Jôjutsu* und *Kenjutsu*, verbunden mit der östlichen Philosophie. Die Bewegungen sind auf der Basis von *Kata* zusammengefaßt, doch sie werden mehr als Ausdruck körperlicher Ästhetik denn als Kampfkunst betrachtet.

Shintô[1] (jap.): Schwert (s. →*Ken,* →*Katana*).

Shintô[2] (jap.): Bruch, Schock, Impakt.

Shintô[3] (jap.): Begriff aus dem →Shintôismus: »Weg der Götter« (chin. *Shen-tao*).

Shintô-Schrein

Shintôismus: in Europa bekannte Bezeichnung für die japanische Naturreligion → *Shintô*. Im engeren Sinn versteht man unter Shintôismus die Gesamtheit der religiösen Vorstellungen Japans vor dem Eindringen des Buddhismus.

Shintô bedeutet »Weg der Geistwesen« und ist als Shintôismus eine aus der altjapanischen Naturreligion hervorgegangene Volks- und Staatsreligion. In der Volksreligion wurden zunächst alle Naturkräfte wie Sonne, Mond, Berge, Gewässer und Bäume sowie später auch Ahnen und Helden verehrt. Die *Shintô*-Gottheiten (→*Kami*) wurden mittels heiliger Gegenstände angebetet, die in Schreinen verwahrt wurden, vor denen freistehende Tore (→*Torii*) standen. Der sich danach bildende Staats-Shintôismus ist weniger Gottesdienst als japanische Staats- und Lebensauffassung, die sich auf den Volksglauben beruft und ihn sich zunutze macht. Der Mittelpunkt des Shintôismus, die Sonnengöttin →AMATERASU, ist Stammesmutter des japanischen Kaisers (→ *Tennô*). So wird der Kaiser zum Oberpriester, der den Willen der Götter auf Erden vertritt und repräsentiert. Das Element der Treue (→*Chûgi*), das später im →*Bushidô* eine zentrale Rolle spielte, führt auf diesen Umstand zurück.

Im 6. Jh. nahm von China aus der Buddhismus (s. →*Tendai,* →*Shingon*) Einfluß auf die japanische Volksreligion. Diese neue religiöse Vorstellung vermischte sich mit den Lehren des Shintôismus und veränderte ihn *(Ryôbu-Shintôismus)*, wobei jedoch der Ahnenkult (→*Yamato-damashi*), das Nationalethos (→*Yamato-kokoro*) und die Heldenverehrung unangetastet blieben. Sie sollten sich später zusammen mit dem *Bushidô* unter dem Symbol der japanischen Kirschblüte (→*Sakura*) vereinigen. Der Kaiser wandelte dadurch seine Rolle in eine vorwiegend politische Instanz und trat seine Priesterfunktion an hauptamtliche Priester ab. Nach wie vor jedoch blieb er von göttlicher Abstammung.

Mit dem Eindringen des Buddhismus begann in Japan eine sich bis in die Neuzeit erstreckende Veränderung des Shintôismus und Überlagerung mit fremdem Religionsgut. So wurden die shintôistischen Götter als Inkarnation des Buddhismus in diesen eingeführt, und die Shintô-Klöster gerieten in Abhängigkeit von den buddhistischen Tempeln.

Seit dem 18. Jh. versuchten japanische Denker, einen Einklang zwischen dem inzwischen die Politik beherrschenden →Konfuzianismus und dem Shintôismus herzustellen. Dies führte zu einer erneuten Umdeutung und zu einer abstrakten Staatsethik. Der Mittelpunkt dieses neuen Shintôismus war eine Vereinheitlichung zwischen Herrschaft und Kult, versinnbildlicht in der Person des Kaisers als Mittler zwischen den Göttern und dem Volk.

Dadurch trug der Shintôismus zur Wiederherstellung der kaiserlichen Macht bei, die sich 1868 (Meiji-Restauration) durchsetzte. 1871 wurde er zum offiziellen Staatskult erklärt. Alle Priester wurden zu Staatsbeamten, die Schreine zu Stätten der Verehrung des Kaisers. In den Schulen wurde der »Moralunterricht« eingeführt, um das Volk von den neuen Ideen zu überzeugen. Dieser zum Kaiserkult gewordene Shintôismus war die Grundlage des sich heranbildenden japanischen Nationalismus, der Japan schließlich in den Zweiten Weltkrieg trieb. Nach dem Krieg wurde sowohl der Staats-Shintô als auch der Moralunterricht verboten. Der Kaiser entsagte 1946 öffentlich seinem Göttlichkeitsanspruch.

Heute gibt es in Japan keine offizielle Staatsreligion. Neben der ursprünglichen Variante des Shintôismus entstanden im Volk zahlreiche Sekten, die die Grundlage für den heutigen *Shintô*-Glauben zu bilden begannen.

Shintô-ryû (jap.): s. →*Tenshin Shôden Katori Shintô-ryû.*

Shinwa-Taido (jap.): System des →*Aikidô*, gegründet von Inoue Yoichiro, einem Schüler von Ueshiba Morihei.

Shinzato Jin'an (1901–1945): auch Niizato, okinawanischer *Karate*-Meister des *Gôjû-ryû*, direkter Schüler von →Miyagi Chôjun, Lehrer von Higa Yuchoku.

Shinzato wurde 1901 im Dorf Kume (Okinawa) geboren. Er übte *Karate* und *Jûdô* und erhielt 1939 vom *Butokukai* den Titel *Renshi*. Shinzato fiel 1945 im Krieg um Okinawa.

Shinzato wurde bekannt, als er 1928 in *Kyôto* eine Demonstration des *Gôjû-ryû* gab. Als er dort gefragt wurde, welcher Schule er angehöre, antwortete er spontan →»*Hankô-ryû*«. Zurück auf Okinawa, erzählte er Miyagi davon, und dieser zitierte aus den acht Regeln des →*Bubishi*«: »Alles im Universum atmet hart und weich.« Daraufhin wurde 1929 die Bezeichnung *Gôjû-ryû* gegründet, die 1933 von Yamaguchi Gôgen offiziell im *Butokukai* registriert wurde.

Shinzen (jap.): der »Ort Gottes«, die vordere Seite (→*Shômen*) in einem *Dôjô* oder Tempel. Im *Shintô* →*Kamiza* (Sitz der Götter) genannt.

Shinzô (jap): Herz (s. →*Karada*).

Shinzô-kuatsu (jap): Herzmassage. Die Kunst der Wiederbelebung (s. →*Kuatsu*), das Herz betreffend.

Shioda Gozô (1915–1994): japanischer Lehrer des →*Aikidô*, Begründer des *Yoshin-Aikidô* (s. →*Yoshinkan*). Nachdem er in seiner Jugend *Jûdô* und *Kendô* gelernt hatte, begann er im Jahre 1932 mit dem Studium des *Aikidô* unter →Ueshiba Morihei am *Kobukan*.

Shioda Gozô (10. Dan) war einer der näheren Schüler um Ueshiba Morihei und bemühte sich zeit seines Lebens um ein wirkungsvolles *Aikidô*. Er blieb 8 Jahre lang bei seinem Lehrer (bis 1940), trainierte nach dem Weltkrieg in Iwama weiter und gründete 1955 seine eigen Schule, die er *Yoshinkan* nannte. Bis zu seinem Tod war er Leiter der *International Yoshinkai Aikidô Federation* und Vorstand der *Aikido*-Sektion der *Kokusai Budoin* (s. Anhang).

Da er für die Wirksamkeit seiner Techniken bekannt war, übertrug man ihm in Japan die Ausbildung mehrerer Sicherheitstruppen, wie die zum Schutz des Flughafens, der nationalen Verkehrslinien oder der Tôkyôer Polizei.

Shionja: auch SHIOHIRA, okinawanischer Kampfkunstexperte des 19. Jhs., hoher Beamter der okinawanischen Regierung, der nachhaltig die *Tomari*-Richtung des →*Shôrin-ryû* beeinflußte. Weiterentwicklung s. unter →MATSUMORA KOSAKU und →OYADOMARI PEICHIN.

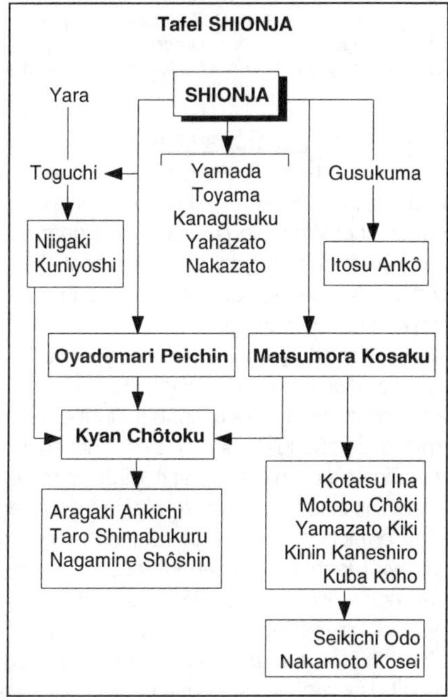

Shi-pa-lo-han-sho (chin.): auch *Shi-balou-han-shou*, »Die 18 Hände der Buddhas« (s. →*Shaolin-Kloster*).

Shirai Hiroshi: JKA-Instruktor, heute 8. Dan, lebt derzeit in Italien. *Shirai* hat die JKA, ebenso wie sein Freund TAIJI KASE, vor längerer Zeit verlassen und fungiert heute als Chefausbilder von NISHIYAMA's *International Traditional Karate Federation*, der Nachfolgeorganisation der einstigen JKA in Amerika.

Shirai Toru (1783–1850): japanischer Schwertmeister aus dem →*Kujin-ryû*, zu seiner Zeit bekannter Autor einer Veröffentlichung über die Technik des Schwertes mit dem Titel »*Hyôhô Michi Shirube*«. Er beherrschte gleichermaßen die Techniken des →*Ittô-ryû* und übte bevorzugt mit einem leichten →*Bôken*.

Shira-uchi (jap.): Form des antiken →*Jûjutsu*.

Shiro (jap.): weiß (auch *Shira, Haku, Byaku*).

Shirobô (jap.): weißer Stock (s. →*Araki-ryû*).

Shiro jogai-chûi (jap.): Wettkampfbegriff: Verwarnung für Weiß wegen Mattenflucht.

Shiroma: okinawanischer *Karate*- und *Kobudô*-Experte, besonders in der Waffe *Sai*, von der Insel Hama-Higa, einer der Vertreter der Waffenkunst von →MATSU HIGA.
Die Legende berichtet, daß Shiroma die berühmten Kampfkunstexperten der Provinz Tsuken Shita-Haku zum Kampf herausforderte und besiegte. Später bestritt er einen Kampf gegen →YARA CHATAN, den er verlor. Shiroma wurde daraufhin Yaras Schüler.

Shiroma Shimpan (Gusukuma) (1890 bis 1954): okinawanischer *Karate*-Meister, Schüler von →TOSU YASUTSUNE, Gründer des →*Shiroma Shitô-ryû*.
Shiroma wurde im Dorf Taira/Shuri geboren und begann im Alter von 13 Jahren mit dem Studium der Kampfkünste bei ITOSU YASUTSUNE. Später lernte er zusammen mit seinem Freund MABUNI KENWA im *Dojo* von HIGASHIONNA KANRYÔ die *Kata Sanchin*. Mit 18 Jahren wurde er in die Armee eingezogen, nahm aber danach den Unterricht bei Itosu wieder auf. Später wurde er Lehrer an der Grundschule in Shuri, wo er auch *Karate* unterrichtete. Obwohl er nicht sehr groß war, wurde er bekannt durch seine außergewöhnlichen Fähigkeiten als *Karate*-Kämpfer. Er war berühmt für seine akrobatischen Fußtechniken und seine schraubstockähnliche Greifkraft. Später eröffnete er in Taira ein eigenes *Dojo* im Hof seines Hauses. Er war als sehr strenger Lehrer bekannt, der seine Schüler in den kleinsten Dingen verbesserte. Er lehrte folgende Kata: *Pinan* 1–5, *Naihanchi* 1–3, *Passai, Gojushiho, Kushanku sho, Kushanku dai, Chinto* und *Sanchin*. Zwei Jahre vor seinem Tod unterrichtete er auch *Karate* in Naminoue/Naha. Seine bedeutendsten Schüler waren: KYÛNA CHOSEI (s. →KINA SHOSEI), KANESHIMA SHINSUKE, AMEKU JINSUKE, NAKAIMA KENKO und TARO SHIMABUKURO.

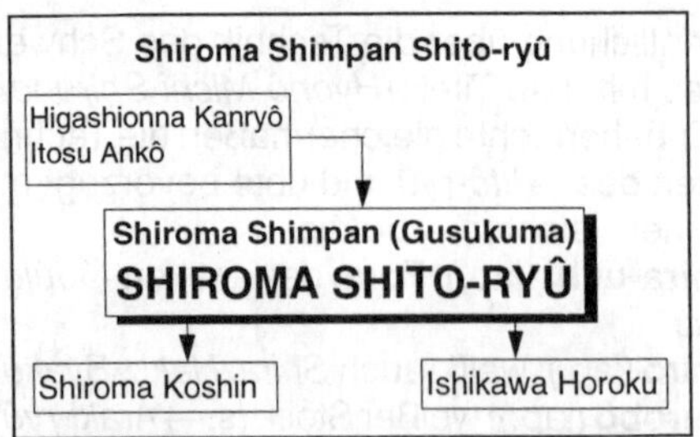

Shiroma Shitô-ryû (jap.): s. →*Shitô-ryû* und →SHIROMA SHIMPAN.

Shiro no Kachi (jap.): Wettkampfbegriff: Sieg für Weiß.

Shiro no Kiken-niyori (jap.): Wettkampfbegriff: Kampfaufgabe von Weiß.

Shiro-obi (jap.): Weißer Gürtel. Schülergrad (s. →*Kyûdan*, →*Kyû*).

Shirotaru no Kon (jap.): von Meister →CHINEN YAMANE (s. auch *Yamane-ryû*) überlieferte *Bô-Kata*. Es gibt *Shirotaru no Kon dai* und *Shirotaru no Kon shô* (auf Okinawa *Ogusuku* genannt).

Shisai (jap.): Priester.

Shi-san-shi (chin.): »Die dreizehn Grundstellungen« oder »Die dreizehn grundlegenden Bewegungsarten« im →*Tai-ji-quan*. Sie stellen das erste Grundtechnik-System des *Tai-ji-quan* dar. Früher hat man die Grundtechniken auf ein Minimum beschränkt und durch verschiedene Methoden verschlüsselt und geheimgehalten. Das sollte das spezifische Konzept davor bewahren, kopiert oder von Nichteingeweihten verändert zu werden. Da das *Tai-ji-quan* von seiner Philosophie am meisten vom Daoismus beeinflußt wurde, bediente man sich auch daoistischer Grundlagen zur Verschlüsselung. Die →*Wu-bu* (fünf Schrittarten) wurden mit den →*Wu-xing* (fünf Wandlungsphasen) kombiniert. Die →*Ba-gua* (acht Trigramme) wurden zur Verschlüsselung der →*Ba-men* (acht Pforten) benutzt. Diese Techniken stellen nicht die einzigen des *Tai-ji-quan* dar, sondern nur die wichtigsten, die das besondere Stilmerkmal ausmachen und auf denen die Selbstverteidigung und die Anwendung der Formen basieren.

Shi-san-shi (13 Bewegungsarten)

Wu-bu (5 Schrittarten)

Jin (Wasser)	– vordringen
Tui (Feuer)	– zurückweichen
Gu (Metall)	– nach links blicken
Pan (Holz)	– nach rechts blicken
Ding (Erde)	– stabilisieren

Ba-men (8 Handbewegungen)

Si-zheng (4 gerade Bewegungen)		
Peng (parieren)	nach Süden	(Qian)
Lü (zurückgleiten)	nach Westen	(Kun)
Ji (vordrängen)	nach Osten	(Kan)
An (drücken)	nach Norden	(Zhen)
Si-yu (4 schräge Bewegungen)		
Cai (entwurzeln)	nach Nordwesten	(Gen)
Lie (spalten)	nach Südosten	(Dui)
Zhou (Ellbogenstoß)	nach Nordosten	(Li)
Kao (Schulterstoß)	nach Südwesten	(Xun)

BA-MEN – DIE FÜNF SCHRITTARTEN

Die fünf Schrittarten stellen die natürlichen Bewegungsmöglichkeiten jedes Menschen dar. Jede ist einer Wandlungsphase und einem oder zwei Trigrammen zugeordnet. Die acht Handtechniken können je nach Situation sinnvoll mit ihnen kombiniert werden.

1. ***Jin* – Vordringen:** Das Vordringen wird mit den Eigenschaften des Wassers verbunden. Man kämpft nicht gegen unüberwindbare Hindernisse an, sondern sucht sich Lücken und Schwachstellen. In diese setzt man dann eine Technik mit einem Vorwärtsschritt, um den Gegner zu erreichen. Der Gegner ist dabei passiv, d. h., wir machen einen Angriff oder einen entscheidenden Konter. Man darf das aber nicht mit Weichheit gleichsetzen, denn das Vordringen muß entschlossen sein. Der Gegner muß überrumpelt und zurückgedrängt werden; das erfordert einen festen Stand. Der Kommentar des zugehörigen Trigramms *Kan* besagt: »Der Geist ist durchdringend, dies zeigt sich in der starken Mittellinie. Diese Aktion ist groß, Vordringen bringt Erfolg.« Das Vordringen erfolgt meist im Vorwärtsstand.

2. ***Tui* – Zurückschreiten:** Das Trigramm *Li* stellt das kurzzeitige Zurückweichen dar. Unmittelbar nach *Tui* muß *Jin*, das Vordringen, erfolgen. *Tui* bezeichnet das Zurückweichen in einem ganzen, halben, gezogenen Schritt oder das Zurückweichen mit dem Gewicht und nur mit dem vorderen Bein. Das Nachgeben nach hinten ist aber eine Falle für den Gegner, da nach einem Zurückweichen ein überraschender Angriff nach vorn folgt.

Li symbolisiert weiterhin das *Dan-tian* und macht uns darauf aufmerksam, daß beim Zurückweichen ein abgesenktes *Dantian* besonders wichtig ist, um das Gleichgewicht nicht zu verlieren.
3. ***Gu* – Nach links wenden:** *Gu* bedeutet wörtlich »nach links sehen« und meint alle Drehungen nach links. Dabei gibt es viele Möglichkeiten, die Beine zu setzen. Das Drehen des Körpers nach links eignet sich für Abwehrtechniken und Ausweichbewegungen.
4. ***Pan* – Nach rechts wenden:** Auch *Pan* bedeutet eigentlich »Nach rechts sehen«, und meint die Drehung des Körpers nach rechts. Alle Formen des Beinsetzens sind möglich. Auch im Stand können Hüfte und Oberkörper nach rechts gedreht werden, um einem Schlag oder Tritt auszuweichen.
5. ***Ding* – Zentralisieren:** *Ding* bezeichnet das Solide, den unveränderbaren Stand. Im *Tai-ji-quan* nennt man das »Verwurzelung mit der Erde«. Dazu stellt man sich vor, die Füße wären mit langen Wurzeln in der Erde verwachsen. *Ding* wird nicht nur in den Zwischenbewegungen, d. h. im Wechsel einer Bewegung in die andere, eingenommen, sondern stellt das Prinzip der uneinnehmbaren Stellung überhaupt dar. Eigentlich versteht man unter *Ding* die gleichgewichtige Stellung, aber das Prinzip muß in allen anderen Techniken genauso geübt werden. *Ding* erfordert viel Übung und wird erst nach Jahren entwickelt. Dann aber wird die Stellung so sicher, daß niemand sie einfach verschieben oder den Körper vom Boden lösen kann. Später kann man dann durch den sicheren Stand auch dann Angriffe neutralisieren, wenn man die Hüfte gar nicht bewegt, das nennt man »Angriffe annehmen«.

Ba-men – die acht Handbewegungen

Man unterscheidet die vier gerade ausgerichteten Handbewegungen, *Si-zheng*, von den vier in die Ecken gerichteten Techniken, *Si-yu*. Die *Ba-men* werden nicht nur mit den acht Trigrammen *(Bagua)*, sondern auch mit den Himmelsrichtungen, von denen es in China acht gibt, in Verbindung gebracht. Das bedeutet nicht, daß sie nur in diese Richtungen ausgeführt werden, sondern daß sie die Qualität des entsprechenden Trigramms mit der zugeordneten Himmelsrichtung darstellen. Die geraden Handbewegungen werden vor allem in den *Tui-shou* geübt, während die Übung der schrägen Handbewegungen getrennt davon gesehen wird und in den *Dalû* geübt wird.

Die geraden Handbewegungen

1. ***Peng* – Abwehren:** Das Trigramm *Qian* ist reines *Yang*, es steht für Stärke, Biegsamkeit und Festigkeit. Das entspricht der Qualität der Abwehr, die zwar entspannt und flüssig, aber auch hart und unnachgiebig sein muß. Wird Druck auf sie ausgeübt, gibt sie langsam nach und gibt dann den Druck zurück. Gibt der Gegner nach, so folgt sie ihm. *Peng* hat also auch die Bedeutung der Anpassung an den Gegner, so daß er nicht mehr freikommt. »Der Himmel in Bewegung entspricht der Stärke; der Edle zwingt sich folglich zur ununterbrochenen Aktivität« (Kommentar zu *Qian* aus dem *Yi-jing*) *Peng* bedeutet eigentlich »Köcherdeckel« und soll verdeutlichen, daß mit den Armen der Körper wie mit einem Deckel geschützt wird. *Peng* bezeichnet also alle Abwehrbewegungen des *Tai-ji-quan* und das nachfolgende »Ankleben« an den Gegner mit den Handgelenken oder den Unterarmen. Damit sind keine Blocktechniken gemeint, sondern nur ableitende Techniken. Zuerst klebt man eine oder beide Hände an den Gegner und versucht seine Kraftquelle und die Richtung seiner Technik zu finden. Sobald man sie hat, führt man den Gegner durch sanftes Ableiten oder Ausweichen ins Leere, so daß seine Kraft wirkungslos bleibt und wir in eine optimale Position für einen Konter gelangen. In den *Tui-shou* wird diese Technik z. B. geübt, wenn sich der Unterarm vor dem Körper befindet. Untrennbar davon ist die richtige Hüft- und Ganzkörperbewegung. Der Angriff kann zu beiden Seiten, nach unten und nach oben abgeleitet werden. Das Trigramm besteht aus drei durchgehenden Linien, was die absolute Unnachgiebigkeit darstellt.
2. **zurückgleiten**: Das entsprechende Trigramm *Kun* symbolisiert das reine *Yin*, ist also absolute Ruhe und Passivität. Die Technik ist absolutes Nachgeben gegen den Gegner. Werden wir gedrückt, so weichen wir mit dem Gewicht auf das hintere Bein zurück und drehen dann ganz zum Schluß die Hüfte so, daß der Gegner wieder ins Leere stößt. Das nennt man auch »neutralisieren«. »Wer zuerst sein will, der irrt; wer folgt, der erreicht etwas. Man sucht Freunde aus Südwesten und verliert sie nach Nordosten« (Kommentar zu *Kun*). Für den Gegner soll die eigene Gewichtsverteilung möglichst nicht erkennbar sein,

und das Ausweichen muß so plötzlich und überraschend für ihn kommen, daß er keine Zeit mehr zum Reagieren hat. Wenn man Kraft aus Südwesten aufnimmt, so soll man sie nach Nordosten abgeben, was der Verlängerung des Angriffs entspricht. Das Trigramm besteht aus drei unterbrochenen Linien, was das Haltlose, die Falle zeigt. Das Zeichen *Lü* gibt es in keinem Lexikon, es ist ein Fachausdruck in den Kampfkünsten und bedeutet »den Mittelweg ausführen und der Aktion folgen«. Auch hier versucht man zuerst das Handgelenk an den Gegner anzukleben und leitet dann den Angriff mit einer Hüftdrehung ins Leere. So versucht man den Gegner aus dem Gleichgewicht zu bringen, indem man seine Kraft weiterführt oder ihn in die schwache Richtung stößt. Natürlich ist diese Reaktion nur auf einen Angriff möglich. Klassisch wird eine Hand vor den Körper gehalten, bis der Gegner zu nahe kommt, dann hilft man mit der anderen Hand am Ellbogen des Gegners nach und zieht ihn. Diese Technik kann auch nach einer Abwehrbewegung (wie *Peng*) ausgeführt werden. Die Technik wird auch mit dem »Öffnen der Tore, um die Räuber zu begrüßen« verglichen, da sie, wenn sie falsch angewendet wird, die Kraft des Gegners direkt auf einen selbst führt. Deshalb muß das Neutralisieren besonders gut geübt werden.

3. ***Ji* – Stoßen:** Das Trigramm *Kan* besteht aus einer durchgehenden Linie, die von zwei durchbrochenen umgeben ist. Das bedeutet Härte oder Heftigkeit, die im Weichen verborgen ist. *Kan* wird mit dem Wasser gleichgesetzt. Ein Arm wird horizontal vor den Körper gehalten, die andere Hand drückt auf die Innenseite des Handgelenks, um Unterstützung zu geben. *An* ist eine Kontertechnik, die sofort nach einer Abwehr einzusetzen ist. Man drückt mit dem gesamten Unterarm auf den Gegner, so daß er nach hinten fliegt. Trotzdem soll keine Körperkraft eingesetzt werden. Die Technik wird dann sofort wieder zurückgezogen und bleibt nicht lange in der Endposition.

4. ***An* – Pressen**: Das Trigramm *Zhen* hat die Bedeutung: »entschlossener Hitzigkeit, erschütternder Bewegung und vor Angst nachgeben«. Zuerst wird wieder eine Hand oder beide an den Gegner angeheftet, dann wird der Stoß mit lockeren Handgelenken ausgeführt. Dazu sollte man kaum Körperkraft verwenden, sondern die Wirkung aus dem Schnappen der Handgelenke kommen lassen. Benutzt man nur eine Hand, dann sollte, wenn die rechte Hand stößt, das linke Bein belastet werden und umgekehrt. Vor der Technik muß man mit den Fingerspitzen und den Handinnenflächen den Gegner erfühlen. Die Stoßtechniken werden gerne auf Vitalpunkte gerichtet, da sie eine enorme Kraft auf einer kleinen Fläche erzeugen können und so auch die inneren Organe verletzen

<u>Die schrägen Handbewegungen</u>

1. ***Cai* – Ziehen:** Das *Gen*-Trigramm zeigt eine *Yang*-Linie über zwei *Yin*-Linien, es bedeutet plötzliche Schnelligkeit. *Gen* steht für Berge und zeigt so, daß bei dieser Technik der Stand fest mit der Erde verwurzelt sein muß, das Gleichgewicht muß unbeding gehalten werden. Das Zeichen *Cai* bedeutet »Auswählen und Herausgreifen«. Das steht für das Erkennen des richtigen Augenblicks und das Finden des richtigen Punktes, an dem man zieht, um den Gegner aus dem Gleichgewicht zu bringen. Der Technik geht ein Angriff des Gegners voraus, wie z. B. ein Stoß mit der Hand. Schon früh wird die eigene Hand an den Gegner angeheftet. Man faßt das Handgelenk und mit der anderen Hand die Schulter. Dann wird mit Einsatz des ganzen Körpers der Gegner nach unten gezogen. Man kann auch am Ellbogen fassen; faßt man im Genick des Gegners, kann besonders gut ein Wurf angesetzt werden. Beim Ziehen kann man die Hand oder den Unterarm am Ellbogen des Gegners dazu benutzen, ihn so zu hebeln, daß er aus dem Griff nicht herauskommt.

2. ***Lie* – Spalten**: Dieses Schriftzeichen ist in keinem Lexikon vertreten, es bedeutet etwa: »eine den Gegner zerstörende Strategie mit einem Aufspalten seiner geistigen Konzentration«. Im *Dui*-Trigramm liegt eine *Yin*-Linie auf zwei *Yang*-Linien, es bedeutet »hart in der Mitte, weich im Äußeren; Aufforderung zum Ertragen eines Risikos«. Wird man vom Gegner bedrängt und ist in Gefahr, so muß man eine Schlagtechnik (*Lieshou* – »Schlagende Hand«) einsetzen. Das geschieht meist, wenn der Gegner einen Schulter- oder Ellbogenstoß einsetzt. Man verwendet dann Schläge auf Vitalpunkte oder die Technik »Die Tigerhand verschließt den Hals« *(Qin-na)*. Das sind alles lebensbedrohende und sehr gefährliche Techniken. Zu der Technik *Lie* gehört

auch das richtige Verhalten zum Vermeiden einer Auseinandersetzung. *Lie* wird erst dann eingesetzt, wenn der Gegner schon in Körperkontakt getreten ist, es ist eine absolute Befreiungstechnik und soll entscheidend sein. Dazu muß man seine innere Ruhe besonders üben. Der Gegner wird absichtlich so weit an den Körper herangelassen, bis er nicht mehr zurück kann und der Reaktion hilflos ausgesetzt ist. Erst dann wird eine kampfentscheidende Technik zur nächsten freien Stelle des Gegners auf einen Vitalpunkt gesetzt. Diese Technik muß sehr stark und treffsicher sein. Klassisch wird mit der linken Hand die Technik des Gegners blockiert und mit der rechten in sein Gesicht gestoßen.

3. ***Zhou* – Ellbogenstoß**: Im Trigramm *Li* befindet sich eine *Yin*-Linie zwischen zwei *Yang*-Linien. Das symbolisiert Feuer. Das Trigramm hat auch die Bedeutung von »aufrecht, stabil und geharnischt«. Der Ellbogenstoß wird angewendet, wenn der Gegner sehr nahe steht und sich eine kleine Blöße gibt. Nach einer Abwehr z. B. kann man mit dem Ellbogenstoß nachsetzen. Der Ellbogenstoß steht durch sein Aussehen auch für die Streckung in der Beugung oder für die Beugung in der Streckung.

4. ***Kao* – Schulterstoß**: *Xun* besteht aus zwei *Yang*-Linien, unter der sich eine *Yin*-Linie befindet. Das Trigramm *Xun* symbolisiert den Wind als Bewegung. Es ist eine entschlossene, rasche Bewegung. »Das Harte dringt in die Mitte vor, und sein Wille setzt sich durch« (Kommentar zu *Xun*). Man muß das Gleichgewicht des Gegners stören oder sogar brechen, ohne daß man selbst aus dem Gleichgewicht kommt. Während des Schulterstoßes muß man Schnelligkeit, Geschmeidigkeit und Standfestigkeit bewahren. Das Zeichen *Kao* bedeutet ursprünglich »Abhängigkeit«, aber im *Tai-ji-quan* wird es als Schulterstoß verstanden. Ein Bein setzt man zwischen die Beine des Gegners, der Körper wird etwas seitlich gedreht, so daß man mit der Schulterseite stoßen kann. Der Arm der stoßenden Seite wird aus dem Weg, vor den Körper gezogen. Der Stoß wird auf die Körpermitte des Gegners gerichtet, am besten auf den Solarplexus oder auf die Brustmitte. Um einen Gegenangriff zu vermeiden, wird die andere Hand schützend nach vorn gehalten. Der Schulterstoß ist eine der wichtigsten Techniken des *Tai-ji-quan*, seiner Übung sollte der Fortgeschrittene besondere Aufmerksamkeit schenken. Er wird aber nur in allernächster Distanz zum Gegner angewendet. Unter Umständen kann er wirkungsvoller sein als ein Ellbogenstoß. Im *Tai-ji-quan* sollte der Schulterstoß immer eine entscheidende Technik sein.

CHUAI-MO – DIE FÜNF METHODEN ZUM ENTWICKELN VON GEFÜHL

Die *Chuai-mo* ergänzen die *Shi-san-shi* um die Taktik. Sie schulen das Erkennen der gegnerischen Absichten. *Chuai* bedeutet wörtlich »schätzen, vermuten«, *Mo* bedeutet u. a. »studieren, forschen«. Die *Chuai-mo* sind also Methoden des Erforschens und Abschätzens der nächsten Technik des Gegners. Dazu braucht man die Übung der Partnerübungen und eine geschulte Konzentration. Auch in den Formabläufen können diese Methoden weiterentwickelt werden.

1. ***Tie* – Ankleben**: Diese Technik nennt man auch »Kontakt herstellen«. Zuerst soll man dem Gegner weich und nachgiebig erscheinen, das verleitet ihn zu einem Angriff. Die eigenen Hände sind schon früh an denen des Gegners, ändern aber nichts an der Richtung des Angriffs. Sie erscheinen weich und nachgiebig. Wenn der Gegner stark drückt, dreht man den Körper und führt seine Technik weiter, so daß er das Gleichgewicht verliert.

2. ***Nian* – Anhaften**: *Nian* wird auch als »den Kontakt vertiefen« bezeichnet. Egal, welche Bewegung der Gegner auch macht, die Hände haften immer fest an den seinen. So ergeben sich viele Kontermöglichkeiten, weshalb *Nian* auch mit dem Vordringen verbunden wird.

3. ***Sui* – Nachfolgen**: *Sui* nennt man auch »das Zentrum des Gegners suchen«. Der Gegner beginnt die Aktion, und wir wehren sie ab. Die ganze Zeit soll man ununterbrochen in Bewegung bleiben und dem Gegner möglichst keine Chance mehr zu einem Angriff geben. Entdeckt man eine Lücke in seiner Bewegung, wird sofort ein entscheidender Konter angesetzt. Wichtig ist, daß wir solange ständig in Bewegung bleiben. *Sui* umschreibt auch die Verbundenheit des Körpers, die Ganzkörperbewegung.

4. ***Lian* – Mitbewegen**: Wird auch »das Zentrum des Gegners kontrollieren« genannt. *Lian* bedeutet, den eigenen Widerstand aufzugeben und völliges Nachgeben gegenüber dem Gegner. Die Basis dazu ist das vorrausschauende Denken,

das Erfühlen, was die Absichten des Gegners sind. Keine seiner Bewegungen wird abgeblockt oder unterbrochen. So erkennt man jede Bewegung schon in ihrem Ansatz und kann den Körper aus ihrer Richtung wegbewegen. Durch *Lian* kann man die Schwachpunkte des Gegners sowohl in seiner Psyche als auch in seiner Technik finden.

5. ***Bu-diu ding*** **– Nicht verlieren, sondern entsprechen**: Wird auch »statisches und dynamisches Gleichgewicht« oder »ohne Widerstand Kontakt bewahren« genannt. Das Gleichgewicht aller Methoden soll gewahrt bleiben, sie werden miteinander verbunden. Das wichtigste dabei ist, den Geist immer ruhig und konzentriert zu halten. Verliert man den Kontakt, muß man das Anhaften länger üben; ist man zu hart und unnachgiebig, werden die Muskeln zu sehr beansprucht.

Shisei (jap.): Bezeichnung für die Einheit der physischen und psychischen Haltung (s. →*Mi-gamae,* →*Ki-gamae,* →*Shitai-undô*) in allen buddhistisch beeinflußten Wegkünsten (s. →*Dô*). Eine der drei Grundsäulen (neben Spannung und Atmung, s. →*Kinchô* und →*Kokyû*) der Übung in den Kampfkünsten. Im Japanischen bedeutet *Shi* Form und *Sei* Kraft. *Shi* verweist auf die Haltung, die so schön und so genau wie möglich sein muß. Doch wahre Haltung ist nicht nur Form, sondern sie ist mit dem Element →*Sei* verbunden, was soviel wie Aktivität oder Stärke heißt. Die Korrektheit der Form ist wichtig, doch die wahre Haltung ist unvollkommen, wenn sie keine Kraft und keine Energie hat. Erst die Einheit der beiden Elemente macht die wahre Haltung aus. In den *Budô*-Künsten wird für die Haltung auch der Begriff →*Kamae* verwendet, der sich auf bestimmte Dekkungshaltungen, verbunden mit entsprechenden inneren Haltungen, bezieht. *Shisei* steht für die Gesamthaltung (physisch und psychisch) und meint die Haltung eines Menschen gegenüber allen Situationen des Lebens. Zusammenhang s. unter →*Hara,* →*Hara-gei,* →*Hara wo neru.*

PHYSISCHE BEDEUTUNG

Shisei ist eine der drei Ausdrucksformen von *Hara* und bezieht sich als solche auch auf die Haltung des Körpers. Aus der in ihrem Mittelpunkt verankerten Gestalt erwächst der obere Körper auf seiner vertikalen Achse in vollkommenem Gleichgewicht nach oben. Der Nacken ist gerade, die Schultern entspannt, während sich die Schwerkraft nach unten senkt und im Bauch versammelt. Man entwickelt das Gefühl einer schweren Kugel in der Bauchgegend, deren Eigengewicht den Stand verankert und deren Kraft den Oberkörper trägt. Sowohl im Stand als auch in der Bewegung geht es darum, dieses körperliche Gefüge zu erhalten, um die Kraft der Mitte voll zur Geltung kommen zu lassen. Die Mitte ist das Zentrum der Kraft und das Zentrum des Gleichgewichts. Durch den Einsatz der Hüfte kommt diese Kraft zur Geltung, indem durch den richtigen Umgang mit dem Schwerezentrum das Gleichgewicht im Stand und in der Bewegung gewahrt wird. Von der Haltung hängen deshalb das Gleichgewicht und das Schwerezentrum ab.

• **Gleichgewicht und Standfestigkeit** *(Heiko)*. Die Übung des *Karate* unter Berücksichtigung der rechten Körperhaltung führt zu einem harmonischen Verhältnis aller Körperteile zueinander und gewährleistet dadurch ein einwandfreies Gleichgewicht des Körpers in der Bewegung und im Stand. Nur wenn dies zutrifft, ist es möglich, maximale Kraft in eine Technik zu übertragen, sich sicher zu bewegen und wenn nötig sofort eine feste Stellung einzunehmen.

• **Schwerezentrum** *(Jûshin)*. Der Umgang mit der Schwerkraft des Körpers fällt in den Rahmen der Gewandtheitsbewegung und muß einwandfrei beherrscht werden, denn er ist der ausschlaggebende Punkt für die Entwicklung der Ganzkörperbewegung. Man stelle sich eine schwere Kugel in der Bauchgegend vor, die man vor, zurück, seitlich oder in der Drehung bewegen muß. Durch ihre eigene Schwere ist die Kugel träge und deshalb schwer zu bewegen und schwer zu stoppen. Kommt sie jedoch ins Rollen, entwickelt sie eine ungeheure Kraft. Die Extremitätenbewegung hingegen ist schnell, jedoch vergleichsweise schwach. Durch den richtigen Umgang mit dem Schwerezentrum kann man es lernen, eine Bewegungsform zu verstehen, in der die Vorteile der Rumpf- und Extremitätenbewegung miteinander verbunden werden und so eine große Kraft in der Technik ermöglichen. Die erste Voraussetzung dafür ist die korrekte Körperhaltung. Sie gewährleistet die

Kontrolle des Schwerezentrums, wodurch es möglich wird, die enorme Kraft zu lenken und zu steuern.

Psychische Bedeutung

»So sehen wir die Menschen das harmonische Verhältnis zu Himmel und Erde verfehlen, indem sie – im Stehen, Sitzen und Gehen – entweder übertrieben und einseitig nach oben gereckt sind oder aber in einer Weise nach unten absacken, die alle Gerichtetheit von oben nach unten auslöscht. Im letzten Fall tritt an die Stelle eines lebendigen Getragenseins von der Erde der Eindruck lebloser Trägheit oder Herabgedrücktheit. Das Gegründetsein in den Wurzeln erscheint als lastende Schwere, das Basishaben als Kleben am Boden. Solche Menschen gehen nicht, sondern schleppen sich dahin; sie sitzen nicht, sondern sacken zusammen; sie stehen nicht, sondern fallen nur eben nicht um.

Gewinnt die Richtung nach oben überhand, dann wirkt der Mensch in einer Weise ›nach oben gezogen‹, die alle Beziehung zum Unten verleugnet. Solche Menschen gehen, stehn oder sitzen mit hochgezogenem Leibe. Sie fassen beim Gehen nicht Fuß, sondern wippen, trippeln und tänzeln. Sie verneinen ihre natürliche Schwere. Sie richten sich nicht in organischer Weise auf, sondern sind mit hochgespannten Schultern nach oben ›verzogen‹. So wirken sie je nachdem verkrampft, aufgeblasen oder ›verstiegen‹.

In beiden Fällen fehlt die Oben und Unten verbindende Mitte, der richtige Schwerpunkt. Ist er vorhanden, dann finden sich die zum Himmel weisenden und die die Erde bejahenden Kräfte zur Harmonie des Ganzen zusammen. Was oben ist, wird von unten getragen. Was unten ist, hat eine natürliche Strebung nach oben. Es wächst die Form von unten nach oben wie beim Baum, und die Krone ruht auf einem lotrechten Stamm, der breit und tief verwurzelt ist. So bekundet die rechte Haltung ein Ja des Menschen zu seiner zwischen Himmel und Erde gespannten, bipolar beheimateten Ganzheit. Er klebt nicht an der Erde, aber er hat Vertrauen zu ihr. Er strebt himmelwärts, aber er vergißt die Erde nicht.«

K.G. Dürckheim,
Hara, die Erdmitte des Menschen

Die rechte Haltung

In jeder alltäglichen Situation geschieht dasselbe. Menschen verlassen sich auf die Untrügbarkeit ihrer Sinne, übersetzen die Informationen in eine Teilwirklichkeit und streiten sich um die Richtigkeit ihrer Meinung. Doch in Anbetracht der übergeordneten Wirklichkeit können alle objektiven Gegensätze richtig sein, denn Teilaspekte sind keine Wahrheiten. Im *Budô* kommt es noch nicht einmal auf sie an. Lediglich ob der intuitive Zugang zur zusammenhängenden Wirklichkeit gegeben ist, ist von Bedeutung. Wenn die Wurzeln des logischen Bewußtseins bis zur übergeordneten Wirklichkeit reichen, läßt der Meister (→*Sensei*) objektive Erkenntnisse gelten. Doch er zerstört sie, selbst wenn sie richtig sind, wenn diese Wurzeln fehlen.

Wenn Menschen ihre Denkresultate nur aus der Logik beziehen, ohne auf die intuitive Erfahrung zurückzugreifen, laufen sie Gefahr, richtige Schlüsse aus falschen Grundlagen zu ziehen. Das, was die Logik als »das Rechte« ansieht, kann sich nur konform mit der universellen Wirklichkeit bewähren. Außerhalb ihrer ist auch der beweisbare Fakt unwahr.

Jeder Mensch weiß mehr über das intuitive Spüren, als er rational zu begreifen und auszudrükken vermag. Auch wenn ihm dies nicht bewußt ist, hat dennoch jede logische Schlußfolgerung ihre Wurzeln in diesem tieferen Erkennen. Würde es nicht existieren, wäre der rationale Mensch eine intelligente Maschine, die ohne Fremdbedienung nicht funktioniert. Wir alle richten unser rationales Wissen an der intuitiven Wirklichkeitserfahrung aus. In dem Maß, wie wir das vergessen, operieren wir mit Kurzschlüssen. Je mehr wir der Intuition vertrauen, um so effektiver wird unser rationales Denken.

Alles im *Budô* zielt auf diese hintergründige Bewußtseinsebene. Die analytische Logik wird dazu benutzt, dieses unermeßliche Erkenntnispotential zu Tage zu fördern und zu stärken. Doch dies ist ein schwerer Kampf im Schüler (→*Oshi*). Der Anspruch des Intellekts, alles zu verstehen, steht der rechten Haltung im Wege. Nur durch eine existentielle Übung (→*Geiko*), die weit über das objektiv Erkennbare hinausgeht, ist dieses schwierige Problem zu lösen.

Die rechte Haltung im *Budô* ist daher etwas anderes als das begründbar Richtige. Sie ist fest in einem intuitiven Wissen um den Sinn der Welt verankert (s. →Transzendenz), um den sich alles objektive Erkennen dreht. Nur auf diese Weise entsteht auch die rechte Wirkung.

Die rechte Haltung bezeichnet einen Zustand des rechten Befindens und Wirkens in der Welt (s. →*Shitei-undô*). Dies ist ein Zustand der höchsten Aktivität. Er ermöglicht es dem Menschen, aufgrund der intuitiv erkannten Wirklichkeitszusammenhänge in der rechten Weise auf seine unmittelbare Umgebung zu reagieren. Im Leben ist es die Art und Weise, Selbstverwirklichung durch universelle Anpassung zu erreichen. Im *Budô* liegt ihr Ausdruck im →*Rei*.

Shiseikan (jap.): japanische *Karate*-Organisation, gegründet und angeführt von →GIMA MAKOTO, einem Schüler von ITOSU ANKÔ, YABU KENTSU und FUNAKOSHI GICHIN.

Shishi[1] (jap.): »Mann des Geistes« oder »Mann mit hohen Zielen«. Bezeichnung, die man oft für die *Samurai* verwendete.

Shishi[2] (jap.): Glieder, Gliedmaßen.

Shishi[3] (jap.): »sieben« (s. →*Kazoeru*).

Shishidan (jap.): 7. Meistergrad im *Budô* *(Kyôshi)*; s. →*Kyûdan*, →*Dan*, →*Kodansha*.

Shishikyû (jap.): 7. Schülergrad im *Budô* (s. →*Kyûdan*, →Kyû).

Shishi-undô (jap.): Bewegung der Extremitäten. *Kashi-undô* – Bewegung der Füße, *Joshi-undô* – Bewegung der Arme, *Shitai-undô* – Ganzkörperbewegung. In den Kampfkünsten Bezeichnung für die Technik (*Uke, Tsuki, Uchi* und *Keri*) im Gegensatz zur Körperbewegung (s. →*Undô*, →*Sabaki*, →*Tai-sabaki*).

Shisho (jap.): umgangssprachlicher Ausdruck für den Meister eines Handwerks oder einer Kunst.

Shisôchin (jap.): okinawanische *Karate-Kata* der *Shôrei*-Schule mit chinesischem Ursprung *(Shi-zhen-jing)*, die das Kämpfen in vier Richtungen lehrt. Sie war eine Lieblings-*Kata* von MIYAGI CHÔJUN in seinen späteren Jahren. Im *Gojû-ryû* gehört sie zur Gruppe der *Jû-Kata* (weiche *Kata*). Geschichte und Erläuterungen s. unter →*Gôjû-ryû* und →*Kata*.

Shi bedeutet wahre Kraft, *Zhen* beschreibt einen Akt des Umfassens und Pressens, und *Jing* steht für Kraft oder Energie. Die *Kata* übt also, mittels Würge- und Haltetechniken anzugreifen oder sich gegen solche Techniken zu wehren.

Shi-sui-ching (chin.): s. →*Xi-shui-jing*.

Shita (jap.): unten, nach unten, untere Seite (auch *Ka, Ge, Moto*).

Shitachi (jap.): Bezeichnung für den Verteidiger *(Uke)*, der während eines *Kata-bunkai* oder einer *Kumite*-Übungsform von seinem Gegner *(Shite, Semeite, Tori)* angegriffen wird, dessen Angriff abwehrt und kontert.

Shitahaka no Kon (jap.): okinawanische →*Bô-Kata*.

Shita-hara (jap.): der untere Teil des Bauches (des *Hara*).

Shitai (jap.): Gliedmaßen und Körper (s. →*Shi*[8], →*Karada*). *Tai* – Körper, *Shishi* – Glieder, *Kashi* – Beine, *Joshi* – Arme.

Shitai-undô (jap.): Ganzkörperbewegung (s. →*Waza*, →*Shitei*, →*Undô*). Die Übung der Technik *(Waza)* im *Budô* beinhaltet als eines ihrer wichtigsten Ziele die Entwicklung der Ganzkörperbewegung. Diese hat ihren Ursprung in der rechten Haltung (→*Shisei*). Ihre Entwicklung im Bewegungsbild eines Menschen hängt vom psychischen Standpunkt gegenüber dem Leben in einem weit höheren Maß ab als vom rein äußerlichen Formtalent.

Der Weg zum Verständnis der Ganzkörperbewegung ist in der Übung der Technik nicht automatisch enthalten. Der Schüler strebt in der Ausführung der Technik nach der Wirkung und benutzt dazu die ihm eigenen Bewegungsgewohnheiten. Diese jedoch lassen die Entwicklung der Ganzkörperbewegung nicht zu. Der Lehrer (→*Sensei*) muß das Bewußtsein des Schülers (→*Deshi*) von der Wirkung weg und in die Grundlagen der natürlichen Bewegung (Haltung, Spannung, Atmung) lenken. Dies geschieht, indem er auf der äußerst genauen Ausführung der Grundschultechniken besteht.

GEWANDTHEIT UND GESCHICKLICHKEIT

Die Erklärung für die durch die Zeit erkrankte Bewegungsauffassung des Menschen liegt in seiner geschichtlichen Evolution und hat ihren Grund in der Heranformung des logischen Denkens, durch das der Mensch die Geschicklichkeitsbewegung (machen, gestalten, verändern) gegenüber der Gewandtheitsbewegung (lassen, dulden, bewahren) überzuakzentuieren begann. Durch das logische Denken in Verbindung mit der Geschicklichkeit seiner Extremitäten erleichterte er sein Leben und begann eine seinen Zielen und Vorstellungen entsprechende Welt zu erbauen, durch die er in die Auseinandersetzung mit der zur Unterwerfung auffordernden Natur geriet. Das sich durch Bewußtsein verwirklichende Leben begann in einem immer höheren Maß von der logischen Beurteilung der Situationen abzuhängen. Überhaupt bedingen diese im Geschicklichkeitstun verflochtenen Prozesse des Erkennens, der Analyse und nutzbringenden Arbeit die Werdung jenes Lebens, das sich vom duldenden, der Natur unterworfenen unterscheidet. Doch dies ist nur der vom Bewußtsein erkannte Auftrag des Lebens, sich durch Strebsamkeit gegen die Natur durchzusetzen, sich durch Arbeit zu verwirklichen und die Welt im Werk zu gestalten. Dieser Sinn ist es, dem der Anfänger ausschließlich gehorcht, wenn er ein *Dôjô* betritt.

Das logische Denken ist eng mit der arbeitsverrichtenden Extremitätenbewegung verbunden und erkennt als einziges Ziel die Leistung. Im logischen Denken ist daher jede Übung eine Übung zu einem Zweck, d. h. eine Übung zur Steigerung eines erkennbaren Formwertes. Die Motivation eines in der Logik gefangenen Menschen zu einer Handlung nährt sich immer von der Hoffnung, eine objektive Wertsteigerung zu erreichen. Das logische Denken kann eine Übung ohne Selbstzweck weder verstehen noch akzeptieren. Daher werden die eigentlichen Werte der *Budô*-Übung zumeist schon im Ansatz verkannt, wenn nur die Ratio verstehen will.

Der Antrieb zu jeder Zweckübung ist die Konzentration der logischen Aufmerksamkeit auf die in der Geschicklichkeitsbewegung erreichbare Leistung, und dies ist der hauptsächliche Motor für jeden Schritt, den ein Anfänger in einem *Dôjô* tut. Mit anderen Worten, der Anfänger konzentriert sein Wollen auf die Bewegung seiner Extremitäten und interessiert sich in erster Linie für den unmittelbaren Erfolg seiner Handlung. Durch diese Denk- und Bewegungsgewohnheit jedoch kann er den Weg des *Budô* nicht verstehen.

Die Gewandtheit hingegen bezeichnet die Bewegung des Rumpfes, des tragenden Teils jeder extremen Beweglichkeit. Während die Geschicklichkeit von der Logik gesteuert wird und vorwiegend von der visuellen Erkenntnis des Raumes abhängt, ist die Gewandtheit die Parallele zum Urzustand des der Natur angepaßten Lebens und verbindet sich vorwiegend mit dem intuitiven Empfinden der Umgebung. Die Überwindung der Schwerkraft und die Erhaltung des Gleichgewichts werden von ihr gesteuert. Man »sieht um sich« und »hört in sich hinein«. Das erste ist ein Symbol der Gestaltung, der Aktivität, der Auflehnung; das zweite ein Ausdruck der Bewahrung, der Passivität, der Anpassung.

Die Bewegung der Gewandtheit steht als Sinnbild für das angepaßte Befinden in der Welt. Die Gewandtheit unterliegt hauptsächlich der Intuition und formt einen ausgeprägten Sinn für inneres und äußeres Gleichgewicht, für die Orientierung in der Umgebung und den Umgang mit sich selbst. Als fundamentale Form der Bewegung hat sie eine intensive Verbindung zu den tiefsten Schichten der Seele, deren Eigenschaften sie in demselben Maß beeinflußt, wie der Mensch es vermag, Bewegung zuzulassen, statt zu machen, d. h. Vertrauen in seinen natürlichen Ursprung zu finden. Dies steht im Gegensatz zu dem Auftrag an das bewußte Leben, sich gegen die Natur zu behaupten. Es ist die tragende und zugleich grundlegende Seite des Lebens, die für den Menschen ebenso wichtige, ohne die er nicht existieren kann. Es ist der Auftrag, in allem Streben die Achtung vor dem Urgrund zu erhalten, in jedem Anspruch das Gleichgewicht zu wahren und in jedem Gestalten dem Sinn des natürlichen Lebens zu gehorchen. In dem Maß, in dem der Mensch die Welt durch dieses Bewußtsein erkennt, lebt er im Gleichgewicht seiner beiden Bestimmungspole. Er kann sich anpassen, und er kann wirken. Dieses Bewußtsein wird im *Budô* durch die Übung der korrekten Technik vermittelt.

Das philosophische Prinzip

Leistung (Geschicklichkeit) und Reife (Gewandtheit) stehen sich in jeder Wegübung gleichberechtigt gegenüber. Der Sinn der Übung liegt in der Verbindung der beiden und führt den Menschen auf jenen Weg (→*Dô*), auf dem er beide gleichermaßen verwirklicht: Er erfüllt seinen menschlichen Auftrag zur gestaltenden Leistung und gehorcht dennoch dem Aufruf der Natur zur Anpassung und Unterwerfung (s. →*Mosshô-seki*). Erst damit rechtfertigt er seine Existenz und vermag den vollen Umfang seiner Bewußtwerdung zu verstehen: die Welt zu gestalten und zu erhalten. Zwischen diesem philosophischen Prinzip und der Übung der Technik gibt es eine intensive Beziehung (→*Shisei*), die durch den nach Selbsterkenntnis strebenden Geist (→*Shin*) hergestellt wird. Um sie zu erkennen, muß der Mensch sein Denken zurechtrücken, seine Ansprüche ausgleichen, sein Streben lenken und seinen Zielen den rechten Sinn geben.

In der praktischen Übung des *Budô* wird daher der Schwerpunkt von der Extremitätenbewegung weg und hin zum Empfinden des Rumpfes gelenkt. Das bedeutet, der Lehrer wacht darüber, daß der Übende den Sinn der Technik nicht in der Leistung sucht, sondern im intuitiven Empfinden seiner aufrechten Gestalt (Haltung), im Umgang mit seinen Spannungsveränderungen und in der Harmonie zwischen Bewegung und Atmung. Das Üben ohne Nützlichkeitsdenken *(Mushotoku)*, der Geist ohne Zielvorstellungen *(Hishiryô)* führt auf den Weg. Die Leere *(Kû)* selbst ist der Weg.

Man kann dies als Grundsatz für jedes sinnvolle Üben im *Budô* betrachten. Die traditionelle Lehre, daß jede Handlung sich immer einer zentralen Mitte (→*Hara*) im Menschen bedient, aus der heraus sie entsteht, gesteuert und kontrolliert wird, ist für jeden wirklichen Lehrer des *Budô* der Leitsatz für all seine Anweisungen. Die Auffassung von der einzig und allein zweckorientierten Technik, die viele Lehrer des Sport-*Budô* vertreten, ist nicht nur falsch, sondern verletzt die elementaren Grundregeln des Weges. Eine Technik mit verspannten Schultern und verkrümmtem Oberkörper ist im wollenden Ich gefangen und bewirkt, wenn sie durch Routineübung zur Leistung gebracht wird, ein dem *Budô* entgegengesetztes Bewußtsein. All ihre Wirkungen dienen dem Ich und verhindern den Weg, da sie im Menschen eine falsche Haltung, einen falschen Geist und ein falsches Ziel begründen.

PRINZIPIEN DER ÜBUNG

Die Art und Weise, wie ein Mensch seinen Körper hält, spannt und bewegt, ist kein Zufall, sondern wird von inneren Maßstäben bestimmt. Man kann das beobachten, wenn man den körperlichen Ausdruck verschieden gepolter Menschen vergleicht (z. B. Rocker und Priester). Die Übung der Mitte *(Hara-gei)* ist keine wirklichkeitsfremde Theorie. Sie muß von den Lehrern der Kampfkünste beachtet werden, denn das Lehren allein zweckorientierter Techniken führt in eine Sackgasse. Die rechte Übung des *Budô* beginnt immer im Zentrum einer natürlichen Lebensauffassung und erweitert sich erst von dort aus in ihre praktische Zweckerfüllung. Will Formvollendung ihren Sinn behalten, muß das Leben ihr Maßstab sein.

Deshalb ist es wichtig, daß sich im Übenden von allem Anfang an das Verständnis für die Mitte formt, denn ohne sie ist die Gefahr groß, daß er dem Geschicklichkeitsrausch der Formen verfällt. Wird seine Übung von einem wirklichen Meister gelenkt, kann er ein Grundverständnis für seinen ganzen Körper entwickeln. Nur auf diese Weise hat er die Chance, jemals die wirkliche Technik des *Budô* zu verstehen.

In der traditionellen Übungsauffassung, die die Mitte *(Hara)* als Ausgangspunkt jeder Bewegung betrachtet, liegt die Einheit zwischen Körper und Geist. Die korrekt ausgeführte Technik *(Waza)* unterhält eine starke Verbindung zur inneren rechten Haltung *(Shisei)* und bewirkt so das physische und psychische Gleichgewicht. Die aus dem *Hara* heraus gesteuerte Bewegung *(Shitai-undô)* ist der Schlüssel zum Verständnis des *Budô* als Kunst und formt jene Verfassung, aus der der Übende eigenständig in die Tiefe forscht und Oberfläche ablehnt. Nicht durch Leistungstechnik, sondern durch den Weg des *Budô* ist Persönlichkeitsbildung durch Bewegung möglich.

Shitanken (jap.): Fingerspitzenstoß mit vier Fingern *(Shihon-nukite)*. Technik aus dem *Taijutsu*.

Shita-uchi (jap.): Schlag nach unten (s. →*Shutô-uchi*).

Shita-zuki (jap.): Stoß nach unten (auch →*Otoshi-zuki*).

Shite (jap.): Bezeichnung für den Angreifer im *Aikidô*. Identisch mit *Tori* aus dem *Jûdô*.

Shitei (jap.): wörtlich übersetzt man *Shitei* mit »Lehrer *(Shi)* und Schüler *(Tei)*«. In den *Budô*-Künsten bezeichnet der Begriff das budômäßige Verhältnis der beiden zueinander, das aufgrund eines Abkommens entsteht, in dem der Schüler verspricht, die Grundvoraussetzung für echtes Lernen zu erhalten, und der Meister verspricht, den Schüler auf den Weg des *Budô* zu führen. Das Zustandekommen von *Shitei* (s. →*Bujutsu*, →*Guan*) ist nach alter Tradition ein heiliger Akt, der in einem →*Dokusan* vollzogen wird. Ihm zugrunde liegt das unwiderrufliche Versprechen des Schülers, seinen inneren Unebenheiten (→*Bonno*) so lange und so entschieden zu begegnen, bis ihm der Lehrer die Wegmeisterschaft (→*Menkyo*) bestätigt. Auf der Grundlage dieses Versprechens akzeptiert der Meister eine persönliche Beziehung und erklärt sich bereit, dem Schüler den Zugang zum Weg zu öffnen (s. →*Kyûdan*, →*Shu Ha Ri*).

Shitei, die Lehrer-Schüler-Beziehung, besteht aus drei Komponenten: →*Giri*, →*Nesshin* und →*Jitoku*. Mit *Giri* bezeichnet man das Versprechen des Schülers, sich beständig um die rechte Haltung zu bemühen, die es ihm ermöglicht, die hintergründigen Weginhalte zu erfassen. *Nesshin* bezeichnet den ununterbrochenen Eifer und Fleiß, mit dem der Schüler durch die Verwirklichung der Haltung auf dem Weg fortschreitet, und *Jitoku* bedeutet, daß der Schüler nicht nur nachahmen darf, sondern der Kampfkunst durch seine eigene Persönlichkeit Sinn und Inhalt geben muß.

Shitei-Kata (jap.): die *Kata*, die der Meister dem Schüler als essentiell für das Verständnis des Stils empfiehlt.

Diese *Kata* wird zur höchsten Pflicht-*Kata* für den Schüler und muß zur Beurteilung seines Fortschrittsniveaus regelmäßig vorgeführt werden.

Shiteki (jap.): Hinweis (s. →*Kaisetsu*).

Shitô (jap.): Kampf auf Leben und Tod.

Shitô-ryû[1] (jap.): oder *Shitô-ryû Kempô-Karate*, okinawanischer *Karate*-Stil, gegründet von UECHI KANEI (nicht identisch mit dem Großmeister des *Uechi-ryû*).

Uechi wurde 1905 als Mitglied einer Kampfkunstfamilie in Utenbaru geboren und übte neben *Karate* auch noch *Naginatajutsu* und *Sôjutsu* unter der Leitung seines Großvaters und seines Onkels. 1926 begann er mit *Karate* und wurde später in Osaka Schüler von MABUNI KENWA. 1937 gründete er seine erstes *Dôjô* in Osaka.

Während eines Okinawa-Aufenthaltes lernte er 1940 unter NAKAMURA SHIGERU, YABU KENTSU und KYAN CHÔTOKU. 1942 erhielt er von MABUNI den 4. Dan. 1948 ließ er sich endgültig auf Okinawa nieder und gründete das *Shitô-ryû Kempô-Karate*. Die *Kata* des Stils sind *Pinan ichi, Pinan ni, Pinan san, Pinan yon, Pinan go* (= *Pinan* 1–5), *Sanchin, Seisan, Seipai, Seiunchin, Kushanku, Gojushiho, Passai dai* und *Passai sho*.

Shitô-ryû[2] (jap.): oder *Shiroma Shitô-ryû*, okinawanischer *Karate*-Stil, gegründet von Meister →SHIROMA SHINPAN (GUSUKUM) (1890–1954), einem Schüler von ITOSU und HIGASHIONNA.

In dem Stil werden folgende Kata geübt: Pinan-shodan, Pinan-nidan, Pinan-sandan, Pinan-yondan, Pinan-godan, Naihanchi-shodan, Naihanchi-nidan, Naihanchi-sandan, Kûsankû-dai, Kûsankû-shô, Sanchin und Chinto.

Shitô-ryû[3] (jap.): eine der vier großen japanischen *Karate*-Stilrichtungen mit Ursprung auf Okinawa, gegründet von →MABUNI KENWA (KENSHIN) im Jahre 1934. *Shitô-ryû* ist eine Kombination aus →*Shôrin-ryû* und →*Shôrei-ryû*.

Emblem des Shitô-ryû von Mabuni

DIE GRÜNDUNG DES STILS

Die Bezeichnung leitet sich von den Namen zweier großer okinawanischer Meister – ITOSU und HIGASHIONNA, beide Lehrer von Mabuni – ab. Die Schriftzeichen für Itosus Namen kann man auch als *Shi-shu* lesen und die Schriftzeichen für Higashionnas Namen als *To-on-na* – so nahm Mabuni die ersten Schriftzeichen von jedem Namen und gründete den Begriff *Shi-tô*. Die erste Schule des *Shitô-ryû (Yoshukan)* wurde in Osaka (Japan) eröffnet. 1934 erschien eine Veröffentlichung Mabunis, die als Leitfaden des Stils gilt: »*Goshin Jutsu Karate Kempô*«.

Zusammensetzung des Stils

Das *Shitô-ryû* zeichnet sich insbesondere dadurch aus, daß es nach alter Lehrmethode die Kunst der leeren Hand *(Karate-hô)* nicht von der Waffenkunst *(Kobudô)* trennt. Im *Kobudô* wurde Meister Mabuni in Okinawa von Meister Aragaki unterrichtet. In bezug auf die *Kata* der leeren Hand unterrichtete der Meister getreu die zuverlässigen Ausgangsformen des *Naha-te* von Higashionna und des *Shuri-te* von Itosu. Die *Shuri-te*-Kata sind die gleichen, die Meister Funakoshi unterrichtete, als er nach Japan kam.

Schon zu Lebzeiten Mabunis verbreitete sich der Stil vorwiegend in Japan, besonders in Kôbe, Kyôto und Osaka, welches auch heute noch die Zentren des *Shitô-ryû* sind. Lediglich Meister Itawa Manzo ließ sich in Tôkyô nieder, wodurch auch dort eine starke *Shitô*-Strömung begann.

Veränderungen und Ableitungen

Nach Meister Mabunis Tod entfernte sich Meister →Tani Chojirô aus Kôbe von der traditionellen Linie des Stils und gründete die rein wettkampfmäßige Ableitung *Tani-ha Shitô-ryû*, die er im →*Shukokai* organisierte. Diese Variante wurde in der Folge von →Nanbu Yoshinao nach Europa gebracht. Nanbu jedoch, ein Schüler Tanis, war mit der rein wettkampfmäßigen Interpretation des *Shukokai* nicht einverstanden und gründete seine eigene *Karate*-Richtung, das →*Nanbu-dô*. Bald darauf zog auch das *Shitô-ryû*, dem neuen Trend folgend, nach und begann seine weltweite Verbreitung als Wettkampfsport. Nachdem Meister Mabuni gestorben war, übernahmen seine Söhne (s. →Mabuni) die Leitung des Stils. Die beiden →Sakagami (Ryûsho und Sadaaki, Vater und Sohn), ebenfalls maßgebende Meister des Stils, führten die ursprüngliche *Shitô*-Richtung Mabunis noch weiter an ihren Ursprung zurück und gründeten die rein traditionelle Richtung → *Itosu-ryû*, die an die alte Itosu-Schule (s. → *Shôrin-ryû*) anschließen will.

Ein weiterer wichtiger Schüler der *Shitô*-Schule ist →Hayashi Teruô. Er wurde auch in Europa bekannt, als er in Frankreich einen seiner Schüler vertrat. Den westlichen *Karateka* ist er durch den Film *»Budô – Art of Killing«* bekannt, in dem er zusammen mit einigen seiner Schüler sein *Karate* präsentiert.

→Demura Fumio, der ab 1947 *Karate* studierte, stellte das *Shitô-ryû* 1965 in den USA vor. Leider ist die *Shitô*-Linie, wie viele andere Richtungen heute, untereinander zerstritten und uneinig. Es gibt große Probleme in den Interpretationen der *Kata*, die auch im *Shitô-ryû* mehr und mehr ihres ursprünglichen Zusammenhangs beraubt werden. Im *Shitô-ryû* sind die Wettkampfeinflüsse sehr groß und richten in der inneren Struktur gewaltige Schäden an. Die technische Breite des Stils ist immens, schon deshalb, weil in ihr die wesentlichen Punkte der *Shôrei*- und *Shôrin*-Schulen Okinawas vereinigt sind und weil sie außerdem noch eine große Anzahl von Waffensystemen enthält. Die wichtigsten Interpretationen des *Shitô-ryû* sind (s. jeweils dort):

Interpretationen des Shitô-ryû

Shukokai-ryû (Tani-ha Shitô-ryû)	– Tani Chojirô
Itosukai-ryû	– Sakagami Ryûsho
Seishinkai-ryû	– Kosei Kokuba
Shiroma Shitô-ryû	– Shiroma Shinpan
Hayashi-ha Shitô-ryû	– Hayashi Teruo
Nanbu-dô	– Nanbu Yoshinao

Die Kata des Stils

Die *Kata* des Stils setzen sich aus mehreren Kategorien zusammen: aus der Itosu-Schule stam-

DIE KATA DES SHITÔ-RYÛ

Einflüsse von Itosu	
Chinte	Naifanchin (3)
Chinto	Passai-dai
Gojûshihû	Passai-shô
Kôshôkun-shô	Pinan (5)
Jitte	Rôhai (3)
Jion	Shihô-Kôshôkun
Ji'in	Wanshu
Kôshôkun-dai	
Einflüsse von Higashionna	
Kururunfa	Seipai
Sanchin	Seisan
Saifa	Shisôchin
Sanseru	Suparinpei
Seienchin	Tenshô
Kata von Mabuni	
Aoyagi	Miyojo
Hanenko (Ananku)	Nipaipo (Neipai)
Juroku	Shihozuki
Weitere Einflüsse	
Ishimine Passai	Niseishi
Matsukaze	Shinpa
Matsumura Passai	Sôchin
Matsumura Rôhai	Unsu

men die *Pinan, Bassai, Kankû, Nijûshihô, Gojûshihô* u. a., aus MIYAGI's *Gôjû-ryû* kommt die *Tenshô*, außerdem gibt es noch eine Reihe von *Kata*, die von MABUNI und seinen Schülern selbst gegründet oder abgeleitet wurden, wie z. B. *Shihôzuki, Juroku, Nipaipo, Hanenko (Ananku)* u. a. (Zu den Zusammenhängen und der Entwicklung des Stils s. auch genealogische Tafel →MABUNI).

SHITÔ-RYÛ IN DEUTSCHLAND

Shitô-ryû organisierte sich in Deutschland zunächst selbständig in kleineren Splittergruppen, bis der Stil nach längerem Bemühen vom →DKV anerkannt und aufgenommen wurde. Die in Deutschland praktizierten Hauptrichtungen sind *Shitô-ryû* unter MABUNI SHIHAN und →*Hayashi-ha Shitô-ryû* unter Großmeister →HAYASHI TERUO. Verantwortlich für Deutschland ist der Ludwigsburger VERMIGLIO GIROLAMO (5. Dan), Chief Instructor für Europa ist *Shihan* MITSUYA SEINOSUKE (7. Dan).

Shitsurei shimasu (jap.): »Entschuldigt mich!« Dieser Satz oder →*»Arigatô gozaimashita«* wird in manchen traditionellen *Dôjô* gesagt, bevor man das *Dôjô* verläßt.

Shitsutô (jap.): Kniescheibe (auch *Hizagashira*, s. →*Karada*).

Shittsui (jap.): Kniehammer, Hammerstoß mit dem Knie. Auch →*Hizagashira*.

Shiwa (jap.): Zeichensprache.

Shiwari (jap.): Schlagtest, Bruchtest (s. →*Tameshiwari*).

Shizen (jap.): natürlich, die Natur, ursprünglicher Zustand. *Shizen-tai* – natürlicher Körper.

Shizen-dachi (jap.): natürliche Stellung (s. →*Shizen-tai*).

Shizen-hontai (jap.): natürliche Grundstellung des Körpers und der Glieder (s. →*Shizen-tai*).

Shizen-ken (jap.): die natürlichen Waffen des Körpers. Hände, Fäuste, Gelenke und Füße können zu Waffen ausgebildet werden.

Im *Karate* klassifiziert man in →*Ken* (Faust), →*Shô*[4] (Hand), →*Empi* (Ellbogen), →*Wan* (Unterarm), →*Hiza* (Knie) und →*Ashi* (Fuß). Erläuterungen und Einteilung s. jeweils dort.

Shizen-kumite (jap.): natürliches Kämpfen. Erläuterungen s. →*Renshû-kumite*.

Shizen no Kamae (jap.): natürliche Haltung (auch →*Shizen-kamae*).

Shizen-tai (jap.): natürlicher Körper. Der Begriff wird in den Kampfkünsten für eine natürliche Haltung und Stellung gebraucht (auch *Shizen-hontai* und *Shizen no kamae*).

In der natürlichen Haltung ist der Körper entspannt, und der Geist ruht in konzentrierter Gelassenheit. Aus dieser Haltung kann man schnell und übergangslos eine Kampfhaltung einnehmen oder direkt in eine kämpferische Aktion übergehen. Die Knie müssen immer entspannt sein, der Stand wird fest auf dem Boden verankert, der Körper ruht im Gleichgewicht aufrecht in seiner Mitte. Folgende Arten der Stellung gibt es im *Shizen-tai* (s. auch →*Tachikata*, →*Dachi*; zu den einzelnen Stellungen s. unter der jeweiligen Bezeichnung):

NATÜRLICHE GRUNDSTELLUNGEN

Hachiji-dachi	Renoji-dachi
Heiko-dachi	Teiji-dachi
Heisoku-dachi	Uchi hachiji-dachi
Musubi-dachi	

Shizoku (jap.): im Zuge der →Meiji-Restauration, durch welche die feudale Gesellschaftsstruktur Japans aufgehoben wurde, neu gebildete gehobene Bevölkerungsschicht, die den gebildeten Stand bis zum niederen Adel umfaßte.

Die *Samurai*-Kaste, die bis dahin dominiert hatte, ordnete sich zum größten Teil hier ein.

Sho (jap.): Anfang (auch *Hajime*).

Shô[1] (jap.): Handel treiben (auch *Akinau*). *Shôbai* – Handel, *Shônin* – Händler, *Shôhin* – Ware.

Shô[2] (jap.): Handwerker. *Meishô* – Handwerksmeister, *Shôshô* – Meister, *Sôshô* – Meister, Lehrer, *Kyoshô* – großer Meister.

Shô[3] (jap.): klein (auch *Ko, Chiisai*, s. →*Hô*[2]).

Shô[4] (jap.): auch *Shôtei* – Handfläche (Innenseite der Hand), *Gasshô* – die Hände zum Gebet falten.

Shô[5] (jap.): Geschlecht, Naturell, Eigenschaft, Temperament (auch *Sei*). *Seikô* – Charakter, Lebenswandel, *Shôbun* – Natur, Veranlagung.

Im *Zen* wird der Begriff mit Wesen, innere Natur oder Naturell übersetzt. Der Sinn des Begriffes, wie er im *Zen* verwendet wird, entspricht dem, was MEISTER ECKHART (um 1260–1328) und KARLFRIED GRAF →DÜRCKHEIM mit »Wesen« bezeichnen. In der Bedeutung von »Wesen« taucht *Shô* in Begriffen wie Buddha-Wesen *(Busshô)* oder Selbst-Wesensschau *(Kenshô)* usw. auf.

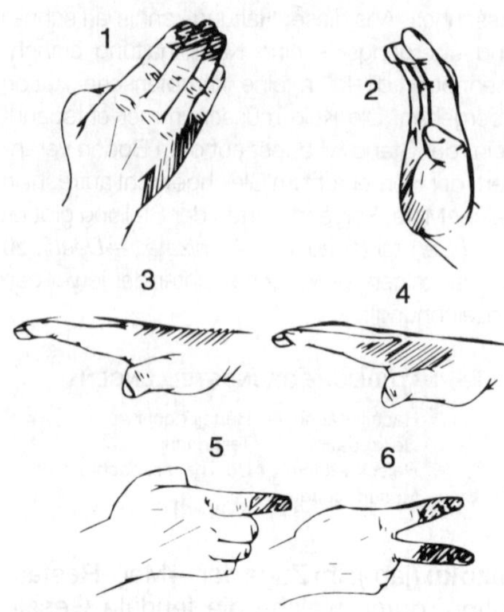

Die Auftreffflächen der offenen Hand: 1. Shutô und Nukite; 2. Teishô; 3. Haishu; 4. Haitô; 5. Ipponken; 6. Nihonken

Shobayashi-ryû (jap.): okinawanischer *Karate*-Stil, basierend auf →KYAN CHÔTOKU's →*Sukunai Hayashi-ryû*, heute vertreten von →SHIMABUKURO EIZO und →SHIMABUKURO TARÔ.

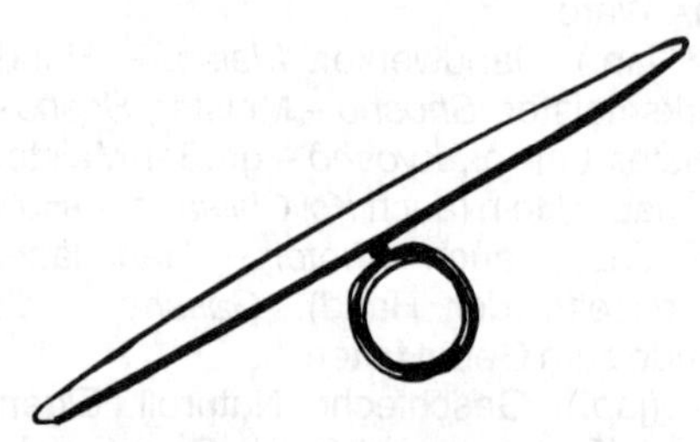

Shobô – alte okinawanische Faustwaffe

Shobô (jap.): alte okinawanische Faustwaffe (s. →*Chizekun-bô*)

Shôbo (832–910): japanischer →*Shingon*-Priester, der diese Lehre zum erstenmal systematisierte und als →*Shugendô* zusammenfaßte. *Shugendô* bedeutet »Weg der Erleuchtung durch Askese«.

Shôbôgenzô (jap.): von Meister →DÔGEN ZENJI verfaßtes Werk über das →*Sôtô-Zen*.

Das →*Shôbôgenzô*« besteht aus 95 Kapiteln und ist eine Ableitung aus dem →*»Sandôkai«* von Meister SEKITÔ KISEN (8. Jh.).

Shôbu (jap.): Spiel. In den Kampfkünsten Bezeichnung für einen Übungskampf (Erläuterungen s. unter →*Jiyû-kumite*).

Auch *Jiyû renshû-kumite* (freier Übungskampf). Philosophische Bedeutung von *Shôbu-kumite* s. unter →*Dôraku*.

Shôbu-ari (jap.): Ende des Kampfes.

Shôbu-geiko (jap.): die Übung *(Geiko)* des Spiels *(Shôbu)*. In den modernen Kampfkünsten auch Bezeichnung für das Wettkampftraining. Herkömmliche Bedeutung von *Shôbu-geiko* s. unter →*Shôbu* und →*Dôraku*.

Im →*Kendô* wird diese Bezeichnung für einen Trainingskampf zwischen zwei gleichwertigen Gegnern gebraucht.

Shôbu-hajime (jap.): Beginn des Kampfes (s. →*Shôbu*).

Shôbu-ho (jap.): »Methoden des Spiels«, Bezeichnung für Wettkampfregeln.

Shôbukan (jap.): *Karate*-System des *Shuri-te*, gegründet von YORIZUKI YAZUZATO (AZATO's Sohn) in Japan.

Shôbu-kumite (jap.): *Karate*-Übungsform des freien Kampfes (s. →*Jiyû-kumite*). *Shôbu* bedeutet »Spiel«. Diese Übungsform des Kampfes ist in den *Budô*-Systemen sehr beliebt. Aus ihr entwickelte sich das *Kyôgi-kumite*, eine Variante des Wettkämpfens, die heute von vielen Kampfkunstübenden ausschließlich betrieben und fälschlicherweise als die höchste Form des Kämpfens angesehen wird.

In den traditionellen Richtungen wird das *Kyôgi-kumite* als falsche Kampfkunstorientierung abgelehnt. Obwohl das *Shôbu-kumite* dort seit alters her einen festen Platz einnimmt, wird es ohne Wettbewerbsdenken geübt und dient der Entwicklung verschiedener kämpferischer Fähigkeiten.

→*Dôraku*, das »Spielen auf dem Weg«, ist in dieser Übungsform enthalten. In alter Zeit jedoch erstreckte sich das *Shôbu-kumite* nicht nur auf harmlose Spiele, sondern enthielt auch den *Shinken-shôbu* (tödliches Spiel). In einem solchen Kampf gab es keine Regeln, keine Begrenzungen und keinen Schiedsrichter, der das Geschehen stoppte, wenn ein Kämpfer in Bedrängnis geriet.

• ***Shiai-kumite.*** Diese Kampfübung dient heute zumeist der Perfektion der Fähigkeiten für einen Wettkampf und findet im *Dôjô* statt. In ihr gibt es Regeln (meist die Regeln des Wettkampfes), um Verletzungen zu vermeiden. Man spricht erlaubte und verbotene Techniken miteinander ab (z. B. keine Kopftreffer, kein Nachschlagen, kein Halten usw.) und begrenzt dadurch den wirklichen Kampf auf eine Weise, daß er sich in Form eines Wettbewerbsspiels *(Shôbu)* austragen läßt. Die Regeln des Erlaubten und Verbotenen müssen im *Dôjô* jedoch nicht identisch mit den Wettkampfregeln sein, so daß sich durch dieses Spielkämpfen auch Fähigkeiten für den richtigen Kampf entwickeln lassen. Das »Spielen auf dem Weg« *(Dôraku)* ist in allen Kampfkünsten ein hohes Prinzip und darf nicht mit dem bloßen Wettkämpfen *(Kyôgi)* verwechselt werden.

• ***Kyôgi-kumite.*** *Kyôgi* bedeutet »Wettkampf«. Dies also ist ein fest geordneter Kampf nach dem Wettbewerbssystem mit Regeln und Schiedsrichtern, um einen Sieger nach Punkten zu ermitteln. Es ist weder ein Übungskampf noch ein wirklicher Kampf, da hier das Element des Gewinnens im Wettkampf im Vordergrund steht. Diese Kampfmethode gibt es erst in neuerer Zeit; sie ist in allen klassischen Kampfkunstrichtungen verboten, da sie nicht den Inhalten des Weges *(Dô)* entspricht.

Shôbu Shin-ryû (jap.): japanische *Jûjutsu*-Schule, in der →KANÔ JIGORÔ trainierte.

Shôbu-zuyosa (jap.): wörtlich: »aus einer Niederlage einen Sieg machen« (s. → *Shôbu*).

Shochikubai (jap.): *Aikidô*-Begriff (*Sho* – stellvertretend für *Makoto*; *Chiku* – stellvertretend für die Geschmeidigkeit des Bambus; *Bai* – Pflaume, Symbol der Liebe), welcher die Fähigkeit eines Schwarzgurtes bezeichnet, die Prinzipien des *Aikidô* und *Kendô* zu kombinieren.

In dieser hohen Kunst soll durch die Entwicklung eines besonderen Wahrnehmungsvermögens *(Yomi)* das Gefühl für den Gegner *(Kimochi)* entwickelt werden.

Shôchu-geiko (jap.): Training im Sommer (s. →*Tokubetsu-geiko,* →*Kan-geiko*).

Shôdai (jap.): Titel für den Gründer einer Kampfkunstschule (auch *Sôke* oder *Shôsei*).

Shodan (jap.): erster →*Dan*-Grad (s. auch →*Kyûdan,* →*Yûdansha*) im *Budô* (auch *Ichidan*). Dieser Grad berechtigt zum Tragen des *Kuro-obi* (Schwarzgurt) und ist der erste Schwarzgurt auf dem Weg (→ *Dô*[4]).

Die Graduierung entspricht jedoch nicht, wie häufig angenommen, der Meisterschaft einer *Budô*-Disziplin, denn sie bezeugt keinen Wegfortschritt, sondern bloß ein inneres Potential, dank dessen der Weg möglich wird (s. →*Oshi*).

Der 1. Dan sagt über denjenigen, der ihn erreicht hat, aus, daß er in der Lage ist, zu erkennen, daß hinter der körperlichen Übung ein Weg steht, dessen Meisterschaft zu Höherem befähigt als die Beherrschung der bloßen Technik. Die Fähigkeit zu dieser Erkenntnis hat er sich in jahrelanger Suche nach Formperfektion in den *Kyû*-Stufen erworben. Nun liegt der Weg vor ihm. Doch er weiß nicht um das »Wie« dieses Weges, denn sein bisheriges Wissen ist nichts weiter als eine Vorahnung. Deshalb wird diese Stufe auch als »Grad des Suchenden« bezeichnet. Noch ist kein Schritt getan, doch die Voraussetzung, daß das Fortschreiten auf dem Weg beginnen kann, ist jetzt gegründet. Sie besteht hauptsächlich im täglichen Kampf um die rechte Haltung (→*Shisei*).

Shôden (jap.): s. →*Omori-ryû.*

Shôden Omori-ryû (jap.): s. →*Musô Jikiden-ryû.*

Shôdô (jap.): »Schriftweg« oder »Weg der Kalligraphie«, einer der japanischen Wege geistiger Schulung im Sinne des →*Dô.* Diese Kunst gilt im Fernen Osten als die wesentlichste aller Künste, da sich in ihr der »Herz-Geist« (s. →*Kokoro*) des Künstlers besonders widerspiegelt. So trifft die Bezeichnung »Kalligraphie« den Sinn nicht ganz, da es im *Shôdô* nicht darauf ankommt, schön zu schreiben, sondern sein

innerstes Wesen mitzuteilen (weitere Erläuterungen s. →*Bokuseki*).

GESCHICHTE UND SCHRIFTARTEN

Shôdô blickt auf eine rund 3600 Jahre alte Geschichte zurück und beginnt mit der Erfindung der chinesischen Schriftzeichen. Im 3. Jh. erreichte sie Japan und wurde dort im 14. Jh. unter dem Einfluß des *Zen*-Buddhismus den Weg-Künsten zugeordnet.

Die ersten Zeichen der chinesischen Schrift finden sich auf Schildkrötenpanzern und Knochenfragmenten und wurden als Orakelzeichen verwendet. Daher auch die Bezeichnung Orakelknochenschrift *(Kokotsumoji)*. Aus ihr entstand die Schrift auf Bronzegerätschaften *(Kinbun)*, die mit dem Pinsel entworfen und danach eingraviert wurde. Eine weitere Schriftart ist die *Tenshô* (Siegelschrift), bestehend aus *Daiten* (große Siegelschrift) und *Shôten* (kleine Siegelschrift). Sie wird noch heute auf persönlichen Siegeln *(Inkan)* und Stempeln *(Hanko)* verwendet. Die geschnitzte Schrift *(Kokuji)* ist aus ihr abgeleitet. Die erste reine Pinselschrift nennt man *Reishô*. Aus ihr wurden die halbkursive *Gyoshô*, die kursive *Soshô* und die Standardschrift *Kaishô* entwickelt. Letztere dient der Druckschrift *Katsuji* als Vorlage.

WERKZEUGE

Die Werkzeuge im *Shôdô* nennt man *Kami* (Papier), *Fude* (Pinsel), *Sumi* (Tusche) und *Suzuri* (Reibstein). *Kami*, das japanische Papier, ist sehr saugfähig, hat eine glatte Vorderseite *(Omote)* und eine rauhe Rückseite *(Ura)*. Heute verwendet man zur Übung maschinengeschöpftes Zellulosepapier *(Hanshi, Jufoku)*, für Reinschriften *(Seisho)* hingegen handgefertigtes Papier. Einfaches Japan-Papier wird aus Hanf oder Bastfasern des Papiermaulbeerbaums *(Kozo)* gemacht, die besseren Sorten aus dem Bast von *Mitsumata* und *Gampi*, zwei nur in Japan wachsende Sträucher. Doch da dieses Papier sehr teuer ist, werden auch in Japan Übungsversuche auf Zeitungspapier oder ausgedienten Telefonbüchern gemacht. Die Formate sind genormt: ganzes Blatt *(Zenshi)* – 70x135 cm, längs halbiert (*Hansetsu* oder *Jufoku*) – 35x135 cm.

Fude, der Pinsel, hat verschiedene Größen und hält bei entsprechender Wartung bis zu fünf Jahren. *Sumi*, die Tusche, besteht aus Ruß und Leim. Beide werden vermengt, in Formen gepreßt und getrocknet. Vor dem Benutzen wird sie mit dem Reibstein aufgerieben. *Suzuri*, der Reibstein, besteht aus Schiefer und hat bis zu 1 cm tiefe Rillen. Die Qualität des Reibsteins ist ausschlaggebend für die Qualität der Tusche.

Zur Grundausstattung gehören weiterhin eine Schreibunterlage aus Filz *(Shitajiki)*, ein Beschwerer *(Bunchin)*, ein Wasserspender *(Mizusashi)*, die Pinselablage *(Fudeoki)* und das Wasserglas zum Abwaschen des Pinsels.

Der Aufbau des Übungsraums ist ebenfalls festgelegt: Links liegt das vom Lehrer mit roter Tusche *(Shuboku)* vorgegebene Beispiel *(Tehon)*, daneben, vom Beschwerer fixiert, das Papier auf der Filzunterlage. Rechts liegt der Reibstein. Darüber Pinselablage und Wasserspender und ganz oben das Gefäß zum Pinselwaschen. Die Tuscheschachtel liegt rechts vom Reibstein.

Shôdôka (jap.): **»Das Lied vom Satori, Hier und Jetzt«. Eines der bedeutendsten *Zen*-Bücher, von Meister →YÔKA DAISHI im 7. Jh. geschrieben.**

Das *»Shôdôka«* umfaßt ungefähr 2000 *Kanji* (Schriftzeichen), die in 267 Versen zu etwa 7 Zeichen geordnet sind. Es enthält die grundlegende Lehre des *Zen* und ist von einer außergewöhnlichen Frische. Eigentlich ist es kein Gedicht, sondern ein Gesang (die Silbe *»–ka«* in *Shôdôka* bedeutet »Gesang«). In der Übung des *Zen* wird es in einem vorgegebenen Rhythmus rezitiert. Das *»Shôdôka«* ist einer der interessantesten Texte, die es in der alten *Zen*-Literatur gibt. Es wurde von Meister KÔDÔ SAWAKI (Meister des *Sôtô-Zen*, Lehrer von →TAISEN DESHIMARU) neu geordnet, und diese Version wurde von Taisen Deshimaru übersetzt und mit Kommentaren versehen.

Shôen (jap.): **oberste Klasse der Landadeligen *(Kuge)* vor der Zeit des →*Gempei*-Krieges (s. auch →*Kondei*).**

Shôgun (jap.): **der aus dem kriegerischen Adel (→*Buke*) hervorgegangene militärische Befehlshaber Japans, oberster Anführer der Kriegerkaste (s. →*Samurai*) und eigentlicher Machthaber Japans seit dem 12. Jh. (Erläuterungen und Geschichte s. →*Daimyô*, →*Kondei*).**

Eine Periode langer Kriege (s. →FUJIWARA, →MINAMOTO, →TAIRA) hatte den *Buke* Macht und Einfluß verschafft, und im Jahre 1192 setzte sich YORITOMO aus dem Clan der Minamoto im →*Gempei-Krieg* durch und errang den Titel des

Shôgun. Seitdem beherrschten die Kriegsherren alle Staatsgeschäfte, und der »göttliche« Kaiser (→*Tennô*) wurde als Machtsymbol, jedoch politisch ohnmächtige Figur von ihnen sorgfältig abgeschirmt. Danach wurde das Shôgunat zum Anlaß jahrhundertelanger Kriege (s. →ASHIKAGA, →HIDEYOSHI, →NOBUNAGA) zwischen den mächtigen Familien, bis im Jahre 1603 IYEASU das →Tokugawa-Shôgunat errichtete, wodurch er das Land vereinte und zu einem autokratisch regierten Feudalstaat ausbaute. Die Tokugawa-Shôgune isolierten Japan jedoch von jeglichem ausländischen Einfluß – Grund für die USA, diese Isolation im 19. Jh. zu durchbrechen und Japan für den Handel zu öffnen. Dies gelang 1853, und durch die damit vollzogene Wende brach 1867 das Shôgunat zusammen. In diesem Jahr übergab der letzte *Shôgun* die politische Macht in die Hände des *Meiji-Tennô* MUTSUHITO (s. →Meiji-Restauration).

In der langen Geschichte Japans gab es drei Shôgunate, die jeweils von verschiedenen Residenzen (→*Bakufu*) aus regierten: in →Kamakura 1185–1333 die MINAMOTO, in Kyôto 1336–1574 die →ASHIKAGA und in Edo (Tôkyô) 1603–1868 die TOKUGAWA.

Shôgunat (jap.): oberste Militärinstanz und eigentliches Regierungszentrum (s. → *Bakufu*) Japans in der Feudalzeit.

Der →*Shôgun* war dem Kaiser (→*Tennô*) symbolisch verpflichtet, bildete jedoch in Wirklichkeit eine Gegenmacht zum Kaiserhaus und den ebenso machtlosen →*Kuge* (Hofadeligen).

Die Kriegerkaste (→*Samurai*), deren oberste Instanz das Shôgunat war, hatte alle Macht, und die →*Buke* (adligen Kriegerfamilien) waren die einzig Bestimmenden im Land.

Shôhattô (jap.): s. →*Omori-ryû*.

Shôin (jap.): *Karate-Kata* (s. →*Kata*), so benannt vom Begründer des modernen *Karate*, →FUNAKOSHI GICHIN. Heute wieder in →*Chinte* zurückbenannt.

Shôji (jap.): wörtlich: »Geburt und Tod«, Bezeichnung im Buddhismus für den Kreislauf des Geborenwerdens und Sterbens.

Shoji Hiroshi: JKA-Instruktor, 8. Dan *Sôtôkan-Karate*, einer der anerkanntesten *Karate*-Lehrer der alten *Shôtôkan*-Generation der JKA.

Shoji Hiroshi ist Absolvent der *Takushoku*-Universität im Jahre 1954. Dort besuchte er NAKAYAMA's JKA-Instruktorenkurs und war mehrmaliger Gewinner der *All Japan Championships*. Heute ist er Direktor der JKA-Instruktorengruppe und Autor einer 6bändigen Buchreihe über die *Shôtôkan Karate Kata*.

Shôjô (jap.): andere Bezeichnung für → *Hinayâna*.

Shôjô-Zen (jap.): nach →*Bombu-Zen* und →*Gedô-Zen* die dritte der im →*Zen* klassifizierten Arten. *Shôjô-Zen* bedeutet das »Zen des kleinen Fahrzeugs« und bezeichnet das *Zen* der buddhistischen *Hinayâna*-Richtung.

Shôjô-Zen ist ein *Zen*, das nach der *Hinayâna*-Auffassung nur auf den Frieden des eigenen Geistes bedacht ist. Aus der Sicht des →*Mahâyâna* bezeichnet man es als *»Hôben-Zen«* (zweckdienliches *Zen*) und daher nicht mit der höchsten buddhistischen Lehre im Einklang. Das Ziel des *Shôjô-Zen* ist das Anhalten jeder Art von unterscheidendem Denken, so daß der Geist in eine bewußtseinslose Verfassung *(Mushinjô)* gelangt. Man kann sich in diese tranceähnlichen Zustände für einen bestimmten Zeitraum versetzen und durch sie auf Wunsch selbst den eigenen Tod herbeiführen. Nach der *Hinayâna*-Auffassung kann dadurch ein Tod ohne Wiedergeburt erreicht werden, was in dieser Religion von großer Bedeutung ist. Das *Shôjô-Zen* jedoch wird nicht als wirkliches *Zen* angesehen, obwohl es buddhistischen Vorstellungen folgt. Auch dieses *Zen* dient nicht der Aufhebung der eigenen Verblendung (Illusion), sondern folgt einem Pseudoweg, der in die Verblendung führt (weiter s. →*Daijô-Zen*).

Shôken (jap.): Befund, Ergebnis. Bezeichnung für das erste →*Dokusan* eines Schülers (→*Deshi*) bei seinem Meister (→*Sensei*).

Erst nach dieser Begegnung, die in den Räumen des Meisters stattfindet, entscheidet der Meister, ob er den Schüler persönlich unterweist. Nimmt der Meister den Schüler an (s. →*Shu*[3], →*Ha*[3]), verpflichtet er sich, ihn bis zum höchstmöglichen Niveau (→*Ri*[3]) zu führen. Gleichzeitig verpflichtet sich der Schüler, dem Meister voller Offenheit, Ehrlichkeit und Treue (→*Shitei*) auf dem Weg zu folgen. Zwischen beiden entsteht eine tiefe Beziehung, die in allen Lehren des Weges (→*Dô*) unerläßlich ist, um höhere Fortschrittsniveaus zu erreichen.

Shômei[1] (jap.): Zeugnis, Bescheinigung, Beweis (auch *Shô*).

Shômei[2] (jap.): direkter Stoß mit dem *Shinai* zum Kopf des Gegners. Technik aus dem *Kendô*.

Shômen (jap.): vorn, die vordere Seite eines *Dôjô*. Dort ist →*Kamiza*. Gegenüberliegende Seite ist →*Shimosa*.

Shômen ist in den traditionellen *Dôjô* der Platz der Ehre, den man auch *Shinzen* (Ort Gottes) nennt. Auf der rechten Seite von *Shômen* – *Jôseki* – sitzen die Lehrer, auf der linken Seite – *Shimoseki* – die Schüler (s. →*Dôjô*).

Shômen ni rei (jap.): Verbeugung (→*Rei*[4]) zur Frontseite des →*Dôjô*.

Shômen-uchi (jap.): Schlag nach vorn.

Shômen-zuke (jap.): Pistolenangriff aus dem *Gôshinjutsu*.

Shômen-zuki (jap.): direkter Faustsstoß nach vorn.

Shômin (jap.): Bezeichnung für Bauern, die das Feld der →*Shôen* bearbeiteten. Bevölkerungsklasse Japans vor dem →*Gempei-Krieg*. Erläuterungen s. →*Kondei*.

Shô-mokuroku (jap.): niedrigster (1.) *Dan*-Grad in den japanischen Kampfkünsten. *Jô-mokuroku* – 2. Dan, *Hon-mokuroku* – 3. und 4. Dan.

Shônin (jap.): Händler, Kaufmann (s. →*Shô*[1]).

Shôreikan (jap.): okinawanische Variante des →*Gôjû-ryû*, Weiterentwicklung aus MIYAGI's *Gôjû-ryû*. *Shôreikan* ist der Name des im Jahre 1955 in Koza, Okinawa, gegründeten *Dôjô* für okinawanisches *Shôrei-Karate*. Begründer ist der *Gôjû-ryû*-Meister →TÔGUCHI SEIKICHI.

Toguchi blieb bei seinem Lehrer, MIYAGI CHÔJUN, bis zu dessen Tod und führte dann die Prinzipien seines *Gôjû-ryû* unverändert weiter. Doch da er viele Amerikaner im *Shôreikan* unterrichtete, erweiterte er die Systeme, um sie auf die Bedürfnisse westlicher Menschen zuzuschneiden. Als Resultat dieser Studien entstanden die Formen *Gekki-ha, Kaku-ha* und *Bunkai*. Aus der alten →*Hakutsuru* gründete er die Form *Hakutsuru no Mai*, die mit Musik geübt wird. Die Form stellt den

Emblem des Shôreikan Gôjû-ryû

Kampf zwischen einem Kranich und einer Schlange dar.

Das *Koryû-bunkai* (Anwendung der klassischen *Kata*, s. →*Gôjû-ryû*) wird im *Shôreikan* erst auf Schwarzgurtebene geübt. Auf dieser Stufe wird auch *Kaisai-kumite* eingeführt, das eine Analyse einzelner *Bunkai*-Abschnitten ermöglicht.

Shôrei-ryû (jap.): Überbegriff für die okinawanischen *Karate*-Systeme (s. →*Tôde*, →*Okinawa-te*, →*Karate*, →*Kempô*, → Okinawa) der inneren Schulen (→*Nei-jia*) des chinesischen →*Quan-fa*. *Shôrei-ryû* ist ein Nachfolgesystem des →*Naha-te* und verbindet seine Geschichte mit dem Namen des großen okinawanischen Kampfkunstexperten →HIGASHIONNA KANRYÔ, der in →Naha unterrichtete.

ZUM BEGRIFF

Die Schriftzeichen für *Shôrei-ryû* bedeuteten »Stil der Inspiration«. Man glaubt, daß die Okinawaner den Stil nach dem *Shôrei-ji*-Tempel in Südchina benannten. Die Lehren dieses Tempels bildeten die Basis für den Stil des alten *Naha-te*.

GESCHICHTE

HIGASHIONNA KANRYÔ studierte in China mehrere Systeme (vor allem *Bai-he-quan* und *Luo-han-quan*) und gründete danach in Naha eine Schule, in der er eine Kampfkunst lehrte, die sich wesentlich von den bisher auf Okinawa vertretenen (s. →SAKUGAWA und →MATSUMURA aus Shuri) unterschied. Seinen Stil nannte er noch *Naha-te* (»Hand aus Naha«), so wie bisher die Kampfkunst aus Naha immer genannt wurde.

Das spätere *Shôrei-ryû*, das aus dem →*Naha-te*

entstand und von den chinesischen Systemen des »Weißen Kranichs« *(Bai-he-quan)*, des Arhat-Boxens *(Luo-han-quan)*, der »Gottesanbeterin« *(Tang-lang-quan)*, des »Tigers« *(Pangai-noon)*, des »Boxens der acht Trigramme« *(Ba-gua-quan)*, des »Boxens der großen Einheit« *(Tai-ji-quan)* und des »Boxens der Familie Mo« (*Mo-Kempô*, s. →*Mo-jia-quan,* →*Mok-gar*) beeinflußt wurde, kennzeichnet sich vor allem durch seine mit dem Boden verankerten Stände und seinen speziellen Atemtechniken (→*Ibuki*). Die Bewegungen sind weniger schnell als im *Shôrin-ryû*, jedoch in vollkommener Harmonie mit der Atmung.

Der Name HIGASHIONNA KANRYÔ (1853–1916) steht sowohl für den letzten Meister des *Naha-te* als auch für den Begründer des *Shôrei-ryû*. Nachdem er in China gelernt hatte, gründete er in Naha eine Schule, in der er zum ersten Mal in

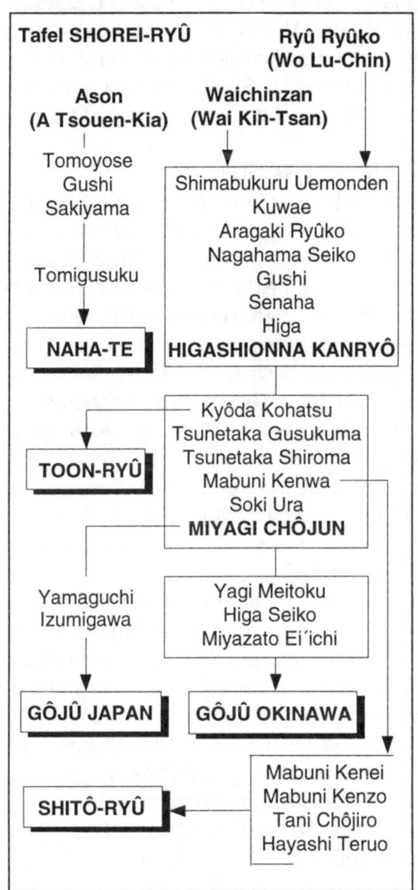

Okinawa die »weiche« Kampfkunst *(Nei-jia)* aus China auf der Basis des →*Bubishi* unterrichtete. Sein bedeutendster Schüler war →MIYAGI CHÔJUN, der nach weiteren persönlichen Studien in China das →*Gôjû-ryû*, den hauptsächlichen Vertreter des *Shôrei-ryû*, gründete. Higashionnas offizieller Nachfolger *(Uchi-deshi)*, →KYÔDA KOHATSU, gründete das *Toon-ryû*.

Zum *Shôrei-ryû* zählt man heute auch das von KANBUN UECHI gegründte →*Uechi-ryû*. Dieser Stil stammt hauptsächlich aus dem chinesischen »Tigerstil« (→*Pangai-noon*), wurde aber nicht in Naha ausgeübt.

Shôrin-ji (jap.): japanische Bezeichnung für das →*Shaolin-Kloster* in China.

Shôrinji-Kempô (jap.): vollständig *Nippon-Den-Seitô-Shôrinji-Kempô*, japanische Kampfkunst, gegründet 1947 von dem Japaner NAKANO MICHIOMI, nachher bekannt geworden als →SÔ DÔSHIN. Der Stil kombiniert japanische Kampfkünste mit dem *Shaolin Quan-fa* (*Shaolin Kung-fu* oder *Shôrinji-Kempô*).

Das Kampfsystem genießt in Japan auch in der Öffentlichkeit einen guten Ruf und eine große Verbreitung. Neben der Kampfkunst studieren die Übenden auch den *Zen*-Buddhismus. Mit dem Rang eines Ausbilders in der Kampfkunst werden die Übenden gleichzeitig zu buddhistischen Priestern (s. dazu auch →*Kempô*).

Das Hauptquartier von SÔ DÔSHIN's Schule ist ein Tempel mit Sitz in Tadotsu, Präfektur Kagawa, auf der Insel Shikoku. Die Mitglieder leben und lernen wie die Mönche im alten Shaolin. Sie werden umfangreich ausgebildet, sie arbeiten, meditieren, philosophieren, und sie üben sich in den Kampfkünsten. Sô Dôshin versuchte eine längst vergangene Tradition wiederzubeleben, und dies ist ihm sehr gut gelungen. Im Tempel leben ungefähr 20 Mönche, die Organisation umfaßt jedoch eine Million Mitglieder.

Shôrinji-ryû[1] (jap.): Kampfkunst, gegründet von RICHARD →KIM als Synthese mehrerer okinawanischer und chinesischer Stile auf der Basis des *Shaolin Quan-fa*.

Shôrinji-ryû[2] (jap.): auch *Shorinji-ryû Kenkokan* (s. →*Kenkokan-Karate-dô*), von →HISATAKA KORI gegründete Stilrichtung.

Shôrinji-ryû[3] (jap.): auch *Kyan-ryû* oder

Nanbu Shôrin-ryû, »Schule des jungen Waldes«, gegründet von →NAKAZATO JOEN.

Shôrin-ryû (jap.): Überbegriff für die okinawanischen Kampfkünste (s. →Okinawa, →*Tôde*, →*Karate*, →*Kempô*, →*Okinawa-te*) der äußeren Stile. *Shôrin-ryû* bedeutet in der Übersetzung »Schule des jungen Waldes« und ist die okinawanische Aussprache für *Shaolin* (*Shôrei* bedeutet in einem anderen okinawanischen Dialekt auch *Shaolin*).

ZUM BEGRIFF

Shô, das man auch als *Sukunai* bezeichnen kann, bedeutet »jung« oder »klein«. *Rin* kann man auch als *Hayashi* aussprechen und bedeutet »Wald«. *Shôrin-ryû* kann man daher auch als *Sukunai Hayashi-ryû* oder als *Shô Hayashi-ryû (Shôbayashi-ryû)* bezeichnen, und es heißt immer »Schule des jungen (bzw. kleinen) Waldes«. Die Bezeichnung steht als Überbegriff für die okinawanischen Kampfkünste (*Tôde* und *Okinawa-te*), die sich aus den äußeren Stilen (→*Waijia*) des chinesischen →*Quan-fa* ableiten. Den hauptsächlichen Einfluß erfuhr die Kampfkunst von Shuri aus dem nördlichen *Shaolin Quan-fa (Kûshankû, Wanshu)* und aus dem südlichen *Bai-he-quan* (jap. *Hakutsuru-ken*). Zahlreiche Meister des südlichen Kranichstils lebten auf Okinawa und unterrichteten die Methode des »Kranichs«, die auf der Grundlage des →*Bubishi* und dreier Kranich-*Kata* (*Happoren, Hakufa* und *Neipai*) alle Stile Okinawas beeinflußte. Im *Shôrin-ryû* galt *Hakutsuru-ken* als geheimes System und wurde nur Vertrauten beigebracht. Aus diesem System stammt hauptsächlich das →*Qinna* des *Shôrin-ryû* und *Shôrei-ryû*, das die Lehre der Vitalpunktstimulation *(Kyushôjutsu)*, die Techniken der klebenden Hände (*Tuite* oder *Kakie*) und die Systeme des →*Kuatsu* enthält.

Das *Shôrin-ryû* entwickelte sich zu Beginn des 19. Jhs. hauptsächlich in den okinawanischen Städten Shuri (s. →*Shuri-te*) und Tomari (s. →*Tomari-te*). Die verschiedenen Stile griffen die Bezeichnung *Shôrin* immer wieder auf: KYAN CHÔTOKU nannte seinen Stil *Shôbayashi-ryu*, SHIMABUKURO ZENRYÔ den seinen *Sukunai-Hayashi-ryû* usw., Namen, die alle auf einen Ursprung im Shaolin-Kloster verweisen. CHIBANA CHÔSHIN ersetzte das Schriftzeichen für *Shô* durch ein anderes, das man ebenfalls *Shô* oder *Ko* liest und das ebenfalls »klein« oder »jung« bedeutet. Sein Stil heißt *Kobayashi-ryû* (»Kleiner-Wald-Stil«).

NAGAMINE SHÔSHIN verwendet ein anderes Schriftzeichen, das man *Shô* oder *Matsu* liest und das mit »Pinie« übersetzt wird. Sein Stil heißt *Matsubayashi-ryû* (»Pinienwaldschule«).

Es gab auf Okinawa eine Zeit, als in der Gegend von Naha der Begriff *Shôrei* anstelle von *Shôrin* gebraucht wurde. Heute ist dies nicht mehr üblich. Doch einige Meister des 20. Jhs. wie TOGUCHI oder SEIKICHI behielten die alte Bezeichnung bei und bezeichnen damit ihre Stilgründungen.

DIE SAKUGAWA-SCHULE

Der erste okinawanische Meister, unter dem sich die Charakteristika des *Shôrin-ryû* abzubilden begannen, war →SAKUGAWA. Er lebte in Shuri und nannte seinen Stil einfach *Shuri-te*. Bereits vor ihm erfuhr die Kampfkunst der Stadt Tomari, das *Tomari-te*, chinesische Einflüsse. Ab Sakugawa entstand eine Verbindung zwischen den beiden Städten und dadurch ein reger *Kata*-Austausch. Die Initiative zum *Shôrin-ryû* ging jedoch von Shuri aus, und zwar von Meister →MATSUMURA SÔKON.

DIE MATSUMURA-SCHULE

Heute betrachtet man MATSUMURA SÔKON aus Shuri und →MATSUMORA KOSAKU aus Tomari als die Initiatoren der beiden Stile (*Shuri-te* und *Tomari-te*). Diese beiden bedeutenden okinawanischen Schulen gelten als der Ausgangspunkt für das sich heranbildende Hauptsystem *Shôrin-ryû*, innerhalb dessen die Meister der nächsten Generation verschiedene Stile (→*Kobayashi-ryû*, →*Matsubayashi-ryû*, →*Shobayashi-ryû*) gründeten. Diese Stile waren in den grundlegenden Konzepten identisch und unterschieden sich untereinander durch die Auswahl ihrer *Kata*, die sie aus dem Hauptsystem *(Shôrin-ryû)* entnahmen.

MATSUMURAS ERBEN

Einer der wichtigsten Meister nach Matsumura war →ITOSU YASUTSUNE. Unter ihm lernte →CHIBANA CHÔSHIN und gründete nachfolgend das *Kobayashi-ryû*. Die Erbfolge dieses Stils traten HIGA YUCHOKU, NAKAZATO SHUGORO und MIYAHIRA KATSUYA an. Ein anderer Schüler von Chibana Chôshin, KANESHIRO KENSEI, gründete ein eigenes Konzept, das er →*Tozan-ryû* nannte.

Matsumura Seito-ryû wurde von SÔKEN HÔHAN (1889–1982) gegründet, der unter MATSUMURA NABE, dem Sohn von MATSUMURA SÔKON, lernte.

Okinawanische Tôde-Meister im Kampf

DIE WICHTIGSTEN STILE DES SHÔRIN-RYÛ

Chitô-ryû	– Chitose Tsuyoshi
Isshin-ryû	– Shimabururo Tatsuo
Itosu Shôrin-ryû	– Itosu Yasutsune
Kobayashi Shôrin-ryû	– Chibana Chôshin
Matsubayashi-ryû	– Nagamine Shôshin
Matsumura-Seito	– Soken Hohan
Okinawa Kempô-ryû	– Nakamura Shigeru
Shitô-ryû	– Mabuni Kenwa
Shobayashi-ryû	– Shimabukuro Eizo
Shorinji-ryû	– Nakazato Joen
Shôrin-ryû Gokoku-an Karate	– Matsumura Sôkon
Shôtôkan-ryû	– Funakoshi Gichin
Sukunai Hayashi-ryû	– Kyan Chôtoku
Tomari-te	– Nakazone
Tozan-ryû	– Kaneshiro Kensei
Wadô-ryû	– Otsuka Hironori

Der Stil ist eine Kombination aus *Shaolin Quan-fa* und *Bai-he-quan*. Heute wird er von KISE FUJI (FUSEI) *(Shôrin-ryû Kenshikan)* und KUDA YUICHI *(Matsumura-Kempô)* vertreten. Der ältere Bruder von SHIMABUKURO EIZO, SHIMABUKURO TATSUO (1908 bis 1975), gründete, beeinflußt von MIYAGI CHÔJUN, KYAN CHÔTOKU und ARAGAKI ANKICHI, das *Isshin-ryû*.

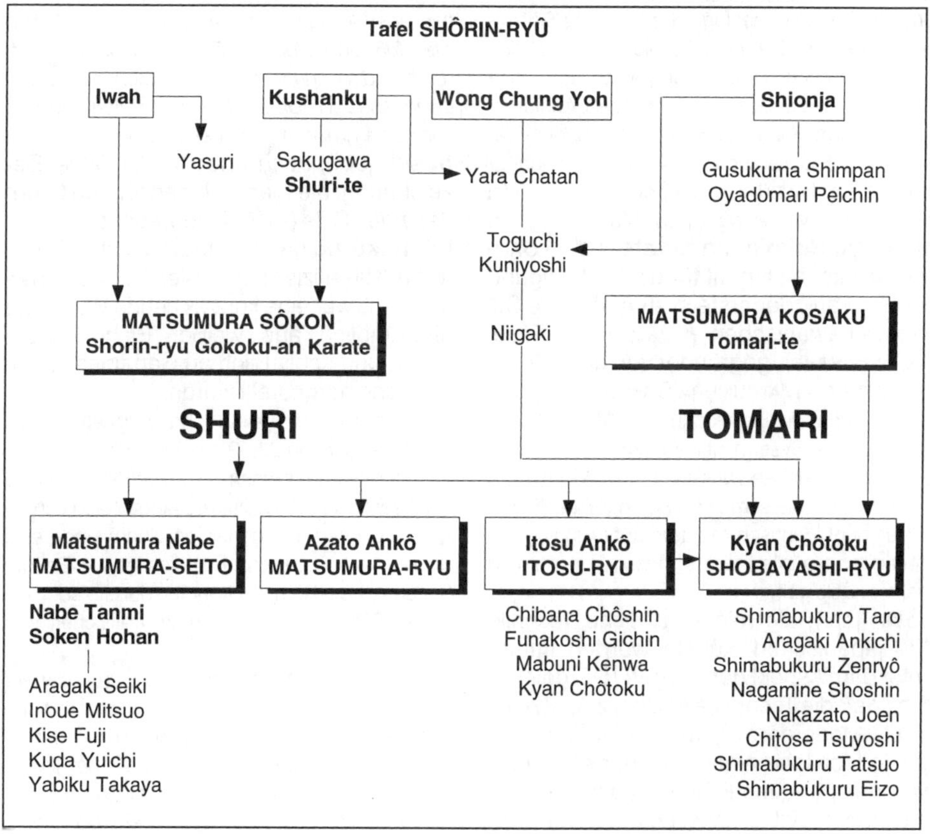

Tafel SHÔRIN-RYÛ

Iwah → Yasuri

Kushanku → Yara Chatan

Wong Chung Yoh

Shionja

Sakugawa
Shuri-te

Yara Chatan

Gusukuma Shimpan
Oyadomari Peichin

Toguchi
Kuniyoshi

Niigaki

MATSUMURA SÔKON
Shorin-ryu Gokoku-an Karate

MATSUMORA KOSAKU
Tomari-te

SHURI

TOMARI

Matsumura Nabe
MATSUMURA-SEITO

Nabe Tanmi
Soken Hohan

Aragaki Seiki
Inoue Mitsuo
Kise Fuji
Kuda Yuichi
Yabiku Takaya

Azato Ankô
MATSUMURA-RYU

Itosu Ankô
ITOSU-RYU

Chibana Chôshin
Funakoshi Gichin
Mabuni Kenwa
Kyan Chôtoku

Kyan Chôtoku
SHOBAYASHI-RYU

Shimabukuro Taro
Aragaki Ankichi
Shimabukuru Zenryô
Nagamine Shoshin
Nakazato Joen
Chitose Tsuyoshi
Shimabukuru Tatsuo
Shimabukuru Eizo

Das →*Sukunai Hayashi-ryû* (auch →*Shobayashi-ryû*) wurde von →KYAN CHÔTOKU gegründet, der mehrere bedeutende Schüler hatte. →NAKAZATO JOEN gründete das *Shôrinji-ryû*, aber weitere Einflüsse von Kyan Chôtoku auf die okinawanischen Kampfkünste sind auch in vielen anderen Stilen sichtbar. So z. B. im *Matsubayashi-ryû*, das von Meister NAGAMINE SHÔSHIN gegründet wurde, der unter KYAN CHÔTOKU, ARAGAKI ANKICHI und MOTOBU CHÔKI lernte. Die Weiterfolge von Kyans Lehre traten die SHIMABUKURO-Brüder an.

Das *Shôrin-ryû* besteht heute aus mehreren klassischen Richtungen, von denen besonders das *Kobayashi-ryû*, das *Sukunai Hayashi-ryû* (*Shobayashi-ryû*), das *Shôrinji-Kempô* und das *Matsubayashi-ryû* zu erwähnen sind. Daneben gibt es noch viele weitere Ableitungen. Die wichtigsten heute ausgeübten Systeme des okinawanischen *Shôrin-ryû* sind in der Tafel Seite 787 dargestellt.

GENEALOGIE DES SHÔRIN-RYÛ

Umseitig ist die genealogische Tafel des *Shôrin-ryû* angeführt. Sie besteht hier nur aus den hauptsächlichen Übertragungslinien und den daraus resultierenden Stilgründungen. Ausführlichere Informationen und Weiterführungen der Nebenlinien sowie auch die Namen der wichtigsten Schüler finden sich unter den in dieser Tafel aufgeführten Namen der Haupt-Meister.

Shôrin-ryû Gokoku-an Karate (jap.): »Shaolin-Karate, bestimmt für die Verteidigung der Heimat«, der erste systematisierte Stil des okinawanischen *Karate* (s. →*Tôde*, →*Okinawa-te*), gegründet von dem *Shuri-te*-Meister →MATSUMURA SÔKON.

Später wurde die Bezeichnung →*Shôrin-ryû* für das gesamte System der äußeren Richtungen, bestehend aus →*Shuri-te* und →*Tomari-te*, übernommen. Matsumuras ursprüngliches *Shôrin-ryû* ist nicht identisch mit dem auf Okinawa bestehenden Hauptsystem *Shôrin-ryû*, in dem es mehrere Stile gibt.

Shôsa (jap.): die rein körperliche Technik. Alle japanischen Künste werden immer unter dem Aspekt des Weges *(Dô)* gelehrt, d. h., daß die Technik als Mittel zum Zweck dient. Modernere Kampfkunstauffassungen jedoch lehren nur noch reine Technik, was der herkömmlichen Tradition widerspricht. Es folgt ein Auszug aus »Die wunderbare Kunst einer Katze« von *Zen*-Meister ITÔ TENZAA CHÛYA aus einer altjapanischen *Kendô*-Schule:

Da sagte die Alte: »Worin du dich geübt hast, ist eben nichts als nur Technik! [Shôsa – die rein physische Kunst]. Dein Geist aber ist besetzt mit der Frage: Wie gewinnen? So haftest du ja nicht am Zielen! Wenn die Alten Technik lehrten, so taten sie es, um damit eine Weise des Weges [Michisuji] zu zeigen. Ihre Technik war einfach, beschloß jedoch die höchste Wahrheit in sich. Die Nachwelt aber beschäftigt sich nur noch mit Technik. Dabei erfand man zwar vieles, so nach dem Rezept, wenn man dies und das übt, dann kommt jenes dabei heraus. Was aber kommt dabei heraus? Nichts als Geschicklichkeit. Unter Preisgabe des überlieferten Weges entstand so unter Aufbietung von viel Klugheit der Wettbewerb in Technik bis zur Erschöpfung, und nun kommt man nicht weiter. Das ist immer so, wenn man an Technik und Erfolg denkt und dabei ausschließlich die Klugheit betätigt. Zwar ist die Klugheit eine Funktion des Geistes, wenn sie aber nicht auf dem Weg fußt und allein auf Geschicklichkeit abzielt, dann wird sie zum Ansatz von Falschem und das Errungene zum Übel. Also geh in dich und übe von nun an im rechten Sinne weiter.«

Shosei (jap.): auch *Shodai* oder *Soke*, Bezeichnung, die man in Japan für den Gründer eines Stils (→*Ryû*) gebraucht.

Shôshaku-bô (jap.): okinawanische Stockwaffe, Klassifizierung s. unter →*Bô*. Der *Shôshaku-bô* war eine kurzreichende Waffe, die ursprünglich aus weißer Eiche, rotem Ahorn und schließlich aus japanischer roter Eiche hergestellt wurde.

Die meisten Stöcke waren völlig rund, hatten einen Durchmesser von 2,5–3 cm und eine Länge von 30 cm. Manchmal waren sie an beiden Enden zu einer sehr scharfen Spitze verjüngt. Auch kannte man Varianten, bei denen an einem Ende eine Schnur oder ein Lederband befestigt war. Geübte *Shôshaku-bô*-Kämpfer konnten den *Bô* auch bis auf eine Distanz von 12 Metern treffsicher werfen.

Je kürzer die Stockwaffen waren, um so mehr betonte man ihre Verwendung zusammen mit den Techniken des *Tôde*. Durch die kurzen Stockwaffen entstanden in den »Künsten der leeren Hand« viele Techniken der Unterstützung durch beide Hände oder durch den →*Tanbô*. Heute sind sie in den »Künsten der leeren Hand« allgemein üblich. Wahrscheinlich kommen sie aus den Praktiken des Umganges mit dem *Tanbô* und *Shôshaku-bô*, in denen solche unterstützten Techniken bevorzugt gelehrt werden.

Shoshin (jap.): der »Geist des Anfängers« [aus *Sho* = Beginn, *Shin* = Geist]. In den Kampfkünsten ein wesentliches Prinzip, das sich in dem Spruch →*»Ko gaku shin«* widerspiegelt. Der rechte Anfängergeist (im Gegensatz zum Geist des Fortgeschrittenen, →*Seishin*) ist der Schlüssel zum Verständnis der Kampfkunst wie auch gleichzeitig die einzige Möglichkeit zum Verständnis des Lebens.

Wenn ein Mensch über eine Angelegenheit oberflächliches Wissen gewinnt, baut sein Geist automatisch Schranken auf, denn er formt Meinungen, Schlußfolgerungen und Vorurteile, welche wirkliches Wissen verhindern. Den Anfängergeist zu besitzen bedeutet, sich frei zu machen von den sich aufdrängenden Gedanken des Wissens und wahres Lernen zuzulassen. Der weiße *Karategi* ist eine Symbol für die Reinheit des Anfängergeistes: er ist rein, einfach und leer (s. →*Wabi*, →*Sabi*). Er soll die Schüler daran erinnern, sich selbst aufs neue zu entdecken und zu lernen. Den Geist des Anfängers zu besitzen ist etwas, das auch beim Fortgeschrittenen wichtig ist. Verliert er ihn, kann er nicht mehr lernen. Aus dem Sprichwort »Im Geist des Anfängers gibt es viele Möglichkeiten, im Geist des Experten gibt es nur sehr wenige« geht dies deutlich hervor.

Shoshinsha (jap.): Anfänger im *Budô* (s. →*Shoshin*).

Shosho-ryû (jap.): alte japanische Schule des →*Kumi-uchi* und →*Jûjutsu*, die starke Ähnlichkeiten mit dem *Karate* aufweist.

Die Spezifik der Schule bestand darin, eine große Durchschlagskraft mit der offenen Hand zu erreichen, so daß ein schwer gerüsteter Gegner (s. →*Yoroi*, →*Gusoku*) mit der bloßen Hand im Nahkampf getötet werden konnte. Die Anfänge des Kampfsystems führen in das 7. Jh. zurück und werden dem Heerführer Nakatomi Kamatari zugeschrieben. Belegbare Beweise für das System gibt es aber erst seit dem 12. Jh., als Minamoto Yoshitsune Techniken dieses *Ryû* in sein Kampfsystem übernahm (s. →Minamoto).

Shôtei (jap.): Handwurzel, Handballen (auch →*Teishô*).

Man beugt den Daumen und preßt ihn fest gegen die Handfläche. Auch die vier Finger werden leicht gebeugt. Die Technik wird mit dem Teil der Hand ausgeführt, der dem Handgelenk am nächsten ist. *Shôtei* ist sehr effektiv bei Angriffen zum Gesicht, zum Bauch und zur Seite des Rumpfes. Mit *Shôtei* kann man schlagen *(Uchi)*, stoßen *(Tsuki)* und abwehren *(Uke)*.

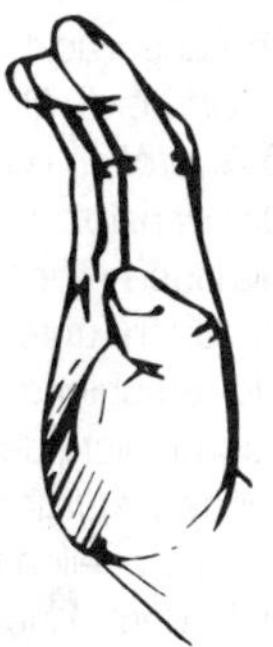

Shôtei – die Handwurzel

Shôtei-uchi (jap.): Schlag mit dem Handballen (s. →*Teishô-uchi*).

Shôtei-uke (jap.): Abwehr mit dem Handballen (s. →*Teishô-uke*).

Shôtei-zuki (jap.): Stoß mit dem Handballen (→*Teishô*-zuki).

Shôtô[1] (jap.): »Pinienrauschen«. Mit diesem Begriff pflegte Meister →Funakoshi seine Gedichte zu unterzeichnen, und bald wurde der Name so bekannt, daß man ohne ihn den Namen Funakoshi in öffentlichen Kreisen überhaupt nicht mehr zuordnen konnte. In Japan wurde *Shôtô* dann auch für den *Karate*-Stil gebraucht, den Meister Funakoshi lehrte.

Shôtô-kai bedeutet »Organisation des *Shôtô*-Stils«, und *Shôtô-kan* bedeutet »Ort (Haus) für den *Shôtô*-Stil«. Die heute manchmal als getrennt angesehenen Stile sind in ihrem Ursprung identisch. Der offizielle Erbe Funakoshis, →Shigeru Egami, blieb bei der Bezeichnung →*Shôtôkai*, während die Gründer der →JKA die Bezeichnung →*Shôtôkan* gebrauchten. Tatsächlich haben beide Richtungen bis heute nicht den gleichen Inhalt beibehalten und veränderten sich auf jeweils eigene Weise.

Shôtô[2] (jap.): kurz; Kurzschwert der *Samurai.*

Shôtôkai (jap.): traditionelle *Karate*-Richtung, gegründet von →EGAMI SHIGERU, Schüler von →FUNAKOSHI GICHIN und seinem Sohn →FUNAKOSHI YOSHITAKA.

Zusammen mit HIRONISHI GENSHIN stand Meister Egami dem *Shôtôkan-Dôjô* lange vor und entwickelte darauf seinen traditionellen Stil weiter. Meister Funakoshis ausdrücklichem Wunsch folgend, ist in der *Shôtôkai*-Organisation (s. → *Nihon Karate-dô Shôtôkai*) das Wettkampf-*Karate* verboten. Die Prinzipien des *Shôtôkai-Karate* sind in Egamis Buch *»The Way of Karate-dô«* zusammengefaßt (auch unter dem Titel *»The Heart of Karate-dô«* erschienen).

Shôtôkai war ursprünglich der Name einer im Jahre 1935 gegründeten Organisation der Schüler Funakoshis zur materiellen Unterstützung ihres Lehrers. Nach dem Krieg wurde Meister Egami, der an der Entstehung der *Shôtôkai*-Organisation wesentlich beteiligt war, der erste Assistent von Meister Funakoshi und somit der wichtigste Vertreter seiner Lehre. Nachdem Meister Funakoshi gestorben war, wurde die *Shôtôkai*-Organisation im Jahre 1958 neu organisiert. Meister GENSHIN HIRONISHI wurde ihr Präsident und Meister EGAMI SHIGERU ihr Hauptinstruktor. Die Organisation verstand sich als traditionelles Erbe von Funakoshis Lehre im Gegensatz zur JKA, die das *Shôtôkan-Karate* als Wettkampfsport lehrte (s. →*Shôtôkan-ryû,* →JKA).

In den Jahren 1958–1961 veränderte Meister Egami durch eigene Studien das technische Konzept des Stils grundlegend. Sein Bestreben galt dem Ziel, das Stilkonzept von Funakoshi Yoshitaka noch zu vertiefen, doch er entfernte sich erheblich von dessen *Karate*. Doch er intensivierte die geistigen Grundlagen des Stils in Anlehnung an die Konzepte UESHIBA's aus dem *Aikidô*. In diesem Sinne lehnte er die Auffassung des *Karate*, die von den Meistern der JKA vertreten wurde, ab, obwohl diese den Techniken Yoshitakas näher waren. Egami akzeptierte niemals die Wettkämpfe der JKA, weil er darin einen Widerspruch zum Geist des *Karate-dô* sah. »Der Körper ist begrenzt, doch der Geist kann immer weiter gehen«, war seine Devise. Die Grundidee seines *Karate* war, das *Kumite* (vorgeschrieben oder frei) als eine Suche nach Harmonie zwischen zwei Partnern zu lehren und nicht als egoistischen Wunsch, einen anderen zu besiegen (Interpretationen zu *Kumite* s. dort). Nach Meister Egamis Tod (1981) trat →OSHIMA TSUTOMU sein Erbe an.

Shôtôkan (jap.): Bezeichnung für Meister →FUNAKOSHI's *Karate-Dôjô*. →*Shôtô* nannte man Funakoshis *Karate*-Stil, und *Kan* bedeutet »Haus« oder »Tempel«. Meister Funakoshis *Shôtôkan* ist nicht identisch mit dem später von Meister →NAKAYAMA errichteten *Shôtôkan*, in dem die →JKA gegründet wurde. Nachdem Meister Nakayama aus China zurückgekehrt war, gründete er ebenfalls ein *Shôtôkan*-Zentrum für die Verbreitung des Wettkampf-*Karate* (→*Shôtôkan-ryû*). Die Bezeichnung *Shôtôkan* übernahm er von der Türinschrift der ehemaligen Schule von Meister Funakoshi.

DAS GRUNDLEGENDE STILKONZEPT

Als Meister Funakoshi 1922 nach Japan kam, sah er sich bald mit einer neuen Mentalität konfrontiert, die das Bild des okinawanischen *Karate* entscheidend verändern sollte. Auf Okinawa war es bis zu jenem Zeitpunkt unüblich, durch die Auswahl der Methoden aus dem Hauptsystem eigene Stile zu gründen, die sich dann selbst für wichtiger als das Hauptsystem hielten. Wohl bestand das →*Okinawa-te* aus einer Unmenge von Methoden und Techniken, die ein einzelner Mensch unmöglich alle beherrschen konnte. Doch die Meister konzentrierten sich in ihrem Unterricht auf persönliche Schwerpunkte aus dem Gesamtsystem und lehrten – ohne gleich einen eigenen Stil zu gründen – ihre eigene Auffassung von Kampfkunst. Sie alle schöpften aus einem riesigen System – dem *Okinawa-te* –, dem jede persönliche Auffassung untergeordnet blieb, jedoch dann, wenn sie von Wert war, vom Hauptsystem selbstverständlich übernommen und bewahrt wurde. Lediglich nach dem Gebiet, in dem die Meister wohnten, unterschied man das *Okinawa-te* in *Shuri-te*, *Tomari-te* (→*Shôrin-ryû*) und *Naha-te* (→*Shôrei-ryû*).

Meister FUNAKOSHI gehörte zu den großen Experten der okinawanischen Kampfkunst. Mehr als 30 Jahre lang war er Schüler des *Shôrin-ryû*. Er übte zuerst unter den Meistern →ITOSU und → AZATO das *Shuri-te* und danach unter mehreren

Meistern (→Matsumora, →Niigaki) das *Tomari-te*. Er kannte den ungeheuren Umfang des *Okinawa-te* besser als jeder andere und wußte um das Prinzip der Unantastbarkeit des Hauptsystems. In den jeweiligen Schulen des *Shôrin-ryû* übte man nur eine kleine Zahl von *Kata*, je nachdem, welche Schwerpunkte von dem Meister der Schule gelegt wurden. Doch niemand entfernte sich vom Hauptsystem oder versuchte das Hauptsystem durch seine persönliche Ansicht zu ersetzen. Die Achtung vor dem Hauptsystem als Ganzem ermöglichte es jedem Meister, seinen Weg aus einer großen Vielfalt von Möglichkeiten zu wählen.

Durch die langjährige Erforschung der okinawanischen Systeme hatte Meister Funakoshi einen tiefen Einblick in die Möglichkeiten, die darin enthalten waren. Als er jedoch nach Japan kam, traf er auf eine neue Mentalität, die das Lehren der Kampfkunst nach altem okinawanischem Muster unmöglich machte. In Japan war man gerade dabei, die Kampfkünste von der Tradition zu entfernen und als Konsumware anzubieten, weil man sich dadurch eine schnellere Verbreitung und natürlich auch persönliche Vorteile erhoffte. Dazu brauchte man den klar umrissenen, konkurrenzfähigen Stil, der, marktorientiert zurechtgeschnitten, die Gegenüberstellung mit dem anderen Stil nicht zu scheuen brauchte.

In dieser veränderten Auffassung begann Meister Funakoshi in Japan zu unterrichten. Von Anfang an wurde deutlich, daß er seine japanischen Schüler mit dem, was im okinawanischen *Karate* bisher galt, nicht begeistern konnte. Die modernen Japaner suchten den Anschluß an die konsumorientierte Welt und verzehrten sich in dem Bemühen, Qualität durch Quantität zu ersetzen. *Karate* als Weg konnte im Japan jener Zeit nur schwer überleben. Es brauchte den sportlichen Aspekt, den Wettbewerb, den äußeren Reiz.

Meister Funakoshi wehrte sich lange dagegen, denn er ahnte, daß *Karate* dadurch seinen Inhalt verlieren würde. Er suchte nach Möglichkeiten, die ihm erlauben würden, beides miteinander zu verbinden. Die bedeutendste Neuerung war, daß er schließlich erlaubte, daß über das *Kata-bunkai* (s. →*Bunkai*, →*Kata-kumite*) hinaus noch andere Formen des →*Kumite* in die Übung einflossen, die nach und nach zu festen Bestandteilen des Trainings wurden. So entstanden zuerst das *Gohon-kumite* und *Sanbon-kumite*, danach das *Kihon ippon-kumite*, das *Jiyû ippon-kumite* und schließlich das *Jiyû-kumite*.

Auch suchte Meister Funakoshi von Anfang an nach einem Unterrichtssystem, das den Zugang zum *Karate* als Ganzem auch für die Zukunft gewähren sollte, in seinem Umfang aber soweit begrenzt war, daß die Übung nicht in bloßes Formstreben ausartete. Die okinawanische Methode, die Schüler drei Jahre lang ein und dieselbe *Kata* wiederholen zu lassen (s. →*Hito kata san nen*), konnte in Japan unmöglich angewendet werden. Es dauerte fast 15 Jahre, bis Meister Funakoshi sich endgültig entschied, die *Kata* in seiner Schule zu reduzieren. In seiner ersten Veröffentlichung (→*Ryûkyû Kempô Karate«*, 1922) beschreibt er noch die Kata *Pinan 1-5, Naihanchi 1-3, Bassai-dai, Bassai-shô, Kûshankû-dai, Kûshankû-shô, Gojûshihô, Sesan, Chinto, Chinte, Ji'in, Jion, Jitte, Wanshu, Wandau, Rôhai, Jumu, Wandô, Sôchin, Niseshi, Sanseru, Suparinpei, Wankuwan, Kokan* und *Unsu*. Dies ist ein buntgemischtes System, in dem alle okinawanischen Schulen inbegriffen sind, doch es war als Unterrichtsmethode zu breit. Erst in seinem letzten Buch, *»Karate-dô Kyôhan«*, legt Funakoshi die Zahl der Kata seines Systems auf 15 fest.

Tiger – Symbol des Shôtôkan-Karate

Die Auswahl der Kata

Diesen »mittleren Weg«, von dem Meister Funakoshi auch in *»Karate-dô Kyôhan«* spricht, fand er in der Auswahl von 15 Kata. Von den vielen Formen, die es im okinawanischen *Shôrin-ryû* gibt, wählte er jene aus, die seiner Meinung nach für die wichtigsten *Karate*-Aspekte repräsentativ waren und dem späteren Meister die Möglichkeit eröffnen, in jeden Bereich des okinawanischen *Karate* vorzustoßen. Seinen Unterricht baute er jedoch nur auf diesen 15 Kata auf, obwohl seine Schüler noch viele andere Formen übten. Er erlaubte dies natürlich und sagte, es könne nichts schaden, wenn die Schüler auch andere alte *Karate-Kata* studierten. Doch die *Shôtôkan*-Schule, wie sie sich in den 30er Jahren herauszubilden begann, konzentrierte sich auf das *Bunkai* dieser 15 Kata. Bis heute hat sich diesbezüglich nichts geändert, obwohl es im modernen *Shôtôkan*-System inzwischen eine große Anzahl von *Kata* gibt.

DIE SHOTOKAN-STIL-SPEZIFISCHEN KATA

1. Heian-shodan	9. Bassai-dai
2. Heian-nidan	10. Kankû-dai
3. Heian-sandan	11. Hangetsu
4. Heian-yondan	12. Enpi
5. Heian-godan	13. Jitte
6. Tekki-shodan	14. Jion
7. Tekki-nidan	15. Gankaku
8. Tekki-sandan	

In diesem System verwendete er die *Heian*-Kata zur Ausbildung der *Kyû*-Grade (zu jener Zeit gab es 5 *Kyû*-Stufen) und die *Tekki*-Kata zur Heranbildung eines guten Standes und der Verbindung zwischen Stand und Technik. Die *Bassai* und die *Kankû* kamen wegen ihrer großen technischen Vielfalt in den Stil und galten als die wichtigsten *Kata* des Systems. Die *Hangetsu* übernahm Meister Funakoshi, um die Grundprinzipien der *Shôrei*-Schulen zu lehren, die *Enpi* sollte die Beweglichkeit der Hüften, das Ausweichen und die Schnelligkeit betonen, während die *Jitte* die grundlegenden Abwehrprinzipien (Muskelarbeit in der Abwehr, verbunden mit Energiefluß und Stand) enthielt. Die *Jion* lehrt einen direkten geradlinigen Kampfstil mit starken Techniken, ohne Zurückweichen, während die *Gankaku* den psychologischen Aspekt des Kämpfens mit *Zanshin* (Geistesgegenwart), *Yomi* (Vorausahnen) und *Suki* (Ausnutzen einer Chance) enthält. Durch diese Zusammenstellung sah Meister Funakoshi die Vielfalt des okinawanischen Hauptsystems ausreichend vertreten und die Chance für seine Schüler gegeben, sich in beliebige Richtungen weiterentwickeln zu können, nachdem sie selbst erfahrene Meister geworden sind.

Sein Unterricht bestand im wesentlichen aus *Kata* und *Bunkai* und baute auf den Prinzipien des okinawanischen *Shuri-te* der Itosu-Schule auf. Um die Einzeltechniken zu perfektionieren, ließ er *Kihon* und *Makiwara* üben. Aus der großen Vielfalt der Körperpunkte *(Kyûsho)* wählte er diejenigen aus, die in den 15 stilspezifischen *Kata* angegriffen werden, und stellte sie in einem System zusammen, das man →*Jintai-kyûsho* nennt. Dieses gilt im *Shôtôkan-Karate* nach wie vor als Leitlinie für die anzugreifenden Körperpunkte in den *Kata-Bunkai*. Dazu gehört die Perfektion der entsprechenden Technik und das Beherrschen verschiedener Formen der Kraft (→*Kime*).

Die Veränderung des Stilkonzeptes

Das *Shôtôkan-ryû*, wie es heute weltweit geübt wird, ist jedoch ein vollkommen anderer Stil als jener, den Meister Funakoshi bei seiner Ankunft in Japan lehrte. Fast 20 Jahre lang unterrichtete Meister Funakoshi das *Shuri-te* getreu den Prinzipien aus der Itosu-Schule. Der Ausgangspunkt für die ab 1938 stattgefundenen Veränderungen des Stilkonzeptes war wahrscheinlich die Matsumura-Schule auf Okinawa. →Matsumura Sôkon war ein Krieger von hohem Rang und eine große Persönlichkeit im okinawanischen *Karate*. Er war ein enger Vertrauter des okinawanischen Königs und fuhr in dessen Auftrag öfter nach Kyûshu, wo er den Schwertstil →*Jigen-ryû* und andere Kampfmethoden der *Satsuma-Samurai* lernte. Man weiß, daß Matsumura in seiner eigenen Schule *Jigen-ryû* übte und daß dieser *Samurai*-Stil auch sein *Karate* erheblich beeinflußte. Es ist wahrscheinlich, daß der Einfluß des *Jigen-ryû* auf die Matsumura-Schule ein Kampfkunstkonzept entstehen ließ, das auf Okinawa geheimgehalten und nur auf der inneren Linie weitergegeben wurde. Die innere Linie dieses Konzeptes verläuft von Matsumura über Azato zu Funakoshi.

Die schillernden Persönlichkeiten der Matsumura-Schule waren Meister →Itosu Ankô und →Azato Ankô. Itosu war der Privatsekretär des Ryûkyû-Königs, hatte aber in Shuri eine Privatschule, in der die Kampfkünste eine große Anzahl von Schülern gelehrt wurden. In dieser Schule wurde das *Shuri-te* perfektioniert und zu jener Form gebracht, wie wir sie heute aus den okina-

wanischen Schulen kennen. Diesen Stil lehrte Meister Funakoshi auch, als er nach Japan kam. Heute ist er in Japan im *Shitô-ryû* vertreten.
Meister Azato war ein *Tonochi* (Gutsherr) mit hohen Ämtern am königlichen Schloß und im Gegensatz zu Itosu ein reicher Mann. Auf Okinawa war er fast ein kleiner *Shôgun* und hatte es nicht nötig, die Kampfkünste für Geld zu unterrichten. Er hatte keine Schule, sondern nahm nur Privatschüler an, und da er nur wenige Schüler hatte (außer Funakoshi Gichin nur noch Ogusuku Chogo) spielt er in der okinawanischen Kampfkunstgeschichte heute beinahe eine untergeordnete Rolle. Doch Meister Azato war einer der Erben des *Matsumura-ryû*, das sich genealogisch auch über Matsumura Nabe zu Hohan Sôken auf Kuda Yuichi übertrug.
Zweifellos war Azato Ankô der große »Meister im Schatten« in der Generation nach Matsumura, denn er war einer der Nachfolger von Matsumuras →*Shôrin-ryû Gokoku-an Karate*. Dieser Stil unterschied sich grundlegend vom Stil der Itosu-Schule, die fast alle nachfolgenden okinawanischen Meister des *Shuri-te* beeinflußte. Azato Ankô hingegen unterrichtete nie öffentlich. Doch was er den wenigen Auserlesenen, die seine Schüler sein durften, tatsächlich beibrachte, beschäftigt heute viele Stilforscher in Japan. Sicher ist, daß die Itosu-Schule vom Matsumura-Stil abwich und auf ihren eigenen Grundlagen (Itosu folgte den Lehren Gusukuma's) ein Konzept entwickelte, das alle nachfolgenden *Shuri-te*-Stile prägte. Doch das moderne *Shôtôkan-ryû* ist mit keinem dieser Stile verwandt.
Meister Funakoshi lernte hauptsächlich bei Azato und war bei Itosu nur Gastschüler. Als er nach Japan ging, vertrat er aber fast fünfzehn Jahre lang uneingeschränkt Itosus *Shuri-te*. Warum er das tat, weiß heute niemand. Manche glauben, daß das heutige *Shôtôkan-ryû*, von dem man sagt, Funakoshi Yoshitaka (des Meisters Sohn) hätte es gegründet, viel früher in der Matsumura-Schule entstand und von Azato Ankô weiterentwickelt wurde.
Die Ursprungsgeschichte des heute bekannten *Shôtôkan-ryû* bleibt daher nach wie vor im dunkeln. Dieser Stil ist offensichtlich nicht auf den Grundlagen des okinawanischen *Shuri-te* aufgebaut, verwendet aber formell die *Kata* dieses Stils. Doch die technischen Grundlagen beruhen auf einem anderen Prinzip. Die Art und Weise, wie im heutigen *Shôtôkan* die Techniken aufgebaut sind und wie die Bioenergie in der Bewegung genutzt wird, ist vollkommen anders als in allen bekannten Stilen.
Meister Funakoshis ewig besorgte Haltung in Betracht ziehend, daß das *Karate* zu Aggressionen mißbraucht werden könnte, sind viele *Karate*-Experten heute der Meinung, daß er das kampfbetonte Azato-System in Japan nicht unterrichten wollte und stattdessen Itosus *Shuri-te* vorzog (s. dazu den Abschnitt »Nachbetrachtungen zu Itosus Shuri-te« unter →Itosu Yatsusune). Doch um das traditionelle Azato-System zu erhalten, hat er es vermutlich an seinen Sohn Yoshitaka weitergegeben, über den heute viele widersprüchliche Aussagen und Unklarheiten bestehen. Yoshitaka war in Japan politisch tätig und außerdem ein ehrgeiziger Mann. Als er 1939 zusammen mit seinen beiden Assistenten Egami Shigeru und Hironishi Genshin die Trainingsleitung im *Shôtôkan-Dôjô* übernahm, begann er neue Elemente in den Stil zu übertragen, die die bestehenden Trainingsgrundlagen stark veränderten. In Egamis *»The Way of Karate«* ist nachzulesen, daß es zwischen Vater und Sohn deshalb Uneinigkeiten gab.
Unter der Leitung von Funakoshi Yoshitaka, Hironishi Genshin, Shimoda Takeshi und Egami Shigeru entstand zwischen 1939 und 1943 daher ein neuer Stil. Die Meisterschüler Funakoshis, allen voran Yoshitaka, veränderten die Grundlagen von Itosus *Shuri-te* und lehrten ein Stilkonzept, das in keinem der heute bekannten *Karate*-Stile zu finden ist. Von diesem nachher als *Shôtôkan-ryû* bekanntgewordenen Stil, sagt man, er sei die Schöpfung Yoshitakas. Doch die Experten sind sich darüber einig, daß es der Azato-Stil war, den Yoshitaka 1939 einführte.
Fest steht, daß der *Shôtôkan*-Stil einen extrem starken *Samurai*-Einfluß aufweist, der allen anderen *Karate*-Richtungen fehlt. *Shôrin-ryû* und *Shôrei-ryû* lassen ihren chinesischen Einfluß deutlich erkennen. Am *Shitô-ryû* beispielsweise, das auf der Itosu-Schule aufbaut, ist dies gut zu sehen. →Mabuni lernte zuerst unter Higashionna das *Naha-te*, doch Higashionnas Ausbildungmethoden waren extrem hart, und wie es heißt, konnte Mabuni den Stil nicht meistern. Als er erfuhr, daß es in der Itosu-Schule leichter sei, wechselte er

den Stil. Die *Shôrei-Kata* des *Shitô-ryû* sind viel weicher als die Originale, es fehlt ihnen in mancherlei Hinsicht die große Kraft, die z. B. das *Gôjû-ryû* zeigt. Die *Shôrin-Kata* des *Shitô-ryû* ähneln in der Form denen des *Shôtôkan-ryû*, denn sie kommen beide aus der Itosu-Schule, doch die Bewegungsgrundlagen sind sehr verschieden.

Yoshitaka konnte Azatos Stil nur von seinem Vater gelernt haben. Als aber die *Shôtôkan*-Schule zunehmend unter den Druck der Militärs geriet, die von allen *Budô*-Schulen wirkungsvolle Nahkampfkonzepte forderten, entschloß sich Yoshitaka, den Stil dem Militär zur Verfügung zu stellen. Yoshitaka arbeitete mit dem Militär zusammen. Er war auf einer Schule für Spione und bildete spezielle Nahkampftruppen und *Kamikaze*-Piloten aus.

DER STAMMBAUM DES SHÔTÔKAN

Im Stammbaum des ursprünglichen Shôtôkan (s. →Funakoshi) erscheinen als erstes die Namen der direkten Schüler von Meister Funakoshi, wie Funakoshi Yoshitaka, Gimma Makoto, Egami Shigeru, Shimoda Takeshi, Ôtsuka Hironori, Hironishi Genshin, Noguchi Hiroshi u. a. Viele der heute bekannten Meister des *Shôtôkan-ryû* der JKA, wie Nakayama Masatoshi, Nishiyama Hidetaka, Oshima Tsutomu u. a., sind Schüler Funakoshis aus der letzten Generation des *Shôtôkan-Dôjô*, d. h., sie wurden von den *Sempai* des *Shôtôkan* ausgebildet. Unter Funakoshis Schülern entstanden verschiedene Neigungen, wie z. B. Ôtsuka's *Wadô-ryû*, Yoshitaka's *Shôtôkan*, Egami's *Shôtôkai* oder Nakayama's *Shôtôkan*. Von all diesen ist nur das *Shôtôkai* auf Meister Funakoshis Ideologie aufgebaut, wenn es sich auch technisch sowohl von Funakoshis *Shuri-te* wie auch von Yoshitakas *Shôtôkan* entfernt. Kase Taiji wurde von Hironishi Genshin unterrichtet, einer der beständigsten Säulen des traditionellen *Shôtôkan* aus der Gruppierung um Yoshitaka. Nakayama und Nishiyama, die Mitbegründer der →JKA, hatten nicht immer den gleichen Lehrer, doch am meisten sind sie von Seigo Tagaki geprägt. Meister Oshima arbeitete unter Egami Shigeru und Noguchi Hiroshi, die ebenfalls aus der Yoshitaka-Gruppe kommen. Yoshitaka lernte Funakoshi erst kennen, als dieser schon alt war. Seine Urkunde zum 5. Dan war die höchste und eine der letzten, die Meister Funakoshi vergab, weshalb viele *Shôtôkan*-Experten es weiterhin ablehnten, höhere Graduierungen anzunehmen.

Shôtôkan-ryû (jap.): Bezeichnung für die in Wettkampf-*Karate* umgeänderte Kampfkunst von Meister →FUNAKOSHI YOSHITAKA. *Shôtôkan-Karate* ist dank der Tätigkeit der →JKA der weltweit verbreitetste Stil, wenn auch seine Organisationen (→JKA, →FAJKO) nicht immer für Gesinnungseinigkeit sorgten. Der Name wurde der Türinschrift von Meister Funakoshis erstem *Karate-Dôjô* entnommen und in der JKA zur offiziellen Bezeichnung des Stils erklärt (s. → *Shôtôkan*).

DIE SPALTUNG DES YOSHITAKA-STILS

Funakoshi Yoshitaka, der für die Veränderungen des *Shuri-te* zum modernen *Shôtôkan-ryû* hauptsächlich verantwortlich war, starb 1945 an Tuberkulose. Sein Vater, Meister FUNAKOSHI GICHIN, inzwischen Mitte der Siebzig, hatte sich schon früher aus der Trainingsführung zurückgezogen. Nach dem Krieg übernahmen deshalb Yoshitakas Trainingsassistenten EGAMI SHIGERU und HIRONISHI GENSHIN, die fortgeschrittensten Meister des *Shôtôkan-ryû*, die Leitung des Stils. Das alte *Shôtôkan-Dôjô* war zerbombt worden, und die Mitglieder übten erneut an den sechs Universitäten, an denen Meister Funakoshi früher unterrichtet hatte: *Hosei, Waseda, Takushoku, Keiô, Sanshu* und *Chuo*.

Die Meister der älteren Generation aus dem *Shôtôkan* (*Shôtô*-Haus) führten den Unterricht an diesen Universitäten und hatten sich unter der Leitung von HIRONISHI und EGAMI zu einer Assoziation zusammengeschlossen, die allgemein als *Shôtôkai* (*Shôtô*-Vereinigung) bezeichnet wurde. Sie unterrichteten an den Universitäten Yoshitakas *Karate* auf den traditionellen Grundlagen, wie sie von Vater und Sohn Funakoshi überliefert waren. Doch 1946 kehrte →NAKAYAMA MASATOSHI aus China zurück und begann an der *Takushoku*-Universität für seine Idee zu werben, das *Karate* in einen Wettkampfsport umzuwandeln.

Nakayama Masatoshi begann im Herbst 1932 an der *Takushoku*-Universität mit *Karate*, blieb aber nur vier Jahre lang bei Meister Funakoshi, denn 1937 fuhr er nach China und kehrte erst 1946 zurück. Das *Karate* im *Shôtôkan* hatte sich auf Yoshitakas Initiative verändert und war Nakayama unbekannt. Die *Karateka* der älteren Ge-

neration des *Shôtôkan*, wie FUNAKOSHI YOSHITAKA oder SHIMODA TAKESHI, hatten inzwischen eine hohe Stufe der Meisterschaft erreicht, aber auch die Schüler aus Nakayamas Jahrgang, wie HIRONISHI GENSHIN, EGAMI SHIGERU, NOGUCHI HIROSHI, NISHIYAMA HIDETAKA oder OBATA ISAO waren anerkannte Größen des *Shôtôkan*. Da keiner der alten Sempai (Übungsleiter) mehr am Leben war, hatten Hironishi Genshin und Egami Shigeru im Einvernehmen mit Meister Funakoshi die Trainingsleitung übernommen.
Als Nakayama aus dem japanisch-chinesischen Krieg (s. →Mandschurei) zurückkehrte, gab es im neu gegründeten *Shôtôkan-ryû* eine ganze Reihe von Meistern mit ausgezeichnetem Niveau. Doch da er diesen aus dem Weg ging, lernte er den neuen Stil von einigen *Karateka* an der *Takushoku*-Universität, von denen besonders MINORU MIYATA (einer der Schüler von Funakoshi Yoshitaka und Hironishi Genshin) sich darum bemühte, Nakayama in den Veränderungen zu unterrichten.
Kurze Zeit darauf begann er an der *Takushoku*-Universität Konzepte für Wettkampf-*Karate* zu entwickeln. Diese Bemühungen wurden zunächst von den meisten *Shôtôkan*-Lehrern belächelt. Trotzdem gelang es ihm, einige Meister des *Shôtôkan*, unter ihnen →NISHIYAMA HIDETAKA und →OBATA ISAO, für seinen Plan zu gewinnen. Zusammen mit ihnen gründete er 1949 die JKA *(Japan Karate Association)*. Das Ziel dieser Organisation war es, ein Regelsystem für *Karate*- Wettkämpfe auszuarbeiten und Instruktoren für Wettkampf-*Karate* auszubilden, die anschließend dieses Konzept verbreiten sollten.
Nach mehreren Schwierigkeiten gelang es NISHIYAMA HIDETAKA, den JKA-Instruktorenkurs ins Leben zu rufen und ihn mit Auswahlsportlern zu besetzen. Nishiyamas Familie war in der japanischen Öffentlichkeit hoch angesehen und er selbst ein exzellenter *Karate*-Meister. Dank dem Ansehen und großen Einfluß Nishiyamas erklärten sich sogar Lehrer wie YAMAGUCHI GOGEN oder OTSUKA HIRONORI bereit, dort zu unterrichten. Meister Funakoshi, der ebenfalls gefragt wurde, verweigerte der JKA seine Hilfe.
Das Hauptverdienst in der Ausbildung dieser Elitetruppe gehört zweifellos Nishiyama Hidetaka, der zu Recht zu den größten *Karate*-Lehrern nach dem Krieg gerechnet wird. Nishiyama war auch in den 50er Jahren die bedeutendste Persönlichkeit der JKA, er stand als Lehrer weit über Nakayama und war in Japan eine Kultfigur. Auch als Nakayama später Chief-Instructor der JKA wurde, blieb Nishiyama die anerkannte Autorität, und schließlich wich er (1960) in die USA aus, um einem drohenden Konflikt mit Nakayama aus dem Weg zu gehen.
Durch das sportlich professionelle Training, das in diesem Kurs geleistet wurde, baute die JKA allmählich ihre Vormachtstellung aus und begann auf den darauffolgenden japanischen Meisterschaften alle Titel zu gewinnen. Die Mitglieder vieler Universitätsclubs waren von den Wettkampfleistungen der jungen JKA-Instruktoren begeistert und traten ihr bei. Die JKA bot diese exzellenten Techniker gegen Bezahlung an den Universitäten als Lehrer an und versprach Erfolge bei den Wettkämpfen. In der Tat konnten die Clubs, an denen JKA-Instruktoren unterrichteten, bei Wettkämpfen die meisten Erfolge verzeichnen. Viele Universitäten wurden daraufhin Mitglied in der JKA und ließen sich von deren Instruktoren ausbilden. Auf diese Weise begann sich die JKA langsam über das gesamte Universitäts- und Hochschul-*Karate* Japans auszubreiten. Nur noch zwei Universitäten in Tôkyô, *Waseda* und *Keiô*, bewahrten ihre Unabhängigkeit, denn dort unterrichteten die ehemaligen Übungsleiter der alten Funakoshi-Schule mit der Unterstützung des Altmeisters wettbewerbsfreies *Karate* (heute *Shôtôkai*). Doch sie wurden durch die Expansionspolitik der JKA isoliert. Da die *Waseda*- und *Keiô*-Universitätsleitung die Mitgliedschaft in der JKA ablehnte, erhielten alle Studenten dieser Universitäten 1955 Trainingsverbot in den JKA-Clubs.
1955 übernahm NAKAYAMA MASATOSHI die Gesamtleitung der JKA, und MASATOMO TAKAGI, ein Kommilitone Nakayamas an der *Takushoku*-Universität, wurde ihr Geschäftsführer. Dank ihm konnte die JKA 1964 ihr kleines *Yotsuya-Dôjô* verlassen und in den alten *Kodokan* einziehen.
Doch die Vorstände der JKA träumten davon, ihr Wettkampfkonzept auf internationaler Ebene durchzusetzen. Bereits 1957 wurde MIKAMI TAKAYUKI als JKA-Instruktor auf die Philippinen geschickt, und 1958 ging HIROKAZU KANAZAWA nach Hawaii, um die erste JKA-Vertretung auf amerikanischem Boden zu errichten. Ab 1960, nach-

dem Nishiyama in die USA gegangen war, konnte Nakayama seine Machtposition ausbauen. Über TAKAGI ließ er verbreiten, daß er Funakoshis Nachfolger sei. Die jungen Meister aus dem JKA-Instruktorenkurs gingen als Lehrer des *Shôtôkan-ryû* nach Europa und in die USA und lehrten JKA-Wettkampf-*Karate*. Doch viele dieser hochgraduierten *Karate*-Meister verloren mit der Zeit ihre Begeisterung für die JKA und begannen eigenständig die Wurzeln des wahren *Karate-dô* zu suchen.

ANMERKUNGEN ZUR JKA UND ZUR TAKUSHOKU-UNIVERSITÄT

Um die Situation der damaligen Zeit besser zu verstehen, muß man die sozialen Hintergründe Japans betrachten. Die Stellung eines Bürgers wurde durch seine Ahnen (s. →*Yamato-damashi*) und seine Vermögensverhältnisse bestimmt. Dieses Prinzip galt auch für die japanischen Hochschulen, weshalb es für die gesellschaftliche Stellung des Japaners auch von Bedeutung war, welche Universität er besuchte. Die – in sozialer wie in politischer Hinsicht – renommiertesten Hochschulen Tôkyôs waren zu jener Zeit *Keiô*, *Waseda* und *Hosei*. Diese drei Universitäten repräsentierten, zusammen mit dem sozialpolitischen Außenseiter →*Takushoku,* auch das beste Karate. Die *Takushoku*-Universität stand in der Hochschulhierachie ganz unten. Sie wurde gegründet, um ihre Absolventen auf den Einsatz im Ausland vorzubereiten und Japan zu helfen, fremde Völker zu kolonialisieren und danach zu verwalten. Diese Art der Ausbildung wurde in der japanischen Gesellschaft und insbesondere von den Absolventen anderer Universitäten als wenig prestigeträchtig angesehen. Sogar später, als an der *Takushoku*-Universität die JKA gegründet wurde, war dieser Klassenunterschied zu den Studenten anderer Universitäten deutlich spürbar. Da die JKA auch fremde Studenten in ihren Instruktorenkurs aufnahm, gab es viele Schwierigkeiten, die den *Tokushoku*-Absolventen des öfteren Anlaß gaben, sich hart gegen die Oberschicht durchzusetzen.

Als dann die ohnehin als minderwertig eingestufte *Takushoku*-Einrichtung JKA im April 1955 das erste kommerzielle *Dôjô* errichtete, ging ihr die moralische Anerkennung seitens der japanischen Oberschicht zunächst ganz und gar verloren. Wenn man bisher mit den *Takushoku*-Instruktoren mehr schlecht als recht zusammengearbeitet hatte, war dies ab sofort moralisch nicht mehr zu vertreten, und die *Hosei*-Universität war die erste, die jeden Kontakt zur JKA abbrach. Danach folgte OBATA mit seiner Gruppe von der *Keiô*-Universität. Befreit vom Druck und ewigen Veto der Oberschicht, konnte die JKA nun aber ihre ehrgeizigen Pläne verwirklichen.

Symbol des SKI (Shôtôkan Karate International)

Bevor Obata ging, hatte er bei der Gründung der *Zen Nihon Gakusei Karate-do Renmei* mitgewirkt. Diese Organisation wollte die Hochschulabsolventen aller *Karate*-Stilrichtungen vereinigen, unabhängig von den Direktiven der JKA. Zu ihren Hauptgründern gehörten EGAMI SHIGERU und HIRONISHI GENSHIN von der *Chuo*- sowie NOGUCHI HIROSHI von der *Waseda*-Universität. Nach ihrer Abspaltung entstand daraus später das →*Shôtôkai*.

DAS WETTBEWERBSSYSTEM

Shôtôkan-Karate ist heute ein Wettkampfstil, der zum großen Teil YOSHITAKA's Techniken beinhaltet. Das *Shôtôkan-ryû* hat die umfangreichste und beste technische Literatur, jedoch wird überhaupt kein Wert auf die Ausbildung der *Karateka* im Sinne des →*Dô* gelegt. Dies führte, zusammen mit einigen anderen Uneinigkeiten, zur Zersplitterung der großen *Shôtôkan*-JKA und bewirkte um 1970 die Entstehung u. a. der →SKI *(Shôtôkan Karate International)*, die unter Meister →KANZAWA das *Shôtôkan-Karate* unter einigen veränderten Aspekten weltweit neu organisierte. Die Machtverhältnisse innerhalb des *Shôtôkan-ryû* sind dementsprechend z. Zt. auf mehrere Föderationen und ihre Pilotorganisationen aufgeteilt, deren Bestreben es jeweils ist, die Oberhand zu gewinnen. In fast allen Ländern der Welt haben JKA-Instruktoren von bestechender Bewegungsperfektion das *Shôtôkan-ryû* verbreitet, doch inzwischen ist die Szene in einem undurchschaubaren Chaos gespalten.

SHÔTÔKAN-RYÛ IN DEUTSCHLAND

Das *Shôtôkan-ryû* ist in Deutschland in mehreren Organisationen als Wettkampf-Sport organisiert (s. →*Karate-dô*, →DKV, →DJKB, →SKI). Daneben gibt es auch traditionelle Richtungen (s. →Budo Studien Kreis). Hauptsächliche Vertreter des *Shôtôkan-ryû* in Deutschland s. unter →*Karate-dô*.

Shôtôkan-ryû Kempô-Karate (jap.): Stilbezeichnung der im →*Budo Studien Kreis* ausgeübten Kampfkunst auf der Basis des japanischen →*Shôtôkan-ryû*, des okinawanischen →*Shôrin-ryû* und des chinesischen →*Kempô*. Der Stil wurde von WERNER →LIND in Deutschland gegründet.

Shôtôkan-ryû Kempô Karate baut auf *Shôtôkan-ryû* auf, verläßt jedoch entschieden die Wettkampfauffassung diese Stils und lehrt *Karate* als Weg *(Dô)* und als Selbstverteidigung. Weg-Philosophie, Selbstverteidigung, klassische Anwendungskonzepte der *Kata*, klassische Gesundheitslehren, Vitalpunktstimulationen (positiv und negativ), sowie der Umgang mit vielen traditionellen Waffen *(Bô, Hanbô, Kama, Nichô-Kama, Kusari-Kama, Nunchaku, Tonfa, Sai, Yari)* sind in den Stil integriert. Diese Kampfkunstauffassung erlaubt keinen Wettkampf, sondern empfiehlt ihren Ausübenden, die Kampfkünste als Studium zu betreiben. Aus anderen Kampfkünsten werden nur *Karate*-Übende ab dem 1. Dan aufgenommen.

Shôtô Kempô-ryû Karate-dô (jap.): moderne Kampfkunst auf der Basis psychologischer Erziehungsgrundlagen, Variante des *Shôrinji-ryû* und *Shôtôkan-ryû*, gegründet von Dr. JÖRG-MICHAEL WOLTERS in Lüneburg.

Shôtô-nijûkun (jap.): Bezeichnung für Meister →FUNAKOSHI's 20 *Karate*-Regeln. Folgende Regeln sind in den *Shôtô-nijûkun* enthalten (Erläuterungen s. unter den einzelnen Regeln):

1. »*Karate-dô wa rei ni hajimari, rei ni owaru koto wo wasuruna*« – »Karate beginnt mit Respekt und endet mit Respekt.«
2. »*Karate ni sente nashi*« – »Im *Karate* macht man nicht die erste Bewegung.«
3. »*Karate wa gi no tasuke*« – »*Karate* ist ein Helfer der Gerechtigkeit.«
4. »*Mazu jikô wo shire, shikoshite tao wa shire*« – »Erkenne dich selbst zuerst, dann den anderen.«
5. »*Gijutsu yoi shinjutsu*« – »Intuition ist wichtiger als Technik.«
6. »*Kokoro wa hanatan koko wo yosu*« – »Lerne deinen Geist zu kontrollieren und befreie ihn erst danach.«
7. »*Wazawai wa getai ni shozu*« – »Unglück geschieht immer durch Unachtsamkeit.«
8. »*Dôjô nomino karate to omou na*« – »Glaube nicht, daß *Karate* nur im *Dôjô* stattfindet.«
9. »*Karate no shûgyô wa isshô de aru*« – »Karate üben heißt ein Leben lang zu arbeiten; darin gibt es keine Grenzen.«
10. »*Arai-yuru mono wo karate-ka seyo, soko ni myo-mi ari*« – »Verbinde dein alltägliches Leben mit *Karate*, dann wirst du *Myo* finden.«
11. »*Karate wa yu no goto shi taezu netsudo wo ataezareba moto no mizu ni kaeru*« – »Wahres *Karate* ist wie heißes Wasser, das abkühlt, wenn du es nicht beständig erwärmst.«
12. »*Katsu kangae wa motsu na makenu kangae wa hitsuyo*« – »Denke nicht ans Gewinnen, doch denke darüber nach, wie du nicht verlierst.«
13. »*Tekki ni yotte tenka seyo*« – »Verändere deine Verteidigung gegenüber dem Feind.«
14. »*Tattakai wa kyo-jitsu no soju ikan ni ari*« – »Der Kampf entspricht immer deiner Fähigkeit, mit *Keyo* (unbewacht) und *Jitsu* (bewacht) umzugehen.«
15. »*Hito no te ashi wo ken to omoe*« – »Stelle dir deine Hand und deinen Fuß als Schwert vor.«
16. »*Danshi mon wo izureba hyakuman no tekki ari*« – »Wenn du den Ort verläßt, an dem du zu Hause bist, machst du dir zahlreiche Feinde. Ein solches Verhalten lädt dir Ärger ein.«
17. »*Kamae wa shoshinsha ni ato wa shizentai*« – »Anfänger müssen alle Haltungen ohne eigenes Urteil annehmen, um danach einen natürlichen Zustand des Verstehens zu erreichen.«
18. »*Kata wa tadashiku jissen wa betsu mono*« – »Die *Kata* muß ohne Veränderung korrekt ausgeführt werden, im wirklichen Kampf gilt das Gegenteil.«
19. »*Chikara no kyojaku, karada no shinshuku,*

waza no kankyu wo wasaruna« – »Hart und Weich, Spannung und Entspannung, Langsam und Schnell – alles in Verbindung mit der richtigen Atmung.«
20. »*Tsune ni shinen kufu seyo*« – »Erinnere dich und denke immer an *Kufu* – lebe die Vorschriften jeden Tag.«

Shôun no kon (jap.): okinawanische →*Bô-Kata*, gegründet von Meister →SUEISHI.

Shôzoku-tachi (jap.): Schwert (s. →*Ken*).

Shu[1] (jap.): Kopf, Hals (auch *Kubi*).

Shu[2] (jap.): Hand (auch *Te, Ta*). *Shutô* – Handschwert. *Shubô* – Armstock. Im *Karate* gibt es folgende Auftreffflächen der geöffneten Hand:

FORMEN DER OFFENEN HAND

Nukite	– Speerhand
Haitô	– Innenhandkante
Teishô (Shôtei)	– Handballen
Shutô	– Außenhandkante
Seiryûtô	– Ochsenkieferhand
Haishu	– Handrücken
Koko	– Tigermaulhand
Kumade	– Bärentatze

Shu[3] (jap.): beschützen, verteidigen, einhalten, befolgen (auch *Su, Mamoru*). *Mori* – Wächter, *Mimamoru* – bewachen.

Das Schriftzeichen steht in den Wegkünsten für den ersten Abschnitt eines dreigeteilten Prinzips (s. →*Shu Ha Ri*) und bezeichnet den Gehorsam des Schülers gegenüber der traditionellen Lehre des *Budô*. Es ist das gleiche wie im Leben selbst: Das Kind wird geboren und hat bis zu dem Zeitpunkt seiner Reife die Aufgabe, zu lernen. Andere Menschen vor ihm haben die Systeme des gegenseitigen Verhaltens und des rechten Befindens in der vom Menschen gemachten Ordnung erfunden und sie als Gesetze des Lebens geprägt. Der unreife Mensch kann sie weder in Frage stellen noch verändern, sondern er muß sie zuerst lernen, um sie zu verstehen. Ebenso muß der Anfänger in den Kampfkünsten das System beachten, denn er ist ohne das System nicht in der Lage, den hintergründigen Sinn zu verstehen. Seine Aufgabe ist es, vorerst dem System zu gehorchen, um später seine Bedeutung zu erfahren.

Shu ist die Stufe des Anfängers. Um jemals über sie hinauskommen zu können, muß der Übende sich um die Inhalte der Systeme bemühen, sie lernen und achten. Er kann sie weder in Frage stellen noch verbessern, ehe er sie nicht kennt und wirklich verstanden hat. In dem klaren Bekenntnis zu ihnen kann er den Sinn der Übung und die Bedeutung der Formen verstehen. Um Fortschritte zu machen, muß er sich auf sein augenblickliches Niveau konzentrieren und Schritt für Schritt lernen. Wenn er Geduld, Bescheidenheit und Vertrauen besitzt, wird im Laufe der Jahre das richtige Verständnis eintreten und seinen Zielen einen neuen Sinn geben. Doch vorerst ist es wichtig, daß er seine Lernbereitschaft erhält und die Regeln und Gepflogenheiten der Übung aufs genaueste beachtet.

Der Weg über die *Shu*-Stufe hinaus kann vom Anfänger nicht gegangen werden, wenn er die intensive Bindung zum Lehrer (→*Shitei*) ablehnt und nur die Technik übt. Der Fortschritt auf dem Weg wird weit weniger von den technischen Problemen verhindert, die der Übende selbst wahrnehmen kann, als von inneren, ihm selbst nicht sichtbaren Haltungen (→*Shisei*), die seiner Reife im Wege stehen. Der Lehrer hat zu ihnen nur dann Zugang, wenn das gegenseitige Verhältnis von Vertrauen getragen ist (weiter →*Ha*).

Shû (jap.): Sekte, Religion, Glaubensgemeinschaft (auch *Sô*). *Shûkyô* – Religion, Glaube, *Shûmon* – Sekte, *Shûto* – Sektenmitglied, *Sôke* – Stammfamilie.

Shuai (chin.): Würfe, Wurftechniken. Man nutzt das Ungleichgewicht des Gegners aus, indem man ihn durch Drücken, Ziehen oder einen Schlag zu Fall bringt.

Shuai-jiao (chin.): auch *Shuai-chiao*, Ringen, kombiniert mit Schlägen auf Vitalpunkte. Zusammen mit →*Qin-na* hat diese Form des Ringens möglicherweise das japanische *Jûjutsu* beeinflußt und ist sicherlich eine der Wurzeln der östlichen Kampfkünste.

Den Ursprung des *Shuai-jiao* vermutet man in der Hia-Dynastie (2205–1766 v. Chr.) und sieht es als ein Nachfolgesystem des →*Jiao-di* an. In der Yuan-Dynastie wurde es vom mongolischen Ringen beeinflußt. 1959 wurde das System zusammen mit *Qin-na* von →CHEN YUAN-BIN in Japan eingeführt und beeinflußte die Entstehung des *Jûjutsu*.

Das *Shuai-jiao* wird heute noch in China praktiziert und enthält fünf Elemente: die Lehre der Vitalpunkte, Fauststöße, Fußtritte, kontrolliertes Greifen und Werfen. Aktuelle Meister des *Shuai-jiao* geben an, daß ihre Kampfmethoden mit denen des *Tai-ji-quan* verwandt sind. Das *Tai-ji* wird in China als der höchste Ausdruck der Kampfkunsttheorie angesehen, während das *Shuai-jiao* als dessen praktische Anwendung gilt. Manche bezeichnen das *Shuai-jiao* auch als das *Jûjutsu* Chinas.

Shuang-gou (chin.): Doppel-Hakenschwert (s. →*Bing-qi*), ungewöhnliche Schwertform, die vor allem im *Chen Tai-ji-quan* verwendet wird.

Shubaku (jap.): japanische Lesart für den ursprünglich koreanischen Ringkampf.
Shubaku (s. →*Subak*, →Korea) ähnelt dem japanischen →*Sumô*, das mit ihm sowohl hinsichtlich seiner Schreib- und Leseweise (s. →*Subak*) als auch seines inneren Gehaltes verwandt ist. *Shubaku* ist eine Parallelbezeichnung für das japanische →*Jûjutsu*, die in Japan seit →HIDEYOSHI's Überfall auf Korea verwendet wird.

Shubô (jap.): »Armstock« (Unterarm). *Karate*-Bewegung, in der der Arm (→*Wan*) wie ein Stock gebraucht wird.

Shûchû (jap.): konzentrieren, integrieren, ungeteilte Aufmerksamkeit schenken.

Shûchû-ryoku (jap.): Bezeichnung für Training der Feinarbeit an der Technik, als Folge von →*Renma*.
Dieses Stadium beginnt erst dann, wenn der Übende die grobe Form der Technik gemeistert hat. Die Feinheiten der Techniken werden überwiegend in →*Jiyû-renshu* (freies Training) betrachtet und erfordern ein gewisses Niveau in Ausführung und Verständnis.

Shûdôkan (jap.): japanische *Karate*-Richtung, gegründet von →TOYAMA KANKEN (s. auch →HANAUE TOSHIO).
Der heutige Stilvorstand ist Toyamas Sohn HATOYAMA. In Europa existiert eine Organisation des *Shûdôkan*, gegründet von ICHIKAWA ISAO, die sich *Dôshinkan* nennt. In Deutschland wird die Richtung über Hanaue Toshio von UWE STEINWEG in Münster vertreten.

Shûgeki (jap.): im *Kendô* gebrauchter Begriff für einen Angriff.

Shugendô (jap.): Bezeichnung für eine esoterische Lehre und drastische Askeseform innerhalb des →*Mikkyô*, praktiziert von den →*Yamabushi*, einer individuellen Glaubensgemeinschaft, bestehend hauptsächlich aus Ableitungen der buddhistischen Sekten →*Shingon* und →*Tendai*.
Yamabushi bedeutet »Zurückgezogen in den Bergen lebende Religiöse« (s. dazu →Ninjutsu, →Ninja). Initiator der Lehre war ursprünglich OTSUNU E'NÔ (→GYÔJA E'NÔ), ein Schüler des Chinesen DÔSEN RISSHI. Über →KÛKAI und →SAICHÔ wurden weitere Einflüsse des Mikkyô (als Shingon und Tendai) von China nach Japan gebracht. Otsunu E'nô, der über seinen Schüler Saichô auch die Entstehung der japanischen Tendai-Schule bewirkte, schuf das Ideengehäuse des Shugendô und lehrte es als abgegrenztes System. Shugendô (»Weg der Erkenntnis durch Askese«), eine von Tendai und Shingon abgesonderte Richtung, jedoch ihre gemeinsame Wurzel, wurde von dem Mikkyô-Priester SHÔBÔ (832 bis 910) festgelegt. Das Shugendô verehrt verschiedene buddhistische Gottheiten und die →Kami des →Shintô, hat jedoch auch starke daoistische Züge. 1872 wurde die Sekte in Japan verboten, und die Mitglieder verteilten sich auf die buddhistischen Sekten Shingon und Tendai. Nach dem Zweiten Weltkrieg gab es in Japan Initiativen, das Shugendô wiederzubeleben, jedoch ohne großen Erfolg. Der Inhalt der Lehre ist sehr mystisch, erfüllt mit übernatürlichen Kräften und Zauberei. Teile davon haben sich über die Yamabushi-Kampfsysteme in das heutige →Ninjutsu vererbt.

Shugenja (jap.): Bezeichnung für die Anhänger des →*Shugendô*.

Shûgô (jap.): Wettkampfbegriff: Alle Kampfrichter treffen sich beim Hauptkampfrichter, um sich untereinander abzustimmen.

Shûgyô[1] (jap.): Selbstdisziplin.

Shûgyô[2] (jap.): Studium, Lehre. *Shûgyôsha* – Lernender, *Shûgyô suru* – lernen, studieren.

Shûgyôsha (jap.): Student, Lernender (s. →*Shûgyô*[2]).

Shuhaku (jap.): andere Bezeichnung für → *Hakuda*.

Shu Ha Ri (jap.): dreigeteiltes Prinzip der *Budô*-Ausbildung. Neben →*Shitei* und →*Dôjôkun* wichtigster Maßstab des Lernens auf dem Weg der Kampfkünste.
Nach alter Tradition besteht der Fortschritt eines

守
破
離

Schriftzeichen für Shu Ha Ri

Übenden der Kampfkunst aus drei Etappen: →*Shu* (Gehorsam gegenüber der Tradition), →*Ha* (Befreiung vom System) und →*Ri* (Freiheit, Transzendenz in der Tradition). *Shu Ha Ri* bestätigt sich jedoch nur dort, wo die Übung der Form mit traditionsbewußtem Geist ernsthaft betrieben wird. Im *Budô* versinnbildlicht es denselben Weg, den ein Mensch im Leben geht: Jugend, mittleres Alter und Alter. Wie das Leben ist auch *Budô* ein Weg, der vom Lernen zur Reife, von der Unerfahrenheit zur Erfahrung, von der Jugend zum Alter führt.

In einer solchen Übung sind Form und Weg eng miteinander verbunden. Der Mensch übt sich in der Form, um auf dem Weg zu reifen. Nach außen hin vervollkommnet er sichtbare Formen, nach innen jedoch Tugend und Bewußtsein (→*Shisei*). Der Fortschritt selbst ist darin nicht meßbar, ebenso wie die Abschnitte des Lebens nicht wertend gegenübergestellt werden können. Der wahre Fortschritt liegt in der Veränderung im Werden und betrifft das Bewußtsein im gleichen Maß wie die Form.

Shu Ha Ri (s. →*Shu*, →*Ha*, →*Ri*) ist nicht nur ein philosophisches Prinzip, es ist die Wirklichkeit der Übung und des Lebens zugleich. Die innere Einstellung zur Übung ist entscheidend dafür, ob *Shu Ha Ri* zum Tragen kommt. Seine Verwirklichung hängt ausschließlich davon ab, wohin der Blick des Menschen sich richtet: auf die objektiv bewertende Welt oder auf die subjektive Erfahrung im Inneren.

Shui-huo-gun (chin.): Form des chinesischen Stockes (s. →*Gun*, →*Bing-qi*), wörtlich übersetzt »Wasser-und-Feuer-Stock«. Er wurde schwarz (für Wasser) und rot (für Feuer) lackiert und von den kaiserlichen Polizisten benutzt. Seine Techniken werden nach den fünf Wandlungsphasen (→*Wu-xing*) eingeteilt.

Shu-jing (chin.): auch *Shu-ching*, »Buch der Urkunden«, »Buch der Dukumente«, eines der fünf klassischen chinesischen Bücher, eine Sammlung von Reden, Gebeten etc. für diverse historische Anlässe sowie von Berichten aus der Zhou-Dynastie.

Einige Kapitel, vermutlich aus dem 1. Jh. v. Chr., (z. B. Kapitel *Hung Fan* – Große Regel) erwähnen erstmals die Harmonie zwischen Mensch und All und die Fünfteilung der Welt. Einige Teile des Buches wurden von →Konfuzius redigiert und könnten bis in das 2. Jtsd. v. Chr. zurückgehen.

Shûji no Kon (jap.): von →Chinen Yamane (s. auch →*Yamane-ryû*) entwickelte *Bô-Kata*. Es gibt:

CHINEN YAMANE's BÔ-Kata

Shûji no kon dai
Shûji no kon shô
Shûji no koshigi

Shukô (jap.): oder *Tekagi*, *Ninja*-Handkralle; Rückseite der Hand, Handrücken.

Shukôkai (jap.): von Meister Tani Chôjirô 1948 gegründete japanische *Karate*-Organisation, die seinen Stil *Tani-ha Shitô-ryû* vertritt. Heute wird der Stil fast ausschließlich als *Shukokai-ryû* bezeichnet.

Tani-ha Shitô-ryû ist eine Kombination aus *Shitô-ryû* und *Gôjû-ryû*. 1968 brachte →Nanbu Yoshinao den Stil nach Frankreich, wo er als *Shukôkai* bekannt wurde. In dem Stil gibt es nur englische Bezeichnungen. Die Kampftechniken sind sehr spektakulär. Die Kämpfer verwenden dabei Masken, Perücken und sonstige Gegenstände aus dem japanischen →*Nô* und dem →*Kabuki*.

Shukumine, Seiken: japanischer *Karate*-Lehrer, Begründer des →*Taidô-ryû*.

Shukumine studierte auf Okinawa →Shuri-te unter KISHIMOTO SÔKO. Nach der Erforschung mehrerer weiterer Kampfkünste gründete er sein eigenes System, →*Gensei-ryû*. Dieses wird heute von YOICHI TAKAHASHI vertreten. Shukumine gründete danach noch ein System, →*Taidô-ryû*, das heute von KUNEHIKO TOSA vertreten wird.

Shûkyô (jap.): Religion.

Shumatsu-undô (jap.): Endübung, Abwärmübungen nach einem Training (s. →*Undô*).

Die Abwärmung kann mit der ganzen Gruppe ausgeführt werden und besteht zumeist aus dem Lockern der Gelenke, entspannten Atemübungen und Ruhigmachen. Man kann aber auch vitalpunktstimulierende Massage (s. →*Do-In*, →*Dao-yin*) verwenden, die in den meisten klassischen Stilen den gängigen Lockerungsübungen vorgezogen wird.

Shun-zi (jap.): auch SON-SHI (chin. →SUN-ZI), chinesischer Stratege des 4. Jhs. v. Chr., der die ersten systematisierten Kampftechniken und die militärische Taktik der Kriegsführung erfunden hat. Weiterhin schreibt man ihm die Gründung einer weiblichen Armee zu.

Shuri (jap.): frühere Hauptstadt Okinawas. Heute ist die Stadt an →Naha (s. Karte →Okinawa) angegliedert und somit ein Stadtteil Nahas.

Shuriken (jap.): Wurfgeschosse aus Metall, häufig im →*Ninjutsu* gebraucht.

Es gab in Japan seit alters her Schulen, die die Kunst des Werfens mit verschiedenen Gegenständen *(Shurikenjutsu)* lehrten. Allgemein teilt man die *Shuriken* in *Bô-shuriken* (längliche Wurfgegenstände wie z. B. Messer, Pfeilspitzen, Holzpfeile usw.) und *Hira-shuriken* (flache Wurfgegenstände wie z. B. die bekannten *Ninja*-Wurfsterne). Die *Shuriken* mit einem Loch in der Mitte nennt man *Semban-shaken*. →*Shaken* ist die Bezeichnung für mehrzackige *Shuriken*. Kleine nadelförmige *Shuriken*, die mit einem Blasrohr in die Augen des Gegners geschossen werden, heißen *Fukumi-bari*.

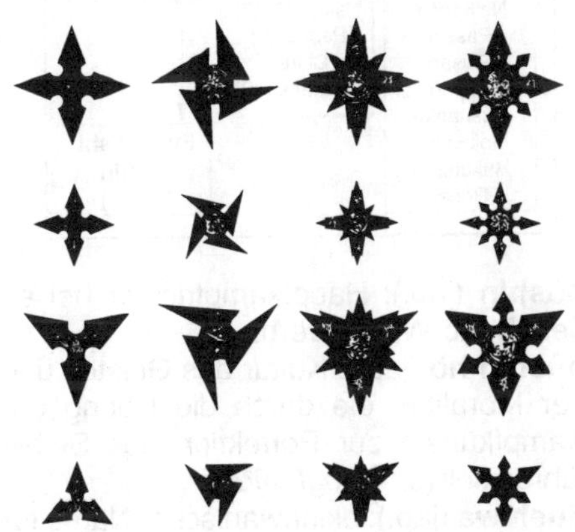

Mehrere Formen von Hira-Shuriken

Shurikenjutsu (jap.): asiatische Schule des Werfens mit Messern (s. →*Tantôjutsu*), Pfeilspitzen und Wurfsternen (s. →*Shaken*, →*Shuriken*).

Ninja mit Shuriken

Shuri-te (jap.): »Hand aus Shuri«. Shuri war die Hauptstadt von →Okinawa, in der der König und die Mitglieder des Adels lebten. Heute ist Shuri ein Stadtteil Nahas. *Shuri-te* benannte man allgemein die Kampfsysteme (s. →Tôde), die von den Meistern dieser Stadt entwickelt und ausgeübt wurden. Das *Shuri-te* bildet zusammen mit dem →*Tomari-te* das Hauptsystem des →*Shôrin-ryû*.

In Shuri wurde die Basis für die systematisierte okinawanische Kampfkunst gelegt. Der erste Meister war →SAKUGAWA. Er lernte das okinawanische *Tôde* unter dem Mönch TAKAHARA PEICHIN und später das chinesische →*Quan-fa* unter

→KÛSHANKÛ. Sein Schüler war →MATSUMURA SÔKON, der das →*Shôrin-ryû Gokoku-an Karate* gründete. Unter Matsumura Sôkon entstand in Shuri eine große Schule, aus der viele bedeutende Kampfkunstexperten hervorgingen (s. →ITOSU, →AZATO, →KYAN, →HANASHIRO), die später ihre eigenen Stile gründeten. Die typischen Vertreter des *Shuri-te* sind heute alle aus der Itosu-Schule abgeleiteten Stile, besonders das *Kobayashi-ryû* und das *Shitô-ryû*.

Shuri-te Kata (jap.): *Karate-Kata*, geübt von den Meistern der Stadt Shuri (s. →*Shuri-te*).

Die okinawanischen *Kata* kann man nur bis zu SAKUGAWA und MATSUMURA zurückverfolgen, da sie in deren *Ryû* zum erstenmal systematisiert wurden. Sicher gab es auch vorher *Kata* auf Okinawa. Matsumura schreibt man die Systematisierung der *Naihanchi, Passai, Seisan, Useishi und Hakutsuru* zu, die er aus China mitgebracht haben soll.

Die →*Naihanchi* und die →*Pinan* sind die Grundformen des *Shuri-te Kata*-Systems. Ursprünglich wurde die *Naihanchi* den Schülern zuerst beigebracht. Um 1900 begann Meister ITOSU die *Pinan-Kata* aus der *Kûshankû* und *Chanan* zu entwickeln und unterrichtete sie als Anfänger-*Kata*.

Die nächsten *Kata* sind im *Shuri-te* die *Passai* und die *Seisan*. Itosu entwickelte daraus die *Passai-sho*. In der Itosu-Schule wurden auch die *Jutte, Jion* und *Jiin* geübt, die wahrscheinlich aus dem *Tomari-te* stammen. Itosu lernte nach der Meiji-Restauration *Tomari-te* von MATSUMORA KOSAKU. Aus dieser Verbindung überlieferten sich einige *Kata* ins *Shuri-te*.

Die fortgeschrittensten *Shuri-te*-Formen sind *Chintô, Kûshankû* und *Gojûshiho*. Die *Chintô* soll von einem chinesischen Seemann stammen, der auf Okinawa Schiffbruch erlitten hatte. Die exakte Bedeutung des Begriffes *Chintô* ist nicht sicher. Eine Deutung bezieht sich auf die *Kanji* (Schriftzeichen), die sich mit »Kämpfen nach Osten« oder »Kämpfen in einer Stadt« übersetzen läßt. Möglicherweise ist *Chintô* aber auch der Name des Seemanns, der sie mitgebracht hat.

Eine andere mündliche Überlieferung besagt, daß MATSUMURA die *Kata* entwickelt hat, nachdem er von einem Chinesen den Kranichstil gelernt hatte. Doch sie kann auch aus dem *Tomari-te* stammen, und tatsächlich ist die Tomari-Version der chinesischen Auffassung näher als die einfachere *Shuri*-Variante.

Eine andere fortgeschrittene *Kata* des *Shuri-te* ist die →*Hakutsuru*. Sie wurde jedoch nur in bestimmten Kreisen geübt und galt als geheim. Die meisten Stile integrierten sie nicht in ihr *Kata*-Programm, sondern lehrten sie getrennt. Eine weitere *Shuri-te Kata* ist die *Chinte*. Wahrscheinlich hat ITOSU sie von MATSUMURA gelernt und im Stil bewahrt.

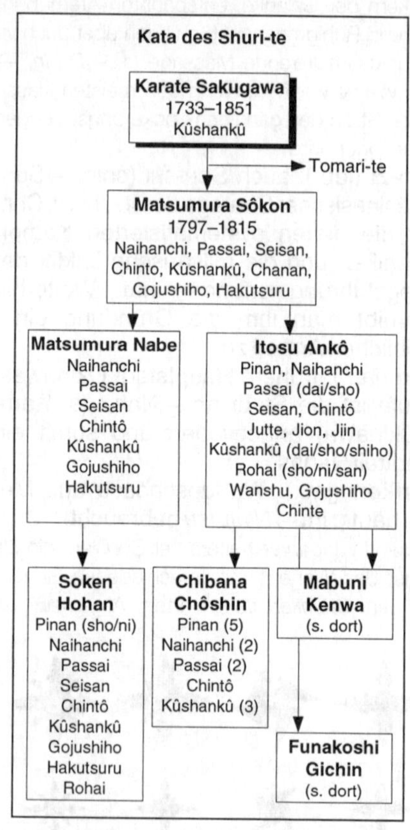

Shûshin (jap.): Hauptkampfrichter bei einem Budô-Wettbewerb.

Shûshin-hô (jap.): Kultur des Geistes und der Moralität, die durch die Übung der Kampfkünste zur Perfektion des Selbst führen soll (s. →*Kogi-Jûdô*).

Shushiwa (jap.): okinawanischer Name für den chinesischen Kampfkunstexperten CHOU TSU-HO oder ZHOU ZI-HE (1874 bis

1926), Lehrer von →UECHI KANBUN und somit Ursprungsquelle des später in Okinawa gegründeten Stils →*Uechi-ryû*.

Im April 1984 reiste eine Gruppe von Karateka des *Uechi-ryû* nach Fuzhou (Fukien), in die Volksrepublik China, um den geschichtlichen Weg ihres Stils in die Vergangenheit zu erforschen (s. dazu →UECHI KANBUN und →*Uechi-ryû*). Sie begannen mit dem Lehrer des Stilgründers CHOU TSU-HO. Nach ihren Ermittlungen wurde er im Jahre 1874 in einer reichen Familie aus Nanyu geboren. Zuerst studierte er das *Shaolin* der südlichen Schulen und ging dann als Schüler zu einem anderen berühmten Lehrer, unter dem er den »Stil des Tigers«, den »Stil des Drachen« und den »Stil des Kranichs« (s. →*Wu-qin-xi*) lernte. Außerdem übte er sich noch in der »Technik der eisernen Hand« (*Tid-shao-jarn*, s. →*Dianxue*), die im *Uechi-ryû* ebenfalls zu finden ist. Es wird gesagt, der Meister konnte zwei erwachsene Menschen mit je einem Finger hochheben.

CHOU TSU-HO wird von den Einwohnern Chinas als die »ewige Größe« oder als der »Daoist vom Berge Xun« bezeichnet. Die Leute sagen, er hätte immer eine daoistische Mönchsrobe getragen. Außerdem war er Meister der Kalligraphie und der Malerei.

Shûsoku (jap.): wörtlich: »Hand-Fuß« (der Fuß vom Knöchelgelenk nach unten).

Shûsoku-garami (jap.): Schwimmen mit gefesselten Händen und Füßen (s. →*Suiheijutsu*).

Shutô (jap.): »Schwerthand, Messerhand«. Gemeint ist die Handkante, die im *Karate* bei entsprechender Ausbildung eine gefährliche Waffe sein kann. In den japanischen Kampfkünsten wird sie *Tegatana* genannt.

Man streckt die vier Finger vollständig aus und preßt sie gegeneinander. Nun faltet man den Daumen gegen die Innenhandkante. In der Technik verwendet man die Seite der Hand unterhalb des kleinen Fingers. Die Hauptauftrefffläche beim *Shutô* liegt jedoch näher dem Handwurzel- als dem Fingergelenk. *Shutô* eignet sich gut für Angriffe zum Gesicht, zum Kopf, zur Schläfe, zu den Seiten und zu den Armen, Beinen und Gelenken. Die Technik kann sowohl im Angriff (s. →*Shutô-uchi*) als auch in der Abwehr (s. →*Shutô-uke*) verwendet werden.

Shutô-gamae (jap.): →*Kamaekata* (s. auch →*Sagurite no Gamae*) mit offener Handhaltung vor dem Körper.

Shutô-uchi (jap.): der Schlag mit der Handkante (s. →*Shutô*, Klassifizierung s. →*Uchi-waza*).

Die Kraft kommt aus dem federnden Ellbogengelenk, dem Drehen des Arms und der Hüfte. Die so freiwerdende Drehkraft wird in der Handkante konzentriert. Dabei ist es sehr wichtig, zu beachten, daß das Ellbogengelenk während der Bewegung entspannt bleibt und der aufrechte Stand gewahrt wird. Es gibt folgende Möglichkeiten, mit der Handkante zu schlagen:

FORMEN DES SHUTÔ-UCHI

Uchi mawashi shutô-uchi – innen nach außen

Ganmen-uchi	– Schlag zum Gesicht
Hizo-uchi	– Schlag zum Körper (Milz)
Shita-uchi	– vertikal nach unten

Sote mawashi shutô-uchi – außen nach innen

Ganmen-uchi	– Schlag zum Gesicht
Hizo-uchi	– Schlag zum Körper (Milz)
Shutô-uchikomi	– gedrückt nach vorn
Shita-uchi	– im Halbkreis nach unten

Otoshi shutô-uchi – nach unten

Tate uchikomi – senkrecht gedrückt nach vorn

Shutô-uke (jap.): die Abwehr mit der Handkante (s. →*Shutô*, Zuordnung s. →*Ukewaza*).

Mit der Handkante wehrt man Angriffe zu allen Stufen ab (s. nachfolgende Einteilung). Man schlägt schwertförmig auf den gegnerischen Angriff, so als wolle man seinen Arm abhacken. Die entspannte Geschwindigkeit ist bei allen *Shutô*-Techniken wichtig. Mit der Handkante kann auf mehrere Weisen abgewehrt werden:

FORMEN DES SHUTÔ-UKE

Jôdan shutô-uke	– Abwehr nach oben
Chûdan shutô-uke	– Abwehr zur mittleren Stufe
Gedan shutô-uke	– Abwehr nach unten
Osae shutô-uke	– Preßabwehr Handkante
Tate shutô-uke	– Abwehr senkrechte Hand
Kake shutô-uke	– Hakenhandabwehr
Soto shutô-uke	– von außen nach innen
Uchi shutô-uke	– von innen nach außen

Shutô-uke – Abwehr mit der Handkante

Shutsui (jap.): Hammerfaust (identisch mit *Tettsui* und *Kentsui*).

Shuwan (jap.): Innenseite des Unterarms (s. →*Wan*).

Shûyô (jap.): sich bilden. Begriff für die körperliche und geistige Kontrolle in den Übungsdisziplinen der japanischen Kampfkünste.

Shuyô Shosei-ron (jap.): s. →YAMADA JIRÔKICHI.

Siddhârtha, Gautama (skrt.): bürgerlicher Name →BUDDHA's.

Sibat: Kampfkunst, gegründet von KELLY S. WORDEN in den USA. Sie vereinigt *Karate, Quan-fa* und *Arnis de mano*.

Si-jian (chin.): »vier Untersuchungsmethoden« in der chinesischen Heilkunst (s. →Chinesische Gesundheitslehre).

Der chinesische Arzt benutzt alle Sinne, um eine Krankheit dem entsprechenden Organ bzw. der Leitungsbahn zuzuordnen. Diese Methode ermöglicht es auch, eine Krankheit aufzuspüren und entsprechend früh zu behandeln bzw. vorzubeugen: »Der geschickte Arzt behandelt die Gesunden, der schlechte dagegen die Kranken.«

1. ***Wang* (Betrachten).** Zuerst beurteilt der Arzt die ganzheitliche Erscheinung, das Verhalten und die Bewegungen. Besonderer Wert wird auf die Beurteilung des *Shen* (geistige Kraft) und der psychischen Energie gelegt, die sich im Leuchten der Augen zeigen. Die Gesichtsfarbe gibt wichtige Hinweise auf *Qi* und Blut sowie Auskunft über den Zustand der inneren Organe. Die Farben werden nach der Theorie der 5 Wandlungsphasen (→*Wu-xing*) den *Yin*- und *Yang*-Organen zugeordnet. Unter diesen Punkt gehört auch die Zungendiagnose.

2. ***Wen* (Hören).** *Wen* heißt sowohl »hören« als auch »riechen«. Hier werden das Atmen, Husten und die Sprache sowie der Körpergeruch und der Geruch der Ausscheidungen beurteilt.

3. ***Wen* (Erfragen).** Es wird nach Schmerzen, Unwohlsein und deren Lokalisation gefragt, außerdem noch nach Schlaf-, Eß-, Trink- und anderen Gewohnheiten.

4. ***Qie* (Tasten).** Erst jetzt beginnt die körperliche Untersuchung. Als erstes wird der ganze Körper abgetastet. Temperatur, Spannungszustand und Schmerzen werden beurteilt. Die Pulsdiagnose nimmt hier einen besonderen Platz ein. Der Puls wird beidseits mit je drei Fingern getastet und nach 30 Typen unterschieden. Man erhält so Auskunft über die inneren Organe. Die Pulsdiagnose ist ein besonders schwieriges Verfahren und erfordert sehr viel Übung. Die Ergebnisse werden mit Hilfe der 8 diagnostischen Kategorien (s. →*Ba-gang*) eingeteilt.

Sikaran (phil.): »Treten«, philippinische Kampfkunst, die hauptsächlich aus Techniken der Füße besteht. Sie wird oft mit dem →*Arnis* zusammen ausgeübt.

Silat (indo.): »Kampf«, Oberbegriff in den Kampfsystemen des →*Pentjak-Silat*, das sich in *Pentjak* (Geschicklichkeit) und *Silat* (Kampf) unterteilt. Nicht immer werden diese beiden Bereiche, innerhalb deren es zahlreiche weitere Stile gibt, zusammen unterrichtet. Die nur kämpferischen Stile des *Pentjak-Silat* bezeichnet man als *Silat*.

Pentjak-Silat beginnt mit einem Tanz zweier Gegner (→*Pentjak*). Zu Beginn starren sich die Übenden hypnotisch an und beginnen dann eine Reihe von langsamen Kampftechniken auszuführen. Nach einer Weile werden die Bewegungen schneller, und der Kampfgeist der Teilnehmer steigt, bis sich ein richtiger Kampf *(Silat)* entwickelt.

Silberstorff, Jan (*1967): deutscher Lehrer des →*Chen Tai-ji-quan*, Schüler von SHEN XI-JING, Enkelschüler von CHEN XIAO-WANG. Silberstorff absolvierte 1989 die staatliche Lehrprüfung für *Tai-ji-quan* in der VR China. Seitdem wurde er in Deutschland bekannt durch zahlreiche Turniersiege in Europa und China sowie durch vielfältige Seminare und Publikationen über seine Kunst. Er leitet und koordiniert Lehrgänge in Deutschland und ist Prüforgan der Ausbildungsgarde der *World Chen-Taijiquan Association Germany* (WCTAG, s. Anhang), die der *World Chen-Taijiquan Association* (WCTA) unter Chen Xiao-Wang angeschlossen ist.

Sil-lum (chin.): auch *Siu-lum, Sil-lam* kantonesische Bezeichnung für das *Shaolin Quan-fa*, das von den geflohenen Shaolin-Patriarchen (s. *Shaolin-Kloster*) im Süden Chinas entwickelt wurde. Der Begriff ist identisch mit →*Nan-quan*.

Sino-Japanisch: aus dem Chinesischen (griech./lat. *Sino-*) übernommene Begriffe in der japanische Sprache.

Der Wortschatz der japanischen Sprache ist außerordentlich groß. Als im 7. und 8. Jh. die chinesische Schrift übernommen wurde (aus der dann das →*Hiragana* und →*Katakana* abgeleitet wurden), fanden zahlreiche, heute nicht mehr identifizierbare Kulturgüter ihren Weg nach Japan. Diese trugen chinesische Bezeichnungen, die in die japanische Sprache aufgenommen wurden und heute etwa 40 Prozent der japanischen Sprache bilden. Diese Wörter nennt man sino-japanisch. Auch heute noch bilden sie oftmals die Grundlage neuer Wortbildungen, und sie sind aus der japanischen Sprache nicht wegzudenken.

Sisemba (indo.): Stil des →*Pentjak-Silat* auf Celebes, auch bekannt als *Sempak* oder *Semba*.

Si Shu (chin.): Zusammenstellung aus den beiden wichtigsten Werken des klassischen Konfuzianismus, dem *»Lun Yu«* und dem Buch *»Meng-zi«*, sowie aus zwei kleineren, ebenfalls aus klassischer Zeit stammenden Schriften. Die Zusammenstellung selbst erfolgte erst in 12. Jh. durch Zhunxi.

Zwischen der Entstehung der einzelnen Schriften liegen Jahrhunderte, in denen sich die geistige und politische Situation Chinas erheblich verändert hatte, doch davon ist in den Werken kaum etwas zu bemerken. Sie enthalten alle denselben konfuzianischen Geist und die klassischen philosophischen Grundbegriffe wie *Li* (Sitte), *Ren* (Humanität), *Yi* (Rechtschaffenheit), *Xiao* (Pietät) und *Zhong* (Loyalität).

SKI: *Shôtôkan Karate International*, Anfang der 70er Jahre von →Kanazawa Hirokazu gegründete Föderation für Wettkampf-Karate, zum Teil mit Instruktoren der →JKA. Der Verband fand eine schnelle Verbreitung und existiert heute weltweit mit vielen nationalen Stützpunkten (s. →*Shôtôkan-ryû*).

Kanazawa, der sich nach seiner aktiven Wettkampfzeit vom *Karate* der JKA löste, begann in eigener Initiative die okinawanischen, japanischen und chinesischen Kampfkünste zu erforschen. Durch diese Studien flossen viele dem *Shôtôkan-ryû* fremde, jedoch klassische Elemente in den Stil, die er heute weltweit auf Seminaren unterrichtet: *Tai-ji-quan* (s. →*Taikiken*), *Qigong*, *Shôrin-ryû* und *Kobudô*.

In Deutschland wird SKI-*Karate* von →Nagai Akio vertreten, dessen persönliche Lehre jedoch von Kanazawas klassischen Interpretationen des *Karate* wesentlich abweicht und eine intensivere Wettkampfausbildung vorsieht. Dieter →Flindt, ein langjähriger deutscher Vertreter der SKI, hat sich von Nagai abgewandt und sucht eine eigene Interpretation von Kanazawas Karate in seinem *Shôtôkan-Karate-Verband Deutschland e.V.* (s. Anhang)

So (jap.): Grundstein, Fundament (auch *Ishizue*). *Kiso* – Grundlage, *Soseki* – Grundstein.

Sô[1] (jap.): Gedanke, Idee. *Shisô* – Idee, *Risô* – Ideal, *Meisô* – Meditation.

Sô[2] (jap.): Sekte, Religion (auch *Shû*). *Shûkyô* – Glaube, Religion, *Shûmon* – Sekte, *Sôke* – Hauptfamilie.

Sô[3] (jap.): Mönch, buddhistischer Priester. *Sôin* – Tempel, *Sôjô* – hoher Priester, *Sôfuku* – Priestergewand, *Kozô* – junger Priester.

Sô[4] (jap.): senden, schicken (auch *Okuru*). *Unsô* – Transport.

Sô[5] (jap.): männlich, kraftvoll. *Sôdai* – erhaben, herrlich, *Kyôsô* – kräftig, stark, *Sôchin* – kraftvolle Ruhe.

Soboku (jap.): alte Form des →*Sumô*.

Sôchin (jap.): [aus *Sô* = Stärke, *Chin* = Ruhe] *Shôrin-ryû Kata*, in Japan nur im *Shôtôkan-ryû* und *Shitô-ryû* geübt. Meister Funakoshi nahm sie nicht in die nähere Auswahl seiner stilspezifischen *Kata* auf.

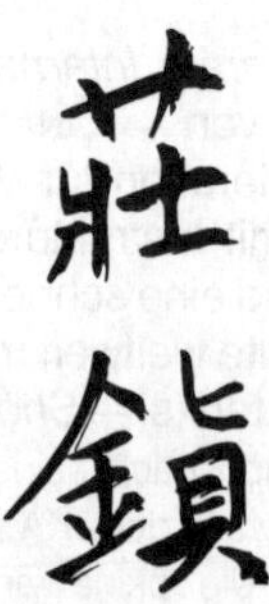

Sôchin – Stärke und Ruhe

Die *Sôchin* wurde von seinem Sohn FUNAKOSHI YOSHITAKA in den Stil gebracht und anschließend verbreitet. Im *Shôtôkan-ryû* nannte man sie eine Zeitlang *Hakko*, eine Bezeichnung, die heute nicht mehr gebraucht wird.

In Yoshitakas *Shôtôkan-ryû* (s. →*Shôtôkan*) gewann sie besonders durch die Entwicklung des freien Kampfes an Bedeutung, da man dort von den klassischen *Kata*-Stellungen das →*Fudô-dachi* als Übergang zu den Freikampfstellungen (→*Jiyû-gamae*) verwendete. *Fudô-dachi* (s. →*Sôchin-dachi*) ist die typische Stellung dieser *Kata* und stammt aus den chinesischen Stilen.

Heute gibt es mehrere *Sôchin*-Varianten, wodurch die Erforschung ihrer Geschichte erschwert wird. Allgemein klassifiziert man sie zu der *Kata*-Gruppe der okinawanischen NIIGAKI-Schule aus Tomari, doch die Vermutung liegt nahe, daß diese *Kata* (man nennt sie auch die »Kata des alten Mannes«) nicht in den öffentlichen okinawanischen Schulen geübt wurde, sondern von jenem alten Mann stammt (s. →*Kata*), von dem Meister Funakoshi in seinem *»Karate-dô Nyumon«* berichtet:

Bis heute hat sich die Gewohnheit der Geheimhaltung auf Okinawa erhalten. Vor ungefähr 10 Jahren erhielt ich ein Angebot von einem älteren Herrn, der sagte: »Ich kenne eine Kata, die ich niemals jemanden gelehrt habe, doch ich möchte sie an Sie weitergeben, ehe ich sterbe.« Ich wußte seine freundliche Absicht zu schätzen, doch unglücklicherweise konnte ich nicht einfach von Tôkyô nach Okinawa reisen. Da war vor allem die Tatsache, daß ich sehr beschäftigt war und einfach keine Zeit zur Verfügung hatte. Zur selben Zeit jedoch hatte mein dritter Sohn Gigo in Okinawa geschäftlich zu tun, und so bat ich darum, die Kata ihm statt meiner beizubringen. Der ältere Herr war von Gigos Ankunft hocherfreut. Als es an der Zeit war, die Kata zu zeigen, schloß er sorgsam alle Türen und Fensterläden, so daß es unmöglich war, von außen hineinzublicken. Als der Unterricht vorüber war, sagte der alte Mann: »Nun kann ich in Frieden sterben. Unter den Männern, denen ich die Kata verweigerte, war einer, der so lange darauf bestand, daß ich ihm schließlich zustimmen mußte. Doch ich änderte die Form und die entscheidenden Bewegungen. Wenn daher in der Zukunft über diese Kata irgendwelche Zweifel aufkommen sollten, dann sage deinem Vater, daß die Kata, die ich dir beibrachte, die richtige ist.«

Sôchin-dachi (jap.): diagonale Kraftstellung aus der Kata *Sôchin.* Andere Bezeichnung für →*Fudô-dachi* (unbewegliche Stellung).

Sôchin-gamae (jap.): →*Kamaekata* in hokkender Position mit ausgestrecktem vorderem Bein.

Die Haltung wurde gegründet, um das Kämpfen in unwegsamem Gelände zu unterstützen, dort, wo man mit stehenden Positionen Gleichgewichtsschwierigkeiten hat. Das geknickte Bein darf mit dem Knie nicht den Boden berühren, nur der Fußballen steht auf. Der ausgestreckte Arm kontrolliert den Gegner. Man kann diese Position auch durch ein plötzliches Sichfallenlassen aus dem Stand einnehmen.

Sôchin-gamae

Sode (jap.): Ärmel.

Sode-dori (jap.): am Ärmel fassen, Ärmelgriff.

Sode-guruma (jap.): Ärmelradwürger im *Jûdô.*

Sode-guruma-jime (jap.): Würgegriff von hinten.

Sode-tsuri-komi-goshi (jap.): gestreckter Armhüftwurf im *Jûdô.*

Sô Dôshin (Nakano Michiomi): Gründer des →*Shôrinji-Kempô.* Nakano wurde 1911 in der Präfektur Okayama geboren, zog jedoch 1919 nach dem Tod seines Vaters mit seinem Großvater in die Mandschurei, um dort zu leben.

VON NAKANO MICHIOMI ZU SÔ DÔSHIN

Die männlichen Familienmitglieder der Nakano gehörten seit langem einem Geheimbund mit sehr nationalistischem Charakter an (*Kokuryû-kai* – »Vereinigung der schwarzen Drachen«). *Kokuryû-kai* wurde 1901 von TOYAMA MITSURU (1855–1944) gegründet. Nach der Revolte des *Satsuma*-Clans begannen sich in Japan viele Sekten zu gründen, die das feudalistische Systeme wiederherstellen wollten. Darunter befanden sich *Kokuryû-Kai, Gen'yôsha* (»Bund des dunklen Ozeans«), *Sakura-kai* (»Vereinigung der Kirschblüten«), *Ketsu-meidan* (»Blutsbund«). Sie standen mit den *Zaibatsu* (japanische Finanz-Clans, zumeist aus den alten feudalen *Samurai*-Clans hervorgegangen) in Verbindung, deren Ziel es war, die Mandschurei zu beherrschen.

Nachdem sein Großvater gestorben war, ging Nakano zurück nach Japan und wurde Schüler von Toyama. 1928 wurde er aktives Mitglied der *Kokuryû-kai* und kehrte in deren Auftrag in die Mandschurei zurück, wo er bis 1945 in den Norchinesischen Provinzen und in der Mandschurei als Spion tätig war.

Durch seinen Kontakt zu verschiedenen projapanischen Sekten studierte er die Lehren des Daoismus, Buddhismus, Konfuzianismus und *Tendai*. Gleichzeitig lernte er verschiedene Stile des *Kempô*, wie das *Kin-ryû* (Ursprungsstil des *Jûkendô*). 1932 wurde er in Peking einem anderen Meister (SÔ BUNTA) vorgestellt, der das 20. Oberhaupt eines *Shaolin*-Stils war, den man in Japan als *Giwamonken* bezeichnete. Er wurde sein Schüler und erbte von ihm die Nachfolge des Stils. 1936, während einer Zeremonie im *Shaolin*-Kloster von Honan, ernannte Sô Bunta Nakano zu seinem Nachfolger und verlieh ihm den neuen Namen Sô Dôshin. So wurde er das 21. Oberhaupt der nördlichen *Shaolin-Giwamonken*-Schule (s. →*Giwamonken-ryû*). Nachdem Sô Dôshin 1945 nach Japan zurückgekehrt war, wurde er Schüler von OKUYAMA YOSHIJI RYÛHO (*Hakô-ryû Aikijutsu*). 1947 gründete er seinen eigenen Stil, den er *Shôrinji-Kempô* nannte. Später vervollständigte er den Namen in *Nipponden-Seitô-Shôrinji-Kempô*.

SÔ DÔSHINS IDEOLOGIE

Sô Dôshin erlebte die Wirren des Zweiten Weltkrieges in China und war tief betroffen von der japanischen Politik und dem Verhalten der japanischen Soldaten. Als er nach dem Krieg nach Japan zurückkehrte, fiel er der Öffentlichkeit durch ungewöhnlich harte Kritik an der japanischen Kriegsführung auf. Er gab ein öffentliches Interview, in dem er sich mit sehr harten Worten an das japanische Volk wandte. Unter anderem sagte er:

»Die Kaiserliche Japanische Armee in China ließ die dortige japanische Bevölkerung im Stich und lief davon. Veteranen, die sich vielleicht unter meinen Zuhörern befinden, mag dies empören, aber es ist die Wahrheit. Man nannte es Truppenverlegung; doch in Wirklichkeit wiesen die Militärs Frauen und Kinder ab, die sich von ihnen Hilfe erhofften. Ich habe dies in der Mandschurei selbst erlebt.

Damals habe ich mich gefragt: Sind diese Menschen wirklich Japaner? Wenn sie in ihren Uniformen stecken, fühlen sie sich anderen gegenüber überlegen und behandeln sie mit Herablassung und Verachtung. Ich bin Zeuge, daß dies so war. Solange sie Siege errangen, fühlten sie sich überlegen. Doch nach den Niederlagen vergaßen sie ihren Ruf und ihren Stolz.

Gute Beziehungen zwischen den Menschen spielten in unserer Erziehung niemals eine Rolle. Es ist beschämend, aber ich glaube, daß keine andere Armee der Welt davongelaufen wäre und hilflose Frauen und Kinder, ihre eigenen Landsleute, im Stich gelassen hätte. Aus diesem Grund habe ich Shôrinji-Kempô geschaffen. Ich möchte dadurch bessere Beziehungen zwischen den Japanern schaffen.«

Sô Dôshins Ziel es war, die Traditionen und die Lebensweise der Mönche aus dem *Shaolin*-Tempel wiederzubeleben. Er nahm Schüler auf und unterrichtete sie in den Kampfkünsten. Die Schule war jedoch nicht nur auf die Kampfkünste fixiert. Sie bestand in Osaka, einer Stadt, die nach dem Krieg ganz von Verbrechern beherrscht war. Diese kontrollierten die Wirtschaft und den schwarzen Markt. Sô Dôshin wandte sich an alle jungen ehrlichen Menschen und rief sie auf, zu ihm zu kommen und die Kampfkünste zu lernen. Mit ihnen gründete der Meister eine kleine Gruppe und sagte dem Verbrechen den Kampf an. Es heißt, sie arbeiteten nicht mit Samthandschuhen, als sie in der Hafenstadt Tadotsu und auf der gesamten Shikoku-Insel aufräumten. Dort ließ der Meister sich schließlich endgültig nieder und gründete den Sitz seiner Organisation.

Soe-uke (jap.): identisch mit →*Morote-uchi-uke*.

Soeshi no Kon (jap.): okinawanische *Bô-Kata*. Es gibt *Soeshi no Kon dai* und *Soeshi no Kon shô*.

Sôhei (jap.): Bezeichnung für einen Kriegermönch aus den buddhistischen Klöstern Japans (ca. 1300–1500).

Sôji (jap.): Reinigen des *Dôjô*. Dieses gehört nach alter *(Zen-)*Tradition auch zur *Budô*-Etikette (s. →*Sahô*) und wurde als Übungsdisziplin im *Zen* entwickelt.

Das Reinigen des *Dôjô* ist eine Übung für die Achtung, den Respekt und die Demut der Übenden. Es wird in den traditionellen Kampfkünsten nicht als Arbeit (→*Samu*), sondern als geistige Disziplin angesehen, und jeder Übende, gleich welcher Graduierung oder gesellschaftlichen Position, ist dazu verpflichtet (s. dazu →*Wabi* und →*Reigi-sahô*).

Sôjiji (jap.): eines der beiden Hauptklöster des *Sôtô-Zen* in Japan.

Das Kloster wurde im 8. Jh. von dem Mönch →GYÔJA aus der Hosô-Schule des esoterischen Buddhismus (s. →*Mikkyô*) errichtet. Als KEIZAN JÔKIN 1321 Abt des Klosters wurde, funktionierte er es in ein *Zen*-Kloster um.

Sôjutsu (jap.): innerhalb des →*Bujutsu* geübte Techniken mit dem Speer (→*Yari*), eine der frühesten Waffen auf dem Schlachtfeld Japans.

URSPRUNG UND GESCHICHTE

Prototypen des Speers waren vom asiatischen Kontinent, insbesondere aus China, nach Japan gekommen. Der ursprüngliche Speerkopf war jedoch kugelförmig und für die →*Bushi* nicht zu gebrauchen. Er wurde umgeformt und erhielt eine lange Spitze, die im Kampf sehr effektiv war. Trotzdem wurde der Speer bei den klassischen *Samurai* nie sehr populär, sondern wurde zumeist von den Fußsoldaten im Krieg verwendet. Die größte Verbreitung fand der Speer nach der Mongoleninvasion (13. Jh.), als die Rolle der Fußsoldaten in den Verteidigungskriegen wuchs. Im Gegensatz zu China, wo der Speer der »König der Waffen« war, wurde *Sôjutsu* von den höheren *Samurai* oft als Kampfmethode am Rande angesehen, vor allem deshalb, weil die durch diese Waffe hervorgerufenen Wunden ein grausames und langsames Sterben bewirkten. Es gab nur wenige *Bushi*, die darin Meister waren.

Anders als bei den *Samurai* wurde die Waffe in den japanischen Klöstern von den Kriegermönchen zu einer hohen Kunst entwickelt. Dort begannen sich verschiedene Speertypen zu profilieren, mit denen variantenreiche Techniken möglich waren, doch die Haupttechnik blieb der *Tsuki* (Stoß). Die ersten belegbaren Speerstile wurden im →*Tenshin Shôden Katori Shintô-ryû* und →*Shinden Fudô-ryû* gelehrt.

Speerkämpfer

Soke (jap.): Oberhaupt einer Familie oder eines Clans in Japan. Gründer oder Vorstand eines *Ryû* (s. →*Shôdai*).

Sokei-dômyaku (jap.): *Atemi*-Angriffspunkt: Kopfschlagader.

Soken Hôhan (1889–1982): okinawanischer *Karate*-Experte, der den Stil *Matsumura*

Seitô-ryû (s. →*Matsumura-Seitô*) gründete, den er von seinem Onkel Matsumura Nabe, einem Enkel von →Matsumura Sôkon, lernte. Er gilt als Überlieferer der wahren Lehre von Matsumura Sôkon.

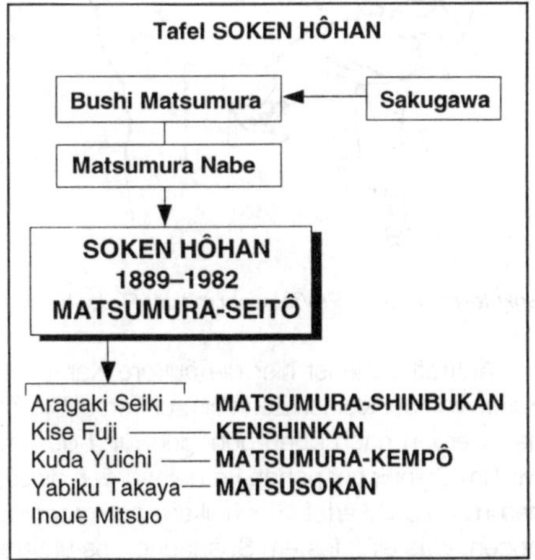

Soken Hôhan begann mit dem *Karate*-Training unter Nabe, als er 13 Jahre alt war. Als Soken 23 Jahre alt wurde, führte ihn sein Onkel auch in das fortgeschritten Training des chinesischen Kranichstils →*Hakutsuru* (s. auch →*Bai-he-quan*) ein.

Nach Berichten von Soken war die *Hakutsuru* seit langer Zeit im Familienbesitz der Matsumuras und wurde geheimgehalten. Matsumura Sôkon soll sie selbst mitgebracht haben, nachdem er sie direkt im *Shaolin*-Kloster gelernt hatte. Es gibt mehrere Varianten dieser *Kata* auf Okinawa, eine der bekanntesten wurde von →Go Kenki aus China gebracht.

Kobudô lernte Soken von einem alten Mann namens Komesu Ushi aus dem Dorf Nishihara. Komesu übte *Shuri-te* und lehrte Soken die *Kata Tsuken-bô (Chikin)*.

Nach mehreren Weltreisen wurde Soken schließlich 1924 in Argentinien ansässig, wo er die nächsten 21 Jahre seines Lebens als Fotograf verbrachte. 1945, nach Kriegsende, kehrte er schließlich in seine Heimat zurück. Dort übte er mit Mabuni Kenwa und Go Kenki, der eine Fukien-Methode der *Hakutsuru* kannte.

Zur damaligen Zeit war es üblich, daß die Lehrer für jede *Kobudô*-Waffe gewechselt wurden. Soken war damit nicht einverstanden. Er legte großen Wert auf eine Verbindung zwischen Schüler und Lehrer und glaubte, daß eine oberflächliche Beziehung auch zu einer oberflächlichen Kampfkunst führt. Auch vom Gesichtspunkt der Methodik war er als ein herausragender Lehrer bekannt. Bis 1950 nannte Meister Soken seinen Stil *Matsumura Shuri-te* und danach *Matsumura Seitô Shôrin-ryû* (»Wahrer Matsumura-Stil«). Der Stil beinhaltet die Waffen *Kama, Nunchaku, Bô, Kusarigama, Sai, Tonfa* und *Surujin*. Zu seinen Schülern gehörten →Kuda Yuichi, →Aragaki Seiki, →Kise Fuji (Fusei), →Makabe Chojun und →Isamu Teruya. Nach des Meisters Tod führte Kise Fuji sein *Dôjô* weiter.

SOKEN HÔHANS KATASYSTEM

Chintô	Passai
Gojushiho	Pinan nidan
Hakutsuru	Pinan shodan
Kusanku	Rohai
Naihanchi nidan	Seisan
Naihanchi shodan	

Sokii-ken (jap.): Bezeichnung für einen Kniestoß in den japanischen Kampfkünsten. Identisch mit *Hiza-geri* im *Karate*.

Sokko (jap.): Fußrist (auch →*Heisoku*, s. auch →*Karada*).

Soko (jap.): Boden, Grund (auch *Tei*). *Kontei* – Grundlage, *Teisoku* – Handwurzel, *Sokojikara* – innere Kraft.

Soku[1] (jap.): Atem. *Kyôsoku* – Atempause, *Iki* – Atemzug, *Kisoku* – Atmung.

Soku[2] (jap.): Seite (auch *Kawa*). *Sokumen* – Seite, Flanke, *Hidarigawa* – linke Seite, *Migigawa* – rechte Seite, *Hantaigawa* – die entgegengesetzte Seite.

Soku[3] (jap.): Fuß, Bein (auch *Ashi*). *Issoku* – ein Paar, *Hitoashi* – ein Schritt, *Teashi* – Glieder.

Soku[4] (jap.): Gesetz, Regel. *Kisoku* – Regel, Vorschrift, *Gensoku* – Grundsatz, Prinzip, *Hôsoku* – Gesetz, *Kaisoku* – Satzung eines Vereins.

Sokubô-kake-uke (jap.): Abwehrhaken mit dem Schienbein (s. →*Keri-uke*).

Sokucho (jap.): eine Fußlänge (Länge der Fußsohle).

Die Stellungen (→*Tachikata*) in den Kampfkünsten hängen von der Fußlänge des Übenden ab. Die Öffnung der Stellung ist deshalb individuell verschieden.

Sokudo (jap.): Geschwindigkeit, Schnelligkeit (s. →*Kinchô*).

Sokuhô-geri (jap.): Fußtritt zur Seite (s. →*Yoko-geri*).

Sokuhô-ukemi (jap.): seitwärts fallen (auch *Yoko-ukemi*, s. →*Ukemi*).

Sokumen (jap.): Seite, zur Seite (auch →*Yoko*, s. auch *Hô*[2]).

Sokumen-awase-uke (jap.): kombinierte Abwehr zur Seite im *Karate* (Zuordnung s. unter →*Awase-uke*, Klassifizierung s. unter →*Uke-waza*).

Die Technik eignet sich zur Abwehr eines seitlichen Fauststoßes zur oberen Stufe. Beide Hände werden im Gelenk aufgerichtet, so daß sich die Handrücken berühren. Nun lenkt man den Angriff mit der Innenhand am Ziel vorbei. Die andere Hand unterstützt die Bewegung. Die Abwehr kommt in der Kata *Gankaku* vor.

Sokumen-geri (jap.): Gruppe der Fußtechniken zur Seite im *Karate* (s. →*Keri-waza*).

Sokumen-kakato-geri (jap.): zur Seite gerichtete Fußtechnik (s. →*Kekomi*), in der der untere Teil der Ferse das Ziel trifft. Einteilung s. unter *Yoko-geri*. Ausführung wie →*Yoko geri-kekomi*.

Sokumen-koshi-geri (jap.): zur Seite gerichtete, mit dem Fußballen nach oben geschnappte Fußtechnik. Einteilung s. unter *Yoko-geri*. Ausführungsart wie *Mae-geri-keage* (s. →*Mae-geri*, →*Keage*).

Sokumen-sokutô-geri (jap.): Fußtritt zur Seite mit der Fußkante (s. →*Yoko-geri*).

Sokutei (jap.): Fußsohle (s. →*Keri*).

Sokutei-mawashi-uke (jap.): mit der Fußsohle im Halbkreis geführte Abwehr. Andere Bezeichnung für →*Soto-mikatsuki geri-uke*.

Sokutei-osae-uke (jap.): Preßabwehr mit der Fußsohle (Abb. oben rechts); (s. →*Keri-uke*).

Sokutô (jap.): Fußschwert, Fußkante (s. →*Keri*). Die Außenkante des Fußes wird in der Technik →*Yoko-geri* verwendet und für Fußangriffe zur Seite *(→Sokumen)* gebraucht.

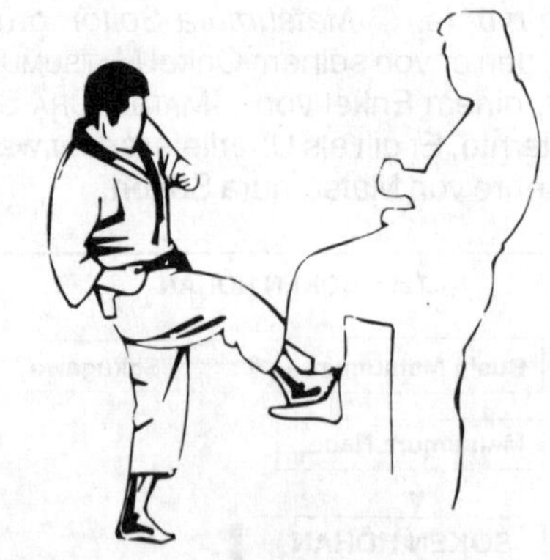

Sokutei osae-uke – Preßabwehr mit der Fußsohle

Die Auftrefffläche ist hier die äußere Kante des Fußes von der kleinen Zehe bis zur Ferse. Die Zehen werden nach oben gebogen, und der Fuß wird im Gelenk gespannt. Früher wurden die Zehen in den Seitwärtsfußtechniken nach unten gebogen, was eine festere Spannung des unteren Fußes gewährleistet, jedoch auch die Elastizität des Fußgelenkes beeinträchtigt.

Sokutô-fumikiri (jap.): einen Schneidetritt mit der Fußkante ausführen (Einteilung s. unter →*Yoko-geri*, Erläuterungen s. unter →*Fumikiri* und →*Kekomi*).

Sokutô-fumikiri – Tritt mit der Fußkante

Sokutô-fumikomi (jap.): mit der Fußkante einen Stampftritt ausführen. (Erläuterungen s. unter *Fumikomi*).

Sokutô-geri (jap.): mit der Fußkante ausgeführter Fußtritt (s. →*Yoko-geri*).

Sokutô-keage (jap.): mit der Fußkante nach außen schnappen. (Einteilung s. →*Yoko-geri*, Erläuterungen s. *Yoko-geri-keage*, →*Keage*).

Sokutô-kekomi (jap.): mit der Fußkante nach außen stoßen. (Einteilung s. →*Yoko-geri*, Erläuterungen s. →*Yoko-geri-kekomi*, →*Kekomi*).

Sokutô-mikatsuki-geri (jap.): Bezeichnung für halbmondförmige Fußtechniken (s. →*Mikatsuki-geri* und →*Mikatsuki-geri-uke*), die von innen nach außen (*Sokutô* – mit der Fußkante) ausgeführt werden. Andere Bezeichnungen dafür sind →*Ura-mikatsuki-geri* und →*Uchi-mikatsuki-geri*.

Sokutô-osae-uke (jap.): Preßabwehr mit der Fußkante (s. →*Keri-uke*).

Sokutô osae-uke – Preßabwehr mit der Fußkante

Soku-yaku (jap.): Bezeichnung für eine Fußtechnik in den japanischen Kampfkünsten.

Son (jap.): Verlust, Nachteil.

So Neishu: koreanischer Experte des *Gôjû-ryû*, Schüler von →YAMAGUCHI GÔGEN, Lehrer von →ÔYAMA MASUTATSU und SHIZUO YASHIRO. Höchstgraduierter *Gôjûkai-Sensei* unter Yamaguchi Gôgen.

So Neishu (in anderen Schreibweisen SONEI CHU), mit dem koreanischen Namen CHO HYUNG JU, war ein aktives Mitglied der politisch-mystischen Sekte →*Nichiren Shô-shû*. Auf So Neishus Rat studierte Ôyama eine Zeit unter Yamaguchi Gôgen.

Song Wei-Yu: chinesischer Schwertmeister der daoistischen *Wudang*-Schule (→*Wudang-jian*) und Lehrer des berühmten Schwert-Meisters LI CHIN-LIN.

Sonkei (jap.): Respekt, Achtung, Ehrerweisung (s. →*Giri*). Prinzip aus dem Lehrer-Schüler-Verhältnis (→*Shitei*) in den Kampfkünsten.

Sonkyô (jap.): Hockstellung im *Kendô*.

Sonoba-gyaku-zuki (jap.): *Gyaku-zuki* aus dem Stand.

Sono-mama (jap.): Anweisung eines Schiedsrichters in einem *Jûdô*-Kampf. Die Gegner müssen dann in der Position verharren, damit der Schiedsrichter sie studieren kann.

Soo-Bahk-Do (kor.): auch *Subak*, in Japan *Shubaku*. Das System besteht aus Griffen und Würfen und fand unter König UIJONG (1146–1170) seine größte Verbreitung.

Die Bezeichnung *Shubaku* entstand durch die langjährige japanische Besetzung Koreas. *Soo-Bahk-Do* gelangte bereits 108 v. Chr. durch die Armeen des chinesischen Kaisers WUDI nach Korea. Über Jahrhunderte entwickelte sich die Kampfkunst unter verschiedenen Einflüssen und Bezeichnungen, bis sie in unserer Zeit von HWANG KEE aufgegriffen und mit verschiedenen japanischen und chinesischen Elementen durchsetzt wurde. 1945 bezeichnete Hwang Kee seine Kunst als →*Tang-Soo-Do*, benannte sie jedoch 1960 erneut in *Soo-Bahk-Do* um. Geschichtlich gesehen, ist Hwang Kee's System *Soo-Bahk-Do* mit dem Ursprungssystem bestenfalls verwandt, doch auf keinen Fall identisch (s. →Korea).

Soo Park-Jong (*1941): »Vater des kanadischen Taekwondo«, Schüler von CHOI HONG-HI.

Soo begann mit 14 Jahren *Taekwondo* zu üben und war danach Instruktor bei der Polizei. 1964 begegnete er Choi und begleitete diesen ab 1965 auf mehreren Reisen durch Europa, Asien und Afrika. 1966 gründete er die *Netherlands Taekwondo Association*, ging aber 1968 nach Toronto, Kanada, und eröffnete dort die erste *Taekwondo*-Schule des Landes.

Sora (jap.): Himmel (auch *Kû*).

Sorashi (jap.): Finte.

Sore-made (jap.): Wettkampfbegriff: »Es ist zu Ende«.

Sôsetsukon-Nunchaku (jap.): →*Nunchaku*, bestehend aus zwei Teilen, ursprünglich einem kurzen und einem langen Holz.

Übender mit Sôsetsukon-Nunchaku

Heute wird die Variante mit den unterschiedlich langen Hölzern nicht mehr geübt. Die Hölzer sind gleich lang (durchschnittlich 30–35 cm), den Unterarmen des Verwenders in der Länge angepaßt. Das Mittelteil besteht aus einer Ketten-, Schnur- oder Lederverbindung von 10–15 cm Länge.

Soshi (jap.): Patriarch, eine Bezeichnung, die für →BODHIDHARMA gebraucht wird.

Soshigata (jap.): Bezeichnung für die Patriarchen (→*Soshi*) in der Übertragungslinie des *Zen* (s. →*Inka-shômei*). Die Patriarchen sind große Meister, die das BUDDHA-*Dharma* (s. →*Dharma-Übertragung*) von ihrem jeweiligen Meister in der »Übertragung von Herz-Geist zu Herz-Geist« (s. →*Ishin-denshin*) empfangen und wieder an ihre *Dharma*-Nachfolger (s. →*Hassu*) weitergegeben haben.

In Indien folgen auf den authentischen Buddha 28 und in China 6 Patriarchen. Dabei ist →BODHIDHARMA der 28. indische Nachfolger Buddhas und gleichzeitig der erste chinesische Patriarch des *Zen*. In China endete die *Dharma*-Übertragung mit dem 6. Patriarchen, HUI-NENG (→E'NÔ), der keinen *Dharma*-Nachfolger mehr ernannte. Damit endete die Tradition der Patriarchen. Hui-neng

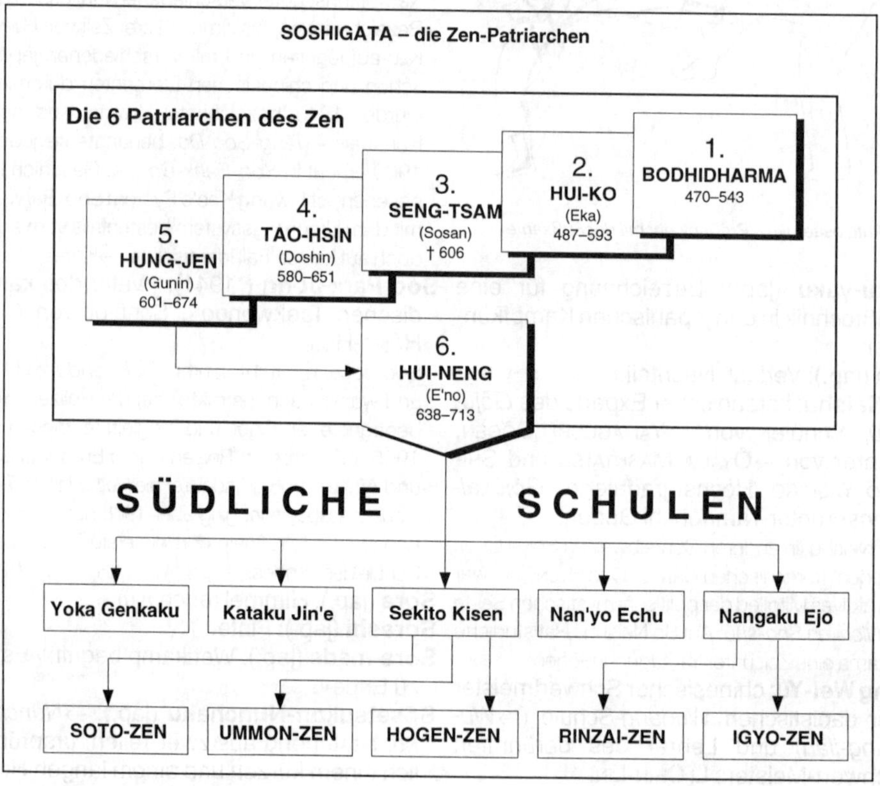

SOSHIGATA – die Zen-Patriarchen

Die 6 Patriarchen des Zen

1. **BODHIDHARMA** 470–543
2. **HUI-KO** (Eka) 487–593
3. **SENG-TSAM** (Sosan) † 606
4. **TAO-HSIN** (Doshin) 580–651
5. **HUNG-JEN** (Gunin) 601–674
6. **HUI-NENG** (E'no) 638–713

SÜDLICHE SCHULEN

Yoka Genkaku | **Kataku Jin'e** | **Sekito Kisen** | **Nan'yo Echu** | **Nangaku Ejo**

SOTO-ZEN | **UMMON-ZEN** | **HOGEN-ZEN** | **RINZAI-ZEN** | **IGYO-ZEN**

hatte jedoch fünf Meisterschüler, durch deren Lehren sich die verschiedenen Schulen des *Zen* nachfolgend bildeten. Doch ab ihm gab es keine Patriarchen mehr. Wenn einige der nachfolgenden Meister trotzdem so genannt werden, ist dies darauf zurückzuführen, daß ihnen ihre Schüler große Verehrung und Hochachtung für ihre Leistungen entgegenbrachten. Folgende sind die 28 Patriarchen des Buddhismus in Indien:

PATRIARCHEN DES BUDDHISMUS IN INDIEN

Buddha Shâkyamuni

1. Mahâkâshyapa	15. Kânadevañ
2. Ânanda	16. Râhulabhadra
3. Shânavâsin	17. Samghanandi
4. Upagupta	18. Samghayathata
5. Dhitika	19. Kumâralâta
6. Mishaka	20. Shayata
7. Vasumitra	21. Vasubandhu
8. Buddhanandi	22. Manorata
9. Buddhamitra	23. Haklenayasha
10. Pârshva	24. Simhabhodi
11. Punyayasha	25. Bashashita
12. Ânabodhi	26. Punyamitra
13. Kapimala	27. Prajnâdhâra
14. Nâgârjuna	28. Bodhidharma

Der 28. indische Patriarch des Buddhismus, →Bodhidharma, ging nach China und wurde dort der erste Patriarch des →*Zen* (chin. →*Chan*). Die weitere Entwicklung des *Chan* in China ist vereinfacht in der Tabelle dargestellt (nur die wichtigsten Namen und Linien sind angegeben). Genauere Entwicklung des *Zen* und Erläuterungen zu den Patriarchen s. unter den Namen der Meister und den einzelnen *Zen*-Schulen.

Sosoku-geri (jap.): mit beiden Füßen gleichzeitig im Sprung ausgeführter Fußtritt.

Sôsuichi-ryû (jap.): »Schule des klaren Wassers«. Altes japanisches System des →*Jûjutsu*, gegründet 1650 von dem *Samurai* Misanori Hannosuke aus dem →*Daitô-ryû*.

Hannosuke zog sich zur Gründung seines Stils in die Berge von Yoshino zurück und benannte den Stil nach dem dortigen Fluß *Yoshino* (reines fließendes Wasser). Er gab den Stil an Mataichi Shitama weiter, dessen Familie ihn über Jahrhunderte bewahrt hat.

Sôtai (jap.): gegenseitig.

Sôtai-renshû (jap.): die Übung mit den Partnern. Gegenseitiges Üben (s. →*Seiryôku-zenyô*).

Soto (jap.): außen, Außenseite, draußen (auch *Gai, Ge*). Gegenteil: *Uchi* (innen).

Soto-ashi-barai (jap.): Fußfegetechnik von außen nach innen (s. →*Nage-waza,* →*Ashi-barai*), Gegenstück zu *Uchi-ashi-barai*. Der vorn stehende oder vorrückende Fuß des Gegners wird nach innen weggefegt.

Soto-deshi (jap.): der äußere Repräsentant einer Kampfkunstrichtung. Der nach außen wirkende offizielle Nachfolger des Meisters. Gegenteil zu *Uchi-deshi*, dem inneren Nachfolger (s. →*Uchi-deshi,* →*Deshi*).

Wenn man als Beispiel die Geschichte und die Genealogie *(Keizu)* des *Karate* betrachtet, ist festzustellen, daß diese immer zwei Seiten hatte: eine offiziell nach außen dargestellte, in der die optischen Aspekte der Kampfkunst mit unterstrichener Kampfkraft und Technik im Vordergrund standen, und eine geheime, nach innen gekehrte Seite, die nur wenigen Meistern zugänglich war. Die heutige Genealogie weist diese beiden Seiten nicht deutlich aus, sondern verfolgt eine Richtung, in der der Bekanntheitsgrad der Meister und die Stilgründungen ausschlaggebend sind. Dies ist jedoch nicht die Erbfolge, die durch das →*Menkyo-kaiden* stattgefunden hat.

Soto-gake (jap.): äußerer Beinausheber. *Jûjutsu*-Technik.

Soto, Irving: Lehrer des →*Ninjutsu* (s. auch →*Atemi Kido Ninjutsu*).

Soto-maki-komi (jap.): Außendrehwurf.

Soto-mikatsuki-geri (jap.): Bezeichnung für den Halbmondtritt (→*Mikatsuki-geri*) von außen nach innen (s. Abb. S. 814).

Soto-mikatsukigeri-uke (jap.): Bezeichnung für →*Mikatsuki-geri* (Beschreibung s. dort und →*Mikatsukigeri-uke*), der für die Abwehr verwendet wird..

Soto-mikatsuki wird von außen nach innen ausgeführt. Im Unterschied zum *Mikatsuki-geri* wird bei der Abwehr die Fußsohle als Auftrefffläche verwendet.

Soto-ude-uke (jap.): Abwehr mit dem äußeren Rand des Unterarms. Abwehr (mittlere Stufe) von außen nach innen (s. →*Soto-uke*)

Bei dieser Technik wird der abwehrende Arm in einem Halbkreis von außen nach innen vor den Körper geschwungen. Am Ende der Bewegung

Soto-mikatsuki geri – umgekehrter Halbmondtritt

Soto-ude-uke – Abwehr nach innen

dreht sich die Faust, der Ellbogen steht nahe am Solarplexus. Der Oberkörper wird abgedreht, so daß der gegnerische Angriff vorbeigeleitet wird. Die Bewegung muß entspannt und schnell ausgeführt werden. Wenn die Technik die Vitalpunkte des gegnerischen Arms trifft, kann die Abwehr kampfentscheidend sein.

Soto-uke (jap.): *Karate*-Abwehrtechniken von außen nach innen (auch →*Naihô-uke*).

Sôtô-Zen (jap.): eine der wichtigsten *Zen*-Schulen. Das japanische *Sôtô-Zen* wurde als eigenständige Richtung von Meister →Dôgen Zenji gegründet. Er studierte das *Zen* in China unter Meister Nyojô und ging 1227 nach Japan, um *Zen* dort zu verbreiten. 1244 gründete er den Eiheiji-Tempel, eine der japanischen Hochburgen des *Zen*. Das Wesen des *Sôtô-Zen* ist die Übung des →*Zazen* ohne Zielvorstellung (→*Shikantaza*) und ohne Eigenzweck (→*Mushotoku*). Es gebraucht keine festgelegten →*Kôan*, sondern die Fragen der Schüler an den Meister *(Mondô)* sollen vom alltäglichen Leben bestimmt sein. Die Antworten sind spontan und werden selbst zum *Kôan*. Bestimmend für das *Sôtô-Zen* ist das →*»Sandôkai«*, von Meister →Sekitô Kisen im 8. Jh. geschrieben. Es soll eine Zusammenfassung von Buddhas Lehren sein. Meister Dôgen, der Begründer des *Sôtô-Zen*, betrachtete es als Grundlage für seine eigene Lehre, die er im *»Shôbôgenzô«* zusammenfaßte (weiter s. →*Zen*, →*Rinzai*, →*Obaku*, →*Dôgen*, →*Sandôkai*). Die Entwicklung des *Sôtô-Zen* ist untenstehend vereinfacht dargestellt (zum Ursprung s. unter →*Soshigata*):

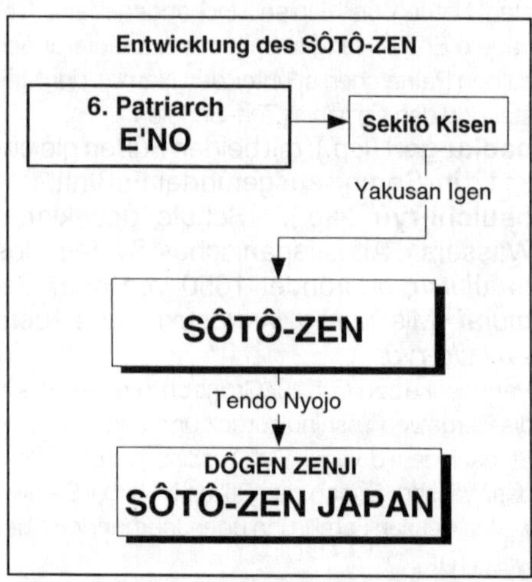

Steen, Allen (*1940): amerikanischer Kämpfer des →*Full-contact*, Schüler von John Reeh.

Steen erhielt 1962 seinen Schwarzgurt und gewann während seiner Wettkampfzeit über 30 Titel, unter anderem gegen CHUCK NORRIS und JOE LEWIS.

Stone, Mike: amerikanischer Kämpfer des *Contact-Karate* (s. →*Full-contact*), neben JOE LEWIS und CHUCK NORRIS der größte amerikanische Leichtkontakt-Kämpfer der 60er Jahre. Stone begann 1961 mit *Aikidô* und 1962 mit *Kobayashi-ryû Karate*.

Sû (jap.): Zahl (auch *Kazu*). *Kazoeru* – zählen, *Sûji* – Ziffer, *Sûgaku* – Mathematik.

Subak (kor.): →*Soo-Bahk-Do*, altes koreanisches Kampfsystem, in Japan →*Shubaku* genannt.

Suberi-komi (jap.): in den Gegner hineingleiten.

Suberu (jap.): gleiten (auch *Katsu*).

Suburi (jap.): Synchronisation der Bewegungen in den Kampfkünsten. Bezeichnung für freie Übungen mit dem Partner im *Kendô*. Identisch mit *Randori* aus dem *Jûdô*.

Suburitô-hakkaku (jap.): asiatischer Trainingsstock, ca. 1,20 m lang, der von *Budôka* zur Entwicklung von Kraft und Spannungsvermögen verwendet wird.

Der Stock wird am Ende gefaßt, langsam über den Kopf gehoben und nach unten geschlagen. Da er eine keulenähnliche Form hat und an einem Ende schwer ist, fördert er die Kraft der Muskeln in der Spannung.

Sudo Momoji: japanischer Kampfkunstexperte und Gründer des →*Aikikendô*.

Sudo lernte *Karate* und *Jûdô* und danach den *Yobukai*-Stil des *Aikidô*. Mit der Gründung des *Aikikendô* versuchte er dem *Aikidô* einen sportlichen Aspekt zu geben.

Sueishi: okinawanischer *Kobudô*-Meister, geboren Mitte des 18. Jhs., Mitglied einer sehr bekannten okinawanischen *Samurai*-Familie aus Shuri.

Obwohl Sueishi in vielen verschiedenen *Kobudô*-Stilen ausgebildet war, war seine Spezialität das *Bôjutsu*. Er gründete zwei sehr genaue und schöne *Bô-Kata*, die als *Sueishi no Kon* und *Shoun no Kon* bekannt wurden.

Sueishi war der Lehrer der königlichen Leibwache. Außerdem unterrichtete er nicht viele Menschen, meistens trainierte er ganz allein. Doch er hatte einen Diener, →CHINEN SHITAHAKU, der den Meister heimlich beim Training beobachtete, seine Methoden lernte und diese später in der *Chinen Shitahaku no Kon* weiterentwickelte.

Sueishi no Kon (jap.): *Bô-Kata*, gegründet von Meister SUEISHI.

Sueyoshi: okinawanischer *Kobudô*-Experte der Frühzeit. Von seinem Leben ist nichts überliefert außer seiner *Kata* für den *Bô – Sueyoshi no Kon*.

Sueyoshi no Kon (jap.): okinawanische →*Bô-Kata* (s. auch →SUEYOSHI).

Suezoku no Kon (jap.): okinawanische →*Bô-Kata*.

Sugata Sanshiro: s. →SAIGÔ SHIRO.

Sugimura Koichi: *Karate*-Instruktor der JKA, 1966 –1970 als *Karate*-Lehrer an der Universität Freiburg tätig. Seit 1971 lebt er in Zürich und unterrichtet dort *Shôtôkan-Karate*.

Suginami-shiai (jap.): monatlicher Wettkampf der Grade *(Kyûdan)* im →*Budôkan* in Tôkyô, der für die Zuteilung der Graduierungen wichtig ist (s. →*Kohaku-shiai*).

Sugiura Motokuni: japanischer *Karate*-Instruktor der JKA, heutiger Hauptinstruktor der JKA Japan.

Suh In Hyuk (*1939): koreanischer Kampfkunstmeister, Gründer des →*Kuk-Sool-Won*.

Suh begann sein Kampfkunststudium unter seinem Großvater, SUH MYUNG DEUK, besuchte danach mehrere Tempel, in denen er von YOUN SOOL CHAI das *Sado-Mu-Sool* (Stammeskampfkünste), von HAI DONG SEU NIM das *Bool-Mo-Do* (buddhistische Tempelkampfkunst) und von TAI EUI WANG das *Koong-Joong-Musol* (königliche Hofkampfkünste) lernte. 1961 gründete er die *Kuk-Sool-Won*-Organisation. 1974 ging er in die USA, wo er 1975 *die World Kuk-Sool-Won Association* gründete.

Sui[1] (chin.): »Nachfolgen«, eine der fünf Methoden zum Entwickeln von Gefühl (→ *Chuai-mo*) und eines der wichtigsten Prinzipien des →*Tai-ji-quan*.

Diese Taktik nennt man auch »Das Zentrum des Gegners suchen«. Man bleibt dazu immer in Bewegung, während man am Gegner anhaftet. Durch die ständige Bewegung fällt es ihm schwer, anzugreifen, während man sich seiner Schwächen immer bewußter wird. So kann man nach kurzer Zeit den Gegner mit einer gezielten Technik besiegen. Sui symbolisiert auch die Verbundenheit des ganzen Körpers, die Ganzkörperbewegung.

Sui bedeutet wörtlich »folgen« und ist der Ausdruck für das Prinzip »Sich selbst vergessen und dem Gegner folgen«. *Sui* ist ein wesentliches Merkmal des →*Wuwei* und Ausdruck von dessen Verständnis der Selbstverteidigung. *Sui* drückt aus, daß keine eigenständige Kampfhandlung ausgeführt wird. Jede kleinste Bewegung geschieht in Anpassung an den Gegner, so entsteht angemessenes Handeln, und man kann keinen Kampf verlieren (s. auch →*Zou*).

Sui[2] (jap.): Wasser (auch *Mizu*).

Suigetsu (jap.): *Atemi*-Angriffspunkt: Solarplexus.

Suihei (jap.): horizontal, waagerecht.

Suiheijutsu (jap.): die Kunst des Schwimmens. Sie wurde innerhalb des →*Bujutsu* geübt und ist als Kampf-Schwimmen der *Samurai* zu verstehen, von dem es je nach Strömung und Wassertiefe hochentwickelte Stile gab. Es wurden sowohl Über- als auch Unterwassertechniken *(Suiren)* geübt.

Das *Suiheijutsu* hatte verschiedene Zwecke. Zunächst mußte der Krieger leise an einen Gegner heranschwimmen und gegebenenfalls auch lange Zeit im Wasser bleiben können. Er mußte eine Strömung selbst in voller Rüstung und mit Waffen oder Lasten überwinden können. Auch mußte er beim Schwimmen seine Waffen gebrauchen können. Es wurden auch Methoden des Ringens im Wasser entwickelt. Es gab Stile, in denen geübt wurde, sich von Wasserpflanzen zu befreien oder aus dem Wasser in ein Boot zu springen.

Die Grundtechnik aller Stile war das *Fumi-ashi*, das sogenannte »Wassertreten«, auf das sich viele andere Techniken aufbauten. Heute bekannte spezielle Fähigkeiten sind z. B. das *Ashi-garami*, eine Form des Ringens im Wasser, bei dem das Bein des Gegners so lange verdreht wurde, bis er ertrank. Eine andere Methode war das *Shusoku-garami*, in dem der *Samurai* mit gefesselten Händen und Füßen schwimmen lernte. Das *Shinden-ryû* aus dem 16. Jh. ist das erste nachweisbare System, in dem *Suiheijutsu* geübt wurde.

Suihei-gamae (jap.): waagerechte Stellung.

Suihei ni haru (jap.): waagerecht ausbreiten.

Suirakan no Gamae (jap.): okinawanische Bezeichnung für eine Kampfhaltung (s. →*Kamaekata*), abgeleitet aus →*Maebane-gamae*, bei welcher die Hände in der *Chûdan*-oder *Jôdan*-Stufe gehalten werden (wie Anfang der Kata *Kankû-dai*).

Die *Kamaekata* hat eine alte Geschichte und führt in das Jahr 1700 nach China, in die Gegend der Wudang-Berge. Man sagt, daß ein Mann namens Wan Chun-Kun sie entwickelte, als er den Kampf zwischen einem Vogel und einer Ratte beobachtete. In den japanischen Kampfstilen steht die *Kamaekata* symbolisch für Wehrlosigkeit und Abneigung gegen den Kampf. Sie ist eine friedvolle Haltung und zeigt dem Gegner an, daß man waffenlos ist und keinen Kampf will. In den okinawanischen *Kata* wurde aus ihr zusätzlich zu den bereits erwähnten Eigenschaften eine Technik des Fallenstellens (→*Kuzushi-waza*) gemacht. *Suirakan no Gamae* bedeutet »Haltung des betrunkenen Mannes«: man täuscht Trunkenheit vor und verleitet den Gegner dadurch zu Unvorsichtigkeiten. Die Hände werden erhoben, der Gegner sieht, daß man wehrlos ist und die Haltung des Körpers schwankt (okinawanische *Gojûshihô* und *Kûshankû*). Dabei achtet man jedoch sehr genau auf die entblößten Stellen und wartet auf einen Angriff des Gegners. Meist wird mit Hebeltechniken oder Wurftechniken gekontert.

Suiren (jap.): das Sichaufhalten und Sichbewegen unter Wasser.

Suki (jap.): intuitives Gefühl für den »leeren Raum« *(Suki-kû)*, das die Anordnung der Dinge und Menschen in einem Raum feststellt (s. →*Ma*, →*Ma-ai*). In den Kampfkünsten ist es gleichermaßen die Bezeichnung für einen Moment der Unaufmerksamkeit oder der Nicht-Konzentration beim Gegner, wodurch die Gelegenheit (→*Kikai*) zum eigenen Handeln entsteht.

Das bewußte Denken kann diese Gelegenheit, die in den Kampfkünsten nur kurzfristig existiert, nicht erkennen. Daher ist das Erkennen von *Suki* allein der →Intuition überlassen.

Das Erkennen von *Suki* bei einem anderen und das Vermeiden von *Suki* bei sich selbst kann nicht durch eine andauernde Anspannung des Geistes erreicht werden, sondern nur durch eine zur Gewohnheit werdende innere Wachsamkeit, die man üben kann. Der Streß des Alltags vermittelt dem modernen Menschen pausenlos das Gefühl, daß er sich durch übersteigerte Aktivitäten vor Schäden bewahren und Sinnvolles vollbringen muß. Doch das Gegenteil entsteht, wenn der ewig agierende Mensch die Ordnung, die Selbstdisziplin und die innere Ruhe vergißt. Er überschreitet ein Maß und ist beständig damit beschäftigt, begangene Fehler zu korrigieren, um Katastrophen zu vermeiden. Obwohl er seine eigene Lebenshaltung als innere Not zu empfinden beginnt, kann er sich nicht daraus lösen, und sein Alltag wird immer streßüberladener.

Sukima (jap.): Schwachstelle, Blöße, Öffnung, Lücke, Zwischenraum (s. →*Suki*).

Suki-o mitsukeru (jap.): (einen Angriff) »erwarten und kommen sehen«. Haltung eines Kämpfers, der auf die günstige Chance (s. →*Suki*) eines Angriffs oder Konters wartet.

Sukke (jap.): Bezeichnung für einen buddhistischen Priester.

Sukui (jap.): Schaufel, Löffel. Auch pflügen, kämmen, schöpfen.

Sukui-nage (jap.): Wurftechnik nach →*Sukui-uke*, in verschiedenen Varianten ausführbar (s. →*Nage-waza*). Sie kommt in der *Kata Bassai-dai* vor.

Sukui-te (jap.): schaufelnde Hand.

Sukui-uke (jap.): Schaufelabwehr (s. →*Uke-waza*). Bei dieser Technik wird das Bein des Gegners mit der offenen Hand nahe am Knöchelgelenk aufgefangen und heran- oder heraufgezogen.

Form von Sukui-uke

Man kann von innen nach außen *(Uchi-sukui-uke)* oder von außen nach innen *(Soto-sukui-uke)* schaufeln. Diese Technik wird z. B. in der *Bassai-dai* gelehrt. Eine Variante des *Sukui-uke* ist *Morote-sukui-uke*.

Sukui-waza (jap.): Gruppe sämtlicher Schaufeltechniken (s. →*Sukui-uke*).

Sukunai (jap.): wenig, gering, selten. *Shô* (*Sukoshi*) – ein wenig, etwas.

Sukunai Hayashi-ryû (jap.): traditioneller okinawanischer *Karate*-Stil der *Shôrin*-Schule (s. →*Tôde*, →*Okinawa-te*, →*Shôrin-ryû*), gegründet von →KYAN CHÔTOKU und übertragen auf →SHIMABUKURO ZENRYÔ.

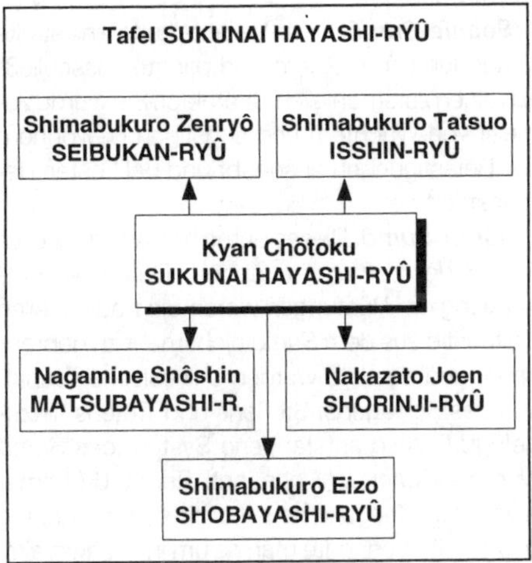

In Deutschland wird dieser Stil als →*Seibukan-ryû* von JAMAL →MEASARA vertreten und gelehrt, der 1982 dafür die *Shôrin-ryû Seibukan Karate Union Deutschland* (s. Anhang) gegründet hat.

Sumai (jap.): alte Form des unbewaffneten Kämpfens in Japan, Vorläufer des →*Sumô*.

Sumi (jap.): Winkel, Ecke (auch *Gû*, s. → *Hô*[2]).

Sumi-gaeshi (jap.): Eckenwurf im *Jûdô*.

Sumikiri (jap.): Konzept aus dem *Shintô*, nach dem der Geist kristallene Klarheit erreichen soll. Nach diesem Zustand sollen auch die Kampfkunstübenden streben.

Sumi-otoshi (jap.): Eckenkippe. Handwurftechnik im *Jûdô*.

Sumô (jap.): traditioneller japanischer Ringkampf. Erstmals in der Geschichte Japans in der →*Kojiki*-Chronik erwähnt, laut der *Sumô* im 3. und 4. Jh. erstmals als →*Chikara-kurabe* betrieben wurde und von den Göttern abstammt. Daraus entwickelte sich das *Sumai* als Vorgänger des *Sumô*.

Im Jahre 720 erschien das →»*Nihon Shoki*«, eine andere alte Schrift, die das Datum des ersten *Sumô*-Kampfes auf das Jahr 23 v. Chr. legt und behauptet, daß einzelne *Sumô*-Ringer auf Leben und Tod stellvertretend für ihre Partei rangen und dadurch einen Krieg vermieden. Zwischen dem 5. und 8. Jh. erhielt das *Sumô* religiöse Bedeutung aus dem *Shintô* und splitterte sich in drei Systeme auf:

1. ***Sechie-Sumô.*** Diese Variante hatte eine starke Verbindung zum *Shintô* und pflegte ausschließlich einen zeremoniellen Charakter. Sie wurde zumeist von Wächtern und sonstigen Bewohnern der Befestigungen ausgeübt und bei Festen demonstriert.

2. ***Jôran-Sumô.*** Dieses Sumô hat sich unter dem Einfluß der *Samurai* verändert. Durch die Entwicklung der Rüstungen waren die traditionellen Haltegriffe aus dem *Sumô* nicht mehr zu gebrauchen, und deshalb wurden chinesische Techniken des Schlagens, Stoßens und Tretens hinzugefügt. Das so entstandene System des *Sumô* wurde →*Kumi-uchi* genannt. Es wurde immer weiter zur Kriegskunst entwickelt, und Anfang des 17. Jh. benannte man es um in →*Jawara* (s. auch →*Jûdô*). Durch erneute chinesische Einflüsse wurde es dann zu →*Jûjutsu* (s. auch *Bujutsu*).

3. **Berufs-*Sumô.*** Dieser Stil wird auch heute noch von professionellen Ringern betrieben, die damit ihren Lebensunterhalt bestreiten.

1623 wurde erstmals ein großes *Sumô*-Turnier (→*Bashô*) abgehalten. Sportliche Turniere, wie man sie heute kennt, wurden ab 1790 jedes Jahr einmal veranstaltet. Ein solches Turnier dauerte fünf Tage. Seit dem 16. Jh. wird *Sumô* als professioneller Sport in Japan betrieben.

Heute gibt es im Sumô acht Kategorien *(Banzuke)*. Davon bilden die 7. (*Jurio* – Senioren) und die 8. (*Maku-uchi* – Meisterklasse) die Gruppe der *Sekitori*. Die Anzahl der *Jurio* ist auf 26 und die der *Make-uchi* auf 38 begrenzt. Aus der *Maku-uchi*-Klasse wird der →*Yokozuna,* der höchste →*Sumôtori,* ermittelt. Seit dem 15. Jh. erreichten bisher nur 60 Kämpfer diese hohe Auszeichnung.

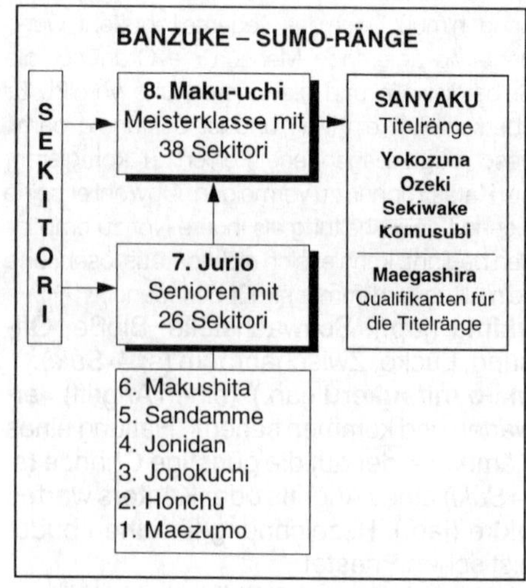

Sumôtori (jap.): auch *Rikishi*, *Sumô*-Ringer, Ausübender der Kunst des *Sumô*-Ringens.

Es gibt heute in Japan etwa 600–800 professionelle *Sumô*-Ringer (→*Sekitori*). Sie leben in eigens dafür bestimmten Schulen *(Heya)*, wo sie mit etwa 15 Jahren eintreten müssen und ein tägliches Training absolvieren. Um in dieser Ringkunst Erfolg zu haben, werden sie gesondert ernährt und wiegen im Schnitt 120–140 kg. Dies führt dazu, daß das Herz-Kreislauf-System überlastet wird und viele *Sumôtori* einen vorzeitigen Tod sterben.

Antike Sumô-Ringer

Sumpô (jap.): Maß.

Sunakakebô (jap.): Bezeichnung für den aus einem Ruder entwickelten okinawanischen *Bô*. Andere Bezeichnungen dafür sind *Kai* und *Eiku* (Klassifizierung s. unter →*Bô*, Erläuterungen s. →*Eiku*).

Sunakake no Kon (jap.): okinawanische *Bô-Kata*, die den Umgang mit dem *Sunakake-bô* (s. →*Eiku*) lehrt.

Sun-dôme (jap.): Abstoppen der *Karate*-Technik kurz vor dem Ziel [*Sun* = 1 Zoll (2,5 cm)]. Erläuterungen s. *Ikken-hissatsu*.

Sundra-Silat (indo.): Begriff für die Stile des →*Pentjak-Silat* auf West-Java. All diese *Silat*-Formen verwenden das Wort →*Tji* als Vorsilbe, die dann meist mit der Bezeichnung eines Tieres verbunden wird.

Sundra-Stile

Tji-Kampek	Tji-Kalong
Tji-Mande	Tji-Matian
Tji-Uler	Tji-Petir
Tji-Bedujut	Tji-Malaja
Tji-Kabon	Tji-Andur
Tji-Ngkrik	Tji-Warangin

Sune (jap.): Schienbein, Beinschutz.

Sune-uke (jap.): Abwehr mit dem Schienbein.

Sun Lu-Tang (1861–1933). Gründer des →*Sun Tai-ji-quan*. Sein ursprünglicher Name lautete SUN FU-QUAN. Der Meister wurde 1861 nahe der Stadt Baoding im Bezirk Wen, Provinz Hebei, geboren, wo er 1933 auch starb.

Er wuchs in Armut und unter schweren Bedingungen auf und versuchte sich im Alter von 13 Jahren selbst zu erhängen. Nur durch einen Zufall wurde er von Spaziergängern gerettet. Mit 15 Jahren begann er bei Meister LI QU-YUAN →*Xing-yi-quan* zu studieren. Mit 19 Jahren wurde er Schüler von →CHENG TING-HUA, einem Meister des →*Ba-gua-quan*. Später studierte er Medizin, Philosophie und Astronomie und wurde ein hervorragender Meister im Bogenschießen, Schwertkampf und Reiten. Durch Zufall lernte er den →*Tai-ji-quan*-Meister →HAO WEI-ZHENG, den Gründer des →*Hao*-Stils, kennen, der ihn nach einiger Zeit als Schüler annahm. Sun veröffentlichte mehrere Bücher über *Tai-ji-quan, Ba-gua-quan, Xing-yi-quan* und Schwertkampf, die heute gesuchte Raritäten sind. Sein letztes Buch, in dem er eine selbstgegründete Synthese der drei Kampfkünste vorstellen wollte, verschwand auf mysteriöse Weise nach seinem Tod und konnte leider nicht vollendet werden. Nicht nur das *Tai-ji-quan*, sondern auch das *Xing-yi-quan* wurde nachhaltig von ihm geprägt, da er einen eigenen *Xing-yi-quan*-Stil gründete.

Seine Tocher berichtete mehrere Geschichten über ihn. Als er sich in einem Zug auf der Reise von Mukden nach Beijing befand, soll er durch das offene Fenster mit dem Bogen 100 Pfeile abgeschossen und damit je einen Vogel getroffen haben. Eine andere Geschichte berichtet, daß er eines Abends in einer Gaststätte von zwei anderen Kampfkunstübenden gleichzeitig angegriffen wurde, die seine Reaktion testen wollten. Er soll beide, ohne seine Mahlzeit zu unterbrechen, zu Boden geworfen haben.

Sun-shi Tai-ji-quan: Stilrichtung des →*Tai-ji-quan*, in Europa als *Sun*-Stil bekannt, der von SUN LU-TANG (1861–1933), einem Schüler von HAO WEI-ZHENG, aus dem Hao-Stil (s. →*Hao Tai-ji-quan*) entwickelt wurde. Da Sun aber auch *Ba-gua* und *Xing-yi* übte, wirkte sich das stark auf seine Bewegungen aus.

Das *Sun Tai-ji-quan* hat ein schnelles Tempo und mehrere Fußtechniken und ist mit seinen 97 Bewegungen vor allem in Taiwan verbreitet. Sun Lu-Tang's Tochter, SUN JIAN-YUN, 1914 geboren, ist die heutige *Sun Tai-ji-quan*-Vertreterin.

Die von Sun Lu-Tang gegründete Form nennt sich auch *Kai-he-huo-bu Tai-ji-quan* (»*Tai-ji-quan* des Öffnens und Schließens«) oder *Xing-yi Tai-ji-quan*. Insgesamt gibt es im *Sun Tai-ji-quan* folgende Übungsformen:

- Lange Handform nach SUN LU-TANG.
- Kurze Handform nach SUN JIAN-YUN.
- Schwertform nach SUN LU-TANG.
- Wettkampfform des *Sun Tai-ji-quan*.

In den heutigen *Sun*-Stil hineinprojektiert wurde noch eine weitere Form von FU ZHAN-SONG, die man →*San-Cai-Form* nennt.

Sunsu (jap.): *Karate-Kata* des →*Isshin-ryû*, gegründet von SHIMABUKURO TATSUO.

Sun-zi: chinesischer Heerführer (jap. →SHUN-ZI) und Begründer der chinesischen Kriegswissenschaft seiner Zeit (s. →*Densho*).

Sun-zi schrieb eine Abhandlung über die Kriegsstrategie, *»Wu-jing«* (Kanon der Kriegswissenschaft oder das »Siebenerbuch«), die bis zum 19. Jh. im gesamten asiatischen Raum große Bedeutung hatte.

Das *Wu-jing* hatte jedoch nicht nur für die Kriegsfürsten und Heerführer Bedeutung, sondern lag allen *Quan-fa*-Schulen zugrunde. Die Schüler des *Quan-shu* mußten Sun-zi auswendig lernen. Seine Strategie baute auf vier Punkten auf, die er im *»Wu-jing«* erläutert: 1. Vorbereitung und Kennenlernen der eigenen Kräfte, 2. richtige Beurteilung des Gegners, 3. Berechnung der Zeit und 4. Kenntnis der Lokalität und der Kampfbedingungen.

Suparinpai (jap.): okinawanische *Karate-Kata* der *Shôrei*-Schule mit Ursprung in China, wo sie *Yi-bai-ling-ba (Ibarinpa)* genannt wird. Im *Gôjû-ryû* gehört sie zu den *Gô-Kata* (Kraft-*Kata*) und lehrt den Gebrauch von *Atemi*-Techniken. Die *Kata* stammt aus dem »Stil der 18 Buddha« *(Juhachira Kanken)*.

Yi-bai-ling-ba bedeutet 108. Nach buddhistischer Auffassung verfügt jeder Mensch über 108 Quellen des Unglücks, die er im Laufe seines Lebens zu überwinden hat. Die Zahl 108 verweist einerseits auf den buddhistischen Ursprung der *Kata* und andererseits auf die Anzahl der darin enthaltenen Techniken.

Ein anderer Name für diese *Kata* ist *Pichurin* (*Bechurin*, chin. *Bai-bu-lian*). Diese Bezeichnung übersetzt man mit »die 100 Schritte vereinen.« Die Zahl 100 steht hierbei für eine große, fast unzählbare Menge, und die Schritte bezeichnen Techniken. *Bai-bu-lian* bedeutet demnach »eine *Kata*, die viele Techniken vereint«.

In China wurde die *Kata* ursprünglich in drei Varianten geübt: *Dai*, *Chû*, und *Shô*. Die heute geübte *Kata* ist die chinesische *Shô*-Variante. Es ist die schwierigste *Kata* des *Gôjû-ryû*. MIYAGI CHÔJUN lernte diese Kata von seinem Lehrer HIGASHIONNA KANRYÔ als zweite *Kata*, nachdem er die *Sanchin-Kata* gemeistert hatte. Geschichte und Erläuterung s. unter →*Gôjû-ryû*.

Suparinpai gilt als die schwierigste *Kata* im *Gôjû-ryû*. Sie enthält viele Techniken der offenen Hand und beidhändige Techniken. Der simultane Gebrauch beider Hände für Kontertechniken, Doppelschläge und Würfe zeigt das hohe Niveau dieser *Kata* und erlaubt fast endlose Kombinationen.

Supotsu (jap.): Sport. *Supotsu-man* – Sportler.

Sup-bart-lau-hon-kuen (chin.): s. →*Shi-ba-luo-han-shou*.

Supotsu-undô (jap.): sportliche Bewegung (s. →*Undô*).

Suri-age (jap.): aufwärts heben, aufwärts gleiten, Aufwärtsschlag. Der Angriff des Gegners wird mit dem Gegenangriff nach oben weggeschlagen.

Suri-age-waza (jap.): Techniken aus dem *Kendô*, bei denen der Angreifer mit seinem →*Shinai* das des Gegners anhebt, um dann sofort zuzuschlagen (klassifiziert unter →*Oji-waza*).

Suri-ashi (jap.): abgesetztes Gleiten, Vorwärtsgleiten (auch *Tsuri-ashi*).

Der hintere Fuß wird, ohne daß er den vorderen überholt, herangezogen, danach wird der vordere Fuß vorgesetzt. Die gesamte Fußsohle gleitet auf dem Fußboden entlang. *Suri-ashi* wird angewendet, um Distanzen zum Gegner auszugleichen (s. →*Ashi-sabaki*, →*Okuri-ashi*).

Suri-konde (jap.): schräger Angriff.

Suri-uke (jap.): gleitende Abwehr. Bei diesen Techniken handelt es sich um eine Kombination zwischen Abwehr und gleichzeitigem Angriff mit derselben Hand. Meist wird zur Abwehr der Ellbogen verwendet.

Suri bedeutet »gleiten«, und dies bezieht sich oft auf eine Abwehr, in der der gegnerische Angriff über den Ellbogen gleitet, während man sofort in den Gegenangriff übergeht. *Suri-uke* kann mit verschiedenen Angriffstechniken kombiniert werden. Eine davon ist unter *Hiji-suri-uke* beschrieben. In diesem Fall wird der Konter mit *Seiken* ausgeführt. Jedoch auch andere Techniken (z. B. *Uraken* oder *Shutô*) lassen sich mit *Suri-uke* kombinieren.

Suri-uke-zuki (jap.): Abwehr mit gleitendem Ellbogen, die in einen Gegenangriff mit einem Stoß *(Tsuki)* übergeht. Form von →*Dôji-waza* (s. auch →*Suri-uke*).

Suru (jap.): tun, machen.

Surujin (jap.): Kette. Im okinawanischen →*Kobudô* klassifizierte Waffe, bestehend aus einer 1,80 – 3 m langen Kette, an deren Enden Metallgewichte oder andere schwere Gegenstände befestigt waren.

Geschichte

Die Ursprünge der okinawanischen *Surujin* sind unbekannt. Man weiß, daß eine ähnliche Waffe, die *Bola* (span. »Kugel«) genannt wird, bei vielen primitiven Stämmen zur Jagd benutzt wird. Die *Surujin* ist auch in China und Japan bekannt, wo es eigene Versionen dieser Waffe gibt, die jedoch im wesentlichen gleich angewandt werden. Auf Okinawa wurde die *Surujin* zuerst aus Schnüren hergestellt, an deren Ende man kleine Steine befestigte. Während der *Satsuma*-Herrschaft (s. →Okinawa) wurde sie als Gürtel mehrfach um die Hüfte gewickelt, um sie so vor den Kriegern zu verbergen. Bei den weiterentwickelten Formen wurde die Schnur durch eine Kette ersetzt, wodurch sie sich wirkungsvoller gegen die Klingenwaffen einsetzen ließ.

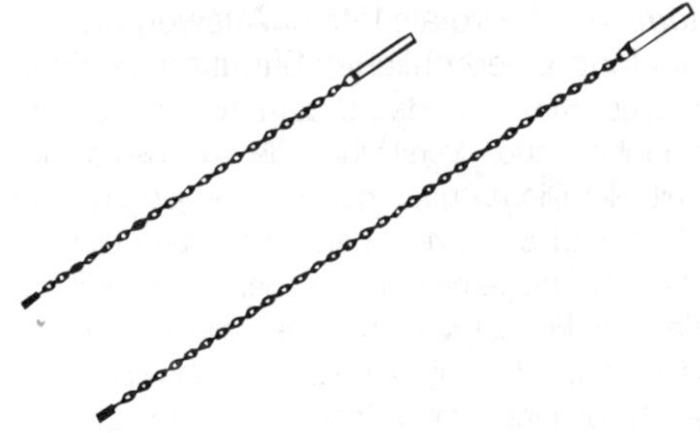

Tan-Surujin (kurze Kette) und Naga-Surujin (lange Kette)

Okinawa

Diese Ketten waren verschieden aufgebaut. Manche hatten an beiden Enden einen erschwerten Griff, andere hatten nur einen Griff und am anderen Ende eine Bleikugel. Statt der Bleikugel konnte auch ein spitzer oder schneidender Gegenstand verwendet werden. Auf Okinawa kennt man im wesentlichen zwei Kettenformen:

OKINAWANISCHE KETTENFORMEN	
Tan Surujin	– 1,50 – 1,52 m
Naga Surujin	– 2,30 – 2,40 m

Japan

Auch alle japanischen Ketten haben am Ende einen Handgriff aus Metall, der auch als Wurfgeschoß verwendet wird. Die Waffen *Manriki-gusari* und *Hoso-hundô* wurden von dem Schwertmeister Masaki Toshimitsu entwickelt. Über die Entstehung der beiden anderen Arten ist nichts bekannt. In Japan klassifizierte man vier Arten der *Surujin*:

FORMEN DER SURUJIN IN JAPAN	
Chô-surujin	– 3,00 m lange Kette
Tan-surujin	– 1,50 m lange Kette
Gusari-hundô (Manriki-gusari)	– 0,50 m lange Kette
Hoso-hundô	– 0,70 m lange Kette

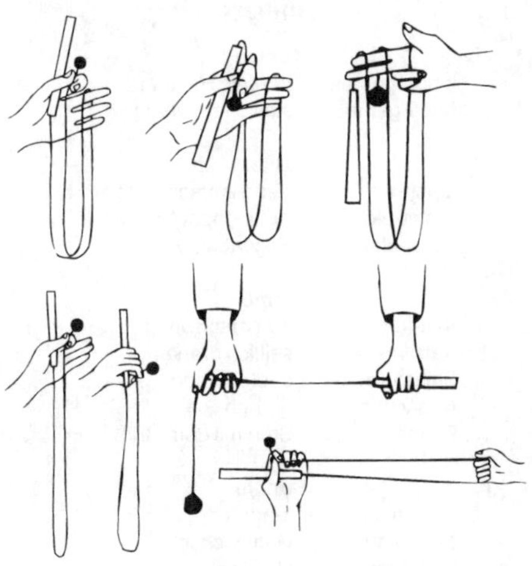

Mochi – verschiedene Griffhaltungen

Surujinjutsu (jap.): die Kunst des Umgangs mit der Kette. Sie beinhaltet im wesentlichen Dreh- und Wirbeltechniken, deren Reichweite von der Länge der Kette und von der Armlänge des Benutzers abhängt.

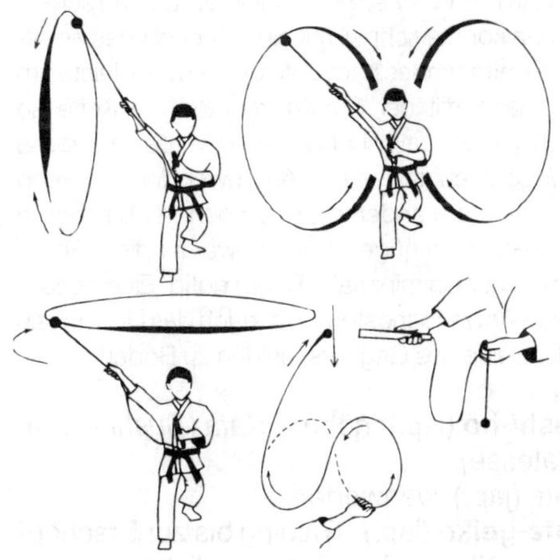

Seme – verschiedene Angriffsformen mit der Kette

Oft wurde die Reichweite dadurch variiert, daß sie zunächst doppelt gegriffen wurde, um den Gegner dazu zu verleiten, näher heranzukommen. Dann wurde sie überraschend losgelassen.

SURUJIN

	Kamae
Ippon-gamae	– frontale Haltung
Nijon-gamae	– seitliche Haltung
	Uke
Ippon-uke	– Kette einfach halten
Nihon-uke	– Kette doppelt halten
Harai-uke	– Fegeabwehr
	Seme
Aya-furi	– Achterschwung
Katawa-furi	– seitlich drehen
Suihei-furi	– oben drehen
Nobashi-furi	– drehen
E-zuki	– Stoß mit dem Griff
	Sonata
Hikitori	– fangen
Mochikae	– Griffwechsel
Furi-dome	– stoppen
Karage-Kata	– wickeln
	Furi
Nobashi kata	– schwingen/verlängern
Chijime-Kata	– schwingen/verkürzen

Eine besondere Anwendungsweise der *Surujin* bestand darin, die Waffe eines Gegners zu umwickeln und so seine Technik zu unterbrechen. Dann konnte schnell mit einer Technik des anderen Kettenendes nachgefolgt werden. Meister im Umgang mit der *Surujin* konnten die Kette so schwingen, daß sie halb starr wurde. Auf diese Weise erzeugten sie eine Art Abwehrlinie, während sie mit dem anderen Ende noch frei beweglich waren. Mit genügend Übung war für diese Techniken nur ein minimaler Raum nötig. Eine besondere Anwendungsform war auch das Umwickeln der Beine des Gegners, um ihn zu Boden zu ziehen.

Sushi-hô (jap.): höhere *Kata* (*Sushi* – Delikatesse).

Sute (jap.): wegwerfen.

Sute-geiko (jap.): Training bis zur Erschöpfung mit dem Zweck, persönliche Grenzen herauszufordern und innere Zustände jenseits des Alltäglichen zu provozieren, um sie beherrschen zu lernen.
Der Übende lernt, sich selbst zu meistern und zu durchdringen, indem er den Schmerz und die Erschöpfung von z. B. Dutzenden aufeinanderfolgenden harten Kämpfen überwindet. Manchmal kann ein solches Training einen ganzen Tag dauern. Der Übende muß über den Zustand der totalen Erschöpfung hinausgehen. Es ist nur für Fortgeschrittene reserviert.

Sutemi (jap.): wörtlich: »sich selbst wegwerfen«, im übertragenen Sinn »das Leben riskieren« oder »bis zum Tode kämpfen«. Sich opfern, preisgeben, aufgeben, sich durch das Fallenlassen beim Körperwurf selbst in Gefahr bringen; Selbstfalltechnik; sich ohne Furcht in den Kampf werfen. *Sutemi-waza* wird als letzter Ausweg aus einer lebensbedrohlichen Situation gewählt.
Dieses Prinzip wurde ab dem 16. Jh. von der buddhistischen Vorstellung der »Unbeständigkeit aller Dinge« noch genährt. Die japanischen *Bushi* und *Samurai* haben dem Leben niemals den Wert beigemessen, wie dies im Westen der Fall war. Für sie war das Leben gleichwertig mit dem Tod, jedoch ein unnützer Tod ohne Sinn war auch von ihnen unerwünscht. Der Tod hatte nur einen Sinn im Opfer. Im Sinne des *Bushidô* opferte der *Samurai* sein Leben im Dienste seines Herrn oder für eine Sache, an die er glaubte. Durch diese Opferbereitschaft hatte er das Gefühl, daß er im Sterben das Leben gewann.
Auch heute ist der Begriff der Opferbereitschaft in Japan noch sehr ausgeprägt. Er existiert auch in den Kampfkünsten, in denen der Gedanke an den Tod genauso gegenwärtig ist wie der des Lebens (s. →*Budô-Psychologie*). Er verläßt keinen Augenblick den Geist des Kriegers, denn das Verständnis des Todes ist für jeden Übenden der Kampfkünste von essentieller Bedeutung.
Die philosophische Bedeutung von *Sutemi* kommt aus dem Buddhismus und hat alle Kampfkünste Japans entscheidend geprägt. In diesem Sinne bedeutet *Sutemi* »den Körper wegwerfen« oder »den Körper aufgeben«. Viele Bezeichnungen der Stile deuten darauf hin: *Taisha-ryû* (den Körper aufgeben), *Munen-ryû* (das Bewußtsein aufgeben), *Mushin-ryû* (den Geist aufgeben), *Mugen-ryû* (die Augen aufgeben), *Muteki-ryû* (den Feind aufgeben), *Mutô-ryû* (das Schwert aufgeben) usw. Alle beziehen sich auf das Nicht-

haften an den Dingen, auf das Aufgeben der persönlichen Wünsche und des →Ich. Wenn man in einem Kampf sein Denken verwendet, wird die Natürlichkeit der Handlung gestört. Die Handlung wird von der Intuition gesteuert und muß unbeeinflußt von allen persönlichen Vorstellungen sein.

Sutemi-waza (jap.): die Techniken der Selbstaufopferung (s. →*Sutemi*). In allen asiatischen Kampfkünsten wurden Techniken entwickelt, die nur in lebensgefährlichen Situationen als letzter Ausweg gewählt wurden.

Zum größten Teil bestehen sie aus überraschenden Aktionen (z. B. Selbstfalltechnik oder Sprung), die der Gegner nicht erwartet. Die Chance liegt in der Überraschung. Dadurch besteht vielleicht die Möglichkeit, das Blatt noch zu wenden und mit dem Leben davonzukommen. *Sutemi-waza* beinhaltet meist spektakuläre Aktionen und wird von Kampfkunstanhängern gerne geübt. Für den tatsächlichen Kampf jedoch hat sie einen total anderen Sinn und benötigt einen entsprechend geübten Geist. In *Sutemi-waza* wird »um alles oder nichts« gespielt, und der Einsatz ist das Leben.

Der Dreiecksprung →*Sankaku-tobi* aus der *Karate*-Kata *Meikyô* ist z. B. eine solche Technik. Sie wird ausgeführt, wenn man mit dem Rücken vor einem Abgrund steht und der Gegner zu einem tödlichen Schlag ausholt. Der *Sankaku-tobi* ist die letzte Chance, er entscheidet über Leben oder Tod. Der Geist spielt dabei eine noch bedeutendere Rolle als die Technik selbst.

Sûtra (skrt.): wörtlich: »Leitfaden«.

HINDUISMUS

Im Hinduismus wird das Wort zur Bezeichnung verschiedener Ableitungen aus den →*Brahmanas* gebraucht, um Zusammenfassungen derselben zu einem praktischen Gebrauch. Oft sind diese Texte ohne Anleitung nicht zu verstehen. Man unterscheidet hier drei Arten von *Sûtra*: 1. Offenbarungs-*Sûtra*, die die Rituale bei der Durchführung von Opfern kennzeichnen; 2. *Sûtra* der häuslichen Gebräuche, die die Zeremonien, z. B. bei Geburt, Hochzeit oder Tod, bestimmen; 3. *Dharma-Sûtra*, in denen die Pflichten der Kasten und Lebensstadien geregelt sind.

BUDDHISMUS

Der Buddhismus bezeichnet damit Lehrreden, die besonders im →*Hinayâna* unmittelbar auf BUDDHA zurückgeführt werden. Dort sind sie im 2. Teil des buddhistischen Kanons *(Tripitaka)* zusammengefaßt. Jede *Sûtra* besteht aus einem Prosatext, der jeweils mit den Worten »Also habe ich gehört« eingeleitet wird. Dies ist darauf zurückzuführen, daß die *Sûtra* von dem 2. Patriarchen Ânanda stammen, der sich die Lehrreden des Buddha gemerkt haben soll und sie nach seinem Tod lehrte. Jede *Sûtra* ist ein in sich abgeschlossenes Ganzes. Ihr Stil ist immer einfach und populär, reich an Parabeln und Allegorien.

Im *Mahâyâna* sind in den überlieferten *Sûtra* zwei Traditionsströmungen zu erkennen: Zum einen die religiös-mystische Behandlung der BUDDHA- und BODHISATTVA-Lehre. Sie beinhalten zum großen Teil Glaubensangelegenheiten, wobei der Phantasie keine Grenzen gesetzt sind. Buddhas und Bodhisattvas vollbringen unzählige Wunder und werden zu göttlichen Wesen emporgehoben. Auf ihnen beruht zum großen Teil die Verbreitung des *Mahayana*, der damit bei den Laien großen Zugang fand. Zum anderen versteht man darunter einen wissenschaftlichen oder philosophischen Text, in dem der Hauptgedanke des *Mahayana*, die Leere, behandelt wird. Diese *Sûtra* wurden von den Denkern des *Mahâyâna* unterschiedlich interpretiert, was die Bildung mehrerer Schulen zur Folge hatte. Eine der bedeutendsten *Sûtra* des *Mahâyâna*-Buddhismus ist die →*Lotos-Sûtra*.

ZEN

Dem *Zen* liegen die philosophischen *Sûtra* des *Mahâyâna*-Buddhismus zu Grunde. Hier sind sie oft in einer formellen, kurzen und aphoristischen Sprache verfaßt, z. B. in einem einzelnen Satz eines philosophischen Werkes. Solche Texte wurden von den Schülern auswendig gelernt. Ihre Auslegung ist dem Lehrer vorbehalten.

Zu den *Sûtra* gehören auch viele alte Texte der indischen religiösen und politischen Literatur, aber auch Grundtexte von philosophischen Systemen, wie z. B. im *Zen*. Teilweise sind die Texte selbst oder ihre Kommentare ganz und gar widersprüchlich.

Suwari-geiko (jap.): Übung aus sitzender Position.

Suwari-seoi (jap.): Schulterwurf auf den Knien.

Suwari-waza (jap.): Gruppe der Techniken, die im Sitzen oder im Knien ausgeführt werden. Sie wurden speziell für das japanische Sitzen (→*Zahô*) entwickelt.

Techniken aus Suwari-waza

Suwaru (jap.): sich setzen.

Suzuki Daisetz Teitarô (1870–1966): japanischer *Zen*-Meister und Philosoph.

Tätig als Professor der buddhistischen Philosophie an der Universität in Kyôto, brachte er als erster durch seine Werke die *Zen*-Lehre in ihrem vollen Umfang nach Europa. Er war Gastprofessor an vielen Universitäten in Europa und den USA. In Japan ist er die anerkannt größte Autorität auf dem Gebiet des *Zen*-Buddhismus. Seine bedeutendste Errungenschaft wird darin gesehen, daß er *Zen* vom Buddhismus löste: »Zen ist frei von allen dogmatischen Lastern.« Er veröffentlichte zahlreiche Bücher und Beiträge über das *Zen*, von denen folgende die bedeutendsten sind: »Die große Befreiung«; »Zen und wir«; »Zen und die Kultur Japans«; »Leben aus Zen«; »Der westliche und der östliche Weg« und »Die Zen-Lehre vom Nicht-Bewußtsein«.

Suzuki Masafumi (*1929): japanischer *Karate*-Lehrer, Präsident der *All Japan Budo Federation*, hochrangiger Lehrer des *Gôjû-ryû*, Eigner und Betreiber des →*Seibukan*, einer der größten Kampfkunstakademien Japans, in Kyôto.

Suzuki Tatsuo (* 1928): einer der höchstgraduierten *Karate*-Meister des →*Wadô-ryû*, direkter Schüler des *Wadô-ryû*-Großmeisters →Ôtsuka Hironori. Suzuki lebt und unterrichtet seit 1965 in England.

Suzuki Tatsuo begann 1942 mit *Karate*. Bereits 6 Jahre später wurde er mit dem 3. Dan graduiert. Bei einer *Dan*-Prüfung 1951 zeigten sich die Prüfer derart beeindruckt, daß ihm gleich der 5. Dan, der damals höchste Rang im *Wadô-ryû*, verliehen wurde. 1975 war Suzuki ebenfalls der erste *Wadô-Karateka* (außer Ôtsuka selbst), der den 8. Dan und den Titel *Hanshi* erhielt. Suzuki, von vielen *Wadô*-Karateka als Nachfolger von Ôtsuka angesehen, ist heute Hauptinstruktor der von ihm 1991 gegründeten *Wadô International Karate Federation*.

Swastika (skrt.): eines der ältesten Symbole Indiens und Chinas *(Wan-tzu)*, in der Induskultur um die Hauptstadt Mohenjo-Daro (2500–1500 v. Chr) ein Glückszeichen, in China mehr ein Sinnbild der Unendlichkeit. In Japan bekannt als →*Manji*, bei uns als Hakenkreuz.

Fünf Hakenkreuze, fünf Fledermäuse und das Zeichen der Langlebigkeit: fünfach gesteigertes Glück und langes Leben

Die vier Arme des Hakenkreuzes stellen die Möglichkeiten dar, in denen eine Seele wiedergeboren werden kann: in die Götter-, Höllen-, Tier- oder Menschenwelt. Auch deutete es in China die vier Weltgegenden an. Seit etwa 700 n. Chr. wurde es im Sinne von »Zehntausend« *(Wan)* verwendet, die als Zahl der Unendlichkeit gilt.

T

Ta[1] (jap.): groß, dick (auch *Tai, Futoi*). *Tachi* – langes Schwert.

Ta[2] (jap.): Hand (auch *Te, Shu*).

Tabata Shotaro: bekannter *Jûdô*-Lehrer am →*Kôdôkan*, Inhaber des 10. Dan (s. →*Jûdô*).

Tabi (jap.): Socke. Japanische Zehensokken, bei denen der große Zeh von den anderen Zehen getrennt ist, Teil der traditionellen japanischen Kleidung (s. →*Kimono*).

Ta-cheng-ch'uan (chin.): »Kampfkunst der großen Errungenschaft«, ein System der inneren Schulen des *Kempô* (s. →*Taikiken*).

Tachi[1] (jap.): Langschwert (s. →*Ken*) der japanischen Adeligen (→*Kuge*). Das *Tachi* hat eine gekrümmte Klinge von über 60 cm Länge und wurde vor der Zeit der →*Samurai* von den Hofadeligen getragen.
Das Schwert wird mit einer Kordel so an die Schärpe gebunden, daß die Schneide nach unten zeigt. Der einzige Unterschied zwischen *Tachi* und →*Katana* besteht in der Art, es zu tragen. Das *Katana* wird mit der Schneide nach oben getragen. Wenn die Schwerter keine Inschrift besitzen (die immer außen ist), läßt sich das *Tachi* kaum vom *Katana* unterscheiden.

Tachi[2] (jap.): wörtlich »sich aufrecht halten«, sinngemäß für Stellung, Stand (s. →*Tachi-waza*, →*Dachi*).

Tachi-ai (jap.): Selbstverteidigungstechniken aus dem *Jûdô* (s. →*Kime no Kata*).

Tachikata (jap.): Stellung, Stand. Die Bezeichnung bezieht sich auf die untere Hälfte des Körpers bzw. auf die Position der Füße im Stand.
Diese genau festgelegten Stellungen sind Standardformen, die aus der Gesamtbewegung (s. →*Undô*) festgehalten wurden, da durch sie eine optimale Kraftübertragung der *Karate*-Techniken möglich wird. Sie werden in der Grundschule (→*Kihon*) und in der *Kata* zusammen mit den Angriffs- und Verteidigungstechniken in einer genau festgelegten Form geübt, bis sie automatische Bestandteile des Bewegungssystems sind (weiter →*Tachi-waza*).

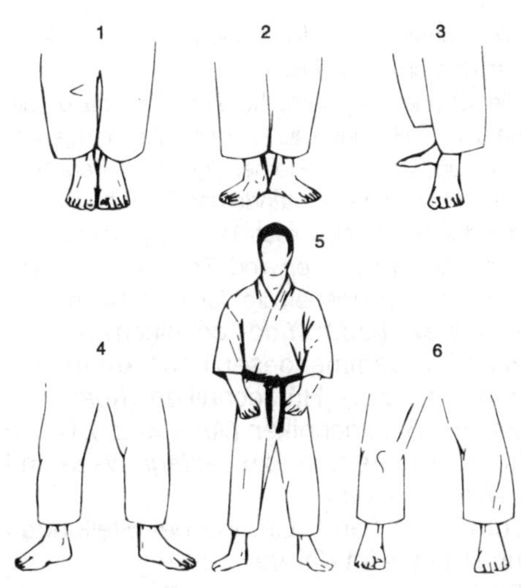

Tachikata – natürliche Grundstellungen in Karate

Tachi-oyogi (jap.): stehendes Schwimmen (s. →*Suiheijutsu*). Technik, die es einem mittelalterlichen *Samurai* gestattete, sich in voller Rüstung senkrecht im Wasser zu halten, indem er die Beine wie ein Frosch und die Arme wie ein schwimmender Hund bewegte.

Tachi-rei (jap.): Verbeugung im Stehen (s. →*Ritsu-rei*).

Tachi san-nen (jap.): Redewendung in den Kampfkünsten: »Es dauert drei Jahre, ehe du lernst, richtig zu stehen.«
Kleine Kinder stehen und laufen auf natürliche Weise. Sie gebrauchen, um das Laufen und Stehen zu erlernen, nicht ihren Verstand, sie folgen keinen Anleitungen und machen sich auch keine Gedanken über die Form ihres Körpers. Sie stehen und laufen einfach, natürlich und aufrecht: sie sind im Unterbauch (→*Hara*) zentriert, der Bauch ist mit Luft gefüllt und entspannt. Ihre Arme, ihre Schultern und ihr Kopf sind leicht und frei.
Wenn der Mensch erwachsen wird, beginnt er seinen Körper mit dem Verstand zu empfinden, und seine Haltung verschlechtert sich. Er zieht den Bauch ein und die Schultern hoch, er »macht« sich seine eigene körperliche Form. Die Natürlichkeit des Körpers wird durch bewußtes Einwirken aufgehoben. Die körperliche Haltung

leidet unter den vielen schwächenden Wirkungen des Ich (s. →*Shisei*).

Die Übung der Kampfkünste dient dazu, die natürliche Haltung des Körpers wiederzugewinnen. Um diese zu erlernen, gilt es, erneut Vertrauen in all jene Umstände des Seins zu fassen, die durch die modernen Lebensgewohnheiten abhanden gekommen sind. Ehe man dies wirklich versteht, vergehen drei Jahre der Übung.

Tachi-waza (jap.): *Jûdô*-Techniken aus dem Stand, zusammengesetzt aus Armtechniken *(Te-waza)*, Hüfttechniken *(Koshi-waza)* und Beintechniken *(Ashi-waza)*. Diese Techniken gehören zu →*Nage-waza* und →*Nage no Kata*.

Tachi-waza (jap.): Gruppe der Stellungen und Stände im *Karate*.

Die Bewegung des Körpers im Raum ist als ein Kontinuum zu verstehen, in dem die klassifizierten Stellungen nur den Moment der Bewegungsunterbrechung kennzeichnen, in dem die Technik ihr Ziel trifft. Das Verständnis der richtigen Stellung ist also nicht nur eine Sache des statischen Momentes, sondern vielmehr das Verständnis zusammenhängender Bewegungsprinzipien, aus denen sich die Stellung ergibt (s. →*Undô*). Im *Shôtôkan-ryû* sind folgende Stellungen klassifiziert:

STELLUNGEN IM KARATE

Natürliche Grundstellungen (Shizen-tai)	
Heisoku-dachi	– geschlossene Parallelstellung
Musubi-dachi	– geschlossene Füße
Hachiji-dachi	– offene Fußstellung
Uchi hachiji-dachi	– Stellung mit eingedrehten Füßen
Heiko-dachi	– offene Parallelstellung
Teiji-dachi	– T-Stellung
Renoji-dachi	– L-Stellung
Kampfstellungen (Kumite-dachi)	
Zenkutsu-dachi	– Vorwärtsstellung
Kôkutsu-dachi	– Rückwärtsstellung
Kiba-dachi	– Reiterstellung
Sanchin-dachi	– Sanduhrstellung
Hangetsu-dachi	– Halbmondstellung
Shiko-dachi	– offene Bereitschaftsstellung
Fudô-dachi	– unbewegliche Stellung
Nekoashi-dachi	– Katzenfußstellung
Kôsa-dachi	– Kreuzstellung
Sagiashi-dachi	– Kranichstellung

Tachi-Zen (jap.): Meditation im Stehen (auch →*Ritsu-Zen*). Sie bildet den Übergang von

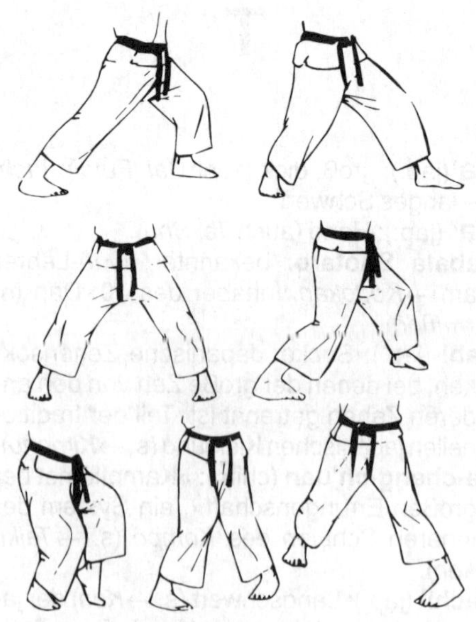

Tachikata – Kampfstellungen im Karate. In Reihenfolge von links nach rechts: Zenkutsu-dachi, Kokutsu-dachi, Kiba-dachi, Fudô-dachi, Nekoashi-dachi, Sanchin-dachi, Hangetsu-dachi

der Meditation im Sitzen (→*Zazen*) zur Meditation im Gehen (→*Kinhin*). Ausführliche Erläuterungen s. unter →Meditation und →*Zen*.

Die Körperhaltung in der stehenden Meditationsform wurde aus einer alten chinesischen Kampfhaltung abgeleitet, die man →*Maebane-gamae* nennt. Ursprünglich wurde sie von BODHIDHARMA im *Shaolin*-Tempel gegründet.

Taekwondo (kor): »Weg der Hände und Füße«, koreanischer Kampfsport (s. → Korea), in der Form ähnlich dem japanischen *Karate*, Synthese mehrerer koreanischer Stile, gegründet 1950.

<u>WURZELN</u>

Die Ursprünge des Systems führen bis zur Zeitwende zurück und wurzeln im *Keupso-Chirigi, Yusul, Bi-Kak-Sool, Subak* und *Kwonbob*, die alle von den chinesischen Systemen (s. →*Tang-Soo-Do*) beeinflußt wurden. Die ersten Formen des waffenlosen Kampfes in Korea nannte man →*Soo-bahk-Do (Subak)* und →*Kwonbop*. Später wurden sie durch die Bezeichnungen →*Hwarang-do* und →*Taekyon* ersetzt.

<u>DIE GRÜNDUNG DES SYSTEMS</u>

Während der japanischen Besetzung wurden die

Schriftzeichen für Taekwondo

koreanischen Kampfkünste von den Japanern beeinflußt. *Taekwondo* ist eine Ableitung aus mehreren Hauptrichtungen des →*Taekyon*, verbunden mit einigen japanischen Systemen. Anfang 1950 gründeten die Meister Koreas unter Leitung von General →CHOI HONG HI in Gemeinschaftsarbeit eine neue Kampfkunst nach japanischem Modell. Die wichtigsten *Taekyon*-Richtungen, aus denen *Taekwondo* zusammengesetzt wurde, waren: *Chang-Hon-Yu, Chang-Moo-Kwan, Chung-Do-Kwan, Chi-Do-Kwan, Oh-Do-Kwan, Yul-Kwan-Sool, Kang-Duk-Kwan, Yun-Moo-Kwan*.
Der Name *Taekwondo* wurde dafür jedoch erst im Jahre 1955 verwendet, als General Choi Hong Hi im Auftrag der Regierung das System zu einem Nationalsport zusammenführte und daraus eine Wettkampfdisziplin gründete.
Taekwondo zählt in Korea nicht zu den Kampfkünsten, sondern zu den Sportarten. Es wurde schnell zum koreanischen Volkssport und als Pflichtfach an allen Militärakademien und Polizeischulen des Landes eingeführt. Choi Hong Hi (1965 koreanischer Botschafter in Bonn) machte *Taekwondo* auch in Deutschland bekannt. 1973 wurde die erste Weltmeisterschaft abgehalten.

VERBREITUNG DES TAEKWONDO

1961 wurde Choi Hong Hi der erste Präsident der *Korean Taekwondo Association* (KTA), die 1966 in Seoul auf internationale Ebene (ITF) erweitert wurde. Nachdem Choi jedoch 1972 den Sitz des Verbandes nach Toronto (Kanada) verlegte, wurde in Korea die *World Taekwondo Federation* (WTF) gegründet. Ihr neuer Präsident war KIM UN YONG.
Weltweit wurde *Taekwondo* hauptsächlich über die Vereinigten Staaten verbreitet, wohin es durch den Koreakrieg gelangte und wo es zum spektakulären Wettkampfsport ausgearbeitet wurde. Die bekanntesten amerikanischen Instruktoren sind JHOON RHEE, der »Vater des amerikanischen Taekwondo«, CHO HEE IL, →KIM SUK JUN, CHANG YOUNG I und SON DUK SUNG. In Deutschland wird Taekwondo durch die *International Taekwon-do Federation Deutschland e. V.* (ITF-D e. V., s. Anhang) vertreten.

Taekyon (kor.): ursprünglich →*Subak* und →*Kwonbop*, danach *Taekyon* genannt (s. →Korea). Vorläufer des →*Taekwondo* und →*Tang-Soo-Do*.

Ta-hsing-ch'uan (chin.): auch *Da-xing-quan*, »Kampfkunst des großen Affen«, Form des Affenstils (s. →*Da-sheng-men*).

Tai[1] (jap.): ertragen, aushalten, widerstehen, tauglich sein (auch *Taeru*). *Nintai* – Geduld, Ausdauer.

Tai[2] (jap.): (er)warten (auch *Matsu*). *Kitai* – Hoffnung, Erwartung, *Tokutai* – Bevorzugung.

Tai[3] (jap.): Zustand, Aussehen. *Taido* – Haltung, Verhalten, *Seitai* – Lebensweise.

Tai[4] (jap.): Körper (auch *Tei, Karada*). *Shintai* – Körper und Geist, *Tai-iku* – Körperpflege, *Tai-jû* – Körpergewicht, *Tai-ryoku* – Körperkraft, *Tai-jutsu* – Körpertechnik, *Tai-sabaki* – Körperbewegung, *Tai-za* – Körpersitz.

Tai[5] (jap.): groß (auch *Dai, Ôkii*).

Taia (jap.): »wunderbares Schwert«, Erläuterungen s. →*Taiaki*.

Taiaki (jap.): Bezeichnung für →TAKUAN's Abhandlung über die Kampfkünste (s. → YAGYÛ MUNENORI), in der er den Zusammenhang zwischen *Zen*-Philosophie und →*Kenjutsu* erläutert und in der Definition (*Ken Zen ichi* – »Schwert und *Zen* sind eins«) erklärt, daß die Meisterschaft des Schwertes nur über den Geist des *Zen* möglich ist.
Taia nennt Takuan das »wunderbare Schwert«, durch das es gelingt, jedwede Ichbezogenheit (s. →Ich) aufzuheben und durch Übung zu einem

Zustand der absoluten Reinheit des Geistes (s. →*Kenshô*) zu gelangen.

Takuan kam es vor allem darauf an, klarzustellen, warum die meisten *Kenkaku* (Schwertkämpfer) trotz intensiver Übung nicht einmal annähernd das Stadium der Meisterschaft in der Schwertkunst erreichen konnten. Nach Takuans Erläuterungen lag das daran, daß diese Menschen nicht bereit zur geistigen Vervollkommnung waren und nur das Körperliche akzeptierten. Was solchen Menschen bei allem Können die wahre Meisterschaft verwehrt, ist nach Takuans Erläuterungen das Ergriffensein vom Ich, dessen Eigenwille dem Übenden den Blick sowohl in das Wesen der Kampfkunst wie auch in die Realitäten des Lebens mit Vorurteilen trübt. So besteht nach Takuan die Meisterschaft der Kampfkunst in nichts anderem als darin, die Herrschaft des Ich und seine unzähligen Antriebe, die den Geist und die Handlungen des Menschen verwirren, endgültig zu überwinden und durch Selbstperfektion zu einem klaren, ungetrübten Eigenwesen zu finden. Der Grundgedanke dieser Theorie, die in der folgenden Zeit durch große Meister des Schwertes wie Yagyû Munenori, Musashi Miyamoto, Kaneko Mugen, Sekiun Harigaya, Ichiun Odagiri, Tsuji Gettan Sakemochi, Yamaguchi Renshin u. a. zum zentralen Leitsatz des *Bushidô* werden sollte und die alte »Kunst des Tötens« in eine »Kunst des Lebens« verwandelte, war →*Ken Zen ichi* – »Schwert und Zen sind eins«.

Tai-atari (jap.): »mit dem Körper treffen«, gemeint ist das Zusammenstoßen der Körper zweier Gegner. Starkes, entschlossenes Hineingehen in den Gegner.

T'ai-chi (chin.): s. →*Tai-ji*.

T'ai-chi-ch'uan (chin.): chinesische Kampfkunst (s. →*Tai-ji-quan*).

Tai-dao (chin.): Breitschwert mit langem Schaft in den chinesischen Kampfkünsten, leichter als die Hellebarde (→*Ji*[5], s. auch →*Bing-qi*). Zwischenart, die sowohl den Säbeln (→Dao[1]) als auch den Hellebarden zugeordnet werden kann. Oberbegriff für mehrere Formen des Breitschwertes (s. →*Guan-dao*, →*Tsai-yang-dao*, →*Tai-hum-dao*, →*Chuen-chiu-tai-dao*, →*Jiu-wan-tai-dao*, →*Chai-dao*).

Die *Tai-dao* hatte ihren Höhepunkt zur Zeit der drei Königreiche (220–280 n. Chr), als plötzlich viele große Generäle diese Waffe einsetzten. Einer der bekanntesten unter ihnen war der legendäre General Guan Yu (Kwan Yun-Chang), der eine bestimmte Form des Breitschwertes benutzte, die später nach ihm *Guan-dao* (»General Guans Breitschwert«) benannt wurde.

Mehrere Formen der chinesischen Streitaxt (Fu), Hellebarde (Ji) und des langschaftigen Breitschwerts (Tai-dao)

Taidô-ryû (jap.): s. →*Gensei-ryû*, →Shukumine Seiken.

Tai-fuse (jap.): den Körper fallenlassen (sich hinlegen), z. B. in der Kata *Kankû-dai*.

Taihen-jutsu (jap.): Teil des →*Ninpô-Tai-jutsu*, bestehend aus Stellungen, Haltungen, Bewegungen und Falltechniken. Zentrum des Taihen-jutsu ist die *Kamae no Kata*, die zusammen mit *Kihon-happo* und *Sanchin no Kata* den Schlüssel zum tieferen Verständnis des *Ninpô-Tai-jutsu* liefert.

KAMAE NO KATA

Beobachtende Position	Empfangende Position
Gassho no Kamae	Shizen no Kamae
Fudoza no Kamae	Hira ichimonjo Kamae
Seiza no Mamae	Hoko no Kamae
Abwehrende Position	**Angreifende Position**
Ichimonji no Kamae	Jumonji no Kamae
Doko no Kamae	Kosei no Kamae
Hichi no Kamae	

Taihô-jutsu (jap.): japanische Kampfkunst, aufgebaut auf dem *Jû-jutsu* und *Karate*, gegründet 1947 von einer technischen Kommission für die Ausbildung der Polizei.

Bereits 1924 trat ein technisches Komitee zusammen, um die Selbstverteidigungssysteme der japanischen Polizei zu verbessern. Dieses Komitee bestand aus einer Gruppe hochrangiger Schwertmeister: NAKAYAMA HAKUDO, HIYAMA YOSHIHITSU, SAIMURA GORO und HOTTA SHITEJIRO. Außerdem waren folgende Spezialisten des *Jûjutsu* und *Jûdô* anwesend: NAGAOKA SHUICHI, MIFUNE KYUZO, NAGANO SEIZO, SATO KENOSUKE und KAWAKAMI TADASHI. Dieses Komitee entwickelte eine Reihe von Selbstverteidigungstechniken ohne Waffen, die in das Trainingsprogramm der Polizisten aufgenommen wurden. Nach dem Zweiten Weltkrieg erhielten die Polizeikräfte die Erlaubnis, ein Selbstverteidigungssystem anzuwenden, obwohl die Kampfkünste verboten waren.

Ein neues Komitee wurde ins Leben gerufen, das von dem *Kendô*-Experten SAIMURA GORO geleitet wurde. Weitere Mitglieder waren SHIMIZU TAKAGI *(Jô-jutsu)*, ÔTSUKA HIRONORI *(Wadô-ryû)*, NAGAOKA SHUICHI *(Jûdô)* und HORIGUCHI TSUNEO (Pistolenschießen).

Diese Kommission suchte aus dem klassischen *Kenjutsu, Jûjutsu* und *Jôjutsu* geeignete Techniken heraus und verband sie zu einem Selbstverteidigungssystem.

1947 entstand aus dieser Kombination das *Taihôjutsu*. Es wurde 1949, 1951, 1955, 1962 und 1968 weiter überarbeitet. Die Polizisten übten *Taihôjutsu* in zwei Arten: *Tosho* (ohne Waffen) und *Keibô* (mit einem Stock, s. →*Keibô-soho*).

Tai-iku (jap.): Körpererziehung, Körperpflege, Körperkultur, Sport (s. →*Iku*).

Tai-ji (chin.): oft mit »Firstbalken« übersetzt, steht sinngemäß aber für ein philosophisches Prinzip aus dem →*Yi-jing*, wo es die letzte Wirklichkeit, den Ur-grund des Seins (s. →*Dao*[1]) bezeichnet:

»Darum gibt es in den Wandlungen den Großen Umfang *(Tai-ji)*. Dieser erzeugt die zwei Grundkräfte (→*Yin/Yang*). Die zwei Grundkräfte erzeugen die vier Bilder. Die vier Bilder erzeugen die acht Trigramme (→*Ba-gua*).«

Tai-ji ist auch ein Begriff für die *Yin/Yang*-Monade und steht für die Harmonie von *Yin* und *Yang*. Es ist wahrscheinlich, daß der Begriff *Tai-ji* früher (vor der Entwicklung des *Tai-ji-quan*) für einige Kampfkünste verwendet wurde.

Schriftzeichen für Tai-ji

Tai-ji-dao (chin.): Bezeichnung für den *Tai-ji-quan*-Schwertkampf mit dem Säbel (→ *Dan-dao*). Der Säbel gilt als leicher zu handhaben als das Schwert (→*Dan-jian*). Er war die Waffe der gemeinen Soldaten und hatte 16 Grundtechniken.

Haltung aus dem Tai-ji-quan-Schwertkampf

Tai-ji-jian (chin.): Schwertkampf im *Tai-ji-quan*, ausgeführt mit dem geraden Schwert (→*Dan-jian*).

Das Schwert wird bis heute im →*Chen Tai-ji-quan* selten geübt, im →*Yang Tai-ji-quan* dagegen ist es sehr beliebt und die verbreitetste

Waffe. Man weiß bis heute nicht mit Sicherheit, ob YANG LU-CHAN Schwert geübt hat oder nicht, vermutlich kannte er keine Schwert-Form. →YANG CHENG-FU gründete mit Hilfe seines Freundes →LI CHIN-LIN, eines berühmten Schwertmeisters, die Schwert-Langform des *Tai-ji-quan*. Li Chin-Lin gehörte der *Wudang*-Schwertschule (→*Wudang-jian*) an. Von dort stammen auch die meisten heute im *Tai-ji-quan* verwendeten Techniken. Yang Cheng-Fu unterrichtete zwar seine Schwertform, zeigte aber kaum Anwendungen, und manche seiner Schüler vermuten, daß er sie selbst nicht kannte. Sein Schüler CHEN WEI-MING veröffentlichte als erster diese Form in dem Buch »Der Taiji-Schwertkampf«. Er nahm später auch Unterricht bei Li Chin-Lin, der ihm die Anwendungen zeigte, und gründete dann seine eigene Form (s. →*Tai-ji-jian-lu*). Mit der Zeit entstanden immer mehr verschiedene Schwertformen. Heute gibt es auch *Tai-ji-quan*-Meister, die ausschließlich mit dem Schwert üben und keine anderen Formen (→*Lu*) mehr beherrschen.

Im *Sun*-Stil wurden die Schwertformen natürlich unabhängig von der Entwicklung der anderen Stile stark von →SUN LU-TANG's Können im Schwertkampf beeinflußt.

Sehr bekannt ist die Partnerform →*San-cai-jian*, die von beiden Teilnehmern mit dem Schwert ausgeführt wird und den →*Tui-shou* ähnelt.

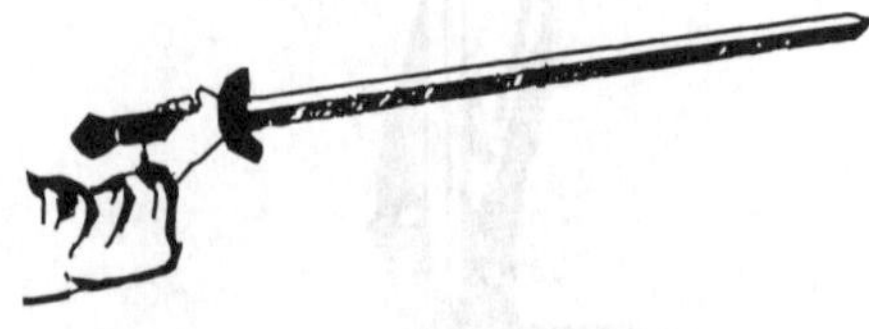

Haltung aus dem Tai-ji-quan-Schwertkampf

Die freie Hand weist in der Haltung eine Besonderheit auf. Zeige- und Mittelfinger werden zusammengelegt und gerade ausgestreckt. Klein- und Ringfinger werden zur Handinnenfläche gebeugt und mit dem Daumen festgehalten. Diese Handhaltung soll den *Qi*-Fluß und die Konzentration des Übenden erhöhen; sie steht symbolisch für Techniken auf Vitalpunkte (→*Dian-xue*).

Auch im *Tai-ji*-Schwertkampf wird das »Nicht-Denken« (→*Wu-xin*) angestrebt. Wichtig sind

DIE 13 GRUNDTECHNIKEN IM SCHWERTKAMPF

1.	**Chou** (Ch'ou)	– Von links nach rechts ziehen
2.	**Tai** (T'ai)	– Von rechts nach links streifen
3.	**Ti** (T'i)	– Heben
4.	**Ge** (Ke)	– Block
5.	**Ji** (Chi)	– Schlag
6.	**Zi** (Tz'u)	– Stoß/Stich
7.	**Dian** (Tien)	– Richten
8.	**Beng** (Peng)	– Schnappen
9.	**Jiao** (Chiao)	– Bewegen (Rühren)
10.	**Ya** (Ya)	– Nach unten drücken
11.	**Bi** (Pi)	– Teilen/Spalten
12.	**Jie** (Chieh)	– Aufhalten und angreifen
13.	**Xi** (Hsi)	– Klären

weiterhin zusätzliche Übungen für das Gleichgewicht und Augenübungen wie Augenrollen oder wildes Starren.

Schriftzeichen für Tai-ji-jian

Tai-ji Nei-gong (chin.): inneres →*Qi-gong* nach dem System des →*Tai-ji*.

Tai-ji-quan (chin.): altes Kampfkunstsystem Chinas. Ursprünglich stammt diese Kampfkunstmethode aus den Selbstverteidigungsformen der →*Nei-jia* (s. auch →*Dao-yin*, →*Wudang-pai*, →*Qi-gong* und verfolge weiter). *Tai-ji-quan* ist im Grunde genommen die Anwendung des →*Tai-ji*.

ALLGEMEINES

Im letzten Jahrhundert machte das *Tai-ji-quan* (besonders der YANG-Stil) auf die Initiative der chinesischen Regierung (s. →*Wu-shu*) große Veränderungen in bezug auf die Art und Weise seiner Ausführung durch. Die meisten explosiven und kraftbetonten Elemente wurden herausgenommen, dagegen wurden die lockeren, sanften und anmutigen Teile stärker betont. Der kämpferische Aspekt geriet dadurch in den Hintergrund, doch das *Tai-ji-quan* wurde somit zu einer vorzüglichen Übung für die Gesundheit seiner Übenden. Es wird als »Meditation in Bewegung« bezeichnet, und man verwendet es zur Heilung chronischer Krankheiten der Lunge, des Verdauungssystems, des Herzens und des Kreislaufs.

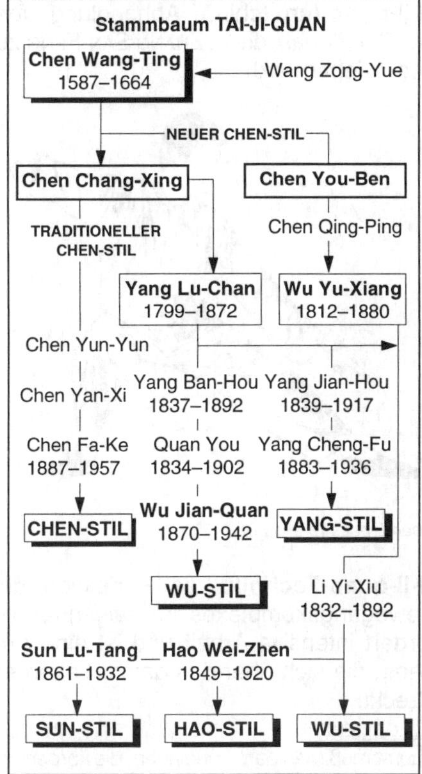

Geschichte

Im wesentlichen gibt es fünf große Tai-ji-quan-Stile: →Chen Tai-ji-quan, →Wu Tai-ji-quan, →Yang Tai-ji-quan, →Hao Tai-ji-quan und →Sun Tai-ji-quan.

Der Ursprung des *Tai-ji-quan* ist von Legenden umwoben und schwer nachzuvollziehen. Es gibt vier Hauptthesen:

1. →Zhang San-Feng, ein daoistischer Mönch, erfand es in einem Traum, oder er entwickelte es, nachdem er den Kampf zwischen einem Vogel und einer Schlange beobachtet hatte. Diese Theorie ist aber nicht sehr wahrscheinlich und wird hauptsächlich von den Anhängern des *Yang*-Stils verbreitet.
2. Eine andere Theorie besagt, daß es in der Tang-Dynastie entwickelt wurde und sich auf vier Hauptfamilien weitervererbte.
3. Die heutigen Erben des *Chen*-Stils behaupten, daß Chen Wang-Ting es selbst gegründet hat. Aus früherer Zeit ist auch noch →Cheng Ling-Xi bekannt, der einen Vorläufer des *Tai-ji-quan*, das *Tai-ji-gong*, übte.
4. Die wahrscheinlichste Theorie ist, daß →Wang Zong-Yue, ein Meister des →*Chang-quan*, oder sein Schüler →Jiang Fa Chen Wang-Ting in seiner Kampfkunst unterrichtete. Dieser inspirierte sich auch aus anderen alten Stilen und nannte seine Kampfkunst *Tai-ji-quan*.

Übende des Tai-ji-quan

Im 18. Jh. schlich sich →Yang Lu-Chan als Diener in das Hause der Chen ein, und es gelang ihm, die geheimgehaltene Kunst zu lernen. Seit dieser Zeit gibt es den traditionellen Yang-Stil (→*Yang Tai-ji-quan*), in dem heute der gesundheitsfördernde Aspekt im Vordergrund steht. Meister Yang starb 1872. Danach verbreiteten seine Söhne den Stil in ganz China, und es kam zu der heute bekannten Entwicklung.

Am Anfang des 19. Jhs. begannen verschiedene

Meister des *Tai-ji-quan* ihre Kunst umzustellen. Da der Kampfkunst-Aspekt zu jener Zeit unmodern war, wurde die Gesundheit in den Vordergrund gestellt. YANG CHENG-FU und auch WU JIAN-QUAN gründeten je eine Form, die vollständig aus langsamen Bewegungen bestand.
1956 wurde im Zuge der Kulturrevolution in der Volksrepublik China die →*Peking-Form* gegründet, die mit ihren 24 Bewegungen eine Ableitung aus dem viel schwierigeren authentischen YANG-Stil ist. Diese neue nichttraditionelle Form wurde vor allen anderen weltweit verbreitet und ist außerhalb Chinas die meistgeübte *Tai-ji*-Form. Ebenfalls aus dem alten YANG-Stil gründete man 1957 die neue YANG-Form mit 88 Bewegungen. Dieser Stil ist jedoch weniger verbreitet. Beide neuen Formen sind Standardformen der *Wushu*-Gruppe aus Beijing (Peking), ohne kämpferische Prinzipien und als solche auch keine *Tai-ji-quan*-Stile.

Schriftzeichen für Tai-ji-quan

TAI-JI-QUAN HEUTE

Im europäischen und amerikanischen *Tai-ji-quan* zeichnet sich zur Zeit eine starke Entwicklung zur Einseitigkeit ab. Oft werden nur noch langsame Formen geübt; Partnerübungen, Anwendungen, schnelle Formen und Waffen sind selten zu finden. Hauptsächlich wird *Tai-ji-quan* als Gesundheitsübung verstanden, die Hintergründe und Kampfkunst-Aspekte gehen mehr und mehr verloren. Der Grund dafür liegt zum einen in einer weltweiten Überflutung von chinesischen Lehrern, die keine Lehrer sind, und zum zweiten in der Entwicklung einer bodenlosen Esoterik im *Tai-ji-quan*, mit der in der dekadenten, Seelennot leidenden modernen Welt viel Geld zu verdienen ist. Diese Formen des *Tai-ji-quan* sind nichts weiter als Balsam für in Not geratene Seelen und haben mit der jahrtausendealten Idee nichts zu tun.

Tai-ji-quan-jing (chin.): klassische Schrift über das *Tai-ji-quan*, die →WANG ZONG-YUE verfaßt haben soll.

Tai-ji-quan-lun (chin.): Abhandlung über das *Tai-ji-quan*, die →ZHANG SAN-FENG zugeschrieben wird.

Übender des Tai-ji-quan

Tai-ji-quan-Technik: die Perfektion des Bewegungskomplexes im *Tai-ji-quan* erfordert intensive Arbeit und ist eine Aufgabe, die sich über das ganze Leben erstreckt.

ALLGEMEIN

Zuerst muß man damit beginnen, die körperliche Haltung zu optimieren, die geistige Haltung braucht mehr Mühe und wird über Jahre hinweg geübt. Der Anfänger beginnt mit den Schritten und Stellungen (→*Bu-fa*). Er kann sich dazu gleichzeitig mit *Qi-gong* beschäftigen, wodurch er in einige Atemformen (→*Tai-xi*) eingeführt wird. Danach beginnt man mit dem Erlernen eines festen Bewegungsablaufes (→*Lu*), der eine Vielzahl verschiedener Techniken enthält:

1. ***Bu-fa*** – Stellungen
2. ***Da-fa*** – Schlagtechniken
3. ***Chui-fa*** – Stoßtechniken
4. ***Tui-fa*** – Beintechniken
5. ***Lo-shou-fa*** – Greiftechniken

Die Anwendung dieser Techniken kann man mit 5 grundlegenden Begriffen umschreiben:

1. ***Da:*** Schlagen oder Stoßen mit der Hand, der Faust, dem Ellbogen oder der Schulter.
2. ***Ti:*** Treten mit der Ferse, dem Fußspann oder dem Knie.
3. ***Shuai:*** Werfen, den Gegner aus dem Gleichgewicht bringen.
4. ***Qin-na:*** Haltegriffe, Würgegriffe und Hebel.
5. ***Dian-xue:*** Angriffe auf Vitalpunkte.

Beherrscht man diese Techniken in einem ausreichenden Maß, beginnt man mit Partnerübungen. Zuerst übt man →*Tui-shou* und →*Da-lü*, später kann man zu →*San-shou* übergehen. Der Überbegriff für Partnerübungen lautet →*Bo-ji*. Festgelegte Partnerübungen bezeichnet man als →*Dao*[2]. Bevor man mit ernsthaften und realistischen *Bo-ji* beginnt, sollte man die Falltechniken (→*Di-gong-quan*) beherrschen.

Erst wenn das waffenlose *Tai-ji-quan* eine gewisse Fortschrittsstufe erreicht hat, kann man zur Übung mit Waffen übergehen. Die Waffensysteme (→*Bing-qi*) haben ebenfalls ein kompliziertes Techniksystem und viele Formen. Im *Tai-ji-quan* übt man meist mit dem Säbel *(Dan-dao)*, Speer *(Qiang)*, Fächer *(Shan)*, Stock *(Gun)* und Schwert *(Dan-jian)*.

Atmung

Der Rhythmus ist für alles Belebte wichtig. Für den Menschen sind Herz- und Atemrhythmus am wichtigsten. Beide sind miteinander verbunden und beeinflussen sich gegenseitig. Der Atemrhythmus wird von unserer seelischen Verfassung bestimmt, doch mit Übung können wir auch lernen, die innere Verfassung durch die Atmung zu lenken. Im *Tai-ji-quan* versucht man die Brustatmung auf ein Minimum zu beschränken und verstärkt dafür die Bauchatmung (s. →*Tai-xi*). Im *Tai-ji-quan*-Bewegungsablauf wird leicht und natürlich geatmet. Wenn man längere Zeit *Tai-ji-quan* geübt hat und die Techniken versteht, findet man ganz von selbst die richtige Atmung und den richtigen Rhythmus.

Zu einem späteren Zeitpunkt beginnt man mit der umgekehrten Bauchatmung: Beim Einatmen senkt sich das Zwerchfell, und gleichzeitig werden die unteren Bauchmuskeln leicht angespannt, so daß Druck auf dem *Dan-tian* entsteht. Beim Ausatmen wird der Bauch entspannt. Man atmet immer durch die Nase ein und in der *Tai-ji-quan*-Form durch die Nase wieder aus. Wenn man schnelle Techniken ausführt, sollte man durch den Mund ausatmen. Konzentriert man seine ganze Kraft, sollte man einen Schrei (→*Fa-sheng*) ausstoßen. Grundsätzlich gelten folgende Prinzipien:

1. Führt man einen Angriff aus, muß man vorher ein- und während der Technik ausatmen.
2. Bei einer Abwehr atmet man ein, beim darauffolgenden Konter aus. Man kann auch vor der Abwehr einatmen und während der Abwehr ausatmen. Dann atmet man wieder ein und während des Konters aus.
3. Führt man eine Abwehr und einen Konter gleichzeitig durch, muß man ausatmen.
4. Bei mehreren aufeinanderfolgenden Aktionen wird über zwei oder mehr Techniken ausgeatmet.

Zur Anwendung dieser Prinzipien ist es wichtig, die Bedeutung der Techniken zu verstehen. Je nachdem, welche Kombinationen ausgeführt werden, ändert sich der Atemrhythmus:

- kurzes Ein- und Ausatmen
- langes Ein- und Ausatmen
- kurzes Ein- und langes Ausatmen
- langes Ein- und kurzes Ausatmen

Schriftzeichen für Himmel, Mensch und Erde in Verbindung mit Yin/Yang

Qi

Die Beherrschung des →*Qi* ist das Resultat der korrekten Haltung, der Technik und der inneren Einstellung. Die Verwendung von *Qi* ist nur nach vielen Jahren des ernsthaften Studiums der Kampfkünste möglich und nicht, wie viele europäische Lehrer behaupten, zusätzlich zu erlernen. Unter den vielen Scharlatanen, die aus Inkompetenz aus dem *Tai-ji-quan* eine esoterische Schwebekunst gemacht haben, gibt es sicher niemanden, der auch nur im entferntesten in der Lage ist, *Qi* in einer Technik zu verwenden. Eine mit *Qi* ausgeführte *Tai-ji-quan*-Technik ist für den Gegner tödlich. Manche *Qi-gong*-Meister beherrschen eine Art *Qi*-Bewegung, die fühlbar ist. Doch in den Kampfkünsten wird nicht diese *Qi*-Bewegung verwendet, sondern eine dynamische Entladung des *Qi* am Ende der Technik. In dieser Beziehung unterscheiden sich die weichen Künste (→*Nei-jia*) nicht von den harten Künsten (→*Wai-jia*).

Innere Prinzipien

In der *Tai-ji*-Bewegungsform strebt man nach der Einheit von Himmel *(Yang)*, Mensch und Erde *(Yin)*. Der Mensch muß zwischen den Polaritäten vermitteln (s. →Daoismus).

Jede Bewegung im *Tai-ji-quan* resultiert demnach aus der Ausgewogenheit zwischen *Yin* und *Yang*, so daß z. B. mit dem Öffnen stets ein Schließen einhergeht. Der Wechsel zwischen *Yin* und *Yang* läßt sich jedoch nur durch den Kreis als Grundlage erzielen, wie das in den Partnerübungen des *Tai-ji-quan* (s. →*Tui-shou*) ersichtlich wird. Es bedarf keiner exakten Ausführung des Kreises, wesentlich ist es, die Imagination *(Yi)* des Kreises beizubehalten. Die Kreise sollen dem Gegner den Ausgangspunkt und die exakte Zielrichtung der Bewegung verschleiern. Trifft der Angriff des Gegners auf den Kreis, so gleitet er ab. Die Grundprinzipien des *Tai-ji-quan* sind:

1. Der Körper muß vollkommen entspannt sein. Alle Kraft sinkt in die Fußsohle, so daß man das Gefühl hat, sie wäre mit dem Boden verwurzelt. Die Techniken sollen sehr genau geübt werden.
2. Der Übende atmet »wie ein Kind« durch die Nase. Der Atem wird nicht durch den Willen gedehnt oder zurückgehalten, sondern erfolgt natürlich. Es wird die sogenannte Embryonalatmung (s. →*Tai-xi*) angewendet.
3. Nur in der Flexibilität der Hüfte liegt wahre Kampfkraft, sie ist die Grundlage jeder Körperbewegung. Nur Anfänger arbeiten mit Armen und Beinen unabhängig von der Hüfte.
4. Das Becken wird vertikal gestellt, und der Kopf »schwebt« über dem Rumpf, so kann das *Qi* ungehindert fließen. Der Körper muß so gehalten werden, daß das zusätzliche Gewicht einer Feder gespürt wird. Er soll so biegsam sein wie Bambus, so daß die Landung einer Fliege ihn in Bewegung versetzt.
5. Jede Verteidigung ist kreisförmig, der Angriff ist geradlinig. Wird eine Verteidigung auf der geraden Linie ausgeführt, gewinnt die größere Körperkraft. Wird der Angriff aber von der Kreisförmigkeit neutralisiert, ist es einfach, selbst einen starken Gegner zu besiegen. Wird jemand von vorn mit starker Kraft gestoßen, wird er etwas zurückweichen, um die Kraft zu neutralisieren. Erkennt der Angreifer die Situation nicht schnell genug, dann fällt er hin. Ein leichter Stoß kann ihn dann umwerfen. Wenn er die Situation erkennt, seine Wucht bremst und zurückzuweichen beginnt, kann er durch einen leichten Stoß in die Richtung seines Zurückweichens aus dem Gleichgewicht gebracht werden.

Technik des Tai-ji-quan

Übungsstufen

Weiterhin wird das *Tai-ji-quan* in 13 grundlegende Bewegungsarten (→*Shi-san-shi*) unterteilt: Aus den 5 Wandlungsphasen *(Wu-xing)* wurden die 5 Schrittarten *(Wu-bu)* entwickelt, und aus den 8 Trigrammmen leiten sich die 8 Handbewegungen *(Ba-men)* ab. Damit wird die Verbindung zum →*Yi-jing* hergestellt.

Die Übung der Form im *Tai-ji-quan* erfolgt in 7 Fortschrittsstufen:

1. Entwickeln der Erinnerung, indem der Ablauf und die Bewegungen gelernt werden.

2. Perfektion der Bewegungsrichtungen und Winkel, sowohl in den Fußstellungen als auch in den Handtechniken.
3. Entwickeln der Körperkraft durch Harmonie zwischen Handbewegung und Körperhaltung im Stand und in der Bewegung.
4. Der Körper lernt, den Händen zu folgen. Die Hände müssen die Sensibilität entwickeln, die gegnerischen Bewegungen zu erfühlen.
5. Die Hände und der Körper müssen eine Ebene der entspannten Koordination erreichen, die man den »Fluß« nennt.
6. Entwickeln der Fähigkeit, durch einen konditionierten Reflex die richtige Reaktion auf einen Angriff zu wählen.
7. Entwicklung einer persönlichen Interpretation aller Bewegungen.

Darüber hinaus gibt es im *Tai-ji-quan* 3 grundlegende Lernstadien: →*Jing*, →*Qi* und →*Shen*. Nach vielen Jahren des Trainings erreicht die Technik ein gewisses Niveau, das *Jing* ist vervollkomnet, aber das *Qi* fehlt. Wird das *Qi* vervollkommnet, kann man es lenken und in der Technik anwenden. Aber erst mit der Vervollkommnung des *Shen* erreicht man die höchste Stufe der Wirksamkeit.

Tai-jû (jap.): Körpergewicht.

Taijutsu (jap.): »Körpertechnik«, eines der ältesten japanischen Kampfsysteme, früher auch *Koshi no Mawari* genannt. Taijutsu beinhaltet den Kampf gegen einen Gegner ohne Waffen und wurde früher manchmal auch statt der Bezeichnung →*Jûjutsu* gebraucht. *Taijutsu* bezeichnet heute die waffenlosen Techniken des *Jûjutsu* und des *Ninjutsu* (s. →*Ninpô-Taijutsu*).

Das *Taijutsu* hat seinen Ursprung in den Vorformen des *Jûjutsu* und wurde zeitweise auch als Bezeichnung dafür gebraucht. Zum ersten Mal wurde der Begriff im 16. Jh. von NAGAO KENMOTSU im →*Nagao-ryû* gebraucht. Fast in allen japanischen *Ryû* gibt es neben der Lehre von den Waffenkünsten *(Buki-hô)* auch die Lehre von den natürlichen Waffen des Körpers *(Shizen-ken)*, d. h. den waffenlosen Kampf, den man allgemein als *Taijutsu* bezeichnet. Taijutsu ist kein Stil und keine Schule, sondern ein Überbegriff für die japanischen Formen des waffenlosen Kämpfens.

Das *Taijutsu* umfaßt im allgemeinen drei große Systeme: *Dokentaijutsu* (Schläge, Tritte und Stöße auf Vitalpunkte), *Jûtaijutsu* (Greif-, Hebel-, Wurf- und Würgetechniken) und *Taihenjutsu* (Stände, Haltungen, Falltechniken und Bewegungen).

Taikai (jap.): Meer, Ozean (auch *Kai, Umi*). Der Begriff wird in den Kampfkünsten im Sinne von »große Begegnung« gebraucht. Damit bezeichnet man Meisterschaften und Sportfeste.

Tai-kaiten (jap.): Körperdrehung.

Taikei (jap.): System.

Taikiken (jap.): »Faust der großen Energie«, japanisches Kampfsystem, gegründet von Meister SAWAI KEN'ICHI (*1903).

Sawai Ken'ichi studierte *Jûdô* unter TOKU SANPÔ und *Kendô*, bevor er Schüler des Chinesen WANG SIANG-TCHAI (1885–1963) wurde. Wang war ein Schüler des *Xing-yi-quan*, gründete jedoch später seinen eigenen Stil das →*Ta-cheng-chuan* (»Boxen der großen Errungenschaft«).

Das *Taikiken* wird als klassische japanische Form des *Xing-yi-quan* betrachtet, enthält jedoch viele Methoden aus dem *Kempôkan-ryû*. In Europa wurde das System vor allem durch den Holländer JAN KALLENBACH bekannt.

Kata-Übender (Taikiken) am Meeresstrand

Taiko[1] (jap.): von Angesicht zu Angesicht, Sichgegenüberstehen zweier Gegner.

Taiko[2] (jap.): Trommel, mit der in großen japanischen *Dôjô* Anfang und Ende des Trainings angezeigt wird.

Taikyoku-Kata (jap.): vorbereitende *Kata*

des *Shôtôkan-Karate*, gegründet von →UNAKOSHI YOSHITAKA, Meister FUNAKOSHIS Sohn.

Ursprünglich waren es drei *Kata* (*Shodan, Nidan* und *Sandan*), danach wurden sie auf sechs erweitert (*Yondan, Godan* und *Rokkudan*). Heute werden die *Taikyoku-Kata* in ihrer ursprünglichen Form nur wenig geübt. In den Lehrplänen der JKA sind sie nicht mehr enthalten. In SHIGERU EGAMI's *Shôtôkal-ryû* wird die erste *Taikyoku-Kata* als fester Bestandteil des Lehrplans geübt. Die *Taikyoku-Kata* haben sich in abgeänderter Form in mehrere Stile des *Karate* übertragen und werden zu verschiedenen Zwecken verwendet. In vielen Fällen unterliegen sie der freien Gestaltung der Lehrer, die sie dazu verwenden, verschiedene Techniken des *Kihon* zu üben. In diesem Sinn kann man z. B. die Techniken der *Taikyoku* mit anderen Grundtechniken ersetzen. Das Schrittdiagramm (s. →*Embusen*, →*Karategramm*) bleibt dabei immer das gleiche, während die Schüler mit *Tsuki, Uke, Uchi* oder *Keri* ihren Ablauf üben.

Es gibt viele Meinungen über die *Taikyoku-Kata*. Manche Lehrer verwenden die erste *Taikyoku-Kata* zum Einführen ihrer Schüler in das *Kata*-System, andere lehnen sie ganz ab, und wieder andere versuchen, das gesamte *Taikyoku*-System den heutigen *Karate*-Konzepten anzupassen.

Taikyoku-ken (jap.): japanische Version des *Yang Tai-ji-quan*, gegründet von YANG MING-SHI (*1924).

Yang Ming-Shi, der heute in Japan lebt, erhielt dort den Namen YO MEIJI. Seine wichtigsten Schüler sind KANAZAWA HIROKAZU *(Shôtôkan-ryû)* und ÔTSUKA TADAHIKO *(Gôjû-ryû)*.

Tai no Henko (jap.): Drehbewegungen im *Aikidô*, durch die der gegnerische Angriff umgangen und die Kraft gegen den Gegner verwendet wird.

Tai no Sen (jap.): das Übernehmen der Initiative in dem Augenblick, in dem der Gegner angreift (s. auch *Go no Sen*).

Tai no Shintai (jap.): Positionsveränderung im *Jûdô*.

Tai-otoshi (jap.): Körperwurf im *Jûdô*.

Taiping-Aufstand: Aufstand in China (1850–1864) während der Qing-Dynastie.

Der charismatische Führer des Aufstands, HONG XIU-QUAN (1813–1864) war ein Bauernsohn, der bei den Staatsexamina (Beamtenprüfungen) durchgefallen war. Er sammelte in drei Jahren über 1 Mio. Anhänger um sich – meist arme Bauern, Bergarbeiter, Piraten und desertierte Soldaten, viele aus den nicht-chinesischen Minderheiten Chinas. Hong, der sich selbst »Jüngerer Bruder Christi« nannte, prophezeite mit seiner Lehre, die aus christlichen Elementen, altchinesischer Mystik und nationalfeindlichen Parolen bestand, die Ankunft des »himmlischen Königreichs des großen Friedens« *(Taiping Tianguo)*. 1851 wurde das Reich tatsächlich gegründet. Hong stand zusammen mit weiteren 5 Königen als »himmlischer König« an der Spitze. Sie schafften den Privatbesitz ab, führten Gleichberechtigung zwischen Mann und Frau ein, ächteten die Fußeinbindung, verboten Opium, Tabak und Alkohol. 1852/53 weiteten die *Taiping* ihr Gebiet aus und kontrollierten bald einen Großteil Süd- und Südost-Chinas. 1853 eroberten sie Nanjing und machten es zur Hauptstadt. Doch durch Machtrivalitäten an der Spitze wurden die *Taiping* geschwächt. China begann – mit britisch-französischer Hilfe zum Preis von umfassenden Zugeständnissen – die *Taiping* zurückzudrängen. Nachdem Hong 1864 Selbstmord begangen hatte, fand der Aufstand, durch den weite Teile des Landes verwüstet, etwa 20 Mio. Menschen umgekommen und die Staatsfinanzen ruiniert worden waren, ein Ende.

Tai-ping-dao (chin.): daoistische Sekte, »Weg des höchsten Friedens«, gegründet von ZHANG JIAO, dessen Anhänger bis heute als die »Gelben Turbane« bekannt sind.

Zhang Jiao baute in Ostchina eine starke daoistische Heilungssekte auf, die stark von →YU JI inspiriert war. Yu Ji's →»*Tai-ping-jing-ling-shu*« und das »*Daodejing*« waren die Hauptbücher. Auch ZHANG DAO-LING's Ideen flossen mit ein. 184 n. Chr. begann Zhang Jiao eine Rebellion gegen die Han-Dynastie, die von der »Zeit des höchsten Friedens«, dem »Gelben Himmel«, abgelöst werden sollte. Nach alten Quellen hatte er ein Heer von 350 000 Soldaten, denen er Unverletzlichkeit und die Unterstützung von →LAO-ZI und → HUANGDI versprach. Der Aufstand wurde aber blutig niedergeschlagen, und einige Zeit später entschied sich die Sekte für einen friedlicheren Daoismus. Aber die Ideen haben sich bis in die jüngste Zeit erhalten und sind in der neuen Geschichte Chinas erneut aufgetaucht. Während der Aufstände im Opiumkrieg (1840–1842) wurden wiederum die Stimmen der »Gelben Turbane« laut, die auch diesmal mit der Vorstellung von Unverletzlichkeit in den Kampf zogen.

Tai-ping-jing-ling-shu (chin.): »Das Buch vom höchsten Frieden und der Reinheit« von →Yu Ji, einem daoistischen Magier.

Das Werk ist heute nur noch zu einem kleinen Teil erhalten. Es enthält Rituale, magische Formeln und alte kosmologische Theorien. Es war wesentlicher Bestandteil der Lehren von →Zhang Jiao, dem Gründer der →*Tai-ping-dao*.

Taira: japanischer Familienclan, der vor und während des →*Gempei-Krieges* mit dem →Minamoto-Clan um die politische Macht kämpfte.

Beide Clans waren Nachkommen der kaiserlichen Familie. Der bedeutendste Taira war Taira no Kiyomori (1118–1181), der Statthalter der Provinz Aki. Er spielte eine aktive Rolle in den Bürgerkriegen der Hogen- (1156) und der Heiji-Zeit (1159), und als es ihm gelang, den entführten Kaiser Go-Shirakawa aus den Händen der Minamoto zu befreien, schickte er Minamoto no Yoshitomo, Sohn von Minamoto no Yoritomo, dem in der Schlacht gefallenen Minamoto-Anführer, ins Exil. Dadurch wurde er der mächtigste Mann in Japan. Durch eine über die Frauen geknüpfte Verbindung zum Kaiserhaus erreichte er die Würde eines *Naidaijin* (Innenministers) und stieg bald darauf zum *Daijodaijin* (Großkanzler) auf. 1168 zog er sich offiziell aus der Politik zurück, regierte jedoch von seinem Schloß in Fukuhara fast im Alleingang das Land. Er setzte in alle wichtigen Positionen Mitglieder seiner Familie ein, und als er 1171 seine Tochter Tokuko mit Kaiser (1168–1180) Takakura verheiratete, schien seine Macht auf dem Höhepunkt zu sein. Doch eine Verschwörung der Minamoto kostete das Leben seines Sohnes und seines Beraters Shigemori (1179). Daraufhin forderte er die Abdankung seines Schwiegersohnes, des Kaisers Takakura, und setzte seinen aus dieser Ehe hervorgegangenen, erst zweijährigen Enkel Antoku auf den Thron. Doch die *Daimyô* unterstützten diese Politik des Machthungers und der Maßlosigkeit nicht. Als Kiyomori 1181 starb, befand sich das gesamte Kanto-Gebiet unter Führung des aus dem Exil zurückgekehrten Minamoto no Yoritomo im Aufstand. (Weiter unter →*Gempei-Krieg* und →*Heike-monogatari*.)

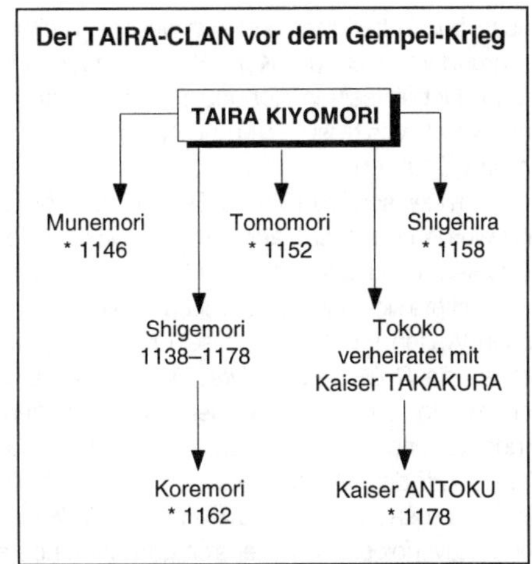

Tairaguwa Gushikawa (1870–1924): alias →Agena, okinawanischer *Karate*-Meister aus Gushikawa.

Taira Shinken (1897–1970): okinawanischer Meister des *Karate* und des *Kobudô*. Er wurde am 12. Juni 1897 in Kumejima (einer Ryûkyû-Insel, 135 Meilen von Okinawa entfernt) geboren. Sein eigentlicher Name lautete Miyazato, doch als Erwachsener änderte er ihn in Taira um.

Tairas Leben

1922 reiste Taira Shinken nach Tôkyô, um seine Erziehung zu vervollständigen. Dort begegnete er Meister Funakoshi, unter dem er 1923 *Karate* zu trainieren begann. 1929 lernte er das okinawanische *Kobudô* unter →Yabiku Moden in Tôkyô. Nachdem er darin die Meistergraduierung erhalten hatte (1933), ging er nach Ikaho in der Präfektur Gumma in Japan und eröffnete in der Stadt Kaho sein erstes *Dôjô*, in dem er *Karate* und *Kobudô* unterrichtete. Dort trainierte er zusammen mit Kenwa Mabuni.

1942 kehrte er nach Okinawa zurück und siedelte sich in Naha an, wo er 1955 das *Ryûkyû Kobudô Hozon Shinkokai* gründete. Dort begann er in intensiven Studien die okinawanischen *Kobudô*-Systeme zu erforschen, eine Tätigkeit, der er sich bis an sein Lebensende widmete. Ihm verdanken wir heute über 40 alte *Kata* des *Kobudô* aus verschiedenen Waffensystemen. Für viele Geschichtsforscher ist er der bedeutendste *Kobudô*-Meister der Neuzeit. Durch seinen Beitrag konnte die Kunst des *Kobudô* überleben und sich weiterverbreiten. Er gründete auch die Kata *Kongo, Jigen* und *Tekko*. Neben seinen *Kobudô*-Studien lernte er auch *Karate* von ITOSU, YABU und AZATO.

TAIRAS STUDIEN

Taira Shinken schrieb 1964 ein Buch über *Kobudô* und wurde im selben Jahr vom *Zen Nippon Kobudô Renmei* mit dem Titel des *Hanshi* bedacht. Er beschäftigte sich mit dem Studium der okinawanischen Waffen seit 1929, als sein Meister YABIKU MODEN die *Ryûkyû Kobu-jutsu Kenkyû-kai*, eine Vereinigung zum Studium der Ryûkyû-Waffen, gründete, und versuchte den Weg der *Kobudô-Kata* bis zu den Meistern ABURAYA YAMAKI, MATSU HIGA, SUEYOSHI, CHINEN SHIKIYA und CHINEN YAMANE zurückzuverfolgen, wobei er sich ganz besonders an Yabiku Moden orientierte. Bereits als er in Japan weilte, um dort verschiedene *Karate*-Gruppen und *Budô*-Organisationen zu unterrichten, waren am *Butokukai* Filme über seine Arbeiten angefertigt worden. Diese wertvolle Sammlung von vielen antiken Waffen-*Kata* Okinawas befindet sich heute im Besitz des in Tôkyô lebenden *Kobudô*-Meisters →INOUE MOTOKATSU, der das Erbe Tairas in Japan antrat. Taira Shinken starb 1970 in Naha an Krebs. Zu seinen vielen Schülern gehörten Sakagami Ryûsho, Higa Yuchoku, Inoue Motokatsu, Hayashi Teruô, Kenwa Mabuni, Kuniba und Akamine, der sein *Menkyo-kaiden* erhielt.

Tai-ryoku (jap.): Körperkraft, Stärke.

Tai-sabaki (jap.): Form von →*Sabaki*. Einsatz des Körpers in der Bewegung zur Beherrschung von →*Ma-ai*. *Tai-sabaki* bedeutet wörtlich »Körperbewegung«.

Der Körper wird mittels zweier verschiedener Formen bewegt: →*Ashi-sabaki* (Bewegung der Füße) und →*Koshi-sabaki* (Bewegung der Hüfte). Beides zusammen ergibt *Tai-sabaki*. Nähere Erläuterungen s. unter →*Sabaki*, →*Ashi-sabaki*, →*Koshi-sabaki* und →*Undô*.

KOSHI-SABAKI

Mae-kaiten	– Vorwärtsdrehung
Jun-kaiten	– gleichseitiges Eindrehen
Ushiro-kaiten	– Rückwärtsdrehung
Gyaku-kaiten	– gegenseitiges Eindrehen
Han-kaiten	– halbe Drehung
Tobi-kaiten	– Drehsprung
Hanmi	– halbes Abdrehen
Gyaku-hanmi	– verkehrtes Halbabdrehen

ASHI-SABAKI

Mae ashi-nami	– Vorwärtsschritt
Yoko ashi-nami	– Seitwärtsschritt
Ushiro ashi-nami	– Rückwärtsschritt
Yori-ashi	– gleichzeitiges Gleiten
Suri-ashi	– abgesetztes Gleiten
Ashi-fumikae	– Beinwechsel
Shahô sashi-ashi	– Überkreuzschritt
Tobi-ashi	– Sprungschritt

Taisha-ryû (jap.): s. →*Kage-ryû*.

Tai-shi (chin.): Embryonalernährung, auch *T'ai-shih*, daoistische Übung zur Verlängerung des Lebens (s. *Chang-shen-busi*). Vorübung zum →*Tai-xi*.

Beim Einatmen wird der Mund mit Speichel gefüllt, indem die Zunge gegen den Gaumen gepreßt wird. Der Kopf wird zurückgelehnt und der Speichel in drei Phasen geschluckt. Das soll das Gehirn stärken und die fünf *Zang*-Organe benetzen (s. →*Zang-fu*).

Tai-shi (chin.): »der große Anfang«, Urzustand der Welt, bevor alle Dinge entstanden.

Taishi (jap.): großer Meister (s. →*Wajutsu*).

Taishindô-ryû (jap.): »Weg des Geistes und des Körpers«, karateähnliche Kampfkunst, 1970 gegründet von Meister HORO, alias SRI KANTARAO (*1887), als Synthese aus *Vajra-Yoga*, *Quan-fa* und *Okinawa-Karate*.

Meister Horo lernte unter HIGASHIONNA KANRYÔ *(Naha-te)*, ITOSU YASUTSUNE *(Shuri-te)*, FUNAKOSHI GICHIN *(Shôtôkan)*, JIGÔRO KANÔ *(Jûdô)*, UESHIBA MORIHEI *(Aikidô)* und CHAN CH'I-YING *(Quan-fa)*. Horo war bereits zu seinen Lebzeiten eine Legende, doch er lebte zurückgezogen. Seine Kampfkunst hatte einen sehr esoterischen Schwerpunkt. Die wichtigsten *Kata* des Stils sind *Saisho, Taiki, Taishin, Sankyo, Seinan, Sanchin Tenshô* und *Para-Moksha*.

Tai-shing (chin.): Affenstil, s. →*Da-shengmen*.

Taishô (jap.): Leiter einer Gruppe, einer Mannschaft, eines Teams in einem Wettbewerb.

Taisô (jap.): Gymnastik, Turnen. *Taisôka* – Turner. Der Begriff wird in den Kampfkünsten für das Training des Körpers gebraucht, um Ausdauer, Geschicklichkeit, Kraft und Gelenkigkeit zu entwickeln.

Tai-xi (chin.): auch *T'ai-hsi*, wörtlich »Embryonalatmung«. Grundlegende daoistische

Atemmethode (s. Chinesische Atmungsmethoden), die ursprünglich im →*Qi-gong* zur Verlängerung des Lebens geübt wurde und die danach die chinesischen Kampfkünste der inneren Schulen (→*Nei-jia*) sehr beeinflußte.

Durch diese Atemmethode soll der Übende lernen, wie der Embryo im Mutterleib atmet. Die Technik besteht aus einer Atemkombination, und zwar aus →*Pi-xi* (Anhalten des Atems) und →*Xing-qi* (Kreisenlassen des Atems). Man dachte, durch diese Atmung könne man einen »Unsterblichkeitskörper« schaffen, der sich beim Tod des Übenden von ihm löst und selbständig weiterexistiert.

Diese Atemmethode machte verschiedene geschichtliche Entwicklungen durch: Zuerst glaubte man, daß die Wirkung um so größer würde, je länger man den Atem anhalten konnte. Man begann ihn 3, 5, 7 oder 9 Herzschläge anzuhalten und steigerte langsam bis auf 1000. Ab diesem Punkt war es möglich, Krankheiten zu kontrollieren. Gleichzeitig mit dem Anhalten des Atems wurde der Atem durch den Körper geführt. Dies geschah durch eine sogenannte »innere Schau« (→*Nei-quan*), durch die man sich selbst betrachten konnte. Nachdem der Atem den ganzen Körper durchwandert hatte, floß er über die Lungen zurück in die Kehle. Nun schluckte man ihn nach und nach: man ernährte sich von dem Atem. Gleichzeitig mit dem Kreisenlassen des Atems versuchte man viel Speichel zu produzieren. Diesen schluckte man gemeinsam mit dem Atem.

Im Laufe der Zeit wandelte sich die Auffassung über die Embryonalatmung grundlegend. Anfangs glaubte man, es sei die eingeatmete Luft, die man im Körper kreisen lasse. Seit der Tang-Dynastie jedoch wurde behauptet, es sei der »innere Atem« (→*Nei-qi*), der identisch mit dem »Uratem« (→*Yüan-qi*) sei. Diesen Uratem mußte der Übende innen kreisen lassen. Normalerweise konnte er durch den Mund ausströmen. Der Übende mußte sich darum bemühen, ihn im Bauch zu sammeln (s. →*Qi-hai*) und zu verhindern, daß er sich mit der eingeatmeten Luft vermischte. Beide Atmungen erzeugten synchron zueinander Ströme im Körper. Fortgeschrittene konnten den Uratem frei im Körper zirkulieren lassen.

Tai-yi-quan (chin.): auch *T'ai-i-ch'uan*, chinesische Kampfkunst der →*Nei-jia*, die dem *Tai-ji-quan* sehr ähnlich sieht. Die Bewegungen sind jedoch kürzer und die Techniken kleiner. Manche behaupten, der Stil sei sehr alt und bereits vor der Qing-Dynastie entstanden.

Taiza (jap.): Körpersitz. Auch →*Seiza*.

Takada Matabei: bekannter Speermeister der Tokugawa-Periode (s. →MARUME KURANDO).

Takagi Masatomo: japanischer *Karate*-Meister, Zeitgenosse von →NAKAYAMA MASATOSHI und Mitbegründer der →JKA.

Takagi war der Manager der JKA, er selbst bezeichnete sich als »Türwächter«. Ihm ist es hauptsächlich zu verdanken, daß die JKA finanziell überlebte und sich 1964 das große Gebäude des alten *Kôdôkan* leisten konnte. Auch war es Takagi Masatomo, der im Einvernehmen mit Nakayama die Theorie zu verbreiten begann, daß dieser der Nachfolger FUNAKOSHI's sei.

Takagi-ryû (jap.): alte japanische Kampfkunstschule aus dem 18. Jh., in der als spezifische Technik der Umgang mit den drei Stöcken (→*Rensa-sankaku*) gelehrt wurde. Diese Methode diente der Selbstverteidigung, besonders gegen einen mit dem Schwert bewaffneten *Samurai*.

Takagi Yôshin-ryû (jap.): →*Ninjutsu*-System, beruhend auf dem Nichtwiderstand gegen einen Angriff und Gleichgewichtbrechen des Gegners unter Ausnutzung seiner eigenen Angriffskraft.

Das System wurde 1654 von TAKAGI ORIEMON SHIGENOBU gegründet, nachdem er einen Kampf gegen →YAGYÛ TAJIMA NO KAMI verloren hatte. Er zog sich in das buddhistische Kloster auf dem Hiei-Berg zurück und wurde dort von dem Kriegermönch UNRYÛ in den esoterischen Lehren des *Tendai-Mikkyô* unterrichtet. Nach einem mehrjährigen Aufenthalt kehrte er in die Welt zurück und unterrichtete sein System. Heute wird es von →HATSUMI MASAAKI und →TANEMURA SHOTO vertreten.

Takahara Peichin (1683–1760): okinawanischer *Tôde*- und *Kobudô*-Meister der Frühzeit.

Takahara stammte aus Akata und war von Beruf Landkartenzeichner. Er wurde von →MATSU HIGA in der ursprünglichen Kunst der okinawanischen Selbstverteidigung unterrichtet. Sein Schüler war

→SAKUGAWA, der nach dem Tod seines Vater in jungen Jahren zu ihm kam.

Takamatsu Toshitsugu: japanischer Kampfkunstexperte. Takamatsus Bedeutung besteht darin, daß er der einzig bekannte Überlieferer mehrerer *Ninja*-Traditionen (s. → *Ninjutsu*) ist.

TAKAMATSUS UNTERRICHT IM TOGAKURE-RYÛ

Takamatsus erster Lehrer war sein Großvater SHINRYÛKEN MASAMITSU TODA, ein bekannter Fechtlehrer der Tokugawa-Shôgune. Er unterrichtete das *Koto-ryû Koppôjutsu* und das →*Shinden Fudô-ryû* →*Dakentai-jutsu*, in denen er auch seinen Enkel TOSHITSUGU ausbildete. Öffentlich unbekannt war die Tatsache, daß Shinryûken Masamitsu Toda das 32. Glied in der Großmeisterkette des →*Togakure-ryû Ninjutsu* war, einer der ganz wenigen noch lebenden Großmeister eines *Ninjutsu*-Systems, von denen man bereits damals annahm, daß sie ausgestorben sind. Toshitsugu wurde in dieser Kampfkunst unterrichtet und erhielt den 33. Großmeistertitel des *Togakure-ryû*.

TAKAMATSUS UNTERRICHT IM KUKISHIN-RYÛ

Ein fast unmöglicher Zufall brachte Toshitsugu auch zu einem anderen Meister einer alten *Ninjutsu*-Tradition, zu dem 26. Großmeister des *Kuki Shinden-ryû Happôhiken* (→*Kukishin-ryû*), TAKAKAGE MATSUTARO ISHITANI, der einem →*Chûnin*-Geschlecht aus der Provinz Iga abstammte. Auch dieser lehrte ihn seine Kunst und übergab ihm den 27. Großmeistertitel im *Kukishin-ryû*. Heute steht fest, daß diese beiden *Ryû* die einzigen sind, die aus den alten *Ninja*-Systemen überliefert sind und die einen Einblick in die Praktiken des *Ninjutsu* gewähren. Alle anderen *Ninja*-Systeme sind ausgestorben, und man nimmt an, daß die letzten Großmeister dieser *Ryû* ihre Geheimnisse mit ins Grab nahmen. Toshitsugu war damit das einzige Bindeglied zwischen einer bereits vergangenen Tradition und der Gegenwart. Sein Schüler war →HATSUMI MASAAKI, der von ihm die Großmeistertitel in den *Ninja-ryû* erbte. Er eröffnete in Nodo das Zentrum der →*Bujinkandôjô*, in denen heute weltweit *Ninjutsu* geübt wird.

Takano Sazaburô 1862–1950: japanischer Schwertmeister des →*Ittô Shôden Mutôryû* und Schüler von →Yamaoka Tesshû.

Takano Sazaburô begann das Studium des *Nakanishi-ha Ittô-ryû* unter seinem Großvater TAKANO SAKICHIRÔ. Danach wurde er Schüler von SHIBATA TOMONORI, dem 6. Großmeister des *Kurama-ryû*. 1879 akzeptierte ihn YAMAOKA TESSHU als Schüler.

Takaya Yabiku: okinawanischer Meister des →*Matsumura-Seito*, Schüler von HÔHAN SOKEN, Vorstand des *Matsumura Shôrin-ryû Hakutsuru-ken* →*Matsusokan*.

Take (jap.): Bambus (auch *Chiku*).

Takechi Zuizan (1829–1865): japanischer Schwertmeister aus der Provinz Tosa.

Takechi studierte die Kampfkunst in Edo und eröffnete in Tosa seine eigene Schule. 1861 kehrte er nach Edo zurück und organisierte einen öffentlichen Widerstand gegen den *Shôgun*. Als dieser scheiterte, beging er Selbstmord.

Takeda: japanische *Daimyô*-Familie der Provinz Kai, Abkömmlinge der MINAMOTO-Fürsten.

Der Anfang des Clans lag bei MINAMOTO YOSHIKYO, dem zweiten Sohn von MINAMOTO YOSHIMITSU (s. →MINAMOTO), der in der Provinz Kai (heute Präfektur Yamanashi) ein Lehen erbte und seinen Namen in Takeda umänderte. Yoshikyo war der Erbe des →*Aikijutsu* und einer der bekanntesten Meister dieses Stils, der ab sofort als →*Takeda-ryû* bezeichnet wurde. Weitere bedeutende Mitglieder des Clans waren TAKEDA NOBUMITSU (1162–1248), TAKEDA SHINGEN (1521 BIS 1573), Autor des *»Shingen Hatto«*, eines provinziellen Gesetzeskodex, TAKEDA KUMITSUGU und →TAKEDA SÔGAKU.

Takeda-ryû (jap.): Oberbegriff für die Kampfkunst des →TAKEDA-Clans, eine der bedeutendsten Richtungen des →*Aikijutsu*.

Der Ursprung dieses vielfältigen Kampfstils geht als *Aikijutsu* auf die →MINAMOTO-Familie zurück und übertrug sich in direkter Folge auf den Takeda-Clan. Als Gründer wird GOTO TAMANEMON TADAYOSHI (1644–1736) genannt. Unter TAKEDA YOSHIKYO, TAKEDA SHINGEN, dem Krieger-Fürsten der Provinz Kai, und TAKEDA KUMITSUGU erreichte die Kunst ihre Blütezeit. Durch politische Fehler von Takeda Kunitsugu verarmte der Clan und geriet ins Abseits (die Takeda Fürsten verloren ihr Land an Hideyoshi und mußten ins Exil). Die Tradition der Schule (später in Aizu als *Ajutodome* bezeichnet) wurde jedoch von den inzwischen verbannten Takeda-Nachkommen hochgehalten und von Generation zu Generation überliefert. Der bekannteste Großmeister des Stils war → TAKEDA SÔGAKU, der von SAIGÔ TANAMO CHIKA-

MASA's (1829–1905) *Oshikiuchi-ryû*, beeinflußt wurde. Er lernte es von seinem Meister und unterrichtete es danach als →*Daitô-ryû*. Über ihn entwickelten sich mehrere Richtungen wie UESHIBA's *Aikidô*, TAKUMA HIZA's *Daitô-ryû Nihonden Aikijutsu* und TAKEDA TOKIMUNE's *Daitôkan*.

Takeda Sôgaku Minamoto Masayoshi (1858–1943): Meister des →*Daito-ryû Aikijutsu* (s. auch →*Takeda-ryû*, →*Aikidô*). Entsprechend seiner Abstammung erhielt er die strenge Ausbildung eines *Samurai*. Er war ein Abkömmling des →TAKEDA-Clans (später Aizu-Clan), in dem seit langem die Techniken des bewaffneten und waffenlosen Kampfes *(Takeda-ryû)* von Generation zu Generation weitergegeben wurden, ohne je über den Clan hinauszugelangen.

Takeda Sôgaku

TAKEDAS AUSBILDUNG

1870 begann Takeda Sôgaku mit dem Studium des *Ono-ha Ittô-ryû* unter Meister SHIBUYA TOMA aus dem Aizu-Clan. Dieser stellte den Jungen später MOMONO-I SHUNZO (1826–1886, Leiter der *Kyoshin-Meichi*-Schule) vor, einem in Osaka lebenden Schwertmeister. 1875 wurde Takeda der Schüler von SAKAKIBARA KENKICHI (1829–1894), dem 14. Großmeister des *Jikishinkage-ryû*. 1877 erhielt er das *Menkyo-kaiden* der Schulen *Ono-ha Ittô-ryû* im *Kenjutsu* und *Hôzôin-ryû* im *Sôjutsu*. 1877 lernte er Meister →SAIGÔ TANOMO CHIKAMASA kennen, dessen Hauptschüler er wurde. Ab 1898 lernte er das →*Oshikiuchi-ryû*, eine Kampfmethode der leeren Hand, aus der er später eine persönliche Synthese gründete, die er zwischen 1905 und 1908 *Daitô-ryû* nannte.

Takedas Lehrer, SAIGÔ TANOMO (s. →*Aikijutsu*), hatte auch einen Stiefsohn namens SAIGÔ SHIRO (→SHIDA SHIRO), den er ebenfalls unterrichtete. Doch Saigô Shiro war auch ein berühmter Schüler von KANÔ JIGORÔ am *Kôdôkan*. Als er sich entschloß, sich ganz dem *Jûdô* zu widmen, bestimmte Saigô Tanomo Takeda Sôgaku zu seinem Nachfolger. In seiner Jugend war Takeda bekannt als einer der letzten Wanderkrieger *(Rônin)*. Seine Fähigkeiten brachten ihm den Namen *Aizu-hanno-ko-Tengu* (»Kleiner Tengu des Aizu-Clans«) ein. Nachdem 1878 das Tragen von Schwertern verboten worden war, nahmen die japanischen Behörden ihm sein Schwert weg, das er auf seinen Reisen öffentlich mit sich herumtrug. Seine dauernden Konflikte mit dem Gesetz brachten ihn oft in schwierige Lagen. 1888 heiratete er und entschloß sich, auf Hokkaido eine Schule des *Daito-ryû* zu eröffnen.

TAKEDAS SCHÜLER

Zweifellos war Takedas bekanntester Schüler →UESHIBA MORIHEI. Nach einigen Jahren tauchten Meinungsverschiedenheiten zwischen den beiden auf, und Ueshiba trennte sich vom *Daitô-ryû* und gründete aus diversen politischen, ökonomischen und religiösen Gründen seinen eigenen Stil. Nach dem Tod seines Meisters gab er seinem Stil den Namen →*Aikidô*.

Weitere wichtige Schüler Takedas waren OKUYAMA YOSHIJI RYÛHO (Gründer des →*Hakkô-ryû*), CHOI YOUNG-SHUL (Gründer des *Hapkidô*), TAKEDA TOKIMUNE (aktueller Großmeister des *Daitô-ryû*), MATSUDA HOZAKU, SAGAWA YUKIYOSHI, YAMAMOTO TOMEKICHI, HORIKAWA KOTARO und HISA TAKUMA. Matsuda war einer der Ausbilder von OKUYAMA und OBA SACHIYUKI. Sagawa und Hisa sind die einzigen, die das *Menkyo-kaiden* von Takeda erhalten haben. Okuyama unterrichtete auch NAKANO MICHIYOMI, den Gründer des *Nipponden Seitô Shôrinji Kempô*.

Oba Sachiyuki nahm 1951 HISASHI NAKAMURA als Schüler an, der 1959 selbst zu unterrichten begann. 1972 benannte er seinen vom klassischen *Daitô-ryû* izwischen abgesplitterten Stil *Nakamura-ha Takeda-ryû* und unterrichtet *laidô, Jôdô, Shuriken, Jukempô, Koryu-Kendô, Tameshigiri* und *Aikidô*.

TAKEDAS ÜBERLIEFERUNG

Takeda Sôgaku, der Nachkomme des berühmten TAKEDA SHINGEN, Fürst der Provinz Kai, war der erste, der das alte Familiensystem als *Daito-ryû* auch Außenstehende lehrte. Er blieb jedoch selten in einem *Dôjô*, sondern reiste zeit seines Lebens in Japan umher, gab zweiwöchige Seminare und unterrichtete so annähernd 30 000 Schüler. Noch als 83jähriger erteilte er selbst Unterricht. Sein Sohn TAKEDA TOKIMUNE (s. →*Daitô-kan*) erzählt, er habe einen sechsten Sinn für Menschen besessen und habe ihre Gedanken lesen können.

Der Meister starb am 25. April 1943 im Alter von 83 Jahren am Bahnhof von Aomori auf Honshû. Die Tradition des *Daitô-ryû* wird heute von seinem Sohn TAKEDA TOKIMUNE (*1916) fortgesetzt. Dieser eröffnete 1954 sein erstes *Dôjô*, das *Daitôkan*. Die *Daitô-ryû*-Organisation ist inzwischen international verbreitet.

Takenouchi Hisamori: s. →*Kogusokujutsu*, →*Takenouchi-ryû*.

Takenouchi-ryû (jap.): auch *Takeuchi-ryû* oder *Hisamori-ryû*, alte japanische Schule der Selbstverteidigung mit kurzen Waffen (s. →*Mijikai-mono*, →*Jûjutsu*), gegründet 1532 von →TAKENOUCHI HISAMORI (TOICHIRO) und von ihm →*Kogusokujutsu* (s. auch →*Kumi-uchi*) benannt, weil der Stil dazu bestimmt war, sich gegen leicht gerüstete Gegner zu verteidigen.

Das *Takenouchi-ryû* übernahm die Methoden des waffenlosen Kampfes (s. →*Jûjutsu*) und fügte ihr die Kunst des Fesselns mit zwei Schnüren (→*Hojojutsu*) sowie die Kunst der *Naginata* und die des Kurzschwertes *(Wakizashi)* hinzu. Ursprünglich lehrte sie 630 Techniken, doch davon sind heute nur noch etwa 150 erhalten. Der Stil ist auch noch unter dem Namen *Hisamori-ryû* bekannt.

Takeuchi-ryû (jap.): s. *Takenouchi-ryû*.

Taki (jap.): Wasserfall.

Taki-otoshi (jap.): Technik der *Koshiki no Kata*.

Taki-shûgyô (jap.): asketische Übungen, bei denen man in unbeweglicher Meditation unter einem Wasserfall *(Taki)* sitzt oder steht.

Die *Yamabushi*, *Ninja* und andere Anhänger verschiedener esoterischer Sekten des *Shugendô* praktizierten diese Übungen auf den Grundlagen der →*Mudrâ*, um übernatürliche Kräfte zu erreichen. Die Übungen unter dem Wasserfall werden auch von verschiedenen anderen Religionen als Zeremonie praktiziert. YAMAGUCHI GÔGEN aus dem *Karate* war bekannt dafür, daß er diese Übung bis ins hohe Alter praktizierte.

Takuan Sôhô Zenji: Name, den sich der japanische *Zen*-Meister SÔHÔ (1573–1645) selbst gab und unter dem er heute bekannt ist.

TAKUANS LEBEN

Takuan war ein berühmter japanischer *Zen*-Meister, Dichter, Meister der Teezeremonie *(Chadô)*, der Schrift *(Shôdô)* und der Malerei aus der Tokugawa-Periode und gehörte der *Rinzai*-Schule an. Er wurde schon in seiner Kindheit Mönch und lernte zunächst unter ENKAN KOKUSHI SHÛSHUKU und danach unter MINDÔ KOKYÔ, von welchem er das *Inka-shômei* erhielt. 1609 wurde er Abt des *Daitoku-ji* in Kyôto. 1638 veranlaßte ihn der *Shôgun* TOKUGAWA IEMITSU (der selbst ein Schüler Takuans war), nach Shinagawa bei Edo (Tôkyô) umzusiedeln, wo er Abt des neugegründeten Klosters *Tôkai-ji* wurde. Takuan ist der Autor der »Geheimen Abhandlungen« (→*Hiden*) über die Kampfkünste, die als →*Hontai* und →*Seiko* bekanntgeworden sind.

TAKUANS LEHRE

Takuan hatte wesentlichen Anteil am Einfluß der *Zen*-Philosophie auf die Kriegskünste (s. → *Bujutsu*) im japanischen Mittelalter. Er wurde von seinem Freund und Schüler →YAGYÛ MUNENORI (s. auch →*Yagyû Shinkage-ryû*), einem bekannten japanischen Schwertmeister, aufgefordert, den Zusammenhang zwischen *Zen* und *Bujutsu* zu erklären. Daraufhin schrieb Takuan das → *»Taiaki«*, jenen berühmten und vielübersetzten Text, in dem er die Meisterschaft in der Kunst des Schwertes als vollständige Perfektion von →*Ri* (geistige Transzendenz) und →*Waza* (Technik) bezeichnete. Alle Kapitel dieses Briefes sind als philosophische Leitsätze in die Kunst des *Bujutsu* eingegangen und haben seinen Sinngehalt wesentlich verändert (s. →*Budô*). Als zentrales Motiv in seinem Brief an Munenori nennt Takuan den Satz →*Ken Zen ichi* – »Schwert und *Zen* sind eins«.

Das Schwert (→*Ken*) ist eines der drei geheiligten Erbstücke des japanischen Kaiserhauses.

Takuan sagt, daß das Wesen des *Kendô* (Schwertweges) darin besteht, diesen geheiligten Sinn zu wahren und einem edlen Zweck zu folgen. Es war Takuans Verdienst, daß gerade in der Edo-Zeit, einer Epoche, in der der Geist des *Kendô* eher verkannt als geehrt wurde, der Weg des Schwertes zu neuen, nie erahnten geistigen Höhen in der japanischen Kultur führte, die durch den Einfluß des *Zen* ermöglicht wurden. In dieser neuen Betrachtung des *Kendô* vom Standpunkt des *Zen* konnte sich später aus der kriegerischen Kunst des *Bujutsu* das japanische *Budô* entwickeln (s. →*Dô*).

Takushoku (jap.): Name einer Universität in Tôkyô. Sie wurde 1900 zu dem Zweck gegründet, Menschen für die Arbeit im Ausland auszubilden. *Takushoku* bedeutet wörtlich: »Kultivierung und Kolonialisierung«.
Die Takushoku-Universität gewann für die Kampfkünste an Bedeutung, da sie eine der ersten war, an denen *Karate* unterrichtet wurde. Im Jahre 1927 begann Meister FUNAKOSHI an der *Takushoku*-Universität zu unterrichten, nachdem er im September 1924 an der *Keiô*-Universität und 1926 an der *Ichiko*-Universität je einen *Karate*-Club eröffnet hatte.
Nachdem Meister →NAKAYAMA 1947 aus China zurückgekehrt war, übernahm er die Leitung des *Karate*-Clubs an der *Takushoku*-Universität und gründete die →JKA. Daraufhin zog sich Meister Funakoshi von der *Takushoku*-Universität zurück (s. →*Shôtôkan*). Die meisten heute in der JKA bekannten Meister schrieben sich damals an dieser Universität als Schüler ein. An der *Takushoku*-Universität entwickelte sich zum größten Teil das Konzept des heutigen Wettkampf-*Karate*. Unter der Leitung Nakayamas begannen sich die Trainingskonzepte des *Karate* an der *Takushoku*-Universität von den Grundprinzipien Funakoshis zu entfernen.

Tama[1] (jap.): Seele, Geist (auch *Rei, Ryô*).

Tama[2] (jap.): Ball, Kugel (auch *Kyû*).

Tamano Toshio (* 1942): japanischer Meister des *Karate* und *Kobudô*, Schüler von AKAMINE EISUKE, TOGUCHI SEIKICHI und MATAYOSHI SHIMPO.
Tamano wurde in Tôkyô geboren und lernte zuerst *Karate* am *Shoreikan* von Meister TOGUCHI. Später lernte er *Kobudô* unter MATAYOSHI und AKAMINE. 1974 gründete er sein eigenes System, das er *Shôreikai* nannte.

Tamashii (jap.): Geist, Seele (auch *Kon*). *Reikon* – Seele, Geist, *Yamato-damashi* – der japanische Geist.

Tameshi (jap.): Versuch, Probe (auch *Shi, Kokoromiru*). *Tamesu* – versuchen.

Japanischer Samurai beim Schneidetest

Tameshi-giri (jap.): aus der mittelalterlichen japanischen Schwerttradition überliefertes Recht eines *Samurai*, sein Schwert an Lebewesen erproben zu dürfen.
Bereits in der Jugend wurde dem angehenden *Samurai* dadurch die Mißachtung des menschlichen Lebens angewöhnt. *Tameshi-giri* (das Recht zur Erprobung des Schwertes) war in der mittelalterlichen japanischen Konstitution festgeschrieben. Wenn der jugendliche *Samurai* mit 15 Jahren die Volljährigkeitszeremonie durchlaufen hatte, stand ihm dieses Recht zu. Davon wurde Gebrauch gemacht, indem das Schwert an feindlichen Leichen, an Verbrechern und häufig auch an völlig unschuldigen Landstreichern und Bettlern erprobt wurde.
Im späteren *Kenjutsu* und *Iaijutsu* wurde dieser Test im Inhalt verändert, aber beibehalten. Hier erprobte man die Wirkung des Schwertschlags, indem mit einer einzigen Technik ein Bambusstab oder ein Reisstrohbündel durchtrennt wurde. Diese Übung wird in den modernen Schwertschulen nicht mehr praktiziert.

Tameshi-wari (jap.): Bruchtest, Schlagtest, Form von →*Kake-dameshi* im *Karate*. Die

Kunst des Durchschlagens von harten Gegenständen.

Bruchtestübungen werden in zwei Gruppen eingeteilt: in das Zerschlagen von weicheren Gegenständen (z. B. Brettern) und in das Zerschlagen von harten Gegenständen (z. B. Steinen). Dazu gibt es jeweils unterschiedliche Techniken und ebenso unterschiedliche Formen der Kraftkonzentration. *Tameshi-wari* ist ein Bestandteil der Übung im *Karate-dô*, der dem Testen des →*Kime* in den Techniken dient (*Tameshi* – Versuch, Probe). *Tameshi-wari* enthält zwei wichtige Formen: →*Shiwari* (normaler Bruchtest) und →*Shihô-wari* (Bruchtest in vier Richtungen).

Tameshi-wari – Bruchtest gegen Bretter

Tamiya-ryû (jap.): traditionelles japanisches *Kenjutsu-ryû*, gegründet im 16. Jh. von TAMIYA HEIBEI NARIMASA.

Tamiya war ein Schüler von HAYASHIZAKI SHINSUKE aus dem *Musô Jikiden-ryû*. Der heutige Vorstand des Stils ist TSUMAKI SEIRIN.

Ta-mo (jap.): japanische Bezeichnung für →BODHIDHARMA.

Tam-The (viet.): vietnamesische Kampfkunst ähnlich dem chinesischen *Tai-ji-quan*.

Tan[1] (jap.): rot (s. →*Iro*).

Tan[2] (jap.): kurz (auch *Mijikai*). *Tantô* – Dolch, Kurzschwert, *Tanki* – Jähzorn, *Tansho* – Schwächen.

Tan[3] (jap.): Trainingsgerät (→*Dôgu*) aus dem *Okinawa-Karate*, identisch mit der uns bekannten Langarmhantel. Die Gewichte sollten nicht zu schwer gewählt werden (höchstens 20–30 kg).

Tanaka-Goshinjutsu (jap.): *Jûjutsu*-Schule, gegründet 1952 von TANAKA TATSU aus Tôkyô, aus der alle Fußtritte entfernt wurden (s. →*Goshinjutsu*).

Tanaka Katsutaka: japanischer *Karate*-Lehrer des *Shitô-ryû*, zur Zeit 6. Dan, lebt und unterrichtet heute in Alaska. Gründer und Hauptinstruktor der *Martial Arts Academy* in Anchorage.

Tanbô (jap.): okinawanische Stockwaffe, Zuordnung s. unter →*Bô*. Der *Tanbô* ist etwa 60 cm lang, 3–3,5 cm dick und wird gewöhnlich aus roter japanischer Eiche hergestellt. In den meisten Fällen wird er paarweise gebraucht *(Nitanbô)*. Es gab Varianten, an deren Ende eine Schnur befestigt war, wodurch der Stock gewirbelt werden konnte, indem man das eine Ende der Schnur festhielt.

Der *Tanbô* oder *Nitanbô* (*Ni* = zwei) wurden von den okinawanischen Bauern zur Selbstverteidigung benutzt. Solche kurzen Stöcke waren vielfältig in ihrem alltäglichen Gebrauch und daher als Verteidigungswaffe sehr beliebt. Man suchte andauernd nach neuen Möglichkeiten und Varianten, und so entwickelten sich die Techniken des *Tanbô* auf einer hohen Ebene. Es liegt außerdem sehr nahe, daß die okinawanischen *Tanbô*-Techniken von denen des philippinischen Stokkes *(Baston)*, der in der Selbstverteidigungsform →*Arnis* verwendet wird, beeinflußt sind.

Im Laufe der Zeit entwickelten sich viele Variationen des *Tanbô*. Einige von ihnen hatten Spitzen über die gesamte Länge des Schaftes mit Ausnahme der Grifflächen. Heutige Abkömmlinge des *Tanbô* finden sich in den okinawanischen und japanischen Polizeiknüppeln. Die dortige Polizei wird in der Kunst des *Tanbô* unterrichtet (s. →*Keijôjutsu*). Bekannte *Tanbo-Kata* sind die *Sekiun no Tanbo* und die *Noburo no Tanbo*.

Tanden (jap.): Unterleib. Gebiet etwa 2 Finger unter dem Nabel, der Mittelpunkt (chin.

→*Dan-tian*) des *Zen*-buddhistischen → *Hara*, des geistigen und körperlichen Zentrums des Menschen, von dem alle Kraft ausgeht.

ALLGEMEINES

Tanden ist auch das Zentrum des →*Ki*. →SATO TSUJI sagt über die Meisterschaft des *Tanden*: »Die Meisterschaft des Tanden besteht darin, alle im ganzen Körper vorhandenen Kräfte zu befreien, sie zu leiten und dann im *Tanden* wiederzuvereinigen; diese Kunst wurde schon immer gelehrt, im *Budô* (Weg des Kriegers) wie im *Geidô* (Weg der Künste) und im *Sadô* (Weg des Sitzens).« Der zentrale Punkt des *Tanden* nennt sich *Seika-Tanden*, nach einem chinesischen Ausdruck, der soviel bedeutet wie »Fluß des Zinnobers«. Der Zinnober, eine blutrote Farbe, symbolisiert die vitale Kraft und wird auch →*Kikai* (Meer der Energie, chin. *Qihai*) oder *Seika no Itten* genannt.

OKADA TORAJIRO ÜBER HARA

OKUDA TORAJIRO, der Gründer der Praxis des →*Seiza*, sagt in seinem Buch »Worte des Meisters« folgendes:

Tanden ist der Schrein des Göttlichen. Wenn seine Burg herrlich gebaut ist und das Göttliche in uns wächst, dann ist ein wahrer Mensch vollendet. Wenn man die Menschen in Ränge einteilt, so ist der niedrigste der, der seinen Kopf werthält. Bei denen, die nur zusehen, so viel Wissen wie möglich anzuhäufen, wird der Kopf größer und größer, und so geraten sie leicht ins Wanken, wie eine umgekehrte Pyramide! Im Nachahmen anderer sind sie groß, aber weder Originalität noch Erfindung, noch ein großes Werk ist ihre Sache. Die nächsten sind die mittleren Ranges. Bei ihnen bildet die Brust den wichtigsten Teil. Menschen mit Selbstkontrolle, von Enthaltsamkeit und mit asketischen Tendenzen gehören zu diesem Typ. Das sind Menschen mit vordergründigem Mut, aber ohne wirkliche Stärke. Viele der sogenannten großen Männer sind von dieser Klasse. Aber das genügt nicht. Die aber den Unterbauch als den wichtigsten Teil ansehen und also die Burg gebaut haben, darin die Gottheit wachsen kann, das sind die vom obersten Rang. Diese Menschen haben sowohl den Geist als auch den Körper in der rechten Weise entwickelt. Kraft strömt aus ihnen heraus und erzeugt eine seelische Verfassung von großer Gelassenheit. Sie tun, was ihnen beliebt, ohne das Gesetz zu verletzen. Der erste denkt, daß Wissenschaft die Natur beherrschen kann. Der zweite hat einen Scheinmut und weiß hart zu kämpfen. Der dritte ist der, der um die wahre Wirklichkeit weiß.

Seiza bedient sich der sichersten Haltung, um einen Menschen von diesem Rang zu erzeugen. Des Menschen Laster kommen vom Verlieren des Gleichgewichts. Um dieses zu halten, muß man sich einen gesunden Leib und ein aufrechtes Herz bewahren. Das aber kann nur auf dem Weg geschehen. Den Weg zu gewinnen heißt – »Sitzen«! Wenn ihr zwei, drei Jahre sitzt, dann werdet ihr das verstehen.

Tandoku-renshû (jap.): Übungen (auch *Tandoku-undô*) hauptsächlich im *Jûdô*, bestehend aus 28 Bewegungen, die ausgeführt werden, um die Vitalpunkte des Gegner anzugreifen (s. →*Seiryoku Zen-yô*).

Tanemura Shoto (*1947): japanischer Meister des *Ninjutsu* und *Jûjutsu*, Schüler u. a. von TAKAMATSU TOSHITSUGU, Trainingspartner von HATSUMI MASAAKI. Tanemura gründete seine eigene Auffassung, die er *Genbukan-Ninjutsu* nennt.

Auf Tanemura vereinigen sich mehrere Linien traditioneller japanischer *Ryû*. Er ist heute durch *Menkyo-kaiden* (Übertragungs-Urkunde) bestätigter *Soke* (Großmeister) folgender klassischer Krieger-*Ryû*: *Yagyû Shingan-ryû, Asayama Ichiden-ryû, Takagi Yoshin-ryû, Kukishin-ryû Jûjutsu* und *Shinden Tatara-ryû*.

Tang Daiji (1887–1937): alias TO DAIKI, chinesischer Teekaufmann auf Okinawa, Freund von →GO KENKI, der 1915 nach Naha zog. Tang war ein bekannter Meister des Tiger-Stils (s. →*Pangai-noon*). Er beeinflußte vor allem MIYAGI CHÔJUN.

Tang-lang-quan (chin.): auch *Tong-long-moon, Tang-lang-p'ai* oder *Chuk-kai-ch'uan*, Kampfstil des nördlichen *Quan-fa* (s. →*Bei-tui*) der äußeren Richtungen (→*Wai-jia*), »Stil der Gottesanbeterin«, der im 17. Jh. von WONG LONG gegründet wurde.

Wong lebte im *Shaolin*-Tempel, bereiste aber oft das Land, um auch andere Kampfkünste kennenzulernen. Eines Tages beobachtete er die Bewegungen einer Gottesanbeterin und war fasziniert von der rücksichtslosen und effektiven Technik des Insekts. Er studierte sorgfältig ihre

Kampfhaltung aus dem Tang-lang-quan

Kampfmethode, bis er die Bewegungen imitieren konnte. Da dem System aber die Fußtechniken fehlten, schloß Wong die schnellen, springenden Bewegungen des Affen mit ein. Die Kombination aus den Klauentechniken der Gottesanbeterin und der Fußarbeit des Affen führte zu dem, was später unter dem Namen »Sieben-Sterne-Gottesanbeterin« bekannt wurde.

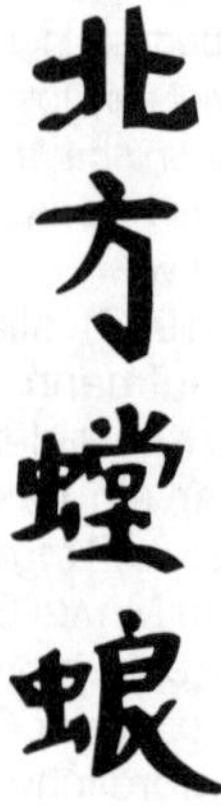

Schriftzeichen für nördliches Tang-lang (Bei-fang-tang-lang)

Der Stil spaltete sich später in mehrere Richtungen, doch die Originalvariante, die nur eine Fußtechnik, einen Kniestoß, kennt, blieb bestehen. Am Ende der Qing-Dynastie tauchte ein Meister des »Sieben-Sterne-Systems«, CHUN HUA-LUNG, auf, der mehr Betonung auf die Fußarbeit legen wollte, um die Distanzen zu verkürzen. Er vermischte das System mit Techniken aus dem *Xing-yi-quan* und aus dem *Tom Bei* und gründete daraus das »Acht-Schritt-System« der Gottesanbeterin. Ein anderer Meister des »Sieben-Sterne-Systems«, WEI SAN, gründete das »Sechs-Harmonien-System« (*Liu-he* oder →*Liu-he-ba-fa*), das dem *Tai-ji-quan* ähnelt. Eine Entwicklung der neueren Zeit heißt *Tai-ji Tang-lang-quan*.

Tang-shou-dao (chin.): Bezeichnung für die chinesischen Kampfkünste, die außerhalb Chinas gebraucht wird. Wörtlich: »Weg der Hände der Tang«. Erläuterung zur chinesischen Kampfkunst s. →*Quan-fa*, →*Guo-shu*.

Während der Tang-Dynastie bezeichnete man die Chinesen im umliegenden Ausland als »Männer der Tang«. Die chinesischen Kampfkünste bezeichnete man als *Tang-shou* (»Hände der Tang«) oder als *Tang-shou-dao* (»Weg der Hände der Tang«). Die Bezeichnung »Tang« war identisch mit »China«.

Die Chinesen selbst verwendeten für ihre Kampfkunst nicht dieselben Bezeichnungen. Sie gebrauchten dafür einen Überbegriff, der nicht nur die Kampfkunst als solche, sondern alle traditionellen chinesischen Künste (z. B. Medizin, Oper usw.) zusammenfaßte. Dieser Überbegriff lautet *Guo-shu* (»Nationale Künste«). Im Ausland wurde dieser Begriff wenig gebraucht. Viel geläufiger hingegen sind die Begriffe *Quan-fa*, *Tang-shou, Kempô* und neuerdings *Kung-fu*, die jedoch im wesentlichen immer dasselbe bezeichnen. Heute wird in China der Begriff *Tang-shou* für die Bezeichnung der traditionellen chinesischen Kampfkünste verwendet, um sie z. B. von dem, was man neuerdings unter *Kung-fu* versteht, zu unterscheiden.

Tang-Soo-Do (kor.): südkoreanische Kampfmethode (s. →Korea), die auf ihren chinesischen Ursprung verweist (s. →*Tang-Shou-Dao*). Die ältesten und größten Systeme der koreanischen Kampfkunst waren →*Kwonbop* und →*Soo-Bahk-Do (Subak)*. Aus letzterem ist 1945 von → HWANG KEE das Tang-Soo-Do als Gegenpol zu dem sportlichen →*Taekwondo* abgeleitet worden. *Tang* bezeichnet die chinesische Tang-Dynastie, *Soo* bedeutet Hand und *Do* bedeutet Weg.

Als die Japaner zu Beginn des 20. Jh. Korea besetzten, gingen viele Kampfkunstexperten, unter ihnen auch Hwang Kee, in den Untergrund und perfektionierten ihre Kunst weiter. In der Mandschurei traf Hwang Kee mehrere japanische *Karate*-Meister, von denen er offensichtlich lernte, was seiner Kunst eine große Ähnlichkeit mit dem japanischen *Karate* gab. Die *Tang-Soo-Do*-Meister heute berufen sich auf Einflüsse von ITOSU, HIGASHIONNA, MABUNI, FUNAKOSHI und YAMAGUCHI. Wie diese Verbindungen zustande kamen, konnte nicht geklärt werden.

1936 mußte Hwang Kee nach China fliehen und wurde dort 10 Jahre lang von verschiedenen Meistern im *Quan-fa* unterrichtet. Als er nach dem Zweiten Weltkrieg nach Korea zurückkehrte, verband er die chinesische *(Tang-Shou-Dao)* mit seiner einheimischen Kunst *(Subak)* und gründete am 9. November 1945 in Seoul die *Moo-Duk-Kwan*-Schule, in der er *Tang-Soo-Do* unterrichtete. Zum ersten Mal verwendete er statt des koreanischen Begriffes *Subak (Soo-Bahk-Do)* die aus dem Chinesischen abgeleitete Bezeichnung *Tang-Soo-Do*. 1961 aber sollten im Zuge der Nationalisierung alle koreanischen Kampfkünste unter dem Begriff *Taekwondo* zusammengefaßt werde. Hwang Kee, der seine eigene Kampfkunst erhalten wollte, zog vor Gericht und gewann. Seine Organisation überlebte, doch unter strenger Aufsicht der Regierung. 1975 gründete er eine Föderation in Amerika und verbreitete seine Kampfkunst weltweit.

Einzigartig ist das *Dan*-System des *Tang-Soo-Do*. Der erste Schwarzgurt des Meisters erhielt die *Dan*-Nummer 1, wonach alle anderen laufende Nummern erhielten. Der Instruktor von CHUCK NORRIS, JAE CHUL SHIN, hat die *Dan*-Nummer 698. Nur Hwang hat das Recht, *Dan* und Nummern zu vergeben. Das System läßt klar erkennen, welches die ältesten Schüler sind, und vermeidet so Streitigkeiten.

In der westlichen Welt bekanntgeworden ist *Tang-Soo-Do* durch →JAE CHUL-SHIN, einen Offizier der südkoreanischen Luftwaffe, Lehrer von CHUCK NORRIS und Gründer des *World Tang Soo Do Association*, die weltweit verbreitet ist. Norris hatte bereits *Jûdô* und *Jûjutsu* gelernt und gründete darauf in Amerika seine eigene Föderation, die *United States Fighting Arts Federation*, in der er eine veränderte Form des *Tang-Soo-Do* unterrichtet. Weitere Lehrer des *Tang-Soo-Do* in Amerika sind *Jae Joon Kim* (*Dan* 38) und *Sang Kyu Shim* (*Dan* 180). In Deutschland ist die Richtung über Jae Chul-Shin am meisten verbreitet und wird von KLAUS TROGEMANN im *Welt Tang Soo Do Verband Deutschland* (s. Anhang) vertreten.

Tang-Zeit: chinesische Zeitepoche (s. → China) mit großen Errungenschaften auf dem Gebiet der Heilkunde (s. →Chinesische Gesundheitslehre).

Die herrschende philosophische Richtung, der →Daoismus, bekommt eine Gegenströmung, den →Buddhismus, der sich in China auszubreiten beginnt. Beide Religionen versuchen auch mit Hilfe der Heilkunst Mitglieder zu gewinnen. Die Buddhisten übersetzen manches heilkundliche Werk aus Indien ins Chinesische. Zu Beginn des 7. Jh. n. Chr. wird aufgrund eines kaiserlichen Erlasses die erste Schule für ärztliche Ausbildung eröffnet. Es erfolgt eine großangelegte Überarbeitung der Bücher.

Tani Chojirô (*1921): japanischer *Karate*-Meister, Schüler von →MABUNI KENWA und MABUNI KENEI aus dem →*Shitô-ryû*, der im Jahre 1948 den Stil *Tani-ha Shitô-ryû*, eine Ableitung aus Mabunis *Shitô-ryû*, gründete.

Der Stil wird in der Organisation →*Shukokai* vertreten, eine Bezeichnung, die heute fast ausschließlich auch für den Stil verwendet wird *(Shukokai-ryû)*. Einer der bedeutendsten Schüler des *Shukokai* war →NANBU YOSHINAO, der aber daraufhin in Frankreich seine eigene Interpretation des *Karate* gründete.

Tani-ha Shitô-ryû (jap.): auch *Shukokai*-

ryû, japanischer *Karate*-Stil, gegründet 1948 von →TANI CHOJIRÔ als Ableitung aus dem *Shitô-ryû* und *Gôjû-ryû*.

Der Stil wird in der Organisation →*Shukokai* vertreten. Nach Europa brachte ihn →YOSHINAO NANBU, der jedoch den Stil verließ und heute seine eigene Version übt.

Tani-otoshi (jap.): Schulterwurf (s. →*Nage-waza*) im *Jûdô*.

Tani Yukio (1881–1950): japanischer *Jûdô*-Lehrer, der zusammen mit →GUNJI KOIZUMI *Jûdô* nach Europa (England) brachte.

Tani lernte *Shin no Shindô Jûjutsu* und ging 1899 nach Europa, wo er 1918 nach der Gründung des →*Budôkwai* von Koizumi zum Hauptinstruktor ernannt wurde. Dort blieb er bis zu seinem Rückzug 1937.

Tannokan (jap.): *Atemi*-Angriffspunkt: Gallenblase.

Tanren (jap.): Bezeichnung im *Okinawa-Karate* für ein Training zur Kräftigung des Körpers.

Tanren-Übungen waren sowohl im *Quan-fa* als auch im *Tôde* sehr beliebt. Dazu verwendete man auf Okinawa eigens dafür konstruierte Geräte (→*Dôgu*). Es gab jedoch auch viele Abfolgen von Bewegungen mit dem Partner, bei denen in jeweils bestimmter Weise der Körper des anderen getroffen wurde. In Japan vertrat → MIYAMOTO MUSASHI eine Theorie, nach der ein beständiges Kraft- und Schnelligkeitstraining in den Kampfkünsten zur Perfektion des Selbst beiträgt.

Tanren-kumite (jap.): Bezeichnung für eine *Karate*-Übungsform mit Partner (→ *Kumite*), in der jeweils eine Angriffstechnik auf einen Schritt ausgeführt wird. Im *Tanren-kumite* sind →*Gohon-kumite* und → *Sanbon-kumite* klassifiziert.

Tanshiki (jap.): »einfach«. *Tanshiki-waza* – einfache Technik, *Tanshiki-Kata* – einfache Form.

Tanshiki-kumite (jap.): einfache, eingeschränkte Form des freien Kampfes im *Karate* (s. →*Renshû-kumite*).

Der Übungsleiter schränkt die anzuwendenden Techniken ein, z. B. greift einer nur an, der andere wehrt nur ab, oder einer verwendet nur Fußtechniken, der andere nur Fausttechniken usw.

Tanshin-gamae (jap.): Kampfhaltung (→ *Kamaekata*) des *Karate*, die den Kampf mit der Führhand betont.

Der Führungsarm wird weit nach vorn gestreckt, während sich die gegenseitige Faust in *Hikite* oder vor der Brust befindet. Die *Kamaekata* benutzt vorwiegend die Techniken mit →*Suri-uke* und die Techniken des Abwehrens und Konterns mit einer Hand. Angeblich wurde sie von einem buddhistischen Mönch der chinesischen Sung-Periode entwickelt, der auf seiner Wanderung von Banditen überfallen wurde. In der einen Hand hielt er seine *Sûtra*-Rollen und war deshalb gezwungen, nur mit der Führhand zu kämpfen.

Tanshin-gamae

Tan-t'ien (chin.): chinesische Bezeichnung für →*Tanden* (s. auch →*Dan-tian*).

Tantô (jap.): kleines Schwert (s. →*Ken*), Dolch oder Messer, weniger als 30 cm lang, mit einer etwas gebogenen Klinge.

Tantô ähnelt einem →*Katana* im Miniaturformat, von dem es außer der Größe alle Eigenschaften hat. Die *Samurai* trugen es im Gürtel.

Tantô-jutsu (jap.): die japanische Kunst des Messerfechtens (s. →*Tantô*).

Tantô-tori (jap.): Messerstich (s. →*Tantô*).

Tantra (skrt.): Textsammlung, ursprünglich zugehörig zu den →*Veden* des Hinduismus, danach als →*Tantrismus* auch in den tibetanischen Buddhismus übertragen.

Dort gilt *Tantra* als Oberbegriff für die heiligen Texte, durch deren Lesen das »All-Eine« verstanden werden kann.

Tantrismus: »die Lehre von den 3 Geheimnissen« (Denken, Wort, Tat). Zweig des Buddhismus, entstanden in Indien.

GESCHICHTE UND INHALT

Als Gründer gilt der Weise ASANGA (4. Jh.) aus Peshawar. Er vereinigte die mystischen Praktiken des vedischen →*Yoga* mit der Auffassung des *Mahayana*-Buddhismus. Die Lehre wurde in heiligen Texten (→*Tantra*) niedergelegt. Im 7.–8. Jh. entstanden zwei Richtungen: »Tantrismus der linken Hand« und »Tantrismus der rechten Hand«. Der erste ist als →*Vajrayana* bekanntgeworden und verbreitete sich vor allem in Tibet. Er enthält medizinische und parapsychologische Elemente, betreibt einen Kult von weiblichen Göttern, der von äußerstem Extremismus und sexuellen Orgien gekennzeichnet ist. Der »Tantrismus der rechten Hand« wird von männlichen Göttern bestimmt und ist gemäßigter. Er verbreitete sich vor allem in China (→*T'ien-t'ai*) und Japan (→*Tendai*, →*Shingon*, →*Mikkyo*).

Der Kardinalpunkt aller tantrischen Richtungen bezeichnet das Geheimnis des Denkens, des Wortes und der Tat, die alle Erscheinungsformen des All-Einen sind. Das All-Eine kann durch Meditation verstanden werden. Die tantrische Meditation besteht aus dem Lesen der heiligen Texte (→*Tantra*), aus Zaubersprüchen und magischen Formeln (→*Mantra*) und aus dem Ausführen von magischen Gesten (→*Mudra*).

MANTRA

Nach der Überzeugung des Tantrismus wird durch das Ertönen der *Mantra* im Körper eine Vibration ausgelöst, die verschiedene Zustände erzeugen kann. Daher sind die *Mantra* Objekte der Meditation. Eine der bekanntesten ist die tibetanische *Om-mani-padme-hum* (»O Schatz im Lotos«), durch die angeblich die Befreiung aus dem Kreis der Wiedergeburten erreicht werden kann. Es gibt die Lehre von den ursprünglichen Lautkeimen, den sogenannten *Bijas*, die allen wechselnden Tönen zugrunde liegen und daher das ganze *Mantra* ersetzen können (das Wort und das Objekt der Meditation). Jedes Phänomen der Natur hat sein *Bija*, das sich beim Wiederholen des Lautes und beim Ausführen der *Mudra* mit seiner ganzen Kraft auf den Meditierenden übertragen kann. Es gibt im Tantrismus 5 dieser Ursprungslaute, die unseren Vokalen a – e – i – o – u entsprechen und sich auf die Seiten und das Zentrum der Welt beziehen. Oft sprechen die Statuen der

Torwächter bei der Aussprache des Wortes »Bija«

buddhistischen Torwächter, die in *Quan-fa*-Stellungen abgebildet sind, solche Laute aus. In diesen heiligen Ursprungslauten ist nach Überzeugung der alten Kampfkunstmeister das Geheimnis der Energiekonzentration *(Kiai)*, der Weltvibration und des Bewegungsrhythmus enthalten

MUDRA

Magische Geste zur Ergänzung der *Mantra*, die als sichtbare Vorstellung die Einheit von Körper und Geist verstärken soll. Das chinesische Schriftzeichen für diesen Begriff wird im Sinne von »froh«, »weise« verwendet. Alle *Mudra* sind Geheimzeichen und symbolisieren den Zusammenhang zwischen der Geste und dem eigenen Prozeß der Selbstvervollkommnung. Typische *Mudra*, die oft in den Kampfkünsten als Kampfhaltung (→*Kamae*) auftauchen, sind:

- **Mudra der Konzentration in der Meditation:** charakteristisch für *Yoga* und *Zen* (s. →*Hoin*). Die rechte Hand wird mit der Innenseite in die linke Handfläche gelegt, die Gelenke ruhen auf den Oberschenkeln, die Daumen berühren sich. In einigen Varianten werden die Zeige- und Mittelfinger gebeugt, so daß sie Kreise bilden. Die Symbolik dieser *Mudra* ist das Dreieck und der Kreis (oder zwei Kreise). Insbesondere die zwei Kreise der Zeigefinger stehen für die Welt BUDDHA's und die der dort integrierten Wesen. Das Symbol vereinigt die Welt des Körperlichen mit der Welt des Geistigen. Die *Mudra* gilt als Eingang in den Zustand der Erleuchtung, der Ruhe, der Gelassenheit und der Überlegenheit. In nahezu allen

Kampfkünsten Asiens beginnt die Meditation mit dieser *Mudra*.

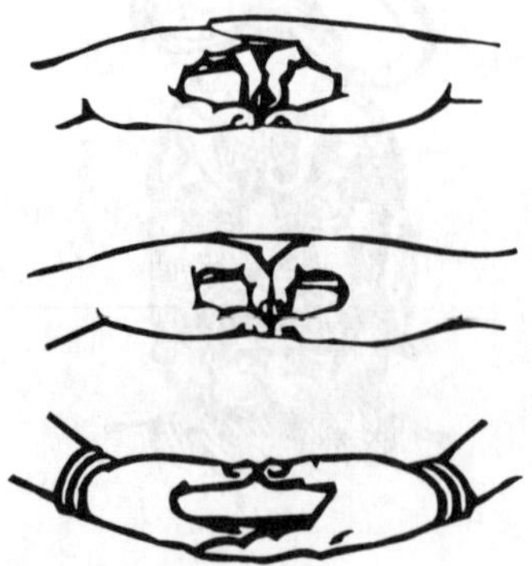

Mudra der Konzentration in der Meditation

• **Mudra der Kraft, der Standhaftigkeit und der Wut:** Diese Mudra entspricht dem →*Jiai no Kamae* des *Karate* und existiert in drei Varianten:
a) Die zur Faust geballten Hände werden mit den Fingern nach außen und in der Faust eingeschlossenem Daumen vor der Brust gekreuzt. Dabei symbolisiert die rechte Hand *Vajra*, den göttlichen Stab und damit das allmächtige Wissen, die Überwindung der Triebe und die Wahrheit des heiligen Gesetzes. Die linke Hand stellt das vereinigende Glöckchen dar, das das Wort BUDDHA's verkündet und die Heiligen zusammenruft.
b) Die Hände sind mit dem Daumen nach innen zur Faust geballt. Die rechte befindet sich in der Höhe der Brust, die linke in Bauchhöhe. Hier symbolisiert die rechte Hand die beseelten Wesen mit den göttlichen Eigenschaften Buddhas. Die linke ist wie ein Glöckchen, das Hoffnung verbreitet.
c) Die zur Faust geballten Hände werden mit den Fingern nach innen vor der Brust gekreuzt. Diese Haltung wird auch »Buddha, der Sieger über die drei Welten« genannt.

• **Mudra der Unsichtbarkeit und der Unzugänglichkeit für die Kräfte des Bösen:** Die linke Hand wird locker zur Faust geschlossen, mit einer »Öffnung« am Daumen. Die rechte wird mit der Handfläche nach unten locker darüber gelegt. Diese *Mudra* steht in Verbindung zur BODHISATVA MARICHI, der Beschützerin der Krieger, die bei den *Samurai* sehr beliebt war. In China war Marichi die Göttin des Lichts, die durch ihre Kraft die Wechselbeziehung zwischen Sonne und Mond, *Yin* und *Yang* bewirkt. Die Geste war bei den Kundschaftern der *Ninja* sehr verbreitet.

• **Mudra der Furchtlosigkeit:** In einer abweisenden Geste wird die rechte Hand mit den Handflächen nach außen vor die Brust gehoben. Die linke Hand befindet sich mit der Fläche nach oben vor dem Bauch. Die Legende bringt diese Geste mit dem BUDDHA SHAKYAMUNI in Verbindung, der auf diese Weise einen angreifenden Elefanten beruhigt haben soll. Der Meditation in dieser *Mudra* schreibt man das Erreichen der absoluten Herrschaft über die eigenen Emotionen zu.

Tan-tui-quan (chin.): äußerer chinesischer Stil des *Quan-fa*, entwickelt im Norden Chinas.

Tao (chin.): Weltgesetz (s. →*Dao*).

Tao Hong-Jing (456–536): einer der berühmten Vertreter der →*Mao-shan*-Sekte, einer daoistischen Schule.
Er galt schon zu Lebzeiten als einer der weisesten Männer Chinas und wurde von vielen geistigen und politischen Größen auf dem Berg Maoshan besucht und um Rat gebeten. Da die

Mao-shan-Lehre große Gemeinsamkeiten mit dem Buddhismus hat, wird er auch von den buddhistischen Meistern verehrt. Er war sehr realistisch eingestellt und hatte eine große Abneigung gegen die vielen esoterischen Praktiken, die auch damals schon im Daoismus üblich waren. Nach der *Mao-shan*-Lehre führt allein die Meditation zu Läuterung und Harmonie mit dem *Dao*.

Taoismus: s. →*Daoismus*, →*Dao-jia*, → *Dao-jiao*.

Tao Jeet Kune-dô (jap.): s. →LEE, BRUCE.

Tao-kuen (chin.): Bezeichnung für die *Kata* der chinesischen Stile, oft auch nur →*Dao* oder *Kuen* genannt.

Taore-geri (jap.): Fußtritt im Fallen.

Taoreru (jap.): hinfallen, sich fallen lassen, umfallen. *Taosu* – umwerfen.

Taoshi (jap.): hinunterwerfen.

Tao-yin (chin.): Atem- und Körpergymnastik aus dem →*Qi-gong* (s. auch →*Dao-yin*).

Tapak-Sutji-Silat (indo.): Stil des →*Pentjak-Silat*, gegründet 1963 von BADJAM IFAN. Tapak wurd zumeist in Zentral-Java geübt und charakterisiert sich durch den Gebrauch des japanischen →*Katana* und der einheimischen Waffe *Segu*.

Tapu-Silat (indo.): geheimer Stil des → *Pentjak-Silat*, geübt auf Celebes.

Tariki (jap.): »die Kraft des Anderen«, als Gegensatz zu →*Jôriki*, was die »Kraft des Selbst« bezeichnet.

Mit diesem Begriff beschreibt man in den buddhistischen Religionen das einem Gläubigen zukommende Heil durch die Gnade Gottes. Um es zu erreichen, müssen gute Taten vollbracht werden. Dies ist der Weg aller volkstümlichen buddhistischen Religionen (in Japan →*Jôdo* und →*Amida-Buddhismus*), die auf die Wiedergeburt im Paradies des BUDDHA-AMIDA vertrauen.

Tashi (jap.): japanischer Kampfkunstmeister mit dem 3. oder 4. Dan. Im *Wajutsu* trägt dieser eine weiße Weste, einen braunen oder schwarzen *Hakama* und einen violetten Gürtel.

Tashin-gamae (jap.): →*Kamaekata* mit seitlich gekreuzten Händen. Oft werden aus ihr *Juji*-Techniken ausgeführt (s. Abb. oben rechts).

Tasuke (jap.): Hilfe. *Tasukeru* (*Jo*) – helfen.

Tatakau (jap.): kämpfen (auch *Tô*). *Tôsô* – Kampf, *Sentô* – Schlacht, *Kakutô* – Handgemenge, Rauferei.

Tashin-gamae

Tatakau (jap.): kämpfen (auch *Sen*). *Ikusa* – Krieg, Schlacht, *Kôsen* – Kriegführung, *Kassen* – Schlacht, Kampf, *Kyûsen* – Waffenstillstand.

Tatami (jap.): Reisstrohmatten (auch *Jô*), die in den adeligen Häusern und Palästen Japans seit dem 17. Jh. als Bodenbelag verwendet wurden.

Vor dieser Zeit waren die Fußböden aus poliertem Holz, und zum Sitzen bediente man sich strohgefüllter Kissen (→*Zabuton*). Gegen Ende des 19. Jhs. wurden in den meisten japanischen Häusern die *Tatami* verwendet. Zu dieser Zeit begann man sie auch in den Kampfkünsten zu gebrauchen, um Verletzungen zu vermeiden. Heute werden sie künstlich hergestellt, meist mit einer Hülle aus starker Leinwand oder Kunststoff.

Tatami-omote (jap.): Ersatz für Reisstrohmatten (s. →*Tatami*).

Tate[1] (jap.): Kommando zum Aufstehen aus der knienden Position.

Tate[2] (jap.): senkrecht; Höhe, Länge (auch *Jû*). *Jûsen* – senkrechte Linie, *Hôjû* – sich gehenlassen.

Tate-empi-uchi (jap.): Ellenbogenstoß aufwärts, zum Gesicht (auch *Tate-hiji-ate*). Zuordnung s. →*Empi-uchi*, Klassifizierung s. →*Uchi-waza*.

Der Unterarm wird nahe am Körper vertikal nach

oben geschlagen. Die Faust geht zum Ohr und dreht sich dort mit der Faustrückseite nach außen. Die Schulter darf sich nicht anheben, der Oberkörper bleibt aufrecht. Die Technik richtet sich gegen das Kinn des Gegners oder gegen die Brust.

Tate-empi-uchi

Tate-hiji-ate (jap.): Ellenbogenstoß aufwärts (auch →*Tate-empi-uchi*).

Tate-ken (jap.): senkrecht stehende Faust. Fausthaltung, die im →*Tate-zuki* verwendet wird.

Tate-mawashi-uchi (jap.): halbkreisförmiger, senkrechter Schlag (s. →*Uraken-uchi*).

Tate-nukite (jap.): Stoß mit den Fingern der senkrecht stehenden Hand.

Tate-shihô gatame (jap.): Reitvierer. *Jûdô*-Haltegriff.

Tate-shihô-hiza-gatame (jap.): doppelter Beinhebel im *Jûdô*.

Tate-shutô-gamae (jap.): →*Kamaekata* (s. auch →*Ganseki-gamae*).

Tate-shutô-uke (jap.): Handkantenabwehr mit senkrecht stehender Hand. Variante von →*Shutô-uke*.

Der Unterarm fegt von innen nach außen, wobei das Handgelenk senkrecht angehoben ist. Die Technik beschreibt vor dem Körper einen Halbkreis, der Ellbogen bleibt dabei gestreckt. Man kann mit ihr frontale oder seitliche Angriffe abwehren oder sich aus Haltegriffen befreien.

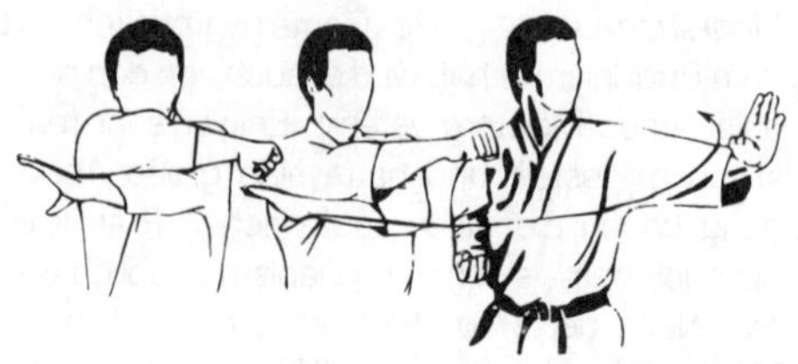

Tate-shutô-uke – Abwehr mit der senkrechten Hand

Tate-sunkake gatame (jap.): Reitvierer. *Jûdô*-Haltegriff.

Tate-zuki (jap.): Stoß mit der senkrecht stehenden Faust, auch *Tateken-zuki* genannt.

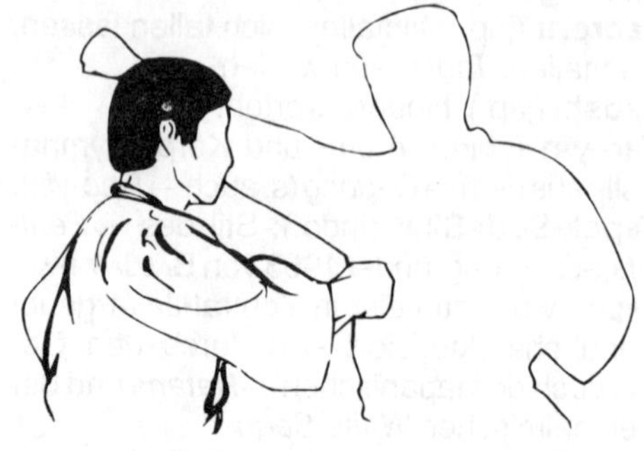

Tate-zuki – der Stoß mit der senkrechten Faust

Die Technik eignet sich besonders gut zum Nahkampf (Einteilung s. *Tsuki-waza*). Man hält die Faust in einer Bereitschaftsposition an der Hüfte. Nun stößt man sie direkt nach vorn und dreht sie um 90 Grad.

Tatsu (jap.): erreichen, ankommen. *Jôtatsu* – Fortschritt, *Hattatsu* – Entwicklung, *Tassei* – erreichen, *Tatsujin* – Meister, *Tomodachi* – Freund.

Tatsujin (jap.): wörtlich »(am Ziel) angekommener Mensch«, oder »aufrechter Mensch«. Titel, der einem konfuzianischen Gelehrten (→*Seijin*) zukam.

Tawada Shinkatsu Peichin: okinawanischer *Tôde*-Meister der zweiten Generation, Schüler von →Matsumura Sôkon.

Tawada machte sich besonders durch die Überlieferung des *Kobudô-ryû* aus der Matsumura-Schule verdient. Bekannt ist heute eine *Sai-Kata (Tawada no Sai)*, die von diesem Meister stammt. Zu seinen bedeutendsten Schülern gehörten

→Chiban Chôshin, →Taira Shinken, →Kinjô Hiroshi und →Nakaima Kenko.

Tawada no Sai (jap.): okinawanische →*Sai*-Kata.

Tawara (jap.): Reisstrohballen.

Tawara-gaeshi (jap.): Reisballenwurf. *Jûdô*-Kontertechnik gegen *Morote-gari*.

Tawara-guruma (jap.): Reisballenrad, halber *Kata-guruma*.

Tay-Son (viet.): auch *Tai-Son-Nhan*, vietnamesisches Kampfkunstsystem »Phönix auf dem Berg«. (s. →Vietnam, →*Viet-Vo-Dao*).

Entstehungsgeschichte

Als Wiege der vietnamesischen Kampfkunst gilt die Provinz Binh Dinh. Hier entstanden die verschiedenen Zweige der äußeren Richtungen des vietnamesischen *Quan-fa*, die großen Wert auf Körperkraft und Abhärtung legten. In der Regel unterrichteten die Lehrer zu Hause und nahmen die Schüler in ihren Haushalt auf.

Zahlreiche innere und äußere Kriege ließen die Kampfkunst florieren. Der Unterricht war zweigeteilt: →*Viet-Vo-Dao* (unbewaffneter Kampf) und →*Co-Vo-Dao* (bewaffneter Kampf).

Besondere Bedeutung kam dem antifeudalistischen Volksaufstand (1773–1802) des Dorfes Tay-Son in der Provinz Quanhon im Süden von Zentralvietnam zu. Er wurde angeführt von drei Brüdern: Nguyen Nhac, Nguyen Hue und Nguen Li. Hue war ein begabter Stratege und Li ein Meister des Nahkampfes. Er schuf eine eigene Kampfkunstschule, die die Prinzipien der inneren und äußeren Stile vereinigte und die Lebensenergie *(Khi)* und die innere Kraft *(Noi Ink)* obenan stellte. Li entwickelte die Nahkampftradition von Binh Dinh weiter und bereicherte sie mit neuen Ideen. Seine Kampftechniken sind heute noch erhalten und werden als →*Tay-Son* bezeichnet.

Alle drei Brüder waren in den klassischen Disziplinen und in den Kriegswissenschaften ausgebildet. Li, der jüngere Bruder, ging in ein *Zen*-Kloster und erhielt dort den Namen Le. Dort erlernte er auch die Tradition des *Shaolin Quan-fa*. Er erkannte, daß das harte System für die oft klein und zart gebauten Vietnamesen nicht sehr gut geeignet war, es sei denn, man wurde von frühester Jugend an ausgebildet. Kein aufständischer Bauer konnte sich jedoch jahrelang mit der Verfeinerung seiner Techniken befassen. Man benötigte ein wirkungsvolles, aber in kürzester Zeit erlernbares Kampfsystem. Auf der Basis der chinesischen Tierstile gründete Le im Verlauf von wenigen Monaten den »Hahnenstil« des vietnamesischen *Quan-fa*.

Stilkonzept des Tay-Son

Le beobachtete den in Binh Dinh außerordentlich verbreiteten Hahnenkampf und stellte systematische Experimente mit den Tieren an. Das Ergebnis seiner Beobachtungen war ein äußerst wirkungsvoller, aber leicht zu erlernender Stil, der bald zur wichtigsten Übungskomponente des *Tay-Son* wurde. Der Hahnenstil enthielt chinesische Elemente, war aber in der Hauptsache ein Produkt von Le mit vielen Fußtechniken und Sprüngen. Lehrmethode war ein Gedicht, das in verschlüsselter Form die wesentlichen Techniken und Methoden enthielt.

Daneben wurde mit Pfeil und Bogen und mit kleinen Wurfgeschossen (→*Amkhi*) geübt. Gelehrt wurde auch die »Kunst der tödlichen Berührung«. In der ursprünglichen *Tay-Son*-Schule gab es 3 Zweige, die diese Verfahren pflegten:

1. **Ho** (Hauptzweig): überliefert durch alte Lehrer aus Binh Dinh.
2. **Tran** (von Tran Quang Dien): Überlieferer war ein *Shaolin*-Mönch namens Thieu Lam.
3. **Bui** (von Bui Thi Xuan): Überlieferer war ein Heerführer namens Ngo Van So, der aus der *Ho*-Richtung kam.

Jeder Zweig hatte seine eigene Methode zur Bestimmung und Schädigung verwundbarer Punkte. Zu Kriegszeiten wurde die Ausbildungszeit auf eine Woche pro Abschnitt (Basistechniken, Anwendung, Zielübungen und Kampf) gelegt. Von den Waffenarten galten Schwert, Dolch, Stange und Speer als die wichtigsten. Die Stange war 2,5 m lang und galt als besonders gefährlich.

Neben dem Hahnenstil gab es noch andere nationale Stile, die zumeist aus China stammten (Gottesanbeterin, Weißer Kranich, Buddhistische Mönche u. a).

Die *Tay-Son*-Bewegung verfügte über einen eigenen Kodex, der sowohl technische Beschreibungen wie auch philosophische Hintergründe enthielt. Er verlangte von seinen Anhängern Wahrhaftigkeit, Zuverlässigkeit, Edelmut und Mut. Außerdem wurden die 18 klassischen *Shaolin*-Waffen (→*Bing-qi*) in 9 lange und 9 kurze aufgeteilt:

VIETNAMESISCHE WAFFEN	
Langwaffen	**Kurzwaffen**
Speer	Schwert
Lanze	Dolch
Kavallerielanze	Schlagring
Stange	Kriegsaxt
Hellebarde	eiserne Reitpeitsche
Dreizack (lang)	Knüppel
Jagdspieß	Keule
Hakenstock	Dreizack (kurz)
Kette mit Haken	Kette

Die kleinen Handwaffen wurden bevorzugt, besonders beliebt war auch die Keule *(Bon)*. Im Nordosten übte man vor allem die aus China stammenden Waffenarten:

Moc can	– Tonfa
Tam thiet gian	– dreiteiliger Stock
Tui	– Schlagring
Cong dao	– paarige Dolche
Bat	– langer Stab
Long gian	– Nunchaku
But chu	– zugespitzte Mettalplatten

Tayû-shiai (jap.): Wettkampf zwischen zwei Experten verschiedener Stile oder zwischen Anhängern verschiedener *Ryû*.

TCM: »Traditionelle chinesische Medizin«, übliche Abkürzung für den seit den 50er Jahren verwendeten Begriff.

Als *Mao Ze-Dong* (Mao Tse-tung) den Reichtum der alten Tradition und vor allem ihre Anziehungskraft auf die Ausländer erkannte, wollte er vor allem der chinesischen Medizin weltweite Anerkennung verschaffen. Daher versuchte die chinesische Regierung besonders bei der WHO (Weltgesundheitsorganisation) einen bleibenden Eindruck zu hinterlassen. Man sammelte das alte Wissen der chinesischen Naturmedizin, filterte es durch ein kommunistisches Sieb und ließ alle Aspekte und Hintergründe weg, die mit der Staatsideologie kollidierten. Dadurch gingen die hauptsächlichen Anwendungsschlüssel verloren, da die Grundlagen der chinesischen Medizin nicht auf faktischem Wissen beruhen. Erst in letzter Zeit versucht man die politische Dialektik zu entfernen und die Meister wieder zu Wort kommen zu lassen.

Te[1] (jap.): Hand (auch *Shu, Ta*).

Te[2] (chin.): »Tugend«, Begriff aus der Philosophie des *Dao* (s. →*De*).

Te[3] (jap.): in dem Wort *Tôde* (*-de* ist hier eine phonetische Assimilation von *Te*) bedeutet *Te* sowohl im Chinesischen als auch im Okinawanischen »Technik«. Im Japanischen (z. B. in der Bezeichnung *Kara-te*) steht *Te* für »Hand«.

Te (auch *De*, *Di* oder *Ti*) wurde auch für die reine okinawanische Kampfkunst verwendet, bevor sie von den chinesischen Systemen des *Quan-fa* beeinflußt wurde. Die beeinflußten Methoden nannte man *Tôde* (China-Technik), später verwandte man allgemein die Bezeichnung *Okinawa-te* (Okinawa-Technik) danach →*Karate*. Reine *Te*-Stile gibt es heute nur noch selten auf Okinawa, der bekannteste Vertreter ist →*Motobu-ryû*[1] von →Motobu Chôyu. Nähere Erläuterungen zur Entwicklung der okinawanischen Kampfkunst s. unter →Okinawa.

Tebaku (jap.): frühe Form eines japanischen Faustkampfes.

Tegatana (jap.): Schwerthand, Handkante (s. →*Shutô*).

Tegatana-ate-waza (jap.): Gruppe sämtlicher Handkantentechniken (s. →*Shutô-waza*).

Tegumi (jap.): einfacher, dem Ringen ähnlicher Sport auf der Insel Okinawa, der dort noch heute ausgeübt wird.

Hierbei waren der Gebrauch der Fäuste und der Füße als natürliche Waffen verboten. Ebenso waren nicht erlaubt die Schwerthand und der Ellenbogenschlag, wie diese im *Karate* üblich sind. Die Schriftzeichen des Wortes *Tegumi* sind die gleichen, die benutzt werden, um den *Karate*-Begriff *Kumite* zu beschreiben. Dabei wurden die Zeichen lediglich vertauscht.

Te-guruma (jap.): Handrad. *Jûdô*-Kontertechnik gegen *Harai-goshi*.

Tei[1] (jap.): Körper (auch *Karada, Tai*).

Tei[2] (jap.): Boden, Grund (auch *Soku*).

Teiji-dachi (jap.): T-Stellung, natürliche Grundstellung (s. →*Shizen-tai*) in den japanischen Kampfkünsten.

Die Füße stehen in einem 90°-Winkel zueinander, der eine Fuß steht vor dem anderen. Der hintere Fuß ist mit den Zehen leicht einwärts gedreht, der vordere Fuß ist mit den Zehen nach vorn gerichtet. Die Füße sind etwa 30 cm auseinander. Die Verlängerungslinie des vorderen Fußes geht durch die Mitte des hinteren Fußes.

Teiji-dachi wird auch *Mae-ashi-shizen-tai* (natürliche Körperstellung mit einem Fuß vorn) genannt. Entsprechend dem vorderen Fuß gibt es *Hidari-maeashi-shizentai* (links) und *Migi-maeashi-shizentai* (rechts).

Teiki-shiken (jap.): technische Prüfung.

Teishin-ryû (jap.): japanische Schule des *Jûjutsu* (s. dort), gegründet von Terada Heizaemon, dem 3. Großmeister des *Kitô-ryû* (s. dort).

Teishô[1] (jap.): Handballen, Handwurzel, Handinnenfläche (auch *Shôtei*). *Teishô-zuki* – Stoß mit dem Handballen. Handhaltungen s. →*Rokkishu*.

Teishô[2] (jap.): zeremonieller Zen-Vortrag. In diesem Sinn bedeutet *Tei* – tragen und *Shô* – erklären.

Teishô-awase-uke (jap.): kombinierte Handballenabwehr (Zuordnung s. →*Awase-uke*, Klassifizierung s. →*Uke-waza*).
Hierbei wehrt man einen gegnerischen Fußangriff mit beiden Handballen ab. Man preßt die Handballen gegeneinander und stößt sie nach unten. Die Technik kommt in der Kata *Hangetsu* vor.

Teishô-uchi (jap.): Handballenschlag (auch *Shôtei-uchi*). Der Handballen wird in einem Halbkreis ins Ziel geführt. Zuordnung s. → *Uchi-waza*.

Teishô-uke (jap.): Handballenabwehr (auch *Shôtei-uke*). Zuordnung s. →*Uke-waza*. Es gibt mehrere Formen:

VARIANTEN DES TEISHO-UKE

Teishô-age	– nach oben
Teishô-nagashi	– fegen
Teishô-otoshi (Te-osae)	– nach unten
Teishô-soto	– von außen nach innen
Teishô gedan-barai	– zur unteren Stufe

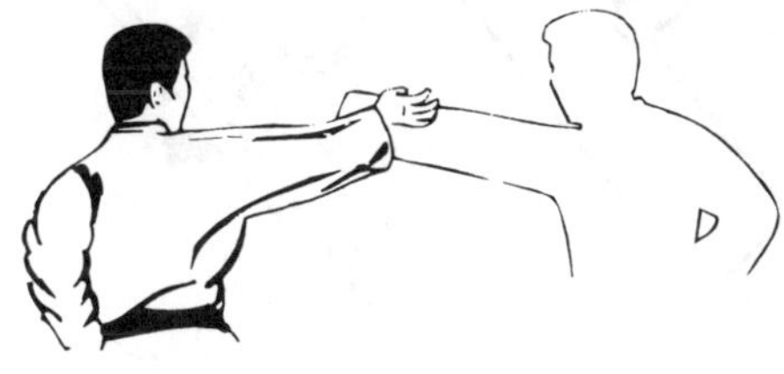

Teishô soto-uke – Handabwehr von außen nach innen

Teishô-zuki (jap.): Handballenstoß (auch *Shôtei-zuki*). Die meisten Varianten des *Tsuki* können verwendet werden, indem man mit dem Handballen trifft (Ausführungsarten s. →*Tsuki*).

Teisoku (jap.): Fußsohle (auch *Sokutei*). Bedeutet auch Handballen (s. →*Teishô*).

Tekagi (jap.): *Ninja*-Handkralle, Eisenhandschuh (s. →*Shûko*).

Te-kaiten (jap.): Handschwung, Rotation, Umdrehung (einer Waffe) um die Hand oder Rotation der Hand.

Verschiedene Formen des Tek-chû

Tek-chû (jap.): okinawanische →*Kobudô*-Waffe. Der *Tek-chû* gehört zu den Faustwaffen (s. →*Chizekun-bô*) und vereinigt Aspekte des *Chizekun-bô* und des →*Tekô*.
Die Waffe besteht aus einem Metallring, der an einen Metallschaft geschmiedet ist. Auf der oberen Seite des Ringes befindet sich eine sehr scharfe Spitze. Der Ring paßt genau auf den Mittelfinger, so daß die Spitze zwischen den Knöcheln der geschlossenen Faust herausragt.
Diese Waffe wurde ursprünglich aus Blei oder anderen weichen Metallen und später aus Eisen hergestellt. Bei manchen *Tek-chû* waren die beiden Enden scharf zugespitzt und standen an jeder Seite der Faust hervor. Er wurde einzeln oder paarweise verwendet, und mit ihm konnten alle Techniken des *Tôde* ausgeführt werden.

Teki (jap.): Gegner, Feind, Konkurrent (auch *Kataki*). *Kyôteki* – starker Gegner oder Feind, *Tekii* – Feindschaft, *Tekitai* – Widerstand, *Futeki* – ohne Furcht.

Tekki (jap.): *Karate-Kata* (s. →*Kata*) mit Ursprung in der okinawanischen →*Naihanchi*.
Heute ist Tekki (Eisenreiter) eine aus drei *Kata* bestehende Gruppe, deren besonderes Merkmal die Stellung *Kiba-dachi* (Reiterstellung) und die Seitwärtsbewegung *(Yoko-ichimonji)* ist. Alle drei

Tekki – der Eisenreiter

sind Weiterentwicklungen der alten *Naihanchi*. Auf Okinawa übt man sie heute in Tomari und in Shuri. Durch die Stellung *Kiba-dachi* und den seitlichen Überkreuzschritt *(Yoko-sashi-ashi)* entwickelt sie einen besonders festen Stand und ein gutes Gefühl für die aufrechte Haltung des oberen Körpers.

Tekko (jap.): **okinawanische →*Kobudô*-Waffe. Der *Tekko* wird auf Okinawa als »Eisenfaust« bezeichnet. Er ist eine spätere Entwicklung aus dem →*Tek-chû* und gehört zu den okinawanischen Faustwaffen (s. →*Chizekun-bô*).**

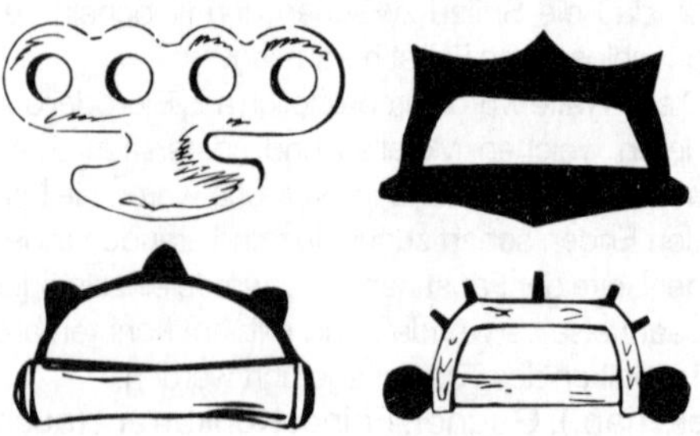

Okinawanische Faustwaffen: verschiedene Formen des Tekko

Der *Tekko* wurde ausschließlich aus Eisen gemacht und in der zweiten Hälfte des 19. Jhs. in Massenfertigung hergestellt. Er war so geformt, daß sich die Vertiefungen des Schaftes genau den Fingern der Hand anpaßten. Über dem Knöchelteil der Faust lag ein vollständig gegossenes Eisenband. Dieses hatte drei große Spitzen, die ungefähr 2,5 cm über die Faust hinausragten und drei der vier Faustknöchel darstellen sollten. Diese Spitzen waren meist rund und äußerst scharf.

Als der *Satsuma*-Clan 1609 Okinawa besetzte, gab es den *Tekko* noch nicht. Damals gebrauchte man nur den →*Chizekun-bô*, den →*Tek-chû* und den →*Tekô* als Faustwaffen. Um 1900 jedoch war der *Tekko* weit verbreitet. Die meisten okinawanischen *Kobudô*-Experten jener Zeit hatten diese Waffe vollständig gemeistert (s. →*Tekkojutsu*).

Tekkojutsu (jap.): **die Kunst, mit der Eisenfaust (→*Tekko*) umzugehen, *Kobudô*-System Okinawas.**

Zu Beginn des 19. Jhs. war *Tekkojutsu* auf Okinawa sehr verbreitet. Zu dieser Zeit hatte sich die okinawanische Kampfkunst *(Okinawa-te)* sehr stark entwickelt. Praktisch jeder Meister, der diese Kunst beherrschte, hatte auch den Umgang mit dem *Tekko* vollständig gemeistert. Fast alle Techniken des *Okinawa-te* konnten ohne große Veränderung auch mit dem *Tekko* ausgeführt werden.

Tekko wurde entwickelt, um die Schlagkraft der Fausttechniken zu erhöhen und dabei die Faust vor Verletzungen zu schützen. Es gibt mehrere Formen des Schlagrings. Als typische *Kata* für *Tekko* wird die *Maezato no Tekko* geübt. Heute jedoch ist die Popularität des *Tekko* sehr gering, und er ist selbst auf Okinawa nur noch selten anzutreffen. Die *Kobudô*-Meister Okinawas sind praktisch die einzigen Menschen, die heute überhaupt noch den Gebrauch des *Tekko* üben.

Formen des Tekô

Tekô (jap.): **okinawanische →*Kobudô*-Waffe. *Tekô* gehört zu der Gruppe der okinawanischen Faustwaffen, die aus dem →*Chizekun-bô* entstanden.**

Die Waffe bestand ursprünglich aus einem knorrigen Teil Hartholz, bei dem der Astknoten noch vorsprang. Aus diesem schnitzte man eine scharfe Spitze, die ungefähr 2,5 cm zwischen dem Zeige- und Mittelfinger hervorrragte. Fand man keinen knorrigen Ast von geeigneter Größe, wurde der *Tekô* eigens geschnitzt, damit er genau in die Hand des Übenden paßte. Zur besseren Kontrolle der Waffe hatte der *Tekô* noch eine Fingerschlinge.

Die späteren, weiterentwickelten *Tekô*-Formen wurden aus weichem Metall wie z. B. Blei hergestellt. So entstanden wahrscheinlich die ersten Versionen der okinawanischen Schlagringe (s. →*Tekko*). Obwohl die Finger noch nicht von geschlossenen Metallringen geschützt waren, ist die Form im wesentlichen dieselbe.

Tekubi (jap.): Handgelenk (s. →*Karada*).

Tekubi-dori (jap.): das Handgelenk ergreifen.

Tekubi-kake-uke (jap.): Handwurzel-(Handgelenk-)Haken-Abwehr (s. auch →*Mawashi-uke*, Zuordnung s. →*Uke-waza*).

Man wehrt damit Angriffe zur Brust oder zum Solarplexus ab. Die Hakenhand wird gebildet, indem man die Hand im Gelenk aufrichtet. Nun geht man einen Schritt zur Seite und gebraucht die geöffnete Hand und die Rückseite des Handgelenkes wie einen Haken, den man um den angreifenden Arm wickelt.

Temochi-shiki Makiwara (jap.): hängendes →*Makiwara*, Trainingsgerät (→*Dôgu*) aus dem *Okinawa-Karate*. Das Gerät kann durch den uns bekannten Medizinball ersetzt werden.

Temochi-shiki Makiwara

Temoto (jap.): Griff, Haltung (s. →*Kumi-Kata*, →*Kumi-uchi*). Im →*Kendô* Bezeichnung für den Griff eines →*Shinai*.

Ten[1] (jap.): rollen, hinfallen, wälzen, umwerfen (auch *Korobu, Korogaru, Korogasu*). *Kaiten* – Drehung, Rotation.

Ten[2] (jap.): Punkt. *Genten* – Ausgangspunkt, *Gaten* – Verständnis.

Ten[3] (jap.): Himmel (auch *Ame, Ama*).

Te-nagashi-uke (jap.): Fegesperre, Fegeabwehr mit der offenen Hand (Zuordnung s. unter →*Nagashi-uke*, Klassifizierung s. unter →*Uke-waza*).

Damit wehrt man Faustangriffe zum Gesicht ab. Man streckt den Unterarm mit der geöffneten Hand vor dem Körper aus. Sobald man den Kontakt zum angreifenden Arm herstellt, zieht man die Hand zurück und lenkt den Angriff am Kopf vorbei. Die Abwehr wird bereits in der *Heian-godan* gelehrt.

Te-nagashi-uke – die Fegesperre mit der offenen Hand

Tendai (jap.): esoterische buddhistische Sekte (s. →*Jiriki*) des →*Mikkyô*, verwandt mit dem →*Shingon*, die als Ableitung der chinesischen Schule →*T'ien-t'ai* im Jahre 805 von →SAICHÔ (DENGYÔ DAISHI, 767 bis 822) nach Japan gebracht wurde.

Tendai wurde im 6. Jh. von CHIH-I in China gegründet und ist ein Zweig des →Tantrismus. Die Tempel dieser Sekte wurden in den T'ien-t'ai-Bergen errichtet, woher sich auch ihr Name ableitet. Der wichtigste Text ist die →*Lotos-Sûtra (Hokkekyô)*.

Einer der bedeutendsten japanischen Vertreter dieser Schule war →GYÔJA E'NÔ. Das Zentrum der Sekte in Japan war das *Enryakuji* auf dem Hiei-Berg, das zu Ende des 15. Jhs. von →ODA NOBUNAGA zerstört wurde, weil die *Tendai*-Mönche eine zu große politische Macht ausübten. Bis zu diesem Zeitpunkt war das *Tendai* die mächtigste buddhistische Strömung und stand dem Kaiserhaus sehr nahe. Innerhalb des *Tendai* entstanden in Japan drei wichtige Richtungen: *Sammon, Jimon* und *Shinsi*, aus denen sich auch der →*Amida-Buddhismus* inspirierte.

Tendô (jap.): *Atemi*-Angriffspunkt: Bregma (Punkt am Schädel des Erwachsenen, an dem die Pfeilnaht auf die Kranznaht trifft).

Tendô-ryû (jap.): Richtung des *Aikidô* (s. →*Shimizu,* →*Aikidô* und Anhang).

Tengû (jap.): Fabelwesen aus der alten japanischen Mythologie, denen man die Erfindung der Kampfkünste zuspricht.

Manche *Tengû* hatten Flügel *(Ko-tengû)*, andere eine lange Nase *(Konsha-tengû)*, und wieder andere sahen aus wie Raben *(Karasu-tengû)*. Ihr Oberhaupt wurde *Sôjobo* genannt und hatte als Rangzeichen einen Fächer mit sieben Pflaumen. Die *Tengû* wohnten in den Bergen und wurden als Meister der Kampfkünste angesehen. Nach der Legende sollen sie MINAMOTO NO YOSHITSUNE (s. →MINAMOTO und →*Kenjutsu*) die Kunst des Schwertes beigebracht haben.

Tengû Geijutsu-ron (jap.): die Künste der →*Tengû*, von →TSUSAI CHÔZANSHI in einem gleichnamigen Buch beschrieben.

Tengû-gui (jap.): Bezeichnung für die Kopfmaske (schwarzes Tuch) der japanischen →*Ninja*.

Tenkan (jap.): spezifische Ausweichbewegung (auch *Ura*) im *Aikidô*, im Gegensatz zu →*Irimi*.

Der Abwehrende bewegt seinen Schwerpunkt während eines Angriffs schräg nach außen (vorn) und lenkt die geradlinig wirkende Kraft des Gegners zunächst ab und dann spiralförmig um. Durch die so entstehende Zentrifugal- und Zentripetalkraft wird das Gleichgewicht des Gegners gestört, und er kommt zu Fall.

Tenkan-ashi (jap.): auf dem Fuß wenden. Der *Budôka* wendet auf dem vorderen Fußballen um 180 Grad und bewegt sein Körperzentrum dabei halbkreisförmig nach hinten oder nach vorn.

Tenkan-hô (jap.): Drehbewegungen des Körpers im *Aikidô*, zum Ausweichen vor den gegnerischen Angriffen und zur Neutralisation der gegnerischen Kraft (s. →*Tenkan-ashi*). Es gibt *Ushiro-tenkan-ashi* (Drehung nach hinten) und *Mae-tenkan-ashi* (Drehung nach vorn).

Tennô (jap.): »Himmlischer Souverän«. Seit dem 7. Jh. gebräuchliche Bezeichnung für den japanischen Kaiser. Dieser Titel findet sich auch in der chinesischen Mythologie und bezeichnet dort den ältesten mystischen Herrscher Chinas (→HUANG-DI).

Der japanischen Mythologie zu Folge ist der Kaiser ein Nachkomme der obersten *Shintô*-Gottheit, der Sonnengöttin →AMATERASU, und übt seine Herrschaft kraft eines himmlischen Mandates aus (s. →JIMMU *Tennô,* →*Kami,* →*Shinki*). Er verlor jedoch bereits im 9. Jh. die politische Macht an die Hofadeligen (→*Kuge*) und im 12. Jh. an die adeligen Kriegerfamilien (→*Buke*). Erst nach der Meiji-Restauration (1868) erhielt er seine politischen Rechte wieder. Seit 1947 ist er nach der japanischen Verfassung das Staatsoberhaupt einer konstitutionellen Monarchie, jedoch ohne politisches Mandat.

Keine Titel, sondern ehrende Bezeichnungen des Kaisers sind *Mikadô* (»allerhöchste Pforte«) oder *Tenshi* (»Himmelssohn«), die allesamt auf seine göttliche Herkunft hinweisen sollen. Der Kaiser ist die Personifizierung der göttlichen Macht. Sein irdischer Auftrag, Japan zu regieren, ist vorwiegend ein religiöser Akt *(Matsurigoto)*, denn in seinen Entscheidungen vereinigt er die göttlichen Riten *(Matsuri)* und die irdische Regierung *(Goto)*.

Ten no Kata (jap.) die »Kata des Universums«, von FUNAKOSHI GICHIN gegründet und im *Shôtôkan-ryû* geübt.

Die *Ten no Kata* besteht aus zwei sich ergänzenden Teilen, *Omote* und *Ura*, und kann auch als Übung für das grundlegende *Kumite* (Kämpfen) verwendet werden. Der *Omote*-Teil wird für das Grundschultraining *(Kihon)* verwendet und der Ura-Teil für die Übung mit dem Partner *(Kumite)*.

Tenryû no Kon (jap.): okinawanische →*Bô*-Kata.

Tenshi (jap.): wörtlich: »Sohn des Himmels«. Ehrenbezeichnung für den japanischen Kaiser (→*Tennô*).

Tenshin (jap.): kombinierte Formen von →*Tai-sabaki*, die im *Karate* verwendet werden. *Tenshin* bedeutet »Körperdrehung« und bezeichnet die Veränderung der Position und des Angriffswinkels, indem Formen des →*Ashi-sabaki* (Fußbewegungen) und des →*Koshi-sabaki* (Hüftbewegungen) zusammen benutzt werden.

Im *Tenshin* werden Fußbewegungen und Körperdrehungen miteinander kombiniert (s. →*Undô*). *Tenshin* beinhaltet das Drehen der Hüfte, das Umdrehen des Körpers oder das Rotieren des Körpers. Zweck des *Tenshin* ist es, die Position und den Winkel des Körpers zu verändern, um dadurch den Angriffen des Gegners auszuweichen und dennoch in der korrekten Distanz für einen Konter zu stehen.

Tenshin-gamae (jap.): →*Kamaekata* (s. auch →*Toten-gamae*).

Tenshin-kansetsu (jap.): Hebelzug des gegnerischen Arms über die Schulter (s. →*Nage-waza*). Es gibt mehrere Varianten. Sie werden in den Kata *Kankû-dai* und *Gankaku* gelehrt.

Tenshin Shinyô-ryû (jap.): altes japanisches System des →*Jûjutsu*, gegründet von Iso Mataemon (†1862) alias Yanagi Sekisai Minamoto Masateri aus Osaka als Zweig des →*Yôshin-ryû*.

Iso Mataemon begann im Alter von 15 Jahren mit dem Studium der Kampfkünste unter Yanagi Hitotsuya Oribe aus dem *Yôshin-ryû* und unter Homma Zoemon aus dem *Shin no Shindô-ryû*. Er verband die Techniken der beiden Systeme und gründete eine Lehre der Angiffe auf die →*Atemi* mit 124 wirkungsvollen Techniken. Sein Konzept konzentrierte sich auf den waffenlosen Kampf, der später die Spezialität des *Tenshin Shinyô-ryû* werden sollte. Iso Mataemon hatte 5000 Schüler und war bekannt für seine exzellenten Vitalpunkt- *(Atemi)*, Immobilisations- *(Osae)* und Würgetechniken *(Shime)*. Er verlor nie die Wirksamkeit seiner Techniken aus dem Auge. Doch den späteren Großmeistern fehlte diese Weitsicht, und so wurde auch dieses *Ryû*, wie so viele andere, zu einem abstrakten Konzept der Annäherung an die Techniken der leeren Hand.

Mataemons Schule wurde noch entsprechend der im 16. Jh. herrschenden Tradition geführt. Die Schule, in der vor 1882 auch Jigorô Kanô lernte (unter Fukuda Hachinosuke und Iso Masatomo, dem Sohn des Gründers), hatte inzwischen mehr als 500 Techniken, doch Meister Minamoto Yanagi reduzierte sie erneut auf 124. Heute nennt man das System auch *Tenyô-kai*.

Tenshin Shôden Katori Shintô-ryû (jap.): eine der ältesten und wichtigsten Schulen des japanischen →*Bujutsu*, gegründet von →Iizasa Chôisai Ienao (1387–1488). 1961 wurde der Stil offiziell zum japanisches Nationalgut erklärt.

Die Gründung des Stils

Der Gründer der Schule war zeit seines Lebens ein Krieger (→*Samurai*) im Dienste mehrerer berühmter Herrscher und ein ausgezeichneter Schwertkämpfer. Als er 60 Jahre alt war, erkannte er, daß das Kriegerhandwerk der *Samurai* von den Fürsten dazu ausgenutzt wurde, Leben zu zerstören und ganze Familien zu vernichten. Aufgrund dieser Erkenntnis zog er sich vom öffentlichen Leben zurück und begab sich in den *Katori*-Schrein (neben dem *Kashima*-Schrein der bedeutendste shintôistische Schrein Japans, der dem Kriegsgott Hachiman gewidmet ist), um dort die wahre Tradition der Kampfkunst zu verwirklichen.

Dem, was er dort verwirklichte, gab er den Namen *Tenshin Shôden Katori Shintô-ryû* (kurz →*Katori Shintô-ryû*), was soviel bedeutet wie »Kampftradition, die dem Weg der Götter folgt«. Mit dem Wort *Shintô*, was »Weg der Götter« bedeutet, ist der wahre Weg der Menschen gemeint, dem sie mit aufrichtigem Herzen und der Tendenz zur Selbstverwirklichung folgen sollen. Dies war die hauptsächliche Idee, die der Begründer dieses *Ryû* in seinen Stil einbringen wollte.

Die Schule lehrte folgende Disziplinen: Kenjutsu, Iaijutsu, Sôjutsu, Naginatajutsu, Bôjutsu, Shurikenjutsu, Jûjutsu, Ninjutsu, Senjôjutsu und Chikujôjutsu.

Katori Shintô-ryû heute

Von Anfang an war es den Schülern des *Katori-ryû* nicht erlaubt, gegen andere Menschen zu kämpfen oder irgendwelche Herausforderungen anzunehmen, was sich bis heute nicht geändert hat. Die höchste Form des Sieges besteht darin, ohne Waffengewalt und ohne Kampf zu siegen. Die Ausbildung ist auch heute noch sehr streng, die Regeln sind selbst für japanische Verhältnisse ungewöhnlich. Die Schule wird seit ihrer Gründung von einer ungebrochenen Kette von →*Iemoto* angeführt. Die Anzahl der Schüler ist gering (etwa 50), was auf die harten Aufnahmebedingungen zurückzuführen ist. Ein Schüler muß vor seinem Eintritt einen Bluteid schwören, in dem er sich mit den Bedingungen einverstanden erklärt und vor allem versichert, daß er über viele Jahre hinweg mit ungebrochenem Willen seine Meisterschaft anstrebt. Deshalb finden sich in dieser Schule keine Übenden, die nicht über das nötige Potential zum Meister verfügen.

Die Ausbildung enthält drei Stufen, deren Erreichen durch Vergabe von Schriftrollen bestätigt wird. Die erste Stufe ist die Stufe der Anfänger, und sie wird nach Ablauf von fünf Jahren abgeschlossen. Die zweite Stufe benötigt zehn Jahre, und die dritte Stufe, die Stufe der Meister, ist auf 15 Jahre festgesetzt. Der einzige Nichtjapaner, der diese Stufe bisher erreichte, ist der Amerikaner DONN →DRAEGER.

Die wichtigsten Meister des *Katori Shintô-ryû* sind heute OTAKE RITSUKE (*1926), MOCHIZUKI MINORU und SUGINO YOSHIO. Aus dieser Schule entwickelten sich im Laufe der Jahrhunderte viele berühmte Systeme. Die wichtigsten davon sind (s. unter der jeweiligen Bezeichnung):

STILE AUS DEM KATORI SHINTO-RYU

Shinkage-ryû	– Kamiizumi Ise no Kami
Kashima Shintô-ryû	– Tsukahara Bokuden
Tendô-ryû	– Saitô Denkibô
Jigen-ryû	– Tôgô Shigekura
Honma Shintô-ryû	– Honma Masayoshi
Arima Shintô-ryû	– Arima Motonobu
Shindô Musô-ryû	– Musô Gonnosuke
Mijin-ryû	– Negishi Tokaku
Hôzoin-ryû	– Hôzoin Inei
Ippa-ryû	– Morooka Kagehisa
Tenshin Shô-ryû	– Kimura Yaheiji Nyudo
Icchu-ryû	– Icchu Baichuken
Shinden Munen-ryû	– Fukui Yoshihira
Shindô Musô-ryû	– Musô Gonosuke

Tenshô (jap.): *Karate-Kata* (s. →*Kata*) der okinawanischen *Shôrei*-Schule. *Tenshô* bedeutet »drehende Hand«. Die *Kata* übt die daoistischen Atemmethoden, die Spannung des Unterbauches und große geistige und körperliche Konzentration.

Die *Tenshô* wurde von dem Begründer des →*Gôjû-ryû*, →MIYAGI CHÔJUN, entwickelt, nachdem er aus China zurückgekehrt war. Er studierte dazu die chinesische →*Rokkishu*, die im →*Bubishi* erläutert und im Kranichstil und in der südlichen Gottesanbeterin verwendet wird. Ursprünglich wurde die Form nur mit der offenen Hand ausgeführt. Sie ist im *Gôjû-ryû* ein Gegensatz zur *Sanchin-Kata*, die sehr harte Bewegungen hat. Die *Tenshô* betont die weichen Bewegungen des Stils.

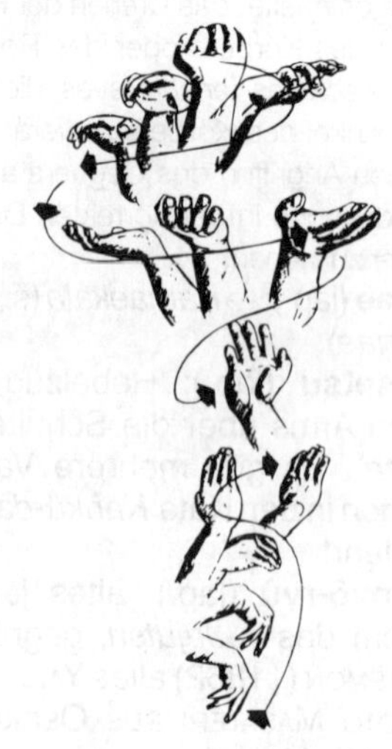

Handbewegungen aus der Tenshô-Kata

Die *Tenshô* besteht lediglich aus drei Schritten nach vorn und drei Schritten nach hinten und scheint auf den ersten Blick einfach zu sein. Doch gerade in dieser Einfachheit liegt, ähnlich wie Meister FUNAKOSHI dies von den *Taikyoku-Kata* sagt, ein bedeutender Schwerpunkt. Die Perfektion der Feinheiten und die Konzentration der Aufmerksamkeit ist in solchen *Kata*-Abläufen sehr wichtig, jedoch auch sehr schwierig. Wer die *Tenshô-Kata* gemeistert hat, wird durch das Verständnis der rechten Konzentration große Vorteile haben und in der Lage sein, selbst Nachteile in Vorteile zu verwandeln.

Eine andere Bedeutung der *Tenshô* liegt in der Fähigkeit des Handgelenks, woher auch ihr Name stammt. Es muß entspannt und geschmeidig sein, so daß bei einem Angriff des Gegners der Kontakt mit seinem Arm hergestellt wird und nie wieder verlorengeht (s. →*Kakie*). Außerdem verwendet die *Kata* viele seitenverkehrte Techniken. Um darin ein gutes *Kime* entwickeln zu können, muß man fest im *Sanchin-dachi* stehen und richtig im Bauch verankert sein.

Tentô-ryû (jap.): alte japanische →*Naginata*-Schule für Frauen.

Tenugui (jap.): kleines weißes Tuch aus Baumwolle. Es diente im alten Japan verschiedenen Zwecken.

Die Übenden der Kampfkünste trugen das Tuch oft zusammengefaltet im Gürtel, um sich den Schweiß aus dem Gesicht zu wischen oder notfalls eine Bandage anzulegen. Weil dieses Tuch auch um den Kopf gewickelt wurde, bezeichnete man es oft auch als →*Hachimaki*. Die *Kendôka* trugen es unter ihrem *Men* (Maske), um ihren Kopf zu schützen.

Tenzo (jap.): Bezeichnung für einen *Zen*-Mönch, der in einem Kloster die Verantwortung für das Kochen und Beschaffen von Nahrungsmitteln trägt.

Te-osae-uke (jap.): Preßhandabwehr mit der Innenfläche der Hand (Zuordnung s. →*Osae-uke*, Klassifizierung s. →*Uke-waza*).

Die Technik dient der Abwehr eines Angriffs zur mittleren Stufe. Wenn der Angriff kommt, schlägt man mit der offenen Hand auf den Angriffsarm des Gegners und preßt ihn nach unten. Gleichzeitig zieht man den Arm zu sich heran. Die Abwehr wird bereits in der *Heian-nidan* gelehrt.

Te-osae-uke – Preßabwehr mit der Hand

Tera (jap.): Tempel (auch *Ji*).

Terada Heizaemon: s. →*Teishin-ryû* und →*Kitô-ryû*.

Terada Kanemon: s. →*Jikishin-ryû* und →*Kitô-ryû*.

Terakoya (jap.): Bezeichnung für die Tempelschulen des feudalen Japan. Sie sorgten für die allgemeine Bildung und Erziehung der privilegierten Klassen.

Terama Heizaemon: s. →*Kitô-ryû*.

Teruya Kisi: okinawanischer *Karate*-Meister (1804–1864) des *Tomari-te*, einer der Lehrer von →MATSUMORA KOSAKU. Er studierte die Kampfkünste in China.

Teruya no Kon (jap.): okinawanische →*Bô-Kata*.

Te-sabaki (jap.): s. →*Sabaki* und →*Tai-sabaki*.

Teshin-ryû (jap.): s. →*Kitô-ryû*.

Tessei no Yari (jap.): ganz aus Eisen gefertigte Lanze, die im Krieg verwendet wurde.

Tessen (jap.): Fächer (chin. *Shan*), heute als *Kobudô*-Waffe in den japanischen Kampfkünsten klassifiziert. Der Fächer als Waffe war in den meisten südostasiatischen Ländern bekannt.

In Japan gab es flache zusammenfaltbare *(Ogi)* oder nichtzusammenfaltbare Fächer *(Uchiwa)*. Sie wurden häufig von den Offizieren der japanischen Armee verwendet, um mit ihnen den Soldaten die Marschrichtung anzuzeigen oder sonstige Befehle zu unterstreichen. Durch den intensiven Gebrauch entwickelte er sich allmählich zur Waffe (s. →*Tessenjutsu*).

Tessenjutsu (jap.): die Kunst des eisernen Fächers, heute im japanischen →*Kobudô* klassifiziert.

Ursprünglich befahl die Etikette den japanischen *Samurai*, ihre Waffen an der Eingangstür abzulegen. Dieser Umstand führte dazu, daß aus dem japanischen Fächer eine Waffe entwickelt wurde, die der Selbstverteidigung diente und aus der später der *Tessen* entstand. *Tessenjutsu* war anfangs in individuelle, sich unabhängig voneinander entwickelnde Richtungen der Familien-Clans eingeteilt, später entstand dann eine bekannte Richtung (→*Yagyû-ryû*), die u. a. den Umgang mit dem Tessen lehrte.

Aus der Geschichte sind viele erfolgreiche Verteidigungen des *Tessen* gegen das Schwert bekannt. Im Laufe der Zeit entwickelte sich im Umgang mit dem Tessen eine hohe Kunst, so daß sie selbst von bekannten Schwertmeistern in ihr Übungsprogramm aufgenommen wurde. Vorrangig jedoch entwickelte sich der Tessen zu einer Waffe der niederen Kasten (Handwerker, Bauern, Kaufleute). Da ihnen das Waffentragen verboten war, ist die Entwicklung des *Tessen* zu einer Kunst der Selbstverteidigung vor allem ihnen zuzuschreiben. Schließlich erreichte der *Tessen* eine dermaßen große Wirkung als Waffe, daß man ihn in Japan zusammen mit allen anderen Stockwaffengattungen (*Hanbô, Jô* und *Bô*) verbieten ließ.

Von wesentlicher Bedeutung war beim Umgang mit dem *Tessen* die sogenannte *Sashikata* (die Art, den *Tessen* im Ärmel zu verstecken). Er mußte jederzeit greifbar sein. Später entwickelten sich effektive Kampfsysteme, die den Tessen in der Kombination mit anderen Waffen (bevorzugt *Wakizashi*) lehrten. Historisch schreibt man den Ursprung des *Tessen* dem →*Shinkage-ryû* zu.

Tesshu Yamaoka (1836–1888): japanischer *Samurai* aus dem *Jikishin Kage-ryû*, Gründer des →*Ittô Shôden Mutô-ryû*, der größte Schwertmeister Japans aus dem 19. Jh., und gleichzeitig ein tief erleuchteter *Zen*-Meister.

Tesshu Yamaoka studierte das *Jikishin Kage-ryû* und bildete zusammen mit Katsu Kaishu und Takahashi Deishu die berühmt gewordene *Sanshu*-Gruppe. Er hatte hohe politische Funktionen in der letzten Tokugawa-Regierung inne und benutzte seinen Einfluß, um einen Bürgerkrieg zwischen den Verbündeten des Kaisers Mutsuhito (der wieder zur Macht gekommen war) und den Anhängern (s. →Saigô Takamori) des letzten Tokugawa-Shôgun Keiki zu verhindern. Seine bedeutendsten Schüler waren →Takano Sazaburô, Yasuada Koteda, Dotaro Takahashi, Sijitsu Nakata, Yasutomo Konami, Kagawa Kenjiro, Murakami Masatada und Watanabe Isaburô.

Te-tian-quan (chin.): Schule des →*Quan-fa.*

Tet-ki (jap.): wörtlich: »eisernes Pferd« (s. →*Tekki-Kata*).

Tetsu (jap.): Weisheit. *Tetsugaku* – Philosophie, *Kentetsu* – Weiser, *Tetsujin* – weiser Mensch, Philosoph.

Tetsuarei (jap.): Trainingsgerät (→*Dôgu*) aus dem *Okinawa-Karate*, identisch mit der uns bekannten Kurzhantel.

Tetsubishi (jap.): japanische Waffe mit 4 oder 6 Spitzen (Straßenfalle), die von den *Ninja* entwickelt wurde, um ihre Fluchtwege zu sichern.

Tetsubishi wurden während der Flucht in größeren Mengen auf die Straße geworfen, wobei eine Spitze immer nach oben gerichtet blieb und den Verfolger verletzte.

Tetsu-bô (jap.): in Japan gebrauchter Stab aus solidem Eisen mit verschiedenen Formen und Längen, manchmal mit einem Griff versehen (s. →*Tenshin Shôden Katori Shintô-ryû*).

Tetsubôjutsu (jap.): der Umgang mit dem Eisenstab in Japan. Wegen des Gewichtes nur von sehr starken Kriegern benutzt (s. →*Tenshin Shôden Katori Shintô-ryû*).

Tetsugaku (jap.): wörtlich »Wissenschaft der Weisheit«, japanische Bezeichnung für »Philosophie«.

Der Begriff wurde 1881 von Nishi Amane (1829 bis 1897) geprägt und löste weitgehend die alten Begriffe *Kyô* (Lehre) und *Dô* (Weg) ab. Dennoch blieb der Ausgangspunkt des japanischen Philosophierens weiterhin das Studium des persönlichen Ichs und nie die theoretische Betrachtung.

Tetsu-geta (jap.): »Eisenschuh«. Trainingsgerät (→*Dôgu*) aus dem *Okinawa-Karate.*

Die Übung besteht aus dem Gehen und Beineschwingen mit dem metallbeschwerten Fuß, was die Muskeln der Beine, des Bauchs und des Rückens stärkt. Am Anfang sollten die Schuhe nicht mehr als 3 kg wiegen, danach kann das Gewicht gesteigert werden.

Tettsui (jap.): Kleinfingerseite der geballten Faust, auch Eisenfaust oder Hammerfaust genannt (auch →*Kentsui*).

Tettsui gebraucht man für Angriffe gegen Kopf, Gesicht, Brust, Bauch, Bauchseite und Beine.

Tettsui-uchi (jap.): Schlag mit der Kleinfingerseite der Faust (s. →*Uchi-waza*).

Tettsui-uke (jap.): Abwehr mit der Kleinfingerseite der Faust.

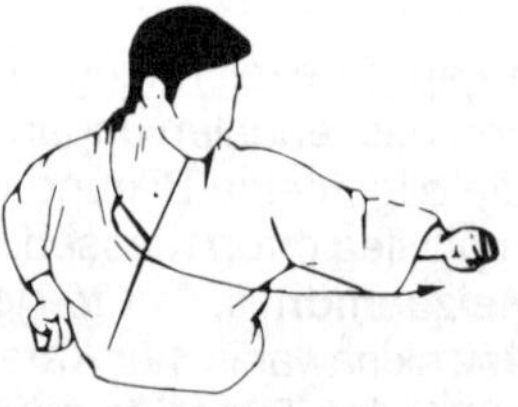

Formen des Tettsui-uchi: Tatemawashi tettsui-uchi (oben) und Yokomawashi tettsui-uchi (unten)

Te-uke-waza (jap.): Gruppe der Arm-Abwehrtechniken im *Karate* (s. →*Uke-waza*). Außer diesen gibt es noch →*Ashi-uke-waza*.

Te-waza (jap.): Gruppe sämtlicher Hand-, Arm- und Schultertechniken in den Kampfkünsten. Im *Jûdô* (s. Tafel →*Jûdô*) Bezeichnung für die Schulterwürfe. Gegensatz: →*Ashi-waza* – Fußtechniken.

Thai-Boxen (thai): oder *Muay-Thai* oder *Thai Kick-Boxen*, Kampfmethode →Thailands. Es heißt, daß das Thai-Boxen bis 1560 zurückgeht, als König NARESUEN von Siam von den Burmesen gefangengenommen wurde. Man stellte ihm die Freiheit in Aussicht, wenn er die burmesischen Champions besiegen konnte. Er hatte Erfolg, und von da an wurde das Thai-Boxen zum Nationalsport.

Das Thai-Boxen erreichte seine Blütezeit zwei Jahrhunderte später unter der Herrschaft von PRA CHAO SUA (»König Tiger«, 1703–1709). Viele der Lehrer waren burmesische Mönche, die das Thai-Boxen als Teil ihres Erziehungsauftrages empfanden. Zu dieser Zeit war es ein freies Kämpfen ohne Gewichtsklassen und weitgehend ohne Regeln. Man kämpfte mit bloßen Füßen, und manchmal wurden die Unterarme mit Hanf umwickelt. Wenn beide Kämpfer zustimmten, wurde auf dem Hanf zerstoßenes Glas befestigt.

Nach dem Zweiten Weltkrieg erreichte das Thai-Boxen große Popularität. Man stellte Regeln auf, ließ Wetten zu und übertrug die Kämpfe im Fernsehen. Heute gibt es über 1500 professionelle Boxer im Alter zwischen 18 und 45, die in mehreren hundert thailändischen Camps ca. 3 Stunden täglich trainieren. Nur wenige halten es mehr als 5 Jahre durch.

Thailand: Staat auf der südöstlichen Halbinsel Asiens mit der Hauptstadt Bangkok, in dem das →Thai-Boxen praktiziert wird.

Nach der Völkergeschichte stammt die Rasse der Thai aus China, dem Gebiet des heutigen Yunnan. Im 13. Jh. wurden sie von den Mongolen nach Süden vertrieben und verbanden sich dort mit den →Khmer und den Mon. Es gab nachfolgend einige Königreiche, doch wegen der ständigen Kriege gibt es keine überlieferten Berichte, und so stammen die ersten zuverlässigen Daten aus der Bangkok-Zeit (1767–1932).

Die frühen Kriegszüge waren Massenbewegungen mit Elefanten, Helmen und Schilden und vielen Waffen. Im 15. Jh. wurden die Feuerwaffen eingeführt, und dies wirkte sich sofort auf die Kriegsführung aus. Der einzelne Krieger und seine persönliche Kampfkraft verloren an Bedeutung.

Die Tänze der Thai geben heute noch ein deutliches Bild ihrer Kampfkunsttradition. Sie umfaßt den Gebrauch von Rapieren, *Kris*, Lanzen, langen und kurzen Schwertern, Stöcken und Schilden. Ganze Tänze sind auf einer einzigen Waffe aufgebaut.

In den klassischen Schriften wurden die Thai-Krieger angewiesen, ihre Kampfkunstfähigkeit so zu zeigen, daß man den Anblick genießen konnte. Heute noch betreiben die Soldaten eine aus den Tänzen abgeleitete Gymnastik. Die Dokumentationen über diese Kämpfe gingen während der burmesischen Invasion 1767 in Bränden verloren. Zu den populärsten Methoden Thailands gehören das →Thai-Boxen, →*Jûdô* und →*Krabi-Krabong*.

Thaing (bur.): Überbegriff für die burmesische Selbstverteidigung (s. →Burma) mit Waffen (→*Banshay*) und ohne Waffen (→*Bando*). In allen Systemen gibt es viele Interpretationen. Jeder Volksstamm besitzt seinen eigenen Stil. Weitere zum Thaing gehörende Systeme sind das Boxen (→*Lethwei*) und das Ringen (→*Naban*).

Thaing wurde bereits Jahrhunderte vor der britischen Besatzungszeit geübt. Es gab mindestens 9 Hauptsysteme, die den ethnischen Gruppen entsprachen: Burmesen, Chin, Chinesen, Inder, Kachin, Karen, Mon, Shan und Talaing. Jedes System interpretierte die Kunst unterschiedlich. Einige verwendeten den Begriff *Bando* für die gesamte Kunst. Mit der Ankunft der Briten wurde das System in den Untergrund gedrängt. Nach der Rebellion von Saya San im Jahre 1930 erhielt Thaing neuen Auftrieb, besonders in den Shan-Staaten, dem Thaton-Distrikt und dem Hanthawaddy-Distrikt. 1933 wurde in Nordburma von Offizieren der *Military Athletic Club* gegründet. Schon nach wenigen Jahren gehörten ihm Offiziere der Burmesen, der Chin, der Kachin und der Karen an. Ihr Training war stark und realistisch. Bekannte Thaing-Experten jener Zeit waren U Ba Than (Gyi), U Ba Thwin und U Ba Yin.

Während der japanischen Besatzung wurde das Thaing national organisiert und im ganzen Land verbreitet. Die Japaner trugen dazu bei, indem sie Wettkämpfe gegen burmesische *Bando*-Experten organisierten. Dadurch gelangten viele Techniken des *Jûdô, Jûjutsu* und *Aikidô* in das *Bando*.

Nach dem Zweiten Weltkrieg erfuhr das Thaing erneuten Aufschwung. 1948 wurde der erste landesweit organisierte Wettkampf abgehalten. In neuerer Zeit wurde die *All Burma Thaing Federation* gegründet. Eine weitere Organisation ist die *International Bando Association*, die von U Ba Than gegründet wurde.

THAING

Waffenlose Kampfkunst

Bando	– unbewaffner Kampf
Lethwei	– Boxen
Naban	– Ringen

Bewaffnete Kampfkunst

Banshay	– Waffenkunst

Thann-Long (viet.): vietnamesische Kampfkunst »Schule des grünen Drachens«.

Ti (chin.): treten, mit dem Fuß treffen.

Tian (chin.): auch *T'ien*, Himmel, Tag, Natur, Wetter. Symbol für das aktive →*Yang*, wird manchmal auch wie →*Dao*[3] verwendet.

Schriftzeichen für Tian

Tian-shan-pai (chin.): auch *T'ien-shan-p'ai*, chinesisches Kampfkunstsystem, gegründet 1970 von William Lin als Synthese aus dem *Shaolin Quan-fa, Tai-ji-quan, Ba-gua-quan* und *Xing-yi-quan*.

Tian-tai (chin.): auch *T'ien-t'ai* (jap. *Tendai*), wörtlich »Schule der himmlischen Plattform«. Esoterische buddhistische Richtung des →Tantrismus, basierend auf der →*Lotos-Sûtra*.

Tiao-qi (chin.): auch *T'iao-ch'i*, taoistische Atemmethode (s. →Chinesische Atmungsmethoden). Wörtlich: »Harmonisieren der Atmung«.

Diese Übung führt man meist als Vorübung zu anderen Atemübungen durch. Man nimmt eine Meditationshaltung ein und atmet zuerst dreimal ein und aus, um die inneren Blockaden zu lösen. Dann beruhigt man den Geist und versucht seinen Körper zu »vergessen«. Nun atmet man ruhig und tief durch die Nase ein. Nach einiger Zeit atmet man die verbrauchte Luft durch den Mund wieder aus. Diese Übung wiederholt man, bis man sich in vollkommener Harmonie befindet.

Tiao-xi (chin.): »geordnetes Ausruhen« oder »reguliertes Atmen«, Übung aus dem →*Nei-yang-gong* (s. auch →Atemtherapie).

Es wird durch die Nase geatmet. Man achtet auf das Strömen der Luft an der Nasenspitze und denkt dabei an das Wort *Jing* (Ruhe). Diese natürliche und nicht forcierte Atmung führt automatisch zu Ruhe und Entspannung.

Tie-bu-shan (chin.): »Eisenhemd«, Kampfkunstbezeichnung für das →*He-xue-gong* (Regelung des Blutkreislaufs). Die *Quan-fa*-Meister versuchten mit diesem *Qi-gong*-

System, das als Zusatz zu verschiedenen Kampfkünsten Chinas existierte, unverletzbar zu werden.

Mit *Tie-bu-shan* versuchte man, sich mit einer undurchdringlichen Aura zu umgeben, um Unverletzbarkeit zu erreichen. Während des Boxeraufstandes (1900) starben viele Boxer, weil sie sich im Glauben an ihre Unverletzbarkeit dem Kugelhagel der europäischen Feinde schutzlos entgegenstellten.

Die Übungen bestehen aus relativ einfachen Haltungen, die über längere Zeit eingehalten werden. Dabei werden spezielle Atemtechniken und Autosuggestion gebraucht. Wesentlich ist dabei die Verwurzelung auf dem Boden. In der Übung versucht man immer wieder, den Übenden auf unterschiedliche Weise zu drücken und aus dem Gleichgewicht zu bringen, was bei einem Meister der Kunst unmöglich ist. Nach Jahren der Übung entsteht Stabilität und Festigkeit, so daß ein Meister unüberwindbar und unverrückbar erscheint. Diese Methode war natürlich in vielen Kampfkunst-Systemen gut zu integrieren. Trotzdem wird das *Tie-bu-shan* heute fast nie als System, sondern nur in Verbindung mit den Abhärtungsübungen geübt.

Tie-jian-quan (chin.): auch *Te-gin-cheung-kuen*, chinesisches System des *Quan-fa*, »Schule des Eisenpfeils«.

T'ien (chin.): Himmel, s. →*Tian*.

Tien-hsueh (chin.): Körperpunkte, s. →*Dian-xue*.

T'ien-t'ai (chin.): s. →*Tian-tai*.

Timpe (jap.): Schild, Schutzschild, in den japanischen und okinawanischen *Kobudô*-Künsten (→*Timpejutsu*) verwendet, auch *Tôhai* genannt.

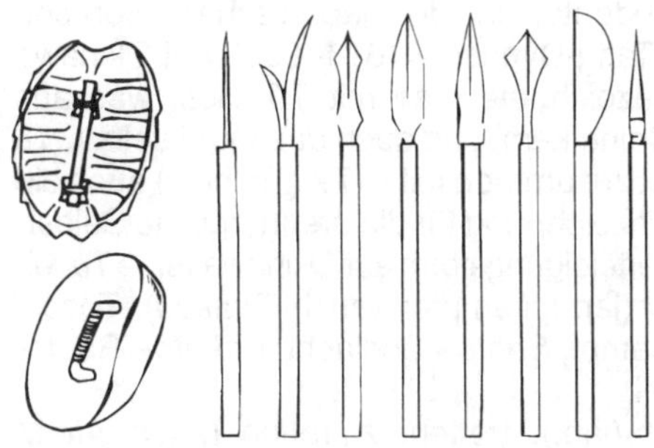

Timpe und Rochin (Schutzschild und Kurzspeer)

Timpejutsu (jap.): die *Kobudô*-Kunst, mit dem Schild *(Timpe)* und dem Speer *(Hera)* umzugehen.

<u>Das Stilkonzept</u>

Der Ursprung dieser Kampfkunst liegt wahrscheinlich auf Okinawa. Von dort weiß man, daß diese Kunst bereits vor der Invasion des japanischen *Satsuma*-Clans (1609) existierte und zur Selbstverteidigung verwendet wurde. Dazu wurden zwei voneinander unabhängige Bauerngeräte miteinander kombiniert.

<u>Tôhai oder Timpe</u>

Das Schutzschild war ursprünglich ein kreisförmiger Behälter, der bei der Reisernte auf den Feldern verwendet wurde. Zu jener Zeit bestand er aus Holz, das von Hand zu einer flachen Schüssel geschnitzt wurde, die einen Durchmesser von 30 – 60 cm und eine Tiefe von 10–20 cm hatte. An ihrem äußeren Rand waren Schnüre befestigt, durch die man die Schüssel besser tragen konnte.

<u>Hera oder Rochin</u>

Hera war ein kurzer speerähnlicher Gegenstand, der ursprünglich beim Reispflanzen verwendet wurde. Anfangs war er nicht mehr als ein etwa 30 cm langer, an einem Ende zugespitzter Hartholzstab. Als es auf Okinawa Metall gab, wurde die Holzspitze durch eine Metallklinge ersetzt. Diese war ungefähr 15 cm lang und 8 cm breit, so daß das ganze Gerät ca. 45 cm lang war. Die Klinge

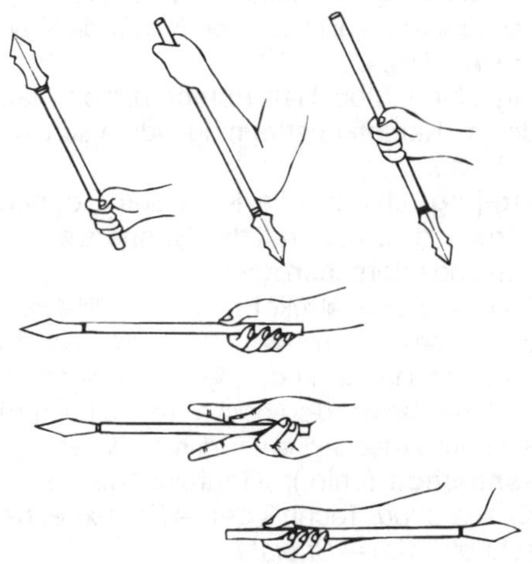

Hera – Haltungen und Griffwechsel

war zugespitzt und an beiden Seiten scharf. Dadurch erhöhte sich ihre Einsatzfähigkeit, und das Gerät konnte auch für andere Arbeiten gebraucht werden.

ENTWICKLUNG DES SYSTEMS

Nach der Besatzung Okinawas durch die *Satsuma* wurden beide Gegenstände in einigen Feinheiten verändert und der Umgang mit ihnen von ähnlichen chinesischen Waffen beeinflußt. Das *Tohai* wurde etwas flacher und mit Bambus verstärkt. Später wurde in manchen Fällen das Holz durch Schildkrötenpanzer ersetzt. Dies wurde schließlich die effektivste Schildform, da dieses Material sogar einem Samuraischwert widerstehen konnte.

Der Umgang mit diesen beiden Geräten war zweifelsfrei eine beidhändige Kunst. Die eine Hand wehrte mit dem Schild einen Angriff ab, während die andere für Angriffs- und Kontertechniken geübt wurde. Dies erforderte ein äußerst schnelles Bewegungsvermögen, ein gutes Timing und ausgezeichnete Reflexe. Die *Timpe*-Experten übten vor allem gegen den *Kushaku-bô* und den *Rokushaku-bô,* um sich auf einen möglichen Kampf mit einem *Samurai* vorzubereiten. Später wurde der Kampf gegen den langen *Bô* zur Standardübung im *Timpejutsu*.

Heute wissen nur noch die sehr alten *Kobudô*-Meister Okinawas über diese Kampfkunst Bescheid. Man sieht sie nur sehr selten außerhalb der traditionellen okinawanischen Schulen. Eine der wenigen bekannten *Timpe-Kata* ist die *Kanegawa no Timpe*.

Ting (chin.): Stop, Halt, Aufhören. Kommando im Kampfkunsttraining, identisch mit →*Yame*.

Ting-jing (chin.): »die Kraft des Gegners hören«, d. h., die Kraft des Gegners erkennen und erforschen können.

Ting-jing ist eine Fähigkeit, die mit der Meisterung des →*Jing* gewonnen wird. Beherrscht man das →*Qi* und kann es in den Techniken einsetzen, muß man lernen, die Absicht, die Kraft und die Konstitution des Gegners zu durchschauen.

Ti-sha-shou (chin.): »Teufelshand«, s. →*Di-sha-shou*. Technik der →*Dian-xue*, beschrieben im →*Bubishi*.

Tiwald, Horst: deutscher Sportdozent, der sich eingehend mit transkultureller Bewegungstheorie befaßt und sich dabei hauptsächlich am Beispiel des *Budô* orientiert.

Seine wissenschaftlichen Arbeiten in dieser Richtung sind aufsehenerregend und seine Vorschläge zur Methodik der Sportbetreibung revolutionär für die eingefahrene Sicht westlicher Sportmentalität. In der Reihe »Sportwissenschaft und Praxis« (Herausgeber: CLEMENS CZWALINA) hat er viele Arbeiten veröffentlicht, die für jeden *Budô*-Übenden interessant sein können: »Psycho-Training im Kampf- und Budô-Sport«; »Sportwissenschaftliche Skizzen«; »Budô-Tennis 1«; »Budô-Tennis 2«; »Budô-Ski« und »Kritische Sporttheorie«.

Tjabang (indo.): wörtlich »Zweig«, Waffe aus dem →*Pentjak-Silat* ähnlich dem okinawanischen →*Sai*.

Die Ursprünge der Waffe gehen vermutlich auf 300 v. Chr. zurück. Der indonesische *Tjabang* hat wahrscheinlich die gleich aussehende südchinesische Waffe und die okinawanischen *Sai* beeinflußt. Die *Tjabang*-Technik ist auf den Molukken, Timor, Bali, Süd-Celebes und Java am höchsten entwickelt. Die Waffe ist aus Eisen und wird gewöhnlich paarweise verwendet.

Tji (indo.): sundanesische Variante des indonesischen Wortes *Tjai*, was soviel wie »Flußwasser« bedeutet.

Die Bezeichnung wird verwendet, um die Stile des →*Sundra-Silat* (s. auch →*Pentjak-Silat*) auf West-Java zu bezeichnen. Der Silbe folgt immer der Name eines Tieres (*Tji-Mande, Tji-Kalong, Tji-Uler* usw.).

Tô[1] (jap.): Schwert, Messer (auch *Katana*). *Nihontô* – japanisches Schwert, *Taitô* (*Daitô*) – langes Schwert, *Shôtô* – kurzes Schwert, *Kogatana* – Taschenmesser.

Tô[2] (jap.): das chinesische Ideogramm *Tô* bedeutet in der japanischen Sprache »Tang-Dynastie« (618–906). Auf Okinawa bezeichnete man mit *Tô* alles, was aus China kam, und auch das Land selbst. *Tô* ist zusammen mit →*Te*[3] (Technik) auch die Bezeichnung für die ursprüngliche Selbstverteidigungsform auf Okinawa (s. →*Tôde*).

Tô[3] (jap.): kämpfen (auch *Tatakau*). *Tôsô* – Kampf, *Sentô* – Schlacht, *Kakutô* – Rauferei.

Tô[4] (jap.): treffen, zutreffen (auch *Ateru, Ataru*). *Hontô* – Wahrheit.

Tôami (jap.): Fischernetz.

Tobari Takisaburo: Meister des →*Tenshin Shinyô-ryû*, später Mitglied des →*Kôdôkan* und Anhänger des →*Jûdô*.

Tobi (jap.): Sprung; Sammeln der Kraft. *Tobu* (*Chô, Haneru*) – springen.

Tobi-agaru (jap.): hochspringen.

Tobi-geri (jap.): Fußtechnik im Sprung, auch *Kesa-geri* genannt (Einteilung s. *Keri-waza*).

Tobi-geri sind Fußtechniken, die während eines Sprunges ausgeführt werden. Sie werden nach verschiedenen Systemen klassifiziert. Zunächst unterscheidet man bei ihnen, ob mit dem hinteren oder dem vorderen Fuß getreten wird. Tritt man mit dem hinteren Fuß, springt man mit dem vorderen Fuß ab, tritt man mit dem vorderen Fuß, springt man mit dem hinteren Fuß ab. In diese Klassifikation fällt auch der »Scherensprung« oder »Zweistufentritt«, in dem man nacheinander mit beiden Füßen treten kann *(Nidan-geri)*.

In dieser Technik springt man mit dem vorderen Fuß ab, tritt zunächst mit dem hinteren, dann mit dem vorderen Fuß. Weiterhin kann man auch alle herkömmlichen Fußtechniken im Sprung ausführen. Nachfolgend die entsprechende Einteilung (s. unter der jeweiligen Bezeichnung):

VARIANTEN DES TOBI-GERI

Wahl des Fußes	
Mae ashi tobi-geri	– mit dem vorderen Fuß im Sprung
Ushiro ashi tobi-geri	– mit dem hinteren Fuß im Sprung
Nidan-geri	– Zweistufentritt
Formen des Tobi-geri	
Mae tobi-geri	– im Sprung nach vorn
Yoko tobi-geri	– im Sprung zur Seite
Ushiro tobi-geri	– im Sprung nach hinten
Mawashi tobi-geri	– Halbkreisfußtritt im Sprung
Ura mawashi tobi-geri	– umgekehrter Halbkreisfußtritt

Tobi-komi (jap.): laufen, springen, (in den Kampfkünsten:) mit einer Kampftechnik hineinspringen.

Tobikomi-ashi (jap.): Blockieren der Beine des Gegners, indem man daraufspringt.

Tobikomi-zuki (jap.): Fauststoß im Hineinspringen.

Tobi-konde (jap.): gesprungener Gegenangriff in den Angriff des Gegners hinein (s. auch →*Chôjaku-hangeki*).

Tobi-mae-geri (jap.): Vorwärtsfußtritt im Sprung.

Tobi-mawashi-geri (jap.): Halbkreisfußtritt im Sprung (s. →*Mawashi-geri*).

Tobi-ushiro-geri (jap.): Rückwärtsfußtritt im Sprung (s. →*Ushiro-geri*).

Tobi-yoko-geri (jap.): Seitwärtsfußtritt im Sprung. Auch *Kesa-geri* (s. →*Yoko-geri*).

Tôbô (jap.): Flucht.

Tôdai moto kurashi (jap.): Spruch aus der *Budô*-Philosophie (s. →*Kaisetsu*): »Am Fuße eines Leuchtturms ist es dunkel.«

Viele Menschen wollen zu hoch hinaus, sie sind zu anspruchsvoll, zu überheblich, zu habgierig und messen sich selbst eine zu große Bedeutung bei. Sie sehen nicht, daß die Grundlage für Frieden und Lebensqualität die eigene ehrliche Gesinnung ist und daß der Anspruch auf unverdiente Vorteile immer in irgendeiner Weise Betrug ist. Jeder will ein Leuchtturm sein, der strahlend über anderen steht. Doch er erkennt nicht, was unterhalb von ihm selbst ist, denn dort ist es dunkel. Leben wird nur lebenswert, wenn der Mensch sich zum Rechten bekennt, Leben achtet und mit dazu beiträgt, es wertvoll zu gestalten. Dazu muß er in sich hineinsehen, denn unsere alltäglichen Handlungen sind ein Abbild unseres inneren Denkens.

Toda-ryû (jap.): s. →*Chujô-ryû*.

Todd, Walter: amerikanischer Kampfkunst-Lehrer, Präsident der *Shudôkan Martial Arts Association*, technischer Berater des *Kokusai Budoin* (s. Anhang).

Walter Todd begann mit dem Training des *Jûdô* 1946 unter den *Kôdôkan*-Instruktoren →Mifune Kyuzo und →Abe Ichiro. 1948 studierte er unter Ôtsuka Hironori als erster Ausländer das *Wadô-ryû*, und 1954 trainierte er unter Obata Isao *Shôtô-kan-ryû*. In die USA zurückgekehrt, trainierte er unter Takahashi Yoko →*Shudôkan-Karate* und wurde daraufhin von →Toyama Kanken zum Repräsentanten des *Shudôkan* in den USA ernannt. Nach Toyamas Tod erhielt er von dessen Sohn den 8. Dan. Später begann er unter Tomiki Kenji und Tohei Koichi *Aikidô* zu studieren und wurde von Ueshiba zum 2. Dan graduiert. 1993 erhielt er vom *Kokusai Budoin* den 8. Dan *Jûdô* und 1994 den 6. Dan *Aikidô*.

Tôde (jap.): Bezeichnung für die alte Selbstverteidigungsmethode auf Okinawa, aus der sich nachfolgend das →*Okinawa-te* und das →*Karate* entwickelten.

GESCHICHTLICHE ANFÄNGE
Bereits im 14. Jh. entstanden zwischen China und Okinawa rege Handelsbeziehungen (s. dazu →Okinawa, →Kumemura, →China und →*Kata*). Im selben Jahrhundert kamen die ersten antiken Formen der chinesischen *Kata* und eine Kopie des →*Bubishi* nach Okinawa. Im Jahre 1429 verbot König SHÔ-HASHI den Besitz jeglicher Waffen. Dies war die Zeitspanne, in der sich unter chinesischem Einfluß die Kampfmethode der leeren Hand (s. →*Te*[3]) auf Okinawa entwickelte. Gleichzeitig wurde auch die Handhabung verschiedener landwirtschaftlicher Geräte kämpferisch, was zur Entwicklung des okinawanischen →*Kobujutsu* (s. auch →*Kobudô*) führte. MIYAGI CHÔJUN über das *Tôde*:

»In jenen Tagen umgab sich das Tôde mit einem undurchdringlichen Ritual der Geheimhaltung. Kata (formale Übungen) wurden immer nur an den absolut besten Schüler weitergegeben (gewöhnlich hatte der Lehrer nur wenige Schüler, manchmal sogar nur einen). Meister, denen es nicht gelang, Schüler hevorzubringen, die es wert waren, ihre Kata zu lernen, konnten die ein-

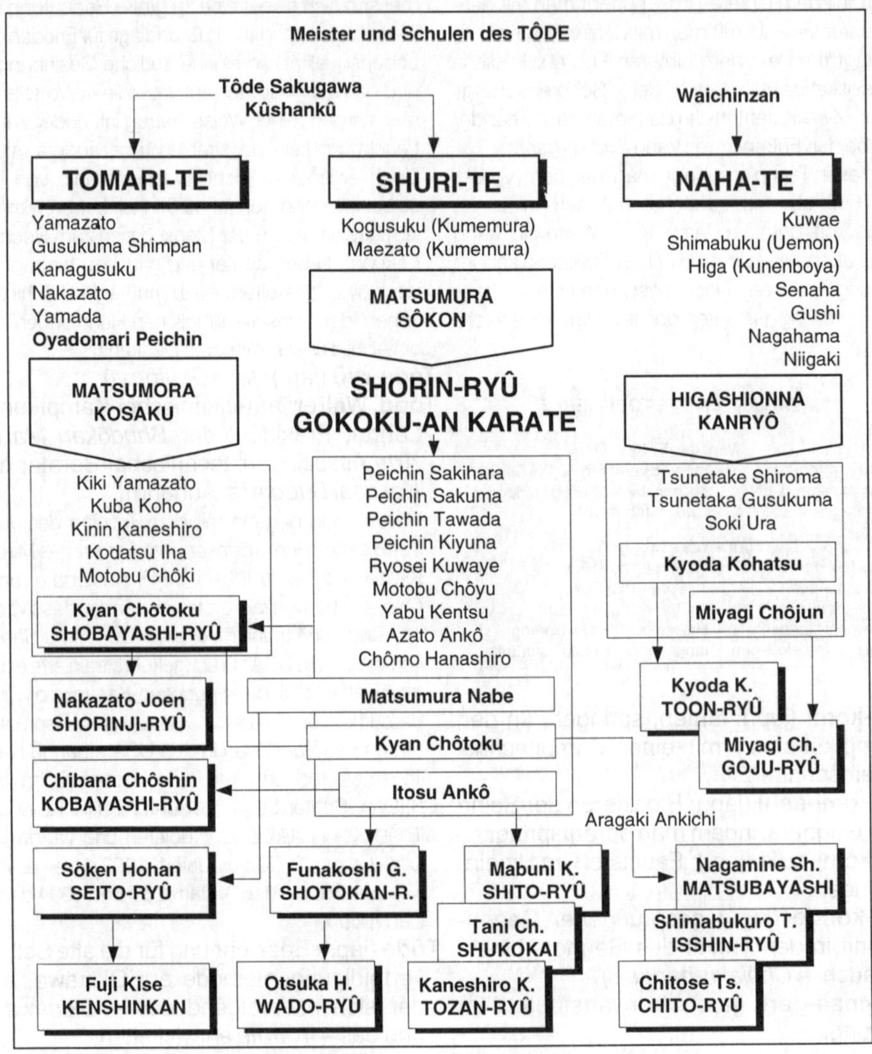

zigartige Tradition nicht weitergeben, die nur ihnen bekannt war. Demzufolge gingen diese Traditionen verloren, wenn der Meister starb. Man glaubt, daß durch diese kompromißlose Sitte viele Traditionen untergegangen sind.«

ENTWICKLUNG DES TÔDE

Über Jahrhunderte hinweg stand die kleine Insel Okinawa im Kreuzfeuer der beiden großen Mächte Japan und China. Die langanhaltenden und guten Beziehungen zum chinesischen Kaiserreich (s. →Okinawa) ermöglichten jedoch dem kleinen Inselstaat, sich durch Anlehnung an die hohe chinesische Kultur zu entwickeln. Bereits 1392 wurde in →Kumemura, einem Vorort der okinawanischen Hauptstadt Naha, eine chinesische Siedlung errichtet, die bis in die jüngste Vergangenheit einen regen Kulturaustausch ermöglichte. Dort wohnten ständig vom chinesischen Kaiser beauftragte Gesandte, deren Aufgabe es war, den kleinen Staat durch Rat und Tat zu unterstützen.

Auf Okinawa übte man sich zu jener Zeit in einer Selbstverteidigungsmethode, die man *Tôde* oder einfach nur *Te* nannte. Unter den chinesischen Gesandten befanden sich auch namhafte *Quan-fa-(Ch'uan-fa-)*Experten, und bald vermischten sich die beiden Kampfkunstmethoden untereinander und bedingten die Entstehung des →*Okinawa-te*, des direkten Vorläufers des modernen *Karate*. Die meisten dieses chinesisch-okinawanischen Systeme nannte man *Kempô-Tôde* und später *Kempô-Karate*.

Das regelmäßige Kommen und Gehen der chinesischen Gesandten steigerte die Vielfalt der im Kampf angewandten Techniken. In demselben Zeitalter wurden diese Selbstverteidigungsmethoden auf Okinawa unter dem Begriff *Tôde* zusammengefaßt. Darin bedeutet das ursprünglich chinesische Ideogramm →*Tô* in der okinawanischen Sprache »Tang-Dynastie«. Mit *Tô* bezeichnete man auf Okinawa alles, was aus China kam, ebenso wie das Land selbst.

De ist eine Verzerrung von *Te* und bedeutet sowohl im Chinesischen als auch im Okinawanischen »Technik« (im Japanischen »Hand«). Manchmal benutzte man als Abkürzung für die okinawanische Selbstverteidigung nur das *Te*, was schlicht und einfach »Technik« heißt.

Tôde, in der Übersetzung »Technik der Tang« oder »Technik des Kontinents«, bezieht sich daher auf das chinesische →*Quan-fa*, das große Ursprungssystem der okinawanischen Selbstverteidigung. Später verwendete man dafür die Bezeichnung →*Okinawa-te* (kurz: *Te*).

VERÄNDERUNG ZUM OKINAWA-TE

Zu Anfang des 17. Jhs. wurde Okinawa jedoch von dem japanischen *Satsuma*-Clan erobert und in ein Protektorat des japanischen Imperiums verwandelt (s. →Okinawa). Die Bevölkerung wurde mit Abgaben belegt und unterlag schweren Diskriminierungen. Dies führte zu einer Intensivierung der Kampfkünste, und das *Okinawa-te* wurde in eine tödliche Waffe umgewandelt. Die Menschen, denen das Tragen von Waffen unter Todesstrafe verboten war, hatten kampferprobte *Samurai* zum Gegner, und die einzige Möglichkeit, sich zu verteidigen, bestand im Gebrauch ihrer Arme und Beine. Aus jener Zeit stammt die Losung »durch einen Schlag den Tod« (s. →*Ikken-hissatsu*). In jahrelangem Training wurden Arme und Beine gestählt, so daß sie selbst den schweren *Samurai*-Panzer durchdringen konnten. Diese Entwicklung ging Hand in Hand mit der Beherrschung verschiedener Arbeitsgeräte, die durch Übung zu gefährlichen Waffen (s. →*Kobujutsu*, →*Kobudô*) umfunktioniert wurden. Das zuverlässigste Hilfsmittel, um sich gegen einen bewaffneten *Samurai* verteidigen zu können, war natürlich ein stabiler Stock (s. →*Rokushaku-bô*). Damit wurden vielfältige Verfahren (→*Kata*) ausgearbeitet, die zum großen Teil heute noch bekannt sind und meist den Namen ihres Erfinders tragen (*Sakugawa-kon, Ginowan-kon* u. a.). Weitere Entwicklung s. →*Okinawa-te*.

Zur Zeit von →SAKUGAWA reisten viele chinesische Experten nach Okinawa, und viele Okinawaner studierten in China. SAKIYAMA, GUSHI und TOMOYORI aus Naha lernten bei ASON. MATSUMURA aus Shuri, MAEZATO und KOGUSUKU aus Kume studierten bei IWAH. SHIMABUKURO aus Uemonden sowie HIGA, SENAHA, GUSHI, NAGAHAMA, ARAGAKI, HIGAONNA und KUWAE, alle aus Kunenboya, studierten bei WAICHINZAN. GUSUKUMA, KANAGUSUKU und OYADOMARI studierten bei SHIONJA. SAKUGAWA und YARA studierten bei KÛSHANKÛ.

Tofuku (jap.): Form von →*Seppuku*.

Togakure Daisuke: berühmter japanischer *Ninja*-Führer des 12. Jhs., Begründer der Richtung →*Togakure-ryû* und erster Großmeister *(Soku)* dieses Stils.

Togakure-ryû (jap.): japanisches *Ninjutsu*-System, von Daisuke Nishina im 12. Jh. gegründet. Der aktuelle Vorstand der Schule ist →Hatsumi Masaaki, der die Erbschaft des Stils von →Takamatsu Toshitsugu antrat und das *Togakure-ryû* heute in seinen →*Bujinkan-Dôjô* weltweit verbreitet. Takamatsus Lehrer war sein Großvater Shinryûken Masamitsu Toda, der 32. Vorstand des Stils (Erläuterungen s. unter →*Ninja* und →*Ninjutsu*).

Geschichte des Togakure-ryû

Togakure bedeutet »verborgene Tür« und ist der Name des Dorfes, in dem Daisuke Nishina, der Gründer des *Togakure-ryû*, geboren wurde. Als Kind ging er zu einem *Yamabushi*-Berg-*Dôjô* der *Togakure-Shugenjô*-Krieger, in dem das →*Shugendô* praktiziert wurde. Das *Dôjô* wurde bereits im Jahre 637 von →Gyôja E'nô gegründet, der auch zugleich die Lehren des *Shugendô* in Japan einführte.

Als im Jahre 1162 der Krieg zwischen den *Genji* (Minamoto) und *Heiki* (Fujiwara) seinen Höhepunkt erreichte, wurde Shima Kosanta Minamoto no Kanesada schwer verwundet. Daisuke Nishina, der an diesem Krieg teilnahm, rettete den verwundeten *Bushi* und brachte ihn in die Berge der Iga-Region. Hier lernte er den mystischen Kriegermönch Kain Dôshi kennen und entwickelte zusammen mit ihm die Basis des *Togakure-ryû*. Shima Minamoto und Daisuke's Sohn Rokosuke wurden die ersten Schüler.

DIE 18 LEHR-SYSTEME DES TOGAKURE-RYÛ

Seishin teki kyoyo	– Entwicklung Geist/Intuition
Taijutsu	– waffenloser Kampf
Ninja Ken	– Schwertkampf
Bôjutsu	– Stockkampf
Shurikenjutsu	– Werfen von Wurfsternen/Klingen
Yarijutsu	– Speerkampf
Naginatajutsu	– Kampf mit der Hellebarde
Kusari-gama	– Kampf mit Kette und Sichel
Kayakujutsu	– Feuer und Explosivstoffe
Hensojutsu	– Verstellen und Verkleiden
Shinobi-iri	– unerkanntes Bewegen/Eindringen
Bajutsu	– Reiten
Suirenjutsu	– Wassertraining
Bo-ryaku	– Strategie und Taktik
Cho-ho	– Spionage
Intonjutsu	– Entkommen und Verschwinden
Ten-mon	– Meteorologie
Chi-mon	– Geographie

Erbfolge des Togakure-ryû

Togakure-ryû wurde nach dem Geburtsort des ersten Großmeisters des Stils benannt (das Dorf heißt heute Togakushi). Bis in die heutige Zeit hat sich der Stil über 34 Großmeister *(Soke)* überliefert: 1. Daisuke Nishina; 2. Shima Kosanta Minamoto no Kanesada; 3. Goro Togakure; 4. Kosanta Togakure; 5. Kisanta Togakure; 6. Tomoharu Kaneko; 7. Ryuho Togakure; 8. Gakuun Togakure; 9. Koseki Kido; 10. Tenryu Iga; 11. Rihei Ueno; 12. Senri Ueno; 13. Manjiro Ueno; 14. Saburo Izuka; 15. Goro Sawada; 16. Ippei Ozaru; 17. Hachiro Kimata; 18. Heizaemon Kataoka; 19. Ugenta Mori; 20. Gobei Toda; 21. Seiun Kobe; 22. Kobei Momochi; 23. Tensen Tobari; 24. Seiryu Nobutsuna Toda; 25. Fudo Nobuchika Toda; 26. Kangaro Nobuyasu Toda; 27. Eisaburo Nobumasu Toda; 28. Shinbei Masachika Toda; 29. Shingoro Masayaoshi Toda; 30. Daigoro Chikashige Toda; 31. Daisaburu Chikashige Toda; 32. Shinryuken Masamitsu Toda; 33. Toshitsugu Takamatsu; 34. Masaaki Hatsumi.

Tôgasagake (jap.): Übung im alten japanischen Bogenschießen (→*Kyûjutsu*), bei der man vom Pferd aus auf Hüte *(Kasa)* schoß, die in großer Entfernung *(To)* von 80 bis 100 m auf Speere gestülpt waren.

Tôgô Bizen no Kami Shigekura (1563 bis 1643): japanischer *Samurai* aus dem *Satsuma*-Clan von Kyûshû, Gründer des →*Jigen-ryû*.

Tôguchi Seikichi (*1917): okinawanischer *Karate*-Experte des →*Gôjû-ryû*. Toguchi wurde am 20. Mai 1917 in Naha geboren und studierte die Kampfkünste unter →Miyagi Chôjun und seinem Assistenten →Higa Seiko.

Während des Krieges kämpfte Tôguchi in der japanischen Armee und kehrte erst 1946 nach Okinawa zurück. Die Insel war völlig verwüstet, und er baute 1955 aus den Trümmern das erste *Karate-Dôjô* der Nachkriegszeit, den →*Shôreikan*. Schon seit 1952 war er technischer Direktor der von Miyagi Chôjun, Higa Seiko, Yagi Meitoku, Miyazato Ei'ichi und ihm selbst gegründeten *Gôjû-ryû Shinkôkai*. Zwei Jahre später wurde die Vereinigung zur *Gôjû-kai Federation* verändert, deren Vizepräsident Tôguchi wurde.

Tôguchi führte im *Shôreikan* einige Neuerungen ein. Er gründete die *Gekkisai-daisan* und sieben weitere *Kata*. Heute lehrt Tôguchi abwechselnd in seinen Schulen in Tôkyô und Koza. Seine bedeutendsten Schüler sind SHINJO MASANOBU und KENEI KATSUYOSHI. In Europa wird der *Shôreikan* von →TAMANO TOSHIO vertreten.

Tôhai (jap.): Schild (s. →*Timpe*).

Tôhei Koichi (*1932): japanischer *Aikidô*-Meister, 10. Dan, aus Tôkyô. Mit 9 Jahren begann sein Vater ihn im *Jûdô* auszubilden, in dem er es bis zum 4. Dan brachte. Später besuchte er die *Keiô*-Universität, erlitt jedoch durch das *Jûdô* eine starke Verletzung des Brustkorbes und mußte aufhören.

Tôhei Koichi

Danach begann Tohei verschiedene Bücher über Medizin und Meditation zu studieren. Darin fand er einen Hinweis auf ein *Dôjô*, in dem asketische Übungen gemacht wurden *(Ichikukai-Dôjô)*. Dort lernte er zur körperlichen Kräftigung zunächst einmal die Praktiken des →*Zazen*. Nach einem halben Jahr durfte er am Unterricht der Kampfkünste teilnehmen.

Nach einiger Zeit wurde er vollkommen gesund und übernahm in dem *Dôjô* selbst Übungsleiteraufgaben. Vom Meister des *Dôjô* erhielt er ein Empfehlungsschreiben für →MORIHEI UESHIBA. In dessen *Dôjô* fand er im *Aikidô* das, was er schon lange gesucht hatte. Dort trainierte er längere Zeit und wurde ebenfalls Übungsleiter.

1942 wurde er in die Armee eingezogen und kehrte erst nach dem Krieg wieder zurück. 1946 nahm er seine Übungen wieder auf (→*Misogi*, s. auch *Aikidô*). Inzwischen war er Inhaber des 5. Dan. In dieser Zeit trainierte er auch mit Meister TEMPU NAKAMURA im *Gokokuji*-Tempel in Tôkyô. 1953 ging er nach Amerika, um *Aikidô* zu unterrichten. In der Folge bereiste er mehrere Länder der Welt mit demselben Zweck. 1959 veröffentlichte er sein erstes Buch über *Aikidô*. 1971 gründete er die *Ki no Kenkyûkai* (*Ki*-Gesellschaft) und unterrichtet dort das →*Shinshintoitsu*, eine traditionelle Richtung des *Aikidô*.

Tôhô (jap.): Handinnenkante (auch *Haitô*).

Tôhô-sen (jap.): Kampf zu Fuß, Gegensatz zu *Kiba-sen* – Kampf zu Pferd. Begriff aus dem *Kenjutsu*.

Tôi (jap.): weit, entfernt, fern (auch *En, On*). *Tôma* – großer Abstand, *Enpô* – große Entfernung, Ferne.

Tôiri (jap.): vorbereitende Strategie für den Krieg oder für einen Kampf.

Tojin-hô (jap.): *Karate*-Schläge auf harte Gegenstände, die nicht mit *Tatami* überzogen sind.

Tôjutsu (jap.): s. →*Kenjutsu*.

Toketa (jap.): Begriff aus dem *Jûdô*. Befreiung gegen Immobilisationen am Boden.

Toku[1] (jap.): Tugend. *Dôtoku* – Moral, *Futoku* – Unmoral.

Toku[2] (jap.): Sonder-, besonders. *Tokubetsu* – besonders, *Tokushoku* – charakteristisches Merkmal, *Tokuyû* – charakteristisch, *Dokutoku* – originell, individuell, *Tokuchô* – starke Seite, Stärke.

Tokubetsu (jap.): Sonder- , speziell, besondere.

Tokubetsu-geiko (jap.): verschiedene Sonderformen des Trainings in den Kampfkünsten, die gewöhnlich während spezieller Winter- *(Kan-geiko)* oder Sommertrainingslager *(Shochû-geiko)* stattfinden und mehrere Tage dauern. Training unter besonderen klimatischen Bedingungen, sowohl *Kihon* als auch *Kata* und *Kumite*. Innerhalb dieses Trainings sind auch eine ganze Reihe von anderen Trainingsformen bekannt: blindes Kämpfen, um ein Gefühl für den Angriff zu entwickeln; Kämpfen mit gefesselten Händen, um besondere Formen der Verteidigung zu entwickeln; gefesselte Füße, um gute Handabwehrtechniken zu entwickeln, usw.

Tokuda Anbun (1886–1945): okinawanischer *Karate*-Meister, Schüler von →Itosu Yasutsune, später zusammen mit →Yabu Kentsu Übungsleiter der Itosu-Schule.

Tokugawa: japanische *Daimyô*-Familie, die 1603 das Shôgunat von Edo begründete und es in einer Reihe von 15 Shôgunen beherrschte. Das Geschlecht der Tokugawa geht auf Yoshisue Nitta zurück, der sich zu Beginn des 13. Jhs. im Ort Tokugawa in Kozuke niederließ und diesen Namen annahm. Über den Vater Yoshisues, Nitta Yoshishige, der ein Enkel von Minamoto no Yoshiie (1041–1108) war, stammt die Tokugawa-Familie von der Seiwa-Genji-Linie, einer Seitenlinie der Minamoto, ab, die ihren Ursprung im Seiwa *Tennô* (reg. 859–876) haben.

Der Gründer des Tokugawa-Shôgunats, Tokugawa Ieyasu (1542–1616), ein Verbündeter →Oda Nobunagas, söhnte sich nach dessen Tod mit →Toyotomi Hideyoshi, seinem größten Widersacher, aus und heiratete zum Zeichen des Friedens dessen Schwester. Dieser entlohnte ihn mit reichen Lehnsgütern im Kanto-Gebiet. Tokugawa ließ sich im Hafen von →Edo nieder und baute auf den Ruinen von Ota Dokan ein mächtiges Schloß. Als Hideyoshi sein Ende nahen fühlte, beauftragte er Ieyasu mit der Vormundschaft über seinen jungen Sohn. Doch nach Hideyoshis Tod nutzte Ieyasu die Macht, die ihm seine Regentschaft verlieh, zu eigenen Zwecken aus, was zur Feindschaft mit den verbliebenen Getreuen Hideyoshis führte.

Daraufhin brach im August 1600 ein Krieg zwischen den verfeindeten Lagern aus, der am 21. Oktober bei Sekigahara mit dem totalen Sieg Ieyasus endete (s. →Sekigahara, →Yagyû Munenori). 1603 erhielt er von Kaiser Go-Yôzei den Titel des *Shôgun*, den er zwei Jahre später zugunsten seines Sohnes Hidatada wieder ablegte. Bis 1616 dauerten jedoch die Machtkämpfe um das Shôgunat, als Ieyasu das letzte Schloß der Toyotomi in Osaka besetzte und den Kämpfen eine Ende machte. In dieser Schlacht wurde er tödlich verwundet und erlag seinen Verletzungen (s. →Tokugawa-Periode).

Tokugawa-Periode: die Tokugawa- oder Edo-Periode (1603–1868) wurde in der japanischen Geschichte durch den Sieg von General Tokugawa Ieyasu (1542–1616) über die ihm feindlich gesinnten *Daimyô*, allen voran die Nachfolger von Hideyoshi, in der Schlacht von →Sekigahara eingeleitet. Mit der anschließenden Ernennung Tokugawa Ieyasus zum *Shôgun* begann die Tokugawa-Periode und zugleich die Blütezeit der japanischen Kriegerfamilien *(Buke)* sowie ein reger Aufschwung der Kampfkünste. Durch die von Ieyasu durchgeführten gesellschaftlichen Neuordnungen gewannen die *Samurai* die absolute Macht und hoben sich deutlich von den übrigen Gesellschaftsschichten ab (s. unter →*Daimyô* und →*Samurai*).

Tokugawa Ieyasu, der das Shôgunat 1603 erobert hatte und seinen Zentralsitz (→*Bakufu*) in Edo (Tôkyô) festlegte, verteidigte es erfolgreich gegen die ihm feindlichen Häuser und machte es in seiner Familie erblich. Aus seiner Hauptstadt Edo baute er einen zentralistischen Polizeistaat auf, durch den er nicht nur den in Kyôto entmachteten Kaiser beschatten ließ, sondern auch alle anderen bedeutenden Familien des Landes. Durch ein ausgeklügeltes Lehnssystem entmachtete er die *Daimyô* und verurteilte sie zur Handlungsunfähigkeit, indem alle bedeutenden Fürsten zwang, Geiseln ihrer Familien in die Hauptstadt abzustellen (s. →*Sankin-kotai*).

Die Kriegerfamilien *(Buke)* besetzten nahezu alle Machtpositionen im Land und bildeten die gehobene Bevölkerungsschicht. Die Einteilung der *Samurai* nach ihrem gesellschaftlichen Rang erfolgte nach folgendem Schema:

STRUKTUR DER TOKUGAWA-PERIODE

Obere Kriegerklasse

1. Daimyô, die Land-Lehensfürsten
2. Zweiglinien des Tokugawa Clans (Owari-Linie, Kü-Linie und die Mito-Linie, die sich entsprechend dem Verwandschaftsgrad mit der Tokugawa-Hauptlinie zusammensetzten
3. Die älteren Vasallen mit hohem Ansehen und hohen Stellungen in der Verwaltung

Mittlere Kriegerklasse

1. Hatamoto, die Bannerträger des Shôgun
2. Hirazamurai, gewöhnliche Kriegerkaste

Untere Kriegerklasse

1. Ashigaru, die Fußsoldaten
2. Baishin, die hinteren Vasallen
3. Goshi, die Land-Samurai

Zunächst erlangte das Reich eine hohe Blüte unter der straffen, konfuzianisch orientierten Regierung des Shôgunats (s. →ZHU XI), das endlich den politischen Frieden gewährte. Doch bald zeigten sich auch die Grenzen dieses Systems, besonders in der zunehmenden Korruption der Beamten und im Verfall der moralischen und ethischen Werte des Kriegertums (→*Hagakure*). 1637 isolierten die *Shôgune* das Land gegen jeden ausländischen Einfluß, und bald darauf begann die Ausländer- und Christenverfolgung. Der Polizeistaat geriet in eine schwere Krise, als die den Staat tragenden Pachtbauern verarmten, die *Samurai* ihre Privilegien einbüßten und die Verschuldung der Staatskasse überhand nahm. Das Regime hatte viele interne Feinde, besonders die sich heranbildende intellektuelle Schicht, die *Daimyô* und zum großen Teil auch die *Samurai*. So bedurfte es nur eines einzigen amerikanischen Geschwaders, um im Jahre 1853 die Öffnung der japanischen Häfen zu erzwingen. Dies veränderte auch die Machtstrukturen im Land. 1867 dankte der letzte Tokugawa-*Shôgun* ab und übergab die Macht in die Hände des Kaisers MUTSUHITO. Weiter s. unter →Meiji-Restauration.

Tokui (jap.): Stärke, starke Seite; Glück; Stolz.

Tokui-Kata (jap.): individuelle *Kata*, Lieblings-*Kata*.

Nach einer gewissen Anzahl von Jahren sollte ein Übender des *Karate* seine *Kata*-Studien auf eine oder zwei *Kata* beschränken, die er für das Verständnis des Kampfes ausgewählt hat. Diese *Kata* müssen ins →*Bunkai* übersetzt werden. Die Übersetzung solcher *Kata* gibt man auch nicht leichtfertig weiter. In früherer Zeit wurden sie nur den besten und vertrauenswürdigsten Schülern preisgegeben.

Tokui-waza (jap.): Gruppe der bevorzugten, bestgekonnten Techniken.

Tokumine no Kon (jap.): s. →TOKUMINE PEICHIN.

Tokumine Peichin: okinawanischer *Kobudô*-Meister, der auf der Insel Yaeyama im Exil lebte, weil er wegen wiederholter Erregung öffentlichen Ärgernisses vom okinawanischen König verbannt wurde.

Tokumine trank gern und viel Sake. Wenn er betrunken war, ließ er sich immer wieder in Schlägereien verwickeln. Als er sich eines Nachts auf dem Nachhauseweg einen Straßenkampf mit der Polizei lieferte, wurde er verhaftet und vor den König gebracht. Dieser verurteilte ihn dazu, bis zu seinem Lebensende auf der Insel Yaeyama im Exil zu leben.

Man sagt, Tokumine habe dort von den Einheimischen die alte *Akahachi no Kon* gelernt und gemeistert. Er erreichte darin einen dermaßen hohen Grad an Perfektion, daß von überall her *Kobudô*-Meister auf die Insel kamen, um von ihm zu lernen. Seit jener Zeit ist die Insel für ihre *Bô*-Techniken berühmt. Tokumine entwickelte als seine bekannteste *Kata* die *Tokumine no Kon*.

Tokushu (jap.): besonders, spezifisch.

Tokushu-geiko (jap.): Training unter Ausnahmebedingungen. Auch →*Tokubetsu-geiko* genannt.

Tokushu-keibô (jap.): ausziehbarer Polizeistock, der seit 1966 von der japanischen Polizei verwendet wird. Die Waffe wird in einem Kampfstil (s. →*Keibô-sôhô*, →*Tokushu Keibô-sôhô*, →*Taihôjutsu*) perfektioniert. Die Waffe wird manchmal auch als *Tobi-dashi-jutte* (»Herausspringende Jutte«) bezeichnet und von der Polizei in Spezialeinsätzen verwendet.

Tokushu Keibô-sôhô (jap.): japanische Kampfkunst, die den Gebrauch des →*Tokushu-keibô* lehrt.

Der *Tokushu-keibô* wurde erstmals 1961 verwendet und dann 5 Jahre lang von verschiedenen Kommissionen der Polizei studiert. Wesentlich für seine Entwicklung waren die Kampfkunstmeister SHIMIEN TAKAGI, KURODA ICHITARO und KAMINODA TSUNEMORI. 1966 war das System ausgearbeitet und wurde *Tokushu Keibô-sôhô* genannt. Die Grundtechniken stammen aus dem →*Ikaku-ryû*, das hauptsächlich den Gebrauch der →*Jutte* lehrt. Die Techniken wurden beständig überprüft und getestet. Eine der Haupttechniken ist der Schlag zum Waffenarm des Gegners *(Kote-uchi)*. Es gibt 5 Standardtechniken, die allerdings eine beträchtliche Anzahl von Variationen haben.

Tô-ma (jap.): Abstand, Distanz, (in den Kampfkünsten:) zu große Entfernung (s. →*Ma-ai*).

Tomari: okinawanische Stadt. Früher bedeutendes Handelszentrum (s. →Okinawa).

Tomari-te (jap.): wörtlich »Hand aus Tomari«.

→Tomari ist heute eine größere Stadt auf →Okinawa. Früher war es ein von Bauern und Fischern bewohntes Dorf in der Nähe der alten Hauptstadt Shuri. *Tomari-te* benannte man allgemein die okinawanische Kampfkunst, die in den Schulen aus Tomari und Umgebung unterrichtet wurde.

Der erste bedeutende Name des *Tomari-te* ist →MATSUMORA KOSAKU. Seine Kunst wurde erheblich durch das →*Shuri-te* beeinflußt, denn er wurde von MAKABE (dem »Vogelmann«) unterrichtet, der bei →SAKUGAWA aus Shuri gelernt hatte. Außerdem lernte er noch von Meister SHIONJA, der auch ÔYADOMARI PEICHIN unterrichtete. Matsumora unterrichtete als seine wichtigsten Schüler KYAN CHÔTOKU, MOTOBU CHÔKI, KANESHIRO KININ, HIGA KANA, MAEDA PEICHIN und IHA KODATSU. Über den letzteren gelangte die Kunst zu NAKAZONE SEIYU, MAEDA GISEI, KUBA CHÔJUN und HOKANA SEIKICHI.

Ein weiterer wichtiger Meister des *Tomari-te* war →ÔYADOMARI PEICHIN, der innere Schüler Shionjas. Ôyadomari ist der Überlieferer einer alten *Passai*-Variante, die später seinen Namen erhielt. Er unterrichtete KYAN CHÔTOKU und ÔYADOMARI KODAI. Der letztere übertrug die Kunst auf seine Söhne ÔYADOMARI KOTSU und ÔYADOMARI KONIN. Diese unterrichteten HOKAMA SEIKICHI, der auch bei IHA KOTATSU und HIGA KANA lernte.

Die Kampfkunst aus Tomari unterschied sich von der aus Shuri durch verschiedene andere Einflüsse, u. a. durch chinesische →*Kata*, die man in Shuri nicht übte.

Die Richtungen aus Tomari bilden zusammen mit denen aus Shuri heute das →*Shôrin-ryû*. Seit der MATSUMURA-Schule aus Shuri gab es zwischen den beiden Städten einen guten Erfahrungsaustausch, und die Meister lernten untereinander und voneinander. So sind die meisten später entstandenen Stile des *Shôrin-ryû* von der Kampfkunst aus beiden Städten beeinflußt. Auch in den Stilrichtungen Japans, die sich ab 1930 zu bilden begannen, sind die Begrenzungen aufgehoben und ihre *Kata* aus mehreren Richtungen zusammengesetzt.

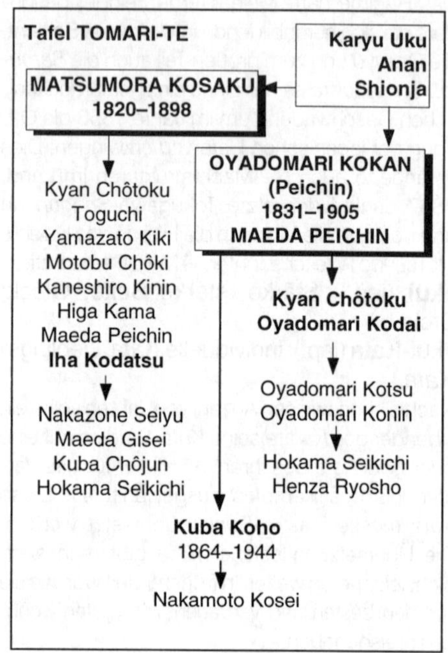

Tomari-te Kata (jap.): *Karate-Kata*, die von den Meistern des →*Tomari-te* geübt wurden.

Die meisten *Tomari-te*-Kata unterscheiden sich nur geringfügig von den Kata des →*Shuri-te*. Allerdings scheint es, daß die meisten Chinesen in Tomari waren, wo sie die Einheimischen unterrichteten. Viele dieser Lehrer haben Shuri nie erreicht.

Ein gewisser Austausch fand allerdings durch MATSUMURA statt, der die *Tomari-te*-Meister ÔYADOMARI KOKAN und KYAN CHÔTOKU in der *Naihanchi, Passai, Seisan* und *Gojûshiho* unterrichtete.

In Tomari wurden eine ganze Reihe von Kata geübt, von denen aber nur die *Wanshu, Wankan* und *Rohai* als ausschließliche *Tomari-te*-Kata überliefert wurden.
Eine andere Kata, die man als *Tomari-te*-Kata betrachtet, obgleich sie eine viel kürzere Geschichte hat, ist die *Ananku*. Sie wurde von KYAN CHÔTOKU aus Taiwan mitgebracht. Im *Tomari-te* wurden auch eigene Versionen der Kata *Passai, Chintô* und *Gojûshiho* entwickelt.

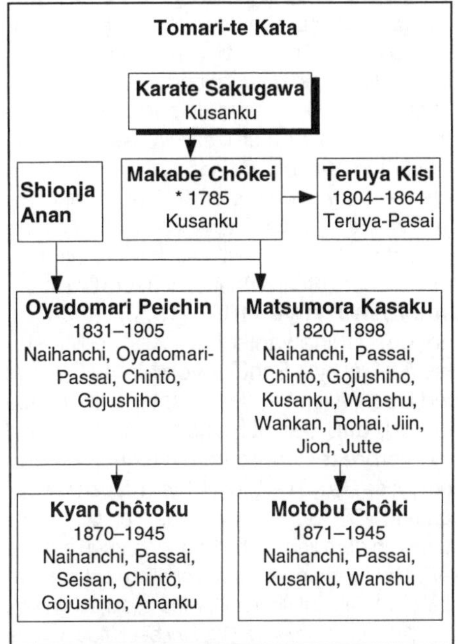

Tome (jap.): anhalten, stoppen. (auch *Dome*, abgeleitet von *Tomeru*, s. →*Sun-dome*).

Tomigusuku Oyakata: letzter Meister des ursprünglichen Naha-Stils, der von Meister →ASON unterrichtet wurde.
Die Übertragungslinie des Stils verlief von ASON über →SAKIYAMA zu TOMIGUSUKU, der den Stil nicht mehr weitergegeben hat. Die Haupt-*Kata* des Stils war die *Naihanchi*, die sich danach ins *Shôrin-ryû* übertrug, wo sie von Meister ITOSU in drei Teile *(Shodan, Nidan, Sandan)* auseinandergenommen wurde.

Tomiki-Aikidô (jap.): vollständige Bezeichnung *Tomiki-ryû Aikidô* auch *Aikidô-Kyôgi* genannt, System des →*Aikidô* und →*Jûdô*, gegründet von →TOMIKI KENJI.
Das *Tomiki-Aikidô* betreibt eine besondere Form des Wettkampfes und setzt sich wie folgt zusammen: *Randori-kyôgi* (Freikampf gegen einen unbewaffneten Gegner), *Ninin-dori* (Freikampf gegen zwei unbewaffnete Gegner), *Tantô-dori* (Freikampf gegen einen Gegner mit Dolch), *Kata* (Stilübungen mit Partner). *Tomiki-Aikidô* verbreitete sich weltweit, vor allem über YAMADA SENTA und EHARA TETSU (England), KOGURE HIRAOKI (USA) und TSUCHIYA SATORU (Frankreich).

Tomiki Kenji (*1900): japanischer Lehrer des *Aikidô*, Gründer des →*Tomiki-Aikidô.*

Tomiki Kenji, der Begründer des Tomiki-Aikidô

Tomiki begann 1906 *Kenjutsu* und ab 1910 *Jûdô* zu üben. 1922 wurde er Schüler von KANÔ JIGORO. 1930 empfahl ihn Kanô UESHIBA MORIHEI, dem Gründer des *Aikidô*. Zwischen 1934 und 1940 hielt er sich in der Mandschurei auf. Als er nach Japan zurückkehrte, führte er im *Kodokan* seine eigene Variante zum erstenmal vor: eine Synthese zwischen *Jûdô* und *Aikidô*. 1945 ging er zurück in die Mandschurei und geriet bis 1948 in russische Gefangenschaft. Ab 1960 verwandte er offiziell den Begriff *Tomiki-ryû Aikidô*.

Tomita-ryû (jap.): s. →*Chujô-ryû.*

Tomita Tsunejiro: bekannter japanischer *Jûdô*-Lehrer am →*Kôdôkan*, Inhaber des 10. Dan (s. →*Jûdô*).

Tomoe (jap.): Bogen, Kreis, Wirbel. Auch Bezeichnung für verschiedene Verzierungen auf japanischen Trommeln oder Waffen, die die Form eines »Komma« haben.

Futatsu tomoe *Mitsu tomoe*

Man unterscheidet zwei Komma (wie im Symbol *Yin/Yang*), die *Futatsu-tomoe* genannt werden. Sie bilden zusammen das Zeichen des *Dao* und repräsentieren die vereinigten Energien von *Yin* und *Yang*. Weiter gibt es eine Kombination aus drei Komma, die *Mitsu-tomoe*, die so angeordnet sind, daß sie einen Kreis bilden. Dieses Symbol repräsentiert die persönliche Einheit innerhalb der drei kosmischen Kräfte (Himmel, Erde, Mensch), die sich im ewigen Werden und Vergehen befinden.

Tomoe-hishigi (jap.): Hebelgriff im →*Jûjutsu*.

Tomoe-jime (jap.): *Jûdô*-Würgegriff, Kreiswürgen.

Tomoe-nage (jap.): Kopfwurf. In einem Bogen werfen (s. →*Nage-waza*).

Tomoe-waza (jap.): Gruppe sämtlicher Bogen-Techniken in den Wurfdisziplinen des *Jûdô*.

Tomoyose: okinawanischer *Tôde*-Meister der ersten *Naha-te*-Linie, von →Ason zu Tomigusuku. Tomoyose, der als unbesiegbarer Kämpfer von Naha galt, nahm im Jahre 1856 eine Herausforderung des *Shuri-te*-Meisters →Itosu Yasutsune an und verlor gegen diesen den Kampf.

In Naha gab es zu jener Zeit einen Felsen, *Udekake-shi*, der eine Kampffläche markierte. Wenn jemand seinen Arm auf diesen Felsen legte, galt dies als Herausforderung, und die Kämpfer der Stadt mußten sich dieser Herausforderung stellen. Itosu forderte auf diese Weise die Ason-Schule zum Kampf, und nachdem er vorher bereits drei der Ason-Schüler besiegt hatte, nahm der damalige Naha-Champion Tomoyose die Herausforderung an, unterlag jedoch, da Itosu ihm mit *Shutô* (Schwerthand) den Arm brach.

Tomoyose Ryûyû (1897–1970): auch Tomoyori, okinawanischer *Karate*-Meister des *Shôrei-ryû*, Schüler von Miyagi Chôjun und Uechi Kanbun, der hauptsächlich dazu beitrug, daß der Stil *Uechi-ryû* überliefert und verbreitet wurde (s. →Uechi Kanbun).

Tomoyose Ryûyû veröffentlichte in Japan ein Dokument, »Die Geheimnisse des Kempô Karate Jutsu«, in dem zahlreiche Bezugnahmen auf das →*Bubishi* vorhanden sind, vor allem auf das Kapitel der Vitalpunktlehre. Daraus ist zu schließen, daß das *Uechi-ryû* vom *Bubishi* beeinflußt wurde und daß Uechi Kanbun im Besitz einer Kopie des *Bubishi* war.

Tonfa (jap.): okinawanische *Kobudô*-Waffe (auch als *Tuifa* – Kurbel – oder *Tongwa* bekannt). Ursprünglich war dies nur ein Griff, der in das Loch eines Mühlsteins paßte, den die Okinawaner dazu benutzten, ihr Korn zu mahlen. Er hatte einen 37–50 cm langen Schaft mit einem kurzen seitlichen Griff, der etwa 15 cm vor dem Ende angebracht war.

Geschichtliche Anfänge

Im eigentlichen war der *Tonfa* anfangs nur eine Kurbel. Man verwendete sie, indem man den langen Teil des Schaftes in das Loch des horizontal stehenden Mühlsteins steckte. Der Griff des *Tonfa* stand nach oben, so daß er von dem Betreiber der Mühle gegriffen werden konnte. Dann

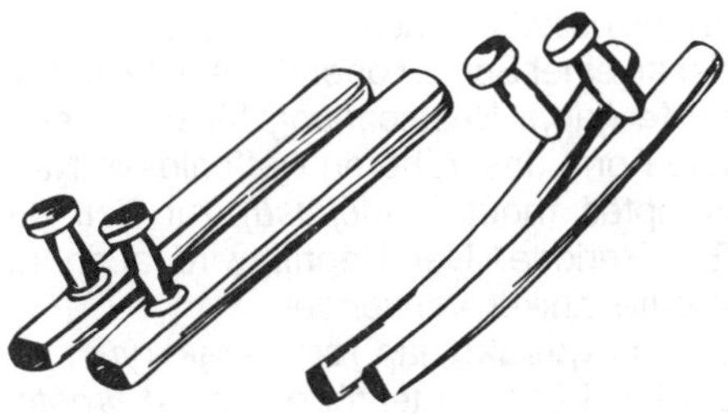

Tonfa Formen

füllte man das Korn in die Öffnung unterhalb des Mühlsteins. Nun wurde der Mühlstein mit dem *Tonfa* gedreht und so das Korn gemahlen. Am Ende des Tages nahm man den *Tonfa* aus der Mühle heraus.

Übender mit Tonfa

HERKUNFT UND ENTWICKLUNG AUF OKINAWA

Der Gebrauch der *Tonfa* als Bauerngerät ist nicht okinawanischen Ursprungs. Ebenso fand die Entwicklung des *Tonfa* als Selbstverteidigungswaffe nicht auf Okinawa statt, sondern wahrscheinlich in China. Es ist bekannt, daß der okinawanische Meister →MATSU HIGA zumindest einen ausländischen *Tonfa*-Stil nach Okinawa brachte, man weiß jedoch nicht, ob dies auch tatsächlich der Anfang des okinawanischen *Tonfa* war.

Unklar ist der Zeitpunkt, an dem die Veränderung des Arbeitsgerätes zur Waffe stattfand. Das Werkzeug war bei zahlreichen Völkern des Fernen Ostens traditionell im Gebrauch, besonders bei den Chinesen, wo es als »eisernes Lineal« bekannt war. Quellen behaupten, daß der *Tonfa* ausschließlich in Zentral- und nur teilweise in Nordchina gebraucht wurde. Auf alle Fälle werden in bestimmten Schulen des *Quan-fa* auch *Tonfa-Kata* geübt.

ENTWICKLUNG ZUM KOBUJUTSU

Auch der heutige *Tonfa* besteht aus einem langgestreckten Körper, in den im ersten Drittel ein Griff eingelassen ist. Die lange Basis unterteilt man in *Shomen* (Oberseite) und *Monouchi* (Unterseite), die Vorderfläche nennt man *Zen-Atama*, und die Rückseite heißt *Ushiro-Atama*. Den Griff nennt man *Tsuka*.

Als die okinawanischen *Kobudô*-Meister die *Tonfa*-Methoden in ihre *Kobudô*-Künste mit aufnahmen (s. →Okinawa), fühlten sie sich dazu veranlaßt, Prioritäten in der Reihenfolge zu setzen, in der die verschiedenen Waffen gelehrt wurden. Die frühen Meister beschlossen, daß je unwahrscheinlicher es war, daß jemand ein Gerät für eine Waffe hielt, desto fortgeschrittener derjenige sein mußte, den sie gelehrt wurde. Deshalb hielt man auf Okinawa das *Tonfa*-Training so lange zurück, bis die Schüler im Umgang mit dem *Bô* und *Sai* geübt waren. Dies gilt auch heute noch auf Okinawa.

Tonfajutsu (jap.): die Kunst des Umgangs mit den →*Tonfa*, einer okinawanischen Bauernwaffe.

Die *Tonfa* werden paarweise gebraucht, wobei man den langen Teil fest an der Außenseite des Unterarms hält. Die Handhabung verlangt ein allgemeines Gleichgewichtsgefühl des Körpers und eine kraftvolle Geschmeidigkeit in den Handgelenken.

Das Üben mit den *Tonfa* gewährleistet einen wirkungsvollen Schutz gegen Angreifer. Im *Tonfa-Kihon* kommt es zu einer im *Karate* unbekannten Erweiterung der *Uchi*-(Schlag-)Techniken, die man *Uchifuri-waza* nennt. Diese Techniken erreichen bei richtiger Ausführung eine hohe Geschwindigkeit, wodurch man sehr wirkungsvolle Schläge ausführen kann.

Tonfa-Kata: Die *Tonfa* entwickelte auf Okinawa eigenständige Stile. Die bekanntesten überlieferten *Tonfa-Kata* sind folgende:

TONFA-Kata

Matsuhiga no Tonfa
Hamahiga no Tonfa
Yaragwa no Tonfa
Yakaa no Tonfa
Chatanyara no Tonfa

Tonki (jap.): s. →*Shuriken*.

Toona Kanjun: alias →HIGASHIONNA KANRYÔ.

Toon-ryû (jap.): okinawanischer *Karate*-Stil, gegründet von →KYÔDA KOHATSU. Aktueller Vorstand des Stils ist →MURAKAMI KATSUMI.

Tora (jap.): Tiger.

Tora-guchi (jap.): »Tigermaul« (auch *Koko*), eine bekannte klassische Handhaltung, mit der Stimulationen gegnerischer Vitalpunkte vorgenommen wurden.

Von der geöffneten Hand wird der Daumen abgespreizt, die Angriffsfläche bildet der Bogen zwischen Daumen und Zeigefinger. Damit kann zu den weichen Stellen des Körpers gestoßen werden, während sich Daumen und Finger unmittelbar nach dem Auftreffen wie eine Zange schließen.

Tori (jap.): Werfer, Angreifer, Ausführender; nehmen; derjenige, der nimmt (auch *Dori*).

Torikumi-hyô (jap.): Tagesprogramm für Wettkämpfe.

Torimasen (jap.): Ausdruck im Wettkampf für eine wirkungslose Technik.

Torinawa (jap.): *Ninja*-Waffe (s. →*Buki*, →*Ninja*), bestehend aus einem spitzen Schaft, der an einer Schnur oder Kette befestigt ist.

Torinawa

Tori-te (jap.): Bezeichnung für eine veraltete Form des früheren waffenlosen Nahkampfes (heute →*Jûjutsu*) zur Zeit der Edo-Periode. Der Begriff wird auch für Wurftechniken verwendet.

Torite kogusuku (jap.) s. →*Araki-ryû*.

Toshiyori (jap.): Titel für einen →*Sumôtori* (s. auch →*Sumô*) von hohem Rang, meist für einen *Yokozuna*, der sich bereits vom Wettkampf zurückgezogen hat und andere Aufgaben wahrnimmt.

Toshoku no Jutsu (jap.): besondere Technik aus dem japanischen →*Ninjutsu*.

Die *Ninja* versuchten die Nahrungsmittelversorgung des gegnerischen Heeres zu stören oder die Nahrung zu vergiften. Auf diese Weise wurde der Feind zur Aufgabe gezwungen.

Toshu (jap.): »leere Hand« (s. Erläuterungen unter →*Tôde* und →*Tôte*); mit leeren Händen; mittellos. *Toshu-taisô* – Freiübungen.

Toshu-kakuto (jap.): japanisches Kampfsystem, gegründet 1954 von CHIBA SANSHU zur Ausbildung der Soldaten.

Nach Japans Niederlage im Zweiten Weltkrieg wurde die Armee verboten. In den Jahren der Besatzung durch die Alliierten durften die Japaner jedoch 1954 eine Art nationale Verteidigungstruppe gründen. Die Kampfmethode dieser Soldaten wurde *Toshu-kakuto* genannt. Die Kampftechniken sind auf Soldaten ausgelegt, die mit schwerer Kleidung und Ausrüstung kämpfen sollen. Die Techniken sind daher einfach und direkt, verlangen nicht viel Bewegung und können auch auf schwierigem Untergrund ausgeführt werden. Sie richten sich gegen einen ebenfalls schwer ausgerüsteten Gegner und beinhalten auch Selbstverteidigungstechniken ohne Waffen. *Toshu-kakuto* ist eine Kombination zwischen *Karate*, *Kempô* und *Aikijutsu*. Die Ausbildung besteht sowohl im Verteidigen als auch im Angreifen des Feindes. Das System ist speziell auf Kriegsbedingungen zugeschnitten und zieht echte Situationen in Betracht.

Toshunobu (jap.): unbewaffneter Gegner. Gegenteil: →*Bukinobu*. Begriff aus dem *Goshinjutsu*.

Tôte (jap.): ursprüngliche Kampfkunst auf Okinawa (auch *Taisô* oder →*Tôde* genannt), Vorläufer des *Karate*.

Tô ist das Symbol für die chinesische Tang-Dynastie (618–906). Das Schriftzeichen kann auch als »China« gelesen werden. *Te* bedeutet im Okinawanischen »Technik« und im Japanischen »Hand«. *Tô-te,* die Kombination der beiden Silben, kann also im Okinawanischen als »Technik aus China« und im Japanischen als »Hand aus China« gelesen werden.

Später wurde das Schriftzeichen *Tô* durch →*Kara* ersetzt (*Kara* bedeutet im Japanischen »leer«). Zu welchem Zeitpunkt die Interpretation des Schriftzeichens von *Tô-te* (identisch mit →*Tô-de*) zu *Kara-te* überging, ist umstritten. Die philosophische Interpretation des *Kara* (von »leere Hand« zu »leer« im Sinne der »Leere« aus dem *Zen*) erfolgte erst in Japan. Geschichtlicher Ursprung und Entwicklung des *Tôde* s. unter →Okinawa und →*Okinawa-te*.

Totei (jap.): Schüler, Lernender (auch →*Deshi*).

Toten-gamae (jap.): →*Kamaekata* aus kniender Position, die Arme sind in *Jôdan-morote-uke* erhoben.

Die Position hat große Stabilität und fordert den Gegner zu einem unüberlegten Angriff auf. Auf Okinawa gibt es diese Armhaltung in der stehenden Position, sie wird dort *Tenshin-gamae* (Körperverschiebung) genannt.

Toten-gamae

Tou (jap.): Trainingsgerät (→*Dôgu*) aus dem *Okinawa-Karate* zur Stärkung der Fingertechniken.

Tou besteht aus einem Bündel Schilf oder Bambusrohr, das an beiden Enden mit einem Strohseil umwickelt wird. Man verwendet es bei der Übung der *Nukite*-Techniken zum Stärken der Finger beim Stoßen. Man kann mit der offenen Hand hineinstoßen und versuchen, einzelne Halme herauszuziehen.

Toyama Kanken (1888–1966): okinawanischer *Karate-* und *Kobudô*-Experte, geb. am 24. Sept. 1888 in Shuri/Okinawa, Gründer des →*Shudôkan* und des *Toyama-ryû Bôjutsu*.

Toyama Kanken

TOYAMAS AUSBILDUNG

Toyama begann sein *Karate*-Studium im Alter von 9 Jahren unter ITOSU ANKÔ und ging dann zu CHIBANA CHÔSHIN, von dem er überwiegend die Kunst des *Kobudô* lernte. Ein Resultat dieser Zeit ist der von ihm gegründete *Bô*-Stil *Toyama-ryû Bôjutsu*, dessen wichtigste *Kata* die *Toyama no Kon* ist. Neben dem *Shuri-te* studierte Toyama unter HIGASHIONNA KANRYÔ auch das okinawanische *Naha-te*. Weitere Impulse erhielt Toyama von ARAGAKI ANKICHI aus dem *Tomari-te*. In den Jahren seiner Reife siedelte er als Grundschullehrer nach Taiwan über und studierte bei den Meistern CHENG TONG-TAI und LIM TUNG-TONG das *He-quan* (Kranichstil, im Okinawanischen *Hakutsuru-ken*).

DIE GRÜNDUNG DES SHUDÔKAN

Im Jahre 1930 zog Toyama Kanken nach Tôkyô und eröffnete dort ein *Karate-Dôjô*, das er *Shu-*

dôkan (»Ort zum Erlernen des Weges«) nannte. Dort unterichtete er eine Kombination aus den Stilen, die er bisher gelernt hatte. In seinem später veröffentlichten Buch *»Karate-dô Daihôkan«* (erschienen 1960 in Japan) schreibt er hierzu: »Ein Name ist nicht mehr als ein Name: alle Stile sind prinzipiell gleich, ungeachtet der Namen, unter denen sie bekannt sind.«

Im Jahre 1946 gründete er die *All Japan Karate-dô League* und trat für die Vereinigung der okinawanischen *Karate-ryû* mit den japanischen Systemen ein. Doch dieses Ziel konnte er bis zu seinem Tod im Jahre 1966 nicht erreichen. Er sah sich sein Leben lang als Vertreter des *Shôrin-ryû*, das zu verbreiten er sich zur Aufgabe gemacht hatte. Doch mit ihm endete auch die Tradition seiner Schule, lediglich die Bezeichnung *Shudôkan* wurde von mehreren seiner Schüler weitergetragen.

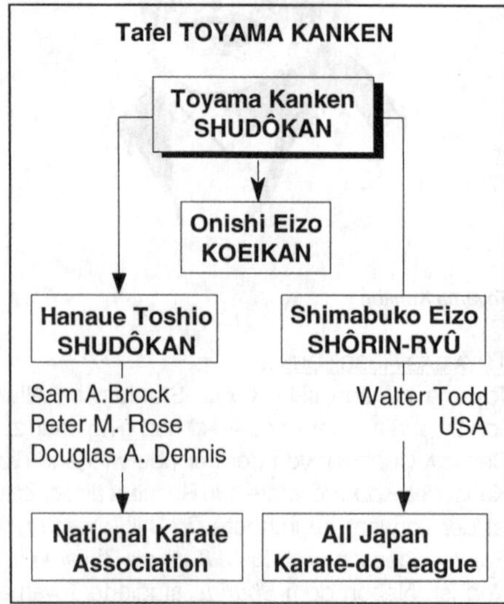

<u>Toyamas Erbe</u>

Toyamas bedeutendster Schüler war wohl Hanaue Toshio (1930–1983), der die Kunst des *Toyama-ryû Bôjutsu* und des *Shudôkan* weiterführte und weltweit verbreitete. Ein weiterer Schüler Toyamas, Onishi Eizo, gründete seine eigene Methode, die er →*Koeikan* nannte. Dieser Stil ist eine Synthese aus Toyamas Kampfkunst und Kyôda Juhatsu's *Toon-ryû*. Ein weiterer Schüler Toyamas, →Shimabukuro Eizo, übernahm nach des Meisters Tod die *All Japan Karate-dô League* und brachte sie zu großer Bekanntheit, besonders in den USA. Dort verfügt sie seit 1960 mit Walter →Todd über einen direkten Schüler Toyamas.

Toyama no Kon (jap.): okinawanische →*Bô*-Kata (s. auch →Toyama).

Toyama-ryû (jap.): japanische *Iaidô*-Schule, gegründet von Nakamura Taisaburô im Jahre 1925. Der vollständige Name des Systems lautet *Toyama-ryû Battôjutsu* und verweist auf seinen militärischen Charakter. Das System entstammt dem *Toyama-gakku*, einer speziellen Schule für das Training von Militärangehörigen, die bereits seit 1873 bestand.

Das System wurde für den Krieg gegründet, mit wenigen, aber starken Techniken, die einen unwiderstehlichen Kampfgeist erziehen sollten. *Toyama-ryû* ist eine praktische und effektive Methode, das Offiziersschwert im Kampf anzuwenden. Dieses Schwert, das 67 cm lang ist, nennt man *Guntô,* und es wurde nur von niederrangigen Offizieren getragen. Höhere Offiziere hatten ein längeres Schwert (Offiziers-*Guntô*) oder ein klassisches *Katana*.

Viele der niederen Offiziere der japanischen Armee hatten noch nie ein Schwert in der Hand, und so brauchte man eine einfache, aber effektive Methode. Daher wurde das *Toyama-ryû Battôjutsu* gegründet. →*Battôjutsu* war die ursprüngliche Kunst, das Schwert zu ziehen und den Gegner niederzuschlagen. Das *Toyama-ryû* wurde weiterhin von mehreren anderen *Iai*-Stilen beeinflußt, vor allem vom *Omori-ryû*, das im 17. Jh. aus dem *Eishin-ryû* entwickelt wurde.

Anders als in den meisten *Iaijutsu*-Stilen lehrt das *Toyama-ryû* nur weiträumige Techniken aus dem Stand, die dazu gedacht sind, den Gegner sofort zu töten. Der Stil wurde in den offiziellen Lehrplan der kaiserlichen Offiziersschule aufgenommen.

Toyotomi Hideyoshi: japanischer Militärdiktator (1536–1598), Nachfolger von →Oda Nobunaga, Vorgänger von →Tokugawa Ieyasu.

<u>Hideyoshis Aufstieg</u>

Anders als Oda Nobunaga und Tokugawa Ieyasu war Hideyoshi nicht von adeliger Abstammung. Er war der Sohn von Nakamura Yonosuke, der ihn in seiner frühen Kindheit in ein Kloster brachte. Von dort entfloh er und verbrachte einige Zeit seines Lebens mit Abenteuern, bis ihn der *Daimyô* der Owari-Region, ODA NOBUNAGA, der das Führungstalent des Jungen erkannte, in seine Dienste nahm. 1559 heiratete er Nobunagas Tochter SUGIHARA YOSHIFUSA, 1562 nahm er den Namen Hideyoshi an. 1574 erhielt er für seine Dienste das Schloß Nagahama am Biwa-See und den Titel *Chikuzen no Kami*. Kurze Zeit später tauschte er das Schloß gegen eines in Himeji. Nach der Ermordung Nobunagas (1582) verfolgte er dessen Mörder und tötete ihn. Gleichzeitig versuchte er, in eigenem Interesse Einfluß auf die jungen Erben Nobunagas zu nehmen, um so seine Macht zu festigen.

HIDEYOSHIS REGENTSCHAFT

Die Familie Oda war mit Hideyoshi nicht einverstanden und versuchte durch allerlei Bündnisse, besonders mit TOKUGAWA IEYASU, den Einfluß Hideyoshis zu verringern und ihn zu beseitigen. Ieyasu und Hideyoshi, beides mächtige Heerführer, einigten sich jedoch untereinander im eigenen Interesse. Ieyasu heiratete Hideyoshis Schwester und gab ihm zum Austausch seinen jüngsten Sohn als Geisel (1584). Ein Jahr später regierte Hideyoshi als unbestrittener Herrscher über ganz Japan, und da er nicht *Shôgun* genannt werden konnte (weil er nicht von der MINAMOTO-Linie abstammte), erhielt er den Titel → *Kampaku* (auch *Taiko*, svw. »Großer General«) und später den Familiennamen TOYOTOMI (1586). 1592 wagte er eine Invasion in Korea, der 1598 eine zweite folgte, die jedoch mit der Niederlage der Japaner endete. Hideyoshi starb am 15. September 1598 in seinem Palast in Fushimi. Sein Nachfolger wurde →TOKUGAWA IEYASU.

Tozama (jap.): Bezeichnung für einen → *Daimyô* während der →Tokugawa-Zeit nach der Schlacht von Sekigahara, der das Vertrauen der Tokugawa-*Shôgune* nicht genoß.

Die *Tozama-daimyô* standen unter beständiger Kontrolle. *Tozama-daimyô* waren jene Fürsten, die während der Schlacht von Sekigahara auf der Seite der Verlierer standen oder sich nach der Machtübernahme durch die TOKUGAWA ihnen gegenüber nicht loyal verhielten.

Tozan-ryû[1] (jap.): okinawanischer *Karate*-Stil, gegründet von KANESHIMA SHINSUKE, einem Schüler von TOYAMA, GUSUKUMA SHIROMA und MOTOBU CHÔKI.

Tozan-ryû[2] (jap.): okinawanischer *Karate*-Stil, gegründet von KANESHIRO KENSEI.

Kaneshiro war anfangs ein Schüler CHIBANA'S, wurde jedoch später von KENWA MABUNI *(Shitô-ryû)* unterrichtet. Über Mabuni, der sowohl unter ITOSU als auch unter HIGASHIONNA gelernt hatte, flossen Elemente des →*Shôrin* und des → *Shôrei* in den Stil. Heute sucht das *Tozan-ryû* den Anschluß an die Wettkampfstile und über diesen Weg die internationale Verbreitung.

Transzendentalphilosophie: die Bezeichnung *Transzendenz* leitet sich von dem lateinischen Verb »transcendere« ab, das in der Übersetzung »übersteigen« bedeutet. Das Wort steht symbolisch für das Übersteigen der objektiven Wirklichkeitssicht, d. h. das Übersteigen der physikalischen Wirklichkeit in die Dimensionen der kosmischen Realität.

ALLGEMEINE BEDEUTUNG

In den Wegkünsten wird dafür der Begriff →*Satori* gebraucht. *Satori* bezeichnet einen Akt des Überschreitens der weltlichen Endlichkeit, hinein in den tragenden Seinsgrund der All-Einheit. Dort steht der Ausdruck für einen Zustand, in dem man sich jenseits des weltlichen Seins befindet, dort, wo sich der Mensch mit den Gesetzen des universalen Wirkens identifiziert. Transzendenz bedeutet das Übersteigen der rationalen Vernunft und die Verwirklichung einer inneren Haltung (→*Shisei*), durch die es dem Menschen möglich wird, den Weltzusammenhang intuitiv zu erfassen und nicht als Gegenstand zu betrachten. So ist er in der Lage, die geraden Denklinien des Intellektes zu verlassen und ein intuitives Denken (→Intuition) zu entwickeln, das einem Netz ähnelt. Diese Denkweise ist allen Meistern östlicher Transzendentalpraktiken zu eigen und befreit von der Wirklichkeitsfixierung des linearen Denkens, wie es die Wissenschaft anwendet. Ihr liegt eine jahrelange Übung auf dem Weg zugrunde, deren Resultate sich in stufenweisen Erfahrungen mit dem Sein kundtun. Doch erst das Erreichen der vollkommenen Transzendenz wird in den asiatischen Künsten als *Satori* bezeichnet. Die Begriffsfixierung des logischen Denkens (jeder Begriff fixiert die Wirklichkeit als endgültig und trifft daher nur einen Teilabschnitt ihrer Zusammenhänge) erlaubt keinen Einblick in die universale Wirklichkeit. In manchen Transzendentalpraktiken werden daher Schulungsmethoden gewählt, durch die das rationale Bewußtsein in die irrationale Wirklichkeit gelenkt wird, um dort die Relativität jeder Begrifflichkeit zu erfahren. Im *Rinzai-Zen* führen solche Aufgaben (→*Kôan*) den an analytische Denkweisen gewohnten Menschen oft in vollkommenen Widerspruch zu seinen mit der Ratio begreifbaren Sinnzusammenhängen. Im *Soto-Zen* hingegen wird die Erleuchtungserfahrung durch stillschweigendes Meditieren (→*Shikantaza*) bewirkt.

Interpretation in Europa

Das Wissen um die Begrenztheit des rationalen Denkens gab es seit alters her auch in Europa. Über die Notwendigkeit des Ausgleichs zwischen Intellekt und Intuition schreibt z. B. Immanuel Kant in seiner »Kritik der reinen Vernunft«. Das Vermögen des Menschen zum intuitiven Denken und das Umsetzen desselben ins alltägliche Leben führt nach Kant dem Menschen enorme Energien zur Problembewältigung und zum Daseinsverständnis zu, die in allen Handlungen von Bedeutung sind. Das Erkennen der Welt als Ganzes läßt das Verhalten in ihr gesunden, während die ausschließliche Betrachtung der Welt als Gegenstand den Formidioten erzeugt. Nicht zuletzt erkennt Kant den Lebenssinn in der Aufgabe erfüllt, sich dem Kampf um einen zur universalen Wirklichkeit fähigen Geist zu stellen, und als verfehlt, wenn dieser Kampf zugunsten der kurzsichtigen Ratio vermieden wird.

Doch bereits lange vor Kant wurden ähnliche Überlegungen gemacht. Aristoteles legte ihren Grundstein, und auf seinen Ideen entstand im Mittelalter eine bedeutende Strömung. An diese knüpfte Immanuel Kant an, der durch seine Transzendentaltheorien das philosophische Denken Europas entscheidend beeinflußte. Doch nie erreichte diese Philosophie den Einfluß, den die rationalen Linearwissenschaften von Descartes oder Newton hatten, die bis heute die Denkweise der westlichen Welt bestimmen.

Um die Grenzen des rationalen Denkens zu überschreiten, begann Kant sich nach den Voraussetzungen zu fragen, die dem rechten Erkennen von allem Gegebenen zugrunde liegen. Die Möglichkeit, das Erkennen von der Fixierung zu befreien und auf den Zusammenhang zu lenken, sah Kant in einer durch Übung möglichen Selbstschau. Darin wandte er den Blick von allem Gegenständlichen ab und richtete ihn auf die Bedingungen und Ursachen allen Wirkens und Existierens. Dieses Erkennen, das nicht auf Resultate, sondern auf Zusammenhänge zielt, stand im Gegensatz zur rationalen Analyse einer vom Ganzen isolierten Teilwirklichkeit und bildete die Grundlage für die Überlegungen der »Kritik der reinen Vernunft«, die der asiatischen Transzendentalphilosophie sehr nahe kommen. Kants Philosophie beruht zwar auf einem logisches System von Kategorien und Grundsätzen, aus denen er seine Erfahrungen bezieht, stellt jedoch die Relativität aller rationalen Erkenntnisse fest und hält offen für das intuitive »Fühlen« der Wirklichkeit. Kant warnte vor dem blinden Vertrauen in das immer begrenzte objektive Erkennen und empfahl einen Ausgleich durch Glauben, Ethik und Religion. In der rechten Gesamtverfassung eines Menschen unterschied er deshalb zwei gleichbedeutende Erkenntnisinstanzen, die nur im Gleichgewicht zueinander eine gesunde Auffassung der Welt ermöglichen: Wissen und Glauben.

Interpretation in Asien

Die asiatischen Philosophien zielen seit jeher auf die Verwirklichung einer solchen Verfassung in der praktischen Übung. Sie bestehen darauf, die universale Wirklichkeit mit dem Wesen zu erfassen und in der Haltung auszudrücken. Ihre Übung beruht auf Erfahrungen mit dem Sein, die jenseits von allem Rationalen angesiedelt sind. Sie erlangten durch all diejenigen, die darin Meister wurden, eine große Tradition. Immer verbanden sie sich auch mit praktischen Formen, wie z. B. mit den Kampfkünsten, mit der Meditation, mit verschiedenen Bereichen der Kunst oder mit dem Priestertum, doch ihr Wesen lag im transzendentalphilosophischen Inhalt. Nahezu alle einfachen und wiederholbaren Tätigkeiten konnten verwendet werden, um die transzendentale Seinserfahrung zu machen. Immer war es diese Erfahrung, die den echten Meister vom bloßen Formperfektionisten unterschied.

In keiner asiatischen Wegkunst fand der nur formale Aspekt je einen Nährboden. Jedesmal mußte die Seinserfahrung in der Haltung sichtbar werden, ehe man die Form betrachtete. Der Meister des Weges bezeugt sich im Gegensatz zu dem herkömmlichen Philosophen immer durch die praktische Haltung und nie durch die formale

Theorie. Der Wert seiner Philosophie liegt in seinem Erscheinungsbild, in der Art und Weise, wie er als individueller Mensch der Wirklichkeit begegnet, und nie in ihrer Betrachtung allein. Deshalb gibt es in allen Wegphilosophien immer auch eine in der Praxis zu perfektionierende Form. Doch nie ist sie ein Ziel, sondern immer nur das Mittel, durch das der Meister den Vollendungsgrad seiner Haltung an der unmittelbaren Wirklichkeit mißt.

Vermittelt wurde die Transzentendalerfahrung immer als Ideal (»Ewiger Meister«, s. →*Dô*), das der leibhaftige Meister (→*Sensei*) durch die Haltung (→*Shisei*) und nie durch die Ratio auf den Schüler (→*Deshi*) übertrug. Nur in einer *Budô*-mäßigen Meister-Schüler-Beziehung (→*Shitei*), in der die Ich-Gefangenschaft (→Ich) überwunden wird, ist dieses möglich. Die rechte Haltung muß im Schüler selbst erwachsen, da sie nicht lernbar, sondern nur erfahrbar ist. Im Vordergrund einer solchen Übung steht zumeist eine Kunst (s. →*Geiko*), doch die Absicht liegt nicht in der Perfektion der Fertigkeiten, sondern in einem inneren Prozeß des Werdens auf dem Weg (s. →Askese). Die Anleitungen dazu sind unsichtbar für den Schüler in der Formübung versteckt und veranlassen, unbemerkt von diesem, die beständige Korrektur seiner Haltung.

Das Medium war fast immer eine Kunst, da die Heranformung der künstlerischen Intuition jenen Seinsgrund berühren kann, aus dem Höheres erwächst. Die Philosophie (das richtige philosophische Denken ist keine Wissenschaft, sondern auch eine Kunst) dient ebenfalls diesem Ziel. Der Meister ist kein Formlehrer, sondern ein Mittler zwischen der universalen Wirklichkeit und der weltlichen Realität (s. →*Oshi*). Was er mitzuteilen hat, unterliegt keiner rationalen Beweispflicht, sondern ist ein Mittel, die falsche Haltung im Schüler zu treffen. Eine solche Lehre berührt den Schüler immer unmittelbar und direkt, wenn er sich in die rationale Wirklichkeitssicht zu setzen versucht. Sie hat nicht die Absicht, etwas zu lehren, sondern ihr Sinn besteht darin, einen Weg zu zeigen, der über jede gegenständliche Fixierung hinausführt.

Trias, Robert: amerikanischer *Karate*-Lehrer und -Pionier (1922–1990), der »Vater des amerikanischen Karate«. Trias eröffnete die erste *Karate*-Schule 1946 in Phoenix (Arizona) und gründete die *US Karate Association*.

Robert Trias trainierte während des Zweiten Weltkriegs mit Hoy Yuan-Ping *Kempô* und *Jûjutsu* in Singapur, studierte danach einige okinawanische Stile des *Karate*. Daraufhin gründete er seine persönliche Auffassung, die er *Shôrei Gôjû-ryû* nannte. In den USA unterrichtete er diesen Stil, in dem er bis zum 9. Dan graduierte. Die von ihm gegründete Organisation, die USKA, wurde die größte in Amerika. Als Promoter mehrerer großer Wettkämpfe wurde er in der ganzen Welt bekannt.

Tsuba (jap.): Schwertmontierung. Stichblatt, das zum Schutz der Hand diente.

An den Schwertern der adeligen *Samurai* stellten die *Tsuba* oft wahre Kunstwerke dar. Sie hatten zu beiden Seiten zwei ovale Öffnungen, die dazu gedacht waren, das *Kôgai* und das *Kozuka* durchzustecken (weitere Erläuterungen s. →*Ken*).

Tsubame (jap.): Schwalbe.

Tsubame-gaeshi (jap.): »drehende Schwalbe«. Wurftechnik im *Karate* und *Jûdô* (s. →*Nage-waza*), die auf dem Prinzip des *Aikidô* beruht. Meist gegen *Jôdan-zuki* angewendet.

Tsubame-gaeshi (jap.): Schwerttechnik im →*Kendô*: Kontern durch Nachfegen.

Tsubazeri-ai (jap.): Begriff aus dem *Kendô*. Er wird verwendet, wenn die Gegner sich so nahe gekommen sind, daß sich die → *Tsuba* ihrer *Shinai* berühren.

Tsubo (jap.): Akupunkturpunkte in der japanischen Fingerdrucktherapie (Erläuterungen dazu s. →*Shiatsu*, →*Keiraku*). Das →*Ki*, die Lebensenergie, fließt auf den sogenannten *Keiraku* (Meridianen), auf denen die *Tsubo* liegen. Durch Einwirken einer äußeren Kraft (Druck oder Massage) können sie je nach Zweck stimuliert (sediert oder tonisiert, s. →*Shiatsu*) werden. Auch die im →*Jintai-kyûsho* bekannten Punkte sind solche Vitalpunkte.

Im *Shiatsu* kennt man 365 *Tsubo*. Sie alle liegen entlang den Meridianlinien und haben verschiedene Bedeutungen. In der Zeichnung sind die Haupt-*Tsubo* des menschlichen Körpers aufgeführt. Wenn einer dieser Punkte auf Druck schmerzempfindlich reagiert, ist dies ein Zeichen dafür, daß in den zu diesem *Tsubo* und seinem Meridian gehörenden Organ etwas nicht in Ord-

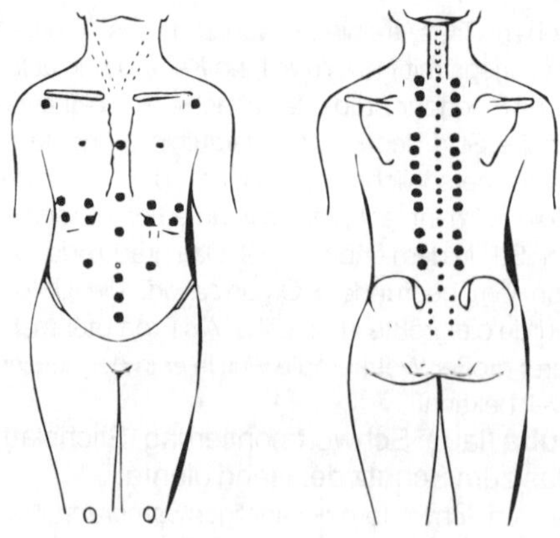

Die wichtigsten Tsubo am menschlichen Körper

nung ist. Die Punkte sind durch Zahlen gekennzeichnet, die den jeweiligen Meridianen entsprechen. Nachfolgend sind sie ausgewiesen (Meridiane s. →*Keiraku* und →*Jing-luo*):

DIE ZWÖLF HAUPTMERIDIANE

1. Lungenmeridian	7. Blasenmeridian
2. Dickdarmmeridian	8. Nierenmerdian
3. Magenmeridian	9. Schutzhüllenmeridian
4. Milzmeridian	10. Dreifach-Hitze-Meridian
5. Herzmeridian	11. Gallenblasenmeridian
6. Dünndarmmeridian	12. Lebermeridian

Tsue (jap.): Stock.

Tsugi (jap.): ununterbrochen, nachstellen.

Tsugi-ashi (jap.): Schleifschritt, Nachstellschritt (s. →*Ashi-sabaki*), Fußarbeit für die große Distanz *(To-ma)*. Der hintere Fuß wird neben den vorderen gezogen, um sich dann – kräftig vom Boden abstoßend – vorwärts zu bewegen.

Tsuka (jap.): Schwertgriff (s. →*Ken*, →*Katana*).

Tsukami-uke (jap.): Greifabwehr (s. → *Uke-waza*) im *Karate*.

Man stößt die Hand nach vorn und prellt den gegnerischen Angriff mit dem Ellbogen zur Seite. Nun dreht man die Hand, faßt den Arm des Gegners und zieht ihn zu sich heran. Die Abwehr wird z. B. in der Kata *Jion* gelehrt. Eine Variante des *Tsukami-uke* ist →*Morote-tsukami-uke*.

Tsuken-bô (jap.): okinawanische *Bô-Kata* von Meister →TSUKEN HANTAKA. Auch *Tsuken Hantagawa no Kon* genannt.

Tsuken Hantaka: okinawanischer *Kobudô*-Experte von der Insel Yaeyama. Gründer der Kata *Tsuken Hantagawa no Kon* (auch als *Tsuken-bô* bekannt), die seine gesamte *Kobudô*-Erfahrung im Umgang mit dem Stock enthält.

Charakteristisch für seinen Stil ist eine bestimmte Drehung, die *Gyaku-bô* (seitenverkehrter *Bô*) genannt wird. Der Kampfstil von Tsuken Hantaka gilt auf Okinawa als repräsentativ für die seitenverkehrten Techniken.

Tsuken Kourugawa: okinawanischer *Kobudô*-Meister, der die Stock-Form *Urasue no Kon* und die *Kouruguwa no Sai* gründete.

Tsuken Kourugawa war ein *Sai*- und *Bô*-Experte. Nachdem er einen *Samurai* im Kampf getötet hatte, wurde er von dessen Freunden verfolgt, gestellt und ins Meer geworfen. Er konnte sich jedoch auf ein Eiland retten, wo er mehrere Jahre blieb und seine Kampfkunststudien vertiefte. Danach kehrte er nach Okinawa zurück.

Tsuken Shitahaku no Sai (jap.): okinawanische →*Sai-Kata*.

Tsuken Sunakake no Kon (jap.): okinawanische →*Bô-Kata*.

Tsuki (jap.): Fausttechnik, bei der die Hand vom Ausgangspunkt bis zum Ziel auf einer geraden Linie beschleunigt wird (s. →*Tsuki-waza*). *Tsuku* – stoßen, schlagen, stechen.

Tsuki-age (jap.): steigender Fauststoß nach oben (z. B. Aufwärtskinnhaken).

Tsukinami-shiai (jap.): monatlicher Wettbewerb. Regelmäßiger Test der Übenden in bezug auf ihren Fortschritt.

Dieser Test erfolgte zentral für mehrere *Dôjô* im Umkreis, jedoch auch innerhalb eines *Dôjô*, indem sich die einzelnen an dem jeweils Besten messen.

Tsuki no Kokoro (jap.): wörtlich: »Ein Geist wie der Mond«, Leitsatz (→ *Kaisetsu*) aus der *Budô*-Philosophie. Der Spruch ist eine andere Form von *Mizu no Kokoro*. Er beschreibt ebenfalls den vom Vorurteil befreiten, ungetrübten Geist.

In einer wolkenlosen Nacht reflektiert der Mond das Licht der Sonne. Ist der Himmel jedoch von Wolken bedeckt, kann das Licht nicht gesehen werden, obwohl es unvermindert strahlt. Dies ist ähnlich wie bei dem Teich, dessen Oberfläche aufgewühlt ist. Die Wolken stehen symbolisch für die Gedanken des Menschen, die seinen Geist mit unwichtigen Problemen behaften und ihm so die Möglichkeit nehmen, frei zu sein und die Wirklichkeit zu sehen.

Tsuki-te (jap.): stoßende Hand.

Tsuki-uke (jap.): Fauststoß, der gleichzeitig einen Angriff abwehrt und angreift.

Tsuki-waza (jap.): Gruppe sämtlicher Stoßtechniken mit der Faust. Die Faust wird auf direktem Weg von ihrem Ausgangspunkt ins Ziel geführt. Im *Shôtôkan-ryû* sind die *Tsuki*-Techniken folgendermaßen klassifiziert:

GRUNDREGELN DES TSUKI

- Der Oberkörper muß während der Ausführung immer in seinem natürlichen Gleichgewicht getragen werden.
- Die Faust muß immer fest gespannt sein, während der Ellbogen entspannt ist.
- Der Weg der Faust ins Ziel muß eine Gerade sein. Den Ellbogen dicht am Körper entlangführen.
- Während der Ausführung des *Tsuki* jede Kraft aus dem Arm und der Schulter nehmen. Die Schulter in einem natürlichen Zustand bewahren. Die Technik in der Entspannung beschleunigen.
- Die Technik muß immer mit einem festen und ausgeglichenen Stand verbunden sein.

TSUKI-WAZA STOSSTECHNIKEN

AUFTREFFFLÄCHEN

Ken – Faust	
Seiken	– Stirnseite der Faust
Ippon-ken	– Zeigefingerknöchelfaust
Nihon-ken	– Zweifingerfaust
Nakadaka-ken	– Mittelfingerknöchelfaust
Hira-ken	– Vorderknöchelfaust
Sho – Hand	
Ippon-nukite	– Einfingerstich
Nihon-nukite	– Zweifingerstich
Shihon-nukite	– Vierfingerstich
Teishô	– Handwurzel
Seiryûtô	– Ochsenkiefer
Koko	– Tigermaul

AUSFÜHRUNGSARTEN DES TSUKI

Jun-zuki	– gleichseitiger Stoß
Gyaku-zuki	– seitenverkehrter Stoß

TSUKI-WAZA STOSSTECHNIKEN

FORMEN DES TSUKI

Oi-zuki	– Schritt vor
Nagashi-zuki	– Ausweichstoß
Kizami-zuki	– Prellstoß
Ren-zuki	– Links-rechts-Stoß
Dan-zuki	– doppelter Stoß
Age-zuki	– steigender Stoß
Ura-zuki	– Aufwärtshaken
Tate-zuki	– senkrechte Faust
Morote-zuki	– beidhändig
Awase-zuki	– senkrecht
Yama-zuki	– Bergstoß
Heiko-zuki	– Parallelstoß
Hasami-zuki	– Scherenstoß
Mawashi-zuki	– Halbkreisstoß
Kagi-zuki	– Hakenstoß
Furi-zuki	– Fegestoß

Tsuki-tsue (jap.): *Kata* mit einem langen Stock *(Jô)*.

Tsukomi (jap.): vorstoßen mit Fausttechniken.

Tsukomi-jime (jap.): gestreckter Armwürgegriff im *Jûjutsu*.

Tsuku (jap.): stoßen, schlagen, stechen.

Tsukuri (jap.): Eingang, Wurfansatz. Begriff aus dem *Jûdô*, jedoch von wesentlicher Bedeutung für alle Wurftechniken (s. →*Nage-waza*).

Den Aktionsverlauf einer Wurftechnik kann man in drei Abschnitte teilen, die für das Gelingen des Wurfes sehr wichtig sind (s. →*Aite no Tsukuri*, →*Jibun no Tsukuri*):

DIE GRUNDREGELN DES WERFENS

Kuzushi	– Gleichgewichtbrechen des Gegners
Tsukuri	– der richtige Eingang in die Technik
Kake	– der korrekt ausgeführte Wurf

Tsukuri-kuzushi (jap.): die sich bietende Gelegenheit, bei der die gegnerische Deckung (oder Stellung) durchbrochen werden kann.

Tsuma (jap.): Zehen (auch *Ashi no Yubi*).

Tsumasaki (jap.): Zehenspitzen. Angriffswaffe der Füße, Technik des *Karate*.

Die Zehen werden eng aneinandergepreßt und so übereinandergelagert, daß sie vorn eine spitze Auftrefffläche bilden. Man verwendet sie vorwiegend gegen die Vitalpunkte der Körperseiten und gegen den Solarplexus.

Tsumasaki-geri (jap.): Tritt mit den Zehenspitzen. Von →ARAGAKI ANKICHI entwickelte Technik im *Okinawa-Karate*.

Tsume-bara (jap.): erzwungener Selbstmord (s. →*Sepukku*). Situation, in der der *Samurai* von seinem *Daimyô* zum *Seppuku* aufgefordert wurde. In einem solchen Fall die einzige Möglichkeit des ehrenvollen Sterbens, andernfalls erfolgte die Strafe durch Verurteilung.

Tsune (jap.): normal gewöhnlich, wiederholt (auch *Jô*). *Seijô* – normal, *Tsûjô* – gewöhnlich, regelmäßig, *Jômu* – tägliche Arbeit, *Nichijô seikatsu* – das tägliche Leben.

Tsunenaga Hasekura: berühmter japanischer Schwertmeister (1571–1622), zusammen mit IZU NO KAMI JINGO und KAZUYASU BAN der bekannteste Schwertkämpfer gegen Ende des 16. Jhs.

Hasekura war einer der 68 *Samurai*, die im Januar 1615 nach Spanien und Italien reisten. Er hatte eine Audienz bei Philipp III. und später bei Papst Paul V. Die offizielle Delegation kehrte 1620 nach Japan zurück. Während der ganzen Reise trug Hasekura seine beiden Schwerter und führte Tagebuch über all seine Erfahrungen.

Tsuri (jap.): Angel.

Tsuri (jap.): ziehen, herbeiziehen, mit sich nehmen, Zug. Auch: angeln, fischen, auffangen.

Tsuri-ashi (jap.): bewegen mit nachschleifenden Schritten. *Jûdô*-Bewegungsart.

Tsurigane (jap.): Hoden (auch *Kinteki*).

Tsuri-goshi (jap.): *Jûdô*-Hüftwurf.

Tsuri-komi (jap.): Hebelzug, herumziehen, heranziehen, aus dem Gleichgewicht bringen.

Tsurikomi-ashi (jap.): Hebelzug-Fußwurf im *Jûdô*.

Tsurikomi-goshi (jap.): Hebelzug-Hüftwurf im *Jûdô*.

Tsuroka, Mas: »Vater des kanadischen Karate, Schüler von →CHITOSE TSUYOSHI.

Tsuroka wurde in Kanada geboren, zog jedoch nach Japan, von wo er nach dem Zweiten Weltkrieg zurückkehrte. 1958 eröffnete er das erste *Dôjô* in Toronto.

Tsuru (jap.): Saite; Bogensehne.

Tsuruashi-dachi (jap.): Stand auf einem Bein, der andere Fuß ist mit der Fußsohle an das Innenknie des Standbeins gezogen (*Tsuru-ashi* – Fuß anziehen).

Tsuru-garami (jap.): Methode des Bogenspannens.

Tsurugi (jap.) Schwert (s. →*Ken*).

Tsu-zuki (jap.): Kopfstoß im *Karate*.

Tsuyama Katsunori: JKA-Instruktor der ersten Generation, heute einer der führenden Lehrer des *Shôtôkan-Karate*, Trainingsleiter an der *Takushokudai*-Universität von Tôkyô und zusammen mit NAKAYAMA MIE und SAKUMOTO TSUGUO Trainer der japanischen *Kata*-Nationalmannschaft.

Die *Kumite*-Trainer sind die ehemaligen *Kumite*-Weltmeister MAEDA, MURASE, SUZUKI und KOYAMA. Hauptinstruktor ist YANAGIDA.

Tsuyoi (jap.): stark (auch *Kyô, Gô*). *Tsuyomaru* – stärker werden, *Kyôryoku* – Stärke.

Tsuyoki (jap.): Ausdruck für einen Menschen mit einer starken Persönlichkeit (mit einem starken *Ki*).

Tui[1] (chin.): drücken, schieben (s. →*Tui-shou*).

Tui[2] (chin.): Bein (s. *Tui-fa*).

Tui-fa[1] (chin.): Beintechniken im *Quan-fa*. Man unterscheidet in den chinesischen Kampfkünsten 15 grundlegende Beintechniken. Nicht alle werden in allen Kampfstilen verwendet.

1. ***Tiang-gang-tui:*** sehr hoher Fußstoß, der nach vorn ausgeführt wird.
2. ***Zheng-ti-tui:*** frontaler, gerader, peitschenartiger Fußtritt.
3. ***Zheng-deng-tui:*** frontaler gestochener Fußstoß.
4. ***Ce-tan-tui:*** schlagender seitlicher Halbkreisfußtritt.
5. ***He-da-tui:*** Sensenfußtritt.
6. ***Nei-bai-tui:*** Tritt von außen nach innen.
7. ***Sao-tang-tui:*** tiefer Feger.
8. ***Wai-bai-tui:*** nach außen kreisender Tritt.
9. ***Er-qi-tui:*** Doppelfußtritt im Sprung.
10. ***Xuan-feng-tui:*** Windmühlenflügeltritt, Kreisen des Beines von außen nach innen im Sprung.
11. ***Ce-ti-tui:*** seitlicher Fußstoß.
12. ***Fei-wai-bai-tui:*** Kreisen des Beines nach außen im Sprung.
13. ***Fei-tan-tui:*** seitlicher Tritt im Sprung.
14. ***Hou-tan-tui:*** Fußstoß nach hinten.
15. ***Shuang-fei:*** Fußstoß mit beiden Beinen im Sprung.

Weiterhin unterscheidet man noch folgende Knietechniken:

1. ***Ti-xi:*** Kniestoß nach oben.
2. ***Chong-xi:*** Kniestoß nach vorn.
3. ***Gui-xi:*** Kniestoß nach unten, in kniender Position.

Tuifa[2] (jap.): →*Tonfa.*

Tui-guan (chin.): »schiebende« oder »klebende Beine«. Übung der Beintechniken nach dem Prinzip der →*Tui-shuo.*

Tui-jiao (chin.): »schiebende« oder »klebende Stöcke«.

Tui-na (chin.): [aus *Tu* = drücken, *Na* = ziehen] chinesische Massage, die dem japanischen →*Shiatsu* ähnlich ist.

Tui-shou (chin.): »klebende« oder »schiebende Hände« (kantonesisch *Chi-sao,* jap. *Kakie*), Übung des →*Bo-ji.* Partnerübung in mehreren chinesischen Systemen des *Quan-fa.*

Schriftzeichen für Tui-shou

Die wichtigsten Grundtechniken sind: *Peng* (abwehren), *Ji* (drücken), *Lü* (Zurückrollen) und *An* (stoßen). All diese Techniken kommen in *Lanque-wei* (»den Vogel am Schwanz fassen«) vor. Diese vier Grundbewegungen entsprechen 4 der 8 Trigramme (s. →*Ba-gua,* →*Shi-san-shi*). Man unterscheidet zwei Arten der *Tui-shou*-Übung:

• ***Ding-bu Tui-shou*** (Händeschieben mit fixierten Schritten): Die Stellung wird während der Übung nicht verändert. Es gibt zwei Varianten der Fußstellungen zueinander: *He-bu* (vereinigte Schrittstellung), bei welcher beide Übende mit dem gleichen Fuß vorstehen, und *Shun-bu* (folgende Schrittstellung), bei welcher einer mit dem linken und der andere mit dem rechten Fuß vorsteht.

Armhebel nach Tui-shou

• **Huo-bu Tui-shou** (Händeschieben mit sich verändernden Schrittstellungen): Die kreisenden Handtechniken werden in der Bewegung ausgeführt. Man lernt, sich den Bewegungen des Gegners anzupassen, sein eigenes Gleichgewicht zu stärken und mögliche Unausgewogenheiten des Gegners durch ständiges Anhaften herauszufinden. Erst ein Unterbrechen des Bewegungskreises und ein Nachlassen der Aufmerksamkeit des Gegners erlauben es, dessen Abwehr zu durchbrechen und anzugreifen.

Es gibt viele verschiedene Formen der *Tui-shou*, die unterschiedliche Angriffe, Abwehr- und Ausweichbewegungen simulieren. Im *Tai-ji-quan* z. B. gelten die *Tui-shou* als Grundlage zur Entwicklung der Selbstverteidigung. Das BSK-*Tai-ji-quan* verwendet 17 Formen. Sie alle sind auf den *Tui-shou* aufgebaut, lehren das Prinzip des →

Tui-shou – Technik der klebenden Hände

Nian-sui (»Anhaften«) und entwickeln daraus das →*Da-lü* (»großes Ziehen«), was schließlich zu →*San-shou* (»die Hände loslassen«) führt.

Tui-shou-ger (chin.): »Lied von den Tui-shou«, dessen Verfasser nicht bekannt ist.

Tuite (jap.): Techniken des Greifens aus dem okinawanischen →*Ryûkyû-Kempô* (s. auch →*Qin*). Die *Tuite* gelten noch heute als geheime Techniken, die in den alten *Kata* des *Karate* verborgen sind. Die meisten stammen aus dem *Qin-na*-System des →*Bai-he-quan* aus China und wurden über verschiedene okinawanische Meister (MATSUMURA, HIGASHIONNA, KÔJO, MIYAGI u. a.) zusammen mit dem →*Bubishi* nach Okinawa gebracht.

Nach der shaolinischen Tradition sind Greiftechniken und Hebel in den *Qin-na*-Komponenten der jeweiligen Stile klassifiziert. →*Qin-na* (oder *Chin-na* [aus *Chin* = kontrollieren, *Na* = ergreifen]) wird in allen klassischen Stilen als fester Bestandteil geübt und beschäftigt sich mit den Kampfverfahren jenseits des Stoßens, Schlagens und Tretens. Die *Qin-na*-Komponenten der okinawanischen *Karate*-Stile stammen zumeist aus dem →*Bai-he-quan* (Kranichstil) der Fukien-Gegend und werden im →*Bubishi* ausführlich behandelt.

Ein weiterer Maßstab für die okinawanischen *Tuite*-Techniken ist die alte →*Naihanchi*. Sie besteht aus vielen, scheinbar nicht in den Kampf übertragbaren Greiftechniken, die sich zum Teil auch in die neuere *Tekki* übertragen haben, aber nur schwer zu deuten sind. Es heißt, daß diese Techniken in der *Naihanchi* absichtlich verdreht und verschlüsselt wurden, daß der Eingeweihte sie auf diese Weise aber trotzdem üben kann. Die *Tuite*-Techniken enthalten Methoden, durch die der Gegner mittels Vitalpunktstimulationen während des Griffes in Sekundenschnelle zu kontrollieren ist. Sie werden folgendermaßen unterteilt:

1. **Griffe mit Gelenkhebel**. Diese Hebelgriffe (chin. *Chin-na/Quinna*, »Verrenkung der Knochen«) richten sich gegen die Gelenke *(Kansetsu)* und führen zur Immobilisation des Gegners. Die mit den Gelenken verbundenen Bänder, Sehnen und Muskeln werden dabei gedehnt. Ab einem bestimmten Punkt kann das Gelenk verrenkt oder der Knochen gebrochen werden.

2. **Griffe mit Trennung der Muskeln**. Bei diesen Techniken werden Muskeln oder Muskelbünde gefaßt, gedreht, gezerrt oder starkem Druck ausgesetzt. Dadurch verliert der Muskel seine Funktionsfähigkeit.

3. **Griffe mit Abschnüren der Luft**. Diese Techniken bestehen aus zangenförmigen Griffen, Würgegriffen zur Luftröhre oder Umklammerungen (s. →*Shime-waza*), die die Luftzufuhr zur Lunge unterbrechen.

4. **Griffe mit Unterbrechung des Blutkreislaufes**. Diese Techniken bestehen aus Würgegriffen *(Shime-waza)*, die Druck auf die Blutgefäße des Halses ausüben und dadurch die Blutzufuhr zum Gehirn unterbrechen.

5. **Griffe mit Druck auf Vitalpunkte**. Diese Techniken werden mit den Fingern ausgeführt und dienen meist einer Befreiung aus einem gegnerischen Haltegriff. Sie rufen Schmerzen hervor und zwingen den Gegner, seinen Griff zu lösen (s. →*Dianxue*, →*Kyushôjutsu*).

Tu-gu-na-xi (chin.): auch *T'u-ku-na-hsi*, wörtlich: »Altes abgeben und Neues aufnehmen.« Daoistische Atemübung (s. →Chinesische Atmungsmethoden), bei der die alte verbrauchte Luft vollständig durch den Mund ausgeatmet und dann frische Luft durch die Nase aufgenommen wird.

Diese Atmung zählt zu den verschiedenen Methoden des Nährens von Körper und Geist mit Energie (s. →*Yang-xing*, →*Yang-sheng*). Das kräftige Ausatmen der Luft kann von verschiedenen Lauten begleitet sein, von denen man glaubt, daß sie auf verschiedene innere Organe positiv wirken.

Benutzt man in der Ausatmung den Laut *Qi (Ch'i)*, spricht man die Lunge an und kann TBC heilen. *Ho* entspricht dem Herzen und heilt Kopfschmerzen. *Xu (Hsü)* wirkt auf die Leber und heilt phlegmatische Gemütsverfassungen. *Hu* spricht die Milz an und läßt das Fieber sinken. *Chui* entspricht den Nieren und beugt Erkältungen vor. *Xi (Hsi)* beeinflußt die Speiseröhre, den Magen und die Genitalien und lindert rheumatische Schmerzen.

Tu-na-pai (chin.): »Schule der bewußten Atemführung«, Oberbegriff für mehrere Formen der Atemübungen im →*Qi-gong*, die sich mit Konzentration auf die Atmung beschäftigen. Nähere Erläuterungen s. unter →Chinesische Atmungsmethoden.

Tung, Roger: *Wu-shu*-Lehrer und -Pionier in den USA.

Tung begann 1958 in Shanghai *Chang-quan* zu studieren. 1964 ging er in die USA und lernte *Taekwondo*, wonach er einige Jahre lang aktiv an Wettkämpfen teilnahm. Heute ist er Präsident der *National Chinese Wu-shu Association of America*. Jeder amerikanische *Wu-shu*-Übende ist direkt oder indirekt sein Schüler.

Tzon-huo-ch'uan (chin.): oder *Zong-he-quan*, »schüttelnder« oder »springender Kranich«, Form des südlichen weißen Kranichstils (s. →*Bai-he-quan,* →*Ryû Ryûko,* →*He-quan*).

U

U (jap.): rechts (auch *Migi, Yû*).

Uchi[1] (jap.): Heim, Zuhause.

Uchi[2] (jap.): innen, Innenseite, drinnen (auch *Nai, Dai*, s. *Hô*[2]), Gegenteil: *Soto*. *Tainai* – das Innere des Körpers, *Naigai* – innen und außen.

Uchi[3] (jap.): Schlagtechnik im *Karate* (s. →*Uchi-waza*).

Uchi-ashi-barai (jap.): Fußfeger von innen nach außen, im Gegensatz zu →*Soto-ashi-barai* (Fußfeger von außen nach innen).

Der vorrückende oder vorn stehende Fuß des Gegners wird nach außen weggefegt (s. →*Nage-waza,* →*Ashi-barai*).

Uchi-deshi (jap.): »innerer Schüler« (s. →*Deshi*). Die Hauptmeister (→*Iemoto*) der traditionellen Kampfkünste (→*Bujutsu*) hatten zwei Arten von Schülern: die inneren Schüler *(Uchi-deshi)* und die äußeren Schüler *(Soto-deshi)*. Die Unterscheidung zwischen den beiden wurde nicht nach äußeren Aspekten vorgenommen, sondern nach den inneren Voraussetzungen zum Weg (→*Dô*) und nach der persönlichen Nähe des Schülers zum Meister (→ *Shitei*).

DAS UCHI-PRINZIP

Erst die vom Ich befreite und zum Weg fähige Technik bezeichnen die Meister als *Budô*. Dort, wo der Schüler sie erreicht, hilft der Meister ihm, sie zu vertiefen, und offenbart ihm die letzten Geheimnisse (→*Okuden,* →*Gokuhi*) des Stils. Dies ist das wahre Erbe eines Stils, das der Meister nur jenen überträgt, die sich durch lange Zeit des Suchens nach der inneren Meisterschaft die Fähigkeiten zu den Weghintergründen erschließen. Diese Schüler sind die inneren Erben *(Uchi-deshi)*, doch sie bleiben auch später meist im Hintergrund und sind der Öffentlichkeit nur selten bekannt. Sie sind die Verwahrer der esoterischen Weglehre und werden ihre Geheimnisse nur jenen offenbaren, die sie als würdig erachten. So ist z. B. die richtige Anwendung der *Karate*-

Kata mit detaillierten Erklärungen über den arbeitsintensiven, therapeutischen und kämpferischen Aspekt ausschließlich eine Sache des *Uchi-deshi*. In den äußeren Schulen werden diese wesentlichen Punkte der Kampfkunst nur sehr oberflächlich behandelt und beinhalten meist einen rein formellen Aspekt.

Uchi bezeichnet das »Innere«. Dies bedeutet, daß der *Uchi-deshi* Zugang zu der Privatsphäre des Meisters hat (s. →*Dokusan*) und dadurch Einblicke in sein Alltagsleben und in seine Gewohnheiten erhält. Daher lebten die *Uchi-deshi* früher im Haus des Meisters oder im *Dôjô*. Sie kümmerten sich darum, daß alles seine Richtigkeit hatte, und führten das Anfängertraining. Sie bildeten in den *Dôjô* die *Budô*-Gemeinschaft, das fähigste Potential des jeweiligen Stils, das die inneren Werte und Techniken über Generationen hinweg erhielt und übertrug. Durch ihre lebenslange Treue zum Haupt-*Dôjô* ermöglichten sie eine sukzessive Verbesserung und Verfeinerung des Stils, ihnen ist es zu verdanken, daß man in den traditionellen Stilen eine tausendjährige Geschichte und Tradition lückenlos zurückverfolgen kann.

DAS SOTO-PRINZIP

Soto bezeichnet in der japanischen Sprache das »Äußere«. Es ist die Bezeichnung für all diejenigen Schüler, die in den Kampfkünsten die Technik *(Waza)* vor den Weg *(Dô)* stellten und in keiner budômäßigen Verbindung (→*Shitei*) zum *Sensei* und zum *Dôjô* standen. Sie lebten nicht in der *Budô*-Gemeinschaft, sondern besuchten die *Dôjô* nur, um zu trainieren. Sie übernahmen keine Verantwortungen im Haupt-*Dôjô*, sondern gründeten im Laufe der Geschichte eine unüberschaubar große Zahl von eigenen *Dôjô*, von denen die meisten keine Wurzeln in langjährigen Traditionen und keine Übertragungslinien in die Zukunft hatten. Nur sehr wenigen von ihnen gelang es, einen eigenen traditionellen Inhalt zu finden und für die kommenden Generationen von Bedeutung zu sein.

Uchi-fumikomi (jap.): hineinstampfen (s. →*Fumikomi*).

Uchi-hachiji-dachi (jap.): natürliche Stellung *(Hachiji-dachi)* mit geöffneten, einwärts gedrehten Füßen (auch *Uchi hachinoji-dachi*, s. →*Tachikata*, →*Shizen-tai*).

Uchi-hachinoji-dachi (jap.): Bereitschaftsstellung (s. →*Shizen-tai*, →*Tachikata*). Auch *Uchi hachiji-dachi*.

Uchi-harau (jap.): Angriff abschlagen.

Uchi-kasu (jap.): zurückschlagen.

Uchi-komi (jap.): Schlagtechnik (s. →*Shutô-uchi*). Auch das Üben der Wurfeingänge aus dem *Jûdô* (s. →*Tsukuri*, →*Butsukuri*).

Uchikomi-geiko (jap.): Training von Angriffstechniken *(Karate)* oder Wurfeingängen *(Jûdô)* mit dem Partner. Dies ist ein grundlegendes Angriffstraining gegen einen passiven Partner.

Zuerst bewegt sich der Partner nicht, und man führt dieselbe Übung mehrere Male aus, dann bewegt man sich in einer Kombination von Techniken, die mit möglichst viel Geschwindigkeit und Kraft ausgeführt werden sollen, wobei man verschiedene Winkel und Angriffsrhythmen verwendet und die Stellung, die Körperbewegung sowie die Ausführung und Präzision der Techniken verbessert. Dabei übt man ohne Pause, bis man atemlos ist. Dann wechseln die Rollen, und der Partner übernimmt die Offensive. Diese Übung soll auch wiederholt werden, indem der defensive Partner zunächst mit einem Schritt und danach frei sich dem Angriff entzieht. Dies entwickelt gute Kombinationstechniken. Die Art der Übung ist vergleichbar mit *Uchikomi-renshû* aus dem *Jûdô* und *Kendô*.

Uchi-kudaki (jap.): Technik der *Koshiki no Kata*.

Uchi maki komi (jap.): Innendrehwurf aus dem *Jûdô*.

Uchi-mata (jap.): innerer Schenkelwurf (s. →*Nage-waza*). Das Bein des Gegners wird an der Innenseite des Schenkels von innen nach außen hochgefegt.

Uchi-mata-sukashi (jap.): Kontertechnik gegen *Uchi-mata* durch Ausweichen.

Uchi-mikatsuki-geri (jap.): andere Bezeichnung für →*Sokutô mikatsuki-geri* und →*Ura-mikatsuki* geri (s. auch →*Mikatsuki-geri* und →*Mikatsuki geri-uke*).

Uchi-nagashi (jap.): Form von →*Yokeru-koto*, systematisiert vor allem im →*Wadô-ryû*.

Bei einem gegnerischen Angriff weicht man mit dem hinteren Fuß schräg nach außen aus und dreht gleichzeitig die Hüfte in die entgegengesetzte Richtung, während der Schwerpunkt des Körpers zurückgenommen wird. Dabei führt man eine entsprechende Abwehrtechnik aus.

Uchinanku (jap.): Bezeichnung für gebürtige, reinrassige Okinawaner (s. →*Okinawa*).

Uchi-okoshi (jap.): 4. Position (auch *Kikitori*) im japanischen Bogenschießen (s. →*Kyûdô*).

Während der Bogenschütze das Ziel im Blick behält, hebt er den Bogen über den Kopf. In dieser Bewegung wird eingeatmet, der →*Hara* mit Kraft gefüllt und die Haltung stabilisiert.

Uchi-oroshi (jap.): Technik der *Jû no Kata*.

Uchiotoshi-waza (jap.): Kontertechniken aus dem *Kendô*, nachdem das *Shinai* des Gegners nach unten geschlagen wurde. Klassifiziert unter →*Oji-waza*.

Uchi-tachi (jap.): Angreifer im *Kendô*.

Uchita Shozo (1917–1989): japanischer Großmeister des →*Gôjû-ryû*, 9. Dan, Schüler von →MIYAGI CHÔJUN und →YAMAGUCHI GÔGEN, Mitbegründer der *Japan Karate Federation Goju-Kai* (s. Anhang).

JKF GOJU-KAI UND KENBUKAN

Uchita lernte *Gôjû-ryû Karate* zusammen mit Yamaguchi Gôgen unter Miyagi Chôjun. 1945 gründete er sein eigenes *Dôjô* in Wakayama, das er →*Kenbukan* nannte. Zusammen mit YAMAGUCHI GÔGEN, UCHIAGE KENZO und KIZAKI TOMOHARU gründete er nach dem Zweiten Weltkrieg die *Japan Karate Federation Goju-Kai* (*JKF Goju-Kai*) die er ab 1969, nach dem Weggang Yamaguchis, neben den Lehrertätigkeiten im *Kenbukan* als Präsident leitete Die *JKF Goju-Kai* ist über die →FAJKO Mitglied der WKF (früher WUKO).

ÜBERTRAGUNG NACH DEUTSCHLAND

Mit der *JKF Goju-Kai* und dem *Kenbukan* ist auch die Sektion *Gôjû-ryû* des →*Deutschen Karate Verbandes* (s. →DKV und Anhang) verbunden. Nach mehrjährigem Training mit TABATA T. (6. Dan) aus dem *Kenbukan* bekam STANKO KUMER (4. Dan) von Großmeister Uchita 1981 die Erlaubnis, in Deutschland das 35. *Kenbukan-Dôjô* zu eröffnen. Inzwischen steht Stanko Kumer als offizieller Verteter des *Kenbukan* und Mitglied im DKV 33 Vereinen mit etwa 4000 Mitgliedern vor. Weitere wichtige Lehrer sind HEINRICH BÜTTNER (4. Dan) und GERD NEULAND (3. Dan). Die *JKF Goju-Kai Deutschland* funktioniert als selbständige Sektion im DKV und unterhält Beziehungen zu ISA SEKIMOTO (8. Dan), OSAMU YAMADA (7. Dan), NOBUTAKA TSUMOTO (5. Dan), FUKIKO SHIOTANI (4. Dan) aus dem *Kenbukan* und TAKESHI UCHIAGE (7. Dan) vom *JKF Goju-Kai*.

Uchi-ude-uke (jap.): Abwehr mit dem Unterarm von innen nach außen. Die meistverwendete Abwehrart im →*Uchi-uke* und gleichzeitig eine der wichtigsten Abwehrformen zur mittleren Stufe *(Chûdan)*. Abgewehrt wird mit dem Teil des Unterarms nahe der Daumenseite.

Uchi-ude-uke – Karateabwehr von innen nach außen

GRUNDREGELN DES UCHI-UKE

- Der abwehrende Arm gleitet unter den gegenseitig ausgestreckten Arm, so daß der Ellbogen vor dem Körper steht.
- Nun schwingt man den Unterarm nach außen. Es ist dabei wichtig, daß der Ellbogen vor dem Körper bleibt, daß er sich nicht zu weit entfernt und daß er als Drehpunkt für die Technik verwendet wird. Auf keinen Fall darf der Ellbogen vor der Abwehrbewegung an die Seite gebracht werden.
- In der Endphase steht die Faust etwa in Schulterhöhe, die Innenseite zum Gesicht, der Ellbogen ist nahe am Körper, die seitlichen Rumpfmuskeln werden gespannt, wobei die Hüften halb abgedreht sind.

Uchi-uke (jap.): *Karate*-Abwehrtechniken, die

von innen nach außen ausgeführt werden (auch →*Gaihô-uke*).

Uchi-waza (jap.): Gruppe sämtlicher Schlagtechniken im *Karate*. *Uchi* sind Armtechniken, die in einem Halbkreis ins Ziel geschlagen werden. Ihre Einteilung erfolgt zumeist nach der Art der Auftrefffläche:

UCHI-WAZA

KOBUSHI-UCHI – FAUSTSCHLÄGE

Uraken-uchi	**– Faustrückenschlag**
Tatemawashi uraken-uchi	– vertikaler Schlag
Yokomawashi uraken-uchi	– horizontaler Schlag
Otoshi uraken-uchi	– Schlag nach unten
Tettsui(kentsui)-uchi	– Hammerfaustschlag
Tatemawashi tettsui-uchi	– vertikaler Schlag
Yokomawashi tettsui-uchi	– horizontaler Schlag
Otoshi tettsui-uchi	– Schlag nach unten

HIJI-UCHI – ELLENBOGENSCHLÄGE

Empi-uchi (Hiji-ate)	**– Ellbogenschlag**
Mae empi-uchi	– nach vorn
Yoko empi-uchi	– zur Seite
Ushiro empi-uchi	– nach hinten
Mawashi empi-uchi	– im Halbkreis
Tate empi-uchi	– vertikal
Otoshi empi-uchi	– nach unten

KAISHU-UCHI – SCHLÄGE MIT DER OFFENEN HAND

Shutô-uchi	**– Schwerthandschlag**
Uchi shutô-uchi	– von innen nach außen
Soto shutô-uchi	– von außen nach innen
Otoshi shutô-uchi	– von oben nach unten
Haitô-uchi	**– Innenhandkanten schlag**
Uchi haitô-uchi	– von innen nach außen
Soto haitô-uchi	– von außen nach innen
Otoshi haitô-uchi	– von oben nach unten
Haishû-uchi	**– Handrückenschlag**
Age haishû-uchi	– von unten nach oben
Uchi haishû-uchi	– von innen nach außen
Teishô-(Shôtei-)uchi	**– Handwurzelschlag**
Age teishô-uchi	– von unten nach oben
Soto teishô-uchi	– von außen nach innen

GRUNDREGELN DES UCHI

- Der Unterarm wird schnell und flüssig um das Ellbogengelenk geschlagen. Oberarm und Ellbogen müssen entspannt sein.
- Der Arm wird in der Technik immer ganz gestreckt.
- Der Ursprung des *Kime* ist beim *Uchi* die federnde Wirkung des Schlages. Deshalb darf nie Kraft verwendet werden. Es reicht, wenn im Ziel der Streckmuskel entspannt und der Gegenstreckmuskel sofort angezogen wird.
- Die Technik soll immer mit einer Hüftbewegung verbunden werden.
- Während der Übung immer auf die Haltung und auf die Stellung achten. Alle Techniken auch am *Makiwara* üben.

Ude (jap.): Arm, Unterarm; Geschick, Talent, Fähigkeit (auch *Wan*).

Ude-ate-waza (jap.): Gruppe der Arm-Angriffstechniken (s. →*Tsuki-waza*, →*Uchi-waza*).

Ude-gaeshi (jap.): Armdrehung.

Ude-garami (jap.): Armbeugehebel aus dem *Jûdô*.

Ude-garami-henka-waza (jap.): seitlicher Streckhebel aus der Bank.

Ude-gatame (jap.): Drehstreckhebel aus dem *Jûdô*.

Ude-hishigi (jap.): Drehstreckhebel aus dem Kniestand.

Ude-hishigi-henka-waza (jap.): Kniestreckhebel aus dem *Jûdô*.

Ude-hishigi hiza-gatame (jap.): Kippstreckhebel im Niedergehen. *Jûdô*-Technik.

Ude-hishigi-jûji-gatame (jap.): seitlicher Streckhebel aus dem Kniestand. *Jûdô*-Technik.

Ude-hiza-guruma (jap.): Armknierad aus dem *Jûdô*.

Ude-kaiten (jap.): Armschwung.

Ude-osae (jap.): pressen mit dem Arm. Diese Techniken werden zum Abwehren gegnerischer Angriffe zur *Chûdan*-Stufe verwendet (Zuordnung s. →*Osae-uke*).

Es gibt Preßabwehrtechniken mit der offenen Hand (*Te-osae*), mit dem Unterarm (*Mae-ude-deai-osae*) und mit der Schwerthand (*Shutô-osae*) usw.

Ude-uke (jap.): Abwehr mit dem Arm [*Ude* = Arm], Gegensatz zu →*Ashi-uke*. Überbegriff für ein großes System von Abwehrtechniken im *Karate*, in dem die einzelnen Abwehren klassifiziert sind.

Entsprechend der Abwehrmethodik oder der Abwehrrichtung kann man diese Abwehrtechniken unterteilen (s. unter der jeweiligen Bezeichnung):

ABWEHRFORMEN MIT UDE-UKE

Otoshi-uke	– von oben nach unten
Jôhô(age)-uke	– von unten nach oben
Naihô(soto)-uke	– von außen nach innen
Gaihô(uchi)-uke	– von innen nach außen
Nagashi-uke	– Fegeabwehrtechniken
Osae-uke	– Preßabwehrtechniken
Hineri-uke	– Drehabwehrtechniken
Fumikomi-uke	– hineingehen mit Abwehr
Suri-uke	– Abwehr mit gleitendem Ellbogen
Morote-uke	– beidhändige Abwehr
Awase-uke	– unterstützte Abwehr
Sukui-uke	– Schaufelabwehr
Tsukami-uke	– Greifabwehr
Kakiwake-uke	– Keilabwehr

Udewa (jap.): »Kreis der Arme«, Wurftechnik aus der Kata *Bassai-dai* (s. →*Nage-waza*).

Nach einer Befreiung aus einer Halsumklammerung werden beide Arme in zwei seitlichen Kreisen nach unten geführt und fassen in die Kniekehlen des Gegners. Gleichzeitig drückt der Kopf in die Bauchgegend.

Ue (jap.): oben (auch *Jô, Shô*).

Uechi Kanbun (1877–1948): okinawanischer *Karate*-Meister und Begründer des →*Uechi-ryû*, einer Kampfkunst der inneren Richtungen (s. →*Shôrei-ryû*).

Uechi Kanbun, der Gründer des Uechi-ryû

UECHIS SCHÜLERJAHRE

Kanbun Uechi wurde am 5. Mai 1877 auf Okinawa als Sohn einer armen Bauernfamilie geboren und begann mit der Übung des *Karate* unter UECHI KANTOKU. 1897 reiste er auf Veranlassung seines Vaters nach China in die südliche Provinz Fukien. Der Grund dafür war, daß sein Vater darauf bestand, daß der junge Kanbun die Kampfkünste studieren und außerdem den von Japan auferzwungenen Militärdienst umgehen sollte. In China übte er zunächst unter dem okinawanischen Meister →KOJÔ KAHO und seinem Assistenten MAKABE UDUN.

Im *Kojô-Dôjô* hatte Uechi zunächst viel unter Makabes Beleidigungen zu leiden, die ihn veranlaßten, das *Dôjô* zu verlassen. Daraufhin lernte er den Mönch CHOU TSU-HO (okinawanisch SHUSHIWA) kennen und wurde sein Schüler. Von ihm lernte er nicht nur Kampfkunst (*Pangai-Noon*, *Pan-ying-juan* oder *Fwan-ge-nun*, eine Synthese des Tiger-, Drachen- und Kranichstils), sondern auch die Kunst der Kräuterbehandlung, die später auf Okinawa unter dem Begriff *Uechi-gusa* (»Uechis Kräuter«) bekannt wurde. Damit verdiente er sich in China seinen Lebensunterhalt. 1904 wollte er nach Okinawa zurückkehren, doch die politische Situation erlaubte es nicht. Daraufhin wurde er Chou Tsu-Ho's persönlicher Assistent und eröffnete 1906 mit seiner Zustimmung eine eigene Schule in Nanjing.

UECHI BEGINNT ZU UNTERRICHTEN

Der chinesische *Kempô*-Stil, den Chou Tsu-Ho lehrte, ist eine Synthese der inneren (→*Nei-jia*) und äußeren Schulen (→*Wai-jia*) des *Quan-fa*. Er vereinigt die Form des Tigers, des Kranichs und des Drachen. Man benutzt kaum die geschlossene Faust, sondern zumeist die Fingerglieder der Hand, die Tigerpranke, die Handfläche, den Daumen und die Finger. Diesen Stil studierte Uechi 13 Jahre lang, unterrichtete jedoch seit 1904 als Assistent in China und seit 1906 in einem eigenen *Dôjô*.

Nach wie vor verdiente er sich seinen Lebensunterhalt mit dem Kräuterverkauf. Nach drei Jahren des Unterrichts wurden Schüler aus Uechis Schule in einen Konflikt mit Bauern aus dem Nachbardorf verwickelt. Als einer von Uechis Schülern einen Bauern im Kampf tötete, geriet die Uechi-Schule in die Kritik der Menschen, die ihm vorwarfen, daß er eine tödliche Kunst unterrichte.

RÜCKKEHR NACH OKINAWA

Daraufhin beschloß Uechi, sich von den Kampfkünsten abzuwenden, und kehrte im Februar 1910 nach Okinawa zurück. Doch dort gab es Schwierigkeiten, da er wegen seiner Militärdienstverweigerung jederzeit verhaftet werden konnte. Viele, die früher zurückgekehrt waren, mußten Gefängnisstrafen absitzen.

Deshalb lebte er während der darauffolgenden 17 Jahren zurückgezogen und unerkannt. Er kleidete sich und sprach chinesisch, heiratete und wurde Landwirt im Norden Okinawas. Am 26. Juni 1911 wurde sein Sohn KANEI geboren. Nach einiger Zeit erfuhren die Okinawaner von chinesischen Schiffsreisenden, daß Uechi ein großartiger Kampfkunstexperte sei, und je mehr er sich weigerte zu unterrichten, um so größer wurde sein Ruf.

Nach langem Drängen führte er eines Tages anläßlich einer okinawanischen Volksfeier die Kata *Seisan* vor. Die Demonstration war so beeindruckend, daß sie großes Aufsehen erregte. Meister →ITOSU bot Uechi Kanbun eine Stellung im Lehrerkollegium *(Shihan-gakku)* des *Okinawa-te* an, die er schließlich annahm. Bald darauf jedoch starb Itosu, und es kam zu Rivalitäten zwischen seinen Nachfolgern. Daraufhin wandte Uechi den Kampfkünsten erneut für einige Jahre den Rücken zu.

UECHI IN JAPAN

Im Januar 1921 siedelte er, entschlossen, nie mehr zu unterrichten, nach Wakayama (Japan) um, wohin er seinen Sohn Kanei mitnahm. Dort begegnete er seinem Landsmann →RYÛKO TOMOYOSE, der ihn so lange drängte, bis Meister Uechi 1923 in Wakayama ein kleines *Dôjô* eröffnete. Er unterrichtete zunächst unter Vorsichtsmaßnahmen, fast im geheimen, und nahm Schüler nur auf Empfehlung an. 1932 wechselte er den Unterrichtsort und nannte sein neues Dôjô *Pangai-Noon-ryû Karate Jutsu Kenkyusho* (»Institut zur Erforschung des *Karate-jutsu* der *Panga-Noon*-Schule). Unter seinen Schülern befand sich auch sein Sohn Kanei, der zunehmend die Aufgaben seines Vaters übernahm. 1940 veränderte Meister Uechi den Namen seiner Schule in *Uechi-ryû Karate Jutsu*. Von nun an akzeptierte er alle Schüler, die an seine Tür klopften. Die Schule wuchs auf 300 Schüler heran. Das Training bestand aus *Kote-kitai* (Abhärtung), Kata-Übung der *Sanchin, Seisan* und *Sanseru* und Übungen des freien Kämpfens, was für jene Zeit sehr ungewöhnlich war.

Im November 1933 gründete er mit den Übungsleitern der Gruppe den *Shûbukai* (»Vereinigung zur Vertiefung des *Budô*«). Diese Vereinigung erhielt 1971 den Namen *Uechi-ryû Karate-dô Kyôkai*, sie existiert und unterrichtet noch heute.

RÜCKKEHR NACH OKINAWA

Kanbun Uechi kehrte 1947 nach Okinawa zurück. Zu seinen bedeutendsten Schülern gehörten UECHI KANEI, RYÛYU TOMOYOSE, AKAMINE KAYEI, SAKIYAMA SHUEI, SHIMABUKU NATSUKICHI und UEHARA SABURÔ (Gründer der Kata *Kanshu*). Bereits 1942 war Kanbun Uechis Sohn KANEI nach Okinawa zurückgekehrt. Im Oktober 1944 wurde er in die Armee eingezogen und blieb dort 8 Monate. Nach dem Krieg errichtete er zusammen mit RYÛKO TOMOYOSE in einem Vorort der Stadt Ginowan auf dem höchsten Hügel von Fantema das *Hombu-Dôjô* des *Uechi-ryû*. 1947 folgte ihm sein Vater Kanbun nach Okinawa, wo er im darauffolgenden Jahr verstarb.

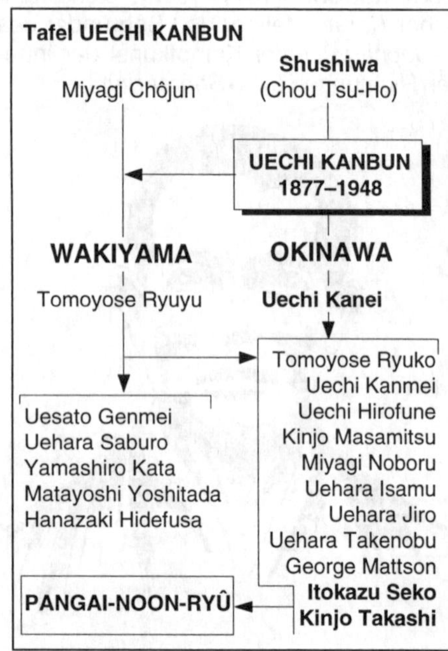

Uechi Kanei[1] (1911–1991): Sohn des Stilgründers des →*Uechi-ryû*, →UECHI KANBUN. Am 26. Juni 1911 geboren, unterrichtete er bis zu seinem Tod im Februar 1991 das *Uechi-ryû* im *Hombu-Dôjô* nahe der okinawanischen Stadt Ginowan, das als Zentrale des inzwischen weltweit verbreiteten Stils gilt.

Uechi Kanei – Sohn des Stilgründers Uechi-ryû

UECHI KANEIS EINFLUß AUF DEN STIL

Das *Uechi-ryû*, das wir heute kennen, stammt aus der Arbeit, die Kanei auf dem aufbaute, was sein Vater Kanbun ihm hinterließ. Er begann im Jahre 1933 diese Arbeit zu verwirklichen. Ursprünglich lehrte Kanbun Uechi nur drei Kata: *Sanchin, Seisan (Jusan)* und *Sanseru (Sanjuroku)*. Diese drei *Shaolin-Kata* tragen die Symbolik der magischen Ziffern des Buddhismus in sich (*Sanchin* – drei Phasen, *Seisan* – dreißig, *Sanseru* – sechsundreißig) und sind das Gerüst des *Uechi-ryû* bis auf den heutigen Tag. Um den Stil zu entwickeln, jedoch ohne seinen Geist zu verfälschen, fügte Kanei Uechi noch fünf *Kata* hinzu: *Kanshiwa, Daini-Seisan* (oder *Kanshu*, gegründet von UEHARA SABURÔ), *Kanchin, Seichin* (gegründet von ITOKATSU SEKO) und *Seiryu* (gegründet von KANEI UECHI). Sein Übungsleiter YONAWA M. gründete ein *Yakusoku-kumite 1,* und Kanei gründete ein *Yakusoku-kumite 2* und formalisierte die *Jumi-undô* und *Hojo-undô*.

1978 spaltete sich ITOKAZU SEKO vom Stil ab und gründete, zusammen mit KINJO TAKASHI, seine eigene Version, das →*Pangai Noon-ryû*.

UNUMSTRITTENER GROßMEISTER

Uechi-ryû hat sich in all den Jahren kaum von seinem chinesischen Ursprung entfernt und ist bis heute eine der stärksten Festungen der traditionellen Linie. Der Stil lebt durch eine ungeheuer vitale Kraft, durch die Nähe zur Realität und durch eine genau erforschte Geisteshaltung im Kampf. Es gibt keine unterschiedlichen Interpretationen, keine Uneinigkeit und keine Disharmonie, obwohl der Stil international verbreitet ist. Dies ist darauf zurückzuführen, daß alle Lehrerpositionen von Uechi Kanei vergeben wurden, nachdem die Anwärter bei ihm angereist waren, um ihm die *Sanchin-Kata* vorzuführen. Danach entschied der Meister über die Erlaubnis zum Unterricht.

Zwei von drei Söhnen Kaneis, KANMEI und HIROFUMI, führen den Unterricht im *Hombu-dôjô* nach dem Tod des Vaters weiter. Der Leitsatz des Meisters ist: »Das Einfache ist das Schwierigste, der Anfang ist das Ende.«

Uechi Kanei[2]: okinawanischer *Karate*-Meister (zu unterscheiden von UECHI KANEI aus dem *Uechi-ryû*) und Begründer einer Richtung des →*Shitô-ryû*.

In seiner Kindheit lernte Uechi *Karate* unter der Anleitung seines Großvaters und seines Onkels. 1922 ging er nach Osaka und wurde 1926 Schüler von →MABUNI KENWA. Er studierte Mabunis *Shitô-ryû* bis 1937. 1950 kehrte er nach Okinawa zurück und eröffnete ein eigenes *Dôjô*.

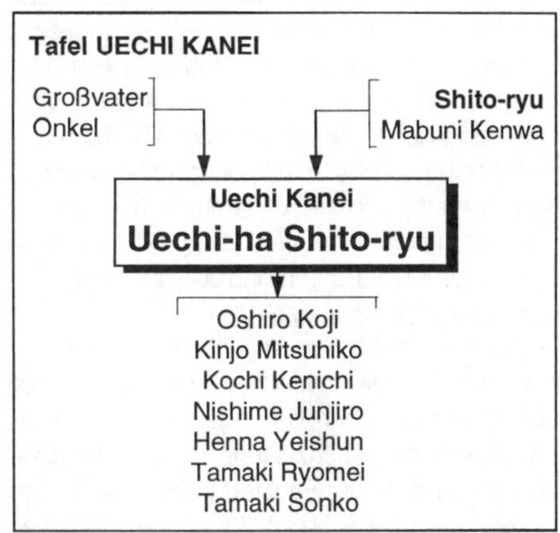

Uechi-ryû (jap.): okinawanische *Karate*-Stilrichtung, dem →*Shôrei-ryû* zugeordnet, gegründet von →UECHI KANBUN.

Uechi-ryû wurde von →UECHI KANBUN (1877–1948)

gegründet. Uechi ging im Jahre 1897 nach China in die Provinz Fukien und studierte dort den Stil *Pangai-Noon*, der hauptsächlich aus den Tiersystemen des →*Quan-fa* beeinfußt ist. Der Stil ist auf der Nachahmung der Tiere Tiger, Kranich und Drache aufgebaut und benutzt vorwiegend die Techniken der offenen Hand auf die Vitalsysteme (→*Dian-xue*) des menschlichen Körpers und tiefe Fußtritte.
Uechi Kanbun kehrte nach Okinawa zurück und unterrichtete lange Jahre nicht. Danach gab er seinen Stil an seinen Sohn →UECHI KANEI weiter, der 1942 in Ginowan, Okinawa, das *Hombu-dôjô* des *Uechi-ryû* gründete. Dieses ist auch noch heute die Hochburg für alle Mitglieder des *Uechi-ryû*.

UECHI-RYÛ SANCHIN-KATA

Die *Sanchin* ist die Basis-Kata des *Uechi-ryû*. Sie wird mit offenen Händen geübt, was sie von anderen okinawanischen *Sanchin*-Varianten unterscheidet. Jeder Anfänger muß mit dieser Kata beginnen, deren Übung man als *Shigoki-waza* (»hartes Training«) bezeichnet. Entsprechend dem Grad des Fortschritts wird der Schüler beim Üben der *Sanchin* Treffern auf Körper, Arme und Beine ausgesetzt, um sich abzuhärten. Er muß seine Muskeln über die Atmung stärken und lernen, harte Schläge zu isolieren.
Die Unterschiede in der Ausführung der *Uechi-Sanchin*, verglichen mit der *Gôjû-Sanchin*, liegen nicht nur in offenen bzw. geschlossenen Handpositionen, sondern auch in der Verwendung einer unterschiedlichen Atemmethode. Die Methode der Atmung im *Gôjû-ryû* verlangt eine Kontrolle der Einatmung und der Ausatmung. Im *Uechi-ryû* wird eine durchdringende und rhythmische Ausatmung geübt, die Einatmung erfolgt natürlich.

UECHI-RYÛ KAMPFKONZEPT

Auf die *Sanchin* folgt die *Kanshiwa*. Sie spielt eine vermittelnde Rolle zwischen der technischen Übung und den Kampfübungen und enthält als einzige Kata die geschlossene Faust. Das *Uechi-ryû* verwendet kaum Faustangriffe, sondern bevorzugt die offene Hand (*Ippon-ken, Hira-ken* und *Nukite*). Auch wird dem Fußangriff mit den Zehenspitzen *(Tsumasaki)* besondere Bedeutung beigemessen. In freien Kampfübungen wird die geschlossene Faust verwendet, die im *Uechi-ryû* als abgeschwächte Angriffsform gilt.
Uechi-ryû unterscheidet sich von anderen okinawanischen Konzepten auch dadurch, daß ein besonderer Schwerpunkt auf dem freien Kämpfen liegt. In vielen klassischen Schulen herrscht die Idee vor, daß der Kampf durch die Übung der *Kata* entsteht. Wenn Kämpfe stattfanden, bewegten sie sich nahe der Realität und waren oft tödlich.
Der freie Kampf wurde erst nach dem 2. Weltkrieg im Sport-*Karate* akzentuiert. Uechi hatte diesbezüglich immer eine andere Auffassung. Für ihn war die Übung des Kämpfens unerläßlich, da er darin den Sinn der Kampfkunst sah. Als er im Laufe der Übung bemerkte, daß immer mehr Verletzungen auftraten, beschloß er, den Körper so abzuhärten, daß jeder Schlag aufgenommen werden konnte. Andere Schulen vermieden Verletzungen durch Schutzausrüstung. Uechi machte die Kata *Sanchin* zu einer natürlichen Schutzausrüstung. Dies rief in Okinawa viel Kritik hervor: »Eine Abhärtung des Körpers kann nur bis zu einem Alter von 40 Jahren betrieben werden. Darüber hinaus wird diese Methode zu anstrengend. Bei jungen Leuten können oft bleibende Schäden hervorgerufen werde.«

Uehara Seikichi (*1903): okinawanischer *Karate*-Experte, Nachfolger des →*Motobu-ryû*, einer okinawanischen Selbstverteidigungskunst, die über einige Jahrhunderte das Eigentum des MOTOBU-Clans war. Ursprünglich nannte man diese Kunst auf Okinawa *Goten-te,* und man kann sie bis zu MOTOBU CHÔHE, einem Ahnen der Familie, zurückverfolgen.

UEHARAS MOTOBU-RYÛ

Der Name *Motobu-ryû* stammt von UEHARA SEIKICHI, dem ersten Nichtmitglied des Motobu-Clans, der diese geheime Kunst lernen durfte. Ursprünglich wurde die Kampfmethode nur den erstgeborenen Sohn jeder Generation gelehrt. Diese lange Familienlinie wurde unterbrochen, als im 20. Jh. große Nöte den Motobu-Clan heimsuchten. →MOTOBU CHÔYÛ, der Bruder von →MOTOBU CHÔKI, der der letzte Motobu-Erbe dieser Kunst war, übertrug die Erbschaft auf Uehara Seikichi. Uehara änderte zu Ehren des Motobu-Clans den Namen in *Motobu-ryû* um.
Das Ziel dieser Kunst ist es, mit einem Minimum an Aufwand ein Maximum an Wirkung zu erzielen. Auf den ersten Blick sieht diese für Okinawa ungewöhnliche Methode dem japanischen *Ai-*

kidô ähnlich, insbesondere weil es in ihr viele Wurftechniken gibt. Nach Uehara Seikichi beruht das *Motobu-ryû* darauf, die Stärke des Gegners gegen ihn selbst zu richten. Dem *Motobu-ryû* fehlen Stellungen und Abwehrtechniken sowie formale Übungen *(Kata)*.

ÜBERLIEFERUNG DES MOTOBU-RYÛ

Uehara entschloß sich, das Wissen um diese geheime Kunst zu verbreiten, indem er die *All-Okinawa Karate und Kobudô Rengokai* gründete, die viele der führenden Kampfkunstübenden auf Okinawa anzog. SHIAN TOMA, der Gründer des *Seidokan-ryû* und ebenfalls ein Mitglied dieser Organisation, brachte das *Motobu-ryû* auch nach Nordamerika. Das System verwendet auch Waffen, was man als *Motobu-ryû Bujutsu* bezeichnet. Zu den Waffen in diesem System gehören *Katana, Yari* und *Naginata*.

Uehara Yukinori (*1916): okinawanischer *Karate*-Meister des *Gôjû-ryû*, direkter Schüler von →MIYAGI CHÔJUN. Ueharas bedeutendster Schüler war MORI *(Oita-ken)*.

Ueshiba Kisshomaru (*1921): *Aikidô-Doshu* (s. →*Dôshu*), dritter Sohn von → UESHIBA MORIHEI, dem Gründer des →*Aikidô*.

1946 machte Kisshomaru Ueshiba seinen Abschluß an der *Waseda*-Universität, 1948 wurde er Meister des *Aikidô Hombu-dôjô*, und 1967 wurde er zum Leiter des *Aikikai*, der größten *Aikidô*-Organisation in Japan und Übersee, ernannt. Seine offizielle Ernennung zum Nachfolger seines Vaters erfolgte 1969.

Ueshiba Morihei (1883–1969): Gründer des →*Aikidô*, geboren am 14. Dezember 1883 in eine Familie japanischer *Samurai*-Bauern, die in der Stadt Tanabe, Präfektur Wakayama, lebte. Sein Vater, UESHIBA YOROKU, war Waffenmeister der Familie KII und Polizist in seiner Heimatstadt.

UESHIBAS BEWEGTE JUGEND

Als Kind von schwächlicher Gesundheit, wurde Ueshiba früh vom shintôistischen Glauben geprägt, besonders jedoch vom esoterischen Buddhismus der →*Shingon*-Sekte, der seine Eltern angehörten. Ab 1890 besuchte er regelmäßig den Tempel Jizodera, in dem der Mönch FUJIMOTO MIZUJO ihn unterrichtete. Bereits 1893 begann Ueshiba mit der Übung des *Kenjutsu* und *Sôjutsu* im *Aoi-ryû*.

1898 ging er nach Tôkyô, eröffnete dort einen kleinen Laden und studierte das *Jûjutsu* des *Kitô-ryû* unter TOZAWA TOKUZABURÔ. Doch das Händlerleben befriedigte ihn wenig, und so studierte er ab 1902 das *Jûjutsu* und *Kenjutsu* des *Yagyû Shinkage-ryû* unter NAKAI MASAKATSU. In diesem *Dôjô* begegnete er HANDA, einem Schüler von TAKEDA SÔGAKU, und begann sich für das *Daitô-ryû* zu interessieren. 1903 heiratete er und wurde zum Militär eingezogen. Da er nicht für den Kriegsdienst geeignet war, gelangte er als Reservist nach Osaka und 1904 in die Mandschurei, wo er am Russisch-Japanischen Krieg teilnahm. In China lernte er das *Ba-gua-quan*. Als er 1906 nach Tanabe zurückkehrte, befaßte er sich weiter mit dem Studium der Kampfkünste und erhielt 1908 das *Menkyo-kaiden* im *Kitô-ryû*, im *Tenshin Shinyo-ryû* und im *Yagyû Shinkage-ryû (Kenjutsu)* worauf er in Tanabe ein eigenes *Dôjô* eröffnete.

Ueshiba Morihei, der Begründer des Aikidô

DIE SUCHE NACH PERFEKTION

1911 gründete er zusammen mit einer Gruppe von 84 Menschen eine neue Stadt (Shirataki) im Norden der Insel Hokkaidô, der er sieben Jahre lang vorstand. Zur selben Zeit begegnete er zum erstenmal →Takeda Sôgaku, dem berühmten Meister des →*Daitô-ryû* (s. auch →*Aikijutsu*).

Meister UESHIBA KISSHOMARU, Ueshiba Moriheis Sohn, berichtet, daß Takeda Sôgaku und sein Vater sich im Jahre 1911 in Engaru (Hokkaidô) in der Gaststätte Kubota kennenlernten und Ue-

shiba im Jahre 1916 des *Menkyo-kaiden* des *Daitô-ryû* erhielt. Laut TAKEDA TOKIMUNE (TAKEDA SÔGAKU's Sohn) begegneten sich die beiden Meister erst 1915 in der Herberge Hisada, und Ueshiba erhielt erst 1922 ein Diplom als Assistenz-Instruktor und nie das *Menkyo-kaiden* im *Daitô-ryû*. Jedenfalls eröffnete Ueshiba Morihei 1912 in Shirataki ein *Dôjô*, in dem ab 1915 auch TAKEDA SÔGAKU das *Daitô-ryû* unterrichtete. Trotz des Studiums des *Daitô-ryû* war Ueshibas Lehrzeit im waffenlosen Kampf zu jener Zeit noch nicht beendet, und so studierte er auch andere Methoden, vor allem das *Jûjutsu* des *Yagyû Shinkage-ryû*. In diesem erhielt er 1922 das *Menkyo-kaiden*. Doch unzufrieden mit dem Inhalt seiner bisherigen Erfahrung verließ er Hokkaidô gegen Ende des Jahres 1919 und zog zunächst nach Tanabe. Dort erfuhr er, daß in Ayabe der Mönch →DEGUCHI ONISABURO lebe, der einer politisch-religiöse Sekte, dem →*Ômoto-kyô*, vorstand.
Ueshiba besuchte im November 1919 Ayabe und hielt sich bis zum 28. Dezember bei Deguchi auf. Sein Vater starb am 2. Januar 1920, und im gleichen Jahr starben auch seine beiden Kinder. Tief bewegt von diesen Schicksalsschlägen, zog er bald darauf nach Ayabe und wurde Mitglied der *Ômoto-kyû*. In dieser lernte er verschiedene Philosophien und mystische Praktiken und gründete auf Anraten Deguchis ein *Dôjô*, in dem er die Anhänger der Sekte das *Daitô-ryû* lehrte. 1922 kam auch Takeda Sôgaku nach Ayabe, doch die beiden Meister verstanden sich nicht mehr.
So gut auch die Beziehung zwischen Ueshiba und Deguchi war, die Sektenmitglieder hielten Ueshiba Intoleranz und autoritäres Verhalten vor und mochten ihn nicht. Ueshiba hingegen vertiefte sich in eine aus der *Shingon*-Lehre stammende Praktik, →*Koto-tama*, die ihm schon früher beim Verständnis des *Aikidô* geholfen hatte. Zur selben Zeit veränderte er die Prinzipien des *Daitô-ryû* und nannte seine Kunst *Aiki-Bujutsu*.
Die rigurosen Ansichten Deguchis führten jedoch zu einem Verbot der Sekte, und Deguchi wurde 1921 unter Mordanklage vor ein Tôkyôer Gericht gestellt. In der Nacht des 13. Februar 1924 floh er aus Japan in die Mandschurei, gefolgt von Ueshiba als Leibwächter und einigen Getreuen.

FANATISCHE EXPERIMENTE

Auf dem Kontinent angekommen, gründeten sie mit Hilfe des Mandschu-Kaisers TCHANG TSO-LIN (1873–1928) und LOU TCH'AN-KOUEI's die Vereinigung »Unabhängige Armee des Nordwestens« und wollten durch ihre Lehre in den barbarischen Ländern ein Reich der Güte und Gerechtigkeit schaffen. Sie heilten Kranke, verteilten Reis und Salz, verkündeten das »Reich Gottes« und nannten sich »Retter der Welt«. Ueshiba nahm den Namen WANG CHEOU-KAO an. Doch der Mandschu-Diktator vermutete nach einer Weile Verrat, ließ Lou Tch'an-Kouei hinrichten und verurteilte alle Sektenmitglieder zum Tode. Die Japaner wurden eingekerkert und gefoltert, um ihren wahren Plan zu erfahren. Doch das Einschreiten des japanischen Konsulats ermöglichte Deguchi und Ueshiba am 25. Juli 1925 die Rückkehr nach Japan.
Durch die Erfahrungen dieses Experimentes im Vorstadiums des Todes soll Ueshiba ab diesem Zeitpunkt einen intuitiven Sinn für Gefahr entwickelt haben. Aus dieser Zeit stammt die mystische Theorie, den Angriff eines Gegners zu erkennen, bevor er Form annimmt.

ÖFFENTLICHER UNTERRICHT

In Japan wurden beide in Ehren aufgenommen. Doch Ueshibas Ansichten über die Kampfkünste hatten sich wesentlich verändert. Während eines Trainings machte er eine Erfahrung, die er mit folgenden Woten beschrieb: *»Ich spürte, daß die Erde und der Himmel eins sind. Von der Erde erhob sich eine spirituelle Energie, vergleichbar mit einem goldenen Nebel, der meinen fleischlichen Körper einhüllte und in einen goldenen Körper umwandelte. Ich war nahe daran, das Herz des Universums zu spüren. Danach holte die Erde mich wieder zurück. Ich habe verstanden, daß das Budô unnütz ist, wenn es dem Siegen dient. Budô darf nicht zum destruktiven Werkzeug werden, sondern muß der Harmonie mit dem Universum dienen und der Welt den Frieden bringen.«* Dadurch war die Idee des *Aikidô* geboren, doch es sollte noch 15 Jahre dauern, bis es als solches bezeichnet wurde.
1927 verließ Ueshiba Ayabe und begab sich nach Tôkyô, wo er in seinem Haus in Kurumachô ein *Dôjô* eröffnete. 1930 begann er mit dem Bau seines neûen *Dôjô* in Wakamtsu-chô, das er *Kobukan* nannte und das im April 1931 eröffnet wurde. Durch das extreme Training, das in diesem *Dôjô* stattfand, brachte es sich bald die Bezeichnung *Jigoku-dôjô* (»Trainingsraum der Hölle«)

ein. Shirata Rinjirô, der erste *Uchi-deshi* des *Kobukan*, sagt: »*Wir mußten zu jener Zeit alle Auseinandersetzungen annehmen und immer gewinnen. Der Sensei sprach uns das Recht ab, gegen irgend jemanden zu verlieren. Ueshiba-Sensei trainierte ebenso hart wie wir alle. Alle, die ihn kannten, waren verblüfft über den außergewöhnlichen Eindruck von Kraft, die er entwickelte. Doch er trainierte immer allein und gab keinerlei Anweisungen. Wir mußten ihn aufmerksam beobachten und allein lernen.*«

Ueshibas Meisterschaft nahm in einem Maß zu, daß es dem inzwischen Fünfzigjährigen keine Mühe bereitete, mehrere bewaffnete Gegner zu besiegen. Zwischen 1931 und 1941 lehrte Ueshiba parallel in mehreren *Dôjô*: *Sonezaki-Dôjô, Suida-Dôjô, Otsuka-Dôjô* usw. Zu jener Zeit wurden mehrere berühmte *Budôka*, vor allem aus Jigôro Kanôs Schule, seine Schüler: Shioda Gôzô, Hoshi Tetsuomi, Mochizuki Minoru und Tomiki Kenji.

1939 hielt Ueshiba in der Mandschurei eine Demonstration seiner Kunst ab. 1940 erhielt der *Kobukan* eine Auszeichnung vom Gesundheitsminister, und 1941 entschloß sich der *Butokukai*, das *Ueshiba-ryû Aikibudô* anzuerkennen.

Ueshiba zieht sich zurück

1941 übertrug Ueshiba die Leitung des *Kobukan* seinem Sohn, verließ wider Erwarten Tôkyô und zog nach Iwama in der Präfektur Ibaragi. Er entsagte allen Verantwortungen im *Kobukan* und in sämtlichen *Dôjo* des *Butokukai*. An diesem neuen Ort des Friedens trainierte und meditierte er allein und übernahm 1942 den Namen *Aikidô*, durch den er sich vom *Daitô-ryû* endgültig abspaltete. Im gleichen Jahr wurde diese Bezeichnung von Hirai Minoru im *Butokukai* registriert.

Kurz darauf ließ er in Iwama ein Tempel-*Dôjô (Aiki-Jinja)* errichten, das er dem *Aikidô* und dem → *Koto-tama* widmete. Deguchi, der 1935 in Gefangenschaft geraten war, kam 1942 wieder frei. Takeda Sôgaku starb 1943. Aus Anlaß des 10jährigen Bestehens des mandschurischen *Shôrinji-Kempô* demonstrierte Ueshiba seine Kampfkunst 1942 in der Mandschurei vor dem Kaiser Pu Yi (1906–1967). Nach Japan zurückgekehrt, unterstütze er die Gründung des *Aikikai* unter der Leitung von Ueshiba Kisshomaru in Tôkyô. In seinem *Dôjo* in Iwama nahm Ueshiba nach dem Krieg Tohei Koichi, Abe Tadashi und Saito Morihiro als Schüler an.

1961 unterrichtete er in Hawaii und äußerte dort die historischen Worte: »Bis heute habe ich in Japan eine goldene Brücke gebaut. Ich bin nach Hawaii gekommen, um hier eine silberne Brücke zu bauen, die alle Länder der Erde im tiefen Geist des Budô vereinen soll. Dieser besteht aus einer immerwährenden Harmonie und Liebe zwischen den Völkern.«

1969 entschloß sich der Meister, seine Kampfkunst erneut in der Öffentlichkeit zu unterrichten, und reiste zu diesem Zweck oft nach Tôkyô und in andere *Dôjô*. Danach erkrankte Ueshiba an Krebs und starb am 26. April 1969 in Ayabe.

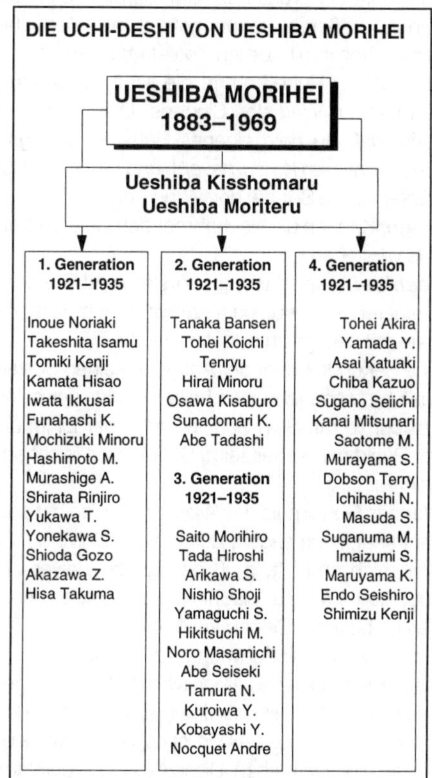

Ein Dialog mit dem Meister

Ueshiba: Aikidô ist das Verständnis der Methode, alle Wesen und Dinge zu ihrer reinsten Essenz zu bringen. Aikidô ist das Prinzip des Nicht-Widerstandes. Meine Kinder lachen über mich und sagen, ich bin veraltet. Ich hingegen glaube, daß ich sehr modern bin, weil ich das Universum in mir trage. Ich bin Vergangenheit, Gegenwart und Zukunft der Kami. Die Kami leben nur in heiligen Menschen. Diesen Menschen verleihen sie eine große Kraft.

Als ich jung war, wollte ich der Welt mit meinem Geist helfen ... Heute bin ich bereit, mich ihr zu opfern... Deguchi-Sensei sagte, ich hätte eine heilige Gabe. Die Menschen tauften mich *Rikizo* (imaginäre Kraft).

Frage: Sie waren Mitglied in der *Ômoto-kyô*. Was ist daraus heute geworden?

Ueshiba: Ich glaube, sie erkennen mich heute nicht mehr als Ihresgleichen an. Die Religion *Ômoto* ist die Wurzel der Demokratie. Ich habe keinen größeren kennengelernt als Deguchi-Sensei. Von ihm habe ich *Koto-tama* gelernt.

Nur aus der Ruhe kommt die Kraft ... Aiki lehrt den rechten Weg des Siegens. Dieser besteht darin, daß du dein eigenes Schwert besiegst. Dies nennt man *Katsu-hayabi*, und diese Kraft ist stärker als die Sonne, der Mond und die Erde.

Frage: Können die Nachahmer den Geist des *Aikidô* verstehen?

Ueshiba: Nein, das können sie nicht! Sie konzentrieren sich auf das Kämpfen, ich konzentriere mich auf mich selbst und auf *Aiki*.

Eine Sekunde bevor der Angreifer seinen Schlag ausführt, sehe ich einen hellen Punkt, der seine Absicht verrät. Sein Schwert folgt der Linie, die der Punkt mir vorher zeigt. So kann ich leicht abwehren.

Wer das Geheimnis des *Aikidô* in sich selbst entdeckt hat, kann sagen: »Ich bin das Universum.« Wer mich angreift, muß das ganze Universum angreifen. Wenn er glaubt, er kann siegen, ist er bereits besiegt. Siegen im *Aikidô* heißt, den Zustand des Ungleichgewichtes zu besiegen.

Die Bewegungen des *Aikidô* sind die Bewegungen des Universums: sie bewirken alles ohne Widerstand. Die Natur des *Aikidô* ist es, die wahre Liebe Gottes zu verwirklichen. Diese Aussagen entstammen den drei wichtigsten Gesetzen der *Ômoto-kyô*:

1. Beobachte das wahre Wirken der Natur, dann wirst du das wahre Wesen Gottes verstehen.
2. Beobachte das perfekte Funktionieren des Universums, dann wirst du die wahre Energie Gottes verstehen.
3. Beobachte den Geist der lebenden Wesen, dann wirst du den wahren Geist Gottes verstehen.

Ebenso wichtig sind die Schriften des Meisters Petre Deunov, die von Meister Omraam Mikhael Aivanhov kommentiert werden:

»Ihr solltet euch nicht einbilden, den Strom der Liebe und des Lichtes ohne eine innere Verwandlung mit Leichtigkeit ertragen zu können. Im Gegenteil ... Jede einzelne Zelle muß sich verändern. Erst dann kann man ohne Angst neue Philosophien oder geistige Strömungen aufnehmen. Doch das wichtigste ist, daß man seine eigene Energie auf die rechte Weise nutzt. Wenn man eine Ungerechtigkeit feststellt, muß man ihr mit einer solchen Intelligenz, einer solchen Charakterstärke, einer solchen Weisheit, einem solchen Licht und einer solchen Wärme begegnen, daß der Gegner verwirrt und verblendet ist – mit anderen Worten, er muß sich verwandeln – ohne Zerstörung, ohne Agression.«

Aussagen über Ueshiba

Meister Ueshiba Morihei erreichte sowohl in den Kampfkünsten als auch in den esoterischen Wissenschaften ein Niveau, das als unerreichbar gilt. Er wurde zur Legende, und seine Schüler berichten heute, daß er ihnen befahl, ihn in jeder nur erdenklichen Situation ernsthaft anzugreifen. Er konnte nie überrascht werden. Shioda Gôzô erzählt:

»Meister Ueshiba konnte mit den Göttern sprechen. Eines Tages reisten wir mit dem Zug, und O-Sensei drückte mir plötzlich einen Tessen in die Hand und sprach: ›Sollte ich einschlafen, greifst du mich an.‹ Nach einer Weile schlief er wirklich ein, und ich wollte ihn angreifen. Noch ehe ich eine Bewegung machen konnte, schlug er die Augen auf und sagte: ›Eben wolltest du zuschlagen.‹

Vier Tage vor seinem Tod stand er aus seinem Bett auf und kam ins Training. Sein Körper war bereits zerstört, seine Gelenke schwach. Doch er konnte immer noch 4 Gegner gleichzeitig besiegen.«

Tsuda Itsuo (1914–1984), Gründer des Stils Katsugin-undô, berichtet:

»Ich traf den Meister erst in den letzten Jahren seines Lebens. Was mir am meisten auffiel, war, daß er die Technik verlassen hatte – seine Bewegungen waren auf ein Minimum reduziert, natürlich und selbstverständlich. Er benutzte im Kampf immer nur einen Finger, und in seiner ausgezeichneten psychischen Verfassung verteidigte er sich mit Leichtigkeit gegen jeden Angriff.

Man konnte ihn mit einem Kind vergleichen, das mit einem Spielzeug spielt.
Plötzlich streckte er zwei Finger seiner linken Hand in meine Richtung. Ich griff ihn sofort mit aller Kraft an und war verblüfft, daß ich noch nicht einmal einen psychischen Widerstand spürte. Er paßte sich perfekt an und wirbelte mich auf die Matte. Ich hatte bei keinem anderen Meister der Kampfkünste je ein größeres Gefühl der Hilflosigkeit.
Als ich mich erhob, sah ich, daß der Meister von zwölf bewaffneten Gegnern umringt war. Dann hörte ich einen durchdringenden Kiai, und seine Gegner flogen durch die Luft ...
Plötzlich hielt O-Sensei ein Bôken in seiner Hand. Die Spitze zeigte leicht nach oben, seine linke Hand griff elegant nach dem Saum seines Hakama. Drei seiner Schüler griffen nach dem Bôken und versuchten es ihm zu entreißen. Das Schwert bewegte sich nicht aus seiner Position. Nach einer Weile entlud der Meister seine Energie, und die Angreifer flogen durch die Luft.«

Ueshima Sannosuke: Meister des *Konshin-ryû Jûjutsu*, s. →*Kushin-ryû*.

Ueshiro Ansei (*1933): okinawanischer *Karate*-Lehrer des *Matsubayashi-ryû*, Schüler von NAGAMINE SHOSHIN.
Ueshiro begann im Alter von 13 Jahren in der Schule von NAGAMINE SHOSHIN *Karate* und *Kobudô* zu lernen. 1962 ging er als ein von Nagamine autorisierten Lehrer nach New York, um als direktes Bindeglied zwischen dem okinawanischen und dem amerikanischen *Matsubayashi-ryû* zu dienen. 1964 gab es bereits 5–6 *Dôjô*, in denen *Matsubayashi-ryû* unterrichtet wurde. Obwohl Ueshiros Verbindung zu Nagamine 1969 abriß, spielte er dennoch eine wichtige Rolle in der Verbreitung des *Shôrin-ryû*.

Uezu Angi: okinawanischer *Karate*-Meister des →*Isshin-ryû*, 8. Dan, Schwiegersohn des Stilgründers →SHIMABUKURO TATSUO.
Uezu Angi begann 1957, kurz nach seiner Heirat mit der Tochter Shimabukuros, mit dem *Karate*-Unterricht. Später wurde er Shimabukuros Assistent und gilt heute als äußerer Nachfolger des Begründers. Er reist viel in der Welt umher, um die Techniken und die Philosophie des *Isshin-ryû* zu verbreiten.

Ufuchiku Kanakushiku: s. →KANAGUSUKU SANDA.

Ufuchiku-Kobudô: moderner Stil, der auf den großen Meister des okinawanischen Kobujutsu, →KANAGUSUKU SANDA (KANAKUSHIKU UFUCHIKU) zurückzuführen ist. Der Stil wurde von →ISA SHINYU, einem buddhistischen Priester der *Shingon*-Sekte, in Okinawa-Stadt (Koza) gegründet, der sich selbst als das dritte Glied in der Erbfolge des Stils bezeichnet (weiteres s. → KANAGUSUKU SANDA, ##KINA SHOSEI, ##ISA KAISHU)

Ufuchiku-ryû (jap.): s. →UFUCHIKU KANAGUSHIKU.

Uji (jap.): göttliche Stammväter der japanischen Sippen. Ahnen der Familienverbände (Erläuterungen s. →*Yamato-damashi*).

Uke (jap.): abwehren, verteidigen; Verteidiger.

Uke-dachi (jap.): Stellung der Verteidigung (auch *Jigotai-dachi*).

Uke-gae (jap.): aufeinanderfolgende, wechselnde Abwehrtechniken.

Uke-hô (jap.): die Abwehrrichtungen (Erläuterungen siehe auch *Hô*[2]). Die Abwehrtechniken können in mehrere Richtungen ausgeführt werden. Folgendermaßen sind sie klassifiziert:

UKE-HO – ABWEHRRICHTUNGEN

Mae-uke	– Abwehr nach vorn
Sokumen-uke	– Abwehr zur Seite
Ushiro-uke	– Abwehr nach hinten
Jôdan-uke	– Abwehr obere Stufe
Chûdan-uke	– Abwehr mittlere Stufe
Gedan-uke	– Abwehr untere Stufe
Jôhô(age) uke	– Abwehr von unten nach oben
Otoshi-uke	– Abwehr von oben nach unten
Naihô(soto)-uke	– Abwehr von außen nach innen
Gaihô(uchi)-uke	– Abwehr von innen nach außen

Uke-kime (jap.): Abwehrtechnik, die gleichzeitig als Konter dient.

Uke kime ichiyô (jap.): Abwehrtechnik, die durch starken Einsatz den Gegner von weiteren Angriffen abbringt. Nur durch den Einsatz von Abwehrtechniken den Sieg erringen.
Wörtlich »die Einheit zwischen Abwehr und kampf-

entscheidendem Konter«. Abwehr und Konter in einem; s. unter →*Fumikomi-uke*.

Ukemi (jap.): fallen, Fallübungen, Fallschule. Methoden, durch die der Schock des Fallens gedämpft wird, wenn das Gleichgewicht des Körpers verlorengegangen ist oder wenn man vom Gegner geworfen wird. Es gibt viele Techniken des Fallens, von denen folgende die wichtigsten sind:

UKEMI – DIE FALLTECHNIKEN

Kôhô(ushiro)-ukemi	– rückwärts fallen
Mae ukemi	– vorwärts fallen
Sokuhô(yoko)-ukemi	– seitwärts fallen
Chuga-eri	– Rolle, liegenbleiben
O chuga-eri	– Rolle, aufstehen

Uke-te (jap.): verteidigende Hand, Verteidiger.

Uke-waza (jap.): Gruppe sämtlicher Abwehrtechniken. Die Abwehrtechniken im *Karate* können mit einer Hand (→*Sekiwan-uke*) oder beidhändig (→*Ryôwan-uke*) ausgeführt werden. Entsprechend der Art des Angriffs richten sie sich zur oberen Stufe *(Jôdan-uke)*, zur mittleren Stufe *(Chûdan-uke)* oder zur unteren Stufe *(Gedan-uke)*. Nach der Art ihrer Bewegung klassifiziert man Abwehrtechniken von unten nach oben (→*Jôhô-uke*), von oben nach unten (→*Otoshi-uke*), von außen nach innen (→*Naihô-uke*) und von innen nach außen (→*Gaihô-uke*). Im *Karate* gibt es folgende Abwehrtechniken, die in die obengenannten Kategorien entsprechend eingegliedert werden können:

UKE-WAZA – DIE ABWEHRTECHNIKEN

Abwehrauftreffflächen	
Haishu-uke	– Handrückenabwehr
Haitô-uke	– Innenhandkantenabwehr
Kakutô-uke	– gekrümmte Hand
Keitô(keiko)-uke	– Kükenkopfhand
Seiryûtô-uke	– Ochsenkieferhand
Teishô-uke	– Handballen
Wan-uke	– Unterarmabwehr
Sekiwan-uke – Abwehrformen mit einer Hand	
Jôdan age-uke	– steigende Abwehr
Nagashi-uke	– Fegeabwehr
– Haiwan nagashi	– mit dem Arm
– Te nagashi	– mit der Hand
Sekiwan-uke – Abwehrformen mit einer Hand	
Mae ude hineri-uke	– Unterarm Drehabwehr
Soto ude-uke	– von außen nach innen
Uchi ude-uke	– von innen nach außen
Shutô-uke	– Handkantenabwehr
– Tate shutô-uke	– senkrechte Hand
– Kake shutô-uke	– Hakenhand
Osae-uke	– Preßabwehr
– Te osae-uke	– mit der Hand
– Ude osae-uke	– mit dem Arm
Tekubi kake-uke	– Handgelenkabwehr
Mae ude deai osae-uke	– Unterarmpreßabwehr
Gedan-barai	– Fegeabwehr unten
Kako-uke	– Hakenabwehr
Sukui-uke	– Schaufelabwehr
– Soto sukui-uke	– von außen nach innen
– Uchi sukui-uke	– von innen nach außen
Ryowan-uke – beidhändige Abwehrformen	
Morote-uke	– beidhändige Abwehr
Jûji-uke	– X-Abwehr
Sokumen awase-uke	– verstärkte Handabwehr
Kakiwake-uke	– Keilabwehr
Morote sukui-uke	– beidhändige Schaufelabwehr
Teishô awase-uke	– beidhändige Blockabwehr

Grundregeln des Uke

• Die Formen der klassischen Abwehr müssen so lange geübt werden, bis sie unbewußte Teile des Bewegungssystems sind. Sie dürfen nie zugunsten freier Abwehrformen im Kampf vernachlässigt werden.

• Jede Abwehrbewegung wird unwirksam, wenn sie nur mit dem Arm ausgeführt wird. Abwehren heißt, daß sich der ganze Mensch im rechten Verhältnis zum Angriff bewegt. Dreh- und Angelpunkt dieser Bewegung ist die Hüfte. Die Abwehrformen können nur als Ganzkörperbewegungen verstanden werden.

• Die Abwehr ist dann am wirkungsvollsten, wenn sie die Kraft des Gegners zum eigenen Vorteil ausnutzt. Deshalb darf man sich dieser Kraft nie widersetzen, sondern muß versuchen, sie zu lenken. In der Abwehr ist die Form weniger wichtig als die Rolle, die der ganze Mensch in der Handlung spielt.

• Man muß versuchen, den gegnerischen Angriff in seiner Anfangsphase abzuwehren. Dann ist die Kraft am geringsten und die Abwehr am wirkungsvollsten.

Uki[1] (jap.): schweben, flattern, schwimmen, gleiten. *Uku* – fließend (s. →*Hô*[2]).

Uki[2] (jap.): im *Okinawa-Karate* steht die Bezeichnung für einen großen Bambuskorb, der früher für die Übung des Nahkampfes verwendet wurde. Zwei Gegner mußten in ihn hineinsteigen und miteinander kämpfen.

Uki-daru (jap.): *Ninja*-Gerät zum Überqueren von Gewässern. Ein *Uki-daru* bestand zumeist aus zwei wasserdichten Bambuskörben oder zwei Kübeln. Man stellte sich mit den Füßen hinein und ruderte mit einem improvisierten Bambusruder ans andere Ufer.

Ukidokan (jap.): Kampfkunst, gegründet von Benny Urquidez in den USA, aus *Boxen*, *Karate Gôsoku-ryû* und *Kempô-Karate*.

Uki-gatame (jap.): Knievierer, *Jûdô*-Haltegriff.

Uki-goshi (jap.): Hüftwurf aus dem *Jûdô*.

Uki-otoshi (jap.): Schwebehandzug aus dem *Jûdô*.

Uki-waza (jap.): Rückfallzug aus dem *Jûdô*.

Uko (jap.): Nerv an der Halsseite.

Uma (jap.): Pferd (auch *Ba, Ma*).

Ummon-Zen (jap.): *Zen*-Schule, gegründet von Meister Ummon Bun'en (s. →*Soshigata*).

Un[1] (jap.): Wolke (auch *Kumo*). *Unsui* – Wolken und Wasser.

Un[2] (jap.): Schicksal, Glück; Transport. *Hakobu* – tragen, befördern, *Undô* – Bewegung, *Undô-busoku* – Mangel an Bewegung.

Undô (jap.): (sportliche) Bewegung. Unter diesem Begriff werden in den Kampfkünsten alle zusätzlichen Übungen geführt (ausführliche Erläuterungen s. unter der jeweiligen Bezeichnung):

ZUSÄTZLICHE ÜBUNGSFORMEN	
Junbi-undô	– Aufwärmung
Seiri-undô	– zusätzliche Übungen
Hojo-undô	– ergänzende Übungen
Shumatsu-undô	– Abwärmübungen

Die Technik *(Waza, Jutsu)* ist Ganzkörperbewegung *(Shitai-undô)* und besteht als solche aus zwei Komponenten: Extremitätenbewegung *(Shishi-undô)* und Rumpfbewegung *(Tai-sabaki)*.

Shitai-undô – die Ganzkörperbewegung

Meisterliche Technik ist die Einheit beider Bewegungsformen im harmonischen Ablauf: Ganzkörperbewegung (→*Shitai-undô*). Darin dient die Extremitätenbewegung (→*Shishi-undô* oder →*Teashi-undô*) der Arbeitsverrichtung, und die Rumpfbewegung (→*Tai-sabaki*) beschäftigt sich mit der Überwindung der eigenen Schwerkraft. Als wichtigste Voraussetzung zum Erreichen der Ganzkörperbewegungen gelten die unter »Prinzipien der Übung« beschriebenen Merkmale (s. jeweils dort):

GANZKÖRPERBEWEGUNG	
Shisei	– Haltung
Kinchô	– Spannung
Kokyû	– Atmung

In der Betrachtung der Technik ist festzustellen, daß es immer um die Verwirklichung eines harmonischen Verhältnisses zwischen Extremitätenbewegung *(Tsuki, Uke, Uchi, Keri)* und der Fortbewegung des Rumpfes *(Tai-sabaki)* geht, wodurch Gleichgewicht erhalten und Kraft in die Technik übertragen werden kann. Erst im harmonischen Verhältnis der beiden zueinander kann wirkliche Technik entstehen. In der Übung des *Karate* besteht Technik also aus:

SHITAI-UNDO – GANZKÖRPERBEWEGUNG	
Shishi (Taeshi)-undô – Extremitätenbewegung	
Jôshi-undô	– Armbewegungen
Uke	– abwehren
Tsuki	– stoßen
Uchi	– schlagen
Kashi-undô	– Fußbewegungen
Keri	– treten
Tai-sabaki – Rumpfbewegung	
Koshi-sabaki	– Bewegung der Hüfte
Ashi-sabaki	– Bewegung der Füße

Der Begriff *Tachikata* fällt nicht in den Bereich der Bewegung. Es ist der Überbegriff für den statischen Moment des Körpers in der Technik, durch den vor allem *Kime* entwickelt werden kann. Die Veränderung der Stellung (sowohl durch Gleichgewichtsverlagerungen als auch durch Fußbewegungen) nennt man →*Tai-sabaki* (s. auch →*Tenshin*). Je nach Art der Veränderung klassifiziert man in ihr →*Ashi-sabaki* (Fußbewegungen) und →*Koshi-sabaki* (Hüftbewegungen).

Technik (→*Waza*) entsteht, indem die Extremitätenbewegungen *(Shishi-undô)* mit den Körperbewegungen *(Tai-sabaki)* verbunden und zum statischen Moment der Kraftentwicklung geführt werden. Für diesen Moment werden im Karate →*Tachikata* (Stellungen des unteren Körpers) und →*Kamaekata* (Haltungen des oberen Körpers) klassifiziert.

Aus diesem Grund kann man die Bewegungen des Körpers weder von den Extremitätenbewegungen trennen noch die eine der anderen in der Übung vorziehen. Beide sind gleichermaßen für die Entwicklung einer guten Technik wichtig. In den Systemen des *Kihon* werden diese Bewegungsformen zwar einzeln beschrieben, doch wahre Technik *(Waza)* besteht immer aus der Einheit der beiden. Die Gesamtbewegung, die der Mensch ausführt, ist *Waza*. Deshalb sind Systeme, die Bewegung verständlich machen wollen, immer mangelhaft. Sie dienen dem Verständnis, doch die Zusammenhänge muß der Übende selbst erforschen.

BEWEGUNGSGRUNDLAGEN

Die Extremitätenbewegungen *(Shishi-undô)* verbindet man mit den Rumpfbewegungen *(Tai-sabaki)*, indem man sich die Beispiele aus den *Kata* betrachtet. Jede Technik ist von einer Rumpfbewegung begleitet, durch die ihre Wirkung wesentlich erhöht wird. Durch die Verbindung der Rumpfbewegung mit der Extremitätenbewegung (Ganzkörperbewegung) kann die Kraft des ganzen Körpers in einem Punkt konzentriert werden.

Die Rumpfbewegungen sind die Basis jeder Bewegungsart. Sie dienen der Fortbewegung und der Gleichgewichtserhaltung des Körpers. In ihrem Zentrum steht das Verständnis des Übenden, mit seinem körperlichen Mittelpunkt und seiner Schwerkraft richtig umzugehen. Der Begriff →*Hara* hängt eng mit ihnen zusammen.

Hara bedeutet »Bauch« und bezeichnet im übertragenen Sinn den Mittelpunkt des physischen Körpers. In der Übung geht es darum, die Mitte des Körpers in jeder Bewegung zu wahren und richtig mit ihr umzugehen.

Sie versteht sich als Zentrum des Gleichgewichts und als Zentrum der Kraft. Bevor die Bewegung der Extremitäten einsetzt, muß diese Mitte im rechten Verhältnis zu den Situationen bewegt werden, denn ohne sie wird jede Technik wirkungslos.

Unter der Voraussetzung eines immer aufrecht gehaltenen Oberkörpers (→*Shisei* – Haltung) kann die Kraft der Mitte (→*Hara*) in der Technik zur Geltung kommen. Die Mitte muß jedoch unter der Beachtung optimaler physikalischer Gesetzmäßigkeiten bewegt werden, um starke Techniken entstehen zu lassen. Das Verständnis dieser Gesetzmäßigkeiten ist ein langwieriger Prozeß und tritt nur in der anhaltenden Übung und im ausdauernden Suchen nach Bewegungsperfektion ein.

Davon ausgehend, kann sich eine gute *Karate*-Technik entwickeln. Sie ist die Basis für jedes theoretische und praktische Verständnis, und erst danach kommt die Extremitätenbewegung. Die Bewegung der Körpermitte geschieht mittels Hüftbewegungen (→*Koshi-sabaki*) oder mittels Fußbewegungen (→*Ashi-sabaki*). Es gibt auch die Kombination zwischen beiden oder die aufeinanderfolgende Hüft- und Fußbewegung. Hüftbewegungen entstehen durch Gleichgewichtsverlagerungen im Stand oder durch Hüftdrehungen (s. →*Sabaki*, →*Tenshin,* →*Kawashi-waza*). Die Gleichgewichtsverlagerungen der Hüfte im Stand bewirken ihr geradliniges Einsetzen in Form von einem Hüftschub. Es gibt mehrere Formen der Hüftdrehung, von denen folgende die wichtigsten sind:

KOSHI-KAITEN – DIE HÜFTDREHUNGEN

Jun-kaiten	– gleichseitiges Eindrehen
Hanmi	– gleichseitiges Abdrehen
Gyaku-kaiten	– gegenseitiges Eindrehen
Gyaku-hanmi	– gegenseitiges Abdrehen

Der Schwerpunkt des Körpers kann auch mittels verschiedener Formen der Fußbewegung *(Ashi-sabaki)* bewegt werden. Mit ihnen verändert man die Position des Rumpfes, indem man vor, zurück oder zur Seite geht, um in einer optimalen Entfernung zum Gegner zu stehen.

Um einen variantenreichen Stil zu entwickeln, ist es wichtig, daß man in der Übung alle Bewegungsformen berücksichtigt und zusammen mit den Techniken gründlich übt.

Verbindet und kombiniert man verschiedene Formen der Fuß- und Hüftbewegungen mit einander und verwendet sie im rechten Verhältnis zu einem gegnerischen Angriff, entstehen die Ausweichbewegungen (s. dazu →*Kawashi-waza*).

ASHI-SABAKI – DIE FUSSBEWEGUNGEN

Mae ashi-nami	– Vorwärtsschritt
Yoko ashi-nami	– Seitwärtsschritt
Ushiro ashi-nami	– Rückwärtsschritt
Yori-ashi	– Gleitschritt (beide Füße)
Suri-ashi	– Gleitschritt (abgesetzt)
Ashi-fumikae	– Beinwechsel
Shahô sashi-ashi	– Überkreuzschritt
Tobi-ashi	– Sprungschritt

ALLES IST BEWEGUNG

Das Ziel des *Karate-dô* ist die Einheit der Bewegung, in der es weder *Tachikata* noch *Kamaekata*, noch *Waza* gibt. Jede dieser Klassifizierungen dient dem Verständnis und dem Lernen, doch kein System führt zum Ziel, wenn es den Übenden nicht jenseits von allen begrifflichen Formen führt.

Alle Klassifizierungen der Technik gibt es nur als vom Bewußsein festgehaltene Momente eines sich in dauerndem Verändern befindenden Ganzen. Das Verständnis dieser Teilabschnitte allein ist der Grund für die Gefangenschaft in der Form, der die meisten intellektuell denkenden Wesen verfallen. Alles, was im *Karate* klassifiziert, systematisiert und benannt wird, steht miteinander in Verbindung und bezieht sich letztlich immer auf die innere Gesamtverfassung (→*Shisei*), die den Menschen ausmacht.

Tachikata und *Kamaekata* zusammen bezeichnen den in der Bewegung festgehaltenen Moment, in dem sich der Übende in einem theoretisch analysierbaren körperlichen und geistigen Zustand befindet. Von der Beziehung zur Übung im allgemeinen, d. h. von der Psychologie der Kampfkünste, hängt es ab, wie weit sich der Übende der wahren Form zu nähern vermag. Denn zwischen allen Festlegungen befinden sich unzählige, sich aneinanderreihende innere Zustände, die nicht objektiv sichtbar werden und deshalb nicht klassifizierbar sind. Doch sie beeinflussen die innere Verfassung des Menschen weit mehr als das begriffliche System. Die Summe dieser Zustände macht den Menschen in seiner Ganzheit aus, während das Ersichtliche nur ein kleiner Teil dieser Ganzheit ist.

Deshalb ist *Karate-dô* die Lehre von der Koordination der Gesamtzustände und nicht die Lehre irgendeiner Form. Um dies in der Übung zu verstehen, muß ein Blick ins eigene Innere entwickelt werden, denn hier verschmilzt die Übung mit dem Leben. In jeder Situation hängt die Handlung vom Erkennen ungetrübter Realitäten ab. Die Übung des *Karate* ist dazu nicht die Lösung des Problems, sondern nur ein Mittel zum Zweck. Systeme erlauben dem Übenden, das Mittel zu erkennen, das Ziel jedoch ist er selbst mit seinen gesamten inneren Haltungen. Erkennt der Übende nur die Form und bleibt selbst außen stehen, führt *Karate-dô* erneut ins Vorurteil.

Den Idealzuständen der Formen gab man Namen, und es wurden Stellungen, Haltungen und Techniken daraus. Doch sie alle sind nichts weiter als Teile einer kontinuierlichen Veränderung, die sich außen sichtbar in Bewegung und innen unsichtbar in Werden kundtun. Beides zusammen bedeutet Leben. Das rechte Verhältnis zwischen Innen und Außen im kontinuierlichen Fluß der ewigen Veränderung von Werden und Vergehen zu verstehen bedeutet, sich selbst durch Übung zu verwirklichen.

Die Kampfkunst ist Bewegung, d. h. dauernde Veränderung wie alles im natürlichen Rhythmus der Welt. Nur das dem Menschen bewußt werdende System unterbricht diesen Fluß und analysiert einen feststehenden Zustand. Einem Zustand zu vertrauen bedeutet, im Vorurteil zu stehen, denn Zustände gibt es nur, weil es den Intellekt gibt. Deshalb bezieht sich wahre Übung nie auf Formen, sondern auf Zusammenhänge der Veränderung. Auf diese Weise ist das »Tun im Nichttun«, die »Leere als Aktivität«, die »Haltung der Nichthaltung« usw. in den Kampfkünsten zu erklären. Fortschritt in den Kampfkünsten ist nur möglich, wenn es das Vertrauen in die Veränderung im Leben gibt.

Doch um zu lernen, brauchen wir die Systeme, denn sie ermöglichen uns dem Intellekt zugängliche Bezeichnungen, die wir gewissen Abschnitten der Veränderung zuweisen können. Doch dies sind nur Begriffe und keine Realitäten. Die Wirklichkeit ist immer das Ganze, doch als solches ist sie unbenennbar und einem intellektuell denkenden Wesen nicht zugänglich.

Undô-fuku (jap.): Sportanzug.

Undô-ka (jap.): Sportler.

Undô-kai (jap.): Sportfest.

Undô-kurabu (jap.): Sportklub.

Undô-supotsu (jap.): sportliche Bewegung (*Supotsu* – Sport).

Un-jiao-dao (chin.): Einhorn-Säbel (s. →*Bing-qi*), ca. 60 cm langer schmaler, gebogener Säbel. Über dem Griff ist zusätzlich noch eine halbmondförmige Klinge befestigt.

Unsôku (jap.): Bewegung der Beine (auch *Ashi-sabaki* und *Unsôku-hô*).

Unsôku-hô (jap.): Bezeichnung für spezielle Übungsformen der Fuß- und Hüftbewegungen, die in den Kampfkünsten verwendet werden. Diese Übung besteht aus einer Abfolge von Schritten, durch die der Schüler die verschiedenen Fußbewegungen (→*Ashi-sabaki*, →*Sabaki*, →*Kawashi-waza*) erlernen kann.

Die Formen der Distanzüberbrückung, der Richtungsänderung und harmonischen Anpassung an die Bewegung des Gegners (→*Ma-ai*) sind ein wichtiger Übungsfaktor im *Budô*. Sie werden mittels verschiedener Schrittfolgen *(Ashi-sabaki)* erzielt und können sehr vielfältig sein. Die Formen des *Ashi-sabaki* können von jedem Übenden miteinander kombiniert werden, um sie durch beständige Übung beherrschen zu lernen. Im Kampf ist die Fähigkeit zu einem variantenreichen *Ashi-sabaki* von ausschlaggebender Bedeutung.

Besonders durch die Entwicklung des freien Kampfes (→*Jiyû-kumite*) im *Karate* hat sich gerade auf dem Gebiet der Fußbewegungen viel verändert. Die Techniken des *Okinawa-te* suchten im Nahkampf die endgültige Entscheidung (→*Ikken-hissatsu*) und verwendeten die Fußbewegungen auf eine andere Weise, als dies heute im sportlichen Wettkampf geschieht. Idee und Zweck der Technik hatten einen anderen Sinn: Man entwickelte erstens tödliche Techniken, die in einer Nahdistanz zum Gegner am wirkungsvollsten waren, und härtete zweitens den eigenen Körper ab, um einen Großteil der gegnerischen Techniken verkraften zu können. Die dazu passende Form des *Ashi-sabaki* ist heute in den *Kata* zu finden. Man bezeichnet sie als *Kata-sabaki* (s. →*Okinawa-te*).

Durch den Sport hat sich das Konzept des Kämpfens verändert. Heute besteht der Kampf darin, selbst so oft wie möglich zu treffen und nicht getroffen zu werden. Man sucht die Entscheidung nicht mehr in der ersten Technik. Die sich aus diesem Konzept entwickelnde Form der Fußbewegungen nennt man *Kumite-sabaki*. Durch sie vergrößerten sich die Distanzen zwischen den Gegnern, und die Formen der Fußbewegungen wurden vielfältiger und intensiver. Da man keine Entscheidung mehr suchte, sondern der Kampf nach Punkten gewertet wurde, wurde durch diese Form des *Ashi-sabaki* die Kampfform virtuoser und die Qualität des *Karate* als Selbstverteidigung schlechter. Man legte zuwenig Wert auf das Gleichgewicht im Stand (ein zentrales Prinzip des *Okinawa-te* zur Entwicklung des *Kime*), auf die Entwicklung der Einzeltechnik zu einer starken Wirkung, und man legte zuviel Wert auf die virtuose Bewegung in der schnellen Überbrückung der Distanzen, um Treffer (unabhängig von ihrer Wirkung) zu erzielen. Das Gesamte wurde flüssiger und schneller, doch es verlor die Beziehung zur Realität.

Unsu (jap.): →*Karate-Kata* des *Shôtôkan-ryû* und *Shitô-ryû*. Die Herkunft ist unklar, wahrscheinlich stammt sie von der →NIIGAKI-Schule ab. Sie wurde erstmals im *Karate-Kempô*-Buch von FUNAKOSHI (erschienen 1922) erwähnt.

Schriftzeichen für Unsu

Unsui (jap.): japanische Bezeichnung für einen jungen Zen-Mönch (Novizen in einem Kloster). Wörtliche Übersetzung: »Wolken und Wasser«.

Die Vorstellung, Wolken und Wasser als ein Vorbild der Lebensführung zu betrachten, stammt ursprünglich aus dem Daoismus, der das chinesische Zen im gleichen Maß beeinflußt hat wie der Buddhismus. Wasser besiegt auch die stärkste Kraft, denn es weicht allen Hindernissen mit seiner großen trügerischen Bescheidenheit aus, so daß keine Macht es daran hindern kann, seinen Weg zum Meer fortzusetzen. Der Weise wählt das Wasser zu seinem Lehrmeister. Es siegt durch Demut und Nachgiebigkeit. Es greift niemals an und gewinnt dennoch jeden Kampf. Der Weise, der diesen Lebensstil versteht, zeichnet sich durch Demut aus. Er wirkt durch Passivität, handelt im Nicht-Tun und besiegt jedes Hindernis. Die Wolken gelten im Daoismus und Buddhismus als Symbol der Losgelöstheit und Freiheit.

Upanishaden (skrt.): [aus *Upa* = nahe bei, *Ni* = nieder, *Sad* = sitzen] wörtlich: »Sich nahe zu jemandem niedersetzen«, d. h. zu Füßen eines →*Guru*, um die vertrauliche geheime Lehre zu empfangen.

ENTSTEHUNG UND URSPRUNG

Die *Upanischaden* wurden von Denkern mehrerer religiöser Schulen Indiens im 8. und 7. Jh. v. Chr. als Kommentare zu den →*Veden* oder als »Lehre über die Veden« (s. →Brahmanismus) verfaßt und bilden deren philosophischen Schlußteil. Aus diesem Grund werden sie auch →*Vedanta* (Ende des Veda) genannt. Meist handeln sie vom »Absoluten«, d. h. vom Weltgeist, der allem Sein und Geschehen zugrunde liegt. In ihnen wird auch der Glaube an die Seelenwanderung entwickelt.

INHALT

Die *Upanischaden* enthalten eine »Verehrung« (wie der Begriff im weiteren Sinn übersetzt werden kann) der »absoluten Wahrheit«, durch die der Mensch die Erlösung aus der endlosen Kette seiner Wiedergeburten erfährt. Die absolute Wahrheit ist wie in nahezu allen asiatischen Religionen und Weltanschauungen das Resultat eines transzendentalen Erkenntnisaktes (s. →Transzendentalphilosophie). Die *Upanischaden* wurden nur wohlvorbereiteten Adepten der Transzendentalphilosophie preisgegeben (deshalb auch »Geheimlehren«).

Ura (jap.): Rückseite, (auch *Ri*, s. *Hô*[2]). *Uramen* – Kehrseite, *Urami* – hinten, *Hyôri* – Außenseite und Innenseite, *Uraken* – Rückseite der Faust, *Uragiru* – betrügen, verraten. Auch das »*Yin*« aus *Yin/Yang*.

Ura-gamae (jap.): →*Kamaekata* des okinawanischen *Karate* (s. →*Musô-gamae*).

Ura-gatame (jap.): unterer Vierer. *Jûdô*-Haltegriff.

Ura-ken (jap.): Faustrücken, umgekehrte Faust.

Uraken-uchi (jap.): Faustrückenschlag (auch *Riken-uchi*, Zuordnung s. →*Uchi-waza*). Die Faust wird mit dem Ellbogen als Drehpunkt um 180 Grad nach außen geschlagen. Es gibt mehrere Arten:

FORMEN DES URAKEN-UCHI

Tate mawashi uraken-uchi – senkrechter Schlag	
Shômen-uchi	– nach vorn zum Gesicht
Sayû-uchi	– senkrecht zur Seite
Otoshi-uchi	– vertikal nach unten vorn
Shita-uchi	– vertikal nach unten zur Seite
Yoko mawashi uraken-uchi – waagerechter Schlag	
Ganmen-uchi	– waagerecht zum Gesicht
Hizô-uchi	– waagerecht zum Körper (Milz)

Formen des Uraken-uchi (von oben nach unten): Tate-mawashi uraken-uchi (links); Yokomawashi uraken-uchi (rechts)

Ura-mawashi-geri (jap.): umgekehrter Halbkreisfußtritt (s. →*Ushiro-mawashi-geri*).

Ura mawashi-geri – der umgekehrte Halbkreisfußtritt

Ura-mikatsuki-geri (jap.): umgekehrter Halbmondtritt, andere Bezeichnung für →*Sokuto-mikatsuki-geri* oder →*Uchi-mikatsuki-geri* (s. auch →*Mikatsuki-geri-uke,* →*Mikatsuki-geri*).

Ura-nage (jap.): Rückenwurf. Körperwurf im *Jûdô.*

Ura no Kata (jap.): →*Jûdô-Kata*, entwickelt von HIRANO TÔKIÔ, der auch die *Hirano no Kata* gründete. Die *Ura no Kata* lehrt Kontertechniken gegen Angriffswürfe.

Ura-shihô-gatame (jap.): oberer Armvierer. Haltegriff aus dem *Jûdô.*

Ura-shotu (jap.): Stoß mit dem Daumen in den japanischen Kampfkünsten.

Urasue no Kon (jap.): okinawanische →*Bô-Kata* von Meister TSUKEN KOURUGAWA.

Ura-zuki (jap.): umgekehrter Fauststoß, Nahkampffauststoß (Klassifizierung s. *Tsuki-waza*).

Die Faust wird von der Hüfte nach vorn gestoßen, in der Endphase zeigt die Rückseite der Faust nach unten. Die Technik kann man in der *Gyaku*-Form und in der *Jun*- bzw. *Oi*-Form ausführen. Es gibt zwei Möglichkeiten:

1. ***Chûdan-ura-zuki.*** Während der Faustrücken nach unten zeigt, stößt der Unterarm mit maximaler Geschwindigkeit nach vorn. Im Augenblick des Auftreffens konzentriert man die Kraft im *Kento*, den ersten beiden Knöcheln der Faust. Steht ein Gegner in einer sehr nahen Distanz, ergreift man das Revers seiner Jacke und stößt mit *Ura-zuki* zu *Ganka* (Gebiet unter der Brust) oder zu *Suigetsu* (Solarplexus). Die Technik sollte mit

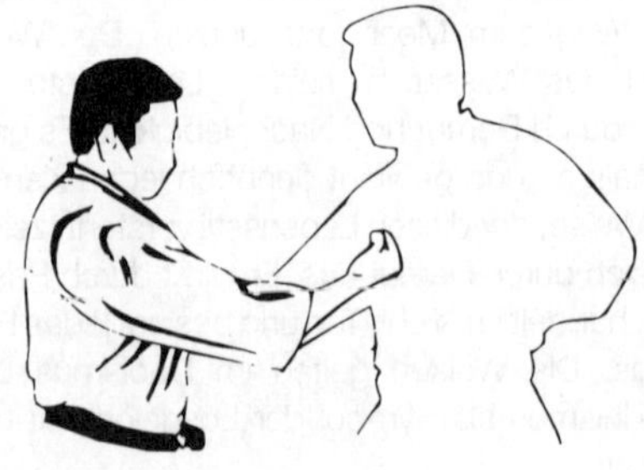

Variante des Ura-zuki

einer schaufelnden Bewegung ausgeführt werden, da sie so am wirksamsten ist.

2. ***Age-ura-zuki.*** Man stößt die Faust mit größtmöglicher Geschwindigkeit nach oben und konzentriert im Moment des Auftreffens die Kraft. Steht der Gegner sehr nahe, ergreift man gleichzeitig seinen Hinterkopf und zieht ihn herunter. Man trifft zum Kinn oder zum Gesicht des Gegners.

Ura-zuki gegen Mawashi-geri

Urban, Peter: Chefausbilder des Chinatown-*Dôjô* in New York, Inhaber des 10. Dan *Gôjû-ryû.* Er lebte lange Zeit in Japan, wo er unter Meister RICHARD →KIM studierte.

Dieser stellte ihn den Meistern YAMAGUCHI GOGEN und MASUTATSU OYAMA vor, deren Schüler er später wurde. In Tôkyô erhielt er seinen ersten Meistergrad.

In die USA zurückgekehrt, gründete er das erste *Dôjô* des japanischen *Gôjûkai* (s. →YAMAGUCHI) und wurde Direktor der *Eastern Division* des *Zen-Beikoku-Butokukai (All American Martial Arts Association)*. Er ist Autor der Bücher »Das Karate Dôjô« und »Der Karate Sensei«.

Peter Urban brach im Jahre 1964 mit dem japanische *Gôjûkai* und gründete seine eigene Auffassung. Es wird erzählt, daß er – als er seine engsten Verbündeten zusammenrief, um die Abspaltung und die Stilveränderungen zu verkünden – eine Axt in der Hand hielt. Folgende Veränderungen wurden in Urbans *Gôjû-ryû* festgestellt:

1. Verwendung des schwarzen *Gi* statt dem weißen.
2. Veränderung von einigen *Taikyoku*-Formen.
3. Weglassen des *Rei* am Anfang und Ende der *Kata*.
4. Veränderung einiger Abwehr- und Konterserien.
5. Größere Bedeutung für Frei- und Straßenkampf.
6. Veränderung der Atemtechnik.
7. Übernahme einiger *Kata* aus dem *Shôrin-ryû*.
8. Veränderung einiger traditioneller *Gôjû-Kata*.
9. Verlängerung der Zeit bis zum *Shôdan*.

Urquidez, Benny (*1952): Beiname *»The Jet«*, amerikanischer *Karate*-Kämpfer, mehrfacher Weltmeister im →*Full-contact*, Gründer einer eigenen Kampfkunstauffassung, die er *Uidokan* nennt.

Urquidez war nach JOE LEWIS ab 1975 der beherrschende Kämpfer im *Full-contact Karate*. Er begann unter ED PARKER mit *Kempô-Karate*, unter BILL RYUSAKI und ROBERT CHAKON mit dem englischen Boxen und unter KUBOTA TAKAYUKI mit dem *Gosoku-ryû*. Bereits mit 14 Jahren erhielt er seinen Schwarzgurt. In seiner darauffolgenden Wettkampfzeit hat er mehr als 20 Siege in allen Gewichtsklassen errungen.

Usêshi (jap.): frühere Bezeichnung für → *Gojûshiho*.

Ushiro (jap.): Rückseite, hinten (auch *Kô*).

Ushiro-ashi (jap.): das hinten stehende Bein.

Ushiro-ashi-barai (jap.): Fußfegetechnik im Halbkreis nach hinten (auch *Ushiro-mawashi-barai* oder *Kakato-barai*, s. → *Nage-waza*, →*Ashi-barai*).

Ushiro-ashi-geri (jap.): Fußtechnik mit dem hinten stehenden Bein. Die Fußtechnik kann in alle Richtungen erfolgen.

Fußtechniken können in der Regel mit dem vorn stehenden Bein (→*Mae ashi-geri*) oder mit dem hinten stehenden Bein *(Ushiro ashi-geri)* ausgeführt werden. Nahezu alle Fußtechniken ermöglichen diese Ausführungsvarianten. Um sie danach zu unterscheiden, wird häufig die Bezeichnung *Ushiro-ashi* oder *Mae-ashi* der eigentlichen Bezeichnung der Fußtechnik vorangestellt. So bedeutet z. B. *Ushiro ashi mae-geri,* daß eine nach vorn gerichtete Fußtechnik *(Mae-geri)* mit dem hinten stehenden Fuß *(Ushiro-ashi)* ausgeführt wird.

Die Techniken mit dem hinteren Fuß sind die weitaus stärksten und auch die Grundlage der Fußtechniken. Sie werden fast ausschließlich in den *Kata* gelehrt.

Ushiro-dori (jap.): Griff von hinten aus der *Kime no Kata*.

Ushiro-empi-uchi (jap.): Ellenbogentechnik nach hinten (auch *Ushiro-hiji-ate*), Zuordnung s. *Empi-uchi*, Klassifizierung s. *Uchi-waza*.

Ushiro-empi-uchi – Ellenbogentechnik nach hinten

Die Bewegung der Technik gleicht dem Zurückziehen der Faust zu *Hikite*. Man stößt mit dem Ellenbogen kräftig nach hinten. Die Technik eignet sich besonders zur Befreiung gegen Haltegriffe.

Ushiro-eri-dori (jap.): Griff von hinten an den Kragen aus der *Kime no Kata*.

Ushiro-geri (jap.): Karate-Fußtritt nach hinten (Einteilung s. *Keri-waza*).

Ushiro-geri – Rückwärtsfußtritt im Karate

Meist wird dazu die Ferse oder die Fußsohle verwendet. Es gibt auch die Möglichkeit, mit der Fußkante nach hinten zu stoßen. Je nachdem, mit welchem Fuß die Technik ausgeführt wird, oder entsprechend der Art der Ausführung kann man folgende Einteilung der Varianten verwenden (Erläuterungen siehe unter den jeweiligen Bezeichnungen):

USHIRO-GERI

Ausführungsarten des Ushiro-geri	
Kakato-kekomi	– mit der Ferse stoßen
Kakato-keage	– Im Knie nach oben schnappen
Wahl des Fußes	
Maeashi-ushiro-geri	– vorderer Fuß nach hinten
Ushiroashi ushiro-geri	– hinterer Fuß nach hinten
Varianten des Ushiro-geri	
Ushiro-sokutô	– mit der Fußkante nach hinten
Ushiro-kakato	– mit der Ferse nach hinten
Ushiromawashi-kekomi	– gerader Stoß in der Drehung
Ushiromawashi-geri	– umgekehrter Halbkreistritt

Ushiro-geri-keage (jap.): Schnapptritt nach hinten (Einteilung s. →*Ushiro-geri*).
Nach dem Prinzip des Schnappens (s. →*Keage*) wird der Fuß nach hinten geführt und im Kniegelenk nach oben gezogen. Diese Technik eignet sich besonders gut, um sich gegen eine Umklammerung von hinten zu befreien. In diesem Fall richtet sich der Schlag mit dem hinteren Teil der Ferse zu den Hoden des Gegners.

Ushiro-geri-kekomi (jap.): gestoßene Fußtechnik nach hinten (Einteilung s. →*Ushiro-geri*).
Der Fuß wird mit dem Knie nach oben angezogen, die Ferse des tretenden Beines ist nahe am Gesäß. Der Oberkörper bleibt so weit wie möglich aufrecht, der Blick richtet sich über die Schulter zum Ziel. Nun wird der Fuß auf einer geraden Linie nach hinten ins Ziel geführt. Es trifft die Ferse *(Kakato-kekomi)*, die Fußkante *(Sokutô-kekomi)* oder die Fußsohle. Die Technik sollte entspannt und schnell gestoßen werden, um ihre Kraft zu erhöhen. Der Fuß geht auf demselben Weg wieder zurück. *Ushiro-kekomi* ist eine weiträumige Technik mit viel Wirkung und richtet sich gegen Gegner, die von hinten angreifen.

Ushiro-goshi (jap.): Hüftgegenwurf im *Jûdô*.

Ushiro-hiji-ate (jap.): Ellenbogentechnik rückwärts (auch →*Ushiro-empi-uchi*).

Ushiro-hiki-otoshi (jap.): rückwärts sinken, nach hinten fallen.

Ushiro-jime (jap.): Halsumklammerung von hinten aus dem *Goshinjutsu*.

Ushiro-kakato (jap.): die Rückseite der Ferse. Sie wird meist in den Techniken *Ushiro-geri-keage* und *Ushiro-mawashi-geri* angewendet.

Ushiro-kakato-barai (jap.): Fußfeger nach hinten mit der Ferse (s. →*Ushiro-ashi-barai*).

Ushiro-keage (jap.): nach hinten schnappen. Erläuterungen s. →*Ushiro-geri-keage* und →*Keage*.

Ushiro-kekomi (jap.): nach hinten stoßen. Erläuterungen s. →*Ushiro-geri-kekomi* und →*Kekomi*.

Ushiro-kesa-gatame (jap.): rückwärtiger Schärpenschlüssel. Haltegriff im *Jûdô*.

Ushiro-mawashi-geri (jap.): umgekehrter Halbkreisfußtritt rückwärts. Die Technik kann unter →*Mawashi-geri* (Halbkreisfußtritt) oder →*Ushiro-geri* (Fußtritt nach hinten) klassifiziert werden. Sie ist in mehreren Varianten durchführbar:

1. ***Maeashi-ushiro-mawashi-geri.*** Bei dieser Technik wird der vorn stehende Fuß in einem nach innen gerichteten Halbkreis vor dem Körper hochgezogen und dann von innen nach außen geführt. Die Rückseite der Ferse trifft das Ziel. Um die Geschwindigkeit der Technik zu erhöhen,

wird in der Endphase der Bewegung der Fuß im Knie angezogen. In der Technik ist der Körper seitlich abgedreht, die seitliche Hüfte zeigt zum Ziel. Dieser Fußtritt eignet sich besonders gut für Kontertechniken.

2. ***Ushiroashi-ushiro-mawashi-geri.*** In dieser Technik wird der hintere Fuß verwendet, indem die hinten stehende Hüftseite nach vorn gedreht wird. Wegen der Drehung nennt man ihn auch →*Mae-kaiten* (»nach vorn drehen«) *Ushiro-mawashi-geri*. Der Bewegungsablauf ist der gleiche wie bei der ersten Variante.

3. ***Ushiro-kaiten-ushiro-mawashi-geri.*** Wie die Bezeichnung andeutet, wird diese Technik in einer Rückwärtsdrehung ausgeführt. Die Hüften werden über das Standbein ins Gleichgewicht gebracht, der Körper bleibt vollkommen aufrecht, und nun dreht er sich über dem Standbein genau um die eigen Achse hinten herum. Der hintere Fuß wird durch die Drehung extrem beschleunigt, entfernt sich in der Endphase der Drehung vom Körper und wird hochgezogen. Dadurch entsteht eine rückwärts geführte Fegetechnik, die zur oberen Stufe des gegnerischen Körpers zielt und mit der Rückseite trifft. In der Endphase wird der tretende Fuß im Kniegelenk wieder angezogen und an den eigenen Körper zurückgenommen. Das Gleichgewicht muß gewahrt bleiben.

Ushiro-mawashi-geri-kekomi (jap.): im Halbkreis nach hinten stoßen (Einteilung s. →*Ushiro-geri*).

Der Unterschied zu →*Ushiro-geri-kekomi* liegt in der Vorbereitungsbewegung zur Technik. Das Knie wird nicht wie im *Ushiro-geri-kekomi* hochgehoben, sondern seitlich geführt, so daß der Fuß wie in der Ausgangsposition zum →*Mawashi-geri* steht. Aus dieser Haltung wird nun der Fuß nach hinten gestoßen. Die Technik eignet sich besonders gut, wenn sie mit einer Drehbewegung der Hüfte verbunden wird, d. h., wenn sie gegen einen Gegner angewendet wird, dessen Position eine Richtungsänderung aus dem Stand verlangt. So zum Beispiel kann man diese Technik in der großen Umdrehung auch nach vorn richten. In diesem Fall ist sie schneller als der *Ushiro-geri-kekomi*. Es trifft die Ferse oder die Fußkante.

Ushiro ni ite (jap.): zurückgehen.

Ushiro-oi-geri (jap.): mit dem vorderen Fuß nach hinten treten (s. →*Ushiro-geri*).

Oi bedeutet »anstürmen«. Ein Rückwärtsfußtritt wird dann *Oi-geri* genannt, wenn der vordere Fuß nach hinten tritt und nicht mehr in die alte Stellung zurückgesetzt wird, sondern hinten absetzt. *Oi-geri* unterscheidet sich von →*Maeashi-ushiro-geri* dadurch, daß sich der Körper während der Technik in einem dynamischen Ungleichgewicht nach hinten befindet. Er wird verwendet, um größere Distanzen zu überbrücken.

Ushiro-ukemi (jap.): rückwärts fallen (s. →*Ukemi*).

Uss (jap.): Ausdruck aus der *Dôjô*-Sprache. Phonetische Verzerrung von →*Osu*. Der Ausdruck wird für »Ich habe verstanden« oder »In Ordnung« gebraucht.

Utsu[1] (jap.): schlagen, hauen (auch *Da*).

Utsu[2] (jap.): angreifen, bekämpfen (auch *Geki*). *Kôgeki* – Angriff, *Hangeki* – Gegenangriff.

Utsu[3] (jap.): angreifen, bekämpfen (auch *Tô*).

Utsuri-goshi (jap.): Wechsel-Hüftwurf im *Jûdô*.

Uwa (jap.): der obere Teil.

Uwagi (jap.): Jacke. Oberteil des *Karate*-Anzugs (s. →*Karate-gi*).

Uwate (jap.): »obere Hand«.

Uzume-bi (jap.): von den *Ninja* konstruierte Landminen, nachdem die Japaner von den Chinesen und Mongolen die Verwendung des Pulvers gelernt hatten.

V

Vajra (skrt.): »Blitzstrahl Indra's« oder »Donnerkeil Indra's« (INDRA ist ein indischer Gott).

Der Begriff bezeichnet eine schlagringähnliche Waffe aus dem alten Indien, die im →*Vajramushti* verwendet wird. Im tibetanischen Buddhismus wird *Vajra* mit »Diamant« übersetzt.

Vajramushti (skrt.): alte Form des Kämpfens aus →Indien, auch *Mallavidy* (Wissenschaft vom Kämpfen) oder *Vajramukti* genannt. Sie wurde vermutlich im 10. Jh. v. Chr. von einer Brahmanenkaste *(Jetti)* aus dem Osten Indiens gegründet. Die *Jetti* waren professionelle brahmanische Ringer. Sie zogen von Ort zu Ort, um sich bei den Kämpfen die Aufmerksamkeit eines reichen Mäzens zu erringen.

Alte indische Schriften aus den Jahren 1124 bis 1138 enthalten detaillierte Informationen über das *Vajramushti*. Die Kampfkunst tauchte im Laufe ihrer langen Geschichte unter verschiedenen Bezeichnungen auf, entsprechend den religiösen oder gesellschaftlichen Gegebenheiten: *Mallakridha, Mallayudha, Ni Yudhakridha* u. a. Diese Form des Kämpfens fand vor allem an religiösen Feiertagen in den Dörfern statt. Die Kämpfer führten Fauststöße aus, die zum Gesicht oder zur Brust gerichtet waren. Oft starb einer von ihnen an seinen Verletzungen, da die Schläge durch den Schlagring (→*Vajra*), der an der rechten Hand getragen wurde, sehr gefährlich waren. Bestimmte Techniken des *Vajramushti* haben möglicherweise das →*Kalaripayat* und das *Shaolin* →*Quan-fa* beeinflußt.

Heute ist diese Kampfart in Indien nur noch wenig verbreitet. Es werden nur noch einmal im Jahr in Gujarat Ritualkämpfe ausgeführt. Unter den bekanntesten Meistern dieser Kunst sind SADIKA (Sieger 1840), RAMZI, BAGHI RATH, BUTTA, ALIA (und seine Söhne GHULAM, KALOO und RAHAMANI), GHULAM MOHAMED (oder GAMA, 1878–1960), RAHIM SULTANIWALA, GHULAM MOHIUDDIN, IMAM BUX (und seine Söhne BHOLLU, ASLAM AKRAM und GOGA), KESAR SINGH, DHUKHARAN und BHAGWATI.

Vajrayâna (skrt.): wörtlich: »Diamant-Fahrzeug«. *Vajrayâna* ist die Bezeichnung für eine Richtung des tantrischen Buddhismus (s. →Tantrismus), die im 5. Jh. im Norden Indiens entstand und sich aus dem →*Mahâyâna* ableitet.

Später gelangte die Lehre nach China, Tibet und Japan (s. →*Mikkyô*). Hauptsächlich besteht sie aus magischen Praktiken (s. →*Mudrâ*, →*Mandala*, →*Mantra*), die auf das buddhistische Gedankengut übertragen wurden. Die Formen und Rituale wurden in heiligen Texten (s. →*Tantra*) zusammengefaßt und in die später entstehenden verschiedenen Richtungen überliefert. Die Lehren des *Vajrayâna* bilden eine esoterische Tradition des Buddhismus, in der sowohl Elemente des *Yoga* und der alten indischen Naturreligion als auch original buddhistisches Gedankengut vorkommen.

Vairochana (skrt.): einer der fünf transzendenten →BUDDHA.

Valera, Dominique (*1947): französischer *Karate*-Kämpfer, einer der besten europäischen Wettkämpfer. Zwischen 1966 und 1972 gewann er neun europäische Meisterschaften im *Non-contact*.

Varma-Kalai (ind.): hauptsächlich in der Region Madras ausgeübte indische Kampfkunst der leeren Hand, bei der Treffer mit Händen und Füßen erzielt werden müssen. Es gibt auch bewaffnete Versionen mit Stock, Dolch, Peitsche, Schwert, Speer und Lanze.

Varna (ind.): Bezeichnung für die indischen Gesellschaftsklassen des Altertums (s. →Indien): *Brahmanen* (Priester), *Kshatriya* (Krieger), *Vaishiya* (Bauern, Handwerker und Händler) und *Shudra* (Knechte).

Vat (viet.): vietnamesisches Ringen (s. →Vietnam).

Veda (skrt.): heilige Lehre, Wissen (s. →*Veden*).

Vedânta (skrt.): das »Ende *(Ânta)* der Veden *(Veda)*«, d. h. die Schlußbetrachtung oder Zusammenfassung der Veden (s. →*Upanishaden*).

Veden (skrt.): heilige Lehren, Wissen. Die Gesamtheit der altindischen religiösen Texte, die nach dem indischen Glauben göttlichen Ursprungs sind.

Diese Texte, vom sechsfachen Umfang der Bibel, sind in 4 große Kapitel aufgeteilt:
1. *Rigveda* (Veda der Verse),
2. *Samaveda* (Veda der Lieder),
3. *Yajurveda* (Veda der Opfersprüche),
4. *Atharveda* (Veda des mystischen Feuerpriesters).
Zunächst wurden die Veden, deren Entstehung unklar ist (vielleicht 1500 v. Chr.), mündlich überliefert, wodurch verschiedene indische Schulen entstanden.

Vermiglio, Girolamo: s. →*Shitô-ryû*.

Vietnam: Land in Südostasien. Die Kampfkünste Vietnams unterteilen sich im wesentlichen in →*Co-Vo-Dao* (Waffenkünste) und →*Viet-Vo-Dao* (waffenlose Künste).
Die Kampfkunstgeschichte Vietnams wird auf zwei Mönche zurückgeführt, die in China den *Zen*-Buddhismus studiert hatten und 713 nach Hause zurückkehrten. Sie waren im *Shaolin*-Kloster ausgebildet worden und brachten die →*Shi-ba-lou-han-shou* nach Vietnam. Diese erweiterten sie, indem sie aus jeder der elementaren Haltungen eine Kombination von Verfahren ableiteten. Diese unterteilten sie in die sogenannte »Kleine Lehre« mit 8 Bewegungen und in die »Große Lehre« mit 10 Bewegungen. Zu jeder der klassischen Stellungen wurde ein Komplex formaler Übungen *(Thao-quyen)* erarbeitet, der über mehrere Dutzend Bewegungen und eine ausgeklügelte Symbolik verfügte.
Über 1000 Jahre hielten die Buddhisten ihre Lehre geheim, doch allmählich drang sie in die Öffentlichkeit, und es entstanden weltliche Kampfkunstschulen *(Vo)*; s. →*Tay-Son*, →*Viet-Vo-Dao*, →*Co-Vo-Dao*, →*Vat*, →*Tam-The* und → *Qwan-Ki-Do*).

Viet-Vo-Dao (viet.): Überbegriff für mehrere vietnamesische Kampfkünste mit und ohne Waffen, auch als *Vovinam-Viet-Vo-Dao, Vo-Vietnam, Vo-Thuat-Vietnam,* oder *Vo-Dao-Vietnam* bekannt. Die Ursprünge reichen bis ins 5. Jh. v. Chr. zurück, doch die erste bekannte Schule *(Vo-Vietnam)* wurde von dem Meister Nguyen Loc (1912–1960) im Jahre 1938 gegründet. Darin verbanden sich mehrere Kampfkünste aus den alten traditionellen Stilrichtungen Vietnams und Chinas: *Tay-Son, Kim-Ke, Do-Nhan, Sa-Long-Cuong, Thieu-Lam (Shaolin-Quanfa), Bach-Hac (Baihequan) und Duond-Lang (Tanglangquan)*. Seit 1972 verbreitet sich *Viet-Vo-Dao* als moderne Kampfkunst in der ganzen Welt und veranlaßte die Gründung neuer Stile:

Stile aus dem Vo-Vietnam

Vo-Vinam	Cu-ton
Vu-Dao	Tan Pham-Van
Son-Long-Quyen-Thuat	Nguyen Duc-Moc
Thanh-Long	Nguyen Dan-Phu
Viet-Vo-Dao	Nguyen Cong-Tot
Qwan-Ki-Do	Tong Pham-Xuan

Im heutigen *Viet-Vo-Dao* wird großer Akzent auf die Atmung gelegt, die man in *Khi-am* (negative, beruhigende Atmung) und *Khi-cheong* (positive erregende Atmung) unterteilt. Das *Viet-Vo-Dao* enthält zahlreiche Techniken der offenen Hand, Fußtechniken und eine große Anzahl von Sprüngen. Davon sind besonders bekannt der Sprung mit beiden Beinen aus dem Hahnenstil (s. →*Tay-Son*) und der »Sprung des Drachen« *(Gia-long-cuoc)*, der Scherensprung.
Viet-Vo-Dao-Techniken wurden mit großem Erfolg während des Unabhängigkeitskrieges gegen die französischen und amerikanischen Truppen eingesetzt. Auch später im sozialistischen Vietnam wurde die Kunst weiter unterrichtet.

Vishnu (skrt.): einer der Hauptgötter im →*Hinduismus*.

Vita (ind.): indischer Speer (s. →Indien), der als Wurf- oder Stichwaffe verwendet wird. Mit der Stichwaffe werden hauptsächlich Techniken des →*Lathi* angewandt.

Vita – indischer Speer mit Schnur

Der Wurfspeer ist etwa 1,5 m lang und wurde mit einer langen Schnur am Handgelenk befestigt. Die Kämpfer konnten ihn vom Pferderücken aus werfen und an der Schnur zurückziehen.

Vo (viet.): Kampfkunst (s. →Vietnam).

VTAA: *Ving Tsun Athletic Association*, Dachverband für traditionelles →*Wing-chun*, gegründet von mehreren direkten Schülern des verstorbenen Großmeisters →YIP MAN. In der VTAA sind mehrere selbständige Verbände organisiert (*WingTsun*, *Wing-chun* und *Ving-tsun*).

W

Wa[1] (jap.): Kreis, Ring, Rad (auch *Rin*). *Rinban* – Reihenfolge, *Yubiwa* – Fingerring.

Wa[2] (jap.): Harmonie, Einklang, Frieden (auch *O*). In dieser Deutung versucht dieses typisch japanische Prinzip die Reinheit (→*Makoto*) und die Harmonie (→*Aiki*) des persönlichen Geistes über das Gleichgewicht zur kosmischen Ordnung herzustellen.

Wa ist in diesem Sinne das Äqvivalent des Prinzips →*Jû (Jû no Ri)*. *Wa* ist auch das Prinzip der menschlichen Integrität, das über die Einheit zwischen den kosmischen und menschlichen Kräften erreicht werden kann.

Wa bedingt demzufolge auch alle Künste *(Gei)* und Wissenschaften *(Jutsu)* und versucht so deren offensichtliche Aspekte mit dem menschlichen Intuitionsvermögen in Einklang zu bringen. *Wa* wird daher als das essentielle Prinzip des Universums betrachtet, gleichzeitig Gründer und Zerstörer, positiv und negativ, aktiv und passiv. Es ist identisch mit dem chinesischen →*Dao*, das in einem gleichen ewigen Prinzip die ergänzenden Kräfte von *Yin* und *Yang* (s. →*Yin/Yang*) vereint. Auch ist es identisch mit dem *Zen*-buddhistischen →*Dô*, dem »höchsten Weg«, dem daher notwendigerweise alle Menschen folgen müssen, um die vollkommene Einheit ihres geistigen und materiellen Seins zu erreichen. Schließlich ist *Wa* die gleiche endgültige Instanz, die in anderen Kulturen als Gott bezeichnet wird (chin. *Shen*), als höchstes Wesen und stärkste Kraft, die den Menschen zu seiner wahren Bestimmung führt.

Wabi (jap.): Begriff, der sich auf sensible Aufmerksamkeit und die tiefempfundene Achtung vor den einfachen und kleinen Dingen des Lebens bezieht. Er bezeichnet zusammen mit →*Sabi* und →*Yûgen* einen der wichtigsten Erziehungswerte des *Budô* (s. →*Furyû*), denn er mahnt zu einer Haltung, durch die Arroganz und Überheblichkeit überwunden werden können. Ohne diese Haltung ist es nicht möglich, den wahren Sinngehalt der Kampfkünste zu verstehen.

Der höhere Geist ist einfach

Aus diesem Grund bestehen die Lehrer der Kampfkünste z. B. auf der traditionellen Kleidung, die nach alter Tradition immer einfach und rein ist. Die Schüler sollen sich nicht voneinander unterscheiden, sollen sich nicht ausschmücken, um besser auszusehen. Sie sollen vielmehr ihrer Haltung Schönheit geben, denn darin liegt der Wert der Übung. In den modernen Kampfkünsten wird dieses Prinzip durch die Verwendung glänzender und schillernder Anzüge mit modischen Schnitten verletzt.

Alle formellen Aspekte des Weges sind einfach und leise. Einfache formelle Gärten, Malereien mit wenigen Pinselstrichen, ohne malerische Details oder Hintergründe, bescheidene Zeremonien im *Dôjô* usw. Gerade in dieser dürftigen Einfachheit liegt jedoch ihr ästhetisch-kreativer Sinn. Moderne Kulturen sind laut, bunt und protzig und erzeugen eine falsche Haltung. In den esoterischen Lehren heißt es, daß man die schillernden Momente herausschneiden muß, um den wahren inneren Kern *(Yûgen)* sehen zu können.

Das Prinzip durchgreift alle Kulturen

»Es ist der Beginn jedes Niedergangs: Das Ernstnehmen der großen Dinge und das Nichternstnehmen der kleinen für selbstverständlich zu halten. Daß man die Menschheit hochachtet, seine Dienstboten aber plagt, – daß man Vaterland oder Kirche oder Partei heilig hält, seine Tagesarbeit aber schlecht und schluderig macht, damit fängt jede Korruption an. Es gibt gegen sie nur ein Erziehungsmittel: daß man bei sich selbst, wie bei den anderen, alle die sogenannten ernsten und heiligen Dinge wie Gesinnung, Weltanschauung, Patriotismus vorerst ganz beiseite läßt, dagegen allen Ernst dem Kleinen und Kleinsten, dem Dienst des Augenblicks zuwendet.«

Hermann Hesse

Wadô-ryû: eine der vier großen japanischen *Karate*-Stilrichtungen. *Wadô-ryû* (s. →*Wa*) wurde von Meister →Ôtsuka Hironori gegründet. Er war ein Meister des *Jûjutsu* (s. →*Shindô Yoshin-ryû*), eine in Japan ausgeübte Kampfkunst, die ebenso wie das okinawanische *Karate* von der chinesischen Kampfkunst beeinflußt ist.

Geschichte und Philosophie

1922 begegnete Ôtsuka Meister Funakoshi und wurde sein Schüler. Er blieb 8 Jahre lang bei ihm, und schließlich trennte er sich 1934 von Funakoshi, um seinen eigenen Stil zu entwickeln. So entstand 1939 das *Wadô-ryû* (s. →Funakoshi Gichin).

Symbol des Wadô-ryû

Wa (Frieden, Harmonie), *Dô* (Weg, Methode), *Ryû* (Stil) deuten auf eine weiche Kampfkunst hin. Obwohl *Wadô-ryû* ursprünglich dieselben *Kata* lehrte wie das *Shôtôkan-ryû*, hat Meister Ôtsuka doch einige Veränderungen vorgenommen, um dadurch seine eigene Auffassung von Kampfkunst zu verwirklichen. In erster Linie beseitigte er alle weitausholenden Bewegungen, verkürzte die Stände und veränderte jene Techniken, die mit einem großen Aufwand an Energie ausgeführt werden müssen. All diese Techniken wandelte er in Bewegungsformen um, in denen größte Ökonomie möglich war, um dadurch höchste Wirksamkeit zu erzielen. Man sagt, er hätte dabei das Bewegungsbild alter Menschen studiert und bei diesen die Verbindung von Vernunft und Wirksamkeit festgestellt.

Entsprechend diesem Prinzip wird im *Wadô-ryû* der Hauptakzent auf die Bewegung des Rumpfes gelegt. Das Resultat dieser Überlegungen war eine Kampfkunst, die viele verschiedenen Formen des *Tai-sabaki* (→*Yokeru-koto*) enthält. Die Bewegungen im *Wadô-ryû* werden enger geführt als im *Shôtôkan-ryû*, sie sind weniger direkt und betonen das Ausweichen. Auch findet man in ihnen viele Parallelen zum *Kendô, Aikidô* und *Jûjutsu*.

Technische Prinzipien

Technisch gesehen, beruht das *Wadô-ryû* auf der Anwendung von drei Prinzipien *(San I Itai)*:

- *Ten-i* – Veränderung der Stellung
- *Ten-tai* – Gewichtsverlagerung des Körpers
- *Ten-gi* – Anwendung der Technik

Wie oben erwähnt, wird im *Wadô-ryû* eine besondere Betonung auf das Ausweichen (→*Yokeru-koto*) gelegt. Darin unterscheiden sich im Stil drei grundsätzliche Regeln:

- Nagasu – atmen wie Wasser (fließend atmen)
- Inasu – vorbeigleiten lassen
- Noru – umwickeln

Das Ausweichen ist immer von einem präzisen, auf einen *Kyûsho* (Vitalpunkt) gerichteten *Atemi* (Schlag) begleitet und endet oft mit einer Wurftechnik.

Ursprünglich gründete Ôtsuka den Stil auf der Basis von 9 *Kata*. Wie im *Shôtôkan-ryû* betrachtete er die fünf *Pinan (Heian)* als die Basis des Stils und lehrte die *Kûshankû* als direkte Weiterentwicklung der *Heian*. Parallel dazu entwickelte er aus der *Naihanchi (Tekki)* die *Seishan (Hangetsu)*. Aus *Seishan* und *Kûshankû* entwickelte er die *Chintô (Gankaku)*, die er als höchste *Kata* des Stils bezeichnete. Heute gibt es im *Wadô-ryû* eine weit größere Anzahl von *Kata*.

Heute steht der Sohn des Meisters, Ôtsuka Jirô (Hironori), *18. Februar 1934, dem Stil vor. In Japan üben 25 Prozent aller *Karateka* das *Wadô-ryû*. Der Stil ist in einem Verband *Wadô-ryû Karate-dô Renmei* zusammengeschlossen, dem 150 Länder angehören. Zu Ôtsukas bedeutendsten Schülern gehören Suzuki Tatsuo, der Hauptinstruktor für *Wadô-ryû* in Japan, Ajari Yoshiaki in den USA und Abe Hidetake.

Wah-kuen-p'ai (chin.): Kampfstil des → *Quan-fa* der äußeren Richtung (→*Wai-jia*) aus dem Norden Chinas.

Wah-kuen-p'ai ist ein spektakulärer Stil mit Sprüngen, hohen Fußtechniken, Drehungen, Würfen, Hebeln usw. Er erfordert gleichzeitig Kraft, Geschmeidigkeit und außergewöhnliche Beweglichkeit. Der Stil lehrt ein Dutzend *Tao (Kata)*, die man zu zweit ausführen kann.

Wai (chin.): außen.

Waichinzan chin. Wai Kin-Tsan, Wai Xin-Xian oder Woo Lu-Chin, chinesischer Militärattaché, der sich einige Jahre lang auf Okinawa aufhielt und mehrere Okinawaner im *Quan-fa* (*Luo-han-quan* und *Xing-yi-quan*) unterrichtete.

Sakiyama Kitoku (1830–1914), Kojô Daitei (1837 bis 1917), Maezato Ranho (1838–1904), Aragaki Kamadeunchu (1840–1920), Higashionna Kanryô (1853–1915), Nakaima Norisato (1850–1927), Matsuda Tokusaburo (1877–1931), Shimabukuro Uemonden (Oyamondoro) und Higa Senaha, Gushi, Nagahama und Kuwae, alle aus Kuneboya, wurden von diesem Meister unterrichtet. Aragaki Kamadeunchu übertrug seine Lehre auf Higashionna Kanryô.

Nach einer Theorie von Pat McCarthy war Waichinzan ein Zeitgenosse oder Senior zu →Ryû Ryûko. Er soll *Xing-yi-quan* und *Luo-han-quan* unterrichtet haben. Zusammen mit Iwah war er mehrere Jahre Übungsleiter am *Kojô-Dôjô* (s. →*Kojô-ryû*) in Fuzhou. Wahrscheinlich hat er Higashionna an Ryû Ryûko weiterempfohlen.

Wai-dan (chin.): auch *Wai-tan*, wörtlich »äußeres Zinnober«, »äußeres Elixier«, »äußere Alchimie«, im Gegensatz zu →*Nei-dan* (innere Alchimie). Praktiken der Magier aus dem religiösen Daoismus (→ *Dao-jiao*, →*Dao-jia*) zur Erlangung der Unsterblichkeit (→*Chang-sheng-busi*) durch Umwandlung chemischer Substanzen zu einer lebensverlängernden Droge.

Die wichtigsten Zutaten des »äußeren Elixiers« waren Gold und Zinnober. Die Anhänger der *Waidan* waren der Ansicht, daß das →*Yuan-qi* die Lebenskraft des Menschen darstellt und dessen Verlust Krankheit und Tod bringt. Nur die chemischen Substanzen können den Urzustand des *Yuan-qi* wiederherstellen. Dazu mußte der Zinnober neunmal geläutert werden. Nimmt man diesen ein, so steigt man sofort zum Himmel.

Die Praktiken der *Wai-dan* forderten so manches Opfer, da bei ihren Rezepten oft Quecksilber eingenommen wurde. Es gibt Theorien, die behaupten, die Praktiken seien verschlüsselte Anweisungen zur Übung des *Nei-dan* und die chemischen Stoffe sowie die Elixiere stünden für physische Prozesse. Diese Theorie ist jedoch nicht sicher zu bestätigen.

Das heutige *Wai-dan* zielt in erster Linie auf die Verbesserung der Gesundheit ab und wird in den Kampfkünsten zur Steigerung der Kampfkraft eingesetzt. Charakteristisch für das *Wai-dan* ist, daß das *Chi* in den Extremitäten gebildet und dann erst nach innen, zum *Dan-tian*, transportiert wird. Die *Qi*-Bewegung entsteht durch die Muskelkontraktion und -entspannung und aus der Koordination der Bewegung.

Übender mit dem Dreizack

Wai-gong (chin.): »äußeres Qi-gong«, Bezeichnung für alle Übungen des →*Qi-gong*, die in Bewegung ausgeführt werden. Identisch mit →*Dong-gong*. Gegensatz zu →*Nei-gong*.

Wai-jia (chin.): Bezeichnung für alle Schulen der chinesischen äußeren (harten) Systeme des *Quan-fa*. Geschichte und Entwicklung s. →*Quan-fa* und →*Shaolin-Kloster*.

DIE ENTSTEHUNG DER SCHULEN

Die heutigen »äußeren (harten) Systeme« *(Wai-jia)* stehen repräsentativ für das im *Shaolin* ursprünglich entwickelte Konzept. Durch die Zerstörung des Klosters im 16. Jh. verließen viele Kampfkunstexperten das Kloster und siedelten sich in verschiedenen Teilen des Landes an. Sie unterrichteten das *Shaolin Quan-fa* in privaten Schulen (→*Guan*) und gründeten viele neuen Stile.

Während der Ming-Dynastie verbreitete sich das *Shaolin Quan-fa* im ganzen Land, und überall entstanden hervorragende Schulen, welche die 170 Tierverfahren (s. →*Wu-qin-xi*) verbesserten und erweiterten. Anfangs lebten sie in friedlicher Koexistenz zusammen, doch bald entbrannte ein heißer Konkurrenzkampf zwischen den weltlichen Schulen und dem *Shaolin*-Kloster, der das Prestige des Klosters stark schädigte. Viele Mönche verließen daraufhin das Kloster und eröffneten Privatschulen. Manche von ihnen gingen nach Japan, wie der berühmte CHEN JUANBING, der im Jahre 1558 im *Shokokuji*-Tempel von Edo eine auf dem *Shaolin Quan-fa* aufgebaute *Jûjutsu*-Schule gründete.

Nach ihrer Verbreitung außerhalb des Tempels teilte sich das *Shaolin Quan-fa*, analog zur Entwicklung des *Chan*, in die »Nördlichen Schulen« (→*Bei-tui*) und die »Südlichen Schulen« (→*Nan-quan*). Bezeichnend für die Nördlichen Schulen (»Bein des Nordens«) sind höhere Stellungen, schnelle Stoß- und Schlagtechniken, hohe Fußtritte, Sprünge und flüssige Bewegungen. Die Südlichen Schulen (»Faust des Südens«) bevorzugen Fausttechniken und festere Stände. Doch die Unterteilung in Nord und Süd ist ebenso wie die Unterteiling in Innen und Außen sehr umstritten (siehe Einleitung).

Die Begriffe *Nan-quan* (»Faust des Südens«) und *Bei-tui* (»Fuß des Nordens«) umfassen die gesamten Stile des äußeren *Quan-shu*. Sie beziehen sich auf die geographische Lage nördlich und südlich des Changjiang (Yang-tse Kiang) und begründen sich folgendermaßen: Der Süden ist das Land der Pfirsiche und der Reiskultur, wo die Menschen einen Teil ihres Lebens im Wasser verbringen. Die Haltungen sind statischer, das *Quan-shu* bevorzugt daher die oberen Gliedmaßen für Abwehr und Angriff. Bezeichnend hierfür ist die südliche *Cai*-Schule, die viele Techniken mit den oberen Extremitäten ausführt und wenig Beinarbeit leistet.

NAN-QUAN – SÜDLICHES QUAN-FA

Ursprungssysteme

Hung-jia-quan (Hung-chia-ch'uan/Hung-gar)
Liu-jia-quan (Liu-chia-ch'uan/Liu-gar)
Cai-jia-quan (Ts'ai-chia-ch'uan/Choy-gar)
Li-jia-quan (Li-chia-ch'uan/Li-gar)
Mo-jia-quan (Mo-chia-ch'uan/Mok-gar)

Neuere Systeme

Cai-li-fu-quan (Choi-li-fut/Ts'ai-li-fu-ch'uan)
Yong-chun-quan (Wing-chun/Yung-ch'un-ch)
Bai-he-quan (Pak-hok/Pai-ho-ch'uan)

Der Norden dagegen ist das Land der großen Räume, die Nomaden und Jäger benutzten Pferde. Das *Quan-shu* verwendet lange, »fliegende« Techniken, akrobatische Tritte und zahlreiche Ausweichbewegungen.

BEI-TUI – NÖRDLICHES QUAN-FA

Chang-quan (Chang-ch'uan)
Cha-quan (Chakuen-p'ai)
Da-sheng-quan (Hou-ch'uan/Tasheng-chúan)
Emei-quan (Emei-ch'uan)
Fo-jia (Fo-chia)
He-quan (Ho-ch'uan)
Hong-quan (Hung-gar)
Lau-hon-kuen-p'ai
Luo-han (Lo-han-ch'uan)
Mi-zong-yi-pai (Mitsung-I-p'ai)
Siu-mui-fa-kuen
Sup-bart-lau-hon-kuen
Tang-lang-quan (Tang-lang-p'ai)
Tegin-cheung-kuen
Wu-qin-quan (Wu-hsing-ch'uan)
Xiao-ba-gua-quan (Siu-pa-kua-kuen)
Xiao-shi-zi-quan (Siu-sup-chi-kuen)
Zui-ba-xian-quan (Ts'ui-pa-hsien-ch'uan)
Zui-quan (Ts'ui-ch'uan)

Geistige Grundlagen

Das Ziel der Übungen im *Shaolin*-Kloster war →*Satori*. Auf dem Weg zu diesem Ziel spielt das Körperprinzip eine wichtige Rolle. Die Erleuchtung geht von der körperlichen und geistigen Persönlichkeitsmitte (chin. *Qi-hai Dan-tian*, jap. *Kikaitanden*) aus, aus der heraus der Übende sich darum bemüht, über die elementar-vitalen Kräfte *(Qi)* seines Organismus zu verfügen. Um dies zu erreichen, entwickelten die Mönche des *Shaolin* eine Körperschule (s. →*Shaolin*-Übungen), durch die sie sich den Zugang zu der natürlichen Bewegungsautomatik erüben konnten. Dies konnte jedoch nur dann gelingen, wenn diese »natürlichen Anlagen« von den störenden Einflüssen des objektiven Bewußtseins befreit wurden. Dem Erreichen dieses Zieles diente die stetige Wiederholung gleicher Bewegungsabläufe (→*Dao*) mit einer nach innen (auf den *Hara*) gerichteten aufmerksamen Konzentration. Dazu wurden die *Dao (Kata)* verwendet. Anfangs waren diese auch im Shaolin nicht kampforientiert. Sie ergänzten die *Zen*-buddhistische Meditationsschule und dienten dem Zweck, die Harmonie zwischen Körper und Geist zu vervollkommnen. Bald jedoch stellte sich heraus, daß dieses ebenfalls meditative Ziel die höchste Bewußtseinsstufe für den Kampf darstellte. So entstand das *Shaolin Quan-fa* (jap. *Kempô*), und die Mönche setzten es ein, um sich gegen ihre Feinde zu wehren.

Sowohl die daoistischen als auch die buddhistischen Systeme suchten Mittel und Wege, durch die sie sich den Zugang zu den vitalen Kräften des Lebens verschafften, die durch den bewußt eingesetzten Willen nicht abrufbar waren. Man wußte, daß diese vitalen Kräfte (*Qi*, jap. *Ki*) jenseits jener Grenze lagen, die durch rein physisches Training erreicht werden konnte.

Die zur Erleuchtung beitragenden Körperübungen der *Zen*-orientierten Künste gingen aus der Vorstellung von einem körperlichen und geistigen Energiezentrum (→*Hara*) hervor, dem man durch suggestives Bekenntnis alle Handlungssteuerungen überträgt, die dem rationalen Bewußtsein nach und nach entzogen werden. Man entdeckte, daß der Mensch im Vertrauen in diese Mitte lernen konnte, erneut über seine elementar-vitalen Kräfte zu verfügen, von denen man anhand von Tierbeobachtungen wußte, daß sie die rational gesteuerten Aktivitäten in vieler Hinsicht übersteigen. Zu diesem Zweck entwickelte man neben der Meditation eine gymnastische Körperschule, in der man durch Automation die Bewegungssteuerung dem energetischen Persönlichkeitszentrum übertrug, was man dann durch Wiederholungen gleicher Bewegungsabläufe immer mehr auszubauen versuchte.

Man wußte, daß der Zugang zu diesen Kräften nicht zu schaffen war, wenn man sich bewußt darum bemühte. Der Mensch kann im Gegensatz zum Tier diese natürliche Energiequelle nicht nutzen, weil ihm dazu seine eigene »Bewußtgewordenheit« im Wege steht. Daher war es nötig, eine innere Haltung (→*Shisei*) zu erreichen, in der ein Ausgleich zwischen rationalem und intuitivem Erkennen der Wirklichkeit möglich wurde. Die Bemühung, die Handlungsweise des *Dao* zu verstehen und in der eigenen Haltung zu verwirklichen, führte letztlich zu dem umfangreichen Komplex von Körperübungen, die im modernen *Budô* durch das →*Dô* gekennzeichnet sind.

Die Fähigkeit, die natürliche Vitalenergie *(Qi)* zu benutzen, die jedes Tier besaß, war beim Menschen durch den Anspruch seines egozentrischen →Ich auf Vorrangigkeit verbaut. Man mußte sich also von den beständig falschen Schlüssen der fixierenden Ratio, von den störenden Einflüssen aus dem Ichgefühl und von den Vorurteilen des logischen Denkens befreien und einen Geist (*Mushin* – der absichtslose Geist) verwirklichen, der in der Lage war, Zusammenhänge intuitiv zu erspüren. In unzähligen Studien wurde dazu das

Verhalten verschiedener Tiere (s. →*Wu-qin-xi*) beobachtet. Man ahmte die Weise eines Tieres nach und versuchte zu verstehen, was das Tier dazu veranlaßte, das zu tun, was es tat, und wie es in den Handlungen seine energetische Energie verwendete. Deshalb sind die meisten heute existierenden Kampfkunst-*Kata* abgeleitete Tierbewegungen.

Auf diese Weise begannen sich die Konturen des Weges *(Dô)* in den Übungsformen der Kampfkünste abzuzeichnen. Man brauchte das Körperprinzip, um den Zugang zur Vitalenergie zu schaffen, und die Perfektion der inneren Haltung, weil die Ich-Haltung diesen Weg verhinderte. Aus diesem Grund enthalten alle Wegübungen die Technik (→*Waza*), den Geist (→*Shin*) und die Energie (→*Ki*) als wichtigste Schwerpunkte der Übung.

Wai-li (chin.): äußere Kraft, Muskelkraft.

Wai-qi (chin.): »äußeres *Qi*«. Erläuterungen s. unter →*Nei-qi* und →*Qi*.

Wai-qi-liao-fa (chin.): Form des →*Qi-gong*, die zum medizinischen Bereich (→*Yi-jia*) gehört.

Der Patient bleibt passiv und muß keine Bewegungen lernen. Der Therapeut dagegen hat die Fähigkeit, sein *Qi* auf die schmerzenden Stellen oder auf die Akupunkturpunkte zu übertragen. Der Patient nimmt das als physischen Reiz (Wärme, Kribbeln usw.) wahr. Der Therapeut muß diese Fähigkeit (→*Fa-qi*) über Jahre hinweg durch die Übung von *Jing-gong* und *Dong-gong* entwickeln.

Wajutsu[1] (jap.): altes Konzept der »Kunst der Harmonie«, gegründet 1616 von → OGURI NIEMON innerhalb seiner →*Jûjutsu*-Auffassung.

Wajutsu[2] (jap.): wörtlich »Kunst der Harmonie« (s. →*Wa*[2]). Synthese mehrerer Kampfkünste *(Budô)* wie *Jûdô, Aikidô, Karate* u. a., 1983 von JACQUES QUERO in Frankreich gegründet, der darin esoterische Gedanken und Philosophien aus dem *Zen, Daoismus* und *Yoga* verband.

Die Lehre des französischen *Wajutsu* rühmt sich eines ursprünglichen Geistes im Sinne des *Budô*, betreibt keine Wettkämpfe, sondern entwickelt die geistige und körperliche Harmonie in der Übung. Der Stil lehrt seine Anhänger auch, ein soziales Leben im Alltag zu führen. Die Übung besteht vorwiegend aus *Kata* und *Randori*.

Wakai (jap.): jung (auch *Jaku, Nyaku*).

Wakare (jap.): Trennung, Abschied. *Wakareru* – auseinandergehen, sich voneinander lösen.

Waka-Sensei (jap.): junger Lehrer. Gegenteil: *Rô-Sensei* (s. →*Sensei*). Titel, der dem Sohn des Meisters oder dem jungen Nachfolger eines *Ryû* verliehen wird.

Waki (jap.): Seite, Achsel.

Wakibara (jap.): Körperseite.

Waki-gamae (jap.): seitliche Haltung (z. B. die Waffe in der seitlichen Körperhaltung).

Wakige (jap.): Achselhöhle. Auch Schwertschlag im *Kenjutsu*. Hieb durch die Brust in der Höhe der Achselhöhle.

Waki-otoshi (jap.): Körperwurf mit Hebel aus dem *Jûdô*.

Wakizashi (jap.): wörtlich »Begleiter des Gürtels«. Kurzes, leicht gekrümmtes Schwert (s. →*Ken*) der *Samurai*.

Das *Wakizashi* wurde zusammen mit dem →*Katana* (Langschwert) als →*Daishô* getragen.

WAKO: europäische Organisation für Kontakt-Karate (s. →*Karate*, →*Full-contact*), gegründet 1975 von mehreren *Dan*-Trägern aus 12 Ländern unter der Leitung von GEORGE BRUCKNER und MIKE ANDERSON.

Die WAKO ist die größte Organisation für Kontakt-Karate in Europa, die wichtigsten Mitgliedsländer sind Deutschland, Jugoslawien, Italien und Österreich. Ihre Regeln unterscheiden sich von denen der amerikanischen Organisationen dadurch, daß *Jûdô*-Würfe und Fußfeger erlaubt sind. Außerdem gibt es keine Mindestanforderung an die Anzahl der Fußtechniken. Die Kämpfe finden im Ring oder auf Matten statt und gehen über 5–6 Runden. Einmal im Jahr müssen die Qualifikanten und die Top-Kämpfer in einem 2-Runden-Kampf gegeneinander antreten, um die 10 besten Kämpfer des Jahres aus jeder Gewichtsklasse zu ermitteln. Zu den besten Kämpfern der Wako gehören BRANCO CICATIC aus Jugoslawien, FRANZ HALLER aus Italien und FERDINAND MACK aus Deutschland. Auch einige Amerikaner, wie GORDON FRANKS, ROSS SCOTT, BILLY JACKSON und DAVE JONSTON stehen im Rampenlicht der WAKO

Wallace, Bill (*01. 12. 1945): amerikanischer *Karate*-Experte, bekannter Wettkämpfer im *Full-contact*, wegen seiner Fußtechniken auch »*Superfoot*« genannt.

Wallace war zwischen 1968 und 1974 einer der Top-Kämpfer Amerikas und bis 1980 ungeschlagener Champion der →PKA. 1966 begann er während seiner Militärzeit in Korea mit dem Studium des *Shôrin-ryû*. Nach seiner Rückkehr 1967 erhielt er den Schwarzgurt und übte weiter *Gôjû-ryû*.

Wan (jap.): Arm (auch *Ude*); Fähigkeit, Talent, Geschick. *Shuwan* – Fähigkeit, *Wanryôku* – Körperkraft, *Udemae* – Tüchtigkeit, *Udewa* – Armband.

Der Unterarm wird in den waffenlosen Kampfkünsten oft als Waffe eingesetzt (s. →*Wantô* – Schwertarm, →*Shubô* – Stockarm). Besonders in den Abwehrtechniken *(Uke)* kommt er häufig vor, jedoch auch in den Schlagtechniken *(Uchi)*. Folgende Auftreffflächen werden unterschieden:

ABWEHRFLÄCHEN DES UNTERARMS

Haiwan	– obere Fläche des Unterarms
Shuwan	– untere Fläche des Unterarms
Gaiwan	– Armaußenseite
Naiwan	– Arminnenseite

Wang Xian: Meister des →*Chen Tai-ji-quan* und einer der heutigen Hauptvertreter.

Wang, Xian-Gai: Meister des *Xing-yi-quan*, Anhänger des »natürlichen« Stils innerhalb der zahlreichen *Xing-yi*-Interpretationen. Er betonte vor allem die geistigen Aspekte und stellte →*Yi* (Wille und Vernunft) über die Technik.

Wang, Xiang-Zhai: identisch mit WANG XIAN-GAI, Meister der Kampfkünste und Gründer des Stils →*Da-cheng-quan*, einer Entwicklung aus dem →*Xing-yi-quan*. Er verbreitete die *Qi-gong*-Übung →*Zhanzhuang* stark und verstand sie als ein Hauptmerkmal seines Stils.

Wang Xiang-Zhai

Wang, Zong-Yue: chinesischer Kampfkunstmeister, der ca. im 17. Jh. lebte. Er war Meister des →*Chang-quan*.

Es wird erzählt, daß er einmal durch das Dorf der CHEN-Familie (s. →CHEN WANG-TING) kam und einige Dorfbewohner bei ihrer Kampfkunstübung beobachtete. Als er sich abfällig darüber äußerte, wurde er sofort von einigen zum Zweikampf herausgefordert und besiegte alle mühelos. Daraufhin bat ihn der Dorfälteste, seine Kunst zu unterrichten. Dies tat er und legte so den Grundstein zum →*Chen Tai-ji-quan*.

Wankan (jap.): okinawanische *Karate-Kata* des →*Shôrin-ryû* unbekannter Herkunft. Die Schriftzeichen bedeuten »Königskrone«.

In Okinawa übte man sie zuerst im *Tomari-te*, doch es steht fest, daß sie ursprünglich aus China stammt. Auf jeden Fall wurde ihre ursprüngliche Variante von der in Tomari vorherrschenden MATSUMORA-Schule beeinflußt und auch von dieser weiterverbreitet. Die heutige *Wankan* trägt einige typische Merkmale des *Tomari-te*, von denen →*Kuzushi-waza* nach der Abwehr mit *Sukui* und *Sasae* besonders zu erwähnen sind. Erst später gelangte die *Kata* nach Shuri. Im *Shôtôkan-ryû* war sie anfangs nicht bekannt, da sie nicht zur näheren Auswahl der stilspezifischen *Kata* gehörte.

Im Laufe der Zeit erfuhr die okinawanische *Wankan* mehrere formelle Veränderungen. Die heute im *Shôtôkan* bekannte Form ist relativ neu und entwickelte sich erst in Japan. Dort übt man sie nur noch im *Shito-ryû*. Für die *Wankan* gibt es noch die Bezeichnungen *Matsukaze, Shiofu* und *Hiko*.

Im *Shôtôkan-ryû* ist sie die kürzeste *Kata* des Stils. Sie besteht aus 22 Bewegungen und dauert 40–50 Sekunden. Sie zählt zu den höchstentwickelten *Kata* mit sehr feinen und anspruchsvollen Techniken und einem schwierig zu erlernenden Kampfstil.

Wan-nagashi-uke (jap.): Fegeabwehr mit dem Unterarm (Zuordnung s. →*Nagashi-uke*). Man kann dazu die Innen-, Außen-, Vorder- oder Rückseite des Unterarms (s. →*Wan*) benutzen.

Mit *Wan-nagashi-uke* werden Fauststöße abgewehrt, die zum Gesicht zielen. Man hebt den Unterarm vor den Körper und setzt einen Fuß zurück. Gleichzeitig dreht man die Hüften zu *Hanmi*. Der angreifende Arm wird zuerst hochgeprellt und dann durch eine Zugbewegung am Ziel vorbeigeleitet.

Wanshu (jap.): alte chinesische *Karate-Kata* (s. →*Kata*) des →*Tomari-te*, die 1683 von →Wanshu Sappushi nach Okinawa gebracht wurde.

Wanshu Sappushi war ein chinesischer Kampfkunstexperte der äußeren Stile des *Quan-fa*. Er kam 1683 als einer der ersten Chinesen nach Okinawa (Tomari) und lehrte dort eine *Kata*, die später unter seinem Namen bekannt wurde. Man glaubt, daß er sie zuerst an den okinawanischen *Tôde*-Meister Sanaeda weitergab, der sie dann verbreitete. In Tomari wurde die *Kata* auf jeden Fall auch in der Matsumora-Schule geübt.

Die alte *Wanshu* existierte zunächst nur in der Tomari-Gegend, was Meister Funakoshi in seinem ersten Buch *»Ryûkyû Karate Kempô«* bestätigt. Von manchen Meistern wird behauptet, daß diese Form erst nach dem Umbruch der Meiji-Ära (1912) ihren Weg nach Shuri fand, was jedoch sehr zweifelhaft ist. Wahrscheinlicher ist, daß sie bereits früher in der Matsumura- und Itosu-Schule aus Shuri bekannt war und dort verändert wurde. Die heutige *Shôtôkan-Empi* (s. →*Empi*) gilt als eine Weiterentwicklung der Itosu-Variante.

Wanshu Sappushi: chinesischer Kampfkunstexperte der äußeren Stile des → *Quan-fa*.

Wanshu kam 1683 als einer der ersten Chinesen nach Okinawa (Tomari) und brachte die Kata *Wanshu* mit, die später im *Shôtôkan-ryû* in → *Empi* umbenannt wurde. *Sappushi* war die okinawanische Bezeichnung für spezielle Gesandte des chinesische Kaiserhofes auf Okinawa (s. →Kumemura).

Wantô (jap.): »Schwertarm«. Erläuterungen s. unter →*Wan*.

Wasa Daiichirô (1663–1713): bekannter Meister des *Kyûjutsu* aus der Provinz Kii.

Wasa Daiichiro schoß im Jahre 1686, während einer Zeremonie im Tempel *Sanjusangendô*, auf eine Distanz von 63 m 13 053 Pfeile ab, von denen 8133 das Ziel trafen. Damit entthronte er den vorherigen Champion Hoshina Kanzaemon, der als unschlagbar galt. Wasa Daiichirôs Rekord ist bis heute ungebrochen.

Washi (jap.): Adler.

Washide (jap.): Adlerhand, Adlerklaue (s. →*Nukite*), eine der meistverwendeten Handhaltungen für gegnerische Vitalpunktstimulationen.

Man beugt die Finger und den Daumen und formt eine Adlerklaue. Damit kann man zuschlagen, fangen und ziehen. Diese Handhaltung wird vorwiegend für Angriffe gegen den oberen Teil des Kopfes, gegen das Gesicht, die Kehle, das Schlüsselbein und die Hoden gebraucht.

Washin-ryû (jap.): auch *Washi Shin-ryû*, der »wahre Weg der Harmonie«. Eine Karate-Stilrichtung, in der das kontrollierte Atmen *(Ibuki)* im Vordergrund steht. Es werden meist direkte und geradlinige Techniken ausgeführt, Freikampf und Selbstverteidigung stehen im Vordergrund.

Washin-ryû basiert hauptsächlich auf *Kobudô*, Hauptwaffe ist der Stock *(Bô)*. Man weiß nicht genau, wer den Stil gegründet hat, als erster Meister taucht So-An auf, der 1569 bei Yen C. Y. gelernt hat. Heute wird der Stil von →Ochiai Hidy, dem Sohn eines berühmten *Kendô*- und *Jûjutsu*-Meisters, vertreten.

Washi Shin-ryû (jap.): s. →*Washin-ryû*.

Wato (jap.): »Wort-Kopf«. Gemeint ist das Kernstück eines →*Kôan*, die »Pointe«, in der es sich auflöst, wenn man seinen wahren Sinn erfaßt hat. Ein *Kôan* kann ein *Wato* oder mehrere in Form von einem Wort oder einer Aussage haben.

Watts, Alan (1915–1974): Religionsphilosoph, Psychologe und Kenner der indischen Philosophie, des *Zen*-Buddhismus und der klassischen chinesischen Philosophen.

Er selbst übte sich im Tanz, Gesang und in der Kalligraphie. Alan Watts hinterließ ein ganze Reihe von Büchern, die einen tiefen Einblick in die asiatische Denkweise geben. Besonders interessant ist sein letztes Werk, »Der Lauf des Wassers«, in dem er zeigt, daß die Lehre über das *Dao* auch heute nichts von ihrer Gültigkeit verloren hat. Das Buch ist für Studenten der Kampfkünste sehr zu emfehlen.

Waza[1] (jap.): Tat, Handlung; Werk Kunst. Das gleiche Schriftzeichen läßt sich auch als

Gyô – Beruf, Geschäft, Unternehmen – oder *Gô*–Karma–lesen.

Waza[2] (jap.): Technik; Fähigkeit; Kunstgriff (auch *Gi*). *Gijutsu*–Technik, *Ginô*–Fähigkeit, Geschicklichkeit, *Engi* – Aufführung, Darstellung, Spiel, *Kyôgi*–Wettkampf.

In den Kampfkünsten steht *Waza* für die Übung der körperlichen Technik und bildet damit eines der drei Grundprinzipien jeder Übung des →*Dô*. Die Übung des *Budô* beinhaltet: *Waza* – Technik, *Ki* – Energie und *Shin* – Geist (Zusammenhänge s. unter →*Zazen*). In den Kampfkünsten gibt es folgende generelle Einteilungen (Erläuterungen zu *Waza* als Bewegung s. unter →*Undô*, zu den einzelnen Formen siehe unter der jeweiligen Bezeichnung):

EINIGE FORMEN VON WAZA

Aiuchi-waza	– Gruppe der direkten Kontertechniken
Atemi-waza	– Gruppe der Schläge auf Vitalpunkte
Dôji waza	– Gruppe gleichzeitiger Techniken
Gatame-waza	– Gruppe der Immobilisationstechniken
Henka-waza	– ineinanderfließende Kombinationen
Hineri-waza	– Gruppe der Drehtechniken
Kaeshi-waza	– Gruppe der Gegenangriffe
Kamae-waza	– Gruppe der Haltungen/Deckungen
Kansetsu-waza	– Gruppe der Gelenktechniken
Kawashi-waza	– Gruppe der Ausweichtechniken
Kensei-waza	– Gruppe der Täuschungstechniken
Keri-waza	– Gruppe der Fußtechniken
Ko-waza	– Gruppe der Nahkampftechniken
Kuatsu	– Wiederbelebungstechniken
Kuzushi-waza	– Gleichgewichtsbrechen
Nage-waza	– Gruppe der Wurftechniken
Osaekomi-waza	– Gruppe der Haltegriffe
Renzoku-waza	– Gruppe der Kombinationstechniken
Shime-waza	– Gruppe der Würgetechniken
Sutemi-waza	– Gruppe der Selbstopfertechniken
Tachi-waza	– Gruppe der Stände
Tsuki-waza	– Gruppe der Stoßtechniken
Uchi-waza	– Gruppe der Schlagtechniken
Uke-waza	– Gruppe der Abwehrtechniken

In allen Künsten des *Budô* ist *Waza* (Technik) ein wichtiges Element der Übung. Bis zum Erreichen des ersten Schwarzgurtes (→*Shodan*) steht sie für jeden Übenden der Kampfkünste als formelles System im Vordergrund. Es gibt keine Möglichkeit, über sie hinauszugehen, weil der Geist des Anfängers untrennbar an ihr haftet (→*Shu*) und eine Befreiung (→*Ha*) nicht zuläßt. Die erste Phase der technischen Kampfkunstübung (→*Omote*) erstreckt sich deshalb ausschließlich auf das Erlernen spielraumloser Grundformen, die als Voraussetzung für jeden weiteren Fortschritt gelten.

Um Zugang zum Weg des *Budô* zu finden, muß der Übende jedoch letztlich das elementare Formsystem überschreiten, denn das ausschließliche Befassen mit der Formvielfalt hält ewig gefangen im System. Die heutzutage häufige Vorstellung, daß die Jagd nach beständig neuen Formen im *Shu*-Abschnitt Fortschritt gewährt, ist falsch. Die früheren Meister beschränkten sich auf wenige Formen und gingen in die Tiefe. Die Intensivierung der Formvielfalt ist vergleichbar mit der Vorstellung, daß das Werk eines Dichters dadurch besser wird, daß er mehrere Sprachen lernt.

Der Meister ist nicht abhängig vom System (er hat es überschritten), selbst wenn er es aufs genaueste beachtet. Der Schüler jedoch muß das System lernen, weil ihm jede darüber hinausgehende Möglichkeit fehlt. Für den Meister besteht die Übung nicht aus dem Nachahmen vorgegebener Formaspekte, ebenso wie der Dichter seinen Sinn nicht darin sieht, fremde Gedichte abzuschreiben. Der Meister des Weges übt die Technik als Mittel zum eigenen Sinn. Diese Technik hat über die zu erlernende Form hinaus einen Übungsinhalt, der nach innen zielt. Darin besteht der Unterschied zwischen der bereits »vollendeten Technik« (→*Okuden*) und der nur »gekonnten Technik« (→*Omote*). Die wahre Technik des *Budô* muß nicht schneller, höher, stärker, besser usw. als eine andere sein, sondern sie muß *richtig* sein. Um richtig sein zu können, reicht die Formperfektion nicht aus.

Deshalb ist *Waza* im *Budô* nicht dasselbe wie Technik im Sport. In den Kampfkünsten ist *Waza* ein Mittel, im Sport ist es ein Ziel. Der Unterschied liegt nicht in der Form selbst, sondern im Sinn, den der Mensch sich selbst gibt. Weitere Erläuterungen s. →*Undô,* →*Shisei* und →*Shitai-undô*.

Waza-ari (jap.): Wettkampfbegriff: »halber Punkt«.

Waza-ari awasete ippon (jap.): Wettkampfbegriff: Zwei *Waza-ari* (zwei halbe Punkte) ergeben einen Punkt.

Waza-ari nichikai waza (jap.): Wettkampfbegriff: fast ein *Waza-ari* (halber Punkt).

Waza no kankyû wo wasuruna (jap.): eine der drei Hauptregeln von Meister →Funakoshi für die Übung der *Kata* (s. →*Katageiko*) mit der Bedeutung: »Die Technik ist langsam und schnell«.

Die *Kata* bildet eine in sich geschlossene Einheit. Bewegungsmäßig gesehen, besteht sie aus einzelnen Techniken, die man in der Grundschule lernt. Diese Techniken in grundschulmäßig genauer Ausführung und im richtigen Rhythmus miteinander zu verbinden ist einer der wichtigsten Aspekte der *Kata*-Übung.

Erst aus dem klaren Verständnis der Bewegung formt sich die Einheit. In ihr ist der Rhythmus von selbst enthalten. Nur anfänglich wird er bewußt gelenkt. Danach verläßt er diesen Rahmen und wird von der Intuition gesteuert. Die anfangs festgelegten Vorschriften für »langsam« und »schnell« sind nichts anderes als die Noten in der Musik – sie sind Gegenstand des Lernens, doch nicht das Wesen der Kunst.

In den *Kata* unterscheidet man zwischen direkt kampforientierten Techniken und passiven Bewegungen, die meist zwischen den einzelnen Kampfkombinationen liegen. Letztere sind – übertragen in den tatsächlichen Kampf – jene Bewegungen, durch die man die eigene Deckung verändert, sich in körperliche oder psychische Bereitschaften begibt, Richtungen oder Distanzen korrigiert, die Aufmerksamkeit des Gegners lenkt – kurzum all jene Handlungen in einem Kampf, die nicht direkt kämpferisch sind. Man nennt sie Zwischenbewegungen (s. →*Kamae*, →*Kamaekata*).

Das richtige Verständnis solcher Bewegungen ist für die wahre *Kata* sehr bedeutend. Durch sie verbinden sich ihre kämpferisch aktiven Elemente mit den nichtkämpferisch passiven Teilen zu einem Ganzheitsgefüge, in dem sich dynamische Kraft – enthaltene Sanftheit, Spannung – Entspannung, Einatmung – Ausatmung, schnell – langsam, aktiv – passiv usw. in einem immerwährenden Gleichgewicht erhalten.

Durch das intuitive Verständnis dieser Gegensätze wird in der *Kata* das »Fühlen der Wirklichkeit« entwickelt. Langsam und Schnell hängt vom Verständnis des Wechsels zwischen Aktiv und Passiv in einer realitätsorientierten Handlung weit mehr ab als vom Verständnis einer vorgegebenen Rhythmusform. Der Maßstab »schneller ist besser« kann hier nicht gelten. Ebenso wie ein wirklicher Kampf besteht auch die *Kata* aus langsam und schnell. Das Gleichgewicht der Handlung liegt in der Mitte, und Schnell und Langsam müssen sich gegenseitig aufheben. Die vollkommene Harmonie zwischen beiden bestimmt den Rhythmus.

Wenn ein Übender sich eingehend damit befaßt, erfährt er schnell, daß er viel weiter gehen muß, als zwischen Langsam und Schnell zu unterscheiden. Diese beiden Extreme der Bewegung sind nur die zuerst sichtbar werdenden Merkmale in der Betrachtung der Form. Dazwischen befindet sich ein breites Band von Rhythmen, deren wahres Verständnis nicht durch logische Analyse erreicht werden kann, sondern – ebenso wie das Verständnis der Kunst – ausschließlich der Intuition unterliegt. Nicht zuletzt hat auch jede Technik ihren eigenen Rhythmus, in dessen Gestaltung es viele kreative Variablen gibt, jedoch auch den Maßstab Richtig und Falsch. Über den wahren Rhythmus einer *Kata* kann man keine Systeme gründen, ebensowenig wie die höheren Stufen der Kunst auf der Logik beruhen.

Die Frage nach Langsam und Schnell in der *Kata* erfolgt nur am Anfang eines langen Weges, auf dem der Übende irgendwann zu verstehen beginnt, daß sich ein System ebensogut in sein Gegenteil verwandeln kann, ohne falsch zu sein. Was den wahren Rhythmus vom falschen Rhythmus unterscheidet, ist nicht das Beachten einer Norm, das sich als langsam oder schnell feststellen läßt, sondern die innere Entscheidung. Dies ist mit jeder anderen Art von kreativer Kunst vergleichbar. In jeder gibt es Systeme, doch die wirkliche Kunst lebt erst jenseits vom System.

Waza o hodokosu koki (jap.): wörtlich: »psychologisch richtiger Moment für die Anwendung einer Technik« (s. →*Kikai*).

Wazawai (jap.): Unglück, Katastrophe, Übel (auch *Sai*). *Sainan* – Unglück, Unfall.

Wazawai wa getai ni shozu (jap.): die 7. von Meister Funakoshis 20 *Karate*-Regeln (s. →*Shôtô-nijukun*, →*Kaisetsu*). Sie bedeutet: »Unglück geschieht immer durch Unachtsamkeit.«

Der vom Menschen unbewachte Augenblick ist der schlimmste Feind seiner Ziele. Jede Art von Unglück geschieht, weil der Mensch in der entsprechenden Situation nicht richtig konzentriert ist oder weil ihm die entscheidende →Intuition fehlt, durch die er die Lage richtig einschätzen könnte. Durch die Übung des *Budô* kann man sich diese Haltung (→*Zanshin*) angewöhnen, in der man sich mit einer beständigen Aufmerksamkeit gegenüber allen Dingen umgibt. Dies ist mehr oder weniger eine Übungssache, und jeder Mensch, der wirklich will, kann das lernen. Zuviel Denken oder Grübeln über das Leben, über Verlorenes oder über das, was hätte sein können, ist der schlimmste Feind für die Konzentration. Man sollte sich selbst betrachten und herausfinden, welches die wahren Ursachen für persönliche Fehlschläge jeder Art sind. Die Antwort liegt immer in einem selbst. Man muß sich richtig konzentrieren und die Gegenwart annehmen.

Manche Menschen sind scheinbar ewig vom Pech verfolgt. Sie erreichen nur selten ein Ziel, weil sie das Rechte zum rechten Augenblick nie erkennen, und während sie über verlorene Chancen nachdenken, übersehen sie Chancen der Gegenwart. In dieser Haltung, in der sie unsensibel für die Zeichen ihrer Umgebung sind, werten sie nur objektiv Sichtbares und kombinieren es zu einer fiktiven Wirklichkeit. Blind und taub, reagieren sie nicht auf das, was tatsächlich ist, sondern auf das, was sie denken, das sein müßte. Sie vertrauen nur ihrem Denken, und während sie den Richtungspfeil suchen, gehen sie verkehrt durch die Drehtür. Dies alles ist kein Pech, sondern eine totale Vernachlässigung der zur Erkenntnis befähigenden Aufmerksamkeit. Wenn man sicher sein will, daß alles mißlingt, braucht man nur immer unachtsam zu sein.

Wa-zuki (jap.): Kreisstoß (z. B. *Mawashi-zuki* oder *Furi-zuki*).

WCTA: *World Chen Tai-ji Association*, 1995 von →CHEN XIAO WANG gegründet, Weltverband des originalen →*Chen Tai-ji-quan*. In der VR China wird sie durch →SHEN XI-JING vertreten. In Deutschland besteht die Tochterorganisation →WCTAG.

WCTAG: Die *World Chen Tai-ji Association Germany* ging aus der vorher bestehenden →GWRA hervor und ist eine Tochterorganisation der →WCTA.

Die Organisation wird von JAN →SILBERSTORFF geleitet, der ein Schüler von →CHEN XIAO-WANG und →SHEN XI-JING ist. Die WCTAG ist weiterhin auch die deutsche Abteilung der →IAMTJQA. In ihrem Rahmen werden regelmäßig Fortbildungslehrgänge angeboten.

Wei (chin.): Handlung, Tun. Gegensatz: →*Wuwei*.

Wei-qi (chin.): Abwehr-*Qi* (s. →*Qi*).

Wen-da (chin.): »Fragen und Antworten« (jap. *Mondo*), Gespräche zwischen Schüler und Meister (→*Shi-fu*), die dem Verständnis der Kampfkünste dienen. Oft antwortet der Meister nicht, sondern »zeigt« die Antwort durch Handlungen oder Demonstrationen (s. →*Zhi-zhi*).

Wen Wang: König WEN, Gründer der Zhou-Dynastie (1000–221 v. Chr.). Nach einer Legende kombinierte er die acht Trigramme (→*Ba-gua*) zu den Hexagrammen. Er faßte zu den Hexagrammen auch die Texte *(Tua)* ab und gab dem →*Yi-jinjing* die heutige Form.

Wilhelm, Richard (1873–1930): deutscher Pastor aus dem Schwabenland, der als einer der ersten Deutschen China bereiste und beschrieb. Er ist einer der ersten Übersetzer des →*»Yijing«*.

Er kam 1899 in die damals deutsche Kolonie *Qingdao* nach China und blieb 20 Jahre dort. Eigentlich kam er als Missionar, doch versichert er, »nicht verlorene Heidenseelen retten zu wollen«, und wird dann fast selbst bekehrt. Neben seinen geistlichen Aufgaben widmete er sich dem Aufbau einer deutschen Schule, wo den chinesischen Schulen nicht nur deutsche Schriftsteller, wie Schiller und Goethe, sondern auch chinesische Werke nähergebracht wurden. Von den z. T. chinesischen Lehrern lernte er auch die chinesische Sprache. Er vertiefte sich 10 Jahre lang in das Studium der chinesischen Klassiker, dabei begeisterte er sich besonders für →KONFUZIUS (chin. KONG-ZI). Er machte die Bekanntschaft von LOA NEIXUA, einem hervorragenden Gelehrten, und arbeitete mit ihm gemeinsam acht Jahre lang an der deutschen Übersetzung des *»Yijing«*.

Im Oktober 1924 erschien bei EUGEN DIEDERICHS die deutsche Ausgabe, »I Ging«, mit einer Auflage von nur 3000 Exemplaren. Sechs Jahre später (1930), als Wilhelm und sein Verleger im selben Jahr starben, war erst ein kleiner Teil davon verkauft worden.

1924 trat Wilhelm eine Professur für Sinologie an der Universität Frankfurt/M. an und wurde Leiter des China-Institutes, von dem aus er Deutschland in einen Altchina-Wahn versetzte. Nachdem der Arzt und Psychologe C. G. JUNG seine Bekanntschaft gemacht hatte, wurde auch er zu einem Bewunderer und Anwender des *Yijing*.

Wilhelm distanzierte sich später immer mehr von

der Kirche, und die Vermittlung von Konfuzius' Philosophie wurde zu seinem Hauptanliegen.

Wildgans Qi-gong: s. unter →*Da-yan Qigong*.

Wing-chun (chin.): *Yung-Ch'un-Ch'uan*, kantonesisch *WingTsun*, äußere, südliche Stilrichtung (→*Wai-jia*) des →*Quan-fa* (s. auch →*Nan-quan*), im 15. Jh. von der buddhistischen Nonne →Ng Mui (s. auch →*Hung-gar*) abgeleitet und im 17. Jh. von einer weiteren Frau, →Yim Wing-chun, entwickelt. *Wing-chun* (man benutzt diese Schreibweise, um die gesamte Bandbreite des Stils darzustellen) ist heute ein reines Selbstverteidigungssystem, das sich durch Sparsamkeit der Bewegungen auszeichnet.

GESCHICHTE

Vor etwa 300 Jahren flüchtete die Nonne Ng Mui als politisch Verfolgte aus Yunnan und Szechwan, um sich endgültig im daoistischen Weißer-Kranich-Tempel am Berg Tai Leung niederzulassen. Dort schuf sie ein neues und revolutionäres Kampfsystem, das einfacher zu erlernen und praktischer als andere *Kung-fu*-Systeme war. Sie gab ihre Methode an das Mädchen Wing-chun weiter, die einzige Tochter von Yim Yee, einem Kantonesen, der am Fuß des Tai-Leung-Berges lebte. Wing-chun unterrichtete wiederum ihren Mann Leung Bok Chau. Dieser gab dem Stil zu Ehren seiner Frau den Namen *Wing-chun* und unterrichtete Leung Lan Kwai.

Der nächste in der Kette war Wong Wah-Bo, ein *Kung-fu*-Schauspieler, der zusammen mit Leung Yee-Tei die *Wing-chun*-Techniken mit Waffentechniken bereicherte. Von Leung Yee-Tei und Wong Wah-Bo lernte Dr. Leung Jan, ein berühmter Kräuterarzt aus Fatshan (s. →*Fatshan Wing-chun*) in Kwantung. Dieser unterrichtete Chan Wah-Shun, und der gab die Kunst an Yip Man weiter. Yip Man zog nach Hongkong und wurde dort von Leung Bik, dem älteren Sohn von Dr. Leung Jan, unterrichtet.

Der große Meister des bedeutenderen *Hongkong Wing-chun* (im Gegensatz zur ursprünglichen *Fatshan*) war →Yip Man, ein kleiner, dynamischer Mann, der 1972 im Alter von 74 Jahren starb und seinerzeit Bruce →Lee unterrichtete, worauf unter anderem die weltweite Verbreitung des *Wing-chun* zurückzuführen ist.

Die nach Yip Man's Tod entbrannten destruktiven Erbstreitigkeiten zwischen seinen Schülern schlugen sich auch in der unterschiedlichen Schreibweise des Namens nieder, der das »offizielle« Erbe von dem »inoffiziellen« unterscheiden soll. So gibt es *Wing-chun* (WC), *Ving-Tsun* (VT) und Leung Ting's *WingTsun* (WT), die um die Vorherrschaft kämpfen. Davon hat sich außerhalb Chinas Leung Tings WT am meisten etabliert, dem auch der deutsche Lehrer R. Keith Kernspecht angehört. Die Richtungen sind lose in der →VTAA *(Ving-Tsun Athletik Association)* organisiert, betreiben jedoch eine jeweils eigene Politik.

Schriftzeichen für Wing-chun

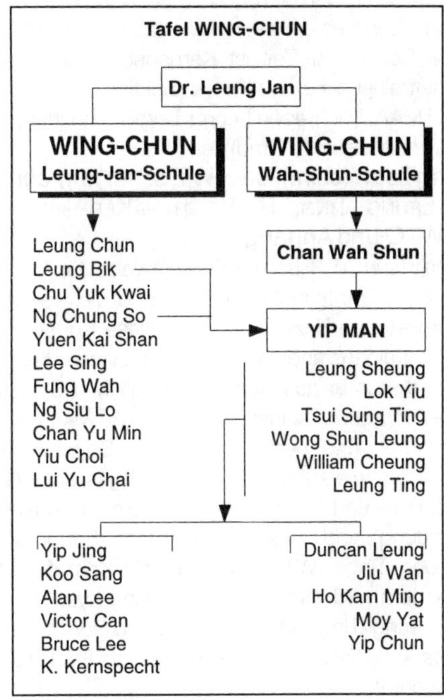

WING-CHUN IN DEUTSCHLAND

Die neutrale Betrachtung der vielen Erbstreitigkeiten im *Wing-chun* ergibt, daß YIP MAN keinen offiziellen Nachfolger ernannt hat und daher heute mehrere seiner ehemaligen Schüler das Recht auf den Großmeistertitel beanspruchen können. In der Öffentlichkeitsmeinung hat sich von ihnen →LEUNG TING am erfolgreichsten durchgesetzt und steht heute der größten *WingTsun*-Organisation (IWTMAA) vor. Dieser angeschlossen ist der deutsche Lehrer KEITH R. KERNSPECHT, der die EWTO *(European WingTsun Organisation)* gegründet hat. Außer der EWTO gibt es in Europa noch einige kleinere *Wing-chun*-Verbände, zumeist gegründet von ehemaligen Kernspecht-Schülern, die heute mit der EWTO in einem erbitterten Kompetenzstreit liegen.

Kernspecht befaßt sich seit vielen Jahren mit allen möglichen Kampfkünsten (Freistilringen, Catchen, *Jûjutsu, Jûdô, Kempô, Shaolin Kung-fu, Shôtôkan-ryû, Wadô-ryû, Kobudô, Taekwondo, Aikidô, Eskrima*). 1967 gründete er den *Budô-Zirkel Kiel e. V*, in dem mehrere Kampfkünste geübt wurden. Durch seine zahlreichen Reisen kam er mit dem *Wing-chun* in Verbindung und führte es ebenfalls in den Verband ein. 1975 lud er den *WingTsun*-Lehrer LEUNG TING nach Deutschland ein. Seit dieser Zeit ist Kernspecht Leiter und Cheftrainer der europäischen Sektion (EWTO) der IWTMAA. und neben Leung Ting der höchstgraduierte Meister (9. Grad) des Stils.

WingTsun (chin.): oder WT, s. →*Wing-chun*, →LEUNG TING, R. KEITH →KERNSPECHT, EWTO und Anhang.

WingTsun (WT) ist die Schreibweise für LEUNG TING's Kampfkunstauffassung und die weltweit verbreitetste Bezeichnung für diese Kunst. WT ist ein eigenständiges Unterrichtssystem Leung Tings, das er aus dem ursprünglichen System (→*Wing-chun*) seines Lehrers →YIP MAN übernommen und perfektioniert hat. Sowohl das Übungs- wie auch das Graduierungssystem (12 Schüler- und Lehrergrade) und die Übungsbekleidung sind eine eigenständige Schöpfung Leung Tings. WT steht nicht für Kampfsport, sondern wird als Selbstverteidigungssystem nur in Leung Tings *International WingTsun Martial Arts Association* oder in Kernspechts EWTO unterrichtet.

Wischnewski, Gerd: deutscher →*Aikidô*-Lehrer und -Pionier, 3. Dan *Aikidô*, 2. Dan *Jûdô*, 2. Dan *Kendô* und 1. Dan *Karate*.

Wischnewski (der »Samurai mit den blauen Augen«) war 1963–1965 direkter Schüler von UESHIBA MORIHEI. 1966 wurde er vom *Deutschen Judo Bund* als Bundestrainer für *Aikidô* und *Kendô* verpflichtet (s. →*Aikidô* und Anhang). 1968 schrieb er »Aikidô – modernste japanische Selbstverteidigung«, das erste deutschsprachige Buch über *Aikidô*. 1971 mußte er sich aus gesundheitlichen Gründen zurückziehen.

WKA: *World Karate Association*, s. →*Full-contact* und Anhang.

WKBA: *World Kick-Boxing Association*, siehe Full-contact und Anhang.

WKF: *World Karate Federation*, siehe WUKO.

Wilson, Don (*1954): der »US-Drache«, amerikanischer *Quan-fa*-Kämpfer, der erste *Quan-fa*-Kämpfer, der eine Weltmeisterschaft im →*Full-contact* gewann.

Don Wilson ist nach BENNY URQUIDEZ der wichtigste amerikanische *Full-contact*-Kämpfer der Gegenwart. Er begann 1972 mit *Gôjû-ryû* und hatte später BILL WALLACE und BENNY URQUIDEZ als Ausbilder. Im Oktober 1980 gewann er den Weltmeistertitel der WKA.

Wo (chin.): »Ich«. Das Zeichen stellt eine Hand dar, die einen Speer festhält.

Won-Hwa-Do (kor.): koreanisches Kampfkunstsystem neueren Datums, gegründet von Dr. JOON HO SEUK. Der Gründer versteht das System als Selbstverteidigungskunst und betont die Harmonie im Wechsel von Hart und Weich.

Woo Lu-Chin (chin.): s. →WAICHINZAN.

WT: Abkürzung für →*WingTsun* (s. auch →*Wing-chun*, →LEUNG TING, →KERNSPECHT, →EWTO und Anhang).

Wu (chin.): »ohne«, »nichts«, »Nichtvorhandensein«, Begriff, der ursprünglich aus dem Daoismus stammt, wo er die Leere oder Leerheit bezeichnet (s. Abb. S. 927).

Wu ist das wesentliche Kennzeichen des →*Dao*. *Wu* kann aber auch das Wesen eines Menschen sein, der ganz vom *Dao* erfüllt ist (d. h. frei von Begierden und Leidenschaften).

Wu-bu (chin.): »5 Schrittarten« der 13 grundlegenden Bewegungsarten (→*Shi-san-shi*). Die *Wu-bu* stellen keine Stellungen dar, sondern Möglichkeiten der Bewegung. Sie werden den »Fünf Wandlungsphasen« (→*Wu-xing*) zugeordnet.

Schriftzeichen für Wu (»nichts«)

Wu-dang-jian (chin.): Schwertkunst der *Wu-dang*-Schule (s. →*Wu-dang-pai*), die auf ZHANG SAN-FENG zurückgeht.

→LI CHIN-LIN, ein berühmter Schwertmeister, der diese Methode verbreitete, wurde von den Meistern →CHEN SHI-CHÜEN und →SONG WEI-YU unterrichtet. Er erhielt auch Unterricht im →*Tai-ji-quan* von →YANG BAN-HOU und brachte sein Können in die *Tai-ji-quan*-Schwertkunst *(Tai-ji-jian)* ein.

Wu-dang-pai (chin.): chinesische Kampfkunstmethode (s. →*Nei-jia*).

Wu-dao-nian: wörtlich »Fünf-Scheffel-Reis-Sekte«, in der späten Han-Dynastie (2. Jh. n. Chr.) von Chang Ling gegründet.

Zur Gründungszeit gab es schon einige andere daoistische Sekten (s. →Daoismus). 135 n. Chr. wurde CHANG LING in Setschuan geboren. Er behauptete, ein direkter Nachkomme von CHANG LIANG zu sein, der 206 v. Chr. mit magischen Formeln der Han-Dynastie zur Macht verholfen hatte. Mit sieben Jahren studierte er das → *»Dao-de-jing«*, mit acht beherrschte er das *Feng-shui* (Geomantie). Er besaß angeblich besondere Kräfte und war ein erfolgreicher Heiler. Vor dem Hintergrund harter Besteuerung und damit verbundenem Elend der Menschen gründete er mit großer Autorität eine eigene Schule, die *Wu-dao-nian*. Die meisten Anhänger gewann er durch seine Fähigkeiten als Heiler. Er sah Krankheiten als Folge von Sünden und schlechter Lebensführung. Seine Patienten mußten ihre Sünden auf ein Blatt Papier schreiben, es auf den Kopf legen und damit durch einen Fluß waten. Jeder Geheilte mußte nach einer Frist von einem Jahr fünf Scheffel Reis an die Sekte abtreten.

Er behauptete, durch spirituellen Kontakt von →LAO-ZI inspiriert und autorisiert worden zu sein. Er schloß seine Anhänger in 24 Gruppen zu dem »Bunde der rechten Einheit« zusammen.

Er nannte sich CHANG DAO-LING und legte sich den Titel *Tian-shi* (»Himmlischer Meister«) zu. Auf dem Drachen-und-Tiger-Berg errichtete er seinen Hauptsitz. Der Himmel verlieh ihm angeblich ein Schwert und ein Siegel, mit denen Dämonen vertrieben werden konnten. Er sammelte alle seine Formeln und Riten in einem Buch und starb im Jahr 160.

Sein Sohn CHANG HENG wurde sein Nachfolger, war aber unbedeutend. Erst der Enkel, CHANG LU, bewegte wieder etwas. Seine Anhängerschaft war inzwischen beträchtlich angestiegen. Im Jahr 188 wurde er vom örtlichen Gouverneur mit dem Oberbefehl der Armee betraut, um eine Rebellion niederzuschlagen. Er bat einen anderen Sektenführer, CHANG HSIU, der ähnliche Praktiken durchführte, um Unterstützung. Nach erfolgreicher Aktion ließ Chang Lu Chang Hsiu töten und vereinigte beide Sekten. Er errichtete im nördlichen Setschuan ein eigenes unabhängiges Reich, das 30 Jahre ohne Unterbrechung existierte. Das *»Dao-de-jing«* wurde gekürzt, und jede Familie mußte es besitzen und studieren. Er erstellte ein neues Rechtssystem, ließ neue Straßen bauen mit Raststätten, in denen man sich kostenlos erholen und satt essen konnte. Er sorgte auch für vorbildliche Sicherheit in seinem Gebiet. Während der Hälfte des Jahres war es verboten, Tiere zu töten. Arme wurden von der Gemeinschaft versorgt. Die Gesellschaft wurde nach LAO-ZI's Vorbild erstellt.

Als die Regierung ihre Autorität wiederherstellen wollte, trat Chang freiwillig ab und wurde Eremit. Das Schwert wurde noch bis 1927 auf dem Drachen-und-Tiger-Berg aufbewahrt und ist jetzt vermutlich in Taiwan, wohin viele der Anhänger nach der kommunistischen Revolution flohen. Bis heute wird noch der Titel *Tian-shi* weitervererbt.

Wu-de (chin.): »Kampfkunsttugend«. Begriff

aus den chinesischen Kampfkünsten, der ungefähr dasselbe ist wie die okinawanische →*Dôjôkun*.

Wu-de soll von →BODHIDHARMA selbst in die Kampfkünste eingeführt worden sein und begründete sich auf die Tugenden Disziplin, Selbstbeherrschung, Bescheidenheit und Achtung vor dem Leben. Bodhidharma lehrte, daß die Kampfkünste nur zur Selbstverteidigung eingesetzt werden dürfen. Auf den Grundlagen der *Wu-de* gründete →JUE YUAN die 10 Regeln des *Shaolin Quan-fa*.

Wu-di (chin.): Bezeichnung für fünf legendäre chinesische Kaiser vor unserer Zeitrechnung.

Die *Wu-di* sind die »heiligen Herrscher« des chinesischen Altertums. Sie sind die idealen Herrscher und Vorbild-Kaiser des Konfuzianismus. Ob sie wirklich existiert haben, ist unklar. Man vermutet heute, daß die Namen für alte Volkshelden stehen, die tatsächlich viele Neuerungen einführten und Erfindungen machten und so zu den Gründervätern der chinesischen Kultur wurden. Die Regierungsdaten sind allerdings nicht echt, man hat sie erst in späteren Geschichtswerken angeführt, um eine lückenlose Chronologie des chinesischen Altertums zu bekommen. Jedem der Kaiser wird eines der fünf Elemente (→*Wi-xing*) zugeordnet. Folgende sind die *Wu-di*:

DIE 5 WU-DI

Huang-di (Huang Ti)	(2674–2575 v. Chr.)
Zhuang-xu (Chuan Hsü)	(2490–2413 v. Chr.)
Ku	(2412–2343 v. Chr.)
Yao	(2333–2234 v. Chr.)
Shun	(2233–2184 v. Chr.)

Wu-guan: traditioneller chinesischer Übungsraum (→*Guan*)

An der Stirnseite befanden sich immer die Symbole oder ein Bild des Meisters der jeweiligen Schule. Der Raum wurde nur in Bezeugung großen Respekts mit einer Verbeugung *(Li)* betreten. Alle Schüler waren gemeinsam für das Erscheinungsbild und die Reinlichkeit des Raumes verantwortlich.

Wu-ji (chin.): auch *Wu-chi*, »Gipfel des Nichts«, Grenzenlosigkeit, Eigenschaftslosigkeit (weder *Yin* noch *Yang*), Gestaltlosigkeit, Leere. Bezeichnung für den Uranfang aller Dinge. Wird manchmal mit dem →*Tai-ji* gleichgesetzt.

Im →*Tai-ji-quan* bezeichnet man den Anfang und das Ende des Bewegungsablaufs (s. →*Dao*, →*Gong-jia*) als *Wu-ji*, da nur an diesen Stellen *Zhi-li* eingenommen wird. Zhi-li ist die einzige Stellung der *Tai-ji-quan*-Form, in der beide Beine gleich belastet sind. Überall sonst wird die Gleichbelastung als Fehler angesehen, da sie weder *Yin* noch *Yang* sein kann. Die anderen Bewegungen und Stellungen sollen den fortwährenden Fluß zwischen *Yin* und *Yang* darstellen, wobei kein Stillstand (Leere) erlaubt ist.

Wu-jia (chin.): Schule der Selbstverteidigungssysteme (s. →*Quan-fa*, →*Qi-gong*).

Wu Jian-Quan (1870–1942): chinesischer Meister des *Tai-ji-quan*, Gründer des neueren →*Wu Tai-ji-quan*.

Wu Jian-Quan

Wu Jian-Quan war Sohn und Schüler von →WU QUAN-HOU. Er begann schon sehr früh mit dem Training des *Tai-ji-quan*. Seine Spezialität waren Techniken und akrobatische Leistungen vom Rücken eines Pferdes aus. Er veränderte das *Tai-ji-quan* wesentlich und nannte seinen Stil *Wu Tai-ji-quan*. Erst begann er in Beijing (Peking) zu unterrichten, danach in Shanghai. 1935 gründete er die *Jian-Quan Tai-ji-quan Association*, die heute von seiner Tochter WU YING-HUA und ihrem Mann MA YUEH-LIANG geleitet wird. Seine Söhne WU GONG-YI und WU GONG-ZAO verbreiteten das *Wu Tai-ji-quan* vor allem in Hongkong, Macao und Guanzhou.

Wu-jing (chin): Kanon der Kriegswissenschaft aus dem 4. Jh. v. Chr. (s. →SUN-ZI).

WUKO: *World Union of Karate-dô Organisations*, heute WKF (*World Karate Federation*), Weltverband für Wettkampf-Karate aller Stilrichtungen, Präsident JACQUES DELCOURT.

Die WUKO wurde 1970 anläßlich der ersten Weltmeisterschaft in Tôkyô gegründet und stritt sich lange mit der →IAKF um die Anerkennung des *International Olympic Committee* (IOC). 1985 erhielt die WUKO als einzige Föderation diese begehrte Anerkennung und entwickelte sich daraufhin zum größten Weltverband für Amateur-Wettkampf-Karate. Die europäische Vertretung der WUKO liegt bei der →EKU.

Wun-Hop-Kuen-Do (chin.): moderne Stilrichtung, gegründet zwischen 1965 und 1969 von AL →DACASCOS.

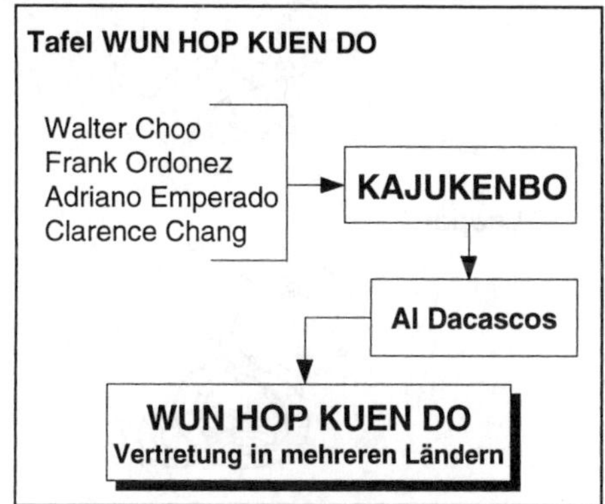

Der Stil leitet sich aus dem →*Kajukenbo* ab und hat Einflüsse aus koreanischen, japanischen, okinawanischen und chinesischen Kampfkünsten. Er wird seit 1975 auch in Deutschland *(Deutscher Wun Hop Kuen Do Verband)* unterrichtet. *Wun Hop Kuen Do* ist der *International Kajukenbo Association* mit Sitz in Kalifornien angeschlossen, innerhalb dieser jedoch selbständig organisiert und hat Vertretungen in USA, Kanada, Mexiko, Deutschland und Thailand.

Seit 1979 gibt es in Deutschland den von Dacascos gegründeten *Deutschen Wun Hop Kuen Do Verband* (s. Anhang), der nach dem Weggang des Großmeisters in die USA von JÖRN TIEDGE, MICHAEL TIMMERMANN, CHRISTIAN WULF, DASOS EFSTATHIADIS, EMANUEL BETTENCOURT, WINFRIED JOSZKO, HUBERT WOLF und MARK DACASCOS in mehr als 30 Schulen gelehrt und vertreten wird.

Wu-nian (chin.): »Nichtgedanken«. Begriff aus der daoistischen Philosophie, der in das *Chan* übernommen wurde.

Man übt diesen Zustand, indem man sich innere Ruhe und beständige Ausgeglichenheit (chin. *Wa*) zum alltäglichen Leitsatz macht. Das Ziel ist →*Wu-wei*, der Zustand des Nichthandelns. Zusammenhänge s. ##*Yin/Yang*.

Wu-pai (chin.): Stilrichtung des →*Tai-ji-quan* (s. →*Wu Tai-ji-quan*).

Wu-qin Qi-gong (chin.): »Fünf Tiere Qigong« (s.→*Qi-gong*). Variante der →*Wu-qin-xi*. Laut der Geschichte wurden die Techniken von →HUA TUO an seinen Schüler WU PU weitergegeben und als Familientradition über viele Generationen gepflegt und schließlich stark verbreitet. Heute übt man das *Wu-qin Qi-gong* vor allem in Sichuan. Einer der berühmtesten Vertreter der Richtung soll auch →YUE FEI gewesen sein.

Man übt die Tiere Affe, Tiger, Bär, Vogel und Hirsch. Die Übungen unterstützen die Funktionen der inneren Organe (→*Zang-fu*), die Nerven, Muskeln und Knochen. Sie beugen Krankheiten vor und können auch bei schon ausgebrochener Krankheit sehr hilfreich sein; sie werden heute auch in der Krebstherapie eingesetzt. Sie steigern das Wohlbefinden und die Gesundheit und verlängern das Leben. Dieses System enthält das *Pai-qi*, das »*Qi*-Schlagen« mit kleinen Säckchen, die mit Metallspänen gefüllt sind, oder mit einem kleinen Hammer werden die wichtigsten Leitbahnen und kranke Stellen des Körpers beklopft. Das löst *Qi*-Blockaden im ganzen Körper und führt zu einem starken *Qi*-Fluß.

- **Affe**: Eignet sich vor allem als Basisübung für dünne und schwache Menschen und übt hauptsächlich den Unterleib.
- **Tiger**: Übt vor allem Brust und Rücken, verhilft zu neuer Vitalität und zu Behendigkeit und entwickelt eine sonore Stimme.
- **Hirsch**: Unterstützt die Funktionen der Nieren, stärkt Oberbauch, Magen und Milz.
- **Bär**: Übt vor allem die Hüften und verbessert die Funktionen von Leber und Nieren.
- **Vogel**: Stimuliert Herz und Wirbelsäule, stärkt die Nerven und reguliert den Blutdruck.

Wu-qin-xi (chin.): auch *Wu-ch'in-hsi*, die »Kunst der fünf Tiere« (s. →*Hua Tuo*, →*Qi-gong*, →*Quan-fa*). Kampfkunstkonzept des chinesischen *Quan-fa*, entstanden im 16. Jh. im →*Shaolin-Kloster* aus HUA TUO's Tierkonzept und durch die Erweiterung von BODHIDHARMA's →*Shi-ba-luo-han-shou* auf 170 Bewegungen durch →JUE YUAN, →LI CHENG und →BAI YU-FENG. Die *Wu-qin-xi* bestehen aus 5 Übungssequenzen.

DIE FÜNF TIERE

Während der Übende den Geist des jeweiligen Tieres imitiert, lehrt ihn der Drache die langsame, starke Kraft, die den Körper innerlich ausbildet, der Tiger gibt ihm die Fingerkraft zum Schlagen und Greifen, der Kranich lehrt ihn, mit schnellen, schnappenden Aktionen aus dem Handgelenk zu arbeiten, die Schlange lehrt ihn das Stechen mit den Fingern, und der Leopard erzieht die tödlichen Knöchelstöße.

Die grundlegende Idee stammt von HUA TUO, wurde im Laufe der Jahrhunderte verändert, hat sich aber bis in unsere Zeit erhalten. Heute enthalten fast alle *Kata* oder *Dao* Tierbewegungen.

- Der Stil des **Tigers** (→*Hu-quan*) lehrt einen geradlinigen machtvollen Kampfstil aus der Katzenstellung und aus der tiefen Stellung und ist die stärkste Tierform. Die Tigerhand-Techniken sind begrenzt auf *Fu-jao* (Tigerhand). Alle fünf Finger werden verwendet, um in einer Art greifenden und pressenden Aktion zu agieren. Das Handgelenk wird festgemacht, um die Kraft in die Finger zu übertragen. Geschlagen wird zur Kehle, zum Gesicht und zu den Seitenteilen des Körpers. Der Stil erzieht den Körper zu großer Kraft und den Geist zu einem starken Willen.
- Der Stil des **Drachen** (→*Long-quan*) lehrt die Beherrschung des *Qi*, die Kontrolle der esoterischen Übungsaspekte. Seine Bedeutung liegt weniger im Kampf als auf der inneren Werdung des Übenden. Daher liegt ein großer Akzent auf der Konzentration der Kraft im *Dan-tian (T'an-tien)*, der Atmung und der Kontrolle des Geistes. Der Drache kennt nur wenige Stellungen, jedoch eine große Kraft im Stand mit tiefer Atmung und ausgeglichenem Geist.
- Der Stil des **Leoparden** (→*Bao-quan*) beruht auf schnellen Reaktionen, großer Gewandtheit und einem starken Kampfgeist. Der Leopard kämpft geradlinig, meist aus der Katzenstellung, aber auch aus der mittleren Stellung und verwendet Schläge mit dem Handballen oder mit dem Gelenk des Mittelfingers. Die Kraft kommt aus dem Unterarm und Ellbogen, die Fauststöße schnappen nach der Aktion zurück. Seine blitzschnellen Angriffe, oft auch durch Sprünge unterstützt, machen ihn zum schnellsten Tierstil.

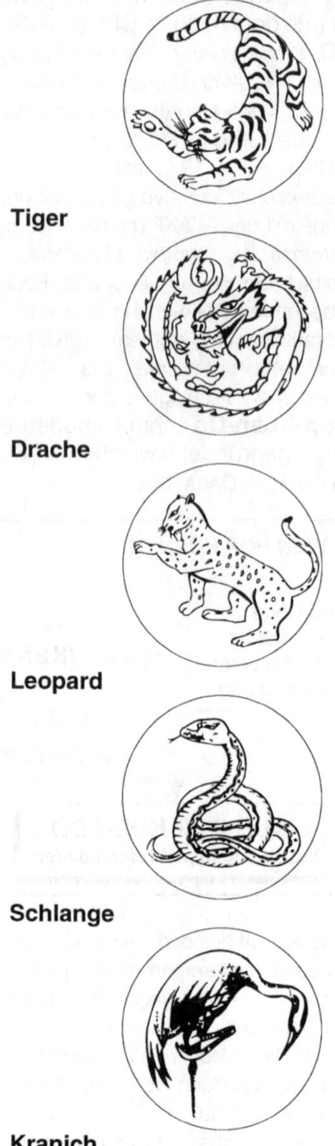

- Der Stil der **Schlange** *(She-quan)* lehrt scharfe,

stechende, jedoch weiche Bewegungen zur Kehle oder zu den Augen des Gegners und erzieht die Konzentration der vitalen Energie *(Qi)* in den Fingerspitzen. Die Bewegungen fließen ununterbrochen, begleitet von einer rhythmischen, aber intensiven Atmung. Die Schlange beherrscht den psychologischen Kampf sowie die Gegensätze Aktiv und Passiv. Im *Shaolin Quan-fa* ist die Schlange das Symbol des *Qi*.

• Der Stil des **Kranichs** *(He-quan)* lehrt vorwiegend die Schnelligkeit der Beine, das Gleichgewicht auf einem Bein und plötzliche, unerwartete Schläge mit den Armen und Füßen. Der nördliche (tibetanische) Kranich *(He-quan)* imitiert mehr die Flügelschläge, im Süden (*Bai-he-quan* – weißer Kranich) wird das Picken des Schnabels bevorzugt. Oft werden Gegenangriffe noch im Ausweichen ausgeführt, oder es folgen mehrere Schläge mit einem Bein.

All diese Formen haben sich jedoch leider nicht erhalten. Der klassische *Shaolin*-Stil ist heute fast ausnahmslos ein Tigerstil *(Hu-quan)*, in dem Elemente der anderen Tiere enthalten sind.

Wu Quan-You (1832–1902): bekannter Meister des →*Tai-ji-quan*.

Meister Wu stammte aus der Mandschurei. Sein dortiger Name war, wie alle mandschurischen Namen, zweisilbig und lautete Quan You. Erst sein Sohn, Wu Jian-Quan, nahm den Namen Wu an. Wu Quan-You lernte bei →Yang Ban-Hou das *Yang Tai-ji-quan*. Er soll besonders das Neutralisieren von Angriffen beherrscht haben. Sein Wissen gab er an seinen Sohn →Wu Jian-Quan weiter.

Wu-shi-qi-hou (chin.): auch *Wu-shi-ch'i-hou*, »fünf Perioden und sieben Zeitspannen«. Verschiedene Stufen der daoistischen Meditation, die nach und nach durchlaufen werden:

Fünf Perioden

1. Der Geist ist selten still und meist unruhig.
2. Der Geist ist etwas weniger bewegt.
3. Stille und Unruhe halten sich die Waage.
4. Der Geist ist meistens ruhig und nur manchmal unruhig. Man kann sich auf ein Meditationsobjekt konzentrieren.
5. Der Geist ist sehr still und kann von außen nicht beeinflußt werden.

Sieben Zeitspannen

1. Alle Probleme verschwinden, und das *Dao* ist realisiert.
2. Der Übende wird innerlich und äußerlich einem Kind immer ähnlicher, der Körper ist geschmeidig und der Geist friedvoll.
3. Der Übende wird ein Unsterblicher *(Xian)*.
4. Man vervollkommnet das *Qi* und wird zum *Zhen-ren*.
5. Die Energie wird geläutert und der Geist *(Shen)* vervollkommnet.
6. Man läutert den Geist *(Shen)* und wird zum vollkommenen Menschen.
7. Alle Regeln und Riten sind bedeutungslos, es gibt kein absichtsvolles Tun mehr. Höchste Verwirklichung ist erreicht.

Wu-shu (chin.): »militärische Künste«, »Kriegskünste« (jap. *Bujutsu*, viet. *Vo-Dao*). Früher Oberbegriff für die chinesischen Kampfkünste (s. →*Quan-fa*, →*Qi-gong*, →*Kempô*), heute eine Bezeichnung für ein von der kommunistischen Regierung Chinas gegründetes Kampfkunstpaket.

Kampftechniken des modernen Wu-shu

Allgemein

Eine Auswahl aus der großen Anzahl der alten Künste wurde in der Volksrepublik China zu einem zusammenhängenden Kampfkunstpaket vereinigt, das man heute als modernes *Wu-shu* bezeichnet. Dieses Wu-shu wird heute unter drei Gesichtspunkten klassifiziert und von der chinesischen Regierung gefördert:

1. als sportlicher Wettkampf
2. als Demonstration
3. als Freikampf

In den 50er Jahren rief die Sportkommission von China bekannte *Quan-fa*-Experten nach Peking, die die populärsten traditionellen Stile auswählen sollten, um daraus eine einzige Kunst zu machen, die man als *Wu-shu* bezeichnen wollte. Die traditionellen kämpferischen Aspekte sollten daraus verschwinden (daher betrachtet man das *Wu-shu* heute auch als *Qi-gong*) oder auf ein Minimum reduziert werden. Dafür sind die meisten Formen sehr akrobatisch, werden aber von den traditionellen *Quan-fa*-Lehrern nicht als Kampfkunst akzeptiert.

Schwertübung aus dem Wu-shu

ÄUSSERES WU-SHU

Das moderne *Wu-shu* kann man in zwei Gruppen teilen: *Shaolin* und *Wudang*. Das Rückgrat des *Shaolin Wu-shu* (äußere Schule) ist *Chang-quan* (Stil der langen Faust), ein alter traditioneller *Quan-fa*-Stil mit schönen, weitreichenden Bewegungen und hohen Sprüngen.

Diese *Wu-shu*-Standardform wurde noch von *Cha-quan, Hua-quan* und *Shaolin-quan* beeinflußt. Danach übernahm diese *Wu-shu*-Abteilung noch das Prinzip des Betrunkenenstils *(Zui-quan)*, worauf Wettkämpfer sich ihre eigenen Vorführformen gründen durften. Die *Wu-shu*-Variante für *Tang-lang-quan* (Gottesanbeterin) gibt es nur als festgelegten Standard, sie wird von YU HAI (*Wu-shu*-Lehrer aus Shandong) unterrichtet.

Weitere Formen des *Wu-shu* sind die ursprünglich von HUA TOU gegründeten Tierstile des *Wu-qin-xi*. Auch Formen des *Nan-quan* (»Südliche Faust«) sind im *Wu-shu* enthalten. Die äußere *Wu-shu*-Abteilung erlaubt auch Vorführformen mit Waffen wie dem Breitschwert *(Dan-dao)*, dem doppelschneidigen Schwert *(Dan-qian)*, dem Stock *(Guan)*, dem Speer *(Qian)*, dem dreiteiligen Stock *(San-jie-gun)* u. a.

INNERES WU-SHU

Das *Wudang Wu-shu* (inneres *Wu-shu*-System) enthält *Tai-ji-quan, Xing-yi-quan* und *Ba-gua-quan*. Darin wurde das klassische *Yang Tai-ji-quan* verändert und auf das »lange *Tai-ji-quan*« (88-Schritt-Form), das »mittellange *Tai-ji-quan*« (44-Schritt-Form) und das »vereinfachte *Tai-ji-quan*« (24-Schritt-Form) reduziert. Das *Tai-ji-quan* wird auch als Freikampf (→*San-shou* und →*Tui-shou*) von den *Wu-shu*-Anhängern im Wettbewerb praktiziert.

Eine der bekanntesten *Wu-shu*-Waffenformen des *Tai-ji-quan* ist die Schwertform, die mit dem →*Dan-qian* geübt wird.

Wu-shu-Übende

Wu Tai-ji-quan[1] (chin.): **Stil des →*Tai-ji-quan*, abgeleitet aus dem →*Yang Tai-ji-quan*. Das System wurde von →WU JIAN-QUAN gegründet, der von seinem Vater →WU QUAN-YOU – einem Schüler von →YANG BAN-HOU (Sohn von →YANG LU-CHAN) – unterrichtet wurde.**

Wu Jian-Quan veränderte den *Yang*-Stil nur geringfügig. Daher ist der *Wu*-Stil der *Yang*-Form sehr ähnlich, hat aber eine andere Ausdrucks-

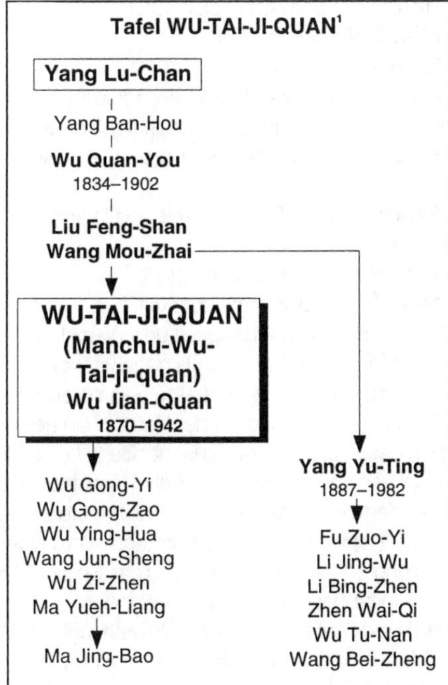

weise. Die Bewegungen wirken härter als im *Yang*-System, da die Kreise, die mit den Bewegungen beschrieben werden, einen kleinen Radius haben. Heute wird der Stil vor allem in Hongkong und in Singapur geübt. Die aktuellen Vertreter des *Wu Tai-ji-quan* sind Wu Jian-Quans Tochter Wu Ying-Hua und deren Mann Ma Yueh-Liang, die beide schon über 90 Jahre alt sind. Typisch für das *Wu Tai-ji-quan* ist die vorgebeugte Körperhaltung. Das *Wu Tai-ji-quan* besteht aus:

1. Langsame, lange Form, die etwa der des *Yang Tai-ji-quan* entspricht.
2. Langsame, kurze Form.
3. Schnelle Form, die schnelle Bewegungen, Tritte und Sprünge kennt.
4. Klebende Hände *(Tui-shou)*.
5. Waffenformen (7) mit Schwert, Säbel und Lanze.
6. Freikampf *(Lan-cai-hua)*.

Wu Tai-ji-quan[2] (chin.): Stil des →*Tai-ji-quan*, abgeleitet aus dem →*Yang Tai-ji-quan*, aber nicht identisch mit dem gleichnamigen *Wu*-Stil. Dieser Stil wurde von Wu Yu-Xiang, einem frühen direkten Schüler von Yang Lu-Chan, gegründet. Heute ist er zumeist in der Volksrepublik China verbreitet.

Wu Yu-Xiang (1812–1880) wollte das traditionelle →*Chen Tai-ji-quan* kennenlernen und ging in das Chen-Dorf zu Chen Chang-Xing. Der Meister war aber schon sehr alt, und so lernte Wu bei Chen Qing-Ping in Zhaobao, der den Kleinen Chen-Stil gegründet hatte.

Wu's Interpretation von dem, was er dort gelernt hatte, vermischt mit *Yang Tai-ji-quan,* nennt man heute *Wu Tai-ji-quan*. Da Wu Regierungsbeamter war, mußte er mit *Tai-ji*-Unterricht nicht seinen Lebensunterhalt bestreiten und gab es nur an sehr wenige Schüler weiter. Unter seinen wichtigsten Schülern waren Li Yi-Xiu (1833–1892), Hao Wai-Zheng (s. →*Hao Tai-ji-quan*) und Sun Lu-Tang (s. →*Sun Tai-ji-quan*).

Prinzipien

1. Kontinuierliche Bewegung.
2. Entspannung.
3. Solide und leer.
4. Aufrechter Körper.
5. Das innere *Qi* bewegt den Körper.
6. Jeder Arm deckt den halben Körper.
7. Die Hände reichen nie über die Linien der Füße hinaus.

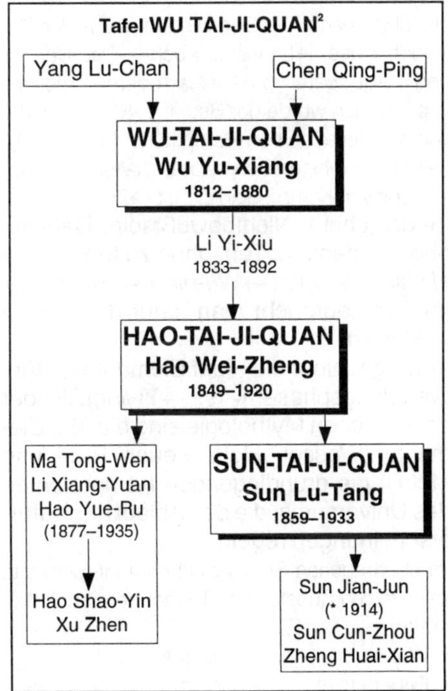

Wu-wei (chin.): Nichthandeln, Nichtaktivität, Urzustand des →*Dao.* Ursprung des →*Qi.* Zustand der inneren Ruhe, des Nichteingreifens in den natürlichen Verlauf der Dinge.

Schriftzeichen für Wu-wei

Wu-wei bezeichnet das Handeln, das frei ist von Begierde. Man ahmt das →*Dao* in der eigenen Handlung nach. Der Begriff stammt aus der Philosophie des →LAO-ZI (s. auch →*Dao-de-jing*) und wurde später vom →*Chan* übernommen. Im Japanischen wurde der Begriff →*Kû* (Leere) davon abgeleitet. In den Kampfkünsten steht *Wu-wei* für den ruhigen Geist, Zurückhaltung und Ablehnung von Kampf. Sein Ziel ist →*Zi-ran.*

Wu-xin (chin.): Nichtbewußtsein; Denken, ohne zu denken; Tun, ohne zu tun (jap. →*Hishiryo*, s. auch →*Wu-nien*, →*Yin/ Yang).* Im *Zen* gebraucht man dafür den Begriff →*Mushin.*

Wu-xing (chin.): die »fünf Elemente«, »fünf Wandlungsphasen« (s. →*Yi-jing*). In der chinesischen Mythologie sind die fünf Elemente (Wasser, Holz, Feuer, Erde und Metall) die grundlegenden Komponenten des Universums, die den Ablauf der Naturerscheinungen regeln.

Im übertragenen Sinn stellen die fünf Elemente keine realen Substanzen dar, sondern abstrakte Kräfte:

- **Wasser** steigt hinab und befeuchtet.
- **Feuer** steigt empor und erhitzt.
- **Holz** beugt und richtet sich auf.
- **Metall** läßt sich formen.
- **Erde** ist fruchtbar.

Nach J. NEEDHAM werden die Wandlungsphasen noch nach folgenden Eigenschaften eingeteilt:

- **Holz** steht für Festigkeit und leichte Bearbeitung.
- **Feuer** steht für Brennbarkeit und Wärmeentwicklung.
- **Erde** steht für Fruchtbarkeit.
- **Metall** steht für Schmelzbarkeit.
- **Wasser** steht für Flüssigkeit und Weichheit.

Die fünf Elemente sind nicht als gegenständlich zu verstehen, sondern als abstrakte Begriffe zur Einordnung von Vorgängen in der Natur in ein allumfassendes System. Deshalb ist der Begriff »Wandlungsphase« auch zutreffender als »Element«. Als komplizierte Form der *Yin/Yang*-Theorie stellt jede Wandlungsphase einen bestimmten Aspekt einer Handlung oder eines Geschehens dar. So sind die Wandlungsphasen auf alles anzuwenden:

- **Holz** bedeutet potentielle Aktivität und stellt die Möglichkeit und Bedingung für eine andere Phase dar. Alle Voraussetzungen für eine Handlung oder ein Geschehen sind gegeben.
- **Feuer** bezeichnet die aktuelle Aktivität, z. B. den Pfeil auf dem Flug ins Ziel.
- **Metall** ist die potentielle Struktivität, die Phase der vorgezeichneten Wirkung, die aber noch nicht eingetreten ist.
- **Wasser** bezeichnet die aktuelle Struktivität.
- **Erde** ist die Phase des Übergangs, des Ausgleiches, der Umpolung, ohne daß erkennbar wäre, welche neue Phase sich anschließt.

Die Phasen wurden in verschiedenen festgelegten Reihenfolgen zusammengesetzt, um die Naturerscheinungen zu erklären. Dabei haben sich zwei durchgesetzt:

- ***Sheng*-Zyklus** (fördernder Zyklus) – Holz fördert Feuer, Feuer fördert Erde, Erde fördert Metall, Metall fördert Wasser.
- ***Ke*-Zyklus** (hemmender Zyklus) – Holz hemmt Erde, Erde hemmt Wasser, Wasser hemmt Feuer, Feuer hemmt Metall.

Die Beziehungen der fünf Wandlungsphasen sind nicht genau zu definieren, es handelt sich eher um abstrakte Symbole, vergleichbar mit A, B, C, oder X und Y. Mit diesem System lassen sich bestimmte empirisch gewonnene Erkenntnisse und Beobachtungen auch auf unterschiedlichen Gebieten systematisieren.

Den *Wu-xing* entsprechen alle psychologischen, psychischen und kosmischen Erscheinungen. Jede Form der chinesischen Kultur steht unter dem Einfluß der *Wu-xing* – auch die Kampfkünste. So gibt es z. B. typische Erd-, Holz-, Feuer-, Metall- und Wassertechniken, die jeweils nach

Schriftzeichen für Wu-xing

dem Prinzip der *Wu-xing* angewandt werden. Das *Shaolin*-Emblem, die fünf gelben Pflaumenblütenblätter *(Mei-hua)*, symbolisiert die *Wu-xing*.

KAMPFKUNST

Die chinesische Medizin bezieht die Elemente auch auf die Meridiane (s. →*Jing-luo*) und die inneren Organe. Außerdem sind jedem Element ein Gemütszustand, eine Farbe, ein Geschmack, ein Geruch, eine Jahreszeit und eine Tageszeit zugewiesen. Die chinesischen Ärzte beobachten die Zusammenhänge und stellen dabei fest, welches Element in Disharmonie ist und einer Behandlung bedarf.

Die Theorie der fünf Elemente wurde auch in den *Shaolin*-Tierstilen (→*Wu-qin-xi*) verwendet, sie bezeichnet dort die Formen der Kraftanwendung in den verschiedenen Techniken des *Quan-fa* und regelt gleichzeitig die Konteraktionen gegen Angriffe.

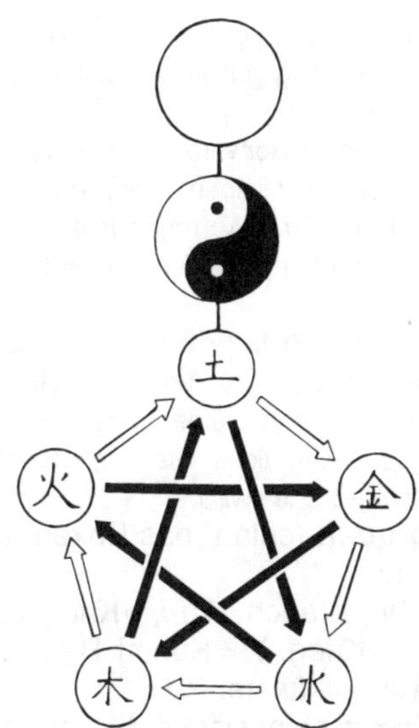

Die Entwicklung der fünf Elemente aus dem Yin/Yang und ihre Beziehung zueinander

- Das Element **Metall** lehrt eine starke, langsame, streckende Kraft, während der ganze Arm als Einheit gesehen wird. Der Arm ist im Ellenbogen immer etwas gebeugt, die Technik wird auf mittlerer Distanz ausgeführt.
- Das Element **Holz** lehrt ebenfalls den Schlag mit der geschlossenen Faust, doch mit drehenden Gelenken. Dadurch entsteht eine komprimierte, stoßende Kraft, die aus den Unterarmen kommt. Die Techniken werden aus der Nahdistanz ausgeführt.
- Das Element **Wasser** läßt sich mit der Kraft der Ozeanwellen vergleichen. Die Techniken sind flüssig und können in acht verschiedene Richtungen ausgeführt werden. Es ist eine sanfte

Wuxing	Organe	Sinne	Körper	Gefühl	Geschmack	Jahreszeit	Witterung	Farbe	Richtung
Holz	Leber, Galle	Auge	Muskel	Zorn	sauer	Frühling	Wind	blau	Osten
Feuer	Herz, Dünndarm	Zunge	Blutgefäße	Freude	bitter	Sommer	Hitze	rot	Süden
Erde	Milz, Magen	Mund	Fleisch	Sorge	süß	Spät-sommer	Feuchtigkeit	gelb	Mitte
Metall	Lunge, Dickdarm	Nase	Haut	Trauer	scharf	Herbst	Trockenheit	weiß	Westen
Wasser	Niere, Blase	Ohr	Knochen	Angst	salzig	Winter	Kälte	schwarz	Norden

Kraft, die mit ganz gestrecktem Arm wie ein Windmühlenschlag auf kurze Distanz zur Wirkung kommt.

• Das Element **Feuer** wird immer aus einer seitlichen Stellung mit einem geraden Fauststoß übertragen. Die Kraft kommt aus einer schnappenden Hüftdrehung, die Technik wird zurückgezogen.

• Das Element **Erde** wird meist mit dem Drachen zusamengebracht und entwickelt innere Stärke. Es verwendet eine langsame, schwere Kraft, die aus einer tiefen Stellung kommt und in die Faust übertragen wird.

Wu-xing-quan (chin.): das Boxen der fünf Elemente.

Wu-yi (chin.): auch *Wu-I*, »Kriegskünste« [aus *Wu* = Krieg, *Yi* = Kunst], Bezeichnung für die Kampfkünste.

Wu Yu-Xiang: chinesischer Meister des *Tai-ji-quan* (1812–1880), Gründer des älteren →*Wu Tai-ji-quan*[2]. Er lernte bei YANG CHENG-FU und CHEN QING-PING. Seine Schüler waren u. a. LI YI-XIU und HAO WEI-ZHENG.

Wu-zang (chin.): Die 5 *Yin*-Organe (s. →*Yin/Yang*, →*Zang-fu*) der chinesischen Medizin. Sie gehören zu den *Zang-fu*, der chinesischen Vorstellung der Funktionen von Körper und Geist.

Die 5 *Yin*-Organe sind: Lunge, Herz, Leber, Milz und die Nieren. Manchmal wird als 6. Organ der Herzbeutel dazugerechnet.

Die *Yin*-Organe liegen nach chinesischer Vorstellung tiefer im Körperinneren als die *Yang*-Organe (s. →*Liu-fu*). Das hat allerdings nichts mit der anatomischen Vorstellung zu tun, sondern bezieht sich darauf, daß die wichtigeren Organe grundsätzlich weiter innen liegen als die weniger wichtigen. Sie haben die Aufgaben →*Qi*, Blut (→*Xue*), →*Jing*, →*Shen* und die Säfte (→*Jin-ye*) zu regulieren, zu produzieren, umzuwandeln und zu speichern.

1. ***Xin*** (Herz): Von ihm geht das Gesamtgefüge der Persönlichkeit aus. Sein Produkt ist das *Shen*. Es entspricht der Wandlungsphase Feuer, ist also »Yang im Yang« oder »Mächtiges Yang«. Dem Herzen werden der Mittag und die Monate Juni und Juli zugeteilt. Sein Geschmack ist das Bittere und das Süße. Die Emotion ist die Lust, die Farbe ist Scharlachrot. Das Herz reguliert das Blut und die Blutbahnen. Bei guter Gesundheit fließt das Blut ruhig, und der Puls ist gleichmäßig. Unter diesen Voraussetzungen ist das *Shen* im Gleichgewicht, und der Mensch kann angemessen auf seine Umgebung reagieren. Kann nicht mehr genügend *Shen* gespeichert werden, kommt es zu Schlaflosigkeit, schlechten Träume, Vergeßlichkeit, verwirrten Reden, Hysterie, Delirium und Geisteskrankheit. Die Zunge ist das korrespondierende Organ zum Herzen, sie zeigt dessen Disharmonien an. Krankheiten der Zunge können aber auch über das Herz geheilt werden. Die Ohren sind die entsprechenden Körperöffnungen. Sein Partner ist der Dünndarm, sein Gegenspieler ist die Niere.

2. ***Pi*** (Milz): Die Erde ist die entsprechende Wandlungsphase und verantwortet die Harmonie aller Funktionen und die Steuerung der Körperflüssigkeiten *(Jin-ye)*. Sie ist »Yin im Yin« oder »Extremes Yin«. Die Milz wandelt Nahrung in *Qi* und Blut um. Sie bestimmt die Menge des Blutes und des *Qi*, das sich im Körper befindet. Die Milz ist einer der Faktoren, der das Blut in den Bahnen hält. Außerdem ist sie noch am Transport und der Umwandlung von Wasser beteiligt. Die Milz ist eng mit den Muskeln und den vier Extremitäten verbunden und bestimmt deren Kraft. Bei Disharmonien entstehten Blut- und *Qi*-Mangel, schlechte Verdauung, Bauchschmerzen, Durchfall, Blutspucken, Appetitlosigkeit, blaue Flecken, chronische Blutungen und Muskelschwäche. Der Spätsommer und Nachmittag sind ihre Zeiten. Ihre Farbe ist Gelb, der Geschmack süß und die Emotion das Nachdenken und Grübeln. Der Mund verrät die Verfassung der Milz. Der Magen ist ihr Partner und die Leber ihr Gegner.

3. ***Fei*** (Lunge): Ihre Wandlungsphase ist das Metall, sie ist »Yin im Yang« oder »Junges Yin«. In der Lunge treffen äußeres und inneres *Qi* zusammen. Sie nimmt das *Qi* der Luft auf und läßt es im Körper zirkulieren. Sie ist für die ruhige und harmonische Atmung verantwortlich. Die Lunge bewegt auch das Wasser. Sie bewegt es als Wasserdampf zu den Nieren. Außerdem verteilt sie ihn in der Haut und in den Poren. Sie ist verantwortlich für die Regulation der Schweißporen, der Hautfeuchtigkeit und den Glanz der Körperhaare. Der Zustand der Lunge kann an den Körperhaaren abgelesen werden. Weiterhin ist die Lunge mit dem →*Wei-qi* verbunden und stellt mit ihm zu-

sammen die Abwehrkräfte dar. Sie ist mit der Nase verbunden. Disharmonien führen zu Lungen-, Nasen-, Hals- und Kehlkopferkrankungen, mangelndem oder stagnierendem *Qi* im gesamten Körper, Ödemen und Störungen beim Wasserlassen. Ihr Geschmack ist das Scharfe, die Emotion ist die Trauer. Ihr entsprechen der frühe Abend und der Herbst. Ihr Partner ist der Dickdarm, das Herz ist der Gegenspieler.
4. ***Gan*** (Leber): Sie entspricht der Wandlungsphase Holz, ist also »Yang im Yin« oder »Junges Yang«. Sie ist dafür verantwortlich, Blut und *Qi* in alle Körperteile zu schicken. Alle Funktionen der anderen Organe, des *Qi*, des Blutes, des Leitbahnen-*Qi* (→*Jing-luo-zhi-qi*) sowie die Beweglichkeit sind von ihr abhängig. Sie steuert die Emotionen und schafft Ausgeglichenheit und Ruhe. Ist der Körper in Ruhe, so sammelt sich das Blut in der Leber, die es bis zur nächsten Aktivität speichert. Sie steuert auch die Beweglichkeit der Sehnen, Bänder und mancher Muskeln sowie die Festigkeit der Nägel. Die Gesundheit der Leber ist an den Augen abzulesen, an ihnen kann man auch Konzentration, Harmonie des Geistes und den Charakter erkennen. Disharmonien der Leber führen zu Verspannungen, Schmerzen und Verhärtungen in den Flanken, Brüsten, Genitalien und am Unterbauch, Verdauungsstörungen, Durchfall, Übelkeit, Gelbsucht, Unruhe, Unausgeglichenheit, trockenen Augen, brüchigen Nägeln und Sehstörungen. Ihr werden die Monate Februar und März und die Zeit vor Sonnenaufgang zugeordnet. Ihr Geschmack ist das Saure, ihre Farben sind Grün und Blau, die Emotion ist der Zorn. Ihr Partner ist die Gallenblase, ihr Gegner die Lunge.
5. ***Shen*** (Nieren): Sie entsprechen der Wandlungsphase Wasser. Sie speichern das *Jing* und regulieren Geburt, Wachstum und Reifung. *Jing* differenziert *Yin* und *Yang*, die Nieren sind also der Ort, an dem die Basis des Lebens aufbewahrt wird. Sie regulieren auch die Empfängnis und die Alterung. Die Nieren sind für die Knochen, das Mark und die Zähne verantwortlich. Bei der Einatmung ergreifen sie das eingeatmete *Qi*, so daß es nicht mehr entweichen kann. Sind die Nieren gesund, kann man gut hören, da sie mit den Ohren verbunden sind. Kraftvolles und gesundes Kopfhaar zeigt ebenfalls den Zustand der Nieren an. Bei Disharmonien entstehen Sterilität, Impotenz, Entwicklungsstörungen, Wachstumshemmung, vorzeitiges Alter und Altern ohne Reife und Würde, Ödeme, schwache Gelenke, brüchige Knochen, steife Wirbelsäule, schlechte Zähne, Schwerhörigkeit, Haarausfall und Atmungsprobleme wie Asthma. Ihr Geschmack ist das Salzige, die Emotion die Furcht. Der Winter und die Zeit vor Mitternacht entsprechen ihr.
6. ***Xinbao*** (Herzbeutel): Er regelt die Herz- und Kreislauf-Funktion und ist Ausgangsort von Lust und Freude.

Xi[1] (chin.): Atem, Atem holen.

Xi[2] (chin.): Knie.

Xia (chin.): tief, unten, darunter.

Xian (chin.): daoistischer Unsterblicher (auch *Hsien*). Ideal der religiösen Richtung des Daoismus (s. →*Dao-jiao*). Durch die Verschmelzung von →*Qi* im →*Dan-tian* wird ein »heiliger Embryo« (→*Sheng-tai*) hergestellt, der ewig weiterlebt.

Es gibt verschiedene Formen der *Xian*: himmlische, irdische und vom Leichnam gelöste. Sie sind ein beliebtes Thema von chinesischen Legenden und wurden zahlreich dargestellt.

Schriftzeichen für Xian, zusammengesetzt aus Mensch und Berg

Xiang-pu (chin.): alte chinesische Kampfkunst (s. →*Quan-fa*).

Xian-jia-po Tao-quan (chin.): nationale Kampfkunst aus Singapur.

1978 berief LEEKHOON CHOY ein Komitee aus mehreren Kampfkunstexperten zusammen, die aus Techniken verschiedener Stile nach dem Beispiel Chinas *(Wu-shu)* und Koreas *(Taekwondo)* ein Einheitssystem für Singapur gründen sollten. Das System setzt sich zusammen aus den Techniken des *Nan-quan, Bei-quan, Wu-shu-quan, Bai-he-quan (He-quan), Cai-li-fu/Hong-sheng-quan* (*Choy-li-fut*), *Hong-jia-quan, Ke-jia-quan* und *Tang-lang-quan* (die Schreibweise wird in Singapur verwendet). Doch das System hat nicht den gleichen Erfolg wie in anderen Fällen, in denen Regierungen in die *Dôjôs* gehen und nationale Kampfkunstsysteme gründen.

Xian-tian-qi (chin.): »angeborene Konstitution« bzw. das Vorhandensein von →*Yuan-qi*, der angeborenen Lebenskraft, welche die persönlichen Fähigkeiten des Menschen bestimmt. Durch Übung kann *Yuan-qi* erhalten werden, durch nachlässigen Selbstumgang kommt es abhanden.

Xiao (chin.): Kindespflicht, Pietät. Das Schriftzeichen besteht aus »Alter« und »Kind«, bedeutet also die Unterstützung der Älteren durch die jüngere Generation. *Xiao* umfaßt alle Pflichten der Kinder gegenüber den lebenden und verstorbenen Eltern.

Xiao ist eine der konfuzianischen Tugenden und bezeichnet den Respekt, die Achtung und Ehrerbietung allen älteren und ranghöheren Menschen gegenüber. Es ist die Basis der Gesellschaftsordnung und der Hirarchie in den Kampfkünsten, deren Rangsysteme darauf begründet sind. In der Gesellschaft schreibt *Xiao* dem Menschen vor, nicht den Höheren oder Älteren zu kritisieren, sondern selbst ein Höherer zu werden und es besser zu machen. *Xiao* widerspricht sich entschieden mit dem naiven Intellektualismus der Moderne und fordert den Menschen anstelle von Kritik zur Handlung auf.

Xiao-ren (chin.): Gegenteil des konfuzianischen →*Jun-zi*, wörtlich »kleiner« oder »gemeiner Mensch«.

Der *Xiao-ren* besitzt weder →*Ren* noch →*Li*, sondern trachtet in Abhängigkeit zu seinen niedersten Trieben nach Gewinn, Macht und Ruhm. Fast alle »wichtigen« Menschen (Regierung, Beamte und Reiche) der heutigen profitorientierten Welt gehören nach der konfuzianischen Theorie zu den *Xiao-ren*. Sie haben Tugend, Moral und Anstand für materielle Vorteile aufgegeben und gehören daher zu den »niedersten« oder »gemeinen Menschen«. Nach Konfuzius ist die Welt nur dann in Ordnung, wenn sie von diesem Übel befreit und von Menschen regiert wird, die *Jun-zi* verwirklicht haben.

Xiao-ba-gua-quan (chin.): auch *Siu-pa-kua-kuen*, chinesisches System des *Quan-fa*, »Schule der kleinen Diagramme«.

Xiao-shi-zi-quan (chin.): auch *Siu-sup-chi-kuen*, System des *Quan-fa*, »Schule des kleinen Kreuzes«.

Xiao-zhou-tian (chin.): »kleiner himmlischer Kreislauf« oder »der kleine Energiekreislauf mit gemäßigtem Feuer«, Bezeichnung für eine ruhige, meditative Übung aus dem →*Jing-gong*, einer Variante des *Qi-gong* bzw. der →Atemtherapie.

Diese Übung ist etwa 2000 Jahre alt und beruht auf der Konzentration auf die zwei Meridiane *Ren-mai* und *Du-mai* (s. →Akupunktur und → *Jing-luo*). Der *Ren-mai* verläuft auf der Mittellinie der Körpervorderseite, der *Du-mai* läuft auf der Wirbelsäule. Beide bilden einen Kreis, auf dem sich viele Akupunkturpunkte (s. →*Xue*, →*Dian-xue*) befinden.

Man geht in Gedanken langsam von einem Punkt zum anderen und versucht so das *Qi* zu leiten. Man beginnt an dem *Renmai*-Punkt *Shao* (kleines) *Dan-tian*, der sich etwas über dem Schambein befindet, wandert nach unten und dann den *Du-mai* nach oben und vorn, sodann den *Ren-mai* wieder nach unten, so daß sich der Kreis schließt. Es werden mehrere Kreisläufe hintereinander durchlaufen. Die Übung harmonisiert *Yin* und *Yang*, regeneriert und erfrischt.

Bei der Übung des →*Zuo-chan*, des ruhigen Sitzens mit Konzentration auf das →*Dan-tian*, geschieht diese Übung von allein, ohne daß man sich auf sie konzentrieren muß.

Xin (chin.): auch *Hsin*, »Herz«, auch Begriff für Wissen, Bewußtsein, Vorstellung und Denken.

Xing-chiao (chin.): *Quan-fa*-Stil, der durch klauenähnliche Angriffe zu den Augen und zur Kehle sowie durch hohe Sprünge und Fußtritte charakterisiert wird. Das System wurde durch seinen Großmeister LIU FA-MANG verbreitet und in die berühmte *Ching Wu Athletic Association* in Shanghai eingeführt.

Xing-xi (chin.): auch *Hsing-ch'i*, wörtlich »Kreisenlassen des Atems«. Daoistische Atemmethode (s. →Chinesische Atmungsmethoden), bei der man den Atem im Körper zirkulieren läßt und ihn mit dem Bewußtsein in alle Teile des Körpers führt. Diese Atemmethode ist aus der Embryonalatmung (→*Tai-xi*) entstanden und Teil der »Techniken zum Nähren des Körpers« (s. →*Dao-yin*, →*Tu-gu-na-xin*).

Das Markanteste an dieser Atemübung ist, daß es kein vorgeschriebenes System gibt, sondern daß jeder Übende eigene Methoden entwickeln soll. Man kann sich zwei Linien vorstellen, die der Atem hinterläßt, ein Männchen, das den Atem im Körper herumführt usw. Der Atem tritt durch die beiden Nasenlöcher ein und kann im Körper auch unterschiedliche Wege verfolgen. Mit den Gedanken muß man immer mitziehen. Man läßt den Atem langsam kreisen und trachtet, ihn in alle Körperteile zu schicken. Dadurch kann man Krankheiten heilen und innere Blockaden auflösen.

Xing-yi (chin.): gerichteter Wille (s. →*Xing-yi-quan*).

Schriftzeichen für Xing-yi

Xing-yi-quan (chin.): chinesische weiche (innere) Kampfkunst (s. →*Nei-jia*), deren Stellungen auf den fünf grundlegenden Elementen der chinesischen Kosmologie (Erde, Wasser, Holz, Feuer, Metall) beruhen und deren Formen nach Tieren benannt sind. Die Bewegungen erfolgen in geraden Linien. *Xing-yi-quan (Hsing-I-ch'uan)* besteht aus 5 grundlegenden Bewegungen, die die fünf Elemente symbolisieren, und aus 12 schwierigeren Bewegungsfolgen, die dem Verhalten der Zwölf Tiere (Drache, Tiger, Affe, Pferd, Krokodil, Hahn, Sperber, Schwalbe, Schlange, Kranich, Adler und Bär) entsprechen. Es ist eine der ältesten Kampfkünste Chinas mit Wurzeln im →*Qi-gong* und wahrscheinlicher Vorläufer des →*Ba-gua-quan*.

GESCHICHTE UND PHILOSOPHIE

Als Gründer des Stils wird der Daoist CHI CHI-KI aus der Provinz Shanxi angesehen, der das System etwa 1640 systematisiert haben soll. Sein Schüler unterrichtete CAO JIWU aus Shanxi und MA JUELI (MA HSUEH-LI) aus Henan. Die ursprüng-

Xing-yi-Kämpfer mit Schwert

liche *Shanxi*-Schule teilte sich später in den *Hebei*-Stil von LI NENG-REN (LI NENG-JANG) und den *Henan*-Stil von MA JUE-LI. Heute ist der *Hebei*-Stil am verbreitetsten. LI NENG-REN bildete den später unter dem Beinamen »Allesvernichtende göttliche Hand« bekannten Meister →GUO YUN-SHEN aus. Er sorgte später für eine Annäherung an das →*Ba-gua-quan*. Der Meister →WANG XIANG-GAI, ein Vertreter der »natürlichen« Lehre, betonte besonders die geistigen Aspekte des *Xing-yi-quan*. Um die Wende vom 19. zum 20. Jh. führte →LI CUN-YI, der eine Agentur zum Schutz von Kaufmannskarawanen betrieb, einige Neuerungen ein. →SUN LU-TANG, der auch ein berühmter *Tai-ji-quan*- und *Ba-gua-quan*-Meister war, gründete einen eigenen *Xing-yi-quan*-Stil und schuf in seinen letzten Lebensjahren eine Synthese seines Könnens auf der Grundlage des *Tai-ji-quan*, in die auch das *Xing-yi-quan* einfloß. Er unterrichtete u. a. SHUEN CHIAN-YUEN (heute in der VR China) und CHIAO LIANG-FENG aus Taiwan.

Die chinesischen Meister setzen das *Xing-yi-quan* an den Anfang der Kampfkunstgeschichte und verbinden es eng mit der daoistischen Philosophie. Es soll sich aus einem von →YUE FEI gegründeten Stil entwickelt haben. Der Daoismus besteht im Kern in der tiefen Achtung des Menschen vor der Natur und ihren Erscheinungsformen. In den Übungspraktiken des *Xing-yi-quan* versuchten die Meister durch die aufmerksame Betrachtung der Natur die persönlichen Grenzen zu durchdringen und zu einer höheren Form des Bewußtseins zu gelangen. Aus diesen Überlegungen entstanden alle Richtungen der weichen chinesischen Systeme, an deren Anfang das *Xing-yi-quan* steht.

Xing-yi-quan heißt, die »wahre Bedeutung« *(Yi)* der »Formen« *(Xing)* zu verstehen. Einem *Xing-yi-quan*-Übenden kommt es weniger darauf an, allein die Form zu perfektionieren, als durch die Form sein eigenes Selbst zu perfektionieren. *Xing-yi-quan* ist deshalb eine strenge körperliche Disziplin in Kombination mit Meditation in der Bewegung.

FÜNF ELEMENTE

Die einfachen Formen des *Xing-yi-quan* bestehen aus fünf Bewegungen, von denen jede mit einem der fünf Elemente (→*Wu-xing*) verbunden ist. In der Übung werden die Elemente selbst in Bewegung umgewandelt und in einer Reihe von Aktionen ausgeführt, die in einer dynamischen Wechselbeziehung zueinander stehen.

DIE GRUNDTECHNIKEN DER FÜNF ELEMENTE

1. ***Bi*** (Zerspalten): Das *Qi* schwillt stark an und sinkt wieder ab, wie beim Holzhacken.
2. ***Beng*** (Durchschlagen): Das *Qi* durchläuft die Stadien der Erweiterung und Verengung.
3. ***Cuan*** (Schrumpfen): Das *Qi* strömt in einem kleinen Strahl aus.
4. ***Bao*** (Betäuben): Das *Qi* wird ruckartig, wie ein Schuß, ausgestoßen.
5. ***Heng*** (Durchkreuzen): Das *Qi* wird plötzlich, bogenförmig ausgestoßen.

Die fünf Grundtechniken werden in den 12 Tierformen aneinandergereiht und kombiniert. Alle Bewegungen im *Xing-yi-quan* (auch die Tierformen) haben eine bestimmte Ausgangsposition *(San-ti)*, die ähnlich den japanischen Begriffen *Jôdan, Chûdan* und *Gedan* den Körper in drei Stufen teilt. Diese Stufen sind im *Xing-yi-quan* Himmel (Kopf), Erde (Hände) und Mensch (Füße). Jede Stufe unterteilt sich noch einmal in je drei weitere: der Kopf kontrolliert den Kopf, den Rücken und die Taille, die Hände kontrollieren die Hände, die Ellbogen und die Schultern, und die Füße kontrollieren die Füße, die Knie und die Oberschenkel. In der Übung kommt es darauf an, diese Haltung durch die Koordination von Bewegung und Körperverständnis zu verwirklichen.

Das *Xing-yi-quan* hat durchaus aggressive Elemente. Das kämpferische Grundprinzip lehrt, nicht zu lange abzuwarten, bei einem Angriff des Gegners auf keinen Fall zurückzuweichen, sondern seine Deckung zu durchbrechen und sofort zum Nahkampf überzugehen. Finten und Täuschungsmanöver fehlen. Die Einstimmung auf den Gegner und die persönliche Energie müssen so stark sein, daß kein Ablenkungsmanöver nötig ist.

Kampfhaltung aus dem Xing-yi-quan

DIE ZWÖLF TIERE

Die alten Gründer des *Xing-yi-quan* beobachteten über die fünf Elemente hinaus das Verhalten verschiedener Tiere, gründeten darauf zwölf schwierige Bewegungsformen, in deren Übung es darum geht, das *Yi* zu suchen. Das bedeutet, daß die Nachahmung der Tierformen an sich keinen Wert besitzt, sondern erst das Suchen nach dem tiefen Verständnis des *Yi* im Tier, um dadurch das *Yi* im Selbst zu finden. Auf diese Weise wird die Praxis des *Xing-yi-quan* zu einem Prozeß der Selbsterkenntnis.

Die Tierformen sind zum Teil sehr schwierig und werden ähnlich den *Karate-Kata* ausgeführt. In ihrer praktischen Auslegung bestehen sie aus Techniken des Kämpfens, enthalten jedoch den oben beschriebenen Hintergrund. Die bekannteste und meistgeübte Tierform ist die Form des Tigers, da sie eine der einfachsten ist. Die *Xing-yi-quan*-Meister lehren nie alle zwölf Formen, sondern suchen sich zum Unterricht höchstens zwei bis drei aus. Über die Tierformen des *Xing-yi-quan* wurden viele chinesische Stile des *Quan-fa* beeinflußt, die ihrerseits das okinawanische und japanische *Karate* mitgestalteten.

Das *Xing-yi-quan* hängt sehr eng mit den philosophischen Ideen des Daoismus (s. →*Qi-gong*) zusammen und hat diesbezüglich stärkere Prägungen als irgendeine andere chinesische Kampfkunst. Es beeinflußte nachhaltig die nach ihm entstandenen Schulen der weichen Kampfkünste, insbesondere jedoch *Ba-gua-quan* und *Tai-ji-quan*. Häufig werden in den chinesischen Schulen diese drei Systeme zusammengefaßt und als ein einziges gelehrt: die Basis als *Xing-yi-quan*, die Weiterentwicklung als →*Ba-gua-quan* und die fortgeschrittene Stufe als →*Tai-ji-quan*.

Xi-sui-jing (chin.): auch *»Shi-sui-ching«*, »Abhandlung über die Wäsche des Knochenmarktes«, ein →BODHIDHARMA zugeschriebenes Buch (jap. →*»Senzuikyô«*). Religiöse Abhandlung über die Methoden zur Entwicklung der buddhistischen Geisteshaltung.

»Xi-sui-jing« wurde bis vor kurzem streng geheimgehalten. Ziel dieser Übungen waren Erleuchtung (jap. →*Satori*) und ein langes Leben (→*Chang-ming*). Theorie und Praxis sind kompliziert und können erst nach jahrelangem Üben der →*Yi-jin-jing* verstanden werden. Der Titel, zusammengesetzt aus *Xi* (waschen, reinigen) *Sui* (Knochenmark, Gehirn) *Jing* (klassisches Werk), bezeichnet, daß mit dem Alter das Blut seine Fähigkeit zum Ernähren und Bewahren des Körpers verliert. Das Blut wird im Knochenmark hergestellt, doch im Alter verschmutzt das Mark und produziert immer weniger Blutzellen. Durch unterschiedliche Techniken der Konzentration und *Qi*-Lenkung kann das Mark gewaschen werden und produziert dann wieder gesundes Blut. Das *»Xi-sui-jing«* lehrt, daß zuerst die 8 Sondermeridiane mit *Qi* gefüllt werden müssen, denn sie sind das natürliche *Qi*-Reservoir. Sind sie gefüllt, dann ist genügend *Qi* vorhanden, um die Muskeln, die Organe und das Knochenmark zu versorgen. →*Jing* wird vermehrt und geschützt, so daß man immer genügend *Qi* bilden kann. Außer den 8 Sondermeridianen werden alle Knochen, vor allem die Wirbelsäule, mit *Qi* gefüllt. Zum Schluß

wird auch das Gehirn angereichert, wodurch der Geist im Alter erweitert wird.

Xue (chin.): bedeutet in der Alltagssprache »Blut«, was jedoch nicht immer mit dem westlichen Begriff identisch ist. In der chinesischen Medizin werden Blutbahnen und Leitbahnen (Meridiane, s. →*Jing-luo*) nicht immer strikt voneinander getrennt. Das Blut zirkuliert im Körper, wobei nicht genau beschrieben wird wohin. Die Funktion wird immer höher eingeschätzt als die Lokalisation.

Nachden die aufgenommene Nahrung im Magen gereift ist, gewinnt die Milz daraus eine gereinigte Essenz. Diese Essenz wird von Milz-*Qi* (s. →*Qi* und →*Zang-fu-zhi-qi*) zur Lunge gebracht. Während des Transports beginnt das *Ying-qi* (Nahrungs-*Qi*) die Essenz weiter zu verändern. In der Lunge wird die Nahrungs-Essenz mit der klaren Luft vermischt, wodurch das Blut entsteht, das von Herz- und Lungen-*Qi* im Körper transportiert wird.

Das Herz erhält den Kreislauf des Blutes. Die Leber speichert das überschüssige Blut, wenn der Körper sich in Ruhe befindet. Die Milz und das *Qi* halten es in den Bahnen (→*Jing-luo*). Das Blut dagegen ernährt die Organe (→*Zang-fu*), die das *Qi* erzeugen und regeln.

In der Medizin unterscheidet man einen Blutmangel *(Xue-xu)*, der sich als Mangel an Selbstbewußtsein und Leistungskraft sowie durch Blässe, trockene Haut und Benommenheit äußert. Scharfe, stechende Schmerzen, Tumore oder Leberschwellung deuten auf gestautes Blut *(Xue-yu)* hin. Vergleicht man Blut und *Qi*, so entspricht das Blut *Yin*, und das *Qi* entspricht *Yang* (s. →*Yin/Yang*).

Xue (chin.): »Höhle«, »Loch« (s. →*Xue-wei*).

Xue-wei (chin.): wörtlich »Eingangsstelle zu einem Tunnelsystem«, Bezeichnung für die Akupunkturpunkte (s. →*Xue*).

Nach alter Vorstellung sind alle Organe durch unsichtbare Tunnel mit der Außenwelt verbunden. Jede Mündung eines solchen Tunnels stellt einen Akupunkturpunkt dar. Die Punkte sind auf beiden Körperhälften symmetrisch angeordnet. Im Laufe der Zeit fand man heraus, daß mehrere Punkte ähnliche Wirkungen zeigen und das gleiche Organ beeinflussen. So verband man diese Punkte und erhielt das System →*Jing-luo*. Diese Punkte gibt es nicht nur beim Menschen, sondern auch bei allen Tieren.

Auf den 12 Hauptleitbahnen (s. →*Jing-luo*) befinden sich 365 Punkte, aber in der modernen Akupunktur sind mit der Ohr-Akupunktur etwa 2000 bekannt.

Xun-zi (305–235 v. Chr.): auch Hsün-tzu, wichtiger Vertreter der konfuzianistischen Schule (s. →*Rû-jia*).

Xun-zi beeinflußte die Lehre mit eigenen Interpretationen. Lehrer von HAN FEI-ZI und des Kanzlers LI SI, der im Jahre 215 v. Chr. für die Bücherverbrennung in China verantwortlich war. Bekleidet mit hohen Staatsämtern, bereitete er durch seine Philosophie die autokratische Herrschaft des Kaisers SHI-HUANG-DI (246–210 v. Chr.) vor.

Y

Ya (jap.): Pfeil (auch *Shi*) aus Holz oder Bambus, neuerdings aus leichtem Metall, zu einem japanischen Bogen (→*Yumi*) gehörend. Utensil des japanischen Bogenschießens (s. →*Kyûdô*).

Die Pfeile, die im japanischen Bogenschießen verwendet werden, sind mehr als 1 m lang und haben verschiedene Spitzen, von denen manche gegabelt sind *(Karimata)*. Die Pfeile, die zu Übungszwecken benutzt wurden, nannte man *Hikime*.

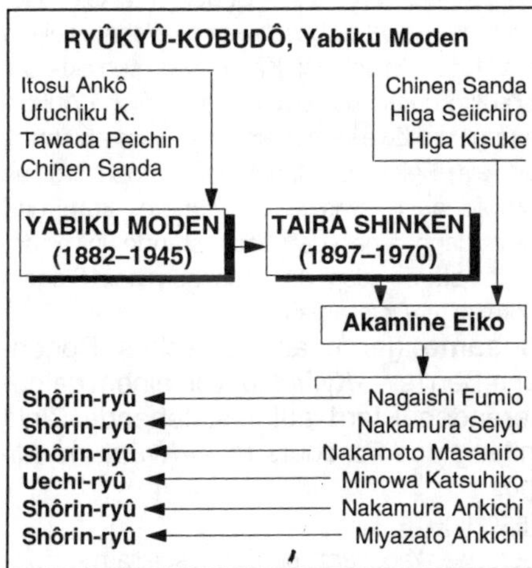

Yabiku Moden (1882–1945): okinawanischer Kampfkunstexperte, Schüler von → Itosu Yasutsune und im *Kobujutsu* von →Kinjô Hiroshi, Tawada Peichin, Chinen Sanda (Vater von →Chinen Yamane) und Ufuchiku Kanakushiku.

Yabiku Moden war einer der bedeutendsten Geschichtsforscher in den okinawanischen *Kobudô*-Systemen. Er war auch der erste okinawanische Kampfkunstmeister, der die japanischen *Naichi* (Bewohner der Hauptinseln) seine Kunst lehrte. Für eine kurze Zeit unterrichtete er dann *Kobudô* am *Shihan-gakku* (Lehrerkollegium) auf Okinawa. Doch danach gründete er auf Okinawa das *Ryûkyû Kobujutsu Kenkyukai*. Sein bekanntester Schüler war →Taira Shinken, der das alte okinawanische *Kobudô* reformierte und in Japan verbreite

Yabu Kentsu (Norimichi) (1863–1937): okinawanischer Kampfkunstexperte des *Karate*, auch »Sergeant« genannt. Yabu Kentsu begann seinen *Karate*-Unterricht in der Matsumura-Schule in Shuri. Er wurde von →Itosu Yasutsune unterrichtet, der zu jener Zeit den Unterricht in der Matsumura-Schule führte. Auch sein weiterer Weg war mit dem seines Meisters Itosu eng verbunden.

Yabu Kentsu

Im Jahre 1895 wurde Okinawa in einen Krieg zwischen Japan und China verwickelt. Yabu Kentsu war einer der drei ersten Okinawaner, die in die japanische Armee eintreten durften, da diese seit 1890 für Freiwillige offen war. Von 50 Freiwilligen aus Okinawa wurden nur drei aufgenommen, alle aus der Itosu-Schule.

Yabu zeichnete sich auf dem Schlachtfeld aus und erhielt dort den Rang eines Sergeanten. Als erster Okinawaner erhielt er den japanischen Ehrenorden und wurde in Okinawa zum Volkshelden. Später erhielt er noch den Leutnantsrang, doch auf Okinawa nannte man ihn immer nur »Sergeant Yabu«.

Auf dem Schlachtfeld perfektionierte er sein *Karate* und entwickelte einen Stil, der äußerst effektiv und tödlich war. Als er nach dem Krieg nach Okinawa zurückkehrte, wuchs sein Ruhm, und er wurde als unbesiegbarer Kämpfer bekannt. Zu jener Zeit gab es in Okinawa einen anderen Meister, der diesen Ruhm ebenfalls genoß: →Motobu Chôki. Man arrangierte einen Zweikampf zwischen den beiden, in dem Motobu die einzige Niederlage seines Lebens erfuhr.

Im Jahre 1927 zog Yabu Kentsu nach Hawaii und unterrichtete dort *Karate* im YMCA (dt.: Christlicher Verein junger Männer, CVJM). Nachdem er neun Monate dort unterrichtet hatte, fuhr er nach Okinawa zurück.

Yabu Kentsu, der Zeit seines Lebens fast ausschließlich an der Itosu-Schule unterrichtete, war ein eifriger Verfechter der Grundschule und ein entschiedener Gegner der Interpretation des *Karate* als Sport. Er sagte einmal: »Karate ist ein Weg zu leben. Als solches bildet es einen Charakter, der ein vollkommen anderer ist als der, der im Sport entstehen kann. Karate übt man weder zum Spaß noch für einen Preis.«

Meister Yabus direkte Schüler waren: Chibana Chôshin, Shimpan Gusukuma, Nakaima Kenko, Kyan Chôtoku, Taira Shinken, Toyama Kanken, Sakihara, Motoda u. a.

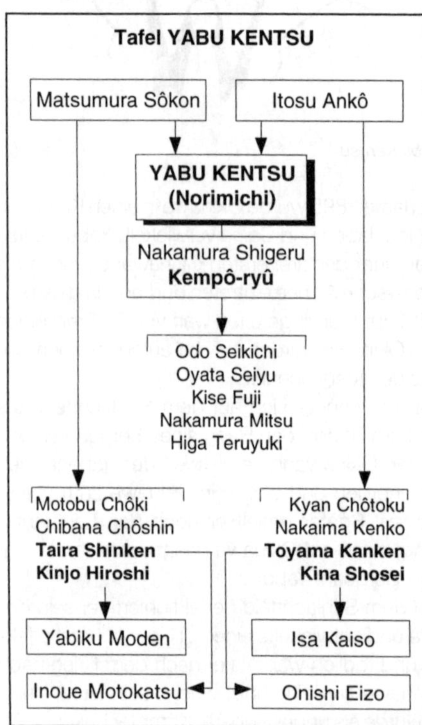

Yaburi-dôjô (jap.): »Zerstörerisches *Dôjô*«, Bezeichnung für ein gebräuchliches Verhalten der japanischen mittelalterlichen *Samurai*, die Mitglieder eines anderen *Dôjô* zum Zweikampf herausforderten.

Seit dem 15. Jh. gab es in den japanischen Kampfkünsten zahlreiche starke Schulen (s. →*Bujutsu*, →*Ryû*), und es war nicht selten, daß die Meister und Schüler eines *Ryû* sich an das *Dôjô* eines anderen *Ryû* wandten, um dort die Übenden durch eine Herausforderung herabzuwürdigen, indem sie sie in Zweikämpfen besiegten (*Yaburu* – brechen, zerstören). Da die Grundregel des Kampfes in den meisten *Ryû* darin bestand, den Feind mit einem Schlag zu töten *(Ikken-hissatsu)* hatte der Besiegte nur selten Gelegenheit, sich über Ungerechtigkeit oder Bruch der Regel zu beschweren. Wenn es einen Anlaß für einen solchen Kampf gab, schickte der Herausforderer eine offizielle schriftliche Aufforderung zum Zweikampf, und wer diese ablehnte, galt als Feigling. Manchmal fanden solche Kämpfe auch zwischen →*Iemoto* statt, und wenn dann einer der Stilvorstände in einem Kampf starb, stieg das Ansehen des Siegers enorm (s. →*Dôjô-arashi*).

Yabusame (jap.): altjapanisches Bogenschießen (s. →*Kyûjutsu*) von einem galoppierenden Pferd auf feststehende Ziele entlang des Parcours (s. →*Kyûba no Michi*).

Geschichte

Zuerst war *Yabusame* ein Schauspiel am kaiserlichen Hof der Heian-Zeit (794–1185). Danach wurde es im 12. und 13. Jh. von den *Samurai* übernommen und zu einem wichtigen Teil der Kriegsführung gemacht. Der erste Stil wurde von Minamoto no Yoritomo, dem ersten *Shôgun* der Kamakura-Zeit, gegründet. Im 14. Jh. gründete Ogasawara Nagahide das →*Ogasawara-ryû*, in dem *Yabusame* systematisch unterrichtet wurde. 1543 wurden jedoch die Feuerwaffen eingeführt, und *Yabusame* verlor seine kriegerische Bedeutung. Im 17. Jh. wurde es zu einer offiziellen Zeremonie am Hof des *Shôgun* Tokugawa Yoshimune, der, selbst ein ausgezeichneter Bogenschütze, den Edo-Stil (→*Kisha hasami mono*) gründete.

Yabusame heute

Heute wird *Yabusame* in Japan als Sport geübt. Neben dem *Ogasawara-ryû* (heutiger Vorstand Ogasawara Sadamune) wird es noch im →*Ta*-

keda-ryû (auch *Hosakawa-ryû*) und im bereits erwähnten *Kisha hasami mono* gelehrt. Eine Variante des Schießens wird *Kasagake* genannt. Alle Stile betreiben das Schießen von einer langen Reitbahn aus (256 m), wobei im rechten Winkel dazu drei Holzbretter angebracht sind (das erste nach 40 m, das zweite noch 120 m und das dritte nach 190 m), die in vollem Galopp gespalten werden müssen. Die Ziele sind 30 x 30 cm groß und stehen 3–5 m voneinander entfernt. Der Unterschied zwischen den Schulen besteht darin, daß die Abmessungen des Parcours variieren und die Ziele verschieden weit gesteckt werden.

Yadomejutsu (jap.): innerhalb des →*Bujutsu* geübte Kunst des Pfeilstoppens.

Die japanischen Krieger übten sich darin, mit einem oder zwei Schwertern einen Hagel von Pfeilen abzuwehren. Dies erforderte ein äußerst scharfes Sehen, blitzschnelle Reflexe und Selbstvertrauen in höchstem Maß. Von besonderer Bedeutung war die Ruhe des Geistes *(Zanshin)*, denn Pfeile, die nicht gefährlich werden konnten, mußten ignoriert werden. Das *Yadomejutsu* wurde erstmals im 17. Jh. von MANIWA im *Nen-ryû* (s. →*Maniwa Nen-ryû*) systematisiert.

Yaeyama: Inselgruppe im Süden Okinawas, bekannt für ihre anspruchsvollen Kampftechniken mit →*Bô* und →*Eiku*.

Die Techniken wurden vor 1600 von →AKAHACHI OYAKEI, einem Anführer des Inselvolkes in der Frühzeit, gegründet. Es heißt, daß sie aus verschiedenen nicht-okinawanischen Kriegspraktiken zusammengestellt wurden. Akahachi gründete mit ihnen einen ritualisierten Tanz (→*Odori*), wahrscheinlich die erste okinawanische *Kobudô-Kata* überhaupt. Diese Formen sind heute als →*Akahachi no Gyakubô* überliefert.

Zur Zeit der alten okinawanischen Königreiche (vor 1868) wurde die Yaeyama-Inselgruppe als Gefängnis benutzt, auf sie wurden die politischen Führer der Regimegegner, aber auch politische Verbrecher verbannt. Einer dieser Führer war →TOKUMINE PEICHIN, der sein Leben im Exil auf Yaeyama verbringen mußte. Ihm ist es zu verdanken, daß sich der *Bô*-Stil der Yaeyama-Inseln auch auf Okinawa verbreitete.

Yagi Meitoku (*1910): okinawanischer Kampfkunstexperte des →*Okinawa Gôjû-ryû*. Höchstgraduierter Schüler und offizieller Nachfolger *(Uchi-deshi)* von →MIYAGI CHÔJUN. Nach Miyagis Tod wurde er Vorstand von dessen Schule und erbte 10 Jahre später den Gürtel des Meisters.

Yagi Meitoku wurde am 6. März 1910 in Naha (Okinawa) geboren und entstammt der TEIDÔ-JANA-Linie, einer früheren okinawanischen Kampfkunstfamilie, die von den in →Kumemura (Okinawa) lebenden »36 Familien« aus China das chinesische *Quan-fa* erlernte. Als er 14 Jahre alt war, brachte ihn sein Großvater zu →MIYAGI CHÔJUN, der zu jener Zeit zusammen mit MOTOBU und KYAN in einem Garten unterrichtete. 1927 verlegte Miyagi den Unterricht zu sich nach Hause und nahm den jungen Yagi Meitoku mit. 1929 wurde dieser Übungsleiter an Miyagis Schule.

Yagi Meitoku blieb immer im Hintergrund. Er war nie auffällig und wußte auf Glanz und Ruhm in der Öffentlichkeit zu verzichten. Zeit seines Lebens zeichnete er sich durch besondere Treue und Loyalität gegenüber der Tradition und dem Stil aus, weswegen er zu Miyagis Zeit der höchstgraduierte *Dan*-Träger des *Gôjû-ryû* war. Nach Miyagis Tod gründete er sein *Dôjô*, das *Meibukan*, in dem heute seine beiden Söhne, YAGI MEITETSU (7. Dan) und YAGI MEITATSU (8. Dan) unterrichten. Er selbst übt immer noch täglich eine Stunde *Kata*.

Yagi Meitokus Schüler sind: Senaha Shigetoshi, Kuniyoshi Seisho, Horikawa Kyosho, Yagi Meitatsu, Yagi Meitetsu, Shinjo Masanobu, Kanei Katsuyoshi und Yamaguchi Gôgen (Japan).

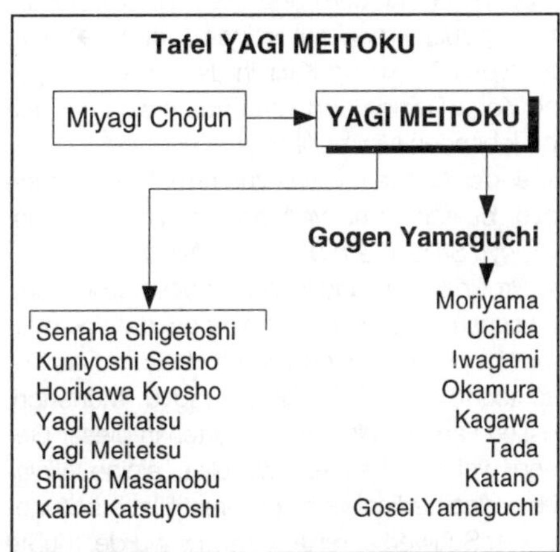

Yagyû Mitsuyoshi (1607–1650): bekannter japanischer Schwertmeister, Sohn von

→YAGYÛ MUNENORI. Mitsuyoshi wurde in der Öffentlichkeit unter seinem Spitznamen JUBEI bekannt.

Mitsuyoshi diente dem *Shôgun* TOKUGAWA IEMITSU bei verschiedenen Missionen als Beauftragter. In Masakizaki in der Provinz Iga (Präfektur Mie) gründete er schließlich eine Schwertschule, die große Berühmtheit erlangte. Mitsuyoshi wird als der eigentliche Begründer des *Yagyû-ryû* angesehen, das zu jener Zeit einer der bedeutendsten Stile war.

Yagyû Munenori (1571–1646): einer der größten Schwertmeister des feudalen Japan, der auch der Lehrer der Familie →TOKUGAWA war und später der Berater des Tokugawa-*Shôgun* (IEMITSU) wurde. Er war Autor mehrerer Texte über seine Kunst, darunter das *»Heihô Kadensho«* (»Familientradition in der Kunst der Krieger«) und *»Gokusei-shû«*. Er war der Sohn des berühmten →YAGYÛ MUNEYOSHI TAJIMA NO KAMI, Vater von →YAGYÛ MITSUYOSHI (»JUBEI«) und einer der Gründer des →*Yagyû-ryû* (s. auch →TAKUAN) als Folge des →*Yagyû Shinkage-ryû*.

Yagyû Munenori Tajima no Kami war vor der Schlacht von Sekigahara einer der minderen *Daimyô* im Dienste des Fürsten TOKUGAWA IEYASU, doch er leistete einen wesentlichen Beitrag zum Sieg. Zu jener Zeit war Yagyû nicht nur Ieyasus Verbündeter, sondern auch sein Schwertlehrer. Er ging zusammen mit seinem Vater →YAGYÛ MUNEYOSHI TAJIMA NO KAMI in die Berge der Iga- und Koga-Region und verbündete sich mit den dort lebenden *Ninja*-Clans (s. →HATTORI HANZO), die er der Armee Ieyasus zuführte. Schon lange davor bestand eine Verbindung zwischen dem →*Yagyû Shinkage-ryû* und den *Ninja*.

Die Provinzen Iga und Koga, beides bergige und unwegsame Provinzen, die nahe dem Yagyû-*mura* (Yagyû-Dorf) lagen, waren bekannt als Zufluchtsorte für *Ninja*-Clans. Yagyû Munenori, dessen Familie seit Jahrhunderten in dieser Gegend wohnte, kannte zweifellos einige *Ninja*-Führer und bediente sich oft ihrer Hilfe. Als Munenori der Schwertlehrer Tokugawas wurde, mußte er oft in Edo sein, behielt aber sein Lehen im Yagyû-*mura* und erhielt gleichzeitig den Titel eines *Hatamoto*. In seinem *Dôjô* in Edo unterrichtete er am Vormittag die Tokugawa-*Samurai* und am Nachmittag den Fürsten persönlich. Im Laufe der Zeit stieg er zum persönlichen Berater des Fürsten auf. Als im Jahre 1605 Ieyasu zu Gunsten seines Sohnes HIDETADA abdankte, behielt Yagyû Munenori seine Position. Auch der nachfolgende Tokugawa-*Shôgun*, TOKUGAWA IEMITSU, der 1623 den Titel annahm, war ein Schüler von Yagyû Munenori. Iemitsu war der herausragendste Schüler Yagyûs und zusammen mit →YAGYÛ MITSUYOSHI der wertvollste Vertreter des *Yagyû-ryû*.

Yagyû Muneyoshi (1527–1606): japanischer *Daimyô* und Schwertmeister, Initiator des Prinzips →*Mutô* und Gründer des →*Yagyû Shinkage-ryû*, Sohn von YAGYÛ IEYOSHI. Er lernte in jungen Jahren die Kunst von seinem Vater und wurde außerdem noch im →*Chujô-ryû* unterrichtet. Danach wurde er Schüler von KAMIIZUMI ISE NO KAMI aus dem →*Shinkage-ryû*, das seine Schwertkunst am meisten beeinflußte. Er erhielt den Titel *Tajima no Kami* und gründete die YAGYÛ-Schule, die bald eine der berühmtesten Schwertschulen Japans werden sollte. Sein Nachfolger war sein Sohn →YAGYÛ MUNENORI.

Die *Mutô-waza* (Nicht-Schwerttechniken) wurden von Yagyû Muneyoshi entwickelt und lehrten, wie man einen Schwertkämpfer mit *Aikidô*-ähnlichen Techniken besiegen kann. War der Verteidiger einmal aus der Schlagrichtung des Schwertes, so ergriff er das Schwert und drehte es auf eine Weise, daß er es dem Angreifer entreißen konnte.

Mutô-waza wurde von Yagyû Munenori zusammen mit seinem Schüler TOKUGAWA IEMITSU (dem 3. Tokugawa-*Shôgun*) perfektioniert und auf einen hohen Standard gebracht.

Yagyû-ryû (jap.): s. →*Yagyû Shinkage-ryû*, →*Kage-ryû*.

Yagyû Shingan-ryû (jap.): traditionelle japanische Schule des →*Jûjutsu*, gegründet im 16. Jh. von CHIKUEI AYATO. Dieser studierte das *Jûjutsu* der Ursprungsschulen *Shingan-ryû* (gegründet von USHU TAITO) und →*Shinkage-ryû*. Der Stil wird heute von →TANEMURA SHOTO geleitet.

Yagyû Shinkage-ryû (jap.): altes japanisches →*Kenjutsu*- und →*Jûjutsu*-System, gegründet von YAGYÛ MUNEYOSHI TAJIMA NO

KAMI (1527–1606) und seinem Sohn →YAGYÛ MUNENORI. Dieser benannte 1603 den Stil in →*Yagyû-ryû* um. Das System erwarb sich danach aufgrund mehrerer heimtückischer Intrigen und eines Treuebruches von YAGYÛ MUSHEMORI, einem späteren Fechtlehrer am Hofe des *Shôgun* Iemitsu, einen schlechten Ruf.

Zu Anfang des 17. Jhs. entstand ein reges Interesse der Schwertkämpfer an den philosophischen Texten des →*Zen*. Doch es war der Großmeister des *Yagyû Shinkage-ryû*, →YAGYÛ MUNENORI, der als erster die *Zen*-Philosophie in den Schwertkampf integrierte. Die Strategie des *Yagyû Shinkage-ryû* war auf der Idee aufgebaut, daß der Körper begrenzt sei und daher der Geist trainiert werden müsse. Diese Idee stammte bereits aus Muneyoshis tiefem Interesse an Philosophie und Ethik des alten →*Kage-ryû*, des Ursprungstils des →*Shinkage-ryû*. Bereits von seinem Lehrer FUJIWARA NO NOBUZUNA, dem Gründer des *Shinkage-ryû*, hatte Muneyoshi gelernt, daß man einen Feind besiegen kann, indem man in seinen Geist eindringt, seine Absichten erkennt und ihm zuvorkommt. Die Kämpfer des *Yagyû Shinkage-ryû* lernten ihre Gegner mental zu beschatten (*Shinkage* bedeutet »neuer Schatten«), doch um die Gedanken des Gegners lesen zu können, mußten die eigenen Gedanken beruhigt und ausgeglichen werden. Um diesen Zustand der Konzentration erreichen zu können, wurden die meditativen Praktiken des *Zen* verwendet. Yagyû Munenori begann schon in frühen Jahren mit dem *Zen*-Training unter der Anleitung von →TAKUAN, zu dem er zeit seines Lebens beste freundschaftliche Beziehungen unterhielt. Durch den Einfluß Munenoris wurde Takuan 1624 TOKUGAWA IEMITSU vorgestellt, wodurch eines der fruchtbarsten Kampfkunsttrios in der Geschichte der japanischen Kampfkünste entstand. Nicht zuletzt durch den Einfluß dieser beiden Meister wird die Regierungszeit Iemitsus als die beispielhafteste aller Tokugawa-*Shôgune* angesehen.

Yahara: JKA-Instruktor (s. →ABE KEIGO).

Yako (jap.): Leistengegend (s. →*Karada*).

Yako-Zen (jap.): Bezeichnung für das *Zen* eines Menschen, der angibt, erleuchtet zu sein, jedoch keine echte *Zen*-Erfahrung gemacht hat.

Yako-Zen bedeutet »Wildfuchs-Zen«. Der Fuchs ist in China das Reittier der Dämonen oder selbst ein Dämon, der menschliche Gestalt annehmen kann, um andere in die Irre zu führen.

Yaku (jap.): ungefähr; rund; Versprechen, Abmachung. *Kyôyaku* – mündliches Versprechen.

Yakusoku (jap.): das Versprechen, die Absprache.

Yakusoku-geiko (jap.): Übungsform, in der die Beteiligten alle Aktionen vorher entweder ganz oder wenigstens zum Teil absprechen.

Yakusoku-jiyû-kumite (jap.): *Karate*-Partnerübung in halbfreier Form, die zusammen mit →*Tanren-kumite*, →*Yakusoku-kihon-kumite* und →*Oyô-kumite* im →*Yakusoku-kumite* klassifiziert ist.

Yakusoku-jiyû-kumite unterscheidet sich von *Tanren-kumite* und *Yakusoku-kihon-kumite* dadurch, daß die Techniken aus freier Bewegung, Deckung und Distanz erfolgen und daß nach der Aktion die freie Deckung und die normale Distanz sofort wieder eingenommen wird. Diese Übung gehört zu den fortgeschrittenen Formen des Kämpfens und sollte erst in der Oberstufe gelehrt werden. Sie ist eine Zwischenstufe zwischen dem Grundschul- (→*Kihon*-) und dem freien (→*Jiyû*-) *Kumite*. Eine der wichtigsten Voraussetzungen dafür ist, daß der Schüler in der Lage ist, sich unter Erhalt seines Gleichgewichts frei zu bewegen, Distanzen zu beherrschen und in seinen Techniken trotz der freien Form starkes *Kime* zu entwickeln. Wie alle Kampfübungen hat auch diese Übungsform ihre eigenen Charakteristika, die von den Übenden verstanden werden müssen:

- Das *Yakusoku-jiyû-kumite* schult praxisnahe und realistische Angriffe, Abwehraktionen und Konter. Alle Aktionen sollen so stark ausgeführt werden, daß sie im Ernstfall den Kampf beenden würden. Die Techniken werden 2 cm vor dem Ziel gestoppt.
- In dieser Form der Übung lernt man, sich bietende Gelegenheiten zu erkennen und prompt zu nutzen. Man soll keine unnützen Aktionen ausführen. Jeder Handlung, die man ausführt, gibt man einen Sinn.
- Man lernt das richtige Verhalten für den tatsächlichen Kampf und für die Selbstverteidigung.

Yakusoku-jiyû-kumite umfaßt mehrere Übungsformen, von denen Jiyû-ippon-kumite, Kaeshi-ippon-kumite und Okuri-ippon-kumite die wichtigsten sind.

Yakusoku-kihon-kumite (jap.): s. →*Kihon-kumite*.

Yakusoku-kumite (jap.): *Karate*-Übungskampf, in dem mit dem Partner Absprachen bezüglich der Art des Angriffs, der Abwehr und des Konters oder bezüglich der Anzahl der Angriffe usw. getroffen werden (*Yakusoku* = »Versprechen«).

Neben →*Jiyû-kumite* ist dies der nächste wichtige Teil der Kampfübungen. Diese Übung kann aus einer Abfolge (z. B. *Ippon-kumite*) oder aus mehreren Serien (z. B. *Happô* oder *Kaeshi*) bestehen. Im *Karate* unterteilt sich *Yakusoku-kumite* in *Tanren-* und *Kihon-kumite* (einfaches und Grundschul-*Kumite*) sowie *Yakusoku-jiyû-* (halbfreies Kämpfen) und *Oyô-kumite* (Kämpfen in mehrere Richtungen).

EINTEILUNG DES YAKUSOKU-KUMITE

Tanren-kumite
Kihon-gohon-kumite
Kihon-sanbon-kumite

Kihon-kumite
Kihon-ippon-kumite
Goshin-kumite

Yakusoku jiyû-kumite
Jiyû-ippon-kumite
Kaeshi-ippon-kumite
Okuri-ippon-kumite

Ôyô-kumite
Kata-kumite
Happô-kumite

Besonders wichtig zu beachten sind bei dieser Übungsform folgende Punkte (s. jeweils dort und Unterteilungen des *Yakusoku-kumite* und verfolge weitere Hinweise):

ZENTRALE PUNKTE DES YAKUSOKU-KUMITE

Ma-ai	– Distanz
Waza	– die sauber und stark ausgeführte Technik
Sabaki	– die Formen des sich Bewegens
Zanshin	– die wache Geisteshaltung
Sahô	– die gegenseitige Verhaltensetikette
Yomi	– das Wahrnehmungsvermögen

Yama (jap.): Berg (auch *San*).

Yamabushi (jap.): »Krieger aus den Bergen«, Anhänger der esoterischen buddhistischen →*Mikkyô*-Sekten, die der Philosophie des →*Shugendô* folgten. Sie wurden auch *Yamabushi no Gyôja* oder *Shugenja* genannt, weil sie sich oft in die Einsamkeit der Berge zurückzogen und sich dort rigoroser Askese unterwarfen. Manche *Yamabushi* übten die Kampfkünste, um Körper und Geist zu schulen. Das Volk schrieb ihnen magische Fähigkeiten zu, und so entstanden zahlreiche Legenden.

Wahrscheinlich bildeten sich die ersten Bruderschaften der *Yamabushi* im 10. Jh., als sie sich von den *Nobushi* abgrenzten. Diese waren die gewöhnlichen religiösen Buddhisten (*Nobushi* = »Krieger in der Ebene«). Die *Yamabushi* vereinigten sich an verschiedenen Orten, besonders in den Bergtempeln, und versuchten durch Askese, durch Übung in den Kampfkünsten und durch Magie übernatürliche Kräfte zu entwickeln. In ihren geistigen Übungen verwendeten sie viel die →*Mudrâ*, mit denen sie später auch die japanischen Kampfkünste beeinflußten. Manche von ihnen jedoch übertrieben die Magie bis zur Unglaubwürdigkeit. Die echten *Yamabushi* schlossen sich im 15. Jh. zu Bruderschaften zusammen. 1872, als der →*Shintô* an Macht gewann, wurde das *Shugendô* verboten. Zu jener Zeit gab es etwa 170 000 *Yamabushi*. Heute wird verschiedentlich versucht, die Gemeinschaft wiederzubeleben, bisher jedoch mit nur wenig Erfolg.

Yamada Heizaemon (†1578): japanischer Schwertmeister, Gründer des →*Jikishin Kage-ryû*. Für den Unterricht seiner Schüler verwendete er bereits damals eine Art →*Shinai* aus Holz.

Yamada Jirôkichi (1863–1931): japanischer *Samurai*, der fünfte →*Iemoto* des →*Jikishin Kage-ryû*.

Yamada Jirôkichi schrieb zwei Abhandlungen über das *Budô* – *»Kendô Ron«* (»Abhandlung über das Kendô«) und *»Shuyô Shosei Ron«* (»Abhandlung über die Lehre von Geist und Weg«) – in denen er erstmals die Bezeichnung *Kendô* für den Schwertkampf gebrauchte. Er vertritt darin die Idee, daß das *Zen* und das Schwert das gleiche Ziel haben, nämlich das Ich zu töten (s. →*Ken Zen ichi*). Somit betrachtete er das *Kendô* mehr von der moralischen und ethischen Seite aus und legte seinen Schwerpunkt auf die Disziplin des Weges (→*Dô*) in körperlicher und geistiger Hinsicht.

Yamada Tatsuo: japanischer *Karate*-Lehrer, beeinflußt von MOTOBU CHÔKI, Begründer des *Nippon-Kempô*.

Yamada Yoshimitsu: japanischer *Aikidô*-Lehrer, Hauptinstruktor des *New York Aikikai* und der *American Aikido Federation*.
Yamada studierte drei Jahre lang *Aikidô* unter UESHIBA MORIHEI und ging dann als einer der ersten *Aikidô*-Lehrer in die USA. Er unterrichtete dort sein eigenes System, das sich aber nur wenig von dem des *Aiki Hombu-Dôjô (Aikikai)* unterscheidet.

Yama-gamae (jap.): Abwehrhaltung der Arme mit über den Kopf erhobenen Fäusten *(Yama)*, z. B. in der Kata *Jitte*.

Yama- gamae

Yamaga-ryû (jap.): s. →YAMAGA SOKÔ.

Yamaga Sokô (1622–1685): japanischer *Samurai* und Philosoph aus dem AIZU-Clan. Sein Lehrer war der philosophische Konfuzianist HAYASHI RAZAN (1583–1657).
Yamaga Sokô schrieb mehrere Abhandlungen, oft gesellschaftskritischen Inhalts, weshalb er von den Beamten des Tokugawa-Shôgunats für zehn Jahre gefangengesetzt wurde. Dies vor allem wegen der Veröffentlichung des *»Seikyô Yôroku«*, in dem er die Funktionäre des Shôgunats kritisierte. In *»Buke-jiki«* und in *»Chûchô Jûjutsu«* beschreibt er die Basis der *Samurai*-Philosophie in Friedenszeiten. Nach ihm sollten die *Samurai* zu jeder Zeit absolute moralische und intellektuelle Verantwortlichkeit gegenüber der Gesellschaft bewahren. Auf diesen Ideen begründete er eine Kampfkunstschule, die er *Yamaga-ryû* (auch *Sekitokudô*) nannte.
YAMAGA SOKÔ gehörte der konfuzianischen *Kogaku*-Schule an, neben der *Oyomei*- und der *Mito*-Schule die wichtigste konfuzianische Strömung Japans. Er vertrat und formte die konfuzianischen Grundlagen des japanischen →*Bushidô* und zeigte, daß die konfuzianische Moralvorstellung voll auf die japanische Gesellschaft übertragbar war.

Yamagawa Choto (*1878): auch CHORAN, okinawanischer *Karate*-Experte des *Shurite*, Schüler von →ITOSU YASUTSUNE.

Yamaguchi Gôgen (1909–1989): japanischer *Karate*-Meister des →*Gôjû-ryû*, geb. am 20. Januar 1909 in Kagoshima (Japan), gest. am 20. Mai 1989.

Yamaguchi Gôgen

YAMAGUCHIS SCHÜLERJAHRE

Er begann sehr früh mit der Übung der Kampfkünste *Jûdô* und *Kendô* in der *Jigen*-Schule, in der er den großen Schwertmeister KIRINO TOSHIAKI als Lehrer hatte. Seinen ersten Kontakt mit *Karate* hatte er durch einen okinawanischen Zimmermann namens MARUTA. Dieser nahm zu einer Zeit, in der das *Karate* noch fast ausschließlich

geheim geübt wurde, den jungen Gôgen als Schüler an. Tagsüber übte Yamaguchi *Kendô* und nachts *Karate*.
Er interessierte sich sehr für Buddhismus und Shintôismus und wechselte von der *Kansai*-Universität auf die *Ritsumeikan*-Universität, die wegen ihres Kampfkunstunterrichts berühmt war. Da dort aber kein *Karate* unterrichtet wurde, wandte er sich dem *Sumô* zu.
1931 ließ er sich in Tôkyô nieder, wo er 1932 Meister MIYAGI CHÔJUN kennenlernte und dessen Schüler wurde. 1935–1937 begleitete er Miyagi nach Okinawa. Nach dieser Zeit ernannte Miyagi ihn zu seinem offiziellen Repräsentanten in Japan.

GRÜNDUNG DES JAPANISCHEN GÔJÛ-RYÛ

Während des japanisch-mandschurischen Konfliktes, an dem Yamaguchi aktiv teilnahm, geriet er in der Mandschurei in Gefangenschaft. Nach Japan zurückgekehrt, wurde er 1939 von der japanischen Regierung erneut in die Mandschurei geschickt, wo er diesmal bis 1945 blieb. Im August 1945 wurde Yamaguchi von der Roten Armee gefangengenommen und mußte zwei Jahre in sowjetischen Gefangenenlagern verbringen, bis er gegen Ende des Jahres 1947 nach Japan zurückkehren konnte.
Meister Yamaguchi widmete sich nun sehr intensiv dem Studium des *Shintô*, des *Zen* und des *Yoga*, die von da an aus seinen *Karate*-Übungen nicht mehr wegzudenken waren. Er reorganisierte seine inzwischen weitverbreitete Organisation und nannte sie *Karate-dô Gôjûkai*, mit Hauptsitz in Tôkyô. Auch veränderte er nachfolgend die Prinzipien des okinawanischen *Gôjû-ryû*, wie es von MIYAGI CHÔJUN gelehrt wurde, und begründete 1955 das System →*Karate-Shintô*, das im *Zen Nippon Karate-dô Renmei Gôjû-kai* unterrichtet wird. Hauptsächlich durch den starken Einfluß des Shintôismus unterscheidet sich heute Yamaguchis *Gôjû-ryû* vom okinawanischen *Gôjû-ryû*, das in Japan besonders durch →IZUMIGAWA KANKI (s. auch →ICHIKAWA SOSUI) und →MIYAGI TAKASHI (s. auch →HIGAONNA MORIO) vertreten wird.

YAMAGUCHIS ERBE

Yamaguchi Gôgen wird heute als der offizielle Nachfolger MIYAGI's in Japan betrachtet (in Okinawa ist der Nachfolger MEITOKU YAGI), obwohl es dort inzwischen verschiedene Strömungen gibt. Nach dem Zweiten Weltkrieg gelang es Meister Yamaguchi, viele Schulen organisatorisch zusammenzuführen. Im *Shôtôkan-ryû* hatten sich ähnliche Bestrebungen bemerkbar gemacht, und bereits früh wurde dort die JKA ins Leben gerufen, um *Karate* weltweit als Wettbewerb zu verbreiten. Yamaguchi gründete zusammen mit UCHITA, UCHIAGE und KIZAKI parallel dazu die *JKF-Gojukai* (s. Anhang), die später Mitglied der FAJKO (*Federation of All Japan Karate-do Organizations*) wurde. Der Großmeister verließ diese Organisation jedoch und gründete die *International Karate-do Goju-Kai Association* (IKGA), der heute sein Sohn YAMAGUCHI GOSHI vorsteht. Neben der *Zen Okinawa Karate-dô Gôjû-ryû Gôjû-kai*, der MEITOKU YAGI vorsteht, und der *JKF-Gojukai* ist die IKGA die dritte große, international verbreitete *Gôjû-ryû*-Organisation (Erläuterungen zu den Organisationen s. Anhang).

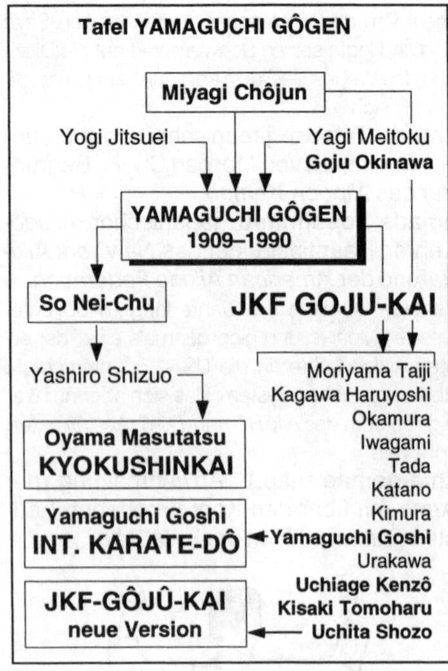

Yamaguchi hat drei Söhne (GOSEI, GOSEN und GOSHI) und zwei Töchter (GYOKKU und WAKAKO), die alle *Karateka* von hohem Niveau sind. GOSHI steht der von seinem Vater gegründeten Organisation vor, und GOSEI (8. Dan) ist heute Chefausbilder derselben Organisation in den Vereinigten

Staaten (s. Anhang, *International Karate-do Gôjû-Kai Association*).

Neben seinen Söhnen und Töchtern sind Yamaguchis direkte Schüler: So Nei-Chû (Lehrer von Oyama Masutatsu), Uchida, Okamura, Kizaki, Uchiage, Iwagami, Kagawa, Tada, Katano, Moriyama, Kimura, Peter Urban.

Yamaguchi Gosei: Sohn des japanischen *Gôjû-ryû*-Großmeisters →YAMAGUCHI GÔGEN, der die *Gôjû*-Organisation *(Gôjûkai)* in den Vereinigten Staaten aufbaute und heute leitet. Yamaguchi Gosei ist ein Mann von großer Persönlichkeit und Humor, der in den USA sehr respektiert wird.

Yamaguchi Gosei führte im amerikanischen *Gôjûkai* einige gravierende Änderungen gegenüber Japan durch. Im *Dôjô* z. B. wird Yamaguchi nicht mit *»Sensei«*, sondern mit »Herr Yamaguchi« angeredet. Die strenge *Dôjô*-Disziplin ist weitgehend aufgehoben, Schüler können das Training verlassen, ohne sich abzumelden. Es gibt keine →*Makiwara*- oder →*Tameshiwari*-Übungen und kein Zerbrechen des Ego durch Demütigung. Alles wirkt eher wie eine Schülergruppe an einer Universität.

Yamaguchi Goshi (*1943): Sohn des japanischen *Karate*-Experten →YAMAGUCHI GÔGEN.

Yamaguchi Toru: JKA-Instruktor des *Shôtôkan-ryû* der älteren Generation (s. →NAKAYAMA MASATOSHI).

Yamamori Hirokazu: japanischer Großmeister des *Shôrinji-Kempô*, Schüler von →SÔ DOSHIN.

Yamamoto Tsunetomo: s. →»*Hagakure*«.

Yamane-ryû (jap): okinawanischer Stil des →*Bôjutsu*. Der Stil wurde von →CHINEN YAMANE MASAMI (1898–1976) gegründet und entspringt einer langen Linie von *Kobujutsu*-Spezialisten, die über Masamis Vater (CHINEN SANDA) und Großvater (CHINEN PEICHIN) zu SAKUGAWA und KÛSHANKÛ zurückführt. Die meisten *Kata* wurden nach Chinen Masami Yamae auf →NAKAZATO SHUGORO und →HIGA SEITOKU (s. auch →*Bugeikan*) übertragen, die heute als die Nachfolger des Stils gelten.

Ein weiterer Einfluß auf den Stil kommt von CHINEN SHITAHAKU (SHICHIYANAKA), der von Meister SOEISHI (Gründer der *Soeishi no Kon* und *Shoun no Kon*) aus Ona (Shuri) lernte. Chinen Shitahaku wurde gegen Ende des 18. Jhs. als Sohn einer armen Familie geboren und kam als Hausgehilfe zu Meister Soeishi. Er beobachtete im geheimen viele Monate hindurch seinen Meister bei der Übung und merkte sich, soviel er konnte. Sobald er Gelegenheit hatte, probierte er die beobachteten Techniken für sich selbst aus, wobei er eines Tages von Meister Soeishi bemerkt wurde. Dieser war von dem tiefen Interesse Chinens beeindruckt und ließ den Jungen am offiziellen Unterricht teilnehmen. Er meisterte die *Kobudô*-Waffe *Bô* und entwickelte später die *Chinen Shitahaku no Kon*, eine ausgezeichnete *Kata* mit sehr genauen und ausgefeilten Bewegungen, die später über CHINEN SANDA in den Hauptstil übertragen wurde.

Yamaoka Tesshu: s. →TESSHU YAMAOKA.

Yamashita Tadashi (*1942): okinawanischer *Kobudô*-Experte der Neuzeit, lebt heute in den USA.

Yamashita war ein Schüler von Nakazato Shugoro und Matayoshi Shimpô. Er vereinigt zwei *Kobudô*-Linien auf sich: zum ersten die Linie Matsumura Sôkon – Itosu Ankô – Chibana Chôshin – Nakazato Shugoro und zum zweiten die Linie Go Kenki – Matayoshi Shinko – Matayoshi Shimpô.

Yamashita Yoshiaki (1865–1935): japanischer *Jûdô*-Lehrer am →*Kôdôkan*, einer der wenigen 10. Dan in der Geschichte des →*Jûdô*.

Yamashita, der Sohn eines Fechtlehrers, war der erste 10. Dan des *Kôdôkan*. Mit seinen Spezialtechniken *Ippon-seoi-nage, Sasae-tsuri-komi-ashi* und *Tani-otoshi* gewann er zahlreiche Kämpfe, u. a. auch gegen die Herausforderer des *Kôdôkan*.

Yamato (jap.): das historische Kernland Japans in der Beckenlandschaft südlich des Biwasees auf Honshû.

Yamato-damashi (jap.): Ahnenkult. *Yamato-damashi* ist ein aus dem →Shintôismus stammendes Prinzip und vereinigt sich mit →*Yamato-kokoro* und →*Bushidô* unter dem Symbol der Kirschblüte (→*Sakura*). Die Treue zum Kaiser (s. →*Chûgi*) und die Verbundenheit der *Samurai* mit ihren Familien und Sippen (s. →*Uji*) resultieren aus diesem Prinzip.

Tamashi bezeichnet das zeitlose Wirken von *Tama* (oder *Mitama*, s.→*Koto-tama*), d. h. das Weiterleben des den Tod des leiblichen Körpers überlebenden inneren Wesens. Das *Mitama* ist die universelle Seele, aus der zeitbegrenztes Leben entsteht, das nach dem Tod wieder in sie eingeht. Es kann auch der übergeordnete Lebensgeist einer Sippe sein, durch den der Lebende mit seinen Ahnen in Verbindung steht.

Die japanische Mythologie lehrt, daß das gesamte Volk von einer einzigen großen Familie von Göttern abstammt (Erläuterungen dazu s. →*Kami* und →*Tennô*). So wie der Kaiser die Sonnengöttin AMATERASU als Vorfahrin verehrt, so ehrt jede Sippe *(Uji)* ihren göttlichen Stammvater (*Ujigami* – Gott des Familiennamens). In jeder *Uji* gibt es Oberhäupter, die zu Lebzeiten die absolute Autorität besitzen. Die Ehrfurcht vor den Eltern, der Gehorsam gegenüber der Autorität und die Priorität der eigenen Sippe vor anderen Herren läßt sich darauf zurückführen.

Yamato-kokoro (jap.): »japanisches Herz« oder »Seele Japans« (auch *Nippon no Kokoro* – japanischer Geist), das zusammen mit →*Bushidô* und →*Yamato-damashi* unter dem Symbol der Kirschblüte (→*Sakura*) vereinigt ist.

GESCHICHTLICHE URSPRÜNGE

Dieser besondere Geist zentriert sich um die Samurai und ihre Hingabe an ihr Land, ihre Fürsten und *Daimyô*. An der Spitze der gesellschaftlichen Struktur stand der Kaiser (→*Tennô*), danach kam der *Shôgun*, dann der *Daimyô* und zuletzt die *Samurai*. Dies war ein geradliniges System, in dem der *Samurai* seine ganze Kraft in den Dienst seines Fürsten stellte, welcher dem *Shôgun* diente und dieser wiederum (wenn auch nur symbolisch) dem Kaiser. Der Geist dieses Systems bestand in der Selbstaufopferung und Selbstverleugnung des *Samurai*, zunächst für das Wohl seines Fürsten, letztlich für das Wohl seines Kaisers und seines Landes. Diese strikte Hierarchie ist auch ein untrennbarer Teil jedes japanischen *Dôjô* der Kampfkünste, in denen die Älteren *(Sempai)* von den Jüngeren *(Kohai)* geachtet werden müssen.

DER JAPANISCHE GEIST DER NEUZEIT

Als sich die westlichen Einflüsse in Japan bemerkbar machten und eine Mentalität erzeugten, die alles Traditionelle ablehnte und alles Westliche aufnahm, geriet *Yamato-kokoro* ins Abseits. Die *Samurai*-Kaste wurde offiziell abgeschafft, dennoch gab es 1880 etwa 2 Mio. Menschen, die ihr angehörten. Seit Menschengedenken gewohnt, die Geschicke des japanischen Volkes in jeder Beziehung zu bestimmen, erzeugten sie auch ohne offizielle Titel eine starke Gegenreaktion auf die sich heranbildende Mentalität der Verwestlichung. Im Sinne des *Bushidô* unterrichtet und erzogen, waren ihre Einflüsse nicht zu übersehen, zumal sie die an Geist und Persönlichkeit höchststehende Schicht des japanischen Volkes bildeten. Sie lehnten die Neuerungen nicht ab, doch sie forderten unübersehbar die Wiederbelebung des *Yamato-kokoro*.

Da sie durch den Geist des *Bushidô* eine eiserne Selbstdisziplin gelernt hatten und es verstanden, sich in jeder Beziehung zu kontrollieren und zu überwinden, dauerte es nicht lange, bis sie trotz der Aufhebung ihres Standes den Geist des *Bushidô* in ihre neuen Berufe übertrugen und überall die stärksten Einflüsse ausübten. Es gab keine *Samurai*-Kaste mehr, doch die ehemaligen *Samurai* hatten bald nach der Auflösung ihrer Kaste im gesellschaftlichen, kulturellen und politischen Leben Japans eine absolute Vormachtstellung. Dadurch erhob sich der Geist des *Bushidô* erneut und stärker denn je über das gesamte japanische Volk, und alle Neuerungen aus dem Westen wurden von ihm kontrolliert.

In der geschichtlichen Entwicklung Japans kam es leider zum Mißbrauch der philosophisch und religiös begründeten Ideale des *Bushidô*, denn im Zuge der Entwicklung Japans zur Handels- und Kriegsweltmacht arteten sie in eine Überbetonung des Traditionellen und in einen fanatischen Nationalismus aus. Dies führte zur totalen Katastrophe im Zweiten Weltkrieg, gleichzeitig jedoch auch zur Wiederbelebung der alten Kampfkünste und zu ihrer Entwicklung zum *Dô* (s. →*Budô*). Nach dem Krieg erstarkte *Yamato-kokoro* erneut, und zwar nach demselben Muster wie zuvor. Die alte Tradition der *Samurai* und der Geist des *Bushidô* setzten sich fort und führten, verbunden mit der oftmals verbesserten Kopie von allem Brauchbaren aus dem Westen, zum »japanischen Wirtschaftswunder«.

Yamato-ryû (jap.): traditionelles japanisches Kampfkunstsystem, gegründet 1664 von MORIKAWA KÔZAN als nichtmilitärisches →*Kyûdô*.

Morikawa gliederte seine Lehre in sechs Teile: die Logik des Bogens *(Kyû-ri)*, die Etikette des Bogens *(Kyû-rei)*, die Technik des Bogens *(Kyû-hô)*, die Pflege des Bogens *(Kyû-ko)*, die Analyse des Bogenmechanismus *(Kyû-ki)* und die vier Tugenden zur Entwicklung des Geistes des Bogens *(Shi-mei)*.

Yama-zuki (jap.): U-Fauststoß, *Gyaku-jô-dan-mawashi-zuki* und *Gedan-ura-zuki* gleichzeitig. »Bergstoß« (*Yama* = Berg) wegen der ähnlichen Endform. *Yama-zuki* ist eine Variante des →*Morote-zuki*. Klassifizierung s. →*Tsuki-waza*.

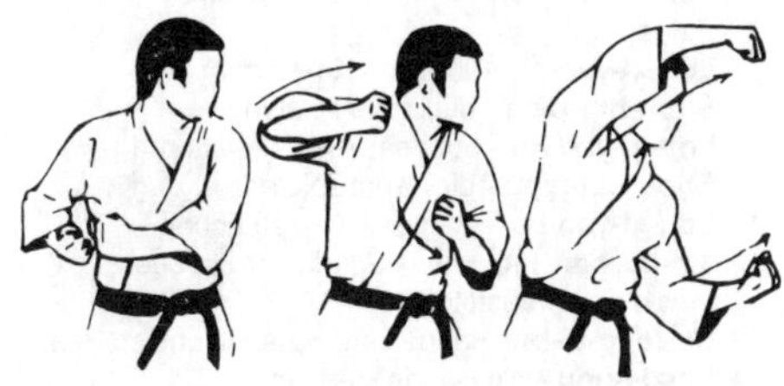

Yama-zuki – der Bergstoß

Yame (jap.): in den Kampfkünsten gebrauchtes Kommando für »Aufhören!«. *Yameru* – aufhören, beenden, unterbrechen.

Yame-soremade (jap.): Wettkampfbegriff für: »Die Kampfzeit ist beendet!«

Yami (jap.): Zielmethode im *Kyûdô* (s. →*Monomi*), in der das Ziel vollständig vom Boden verdeckt wird (s. →*Ariake*).

Yanagi-ryû (jap.): s. *Yoshin-ryû*.

Yang (jap./chin.): das männliche Prinzip (hell, aktiv, positiv) der asiatischen Philosophie (s. →*Yin/Yang*, →*Dao*).

Yang Ban-Hou (1837–1892): Meister des →*Yang Tai-ji-quan*, Sohn und Nachfolger von →YANG LU-CHAN. Er begründete den sog. »kleinen Rahmen« *(Xiao-jia)*.

Das Training seines Vaters war so hart und streng, daß Ban-Hou auszureißen versuchte. Von →WU YI-XIANG lernte er schon als Kind *Tai-ji-quan*-Techniken und wurde in das Studium der klassischen Schriften eingeführt, was sein späteres *Tai-ji-quan* stark beeinflußte. Obwohl sein Ruf als Kämpfer sehr gut war, hatte er nur wenige Schüler, da er sie oft bei der Übung verletzte und ungeduldig und aufbrausend war. Ban-Hou war von allen Schülern Yang Lu-Chans dem *Chen*-Stil am nächsten und betonte besonders den Freikampf.

Als der Meister schon über 50 Jahre alt war, wurde er von einem Boxer aufgefordert, seine Fähigkeiten zu beweisen. Der Boxer stellte Holzklötze im Abstand von zwei Fuß in Yangs Hof auf und forderte ihn auf, die Hand flach auf seinen Rücken zu legen, während er von einem Klotz zum anderen springen wollte. Würde Yang den Kontakt unterbrechen oder verlieren, sollte diese Schande weit verbreitet werden.

Während der Boxer sprang, verlor ihn Yang aber nie, sondern folgte ihm mit Leichtigkeit. Zum Schluß sprang der Boxer auf das niedrige Dach eines Schuppens und drehte sich schnell um, um Yang zu sehen. Er drehte und drehte sich, aber Yang war immer hinter ihm. So wurde Yang für seine »anhaftende Energie« (→*Nian-sui*) berühmt.

Yang Cheng-Fu

Yang Cheng-Fu (1883–1936): Meister des *Tai-ji-quan* (s. →*Yang Tai-ji-quan*), dritter Sohn von YANG JIAN-HOU, Enkel von → YANG LU-CHAN.

Yang Cheng-Fu veränderte den YANG-Stil und gab ihm seine heutige Form. Seine Lehre nannte er den »Großen Rahmen« *(Da-jia)*. Er lehrte sie erstmals jeden Schüler, unabhängig von sozialem Rang, Reichtum und Familienzugehörigkeit. Die Form bekam einen weicheren und harmonischeren Ablauf, wobei auch eine gleichmäßige Geschwindigkeit vorgeschrieben war. Wahrscheinlich durch diese Vereinfachungen wuchs in jener Zeit die Beliebtheit des YANG-Stils sehr schnell.

Yang Cheng-Fu, Sohn von YANG JIAN-HOU, fand das Training, wie sein Vater und sein Bruder YANG SHAO-HOU es praktizierten, zu schwierig und wollte die *Tai-ji*-Tradition der Yang nicht fortsetzen. Er ließ alle schwierigen Bewegungen weg und entwickelte die heutige YANG-Form, die mehr Gesundheitsübung als Kampfkunst ist. Er brachte *Tai-ji-quan* nach Nanking und Shanghai, später nach Guangzhou und Hongkong. Seine Form verbreitete sich auch in anderen Ländern. Er unterrichtete seine vier Söhne, YANG SHOU-ZHONG, YANG ZHEN-MING, YANG ZHEN-JI und YANG ZHEN-DUO, sowie →CHEN WEI-MING, →CHENG MAN-CHING und →Fu Zhong-Wen.

Yang Feng-Hou: ältester Sohn von →YANG LU-CHAN, der schon in frühen Jahren verstarb.

Yang-Form: die klassische lange YANG-Form des *Tai-ji-quan* hat 108 Bewegungen und wird überall fast gleich ausgeführt. Sie wurde von →YANG LU-CHAN weitergegeben und von seinem Enkel →YANG CHENG-FU modernisiert und vereinfacht.

Für die korrekte Ausführung ist die Beherrschung der Grundtechniken Voraussetzung. In der Form kommen alle Grundprinzipien des →*Tai-ji-quan* zur Anwendung. Deshalb geht die Übung der Form über das bloße Erlernen von Techniken hinaus. Allgemein wird ein Zeitraum von 10 Jahren angesetzt, um ein tieferes Verständnis zu erreichen. Aber auch diese Zeitspanne ist vor dem Hintergrund täglicher disziplinierter Übung zu verstehen.

YANG-FORM (85 Techniken)

1. Teil: Die Erde (Di)

1. **You-bei-shi** – Beginn.
2. **Qi-shi** – einleitende Geste.
3. **Lan-que-wei** – den Vogel beim Schwanz packen.
4. **Dan-bian** – einfache Peitsche.
5. **Ti-shou-shang-shi** – die Hände erheben und den Fuß setzen.
6. **Bai-he-liang-chi** – Der weiße Kranich zeigt die Flügel.
7. **Lou-xi-yao-bu** – über das Knie streichen.
8. **Shou-hui-pipa** – die Laute spielen.
9. **Lou-xi-yao-bu** – über das Knie streichen.
10. **Shou-hui-pipa** – die Laute spielen.
11. **Lou-xi-yao-bu** – über das Knie streichen.
12. **Jin-bu, ban, lan, chui** – Schritt vor, umleiten, blockieren, Fauststoß.
13. **Ru-feng-si-bi** – Hände zurückziehen und stoßen.
14. **Shizi-shou** – die Hände kreuzen.

2. Teil: Der Mensch (Ren)

15. **Bao-hu-gui-shan** – den Tiger in die Berge tragen.
16. **Zhou-di-kan-chui** – die Faust unter den Ellbogen.
17. **Dao-nian-hou** – mit Rückwärtsschritten den Affen vertreiben.
18. **Xie-fei-shi** – der schräge Flug.
19. **Ti-shou-shang-shi** – die Hände erheben und den Fuß setzen.
20. **Bai-he-liang-chi** – Der weiße Kranich breitet die Flügel aus.
21. **Lou-xi-yao-bu** – über das Knie streichen.
22. **Hai-di-zhen** – die Nadel auf dem Meeresboden.
23. **Shan-tong-bei** – den Fächer nach hinten führen.
24. **Zhuan-shen, chui** – Körperdrehung und Fauststoß.
25. **Jin-bu, ban, lan, chui** – Schritt vor, umleiten, blockieren, Fauststoß.
26. **Lan-que-wei** – den Vogel beim Schwanz packen.
27. **Dan-bian** – einfache Peitsche.
28. **Yun-shou** – Wolkenhände.
29. **Dan-bian** – einfache Peitsche.
30. **Gao-tan-ma** – hoher Schlag aufs Pferd.
31. **You-zuo-fen-jiao** – den rechten und linken Fuß trennen.
32. **Zhuan-shen-deng-jiao** – Körperdrehung und Fußtritt.
33. **Lou-xi-yao-bu** – über das Knie streichen.
34. **Jin-bu-zai-chui** – Schritt vor und Schlag nach unten.
35. **Zhuan-shen, chui** – Körperdrehung und Fauststoß.
36. **Jin-bu, ban, lan-chui** – Schritt vor, umleiten, blockieren, Fauststoß.

2. Teil: Der Mensch (Ren)

37. **You-deng-jiao** – Fußtritt mit rechts.
38. **Da-hu** – den Tiger schlagen.
39. **Zhuan-shen-deng-jiao** – Körperdrehung und Fußtritt.
40. **Shuang-feng-gua-er** – die Ohren des Gegners angreifen.
41. **Zuo-deng-jiao, zhuan-shen, you-deng-jiao** – Stoß mit dem linken Fuß, Drehung und Stoß mit dem rechten Fuß.
42. **Zhuan-shen-you-deng-jiao** – Körperdrehung und Fußtritt mit rechts.
43. **Jin-bu, ban, lan, chui** – Schritt vor, umleiten, blockieren, Fauststoß.
44. **Ru-feng-si-bi** – die Hände zurückziehen und stoßen.
45. **Shizi-shou** – die Hände kreuzen.

3. Teil: Der Himmel (Tian)

46. **Bao-hu-gui-shan** – den Tiger in die Berge tragen.
47. **Dan-bian** – einfache Peitsche.
48. **Yema-fen-zong** – die Mähne des Wildpferdes teilen.
49. **Lan-que-wei** – den Vogel beim Schwanz packen.
50. **Dan-bian** – einfache Peitsche.
51. **Yunü-chuan-suo** – die schöne Dame mit dem Weberschiffchen.
52. **Lan-que-wei** – den Vogel am Schwanz packen.
53. **Dan-bian** – einfache Peitsche.
54. **Yun-shou** – Wolkenhände.
55. **Dan-bian** – einfache Peitsche.
56. **Dan-bian-xia-shi** – gehockte Peitsche.
57. **Jin-xiongji-li** – der goldene Hahn steht auf einem Bein.
58. **Dao-nian-hou** – mit Rückwärtsschritten den Affen vertreiben.
59. **Xie-fei-shi** – der schräge Flug.
60. **Ti-shou-shang-shi** – die Hände erheben und den Fuß setzen.
61. **Bai-he-liang-chi** – Der weiße Kranich breitet die Flügel aus.
62. **Lou-xi-yao-bu** – über das Knie streichen.
63. **Hai-di-zhen** – die Nadel auf dem Meeresboden.
64. **Shan-tong-bei** – den Fächer nach hinten führen.
65. **Zhuan-shen, bai-she-tu-xin** – Körperdrehung, die weiße Schlange streckt die Zunge heraus.
66. **Jin-bu, ban, lan, chui** – Schritt vor, umleiten, blockieren, Fauststoß.
67. **Lan-que-wei** – den Vogel beim Schwanz packen.
68. **Dan-bian** – einfache Peitsche.
69. **Yun-shou** – Wolkenhände.
70. **Dan-bian** – einfache Peitsche.
71. **Gao-tan-ma** – hoher Schlag aufs Pferd.
72. **Ying-mian-zhang** – die Handfläche trifft das Gesicht.
73. **Zhuan-shen-shizi-tui** – Körperdrehung und Beine überkreuzen.
74. **Lou-xi-yao-bu** – über das Knie streichen.
75. **Lan-que-wei** – den Vogel beim Schwanz packen.
76. **Dan-bian** – einfache Peitsche.
77. **Dan-bian-xia-shi** – gehockte Peitsche.

3. Teil: Der Himmel (Tian)

78. **Shang-bu qi-xing** – sich den sieben Sternen nähern.
79. **Tui-bu-kua-hu** – einen Schritt zurückschreiten und den Tiger reiten.
80. **Zhuan-shen-bai-lian-tui** – Körperdrehung und das Bein über den Lotos schwingen.
81. **Wan-gong-she-hu** – den Bogen spannen und auf den Tiger schießen.
82. **Jin-bu, ban, lan, chui** – Schritt vor, umleiten, blockieren, Fauststoß.
83. **Ru-feng-si-bi** – die Hände zurückziehen und stoßen.
84. **Shizi-shou** – die Hände kreuzen.
85. **Shou-shi** – Ende.

Yang Jian-Hou (1843–1917): Meister des →*Yang Tai-ji-quan*, jüngster Sohn von →Yang Lu-Chan. Er entwickelte den »Mittleren Rahmen« *(Zhong-jia)*.

Yang Jian-Hou

Yang Jian-Hou galt als sehr sensibel. Das harte Training, das sein Vater ihm auferlegte, bedrückte ihn so, daß er versuchte, von zu Hause auszureißen und Mönch zu werden. Doch der Versuch mißlang. Er galt aber als geschickter Kämpfer und hat einmal angeblich, nur mit einem Fächer bewaffnet, einen Schwertkämpfer besiegt. Es wird erzählt, daß er die Fähigkeit hatte, Vögel auf seine Hand zu locken und sie durch bloße Willenskraft am Wegfliegen zu hindern. Seine Spezialität waren Kampftechniken im Liegen. Yang Jian-Hou hatte zwei Söhne, von denen einer früh verstarb. Der andere, →YANG CHENG-FU, wurde ein bekannter Meister. Ein weiterer Schüler war XU YU-SHENG (1879–1945).

Yang Lu-Chan (1799–1872): auch *Fukui* genannt, Meister der chinesischen Kampfkünste. Er gründete den YANG-Stil des *Tai-ji-quan* (s. →*Yang Tai-ji-quan*) und unterrichtete ihn in Peking, wo er eine öffentlich zugängliche Schule betrieb. Sein Enkel →YANG CHENG-FU kodifizierte den Stil und machte daraus eine nichtkämpferisch orientierte Gymnastik.

Yang Lu-Chan wurde als Sohn eines Bauern in der Provinz Hebei geboren. Sein eigentlicher Name war Fukui. Bald nach seiner Geburt verarmte seine Familie, und er ging als Diener in das CHEN-Dorf. In der CHEN-Familie wurde *Tai-ji-quan* als geheime Kunst von Vater zu Sohn weitergegeben, und es wurden nur wenige Schüler unterrichtet. Yang Lu-Chan gelang es, nachts das Training zu beobachten und selbst heimlich zu üben. Als dies entdeckt wurde, gab CHEN CHANG-XING ihm etwas Geld und schickte ihn fort. Yang Lu-Chan kehrte zunächst in sein Heimatdorf in Hebei zurück, ging aber später nach Peking, wo er eine Schule gründete. Öffentlich unterrichtete er nur langsame und weiche Bewegungen, aber seinen Söhnen YANG BAN-HOU und YANG JIAN-HOU brachte er auch den Zweikampf bei. Die Kampfkunst an sich wurde geheimgehalten und nur sehr wenigen vermittelt.

Zu seinem Familiennamen erhielt Yang Lu-Chan später den Namen »YANG« (anderes Schriftzeichen, andere Betonung), was soviel bedeutet wie »der Unbesiegbare«. Aus der ursprünglichen Form behielt er nur einen Teil der Techniken und gründete den YANG-Stil (→*Yang Tai-ji-quan*).

Yang Ming-Shi: chinesischer Meister des *Tai-ji-quan* und *Karate* (6. Dan) aus der YANG-Familie, der die →*Peking-Form* in Japan einführte (s. Abb. rechte Spalte).

In Japan wurde des Meister unter dem Namen YO MEIJI bekannt. Er unterrichtete u. a. →KANAZAWA HIROKAZU und →ÔTSUKA TADAHIKO (s. auch *Gôjûkensha*). Sein *Tai-ji-quan* wurde vom *Karate* stark beeinflußt.

Yang Shao-Hou (1862–1929): Meister des *Yang Tai-ji-quan*, ältester Sohn von → YANG JIAN-HOU (s. Abb. rechte Spalte).

Yang Ming-Shi

Yang Shao-Hou

Yang Shao-Hou begann das Training schon im Alter von 6 Jahren, hatte gute Techniken und war als Raufbold mit einem schlechten Charakter bekannt. Seine Bewegungen waren klein, hart, schnell und verwurzelt. Er war Meister des freien Kampfes und ein furchteinflößender Gegner. *Tai-ji-quan* lernte er hauptsächlich von seinem Onkel →YANG BAN-HOU. Als Meister fand er nur wenig Schüler, da er im Training oft schwer verletzte. Sein Hang zur Gewalt verwickelte ihn in viele Kämpfe. 1929 beging er in Nanking Selbstmord. Er hatte einen Sohn, YANG ZHEN-SHENG, der die Tradition des *Yang Tai-ji-quan* fortsetzte.

Yang-shen (chin.): innerhalb der →*Yang-xing* klassifizierte Übungen, die den »Geist nähren«. Dazu gehören die religiösen daoistischen Praktiken der Meditation.

Bei dieser Form konzentriert man die Aufmerksamkeit auf die sogenannten »Körpergottheiten«, so daß man sie in der Phantasie erscheinen lassen kann. Durch konzentrierte Sammlung bewacht man sie und hindert sie daran, den Körper zu verlassen. Verbindet man diese Meditation mit →*Yang-sheng*, erreicht man nach daoistischer Auffassung Unsterblichkeit.

Yang-sheng (chin.): innerhalb der →*Yang-xing* klassifizierte Übungen, die den »Körper nähren«. Dazu zählen die verschiedenen daoistischen Atemübungen (s. →Chinesische Atmungsmethoden) sowie die verschiedenen chinesischen Körperübungen (auch *Quan-fa*) und sexuelle Praktiken (→*Fang-zhong-shu*).

Yang Shou-Zhong (1910–1985): Meister des *Tai-ji-quan* und Vertreter des YANG-Stils (→*Yang Tai-ji-quan*).

Yang gründete 1971 die ITCCA (*International Tai Chi Chuan Association*). Er war einer der führenden Meister des YANG-Stils, war aber recht unbekannt, da er die Öffentlichkeit mied. Er hatte nur drei Hauptschüler.

Yang Shou-Zhong

Yang Tai-ji-quan (chin.): Stilrichtung des →*Tai-ji-quan*, gegründet von →YANG LU-CHAN, der das *Tai-ji-quan* bei der CHEN-Familie gelernt hatte. Er unterrichtete als erster Meister das *Tai-ji-quan* öffentlich in Beijing (Peking). Seine beiden Söhne, → YANG BAN-HOU und →YANG JIAN-HOU, verbreiteten es weiter. Sein Enkel, →YANG CHENG-FU, veränderte den Stil und war maßgebend für die Verbreitung.

Zu dieser Zeit hatte sich der Hauptschwerpunkt von der Kampfkunst auf die Gesundheitsgymnastik verschoben.

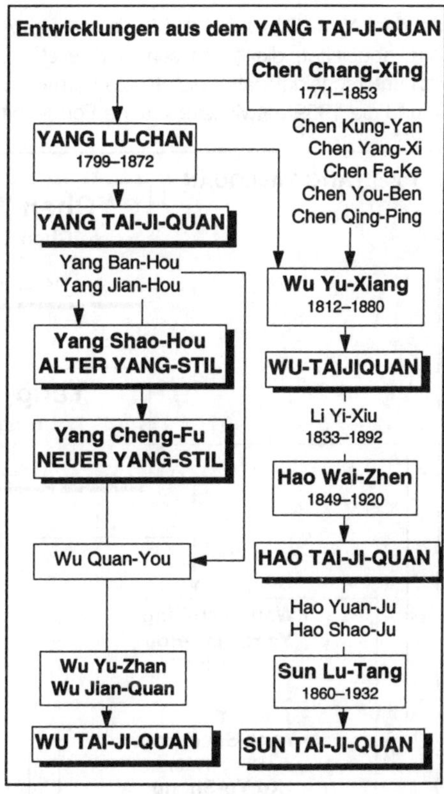

Die Essenz des *Yang Tai-ji-quan* läßt sich durch zwei Begriffe definieren:

- **Sinken** – den Oberkörper entspannen und die Konzentration auf den Unterbauch legen.
- **Entspannen** – Körper und Geist so entspannen, daß das *Qi* in den Akupunkturmeridianen ungehindert fließen kann.

Besondere Merkmale des heutigen YANG-Stils sind die gleichmäßig langsamen Bewegungen, doch durch die große Popularität bilden sich immer mehr Bewegungsunterschiede im Stil. Die alte YANG-Form hat 108 Bewegungen und ist noch stärker kampforientiert. Sie wird heute relativ häufig auf Taiwan geübt. Die gekürzte und veränderte Form von →YANG CHENG-FU hat 85 Bewegungen. Yang Cheng-Fu stand unter starkem Druck, da das *Tai-ji-quan*, wie die meisten Kampfkünste jener Zeit, sehr unpopulär wurden. Damals orientierte sich China stark an Europa, deshalb sahen sich mehrere Meister gezwungen, ihre Kampfkunst als Gesundheitssystem zu etablieren.

Aus dem YANG-Stil wurde 1956 die →*Peking-Form* abgeleitet, die heute sehr verbreitet ist. Man unterscheidet dabei die »Kurze Form« mit 24 und die 1959 entwickelte »Lange Form« mit 88 Bewegungen. 1989 wurden innerhalb des chinesischen *Wu-shu*-Verbandes neue *Tai-ji-quan*-Wettkampfformen gegründet. YANG ZHEN-DUO stellte dazu eine Verkürzung und Vereinfachung der Form von 85 auf 40 Bewegungen zusammen.

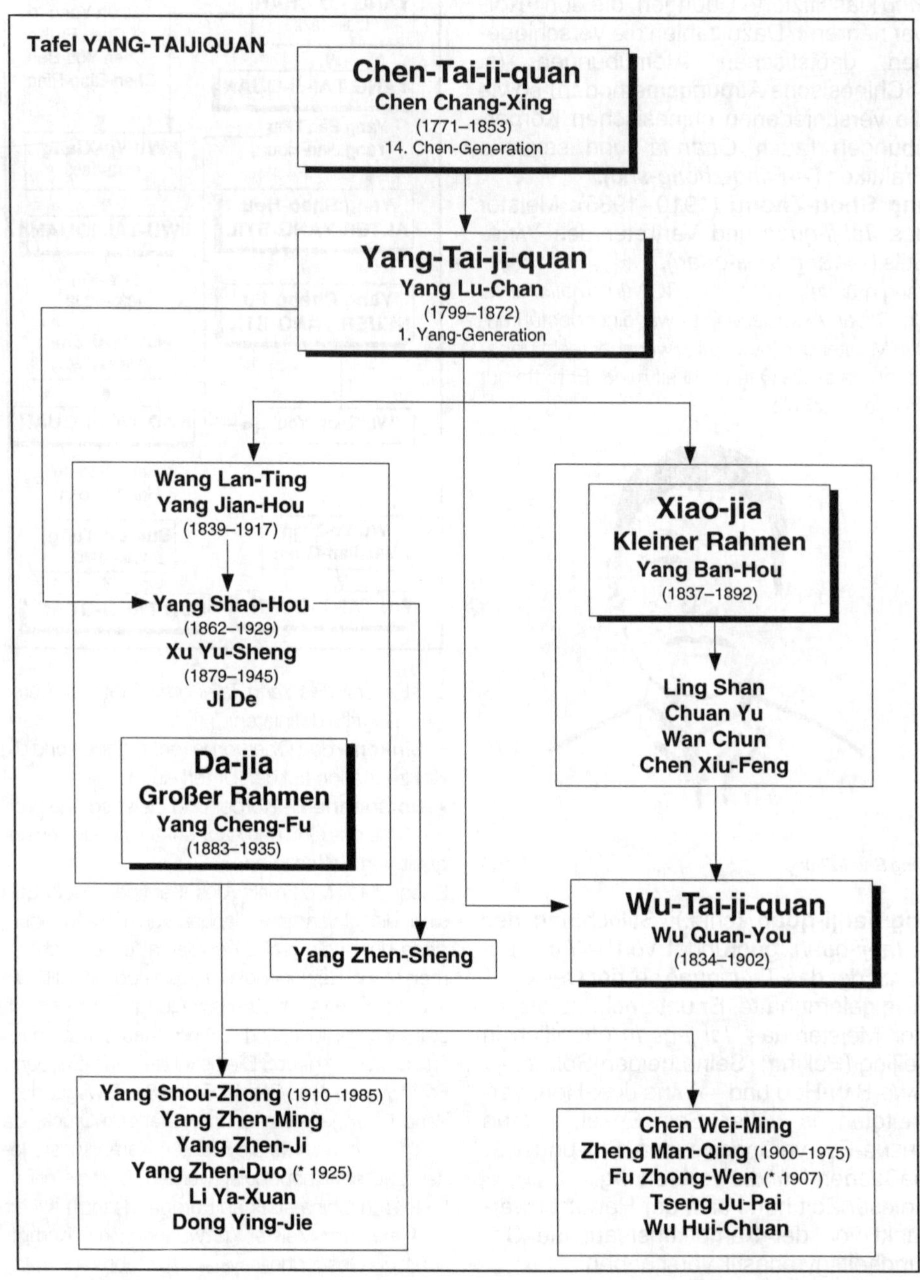

Yang-xing (chin.): auch *Yang-hsing*, wörtlich: »das Lebensprinzip nähren«, alter Begriff für →*Qi-gong*. Früherer Sammelbegriff für alle in den religiös-daoistischen Schulen (→*Dao-jiao*) ausgeübten Übungen, die ursprünglich der Erlangung von Unsterblichkeit (→*Chang-sheng-bu-si*) und der Lebensverlängerung dienen sollten.

Der Begriff *Qi-gong* wird in China erst seit den 50er Jahren verwendet. Früher bezeichnete man diese Übungen als *Yang-xing* und unterteilte sie in *Yang-sheng* und *Yang-shen*.

Zu *Yang-xing* zählt man alle Praktiken, die den Körper nähren (→*Yang-sheng*), und jene, die den Geist nähren (→*Yang-shen*). Der philosophische Daoismus (→*Dao-jia*) räumte diesen Übungen (*Yang-sheng* und *Yang-shen*) jedoch keine gleichbedeutende Rolle ein und betonte in einem stärkeren Maß die meditativen Praktiken *(Yang-shen)*. Viele Übungen, die unter *Yang-xing* zusammengefaßt werden, fließen in die spätere daoistisch-buddhistische Auffassung von →*Qi-gong* ein. In ihnen liegt auch der Ursprung der Kampfkünste (s. →*Quan-fa*).

Yang Zhen-Dou (* 1925): dritter Sohn von →Yang Cheng-Fu, heutiger offizieller Vertreter des *Yang Tai-ji-quan*.

Yansu (jap.): wörtlich: »sauber halten«, höhere *Karate-Kata* aus der *Shôrei*-Schule.

Die Bezeichnung steht für die Reinheit der eigenen Prinzipien und Ideale. Auf dem Weg des *Budô* gibt es den Grundsatz, der besagt, daß diese Prinzipien niemals zugunsten anderer Vorteile verraten werden dürfen. Dies gilt als die größte Schande und als unwiderrufliche Beschmutzung der eigenen Ehre.

Yan-xi (chin.): auch *Yen-ch'i*, daoistische Atemmethode (s. →Chinesische Atmungsmethoden), wörtlich: »den Atem schlukken«.

Diese Atmung hängt mit der Embryonalatmung (→*Tai-xi*) zusammen. Nach chinesischer Vorstellung folgt das körpereigene →*Nei-qi* dem aus der Luft stammenden →*Wai-qi* bei der Ausatmung und schwächt den Körper. Der Atem, der dabei geschluckt wird, ist das »innere *Qi*« *(Nei-qi)*, das dem »äußeren *Qi*« *(Wai-qi)* in der Ausatmung folgt. Doch das innere *Qi* darf nicht entweichen, da ansonsten Krankheiten folgen. Daher schließt der Übende, nachdem der Atem den Mund verlassen hat, schnell den Mund und schluckt das innere *Qi* mit dem Speichel hinunter. Er führt es dann in den »Ozean des Atems« *(Qi-hai)* zurück. Nach dreimaligem Schlucken des Atems ist das *Qi* wieder gefüllt.

Yao (chin.): Medizin, Heilmittel, Kräutermedizin (allgemein), *Zhong-yao* bezeichnet die chinesischen Heilmittel (s. →*Cao-yao*, →*Ginseng*).

Yara Chatan (1760–?): einer der ersten okinawanischen Kampfkunstexperten. Yara Chatan wurde 1760 in Chatan auf Okinawa geboren. 1772 fuhr er nach Foochow, Provinz Fukien (China), um dort unter Wong Chung-Yoh die Kunst des *Quan-fa* (*Xing-yi* und *Qi-gòng*) zu studieren. Außerdem erhielt er Unterricht in der Kunst des *Bô* und des chinesischen Schmetterlingsmessers. Er blieb 20 Jahre in China.

Als er nach Okinawa zurückkehrte, fand er sein Land in mißlichen Zuständen. Okinawa war ein Lehen Chinas und gleichzeitig von dem japanischen *Satsuma*-Clan besetzt. Es gab viele japanische *Samurai*, die plündernd umherzogen und den Okinawanern großen Schaden zufügten.

Yara beschloß, die Einwohner seines Dorfes in seiner Kampfkunst zu unterrichten, doch die überarbeiteten Menschen hielten das Training nicht durch, und bald hatte er keine Schüler mehr. Obwohl er nie mehr eine Schule eröffnete, zählt Yara zu den bedeutendsten Meistern der frühen okinawanischen Kampfkunst. Er gilt als der erste, der in der Kampfkunst das Prinzip des inneren Gleichgewichts lehrte, und war damit der Begründer des Konzeptes der »inneren Stärke« *(Ki)*, das nach ihm von Meister Higashionna und Miyagi im →*Naha-te* verbreitet wurde. Die okinawanischen Begriffe →*Reimyo-Tôde* und *Shimpi-Tôde* stammen aus seiner Zeit.

Yara hielt sich in seinem weiteren Leben vom Kampfkunstgeschehen Okinawas fern. Er war nicht nur einer der ersten, sondern auch einer der großen Kampfkunstmeister Okinawas, doch auf ihn trifft am besten die Bezeichnung *Kage-deshi* (Schüler im Schatten) zu. Er war der offizielle Nachfolger *(Uchi-deshi)* von →Kûshankû, der auch Sakugawa unterrichtete. Über Yara verbreitete sich die ursprüngliche *Kûshankû*-Kata *(Chatan-*

yara no Kûshankû), die später hauptsächlich über →KYAN CHÔTOKU überliefert wurde. Sein weiteres Leben ist in Geheimnisse gehüllt. Das einzig konkret Überlieferte sind drei Kata: *Chatanyara no Tonfa (Yara Guwa)*, *Chatanyara no Kon* und *Chatanyara no Sai*.
Nach der Meinung vieler Experten sind diese *Kata* einzigartig, da sie Bewegungen und Kampftechniken enthalten, die entgegen den üblichen Methoden des okinawanischen *Kobudô* die Entscheidung im Kampf nicht mit der Waffe, sondern mit der bloßen Hand bevorzugen. Die Kampfkunst Yaras überlieferte sich in seiner Familie bis zu seinem Abkömmling YARA aus dem Dorf Yomitan.

Yara Yomitan: Abkömmling und Nachfolger von YARA CHATAN aus dem Dorf Yomitan. Yara aus Yomitan gewann Bedeutung, nachdem er einige *Kata* ins *Tomari-te* übertragen hatte (s. →KYAN CHÔTOKU).

Yari (jap.): Speer (chin. *Qiang*). Wurf- und Stichwaffe der *Samurai* (s. →*Sôjutsu*), heute im japanischen *Kobudô* klassifiziert.

Verschiedene Speerspitzen

Der japanische Speer wurde bereits früh aus China in Japan eingeführt (s. →*Qiang*), ebenso wie die *Naginata*, die eine Ableitung des chinesischen langschaftigen Breitschwertes (→*Taidao*) ist. Er war eine der Hauptwaffen der Fußsoldaten *(Ashigaru)*. Der Speer war 2–2,5 m lang und hatte an einem Ende eine spitze Klinge. Eine der ersten bekannten Schulen des *Yari* war die des 1488 verstorbenen →ILZASA CHÔISAI (s. auch →*Katori-Shintô-ryû*), deren Tradition sich bis heute erhalten hat. Eine andere berühmte Speerschule entstand im →*Hôzoin*-Tempel unter der Leitung von GAKUZENBÔ INYE, der das →*Hôzoin-ryû* gründete, deren Tradition als berühmteste Speerschule Japans von TAKATA MATABEI YOSHITSUGU (1590–1671) fortgesetzt wurde.
Der Speer erscheint außer in seiner üblichen Form noch als *Maga-Yari* (Kreuzklinge) und als *Kama-Yari* (Sichelklinge). Die Kreuzklinge wurde von Gakuzenbô Inye erfunden und besonders im *Hôzoin-ryû* verwendet. Weitere Erläuterungen s. unter →*Sôjutsu* (Speertechnik).

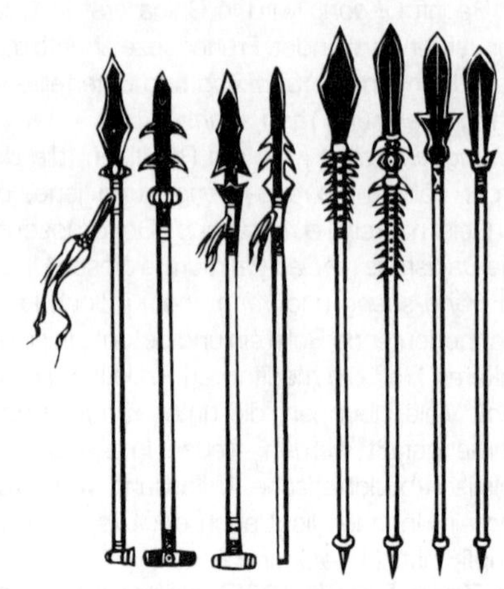
Verschiedene Speertypen aus China

Yaridama (jap.): »einen Ball aufspießen« (*Yari* = Speer). Wurftechnik aus dem okinawanischen Karate (s. →*Nage-waza*), in der Kata *Empi* gelehrt. Es gibt mehrere Varianten dieser Technik.

Yarijutsu (jap.): Kampfkunst mit der Lanze (→*Yari*). Die ersten traditionellen Schulen, die das *Yarijutsu* lehrten, waren *Tenshin Shôden Katori Shintô-ryû* und *Hôzôin-ryû*.

Yasume (jap.): entspannen, ausruhen, ruhen lassen (auch *Kyû, Yasumaru, Yasumeru, Yasumu*). Kommando für »Pause« im Training der Kampfkünste. *Kyûjitsu* – Feiertag, *Hitoyasumi* – kurze Pause, *Nakayasumi* – Pause.

Yasuri: okinawanischer *Tôde*-Meister der ersten Generation, von dem nur bekannt ist, daß er ein Schüler von →IWA war. Iwa beeinflußte in einem entscheidenden Maß das *Shuri-te*. Über Yasuris Wirken ist nichts weiter bekannt.

Yawara (jap.): früher Begriff für →*Jûjutsu*, alte Kampfmethode der *Samurai* mit bloßen Händen aus der Edo-Zeit.

Klassische Darstellung alter Yawara-Kämpfer

Der Begriff soll von SEKIGUCHI JUSHIN HACHIROEMON MINAMOTO NO SONECHIKA (1647–1711), dem Gründer des →*Sekiguchi-ryû*, erstmals verwendet worden sein. Er wurde zu Beginn des 17. Jhs. für die bestehenden Kampfmethoden →*Kumi-uchi* und →*Jûjutsu* gebraucht, die wiederum vom → *Sumô* abgeleitet und vom chinesischen → *Kempô* beeinflußt wurden. Die Bezeichnung wurde auch von →IIZASA CHÔISAI IENAO (*Yawara-gi*) und →HASEGAWA EISHIN (s. auch →*Jûjutsu*) gebraucht. Yawara ist eine andere Lesart für die Schriftzeichen, die man heute für *Jûjutsu* gebraucht, aus dem →JIGORÔ KANÔ das →*Jûdô* entwickelte.

Yawara-riki (jap.): siehe *Muteki-ryû.*

Yawara-Stock (jap.): asiatische Faustwaffe, die der Verstärkung der Wirkungen in den Angriffen und Kontern dient (s. dazu →*Chizekun-bô*).

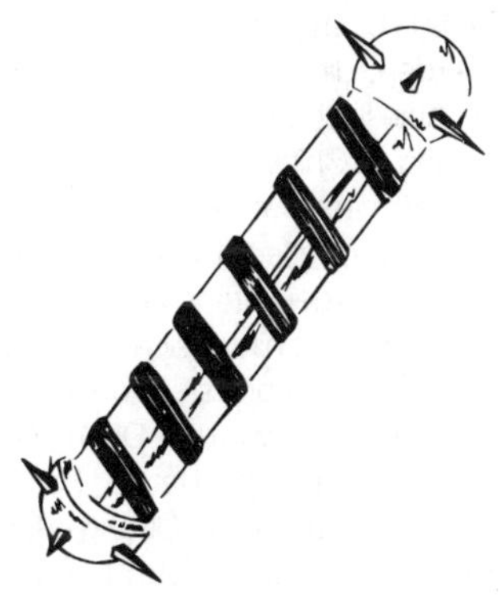

Yawara-Stock

Yazuka (jap.): Begriff aus dem japanischen Bogenschießen (s. →*Kyûdô*).

Yazuka bezeichnet das individuelle Bestimmen der Pfeillänge. Wenn der Bogenschütze seinen Arm zur Seite ausstreckt, soll der Pfeilschaft (ohne Spitze) von der Mitte des Brustbeins bis zu den Fingerspitzen reichen.

Yefu no Tachi (jap.): Schwerter, die den kaiserlichen Wachen und bestimmten hochrangigen Adeligen vorbehalten waren (s. →*Ken* und →*Karada*).

Yi[1] (chin.): alter chinesische Begriff für »Barbaren«, der alle Nicht-Chinesen, aber vor allem die im Norden und Osten angrenzenden Völker meint.

Yi[2] (chin.): Verstand, Wille.

Yi[3] (chin.): Rechtschaffenheit, Redlichkeit, Bereitschaft, Gutes zu tun, ohne Anspruch auf Lohn oder Lob. Der Begriff wird oft auch mit »Tun des Richtigen« übersetzt.

In der chinesischen Morallehre ist es der am wenigsten präzisierte Begriff, denn oft wird er noch mit Pflicht, Schicklichkeit, Gerechtigkeit in verschiedenen Zusammenhängen verwendet.

Yi[4] (chin.): auch *I,* die Zahl »1«. Die Eins hat viele Bedeutungen und kommt in vielen Zusammensetzungen vor.

Nach chinesischer Auffassung war am Anfang die Einheit (→*Tai-ji*), aus der →*Yin* und →*Yang* entstanden, aus denen wiederum die fünf Wandlungsphasen (→*Wu-xing*) hervorgingen, die die zehntausend Dinge (→*Wan-wu*) hervorbrachten. Die »1« stellt die Ungeschiedenheit und Vollkommenheit dar.

Yi-jia (chin.): Schule der Medizin (s. →*Qigong*).

Yi-jing (chin.): auch *I-Ging* oder *Zhou-yi*, chinesisches »Buch der Wandlungen«. Weisheits- und Orakelbuch, das als Grundlage des asiatischen Denkens die Philosophie (Konfuzianismus, Daoismus und Buddhismus) stark beeinflußt hat (s. →*Dao,* →*Yin/Yang,* →*Qi*).

GESCHICHTE

Das »Buch der Wandlungen« ist das älteste und zugleich angesehenste der fünf wichtigen klassischen Bücher Chinas (s. →*Jing*).

Nach einer Legende verglich →Fu Xi, der Herrscher der chinesischen Urzeit, die Wechselwirkungen zwischen Himmel und Erde und entdeckte in allen Dingen die Prinzipien von acht Urkräften. Diese drückte er in Form von Trigrammen (→*Ba-gua*) aus. Sie sollten den Menschen helfen, sich mit der Ordnung und den Gesetzen des Universums in Einklang zu bringen.

Schon während der Shang-Dynastei (1500–1000 v. Chr.) waren Orakelbefragungen üblich. Die acht Trigramme waren bereits bekannt. Man ritzte die Fragen auf die Bauchplatte eines Schildkrötenpanzers (s. →*Gui*) und warf diese dann ins Feuer. Aus den entstandenen Rissen wurde die Antwort herausinterpretiert. Schon damals waren bei ärmeren Leuten die Schafgarbenorakel üblich. 1000 v. Chr. wurde die Shang-Dynastie gestürzt und die frühe Zhou-Dynastie (1000–771 v. Chr.) begann. König →Wen Wang fügte die Trigramme zu Hexagrammen zusammen und erläuterte sie kurz (»*Tuan*« – »Urteile«). Später hat sein Sohn Zhou Kong die Texte den Linien beigefügt.

Heute ist unklar, wann das »*Yi-jing*« wirklich entstand. Neben der durch die Legende bekannten Zeit wird auch das 8./7. Jh. v. Chr. vermutet. Spätere Ergänzungen und Kommentare (die »Zehn Flügel«) stammen aus der Zeit von Konfuzius. Das *Yin/Yang*-Prinzip wurde erst im Laufe der Jahrhunderte mit eingebunden.

Dem Buch zugrunde liegen 64 Orakelzeichen (Hexagramme), die sich vermutlich im 2. Jtsd. v. Chr. entwickelten, jedoch zwischen 403 v. Chr. und 219 n. Chr. von Konfuzius kommentiert und interpretiert wurden. Diese Kommentare sind als die »Zehn Flügel« *(»Shi-yi«)* bekannt und bereichern das »*Yi-jing*« um moralische Aspekte. Der letzte Text des Orakelbuchs stammt wahrscheinlich aus späterer Zeit. Das erste schriftliche Zeugnis erschien unter dem Titel »*Zhou-yi*« (»Wandlungen der Zhou«) 672 v. Chr.

INHALT

Das »Buch der Wandlungen« basiert auf der Vorstellung zweier polarer Kräfte, die durch ihre Aktivität alle Dinge erschaffen. Anfangs wurden sie einfach als das Helle und das Dunkle, später im →Daoismus als →*Yin* und →*Yang* bezeichnet. Die Interaktion von *Yin* und *Yang* erzeugt den Wandel (→*Yi*), der als die Bewegung des *Dao* zu verstehen ist. Dies ist zugleich die zentrale Aussage des »*Yi-jing*«. Sie basiert auf der Erkenntnis, daß die Wirklichkeit in ihrem Wesen nicht starr, sondern in ewiger Veränderung begriffen ist und daß jedes Streben nach Dauer und Beständigkeit eine vom Intellekt hervorgerufene Illusion ist. Diese Philosphie ist die Grundlage allen asiatischen Denkens und wird in den Bewegungskünsten des Ostens (s. →*Qi-gong,* →*Xing-yi,* →*Ba-gua* und →*Tai-ji-quan*) in praktische Körpererfahrungen umgesetzt und ausgedrückt. Obwohl sich der Text eingehend mit dem *Dao* befaßt, wird es nicht namentlich genannt. Die Kommentare allerdings verwenden häufig den Begriff *Dao*. Das zeigt, daß in der Entstehungszeit des »*Yi-jing*« der Begriff *Dao* noch nicht benutzt wurde, aber die Idee schon existierte. Der Begriff dafür wurde erst später gefunden.

Das Grundgerüst des »*Yi-jing*« bilden die acht Trigramme (→*Ba-gua*), die eine bedeutende Rolle spielen und jeweils aus einer Kombination von gebrochenen und ungebrochenen Linien bestehen. Durch die Kombination von jeweils zwei Trigrammen entstehen die 64 Hexagramme *(Gua-ci)*. Das »*Yi-jing*« wurde hauptsächlich als Wahrsagebuch benutzt, besonders von den daoistischen Vertretern (s. →*Fang-shi*). Die Antworten umfassen den politischen und sozialen Bereich.

YI-JING ALS ORAKEL

Man überlegt sich eine Frage, die sprachlich und auch gedanklich gut formuliert werden muß (kein »Entweder-Oder«). Danach wirft man Schafgarbenstengel, die dann auf ein Hexagramm deuten, das die Antwort enthält. Sie ist aber nicht identisch mit dem Vers, sondern wird intuitiv davon abgeleitet. Dafür gibt es keine logischen Regeln. Für Europäer ist das besonders schwer, da einfache Begriffe in blumigen Umschreibungen ausgedrückt werden, die ohne beträchtliches Wissen über die chinesische Kultur und Literatur unverständlich sind. In China sind diese Orakel sehr beliebt und verbreitet, werden aber selbst dort oft nicht richtig interpretiert. Die echten Meister haben lange Jahre der intensiven kontemplativen Beschäftigung damit hinter sich und kommen oft auf erstaunliche Ergebnisse, die meist im täglichen Leben bewiesen werden. Die *Yi-jing*-Meister arbeiten immer in einer meditativen Form mit dem »*Yi-jing*«, die lange Jahre der Übung erfordert.

Yi-jin-jing (chin.): das »Buch der leichten Muskeln«, ein zweibändiges Werk von → Bodhidharma, der es im 6. Jh. n. Chr. verfaßt haben soll. Es enthält langsame Übungen zur Lockerung und Gesunderhaltung der *Shaolin*-Mönche.

Die Techniken, kombiniert mit Atmung und *Qi*-Lenkung, bilden auch die Basis für verschiedene Kampfkünste. Der zweite Teil der Übungen enthält »stilles *Qi-gong*« (s. →*Jing-gong*) aus der daoistischen Meditation, zusammengesetzt aus dem »kleinen Kreislauf« (→*Da-zhou-tian*) und dem »großen Kreislauf« (→*Xiao-zhou-tian*). Diese bilden den nötigen esoterischen und psychologischen Hintergrund der Bewegungen. Bewegung und Esoterik zusammen enthalten besondere Methoden der Pflege von Gesundheit und zum Erreichen von Langlebigkeit, Stärke und Erleuchtung. Im 8. Jh. wurde das Werk ins Chinesische übertragen, ging jedoch später verloren und wurde über Jahrhunderte hinweg nur mündlich weitergegeben. 1859 veröffentlichte die Familie WANG erneut eine schriftliche Version, die zu großer Bekanntheit gelangte. In ihr werden 12 Übungen dargestellt, die hier im Original wiedergegeben sind:

1. Richte dich im Stehen gerade auf, die zusammengelegten Hände umfassen den Brustkorb. Die Atmung ist ruhig, die Aufmerksamkeit konzentriert, das Herz ist rein und das Benehmen würdevoll.

2. Die Zehen liegen fest auf dem Boden, beide Arme müssen in Schulterhöhe hochgehoben werden. Das Herz (Geist) ist ruhig, die Atemzüge sind lautlos, die Augen müssen auf einen bestimmten Punkt fixiert sein, und die Mundhaltung ist natürlich.

3. Die Handteller sind himmelwärts hochgehoben und die Augen aufwärts gerichtet. Die Zehenspitzen stehen fest auf dem Boden, so zirkuliert die Energie in den Beinen und Rippen genauso wie in den Pflanzen. Zähne und Mund sind geschlossen. Entsteht Speichel, so hebe diesen mit der Zunge zum Gaumen hinauf. Die Atmung geht durch die Nase. Sobald du die geistige Ruhe spürst, ziehe beide Hände langsam zurück in die ursprüngliche Haltung. Begleite die Bewegung mit Aufmerksamkeit, presse die Hände an und verfolge den Vorgang wachsam.

4. Hebe mit abwärts gerichtetem Handteller einen Arm hoch und wende den Kopf auch in diese Richtung. Betrachte aufmerksam und mit beiden Augen die innere Seite des Arms. Durch die Nase einatmend, reguliere ständig die Atmung. Dann

wiederhole die Übung abwechselnd mit dem linken und dem rechten Arm.

5. Strecke ein Bein rückwärts aus und beuge das Knie des anderen Beins nach vorn. Der Unterleib ist leer und ruhig und mit Energie gefüllt. Die Aufmerksamkeit ruht auf den Schultern, und beide Augen müssen die Faust verfolgen.

6. Stehe aufrecht, blicke mit zusammengezogenen Brauen und schiebe beide Hände nach vorn. Dann ziehe die Hände wieder zurück. Diese Übung ist vollkommen, wenn sie siebenmal wiederholt wird.

7. Biege den Arm seitlich des Kopfes ein und umfasse den Kopf und das Ohr. Dann ziehe den Arm zurück, aber nicht mit unangenehmer Heftigkeit. Wiederhole die Übung abwechselnd mit dem linken und dem rechten Arm. Der Körper steht gerade, und die Atmung ist ruhig.

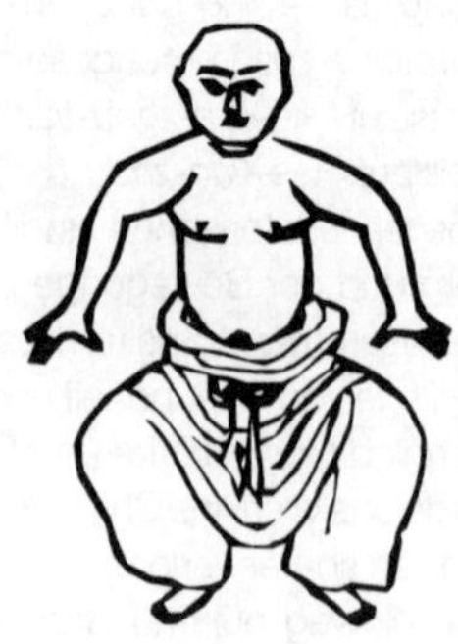

8. Hebe die Zungenspitzen zum Gaumen, öffne die Augen weit und konzentriere dich aufmerksam auf die Zähne. Die Knie stehen voneinander entfernt, sägeförmig gebogen, und die Handhaltung ist so, als ob man etwas anfassen möchte. Dann wende die Handteller aufwärts, als ob diese mit tausend Pfund belastet wären. Die Augen sind geöffnet, und der Mund ist geschlossen. Atme durch den Mund aus und durch die Nase ein. Bei dieser Übung darf man sich nicht seitwärts beugen.

9. Der grüne Drache spürt seine Krallen, die rechte Kralle ausstreckend und die linke ihnen nachziehend. Wenn die Übenden [des religiösen Weges] (diese Haltung) nachmachen, dann müssen sie ihre ausgestreckte Hand gerade halten und richtig atmen. So zirkuliert die Energie durch die Schultern und den Rücken und zieht sich bis zu den Knien hinunter. Die Augen sind ebenfalls

(auf die vorgestreckte Hand) gerichtet, die Atmung ist reguliert, und der Geist bleibt ruhig (friedlich).

10. Beide Beine getrennt, hocke dich nach vorn geneigt nieder. Diese Haltung ähnelt der »Pfeil- und-Bogen-Haltung«. Der Kopf ist hochgehoben und der Brustkorb nach vorn gerichtet. Den Rücken und die Lenden hält man gerade und eben, dabei muß man gleichmäßig die ausströmende und eindringende Luft durch die Nasenlöcher regulieren. Die Fingerspitzen liegen auf dem Boden, und man stützt sich auf die Arme, als wenn der »Unsterbliche den Drachen bezwingt und den Tiger zum Gehorsam bekehrt«. Die Aneignung der richtigen Form ist auch aus gesundheitlichen Gründen vorteilhaft.

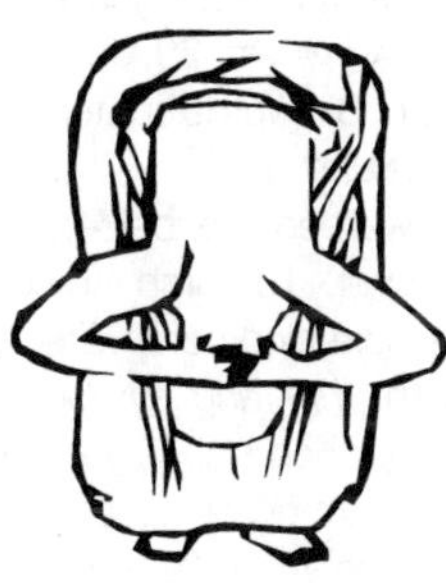

11. Halte beide Hände auf dem Genick fest zusammen, beuge dich nach vorn, so daß der Kopf zwischen den Knien bis zu den Unterschenkeln hinabreicht. Den Mund und die Zähne halte geschlossen. Dann bedecke die Ohren und führe die »Himmlischer-Trommelschlag-Übung« aus. Reguliere die Ur-Energie (Ur-Atmung) einfach ohne besondere Kraftanwendung. Die Zungenspitze führe zum Gaumen, die Aufmerksamkeit muß auf den beiden gekrümmten Ellenbogen ruhen.

12. Die Beine halte gerade, die Hüftgegend wird nach vorn gebeugt, die Hände werden bis zum Boden vorgeschoben. Man blickt mit nach vorn gerichteten Augen und mit aufgehobenem Kopf. Die Aufmerksamkeit ist auf einen einzigen Gegenstand gerichtet. Nach dem Aufrichten stampfe einundzwanzigmal mit dem Fuß und strecke (entspanne) die Hände siebenmal aus. Diese (Vorschrift) behalte fest im Gedächtnis.

Danach kann man noch die »sitzende Übung« (→*Jing-zuo*) ausführen, mit gekreuzten Beinen und herabgelassenen Augenlidern. Die Anweisung dieser Übung erläutert sich aus dem Herzen. Die Atemregulierung geschieht durch die Nase. Dann entstehen Sammlung und Ruhe.

Yi-King-Do: Kampfkunst, gegründet 1979 in Frankreich von THANH LE-THAI (*1951), als Kombination zwischen *Shôtôkan, Quanfa* und *Taekwondo*.

Yin (chin.): das negative, weibliche, ruhende, empfangende, passive Prinzip der asiatischen Philosophie (s. →*Yin/Yang*, →*Dao*).

Ying-gong (chin.): »hartes *Qi-gong*«, mehrere Arten der Übung, die in den Schulen der Selbstverteidigung eingesetzt werden, um körperliche und technische Fähigkeiten für den Kampf heranzubilden.

Diese Form des *Qi-gong* steht in direkter Verbindung mit den Kampfkünsten und wurde früher in nahezu allen klassischen Schulen des *Quan-fa* geübt. Man versprach sich davon die Unverletzbarkeit des eigenen Körpers. Die einfachsten Methoden begannen damit, daß man Fauststöße des Gegners mit dem Körper auffing. Komplizierte Formen versuchten mit Psychotraining und Autosuggestion sogar Angriffe mit Waffen zu neutralisieren. Diese *Qi-gong*-Formen werden heute noch gern bei Demonstrationen vorgeführt. Die bekanntesten klassischen Methoden sind:

Chinesisches und japanisches YIn/Yang-Zeichen

FORMEN DES YING-GONG

1. **Tie-bu-shan**: Eisenhemd-Qi-gong.
2. **Jin-zhong-zhao**: Qi-gong der goldenen Glockenhaube.
3. **Shaolin Qi-gong**: Qi-gong des buddhistischen Heiligtums Shaolin.
4. **Jin-gang Qi-gong**: Abhärtung durch Atmung.

Yim Wing-Chun: chinesische Begründerin des →*Wing-chun*, Schülerin von NG MUI, einer Vertreterin des *Shaolin Quan-fa*.

Yim Wing-Chun studierte das *Shaolin Kung-fu (Shaolin-Quan-fa)* unter der Leitung der Nonne Ng-Mui. Nach dem Tod von Yim Wing-Chun führte ihr Mann LEUNG BOK-CHAU den Stil weiter und übertrug ihn auf LEUNG LAN-KWAI, der seinerseits WONG WAH-BO unterrichtete (s. Tafel → *Hung-gar*). Dieser verband seine Lehre mit der von LEUNG YEE-TEI, einem Schüler von CHI SHIN-SIM, und unterrichtete danach Dr. LEUNG JAN, womit die Tradition des →*Wing-chun* begann.

Yin/Yang: philosophischer Begriff aus der chinesischen Weltanschauung. Er wurde später bei den meisten asiatischen Völkern zum zentralen Lebensgesetz.

ALLGEMEIN

Das Zeichen für *Yang* stellt die sonnenbeschienene Seite eines Berges dar, während *Yin* die schattige Seite ist. Das zeigt die Untrennbarkeit von *Yin/Yang* und die Wechselwirkung. Durch das Wechselspiel entsteht das gesamte Universum. *Yin/Yang* sind die Erscheinungen des →*Dao* oder des →*Tai-ji*. Ihre konkreten Erscheinungen sind der Himmel *(Yang)* und die Erde

Yin/Yang-Symbol mit Tai-ji-quan-Technik.

(Yin). Aus *Yin* und *Yang* sind die fünf Wandlungsphasen (→*Wu-xing*) entstanden, und aus diesen sind alle anderen Dinge hervorgegangen.

Ursprünglich soll die *Yin/Yang*-Philosophie von dem sagenhaften chinesischen Kaiser →FU XI (FU HSI, auch T'AI HAO) im 29. Jh. v. Chr. begründet worden sein. Sie wurde später hauptsächlich im Daoismus gelehrt.

Mit *Yin/Yang* werden die beiden Urkräfte des →*Dao* bezeichnet, die durch ihr ineinandergreifendes Wirken die sichtbaren Erscheinungsformen verändern. *Yin/Yang* symbolisiert die gegensätzlichen, jedoch sich jeweils ergänzenden Pole allen Seins. Im ewigen Wechselspiel dieser Kräfte entsteht die Veränderung, der alles unterliegt. *Yang* bezeichnet die positive Kraft des Universums, der Attribute wie männlich, aktiv, hell, stark usw. zugehören, während *Yin* das negative Prinzip darstellt, in dem sich die Attribute verkehren. Diese Gegensätze, deren Ursprung im *Dao* liegt, werden graphisch in einem Zeichen dargestellt, das man das *Yin/Yang*-Symbol nennt. *Yang*-Symbole sind Sonne, Feuer, Drache, Rot, Süden, Quecksilber und gerade Zahlen. *Yin*-Symbole sind Mond, Wasser, Wolken, Tiger, Schildkröte, Schwarz, Norden, Blei und ungerade Zahlen.

Der Kreis steht für das allumfassende *Dao*. In ihm sind *Yin* und *Yang* in Form von zwei stilisierten Fischen gezeichnet, die sich ständig umkreisen. Der dunkle Fisch bezeichnet das *Yin*, und der helle Fisch steht für *Yang*. Ihre Körper enthalten jeweils einen Kreis mit der Farbe ihres Gegenübers, wodurch angezeigt werden soll, daß es nichts gibt, was nur *Yin* oder nur *Yang* ist, sondern daß in dem einen das andere immer mitenthalten ist.

Yin und *Yang* bieten die Möglichkeit, alle Beobachtungen in einem System einzuordnen. Dabei ist so eine Zuordnung keineswegs als absolut zu verstehen. In der chinesischen Medizin z. B. ist die obere Hälfte des menschlichen Körpers *Yang*, die untere *Yin*. Der Bauch aber ist *Yin* und der Rücken *Yang*. Die Oberfläche, die Haut, ist wiederum *Yang*, während das Innere, die Organe, *Yin* sind. Auch die innere Energie des Menschen muß im Gleichgewicht von *Yin* und *Yang* bleiben, um Gesundheit zu garantieren. Entsteht ein Mangel oder Überfluß eines der beiden Pole, droht Krankheit. Diese kann verhindert oder geheilt werden durch →Akupunktur, →*Qi-gong*, Ernährungstherapie (→*Chang-ming*), Kräuterheilkunde (→*Cao-yao*) usw.

Nach der chinesischen Mythologie entstand im *Dao* zuerst das *Yang*, das sich bis zu seinem äußersten Extrem veränderte und dadurch die Existenz des *Yin* bewirkte. Nun läuft dieser Prozeß umgekehrt ab, und im ewigen Rhythmus dieser Veränderungen entstehen und vergehen die Erscheinungsformen der Natur. Außer der ewigen Veränderung gibt es nichts, was beständig wäre. Dieses »Nichts« ist daher der Ursprung aller Dinge.

Die Lehre von *Yin/Yang* ist erstmals schriftlich im →*»Yi-jing«* (»Buch der Wandlungen«) erwähnt, das angeblich schon 12. Jh. v. Chr. entstanden sein soll. Danach wurde sie von →Lao-zi im →*»Dao-de-jing«* erneut aufgegriffen, der durch sie zum erstenmal in der Geschichte den Weltzusammenhang ohne »Götterlehren« erklärte. Darin ist das *Dao* das »Nicht-Seiende«, dessen Einflußnahme sich auf die Veränderung in der Natur gerade durch das »Nicht-Wirken« (→*Wuwei*) bemerkbar macht. *Yin* und *Yang* sind die beiden entgegengesetzten Pole, die allein durch ihre gegensätzlichen Tendenzen jene Bewegung erzeugen, die den Fluß der Dinge bewirkt.

Die zentralen Begriffe des Daoismus sind: *Dao* (Weltgesetz), *Yin/Yang* (die Wirkungskräfte), *Wuwei* (Nicht-Handeln) und *De* (vitale Kraft). In einem erheblichen Maß haben sie den *Chan*-Buddhismus beeinflußt, der seinerseits in Japan dem *Bushidô* einen deutlichen Stempel aufdrückte.

Schriftzeichen Yin/Yang

Bedeutung

Das Gesetz vom ewigen Wandel *(Yin/Yang)* ist in der asiatischen Denkweise ein zentrales Motiv geworden. Kein Individuum ist immer gleich. Das einzig Beständige an ihm ist sein ewiges Verändern, sein Werden zu dem, wohin es tendiert. Das durch das Werden provozierte Ungewisse, das den unreifen Menschen beunruhigt, ist genau das, was dem Daoisten Sicherheit gibt. Das Vertrauen in die Veränderung (denn sie ist sowieso nicht aufzuhalten) formt den Geist, der sich anpassen kann und dadurch dem Gesetz der natürlichen Ordnung gehorcht. Der Sinn des Menschen ist seine Wandlung und seine Perfektion, denn das Leben ist ein konstantes Fortschreiten zur Veränderung, das die Harmonie nur dann findet, wenn es ohne Auflehnung in dieses allumfassende Prinzip eingebunden ist.

Auch auf die Kampfkünste hat die Theorie von *Yin/Yang* großen Einfluß genommen. Im *Tai-jiquan* z. B. werden mit den beiden polaren Symbolen sogar die Bewegungen beschrieben:

- ***Yang*** – nach vorn gehen; nach vorn stoßen; unbelastetes aktives Bein; erhobene Hand, linke Hand.
- ***Yin*** – zurückweichen; nach hinten ziehen; Sen-

ken der Hand; belastetes passives Bein; rechte Hand.

Die Bewegungen des *Tai-ji-quan* sind ohne Unterbrechung und stellen damit den ständigen Fluß von *Yin* und *Yang* dar. Nur am Anfang und am Ende herrscht →*Wu-ji*. Beide Beine sind gleich stark belastet und stehen fest auf dem Boden.

Yin-yang-jia (chin.): »*Yin-Yang*-Schule«, eine der »100 Schulen« der philosophischen Bewegung aus der *Chun-qiu*-Periode.

Diese Richtung beschäftigt sich mit der Lehre →*Yin/Yang* und den →*Wu-xing*, den 5 Wandlungsphasen. Besonders von Interesse war für diese Schule die Wirkung dieser Prinzipien auf die Geschichtstheorie vom Auf- und Abstieg der Dynastien. Als eines der Hauptwerke galt das »*Huang-di-su-wen*« (»Des gelben Kaisers Fragen nach dem Wesen der Dinge«). Die Schule löste sich jedoch auf, und ihre Theorien übertrugen sich in andere philosophische Richtungen Chinas.

Yip Man (1898–1972): chinesischer *Kung-fu*-Meister des →*Wing-chun*, geboren in Fatshan (Provinz Guandong oder Kwantung). Seine Karriere begann 1952, als er einen Meister des *Pat-mei-p'ai* (»Stil der weißen Augenbraue«), LEUNG SHEUNG (heute einer der Vertreter des *Wing-chun*), in einem Kampf besiegte. Den Stil lernte er unter CHAN WAH SHUN, einem direkten Nachfolger des *Wing-chun*-Experten → LEUNG JAN.

YIP MANS LEBEN

Vor dem Zweiten Weltkrieg gehörte er einer wohlhabenden Kaufmannsfamilie in Südchina an. 1937–1941 diente Yip in der Armee und kämpfte gegen die Japaner. Nach dem Japankrieg kehrte er in seine Heimatstadt zurück, mußte jedoch unter dem darauffolgenden kommunistischen System, wie viele andere Meister, nach Hongkong fliehen.

Dort ging es ihm eine geraume Zeit sehr schlecht, bis ihm von von einigen Menschen geholfen wurde und er mit seinen inzwischen 51 Jahren wieder zu unterrichten begann. Seine ersten Schüler – und nachher Übungsleiter seiner Schule – waren LEUNG SHEUNG, LOK YIU, TSUI SUNG TING, WONG SHUN LEUNG und WILLIAM CHEUNG.

Zwei Jahre später, nachdem seine Schule sehr populär geworden war, gründete er die erste kommerzielle *Wing-chun*-Schule in Kowloon (Hongkong), die zeitweise auch von BRUCE →LEE besucht wurde. 1956 heiratete er, doch seine Frau wurde von seinen Übungsleitern wegen angeblich zweifelhafter Vergangenheit (nach Aussage von William Cheung) nicht akzeptiert. Der Meister selbst soll inzwischen drogenabhängig gewesen sein, doch läßt sich diese Behauptung einiger seiner Schüler nicht beweisen und wird auch von den meisten heutigen *Wing-chun*-Experten dementiert (die Gegendarstellung und glaubwürdigere Version lautet, daß der Meister in seinen letzten Lebensjahren Betäubungsmittel gegen Krebs nahm).

Tatsache ist, daß Yip Man selten selbst unterrichtete und die Verantwortung in zunehmendem Maß auf seine Übungsleiter übertrug. Manche von ihnen aber stammten aus der Straßenkämpferszene der Stadt und machten sich zunehmend einen Namen im Milieu. Als Cheung BRUCE LEE in die Schule brachte, kam es zu ersten ernsthaften Schwierigkeiten. Bruce Lee, dem Yip Man anfangs persönlich durchaus wohlgesonnen war, wurde durch seine aggressive Art im Laufe der Zeit zur Gefahr für die unterrichtenden Übungsleiter. Da der Meister seit längerer Zeit bereits die finanzielle Organisation der Schule an ein Übungsleitergremium abgegeben hatte, das die Beiträge kassierte und die Miete sowie dem Meister ein monatliches Honorar zahlte, mußte er sich den Forderungen seiner Übungsleiter beugen, die unter der Androhung, ihm das Honorar zu kürzen, Bruce Lee der Schule verwiesen (Aussage von W. Cheung).

YIP MANS WING CHUN SCHULE

Heute steht fest, daß Yip Man – wie es scheint, mit Absicht – die Kontrolle über seine Schule zu verlieren begann. Er ließ seine Übungsleiter gewähren, die sich immer mehr verselbständigten und ein *Wing-chun* unterrichteten, daß seiner Lehre nicht mehr entsprach. WILLIAM CHEUNG, einer seiner ersten Schüler, behauptet, daß Yip Mans Erbe heute verfälscht und verschleiert wird, doch in Wahrheit haben die Übungsleiter schon zu seinen Lebzeiten seine Anweisungen nicht mehr befolgt. Dies veranlaßte den menschlich sensiblen Meister, sich zurückzuziehen. Sicher ist, daß Yip Man ein großer Meister des *Wing-chun* war, daß er aber aufgrund von Zweifeln an der Ehrlichkeit seiner Schüler den entscheidenden Rückzug antrat, bevor er seine gesamte Lehre übertragen konnte.

Tatsächlich gab es 6 Schüler, die von Yip Man persönlich unterrichtet wurden, während heute viele *Wing-chun*-Instruktoren behaupten, seine Erbschaft angetreten zu haben. Aus zuverlässigen Berichten weiß man, daß Yip Man mit der Übertragung seines Kampfkunstkonzeptes auf manchen Widerstand seitens seiner Übungsleiter gestoßen ist, die in vielen Fällen praktische Straßenschläger- und Boxtechniken in den Stil einbauten. Bereits in fortgeschrittenem Alter, soll er daher einzig LEUNG TING, einen jungen Schüler, in seine letztlich reife Kampfkunstauffassung eingeweiht haben, die sich von den verselbständigten Varianten seiner etablierten Übungsleiter unterschied.

Von Yip Man sagt man, er sei ein gebildeter Mensch gewesen, der *Kung-fu* als reine kämpferische Disziplin verabscheute. Manche behaupten, er habe Fußballspiele und die chinesische Oper geliebt. Gegen Kampfkunstexperten und die in den Kampfkünsten übliche Ignoranz hatte er große Vorbehalte und zog sich gewöhnlich zurück. Sein persönlicher Hang zur Perfektion und seine Enttäuschung über die schlechte Haltung vieler seiner Schüler machten ihn für viele Menschen unverständlich, und daher hatte er nur sehr wenige Freunde.

Im Mai 1970 beendete Yip Man seine Laufbahn als Kampfkunstinstruktor endgültig und übertrug seine Stellung als Cheftrainer der Hongkong →VTAA *(Ving Tsun Athletic Association)* an seinen Schüler LEUNG TING. Am 2. Dezember 1972 starb er vereinsamt im Alter von 74 Jahren an Kehlkopfkrebs.

Yi-quan (chin.): »Faust-Wille«, einer der verschiedenen Namen für →*Xing-yi-quan*.

Yo (jap.): vorher, im voraus. *Yomi* – vorausahnen, *Yosô* – Vermutung, *Yochi* – Voraussagung, *Yogen* – Prophezeiung, Weissagung

Yô (jap.): positiv, männlich. *Taiyô* – Sonne, *Yôsei* – Positivität.

Yôdan (jap.): s. →*Yondan*.

Yoga (ind.): ca. 3000 Jahre alte indische Lehre. Praxis der Meditation und Konzentration auf bestimmte Ideen oder Symbole, um übernatürliches Wissen auf intuitivem Wege zu erlangen.

Die körperliche und geistige Ruhe, die dafür erforderlich ist, wird durch verschiedene Formen der Askese, Anspannung und Entspannung mittels körperlicher Übungen (zum Teil Verrenkungen) sowie durch Trennung des Geistes von äußerlichen Einflüssen erreicht.

Yoga bedeutet wörtlich »Joch« und meint damit das »Anschirren an Gott«. Da im Hinduismus jeder Weg zu Gott als *Yoga* bezeichnet werden kann, gibt es verschiedene *Yoga*-Wege mit unterschiedlichen Praktiken. Davon wird im Westen meist das *Hatha-Yoga* geübt, das auf Körperübungen *(Asana)* in Verbindung mit Atemübungen *(Prânâyâma)* beruht und eigentlich nur eine Vorstufe für die anderen *Yoga*-Formen ist. In Indien gilt diese *Yoga*-Form nur als eine Vorbereitung für die nachfolgenden geistigen *Yoga*-Wege, die mit verschiedenen Meditationspraktiken arbeiten. Die im Westen bekanntesten *Yoga*-Wege sind folgende:

DIE FORMEN DES YOGA

Karma-Yoga	– Weg des selbstlosen Handelns
Bhakti-Yoga	– Weg der Liebe zu Gott
Râja-Yoga	– das königliche Yoga
Kundalini-Yoga	– das tantrische Yoga
Jnâna-Yoga	– Weg der abstrakten Erkenntnis
Hatha-Yoga	– Körper- und Atemübungen

Yogacara (ind.): Sekte der *Yoga*-Zauberer.

Yogi Jitsuei (*1912): okinawanischer *Karate*-Meister des *Gôjû-ryû*, Schüler von →MIYAGI CHÔJUN und →YAGI MEITOKU, einer der hauptsächlichen Einflüsse auf →YAMAGUCHI GÔGEN, den Vertreter des japanischen *Gôjû-ryû*.

Yôi (jap.): Vorbereitung, Bereitschaft.

Yôi-dachi (jap.): Bereitschaftsstellung (s. Abb. S. 970 oben). Eine der →*Shizen-tai*-Stellungen einnehmen und sich bereit halten (auch geistige Bereitschaft).

Yô-ibuki (jap.): Form von →*Ibuki*. Tiefe Bauchatmung, die die Energie →*Ki* im Bauch mobilisieren soll.

Yôka Daishi (665–713): chinesischer *Zen*-Meister, Freund des 6. Patriarchen des *Zen*, Meister →E'NÔ.

Yôka Daishi studierte alle Formen des Buddhismus, desgleichen auch die Lehre des →

Yôi-dachi – die Bereitschaftsstellung im Karate

LAO-ZI und →KONFUZIUS. Auf seiner Suche nach der endgültigen Wahrheit gelangte er auf den Berg Sokei, wo sich das *Zen-dôjô* von Meister E'nô befand. Der Dialog zwischen den beiden ist im *Zen* berühmt geworden und wird oft zitiert. Es heißt, Meister Yôka sei in seiner verstaubten Reisekleidung zum Patriarchen vorgedrungen und, ohne zu grüßen, dreimal um ihn herumgelaufen. Daraufhin entwickelte sich folgender Dialog:

E'NÔ: »Ein Mönch ist die Personifizierung der dreitausend Vorschriften, der achttausend Handlungen und der dreitausend Formen des guten Benehmens. Welches davon ist dir wohl eigen?«

YÔKA: »Ich habe keine Zeit. Das Problem von Leben und Tod ist mir das wichtigste. Unser Leben ist *Mujô* – vergänglich und unbeständig. Es wandelt sich ohne Unterlaß.«

E'NÔ: »Wenn du dein Problem lösen willst, warum verwirklichst du nicht das Prinzip des ›Nicht-Geborenen‹?«

YÔKA: »Als ich das Nicht-Geborene hier und jetzt verstanden hatte, war nichts mehr da.«

E'NÔ: »Das ist es. Das ist es.«

Daraufhin entbot YÔKA seinen Gruß und schickte sich an zu gehen.

E'NÔ: »Ihr wollt aber schnell wieder gehen!«

YÔKA: »Wie kann es Schnelligkeit geben, wenn es ursprünglich keine Bewegung gibt?«

E'NÔ: »Ob Bewegung oder Nicht-Bewegung existiert, ist ein Problem des Bewußtseins.«

YÔKA: »Ich danke Euch. Ich habe verstanden, was Nicht-Geburt bedeutet.«

E'NÔ: »Selbst im Nicht-Geborenen gibt es keine Bedeutung.«

YÔKA: »Wenn es keine Bedeutung gibt, dann gibt es auch keinen, der verstehen muß.«

E'NÔ: »Auch Verstehen hat keine Bedeutung.«

Auf Grund dieses →*Mondô* gab E'nô Yôka Daishi das →*Shihô*. Daishi blieb nur diese eine Nacht bei E'nô. Am nächsten Morgen begab er sich wieder auf die Reise und ließ sich im Dorf Honka nieder, um zu unterrichten. Dort hatte er viele Schüler, doch seine Linie wurde nicht bis in die heutige Zeit fortgesetzt. Das einzige, was verblieb, ist das →*»Shôdôka«*, eines der bedeutendsten Bücher der gesamten *Zen*-Literatur.

Yokeru (jap.): ausweichen, umgehen.

Yokeru-koto (jap.): Bezeichnung für die Ausweichbewegungen durch verschiedene Formen des Schrittsetzens (→*Ashi-sabaki*) und der Hüftbewegung (→*Koshi-sabaki*), die im *Wadô-ryû* gebraucht werden (in anderen Systemen →*Tenshin* oder →*Sabaki*).

Yokeru-koto sind im *Wadô-ryû* Grundlage für →*Kawashi-waza*. Es gibt eine große Vielfalt von Ausweichbewegungen, die in den verschiedenen Stilen der Kampfkünste eigene Schwerpunkte haben. Grundsätzlich werden die Formen des *Ashi-sabaki* entweder direkt verwendet, verschiedenartig kombiniert, mit Hüftbewegungen kombiniert oder mit gleichzeitigen Abwehr- und Kontertechniken *(Dôji-waza)* ausgeführt. Die wichtigsten Formen von *Yokeru-koto* sind folgende:

YOKERU-KOTO – WADO RYU AUSWEICHFORMEN	
Hiki-uke	– zurück und sofort wieder vor
Hiraki-uke	– Ausweichbewegung zur Seite
Uchi-hiraki	– mit beiden Füßen nach innen gleiten
Soto-hiraki	– mit beiden Füßen nach außen gleiten
Hineri-nagashi	– im Stand drehen
Irimi-uke	– harmonisches Hineingehen
Uchi-nagashi	– Gleichgewichtsverlagerung im Stand

Yoko (jap.): seitlich, Seite (auch *O*, s. →*Hô*[2]).

Yoko-aruki (jap.): seitliches Gehen.

Yoko-empi-uchi (jap.): Ellenbogenstoß zur Seite (auch: *Yoko-hiji-ate*). Zuordnung s. →

Empi-uchi, Klassifizierung s. →*Uchi-waza.*
Der Unterarm wird vor den Körper genommen, und nun wird der Ellbogen in einer geraden Linie seitlich ins Ziel gestoßen. Am Ende der Bewegung dreht man die Faust so, daß sie vor der Brust steht und der Faustrücken nach oben zeigt. Die Technik ist besonders gut in seitlichen festen Stellungen anzuwenden.

Yoko-gake (jap.): Seitfallzug im *Jûdô*.

Yoko-geri (jap.): Fußtechnik zur Seite (s. → *Keri-waza*). Bezeichnung für alle zur Seite gerichteten Fußtechniken.

Yoko-geri – seitliche Fußtechnik im Karate.

Im besonderen versteht man unter *Yoko-geri* jedoch eine ganz bestimmte zur Seite gerichtete Fußtechnik. Der Oberkörper bleibt dabei in seiner frontalen Position, das Knie wird zur Brust gehoben, der Blick richtet sich zur Seite. Nun wird mit der Fußkante entweder nach außen getreten oder geschnappt, wodurch sich zwei Varianten ergeben.
Man kann auch danach unterscheiden, ob die seitliche Fußtechnik mit dem vorn stehenden oder mit dem hinten stehenden Bein ausgeführt wird. Auch die Auftrefffläche der seitlichen Fußtechnik kann verändert werden, wodurch Varianten der Technik entstehen, die spezifische Bezeichnungen tragen. Auch die Art der technischen Ausführung kann sich unterscheiden, und es entstehen folgende Begriffe:

Yoko-geri gegen Mawashi-geri.

EINTEILUNGSMÖGLICHKEITEN DES YOKO-GERI

Wahl des Fußes	
Maeashi-yoko-geri	– seitwärts mit dem vorderen Bein
Ushiroashi-yoko-geri	– seitwärts mit dem hinteren Bein
Art der Ausführung	
Sokutô-keage	– mit der Fußkante nach oben
Sokutô-kekomi	– mit der Fußkante stoßen
Varianten des Yoko-geri	
Sokutô-fumikiri	– Schneidetritt mit der Fußkante
Sokutô-fumikomi	– Stampftritt mit der Fußkante
Sokumen-koshi-geri	– Fußballenstoß zur Seite
Sokumen-kakato-geri	– Fersenstoß zur Seite
Sokumen-sokutei-geri	– Sohlenstoß zur Seite

Yoko-geri-keage (jap.): Bezeichnung für eine seitlich gerichtete, nach oben geschnappte Fußtechnik (s. →*Yoko-geri*, → *Sokutô-keage*, →*Keage*). In dem Fall, in dem dazu die Fußkante verwendet wird *(Sokutô)*, kann man auch die Bezeichnung *Sokutô-keage* gebrauchen.
Man zieht das Knie an die Brust und schnappt mit dem Fuß um das Kniegelenk herum zur Seite und nach oben. Das Ziel wird mit der Fußkante, nahe der Ferse, getroffen. Das Standbein bleibt im Knie etwas gebeugt, um das Gleichgewicht zu erhalten. Der Oberkörper ist möglichst ge-

rade. Die Hüfte wird nicht eingesetzt. Der Fuß wird auf demselben Weg zurückgenommen. Die Technik trifft bevorzugt unter die Achseln, unter das Kinn oder in die Deckung des Gegners. Man kann sie auch als Abwehr benutzen.

Yoko-geri-kekomi (jap.): Bezeichnung für eine seitlich gerichtete Fußtechnik, in der unter Einsatz der Hüfte der Fuß auf gerader Linie ins Ziel gestoßen wird. In dem Fall, in dem dazu die Fußkante *(Sokutô)* verwendet wird, gebraucht man auch die Bezeichnung →*Sokutô-kekomi* (s. auch →*Yoko-geri*, →*Kekomi*).

Yoko geri-kekomi – gestoßener Seitwärtstritt

Das Knie wird an die Brust gezogen, der Blick richtet sich zur Seite, der Oberkörper bleibt aufrecht. Das Knie des Standbeins ist leicht gebeugt, um das Gleichgewicht zu erhalten. Nun wird unter Einsatz der Hüfte die Fußkante auf einer geraden Linie ins Ziel gestoßen. Die Technik wird auf demselben Weg wieder zurückgenommen. Man kann alle Teile des gegnerischen Körpers damit angreifen. Die gestoßene Seitwärtsfußtechnik ist sehr wirkungsvoll und weiträumiger als →*Yoko geri-keage*. Es sollten jedoch zu weit geführte stangenförmige Techniken vermieden werden, da sie wirkungslos sind.

Yoko-guruma (jap.): Seitenrad. *Jûdô*-Wurftechnik.

Yoko-hiji-ate (jap.): Ellbogenstoß zur Seite (auch →*Yoko-empi-uchi*).

Yoko-hiza-gatame (jap.): Leistenstreckhebel im *Jûdô*.

Yoko-jûji-jime (jap.): Rollkammkreuzwürgen im *Jûdô*.

Yoko-ken (jap.): seitliche Faust. Zur Seite gerichteter Faustangriff.

Yoko-mawashi-uchi (jap.): waagrechter halbkreisförmiger Unterarmschlag zur Seite (s. →*Uraken-uchi*).

Yoko-nage (jap.): Aushebelwurf, Seitfalltechnik im *Jûdô*.

Yoko no Kamae (jap.): Seitwärtsstellung.

Yokoppara (jap.): *Atemi*-Angriffspunkt: Weichen, Flanken.

Yoko-otoshi (jap.): Seitenfallzug im *Jûdô*.

Yoko-shihô-gatame (jap.): Seitvierer. Haltegriff im *Jûdô*.

Yoko-sutemi-waza (jap.): Selbstfallwürfe zur Seite im *Jûdô*.

Yoko-tobi-geri (jap.): seitliche Fußtechnik im Sprung, auch *Kesa-geri* genannt.

Man springt mit dem hinteren Fuß ab. Wenn der Körper die höchste Stelle im Sprung erreicht hat, greift man das Ziel mit *Sokutô-kekomi* (seitwärts gestoßene Fußkante) schnell und stark an. Der andere Fuß wird unter den Körper gezogen. Noch während des Fluges wird der angreifende Fuß zurückgenommen. Einteilung s. unter →*Tobi-geri*.

Yoko-tobi no Kamae (jap.): Position, die man einnimmt, indem man beide Füße aus einer normalen Bereitschaftsstellung gleichzeitig nach außen gleiten läßt.

Man geht zu *Shiko-dachi* oder *Kiba-dachi* über. Der Begriff wird hauptsächlich in den japanischen Systemen gebraucht.

Yoko-tomoe (jap.): seitlicher Kreiswurf mit Beinhebel aus dem *Jûjutsu*.

Yoko-tomoe-nage (jap.): seitlicher Kopfwurf im *Jûdô*.

Yoko-zuki (jap.): Messerstich von der Seite aus der *Kime no Kata*. Auch seitlicher Fauststoß.

Yoko-ude-hishigi (jap.) Kippstreckhebel von oben aus dem *Jûdô*.

Yoko-uchi (jap.): Schlagtechnik zur Seite, z. B. *Uraken-yoko-uchi, Shutô-yoko-uchi, Kentsui-yoko-uchi* usw.

Yoko-uke (jap.): Abwehr zur Seite (auch *Sokumen-uke*).

Yoko-ukemi (jap.): zur Seite fallen.

Yoko-wakare (jap.): Seitenriß. Körperwurf im *Jûdô*.

Yokoyama Sakujirô: bekannter *Jûdô*-Meister des *Kôdôkan* (s. →*Jûdô*), Schüler →KANÔ JIGORÔ's, einer der stärksten Kämpfer seiner Zeit.

Yokoyama stammte ursprünglich aus dem →*Tenshin Shinyô-ryû*, bevor er ein Schüler Kanôs wurde. Er kam als Fortgeschrittener, begleitet von TOBARI TAKISABURÔ, in den *Kôdôkan*, um die *Jûdôka* herauszufordern. Sie kämpften gegen →SAIGÔ SHIRO, der sie beide mit *Yama-arashi* besiegte. Daraufhin wurden beide treue Anhänger des *Jûdô* und des *Kôdôkan*.

Yokozuna (jap.): Bezeichnung für einen Großmeister des →*Sumô*.

Yo-Kung-Fu: 1960 von GEORGES DEMIANOFF (alias YEN MAN-CHEN, *1944) aus dem *Shaolin Quan-fa* und mehreren vietnamesischen Richtungen in Frankreich gegründete Kampfkunst.

Yomi (jap.): lesen (auch *Yomu, Doku, Toku*). In den Kampfkünsten steht *Yomi* für das Wahrnehmungsvermögen und bezeichnet die Fähigkeit, die Gedanken eines Gegners zu lesen, um so seinen Angriff vorherzusehen. *Yomi* ist eine Funktion im Konzept des →*Ma-ai* und des →*Hyôshi*.

Unter *Yomi* versteht man nicht das Sehen der objektiv sichtbaren Anzeichen für eine wahrscheinliche Aktion, sondern vielmehr das intuitive Empfinden (→Intuition) einer zukünftigen Wirklichkeit, das nicht logisch erklärbar ist. *Yomi* ist eine Folge von →*Zanshin*. Es löst ein intuitives Reagieren in Zeit und Raum *(Ma-ai)* aus, das sich in einem perfekt angepaßten Verhalten bekundet.

Innerhalb dieses Konzeptes definiert sich auch der Begriff →*Kufu*, eine besondere Wahrnehmungsform des geübten Kampfkunstgeistes. *Kufu* bedeutet konzentrierte Aufmerksamkeit oder reflektierende Konzentration und meint die Fähigkeit des Experten, seine Aufmerksamkeit auf einen Sinnesreiz zu begrenzen und die für die Handlung unwichtigen Reize so weit in den Hintergrund treten zu lassen, daß sie nicht mehr stören.

Yomogamijutsu (jap.): Vorsichtsmaßnahme der *Ninja*, um einer Entdeckung vorzubeugen, indem sie sich einen zweiten Namen und eine zweite Identität zulegte.

Yon (jap.): vier (auch *Shi*). Der Ausdruck wird aber selten verwendet.

Yondan (jap.): 4. Graduierung (s. →*Kyûdan*, →*Yûdansha*, →*Dan*) im Rangsystem der *Budô*-Schwarzgurte. Es ist die Stufe des Experten in der Technik, des vollendeten Kämpfers. Auf diesem Niveau liegt die Grenze der rein körperlichen Technik.

Der *Yondan* weiß, daß er von nun an neue Wege gehen muß, um sich weiter zu verbessern. Die Kampfkünste sind für ihn inzwischen eine Religion geworden, mit der er sich ganz identifiziert. Er verinnerlicht die geistigen Aspekte der Kunst, indem er sie im *Dôjô* und im Alltag lebt. Auf dieser Stufe ist zum ersten Mal die Verbindung zwischen Kampfkunstphilosophie und Technik möglich. Der *Yondan* ist in der Lage, seinen Geist, seine Atmung und seinen *Ki*-Fluß in der körperlichen Übung zu kontrollieren, mit der Technik zu verbinden und zu einer maximalen Wirkung zu entwickeln. Deshalb sucht er in allem, was er tut, weiterhin die innere Perfektion. Dort liegt der Schlüssel zur Meisterschaft.

Der *Yondan* weiß um die Bedeutung der inneren Vervollkommnung für den Fortschritt der äußeren Technik. Er hat jene Grenze erreicht, bis zu der technischer Fortschritt allein durch Körperübung möglich ist. Gleich ob er *Kihon, Kata* oder *Kumite* übt, er sucht immer eine innere Auseinandersetzung. Er sucht die Wahrheit in sich selbst.

Auf dieser Stufe ändert sich sehr viel. Das Denken erhält einen anderen Inhalt, der Selbstumgang wird bewußter und die Übung eine andere. Dadurch entsteht eine Verbindung zwischen innen und außen. *Kihon, Kata* und *Kumite* werden erst hier zur wahren Wegübung. Diese Art der Übung eröffnet neue Wege. Der *Yondan* ist die Vorstufe zur wahren Meisterschaft (s. →*Kodansha*).

Yonegawa no Kon (jap.): okinawanische →*Bô*-Kata (s. auch →*Yamane-ryû*).

Yong-quan (chin.): »sprudelnde Quelle«, der 1. Punkt (s. →*Xue*, →*Xue-wei*) auf dem Nierenmeridian (s. →*Jing-luo*). Er liegt auf der Fußsohle an der Grenze zwischen dem vorderen und mittleren Drittel des Fußes. Dieser Punkt wird vor allem in Notfällen und bei epileptischen Anfällen angewendet. In der Akupunktur behandelt man ihn kaum, da er sehr schmerzempfindlich ist.

In den Kampfkünsten und im →*Qi-gong* hat *Yong-*

quan eine große Bedeutung. Um den richtigen Stand einzunehmen, muß der Hauptteil des Gewichts auf diesem Punkt liegen. Dann richtet sich automatisch die Wirbelsäule auf, bzw. die Voraussetzungen dazu sind gegeben. Eine falsche Fußhaltung wirkt sich besonders nachhaltig auf die Gesundheit aus. Sie verursacht nicht nur Fehlhaltungen der Wirbelsäule, sondern bewirkt auch Schmerzen bei Belastung und schädigt das gesamte Wohlbefinden. Das korrekte Abrollen des Fußes, eine entspannte und doch sichere Haltung und die richtige Gewichtsverteilung machen eine feste und kontrollierte Stellung (→*Bufa*) erst möglich und verhindern Platt-, Senk-, Knick- und Hohlfüße.

Yong-quan, ein wichtiger Punkt auf der Fußsohle.

Yonhon-nukite (jap.): Vierfinger-Speerhand (s. →*Nukite-waza*).

Yonsetsu-kon Nunchaku (jap.): →*Nunchaku*, bestehend aus vier Teilen. Der *Yonsetsu-kon* ist eine Variante des →*Sansetsu-kon* und wurde nach diesem auf Okinawa entwickelt.

Nachdem man mit dem *Sansetsu-kon Nunchaku* viele Methoden und Möglichkeiten des Kämpfens herausgefunden hatte, entstand das Bedürfnis, diese Kunst weiter zu entwickeln. So entstand der *Yonsetsu-kon*.

Der *Yonsetsu-kon Nunchaku* wurde, wie auch alle anderen okinawanischen Holzwaffen, aus chinesischer weißer Eiche oder aus Ahorn gefertigt. Die Dicke der Holzteile variierte zwischen 2,5 und 3,8 cm. In die beiden Mittelstücke bohrte man Löcher und zog Verbindungsschnüre aus Roßhaar, Schnur oder Leder hindurch, an denen man die Seitenteile befestigte. Die Waffe konnte zusammengeklappt und in der Kleidung versteckt werden. Die Länge der Teile war sehr unterschiedlich. Es gab Waffen, bei denen alle Teile die Armlänge des Übenden besaßen, bei anderen waren die Teile kürzer, und wieder andere hatten unterschiedlich lange Teile.

Die Techniken mit dem *Yonsetsu-kon* erforderten jedoch viele neue Überlegungen. So entwickelte sich um die Waffe wegen der veränderten Anforderungen an den Übenden im Laufe der Zeit ein eigenständiges System. Gewichtsverteilung, Griffhaltung und Ausführung der Techniken sind anders als beim *Sanetsu-kon*. Um diese Waffe richtig beherrschen zu lernen, war andauernde Übung notwendig.

Die Selbstverteidigungskünste mit den unterteilten Waffen sind auf Okinawa bis in die heutige Zeit überliefert worden. Sie werden jedoch von den heutigen okinawanischen *Kobudô*-Meistern bewahrt und nur an treue und hingebungsvolle Schüler weitergegeben. Selbst heute sieht man diese geheimen *Kobudô*-Künste nur sehr selten außerhalb der Gemeinschaft der rein okinawanischen *Kobudô*-Meister.

Yonshaku-bô (jap.): [aus *Yon* = vier, *Shaku* = Maß von etwa 30 cm, insgesamt 1,20 m] okinawanische Variante der verkürzten Stockwaffen, in der Form identisch mit dem japanischen *Jô*.

Während der *Jô* seine eigenen Methoden entwickelte (s. dazu →*Jô*, →*Jôjutsu*, →*Musô Gonnosuke*, →*Musô Shindô-ryû*), blieb der okinawanische *Yonshaku-bô* davon weitgehend unbeeinflußt und wurde in seiner Weise ausschließlich von den okinawanischen *Kobudô*-Meistern gebraucht.

Der *Yonshaku-bô* ist etwa 1,20 m lang und hat einen Durchmesser von 2,5–3 cm. Wie alle okinawanischen Stockwaffen wurde er vor der *Satsuma*-Invasion aus chinesischer Eiche oder aus Ahorn gefertigt. Danach dominierten die japanischen Hölzer, und es gab meist nur noch Stockwaffen aus japanischer roter Eiche. Der Durchmesser war gewöhnlich über die ganze Länge gleich. Gelegentlich wurde der *Bô* an beiden Enden zu einer sehr scharfen Spitze verdünnt.

Heute gebraucht man auch für den okinawanischen *Yonshaku-bô* weitgehend die Bezeichnung *Jô* und für seine Techniken die Bezeichnung *Jôjutsu*. Obwohl dieser Waffe die Reichweite des *Kûshaku-bô* und des *Rokushaku-bô* fehlt, ist sie

angenehmer mit einer Hand zu gebrauchen. Mit der Länge des Arms zuzüglich der Länge des *Jô* konnte man ausreichende Weiten erzielen.
Nachdem die *Satsuma* Okinawa besetzt hatten (s. →Okinawa), begann für die Bevölkerung eine harte Zeit. Die älteren Menschen wurden als unproduktiv bezeichnet und oft grundlos grausam behandelt. Da sie nicht mehr die Kraft ihrer Jugend besaßen, mußten sie sich auf den Gebrauch ihrer Gehstöcke verlassen. Heute glaubt man, daß der größte Teil der Yonshaku-Techniken davon beeinflußt ist. Der Gehstock der Alten und der *Yonshaku-bô* waren ursprünglich dasselbe. Für die älteren Menschen war er ein ideales Mittel, sich gegen die *Satsuma* zu verteidigen. Die Alten mußten sich dabei weit mehr auf eine feine Technik als auf ihre Kraft verlassen. Deshalb beruhen viele heutige Techniken mit dieser Waffe im Gegensatz zum japanischen *Jô* auf Hebeln, Gleichgewichtsbrechen, Täuschungen und Techniken zu den Vitalpunkten des Körpers. Für die älteren Menschen war es niemals ein Problem, mit einem Gehstock herumzulaufen, und daher konnte das Besitzen eines solchen Stockes nur schwer von den *Satsuma-Samurai* verfolgt werden. Auf okinawanischer Seite führte dies zu einem ungeheuren Aufschwung der kurzen Stockwaffentechniken. Doch der Gebrauch dieser Waffe beschränkte sich fast ausschließlich auf die älteren Menschen, während die jungen die größeren Stockwaffen *(Rokushaku-bô)* bevorzugten.
Da der *Yonshaku-bô* kürzer war als der *Rokushaku-bô*, konnte er im Angriff sehr schnell mit nur einer Hand von einem Ziel zum anderen umgelenkt werden. In der Verteidigung wurden gewöhnlich beide Hände verwendet, um den mittleren Teil des *Bô* zu unterstützen. Darauf bauten die okinawanischen Techniken dieser Waffe auf, während der japanische *Jô* mehr wie ein Schwert oder eine Lanze gebraucht wurde.
Die Techniken des *Yonshaku-bô* wurden Generationen hindurch vom Meister an seinen Nachfolger weitergegeben, und es war nicht ungewöhnlich, daß die Meister ihre jungen Schüler in dieser Technik überhaupt nicht unterrichteten. Häufig wartete man damit, bis ein Schüler ein Alter erreicht hatte, in dem er die Einzigartigkeit und die Wirkung dieser Waffe tatsächlich verstehen konnte. Selbst heute noch ist es auf Okinawa üblich, daß die jüngeren Schüler in die Kunst der langen Stockwaffen eingeführt werden, während der *Yonshaku-bô*, der keine körperlich Kraft benötigt, von den Alten geübt wird.

Yori-ashi (jap.): gleichzeitiges Gleiten beider Füße (auch *Yose-ashi*); s. →*Ashi-sabaki*, →*Okuri-ashi*.

Yoroi (jap.): komplette Rüstung eines *Samurai*. Bereits in Gräbern aus dem 5. Jh. wurden erste Formen der japanischen Rüstung gefunden. Ab dem 12. Jh. wurde die Rüstung von den meisten Kriegern getragen. Zu dieser Zeit gab es zwei Formen:

- ***O-yoroi***, manchmal auch ***Kachû*** oder einfach nur ***Yoroi*** genannt. Sie bedeckte den ganzen Körper.
- ***Haramaki*** oder ***Kogusuku***, die leichtere Rüstung, die nur den Oberkörper schützte.

Yoroi – japanische Samurai-Rüstung

Die *Yoroi* waren meist für die bedeutenden *Samurai* reserviert, während die gewöhnlichen *Samurai* und die Fußsoldaten *(Zusa)* die *Haramaki* trugen. Die vollständige Rüstung bestand aus einem Helm *(Kabuto)*, einem Brustpanzer aus lakkiertem Metall *(Dô)*, aus zwei Ärmeln *(Sode)*, die aus miteinander verbundenen Platten bestanden, aus Schützern für Arme und Hände *(Kote)*, aus metallenen Beinschienen *(Sune-ate)* und aus einer Art Rock *(Hae-date)*, der Bauch und Schenkel schützte. Manchmal wurde hinten an der Rüstung ein flatterndes Leinentuch *(Hôrô)* befestigt, das Pfeile, die von hinten kamen, auffangen sollte.

Der Helm hatte nicht nur die Funktion, den Kopf zu schützen, sondern er zeigte auch die Funktion und den Rang seines Trägers an. Manchmal wurde er mit großen Metallstücken *(Kuwagata)* verziert oder auch mit zwei Flügeln *(Fuki-gaeshi)* oder Hörnern, die gegnerische Schwertschläge abfangen sollten. Er hatte ein starres Visier *(Mae-bashi)* vorn und einen Nackenschutz *(Shikoro)* hinten.

Das Gesicht wurde zumeist von einer lackierten Gittermaske aus Eisen *(Men)* bedeckt. Diese konnte das ganze Gesicht bedecken *(So-men)* oder auch nur einen Teil *(Menpô)*. Ein Teil des Kieferschutzes *(Hô-ate)* oder ein spezieller Halsschutz *(Noda-wa)* schützte die Gurgel. Die Ausrüstung wurde durch Schuhe aus Bärenhaut (*Ko-gake* oder *Ke-gutsu*) vervollständigt.

Zu einer vollständigen Rüstung zählte man mindestens 23 Teile, vom *Fudôshi* (Lendentuch) bis zum *Yari-ate* (Speerstütze). Die volle Rüstung nannte man auch *Roku-gu* (sechs Teile): Helm, Maske, Leibpanzer, Schenkelstücke, Fechthandschuhe und Beinschützer.

Die Rüstung hatte im Laufe der Jahrhunderte viele Namen, manchmal auch den Namen dessen, der irgendwelche Verbesserungen einführte. Vor 923 wurde sie einfach *Kawara* genannt, weil sie meist aus Leder bestand.

Im 16. Jh., als in Japan die Schußwaffen in Gebrauch kamen, veränderte sich die ursprünglich schwere Rüstung in zwei leichtere Varianten, die man →*Gusoku* und →*Kogusoku* nannte.

Yoroi-doshi (jap.): starkes Messer (s. →*Ken*) mit einer Klingenlänge von 24–30 cm, das im Kampf zum Durchdringen der gegnerischen Rüstung (→*Yoroi*) eines zu Boden gegangenen Gegners verwendet wurde. Die *Samurai* trugen es auf der rechten Seite.

Yoroi Kumi-uchi (jap.): japanisches System des Nahkampfes (s. →*Jûjutsu*), das in den Schulen *Tsutsumi-ryû* (gegründet im 15. Jh.), *Genkai-ryû*, →*Kitô-ryû* und → *Yagyû Shingan-ryû*, geübt wurde.

Das *Yoroi Kumi-uchi* verwendete verschiedene Waffen und verband diese mit dem Nahkampf, weshalb es zum *Jûjutsu* gerechnet wird. Diese Techniken werden gegen gerüstete Gegner verwendet, woher das System auch seinen Namen (s. →*Yoroi*) erhielt. Jigoro Kanô, der Begründer des *Jûdô*, studierte das *Yoroi Kumi-uchi* des *Kitô-ryû* und gründete auf dessen Basis die →*Koshiki no Kata*.

Yoroshi (jap.): Lob; sehr gut.

Yoru (jap.): sich nähern, heranrücken.

Yô-ryû (jap.): s. →*Hôjutsu*.

Yose-ashi (jap.): gleichbedeutend mit → *Yori-ashi*.

Yoseikan (jap.): traditionelle japanische Schule, gegründet 1931 von →Mochizuki Minoru.

Der *Yoseikan* ist eine verbandsunabhängige *Budô*-Schule mit Sitz in Shizuoka, in der heute viele verschiedene Kampfkünste unterrichtet werden. Das Programm umfaßt *Jûdô, Jûjutsu, Karate, Aikidô, Aikijutsu, Aikibudô* und einige Disziplinen aus dem *Tenshin Shôden Katori Shintô-ryû*.

Auf die Initiative von Mochizuki Minoru entsandte der *Yoseikan* 1957 den ersten japanischen Karate-Instruktor, →Mochizuki Hiroo, nach Europa (Frankreich) und ein Jahr darauf →Murakami Tetsuji, der ebenfalls ein Instruktor des *Yoseikan* war.

Yoseikan-budô (jap.): moderne Verbindung der Techniken mehrerer Kampfkünste *(Aikidô, Jûjutsu, Jûdô, Savate)* auf der Grundlage des *Karate*, gegründet 1970 von → Mochizuki Hiroo, dem Sohn von Mochizuki Minoru (s. →*Yôseikan*).

Mochizuki Hiroo studierte das *Jûjutsu, Aikijutsu* und *Kenjutsu* unter der Anleitung seines Vaters. Danach übte er sich im *Wadô-ryû* unter der Anleitung von Michihara Shinji und Shôtôkan-ryû unter der Anleitung verschiedener Lehrer. 1950 kam er als Pionier des Karate nach Frankreich.

Yoseikan-ryû (jap.): *Karate*-Stil, gegründet 1973 in Kanada von Giancarlo Lucchesi-Borelli, einem Schüler von Tran Quang-Ba, Tsuroka Masami *(Chitô-ryû)*, Yamamoto Mamoru und Nanbu Yôshinao (*Sankukai-ryû*).

Yosen (jap.): Ausscheidungskampf.

Yoshi (jap.): Aus den *Jûdô*-Wettkampfregeln: »Los, jetzt!«

Yoshiki (jap.): *Ninja*-Behausung, nach außen hin klein, aber innen mit Gängen und unterirdischen Etagen ausgebaut.

Yoshimura Chogi (1866–1945): okinawanischer *Karate*-Meister des *Naha-te*, Schüler von →Higashionna Kanryô.

Yôshinkai (jap.): Gesellschaft für *Yôshin-Aikidô*, s. →*Yôshin-ryû*.

Yôshinkan (jap.): Zentral-*Dôjô* des *Yôshin-Aikidô*, s. →*Yôshin-ryû*.

Yôshin-ryû (jap.): oder *Yôshin-Aikidô*, Aikidô-Schule, gegründet 1955 von →SHIODA GÔZÔ, einem Schüler von UESHIBA MORIHEI.

Der Stil wurde im Jahre 1955 von SHIODA GOZÔ (9. Dan) entwickelt. Im Jahre 1990 wurde die *International Yôshinkai Aikidô Federation* gegründet. Hauptinstruktor für alle Gebiete außerhalb Japans ist NOGUCHI YUKIO, das →*Menkyo-kaiden* besitzt KUSHIDA TAKASHI, der in Amerika unterrichtet.

Das *Yôshin-ryû* unterscheidet sich vom *Aikidô* des *Aikikai* vor allem darin, daß der Selbstverteidigungsaspekt stärker betont wird. Daher nennt man es auch »hartes *Aikidô*«. Die Entwicklung des *Ki* wird weniger betont, dafür aber werden viele Schlag-, Stoß- und Trittechniken verwendet.

Yôshin-ryû (jap.): wörtlich »Schule vom Herz der Weide«, auch *Shindô Yôshin-ryû, Miura-ryû* oder *Yanagi-ryû* genannt. Alte japanische Schule für →*Jûjutsu* und →*Kenjutsu*, gegründet 1732 von einem Arzt aus Nagasaki namens AKIYAMA SHIROBEI YOSHITOKI (auch YÔSHIN MIURA genannt), der die Techniken des *Hakuda* (chinesisches *Jûjutsu*) und des →*Koppô* beherrschte. Diese Schule ist nicht identisch mit MIURA YOSHITATSU's *Miura-ryû*.

Akiyama lernte die Techniken auf einer Chinareise und erfand daraufhin 300 dem *Jûjutsu* ähnliche Bewegungen auf dem Prinzip des Nicht-Widerstandes (wie der Zweig der Weide sich unter den Schneelasten beugt, ohne zu brechen). Diese Bewegungen waren der Ursprung von KANÔ JIGÔRO's Konzept, das er nachher im →*Jûdô* verwendete.

Yoshizato Shintaro (*1913): okinawanischer *Karate*-Experte, geboren am 20. Juni 1913, Präsident der *Kûshin-ryû Karate-dô Kenkyûkai* (*Kushin-ryû Karate Research Society*, s. →*Kushin-ryû* und Anhang), Schüler von KINJO KANAMORI (KENSEI) aus Osaka, dem Begründer des *Kushin-ryû*.

Yoshizato begann im Alter von 10 Jahren (1923) mit dem Studium des *Karate* unter Meister YARA aus Tomari. 1935 zog er nach Osaka, lernte unter KINJO KANAMORI und eröffnete 1960 sein eigenes *Dôjô*. 1972 zog er jedoch zurück nach Itoman (Okinawa) und übernahm dort die Leitung des *Kushin-ryû*.

Yoshitsune Minamoto (1159–1189): großer japanischer *Samurai*, Bruder von MINAMOTO NO YORITOMO (s. →MINAMOTO).

Yoshukai (jap.): moderner *Karate*-Stil, der in den 50er Jahren von MAMORU (KATSUO) YAMAMOTO, einem Schüler von CHITÔSE TSUYOSHI, entwickelt wurde. Yamamoto lernte in seinen jungen Jahren *Jûdô*, wurde danach Chitôses Schüler und erreichte mit 22 Jahren seinen ersten Meistergrad.

Der Stil ist eine Erweiterung des →*Chitô-ryû*, in dem Yamamoto mehrere Jahre lang Übungsleiter unter CHITÔSE war. MIKE FOSTER lernte den Stil 10 Jahre lang in Japan von YAMAMOTO und führte ihn 1966 in den USA ein. Ein weiterer wichtiger Instruktor des Stils ist KODA HIROYUKI. Der Stil enthält viele offensive Techniken und lehrt das Kämpfen in der Version *Full-contact*.

Yô-ten (jap.): Schlüsselpunkt einer Technik im *Jûdô*.

Yotsui-daika (jap.): *Atemi*-Angriffspunkt: große Vertiefung des Lendenrückgrates.

Young, Thomas: amerikanischer *Kempô*-Lehrer, Schüler von JAMES →MITOSE. Als Mitose 1953 in die USA ging, übernahm er die Leitung des *Hombu-Dôjô* in Honolulu, Hawaii.

Yowai (jap.): schwach, kraftlos (auch *Jaku*).

Yowaki (jap.): Bezeichnung für einen Menschen mit schwacher Persönlichkeit oder wenig Charakter (jemand, der ein »schwaches *Ki*« hat).

Yu (jap.): heißes Wasser (auch *Tô*). *Cha no Yu* – Teezeremonie.

Yû[1] (jap.): Heldenhaftigkeit, Mut, Tapferkeit. *Yû* ist ein grundlegender Begriff aus dem →*Bushidô* und heute noch ebenso bedeutend wie zur Zeit der *Samurai*.

Auch im modernen Leben gibt es viele Möglichkeiten, Tapferkeit zu beweisen. So ist z. B. die Art und Weise, wie ein Mensch ein Risiko auf sich nimmt, um Rechtschaffenheit und Ehrlichkeit zu verteidigen, ein Beispiel von *Yû*. Auch der Verzicht auf persönliche Vorteile, wenn sie auf unehrenhaftem Weg erreicht werden sollen, ist ein Zeichen von Tapferkeit. Das Verteidigen von Recht, das Einstehen für die Schwachen und Schutzlosen, der Kampf um die rechte Gesinnung in der Welt und vieles mehr sind Zeichen von Mut und Tapferkeit und dürfen bei einem Kampfkunstübenden nicht fehlen (weitere Erläuterungen s. *Gishi*).

Yû² (jap.): gehobene Stimmung; vital (auch *Isamu*). *Yûki*–Mut, *Buyû*–Tapferkeit, *Yûshi* – tapferer Krieger, *Isamiashi* – Unbesonnenheit, Übereifer.

Yû³ (jap.): ruhig, tiefgründig. *Yûgen* – Mystik, unergründliche Tiefe.

Yû⁴ (jap.): rechts (auch *U, Migi*).

Yuan-qi (chin.): wörtlich: »Urkraft«. Das universelle oder kosmische *Qi*. Die Kraft, die der Mensch von Geburt an zum Leben braucht. Erläuterungen dazu s. unter →*Nei-qi* und →*Qi*.

Yubi (jap.): Finger (auch *Shi*). *Shidô*–Anleitung, Hinweis, Fingerzeig.

DIE FINGER DER HAND

Oyayubi	– Daumen
Hitosashiyubi	– Zeigefinger
Nakayubi	– Mittelfinger
Kusuriyubi	– Ringfinger
Koyubi	– kleiner Finger

Yûbi (jap.): elegant, anmutig.

Yubibô (jap.): Fingerstock (s. →*Bô*) aus dem japanischen *Kobudô*-Arsenal (s. → *Kobudô*).

Yubi-hasami (jap.): Fingerschere. Man formt mit dem Daumen, dem Zeige-, Mittel- und Ringfinger eine Klaue. *Yubi-hasami* wird verwendet, um die Nase, die Ohren, das Kinn, die Bauchseite und die Hoden zu greifen.

Yubijutsu (jap.): Kunst der Verletzung der menschlichen Vitalpunkte mit Fingertechniken (s. →*Dian-xue*).

Yubi-kaiten (jap.): Fingerschwung, z. B. den *Hanbô* (oder *Bô*) in den Fingern drehen.

Yubi-saki-ate (jap.): Techniken mit den Fingerspitzen (s. →*Nukite-waza*).

Yûdansha (jap.): Danträger, Schwarzgurt. Die *Yûdansha* umfassen die Graduierungen vom 1. bis einschließlich 4. Dan. Erläuterungen dazu s. unter →*Kyûdan*, →*Dan*, →*Shodan*, →*Nidan*, →*Sandan*, →*Yondan*).

OMOTE

Das Erreichen der ersten Danstufe *(Shodan)* darf nicht mit der Meisterschaft der Kampfkunst verwechselt werden. *Shodan* zeigt an, daß der Schüler die technischen Grundlagen gemeistert und sein inneres Potential bis zu jenem Umfang geformt hat, aufgrund dessen er in den kommenden Jahren über die *Shu*-Stufe hinausgehen und den Geist des *Budô* erfahren kann. Hier beginnt der Weg. Das Sprichwort »Karate beginnt erst dort, wo die Technik aufhört« deutet darauf hin. Den technischen Bereich dieser Stufe nennt man →*Omote*. Er erstreckt sich über den 1. und 2. Dan und bezeichnet das Perfektionieren der Form (Techniken).

Yudansha Stufe

2. Kaiden (Initiierung)	**Sempai**
4. Dan (Yondan)	Techniker
3. Okuden (Hintergründe)	**Sempai**
3. Dan (Sandan)	Wegschüler
4. Omote (Formstufe)	**Kohai**
2. Dan (Nidan)	Formschüler
1. Dan (Shodan)	Formschüler

OKUDEN

Okuden (»geheime Lehren«) bezeichnet den 3. Dan und bezieht sich auf das Verständnis der inneren Stilprinzipien. Diese nennt man auch die »innersten Geheimnisse der Kampfkunst« (s. →*Gokuhi*), die nur wenige Schülern gelehrt werden. Es ist eine Stufe der Übung, in der sich geistige Reife mit technischer Reife verbindet. Hier wird das *Kihon* [*Ki* = Energie, *Hon* = Grundlage] zur Wissenschaft. *Okuden* lebt nicht aus der Formroutine, mit der im Wettkampf Leistungsresultate angestrebt werden. Der Fortschritt im *Budô* entsteht hier erst durch das Bekenntnis zur Kultur und zur Kunst, aus der die Fähigkeit zum Eigenen erwachsen kann. Nachahmer können diese Stufe nicht erreichen.

Die stärkste Herausforderung des Schülers auf dieser Stufe besteht in der realistischen Einschätzung der Situationen und im ewigen Kampf um die rechte Haltung (→*Shisei*). Im technischen Bereich verändert sich dadurch die Form grundlegend. Alles, was er tut, muß er konzentriert und richtig tun. Jeder noch so kleinen Handlung gegenüber muß er eine rechte und verantwortliche Haltung entwickeln, seine Fehler selbstkritisch betrachten und aus ihnen lernen.

KAIDEN
Ein →*Kaiden* ist in den Kampfkünsten ein Experte, der sich nahe dem Stand des Lehrers *(Sensei)* befindet. Er bezeichnet die Stufe des 4. Dan, die Vorstufe zum Lehrer.

Yue Fei (1103–1142): auch Yueh Fei, chinesischer General, Gelehrter und berühmter Kampfkunstexperte seiner Zeit. Schüler von CHUO TON, einem Experten der *Shaolin*-Kampfkünste.

Yue Fei kämpfte erfolgreich gegen die Mandschus, wurde jedoch von dem korrupten Premierminister CHIN KUA gefangengenommen und ermordet. Als einer der bedeutendsten Helden der chinesischen Geschichte führte er als erster in seiner Armee die →*Ba-duan-jin* und das *Quan-fa*-Training ein.

Yue Fei lernte den *Shaolin*-Stil von CHOU TON, der direkt im *Shaolin* unterrichtet wurde. Er gründete zwei Systeme und lehrte sie seine Soldaten. Die erste Kampfkunst, die Yue Fei lehrte, kam aus dem inneren Stil und basierte auf BODHIDHARMA's →*Yi-jin-jing*. Das System wird als Vorläufer des heutigen *Xing-yi-quan* angesehen. Aus den äußeren Techniken des *Shaolin* gründete Yue Fei das →*Yue-jia-quan*, einen Vorläufer der »Adlerklaue« (*Fan-zi-pai*).

Bildnis von Yue Fei

Yue-jia-quan (chin.): auch *Yueh-chia-ch'uan*, Boxen der Familie YUE (s. →YUE FEI). Der Stil ist heute im nördlichen China verbreitet und zeichnet sich durch kurze Stellungen und kraftvolle Techniken aus. Ursprungsstil von →*Yue-jia-yin-chao-quan*.

Yue-jia-yin-chao-quan (chin.): auch *Yueh-chia-in-ch'ao-ch'uan* oder *Yue-jar-jen-jao*, »Adlerklauen«-Boxen der Familie YUE (s. →YUE FEI). Ableitung aus →*Yue-jia-quan* und →*Fan-zi*, heute im Süden Chinas verbreitet. Die Techniken werden mit halboffener Hand ausgeführt, wobei die Finger eine Adlerklaue nachahmen.

In der Ming-Dynastie (1368–1644) kombinierte ein *Shaolin*-Mönch, LI CHUAN, das *Yue-jar-jen-jao* mit dem *Fan-zi* (s. →*Fan-jia-quan*) und nannte das System *Fan-tzu-jen-jao*. CHEN TZU-CHENG unterrichtete den Adlerklauenstil bis 1929 bei der chinesischen *Woo Association* in Hongkong. Sein Schüler LIEU MEN-FAR war bis zu seinem Tod 1964 der Großmeister des Stils.

Yûen (jap.): weich (s. →*Jû²*).

Yu-gamae (jap.): »vorbereitet sein«. Bezeichnung für die dritte Schußposition beim japanischen Bogenschießen (s. →*Kyûdô*). *Yu-gamae* umfaßt drei Hauptbewegungen: *Tori-kake*, die rechte Hand greift die Bogensehne und hält den Pfeil an der Sehne; *Te no Uchi*, die linke Hand greift den Bogen; *Monomi*, der Blick auf das Ziel.

Yûgen (jap.): Tiefgründigkeit. Das zu sehen, was sich unter der Oberfläche befindet und für unempfindsame Menschen nicht ersichtlich ist (s. →*Furyû*, →*Yû*)

Yuishinkan (jap.): *Dôjô* des *Gôjû-ryû*, gegründet 1954 von Meister KISAKI TOMOHARU (9. Dan) in Osaka.

Die Stilrichtung des *Yuishinkan* ist heute über seinen deutschen Repräsentanten, FRITZ →NÖPPEL, auch im *Deutschen Karate Verband* (s. →DKV und Anhang) vertreten.

Yu-jiang (chin.): auch *Yu-chiang*, wörtlich »Jadeflüssigkeit«, Bezeichnung für den Speichel, auch »Himmelswasser« genannt. Der Speichel spielt bei den daoistischen Gesundheitsübungen eine große Rolle, da er →*Jing* enthält.

Der Speichel soll nicht ausgespuckt werden, da das eine Abnahme von Vitalität zur Folge hat. Das Schlucken des Speichels bewahrt die Kraft und wird deshalb bei vielen Übungen praktiziert (siehe dazu *Dao-yin*). Man übt es am besten frühmorgens. Man nimmt Meditationshaltung ein und klappert 27mal mit den Zähnen, dann spült man mit dem Speichel die Zähne und schluckt ihn, wobei man ihn in Gedanken zum Gehirn und zum →*Qi-hai* schickt. Das schützt vor Krankheit und stärkt Zähne und Haare.

Früher hat man sich vor der Selbstmassage und dem Händereiben in die Hände gespuckt, um die Technik wirksamer zu machen, das ist aber heute fast in Vergessenheit geraten.

Yuken (jap.): Begriff aus dem *Kendô*: »Die Schwerter kreuzen sich.« Gegenteil: →*Muken*.

Yûki (jap.): Mut (s. →*Yû*[1]).

Yûkô (jap.): Wettkampfbegriff: »Fast ein →*Waza-ari*«. Vorteil für einen Wettkämpfer.

Yûkô-uchi (jap.): Wettkampfbegriff: halber Punkt.

Yumi (jap.): der japanische Bogen, Bogenschießen (auch *Kyû*). Der Bogen besteht aus verschiedenen Holz- oder Bambuslagen (*Nakago* und *Sobagi*), ist ungefähr 2,20 m lang, unsymmetrisch und hat seine Spannkraft im unteren Bogendrittel.

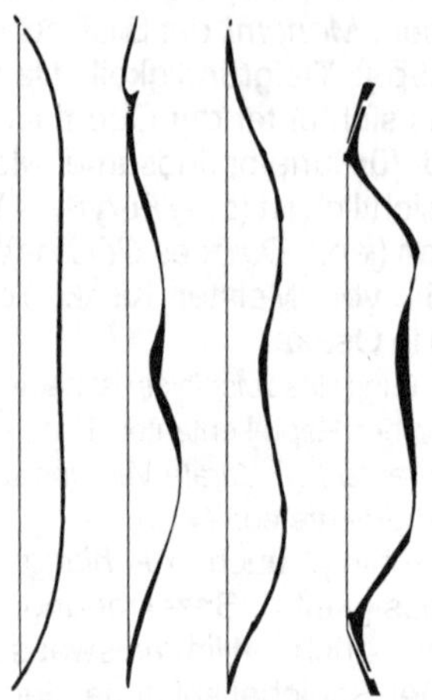

Verschiedene Formen des japanischen Bogens

Im Unterschied zum mongolischen Bogen, der symmetrisch und doppelt gekurvt ist, ist die Spannkraft des japanischen Bogens nicht sehr groß. Dies wird jedoch durch eine sehr starke Ausdehnung ausgeglichen, durch die man sehr lange Pfeile *(Ya)* verwenden kann. Die *Ninja* verwendeten manchmal eine Art mongolischen Bogen mit großer Spannkraft, etwa 0,7 m lang.

Yumiya no Michi (jap.): Weg des Bogenschießens.

Yumitori-shiki (jap.): Bogentanz.

Yumi-zuki (jap.): kombinierte Stoßtechnik. Mit der einen Hand fassen und ziehen, mit der anderen stoßen (ähnlich dem Spannen des Bogens). Wird in den Kata *Sôchin* und *Jion* gelehrt.

Yumi-ya (jap.): Bogen und Pfeil (s. → *Kyûdô*, →*Yumi*, →*Ya*).

Yu no Sen (jap.): Initiative in der Verteidigung (s. →*Go no sen*).

Yûsei-gachi (jap.): Wettkampfbegriff: »Knapp gewonnen durch technische Überlegenheit«.

Yûshinkan (jap.): *Iai-* und *Kendô-Dôjô* von →NAKAYAMA HAKUDO in Tôkyô.

Yusul (kor.): auch *Yo-Sool*, die »weiche Kunst« →Koreas, heute nicht mehr existent, in der Techniken des *Taekyon* und *Yoga* kombiniert waren. *Yusul* war eine Kampfkunst des Ausbildungssystems → *Charyuk*. Aus naher Distanz wurden Würfe, Würgegriffe und Armhebel angesetzt. Im 17. Jh. wurde *Yusul* von dem funktionelleren *Jûjutsu* langsam abgelöst.

Yusul war um 1150 sehr populär und umfaßte Würfe *(Padshigi)*, Griffe und Hebel *(Kudshigi)* und Vitalpunkttreffer *(Kypso tschiregi)*. Nach der Überlieferung gab es 24 Basis- und 10 geheime Verfahren, die nur hochgrädigen Meistern zugänglich waren. Während des 14. Jh. wurde die Kunst unter König SONJO verbessert. Im Königreich Koryo (918–1392) gab es jährliche Wettkämpfe bis in die Yi-Zeit. Der Höhepunkt dieser Kunst war in der Koryo-Periode, der Verfall vollzog sich im 17. Jh. Danach wurde das System vergessen. An seine Stelle trat das aus Japan importierte *Jûjutsu*.

Yu-ya (chin.): Giftzähne. Manche der chinesischen Waffen (s. →*Bing-qi*) waren mit Stacheln bestückt, die mit Gift getränkt wurden. Sie wirkten bei den kleinsten Verletzungen tödlich.

Yu Yong-Nian (*1920): chinesischer Arzt, Verbreiter des →*Zhan-zhuang-gong*, Schüler von →WANG XIANG-ZHAI, dem Gründer des →*Da-cheng-quan*.

Yu Yong-Nian wurde von Meister Wang beauftragt, das *Zhan-zhuang* als therapeutische Übung weiterzuentwickeln. Yu studierte daraufhin westliche und chinesische Medizin und Zahnmedizin in Japan. 1953 führte er das *Zhan-zhuang* zur Behandlung verschiedener chronischer Leiden in mehreren Hospitälern Pekings ein. 1956 wurde er von der Regierung beauftragt, ein Lehrbuch über seine Studien für alle Krankenhäuser zu verfassen. Dieses Buch erschien 1982, worauf noch drei weitere Lehrbücher folgten.

Yûzan Daidôji (1639–1730): japanischer *Samurai*-Gelehrter, der das *»Budô Shoshin-shû«* (»Grundlektionen über das Bushidô«) verfaßte, das in 44 Kapiteln dem jungen *Samurai* in der Art einer väterlichen Ermahnung die Basis des rechten Denkens (→*Gishi*) für den »höchsten Stand unter dem Himmel« beschreibt.

Z

Za (jap.): Sitz, Platz. *Suwaru* – sich setzen, *Zaseki* – Platz.

Zabuton (jap.): dicke rechteckige Matte oder Kissen, im Meditationssitz verwendet. Unterlage für das →*Zafu*.

Zafu (jap.): rundes pillenförmiges Sitzkissen für die Meditation im *Zen*.

Ein Zafu wird mit Kapok gefüllt und auf ein →*Zabuton* gelegt. Während man auf einem *Zabuton* die gesamte Dreieckbasis des Sitzens (→*Zahô*) aufbaut, dient das Zafu nur zum Sitzen.

Za-fu-bei (chin.): »Beklopfen *(Za)* von Bauch *(Fu)* und Rücken *(Bei)*«, System des →*Qigong*.

Mit dem Drehen des Körpers werden die Arme geschwungen. Dabei beklopft man mit den Fäusten zwei Akupunkturpunkte (s. →*Dian-xue*, →*Xue*), einen ca. 3 cm unter dem Nabel und einen in der Nierengegend auf der Wirbelsäule. Mit dieser Übung werden Kopfschmerzen, Rückensteifheit und Erschöpfungszustände bekämpft.

Zagashi-yaku (jap.): Gift, das aus grünen Pflaumen oder Pfirsichen hergestellt wird.

Zagu (jap.): wörtlich: »Sitzzeug«. Das *Zagu* ist eine Sitzmatte, die der *Zen*-Mönch zum Meditieren verwendet.

Das *Zagu* ist leichter und deshalb einfacher mitzunehmen als das →*Zabuton*. War ein Mönch auf Reisen, trug er es zusammengefaltet unter seinem Gewand.

Zahô (jap.): verschiedene Methoden des Meditationssitzens, die in Ostasien gebraucht werden. Die wichtigsten japanischen Sitzmethoden sind (Erläuterungen s. unter der jeweiligen Bezeichnung):

METHODEN DES SITZENS

Agura	– Schneidersitz
Anza (Kekka-fuza)	– Lotussitz
Seiza	– japanischer Meditationssitz
Hanka-fuza	– halber Lotussitz

Beim Sitzen wird das Körpergewicht am besten von einem Dreieck als Basis getragen. Aus dieser

Basis heraus erwächst der obere Körper aufrecht, völlig entspannt und in vollkommenem Gleichgewicht. Dazu muß der Übende seine Wirbelsäule ausrichten, denn eine gerade Haltung ist die Grundlage für eine gute Atmung.

Gerade Haltung bedeutet nicht »Rücken gerade, Brust raus«. Man muß der Wirbelsäule erlauben, sich in einer natürlichen Position zu strecken, so daß es nirgendwo einen Druck, eine Verspannung oder einen Zwang gibt. Jedes Rückgrat hat seine eigene natürliche Form, und diese sollte der Übende bei sich selbst finden. Sitzt er mit einer gemachten Haltung, erlaubt er weder einen guten Atemfluß noch einen guten Energiefluß.

Das Becken sollte leicht nach vorne geneigt sein. Wenn die Basishaltung richtig ist, entstehen im menschlichen Körper zwei wichtige Vorgänge:

- Die Wirbel richten sich selbst, einer nach dem anderen bis nach oben aus, vorausgesetzt, es gibt keine angeborenen Verkrümmungen.
- Die inneren Organe nehmen ihren natürlichen Raum ein und bringen sich selbst in die richtige Lage. Durch diese rechte innere Anordnung ist der Übende erst in der Lage, richtig zu atmen.

Zan (jap.): Rest.

Zang-fu (chin.): Organe, Funktionskreise (s. →Chinesische Gesundheitslehre, →Akupunktur).

ALLGEMEIN

In der chinesischen Medizin spielen die Organe, so wie wir sie aus unserer Anatomie kennen, keine bedeutende Rolle. Die Funktionskreise stellen geordnete Erscheinungen unseres Körpers dar, die jeweils nach einem Organ benannt sind, aber auch psychische Faktoren und diesem (anatomischen) Organ fremde Eigenschaften beinhalten. Die Leitbahnen (→*Jing-luo*) sind den *Zang-fu* zugeordnet.

Die *Zang-fu* werden in 6 energiespeichernde *Zang* (Zuordnung zu *Yin*) und in 6 energieleitende *Fu* (Zuordnung zu *Yang*) unterteilt. Außerden kennt man noch 6 Nebenfunktionskreise: Gehirn, Rückenmark, Knochen, Leitbahn, Galle und Gebärmutter. Die Funktionskreise werden nach den 5 Wandlungsphasen (→*Wuxing*) eingeteilt. Weiterhin wird jedem Funktionskreis ein Geschmack, ein Antagonist *(Zhu)*, eine stimmliche Manifestation *(Sheng)*, eine energetische Konstellation *(Qi)* und eine charakteristische Farbe *(Se)* zugeordnet. Jedem Funktionskreis entspricht auch eine physische Reaktion *(Qui)*, ein spezifisches Sinnesorgan *(Guan)* und eine Körperöffnung *(Kai-qiao)*. Jeder hat eine Reihe von spezifischen Funktionen *(Zhi-guan)* und eine lebenserhaltende Basisfunktion *(Ben)*.

ZANG – DIE SPEICHERNDEN FUNKTIONSKREISE

1. ***Gan*** (**Funktionskreis Leber**) bedeutet »Heerführer«. Von hier gehen Überlegungen und kluge Pläne aus, und das Blut *(Xue)* wird gespeichert. Dieser Funktionskreis wird *Yin* zugeordnet und entspricht der Wandlungsphase Holz. Von ihm hängen Antrieb, Kraftentfaltung von Muskeln und Sehnen, Phantasie, Initiative, Mut, Arbeitslust und Appetit ab. Die Wandlungsphase Holz entspricht dem Morgen und dem Frühling, also einer *Yang*-Phase. Deshalb bezeichnet man den Funktionskreis Leber als *Yang* im *Yin* (Holz – *Yang*, Leber – *Yin*) oder als »junges Yang«. Ihm werden die Zeit vor Sonnenaufgang sowie die Monate Februar und März zugeordnet. Zu diesen Zeiten ist er besonders empfindlich, aber auch gut zu behandeln. Der entsprechende Geschmack ist das Saure, die Emotion ist Zorn (bei Schwäche Furcht). Seine Entfaltung findet er in den Nägeln der Hände und Füße. Das entsprechende Sinnesorgan ist das Auge. Grün und blau sind charakteristische Farben. Sein energetischer Partner ist der Funktionskreis Galle, sein Antagonist ist der Funktionskreis Lunge.

2. ***Xin*** (**Funktionskreis Herz**) bedeutet »Fürst«. Von ihm gehen das Gesamtgefüge der Persönlichkeit und die klare Einsicht aus. Sein Produkt ist die Persönlichkeitskraft →*Shen*. Er entspricht der Wandlungsphase Feuer, ist also *Yang* im *Yang* oder »mächtiges *Yang*« und als solches der Inbegriff der Aktivität. Er steuert Auftreten, Konzentration, Koordination des Bewußtseins und dessen Einheitlichkeit sowie die Schlüssigkeit der Argumente. Seine Störung führt zu Geisteskrankheiten. *Xin* entspricht dem Mittag und den Monaten Juni, Juli. Sein Geschmack ist das Bittere und das Süße. Die Emotion ist die Lust, die Farbe das Scharlachrot. Die Zunge ist das entsprechende Organ, und die Ohren sind korrespondierende Körperöffnungen. Sein Partner ist der Funktionskreis Dünndarm, Antagonist ist der Funktionskreis Niere.

3. ***Pi*** (**Funktionskreis Milz**) übersetzt man mit »Zensor«. Er ist der Funktionskreis der Kritik und Überlegung, der Imagination und der Einsicht. *Pi*

ist der Vorratsspeicher des Körpers. Die Erde ist die entsprechende Wandlungsphase und verantwortet die Harmonie aller Funktionen und die Steuerung der Körperflüssigkeit. Er wird als *Yin* im *Yin* oder als »äußerstes Yin« bezeichnet, was auf extreme Anpassungsfähigkeit hinweist. Der Nachsommer und Nachmittag sind seine Zeiten. Das Süße ist sein Geschmack. Seine Farbe ist gelb, die Emotion ist das Nachdenken und Grübeln. Der Mund ist die entsprechende Körperöffnung. Sein Antagonist ist der Funktionskreis Leber.

4. ***Fei*** (**Funktionskreis Lunge**) ist der »Minister«, der für Ordnung des Lebens und für eine harmonische Atemführung sorgt. Er ist besonders durch *Qi-gong* und *Dao-yin* zu beeinflussen. Er beherrscht die Haut und stellt die Abwehrkräfte des Körpers dar. Die Wandlungsphase Metall wird ihm zugeordnet, so daß er *Yin* im *Yang* oder »junges *Yin*« ist. Sein Geschmack ist das Scharfe, die Emotion ist Trauer. Ihm entsprechen der frühe Abend und der Herbst. Der Funktionskreis Dickdarm ist sein Partner, der Funktionskreis Herz ist sein Gegenspieler (Antagonist).

5. ***Shen*** (**Funktionskreis Niere**) – oder die »Instanz der Potenzierung der Kraft« – ist der Speicher aller angeborenen Anlagen und Kräfte, er bewahrt das Erlernte und ist die Grundlage der Erinnerung. Ihm entspricht die Wandlungsphase Wasser, und er ist die Grundlage der körperlichen und geistigen Ausdauer. Eine seiner wichtigsten Funktionen ist die Potenz. Sein Geschmack ist das Salzige, seine Emotion ist die Furcht. Seine Zeit ist der Winter und die Zeit vor Mitternacht. Sein Sinnesorgan ist das Ohr.

6. ***Xim-baol-uo*** (**Funktionskreis »Netz des Herzens«**) übersetzt man mit »der abhängige Beamte«. Dieser Funktionskreis ist in der heutigen Medizin nicht mehr bedeutsam. Er regelt die Herz- und Kreislauffunktion und ist Ausgang von Lust und Freude.

FU (DURCHGÄNGIGE FUNKTIONSKREISE)

Diese Funktionskreise sind alle *Yang*. Sie bewegen die Körpersäfte und die Energie *(Qi)* im Körper.

1. ***Tan*** (**Funktionskreis Galle**) – der »Ordnungsbeamte« – regelt die Entschlußfähigkeit.

2. ***Xiaochang*** (**Funktionskreis Dünndarm**) nimmt die Nahrung auf und verteilt sie.

3. ***Wei*** (**Funktionskreis Magen**) – »der Marktplatz« – ist Umschlagplatz und Zwischenspeicher der Nahrung. Er harmonisiert den Körper.

4. ***Da-chang*** (**Funktionskreis Dickdarm**) – hier finden Transport und Lenkung der Nahrung statt.

5. ***Pang-guang*** (**Funktionskreis Blase**) – »die Bezirkshauptstadt« – ist Sammelstelle und Speicher der Körpersäfte.

6. ***San-jiao*** (**Funktionskreis Dreifacher Wärmebereich**) ist die verbindende »Wasserstraße« des Organismus und führt die Energie.

Jeder Funktionskreis tritt durch Körperpunkte an der Hautoberfläche in Kontakt mit der Außenwelt. Diese Punkte heißen →*Xue* oder →*Dian-xue*. Sie werden mit →Akupunktur oder →*Anmo*/→*Shiatsu* stimuliert und beeinflussen so auch das Innere des Körpers. Jedem der *Zang-fu* ist eine Leitbahn (→*Jing-luo*) zugeordnet.

Zang-fu-zhi-qi (chin.): »Organ-*Qi*«, eine Form des Körper-*Qi* (s. →*Qi*, →*Zhen-qi*).

Jedes Organ (s. →*Zang-fu*) hat sein eigenes *Qi*, das von dem Organpartner und der spezifischen Funktion geprägt wird. Seine Natur ist also abhängig von seiner Lage und seinen speziellen Aufgaben.

Zanshin[1] (jap.): der Begriff bedeutet wörtlich »der Geist, der unbeweglich bleibt« (s. →*Heijôshin kore michi*) und meint im übertragenen Sinn die Geistesgegenwart und die rechte Aufmerksamkeit, die nicht nur in den aktiven Handlungen beibehalten werden soll, sondern während des gesamten Kampfgeschehens.

ALLGEMEIN

Zanshin ist der Geist, der beharrt und immer umsichtig bleibt, ohne an etwas festzuhalten. Man achtet auf die Handlung und bleibt wachsam auch dem gegenüber, was danach geschehen könnte. *Zanshin* bedeutet, den Geist in der Gegenwart zu halten, nicht an Vergangenem zu haften und nicht über Zukünftiges nachzudenken. Es gibt eine *Zanshin*-Weise, die Tür zu schließen, etwas hinzulegen oder Auto zu fahren. Man legt die Dinge mit Umsicht hin, man läßt die Tür nicht laut zuschlagen. *Zanshin* ist für jede Tätigkeit des Lebens bedeutsam.

ZANSHIN IN DEN KAMPFKÜNSTEN

In den Kampfkünsten bedeutet *Zanshin* den Zustand des Geistes, aus dem heraus man in der Lage ist, unbefangen und frei vom Ende einer Bewegung in die nächste überzugehen. In diesem Zustand konzentriert sich der Geist ganz in der

Gegenwart. Wenn man in einer wirklichen Kampfsituation den Geist durch irgendeinen Umstand fixiert, bedeutet dies den sofortigen Verlust des *Zanshin* und gleichzeitig auch die Niederlage. Man muß lernen, sich so vollkommen auf seine Handlungen zu konzentrieren, daß man zur unzerstörbaren Einheit mit seinen Bewegungen wird. Eins mit der Bewegung zu sein, so daß keine Kraft von außen diese Einheit zerstören kann, das ist der Zustand von *Zanshin*.

Ein Ausdruck von *Zanshin* ist es nicht, wenn sich der Körper in Wartesituationen ungeduldig verspannt oder wenn die Aufmerksamkeit nach der Handlung auf den Nullpunkt sinkt. Nach außen hin ist *Zanshin* von neutralem Ausdruck und strahlt gelassene Ruhe aus. Die Aufmerksamkeit ist eine innere Bewegung, die ein Meister der Kampfkünste zulassen kann, um sich in die Bereitschaft zu versetzen, jede äußere Bewegung wahrnehmen und auf sie reagieren zu können. *Zanshin* drängt sich der Situation nicht auf, sondern ermöglicht dem Übenden die perfekte Anpassung an die Situation. Ein äußerer Ausdruck von aggressiver Ungeduld und Willensspannung ist das Gegenteil von *Zanshin*.

Zanshin[2] (jap.): die 8. und letzte Position beim japanischen Bogenschießen (s. →*Kyûdô*) nach dem Lösen des Pfeils *(Hanare)*. Der Schütze wartet reglos, bis sich die körperliche und geistige Spannung abgebaut hat und der Schuß ausgeklungen ist.

Zarei (jap.): Gruß im Sitzen (Verbeugung). Erläuterungen s. →*Rei* und →*Zahô*.

- Man setzt aus der Bereitschaftsstellung den linken Fuß einen halben Schritt nach hinten.
- Nun kniet man auf dem linken Knie ab und plaziert das Knie direkt neben der Ferse des rechten Fußes. Die Zehen des linken Fußes sind eingezogen.
- Nun wird das rechte Knie parallel zum linken Knie auf den Boden gesetzt. Die Knie sind ungefähr zwei Faustbreit auseinander. Die große Zehe des rechten Fußes wird auf die große Zehe des linken Fußes gelegt.
- Man nimmt jede Spannung aus dem Körper, hält ihn in seinem natürlichen Gleichgewicht vollkommen aufrecht. Das Kinn wird etwas angezogen. Man blickt geradeaus, der Mund ist leicht geschlossen, und die Hände liegen auf den Oberschenkeln.
- Nun gleiten die Hände über die Oberschenkel nach vorn auf den Boden. Sie werden so abgesetzt, daß die Finger leicht nach innen zeigen.
- Der Oberkörper wird auf natürliche Weise nach vorn gelehnt, und die Ellbogen beugen sich nach außen. Das Gesäß bleibt in der sitzenden Position. Während der Verbeugung wird ausgeatmet. Am Schluß der Verbeugung wird der Kopf leicht geneigt.
- Nun wird, mit dem Kopf beginnend, die natürliche Haltung wieder eingenommen. Der Blick wird geradeaus gerichtet.
- Beim Aufstehen wird zuerst das Gesäß gehoben, so daß man auf beiden Knien kniet. Nun zieht man die Zehen ein. Zuerst hebt man das rechte Knie und steht auf. Man grüßt mit Würde, Gemäßigtheit und aufrichtigem Geist.

Zazen (jap.): chin. *Zuo-chan (Tso-ch'an)*, *Zen* im Sitzen (s. →*Zen* und →*Zahô*). Die Praxis (Technik) des *Zen*.

ALLGEMEINES

Alle Künste des →*Dô* (s. auch →*Jiriki*) bestehen aus einem dreigeteilten Prinzip: *Waza* (Technik), *Ki* (Energie) und *Shin* (Geist). Das *Zen* hat seine eigene Technik (*Waza*) entwickelt: *Zazen*. *Zazen* bedeutet »Sitzen«, zumeist in →*Seiza* zum Zwecke der Meditation. Die Übung im *Zazen* besteht darin, in der Meditation über das bewußte Denken hinauszugehen und →*Satori* zu erreichen.

Die höchste Form des *Zazen* ist das Verweilen in einem Zustand gedankenfreier, hellwacher Aufmerksamkeit, die auf kein Objekt gerichtet ist und an keinem Inhalt haftet (s. →*Shikantaza* und →*Saijôjô-Zen*).

ZAZEN IN DEN KAMPFKÜNSTEN

Zazen ist nicht nur eine Übung, die dem *Zen* zu eigen ist. Alle großen Meister der Kampfkünste üben *Zazen*, um ihr →*Ki* (s. auch →*Qi*) zu entwickeln. Die Übung des *Zazen* hat eine tiefe Wirkung auf die Übung der Kampfkünste und gilt für deren wahre Ziele als unerläßlich. Kampfkunstsysteme, die auf die Praktiken des *Zazen* verzichteten, haben andere, ähnliche Übungen entwickelt, um den Geist zu schulen (s. z. B. →*Mudrâ* und verfolge weitere Hinweise).

In den ersten 10–15 Jahren steht für einen Übenden der Kampfkünste die Kampfkunsttechnik (*Waza*) im Vordergrund. Es gibt keine Möglichkeit, über sie in die transzendentale Ebene (s. Transzendentalphilosophie) hinauszugehen, weil der Geist untrennbar an ihren Formen haftet und eine

Befreiung nicht zuläßt. In der Formgefangenheit (s. →*Shu*) ist es nicht möglich, zu verstehen, welche Bedeutung *Ki* (Energie) und *Shin* (Geist) wirklich haben. Transzendenz kann nicht über das Formverständnis erreicht werden, weil das logische Bewußtsein nicht →*Mushotoku* (ohne Streben nach Profit) sein kann. Mit dem logisch denkenden Bewußtsein versteht man nur das Gegenständliche und nicht die wahren Inhalte.

Übung des Zazen

Im *Zen* sagen die Meister (außerhalb Japans) oft *»Chin in!«* Dieses englische Kommando bedeutet, daß die Schüler ihr Kinn ein wenig anziehen und sich vorstellen sollen, daß sie die Decke des Raumes mit der Spitze des Kopfes stützen. Wenn man dies übt, hat man den Eindruck, daß sich das Rückgrat nach oben verlängert. Meister Kanazawa empfiehlt diese *Zen*-Praktik bei der Ausführung jeder *Karate*-Technik. Diese Haltung erlaubt die völlige Befreiung von allen inneren Energieblockaden und wirkt sich positiv auf die Stimulation der Vitalpunkte aus.

Das einfache Sitzen in *Zazen* kann einen Anfänger mit verschiedenen Problemen konfrontieren. Manche Schüler können sich nicht gerade machen, andere können sich nicht entspannen, und wieder andere können die Schultern nicht gleichmäßig halten. Unzählige Probleme können auftauchen. Der Übende kann seinen Körper nicht vom Einfluß des bewußten Denkens befreien, das ihn total verspannt, und je mehr er es versucht, desto schlimmer wird es. Es dauert eine ganze Weile, bis ein Anfänger lernt, überhaupt nur »einfach und gerade dazusitzen«. Das einfache Sitzen macht die Probleme unseres streßerfüllten Alltags deutlich.

Für Anfänger ist es schwierig, 10 Minuten lang in →*Mokusô* zu sitzen. Für *Mokusô* verwendet man den *Seiza*-Sitz. Bei Ungeübten beginnen die Knie und die Fußgelenke zu schmerzen, und der Beckenbereich verspannt sich. Es ist jedoch nicht nötig, unbedingt die *Seiza*-Position zu wählen. Man kann in allen anderen Positionen ebenso gut sitzen, wenn man die Prinzipien der Haltung, der Spannung und der Atmung beachtet. Kampfkunstübende, die es gewohnt sind, in *Seiza* zu sitzen, können dazu eine *Seiza*-Bank oder eine Kombination aus →*Zabuton* und →*Zafu* benutzen. Dies macht nicht nur das Sitzen angenehmer, sondern erhöht den Körper etwas und vermindert dadurch den Druck auf die Knie, wodurch die Lendenwirbelgegend nicht so leicht zusammensackt.

Man sollte täglich üben, wenn auch nur einige Minuten. Mit der Zeit entdeckt man ganz von selbst alle weiteren Schritte, die zu unternehmen sind. Anfänger sollten in völliger Stille üben. Fortgeschrittene können zur Meditation eine leise, beruhigende Musik verwenden (am besten mit *Shakuhachi*, der japanischen Holzflöte, gespielt). Es ist gut, wenn man in einem *Dôjô* übt, da ein *Dôjô* eine gemäßigte und würdevolle Atmosphäre besitzt. Vor und nach der Meditation soll man sich verbeugen. Orte, die eine negative Ausstrahlung haben, soll man für die Meditation vermeiden. Ein ruhiger, gemäßigter und ausgeglichener Geist ist für die Meditation von größter Bedeutung.

Zazen Yôjinki (jap.): Buch über die *Zen*-Praxis, im 14. Jh. von Keizan Jôkin geschrieben. Anleitungen über die Übung des *Zazen*.

Zembu (jap.): alles, alle.

Zempaku (jap.): Unterarm (auch →*Wan*).

Zempô (jap.): vorwärts, vornüber.

Zen[1] (jap.): ganz, vollständig (auch *Mattaku*). *Zenbu* – alles, *Zentai* – die Gesamtheit, *Zenshin* – der ganze Körper, *Banzen* – absolut sicher.

Zen[2] (jap.): vor, vorne, früher (auch *Mae*).

Zen[3] (jap.): als Abkürzung des Wortes *Zenna* wörtlich: »Versenkung«. Im Sanskrit: *Dhyâna*, chinesisch: →*Chan*. Aus dem strengen →*Hinayâna*-Buddhismus entstand das →*Mahâyâna* und entwickelte sich gebietsbedingt unter verschiedenen Aspekten. Eine dieser Richtungen war das indische *Dhyâna*, das sich in China als *Chan* und in Japan als *Zen* profilierte (Ursprungslehre s. →Buddha). Wie keine andere Schule des Buddhismus betont das *Zen* die Vorrangigkeit der Erleuchtungserfahrung (s. →*Satori*) und die Nutzlosigkeit ritueller und religiöser Übungen (s. →*Jiriki*), auch die Auseinandersetzung mit den theoretischen Inhalten des Glaubens.

Inhalt

Die wichtigste Technik, die das Zen entwickelte, ist →*Zazen*. Wie auf allen Wegen des →*Jiriki* geht es auch in der Übung des *Zen* um die Ent-

Zen-Zeichnung – Laufendes Pferd

wicklung von Technik *(Waza)*, Energie *(Ki)* und Geist *(Shin)*, um die Grenze zur Transzendenz zu durchstoßen. Geschichtlich lassen sich die Charakteristiken des *Zen* in vier Punkten zusammenfassen: 1. eine besondere Überlieferung außerhalb der orthodoxen Lehren; 2. Unabhängigkeit von heiligen Schriften; 3. unmittelbares Deuten auf das Wesen der Dinge; 4. eigene Wesensschau. Die *Zen*-Lehre hat nachhaltig das gesamte asiatische Geistes- und Kulturleben geprägt und war einer der Eckpfeiler des →*Bushidô*. Der zentrale Gedanke des *Zen* ist die Entwicklung eines Geistes (→*Mushin*), der durch verschiedene Praktiken der Versenkung (s. →Meditation, →*Kôan*, →Transzendentalphilosophie) die Erleuchtung *(Satori)* ermöglicht. Dies ist den anderen buddhistischen *Jiriki*-Wegen (*Tendai* und *Shingon*) keineswegs fremd. Was das *Zen* jedoch von ihnen unterscheidet, ist, daß es weder über die heiligen Schriften Buddhas noch über sonstige magische Praktiken nachdenkt, daß es weder auf die Gnade eines Gottes (s. →*Tariki*) hofft noch seine Gunst zu gewinnen sucht, daß es keinen Gott anruft, ja noch nicht einmal anerkennt, sondern sich von allem religiösen und rituellen Beiwerk befreit und sich ausschließlich auf die Suche nach der eigenen Erleuchtung in der Meditation konzentriert. Das *Zen* versteht sich selbst als abseits von jedweder Schullehre und erkennt auch keine kanonischen Schriften an. Als wesentlich gilt in ihm die geistige Übermittlung von Person zu Person (*Ishin-denshin* – »von Herz zu Herz«), insbesondere von Lehrer zu Schüler (*Dharma*-Übertragung des *Zen*, s. unter →*Soshigata*).

GESCHICHTE

Der Legende nach begründet sich das *Dhyâna* in der berühmten Rede des →BUDDHA auf dem Geierberg, als er, ohne ein Wort zu sagen, schweigend eine Blume in seiner Hand drehte. Sein Schüler KÂSHYAPA begriff und lächelte – er hatte die Lehre des Buddha in der »Herz-zu-Herz-Übertragung« erfaßt. Dies war die erste Übertragung der »wortlosen Lehre«, und KÂSHYAPA (MAHÂKÂSHYAPA) wurde zum 1. indischen Patriarchen (→*Soshigata*) des *Zen*.

Das ursprüngliche *Dhyâna* wurde danach von dem indischen Mönch →BODHIDHARMA, dem 28. Nachfolger BUDDHA's und 1. Patriarchen (→*Soshigata*) des nachfolgend entstehenden *Chan (Zen)*, im 6. Jh. nach China gebracht, wo sich die Lehre hauptsächlich mit der Philosophie des →LAO-ZI vermischte und sich von ihren indischen Ursprüngen entfernte (s. →E'NÔ). Das Wesen der Welt wurde nicht mehr (wie ursprünglich) als etwas Unveränderbares, Ruhendes betrachtet, sondern als etwas sich in Bewegung Befindendes, als ein kontinuierlicher Rhythmus von »Werden und Vergehen« (s. →*Dao*, →*Yin/Yang*). Diese Veränderung unterscheidet das *Zen* hauptsächlich von den vielen Strömungen indischer Glaubensrichtungen mit weltflüchtigen Tendenzen (z. B. →*Yoga*, s. dazu →Brahmanismus). Wegen der ablehnenden Haltung des *Zen* gegenüber jeder Form von Realitätsflucht und wegen seiner Betonung der praktischen Realitätsbewältigung wurde es für die Formen des kriegerischen → *Bujutsu* besonders wertvoll (s. dazu auch →*Budô* und →TAKUAN und verfolge weitere Hinweise).

In der Übertragungslinie BODHIDHARMA's bis zum 6. Patriarchen des chinesischen *Zen* (HUI-NENG oder E'NÔ, 683–713) entwickelte sich aus der Kombination von *Dhyâna*, Buddhismus und Daoismus jene Form der geistigen *Zen*-Schulung, die wir heute kennen. Diese besteht vor allem in den Lehren der auf E'nô zurückgehenden »Südlichen Schulen«, welche die plötzliche Erleuchtung betonen. Die ab E'no abgespalteten »Nördlichen Schulen« waren praktisch bedeutungslos und nur von kurzer Dauer.

Vom 6. Patriarchen an spaltete sich die Übertragungslinie der chinesischen »Südlichen Schulen« in 7 bedeutende Richtungen: die →*Sôtô*-Schule, die →*Ummon*-Schule, die →*Hôgen*-Schule, die →*Igyô*-Schule, die →*Rinzai*-Schule und die beiden Unterschulen des *Rinzai*, die →*Yôgi*- und die →*Oryô*-Schule.

Im 12. und 13. Jh. gab es in China bereits viele *Zen*-Schulen, und langsam waren Einflüsse auch in Japan bemerkbar, wo der Buddhismus (als *Tendai* und *Shingon*) schon einige Jahrhunderte früher Fuß gefaßt hatte. Wirkliche Stärke erreichte das *Zen* aber erst, nachdem sich der Mönch EISAI ZENJI 1184–1191 in China aufgehalten hatte, um das *Zen* zu studieren. Nach Japan zurückgekehrt, gründete er die →*Rinzai*-Schule, die erste *Zen*-Schule Japans, und förderte den Bau mehrerer Tempel. In kurzer Zeit erlangten diese Klöster eine solch ungeheure Macht, daß sie die politischen Angelegenheiten des Landes wesentlich beeinflußten. 1195 verbot der Kaiser die Sekte aus diesem Grund. Eisai ging daraufhin nach Kumemura, wo der *Shôgun* ihm Schutz bot, und baute den für die *Rinzai*-Schule bedeutendsten *Enkakuji*-Tempel. →DÔGEN ZENJI war ein Schüler Eisais und gründete im Jahre 1227, nachdem er ebenfalls in China studiert hatte, die →*Sôtô*-Schule. Somit gelangten von den sieben chinesischen Richtungen nur die *Rinzai*- und die *Sôtô*-Schule nach Japan.

In China selbst ging das *Zen* während der Sung-Zeit nieder und hörte in seiner reinen Form praktisch auf zu existieren. Ab DÔGEN ZENJI jedoch, der zusammen mit EISAI ZENJI, →SHINCHI und einigen in Japan weilenden chinesischen Meistern die japanische *Zen*-Tradition begründete, erlebte es in Japan eine neue Blüte. Auf den chinesischen Meister INGEN RYÛKI ist auch die japanische →*Obaku*-Schule zurückzuführen, die jedoch heute fast bedeutungslos ist. Einer der größten japanischen *Zen*-Meister, →HAKUIN ZENJI, erlangte Bedeutung, als er das im Niedergang begriffene *Zen* im 18. Jh. reformierte und zu neuem Aufschwung brachte.

<u>ARTEN</u>

Allgemein kann man im *Zen* fünf Arten unterscheiden, die von KEIHÔ SHUMITZU ZENJI (KUI FENG TSUNG MI), einem früheren chinesischen Zen-Meister, aufgestellt wurden: das →*Bombu-Zen*, das in erster Linie die körperliche und geistige Entspannung im Auge hat; das →*Gedô-Zen*, das eine Verbindung zu religiösen Praktiken enthält; das →*Shôjô-Zen*, das auf den Frieden des eigenen Geistes bedacht ist; das →*Daijô-Zen*, das die buddhistische Lehre beinhaltet; und das →*Saijôjô-Zen*, in dem die Stufe der endgültigen Meisterschaft erreicht wird.

Zen-Zeichnung – Spielende Pferde

Innerhalb dieser gibt es viele Schulen des *Zen*, die sich untereinander in Einzelheiten unterscheiden. Jede Religionsform hat etwas von *Zen* in sich, denn keine Religion ist ohne Gebet und geistige Sammlung. Auch alle praxisbezogenen Philosophien gehören in gewisser Weise dem *Zen* an, wie z. B. die Teezeremonie, das Blumenstekken, das Bogenschießen, das *Aikidô* und das *Karate*. Auch Meister OKADA's →*Seiza* ist eine Richtung des *Zen*.

Zen ist keine metaphysische Religion, sondern eine Lebenshaltung des aktiven Handelns und geradlinigen Strebens. Dies machte es für die japanischen Kriegskünste und für die gesamte japanische Kultur äußerst interessant, und es dauerte nicht lange, bis es die japanische Ideenwelt vollkommen beherrschte. Keine Kunst Japans blieb von seinem Einfluß frei. Den stärksten Einfluß auf das japanische →*Bushidô* hatte das *Zen* im 16. Jh. Zu dieser Zeit lebten die großen japanischen Meister des Schwertes, die die Philosophie des *Zen* zum festen und praktischen Bestandteil der Übung machten (s. →*Kendô*, →TAKUAN und →*Bushidô*).

Die Techniken der Übung im *Zen* sind verschieden und entwickelten im Laufe der Zeit entsprechend den verschiedenen Schulen auch verschiedene Praktiken. Folgende sind die wichtigsten (s. unter der jeweiligen Bezeichnung):

TECHNIKEN DES ZEN

Tachi-Zen (Ritsu-zen)	– Meditation im Stehen
Kinhin	– Meditation im Gehen
Zazen	– Meditation im Sitzen
Kôan	– Kommunikation

Zen-Atmung: im →*Zen*[3] verwendete Atemmethode (s. →Atmung). Sie erstrebt eine natürliche Form der Atmung (s. →*Anahana* – Regulierung des Atems) und wird im völligen Ruhezustand des Körpers (s.→Meditation) ausgeführt, obwohl es auch Atmungsmethoden gibt, die in der Bewegung ausgeführt werden (z. B. *Kinhin* – Meditation im Gehen). Die Atmungsmethoden aus den japanischen Kampfkünsten (s. →*Kokyû-hô*) sind von der *Zazen*-Atmung (*Hara*-Atmung) abgeleitet und den Bewegungsformen der Kampfkünste angepaßt. Wenn man sie wirklich verstehen lernen will, ist es wichtig, die *Zen*-Atmung zur Grundlage der Atemübung zu machen.

METHODE

Man setzt sich dazu in →*Zazen* und legt die Hände völlig entspannt auf die Oberschenkel. Es ist äußerst wichtig, daß der Oberkörper ganz gerade ist, das Kinn ein wenig angezogen, die Schultern entspannt und locker. Diese Haltung dient dazu, daß der Unterbauch *(Tanden)* frei wird und die Atmung ungehindert fließen kann.

- **Einatmen**. Grundsätzlich atmet man durch die Nase ein. Man zieht den Atem in den Unterbauch und füllt, von dort ausgehend, den Bauch und dann die ganze Brust mit Luft. Der Bauch hebt sich, während bei einer guten Atmung die Brust relativ unverändert bleibt. Dabei atmet man langsam (so langsam es geht), ohne jedoch ungleichmäßig zu werden.
- **Ausatmen**. Wenn die Lungen mit Luft gefüllt sind, geht man – nach Möglichkeit ohne Unterbrechung – zum Ausatmen über. Dazu öffnet man leicht die Lippen, hält die Zunge und die Kehle entspannt und läßt den Atem langsam nach außen fließen. Die Bauchdecke geht dabei zurück, das Zwerchfell hebt sich und drückt die Luft gleich einem Kolben aus den Lungen. Man atmet ganz aus. Der Vorgang der Ausatmung sollte zweimal so lang sein wie der der Einatmung.

BEDEUTUNG

Im Gegensatz zum indischen *Yoga*, das davon ausgeht, daß durch seine Atmungsformen eine beruhigende Wirkung auf den Geist erfolgt, erstrebt die *Zen*-Atmung nichts weiter als eine gesammelte Konzentration des Geistes in der Übung, wodurch sich der Atem von selbst beruhigt. In den Übungen des *Zen* wird von einer willentlichen Beeinflussung der Atmung Abstand genommen, da eine bewußte Konzentration auf den Atemvorgang innere Spannungen bewirkt und von den Zielen der Meditation ablenkt. Dennoch gibt es auch im Zen oftmals Methoden, in denen besonders Anfänger ihre Atemzüge zählen, jedoch nicht mit dem Zweck, den Atem willentlich zu beeinflussen.

Die *Zen*-Atmung ist die natürlichste Form des Atmens und kann, wenn man sie im *Zazen (Mokusô)* beherrschen gelernt hat, auch in die Bewegungen übertragen werden. In diesem Fall handelt es sich um →*Kinhin*, die buddhistische Parallele zum *Tai-ji-quan*. Die *Kata* des *Karate* sind, vom esoterischen Standpunkt aus betrachtet, *Kinhin* mit gesteigerter Geschwindigkeit.

STUFEN

Das Beherrschen des Atmens vollzieht sich im Übenden in drei Stufen: Zuerst geht es lediglich um das Bewußtwerden des Atems und um die Korrektur seiner physischen Form. In der zweiten Stufe lernt man den beständigen Wechsel zwischen Selbstbehauptung (Einatmen) und Selbsthingabe (Ausatmen) im gleichgewichtigen Verhältnis des eigenen Selbst zur Welt. Das heißt, hier erfährt man, daß die rechte Beziehung zur Welt mit dem rechten Atmen zusammenhängt. Die dritte Stufe ist die Stufe, auf der die Kontrolle des *Ki* und des Geistes durch Atmung möglich wird. Sie kann nur erreicht werden, wenn der Mensch in all seinen äußeren Aspekten für sein wahres inneres Wesen durchlässig wird (s. →Transzendentalphilosophie). Gleich welche Atemübung gemacht wird, sie bringt den Menschen nur in Ordnung, wenn er sich in seine eigene Mitte (s. →*Hara*) begibt. Nur wenn der Geist die rechte Haltung erreicht, wird der Mensch durch Atmung frei von dem, was ihn in seiner Gesundheit, seiner wahren Form und seiner Wesensentfaltung verhindert.

Zendô (jap.): *Zen*-Halle *(Zen-dôjô)*. Große Halle in den Klöstern, in der →*Zazen* geübt wird.

Zendô-ryû[1] (jap.): *Karate*-Stil, gegründet in den USA von PHILIPP M. SKORNIA (alias ZEN KI), einem Schüler von →SHIMABUKURO EIZO.

Zendô-ryû[2] (jap.): mit vollständigem Namen *Zendô-ryû Karate Tai-Te-Tao*, in den

70er Jahren von PETER JAHNKE gegründete Kampfkunst (s. *Deutscher Dan-Träger und Budo-Lehrer Verband* im Anhang). Heutiger Vertreter des Stils ist LOTHAR SIEBER.

Zen-empi (jap.): frontaler Ellenbogen.

Zengo-undô (jap.): Trainingsform aus dem *Aikidô*, um die Kreisbewegung auf der Stelle zu verbessern.

Zen Hakkôkai-ryû (jap.): *Jûjutsu-ryû*, gegründet 1988 von dem Franzosen JEAN-FRANÇOIS MASNIERES.

Zenji (jap.): Zen-Lehrer, Zen-Meister. [*Ji (Shi)* = Meister]. Ehrentitel, der posthum verliehen wird. Es gibt auch einige Meister, die diesen Titel zu Lebzeiten erhielten.

Zen-kaiten (jap.): volle Drehung, Kehrtwendung.

Zenku (jap.): vorgehen.

Zenkutsu-dachi (jap.): Vorwärtsstellung (s. →*Tachikata*) im *Karate*.

Der vordere Fuß wird im Knie gebeugt, so daß das Knie in einer senkrechten Linie über dem Fuß steht. Der hintere Fuß ist gestreckt. Die Füße sind, von der Seite gesehen, etwa zweimal schulterbreit, von vorn gesehen einmal schulterbreit auseinander. Das Gewicht des Körpers ist im Verhältnis 60 zu 40 Prozent auf den vorderen und hinteren Fuß verteilt. Die Füße sind fest auf dem Boden verankert und parallel nach vorn gerichtet. Der Oberkörper ruht aufrecht und im Gleichgewicht in der Mitte.

Je nachdem, welche Technik in dieser Stellung ausgeführt wird, variiert die Position der Hüfte und die Distanz zwischen den Füßen. Folgende Varianten sind die gebräuchlichsten.

VARIANTEN DES ZENKUTSU-DACHI

Zenkutsu-dachi	– frontale Hüfte
Zenkutsu-dachi hanmi	– abgedrehte Hüfte
Zenkutsu-gyaku-hanmi	– abgedrehte gegenseitige Hüfte
Han zenkutsu-dachi	– halber Frontalstand

Zen Nihon Jûdô Renmei (jap.): *Alljapanische Jûdô-Föderation* (s. Anhang).

Zenpô (jap.): vorwärts, vornüber (auch *Zempô*).

Zenpô-dai-sharin (jap.): Radschlagen vorwärts (Fallübung, s. →*Ukemi*).

Zenpô-geri (jap.): Gruppe der Fußtechniken nach vorn im *Karate* (s. →*Keri-waza*).

Zenpô-kaiten-ukemi (jap.): Vorwärtsrolle aus dem Stand (Fallübung, s. →*Ukemi*).

Zenpô-tenkai (jap.): sich nach vorne abrollen (Fallübung s. →*Ukemi*).

Zenshin (jap.): der ganze Körper.

Zentai (jap.): Gesamtheit.

Zen-wan (jap.): Unterarm. Erläuterungen s. →*Wan*.

Zhang San-Feng: legendärer Begründer des →*Tai-ji-quan* (s. auch →*Nei-jia*). Zhang lebte vermutlich im 13. Jh. Er ist noch unter den Beinamen *Jumbao* und unter dem Ehrennamen *Dang-chu-zhen-ren* (»der wahre Mensch aus der Höhle«, sinngemäß »der vollkommene Weise«) bekannt. Als Sohn eines Beamten erhielt er eine klassische Ausbildung und beschäftigte sich lange Zeit mit dem *Shaolin Quan-fa*. Später ging er als daoistischer Mönch in das Kloster der weißen Wolke auf dem Wudang-Berg.

Zhang San-Feng, der Begründer des Wudang-pai

Der Legende zufolge beobachtete er dort den Kampf zwischen einem Kranich und einer Schlange. Der Kranich verteilte kräftige Fußtritte und Schnabelhiebe, während er sich mit kreisenden Flügelschlägen verteidigte. Die Schlange hingegen behielt ihre Kampfstellung mit hoch über dem Rumpf erhobenem Kopf bei, und während sie den Angriffen des Kranichs mit wenigen Bewegungen auswich, wartete sie darauf, daß sich der Gegner eine Blöße gab, um dann plötzlich vorzustoßen. Das inspirierte Zhang San-Feng dazu, das *Tai-ji-quan* zu gründen. Er nannte seinen Schule anfangs »Vögel und Schlangen«, später aber spaltete sich die Schule in mehrere Richtungen, und der gesamte Stil erhielt die Bezeichnung *Wudang-pai*.

Da sich die Legende um Zhang San-Feng über einen Zeitraum von fast 200 Jahren erstreckt, wird vermutet, daß sein Name stellvertretend für mehrere Kampfkunstexperten steht.

Zhang Zhong-Jing (150–219): berühmter chinesischer Arzt, »Doktor der Literatur« und Bürgermeister von Changsha. Er war nicht nur als Arzt bekannt, sondern auch wegen seiner strengen ethischen Regeln und seiner Bemühungen, die Ausbildung der Ärzte zu reformieren.

Zhang ist Autor des medizinischen Standardwerkes →*»Shang-han-lun«*. Neben Infektionskrankheiten, Diagnosemethoden, Frauenkrankheiten und Zahnheilkunde waren Wasserbehandlungen, Schwitzkuren, Klistiere und Hygiene seine Spezialgebiete.

Zhan-jing (chin.): die »am Gegner festklebende Kraft«, Bezeichnung für die Technik einiger Kampfkünste, an den Bewegungen des Gegners zu »kleben«, so daß er sich nicht entfernen kann.

Zhan-zhuang (chin.): die »Stehende Säule«, wird oft auch »Den Baum umarmen« genannt; →*Qi-gong*-Übung, weiteres s. unter →*Zhan-zhuang-gong*.

Schriftzeichen für Zhan-zhuang

Zhan-zhuang-gong (chin.): »Übung der stehenden Säule«, eine Übung aus dem →*Jing-gong*. In den Kampfkünsten dient diese Übung dazu, die Haltungen korrekt, stabil und mit Leichtigkeit einzunehmen (s. →*Bu-fa*).

Das genaue Alter der Übungen ist unbekannt. Vermutlich jedoch wurden sie schon früh von Daoisten (s. Daoismus) geübt und verbreitet. Besonders der Kampfkunstexperte →Wang Xiang-Zhai unterrichtete sie neben den Kampftechniken und machte sie zu einem der Hauptmerkmale seines Stils. Sein Schüler →Yu Yong-Nian untersuchte diese Methode nach wissenschaftlichen Kriterien und setzte sie häufig als Therapie ein. Ihm ist die starke Verbreitung des *Zhan-zhuang* zu verdanken.

Im *Qi-gong* kennt man mehrere Stellungen, die für längere Zeit ohne Unterbrechung beibehalten werden. Wie in der Übung der Kampfkünste wird der Geist ganz ruhig gemacht, man achtet auf die Atmung und das →*Qi*. Diese Übung hilft, Verspannungen und Fehlhaltungen zu beheben. Sie klärt den Verstand und erhöht die Konzentration. *Zhan-zhuang* vergrößert den *Qi*-Strom, vereinigt Körper und Geist und macht sie zu einem ausgewogenen Kraftfeld. Das Erkennen der Energieflüsse in der Umwelt wird verbessert. Es gibt zusätzliche Techniken, die lehren, sich selbst in die Energiekreisläufe von Bäumen einzubinden, daraus Kraft zu schöpfen und die natürlichen Rhythmen verstehen zu lernen. Die Übung lehrt weiterhin, die Kraft sinnvoll einzusetzen und auch zu sparen. Die Arbeit der Muskeln wird stetig herabgesetzt und durch Entspannung und *Qi*-Einsatz ersetzt. Die Übung steigert die Abwehrkräfte, die Gesundheit, die Vitalität und das Wohlbefinden auf Dauer enorm. Man unterscheidet mehrere Haupthaltungen, die vor allem von Yu Yong-Nian unterrichtet wurden. In der nachfolgend aufgeführten Reihenfolge entsprechen sie den Fortschrittsstufen. Die nächste Übung sollte erst dann begonnen werden, wenn die vorhergehende gut verstanden wurde und korrekt ausgeführt werden kann. Beherrscht man alle, was eine Übung über mehrere Monate oder Jahre voraussetzt, dann kann man die Haltungen auch, quasi in einem Bewegungsablauf, nacheinander durchführen.

1. Haltung: Sie wird auch →*Wu-ji* genannt. Die

Füße stehen fest auf dem Boden, die Knie sind weit gebeugt, der Rücken ist aufrecht, Arme und Hände hängen entspannt nach unten. Das ist die Stellung für Anfänger.

2. Haltung: »Den Ball vor der Brust halten«. Beine und Körper haben die gleiche Haltung wie bei Punkt 1., doch die Arme und Hände werden nach vorne ausgestreckt, als hielte man einen großen Ball vor dem Körper. Die Hände stehen etwa in Schulterhöhe, die Ellbogen und Schultern hängen entspannt nach unten. Die Finger sind leicht gespreizt. Wichtig ist, auf die runde Haltung der Arme zu achten.

»Den Ball vor der Brust halten«, die Basis-Haltung des Zhan-zhuang.

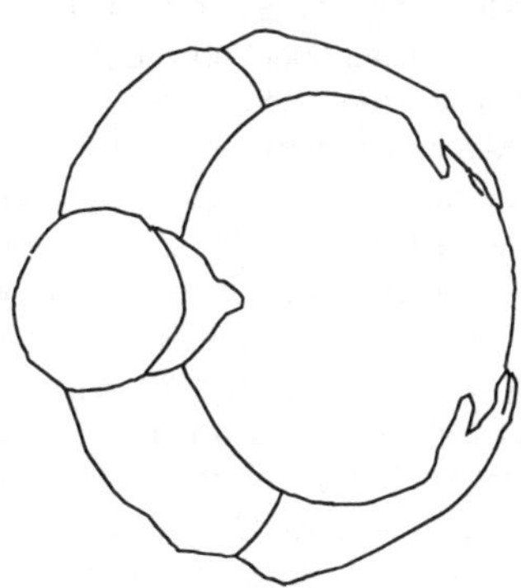

Grundhaltung von oben

3. Haltung: »Den Bauch halten«. Sie ist ähnlich wie Haltung 2, die Hände befinen sich jedoch in Bauchhöhe.

»Den Bauch halten«

4. Haltung: »Im Strom stehen«. Die Arme werden seitlich vom Körper abgewinkelt. Die Hände werden waagerecht gehalten, als würden sie auf Wasser schwimmen.

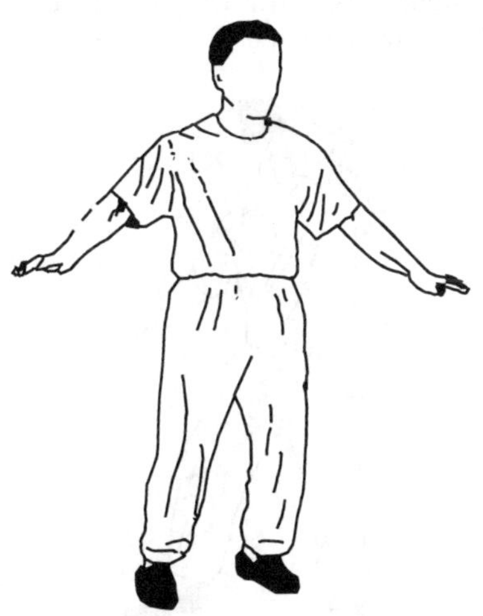

»Im Strom stehen«.

5. Haltung: »Den Ball vor dem Gesicht halten«. Die Hände werden mit den Handflächen nach außen in Gesichthöhe angehoben, als würde man einen Ball wegpritschen.

»Den Ball vor dem Gesicht halten«.

6. Haltung: »Das Gewicht auf einem Bein«. Es kann irgendeine der vorhergehenden Armhaltungen eingenommen werden. Das Gewicht des Körpers wird aber auf ein Bein verlagert, so daß das andere nur noch leicht den Boden berührt.
7. Haltung: »Den Ball an der Seite halten«.
8. Haltung: »Einen Fuß vorstrecken«. Ein Fuß wird mit dem Fußballen vorgesetzt. Über das vorgestreckte Knie wird eine Handfläche gehalten, die andere Hand steht neben der Schläfe. Das Gewicht wird nur vom Standbein getragen.

»Einen Fuß vorstrecken«.

9. Haltung: »Sich auf einem Bein erheben«. Ein Knie wird angezogen. Die Arme stehen seitlich am Körper, als würden sie die Balance halten oder sich abstützen.

»Sich auf einem Bein erheben«.

Am Anfang ist es ratsam, eine Pause einzulegen, anstatt die Übung schon nach wenigen Minuten abzubrechen. Man behält die stabile Stellung der Haltungen bei und legt die Handrücken in die Hüftbeuge, so daß sie ohne Kraft von allein dort hängen bleiben. Sind die Arme wieder gestärkt, können sie einfach wieder angehoben werden.

ANLEITUNGEN ZUR ÜBUNG

Basis der Übung ist die korrekte und aufrechte Haltung. Sie wird vor allem für Anfänger in der ersten Position eingeübt. Sie sollte ohne Mühe und körperliche Anstrengung längere Zeit beibehalten werden können. Zuerst beginnt man, die Position 5 Minuten einzuhalten, dann steigert man auf 10, 20 Minuten und länger. Während dieser Zeit sollte die Haltung nicht, auch nicht für eine einzige Sekunde, verändert oder unterbrochen werden. Die Atmung geht tief in den Bauch, der Geist ist auf einen Baum oder einen anderen Punkt konzentriert, es kommen keine störenden Gedanken auf. Die Übung sollte im Freien, möglichst in harmonischer Umgebeung, durchgeführt werden, doch sollte der Geist nicht abgelenkt werden. Anfänger können die Übung immer mit einer Konzentration auf das →*Dantian* beginnen. Die Augen sollten natürlich geöffnet bleiben, und das Blinzeln wird auf das Nötigste reduziert. Am besten übt man jeden Morgen. Übt man nicht täglich, so beginnt man jeden Tag von neuem auf der Stufe des Anfängers und macht keine wesentlichen Fortschritte. Es ist eines der Ziele, die Haltungen ohne merkliche Kraft beizubehalten. Die Muskeln sollten weich und entspannt sein, es darf kein Ziehen, kein Schmerz und keine Verspannung auftreten. Am Anfang läßt sich das nicht vermeiden. Erst nach etwa drei Monaten erreicht man einen Zustand der körperlichen Entspannung, der sich durch das Wohlbefinden in den Haltungen zeigt.

Zhao-bao-jia (chin.): Stil des →*Chen Tai-ji-quan*, der von →CHEN QING-PING gegründet und nach seinem Wohnort (Zhaobao) benannt wurde.

Zhao-luo (chin.): »verhaftet sein«, Bezeichnung für die feste Verwurzelung der Füße auf dem Boden in den chinesischen Kampfkünsten.

Zheng Man-Ching (1900–1975): auch ZHENG MAN-JAN, Dichter, Maler, Arzt, berühmter *Tai-ji-quan*-Meister, Schüler von →YANG CHENG-FU.

Meister Zheng Man-Ching

Zheng Man-Ching entwickelte eine eigene Form und unterrichtete *Tai-ji-quan* ab den 40er Jahren vor allem in Taiwan und in den USA und machte es im Westen bekannt. Er besiegte durch das *Tai-ji quan* seine Lungentuberkulose. 1946 veröffentlichte er das Buch »Dreizehn Kapitel zu Tai-ji-quan«.

Zheng-ming (chin.): »Richtigstellung der Namen«, Schlüsselwort der konfuzianischen Philosophie (s. →Konfuzianismu).

Konfuzius empfand Titel in der Gesellschaft als zweckentfremdet und kritisierte, daß hohe Titel von »niederen« Menschen (→*Xiao-ren*) ohne Pflichtbewußtsein getragen wurden. Wenn Menschen mit Titeln sich nicht ihren Pflichten entsprechend verhalten und statt des Sinns den Profit suchen, entsteht Chaos und Verwirrung in der Gesellschaft. Nur einem zu Ehre, Wahrheit, Würde und Verantwortung erzogenen Menschen (im Konfuzianismus: →*Jun-zi*, im Daoismus: →*Zhen-ren*) dürfen Titel zugesprochen werden. Konfuzius verlangte die Rückkehr zur alten Ordnung (in China galt das Altertum als Ideal der Gesellschaftsordnung). Er stellte immer die Pflicht des Menschen vor sein Recht. Recht sprach er all jenen ab, die ihre Pflicht vernachlässigten:

Der Kaiser muß handeln, wie ein Kaiser,
der Minister wie ein Minister,
der Vater wie ein Vater,
der Sohn wie ein Sohn.

Zheng-qi (chin.): »Normales *Qi*« oder »Rechtes *Qi*«, eine Bezeichnung für das Körper-*Qi*, identisch mit →*Zhen-qi*. *Zheng-qi* bezeichnet die Summe des *Qi* im Körper (Weiteres s. →*Qi*).

Zhen-jiu (chin.): *Zhen* bedeuten »Nadeln« und *Jiu* bedeutet »brennen«. *Zhen-jiu* ist eine Bezeichnung für die wichtigsten Verfahren der sogenannten »äußeren Therapie«, die aus Stechen von Nadeln (s. →Akupunktur) und Anbrennen von Kegelchen aus Beifußkraut (s. →*Moxa*) auf den Reizpunkten der Körperoberfläche (s. →*Dian-xue* und *Xue*) besteht.

Zhen-qi (chin.): »wahres *Qi*«, das Körper-*Qi*, identisch mit →*Zheng-qi*. Es bezeichnet die Summe des im Körper vorhandenen →*Qi*.

In allen →*Qi-gong*- und Atemübungen (s. →Atemtherapie) ist die Entwicklung und Förderung des *Zhen-qi* oberstes Ziel. Denn so werden alle Funktionen und Organe (s. →*Zang-fu*) gleichzeitig gestärkt. Das *Zhen-qi* entsteht aus drei *Qi*-Quellen:

ZUSAMMENSETZUNG DES ZHEN-QI	
Yuan-qi	– Ursprungs-Qi
Gu-qi	– Nahrungs-Qi
Kong-qi	– natürliches Luft-Qi

Das *Zhen-qi* teilt sich in mehr als 30 verschiedene *Qi*-Arten. Die wichtigsten sind:

EINTEILUNG DES ZHEN-QI	
Zang-fu-zhi-qi	– Organ-Qi
Jing-luo-zhi-qi	– Leitbahnen-Qi
Ying-qi	– Nahrungs-Qi
Wei-qi	– Abwehr-Qi
Zong-qi	– Atmungs-Qi

Zhen-ren (chin.): auch *Chen-jen*, wörtlich »wahrer verwirklichter Mensch«, jemand, der das →*Dao* in seiner Haltung verwirklicht hat. Gleichbedeutend mit »der Weise«, Bezeichnung für Menschen, die die Vollkommenheit erreicht haben.

Der *Zhen-ren* ist die Idealfigur des philosophischen und volkstümlichen →Daoismus (s. auch →*Dao-jia*, →*Dao-jiao*). Er hat die Einheit mit dem *Dao* erlangt, hat alle einschränkenden Vorstellungen hinter sich gelassen und absolute Freiheit erlangt. Der *Zhen-ren* wird mit einem Unsterblichen (→*Xian*) gleichgestellt oder ihm sogar übergeordnet. Seit der Tang-Dynastie wurde *Zhen-ren* als Titel an hochgestellte Persönlichkeiten verliehen.

Zhi (chin.): Finger, Fingerspitzen.

Zhong[1] (chin.): »Mitte«, »innen«, »Vermittler«, chinesisches Äquivalent zum japanischen *Hara*, die »Mitte des Menschen«, der Unterbauch, der in den Kampfkünsten entwickelt werden soll. Das Schriftzeichen für *Zhong* stellt eine Zielscheibe dar, die von einem Pfeil durchbohrt wird. China wird als *Zhong-guo*, das »Land der Mitte«, bezeichnet.

Zhong[2] (chin.): »Loyalität«. Bezeichnet die dem Untertanen, vor allem die dem Beamten geziemende Grundhaltung vor seinem Herrn. Andere Übersetzungsmöglichkeiten sind »Treue«, »Biederkeit«, »Offenherzigkeit«.

Zhong-guo (chin.): »Land der Mitte«, Bezeichnung für China.

Zhong-guo-quan (chin.): andere Bezeichnung für die chinesischen Kampfkünste (s. →*Guo-ju*, →*Guo-shou*, →*Quan-fa* usw.).

Zhou (chin.): Ellbogen, *Zhou-da* – Ellbogenschlag.

Zhou-jia (chin.): auch *Hong-chay, Shaolin*-System des chinesischen *Quan-fa*.

Die Schule wurde von Zhou Long (1890–1919) gegründet, der bei seinem Vater Zhou Fang-Xi im *Hong-quan* und von Cai Jiu-Yi im *Cai-jia* unterrichtet wurde.

Zhou-tian-gong (chin.): »Übung der himmlischen Kreisläufe«, Teil des →*Jing-gong*. *Zhou-tian-gong* teilt sich in zwei Übungsformen (s. jeweils dort):

- **Da-zhou-tian** – großer himmlischer Kreislauf.
- **Xiao-zhou-tian** – kleiner himmlischer Kreislauf.

Zhu (chin.): Bambus.

Zhuang (chin.): Kleid, Bekleidung. Bezeichnung für den Trainingsanzug in den chinesischen Kampfkünsten (auch *Gong-fu-zhuang*).

Zhuang-zi (chin.): Hauptverfasser des Buches »Das wahre Buch vom südlichen Blütenland«. Neben dem →*»Dao-de-jing«* das wichtigste Werk des chinesischen →Daoismus (s. auch →*Dao*, →*Dao-jia*).

Das Buch ist von mehreren Verfassern über eine längere Zeitperiode geschrieben worden (5.–4. Jh. v. Chr.), und sein Beginn wird vor dem *»Dao-de-jing«* datiert.

Der bedeutendste Autor des Buches, Zhuang-zi (etwa 350–275 v. Chr.), nach dem das Werk benannt wurde, lebte in der Provinz Nan-hua (im Staate Sung in Ost-Honan), die man als das »südliche Blütenland« bezeichnete, und war ein strikter Gegner des Konfuzianismus. Er war, zusammen mit →Lao-zi, der Begründer des philosophischen Daoismus. Auf kaiserliche Anordnung erhielt er die Bezeichnung »Der wahre Mensch vom südlichen Blütenland«.

Zhui (chin.): vordrängen, nachsetzen, anstürmen, identisch mit dem Japanischen →*Oi*.

Zhu Tian-Cai: Meister des *Chen Tai-ji-quan*, einer der aktuellen Hauptvertreter.

Zhu Xi (1130–1200): auch Chu-Hsi, chinesischer Philosoph des Neokonfuzianismus, aus dessen Schriften sich die Verhal-

tensmuster der Tokugawa-Zeit in Japan ableiteten.

Diese Philosophie wurde in einigen Regeln zusammengefaßt, um eventuelle aufrührerische Gedanken der Krieger auszumerzen und den Einfluß des Buddhismus und des Christentums in Japan zu verringern.

1. Ergebenheit gegenüber der Autorität – Eltern, Älteren, Oberen.
2. Ergebenheit gegenüber den Sitten und Normen.
3. Verehrung der Vergangenheit und Achtung vor der Geschichte.
4. Liebe zum überlieferten Wissen (Tradition).
5. Achtung vor der Kraft des Beispiels.
6. Vorrang einer breiten moralischen Bildung vor dem Fachwissen.
7. Bevorzugung einer gewaltlosen moralischen Reform in Staat.
8. Klugheit, Vorsicht, Bevorzugung des Mittelweges.
9. Ablehnung des Wettbewerbs.
10. Mut und Verantwortungsgefühl für eine große Tradition.
11. Selbstachtung (mit erlaubtem Selbstmitleid) in der Not.
12. Ausschließlichkeit und Genauigkeit aus sittlichen und kulturellen Gründen.
13. Pedantische Genauigkeit im Umgang mit anderen.

Zi (chin.): Meister (auch *Tsu*).

Das Schriftzeichen *Zi* stellte ursprünglich ein Kleinkind dar, später erst wurde es für den Meister verwendet. Nach der daoistischen Vorstellung ist ein Meister einer Kunst ein Mensch, der den reinen, unschuldigen und natürlichen Geist eines Kindes zurückgewonnen hat.

Zi-fa-gong (chin.): Form des *Qi-gong*, bei der es zu einem tranceähnlichen Zustand mit unwillkürlichen Bewegungen und Schreien kommt.

Zuerst übt man *He-xiang-zhuang* (fliegender Kranich), oder *Zi-fa-wu-qin-xi* (modifizierte Art der 5 Tierbewegungen) als festgelegte Abläufe aus dem →*Dong-gong* (Übung in Bewegung). Danach übt man in stehender Haltung das →*Zhan-zhuang-gong* (Form des →*Jing-gong*). Bei richtiger Konzentration kommt es zu unkontrollierten Bewegungen, manchmal sogar Schreien.

Diese Form des *Qi-gong* ist jedoch nicht ungefährlich und sollte nur unter Anleitung von erfahrenen Meistern ausgeübt werden. Von manchen Moistern wird *Zi-fa-gong* abgelehnt.

Zi-ran (chin.): auch *Tzu-jan*. Bedeutet »Natur«, »auf natürlichem Wege«, »gemäß dem Lauf der Dinge«, »spontan«.

In den Kampfkünsten wird es im Sinne von »instinktiv und spontan auf einen Angriff antworten« gebraucht und steht in engem Zusammenhang mit →*Wu-wei*. *Zi-ran* bezeichnet die Freiheit von menschlicher Willkür und äußeren Einflüssen. Es ist die höchste Verwirklichung des Seins und absolute Harmonie mit sich selbst. Es ist auch »zu sich selbst stehen«.

Zi-ran-quan (chin.): auch *Ten-jan-chuan*, Schule des →*Xing-yi-quan* (s. auch →*Quan-fa*), »natürliche Richtung«.

Zi-wo-an-mo (chin.): »Selbstmassage«, Form der →Akupressur (s. auch →*Anmo*), bei der man sich selbst behandelt. Mit etwas Übung wird das Nervensystem reguliert, die Abwehrkraft gesteigert, Schmerzen gelindert, die Durchblutung erhöht und die Muskeln entspannt.

In den Kampfkünsten ist *Zi-wo-an-mo* in vielen Techniken enthalten. Bei Ausholbewegungen werden bestimmte Körperpartien massiert und Meridiane gestreckt. Beim Schließen der Faust z. B. wird der Punkt →*Lao-gong* stimuliert. Diese Bewegungen sind nicht offensichtlich, und so gehen oft die positiven Wirkungen verloren, wenn die Bewegungen nicht korrekt vermittelt oder ausgeführt werden. Ansonsten gelten für das *Zi-wo-an-mo* dieselben Techniken, wie sie unter *Anmo* beschrieben sind.

Zi-wu-yuan-yang-yue (chin.): »Doppel-Mandarin-Enterhaken« (s. →*Bing-qi*).

Metallwaffe aus zwei schmalen halbmondförmigen Klingen, die zueinanderzeigend übereinander gelegt werden. In der Mitte entsteht eine Lücke, den einen Bauch umwickelt man mit Leder und benutzt ihn als Griff. Der andere Bauch und die Spitzen werden geschliffen.

Zi-you-bo-ji (chin.): freier Kampf (s. →*San-shou*). Man begibt sich in eine ernsthafte Kampfsituation, deren Ablauf nicht vorgegeben ist.

Es soll nicht »gespielt«, sondern die erlernten Basistechniken sollen möglichst sinnvoll und korrekt angewendet werden. Die Techniken sollen so ausgeführt werden, daß niemand verletzt wird, d. h., die Techniken sind kontrolliert. Man sollte nie vergessen, daß man auf die Hilfe seiner Übungspartner angewiesen ist und daß das Training ein Miteinander und kein Gegeneinander ist.

Zô (jap.): innere Organe. *Naizô* – Eingeweide, *Shinzô* – Herz, *Haizô* – Lunge, *Kanzô* – Leber.

Zokko (jap.): Wettkampfbegriff: den Kampf wiederaufnehmen.

Zoku (jap.): dauern, fortsetzen (*Tsuzuku, Tsuzukeru*).

Zong-qi (chin.): »Atmungs-*Qi*« oder »Ahnen-*Qi*«, eine Form des Körper-*Qi* (s. →*Zhenqi*, →*Qi*).

Dieses *Qi* ist mit der Lunge und mit dem Herzen verbunden und steuert deren Funktion. Es ist verantwortlich für die Kraft und den Rhythmus von Atmung, Stimme, Herzschlag und die Bewegung des Blutes. Das *Zong-qi* sammelt sich im Brustkorb, in »Meer des *Qi*«.

Zôri (jap.): japanische Reisstrohsandalen.

Zou-jing (chin.): »Kraft des Nicht-Widerstandes, eine Form des →*Jing*, der inneren Kraft, die durch die Übung der Kampfkünste entsteht.

Zou-jing ist die technische Anwendung des Prinzipes →*Wu-wei*, des »Nicht-Tuns«. Es ist das Handeln in Harmonie mit den gegnerischen Aktionen: die Aktion des Gegners wird immer zum Vorteil verwendet, so daß der Sieg von selbst entsteht.

Zubon (jap.): Hose (auch *Hakama*).

Zui-ba-xian-quan (chin.): auch *Ts'ui-pa-hsien-ch'uan,* Kampfkunstsystem der äußeren Richtungen (→*Wai-jia*) des →*Quanfa*, Untersystem des →*Zui-quan*.

Der »Stil der acht betrunkenen Unsterblichen« wurde von Li Po gegründet und besteht aus desorientierten Bewegungen, die den Gegner verwirren. Man geht vor, zögert, täuscht, dreht sich, macht Finten, wechselt den Rhythmus usw. Ein Experte kann dabei ein Glas Wasser in der Hand halten, ohne einen einzigen Tropfen zu verschütten. Der Stil ist außerhalb Chinas praktisch unbekannt.

Zui-quan (chin.): auch *Ts'ui-ch'uan*, die Schule des Betrunkenen, besteht aus Schwanken, Schaukeln, Hinfallen und Radschlagen, wodurch dem Gegner keine Möglichkeit gegeben wird, die Aktion vorauszuberechnen.

Zui-quan ist ein alter Stil, aus dem sich mehrere Zweige entwickelt haben, von denen der wichtigste →*Zui-ba-xian-quan* ist.

Zuki (jap.): direkter Fauststoß (auch →*Tsuki*).

Zukima (jap.): Kampfkunst, gegründet von dem Franzosen Jean-Pierre Zerbib.

Zuo[1] (chin.): links, linke Seite.

Zuo[2] (chin.): sitzen, hinsetzen.

Zuo-chan (chin.): chinesische Bezeichnung für →*Zazen*.

Chinese in der Chan-Meditation

Zuo-quan (chin.): Geschichtswerk, angeblich von Zuo Jiu-Ming (Tso Chui-Ming, 5. bis 3. Jh. v. Chr.). Darin wird die →Akupunktur erstmals erwähnt.

Zuo-wang (chin.): auch *Tso-wang*, wörtlich »sitzen und vergessen«. Daoistische Meditationspraktik, bei der der Geist frei schweben soll, ohne Hilfe von Meditationsobjekten. Der Meditierende verweilt im »Nichthandeln« (→*Wu-wei*). Es ist die höchste Form der daoistischen Meditation und läuft auf die Einheit mit dem →*Dao* hinaus. *Zuowang* ist mit dem buddhistischen →*Zuo-chan* (chin.) bzw. →*Zazen* (jap.) identisch.

Zusa (jap.): Fußsoldaten im alten Japan, zumeist aus dem Volk rekrutiert (s. →*Ashigaru*).

ANHANG

Kampfkunstorganisationen im In- und Ausland

(Stand Januar 1996)

Budô-Organsationen in der Welt

Service-Informationen über den aktuellen Stand internationaler und nationaler Kampfkunstvereinigungen (Stand Januar 1996)

Budô-Organisationen in Asien

All Japan Karate-dô Association – in Japan *Zen Nippon Karate-dô Kyôkai*, Karate-Organisation unter der Leitung von →ONISHI EIZO aus dem →*Koeikan*.

All Japan Karate-dô Organization – in Japan *Zen Nippon Karate-dô Rengôkai*, 1964 für *Shôtôkan-ryû, Wadô-ryû, Gôjû-ryû und Shitô-ryû* gegründete Karate-Organisation.

All Japan Kempô Federation – in Japan *Zen Nippon Kempô Renmei*, Organisation für alle *Kempô*-Stile, gegründet von SAWAYAMI MUNEYOMI.

All Japan Kendô Federation (AJKF) – in Japan *Zen Nippon Kendô Renmei*, gegründet 1928.

All Japan Kyûdô Federation – in Japan *Zen Nihon Kyûdô Renmei*, Organisation für japanisches Bogenschießen, gegründet 1948 in Japan, um nationale Standards für *Kyûdô* festzusetzen.

All Japan Naginata-dô Federation – in Japan *Zen Nihon Naginata-dô Renmei*, Organisation für *Naginata*.

All Japan Shôrinji Kempô Federation – in Japan *Zen Nippon Shôrinji Kempô Renmei*, Organisation für →*Shôrinji-Kempô*, gegründet von →SÔ DÔSHIN in Shikoku (Präfektur Kagawa).

All Japan Shôrinji-ryû Kenkokan Karate Federation – in Japan *Zen Nippon Shôrinji-ryû Kenkokan Karate Renmei*, Organisation für *Shôrinji-ryû* →*Kenkokan-Karate*, gegründet von →HISATAKA MASAYUKI.

Budôkan – Organisation für nahezu alle Formen der japanischen Kampfkünste.

• Der Budôkan *(Nippon Budôkan)*, der den →*Butokuden* (s. auch →*Butokukai*) ersetzen sollte, liegt auf einem riesigen Gelände, hat eine Innengröße von 10 345 m² und faßt 15 000 Zuschauer. Das Zentrum wurde 1964 anläßlich der Olympischen Spiele in Tôkyô errichtet, kostete umgerechnet 22 Mio. DM und ersetzte den alten *Kôdôkan*.

Dai Nippon Butokukai – Die »Große Japanische Kampfkunst-Vereinigung« wurde 1895 gegründet.

• Der Hauptsitz der Organisation ist seit 1899 der *Butokuden* (»Halle der Kampfkünste«) in der Nähe des Heian-Schreins in Kyôto. Die beiden Hauptlehrer waren NAITO TAKAHARU, ein Schwertmeister des *Hokushin-Ittoryû*, für die Sektion *Kendô* und ISOGAI HAJIME für die Sektion *Jûdô*. Der *Dai Nippon Butokukai* war maßgeblich an der Einführung des *Jûdô* und des *Kendô* in den japanischen Schulsystemen beteiligt. Die Vereinigung zählt einige Millionen Mitglieder und unterhält Unterabteilungen in aller Welt. RICHARD →KIM gründete Abteilungen in Amerika, Kanada, Frankreich und Deutschland.

Federation of All-Japan Karate-dô Organizations (FAJKO) – Japanische Vertretung der WKA, ehemals →WUKO.

• Die zentrale Organisation der japanischen Karate-Systeme wurde zur Zeit der Olympischen Spiele 1964 in Tôkiô gegründet. Ihr Ziel war die Standardisierung und Koordination der japanischen Karate-Stile in technischer und ethischer Hinsicht. Die Mehrheit der japanischen Karate-Verbände hat sich dieser Organisation jedoch nicht angeschlossen. Die Gründungsmitglieder waren: AJCKF, *All-Japan Workers Karate-dô Federation*, JKA, JKF-*Gôjû-Kai, Wadô-Kai, Rembu-Kai, Rengo-Kai* und *Shitô-Kai*. Die beiden Erstgenannten haben ihre Mitgliedschaft nachträglich für nichtig erklärt. Die Organisation bemüht sich seit 1964 darum, *Non-contact*-Regeln aufzustellen, die Wettkämpfe zwischen unterschiedlichen Stilarten ermöglichen sollen. Seit den frühen 70er Jahren werden diese Regeln weitgehend von den Ausübenden aller japanischen Stile akzeptiert, und die erste stilübergreifende Weltmeisterschaft wurde 1970 von der WUKO, deren japanische Vertretung die FAJKO ist, in Tôkyô abgehalten.

Ikatan Pentjak Silat Indonesia – Die Organisation schloß sich 1947 zusammen, um dem *Pen-*

tjak-Silat-System eine technische Verwaltung zu geben.

International Aikidô Federation (IAF) – internationale Organisation für *Aikidô* in Tôkyô.

International Amateur Karate Federation (IAKF), heute **International Traditional Karate-dô Federation (ITKF)** – Neben der WUKO eine der weltweit größten Amateur-Karate-Organisationen.

• 1968 gegründet, wurden Ziel und Absicht der IAKF folgendermaßen definiert: Das Amateur-Karate zu entwickeln und auszubreiten, den freundlichen Umgang der Mitglieder der Organisation in aller Welt zu propagieren, den Geist des Amateursports zu fördern sowie einen Beitrag zur Vervollkommung eines friedlichen Geistes zu leisten. Ehemals bestand die IAKF aus über 70 nationalen Föderationen. Sie entwickelte eigene Richtlinien, auch zur Ausbildung von Schiedsrichtern, und war bei den Karate-Weltmeisterschaften präsent. Dies zeigte sich z. B. auch bei der Gründung regionaler Organisationen (etwa der *European Amateur Karate Federation*), die bei Meisterschaften ihre eigenen Ausschüsse etablierten. Weitere Aktivitäten sind die Ausrichtung von Weltmeisterschaften, die Unterstützung nationaler Turniere u. ä., die Aufstellung, Überwachung und Weiterentwickelung von Regeln und Regularien bei Wettkämpfen, die Ausbildung von Trainern und Schiedsrichtern, die Förderung des Amateursports usw. Die IAKF konkurrierte bis 1985 mit der WUKO um die Aufnahme in das *Internationale Olympische Komitee* (IOC). Durch die Anerkennung der WUKO durch das IOC verlor die IAKF ihre Mitglieder. Ende der 80er Jahre veränderte die IAKF sich in die ITKF *(International Traditional Karate-dô Federation)* und führte bis 1983 eigene Weltmeisterschaften durch, an denen auch der DKB teilnahm. Die europäische Basisorganisation der IAKF ist die EAKF.

International Bando Association – 1946 in Thailand gegründet als übergeordnete Organisation für alle Länder außerhalb Thailands, in denen →*Bando* praktiziert wird.

International Jûdô Federation – gegründet 1952, um einen Überbau für die mehr als 70 nationalen Organisationen zu schaffen.

• Einige der Aktivitäten: Überwachen der Jûdô-Aktivitäten weltweit, Organisation und Durchführen der Weltmeisterschaften, Festsetzen von technischen Standards.

International Karate-dô Gôjû-Kai Association (IKGA) – Internationale Organisation für japanisches *Gôjû-ryû*, gegründet von →YAMAGUCHI GÔGEN nach seinem Weggang von der →*Japan Karate Federation Gôjû-Kai*, heute vertreten von Yamaguchis Sohn YAMAGUCHI GOSHI mit Vertretungen in aller Welt.

International Kendô Federation (IKF) – 1971 in Japan gegründet, wird *Kendô* mittlerweile von über 8 Mio. Menschen ausgeübt. Die IKF ist die zentrale Institution für alle *Kendô*-Kämpfer weltweit.

International Kyokushinkai Organisation (IKO) – Organisation für →*Kyokushinkai*, gegründet 1964 von →ÔYAMA MASUTATSU in Japan.

• Die Organisation führt Wettkämpfe nach dem K.-o.-System durch und entwickelte sich im Laufe der Zeit zu der größten Karate-Vereinigung der Welt. ÔYAMA selbst bestimmte kurz vor seinem Tod (26. April 1994) den 31jährigen MATSUI SHOKEI (5. Dan) zu seinem Nachfolger. Doch das Testament wurde von den Nachkommen Ôyamas angefochten und gerichtlich widerrufen. Daraufhin spaltete sich die Organisation zunächst in zwei Gruppen, geführt von ÔYAMA CHIYAKO, der Witwe des Verstorbenen, und MATSUI SHOKEI. Von der MATSUI-Gruppe spalteten sich wieder einige namhafte Lehrer ab und bildeten eine eigene Organisation. Zur Zeit hält jede dieser drei Organisationen ihre eigenen Meisterschaften ab, keine erkennt die andere an. Die Zugehörigkeit der weltweiten Landesverbände ist z. Zt. (1995) noch ungeklärt.

International Teakwon-dô Federation (ITF) –1965 in Südkorea gegründet, um *Teakwondo* weltweit bekanntzumachen. Mittlerweile in neun Ländern (auch in Deutschland) vertreten.

Japan Karate Association (JKA) – in Japan *Nippon Karate Kyôkai*, 1949 von NAKAYAMA MASATOSHI gegründete Organisation.

• Die Organisation hat heute über 100 000 Mitglieder in ca. 300 Vereinen allein in Japan und weltweit über 5 Millionen Mitglieder (nähere Erläuterungen s. →JKA, →*Shôtôkan-ryû*, →NAKAYAMA MASATOSHI).

Japan Karate Federation Gôjû-Kai (JKF Gôjû-Kai) – Karate-Organisation für → *Gôjû-ryû*, gegründet nach dem Zweiten Weltkrieg von →YAMAGUCHI GÔGEN unter Mitwirkung von UCHITA SHOZO, UCHIAGE KENZO und KIZAKI TOMOHARU, Schüler des *Gôjû-ryû*-Gründers MIYAGI CHÔJUN in Japan.

• YAMAGUCHI GÔGEN war der erste Präsident, verließ die Organisation jedoch, um seine *International Karate-dô Gôjû-Kai Association* (→ IKGA) zu gründen. Nach seinem Weggang wurde die Organisation 1969 von UCHITA

SHOZO weitergeführt. Die JKF *Gôjû-Kai* ist Mitglied der FAJKO, diese wiederum Mitglied des Weltverbandes WKF (ehemals WUKO). Die Sektion *Gôjû-ryû* des *Deutschen Karate Verbandes* (→DKV) ist mit der JKF Gôjû-Kai verbunden (s. →UCHITA SHOZO und →*JKF Gôjû-Kai Deutschland*).

Ki Society – Aikidô-Organisation, gegründet 1971 von →TOHEI KOICHI in Japan.

Kôdôkan – Jûdô-Institut, gegründet 1882 von →KANÔ JIGORÔ.

• Der →*Kôdôkan* gilt als das Zentrum der *All Japan Jûdô Federation* und befaßt sich mit der Ausbildung der *Jûdô*-Lehrer. Nähere Erläuterungen s. →*Kodokan*, →*Jûdô* und →KANÔ JIGORÔ.

Kokusai Budôin – *International Martial Arts Federation* (IMAF), international organisierte Budô-Organisation, Nachfolge-Organisation des Butokukai mit Sitz in Japan. Präsident ist SHINSAKU HOGEN, Direktor ist Prof. SHIZUYA SATO. Die ihr angegliederte europäische Sektion wird von HANS-D. RAUSCHER (Vorsitzender Europa), MITSUHIRO KONDO (Präsident) und ANDRÉ FRE- DRIX (Generalsekretär) geleitet.

• Die Organisation wurde mit Unterstützung der Kaiserlichen Familie 1951 von MIFUNE KYUZO *(Jûdô)*, ITO KATZUO *(Jûdô)*, SATO SHIZUYA *(Jûdô)*, NAKAYAMA HAKUDO *(Iaidô/Kendô/Jôdô)* und ÔTSUKA HIRONORI *(Karate-dô)* gegründet und nannte sich wegen des Verbots der japanischen Kampfkünste damals *Japanische Gesundheitsvereinigung*. 1958 wurde sie in *Kokusai Budôkai* und 1965 in *Kokusai Budôin* umbenannt. Die Mitgliedschaft in der Organisation, die sich als Studiengemeinschaft versteht, erfordert mindestens den 4. Dan und beschränkt sich auf die Kampfkünste *Aikidô, Battôjutsu, Jûdô, Karate-dô, Kendô, Kobudô, Kyûdô, Iaidô* und *Nihon-Jûjutsu*. 1975 begann sich die Organisation international zu verbreiten (heute 34 Länder) und formte in dieser Tendenz eine Schwesterorganisation, die *Kokusai Budô Renmei*. Diese nimmt auch niedere Dan-Träger auf und wird in Deutschland durch die *Deutsch-asiatische Kampfkunst Organisation* (→DAKO) vertreten.

Shôtôkai – 1949 von EGAMI SHIGERU, NOGUCHI HIROSHI und HIRONISHI GENSHIN gegründete Organisation (s. →*Shôtôkai*).

Shôtôkan Karate International (→**SKI**) –1977 von →KANAZAWA HIROKAZU, einem ehemaligen Mitglied der JKA, gegründete Organisation.

• Die Organisation ist weltweit verbreitet und betreibt Wettkampf-Karate auf der Basis des *Shôtôkan-ryû*, durchsetzt ihr Training aber mit klassischen Elementen, die in die chinesischen Kampfkünste, hauptsächlich *Tai-ji-quan* und *Qi-gong*, reichen. Die Hauptinstruktoren, neben KANAZAWA HIROKAZU (Chief-Instructor der SKI), sind BILL WONG (Asien), FRANK NOWAK (Australien), ASANO SHIRO (Europa), ABDALLAH SALEH (Libanon), ISHIKAWA HIROSHI (Amerika) und MUHAMED A. DIONE (Afrika). Der Leiter der Sektion Deutschland (SKID), die der *Shôtôkan Karate International European Federation* (SKIEF) angeschlossen ist, ist →NAGAI AKIO.

Kata: Heian 1–5, Tekki 1–3, Bassai 1–2, Kankû 1–2, Empi, Jion, Jitte, Ji'in, Hangetsu, Sochin, Meikyo, Gôjûshiho 1–2, Gankaku 1–2, Chinte, Nijushiho, Wankan und Unsu.

Kumite-Kata: Sanbon-Kumite-Kata, Kihon-Ippon-Kumite-Kata, Jiyu-Ippon-Kumite-Kata.

World Chen-Taiji Association (WCTA) – Weltverband für *Chen-Tai-ji-quan*.

• Die Organisation wurde 1995 von CHEN XIAOWANG (19. Generation *Chen Tai-ji-quan*) gegründet. Die WCTA wird in der VR China durch SHEN XIJING (20. Generation) und in Europa durch die WCTAG unter Leitung von JAN SILBERSTORFF vertreten.

World Taekwondo Federation (**WTF**) – Internationale Föderation für *Taekwondo*, gegründet am 28. Mai 1973 von 35 *Taekwondo*-Repräsentanten aus der ganzen Welt in Seoul. Erster Präsident war UN YONG KIM.

Okinawanische Karate-Organisationen

Bugei no Kai – okinawanische Kampfkunstorganisation aus dem *Bugeikan (Geibukan)* unter Leitung von HIGA SEITOKU (10. Dan, *Hanshi*), ✉ 43-1-2 Chome, Gibo Shuri, Naha City, Okinawa-ken, ☎ 0081-98-832 86 20.

Chûbu Shôrin-ryû Karate-dô Kyôkai – Organisation für klassisches Karate-dô (s. →*Chûbu Shôrin-ryû*) unter Leitung von SHIMABUKURO ZENPO aus dem *Seibukan* (✉ 1003 Yoshihara, Chatan Ward, Okinawa-ken, ☎ 0081-98-938 09 97) und →KOCHI KATSUHIDE (✉ 279-2 Ankeida, Okinawa-shi, Okinawa-ken).

Kata: Naihanchi-ichidan, Naihanchi-nidan, Naihanchi-sandan, Pinan-shôdan, Pinan-nidan, Pinan-sandan, Pinanyondan, Pinan-godan, Chintô, Ananku, Kûshankû, Gôjûshiho, Wanshu, Passai, Seisan, Passai-shô, Aran.

Dôjô: *Ankeida Shôrin-ryû Karate-dôjo:* KOCHI KATSUHIDE (8. Dan, Kyoshi). *Seibukan-Dôjô:* SHIMABUKURO ZENPO (9. Dan, Kyoshi). *Seibukan Gushikawa-Dôjô:* CHINEN KOSUKE (6. Dan, Renshi). *Shidokan Toyohara-Dôjô:* TOMEI YUSHIN (6. Dan, Renshi), *Shudokan Yonarei-Dôjô:* YONAREI MASAO (6. Dan, Renshi).

Honshin-ryû Karate Kobudô Hozon Kai – okinawanische Organisation unter der Leitung von MIYAGI MASAKAZU (s. →*Honshin-ryû*), ✉ 3–21 Toguchi, Motobu, Okinawa-ken, ☎ 0081-980-47 29 84.

International Okinawa Gôjûryû Karate-dô Federation (IOGKF) – Organisation für okinawanisches →*Gôjû-ryû*, gegründet von →HIGAONNA MORIO, einem Schüler von MIYAGI AN'ICHI, dem Sohn des *Gôjû-ryû*-Gründers →MIYAGI CHÔJUN. Die Organisation ist in 21 Ländern international verbreitet und hat über 20 000 Mitglieder.

Ishimine-ryû Karate-dô Hozonkai – Organisation für →*Ishimine-ryû* unter Leitung von →KANESHIMA SHINEI, ✉ 1-16 Samukawa Cho, Shuri, Naha City, Okinawa, ☎ 0081-98-834 17 05.

• Der Stil führt auf den okinawanischen Karate-Meister ISHIMINE zurück und wurde von seinem Schüler KANESHIMA SHINBEI (1868–1921) gegründet. Heute steht sein Sohn ISHIMINE SHINEI, der auch unter FUNAKOSHI und MOTOBU lernte, dem Stil vor.

Kata: *Sanchin, Naihanchi, Ishimine-Patsai.*

Isshin-ryû Kokusai Karate-dô Renmei – Internationale Föderation für →*Isshin-ryû* unter Leitung von SHIMABUKURO KIICHIRÔ, dem Sohn des Gründers →SHIMABUKURO TATSUO. Der Stil verbreitete sich über Okinawa besonders in den USA, wo er heute von UEZU ANGI, STEVE ARMSTRONG, DON NAGLE, TED WOLLRATH, E. BRAUN, HAROLD LONG und ARSENIO J. ADVINCULA vertreten wird.

✉ Shimabukuro Kiichiro, 829 Kyan, Gushikawa City, Okinawa-ken, ☎ 0081-98-972 41 85.

Kata: Seisan, Naihanchi, Wanshu, Chintô, Sunsu, Kûshankû, Seienchin, Sanchin.

Waffen-Kata: Tokumine no Kon, Urashi-bo, Shuji no Kon dai, Kushanku-Sai, Chatanyara no Sai, Bô-Bô-Kumite, Bô-Sai-Kumite.

Itokazukei Gôjû-ryû Kenkyukai – *Itokazu-Type Goju-ryu Research Association*, Organisation für Gôjû-ryû, geleitet von ITOKAZU YOSHIO (10. Dan, Hanshi) aus dem *Shinkokan,* ✉ 967 Funakoshi, Tamaki Ward, Okinawa-ken.

Kidôkai Kojô-ryû – Organisation für →*Kojô-ryû* unter Leitung von →KOJÔ KAFU aus dem *Kobukan,* ✉ 2-318 Makishi Cho, Naha City, Okinawa-ken, ☎ 0081-98-855 44 71.

Kata: Shoshin, Fudo, Chimpu, Jumonji, Unryû, Aiki, Seigan, Doko, Tenchi, Fukka, Chi-Seigan, Ichimonji.

Dôjô: *Koshinkan Hombu-Dôjô:* KOJÔ SHIGERU (8. Dan, Kyoshi).

Kokusai Karate-Kobudô Renmei – Internationale Karate- und Kobudô-Föderation unter Leitung von TAKAMINE CHÔBÔKU aus dem *Shodokan* (✉ 174 Yosemiya, Naha City, Okinawa-ken). Die Organisation wurde ursprünglich von HIGA SEIKO gegründet und betreibt heute 23 *Dôjô* auf Okinawa und in Japan.

Kûshin-ryû Karate-dô Kenkyûkai – Organisation für →*Kûshin-ryû* unter Leitung von YOSHIZATO SHINTARÔ, ✉ 101-2 Ojana, Ginowan City, Okinawa-ken, ☎ 0081-98-897 33 40.

Kata: Gekisai, Seisan, Sanchin, Seienchin, Seipai, Iyakurei-hachi, Passai-shô, Passai-dai, Chintô, Kûshankû, Gôjûshiho.

Dôjô: *Kushin-ryû Karate-dôjo:* YOSHIZATO SHINTARO, AKAMINE MORITAKE (7. Dan, Kyoshi), MATSUMOTO NORIMASA (5. Dan, Renshi), SUNAKAWA NORIO (5. Dan, Renshi).

Matsumura Shôrin-ryû Karate-dô Kyôkai – Organisation für →*Matsumura Shôrin-ryû*, ursprünglich von MATSUMURA SÔKON gegründet und über →NABE TANME und →SOKEN HOHAN zu →ARAGAKI SEIKI überliefert. Die für diesen Stil von Aragaki gegründete Organisation wird heute von ihm geleitet.

✉ ARAGAKI SEIKI, Shinbukan Dojo, 662 Kiyuna, Ginowan, Okinawa, ☎ 0081-98-892 33 26.

Kata: Naihanchi-ichidan, Naihanchi-nidan, Naihanchi-sandan, Pinan-shôdan, Pinan-nidan, Passai-shô, Passai-dai, Rôhai, Chintô, Gôjûshiho, Kûshankû, Hakutsuru.

Dôjô: *Hombu-Dôjô:* ARAGAKI SEIKI (8. Dan, Kyoshi). *Tojo-Dôjô:* MITSUO ONOUE (7. Dan, Kyoshi). *Okinawa-shi:* SHIGENOBU KOHAMA (6. Dan, Renshi).

Motobu-ryû Kobujutsu Kyôkai – Organisation für →*Motobu-ryû* und →*Kobujutsu* unter Leitung von →UEHARA SEIKICHI aus dem *Seidokan,* ✉ 419-1 Ojana, Ginowan City, Okinawa-ken, ☎ 0081-98-897 26 51.

Kata: *Motote 1, Motote 2, Motote 3, Motote 4, Motote 5, Te, Torite, Torite-kaeshi, Ura-kaeshi, Gassente, Gassenbo, Ogamite, Kaeshite, Karamite, Nukite, Nagete.*

Dôjô: *Motobu-ryû Seibukan:* UEHARA SEIKICHI (10. Dan, Hanshi). *Motobu-ryû Bugeikan:* HIGA YUCHOKU (10. Dan, Hanshi). *Motobu-ryû Shubukan:* KANESHIRO KENTOKU. *Motobu-ryû Seidokan:* TOMA TSUNAYASU. *Motobu-ryû Renbukan:* SHIROMA YOSHIO. Insgesamt 7 *Dôjô* auf Okinawa.

Nihon Zenkoku Jukendô Kyôkai – *All Japan Jukendo Association*, Organisation für Jukendô, angeführt von KINJO AKIO (8. Dan, Tasshi), aus dem *Kensei Budôkan*, ✉ 804 Shimozato, Hirara Chity, Miyako, Okinawa-ken.

Okinawa Gôjû-ryû Karate-dô Kyôkai – Okinawanische *Gôjû-ryû*-Organisation unter Leitung von →MIYAZATO EIICHI aus dem *Jundôkan*, ✉ 433 Asato, Naha City, Okinawa-ken, ☎ 0081-98-832 00 11.

Okinawa Karate-dô Shôrin-ryû Shôrinkan Kyôkai – Organisation für *Kobayashi-ryû* unter Leitung von SHÛGORÔ NAKAZATO (10. Dan, Hanshi) aus dem *Shorinkan*, ✉ 218 Aja, Naha City, Okinawa-ken, ☎ 0081-98-861 25 02.

Kata: Kihon-ippon, Kihon-nihon, Kihon-Sanbon, Fukyu-daiichi, Fukyu-daini, Fukyu-daisan, Naihanchi-ichidan, Naihanchi-nidan, Naihanchi-sandan, Pinan-shôdan, Pinan-nidan, Pinan-sandan, Pinan-yondan, Pinan-godan, Passai-shô, Passai-dai, Kûshankû-shô, Kûshankû-dai, Chintô, Gôjûshiho. Insgesamt 21 Dôjô auf Okinawa, 46 Dôjô in den USA und 8 Dôjô in Japan.

Okinawa Karate-Jutsu Kenkyukai – Okinawanischer Karate-Forschungsclub, gegründet von →MIYAGI CHÔJUN 1926 (s. auch →*Gôjû-ryû*) zusammen mit mehreren namhaften okinawanischen Karate-Meistern.

Okinawa Kempô Renmei – Organisation für okinawanisches *Kempô* unter der Leitung von NAKAMURA TAKETO, ✉ 481, Nago, Nago City, Okinawa-ken.

Okinawa Shôrin-ryû Karate-dô Kyôkai – Organisation für →*Kobayashi Shôrin-ryû* unter Leitung von →MIYAHIRA KATSUYA aus dem *Shidokan*, ✉ 210-1 Tsuboya, Naha City, Okinawa-ken, 0081-98-832 24 13.

Kata: Naihanchi-shôdan, Naihanchi-nidan, Naihanchi-sandan, Pinan-shôdan, Pinan-nidan, Pinan-sandan, Pinan-yondan, Pinan-godan, Passai-shô, Passai-dai, Kûshankû-shô, Kûshankû-dai, Chintô, Gôjûshiho, Jion, Wanshu.

Dôjô: *Nakama-Dôjô:* AZATO NAKAMA (9. Dan, Hanshi). *Shidokan:* KATSUYA MIYAHIRA (10. Dan, Hanshi). *Chibana-Dôjô:* AKIRA NAKAZATO (7. Dan, Kyoshi). *Ryûbukan:* SEITOKU ISHIKAWA (7. Dan, Kyoshi). *Shidokan Miyagi-Dôjô:* AKIRA MIYAGI. *Shidokan Shimabukuro-Dôjô:* KASEI SHIMABUKURO. *Shidokan Nishihara-Dôjô:* SEIKICHI IHA. *China-Dôjô:* SADAYOSHI CHINA. *Nakamura-Dôjô:* ANKICHI NAKAMURA. *Kobukan:* MASATOMO NAKAMURA. *Shidokan Okinawa-Dôjô:* YOSHIO OKAWA. Insgesamt 16 *Dôjô* auf Okinawa und den Philippinen.

Ryûei-ryû Karate-dô Kobudô Hozonkai – *Ryuei-ryu Karate-do, Kobudo Preservation Society*, Organisation für →*Ryûei-ryû*-Karate und Kobudô unter Leitung von NAKAIMA KENKÔ (10. Dan) aus dem *Ryûhokan Honbu* (✉ 166 Miyazato, Nago Chity, Okinawa-ken, ☎ 0081-980-53 24 68). Die *Kobudô*-Waffen des *Ryûei-ryû* werden hauptsächlich von →HAYASHI TERUO vertreten.

Kata: Pachu, Heiku, Paiku, Anan, Anandai, Ohan, Paiho, Sanchin, Seienchin, Niseishi, Sanseri, Seisan.

Ryûkyû Kobudô Hozon Shinkôkai – Organisation für klassische Kobudô-Waffen unter der Leitung von →AKAMINE EIKO aus dem Shinbukan, ✉ 677 Nesabu, Tomishiro Ward, Okinawa-ken, ☎ 0081-98-857 31 60.

Waffen-Kata: Sakugawa no Kon dai, Sakugawa no Kon sho, Shuji no Kon sho, Shuji no Kon dai, Shoun no Kon, Urasoe no Kon, Tsuken Sunakake no Kon, Konegawa no Kon, Chatanyara no Kon, Sesoku no Kon, Soeishi no Kon, Hakutaru no Kon, Chatanyara no Jo, Hamahiga no Jo, Tsuken Shitahaku no Jo, Hantagawa Koragwa no Jo, Jigen no Jo, Tawada no Jo, Kojo no Jo, Yaka no Jo, Yaragwa no Tonfa, Hamahiga no Tonfa, Surujin-Nichokama, Timbe, Shuko, Nunchaku.

Sensei: EIKO AKAMINE (8. Dan, Funakoshi Shôrin-ryû), MAESHIRO NAKAMOTO (Shôrin-ryû), MASATOMO NAKAMURA (Shôrin-ryû), NORIHIDE MINOWA (Uechi-ryû), FUMIO NAGAISHI (Shôrin-ryû), YOSHIKICHI NAKAMURA (Shôrin-ryû).

Ryûkyû Shôrin-ryû Karate-dô Kyôkai – Organisation für okinawanisches Karate (s. →*Ryûkyû Shôrin-ryû*) unter Leitung von →INAMINE SEIJIN, ✉ 261 Yoshihara, Chatan Ward, Okinawa-Prefecture, ☎ 0081-98-938 32 49.

Kata: Naihanchi-shôdan, Naihanchi-nidan, Naihanchi-sandan, Pinan-shôdan, Pinan-nidan, Pinan-sandan, Pinan-yondan, Pinan-godan, Seisan, Wanshu, Ananku, Rôhai, Gôjûshiho, Chintô, Kûshankû, Passai.

Dôjô: *Inamine-Dôjô:* INAMINE SEIJIN (6. Dan, Renshi). *Shinkishi-Dôjô:* YASUNORI SHINKICHI (6. Dan, Renshi). *Matsumoto-Dôjô:* TOGUCHI SOKO (6. Dan, Renshi). *Shinya-Dôjô:* SHINYA HIROSHI (6. Dan, Renshi).

Sekai Shôrin-ryû Karate-dô Renmei – Weltweit verbreitete Föderation für →*Matsubayashi Shôrin-ryû* unter Leitung von →NAGAMINE SHÔSHIN aus dem *Kodokan*, ✉ 3-14-3 Kumoji, Naha City, Okinawa-ken, ☎ 0081-98-833 34 13.

Kata: Fukyu-gata 1–2, Pinan-shôdan, Pinan-nidan, Pinan-sandan, Pinan-yondan, Pinan-godan, Naihanchi-shôdan, Naihanchi-nidan, Naihanchi-sandan, Ananku, Okan, Rôhai, Oji, Passai, Gôjûshiho, Chintô, Kûshankû.

Dôjô: *Hombu-Dôjô:* NAGAMINE SHOSHIN (10. Dan, Hanshi). Insgesamt 2 *Dôjô* auf Okinawa, mehrere *Dôjô* in Japan und in den USA.

Shiroma Kei Shitô-ryû Karate Hozon Kai – *Shiroma Type Shito-ryu Karate Preservation Society*, Organisation für Shiroma Shitô-ryû unter Leitung von ISHIKAWA HOROKU, ✉ 4-105 Torihori, Shuri, Naha City, Okinawa-ken, ☎ 0081-98-834 27 41.

Shitô-ryû Kempô Karate-dô Kai – Organisation für okinawanisches →*Shitô-ryû* unter Leitung von UECHI KANEI (nicht identisch mit dem Meister des *Uechi-ryû*), ✉ 1333-3 Bachi, Minami Ku Itoman City, Okinawa-ken, ☎ 0081-98-892 38 50.

Shôrin-ryû Karate Kobudô Ufuchikuden – okinawanische Organisation für *Ufuchiku-Kobudô* unter Leitung von ISA SHINYU aus dem *Shudokan*, ✉ Yamazato, Okinawa City, Okinawa-ken, ☎ 0081-98-937 39 08.

Shôrin-ryû Kyûdôkan Shinkôkai – Organisation für →*Kobayashi Shôrin-ryû* unter Leitung von →HIGA YÛCHOKU aus dem *Kyudokan*, ✉ 60 Tsuboya Naha City, Okinawa-ken, ☎ 0081-98-832 43 07.

Kata: Naihanchi-ichidan, Naihanchi-nidan, Naihanchi-sandan, Pinan-shôdan, Pinan-nidan, Pinan-sandan, Pinan-yondan, Pinan-godan, Passai-shô, Passai-dai, Kûshankû-shô, Kûshankû-dai, Chintô, Chinte, Jutte, Unsu, Jion, Gôjûshiho, Seisan, Sochin.

Dôjô: *Hombu-Dôjô:* HIGA YOCHOKU (10. Dan, Hanshi). *Waka Hazama-Dôjô:* NAKAMINE TANYOSHI (8. Dan, Kyoshi). *Matsuo-Dôjô:* OSHIRO ICHIRO (6. Dan, Renshi). *Fuji-Dôjô:* NAKAMA FUMIO (7. Dan, Kyoshi). Insgesamt 5 Dôjô auf Okinawa.

Shôrin-ryû Matsumura Seito Okinawa Kobudô Kyôkai – Organisation für →*Matsumura-Seito* und *Kobudô*, gegründet von →SOKEN HÔHAN, ✉ 104 Gaja, Nishihara Ward, Okinawa.

Kata: Hakutsuru, Naihanchi-shôdan, Naihanchi-nidan, Chintô, Pinan-shôdan, Pinan-nidan., Gôjûshiho, Kûshankû, Seisan, Rôhai-jo, Rôhai-chu, Rôhai-ge.

Waffen: Kama, Nunchaku, Bô, Kusarigama, Sai, Tonfa, Surujin.

Uechi-ryû Karate-dô Kyôkai – Organisation für →*Uechi-ryû* unter Leitung von UECHI KANEI (10. Dan) aus dem *Shubukan*, ✉ 166 Futenma, Ginowan City, Okinawa-ken, ☎ 0081-98-892 24 09.

Kata: Sanchin, Seisan (Jusan), Sanseru (Sanjuroku), Kanshiwa, Daini-Seisan (Kanshu), Kanchin, Seichin, Seiryû.

Zen Okinawa Karate-dô Gôjû-ryû Gôjû-kai – Weltweit verbreitete Föderation für okinawanisches Karate unter Leitung von →YAGI MEITOKU aus dem *Meibukan* (✉ 20-14 Banchi, 2 Chome, Kume, Naha City, Okinawa, ☎ 0081-98-868 20 98). Traditionelles okinawanisches *Gôjû-ryû* in der direkten Erbfolge von MIYAGI CHÔJUN.

Zen Okinawa Karate-Kobudô Rengôkai – Okinawanische *Karate-* und *Kobudô*-Föderation unter Leitung von →HIGA SEITOKU (✉ 43-1, 2 Chome, Shuri Giho-machi, Naha-shi, Okinawa-ken). Die Organisation sieht ihren Sinn in der Erforschung der traditionellen Kampfkünste und schließt zu diesem Zweck mehrere bekannte okinawanische Lehrer und Stilrichtungen mit ein.

Kata: Nahaihanchi, Heian-shôdan, Heian-nidan, Heian-sandan, Heian-yondan, Heian-godan, Heian-rokudan, Seisan, Sochin, Jitte, Niseishi, Chintô, Passai, Passai-chu, Passai-shô, Kuniyoshi no Kûshankû, Itosu no Kûshankû, Gôjûshiho, Motote-sansen, Sosansen, Jissen, Suchin, Rufa, Nidan-budai, Nidan-busho, Sanpa-shiki 1, Sanpa-shiki 2, Ryûha, Jion, Ananku.

Waffen-Kata: Shuji no Kon, Sunakake no Kon, Sakugawa no Kon, Tonfa, Sai-dai, Sai-shô, Nunchaku-dai, Nunchaku-shô, Nicho-Nunchaku, Shaku- no Te, Oshiro no Bo, Tsuken-Bo, Tsuken-Dai.

Sensei: UEHARA SEIKICHI (Motobu-ryû), CHINEN MASAMI (Yamane-ryû Bojutsu), KANESHIMA SHINEI (Ishimine-ryû), ITOKAZU YOSHIO (Gôjû-ryû), UECHI SEII (Shitô-ryû), ISHIKAWA ZENROKU (Shiroma Shinei ha Shitô-ryû), MAKISHI YASUNORI (Ryûkyû Shôrin-ryû), MIYAGI MASAKAZU (Honshin-ryû), YOSHIZATO SHINTARO (Kushin-ryû), KANESHI EIKO (Chubu Shôrin-ryû).

Insgesamt 11 *Dôjô* auf Okinawa.

Zen Okinawa Kobudô Renmei – Allgemeine okinawanische *Kobudô*-Föderation unter Leitung von →MATAYOSHI SHIMPÔ aus dem *Kodo-*

kan, ✉ 34-342, Sobe, Naha City, Okinawa-ken, ☎ 0081-98-834 78 66.

Waffen: *Bô, Sai, Nunchaku, Sanchaku, Tonfa, Nuntebo, Surujin, Timbe, Kama, Eiku, Tettsu, Tekko, Kuwa.*

Sensei: Kanei Katsuyoshi *(Gôjû-ryû)*, Miyagi Koki *(Gôjû-ryû)*, Tamashiro Haruo *(Gôjû-ryû)*, Maeshiro Yoshinari *(Uechi-ryû)*, Itokazu Weiko *(Uechi-ryû)*, Kinjo Ko *(Uechi-ryû)*, Nobuhide Yasuzato *(Uechi-ryû)*, Omi Nobumasa *(Uechi-ryû)*, Kutari Seiko *(Okinawa-Kempô)*, Kinjo Kenichi *(Okinawa-Kempô)*.

Zen Okinawa Shôrinji-ryû Karate-dô Kyôkai – Organisation für okinawanisches →*Shôrinji-ryû* unter Leitung von →Nakazato Joen, ✉ 589 Chinen, Chinen Ward, Okinawa, ☎ 0081-98-947 22 53.

Kata: Ananku, Seisan, Naihanchi, Oji, Bakki, Gôjûshiho, Chintô, Kûshankû.

Dôjô: *Nakazato-Dôjô:* Nakazato Tsunenobu. *Taira-Dôjô:* Taira Yasutaka. *Shinkawa-Dôjô:* Shinkawa Hitoshi.

Budô-Organisationen in Amerika

American Amateur Karate Federation (AAKF) – Gegründet von Nishiyama Hidetaka im Dezember 1961, mit nationaler Identität ohne Verbindung zur JKA (s. →Nishiyama Hidetaka).

American Bando Association – Organisation für *Bando* in den USA, gegründet 1960 von Dr. Maung Gyl, z. Zt. von Robert Maxwell geleitet.

American Nippon Kempô Federation – gegründet 1961 als Nebenstelle der *All Japan Kempô Federation*, geleitet von Goki Kinnya.

American Teakwondo Association (ATA) – gegründet 1969 von Heang Ung Lee. 1980 zählte die Organisation 80000 Aktive und 1000 Schwarzgurte an 250 Schulen. Es werden u. a. verschiedene Zeitungen und ein 100seitiges Handbuch herausgegeben.

American-Okinawan Karate Association –Organisation für *Isshin-ryû* in den USA, teilt sich in eine *Eastern Division* unter Leitung von Don Nagle (Jersey City, New Jersey) und eine *Western Division* unter Leitung von Steve Armstrong (Tacoma, Washington).

Chinese Physical Culture Association – Als Tochterorganisation der gleichnamigen chinesischen Vereinigung 1922 in Honululu gegründet. Der erste Verein, der in den USA *Kung-fu* lehrte.

Gôjûkai Karate-dô USA – US-Ableger der von →Yamaguchi Gôgen gegründeten *International Karate-dô Gôjû-Kai Association* (s. o.). Die Organisation wurde 1964 von →Yamaguchi Gosei gegründet, der nun als Hauptlehrer fungiert. Ihr Hauptsitz ist in San Francisco, es werden aber überall in den USA Abteilungen unterhalten.

Hawaii Karate Association (HKA) – 1959 aufgebaut, 1961 ging daraus der *Hawaii Karate Congress* mit neun Vereinen unter Führung der HKA hervor.

International Karate Association – gegründet vom einem der höchstgraduierten Karate-Meister, überprüft die Organisation die Schulen weltweit. Sitz: South Carolina.

International Kempo-Karate Association – die bestimmende Organisation im amerikanischen Kempô-Karate, 1956 in den USA gegründet, heute in vielen Ländern Europas und Lateinamerikas vertreten.

International Shôtôkan Karate Federation – gegründet 1971, repräsentiert die *Japan Karate Federation* (JKF) in den USA.

Professional Karate Association (PKA) – Organisation für professionelles Kontakt-Karate in den USA, gegründet 1974 von Don und Judy Quine und Mike Anderson (s. →PKA, →*Fullcontact*).

Shôtôkan Karate of America (SKA) – amerikanische Karate-Organisation, gegründet 1957 von →Oshima Tsutomu. Die Organisation ist international verbreitet und betreibt *Shôtôkai-Karate* von →Egami Shigeru.

US Karate Association (USKA) – erste und eine der größten Karate-Organisationen in Amerika, gegründet 1948 von Robert → Trias, anfangs offen für alle Stile ab 1960, beschränkt auf →*Gôjû-ryû* (s. auch →*Karate*).

US Wadôkai Karate-dô Federation – vorherrschende Organisation für *Wadô-ryû* in den USA, gegründet 1964 von →Ajari Yoshiaki.

World Karate Association (WKA) – eine der weltweit verbreiteten Hauptorganisationen für *Contact Karate*, sowohl für Profis als auch für Amateure, im Oktober 1976 von Howard Hanson und Arnold Urquidez gegründet (s. →*Fullcontact*).

Budô Organisationen in Europa

Académie Européenne des Karate-dô et d'Arts Martiaux d'Extrême Orient (AEKAMEI) – ✉ 50, Rue Beaunier, F-75014 Paris, ☎ 0033-1-45 45 07 97.

British Aikidô Association (BAA) – gegründet 1968 in England, um die technischen und ethischen Standards des *Tomiki-Aikidô* bekannt zu machen und zu vertiefen.

British Amateur Full-Contact Association – steuert das *Full-Contact* in England, es gibt eine eigene Graduierung, eigene Ranglistenturniere und nationale Meisterschaften.

British Kendô Association – 1962 von ROALD →KNUTSEN gegründet, eine der zwei führenden *Kendô*-Organisationen in England.

British Kendô Renmei – 1973 ebenfalls von ROALD →KNUTSEN gegründet, um das traditionelle *Kendô* zu fördern.

Budôkwai – 1918 als erster Jûdô-Club Europas von →GUNJI KOIZUMI in England gegründet. Der Budôkwai war bis zum Zweiten Weltkrieg das Zentrum des europäischen Jûdô und stellte im Laufe der Jahre einige der höchstgraduierten Jûdôkas außerhalb Japans. Mittlerweile auch andere Kampfkünste (u. a. *Kendô*).

Centre de Recherche Budô (CRB) – Organisation für klassisches *Karate-dô,* gegründet von ROLAND HABERSETZER in Straßburg. ✉ 7b, Chemin du Looch, F-67530 Saint-Nabor.

European Aikidô Federation (EAF) – 1975 hervorgegangen aus der *Association Culturelle Européenne d'Aikidô.* Der deutsche Verband *Aikikai Deutschland* ist ihr angeschlossen.

European Aikidô Union (EAU) – Hauptsitz in Frankreich (s. André →Nocquet). Angeschlossen sind der *Tendo-ryû Aikidô Verband Deutschland* und der *Deutsche Aikidô Bund.*

European Amateur Karate Federation (→ EAKF) – Die wichtigste Karate-Vereinigung Europas wurde am 15. März 1979 als Abteilung der *International Amateur Karate Federation* gegründet. Sie umfaßte damals 16 Nationen. Der Präsident zur Zeit der Gründung war DESIDERIO MAGGIONI, die Hauptlehrer MASATOSHI NAKAYAMA und HIDETAKE NISHIYAMA.

European Iaido Association – ✉ Yan de Haan, P.O. Box, NL-2150 AD New-Vennep 31, ☎ 0031-2526-8 78 78.

European Jûdô Union (EJU) – 1948 gegründet aus 15 Mitgliedsländern, umfaßt heute nahezu alle europäischen Länder. Sie ist eine Abteilung der *International Jûdô Federation* und hält seit 1951 eigene *Jûdô*-Meisterschaften ab.

European Karate Union (EKU) – älteste Karate-Organisation Europas, 1962 gegründet, europäische Vertretung der → WUKO. Hält seit 1966 jährlich europäische *Karate*-Meisterschaften ab.

European Kendô Federation (EKF) – wichtigster Kendô-Verband Europas, 1969 gegründet. Richtet europäische *Kendô*-Meisterschaften aus.

European Professional Karate Association (EPKA) – Organisation für →*Full-contact*, gegründet von JÉROME CANABATE 1978 in der Schweiz.

Federation Française de Jûdô et Disciplines Assimilées (FFJDA) – der maßgebende Verband für *Jûdô, Aikidô, Savate* und *Kendô* in Frankreich.

Fédération Nationale de Boxe Americaine (FNBA) – 1978 von DOMINIQUE VALERA in Frankreich für professionelles → *Full-contact* gegründet.

French Karate Union – wichtigster Verband für *Karate* und verwandte Kampfkünste in Frankreich. Präsident ist JACQUES DELCOURT.

Karate Union of Great Britian (KUGB) – 1966 von KANAZAWA HIROKAZU in England zur Verbreitung des *Shôtôkan-Karate* gegründet, an die *Japan Karate Association* angeschlossen. Nach Kanazawas Rückkehr nach Japan (1971) wurde →ENOEDA KEINOSUKE zum Hauptlehrer ernannt. In den 70er Jahren assistierten ihm KAWASOE M. und TOMITA HIDEO. 1977 zählte die Organisation 12 000 Mitglieder und hält seit 1967 Wettkämpfe auf nationaler Ebene ab.

Nederlandse Kick-Boxing Bound (NKBB) – Organisation für →*Full-contact*, gegründet 1977 in Holland.

United Kingdom Karate-dô Wadôkai (UKKB) – vorherrschende Organisation dieses Stils in England, gegründet 1968 von →SUZUKI TATSUO.

World Karate Association (WKA) – Folgeverband aus der *World Union of Karate-dô Organisation* (→WUKO), Präsident ist JACQUES DELCOURT.

World All-Style Karate Organisation (→WAKO)

– Europäische Organisation für Kontakt-Karate (s. →*Karate*, →*Full-contact*), gegründet 1975 von mehreren Dan-Trägern aus 12 Ländern unter der Leitung von George Bruckner und Mike Anderson.

World Union of Karate-dô Organisations (→**WUKO**) – Internationale Organisation, 1976 gegründet, um das Amateur-Karate zu vereinen. In neuerer Zeit in →WKA umbenannt.

Budô Organisationen in Deutschland

Anmerkung des Herausgebers: Sämtliche nachfolgenden Organisationen wurden angeschrieben und gebeten, sich selbst darzustellen. Für angeführte Aussagen zeichnen deren Vorstände bzw. Pressesprecher verantwortlich und nicht der Herausgeber. Von nicht näher erläuterten Organisationen erhielten wir keine Mitteilungen.

Aikidô Takemusu Iwama-ryû – ✉ Milan Milosevic, Bleeck 2, D-24576 Bad Bramstedt, ☎ 04192-1447.

• Milan Milosevic war bis zu seinem 2. Dan *Aikidô* in Bad Bramstedt ein Schüler von Rolf Brand. Als Sohn wohlhabender Eltern fuhr er danach mehrmals nach Japan (Iwama), bis er schließlich eine eigene *Aikidô*-Gruppierung gründete.

Aikikai Deutschland – Fachverband für *Aikidô*, ✉ Berghamsweg 72, D-49716 Meppen, ☎ 05931-16 523, -18 527, Präsident Dr. Karl-Friedrich Leisinger.

• Der *Aikikai Deutschland* wurde 1965 gegründet und hat heute 5600 Mitglieder in 8 Landesverbänden und 132 Gruppen in der Bundesrepublik. Die Lehrer berufen sich auf das Original-*Aikidô*, wie es von Ueshiba Morihei gelehrt wurde und heute durch den *Aikikai* in Japan vertreten wird. Bundestrainer in Deutschland ist →Asai Katsuaki (s. auch →*Aikidô*), der dem *Zaidan Hojin Aikikai (World Aikidô Headquarters)* von →Ueshiba Morihei verbunden ist. Die Organisation ist Mitglied in der *International Aikidô Federation* (IAF) und der *European Aikidô Federation* (EAF).

Allstyle-Karate-Kan Germany – ✉ Andreas Kielholtz, Sonthofenerstr. 35, D-87509 Immenstadt, ☎ 08323-6128, -4449.

Bayerischer Fachverband für asiatische Kampfsportarten (BFAK) – ✉ Leopoldstr. 206, Apt. Nr. 4103, D-80804 München, ☎ 089-36 10 20 17, Präsident Siegfried Lory.

• Der BFAK wurde 1979 von seinem derzeitigen Bundestrainer Siegfried Lory (10. Dan) gegründet, hat etwa 2000 Mitglieder und 197 Dan-Träger. Die Organisation betreibt Selbstverteidigung auf der Grundlage verschiedener asiatischer *Budô*-Sportarten: Jiu-Jitsu (Robert Baier), Aikijutsu (Siegfried Lory), Jûdô (Peter Auinger), Karate (Holger Martin), Taekwondo (Kemal Oral), Nahkampf (Jörg Triemer), WingTsun (Holger Martin), Kobudô (Peter Ruhnau).

Bayerische Semikontakt Organisation e. V. (BSO) – ✉ Christine Pielmeier, Herzog-Albrecht-Str. 14a, D-93083 Piesenkofen, ☎ 09401-5427.

Budô-Akademie Europa (BAE) – ✉ Horst Weiland, Ulmenstr 39 (Textilhof), D-26384 Wilhelmshaven, ☎ 04421-30 14 08, –30 57 44.

Budô Sektion Deutschland e. V. – ✉ Ottmar Luxem, Hochstr. 28, D-56642 Kruft, ☎ 02652-7181.

Budô Studien Kreis (BSK) – ✉ Werner Lind, Weschnitzstr. 8, D-64625 Bensheim, 06251-2056. Die föderationsneutrale Organisation für klassische Kampfkünste betreibt keinen Wettkampf und arbeitet auf zwei Ebenen (s. →*Budô Studien Kreis*):

Der BSK vereinigt etablierte Budô-Lehrer aller Disziplinen zu Zwecken des Studiums der traditionellen Kampfkünste. Auf Wochenendtreffen werden in den Räumen des BSK *(Budôkan)* Erfahrungen ausgetauscht und Studien organisiert. Diese Lehrer erfüllen in ihren Heim-Organisationen hauptamtlich ihre Aufgaben und arbeiten ehrenamtlich mit dem BSK zusammen.

In seinen internen klassischen Disziplinen nimmt der BSK Schüler an, die die klassische Kampfkunstauffassung des BSK (s. →*Budô Studien Kreis*) lernen und vertreten wollen. Für sie werden regelmäßig Seminare und Fortbildungslehrgänge orga- nisiert, innerhalb deren Prüfungsbescheinigungen, BSK-Übungsleiter- und -Lehrer-Lizenzen erworben werden können. Die Lehrer des BSK-*Hombu-Dôjô* sind Werner Lind (Hauptlehrer des BSK), Peter Schömbs (5. Dan *Karate*, 4. Dan *Ninjutsu*, 3. Dan *Kobudô*), Ursel Arnold (5. Dan *Karate*, 3. Dan *Kobudô*), Christian Lind (3. Dan *Karate*), Marcus Neudert (3. Dan *Karate*), Dominik Veit (3. Dan *Karate*), Heiko Lerscht (2. Dan *Karate*), Wilfried Dietze (2. Dan *Karate*, 2. Dan *Kobudô*); Gabi und Monika Lind (*Yang Tai-ji-quan*, *Qi-gong* und *Yi-jin-jing*).

• **Shôtôkan-ryû Kempo-Karate und Kobudô:** Das Karate-System des BSK beruht auf dem *Shôtôkan-ryû*, sucht jedoch seine Wurzeln im chinesischen *Quan-fa* und *Qi-gong*. Wettkampf wird nicht betrieben, der Stil beruht auf Selbstverteidigung und Vitalpunktgymnastik. Aufgenommen werden nur Dan-Träger und Schulleiter, über die ihre Schüler auch Mitglieder werden. Ausbildung zum lizenzierten BSK-Lehrer ist möglich.

Kata: Taikyoku-shôdan, Taikyoku-nidan, Taikyoku-sandan, Heian-shôdan, Heian-nidan, Heian-sandan, Heian-yondan, Heian-godan, Tekki-shôdan, Tekki-nidan, Tekki-sandan, Bassai, Kankû, Empi, Jion, Hangetsu, Jitte, Gankaku, Meikyo, Sochin, Chinte, Nijushiho, Wankan, Gôjûshiho.

Kumite-Kata: Kihon-Ippon-Kumite, Jiyu-Ippon-Kumite, Goshin-Kumite 1-3, Kumite-Kata, Nage-Kata, Kakie-Kata, Kakie-Ippon-Kumite, Kumi-Kata, Kata-Bunkai.

Waffen-Kata: Bô-renshuho, Okinawa-bô, Shoun no Kon, Kaiten-bô, Nunchaku-renshuho 1, Nunchaku-renshuho 2, Taira no Nunchaku, Juho no Nunchaku, Nicho-Nunchaku, Sai-renshuho, Chatanyara no Sai, Hanbô-renshoho 1-4, Hanbô-kaiten, Matsuhiga no Tonfa, Kama-renshuho 1-2, Bassai-Kama, Kwando-shôdan, Iaidô-Kata.

• **Tai-ji-quan** und **Qi-gong:** Das *Taiji*-System des BSK beginnt mit der Peking-Form und geht in die lange Yang-Form über. Parallel dazu werden *Baduanjin, Yijinjing* und Wildgans-*Qi-gong* sowie die philosophischen Grundlagen von *Tai-ji-quan* und *Qi-gong* vermittelt. Fortführend werden Partnerübungen, Selbstverteidigung und Waffenformen unterrichtet. Seminare und Lehrerausbildungen (auch für Anfänger) finden im *Hombu-Dôjô (Budôkan)* des BSK statt.

• **BSK-Ninpo:** Dieser auf Selbstverteidigung ausgerichtete Stil wurde auf der Grundlage des *Karate-Kihon* und der *Bujutsu*-Auffassung des *Genjinkan-Ninjutsu* gegründet. Er enthält *Taihenjutsu* (Rollen, Fallen, Springen Gehen, Stellungen usw.), *Dakentaijutsu* (Karate-Grundschule), *Jutaijutsu* (Hebel, Würfe Würgetechniken usw.), Waffentraining und Kampfausbildung. Ausbildung nur für bestehende *Ninjutsu*-Dan-Graduierungen möglich.

Bujinkan Brian Dôjô Deutschland – ✉ Heinz-Hermann Meyer, Rübekamp 6, D–28219 Bremen, ☎ 0421-616 51 00, –337 97 79.

Bujinkan Deutschland – ✉ Geschäftsstelle, Sabine Fröhlich, Leipziger Ring 142, D-63110 Rodgau, ☎ 06106-76 662, Fax 06106-76573.

• Deutsche Organisation für kooperative Zusammenarbeit im *Bujinkan Deutschland* (s. u., *Bujinkan I.N.A.G.*), mit leitendem Konsortium bestehend aus Armin Dörfler (8. Dan), Wolfgang Ettig (5. Dan) und Steffen Fröhlich (8. Dan). Die Organisation erarbeitet Ausbildungsrichtlinien und veranstaltet Seminare für *Togakure-ryû Ninjutsu.*

Bujinkan I.N.A.G. – ✉ Geschäftsstelle, Sabine Fröhlich, Leipziger Ring 142, D-63110 Rodgau, ☎ 06106-76 662, Fax 06106-76573.

• Die Organisation für *Ninjutsu*, vollständiger Name: *Bujinkan Incorporated Ninjutsu Association Germany*, wurde am 3. Januar 1983 durch Adolf John, Alexander Steiner und Steffen G. Fröhlich ins Leben gerufen und am 9. Oktober 1986 durch das *Bujinkan-Hombu-Dôjô (Bujinkan-Budô-Dôjô)* von Dr. →Atsumi Massaki anerkannt. Seit diesem Datum leitet Fröhlich (8. Dan Ninjutsu) die Organisation in eigener Verantwortung. Er ist auch Herausgeber der deutschen Ausgabe des japanischen Magazins *Sanmyaku*, in dem sich das *Bujinkan-Budô* darstellt. Bujinkan I.N.A.G. unterhält in Deutschland z. Zt. 38 *Dôjô* mit ca. 1500 Mitgliedern und veranstaltet unter der Autorität von Dr. Masaaki Hatsumi und des *Bujinkan Deutschland* (s. o.) Seminare für Schüler und Ausbilder/Lehrer.

Chung Hsing Mei Hua Tang Lang Association Deutschland – Institut für chinesische Heil- und Bewegungskünste, ✉ Gerhard Milbrat, Steverstr. 21, D-59348 Lüdinghausen, ☎ 02591-22 683.

• Die Organisation ist in Korea, Deutschland, den USA und Spanien verbreitet, sie wurde 1987 als Erweiterung des *Chung Hsing Kung Fu Institute Ulsan/Korea* durch die Meister Kang Kyung Fang, Sun Shi Gang (Master-Instructor) und Gerhard Milbrat (Chief-Instructor) gegründet und ist an das *Institut für chinesische Heil- und Bewegungskunst Lüdinghausen* angeschlossen. In Deutschland unterrichten außerdem Thomas Vieth, Petra Autering, Marion Hoevener, Birgit Berkhan und Karsten Voits. Neben der Lehre verschiedener chinesischer Kampfkünste *(Shaolin-Kung-fu, Mei Hua Tang Lang, Qi-gong, Tai-ji-quan)* verfolgt die Organisation die Vermittlung traditioneller Heil- und Gesundheitssysteme aus China.

Connelly Jûjutsu Federation – ✉ Georg Janzen, Van-der-Giese-Str. 41–43, D-52351 Düren, ☎ 02421-10 327.

Dacascos Kung-fu Academy – ✉ Michael Timmermann, Speckmoorstr. 6, D-23568 Lübeck, 0451-69 05 10, –69 25 71.

Dachverband für Budôtechniken NW e.V.

(DVNW) – ✉ ERIK GRUHN, Postfach 10 15 06, 47015 Duisburg, ☎ 0203-738 13 79, –738 14 09.

Deutsch-asiatische Kampfkunst Organisation (DAKO) – ✉ HANS-D. RAUSCHER, Erfurterstr. 4d, D-68723 Schwetzingen.

• Die Organisation ist der IMAF *(International Martial Arts Federation*, s. →*Kokusai Budôin)* angeschlossen.

Deutsche Budô Oranisation e. V. (DBO) – ✉ Kronauerstr. 2a, D-68753 Waghäusel, ☎ 07254-730 40, Fax 07254-760 84. Die Organisation veranstaltet Lehrgänge und Wettkämpfe für traditionelle und moderne Richtungen.

Deutsche Jûjutsu-dô Organisation (DJJDO) – ✉ HANS-JÜRGEN EUL, Altenhöfenerstr. 32, D-44623 Herne, ☎ 02323-49 01 97.

Deutsche Kyokushinkai Organisation e.V. – ✉ WOLFGANG PECH, Stuckestr. 4, 30659 Hannover, ☎ 0511-647 96 60/66 (s. o., *International Kyokushinkai Organisation* und *Deutscher Karate Verband*).

Deutsche Teakwondo Union e.V. (DTU) – ✉ Postfach 50 01 20, Georg-Brauchle-Ring 93, D-80971 München, ☎ 089-15 702-367, –372.

Deutscher Aikidô Bund (✉✉DAB) – ✉ Claudiusring 4L, D-23566 Lübeck, ☎ 0451-62 31 39, Präsident und Hauptlehrer ROLF BRAND.

• Dieser Aikidô-Verband (6700 Mitglieder, 283 Dan-Träger) ist als einziger seit 1985 dem Deutschen Sportbund angeschlossen und vertritt das von UESHIBA MORIHEI ins Leben gerufene klassische *Aikidô*-Konzept. Der DAB wurde 1977 auf die Initiative von ROLF →BRAND gegründet, nachdem er sich von der DJB-Abteilung *Aikidô* (s. o., *Tendo-ryû Aikidô Verband*) getrennt hatte, und ist international der *Europäischen Aikido Union (Union Européenne d'Aikidô)* angeschlossen.

• Der DAB ist in 12 Landesverbänden organisiert: Baden-Württemberg (ERHARD ALTENBRANDT), Bayern (WOLFGANG SCHWATKE), Berlin (ROGER ZIEGLER), Hamburg (KAI KLEEBERG), Hessen (DR. HANS-PETER VIETZE), Niedersachsen (GÜNTER HEESE), Nordrhein-Westfalen (HORST GLOWINSKI), Rheinland-Pfalz (ERMANO OLIVAN), Sachsen (WOLFGANG JÄCKEL), Sachsen-Anhalt (ANDREAS POHL), Schleswig-Holstein (CHRISTIANE ZANTER) und Thüringen (FRANK ZIMMERMANN). Diese werden von Regionaltrainern koordiniert: ERHARD ALTENBRANDT, ROLF BRAND, ECKHARD CLAASSEN, HORST GLOWINSKI, GÜNTER HESSE, ALFRED HEYMANN, WALTER KUNDE und ROGER ZIEGER. Die Leitung des DAB unterliegt einem Präsidium, bestehend aus ANDRÉ NOCQUET (Ehrenpräsident), ROLF BRAND (Präsident), ERHARD ALTENRANDT (Vizepräsident), DIRK HUNGER (Vizepräsident), KAI KLEEBERG (Schatzmeister) ROLAND NEMITZ (Rechtsausschuß), ECKHARD CLAASSEN (Prüferreferent), KARL KÖPPEL (Lehrwart) u. a. Die wichtigsten Lehrer des DAB sind ROLF BRAND (7. Dan), ERHARD ALTENBRANDT (6. Dan), UDO BAUER (4. Dan), GERD BENNEWITZ (4. Dan), HELGA BRAND (5. Dan), ECKHARD CLAASSEN (4. Dan), HORST GLOWINSKI (5. Dan), ALFRED HEYMANN (5. Dan), MANFRED JENNEWEIN (4. Dan), KARL KÖPPEL (5. Dan), GERD KRÜGER (4. Dan), HUBERT LUHMANN (4. Dan), ROLAND NEMITZ (4. Dan), ULRICH SCHÜMANN (4. Dan) und DR. HANS-PETER VIETZE (4. Dan).

Deutscher Arnis Verband e. V. (DAV) – ✉ SVEN BARCHFELD, Pfeifferstr. 17, D-34121 Kassel, ☎0561-27 878 oder 0171-404 43 93.

Deutscher Asien Kampfsport Verband (DAV) – *E. BRANDL, Bertholdstr. 33, D-91448 Enskirchen.

Deutscher Dan-Träger und Budô-Lehrer Verband e. V. (DDBV) – ✉ Eichenstr. 1/0, D–82024 Taufkirchen, ☎ 089-612 24 78, LOTHAR SIEBER (10. Dan *Jiu-Jitsu*, 10. Dan *Jiu-Jutsu-Karate*, 6. Dan *Zendô-Karate*); s. →*Jiu-Jitsu*.

• Der DDBV wurde 1979 in München gegründet und vereinigt *Budô*-Lehrer verschiedener Stilrichtungen und Organisationen. Die Organisation formuliert ihren Sinn folgendermaßen: »Die Vielzahl von Verbänden und Organisationen ist schon nicht mehr zu durchschauen. Mit einer Produktion von ›Großmeistern‹ wird der krampfhafte Versuch unternommen, sich gegenüber anderen Vereinigungen abzuheben und Wettbewerbsvorteile auf dem Markt zu verschaffen. Diese negative Entwicklung hat in der Öffentlichkeit zwangsläufig zur Entwertung des Dan geführt. In der *Budô*-Szene wird höheren *Dan*-Graden schon prinzipiell mit Skepsis und Mißtrauen begegnet. Es gilt daher, einen Anfang zu machen und diesen Mißständen zu begegnen. Der DDBV hat sich die Aufgabe gestellt, die blindwütige und verantwortungslose Graduierungspraxis zu bekämpfen und dem Dan wieder seinen ursprünglichen Sinn zu geben. Die Budô-Kunst darf nicht länger von skrupellosen Geschäftemachern bzw. Dilettanten beschmutzt werden.« (Zitat des DDBV-Vorstandes)

• 1. Vorsitzender und Gründungsmitglied ist LOTHAR SIEBER (10. Dan *Jiu-Jitsu*, 10. Dan *Jiu-Jitsu-Karate*, 8. Dan *Karate*, 8. Dan *Zendô-Karate*, 2. Vorsitzender der *Idokan Europa e.V.*). Die wichtigsten Mitglieder des DDBV sind EDUARD MATUSCHEK (10. Dan *Jiu-Jitsu*, 10. Dan *Jiu-Jitsu-Karate*, 9. Dan *Ido*, 9. Dan *Karate*, 8. Dan *Seibukan-Karate*, 5. Dan *Taekwondo*, 1. Vorsitzender der *International Budô Federation*, IBF, Direktor der *World Budô Federation*), HANS SCHÖLLAUF (10. Dan *Jiu-Jitsu*, 10. Dan *Jiu-jitsu-Karate*, 10. Dan *Ido*, 2. Dan *Karate*, 1. Meistergrad *Kung-fu*, 1. Präsident der *Idokan Europa International*), HEINZ JANSEN (10. Dan *Jiu-Jitsu*, 10. Dan *Ido*, 1. Dan *Jûdô*, ehemaliger Vorsitzender des DJJR), Baron HUBERT KLINGER VON KLINGERSTORFF (10. Dan *Jiu-Jitsu*, 10. Dan *Jiu-Jitsu-Karate*, 10. Dan *Ido*, 5. Dan *Jûdô*, 1. Dan *Karate*, Ehrenpräsident von *Idokan Europa International*), DIETMAR GDANIEZ (10. Dan *Jiu-Jitsu*, 10. Dan *Jiu-Jitsu-Karate*, 9. Dan *Ido*, 1. Dan *Karate*, Ehrenvorsitzender des DJJR), PETER JAHNKE (6. Dan *Karate*, Gründer des *Zendô-Karate Tai-Te-Tao*), GÜNTER RITZINGER (6. Dan *Ido*, 5. Dan *Jiu-Jitsu*, 5. Dan *Jiu-Jitsu-Karate*, 1. Dan *Jûdô*, 2. Vorsitzender des DDBV), KLAUS HÄRTEL (6. Dan *Jiu-Jitsu*, 6. Dan *Ido*, 6. Dan *Judô-dô*, Vorsitzender des DJJR und Dozent im DDBV), RUDOLF GABERT, 4. Dan *Jiu-Jitsu*, 4. Dan *Jiu-Jitsu-Karate*, 4. Dan *Ido*, 2. Dan *Zendô-Karate*, 2. Dan *Jûdô*, 1. Vorsitzender von *Idokan Europa e.V.*), BENEDETTO STUMPF (9. Dan *Kempô-Karate*, 8. Dan *Tang-Soo-Do*, 7. Dan *Toan Chen's Boxing Kung-Fu*, 5. Dan *Taekwondo*, Präsident des *Tang-Soo-Do Verband Deutschland e. V.*), NORBERT PUNZET (7. Dan *Kun-Tai-Ko*, 7. Dan *Jiu-Jitsu*, 6. Dan *Gaijin-Goshin-Jutsu*, 5. Dan *Zendô-ryû Karate*, Präsident der *German Kun-Tai-Ko Budô Association e.V.*), ULF MARTENS (5. Dan *Zendô-ryû Karate*, 5. Dan *Karate*, 5. Dan *Ido*, 5. Meistergrad *Kickboxen*, 4. Dan *Jiu-Jitsu*, 4. Dan *Jiu-Jitsu Karate*), DIETER DREXLER (3. Dan *Jiu-Jitsu*, 3. Dan *Ido*, 3. Dan *Jiu-Jitsu-Karate*), BODO BLUMENTRITT (2. Dan *Jiu-Jitsu*, 2. Dan *Jiu-Jitsu-Karate*, 1. Dan *Zendô-ryû Karate*, 1. Dan *Karate*).

Deutscher Hapkido Bund (DHB) – ✉ HEINZ ISKEN, Auf der Westhelle 20, D-58644 Iserlohn, ☎ 02374-71 981, dienstl. 02351-23 766.

Deutscher Iaido Verband e. V. (DIV) – ✉ WERNER SCHMIDT, Rellinghauserstr. 234, D–45136 Essen, (0201-25 23 71. Der DIV ist Mitglied im *Deutschen Kendô Bund* (s. u., *Deutscher Jûdô-Bund*).

Deutscher Jiu-Jitsu Ring Erich Rahn e. V. (DJJR) – ✉ Großer Hof 23, D-24248 Mönkeberg, ☎ 0431-23 27 32, –84 571, Vorsitzender KLAUS HÄRTEL (6. Dan *Jiu-Jitsu*, 6. Dan *Jûdô-dô*, 3. Dan *Jûdô*).

• Der DJJR entstand durch den Zusammenschluß der Schüler von ERICH RAHN und ist der älteste deutsche Fachverband für *Jiu-Jitsu*. Die Organisation betreibt *Jiu-Jitsu, Jûdô, Jûdô-dô, Karate (Shôtôkan-ryû, Zendô-ryû, Wadô-ryû* und *Seiryû-dô), Aikidô, Kung-fu (Wing-chun, Tang-Lang* und *Quan-Ki-Do*) und *Tai-Chi-Chuan* und ist der älteste Verband für Kampfsport in Deutschland. Die wichtigsten Meister sind DIETMAR GDANIETZ (Ehrenvorsitzender des DJJR, 10. Dan *Jiu-Jitsu*, 9. Dan *Ido*, 1. Dan *Karate*, Nachfolger von ERICH RAHN), LOTHAR SIEBER (10. Dan *Jiu-Jitsu*, 10. Dan *Ido*, 8. Dan *Zendô-Karate*), HEINZ JANSEN (10. Dan *Jiu-Jitsu*, 5. Dan *Jûdô*, 1. Dan *Karate*) und KLAUS HÄRTEL (6. Dan *Jiu-Jitsu*, 6. Dan *Jûdô-dô*, 4. Dan *Jûdô*). Die Lehrer der Vereinigung sind Mitglieder des *Deutschen Dan-Träger und Budô-Lehrer Verbandes* (s. o.).

Deutscher JKA-Karate Bund e. V. (DJKB) – Organisation für traditionelles Karate der JKA (Wettkampf), Geschäftstelle PETRA HINSCHBERGER, Schwarzwaldstr. 64, D-66482 Zweibrücken, (/Fax 06337-6765.

• Die Organisation wurde am 28. Juni 1992 von →OCHI HIDEO gegründet, nachdem er sich mit vielen Schülern vom →DKV (s. auch →DJKB) abgespaltet hatte. Der Verband ist bewußt ohne Landesverbände bundesweit zentral organisiert, ohne Anbindung an den Deutschen Sport Bund (DSB), und hat in 400 *Dôjô* etwa 20 000 Mitglieder. Über den bewährten Karate-Lehrer OCHI HIDEO ist die Gruppierung an die JKA angeschlossen und betreibt Wettkampf-Karate im *Non-contact*. 1. Vorsitzender ist WERNER BÜTTGEN (* Hedwigstr. 12, D-46359 Heiden), 2. Vorsitzender ist BERND HINSCHBERGER (✉ Schwarzwaldstr. 64, D-66482 Zweibrücken).

Kata: Heian 1-5, Tekki 1-3, Bassai 1-2, Kankû 1-2, Enpi, Sochin, Meikyo, Gôjûshiho 1-2, Jion, Jitte, Hangetsu, Gankaku, Chinte, Nijushiho, Wankan, Unsu.

Deutscher Jûdô-Bund e.V. (DJB) – Fachverband für Jûdô-Sportarten, ✉ Otto-Fleck-Schneise 12, Postfach 71 02 25, D-60492 Frankfurt/M., ☎ 069-67 60 13/14, Fax 069- 677 22 42. Organisation für *Jûdô* und andere asiatische Sportarten in Deutschland, 1953 hervorgegangen aus dem *Deutschen Jûdô Ring* (s. »Die Kampfkünste der Welt« im Einführungsteil), gegründet 1932 von ALFRED →RHODE (s. auch →DJB). Präsident ist W. HÖFKEN, Bundestrainer HAN HO-SAN.

Jûdô im DJB ist in Landesverbänden organisiert: *Badischer Jûdô-Verband:* ✉ NORBERT NOLTE, Marienstr. 63, D-76137 Karlsruhe. *Bayerischer Jûdô-Verband:* ✉ SIGURD SEEGER, Georg-Brauchle-Ring 93, D-80992 München. *Jûdô-Verband Berlin:* ✉ CHRISTIANE KIEBURG-BAUER, Postfach 21 04 42, D-10551 Berlin. *Jûdô-Verband Brandenburg:* ✉ HENRY HEMPEL, Granseerstr. 10–11,

D-16835 Lindow. *Bremer Jûdô-Verband:* ✉ Kurt Schuster, Muhlenburgstr. 18, D-28207 Bremen. *Hamburger Jûdô-Verband:* ✉ Hans Werner Friel, Schäferkampsallee 1, D-20357 Hamburg. *Hessischer Jûdô-Verband:* ✉ Lothar Zerull, Im Fiedlersee, 14, D-64291 Darmstadt. *Jûdô-Verband Mecklenburg-Vorpommern:* ✉ Gerhard Freitag, Lomonossowstr. 8, D-19063 Schwerin. *Niedersächsischer Jûdô-Verband:* ✉ Norbert Schulz, Rapsfeld 5, D-29336 Nienhagen. *Nordrhein-Westfälischer Jûdô-Verband:* ✉ Wilhelm Höfken, Postfach 10 15 06, Sportpark Wedau, D-47015 Duisburg. *Jûdô-Verband Pfalz:* ✉ Otto Frambach, Hauptstraße 68, D-67305 Ramsen. *Jûdô Verband Rheinland:* ✉ Karl-Heinz Dott, Kaiser-Heinrich-Str. 49, D-56220 Urmitz. *Saarländischer Jûdô-Bund:* ✉ Jürgen Eisenhut, Sonnenhang 3, D-66679 Losheim-Scheiden. *Jûdô-Verband Sachsen:* ✉ Karl-Dieter Schuchmann, Marschnerstr. 29, D-04109 Leipzig. *Jûdô-Verband Sachsen-Anhalt:* ✉ Gert-Jürgen Dodt, Hermann-Matern-Str. 9. D-06366 Köthen. *Jûdô-Verband Schleswig-Holstein:* ✉ Detlef Ott, Dr.-Julius-Leber-Str. 23, D-23552 Lübeck. *Jûdô-Verband Thüringen:* ✉ Karl Peters, Goethestr. 26, D-99096 Erfurt. *Württembergischer Jûdô-Verband:* *Paul Ulbrich, Hermann-Heß-Str. 8, D-71332 Waiblingen.

• **Deutscher Kendô Bund:** ✉ Wolfgang W. Demski, Heidenheimerstr. 24, D-13467 Berlin.

• **Deutscher Kyûdô Bund:** ✉ Feliks Hoff, Volksdorfer Weg 50r, D-22393 Hamburg.

• **Deutsches Dan-Kollegium:** ✉ Dieter Teige, Buchenweg 12, D-23867 Sülfeld.

Deutscher Karate Verband e. V. – ✉ Fr. Gunda Günther, Grabenstr. 37, D-45964 Gladbeck, ☎ 02043-29 88 90/91 (s. →DKV).

• Größte Wettkampforganisation für Karate (120 000 Mitglieder) in Deutschland, die die Stile *Shôtôkan-ryû* (s. Günther →Mohr), *Wadô-ryû* (s. →Kono Teruo), → *Kyokushinkai*, →*Shitô-ryû*, →*Kun-Tai-Ko*, *Shorin-ryû* →*Seibukan, Shorin-ryû Siu Sin Kan* und *Gôjû-ryû* vereinigt. Das *Gôjû-ryû* des DKV besteht aus zwei unabhängigen Richtungen, dem japanischen *Gôjû-ryû* (s. Fritz →Nöppel, →Funasako Tokio) und dem okinawanischen *Gôjû-ryû* (s. →Uchita Shozo, Stanko → Kumer, →JKF und oben, *Japan Karate Federation Gôjû-kai*). Präsident des DKV ist Roland Hantzsche, Vizepräsident Dr. Gerhard Steinrücken. Schatzmeister Egbert Bogdan, Sportdirektor Peter Betz, Kampfrichterreferent Klaus Sterba, Jugendwart Jochen Harms, Lehrwart Joachim Ziener, Frauenreferentin Brigitte Konstantin, Bundestrainer sind Toni Dietl (Frauen), Günter Mohr (Herren) und Efthimios Karamitsos (Kata). Auf nationaler Ebene ist der DKV im Deutschen Sportbund vertreten, international arbeitet er mit der *European Karate Union* (→EKU) zusammen.

Kata: *Shôtôkan:* Heian 1–5, Tekki 1–3, Bassai 1–2, Kankû 1–2, Enpi, Jion, Hangetsu, Jitte, Gankaku, Chinte, Nijushiho, Gôjûshiho 1–2, Wankan, Unsu, Sochin, Meikyo, Ji'in. *Gôjû-ryû:* Gekisai 1–2, Sanchin, Tensho, Saifa, Sanseru, Seisan, Suparinpei, Seienchin, Shisochin, Seipai, Kururunfa. *Wadô-ryû:* Pinan 1–5, Kûshankû, Naihanchi, Seishan, Chintô.

Lehrer: *Baden-Württenberg:* Peter Betz, Toni Dietl, Tokio Funasako (Gôjû-ryû), Hans Hertner, Günter Mohr, Eugen Müller, Siegfried Wolf, Willi Zax; *Bayern:* J. D. Eisheuer (Kyokushinkai), Hilmar Fuchs, Gudrun Hisatake (Kyokushinkai), Toshio Koda (Gôjû-ryû), I. Kuramatsu (Gôjû-ryû), Roland Lowinger, Klaus Sterba, Karl-Heinz Stief (Wadô-ryû); *Berlin:* Peter Wirbeleit; *Bremen:* Horst Kaireit, Dr. Elke von Oesen (Wadô-ryû); *Hamburg:* Uwe Hirtreuter (Wadô-ryû), Teruo Kono (Wadô-ryû), Karl Langer, Peter Mixa (Wadô-ryû); *Hessen:* Efthimios Karamitsos, Lothar Ratschke; *Niedersachsen:* Heinrich Reimer (Wadô-ryû); *Nordrhein-Westfalen:* Frank Beeking (Gôjû-ryû), Franz Bork, Bernhard Milner, Ulrich Heckhuis (Gôjû-ryû), Günter Idczak (Gôjû-ryû), Shuzo Imai (Wadô-ryû), Fritz Nöppel (Gôjû-ryû), Kiyoshi Ogawa (Gôjû-ryû), Peter Trapski, Günter Woltering (Gôjû-ryû); *Schleswig-Holstein:* Christel Ehlert (Wadô-ryû); *Thüringen:* Lothar Ratschke, Albrecht Pflüger.

Deutscher Kick-Box-Verband e. V. WAKO Germany – ✉ Dr.-Heinrich-Jaspert-Str. 11, D-38304 Wolfenbüttel, Präsident Ludger Dietze (s. → WAKO, →*Full-contact*).

Deutscher Musado Verband – ✉ Herbert Grudzenski, Lülfstr. 47, D–45665 Recklinghausen, ☎ 02361-8486, –89 19 51.

Deutscher Nihon Tai Jitsu und Jiu Jitsu Verband e. V. – ✉ Harald Heinz, De-Smit-Str. 24, D-07545 Gera, ☎ 03658-31 03 04.

Deutscher Taekwondo Bund e.V. (DTB) – ✉ Friedrich-Ebert-Str. 43–45, D-48153 Münster, 0251-79 58 55 oder –79 77 70.

Deutscher traditioneller Karateverband (DTKV) – ✉ Dr.-Bayer-Str. 2, D-84347 Pfarrkirchen, ☎ 08561-6006 oder –5467. Angeschlossen an Nishiyama's ITKF.

Deutscher Verband für waffenlose Selbstverteidigung e. V. – ✉ Anke Gann, Leipzigerstr.47, D-60487 Frankfurt/M.

Deutscher Wing Chun Verband (DWCV) – ✉ Gernsheimerstr. 19, D-64319 Pfungstadt/ Hahn, ☎/Fax 06157-8 30 98. Leiter und Cheftrainer sind KLAUS FILBRANDT und KAY STEVE LAZAR.

Deutscher Wun-Hop-Kuen-Do Verband – ✉ JÖRN TIEDGE, Jensfelderstr. 132, D-22045 Hamburg, ☎ 040-653 66 33.

• Die Organisation wurde 1979 von AL →DACASCOS gegründet und vertritt das →*Won-Hop-Kuen-Do* in Deutschland. Sie führt etwa 3000 Schüler in mehr als 30 Schulen und Gruppierungen zusammen und hat 35 Meistergradträger. International ist der Stil in den USA, Kanada, Mexiko, Deutschland und Thailand verbreitet und in der *International Kajukenbo Association* (s. →*Kajukenbo*) mit Sitz in Kalifornien organisiert.

Euro Ving-Chun Connection (EVCC) – ✉ BIROL ÖZDEN, Wormserstr. 51, D-50677 Köln, ☎ 0221-37 27 51.

• Ein Mitbewerber auf dem Markt zu KERNSPECHT's EWTO, mit Cheftrainer BIROL ÖZDEN, betreibt *Classical Ving-Chun* und Waffen-*Ving-Chun* und vereinigt mehrere Privatschulen mit Gebietsschutz in Deutschland.

Europäische Internationale Kampfsport-Organisation e. V. (EIKO) – ✉ W. SIEBEL, Berliner Str. 238, 63067 Offenbach/M., ☎ 069-800 19 62.

Europäische WingTsun Organisation (EWTO) – ✉ KEITH R. KERNSPECHT, D-69257 Schloß Langenzell, ☎ 06223-47250, angeschlossen an die *International WingTsun Martial Arts Association Hongkong* und den *World Martial Arts Instructors Council* sowie die *Philippine Martial Arts Society*.

• Die internationale Dachorganisation für *Wing Tsun* (WT) und *Escrima* wurde aus der DWTO und dem *Budô Zirkel Kiel* (1967) von dem damaligen Universitätsbeauftragten KEITH R. →KERNSPECHT gegründet und lehrt das *WingTsun* (→ Wing chun) von →LEUNG TING sowie die *Escrima*-Methode (s. →*Arnis de mano*, →*Escrima*, →*Kali*) von Großmeister RENÉ →LATOSA. Die EWTO ist international verbreitet (52 Länder), ihre Zentrale ist in Schloß Langenzell, von wo aus Kernspecht seine internationalen Seminare organisiert. In Schloß Langenzell werden nur hauptberufliche Lehrer ausgebildet, die Trainingsleitung haben HEINRICH PFAFF (4. WT-Grad) und ANDREAS GROSS (4. WT-Grad). Alle selbständigen EWTO-Schulen in Deutschland haben von der Zentrale genehmigten und garantierten Gebietsschutz.

• **Lehrer:** Die wichtigsten Lehrer der EWTO sind Europa-Cheftrainer für WT KEITH R. KERNSPECHT (Großmeister, 9. Grad), Welt-Cheftrainer für WT LEUNG TING (10. Grad), Europa-Cheftrainer für *Escrima* BILL NEWMAN (8. Grad), Welt-Cheftrainer für *Escrima* RENÉ LATOSA (10. Grad). Weitere Lehrer des WT sind: ***5. Grad*** – EMIN BOZTEPE (Cheftrainer USA), PETER VILIMEK, FRANK RINGEISEN, THOMAS MANNES, SALIH AVCI (Cheftrainer Türkei), ANASTASIOS PANAGIOTOPOULOS (Cheftrainer Griechenland), ***4. Grad*** – CHRISTOPH GEFEKE, PETER MAULL, ANDREAS GROSS (Trainer Schloß Langenzell), HEINRICH PFAFF (Trainer Schloß Langenzell), KLAUS HENNRICH, SIEGFRIED ALTMAYER, KLAUS SCHILDERT, HANS-JÜRGEN REMMEL (Cheftrainer Luxemburg), HANS-JÖRG REIMERS, HANS PETER EDEL, RAINER TAUSEND, THOMAS SCHRÖN, ROBERT VENT, OLIVER KÖNIG (Cheftrainer Ost-Österreich), SEPP SCHEMBRI (Cheftrainer Schweiz), FRANK SCHÄFER (Cheftrainer Holland), FILIPPO CUCIUFFO (Cheftrainer Italien), MICHAEL SCHWARZ, TURAN ATASEVEN, ***3. Grad*** – ALAN JENSEN (Cheftrainer Dänemark), HANS OLBERS (Cheftrainer Frankreich), VICTOR GUTIÉRREZ (Cheftrainer Spanien), ERNST KRAUSE (Cheftrainer Belgien).

European Hwa Rang Do – ✉ Nordring 71, D–44787 Bochum, ☎ 0234-67970.

European Self-Defence Organisation (ESDO) – ✉ KUNIBERT BACK, Steinichweg 1, D–74937 Spechbach, ☎ 06226-40 811.

• Die Organisation wurde 1990 gegründet und vertritt eine Synthese aus Selbstverteidigung und Gesundheitsgymnastik. Sie etabliert zumeist Privatschulen, für deren Weiterbildung zentrale Seminare abgehalten werden. Zur Ausbildung von Trainern werden Intensivkurse in 10 Lehrgängen mit jeweils 9 Stunden angeboten (keine Vorkenntnisse erforderlich), wonach im Schutz der Organisation eine Schule eröffnet werden kann.

• **Lehrer:** Die wichtigsten Lehrer sind KUNIBERT BACK (Nationaltrainer), PETER KRENKEL (Weltpräsident), ALFRED KOENEN und ANTONINO MARCHESE (Landestrainer Bayern), FRANK AURAS (Landestrainer NRW), MARION FIEDLER (Landesjugentrainerin NRW), KLAUS DIETER MEYER (Landestrainer Berlin), SIEGMUND LEZIAN (Nationaltrainer Polen), VOLKERT ELIAS und GÖTZ GERCKENS (Landestrainer Hamburg).

Free Individual Selfdefence Training (FIST) – ✉ JÖRG KUNST, Peiner Weg 33, D-31303 Burgdorf, ☎ 05136-2193, –89 48 66.

Freie Deutsche Aikidô Vereinigung (FDAV) – Verband für →*Aikidô*, Präsident BERND HUBL.

• Die FDAV wurde 1984 von EGINHARD KÖHLER (4. Dan) und VOLKER RIEMANN (3. Dan) gegründet, nachdem sie sich zusammen mit mehreren Aikidôkas vom →*Aikikai*

Deutschland abgespalten hatten. Die technische Kommission der FDAV besteht aus WOLFGANG REMP (3. Dan), MANFRED PUTZKA (3. Dan) und ZENON KOKOWSKI (3. Dan). Technisch orientiert sich der aus etwa 300 Mitgliedern bestehende Verband an NOBUYOSHI TAMURA (8. Dan, Gesandter des *Aikikai* und Leiter des *Aikidô* in Europa), der einen seiner besten Schüler, JAQUES BONEMAISON (6. Dan), als Hauptlehrer für die FDAV abgestellt hat.

German Close Combat Council – ✉ THOMAS MEUTER, Am Kirchenblick 20, D-41363 Jüchen, ☎ 02181-47 93 50.

German Eskrima Association GEA – ✉ UWE SCHWARZ, Postfach 36, D-12491 Berlin, ☎ 030-652 07 73. Uwe Schwarz besitzt den 4. Grad *Doce Pares*.

German Seidokaikan Karate – ✉ JANEK STANDKE, Kochhannstr. 1, D-10249 Berlin, ☎ 030-4263 101.

German Tang Soo To Federation – ✉ BENEDETTO STUMPF, Iserlohnerstr. 78a, D–58675 Hemer, 02372-73 733, –3724.

German Teakwon-dô Association (GTA) – ✉ Sprockhövelerstr. 129, D-58455 Witten, ☎ 02302-22 700, –51 345.

• Die GTA vertritt das Lehrsystem des Großmeisters CHOI HONG HI und ist international an die *Taekwondo International* angeschlossen.

German Wushu Research Association (GWRA) – s. o., *World Chen Taiji Association* (WCTAG).

German Kun-Tai-Ko Budô Association e. V. (GKBA) – ✉ Maiwandstr. 3, D-83089 Brannenburg, ☎ 08034-3330, –7362, Präsident NORBERT PUNZET.

• Deutscher Repräsentant der *World Kun-Tai-Ko Budô Association* (WKBA), in Deutschland (s. →*Kun-Tai-Ko*) aktiv seit 1973, geleitet von NORBERT PUNZET (7. Dan *Kun-Tai-Ko, Jûjutsu* und *Kun-Tai-Ko Budô Selfdefense*, 6. Dan *Gaijin-Goshin-Jutsu* und *Kickboxen*, 5. Dan *Sendô-ryû*, 2. Dan *Kobudô*, Präsident der WKBA). Die Organisation ist heute dem DKV angeschlossen und veranstaltet Wettkämpfe nach Kickbox-Regeln sowie Demonstrations- und Show-Vorführungen bei verschiedenen Veranstaltungen.

Ido Kan Europa e. V. – ✉ RUDOLF GABERT, Grube 8a, D-82377 Penzberg, ☎ 08856-1388 oder –91868.

International Amateur Kickboxing Sport Association (IAKSA) – ✉ G. J. LEMMENS, Schulstr. 2, D-25767 Bunsloh, ☎ 04835-699.

International Asian Weapon Organisation (IAWO) – ✉ WOLFGANG GRÖGER, Jean-Paul-Str. 43, D-95444 Bayreuth, ☎ 0921-64906.

International Budô Federation Deutschland (IBFD) – ✉ FRIEDEBERT-GEORG NIERING, Beguinenstr. 6, D-46483 Wesel, ☎ 0281-21 934, –31 109.

Internationale Kampfkunst-Organisation (IKO) – ✉ PETER ALBERT, Inzlingerstr. 19a, 79540 Lörrach, ☎ 07621-49082, –46240.

International Okinawa Budô Federation – ✉ Dettenbachstr. 14, D-79183 Waldkirch, ☎ 07681-24205/6

International Taekwon-do Federation Deutschland e. V. (ITF-D e. V.) – ✉ PAUL WEILER, Malvenweg 27, D-51061 Köln, ☎ 0221-63 95 18.

• Die *International Taekwon-do Federation Deutschland e. V.* (ITF-D e. V) ist die nationale Vertretung Deutschlands im ITF-Weltverband (über 110 Landesverbände) und der AETF (europäische Organisation des ITF-Weltverbandes) angeschlossen. Sie lehrt und verbreitet das → *Taekwon-do* des Begründers →CHOI HONG HI, nimmt an internationalen Turnieren teil und hat Europa- und Weltmeistertitel errungen.

International Tai-Chi-Chuan Association (ITCCA) – ✉ FRIEDER ANDERS, Im Trutz 23, D–60322 Frankfurt, ☎ 069-72 73 78/79.

• Die international verbreitete Organisation für *Yang-Tai-ji-quan* wurde 1972 unter dem Großmeister YANG SHOU-CHUNG gegründet. Repräsentant für Europa ist K. H. CHU, Beauftragter für Deutschland ist FRIEDER ANDERS.

International Turk Kick-Box Organizasyon (ITKO) – ✉ HARABI DERIN, Hans-Sachs-Str. 85, D–65428 Rüsselsheim, ☎ 06142-82 486, –15 626.

Jan Fan Martial Akademie (IFMA) / Filipino Kali Akademie (FKA) – ✉ UDO MÜLLER, Berghäuserstr. 38b, D-67354 Römerberg, 06232-82651, –40163.

Japan Karatedo Federation (JKF) Gôjû-Kai Deutschland – ✉ WOLFGANG LANGER, Launer Ring 27, D-09405 Zschopau, ☎/Fax 03725-23 569.

• Die Organisation für okinawanisches *Gôjû-ryû* ist als selbständige Sektion dem DKV angeschlossen und Teil der *All Japan Karate-do Federation Gôjû-Kai*, die Mitglied der FAJKO ist. Das japanische *Hombu-Dôjô*, *Kenbukan*, gegründet von →UCHITA SHOZO, ist der Orientierungspunkt für den deutschen Meister STANKO →KUMER, der die offizielle Vertretung der Stilrichtung in Deutschland hat und zusammen mit HEINRICH BÜTTNER und GERD NEULAND die deutsche Organisation anführt. Die Meister des *Gôjû-Kai* sehen sich heute als Bewahrer der Original MIYAGI-Lehre (in Japan) und definieren die Übertragungslinie beginnend mit ihrem Großmeister UCHITA SHOZO (Schüler von MIYAGI CHÔJUN) über UCHIAGE KENZÔ zu den heutigen Meistern ISA SEKIMOTO (8. Dan), YAMADA OSAMU (7. Dan), NOBUTAKA TSUMOTO (6. Dan), SHIOTANI FUKIKO (4. Dan), TAKESHI UCHIAGE (7. Dan) u. a. Gleichzeitig verstehen sie sich als Gegenpol zu YAMAGUCHI GÔGEN, der Ende der 60er Jahre die Organisation verließ und seine *International Karate-do Gôjû-Kai Association* (IKGA) gründete, der heute sein Sohn GOSHI vorsteht. Die deutsche Organisation hat etwa 4000 Mitglieder in 33 Vereinen in 5 Bundesländern.

Kobudô Kwai e. V. – ✉ HEINZ DICKMANN, Düsseldorferstr. 305, D-42327 Wuppertal, ☎ 02058-80397, -8856.

Kôdôkan Jiu-Jitsu Verband – ✉ KLAUS MÖWIUS, Gustav-Mahlerstr. 49, D-45772 Marl.

Modern Arnis-Mano Organisation – ✉ WOLFGANG SCHNUR, Dr.-Heinrich-Gremmels-Str. 15, D-38154 Königslutter, ☎ 05353-8328.

Muay-Thai Bund Deutschland und **International Kick-Boxing Federation, Sektion Deutschland** – ✉ DETLEF TÜRNAU, Bergheimerstr. 5, D-41515 Grevenbroich, ☎ 02181-63238, –64 427.

Progressive Fighting Systems – ✉ MICHAEL GRÜNER, Waisenhausstr. 19, D-80637 München, ☎ 089-157 24 45.

Shôrin-ryû Seibukan Karate Union Deutschland – ✉ CLAUDIA JAKOB, Konrad-Utz-Str. 1, D-93437 Furth im Wald, ☎ 09973-5172, Fax 09973-5172.

• Ursprünglich ist die deutsche Organisation für *Sukunai Hayashi-ryû* auf SHIMABUKURO ZENRYÔ's okinawanisches *Dôjô Seibukan* zurückzuführen. Auf die Initiative von JAMAL →MEASARA schlossen sich 1982 mehrere *Dôjô* im süddeutschen Raum zusammen und gründeten die Organisation, die heute in 33 *Dôjô* ca. 1500 Mitglieder mit 32 Danträgern betreut. Erster Vorsitzender ist HORST DONHAUSER, technischer Leiter JAMAL MEASARA. 1995 trat die *Shorin-ryû Seibukan Karate Union Deutschland* als selbständige Sektion dem *Deutschen Karate Verband* (DKV) bei, international ist sie im *International Okinawa Shorin-ryû Seibukan Verband* organisiert.

Shôtôkan Karate International Deutschland (SKID) – Organisation für traditionelles Shôtôkan-Karate in Deutschland, angeschlossen an die *Shôtôkan Karate International* (s. o.) von →KANAZAWA HIROKATSU. Cheftrainer in Deutschland ist →NAGAI AKIO.

Shôtôkan-Karate-Verband Deutschland e.V. (SKVD) – ✉ Verladestr. ??, D-23611 Bad Schwartau, ☎ 0451-28 11 21, Fax 0451-2 24 43, Verbandstrainer DIETER FLINDT.

• Der SKVD wurde am 22. Okt. 1990 auf Initiative von DIETER →FLINDT von Karateka aus Schleswig-Holstein, Hamburg, Mecklenburg-Vorpommern, Niedersachsen, Brandenburg, Sachsen, Sachsen-Anhalt, Nordrhein-Westfalen, Thü- ringen und Berlin gegründet, nachdem sie sich von NAGAI's *Shôtôkan Karate International Deutschland* (SKID) abgespaltet hatten. Der inzwischen 90 *Dôjô* zählende Verband für traditionelles *Shôtôkan-Karate* (auch Wettkampf) ist Mitglied in der *Japan Karate Association* (JKA) und orientiert sich in jeder Beziehung an deren maßgeblichem Meister. DIETER FLINDT ist Hauptlehrer und kümmert sich um das technische Niveau der *Dôjô*-Leiter, indem regelmäßige Wochenendlehrgänge, entweder von ihm selbst oder von JKA-Instruktoren, abgehalten werden.

Shuriken Verband International (SVI) – ✉ Erich Brandl, Bertholdstr. 33, D-91448 Emskirchen, ☎ 09104-1337.

Siu Lum Pai Gung Fu Association – ✉ A. E. BAKLAYAN, Unterer Anger 15, D-80331 München, ☎ 089-26 86 33, –723 78 67, –26 56 35.

• Die 1963 von BUCKSAM KONG in Hawaii gegründete Organisation vereinigt 12 internationale Schulen und wird in Deutschland seit 1977 von ALAN BAKLAYAN vertreten. Unterrichtet wird →*Hung Gar*, →*Choy Lay Fut* und →*Yang Tai-ji-quan*.

South Shaolin Fist Style Association – ✉ PETER MARKUS, Kaßlerfelder Str. 33, D-47059 Duisburg, ☎ 0203-31 41 76, 0211-361 39 03.

Tai-Chi Gesellschaft Deutschland – ✉ RUPERT SHONAIKE, Händelstr. 6, D-50674 Köln, ☎ 0221-23 82 17.

Tendo-ryû Aikidô Verband Deutschland e. V. (TAD) – ✉ REINER BRAUHARDT, Untere Dorfstr. 165, D-57074 Siegen, ☎ 0271-64 128, -51 854.

• Die Organisation leitet sich aus der von ROLF BRAND und GERD WISCHNEWSKI gegründeten Sektion *Aikidô* innerhalb des *Deutschen Jûdô Bundes* ab. Nachdem BRAND den DJB 1975 verlassen hat, lehnt sich die Organisation seit 1978 an SHIMIZU KENJI vom *Tendoryûkan* in

Japan an. 1993 trennte sie sich jedoch ebenfalls vom DJB und nannte sich *Tendoryû Aikidô Verband Deutschland*. Bundestrainer ist SHIMIZU, der regelmäßig Lehrgänge in Deutschland abhält. Auf internationaler Ebene ist dieser Verband an die *European Aikidô Union* (EAU) angeschlossen.

Ving-Tsun-Kune Association (VTKA) – ✉ FRANCO MORELLO, Troystr. ??, D-64297 Darmstadt, ☎ 06151-59 54 29.

Wadô-Kai Deutschland – Verband für *Wadôryû Karate*, heute eigenständige Sektion des *Deutschen Karate Verbandes* (s. o.) mit Cheftrainer →KONO TERUO.

Welt Tang-Soo-Do Verband Deutschland (WTSDVD) – ✉ Palsweiserweg 51, D-82140 Olching, ☎ 08142-13773, 089-72 22 60 34, Landesbeauftragter KLAUS TROGEMANN (4. Dan).

• Der WTSDVD ist die nationale deutsche Vertretung für →*Tang-Soo-Do* der *World Tang Soo Do Association* (WTSDA), letztere gegründet 1982 von →JAE CHUL SHIN in New Jersey. Der Dachverband WTSDA umfaßt heute etwa 90 000 Mitglieder in über 50 Ländern der Erde und wurde als internationale Nachfolge-Organisation der 1968 gegründeten nationalen *United States Tang Soo Do Federation* ins Leben gerufen. Beide Organisationen wurden von JAE CHUL SHIN, einem Schüler von →HWANG KEE, gegründet.

Wing-Chun Kung-fu Academy Germany – → WILHELM BLECH, Karl-Marx Str. 48, D-66564 Ottweiler, ☎ 06824-6631.

Wing-Chun Infight Boxkick Association (WIBA) – ✉ DIRK NELSON, Koerstr. 3, D-44143 Dortmund, ☎ 0231-40 94 49, –560 09 61.

• Die Organisation wurde von DIRK NELSON und mehreren fortgeschrittenen Schülern 1986 gegründet. 1994 entstand in ihrem Rahmen die *Jeet-Kune-Do Association* (JA) unter DIRK NELSON, UDO HOFFMANN, MICHAEL PETRICK, UWE KEMPKENS, THORSTEN BUTTLER u. a. Die WIBA/JA lehrt in erster Linie Selbstverteidigung, nimmt jedoch auch an Turnieren, bevorzugt *Full-contact*, teil. Die wichtigsten Trainer sind DIRK NELSON *(Wing-Chun, Kickboxen, Kali-Escrima, Taekwondo)*, UDO HOFFMANN *(Wing-Chun, Kickboxen, Jiu-Jitsu, Tao-Kune-Do)*, HARALD TREITZ *(Wing-Chun, Kali-Escrima, Taekwondo)*.

World International Amateur Sport Karate Association (WIASKA) – ✉ K. H. FRANK, In der Fuldaaue 3, D-34355 Staufenberg-Spiekershausen, ☎ 05543-3549, –3251.

World Kun-Tai-Ko Budô Association Deutschland (WKBAD) – ✉ ALFRED KLEINSCHWÄTZER, Kufsteinerstr. 44, D-83022 Rosenheim, ☎08031-16 202, –13278.

• Die international verbreitete Organsisation (WKBA, etwa 2500 Mitglieder) wurde im Jahre 1993 in Rosenheim gegründet und in Deutschland von GÜNTHER KURTH (4. Dan *Kun-Tai-Do*) koordiniert. Internationaler Koordinator ist ALFRED KLEINSCHWÄTZER (5. Dan, Ausbilder für Kampfsport beim Bundesgrenzschutz), ein Schüler von NORBERT PUNZET (7. Dan). Die Organisation arbeitet mit der *International Okinawa Budô Federation*, der *Yoseikan Budô Federation Italien*, dem *Dentokan Hobbs USA* und dem *Allstyle Karate-Kan Germany* zusammen. Unterrichtet werden *Chuan-Fa Kempô, Taekwondo, Ryoi Shintô-ryû, Hakkô-ryû, Daiwa-ryû, Kun-Tai-Ko, Seidokan, Aikidô, Kickboxen, Gôjû-ryû, Wing-Kido-Kai* und *Allstyle-Karate*.

World Chen-Taiji Association Germany (WCTAG) – ✉ JAN SILBERSTORFF, Rendsburgerstr. 14, D-20359 Hamburg, ☎ 040-319 42 24.

• Die Organisation für *Chen-Tai-ji-quan* hat die Nachfolge der ehemaligen *German Wushu Researche Association* (GWRA) angetreten und ist international der *World Chen Taijiquan Association* (WCTA) angeschlossen. Sie wird in Deutschland von JAN →SILBERSTORFF, einem Nachfolger (21. Generation) des *Chen-Tai-ji-quan* über die Großmeister →CHEN XIAO-WANG (19. Generation) und SHEN XI-JING (20. Generation) vertreten. Über die WCTAG finden laufend Seminare, Wochenendkurse, Bildungsreisen nach China und Austauschtreffen statt. Sie vermittelt hochgraduierte Lehrer des *Tai-ji-quan* zu Seminaren nach Deutschland. In Deutschland unterrichten neben JAN SILBERSTORFF noch ANNETTE JONAS, STEFAN OHRT, GERHARD MILBRAT und SIMEON DELTSCHEV.

Abanico Video Production – ✉ DIETER KNÜTTEL, Selzerstr. 11, D-44269 Dortmund.

Budô-Land – ✉ Gewerbepark 3, D-83052 Bruckmühl, ☎ 08062-2072, –2279, Fax 08062-6528.

Christa Voigt – ✉ Meererhof, Laden 19, D–41460 Neuss, ☎ 02131-59 14 69, Fax 02131-54 91 41.

Danese-Sport – ✉ Adlergasse 4, Postfach 211, CH-9003 St. Gallen.

DANROH Budô-shop – ✉ Sontheimerstr. 2, D-70437 Stuttgart, ☎ 0711-84 10 06, Fax 0711-84 10 15.

Foeldeak GmbH & Co.KG – Postfach 1569, D-82526 Geretsried, ☎ 08171-78 309, Fax 08171-76 887.

Horst Hinschberger Handelsgesellschaft mbH – * Am Butterhügel 6, Gewerbegebiet Ost, D-66450 Bexbach, ☎ 06826- 3081, Fax 06826-50 944.

Kessler Video-Productions – ✉ Auf dem Plägen 13, D-51491 Overath, ☎ 02206-81 049, Fax 02206-86 90 27.

Kwon Schramm-Sport GmbH, ✉ Unterfeldring 3, D-85256 Vierkirchen, ☎ 08139-8811, Fax 08139-8822.

Mawitz – M. Willwertz Budôsport – ✉ Margarethenstr. 20, D-54524 Klausen, ☎ 06578-869.

Nikko Toshogu Press – ✉ P.O. Box 6011, NL-5600 Ha Eindhoven, ☎ 0031-40-11 12 22, Fax 0031-40-11 20 03.

Noris-Sport – ✉ Theodor-Heuss-Str. 10, D–75387 Neubulach, ☎/Fax 07053-7587.

Sportartikel W. Findor – ✉ Mühlenstr. 17, D–79191 Gundelfingen, ☎ 0761-58 24 64, Fax 0761-58 43 48.

Sportfashion – ✉ Longericherstr 544, D-50739 Köln-Longerich, ☎ 0221-599 50 53, Fax 0221-599 47 34.

Sportimex – J. F. Baer GmbH – ✉ Am Deich 42, D-28199 Bremen bzw. Postfach 10 13 64, D-28013 Bremen, ☎ 0421-50 08 81, Fax 0421-59 29 88.

Sport-Rhode – ✉ Postfach 10 22 20, D-63268 Dreieich, ☎ 06103-38 080, Fax 06103-38 08 39.

Wushu-Verlag Kernspecht – ✉ Vertrieb K. Witt, Kantstr. 6, D-23764 Burg/Fehmarn, ☎ 04371-76 66 34, Fax 04371-1803.

Da es bei den Angaben im Anhang im Laufe der Zeit Änderungen geben kann, bietet der Verlag interessierten Lesern ab 1998 die Möglichkeit, das jeweils aktualisierte Material zu beziehen.
Bitte der schriftlichen Anforderung Briefmarken im Wert von DM 3,- beifügen. Das Material selbst wird kostenlos abgegeben.